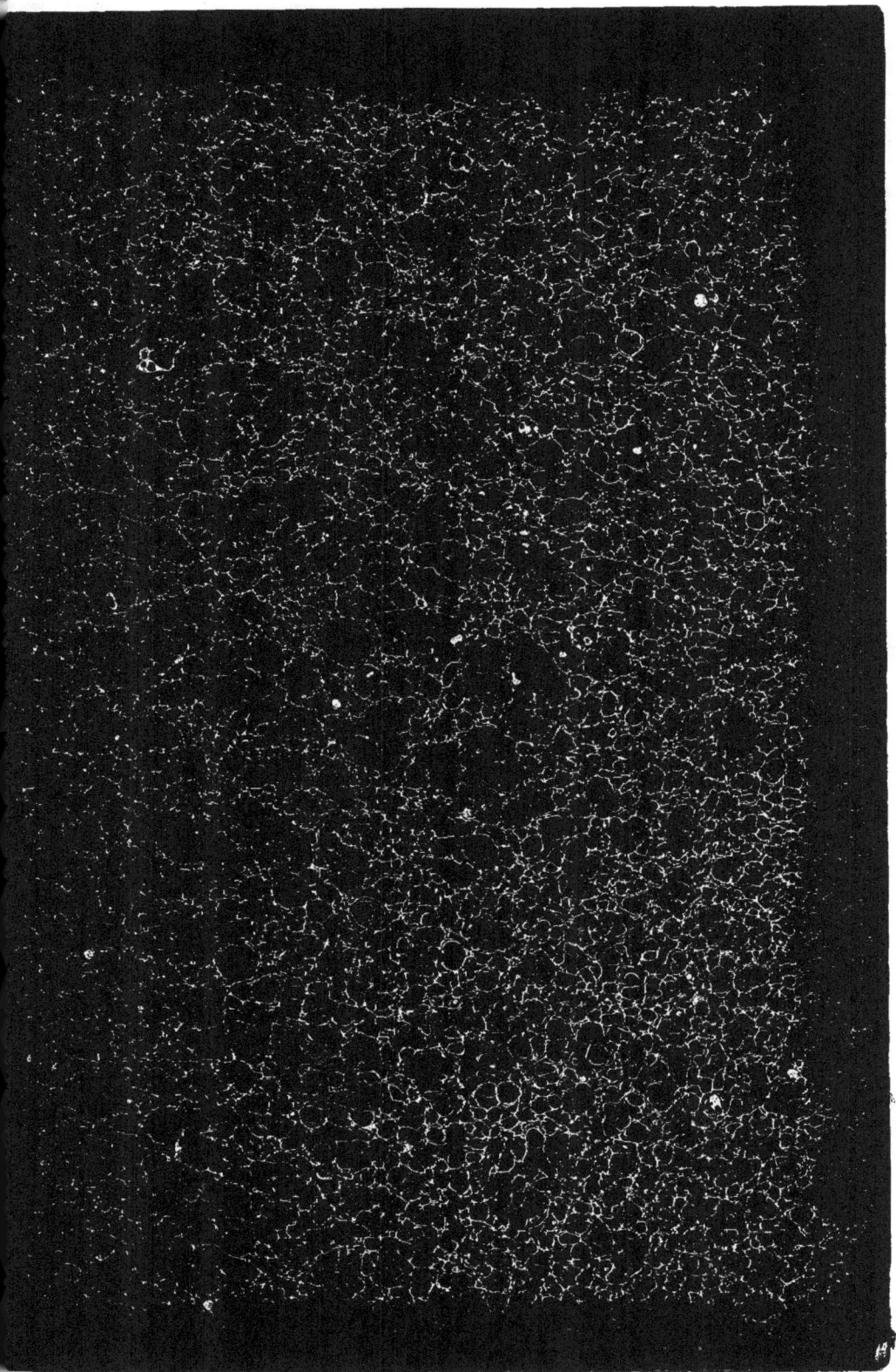

8° Fé. 1788

DICTIONNAIRE

DES

CODES FRANÇAIS,

OU MANUEL DU DROIT,

DANS LEQUEL TOUTES LES MATIÈRES QUE RENFERMENT LES CODES

SONT DISTRIBUÉES TEXTUELLEMENT

PAR ORDRE ALPHABÉTIQUE,

DE MANIÈRE A RENDRE LES RECHERCHES FACILES,

Même pour les Personnes les plus étrangères à l'étude des Lois ;

AVEC UNE TABLE DES ARTICLES PAR ORDRE DE NUMÉROS,

RENVOYANT AU TEXTE MÊME DE CHAQUE DISPOSITION ;

PAR A. F. TEULET,

Avocat à la Cour Royale de Paris.

***

1re Livraison.

***

PARIS.

CHEZ MM. DU CLOSEL FRÈRES ET DE ROSTAING,

RUE NOTRE-DAME-DES-VICTOIRES, 34.

1836.

DICTIONNAIRE

DES

CODES FRANÇAIS,

OU MANUEL DU DROIT,

DANS LEQUEL TOUTES LES MATIÈRES QUE RENFERMENT LES CODES

SONT DISTRIBUÉES TEXTUELLEMENT

PAR ORDRE ALPHABÉTIQUE,

DE MANIÈRE A RENDRE LES RECHERCHES FACILES,

Même pour les Personnes les plus étrangères à l'étude des Lois;

AVEC UNE TABLE DES ARTICLES PAR ORDRE DE NUMÉROS,

RENVOYANT AU TEXTE MÊME DE CHAQUE DISPOSITION;

PAR A. F. TEULET,

AVOCAT A LA COUR ROYALE DE PARIS.

————◦◦◦◦◦————

UN BEAU VOL. IN-8° JÉSUS COLLÉ DE 800 PAGES.

Prospectus.

Réunir sous un même mot toutes les dispositions de nos codes qui se rapportent à un même objet, et les présenter textuellement dans un ordre méthodique qui permette de saisir la pensée qui a présidé à leur rédaction et d'en suivre le développement, tel est le but que le Dictionnaire des codes s'est proposé et qu'il a complètement atteint. L'utilité d'un pareil travail qui nous manquait entièrement est incontestable, et bien peu d'ouvrages peuvent mériter, au même titre, la dénomination de *Manuel du droit*. Donnant, sans aucune altération, le texte même de toutes nos lois civiles, commerciales et criminelles, dont l'application est usuelle, et de toutes celles qui en forment le complément, il offre sur les codes eux-mêmes l'avantage immense de les reproduire autant de fois que cela était nécessaire pour compléter la législation relative à chaque disposition particulière, en sorte que tous les textes, qui se rattachent aux mêmes spécialités, s'offrent aux yeux au même instant et viennent se prêter mutuellement une force nouvelle. L'ordre adopté par le législateur dans ses classifications ne pouvait être que scientifique, et par cela même il devait souvent reposer sur des règles arbitraires qui peuvent facilement échapper à la mémoire la mieux exercée. Aussi arrive-t-il à chaque instant que des jurisconsultes, même parmi ceux qui ont passé leur vie entière dans l'étude et dans l'application des textes, s'étonnent de ne pas retrouver dans les codes une disposition qu'ils connaissent parfaitement, qu'ils ont lue mille fois, mais qui échappe à une investigation nouvelle au moment même où il est nécessaire de la vérifier, de la citer ou de la reproduire : il faut alors se résoudre à perdre un temps précieux pour des recherches qui ne sont pas toujours couronnées d'un plein succès. Le Dictionnaire prévient un pareil inconvénient qui peut avoir quelquefois les plus fâcheuses conséquences ; il offre à l'instant même, et à l'ouverture du livre, la disposition cherchée qui se trouve placée à son ordre alphabétique ; cet avantage sera vivement apprécié par toutes les personnes qui font de l'application du droit leur occupation constante, soit qu'elles se dévouent comme notaires à donner de l'authenticité aux actes ; comme avocats, à défendre leurs clients devant les tribunaux ; comme avoués, à postuler pour eux ; comme huissiers, à instrumenter en leur nom ; soit que placées dans une sphère plus haute et participant à l'exercice de l'autorité souveraine dont leur pouvoir émane, elles aient reçu, comme juges, la mission d'assurer à chacun son droit. Un pareil avantage ne sera pas apprécié moins vivement par les jeunes adeptes qui, en entrant dans une carrière hérissée d'obstacles, ont plus besoin que tous autres d'un guide qui puisse contribuer à aplanir les difficultés de la route qu'ils entreprennent ; ils sauront bientôt que s'ils veulent acquérir une science durable et capable de porter ses fruits, c'est à l'étude et au rapprochement des textes qu'ils doivent donner, avant tout, et leurs premières études, et leur attention tout entière.

Si le Dictionnaire des codes, tel qu'il a été entrepris et exécuté, est de la plus grande utilité pour tous ceux qui s'occupent de l'étude du droit, il est indispensable à tous les gens du monde qui sont étrangers à cette étude. Un code entre les mains ou dans la bibliothèque d'un homme du monde est un meuble entièrement inutile, c'est un livre qu'il ne peut pas même consulter parce qu'il ignore complètement quelle en est la distribution intérieure. Cependant c'est de tous les livres celui qu'il lui importe le plus de connaître, car c'est là que sont écrits et les devoirs qu'il doit remplir, et les droits qu'il peut exercer ; et ce livre qu'il ignore, ce livre qu'il ne peut pas même consulter est cependant réputé légalement gravé dans sa mémoire, toute organisation sociale reposant en effet sur cette fiction néces- saire, que la loi doit être réputée connue de tous par le seul fait de sa promulgation. Il est donc du devoir de tous de s'efforcer de donner un corps à cette fiction, en s'appliquant, nous ne dirons pas à prendre une connaissance approfondie des textes, mais au moins à pouvoir les trouver et les lire. L'application des lois n'est pas toujours aussi difficile que l'on pense, et la simple lecture d'un texte peut souvent prévenir bien des difficultés et mettre fin à bien des contestations.

Le Dictionnaire des codes, nécessaire à un grand nombre, utile à tous, doit donc pren- dre sa place dans toutes les bibliothèques, et tous ceux qui le consulteront journellement reconnaîtront bientôt qu'il est le fruit d'un travail consciencieux et d'une profonde intel- ligence des lois.

Paris, imprimerie de Béthune et Plon.

DÉNI DE JUSTICE. *C. Civ.* **4.** Le juge qui refusera de juger, sous prétexte du silence, de l'obscurité ou de l'insuffisance de la loi, pourra être poursuivi comme coupable de déni de justice.

C. Proc. **505.** Les juges peuvent être pris à partie dans les cas suivans, 1°..... 4° S'il y a déni de justice.

506. Il y a déni de justice, lorsque les juges refusent de répondre aux requêtes ou négligent de juger les affaires en état et en tour d'être jugées.

507. Le déni de justice sera constaté par deux réquisitions faites aux juges en la personne des greffiers, et signifiées de trois en trois jours au moins pour les juges de paix et de commerce, et de huitaine en huitaine au moins pour les autres juges : tout huissier requis sera tenu de faire ces réquisitions, à peine d'interdiction.

508. Après les deux réquisitions, le juge pourra être pris à partie. *V.* PRISE A PARTIE.

C. Pén. **185.** Tout juge ou tribunal, tout administrateur ou autorité administrative qui, sous quelque prétexte que ce soit, même du silence ou de l'obscurité de la loi, aura dénié de rendre la justice qu'il doit aux parties, après en avoir été requis, et qui aura persévéré dans son déni, après avertissement ou injonction de ses supérieurs, pourra être poursuivi, et sera puni d'une amende de deux cents francs au moins et de cinq cents francs au plus, et de l'interdiction de l'exercice des fonctions publiques depuis cinq ans jusqu'à vingt.

LIVRES DE COMMERCE.

I. DES LIVRES DE COMMERCE ET DE LEUR EFFET ENTRE NÉGOCIANS.

C. Com. (*liv.* Ier, *tit.* 2 *des livres de commerce,* *art.* 8-17.) — **8.** Tout commerçant est tenu d'avoir un livre-journal qui présente, jour par jour, ses dettes actives et passives, les opérations de son commerce, ses négociations, acceptations ou endossemens d'effets, et généralement tout ce qu'il reçoit et paie, à quelque titre que ce soit, et qui énonce, mois par mois, les sommes employées à la dépense de sa maison : le tout indépendamment des autres livres usités dans le commerce, mais qui ne sont pas indispensables. — Il est tenu de mettre en liasse les lettres missives qu'il reçoit et de copier sur un registre celles qu'il envoie.

9. Il est tenu de faire tous les ans, sous seing-privé, un inventaire de ses effets mobiliers et immobiliers, et de ses dettes actives et passives, et de le copier année par année sur un registre spécial à ce destiné.

10. Le livre-journal et le livre des inventaires seront paraphés et visés une fois par année.—Le livre de copies de lettres ne sera pas soumis à cette formalité. — Tous seront tenus par ordre de dates, sans blancs, lacunes ni transports en marge.

11. Les livres dont la tenue est ordonnée par les art. 8 et 9 ci-dessus seront cotés, paraphés et visés, soit par un des juges des tribunaux de commerce, soit par le maire ou un adjoint, dans la forme ordinaire et sans frais. Les commerçans seront tenus de conserver ces livres pendant dix ans.

12. Les livres de commerce régulièrement tenus, peuvent être admis par le juge pour faire preuve entre commerçans pour faits de commerce.

13. Les livres que les individus faisant le commerce sont obligés de tenir, et pour lesquels ils n'auront pas observé les formalités ci-dessus prescrites, ne pourront être représentés ni faire foi en justice au profit de ceux qui les auront tenus, sans préjudice de ce qui sera réglé au livre *des Faillites et Banqueroutes.* (V. ci-après, art. 586, 587 et 593.)

14. La communication des livres et inventaires ne peut être ordonnée en justice que dans les affaires de succession, de communauté, partage de société, et en cas de faillite.

15. Dans le cours d'une contestation, la représentation des livres peut être ordonnée par le juge, même d'office, à l'effet d'en extraire ce qui concerne le différend.

16. En cas que les livres dont la représentation est offerte, requise ou ordonnée, soient dans des lieux éloignés du tribunal saisi de l'affaire, les juges peuvent adresser une commission rogatoire au tribunal de commerce du lieu, ou déléguer un juge de paix pour en prendre connaissance, dresser un procès-verbal du contenu et l'envoyer au tribunal saisi de l'affaire.

17. Si la partie aux livres de laquelle on offre d'ajouter foi, refuse de les représenter, le juge peut déférer le serment à l'autre partie.

84. Les agens de change et courtiers sont tenus d'avoir un livre revêtu des formes prescrites par l'art. 11. Ils sont tenus de consigner dans ce livre, jour par jour, et par ordre de dates, sans ratures, interlignes ni transpositions, et sans abréviations ni chiffres, toutes les conditions des ventes, achats, assurances, négociations et en général de toutes les opérations faites par leur ministère.

586. Sera poursuivi comme banqueroutier simple et pourra être déclaré tel, le commerçant failli qui se trouvera dans l'un ou plusieurs des cas suivans, savoir : 1° Si les dépenses de sa maison qu'il est tenu d'inscrire, mois par mois, sur

CONDITIONS DE LA SOUSCRIPTION.

Le Dictionnaire des Codes formera un beau vol. grand in-8° sur Jésus de 800 pages environ semblables au spécimen.

Le papier sera collé pour faciliter les annotations.

Le prix de l'ouvrage broché est de 12 fr. pour Paris et 14 fr. 50 c. pour les départemens, en 5 livraisons de 160 pages chacune, livré franc de port et de frais de recouvremens.

La première livraison paraîtra le 5 janvier.

Pour Paris, l'ouvrage se vend par livraisons de deux feuilles, publiée le samedi de chaque semaine, au prix de 30 centimes chacune.

ON SOUSCRIT A PARIS,

CHEZ MM. DU CLOSEL FRÈRES ET DE ROSTAING,

RUE NOTRE-DAME-DES-VICTOIRES, 54.

Et chez les Dépositaires :

Postel, rue de la Monnaie, 22;	Martion, rue du Coq, 4;
Ferrier, passage Bourg-l'Abbé, 28;	Bondin, rue Quincampoix, 57;
Mme Deschamps, galerie Vivienne, 5 et 7;	Bonnaire, boulevard Poissonnière, 20;
Paul, galerie de l'Odéon, 12;	Mme Simon, galerie de l'Odéon, 9;
Grimperelle, rue Poissonnière, 21;	Foullon, passage du Commerce.

BULLETIN DE SOUSCRIPTION.

Je soussigné   par

demeurant à

département de

déclare souscrire au Dictionnaire des Codes français, et m'engage à payer, à mon domicile, la somme de 14 fr.

50 cent. après la publication de la moitié de l'ouvrage.

(Signature.)

On est prié d'ajouter APPROUVÉ avant de signer

Pour contracter la Souscription, il suffira de remplir le bulletin, et de le mettre à la poste.

A Messieurs

Messieurs DU CLOSEL frères et DE ROSTAING,

rue Notre-Dame-des-Victoires, n. 54.

PARIS.

DICTIONNAIRE

DES

CODES FRANÇAIS.

Paris. — Imprimerie de Béthune et Plon, rue de Vaugirard, 36.

DICTIONNAIRE

DES

CODES FRANÇAIS,

OU MANUEL DU DROIT,

DANS LEQUEL TOUTES LES MATIÈRES QUE RENFERMENT LES CODES

SONT DISTRIBUÉES TEXTUELLEMENT

PAR ORDRE ALPHABÉTIQUE,

DE MANIÈRE A RENDRE LES RECHERCHES FACILES,

Même pour les Personnes les plus étrangères à l'étude des Lois;

AVEC UNE TABLE DES ARTICLES PAR ORDRE DE NUMÉROS,

RENVOYANT AU TEXTE MÊME DE CHAQUE DISPOSITION;

PAR A. F. TEULET,

Avocat à la Cour Royale de Paris.

PARIS.

H. PLON, ÉDITEUR,

RUE DE VAUGIRARD, 56.

—

1836.

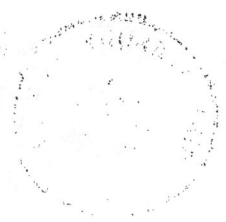

INTRODUCTION.

Le premier obstacle qui se présente dans l'étude des lois, c'est la difficulté de trouver les textes qui doivent être appliqués à chaque cas particulier. Vivement frappé de tous les inconvéniens qui résultent des classifications diverses qui peuvent être adoptées, nous avons pensé qu'en rapprochant toutes les dispositions qui se rattachent à un seul et même objet, nous pourrions présenter au public un ouvrage dont l'utilité pratique serait facilement appréciée. Nous avons adopté la forme de dictionnaire, comme étant la plus propre à faciliter les recherches. Le Dictionnaire des Codes doit donc donner sous chaque mot, dans leur ordre alphabétique, toutes les dispositions que renferment les Codes, et toutes ces dispositions s'y trouvent rappelées textuellement, de telle sorte que l'on puisse retrouver, d'un seul coup d'œil, tous les textes qui se rapportent à la même matière.

Si nous n'avions voulu faire qu'une nouvelle distribution des articles de chacun de nos Codes, présentés dans un autre ordre, nous n'aurions pas atteint complètement le but que nous nous étions proposé. Nous n'avons pas craint d'entreprendre une tâche plus difficile en reproduisant plusieurs fois les mêmes textes et en les coordonnant entre eux de manière à présenter tout à la fois un ouvrage de compilation et de doctrine. Ainsi, nous avons donné sous chaque mot sa législation complète, en présentant d'abord les dispositions générales, ensuite les dispositions particulières, et enfin les applications spéciales qui se trouvent éparses, çà et là, dans les différens Codes.

Nous avons pris pour base de notre travail les Cinq Codes, et nous avons évité, autant que possible, de subdiviser les diverses sections qui formaient la division adoptée par le législateur, parce que nous avons voulu que notre Dictionnaire pût remplacer les Codes eux-mêmes : c'est ainsi que chaque section des titres divers, soit du Code Civil, soit du Code de Procédure, etc., se trouve rapportée en entier, sous le mot qui lui sert de rubrique. On avait ainsi le double avantage de pouvoir suivre l'ordre méthodique adopté par le législateur, en même temps que sa pensée se trouvait développée tout entière par l'addition des dispositions diverses, qui sont le complément nécessaire de chaque section, mais qui se rattachent à d'autres objets, et devaient être conséquemment reportés à d'autres titres.

Dès le moment même où la promulgation du Code Civil a été faite, on a signalé le grave inconvénient qui résultait de cette distribution méthodique qui séparait souvent des textes qu'il fallait nécessairement rapprocher pour les bien comprendre; mais il aurait fallu, pour prévenir ce reproche, se décider à reproduire et multiplier les mêmes articles de loi, ce que ne pouvait pas faire le législateur. Quant à lui, son devoir est de donner les textes et non pas leur explication, c'est à l'étude d'opérer ces rapprochemens et de faire jaillir la lumière au milieu de la confusion inévitable de toute législation.

Cette confusion est telle chez la plupart des peuples, qu'il est, pour ainsi dire, impossible de connaître complétement les lois qui les régissent, et malgré la réforme législative, qui ne remonte pas chez nous au-delà de quarante-ans, nous sommes déjà arrivés à ce point que le même reproche peut nous être à bon droit adressé. Chaque année, les lois les plus diverses s'accumulent sans cesse et sans relâche, et il est bien difficile, même pour les personnes les plus exercées, de concilier ensemble tant de dispositions qui sont trop souvent inconciliables. C'est surtout dans les matières spéciales que ces difficultés se présentent, en sorte qu'il faut se consumer en recherches pour réunir la législation complète sur un même objet. Dix années d'un travail assidu nous ont laissé entrevoir l'espoir de rassembler toutes nos lois dans un ordre qui puisse présenter le tableau complet de chaque partie de la législation, soit qu'on la considère sous le rapport *diplomatique*, sous le rapport *politique*, ou sous les autres rapports *civil*, *commercial*, *criminel*, *judiciaire*, *administratif*, *militaire* et *colonial*. Mais peut-être cette œuvre immense est-elle au-dessus des forces d'un seul, et surtout des nôtres.

Nous avons détaché de ce travail la première page, et la page, il faut le dire, qui présentait à la fois le moins de difficulté et le plus d'utilité pratique, en nous attachant d'abord à la législation civile, commerciale et criminelle qui se trouve résumée dans le Code Civil, dans le Code de Procédure civile, dans le Code de Commerce, dans le Code d'Instruction criminelle et dans le Code Pénal.

Mais déjà il ne suffit plus de connaître ces Codes; ils ont besoin eux-mêmes d'être coordonnés, parce qu'ils ont été discutés en différens temps, et que tous ils se ressentent de leur origine; et depuis encore, une foule de lois sont venues les modifier de mille manières différentes; en sorte qu'il faut aujourd'hui recourir à des lois particulières qui viennent détruire telle ou telle disposition des Codes, la modifier ou la développer.

C'est ainsi que le Code Civil a vu successivement disparaître plusieurs de ses institutions primitives; spécialement le divorce, qui se trouve aujourd'hui remplacé par la séparation de corps, sans qu'il soit survenu une législation nouvelle pour en régler l'exercice, ce qui laisse encore une lacune déplorable; puis le droit d'aubaine qui est maintenant régi par une loi spéciale; puis enfin la disposition qui interdisait d'une manière absolue le mariage entre beaux-frères et belles-sœurs. D'autres lois destinées à régler soit l'exercice de la contrainte par corps, soit l'expropriation pour cause d'utilité publique, ont eu pour objet de développer des principes qui n'étaient pour ainsi dire qu'indiqués. Mais c'est surtout dans le Code d'Instruction criminelle et dans le Code Pénal que des lois récentes ont causé une perturbation que l'on ne doit pas regretter, puisqu'il en est résulté une amélioration réelle qu'il aurait fallu attendre trop long-temps, si on avait exigé une réforme entière et complète.

Nous nous sommes appliqué à coordonner tous ces nouveaux textes, que nous avons soigneusement vérifiés sur les éditions officielles, de manière à présenter l'état actuel et complet de toutes les parties de la législation usuelle sur le droit civil, le droit commercial et le droit criminel; ce qui comprend la procédure civile et la procédure criminelle.

Nous avons ajouté toutes les lois spéciales qui se rapportent à ces diverses matières, et nous avons rapproché de chaque article, auquel elles appartiennent naturellement, les dispositions du tarif civil et du tarif criminel qui présentent la plus déplorable de toutes les confusions.

Le champ ouvert devant nous était assez vaste pour qu'il ne nous fût pas permis de faire de nombreuses excursions en dehors des matières qui se rattachent directement aux Codes. Cependant nous en avons fait quelques-unes que nous avons jugées utiles à raison de l'importance des matières auxquelles elles se rapportent; spécialement, nous n'avons pas voulu omettre quelques institutions qui tiennent à l'organisation tellement intime de la justice, que nous aurions cru notre ouvrage incomplet si nous avions passé sous silence la partie de la législation qui les concerne. C'est ainsi que nous nous sommes appliqué à donner sous les mots *avocat, avoué, greffier, huissier, juge* et *notaire* la série de toutes les dispositions en vigueur qui constituent la législation particulière à ces professions diverses.

Nous aurions cru aussi notre dictionnaire incomplet s'il n'eût pas fourni le moyen de suppléer, avec la plus grande facilité, à l'absence de tout autre Code, en donnant, sur-le-champ, la disposition dont on connaît le numéro, mais dont on ignore le contenu. Pour cela nous avons ajouté une table des articles de tous les Codes par ordre de numéros, avec leur rubrique et la date de leur promulgation, dans laquelle se trouve le renvoi au texte même de chaque disposition, telle qu'elle se présente dans la section du Code à laquelle elle appartient. Notre dictionnaire offrira ainsi le double avantage, et d'un Code par ordre de numéros, et d'un Code par ordre de matières.

Nous n'avons négligé ni peines ni soins pour que notre œuvre méritât une confiance entière et nous avons la pleine conscience d'avoir fait un travail qui doit être utile, et à tous ceux qui s'occupent de l'étude des lois, et à tous ceux qui sont étrangers à cette étude.

Les jurisconsultes trouveront dans notre dictionnaire un *memento* toujours prêt à rappeler à leur mémoire et à représenter à leurs yeux le texte de toutes les dispositions qu'ils ont besoin, à chaque instant, de consulter, et qui échappent si aisément, dans les Codes, à une recherche prompte.

Les personnes qui sont étrangères à la connaissance des lois trouveront dans le Dictionnaire le seul livre qu'elles puissent consulter utilement, puisqu'il leur est absolument impossible de connaître, sans une étude préparatoire, quelle est la distribution intérieure d'un Code.

Nous espérons donc que notre livre recevra un accueil favorable qui pourra nous encourager à persévérer dans nos travaux.

DICTIONNAIRE

DES

CODES FRANÇAIS.

A

ABANDON DE BIENS.

I. PAR UN ASCENDANT EN FAVEUR DE SES DESCENDANS.

1° *A titre général.*

C. Civ. (*liv.* 3, *tit.* 2, *ch.* 7, *des partages faits par père, mère, ou autres ascendans, entre leurs descendans, art.* 1075-1080). — 1075. Les père et mère et autres ascendans pourront faire, entre leurs enfans et descendans, la distribution et le partage de leurs biens.

1076. Ces partages pourront être faits par actes entre-vifs ou testamentaires, avec les formalités, conditions et règles prescrites pour les donations entre-vifs et testamens. — Les partages faits par actes entre-vifs ne pourront avoir pour objet que les biens présens.

1077. Si tous les biens que l'ascendant laissera au jour de son décès n'ont pas été compris dans le partage, ceux de ses biens qui n'y auront pas été compris seront partagés conformément à la loi.

1078. Si le partage n'est pas fait entre tous les enfans qui existeront à l'époque du décès et les descendans de ceux prédécédés, le partage sera nul pour le tout. Il en pourra être provoqué un nouveau dans la forme légale, soit par les enfans ou descendans qui n'y auront reçu aucune part, soit même par ceux entre qui le partage aurait été fait.

1079. Le partage fait par l'ascendant pourra être attaqué pour cause de lésion de plus du quart : il pourra l'être aussi dans le cas où il résulterait du partage et des dispositions faites par préciput, que l'un des co-partagés aurait un avantage plus grand que la loi ne le permet.

1080. L'enfant qui, pour une des causes exprimées en l'article précédent, attaquera le partage fait par l'ascendant, devra faire l'avance des frais de l'estimation ; et il les supportera en définitif, ainsi que les dépens de la contestation, si la réclamation n'est pas fondée.

2° *A titre particulier.*

C. Civ. 1406. L'immeuble abandonné ou cédé par père, mère, ou autre ascendant, à l'un des deux époux, soit pour le remplir de ce qu'il lui doit, soit à la charge de payer les dettes du donateur à des étrangers, n'entre point en communauté, sauf récompense ou indemnité.

II. PAR UN DÉBITEUR AU PROFIT DE SES CRÉANCIERS. *V.* CESSION DE BIENS.

III. ABANDON DE BIENS DIVERS. *V.* DÉLAISSEMENT.

ABANDONNÉS (BIENS). *V.* DÉSHÉRENCE, ÉPAVES, TRÉSOR.

ABANDONNÉS (ENFANS). *C. Civ.* 58. Toute personne qui aura trouvé un enfant nouveau-né sera tenue de le remettre à l'officier de l'état civil, ainsi que les vêtemens et autres effets trouvés avec l'enfant, et de déclarer toutes les circonstances du temps et du lieu où il aura été trouvé. — Il en sera dressé un procès-verbal détaillé, qui énoncera en outre l'âge apparent de l'enfant, son sexe, les noms qui lui seront donnés, l'autorité civile à laquelle il sera remis. Ce procès-verbal sera inscrit sur les registres de l'état civil.

C. Pén. 347. Toute personne qui, ayant trouvé un enfant nouveau-né, ne l'aura pas remis à l'officier de l'état civil, ainsi qu'il est prescrit par l'art. 58 du Code civil, sera punie des peines portées au précédent article (emprisonnement de 6 jours à 6 mois, amende de 16 fr. à 500 fr.).—La présente disposition n'est pas applicable à celui qui aurait consenti à se charger de l'enfant, et qui aurait fait sa déclaration à cet égard devant la municipalité du lieu où l'enfant a été trouvé.

ABEILLES. *C. Civ.* 524. Les objets que le propriétaire d'un fonds y a placés pour le service et l'exploitation de ce fonds, sont immeubles par destination. — Ainsi sont immeubles par destination, quand elles ont été placées par le propriétaire pour le service et l'exploitation du fonds, les ruches à miel.

ABORDAGE. *C. Com.* 350. Sont aux risques des assureurs, toutes pertes et dommages qui arrivent aux objets assurés, par abordage fortuit.

407. En cas d'abordage de navires, si l'événement a été purement fortuit, le dommage est supporté, sans répétition, par celui des navires qui l'a éprouvé. — Si l'abordage a été fait par la faute de l'un des capitaines, le dommage est payé par celui qui l'a causé.—S'il y a doute dans les causes de l'abordage, le dommage est réparé à frais communs, et par égale portion, par les navires qui l'ont fait et souffert. — Dans ces deux derniers cas, l'estimation du dommage est faite par experts.

433. Sont non recevables—toutes actions contre le capitaine et les assureurs, en indemnité pour dommages causés par l'abordage dans un lieu où le capitaine a pu agir, s'il n'a point fait de réclamations.

436. Ces réclamations sont nulles, si elles ne sont faites et signifiées dans les vingt-quatre heures, et si, dans le mois de leur date, elles ne sont suivies d'une demande en justice.

ABOUTISSANS. *C. Proc.* 64. En matière réelle ou mixte, les exploits énonceront la nature de l'héritage, la commune, et autant qu'il est possible la partie de la commune où il est situé, et deux au moins des tenans et aboutissans; et, s'il s'agit d'un domaine, corps de ferme ou métairie, il suffira d'en désigner le nom et la situation, le tout à peine de nullité.

627. Le procès-verbal de saisie contiendra l'indication de chaque pièce, sa contenance et sa situation, et deux au moins de ses tenans et aboutissans, et la nature des fruits.

ABRÉVIATIONS. *C. Civ.* 42. Les actes (de l'état civil) seront inscrits sur les registres, de suite, sans aucun blanc. Les ratures et les renvois seront approuvés et signés de la même manière que le corps de l'acte. Il n'y sera rien écrit par abréviation, et aucune date ne sera mise en chiffres.

L. 25 *vent. an XI.* 13. Les actes des notaires seront écrits, en un seul et même contexte, lisiblement, sans aucune abréviation, blanc, lacune, intervalle.

ABROGATION. CODE CIVIL. 1390. Les époux ne peuvent plus stipuler d'une manière générale que leur association sera réglée par l'une des coutumes, lois ou statuts locaux qui régissaient ci-devant les diverses parties du territoire français, et qui sont abrogées par le présent Code.

CODE DE PROCÉDURE. 1041. Le présent Code sera exécuté à dater du 1er janvier 1807 : en conséquence, tous procès qui seront intentés depuis cette époque, seront instruits conformément à ses dispositions. Toutes lois, coutumes, usages et réglemens relatifs à la procédure civile, seront abrogés.

CODE DE COMMERCE, *l.* 13-25 *septembre* 1807. — 2. A dater du 1er janvier 1808, toutes les anciennes lois touchant les matières commerciales sur lesquelles il est statué par le Code (de commerce), sont abrogées.

C. Com. 153. Tous délais de grâce, de faveur, d'usage ou d'habitude locale, pour le paiement des lettres de change, sont abrogés.

CODE PÉNAL. 484. Dans toutes les matières qui n'ont pas été réglées par le présent Code, et qui sont régies par des lois et réglemens particuliers, les cours et les tribunaux continueront de les observer.

ABSENCE, ABSENT.

I. DE L'ABSENT ACCIDENTELLEMENT ÉLOIGNÉ DE SON DOMICILE.

1° *Droit civil.*

DÉSAVEU DE PATERNITÉ. *C. Civ.* 316. Dans les divers cas où le mari est autorisé à réclamer, il devra le faire dans le mois, s'il se trouve sur les lieux de la naissance de l'enfant;—Dans les deux mois après son retour, si, à la même époque, il est absent.

PARTAGE. *C. Civ.* 838. Si tous les co-héritiers ne sont pas présens, ou s'il y a parmi eux des interdits, ou des mineurs, même émancipés, le partage doit être fait en justice, conformément aux règles prescrites par les articles 819 à 837 compris. *V.* PARTAGE.

PRESCRIPTION. *C. Civ.* 2265. Celui qui acquiert de bonne foi et par juste titre un immeuble, en prescrit la propriété par dix ans, si le véritable propriétaire habite dans le ressort de la cour royale dans l'étendue de laquelle l'immeuble est situé; et par vingt ans, s'il est domicilié hors dudit ressort.

2266. Si le véritable propriétaire a eu son domicile en différens temps dans le ressort et hors du ressort, il faut, pour compléter la prescription, ajouter à ce qui manque aux dix ans de présence, un nombre d'années d'absence double de celui qui manque, pour compléter les dix ans de présence.

2° Procédure civile.

AJOURNEMENT. *C. Proc.* 68. Tous exploits seront faits à personne ou à domicile ; mais si l'huissier ne trouve au domicile ni la partie, ni aucun de ses parens ou serviteurs, il remettra de suite la copie à un voisin, qui signera l'original ; si ce voisin ne peut ou ne veut signer, l'huissier remettra la copie au maire ou adjoint de la commune, lequel visera l'original sans frais. L'huissier fera mention du tout, tant sur l'original que sur la copie. (Le tout, à peine de nullité, art. 70.)

APPEL (*délai d'*). *C. Proc.* 485. Lorsque le demandeur sera absent du territoire européen du royaume pour un service de terre ou de mer, ou employé dans les négociations extérieures pour le service de l'état, il aura, pour interjeter appel, outre le délai ordinaire de trois mois depuis la signification du jugement, le délai d'une année.

EXPERTISE. *C. Proc.* 315. Le procès-verbal de prestation de serment contiendra indication, par les experts, du lieu, et des jour et heure de leur opération. — En cas de présence des parties ou de leurs avoués, cette indication vaudra sommation. — En cas d'absence, il sera fait sommation aux parties, par acte d'avoué, de se trouver aux jour et heure que les experts auront indiqués.

SAISIE. *C. Proc.* 591. Si le saisi est absent, et qu'il y ait refus d'ouvrir aucune pièce ou meuble, l'huissier en requerra l'ouverture ; et, s'il se trouve des papiers, il requerra l'apposition des scellés par l'officier appelé pour l'ouverture. *V.* BRIS DE PORTE.

SUCCESSION (*scellés, inventaire*). *C. Proc.* 909. L'apposition des scellés pourra être requise 1°....; 3° en cas d'absence, soit du conjoint, soit des héritiers ou de l'un d'eux, par les personnes qui demeuraient avec le défunt, et par ses serviteurs et domestiques.

910. Les prétendans-droit et les créanciers mineurs émancipés pourront requérir l'apposition des scellés, sans l'assistance de leur curateur. — S'ils sont mineurs non émancipés, et s'ils n'ont pas de tuteur, ou s'il est absent, elle pourra être requise par un de leurs parens.

911. Le scellé sera apposé, soit à la diligence du ministère public, soit sur la déclaration du maire ou adjoint de la commune, et même d'office par le juge de paix : 1° si le mineur est sans tuteur, et que le scellé ne soit pas requis par un parent ; 2° si le conjoint, ou si les héritiers ou l'un d'eux sont absens.

942. (L'inventaire) doit être fait en pré-

sence : 1° du conjoint survivant ; 2° des héritiers présomptifs ; 3° de l'exécuteur testamentaire, si le testament est connu ; 4° des donataires et légataires universels, ou à titre universel, soit en propriété, soit en usufruit, ou eux dûment appelés, s'ils demeurent dans la distance de cinq myriamètres ; s'ils demeurent au-delà, il sera appelé, pour tous les absens, un seul notaire, nommé par le président du tribunal de première instance, pour représenter les parties appelées et défaillantes.

3° *Poursuites criminelles. V.* CONTUMACE et DÉFAUT.

II. DE L'ABSENT QUI A DISPARU DE SON DOMICILE.

1° De l'absence et de ses effets.

C. Civ. (*liv.* 1, *tit.* 4, *des absens, art.* 112-143.) *Chap.* 1, *de la présomption d'absence.*

112. S'il y a nécessité de pourvoir à l'administration de tout ou partie des biens laissés par une personne présumée absente, et qui n'a point de procureur fondé, il y sera statué par le tribunal de première instance, sur la demande des parties intéressées.

113. Le tribunal, à la requête de la partie la plus diligente, commettra un notaire pour représenter les présumés absens, dans les inventaires, comptes, partages et liquidations dans lesquels ils seront intéressés.

114. Le ministère public est spécialement chargé de veiller aux intérêts des personnes présumées absentes ; il sera entendu sur toutes les demandes qui les concernent.

Chap. 2, *de la déclaration d'absence.*

115. Lorsqu'une personne aura cessé de paraître au lieu de son domicile ou de sa résidence, et que depuis quatre ans on n'en aura point eu de nouvelles, les parties intéressées pourront se pourvoir devant le tribunal de première instance, afin que l'absence soit déclarée.

116. Pour constater l'absence, le tribunal, d'après les pièces et documens produits, ordonnera qu'une enquête soit faite contradictoirement avec le procureur du Roi, dans l'arrondissement du domicile, et dans celui de la résidence, s'ils sont distincts l'un de l'autre.

117. Le tribunal, en statuant sur la demande, aura d'ailleurs égard aux motifs de l'absence, et aux causes qui ont pu empêcher d'avoir des nouvelles de l'individu présumé absent.

118. Le procureur du Roi enverra, aussitôt qu'ils seront rendus, les jugemens tant préparatoires que définitifs, au ministre de la justice, qui les rendra publics.

119. Le jugement de déclaration d'absence ne

1.

sera rendu qu'un an après le jugement qui aura ordonné l'enquête.

Chap. 3, des effets de l'absence.

Sect. 1, des effets de l'absence, relativement aux biens que l'absent possédait au jour de sa disparition. — 120. Dans le cas où l'absent n'aurait point laissé de procuration pour l'administration de ses biens, ses héritiers présomptifs, au jour de sa disparition ou de ses dernières nouvelles, pourront, en vertu du jugement définitif qui aura déclaré l'absence, se faire envoyer en possession provisoire des biens qui appartenaient à l'absent au jour de son départ ou de ses dernières nouvelles, à la charge de donner caution pour la sûreté de leur administration.

121. Si l'absent a laissé une procuration, ses héritiers présomptifs ne pourront poursuivre la déclaration d'absence et l'envoi en possession provisoire, qu'après dix années révolues depuis sa disparition, ou depuis ses dernières nouvelles.

122. Il en sera de même si la procuration vient à cesser; et, dans ce cas, il sera pourvu à l'administration des biens de l'absent, comme il est dit au chapitre 1er du présent titre (*art.*112-114).

123. Lorsque les héritiers présomptifs auront obtenu l'envoi en possession provisoire, le testament, s'il en existe un, sera ouvert à la réquisition des parties intéressées, ou du procureur du Roi près le tribunal; et les légataires, les donataires, ainsi que tous ceux qui avaient, sur les biens de l'absent, des droits subordonnés à la condition de son décès, pourront les exercer provisoirement, à la charge de donner caution.

124. L'époux commun en biens, s'il opte pour la continuation de la communauté, pourra empêcher l'envoi provisoire, et l'exercice provisoire de tous les droits subordonnés à la condition du décès de l'absent, et prendre ou conserver par préférence l'administration des biens de l'absent. Si l'époux demande la dissolution provisoire de la communauté, il exercera ses reprises et tous ses droits légaux et conventionnels, à la charge de donner caution pour les choses susceptibles de restitution. — La femme, en optant pour la continuation de la communauté, conservera le droit d'y renoncer ensuite.

125. La possession provisoire ne sera qu'un dépôt, qui donnera à ceux qui l'obtiendront l'administration des biens de l'absent, et qui les rendra comptables envers lui, en cas qu'il reparaisse ou qu'on ait de ses nouvelles.

126. Ceux qui auront obtenu l'envoi provisoire, ou l'époux qui aura opté pour la continuation de la communauté, devront faire procéder à l'inventaire du mobilier et des titres de l'absent, en présence du procureur du Roi près le tribunal de première instance, ou d'un juge de paix requis par ledit procureur du Roi. — Le tribunal ordonnera, s'il y a lieu, de vendre tout ou partie du mobilier. Dans le cas de vente, il sera fait emploi du prix, ainsi que des fruits échus. —Ceux qui auront obtenu l'envoi provisoire pourront requérir, pour leur sûreté, qu'il soit procédé par un expert nommé par le tribunal, à la visite des immeubles, à l'effet d'en constater l'état. Son rapport sera homologué en présence du procureur du Roi; les frais en seront pris sur les biens de l'absent.

127. Ceux qui, par suite de l'envoi provisoire, ou de l'administration légale, auront joui des biens de l'absent, ne seront tenus de lui rendre que le cinquième des revenus, s'il reparaît avant quinze ans révolus depuis le jour de sa disparition; et le dixième, s'il ne reparaît qu'après les quinze ans. — Après trente ans d'absence, la totalité des revenus leur appartiendra.

128. Tous ceux qui ne jouiront qu'en vertu de l'envoi provisoire, ne pourront aliéner ni hypothéquer les immeubles de l'absent.

129. Si l'absence a continué pendant trente ans depuis l'envoi provisoire, ou depuis l'époque à laquelle l'époux commun aura pris l'administration des biens de l'absent, ou s'il s'est écoulé cent ans révolus depuis la naissance de l'absent, les cautions seront déchargées; tous les ayans droit pourront demander le partage des biens de l'absent, et faire prononcer l'envoi en possession définitif par le tribunal de première instance.

130. La succession de l'absent sera ouverte du jour de son décès prouvé, au profit des héritiers les plus proches à cette époque; et ceux qui auraient joui des biens de l'absent seront tenus de les restituer, sous la réserve des fruits par eux acquis en vertu de l'art. 127.

131. Si l'absent reparaît, ou si son existence est prouvée pendant l'envoi provisoire, les effets du jugement qui aura déclaré l'absent cesseront, sans préjudice, s'il y a lieu, des mesures conservatoires prescrites au chapitre 1er du présent titre, pour l'administration de ses biens (*art.* 112-114).

132. Si l'absent reparaît, ou si son existence est prouvée, même après l'envoi définitif, il recouvrera ses biens dans l'état où ils se trouveront, le prix de ceux qui auraient été aliénés, ou les biens provenant de l'emploi qui aurait été fait du prix de ses biens vendus.

133. Les enfans et descendans directs de l'absent pourront également, dans les trente ans, à

compter de l'envoi définitif, demander la restitution de ses biens, comme il est dit en l'article précédent.

134. Après le jugement de déclaration d'absence, toute personne qui aurait des droits à exercer contre l'absent, ne pourra les poursuivre que contre ceux qui auront été envoyés en possession des biens, ou qui en auront l'administration légale.

Sect. 2, des effets de l'absence, relativement aux droits éventuels qui peuvent compéter à l'absent. — 135. Quiconque réclamera un droit échu à un individu dont l'existence ne sera pas reconnue, devra prouver que ledit individu existait quand le droit a été ouvert : jusqu'à cette preuve, il sera déclaré non recevable dans sa demande.

136. S'il s'ouvre une succession à laquelle soit appelé un individu dont l'existence n'est pas reconnue, elle sera dévolue exclusivement à ceux avec lesquels il aurait eu le droit de concourir, ou à ceux qui l'auraient recueillie à son défaut.

137. Les dispositions des deux articles précédens auront lieu sans préjudice des actions en pétition d'hérédité et d'autres droits, lesquels compéteront à l'absent ou à ses représentans ou ayans cause, et ne s'éteindront que par le laps de temps établi pour la prescription.

138. Tant que l'absent ne se présentera pas, ou que les actions ne seront point exercées de son chef, ceux qui auront recueilli la succession gagneront les fruits par eux perçus de bonne foi.

Sect. 3, des effets de l'absence, relativement au mariage. — 139. L'époux absent dont le conjoint a contracté une nouvelle union, sera seul recevable à attaquer ce mariage par lui-même, ou par son fondé de pouvoir, muni de la preuve de son existence.

140. Si l'époux absent n'a point laissé de parens habiles à lui succéder, l'autre époux pourra demander l'envoi en possession provisoire des biens.

Chap. 4, de la surveillance des enfans mineurs du père qui a disparu.

141. Si le père a disparu laissant des enfans mineurs issus d'un commun mariage, la mère en aura la surveillance, et elle exercera tous les droits du mari quant à leur éducation et à l'administration de leurs biens.

142. Six mois après la disparition du père, si la mère était décédée lors de cette disparition, ou si elle vient à décéder avant que l'absence du père ait été déclarée, la surveillance des enfans sera déférée, par le conseil de famille, aux ascendans les plus proches, et, à leur défaut, à un tuteur provisoire.

143. Il en sera de même dans le cas où l'un des époux qui aura disparu, laissera des enfans mineurs issus d'un mariage précédent.

2° *Dispositions additionnelles.*

1° *Droit civil.*

FEMME (autorisation de). C. Civ. 222. Si le mari est interdit ou absent, le juge peut, en connaissance de cause, autoriser la femme, soit pour ester en jugement, soit pour contracter.

Biens de communauté. 1427. La femme ne peut s'obliger ni engager les biens de la communauté, même pour tirer son mari de prison, ou pour l'établissement de ses enfans, en cas d'absence du mari, qu'après y avoir été autorisée par justice.

HYPOTHÈQUE. C. Civ. 2126. Les biens des mineurs, des interdits, et ceux des absens, tant que la possession n'en est déférée que provisoirement, ne peuvent être hypothéqués que pour les causes et dans les formes établies par la loi, ou en vertu de jugemens.

MINEUR, (commerce). C. Com. 2. Tout mineur émancipé de l'un et de l'autre sexe, âgé de dix-huit ans accomplis, qui voudra profiter de la faculté que lui accorde l'article 487 du Code civil, de faire le commerce, ne pourra en commencer les opérations, ni être réputé majeur, quant aux engagemens par lui contractés pour faits de commerce : 1° s'il n'a été préalablement autorisé par son père, ou par sa mère, en cas de décès, interdiction ou absence du père, ou, à défaut du père et de la mère, par une délibération du conseil de famille, homologuée par le tribunal civil ; 2° si, en outre, l'acte d'autorisation n'a été enregistré et affiché au tribunal de commerce du lieu où le mineur veut établir son domicile.

3. La disposition de l'article précédent est applicable aux mineurs même non commerçans, à l'égard de tous les faits qui sont déclarés faits de commerce par les dispositions des articles 652 et 633. V. COMMERCE (actes de).

SUCCESSION (partage). C. Civ. 817. L'action en partage, à l'égard des co-héritiers mineurs ou interdits, peut être exercée par leurs tuteurs, spécialement autorisés par un conseil de famille. — A l'égard des co-héritiers absens, l'action appartient aux parens envoyés en possession.

Scellés, inventaire. C. Proc. 1031. Les exécuteurs testamentaires feront apposer les scellés, s'il y a des héritiers mineurs, interdits ou absens. — Ils feront faire, en présence de l'héritier présomptif, ou lui dûment appelé, l'inventaire des biens de la succession. — Ils provoqueront la vente du mobilier, à défaut de deniers suffisans pour acquitter les legs. — Ils veilleront à ce que le testament soit exécuté ; et ils pourront, en cas de contestation sur son exécution, intervenir pour en soutenir la validité. — Ils devront, à l'expiration de l'année du décès du testateur, rendre compte de leur gestion.

2° Procédure.

COMMUNICATION. *C. Proc.* 83. Seront communiquées au procureur du roi les causes suivantes : 1°..... 7° les causes concernant ou intéressant les personnes présumées absentes.

ENVOI EN POSSESSION. *C. Proc.* (2ᵉ *p. liv.* 1, tit. 6, *de quelques dispositions relatives à l'envoi en possession des biens d'un absent*, 859-860). — 859. Dans le cas prévu par l'article 112 du Code civil, et pour y faire statuer, il sera présenté requête au président du tribunal. Sur cette requête, à laquelle seront joints les pièces et documens, le président commettra un juge pour faire le rapport au jour indiqué ; et le jugement sera prononcé après avoir entendu le procureur du roi. 860. Il sera procédé de même dans le cas où il s'agirait de l'envoi en possession provisoire autorisé par l'article 120 du Code civil.

FEMME MARIÉE. *C. Proc.* 863. Dans le cas de l'absence présumée du mari, ou lorsqu'elle aura été déclarée, la femme qui voudra se faire autoriser à la poursuite de ses droits présentera également requête au président du tribunal, qui ordonnera la communication au ministère public, et commettra un juge pour faire son rapport au jour indiqué.

3° Disposition du tarif.

Liv. 2, tit. 2, § 5. *Requêtes qui ne peuvent être grossoyées et copies d'actes.* 77. — Requêtes pour faire commettre un notaire à l'effet de représenter les absens présumés, dans les inventaires, comptes, partages et liquidations dans lesquels ils sont intéressés.— A Paris, 3 f. Dans le ressort, 2 f. 25 c. ¹. Les requêtes ci-dessus ne seront point grossoyées, et la vacation pour prendre l'ordonnance est comprise dans la taxe.

78. — Requêtes à l'effet de faire pourvoir à l'administration des biens d'une personne présumée absente : pour avoir permission de faire enquête pour constater l'absence : afin d'envoi en possession provisoire des biens d'un absent : ces requêtes ne peuvent être grossoyées, et l'émolument pour prendre les ordonnances et communiqué au ministère public est compris dans la taxe, qui sera de, à Paris, 7 fr. 50 c. Dans le ressort, 5 fr. 50 c. ¹

ABSOLUTION. *C. Inst. cr.* 364. La cour prononcera l'absolution de l'accusé, si le fait dont il est déclaré coupable n'est pas défendu par une loi pénale.

¹ Pour les autres ressorts voir le mot TARIF.

412. Dans aucun cas, la partie civile ne pourra poursuivre l'annulation d'une ordonnance d'acquittement ou d'un arrêt d'absolution ; mais, si l'arrêt a prononcé contre elle des condamnations civiles, supérieures aux demandes de la partie acquittée ou absoute, cette disposition de l'arrêt pourra être annulée sur la demande de la partie civile.

ABSTENSION DE JUGE.

C. Proc. 380. Tout juge qui saura cause de récusation en sa personne, sera tenu de la déclarer à la chambre, qui décidera s'il doit s'abstenir.

388. Si le juge récusé convient des faits qui ont motivé sa récusation, ou si ces faits sont prouvés, il sera ordonné qu'il s'abstiendra.

ABSTENTION DE JUGE DE PAIX. *C. Proc.* 45. La partie qui voudra récuser un juge de paix sera tenue de former la récusation, et d'en exposer les motifs par un acte qu'elle fera signifier, par le premier huissier requis, au greffier de la justice de paix qui visera l'original. L'exploit sera signé, sur l'original et la copie, par la partie ou son fondé de pouvoir spécial. La copie sera déposée au greffe, et communiquée immédiatement au juge par le greffier.

46. Le juge sera tenu de donner au bas de cet acte, dans le délai de deux jours, sa déclaration par écrit portant ou son acquiescement à la récusation, ou son refus de s'abstenir, avec ses réponses au moyen de récusation ; *V.* RÉCUSATION.

ABUS D'AUTORITÉ.

Disposition générale.

C. Pén. 60. Seront punis comme complices d'une action qualifiée crime ou délit, ceux qui, par abus d'autorité ou de pouvoir, auront provoqué à cette action, ou donné des instructions pour la commettre.

I. DES ABUS D'AUTORITÉ CONTRE LES PARTICULIERS.

C. Pén. (liv. 1, tit. 3, ch. 3, sect. 2, art. 184-191). —184. Tout fonctionnaire de l'ordre administratif ou judiciaire, tout officier de justice ou de police, tout commandant ou agent de la force publique, qui, agissant en sadite qualité, se sera introduit dans le domicile d'un citoyen contre le gré de celui-ci, hors les cas prévus par la loi, et sans les formalités qu'elle a prescrites, sera puni d'un emprisonnement de six jours à un an, et d'une amende de seize à deux cents francs, sans préjudice de l'application du second paragraphe de l'art. 114 ; tout individu qui se sera introduit à l'aide de menaces ou de violences dans le domicile d'un citoyen, sera puni d'un emprisonnement de six jours à trois mois, et d'une amende de seize à deux cents francs.

114. 2e §. — Si néanmoins il justifie qu'il a agi par ordre de ses supérieurs pour des objets du ressort de ceux-ci, et sur lesquels il leur était dû obéissance hiérarchique, il sera exempt de la peine, laquelle sera, dans ce cas, appliquée seulement aux supérieurs qui auront donné l'ordre.

185. Tout juge ou tribunal, tout administrateur ou autorité administrative, qui, sous quelque prétexte que ce soit, même du silence ou de l'obscurité de la loi, aura dénié de rendre la justice qu'il doit aux parties, après en avoir été requis, et qui aura persévéré dans son déni, après avertissement ou injonction de ses supérieurs, pourra être poursuivi, et sera puni d'une amende de deux cents francs au moins et de cinq cents francs au plus, et de l'interdiction de l'exercice des fonctions publiques depuis cinq ans jusqu'à vingt.

186. Lorsqu'un fonctionnaire ou un officier public, un administrateur, un agent ou un préposé du gouvernement ou de la police, un exécuteur des mandats de justice ou jugemens, un commandant en chef ou en sous-ordre de la force publique, aura, sans motif légitime, usé ou fait user de violences envers les personnes, dans l'exercice ou à l'occasion de l'exercice de ses fonctions, il sera puni selon la nature et la gravité de ses violences, et en élevant la peine suivant la règle posée par l'article 198 ci-après.

187. Toute suppression, toute ouverture de lettres confiées à la poste, commise ou facilitée par un fonctionnaire ou un agent du gouvernement ou de l'administration des postes, sera punie d'une amende de seize francs à cinq cents fr. et d'un emprisonnement de trois mois à cinq ans. Le coupable sera de plus interdit de toute fonction ou emploi public pendant cinq ans au moins et dix ans au plus.

II. DES ABUS D'AUTORITÉ CONTRE LA CHOSE PUBLIQUE.

188. Tout fonctionnaire public, agent ou préposé du gouvernement, de quelque état et grade qu'il soit, qui aura requis ou ordonné, fait requérir ou ordonner l'action ou emploi de la force publique contre l'exécution d'une loi ou contre la perception d'une contribution légale, ou contre l'exécution, soit d'une ordonnance ou mandat de justice, soit de tout autre ordre émané de l'autorité légitime, sera puni de la réclusion.

189. Si cette réquisition ou cet ordre ont été suivis de leur effet, la peine sera le maximum de la réclusion.

190. Les peines énoncées aux articles 188 et 189 ne cesseront d'être applicables aux fonctionnaires ou préposés qui auraient agi par ordre de leurs supérieurs, qu'autant que cet ordre aura été donné par ceux-ci pour des objets de leur ressort, et sur lesquels il leur était dû obéissance hiérarchique; dans ce cas, les peines portées ci-dessus ne seront appliquées qu'aux supérieurs qui les premiers auront donné cet ordre.

191. Si, par suite desdits ordres ou réquisitions, il survient d'autres crimes punissables de peines plus fortes que celles exprimées aux articles 188 et 189, ces peines plus fortes seront appliquées aux fonctionnaires, agens ou préposés coupables d'avoir donné lesdits ordres ou fait lesdites réquisitions.

Disposition additionnelle.

C. Pén. 198. Hors les cas où la loi règle spécialement les peines encourues pour crimes ou délits commis par les fonctionnaires ou officiers publics, ceux d'entre eux qui auront participé à d'autres crimes ou délits, qu'ils étaient chargés de surveiller ou de réprimer, seront punis comme il suit: — S'il s'agit d'un délit de police correctionnelle, ils subiront toujours le maximum de la peine attachée à l'espèce de délit; et s'il s'agit de crime, ils seront condamnés, savoir : à la réclusion, si le crime emporte contre tout autre coupable la peine de bannissement ou de la dégradation civique; aux travaux forcés à temps, si le crime emporte contre tout autre coupable la peine de la réclusion ou de la détention; et aux travaux forcés à perpétuité, lorsque le crime emportera contre tout autre coupable la peine de la déportation ou celle des travaux forcés à temps. Au-delà des cas qui viennent d'être exprimés, la peine commune sera appliquée sans aggravation.

ABUS DE CONFIANCE. *C. Pén.* (*liv.* 3, *tit.* 2, *ch.* 2, § 2, *abus de confiance, art.* 406-409). — 406. Quiconque aura abusé des besoins, des faiblesses ou des passions d'un mineur, pour lui faire souscrire, à son préjudice, des obligations, quittances ou décharges, pour prêt d'argent ou de choses mobilières, ou d'effets de commerce ou de tous autres effets obligatoires, sous quelque forme que cette négociation ait été faite ou déguisée, sera puni d'un emprisonnement de deux mois au moins, de deux ans au plus, et d'une amende qui ne pourra excéder le quart des restitutions et des dommages-intérêts qui seront dus aux parties lésées, ni être moindre de vingt-cinq francs. — La disposition portée au second paragraphe du précédent article, pourra de plus être appliquée.

405, 2e §. — Le coupable pourra être, en outre, à compter du jour où il aura subi sa peine, interdit, pendant cinq ans au moins et dix au plus, des droits mentionnés en l'article 42 du présent Code [1] : le tout sauf les peines plus graves, s'il y a crime de faux.

407. Quiconque, abusant d'un blanc seing qui lui aura été confié, aura frauduleusement écrit au-dessus une obligation ou décharge, ou tout autre acte pouvant compromettre la personne ou la fortune du signataire, sera puni des peines portées en l'article 405 (1 an à 5 ans de prison, 50 fr. à 3000 fr. d'amende et l'interdiction facultative de 5 à 10 ans des mêmes droits [1]) — Dans le cas où le blanc-seing ne lui aurait pas été confié, il sera poursuivi comme faussaire et puni comme tel. *V.* ESCROQUERIE.

408. Quiconque aura détourné ou dissipé, au préjudice du propriétaire, possesseur ou détenteur, des effets, deniers, marchandises, billets, quittances ou tous autres écrits contenant ou opérant obligation ou décharge, qui ne lui auraient été remis qu'à titre de louage, de dépôt, de mandat, ou pour un travail salarié ou non salarié, à la charge de les rendre ou représenter, ou d'en faire un usage ou un emploi déterminé, sera puni des peines portées en l'art. 406. — Si l'abus de confiance prévu et puni par le précédent paragraphe a été commis par un domestique, homme de service à gages, élève, clerc, commis, ouvrier, compagnon ou apprenti, au préjudice de son maître, la peine sera celle de la réclusion. — Le tout sans préjudice de ce qui est dit aux articles 254, 255 et 256, relativement aux soustractions et enlèvemens de deniers, effets ou pièces, commis dans les dépôts publics. *V.* SOUSTRACTION DE PIÈCES.

409. Quiconque, après avoir produit dans une contestation judiciaire quelque titre, pièce ou mémoire, l'aura soustrait de quelque manière que ce soit, sera puni d'une amende de vingt-cinq francs à trois cents francs. Cette peine sera prononcée par le tribunal saisi de la contestation.

ABUS DE JOUISSANCE. *C. Civ.* 1760. En cas de résiliation par la faute du locataire, celui-ci est tenu de payer le prix du bail pendant le temps nécessaire à la relocation, sans préjudice des dommages et intérêts qui ont pu résulter de l'abus.

FONCTIONNAIRES PUBLICS. *C. Civ.* 2102. Les créances privilégiées sur certains meubles sont : 1°.... 7° les créances résultant d'abus et de prévarications commis par les fonctionnaires publics dans l'exercice de leurs fonctions, sur les fonds de leur cautionnement, et sur les intérêts qui en peuvent être dus.

GAGE. *C. Civ.* 2082. Le débiteur ne peut, à moins que le détenteur du gage n'en abuse, en réclamer la restitution qu'après avoir entièrement payé, tant en principal qu'intérêts et frais, la dette pour sûreté de laquelle le gage a été donné.

USUFRUIT. *C. Civ.* 618. L'usufruit peut aussi cesser par l'abus que l'usufruitier fait de sa jouissance, soit en commettant des dégradations sur le fonds, soit en le laissant dépérir faute d'entretien. — Les créanciers de l'usufruitier peuvent intervenir dans les contestations, pour la conservation de leurs droits ; ils peuvent offrir la réparation des dégradations commises, et des garanties pour l'avenir. — Les juges peuvent, suivant la gravité des circonstances, ou prononcer l'extinction absolue de l'usufruit, ou n'ordonner la rentrée du propriétaire dans la jouissance de l'objet qui en est grevé, que sous la charge de payer annuellement à l'usufruitier, ou à ses ayant-cause, une somme déterminée jusqu'à l'instant où l'usufruit aurait dû cesser.

ACCEPTATION DES ADJUDICATIONS.

C. Proc. 709. L'avoué dernier enchérisseur sera tenu, dans les trois jours de l'adjudication, de déclarer l'adjudicataire, et de fournir son acceptation ; sinon, de représenter son pouvoir, lequel demeurera annexé à la minute de sa déclaration : faute de ce faire, il sera réputé adjudicataire en son nom.

ACCEPTATION DE COMMUNAUTÉ.

1° *Dispositions générales.*

C. Civ. (*liv. 3. tit. 5, ch. 2. 1re p. — Sect. 4, de l'Acceptation de la communauté, et de la Renonciation qui peut y être faite, avec les conditions qui y sont relatives, art. 1453-1466.*) — 1453. Après la dissolution de la communauté, la femme ou ses héritiers et ayans cause ont la faculté de l'accepter ou d'y renoncer : toute convention contraire est nulle.

1454. La femme qui s'est immiscée dans les biens de la communauté, ne peut y renoncer. — Les actes purement administratifs ou conservatoires n'emportent point immixtion.

---

[1] Les droits : 1° de vote et d'élection ; — 2° D'éligibilité ; — 3° D'être appelé ou nommé aux fonctions de juré ou autres fonctions publiques, ou aux emplois de l'administration, ou d'exercer ces fonctions ou emplois ; — 4° De port d'armes ; — 5° De vote et de suffrage dans les délibérations de famille ; — 6° D'être tuteur-curateur, si ce n'est de ses enfans et sur l'avis seulement de la famille ; — 7° D'être expert ou employé comme témoin dans les actes ; — 8° De témoignage en justice, autrement que pour y faire de simples déclarations.

1455. La femme majeure qui a pris dans un acte la qualité de commune, ne peut plus y renoncer ni se faire restituer contre cette qualité, quand même elle l'aurait prise avant d'avoir fait inventaire, s'il n'y a eu dol de la part des héritiers du mari.

1456. La femme survivante qui veut conserver la faculté de renoncer à la communauté, doit, dans les trois mois du jour du décès du mari, faire faire un inventaire fidèle et exact de tous les biens de la communauté, contradictoirement avec les héritiers du mari, ou eux dûment appelés. — Cet inventaire doit être par elle affirmé sincère et [véritable, lors de sa clôture, devant l'officier public qui l'a reçu.

1457. Dans les trois mois et quarante jours après le décès du mari, elle doit faire sa renonciation au greffe du tribunal de première instance dans l'arrondissement duquel le mari avait son domicile; cet acte doit être inscrit sur le registre établi pour recevoir les renonciations à succession.

1458. La veuve peut, suivant les circonstances, demander au tribunal de première instance une prorogation du délai prescrit par l'article précédent pour sa renonciation ; cette prorogation est, s'il y a lieu, prononcée contradictoirement avec les héritiers du mari , ou eux dûment appelés.

1459. La veuve qui n'a point fait sa renonciation dans le délai ci-dessus prescrit , n'est pas déchue de la faculté de renoncer si elle ne s'est point immiscée et qu'elle ait fait inventaire ; elle peut seulement être poursuivie comme commune jusqu'à ce qu'elle ait renoncé, et elle doit les frais faits contre elle jusqu'à sa renonciation. — Elle peut également être poursuivie après l'expiration des quarante jours depuis la clôture de l'inventaire , s'il a été clos avant les trois mois.

1460. La veuve qui a diverti ou recelé quelques effets de la communauté, est déclarée commune, nonobstant sa renonciation; il en est de même à l'égard de ses héritiers.

1461. Si la veuve meurt avant l'expiration des trois mois sans avoir fait ou terminé l'inventaire, les héritiers auront , pour faire ou pour terminer l'inventaire, un nouveau délai de trois mois, à compter du décès de la veuve, et de quarante jours pour délibérer, après la clôture de l'inventaire. — Si la veuve meurt ayant terminé l'inventaire , ses héritiers auront , pour délibérer, un nouveau délai de quarante jours à compter de son décès. — Ils peuvent, au surplus, renoncer à la communauté dans les formes établies ci-dessus ; et les art. 1458 et 1459 leur sont applicables.

1462. Les dispositions des art. 1456 et suivans sont applicables aux femmes des individus morts civilement , à partir du moment où la mort civile a commencé.

1463. La femme séparée de corps, qui n'a point , dans les trois mois et quarante jours après la séparation définitivement prononcée, accepté la communauté , est censée y avoir renoncé , à moins qu'étant encore dans le délai , elle n'en ait obtenu la prorogation en justice, contradictoirement avec le mari, ou lui dûment appelé.

1464. Les créanciers de la femme peuvent attaquer la renonciation qui aurait été faite par elle ou par ses héritiers en fraude de leurs créances, et accepter la communauté de leur chef.

1465. La veuve, soit qu'elle accepte, soit qu'elle renonce, a droit, pendant les trois mois et quarante jours qui lui sont accordés pour faire inventaire et délibérer , de prendre sa nourriture et celle de ses domestiques sur les provisions existantes, et, à défaut, par emprunt au compte de la masse commune , à la charge d'en user modérément. — Elle ne doit aucun loyer en raison de l'habitation qu'elle a pu faire, pendant ces délais, dans une maison dépendante de la communauté, ou appartenant aux héritiers du mari; et si la maison qu'habitaient les époux à l'époque de la dissolution de la communauté, était tenue par eux à titre de loyer, la femme ne contribuera point, pendant les mêmes délais, au paiement dudit loyer, lequel sera pris sur la masse.

1466. Dans le cas de dissolution de la communauté par la mort de la femme, ses héritiers peuvent renoncer à la communauté dans les délais et dans les formes que la loi prescrit à la femme survivante.

2° Dispositions additionnelles.

DOT DES ENFANS. C. Civ. 1439. La dot constituée par le mari seul à l'enfant commun, en effets de la communauté, est à la charge de la communauté ; et, dans le cas où la communauté est acceptée par la femme, celle-ci doit supporter la moitié de la dot, à moins que le mari n'ait déclaré expressément qu'il s'en chargeait pour le tout, ou pour une portion plus forte que la moitié.

HÉRITIERS DE LA FEMME. C. Civ. 1475. Si les héritiers de la femme sont divisés, en sorte que l'un ait accepté la communauté à laquelle l'autre a renoncé, celui qui a accepté ne peut prendre que sa portion virile et héréditaire dans les biens.

PRÉCIPUT. C. Civ. 1515. La clause par laquelle l'époux survivant est autorisé à prélever, avant tout partage, une certaine somme ou une certaine quantité d'effets mobiliers en nature, ne donne droit à ce prélèvement, au profit de la femme survivante, que lorsqu'elle accepte la communauté, à moins que le contrat de mariage ne lui ait réservé ce droit, même en renonçant. — Hors le cas de cette réserve, le préciput ne s'exerce que sur la masse partageable, et non sur les biens personnels de l'époux prédécédé.

PRESCRIPTION. *C. Civ.* 2256. La prescription est suspendue pendant le mariage. — 1° dans le cas où l'action de la femme ne pourrait être exercée qu'après une option à faire sur l'acceptation ou la renonciation à la communauté.

ACCEPTATION DE CONSIGNATION.

C. Civ. 1261. Tant que la consignation n'a point été acceptée par le créancier, le débiteur peut la retirer; et s'il la retire, ses co-débiteurs ou ses cautions ne sont point libérés.

ACCEPTATION DE DÉSISTEMENT. *V.* DÉSISTEMENT.

ACCEPTATION DE DONATION.

1° Donations ordinaires.

C. Civ. 894. La donation entre-vifs est un acte par lequel le donateur se dépouille actuellement et irrévocablement de la chose donnée, en faveur du donataire qui l'accepte.

952. La donation entre-vifs n'engagera le donateur, et ne produira aucun effet, que du jour qu'elle aura été acceptée en termes exprès. — L'acceptation pourra être faite du vivant du donateur, par un acte postérieur et authentique, dont il restera minute; mais alors la donation n'aura d'effet, à l'égard du donateur, que du jour où l'acte qui constatera cette acceptation aura été notifié.

953. Si le donataire est majeur, l'acceptation doit être faite par lui, ou, en son nom, par la personne fondée de sa procuration, portant pouvoir d'accepter la donation faite, ou un pouvoir général d'accepter les donations qui auraient été ou qui pourraient être faites.—Cette procuration devra être passée devant notaires; et une expédition devra en être annexée à la minute de la donation, ou à la minute de l'acceptation qui serait faite par acte séparé.

954. La femme mariée ne pourra accepter une donation sans le consentement de son mari, ou, en cas de refus du mari, sans autorisation de la justice, conformément à ce qui est prescrit par les articles 217 et 219, au titre *du mariage. V.* FEMME MARIÉE.

955. La donation faite à un mineur non émancipé ou à un interdit devra être acceptée par son tuteur, conformément à l'article 463, au titre *de la minorité, de la tutelle et de l'émancipation. V.* MINEUR et TUTELLE. — Le mineur émancipé pourra accepter avec l'assistance de son curateur. — Néanmoins les père et mère du mineur émancipé ou non émancipé, ou les autres ascendans, même du vivant des père et mère, quoiqu'ils ne soient ni tuteurs ni curateurs du mineur, pourront accepter pour lui.

936. Le sourd-muet qui saura écrire pourra accepter lui-même ou par un fondé de pouvoir. — S'il ne sait pas écrire, l'acceptation doit être faite par un curateur nommé à cet effet, suivant les règles établies au titre *de la minorité, de la tutelle et de l'émancipation. V.* TUTELLE.

937. Les donations faites au profit d'hospices, des pauvres d'une commune, ou d'établissemens d'utilité publique, seront acceptées par les administrateurs de ces communes ou établissemens, après y avoir été dûment autorisés.

938. La donation dûment acceptée sera parfaite par le seul consentement des parties; et la propriété des objets donnés sera transférée au donataire, sans qu'il soit besoin d'autre tradition.

939. Lorsqu'il y aura donation de biens susceptibles d'hypothèques, la transcription des actes contenant la donation et l'acceptation, ainsi que la notification de l'acceptation qui aurait eu lieu par acte séparé, devra être faite aux bureaux des hypothèques dans l'arrondissement desquels les biens sont situés.

942. Les mineurs, les interdits, les femmes mariées ne seront point restitués contre le défaut d'acceptation ou de transcription des donations; sauf leur recours contre leurs tuteurs ou maris, s'il y échet, et sans que la restitution puisse avoir lieu, dans le cas même où lesdits tuteurs et maris se trouveraient insolvables.

948. Tout acte de donation d'effets mobiliers ne sera valable que pour les effets dont un état estimatif, signé du donateur et du donataire, ou de ceux qui acceptent pour lui, aura été annexé à la minute de la donation.

2° Donations par contrat de mariage.

C. Civ. 1084. La donation par contrat de mariage pourra être faite cumulativement des biens présens et à venir, en tout ou en partie, à la charge qu'il sera annexé à l'acte un état des dettes et charges du donateur existantes au jour de la donation; auquel cas, il sera libre au donataire, lors du décès du donateur, de s'en tenir aux biens présens, en renonçant au surplus des biens du donateur.

1085. Si l'état dont est mention au précédent article n'a point été annexé à l'acte contenant donation des biens présens et à venir, le donataire sera obligé d'accepter ou de répudier cette donation pour le tout. En cas d'acceptation, il ne pourra réclamer que les biens qui se trouveront existans au jour du décès du donateur, et il sera soumis au paiement de toutes les dettes et charges de la succession.

1087. Les donations faites par contrat de mariage ne pourront être attaquées ni déclarées nulles, sous prétexte de défaut d'acceptation.

ACCEPTATION DE LETTRE DE CHANGE.

C. Com. (*liv.* 1, *tit.* 8, *sect.* 1, *de la lettre de change, art.* 118-128.)

1° *De l'acceptation directe.*

117. L'acceptation suppose la provision. — Elle en établit la preuve à l'égard des endosseurs. — Soit qu'il y ait ou non acceptation, le tireur seul est tenu de prouver, en cas de dénégation, que ceux sur qui la lettre était tirée avaient provision à l'échéance : sinon il est tenu de la garantir, quoique le protêt ait été fait après les délais fixés.

118. Le tireur et les endosseurs d'une lettre de change sont garans solidaires de l'acceptation et du paiement à l'échéance.

119. Le refus d'acceptation est constaté par un acte que l'on nomme *protêt faute d'acceptation.*

120. Sur la notification du protêt faute d'acceptation, les endosseurs et le tireur sont respectivement tenus de donner caution pour assurer le paiement de la lettre de change à son échéance, ou d'en effectuer le remboursement avec les frais de protêt et de rechange. — La caution, soit du tireur, soit de l'endosseur, n'est solidaire qu'avec celui qu'elle a cautionné.

121. Celui qui accepte une lettre de change contracte l'obligation d'en payer le montant. — L'accepteur n'est pas restituable contre son acceptation, quand même le tireur aurait failli à son insu avant qu'il eût accepté.

122. L'acceptation d'une lettre de change doit être signée. — L'acceptation est exprimée par le mot *accepté.* — Elle est datée, si la lettre est à un ou plusieurs jours ou mois de vue; — Et, dans ce dernier cas, le défaut de date de l'acceptation rend la lettre exigible au terme y exprimé, à compter de sa date.

123. L'acceptation d'une lettre de change payable dans un autre lieu que celui de la résidence de l'accepteur, indique le domicile où le paiement doit être effectué ou les diligences faites.

124. L'acceptation ne peut être conditionnelle; mais elle peut être restreinte quant à la somme acceptée. — Dans ce cas, le porteur est tenu de faire protester la lettre de change pour le surplus.

125. Une lettre de change doit être acceptée à sa présentation, ou au plus tard dans les vingt-quatre heures de la présentation. — Après les vingt-quatre heures, si elle n'est pas rendue acceptée ou non acceptée, celui qui l'a retenue est passible de dommages-intérêts envers le porteur.

2° *De l'acceptation par intervention.*

126. Lors du protêt faute d'acceptation, la lettre de change peut être acceptée par un tiers intervenant pour le tireur ou pour l'un des endosseurs. — L'intervention est mentionnée dans l'acte du protêt; elle est signée par l'intervenant.

127. L'intervenant est tenu de notifier sans délai son intervention à celui pour qui il est intervenu.

128. Le porteur de la lettre de change conserve tous ses droits contre le tireur et les endosseurs, à raison du défaut d'acceptation par celui sur qui la lettre était tirée, nonobstant toutes acceptations par intervention.

3° *Dispositions additionnelles.*

LIVRES DE COMMERCE. *C. Com.* 8. Tout commerçant est tenu d'avoir un livre-journal qui présente, jour par jour, ses dettes actives et passives, les opérations de son commerce, ses négociations, acceptations ou endossemens d'effets.

REVENDICATION. *C. Com.* 583. Les remises en effets de commerce, ou en tous autres effets non encore échus, ou échus et non encore payés, et qui se trouveront en nature dans le portefeuille du failli à l'époque de sa faillite, pourront être revendiquées, si ces remises ont été faites par le propriétaire avec le simple mandat d'en faire le recouvrement et d'en garder la valeur à sa disposition, ou si elles ont reçu de sa part la destination spéciale de servir au paiement d'acceptations ou de billets tirés au domicile du failli.

ACCEPTATION DE PAIEMENT.

C. Civ. 2038. L'acceptation volontaire que le créancier a faite d'un immeuble ou d'un effet quelconque en paiement de la dette principale, dégage la caution, encore que le créancier vienne à en être évincé.

ACCEPTATION DE SUCCESSION.

1° *Dispositions préliminaires.*

C. Civ. 795. L'héritier a trois mois pour faire inventaire, à compter du jour de l'ouverture de la succession. — Il a de plus, pour délibérer sur son acceptation ou sur sa renonciation, un délai de quarante jours, qui commencent à courir du jour de l'expiration des trois mois donnés pour l'inventaire, ou du jour de la clôture de l'inventaire, s'il a été terminé avant les trois mois.

796. Si cependant il existe dans la succession

des objets susceptibles de périr, ou dispendieux à conserver, l'héritier peut, en sa qualité d'habile à succéder, et sans qu'on puisse en induire de sa part une acceptation, se faire autoriser par justice à procéder à la vente de ces effets.—Cette vente doit être faite par officier public, après les affiches et publications réglées par les lois sur la procédure. *V.* Mobilière (*vente*).

2° De l'acceptation et de ses effets.

C. Civ. (*liv.* 3, *tit.* 1, *des successions.*—Ch. 3, sect. 1, *de l'acceptation,* art. 774-783). — **774.** Une succession peut être acceptée purement et simplement, ou sous bénéfice d'inventaire.

775. Nul n'est tenu d'accepter une succession qui lui est échue.

776. Les femmes mariées ne peuvent pas valablement accepter une succession sans l'autorisation de leur mari ou de justice, conformément aux dispositions du chapitre 6 du titre *du mariage.* *V.* FEMME MARIÉE. — Les successions échues aux mineurs et aux interdits ne pourront être valablement acceptées que conformément aux dispositions du titre *de la minorité, de la tutelle et de l'émancipation. V.* MINEUR et TUTELLE.

777. L'effet de l'acceptation remonte au jour de l'ouverture de la succession.

778. L'acceptation peut être expresse ou tacite : elle est expresse, quand on prend le titre ou la qualité d'héritier dans un acte authentique ou privé; elle est tacite, quand l'héritier fait un acte qui suppose nécessairement son intention d'accepter, et qu'il n'aurait droit de faire qu'en sa qualité d'héritier.

779. Les actes purement conservatoires, de surveillance et d'administration provisoire, ne sont pas des actes d'adition d'hérédité, si l'on n'y a pas pris le titre ou la qualité d'héritier.

780. La donation, vente ou transport que fait de ses droits successifs un des co-héritiers, soit à un étranger, soit à tous ses co-héritiers, soit à quelques-uns d'eux, emporte de sa part acceptation de la succession.—Il en est de même, 1° de la renonciation, même gratuite, que fait un des héritiers au profit d'un ou de plusieurs de ses cohéritiers; 2° de la renonciation qu'il fait même au profit de tous ses co-héritiers indistinctement, lorsqu'il reçoit le prix de sa renonciation.

781. Lorsque celui à qui une succession est échue, est décédé sans l'avoir répudiée ou sans l'avoir acceptée expressément ou tacitement, ses héritiers peuvent l'accepter ou la répudier de son chef.

782. Si ces héritiers ne sont pas d'accord pour accepter ou pour répudier la succession, elle doit être acceptée sous bénéfice d'inventaire.

783. Le majeur ne peut attaquer l'acceptation expresse ou tacite qu'il a faite d'une succession, que dans le cas où cette acceptation aurait été la suite d'un dol pratiqué envers lui : il ne peut jamais réclamer sous prétexte de lésion, excepté seulement dans le cas où la succession se trouverait absorbée ou diminuée de plus de moitié, par la découverte d'un testament inconnu au moment de l'acceptation.

3° Dispositions additionnelles.

CRÉANCIERS. *C. Civ.* **788.** Les créanciers de celui qui renonce au préjudice de leurs droits peuvent se faire autoriser en justice à accepter la succession du chef de leur débiteur, en son lieu et place.—Dans ce cas, la renonciation n'est annulée qu'en faveur des créanciers, et jusqu'à concurrence seulement de leurs créances : elle ne l'est pas au profit de l'héritier qui a renoncé.

1413. Si la succession purement immobilière est échue à la femme, et que celle-ci l'ait acceptée du consentement de son mari, les créanciers de la succession peuvent poursuivre leur paiement sur tous les biens personnels de la femme : mais, si la succession n'a été acceptée par la femme que comme autorisée en justice au refus du mari, les créanciers, en cas d'insuffisance des immeubles de la succession, ne peuvent se pourvoir que sur la nue propriété des autres biens personnels de la femme.

1414. Lorsque la succession échue à l'un des époux est en partie mobilière et en partie immobilière, les dettes dont elle est grevée ne sont à la charge de la communauté que jusqu'à concurrence de la portion contributive du mobilier dans les dettes, eu égard à la valeur de ce mobilier comparée à celle des immeubles.—Cette portion contributoire se règle d'après l'inventaire auquel le mari doit faire procéder, soit de son chef, si la succession le concerne personnellement, soit comme dirigeant et autorisant les actions de sa femme, s'il s'agit d'une succession à elle échue.

1416. Les dispositions de l'article **1414** ne font point obstacle à ce que les créanciers d'une succession en partie mobilière et en partie immobilière poursuivent leur paiement sur les biens de la communauté, soit que la succession soit échue au mari, soit qu'elle soit échue à la femme, lorsque celle-ci l'a acceptée du consentement de son mari; le tout sauf les récompenses respectives.—Il en est de même si la succession n'a été acceptée par la femme que comme autorisée en justice, et que néanmoins le mobilier en ait été confondu dans celui de la communauté sans un inventaire préalable.

1417. Si la succession n'a été acceptée par la femme que comme autorisée en justice au refus du mari, et s'il y a en inventaire, les créanciers ne peuvent poursuivre leur paiement que sur les biens tant mobiliers qu'immobiliers de ladite succession, et, en cas d'insuffisance, sur la nue propriété des autres biens personnels de la femme. PRESCRIPTION. *C. Civ.* 789. La faculté d'accepter ou de répudier une succession se prescrit par le laps de temps requis pour la prescription la plus longue des droits immobiliers (trente ans).

ACCEPTATION DE SUCCESSION SOUS BÉNÉFICE D'INVENTAIRE. *V.* BÉNÉFICE D'INVENTAIRE.

ACCEPTATION DE TRANSPORT. *C. Civ.* 1690. Le cessionnaire n'est saisi à l'égard des tiers que par la signification du transport faite au débiteur. — Néanmoins le cessionnaire peut être également saisi par l'acceptation du transport faite par le débiteur dans un acte authentique.

ACCESSION (DROIT D').

I. DU DROIT D'ACCESSION EN GÉNÉRAL.

C. Civ. 712. La propriété s'acquiert par accession ou incorporation.

546. La propriété d'une chose, soit mobilière, soit immobilière, donne droit sur tout ce qu'elle produit, et sur ce qui s'y unit accessoirement, soit naturellement, soit artificiellement. Ce droit s'appelle *droit d'accession.*

II. DU DROIT D'ACCESSION DANS SES APPLICATIONS DIVERSES AUX IMMEUBLES ET AUX MEUBLES.

C. Civ. (*liv.* 3, *tit.* 2, *chap.* 1 *et* 2 *du droit d'accession, art.* 547-577.)

Chap. 1, *du droit d'accession sur ce qui est produit par la chose.*

547. Les fruits naturels ou industriels de la terre, — Les fruits civils, — Le croît des animaux, appartiennent au propriétaire par droit d'accession.

548. Les fruits produits par la chose n'appartiennent au propriétaire qu'à la charge de rembourser les frais des labours, travaux et semences faits par des tiers.

549. Le simple possesseur ne fait les fruits siens que dans le cas où il possède de bonne foi : dans le cas contraire, il est tenu de rendre les produits avec la chose au propriétaire, qui la revendique.

550. Le possesseur est de bonne foi quand il possède comme propriétaire, en vertu d'un titre translatif de propriété dont il ignore les vices. — Il cesse d'être de bonne foi du moment où ces vices lui sont connus.

Chap. 2, *du droit d'accession sur ce qui s'unit et s'incorpore à la chose.*

551. Tout ce qui s'unit et s'incorpore à la chose appartient au propriétaire, suivant les règles qui seront ci-après établies.

Sect. 1, *du droit d'accession relativement aux choses immobilières.* — 552. La propriété du sol emporte la propriété du dessus et du dessous. — Le propriétaire peut faire au-dessus toutes les plantations et constructions qu'il juge à propos, sauf les exceptions établies au titre *des servitudes ou services fonciers. V.* SERVITUDES. — Il peut faire au-dessous toutes les constructions et fouilles qu'il jugera à propos, et tirer de ces fouilles tous les produits qu'elles peuvent fournir, sauf les modifications résultant des lois et réglemens relatifs aux mines, et des lois et réglemens de police.

553. Toutes constructions, plantations et ouvrages sur un terrain ou dans l'intérieur sont présumés faits par le propriétaire à ses frais et lui appartenir, si le contraire n'est prouvé; sans préjudice de la propriété qu'un tiers pourrait avoir acquise ou pourrait acquérir par prescription, soit d'un souterrain sous le bâtiment d'autrui, soit de toute autre partie du bâtiment.

554. Le propriétaire du sol qui a fait des constructions, plantations et ouvrages avec des matériaux qui ne lui appartenaient pas, doit en payer la valeur; il peut aussi être condamné à des dommages et intérêts, s'il y a lieu : mais le propriétaire des matériaux n'a pas droit de les enlever.

555. Lorsque les plantations, constructions et ouvrages ont été faits par un tiers et avec ses matériaux, le propriétaire du fonds a droit ou de les retenir, ou d'obliger ce tiers à les enlever. — Si le propriétaire du fonds demande la suppression des plantations et constructions, elle est aux frais de celui qui les a faites, sans aucune indemnité pour lui; il peut même être condamné à des dommages et intérêts, s'il y a lieu, pour le préjudice que peut avoir éprouvé le propriétaire du fonds. — Si le propriétaire préfère conserver ces plantations et constructions, il doit le remboursement de la valeur des matériaux et du prix de la main-d'œuvre, sans égard à la plus ou moins grande augmentation de valeur que le fonds a pu recevoir. Néanmoins, si les plantations, constructions et ouvrages ont été faits par un tiers évincé, qui n'aurait pas été condamné à la restitution des fruits attendu sa bonne foi, le propriétaire ne pourra demander la suppression desdits ouvrages, plantations et constructions : mais il aura le choix, ou de rembourser la valeur des matériaux et du prix de la main-d'œuvre, ou de

rembourser une somme égale à celle dont le fonds a augmenté de valeur.

556. Les attérissemens et accroissemens qui se forment successivement et imperceptiblement aux fonds riverains d'un fleuve ou d'une rivière, s'appellent *alluvion.* — L'alluvion profite au propriétaire riverain, soit qu'il s'agisse d'un fleuve ou d'une rivière navigable, flottable ou non; à la charge, dans le premier cas, de laisser le marche-pied ou chemin de halage, conformément aux réglemens.

557. Il en est de même des relais que forme l'eau courante qui se retire insensiblement de l'une de ses rives en se portant sur l'autre : le propriétaire de la rive découverte profite de l'alluvion, sans que le riverain du côté opposé y puisse venir réclamer le terrain qu'il a perdu. — Ce droit n'a pas lieu à l'égard des relais de la mer.

558. L'alluvion n'a pas lieu à l'égard des lacs et étangs, dont le propriétaire conserve toujours le terrain que l'eau couvre quand elle est à la hauteur de la décharge de l'étang, encore que le volume de l'eau vienne à diminuer. — Réciproquement le propriétaire de l'étang n'acquiert aucun droit sur les terres riveraines que son eau vient à couvrir dans les crues extraordinaires.

559. Si un fleuve ou une rivière, navigable ou non, enlève par une force subite une partie considérable et reconnaissable d'un champ riverain, et la porte vers un champ inférieur ou sur la rive opposée, le propriétaire de la partie enlevée peut réclamer sa propriété; mais il est tenu de former sa demande dans l'année : après ce délai, il n'y sera plus recevable, à moins que le propriétaire du champ auquel la partie enlevée a été unie, n'eût pas encore pris possession de celle-ci.

560. Les îles, îlots, attérissemens, qui se forment dans le lit des fleuves ou des rivières navigables ou flottables, appartiennent à l'état, s'il n'y a titre ou prescription contraire.

561. Les îles et attérissemens qui se forment dans les rivières non navigables et non flottables, appartiennent aux propriétaires riverains du côté où l'île est formée : si l'île n'est pas formée d'un seul côté, elle appartient aux propriétaires riverains des deux côtés, à partir de la ligne qu'on suppose tracée au milieu de la rivière.

562. Si une rivière ou un fleuve, en se formant un bras nouveau, coupe et embrasse le champ d'un propriétaire riverain, et en fait une île, ce propriétaire conserve la propriété de son champ, encore que l'île se soit formée dans un fleuve ou dans une rivière navigable ou flottable.

563. Si un fleuve ou une rivière navigable, flottable ou non, se forme un nouveau cours en abandonnant son ancien lit, les propriétaires des fonds nouvellement occupés prennent, à titre d'indemnité, l'ancien lit abandonné, chacun dans la proportion du terrain qui lui a été enlevé.

564. Les pigeons, lapins, poissons, qui passent dans un autre colombier, garenne ou étang, appartiennent au propriétaire de ces objets, pourvu qu'ils n'y aient point été attirés par fraude et artifice.

Sect. 2, du droit d'accession relativement aux choses mobilières. — 565. Le droit d'accession, quand il a pour objet deux choses mobilières appartenant à deux maîtres différens, est entièrement subordonné aux principes de l'équité naturelle. — Les règles suivantes serviront d'exemple au juge pour se déterminer, dans les cas non prévus, suivant les circonstances particulières :

566. Lorsque deux choses appartenant à différens maîtres, qui ont été unies de manière à former un tout, sont néanmoins séparables, en sorte que l'une puisse subsister sans l'autre, le tout appartient au maître de la chose qui forme la partie principale, à la charge de payer à l'autre la valeur de la chose qui a été unie.

567. Est réputée partie principale celle à laquelle l'autre n'a été unie que pour l'usage, l'ornement et le complément de la première.

568. Néanmoins, quand la chose unie est beaucoup plus précieuse que la chose principale, et quand elle a été employée à l'insu du propriétaire, celui-ci peut demander que la chose unie soit séparée pour lui être rendue, même quand il pourrait en résulter quelques dégradations de la chose à laquelle elle a été jointe.

569. Si de deux choses unies pour former un seul tout, l'une ne peut point être regardée comme l'accessoire de l'autre, celle-là est réputée principale qui est la plus considérable en valeur, ou en volume si les valeurs sont à peu près égales.

570. Si un artisan ou une personne quelconque a employé une matière qui ne lui appartenait pas, à former une chose d'une nouvelle espèce, soit que la matière puisse ou non reprendre sa première forme, celui qui en était le propriétaire a le droit de réclamer la chose qui en a été formée, en remboursant le prix de la main-d'œuvre.

571. Si cependant la main-d'œuvre était tellement importante qu'elle surpassât de beaucoup la valeur de la matière employée, l'industrie serait alors réputée la partie principale, et l'ouvrier aurait le droit de retenir la chose travaillée, en remboursant le prix de la matière au propriétaire.

572. Lorsqu'une personne a employé en partie

la matière qui lui appartenait, et en partie celle qui ne lui appartenait pas, à former une chose d'une espèce nouvelle, sans que ni l'une ni l'autre des deux matières soit entièrement détruite, mais de manière qu'elles ne puissent pas se séparer sans inconvénient, la chose est commune aux deux propriétaires, en raison, quant à l'un, de la matière qui lui appartenait ; quant à l'autre, en raison à la fois et de la matière qui lui appartenait, et du prix de sa main-d'œuvre.

573. Lorsqu'une chose a été formée par le mélange de plusieurs matières appartenant à différens propriétaires, mais dont aucune ne peut être regardée comme la matière principale, si les matières peuvent être séparées, celui à l'insu duquel les matières ont été mélangées, peut en demander la division. — Si les matières ne peuvent plus être séparées sans inconvénient, ils en acquièrent en commun la propriété dans la proportion de la quantité, de la qualité et de la valeur des matières appartenant à chacun d'eux.

574. Si la matière appartenant à l'un des propriétaires était de beaucoup supérieure à l'autre par la quantité et le prix, en ce cas le propriétaire de la matière supérieure en valeur pourrait réclamer la chose provenue du mélange, en remboursant à l'autre la valeur de sa matière.

575. Lorsque la chose reste en commun entre les propriétaires des matières dont elle a été formée, elle doit être licitée au profit commun.

576. Dans tous les cas où le propriétaire dont la matière a été employée, à son insu, à former une chose d'une autre espèce, peut réclamer la propriété de cette chose, il a le choix de demander la restitution de sa matière en même nature, quantité, poids, mesure et bonté, ou sa valeur.

577. Ceux qui auront employé des matières appartenant à d'autres, et à leur insu, pourront aussi être condamnés à des dommages et intérêts, s'il y a lieu, sans préjudice des poursuites par voie extraordinaire, si le cas y échet.

ACCESSOIRES.

I. DES ACCESSOIRES IMMOBILIERS ET MOBILIERS EN GÉNÉRAL. *V.* ci-dessus ACCESSION (*droit d'*).

II. APPLICATIONS DIVERSES.

1° *Droit civil.*

CAUTIONNEMENT. *C. Civ.* 2016. Le cautionnement indéfini d'une obligation principale s'étend à tous les accessoires de la dette, même aux frais de la première demande, et à tous ceux postérieurs à la dénonciation qui en est faite à la caution.

CRÉANCE. *C. Civ.* 1692. La vente ou cession d'une créance comprend les accessoires de la créance, tels que caution, privilége et hypothèque.

EXPROPRIATION. *C. Civ.* 2204. Le créancier peut poursuivre l'expropriation des biens immobiliers et de leurs accessoires réputés immeubles appartenant en propriété à son débiteur.

HYPOTHÈQUE. *C. Civ.* 2118. Sont seuls susceptibles d'hypothèques : — 1° Les biens immobiliers qui sont dans le commerce, et leurs accessoires réputés immeubles ; — 2° L'usufruit des mêmes biens et accessoires pendant le temps de sa durée.

INSCRIPTION. *C. Civ.* 2162. Sont réputées excessives les inscriptions qui frappent sur plusieurs domaines, lorsque la valeur d'un seul ou de quelques-uns d'entre eux excède de plus d'un tiers, en fonds libres, le montant des créances en capital et accessoires légaux.

LEGS. *C. Civ.* 1018. La chose léguée sera délivrée avec les accessoires nécessaires, et dans l'état où elle se trouvera au jour du décès du donateur.

1019. Lorsque celui qui a légué la propriété d'un immeuble, l'a ensuite augmentée par des acquisitions, ces acquisitions, fussent-elles contiguës, ne seront pas censées, sans une nouvelle disposition, faire partie du legs. — Il en sera autrement des embellissemens ou des constructions nouvelles faites sur le fonds légué, ou d'un enclos dont le testateur aurait augmenté l'enceinte.

PRIVILÉGES. *C. Civ.* 2102. Les créances privilégiées sur certains meubles, sont 1° ; 6° les frais de voiture et les dépenses accessoires sur la chose voiturée.

VENTE. *C. Civ.* 1615. L'obligation de délivrer la chose comprend ses accessoires et tout ce qui a été destiné à son usage perpétuel.

2° *Procédure.*

APPEL. *C. Proc.* 464. Il ne sera formé, en cause d'appel, aucune nouvelle demande, à moins qu'il ne s'agisse de compensation, ou que la demande nouvelle ne soit la défense à l'action principale. — Pourront aussi les parties demander des intérêts, arrérages, loyers et autres accessoires échus depuis le jugement de première instance, et les dommages et intérêts pour le préjudice souffert depuis ledit jugement.

ACCOUCHEMENT. *C. Civ.* 55. Les déclarations de naissance seront faites, dans les trois jours de l'accouchement, à l'officier de l'état civil du lieu ; l'enfant lui sera présenté.

56. La naissance de l'enfant sera déclarée par le père, ou, à défaut du père, par les docteurs en médecine ou en chirurgie, sages-femmes, officiers de santé ou autres personnes qui auront

assisté à l'accouchement ; et, lorsque la mère sera accouchée hors de son domicile, par la personne chez qui elle sera accouchée.

C. Pén. 346. Toute personne qui, ayant assisté à un accouchement, n'aura pas fait la déclaration à elle prescrite par l'article 56 du Code civil, et dans le délai fixé par l'article 55 du même Code, sera punie d'un emprisonnement de six jours à six mois, et d'une amende de seize francs à trois cents francs.

ACCROISSEMENT (DROIT D').

HÉRITIERS. *C. Civ.* 786. La part du renonçant (dans une succession) accroît à ses co-héritiers ; s'il est seul, elle est dévolue au degré subséquent.

LÉGATAIRES. *C. Civ.* 1044. Il y aura lieu à accroissement au profit des légataires dans le cas où le legs sera fait à plusieurs conjointement. — Le legs sera réputé fait conjointement, lorsqu'il le sera par une seule et même disposition, et que le testateur n'aura pas assigné la part de chacun des co-légataires dans la chose léguée.

1045. Il sera encore réputé fait conjointement, quand une chose, qui n'est pas susceptible d'être divisée sans détérioration, aura été donnée par le même acte à plusieurs personnes, même séparément.

ACCUSATION.

C. Inst. cr. (liv. 2, tit. 2, ch. 1er des mises en accusation, art. 217.—250).—217. Le procureur général près la cour royale sera tenu de mettre l'affaire en état dans les cinq jours de la réception des pièces qui lui auront été transmises en exécution de l'art. 135 ou de l'art. 133 [1], et de faire son rapport dans les cinq jours suivans, au plus tard. — Pendant ce temps, la partie civile et le prévenu pourront fournir tels mémoires qu'ils estimeront convenables, sans que le rapport puisse être retardé.

218. Une section de la cour royale, spécialement formée à cet effet, sera tenue de se réunir, au moins une fois par semaine, à la chambre du conseil, pour entendre le rapport du procureur général et statuer sur ses réquisitions.

219. Le président sera tenu de faire prononcer la section au plus tard dans les trois jours du rapport du procureur général.

220. Si l'affaire est de la nature de celles qui sont réservées à la cour de cassation, le procureur général est tenu d'en requérir la suspension et le renvoi, et la section de l'ordonner.

221. Hors le cas prévu par l'article précédent, les juges examineront s'il existe contre le prévenu des preuves ou des indices d'un fait qualifié crime par la loi, et si ces preuves ou indices sont assez graves pour que la mise en accusation soit prononcée.

222. Le greffier donnera aux juges, en présence du procureur général, lecture de toutes les pièces du procès ; elles seront ensuite laissées sur le bureau, ainsi que les mémoires que la partie civile et le prévenu auront fournis.

223. La partie civile, le prévenu, les témoins, ne paraîtront point.

224. Le procureur général, après avoir déposé sur le bureau sa réquisition écrite et signée, se retirera ainsi que le greffier.

225. Les juges délibéreront entre eux sans désemparer, et sans communiquer avec personne.

226. La cour statuera, par un seul et même arrêt, sur les délits connexes dont les pièces se trouveront en même temps produites devant elle.

227. Les délits sont connexes, soit lorsqu'ils ont été commis en même temps par plusieurs personnes réunies, soit lorsqu'ils ont été commis par différentes personnes, même en différens temps et en divers lieux, mais par suite d'un concert formé à l'avance entre elles, soit lorsque les coupables ont commis les uns pour se procurer les moyens de commettre les autres, pour en faciliter, pour en consommer l'exécution, ou pour en assurer l'impunité.

228. Les juges pourront ordonner, s'il y échet, des informations nouvelles ; — Ils pourront également ordonner, s'il y a lieu, l'apport des pièces servant à conviction qui seront restées déposées

---

[1] 133. Si, sur le rapport fait à la chambre du conseil par le juge d'instruction, les juges ou l'un d'eux estiment que le fait est de nature à être puni de peines afflictives ou infamantes, et que la prévention contre l'inculpé est suffisamment établie, les pièces d'instruction, le procès-verbal constatant le corps du délit, et un état des pièces servant à conviction, seront transmis sans délai, par le procureur du Roi, au procureur-général près la cour royale, pour être procédé ainsi qu'il sera dit au chapitre *des mises en accusation*.

133. Lorsque la mise en liberté des prévenus sera ordonnée, le procureur du Roi ou la partie civile pourra s'opposer à leur élargissement. L'opposition devra être formée dans un délai de vingt-quatre heures, qui courra, contre le procureur du Roi, à compter du jour de l'ordonnance de mise en liberté, et contre la partie civile, à compter du jour de la

signification à elle faite de ladite ordonnance au domicile par elle élu dans le lieu où siège le tribunal. L'envoi des pièces sera fait ainsi qu'il est dit à l'article 133. — Le prévenu gardera prison jusqu'après l'expiration du susdit délai.

au greffe du tribunal de première instance. — Le tout dans le plus court délai.

229. Si la cour n'aperçoit aucune trace d'un délit prévu par la loi, ou si elle ne trouve pas des indices suffisans de culpabilité, elle ordonnera la mise en liberté du prévenu ; ce qui sera exécuté sur-le-champ, s'il n'est retenu pour autre cause.— Dans le même cas, lorsque la cour statuera sur une opposition à la mise en liberté du prévenu prononcée par les premiers juges, elle confirmera leur ordonnance ; ce qui sera exécuté comme il est dit au précédent paragraphe.

230. Si la cour estime que le prévenu doit être renvoyé à un tribunal de simple police ou à un tribunal de police correctionnelle, elle prononcera le renvoi, et indiquera le tribunal qui doit en connaître.— Dans le cas de renvoi à un tribunal de simple police, le prévenu sera mis en liberté.

231. Si le fait est qualifié crime par la loi, et que la cour trouve des charges suffisantes pour motiver la mise en accusation, elle ordonnera le renvoi du prévenu aux assises.— Si le délit a été mal qualifié dans l'ordonnance de prise de corps, la cour l'annullera, et en décernera une nouvelle. — Si la cour, en prononçant l'accusation du prévenu, statue sur une opposition à sa mise en liberté, elle annullera l'ordonnance des premiers juges, et décernera une ordonnance de prise de corps.

252. Toutes les fois que la cour décernera des ordonnances de prises de corps, elle se conformera au second paragraphe de l'art. 134.

Art. 134, 2e §. — Cette ordonnance contiendra le nom du prévenu, son signalement, son domicile, s'ils sont connus, l'exposé du fait et la nature du délit.

255. L'ordonnance de prise de corps, soit qu'elle ait été rendue par les premiers juges, soit qu'elle l'ait été par la cour, sera insérée dans l'arrêt de mise en accusation, lequel contiendra l'ordre de conduire l'accusé dans la maison de justice établie près la cour où il sera renvoyé.

254. Les arrêts seront signés par chacun des juges qui les auront rendus ; il y sera fait mention, à peine de nullité, tant de la réquisition du ministère public, que du nom de chacun des juges.

255. Dans toutes les affaires, les cours royales, tant qu'elles n'auront pas décidé s'il y a lieu de prononcer la mise en accusation, pourront d'office, soit qu'il y ait ou non une instruction commencée par les premiers juges, ordonner des poursuites, se faire apporter les pièces, informer ou faire informer, et statuer ensuite ce qu'il appartiendra.

256. Dans le cas du précédent article, un des membres de la section dont il est parlé en l'art. 218, fera les fonctions de juge instructeur.

257. Le juge entendra les témoins, ou commettra, pour recevoir leurs dépositions, un des juges du tribunal de première instance dans le ressort duquel ils demeurent, interrogera le prévenu, fera constater par écrit toutes les preuves ou indices qui pourront être recueillis, et décernera, suivant les circonstances, les mandats d'amener, de dépôt ou d'arrêt.

258. Le procureur général fera son rapport dans les cinq jours de la remise que le juge instructeur lui aura faite des pièces.

259. Il ne sera décerné préalablement aucune ordonnance de prise de corps ; et s'il résulte de l'examen qu'il y a lieu de renvoyer le prévenu à la cour d'assises ou au tribunal de police correctionnelle, l'arrêt portera cette ordonnance, ou celle de se représenter, si le prévenu a été admis à la liberté sous caution.

240. Seront au surplus observées les autres dispositions du présent Code qui ne sont point contraires aux cinq articles précédens.

241. Dans tous les cas où le prévenu sera renvoyé à la cour d'assises, le procureur général sera tenu de rédiger un acte d'accusation.—L'acte d'accusation exposera, 1° la nature du délit qui forme la base de l'accusation ; 2° le fait et toutes les circonstances qui peuvent aggraver ou diminuer la peine ; le prévenu y sera dénommé et clairement désigné.—L'acte d'accusation sera terminé par le résumé suivant :—*En conséquence N.... est accusé d'avoir commis tel meurtre, tel vol, ou tel autre crime, avec telle et telle circonstance.*

242. L'arrêt de renvoi et l'acte d'accusation seront signifiés à l'accusé, et il lui sera laissé copie du tout.

243. Dans les vingt-quatre heures qui suivront cette signification, l'accusé sera transféré de la maison d'arrêt dans la maison de justice établie près la cour où il doit être jugé.

244. Si l'accusé ne peut être saisi ou ne se présente point, on procédera contre lui par contumace, ainsi qu'il sera réglé au chapitre II du titre IV du présent livre. *V.* Contumace.

245. Le procureur général donnera avis de l'arrêt de renvoi à la cour d'assises, tant au maire du lieu du domicile de l'accusé, s'il est connu, qu'à celui du lieu où le délit a été commis.

246. Le prévenu à l'égard duquel la cour royale aura décidé qu'il n'y a pas lieu au renvoi à la cour d'assises ne pourra plus y être traduit à raison du même fait, à moins qu'il ne survienne de nouvelles charges.

247. Sont considérées comme charges nouvelles,

2

les déclarations de témoins, pièces et procès-verbaux qui, n'ayant pu être soumis à l'examen de la cour royale, sont cependant de nature, soit à fortifier les preuves que la cour aurait trouvées trop faibles, soit à donner aux faits de nouveaux développemens utiles à la manifestation de la vérité.

248. En ce cas, l'officier de police judiciaire ou le juge d'instruction adressera, sans délai, copie des pièces et charges au procureur général près la cour royale; et sur la réquisition du procureur général, le président de la section criminelle indiquera le juge devant lequel il sera, à la poursuite de l'officier du ministère public, procédé à une nouvelle instruction, conformément à ce qui a été prescrit. — Pourra toutefois le juge d'instruction décerner, s'il y a lieu, sur les nouvelles charges, et avant leur envoi au procureur général, un mandat de dépôt contre le prévenu qui aurait été déjà mis en liberté d'après les dispositions de l'art. 229.

249. Le procureur du Roi enverra, tous les huit jours, au procureur général, une notice de toutes les affaires criminelles, de police correctionnelle ou de simple police, qui seront survenues.

250. Lorsque, dans la notice des causes de police correctionnelle ou de simple police, le procureur général trouvera qu'elles présentent des caractères plus graves, il pourra ordonner l'apport des pièces dans la quinzaine seulement de la réception de la notice, pour ensuite être par lui fait, dans un autre délai de quinzaine du jour de la réception des pièces, telles réquisitions qu'il estimera convenables, et par la cour être ordonné, dans le délai de trois jours, ce qu'il appartiendra.

TARIF CRIMINEL. 71. Les salaires des huissiers, pour tous les actes de leur ministère résultant du C. d'inst. crim., sont réglés et fixés ainsi qu'il suit : — 1° Pour toutes citations, significations, communications et mandats de comparution, dans les cas prévus par les art. 229, 230, 231, 242, 266 du C. d'inst. crim. pour l'original seulement, — Paris, 1 fr. ; — Villes de 40,000 hab. et au-dessus, 75 c. ; — Autres villes et communes, 50 c. ; — Pour chaque copie, — Paris, 75 c. ; — Villes de 40,000 h. et au-dessus, 60 c. ; — Autres villes et communes, 50 c. — 3° Pour l'exécution des mandats d'amener, dans les cas prévus par l'art. 237 du C. d'inst. crim., y compris l'exploit de signification et la copie, — Paris, 8 fr. ; — Villes de 40,000 hab. et au-dessus, 6 f. ; — Autres villes et communes, 5 fr. — 4° Pour l'exécution des mandats de dépôt, aux cas prévus par les art. 237, 248 du C. d'inst. crim., y compris l'exploit de signification et la copie, — Paris, 5 fr. — Villes de 40,000 hab. et au-dessus, 4 fr. ; — Autres villes et communes, 3 f.

— 5° Pour la capture de chaque prévenu, accusé ou condamné.... dans les cas prévus par les art. 231, 232, 237, 239, C. d'inst. — Paris, 21 fr. ; — Villes de 40,000 hab. et au-dessus, 18 fr. ; — Autres villes et communes, 15 fr.

ACCUSÉS. *C. d'inst. crim.* 261. Les accusés qui ne seront arrivés dans la maison de justice qu'après l'ouverture des assises, ne pourront y être jugés que lorsque le procureur général l'aura requis, lorsque les accusés y auront consenti, et lorsque le président l'aura ordonné. — En ce cas, le procureur général et les accusés seront considérés comme ayant renoncé à la faculté de se pourvoir en nullité contre l'arrêt portant renvoi à la cour d'assises.

266. Le président est chargé d'entendre l'accusé lors de son arrivée dans la maison de justice; il pourra déléguer ces fonctions à l'un des juges.

293. Vingt-quatre heures au plus tard après la remise des pièces au greffe et l'arrivée de l'accusé dans la maison de justice, celui-ci sera interrogé par le président de la cour d'assises, ou par le juge qu'il aura délégué.

294. L'accusé sera interpellé de déclarer le choix qu'il aura fait d'un conseil pour l'aider dans sa défense; sinon le juge lui en désignera un sur-le-champ, à peine de nullité de tout ce qui suivra. — Cette désignation sera comme non avenue, et la nullité ne sera pas prononcée si l'accusé choisit un conseil.

295. Le conseil de l'accusé ne pourra être choisi par lui, ou désigné par le juge, que parmi les avocats ou avoués de la cour royale ou de son ressort, à moins que l'accusé n'obtienne du président de la cour d'assises la permission de prendre pour conseil un de ses parens ou amis.

296. Le juge avertira de plus l'accusé que, dans le cas où il se croirait fondé à former une demande en nullité, il doit faire sa déclaration dans les cinq jours suivans, et qu'après l'expiration de ce délai, il n'y sera plus recevable. — L'exécution du présent article et des deux précédens sera constatée par un procès-verbal, que signeront l'accusé, le juge et le greffier; si l'accusé ne sait ou ne veut pas signer, le procès-verbal en fera mention.

297. Si l'accusé n'a point été averti conformément au précédent article, la nullité ne sera pas couverte par son silence; ses droits seront conservés, sauf à les faire valoir après l'arrêt définitif.

310. L'accusé comparaîtra (devant la cour d'assises) libre, et seulement accompagné de gardes pour l'empêcher de s'évader. *V.* CRIMINELS (*débats*).

ACHATS ET VENTE EN MATIÈRE DE COMMERCE.

C. Com. (liv. 1, *tit.* 7, *des achats et ventes, art.* 109.) — 109. Les achats et ventes se constatent : — Par actes publics, — Par actes sous signature privée, — Par le bordereau ou arrêté d'un agent de change ou courtier , dûment signé par les parties, — Par la preuve testimoniale, dans le cas où le tribunal croira devoir l'admettre.

632. La loi répute actes de commerce, — Tout achat de denrées et marchandises pour les revendre, soit en nature, soit après les avoir travaillées et mises en œuvre, ou même pour en louer simplement l'usage.

ACHETEUR.

C. Civ. (*liv.* 3, *tit.* 6, *ch.* 3, *des obligations de l'acheteur, art.* 1650-1657.) — 1650. La principale obligation de l'acheteur est de payer le prix au jour et au lieu réglé par la vente.

1651. S'il n'a rien été réglé à cet égard lors de la vente , l'acheteur doit payer au lieu et dans le temps où doit se faire la délivrance.

1652. L'acheteur doit l'intérêt du prix de la vente jusqu'au paiement du capital, dans les trois cas suivans : — S'il a été ainsi convenu lors de la vente ; — Si la chose vendue et livrée produit des fruits ou autres revenus ; — Si l'acheteur a été sommé de payer. — Dans ce dernier cas , l'intérêt ne court que depuis la sommation.

1653. Si l'acheteur est troublé ou a juste sujet de crainte d'être troublé par une action soit hypothécaire, soit en revendication, il peut suspendre le paiement du prix jusqu'à ce que le vendeur ait fait cesser le trouble , si mieux n'aime celui-ci donner caution, ou à moins qu'il n'ait été stipulé que , nonobstant le trouble, l'acheteur paiera.

1654. Si l'acheteur ne paie pas le prix, le vendeur peut demander la résolution de la vente.

1655. La résolution de la vente d'immeubles est prononcée de suite , si le vendeur est en danger de perdre la chose et le prix. — Si ce danger n'existe pas , le juge peut accorder à l'acquéreur un délai plus ou moins long, suivant les circonstances. — Ce délai passé sans que l'acquéreur ait payé, la résolution de la vente sera prononcée.

1656. S'il a été stipulé lors de la vente d'immeubles, que , faute de paiement du prix dans le terme convenu, la vente serait résolue de plein droit , l'acquéreur peut néanmoins payer après l'expiration du délai , tant qu'il n'a pas été mis en demeure par une sommation : mais après cette sommation , le juge ne peut pas lui accorder de délai.

1657. En matière de vente de denrées et effets mobiliers, la résolution de la vente aura lieu de plein droit et sans sommation , au profit du vendeur , après l'expiration du terme convenu pour le retirement.

A-COMPTE.

DOMESTIQUES (*Gages*). *C Civ.* 1781. Le maître est cru sur son affirmation, — Pour la quotité des gages ; — Pour le paiement de salaire de l'année échue ; — Et pour les à-comptes donnés pour l'année courante.

LETTRE DE CHANGE. *C. Com.* 156. Les paiemens faits à compte sur le montant d'une lettre de change sont à la décharge des tireurs et endosseurs. — Le porteur est tenu de faire protester la lettre de change pour le surplus.

ACQUÊTS DE COMMUNAUTÉ.

I. DES ACQUÊTS PAR RAPPORT A LA COMMUNAUTÉ LÉGALE.

C. Civ. 1401. La communauté se compose activement 1°.... ; 3° de tous les immeubles qui sont acquis pendant le mariage.

1402. Tout immeuble est réputé acquêt de communauté , s'il n'est prouvé que l'un des époux en avait la propriété ou possession légale antérieurement au mariage , ou qu'il lui est échu depuis à titre de succession ou donation.

1404. Les immeubles que les époux possèdent au jour de la célébration du mariage, ou qui leur échoient pendant son cours à titre de succession, n'entrent point en communauté. — Néanmoins, si l'un des époux avait acquis un immeuble depuis le contrat de mariage contenant stipulation de communauté, et avant la célébration du mariage, l'immeuble acquis dans cet intervalle entrera dans la communauté , à moins que l'acquisition n'ait été faite en exécution de quelque clause du mariage, auquel cas elle serait réglée suivant la convention.

1405. Les donations d'immeubles, qui ne sont faites pendant le mariage qu'à l'un des deux époux, ne tombent point en communauté, et appartiennent au donataire seul, à moins que la donation ne contienne expressément que la chose donnée appartiendra à la communauté.

1406. L'immeuble abandonné ou cédé, par père, mère ou autre ascendant , à l'un des deux époux, soit pour le remplir de ce qu'il lui doit, soit à la charge de payer les dettes du donateur à des étrangers, n'entre point en communauté , sauf récompense ou indemnité.

1407. L'immeuble acquis pendant le mariage à titre d'échange contre l'immeuble appartenant à l'un des deux époux , n'entre point en communauté, et est subrogé au lieu et place de celui qui a été aliéné; sauf la récompense s'il y a soulte.

1408 L'acquisition faite pendant le mariage , à titre de licitation ou autrement , de portion

2

d'un immeuble dont l'un des époux était propriétaire par indivis, ne forme point un conquêt; sauf à indemniser la communauté de la somme qu'elle a fournie pour cette acquisition. — Dans le cas où le mari deviendrait seul, et en son nom personnel, acquéreur ou adjudicataire de portion ou de la totalité d'un immeuble appartenant par indivis à la femme, celle-ci, lors de la dissolution de la communauté, a le choix ou d'abandonner l'effet à la communauté, laquelle devient alors débitrice envers la femme de la portion appartenant à celle-ci dans le prix, ou de retirer l'immeuble, en remboursant à la communauté le prix de l'acquisition.

II. DE LA COMMUNAUTÉ RÉDUITE AUX ACQUÊTS.

C. Civ. 1497. Les époux peuvent modifier la communauté légale... — Les principales modifications sont celles qui ont lieu en stipulant de l'une ou de l'autre des manières qui suivent, savoir : 1° que la communauté n'embrassera que les acquêts; 2°....

1498. Lorsque les époux stipulent qu'il n'y aura entre eux qu'une communauté d'acquêts, ils sont censés exclure de la communauté et les dettes de chacun d'eux actuelles et futures, et leur mobilier respectif présent et futur. — En ce cas, et après que chacun des époux a prélevé ses apports dûment justifiés, le partage se borne aux acquêts faits par les époux ensemble ou séparément durant le mariage, et provenant tant de l'industrie commune que des économies faites sur les fruits et revenus des biens des deux époux.

1499. Si le mobilier existant lors du mariage, ou échu depuis, n'a pas été constaté par inventaire ou état en bonne forme, il est réputé acquêt.

III. DES ACQUÊTS PAR RAPPORT AU RÉGIME DOTAL.

C. Civ. 1581. En se soumettant au régime dotal, les époux peuvent néanmoins stipuler une société d'acquêts, et les effets de cette société sont réglés comme il est dit aux articles 1498 et 1499. *V. ci-dessus.*

ACQUIT A CAUTION.

C. Com. 226. Le capitaine est tenu d'avoir à bord les acquits de paiement ou à caution des douanes.

ACQUITTEMENT.

I. POLICE CORRECTIONNELLE.

C. Inst. cr. 206. La mise en liberté du prévenu acquitté ne pourra être suspendue lorsque aucun appel n'aura été déclaré ou notifié dans les trois jours de la prononciation du jugement.

II. GRAND CRIMINEL.

560. Toute personne acquittée légalement ne pourra plus être reprise ni accusée à raison du même fait.

561. Lorsque, dans le cours des débats, l'accusé aura été inculpé sur un autre fait, soit par des pièces, soit par les dépositions des témoins, le président, après avoir annoncé qu'il est acquitté de l'accusation, ordonnera qu'il sera poursuivi à raison du nouveau fait. — Cette disposition ne sera toutefois exécutée que dans le cas où, avant la clôture des débats, le ministère public aura fait des réserves à fin de poursuite.

564. La cour prononcera l'absolution de l'accusé, si le fait dont il est déclaré coupable n'est pas défendu par une loi pénale.

566. Dans le cas d'absolution, comme dans celui d'acquittement ou de condamnation, la cour statuera sur les dommages-intérêts prétendus par la partie civile ou par l'accusé.— La cour ordonnera aussi que les effets pris seront restitués au propriétaire.

409. Dans le cas d'acquittement de l'accusé, l'annulation de l'ordonnance qui l'aura prononcé, et de ce qui l'aura précédée, ne pourra être poursuivie par le ministère public que dans l'intérêt de la loi et sans préjudice à la partie acquittée.

412. Dans aucun cas, la partie civile ne pourra poursuivre l'annulation d'une ordonnance d'acquittement ou d'un arrêt d'absolution; mais si l'arrêt a prononcé contre elle des condamnations civiles, supérieures aux demandes de la partie acquittée ou absoute, cette disposition de l'arrêt pourra être annulée sur la demande de la partie civile.

478. Le contumax qui, après s'être représenté, obtiendrait son renvoi de l'accusation, sera toujours condamné aux frais occasionés par sa contumace.

ACTE.

Dispositions générales.

C. Civ. 1341. Il doit être passé acte, devant notaires ou sous signature privée, de toutes choses excédant la somme ou valeur de cent cinquante francs, même pour dépôts volontaires; et il n'est reçu aucune preuve par témoins contre et outre le contenu aux actes, ni sur ce qui serait allégué avoir été dit avant, lors ou depuis les actes, encore qu'il s'agisse d'une somme ou valeur moindre de cent cinquante francs. — Le tout sans préjudice de ce qui est prescrit dans les lois relatives au commerce; *V.* ACHATS ET VENTES *en matière de commerce.*

1347. Les règles ci-dessus reçoivent exception lorsqu'il existe un commencement de preuve par écrit. On appelle ainsi tout acte par écrit qui est émané de celui contre lequel la demande est formée, ou de celui qu'il représente, et qui rend vraisemblable le fait allégué.

1348. Elles reçoivent encore exception toutes les fois qu'il n'a pas été possible au créancier de se procurer une preuve littérale de l'obligation qui a été contractée envers lui. — Cette seconde exception s'applique : 1° aux obligations qui naissent des quasi-contrats et des délits ou quasi-délits ; 2° aux dépôts nécessaires faits en cas d'incendie, ruine, tumulte ou naufrage, et à ceux faits par les voyageurs en logeant dans une hôtellerie, le tout suivant la qualité des personnes et les circonstances du fait ; 3° aux obligations contractées en cas d'accidens imprévus, où l'on ne pourrait pas avoir fait d'actes par écrit ; 4° au cas où le créancier a perdu le titre qui lui servait de preuve littérale, par suite d'un cas fortuit, imprévu et résultant d'une force majeure.

C. Pén. 400. Quiconque aura extorqué par force, violence ou contrainte, la signature ou la remise d'un écrit, d'un acte, d'un titre, d'une pièce quelconque contenant ou opérant obligation, disposition ou décharge, sera puni de la peine des travaux forcés à temps.

ACTES D'ACCUSATION, — D'APPEL, — AUTHENTIQUE, — DE COMMERCE, — CONFIRMATIF, — CONSERVATOIRE, — DE DÉCÈS, — DE L'ÉTAT CIVIL, — D'HÉRITIER, — DE LÉGITIMATION, — DE MARIAGE, — DE NAISSANCE, — NOTARIÉ, — DE NOTORIÉTÉ, — PRIVÉ, — RÉCOGNITIF, — DE RECONNAISSANCE, — RESPECTUEUX, — SOUS SEINGS PRIVÉS, — DE SOCIÉTÉ. *V.* CES DIFFÉRENS MOTS.

ACTION.

1° *Des actions civiles en général.*

C. Civ. 2262. Toutes les actions, tant réelles que personnelles, son tprescrites par trente ans, sans que celui qui allègue cette prescription soit obligé d'en rapporter un titre, ou qu'on puisse lui opposer l'exception déduite de la mauvaise foi.

2° *Du concours de l'action publique et de l'action civile.*

POURSUITES. *C. Inst. cr.* 1. L'action pour l'application des peines n'appartient qu'aux fonctionnaires auxquels elle est confiée par la loi. L'action en réparation du dommage causé par un crime, par un délit ou par une contravention, peut être exercée par tous ceux qui ont souffert de ce dommage.

2. L'action publique pour l'application de la peine s'éteint par la mort du prévenu. — L'action civile, pour la réparation du dommage, peut être exercée contre le prévenu et contre ses représentans. — L'un cet l'autre action s'éteignent par la prescription, ainsi qu'il est réglé au liv. 2, tit. 8, chap. 5, *de la prescription. V.* ci-après art. **637-640.**

3. L'action civile peut être poursuivie en même temps et devant les mêmes juges que l'action publique. — Elle peut aussi l'être séparément ; dans ce cas, l'exercice en est suspendu, tant qu'il n'a pas été prononcé définitivement sur l'action publique intentée avant ou pendant la poursuite de l'action civile.

4. La renonciation à l'action civile ne peut arrêter ni suspendre l'exercice de l'action publique.

PRESCRIPTION. *C. Inst. cr.* 657. L'action publique et l'action civile résultant d'un crime de nature à entraîner la peine de mort ou des peines afflictives perpétuelles, ou de tout autre crime emportant peine afflictive ou infamante, se prescriront après dix années révolues, à compter du jour où le crime aura été commis, si, dans cet intervalle, il n'a été fait aucun acte d'instruction ni de poursuite. — S'il a été fait, dans cet intervalle, des actes d'instruction ou de poursuite non suivis de jugement, l'action publique et l'action civile ne se prescriront qu'après dix années révolues, à compter du dernier acte, à l'égard même des personnes qui ne seraient pas impliquées dans cet acte d'instruction ou de poursuite.

638. Dans les deux cas exprimés en l'article précédent, et suivant les distinctions d'époques qui y sont établies, la durée de la prescription sera réduite à trois années révolues, s'il s'agit d'un délit de nature à être puni correctionnellement.

639. Les peines portées par les jugemens rendus pour contraventions de police seront prescrites après deux années révolues, savoir : pour les peines prononcées par arrêt ou jugement en dernier ressort, à compter du jour de l'arrêt ; et, à l'égard des peines prononcées par les tribunaux de première instance, à compter du jour où ils ne pourront plus être attaqués par la voie de l'appel.

640. L'action publique et l'action civile pour une contravention de police, seront prescrites après une année révolue, à compter du jour où elle aura été commise, même lorsqu'il y aura eu procès-verbal, saisie, instruction ou poursuite, si dans cet intervalle il n'est point intervenu de condamnation ; s'il y a eu un jugement définitif de première instance, de nature à être attaqué par la voie de l'appel, l'action publique et l'action civile se prescriront après une année révolue, à compter de la notification de l'appel qui en aura été interjeté.

3° *Disposition additionnelle.*

TRANSACTION. *C. Civ.* 2046. On peut transiger sur l'intérêt civil qui résulte d'un délit. —

La transaction n'empêche pas la poursuite du ministère public.

ACTIONS IMMOBILIÈRES, — MOBILIÈRES, — PERSONNELLES, — RÉELLES. *V.* CES MOTS.

ADJOINT. *V.* MAIRE.

ADJUDICATAIRE.

Dispositions particulières.

INCAPACITÉ. *C. Civ.* 1596. Ne peuvent se rendre adjudicataires, sous peine de nullité, ni par eux-mêmes, ni par personnes interposées, les tuteurs, des biens de ceux dont ils ont la tutelle; — Les mandataires, des biens qu'ils sont chargés de vendre; —Les administrateurs, de ceux des communes ou des établissemens publics confiés à leurs soins; — Les officiers publics, des biens nationaux dont les ventes se font par leur ministère.

C. Proc. 713. Les avoués ne pourront se rendre adjudicataires pour le saisi, les personnes notoirement insolvables, les juges, juges suppléans, procureurs généraux, avocats généraux, procureurs du Roi, substituts des procureurs généraux et du Roi, et greffiers du tribunal où se poursuit et se fait la vente, à peine de nullité de l'adjudication, et de tous dommages et intérêts.

ADJUDICATION.

I. DE MEUBLES. *V.* MOBILIÈRES (*ventes*).

II. D'IMMEUBLES.

Art. 1er. *Sur aliénation volontaire. V.* MINEURS (*biens de*).—SURENCHÈRE.

Art. 2. *Sur saisie immobilière.*

1° *Dispositions préliminaires.*

C. Proc. 691. Si les immeubles saisis sont loués par bail dont la date ne soit pas certaine, avant le commandement, la nullité pourra en être prononcée si les créanciers ou l'adjudicataire le demandent.

692. La partie saisie ne peut, à compter du jour de la dénonciation à elle faite de la saisie, aliéner les immeubles, à peine de nullité, et sans qu'il soit besoin de le faire prononcer.

693. Néanmoins l'aliénation ainsi faite aura son exécution, si, avant l'adjudication, l'acquéreur consigne somme suffisante pour acquitter, en principal, intérêts et frais, les créances inscrites, et signifie l'acte de consignation aux créanciers inscrits. — Si les deniers ainsi déposés ont été empruntés, les prêteurs n'auront d'hypothèque que postérieurement aux créanciers inscrits lors de l'aliénation.

694. Faute d'avoir fait la consignation avant l'adjudication, il ne pourra y être sursis sous aucun prétexte.

2° *Adjudication préparatoire.*

C. Proc. 698. Le poursuivant demeurera adjudicataire pour la mise à prix, s'il ne se présente pas de surenchérisseur.

699. Les dires, publications et adjudications seront mis sur le cahier des charges, à la suite de la mise à prix (à peine de nullité, art. 747), *V.* CAHIER DES CHARGES.

702. Le cahier des charges sera publié à l'audience successivement de quinzaine en quinzaine, trois fois au moins avant l'adjudication préparatoire (à peine de nullité, art. 747).

703. Huit jours au moins avant cette adjudication, outre un jour pour trois myriamètres de distance entre le lieu de la situation de la majeure partie des biens saisis et celui où siège le tribunal, il sera inséré dans un journal, ainsi qu'il est dit en l'art. 683 [1], de nouvelles annonces; les mêmes

---

[1] 682. Le greffier du tribunal sera tenu d'insérer, dans un tableau placé à cet effet dans l'auditoire, un extrait contenant : — 1° La date de la saisie et des enregistremens; — 2° Les noms, professions et demeures du saisi et du saisissant, et de l'avoué de ce dernier; — 3° Les noms de l'arrondissement, de la commune, de la rue, des maisons saisies; — 4° L'indication sommaire des biens ruraux, en autant d'articles qu'il y a de communes, lesquelles seront indiquées, ainsi que les arrondissemens : chaque article contiendra seulement la nature et la quantité des objets, et les noms des fermiers ou colons, s'il y en a; et néanmoins les biens situés dans la même commune sont exploités par plusieurs personnes, ils seront divisés en autant d'articles qu'il y aura d'exploitans; — 5° L'indication du jour de la première publication; — 6° Les noms des maires et greffiers des juges de paix, auxquels copies de la saisie auront été laissées.

683. L'extrait prescrit par l'article précédent sera inséré, sur la poursuite du saisissant, dans un des journaux imprimés dans le lieu où siège le tribunal devant lequel la saisie se poursuit; et s'il n'y en a pas, dans l'un de ceux imprimés dans le département, s'il y en a : il sera justifié de cette insertion par la feuille contenant ledit extrait, avec la signature de l'imprimeur, légalisée par le maire.

684. Extrait pareil à celui prescrit par l'article précédent, imprimé en forme de placard, sera affiché : — 1° A la porte du domicile du saisi; — 2° A la principale porte des édifices saisis; — 3° A la principale place de la commune où le saisi est domicilié, de celle de la situation des biens, et de celle du tribunal où la vente se poursuit; — 4° Au principal marché desdites communes, et, lorsqu'il n'y en a pas, aux deux marchés les plus voisins; — 5° A la porte de l'auditoire du juge de paix de la situation des bâtimens; et s'il n'y a pas de bâtimens, à la porte de l'auditoire de la justice de paix où se trouve la majeure partie des biens saisis; — 6° Aux portes extérieures des tribunaux du domicile du saisi, de la situation des biens, et de la vente.

placards seront apposés aux endroits désignés en l'art. 684 ; ils contiendront, en outre, la mise à prix et l'indication du jour où se fera l'adjudication préparatoire (à peine de nullité, art. 717).— Cette addition sera manuscrite ; et si elle donnait lieu à une réimpression de placards, les frais n'entréront pas en taxe.

704. Dans les quinze jours de cette adjudication, nouvelles annonces seront insérées dans les journaux et nouveaux placards affichés dans la forme ci-dessus, contenant, en outre, la mention de l'adjudication préparatoire, du prix moyennant lequel elle a été faite, et indication du jour de l'adjudication définitive (à peine de nullité, art. 717).

3° *Adjudication définitive.*

C. Proc. 705. L'insertion aux journaux, des seconde et troisième annonces., et les seconde et troisième appositions de placards., seront justifiées dans la même forme que les premières (à peine de nullité, art. 717).

706. Il sera procédé à l'adjudication définitive, au jour indiqué lors de l'adjudication préparatoire ; le délai entre les deux adjudications ne pourra être moindre de six semaines (à peine de nullité, art. 717).

707. Les enchères seront faites par le ministère d'avoués et à l'audience : aussitôt que les enchères seront ouvertes, il sera allumé successivement des bougies préparées de manière que chacune ait une durée d'environ une minute.—L'enchérisseur cesse d'être obligé, si son enchère est couverte par une autre, lors même que cette dernière serait déclarée nulle (le tout à peine de nullité, art. 717).

708. Aucune adjudication ne pourra être faite qu'après l'extinction de trois bougies, allumées successivement.—S'il y a eu enchérisseur lors de l'adjudication préparatoire, l'adjudication ne deviendra définitive qu'après l'extinction des trois feux sans nouvelle enchère. — Si, pendant la durée d'une des trois premières bougies, il survient des enchères, l'adjudication ne pourra être faite qu'après l'extinction de deux feux sans enchère survenue pendant leur durée (le tout à peine de nullité, art. 717).

709. L'avoué dernier enchérisseur sera tenu, dans les trois jours de l'adjudication, de déclarer l'adjudicataire, et de fournir son acceptation ; sinon, de représenter son pouvoir, lequel demeurera annexé à la minute de sa déclaration : faute de ce faire, il sera réputé adjudicataire en son nom.

711. Le jugement d'adjudication ne sera autre que la copie du cahier des charges, rédigé ainsi qu'il est dit dans l'art. 697 [1] ; il sera revêtu de l'intitulé des jugemens et du mandement qui les termine, avec injonction à la partie saisie de délaisser la possession aussitôt la signification du jugement, sous peine d'y être contrainte, même par corps.

713. Le jugement d'adjudication ne sera délivré à l'adjudicataire, qu'en rapportant par lui au greffier quittance des frais ordinaires de poursuite, et la preuve qu'il a satisfait aux conditions de l'enchère, qui doivent être exécutées avant ladite délivrance ; lesquelles quittances demeureront annexées à la minute du jugement, et seront copiées ensuite de l'adjudication : faute par l'adjudicataire de faire lesdites justifications dans les vingt jours de l'adjudication, il y sera contraint par la voie de la folle enchère, sans préjudice des autres voies de droit.— *V.* FOLLE-ENCHÈRE.

4° *Dispositions additionnelles.*

C. Pén. 412. Ceux qui, dans les adjudications de la propriété, de l'usufruit ou de la location des choses mobilières ou immobilières, d'une entreprise, d'une fourniture, d'une exploitation ou d'un service quelconque, auront entravé ou troublé la liberté des enchères ou des soumissions, par voies de fait, violences ou menaces, soit avant, soit pendant les enchères ou les soumissions, seront punis d'un emprisonnement de quinze jours au moins, de trois mois au plus, et d'une amende de cent francs au moins et de cinq mille francs au plus. — La même peine aura lieu contre ceux qui, par dons ou promesses, auront écarté les enchérisseurs.

5° *Dispositions du tarif.*

112. (Pr. 702.) Vacation à l'adjudication préparatoire, à Paris, 6 fr. Dans le ressort, 4 fr. 50 c. *V.* TARIF.

113. (Pr. 706.) Vacation à l'adjudication définitive, à Paris, 15 fr. Dans le ressort, 12 fr. Indépendamment des émolumens ci-dessus fixés, il sera alloué à l'avoué poursuivant, sur le prix des biens dont l'adjudication sera faite au-dessus de 2,000 f., savoir : depuis 2,000 fr. jusqu'à 10,000 fr., un pour cent ; sur la somme excédant 10,000 fr. jusqu'à 50,000 fr., demi pour cent ; sur la somme excédant 50,000 fr. jusqu'à 100,000 fr., un quart pour cent ; et sur l'excédant de 100,000 fr., indéfiniment un huitième d'un pour cent. En cas d'adjudication par lots de biens compris dans la même poursuite, en

---

[1] 697. Le cahier des charges *contient :* 1° l'énonciation du titre en vertu duquel la saisie a été faite, du commandement de l'exploit de saisie, et des actes et jugemens qui auront pu être faits ou rendus ; 2° la désignation des objets saisis, telle qu'elle a été insérée dans le procès-verbal ; 3° les conditions de la vente ; 4° et une mise à prix de la part du poursuivant.

l'état où elle se trouvera lors des adjudications, la totalité des prix des lots sera réunie pour fixer le montant de la remise. Il ne sera passé que trois quarts de la remise aux avoués des tribunaux de département.

114. (Pr. 707.) Vacation, pour enchérir, à Paris, 7 fr. 50 c. Dans le ressort, 5 fr. 65 c. Pour enchérir et se rendre adjudicataire, à Paris, 15 fr. Dans le ressort, 11 fr. 25 c. V. TARIF.

123. (Pr. 729.) Pour la requête d'avoué à avoué contenant demande en décharge de l'adjudication préparatoire de la part de l'adjudicataire, en cas de demande en distraction de tout ou partie de l'objet saisi immobilièrement, par chaque rôle, sans cependant qu'elle puisse excéder le nombre de trois rôles, à Paris, 2 fr. Dans le ressort, 1 fr. 50 c. Pour la copie le quart. Pour la réponse, à Paris, 2 fr. Dans le ressort, 1 fr. 50 c. Pour la copie, le quart.

124. (Pr. 733.) Requête d'avoué à avoué de la part de la partie saisie, contenant ses moyens de nullité contre la procédure antérieure à l'adjudication préparatoire, par chaque rôle, à Paris, 2 fr. Dans le ressort, 1 fr. 50 c. Pour la copie, le quart. Pour la réponse, à Paris, 2 fr. Dans le ressort, 1 fr. 50 c. Pour la copie, le quart.

125. (Pr. 733.) Requête d'avoué à avoué de la part de la partie saisie, contenant ses moyens contre les procédures postérieures à l'adjudication préparatoire, à Paris, 2 fr. Dans le ressort, 1 fr. 50 c. Pour la copie, le quart. Pour la requête en réponse, à Paris, 2 fr. Dans le ressort, 1 fr. 50 c. Pour la copie, le quart.

126. (Pr. 738.) Vacation pour requérir le certificat du greffier, constatant que l'adjudicataire n'a point justifié de l'acquit des conditions exigibles de l'adjudication, à Paris, 3 fr. Dans le ressort, 2 fr. 25 c.

127. (Pr. 747.) Requête non grossoyée et non signifiée, sur le consentement de toutes les parties intéressées, pour demander, après saisie immobilière, que l'immeuble saisi soit vendu aux enchères par-devant notaires ou en justice, à Paris, 6 fr. Dans le ressort, 4 fr. 50 c.

128. Les émolumens des avoués pour dresser le cahier des charges, en faire le dépôt au greffe, et pour les publications, les extraits à placarder et à insérer dans les journaux, les adjudications préparatoires et définitives, seront réglés et taxés comme en saisie immobilière, lorsqu'il s'agira (Pr. 656) : 1° de saisie de rentes constituées sur particuliers ; (852) 2° de surenchère sur aliénation volontaire ; 954) 3° de ventes d'immeubles de mineurs, et des biens dotaux dans le régime dotal ; (972) 4° de vente sur licitation ; (988 et 1001) 5° et de ventes d'immeubles dépendant d'une succession bénéficiaire ou vacante, ou provenant d'un débiteur failli ou qui a fait cession. V. CES MOTS DIVERS.

129. La remise proportionnelle sur le prix de l'adjudication sera divisée en licitation, ainsi qu'il suit : moitié appartiendra à l'avoué poursuivant ; la seconde moitié sera partagée par égales portions entre tous les avoués qui ont occupé dans la licitation, y compris l'avoué poursuivant, qui aura sa part comme les autres dans cette seconde moitié. L'article 972 prescrivant en licitation la signification du cahier des charges par un simple acte aux avoués des collicitans, cet acte sera taxé comme un acte simple ; et la copie du cahier des charges, comme celle de requête d'avoué à avoué. Dans tous les cahiers des charges, il est expressément défendu d'y stipuler d'autres et plus grands droits au profit des avoués, que ceux énoncés au présent tarif ; et s'il y est inséré quelque clause pour les exhausser, elle sera réputée non écrite.

154. Pour la publication (du cahier des charges) lors de l'adjudication préparatoire, à Paris, 3 fr. Dans les tribunaux du ressort, 2 fr. 25 c.

155. Pour la publication lors de l'adjudication définitive, y compris les frais de bougies, que les huissiers disposeront et allumeront eux-mêmes, à Paris, 5 fr. Dans les tribunaux du ressort, 3 f. 75 c.

172. Les remises accordées aux avoués sur les prix des ventes d'immeubles seront allouées aux notaires, dans les cas où les tribunaux renverront des ventes d'immeubles par-devant eux, mais sans distinction de celles dont le prix n'excédera pas 2,000 f. ; et au moyen de cette remise, ils ne pourront rien exiger pour les minutes de leurs procès-verbaux de publication et d'adjudication.

ADOPTION.

C. Civ. (liv. 1, tit. 8, ch. 1, *de l'adoption,* art. 343-360).

1° De l'adoption et de ses effets.

343. L'adoption n'est permise qu'aux personnes de l'un ou de l'autre sexe, âgées de plus de cinquante ans, qui n'auront, à l'époque de l'adoption, ni enfans, ni descendans légitimes, et qui auront au moins quinze ans de plus que les individus qu'elles se proposent d'adopter.

344. Nul ne peut être adopté par plusieurs, si ce n'est par deux époux. — Hors le cas de l'article 366, nul époux ne peut adopter qu'avec le consentement de l'autre conjoint. V. ci-après.

345. La faculté d'adopter ne pourra être exercée qu'envers l'individu à qui l'on aura, dans sa minorité et pendant six mois au moins, fourni des secours et donné des soins non interrompus, ou envers celui qui aurait sauvé la vie à l'adoptant, soit dans un combat, soit en le retirant des flammes ou des flots. — Il suffira, dans ce deuxième cas, que l'adoptant soit majeur, plus âgé que l'adopté, sans enfans ni descendans

légitimes; et s'il est marié, que son conjoint consente à l'adoption.

546. L'adoption ne pourra, en aucun cas, avoir lieu avant la majorité de l'adopté. Si l'adopté, ayant encore ses père et mère, ou l'un des deux, n'a point accompli sa vingt-cinquième année, il sera tenu de rapporter le consentement donné à l'adoption par ses père et mère, ou par le survivant; et s'il est majeur de vingt-cinq ans, de requérir leur conseil.

547. L'adoption conférera le nom de l'adoptant à l'adopté, en l'ajoutant au nom propre de ce dernier.

548. L'adopté restera dans sa famille naturelle, et y conservera tous ses droits : néanmoins le mariage est prohibé entre l'adoptant, l'adopté et ses descendans ; — entre les enfans adoptifs du même individu ; — entre l'adopté et les enfans qui pourraient survenir à l'adoptant ; — entre l'adopté et le conjoint de l'adoptant, et réciproquement entre l'adoptant et le conjoint de l'adopté.

549. L'obligation naturelle, qui continuera d'exister entre l'adopté et ses père et mère, de se fournir des alimens dans les cas déterminés par la loi, sera considérée comme commune à l'adoptant et à l'adopté, l'un envers l'autre.

550. L'adopté n'acquerra aucun droit de successibilité sur les biens des parens de l'adoptant; mais il aura sur la succession de l'adoptant les mêmes droits que ceux qu'y aurait l'enfant né en mariage, même quand il y aurait d'autres enfans de cette dernière qualité nés depuis l'adoption.

551. Si l'adopté meurt sans descendans légitimes, les choses données par l'adoptant, ou recueillies dans sa succession, et qui existeront en nature lors du décès de l'adopté, retourneront à l'adoptant ou à ses descendans, à la charge de contribuer aux dettes, et sans préjudice des droits des tiers : — Le surplus des biens de l'adopté appartiendra à ses propres parens; et ceux-ci exclurent toujours, pour les objets même spécifiés au présent article, tous héritiers de l'adoptant autres que ses descendans.

552. Si, du vivant de l'adoptant, et après le décès de l'adopté, les enfans ou descendans laissés par celui-ci mouraient eux-mêmes sans postérité, l'adoptant succédera aux choses par lui données, comme il est dit en l'article précédent; mais ce droit sera inhérent à la personne de l'adoptant, et non transmissible à ses héritiers, même en ligne descendante.

2° *Des formes de l'adoption.*

553. La personne qui se proposera d'adopter, et celle qui voudra être adoptée, se présenteront devant le juge de paix du domicile de l'adoptant, pour y passer acte de leurs consentemens respectifs.

554. Une expédition de cet acte sera remise, dans les dix jours suivans, par la partie la plus diligente, au procureur du Roi près le tribunal de première instance dans le ressort duquel se trouvera le domicile de l'adoptant, pour être soumis à l'homologation de ce tribunal.

555. Le tribunal, réuni en la chambre du conseil, et après s'être procuré les renseignemens convenables, vérifiera, 1° si toutes les conditions de la loi sont remplies; 2° si la personne qui se propose d'adopter, jouit d'une bonne réputation.

556. Après avoir entendu le procureur du Roi, et sans aucune autre forme de procédure, le tribunal prononcera, sans énoncer de motifs, en ces termes : *Il y a lieu*, ou *il n'y a pas lieu à l'adoption.*

557. Dans le mois qui suivra le jugement du tribunal de première instance, ce jugement sera, sur les poursuites de la partie la plus diligente, soumis à la cour royale, qui instruira dans les mêmes formes que le tribunal de première instance, et prononcera sans énoncer de motifs : *Le jugement est confirmé*, ou *le jugement est réformé ; en conséquence, il y a lieu*, ou *il n'y a pas lieu à l'adoption.*

558. Tout arrêt de la cour royale qui admettra une adoption, sera prononcé à l'audience, et affiché en tels lieux et en tel nombre d'exemplaires que le tribunal jugera convenable.

559. Dans les trois mois qui suivront ce jugement, l'adoption sera inscrite, à la réquisition de l'une ou de l'autre des parties, sur le registre de l'état civil du lieu où l'adoptant sera domicilié. — Cette inscription n'aura lieu que sur le vu d'une expédition, en forme, du jugement de la cour royale ; et l'adoption restera sans effet si elle n'a été inscrite dans ce délai.

560. Si l'adoptant venait à mourir après que l'acte constatant la volonté de former le contrat d'adoption a été reçu par le juge de paix et porté devant les tribunaux, et avant que ceux-ci eussent définitivement prononcé, l'instruction sera continuée et l'adoption admise, s'il y a lieu. — Les héritiers de l'adoptant pourront, s'ils croient l'adoption inadmissible, remettre au procureur du Roi tous mémoires et observations à ce sujet.

3° *Dispositions additionnelles.*

TUTELLE OFFICIEUSE. 566. *C. Civ.* Si le tuteur officieux, après cinq ans révolus depuis la tutelle, et dans la prévoyance de son décès avant la majorité du pupille, lui confère l'adoption par acte testamentaire, cette disposition sera valable, pourvu que le tuteur officieux ne laisse pas d'enfans légitimes.

367. Dans le cas où le tuteur officieux mourrait, soit avant les cinq ans, soit après ce temps, sans avoir adopté son pupille, il sera fourni à celui-ci, durant sa minorité, des moyens de subsister, dont la quotité et l'espèce, s'il n'y a été antérieurement pourvu par une convention formelle, seront réglées, soit amiablement entre les représentans respectifs du tuteur et du pupille, soit judiciairement en cas de contestation.

368. Si, à la majorité du pupille, son tuteur officieux veut l'adopter, et que le premier y consente, il sera procédé à l'adoption selon les formes prescrites au chapitre précédent, et les effets en seront, en tous points, les mêmes (art. ci-dessus 343-360).

369. Si, dans les trois mois qui suivront la majorité du pupille, les réquisitions par lui faites à son tuteur officieux, à fin d'adoption, sont restées sans effet, et que le pupille ne se trouve point en état de gagner sa vie, le tuteur officieux pourra être condamné à indemniser le pupille de l'incapacité où celui-ci pourrait se trouver de pourvoir à sa subsistance. — Cette indemnité se résoudra en secours propres à lui procurer un métier ; le tout sans préjudice des stipulations qui auraient pu avoir lieu dans la prévoyance de ce cas.

ADULTÈRE.

1° Adultère de la femme.

C. Civ. 229. Le mari pourra demander (la séparation de corps) pour cause d'adultère de sa femme.

308. La femme contre laquelle la séparation de corps sera prononcée pour cause d'adultère, sera condamnée par le même jugement, et sur la réquisition du ministère public, à la réclusion dans une maison de correction pendant un temps déterminé, qui ne pourra être moindre de trois mois, ni excéder deux années.

309. Le mari restera le maître d'arrêter l'effet de cette condamnation, en consentant à reprendre sa femme.

313. Le mari ne pourra désavouer (l'enfant conçu pendant le mariage), même en cas d'adultère, à moins que la naissance ne lui ait été cachée, auquel cas il serait admis à proposer tous les faits propres à justifier qu'il n'en est pas le père.

C. Pén. 336. L'adultère de la femme ne pourra être dénoncé que par le mari, et cette faculté même cessera, s'il est dans le cas prévu par l'article 339 (V. ci-après Adultère du mari).

337. La femme convaincue d'adultère subira la peine de l'emprisonnement pendant trois mois au moins, et deux ans au plus. — Le mari restera le maître d'arrêter l'effet de cette condamnation, en consentant à reprendre sa femme.

338. Le complice de la femme adultère sera puni de l'emprisonnement pendant le même espace de temps, et, en outre, d'une amende de cent francs à deux mille francs. — Les seules preuves qui pourront être admises contre le prévenu de complicité, seront, outre le flagrant délit, celles résultant de lettres ou autres pièces écrites par le prévenu.

324. Dans le cas d'adultère, prévu par l'article 336, le meurtre commis par l'époux sur son épouse, ainsi que sur le complice, à l'instant où il les surprend en flagrant délit dans la maison conjugale, est excusable.

2° Adultère du mari.

C. Civ. 230. La femme pourra demander (la séparation de corps) pour cause d'adultère de son mari, lorsqu'il aura tenu sa concubine dans la maison commune.

C. Pén. 339. Le mari qui aura entretenu une concubine dans la maison conjugale, et qui aura été convaincu sur la plainte de la femme, sera puni d'une amende de cent francs à deux mille francs.

ADULTÉRINS (ENFANS).

ALIMENS. C. Civ. 762. Les dispositions des articles 757 et 730, (qui règlent les droits des enfans naturels), ne sont pas applicables aux enfans adultérins ou incestueux. — La loi ne leur accorde que des alimens.

763. Ces alimens sont réglés, eu égard aux facultés du père ou de la mère, au nombre et à la qualité des héritiers légitimes.

764. Lorsque le père ou la mère de l'enfant adultérin ou incestueux lui auront fait apprendre un art mécanique, ou lorsque l'un d'eux lui aura assuré des alimens de son vivant, l'enfant ne pourra élever aucune réclamation contre leur succession.

LÉGITIMATION. C. Civ. 331. Les enfans nés hors mariage, autres que ceux nés d'un commerce incestueux ou adultérin, pourront être légitimés par le mariage subséquent de leurs père et mère.

RECONNAISSANCE. C. Civ. 335. La reconnaissance ne pourra avoir lieu au profit des enfans nés d'un commerce incestueux ou adultérin.

342. Un enfant ne sera jamais admis à la recherche, soit de la paternité, soit de la maternité, dans les cas où, suivant l'article 335, la reconnaissance n'est pas admise.

AFFIRMATION.
Dispositions diverses.

ASSURANCE. *C. Com.* 381. En cas de naufrage ou d'échouement avec bris, l'assuré doit, sans préjudice du délaissement à faire en temps et lieu, travailler au recouvrement des effets naufragés. — Sur son affirmation, les frais de recouvrement lui sont alloués jusqu'à concurrence de la valeur des effets recouvrés.

COMMUNAUTÉ. *C. Civ.* 1456. La femme survivante qui veut conserver la faculté de renoncer à la communauté, doit, dans les trois mois du jour du décès du mari, faire faire un inventaire fidèle et exact de tous les biens de la communauté, contradictoirement avec les héritiers du mari, ou eux dûment appelés. — Cet inventaire doit être par elle affirmé sincère et véritable, lors de sa clôture, devant l'officier public qui l'a reçu.

COMPTE. *C. Proc.* 554. Le rendant présentera et affirmera son compte en personne ou par procureur spécial, dans le délai fixé, et au jour indiqué par le juge-commissaire, les oyans présens, ou appelés à personne ou domicile, s'ils n'ont avoué, et par acte d'avoué, s'ils en ont constitué.

DÉPÔT VOLONTAIRE. *C. Civ.* 1924. Lorsque le dépôt, étant au-dessus de cent cinquante francs, n'est point prouvé par écrit, celui qui est attaqué comme dépositaire en est cru sur sa déclaration, soit pour le fait même du dépôt, soit pour la chose qui en faisait l'objet, soit pour le fait de sa restitution.

DISTRIBUTION. *C. Proc.* 671. Huitaine après la clôture du procès-verbal (contenant le règlement des créances), le greffier délivrera les mandemens aux créanciers, en affirmant par eux la sincérité de leur créance par devant lui.

FAILLITE. *C. Com.* 635. Les tribunaux de commerce connaîtront du dépôt du bilan et des registres du commerçant en faillite, de l'affirmation et de la vérification des créances.

507. Chaque créancier, dans le délai de huitaine, après que sa créance aura été vérifiée, sera tenu d'affirmer, entre les mains du commissaire, que ladite créance est sincère et véritable. *V.* VÉRIFICATION DES CRÉANCES.

LOUAGE. *C. Civ.* 1781. Le maître est cru sur son affirmation : — pour la quotité des gages ; — pour le paiement du salaire de l'année échue ; — et pour les à-comptes donnés pour l'année courante.

TIERS-SAISI. *C. Proc.* 571. Le tiers-saisi assigné fera sa déclaration, et l'affirmera au greffe, s'il est sur les lieux ; sinon, devant le juge de paix de son domicile, sans qu'il soit besoin,

dans ce cas, de réitérer l'affirmation au greffe.

572. La déclaration et l'affirmation pourront être faites par procuration spéciale.

AFFLICTIVES (PEINES).

C. Pén. 6. Les peines en matière criminelle sont ou afflictives ou infamantes, ou seulement infamantes.

7. Les peines afflictives et infamantes sont : 1° la mort ; 2° les travaux forcés à perpétuité ; 3° la déportation ; 4° les travaux forcés à temps ; 5° la détention ; 6° la réclusion.

9. Les peines en matière correctionnelle sont : 1° l'emprisonnement à temps dans un lieu de correction ; 2°...

AFFRÉTEMENT.

C. Com. (*liv.* 2, *tit.* 6, *des chartes-parties, affrétemens ou nolissemens, art.* 273-280.) —

273. Toute convention pour louage d'un vaisseau, appelée *charte-partie, affrétement* ou *nolissement,* doit être rédigée par écrit. — Elle énonce : — le nom et le tonnage du navire ; — le nom du capitaine ; — les noms du fréteur et de l'affréteur ; — le lieu et le temps convenus pour la charge et pour la décharge ; — le prix du fret ou nolis ; — si l'affrétement est total ou partiel ; — l'indemnité convenue pour les cas de retard.

274. Si le temps de la charge et de la décharge du navire n'est point fixé par les conventions des parties, il est réglé suivant l'usage des lieux.

275. Si le navire est frété au mois, et s'il n'y a convention contraire, le fret court du jour où le navire a fait voile.

276. Si, avant le départ du navire, il y a interdiction de commerce avec le pays pour lequel il est destiné, les conventions sont résolues sans dommages-intérêts de part ni d'autre.— Le chargeur est tenu des frais de la charge et de la décharge de ses marchandises.

277. S'il existe une force majeure qui n'empêche que pour un temps la sortie du navire, les conventions subsistent, et il n'y a pas lieu à dommages-intérêts à raison du retard. — Elles subsistent également, et il n'y a lieu à aucune augmentation de fret, si la force majeure arrive pendant le voyage.

278. Le chargeur peut, pendant l'arrêt du navire, faire décharger ses marchandises à ses frais, à condition de les recharger ou d'indemniser le capitaine.

279. Dans le cas de blocus du port pour lequel le navire est destiné, le capitaine est tenu, s'il n'a des ordres contraires, de se rendre dans un des ports voisins de la même puissance où il lui sera permis d'aborder.

280. Le navire, les agrès et apparaux, le fret et

les marchandises chargées, sont respectivement affectés à l'exécution des conventions des parties. *V.* Frêt.

Dispositions additionnelles.

Acte de commerce. *C. Com.* 633. La loi répute actes de commerce tout affrètement ou nolissement.

Courtage. *C. Com.* 80. Les courtiers interprètes et conducteurs de navires font le courtage des affrètemens.

Privilége. *C. Com.* 191. Sont privilégiés sur le prix des navires, et dans l'ordre où elles sont rangées, les dettes ci-après désignées : 1°... 2° les dommages-intérêts dus aux affréteurs, pour le défaut de délivrance des marchandises qu'ils ont chargées. *V.* Navires.

AGENS DE CHANGE et courtiers.

C. Com. (liv. 1*, tit.* 3*, des bourses de commerce, agens de change et courtiers, art.* 71-90).

Sect. 1*, des bourses de commerce.* — 71. La bourse de commerce est la réunion qui a lieu, sous l'autorité du Roi, des commerçans, capitaines de navires, agens de change et courtiers.

72. Le résultat des négociations et des transactions qui s'opèrent dans la bourse, détermine le cours du change, des marchandises, des assurances, du frêt ou nolis, du prix des transports par terre ou par eau, des effets publics et autres dont le cours est susceptible d'être coté.

73. Ces divers cours sont constatés par les agens de change et courtiers, dans la forme prescrite par les réglemens de police généraux ou particuliers.

Sect. 2*, des agens de change et courtiers.* — 74. La loi reconnaît, pour les actes de commerce, des agens intermédiaires ; savoir, les agens de change et les courtiers.

75. Il y en a dans toutes les villes qui ont une bourse de commerce. — Ils sont nommés par le Roi.

76. Les agens de change, constitués de la manière prescrite par la loi, ont seuls le droit de faire les négociations des effets publics et autres susceptibles d'être cotés ; de faire pour le compte d'autrui les négociations des lettres de change ou billets, et de tous papiers commerçables, et d'en constater le cours.— Les agens de change pourront faire, concurremment avec les courtiers de marchandises, les négociations et le courtage des ventes ou achats de matières métalliques. Ils ont seuls le droit d'en constater le cours.

77. Il y a des courtiers de marchandises, — des courtiers d'assurances, — des courtiers interprètes et conducteurs de navires, — des courtiers de transport par terre et par eau.

78. Les courtiers de marchandises, constitués

de la manière prescrite par la loi, ont seuls le droit de faire le courtage des marchandises, d'en constater le cours ; ils exercent, concurremment avec les agens de change, le courtage des matières métalliques.

79. Les courtiers d'assurances rédigent le contrats ou polices d'assurances, concurremment avec les notaires ; ils en attestent la vérité par leur signature, certifient le taux des primes pour tous les voyages de mer ou de rivière.

80. Les courtiers interprètes et conducteurs de navires font le courtage des affrètemens : ils ont en outre, seuls le droit de traduire, en cas de contestation portées devant les tribunaux, les déclarations, chartes-parties, connaissemens contrats, et tous actes de commerce dont la traduction serait nécessaire ; enfin, de constater le cours du frêt ou du nolis.—Dans les affaires contentieuses de commerce, et pour le service des douanes, ils serviront seuls de truchement à tous étrangers, maîtres de navires, marchands, équipages de vaisseau et autres personnes de mer.

81. Le même individu peut, si l'acte du gouvernement qui l'institue l'y autorise, cumuler les fonctions d'agent de change, de courtier de marchandises ou d'assurances, et de courtier interprète et conducteur de navires.

82. Les courtiers de transport par terre et par eau, constitués selon la loi, ont seuls, dans les lieux où ils sont établis, le droit de faire le courtage des transports par terre et par eau : ils ne peuvent cumuler, dans aucun cas et sous aucun prétexte, les fonctions de courtiers de marchandises, d'assurances, ou de courtiers conducteurs de navires, désignées aux articles 78, 79 et 80.

83. Ceux qui ont fait faillite ne peuvent être agens de change ni courtiers, s'ils n'ont été réhabilités.

84. Les agens de change et courtiers sont tenus d'avoir un livre revêtu des formes prescrites par l'article 11. (*V.* Livres de commerce.)—Ils sont tenus de consigner dans ce livre, jour par jour, et par ordre de dates, sans ratures, interlignes ni transpositions, et sans abréviations ni chiffres, toutes les conditions des ventes, achats assurances, négociations, et en général de toutes les opérations faites par leur ministère.

85. Un agent de change ou courtier ne peut dans aucun cas et sous aucun prétexte, faire des opérations de commerce ou de banque pour son compte. — Il ne peut s'intéresser directement ni indirectement, sous son nom, ou sous un nom interposé, dans aucune entreprise commerciale.— Il ne peut recevoir ni payer pour le compte de ses commettans.

86. Il ne peut se rendre garant de l'exécution des marchés dans lesquels il s'entremet.

87. Toute contravention aux dispositions énoncées dans les deux articles précédens, entraîne la peine de destitution, et une condamnation d'amende, qui sera prononcée par le tribunal de police correctionnelle, et qui ne peut être au-dessus de trois mille francs, sans préjudice de l'action des parties en dommages et intérêts.

88. Tout agent de change ou courtier destitué en vertu de l'article précédent, ne peut être réintégré dans ses fonctions.

89. En cas de faillite, tout agent de change ou courtier est poursuivi comme banqueroutier.

C. Pén. 404. Les agens de change et courtiers qui auront fait faillite, seront punis de la peine des travaux forcés à temps ; s'ils sont convaincus de banqueroute frauduleuse, la peine sera celle des travaux forcés à perpétuité.

C. Com. 90. Il sera pourvu, par des réglemens d'administration publique, à tout ce qui est relatif à la négociation et transmission de propriété des effets publics.

Dispositions additionnelles.

ACHATS ET VENTES. *C. Com.* 109. Les achats et ventes (en matière de commerce) se constatent par le bordereau ou arrêté d'un agent de change ou courtier, dûment signé par les parties.

COMPTE DE RETOUR. *C. Com.* 181. Le compte de retour est certifié par un agent de change. — Dans les lieux où il n'y a pas d'agent de change, il est certifié par deux commerçans.

186. Il n'est point dû de rechange, si le compte de retour n'est pas accompagné des certificats d'agens de change ou de commerçans, prescrits par l'article 181.

AGGRAVANTES (CIRCONSTANCES).

C. Inst. cr. 338. S'il résulte des débats une ou plusieurs circonstances aggravantes du crime, non mentionnées dans l'acte d'accusation, le président ajoutera la question suivante : — « L'accusé a-t-il » commis le crime avec telle ou telle circons- » tance ? »

AGRÉMENT (DÉPENSES D').

C. Civ. 1635. Si le vendeur avait vendu de mauvaise foi le fonds d'autrui, il sera obligé de rembourser à l'acquéreur toutes les dépenses, même voluptuaires ou d'agrément, que celui-ci aura faites au fonds.

AGRÈS.

Dispositions diverses.

ASSURANCE. *C. Com.* 334. L'assurance peut avoir pour objet les agrès et apparaux du navire.

PRIVILÉGE. *C. Com.* 191. Sont privilégiés sur le prix du navire, et dans l'ordre où elles sont rangées, les dettes ci-après désignées : 1°..... 4° le loyer des magasins où se trouvent déposés les agrès et les apparaux ; 5° les frais d'entretien du bâtiment et de ses agrès et apparaux, depuis son dernier voyage et son entrée dans le port ; 6°..... 9° les sommes prêtées à la grosse sur le corps, quille, agrès, apparaux, pour radoub, victuailles, armement et équipement, avant le départ du navire ; 10° le montant des primes d'assurances faites sur le corps, quille, agrès, apparaux, et sur armement et équipement du navire, dues pour le dernier voyage ; 11°... *V.* NAVIRES.

280. Les agrès et apparaux sont respectivement affectés à l'exécution des conventions des parties.

313. Les emprunts à la grosse peuvent être affectés sur les agrès et apparaux, — sur l'armement, — sur la totalité de ces objets conjointement, ou sur une partie déterminée de chacun d'eux.

PROCÉDURE. *C. Proc.* 418. Dans les affaires maritimes où il s'agit d'agrès, de vaisseaux prêts à mettre à la voile, l'assignation de jour à jour, ou d'heure à heure, pourra être donnée sans ordonnance, et le défaut pourra être jugé sur-le-champ.

AJOURNEMENS.

Disposition générale.

C. Proc. 1033. Le jour de la signification ni celui de l'échéance ne sont jamais comptés pour le délai général fixé pour les ajournemens, les citations, sommations et autres actes faits à personne ou à domicile : ce délai sera augmenté d'un jour à raison de trois myriamètres de distance ; et quand il y aura lieu à voyage ou envoi et retour, l'augmentation sera du double.

AJOURNEMENS. I. DEVANT LES JUSTICES DE PAIX. *V.* CITATION. CONCILIATION.

II. DEVANT LES TRIBUNAUX CIVILS.

C. Proc. (*liv.* 2, *tit.* 2, *des ajournemens, art.* 59-74). — 59. En matière personnelle, le défendeur sera assigné devant le tribunal de son domicile ; s'il n'a pas de domicile, devant le tribunal de sa résidence. — S'il y a plusieurs défendeurs, devant le tribunal du domicile de l'un d'eux, au choix du demandeur ; — en matière réelle, devant le tribunal de la situation de l'objet litigieux ; — en matière mixte, devant le juge de la situation, ou devant le juge du domicile du défendeur ; — en matière de société, tant qu'elle existe, devant le juge du lieu où elle est établie ; — en matière de succession, 1° sur les demandes entre héritiers, jusqu'au partage inclusivement ; 2° sur les demandes qui seraient intentées par des créanciers du défunt, avant le partage ; 5° sur les demandes relatives à l'exécution des dispositions à cause de mort, jusqu'au jugement définitif, devant le tribunal du lieu où la succession est ouverte ; — en matière de faillite, devant le juge du domicile du failli ; — en matière de garantie, devant le juge où la demande originaire sera pendante ; — enfin, en cas d'élection de domicile pour l'exécution d'un acte, devant le tribunal du domicile élu, ou devant le tribunal du domicile réel du défendeur , conformément à l'article 111 du Code civil. *V.* DOMICILE.

60. Les demandes formées pour frais par les officiers ministériels, seront portées au tribunal où les frais ont été faits.

61. L'exploit d'ajournement contiendra, 1° la date des jour, mois et an, les noms, profession et domicile du demandeur, la constitution de l'avoué qui occupera pour lui, et chez lequel l'élection de domicile sera de droit, à moins d'une élection contraire par le même exploit ; 2° les noms , demeure et immatricule de l'huissier, les noms et demeure du défendeur, et mention de la personne à laquelle copie de l'exploit sera laissée ; 3° l'objet de la demande, l'exposé sommaire des moyens; 4° l'indication du tribunal qui doit connaître de la demande, et du délai pour comparaître ; le tout à peine de nullité.

62. Dans le cas du transport d'un huissier, il ne lui sera payé pour tous frais de déplacement qu'une journée au plus. *V.* HUISSIER.

63. Aucun exploit ne sera donné un jour de fête légale , si ce n'est en vertu de permission du président du tribunal.

64. En matière réelle ou mixte, les exploits énonceront la nature de l'héritage, la commune, et, autant qu'il est possible, la partie de la commune où il est situé, et deux au moins des tenans et aboutissans ; s'il s'agit d'un domaine, corps de ferme ou métairie, il suffira d'en désigner le nom et la situation ; le tout à peine de nullité.

65. Il sera donné, avec l'exploit, copie du procès verbal de non-conciliation, ou copie de la mention de non-comparution, à peine de nullité; sera aussi donnée copie des pièces ou de la partie des pièces sur lesquelles la demande est fondée : à défaut de ces copies, celles que le demandeur sera tenu de donner dans le cours de l'instance, n'entreront point en taxe.

66. L'huissier ne pourra instrumenter pour ses parens et alliés, et ceux de sa femme, en ligne directe à l'infini, ni pour ses parens et alliés collatéraux, jusqu'au degré de cousin issu de germain inclusivement ; le tout à peine de nullité.

67. Les huissiers seront tenus de mettre à la fin de l'original et de la copie de l'exploit, le coût d'i-

celui, à peine de cinq francs d'amende payables à l'instant de l'enregistrement.

68. Tous exploits seront faits à personne ou domicile : mais si l'huissier ne trouve au domicile ni la partie, ni aucun de ses parens ou serviteurs, il remettra de suite la copie à un voisin qui signera l'original ; si ce voisin ne peut ou ne veut signer, l'huissier remettra la copie au maire ou adjoint de la commune, lequel visera l'original sans frais. L'huissier fera mention du tout tant sur l'original que sur la copie.

69. Seront assignés, 1° l'état, lorsqu'il s'agit de domaines et droits domaniaux, en la personne ou au domicile du préfet du département où siège le tribunal devant lequel doit être portée la demande en première instance ; 2° le trésor royal, en la personne ou au bureau de l'agent ; 3° les administrations ou établissemens publics, en leurs bureaux, dans le lieu où réside le siège de l'administration ; dans les autres lieux , en la personne et au bureau de leur préposé ; 4° le Roi, pour ses domaines, en la personne du procureur du Roi de l'arrondissement ; 5° les communes , en la personne ou au domicile du maire, et à Paris, en la personne ou au domicile du préfet : — dans le cas ci-dessus, l'original sera visé de celui à qui copie de l'exploit sera laissée ; en cas d'absence ou de refus, le visa sera donné, soit par le juge de paix, soit par le procureur du Roi près le tribunal de première instance, auquel en ce cas, copie sera laissée ; 6° les sociétés de commerce tant qu'elles existent, en leur maison sociale ; s'il n'y en a pas, en la personne ou au domicile de l'un des associés ; 7° les unions et directions de créanciers, en la personne ou au domicile de l'un des syndics ou directeurs ; 8° ceux qui n'ont aucun domicile connu en France, au lieu de leur résidence actuelle : si le lieu n'est pas connu, l'exploit sera affiché à la principale porte de l'auditoire du tribunal où la demande est portée ; une seconde copie sera donnée au procureur du Roi, lequel visera l'original ; 9° ceux qui habitent le territoire français hors du continent, et ceux qui sont établis chez l'étranger, au domicile du procureur du Roi près le tribunal où sera portée la demande, lequel visera l'original, et enverra la copie , pour les premiers , au ministre de la marine et pour les seconds , à celui des affaires étrangères.

70. Ce qui est prescrit par les deux articles précédens, sera observé à peine de nullité.

71. Si un exploit est déclaré nul par le fait de l'huissier , il pourra être condamné aux frais de l'exploit et de la procédure annulée , sans préjudice des dommages et intérêts de la partie , suivant les circonstances.

72. Le délai ordinaire des ajournemens, pour ceux qui sont domiciliés en France, sera de huitaine. — Dans les cas qui requerront célérité, le président pourra, par ordonnance rendue sur requête, permettre d'assigner à bref délai.

73. Si celui qui est assigné demeure hors de la France continentale, le délai sera, 1° pour ceux demeurant en Corse, dans l'île d'Elbe ou de Capraja, en Angleterre et dans les états limitrophes de la France, de deux mois ; 2° pour ceux demeurant dans les autres états de l'Europe, de quatre mois ; 3° pour ceux demeurant hors d'Europe, en deçà du Cap de Bonne-Espérance, de six mois ;— et pour ceux demeurant au-delà, d'un an.

74. Lorsqu'une assignation à une partie domiciliée hors de la France sera donnée à sa personne en France, elle n'emportera que les délais ordinaires, sauf au tribunal à les prolonger s'il y a lieu.

Dispositions du tarif.

27. (Pr. 59, 61 et 69 n° 8.) Pour l'original d'un exploit d'ajournement, même en cas de domicile inconnu en France et d'affiche à la porte de l'audience, à Paris, 2 fr. Partout ailleurs, 1 fr. 50 c.

III. DEVANT LES TRIBUNAUX DE COMMERCE.

C. *Proc.* 415. Toute demande doit être formée (devant les tribunaux de commerce) par exploit d'ajournement, suivant les formalités prescrites au titre *des ajournemens. V.* ci-dessus, art. 61.

416. Le délai sera au moins d'un jour.

417. Dans les cas qui requerront célérité, le président du tribunal pourra permettre d'assigner même de jour à jour et d'heure à heure, et de saisir les effets mobiliers : il pourra, suivant l'exigence des cas, assujettir le demandeur à donner caution, ou à justifier de solvabilité suffisante. Ses ordonnances seront exécutoires nonobstant opposition ou appel.

418. Dans les affaires maritimes où il existe des parties non domiciliées, et dans celles où il s'agit d'agrès, victuailles, équipages et radoubs de vaisseaux prêts à mettre à la voile, et autres matières urgentes et provisoires, l'assignation de jour à jour ou d'heure à heure pourra être donnée sans ordonnance, et le défaut pourra être jugé sur-le-champ.

419. Toutes assignations données à bord à la personne assignée seront valables.

420. Le demandeur pourra assigner, à son choix : — devant le tribunal du domicile du défendeur ; — devant celui dans l'arrondissement duquel la promesse a été faite et la marchandise livrée ; — devant celui dans l'arrondissement duquel le paiement devait être effectué.

IV. DEVANT LES COURS ROYALES.

C. *Proc.* 456. L'acte d'appel contiendra assignation dans les délais de la loi, et sera signifié à personne ou domicile, sous peine de nullité.

ALAMBICS.

C. *Civ.* 524. Sont immeubles par destination, quand ils ont été placés par le propriétaire pour le service et l'exploitation du fonds, les alambics.

ALÉATOIRES (CONTRATS).

C. *Civ.* 1104. Lorsque l'équivalent, stipulé par la convention, consiste dans la chance de gain ou de perte pour chacune des parties, d'après un événement incertain, le contrat est *aléatoire.*

1964. Le contrat aléatoire est une convention réciproque, dont les effets, quant aux avantages et aux pertes, soit pour toutes les parties, soit pour l'une ou plusieurs d'entre elles, dépendent d'un événement incertain. — Tels sont : — le contrat d'assurance. *V.* ASSURANCE. — Le prêt à grosse aventure. *V.* AVENTURE. — Le jeu et le pari. *V.* JEU, PARI. — Le contrat de rente viagère. *V.* VIAGÈRE (*rente*). — Les deux premiers sont régis par les lois maritimes.

ALIMENS.

I. OBLIGATION DE FOURNIR DES ALIMENS.

1° *En mariage.*

C. *Civ.* 203. Les époux contractent ensemble, par le fait seul du mariage, l'obligation de nourrir, entretenir et élever leurs enfans.

205. Les enfans doivent des alimens à leurs père et mère, et autres ascendans qui sont dans le besoin.

206. Les gendres et belles-filles doivent également, et dans les mêmes circonstances, des alimens à leurs beau-père et belle-mère ; mais cette obligation cesse : 1° lorsque la belle-mère a convolé en secondes noces ; 2° lorsque celui des époux qui produisait l'affinité, et les enfans issus de son union avec l'autre époux, sont décédés.

207. Les obligations résultant de ces dispositions sont réciproques.

208. Les alimens ne sont accordés que dans la proportion du besoin de celui qui les réclame, et de la fortune de celui qui les doit.

209. Lorsque celui qui fournit ou celui qui reçoit des alimens est replacé dans un état tel, que l'un ne puisse plus en donner, ou que l'autre n'en ait plus besoin en tout ou en partie, la décharge ou réduction peut en être demandée.

210. Si la personne qui doit fournir les alimens

justifie qu'elle ne peut payer la pension alimentaire, le tribunal pourra, en connaissance de cause, ordonner qu'elle recevra dans sa demeure, qu'elle nourrira et entretiendra celui auquel elle devra des alimens.

211. Le tribunal prononcera également si le père ou la mère qui offrira de recevoir, nourrir et entretenir dans sa demeure, l'enfant à qui elle devra des alimens, devra dans ce cas être dispensé de payer la pension alimentaire.

2° *Hors mariage. V.* ADULTÉRINS (*enfans*), INCESTUEUX (*enfans*).

II. DES LEGS OU DONATION D'ALIMENS.

C. Civ. 610. Le legs fait par un testateur, d'une rente viagère ou pension alimentaire, doit être acquitté par le légataire universel de l'usufruit dans son intégrité, et par le légataire à titre universel de l'usufruit dans la proportion de sa jouissance, sans aucune répétition de leur part.

1015. Les intérêts ou fruits de la chose léguée courront au profit du légataire dès le jour du décès, et sans qu'il ait formé sa demande en justice : 1°... 2° lorsqu'une rente viagère ou une pension aura été léguée à titre d'alimens.

C. Proc. 581. Seront insaisissables : 1° les choses déclarées insaisissables par la loi (*V. la note ci-après*); 2° les provisions alimentaires adjugées par justice; 3° les sommes et objets disponibles déclarés insaisissables par le testateur ou donateur; 4° les sommes et pensions pour alimens, encore que le testament ou l'acte de donation ne les déclare pas insaisissables.

582. Les provisions alimentaires ne pourront être saisies que pour cause d'alimens; les objets mentionnés aux n°s 3 et 4 du précédent article pourront être saisis par des créanciers postérieurs à l'acte de donation ou à l'ouverture du legs; et ce, en vertu de la permission du juge, et pour la portion qu'il déterminera.

III. DISPOSITIONS DIVERSES.

ADOPTION. *C. Civ.* 349. L'obligation naturelle, qui continuera d'exister entre l'adopté et ses père et mère, de se fournir des alimens dans les cas déterminés par la loi, sera considérée comme commune à l'adoptant et à l'adopté, l'un envers l'autre.

COMMUNAUTÉ. *C. Civ.* 1409. La communauté se compose passivement : 1°... 5° des alimens des époux, de l'éducation et entretien des enfans.

COMPENSATION. *C. Civ.* 1293. La compensation a lieu, quelles que soient les causes de l'une ou l'autre des dettes, excepté dans le cas : 1°... 3° d'une dette qui a pour cause des alimens déclarés insaisissables.

COMPROMIS. *C. Proc.* 1004. On ne peut compromettre sur les dons et legs d'alimens, logement et vêtemens.

CORRECTION. *C. Civ.* 378. Le père, en faisant emprisonner son enfant, sera tenu de souscrire une soumission de fournir les alimens convenables.

DONATION. *C. Civ.* 955. La donation entre-vifs ne pourra être révoquée pour cause d'ingratitude que dans les cas suivans : 1°... 3° si le donataire refuse des alimens au donateur.

DOT. *C. Civ.* 1558. L'immeuble dotal peut être aliéné avec permission de justice, et aux enchères, après trois affiches, pour fournir des alimens à la famille, dans les cas prévus par les art. 203, 205 et 206, au tit. *du Mariage. V.* MARIAGE.

EXÉCUTION PROVISOIRE. *C. Proc.* 155. L'exécution provisoire pourra être ordonnée, avec ou sans caution, lorsqu'il s'agira : 1°... 7° de pensions ou provisions alimentaires.

JOUISSANCE LÉGALE. *C. Civ.* 385. Les charges de cette jouissance sont : 1°... 2° la nourriture, l'entretien et l'éducation des enfans, selon leur fortune.

MORT CIVILE. *C. Civ.* 25. Le condamné à la mort civile ne peut ni disposer de ses biens, en tout ou en partie, soit par donation entre-vifs, soit par testament, ni recevoir, à ce titre, si ce n'est pour cause d'alimens.

PRESCRIPTION. *C. Civ.* 2277. Les arrérages des pensions alimentaires se prescrivent par cinq ans.

SAISIE. *C. Proc.* 593. Les objets déclarés insaisissables par l'article 592 du Code de procédure [1], ne pourront être saisis pour aucune

---

[1] 592. Ne pourront être saisis : 1° les objets que la loi déclare immeubles par destination; — 2° le coucher nécessaire des saisis, ceux de leurs enfans vivant avec eux; les habits dont les saisis sont vêtus et couverts; — 3° les livres relatifs à la profession du saisi, jusqu'à la somme de trois cents francs, à son choix; — 4° les machines et instrumens servant à l'enseignement, pratique ou exercice des sciences et arts, jusqu'à concurrence de la même somme, et au choix du saisi; — 5° les équipemens militaires, suivant l'ordonnance et le grade; — 6° les outils des artisans nécessaires à leurs occupations personnelles; — 7° les farines et menues denrées nécessaires à la consommation du saisi et de sa famille pendant un mois; — 8° enfin, une vache ou trois brebis, au deux chèvres, au choix du saisi, avec les pailles, fourrages et grains nécessaires pour la litière et la nourriture desdits animaux pendant un mois.

créance, même celle de l'état, si ce n'est pour alimens fournis à la partie. *V.* ci-dessus II , art. 381-382.

TUTELLE OFFICIEUSE. *C. Civ.* 364. Cette tutelle emportera avec soi, sans préjudice de toutes stipulations particulières, l'obligation de nourrir le pupille, de l'élever, de le mettre en état de gagner sa vie.

367. Dans le cas où le tuteur officieux mourrait sans avoir adopté son pupille, il sera fourni à celui-ci , durant sa minorité , des moyens de subsister, dont la quotité et l'espèce, s'il n'y a été antérieurement pourvu par une convention formelle, seront réglées, soit amiablement entre les représentans respectifs du tuteur et du pupille, soit judiciairement en cas de contestation.

VIDUITÉ. *C. Civ.* 1570. Si le mariage est dissous par la mort du mari , la femme a le choix d'exiger les intérêts de sa dot pendant l'an du deuil, ou de se faire fournir des alimens pendant ledit temps aux dépens de la succession du mari; mais, dans les deux cas, l'habitation durant cette année , et les habits de deuil, doivent lui être fournis sur la succession, et sans imputation sur les intérêts à elle dus.

IV. DES ALIMENS EN MATIÈRE DE CONTRAINTE PAR CORPS.

C. Proc. 794. Le créancier sera tenu de consigner les alimens d'avance. Les alimens ne pourront être retirés, lorsqu'il y aura recommandation, si ce n'est du consentement du recommandant.

800. Le débiteur légalement incarcéré obtiendra son élargissement : 1°... 4° à défaut, par les créanciers, d'avoir consigné d'avance les alimens.

Loi du 17-19 *avril* 1832.

28. Un mois après la promulgation de la présente loi, la somme destinée à pourvoir aux alimens des détenus pour dettes devra être consignée d'avance et pour trente jours au moins. — Les consignations pour plus de trente jours ne vaudront qu'autant qu'elles seront d'une seconde ou de plusieurs périodes de trente jours.

29. A compter du même délai d'un mois, la somme destinée aux alimens sera de trente francs à Paris, et de vingt-cinq francs dans les autres villes, pour chaque période de trente jours.

30. En cas d'élargissement, faute de consignation d'alimens, il suffira que la requête présentée au président du tribunal civil soit signée par le débiteur détenu et par le gardien de la maison d'arrêt pour dettes, ou même certifiée véritable par le gardien, si le détenu ne sait pas signer. Cette requête sera présentée en duplicata : l'ordonnance du président, aussi rendue par duplicata, sera exécutée sur l'une des minutes qui restera entre les mains du gardien ; l'autre minute sera déposée au greffe du tribunal, et enregistrée gratis.

31. Le débiteur élargi faute de consignation d'alimens ne pourra plus être incarcéré pour la même dette.

ALLIANCE. *V.* PARENTÉ.

ALLUVION.

C. Civ. 556. Les atterrissemens et accroissemens qui se forment successivement et imperceptiblement aux fonds riverains d'un fleuve ou d'une rivière, s'appellent *alluvion*. — L'alluvion profite au propriétaire riverain, soit qu'il s'agisse d'un fleuve ou d'une rivière navigable, flottable ou non; à la charge, dans le premier cas, de laisser le marche-pied ou chemin de halage, conformément aux règlemens.

557. Il en est de même des relais que forme l'eau courante qui se retire insensiblement de l'une de ses rives en se portant sur l'autre : le propriétaire de la rive découverte profite de l'alluvion, sans que le riverain du côté opposé y puisse venir réclamer le terrain qu'il a perdu. — Ce droit n'a pas lieu à l'égard des relais de la mer.

558. L'alluvion n'a pas lieu à l'égard des lacs et étangs, dont le propriétaire conserve toujours le terrain que l'eau couvre quand elle est à la hauteur de la décharge de l'étang, encore que le volume de l'eau vienne à diminuer. — Réciproquement le propriétaire de l'étang n'acquiert aucun droit sur les terres riveraines que son eau vient à couvrir dans les crues extraordinaires.

596. L'usufruitier jouit de l'augmentation survenue par alluvion à l'objet dont il a l'usufruit.

ALTERNATIVES (OBLIGATIONS).

C. Civ. (*liv.* 3, *tit.* 5, *sect.* 5 , *des obligations alternatives*, *art.* 1189-1196). — 1189. Le débiteur d'une obligation alternative est libéré par la délivrance de l'une des deux choses qui étaient comprises dans l'obligation.

1190. Le choix appartient au débiteur, s'il n'a pas été expressément accordé au créancier.

1191. Le débiteur peut se libérer en délivrant l'une des deux choses promises ; mais il ne peut forcer le créancier à recevoir une partie de l'une et une partie de l'autre.

1192. L'obligation est pure et simple, quoique contractée d'une manière alternative, si l'une des deux choses promises ne pouvait être le sujet de l'obligation.

1193. L'obligation alternative devient pure et simple, si l'une des choses promises périt et ne

5

peut plus être livrée, même par la faute du débiteur. Le prix de cette chose ne peut pas être offert à sa place. — Si toutes deux sont péries, et que le débiteur soit en faute à l'égard de l'une d'elles, il doit payer le prix de celle qui a péri la dernière.

1194. Lorsque, dans le cas prévu par l'article précédent, le choix avait été déféré par la convention au créancier, — ou l'une des choses seulement est périe ; et alors, si c'est sans la faute du débiteur, le créancier doit avoir celle qui reste ; si le débiteur est en faute, le créancier peut demander la chose qui reste, ou le prix de celle qui est périe ; — ou les deux choses sont péries ; et alors, si le débiteur est en faute à l'égard des deux, ou même à l'égard de l'une d'elles seulement, le créancier peut demander le prix de l'une ou de l'autre à son choix.

1195. Si les deux choses sont péries sans la faute du débiteur, et avant qu'il soit en demeure, l'obligation est éteinte, conformément à l'article 1302 [1].

1196. Les mêmes principes s'appliquent aux cas où il y a plus de deux choses comprises dans l'obligation alternative.

Dispositions additionnelles.

INDIVISIBILITÉ. *C. Civ.* 1221. Le principe établi dans l'article 1220 [2] reçoit exception à l'égard des héritiers du débiteur : 1°... 5° lorsqu'il s'agit de la dette alternative de choses au choix du créancier, dont l'une est indivisible.

---

[1] 1302. Lorsque le corps certain et déterminé qui était l'objet de l'obligation vient à périr, est mis hors du commerce, ou se perd de manière qu'on en ignore absolument l'existence, l'obligation est éteinte si la chose a péri ou a été perdue sans la faute du débiteur et avant qu'il fût en demeure. — Lors même que le débiteur est en demeure, et s'il ne s'est pas chargé des cas fortuits, l'obligation est éteinte dans le cas où la chose fût également périe chez le créancier si elle lui eût été livrée. — Le débiteur est tenu de prouver le cas fortuit qu'il allègue. — De quelque manière que la chose volée ait péri ou ait été perdue, sa perte ne dispense pas celui qui l'a soustraite, de la restitution du prix.

[2] 1220. L'obligation qui est susceptible de division doit être exécutée entre le créancier et le débiteur comme si elle était indivisible. La divisibilité n'a d'application qu'à l'égard de leurs héritiers, qui ne peuvent demander la dette ou qui ne sont tenus de la payer que pour les parts dont ils sont saisis ou dont ils sont tenus comme représentant le créancier ou le débiteur.

VENTE. *C. Civ.* 1584. La vente peut avoir pour objet deux ou plusieurs choses alternatives.

AMÉLIORATIONS (IMPENSES D').

Dispositions diverses.

COMMUNAUTÉ. *C. Civ.* 1437. Toutes les fois qu'il est pris sur la communauté une somme, soit pour acquitter les dettes ou charges personnelles à l'un des époux, telles que le prix ou partie du prix d'un immeuble à lui propre ou le rachat de services fonciers, soit pour le recouvrement, la conservation ou l'amélioration de ses biens personnels, et généralement toutes les fois que l'un des deux époux a tiré un produit personnel des biens de la communauté, il en doit la récompense.

ÉVICTION. *C. Civ.* 1634. Le vendeur est tenu de rembourser ou de faire rembourser à l'acquéreur, par celui qui l'évince, toutes les réparations et améliorations utiles qu'il aura faites au fonds.

HYPOTHÈQUE. *C. Civ.* 2133. L'hypothèque acquise s'étend à toutes les améliorations survenues à l'immeuble hypothéqué.

RAPPORT. *C. Civ.* 861. Dans tous les cas, il doit être tenu compte au donataire, lors du rapport, des impenses qui ont amélioré la chose, eu égard à ce dont sa valeur se trouve augmentée au temps du partage.

862. Il doit être pareillement tenu compte au donataire, des impenses nécessaires qu'il a faites pour la conservation de la chose, encore qu'elles n'aient point amélioré le fonds.

863. Le donataire, de son côté, doit tenir compte des dégradations et détériorations qui ont diminué la valeur de l'immeuble, par son fait ou par sa faute et négligence.

864. Dans le cas où l'immeuble a été aliéné par le donataire, les améliorations ou dégradations faites par l'acquéreur doivent être imputées conformément aux trois articles précédens.

TIERS-DÉTENTEUR. *C. Civ.* 2175. Les détériorations qui procèdent du fait ou de la négligence du tiers-détenteur, au préjudice des créanciers hypothécaires ou privilégiés, donnent lieu contre lui à une action en indemnité ; mais il ne peut répéter ses impenses et améliorations que jusqu'à concurrence de la plus-value résultant de l'amélioration.

USUFRUIT *C. Civ.* 509. L'usufruitier ne peut, à la cessation de l'usufruit, réclamer aucune indemnité pour les améliorations qu'il prétendrait avoir faites, encore que la valeur de la chose en fût augmentée. — Il peut cependant, ou ses héritiers, enlever les glaces, tableaux et autres ornemens qu'il aurait fait placer, mais à la charge de rétablir les lieux dans leur premier état.

AMENDES.
Poursuites pour le recouvrement des amendes.

C. Pén. 52. L'exécution des condamnations à l'amende, aux restitutions, aux dommages-intérêts et aux frais, pourra être poursuivie par la voie de la contrainte par corps.

54. En cas de concurrence de l'amende avec les restitutions et les dommages-intérêts, sur les biens insuffisans du condamné, ces dernières condamnations obtiendront la préférence.

55. Tous les individus condamnés pour un même crime, ou pour un même délit, sont tenus solidairement des amendes, des restitutions, des dommages-intérêts et des frais.

Loi du 17-19 avril 1832.

33. Les arrêts, jugemens et exécutoires portant condamnation, au profit de l'état, à des amendes, restitutions, dommages-intérêts et frais en matière criminelle, correctionnelle ou de police, ne pourront être exécutés par la voie de la contrainte par corps que cinq jours après le commandement qui sera fait aux condamnés à la requête du receveur de l'enregistrement et des domaines. — Dans le cas où le jugement de condamnation n'aurait pas été précédemment signifié au débiteur, le commandement portera en tête un extrait de ce jugement, lequel contiendra le nom des parties et le dispositif. — Sur le vu du commandement et sur la demande du receveur de l'enregistrement et des domaines, le procureur du Roi adressera les réquisitions nécessaires aux agens de la force publique et autres fonctionnaires chargés de l'exécution des mandemens de justice. Si le débiteur est détenu, la recommandation pourra être ordonnée immédiatement après la notification du commandement.

34. Les individus contre lesquels la contrainte par corps aura été mise à exécution aux termes de l'article précédent, subiront l'effet de cette contrainte jusqu'à ce qu'ils aient payé le montant des condamnations, ou fourni une caution admise par le receveur des domaines, ou, en cas de contestation de sa part, déclarée bonne et valable par le tribunal civil de l'arrondissement. — La caution devra s'exécuter dans le mois, à peine de poursuites.

35. Néanmoins, les condamnés qui justifieront de leur insolvabilité, suivant le mode prescrit par l'article 420 du C. d'inst. crim. [1], seront mis en

liberté après avoir subi quinze jours de contrainte, lorsque l'amende et les autres condamnations pécuniaires n'excéderont pas quinze francs ; un mois, lorsqu'elles s'élèveront de quinze à cinquante francs ; deux mois, lorsque l'amende et les autres condamnations s'élèveront de cinquante à cent francs ; et quatre mois, lorsqu'elles excéderont cent francs.

36. Lorsque la contrainte par corps aura cessé en vertu de l'article précédent, elle pourra être reprise mais une seule fois, et quant aux restitutions, dommages-intérêts et frais seulement, s'il est jugé contradictoirement avec le débiteur qu'il lui est survenu des moyens de solvabilité.

Dispositions du tarif criminel.

126. Les frais de recouvrement des amendes prononcées dans les cas prévus par le Code d'instruction criminelle et par le Code pénal, seront taxés conformément au tarif réglé par les décrets du 19 février 1807, pour la procédure civile. L'avance de ces frais ne sera point imputée, par l'administration de l'enregistrement, sur les fonds généraux des frais de justice criminelle : elle s'en remboursera suivant les formes de droit, sur les parties condamnées. En cas d'insolvabilité des condamnés, les frais de poursuites seront alloués à l'administration dans ses comptes, en conformité de l'art. 66 de la loi du 2 frimaire an 7.

AMEUBLISSEMENT.

C. Civ. 1497. Les époux peuvent modifier la communauté légale. — Les principales modifications sont celles qui ont lieu en stipulant de l'une ou de l'autre des manières qui suivent; savoir : 1°... 5° qu'on y comprendra tout ou partie des immeubles présens ou futurs par la voie de l'ameublissement.

(*Liv.* 3, *tit.* 5, *ch.* 2, 2ᵉ *p.*, *sect.* 3, *de la clause d'ameublissement, art.* 1505-1509).—1505. Lorsque les époux ou l'un d'eux font entrer en communauté tout ou partie de leurs immeubles présens ou futurs, cette clause s'appelle *ameublissement.*

1506. L'ameublissement peut être déterminé ou indéterminé. — Il est déterminé quand l'époux a déclaré ameublir et mettre en communauté un tel immeuble en tout ou jusqu'à concurrence d'une certaine somme. — Il est indéterminé quand l'époux a simplement déclaré

---

[1] 420 (en fournissant) : 1° un extrait du rôle des contributions, constatant qu'ils paient moins de six francs, ou un certificat du percepteur de leur commune, portant qu'ils ne sont point imposés ; 2° un certificat d'indigence à eux délivré par le maire de la commune de leur domicile ou par son adjoint, visé par le sous-préfet et approuvé par le préfet de leur département.

apporter en communauté ses immeubles, jusqu'à concurrence d'une certaine somme.

1507. L'effet de l'ameublissement déterminé est de rendre l'immeuble ou les immeubles qui en sont frappés, biens de la communauté comme les meubles mêmes. — Lorsque l'immeuble ou les immeubles de la femme sont ameublis en totalité, le mari en peut disposer comme des autres effets de la communauté, et les aliéner en totalité.— Si l'immeuble n'est ameubli que pour une certaine somme, le mari ne peut l'aliéner qu'avec le consentement de la femme; mais il peut l'hypothéquer sans son consentement, jusqu'à concurrence seulement de la portion ameublie.

1508. L'ameublissement indéterminé ne rend point la communauté propriétaire des immeubles qui en sont frappés; son effet se réduit à obliger l'époux qui l'a consenti, à comprendre dans la masse, lors de la dissolution de la communauté, quelques-uns de ses immeubles jusqu'à concurrence de la somme par lui promise. — Le mari ne peut, comme en l'article précédent, aliéner en tout ou en partie, sans le consentement de sa femme, les immeubles sur lesquels est établi l'ameublissement indéterminé; mais il peut les hypothéquer jusqu'à concurrence de cet ameublissement.

1509. L'époux qui a ameubli un héritage, a, lors du partage, la faculté de le retenir en le précomptant sur sa part pour le prix qu'il vaut alors; et ses héritiers ont le même droit.

ANIMAUX.

I. DROIT CIVIL.

1° Dispositions générales.

C. Civ. 528. Sont meubles par leur nature les corps qui peuvent se transporter d'un lieu à un autre, soit qu'ils se meuvent par eux-mêmes, comme les animaux, soit qu'ils ne puissent changer de place que par l'effet d'une force étrangère, comme les choses inanimées.

522. Les animaux que le propriétaire du fonds livre au fermier ou au métayer pour la culture, estimés ou non, sont censés immeubles tant qu'ils demeurent attachés au fonds par l'effet de la convention. — Ceux qu'il donne à cheptel à d'autres qu'au fermier ou métayer, sont meubles. V. CHEPTEL.

524. Sont immeubles par destination, quand ils ont été placés par le propriétaire pour le service de l'exploitation du fonds, — les animaux attachés à la culture.

2° Dispositions diverses.

PRÊT. C. Civ. 1894. On ne peut pas donner à titre de prêt de consommation, des choses qui, quoique de même espèce, diffèrent dans l'individu, comme les animaux : alors c'est un prêt à usage.

RESPONSABILITÉ. C. Civ. 1385. Le propriétaire d'un animal, ou celui qui s'en sert, pendant qu'il est à son usage, est responsable du dommage que l'animal a causé, soit que l'animal fût sous sa garde, soit qu'il fût égaré ou échappé.

SAISIE. C. Proc. 594. En cas de saisie d'animaux et ustensiles servant à l'exploitation des terres, le juge de paix pourra, sur la demande du saisissant, le propriétaire et le saisi entendus ou appelés, établir un gérant à l'exploitation.

592. Ne pourront être saisis : 1°... 8° une vache, ou trois brebis, ou deux chèvres, au choix du saisi, avec les pailles, fourrages et grains nécessaires pour la litière et la nourriture desdits animaux pendant un mois.

USUFRUIT. C. Civ. 615. Si l'usufruit n'est établi que sur un animal qui vient à périr sans la faute de l'usufruitier, celui-ci n'est pas tenu d'en rendre un autre, ni d'en payer l'estimation.

616. Si le troupeau sur lequel un usufruit a été établi, périt entièrement par accident ou par maladie, et sans la faute de l'usufruitier, celui-ci n'est tenu envers le propriétaire que de lui rendre compte des cuirs ou de leur valeur. — Si le troupeau ne périt pas entièrement, l'usufruitier est tenu de remplacer, jusqu'à concurrence du croît, les têtes des animaux qui ont péri.

II. DROIT CRIMINEL.

C. Pén. 452. Quiconque aura empoisonné des chevaux ou autres bêtes de voiture, de monture ou de charge, des bestiaux à cornes, des moutons, chèvres ou porcs, ou des poissons dans les étangs, viviers ou réservoirs, sera puni d'un emprisonnement d'un an à cinq ans, et d'une amende de seize francs à trois cents francs. Les coupables pourront être mis, par l'arrêt ou le jugement, sous la surveillance de la haute police pendant deux ans au moins et cinq ans au plus.

453. Ceux qui, sans nécessité, auront tué l'un des animaux mentionnés au précédent article, seront punis ainsi qu'il suit : — Si le délit a été commis dans les bâtimens, enclos et dépendances, ou sur les terres dont le maître de l'animal tué était propriétaire, locataire, colon ou fermier, la peine sera un emprisonnement de deux mois à six mois; — s'il a été commis dans les lieux dont le coupable était propriétaire, locataire, colon ou fermier, l'emprisonnement sera de six jours à un

mois ; — s'il a été commis dans tout autre lieu, l'emprisonnement sera de quinze jours à six semaines. — Le *maximum* de la peine sera toujours prononcé en cas de violation de clôture.

454. Quiconque aura, sans nécessité, tué un animal domestique dans un lieu dont celui à qui cet animal appartient est propriétaire, locataire, colon ou fermier, sera puni d'un emprisonnement de six jours au moins et de six mois au plus. — S'il y a eu violation de clôture le *maximum* de la peine sera prononcé.

455. Dans les cas prévus articles 452, 453, 454, il sera prononcé une amende qui ne pourra excéder le quart des restitutions et dommages-intérêts, ni être au-dessous de seize francs.

459. Tout détenteur ou gardien d'animaux ou de bestiaux soupçonnés d'être infectés de maladie contagieuse, qui n'aura pas averti sur-le-champ le maire de la commune où ils se trouvent, et qui même, avant que le maire ait répondu à l'avertissement, ne les aura pas tenus renfermés, sera puni d'un emprisonnement de six jours à deux mois, et d'une amende de seize francs à deux cents francs.

460. Seront également punis d'un emprisonnement de deux mois à six mois, et d'une amende de cent francs à cinq cents francs, ceux qui, au mépris des défenses de l'administration, auront laissé leurs animaux ou bestiaux infectés communiquer avec d'autres.

461. Si, de la communication mentionnée au précédent article, il est résulté une contagion parmi les autres animaux, ceux qui auront contrevenu aux défenses de l'autorité administrative seront punis d'un emprisonnement de deux ans à cinq ans, et d'une amende de cent francs à mille francs ; le tout sans préjudice de l'exécution des lois et réglemens relatifs aux maladies épizootiques, et de l'application des peines y portées.

462. Si les délits de police correctionnelle dont il est parlé au présent chapitre (art. 434-461) ont été commis par des gardes champêtres ou forestiers, ou des officiers de police, à quelque titre que ce soit, la peine d'emprisonnement sera d'un mois au moins, et d'un tiers au plus en sus de la peine la plus forte qui serait appliquée à un autre coupable du même délit.

475. Seront punis d'amende, depuis six francs jusqu'à dix francs inclusivement : 1°... 5° les rouliers, charretiers, conducteurs de voitures quelconques ou de bêtes de charge, qui auraient contrevenu aux réglemens par lesquels ils sont obligés de se tenir constamment à la portée de leurs chevaux, bêtes de trait ou de charge et de leurs voitures, et en état de les guider et conduire ; d'occuper un seul côté des rues, chemins ou voies publiques ; de se détourner ou ranger devant toutes voitures, et, à leur approche, de leur laisser libre au moins la moitié des rues, chaussées, routes et chemins ; 4° ceux qui auront fait ou laissé courir les chevaux, bêtes de trait, de charge ou de monture, dans l'intérieur d'un lieu habité, ou violé les réglemens contre le chargement, la rapidité ou la mauvaise direction des voitures ; 7° ceux qui auraient laissé divaguer des fous ou des furieux étant sous leur garde, ou des animaux malfaisans ou féroces ; ceux qui auront excité ou n'auront pas retenu leurs chiens, lorsqu'ils attaquent ou poursuivent les passans, quand même il n'en serait résulté aucun mal ni dommage ; 10° ceux qui auraient fait ou laissé passer des bestiaux, animaux de trait, de charge ou de monture, sur le terrain d'autrui, ensemencé ou chargé d'une récolte, en quelque saison que ce soit, ou dans un bois taillis appartenant à autrui.

476. Pourra, suivant les circonstances, être prononcé, outre l'amende portée en l'article précédent, l'emprisonnement pendant trois jours au plus, contre les rouliers, charretiers, voituriers et conducteurs en contravention ; contre ceux qui auront contrevenu aux réglemens ayant pour objet, soit la rapidité, la mauvaise direction ou le chargement des voitures ou des animaux, soit la solidité des voitures publiques, leurs poids, le mode de leur chargement, le nombre et la sûreté des voyageurs ; contre les vendeurs et débitans de boissons falsifiées ; contre ceux qui auraient jeté des corps durs ou des immondices.

478. La peine de l'emprisonnement pendant cinq jours au plus sera toujours prononcée, en cas de récidive, contre toutes les personnes mentionnées dans l'article 475. (*V. ci-dessus.*)

479. Seront punis d'une amende de onze francs à quinze francs inclusivement : 1°.. 2° ceux qui auront occasioné la mort ou la blessure des animaux ou bestiaux appartenant à autrui, par l'effet de la divagation des fous ou furieux, ou d'animaux malfaisans ou féroces, ou par la rapidité ou la mauvaise direction, ou le chargement excessif des voitures, chevaux, bêtes de trait, de charge ou de monture ; 10° ceux qui mèneront sur le terrain d'autrui des bestiaux, de quelque nature qu'ils soient, et notamment dans les prairies artificielles, dans les vignes, oseraies, dans les plants de câpriers, dans ceux d'oliviers, de mûriers, de grenadiers, d'orangers, et d'arbres du même genre, dans tous les plants ou pépinières d'arbres fruitiers ou autres, faits de main d'homme.

480. Pourra, selon les circonstances, être prononcée la peine d'emprisonnement pendant cinq jours au plus : 1° contre ceux qui auront occasioné ou la mort ou la blessure des animaux ou bestiaux appartenant à autrui, dans les cas prévus par le n° 2 du précédent article. (*V. ci-dessus.*)

483. Il y a récidive dans tous les cas prévus par le présent livre, lorsqu'il a été rendu contre le contrevenant, dans les douze mois précédens, un premier jugement pour contravention de police commise dans le ressort du même tribunal. — L'article 463 du présent Code sera applicable à toutes les contraventions ci-dessus indiquées.

463. Dans tous les cas où la peine de l'emprisonnement et celle de l'amende sont prononcées par le Code pénal, si les circonstances paraissent atténuantes, les tribunaux correctionnels sont autorisés, même en cas de récidive, à réduire l'emprisonnement même au-dessous de six jours, et l'amende même au-dessous de seize francs ; ils pourront aussi prononcer séparément l'une ou l'autre de ces peines, et même substituer l'amende à l'emprisonnement, sans qu'en aucun cas elle puisse être au-dessous des peines de simple police.

Disposition particulière.

MISE EN FOURRIÈRE.

Tarif cr. 39. Les animaux et tous objets périssables, pour quelque cause qu'ils aient été saisis, ne pourront rester en fourrière ou sous le séquestre plus de huit jours. Après ce délai, la main-levée provisoire pourra en être accordée. S'ils ne doivent ou ne peuvent être restitués, ils seront mis en vente, et les frais de fourrière seront prélevés sur le produit de la vente, par privilége et préférence à tous autres.

40. La main-levée provisoire des animaux saisis et des objets périssables mis en séquestre sera ordonnée par le juge de paix ou le juge d'instruction, moyennant caution, et le paiement des frais de fourrière et de séquestre ; si lesdits objets doivent être vendus, la vente sera ordonnée par les mêmes magistrats. Cette vente sera faite à l'enchère au marché le plus voisin, à la diligence de l'administration de l'enregistrement. Le jour de la vente sera indiqué par affiches vingt-quatre heures à l'avance, à moins que la modicité de l'objet ne détermine le magistrat à en ordonner la vente sans formalités : ce qu'il exprimera dans son ordonnance. Le produit de la vente sera versé dans la caisse de l'administration de l'enregistrement pour en être disposé ainsi qu'il sera ordonné par le jugement définitif.

ANIMAUX (BAIL DES). *V.* CHEPTEL.

ANIMAUX (CROÎT DES). *V.* CROÎT.

ANONYME (SOCIÉTÉ).

C. Com. 19. La loi reconnaît trois espèces de sociétés commerciales : — la société en nom collectif, — la société en commandite, — la société anonyme.

29. La *société anonyme* n'existe point sous un nom social ; elle n'est désignée par le nom d'aucun des associés.

30. Elle est qualifiée par la désignation de l'objet de son entreprise.

31. Elle est administrée par des mandataires à temps, révocables, associés ou non associés, salariés ou gratuits.

32. Les administrateurs ne seront responsables que de l'exécution du mandat qu'ils ont reçu. — Ils ne contractent, à raison de leur gestion, aucune obligation personnelle ni solidaire relativement aux engagemens de la société.

33. Les associés ne sont passibles que de la perte du montant de leur intérêt dans la société.

34. Le capital de la société anonyme se divise en actions et même en coupons d'action d'une valeur égale.

35. L'action peut être établie sous la forme d'un titre au porteur. — Dans ce cas, la cession s'opère par la tradition du titre.

36. La propriété des actions peut être établie par une inscription sur les registres de la société. — Dans ce cas, la cession s'opère par une déclaration de transfert inscrite sur les registres, et signée de celui qui fait le transport ou d'un fondé de pouvoir.

37. La société anonyme ne peut exister qu'avec l'autorisation du Roi, et avec son approbation pour l'acte qui la constitue ; cette approbation doit être donnée dans la forme prescrite pour les réglemens d'administration publique.

ANTICHRÈSE.

C. Civ. 2072. Le nantissement d'une chose immobilière s'appelle *antichrèse.*

(*Liv.* 3, *tit.* 17, *ch.* 2, *de l'antichrèse*, art. 2085-2091).

2085. L'antichrèse ne s'établit que par écrit. — Le créancier n'acquiert par ce contrat que la faculté de percevoir les fruits de l'immeuble, à la charge de les imputer annuellement sur les intérêts, s'il lui en est dû, et ensuite sur le capital de sa créance.

2086. Le créancier est tenu, s'il n'en est autrement convenu, de payer les contributions et les charges annuelles de l'immeuble qu'il tient en antichrèse. — Il doit également, sous peine de dommages et intérêts, pourvoir à l'entretien et aux réparations utiles et nécessaires de l'immeuble, sauf à prélever sur les fruits toutes les dépenses relatives à ces divers objets.

2087. Le débiteur ne peut, avant l'entier acquittement de la dette, réclamer la jouissance de l'immeuble qu'il a remis en antichrèse. — Mais le créancier qui veut se décharger des obligations exprimées en l'article précédent, peut toujours, à moins qu'il n'ait renoncé à ce droit, contraindre le débiteur à reprendre la jouissance de son immeuble.

2088. Le créancier ne devient point propriétaire de l'immeuble par le seul défaut de paiement au terme convenu ; toute clause contraire est nulle : en ce cas, il peut poursuivre l'expropriation de son débiteur par les voies légales.

2089. Lorsque les parties ont stipulé que les fruits se compenseront avec les intérêts, ou totalement, ou jusqu'à une certaine concurrence, cette convention s'exécute comme toute autre qui n'est point prohibée par les lois.

2090. Les dispositions des articles 2077 et 2083 s'appliquent à l'antichrèse comme au gage[1].

2091. Tout ce qui est statué au présent chapitre ne préjudicie point aux droits que des tiers pourraient avoir sur le fonds de l'immeuble remis à titre d'antichrèse. — Si le créancier, muni à ce titre, a d'ailleurs sur le fonds, des privilèges ou hypothèques légalement établis et conservés, il les exerce à son ordre et comme tout autre créancier.

APOTHICAIRES.

C. Civ. 2101. Les créances privilégiées sur la généralité des meubles sont celles ci-après exprimées et s'exercent dans l'ordre suivant : 1°,... 5° les frais quelconques de la dernière maladie, concurremment entre ceux à qui ils sont dus.

2272. L'action des apothicaires pour leurs médicamens se prescrit par un an.

APPARENT (CRÉANCIER).

C. Civ. 1240. Le paiement fait de bonne foi à celui qui est en possession de la créance, est valable, encore que le possesseur en soit par la suite évincé.

---

[1] 2077. Le gage peut être donné par un tiers pour le débiteur.

2083. Le gage est indivisible, nonobstant la divisibilité de la dette entre les héritiers du débiteur ou ceux du créancier. — L'héritier du débiteur, qui a payé sa portion de la dette, ne peut demander la restitution de sa portion dans le gage, tant que la dette n'est pas entièrement acquittée. — Réciproquement, l'héritier du créancier, qui a reçu sa portion de la dette, ne peut remettre le gage au préjudice de ceux de ses co-héritiers qui ne sont pas payés.

APPARENS (VICES).

C. Civ. 1642. Le vendeur n'est pas tenu des vices apparens et dont l'acheteur a pu se convaincre lui même.

APPARENTES (SERVITUDES) et NON APPARENTES.

C. Civ. 689. Les servitudes sont apparentes, ou non apparentes. — Les servitudes apparentes sont celles qui s'annoncent par des ouvrages extérieurs, tels qu'une porte, une fenêtre, un aqueduc.—Les servitudes non apparentes sont celles qui n'ont pas de signe extérieur de leur existence, comme, par exemple, la prohibition de bâtir sur un fonds, ou de ne bâtir qu'à une hauteur déterminée. *V.* SERVITUDE.

1638. Si l'héritage vendu se trouve grevé, sans qu'il en ait été fait de déclaration, de servitudes non apparentes, et qu'elles soient de telle importance qu'il y ait lieu de présumer que l'acquéreur n'aurait pas acheté s'il en avait été instruit, il peut demander la résiliation du contrat, si mieux il n'aime se contenter d'une indemnité.

APPEL.

I. DE L'APPEL EN MATIÈRES CIVILE ET DE COMMERCE.

ART. 1er. DES JUGEMENS D'ARBITRES VOLONTAIRES.

C. Proc. 1023. L'appel des jugemens arbitraux sera porté, savoir : devant les tribunaux de première instance, pour les matières qui, s'il n'y eût point eu d'arbitrage, eussent été, soit en premier, soit en dernier ressort, de la compétence des juges de paix ; et devant les cours royales, pour les matières qui eussent été, soit en premier, soit en dernier ressort, de la compétence des tribunaux de première instance. *V.* RESSORT.

C. Proc. 1010. Les parties pourront, lors et depuis le compromis, renoncer à l'appel.—Lorsque l'arbitrage sera sur appel ou sur requête civile, le jugement arbitral sera définitif et sans appel.

ART. 2. DES JUGEMENS D'ARBITRES FORCÉS.

C. Com. 51. Toute contestation entre associés, et pour raison de la société, sera jugée par des arbitres.

52. Il y aura lieu à l'appel du jugement arbitral, ou au pourvoi en cassation, si la renonciation n'a pas été stipulée. L'appel sera porté devant la cour royale.

63. Si des mineurs sont intéressés dans une contestation pour raison d'une société commerciale, le tuteur ne pourra renoncer à la faculté d'appeler du jugement arbitral.

ART. 3. DES SENTENCES DES JUGES DE PAIX.

1° *Dispositions générales.*

C. Proc. 404. Seront réputés matières sommaires, et instruits comme tels, les appels des juges de paix.

C. Proc. 16. L'appel des jugemens de la justice de paix ne sera pas recevable après les trois mois, à dater du jour de la signification faite par l'huissier de la justice de paix, ou tel autre commis par le juge.

2° *Dispositions diverses.*

ENQUÊTE. *C. Proc.* 59. Dans les causes sujettes à l'appel, le greffier dressera procès-verbal de l'audition des témoins. *V.* SOMMAIRE (*enquête*).

EXÉCUTION PROVISOIRE. *C. Proc.* 17. Les jugemens des justices de paix, jusqu'à concurrence de trois cents francs, seront exécutoires par provision, nonobstant l'appel, et sans qu'il soit besoin de fournir caution : les juges de paix pourront, dans les autres cas, ordonner l'exécution provisoire de leurs jugemens, mais à la charge de donner caution.

EXPERTISE. *C. Proc.* 42. Dans les causes sujettes à l'appel, procès-verbal de la visite (des lieux) sera dressé par le greffier, qui constatera le serment prêté par les experts. Le procès-verbal sera signé par le juge, par le greffier et par les experts : et si les experts ne savent ou ne peuvent signer, il en sera fait mention.

JUGEMENS INTERLOCUTOIRES et PRÉPARATOIRES. *C. Proc.* 15. Dans les cas où un interlocutoire aurait été ordonné (par le juge de paix) la cause sera jugée définitivement, au plus tard dans le délai de quatre mois du jour du jugement interlocutoire : après ce délai, l'instance sera périmée de droit ; le jugement qui serait rendu sur le fond sera sujet à l'appel, même dans les matières dont le juge de paix connaît en dernier ressort, et sera annulé sur la réquisition de la partie intéressée.— Si l'instance est périmée par la faute du juge, il sera passible des dommages et intérêts.

51. Il n'y aura lieu à l'appel des jugemens préparatoires qu'après le jugement définitif, et conjointement avec l'appel de ce jugement ; mais l'exécution des jugemens préparatoires ne portera aucun préjudice aux droits des parties sur l'appel, sans qu'elles soient obligées de faire à cet égard aucune protestation ni réserve. — L'appel des jugemens interlocutoires est permis avant que le jugement définitif ait été rendu. Dans ce cas, il sera donné expédition du jugement interlocutoire.

ART. 4. DES JUGEMENS DES TRIBUNAUX CIVILS.

1° *Dispositions générales.*

C. Proc. (*liv. 3, tit. uniq. de l'appel, et de l'instruction sur l'appel, art.* 443-473).

443. Le délai pour interjeter appel sera de trois mois : il courra. pour les jugemens contra-

dictoires, du jour de la signification à personne ou domicile ; — pour les jugemens par défaut, du jour où l'opposition ne sera plus recevable. — L'intimé pourra néanmoins interjeter incidemment appel en tout état de cause, quand même il aurait signifié le jugement sans protestation.

444. Ces délais emporteront déchéance : ils courront contre toutes parties, sauf le recours contre qui de droit ; mais ils ne courront contre le mineur non émancipé que du jour où le jugement aura été signifié tant au tuteur qu'au subrogé-tuteur, encore que ce dernier n'ait pas été en cause.

445. Ceux qui demeurent hors de la France continentale, auront, pour interjeter appel, outre le délai de trois mois depuis la signification du jugement, le délai des ajournemens réglés par l'article 73. *V.* AJOURNEMENT.

446. Ceux qui sont absens du territoire européen du royaume pour service de terre ou de mer, ou employés dans les négociations extérieures pour le service de l'état, auront, pour interjeter appel, outre le délai de trois mois depuis la signification du jugement, le délai d'une année.

447. Les délais de l'appel seront suspendus par la mort de la partie condamnée. — Ils ne reprendront leur cours qu'après la signification du jugement faite au domicile du défunt, avec les formalités prescrites en l'article 61 (*V.* AJOURNEMENT), et à compter de l'expiration des délais pour faire inventaire et délibérer, si le jugement a été signifié avant que ces derniers délais fussent expirés. — Cette signification pourra être faite aux héritiers collectivement, et sans désignation des noms et qualités.

448. Dans le cas où le jugement aurait été rendu sur une pièce fausse, ou si la partie avait été condamnée faute de représenter une pièce décisive qui était retenue par son adversaire, les délais de l'appel ne courront que du jour où le faux aura été reconnu ou juridiquement constaté, ou que la pièce aura été recouvrée, pourvu que, dans ce dernier cas, il y ait preuve par écrit du jour où la pièce a été recouvrée, et non autrement.

449. Aucun appel d'un jugement non exécutoire par provision ne pourra être interjeté dans la huitaine, à dater du jour du jugement : les appels interjetés dans ce délai seront déclarés non recevables, sauf à l'appelant de les réitérer, s'il est encore dans le délai.

450. L'exécution des jugemens non exécutoires par provision sera suspendue pendant ladite huitaine.

451. L'appel d'un jugement préparatoire ne pourra être interjeté qu'après le jugement défini-

tif et conjointement avec l'appel de ce jugement, et le délai de l'appel ne courra que du jour de la signification du jugement définitif : cet appel sera recevable, encore que le jugement préparatoire ait été exécuté sans réserves.—L'appel d'un jugement interlocutoire pourra être interjeté avant le jugement définitif; il en sera de même des jugemens qui auraient accordé une provision.

452. Sont réputés préparatoires les jugemens rendus pour l'instruction de la cause, et qui tendent à mettre le procès en état de recevoir jugement définitif. — Sont réputés interlocutoires les jugemens rendus lorsque le tribunal ordonne, avant dire droit, une preuve, une vérification, ou une instruction qui préjuge le fond.

453. Seront sujets à l'appel les jugemens qualifiés en dernier ressort, lorsqu'ils auront été rendus par des juges qui ne pouvaient prononcer qu'en première instance. — Ne seront recevables les appels des jugemens rendus sur des matières dont la connaissance en dernier ressort appartient aux premiers juges, mais qu'ils auraient omis de qualifier, ou qu'ils auraient qualifiés en premier ressort.

454. Lorsqu'il s'agira d'incompétence, l'appel sera recevable, encore que le jugement ait été qualifié en dernier ressort.

455. Les appels des jugemens susceptibles d'opposition ne seront point recevables pendant la durée du délai pour l'opposition.

456. L'acte d'appel contiendra assignation dans les délais de la loi, et sera signifié à personne ou domicile, à peine de nullité.

457. L'appel des jugemens définitifs ou interlocutoires sera suspensif, si le jugement ne prononce pas l'exécution provisoire dans les cas où elle est autorisée. — L'exécution des jugemens mal-à-propos qualifiés en dernier ressort ne pourra être suspendue qu'en vertu de défenses obtenues par l'appelant, à l'audience de la cour royale, sur assignation à bref délai. — A l'égard des jugemens non qualifiés, ou qualifiés en premier ressort, et dans lesquels les juges étaient autorisés à prononcer en dernier ressort, l'exécution provisoire pourra en être ordonnée par la cour royale, à l'audience et sur un simple acte.

458. Si l'exécution provisoire n'a pas été prononcée dans les cas où elle est autorisée, l'intimé pourra, sur un simple acte, la faire ordonner à l'audience, avant le jugement de l'appel.

459. Si l'exécution provisoire a été ordonnée hors des cas prévus par la loi, l'appelant pourra obtenir des défenses, à l'audience, sur assignation à bref délai, sans qu'il puisse en être accordé sur requête non communiquée.

460. En aucun autre cas, il ne pourra être accordé des dispenses, ni être rendu aucun jugement tendant à arrêter directement ou indirectement l'exécution du jugement, à peine de nullité.

461. Tout appel, même de jugement rendu sur instruction par écrit, sera porté à l'audience : sauf à la cour à ordonner l'instruction par écrit, s'il y a lieu.

462. Dans la huitaine de la constitution d'avoué par l'intimé, l'appelant signifiera ses griefs contre le jugement. L'intimé répondra dans la huitaine suivante. L'audience sera poursuivie sans autre procédure.

463. Les appels de jugemens rendus en matière sommaire seront portés à l'audience sur simple acte, et sans autre procédure. Il en sera de même de l'appel des autres jugemens, lorsque l'intimé n'aura pas comparu.

464. Il ne sera formé, en cause d'appel, aucune nouvelle demande, à moins qu'il ne s'agisse de compensation, ou que la demande nouvelle ne soit la défense à l'action principale. — Pourront aussi, les parties, demander des intérêts, arrérages, loyers et autres accessoires échus depuis le jugement de première instance, et les dommages et intérêts pour le préjudice souffert depuis ledit jugement.

465. Dans les cas prévus par l'article précédent, les nouvelles demandes et les exceptions du défendeur ne pourront être formées que par de simples actes de conclusions motivées. — Il en sera de même dans les cas où les parties voudraient changer ou modifier leurs conclusions.—Toute pièce d'écriture qui ne sera que la répétition des moyens ou exceptions déjà employés par écrit, soit en première instance, soit sur l'appel, ne passera point en taxe. — Si la même pièce contient à la fois et de nouveaux moyens ou exceptions, et la répétition des anciens, on n'allouera en taxe que la partie relative aux nouveaux moyens ou exceptions.

466. Aucune intervention ne sera reçue, si ce n'est de la part de ceux qui auraient droit de former tierce opposition.

467. S'il se forme plus de deux opinions, les juges plus faibles en nombre seront tenus de se réunir à l'une des deux opinions qui auront été émises par le plus grand nombre.

468. En cas de partage dans une cour royale, on appellera, pour le vider, un au moins ou plusieurs des juges qui n'auront pas connu de l'affaire, et toujours en nombre impair, en suivant l'ordre du tableau : l'affaire sera de nouveau plaidée, ou de nouveau rapportée s'il s'agit d'une in-

struction par écrit. — Dans le cas où tous les juges auraient connu de l'affaire, il sera appelé, pour le jugement, trois anciens jurisconsultes.

469. La péremption en cause d'appel aura l'effet de donner au jugement dont est appel la force de chose jugée.

470. Les autres règles établies pour les tribunaux inférieurs seront observées dans les cours royales.

471. L'appelant qui succombera sera condamné à une amende de cinq francs, s'il s'agit du jugement d'un juge de paix, et de dix francs sur l'appel d'un jugement de tribunal de première instance ou de commerce.

472. Si le jugement est confirmé, l'exécution appartiendra au tribunal dont est appel : si le jugement est infirmé, l'exécution, entre les mêmes parties, appartiendra à la cour royale qui aura prononcé, ou à un autre tribunal qu'elle aura indiqué par le même arrêt; sauf les cas de la demande en nullité d'emprisonnement, en expropriation forcée, et autres dans lesquels la loi attribue juridiction.

473. Lorsqu'il y aura appel d'un jugement interlocutoire, si le jugement est infirmé, et que la matière soit disposée à recevoir une décision définitive, les cours royales et autres tribunaux d'appel pourront statuer en même temps sur le fond définitivement, par un seul et même jugement. — Il en sera de même dans les cas où les cours royales ou autres tribunaux d'appel infirmeraient, soit pour vice de forme, soit pour toute autre cause, des jugemens définitifs.

Dispositions du tarif.

29. (Pr. 456.) Original d'un acte d'appel de jugement des tribunaux de première instance et de commerce, contenant assignation et constitution d'avoué; (447.) De signification de jugement à des héritiers collectivement, au domicile du défunt. A Paris, 2 fr.; partout ailleurs, 1 fr. 50 c. Pour chaque copie, le quart de l'original.

90. *Vacation* (de l'avoué). (Pr. 471, 494.) Pour consigner l'amende sur appel dans toutes les causes, à l'exception des matières sommaires,—pour la retirer. A Paris, 1 fr. 50. c. Dans le ressort, 1 fr. 15 c.

2° De quelques Procédures spéciales.

DISTRIBUTION PAR CONTRIBUTION. *C. Proc.* 669. L'appel (du jugement rendu entre les contestans sur la distribution par contribution) sera interjeté dans les dix jours de la signification à avoué : l'acte d'appel sera signifié au domicile de l'avoué; il contiendra citation et énonciation des griefs; il y sera statué comme en matière sommaire. — Ne pourront être intimées sur

ledit appel que les parties indiquées par l'article 667 [1].

670. Après l'expiration du délai fixé pour l'appel, et, en cas d'appel, après la signification de l'arrêt au domicile de l'avoué, le juge-commissaire clora son procès-verbal, ainsi qu'il est prescrit par l'article 665 [2].

INCIDENS SUR SAISIE IMMOBILIÈRE. *C. Proc* 725. L'appel d'un jugement qui aura statué su cette contestation incidente (demande en subrogation de poursuites) ne sera recevable que dan la quinzaine du jour de la signification à avoué

726. Si le débiteur interjette appel du jugement en vertu duquel on procède à la saisie, sera tenu d'intimer sur cet appel, et de dénoncer et faire viser l'intimation au greffier du tribunal devant lequel se poursuit la vente; et ce, trois jours au moins avant la mise du cahier des charges au greffe : sinon l'appel ne sera pas reçu, et il sera passé outre à l'adjudication.

730. L'appel du jugement rendu sur la demande en distraction (de tout ou partie de l'objet saisi) sera interjeté avec assignation, dans la quinzaine du jour de la signification à personne ou domicile, outre un jour par trois myriamètres en raison de la distance du domicile réel des parties; ce délai passé, l'appel ne sera plus reçu

734. L'appel du jugement qui aura statué sur les nullités (contre la procédure qui précède l'adjudication préparatoire) ne sera pas reçu, s'il n'a été interjeté avec intimation dans la quinzaine de la signification du jugement à avoué; l'appel sera notifié au greffier, et visé par lui.

756. L'appel (du jugement rendu sur les moyens de nullité contre la procédure postérieure à l'adjudication préparatoire) ne sera pas recevable après la huitaine de la prononciation; il sera notifié au greffier, et visé par lui : la partie saisie ne pourra, sur l'appel, proposer autres moyens de nullité que ceux présentés en première instance.

743. Les articles relatifs aux nullités et aux délais et formalités de l'appel sont communs à la poursuite de la folle enchère.

ORDRE. — (*Contestations sur*). *C. Proc.* 763. L'appel (du jugement rendu entre les contestans

---

[1] 667. Le créancier contestant, celui contesté, la partie saisie, et l'avoué le plus ancien des opposans, seront seuls en cause; le poursuivant ne pourra être appelé en cette qualité.

[2] 665. S'il n'y a point de contestation, le juge-commissaire clora son procès-verbal, arrêtera la distribution des deniers, et ordonnera que le greffier délivrera mandement aux créanciers, en affirmant par eux la sincérité de leurs créances.

sur le règlement de l'ordre) ne sera pas reçu, s'il n'est interjeté dans les dix jours de sa signification à avoué, outre un jour par trois myriamètres de distance du domicile réel de chaque partie ; il contiendra assignation, et l'énonciation des griefs.

764. L'avoué du créancier, dernier colloqué, pourra être intimé, s'il y a lieu.

765. Il ne sera signifié sur l'appel que des conclusions motivées de la part des intimés : et l'audience sera poursuivie ainsi qu'il est dit en l'article 761 [1].

766. L'arrêt contiendra liquidation des frais : les parties qui succomberont sur l'appel seront condamnées aux dépens, sans pouvoir les répéter.

3° *Dispositions diverses.*

BANQUEROUTE. *C. Com.* 591. Les procureurs du Roi sont tenus d'interjeter appel de tous jugemens des tribunaux de police correctionnelle, lorsque, dans le cours de l'instruction, ils auront reconnu que la prévention de banqueroute simple est de nature à être convertie en prévention de banqueroute frauduleuse.

CAUTION. *C. Proc.* 521. Les réceptions de caution seront jugées sommairement, sans requête ni écritures ; le jugement sera exécuté nonobstant appel.

COMPTE. *C. Proc.* 528. En cas d'appel d'un jugement qui aurait rejeté une demande en reddition de compte, l'arrêt infirmatif renverra pour la reddition et le jugement du compte, au tribunal où la demande avait été formée, ou à tout autre tribunal de première instance, que l'arrêt indiquera. — Si le compte a été rendu et jugé en première instance, l'exécution de l'arrêt infirmatif appartiendra à la cour qui l'aura rendu, ou à un autre tribunal qu'elle aura indiqué par le même arrêt.

COMPULSOIRE. *C. Proc.* 848. Le jugement (ordonnant un compulsoire) sera exécutoire, nonobstant appel ou opposition.

CONTRAINTE PAR CORPS. *C. Civ.* 2068. L'appel ne suspend pas la contrainte par corps prononcée par un jugement provisoirement exécutoire en donnant caution.

RECTIFICATION (*des actes de l'état civil*). *C. Proc.* 858. Dans le cas où il n'y aurait d'autre partie que le demandeur en rectification, et où il croirait avoir à se plaindre du jugement, il pourra, dans les trois mois depuis la date de ce jugement, se pourvoir à la cour royale, en présentant au

président une requête, sur laquelle sera indiqué un jour auquel il sera statué à l'audience sur les conclusions du ministère public.

RÉFÉRÉ. *C. Proc.* 809. Les ordonnances sur référés ne feront aucun préjudice au principal ; elles seront exécutoires par provision, sans caution, si le juge n'a pas ordonné qu'il en serait fourni une. — Elles ne seront pas susceptibles d'opposition. — Dans les cas où la loi autorise l'appel, cet appel pourra être interjeté même avant le délai de huitaine, à dater du jugement ; et il ne sera point recevable s'il a été interjeté après la quinzaine, à dater du jour de la signification du jugement. — L'appel sera jugé sommairement et sans procédure.

SAISIE-EXÉCUTION. *C. Proc.* 584. (Le commandement afin de saisie-exécution) contiendra élection de domicile jusqu'à la fin de la poursuite, dans la commune où doit se faire l'exécution, si le créancier n'y demeure, et le débiteur pourra faire à ce domicile élu toutes significations, même d'offres réelles et d'appel.

TRANSACTION. *C. Civ.* 2056. La transaction sur un procès terminé par un jugement passé en force de chose jugée, dont les parties ou l'une d'elles n'avait point connaissance, est nulle. — Si le jugement ignoré des parties était susceptible d'appel, la transaction sera valable.

ART. 5. DES JUGEMENS DES TRIBUNAUX DE COMMERCE.

C. Com. 639. Les tribunaux de commerce jugeront en dernier ressort ; — 1° toutes les demandes dont le principal n'excédera pas la valeur de mille francs ; — 2° toutes celles où les parties justiciables de ces tribunaux, et usant de leurs droits, auront déclaré vouloir être jugées définitivement et sans appel.

C. Proc. 452. Si le tribunal (de commerce) ordonne la preuve par témoins, il y sera procédé dans les formes prescrites pour les enquêtes sommaires. Néanmoins, dans les causes sujettes à appel, les dépositions seront rédigées par écrit par le greffier, et signées par le témoin ; en cas de refus, mention en sera faite.

439. Les tribunaux de commerce pourront ordonner l'exécution provisoire de leurs jugemens, nonobstant l'appel, et sans caution, lorsqu'il y aura titre non attaqué, ou condamnation précédente dont il n'y aura pas d'appel : dans les autres cas, l'exécution provisoire n'aura lieu qu'à la charge de donner caution, ou de justifier de solvabilité suffisante.

II. DE L'APPEL EN MATIÈRE CRIMINELLE.

1° *De l'appel des jugemens de police.*

C. Instr. cr. (*liv.* 2, *tit.* 1, *ch.* 1, § 5, *art.* 172-178.) — 172. Les jugemens rendus en matière de

---

[1] 761. L'audience sera poursuivie par la partie la plus diligente, sur un simple acte d'avoué à avoué, sans autre procédure.

police pourront être attaqués par la voie de l'appel, lorsqu'ils prononceront un emprisonnement, ou lorsque les amendes, restitutions et autres réparations civiles excéderont la somme de cinq francs, outre les dépens.

173. L'appel sera suspensif.

174. L'appel des jugemens rendus par le tribunal de police sera porté au tribunal correctionnel : cet appel sera interjeté dans les dix jours de la signification de la sentence à personne ou domicile : il sera suivi et jugé dans la même forme que les appels des sentences des justices de paix.

175. Lorsque, sur l'appel, le procureur du roi, ou l'une des parties le requerra, les témoins pourront être entendus de nouveau, et il pourra même en être entendu d'autres.

176. Les dispositions des articles précédens sur la solennité de l'instruction, la nature des preuves, la forme, l'authenticité et la signature du jugement définitif, la condamnation aux frais, ainsi que les peines que ces articles prononcent, seront communes aux jugemens rendus, sur l'appel, par les tribunaux correctionnels. *V.* POLICE (*tribunaux de*).

177. Le ministère public et les parties pourront, s'il y a lieu, se pourvoir en cassation contre les jugemens rendus en dernier ressort par le tribunal de police, ou contre les jugemens rendus par le tribunal correctionnel, sur l'appel des jugemens de police. — Le recours aura lieu dans la forme et dans les délais qui seront prescrits.

178. Au commencement de chaque trimestre, les juges de paix et les maires transmettront au procureur du roi l'extrait des jugemens de police qui auront été rendus dans le trimestre précédent, et qui auront prononcé la peine d'emprisonnement. Cet extrait sera délivré sans frais par le greffier. — Le procureur du roi le déposera au greffe du tribunal correctionnel. — Il en rendra un compte sommaire au procureur-général près la cour royale.

2° *De l'appel des jugemens de police correctionnelle.*

C. Instr. cr. **199.** Les jugemens rendus en matière correctionnelle pourront être attaqués par la voie de l'appel.

200. Les appels des jugemens rendus en police correctionnelle seront portés des tribunaux d'arrondissement au tribunal du chef-lieu du département. — Les appels des jugemens rendus en police correctionnelle au chef-lieu du département seront portés au tribunal du chef-lieu du département voisin quand il sera dans le ressort de la même cour royale, sans néanmoins que les tribunaux puissent, dans aucun cas, être respectivement juges d'appel de leurs jugemens. — Il

sera formé un tableau des tribunaux de chef-lieu auxquels les appels seront portés.

201. Dans le département où siège la cour royale, les appels des jugemens rendus en police correctionnelle seront portés à ladite cour. — Seront également portés à ladite cour les appels des jugemens rendus en police correctionnelle dans le chef-lieu du département voisin, lorsque la distance de cette cour ne sera pas plus forte que celle du chef-lieu d'un autre département.

202. La faculté d'appeler appartiendra ; — 1° aux parties prévenues ou responsables ; — 2° à la partie civile, quant à ses intérêts civils seulement ; — 3° à l'administration forestière ; — 4° au procureur du roi près le tribunal de première instance, lequel dans le cas où il n'appellerait pas, sera tenu, dans le délai de quinzaine, d'adresser un extrait du jugement au magistrat du ministère public près le tribunal ou la cour qui doit connaître de l'appel ; — 5° au ministère public, près le tribunal ou la cour qui doit prononcer sur l'appel.

203. Il y aura, sauf l'exception portée en l'art. 205 ci-après, déchéance de l'appel, si la déclaration d'appeler n'a pas été faite au greffe du tribunal qui a rendu le jugement, dix jours au plus tard après celui où il a été prononcé ; et, si le jugement est rendu par défaut, dix jours au plus tard après celui de la signification qui en aura été faite à la partie condamnée ou à son domicile, outre un jour par trois myriamètres. — Pendant ce délai et pendant l'instance d'appel, il sera sursis à l'exécution du jugement.

204. La requête contenant les moyens d'appel pourra être remise, dans le même délai au même greffe ; elle sera signée de l'appelant, ou d'un avoué, ou de tout autre fondé de pouvoir spécial. — Dans ce dernier cas, le pouvoir sera annexé à la requête. — Cette requête pourra aussi être remise directement au greffe du tribunal où l'appel sera porté.

205. Le ministère public près le tribunal ou la cour qui doit connaître de l'appel devra notifier son recours, soit au prévenu, soit à la personne civilement responsable du délit, dans les deux mois à compter du jour de la prononciation du jugement, ou, si le jugement lui a été légalement notifié par l'une des parties, dans le mois du jour de cette notification ; sinon, il sera déchu.

206. La mise en liberté du prévenu acquitté ne pourra être suspendue, lorsqu'aucun appel n'aura été déclaré ou notifié dans les trois jours de la prononciation du jugement.

207. La requête, si elle a été remise au greffe du tribunal de première instance, et les pièces, seront envoyées par le procureur du roi, au greffe e la cour ou du tribunal auquel l'appel sera porté, dans les vingt-quatre heures après la déclaration ou la remise de la notification de l'appel.

— Si celui contre lequel le jugement a été rendu est en état d'arrestation, il sera, dans le même délai, et par ordre du procureur du Roi, transféré dans la maison d'arrêt du lieu où siége la cour ou le tribunal qui jugera l'appel.

208. Les jugemens rendus par défaut sur l'appel pourront être attaqués par la voie de l'opposition, dans la même forme et dans les mêmes délais que les jugemens par défaut rendus par les tribunaux correctionnels. — L'opposition emportera de droit citation à la première audience, et sera comme non-avenue, si l'opposant n'y comparaît pas ; le jugement qui interviendra sur l'opposition ne pourra être attaqué par la partie qui l'aura formée, si ce n'est devant la cour de cassation.

209. L'appel sera jugé à l'audience, dans le mois, sur un rapport fait par l'un des juges.

210. A la suite du rapport, et avant que le rapporteur et les juges émettent leur opinion, le prévenu, soit qu'il ait été acquitté, soit qu'il ait été condamné, les personnes civilement responsables du délit, la partie civile, et le procureur du Roi, seront entendus dans la forme et dans l'ordre prescrits par l'art. 190 [1].

211. Les dispositions des articles précédens sur la solennité de l'instruction, la nature des preuves, la forme, l'authenticité et la signature du jugement définitif de première instance, la condamnation aux frais, ainsi que les peines que ces articles prononcent, seront communes aux jugemens rendus sur l'appel. *V.* Correctionnels (*tribunaux*).

212. Si le jugement est réformé parce que le

fait n'est réputé délit ni contravention de police par aucune loi, la cour ou le tribunal renverra le prévenu, et statuera, s'il y a lieu, sur ses dommages-intérêts.

213. Si le jugement est annulé parce que le fait ne présente qu'une contravention de police, et si la partie publique et la partie civile n'ont pas demandé le renvoi, la cour ou le tribunal prononcera la peine, et statuera également, s'il y a lieu, sur les dommages-intérêts.

214. Si le jugement est annulé parce que le délit est de nature à mériter une peine afflictive ou infamante, la cour ou le tribunal décernera, s'il y a lieu, le mandat de dépôt, ou même le mandat d'arrêt, et renverra le prévenu devant le fonctionnaire public compétent, autre toutefois que celui qui aura rendu le jugement ou fait l'instruction.

215. Si le jugement est annulé pour violation ou omission non réparée de formes prescrites par la loi à peine de nullité, la cour ou le tribunal statuera sur le fond.

216. La partie civile, le prévenu, la partie publique, les personnes civilement responsables du délit, pourront se pourvoir en cassation contre le jugement.

3° *Dispositions du tarif criminel.*

44. Il n'est dû qu'un droit fixe aux greffiers pour les extraits qu'ils sont tenus de délivrer en conformité de l'art. 202 du C. d'inst. crim.

71. Dans les cas prévus par les art. 172, 174, 177, 205, C. inst. cr., pour l'original seulement. A Paris, 1 fr. ; villes de 40,000 habitans et au-dessus, 75 c. ; autres villes et communes, 50 c. Pour chaque copie, Paris, 75 c. ; villes de 40,000 hab. et au-dessus, 60 c. ; autres villes et communes, 50 c.

III. De divers cas dans lesquels l'appel est autorisé ou interdit.

1° *Quand, l'appel est spécialement autorisé.*

Compétence. *C. Proc.* 425. Le même jugement (du tribunal de commerce) pourra, en rejetant le déclinatoire, statuer sur le fond, mais par deux dispositions distinctes, l'une sur la compétence, l'autre sur le fond ; les dispositions sur la compétence pourront toujours être attaquées par la voie de l'appel.

Conseil de famille. *C. Proc.* 889. Les jugemens rendus sur délibération du conseil de famille seront sujets à l'appel.

Contrainte par corps. *Loi* 17-19 *avril* 1832. —20. Dans les affaires où les tribunaux civils ou de commerce statuent en dernier ressort, la disposition de leur jugement relative à la contrainte par corps sera sujette à l'appel ; cet appel ne sera pas suspensif.

Récusation. *C. Proc.* 391. Tout jugement sur récusation, même dans les matières où le tribunal

---

[1] 190. L'instruction sera publique, à peine de nullité. — Le procureur du Roi, la partie civile ou son défenseur, et, à l'égard des délits forestiers, le conservateur, inspecteur ou sous-inspecteur forestier, ou à leur défaut le garde général, exposeront l'affaire : les procès-verbaux ou rapports, s'il en a été dressé, seront lus par le greffier ; les témoins pour et contre seront entendus, s'il y a lieu, et les reproches proposés et jugés ; les pièces pouvant servir à conviction ou à décharge seront représentées aux témoins et aux parties ; le prévenu sera interrogé ; le prévenu et les personnes civilement responsables proposeront leur défense : le procureur du roi résumera l'affaire et donnera ses conclusions ; le prévenu et les personnes civilement responsables du délit pourront répliquer. — Le jugement sera prononcé de suite, ou, au plus tard, à l'audience qui suivra celle où l'instruction aura été terminée.

de première instance juge en dernier ressort, sera susceptible d'appel : si néanmoins la partie soutient qu'attendu l'urgence, il est nécessaire de procéder à une opération sans attendre que l'appel soit jugé, l'incident sera porté à l'audience sur un simple acte; et le tribunal qui aura rejeté la récusation pourra ordonner qu'il sera procédé à l'opération par un autre juge.

2° *Quand l'appel est formellement interdit.*

RÉTABLISSEMENT DE PIÈCES *C. Proc.* 107. Si les avoués ne rétablissent, dans les délais fixés, les productions par eux prises en communication, il sera, sur le certificat du greffier, et sur un simple acte pour venir plaider, rendu jugement à l'audience, qui les condamnera personnellement, et sans appel, à la dite remise, aux frais du jugement, sans répétition, et en dix francs au moins de dommages-intérêts par chaque jour de retard.— Si les avoués ne rétablissent les productions dans la huitaine de la signification dudit jugement, le tribunal pourra prononcer, sans appel, de plus forts dommages-intérêts, même condamner l'avoué par corps, et l'interdire pour tel temps qu'il estimera convenable. — Lesdites condamnations pourront être prononcées sur la demande des parties, sans qu'elles aient besoin d'avoués, et sur un simple mémoire qu'elles remettront ou au président, ou au rapporteur, ou au procureur du roi.

PERQUISITIONS. *C. Inst. Cr.* 54. Le procureur du roi pourra défendre que qui que ce soit sorte de la maison, ou s'éloigne du lieu, jusqu'après la clôture de son procès-verbal. — Tout contrevenant à cette défense sera, s'il peut être saisi, déposé dans la maison d'arrêt : la peine encourue pour la contravention sera prononcée par le juge d'instruction, sur les conclusions du procureur du Roi, après que le contrevenant aura été cité et entendu, ou par défaut s'il ne comparait pas, sans autre formalité ni délai, et sans opposition ni appel. — La peine ne pourra excéder dix jours d'emprisonnement et cent francs d'amende.

TROUBLES D'AUDIENCE. *C. Inst. Cr.* 505. Lorsque le tumulte aura été accompagné d'injures ou voies de fait donnant lieu à l'application ultérieure de peines correctionnelles ou de police, ces peines pourront être, séance tenante et immédiatement après que les faits auront été constatés, prononcées, savoir :— Celles de simple police, sans appel, de quelque tribunal ou juge qu'elles émanent ; — Et celles de police correctionnelle, à la charge de l'appel, si la condamnation a été portée par un tribunal sujet à appel, ou par un juge seul.

APPORT.

I. DES APPORTS EN MARIAGE.

ART. Ier. RÉGIME DE LA COMMUNAUTÉ.

1° *Reprise des apports francs et quittes,*

C. Civ. 1497. Les époux peuvent modifier l communauté légale en stipulant 1°... 5° qu'en ca de renonciation la femme pourra prendre ses ap ports francs et quittes.

(*Liv.* 5, *tit.* 5, *ch.* 2, 2e *p.*, *sect.* 5, *de la Fa culté accordée à la femme de reprendre son ap port franc et quitte.* Art. 1514.)—1514. La femm peut stipuler qu'en cas de renonciation à la com munauté, elle reprendra tout ou partie de c qu'elle y aura apporté, soit lors du mariage, soi depuis; mais cette stipulation ne peut s'étendr au-delà des choses formellement exprimées, ni a profit de personnes autres que celles désignées — Ainsi la faculté de reprendre le mobilier qu la femme a apporté lors du mariage, ne s'éten point à celui qui serait échu pendant le mariage — Ainsi la faculté accordée à la femme ne s'é tend point aux enfans; celle accordée à la femm et aux enfans ne s'étend point aux héritiers ascen dans ou collatéraux. — Dans tous les cas, le apports ne peuvent être repris que déduction faite des dettes personnelles à la femme, et qu la communauté aurait acquittées.

2° *Dispositions diverses.*

COMMUNAUTÉ *d'acquêts. C. Civ.* 1498. Lors que les époux stipulent qu'il n'y aura entre eu qu'une communauté d'acquêts, ils sont censé exclure de la communauté et les dettes de chacu d'eux, actuelles et futures, et leur mobilier res pectif présent et futur. — En ce cas, et après qu chacun des époux a prélevé ses apports dûmen justifiés, le partage se borne aux acquêts faits pa les époux ensemble ou séparément durant le ma riage, et provenant tant de l'industrie commun que des économies faites sur les fruits et revenu des biens des deux époux.

Avec exclusion de mobilier. C. Civ. 1500. L époux peuvent exclure de leur communauté tou leur mobilier présent et futur. — Lorsqu'ils sti pulent qu'ils en mettront réciproquement dans communauté jusqu'à concurrence d'une somm ou d'une valeur déterminée, ils sont, par cel seul, censés se réserver le surplus.

1501. Cette clause rend l'époux débiteur enver la communauté, de la somme qu'il a promis à mettre, et l'oblige à justifier de cet apport.

1502. L'apport est suffisamment justifié, quan au mari, par la déclaration portée au contrat d mariage que son mobilier est de telle valeur.—I est suffisamment justifié, à l'égard de la femme par la quittance que le mari lui donne, ou à ceux qui l'ont dotée.

Avec séparation de dettes. C. Civ. 1511. Lorsque les époux apportent dans la communauté une somme certaine ou un corps certain, un tel apport emporte la convention tacite qu'il n'est point revé de dettes antérieures au mariage; et il doit être fait raison par l'époux débiteur à l'autre, de toutes celles qui diminueraient l'apport promis.

PARTAGE *de communauté.* C. Civ. 1525. Il est permis aux époux de stipuler que la totalité de la communauté appartiendra au survivant ou à l'un d'eux seulement, sauf aux héritiers de l'autre à faire la reprise des apports et capitaux tombés dans la communauté, du chef de leur auteur. — Cette stipulation n'est point réputée un avantage sujet aux règles relatives aux donations, soit quant u fond, soit quant à la forme, mais simplement une convention de mariage et entre associés.

ART. 2. RÉGIME EXCLUSIF DE COMMUNAUTÉ.

C. Civ. 1530. La clause portant que les époux se marient sans communauté ne donne point à la femme le droit d'administrer ses biens, ni d'en percevoir les fruits : ces fruits sont censés apportés au mari pour soutenir les charges du mariage.

ART. 3. RÉGIME DOTAL.

C. Civ. 1540. La dot, sous ce régime comme sous celui du chapitre 2 (réglant la communauté), est le bien que la femme apporte au mari pour supporter les charges du mariage. *V.* DOT.

II. DES APPORTS EN SOCIÉTÉ.

C. Civ. 1843. Chaque associé est débiteur envers la société, de tout ce qu'il a promis d'y apporter. — Lorsque cet apport consiste en un corps certain, et que la société en est évincée, l'associé en est garant envers la société, de la même manière qu'un vendeur l'est envers son acheteur.

1846. L'associé qui devait apporter une somme dans la société, et qui ne l'a point fait, devient, de plein droit et sans demande, débiteur des intérêts de cette somme, à compter du jour où elle devait être payée. — Il en est de même à l'égard des sommes qu'il a prises dans la caisse sociale, à compter du jour où il les en a tirées pour son profit particulier; — le tout sans préjudice de plus amples dommages-intérêts, s'il y a lieu.

1847. Les associés qui se sont soumis à apporter leur industrie à la société, lui doivent compte de tous les gains qu'ils ont faits par l'espèce d'industrie qui est l'objet de cette société.

APPRENTIS. C. Civ. 832. Les frais d'apprentissage ne doivent pas être rapportés.

1384. (Sont responsables) les artisans, du dommage causé par leurs apprentis pendant qu'ils sont sous leur surveillance. — La responsabilité ci-des-

sus a lieu, à moins que les artisans ne prouvent qu'ils n'ont pu empêcher le fait qui donne lieu à cette responsabilité.

2272. L'action des maîtres pour le prix de l'apprentissage se prescrit par un an.

APPROUVÉ. C. Civ. 1326. Le billet ou la promesse sous seing-privé par lequel une seule partie s'engage envers l'autre à lui payer une somme d'argent ou une chose appréciable, doit être écrit en entier de la main de celui qui le souscrit; ou du moins il faut qu'outre sa signature il ait écrit de sa main un *bon* ou un *approuvé*, portant en toutes lettres la somme ou la quantité de la chose ; — Excepté dans le cas où l'acte émane de marchands, artisans, laboureurs, vignerons, gens de journée et de service.

1527. Lorsque la somme exprimée au corps de l'acte est différente de celle exprimée au *bon*, l'obligation est présumée n'être que de la somme moindre, lors même que l'acte ainsi que le *bon* sont écrits en entier de la main de celui qui s'est obligé, à moins qu'il ne soit prouvé de quel côté est l'erreur.

ARATOIRES (INSTRUMENS). C. Civ. 524. Sont immeubles par destination, quand ils ont été placés par le propriétaire pour le service et l'exploitation du fonds, — les ustensiles aratoires.

2062. Les fermiers et les colons partiaires peuvent être contraints par corps, faute par eux de représenter, à la fin du bail, le cheptel de bétail, les semences et les instrumens aratoires qui leur ont été confiés ; à moins qu'ils ne justifient que le déficit de ces objets ne procède point de leur fait.

ARBITRAGE.

Disposition générale.

C. Civ. 2123. Les décisions arbitrales n'emportent hypothèque qu'autant qu'elles sont revêtues de l'ordonnance judiciaire d'exécution.

I. DES ARBITRAGES VOLONTAIRES.

C. Proc. (liv. 3, tit. uniq., *des arbitrages, art.* 1003-1028.) — 1003. Toutes personnes peuvent compromettre sur les droits dont elles ont la libre disposition.

1004. On ne peut compromettre sur les dons et legs d'alimens, logement et vêtemens ; sur les séparations d'entre mari et femme, divorces, questions d'état, ni sur aucune des contestations qui seraient sujettes à communication au ministère public. *V.* COMMUNICABLES (*causes*).

1005. Le compromis pourra être fait par procès-verbal devant les arbitres choisis, ou par acte devant notaire, ou sous signature privée.

1006. Le compromis désignera les objets en litige et les noms des arbitres, à peine de nullité.

1007. Le compromis sera valable, encore qu'il

ne fixe pas de délai ; et, en ce cas, la mission des arbitres ne durera que trois mois, du jour du compromis.

1008. Pendant le délai de l'arbitrage, les arbitres ne pourront être révoqués que du consentement unanime des parties.

1009. Les parties et les arbitres suivront, dans la procédure, les délais et les formes établis pour les tribunaux, si les parties n'en sont autrement convenues.

1010. Les parties pourront, lors et depuis le compromis, renoncer à l'appel. — Lorsque l'arbitrage sera sur appel ou sur requête civile, le jugement arbitral sera définitif et sans appel.

1011. Les actes de l'instruction, les procès-verbaux du ministère des arbitres, seront faits par tous les arbitres, si le compromis ne les autorise à commettre l'un d'eux.

1012. Le compromis finit, 1° par le décès, refus, déport ou empêchement d'un des arbitres, s'il n'y a clause qu'il sera passé outre, ou que le remplacement sera au choix des parties ou au choix de l'arbitre ou des arbitres restans ; 2° par l'expiration du délai stipulé, ou de celui de trois mois, s'il n'en a pas été réglé ; 5° par le partage, si les arbitres n'ont pas le pouvoir de prendre un tiers-arbitre.

1013. Le décès, lorsque tous les héritiers sont majeurs, ne mettra pas fin au compromis ; le délai pour instruire et juger sera suspendu pendant celui pour faire inventaire et délibérer.

1014. Les arbitres ne pourront se déporter si leurs opérations sont commencées : ils ne pourront être récusés, si ce n'est pour cause survenue depuis le compromis.

1015. S'il est formé inscription de faux, même purement civile, ou s'il s'élève quelque incident criminel, les arbitres délaisseront les parties à se pourvoir, et les délais de l'arbitrage continueront à courir du jour du jugement de l'incident.

1016. Chacune des parties sera tenue de produire ses défenses et pièces, quinzaine au moins avant l'expiration du délai du compromis ; et seront tenus les arbitres de juger sur ce qui aura été produit. — Le jugement sera signé par chacun des arbitres, et, dans le cas où il y aurait plus de deux arbitres, si la minorité refusait de le signer, les autres arbitres en feraient mention, et le jugement aura le même effet que s'il avait été signé par chacun des arbitres. — Un jugement arbitral ne sera, dans aucun cas, sujet à l'opposition.

1017. En cas de partage, les arbitres autorisés à nommer un tiers seront tenus de le faire par la décision qui prononce le partage ; s'ils ne peuvent en convenir, ils le déclareront sur le procès-verbal, et le tiers sera nommé par le président du tribunal qui doit ordonner l'exécution de la décision arbitrale. — Il sera, à cet effet, présenté requête par la partie la plus diligente. — Dans les deux cas, les arbitres divisés seront tenus de rédiger leur avis distinct et motivé, soit dans le même procès-verbal, soit dans des procès-verbaux séparés.

1018. Le tiers-arbitre sera tenu de juger dans le mois du jour de son acceptation, à moins que ce délai n'ait été prolongé par l'acte de la nomination : il ne pourra prononcer qu'après avoir conféré avec les arbitres divisés, qui seront sommés de se réunir à cet effet. — Si tous les arbitres ne se réunissent pas, le tiers-arbitre prononcera seul ; et néanmoins il sera tenu de se conformer à l'un des avis des autres arbitres.

1019. Les arbitres et tiers-arbitres décideront d'après les règles du droit, à moins que le compromis ne leur donne pouvoir de prononcer comme amiables compositeurs.

1020. Le jugement arbitral sera rendu exécutoire par une ordonnance du président du tribunal de première instance, dans le ressort duquel il a été rendu. À cet effet, la minute du jugement sera déposée, dans les trois jours, par l'un des arbitres, au greffe du tribunal. — S'il avait été compromis sur l'appel d'un jugement, la décision arbitrale sera déposée au greffe de la cour royale et l'ordonnance rendue par le président de cette cour. — Les poursuites pour les frais du dépôt et les droits d'enregistrement ne pourront être faites que contre les parties.

1021. Les jugemens arbitraux, même ceux préparatoires, ne pourront être exécutés qu'après l'ordonnance qui sera accordée à cet effet par le président du tribunal, au bas ou en marge de la minute, sans qu'il soit besoin d'en communiquer au ministère public ; et sera ladite ordonnance expédiée ensuite de l'expédition de la décision. — La connaissance de l'exécution du jugement appartient au tribunal qui a rendu l'ordonnance.

1022. Les jugemens arbitraux ne pourront en aucun cas, être opposés à des tiers.

1023. L'appel des jugemens arbitraux sera porté, savoir : devant les tribunaux de première instance, pour les matières qui, s'il n'y eût point eu d'arbitrage, eussent été, soit en premier, soit en dernier ressort, de la compétence des juges de paix : et devant les cours royales, pour les matières qui eussent été, soit en premier, soit en dernier ressort, de la compétence des tribunaux de première instance.

1024. Les règles sur l'exécution provisoire des jugemens des tribunaux sont applicables aux jugemens arbitraux.

1025. Si l'appel est rejeté, l'appelant sera condamné à la même amende que s'il s'agissait d'un jugement des tribunaux ordinaires.

1026. La requête civile pourra être prise contre les jugemens arbitraux, dans les délais, formes et cas ci-devant désignés pour les jugemens des tribunaux ordinaires. — Elle sera portée devant le tribunal qui eût été compétent pour connaître de l'appel. *V.* Civile (*requête*).

1027. Ne pourront cependant être proposés pour ouvertures, 1° l'inobservation des formes ordinaires, si les parties n'en étaient autrement convenues, ainsi qu'il est dit en l'article 1009 ; 2° le moyen résultant de ce qu'il aura été prononcé qui eût non demandées, sauf à se pourvoir en nullité, suivant l'article ci-après.

1028. Il ne sera besoin de se pourvoir par appel ni requête civile dans les cas suivans : 1° si le jugement a été rendu sans compromis, ou hors des termes du compromis ; 2° s'il l'a été sur compromis nul ou expiré ; 3° s'il n'a été rendu que par quelques arbitres non autorisés à juger en l'absence des autres ; 4° s'il l'a été par un tiers sans en avoir conféré avec les arbitres partagés ; 5° enfin, s'il a été prononcé sur choses non demandées. — Dans tous ces cas, les parties se pourvoiront par opposition à l'ordonnance d'exécution, devant le tribunal qui l'aura rendue, et demanderont la nullité de l'acte qualifié *jugement arbitral.* — Il ne pourra y avoir recours en cassation que contre les jugemens des tribunaux, rendus soit sur requête civile, soit sur appel d'un jugement arbitral.

Dispositions du tarif civil.

77. (*Pr.* 1017.) Requête à l'effet de faire nommer un tiers-arbitre. A Paris, 3 fr. ; dans le ressort, 2 f. 25 c. La requête ne sera point grossoyée, et la vacation est comprise dans la taxe. (V. pour les autres ressorts le mot Tarif.)

29. (*Pr.* 1018.) Pour l'original de sommation aux arbitres de se réunir au tiers arbitre pour vider le partage. A Paris, 2 fr. ; partout ailleurs, 1 fr. 50 c. ; pour chaque copie, le quart de l'original.

91. (*Pr.* 1020.) Vacation pour demander l'ordonnance d'exécuteur d'une décision arbitrale. A Paris, 3 fr. ; dans le ressort, 2 fr. 25 c. (V. Tarif.)

II. DES ARBITRAGES FORCÉS.

C. Com. (*liv.* 1, *tit.* 3, *sect.* 2, *des contestations entre associés, et de la manière de les décider, art.* 51-64). — 51. Toute contestation entre associés, et pour raison de la société, sera jugée par des arbitres.

52. Il y aura lieu à l'appel du jugement arbitral ou au pourvoi en cassation, si la renonciation n'a pas été stipulée. L'appel sera porté devant la cour royale.

53. La nomination des arbitres se fait — par un acte sous signature privée, — par acte notarié, — par acte extrajudiciaire, — par un consentement donné en justice.

54. Le délai pour le jugement est fixé par les parties, lors de la nomination des arbitres ; et, s'ils ne sont pas d'accord sur le délai, il sera réglé par les juges.

55. En cas de refus de l'un ou de plusieurs des associés, de nommer des arbitres, les arbitres sont nommés d'office par le tribunal de commerce.

56. Les parties remettent leurs pièces et mémoires aux arbitres, sans aucune formalité de justice.

57. L'associé en retard de remettre les pièces et mémoires, est sommé de le faire dans les dix jours.

58. Les arbitres peuvent, suivant l'exigence des cas, proroger le délai pour la production des pièces.

59. S'il n'y a renouvellement de délai, ou si le nouveau délai est expiré, les arbitres jugent sur les seules pièces et mémoires remis.

60. En cas de partage, les arbitres nomment un sur-arbitre, s'il n'est nommé par le compromis : si les arbitres sont discordans sur le choix, le sur-arbitre est nommé par le tribunal de commerce.

61. Le jugement arbitral est motivé. — Il est déposé au greffe du tribunal de commerce. — Il est rendu exécutoire sans aucune modification, et transcrit sur les registres, en vertu d'une ordonnance du président du tribunal, lequel est tenu de la rendre pure et simple, et dans le délai de trois jours du dépôt au greffe.

62. Les dispositions ci-dessus sont communes aux veuves, héritiers ou ayans cause des associés.

63. Si des mineurs sont intéressés dans une contestation pour raison d'une société commerciale, le tuteur ne pourra renoncer à la faculté d'appeler du jugement arbitral.

64. Toutes actions contre les associés non liquidateurs et leurs veuves, héritiers ou ayans cause, sont prescrites cinq ans après la fin ou la dissolution de la société, si l'acte de société qui en énonce la durée, ou l'acte de dissolution, a été affiché et enregistré conformément aux articles 42, 43, 44 et 46, et si, depuis cette formalité remplie, la prescription n'a été interrompue à leur égard par aucune poursuite judiciaire. *V.* Société (*acte de*).

Disposition du tarif civil.

29. (*Pr.* 429.) Pour l'original d'une sommation de

4

comparaître devant les arbitres nommés par le tribunal de commerce. A Paris, 2 fr. ; partout ailleurs, 1 fr. 50 c.; pour chaque copie, le quart de l'original.

III. DES ARBITRES DE COMMERCE.

C. Proc. 429. S'il y a lieu à renvoyer les parties devant les arbitres, pour examen de comptes, pièces et registres , il sera nommé un ou trois arbitres pour entendre les parties, et les concilier, si faire se peut, sinon donner leur avis. — Les arbitres seront nommés d'office par le tribunal, à moins que les parties n'en conviennent à l'audience.

430. La récusation ne pourra être proposée que dans les trois jours de la nomination.

431. Le rapport des arbitres et experts sera déposé au greffe du tribunal.

ARBITRAGE D'UN TIERS.

C. Civ. 1592. (Le prix de la vente) peut être laissé à l'arbitrage d'un tiers : si le tiers ne veut ou ne peut faire l'estimation, il n'y a point de vente.

ARBRE.

I. DROIT CIVIL..

1° *Dispositions générales.*

C. Civ. 552. La propriété du sol emporte la propriété du dessus et du dessous.—Le propriétaire peut faire au-dessus toutes les plantations qu'il juge à propos , sauf les exceptions établies au titre des *servitudes ou services fonciers. V.* SERVITUDE.

553. Toutes plantations sur un terrain sont présumées faites par le propriétaire à ses frais et lui appartenir, si le contraire n'est prouvé.

520. Les fruits des arbres non encore recueillis sont immeubles.

2° *Dispositions diverses.*

PLANTATION (*distance*). *C. Civ.* 671. Il n'est permis de planter des arbres de haute tige qu'à la distance prescrite par les réglemens particuliers actuellement existans, ou par les usages constans et reconnus ; et, à défaut de réglemens et usages, qu'à la distance de deux mètres de la ligne séparative des deux héritages pour les arbres à haute tige, et à la distance d'un demi-mètre pour les autres arbres et haies vives.

672. Le voisin peut exiger que les arbres et haies plantés à une moindre distance soient arrachés. — Celui sur la propriété duquel avancent les branches des arbres du voisin peut contraindre celui-ci à couper ces branches. — Si ce sont les racines qui avancent sur son héritage , il a droit de les y couper lui-même.

673. Les arbres qui se trouvent dans la haie mitoyenne sont mitoyens comme la haie ; et

chacun des deux propriétaires a droit de requérir qu'ils soient abattus.

PLANTATION (*avec les matériaux d'autrui*). *C. Civ.* 554. Le propriétaire du sol qui a fait des plantations avec des matériaux qui ne lui appartenaient pas , doit en payer la valeur ; il peut aussi être condamné à des dommages et intérêts, s'il y a lieu ; mais le propriétaire des matériaux n'a pas le droit de les enlever.

PLANTATION (*sur le terrain d'autrui*). *C. Civ.* 555. Lorsque les plantations ont été faites par un tiers et avec ses matériaux , le propriétaire du fonds a droit ou de les retenir, ou d'obliger ce tiers à les enlever. — Si le propriétaire du fonds demande la suppression des plantations , elle est aux frais de celui qui les a faites sans aucune indemnité pour lui ; il peut même être condamné à des dommages et intérêts, s'il y a lieu , pour le préjudice que peut avoir éprouvé le propriétaire du fonds. — Si le propriétaire préfère conserver ces plantations , il doit le remboursement de la valeur des matériaux et du prix de main-d'œuvre , sans égard à la plus ou moins grande augmentation de valeur que le fonds a pu recevoir. Néanmoins, si les plantations ont été faites par un tiers évincé, qui n'aurait pas été condamné à la restitution des fruits, attendu sa bonne foi, le propriétaire ne pourra demander la suppression desdites plantations, mais il aura le choix, ou de rembourser la valeur des matériaux et du prix de la main-d'œuvre, ou de rembourser une somme égale à celle dont le fonds a augmenté la valeur.

USUFRUIT. *C. Civ.* 590. Si l'usufruit comprend des bois taillis, l'usufruitier est tenu d'observer l'ordre et la quotité des coupes, conformément à l'aménagement ou à l'usage constant des propriétaires ; sans indemnité toutefois en faveur de l'usufruitier ou de ses héritiers, pour les coupes ordinaires, soit de taillis, soit de baliveaux, soit de futaie , qu'il n'aurait pas faites pendant sa jouissance. — Les arbres qu'on peut tirer d'une pépinière sans la dégrader, ne font aussi partie de l'usufruit qu'à la charge par l'usufruitier de se conformer aux usages des lieux pour le remplacement.

591. L'usufruitier profite encore, toujours en se conformant aux époques et à l'usage des anciens propriétaires, des parties de bois de haute futaie qui ont été mises en coupes réglées , soit que ces coupes se fassent périodiquement sur une certaine étendue de terrain, soit qu'elles se fassent d'une certaine quantité d'arbres pris indistinctement sur toute la surface du domaine.

592. Dans tous les autres cas, l'usufruitier ne peut toucher aux arbres de haute futaie : il peut seulement employer, pour faire les réparations dont il est tenu, les arbres arrachés ou brisés par accident ; il peut même, pour cet objet, en faire abattre s'il est nécessaire, mais à la charge d'en faire constater la nécessité avec le propriétaire.

593. Il peut prendre, dans les bois, des échalas pour les vignes ; il peut aussi prendre, sur les arbres, des produits annuels ou périodiques ; le tout suivant l'usage du pays ou la coutume des propriétaires.

594. Les arbres fruitiers qui meurent, ceux même qui sont arrachés ou brisés par accident, appartiennent à l'usufruitier, à la charge de les remplacer par d'autres.

II. DROIT CRIMINEL.

C. Pén. **434.** Quiconque aura volontairement mis le feu à des forêts, bois taillis, lorsque ces objets ne lui appartiennent pas, sera puni de la peine des travaux forcés à perpétuité. — Celui qui, en mettant le feu à l'un des objets énumérés dans le paragraphe précédent et à lui-même appartenant, aura volontairement causé un préjudice quelconque à autrui, sera puni des travaux forcés à temps. — Quiconque aura volontairement mis le feu à des bois ou récoltes abattus, soit que les bois soient en tas ou en cordes, et les récoltes en tas ou en meules, si ces objets ne lui appartiennent pas, sera puni des travaux forcés à temps. — Celui qui, en mettant le feu à l'un des objets énumérés dans le paragraphe précédent et à lui-même appartenant, aura volontairement causé un préjudice quelconque à autrui, sera puni de la réclusion. — Celui qui aura communiqué l'incendie à l'un des objets énumérés dans les précédens paragraphes, en mettant volontairement le feu à des objets quelconques, appartenant soit à lui, soit à autrui, et placés de manière à communiquer ledit incendie, sera puni de la même peine que s'il avait directement mis le feu à l'un des dits objets. — Dans tous les cas, si l'incendie a occasioné la mort d'une ou plusieurs personnes se trouvant dans les lieux incendiés au moment où il a éclaté, la peine sera la mort.

445. Quiconque aura abattu un ou plusieurs arbres qu'il savait appartenir à autrui, sera puni d'un emprisonnement qui ne sera pas au-dessous de six jours ni au-dessus de six mois, à raison de chaque arbre, sans que la totalité puisse excéder cinq ans.

446. Les peines seront les mêmes à raison de chaque arbre mutilé, coupé ou écorcé de manière à le faire périr.

447. S'il y a eu destruction d'une ou de plu-

sieurs greffes, l'emprisonnement sera de six jours à deux mois, à raison de chaque greffe, sans que la totalité puisse excéder deux ans.

448. Le *minimum* de la peine sera de vingt jours dans les cas prévus par les articles 445 et 446, et de dix jours dans le cas prévu par l'article 447, si les arbres étaient plantés sur les places, routes, chemins, rues ou voies publiques ou vicinales ou de traverse.

450. Dans les cas prévus (par les articles 445, 446, 447, 448), si le fait a été commis en haine d'un fonctionnaire public et à raison de ses fonctions, le coupable sera puni du *maximum* de la peine établie par l'article auquel le cas se référera. — Il en sera de même, quoique cette circonstance n'existe point, si le fait a été commis pendant la nuit.

456. Quiconque aura déplacé ou supprimé des bornes ou pieds-corniers, ou autres arbres plantés ou reconnus pour établir les limites entre différens héritages, sera puni d'un emprisonnement qui ne pourra être au-dessous d'un mois, ni excéder une année, et d'une amende égale au quart des restitutions et des dommages-intérêts, qui, dans aucun cas, ne pourra être au-dessous de cinquante francs.

ARCHITECTE.

1° *Dispositions générales.*

C. Civ. **1792.** Si l'édifice construit à prix fait, périt en tout ou en partie par le vice de la construction, même par le vice du sol, les architectes et entrepreneurs en sont responsables pendant dix ans.

2270. Après dix ans, l'architecte et les entrepreneurs sont déchargés de la garantie des gros ouvrages qu'ils ont faits ou dirigés.

2° *Obligations et responsabilité.*

C. Civ. **1793.** Lorsqu'un architecte ou un entrepreneur s'est chargé de la construction à forfait d'un bâtiment, d'après un plan arrêté et convenu avec le propriétaire du sol, il ne peut demander aucune augmentation de prix, ni sous le prétexte de l'augmentation de la main-d'œuvre ou des matériaux, ni sous celui de changemens ou d'augmentations faits sur ce plan, si ces changemens ou augmentations n'ont pas été autorisés par écrit, et le prix convenu avec le propriétaire.

1794. Le maître peut résilier, par sa seule volonté, le marché à forfait, quoique l'ouvrage soit déjà commencé, en dédommageant l'entrepreneur de toutes ses dépenses, de tous ses travaux, et de tout ce qu'il aurait pu gagner dans cette entreprise.

1795. Le contrat de louage d'ouvrage est dis-

4.

sous par la mort de l'ouvrier, de l'architecte ou entrepreneur.

1796. Mais le propriétaire est tenu de payer en proportion du prix porté par la convention, à leur succession, la valeur des ouvrages faits et celle des matériaux préparés, lors seulement que ces travaux et matériaux peuvent lui être utiles.

1797. L'entrepreneur répond du fait des personnes qu'il emploie.

1798. Les maçons, charpentiers et autres ouvriers qui ont été employés à la construction d'un bâtiment ou d'autres ouvrages faits à l'entreprise, n'ont d'action contre celui pour lequel les ouvrages ont été faits, que jusqu'à concurrence de ce dont il se trouve débiteur envers l'entrepreneur, au moment où leur action est interdite.

1799. Les maçons, charpentiers, serruriers et autres ouvriers qui font directement des marchés à prix fait, sont astreints aux règles prescrites dans la présente section (*art.* 1787-1799): ils sont entrepreneurs dans la partie qu'ils traitent. *V.* DEVIS.

3° *Privilége.*

C. Civ. 2103. Les créanciers privilégiés sur les immeubles sont : 1°... 4° les architectes, entrepreneurs, maçons et autres ouvriers employés pour édifier, reconstruire ou réparer des bâtimens, canaux ou autres ouvrages quelconques, pourvu néanmoins que, par un expert nommé d'office par le tribunal de première instance dans le ressort duquel les bâtimens sont situés, il ait été dressé préalablement un procès-verbal, à l'effet de constater l'état des lieux relativement aux ouvrages que le propriétaire déclarera avoir dessein de faire, et que les ouvrages aient été, dans les six mois au plus de leur perfection, reçus par un expert également nommé d'office ; — mais le montant du privilége ne peut excéder les valeurs constatées par le second procès-verbal, et il se réduit à la plus-value existante à l'époque de l'aliénation de l'immeuble et résultant des travaux qui y ont été faits.

2110. Les architectes, entrepreneurs, maçons et autres ouvriers employés pour édifier, reconstruire ou réparer des bâtimens, canaux ou autres ouvrages, et ceux qui ont, pour les payer et rembourser, prêté les deniers dont l'emploi a été constaté, conservent, par la double inscription faite, 1° du procès-verbal qui constate l'état des lieux, 2° du procès-verbal de réception, leur privilége à la date de l'inscription du premier procès-verbal.

4° *Taxe.*

Tarif civ. 159 Il sera taxé aux experts, par chaque vacation de trois heures, quand ils opéreront dans les lieux où ils sont domiciliés ou dans la distance de deux myriamètres ; savoir : dans le département de la Seine. — Pour les architectes et autres artistes, 8 fr. — Dans les autres départemens, 6 fr.

160. Au-delà de deux myriamètres, il sera alloué par chaque myriamètre, pour frais de voyage et de nourriture, aux architectes et autres artistes, soit pour aller, soit pour revenir. — A ceux de Paris, 6 f. ; — A ceux des départemens, 4 fr. 50 c.

161. Il leur sera alloué pendant leur séjour, à la charge de faire quatre vacations par jour, savoir, — A ceux de Paris, 32 fr. — A ceux des départemens, 24 fr. — *Nota.* La taxe sera réduite, dans le cas où le nombre de quatre vacations n'aurait pas été employé.

ARGENT MONNAYÉ.

1° *Disposition générale.*

C. Civ. 533. Le mot *meuble,* employé seul dans les dispositions de la loi ou de l'homme, sans autre addition ni désignation, ne comprend pas l'argent comptant.

2° *Dispositions diverses.*

COMPENSATION. *C. Civ.* 1291. La compensation n'a lieu qu'entre deux dettes qui ont également pour objet une somme d'argent, ou une certaine quantité de choses fongibles de la même espèce, et qui sont également liquides et exigibles.—Les prestations en grains ou denrées non contestées, et dont le prix est réglé par les mercuriales, peuvent se compenser avec des sommes liquides et exigibles.

COURTAGE. *C. Com.* 78. Les courtiers de marchandises, constitués de la manière prescrite par la loi, exercent, concurremment avec les agens de change, le courtage des matières métalliques.

DÉPÔT. *C. Civ.* 1932. Le dépositaire doit rendre identiquement la chose même qu'il a reçue. — Ainsi, le dépôt des sommes monnayées doit être rendu dans les mêmes espèces qu'il a été fait, soit dans le cas d'augmentation, soit dans le cas de diminution de leur valeur.

1936. (Le dépositaire) ne doit aucun intérêt de l'argent déposé, si ce n'est du jour où il a été mis en demeure de faire la restitution.

DOT. *C. Civ.* 1553. L'immeuble acquis des deniers dotaux n'est pas dotal, si la condition de l'emploi n'a été stipulée par le contrat de mariage.—Il en est de même de l'immeuble donné en paiement de la dot constituée en argent. *V.* DOT.

1565. Si (la dot) consiste en une somme d'argent, la restitution n'en peut être exigée qu'un an après la dissolution (du mariage).

FAILLITE. *C. Com.* 593. Sera déclaré banqueroutier frauduleux tout commerçant failli : 1°., 2° s'il a détourné aucune somme d'argent ; 5° si, ayant été chargé d'un mandat spécial ou constitué dépositaire d'argent, il a, au préjudice du mandat ou du dépôt, appliqué à son profit les fonds ou la valeur des objets sur lesquels portait soit le mandat, soit le dépôt.

555. La femme qui aurait détourné, diverti ou recélé de l'argent comptant, sera condamnée à le rapporter à la masse, et poursuivie en outre comme complice de banqueroute frauduleuse.

FEMMES (reprises). *C. Civ.* 1471. Les prélèvemens de la femme s'exercent avant ceux du mari. —Ils s'exercent pour les biens qui n'existent plus en nature, d'abord sur l'argent comptant, ensuite sur le mobilier, et subsidiairement sur les immeubles de la communauté.

NAVIRE (emprunt). *C. Com.* 256. Le capitaine qui aura sans nécessité, pris de l'argent sur le corps, avitaillement ou équipement du navire, sera responsable envers l'armement, et personnellement tenu du remboursement de l'argent, sans préjudice de la poursuite criminelle, s'il y a lieu. *V.* AVENTURE (*prêt à la grosse*).

PRÊT. *C. Civ.* 1905. Il est permis de stipuler des intérêts pour simple prêt d'argent. *V.* INTÉRÊT (*prêt à*).

RAPPORT. *C. Civ.* 869. Le rapport de l'argent donné se fait en moins prenant dans le numéraire de la succession. — En cas d'insuffisance, le donataire peut se dispenser de rapporter du numéraire, en abandonnant jusqu'à due concurrence du mobilier, et à défaut de mobilier, des immeubles de la succession.

RENTE VIAGÈRE. *C. Civ.* 1968. La rente viagère peut être constituée à titre onéreux, moyennant une somme d'argent.

RÉPÉTITION DE PAIEMENT. *C. Civ.* 1258. Le paiement d'une somme en argent ne peut être répété contre le créancier qui l'a consommée de bonne foi, quoique le paiement en ait été fait par celui qui n'en était pas propriétaire ou qui n'était pas capable de l'aliéner.

SAISIE. *C. Civ.* 2215. La vente forcée des immeubles ne peut être poursuivie qu'en vertu d'un titre authentique et exécutoire, pour une dette certaine et liquide. Si la dette est en espèces non liquidées, la poursuite est valable ; mais l'adjudication ne pourra être faite qu'après la liquidation.

C. Proc. 551. Il ne sera procédé à aucune saisie mobilière ou immobilière, qu'en vertu d'un titre exécutoire, et pour choses liquides et certaines : si la dette exigible n'est pas d'une somme en argent, il sera sursis, après la saisie, à toutes poursuites ultérieures, jusqu'à ce que l'appréciation en ait été faite.

590. S'il y a (lors de la saisie-exécution) des deniers comptans, il sera fait mention du nombre et de la qualité des espèces ; l'huissier les déposera au lieu établi pour les consignations, à moins que le saisissant et la partie saisie, ensemble les opposans, s'il y en a, ne conviennent d'un autre dépositaire.

USUFRUIT. *C. Civ.* 587. Si l'usufruit comprend des choses dont on ne peut faire usage sans les consommer, comme l'argent, les grains, les liqueurs, l'usufruitier a le droit de s'en servir, mais à la charge d'en rendre de pareille quantité, qualité et valeur, ou leur estimation, à la fin de l'usufruit.

ARGENTERIE. *C. Proc.* 589. L'argenterie (lors de la saisie-exécution) sera spécifiée par pièces et poinçons, et elle sera pesée.

621. La vaisselle d'argent, les bagues et joyaux de la valeur de trois cents francs au moins, ne pourront être vendus (sur saisie) qu'après placards (*V.* PLACARDS) et trois expositions, soit au marché, soit dans l'endroit où sont lesdits effets ; sans que néanmoins, dans aucun cas, lesdits objets puissent être vendus au-dessous de leur valeur réelle ; s'il s'agit de vaisselle d'argent, ni au-dessous de l'estimation qui en aura été faite par des gens de l'art, s'il s'agit de bagues et joyaux. — Dans les villes où il s'imprime des journaux, les trois publications seront suppléées (par l'insertion qui sera faite au journal, de l'annonce de la vente, laquelle annonce sera répétée trois fois dans le cours du mois précédant la vente).

ARMES.

I. DROIT CIVIL.

C. Civ. 533. Le mot *meuble*, employé seul dans les dispositions de la loi ou de l'homme, sans autre addition ni désignation, ne comprend pas les armes.

II. DROIT CRIMINEL.

1° Dispositions générales.

C. Pén. 101. Sont compris dans le mot *armes*, toutes machines, tous instrumens ou ustensiles tranchans, perçans ou contondans. — Les couteaux et ciseaux de poche, les cannes simples, ne seront réputés armes qu'autant qu'il en aura été fait usage pour tuer, blesser ou frapper.

60. Seront punis comme complices d'une action qualifiée crime ou délit, ceux qui auront procuré des armes, des instrumens ou tout autre moyen qui aura servi à l'action, sachant qu'ils devaient y servir.

2° *Des armes prohibées.*

C.*Pén.*314. Tout individu qui aura fabriqué ou débité des stylets, tromblons ou quelque espèce que ce soit d'armes prohibées par la loi ou par des réglemens d'administration publique, sera puni d'un emprisonnement de six jours à six mois. — Celui qui sera porteur desdites armes sera puni d'une amende de seize francs à deux cents francs. — Dans l'un et l'autre cas, les armes seront confisquées. — Le tout sans préjudice de plus forte peine, s'il y échet, en cas de complicité de crime.

315. Outre les peines correctionnelles mentionnées dans les articles précédens, les tribunaux pourront prononcer le renvoi sous la surveillance de la haute police, depuis deux ans jusqu'à dix ans.

ARRÉRAGES.

I. DROIT CIVIL.

1° *Disposition générale.*

C. *Civ.* 584. Les fruits civils sont les loyers des maisons, les intérêts des sommes exigibles, les arrérages des rentes.

2° *Dispositions diverses.*

COMMUNAUTÉ. C. *Civ.* 1401. La communauté se compose activement : 1°..; 2° de tous les fruits, revenus, intérêts et arrérages, de quelque nature qu'ils soient, échus ou perçus pendant le mariage, et provenant des biens qui appartenaient aux époux lors de sa célébration, ou de ceux qui leur sont échus pendant le mariage, à quelque titre que ce soit.

1409. La communauté se compose passivement : 1°....; 5° des arrérages et intérêts seulement des rentes ou dettes passives qui sont personnelles aux deux époux.

1512. La clause de séparation des dettes n'empêche point que la communauté ne soit chargée des intérêts et arrérages qui ont couru depuis le mariage.

HYPOTHÈQUE. C. *Civ.* 2151. Le créancier inscrit pour un capital produisant intérêt ou arrérage, a droit d'être colloqué pour deux années seulement, et pour l'année courante, au même rang d'hypothèque que pour son capital; sans préjudice des inscriptions particulières à prendre, portant hypothèque à compter de leur date, pour les arrérages autres que ceux conservés par la première inscription.

IMPUTATION DE PAIEMENT. C. *Civ.* 1254. Le débiteur d'une dette qui porte intérêt ou produit des arrérages ne peut point, sans le consentement du créancier, imputer le paiement qu'il fait sur le capital par préférence aux arrérages ou intérêts : le paiement fait sur le capital et intérêts, mais qui n'est point intégral, s'impute d'abord sur les intérêts.

INTÉRÊT. C. *Civ.* 1155. Les revenus échus, tels que fermages, loyers, arrérages de rentes perpétuelles ou viagères, produisent intérêt du jour de la demande ou de la convention.

OFFRES RÉELLES. C. *Civ.* 1258. Pour que les offres réelles soient valables, il faut : 1°.... .; 5° qu'elles soient de la totalité de la somme exigible, des arrérages ou intérêts dus.

PRESCRIPTION. C. *Civ.* 2277. Les arrérages de rentes perpétuelles et viagères, les intérêts des sommes prêtées, se prescrivent par cinq ans.

2278. (Ces) prescriptions courent contre les mineurs et les interdits, sauf leur recours contre leurs tuteurs.

RENTES VIAGÈRES. C. *Civ.* 1983. Le propriétaire d'une rente viagère n'en peut demander les arrérages qu'en justifiant de son existence, ou de celle de la personne sur la tête de laquelle elle a été constituée.

1978. Le seul défaut de paiement des arrérages de la rente n'autorise point celui en faveur de qui elle est constituée, à demander le remboursement du capital, ou à rentrer dans le fonds par lui aliéné : il n'a que le droit de saisir et de faire vendre les biens de son débiteur, et de faire ordonner ou consentir, sur le produit de la vente, l'emploi d'une somme suffisante pour le service des arrérages.

1979. Le constituant ne peut se libérer du paiement de la rente, en offrant de rembourser le capital, et en renonçant à la répétition des arrérages payés; il est tenu de servir la rente pendant toute la vie de la personne ou des personnes sur la tête desquelles la rente a été constituée, quelle que soit la durée de la vie de ces personnes, et quelque onéreux qu'ait pu devenir le service de la rente.

SOLIDARITÉ. C. *Civ.* 1212. Le créancier qui reçoit divisément et sans réserve la portion de l'un des codébiteurs dans les arrérages ou intérêts de la dette, ne perd la solidarité que pour les arrérages ou intérêts échus, et non pour ceux à échoir, ni pour le capital, à moins que le paiement divisé n'ait été continué pendant dix ans consécutifs.

II. PROCÉDURE.

1° *Dispositions générales.*

C. *Proc.* 49. Sont dispensés du préliminaire de la conciliation ; 1°... 5° les demandes en paiement d'arrérages de rentes ou pensions.

404. Seront réputées matières sommaires et instruites comme telles, les demandes en paiement d'arrérages de rentes.

2° *Dispositions diverses.*

APPEL. *C. Proc.* 464. Pourront les parties demander (en appel) des intérêts et arrérages échus depuis le jugement de première instance.

ORDRE. *C. Proc.* 767. Quinzaine après le jugement des contestations (sur ordre), et en cas d'appel, quinzaine après la signification de l'arrêt qui y aura statué, le commissaire arrêtera définitivement l'ordre des créances contestées, et de celles postérieures. Les intérêts et arrérages des créanciers utilement colloqués cesseront.

770. La partie saisie et le créancier sur lequel les fonds manqueront auront leur recours contre ceux qui auront succombé dans la contestation, pour les intérêts et arrérages qui auront couru pendant le cours desdites contestations.

SAISIE DES RENTES. *C. Proc.* 640. L'exploit de saisie vaudra toujours saisie - arrêt des arrérages, échus et à échoir jusqu'à la distribution.

ARRÊT. *V.* JUGEMENT.

ARRÊT DE NAVIRE.

1° *Dispositions générales.*

C. Com. 276. Si, avant le départ du navire, il y a interdiction de commerce avec le pays pour lequel il est destiné, les conventions sont résolues sans dommages-intérêts de part ni d'autre. — Le chargeur est tenu des frais de la charge et de la décharge de ses marchandises.

277. S'il existe une force majeure qui n'empêche que pour un moment la sortie du navire, les conventions subsistent, et il n'y a pas lieu à dommages-intérêts à raison du retard. — Elles subsistent également, et il n'y a lieu à aucune augmentation de fret, si la force majeure arrive pendant le voyage.

278. Le chargeur peut, pendant l'arrêt du navire, faire décharger ses marchandises à ses frais, à condition de les recharger ou d'indemniser le capitaine.

2° *Dispositions diverses.*

ASSURANCES. *C. Com.* 550. Sont aux risques des assureurs, toutes pertes et dommages qui arrivent aux objets assurés, par arrêt, par ordre de puissance, déclaration de guerre, représailles.

569. Le délaissement des objets assurés peut être fait. — En cas d'arrêt d'une puissance étrangère. — Il peut être fait, en cas d'arrêt de la part du gouvernement, après le voyage commencé. *V.* ASSURANCES.

587. En cas d'arrêt de la part d'une puissance, l'assuré est tenu de faire la signification à l'assureur, dans les trois jours de la réception de la nouvelle. — Le délaissement des objets arrêtés ne peut être fait qu'après un délai de six mois de la signification, si l'arrêt a eu lieu dans les mers

d'Europe, dans la Méditerranée ou dans la Baltique; — qu'après le délai d'un an, si l'arrêt a eu lieu en pays plus éloigné. — Ces délais ne courent que du jour de la signification de l'arrêt. — Dans le cas où les marchandises arrêtées seraient périssables, les délais ci-dessus mentionnés sont réduits à un mois et demi pour le premier cas, et à trois mois pour le second cas.

588. Pendant les délais portés par l'article précédent, les assurés sont tenus de faire toutes diligences qui peuvent dépendre d'eux à l'effet d'obtenir la main-levée des effets arrêtés. — Pourront, de leur côté, les assureurs, ou de concert avec les assurés, ou séparément, faire toutes démarches à même fin.

FRET. *C. Com.* 300. Si le vaisseau est arrêté dans le cours de son voyage par l'ordre d'une puissance, — il n'est dû aucun fret pour le temps de sa détention si le navire est affrété au mois, ni augmentation de fret s'il est loué au voyage. — La nourriture et les loyers de l'équipage pendant la détention du navire sont réputés avaries.

LOYERS. *C. Com.* 253. S'il y a interdiction de commerce avec le lieu de la destination au navire, ou si le navire est arrêté par ordre du gouvernement avant le voyage commencé, — il n'est dû aux matelots que les journées employées à équiper le bâtiment.

254. Si l'interdiction du commerce ou l'arrêt du navire arrive pendant le cours du voyage, — dans le cas d'interdiction, les matelots sont payés à proportion du temps qu'ils auront servi ; — dans le cas de l'arrêt, le loyer des matelots engagés au mois court pour moitié pendant le temps de l'arrêt ; — le loyer des matelots engagés au voyage est payé aux termes de leur engagement.

ARRÊT (SAISIE).

1° *Dispositions générales.*

C. Proc. (*liv.* 5, *tit.* 7, *des saisies-arrêts ou oppositions, art.* 557-582.) — 557. Tout créancier peut, en vertu de titres authentiques ou privés, saisir-arrêter entre les mains d'un tiers les sommes et effets appartenant à son débiteur, ou s'opposer à leur remise.

558. S'il n'y a pas de titre, le juge du domicile du débiteur, et même celui du domicile du tiers-saisi, pourront, sur requête, permettre la saisie-arrêt et opposition.

559. Tout exploit de saisie-arrêt ou opposition, fait en vertu d'un titre, contiendra l'énonciation du titre et de la somme pour laquelle elle est faite : si l'exploit est fait en vertu de la permission du juge, l'ordonnance énoncera la somme pour laquelle la saisie-arrêt ou opposition est faite, et il sera donné copie de l'ordonnance en tête de l'exploit. — Si la créance pour laquelle

on demande la permission de saisir-arrêter n'est pas liquide, l'évaluation provisoire en sera faite par le juge. — L'exploit contiendra aussi l'élection de domicile dans le lieu où demeure le tiers-saisi, si le saisissant n'y demeure pas ; le tout à peine de nullité.

560. La saisie-arrêt ou opposition entre les mains des personnes non demeurant en France sur le continent, ne pourra point être faite au domicile des procureurs du roi ; elle devra être signifiée à personne ou à domicile.

561. La saisie-arrêt ou opposition formée entre les mains des receveurs, dépositaires ou administrateurs de caisses ou deniers publics, en cette qualité, ne sera point valable, si l'exploit n'est fait à la personne préposée pour le recevoir, et s'il n'est visé par elle sur l'original, ou, en cas de refus, par le procureur du roi.

562. L'huissier qui aura signé la saisie-arrêt ou opposition, sera tenu, s'il en est requis, de justifier de l'existence du saisissant à l'époque où le pouvoir de saisir a été donné, à peine d'interdiction, et des dommages et intérêts des parties.

563. Dans la huitaine de la saisie-arrêt ou opposition, outre un jour pour trois myriamètres de distance entre le domicile du tiers-saisi et celui du saisissant, et un jour pour trois myriamètres de distance entre le domicile de ce dernier et celui du débiteur saisi ; le saisissant sera tenu de dénoncer la saisie-arrêt ou opposition au débiteur saisi, et de l'assigner de validité.

564. Dans un pareil délai, outre celui en raison des distances, à compter du jour de la demande en validité, cette demande sera dénoncée à la requête du saisissant, au tiers-saisi, qui ne sera tenu de faire aucune déclaration avant que cette dénonciation lui ait été faite.

565. Faute de demande en validité, la saisie ou opposition sera nulle : faute de dénonciation de cette demande au tiers-saisi, les paiemens par lui faits jusqu'à la dénonciation seront valables.

566. En aucun cas il ne sera nécessaire de faire précéder la demande en validité par une citation en conciliation.

567. La demande en validité, et la demande en main-levée formée par la partie saisie, seront portées devant le tribunal du domicile de la partie saisie.

568. Le tiers-saisi ne pourra être assigné en déclaration s'il n'y a titre authentique, ou jugement qui ait déclaré la saisie-arrêt ou l'opposition valable.

569. Les fonctionnaires publics dont il est parlé à l'art. 561 ne seront point assignés en déclaration ; mais ils délivreront un certificat constatant s'il est dû à la partie saisie, et énonçant la somme, si elle est liquide.

570. Le tiers-saisi sera assigné, sans citation préalable en conciliation, devant le tribunal qui doit connaître de la saisie ; sauf à lui, si sa déclaration est contestée, à demander son renvoi devant son juge.

571. Le tiers-saisi assigné fera sa déclaration, et l'affirmera au greffe, s'il est sur les lieux ; sinon, devant le juge de paix de son domicile, sans qu'il soit besoin, dans ce cas, de réitérer l'affirmation au greffe.

572. La déclaration et l'affirmation pourront être faites par procuration spéciale.

573. La déclaration énoncera les causes et le montant de la dette ; les paiemens à compte, si aucuns ont été faits ; l'acte ou les causes de libération, si le tiers-saisi n'est plus débiteur, et, dans tous les cas, les saisies-arrêts ou oppositions formées entre ses mains.

574. Les pièces justificatives de la déclaration seront annexées à cette déclaration ; le tout sera déposé au greffe, et l'acte de dépôt sera signifié par un seul acte contenant constitution d'avoué.

575. S'il survient de nouvelles saisies-arrêts ou oppositions, le tiers-saisi les dénoncera à l'avoué du premier saisissant, par extrait contenant les noms et élection de domicile des saisissans, et les causes des saisies-arrêts ou oppositions.

576. Si la déclaration n'est pas contestée, il ne sera fait aucune autre procédure, ni de la part du tiers-saisi, ni contre lui.

577. Le tiers-saisi qui ne fera pas sa déclaration ou qui ne fera pas les justifications ordonnées par les articles ci-dessus, sera déclaré débiteur pur et simple des causes de la saisie.

578. Si la saisie-arrêt ou opposition est formée sur effets mobiliers, le tiers-saisi sera tenu de joindre à sa déclaration un état détaillé desdits effets.

579. Si la saisie-arrêt ou opposition est déclarée valable, il sera procédé à la vente et distribution du prix, ainsi qu'il sera dit au titre *de la Distribution par contribution. V.* CONTRIBUTION.

580. Les traitemens et pensions dus par l'état ne pourront être saisis que pour la portion déterminée par les lois ou par les réglemens et ordonnances royales.

581. Seront insaisissables, 1° les choses déclarées insaisissables par la loi ; 2° les provisions alimentaires adjugées par justice ; 3° les sommes et objets disponibles déclarés insaisissables par le testateur ou donateur ; 4° les sommes et pensions pour alimens, encore que le testament ou l'acte de donation ne les déclare pas insaisissables.

582. Les provisions alimentaires ne pourront être saisies que pour cause d'alimens; les objets mentionnés aux nos 3 et 4 du précédent article pourront être saisis par des créanciers postérieurs à l'acte de donation ou à l'ouverture du legs, et ce, en vertu de la permission du juge, et pour la portion qu'il déterminera.

Dispositions du tarif.

Tarif civ. 29. Pour l'original. (*Pr.* 557, 558, 559.) D'un exploit de saisie-arrêt ou opposition contenant énonciation de la somme pour laquelle elle est faite, et des titres, ou de l'ordonnance du juge. (563.) De la dénonciation au saisi de la saisie-arrêt, ou opposition, avec assignation en validité. (564.) De la dénonciation au tiers-saisi de la demande en validité formée contre le débiteur-saisi. (570.) De l'assignation au tiers-saisi pour faire sa déclaration. A Paris, 2 fr.; partout ailleurs, 1 fr. 50 c.; pour chaque copie, le quart de l'original.

70. Pour l'original. (*Pr.* 574.) De la signification de la déclaration affirmative et du dépôt des pièces contenant constitution d'avoué. (575.) D'un acte contenant dénonciation d'opposition formée sur le débiteur entre les mains d'un tiers-saisi. (578.) De la signification de l'état détaillé des effets mobiliers saisis et arrêtés entre les mains d'un tiers-saisi. A Paris, 1 f.; dans le ressort, 75 c. (*V.* Tarif); pour chaque copie, le quart.

75. (*Pr.* 570.) Pour la grosse de la requête du tiers-saisi, qui demandera son renvoi devant son juge, en cas que sa déclaration affirmative soit contestée : cette requête ne pourra excéder deux rôles. Et réponse. Pour chaque rôle, Paris, 2 fr.; dans le ressort, 1 fr. 50 c. (*V.* Tarif); et pour chaque copie, par rôle, le quart. Le nombre des rôles de la requête en réponse ne pourra jamais excéder celui fixé pour la req. en demande. Il ne sera passé aucun frais d'impression.

77. Requêtes. (*Pr.* 558.) Pour obtenir permission de saisir et arrêter, entre les mains d'un tiers, ce qu'il doit au débiteur quand il n'y a pas de titre. (582.). Pour avoir permission de saisir et arrêter la portion que le juge déterminera dans des sommes ou pensions données ou léguées pour alimens, et ce, pour créances postérieures aux dons et legs. A Paris, 3 fr.; dans le ressort, 2 f. 25 c. (*V.* Tarif.) Ces requêtes ne seront point grossoyées, et la vacation pour prendre l'ord. est comprise dans la taxe.

91. Vacation. (*Pr.* 569.) Pour requérir des fonctionnaires publics, tiers-saisis, le certificat du montant de ce qu'ils doivent à la partie saisie. A Paris, 3 f.; dans le ressort, 2 fr. 25 c. (*V.* Tarif.)

92. Vacation. (*Pr.* 573, 574.) Pour faire au greffe une déclaration affirmative sur saisie-arrêt, contenant les causes et le montant de la dette, les paiemens à compte si aucuns ont été faits, l'acte ou les causes de libération, et les saisies-arrêts formées entre les mains du tiers-saisi et le dépôt au greffe des pièces justifi-

catives, le tout ensemble. A Paris, 6 fr. Dans le ressort, 4 fr. 50 c. (*V.* Tarif.)

2° Dispositions diverses.

COMPENSATION. *C. Civ.* 1298. La compensation n'a pas lieu au préjudice des droits acquis à un tiers. Ainsi celui qui, étant débiteur, est devenu créancier depuis la saisie-arrêt faite par un tiers entre ses mains, ne peut, au préjudice du saisissant, opposer la compensation.

DÉPOT. *C. Civ.* 1944. Le dépôt doit être remis au déposant aussitôt qu'il le réclame, lors même que le contrat aurait fixé un délai déterminé pour la restitution, à moins qu'il n'existe, entre les mains du dépositaire, une saisie-arrêt ou une opposition à la restitution et au déplacement de la chose déposée.

ARRÊT (SAISIE) SUR DÉBITEURS FORAINS. *V.* GAGERIE (*saisie*).

ARRHES. *C. Civ.* 1590. Si la promesse de vendre a été faite avec des arrhes, chacun des contractans est maître de s'en départir :— Celui qui les a données, en les perdant,— Et celui qui les a reçues, en restituant le double.

1715. Si le bail fait par écrit n'a encore reçu aucune exécution, et que l'une des parties le nie, la preuve ne peut être reçue par témoins, quelque modique qu'en soit le prix, et quoiqu'on allègue qu'il y a eu des arrhes données. — Le serment peut seulement être déféré à celui qui nie le bail.

ASCENDANS.

I. DROIT CIVIL.

1° *Des partages faits par des ascendans en faveur de leurs descendans. V.* ABANDON DE BIENS.

2° *Des successions déférées aux ascendans.*

C. Civ. 731. Les successions sont déférées aux enfans et descendans du défunt, à ses ascendans et à ses parens collatéraux, dans l'ordre et suivant les règles ci-après déterminés. (*V.* ci-après *art.* 746-749.)

755. Toute succession échue à des ascendans ou à des collatéraux, se divise en deux parts égales; l'une pour les parens de la ligne paternelle, l'autre pour les parens de la ligne maternelle.— Il ne se fait aucune dévolution d'une ligne à l'autre, que lorsqu'il ne se trouve aucun ascendant ni collatéral de l'une des deux lignes.

(*Liv.* 3, *tit.* 1er, *ch.* 3, *sect.* 4, *des successions déférées aux ascendans*, *art.* 746-749).— 746. Si le défunt n'a laissé ni postérité, ni frère, ni sœur, ni descendans d'eux, la succession se divise par moitié entre les ascendans de la ligne paternelle et les ascendans de la ligne maternelle. — L'ascendant qui se trouve au degré le plus proche, recueille la moitié affectée à sa ligne, à l'exclusion de tous autres. — Les ascendans au même degré succèdent par tête.

747. Les ascendans succèdent, à l'exclusion de tous autres, aux choses par eux données à leurs enfans ou descendans décédés sans postérité, lorsque les objets donnés se retrouvent en nature dans la succession. — Si les objets ont été aliénés, les ascendans recueillent le prix qui peut en être dû. Ils succèdent aussi à l'action en reprise que pouvait avoir le donataire.

748. Lorsque les père et mère d'une personne morte sans postérité lui ont survécu, si elle a laissé des frères, sœurs, ou des descendans d'eux, la succession se divise en deux portions égales, dont moitié seulement est déférée au père et à la mère, qui la partagent entre eux également. — L'autre moitié appartient aux frères, sœurs ou descendans d'eux, ainsi qu'il sera expliqué dans la section 5 du présent chapitre (*art.* 750-733). *V.* COLLATÉRALES (*successions*).

749. Dans le cas où la personne morte sans postérité laisse des frères, sœurs ou des descendans d'eux, si le père ou la mère est prédécédé, la portion qui lui aurait été dévolue, conformément au précédent article, se réunit à la moitié déférée aux frères, sœurs, ou à leurs représentans, ainsi qu'il sera expliqué à la section 5 du présent chapitre. (*V. ibid.*)

Réserve des ascendans.

C. Civ. 915. Les libéralités, par actes entre-vifs ou par testament, ne pourront excéder la moitié des biens, si, à défaut d'enfant, le défunt laisse un ou plusieurs ascendans dans chacune des lignes paternelle et maternelle; et les trois quarts, s'il ne laisse d'ascendans que dans une ligne. — Les biens ainsi réservés au profit des ascendans, seront par eux recueillis dans l'ordre où la loi les appelle à succéder; ils auront seuls droit à cette réserve., dans tous les cas où un partage en concurrence avec des collatéraux ne leur donnerait pas la quotité de biens à laquelle elle est fixée.

916. A défaut d'ascendans et de descendans, les libéralités par actes entre-vifs ou testamentaires pourront épuiser la totalité des biens.

3º *De la tutelle des ascendans.*

C. Civ. (*liv.* 1, *tit.* 10, *ch.* 2, *sect.* 3, *de la tutelle des ascendans, art.* 402-404.) — 402. Lorsqu'il n'a pas été choisi au mineur un tuteur par le dernier mourant de ses père et mère, la tutelle appartient de droit à son aïeul paternel; à défaut de celui-ci, à son aïeul maternel, et ainsi en remontant, de manière que l'ascendant paternel soit toujours préféré à l'ascendant maternel du même degré.

403. Si, à défaut de l'aïeul paternel et de l'aïeul maternel du mineur, la concurrence se trouvait établie entre deux ascendans du degré supérieur qui appartinssent tous deux à la ligne paternelle du mineur, la tutelle passera de droit à celui des deux qui se trouvera être l'aïeul paternel du père du mineur.

404. Si la même concurrence a lieu entre deux bisaïeuls de ligne maternelle, la nomination sera faite par le conseil de famille, qui ne pourra néanmoins que choisir l'un de ces deux ascendans.

4º *Dispositions diverses.*

ALIMENS. *C. Civ.* 203. Les enfans doivent des alimens à leurs père et mère et autres ascendans qui sont dans le besoin.

207. Les obligations résultant de ces dispositions sont réciproques.

COMMUNAUTÉ. *C. Civ.* 1513. Lorsque la communauté est poursuivie pour les dettes de l'un des époux, déclaré, par contrat, franc et quitte de toutes dettes antérieures au mariage, le conjoint a droit à une indemnité qui se prend soit sur la part de communauté revenant à l'époux débiteur, soit sur les biens personnels dudit époux; et, en cas d'insuffisance, cette indemnité peut être poursuivie par voie de garantie contre le père, la mère, l'ascendant ou le tuteur qui l'auraient déclaré franc et quitte. — Cette garantie peut même être exercée par le mari durant la communauté, si la dette provient du chef de la femme; sauf, en ce cas, le remboursement dû par la femme ou ses héritiers aux garans, après la dissolution de la communauté.

CONTRAT (*nullité*). *C. Civ.* 1113. La violence est une cause de nullité du contrat, non-seulement lorsqu'elle a été exercée sur la partie contractante, mais encore lorsqu'elle l'a été sur son époux ou sur son épouse, sur ses descendans ou ses ascendans.

1114. La seule crainte révérentielle envers le père, la mère, ou autre ascendant, sans qu'il ait eu de violence exercée, ne suffit point pour annuler le contrat.

DÉPENS. *C. Proc.* 131. Pourront, les dépens, être compensés en tout ou en partie, entre conjoints, ascendans, descendans, frères et sœurs, ou alliés au même degré.

ENFANS D'UN ABSENT (*surveillance*). *C. Civ.* 142. Six mois après la disparition du père, si la mère était décédée lors de cette disparition, ou si elle vient à décéder avant que l'absence du père ait été déclarée, la surveillance des enfans era déférée, par le conseil de famille, aux ascendans les plus proches, et, à leur défaut, à un uteur provisoire.

143. Il en sera de même dans le cas où l'un des poux qui aura disparu, laissera des enfans mineurs issus d'un mariage précédent.

MARIAGE (*prohibitions*). C. Civ. 161. En ligne directe, le mariage est prohibé entre tous les ascendans et descendans légitimes ou naturels, et es alliés dans la même ligne.

MINEUR (*disposition*). C. Civ. 907. Le mineur, quoique parvenu à l'âge de seize ans, ne pourra, même par testament, disposer au profit de son tuteur. — Le mineur devenu majeur, ne pourra disposer, soit par donation entre-vifs, soit par testament, au profit de celui qui aura été son tuteur, si le compte définitif de la tutelle n'a été préalablement rendu et apuré. — Sont exceptés, dans les deux cas ci-dessus, les ascendans des mineurs, qui sont ou qui ont été leurs tuteurs.

II. DROIT CRIMINEL.

1° Instruction.

C. Inst. cr. 156. Les ascendans de la personne prévenue, ne seront ni appelés, ni reçus en témoignage; sans néanmoins que l'audition des personnes ci-dessus désignées puisse opérer une nullité, lorsque, soit le ministère public, soit la partie civile, soit le prévenu, ne se sont pas opposés à ce qu'elles soient entendues.

2° Crimes et délits contre des ascendans.

C. Pén. 299. Est qualifié parricide le meurtre des pères ou mères légitimes, naturels ou adoptifs, ou de tout autre ascendant légitime.

512. Dans les cas prévus par les articles 309, 510 et 311 [1], si le coupable a commis le crime envers ses père ou mère légitimes, naturels ou adoptifs, ou autres descendans légitimes, il sera puni ainsi qu'il suit : — Si l'article auquel le cas

---

[1] C. Pén. 309. Sera puni de la réclusion tout individu qui, volontairement, aura fait des blessures ou porté des coups, s'il est résulté de ces sortes de violences une maladie ou incapacité de travail personnel pendant plus de vingt jours. — Si les coups portés ou les blessures faites volontairement, mais sans intention de donner la mort, l'ont pourtant occasionée, le coupable sera puni de la peine des travaux forcés à temps.

310. Lorsqu'il y aura eu préméditation ou guet-apens, la peine sera, si la mort s'en est suivie, celle des travaux forcés à perpétuité, et si la mort ne s'en est pas suivie, celle des travaux forcés à temps.

311. Lorsque les blessures ou les coups n'auront occasioné aucune maladie ou incapacité de travail personnel de l'espèce mentionnée en l'art. 309, le

se référera prononce l'emprisonnement et l'amende, le coupable subira la peine de la réclusion ; — si l'article prononce la peine de la réclusion, il subira la peine des travaux forcés à temps; — si l'article prononce la peine des travaux forcés à temps, il subira celle des travaux forcés à perpétuité.

580. Les soustractions commises par des maris au préjudice de leurs femmes, par des femmes au préjudice de leurs maris, par un veuf ou une veuve quant aux choses qui avaient appartenu à l'époux décédé, par des enfans ou autres descendans au préjudice de leurs pères ou mères ou autres ascendans, par des pères et mères ou autres ascendans au préjudice de leurs enfans ou autres descendans, ou par des alliés au même degré, ne pourront donner lieu qu'à des réparations civiles. — A l'égard de tous autres individus qui auraient recélé ou appliqué à leur profit tout ou partie des objets volés, ils seront punis comme coupables de vol.

ASSASSINAT ET MENACE D'ASSASSINAT.

1° De l'assassinat.

C. Pén. 296. Tout meurtre commis avec préméditation ou de guet-apens est qualifié assassinat.

297. La préméditation consiste dans le dessein formé, avant l'action, d'attenter à la personne d'un individu déterminé, ou même de celui qui sera trouvé ou rencontré, quand même ce dessein serait dépendant de quelque circonstance ou de quelque condition.

298. Le guet-apens consiste à attendre plus ou moins de temps, dans un ou divers lieux, un individu, soit pour lui donner la mort, soit pour exercer sur lui des actes de violence.

299. Est qualifié parricide le meurtre des pères ou mères légitimes, naturels ou adoptifs, ou de tout autre ascendant légitime.

300. Est qualifié infanticide le meurtre d'un enfant nouveau-né.

501. Est qualifié empoisonnement tout attentat à la vie d'une personne, par l'effet de substances qui peuvent donner la mort plus ou moins promptement, de quelque manière que ces substances aient été employées ou administrées, et quelles qu'en aient été les suites.

502. Tout coupable d'assassinat, de parricide,

---

coupable sera puni d'un emprisonnement de six jours à deux ans, et d'une amende de seize francs à deux cents francs, ou de l'une de ces deux peines seulement. — S'il y a eu préméditation ou guet-apens, l'emprisonnement sera de deux ans à cinq ans, et l'amende de cinquante francs à cinq cents francs.

d'infanticide et d'empoisonnement, sera puni de mort, sans préjudice de la disposition particulière contenue en l'article 13, relativement au parricide ; *V.* Parricide (et de la disposition particulière contenue en l'article 3 de la loi du 25 juin 1824, relativement à l'infanticide. *V.* Infanticide.)

303. Seront punis comme coupables d'assassinat, tous malfaiteurs, quelle que soit leur dénomination, qui, pour l'exécution de leurs crimes, emploient des tortures ou commettent des actes de barbarie.

2° De la menace d'assassinat.

C. Pén. 305. Quiconque aura menacé, par écrit anonyme ou signé, d'assassinat, d'empoisonnement, ou de tout autre attentat contre les personnes qui seraient punissables de la peine de mort, des travaux forcés à perpétuité, sera puni de la peine des travaux forcés à temps, dans le cas où la menace aurait été faite avec ordre de déposer une somme d'argent dans un lieu indiqué, ou de remplir toute autre condition.

306. Si cette menace n'a été accompagnée d'aucun ordre ou condition, la peine sera d'un emprisonnement de deux ans au moins et de cinq ans au plus, et d'une amende de cent francs à six cents francs.

307. Si la menace faite avec ordre ou sous condition a été verbale, le coupable sera puni d'un emprisonnement de six mois à deux ans, et d'une amende de vingt-cinq francs à trois cents francs.

308. Dans les cas prévus par les deux précédens articles, le coupable pourra de plus être mis, par l'arrêt ou le jugement, sous la surveillance de la haute police pour cinq ans au moins et dix ans au plus.

ASSIGNATION. *V.* Ajournement.

ASSISES (cour d').

I. juridiction générale.

1° Disposition préliminaire.

C. Inst. cr. 231. Si le fait (donnant lieu à accusation) est qualifié crime par la loi, et que la cour trouve des charges suffisantes pour motiver la mise en accusation, elle ordonnera le renvoi du prévenu aux assises. *V.* Accusation.

2° De la formation des cours d'assises.

C. Inst. cr. (*liv.* 2, *tit.* 2, *ch.* 2, *art.* 251-265). — 251. Il sera tenu des assises dans chaque département pour juger les individus que la cour royale y aura renvoyés.

252. Dans les départemens où siègent les cours royales, les assises seront tenues par trois de membres de la cour, dont l'un sera président. – Les fonctions du ministère public seront remplies soit par le procureur général, soit par un des avo cats généraux, soit par un des substituts du pro cureur général. — Le greffier de la cour y exer cera ses fonctions par lui-même ou par l'un d ses commis assermentés.

253. Dans les autres départemens, la cour d'as sises sera composée : 1° d'un conseiller à la cou royale, délégué à cet effet, et qui sera présider à la cour d'assises ; 2° de deux juges pris, soit parmi les conseillers de la cour royale, lorsqu celle-ci jugera convenable de les déléguer à cet effet, soit parmi les présidens ou juges du tribu nal de première instance du lieu de la tenue de assises ; 3° du procureur du Roi près le tribunal ou de l'un de ses substituts, sans préjudice de dispositions contenues dans les articles 263, 27 et 284 (*V.* ci-après) ; 4° du greffier du tribunal ou de l'un de ses commis assermentés.

257 [1]. Les membres de la cour royale qui auror voté sur la mise en accusation, ne pourront, dan la même affaire, ni présider les assises, ni assis ter le président, à peine de nullité. — Il en ser de même à l'égard du juge d'instruction.

258. Les assises se tiendront ordinairemer dans le chef-lieu de chaque département. — L cour royale pourra néanmoins désigner un tri bunal autre que celui du chef-lieu.

259. La tenue des assises aura lieu tous le trois mois. — Elles pourront se tenir plus sou vent, si le besoin l'exige.

260. Le jour où les assises doivent s'ouvri sera fixé par le président de la cour d'assises.— Les assises ne seront closes qu'après que toutes les affaires criminelles qui étaient en état lors d leur ouverture, y auront été portées.

261. Les accusés qui ne seront arrivés dans l maison de justice qu'après l'ouverture des assi ses, ne pourront y être jugés que lorsque le pro cureur général l'aura requis, lorsque les accusés y auront consenti, et lorsque le président l'aur ordonné. — En ce cas, le procureur général e les accusés seront considérés comme ayant re noncé à la faculté de se pourvoir en nullité contre l'arrêt portant renvoi à la cour d'assises

262. Les arrêts de la cour d'assises ne pourron être attaqués que par la voie de la cassation e dans les formes déterminées par la loi.

263. Si, depuis la notification faite aux juré

---

[1] Les art. 254 et 255 ont été supprimés par la lo du 4 mars 1831, et l'art. 256 par la loi du 10 décem bre 1830.

en exécution de l'article 389 du présent Code (*V.* JURY), le président de la cour d'assises se trouve dans l'impossibilité de remplir ses fonctions, il sera remplacé par le plus ancien des autres juges de la cour royale nommés ou délégués pour l'assister ; et, s'il n'a pour assesseur aucun juge de la cour royale, par le président du tribunal de première instance.

264. Les juges de la cour royale seront, en cas d'absence ou de tout autre empêchement, remplacés par d'autres juges de la même cour, et, à leur défaut, par des juges de première instance : ceux de première instance le seront par les suppléans. — Les juges-auditeurs qui seront présens et auront l'âge requis concourront pour le remplacement avec les juges de première instance, suivant l'ordre de leur réception.

265. Le procureur général pourra, même étant présent, déléguer ses fonctions à l'un de ses substituts.—Cette disposition est commune à la cour royale et à la cour d'assises. *V.* ASSISES (*président des*).—ASSISES (*procureurs du Roi près les*).—CRIMINELLE (*instruction*).— CRIMINELS (*débats*). — JURY, JUGEMENT, EXÉCUTION.

II. JURIDICTION EXCEPTIONNELLE.

Crimes et délits de rébellion et de presse.

Loi du 7 septembre 1835. — 1. Les crimes prévus dans le paragraphe Ier de la section IV du chap. III du titre Ier du livre III du Code pénal (concernant la rébellion, C. *pén.*, *art.* 209-221), ou dans la loi du 24 mai 1834 (concernant la presse), seront jugés selon les formes déterminées dans la présente loi. (*V.* PRESSE, RÉBELLION.)

2. Le ministre de la justice pourra ordonner qu'il soit formé autant de sections de cour d'assises que le besoin du service l'exigera, pour procéder simultanément au jugement des prévenus.

3. Lorsque, sur le vu de la procédure communiquée conformément à l'art. 61 du C. d'inst. crim. [1], le procureur-général estimera que la prévention est suffisamment établie contre un ou plusieurs inculpés, il se fera remettre les pièces d'instruction, le procès-verbal constatant le corps du délit, et l'état des pièces de conviction qui seront apportées au greffe de la cour royale.

4. Dans le cas prévu par l'article précédent, le procureur général pourra saisir la cour d'assises en vertu de citations données directement aux prévenus en état d'arrestation.

5. A cet effet, le procureur général adressera son réquisitoire au président de la cour d'assises, pour obtenir indication du jour auquel les débats devront s'ouvrir. Ce réquisitoire sera rédigé dans la forme établie par l'art. 241 du C. d'inst. crim. [1]. —

6. Le réquisitoire et l'ordonnance contenant indication du jour de l'audience seront signifiés aux prévenus dix jours au moins avant l'ouverture des débats, par un huissier que le président de la cour d'assises commettra. Il leur en sera laissé copie.

7. Le pourvoi en cassation contre les arrêts qui auront statué, tant sur la compétence que sur les incidens, ne sera formé qu'après l'arrêt définitif et en même temps que le pourvoi contre cet arrêt. — Aucun pourvoi formé auparavant ne pourra dispenser la cour d'assises de statuer sur le fond.

ASSISES (PRÉSIDENT DES).

C. Inst. cr. (*liv.* 2, *tit.* 2, *ch.* 2, § 1, *fonctions du président des assises*, *art.* 266-270). — 266. Le président est chargé, 1° d'entendre l'accusé lors de son arrivée dans la maison de justice ; 2° de convoquer les jurés, et de les tirer au sort. —Il pourra déléguer ces fonctions à l'un des juges.

267. Il sera de plus chargé personnellement de diriger les jurés dans l'exercice de leurs fonctions, de leur exposer l'affaire sur laquelle ils auront à délibérer, même de leur rappeler leur devoir, de présider à toute l'instruction, et de déterminer l'ordre entre ceux qui demanderont à parler. — Il aura la police de l'audience.

268. Le président est investi d'un pouvoir discrétionnaire, en vertu duquel il pourra prendre sur lui tout ce qu'il croira utile pour découvrir la vérité ; et la loi charge son honneur et sa conscience d'employer tous ses efforts pour en favoriser la manifestation.

269. Il pourra, dans le cours des débats, appeler, même par mandat d'amener, et entendre toutes personnes, ou se faire apporter toutes nouvelles pièces qui lui paraîtraient, d'après les

---

[1] *C. Inst. cr.* 61. Hors les cas de flagrant délit, le juge d'instruction ne fera aucun acte d'instruction et de poursuite qu'il n'ait donné communication de la procédure au procureur du Roi. Il la lui communiquera pareillement lorsqu'elle sera terminée ; et le procureur du Roi fera les réquisitions qu'il jugera convenables, sans pouvoir retenir la procédure plus de trois jours. — Néanmoins le juge d'instruction délivrera, s'il y a lieu, le mandat d'amener, et même le mandat de dépôt, sans que ces mandats doivent être précédés des conclusions du procureur du Roi.

[1] *C. Inst. cr.* 241. Dans tous les cas où le prévenu sera renvoyé à la cour d'assises, le procureur général sera tenu de rédiger un acte d'accusation. — L'acte d'accusation exposera : 1° la nature du délit qui forme la base de l'accusation ; 2° le fait et toutes les circonstances qui peuvent aggraver ou diminuer la peine ; le prévenu y sera dénommé et clairement désigné. — L'acte d'accusation sera terminé par le résumé suivant : — *En conséquence*, N..... *est accusé d'avoir commis tel meurtre, tel vol, ou tel autre crime, avec telle et telle circonstance.*

nouveaux développemens donnés à l'audience, soit par les accusés, soit par les témoins, pouvoir répandre un jour utile sur le fait contesté. — Les témoins ainsi appelés ne prêteront point serment, et leurs déclarations ne seront considérées que comme renseignemens.

270. Le président devra rejeter tout ce qui tendrait à prolonger les débats sans donner lieu d'espérer plus de certitude dans les résultats. *V.* CRIMINELS (*débats*).

Dispositions du tarif.

Tarif. cr. 71. 1º Dans les cas prévus par les art. 266, 269, C. Inst. cr. pour l'original seulement. — Paris, 1 fr.; villes de 40,000 hab. et au-dessus, 75 c.; autres villes et communes, 50 c. — 2º Pour chaque copie, Paris, 75 c.; villes de 40,000 hab. et au-dessus, 60 c.; autres villes et comm., 50 c. — 3º Pour l'exécution des mandats d'amener dans les cas prévus par l'art. 269, y compris l'exploit de signification et la copie. — Paris, 8 fr.; villes de 40,000 hab. et au-dessus, 6 fr.; autres villes et communes, 5 fr.

ASSISES (PROCUREURS DU ROI PRÈS LES).

1º *Fonctions du procureur général près la cour royale.*

C. Inst. cr. (liv. 2, tit. 2, ch. 2, § 2, art. 271-283). — 271. Le procureur général près la cour royale poursuivra, soit par lui-même, soit par son substitut, toute personne mise en accusation suivant les formes prescrites au chapitre 1 du présent titre. Il ne pourra porter à la cour aucune autre accusation, à peine de nullité, et, s'il y a lieu, de prise à partie.

272. Aussitôt que le procureur général ou son substitut aura reçu les pièces, il apportera tous ses soins à ce que les actes préliminaires soient faits, et que tout soit en état pour que les débats puissent commencer à l'époque de l'ouverture des assises.

273. Il assistera aux débats : il requerra l'application de la peine; il sera présent à la prononciation de l'arrêt.

274. Le procureur général, soit d'office, soit par les ordres du ministre de la justice, charge le procureur du Roi de poursuivre les délits dont il a connaissance.

275. Il reçoit les dénonciations et les plaintes qui lui sont adressées directement, soit par la cour royale, soit par un fonctionnaire public, soit par un simple citoyen, et il en tient registre. — Il les transmet au procureur du Roi.

276. Il fait, au nom de la loi, toutes les réquisitions qu'il juge utiles; la cour est tenue de lui en donner acte et d'en délibérer.

277. Les réquisitions du procureur général doivent être de lui signées; celles faites dans le cours d'un débat seront retenues par le greffier sur son procès-verbal, et elles seront aussi signées par le procureur général : toutes les décisions auxquelles auront donné lieu ces réquisitions seront signées par le juge qui aura présidé et par le greffier.

278. Lorsque la cour ne déférera pas à la réquisition du procureur général, l'instruction ni le jugement ne seront arrêtés ni suspendus, sauf après l'arrêt, s'il y a lieu, le recours en cassation par le procureur général.

279. Tous les officiers de police judiciaire, même les juges d'instruction, sont soumis à la surveillance du procureur général. — Tous ceux qui, d'après l'article 9 du présent Code, sont, à raison de fonctions, même administratives, appelés par la loi à faire quelques actes de la police judiciaire, sont, sous ce rapport seulement, soumis à la même surveillance.

280. En cas de négligence des officiers de police judiciaire et des juges d'instruction, le procureur général les avertira : cet avertissement sera consigné par lui sur un registre tenu à cet effet.

281. En cas de récidive, le procureur général les dénoncera à la cour. — Sur l'autorisation de la cour, le procureur général les fera citer à la chambre du conseil. — La cour leur enjoindra d'être plus exacts à l'avenir, et les condamnera aux frais tant de la citation que de l'expédition et de la signification de l'arrêt.

282. Il y aura récidive lorsque le fonctionnaire sera repris, pour quelque affaire que ce soit, avant l'expiration d'une année, à compter du jour de l'avertissement consigné sur le registre.

283. Dans tous les cas où les procureurs du Roi et les présidens sont autorisés à remplir les fonctions d'officier de police judiciaire ou du juge d'instruction, ils pourront déléguer au procureur du Roi, au juge d'instruction, et au juge de paix, même d'un arrondissement communal voisin du lieu du délit, les fonctions qui leur sont respectivement attribuées, autres que le pouvoir de délivrer des mandats d'amener, de dépôt et d'arrêt contre les prévenus.

2º *Fonctions du procureur du Roi au criminel.*

C. Instr. cr. (§ 3, art. 284-290 [1].) — 284. Le

[1] La charge de procureur du Roi au criminel ayant été supprimée par la loi du 25 décembre 1815, ces dispositions, qui d'ailleurs sont purement réglementaires, ne peuvent plus s'appliquer qu'aux substituts des procureurs généraux et aux procureurs du Roi près les tribunaux de première instance.

procureur du Roi (au criminel), remplacera, près la cour d'assises, le procureur général dans les départemens autres que celui où siége la cour royale ; sans préjudice de la faculté que le procureur général aura toujours de s'y rendre lui-même pour y exercer ses fonctions.

285 Ce substitut résidera dans le chef-lieu du département.

286. Si les assises se tiennent dans une autre ville que le chef-lieu, il s'y transportera.

287. Le procureur du Roi remplira aussi les fonctions du ministère public dans l'instruction et dans le jugement des appels de police correctionnelle.

288. En cas d'empêchement momentané, il sera remplacé par le procureur du Roi près le tribunal de première instance du chef-lieu.

289. Il surveillera les officiers de police judiciaire du département.

290. Il rendra compte au procureur général, une fois tous les trois mois, et plus souvent s'il en est requis, de l'état de la justice du département, en matière criminelle, de police correctionnelle et de simple police. *V.* CRIMINELLE (*instruction*).

Dispositions du tarif.

Tarif cr. 42. Les droits d'expédition sont dus pour tous les actes et pièces dont il est fait mention dans les art. du C. d'inst. cr., sous le numéro 281. — *V.* EXPÉDITION (*droits d'*).

71. Dans les cas prévus par l'art. 281 C. inst. cr., pour l'original seulement. — Paris, 1 fr. ; villes de 40,000 hab. et au-dessus, 75 c. ; autres villes et communes, 50 c.—Pour chaque copie, Paris, 75 c. ; villes de 40,000 hab. et au-dessus, 60 c. ; autres villes et comm., 50 c.

ASSOCIATION CIVILE OU COMMERCIALE. *V.* Associés et Société.

ASSOCIATION CONJUGALE. *V.* Mariage (*contrat de*).

ASSOCIATIONS ILLICITES.

Dispositions générales.

C. Pén. (*liv.* 3, *tit.* 1, *chap.* 3, *sect.* 7, *des associations ou réunions illicites, art.* 291-294). — 291. Nulle association de plus de vingt personnes, dont le but sera de se réunir tous les jours ou à certains jours marqués pour s'occuper d'objets religieux, littéraires, politiques ou autres, ne pourra se former qu'avec l'agrément du Gouvernement, et sous les conditions qu'il plaira à l'autorité publique d'imposer à la société. — Dans le nombre de personnes indiqué par le présent article, ne sont pas comprises celles domiciliées dans la maison où l'association se réunit.

292. Toute association de la nature ci-dessus exprimée qui se sera formée sans autorisation, ou qui, après l'avoir obtenue, aura enfreint les conditions à elle imposées, sera dissoute. — Les chefs, directeurs ou administrateurs de l'association seront en outre punis d'une amende de seize francs à deux cents francs.

293. Si, par discours, exhortations, invocations ou prières, en quelque langue que ce soit, ou par lecture, affiche, publication ou distribution d'écrits quelconques, il a été fait, dans ces assemblées, quelque provocation à des crimes ou à des délits, la peine sera de cent francs à trois cents francs d'amende, et de trois mois à deux ans d'emprisonnement, contre les chefs, directeurs et administrateurs de ces associations, sans préjudice des peines plus fortes qui seraient portées par la loi contre les individus personnellement coupables de la provocation, lesquels, en aucun cas, ne pourront être punis d'une peine moindre que celle infligée aux chefs, directeurs et administrateurs de l'association.

294. Tout individu qui, sans la permission de l'autorité municipale, aura accordé ou consenti l'usage de sa maison ou de son appartement, en tout ou en partie, pour la réunion des membres d'une association même autorisée, ou pour l'exercice d'un culte, sera puni d'une amende de seize francs à deux cents francs.

Dispositions additionnelles.

Loi du 10 *avril* 1834.— 1. Les dispositions de l'art. 291 du Code pénal sont applicables aux associations de plus de vingt personnes, alors même que ces associations seraient partagées en sections d'un nombre moindre, et qu'elles ne se réuniraient pas tous les jours ou à des jours marqués. — L'autorisation donnée par le gouvernement est toujours révocable.

2. Quiconque fait partie d'une association non autorisée, sera puni de deux mois à un an d'emprisonnement, et cinquante francs d'amende. — En cas de récidive, les peines pourront être portées au double. — Le condamné pourra, dans ce dernier cas, être placé sous la surveillance de la haute police pendant un temps qui n'excédera pas le double du *maximum* de la peine. — L'art. 463 du Code pénal pourra être appliqué dans tous les cas. *V.* Atténuantes (*circonstances*).

3. Seront considérés comme complices, et punis comme tels, ceux qui auront prêté ou loué sciemment leur maison ou appartement pour une ou plusieurs réunions d'une association non autorisée.

4. Les attentats contre la sûreté de l'état commis par les associations ci-dessus mentionnées, pourront

être déférés à la juridiction de la chambre des pairs, conformément à l'art. 28 de la Charte constitutionnelle [1]. — Les délits politiques commis par lesdites associations, seront déférés au jury, conformément à l'art. 69 de la Charte constitutionnelle [2]. — Les infractions à la présente loi et à l'article 291 du Code pénal, seront déférées aux tribunaux correctionnels.

5. Les dispositions du Code pénal auxquelles il n'est pas dérogé par la présente loi, continueront de recevoir leur exécution.

ASSOCIATION DE MALFAITEURS. *V.* MALFAITEURS (*association de*).

ASSOCIÉS.

1° *Disposition générale.*

C. Civ. 529. Sont meubles par la détermination de la loi, les obligations et actions qui ont pour objet des sommes exigibles ou des effets mobiliers, les actions ou intérêts dans les compagnies de finance, de commerce ou d'industrie, encore que des immeubles dépendans de ces entreprises appartiennent aux compagnies. Ces actions ou intérêts sont réputés meubles à l'égard de chaque associé seulement, tant que dure la société.

2° *Droits et obligations des associés.*

C. Civ. (*liv.* 3, *tit.* 9, *chap.* 3, *des engagemens des associés entre eux et à l'égard des tiers,* art. 1843-1864).

Sect. 1, *des engagemens des associés entre eux.*
— 1843. La société commence à l'instant même du contrat, s'il ne désigne une autre époque.

1844. S'il n'y a pas de convention sur la durée de la société, elle est censée contractée pour toute la vie des associés, sous la modification portée en l'art. 1869 [3] ; ou, s'il s'agit d'une affaire dont la durée soit limitée, pour tout le temps que doit durer cette affaire.

1845. Chaque associé est débiteur envers la société, de tout ce qu'il a promis d'y apporter. — Lorsque cet apport consiste en un corps certain, et que la société en est évincée, l'associé

[1] *Charte.* 28. La chambre des pairs connaît des crimes contre la sûreté de l'état et des crimes de haute trahison qui seront définis par la loi.

[2] *Charte.* 69. Il sera pourvu successivement, par des lois séparées, et dans le plus court délai possible : 1° à l'application du jury aux délits de la presse et aux délits politiques.

[3] *C. civ.* 1869. La dissolution de la société par la volonté de l'une des parties ne s'applique qu'aux sociétés dont la durée est illimitée, et s'opère par une renonciation notifiée à tous les associés, pourvu que cette renonciation soit de bonne foi, et non faite à contre-temps.

en est garant envers la société, de la même manière qu'un vendeur l'est envers son acheteur.

1846. L'associé qui devait apporter une somme dans la société, et qui ne l'a point fait, devient, de plein droit et sans demande, débiteur des intérêts de cette somme, à compter du jour où elle devait être payée. — Il en est de même à l'égard des sommes qu'il a prises dans la caisse sociale, à compter du jour où il les en a tirées pour son profit particulier ; — Le tout sans préjudice de plus amples dommages-intérêts, s'il y a lieu.

1847. Les associés qui se sont soumis à apporter leur industrie à la société, lui doivent compte de tous les gains qu'ils ont faits par l'espèce d'industrie qui est l'objet de cette société.

1848. Lorsque l'un des associés est, pour son compte particulier, créancier d'une somme exigible envers une personne qui se trouve aussi devoir à la société une somme également exigible, l'imputation de ce qu'il reçoit de ce débiteur, doit se faire sur la créance de la société et sur la sienne dans la proportion des deux créances, encore qu'il eût par sa quittance dirigé l'imputation intégrale sur sa créance particulière : mais s'il a exprimé dans sa quittance que l'imputation serait faite en entier sur la créance de la société, cette stipulation sera exécutée.

1849. Lorsqu'un des associés a reçu sa part entière de la créance commune, et que le débiteur est depuis devenu insolvable, cet associé est tenu de rapporter à la masse commune ce qu'il a reçu, encore qu'il eût spécialement donné quittance *pour sa part.*

1850. Chaque associé est tenu envers la société, des dommages qu'il lui a causés par sa faute, sans pouvoir compenser avec ces dommages les profits que son industrie lui aurait procurés dans d'autres affaires.

1851. Si les choses dont la jouissance seulement a été mise dans la société sont des corps certains et déterminés, qui ne se consomment point par l'usage, elles sont aux risques de l'associé propriétaire. — Si ces choses se consomment, si elles se détériorent en les gardant, si elles ont été destinées à être vendues, ou si elles ont été mises dans la société sur une estimation portée par un inventaire, elles sont aux risques de la société. — Si la chose a été estimée, l'associé ne peut répéter que le montant de son estimation.

1852. Un associé a action contre la société, non-seulement à raison des sommes qu'il a déboursées pour elle, mais encore à raison des obligations qu'il a contractées de bonne foi pour les affaires de la société, et les risques inséparables de sa gestion.

1853. Lorsque l'acte de société ne détermine point la part de chaque associé dans les bénéfices ou pertes, la part de chacun est en proportion de sa mise dans le fonds de la société. — A l'égard de celui qui n'a apporté que son industrie, sa part dans les bénéfices ou dans les pertes est réglée comme si sa mise eût été égale à celle de l'associé qui a le moins apporté.

1854. Si les associés sont convenus de s'en rapporter à l'un d'eux ou à un tiers pour le réglement des parts, ce réglement ne peut être attaqué s'il n'est évidemment contraire à l'équité. — Nulle réclamation n'est admise à ce sujet, s'il s'est écoulé plus de trois mois depuis que la partie qui se prétend lésée a eu connaissance du règlement, ou si ce règlement a reçu de sa part un commencement d'exécution.

1855. La convention qui donnerait à l'un des associés la totalité des bénéfices, est nulle. — Il en est de même de la stipulation qui affranchirait de toute contribution aux pertes, les sommes ou effets mis dans le fonds de la société par un ou plusieurs des associés.

1856. L'associé chargé de l'administration par une clause spéciale du contrat de société, peut faire, nonobstant l'opposition des autres associés, tous les actes qui dépendent de son administration, pourvu que ce soit sans fraude. — Ce pouvoir ne peut être révoqué sans cause légitime, tant que la société dure; mais, s'il n'a été donné que par acte postérieur au contrat de société, il est révocable comme un simple mandat.

1857. Lorsque plusieurs associés sont chargés d'administrer, sans que leurs fonctions soient déterminées, ou sans qu'il ait été exprimé que l'un ne pourrait agir sans l'autre, ils peuvent faire chacun séparément tous les actes de cette administration.

1858. S'il a été stipulé que l'un des administrateurs ne pourra rien faire sans l'autre, un seul ne peut, sans une nouvelle convention, agir en l'absence de l'autre, lors même que celui-ci serait dans l'impossibilité actuelle de concourir aux actes d'administration.

1859. A défaut de stipulations spéciales sur le mode d'administration, l'on suit les règles suivantes : — 1° Les associés sont censés s'être donné réciproquement le pouvoir d'administrer l'un pour l'autre. Ce que chacun fait, est valable même pour la part de ses associés, sans qu'il ait pris leur consentement; sauf le droit qu'ont ces derniers, ou l'un d'eux, de s'opposer à l'opération avant qu'elle soit conclue. —2° Chaque associé peut se servir des choses appartenant à la société, pourvu qu'il les emploie à leur destination fixée par l'usage, et qu'il ne s'en serve pas contre l'in-térêt de la société, ou de manière à empêcher ses associés d'en user selon leur droit. —3° Chaque associé a le droit d'obliger ses associés à faire avec lui les dépenses qui sont nécessaires pour la conservation des choses de la société. —4° L'un des associés ne peut faire d'innovations sur les immeubles dépendans de la société, même quand il les soutiendrait avantageuses à cette société, si les autres associés n'y consentent.

1860. L'associé qui n'est point administrateur, ne peut aliéner ni engager les choses même mobilières qui dépendent de la société.

1861. Chaque associé peut, sans le consentement de ses associés, s'associer une tierce personne relativement à la part qu'il a dans la société ; il ne peut pas, sans ce consentement, l'associer à la société, lors même qu'il en aurait l'administration.

Sect. 2, des engagemens des associés à l'égard des tiers.

1862. Dans les sociétés autres que celles de commerce, les associés ne sont pas tenus solidairement des dettes sociales, et l'un des associés ne peut obliger les autres si ceux-ci ne lui en ont conféré le pouvoir.

1863. Les associés sont tenus envers le créancier avec lequel ils ont contracté, chacun pour une somme et part égales, encore que la part de l'un d'eux dans la société fût moindre, si l'acte n'a pas spécialement restreint l'obligation de celui-ci sur le pied de cette dernière part.

1864. La stipulation que l'obligation est contractée pour le compte de la société, ne lie que l'associé contractant et non les autres, à moins que ceux-ci ne lui aient donné pouvoir, ou que la chose n'ait tourné au profit de la société. *V.* SOCIÉTÉ.

ASSURANCES MARITIMES.

Dispositions générales.

C. Civ. **1964.** Le contrat aléatoire est une convention réciproque dont les effets, quant aux avantages et aux pertes, soit pour toutes les parties, soit pour l'une ou plusieurs d'entre elles, dépendent d'un événement incertain. — Tels sont : — le contrat d'assurance; le prêt à grosse aventure; — ils sont régis par les lois maritimes.

C. Com. **633.** La loi répute actes de commerce, — toutes assurances et autres contrats concernant le commerce de mer.

FINS DE NON RECEVOIR. *C. Com.* **435.** Sont non recevables — toutes actions contre le capitaine et les assureurs, pour dommage arrivé à la marchandise, si elle a été reçue sans protestation.

436. Ces protestations sont nulles, si elles ne sont faites et signifiées dans les vingt-quatre

5

heures, et si, dans le mois de leur date, elles ne sont suivies d'une demande en justice.

PRESCRIPTION. *C. Com.* 432. Toute action dérivant d'une police d'assurance, est prescrite après cinq ans, à compter de la date du contrat.

434. La prescription ne peut avoir lieu, s'il y a cédule, obligation, arrêté de compte ou interpellation judiciaire.

DU CONTRAT D'ASSURANCE.

C. Com. (*liv.* 2, *tit.* 10, *des assurances*, *art.* 552-396).

Sect. 1, *du contrat d'assurance, de sa forme et de son objet.*

552. Le contrat d'assurance est rédigé par écrit. — Il est daté du jour auquel il est souscrit. — Il y est énoncé si c'est avant ou après midi. — Il peut être fait sous signature privée. — Il ne peut contenir aucun blanc. — Il exprime — le nom et le domicile de celui qui fait assurer, sa qualité de propriétaire ou de commissionnaire, — le nom et la désignation du navire, — le nom du capitaine, — le lieu où les marchandises ont été ou doivent être chargées, — le port d'où ce navire a dû ou doit partir, — les ports ou rades dans lesquels il doit charger ou décharger, — ceux dans lesquels il doit entrer, — la nature et la valeur ou l'estimation des marchandises ou objets que l'on fait assurer, — les temps auxquels les risques doivent commencer et finir, — la somme assurée, — la prime ou le coût de l'assurance, — la soumission des parties à des arbitres, en cas de contestation, si elle a été convenue, — et généralement toutes les autres conditions dont les parties sont convenues.

553. La même police peut contenir plusieurs assurances, soit à raison des marchandises, soit à raison du taux de la prime, soit à raison de différens assureurs.

554. L'assurance peut avoir pour objet — le corps et quille du vaisseau, vide ou chargé, armé ou non armé, seul ou accompagné, — les agrès et apparaux, — les armemens, — les victuailles, — les sommes prêtées à la grosse, — les marchandises du chargement, et toutes autres choses ou valeurs estimables à prix d'argent, sujettes aux risques de la navigation.

555. L'assurance peut être faite sur le tout ou sur une partie desdits objets, conjointement ou séparément. — Elle peut être faite en temps de paix ou en temps de guerre, avant ou pendant le voyage du vaisseau. — Elle peut être faite pour l'aller et le retour, ou seulement pour l'un des deux, pour le voyage entier ou pour un temps limité; — pour tous voyages et transports par mer, rivières et canaux navigables.

556. En cas de fraude dans l'estimation des effets assurés, en cas de supposition ou de falsification, l'assureur peut faire procéder à la vérification et estimation des objets, sans préjudice de toutes autres poursuites, soit civiles, soit criminelles.

557. Les chargemens faits aux Echelles du Levant, aux côtes d'Afrique et autres parties du monde, pour l'Europe, peuvent être assurés, sur quelque navire qu'ils aient lieu, sans désignation du navire ni du capitaine. — Les marchandises elles-mêmes peuvent, en ce cas, être assurées sans désignation de leur nature et espèce. — Mais la police doit indiquer celui à qui l'expédition est faite ou doit être consignée, s'il n'y a convention contraire dans la police d'assurance.

558. Tout effet dont le prix est stipulé dans le contrat en monnaie étrangère, est évalué au prix que la monnaie stipulée vaut en monnaie de France, suivant le cours à l'époque de la signature de la police.

559. Si la valeur des marchandises n'est point fixée par le contrat, elle peut être justifiée par les factures ou par les livres : à défaut, l'estimation en est faite suivant le prix courant au temps et au lieu du chargement, y compris tous les droits payés et les frais faits jusqu'à bord.

540. Si l'assurance est faite sur le retour d'un pays où le commerce ne se fait que par troc, et que l'estimation des marchandises ne soit pas faite par la police, elle sera réglée sur le pied de la valeur de celles qui ont été données en échange, en y joignant les frais de transport.

541. Si le contrat d'assurance ne règle point le temps des risques, les risques commencent et finissent dans le temps réglé par l'art. 528 pour les contrats à la grosse[1].

542. L'assureur peut faire réassurer par d'autres les effets qu'il a assurés. — L'assuré peut faire assurer le coût de l'assurance. — La prime de réassurance peut être moindre ou plus forte que celle de l'assurance.

543. L'augmentation de prime qui aura été stipulée en temps de paix pour le temps de guerre qui pourrait survenir, et dont la quotité n'aura pas été déterminée par les contrats d'assurance, est réglée par les tribunaux, en ayant égard aux ris-

---

[1] *C. com.* 328. Si le temps des risques n'est point déterminé par le contrat, il court, à l'égard du navire, des agrès, apparaux, armement et victuailles, du jour que le navire a fait voile, jusqu'au jour où il est ancré ou amarré au port ou lieu de sa destination. — A l'égard des marchandises, le temps des risques court du jour qu'elles ont été chargées dans le navire, ou dans les gabares pour les y porter, jusqu'au jour où elles sont délivrées à terre.

ques, aux circonstances et aux stipulations de chaque police d'assurance.

344. En cas de perte des marchandises assurées et chargées, pour le compte du capitaine, sur le vaisseau qu'il commande, le capitaine est tenu de justifier aux assureurs l'achat des marchandises, et d'en fournir un connaissement signé par deux des principaux de l'équipage.

345. Tout homme de l'équipage et tout passager qui apportent des pays étrangers, des marchandises assurées en France, sont tenus d'en laisser un connaissement dans les lieux où le chargement s'effectue, entre les mains du consul de France, et, à défaut, entre les mains d'un Français notable négociant, ou du magistrat du lieu.

346. Si l'assureur tombe en faillite lorsque le risque n'est pas encore fini, l'assuré peut demander caution, ou la résiliation du contrat. — L'assureur a le même droit en cas de faillite de l'assuré.

347. Le contrat d'assurance est nul, s'il a pour objet — le fret des marchandises existant à bord du navire, — le profit espéré des marchandises, — les loyers des gens de mer, — les sommes empruntées à la grosse, — les profits maritimes des sommes prêtées à la grosse.

348. Toute réticence, toute fausse déclaration de la part de l'assuré, toute différence entre le contrat d'assurance et le connaissement, qui diminueraient l'opinion du risque ou en changeraient le sujet, annulent l'assurance. — L'assurance est nulle, même dans le cas où la réticence, la fausse déclaration, ou la différence, n'auraient pas influé sur le dommage ou la perte de l'objet assuré.

Sect. 2, des obligations de l'assureur et de l'assuré.

349. Si le voyage est rompu avant le départ du vaisseau, même par le fait de l'assuré, l'assurance est annulée; l'assureur reçoit, à titre d'indemnité, demi pour cent de la somme assurée.

350. Sont aux risques des assureurs toutes pertes et dommages qui arrivent aux objets assurés, par tempête, naufrage, échouement, abordage fortuit, changemens forcés de route, de voyage ou de vaisseau, par jet, feu, prise, pillage, arrêt par ordre de puissance, déclaration de guerre, représailles, et généralement par toutes les autres fortunes de mer.

351. Tout changement de route, de voyage ou de vaisseau, et toutes pertes et dommages provenant du fait de l'assuré, ne sont point à la charge de l'assureur; et même la prime lui est acquise, s'il a commencé à courir les risques.

352. Les déchets, diminutions et pertes qui arrivent par le vice propre de la chose, et les dommages causés par le fait et faute des proprié-

taires, affréteurs ou chargeurs, ne sont point à la charge des assureurs.

353. L'assureur n'est point tenu des prévarications et fautes du capitaine et de l'équipage, connues sous le nom de *baraterie de patron*, s'il n'y a convention contraire.

354. L'assureur n'est point tenu du pilotage, touage et lamanage, ni d'aucune espèce des droits imposés sur le navire et les marchandises.

355. Il sera fait désignation dans la police, des marchandises sujettes, par leur nature, à détérioration particulière ou diminution, comme blés ou sels, ou marchandises susceptibles de coulage; sinon les assureurs ne répondront point des dommages ou pertes qui pourraient arriver à ces mêmes denrées, si ce n'est toutefois que l'assuré eût ignoré la nature du chargement lors de la signature de la police.

356. Si l'assurance a pour objet des marchandises pour l'aller et le retour, et si le vaisseau étant parvenu à sa première destination, il ne se fait point de chargement en retour, ou si le chargement en retour n'est pas complet, l'assureur reçoit seulement les deux tiers proportionnels de la prime convenue, s'il n'y a stipulation contraire.

357. Un contrat d'assurance ou de réassurance consenti pour une somme excédant la valeur des effets chargés, est nul à l'égard de l'assuré seulement, s'il est prouvé qu'il y a dol ou fraude de sa part.

358. S'il n'y a ni dol ni fraude, le contrat est valable jusqu'à concurrence de la valeur des effets chargés, d'après l'estimation qui en est faite ou convenue. — En cas de pertes, les assureurs sont tenus d'y contribuer chacun à proportion des sommes par eux assurées.— Ils ne reçoivent pas la prime de cet excédent de valeur, mais seulement l'indemnité de demi pour cent.

359. S'il existe plusieurs contrats d'assurance faits sans fraude sur le même chargement, et que le premier contrat assure l'entière valeur des effets chargés, il subsistera seul. — Les assureurs qui ont signé les contrats subséquens, sont libérés; ils ne reçoivent que demi pour cent de la somme assurée. — Si l'entière valeur des effets chargés n'est pas assurée par le premier contrat, les assureurs qui ont signé les contrats subséquens, répondent de l'excédant, en suivant l'ordre de la date des contrats.

360. S'il y a des effets chargés pour le montant des sommes assurées, en cas de perte d'une partie, elle sera payée par tous les assureurs de ces effets, au marc le franc de leur intérêt.

361. Si l'assurance a lieu divisément pour des marchandises qui doivent être chargées sur plu-

5.

sieurs vaisseaux désignés, avec énonciation de la somme assurée sur chacun, et si le chargement entier est mis sur un seul vaisseau, ou sur un moindre nombre qu'il n'en est désigné dans le contrat, l'assureur n'est tenu que de la somme qu'il a assurée sur le vaisseau ou sur les vaisseaux qui ont reçu le chargement, nonobstant la perte de tous les vaisseaux désignés; et il recevra néanmoins demi pour cent des sommes dont les assurances se trouvent annulées.

362. Si le capitaine a la liberté d'entrer dans différens ports pour compléter ou échanger son chargement, l'assureur ne court les risques des effets assurés que lorsqu'ils sont à bord, s'il n'y a convention contraire.

363. Si l'assurance est faite pour un temps limité, l'assureur est libre après l'expiration du temps, et l'assuré peut faire assurer les nouveaux risques.

364. L'assureur est déchargé des risques, et la prime lui est acquise, si l'assuré envoie le vaisseau en un lieu plus éloigné que celui qui est désigné par le contrat, quoique sur la même route. — L'assurance a son entier effet, si le voyage est raccourci.

365. Toute assurance faite après la perte ou l'arrivée des objets assurés, est nulle, s'il y a présomption qu'avant la signature du contrat, l'assuré a pu être informé de la perte, ou l'assureur de l'arrivée des objets assurés.

366. La présomption existe, si, en comptant trois quarts de myriamètre (une lieue et demie) par heure, sans préjudice des autres preuves, il est établi que de l'endroit de l'arrivée ou de la perte du vaisseau, ou du lieu où la première nouvelle en est arrivée, elle a pu être portée dans le lieu où le contrat d'assurance a été passé, avant la signature du contrat.

367. Si cependant l'assurance est faite sur bonnes ou mauvaises nouvelles, la présomption mentionnée dans les articles précédens n'est point admise.— Le contrat n'est annulé que sur la preuve que l'assuré savait la perte, ou l'assureur l'arrivée du navire, avant la signature du contrat.

368. En cas de preuve contre l'assuré, celui-ci paie à l'assureur une double prime. — En cas de preuve contre l'assureur, celui-ci paie à l'assuré une somme double de la prime convenue. — Celui d'entre eux contre qui la preuve est faite, est pour suivi correctionnellement.

Sect. 3, du délaissement.

369. Le délaissement des objets assurés peut être fait, — en cas de prise, — de naufrage, — d'échouement avec bris, — d'innavigabilité par fortune de mer,— en cas d'arrêt d'une puissance étrangère, — en cas de perte ou détérioration

des effets assurés, si la détérioration ou la perte va au moins à trois quarts. — Il peut être fait en cas d'arrêt de la part du Gouvernement, après le voyage commencé.

570. Il ne peut être fait avant le voyage commencé

571. Tous autres dommages sont réputés avaries, et se règlent, entre les assureurs et les assurés, à raison de leurs intérêts.

572. Le délaissement des objets assurés ne peut être partiel ni conditionnel. — Il ne s'étend qu'aux effets qui sont l'objet de l'assurance et du risque.

573. Le délaissement doit être fait aux assureurs dans le terme de six mois, à partir du jour de la réception de la nouvelle de la perte arrivée aux ports ou côtes de l'Europe, ou sur celles d'Asie et d'Afrique, dans la Méditerranée, ou bien, en cas de prise, de la réception de celle de la conduite du navire dans l'un des ports ou lieux situés aux côtes ci-dessus mentionnées; — dans le délai d'un an après la réception de la nouvelle ou de la perte arrivée, ou de la prise conduite aux colonies des Indes occidentales, aux îles Açores, Canaries, Madère et autres îles et côtes occidentales d'Afrique et orientales d'Amérique; — dans le délai de deux ans après la nouvelle des pertes arrivées ou des prises conduites dans toutes les autres parties du monde. — Et ces délais passés, les assurés ne seront plus recevables à faire le délaissement.

374. Dans le cas où le délaissement peut être fait, et dans le cas de tous autres accidens aux risques des assureurs, l'assuré est tenu de signifier à l'assureur les avis qu'il a reçus.— La signification doit être faite dans les trois jours de la réception de l'avis.

373. Si, après un an expiré, à compter du jour du départ du navire, ou du jour auquel se rapportent les dernières nouvelles reçues, pour les voyages ordinaires, — après deux ans pour les voyages de long cours, — l'assuré déclare n'avoir reçu aucune nouvelle de son navire, il peut faire le délaissement à l'assureur, et demander le paiement de l'assurance, sans qu'il soit besoin d'attestation de la perte.—Après l'expiration de l'an ou des deux ans, l'assuré a, pour agir, les délais établis par l'article 373.

376. Dans le cas d'une assurance pour temps limité, après l'expiration des délais établis, comme ci-dessus, pour les voyages ordinaires et pour ceux de long cours, la perte du navire est présumée arrivée dans le temps de l'assurance.

577. Sont réputés voyages de long cours ceux qui se font aux Indes orientales et occidentales, à la Mer Pacifique, au Canada, à Terre-Neuve, au

Groënland, et aux autres côtes et îles de l'Amérique méridionale et septentrionale, aux Açores, Canaries, à Madère, et dans toutes les côtes et pays situés sur l'Océan, au-delà des détroits de Gibraltar et du Sund.

378. L'assuré peut, par la signification mentionnée en l'article 374, ou faire le délaissement avec sommation à l'assureur de payer la somme assurée dans le délai fixé par le contrat, ou se réserver de faire le délaissement dans les délais fixés par la loi.

379. L'assuré est tenu, en faisant le délaissement, de déclarer toutes les assurances qu'il a faites ou fait faire, même celles qu'il a ordonnées, et l'argent qu'il a pris à la grosse, soit sur le navire, soit sur les marchandises; faute de quoi, le délai du paiement, qui doit commencer à courir du jour du délaissement, sera suspendu jusqu'au jour où il fera notifier ladite déclaration, sans qu'il en résulte aucune prorogation du délai établi pour former l'action en délaissement.

380. En cas de déclaration frauduleuse, l'assuré est privé des effets de l'assurance; il est tenu de payer les sommes empruntées, nonobstant la perte ou la prise du navire.

381. En cas de naufrage ou d'échouement avec bris, l'assuré doit, sans préjudice du délaissement à faire en temps et lieu, travailler au recouvrement des effets naufragés.— Sur son affirmation, les frais de recouvrement lui sont alloués jusqu'à concurrence de la valeur des effets recouvrés.

382. Si l'époque du paiement n'est point fixée par le contrat, l'assureur est tenu de payer l'assurance trois mois après la signification du délaissement.

383. Les actes justificatifs du chargement et de la perte sont signifiés à l'assureur avant qu'il puisse être poursuivi pour le paiement des sommes assurées.

384. L'assureur est admis à la preuve des faits contraires à ceux qui sont consignés dans les attestations.— L'admission à la preuve ne suspend pas les condamnations de l'assureur au paiement provisoire de la somme assurée, à la charge par l'assuré de donner caution.— L'engagement de la caution est éteint après quatre années révolues, s'il n'y a pas eu de poursuite.

385. Le délaissement signifié et accepté ou jugé valable, les effets assurés appartiennent à l'assureur, à partir de l'époque du délaissement. — L'assureur ne peut, sous prétexte du retour du navire, se dispenser de payer la somme assurée.

386. Le frêt des marchandises sauvées, quand même il aurait été payé d'avance, fait partie du délaissement du navire, et appartient également

à l'assureur, sans préjudice des droits des prêteurs à la grosse, de ceux des matelots pour leur loyer, et des frais et dépenses pendant le voyage.

387. En cas d'arrêt de la part d'une puissance, l'assuré est tenu de faire la signification à l'assureur dans les trois jours de la réception de la nouvelle. — Le délaissement des objets arrêtés ne peut être fait qu'après un délai de six mois de la signification, si l'arrêt a eu lieu dans les mers d'Europe, dans la Méditerranée, ou dans la Baltique; — qu'après le délai d'un an, si l'arrêt a eu lieu en pays plus éloigné. — Ces délais ne courent que du jour de la signification de l'arrêt. — Dans le cas où les marchandises arrêtées seraient périssables, les délais ci-dessus mentionnés sont réduits à un mois et demi pour le premier cas, et à trois mois pour le second cas.

388. Pendant les délais portés par l'article précédent, les assurés sont tenus de faire toutes diligences qui peuvent dépendre d'eux, à l'effet d'obtenir la main-levée des effets arrêtés.— Pourront, de leur côté, les assureurs, ou de concert avec les assurés, ou séparément, faire toutes démarches à même fin.

389. Le délaissement à titre d'innavigabilité ne peut être fait, si le navire échoué peut être relevé, réparé, et mis en état de continuer sa route pour le lieu de sa destination. — Dans ce cas, l'assuré conserve son recours sur les assureurs, pour les frais et avaries occasionés par l'échouement.

390. Si le navire a été déclaré innavigable, l'assuré sur le chargement est tenu d'en faire la notification dans le délai de trois jours de la réception de la nouvelle.

391. Le capitaine est tenu, dans ce cas, de faire toutes diligences pour se procurer un autre navire à l'effet de transporter les marchandises au lieu de leur destination.

392. L'assureur court les risques des marchandises chargées sur un autre navire, dans le cas prévu par l'article précédent, jusqu'à leur arrivée et leur déchargement.

393. L'assureur est tenu, en outre, des avaries, frais de déchargement, magasinage, rembarquement de l'excédant du frêt, et de tous autres frais qui auront été faits pour sauver les marchandises, jusqu'à concurrence de la somme assurée.

394. Si, dans les délais prescrits par l'article 387, le capitaine n'a pu trouver de navire pour recharger les marchandises et les conduire au lieu de leur destination, l'assuré peut en faire le délaissement.

395. En cas de prise, si l'assuré n'a pu en don-

ner avis à l'assureur, il peut racheter les effets sans attendre son ordre. — L'assuré est tenu de signifier à l'assureur la composition qu'il aura faite, aussitôt qu'il en aura les moyens.

396. L'assureur a le choix de prendre la composition à son compte, ou d'y renoncer : il est tenu de notifier son choix à l'assuré, dans les vingt-quatre heures qui suivent la signification de la composition.— S'il déclare prendre la composition à son profit, il est tenu de contribuer, sans délai, au paiement du rachat dans les termes de la convention, et à proportion de son intérêt; et il continue de courir les risques du voyage, conformément au contrat d'assurance. — S'il déclare renoncer au profit de la composition, il est tenu au paiement de la somme assurée, sans pouvoir rien prétendre aux effets rachetés. — Lorsque l'assureur n'a pas notifié son choix dans le délai susdit, il est censé avoir renoncé au profit de la composition.

Dispositions additionnelles.

CONNAISSEMENT. *C. Com.* 283. Le connaissement rédigé dans la forme prescrite (*V.* AFFRÈTEMENT) fait foi entre toutes les parties intéressées au chargement, et entre elles et les assureurs.

FAILLITE (*revendication*). *C. Com.* 379. En cas de revendication, le revendiquant sera tenu de rendre l'actif du failli indemne de toute avance faite pour frêt ou voiture, commission, assurance ou autres frais, et de payer les sommes dues pour mêmes causes, si elles n'ont pas été acquittées.

NAUFRAGE. *C. Com.* 351. S'il y a contrat à la grosse et assurance sur le même navire ou sur le même chargement, le produit des effets sauvés du naufrage est partagé entre le prêteur à la grosse, pour son capital seulement, et l'assureur, pour les sommes assurées, au marc le franc de leur intérêt respectif, sans préjudice des priviléges établis à l'article 191. *V. ci-après.*

PRIVILÉGES. *C. Com.* 191. Sont privilégiées, et dans l'ordre où elles sont rangées, les dettes ci-après désignées : 1°... 10° Le montant des primes d'assurance faites sur le corps, quille, agrès, apparaux, et sur l'armement et équipement du navire, dues pour le dernier voyage; — les créanciers compris dans chacun des numéros du présent article viendront en concurrence, et au marc le franc, en cas d'insuffisance du prix.

192. Le privilége accordé aux dettes énoncées dans le précédent article ne peut être exercé qu'autant qu'elles seront justifiées dans les formes suivantes : 1°... 8° Les primes d'assurance seront constatées par les polices ou par les extraits des livres des courtiers d'assurance.

ASSURANCES (*courtiers d'*).

C. Com. 72. Le résultat des négociations et des transactions qui s'opèrent dans la bourse, détermine le cours des assurances.

77. Il y a des courtiers d'assurances.

79. Les courtiers d'assurances rédigent les contrats ou polices d'assurances, concurremment avec des notaires; ils en attestent la vérité par leur signature, certifient le taux des primes pour tous les voyages de mer ou de rivière.

81. Le même individu peut, si l'acte du gouvernement qui l'institue l'y autorise, cumuler les fonctions d'agent de change, de courtier de marchandises ou d'assurances, et de courtier interprète et conducteur de navires. *V.* AGENS DE CHANGE ET COURTIERS.

ATTENTAT.

Disposition générale.

Charte 28. La chambre des pairs connaît des crimes contre la sûreté de l'État, et des crimes de haute trahison qui seront définis par la loi.

I. ATTENTATS CONTRE LA SURETÉ DE L'ÉTAT.

1° *Contre la sûreté extérieure.*

C. Pén. (*liv.* 3, *tit.* 1, *ch.* 1, *crimes et délits contre la sûreté de l'État, art.* 75-108).

Sect. 1, *des crimes et délits contre la sûreté extérieure de l'État.*

75. Tout Français qui aura porté les armes contre la France sera puni de mort.

76. Quiconque aura pratiqué des machinations ou entretenu des intelligences avec les puissances étrangères ou leurs agens, pour les engager à commettre des hostilités ou à entreprendre la guerre contre la France, ou pour leur en procurer les moyens, sera puni de mort. — Cette disposition aura lieu dans le cas même où lesdites machinations ou intelligences n'auraient pas été suivies d'hostilités.

77. Sera également puni de mort, quiconque aura pratiqué des manœuvres ou entretenu des intelligences avec les ennemis de l'État, à l'effet de faciliter leur entrée sur le territoire et dépendances du royaume, ou de leur livrer des villes, forteresses, places, postes, ports, magasins, arsenaux, vaisseaux ou bâtimens appartenant à la France, ou de fournir aux ennemis des secours en soldats, hommes, argent, vivres, armes ou munitions, ou de seconder les progrès de leurs armes sur les possessions ou contre les forces françaises de terre ou de mer, soit en ébranlant la fidélité des officiers, soldats, matelots ou autres, envers le Roi et l'État, soit de toute autre manière.

78. Si la correspondance avec les sujets d'une puissance ennemie, sans avoir pour objet l'un des crimes énoncés en l'article précédent, a néan-

moins eu pour résultat de fournir aux ennemis des instructions nuisibles à la situation militaire ou politique de la France ou de ses alliés , ceux qui auront entretenu cette correspondance seront punis de la détention , sans préjudice de plus forte peine , dans le cas où ces instructions auraient été la suite d'un concert constituant un fait d'espionnage.

79. Les peines exprimées aux articles 76 et 77 seront les mêmes , soit que les machinations ou manœuvres énoncées en ces articles aient été commises envers la France, soit qu'elles l'aient été envers les alliés de la France, agissant contre l'ennemi commun.

80. Sera puni de la peine exprimée en l'article 76, tout fonctionnaire public, tout agent du Gouvernement , ou toute autre personne qui , chargée ou instruite officiellement ou à raison de son état , du secret d'une négociation ou d'une expédition, l'aura livré aux agens d'une puissance étrangère ou de l'ennemi.

81. Tout fonctionnaire public, tout agent, tout préposé du Gouvernement, chargé, à raison de ses fonctions , du dépôt des plans de fortifications, arsenaux, ports ou rades, qui aura livré ces plans ou l'un de ces plans à l'ennemi ou aux agens de l'ennemi, sera puni de mort. — Il sera puni de détention, s'il a livré ces plans aux agens d'une puissance étrangère , neutre ou alliée.

82. Toute autre personne qui, étant parvenue, par corruption, fraude ou violence, à soustraire lesdits plans, les aura livrés ou à l'ennemi ou aux agens d'une puissance étrangère , sera punie comme le fonctionnaire ou agent mentionné dans l'article précédent, et selon les distinctions qui y sont établies.— Si lesdits plans se trouvaient, sans le préalable emploi de mauvaises voies, entre les mains de la personne qui les a livrés, la peine sera , au premier cas mentionné dans l'article 81, la déportation ; — et au second cas du même article , un emprisonnement de deux à cinq ans.

83. Quiconque aura recélé ou aura fait recéler les espions ou les soldats ennemis envoyés à la découverte et qu'il aura connus pour tels, sera condamné à la peine de mort.

84. Quiconque aura , par des actions hostiles non approuvées par le Gouvernement, exposé l'État à une déclaration de guerre , sera puni du bannissement ; et si la guerre s'en est suivie, de la déportation.

85. Quiconque aura , par des actes non approuvés par le Gouvernement, exposé des Français à éprouver des représailles , sera puni du bannissement.

2° *Contre la sûreté intérieure de l'État.*

Sect. 2, des attentats et complots dirigés contre le Roi et sa famille.

C. Pén. (*liv.* 3, *tit.* 1 , *ch.* 1, *sect.* 2, § 1). —
86. L'attentat contre la vie ou contre la personne du Roi est puni de la peine du parricide.—L'attentat contre la vie ou contre la personne des membres de la famille royale, est puni de la peine de mort.—Toute offense commise publiquement envers la personne du Roi sera punie d'un emprisonnement de six mois à cinq ans , et d'une amende de cinq cents francs à dix mille francs. Le coupable pourra en outre être interdit de tout ou partie des droits mentionnés en l'article 42 [1] pendant un temps égal à celui de l'emprisonnement auquel il aura été condamné. Ce temps courra à compter du jour où le coupable aura subi sa peine.

87. L'attentat dont le but sera , soit de détruire, soit de changer le Gouvernement ou l'ordre de successibilité au trône, soit d'exciter les citoyens ou habitans à s'armer contre l'autorité royale, sera puni de mort.

88. L'exécution ou la tentative constitueront seules l'attentat.

89. Le complot ayant pour but les crimes mentionnés aux articles 86 et 87, s'il a été suivi d'un acte commis ou commencé pour en préparer l'exécution, sera puni de la déportation. — S'il n'a été suivi d'aucun acte commis ou commencé pour en préparer l'exécution, la peine sera celle de la détention. — Il y a complot dès que la résolution d'agir est concertée et arrêtée entre deux ou plusieurs personnes.—S'il y a eu proposition faite et non agréée de former un complot pour arriver aux crimes mentionnés des articles 86 et 87, celui qui aura fait une telle proposition sera puni d'un emprisonnement d'un an à cinq ans. Le coupable pourra de plus être interdit, en tout ou en partie, des droits mentionnés dans l'article 42 [1].

90. Lorsqu'un individu aura formé seul la résolution de commettre l'un des crimes prévus

---

[1] *Droits.* — 1° De vote et d'élection ; — 2° D'éligibilité ; — 3° D'être appelé ou nommé aux fonctions de juré ou autres fonctions publiques, ou aux emplois de l'administration, ou d'exercer ces fonctions ou emplois ; — 4° De port d'armes ; — 5° De vote et de suffrage dans les délibérations de famille ; — 6° D'être tuteur, curateur, si ce n'est de ses enfans et sur l'avis seulement de la famille ; — 7° D'être expert ou employé comme témoin dans les actes ; — 8° De témoignage en justice, autrement que pour y faire de simples déclarations.

par l'article 86, et qu'un acte pour en préparer l'exécution aura été commis ou commencé par lui seul et sans assistance, la peine sera celle de la détention.

Des crimes tendant à troubler l'État par la guerre civile, l'illégal emploi de la force armée, la dévastation et le pillage publics.

C. Pén. (*liv.* 3, *tit.* 1, *ch.* 1, *sect.* 2, § 2). — 91. L'attentat dont le but sera, soit d'exciter la guerre civile en armant ou en portant les citoyens ou habitans à s'armer les uns contre les autres, soit de porter la dévastation, le massacre et le pillage dans une ou plusieurs communes, sera puni de mort. — Le complot ayant pour but l'un des crimes prévus au présent article, et la proposition de former ce complot, seront punis des peines portées à l'article 89, suivant les distinctions qui y sont établies.

92. Seront punis de mort, ceux qui auront levé ou fait lever des troupes armées, engagé ou enrôlé, fait engager ou enrôler des soldats, ou leur auront fourni ou procuré des armes ou munitions, sans ordre ou autorisation du pouvoir légitime.

93. Ceux qui, sans droit ou motif légitime, auront pris le commandement d'un corps d'armée, d'une troupe, d'une flotte, d'une escadre, d'un bâtiment de guerre, d'une place forte, d'un poste, d'un port, d'une ville;—ceux qui auront retenu, contre l'ordre du Gouvernement, un commandement militaire quelconque; —les commandans qui auront tenu leur armée ou troupe rassemblée, après que le licenciement ou la séparation en auront été ordonnés, — seront punis de la peine de mort.

94. Toute personne qui, pouvant disposer de la force publique, en aura requis ou ordonné, fait requérir ou ordonner l'action ou l'emploi contre la levée des gens de guerre légalement établie, sera punie de la déportation. — Si cette réquisition ou cet ordre ont été suivis de leur effet, le coupable sera puni de mort.

95. Tout individu qui aura incendié ou détruit, par l'explosion d'une mine, des édifices, magasins, arsenaux, vaisseaux, ou autres propriétés appartenant à l'État, sera puni de mort.

96. Quiconque, soit pour envahir des domaines, propriétés ou deniers publics, places, villes, forteresses, postes, magasins, arsenaux, ports, vaisseaux ou bâtimens appartenant à l'État, soit pour piller ou partager des propriétés publiques ou nationales, ou celles d'une généralité de citoyens, soit enfin pour faire attaque ou résistance envers la force publique agissant contre les auteurs de ces crimes, se sera mis à la tête de bandes armées, ou y aura exercé une fonction

ou commandement quelconque, sera puni de mort. — Les mêmes peines seront appliquées à ceux qui auront dirigé l'association, levé ou fait lever, organisé ou fait organiser les bandes, ou leur auront, sciemment et volontairement, fourni ou procuré des armes, munitions et instrumens de crime, ou envoyé des convois de subsistances, ou qui auront de toute autre manière pratiqué des intelligences avec les directeurs ou commandans des bandes.

97. Dans le cas où l'un ou plusieurs des crimes mentionnés aux art. 86, 87 et 91 auront été exécutés ou simplement tentés par une bande, la peine de mort sera appliquée, sans distinction de grades, à tous les individus faisant partie de la bande et qui auront été saisis sur le lieu de la réunion séditieuse. — Sera puni des mêmes peines, quoique non saisi sur le lieu, quiconque aura dirigé la sédition, ou aura exercé dans la bande un emploi ou commandement quelconque.

98. Hors le cas où la réunion séditieuse aurait eu pour objet ou résultat l'un ou plusieurs des crimes énoncés aux art. 86, 87 et 91, les individus faisant partie des bandes dont il est parlé ci-dessus, sans y exercer aucun commandement ni emploi, et qui auront été saisis sur les lieux, seront punis de la déportation.

99. Ceux qui, connaissant le but et le caractère desdites bandes, leur auront, sans contrainte, fourni des logemens, lieux de retraite ou de réunion, seront condamnés à la peine des travaux forcés à temps.

100. Il ne sera prononcé aucune peine, pour le fait de sédition, contre ceux qui, ayant fait partie de ces bandes sans y exercer aucun commandement et sans y remplir aucun emploi ni fonctions, se seront retirés au premier avertissement des autorités civiles ou militaires, ou même depuis, lorsqu'ils n'auront été saisis que hors des lieux de la réunion séditieuse, sans opposer de résistance et sans armes. — Ils ne seront punis, dans ces cas, que des crimes particuliers qu'ils auraient personnellement commis; et néanmoins ils pourront être renvoyés, pour cinq ans ou au plus jusqu'à dix, sous la surveillance spéciale de la haute police.

101. Sont compris dans le mot *armes*, toutes machines, tous instrumens ou ustensiles tranchans, perçans ou contondans. — Les couteaux et ciseaux de poche, les cannes simples, ne seront réputés armes qu'autant qu'il en aura été fait usage pour tuer, blesser ou frapper.

Disposition commune aux deux paragraphes de la présente section (art. 86-101).

102. Seront punis comme coupables des crimes et complots mentionnés dans la présente

section, tous ceux qui, soit par discours tenus dans des lieux ou réunions publics, soit par placards affichés, soit par des écrits imprimés, auront excité directement les citoyens ou habitans à les commettre. —Néanmoins, dans le cas où lesdites provocations n'auraient été suivies d'aucun effet, leurs auteurs seront simplement punis du bannissement.

5° *De la révélation et de la non-révélation des crimes qui compromettent la sûreté intérieure ou extérieure de l'État.*

C. Pén. (liv. 3, tit. 1, chap. 1, sect. 5). — 103 [1]. Seront exemptés des peines prononcées contre les auteurs de complots ou d'autres crimes attentatoires à la sûreté intérieure ou extérieure de l'État, ceux des coupables, qui, avant toute exécution ou tentative de ces complots ou de ces crimes, et avant toutes poursuites commencées, auront les premiers donné au Gouvernement, ou aux autorités administratives ou de police judiciaire, connaissance de ces complots ou crimes, et de leurs auteurs ou complices, ou qui, même depuis le commencement des poursuites, auront procuré l'arrestation desdits auteurs ou complices. — Les coupables qui auront donné ces connaissances ou procuré ces arrestations, pourront néanmoins être condamnés à rester pour la vie ou à temps sous la surveillance de la haute police.

II. ATTENTATS CONTRE LA CONSTITUTION. *C. Pén. (liv. 3, tit. 1, chap. 2, crimes et délits contre la Charte constitutionnelle, art. 109-131).* Sect. 1, *des crimes et délits relatifs à l'exercice des droits civiques.*

109. Lorsque, par attroupement, voies de fait ou menaces, on aura empêché un ou plusieurs citoyens d'exercer leurs droits civiques, chacun des coupables sera puni d'un emprisonnement de six mois au moins et de deux ans au plus, et de l'interdiction du droit de voter et d'être éligible pendant cinq ans au moins et dix ans au plus.

110. Si ce crime a été commis par suite d'un plan concerté pour être exécuté, soit dans tout le royaume, soit dans un ou plusieurs départemens, soit dans un ou plusieurs arrondissemens communaux, la peine sera le bannissement.

111. Tout citoyen qui, étant chargé, dans un scrutin, du dépouillement des billets contenant les suffrages des citoyens, sera surpris falsifiant ces billets, ou en soustrayant de la masse, ou y en ajoutant, ou inscrivant sur les billets des vo-

tans non lettrés des noms autres que ceux qui leur auraient été déclarés, sera puni de la peine de la dégradation civique.

112. Toutes autres personnes coupables des faits énoncés dans l'article précédent, seront punies d'un emprisonnement de six mois au moins et de deux ans au plus, et de l'interdiction du droit de voter et d'être éligibles pendant cinq ans au moins et dix ans au plus.

113. Tout citoyen qui aura, dans les élections, acheté ou vendu un suffrage à un prix quelconque, sera puni d'interdiction des droits de citoyen et de toute fonction ou emploi public pendant cinq ans au moins et dix ans au plus. — Seront en outre, le vendeur et l'acheteur du suffrage, condamnés chacun à une amende double de la valeur des choses reçues ou promises.

Sect. 2, attentats à la liberté (des citoyens).

114. Lorsqu'un fonctionnaire public, un agent ou un préposé du Gouvernement, aura ordonné ou fait quelque acte arbitraire, ou attentatoire soit à la liberté individuelle, soit aux droits civiques d'un ou de plusieurs citoyens, soit à la Charte, il sera condamné à la peine de la dégradation civique. — Si néanmoins il justifie qu'il a agi par ordre de ses supérieurs pour des objets du ressort de ceux-ci, sur lesquels il leur était dû obéissance hiérarchique, il sera exempt de la peine, laquelle sera, dans ce cas, appliquée seulement aux supérieurs qui auront donné l'ordre.

115. Si c'est un ministre qui a ordonné ou fait les actes ou l'un des actes mentionnés en l'article précédent, et s'il a refusé ou négligé de faire réparer ces actes, il sera puni du bannissement.

116. Si les ministres prévenus d'avoir ordonné ou autorisé l'acte contraire à la Charte, prétendent que la signature à eux imputée leur a été surprise, ils seront tenus, en faisant casser l'acte, de dénoncer celui qu'ils déclareront auteur de la surprise; sinon ils seront poursuivis personnellement.

117. Les dommages-intérêts qui pourraient être prononcés à raison des attentats exprimés dans l'art. 114, seront demandés, soit sur la poursuite criminelle, soit par la voie civile, et seront réglés, eu égard aux personnes, aux circonstances et au préjudice souffert, sans qu'en aucun cas, et quel que soit l'individu lésé, lesdits dommages-intérêts puissent être au-dessous de vingt-cinq francs pour chaque jour de détention illégale et arbitraire et pour chaque individu.

118. Si l'acte contraire à la Charte a été fait d'après une fausse signature du nom d'un ministre ou d'un fonctionnaire public, les auteurs du faux et ceux qui en auront sciemment fait usage, seront punis des travaux forcés à temps, dont le *maximum* sera toujours appliqué dans ce cas.

[1] L'art. 103 a été supprimé par la loi du 17 mai 1819, et les art. 104, 105, 106 et 107, par la loi du 28 avril 1832.

119. Les fonctionnaires publics chargés de la police administrative ou judiciaire, qui auront refusé ou négligé de déférer à une réclamation légale tendant à constater les détentions illégales et arbitraires, soit dans les maisons destinées à la garde des détenus, soit partout ailleurs, et qui ne justifieront pas les avoir dénoncées à l'autorité supérieure, seront punis de la dégradation civique, et tenus des dommages-intérêts, lesquels seront réglés comme il est dit dans l'art. 117.

120. Les gardiens et concierges des maisons de dépôt, d'arrêt, de justice ou de peine, qui auront reçu un prisonnier sans mandat ou jugement, ou sans ordre provisoire du Gouvernement; ceux qui l'auront retenu, ou auront refusé de le représenter à l'officier de police ou au porteur de ses ordres, sans justifier de la défense du procureur du Roi ou du juge ; ceux qui auront refusé d'exhiber leurs registres à l'officier de police, seront, comme coupables de détention arbitraire, punis de six mois à deux ans d'emprisonnement, et d'une amende de seize francs à deux cents francs.

121. Seront, comme coupables de forfaiture, punis de la dégradation civique, tout officier de police judiciaire, tous procureurs généraux ou du Roi, tous substituts, tous juges, qui auront provoqué, donné ou signé un jugement, une ordonnance ou un mandat tendant à la poursuite personnelle ou accusation, soit d'un ministre, soit d'un membre de la Chambre des Pairs, de la Chambre des Députés ou du Conseil d'état, sans les autorisations prescrites par les lois de l'État ; ou qui, hors les cas de flagrant délit ou de clameur publique, auront, sans les mêmes autorisations, donné ou signé l'ordre ou le mandat de saisir ou arrêter un ou plusieurs ministres, ou membres de la Chambre des Pairs, de la Chambre des Députés ou du Conseil d'état.

122. Seront aussi punis de la dégradation civique, les procureurs généraux ou du Roi, les substituts, les juges ou les officiers publics qui auront retenu ou fait retenir un individu hors des lieux déterminés par le Gouvernement ou par l'administration publique, ou qui auront traduit un citoyen devant une cour d'assises, sans qu'il ait été préalablement mis légalement en accusation.

Sect. 3, coalition des fonctionnaires.

123. Tout concert de mesures contraires aux lois, pratiqué soit par la réunion d'individus ou de corps dépositaires de quelque partie de l'autorité publique, soit par députation ou correspondance entre eux, sera puni d'un emprisonnement de deux mois au moins et de six mois au plus, contre chaque coupable, qui pourra de plus être condamné à l'interdiction des droits

civiques, et de tout emploi public, pendant dix ans au plus.

124. Si, par l'un des moyens exprimés ci-dessus, il a été concerté des mesures contre l'exécution des lois ou contre les ordres du Gouvernement, la peine sera le bannissement. — Si ce concert a eu lieu entre les autorités civiles et les corps militaires ou leurs chefs, ceux qui en seront les auteurs ou provocateurs seront punis de la déportation; les autres coupables seront bannis.

125. Dans le cas où ce concert aurait eu pour objet ou résultat un complot attentatoire à la sûreté intérieure de l'État, les coupables seront punis de mort.

126. Seront coupables de forfaiture, et punis de la dégradation civique, — les fonctionnaires publics qui auront, par délibération, arrêté de donner des démissions dont l'objet ou l'effet serait d'empêcher ou de suspendre soit l'administration de la justice, soit l'accomplissement d'un service quelconque.

Sect. 4, empiètement des autorités administratives et judiciaires.

127. Seront coupables de forfaiture, et punis de la dégradation civique, — 1° les juges, les procureurs généraux ou du Roi, ou leurs substituts, les officiers de police, qui se seront immiscés dans l'exercice du pouvoir législatif, soit par des règlemens contenant des dispositions législatives, soit en arrêtant ou en suspendant l'exécution d'une ou de plusieurs lois, soit en délibérant sur le point de savoir si les lois seront publiées ou exécutées ;— 2° les juges, les procureurs généraux ou du Roi, ou leurs substituts, officiers de police judiciaire, qui auraient excédé leur pouvoir, en s'immisçant dans les matières attribuées aux autorités administratives, soit en faisant des règlemens sur ces matières, soit en défendant d'exécuter les ordres émanés de l'administration, ou qui, ayant permis ou ordonné de citer des administrateurs pour raison de l'exercice de leurs fonctions, auraient persisté dans l'exécution de leurs jugemens ou ordonnances, nonobstant l'annulation qui en aurait été prononcée, ou le conflit qui leur aurait été notifié.

128. Les juges qui, sur la revendication formellement faite par l'autorité administrative d'une affaire portée devant eux, auront néanmoins procédé au jugement avant la décision de l'autorité supérieure, seront punis chacun d'une amende de seize francs au moins, et de cent cinquante francs au plus.— Les officiers du ministère public qui auront fait des réquisitions ou donné des conclusions pour ledit jugement, seront punis de la même peine. (*V.* néanmoins CONFLIT.)

129. La peine sera d'une amende de cent francs

au moins et de cinq cents francs au plus contre chacun des juges qui, après une réclamation légale des parties intéressées ou de l'autorité administrative, auront, sans autorisation du Gouvernement, rendu des ordonnances ou décerné des mandats contre ses agens ou préposés, prévenus de crimes ou délits commis dans l'exercice de leurs fonctions. — La même peine sera appliquée aux officiers du ministère public ou de police qui auront requis lesdites ordonnances ou mandats.

130. Les préfets, sous-préfets, maires et autres administrateurs qui se seront immiscés dans l'exercice du pouvoir législatif, comme il est dit au n° 1 de l'art. 127, ou qui se seront ingérés de prendre des arrêtés généraux tendant à intimer des ordres ou des défenses quelconques à des cours ou tribunaux, seront punis de la dégradation civique.

131. Lorsque ces administrateurs entreprendront sur les fonctions judiciaires en s'ingérant de connaître de droits et intérêts privés du ressort des tribunaux, et qu'après la réclamation des parties ou de l'une d'elles, ils auront néanmoins décidé l'affaire avant que l'autorité supérieure ait prononcé, ils seront punis d'une amende de seize francs au moins et de cent cinquante francs au plus.

ATTENTATS AUX MOEURS. *V.* Mœurs.

ATTÉNUANTES (Circonstances).

C. Inst. Cr. 341. En toute matière criminelle, même en cas de récidive, le président, après avoir posé les questions résultant de l'acte d'accusation et des débats, avertira le jury, à peine de nullité, que s'il pense, à la majorité, qu'il existe, en faveur d'un ou de plusieurs accusés reconnus coupables, des circonstances atténuantes, il devra en faire la déclaration en ces termes : *A la majorité, il y a des circonstances atténuantes en faveur de tel accusé.*

C. Pén. 463. Les peines prononcées par la loi contre celui ou ceux des accusés reconnus coupables, en faveur de qui le jury aura déclaré les circonstances atténuantes, seront modifiées ainsi qu'il suit : — Si la peine prononcée par la loi est la mort, la cour appliquera la peine des travaux forcés à perpétuité ou celle des travaux forcés à temps. Néanmoins, s'il s'agit de crimes contre la sûreté extérieure ou intérieure de l'État, la cour appliquera la peine de la déportation ou celle de la détention ; mais dans les cas prévus par les articles 86, 96 et 97 [1], elle appliquera la

peine des travaux forcés à perpétuité ou celle des travaux forcés à temps. — Si la peine est celle des travaux forcés à perpétuité, la cour appliquera la peine des travaux forcés à temps ou celle de la réclusion.— Si la peine est celle de la déportation, la cour appliquera la peine de la détention ou celle du bannissement.— Si la peine est celle des travaux forcés à temps, la cour appliquera la peine de la réclusion ou les dispositions de l'article 401 [1], sans toutefois pouvoir

---

87. L'attentat dont le but sera, soit de détruire, soit de changer le gouvernement ou l'ordre de successibilité au trône, soit d'exciter les citoyens ou habitans à s'armer contre l'autorité royale, sera puni de mort.

91. L'attentat dont le but sera, d'exciter la guerre civile en armant ou en portant les citoyens ou habitans à s'armer les uns contre les autres, soit de porter la dévastation, le massacre et le pillage dans une ou plusieurs communes, sera puni de mort.

96. Quiconque, soit pour envahir des domaines, propriétés ou deniers publics, places, villes, forteresses, postes, magasins, arsenaux, ports, vaisseaux ou bâtimens appartenant à l'État, soit pour piller ou partager des propriétés publiques ou nationales ou celles d'une généralité de citoyens, soit enfin pour faire attaque ou résistance envers la force publique agissant contre les auteurs de ces crimes, se sera mis à la tête de bandes armées, ou y aura exercé une fonction ou commandement quelconque, sera puni de mort. — Les mêmes peines seront appliquées à ceux qui auront dirigé l'association, levé ou fait lever, organisé ou fait organiser les bandes, ou leur auront, sciemment et volontairement, fourni ou procuré des armes, munitions et instrumens de crime, ou envoyé des convois de subsistances, ou qui auront de toute autre manière pratiqué des intelligences avec les directeurs ou commandans des bandes.

97. Dans le cas où l'un ou plusieurs des crimes mentionnés aux art. 86, 87 et 91 auront été exécutés ou simplement tentés par une bande, la peine de mort sera appliquée, sans distinction de grades, à tous les individus faisant partie de la bande, et qui auront été saisis sur le lieu de la réunion séditieuse. — Sera puni de mêmes peines, quoique non saisi sur le lieu, quiconque aura dirigé la sédition, ou aura exercé dans la bande un emploi ou commandement quelconque.

[1] *C. pén.* 401. Emprisonnement d'un an au moins et de cinq ans au plus, amende de seize francs au moins et de cinq cents francs au plus. — Les coupables pourront encore être interdits des droits mentionnés en l'art. 42 (V. *la note, page* 71), pendant cinq ans au moins et dix ans au plus, à compter du jour où ils auront subi leur peine. — Ils pourront aussi être mis, par l'arrêt ou le jugement, sous la surveillance de la haute police pendant le même nombre d'années.

---

[1] *C. Pén.* 86. L'attentat contre la vie ou la personne du Roi est puni de la peine du parricide. — L'attentat contre la vie ou contre la personne des membres de la famille royale est puni de la peine de mort.

réduire la durée de l'emprisonnement au-dessous de deux ans. — Si la peine est celle de la réclusion, de la détention, du bannissement ou de la dégradation civique, la cour appliquera les dispositions de l'article 401, sans toutefois pouvoir réduire la durée de l'emprisonnement au-dessous d'un an. — Dans le cas où le Code prononce le *maximum* d'une peine afflictive, s'il existe des circonstances atténuantes, la cour appliquera le *minimum* de la peine, ou même la peine inférieure. — Dans tous les cas où la peine de l'emprisonnement et celle de l'amende sont prononcées par le Code pénal, si les circonstances paraissent atténuantes, les tribunaux correctionnels sont autorisés, même en cas de récidive, à réduire l'emprisonnement même au-dessous de six jours, et l'amende même au-dessous de seize francs ; ils pourront aussi prononcer séparément l'une ou l'autre de ces peines, et même substituer l'amende à l'emprisonnement, sans qu'en aucun cas elle puisse être au-dessous des peines de simple police. *V.* Police (*peines de*).

ATTÉRISSEMENT. *V.* Alluvion.

ATTROUPEMENT.

Loi contre les attroupemens.

L. 10-11 *avril* 1831. Art. 1er. Toutes personnes qui formeront des attroupemens sur les places ou sur la voie publique, seront tenues de se disperser à la première sommation des préfets, sous-préfets, maires, adjoints de maire, ou de tous magistrats et officiers civils chargés de la police judiciaire, autres que les gardes champêtres et gardes forestiers. — Si l'attroupement ne se disperse pas, les sommations seront renouvelées trois fois. Chacune d'elles sera précédée d'un roulement de tambour ou d'un son de trompe. Si les trois sommations sont demeurées inutiles, il pourra être fait emploi de la force, conformément à la loi du 3 août 1791. — Les maires et adjoints de la ville de Paris ont le droit de requérir la force publique et de faire les sommations. — Les magistrats chargés de faire lesdites sommations seront décorés d'une écharpe tricolore.

2. Les personnes qui, après la première des sommations prescrites par le second paragraphe de l'article précédent, continueront à faire partie d'un attroupement, pourront être arrêtées, et seront traduites sans délai devant les tribunaux de simple police, pour y être punies des peines portées au chapitre Ier du livre IV du Code pénal. (Emprisonnement de cinq jours au plus, amende de quinze francs au plus.) *V.* Police (*peines de*).

3. Après la seconde sommation, la peine sera de trois mois d'emprisonnement au plus ; et, après la troisième, si le rassemblement ne s'est pas dissipé, la peine pourra être élevée jusqu'à un an de prison.

4. La peine sera celle d'un emprisonnement de trois mois à deux ans : 1° contre les chefs et les provocateurs de l'attroupement, s'il ne s'est point entièrement dispersé après la troisième sommation 2° contre tous individus porteurs d'armes apparentes ou cachées, s'ils ont continué à faire partie de l'attroupement après la première sommation.

5. Si les individus condamnés en vertu des deux articles précédens n'ont pas leur domicile dans le lieu où l'attroupement a été formé, le jugement ou l'arrêt qui les condamnera pourra les obliger, à l'expiration de leur peine, à s'éloigner de ce lieu à un rayon de dix myriamètres pendant un temps qui n'excédera pas une année, ou mieux s'ils n'aiment retourner à leur domicile.

6. Tout individu qui, au mépris de l'obligation à lui imposée par le précédent article, serait retrouvé dans les lieux à lui interdits, sera arrêté, traduit devant le tribunal de police correctionnelle, et condamné à un emprisonnement qui ne pourra excéder le temps restant à courir pour son éloignement du lieu où aura été commis le délit originaire.

7. Toute arme saisie sur une personne faisant partie d'un attroupement, sera, en cas de condamnation, déclarée définitivement acquise à l'état.

8. Si l'attroupement a un caractère politique, les coupables des délits prévus par les articles 3 et 4 de la présente loi, pourront être interdits pendant trois ans au plus, en tout ou en partie, de l'exercice des droits mentionnés dans les quatre premiers paragraphes de l'article 42 du C. pénal. (*V.* note, page 71.)

9. Toutes personnes qui auraient continué à faire partie d'un attroupement après les trois sommations, pourront, pour ce seul fait, être déclarées civilement et solidairement responsables des condamnations pécuniaires qui seront prononcées pour réparations des dommages causés par l'attroupement.

10. La connaissance des délits énoncés aux art. 3 et 4 de la présente loi est attribuée aux tribunaux de police correctionnelle, excepté dans le cas où, l'attroupement ayant un caractère politique, les prévenus devront être, aux termes de la Charte constitutionnelle et de la loi du 8 octobre 1830, renvoyés devant la cour d'assises.

11. Les peines portées par la présente loi seront prononcées sans préjudice de celles qu'auraient encourues, aux termes du Code pénal, les auteurs et les complices des crimes et délits commis par l'attroupement. Dans les cas de concours de deux peines, la plus grave seule sera appliquée.

AUBAINE (droit d').

Loi portant abolition du droit d'Aubaine et de Détraction.

L. 14 *juillet* 1819. — Art. 1. Les art. 726 et 912 du Code civil sont abrogés : en conséquence, les étrangers auront le droit de succéder, de disposer et de recevoir de la même manière que les Français dans toute l'étendue du royaume.

2. Dans le cas de partage d'une même succession

ntre des cohéritiers étrangers et français, ceux-ci relèveront sur les biens situés en France une portion égale à la valeur des biens situés en pays étrangers dont ils seraient exclus, à quelque titre que ce soit, en vertu des lois et coutumes locales.

AUDIENCE.

I. POLICE DES AUDIENCES.

C. Proc. (liv. 2, tit. 5, des audiences, de leur publicité et de leur police, art. 85—92.) —

85. Pourront les parties, assistées de leurs avoués, se défendre elles-mêmes : le tribunal cependant aura la faculté de leur interdire ce droit, s'il reconnaît que la passion, ou l'inexpérience, les empêche de discuter leur cause avec a décence convenable ou la clarté nécessaire pour l'instruction des juges.

86. Les parties ne pourront charger de leur défense, soit verbale, soit par écrit, même à titre de consultation, les juges en activité de service, procureurs généraux, avocats généraux, procureurs du Roi, substituts des procureurs généraux et du Roi, même dans les tribunaux autres que ceux près desquels ils exercent leurs fonctions : pourront néanmoins les juges, procureurs généraux, avocats généraux, procureurs du Roi, et substituts des procureurs généraux et du Roi, plaider, dans tous les tribunaux, leurs causes personnelles, et celles de leurs femmes, parens ou alliés en ligne directe, et de leurs pupilles.

87. Les plaidoiries seront publiques, excepté dans les cas où la loi ordonne qu'elles seront secrètes. Pourra cependant le tribunal ordonner qu'elles se feront à huis clos, si la discussion publique devait entraîner ou scandale ou des inconvéniens graves : mais, dans ce cas, le tribunal sera tenu d'en délibérer, et de rendre compte de sa délibération au procureur général près la cour royale, et si la cause est pendante dans une cour royale, au ministre de la justice.

88. Ceux qui assisteront aux audiences, se tiendront découverts, dans le respect et le silence : tout ce que le président ordonnera pour le maintien de l'ordre, sera exécuté ponctuellement et à l'instant. — La même disposition sera observée dans les lieux où, soit les juges, soit les procureurs du Roi, exerceront des fonctions de leur état.

89. Si un ou plusieurs individus, quels qu'ils soient, interrompent le silence, donnent des signes d'approbation ou d'improbation, soit à la défense des parties, soit aux discours des juges ou du ministère public, soit aux interpellations, avertissemens ou ordres du président, juge-commissaire ou procureur du Roi, soit aux jugemens ou ordonnances, causent ou excitent du tumulte de quelque manière que ce soit, et si,

après l'avertissement des huissiers, ils ne rentrent pas dans l'ordre sur-le-champ, il leur sera enjoint de se retirer, et les résistans seront saisis et déposés à l'instant dans la maison d'arrêt pour vingt quatre heures : ils y seront reçus sur l'exhibition de l'ordre du président, qui sera mentionné au procès-verbal de l'audience.

90. Si le trouble est causé par un individu remplissant une fonction près le tribunal, il pourra, outre la peine ci-dessus, être suspendu de ses fonctions : la suspension, pour la première fois, ne pourra excéder le terme de trois mois. Le jugement sera exécutoire par provision, ainsi que dans le cas de l'article précédent.

91. Ceux qui outrageraient ou menaceraient les juges ou les officiers de justice dans l'exercice de leurs fonctions, seront, de l'ordonnance du président, du juge-commissaire ou du procureur du Roi, chacun dans le lieu dont la police lui appartient, saisis et déposés à l'instant dans la maison d'arrêt, interrogés dans les vingt-quatre heures, et condamnés par le tribunal, sur le vu du procès-verbal qui constatera le délit, à une détention qui ne pourra excéder le mois, et à une amende qui ne pourra être moindre de vingt-cinq francs, ni excéder trois cents francs.— Si le délinquant ne peut être saisi à l'instant, le tribunal prononcera contre lui dans les vingt-quatre heures les peines ci-dessus, sauf l'opposition que le condamné pourra former dans les dix jours du jugement, en se mettant en état de détention.

92. Si les délits commis méritaient peine afflictive ou infamante, le prévenu sera envoyé en état de mandat de dépôt devant le tribunal compétent, pour être poursuivi et puni suivant les règles établies par le Code d'instruction criminelle.

Disposition du tarif.

Tarif civ. 85. (Pr. 87.) Pour assistance de chaque avoué à tout jugement portant remise de cause ou indication de jour, sans que les jugemens puissent être levés, ni qu'il soit signifié de qualités, ou donné d'avenir, à Paris, 3 fr. Dans le ressort, 2 fr. 25 c. (*V.* Tarif.)

Dispositions additionnelles.

Affaires criminelles, *Charte.* 55. Les débats seront publics en matière criminelle, à moins que cette publicité ne soit dangereuse pour l'ordre et les mœurs ; et, dans ce cas, le tribunal le déclare par un jugement.

Assises, *C. Inst. Cr.* 267. Le président aura la police de l'audience.

II. CRIMES ET DÉLITS D'AUDIENCE.

1° Code d'instruction criminelle.

(*Liv. 2, tit. 4, ch. 4, des délits contraires au respect dû aux autorités constituées, art.* 504 — 509.) — 504. Lorsqu'à l'audience ou en tout autre lieu où se fait publiquement une instruction judiciaire, l'un ou plusieurs des assistans donneront des signes publics, soit d'approbation, soit d'improbation, ou exciteront du tumulte, de quelque manière que ce soit, le président ou le juge les fera expulser; s'ils résistent à ses ordres, ou s'ils rentrent, le président ou le juge ordonnera de les arrêter et conduire dans la maison d'arrêt : il sera fait mention de cet ordre dans le procès-verbal; et sur l'exhibition qui en sera faite au gardien de la maison d'arrêt, les perturbateurs y seront reçus et retenus pendant vingt-quatre heures.

505. Lorsque le tumulte aura été accompagné d'injures ou voies de fait donnant lieu à l'application ultérieure de peines correctionnelles ou de police, ces peines pourront être, séance tenante et immédiatement après que les faits auront été constatés, prononcées, savoir : — Celles de simple police, sans appel, de quelque tribunal ou juge qu'elles émanent;—et celle de police correctionnelle, à la charge de l'appel, si la condamnation a été portée par un tribunal sujet à appel, ou par un juge seul.

506. S'il s'agit d'un crime commis à l'audience d'un juge seul, ou d'un tribunal sujet à appel, le juge ou le tribunal, après avoir fait arrêter le délinquant et dressé procès-verbal des faits, enverra les pièces et le prévenu devant les juges compétens.

507. A l'égard des voies de fait qui auraient dégénéré en crime, ou de tous autres crimes flagrans et commis à l'audience de la cour de cassation, d'une cour royale ou d'une cour d'assises, la cour procédera au jugement de suite et sans désemparer. — Elle entendra les témoins, le délinquant et le conseil qu'il aura choisi ou qui lui aura été désigné par le président; et, après avoir constaté les faits et ouï le procureur général ou son substitut, le tout publiquement, elle appliquera la peine par un arrêt, qui sera motivé.

508. Dans le cas de l'article précédent, si les juges présens à l'audience sont au nombre de cinq ou de six, il faudra quatre voix pour opérer la condamnation.— S'ils sont au nombre de sept, il faudra cinq voix pour condamner. — Au nombre de huit et au-delà, l'arrêt de condamnation sera prononcé aux trois quarts des voix, de manière toutefois que, dans le calcul de ces trois quarts, les fractions, s'il s'en trouve, soient appliquées en faveur de l'absolution.

509. Les préfets, sous-préfets, maires et adjoints, officiers de police administrative ou judiciaire, lorsqu'ils rempliront publiquement quel-

ques actes de leur ministère, exerceront aussi les fonctions de police réglées par l'article 504; et après avoir fait saisir les perturbateurs, ils dresseront procès-verbal du délit, et enverront procès-verbal, s'il y a lieu, ainsi que les prévenu devant les juges compétens.

2° *Code pénal.*

(*Liv. 3, chap. 3, sect. 4, § 2, outrages et violences envers les dépositaires de l'autorité de la force publique, art. 222-233*). — 222. Lorsqu'un ou plusieurs magistrats de l'ordre administratif ou judiciaire auront reçu, dans l'exercice de leurs fonctions, ou à l'occasion de cet exercice, quelque outrage par paroles tendant à inculper leur honneur ou leur délicatesse, celui qui les aura ainsi outragés sera puni d'un emprisonnement d'un mois à deux ans. — Si l'outrage a eu lieu à l'audience d'une cour ou d'un tribunal, l'emprisonnement sera de deux à cinq ans.

223. L'outrage fait par gestes ou menaces à un magistrat dans l'exercice ou à l'occasion de l'exercice de ses fonctions, sera puni d'un mois à six mois d'emprisonnement; et si l'outrage a eu lieu à l'audience d'une cour ou d'un tribunal, il sera puni d'un emprisonnement d'un mois à deux ans.

224. L'outrage fait par paroles, gestes ou menaces à tout officier ministériel, ou agent dépositaire de la force publique, dans l'exercice ou à l'occasion de l'exercice de ses fonctions, sera puni d'une amende de seize francs à deux cents francs.

225. La peine sera de six jours à un mois d'emprisonnement, si l'outrage mentionné en l'article précédent a été dirigé contre un commandant de la force publique.

226. Dans le cas des art. 222, 223 et 225, l'offenseur pourra être, outre l'emprisonnement, condamné à faire réparation, soit à la première audience, soit par écrit; et le temps de l'emprisonnement prononcé contre lui ne sera compté qu'à dater du jour où la réparation aura eu lieu.

227. Dans le cas de l'art. 224, l'offenseur pourra de même, outre l'amende, être condamné à faire réparation à l'offensé, et s'il retarde ou refuse, il sera contraint par corps.

228. Tout individu qui, même sans armes, et sans qu'il en soit résulté de blessures, aura frappé un magistrat dans l'exercice de ses fonctions, ou à l'occasion de cet exercice, sera puni d'un emprisonnement de deux à cinq ans. — Si cette voie de fait a eu lieu à l'audience d'une cour ou d'un tribunal, le coupable sera en outre puni de la dégradation civique.

229. Dans l'un et l'autre des cas exprimés en

l'article précédent, le coupable pourra de plus être condamné à s'éloigner, pendant cinq à dix ans, du lieu où siége le magistrat, et d'un rayon de deux myriamètres. — Cette disposition aura son exécution à dater du jour où le condamné aura subi sa peine. — Si le condamné enfreint cet ordre avant l'expiration du temps fixé, il sera puni du bannissement.

230. Les violences de l'espèce exprimée en l'art. 228, dirigées contre un officier ministériel, un agent de la force publique, ou un citoyen chargé d'un ministère de service public, si elles ont eu lieu pendant qu'ils exerçaient leur ministère ou à cette occasion, seront punies d'un emprisonnement d'un mois à six mois.

231. Si les violences exercées contre les fonctionnaires ou agens désignés aux art. 228 et 230 ont été la cause d'effusion de sang, blessure ou maladie, la peine sera la réclusion ; si la mort s'en est suivie dans les quarante jours, le coupable sera puni des travaux forcés à perpétuité.

232. Dans le cas même où les violences n'auraient pas causé d'effusion de sang, blessures ou maladie, les coups seront punis de la réclusion , s'ils ont été portés avec préméditation ou guet-apens.

233. Si les coups ont été portés ou les blessures ont été faites à un des fonctionnaires ou agens désignés aux art. 228 et 230, dans l'exercice ou à l'occasion de l'exercice de leurs fonctions, avec intention de donner la mort, le coupable sera puni de mort.

5° Loi du 7 septembre 1835.

10. La cour pourra faire retirer de l'audience et reconduire en prison tout prévenu qui, par des clameurs ou par tout autre moyen propre à causer du tumulte, mettrait obstacle au libre cours de la justice.

11. Tout prévenu ou toute personne présente à l'audience d'une cour d'assises qui causerait du tumulte pour empêcher le cours de la justice, sera, audience tenante, déclaré coupable de rébellion, et puni d'un emprisonnement qui n'excédera pas deux ans, sans préjudice des peines portées au Code pénal contre les outrages et violences envers les magistrats.

12. Les dispositions des articles 10 et 11 s'appliquent au jugement de tous les crimes et délits devant toutes les juridictions.

Dispositions additionnelles.

JUSTICE DE PAIX. C. Proc. 10. Les parties seront tenues de s'expliquer avec modération devant le juge (de paix), et de garder en tout le respect qui est dû à la justice : si elles y manquent, le juge les y rappellera d'abord par un avertissement; en cas de récidive, elles pourront être condamnées à une amende qui n'excédera pas la somme de dix francs, avec affiches du ju-

gement, dont le nombre n'excèdera pas celui des communes du canton.

11. Dans le cas d'insulte ou irrévérence grave envers le juge, il en dressera procès-verbal, et pourra condamner à un emprisonnement de trois jours au plus.

12. Les jugemens, dans les cas prévus par les précédens articles, seront exécutoires par provision.

POLICE CORRECTIONNELLE. C. Inst. cr. 181. S'il se commet un délit correctionnel dans l'enceinte et pendant la durée de l'audience, le président dressera procès-verbal du fait, entendra le prévenu et les témoins, et le tribunal appliquera, sans désemparer, les peines prononcées par la loi. — Cette disposition aura son exécution pour les délits correctionnels commis dans l'enceinte et pendant la durée des audiences de nos cours, et même des audiences du tribunal civil, sans préjudice de l'appel de droit des jugemens rendus dans ces cas par les tribunaux civils ou correctionnels.

AUDIENCE (FEUILLE D').
C. Proc. 138. Le président et le greffier signeront la minute de chaque jugement aussitôt qu'il sera rendu : il sera fait mention, en marge de la feuille d'audience, des juges et du procureur du Roi qui auront assisté ; cette mention sera également signée par le président et le greffier.
C. Proc. 18. Les minutes de tout jugement (de juge de paix) seront portées par le greffier sur la feuille d'audience, et signées par le juge qui aura tenu l'audience, et par le greffier.

AUDIENCIERS (HUISSIERS).
· 1° — Des tribunaux de première instance.
Tarif civil (liv. 2, tit. 3, ch. 5, des huissiers-audienciers, art. 152-158). — 152. Pour chaque appel de cause sur le rôle et lors des jugemens par défaut, interlocutoires et définitifs, sans qu'il soit alloué aucun droit pour les jugemens préparatoires et de simples remises, à Paris, 50 c. Dans les tribunaux du ressort, 25 c. (V. TARIF.)

153. Pour chaque publication du cahier des charges dans toute espèce de vente, à Paris, 1 fr. Dans les tribunaux du ressort , 75 c.

154. Pour la même publication hors de l'adjudication préparatoire, à Paris 3 fr. Dans les tribunaux du ressort, 2 fr. 25 c.

155. Pour la publication, lors de l'adjudication définitive, y compris les frais de bougies, que les huissiers disposeront et allumeront eux-mêmes, à Paris, 5 fr. Dans les tribunaux du ressort 3 f. 75 c.

156. Pour signification de toute espèce, d'avoué à avoué, sans aucune distinction, à l'ordinaire, à Paris, 30 c. Dans les tribunaux du ressort, 25 c. —— Pour significations extraordinaires, c'est-à-dire à une autre heure que celle où se font les significations

ordinaires, suivant l'usage du tribunal, à Paris, 1 f. — *Nota.* Ces significations doivent être faites à heure datée ; et à défaut de date, elles ne seront taxées que comme significations ordinaires : elles ne sont passées en taxe comme extraordinaires qu'à Paris seulement. — Les huissiers audienciers, quoiqu'ils soient commis pour faire des significations ou autres opérations , ne pourront exiger autres ni plus forts droits que les huissiers ordinaires ; et ils seront obligés de se conformer à toutes les dispositions du Code, comme tous les autres huissiers : mais les frais de transport des huissiers de la cour royale, commis par elle, seront, dans ce cas, alloués suivant la taxe, quelle que soit la distance. *V.* HUISSIERS.

2° *Des huissiers audienciers de la cour royale de Paris.*

157. Pour l'appel des causes sur le rôle , ou lors des arrêts par défaut, interlocutoires et définitifs, à la charge d'envoyer des bulletins aux avoués pour toutes les remises de cause qui seront ordonnées, 1 f. 25 c. Il ne sera passé aucun droit d'appel pour les simples remises de causes et les jugemens préparatoires.

158. Pour signification de toute espèce d'avoué à avoué, sans aucune distinction, à l'ordinaire, 75 c. A l'extraordinaire ou à heure datée 1 fr. 50 c.

AUTHENTIQUE (ACTE).

C. Civ. (*liv. 3 , tit. 3 , chap. 6 , sect. 1 , § 1 , du titre authentique , art. 1317-1321).* — 1317. L'acte authentique est celui qui a été reçu par officiers publics ayant le droit d'instrumenter dans le lieu où l'acte a été rédigé , et avec les solennités requises.

1318. L'acte qui n'est point authentique par l'incompétence ou l'incapacité de l'officier, ou par un défaut de forme , vaut comme écriture privée, s'il a été signé des parties.

1319. L'acte authentique fait pleine foi de la convention qu'il renferme entre les parties contractantes et leurs héritiers ou ayans cause. — Néanmoins, en cas de plainte en faux principal, l'exécution de l'acte argué de faux sera suspendue par la mise en accusation ; et , en cas d'inscription de faux faite incidemment, les tribunaux pourront, suivant les circonstances, suspendre provisoirement l'exécution de l'acte.

1320. L'acte, soit authentique, soit sous seing privé, fait foi entre les parties, même de ce qui n'y est exprimé qu'en termes énonciatifs, pourvu que l'énonciation ait un rapport direct à la disposition. Les énonciations étrangères à la disposition ne peuvent servir que d'un commencement de preuve.

1321. Les contre-lettres ne peuvent avoir leur effet qu'entre les parties contractantes : elles n'ont point d'effet contre les tiers.

Disposition additionnelle.

C. Proc. 135. L'exécution provisoire, sous caution , sera ordonnée s'il y a titre authentique.

AUTHENTIQUE ET PUBLIC (TESTAMENT).

C. Civ. 969. Un testament pourra être fait par acte public.

971. Le testament par acte public est celui qui est reçu par deux notaires, en présence de deux témoins , ou par un notaire, en présence de quatre témoins.

972. Si le testament est reçu par deux notaires, il leur est dicté par le testateur , et il doit être écrit par l'un de ces notaires, tel qu'il est dicté. — S'il n'y a qu'un notaire, il doit également être dicté par le testateur , et écrit par ce notaire. — Dans l'un et l'autre cas, il doit en être donné lecture au testateur, en présence des témoins. — Il est fait du tout mention expresse.

973. Ce testament doit être signé par le testateur : s'il déclare qu'il ne sait ou ne peut signer, il sera fait dans l'acte mention expresse de sa déclaration, ainsi que de la cause qui l'empêche de signer.

974. Le testament devra être signé par les témoins ; et néanmoins, dans les campagnes, il suffira qu'un des deux témoins signe, si le testament est reçu par deux notaires, et que deux des quatre témoins signent, s'il est reçu par un notaire.

975. Ne pourront être pris pour témoins du testament par acte public, ni les légataires, à quelque titre qu'ils soient, ni leurs parens ou alliés jusqu'au quatrième degré inclusivement, ni les clercs des notaires par lesquels les actes seront reçus.

1001. (Toutes les formalités des art. 971 à 975) doivent être observées à peine de nullité.

AUTORISATION DE FEMME MARIÉE.
V. FEMME MARIÉE,

AUTORITÉ (ABUS D'). *V.* ABUS D'AUTORITÉ.

AUTRUI (BIENS ET DROITS D').
Dispositions diverses.

CONTRATS. *C. Civ.* 1119. On ne peut, en général , s'engager ni stipuler en son propre nom que pour soi-même.

1120. Néanmoins on peut se porter fort pour un tiers, en promettant le fait de celui-ci ; sauf l'indemnité contre celui qui s'est porté fort ou qui a promis de faire ratifier, si le tiers refuse de tenir l'engagement.

1121. On peut pareillement stipuler au profit d'un tiers, lorsque telle est la condition d'une stipulation que l'on fait pour soi-même, ou d'une donation que l'on fait à un autre. Celui qui a fait cette stipulation ne peut plus la révoquer, si le tiers a déclaré vouloir en profiter.

LEGS. *C. Civ.* 1021. Lorsque le testateur aura légué la chose d'autrui, le legs sera nul, soit que le testateur ait connu ou non qu'elle ne lui appartenait pas.

PRESCRIPTION. *C. Civ.* 2236. Ceux qui possèdent pour autrui ne prescrivent jamais, par quelque laps de temps que ce soit.—Ainsi le fermier, le dépositaire, l'usufruitier, et tous autres qui détiennent précairement la chose du propriétaire, ne peuvent la prescrire.

2237. Les héritiers de ceux qui tenaient la chose à quelqu'un des titres désignés par l'article précédent, ne peuvent non plus prescrire.

2258. Néanmoins, les personnes énoncées dans les articles 2236 et 2257 peuvent prescrire, si le titre de leur possession se trouve interverti, soit par une cause venant d'un tiers, soit sur la contradiction qu'elles ont opposée au droit du propriétaire.

2239. Celui à qui les fermiers, dépositaires et autres détenteurs précaires, ont transmis la chose par un titre translatif de propriété, peut la prescrire.

STELLIONAT. *C. Civ.* 2059. Il y a stellionat, — lorsqu'on vend ou qu'on hypothèque un immeuble dont on sait n'être pas propriétaire ; — lorsqu'on présente comme libres des biens hypothéqués, ou que l'on déclare des hypothèques moindres que celles dont ces biens sont chargés.

VENTE. *C. Civ.* 1599. La vente de la chose d'autrui est nulle : elle peut donner lieu à des dommages-intérêts lorsque l'acheteur a ignoré que la chose fût à autrui.

1600. On ne peut vendre la succession d'une personne vivante, même de son consentement.

1655. Si le vendeur avait vendu de mauvaise foi le fonds d'autrui, il sera obligé de rembourser à l'acquéreur toutes les dépenses, même voluptuaires ou d'agrément, que celui-ci aura faites au fonds.

1955. L'héritier du dépositaire, qui a vendu de bonne foi la chose dont il ignorait le dépôt, n'est tenu que de rendre le prix qu'il a reçu, ou de céder son action contre l'acheteur, s'il n'a pas touché le prix.

AVAL.

C. Com. (*liv.* 1, *tit.* 8, *sect.* 1, § 8, *de l'aval,* *art.* 141-142).

141. Le paiement d'une lettre de change, indépendamment de l'acceptation et de l'endossement, peut être garanti par un aval.

142. Cette garantie est fournie, par un tiers, sur la lettre même ou par acte séparé. — Le donneur d'aval est tenu solidairement et par les mêmes voies que le tireur et endosseur ; sauf les conventions différentes des parties.

187. Toutes les dispositions relatives aux lettres de change, et concernant... l'aval, sont applicables aux billets à ordre.

AVANCE.

1° *Avance* (*paiement d'*).

C. Civ. 1186. Ce qui n'est dû qu'à terme ne peut être exigé avant l'échéance du terme ; mais ce qui a été payé d'avance ne peut être répété.

1980. La rente viagère n'est acquise au propriétaire que dans la proportion du nombre de jours qu'il a vécu. — Néanmoins, s'il a été convenu qu'elle serait payée d'avance, le terme qui a dû être payé, est acquis du jour où le paiement a dû en être fait.

2° *Avances par mandataire.*

C. Civ. 1999. Le mandant doit rembourser au mandataire les avances et frais que celui-ci a faits pour l'exécution du mandat, et lui payer ses salaires lorsqu'il en a été promis. — S'il n'y a aucune faute imputable au mandataire, le mandant ne peut se dispenser de faire ces remboursement et paiement, lors même que l'affaire n'aurait pas réussi, ni faire réduire le montant des frais et avances sous le prétexte qu'ils pouvaient être moindres.

2001. L'intérêt des avances faites par le mandataire lui est dû par le mandant, à dater du jour des avances constatées.

3° *Avances sur marchandises.*

C. Com. 93. Tout commissionnaire qui a fait des avances sur des marchandises à lui expédiées d'une autre place pour être vendues pour le compte d'un commettant, a privilége, pour le remboursement de ses avances, intérêts et frais, sur la valeur des marchandises, si elles sont à sa disposition, dans ses magasins, ou dans un dépôt public, ou si, avant qu'elles soient arrivées, il peut constater, par un connaissement ou par une lettre de voiture, l'expédition qui lui en a été faite.

94. Si les marchandises ont été vendues et livrées pour le compte du commettant, le commissionnaire se rembourse, sur le produit de la vente, du montant de ses avances, intérêts et frais, par préférence aux créanciers du commettant.

95. Tous prêts, avances ou paiements qui pourraient être faits sur des marchandises déposées ou consignées par un individu résidant dans le lieu du domicile du commissionnaire, ne donnent

6

privilége au commissionnaire ou dépositaire qu'autant qu'il s'est conformé aux dispositions prescrites par le Code civil, liv. 3, titre 17, pour les prêts sur gages ou nantissemens. *V.* GAGE.

4° *Avances sur voyage de mer.*.

C. Com. 252. Si le voyage est rompu par le fait des propriétaires, capitaine ou affréteurs, avant le départ du navire, les matelots loués au voyage ou au mois sont payés des journées par eux employées à l'équipement du navire. Ils retiennent pour indemnité les avances reçues. — Si les avances ne sont pas encore payées, ils reçoivent pour indemnité un mois de leurs gages convenus.

253. En cas de prise, de bris et naufrage, avec perte entière du navire et des marchandises, les matelots ne peuvent prétendre aucun loyer. — Ils ne sont point tenus de restituer ce qui leur a été avancé sur leurs loyers.

AVANCEMENT D'HOIRIE. *V.* DOT et PRÉCIPUT (*donation par*).

AVARIES.

I. COMMERCE INTÉRIEUR.

C. Com. 98. (Le commissionnaire qui se charge d'un transport par terre et par eau) est garant des avaries ou pertes des marchandises et effets, s'il n'y a stipulation contraire dans la lettre de voiture ou force majeure.

99. Il est garant des faits du commissionnaire intermédiaire auquel il adresse les marchandises.

103. Le voiturier est garant de la perte des objets à transporter, hors les cas de la force majeure.—Il est garant des avaries autres que celles qui proviennent du vice propre de la chose ou de la force majeure.

108. Toutes actions contre le commissionnaire et le voiturier, à raison de la perte ou de l'avarie des marchandises, sont prescrites, après six mois, pour les expéditions faites dans l'intérieur de la France, et après un an, pour celles faites à l'étranger; le tout à compter, pour les cas de perte, du jour où le transport des marchandises aurait dû être effectué, et pour les cas d'avarie, du jour où la remise des marchandises aura été faite; sans préjudice des cas de fraude ou d'infidélité.

C. Civ. 1784. (Les voituriers par terre et par eau) sont responsables des avaries des choses qui leur sont confiées, à moins qu'ils ne prouvent qu'elles ont été avariées par cas fortuit ou force majeure.

II. COMMERCE MARITIME.

Dispositions générales.

FINS DE NON RECEVOIR. *C. Com.* 435. Sont non recevables toutes actions contre l'affréteur pour avaries, si le capitaine a livré les marchandises, et reçu son fret sans avoir protesté.

436. Ces protestations sont nulles, si elles ne sont faites et signifiées dans les vingt-quatre heures, et si, dans le mois de leur date, elles ne sont suivies d'une demande en justice.

PRIVILÉGE. *C. Com.* 191. Sont privilégiées, et dans l'ordre où elles sont rangées, les dettes ci-après désignées : 1° .. 11° les dommages-intérêts dus aux affréteurs pour remboursement des avaries souffertes par lesdites marchandises par la faute du capitaine ou de l'équipage. — Les créanciers compris dans chacun des numéros du présent article viendront en concurrence, et au marc le franc, en cas d'insuffisance du prix. *V.* NAVIRE.

Des avaries maritimes.

C. Com. (*liv.* 2, *tit.* 11, *des avaries, art.* 397-409).

397. Toutes dépenses extraordinaires faites pour le navire et les marchandises, conjointement ou séparément, — Tout dommage qui arrive au navire et aux marchandises, depuis leur chargement et départ jusqu'à leur retour et déchargement, — sont réputés avaries.

398. A défaut de conventions spéciales entre toutes les parties, les avaries sont réglées conformément aux dispositions ci-après.

399. Les avaries sont de deux classes, avaries grosses ou communes, et avaries simples ou particulières.

400. Sont avaries communes, 1° les choses données par composition et à titre de rachat du navire et des marchandises; 2° celles qui sont jetées à la mer; 3° les câbles ou mâts rompus ou coupés; 4° les ancres et autres effets abandonnés pour le salut commun; 5° les dommages occasionés par le jet aux marchandises restées dans le navire; 6° le pansement et nourriture des matelots blessés en défendant le navire, les loyer et nourriture des matelots pendant la détention, quand le navire est arrêté en voyage par ordre d'une puissance, et pendant les réparations des dommages volontairement soufferts pour le salut commun, si le navire est affrété au mois; 7° les frais du déchargement pour alléger le navire et entrer dans un hâvre ou dans une rivière, quand le navire est contraint de le faire par tempête ou par la poursuite de l'ennemi; 8° les frais faits pour remettre à flot le navire échoué dans l'intention d'éviter la perte totale ou la prise. — Et en général, les dommages soufferts volontairement et les dépenses faites d'après délibérations moti-

vées, pour le bien et salut commun du navire et des marchandises, depuis leur chargement et départ jusqu'à leur retour et déchargement.

401. Les avaries communes sont supportées par les marchandises et par la moitié du navire et du fret, au marc le franc de la valeur.

402. Le prix des marchandises est établi par leur valeur au lieu du déchargement.

403. Sont avaries particulières, 1° le dommage arrivé aux marchandises par leur vice propre, par tempête, prise, naufrage ou échouement; 2° les frais faits pour les sauver; 3° la perte des câbles, ancres, voiles, mâts, cordages, causée par tempête ou autre accident de mer; — les dépenses résultant de toutes relâches occasionées soit par la perte fortuite de ces objets, soit par le besoin d'avitaillement, soit par voie d'eau à réparer; 4° la nourriture et le loyer des matelots pendant la détention, quand le navire est arrêté en voyage par ordre d'une puissance, et pendant les réparations qu'on est obligé d'y faire, si le navire est affrété au voyage; 5° la nourriture et le loyer des matelots pendant la quarantaine, que le navire soit loué au voyage ou au mois; — et en général, les dépenses faites et le dommage souffert pour le navire seul, ou pour les marchandises seules, depuis leur chargement et départ jusqu'à leur retour et déchargement.

404. Les avaries particulières sont supportées et payées par le propriétaire de la chose qui a essuyé le dommage ou occasioné la dépense.

405. Les dommages arrivés aux marchandises, faute par le capitaine d'avoir bien fermé les écoutilles, amarré le navire, fourni de bons guindages, et pour tous autres accidens provenant de la négligence du capitaine ou de l'équipage, sont également des avaries particulières supportées par le propriétaire des marchandises, mais pour lesquelles il a son recours contre le capitaine, le navire et le fret.

406. Les lamanages, touages, pilotages, pour entrer dans les hâvres ou rivières, ou pour en sortir, les droits de congés, visites, rapports, tonnes, balises, ancrages et autres droits de navigation, ne sont point avaries; mais ils sont de simples frais à la charge du navire.

407. En cas d'abordage de navires, si l'évènement a été purement fortuit, le dommage est supporté, sans répétition, par celui des navires qui l'a éprouvé. — Si l'abordage a été fait par la faute de l'un des capitaines, le dommage est payé par celui qui l'a causé. — S'il y a doute dans les causes de l'abordage, le dommage est réparé à frais communs, et par égale portion, par les navires qui l'ont fait et souffert. — Dans

ces deux derniers cas, l'estimation du dommage est faite par experts.

408. Une demande pour avaries n'est point recevable si l'avarie commune n'excède pas un pour cent de la valeur cumulée du navire et des marchandises, et si l'avarie particulière n'excède pas aussi un pour cent de la valeur de la chose endommagée.

409. La clause *franc d'avaries* affranchit les assureurs de toutes avaries, soit communes, soit particulières, excepté dans les cas qui donnent ouverture au délaissement; et, dans ces cas, les assurés ont l'option entre le délaissement et l'exercice d'action d'avarie.

Dispositions additionnelles.

ASSURANCE. *Avaries (réglement d').* C. Com. **571.** Tous autres dommages (que ceux résultant de prise, naufrage, échouement avec bris, innavigabilité par fortune de mer, arrêt d'une puissance étrangère, perte ou détérioration des effets assurés, si elle va au moins aux trois-quarts, arrêt de la part du Gouvernement) sont réputés avaries, et se règlent, entre les assureurs et les assurés, à raison de leurs intérêts.

DÉLAISSEMENT. *C. Com.* **595.** L'assureur est tenu des avaries, frais de déchargement, magasinage, rembarquement, de l'excédant du fret, et de tous autres frais qui auront été faits pour sauver les marchandises, jusqu'à concurrence de la somme assurée.

PRÊT A LA GROSSE. *C. Com.* **330.** Les prêteurs à la grosse contribuent, à la décharge des emprunteurs, aux avaries communes. — Les avaries simples sont aussi à la charge des prêteurs, s'il n'y a convention contraire.

AVENTURE (PRÊT A GROSSE).

Disposition préliminaire.

C. Civ. **1964.** Le contrat aléatoire est une convention réciproque, dont les effets, quant aux avantages et aux pertes, soit pour toutes les parties, soit pour l'une ou plusieurs d'entre elles, dépendent d'un événement incertain; tels sont, le contrat d'assurance, le prêt à grosse aventure; ils sont régis par les lois maritimes.

Des Contrats à la grosse.

C. Com. (*liv.* 2, *tit.* 9, *art.* 311-331). — **311.** Le contrat à la grosse est fait devant notaire, ou sous signature privée. — Il énonce — le capital prêté et la somme convenue pour le profit maritime, — les objets sur lesquels le prêt est affecté, — les noms du navire et du capitaine, — ceux du prêteur et de l'emprunteur, — si le prêt a lieu pour un voyage, — pour quel voyage, et pour quel temps, — l'époque du remboursement.

312. Tout prêteur à la grosse, en France, est

6.

tenu de faire enregistrer son contrat au greffe du tribunal de commerce, dans les dix jours de la date, à peine de perdre son privilége ; — et si le contrat est fait à l'étranger, il est soumis aux formalités prescrites à l'article 234 [1].

313. Tout acte de prêt à la grosse peut être négocié par la voie de l'endossement, s'il est à ordre. — En ce cas, la négociation de cet acte a les mêmes effets et produit les mêmes actions en garantie que celles des autres effets de commerce.

314. La garantie de paiement ne s'étend pas au profit maritime, à moins que le contraire n'ait été expressément stipulé.

315. Les emprunts à la grosse peuvent être affectés — sur le corps et quille du navire, — sur les agrès et apparaux, — sur l'armement et les victuailles, — sur le chargement, — sur la totalité de ces objets conjointement, ou sur une partie déterminée de chacun d'eux.

316. Tout emprunt à la grosse, fait pour une somme excédant la valeur des objets sur lesquels il est affecté, peut être déclaré nul, à la demande du prêteur, s'il est prouvé qu'il y a fraude de la part de l'emprunteur.

317. S'il n'y a fraude, le contrat est valable jusqu'à la concurrence de la valeur des effets affectés à l'emprunt, d'après l'estimation qui en est faite ou convenue. — Le surplus de la somme empruntée est remboursé avec intérêt au cours de la place.

318. Tous emprunts sur le fret à faire du navire et sur le profit espéré des marchandises, sont prohibés. — Le prêteur, dans ce cas, n'a droit qu'au remboursement du capital, sans aucun intérêt.

319. Nul prêt à la grosse ne peut être fait aux matelots ou gens de mer sur leurs loyers ou voyages.

320. Le navire, les agrès et les apparaux, l'armement et les victuailles, même le fret payés, sont affectés par privilége au capital et intérêts de l'argent donné à la grosse sur le corps et quille du vaisseau. — Le chargement est également affecté au capital et intérêts de l'argent

donné à la grosse sur le chargement. — Si l'emprunt a été fait sur un objet particulier du navire ou du chargement, le privilége n'a lieu que sur l'objet, et dans la proportion de la quotité affectée à l'emprunt.

321. Un emprunt à la grosse fait par le capitaine dans le lieu de la demeure des propriétaires du navire, sans leur autorisation authentique ou leur intervention dans l'acte, ne donne action et privilége que sur la portion que le capitaine peut avoir au navire et au fret.

322. Sont affectées aux sommes empruntées, même dans le lieu de la demeure des intéressés, pour radoub et victuailles, les parts et portions des propriétaires qui n'auraient pas fourni leur contingent pour mettre leur bâtiment en état, dans les vingt-quatre heures de la sommation qui leur en sera faite.

323. Les emprunts faits pour le dernier voyage du navire sont remboursés par préférence aux sommes prêtées pour un précédent voyage, quand même il serait déclaré qu'elles sont laissées par continuation ou renouvellement. — Les sommes empruntées pendant le voyage sont préférées à celles qui auraient été empruntées avant le départ du navire ; et s'il y a plusieurs emprunts faits pendant le même voyage, le dernier emprunt sera toujours préféré à celui qui l'aura précédé.

324. Le prêteur à la grosse sur marchandises chargées dans un navire désigné au contrat, ne supporte pas la perte des marchandises, même par fortune de mer, si elles ont été chargées sur un autre navire, à moins qu'il ne soit légalement constaté que ce chargement a eu lieu par force majeure.

325. Si les effets sur lesquels le prêt à la grosse a eu lieu, sont entièrement perdus, et que la perte soit arrivée par cas fortuit, dans le temps et dans le lieu des risques, la somme prêtée ne peut être réclamée.

326. Les déchets, diminutions et pertes qui arrivent par le vice propre de la chose, et les dommages causés par le fait de l'emprunteur, ne sont point à la charge du prêteur.

327. En cas de naufrage, le paiement des sommes empruntées à la grosse est réduit à la valeur des effets sauvés et affectés au contrat, déduction faite des frais de sauvetage.

328. Si le temps des risques n'est point déterminé par le contrat, il court, à l'égard du navire, des agrès, apparaux, armement et victuailles, du jour que le navire a fait voile, jusqu'au jour où il est ancré ou amarré au port du lieu de sa destination. — A l'égard des marchandises, le temps des risques court du jour qu'elles ont été char-

---

[1] 234. Si, pendant le cours du voyage, il y a nécessité de radoub, ou d'achat de victuailles, le capitaine, après l'avoir constaté par un procès-verbal signé des principaux de l'équipage, pourra, en se faisant autoriser en France par le tribunal de commerce, ou, à défaut, par le juge de paix, chez l'étranger par le consul français, ou, à défaut, par le magistrat des lieux, emprunter sur le corps et quille du vaisseau, mettre en gage ou vendre des marchandises jusqu'à concurrence de la somme que les besoins constatés exigent.

gées dans le navire, ou dans les gabares pour les y porter, jusqu'au jour où elles sont délivrées à terre.

529. Celui qui emprunte à la grosse sur des marchandises, n'est point libéré par la perte du navire et du chargement, s'il ne justifie qu'il y avait, pour son compte, des effets jusqu'à la concurrence de la somme empruntée.

530. Les prêteurs à la grosse contribuent, à la décharge des emprunteurs, aux avaries communes. — Les avaries simples sont aussi à la charge des prêteurs, s'il n'y a convention contraire.

531. S'il y a contrat à la grosse et assurance sur le même navire ou sur le même chargement, le produit des effets sauvés du naufrage est partagé entre le prêteur à la grosse, *pour son capital seulement*, et l'assureur, pour les sommes assurées, au marc le franc de leur intérêt respectif, sans préjudice des priviléges établis à l'art. 191. *V.* Navires.

Dispositions additionnelles.

Assurance. *C. Com.* 347. Le contrat d'assurance est nul s'il a pour objet — les sommes empruntées à la grosse, — les profits maritimes des sommes prêtées à la grosse.

Prescription. *C. Com.* 432. Toute action dérivant d'un contrat à la grosse est prescrite après cinq ans, à compter de la date du contrat.

Privilége. *C. Com.* 191. Sont privilégiées, et dans l'ordre où elles sont rangées, les dettes ci-après désignées : 1°... 9° les sommes prêtées à la grosse sur le corps, quille, agrès, apparaux, pour radoub, victuailles, armement et équipement, avant le départ du navire. — Les créanciers compris dans chacun des numéros du présent article viendront en concurrence, et au marc le franc en cas d'insuffisance du prix.

192. Le privilége accordé aux dettes énoncées dans le précédent article ne peut être exercé qu'autant qu'elles seront justifiées dans les formes suivantes : 1°.., 7° les sommes prêtées à la grosse sur le corps, quille, agrès, apparaux, armement et équipement, avant le départ du navire, seront constatées par des contrats passés devant notaires, ou sous signature privée, dont les expéditions ou doubles seront déposés au greffe du tribunal de commerce dans les dix jours de leur date.

AVEU.

Dispositions préliminaires.

C. Civ. 1316. Les règles qui concernent l'aveu de la partie et le serment, sont expliquées dans les sections suivantes. (*V.* ci-après, art. 1354-1356.)

1350. La présomption légale est celle qui est attachée par une loi spéciale à certains actes ou à

certains faits, tels sont : 1°... 4° la force que la loi attache à l'aveu de la partie ou à son serment.

De l'aveu de la partie.

C. Civ. (*liv.* 3, *tit.* 5, *ch.* 6, *sect.* 4, *art.* 1354 —1356.)— 1354. L'aveu qui est opposé à une partie, est ou extra-judiciaire ou judiciaire.

1355. L'allégation d'un aveu extra-judiciaire purement verbal est inutile toutes les fois qu'il s'agit d'une demande dont la preuve testimoniale ne serait point admissible.

1356. L'aveu judiciaire est la déclaration que fait en justice la partie ou son fondé de pouvoir spécial.— Il fait pleine foi contre celui qui l'a fait. — Il ne peut être divisé contre lui. — Il ne peut être révoqué, à moins qu'on ne prouve qu'il a été la suite d'une erreur de fait. Il ne pourrait être révoqué sous prétexte d'une erreur de droit.

C. Proc. 352. Aucun aveu ou consentement ne pourront être faits, donnés ou acceptés, sans un pouvoir spécial, à peine de désaveu. (*V.* Désaveu.)

Dispositions diverses.

Prescription (*interruption*). *C. Civ.* 2248. La prescription est interrompue par la reconnaissance que le débiteur ou le possesseur fait du droit de celui contre lequel il prescrivait.

Séparation de biens. *C. Proc.* 870. L'aveu du mari (sur une demande en séparation de biens) ne fera pas preuve, lors même qu'il n'y aurait pas de créanciers.

Signature. *C. Civ.* 1323. Celui auquel on oppose un acte sous seing privé, est obligé d'avouer ou de désavouer formellement son écriture ou sa signature. — Ses héritiers ou ayans cause peuvent se contenter de déclarer qu'ils ne connaissent pas l'écriture ou la signature de leur auteur.

AVIS DE PARENS. *V.* Famille (*conseil de*).

AVOCAT.

LOIS ET RÈGLEMENS.

1° Loi du 22 ventose an XII.

Tit. 4, *art.* 24. A compter du 1er vendémiaire an 17, nul ne pourra exercer les fonctions d'avocat près les tribunaux, et d'avoué près le tribunal de cassation, sans avoir représenté au commissaire du Gouvernement, et fait enregistrer, sur ses conclusions, son diplôme de licencié, ou des lettres de licence obtenues dans les universités.

Tit. 5, *du tableau des avocats près les tribunaux.*—29. Il sera formé un tableau des avocats exerçant près les tribunaux.

50. A compter du 1er vendémiaire an 17, les avocats selon l'ordre du tableau, et, après eux, les avoués selon la date de leur réception, seront appelés, en l'absence des suppléans, à suppléer les juges, les commissaires du Gouvernement et leurs substituts.

34. Les avocats et avoués seront tenus, à la publication de la présente loi, et, à l'avenir, avant d'entrer en fonctions, de prêter serment de ne rien dire ou publier, comme défenseurs ou conseils, de contraire aux lois, aux règlemens, aux bonnes mœurs, à la sûreté de l'État et à la paix publique, et de ne jamais s'écarter du respect dû aux tribunaux et aux autorités publiques.

58. Il sera pourvu, par des règlemens d'administration publique, à l'exécution de la présente loi, et notamment à ce qui concerne, 1°.... 7° la formation du tableau des avocats, et la discipline du barreau.

Disposition additionnelle à l'art. 50.

C. Proc. 468. En cas de partage dans une cour royale, on appellera, pour le vider, un au moins ou plusieurs des juges qui n'auront pas connu de l'affaire, et toujours en nombre impair, en suivant l'ordre du tableau : l'affaire sera de nouveau plaidée ou de nouveau rapportée, s'il s'agit d'une instruction par écrit. — Dans les cas où tous les juges auraient connu de l'affaire, il sera appelé, pour le jugement, trois anciens jurisconsultes.

2° *Dispositions du décret du* 14 *décembre* 1810, *qui ne sont point abrogées.*

Art. 1er. En exécution de l'article 29 de la loi du 22 ventose an 12, il sera dressé un tableau des avocats exerçant auprès de nos cours impériales, et de nos tribunaux de première instance.

8. Chaque année, après la rentrée des cours et des tribunaux, les tableaux seront réimprimés, avec les additions et changemens que les évènemens auront rendus nécessaires.

9. Ceux qui seront inscrits au tableau, formeront seuls l'ordre des avocats.

11. Les avocats de la cour impériale qui s'établiront près des tribunaux de première instance, y auront rang du jour de leur inscription au tableau de la cour impériale.

13. Les licenciés en droit qui voudront être reçus avocats, se présenteront à notre procureur général au parquet ; ils lui exhiberont leur diplôme de licence, et le certificat de leur inscription aux écoles de droit.

15. La preuve du stage ou fréquentation assidue aux audiences, sera faite par un certificat délivré par le conseil de discipline.

16. Les avocats pourront, pendant leur stage, plaider et défendre les causes qui leur seront confiées.

24. Le conseil de discipline pourvoira à la défense des indigens, par l'établissement d'un bureau de consultation gratuite, qui se tiendra une fois par semaine. — Les causes que ce bureau trouvera justes, seront par lui renvoyées, avec son avis, au conseil de discipline, qui les distribuera aux avocats par tour de rôle. — Voulons que le bureau apporte la plus grande attention à ces consultations, afin qu'elles ne

servent point à vexer des tiers qui ne pourraient par la suite être remboursés des frais de l'instance. — Les jeunes avocats admis au stage seront tenus de suivre exactement les assemblées du bureau de consultation. — Chargeons expressément nos procureurs de veiller spécialement à l'exécution de cet article, et indiquer eux - mêmes, s'ils le jugent nécessaire, ceux des avocats qui devront se rendre à l'assemblée du bureau, en observant autant que faire se pourra, de mander les avocats à tour de rôle.

25. Le conseil de discipline pourra, suivant l'exigence des cas, avertir, censurer, réprimander, interdire pendant un temps qui ne pourra excéder une année, exclure ou rayer du tableau.

33. L'ordre des avocats ne pourra s'assembler que sur la convocation de son bâtonnier et pour l'élection des candidats au conseil de disipline. — Le bâtonnier ne permettra pas qu'aucun autre objet soit mis en délibération. Les contrevenans à la disposition du présent article, pourront être poursuivis et punis conformément à l'article 293 du code pénal, sur les associations ou réunions illicites. *V.* ASSOCIATION.

34. Si tous ou quelques-uns des avocats d'un siège se coalisent pour déclarer, sous quelque prétexte que ce soit, qu'ils n'exerceront plus leur ministère, ils seront rayés du tableau et ne pourront plus y être rétablis.

35. Les avocats porteront la chausse de leur grade de licencié ou de docteur ; ceux inscrits au tableau seront placés dans l'intérieur du parquet. — Ils plaideront debout et couverts ; mais ils se découvriront lorsqu'ils prendront des conclusions, ou en lisant des pièces du procès. — Ils seront appelés, dans les cas déterminés par la loi, à suppléer les juges et les officiers du ministère public, et ne pourront s'y refuser sans motifs d'excuse ou empêchement.

36. Nous défendons expressément aux avocats de signer des consultations, mémoires et écritures qu'ils n'auraient pas faits ou délibérés ; leur faisons pareillement défense de faire des traités pour leurs honoraires, ou de forcer les parties à reconnaître leurs soins avant les plaidoiries, sous les peines de réprimande pour la première fois, et d'exclusion ou radiation en cas de récidive.

37. Les avocats exerceront librement leur ministère pour la défense de la justice et de la vérité ; nous voulons en même temps qu'ils s'abstiennent de toute supposition dans les faits, de toute surprise dans les citations, et autres mauvaises voies, même de tous discours inutiles et superflus. — Leur défendons de se livrer à des injures et personnalités offensantes envers les parties ou leurs défenseurs, d'avancer aucun fait grave contre l'honneur et la réputation des parties, à moins que la nécessité de la cause ne l'exige, et qu'ils n'en aient charge expresse et par écrit de leurs cliens ou des avoués de leurs cliens ; le tout à peine d'être poursuivis ainsi qu'il est dit dans l'article 371 du code pénal. *V.* CALOMNIE.

38. Leur enjoignons pareillement de ne jamais s'écarter, soit dans leurs discours, soit dans leurs écrits, en aucune manière quelconque, du respect dû à la justice ; comme aussi de ne point manquer aux justes égards qu'ils doivent à chacun des magistrats devant lesquels ils exercent leur ministère.

39. Si un avocat, dans ses plaidoiries ou dans ses écrits, se permettait d'attaquer les principes de la monarchie et les constitutions de l'empire, les lois et les autorités établies, le tribunal saisi de l'affaire

prononcera sur le champ, sur les conclusions du ministère public, l'une des peines portées par l'art. 23 ci-dessus, sans préjudice des poursuites extraordinaires, s'il y a lieu. — Enjoignons à nos procureurs, et à ceux qui en font les fonctions, de veiller, à peine d'en répondre, à l'exécution du présent article.

41. Si, en matière civile, une partie ne trouvait point de défenseur, le tribunal lui désignera d'office un avocat, s'il y a lieu.

43. A défaut de règlemens, et pour les objets qui ne seraient pas prévus dans les règlemens existans, voulons que les avocats taxent eux-mêmes leurs honoraires, s'il y a la discrétion qu'on doit attendre de leur ministère. Dans le cas où la taxation excéderait les bornes d'une juste modération, le conseil de discipline la réduira, eu égard à l'importance de la cause et à la nature du travail : il ordonnera la restitution, s'il y a lieu, même avec réprimande. — En cas de réclamation contre la décision du conseil de discipline, on se pourvoira au tribunal.

44. Les avocats feront mention de leurs honoraires au bas de leurs consultations, mémoires et autres écritures; ils donneront aussi un reçu de leurs honoraires pour les plaidoiries [1].

45. Les condamnations prononcées par les tribunaux, en vertu des dispositions du présent titre, seront sujettes à l'appel, et néanmoins elles seront exécutées provisoirement.

Disposition qui forme le complément de l'art. 35 sur le costume.

Arrêté du 2 nivose an II. — 6. Aux audiences de tous les tribunaux, les gens de loi porteront la toge de laine, fermée par devant, à manches larges, toque noire, cravate pareille à celle des juges (tombante, de batiste blanche, plissée), cheveux longs ou ronds.

3o Dispositions du décret du 2 juillet 1812, qui ne sont point abrogées.

Art. 1.er Dans toutes les cours impériales de notre empire, les causes portées à l'audience seront plaidées par les avocats inscrits sur le tableau des avocats de la cour, ou admis au stage conformément à l'art. 16 de notre décret du 14 décembre 1810.

6. Lorsque l'avocat chargé de l'affaire et saisi des pièces ne pourra, pour cause de maladie, se présenter le jour où elle doit être plaidée, il devra en instruire le président par écrit, avant l'audience, et renvoyer les pièces à l'avoué; en ce cas, la cause pourra être remise au plus prochain jour.

7. Il en sera de même, lorsqu'au moment de l'appel de la cause, l'avocat sera engagé à l'audience d'une autre chambre du même tribunal, séant dans le même temps.

8. Hors de ces deux cas, lorsque l'avocat chargé de l'affaire et saisi des pièces ne se sera pas trouvé à l'appel de la cause, et que, par sa faute, elle aura été retirée du rôle et n'aura pu être plaidée au jour indiqué; il pourra être condamné personnellement aux frais de la remise, et aux dommages-intérêts du retard envers la partie, s'il y a lieu.

12. Les avocats seuls porteront la chausse, et parleront couverts, conformément à l'art. 35 du décret du 14 décembre 1810.

[1] Les dispositions de cet article n'ont jamais été observées, elles sont contraires aux usages constans du barreau.

4o Dispositions de l'ordonnance du 20 novembre 1822 qui ne sont point abrogées.

Tit. 1er. — 5. Nul ne pourra être inscrit sur le tableau des avocats d'une cour ou d'un tribunal, s'il n'exerce réellement près de ce tribunal ou de cette cour.

6. Le tableau sera imprimé au commencement de chaque année judiciaire et déposé au greffe de la cour ou du tribunal auquel les avocats inscrits seront attachés.

Tit. 2, du conseil de discipline. — 9. Le bâtonnier est chef de l'ordre et préside le conseil de discipline.

12. Les attributions du conseil de discipline consistent, 1o à prononcer sur les difficultés relatives à l'inscription dans le tableau de l'ordre; 2o à exercer la surveillance que l'honneur et les intérêts de cet ordre rendent nécessaire; 3o à appliquer, lorsqu'il y a lieu, les mesures de discipline autorisées par les règlemens.

13. Le conseil de discipline statue sur l'admission au stage des licenciés en droit qui ont prêté le serment d'avocat dans nos cours royales; sur l'inscription au tableau des avocats stagiaires après l'expiration de leur stage, et sur le rang de ceux qui, ayant déjà été inscrits au tableau et ayant abandonné l'exercice de leur profession, se présenteraient de nouveau pour la reprendre.

14. Les conseils de discipline sont chargés de maintenir les sentimens de fidélité à la monarchie et aux institutions constitutionnelles, et les principes de modération, de désintéressement et de probité sur lesquels repose l'honneur de l'ordre des avocats. — Ils surveillent les mœurs et la conduite des avocats stagiaires.

15. Les conseils de discipline répriment d'office, ou sur les plaintes qui leur sont adressées, les infractions et les fautes commises par les avocats inscrits au tableau.

16. Il n'est point dérogé, par les dispositions qui précèdent, au droit qu'ont les tribunaux de réprimer les fautes commises à leur audience par les avocats.

17. L'exercice du droit de discipline ne met point obstacle aux poursuites que le ministère public ou les parties civiles se croiraient fondés à intenter dans les tribunaux, pour la répression des actes qui constitueraient des délits ou des crimes.

18. Les peines de discipline sont : — L'avertissement, — La réprimande, — L'interdiction temporaire, — La radiation du tableau. — L'interdiction temporaire ne peut excéder le terme d'une année.

19. Aucune peine de discipline ne peut être prononcée sans que l'avocat inculpé ait été entendu, ou appelé avec délai de huitaine.

21. Toute décision du conseil de discipline emportant interdiction temporaire ou radiation sera transmise, dans les trois jours, au procureur général, qui en assurera et en surveillera l'exécution.

22. Le procureur général pourra, quand il le jugera nécessaire, requérir qu'il lui soit délivré une expédition des décisions emportant avertissement ou réprimande.

23. Pourra également le procureur général demander expédition de toute décision par laquelle le conseil de discipline aurait prononcé l'absolution de l'avocat inculpé.

24. Dans les cas d'interdiction à temps ou de radiation, l'avocat condamné pourra interjeter appel devant la cour du ressort.

25. Le droit d'appeler des décisions rendues par les conseils de discipline, dans les cas prévus par l'art. 15, appartient également à nos procureurs généraux.

26. L'appel, soit du procureur général, soit de l'avocat condamné, ne sera recevable qu'autant qu'il aura été formé dans les dix jours de la communication qui leur aura été donnée, par le bâtonnier, de la décision du conseil de discipline.

27. Les cours statueront sur l'appel en assemblée générale et dans la chambre du conseil, ainsi qu'il est prescrit par l'art. 52 de la loi du 20 avril 1810, pour les mesures de discipline qui sont prises à l'égard des membres des cours et des tribunaux [1].

28. Lorsque l'appel aura été interjeté par l'avocat condamné, les cours pourront, quand il y aura lieu, prononcer une peine plus forte, quoique le procureur général n'ait pas lui-même appelé.

Tit. 3, — du stage. — 30. La durée du stage sera de trois années.

31. Le stage pourra être fait en diverses cours, sans qu'il doive néanmoins être interrompu pendant plus de trois mois.

32. Les conseils de discipline pourront, selon les cas, prolonger la durée du stage.

33. Les avocats stagiaires ne feront point partie du tableau.

34. Les avocats stagiaires ne pourront plaider ou écrire dans aucune cause, qu'après avoir obtenu du conseil de discipline, un certificat constatant leur assiduité aux audiences pendant deux années.

36. Sont dispensés de l'obligation imposée par l'art. 34 ceux des avocats stagiaires qui auront atteint leur vingt-deuxième année.

37. Les avoués licenciés en droit qui, après avoir donné leur démission, se présenteront pour être admis dans l'ordre des avocats, seront soumis au stage.

Tit. 4, — dispositions générales. — 38. Les licenciés en droit seront reçus avocats par nos cours royales. Ils prêtent serment en ces termes [2] : — « Je jure » d'être fidèle au Roi et d'obéir à la Charte constitu- » tionnelle, de ne rien dire ou publier, comme dé- » fenseur ou conseil, de contraire aux lois, aux ré- » glemens, aux bonnes mœurs, à la sûreté de l'État » et à la paix publique, et de ne jamais m'écarter » du respect dû aux tribunaux et autorités pu- » bliques. » (Le droit d'enregistrement de l'acte de prestation de serment, est de quinze fr. ; la formalité aura lieu sur la minute, *art.* 1er, *D. 31 mai* 1807.)

41. L'avocat nommé d'office pour la défense d'un accusé ne pourra refuser son ministère sans faire ap-

[1] *L. 28 avril* 1810. — 52. L'application des peines sera faite en la chambre du conseil.

[2] La formule aujourd'hui en usage est celle-ci : Je jure d'être fidèle au roi des Français, et d'obéir à la charte constitutionnelle et aux lois du royaume, de ne rien dire ou publier, comme défenseur ou conseil, de contraire aux lois, etc.

prouver ses motifs d'excuse ou d'empêchement par les cours d'assises, qui prononceront, en cas de résistance, l'une des peines déterminées par l'art. 18 ci-dessus.

42. La profession d'avocat est incompatible avec toutes les fonctions de l'ordre judiciaire, à l'exception de celle de suppléant ; avec les fonctions de préfet, de sous-préfet et de secrétaire général de préfecture ; avec celles de greffier, de notaire et d'avoué ; avec les emplois à gages et ceux d'agent comptable ; avec toute espèce de négoce. En sont exclues toutes personnes exerçant la profession d'agent d'affaires.

43. Toute attaque qu'un avocat se permettrait de diriger, dans ses plaidoiries ou dans ses écrits, contre la religion, les principes de la monarchie, la Charte, les lois du royaume ou les autorités établies, sera réprimée immédiatement, sur les conclusions du ministère public, par le tribunal saisi de l'affaire, lequel prononcera l'une des peines prescrites par l'art 18, sans préjudice des poursuites extraordinaires, s'il y a lieu.

44. Enjoignons à nos cours de se conformer exactement à l'art. 9 de la loi du 20 avril 1810, et, en conséquence, de faire connaître, chaque année, à notre garde des sceaux, ministre de la justice, ceux des avocats qui se seront fait remarquer par leurs lumières, leurs talens, et surtout par la délicatesse et le désintéressement qui doivent caractériser cette profession.

45. Les usages observés dans le barreau, relativement aux droits et aux devoirs des avocats dans l'exercice de leur profession, sont maintenus.

5º Ordonnance du 27 août 1830.

Vu la loi du 22 ventose an 12, le décret du 14 décembre 1810 et l'ordonnance du 20 novembre 1822 ; — considérant que de justes et nombreuses réclamations se sont élevées depuis long-temps contre les dispositions réglementaires qui régissent l'exercice de la profession d'avocat ; — qu'une organisation définitive exige nécessairement quelques délais ; — que néanmoins il importe de faire cesser dès ce moment, par des dispositions provisoires, les abus les plus graves et les plus universellement sentis ; — prenant en considération, à cet égard, les vœux exprimés par un grand nombre de barreaux de France, avons ordonné et ordonnons ce qui suit :

Art. 1er. A compter de la publication de la présente ordonnance, les conseils de discipline seront élus directement par l'assemblée de l'ordre, composée de tous les avocats inscrits au tableau. L'élection aura lieu par scrutin de liste et à la majorité relative des membres présents.

2. Les conseils de discipline seront provisoirement composés de cinq membres dans les siéges où le nombre des avocats inscrits sera inférieur à trente, y compris ceux où les fonctions desdits conseils ont été jusqu'à ce jour exercées par les tribunaux ; de sept, si le nombre des avocats inscrits est de trente à cinquante ; de neuf, si ce nombre est de cinquante à cent ; de quinze, s'il est de cent ou au-dessus ; de vingt et un à Paris.

3. Le bâtonnier de l'Ordre sera élu par la même assemblée, et par scrutin séparé, à la majorité absolue, avant l'élection du conseil de discipline.

4. A compter de la même époque, tout avocat inscrit sur le tableau pourra plaider devant toutes les

cours royales et tous les tribunaux du royaume, sans avoir besoin d'aucune autorisation, sauf les dispositions de l'art. 295, C. Inst. cr. *V. ci-après.*

5. Il sera procédé, dans le plus court délai possible, à la révision définitive des lois et règlemens concernant l'exercice de la profession d'avocat.

6° *Ordonnance du 30 mars-1er avril* 1835.

1. Tout avocat inscrit au tableau d'une cour ou d'un des tribunaux du royaume, pourra exercer son ministère devant la cour des pairs. Néanmoins, les avocats près la cour royale de Paris pourront seuls être désignés d'office par le président de la cour des pairs, conformément à l'art. 295 du C. d'Ins. cr.

2. Les avocats appelés à remplir leur ministère devant la cour des pairs, y jouiront des mêmes droits et seront tenus des mêmes devoirs que devant les cours d'assises.

3. La cour des pairs et son président demeurent investis, à l'égard des avocats, de tous les pouvoirs qui appartiennent aux cours d'assises et aux présidens de ces cours.

II. DISPOSITIONS DIVERSES.

CESSION DE PROCÈS *C. Civ.* 1597. Les défenseurs officieux ne peuvent devenir cessionnaires des procès, droits et actions litigieux qui sont de la compétence du tribunal dans le ressort duquel ils exercent leurs fonctions, à peine de nullité, et des dépens, dommages et intérêts.

DÉFENSE CRIMINELLE. *C. Inst. cr.* 295. Le conseil de l'accusé ne pourra être choisi par lui ou désigné par le juge que parmi les avocats ou avoués de la cour royale ou de son ressort, à moins que l'accusé n'obtienne du président de la cour d'assises la permission de prendre pour conseil un de ses parens ou amis.

MINEUR (*transaction*). *C. Civ* 467. Le tuteur ne pourra transiger au nom du mineur, qu'après y avoir été autorisé par le conseil de famille, et de l'avis de trois jurisconsultes désignés par le procureur du Roi près le tribunal de première instance.— La transaction ne sera valable qu'autant qu'elle aura été homologuée par le tribunal de première instance, après avoir entendu le procureur du Roi.

REQUÊTE CIVILE. *C. Proc.* 495. La quittance du receveur sera signifiée en tête de la demande (en requête civile), ainsi qu'une consultation de trois avocats exerçant depuis dix ans au moins près un des tribunaux du ressort de la cour royale dans lequel le jugement a été rendu. — La consultation contiendra déclaration qu'ils sont d'avis de la requête civile, et elle en énoncera aussi les ouvertures; sinon la requête ne sera pas reçue.

Dispositions du tarif.

Tarif civ. 80. (Pr. 76 et suiv.) Pour honoraires de l'avocat qui aura plaidé la cause contradictoirement, à Paris, 15 fr. Dans le ressort, 10 fr. *V. pour les autres ressorts le mot* TARIF.

82. (149.) Pour honoraires de l'avocat qui aura pris le jugement par défaut, à Paris, 5 fr. Dans le ressort, 4 fr.—Quand le jugement par défaut aura été pris par un avocat, le droit d'assistance de l'avoué ne sera, à Paris, que de 1 fr. Dans le ressort, 75 c.

140. (Pr. 495.) Pour la consultation de trois avocats exerçant depuis dix ans, qui doit précéder la requête civile, principale ou incidente, à Paris, 72 fr. Dans le ressort, 72 fr.

AVORTEMENT. *C. Pén.* 317. Quiconque, par alimens, breuvages, médicamens, violences, ou par tout autre moyen, aura procuré l'avortement d'une femme enceinte, soit qu'elle y ait consenti ou non, sera puni de la réclusion. La même peine sera prononcée contre la femme qui se sera procuré l'avortement à elle-même, ou qui aura consenti à faire usage des moyens à elle indiqués ou administrés à cet effet, si l'avortement s'en est suivi. — Les médecins, chirurgiens et autres officiers de santé, ainsi que les pharmaciens qui auront indiqué ou administré ces moyens, seront condamnés à la peine des travaux forcés à temps, dans le cas où l'avortement aurait eu lieu.

AVOUÉ.

I. LOIS ET RÈGLEMENS.

1° *Loi du 27 ventose an* 8.

93. Il sera établi — près le tribunal de cassation, — près chaque tribunal d'appel, — près chaque tribunal criminel, — près chacun des tribunaux de première instance, — un nombre fixe d'avoués, qui sera réglé par le Gouvernement, sur l'avis du tribunal auquel les avoués devront être attachés.

94. Les avoués auront exclusivement le droit de postuler et de prendre des conclusions dans le tribunal pour lequel ils seront établis; néanmoins les parties pourront toujours se défendre elles-mêmes, verbalement et par écrit, ou faire proposer leur défense par qui elles jugeront à propos.

95. Les avoués seront nommés par le premier consul, sur la présentation du tribunal dans lequel ils devront exercer leur ministère.

Disposition additionnelle.

Arrêté du 2 nivose an II. — 6. Aux audiences de tous les tribunaux, les avoués porteront la toge de laine, fermée par devant, à manches larges, toque noire, cravate pareille à celle des juges (tombante, de batiste blanche, plissée), cheveux longs ou ronds.

2° *Loi du 22 ventose an* 12.

26. Nul ne pourra après le 1er vendémiaire an 17, être reçu avoué près les tribunaux, s'il n'a suivi le cours de législation criminelle et de procédure civile et criminelle, subi un examen devant les professeurs, et s'il n'en rapporte attestation visée d'un inspecteur-général. Jusqu'à cette

époque, il suffira de justifier de cinq ans de cléricature chez un avoué ou homme de loi.

27. Les avoués, après dix ans d'exercice, pourront être nommés aux fonctions de juges, commissaires du Gouvernement ou leurs substituts.

50. A compter du 1er vendémiaire an 17, les avocats, selon l'ordre du tableau, et, après eux, les avoués selon la date de leur réception, seront appelés, en l'absence des suppléans, à suppléer les juges, les commissaires du Gouvernement et leurs substituts.

51. Les avocats et avoués seront tenus, à la publication de la présente loi, et, à l'avenir, avant d'entrer en fonctions, de prêter serment de ne rien dire ou publier, comme défenseur ou conseil, de contraire aux lois, aux règlemens, aux bonnes mœurs, à la sûreté de l'État et à la paix publique, et de ne jamais s'écarter du respect dû aux tribunaux et aux autorités publiques.

52. Les avoués qui seront licenciés, pourront, devant le tribunal auquel ils seront attachés, et dans les affaires où ils occuperont, plaider et écrire dans toutes espèces d'affaires, concurremment et contradictoirement avec les avocats. (*V. ci-après l'ord. du 27 février 1822, qui restreint l'application de cet article.*)

3° *Décret du 31 mai* 1807.

1. Les droits d'enregistrement des actes de prestation de serment des avocats, avoués et défenseurs officieux, seront, conformément à l'art. 68 de la loi du 22 frimaire an 7, de quinze francs; la formalité aura lieu sur la minute.

4° *Décret du 6 juillet* 1810.

Titre 4, § 1er, *Des Avoués, art.* 112-115. — 112. Les avoués immatriculés aux cours d'appel exerceront exclusivement leur ministère près les cours impériales.

113. Dans les lieux où il n'y a point de cour impériale, les avoués immatriculés au tribunal de première instance pourront exercer leur ministère près la cour d'assises qui tiendra ses séances au chef-lieu de ce tribunal. — Les avoués qui n'auront été reçus que dans une cour criminelle, pourront exercer leur ministère près la cour d'assises; mais ils seront tenus de se faire immatriculer au tribunal de première instance du lieu, s'il y a un tribunal, et ils pourront postuler et faire tous actes de leur ministère, concurremment avec les avoués de ce tribunal.

114. Notre grand-juge, ministre de la justice, après avoir pris l'avis des cours impériales, nous proposera une nouvelle fixation du nombre d'avoués nécessaire pour le service de chaque cour impériale et de chaque tribunal de première instance.

115. A l'avenir, nul ne pourra être nommé avoué près la cour impériale, s'il n'est âgé de vingt-cinq ans accomplis, et si, indépendamment du cours d'étude prescrit par l'article 26 de la loi du 22 ventose an 12, relative aux écoles de droit, il ne justifie de cinq années de cléricature chez un avoué.

5° *Dispositions du décret du 2 juillet* 1812, *qui ne sont point abrogées.*

2. Les demandes incidentes qui seront de nature à être jugées sommairement, et tous les incidens relatifs à la procédure, pourront être plaidés par les avoués postulans en la cour, dans les causes dans lesquelles ils occuperont.

3. Il en sera de même dans les tribunaux de première instance séant aux chefs-lieux des cours impériales, des cours d'assises et des départemens : les avoués pourront y plaider dans toutes les causes sommaires.

9. Les avoués qui, en vertu de la loi du 22 ventose de l'an 12, jusqu'à la publication du présent décret, ont obtenu le grade de licencié, et ont acquis le droit à eux attribué par l'art. 32 de la dite loi, continueront d'en jouir comme par le passé.

10. Les présidens des chambres de discipline des avoués, tant de cour impériale que de première instance, seront tenus de déposer au greffe du tribunal près lequel ils exercent, dans un mois à compter de la publication du présent décret, et chaque année à la rentrée des cours et tribunaux, une liste signée d'eux, et visée, pour les cours impériales, par notre procureur général, et, pour les tribunaux de première instance, par notre procureur impérial, contenant les noms des avoués auxquels s'appliquera l'article ci-dessus avec la date de leur réception.

11. Les dispositions des art. 37, 38 et 39 de notre décret du 14 décembre 1810 seront applicables aux avoués usant du droit de plaider. (V. Avocat.)

6° *Ordonnance du 23-26 décembre* 1814.

2. Les avoués sont tenus de faire mention de la patente des particuliers qui y sont soumis dans tous leurs actes et exploits : le tout sous peine de l'amende (de dix francs. *Loi de finances de* 1824.)

7° *Loi du 38 avril* 1816.

Art. 88. Les cautionnemens des avocats à la cour de cassation, notaires, avoués, greffiers et huissiers à notre cour de cassation et dans les cours royales et tribunaux de première instance, tribunaux de commerce et justices de paix, sont fixés en raison de la population et du ressort des tribunaux de la résidence de ces fonctionnaires, conformément au tarif annexé à la présente loi [1].

91. Les avocats à la cour de cassation, notaires, avoués, greffiers, huissiers, agens-de-change, courtiers, commissaires-priseurs, pourront présenter à

---

[1] État n° 8. — *Cautionnement des avoués près les tribunaux de première instance* (où il y avait antérieurement à 1810) :

5 juges et 2 suppléans.	1,800 fr.
4 juges et 3 suppléans.	2,600
7 juges et 4 suppléans.	3,000
10 juges et 5 suppléans.	5,000
à Paris.	8,000

Cautionnement des avoués près les cours royales (où il y avait antérieurement à 1810) :

12, 13 et 14 juges.	4,000 fr.
20, 21 et 22 juges.	5,000
31 juges.	6,000
à Paris.	10,000
Avocats à la cour de cassation. .	7,000

l'agrément de Sa Majesté des successeurs, pourvu qu'ils réunissent les qualités exigées par les lois. Cette faculté n'aura pas lieu pour les titulaires destitués. — Il sera statué, par une loi particulière, sur l'exécution de cette disposition, et sur les moyens d'en faire jouir les héritiers ou ayans cause desdits officiers. — Cette faculté de présenter des successeurs ne déroge point, au surplus, au droit de Sa Majesté de réduire le nombre desdits fonctionnaires.

8° *Ordonnance du* 27 *février* 1822.

Nous étant fait rendre compte des règlemens sur la discipline du barreau, nous avons remarqué : — Que le décret du 14 décembre 1810 déclare incompatibles la profession d'avocat et le ministère d'avoué, et proclame ainsi le principe, qu'il importe de con sacrer de nouveau, que les officiers ministériels ne sont préposés qu'à l'instruction des procès, et que le droit de les défendre devant nos cours et tribunaux appartient exclusivement aux avocats. — On compte cependant deux exceptions à ce principe : l'une en faveur des avoués qui ont obtenu des lettres de licence dans l'intervalle de ventôse an XII à juillet 1812, et sont autorisés à plaider, concurremment avec les avocats, les affaires qu'ils ont instruites (art. 32 de la loi du 22 ventôse an XII, art. 9 du décret du 2 juillet 1812); — Que cette faveur, accordée à des hommes qui se sont livrés à l'étude du droit dans un temps où elle était négligée, leur est justement acquise, et il n'est pas dans notre intention de les en priver ; — Que la deuxième exception concerne des avoués même non-licenciés qui postulent dans plusieurs tribunaux de première instance, et à qui les règlemens permettent de plaider toute espèce de cause dans laquelle ils occupent (dernière disposition de l'art. 5 du décret du 2 juillet 1812); — Que, si la nécessité exige le maintien de cette disposition dans les tribunaux où les avocats trop peu nombreux, ne peuvent suffire à l'expédition des affaires, elle est abusive, destructive de toute émulation et nuisible à nos sujets, dans les lieux où le barreau, composé d'hommes expérimentés et d'une jeunesse studieuse, offre au public des défenseurs éclairés et en nombre suffisant; avons ordonné et ordonnons ce qui suit :

Art. 1. Les avoués qui, en vertu de la loi du 22 ventôse an XII, jusqu'à la publication du décret du 2 juillet 1812, ont obtenu le grade de licencié, continueront de jouir de la faculté qui leur est accordée par l'art. 9 du susdit décret.

2. Les avoués non-licenciés, et ceux qui ne l'ont été que depuis la publication du décret du 2 juillet 1812, ne pourront plaider les causes dans lesquelles ils occuperont, que dans les tribunaux où le nombre des avocats inscrits sur le tableau, ou stagiaires exerçant et résidant dans le chef-lieu, sera jugé insuffisant pour la plaidoirie et l'expédition des affaires.

5. Chaque année, dans la première quinzaine du mois de novembre, nos cours royales arrêteront l'état des tribunaux de première instance de leur ressort où les avoués pourront jouir de la faculté énoncée en l'article précédent.

4. Les délibérations de nos cours, en exécution de l'article ci-dessus, seront prises, à la diligence de nos procureurs-généraux, sur l'avis motivé des tribunaux de première instance. — Elles seront soumises à l'approbation de notre garde-des-sceaux, et recevront provisoirement leur exécution.

5. Il n'est pas dérogé par la présente au droit

qu'ont les avoués de plaider, dans les affaires où ils occupent devant nos cours ou tribunaux, les demandes incidentes qui sont de nature à être jugées sommairement, et tous les incidens relatifs à la procédure.

Dispositions additionnelles.

DÉFENSE CRIMINELLE. *Affaires correctionnelles. C. Inst. cr.* 185. Dans les affaires relatives à des délits qui n'entraîneront pas la peine d'emprisonnement, le prévenu pourra se faire représenter par un avoué ; le tribunal pourra néanmoins ordonner sa comparution en personne.

Assises. C. Inst. cr. 295. Le conseil de l'accusé ne pourra être choisi par lui ou désigné par le juge que parmi les avocats ou avoués de la cour royale ou de son ressort, à moins que l'accusé n'obtienne du président de la cour d'assises, la permission de prendre pour conseil un de ses parens ou amis.

TRIBUNAUX DE COMMERCE. *C. Proc.* 414. La procédure devant les tribunaux du commerce se fait sans le ministère d'avoués.

C. Com. 627. Le ministère des avoués est interdit dans les tribunaux du commerce, conformément à l'article 414 du Code de procédure civile.

II. DE LA CHAMBRE DES AVOUÉS.

1° *Arrêté du* 13 *frimaire an IX.*

Chambre des avoués et ses attributions. — 1. Il est établi, auprès du tribunal de cassation et de chaque tribunal d'appel et de première instance, une chambre des avoués pour leur discipline intérieure; elle est composée de membres pris dans leur sein et nommés par eux. Cette chambre prononce par voie de décision lorsqu'il s'agit de police et de discipline intérieure, et par forme de simple avis dans les autres cas.

2. Les attributions de ladite chambre seront : 1° De maintenir la discipline intérieure entre les avoués, et de prononcer l'application des censures de discipline ci-après établies ; — 2° De prévenir ou concilier tous différends entre avoués, sur des communications, remises ou retention de pièces sur des questions de préférence ou concurrence dans les poursuites ou dans l'assistance aux levées des scellés et inventaires, et, en cas de non-conciliation, émettre son opinion, par forme de simple avis, sur lesdites questions ou différends ; — 3° De prévenir toute plainte et réclamation de la part de tiers contre des avoués, à raison de leurs fonctions; concilier celles qui pourraient avoir lieu ; émettre son opinion, par forme de simple avis, sur les réparations civiles qui pourraient en résulter, et réprimer, par voie de discipline et censure, les infractions qui en seraient l'objet, sans préjudice de l'action publique devant les tribunaux, s'il y a lieu ; — 4° De donner son avis comme tiers sur les difficultés qui peuvent s'élever lors de la taxe de tous frais et dépens, et même sur tous les articles soumis à la taxe, lorsqu'elle se poursuit contre partie, ou lorsque l'avoué fait défaut : cet avis pourra être donné par un des membres commis par la chambre à cet effet ; — 5° De former dans son sein un bureau de consultation gratuite pour les citoyens indigens, dont la

chambre distribue les affaires aux divers avoués, pour les suivre, quand il y a lieu ; — 6° De délivrer, s'il y a lieu, tous certificats de moralité et de capacité aux candidats, lorsqu'elle en sera requise, soit par le tribunal, soit par les candidats que le tribunal présente à la nomination du premier consul, en remplacement des avoués morts ou démissionnaires ; — 7° Enfin, de représenter tous les avoués du tribunal collectivement, sous le rapport de leurs droits et intérêts communs.

3. Tous avis de la chambre seront sujets à homologation, à l'exception des décisions sur les cas de police et de discipline intérieure, déterminés en l'article 8.

Organisation de la chambre. — 4. La chambre des avoués est composée : — De quinze membres dans les tribunaux où le nombre des avoués est de deux cents et au-dessus ; — De onze, lorsque les avoués sont au nombre de cent et plus, jusqu'à deux cents exclusivement ; — De neuf, lorsque les avoués sont au nombre de cinquante et plus, jusqu'à cent exclusivement ; — De sept, lorsque les avoués sont au nombre de trente et plus, jusqu'à cinquante exclusivement ; — De cinq, lorsque les avoués sont au nombre de vingt et plus, jusqu'à trente exclusivement ; — De quatre, lorsque le nombre des avoués est inférieur à vingt. Et néanmoins, la chambre peut délibérer valablement, quand les membres présens et votans forment au moins les deux tiers de ceux dont elle est composée.

5. Parmi les membres dont la chambre se compose, il y a : — 1° Un président, qui a voix prépondérante en cas de partage d'opinions : il convoque extraordinairement quand il le juge à propos, ou sur la réquisition motivée de deux autres membres ; il a la police d'ordre dans la chambre ; — 2° Un syndic, lequel est partie poursuivante contre les avoués inculpés ; il est entendu préalablement à toute délibération de la chambre, qui est tenue de délibérer tous les réquisitoires ; il a, comme le président, le droit de la convoquer ; il poursuit l'exécution de ses délibérations dans la forme ci-après déterminée, et agit, pour la chambre, dans tous les cas, et conformément à ce qu'elle a délibéré ; — 3° Un rapporteur qui recueille les renseignemens sur les affaires contre les avoués inculpés, et en fait le rapport à la chambre ; — 4° Un secrétaire qui rédige les délibérations de la chambre : il est le gardien des archives et délivre toutes expéditions ; — 5° Un trésorier qui tient la bourse commune ci-après établie, fait les recettes et dépenses autorisées par la chambre, et en rend compte, à la fin de chaque trimestre, à la chambre assemblée, qui les arrête ainsi que de droit, et lui en donne sa décharge. — Indépendamment des attributions particulières données aux membres désignés dans le présent article, chacun d'eux a voix délibérative, ainsi que les autres membres, dans toutes les assemblées de la chambre, et néanmoins, lorsqu'il s'agit d'affaires où le syndic est partie contre un avoué inculpé, le syndic n'a que voix consultative, et n'est point compté parmi les votans, à moins que son opinion ne soit à décharge.

6. Les fonctions spéciales attribuées à chacun des cinq membres désignés dans l'article précédent, peuvent être cumulées, lorsque le nombre des membres composant la chambre est au-dessous de cinq, et néanmoins, les fonctions de président, de syndic et de rapporteur seront toujours exercées par trois personnes différentes. Quel que soit le nombre des membres composant la chambre, la même cumulation peut avoir lieu momentanément, en cas d'absence ou d'empêchement d'aucun des membres désignés dans l'article précédent, lesquels, pour ce cas, se suppléent entre eux, ou peuvent même être suppléés par tel autre membre que ce soit de la chambre. — Les suppléans momentanés sont nommés par le président de la chambre, ou, s'il est absent, par la majorité des membres présens en nombre suffisant pour délibérer.

7. Outre les fonctions spéciales ci-dessus attribuées à quelques membres, et celle commune à tous dans les délibérations, chacun des membres de la chambre est sous-délégué : 1° Pour faire les taxes des frais qui lui sont réparties par le président de la chambre ; — 2° Pour l'examen et consultation des affaires pour les indigens, qui lui sont aussi réparties par le président de la chambre, à laquelle il les renvoie, avec son avis, pour, s'il y a lieu de les suivre, être, par le président, distribuées aux divers avoués ; — 3° Enfin, pour se trouver à la chambre des avoués chaque jour des audiences du tribunal, à l'effet de faciliter l'exercice des fonctions attribuées à ladite chambre.

Pouvoir de la chambre dans les moyens de discipline. — 8. La chambre prononce contre les avoués par forme de discipline, et suivant la gravité des cas, celles des dispositions suivantes qu'elle croit devoir leur appliquer, savoir : 1° Le rappel à l'ordre ; — 2° La censure simple, par la décision même ; — 3° La censure avec réprimande, par le président, à l'avoué en personne, dans la chambre assemblée ; — 4° L'interdiction de l'entrée de la chambre.

9. Si l'inculpation portée à la chambre contre un avoué paraît assez grave pour mériter la suspension de l'avoué inculpé, la chambre s'adjoint, par la voie du sort, d'autres avoués en nombre égal plus un, à celui des membres dont elle est composée ; et ainsi formée, la chambre émet son opinion sur la suspension et sa durée par forme de simple avis. — Les voix sont recueillies, en ce cas, au scrutin secret, par *oui* ou par *non*, et l'avis ne peut être formé si les deux tiers au moins des membres appelés à l'assemblée n'y sont présens. — Les dispositions de cet article ne sont point applicables aux avoués des tribunaux où leur nombre total n'est pas au moins le triple de celui des membres de la chambre.

10. Quand l'avis émis par la chambre sera pour la suspension, il sera déposé au greffe du tribunal ; expédition en sera remise au commissaire du gouvernement, qui en fera l'usage qui sera voulu par la loi.

Mode de procéder en la chambre. — 11. Le syndic défère à la chambre les faits relatifs à la discipline, et est tenu de les lui dénoncer, soit d'office, quand il en a eu connaissance, soit sur la provocation des parties intéressées, soit sur celle de l'un des membres de la chambre. — Les avoués inculpés seront cités à la chambre avec délai suffisant, qui ne peut être au-dessous de cinq jours, à la diligence du syndic, par une simple lettre indicative de l'objet, signée de lui et envoyée par le secrétaire qui en tient note.

12. Quant aux différends entre avoués, et aux difficultés sur lesquelles la chambre est chargée d'émettre son avis, les avoués peuvent se présenter, contradictoirement et sans citation préalable, aux séances de la chambre ; ils peuvent également y être cités, soit par simples lettres indicatives des objets, signées des avoués provoquans, et renvoyées par le secrétaire auquel ils en laissent des doubles, soit par des cita-

tions ordinaires dont ils déposent les originaux au secrétariat. Ces citations officielles ou par lettres sont données avec les mêmes délais que celles du syndic, après avoir été préalablement soumises au visa du président de la chambre.

13. La chambre prend ses délibérations dans les affaires particulières, après avoir entendu ou dûment appelé dans la forme ci-dessus prescrite, les avoués inculpés ou intéressés, ensemble les tierces parties qui voudront être entendues, et qui, dans tous les cas, pourront se faire représenter ou assister par un avoué. — Les délibérations de la chambre sont motivées et signées sur la minute, par la majorité des membres présens : les expéditions ne le sont que par le président et le secrétaire. — Ces délibérations n'étant que de simples actes d'administration, d'ordre et de discipline intérieure, ou de simples avis, ne sont, dans aucun cas, sujettes au droit d'enregistrement, non plus que les pièces y relatives. — Les délibérations de la chambre sont notifiées, quand il y a lieu, dans la même forme que les citations ; et il en est fait mention par le secrétaire, en marge desdites délibérations.

Nomination des membres de la chambre et durée de leurs fonctions. — 14. Les membres de la chambre sont nommés par l'assemblée générale des avoués, qui se réunissent à cet effet dans le lieu où siège le tribunal. — Lorsqu'il y a cent votans et au-dessus, l'assemblée se divise par bureaux, qui ne peuvent être composés de moins de trente ni de plus de cinquante. — Chaque bureau est présidé par le doyen d'âge des avoués présens ; les deux plus âgés après lui font les fonctions de scrutateurs, et le plus jeune celles de secrétaire. — La nomination se fait au scrutin secret, par bulletin de liste contenant un nombre de noms qui ne peut excéder celui des membres à nommer. — La majorité absolue des voix de l'assemblée générale est nécessaire pour la nomination.

15. Les membres de la chambre sont renouvelés tous les ans, par tiers pour les nombres qui comportent cette division, et par portions les plus approximatives du tiers pour les autres nombres, en faisant alterner, chaque année, les portions inférieures et supérieures au tiers, à commencer par les inférieures, de manière que, dans tous les cas, aucun membre ne puisse rester en fonctions plus de trois ans consécutifs. — Le sort indique ceux des membres qui doivent sortir la première et la seconde année ; et ensuite ils sortent par ancienneté de nomination. — Les membres sortans ne peuvent être réélus qu'après une année d'intervalle. — Il est fait exception aux dispositions du présent article, pour le cas où le nombre total des avoués n'est pas suffisant pour le renouvellement, qui alors n'a lieu que jusqu'à concurrence du nombre existant. Il n'y a de même pas lieu audit renouvellement, ni à la nomination primitive, si le nombre des avoués n'excède pas celui nécessaire pour la composition de la chambre, dont, en ce cas, ils sont membres de droit.

16. Les membres choisis pour composer la chambre ou qui en sont membres de droit, nomment entre eux au scrutin, à la majorité absolue, le président, le syndic, le rapporteur, le secrétaire et le trésorier. — Cette nomination se renouvelle tous les ans, et les mêmes peuvent être réélus. — En cas de partage des voix, le scrutin est recommencé, et si le résultat est le même, le plus âgé des deux membres qui sont l'objet de ce partage est nommé de droit, à moins

qu'il n'ait rempli, pendant les deux années précédentes, la place à laquelle il s'agit de nommer, auquel cas la nomination de droit s'opère au profit de son concurrent.

17. La nomination des membres de la chambre a lieu de droit le 13 fructidor de chaque année. Ils entrent en fonctions le 1er vendémiaire suivant, et le même jour ils nomment le président et les autres officiers qui entrent de suite en fonctions.

Fonds pour les dépenses de la chambre. — 18. Il y a une bourse commune pour les dépenses des bureaux de la chambre. — Chaque membre de la chambre verse dans cette bourse commune la moitié des droits de présence à la taxe des droits de tiers qui lui sont attribués par les ordonnances. — Pour le surplus des fonds à fournir à la bourse commune, chaque avoué, même chacun des membres de la chambre, contribue de ses deniers, suivant ses facultés, et ainsi qu'il est réglé par elle, sans qu'il puisse néanmoins être exigé d'aucun d'eux, pour chaque année, au-delà d'une somme égale à l'intérêt annuel de son cautionnement. — Et les fonds qui se trouvent dans la bourse commune au-delà des dépenses annuelles, sont réservés et employés par la chambre pour subvenir aux besoins des pauvres qu'elle croit avoir le plus de droits à la bienfaisance des avoués.

2° *Arrêté du 2 thermidor an X.*

1. Dans les cas prévus par l'art. 8 (de l'arrêté du 13 frimaire an IX), où la chambre a le droit de prononcer le rappel à l'ordre, la censure simple, la censure avec réprimande, l'interdiction de l'entrée de la chambre, les décisions sont exécutées sans appel ou recours aux tribunaux.

2. Dans les cas prévus par l'art. 9, où la chambre n'a le droit de prononcer que par forme d'avis, les avis n'ont d'effet qu'après qu'ils ont été homologués par le tribunal sur les conclusions du commissaire du gouvernement.

3. Dans aucun cas, la chambre des avoués ne pourra ordonner l'impression des arrêtés de police et de discipline intérieure.

3° *Ordonnance du 12-14 août 1832.*

1. Lorsque le nombre des avoués, près les cours royales et les tribunaux de première instance, sera de vingt et au-dessus, les membres des chambres de discipline ne pourront être élus que parmi les avoués les plus anciens en exercice, formant la moitié du nombre total. — Lorsque ce nombre sera au-dessous de vingt, tout avoué sera éligible à la chambre de discipline.

III. DISPOSITIONS GÉNÉRALES.

1° *Constitution d'avoué.*

C. Proc. 61. L'exploit d'ajournement contiendra la constitution de l'avoué qui occupera pour (le demandeur), et chez lequel l'élection de domicile sera de droit à moins d'une élection contraire par le même exploit.

75. Le défendeur sera tenu, dans les délais de l'ajournement, de constituer avoué, ce qui se fera par acte signifié d'avoué à avoué. Le défendeur ni le demandeur ne pourront révoquer leur avoué sans en constituer un autre. Les procédures faites et

jugemens obtenus contre l'avoué révoqué , et non remplacé , seront valables. *V*. Défenses.

85. Pourront les parties, assistées de leurs avoués, se défendre elles-mêmes.

149. Si le défendeur ne constitue pas avoué, ou si l'avoué constitué ne se présente pas au jour indiqué pour l'audience, il sera donné défaut. *V*. Défaut.

Constitution de nouvel avoué.

C. Proc. 342. Le jugement de l'affaire qui sera en état, ne sera différé ni par le changement d'état des parties, ni par la cessation des fonctions dans lesquelles elles procédaient, ni par leur mort , ni par les décès , démissions , interdictions ou destitutions de leurs avoués.

344. Dans les affaires qui ne seront pas en état, toutes procédures faites postérieurement à la notification de la mort de l'une des parties seront nulles : il ne sera pas besoin de signifier les décès , démissions , interdictions, ni destitutions des avoués ; les poursuites faites et les jugemens obtenus depuis seront nuls, s'il n'y a constitution de nouvel avoué. (*V*. Reprise d'instance.)

2° *De l'instruction. V.* Procédure, Communication de pièces, Production, etc.

3° *Du jugement rendu par défaut, soit après constitution d'avoué, soit lorsqu'il n'y a pas eu constitution. V.* Défaut.

4° *Du jugement contradictoire. V.* Contradictoire (*jugement*), Expédition, Qualité.

5° *De l'exécution des jugemens. V.* Exécution.

6° *Frais et taxe. — Action en paiement.*

Frais et taxe. *C. Proc.* 104. Les avoués déclareront, au bas des originaux et des copies de toutes leurs requêtes et écritures, le nombre des rôles, qui sera aussi énoncé dans l'acte de produit, à peine de rejet lors de la taxe. *V*. Taxe.

133. Les avoués pourront demander la distraction des dépens à leur profit, en affirmant, lors de la prononciation du jugement, qu'ils ont fait la plus grande partie des avances. La distraction des dépens ne pourra être prononcée que par le jugement qui en portera la condamnation ; dans ce cas la taxe sera poursuivie, et l'exécutoire délivré au nom de l'avoué, sans préjudice de l'action contre sa partie. *V*. Dépens.

Paiement (*action en*). *C. Proc.* 49. Sont dispensées du préliminaire de la conciliation : 1°.., 5° les demandes des avoués en paiement de frais.

60. Les demandes formées pour frais par les officiers ministériels seront portées au tribunal où les frais ont été faits.

(*Prescription*). *C. Civ.* 2273. L'action des avoués pour le paiement de leurs frais et salai-

res, se prescrit par deux ans, à compter du jugement des procès, ou de la conciliation des parties, ou depuis la révocation desdits avoués. A l'égard des affaires non terminées, ils ne peuvent former de demandes pour leurs frais et salaires qui remonteraient à plus de cinq ans.

2274. La prescription dans les cas ci-dessus a lieu, quoiqu'il y ait eu continuation de travaux. — Elle ne cesse de courir que lorsqu'il y a eu compte arrêté, cédule ou obligation , ou citation en justice non périmée.

2275. Néanmoins, ceux auxquels ces prescriptions seront opposées peuvent déférer le serment à ceux qui les opposent, sur la question de savoir si la chose a été réellement payée. — Le serment pourra être déféré aux veuves et héritiers, ou aux tuteurs de ces derniers, s'ils sont mineurs, pour qu'ils aient à déclarer s'ils ne savent pas que la chose soit due.

7° *Dispositions générales du tarif.*

1° *Dispositions générales communes aux avoués des cours et des tribunaux.*

Ch. 3. 151. Tous les avoués seront tenus d'avoir un registre qui sera coté et paraphé par le président du tribunal auquel ils seront attachés, ou par un des juges du siége qui sera par lui commis, sur lequel registre ils inscriront eux-mêmes, par ordre de date et sans aucun blanc , toutes les sommes qu'ils recevront de leurs parties. Ils représenteront ce registre toutes les fois qu'ils en seront requis , et qu'ils formeront les demandes en condamnation de frais ; et faute de représentation ou de tenue régulière , ils seront déclarés non-recevables dans leurs demandes. Le tarif ne comprend que l'émolument net des avoués et autres officiers ; les déboursés seront payés en outre. Les officiers ne pourront exiger de plus forts droits que ceux énoncés au tarif, à peine de restitution, dommages et intérêts, et d'interdiction s'il y a lieu. Il ne sera passé aux juges de paix , aux experts, aux avoués , aux notaires , et à tous les officiers ministériels, que trois vacations par jour quand ils opèreront dans le lieu de leur résidence ; deux par matinée , et une seule l'après-dîner.

2° *Dispositions diverses relatives aux avoués des tribunaux.*

69. Il ne sera alloué aucun émolument à l'avoué dans le cas où il comparaîtrait au bureau de conciliation pour sa partie.

144. Il sera taxé aux avoués par chaque journée de campagne, à raison de cinq myriamètres pour un jour, lorsque leur présence sera autorisée par la loi ou requise par leurs parties, y compris leurs frais de transport et de nourriture, à Paris, 30 fr. Dans le ressort, 22 fr. 50 c. *V. pour les autres ressorts le mot* Tarif, *et pour la taxe des actes les mots auxquels ces actes se rapportent.*

145. Quand les parties seront domiciliées hors de l'arrondissement du tribunal , il sera passé à leurs avoués, pour les frais de port de pièces et de correspondances, par chaque jugement définitif, à Paris, 10 fr. Dans le ressort, 7 fr. 50 c. Et par chaque interlocutoire, à Paris, 5 fr. Dans le ressort, 3 fr. 75 c.

146. Lorsque les parties seront en voyage et qu'elles se seront présentées au greffe, assistées de leur avoué, pour y affirmer que le voyage a été fait dans la seule vue du procès, il leur sera alloué, quels que soient leur état et leur profession, pour frais de voyage, séjour et retour, 5 fr. par chaque myriamètre de distance entre leur domicile et le tribunal où le procès sera pendant, et à l'avoué pour vacation au greffe, à Paris, 1 fr. 50 c. Dans le ressort, 1 fr. 15 c. Il ne sera passé en taxe qu'un seul voyage en première instance et un seul en cause d'appel. La taxe pour la partie sera la même en l'un et l'autre cas. Cependant si la comparution d'une partie avait été ordonnée par jugement, et qu'en définitive les dépens lui fussent adjugés, il lui sera alloué pour cet objet une taxe égale à celle d'un témoin. V. TÉMOIN.

5° *Dispositions relatives aux avoués de la cour d'appel de Paris*

Chap. 3. 147. Les émolumens des avoués de la cour d'appel seront taxés au même prix et dans la même forme que ceux des avoués du tribunal de première instance de Paris, avec une augmentation sur chaque espèce de droits, savoir : dans les matières sommaires, du double, et dans les matières ordinaires, du double pour le droit de consultation, ainsi que pour le port de pièces, lorsque les parties seront domiciliées hors de l'arrondissement du tribunal de première instance de Paris ; et pour les autres droits, d'une moitié seulement de ceux attribués aux avoués de première instance. Néanmoins, dans les demandes de condamnation de frais d'un avoué contre sa partie, il ne sera alloué que moitié du droit fixé pour les matières sommaires. V. *pour les autres ressorts le mot* TARIF.

148. (Pr. 457. 458. 459.) Les frais des demandes à fin de défenses contre les jugemens mal à propos qualifiés en dernier ressort, ou dont l'exécution provisoire a été mal à propos ordonnée, hors les cas prévus par la loi : ainsi que ceux des demandes à fin d'exécution provisoire des jugemens non qualifiés ou mal à propos qualifiés en premier ressort, et de ceux qui n'auraient pas prononcé l'exécution provisoire dans les cas où elle devait l'être, seront liquidés comme en matière sommaire.

149. (Pr. 809) Il en sera de même des frais faits sur les appels d'ordonnances de référés.

150. (Pr. 858.) Les requêtes en prise à partie, et celles du pourvoi contre un jugement qui a statué sur une demande en rectification d'un acte de l'état civil, quand il n'y a d'autre partie que le demandeur en rectification, seront taxées, 15 fr.

IV. DISPOSITIONS DIVERSES.

CESSION DE PROCÈS. *C. Civ.* 1597. Les avoués ne peuvent devenir cessionnaires des procès, droits et actions litigieux qui sont de la compétence du tribunal dans le ressort duquel ils exercent leurs fonctions, à peine de nullité, et des dépens, dommages et intérêts.

COMPTE. *C. Proc.* 536. Après la présentation et l'affirmation, le compte sera signifié à l'avoué de l'oyant ; les pièces justificatives seront cotées et paraphées par l'avoué du rendant. V. COMPTE.

DESCENTE DE LIEU. *C. Proc.* 297. Sur la requête de la partie la plus diligente, le juge-commissaire rendra une ordonnance qui fixera les lieu, jour et heure de la descente ; la signification en sera faite d'avoué à avoué, et vaudra sommation.

DÉSISTEMENT. *C. Proc.* 402. Le désistement peut être fait et accepté par de simples actes signés des parties ou de leurs mandataires, et signifiés d'avoué à avoué. V. DÉSISTEMENT.

ÉCRITURE. (*Vérification*). *C. Proc.* 196. Le jugement qui autorisera la vérification, portera que la pièce à vérifier sera déposée au greffe, après que son état aura été constaté, et qu'elle aura été signée et paraphée par le demandeur ou son avoué, et par le greffier, lequel dressera du tout un procès-verbal. V. ÉCRITURE (*vérification d'*).

ENQUÊTE. *C. Proc.* 257. Si l'enquête est faite au même lieu où le jugement a été rendu, ou dans la distance de trois myriamètres, elle sera commencée dans la huitaine du jour de la signification à avoué ; si le jugement est rendu contre une partie qui n'avait point d'avoué, le délai courra du jour de la signification à personne ou au domicile : ces délais courent également contre celui qui a signifié le jugement ; le tout à peine de nullité. — Si le jugement est susceptible d'opposition, le délai courra du jour de l'expiration des délais de l'opposition. V. ENQUÊTE.

293. L'enquête déclarée nulle par la faute de l'avoué, ou par celle de l'huissier, ne sera pas recommencée ; mais la partie pourra en répéter les frais contre eux, même des dommages et intérêts en cas de manifeste négligence ; ce qui est laissé à l'arbitrage du juge.

EXÉCUTION DE JUGEMENT. *C. Proc.* 1038. Les avoués qui ont occupé dans les causes où il est intervenu des jugemens définitifs, seront tenus d'occuper sur l'exécution de ces jugemens, sans nouveaux pouvoirs, pourvu qu'elle ait lieu dans l'année de la prononciation des jugemens.

EXPERTISE. *C. Proc.* 321. Le rapport sera levé et signifié à avoué par la partie la plus diligente ; l'audience sera poursuivie sur un simple acte.

FAUX (*inscription de*). *C. Proc.* 215. Celui qui voudra s'inscrire en faux, sera tenu préalablement de sommer l'autre partie, par acte d'avoué à avoué, de déclarer si elle veut ou non se servir de la pièce, avec déclaration que, dans le cas où elle s'en servirait, il s'inscrira en faux. V. FAUX (*inscription de*).

ORDRE. *C. Proc.* 760. Les créanciers postérieurs en ordre d'hypothèque aux collocations contestées seront tenus, dans la huitaine du mois accordé pour contredire, de s'accorder entre eux sur le choix d'un avoué ; sinon ils seront représentés par l'avoué du dernier créancier colloqué. Le créancier qui contestera individuellement, supportera les frais auxquels sa contestation particulière aura donné lieu, sans pouvoir les répéter ni employer en aucun cas. L'avoué poursuivant ne pourra en cette qualité être appelé dans la contestation.

761. L'audience sera poursuivie par la partie la plus diligente, sur un simple acte d'avoué à avoué, sans autre procédure.

764. L'avoué du créancier dernier colloqué pourra être intimé, s'il y a lieu.

PÉREMPTION. *C. Proc.* 400. Elle sera demandée par requête d'avoué à avoué, à moins que l'avoué ne soit décédé, ou interdit, ou suspendu, depuis le moment où elle a été acquise. *V.* PÉREMPTION.

PIÈCES ET TITRES (*Prescription*). *C. Civ.* 2276. Les avoués sont déchargés des pièces cinq ans après le jugement des procès.

(*Restitution*). *C. Civ.* 2060. La contrainte par corps a lieu : 1°..., 7° contre les avoués pour la restitution des titres à eux confiés et des deniers par eux reçus pour leurs cliens, par suite de leurs fonctions.

(*Rétablissement*). *C. Proc.* 191. Si, après l'expiration du délai (pour la communication), l'avoué n'a pas rétabli les pièces, il sera, sur simple requête, et même sur simple mémoire de la partie, rendu ordonnance portant qu'il sera contraint à ladite remise incontinent et par corps ; même à payer trois francs de dommages-intérêts à l'autre partie par chaque jour de retard du jour de la signification de ladite ordonnance, outre les frais desdites requête et ordonnance, qu'il ne pourra répéter contre son constituant.

192. En cas d'opposition, l'incident sera réglé sommairement ; si l'avoué succombe, il sera condamné personnellement aux dépens de l'incident, même en tels autres dommages-intérêts et peines qu'il appartiendra, suivant la nature des circonstances.

PRISE A PARTIE. *C. Proc.* 512. Il ne pourra être employé (dans la requête) aucun terme injurieux contre les juges, à peine, contre la partie, de telle amende, et contre son avoué, de telle injonction ou suspension qu'il appartiendra.

REQUÊTE CIVILE. *C. Proc.* 492. La requête civile sera formée par assignation au domicile de l'avoué de la partie qui a obtenu le jugement attaqué, si elle est formée dans les six mois de la date du jugement ; après ce délai, l'assignation sera donnée au domicile de la partie. *V.* REQUÊTE CIVILE.

RESPONSABILITÉ. *C. Proc.* 552. Aucune offre, aucun aveu ou consentement, ne pourront être faits, donnés ou acceptés, sans un pouvoir spécial, faute de désaveu.

152. Les avoués et huissiers qui auront excédé les bornes de leur ministère, les tuteurs, curateurs, héritiers bénéficiaires ou autres administrateurs qui auront compromis les intérêts de leur administration, pourront être condamnés aux dépens, en leur nom et sans répétition, même aux dommages et intérêts, s'il y a lieu, sans préjudice de l'interdiction contre les avoués et huissiers, et de la destitution contre les tuteurs et autres, suivant la gravité des circonstances.

SAISIE IMMOBILIÈRE. *C. Proc.* 707. Les enchères seront faites par le ministère d'avoué et à l'audience.

709. L'avoué dernier enchérisseur sera tenu, dans les trois jours de l'adjudication, de déclarer l'adjudicataire, et de fournir son acceptation ; sinon, de représenter son pouvoir, lequel demeurera annexé à la minute de sa déclaration : faute de ce faire, il sera réputé adjudicataire en son nom.

713. Les avoués ne pourront se rendre adjudicataires pour le saisi, les personnes notoirement insolvables, les juges, juges suppléans, procureurs généraux, avocats généraux, procureurs du Roi, substituts des procureurs généraux et du Roi, et greffiers du tribunal où se poursuit et se fait la vente, à peine de nullité de l'adjudication, et de tous dommages et intérêts.

SAISIE DE RENTES. *C. Proc.* 631. Les enchères seront reçues par le ministère d'avoués.

SCELLÉS. *C. Proc.* 932. Si parmi les mandataires (des opposans à la levée des scellés) se trouvent des avoués près le tribunal de première instance du ressort, ils justifieront de leurs pouvoirs par la représentation du titre de leur partie ; et l'avoué le plus ancien, suivant l'ordre du tableau, des créanciers fondés en titre authentique, assistera de droit pour tous les opposans : si aucun des créanciers n'est fondé en titre authentique, l'avoué le plus ancien des opposans fondés en titre privé assistera. L'ancienneté sera définitivement réglée à la première vacation.

B

BAC. *V.* BATEAU.

BAIL. *V.* LOUAGE (*contrat de*).

BAIL DE BIENS RURAUX. *V.* FERME (*bail à*).

BAIL A CHEPTEL. *V.* CHEPTEL.

BAIL A FERME. *V.* FERME (*bail à*).

BAIL A LOYER. *V.* LOYER (*bail à*).

BAIL DE MAISON. *V.* LOYER (*bail à*).

BAN DE MARIAGE. *V.* PUBLICATIONS DE MARIAGE.

BAN DE VENDANGE. *C. Pén.* 475. Seront punis d'amende , depuis six francs jusqu'à dix francs inclusivement, 1° ceux qui auront contrevenu aux bans de vendanges ou autres bans autorisés par les règlemens. *V.* POLICE (*contraventions et peines*).

BANNISSEMENT. *C. Pén.* 8. Les peines infamantes sont : 1° le bannissement.

28. La condamnation à la peine du bannissement emportera la dégradation civique. *V.* CIVIQUE (*dégradation*).

52. Quiconque aura été condamné au bannissement, sera transporté, par ordre du Gouvernement, hors du territoire du royaume. — La durée du bannissement sera au moins de cinq années, et de dix ans au plus.

53. Si le banni, avant l'expiration de sa peine, rentre sur le territoire du royaume, il sera, sur la seule preuve de son identité, condamné à la détention pour un temps au moins égal à celui qui restait à courir jusqu'à l'expiration du bannissement, et qui ne pourra excéder le double de ce temps.

36. Tous arrêts qui porteront la peine du bannissement seront imprimés par extrait. — Ils seront affichés dans la ville centrale du département, dans celle où l'arrêt aura été rendu, dans la commune du lieu où le délit aura été commis , dans celle où se fera l'exécution, et dans celle du domicile du condamné.

48. Les coupables condamnés au bannissement seront, de plein droit, sous la surveillance (de la haute police de l'État), pendant un temps égal à la durée de la peine qu'ils auront subie.

56. Quiconque , ayant été condamné à une peine afflictive ou infamante, aura commis un second crime emportant, comme peine principale, la dégradation civique, sera condamné à la peine du bannissement. — Si le second crime emporte la peine du bannissement, il sera condamné à la peine de la détention.

BANQUE (BILLETS DE). *C. Pén.* 159. Ceux qui auront contrefait ou falsifié des billets de banques autorisés par la loi, ou qui auront fait usage de ces billets contrefaits ou falsifiés, ou qui les auront introduits dans l'enceinte du territoire français, — seront punis des travaux forcés à perpétuité.

BANQUEROUTE.

I. DROIT CIVIL.

1° *Dispositions préliminaires.*

C. Com. 438. Tout commerçant failli qui se trouve dans l'un des cas de fraude prévus par la présente loi, est en état de banqueroute. *V. ci-après art.* 586 *et suiv.*

439. Il y a deux espèces de banqueroutes : — la banqueroute simple ; elle sera jugée par les tribunaux correctionnels : — la banqueroute frauduleuse ; elle sera jugée par les cours d'assises.

490. (Si le procureur du Roi) présume qu'il y a banqueroute simple ou frauduleuse, s'il y a un mandat d'amener, de dépôt ou d'arrêt décerné contre le failli, il en donnera connaissance , sans délai , au juge-commissaire du tribunal de commerce ; en ce cas, ce commissaire ne pourra proposer, ni le tribunal accorder de sauf-conduit au failli.

521. Si l'examen des actes, livres et papiers du failli, donne quelque présomption de banqueroute, il ne pourra être fait aucun traité entre le failli et les créanciers, à peine de nullité : le commissaire veillera à l'exécution de la présente disposition.

526. Le tribunal de commerce pourra, pour cause d'inconduite ou de fraude, refuser l'homologation du concordat ; et, dans ce cas, le failli sera en prévention de banqueroute , et renvoyé, de droit, devant le magistrat de sûreté, qui sera tenu de poursuivre d'office. — S'il accorde l'homologation, le tribunal déclarera le failli excusable, et susceptible d'être réhabilité aux conditions exprimées au titre *de la Réhabilitation. V.* RÉHABILITATION.

550. S'il n'existe pas de présomption de banqueroute, le failli aura droit de demander, à titre de secours, une somme sur ses biens : les syndics en proposeront la quotité ; et le tribunal , sur le rapport du commissaire, la fixera, en proportion des besoins et de l'étendue de la famille du failli, de sa bonne foi, et du plus ou moins de perte qu'il fera supporter à ses créanciers. —

551. Toutes les fois qu'il y aura réunion de créanciers, le commissaire du tribunal de commerce lui rendra compte des circonstances. Le tribunal prononcera, sur son rapport, comme il

est dit à la section 2 du présent chapitre (*art.* 519-526. *V.* Concordat) ; si le failli est ou non excusable, et susceptible d'être réhabilité.—En cas de refus du tribunal de commerce, le failli sera en prévention de banqueroute, et renvoyé, de droit, devant le magistrat de sûreté, comme il est dit à l'article 526. *V. ci-dessus.*

2° Des banqueroutes.

Chap. 1er de la banqueroute simple.

C. Com. (*liv.* 5, *tit.* 4, *art.* 586-603). — 586. Sera poursuivi comme banqueroutier simple, et pourra être déclaré tel, le commerçant failli qui se trouvera dans l'un ou plusieurs des cas suivans; savoir : 1° si les dépenses de sa maison, qu'il est tenu d'inscrire mois par mois sur son livre-journal, sont jugées excessives; 2° s'il est reconnu qu'il a consommé de fortes sommes au jeu, ou à des opérations de pur hasard ; 5° s'il résulte de son dernier inventaire que son actif étant de cinquante pour cent au-dessous de son passif, il a fait des emprunts considérables, et s'il a revendu des marchandises à perte ou au-dessous du cours ; 4° S'il a donné des signatures de crédit ou de circulation pour une somme triple de son actif, selon son dernier inventaire.

587. Pourra être poursuivi comme banqueroutier simple, et être déclaré tel, — le failli qui n'aura pas fait au greffe la déclaration prescrite par l'article 440[1] ; — celui qui, s'étant absenté, ne se sera pas présenté en personne aux agens et aux syndics dans les délais fixés, et sans empêchement légitime ; — celui qui présentera des livres irrégulièrement tenus, sans néanmoins que les irrégularités indiquent de fraude, ou qui ne les présentera pas tous ; — celui qui, ayant une société, ne se sera pas conformé à l'article 440[1].

588. Les cas de banqueroute simple seront jugés par les tribunaux de police correctionnelle, sur la demande des syndics ou sur celle de tout créancier du failli, ou sur la poursuite d'office qui sera faite par le ministère public.

589. Les frais de poursuite en banqueroute simple seront supportés par la masse, dans le cas où la demande aura été introduite par les syndics de la faillite.

590. Dans le cas où la poursuite aura été intentée par un créancier, il supportera les frais,

si le prévenu est déchargé; lesdits frais seront supportés par la masse, s'il est condamné.

591. Les procureurs du Roi sont tenus d'interjeter appel de tous jugemens des tribunaux de police correctionnelle, lorsque, dans le cours de l'instruction, ils auront reconnu que la prévention de banqueroute simple est de nature à être convertie en prévention de banqueroute frauduleuse.

592. Le tribunal de police correctionnelle, en déclarant qu'il y a banqueroute simple, devra, suivant l'exigence des cas, prononcer l'emprisonnement pour un mois au moins, et deux ans au plus. — Les jugemens seront affichés en outre, et insérés dans un journal, conformément à l'article 683 du Code de procédure civile. *V.* Immobilière (*saisie*).

Chap. 2 de la banqueroute frauduleuse.

593. Sera déclaré banqueroutier frauduleux tout commerçant failli qui se trouvera dans un ou plusieurs des cas suivans; savoir : 1° s'il a supposé des dépenses ou des pertes, ou ne justifie pas de l'emploi de toutes ses recettes; 2° s'il a détourné aucune somme d'argent, aucune dette active, aucunes marchandises, denrées ou effets mobiliers; 5° s'il a fait des ventes, négociations ou donations supposées ; 4° s'il a supposé des dettes passives et collusoires entre lui et des créanciers fictifs, en faisant des écritures simulées, ou en se constituant débiteur, sans cause ni valeur, par des actes publics ou par des engagemens sous signature privée; 5° si, ayant été chargé d'un mandat spécial, ou constitué dépositaire d'argent, d'effets de commerce, de denrées ou marchandises, il a, au préjudice du mandat ou du dépôt, appliqué à son profit les fonds ou la valeur des objets sur lesquels portait, soit le mandat, soit le dépôt; 6° s'il a acheté des immeubles ou des effets mobiliers à la faveur d'un prête-nom ; 7° s'il a caché ses livres.

594. Pourra être poursuivi comme banqueroutier frauduleux, et être déclaré tel, — le failli qui n'a pas tenu de livres, ou dont les livres ne présenteront pas sa véritable situation active et passive ; — celui qui, ayant obtenu un sauf-conduit, ne se sera pas représenté à justice.

595. Les cas de banqueroute frauduleuse seront poursuivis d'office devant les cours d'assises, par les procureurs du Roi et leurs substituts, sur la notoriété publique, ou sur la dénonciation, soit des syndics, soit d'un créancier.

596. Lorsque le prévenu aura été atteint et déclaré coupable des délits énoncés dans les articles précédens, il sera puni des peines portées au Code pénal pour la banqueroute frauduleuse.

597. Seront déclarés complices des banquerou-

---

[1] 440. Tout failli sera tenu, dans les trois jours de la cessation de paiemens, d'en faire la déclaration au greffe du tribunal de commerce; le jour où il aura cessé ses paiemens sera compris dans ces trois jours. — En cas de faillite d'une société en nom collectif, la déclaration du failli contiendra le nom et l'indication du domicile de chacun des associés solidaires.

tiers frauduleux, et seront condamnés aux mêmes peines que l'accusé, les individus qui seront convaincus de s'être entendus avec le banqueroutier pour recéler ou soustraire tout ou partie de ses biens meubles ou immeubles; d'avoir acquis sur lui des créances fausses; et qui, à la vérification et affirmation de leurs créances, auront persévéré à les faire valoir comme sincères et véritables.

598. Le même jugement qui aura prononcé les peines contre les complices de banqueroutes frauduleuses, les condamnera, 1° à réintégrer à la masse des créanciers, les biens, droits et actions frauduleusement soustraits; 2° à payer, envers ladite masse des dommages-intérêts égaux à la somme dont ils ont tenté de la frauder.

599. Les arrêts des cours d'assises contre les banqueroutiers et leurs complices seront affichés, et de plus insérés dans un journal, conformément à l'article 683 du Code de procédure civile. *V.* Immobilière (*saisie*).

Chap. 3, *de l'administration des biens en cas de banqueroute.*

600. Dans tous les cas de poursuites et de condamnations en banqueroute simple ou en banqueroute frauduleuse, les actions civiles, autres que celles dont il est parlé dans l'article 598, resteront séparées; et toutes les dispositions relatives aux biens, prescrites pour la faillite, seront exécutées sans qu'elles puissent être attirées, attribuées ni évoquées aux tribunaux de police correctionnelle ni aux cours d'assises. *V.* Faillite.

601. Seront cependant tenus les syndics de la faillite, de remettre aux procureurs du Roi et à leurs substituts, toutes les pièces, titres, papiers et renseignemens qui leur seront demandés.

602. Les pièces, titres et papiers délivrés par les syndics, seront, pendant le cours de l'instruction, tenus en état de communication par la voie du greffe; cette communication aura lieu sur la réquisition des syndics, qui pourront y prendre des extraits privés ou en requérir d'officiels qui leur seront expédiés par le greffier.

603. Lesdites pièces, titres et papiers, seront, après le jugement, remis aux syndics, qui en donneront décharge; sauf néanmoins les pièces dont le jugement ordonnerait le dépôt judiciaire.

3° *Dispositions additionnelles.*

Cession de biens. *C. Proc.* 905. Ne pourront être admis au bénéfice de cession les banqueroutiers frauduleux.

C. Com. 573. Ne pourront être admis au bénéfice de cession les banqueroutiers frauduleux.

Femme du failli. *C. Com.* 555. La femme qui aurait détourné, diverti ou recelé des effets mobiliers (meubles meublans, diamans, tableaux, vaisselle d'or et d'argent, et autres objets, tant à l'usage du mari qu'à celui de la femme), des marchandises, des effets de commerce, de l'argent comptant, sera condamnée à les rapporter à la masse, et poursuivie en outre comme complice de banqueroute frauduleuse.

556. Pourra aussi, suivant la nature des cas, être poursuivie comme complice de banqueroute frauduleuse, la femme qui aura prêté son nom ou son intervention à des actes faits par le mari en fraude de ses créanciers.

Mariage (*contrat de*). *C. Com.* 69. Tout époux séparé de biens ou marié sous le régime dotal qui embrasserait la profession de commerçant postérieurement à son mariage, sera tenu de faire remise (de son contrat conformément à l'art. 872 du C. de Proc. Civ. *V.* Biens (*séparation de*) dans le mois du jour où il aura ouvert son commerce, à peine, en cas de faillite, d'être puni comme banqueroutier frauduleux.

Réhabilitation. *C. Com.* 612. Ne seront point admis à la réhabilitation les banqueroutiers frauduleux.

613. Pourra être admis à la réhabilitation le banqueroutier simple qui aura subi le jugement par lequel il aura été condamné.

II. pénalité.

C. Pén. 402. Ceux qui, dans les cas prévus par le Code de commerce, seront déclarés coupables de banqueroute, seront punis ainsi qu'il suit: — les banqueroutiers frauduleux seront punis de la peine des travaux forcés à temps; — les banqueroutiers simples seront punis d'un emprisonnement d'un mois au moins et de deux ans au plus.

403. Ceux qui, conformément au Code de commerce, seront déclarés complices de banqueroute frauduleuse, seront punis de la même peine que les banqueroutiers frauduleux.

BARATERIE DE PATRON.

C. Com. 353. L'assureur n'est point tenu des prévarications et fautes du capitaine et de l'équipage, connues sous le nom de *baraterie de patron*, s'il n'y a convention contraire.

BATEAU.

C. Civ. 531. Les bateaux, bacs, navires, moulins et bains sur bateaux, et généralement toutes usines non fixées par des piliers, et ne faisant point partie de la maison, sont meubles: la saisie de quelques-uns de ces objets peut cependant, à cause de leur importance, être soumise à des formes particulières, ainsi qu'il sera expliqué dans le Code de la procédure civile (*art.* 620).

C. Proc. 620. S'il s'agit de barques, chaloupes et autres bâtimens de mer, du port de dix tonneaux et au-dessous, bacs, galiotes, bateaux et autres bâtimens de rivière, moulins et autres édifices mobiles, assis sur bateaux ou autrement, il sera procédé à leur adjudication (après saisie), sur les ports, gares ou quais où ils se trouvent : il sera affiché quatre placards au moins, conformément à l'article (619. *V. ci-après*) ; et il sera fait, à trois divers jours consécutifs, trois publications au lieu où sont lesdits objets : la première publication ne sera faite que huit jours au moins après la signification de la saisie. — Dans les villes où il s'imprime des journaux, il sera suppléé à ces trois publications par l'insertion qui sera faite au journal, de l'annonce de ladite vente, laquelle annonce sera répétée trois fois dans le cours du mois précédant la vente.

619. L'apposition sera constatée par exploit, auquel sera annexé un exemplaire du placard.

BEAUX-FRÈRES ET BELLES-SOEURS.

C. Civ. 162. En ligne collatérale, le mariage est prohibé entre le frère et la sœur légitimes ou naturels, et les alliés au même degré.

164 (*l.* 16 *avril* 1832). Néanmoins il est loisible au Roi de lever, pour des causes graves, les prohibitions portées par l'article 162 aux mariages entre beaux-frères et belles-sœurs.

BÉNÉFICE D'INVENTAIRE.

Dispositions générales.

C. Civ. 774. Une succession peut être acceptée purement et simplement sous bénéfice d'inventaire.

C. Proc. 174. L'héritier aura trois mois, du jour de l'ouverture de la succession ou dissolution de la communauté, pour faire inventaire, et quarante jours pour délibérer : si l'inventaire a été fait avant les trois mois, le délai de quarante jours commencera du jour qu'il aura été parachevé. — S'il justifie que l'inventaire n'a pu être fait dans les trois mois, il lui sera accordé un délai convenable pour le faire, et quarante jours pour délibérer ; ce qui sera réglé sommairement. — L'héritier conserve néanmoins, après l'expiration des délais ci-dessus accordés, la faculté de faire encore inventaire et de se porter héritier bénéficiaire, s'il n'a pas fait d'ailleurs acte d'héritier, ou s'il n'existe pas contre lui de jugement passé en force de chose jugée, qui le condamne en qualité d'héritier pur et simple.

1° *Du bénéfice d'inventaire, de ses effets et des obligations de l'héritier bénéficiaire.*

C. Civ. (*liv.* 3, *tit.* 1, *ch.* 5, *sect.* 5, *art.* 793-810).

—793. La déclaration d'un héritier, qu'il entend ne prendre cette qualité que sous bénéfice d'inventaire, doit être faite au greffe du tribunal de première instance dans l'arrondissement duquel la succession s'est ouverte : elle doit être inscrite sur le registre destiné à recevoir les actes de renonciation.

794. Cette déclaration n'a d'effet qu'autant qu'elle est précédée ou suivie d'un inventaire fidèle et exact des biens de la succession, dans les formes réglées par les lois sur la procédure, et dans les délais qui seront ci-après déterminés.

795. L'héritier a trois mois pour faire inventaire, à compter du jour de l'ouverture de la succession. — Il a de plus, pour délibérer sur son acceptation ou sur sa renonciation, un délai de quarante jours, qui commencent à courir du jour de l'expiration des trois mois donnés pour l'inventaire, ou du jour de la clôture de l'inventaire s'il a été terminé avant les trois mois.

796. Si cependant il existe dans la succession des objets susceptibles de dépérir ou dispendieux à conserver, l'héritier peut, en sa qualité d'habile à succéder, et sans qu'on puisse en induire de sa part une acceptation, se faire autoriser par justice à procéder à la vente de ces effets. — Cette vente doit être faite par officier public, après les affiches et publications réglées par les lois sur la procédure. *V.* MOBILIÈRE (*vente*).

797. Pendant la durée des délais pour faire inventaire et pour délibérer, l'héritier ne peut être contraint à prendre qualité, et il ne peut être obtenu contre lui de condamnation : s'il renonce lorsque les délais sont expirés ou avant, les frais par lui faits légitimement jusqu'à cette époque sont à la charge de la succession.

798. Après l'expiration des délais ci-dessus, l'héritier, en cas de poursuite dirigée contre lui, peut demander un nouveau délai, que le tribunal saisi de la contestation accorde ou refuse suivant les circonstances.

799. Les frais de poursuite, dans le cas de l'article précédent, sont à la charge de la succession, si l'héritier justifie, ou qu'il n'avait pas eu connaissance du décès, ou que les délais ont été insuffisans, soit à raison de la situation des biens, soit à raison des contestations survenues : s'il n'en justifie pas, les frais restent à sa charge personnelle.

800. L'héritier conserve néanmoins, après l'expiration des délais accordés par l'article 795, même de ceux accordés par le juge conformément à l'article 798, la faculté de faire encore inventaire et de se porter héritier bénéficiaire, s'il n'a pas fait d'ailleurs acte d'héritier, ou s'il n'existe pas contre lui de jugement passé en force de chose jugée, qui le condamne en qualité d'héritier pur et simple.

801. L'héritier qui s'est rendu coupable de recélé, ou qui a omis, sciemment et de mauvaise foi, de comprendre dans l'inventaire, des effets de la succession, est déchu du bénéfice d'inventaire.

802. L'effet du bénéfice d'inventaire est de donner à l'héritier l'avantage, 1° de n'être tenu du paiement des dettes de la succession que jusqu'à concurrence de la valeur des biens qu'il a recueillis, même de pouvoir se décharger du paiement des dettes en abandonnant tous les biens de la succession aux créanciers et aux légataires; 2° de ne pas confondre ses biens personnels avec ceux de la succession, et de conserver contre elle le droit de réclamer le paiement de ses créances.

803. L'héritier bénéficiaire est chargé d'administrer les biens de la succession, et doit rendre compte de son administration aux créanciers et aux légataires. — Il ne peut être contraint sur ses biens personnels qu'après avoir été mis en demeure de présenter son compte, et faute d'avoir satisfait à cette obligation. — Après l'apurement du compte, il ne peut être contraint sur ses biens personnels que jusqu'à concurrence seulement des sommes dont il se trouve reliquataire.

804. Il n'est tenu que des fautes graves dans l'administration dont il est chargé.

805. Il ne peut vendre les meubles de la succession que par le ministère d'un officier public, aux enchères, et après les affiches et publications accoutumées. — S'il les représente en nature, il n'est tenu que de la dépréciation ou de la détérioration causée par sa négligence.

806. Il ne peut vendre les immeubles que dans les formes prescrites par les lois sur la procédure; il est tenu d'en déléguer le prix aux créanciers hypothécaires qui se sont fait connaître.

807. Il est tenu, si les créanciers ou autres personnes intéressées l'exigent, de donner caution bonne et solvable de la valeur du mobilier compris dans l'inventaire, et de la portion du prix des immeubles non délégués aux créanciers hypothécaires. — Faute par lui de fournir cette caution, les meubles sont vendus, et leur prix est déposé, ainsi que la portion non déléguée du prix des immeubles, pour être employés à l'acquit des charges de la succession.

808. S'il y a des créanciers opposans, l'héritier bénéficiaire ne peut payer que dans l'ordre et de la manière réglés par le juge. — S'il n'y a pas de créanciers opposans, il paie les créanciers et les légataires à mesure qu'ils se présentent.

809. Les créanciers non opposans qui ne se présentent qu'après l'apurement du compte et le paiement du reliquat, n'ont de recours à exercer que contre les légataires. — Dans l'un et l'autre cas, le recours se prescrit par le laps de trois ans, à compter du jour de l'apurement du compte et du paiement du reliquat.

810. Les frais de scellés, s'il en a été apposé, d'inventaire et de compte, sont à la charge de la succession.

2° Procédure.

C. Proc. (2e part., liv. 2, tit. 8, du bénéfice d'inventaire, art. 986-996).—986. Si l'héritier veut, avant de prendre qualité, et conformément au Code civil, se faire autoriser à procéder à la vente d'effets mobiliers dépendans de la succession, il présentera, à cet effet, requête au président du tribunal de première instance dans le ressort duquel la succession est ouverte. — La vente en sera faite par un officier public, après les affiches et publications prescrites pour la vente du mobilier. V. MOBILIÈRE (vente).

987. S'il y a lieu à vendre des immeubles dépendans de la succession, l'héritier bénéficiaire présentera au président du tribunal de première instance une requête où ils seront désignés: cette requête sera communiquée au ministère public; sur ses conclusions et le rapport d'un juge nommé à cet effet, il sera rendu jugement qui ordonnera préalablement que les immeubles seront vus et estimés par un expert nommé d'office.

988. Si le rapport est régulier, il sera entériné sur requête par le même tribunal; et, sur les conclusions du ministère public, le jugement ordonnera la vente. — Il sera procédé à ladite vente suivant les formalités prescrites au titre des partages et licitations. V. LICITATION. — L'héritier bénéficiaire sera réputé héritier pur et simple, s'il a vendu des immeubles sans se conformer aux règles prescrites dans le présent titre.

989. S'il y a lieu à faire procéder à la vente du mobilier et des rentes, dépendant de la succession, la vente sera faite suivant les formes prescrites pour la vente de ces sortes de biens, à peine contre l'héritier bénéficiaire d'être réputé héritier pur et simple.

990. Le prix de la vente du mobilier sera distribué par contribution entre les créanciers opposans, suivant les formalités indiquées au titre de la distribution par contribution. V. CONTRIBUTION (distribution par).

991. Le prix de la vente des immeubles sera distribué suivant l'ordre des privilèges et hypothèques.

992. Le créancier, ou autre partie intéressée, qui voudra obliger l'héritier bénéficiaire à donner caution, lui fera faire sommation, à cet effet, par acte extrajudiciaire signifié à personne ou domicile.

993. Dans les trois jours de cette sommation, outre un jour par trois myriamètres de distance entre le domicile de l'héritier et la commune où siège le tribunal, il sera tenu de présenter caution au greffe du tribunal de l'ouverture de la succession, dans la forme prescrite pour les réceptions de caution.

994. S'il s'élève des difficultés relativement à la réception de la caution, les créanciers provoquans seront représentés par l'avoué le plus ancien.

995. Seront observées, pour la reddition du compte du bénéfice d'inventaire, les formes prescrites au titre des *redditions de compte*.

996. Les actions à intenter par l'héritier bénéficiaire contre la succession, seront intentées contre les autres héritiers ; et s'il n'y en a pas , ou qu'elles soient intentées par tous, elles le seront contre un curateur au bénéfice d'inventaire, nommé en la même forme que le curateur à la succession vacante.

Dispositions du tarif.

Tarif civ. 29. (Pr. 992.) Pour l'original de sommation à la requête d'un créancier , à l'héritier bénéficiaire de donner caution, à Paris, 2 fr. Partout ailleurs, 1 f. 50 c. Pour chaque copie, le quart.

77. (Pr. 986.) Requête afin d'être autorisé, sans attribution de qualité, à faire procéder à la vente d'effets mobiliers dépendans d'une succession, à Paris, 3 fr. Dans le ressort, 2 fr. 25 c. Elle ne sera point grossoyée, et la vacation pour prendre l'ord. est comprise dans la taxe. (*V.* TARIF.)

78. (Pr. 987.) Requête de l'héritier bénéficiaire, à l'effet d'être autorisé à vendre les immeubles dépendans d'une succession bénéficiaire. (988.) Pour demander l'entérinement du rapport d'experts qui ont fait l'estimation des immeubles dépendans d'une succession bénéficiaire. Ces requêtes ne peuvent être grossoyées ; et l'émolument pour prendre les ordon. et communiquer au ministère public est compris dans la taxe, à Paris, 7 fr. 50 c. Dans le ressort, 5 f. 50 c.

5° *Dispositions additionnelles.*

DÉPENS. *C. Proc.* 152. Les héritiers bénéficiaires qui auront compromis les intérêts de leur administration pourront être condamnés aux dépens, en leur nom et sans répétition, même aux dommages et intérêts s'il y a lieu.

INSCRIPTIONS HYPOTHÉCAIRES. *C. Civ.* 2146. (Les inscriptions hypothécaires ne produisent aucun effet) entre les créanciers d'une succession, si l'inscription n'a été faite par l'un d'eux que depuis l'ouverture, et dans le cas où la succession n'est acceptée que par bénéfice d'inventaire.

MINEUR. *C. Civ.* 461. Le tuteur ne pourra accepter ni répudier une succession échue au mineur, sans une autorisation préalable du conseil de famille. L'acceptation n'aura lieu que sous bénéfice d'inventaire.

SUCCESSION. *C. Civ.* 782. Si les héritiers de celui qui est décédé sans avoir accepté ou répu-

dié une succession ne sont pas d'accord pour accepter ou pour répudier la succession, elle doit être acceptée sous bénéfice d'inventaire.

BIENFAISANCE (CONTRAT DE). *C. Civ.* 1105. Le contrat de bienfaisance est celui dans lequel l'une des parties procure à l'autre un avantage purement gratuit. *V.* DONATION.

BIENS.

Principes généraux.

C. Civ. (liv. 2, tit. 1, *de la distinction des biens, art.* 516-543). — 516. Tous les biens sont meubles ou immeubles.

Chap. 1, *des immeubles V.* IMMEUBLES.

Chap. 2, *des meubles. V.* MEUBLES.

Chap. 3, *des biens dans leur rapport avec ceux qui les possèdent.*

537. Les particuliers ont la libre disposition des biens qui leur appartiennent, sous les modifications établies par les lois. — Les biens qui n'appartiennent pas à des particuliers sont administrés et ne peuvent être aliénés que dans les formes et suivant les règles qui leur sont particulières.

538. Les chemins, routes et rues à la charge de l'État, les fleuves et rivières navigables ou flottables, les rivages , lais et relais de la mer, les ports, les havres, les rades, et généralement toutes les portions du territoire français qui ne sont pas susceptibles d'une propriété privée, sont considérés comme des dépendances du domaine public.

539. Tous les biens vacans et sans maître, et ceux des personnes qui décèdent sans héritiers, ou dont les successions sont abandonnées, appartiennent au domaine public.

540. Les portes, murs, fossés, remparts des places de guerre et des forteresses , font aussi partie du domaine public.

541. Il en est de même des terrains, des fortifications et remparts des places qui ne sont plus places de guerre : ils appartiennent à l'État, s'ils n'ont été valablement aliénés, ou si la propriété n'en a pas été prescrite contre lui.

542. Les biens communaux sont ceux à la propriété ou au produit desquels les habitans d'une ou plusieurs communes ont un droit acquis.

543. On peut avoir sur les biens, ou un droit de propriété, ou un simple droit de jouissance, ou seulement des services fonciers à prétendre.

BIENS (ABANDON DE). *V.* ABANDON DE BIENS.

BIENS ABANDONNÉS. *V.* DESHÉRENCE, ÉPAVES, TRÉSOR.

BIENS (SÉPARATION DE).

I. PAR CONTRAT DE MARIAGE.

C. Civ. 1529. (*liv* 3, *tit.* 5, 2ᵉ *part., sect.* 9; *des*

conventions exclusives de la communauté). —
1529. Lorsque, sans se soumettre au régime dotal, les époux déclarent qu'ils seront séparés de
biens, les effets de cette stipulation seront réglés
comme il suit :

De la clause de séparation de biens (§ 2 ,
art. 1536-1559). —**1536.** Lorsque les époux ont
stipulé par leur contrat de mariage qu'ils seraient
séparés de biens, la femme conserve l'entière administration de ses biens meubles et immeubles,
et la jouissance libre de ses revenus.

1537. Chacun des époux contribue aux charges du mariage, suivant les conventions contenues en leur contrat; et, s'il n'en existe point à
cet égard, la femme contribue à ces charges jusqu'à concurrence du tiers de ses revenus.

1538. Dans aucun cas, ni à la faveur d'aucune
stipulation, la femme ne peut aliéner ses immeubles sans le consentement spécial de son mari,
ou, à son refus, sans être autorisée par justice.
Toute autorisation générale d'aliéner les immeubles donnés à la femme, soit par contrat de mariage, soit depuis, est nulle.

1539. Lorsque la femme séparée a laissé la
jouissance de ses biens à son mari, celui-ci n'est
tenu, soit sur la demande que sa femme pourrait
lui faire, soit à la dissolution du mariage, qu'à la
représentation des fruits existans, et il n'est point
comptable de ceux qui ont été consommés jusqu'alors.

II. PAR JUGEMENT.

Disposition générale.

C. Civ. 311. La séparation de corps emportera
toujours séparation de biens.

1° *Sous le régime de la communauté.*

C. Civ. 1441. La communauté se dissout :
1°... 5° par la séparation de biens.

1443. La séparation de biens ne peut être
poursuivie qu'en justice par la femme dont la dot
est mise en péril, et lorsque le désordre des affaires du mari donne lieu de craindre que les
biens de celui-ci ne soient point suffisans pour
remplir les droits et reprises de la femme. —
Toute séparation volontaire est nulle.

1444. La séparation de biens, quoique prononcée en justice, est nulle si elle n'a point été
exécutée par le paiement réel des droits et reprises de la femme, effectué par acte authentique,
jusqu'à concurrence des biens du mari, ou au
moins par des poursuites commencées dans la
quinzaine qui a suivi le jugement, et non interrompues depuis.

1445. Toute séparation de biens doit, avant
son exécution, être rendue publique par l'affiche

sur un tableau à ce destiné, dans la principale
salle du tribunal de première instance ; et de
plus, si le mari est marchand , banquier ou commerçant, dans celle du tribunal de commerce du
lieu de son domicile ; et ce, à peine de nullité
de l'exécution. — Le jugement qui prononce la
séparation de biens remonte, quant à ses effets,
au jour de la demande.

1446. Les créanciers personnels de la femme
ne peuvent, sans son consentement, demander la
séparation de biens. — Néanmoins , en cas de
faillite ou de déconfiture du mari , ils peuvent
exercer les droits de leur débitrice jusqu'à concurrence du montant de leurs créances.

1447. Les créanciers du mari peuvent se
pourvoir contre la séparation de biens prononcée
cée et même exécutée en fraude de leurs droits ;
ils peuvent même intervenir dans l'instance sur
la demande en séparation pour la contester.

1448. La femme qui a obtenu la séparation de
biens doit contribuer, proportionnellement à ses
facultés et à celles du mari, tant aux frais du
ménage qu'à ceux d'éducation des enfans communs. — Elle doit supporter entièrement ces
frais, s'il ne reste rien au mari.

1449. La femme séparée soit de corps et de
biens, soit de biens seulement, en reprend la libre administration. — Elle peut disposer de son
mobilier, et l'aliéner. — Elle ne peut aliéner ses
immeubles sans le consentement du mari, ou
sans être autorisée en justice à son refus.

1450. Le mari n'est point garant du défaut
d'emploi ou de remploi du prix de l'immeuble
que la femme séparée a aliéné sous l'autorisation
de la justice, à moins qu'il n'ait concouru au
contrat, ou qu'il ne soit prouvé que les deniers
ont été reçus par lui, ou ont tourné à son profit.
— Il est garant du défaut d'emploi ou de remploi, si la vente a été faite en sa présence et de
son consentement ; il ne l'est point de l'utilité de
cet emploi.

1451. La communauté dissoute par la séparation soit de corps et de biens, soit de biens seulement, peut être rétablie du consentement des
deux parties. —Elle ne peut l'être que par un
acte passé devant notaires et avec minute, dont
une expédition doit être affichée dans la forme
de l'art. 1445.— En ce cas, la communauté rétablie reprend son effet du jour du mariage ; les
choses sont remises au même état que s'il n'y
avait point eu de séparation , sans préjudice
néanmoins de l'exécution des actes qui, dans cet
intervalle, ont pu être faits par la femme en conformité de l'art. 1449.—Toute convention par
laquelle les époux rétabliraient leur communauté

sous des conditions différentes de celles qui la réglaient antérieurement est nulle.

1452. La dissolution de la communauté opérée par le divorce ou par la séparation soit de corps et de biens, soit de biens seulement, ne donne pas ouverture aux droits de survie de la femme ; mais celle-ci conserve la faculté de les exercer lors de la mort naturelle ou civile de son mari.

2° *Sous le régime dotal.*

C. Civ. 1563. Si la dot est mise en péril, la femme peut poursuivre la séparation de biens, ainsi qu'il est dit aux art. 1443 et suivans. *V. ci-dessus.*

3° *Procédure.*

C. Proc. 49. Sont dispensées du préliminaire de la conciliation : 1°... 7° les demandes sur les séparations de biens.

(2e part., liv. 1, tit. 8, *des séparations de biens*, art. 865-874). — 865. Aucune demande en séparation de biens ne pourra être formée sans une autorisation préalable, que le président du tribunal devra donner sur la requête qui lui sera présentée à cet effet. Pourra néanmoins le président, avant de donner l'autorisation, faire les observations qui lui paraîtront convenables.

866. Le greffier du tribunal inscrira, sans délai, dans un tableau placé à cet effet dans l'auditoire, un extrait de la demande en séparation, lequel contiendra, — 1° la date de la demande ; — 2° les noms, prénoms, profession et demeure des époux ; — 5° les noms et demeure de l'avoué constitué, qui sera tenu de remettre, à cet effet, ledit extrait au greffier, dans les trois jours de la demande.

867. Pareil extrait sera inséré dans les tableaux placés, à cet effet, dans l'auditoire du tribunal de commerce, dans les chambres d'avoués de première instance, et dans celles de notaires, le tout dans les lieux où il y en a : lesdites insertions seront certifiées par les greffiers et par les secrétaires des chambres.

868. Le même extrait sera inséré, à la poursuite de la femme, dans l'un des journaux qui s'impriment dans le lieu où siège le tribunal ; et s'il n'y en a pas, dans l'un de ceux établis dans le département, s'il y en a. — Ladite insertion sera justifiée ainsi qu'il est dit au titre *de la saisie immobilière*, art. 683. *V.* IMMOBILIÈRE (*saisie*).

869. Il ne pourra être, sauf les actes conservatoires, prononcé, sur la demande en séparation, aucun jugement qu'un mois après l'observation des formalités ci-dessus prescrites, et qui seront observées à peine de nullité, laquelle pourra être opposée par le mari ou par ses créanciers.

870. L'aveu du mari ne fera pas preuve, lors même qu'il n'y aurait pas de créanciers.

871. Les créanciers du mari pourront, jusqu'au jugement définitif, sommer l'avoué de la femme, par acte d'avoué à avoué, de leur communiquer la demande en séparation et les pièces justificatives, même intervenir pour la conservation de leurs droits, sans préliminaire de conciliation.

872. Le jugement de séparation sera lu publiquement, l'audience tenante, au tribunal de commerce du lieu, s'il y en a ; extrait de ce jugement, contenant la date, la désignation du tribunal où il a été rendu, les noms, prénoms, profession et demeure des époux, sera inséré sur un tableau à ce destiné, et exposé pendant un an dans l'auditoire des tribunaux de première instance et de commerce du domicile du mari, même lorsqu'il ne sera pas négociant, et s'il n'y a pas de tribunal de commerce, dans la principale salle de la maison commune du domicile du mari. Pareil extrait sera inséré au tableau exposé en la chambre des avoués et notaires, s'il y en a. La femme ne pourra commencer l'exécution du jugement que du jour où les formalités ci-dessus auront été remplies, sans que néanmoins il soit nécessaire d'attendre l'expiration du susdit délai d'un an. — Le tout sans préjudice des dispositions portées en l'art. 1443 du Code civil. *V. ci-dessus.*

873. Si les formalités prescrites au présent titre ont été observées, les créanciers du mari ne seront plus reçus, après l'expiration du délai dont il s'agit dans l'article précédent, à se pourvoir par tierce opposition contre le jugement de séparation.

874. La renonciation de la femme à la communauté sera faite au greffe du tribunal saisi de la demande en séparation.

Dispositions du tarif.

Tarif civ. 70. (Pr. 871.) Pour l'original de la sommation à la requête des créanciers du mari, à l'avoué de la femme poursuivant sa séparation de biens, de leur communiquer la demande et les pièces justificatives, à Paris, 1 f. Dans le ressort, 75 c. (*V.* TARIF.) — Pour chaque copie, le quart.

75. (Pr. 871.) Pour la grosse de la requête d'intervention des créanciers du mari dans les demandes en séparation de biens et réponse pour chaque rôle, à Paris, 2 fr. Dans le ressort, 1 f. 50 c. — Et pour chaque copie par rôle, le quart.

78. (Pr. 865.) Requête de la femme qui se pourvoit en séparation de biens. Elle ne peut être grossoyée, et l'émolument pour prendre les ordonnances et communiquer au ministère public est compris dans la taxe, à Paris, 7 fr. 50 c. Dans le ressort, 5 f. 50 c.

91. (Pr. 874.) Vacation pour assister la femme qui fait sa renonciation à la communauté en cas de séparation de biens, à Paris, 3 fr. Dans le ressort, 2 fr. 25 c.

92. (Pr. 866, 867, 868.) Pour faire et remettre l'extrait de la demande en séparation de biens qui doit être insérée dans les tableaux de l'auditoire du tribunal où se poursuit la séparation et du tribunal

de commerce, des chambres des avoués de première instance, et des notaires, et le faire insérer dans un journal, le tout ensemble. (872.) Pour faire insérer l'extrait du jugement qui aura prononcé la séparation de biens dans les mêmes tableaux et dans un journal, à Paris, 6 fr. Dans le ressort, 4 fr. 50 c.

III. DES SÉPARATIONS DE BIENS EN MATIÈRE DE COMMERCE.

C. Com. (liv. 1, tit. 4, des séparations de biens, art. 65-70).

65. Toute demande en séparation de biens sera poursuivie, instruite et jugée conformément à ce qui est prescrit au Code civil, liv. 3, tit. 5, chap. 2, sect. 3, et au Code de procédure civile, deuxième partie, liv. 1, tit. 8. *V. ci-dessus.*

66. Tout jugement qui prononcera une séparation de corps entre mari et femme dont l'un serait commerçant, sera soumis aux formalités prescrites par l'article 872 du Code de procédure civile (*V. ci-dessus*); à défaut de quoi, les créanciers seront toujours admis à s'y opposer, pour ce qui touche leurs intérêts, et à contredire toute liquidation qui en aurait été la suite.

67. Tout contrat de mariage entre époux dont l'un sera commerçant, sera transmis par extrait, dans le mois de sa date, aux greffes et chambres désignés par l'article 872 du Code de procédure civile, pour être exposé au tableau, conformément au même article (*V. ci-dessus*).—Cet extrait annoncera si les époux sont mariés en communauté, s'ils sont séparés de biens, ou s'ils ont contracté sous le régime dotal.

68. Le notaire qui aura reçu le contrat de mariage, sera tenu de faire la remise ordonnée par l'article précédent, sous peine de cent francs d'amende, et même de destitution et de responsabilité envers les créanciers, s'il est prouvé que l'omission soit la suite d'une collusion.

69. Tout époux séparé de biens, ou marié sous le régime dotal, qui embrasserait la profession de commerçant postérieurement à son mariage, sera tenu de faire pareille remise dans le mois du jour où il aura ouvert son commerce, à peine, en cas de faillite, d'être puni comme banqueroutier frauduleux.

70. La même remise sera faite, sous les mêmes peines, dans l'année de la publication de la présente loi, par tout époux séparé de biens, ou marié sous le régime dotal, qui, au moment de ladite publication, exercerait la profession de commerçant.

IV. DISPOSITIONS ADDITIONNELLES.

CONTRAINTE PAR CORPS. *C. Civ.* 2066. La contrainte par corps pour cause de stellionat pendant le mariage, n'a lieu contre les femmes mariées que lorsqu'elles sont séparées de biens, ou lorsqu'elles ont des biens dont elles se sont réservé la libre administration, et à raison des engagemens qui concernent ces biens.

EXÉCUTION TESTAMENTAIRE. *C. Civ.* 1029. La femme mariée ne pourra accepter l'exécution testamentaire qu'avec le consentement de son mari. — Si elle est séparée de biens, soit par contrat de mariage, soit par jugement, elle le pourra, avec le consentement de son mari, ou, à son refus, autorisée par la justice, conformément à ce qui est prescrit par les articles 217 et 219, au titre *du mariage.*

VENTE. *C. Civ.* 1595. Le contrat de vente ne peut avoir lieu entre époux que dans les cas suivans : 1° celui où l'un des deux époux cède des biens à l'autre, séparé judiciairement d'avec lui, en paiement de ses droits ; 2° celui où la cession que le mari fait à sa femme, même non séparée, a une cause légitime, telle que le remploi de ses immeubles aliénés, ou de deniers à elle appartenant, si ces immeubles ou deniers ne tombent pas en communauté ; 3° celui où la femme cède des biens à son mari en paiement d'une somme qu'elle lui aurait promise en dot, et lorsqu'il y a exclusion de communauté ; — sauf, dans ces trois cas, les droits des héritiers des parties contractantes, s'il y a avantage indirect.

PRESCRIPTION. *C. Civ.* 1560. Si, hors les cas d'exception (admis par la loi *V.* DOTAL [*régime*]), la femme ou le mari, ou tous les deux conjointement, aliènent le fonds dotal, la femme ou ses héritiers pourront faire révoquer l'aliénation après la dissolution du mariage, sans qu'on puisse leur opposer aucune prescription pendant sa durée : la femme aura le même droit après la séparation de biens.

1561. Les immeubles dotaux non déclarés aliénables par le contrat de mariage, sont imprescriptibles pendant le mariage, à moins que la prescription n'ait commencé auparavant. — Ils deviennent néanmoins prescriptibles après la séparation des biens, quelle que soit l'époque à laquelle la prescription a commencé.

BIGAMIE.

1° *Loi civile.*

Dispositions générales.

C. Civ. 147. On ne peut contracter un second mariage avant la dissolution du premier.

188. L'époux, au préjudice duquel a été contracté un second mariage, peut en demander la nullité, du vivant même de l'époux qui était engagé avec lui.

189. Si les nouveaux époux opposent la nullité

du premier mariage, la validité ou la nullité de ce mariage doit être jugée préalablement.

190. Le procureur du Roi (dans le cas auquel s'applique l'article 147), peut et doit demander la nullité du mariage, du vivant des deux époux, et les faire condamner à se séparer.

Disposition additionnelle.

ABSENCE. *C. Civ.* 159. L'époux absent dont le conjoint a contracté une nouvelle union, sera seul recevable à attaquer ce mariage par lui-même, ou par son fondé de pouvoir, muni de la preuve de son existence.

2° *Loi pénale.*

C. Pén. 340. Quiconque étant engagé dans les liens du mariage en aura contracté un autre avant la dissolution du précédent sera puni de la peine des travaux forcés à temps. — L'officier public qui aura prêté son ministère à ce mariage, connaissant l'existence du précédent, sera condamné à la même peine.

BILAN.

Disposition générale.

C. Com. 635. (Les tribunaux de commerce) connaîtront du dépôt du bilan.

Du bilan.

C. Com. (*Liv.* 3, *tit.* 1, *ch.* 5, *art.* 470-475). —470. Le failli qui aura, avant la déclaration de sa faillite, préparé son bilan, ou état passif et actif de ses affaires, et qui l'aura gardé par devers lui, le remettra aux agens, dans les vingt-quatre heures de leur entrée en fonctions.

471. Le bilan devra contenir l'énumération et l'évaluation de tous les effets mobiliers et immobiliers du débiteur, l'état des dettes actives et passives, le tableau des profits et des pertes, le tableau des dépenses; le bilan devra être certifié véritable, daté et signé par le débiteur.

472. Si, à l'époque de l'entrée en fonctions des agens, le failli n'avait pas préparé le bilan, il sera tenu, par lui ou par son fondé de pouvoir, suivant les cas prévus par les articles 468 et 469[1], de procéder à la rédaction du bilan, en présence des agens ou de la personne qu'ils auront proposée. — Les livres et papiers du failli lui seront, à cet effet, communiqués sans déplacement.

[1] 468. Si le failli a obtenu un sauf-conduit, les agens l'appelleront auprès d'eux, pour clore et arrêter les livres en sa présence. — Si le failli ne se rend pas à l'invitation, il sera sommé de comparaître. — Si le failli ne comparaît pas quarante-huit heures après la sommation, il sera réputé s'être absenté à dessein. — Le failli pourra néanmoins comparaître par fondé de pouvoir, s'il propose des empêchemens jugés valables par le commissaire.

469. Le failli qui n'aura pas obtenu de sauf-conduit comparaîtra par un fondé de pouvoir; à défaut de quoi, il sera réputé s'être absenté à dessein.

473. Dans tous les cas où le bilan n'aurait pas été rédigé, soit par le failli, soit par un fondé de pouvoir, les agens procèderont eux-mêmes à la formation du bilan, au moyen des livres et papiers du failli, et au moyen des informations et renseignemens qu'ils pourront se procurer auprès de la femme du failli, de ses enfans, de ses commis et autres employés.

474. Le juge-commissaire pourra aussi, soit d'office, soit sur la demande d'un ou de plusieurs créanciers, ou même de l'agent, interroger les individus désignés dans l'article précédent, à l'exception de la femme et des enfans du failli, tant sur ce qui concerne la formation du bilan, que sur les causes et les circonstances de sa faillite.

475. Si le failli vient à décéder après l'ouverture de sa faillite, sa veuve ou ses enfans pourront se présenter pour suppléer leur auteur dans la formation du bilan, et pour toutes les autres obligations imposées au failli par la présente loi; à leur défaut, les agens procèderont.

Dispositions additionnelles.

476. Dès que le bilan aura été remis par les agens au commissaire, celui-ci dressera, dans trois jours pour tout délai, la liste des créanciers, qui sera remise au tribunal de commerce, et il les fera convoquer par lettres, affiches, et insertion dans les journaux.

477. Même avant la confection du bilan, le commissaire délégué pourra convoquer les créanciers, suivant l'exigence des cas.

528. Les syndics représenteront la masse des créanciers: ils procèderont à la vérification du bilan, s'il y a lieu.

BILATÉRAL (CONTRAT).

C. Civ. 1102. Le contrat est *synallagmatique* ou *bilatéral* lorsque les contractans s'obligent réciproquement les uns envers les autres. *V.* SYNALLAGMATIQUE (*contrat*).

BILLET.

C. Civ. 1326. Le billet ou la promesse sous seing-privé par lequel une seule partie s'engage envers l'autre à lui payer une somme d'argent ou une chose appréciable, doit être écrit en entier de la main de celui qui le souscrit, ou du moins il faut qu'outre sa signature, il ait écrit de sa main un *bon* ou *approuvé*, portant en toutes lettres la somme ou la quantité de la chose; — excepté dans le cas où l'acte émane de marchands, artisans, laboureurs, vignerons, gens de journée et de service.

1327. Lorsque la somme exprimée au corps de l'acte est différente de celle exprimée au *bon*, l'obligation est présumée n'être que de la somme moindre, lors même que l'acte ainsi que le *bon* ont écrits de la main de celui qui s'est obligé, à moins qu'il ne soit prouvé de quel côté est l'erreur.

BILLET A ORDRE. *V.* ORDRE (*billet à*).

BLANC-SEING.

C. Pén. 407. Quiconque, abusant d'un blanc-seing qui lui aura été confié, aura frauduleusement écrit au-dessus une obligation ou décharge, ou tout autre acte pouvant compromettre la personne ou la fortune du signataire, sera puni des peines portées en l'article 405 (un an à cinq ans de prison, cinquante fr. à trois mille fr. d'amende, et l'interdiction facultative, de cinq à dix ans, de certains droits. *V.* ESCROQUERIE.) — Dans le cas où le blanc-seing ne lui aurait pas été confié, il sera poursuivi comme faussaire et puni comme tel.

BLESSURES ET COUPS.

C. Pén. (*liv.* 3, *tit.* 2, *ch.* 1, *sect.* 2 *et* 3, *art.* 309-329).

Sect. 2. — *Blessures et coups volontaires non qualifiés meurtre, et autres crimes et délits volontaires.*

309. Sera puni de la réclusion, tout individu qui, volontairement, aura fait des blessures ou porté des coups, s'il est résulté de ces sortes de violences une maladie ou incapacité de travail personnel de plus de vingt jours.—Si les coups portés et les blessures faites volontairement, mais sans intention de donner la mort, l'ont pourtant occasionée, le coupable sera puni de la peine des travaux forcés à temps.

310. Lorsqu'il y aura eu préméditation ou guet-apens, la peine sera, si la mort s'en est suivie, celle des travaux forcés à perpétuité, et si la mort ne s'en est pas suivie, celle des travaux forcés à temps.

311. Lorsque les blessures ou les coups n'auront occasioné aucune maladie ou incapacité de travail personnel de l'espèce mentionnée en l'article 309, le coupable sera puni d'un emprisonnement de six jours à deux ans, et d'une amende de seize francs à deux cents francs, ou de l'une de ces deux peines seulement. — S'il y a eu préméditation ou guet-apens, l'emprisonnement sera de deux ans à cinq ans, et l'amende de cinquante francs à cinq cents francs.

312. Dans les cas prévus par les articles 309, 310 et 311, si le coupable a commis le crime envers ses père ou mère légitimes, naturels ou adoptifs, ou autres ascendans légitimes, il sera puni ainsi qu'il suit : — si l'article auquel le cas se référera prononce l'emprisonnement et l'amende, le coupable subira la peine de la réclusion ; — si l'article prononce la peine de la réclusion, il su-

bira celle des travaux forcés à temps ; — si l'article prononce la peine des travaux forcés à temps, il subira celle des travaux forcés à perpétuité.

313. Les crimes et les délits prévus dans la présente section et dans la section précédente (*articles* 295-308. *V.* CRIMES CONTRE LES PERSONNES ET MENACES), s'ils sont commis en réunion séditieuse, avec rebellion ou pillage, sont imputables aux chefs, auteurs, instigateurs et provocateurs de ces réunions, rebellions ou pillages, qui seront punis comme coupables de ces crimes ou de ces délits, et condamnés aux mêmes peines que ceux qui les auront personnellement commis.

314. Tout individu qui aura fabriqué ou débité des stylets, tromblons ou quelque espèce que ce soit d'armes prohibées par la loi ou par des réglemens d'administration publique, sera puni d'un emprisonnement de six jours à six mois. — Celui qui sera porteur desdites armes, sera puni d'une amende de seize francs à deux cents francs. — Dans l'un et l'autre cas, les armes seront confisquées. — Le tout sans préjudice de plus forte peine, s'il y échet, en cas de complicité de crimes.

315. Outre les peines correctionnelles mentionnées dans les articles précédens, les tribunaux pourront prononcer le renvoi sous la surveillance de la haute police depuis deux ans jusqu'à dix ans.

316. Toute personne coupable de crime de castration, subira la peine des travaux forcés à perpétuité. — Si la mort en est résultée avant l'expiration des quarante jours qui auront suivi le crime, le coupable subira la peine de mort.

317. Quiconque, par alimens, breuvages, médicamens, violences, ou par tout autre moyen, aura procuré l'avortement d'une femme enceinte, soit qu'elle y ait consenti ou non, sera puni de la réclusion. — La même peine sera prononcée contre la femme qui se sera procuré l'avortement à elle-même, ou qui aura consenti à faire usage des moyens à elle indiqués ou administrés à cet effet, si l'avortement s'en est suivi. — Les médecins, chirurgiens et autres officiers de santé, ainsi que les pharmaciens qui auront indiqué ou administré ces moyens, seront condamnés à la peine des travaux forcés à temps, dans le cas où l'avortement aurait eu lieu. — Celui qui aura occasioné à autrui une maladie ou incapacité de travail personnel, en lui administrant volontairement, de quelque manière que ce soit, des substances qui, sans être de nature à donner la mort, sont nuisibles à la santé, sera puni d'un emprisonnement d'un mois à cinq ans, et d'une amende de seize francs à cinq cents francs ; il pourra de plus être ren-

voyé sous la surveillance de la haute police pendant deux ans au moins et dix ans au plus.—Si la maladie ou incapacité de travail personnel a duré plus de vingt jours, la peine sera celle de la réclusion. — Si le coupable a commis, soit le délit, soit le crime, spécifié dans les deux paragraphes ci-dessus, envers un de ses ascendans, tels qu'ils sont désignés en l'article 512, il sera puni, au premier cas, de la réclusion, et au second cas, des travaux forcés à temps.

518. Quiconque aura vendu ou débité des boissons falsifiées, contenant des mixtions nuisibles à la santé, sera puni d'un emprisonnement de six jours à deux ans, et d'une amende de seize francs à cinq cents frans. — Seront saisies et confisquées les boissons falsifiées trouvées appartenir au vendeur ou débitant.

Sect. 3. — Homicide, blessures et coups involontaires ; crimes et délits excusables, et cas où ils ne peuvent être excusés ; homicide, blessures et coups qui ne sont ni crimes ni délits.

§ 1. — *Homicide, blessures et coups involontaires.*

519. Quiconque, par maladresse, imprudence, inattention, négligence ou inobservation des règlemens, aura commis involontairement un homicide, ou en aura involontairement été la cause, sera puni d'un emprisonnement de trois mois à deux ans, et d'une amende de cinquante francs à six cents francs.

520. S'il n'est résulté du défaut d'adresse ou de précaution que des blessures ou coups, l'emprisonnement sera de six jours à deux mois, et l'amende sera de seize francs à cent francs.

§ 2. — *Crimes et délits excusables, et cas où ils ne peuvent être excusés.*

521. Le meurtre ainsi que les blessures et les coups sont excusables, s'ils ont été provoqués par des coups ou violences graves envers les personnes.

522. Les crimes et délits mentionnés au précédent article sont également excusables, s'ils ont été commis en repoussant pendant le jour l'escalade ou l'effraction des clôtures, murs ou entrée d'une maison ou d'un appartement habité, ou de leurs dépendances.— Si le fait est arrivé pendant la nuit, ce cas est réglé par l'article 329.

523. Le parricide n'est jamais excusable.

524. Le meurtre commis par l'époux sur l'épouse, ou par celle-ci sur son époux, n'est pas excusable, si la vie de l'époux ou de l'épouse qui a commis le meurtre n'a pas été mise en péril dans le moment même où le meurtre a eu lieu.—Néanmoins, dans le cas d'adultère, prévu par l'article 336 (*V.* ADULTÈRE), le meurtre commis par

l'époux sur son épouse, ainsi que sur le complice à l'instant où il les surprend en flagrant délit dans la maison conjugale, est excusable.

525. Le crime de castration, s'il a été immédiatement provoqué par un outrage violent à la pudeur, sera considéré comme meurtre ou blessures excusables.

526. Lorsque le fait d'excuse sera prouvé, s'il s'agit d'un crime emportant la peine de mort ou celle des travaux forcés à perpétuité, ou celle de la déportation, la peine sera réduite à un emprisonnement d'un an à cinq ans; — s'il s'agit de tout autre crime, elle sera réduite à un emprisonnement de six mois à deux ans; — dans ces deux premiers cas, les coupables pourront de plus être mis par l'arrêt ou le jugement sous la surveillance de la haute police pendant cinq ans au moins et dix ans au plus. — S'il s'agit d'un délit, la peine sera réduite à un emprisonnement de six jours à six mois.

§ 3. — *Homicide, blessures et coups non qualifiés crimes ni délits.*

527. Il n'y a ni crime ni délit, lorsque l'homicide, les blessures et les coups étaient ordonnés par la loi et commandés par l'autorité légitime.

528. Il n'y a ni crime ni délit lorsque l'homicide, les blessures et les coups étaient commandés par la nécessité actuelle de la légitime défense de soi-même ou d'autrui.

529. Sont compris dans les cas de nécessité actuelle de défense, les deux cas suivans : 1° si l'homicide a été commis, si les blessures ont été faites, ou si les coups ont été portés en repoussant pendant la nuit l'escalade ou l'effraction des clôtures, murs ou entrée d'une maison ou d'un appartement habité ou de leurs dépendances; 2° si le fait a eu lieu en se défendant contre les auteurs de vols ou de pillages exécutés avec violence.

BLOC (VENTE EN). *C. Civ.* 1585. Lorsque des marchandises ne sont pas vendues en bloc, mais au poids, au compte ou à la mesure, la vente n'est point parfaite, en ce sens que les choses vendues sont aux risques du vendeur jusqu'à ce qu'elles soient pesées, comptées ou mesurées ; mais l'acheteur peut en demander ou la délivrance ou des dommages-intérêts, s'il y a lieu, en cas d'inexécution de l'engagement.

1586. Si, au contraire, les marchandises ont été vendues en bloc, la vente est parfaite, quoique les marchandises n'aient pas encore été pesées, comptées ou mesurées.

BLOCUS. *C. Com.* 279. Dans le cas de blocus du port pour lequel le navire est destiné, le capitaine est tenu, s'il n'a des ordres contraires, de se rendre dans un des ports voisins de la même puissance où il lui sera permis d'aborder..

BOIS. *V.* Arbres, Forêts, Usages.

BON. *V.* Billet.

BONNE FOI.

1° *Des effets de la bonne foi relativement à la prescription.*

C. Civ., *liv.* 3, *tit.* 20, *sec.* 5, *de la prescription par dix et vingt ans.*—2265. Celui qui acquiert de bonne foi et par juste titre un immeuble en prescrit la propriété par dix ans , si le véritable propriétaire habite dans le ressort de la cour royale dans l'étendue de laquelle l'immeuble est situé, et par vingt ans s'il est domicilié hors dudit ressort.

2266. Si le véritable propriétaire a eu son domicile en différens temps dans le ressort et hors du ressort, il faut, pour compléter la prescription, ajouter à ce qui manque aux dix ans de présence un nombre d'années d'absence double de celui qui manque pour compléter les dix ans de présence.

2267. Le titre nul par défaut de forme ne peut servir de base à la prescription de dix et vingt ans.

2268. La bonne foi est toujours présumée, et c'est à celui qui allègue la mauvaise foi à la prouver.

2269. Il suffit que la bonne foi ait existé au moment de l'acquisition.

2° *De ses effets relativement à la possession.*

C. Civ. 549. Le simple possesseur ne fait les fruits siens que dans le cas où il possède de bonne foi: dans le cas contraire, il est tenu de rendre les produits avec la chose du propriétaire qui la revendique.

550. Le possesseur est de bonne foi quand il possède comme propriétaire, en vertu d'un titre translatif de propriété dont il ignore les vices.— Il cesse d'être de bonne foi du moment où ces vices lui sont connus.

3° *Dispositions diverses.*

Absence. *C. Civ.* 138. Tant que l'absent ne se représentera pas , ou que les actions ne seront point exercées de son chef, ceux qui auront recueilli la succession gagneront les fruits par eux perçus de bonne foi.

Dépôt. *C. Civ.* 1935. L'héritier du dépositaire, qui a vendu de bonne foi la chose dont il ignorait le dépôt, n'est tenu que de rendre le prix qu'il a reçu, ou de céder son action contre l'acheteur, s'il n'a pas touché le prix

Paiement. *C. Civ.* 1240. Le paiement fait de bonne foi à celui qui est en possession de la créance est valable, encore que le possesseur en soit par la suite évincé.

Société. *C. Civ.* 1869. La dissolution de la société par la volonté de l'une des parties ne s'applique qu'aux sociétés dont la durée est illimitée et s'opère par une renonciation notifiée à tous les associés, pourvu que cette renonciation soit de bonne foi, et non faite à contre-temps.

1870. La renonciation n'est pas de bonne foi lorsque l'associé renonce pour s'approprier à lui seul le profit que les associés s'étaient proposé de retirer en commun. — Elle est faite à contre-temps lorsque les choses ne sont plus entières, et qu'il importe à la société que sa dissolution soit différée.

BORD (navire). *C. Com.* 419. Toutes assignations données à bord à la personne assignée seront valables.

BORDEREAUX HYPOTHÉCAIRES.

I. bordereaux d'inscription.

C. Civ. 2148. Pour opérer l'inscription (hypothécaire) le créancier représente , soit par lui-même, soit par un tiers, au conservateur des hypothèques, l'original en brevet, ou une expédition authentique du jugement ou de l'acte qui donne naissance au privilège ou à l'hypothèque. — Il y joint deux bordereaux écrits sur papier timbré, dont l'un peut être porté sur l'expédition du titre. Ils contiennent : — 1° les nom, prénom, domicile du créancier, sa profession s'il en a une, et l'élection d'un domicile pour lui dans un lieu quelconque de l'arrondissement du bureau ; — 2° les nom, prénom, domicile du débiteur, sa profession s'il en a une connue, ou une désignation individuelle et spéciale, telle , que le conservateur puisse reconnaître et distinguer dans tous les cas l'individu grevé d'hypothèque ; — 3° la date et la nature du titre ; — 4° le montant du capital des créances exprimées dans le titre ou évaluées par l'inscrivant, pour les rentes et prestations, ou pour les droits éventuels, conditionnels ou indéterminés , dans les cas où cette évaluation est ordonnée , comme aussi le montant des accessoires de ces capitaux, et l'époque de l'exigibilité ; — 5° l'indication de l'espèce et de la situation des biens sur lesquels il entend conserver son privilège ou son hypothèque. — Cette dernière disposition n'est pas nécessaire dans le cas des hypothèques légales ou judiciaires : à défaut de convention, une seule inscription, pour ces hypothèques, frappe tous les immeubles compris dans l'arrondissement du bureau.

2149. Les inscriptions à faire sur les biens d'une personne décédée, pourront être faites sous la simple désignation du défunt, ainsi qu'il est dit au n° 2 de l'article précédent.

2150. Le conservateur fait mention sur son registre du contenu aux bordereaux, et remet au requérant, tant le titre ou l'expédition du titre, que l'un des bordereaux au pied duquel il certifie avoir fait l'inscription.

2155. Les droits d'hypothèque purement légale de l'État, des communes et des établissemens publics sur les biens des comptables, ceux des mineurs ou interdits sur les tuteurs, des femmes mariées sur leurs époux, seront inscrits sur la représentation de deux bordereaux, contenant seulement : — 1° les nom, prénom, profession et domicile réel du créancier, et le domicile qui sera par lui, ou pour lui, élu dans l'arrondissement ; — 2° les nom, prénom, profession, domicile ou désignation précise du débiteur ; — 3° la nature des droits à conserver, et le montant de leur valeur quant aux objets déterminés, sans être tenu de le fixer quant à ceux qui sont conditionnels, éventuels ou indéterminés.

2200. Les conservateurs seront tenus d'avoir un registre sur lequel ils inscriront, jour par jour et par ordre numérique, les remises qui leur seront faites d'actes de mutation pour être transcrits, ou de bordereaux pour être inscrits ; ils donneront au requérant une reconnaissance sur papier timbré, qui rappellera le numéro du registre sur lequel la remise aura été inscrite, et ils ne pourront transcrire les actes de mutation ni inscrire les bordereaux sur les registres à ce destinés, qu'à la date et dans l'ordre des remises qui leur en auront été faites.

II. BORDEREAUX DE COLLOCATION.

C. Proc. 758. En cas de contestation (sur ordre), le commissaire renverra les contestans à l'audience, et néanmoins arrêtera l'ordre pour les créances antérieures à celles contestées, et ordonnera la délivrance des bordereaux de collocation de ces créanciers qui ne seront tenus à aucun rapport à l'égard de ceux qui produiraient postérieurement.

759. S'il ne s'élève aucune contestation, le juge-commissaire fera la clôture de l'ordre ; il liquidera les frais de radiation et de poursuite d'ordre, qui seront colloqués par préférence à toutes autres créances; il prononcera la déchéance des créanciers non produisans ; ordonnera la délivrance des bordereaux de collocation aux créanciers utilement colloqués, et la radiation des inscriptions de ceux non-utilement colloqués. Il sera fait distraction en faveur de l'adjudicataire, sur le montant de chaque bordereau, des frais de radiation de l'inscription.

767. Quinzaine après le jugement des contestations, et, en cas d'appel, quinzaine après la signification de l'arrêt qui y aura statué, le commissaire arrêtera définitivement l'ordre des créances contestées et de celles postérieures, et ce, conformément à ce qui est prescrit par l'article 759 : les intérêts et arrérages des créanciers utilement colloqués cesseront.

771. Dans les dix jours après l'ordonnance du juge-commissaire, le greffier délivrera à chaque créancier utilement colloqué le bordereau de collocation, qui sera exécutoire contre l'acquéreur.

772. Le créancier colloqué, en donnant quittance du montant de sa collocation, consentira la radiation de son inscription.

773. Au fur et à mesure du paiement des collocations, le conservateur des hypothèques, sur la représentation du bordereau et de la quittance du créancier, déchargera d'office l'inscription, jusqu'à concurrence de la somme acquittée.

BORNAGE. *C. Civ.* 646. Tout propriétaire peut obliger son voisin au bornage de leurs propriétés contigües. Le bornage se fait à frais communs.

BORNE.

Disposition civile.

C. Proc. 5. (La citation sera donnée) devant le juge (de paix) de la situation de l'objet litigieux lorsqu'il s'agira : 1°.... 2° des déplacemens de bornes commis dans l'année.

Dispositions criminelles.

C. Pén. 456. Quiconque aura déplacé ou supprimé des bornes, ou pieds corniers, ou autres arbres plantés ou reconnus pour établir les limites entre différens héritages, sera puni d'un emprisonnement qui ne pourra être au-dessous d'un mois ni excéder une année, et d'une amende égale au quart des restitutions et des dommages-intérêts, qui, dans aucun cas, ne pourra être au-dessous de cinquante francs.

389. Sera puni de la réclusion celui qui, pour commettre un vol, aura enlevé ou déplacé des bornes servant de séparation aux propriétés.

BOUCHERS ET BOULANGERS. *C. Civ.* 2101. Les créances privilégiées sur la généralité des meubles sont celles ci-après exprimées : 1°.. 5° les fournitures de subsistances faites au débiteur et à sa famille ; savoir : pendant les six derniers mois, par les marchands en détail, tels que boulangers, bouchers et autres.

C. Pén. 479. Seront punis d'une amende de onze à quinze francs inclusivement : 1°.... 6° les boulangers et bouchers qui vendront le pain ou la viande au-delà du prix fixé par la taxe légalement faite et publiée. *V.* POIDS et MESURES.

BOURSE DE COMMERCE.

C. Com. (*liv.* 1, *tit.* 3, *sect.* 1, *des bourses de commerce, art.* 71-73). — 71. La bourse de commerce est la réunion qui a lieu, sous l'autorité du Roi, des commerçans, capitaines de navires, agens de change et courtiers.

72. Le résultat des négociations et des transactions qui s'opèrent dans la bourse, détermine le cours du change, des marchandises, des assurances, du fret ou nolis, du prix des transports par terre ou par eau, des effets publics et autres dont le cours est susceptible d'être coté.

73. Ces divers cours sont constatés par les agens de change et courtiers, dans la forme prescrite par les règlemens de police généraux ou particuliers. *V.* AGENS DE CHANGE.

Dispositions additionnelles.

FAILLITE. *C. Com.* 614. Nul commerçant failli ne pourra se présenter à la bourse, à moins qu'il n'ait obtenu sa réhabilitation.

607. A la diligence tant du procureur du Roi que du président du tribunal de commerce, copie (de la demande en réhabilitation) restera affichée, pendant un délai de deux mois, à la bourse. *V.* RÉHABILITATION.

BOURSE (JEUX DE). *C. Pén.* 419. Tous ceux qui, par des faits faux ou calomnieux semés à dessein dans le public, par des sur-offres faites aux prix que demandaient les vendeurs eux-mêmes, par réunion ou coalition entre les principaux détenteurs d'une même marchandise ou denrée, tendant à ne la pas vendre ou à ne la vendre qu'à un certain prix, ou qui, par des voies ou moyens frauduleux quelconques, auront opéré la hausse ou la baisse du prix des denrées ou marchandises ou des papiers et effets publics au-dessus ou au-dessous des prix qu'aurait déterminés la concurrence naturelle et libre du commerce, seront punis d'un emprisonnement d'un mois au moins, d'un an au plus, et d'une amende de cinq cents francs à dix mille francs. Les coupables pourront de plus être mis, par l'arrêt ou le jugement, sous la surveillance de la haute police pendant deux ans au moins et cinq ans au plus.

420. La peine sera d'un emprisonnement de deux mois au moins et de deux ans au plus, et d'une amende de mille francs à vingt mille francs, si ces manœuvres ont été pratiquées sur grains, grenailles, farines, substances farineuses, pain, vin ou toute autre boisson. — La mise en surveillance qui pourra être prononcée sera de cinq ans au moins et de dix ans au plus.

421. Les paris qui auront été faits sur la hausse ou la baisse des effets publics seront punis des peines portées par l'art. 419.

422. Sera réputée pari de ce genre toute convention de vendre ou de livrer des effets publics qui ne seront pas prouvés par le vendeur avoir existé à sa disposition au temps de la convention, ou avoir dû s'y trouver au temps de la livraison.

BRANCHES (ARBRE). *C. Civ.* 672. Celui sur la propriété duquel avancent les branches des arbres du voisin, peut contraindre celui-ci à couper ces branches. — Si ce sont les racines qui avancent sur son héritage, il a droit de les y couper lui-même.

BRANCHES (FAMILLE). *C. Civ.* 733. Toute succession échue à des ascendans ou à des collatéraux se divise en deux parts égales; l'une pour les parens de la ligne paternelle, l'autre pour les parens de la ligne maternelle. — Les parens utérins ou consanguins ne sont pas exclus par les germains; mais ils ne prennent part que dans leur ligne, sauf ce qui sera dit à l'art. 732. (*V.* COLLATÉRALE (*succession*). — Les germains prennent part dans les deux lignes. — Il ne se fait aucune dévolution d'une ligne à l'autre, que lorsqu'il ne se trouve aucun ascendant ni collatéral de l'une des deux lignes.

754. Cette première division opérée entre les lignes paternelle et maternelle, il ne se fait plus de division entre les diverses branches; mais la moitié dévolue à chaque ligne appartient à l'héritier ou aux héritiers les plus proches en degrés, sauf le cas de la représentation. *V.* REPRÉSENTATION.

743. Dans tous les cas où la représentation est admise, le partage s'opère par souche : si une même souche a produit plusieurs branches, la subdivision se fait aussi par souche dans chaque branche, et les membres de la même branche partagent entre eux par tête.

BRANDON (SAISIE).

C. Proc. (*liv.* 5, *tit.* 9, *de la saisie des fruits pendans par racine, ou de la saisie-brandon*, *art.* 626-653). — 626. La saisie-brandon ne pourra être faite que dans les six semaines qui précéderont l'époque ordinaire de la maturité des fruits; elle sera précédée d'un commandement, avec un jour d'intervalle.

627. Le procès-verbal de saisie contiendra l'indication de chaque pièce, sa contenance et sa situation, et deux au moins de ses tenans et aboutissans, et la nature des fruits.

628. Le garde champêtre sera établi gardien, à moins qu'il ne soit compris dans l'exclusion portée par l'article 598 [1]; s'il n'est présent, la saisie lui

---

[1] 598. Ne pourront être établis gardiens, le saisissant, son conjoint, ses parens et alliés jusqu'au degré de cousin issu de germain inclusivement, et ses

sera signifiée : il sera aussi laissé copie au maire de la commune de la situation, et l'original sera visé par lui. — Si les communes sur lesquelles les biens sont situés sont contigües ou voisines, il sera établi un seul gardien, autre néanmoins qu'un garde champêtre : le visa sera donné par le maire de la commune du chef-lieu de l'exploitation ; et s'il n'y en a pas, par le maire de la commune où est située la majeure partie des biens.

629. La vente sera annoncée ; par placards affichés, huitaine au moins avant la vente, à la porte du saisi, à celle de la maison commune, et s'il n'y en a pas, au lieu où s'apposent les actes de l'autorité publique ; au principal marché du lieu, et s'il n'y en a pas, au marché le plus voisin, et à la porte de l'auditoire de la justice de paix.

630. Les placards désigneront le jour, heure et lieu de la vente ; les noms et demeures du saisi et du saisissant ; la quantité d'hectares et la nature de chaque espèce de fruits, la commune où ils sont situés, sans autre désignation.

631. L'apposition des placards sera constatée ainsi qu'il est dit au titre *des saisies-exécutions*. *V.* EXÉCUTION (*saisie*).

632. La vente sera faite un jour de dimanche ou de marché.

633. Elle pourra être faite sur les lieux, ou sur la place de la commune où est située la majeure partie des objets saisis. — La vente pourra aussi être faite sur le marché du lieu, et s'il n'y en a pas, sur le marché le plus voisin.

634. Seront, au surplus, observées les formalités prescrites au titre *des saisies-exécutions*. *V.* EXÉCUTION (*saisie*).

635. Il sera procédé à la distribution du prix de la vente ainsi qu'il sera dit au titre *de la distribution par contribution. V.* CONTRIBUTION (*distribution par*).

Dispositions du tarif.

29. (Pr. 626.) Pour l'original du commandement qui doit précéder la saisie-brandon. (628). De dénonciation de la saisie-brandon au garde champêtre, gardien de droit à ladite saisie, et qui ne sera pas présent au procès-verbal, à Paris, 2 fr. Partout ailleurs, 1 fr. 50 c. Pour chaque copie, le quart.

43. (Pr. 627.) Pour un procès-verbal de saisie-brandon, contenant l'indication de chaque pièce, sa contenance et sa situation, deux au moins de ses tenans et aboutissans, et la nature des fruits, quand il n'y sera pas employé plus de trois heures, à Paris, 6 fr. Dans les villes où il y a tribunal de première instance, 5 fr. Dans les autres villes et cantons ruraux, 4 fr. Et quand il sera employé plus de trois

domestiques ; mais le saisi, son conjoint, ses parens, alliés et domestiques, pourront être établis gardiens, de leur consentement et de celui du saisissant.

heures, pour chacune des autres vacations aussi de trois heures, à Paris, 5 fr. Dans les villes où il y a tribunal de première instance, 4 fr. Dans les autres villes et cantons ruraux, 3 fr. L'huissier ne ser point assisté de témoins.

44. (Pr. 628.) Pour les copies à délivrer à la partie saisie, au maire de la commune et au garde champêtre, ou autre gardien, par chacune, le quart de l'original. — *Nota.* Le surplus des actes sera taxé comme en saisie-exécution. *V.* EXÉCUTION (*saisie*).

45. Il sera alloué pour frais de garde, soit au garde champêtre, soit à tout autre gardien qui pourrait être établi, aux termes de l'art. 628, par chaque jour savoir : au garde-champêtre, à Paris, 75 c. Dans les villes où il y a tribunal de première instance, 75 c. Dans les autres villes et cantons ruraux, 75 c. Et à tout autre que le garde champêtre, à Paris, 1 f. 25 c. Dans les villes où il y a tribunal de première instance, 1 fr. 25 c. Dans les autres villes et cantons ruraux, 1 fr. 25 c.

BREF DÉLAI.

Dispositions générales.

C. Proc. 72. Le délai ordinaire des ajournemens, pour ceux qui sont domiciliés en France, sera de huitaine. — Dans les cas qui requerront célérité, le président pourra, par ordonnance rendue sur requête, permettre d'assigner à bref délai.

76. Si la demande a été formée à bref délai, le défendeur pourra, au jour de l'échéance, faire présenter à l'audience un avoué, auquel il sera donné acte de sa constitution : ce jugement ne sera point levé : l'avoué sera tenu de réitérer, dans le jour, sa constitution par acte ; faute par lui de le faire, le jugement sera levé à ses frais.

Dispositions diverses.

ACTE (*Expédition*). *C. Proc.* 839. Le notaire ou autre dépositaire qui refusera de délivrer expédition ou copie d'un acte aux parties intéressées en nom direct, héritiers ou ayans droit, y sera condamné, et par corps, sur assignation à bref délai, donnée en vertu de permission du président du tribunal de première instance, sans préliminaire de conciliation.

APPEL (*Sursis à exécution*). *C. Proc.* 439. Si l'exécution provisoire a été ordonnée hors des cas prévus par la loi, l'appelant pourra obtenir des défenses à l'audience, sur assignation à bref délai, sans qu'il puisse en être accordé sur requête non communiquée.

C. Com. 647. Les cours royales ne pourront, en aucun cas, à peine de nullité, et même des dommages et intérêts des parties, s'il y a lieu, accorder des défenses ni surseoir à l'exécution des jugemens des tribunaux de commerce, quand même ils seraient attaqués d'incompétence ; mais elles pourront, suivant l'exigence des cas, accor-

er la permission de citer extraordinairement à
ur et heure fixes, pour plaider sur l'appel.

CONTRAINTE PAR CORPS. *C. Proc.* 802. La con-
gnation de la dette sera faite entre les mains
u geôlier, sans qu'il soit besoin de la faire or-
onner; si le geôlier refuse, il sera assigné à
ref délai devant le tribunal du lieu, en vertu de
ermission : l'assignation sera donnée par huis-
er commis.

VENTE (*vices rédhibitoires*). *C. Civ.* 1648. L'ac-
on résultant des vices rédhibitoires doit être in-
ntée par l'acquéreur, dans un bref délai, sui-
ant la nature des vices rédhibitoires, et l'usage
es lieux où la vente a été faite.

BRIS DE CLOTURE. *C. Pén.* 456. Quicon-
ue aura, en tout ou en partie, comblé des fos-
s, détruit des clôtures de quelques matériaux
'elles soient faites, coupé ou arraché des haies
ves ou sèches; quiconque aura déplacé ou sup-
imé des bornes ou pieds corniers, ou autres
bres plantés ou reconnus pour établir les limi-
s entre différens héritages, sera puni d'un em-
risonnement qui ne pourra être au-dessous d'un
ois ni excéder une année, et d'une amende
gale au quart des restitutions et des dommages-
térêts, qui, dans aucun cas, ne pourra être au-
ssous de cinquante francs.

BRIS DE NAVIRE.
C. Com. 258. En cas de prise, de bris et nau-
age, avec perte entière du navire et des mar-
andises, les matelots ne peuvent prétendre au-
n loyer. — Ils ne sont point tenus de restituer
qui leur a été avancé sur leurs loyers. *V.* DÉ-
RIS DE NAVIRE.

569. Le délaissement des objets assurés peut
re fait en cas d'échouement avec bris. *V.* DÉ-
AISSEMENT.

581. En cas de naufrage ou d'échouement avec
ris, l'assuré doit, sans préjudice du délaisse-
ent à faire en temps et lieu, travailler au recou-
ement des effets naufragés. — Sur son affirma-
on, les frais de recouvrement lui sont alloués
squ'à concurrence de la valeur des effets re-
uvrés.

BRIS DE PORTE.
I. DROIT CIVIL.
Bris de porte sur saisie-exécution.

C. Proc. 587. Si les portes sont fermées (lors de
saisie-exécution), ou si l'ouverture en est refusée,
uissier pourra établir gardien aux portes pour
pêcher le divertissement : il se retirera sur le
champ, sans assignation, devant le juge de
ix, ou, à son défaut, devant le commissaire de
lice, et dans les communes où il n'y en a pas,
.... et à son défaut, devant l'adjoint,

en présence desquels l'ouverture des portes,
même celle des meubles fermans, sera faite, au
fur et à mesure de la saisie. L'officier qui se transportera ne dressera point de procès-verbal; mais
il signera celui de l'huissier, lequel ne pourra
dresser du tout qu'un seul et même procès-
verbal.

591. Si le saisi est absent, et qu'il y ait refus
d'ouvrir aucune pièce ou meuble, l'huissier en
requerra l'ouverture; et, s'il se trouve des papiers, il requerra l'apposition des scellés par l'officier appelé pour l'ouverture.

II. DROIT CRIMINEL.
Bris de porte sur perquisitions criminelles.
1° *Du procureur du Roi.*

C. Inst. cr. 32. Dans tous les cas de flagrant
délit, lorsque le fait sera de nature à entraîner
une peine afflictive ou infamante, le procureur
du Roi se transportera sur le lieu, sans aucun retard, pour y dresser les procès-verbaux nécessaires à l'effet de constater le corps du délit, son
état, l'état des lieux, et pour recevoir les déclarations des personnes qui auraient été présentes,
ou qui auraient des renseignemens à donner. —
Le procureur du Roi donnera avis de son transport au juge d'instruction, sans être toutefois
tenu de l'attendre pour procéder.

36. Si la nature du crime ou du délit est telle,
que la preuve puisse vraisemblablement être acquise par les papiers ou autres pièces et effets en
la possession du prévenu, le procureur du Roi
se transportera de suite dans le domicile du
prévenu, pour y faire la perquisition des objets
qu'il jugera utiles à la manifestation de la vérité.

46. Les attributions faites au procureur du
Roi pour les cas de flagrant délit, auront lieu
aussi toutes les fois que, s'agissant d'un crime
ou délit, même non flagrant, commis dans l'intérieur d'une maison, le chef de cette maison requerra le procureur du Roi de le constater.

47. Hors les cas énoncés dans les articles 32
et 46, le procureur du Roi, instruit, soit par une
dénonciation, soit par toute autre voie, qu'il a
été commis dans son arrondissement un crime
ou un délit, ou qu'une personne qui en est prévenue se trouve dans son arrondissement, sera
tenu de requérir le juge d'instruction d'ordonner
qu'il en soit informé, même de se transporter,
s'il est besoin, sur les lieux, à l'effet d'y dresser
tous les procès-verbaux nécessaires.

2° *Des officiers de police auxiliaires du pro-*
cureur du Roi.

C. Inst. cr. 48. Les juges de paix, les officiers de gendarmerie, les commissaires généraux
de police, recevront les dénonciations de crimes

8

ou délits commis dans les lieux où ils exercent leurs fonctions habituelles.

49. Dans les cas de flagrant délit, ou dans le cas de réquisition de la part d'un chef de maison, ils dresseront les procès-verbaux, recevront les déclarations des témoins, feront les visites et les autres actes qui sont, auxdits cas, de la compétence des procureurs du Roi, le tout dans les formes et suivant les règles établies (à l'égard des procureurs du Roi).

50. Les maires, adjoints de maire, et les commissaires de police, recevront également les dénonciations et feront les actes énoncés en l'article précédent, en se conformant aux mêmes règles.

3° Du juge d'instruction.

C. Inst. cr. 87. Le juge d'instruction se transportera, s'il en est requis, et pourra même se transporter d'office dans le domicile du prévenu, pour y faire la perquisition des papiers, effets et généralement de tous les objets qui seront jugés utiles à la manifestation de la vérité.

88. Le juge d'instruction pourra pareillement se transporter dans les autres lieux où il présumerait qu'on aurait caché les objets dont il est parlé dans l'article précédent.

90. Si les papiers ou les effets dont il y aura lieu de faire la perquisition sont hors de l'arrondissement du juge d'instruction, il requerra le juge d'instruction du lieu où l'on peut les trouver, de procéder (à leur recherche).

91. Lorsque l'inculpé sera domicilié, et que le fait sera de nature à ne donner lieu qu'à une peine correctionnelle, le juge d'instruction pourra, s'il le juge convenable, ne décerner contre l'inculpé qu'un mandat de comparution, sauf, après l'avoir interrogé, à convertir le mandat en tel autre mandat qu'il appartiendra. — Si l'inculpé fait défaut, le juge d'instruction décernera contre lui un mandat d'amener. — Il décernera pareillement mandat d'amener contre toute personne, de quelque qualité qu'elle soit, inculpée d'un délit emportant peine afflictive ou infamante.

98. Les mandats d'amener, de comparution, de dépôt et d'arrêt, seront exécutoires dans toute l'étendue du royaume. — Si le prévenu est trouvé hors de l'arrondissement de l'officier qui aura délivré le mandat de dépôt ou d'arrêt, il sera conduit devant le juge de paix ou son suppléant, et, à leur défaut, devant le maire ou l'adjoint du maire, ou le commissaire de police du lieu, lequel visera le mandat, sans pouvoir en empêcher l'exécution.

99. Le prévenu qui refusera d'obéir au mandat d'amener, ou qui, après avoir déclaré qu'il est prêt à obéir, tentera de s'évader, devra être contraint. — Le porteur du mandat d'amener emploiera, au besoin, la force publique du lieu le plus voisin : elle sera tenue de marcher, sur la réquisition contenue dans le mandat d'amener.

108. L'officier chargé de l'exécution d'un mandat de dépôt ou d'arrêt se fera accompagner d'une force suffisante pour que le prévenu ne puisse se soustraire à la loi. — Cette force sera prise dans le lieu le plus à portée de celui où le mandat de dépôt devra s'exécuter ; et elle est tenue de marcher, sur la réquisition directement faite au commandant et contenue dans le mandat.

109. Si le prévenu ne peut être saisi, le mandat d'arrêt sera notifié à sa dernière habitation, et il sera dressé procès-verbal de perquisition. — Ce procès-verbal sera dressé en présence des deux plus proches voisins du prévenu que le porteur du mandat d'arrêt pourra trouver ; ils le signeront, ou, s'ils ne savent ou ne veulent pas signer, il en sera fait mention, ainsi que de l'interpellation qui en aura été faite. — Le porteur du mandat d'arrêt fera ensuite viser son procès-verbal par le juge de paix ou son suppléant, ou, à son défaut, par le maire, l'adjoint ou le commissaire de police du lieu, et lui en laissera copie. — Le mandat d'arrêt et le procès-verbal seront ensuite remis au greffe du tribunal.

BRIS DE PRISON.

C. Pén. 244. Si l'évasion d'un prisonnier a eu lieu ou a été tentée avec violence ou bris de prison, les peines contre ceux qui l'auront favorisée en fournissant des instrumens propres à l'opérer seront, en cas que l'évadé fût de la qualité exprimée en l'article 258[1], trois mois à deux ans

---

[1] 238. Si l'évadé était prévenu de délit de police ou de crimes simplement infamans, ou s'il était prisonnier de guerre, les préposés à sa garde ou conduite seront punis, en cas de négligence, d'un emprisonnement de six jours à deux mois ; et en cas de connivence, d'un emprisonnement de six mois à deux ans. — Ceux qui, n'étant pas chargés de garde ou de la conduite du détenu, auront procuré ou facilité son évasion, seront punis de six jours à trois mois d'emprisonnement.

239. Si les détenus évadés, ou l'un d'eux, étaient prévenus ou accusés d'un crime de nature à entraîner une peine afflictive à temps, ou condamnés pour l'un de ces crimes, la peine sera, contre les préposés à la garde ou conduite, en cas de négligence, un emprisonnement de deux mois à six mois : en cas de connivence, la réclusion. — Les individus non chargés de la garde des détenus, qui auront procuré ou facilité l'évasion, seront punis d'un emprisonnement de trois mois à deux ans.

240. Si les évadés, ou l'un d'eux, sont prévenus

d'emprisonnement ; au cas de l'article 239, deux ans à cinq ans d'emprisonnement ; et au cas de l'article 240, la réclusion.

243. Si l'évasion avec bris ou violence a été favorisée par transmission d'armes, les gardiens et conducteurs qui y auront participé seront punis des travaux forcés à perpétuité ; les autres personnes des travaux forcés à temps.

243. A l'égard des détenus qui se seront évadés ou qui auront tenté de s'évader par bris de prison ou par violence, ils seront, pour ce fait, punis de six mois à un an d'emprisonnement, et subiront cette peine immédiatement après l'expiration de celle qu'ils auront encourue pour le crime ou délit à raison duquel ils étaient détenus, ou immédiatement après l'arrêt ou jugement qui les aura acquittés ou renvoyés absous. dudit crime ou délit ; le tout sans préjudice de plus fortes peines qu'ils auraient pu encourir pour d'autres crimes qu'ils auraient commis dans leurs violences.

BRIS DE SCELLÉS.

Bris de scellés et enlèvement de pièces dans les dépôts publics.

C. Pén. (liv. 3, tit. 1, ch. 3, sect. 4, § 3, art. 249-256).—249. Lorsque des scellés apposés, soit par ordre du Gouvernement, soit par suite d'une ordonnance de justice rendue en quelque matière que ce soit, auront été brisés, les gardiens seront punis, pour simple négligence, de six jours à six mois d'emprisonnement.

250. Si le bris des scellés s'applique à des papiers et effets d'un individu prévenu ou accusé

accusés de crimes de nature à entraîner la peine de mort ou des peines perpétuelles, ou s'ils sont condamnés à l'une de ces peines, leurs conducteurs ou gardiens seront punis d'un an à deux ans d'emprisonnement, en cas de négligence, et des travaux forcés à temps, en cas de connivence. — Les individus non chargés de la conduite ou de la garde qui auront facilité ou procuré l'évasion seront punis d'un emprisonnement d'un an au moins et de cinq ans au plus.

d'un crime emportant la peine de mort, des travaux forcés à perpétuité, ou de la déportation, ou qui soit condamné à l'une de ces peines, le gardien négligent sera puni de six mois à deux ans d'emprisonnement.

251. Quiconque aura, à dessein, brisé des scellés apposés sur des papiers ou effets de la qualité énoncée en l'article précédent, ou participé au bris des scellés, sera puni de la réclusion ; et si c'est le gardien lui-même, il sera puni des travaux forcés à temps.

252. A l'égard de tous autres bris de scellés, les coupables seront punis de six mois à deux ans d'emprisonnement ; et si c'est le gardien lui-même, il sera puni de deux à cinq ans de la même peine.

253. Tout vol commis à l'aide d'un bris de scellés, sera puni comme vol commis à l'aide d'effraction.

254. Quant aux soustractions, destructions et enlèvemens de pièces ou de procédures criminelles, ou d'autres papiers, registres, actes et effets, contenus dans des archives, greffes ou dépôts publics, ou remis à un dépositaire public en cette qualité, les peines seront, contre les greffiers, archivistes, notaires ou autres dépositaires négligens, de trois mois à un an d'emprisonnement, et d'une amende de cent francs à trois cents francs.

255. Quiconque se sera rendu coupable des soustractions, enlèvemens ou destructions mentionnés en l'article précédent, sera puni de la réclusion. — Si le crime est l'ouvrage du dépositaire lui-même, il sera puni des travaux forcés à temps.

256. Si le bris de scellés, les soustractions, enlèvemens ou destructions de pièces ont été commis avec violences envers les personnes, la peine sera, contre toute personne, celle des travaux forcés à temps, sans préjudice de peines plus fortes, s'il y a lieu, d'après la nature des violences et des autres crimes qui y seraient joints.

C

CABOTAGE. *C. Com.* 229. Le capitaine répond de tout le dommage qui peut arriver aux marchandises qu'il aurait chargées sur le tillac de son vaisseau sans le consentement par écrit du chargeur. — Cette disposition n'est point applicable au petit cabotage.

CADAVRE.

1° *Droit civil.*

C. Civ. 77. Aucune inhumation ne sera faite sans une autorisation, sur papier libre et sans frais, de l'officier de l'état civil, qui ne pourra la délivrer qu'après s'être transporté auprès de la per-

8.

sonne décédée, pour s'assurer du décès, et que vingt-quatre heures après le décès, hors les cas prévus par les règlemens de police.

2° *Droit criminel.*

C. Inst. Cr. 43. Le procureur du Roi se fera accompagner, au besoin, dans ses perquisitions, d'une ou de deux personnes présumées, par leur art ou profession, capables d'apprécier la nature et les circonstances du crime ou délit.

44. S'il s'agit d'une mort violente, ou d'une mort dont la cause soit inconnue et suspecte, le procureur du Roi se fera assister d'un ou de deux officiers de santé, qui feront leur rapport sur les causes de la mort et sur l'état du cadavre.—Les personnes appelées, dans les cas du présent article et de l'article précédent, prêteront, devant le procureur du Roi, le serment de faire leur rapport et de donner leur avis en leur honneur et conscience.

CADUCITÉ.

I. DES DONATIONS EN FAVEUR DU MARIAGE.

C. Civ. 1088. Toute donation faite en faveur du mariage sera caduque si le mariage ne s'ensuit pas.

1089. Les donations faites à l'un des époux, dans les termes des articles 1082, 1084 et 1086[1],

---

[1] 1082. Les pères et mères, les autres ascendans, les parens collatéraux des époux, et même les étrangers, pourront, par contrat de mariage, disposer de tout ou partie des biens qu'ils laisseront au jour de leur décès, tant au profit desdits époux qu'au profit des enfans à naître de leur mariage, dans le cas où le donateur survivrait à l'époux donataire. — Pareille donation, quoique faite au profit seulement des époux ou de l'un d'eux, sera toujours, dans ledit cas de survie du donateur, présumée faite au profit des enfans et descendans à naître du mariage.

1084. La donation par contrat de mariage pourra être faite cumulativement des biens présens et à venir, en tout ou en partie, à la charge qu'il sera annexé à l'acte un état des dettes et charges du donateur existantes au jour de la donation ; auquel cas, il sera libre au donataire, lors du décès du donateur, de s'en tenir aux biens présens, en renonçant au surplus des biens du donateur.

1086. La donation par contrat de mariage en faveur des époux et des enfans à naître de leur mariage, pourra encore être faite, à condition de payer indistinctement toutes les dettes et charges de la succession du donateur, ou sous d'autres conditions dont l'exécution dépendrait de sa volonté, par quelque personne que la donation soit faite : le donataire sera tenu d'accomplir ces conditions, s'il n'aime mieux renoncer à la donation ; et en cas que le donateur, par contrat de mariage, se soit réservé la liberté de disposer d'un effet compris dans la donation de ses biens présens, ou d'une somme fixe à prendre sur ces mêmes biens, l'effet ou la somme, s'il meurt sans en avoir disposé, seront censés compris dans la donation, et appartiendront au donataire ou à ses héritiers.

deviendront caduques si le donateur survit à l'époux donataire et à sa postérité.

II. DES LEGS ET TESTAMENS.

C. Civ. 925. Lorsque la valeur des donations entre-vifs excédera ou égalera la quotité disponible, toutes les dispositions testamentaires seront caduques.

1039. Toute disposition testamentaire sera caduque, si celui en faveur de qui elle est faite n'a pas survécu au testateur.

1040. Toute disposition testamentaire faite sous une condition dépendante d'un évènement incertain, et telle que, dans l'intention du testateur, cette disposition ne doive être exécutée qu'autant que l'évènement arrivera ou n'arrivera pas, sera caduque si l'héritier institué ou légataire décède avant l'accomplissement de la condition.

1041. La condition qui, dans l'intention du testateur, ne fait que suspendre l'exécution de la disposition, n'empêchera pas l'héritier institué, ou le légataire, d'avoir un droit acquis et transmissible à ses héritiers.

1042. Le legs sera caduc si la chose léguée a totalement péri pendant la vie du testateur. — Il en sera de même si elle a péri depuis sa mort, sans le fait et la faute de l'héritier, quoique celui-ci ait été mis en retard de la délivrer, lorsqu'elle eût également dû périr entre les mains du légataire.

1043. La disposition testamentaire sera caduque, lorsque l'héritier institué ou le légataire la répudiera, ou se trouvera incapable de la recueillir.

CAHIER DES CHARGES.

1° *Sur saisie immobilière.*

C. Proc. 697. Quinzaine au moins avant la première publication (de la saisie) le poursuivant déposera au greffe le cahier des charges, contenant,—1° l'énonciation du titre en vertu duquel la saisie a été faite, du commandement, de l'exploit de saisie, et des actes et jugemens qui auront pu être faits ou rendus ; — 2° la désignation des objets saisis, telle qu'elle a été insérée dans le procès-verbal ; — 3° les conditions de la vente ; — 4° et une mise à prix par le poursuivant (le tout à peine de nullité, art. 717).

698. Le poursuivant demeurera adjudicataire pour la mise à prix, s'il ne se présente pas de surenchérisseur.

699. Les dires, publications et adjudications, seront mis sur le cahier des charges, à la suite de la mise à prix (à peine de nullité, art. 717).

700. Le cahier des charges sera publié, pour

a première fois, un mois au moins après la notification du procès-verbal d'affiches à la partie saisie (à peine de nullité, art. 717).

701. Il ne pourra y avoir moins d'un mois ni plus de six semaines de délai entre ladite notification et la première publication (à peine de nullité, art. 717).

702. Le cahier des charges sera publié à l'audience successivement de quinzaine en quinzaine, trois fois au moins avant l'adjudication préparatoire (à peine de nullité, art. 717).

714. Le jugement d'adjudication ne sera autre que la copie du cahier des charges, rédigé ainsi qu'il est dit dans l'art. 697; il sera revêtu de l'intitulé des jugemens et du mandement qui les termine, avec injonction à la partie saisie de déaisser la possession aussitôt la signification du jugement, sous peine d'y être contrainte, même par corps.

2° Sur saisie de rentes.

C. Proc. 643. Quinzaine après la dénonciation la partie saisie, le saisissant sera tenu de mettre au greffe du tribunal du domicile de la partie saisie le cahier des charges, contenant les noms, professions et demeures du saisissant, de la parie saisie et du débiteur de la rente; la nature de la rente, sa quotité, celle du capital, la date et l'énonciation du titre en vertu duquel elle est constituée; l'énonciation de l'inscription, si le titre contient hypothèque, et si aucune a été prise pour la sûreté de la rente; les noms et demeure de l'avoué du poursuivant, les conditions de l'adjudication et la mise à prix; la première publication se fera à l'audience.

644. Extrait du cahier des charges, contenant les renseignemens ci-dessus, sera remis au greffier, huitaine avant la remise du cahier des charges au greffe, et par lui inséré dans un tableau placé à cet effet dans l'auditoire du tribunal devant lequel se poursuit la vente. *V.* RENTES saisie des).

3° Sur vente d'immeubles entre majeurs.

C. Proc. 972. Le poursuivant demandera l'entérinement du rapport d'experts, par requête de simples conclusions d'avoué à avoué. On se conformera pour la vente aux formalités prescrites dans le titre *de la vente des biens immeubles*, en ajoutant dans le cahier des charges, — les noms, demeure et profession du poursuivant, les noms et demeure de son avoué; — les noms, demeure et profession des colicitans. — Copie du cahier des charges sera signifiée aux avoués des colicitans par un simple acte, dans la huitaine du dépôt au greffe ou chez le notaire.

973. S'il s'élève des difficultés sur le cahier des charges, elles seront vidées à l'audience, sans aucune requête, et sur un simple acte d'avoué à avoué.

4° Sur vente d'immeubles de mineurs.

C. Proc. 958. Les enchères seront ouvertes sur un cahier des charges, déposé au greffe ou chez le notaire commis, et contenant, — 1° l'énonciation du jugement homologatif de l'avis des parens; — 2° celle du titre de propriété; — 3° la désignation sommaire des biens à vendre, et le prix de leur estimation; — 4° les conditions de la vente.

959. Ce cahier sera lu à l'audience, si la vente se fait en justice. Lors de sa lecture, le jour auquel il sera procédé à la première adjudication, ou adjudication préparatoire, sera annoncé. Ce jour sera éloigné de six semaines au moins.

CALOMNIE.

1° Loi civile.

C. Civ. 727. Sont indignes de succéder, et, comme tels, exclus des successions : 1°... 2° celui qui a porté contre le défunt une accusation capitale jugée calomnieuse.

2° Loi pénale.

C. Pén. 373. Quiconque aura fait par écrit une dénonciation calomnieuse contre un ou plusieurs individus, aux officiers de justice ou de police administrative ou judiciaire, sera puni d'un emprisonnement d'un mois à un an, et d'une amende de cent francs à trois mille francs. *V.* DIFFAMATION[1].

CANTONNEMENT.

1° Forêts de l'État.

C. For. 63. Le Gouvernement pourra affranchir les forêts de l'État de tout droit d'usage en bois, moyennant un cantonnement qui sera réglé de gré à gré, et, en cas de contestation, par les tribunaux. — L'action en affranchissement d'usage par voie de cantonnement n'appartiendra qu'au Gouvernement et non aux usagers.

64. Quant aux autres droits d'usage quelconques et aux pâturage, panage et glandée dans les mêmes forêts, ils ne pourront être convertis en cantonnement; mais ils pourront être rachetés moyennant des indemnités qui seront réglées de gré à gré, ou, en cas de contestation, par les tribunaux. — Néanmoins le rachat ne pourra être requis par l'administration, dans les lieux où l'exercice du droit de pâturage est devenu d'une absolue nécessité pour les habitans d'une ou de

---

[1] La loi du 17 mai 1819 a abrogé les art. 367, 368, 369, 370, 371, 372 et 374, qui étaient relatifs à la calomnie; elle n'a plus laissé subsister que l'art. 373, et à la *calomnie* elle a substitué la *diffamation*.

plusieurs communes. Si cette nécessité est contestée par l'administration forestière, les parties se pourvoiront devant le conseil de préfecture, qui, après une enquête *de commodo et incommodo*, statuera, sauf le recours au conseil d'État.

65. Dans toutes les forêts de l'État qui ne seront point affranchies au moyen du cantonnement ou de l'indemnité, conformément aux articles 63 et 64 ci-dessus, l'exercice des droits d'usage pourra toujours être réduit par l'administration, suivant l'état et la possibilité des forêts. — En cas de contestation sur la possibilité et l'état des forêts, il y aura lieu à recours au conseil de préfecture.

2° *Forêts des communes et des établissemens publics.*

111. La faculté accordée au Gouvernement par l'article 63, d'affranchir les forêts de l'État de tous droits d'usage en bois, est applicable, sous les mêmes conditions, aux communes et aux établissemens publics, pour les bois qui leur appartiennent.

112. Toutes les dispositions des articles 63, 64, 65, sur l'exercice des droits d'usage dans les bois de l'État sont applicables à la jouissance des communes et des établissemens publics dans leurs propres bois ainsi qu'aux droits d'usage dont ces mêmes bois pourraient être grevés.

3° *Forêts des particuliers.*

118. Les particuliers jouiront, de la même manière que le Gouvernement, et sous les conditions déterminées par l'article 63, de la faculté d'affranchir leurs forêts de tous droits d'usage en bois.

120. Toutes les dispositions contenues dans l'article 64 de la présente loi, sont applicables à l'exercice des droits d'usage dans les bois des particuliers, lesquels y exercent, à cet effet, les mêmes droits et la même surveillance que les agens du Gouvernement dans les forêts soumises au régime forestier.

121. En cas de contestation entre le propriétaire et l'usager, il sera statué par les tribunaux.

CAPACITÉ.

I. A L'ÉGARD DES ACTES A TITRE GRATUIT.
Des donations et testamens.

C. Civ. (*liv.* 3, *tit.* 2, *ch.* 2, *de la capacité de disposer ou de recevoir par donation entre-vifs ou par testament, art.* 901-912).

901. Pour faire une donation entre-vifs ou un testament, il faut être sain d'esprit.

902. Toutes personnes peuvent disposer et recevoir, soit par donation entre-vifs, soit par testament, excepté celles que la loi en déclare incapables.

903. Le mineur âgé de moins de seize ans ne pourra aucunement disposer, sauf ce qui est réglé au chapitre 9 du présent titre. (*Art.* 1091-1100.) *V.* ÉPOUX (*dispositions entre*).

904. Le mineur parvenu à l'âge de seize ans ne pourra disposer que par testament, et jusqu'à concurrence seulement de la moitié des biens dont la loi permet au majeur de disposer.

905. La femme mariée ne pourra donner entre-vifs sans l'assistance ou le consentement spécial de son mari, ou sans y être autorisée par la justice, conformément à ce qui est prescrit par les articles 217 et 219, au titre *du mariage*. (*V.* FEMME MARIÉE.) — Elle n'aura besoin ni du consentement du mari, ni d'autorisation de la justice, pour disposer par testament.

906. Pour être capable de recevoir entre-vifs, il suffit d'être conçu au moment de la donation. — Pour être capable de recevoir par testament, il suffit d'être conçu à l'époque du décès du testateur. — Néanmoins la donation ou le testament n'auront leur effet qu'autant que l'enfant sera né viable.

907. Le mineur, quoique parvenu à l'âge de seize ans, ne pourra, même par testament, disposer au profit de son tuteur. — Le mineur, devenu majeur, ne pourra disposer, soit par donation entre-vifs, soit par testament, au profit de celui qui aura été son tuteur, si le compte définitif de la tutelle n'a été préalablement rendu et apuré. — Sont exceptés, dans les deux cas ci-dessus, les ascendans des mineurs, qui sont ou qui ont été leurs tuteurs.

908. Les enfans naturels ne pourront, par donation entre-vifs ou par testament, rien recevoir au-delà de ce qui leur est accordé au titre *des successions. V.* NATURELS (*enfans*).

909. Les docteurs en médecine ou en chirurgie, les officiers de santé et les pharmaciens qui auront traité une personne pendant la maladie dont elle meurt, ne pourront profiter des dispositions entre-vifs ou testamentaires qu'elle aurait faites en leur faveur pendant le cours de cette maladie. — Sont exceptées, 1° les dispositions rémunératoires faites à titre particulier, eu égard aux facultés du disposant et aux services rendus; — 2° les dispositions universelles, dans le cas de parenté jusqu'au quatrième degré inclusivement, pourvu toutefois que le décédé n'ait pas d'héritiers en ligne directe; à moins que celui au profit de qui la disposition a été faite, ne soit lui-même du nombre de ces héritiers. — Les mêmes règles seront observées à l'égard du ministre du culte.

910. Les dispositions entre-vifs ou par testament, au profit des hospices, des pauvres d'une commune, ou d'établissemens d'utilité publique, n'auront leur effet qu'autant qu'elles seront autorisées par une ordonnance royale.

911. Toute disposition au profit d'un incapable sera nulle, soit qu'on la déguise sous la forme d'un contrat onéreux, soit qu'on la fasse sous le nom de personnes interposées.—Seront réputées personnes interposées les père et mère, les enfans et descendans, et l'époux de la personne incapable.

L. 14 juillet 1819.—Art. 1 (*remplaçant l'art.* 912 *C. Civ.*). Les articles 726 et 912 du Code Civil sont abrogés : en conséquence, les étrangers auront le droit de succéder, de disposer et de recevoir de la même manière que les Français dans toute l'étendue du royaume.

II. A L'ÉGARD DES CONTRATS A TITRE ONÉREUX.

1º Des contrats en général.

C. Civ. **1108.** Quatre conditions sont essentielles pour la validité d'une convention : — le consentement de la partie qui s'oblige ; — sa capacité de contracter ; — un objet certain qui forme la matière de l'engagement ; — une cause licite dans l'obligation.

De la capacité des parties contractantes.

(*Liv.* 3, *tit.* 3, *ch.* 2, *sect.* 2, *art.* 1123-1125).
— **1123.** Toute personne peut contracter, si elle n'en est pas déclarée incapable par la loi.

1124. Les incapables de contracter sont, — les mineurs, — les interdits, — les femmes mariées, dans les cas exprimés par la loi,— et généralement tous ceux à qui la loi interdit certains contrats.

1125. Le mineur, l'interdit et la femme mariée, ne peuvent attaquer, pour cause d'incapacité, leurs engagemens, que dans les cas prévus par la loi. — Les personnes capables de s'engager ne peuvent opposer l'incapacité du mineur, de l'interdit ou de la femme mariée, avec qui elles ont contracté.

2º Du contrat de vente.

C. Civ. (*liv.* 3, *tit.* 6, *ch.* 2. — *Qui peut acheter ou vendre, art.* 1594-1597). — **1594.** Tous ceux auxquels la loi ne l'interdit pas, peuvent acheter ou vendre.

1595. Le contrat de vente ne peut avoir lieu entre époux que dans les trois cas suivans : — 1º celui où l'un des deux époux cède des biens à l'autre, séparé judiciairement d'avec lui, en paiement de ses droits ; — 2º celui où la cession que le mari fait à sa femme, même non séparée, a une cause légitime, telle que le remploi de ses immeubles aliénés, ou de deniers à elle appartenant, si ces immeubles ou deniers ne tombent pas en communauté ; — 3º celui où la femme cède des biens à son mari en paiement d'une somme qu'elle lui aurait promise en dot, et lorsqu'il y a exclusion de communauté ; — sauf, dans ces trois cas, les droits des héritiers des parties contractantes, s'il y a avantage indirect.

1596. Ne peuvent se rendre adjudicataires, sous peine de nullité, ni par eux-mêmes, ni par personnes interposées, — les tuteurs, des biens de ceux dont ils ont la tutelle ; — les mandataires, des biens qu'ils sont chargés de vendre ; — les administrateurs, de ceux des communes ou des établissemens publics confiés à leurs soins ; — les officiers publics, des biens nationaux dont les ventes se font par leur ministère.

1597. Les juges, leurs suppléans, les magistrats remplissant le ministère public, les greffiers, huissiers, avoués, défenseurs officieux et notaires, ne peuvent devenir cessionnaires des procès, droits et actions litigieux qui sont de la compétence du tribunal dans le ressort duquel ils exercent leurs fonctions, à peine de nullité, et des dépens, dommages et intérêts.

III. DISPOSITIONS DIVERSES.

CAUTION. *C. Civ.* **2018.** Le débiteur obligé à fournir une caution doit en présenter une qui ait la capacité de contracter, qui ait un bien suffisant pour répondre de l'objet de l'obligation, et dont le domicile soit dans le ressort de la cour royale où elle doit être donnée.

DÉPÔT. *C. Civ.* **1925.** Le dépôt volontaire ne peut avoir lieu qu'entre personnes capables de contracter. — Néanmoins, si une personne capable de contracter accepte le dépôt fait par une personne incapable, elle est tenue de toutes les obligations d'un véritable dépositaire ; elle peut être poursuivie par le tuteur ou administrateur de la personne qui a fait le dépôt.

NOVATION. *C. Civ.* **1272.** La novation ne peut s'opérer qu'entre personnes capables de contracter.

OFFRES RÉELLES. *C. Civ.* **1238.** Pour que les offres réelles soient valables, il faut :—1º qu'elles soient faites au créancier ayant la capacité de recevoir, ou à celui qui a pouvoir de recevoir pour lui ; — 2º qu'elles soient faites par une personne capable de payer.

PAIEMENT. *C. Civ.* **1238.** Pour payer valablement, il faut être propriétaire de la chose donnée en paiement, et capable de l'aliéner. — Néanmoins, le paiement d'une somme en argent ou autre chose qui se consomme par l'usage, ne peut être répété contre le créancier qui l'a consommée de bonne foi, quoique le paiement en ait été fait par celui qui n'en était pas propriétaire, ou qui n'était pas capable de l'aliéner.

Société. *C. Civ.* 1840. Nulle société universelle ne peut avoir lieu qu'entre personnes respectivement capables de se donner ou de recevoir.

Transaction. *C. Civ.* 2045. Pour transiger, il faut avoir la capacité de disposer des objets compris dans la transaction.—Le tuteur ne peut transiger pour le mineur ou l'interdit que conformément à l'article 467, au titre *de la minorité, de la tutelle et de l'émancipation* (*V.* Mineur), et il ne peut transiger avec le mineur devenu majeur, sur le compte de tutelle, que conformément à l'article 472 au même titre. *V.* Tutelle (*compte de*). — Les communes et établissemens publics ne peuvent transiger qu'avec l'autorisation expresse du Roi.

CAPITAINE DE NAVIRE.

I. dispositions générales.

Fins de non-recevoir et prescription.

Fins de non-recevoir. *C. Com.* 435. Sont non-recevables, — toutes actions contre le capitaine pour dommage arrivé à la marchandise, si elle a été reçue sans protestation, — pour dommages causés par l'abordage dans un lieu où le capitaine a pu agir, s'il n'a point fait de réclamation.

436. Ces protestations et réclamations sont nulles, si elles ne sont faites et signifiées dans les vingt-quatre heures, et si dans le mois de leur date elles ne sont suivies d'une demande en justice.

Prescription. *C. Com.* 430. Le capitaine ne peut acquérir la propriété du navire par voie de prescription.

433. Sont prescrites, toutes actions en paiement pour gages et loyers des officiers un an après le voyage fini ; pour nourriture fournie aux matelots par l'ordre du capitaine, un an après la livraison.

434. La prescription ne peut avoir lieu s'il y a cédule, obligation, arrêté de compte ou interpellation judiciaire.

Du capitaine.

C. Com. (*liv.* 2, *tit.* 4, *art.* 221-249). — 221. Tout capitaine, maître ou patron, chargé de la conduite d'un navire ou autre bâtiment, est garant de ses fautes, même légères, dans l'exercice de ses fonctions.

222. Il est responsable des marchandises dont il se charge. — Il en fournit une reconnaissance. —Cette reconnaissance se nomme *connaissement.*

223. Il appartient au capitaine de former l'équipage du vaisseau, et de choisir et louer les matelots et autres gens de l'équipage ; ce qu'il

fera néanmoins de concert avec les propriétaires, lorsqu'il sera dans le lieu de leur demeure.

224. Le capitaine tient un registre coté et paraphé par l'un des juges du tribunal de commerce, ou par le maire ou son adjoint, dans les lieux où il n'y a pas de tribunal de commerce. — Ce registre contient — les résolutions prises pendant le voyage, — la recette et la dépense concernant le navire, et généralement tout ce qui concerne le fait de sa charge, et tout ce qui peut donner lieu à un compte à rendre, à une demande à former.

225. Le capitaine est tenu, avant de prendre charge, de faire visiter son navire, aux termes et dans les formes prescrites par les règlemens. — Le procès-verbal de visite est déposé au greffe du tribunal de commerce ; il en est délivré extrait au capitaine.

226. Le capitaine est tenu d'avoir à bord — l'acte de propriété du navire, — l'acte de francisation, — le rôle d'équipage, — les connaissemens et chartes-parties, — les procès-verbaux de visite, — les acquits de paiement ou à caution des douanes.

227. Le capitaine est tenu d'être en personne dans son navire, à l'entrée et à la sortie des ports, havres ou rivières.

228. En cas de contravention aux obligations imposées par les quatre articles précédens, le capitaine est responsable de tous les évènemens envers les intéressés au navire et au chargement.

229. Le capitaine répond également de tout le dommage qui peut arriver aux marchandises qu'il aurait chargées sur le tillac de son vaisseau sans le consentement par écrit du chargeur. — Cette disposition n'est point applicable au petit cabotage.

230. La responsabilité du capitaine ne cesse que par la preuve d'obstacle de force majeure.

231. Le capitaine et les gens de l'équipage qui sont à bord, ou qui sur les chaloupes se rendent à bord pour faire voile, ne peuvent être arrêtés pour dettes civiles, si ce n'est à raison de celles qu'ils auront contractées pour le voyage ; et même, dans ce dernier cas, ils ne peuvent être arrêtés, s'ils donnent caution.

232. Le capitaine, dans le lieu de la demeure des propriétaires ou de leurs fondés de pouvoir, ne peut, sans leur autorisation spéciale, faire travailler au radoub du bâtiment, acheter des voiles, cordages et autres choses pour le bâtiment, prendre à cet effet de l'argent sur le corps du navire, ni fréter le navire.

233. Si le bâtiment était frété du consentement des propriétaires, et que quelques-uns d'eux dis-

sent refus de contribuer aux frais nécessaires pour l'expédier, le capitaine pourra, en ce cas, vingt-quatre heures après sommation faite aux refusans de fournir leur contingent, emprunter à la grosse pour leur compte sur leur portion d'intérêt dans le navire, avec autorisation du juge.

234. Si, pendant le cours du voyage, il y a nécessité de radoub, ou d'achat de victuailles, le capitaine, après l'avoir constaté par un procès-verbal signé des principaux de l'équipage, pourra, en se faisant autoriser en France par le tribunal de commerce, ou, à défaut, par le juge de paix, chez l'étranger par le consul français, ou, à défaut, par le magistrat des lieux, emprunter sur le corps et quille du vaisseau, mettre en gage ou vendre des marchandises jusqu'à concurrence de la somme que les besoins constatés exigent. — Les propriétaires, ou le capitaine qui les représente, tiendront compte des marchandises vendues, d'après le cours des marchandises de même nature et qualité dans le lieu de la décharge du navire, à l'époque de son arrivée.

235. Le capitaine, avant son départ d'un port étranger ou des colonies françaises pour revenir en France, sera tenu d'envoyer à ses propriétaires ou à leurs fondés de pouvoir, un compte signé de lui, contenant l'état de son chargement, le prix des marchandises de sa cargaison, les sommes par lui empruntées, les noms et demeures des prêteurs.

236. Le capitaine qui aura, sans nécessité, pris de l'argent sur le corps, avitaillement ou équipement du navire, engagé ou vendu des marchandises ou des victuailles, ou qui aura employé dans ses comptes des avaries et des dépenses supposées, sera responsable envers l'armement, et personnellement tenu du remboursement de l'argent ou du paiement des objets, sans préjudice de la poursuite criminelle, s'il y a lieu.

237. Hors le cas d'innavigabilité légalement constatée, le capitaine ne peut, à peine de nullité de la vente, vendre le navire sans un pouvoir spécial des propriétaires.

238. Tout capitaine de navire, engagé pour un voyage, est tenu de l'achever, à peine de tous dépens, dommages-intérêts envers les propriétaires et les affréteurs.

239. Le capitaine qui navigue à profit commun sur le chargement, ne peut faire aucun trafic ni commerce pour son compte particulier, s'il n'y a convention contraire.

240. En cas de contravention aux dispositions mentionnées dans l'article précédent, les marchandises embarquées par le capitaine pour son compte particulier, sont confisquées au profit des autres intéressés.

241. Le capitaine ne peut abandonner son navire pendant le voyage, pour quelque danger que ce soit, sans l'avis des officiers et principaux de l'équipage ; et, en ce cas, il est tenu de sauver avec lui l'argent, et ce qu'il pourra des marchandises les plus précieuses de son chargement, sous peine d'en répondre en son propre nom. — Si les objets ainsi tirés du navire sont perdus par quelque cas fortuit, le capitaine en demeurera déchargé.

242. Le capitaine est tenu, dans les vingt-quatre heures de son arrivée, de faire viser son registre, et de faire son rapport. — Le rapport doit énoncer — le lieu et le temps de son départ, — la route qu'il a tenue, — les hasards qu'il a courus, — les désordres arrivés dans le navire, et toutes les circonstances remarquables de son voyage.

243. Le rapport est fait au greffe devant le président du tribunal de commerce. — Dans les lieux où il n'y a pas de tribunal de commerce, le rapport est fait au juge de paix de l'arrondissement. — Le juge de paix qui a reçu le rapport est tenu de l'envoyer, sans délai, au président du tribunal de commerce le plus voisin. — Dans l'un et l'autre cas, le dépôt en est fait au greffe du tribunal de commerce.

244. Si le capitaine aborde dans un port étranger, il est tenu de se présenter au consul de France, de lui faire un rapport, et de prendre un certificat constatant l'époque de son arrivée et de son départ, l'état et la nature de son chargement.

245. Si, pendant le cours du voyage, le capitaine est obligé de relâcher dans un port français, il est tenu de déclarer au président du tribunal de commerce du lieu les causes de sa relâche. — Dans les lieux où il n'y a pas de tribunal de commerce, la déclaration est faite au juge de paix du canton. — Si la relâche forcée a lieu dans un port étranger, la déclaration est faite au consul de France, ou, à son défaut, au magistrat du lieu.

246. Le capitaine qui a fait naufrage, et qui s'est sauvé seul ou avec partie de son équipage, est tenu de se présenter devant le juge du lieu, ou, à défaut de juge, devant toute autre autorité civile, d'y faire son rapport, de le faire vérifier par ceux de son équipage qui se seraient sauvés et se trouveraient avec lui, et d'en lever expédition.

247. Pour vérifier le rapport du capitaine, le juge reçoit l'interrogatoire des gens de l'équipage, et, s'il est possible, des passagers, sans préjudice des autres preuves. — Les rapports non vérifiés ne sont point admis à la décharge du capitaine, et ne font point foi en justice, excepté

dans le cas où le capitaine naufragé s'est sauvé seul dans le lieu où il a fait son rapport. — La preuve des faits contraires est réservée aux parties.

248. Hors les cas de péril imminent, le capitaine ne peut décharger aucune marchandise avant d'avoir fait son rapport, à peine de poursuites extraordinaires contre lui.

249. Si les victuailles du bâtiment manquent pendant le voyage, le capitaine, en prenant l'avis des principaux de l'équipage, pourra contraindre ceux qui auront des vivres en particulier de les mettre en commun, à la charge de leur en payer la valeur.

II. DISPOSITIONS ADDITIONNELLES.

1° Du capitaine dans ses rapports avec les propriétaires du navire.

C. Com. 208. L'adjudication du navire fait cesser les fonctions du capitaine ; sauf à lui à se pourvoir en dédommagement contre qui de droit.

216. Tout propriétaire de navire est civilement responsable des faits du capitaine, pour ce qui est relatif au navire et à l'expédition.

218. Le propriétaire peut congédier le capitaine. — Il n'y a pas lieu à indemnité, s'il n'y a convention par écrit.

219. Si le capitaine congédié est copropriétaire du navire, il peut renoncer à la copropriété, et exiger le remboursement du capital qui la représente. — Le montant de ce capital est déterminé par des experts convenus, ou nommés d'office.

2° Du privilège du capitaine.

C. Com. 191. Sont privilégiées, et dans l'ordre où elles sont rangées, les dettes ci-après désignées : 1°... — 6° les gages et loyers du capitaine et autres gens de l'équipage employés au dernier voyage ; — 7° les sommes prêtées au capitaine pour les besoins du bâtiment pendant le dernier voyage, et le remboursement du prix des marchandises par lui vendues pour le même objet. — Les créanciers compris dans chacun des numéros du présent article viendront en concurrence, et au marc le franc en cas d'insuffisance du prix.

192. Le privilège accordé aux dettes énoncées dans le précédent article, ne peut être exercé qu'autant qu'elles sont justifiées dans les formes suivantes : 1°... 4° les gages et loyers de l'équipage, par les rôles d'armement et désarmement arrêtés dans les bureaux de l'inscription maritime ; — 5° les sommes prêtées et la valeur des marchandises vendues pour les besoins du navire pendant le dernier voyage, par des états arrêtés par le capitaine et les principaux de l'équipage, constatant la nécessité des emprunts ; — 6° la vente du navire par un acte ayant date certaine,

et les fournitures pour l'armement, équipement et victuailles du navire, seront constatées par les mémoires, factures ou états visés par le capitaine et arrêtés par l'armateur, dont un double sera déposé au greffe du tribunal de commerce avant le départ du navire, ou, au plus tard, dans les dix jours après son départ.

303. Si le consignataire refuse de recevoir les marchandises, le capitaine peut, par autorité de justice, en faire vendre pour le paiement de son fret, et faire ordonner le dépôt du surplus. — S'il y a insuffisance, il conserve son recours contre le chargeur.

306. Le capitaine ne peut retenir les marchandises dans son navire faute de paiement de son fret. — Il peut, dans le temps de la décharge, demander le dépôt en mains tierces jusqu'au paiement de son fret.

307. Le capitaine est préféré, pour son fret, sur ses marchandises de son chargement, pendant quinzaine après leur délivrance, si elles n'ont pas passé en mains tierces.

308. En cas de faillite des chargeurs ou réclamateurs avant l'expiration de la quinzaine, le capitaine est privilégié sur tous les créanciers pour le paiement de son fret et des avaries qui lui sont dues.

3° De la responsabilité du capitaine.

C. Com. 403. Les dommages arrivés aux marchandises, faute par le capitaine d'avoir bien fermé les écoutilles, amarré le navire, fourni de bons guindages, et par tous autres accidens provenant de la négligence du capitaine ou de l'équipage, sont également des avaries particulières supportées par le propriétaire des marchandises, mais pour lesquelles il a son recours contre le capitaine, le navire et le fret.

407. En cas d'abordage de navires, si l'abordage est fait par la faute de l'un des capitaines, le dommage est payé par celui qui l'a causé. — Dans ce cas, l'estimation du dommage est faite par experts.

CAPITAUX.

Dispositions diverses.

INSCRIPTION HYPOTHÉCAIRE. *C. Civ.* 2151. Le créancier inscrit pour un capital produisant intérêt ou arrérage, a droit d'être colloqué pour deux années seulement, et pour l'année courante, au même rang d'hypothèque que pour son capital.

PAIEMENT (*imputation*). *C. Civ.* 1254. Le débiteur d'une dette qui porte intérêt ou produit des arrérages, ne peut point, sans le consentement du créancier, imputer le paiement qu'il fait sur le capital par préférence aux arrérages ou intérêts : le paiement fait sur le capital et intérêts, mais qui n'est point intégral, s'impute d'abord sur les intérêts.

REMBOURSEMENT (*femme mariée sous le régime dotal*). *C. Civ.* 1549. Le mari seul a l'administration des biens dotaux pendant le mariage. — Il a seul le droit de recevoir le remboursement des capitaux.

(*Interdiction*) *C. Civ.* 499. En rejetant la demande en interdiction, le tribunal pourra néanmoins, si les circonstances l'exigent, ordonner que le défendeur ne pourra désormais plaider, transiger, emprunter, recevoir un capital mobilier, ni en donner décharge, aliéner ni grever ses biens d'hypothèques, sans l'assistance d'un conseil qui lui sera nommé par le même jugement.

(*Mineur*) *C. Civ.* 482. (Le mineur émancipé) ne pourra recevoir et donner décharge d'un capital mobilier sans l'assistance de son curateur, qui surveillera l'emploi du capital reçu.

(*Prodigue*) *C. Civ.* 513. Il peut être défendu aux prodigues de plaider, de transiger, d'emprunter, de recevoir un capital mobilier et d'en donner décharge, d'aliéner, ni de grever leurs biens d'hypothèques, sans l'assistance d'un conseil qui leur est nommé par le tribunal.

RENTE CONSTITUÉE. *C. Civ.* 1909. On peut stipuler un intérêt moyennant un capital que le prêteur s'interdit d'exiger. — Dans ce cas, le prêt prend le nom de *constitution de rente.*

1913. Le capital de la rente constituée en perpétuel devient exigible en cas de faillite ou de déconfiture du débiteur.

RESTITUTION. *C. Civ.* 1378. S'il y a eu mauvaise foi de la part de celui qui a reçu, il est tenu de restituer tant le capital que les intérêts ou les fruits, du jour du paiement.

CARENCE (PROCÈS-VERBAL DE).

C. Proc. 924. S'il n'y a (lors de la levée des scellés après décès) aucun effet mobilier, le juge de paix dressera un procès-verbal de carence.

CARRIÈRES.

C. Civ. 598. (L'usufruitier) jouit de la même manière que le propriétaire des mines et carrières qui sont en exploitation à l'ouverture de l'usufruit; et néanmoins, s'il s'agit d'une exploitation qui ne puisse être faite sans une concession, l'usufruitier ne pourra en jouir qu'après en avoir obtenu la permission du Roi. — Il n'a aucun droit aux mines et carrières non encore ouvertes, ni aux tourbières dont l'exploitation n'est point encore commencée, ni au trésor qui pourrait être découvert pendant la durée de l'usufruit.

1403. Les coupes de bois et les produits des carrières et mines tombent dans la communauté pour tout ce qui en est considéré comme usufruit, d'après les règles expliquées au titre *de l'usu-*

fruit, de l'usage et de l'habitation. (*V. l'article précédent*).

CAS FORTUIT. *V.* FORTUIT (*cas*).

CASSATION (COUR DE).

I. DROIT CIVIL [1].

Dispositions diverses.

ARBITRAGE. *C. Proc.* 1028. Il ne pourra y avoir recours en cassation (en matière d'arbitrage) que contre les jugemens des tribunaux, rendus soit sur requête civile, soit sur appel d'un jugement arbitral.

CONTRARIÉTÉ DE JUGEMENS. *C. Proc.* 504. La contrariété de jugemens rendus en dernier ressort, entre les mêmes parties et sur les mêmes moyens en différens tribunaux, donne ouverture à cassation; et l'instance est formée et jugée conformément aux lois qui sont particulières à la cour de cassation.

INSCRIPTION DE FAUX. *C. Proc.* 241. Lorsqu'en statuant sur l'inscription de faux, le tribunal aura ordonné la suppression, la lacération ou la radiation en tout ou en partie, même la réformation ou le rétablissement des pièces déclarées fausses, il sera sursis à l'exécution de ce chef du jugement, tant que le condamné sera dans le délai de se pourvoir par appel, requête civile ou cassation, ou qu'il n'aura pas formellement et valablement acquiescé au jugement.

RÈGLEMENT DE JUGES. *C. Proc.* 363. Si un différent est porté à deux ou à plusieurs tribunaux de paix ressortissant au même tribunal, le règlement de juges sera porté à ce tribunal. — Si les tribunaux de paix relèvent de tribunaux différens, le règlement de juges sera porté à la cour royale. — Si ces tribunaux ne ressortissent pas à la même cour royale, le règlement sera porté à la cour de cassation. — Si un différent est porté à deux ou à plusieurs tribunaux de première instance ressortissant à la même cour royale, le règlement de juges sera porté à cette cour: il sera porté à la cour de cassation, si les tribunaux ne ressortissent pas tous à la même cour royale, ou si le conflit existe entre une ou plusieurs cours. *V.* RÈGLEMENT DE JUGES.

II. DROIT CRIMINEL.

ART. 1. DES RECOURS EN CASSATION.

Contre les jugemens de police.

C. Inst. cr. 177. Le ministère public et les parties pourront, s'il y a lieu, se pourvoir en cas-

[1] La législation qui régit la cour de cassation, sous le rapport civil, présente une immense série de dispositions, dont quelques-unes remontent à des époques bien antérieures à la révolution. Cette cour, étant considérée comme continuant, à certains égards, le grand conseil d'autrefois, en a conservé les usages et la procédure.

sation contre les jugemens rendus en dernier ressort par le tribunal de police, ou contre les jugemens rendus par le tribunal correctionnel, sur l'appel des jugemens de police. —Le recours aura lieu dans la forme et dans les délais qui seront prescrits. *V. ci-après, art.* 2.

Contre les jugemens de police correctionnelle.

C. *Inst. cr.* 216. La partie civile, le prévenu, la partie publique, les personnes civilement responsables du délit, pourront se pourvoir en cassation contre le jugement.

Contre les procédures devant les assises.

1° Disposition préliminaire.

C. *Inst. cr.* 220. Si l'affaire (en instruction) est de la nature de celles qui sont réservées à la cour de cassation, le procureur général est tenu d'en requérir la suspension et le renvoi, et la section (formant la chambre d'accusation) de l'ordonner.

2° Du recours contre l'arrêt de renvoi devant les assises.

C. *Inst. cr.* 296. Le juge avertira l'accusé que, dans le cas où il se croirait fondé à former une demande en nullité (contre l'arrêt de renvoi), il doit faire sa déclaration dans les cinq jours suivans, et qu'après l'expiration de ce délai, il n'y sera plus recevable. — L'exécution du présent article sera constaté par un procès-verbal, que signeront l'accusé, le juge et le greffier; si l'accusé ne sait ou ne veut pas signer, le procès-verbal en fera mention.

297. Si l'accusé n'a point été averti, conformément au précédent article, la nullité ne sera pas couverte par son silence : ses droits seront conservés, sauf à les faire valoir après l'arrêt définitif.

298. Le procureur général est tenu de faire sa déclaration dans le même délai, à compter de l'interrogatoire, et sous la même peine de déchéance portée en l'article 296.

299. La déclaration de l'accusé et celle du procureur général doivent énoncer l'objet de la demande en nullité. — Cette demande ne peut être formée que contre l'arrêt de renvoi à la cour d'assises, et dans les trois cas suivans : — 1° si le fait n'est pas qualifié crime par la loi; — 2° si le ministère public n'a pas été entendu ; — 3° si l'arrêt n'a pas été rendu par le nombre de juges fixé par la loi.

300. La déclaration doit être faite au greffe.— Aussitôt qu'elle aura été reçue par le greffier, l'expédition de l'arrêt sera transmise par le procureur général près la cour royale au procureur général près la cour de cassation, laquelle sera tenue de prononcer, toutes affaires cessantes.

301. Nonobstant la demande en nullité, l'instruction sera continuée jusqu'aux débats exclusivement.

3° Du recours contre l'arrêt des assises.

C. *Inst. cr.* 262. Les arrêts de la cour d'assises ne pourront être attaqués que par la voie de la cassation et dans les formes déterminées par la loi.

373. Le condamné aura trois jours francs après celui où son arrêt lui aura été prononcé, pour déclarer au greffe qu'il se pourvoit en cassation. —Le procureur général pourra, dans le même délai, déclarer au greffe qu'il demande la cassation de l'arrêt.—La partie civile aura aussi le même délai ; mais elle ne pourra se pourvoir que quant aux dispositions relatives à ses intérêts civils. —Pendant ces trois jours, et s'il y a eu recours en cassation, jusqu'à la réception de l'arrêt de la cour de cassation, il sera sursis à l'exécution de l'arrêt de la cour.

374. Dans les cas prévus par les articles 409 et 412 du présent Code (*V. ci-après, art.* 2.), le procureur général ou la partie civile n'auront que vingt-quatre heures pour se pourvoir.

375. La condamnation sera exécutée dans les vingt-quatre heures qui suivront les délais mentionnés en l'art. 373, s'il n'y a point de recours en cassation; ou en cas de recours, dans les vingt-quatre heures de la réception de l'arrêt de la cour de cassation qui aura rejeté la demande.

ART. 2. FORMES ET EFFETS DU POURVOI.

1° Des manières de se pourvoir contre les arrêts ou jugemens.

C. *Instr. cr.* (*liv.* 2, *tit.* 3, *art.* 407-442).

Chap. 1, *des nullités de l'instruction et du jugement.*

407. Les arrêts et jugemens rendus en dernier ressort, en matière criminelle, correctionnelle ou de police, ainsi que l'instruction et les poursuites qui les auront précédés, pourront être annulés dans les cas suivans, et sur des recours dirigés d'après les distinctions qui vont être établies.

§ 1, matières criminelles.

408. Lorsque l'accusé aura subi une condamnation, et que, soit dans l'arrêt de la cour royale qui aura ordonné son renvoi devant une cour d'assises, soit dans l'instruction et la procédure qui auront été faites devant cette dernière cour, soit dans l'arrêt même de condamnation, il y aura eu violation ou omission de quelques-unes des formalités que le présent Code prescrit sous peine de nullité, cette omission ou violation donnera lieu, sur la poursuite de la partie condamnée ou du ministère public, à l'annulation de l'arrêt de condamnation, et de ce qui l'a précédé, à partir du plus ancien acte nul. —Il en sera de

même, tant dans les cas d'incompétence que lorsqu'il aura été omis ou refusé de prononcer, soit sur une ou plusieurs demandes de l'accusé, soit sur une ou plusieurs réquisitions du ministère public, tendant à user d'une faculté ou d'un droit accordé par la loi, bien que la peine de nullité ne fût pas textuellement attachée à l'absence de la formalité dont l'exécution aura été demandée ou requise.

409. Dans le cas d'acquittement de l'accusé, l'annulation de l'ordonnance qui l'aura prononcé et de ce qui l'aura précédé, ne pourra être poursuivie par le ministère public que dans l'intérêt de la loi et sans préjudicier à la partie acquittée.

410. Lorsque la nullité procèdera de ce que l'arrêt aura prononcé une peine autre que celle appliquée par la loi à la nature du crime, l'annulation de l'arrêt pourra être poursuivie tant par le ministère public que par la partie condamnée. —La même action appartiendra au ministère public contre les arrêts d'absolution mentionnés en l'article 364¹, si l'absolution a été prononcée sur le fondement de la non-existence d'une loi pénale qui pourtant aurait existé.

411. Lorsque la peine prononcée sera la même que celle portée par la loi qui s'applique au crime, nul ne pourra demander l'annulation de l'arrêt, sous le prétexte qu'il y aurait erreur dans la citation du texte de la loi.

412. Dans aucun cas la partie civile ne pourra poursuivre l'annulation d'une ordonnance d'acquittement ou d'un arrêt d'absolution : mais, si l'arrêt a prononcé contre elle des condamnations civiles, supérieures aux demandes de la partie acquittée ou absoute, cette disposition de l'arrêt pourra être annulée sur la demande de la partie civile.

§ 2, *matières correctionnelles et de police*.

413. Les voies d'annulation exprimées en l'article 408 sont, en matière correctionnelle et de police, respectivement ouvertes à la partie poursuivie pour un délit ou une contravention, au ministère public, et à la partie civile, s'il y en a une, contre tous arrêts ou jugemens en dernier ressort, sans distinction de ceux qui ont prononcé le renvoi de la partie ou sa condamnation. — Néanmoins, lorsque le renvoi de cette partie aura été prononcé, nul ne pourra se prévaloir contre elle de la violation ou omission des formes prescrites pour assurer sa défense.

414. La disposition de l'art. 411 est applicable

¹ 364. La cour prononcera l'absolution de l'accusé, si le fait dont il est déclaré coupable n'est pas défendu par une loi pénale.

aux arrêts et jugemens en dernier ressort rendus en matière correctionnelle et de police.

§ 3, *disposition commune aux deux paragraphes précédens*.

415. Dans le cas où, soit la cour de cassation, soit une cour royale, annulera une instruction, elle pourra ordonner que les frais de la procédure à recommencer seront à la charge de l'officier ou juge d'instruction qui aura commis la nullité. — Néanmoins la présente disposition n'aura lieu que pour des fautes très-graves, et à l'égard seulement des nullités qui seront commises deux ans après la mise en activité du présent Code.

Chap. 2, des demandes en cassation.

416. Le recours en cassation contre les arrêts préparatoires et d'instruction ou les jugemens en dernier ressort de cette qualité, ne sera ouvert qu'après l'arrêt ou jugement définitif : l'exécution volontaire de tels arrêts ou jugemens préparatoires ne pourra en aucun cas être opposée comme fin de non-recevoir. — La présente disposition ne s'applique point aux arrêts ou jugemens rendus sur la compétence.

417. La déclaration de recours sera faite au greffier par la partie condamnée, et signée d'elle et du greffier ; et si le déclarant ne peut ou ne veut signer, le greffier en fera mention. — Cette déclaration pourra être faite, dans la même forme, par l'avoué de la partie condamnée ou par un fondé de pouvoir spécial ; dans ce dernier cas, le pouvoir demeurera annexé à la déclaration ; Elle sera inscrite sur un registre à ce destiné ; ce registre sera public, et toute personne aura le droit de s'en faire délivrer des extraits.

418. Lorsque le recours en cassation contre un arrêt ou jugement en dernier ressort, rendu en matière criminelle, correctionnelle ou de police, sera exercé soit par la partie civile, s'il y en a une, soit par le ministère public, ce recours, outre l'inscription énoncée dans l'article précédent, sera notifié à la partie contre laquelle il sera dirigé, dans le délai de trois jours.—Lorsque cette partie sera actuellement détenue, l'acte contenant la déclaration de recours lui sera lu par le greffier : elle le signera ; et si elle ne le peut ou ne le veut, le greffier en fera mention.—Lorsqu'elle sera en liberté, le demandeur en cassation lui notifiera son recours par le ministère d'un huissier, soit à sa personne, soit au domicile par elle élu : le délai sera, en ce cas, augmenté d'un jour par chaque distance de trois myriamètres.

419. La partie civile qui se sera pourvue en cassation est tenue de joindre aux pièces une expédition authentique de l'arrêt.—Elle est tenue,

à peine de déchéance, de consigner une amende de cent cinquante francs ou de la moitié de cette somme, si l'arrêt est rendu par contumace ou par défaut.

420. Sont dispensés de l'amende, 1° les condamnés en matière criminelle, 2° les agens publics pour affaires qui concernent directement l'administration et les domaines ou revenus de l'État. — A l'égard de toutes autres personnes, l'amende sera encourue par celles qui succomberont dans leur recours. Seront néanmoins dispensées de la consigner celles qui joindront à leur demande en cassation, 1° un extrait du rôle des contributions constatant qu'elles paient moins de six francs, ou un certificat du percepteur de leur commune portant qu'elles ne sont point imposées ; 2° un certificat d'indigence à elles délivré par le maire de la commune de leur domicile ou par son adjoint, visé par le sous-préfet et approuvé par le préfet de leur département.

421. Les condamnés, même en matière correctionnelle ou de police, à une peine emportant privation de la liberté, ne seront pas admis à se pourvoir en cassation, lorsqu'ils ne seront pas actuellement en état, ou lorsqu'ils n'auront pas été mis en liberté sous caution. — L'acte de leur écrou ou de leur mise en liberté sous caution sera annexé à l'acte de recours en cassation. — Néanmoins, lorsque le recours en cassation sera motivé sur l'incompétence, il suffira au demandeur, pour que son recours soit reçu, de justifier qu'il s'est actuellement constitué dans la maison de justice du lieu où siège la cour de cassation : le gardien de cette maison pourra l'y recevoir sur la représentation de sa demande adressée au procureur général près cette cour, et visée par ce magistrat.

422. Le condamné ou la partie civile, soit en faisant sa déclaration, soit dans les dix jours suivans, pourra déposer au greffe de la cour ou du tribunal qui aura rendu l'arrêt ou le jugement attaqué, une requête contenant ses moyens de cassation. Le greffier lui en donnera reconnaissance et remettra sur-le-champ cette requête au magistrat chargé du ministère public.

423. Après les dix jours qui suivront la déclaration, ce magistrat fera passer au ministre de la justice les pièces du procès et les requêtes des parties, si elles en ont déposé. — Le greffier de la cour ou du tribunal qui aura rendu l'arrêt ou le jugement attaqué rédigera sans frais et joindra un inventaire des pièces, sous peine de cent francs d'amende, laquelle sera prononcée par la cour de cassation.

424. Dans les vingt-quatre heures de la réception de ces pièces, le ministre de la justice les adressera à la cour de cassation, et il en donnera avis au magistrat qui les lui aura transmises. — Les condamnés pourront aussi transmettre directement au greffe de la cour de cassation, soit leurs requêtes, soit les expéditions ou copies signifiées tant de l'arrêt ou du jugement que de leurs demandes en cassation ; néanmoins la partie civile ne pourra user du bénéfice de la présente disposition sans le ministère d'un avocat à la cour de cassation.

425. La cour de cassation, en toute affaire criminelle, correctionnelle ou de police, pourra statuer sur le recours en cassation aussitôt après l'expiration des délais portés au présent chapitre et devra y statuer dans le mois au plus tard, à compter du jour où ces délais seront expirés.

426. La cour de cassation rejettera la demande ou annulera l'arrêt ou le jugement, sans qu'il soit besoin d'un arrêt préalable d'admission.

427. Lorsque la cour de cassation annulera un arrêt ou un jugement rendu, soit en matière correctionnelle, soit en matière de police, elle renverra le procès et les parties devant une cour ou un tribunal de même qualité que celui qui aura rendu l'arrêt ou le jugement annulé.

428. Lorsque la cour de cassation annulera un arrêt rendu en matière criminelle, il sera procédé comme il est dit aux sept articles suivans.

429. La cour de cassation prononcera le renvoi du procès, savoir : — devant une cour royale autre que celle qui aura réglé la compétence et prononcé la mise en accusation, si l'arrêt est annulé pour l'une des causes exprimées en l'art. 299 (*V. ci-dessus, art.* 1er) ; — devant une cour d'assises autre que celle qui aura rendu l'arrêt, si l'arrêt et l'instruction sont annulés pour cause de nullités commises à la cour d'assises ; — devant un tribunal de première instance autre que celui auquel aura appartenu le juge d'instruction, si l'arrêt et l'instruction sont annulés aux chefs seulement qui concernent les intérêts civils : dans ce cas, le tribunal sera saisi sans citation préalable en conciliation. — Si l'arrêt et la procédure sont annulés pour cause d'incompétence, la cour de cassation renverra le procès devant les juges qui en doivent connaître, et les désignera : toutefois, si la compétence se trouvait appartenir au tribunal de première instance où siège le juge qui aurait fait la première instruction, le renvoi sera fait à un autre tribunal de première instance. — Lorsque l'arrêt sera annulé parce que le fait qui aura donné lieu à une condamnation se trouvera n'être pas un délit qualifié par la loi, le renvoi, s'il y a une partie civile, sera fait devant un tribunal de première instance autre que celui auquel aura

appartenu le juge d'instruction ; et, s'il n'y a pas de partie civile , aucun renvoi ne sera prononcé.

450. Dans tous les cas où la cour de cassation est autorisée à choisir une cour ou un tribunal pour le jugement d'une affaire renvoyée, ce choix ne pourra résulter que d'une délibération spéciale prise en la chambre du conseil immédiatement après la prononciation de l'arrêt de cassation , et dont il sera fait mention expresse dans cet arrêt.

451. Les nouveaux juges d'instruction auxquels il pourrait être fait des délégations pour compléter l'instruction des affaires renvoyées, ne pourront être pris parmi les juges d'instruction établis dans le ressort de la cour dont l'arrêt aura été annulé.

452. Lorsque le renvoi sera fait à une cour royale, celle-ci , après avoir réparé l'instruction en ce qui la concerne, désignera , dans son ressort, la cour d'assises par laquelle le procès devra être jugé.

453. Lorsque le procès aura été renvoyé devant une cour d'assises, et qu'il y aura des complices qui ne seront pas en état d'accusation, cette cour commettra un juge d'instruction , et le procureur général l'un de ses substituts, pour faire, chacun en ce qui le concerne , l'instruction, dont les pièces seront ensuite adressées à la cour royale, qui prononcera s'il y a lieu , ou non , à la mise en accusation.

454. Si l'arrêt a été annulé pour avoir prononcé une peine autre que celle que la loi applique à la nature du crime, la cour d'assises à qui le procès sera renvoyé rendra son arrêt sur la déclaration déjà faite par le juri. — Si l'arrêt a été annulé pour autre cause, il sera procédé à de nouveaux débats devant la cour d'assises à laquelle le procès sera renvoyé. — La cour de cassation n'annulera qu'une partie de l'arrêt, lorsque la nullité ne viciera qu'une ou quelques-unes de ses dispositions.

455. L'accusé dont la condamnation aura été annulée, et qui devra subir un nouveau jugement au criminel, sera traduit , soit en état d'arrestation, soit en exécution de l'ordonnance de prise de corps, devant la cour royale ou d'assises à qui son procès sera renvoyé.

456. La partie civile qui succombera dans son recours , soit en matière criminelle, soit en matière correctionnelle ou de police , sera condamnée à une indemnité de cent cinquante francs , et aux frais envers la partie acquittée, absoute ou renvoyée : la partie civile sera de plus condamnée, envers l'État, à une amende de cent cinquante francs, ou de soixante-quinze francs seulement si l'arrêt ou le jugement a été rendu par contumace ou par défaut. — Les administrations ou régies de l'État et les agens publics qui succomberont, ne seront condamnés qu'aux frais et à l'indemnité.

457. Lorsque l'arrêt ou le jugement aura été annulé, l'amende consignée sera rendue sans aucun délai, en quelques termes que soit rendu l'arrêt qui aura statué sur le recours , et quand même il aurait omis d'en ordonner la restitution.

438. Lorsqu'une demande en cassation aura été rejetée , la partie qui l'avait formée ne pourra plus se pourvoir en cassation contre le même arrêt ou jugement , sous quelque prétexte et par quelque moyen que ce soit.

439. L'arrêt qui aura rejeté la demande en cassation sera délivré dans les trois jours au procureur général près la cour de cassation, par simple extrait signé du greffier, lequel sera adressé au ministre de la justice, et envoyé par celui-ci au magistrat chargé du ministère public près la cour ou le tribunal qui aura rendu l'arrêt ou le jugement attaqué.

440. Lorsqu'après une première cassation le second arrêt ou jugement sur le fond sera attaqué par les mêmes moyens, il sera procédé selon les formes prescrites (par la loi du 30 juillet 1828). *V. ci-après* 3°.

441. Lorsque, sur l'exhibition d'un ordre formel à lui donné par le ministre de la justice , le procureur général près la cour de cassation dénoncera à la section criminelle des actes judiciaires, arrêts ou jugemens contraires à la loi , ces actes, arrêts ou jugemens pourront être annulés, et les officiers de police ou les juges poursuivis, s'il y a lieu, de la manière exprimée au chapitre 3 du titre 4 du présent livre (*art. 479-503*). *V.* JUGES.

442. Lorsqu'il aura été rendu par une cour royale ou d'assises, ou par un tribunal correctionnel ou de police, un arrêt ou jugement en dernier ressort, sujet à cassation, et contre lequel néanmoins aucune des parties n'aurait réclamé dans le délai déterminé , le procureur général près la cour de cassation pourra aussi d'office, et nonobstant l'expiration du délai , en donner connaissance à la cour de cassation : l'arrêt ou le jugement sera cassé , sans que les parties puissent s'en prévaloir pour s'opposer à son exécution.

2° Dispositions du tarif.

Tarif cr. 42. Les droits d'expédition sont dus pour tous les actes et pièces dont il est fait mention dans les art. du C. d'Inst. cr., sous les numéros 415 et 419. *V.* EXPÉDITION (*droits d'*).

44. Il n'est dû qu'un droit fixe aux greffiers pour les *extraits* qu'ils sont tenus de délivrer en conformité de l'art. 417 du C. d'Inst. cr.

71. Les salaires des huissiers pour tous les actes de leur ministère résultant du C. d'Inst. crim., sont réglés et fixés ainsi qu'il suit : — 1° Pour toutes citations, significations, communications et mandats de comparution, dans les cas prévus par les art. 418 et 421 du C. d'Inst. crim. pour l'original seulement,— Paris, 1 fr.—Villes de 40,000 hab. et au-dessus, 75 c. — Autres villes et communes, 50 c. — Pour chaque copie,— Paris, 75 c. —Villes de 40,000 hab. et au-dessus, 60 c.— Autres villes et communes, 50 c.

3° *Loi du 30 juillet 1828, formant le complément de l'art. 440 du C. d'Inst. cr.*

Art. 1er. Lorsqu'après la cassation d'un premier arrêt ou jugement en dernier ressort, le deuxième arrêt ou jugement rendu dans la même affaire, entre les mêmes parties, est attaqué par les mêmes moyens que le premier, la cour de cassation prononce, toutes les chambres réunies.

2. Lorsque la cour de cassation a annulé deux arrêts ou jugemens en dernier ressort rendus dans la même affaire, entre les mêmes parties, et attaqués par les mêmes moyens, le jugement de l'affaire est, dans tous les cas, renvoyé à une cour royale. La cour royale saisie par l'arrêt de cassation prononce, toutes les chambres assemblées. — S'il s'agit d'un arrêt rendu par la chambre d'accusation, la cour royale n'est saisie que de la question jugée par cet arrêt ; en cas de mise en accusation ou de renvoi en police correctionnelle ou de simple police, le procès sera jugé par la cour d'assises ou par l'un des tribunaux du département où l'instruction aura été commencée. Lorsque le renvoi est ordonné sur une question de compétence ou de procédure en matière criminelle, il ne saisit la cour royale que du jugement de cette question. L'arrêt qu'elle rend ne peut être attaqué sur le même point et par les mêmes moyens, par la voie du recours en cassation : toutefois, il en est référé au Roi, pour être ultérieurement procédé par ses ordres à l'interprétation de la loi. — En matière criminelle, correctionnelle ou de police, la cour royale à laquelle l'affaire aura été renvoyée par le deuxième arrêt de la cour de cassation, ne pourra appliquer une peine plus grave que celle qui résulterait de l'interprétation la plus favorable à l'accusé.

3. Dans la session législative qui suit le référé, une loi interprétative est proposée aux chambres.

Art. 3. DES POURSUITES CONTRE LES JUGES. *V.* JUGES.

Art. 4. DES RÈGLEMENS DE JUGES. *V.* RÈGLEMENT DE JUGES.

Art. 5. DES RÉVISIONS DE JUGEMENT. *V.* RÉVISION.

Art. 6. DISPOSITIONS DIVERSES.

CONTUMACE. *C. Instr. cr.* 475. Le recours en cassation ne sera ouvert contre les jugemens de contumace qu'au procureur général, et à la partie civile en ce qui la regarde.

RECONNAISSANCE D'IDENTITÉ. *C. Inst. cr.* 520. Le procureur général et l'individu repris pourront se pourvoir en cassation, dans la forme et dans le délai déterminé par le présent Code,

contre l'arrêt rendu sur la poursuite en reconnaissance d'identité. *V.* IDENTITÉ (*reconnaissance d'*).

CASTRATION.

C. Pén. 316. Toute personne coupable du crime de castration, subira la peine des travaux forcés à perpétuité. — Si la mort en est résultée avant l'expiration des quarante jours qui auront suivi le crime, le coupable subira la peine de mort.

325. Le crime de castration, s'il a été immédiatement provoqué par un outrage violent à la pudeur, sera considéré comme meurtre ou blessures excusables.

326. Lorsque le fait d'excuse sera prouvé, — s'il s'agit d'un crime emportant la peine de mort, ou celle des travaux forcés à perpétuité, ou celle de la déportation, la peine sera réduite à un emprisonnement d'un an à cinq ans. — Les coupables pourront de plus être mis par l'arrêt ou le jugement sous la surveillance de la haute police pendant cinq ans au moins et dix ans au plus.

CASUELS (CONDITIONS, ÉVÈNEMENS).

C. Civ. 1169. La condition *casuelle* est celle qui dépend du hasard, et qui n'est nullement au pouvoir du créancier ni du débiteur.

1306. Le mineur n'est pas restituable pour cause de lésion, lorsqu'elle ne résulte que d'un évènement casuel et imprévu. *V.* FORTUITS (*cas*).

CAUSE.

Disposition générale.

C. Civ. 1108. Quatre conditions sont essentielles pour la validité d'une convention : — le consentement de la partie qui s'oblige ; — sa capacité de contracter ; — un objet certain qui forme la matière de l'engagement ; — une cause licite dans l'obligation.

De la cause.

C. Civ. (liv. 3, tit. 3, ch. 2, sect. 4, art. 1131-1133). — 1131. L'obligation sans cause, ou sur une fausse cause, ou sur une cause illicite, ne peut avoir aucun effet.

1132. La convention n'est pas moins valable, quoique la cause n'en soit pas exprimée.

1133. La cause est illicite, quand elle est prohibée par la loi, quand elle est contraire aux bonnes mœurs ou à l'ordre public.

CAUTION, CAUTIONNEMENT.

I. DU CAUTIONNEMENT EN MATIÈRE CIVILE.

1° *Droit civil.*

Du cautionnement.

C. Civ. (liv. 3, tit. 14, art. 2011-2043.)

Chap. 1, *de la nature et de l'étendue du cautionnement.*

2011. Celui qui se rend caution d'une obligaion, se soumet envers le créancier à satisfaire à cette obligation, si le débiteur n'y satisfait pas lui-même.

2012. Le cautionnement ne peut exister que sur une obligation valable. — On peut néanmoins cautionner une obligation, encore qu'elle pût être annulée par une exception purement personnelle à l'obligé ; par exemple, dans le cas de minorité.

2013. Le cautionnement ne peut excéder ce qui est dû par le débiteur, ni être contracté sous des conditions plus onéreuses. — Il peut être contracté pour une partie de la dette seulement, et sous des conditions moins onéreuses. — Le cautionnement qui excède la dette, ou qui est contracté sous des conditions plus onéreuses, n'est point nul : il est seulement réductible à la mesure de l'obligation principale.

2014. On peut se rendre caution sans ordre de celui pour lequel on s'oblige, et même à son insu. — On peut aussi se rendre caution, non-seulement du débiteur principal, mais encore de celui qui l'a cautionné.

2015. Le cautionnement ne se présume point ; il doit être exprès, et on ne peut l'étendre au-delà des limites dans lesquelles il a été contracté.

2016. Le cautionnement indéfini d'une obligation principale s'étend à tous les accessoires de la dette, même aux frais de la première demande, et à tous ceux postérieurs à la dénonciation qui en est faite à la caution.

2017. Les engagemens des cautions passent à leurs héritiers, à l'exception de la contrainte par corps, si l'engagement était tel que la caution y fût obligée.

2018. Le débiteur obligé à fournir une caution doit en présenter une qui ait la capacité de contracter, qui ait un bien suffisant pour répondre de l'objet de l'obligation, et dont le domicile soit dans le ressort de la cour royale où elle doit être donnée.

2019. La solvabilité d'une caution ne s'estime qu'eu égard à ses propriétés foncières, excepté en matière de commerce, ou lorsque la dette est modique. — On n'a point égard aux immeubles litigieux, ou dont la discussion deviendrait trop difficile par l'éloignement de leur situation.

2020. Lorsque la caution reçue par le créancier, volontairement ou en justice, est ensuite devenue insolvable, il doit en être donné une autre. — Cette règle reçoit exception dans le cas seulement où la caution n'a été donnée qu'en vertu d'une convention par laquelle le créancier a exigé une telle personne pour caution.

Chap. 2, de l'effet du cautionnement.

Sect. 1, de l'effet du cautionnement entre le créancier et la caution. — 2021. La caution n'est obligée envers le créancier à le payer qu'à défaut du débiteur, qui doit être préalablement discuté dans ses biens, à moins que la caution n'ait renoncé au bénéfice de discussion, ou à moins qu'elle ne se soit obligée solidairement avec le débiteur ; auquel cas l'effet de son engagement se règle par les principes qui ont été établis pour les dettes solidaires. *V.* SOLIDARITÉ.

2022. Le créancier n'est obligé de discuter le débiteur principal que lorsque la caution le requiert, sur les premières poursuites dirigées contre elle.

2023. La caution qui requiert la discussion, doit indiquer au créancier les biens du débiteur principal, et avancer les deniers suffisans pour faire la discussion. — Elle ne doit indiquer ni des biens du débiteur principal situés hors de l'arrondissement de la cour royale du lieu où le paiement doit être fait, ni des biens litigieux, ni ceux hypothéqués à la dette qui ne sont plus en la possession du débiteur.

2024. Toutes les fois que la caution a fait l'indication de biens autorisée par l'article précédent, et qu'elle a fourni les deniers suffisans pour la discussion, le créancier est, jusqu'à concurrence des biens indiqués, responsable, à l'égard de la caution, de l'insolvabilité du débiteur principal survenue par le défaut de poursuites.

2025. Lorsque plusieurs personnes se sont rendues caution d'un même débiteur pour une même dette, elles sont obligées chacune à toute la dette.

2026. Néanmoins chacune d'elles peut, à moins qu'elle n'ait renoncé au bénéfice de division, exiger que le créancier divise préalablement son action, et la réduise à la part et portion de chaque caution. — Lorsque, dans le temps où une des cautions a fait prononcer la division, il y en avait d'insolvables, cette caution est tenue proportionnellement de ces insolvabilités ; mais elle ne peut plus être recherchée à raison des insolvabilités survenues depuis la division.

2027. Si le créancier a divisé lui-même et volontairement son action, il ne peut revenir contre cette division, quoiqu'il y eût, même antérieurement au temps où il l'a ainsi consentie, des cautions insolvables.

Sect. 2, de l'effet du cautionnement entre le débiteur et la caution. — 2028. La caution qui a payé, a son recours contre le débiteur principal, soit que le cautionnement ait été donné au su ou à l'insu du débiteur. — Ce recours a lieu tant pour le principal que pour les intérêts et les

9

frais ; néanmoins la caution n'a de recours que pour les frais par elle faits depuis qu'elle a dénoncé au débiteur principal les poursuites dirigées contre elle. — Elle a aussi recours pour les dommages et intérêts, s'il y a lieu.

2029. La caution qui a payé la dette, est subrogée à tous les droits qu'avait le créancier contre le débiteur.

2030. Lorsqu'il y avait plusieurs débiteurs principaux solidaires d'une même dette, la caution qui les a tous cautionnés, a, contre chacun d'eux, le recours pour la répétition du total de ce qu'elle a payé.

2031. La caution qui a payé une première fois, n'a point de recours contre le débiteur principal qui a payé une seconde fois, lorsqu'elle ne l'a point averti du paiement par elle fait ; sauf son action en répétition contre le créancier. — Lorsque la caution aura payé sans être poursuivie et sans avoir averti le débiteur principal, elle n'aura point de recours contre lui dans le cas où, au moment du paiement, ce débiteur aurait eu des moyens pour faire déclarer la dette éteinte ; sauf son action en répétition contre le créancier.

2032. La caution, même avant d'avoir payé, peut agir contre le débiteur, pour être par lui indemnisée, — 1° lorsqu'elle est poursuivie en justice pour le paiement ; — 2° lorsque le débiteur a fait faillite, ou est en déconfiture ; — 3° lorsque le débiteur s'est obligé de lui rapporter sa décharge dans un certain temps ; — 4° lorsque la dette est devenue exigible par l'échéance du terme sous lequel elle avait été contractée ; — 5° au bout de dix années, lorsque l'obligation principale n'a point de terme fixe d'échéance, à moins que l'obligation principale, telle qu'une tutelle, ne soit pas de nature à pouvoir être éteinte avant un temps déterminé.

Sect. 3, de l'effet du cautionnement entre les cofidéjusseurs. — 2033. Lorsque plusieurs personnes ont cautionné un même débiteur pour une même dette, la caution qui a acquitté la dette a recours contre les autres cautions, chacune pour sa part et portion ; — mais ce recours n'a lieu que lorsque la caution a payé dans l'un des cas énoncés en l'article précédent.

Chap. 3, de l'extinction du cautionnement.
2034. L'obligation qui résulte du cautionnement s'éteint par les mêmes causes que les autres obligations.

2035. La confusion qui s'opère dans la personne du débiteur principal et de sa caution, lorsqu'ils deviennent héritiers l'un de l'autre, n'éteint point l'action du créancier contre celui qui s'est rendu caution de la caution.

2036. La caution peut opposer au créancier toutes les exceptions qui appartiennent au débiteur principal, et qui sont inhérentes à la dette ; — mais elle ne peut opposer les exceptions qui sont purement personnelles au débiteur.

2037. La caution est déchargée, lorsque la subrogation aux droits, hypothèques et privilèges du créancier, ne peut plus, par le fait de ce créancier, s'opérer en faveur de la caution.

2038. L'acceptation volontaire que le créancier a faite d'un immeuble ou d'un effet quelconque en paiement de la dette principale, décharge la caution, encore que le créancier vienne à en être évincé.

2039. La simple prorogation de terme, accordée par le créancier au débiteur principal, ne décharge point la caution, qui peut, en ce cas, poursuivre le débiteur pour le forcer au paiement.

Chap. 4, de la caution légale et de la caution judiciaire.

2040. Toutes les fois qu'une personne est obligée, par la loi ou par une condamnation, à fournir une caution, la caution offerte doit remplir les conditions prescrites par les articles 2018 et 2019. — Lorsqu'il s'agit d'un cautionnement judiciaire, la caution doit, en outre, être susceptible de contrainte par corps.

2041. Celui qui ne peut pas trouver une caution, est reçu à donner à sa place un gage en nantissement suffisant.

2042. La caution judiciaire ne peut point demander la discussion du débiteur principal.

2043. Celui qui a simplement cautionné la caution judiciaire, ne peut demander la discussion du débiteur principal et de la caution.

2° Dispositions additionnelles.

ABSENT. *C. Civ.* 120. Dans le cas où l'absent n'aurait point laissé de procuration pour l'administration de ses biens, ses héritiers présomptifs, au jour de sa disparition ou de ses dernières nouvelles, pourront, en vertu du jugement définitif qui aura déclaré l'absence, se faire envoyer en possession provisoire des biens qui appartenaient à l'absent au jour de son départ ou de ses dernières nouvelles, à la charge de donner caution pour la sûreté de leur administration.

123. Lorsque les héritiers présomptifs auront obtenu l'envoi en possession provisoire, le testament, s'il en existe un, sera ouvert à la réquisition des parties intéressées, ou du procureur du Roi près le tribunal ; et les légataires, les donataires, ainsi que tous ceux qui avaient, sur les biens de l'absent, des droits subordonnés à la condition de son décès, pourront les exercer provisoirement, à la charge de donner caution.

129. Si l'absence a continué pendant trente ans depuis l'envoi provisoire, ou depuis l'époque

à laquelle l'époux commun aura pris l'administration des biens de l'absent, ou s'il s'est écoulé cent ans révolus depuis la naissance de l'absent, les cautions seront déchargées ; tous les ayans droit pourront demander le partage des biens de l'absent, et faire prononcer l'envoi en possession définitif par le tribunal de première instance.

Bail. *C. Civ.* 1740. Dans le cas de reconduction tacite et de continuation de jouissance après signification de congé, la caution donnée pour le bail ne s'étend pas aux obligations résultant de la prolongation.

Cession de créances. *C. Civ.* 1692. La vente ou cession d'une créance comprend les accessoires de la créance, tels que caution, privilège et hypothèque.

Compensation. *C. Civ.* 1294. La caution peut opposer la compensation de ce que le créancier doit au débiteur principal. — Mais le débiteur principal ne peut opposer la compensation de ce que le créancier doit à la caution. — Le débiteur solidaire ne peut pareillement opposer la compensation de ce que le créancier doit à son codébiteur.

Compte. *C. Proc.* 542. Si l'oyant (compte) est défaillant, le commissaire fera son rapport au jour par lui indiqué : les articles seront alloués, s'ils ont justifiés ; le rendant, s'il est reliquataire, gardera les fonds, sans intérêts ; et s'il ne s'agit point d'un compte de tutelle, le comptable donnera caution, si mieux il n'aime consigner.

Confusion. *C. Civ.* 1301. La confusion qui s'opère dans la personne du débiteur principal profite à ses cautions ; — celle qui s'opère dans la personne de la caution n'entraîne point l'extinction de l'obligation principale.

Consignation. *C. Civ.* 1261. Tant que la consignation n'a point été acceptée par le créancier, le débiteur peut la retirer ; et s'il la retire, ses codébiteurs ou ses cautions ne sont point libérés.

Contrainte par corps (*dispositions générales*). *C. Civ.* 2060. La contrainte par corps a lieu : ... 5° contre les cautions judiciaires et contre les cautions des contraignables par corps, lorsqu'elles se sont soumises à cette contrainte.

2068. L'appel ne suspend pas la contrainte par corps prononcée par un jugement provisoirement exécutoire en donnant caution.

(*Élargissement.*) L. 17-19 avril 1832. — 24. Le débiteur, si la contrainte par corps n'a pas été prononcée pour dette commerciale, obtiendra son élargissement en payant ou consignant le tiers du principal de la dette et de ses accessoires, et en donnant pour le surplus une caution acceptée par le créancier, ou reçue par le tribunal civil dans le ressort duquel le débiteur sera détenu.

25. La caution sera tenue de s'obliger solidairement avec le débiteur à payer, dans un délai qui ne pourra excéder une année, les deux tiers qui resteront dus.

26. A l'expiration du délai prescrit par l'article précédent, le créancier, s'il n'est pas intégralement payé, pourra exercer de nouveau la contrainte par corps contre le débiteur principal, sans préjudice de ses droits contre la caution.

Dommages-intérêts. *C. Civ.* 1153. Dans les obligations qui se bornent au paiement d'une certaine somme, les dommages et intérêts résultant du retard dans l'exécution ne consistent jamais que dans la condamnation aux intérêts fixés par la loi, sauf les règles particulières au commerce et au cautionnement.

Dot. *C. Civ.* 1550. Le mari n'est pas tenu de fournir caution pour la réception de la dot, s'il n'y a pas été assujetti par le contrat de mariage.

Étranger. *C. Civ.* 16. En toutes matières, autres que celles de commerce, l'étranger qui sera demandeur, sera tenu de donner caution pour le paiement des frais et dommages-intérêts résultant du procès, à moins qu'il ne possède en France des immeubles d'une valeur suffisante pour assurer ce paiement. *V.* Judicatum solvi (*caution*).

Exécution provisoire (*disposition générale*). —*C. Proc.* 135. L'exécution provisoire sans caution sera ordonnée, s'il y a titre authentique, promesse reconnue, ou condamnation précédente par jugement dont il n'y ait point d'appel. — L'exécution provisoire pourra être ordonnée, avec ou sans caution, lorsqu'il s'agira, — 1° d'apposition et levée de scellés, ou confection d'inventaire ;—2° de réparations urgentes ;—3° d'expulsion des lieux, lorsqu'il n'y a pas de bail, ou que le bail est expiré ; — 4° de séquestres, commissaires et gardiens ;—5° de réceptions de caution et certificateurs ;—6° de nomination de tuteurs, curateurs, et autres administrateurs, et de reddition de compte ; — 7° de pensions ou provisions alimentaires.

(*Jugemens par défaut*). *C. Proc.* 155. Pourront (en prononçant par défaut) les juges, dans le cas seulement où il y aurait péril en la demeure, ordonner l'exécution nonobstant l'opposition, avec ou sans caution ; ce qui ne pourra se faire que par le même jugement.

(*Juges de paix*). *C. Proc.* 17. Les jugemens des justices de paix, jusqu'à concurrence de trois cents francs, seront exécutoires par provision, nonobstant l'appel, et sans qu'il soit besoin de fournir caution ; les juges de paix pourront, dans

9.

les autres cas, ordonner l'exécution provisoire de leurs jugemens, mais à la charge de donner caution.

(*Tribunaux de commerce*). *C. Proc.* 417. Dans les cas qui requerront célérité, le président du tribunal (de commerce) pourra permettre d'assigner, même de jour à jour et d'heure à heure, et de saisir les effets mobiliers : il pourra, suivant l'exigence des cas, assujettir le demandeur à donner caution, ou à justifier de solvabilité suffisante. Ses ordonnances seront exécutoires nonobstant opposition ou appel.

459. Les tribunaux de commerce pourront ordonner l'exécution provisoire de leurs jugemens nonobstant l'appel, et sans caution, lorsqu'il y aura titre non attaqué, ou condamnation précédente dont il n'y aura pas d'appel ; dans les autres cas, l'exécution provisoire n'aura lieu qu'à la charge de donner caution, ou de justifier de solvabilité suffisante.

440. La caution sera présentée par acte signifié au domicile de l'appelant, s'il demeure dans le lieu où siège le tribunal, sinon au domicile par lui élu, avec sommation à jour et heures fixes de se présenter au greffe pour prendre communication, sans déplacement, des titres de la caution, s'il est ordonné qu'elle en fournira, et à l'audience, pour voir prononcer sur l'admission, en cas de contestation.

441. Si l'appelant ne comparaît pas, ou ne conteste point la caution, elle fera sa soumission au greffe ; s'il conteste, il sera statué au jour indiqué par la sommation : dans tous les cas, le jugement sera exécutoire, nonobstant opposition ou appel.

FEMME MARIÉE. *C. Civ.* 1431. La femme qui s'oblige solidairement avec son mari pour les affaires de la communauté ou du mari, n'est réputée, à l'égard de celui-ci, s'être obligée que comme caution ; elle doit être indemnisée de l'obligation qu'elle a contractée.

1518. Lorsque la dissolution de la communauté s'opère par la séparation de corps, il n'y a pas lieu à la délivrance actuelle du préciput ; mais l'époux qui a obtenu la séparation de corps, conserve ses droits au préciput en cas de survie. Si c'est la femme, la somme ou la chose qui constitue le préciput reste toujours provisoirement au mari, à la charge de donner caution.

HÉRITIER BÉNÉFICIAIRE. *C. Civ.* 807. (L'héritier bénéficiaire) est tenu, si les créanciers ou autres personnes intéressées l'exigent, de donner caution bonne et solvable de la valeur du mobilier compris dans l'inventaire, et de la portion du prix des immeubles non déléguée aux créanciers hypothécaires. — Faute par lui de fournir cette caution, les meubles sont vendus, et leur prix est déposé, ainsi que la portion non déléguée du prix des immeubles, pour être employés à l'acquit des charges de la succession. *V.* BÉNÉFICE D'INVENTAIRE.

HYPOTHÈQUE. *C. Civ.* 2185. Lorsque le nouveau propriétaire a fait (la notification de son contrat) dans le délai fixé, tout créancier dont le titre est inscrit, peut requérir la mise de l'immeuble aux enchères et adjudications publiques, à la charge, — 1°...... 3° qu'il offrira de donner caution jusqu'à concurrence du prix et des charges. — Le tout à peine de nullité.

NOVATION. *C. Civ.* 1281. Par la novation faite entre le créancier et l'un des débiteurs solidaires, les codébiteurs sont libérés. — La novation opérée à l'égard du débiteur principal libère les cautions. — Néanmoins, si le créancier a exigé, dans le premier cas, l'accession des codébiteurs, ou, dans le second, celle des cautions, l'ancienne créance subsiste, si les codébiteurs ou les cautions refusent d'accéder au nouvel arrangement.

PAIEMENT. *C. Civ.* 1236. Une obligation peut être acquittée par toute personne qui y est intéressée, telle qu'un coobligé ou une caution.

1238. Ce que le créancier a reçu d'une caution pour la décharge de son cautionnement, doit être imputé sur la dette, et tourner à la décharge du débiteur principal et des autres cautions.

PRESCRIPTION. *C. Civ.* 2250. L'interpellation faite au débiteur principal, ou sa reconnaissance, interrompt la prescription contre la caution.

PRIVILÈGE. *C. Civ.* 2102. Les créances privilégiées sur certains meubles sont, — 1°.... 7° les créances résultant d'abus et prévarications commis par les fonctionnaires publics dans l'exercice de leurs fonctions, sur le fonds de leur cautionnement et sur les intérêts qui en peuvent être dus.

REMISE DE LA DETTE. *C. Civ.* 1287. La remise ou décharge conventionnelle accordée au débiteur principal libère les cautions ; — celle accordée à la caution ne libère pas le débiteur principal ; — celle accordée à l'une des cautions ne libère pas les autres.

SERMENT DÉCISOIRE. *C. Civ.* 1365. (Le serment) déféré à la caution profite au débiteur principal. — Dans ce cas, le serment de la caution ne profite au débiteur principal que lorsqu'il a été déféré sur la dette, et non sur le fait du cautionnement.

SOLIDARITÉ. *C. Civ.* 1216. Si l'affaire pour laquelle la dette a été contractée solidairement ne concernait que l'un des cooblicés solidaires, celui-ci serait tenu de toute la dette vis-à-vis des autres codébiteurs, qui ne seraient considérés par rapport à lui que comme ses cautions.

SUBROGATION. *C. Civ.* 1252. La subrogation établie par la loi (*V.* SUBROGATION LÉGALE.) a lieu tant contre les cautions que contre les débiteurs : elle ne peut nuire au créancier lorsqu'il n'a été payé qu'en partie ; en ce cas, il peut exercer ses droits, pour ce qui lui reste dû, par préférence à celui dont il n'a reçu qu'un paiement partiel.

SUCCESSION. *C. Civ.* 771. L'époux survivant (qui appréhende la succession à défaut d'autre héritier) est tenu de faire emploi du mobilier, ou de donner caution suffisante pour en assurer la restitution, au cas où il se présenterait des héritiers du défunt, dans l'intervalle de trois ans ; après ce délai, la caution est déchargée.

775. Les dispositions de l'article 771 sont communes aux enfans naturels appelés à défaut de parens.

SURENCHÈRE. *C. Proc.* 852. L'acte de réquisition de mise aux enchères contiendra, à peine de nullité de la surenchère, l'offre de la caution, avec assignation à trois jours devant le même tribunal, pour la réception de ladite caution, à laquelle il sera procédé sommairement.

855. Si la caution est rejetée, la surenchère sera déclarée nulle et l'acquéreur maintenu, à moins qu'il n'ait été fait d'autres surenchères par d'autres créanciers.

USAGE ET HABITATION (*droit d'*). *C. Civ.* 626. On ne peut jouir (des droits d'usage et d'habitation), comme dans le cas de l'usufruit, sans donner préalablement caution, et sans faire des états et inventaires. (*V. ci-après.*)

USUFRUIT. *C. Civ.* 601. L'usufruitier donne caution de jouir en bon père de famille, s'il n'en est dispensé par l'acte constitutif de l'usufruit ; cependant les père et mère, ayant l'usufruit légal du bien de leurs enfans, le vendeur ou le donateur, sous réserve d'usufruit, ne sont pas tenus de donner caution.

602. Si l'usufruitier ne trouve pas de caution, les immeubles sont donnés à ferme ou mis en séquestre ; — les sommes comprises dans l'usufruit sont placées ; — les denrées sont vendues, et le prix en provenant est pareillement placé ; — les intérêts de ces sommes et les prix des fermes appartiennent, dans ce cas, à l'usufruitier.

603. A défaut d'une caution de la part de l'usufruitier, le propriétaire peut exiger que les meubles qui dépérissent par l'usage soient vendus, pour le prix en être placé comme celui des denrées ; et alors l'usufruitier jouit de l'intérêt pendant son usufruit ; cependant l'usufruitier pourra demander, et les juges pourront ordonner, suivant les circonstances, qu'une partie des meubles nécessaires pour son usage lui soit délaissée, sous sa simple caution juratoire, et à la charge de les représenter à l'extinction de l'usufruit.

604. Le retard de donner caution ne prive pas l'usufruitier des fruits auxquels il peut avoir droit ; ils lui sont dus du moment où l'usufruit a été ouvert.

VENTE. *C. Civ.* 1613. Le vendeur ne sera pas obligé à la délivrance, quand même il aurait accordé un délai pour le paiement, si, depuis la vente, l'acheteur est tombé en faillite ou en état de déconfiture, en sorte que le vendeur se trouve en danger imminent de perdre le prix ; à moins que l'acheteur ne lui donne caution de payer au terme.

1653. Si l'acheteur est troublé ou a juste sujet de craindre d'être troublé par une action, soit hypothécaire, soit en revendication, il peut suspendre le paiement du prix jusqu'à ce que le vendeur ait fait cesser le trouble ; si mieux n'aime celui-ci donner caution, ou à moins qu'il n'ait été stipulé que, nonobstant le trouble, l'acheteur paiera.

5° *Procédure.*

Des réceptions de cautions.

C. Proc. (*liv.* 5, *tit.* 1, *art.* 517-522). — 517. Le jugement qui ordonnera de fournir caution, fixera le délai dans lequel elle sera présentée, et celui dans lequel elle sera acceptée ou contestée.

518. La caution sera présentée par exploit signifié à la partie, si elle n'a point d'avoué, et par acte d'avoué, si elle en a constitué, avec copie de l'acte de dépôt qui sera fait au greffe, des titres qui constatent la solvabilité de la caution, sauf le cas où la loi n'exige pas que la solvabilité soit établie par titres.

519. La partie pourra prendre au greffe communication des titres ; si elle accepte la caution, elle le déclarera par un simple acte : dans ce cas, ou si la partie ne conteste pas dans le délai, la caution fera au greffe sa soumission, qui sera exécutoire sans jugement, même pour la contrainte par corps, s'il y a lieu à contrainte.

520. Si la partie conteste la caution dans le délai fixé par le jugement, l'audience sera poursuivie sur un simple acte.

521. Les réceptions de cautions seront jugées sommairement, sans requête ni écritures ; le jugement sera exécuté nonobstant appel.

522. Si la caution est admise, elle fera sa sou-mission, conformément à l'article 519 ci-dessus.

Disposition additionnelle.

C. Proc. 1033. Quand il s'agira de recevoir une caution en vertu d'un jugement, et que les parties seront trop éloignées, les juges pourront commet-tre un tribunal voisin, un juge ou même un juge de paix, suivant l'exigence des cas ; ils pourront même autoriser un tribunal à nommer, soit un de ses membres, soit un juge de paix, pour pro-céder à sa réception.

Dispositions du tarif.

Tarif civ. 71. (*Pr.* 518.) Acte de présentation de caution ; — (519) acte de déclaration d'acceptation de caution ; — (520) acte de contestation de la cau-tion offerte, — pour l'original, à Paris, 5 fr. Dans le ressort, 3 fr. 75 c. ; et pour chaque copie, le quart. (*V.* TARIF.)

91. (*Pr.* 518.) Pour déposer au greffe les titres de solvabilité de la caution présentée. (519 et 522.) Pour faire au greffe la soumission d'une caution, — à Paris, 3 fr. Dans le ressort, 2 fr. 25 c. (*V.* TARIF.)

II. DU CAUTIONNEMENT EN MATIÈRE COMMER-CIALE.

Dispositions diverses.

ASSURANCE. *C. Com.* 346. Si l'assureur tombe en faillite lorsque le risque n'est pas encore fini, l'assuré peut demander caution, ou la résiliation du contrat. — L'assureur a le même droit en cas de faillite de l'assuré.

384. L'assureur est admis à la preuve des faits contraires à ceux qui sont consignés dans les at-testations. — L'admission à la preuve ne sus-pend pas les condamnations de l'assureur au paiement provisoire de la somme assurée, à la charge par l'assuré de donner caution. — L'en-gagement de la caution est éteint après quatre années révolues, s'il n'y a pas eu de poursuite.

FAILLITE. *C. Com.* 466. Après l'apposition des scellés, le commissaire rendra compte au tribu-nal de l'état apparent des affaires du failli, et pourra proposer ou sa mise en liberté pure et simple, avec sauf-conduit provisoire de sa per-sonne, ou sa mise en liberté avec sauf-conduit, en fournissant caution de se représenter, sous peine de paiement d'une somme que le tribunal arbi-trera, et qui tournera, le cas advenant, au profit des créanciers.

538. Les créanciers garantis par un cautionne-ment seront compris dans la masse, sous la dé-duction des sommes qu'ils auront reçues de la caution ; la caution sera comprise dans la même masse pour tout ce qu'elle aura payé à la dé-charge du failli.

LETTRES DE CHANGE (*défaut d'acceptation*). *C. Com.* 120. Sur la notification du protêt faute

d'acceptation, les endosseurs et le tireur sont respectivement tenus de donner caution pour as-surer le paiement de la lettre de change à son échéance, ou d'en effectuer le remboursement avec les frais de protêt et de rechange.—La cau-tion, soit du tireur, soit de l'endosseur, n'est so-lidaire qu'avec celui qu'elle a cautionné.

(*Perte*) *C. Com.* 151. Si la lettre de change perdue est revêtue de l'acceptation, le paiement ne peut en être exigé sur une seconde, troi-sième, quatrième, etc., que par ordonnance du juge, et en donnant caution.

152. Si celui qui a perdu la lettre de change, qu'elle soit acceptée ou non, ne peut représenter la seconde, troisième, quatrième, etc., il peut de-mander le paiement de la lettre de change per-due, et l'obtenir par l'ordonnance du juge, en justifiant de sa propriété par ses livres, et en don-nant caution.

153. L'engagement de la caution, mentionné dans les articles 151 et 152, est éteint après trois ans, si, pendant ce temps, il n'y a eu ni deman-des ni poursuites juridiques.

VOYAGE DE MER. *C. Com.* 231. Le capitaine et les gens de l'équipage qui sont à bord, ou qui, sur les chaloupes, se rendent à bord pour faire voile, ne peuvent être arrêtés pour dettes civiles, si ce n'est à raison de celles qu'ils auront contrac-tées pour le voyage ; et même, dans ce dernier cas, ils ne peuvent être arrêtés, s'ils donnent cau-tion.

III. DU CAUTIONNEMENT EN MATIÈRE CRIMI-NELLE.

De la liberté provisoire et du cautionnement.

C. Inst. cr. (*liv.* 1, *tit.* 1, *art.* 113-126). — 113. La liberté provisoire ne pourra jamais être accordée au prévenu lorsque le titre de l'accu-sation emportera une peine afflictive ou infa-mante.

114. Si le fait n'emporte pas une peine afflic-tive ou infamante, mais seulement une peine cor-rectionnelle, la chambre du conseil pourra, sur la demande du prévenu, et sur les conclusions du procureur du Roi, ordonner que le prévenu sera mis provisoirement en liberté, moyennant caution solvable de se représenter à tous les actes de la procédure, et pour l'exécution du juge-ment, aussitôt qu'il en sera requis. — La mise en liberté provisoire avec caution pourra être de-mandée et accordée en tout état de cause.

115. Néanmoins les vagabonds et les repris de justice ne pourront, en aucun cas, être mis en li-berté provisoire.

116. La demande en liberté provisoire sera no-

tifiée à la partie civile, à son domicile ou à celui qu'elle aura élu.

117. La solvabilité de la caution offerte sera discutée par le procureur du Roi, et par la partie civile, dûment appelée.—Elle devra être justifiée par des immeubles libres, pour le montant du cautionnement et une moitié en sus, si mieux n'aime la caution déposer dans la caisse de l'enregistrement et des domaines le montant du cautionnement en espèces.

118. Le prévenu sera admis à être sa propre caution, soit en déposant le montant du cautionnement, soit en justifiant d'immeubles libres pour le montant du cautionnement ou une moitié en sus, et en faisant, dans l'un ou l'autre cas, la soumission dont il sera parlé ci-après.

119. Le cautionnement ne pourra être au-dessous de cinq cents francs. — Si la peine correctionnelle était à la fois l'emprisonnement et une amende dont le double excéderait cinq cents fr., le cautionnement ne pourrait pas être exigé d'une somme plus forte que le double de cette amende. — S'il avait résulté du délit un dommage civil appréciable en argent, le cautionnement sera triple de la valeur du dommage, ainsi qu'il sera arbitré, pour cet effet seulement, par le juge d'instruction, sans néanmoins que dans ce cas le cautionnement puisse être au-dessous de cinq cents francs.

120. La caution admise fera sa soumission, soit au greffe du tribunal, soit devant notaires, de payer entre les mains du receveur de l'enregistrement le montant du cautionnement, en cas que le prévenu soit constitué en défaut de se représenter. — Cette soumission entraînera la contrainte par corps contre la caution : une expédition en forme exécutoire en sera remise à la partie civile, avant que le prévenu soit mis en liberté provisoire.

121. Les espèces déposées et les immeubles servant de cautionnement seront affectés par privilége, 1° au paiement des réparations civiles et des frais avancés par la partie civile ; 2° aux amendes, le tout néanmoins sans préjudice du privilége du trésor royal, à raison des frais faits par la partie publique.—Le procureur du Roi et la partie civile pourront prendre inscription hypothécaire, sans attendre le jugement définitif. L'inscription prise à la requête de l'un ou de l'autre profitera à tous les deux.

122. Le juge d'instruction rendra, le cas arrivant, sur les conclusions du procureur du Roi ou sur la demande de la partie civile, une ordonnance pour le paiement de la somme cautionnée. — Ce paiement sera poursuivi à la requête du procureur du Roi, et à la diligence du directeur de l'enregistrement. Les sommes recouvrées seront versées dans la caisse de l'enregistrement, sans préjudice des poursuites et des droits de la partie civile.

123. Le juge d'instruction délivrera, dans la même forme et sur les mêmes réquisitions, une ordonnance de contrainte contre la caution ou les cautions d'un individu mis sous la surveillance spéciale du Gouvernement, lorsque celui-ci aura été condamné, par un jugement devenu irrévocable, pour un crime ou pour un délit commis dans l'intervalle déterminé par l'acte de cautionnement.

124. Le prévenu ne sera mis en liberté provisoire sous caution, qu'après avoir élu domicile dans le lieu où siége le tribunal correctionnel, par un acte reçu au greffe de ce tribunal.

125. Outre les poursuites contre la caution, s'il y a lieu, le prévenu sera saisi et écroué dans la maison d'arrêt, en exécution d'une ordonnance du juge d'instruction.

126. Le prévenu qui aurait laissé contraindre sa caution au paiement, ne sera plus, à l'avenir, recevable en aucun cas à demander de nouveau sa liberté provisoire moyennant caution.

Disposition additionnelle.

C. Inst. cr. 239. Il ne sera décerné préalablement (lors du rapport du procureur général sur la mise en accusation) aucune ordonnance de prise de corps ; et s'il résulte de l'examen qu'il y a lieu de renvoyer le prévenu à la cour d'assises, ou au tribunal de police correctionnelle, l'arrêt portera cette ordonnance, ou celle de se représenter, si le prévenu a été admis à la liberté sous caution.

Dispositions du tarif.

Tarif cr. 42. Les droits d'expédition sont dus pour tous les actes et pièces dont il est fait mention dans les art. du C. d'Inst. crim., sous les numéros 114, 117, 118, 120, 122, 123, 124 et 125. V. EXPÉDITION (*droits d'*).

71. Salaires des huissiers, dans les cas prévus par les art. 114, 116 et 117, C. Inst. crim. — pour l'original seulement,—à Paris, 1 f.—Villes de 40,000 hab. et au-dessus, 75 c.— Autres villes et comm., 50 c.— Pour chaque copie, — à Paris, 75 c. — Villes de 40,000 hab. et au-dessus, 60 c. — Autres villes et comm., 50 c.

124. Les frais d'inscription hypothécaire, lorsqu'elle sera requise par le ministère public, en conformité de l'art. 121 du C. d'Inst. cr., seront avancés par l'administration de l'enregistrement, laquelle sera remboursée sur les biens des condamnés, dans les cas et aux formes de droit.

127. Il en sera pour le recouvrement des cautionnemens fournis à l'effet d'obtenir la liberté provisoire des prévenus, et dans les cas prévus par les art. 122 et 123 du C. d'Inst. crim. (comme pour le recouvrement des amendes. V. AMENDES. *Tarif cr.* 126).

CAUTION JUDICATUM SOLVI. *V.* Judicatum solvi (caution).

CÉDULE.

1° *En matière civile.*

C. Proc. 6. Dans les cas urgens, le juge (de paix) donnera une cédule pour abréger les délais, et pourra permettre de citer même dans le jour et à l'heure indiqués.

29. Si le jugement ordonne une opération par des gens de l'art, le juge (de paix) délivrera à la partie requérante cédule de citation pour appeler les experts ; elle fera mention du lieu, du jour, de l'heure et contiendra le fait, les motifs et la disposition du jugement relative à l'opération ordonnée. — Si le jugement ordonne une enquête, la cédule de citation fera mention de la date du jugement, du lieu, du jour et de l'heure.

2° *En matière de police.*

C. Inst. cr. 146. Dans les cas urgens, les délais pourront être abrégés et les parties citées à comparaître même dans le jour et à l'heure indiquée, en vertu d'une cédule délivrée par le juge de paix.

CÉLÉRITÉ. *V.* Urgence.

CERTIFICATS (Faux).

C. Pén. 159. Toute personne qui, pour se rédimer elle-même ou en affranchir une autre d'un service public quelconque, fabriquera, sous le nom d'un médecin, chirurgien ou autre officier de santé, un certificat de maladie ou d'infirmité, sera punie d'un emprisonnement de deux à cinq ans.

160. Tout médecin, chirurgien, ou autre officier de santé qui, pour favoriser quelqu'un, certifiera faussement des maladies ou infirmités propres à dispenser d'un service public, sera puni d'un emprisonnement de deux à cinq ans. — S'il y a été mu par dons ou promesses, il sera puni du bannissement : les corrupteurs seront, en ce cas, punis de la même peine.

161. Quiconque fabriquera, sous le nom d'un fonctionnaire ou officier public, un certificat de bonne conduite, indigence ou autres circonstances propres à appeler la bienveillance du Gouvernement ou des particuliers sur la personne y désignée, et à lui procurer places, crédit ou secours, sera puni d'un emprisonnement de six mois à deux ans. — La même peine sera appliquée, 1° à celui qui falsifiera un certificat de cette espèce, originairement véritable, pour l'approprier à une personne autre que celle à laquelle il a été primitivement délivré ; 2° à tout individu qui se sera servi du certificat ainsi fabriqué ou falsifié.

162. Les faux certificats de tout autre nature, et d'où il pourrait résulter soit lésion envers des tiers, soit préjudice envers le trésor royal, seront punis, selon qu'il y aura lieu, d'après les dispositions des paragraphes 3 et 4 de la présente section. (*Sect.* 1re, *chap.* 3, *tit.* 1er, *liv.* 3, § 3 *et* 4, *art.* 145-152.) *V.* Faux.

CERTIFICATS D'INDIGENCE.

C. Inst. cr. 420. Seront dispensées de consigner (l'amende sur le pourvoi en cassation, en matière correctionnelle et de police [1] les personnes) qui joindront à la demande en cassation : 1° un extrait du rôle des contributions, constatant qu'elles paient moins de six francs, ou un certificat du percepteur de leur commune, portant qu'elles ne sont point imposées ; 2° un certificat d'indigence à elles délivré par le maire de la commune de leur domicile ou par son adjoint, visé par le sous-préfet et approuvé par le préfet de leur département.

CERTIFICATS D'INSCRIPTIONS HYPO-THÉCAIRES.

C. Civ. 2196. Les conservateurs des hypothèques sont tenus de délivrer, à tous ceux qui le requièrent, copie des actes transcrits sur leurs registres et celle des inscriptions subsistantes, ou certificat qu'il n'en existe aucune.

2197. Ils sont responsables du préjudice résultant, — 1° de l'omission sur leurs registres des transcriptions d'actes de mutations et des inscriptions requises en leurs bureaux ; — 2° du défaut de mention dans leurs certificats d'une ou de plusieurs des inscriptions existantes, à moins, dans ce dernier cas, que l'erreur ne provînt de désignations insuffisantes qui ne pourraient leur être imputées.

2198. L'immeuble, à l'égard duquel le conservateur aurait omis dans ses certificats une ou plusieurs des charges inscrites, en demeure, sauf la responsabilité du conservateur, affranchi dans les mains du nouveau possesseur, pourvu qu'il ait requis le certificat depuis la transcription de son titre, sans préjudice néanmoins du droit des créanciers de se faire colloquer suivant l'ordre qui leur appartient, tant que le prix n'a pas été payé par l'acquéreur, ou tant que l'ordre entre les créanciers n'a pas été homologué.

2199. Dans aucun cas, les conservateurs ne peuvent refuser ni retarder la transcription des actes de mutation, l'inscription des droits hypothécaires, ni la délivrance des certificats requis, sous peine des dommages et intérêts des parties, à l'effet de quoi, procès-verbaux des refus ou retardemens seront, à la diligence des requérans,

---

[1] La même disposition est applicable en matière civile. (*Loi du* 14 *brumaire an* 5, *art.* 2.)

ressés sur le champ, soit par un juge de paix, soit par un huissier audiencier du tribunal, soit par un autre huissier ou un notaire assisté de deux témoins.

CERTIFICATS DE VIE.

C. Civ. 1983. Le propriétaire d'une rente viagère n'en peut demander les arrérages qu'en justifiant de son existence, ou de celle de la personne sur la tête de laquelle elle a été constituée.

CESSION DE BIENS.

I. EN MATIÈRE CIVILE.

1° *Effet civil.*
De la cession de biens.

C. Civ. (liv. 3, tit. 3, chap. 3, sect. 1re, § 3, art. 1265-1270.) — 1265. La cession de biens est l'abandon qu'un débiteur fait de tous ses biens à ses créanciers, lorsqu'il se trouve hors d'état de payer ses dettes.

1266. La cession de biens est volontaire ou judiciaire.

1267. La cession de biens volontaire est celle que les créanciers acceptent volontairement, et qui n'a d'effet que celui résultant des stipulations mêmes du contrat passé entre eux et le débiteur.

1268. La cession judiciaire est un bénéfice que la loi accorde au débiteur malheureux et de bonne foi, auquel il est permis, pour avoir la liberté de sa personne, de faire en justice l'abandon de tous ses biens à ses créanciers, nonobstant toute stipulation contraire.

1269. La cession judiciaire ne confère point la propriété aux créanciers; elle leur donne seulement le droit de faire vendre les biens à leur profit, et d'en percevoir les revenus jusqu'à la vente.

1270. Les créanciers ne peuvent refuser la cession judiciaire, si ce n'est dans les cas exceptés par la loi. (*V. ci-après, C. Civ.* 1945, *C.Proc.* 905, *C. Com.* 475.)—Elle opère la décharge de la contrainte par corps.—Au surplus, elle ne libère le débiteur que jusqu'à concurrence de la valeur des biens abandonnés; et dans le cas où ils auraient été insuffisans, s'il lui en survient d'autres, il est obligé de les abandonner jusqu'au parfait paiement.

Disposition additionnelle.

DÉPOSITAIRE. *C. Civ.* 1945. Le dépositaire infidèle n'est point admis au bénéfice de cession.

2° *Procédure.*
Du bénéfice de cession.

C. Proc. (2e part., liv. 1, tit. 12, art. 898-906.) —898. Les débiteurs qui seront dans le cas de réclamer la cession judiciaire accordée par l'art. 1268 du Code Civil, seront tenus, à cet effet,

de déposer au greffe du tribunal où la demande sera portée, leur bilan, leurs livres, s'ils en ont, et leurs titres actifs.

899. Le débiteur se pourvoira devant le tribunal de son domicile.

900. La demande sera communiquée au ministère public; elle ne suspendra l'effet d'aucune poursuite, sauf aux juges à ordonner, parties appelées, qu'il sera sursis provisoirement.

901. Le débiteur admis au bénéfice de cession sera tenu de réitérer sa cession en personne, et non par procureur, ses créanciers appelés, à l'audience du tribunal de commerce de son domicile; et s'il n'y en a pas, à la maison commune un jour de séance: la déclaration du débiteur sera constatée, dans ce dernier cas, par procès-verbal de l'huissier, qui sera signé par le maire.

902. Si le débiteur est détenu, le jugement qui l'admettra au bénéfice de cession ordonnera son extraction, avec les précautions en tel cas requises et accoutumées, à l'effet de faire sa déclaration conformément à l'article précédent.

903. Les nom, prénoms, profession et demeure du débiteur, seront insérés dans un tableau public à ce destiné, placé dans l'auditoire du tribunal de commerce de son domicile, ou du tribunal de première instance qui en fait les fonctions, et dans le lieu des séances de la maison commune.

904. Le jugement qui admettra au bénéfice de cession, vaudra pouvoir aux créanciers, à l'effet de faire vendre les biens meubles et immeubles du débiteur; et il sera procédé à cette vente dans les formes prescrites pour les héritiers sous bénéfice d'inventaire. *V.* BÉNÉFICE D'INVENTAIRE.

905. Ne pourront être admis au bénéfice de cession, les étrangers, les stellionataires, les banqueroutiers frauduleux, les personnes condamnées pour cause de vol ou d'escroquerie, ni les personnes comptables, tuteurs, administrateurs et dépositaires.

906. Il n'est au surplus rien préjugé, par les dispositions du présent titre, à l'égard du commerce, aux usages duquel il n'est, quant à présent, rien innové. *V. ci-après, II.*

Dispositions du tarif.

Tarif civ. 64. (Pr. 901.) Pour un procès-verbal de réitération de la cession par le débiteur failli à la maison commune, s'il n'y a pas de tribunal de commerce,—à Paris, 4 fr.— Dans les villes où il y a tribunal de première instance, 3 fr. — Dans les autres villes et cantons ruraux, 3 fr.

65. (Pr. 902.) Pour un procès-verbal d'extraction de la prison du débiteur failli, à l'effet de faire la réitération de sa cession de biens, indépendamment du procès-verbal de ladite réitération, — à Paris, 6 fr. — Dans les villes où il y a tribunal de première instance, 5 fr. — Dans les autres villes ou cantons ruraux, 3 fr.

92. (Pr. 898.) Pour déposer au greffe le bilan, les livres et titres actifs, s'il y en a, du débiteur qui demande à être admis au bénéfice de cession. — (903.) Pour faire l'extrait du jugement qui admet à la cession de biens, et le faire insérer, — à Paris, 6 fr. — Dans le ressort, 4 fr. 50 c. (*V.* TARIF.)

II. EN MATIÈRE COMMERCIALE.

Disposition générale.

C. Com. 635. Les tribunaux de commerce connaîtront : 1°... 4° de la cession de biens faite par le failli, pour la partie qui en est attribuée aux tribunaux de commerce par l'article 904 du Code de Procédure civile. *V. ci-dessus.*

De la cession de biens.

C. Com. (*liv.* 3, *tit.* 2, *art.* 566-575). — 566. La cession de biens, par le failli, est volontaire ou judiciaire.

567. Les effets de la cession volontaire se déterminent par les conventions entre le failli et les créanciers.

568. La cession judiciaire n'éteint point l'action des créanciers sur les biens que le failli peut acquérir par la suite ; elle n'a d'autre effet que de soustraire le débiteur à la contrainte par corps.

569. Le failli qui sera dans le cas de réclamer la cession judiciaire, sera tenu de former sa demande au tribunal, qui se fera remettre les titres nécessaires : la demande sera insérée dans les papiers publics, comme il est dit à l'article 683 du Code de Procédure civile. *V.* IMMOBILIÈRE (*saisie*).

570. La demande ne suspendra l'effet d'aucune poursuite, sauf au tribunal à ordonner, parties appelées, qu'il y sera sursis provisoirement.

571. Le failli admis au bénéfice de cession sera tenu de faire ou de réitérer sa cession en personne et non par procureur, ses créanciers appelés , à l'audience du tribunal de commerce de son domicile ; et, s'il n'y a pas de tribunal de commerce, à la maison commune, un jour de séance. La déclaration du failli sera constatée, dans ce dernier cas, par le procès-verbal de l'huissier, qui sera signé par le maire.

572. Si le débiteur est détenu, le jugement qui l'admettra au bénéfice de cession, ordonnera son extraction, avec les précautions en tel cas requises et accoutumées, à l'effet de faire sa déclaration conformément à l'article précédent.

573. Les nom, prénoms, profession et demeure du débiteur, seront insérés dans des tableaux à ce destinés, placés dans l'auditoire du tribunal de commerce de son domicile, ou du tribunal civil qui en fait les fonctions, dans le lieu des séances de la maison commune, et à la bourse.

574. En exécution du jugement qui admettra le débiteur au bénéfice de cession, les créanciers

pourront faire vendre les biens meubles et im meubles du débiteur, et il sera procédé à cet vente dans les formes prescrites pour les vent faites par union de créanciers.

575. Ne pourront être admis au bénéfice de ce sion, — 1° les stellionataires, les banqueroutie frauduleux, les personnes condamnées pour fa de vol ou d'escroquerie, ni les personnes comp tables ; — 2° les étrangers, les tuteurs, admini trateurs ou dépositaires.

CESSION DE CRÉANCES. *V.* TRAN PORT.

CESSION DE DROITS LITIGIEUX. ↗ LITIGIEUX (*droits*).

CESSION DE DROITS SUCCESSIFS. ↗ SUCCESSIFS (*droits*).

CHANGE (CONTRAT ET LETTRE DE).

I. DISPOSITION GÉNÉRALE.

C. Com. 72. Le résultat des négociations et d transactions qui s'opèrent dans la bourse déte mine le cours du change des effets publics et au tres dont le cours est susceptible d'être coté.

73. Ces divers cours sont constatés par l agens de change et courtiers, dans la forme pre crite par les règlemens de police généraux o particuliers.

II. DE LA LETTRE DE CHANGE.

C. Com. (*liv.* 1, *tit.* 8, *sect.* 1, *art.* 110-186

§ 1, *de la forme de la lettre de change.*

110. La lettre de change est tirée d'un lieu su un autre. — Elle est datée. — Elle énonce — somme à payer, — le nom de celui qui doit paye —l'époque et le lieu où le paiement doit s'effe tuer, — la valeur fournie en espèces, en marchan dises , en compte, ou de toute autre manièr — Elle est à l'ordre d'un tiers, ou à l'ordre d tireur lui-même. — Si elle est par première deuxième, troisième, quatrième, etc., elle l'ex prime.

111. Une lettre de change peut être tirée su un individu, et payable au domicile d'un tiers.- Elle peut être tirée par ordre et pour le compt d'un tiers.

112. Sont réputées simples promesses toute lettres de change contenant supposition soit d nom, soit de qualité, soit de domicile, soit de lieux d'où elles sont tirées ou dans lesquels elle sont payables.

113. La signature des femmes et des filles no négociantes ou marchandes publiques sur lettre de change, ne vaut, à leur égard, que comme sim ple promesse.

114. Les lettres de change souscrites par de mineurs non négocians sont nulles à leur égard

sauf les droits respectifs des parties, conformément à l'article 1312 du Code Civil [1].

§ 2, *de la provision. V.* PROVISION.

§ 3, *de l'acceptation*, et § 4, *de l'acceptation par intervention. V.* ACCEPTATION DE LETTRES DE CHANGE.

§ 5, *de l'échéance.*

129. Une lettre de change peut être tirée à vue,

à un ou plusieurs jours
à un ou plusieurs mois } de vue,
à une ou plusieurs usances

à un ou plusieurs jours
à un ou plusieurs mois } de date,
à une ou plusieurs usances

à jour fixe ou à jour déterminé,
en foire.

130 La lettre de change à vue est payable à sa présentation.

131. L'échéance d'une lettre de change

à un ou plusieurs jours
à un ou plusieurs mois } de vue,
à une ou plusieurs usances

est fixée par la date de l'acceptation, ou par celle du protêt faute d'acceptation.

132. L'usance est de trente jours, qui courent du lendemain de la date de la lettre de change.— Les mois sont tels qu'ils sont fixés par le calendrier grégorien.

133. Une lettre de change payable en foire est échue la veille du jour fixé pour la clôture de la foire, ou le jour de la foire, si elle ne dure qu'un jour.

134. Si l'échéance d'une lettre de change est à un jour férié légal, elle est payable la veille.

135. Tous délais de grâce, de faveur, d'usage ou d'habitude locale, pour le paiement des lettres de change, sont abrogés.

§ 6, *de l'endossement. V.* ENDOSSEMENT.

§ 7, *de la solidarité.*

140. Tous ceux qui ont signé, accepté ou endossé une lettre de change, sont tenus à la garantie solidaire envers le porteur.

§ 8, *de l'aval. V.* AVAL.

§ 9, *du paiement.*

143. Une lettre de change doit être payée dans la monnaie qu'elle indique.

---

[1] *C. Civ.* 1312. Lorsque les mineurs, les interdits ou les femmes mariées sont admis, en ces qualités, à se faire restituer contre leurs engagemens, le remboursement de ce qui aurait été, en conséquence de ces engagemens, payé pendant la minorité, l'interdiction ou le mariage, ne peut en être exigé, à moins qu'il ne soit prouvé que ce qui a été payé a tourné à leur profit.

144. Celui qui paie une lettre de change avant son échéance, est responsable de la validité du paiement.

145. Celui qui paie une lettre de change à son échéance et sans opposition, est présumé valablement libéré.

146. Le porteur d'une lettre de change ne peut être contraint d'en recevoir le paiement avant l'échéance.

147. Le paiement d'une lettre de change fait sur une seconde, troisième, quatrième, etc., est valable, lorsque la seconde, troisième, quatrième, etc., porte que ce paiement annule l'effet des autres.

148. Celui qui paie une lettre de change sur une seconde, troisième, quatrième, etc., sans retirer celle sur laquelle se trouve son acceptation, n'opère point sa libération à l'égard du tiers porteur de son acceptation.

149. Il n'est admis d'opposition au paiement qu'en cas de perte de la lettre de change, ou de la faillite du porteur.

150. En cas de perte d'une lettre de change *non acceptée*, celui à qui elle appartient, peut en poursuivre le paiement sur une seconde, troisième, quatrième, etc.

151. Si la lettre de change perdue est revêtue de l'acceptation, le paiement ne peut en être exigé sur une seconde, troisième, quatrième, etc., que par ordonnance du juge, et en donnant caution.

152. Si celui qui a perdu la lettre de change, qu'elle soit acceptée ou non, ne peut représenter la seconde, troisième, quatrième, etc., il peut demander le paiement de la lettre de change perdue, et l'obtenir par l'ordonnance du juge, en justifiant de sa propriété par ses livres, et en donnant caution.

153. En cas de refus de paiement, sur la demande formée en vertu des deux articles précédens, le propriétaire de la lettre de change perdue conserve tous ses droits par un acte de protestation. — Cet acte doit être fait le lendemain de l'échéance de la lettre de change perdue.—Il doit être notifié aux tireur et endosseurs, dans les formes et délais prescrits ci-après pour la notification du protêt. *V.* PROTÊT.

154. Le propriétaire de la lettre de change égarée doit, pour s'en procurer la seconde, s'adresser à son endosseur immédiat, qui est tenu de lui prêter son nom et ses soins pour agir envers son propre endosseur; et ainsi en remontant d'endosseur en endosseur jusqu'au tireur de la lettre. Le propriétaire de la lettre de change égarée supportera les frais.

155. L'engagement de la caution, mentionné dans les articles 151 et 152, est éteint après trois ans, si, pendant ce temps, il n'y a eu ni demandes ni poursuites juridiques.

156. Les paiemens faits à compte sur le montant d'une lettre de change, sont à la décharge des tireur et endosseurs. — Le porteur est tenu de faire protester la lettre de change pour le surplus.

157. Les juges ne peuvent accorder aucun délai pour le paiement d'une lettre de change.

§ 10, *du paiement par intervention.*

158. Une lettre de change protestée peut être payée par tout intervenant pour le tireur ou pour l'un des endosseurs. — L'intervention et le paiement seront constatés dans l'acte de protêt ou à la suite de l'acte.

159. Celui qui paie une lettre de change par intervention, est subrogé aux droits du porteur, et tenu des mêmes devoirs pour les formalités à remplir. — Si le paiement par intervention est fait pour le compte du tireur, tous les endosseurs sont libérés. — S'il est fait pour un endosseur, les endosseurs subséquens sont libérés. — S'il y a concurrence pour le paiement d'une lettre de change par intervention, celui qui opère le plus de libération est préféré. — Si celui sur qui la lettre était originairement tirée, et sur qui a été fait le protêt faute d'acceptation, se présente pour la payer, il sera préféré à tous autres.

§ 11, *des droits et devoirs du porteur.*

160. Le porteur d'une lettre de change tirée du continent et des îles de l'Europe, et payable dans les possessions européennes de la France, soit à vue, soit à un ou plusieurs jours ou mois ou usances de vue, doit en exiger le paiement ou l'acceptation dans les six mois de sa date, sous peine de perdre son recours sur les endosseurs et même sur le tireur, si celui-ci a fait provision. — Le délai est de huit mois pour la lettre de change tirée des Echelles du Levant et des côtes septentrionales de l'Afrique, sur les possessions européennes de la France ; et réciproquement, du continent et des îles de l'Europe sur les établissemens français aux Échelles du Levant et aux côtes septentrionales de l'Afrique. — Le délai est d'un an pour les lettres de change tirées des côtes occidentales de l'Afrique, jusques et compris le cap de Bonne-Espérance. — Il est aussi d'un an pour les lettres de change tirées du continent et des îles des Indes occidentales sur les possessions européennes de la France ; et réciproquement, du continent et des îles de l'Europe sur les possessions françaises ou établissemens français aux côtes occidentales de l'Afrique, au continent et aux îles des Indes occidentales. — Le délai est de deux ans pour les lettres de change tirées du continent et des îles des Indes orientales sur les possessions européennes de la France ; et réciproquement, du continent et des îles de l'Europe sur les possessions françaises ou établissemens français au continent et aux îles des Indes orientales. — « La même déchéance aura lieu contre le porteur d'une lettre de change à vue à un ou plusieurs jours, mois ou usances de vue, tirée de la France, des possessions ou établissemens français, et payable dans les pays étrangers, qui n'en exigera pas le paiement ou l'acceptation dans les délais ci-dessus prescrits pour chacune des distances respectives. » (*Addition faite par l. du 19 mars 1817, art. 2.*) —Les délais ci-dessus, de huit mois, d'un an et de deux ans sont doublés en temps de guerre maritime. — « Les dispositions ci-dessus ne préjudicieront néanmoins pas aux stipulations contraires qui pourraient intervenir entre le preneur, le tireur et même les endosseurs. » (*Addition faite par l. du 19 mars 1817, art. 2.*)

161. Le porteur d'une lettre de change doit en exiger le paiement le jour de son échéance.

162. Le refus de paiement doit être constaté, le lendemain du jour de l'échéance, par un acte que l'on nomme *protêt faute de paiement.* — Si ce jour est un jour férié légal, le protêt est fait le jour suivant.

163. Le porteur n'est dispensé du protêt faute de paiement, ni par le protêt faute d'acceptation, ni par la mort ou faillite de celui sur qui la lettre de change est tirée. — Dans le cas de faillite de l'accepteur avant l'échéance, le porteur peut faire protester, et exercer son recours.

164. Le porteur d'une lettre de change protestée faute de paiement peut exercer son action en garantie, — ou individuellement contre le tireur et chacun des endosseurs, — ou collectivement contre les endosseurs et le tireur. — La même faculté existe pour chacun des endosseurs, à l'égard du tireur et des endosseurs qui le précèdent.

165. Si le porteur exerce le recours individuellement contre son cédant, il doit lui faire notifier le protêt, et, à défaut de remboursement, le faire citer en jugement dans les quinze jours qui suivent la date du protêt, si celui-ci réside dans la distance de cinq myriamètres. — Ce délai, à l'égard du cédant domicilié à plus de cinq myriamètres de l'endroit où la lettre de change était payable, sera augmenté d'un jour par deux myriamètres et demi excédant les cinq myriamètres.

166. Les lettres de change tirées de France et payables hors du territoire continental de la France, en Europe, étant protestées, les tireurs et endosseurs résidant en France seront poursuivis dans les délais ci-après : — de deux mois pour celles qui étaient payables en Corse, dans l'île d'Elbe ou de Capraja, en Angleterre et dans les états limitrophes de la France ; — de quatre mois pour celles qui étaient payables dans les autres états de l'Europe ; — de six mois pour celles qui étaient payables aux Échelles du Levant et sur les côtes septentrionales de l'Afrique ; — d'un an pour celles qui étaient payables aux côtes occidentales de l'Afrique, jusques et compris le cap de Bonne-Espérance, et dans les Indes occidentales ; — de deux ans pour celles qui étaient payables dans les Indes orientales. — Ces délais seront observés dans les mêmes proportions pour le recours à exercer contre les tireurs et endosseurs résidant dans les possessions françaises situées hors d'Europe. — Les délais ci-dessus, de six mois, d'un an, et de deux ans, seront doublés en temps de guerre maritime.

167. Si le porteur exerce son recours collectivement contre les endosseurs et le tireur, il jouit, à l'égard de chacun d'eux, du délai déterminé par les articles précédens. — Chacun des endosseurs a le droit d'exercer le même recours, ou individuellement, ou collectivement, dans le même délai. — A leur égard, le délai court du lendemain de la date de la citation en justice.

168. Après l'expiration des délais ci-dessus, — pour la présentation de la lettre de change à vue, ou à un ou plusieurs jours ou mois ou usances de vue, — pour le protêt faute de paiement, — pour l'exercice de l'action en garantie, — le porteur de la lettre de change est déchu de tous droits contre les endosseurs.

169. Les endosseurs sont également déchus de toute action en garantie contre leurs cédans, après les délais ci-dessus prescrits, chacun en ce qui le concerne.

170. La même déchéance a lieu contre le porteur et les endosseurs, à l'égard du tireur lui-même, si ce dernier justifie qu'il y avait provision à l'échéance de la lettre de change. — Le porteur, en ce cas, ne conserve d'action que contre celui sur qui la lettre était tirée.

171. Les effets de la déchéance prononcée par les trois articles précédens, cessent en faveur du porteur, contre le tireur, ou contre celui des endosseurs qui, après l'expiration des délais fixés pour le protêt, la notification du protêt ou la citation en jugement, a reçu par compte, compen-sation ou autrement, les fonds destinés au paiement de la lettre de change.

172. Indépendamment des formalités prescrites pour l'exercice de l'action en garantie, le porteur d'une lettre de change protestée faute de paiement, peut, en obtenant la permission du juge, saisir conservatoirement les effets mobiliers des tireur, accepteurs et endosseurs.

§ 12, *des protêts. V.* PROTÊTS.

§ 13, *du rechange. V.* RECHANGE.

Sect. 2, *des billets à ordre. V.* ORDRE (*billets à*).

Sect. 3, *de la prescription.*

189. Toutes actions relatives aux lettres de change, et à ceux des billets à ordre souscrits par des négocians, marchands ou banquiers, ou pour faits de commerce, se prescrivent par cinq ans, à compter du jour du protêt, ou de la dernière poursuite juridique, s'il n'y a eu condamnation, ou si la dette n'a été reconnue par acte séparé. — Néanmoins les prétendus débiteurs seront tenus, s'il en sont requis, d'affirmer, sous serment, qu'ils ne sont plus redevables ; et leurs veuves, héritiers ou ayans cause, qu'ils estiment de bonne foi qu'il n'est plus rien dû.

III. DISPOSITIONS ADDITIONNELLES.

COMPÉTENCE ET CONTRAINTE PAR CORPS. *C. Com.* 636. Lorsque les lettres de change ne seront réputées que simples promesses aux termes de l'article 112 (*V. ci-dessus.*), ou lorsque les billets à ordre ne porteront que des signatures d'individus non négocians, et n'auront pas pour occasion des opérations de commerce, trafic, change, banque ou courtage, le tribunal de commerce sera tenu de renvoyer au tribunal civil, s'il en est requis par le défendeur.

637. Lorsque ces lettres de change et ces billets à ordre porteront en même temps des signatures d'individus négocians et d'individus non négocians, le tribunal de commerce en connaîtra ; mais il ne pourra prononcer la contrainte par corps contre les individus non négocians, à moins qu'ils ne se soient engagés à l'occasion d'opérations de commerce, trafic, change, banque ou courtage.

L. 17-19 *avril* 1832. — 3. Les condamnations prononcées par les tribunaux de commerce contre des individus non négocians, pour signatures apposées soit à des lettres de change réputées simples promesses, aux termes de l'art. 112 du C. de Com., (*v. ci-dessus*), soit à des billets à ordre, n'emportent point la contrainte par corps, à moins que ces signatures et engagemens n'aient eu pour cause des opérations de commerce, trafic, change, banque ou courtage. (*V.* CONTRAINTE PAR CORPS.)

CHARTE CONSTITUTIONNELLE.

*1° Déclaration de la chambre des députés
du 7 août 1830.*

La chambre des députés, prenant en considération l'impérieuse nécessité qui résulte des évènemens des 26, 27, 28, 29 juillet derniers et jours suivans, et de la situation générale où la France s'est trouvée placée à la suite de la violation de la Charte constitutionnelle;—considérant en outre que, par suite de cette violation et de la résistance héroïque des citoyens de Paris, sa majesté Charles X, son altesse royale Louis-Antoine, dauphin, et tous les membres de la branche aînée de la famille royale sortent en ce moment du territoire français,—déclare que le trône est vacant en fait et en droit, et qu'il est indispensable d'y pourvoir. — La chambre des députés déclare secondement que, selon le vœu et dans l'intérêt du peuple français, le préambule de la Charte constitutionnelle est supprimé, comme blessant la dignité nationale, en paraissant *octroyer* aux Français des droits qui leur appartiennent essentiellement, et que les articles de la même Charte doivent être supprimés ou modifiés de la manière suivante :

(Suivent les suppressions et les modifications qui ont composé, sauf quelque changement de rédaction, le texte définitif de la Charte. *V. ci-après*, 3°.)

— Moyennant l'acceptation de ces dispositions et propositions, la chambre des députés déclare enfin que l'intérêt universel et pressant du peuple français appelle au trône son altesse royale Louis-Philippe d'Orléans, duc d'Orléans, lieutenant-général du royaume, et ses descendans à perpétuité, de mâle en mâle, par ordre de primogéniture, à l'exclusion perpétuelle des femmes et de leur descendance. — En conséquence, son altesse royale Louis-Philippe d'Orléans, duc d'Orléans, lieutenant-général du royaume, sera invité à accepter et à jurer les clauses et engagemens ci-dessus énoncés, l'observation de la Charte constitutionnelle et des modifications indiquées, et, après l'avoir fait devant les chambres assemblées, à prendre le titre de Roi des Français.

*2° Serment prêté par S. A. R. le duc d'Orléans,
le 9 août 1830.*

« En présence de Dieu, je jure d'observer fi-
» dèlement la Charte constitutionnelle, avec les
» modifications exprimées dans la déclaration ;
» de ne gouverner que par les lois et selon les
» lois ; de faire rendre bonne et exacte justice à
» chacun selon son droit, et d'agir en toutes
» choses dans la seule vue de l'intérêt, du bon-
» heur et de la gloire du peuple français. »

3° Texte définitif de la Charte du 7-9 août 1830 modificative de la Charte du 4 juin 1814.

Droit public des Français.

Art. 1. Les Français sont égaux devant la loi quels que soient d'ailleurs leurs titres et leurs rangs.

2. Ils contribuent indistinctement, dans la proportion de leur fortune, aux charges de l'État.

3. Ils sont tous également admissibles aux emplois civils et militaires.

4. Leur liberté individuelle est également garantie, personne ne pouvant être poursuivi ni arrêté que dans les cas prévus par la loi et dans la forme qu'elle prescrit.

5. Chacun professe sa religion avec une égale liberté, et obtient pour son culte la même protection.

6. Les ministres de la religion catholique, apostolique et romaine, professée par la majorité des Français, et ceux des autres cultes chrétiens, reçoivent des traitemens du trésor public.

7. Les Français ont le droit de publier et de faire imprimer leurs opinions en se conformant aux lois. — La censure ne pourra jamais être rétablie.

8. Toutes les propriétés sont inviolables, sans aucune exception de celles qu'on appelle *nationales*, la loi ne mettant aucune différence entre elles.

9. L'État peut exiger le sacrifice d'une propriété pour cause d'intérêt public légalement constaté, mais avec une indemnité préalable.

10. Toutes recherches des opinions et des votes émis jusqu'à la restauration sont interdites : le même oubli est commandé aux tribunaux et aux citoyens.

11. La conscription est abolie. Le mode de recrutement de l'armée de terre et de mer est déterminé par une loi.

Formes du gouvernement du Roi.

12. La personne du Roi est inviolable et sacrée. Ses ministres sont responsables. Au Roi seul appartient la puissance exécutive.

13. Le Roi est le chef de l'État ; il commande les forces de terre et de mer, déclare la guerre, fait les traités de paix, d'alliance et de commerce, nomme à tous les emplois d'administration publique, et fait les règlemens et ordonnances nécessaires pour l'exécution des lois, sans pouvoir jamais ni suspendre les lois elles-mêmes ni dispenser de leur exécution. — Toutefois aucune troupe étrangère ne pourra être admise au service de l'État qu'en vertu d'une loi.

14. La puissance législative s'exerce collectivement par le Roi, la chambre des pairs et la chambre des députés.

15. La proposition des lois appartient au Roi, la chambre des pairs et à la chambre des députés. — Néanmoins toute loi d'impôt doit être abord votée par la chambre des députés.

16. Toute loi doit être discutée et votée librement par la majorité de chacune des deux chambres.

17. Si une proposition de loi a été rejetée par un des trois pouvoirs, elle ne pourra être représentée dans la même session.

18. Le Roi seul sanctionne et promulgue les lois.

19. La liste civile est fixée pour toute la durée du règne par la première législature assemblée depuis l'avènement du Roi.

De la chambre des pairs.

20. La chambre des pairs est aussi une portion essentielle de la puissance législative.

21. Elle est convoquée par le Roi en même temps que la chambre des députés. La session de l'une commence et finit en même temps que celle de l'autre.

22. Toute assemblée de la chambre des pairs qui serait tenue hors du temps de la session de la chambre des députés, est illicite et nulle de plein droit, sauf le seul cas où elle est réunie comme cour de justice, et alors elle ne peut exercer que des fonctions judiciaires.

23 [1]. V. ci-après, art. 68, et la loi du 29 décembre 1831, 4°.

24. Les pairs ont entrée dans la chambre à vingt-cinq ans, et voix délibérative à trente ans seulement.

25. La chambre des pairs est présidée par le chancelier de France, et, en son absence, par un pair nommé par le Roi.

26. Les Princes du sang sont pairs par droit de naissance : ils siègent immédiatement après le président.

27. Les séances de la chambre des pairs sont publiques, comme celles de la chambre des députés.

28. La chambre des pairs connaît des crimes de haute-trahison et des attentats à la sûreté de l'État, qui seront définis par la loi.

29. Aucun pair ne peut être arrêté que de l'autorité de la chambre, et jugé que par elle en matière criminelle.

---

[1] L'art. 27 de la Charte de 1814, devenu l'art. 23 de la Charte de 1830, a été abrogé par la loi du 29 décembre 1831, il était ainsi conçu :

27. La nomination des pairs de France appartient au Roi. Leur nombre est illimité : il peut en varier les dignités, les nommer à vie ou les rendre héréditaires, selon sa volonté.

De la chambre des députés.

50. La chambre des députés sera composée des députés élus par les collèges électoraux dont l'organisation sera déterminée par des lois.

31. Les députés seront élus pour cinq ans.

52. Aucun député ne peut être admis dans la chambre, s'il n'est âgé de trente ans, et s'il ne réunit les autres conditions déterminées par la loi.

53. Si néanmoins il ne se trouvait pas dans le département cinquante personnes de l'âge indiqué payant le cens d'éligibilité déterminé par la loi, leur nombre sera complété par les plus imposés au-dessous du taux de ce cens, et ceux-ci pourront être élus concurremment avec les premiers.

54. Nul n'est électeur, s'il a moins de vingt-cinq ans, et s'il ne réunit les autres conditions déterminées par la loi.

55. Les présidens des collèges électoraux sont nommés par les électeurs.

56. La moitié au moins des députés sera choisie parmi les éligibles qui ont leur domicile politique dans le département.

57. Le président de la chambre des députés est élu par elle à l'ouverture de chaque session.

58. Les séances de la chambre sont publiques; mais la demande de cinq membres suffit pour qu'elle se forme en comité secret.

59. La chambre se partage en bureaux pour discuter les projets qui lui ont été présentés de la part du Roi.

40. Aucun impôt ne peut être établi ni perçu, s'il n'a été consenti par les deux chambres et sanctionné par le Roi.

41. L'impôt foncier n'est consenti que pour un an. Les impositions indirectes peuvent l'être pour plusieurs années.

42. Le Roi convoque chaque année les deux chambres : il les proroge, et peut dissoudre celle des députés; mais, dans ce cas, il doit en convoquer une nouvelle dans le délai de trois mois.

43. Aucune contrainte par corps ne peut être exercée contre un membre de la chambre durant la session et dans les six semaines qui l'auront précédée ou suivie.

44. Aucun membre de la chambre ne peut, pendant la durée de la session, être poursuivi ni arrêté en matière criminelle, sauf le cas de flagrant délit, qu'après que la chambre a permis sa poursuite.

45. Toute pétition à l'une ou à l'autre des chambres ne peut être faite et présentée que par écrit : la loi interdit d'en apporter en personne et à la barre.

Des ministres.

46. Les ministres peuvent être membres de la chambre des pairs ou de la chambre des députés. —Ils ont en outre leur entrée dans l'une ou l'autre chambre, et doivent être entendus quand ils le demandent.

47. La chambre des députés a le droit d'accuser les ministres et de les traduire devant la chambre des pairs, qui seule a celui de les juger.

De l'ordre judiciaire.

48. Toute justice émane du Roi; elle s'administre en son nom par des juges qu'il nomme et qu'il institue.

49. Les juges nommés par le Roi sont inamovibles.

50. Les cours et tribunaux ordinaires actuellement existans sont maintenus; il n'y sera rien changé qu'en vertu d'une loi.

51. L'institution actuelle des juges de commerce est conservée.

52. La justice de paix est également conservée. Les juges de paix, quoique nommés par le Roi, ne sont point inamovibles.

53. Nul ne pourra être distrait de ses juges naturels.

54. Il ne pourra en conséquence être créé de commissions et de tribunaux extraordinaires, à quelque titre et sous quelque dénomination que ce puisse être.

55. Les débats seront publics en matière criminelle, à moins que cette publicité ne soit dangereuse pour l'ordre et les mœurs; et, dans ce cas, le tribunal le déclare par un jugement.

56. L'institution des jurés est conservée. Les changemens qu'une plus longue expérience ferait juger nécessaires, ne peuvent être effectués que par une loi.

57. La peine de la confiscation des biens est abolie et ne pourra pas être rétablie.

58. Le Roi a le droit de faire grâce et celui de commuer les peines.

59. Le Code Civil et les lois actuellement existantes qui ne sont pas contraires à la présente Charte, restent en vigueur jusqu'à ce qu'il y soit légalement dérogé.

Droits particuliers garantis par l'État.

60. Les militaires en activité de service, les officiers et soldats en retraite, les veuves, les officiers et soldats pensionnés, conserveront leurs grades, honneurs et pensions.

61. La dette publique est garantie. Toute espèce d'engagement pris par l'État avec ses créanciers est inviolable.

62. La noblesse ancienne reprend ses titres,

la nouvelle conserve les siens. Le Roi fait de nobles à volonté; mais il ne leur accorde que de rangs et des honneurs, sans aucune exemptio des charges et des devoirs de la société.

63. La Légion-d'Honneur est maintenue. L Roi déterminera les règlemens intérieurs et l décoration.

64. Les colonies sont régies par des lois part culières.

65. Le Roi et ses successeurs jureront à leu avènement, en présence des chambres réunies d'observer fidèlement la Charte constitutionnelle

66. La présente charte et tous les droits qu'ell consacre demeurent confiés au patriotisme et a courage des gardes nationales et de tous les c toyens français.

67. La nation reprend ses couleurs. A l'aveni il ne sera plus porté d'autre cocarde que la co carde tricolore.

Dispositions particulières.

68. Toutes les nominations et créations nou velles de pairs faites sous le règne du roi Cha les X, sont déclarées nulles et non avenues. — L'article 23 de la Charte sera soumis à un nouve examen dans la session de 1831. *V. ci-après, l du 29 décembre* 1831.

69. Il sera pourvu successivement par des lo séparées et dans le plus court délai possible au objets qui suivent: —1º l'application du juri au délits de la presse et aux délits politiques; —2º responsabilité des ministres et des autres agens d pouvoir; —3º la réélection des députés promus des fonctions publiques salariées; — 4º le vote an nuel du contingent de l'armée; —5º l'organisatio de la garde nationale, avec intervention des gard nationaux dans le choix de leurs officiers; —6º de dispositions qui assurent d'une manière légal l'état des officiers de tout grade de terre et d mer; — 7º des institutions départementales municipales fondées sur un système électif; — 8º l'instruction publique et la liberté de l'en seignement; — 9º l'abolition du double vot et la fixation des conditions électorales et d'él gibilité.

70. Toutes les lois et ordonnances, en c qu'elles ont de contraire aux dispositions adop tées pour la réforme de la Charte, sont dès à pr sent et demeurent annulées et abrogées.

4º Loi du 29 décembre 1831.

Article unique qui remplace l'article 23 *de l charte.*

23. La nomination des membres de la chamb des pairs appartient au Roi, qui ne peut les choisi que parmi les notabilités suivantes: — le prés

dent de la chambre des députés et autres assemblées législatives; — les députés qui auront fait partie de trois législatures, ou qui auront six ans d'exercice; — les maréchaux et amiraux de France; — les lieutenans-généraux et vice-amiraux des armées de terre et de mer, après deux ans de grade; — les ministres à département; — les ambassadeurs, après trois ans, et les ministres plénipotentiaires, après six ans de fonctions; — les conseillers-d'état, après dix ans de service ordinaire; — les préfets de département et les préfets maritimes, après dix ans de fonctions; — les gouverneurs coloniaux, après cinq ans de fonctions; — les membres des conseils généraux électifs, après trois élections à la présidence; — les maires des villes de 30,000 ames et au-dessus, après deux élections au moins comme membres du corps municipal, et après cinq ans de fonctions de mairie; — les présidens de la cour de cassation et de la cour des comptes; — les procureurs généraux près ces deux cours, après cinq ans de fonctions en cette qualité; — les conseillers de la cour de cassation et les conseillers-maîtres de la cour des comptes, après cinq ans; — les avocats généraux près la cour de cassation, après dix ans d'exercice; — les premiers présidens des cours royales, après cinq ans de magistrature dans ces cours; — les procureurs généraux près les mêmes cours, après dix ans de fonctions; — les présidens des tribunaux de commerce dans les villes de 30,000 ames et au-dessus, après quatre nominations à ces fonctions; — les membres titulaires des quatre académies de l'Institut; — les citoyens à qui, par une loi et à raison d'éminens services, aura été nominativement décernée une récompense nationale; — Les propriétaires, les chefs de manufacture et de maison de commerce et de banque, payant 3,000 fr. de contributions directes, soit à raison de leurs propriétés foncières depuis trois ans, soit à raison de leurs patentes depuis cinq ans, lorsqu'ils auront été pendant six ans membres d'un conseil général ou d'une chambre de commerce. — Les propriétaires, les manufacturiers, commerçans ou banquiers, payant 3,000 fr. d'impositions, qui auront été nommés députés ou juges des tribunaux de commerce, pourront aussi être admis à la pairie sans autre condition. — Le titulaire qui aura successivement exercé plusieurs des fonctions ci-dessus, pourra cumuler ses services dans toutes pour compléter le temps exigé dans celle où le service devrait être le plus long. — Seront dispensés du temps d'exercice exigé par les paragraphes 3, 7, 8, 9, 10, 14, 15, 16, et 17 ci-dessus, les citoyens qui ont été nommés, dans l'année qui a suivi le 30 juillet 1830, aux fonctions énoncées dans ces paragraphes. — Seront également dispensées, jusqu'au 1er janvier 1837, du temps d'exercice exigé par les paragraphes 3, 11, 12, 18, et 21 ci-dessus, les personnes nommées ou maintenues, depuis le 30 juillet 1830, aux fonctions énoncées dans ces cinq paragraphes. — Ces conditions d'admissibilité à la pairie pourront être modifiées par une loi. — Les ordonnances de nomination de pairs seront individuelles. Ces ordonnances mentionneront les services et indiqueront les titres sur lesquels la nomination sera fondée. — Le nombre des pairs est illimité. — Leur dignité est conférée à vie et n'est pas transmissible par droit d'hérédité. — Ils prennent rang entre eux par ordre de nomination. — A l'avenir, aucun traitement, aucune pension, aucune dotation, ne pourront être attachés à la dignité de pair.

CHARTE-PARTIE.

C. Com. 286. Le prix du loyer d'un navire ou autre bâtiment de mer est appelé *fret* ou *nolis*. — Il est réglé par les conventions des parties. — Il est constaté par la charte-partie ou par le connaissement.

273. Toute convention pour louage d'un vaisseau, appelée *charte-partie, affrétement* ou *nolissement*, doit être rédigée par écrit. *V.* Affrétement.

223. Le capitaine est tenu d'avoir à bord les connaissemens et chartes-parties.

CHARTRE PRIVÉE.

1° Dispositions générales.

C. Inst. cr. 615. Quiconque aura connaissance qu'un individu est détenu dans un lieu qui n'a pas été destiné à servir de maison d'arrêt, de justice ou de prison, est tenu d'en donner avis au juge de paix, au procureur du Roi ou à son substitut, ou au juge d'instruction, ou au procureur général près la cour royale. *V.* Liberté individuelle.

C. Pén. 122. Seront punis de la dégradation civique, les procureurs généraux ou du Roi, les substituts, les juges ou les officiers publics qui auront retenu ou fait retenir un individu hors des lieux déterminés par le Gouvernement ou par l'administration publique.

341. Seront punis de la peine des travaux forcés à temps, ceux qui, sans ordre des autorités constituées et hors les cas où la loi ordonne de saisir des prévenus, auront arrêté, détenu ou séquestré des personnes quelconques. — Quiconque aura prêté un lieu pour exécuter la détention ou séquestration subira la même peine. *V.* Séquestration de personne.

2° Disposition particulière.

Contrainte par corps. *C. Proc.* 788. L'huis-

10

sier et tous autres qui conduiraient, recevraient ou retiendraient le débiteur dans un lieu de détention non légalement désigné comme tel, seront poursuivis comme coupables du crime de détention arbitraire. *V.* ILLÉGALE (*détention*).

CHASSE. *C. Civ.* 715. La faculté de chasser est réglée par des lois particulières.

1° *Décret de l'assemblée nationale du 11 août*
3 *novembre* 1789.

Art. 3. Le droit exclusif de la chasse et des garennes ouvertes est aboli ; et tout propriétaire a le droit de détruire et de faire détruire, seulement sur ses possessions, toute espèce de gibier, sauf à se conformer aux lois de police qui pourront être faites relativement à la sûreté publique.

2° *Décret de l'assemblée nationale du 22-30 avril* 1790.
Décret général concernant la chasse.

Art. 1er. Il est défendu à toute personne de chasser, en quelque temps et de quelque manière que ce soit, sur le terrain d'autrui, sans son consentement, à peine de vingt livres d'amende envers la commune du lieu, et d'une indemnité de dix livres envers le propriétaire des fruits, sans préjudice de plus grands dommages et intérêts, s'il y échet. — Défenses sont pareillement faites, sous ladite peine de vingt livres d'amende, aux propriétaires ou possesseurs, de chasser dans leurs terres non closes, même jachères, à compter du jour de la publication du présent décret jusqu'au 1er septembre prochain, pour les terres qui seront alors dépouillées, et pour les autres terres jusqu'après la dépouille entière des fruits, sauf à chaque département (aujourd'hui le préfet) à fixer, pour l'avenir, le temps dans lequel la chasse sera libre, dans son arrondissement, aux propriétaires ou possesseurs sur leurs terres non closes.

2. L'amende et indemnité ci-dessus statuées contre celui qui aura chassé sur le terrain d'autrui, seront portées respectivement à trente livres, et à quinze livres quand le terrain sera clos de murs ou de haies, et à quarante livres et vingt livres dans le cas où le terrain clos tiendrait immédiatement à une habitation, sans entendre par l'assemblée nationale rien innover aux dispositions des autres lois qui protègent la sûreté des citoyens et de leurs propriétés, et qui défendent de violer la clôture des lieux qui forment leur domicile et qui y sont attachés.

3. Chacune de ces différentes peines sera doublée en cas de récidive ; elle sera triplée s'il survient une troisième contravention, et la même progression sera suivie pour les contraventions ultérieures ; le tout dans le courant de la même année seulement.

4. Le contrevenant qui, huitaine après la signification du jugement, n'aura pas satisfait à l'amende prononcée contre lui, sera contraint par corps, et détenu en prison pendant vingt-quatre heures pour la première fois, pendant huit jours pour la seconde, et pendant trois mois pour la troisième ou ultérieure contravention.

5. Dans tous les cas, les armes avec lesquelles la contravention aura été commise, seront confisquées, sans néanmoins que les gardes puissent désarmer les chasseurs.

6. Les pères et les mères répondront des délits de leurs enfans mineurs de vingt ans, non mariés, et domiciliés avec eux, sans pouvoir néanmoins être contraints par corps.

7. Si les délinquans sont déguisés ou masqués, ou s'ils n'ont aucun domicile connu dans le royaume, ils seront arrêtés sur le champ, à la réquisition de la municipalité (aujourd'hui du maire).

8. Les peines et contraintes ci-dessus seront prononcées sommairement, et à l'audience par la municipalité du lieu du délit (aujourd'hui par le tribunal de police correctionnelle, qui seul peut appliquer de semblables peines), d'après le rapport des gardes messiers, bangards et gardes champêtres, sauf l'appel ; elles ne pourront l'être que, soit sur la plainte du propriétaire ou autre partie intéressée, soit même dans le cas où l'on aurait chassé en temps prohibé sur la seule poursuite du procureur de la commune (le procureur du Roi).

9. A cet effet, le conseil général de chaque commune est autorisé à établir un ou plusieurs gardes messiers, bangards et gardes-champêtres, qui seront reçus et assermentés par la municipalité, sans préjudice de la garde des bois, qui continuera d'être faite comme par le passé, jusqu'à ce qu'il en ait été autrement ordonné.

10. Lesdits rapports seront ou dressés par écrit, ou faits de vive voix à la municipalité, où il en sera tenu registre ; dans l'un et l'autre cas, ils seront affirmés entre les mains d'un officier municipal, dans les vingt-quatre heures du délit qui en sera l'objet, et ils feront foi de leur contenu, sauf la preuve contraire, qui pourra être admise sans inscription de faux.

11. Il pourra être suppléé auxdits rapports par la déposition de deux témoins.

12. Toute action pour délit de chasse, sera prescrite par le laps d'un mois, à compter du jour où le délit aura été commis.

13. Il est libre à tous propriétaires ou possesseurs de chasser et faire chasser en tout temps, et nonobstant l'article 1 du présent décret, dans les lacs et étangs et dans celles de ses possessions qui sont séparées par des murs ou haies vives d'avec les héritages d'autrui.

14. Pourra également tout propriétaire ou possesseur, autre que le simple usager, dans les temps prohibés par ledit article 1, chasser ou faire chasser sans chiens courans dans les bois et forêts.

15. Il est pareillement libre en tout temps, au propriétaire ou possesseur, et même au fermier, de détruire le gibier dans leurs récoltes non-closes, en se servant de filets ou autres engins qui ne puissent pas nuire aux fruits de la terre, comme aussi de repousser avec des armes à feu les bêtes fauves qui se répandraient dans lesdites récoltes.

3° *Décret impérial du 4 mai* 1812 [1].

Art. 1er. Quiconque sera trouvé chassant, et ne justifiant point d'un permis de port d'armes de chasse, délivré conformément à notre décret du 11 juillet 1810 (par le préfet, le prix en est fixé à quinze francs, *l.* 28 *avril* 1816, *art.* 77), sera traduit devant le tribunal de police correctionnelle, et puni d'une amende qui ne pourra être moindre de trente francs ni excéder soixante francs.

2. En cas de récidive, l'amende sera de soixante-un francs au moins et de deux cents francs au plus.

---

[1] La légalité de ce décret est contestée : plusieurs tribunaux refusent de lui accorder autorité.

Le tribunal pourra, en outre, prononcer un emprisonnement de six jours à un mois.

3. Dans tous les cas, il y aura lieu à la confiscation des armes ; et, si elles n'ont pas été saisies, le délinquant sera condamné à les rapporter au greffe ou à en payer la valeur, suivant la fixation qui en sera faite par le jugement, sans que cette fixation puisse être au-dessous de cinquante francs.

4. Seront, au surplus, exécutées les dispositions de la loi du 30 avril 1790, concernant la chasse, laquelle loi sera publiée dans les départemens où elle ne l'a pas encore été.

CHAUDIÈRES. *C. Civ.* 524. Sont immeubles par destination, quand elles ont été placées par le propriétaire pour le service et l'exploitation du fonds, les chaudières.

CHEMINS. *C. Civ.* 538. Les chemins, routes et rues à la charge de l'État, et généralement toutes les portions du territoire français qui ne sont pas susceptibles d'une propriété privée, sont considérées comme des dépendances du domaine public.

556. L'alluvion profite au propriétaire riverain, soit qu'il s'agisse d'un fleuve ou d'une rivière navigable, flottable ou non ; à la charge, dans le premier cas, de laisser le marche-pied ou chemin de halage, conformément aux règlemens.

650. Les servitudes établies pour l'utilité publique ou communale ont pour objet le marche-pied le long des rivières navigables ou flottables, la construction ou réparation des chemins et autres ouvrages publics ou communaux. — Tout ce qui concerne cette espèce de servitude est déterminé par des lois ou des règlemens particuliers.

CHEPTEL (Bail a).

1° Dispositions préliminaires.

C. Civ. 1711. On appelle *bail à cheptel* (le louage) des animaux dont le profit se partage entre le propriétaire et celui à qui il les confie. — (Cet espèce de louage) a des règles particulières. (*V. ci-après art.* 1800-1831.)

522. Les animaux que le propriétaire du fonds livre au fermier ou au métayer pour la culture, estimés ou non, sont censés immeubles tant qu'ils demeurent attachés au fonds par l'effet de la convention. — Ceux qu'il donne à cheptel à d'autres qu'au fermier ou métayer sont meubles.

2° Du bail à cheptel.

C. Civ. (liv. 3, tit. 8, chap. 4, art. 1800-1831.)

Sect. 1, dispositions générales.

1800. Le bail à cheptel est un contrat par lequel l'une des parties donne à l'autre un fonds de bétail pour le garder, le nourrir et le soigner, sous les conventions convenues entre elles.

1801. Il y a plusieurs sortes de cheptels : — le cheptel simple ou ordinaire, — le cheptel à moitié, — le cheptel donné au fermier ou au colon partiaire. — Il y a encore une quatrième espèce de contrat improprement appelée *cheptel.*

1802. On peut donner à cheptel toute espèce d'animaux susceptibles de croît ou de profit pour l'agriculture ou le commerce.

1803. A défaut de conventions particulières, ces contrats se règlent par les principes qui suivent.

Sect. 2, du cheptel simple.

1804. Le bail à cheptel simple est un contrat par lequel on donne à un autre des bestiaux à garder, nourrir et soigner, à condition que le preneur profitera de la moitié du croît, et qu'il supportera aussi la moitié de la perte.

1805. L'estimation donnée au cheptel dans le bail n'en transporte pas la propriété au preneur; elle n'a n'autre objet que de fixer la perte ou le profit qui pourra se trouver à l'expiration du bail.

1806. Le preneur doit les soins d'un bon père de famille à la conservation du cheptel.

1807. Il n'est tenu du cas fortuit que lorsqu'il a été précédé de quelque faute de sa part, sans laquelle la perte ne serait pas arrivée.

1808. En cas de contestation, le preneur est tenu de prouver le cas fortuit, et le bailleur est tenu de prouver la faute qu'il impute au preneur.

1809. Le preneur qui est déchargé par le cas fortuit, est toujours tenu de rendre compte des peaux des bêtes.

1810. Si le cheptel périt en entier sans la faute du preneur, la perte en est pour le bailleur. — S'il n'en périt qu'une partie, la perte est supportée en commun, d'après le prix de l'estimation originaire, et celui de l'estimation à l'expiration du cheptel.

1811. On ne peut stipuler, — que le preneur supportera la perte totale du cheptel, quoique arrivée par cas fortuit et sans sa faute, — ou qu'il supportera, dans la perte, une part plus grande que dans le profit, — ou que le bailleur prélèvera, à la fin du bail, quelque chose de plus que le cheptel qu'il a fourni. — Toute convention semblable est nulle. — Le preneur profite seul des laitages, du fumier et du travail des animaux donnés à cheptel. — La laine et le croît se partagent.

1812. Le preneur ne peut disposer d'aucune bête du troupeau, soit du fonds, soit du croît, sans le consentement du bailleur, qui ne peut lui-même en disposer sans le consentement du preneur.

10.

1813. Lorsque le cheptel est donné au fermier d'autrui, il doit être notifié au propriétaire de qui ce fermier tient ; sans quoi il peut le saisir et le faire vendre pour ce que son fermier lui doit.

1814. Le preneur ne pourra tondre sans en prévenir le bailleur.

1815. S'il n'y a pas de temps fixé par la convention pour la durée du cheptel, il est censé fait pour trois ans.

1816. Le bailleur peut en demander plus tôt la résolution, si le preneur ne remplit pas ses obligations.

1817. A la fin du bail, ou lors de sa résolution, il se fait une nouvelle estimation du cheptel. — Le bailleur peut prélever des bêtes de chaque espèce, jusqu'à concurrence de la première estimation : l'excédant se partage. — S'il n'existe pas assez de bêtes pour remplir la première estimation, le bailleur prend ce qui reste, et les parties se font raison de la perte.

Sect. 3, du cheptel à moitié.

1818. Le cheptel à moitié est une société dans laquelle chacun des contractans fournit la moitié des bestiaux, qui demeurent communs pour le profit ou pour la perte.

1819. Le preneur profite seul, comme dans le cheptel simple, des laitages, du fumier et des travaux des bêtes. — Le bailleur n'a droit qu'à la moitié des laines et du croît. — Toute convention contraire est nulle, à moins que le bailleur ne soit propriétaire de la métairie dont le preneur est fermier ou colon partiaire.

1820. Toutes les autres règles du cheptel simple s'appliquent au cheptel à moitié.

Sect. 4, du cheptel donné par le propriétaire à son fermier ou colon partiaire.

§ 1, *du cheptel donné au fermier.* — 1821. Ce cheptel (aussi appelé *cheptel de fer*) est celui par lequel le propriétaire d'une métairie la donne à ferme, à la charge qu'à l'expiration du bail, le fermier laissera des bestiaux d'une valeur égale au prix de l'estimation de ceux qu'il aura reçus.

1822. L'estimation du cheptel donné au fermier ne lui en transfère pas la propriété, mais néanmoins le met à ses risques.

1823. Tous les profits appartiennent au fermier pendant la durée de son bail, s'il n'y a convention contraire.

1824. Dans les cheptels donnés au fermier, le fumier n'est point dans les profits personnels des preneurs, mais appartient à la métairie, à l'exploitation de laquelle il doit être uniquement employé.

1825. La perte, même totale et par cas fortuit, est en entier pour le fermier, s'il n'y a convention contraire.

1826. A la fin du bail, le fermier ne peut retenir le cheptel en en payant l'estimation originaire ; il doit en laisser un de valeur pareille à celui qu'il a reçu. — S'il y a du déficit, il doit le payer ; et c'est seulement l'excédant qui lui appartient.

§ 2, *du cheptel donné au colon partiaire.* — 1827. Si le cheptel périt en entier sans la faute du colon, la perte est pour le bailleur.

1828. On peut stipuler que le colon délaissera au bailleur sa part de la toison à un prix inférieur à la valeur ordinaire ; — que le bailleur aura une plus grande part du profit ; — qu'il aura la moitié des laitages : — mais on ne peut pas stipuler que le colon sera tenu de toute la perte.

1829. Ce cheptel finit avec le bail à métairie.

1830. Il est d'ailleurs soumis à toutes les règles du cheptel simple.

Sect. 5, du contrat improprement appelé cheptel.

1831. Lorsqu'une ou plusieurs vaches sont données pour les loger et les nourrir, le bailleur en conserve la propriété : il a seulement le profit des veaux qui en naissent.

3° *Disposition additionnelle.*

CONTRAINTE PAR CORPS. *C. Civ.* 2062. Les fermiers et les colons partiaires peuvent être contraints par corps, faute par eux de représenter, à la fin du bail, le cheptel de bétail, les semences et les instrumens aratoires qui leur ont été confiés ; à moins qu'ils ne justifient que le déficit de ces objets ne procède point de leur fait.

CHIRURGIEN. *V.* MÉDECIN.

CHOSE FONGIBLE. *V.* FONGIBLE (chose).

CHOSE FUTURE. *V.* FUTURE (chose).

CHOSE JUGÉE.

1° *Dispositions générales.*

C. Civ. 1350. La présomption légale est celle qui est attachée par une loi spéciale à certains actes ou à certains faits, tels sont : 1°... 3° l'autorité que la loi attribue à la chose jugée.

1351. L'autorité de la chose jugée n'a lieu qu'à l'égard de ce qui a fait l'objet du jugement. Il faut que la chose demandée soit la même ; que la demande soit fondée sur la même cause ; que la demande soit entre les mêmes parties, et formée par elles et contre elles en la même qualité. *V.* PRÉSOMPTIONS LÉGALES.

2° *Dispositions diverses.*

CONSIGNATION. *C. Civ.* 1262. Lorsque le débiteur a lui-même obtenu un jugement passé en force de chose jugée, qui a déclaré ses offres et sa consignation bonnes et valables, il ne peut plus, même du consentement du créancier, retirer sa consignation au préjudice de ses codébiteurs ou de ses cautions.

CONTRAINTE PAR CORPS. *C. Civ.* 2061. Ceux qui, par un jugement rendu au pétitoire, et passé en force de chose jugée, ont été condamnés à désemparer un fonds, et qui refusent d'obéir, peuvent, par un second jugement, être contraints par corps, quinzaine après la signification du premier jugement à personne ou domicile. — Si le fonds où l'héritage est éloigné de plus de cinq myriamètres du domicile de la partie condamnée, il sera ajouté au délai de quinzaine, un jour par cinq myriamètres.

DÉSAVEU. *C. Proc.* 362. Si le désaveu est formé à l'occasion d'un jugement qui aura acquis force de chose jugée, il ne pourra être reçu après la huitaine, à dater du jour où le jugement devra être réputé exécuté. *V.* EXÉCUTION.

EXPROPRIATION FORCÉE. *C. Civ.* 2215. La poursuite (en expropriation) peut avoir lieu en vertu d'un jugement provisoire ou définitif, exécutoire par provision, nonobstant appel ; mais l'adjudication ne peut se faire qu'après un jugement définitif en dernier ressort, ou passé en force de chose jugée. — La poursuite ne peut s'exercer en vertu de jugemens rendus par défaut durant le délai de l'opposition.

HÉRITIER. *C. Civ.* 800. L'héritier conserve néanmoins, après l'expiration des délais (qui lui sont accordés), la faculté de faire encore inventaire et de se porter héritier bénéficiaire, s'il n'a pas fait d'ailleurs acte d'héritier, ou s'il n'existe pas contre lui de jugement passé en force de chose jugée, qui le condamne en qualité d'héritier pur et simple.

C. Proc. 174. (*Même disposition dans les mêmes termes.*)

INSCRIPTION HYPOTHÉCAIRE. *C. Civ.* 2157. Les inscriptions sont rayées du consentement des parties intéressées et ayant capacité à cet effet, ou en vertu d'un jugement en dernier ressort ou passé en force de chose jugée.

PÉREMPTION D'INSTANCE. *C. Proc.* 469. La péremption en cause d'appel aura l'effet de donner au jugement dont est appel la force de la chose jugée.

TIERCE - OPPOSITION. *C. Proc.* 478. Les jugemens passés en force de chose jugée, portant condamnation à délaisser la possession d'un héritage, seront exécutés contre les parties condamnées, nonobstant la tierce-opposition et sans y préjudicier. — Dans les autres cas, les juges pourront, suivant les circonstances, suspendre l'exécution du jugement.

TRANSACTION. *C. Civ.* 2052. Les transactions ont, entre les parties, l'autorité de la chose jugée en dernier ressort.

2056. La transaction sur un procès terminé par un jugement passé en force de chose jugée, dont les parties ou l'une d'elles n'avaient point connaissance, est nulle. — Si le jugement ignoré des parties était susceptible d'appel, la transaction sera valable.

CIRCONSTANCES AGGRAVANTES. *V.* AGGRAVANTES (*circonstances*).

CIRCONSTANCES ATTÉNUANTES. *V.* ATTÉNUANTES (*circonstances*).

CITATION.

Des citations en justice de paix.

C. Proc. (1re part., liv. 1, tit. 1, art. 1-7).— 1. Toute citation devant les juges de paix contiendra la date des jour, mois et an , les noms , profession et domicile du demandeur, les noms, demeure et immatricule de l'huissier , les noms et demeure du défendeur ; elle énoncera sommairement l'objet et les moyens de la demande , et indiquera le juge de paix qui doit connaître de la demande, et le jour et l'heure de la comparution.

2. En matière purement personnelle ou mobilière, la citation sera donnée devant le juge du domicile du défendeur ; s'il n'a pas de domicile, devant le juge de sa résidence.

3. Elle le sera devant le juge de la situation de l'objet litigieux, lorsqu'il s'agira, — 1° des actions pour dommages aux champs, fruits et récoltes ; — 2° des déplacemens de bornes , des usurpations de terres, arbres, haies, fossés et autres clôtures, commis dans l'année ; des entreprises sur les cours d'eau, commises pareillement dans l'année, et de toutes autres actions possessoires ; — 3° des réparations locatives ; — 4° des indemnités prétendues par le fermier ou locataire pour non-jouissance , lorsque le droit ne sera pas contesté ; et des dégradations alléguées par le propriétaire.

4. La citation sera notifiée par l'huissier de la justice de paix du domicile du défendeur ; en cas d'empêchement, par celui qui sera commis par le juge : copie en sera laissée à la partie ; s'il ne se trouve personne en son domicile, la copie sera laissée au maire ou adjoint de la commune, qui visera l'original sans frais. — L'huissier de la justice de paix ne pourra instrumenter pour ses parens en ligne directe, ni pour ses frères, sœurs et alliés au même degré.

5. Il y aura un jour au moins entre celui de la

citation et le jour indiqué pour la comparution, si la partie citée est domiciliée dans la distance de trois myriamètres. — Si elle est domiciliée au-delà de cette distance, il sera ajouté un jour par trois myriamètres. — Dans le cas où les délais n'auront point été observés, si le défendeur ne comparaît pas, le juge ordonnera qu'il sera réassigné, et les frais de la première citation seront à la charge du demandeur.

6. Dans les cas urgens, le juge donnera une cédule pour abréger les délais, et pourra permettre de citer, même dans le jour et à l'heure indiqués.

7. Les parties pourront toujours se présenter volontairement devant un juge de paix; auquel cas il jugera leur différend, soit en dernier ressort, si les lois ou les parties l'y autorisent, soit à la charge de l'appel, encore qu'il ne fût le juge naturel des parties, ni à raison du domicile du défendeur, ni à raison de la situation de l'objet litigieux. — La déclaration des parties qui demanderont jugement sera signée par elles, ou mention sera faite si elles ne peuvent signer.

Dispositions du tarif.

Tarif civ. 7. (Pr. 4, 6.) Il n'est rien alloué au juge de paix pour toute cédule qu'il pourra délivrer.

11. (Pr. 7.) La déclaration des parties qui demandent à être jugées par le juge de paix, sera insérée dans le jugement; et il ne sera rien taxé au greffier pour l'avoir reçue, non plus que pour tout autre acte du greffe. *V.* CONCILIATION.

CLAMEUR PUBLIQUE.

C. Inst. cr. 16. Les gardes champêtres et les gardes forestiers, considérés comme officiers de police judiciaire, sont chargés de rechercher, chacun dans le territoire pour lequel ils auront été assermentés, les délits et les contraventions de police qui auront porté atteinte aux propriétés rurales et forestières. — Ils arrêteront et conduiront devant le juge de paix ou devant le maire, tout individu qu'ils auront surpris en flagrant délit, ou qui sera dénoncé par la clameur publique, lorsque ce délit emportera la peine d'emprisonnement, ou une peine plus grave. — Ils se feront donner, pour cet effet, main-forte par le maire ou par l'adjoint du maire du lieu, qui ne pourra s'y refuser.

106. Tout dépositaire de la force publique, et même toute personne, sera tenu de saisir le prévenu surpris en flagrant délit, ou poursuivi, soit par la clameur publique, soit dans les cas assimilés au flagrant délit, et de le conduire devant le procureur du Roi, sans qu'il soit besoin de mandat d'amener, si le crime ou délit emporte peine afflictive ou infamante.

CLAUSE PÉNALE. *V.* PÉNALE (*clause*).

CLÉ.

I. LOI CIVILE.
Remise des clés.

C. Civ. 1605. L'obligation de délivrer les immeubles est remplie de la part du vendeur lorsqu'il a remis les clés, s'il s'agit d'un bâtiment, ou lorsqu'il a remis les titres de propriété.

1606. La délivrance des effets mobiliers s'opère, — ou par la tradition réelle, — ou par la remise des clés des bâtimens qui les contiennent, — ou même par le seul consentement des parties, si le transport ne peut pas s'en faire au moment de la vente, ou si l'acheteur les avait déjà en son pouvoir à un autre titre.

II. LOI PÉNALE.
Fausses clés.

C. Pén. 398. Sont qualifiés *fausses clés*, tous crochets, rossignols, passe-partout, clés imitées, contrefaites, altérées, ou qui n'ont pas été destinées par le propriétaire, locataire, aubergiste ou logeur, aux serrures, cadenas, ou aux fermetures quelconques auxquelles le coupable les aura employés.

399. Quiconque aura contrefait ou altéré des clés, sera condamné à un emprisonnement de trois mois à deux ans, et à une amende de vingt-cinq francs à cent cinquante francs. — Si le coupable est un serrurier de profession, il sera puni de la réclusion. — Le tout sans préjudice de plus fortes peines, s'il y échet, en cas de complicité de crime.

CLOTURE.

C. Civ. 647. Tout propriétaire peut clore son héritage, sauf l'exception portée en l'article 682 [1].

648. Le propriétaire qui veut se clore, perd son droit au parcours et vaine pâture, en proportion du terrain qu'il y soustrait.

658. Tout copropriétaire peut faire exhausser le mur mitoyen, mais il doit payer seul la dépense de l'exhaussement, les réparations d'entretien au-dessus de la hauteur de la clôture commune, et en outre l'indemnité de la charge, en raison de l'exhaussement et suivant la valeur.

663. Chacun peut contraindre son voisin, dans les villes et faubourgs, à contribuer aux constructions et réparations de la clôture faisant sépara-

---

[1] 682. Le propriétaire dont les fonds sont enclavés, et qui n'a aucune issue sur la voie publique, peut réclamer un passage sur les fonds de ses voisins pour l'exploitation de son héritage, à la charge d'une indemnité proportionnée au dommage qu'il peut occasioner.

tion de leurs maisons, cours et jardins assis es-dites villes et faubourgs : la hauteur de la clôture sera fixée suivant les règlemens particuliers ou les usages constans et reconnus ; et, à défaut d'u-sages et de règlemens, tout mur de séparation entre voisins, qui sera construit ou rétabli à l'a-venir, doit avoir au moins trente-deux décimè-tres (dix pieds) de hauteur, compris le chaperon, dans les villes de cinquante mille ames et au-des-sus, et vingt-six décimètres (huit pieds) dans les autres.

CLOTURE (BRIS DE). *V*. BRIS DE CLÔ-TURE.

COALITION.

C. Pén. **414.** Toute coalition entre ceux qui font travailler des ouvriers, tendant à forcer in-justement et abusivement l'abaissement des sa-laires, suivie d'une tentative ou d'un commence-ment d'exécution, sera punie d'un emprisonne-ment de six jours à un mois, et d'une amende de deux cents francs à trois mille francs.

415. Toute coalition de la part des ouvriers pour faire cesser en même temps de travailler, interdire le travail dans un atelier, empêcher de s'y rendre et d'y rester avant ou après de cer-taines heures, et en général pour suspendre, em-pêcher, enchérir les travaux, s'il y a eu tentative ou commencement d'exécution, sera punie d'un emprisonnement d'un mois au moins et de trois mois au plus. — Les chefs ou meneurs seront punis d'un emprisonnement de deux à cinq ans.

416. Seront aussi punis de la peine portée par l'article précédent, et d'après les mêmes distinc-tions, les ouvriers qui auront prononcé des amen-des, des défenses, des interdictions, ou toutes proscriptions sous le nom de *damnations* et sous quelque qualification que ce puisse être, soit contre les directeurs d'ateliers et entrepreneurs d'ouvrages, soit les uns contre les autres.—Dans le cas du présent article et dans celui du précé-dent, les chefs ou moteurs du délit pourront, après l'expiration de leur peine, être mis sous la surveillance de la haute police pendant deux ans au moins et cinq ans au plus.

419. Tous ceux qui, par réunion ou coalition entre les principaux détenteurs d'une même mar-chandise ou denrée, tendant à ne la pas vendre ou à ne la vendre qu'à un certain prix, ou qui, par des voies ou moyens frauduleux quelconques, auront opéré la hausse ou la baisse du prix des denrées ou marchandises ou des papiers et ef-fets publics au-dessus ou au-dessous des prix qu'aurait déterminés la concurrence naturelle et libre du commerce, seront punis d'un emprison-nement d'un mois au moins, d'un an au plus, et

d'une amende de cinq cents francs à dix mille francs. Les coupables pourront de plus être mis, par l'arrêt ou le jugement, sous la surveillance de la haute police, pendant deux ans au moins et cinq ans au plus.

420. La peine sera d'un emprisonnement de deux mois au moins et de deux ans au plus, et d'une amende de mille francs à vingt mille fr., si ces manœuvres ont été pratiquées sur grains, grenailles, farines, substances farineuses, pain, vin ou toute autre boisson. — La mise en sur-veillance qui pourra être prononcée sera de cinq ans au moins et de dix ans au plus.

COALITION DE FONCTIONNAIRES. *V*. ATTENTAT 11, *sect.* 3, *p*. 74.

CODE DE COMMERCE. *V*. COMMERCE (*Code de*).

CODE FORESTIER. *V*. FORESTIER (*régime*).

COHABITATION.

1º Disposition générale.

C. Civ. **214.** La femme est obligée d'habiter avec le mari, et de le suivre partout où il juge à propos de résider : le mari est obligé de la rece-voir, et de lui fournir tout ce qui est nécessaire pour les besoins de la vie, selon ses facultés et son état.

2º Dispositions diverses.

MARIAGE (*Nullité*). *C. Civ.* **180.** Le mariage qui a été contracté sans le consentement libre des deux époux, ou de l'un d'eux, ne peut être attaqué que par les époux, ou par celui des deux dont le consentement n'a pas été libre. — Lors-qu'il y a eu erreur dans la personne, le mariage ne peut être attaqué que par celui des deux époux qui a été induit en erreur.

181. Dans le cas de l'article précédent, la de-mande en nullité n'est plus recevable toutes les fois qu'il y a eu cohabitation continuée pen-dant six mois depuis que l'époux a acquis sa pleine liberté, ou que l'erreur a été par lui re-connue.

PATERNITÉ (*Désaveu*). *C. Civ.* **312.** L'enfant conçu pendant le mariage a pour père le mari.— Néanmoins celui-ci pourra désavouer l'enfant s'il prouve que, pendant le temps qui a couru de-puis le trois centième jusqu'au cent quatre-ving-tième jour avant la naissance de cet enfant, il était, soit pour cause d'éloignement, soit par l'ef-fet de quelque accident, dans l'impossibilité phy-sique de cohabiter avec sa femme.

SÉPARATION DE CORPS. *C. Civ.* **230.** La femme pourra demander (la séparation de corps) pour cause d'adultère de son mari, lorsqu'il aura tenu sa concubine dans la maison commune. *V*. ADUL-TÈRE.

COLLATÉRALE (LIGNE).

C. Civ. 735. La proximité de parenté s'établit par le nombre de générations : chaque génération s'appelle un *degré*.

736. La suite des degrés forme la ligne : on appelle *ligne directe* la suite des degrés entre personnes qui descendent l'une de l'autre ; *ligne collatérale* la suite des degrés entre personnes qui ne descendent pas les unes des autres, mais qui descendent d'un auteur commun.

742. En ligne collatérale, la représentation est admise en faveur des enfans et descendans de frères ou sœurs du défunt, soit qu'ils viennent à sa succession concurremment avec des oncles ou tantes, soit que , tous les frères et sœurs du défunt étant prédécédés, la succession se trouve dévolue à leurs descendans en degrés égaux ou inégaux.

COLLATÉRALE (SUCCESSION).

Disposition générale.

733. Toute succession échue à des ascendans ou à des collatéraux, se divise en deux parts égales ; l'une pour les parens de la ligne paternelle, l'autre pour les parens de la ligne maternelle. — Les parens utérins ou consanguins ne sont pas exclus par les germains, mais ils ne prennent part que dans leur ligne, sauf ce qui sera dit à l'article 752. (*V. ci-après.*)— Les germains prennent part dans les deux lignes.—Il ne se fait aucune dévolution d'une ligne à l'autre, que lorsqu'il ne se trouve aucun ascendant ni collatéral de l'une des deux lignes.

Des successions collatérales.

C. Civ. (*liv.* 3, *tit.* 1, *chap.* 3, *sect.* 3, *art.* 750-755.)— 750. En cas de prédécès des père et mère d'une personne morte sans postérité, ses frères , sœurs ou leurs descendans sont appelés à la succession, à l'exclusion des ascendans et des autres collatéraux.— Ils succèdent, ou de leur chef, ou par représentation, ainsi qu'il a été réglé dans la section 2 du présent chapitre. (*Art.* 739-744. *V.* REPRÉSENTATION.)

731. Si les père et mère de la personne morte sans postérité lui ont survécu, ses frères, sœurs ou leurs représentans ne sont appelés qu'à la moitié de la succession. Si le père ou la mère seulement a survécu, ils sont appelés à recueillir les trois quarts.

732. Le partage de la moitié ou des trois quarts dévolus aux frères ou sœurs, aux termes de l'article précédent, s'opère entre eux par égales portions, s'ils sont tous du même lit ; s'ils sont de lits différens, la division se fait par moitié entre les deux lignes paternelle et maternelle du défunt; les germains prennent part dans les deux

lignes, et les utérins ou consanguins chacun dans leur ligne seulement : s'il n'y a de frères ou sœurs que d'un côté, ils succèdent à la totalité, à l'exclusion de tous autres parens de l'autre ligne.

733. A défaut de frères ou sœurs ou de descendans d'eux, et à défaut d'ascendans dans l'une ou l'autre ligne, la succession est déférée pour moitié aux ascendans survivans ; et pour l'autre moitié aux parens les plus proches de l'autre ligne. — S'il y a concours de parens collatéraux au même degré, ils partagent par tête.

734. Dans le cas de l'article précédent, le père ou la mère survivant a l'usufruit du tiers des biens auxquels il ne succède pas en propriété.

735. Les parens au-delà du douzième degré ne succèdent pas. — A défaut de parens au degré successible dans une ligne, les parens de l'autre ligne succèdent pour le tout.

COLLATION D'ACTES. *V.* EXPÉDITION.

COLLECTIF (SOCIÉTÉ EN NOM).

C. Com. 19. La loi reconnaît trois espèces de sociétés commerciales : — la société en nom collectif, — la société en commandite, — la société anonyme.

20. La *société en nom collectif* est celle que contractent deux personnes ou un plus grand nombre, et qui a pour objet de faire le commerce sous une raison sociale.

21. Les noms des associés peuvent seuls faire partie de la raison sociale.

22. Les associés en nom collectif indiqués dans l'acte de société, sont solidaires pour tous les engagemens de la société, encore qu'un seul des associés ait signé, pourvu que ce soit sous la raison sociale.

39. Les sociétés en nom collectif doivent être constatées par des actes publics ou sous signature privée. *V.* SOCIÉTÉ (*acte de*) et COMMANDITE.

COLLOCATION.

Dispositions générales.

C. Civ. 2166. Les créanciers ayant privilège ou hypothèque inscrite sur un immeuble, le suivent en quelques mains qu'il passe , pour être colloqués et payés suivant l'ordre de leurs créances ou inscriptions.

C. Proc. 754. Dans le mois de (la sommation de produire) chaque créancier sera tenu de produire ses titres avec acte de produit, signé de son avoué, et contenant demande en collocation. Le commissaire fera mention de la remise sur son procès-verbal.

755. Le mois expiré, et même auparavant, si les créanciers ont produit, le commissaire dressera, ensuite de son procès-verbal, un état de collocation sur les pièces produites. — Le poursuivant

dénoncera, par acte d'avoué à avoué, aux créanciers produisans et à la partie saisie, la confection de l'état de collocation , avec sommation d'en prendre communication , et de contredire, s'il y échet, sur le procès-verbal du commissaire, dans le délai d'un mois. *V.* BORDEREAUX DE COLLOCATION, ORDRE.

COLON PARTIAIRE..

1° *Dispositions générales.*

C. Civ. 1763. Celui qui cultive sous la condition d'un partage de fruits avec le bailleur, ne peut ni sous-louer ni céder, si la faculté ne lui en a été expressément accordée par le bail.

1764. En cas de contravention, le propriétaire à droit de rentrer en jouissance, et le preneur est condamné aux dommages-intérêts résultant de l'inexécution du bail. *V.* FERME (*bail à*).

2° *Dispositions additionnelles.*

CHEPTEL.. *C. Civ.* 1818. Le cheptel à moitié est une société dans laquelle chacun des contractans fournit la moitié des bestiaux, qui demeurent communs pour le profit ou pour la perte. *V.* CHEPTEL, *sect.* 3.

1827. Si le cheptel (donné au colon partiaire) périt en entier sans la faute du colon , la perte est pour le bailleur. *V.* CHEPTEL, *sect.* 4, § 2.

CONTRAINTE PAR CORPS. *C. Civ.* 2062. Les colons partiaires peuvent être contraints par corps, faute par eux de représenter, à la fin du bail, le cheptel de bétail , les semences et les instrumens aratoires qui leur ont été confiés, à moins qu'ils ne justifient que le déficit de ces objets ne procède point de leur fait.

COMMAND (DÉCLARATION DE).

Disposition générale.

L. 28 avril 1816. —44. Seront sujets au droit fixe de trois francs — les déclarations ou élections de command d'ami, lorsque la faculté d'élire un command a été réservée dans l'acte d'adjudication ou le contrat de vente, et que la déclaration est faite par acte public et notifié dans les vingt-quatre heures de l'adjudication ou du contrat.

Disposition du tarif.

Tarif civ. 114. Vacation pour faire la déclaration de command, — à Paris, 6 fr. — Dans le ressort, 4 fr. 50 c. *V.* TARIF.

COMMANDEMENT.

1° *Disposition générale.*

C. Civ. 2244. Une citation en justice, un commandement ou une saisie, signifiés à celui qu'on veut empêcher de prescrire, forment l'interruption civile.

2° *Dispositions diverses.*

SAISIE-BRANDON. *C. Proc.* 626. La saisie-brandon ne pourra être faite que dans les six semaines qui précéderont l'époque ordinaire de la maturité des fruits; elle sera précédée d'un commandement avec un jour d'intervalle.

SAISIE-EXÉCUTION. *C. Proc.* 583. Toute saisie-exécution sera précédée d'un commandement à la personne ou au domicile du débiteur, fait au moins un jour avant la saisie, et contenant notification du titre, s'il n'a déjà été notifié.

SAISIE IMMOBILIÈRE. *C. Civ.* 2217. Toute poursuite en expropriation d'immeubles , doit être précédée d'un commandement de payer, fait, à la diligence et requête du créancier , à la personne du débiteur ou à son domicile, par le ministère d'un huissier. — Les formes du commandement sont réglées par les lois sur la procédure.

C. Proc. 673. La saisie immobilière sera précédée d'un commandement à personne ou domicile, en tête duquel sera donnée copie entière du titre en vertu duquel elle est faite : ce commandement contiendra élection de domicile dans le lieu où siège le tribunal qui devra connaître de la saisie, si le créancier n'y demeure pas ; il énoncera que, faute de paiement, il sera procédé à la saisie des immeubles du débiteur. L'huissier ne se fera point assister de témoins; il fera, dans le jour, viser l'original par le maire ou l'adjoint du domicile du débiteur, et il laissera une seconde copie à celui qui donnera le visa (le tout à peine de nullité, *art.* 717).

674. La saisie immobilière ne pourra être faite que trente jours après le commandement : si le créancier laisse écouler plus de trois mois entre le commandement et la saisie, il sera tenu de le réitérer dans les formes et avec le délai ci-dessus (le tout à peine de nullité, *art.* 717).

SAISIE DE NAVIRE. *C. Com.* 198. Il ne pourra être procédé à la saisie que vingt-quatre heures après le commandement de payer. *V.* NAVIRE (*saisie et vente de*).

SAISIE DE RENTES. *C. Proc.* 636. La saisie d'une rente constituée ne peut avoir lieu qu'en vertu d'un titre authentique et exécutoire. — Elle sera précédée d'un commandement fait à la personne ou au domicile de la partie obligée ou condamnée, au moins un jour avant la saisie , et contenant notification du titre, si elle n'a déjà été faite.

COMMANDITE (SOCIÉTÉ EN).

C. Com. 19. La loi reconnaît trois espèces de sociétés commerciales : — la société en nom collectif, — la société en commandite, — la société anonyme.

23. La *société en commandite* se contracte entre un ou plusieurs associés responsables et solidaires, et un ou plusieurs associés simples bailleurs de fonds, que l'on nomme *commanditaires* ou *associés en commandite*.— Elle est régie sous

un nom social qui doit être nécessairement celui d'un ou plusieurs des associés responsables et solidaires.

24. Lorsqu'il y a plusieurs associés solidaires et en nom, soit que tous gèrent ensemble, soit qu'un ou plusieurs gèrent pour tous, la société est, à la fois, société en nom collectif à leur égard, et société en commandite à l'égard des simples bailleurs de fonds.

25. Le nom d'un associé commanditaire ne peut faire partie de la raison sociale.

26. L'associé commanditaire n'est passible des pertes que jusqu'à concurrence des fonds qu'il a mis ou dû mettre dans la société.

27. L'associé commanditaire ne peut faire aucun acte de gestion, ni être employé pour les affaires de la société, même en vertu de procuration.

28. En cas de contravention à la prohibition mentionnée dans l'article précédent, l'associé commanditaire est obligé solidairement, avec les associés en nom collectif, pour toutes les dettes et engagemens de la société.

38. Le capital des sociétés en commandite pourra être divisé en actions, sans aucune autre dérogation aux règles établies pour ce genre de société.

39. Les sociétés en commandite doivent être constatées par des actes publics ou sous signature privée. *V.* SOCIÉTÉ (*acte de*).

COMMENCEMENT D'EXÉCUTION.

C. Pén. 2. Toute tentative de *crime* qui aura été manifestée par un commencement d'exécution, si elle n'a été suspendue ou n'a manqué son effet que par des circonstances indépendantes de la volonté de son auteur, est considérée comme le *crime* même.

COMMENCEMENT DE PREUVE.

1° *Disposition générale.*

C. Civ. 1347. On appelle (*commencement de preuve par écrit*) tout acte par écrit qui est émané de celui contre lequel la demande est formée, ou de celui qu'il représente et qui rend vraisemblable le fait allégué.

2° *Dispositions diverses.*

ACTE. *C. Civ.* 1320. L'acte, soit authentique, soit sous seing privé, fait foi entre les parties, même de ce qui n'y est exprimé qu'en termes énonciatifs, pourvu que l'énonciation ait un rapport direct à la disposition. Les énonciations étrangères à la disposition ne peuvent servir que d'un commencement de preuve.

COPIE D'ACTE. *C. Civ.* 1335. Lorsque le titre original n'existe plus, les copies font foi d'après les distinctions suivantes : — 1° les grosses ou premières expéditions font la même foi que l'original : il en est de même des copies qui ont été tirées par l'autorité du magistrat, parties présentes ou dûment appelées, ou de celles qui ont été tirées en présence des parties et de leur consentement réciproque ; — 2° les copies qui, sans l'autorité du magistrat, ou sans le consentement des parties, et depuis la délivrance des grosses ou premières expéditions, auront été tirées sur la minute de l'acte par le notaire qui l'a reçu, ou par l'un de ses successeurs, ou par officiers publics qui, en cette qualité, sont dépositaires des minutes, peuvent, au cas de perte de l'original faire foi quand elles sont anciennes.— Elles sont considérées comme anciennes quand elles ont plus de trente ans ;—si elles ont moins de trente ans, elles ne peuvent servir que de commencement de preuve par écrit ; — 3° lorsque les copies tirées sur la minute d'un acte ne l'auront pas été par le notaire qui l'a reçu, ou par l'un de ses successeurs, ou par officiers publics, qui, en cette qualité, sont dépositaires des minutes, elles ne pourront servir, quelle que soit leur ancienneté que de commencement de preuve par écrit ; — 4° les copies de copies pourront, suivant les circonstances, être considérées comme simples renseignemens.

1336. La transcription d'un acte sur les registres publics ne pourra servir que de commencement de preuve par écrit, et il faudra même pour cela,—1° qu'il soit constant que toutes les minutes du notaire, de l'année dans laquelle l'acte paraît avoir été fait, soient perdues, ou que l'on prouve que la perte de la minute de cet acte a été fait par un accident particulier ; — 2° qu'il existe un répertoire en règle du notaire, qui constate que l'acte a été fait à la même date. — Lorsqu'au moyen du concours de ces deux circonstances la preuve par témoins sera admise, il sera nécessaire que ceux qui ont été témoins de l'acte, s'ils existent encore, soient entendus.

FILIATION (*preuve*). *C. Civ.* 323. A défaut de titre et de possession constante, ou si l'enfant été inscrit, soit sous de faux noms, soit comme né de père et de mère inconnus, la preuve de filiation peut se faire par témoins. — Néanmoins cette preuve ne peut être admise que lorsqu'il y a commencement de preuve par écrit, ou lorsque les présomptions ou indices résultant de faits dès lors constans, sont assez graves pour déterminer l'admission.

324. Le commencement de preuve par écrit résulte des titres de famille, des registres et papiers domestiques du père ou de la mère, des actes publics et même privés émanés d'une partie enga-

ée dans la contestation, ou qui y aurait intérêt si elle était vivante.

MATERNITÉ (*recherche*). *C. Civ.* 341. La recherche de la maternité est admise. — L'enfant qui réclamera sa mère sera tenu de prouver qu'il st identiquement le même que l'enfant dont elle st accouchée. — Il ne sera reçu à faire cette preuve par témoins, que lorsqu'il aura déjà un commencement de preuve par écrit.

SERMENT DÉCISOIRE. *C. Civ.* 1360. (Le serment décisoire) peut être déféré en tout état de cause, et encore qu'il n'existe aucun commencement de preuve de la demande ou de l'exception sur laquelle il est provoqué.

COMMERÇANS.

I. DISPOSITIONS GÉNÉRALES.
Des commerçans.

C. Com. (*liv.* 1, *tit.* 1, *art* 1-7). — **1.** Sont commerçans ceux qui exercent des actes de commerce, et en font leur profession habituelle. *V.* COMMERCE (acte de).

2. Tout mineur émancipé de l'un et de l'autre sexe, âgé de dix-huit ans accomplis, qui voudra profiter de l'article 487 du Code Civil (*V. ci-après* II, 2º.), de faire le commerce, ne pourra en commencer les opérations, ni être réputé majeur, quant aux engagemens par lui contractés pour faits de commerce : 1º s'il n'a été préalablement autorisé par son père, ou par sa mère, en cas de décès, interdiction ou absence du père, ou, à défaut du père et de la mère, par une délibération du conseil de famille, homologuée par le tribunal civil ; 2º si, en outre, l'acte d'autorisation n'a été enregistré et affiché au tribunal de commerce du lieu où le mineur veut établir son domicile.

3. La disposition de l'article précédent est applicable aux mineurs même non commerçans, à l'égard de tous les faits qui sont déclarés faits de commerce par les dispositions des articles 632 et 633. *V.* COMMERCE (acte de).

4. La femme ne peut être marchande publique sans le consentement de son mari. *V. ci-après* I, 1º.

5. La femme, si elle est marchande publique, peut, sans l'autorisation de son mari, s'obliger pour ce qui concerne son négoce ; et, audit cas, elle oblige aussi son mari, s'il y a communauté entre eux.—Elle n'est pas réputée marchande publique, si elle ne fait que détailler les marchandises du commerce de son mari ; elle n'est réputée telle que lorsqu'elle fait un commerce séparé.

6. Les mineurs marchands, autorisés comme il est dit ci-dessus, peuvent engager et hypothéquer leurs immeubles.—Ils peuvent même les aliéner,

mais en suivant les formalités prescrites par les articles 457 et suivans du Code Civil. *V.* TUTEUR (*administration du*).

7. Les femmes marchandes publiques peuvent également engager, hypothéquer et aliéner leurs immeubles. — Toutefois leurs biens stipulés dotaux, quand elles sont mariées sous le régime dotal, ne peuvent être hypothéqués ni aliénés que dans les cas déterminés et avec les formes réglés par le Code Civil. *V.* DOTAL (*régime*).

II. DISPOSITIONS ADDITIONNELLES.
1º Des femmes mariées commerçantes.

C. Civ. 215. La femme ne peut ester en jugement sans l'autorisation de son mari, quand même elle serait marchande publique.

220. La femme, si elle est marchande publique, peut sans l'autorisation de son mari, s'obliger pour ce qui concerne son négoce ; et, audit cas, elle oblige aussi son mari, s'il y a communauté entre eux. — Elle n'est pas réputée marchande publique, si elle ne fait que détailler les marchandises du commerce de son mari, mais seulement quand elle fait un commerce séparé.

1426. Les actes faits par la femme sans le consentement du mari, et même avec l'autorisation de la justice, n'engagent point les biens de la communauté, si ce n'est lorsqu'elle contracte comme marchande publique et pour le fait de son commerce.

2º Des mineurs commerçans.

C. Civ. 487. Le mineur émancipé qui fait un commerce est réputé majeur pour les faits relatifs à ce commerce.

1308. Le mineur commerçant, banquier ou artisan, n'est point restituable contre les engagemens qu'il a pris à raison de son commerce ou de son art.

3º Des notables commerçans.

C. Com. 618. Les membres des tribunaux de commerce seront élus dans une assemblée composée de commerçans notables, et principalement des chefs des maisons les plus anciennes et les plus recommandables par la probité, l'esprit d'ordre et d'économie.

619. La liste des notables sera dressée, sur tous les commerçans de l'arrondissement, par le préfet, et approuvée par le ministre de l'intérieur : leur nombre ne peut être au-dessous de vingt-cinq dans les villes où la population n'excède pas quinze mille ames ; dans les autres villes, il doit être augmenté à raison d'un électeur pour mille ames de population.

COMMERCE.

1º Disposition générale.

C. Civ. 1107. Les règles particulières aux transactions commerciales sont établies par les lois relatives au commerce.

2° *Dispositions diverses.*

CAUTION. *C. Civ.* 2019. La solvabilité d'une caution ne s'estime qu'eu égard à ses propriétés foncières, excepté en matière de commerce, ou lorsque la dette est modique.

CONVENTION. *C. Civ.* 1128. Il n'y a que les choses qui sont dans le commerce qui puissent être l'objet des conventions.

ÉTABLISSEMENT DE COMMERCE. *C. Civ.* 17. La qualité de Français se perdra, 1°... 5° par tout établissement fait en pays étranger, sans esprit de retour. — Les établissemens de commerce ne pourront jamais être considérés comme ayant été faits sans esprit de retour.

PRESCRIPTION. *C. Civ.* 2226. On ne peut prescrire le domaine des choses qui ne sont point dans le commerce.

COMMERCE (ACTE DE).

C. Com. 1. Sont commerçans ceux qui exercent des actes de commerce, et en font leur profession habituelle.

631. Les tribunaux de commerce connaîtront; 1°... 2° entre toutes personnes, des contestations relatives aux actes de commerce.

632. La loi répute actes de commerce, — tout achat de denrées et marchandises pour les revendre soit en nature, soit après les avoir travaillées et mises en œuvre, ou même pour en louer simplement l'usage; — toute entreprise de manufactures, de commission, de transport par terre ou par eau; — toute entreprise de fournitures, d'agences, bureaux d'affaires, établissemens de ventes à l'encan, de spectacles publics; — toute opération de change, banque et courtage; — toutes les opérations des banques publiques; — toutes obligations entre négocians, marchands et banquiers; — entre toutes personnes, les lettres de change ou remises d'argent faites de place en place.

633. La loi répute pareillement actes de commerce, — toute entreprise de construction, et tous achats, ventes et reventes de bâtimens pour la navigation intérieure et extérieure; — toutes expéditions maritimes; — tout achat ou vente d'agrès, apparaux et avitaillemens; — tout affrétement ou nolissement, emprunt ou prêt à la grosse; — toutes assurances et autres contrats concernant le commerce de mer; — tous accords et conventions pour salaires et loyers d'équipages; — tous engagemens de gens de mer, pour le service de bâtimens de commerce.

COMMERCE (CODE DE).

Loi du 15-25 septembre 1807; qui fixe l'époque laquelle le Code de Commerce sera exécutoire.

1. Les dispositions du Code de Commerce ne ront exécutées qu'à compter du 1er janvier 1808

2. A dater dudit jour, 1er janvier 1808, toutes anciennes lois touchant les matières commerci sur lesquelles il est statué par ledit Code, sont a gées.

COMMERCE (TRIBUNAUX DE).

I. DE LA JURIDICTION COMMERCIALE.

1° *De l'organisation des tribunaux de commerce.*

C. Com. (liv. 1, tit. 1, art. 615-650). — 6 Un règlement d'administration publique [1] dé minera le nombre des tribunaux de commer et les villes qui seront susceptibles d'en rece par l'étendue de leur commerce et de leur inc trie.

616. L'arrondissement de chaque tribunal commerce sera le même que celui du tribunal vil dans le ressort duquel il sera placé; et s'i trouve plusieurs tribunaux de commerce dan ressort d'un seul tribunal civil, il leur sera a gné des arrondissemens particuliers.

617. Chaque tribunal de commerce sera c posé d'un juge-président, de juges et de s pléans. Le nombre des juges ne pourra pas au-dessous de deux, ni au-dessus de huit, compris le président. Le nombre des suppl sera proportionné au besoin du service. Le ment d'administration publique fixera, pour que tribunal, le nombre des juges et celui suppléans. *V. ci-après* II, 1°.

618. Les membres des tribunaux de comm seront élus dans une assemblée composée de c merçans notables, et principalement des c des maisons les plus anciennes et les plus rec mandables par la probité, l'esprit d'ordre et conomie.

619. La liste des notables sera dressée, tous les commerçans de l'arrondissement, pa préfet, et approuvée par le ministre de l'i rieur : leur nombre ne peut être au-dessou vingt-cinq dans les villes où la population n cède pas quinze mille ames; dans les autres vil il doit être augmenté à raison d'un électeur mille ames de population.

620. Tout commerçant pourra être nom juge ou suppléant, s'il est âgé de trente ans exerce le commerce avec honneur et distinc depuis cinq ans. Le président devra être âg quarante ans, et ne pourra être choisi que pa

---

[1] *V.* le décret du 6 octobre 1809.

es anciens juges, y compris ceux qui ont exercé dans les tribunaux actuels, et même les anciens juges-consuls des marchands.

621. L'élection sera faite au scrutin individuel, à la pluralité absolue des suffrages ; et lorsqu'il s'agira d'élire le président , l'objet spécial de cette élection sera annoncé avant d'aller au scrutin.

622. A la première élection, le président et la moitié des juges et des suppléans dont le tribunal sera composé, seront nommés pour deux ans ; la seconde moitié des juges et des suppléans sera nommée pour un an : aux élections postérieures, toutes les nominations seront faites pour deux ans.

623. Le président et les juges ne pourront rester plus de deux ans en place, ni être réélus qu'après un an d'intervalle.

624. Il y aura près de chaque tribunal un greffier et des huissiers nommés par le Roi : leurs droits, vacations et devoirs, seront fixés par un réglement d'administration publique.

625. Il sera établi, pour la ville de Paris seulement, des gardes du commerce pour l'exécution des jugemens emportant la contrainte par corps : la forme de leur organisation et leurs attributions seront déterminées par un réglement particulier.

626. Les jugemens, dans les tribunaux de commerce, seront rendus par trois juges au moins ; aucun suppléant ne pourra être appelé que pour compléter ce nombre.

627. Le ministère des avoués est interdit dans les tribunaux de commerce, conformément à l'article 414 du Code de Procédure civile (V. ci-après 5°.) ; nul ne pourra plaider pour une partie devant ces tribunaux , si la partie, présente à l'audience, ne l'autorise, ou s'il n'est muni d'un pouvoir spécial. Ce pouvoir , qui pourra être donné au bas de l'original ou de la copie d'assignation, sera exhibé au greffier avant l'appel de la cause, et par lui visé sans frais.

628. Les fonctions des juges de commerce sont seulement honorifiques.

629. Ils prêtent serment avant d'entrer en fonctions, à l'audience de la cour royale, lorsqu'elle siège dans l'arrondissement communal où le tribunal de commerce est établi : dans le cas contraire, la cour royale commet, si les juges de commerce le demandent, le tribunal civil de l'arrondissement pour recevoir leur serment ; et, dans ce cas, le tribunal en dresse procès-verbal, et l'envoie à la cour royale, qui en ordonne l'insertion dans ses registres. Ces formalités sont remplies sur les conclusions du ministère public, et sans frais.

630. Les tribunaux de commerce sont dans les attributions et sous la surveillance du ministre de la justice.

2° De la compétence des tribunaux de commerce.

C. Com. (liv. 4, tit. 2, art. 631-641). — 631. Les tribunaux de commerce connaîtront, — 1° de toutes contestations relatives aux engagemens et transactions entre négocians , marchands et banquiers ; — 2° entre toutes personnes, des contestations relatives aux actes de commerce.

632. La loi répute actes de commerce, — tout achat de denrées et marchandises pour les revendre, soit en nature, soit après les avoir travaillées et mises en œuvre, ou même pour en louer simplement l'usage ; — toute entreprise de manufactures, de commission, de transport par terre ou par eau ; — toute entreprise de fournitures, d'agences , bureaux d'affaires, établissemens de ventes à l'encan, de spectacles publics ; — toute opération de change, banque et courtage ; — toutes les opérations des banques publiques ; — toutes obligations entre négocians, marchands et banquiers : — entre toutes personnes, les lettres de change , ou remises d'argent faites de place en place.

633. La loi répute pareillement actes de commerce, — toute entreprise de construction , et tous achats, ventes et reventes de bâtimens pour la navigation intérieure et extérieure ; — toutes expéditions maritimes ; — tout achat ou vente d'agrès, apparaux et avitaillemens ; — tout affrétement ou nolissement, emprunt ou prêt à la grosse ; toutes assurances et autres contrats concernant le commerce de mer ; — tous accords et conventions pour salaires et loyers d'équipages ; — tous engagemens de gens de mer, pour le service de bâtimens de commerce.

634. Les tribunaux de commerce connaîtront également, — 1° des actions contre les facteurs, commis des marchands ou leurs serviteurs , pour le fait seulement du trafic du marchand auquel ils sont attachés ; — 2° des billets faits par les receveurs, payeurs, percepteurs ou autres comptables des deniers publics.

635. Ils connaîtront enfin, — 1° du dépôt du bilan et des registres du commerçant en faillite, de l'affirmation et de la vérification des créances ; — 2° des oppositions au concordat, lorsque les moyens de l'opposant seront fondés sur des actes ou opérations dont la connaissance est attribuée par la loi aux juges des tribunaux de commerce ; — dans tous les cas, ces oppositions seront jugées par les tribunaux civils ; — en conséquence, toute opposition au concordat contiendra les moyens de l'opposant, à peine de nullité ;

—5º de l'homologation du traité entre le failli et ses créanciers ;—4º de la cession de biens faite par le failli, pour la partie qui en est attribuée aux tribunaux de commerce par l'art. 901 du Code de Procédure civile[1].

656. Lorsque les lettres de change ne seront réputées que simples promesses aux termes de l'art. 112[2], ou lorsque les billets à ordre ne porteront que des signatures d'individus non négocians, et n'auront pas pour occasion des opérations de commerce, trafic, change, banque ou courtage, le tribunal de commerce sera tenu de renvoyer au tribunal civil, s'il en est requis par le défendeur.

657. Lorsque ces lettres de change et ces billets à ordre porteront en même temps des signatures d'individus négocians et d'individus non négocians, le tribunal de commerce en connaîtra ; mais il ne pourra prononcer la contrainte par corps contre les individus non négocians, à moins qu'ils ne soient engagés à l'occasion d'opérations de commerce, trafic, change, banque ou courtage.

658. Ne seront point de la compétence des tribunaux de commerce, les actions intentées contre un propriétaire, cultivateur ou vigneron, pour vente de denrées provenant de son cru, les actions intentées contre un commerçant, pour paiement de denrées et marchandises achetées pour son usage particulier. — Néanmoins les billets souscrits par un commerçant seront censés faits pour son commerce, et ceux des receveurs, payeurs, percepteurs ou autres comptables de deniers publics, seront censés faits pour leur gestion, lorsqu'une autre cause n'y sera point énoncée.

659. Les tribunaux de commerce jugeront en dernier ressort, — 1º toutes les demandes dont le principal n'excèdera pas la valeur de mille francs ; — 2º toutes celles où les parties justiciables de ces tribunaux, et usant de leurs droits, auront déclaré vouloir être jugées définitivement et sans appel.

660. Dans les arrondissemens où il n'y aura pas de tribunaux de commerce, les juges du tribunal civil exerceront les fonctions et connaîtront des matières attribuées aux juges de commerce par la présente loi.

641. L'instruction, dans ce cas, aura lieu dans la même forme que devant les tribunaux de commerce, et les jugemens produiront les mêmes effets.

3º *De la forme de procéder devant les tribunaux de commerce.*

C. Com. (*liv. 4, tit. 3, art. 642-644*).— 642. La forme de procéder devant les tribunaux de commerce sera suivie telle qu'elle a été réglée par le titre 25 du livre 2 de la première partie du Code de Procédure civile. (*Art. 414-442, ci-après.*)

643. Néanmoins les art. 156, 158 et 159 du même Code, relatifs aux jugemens par défaut rendus par les tribunaux inférieurs, seront applicables aux jugemens par défaut rendus par les tribunaux de commerce.

644. Les appels des jugemens de tribunaux de commerce seront portés par devant les cours dans le ressort desquelles ces tribunaux sont situés.

Procédure devant les tribunaux de commerce.

C. Proc. (*liv. 2, tit. 20, art. 414-442*).— 414. La procédure devant les tribunaux de commerce se fait sans le ministère d'avoués.

415. Toute demande doit être formée par exploit d'ajournement, suivant les formalités ci-dessus prescrites au titre *des ajournemens.*

AJOURNEMENS (*art. 59-74*).

416. Le délai sera au moins d'un jour.

417. Dans les cas qui requerront célérité, le président du tribunal pourra permettre d'assigner, même de jour à jour et d'heure à heure,

---

[1] C. Proc. 901. Le débiteur admis au bénéfice de cession sera tenu de réitérer sa cession en personne, et non par procureur, ses créanciers appelés, à l'audience du tribunal de commerce de son domicile ; et s'il n'y en a pas, à la maison commune, un jour de séance : la déclaration du débiteur sera constatée, dans ce dernier cas, par procès-verbal de l'huissier, qui sera signé par le maire.

[2] C. Com. 112. Sont réputées simples promesses toutes lettres de change contenant supposition soit de nom, soit de qualité, soit de domicile, soit des lieux d'où elles *sont* tirées ou dans lesquels elles *sont* payables.

[1] C. Proc. 156. Tous jugemens par défaut contre une partie qui n'a pas constitué d'avoué seront signifiés par un huissier commis, soit par le tribunal, soit par le juge du domicile du défaillant que le tribunal aura désigné ; ils seront exécutés dans les six mois de leur obtention, sinon seront réputés non avenus.

158. (Si le jugement) est rendu contre une partie qui n'a pas d'avoué, l'opposition sera recevable jusqu'à l'exécution du jugement.

159. Le jugement est réputé exécuté, lorsque les meubles saisis ont été vendus, ou que le condamné a été emprisonné ou recommandé, ou que la saisie d'un ou de plusieurs de ses immeubles lui a été notifiée, ou que les frais ont été payés, ou enfin lorsqu'il y a quelque acte duquel il résulte nécessairement que l'exécution du jugement a été connue de la partie défaillante : l'opposition formée dans les délais dans les formes prescrites suspend l'exécution, si elle n'a pas été ordonnée nonobstant opposition.

et de saisir les effets mobiliers : il pourra, suivant l'exigence des cas, assujettir le demandeur à donner caution, ou à justifier de solvabilité suffisante. Ses ordonnances seront exécutoires nonobstant opposition ou appel.

418. Dans les affaires maritimes où il existe des parties non domiciliées, et dans celles où il s'agit d'agrès, victuailles, équipages et radoubs de vaisseaux prêts à mettre à la voile, et autres matières urgentes et provisoires, l'assignation de jour à jour ou d'heure à heure, pourra être donnée sans ordonnance, et le défaut pourra être jugé sur le champ.

419. Toutes assignations données à bord à la personne assignée, seront valables.

420. Le demandeur pourra assigner, à son choix, — devant le tribunal du domicile du défendeur ; — devant celui dans l'arrondissement duquel la promesse a été faite et la marchandise livrée ; — devant celui dans l'arrondissement duquel le paiement devait être effectué.

421. Les parties seront tenues de comparaître en personne, ou par le ministère d'un fondé de procuration spéciale.

422. Si les parties comparaissent, et qu'à la première audience il n'intervienne pas jugement définitif, les parties non domiciliées dans le lieu où siège le tribunal, seront tenues d'y faire l'élection d'un domicile. — L'élection de domicile doit être mentionnée sur le plumitif de l'audience ; à défaut de cette élection, toute signification, même celle du jugement définitif, sera faite valablement au greffe du tribunal.

423. Les étrangers demandeurs ne peuvent être obligés, en matière de commerce, à fournir une caution de payer les frais et dommages-intérêts auxquels ils pourront être condamnés, même lorsque la demande est portée devant un tribunal civil dans les lieux où il n'y a pas de tribunal de commerce.

424. Si le tribunal est incompétent à raison de la matière, il renverra les parties, encore que le déclinatoire n'ait pas été proposé. — Le déclinatoire pour toute autre cause ne pourra être proposé que préalablement à toute autre défense.

425. Le même jugement pourra, en rejetant le déclinatoire, statuer sur le fond, mais par deux dispositions distinctes, l'une sur la compétence, l'autre sur le fond ; les dispositions sur la compétence pourront toujours être attaquées par la voie de l'appel.

426. Les veuves et héritiers des justiciables du tribunal de commerce y seront assignés en reprise, ou par action nouvelle ; sauf, si les qualités sont contestées, à les renvoyer aux tribunaux ordinaires, pour y être réglés, et ensuite être jugés sur le fond au tribunal de commerce.

427. Si une pièce produite est méconnue, déniée ou arguée de faux, et que la partie persiste à s'en servir, le tribunal renverra devant les juges qui doivent en connaître, et il sera sursis au jugement de la demande principale. — Néanmoins, si la pièce n'est relative qu'à un des chefs de la demande, il pourra être passé outre au jugement des autres chefs.

428. Le tribunal pourra, dans tous les cas, ordonner, même d'office, que les parties seront entendues en personne, à l'audience ou dans la chambre, et, s'il y a empêchement légitime, commettre un des juges, ou même un juge de paix, pour les entendre, lequel dressera procès-verbal de leurs déclarations.

429. S'il y a lieu à renvoyer les parties devant des arbitres, pour examen de comptes, pièces et registres, il sera nommé un ou trois arbitres pour entendre les parties, et les concilier, si faire se peut, sinon donner leur avis. — S'il y a lieu à visite ou estimation d'ouvrages ou marchandises, il sera nommé un ou trois experts. — Les arbitres et les experts seront nommés d'office par le tribunal, à moins que les parties n'en conviennent à l'audience.

430. La récusation ne pourra être proposée que dans les trois jours de la nomination.

431. Le rapport des arbitres et experts sera déposé au greffe du tribunal.

432. Si le tribunal ordonne la preuve par témoins, il y sera procédé dans les formes ci-dessus prescrites pour les enquêtes sommaires (art. 407-413). V. SOMMAIRE (enquête). Néanmoins, dans les causes sujettes à appel, les dépositions seront rédigées par écrit par le greffier, et signées par le témoin ; en cas de refus, mention en sera faite.

433. Seront observées, dans la rédaction et l'expédition des jugemens, les formes prescrites dans les art. 141 et 146[1] pour les tribunaux de première instance.

434. Si le demandeur ne se présente pas, le tribunal donnera défaut, et renverra le défendeur de la demande. — Si le défendeur ne comparaît pas, il sera donné défaut, et les conclu-

---

[1] C. Proc. 141. La rédaction des jugemens contiendra les noms des juges, du procureur du Roi, s'il a été entendu, ainsi que des avoués ; les noms, professions et demeures des parties, leurs conclusions, l'exposition sommaire des points de fait et de droit, les motifs et le dispositif des jugemens.

146. Les expéditions des jugemens seront intitulées et terminées au nom du Roi.

sions du demandeur seront adjugées, si elles se trouvent justes et bien vérifiées.

435. Aucun jugement par défaut ne pourra être signifié que par un huissier commis à cet effet par le tribunal ; la signification contiendra, à peine de nullité, élection de domicile dans la commune où elle se fait, si le demandeur n'y est domicilié. — Le jugement sera exécutoire un jour après la signification et jusqu'à l'opposition.

436. L'opposition ne sera plus recevable après la huitaine du jour de la signification.

437. L'opposition contiendra les moyens de l'opposant, et assignation dans le délai de la loi ; elle sera signifiée au domicile élu.

438. L'opposition faite à l'instant de l'exécution, par déclaration sur le procès-verbal de l'huissier, arrêtera l'exécution ; à la charge, par l'opposant, de la réitérer dans les trois jours, par exploit contenant assignation ; passé lequel délai, elle sera censée non avenue.

439. Les tribunaux de commerce pourront ordonner l'exécution provisoire de leurs jugemens, nonobstant l'appel, et sans caution, lorsqu'il y aura titre non attaqué, ou condamnation précédente dont il n'y aura pas d'appel : dans les autres cas, l'exécution provisoire n'aura lieu qu'à la charge de donner caution, ou de justifier de solvabilité suffisante.

440. La caution sera présentée par acte signifié au domicile de l'appelant, s'il demeure dans le lieu où siège le tribunal, sinon au domicile par lui élu en exécution de l'art. 422 (*V. ci-dessus.*), avec sommation à jour et heure fixes de se présenter au greffe pour prendre communication, sans déplacement, des titres de la caution, s'il est ordonné qu'elle en fournira, et à l'audience, pour voir prononcer sur l'admission, en cas de contestation.

441. Si l'appelant ne comparaît pas, ou ne conteste point la caution, elle fera sa soumission au greffe ; s'il conteste, il sera statué au jour indiqué par la sommation : dans tous les cas, le jugement sera exécutoire nonobstant opposition ou appel.

442. Les tribunaux de commerce ne connaîtront point de l'exécution de leurs jugemens,

4° *De la forme de procéder devant les cours royales.*

C. Com. (*liv.* 4, *tit.* 4, *art.* 645-648). — 645. Le délai pour interjeter appel des jugemens des tribunaux de commerce, sera de trois mois, à compter du jour de la signification du jugement, pour ceux qui auront été rendus contradictoirement, et du jour de l'expiration du délai de l'opposition, pour ceux qui auront été rendus par défaut : l'appel pourra être interjeté le jour même du jugement.

646. L'appel ne sera pas reçu lorsque le principal n'excédera pas la somme ou la valeur de mille francs, encore que le jugement n'énonce pas qu'il est rendu en dernier ressort, et même quand il énoncerait qu'il est rendu à la charge de l'appel.

647. Les cours royales ne pourront, en aucun cas, à peine de nullité, et même des dommages-intérêts des parties, s'il y a lieu, accorder des défenses ni surseoir à l'exécution des jugemens des tribunaux de commerce, quand même ils seraient attaqués d'incompétence ; mais elles pourront, suivant l'exigence des cas , accorder la permission de citer extraordinairement à jour et heure fixes, pour plaider sur l'appel.

648. Les appels des jugemens des tribunaux de commerce seront instruits et jugés dans les cours, comme appels de jugemens rendus en matière sommaire. La procédure, jusques et y compris l'arrêt définitif, sera conforme à celle qui est prescrite pour les causes d'appel en matière civile au livre 5 de la première partie du Code de Procédure civile. (*Art.* 443-473. *V.* APPEL.)

II. DISPOSITIONS ADDITIONNELLES.

1° *Dispositions générales du décret réglementaire du* 6 *octobre* 1809.

4. Lorsque, par des récusations ou des empêchemens, il ne restera pas dans les tribunaux de commerce un nombre suffisant de juges ou de suppléans ces tribunaux seront complétés par des négocians pris sur la liste formée en vertu de l'article 619 du Code de Commerce, et suivant l'ordre dans lequel il y sont portés, s'ils ont d'ailleurs les qualités énoncées en l'art. 620 de la même loi.

7. Les procès-verbaux d'élection des membres de tribunaux de commerce seront transmis à notre grand juge ministre de la justice, qui nous proposera l'institution des élus, lesquels ne seront admis à prêter serment qu'après avoir été par nous institués.

8. Les membres des tribunaux de commerce porteront dans l'exercice de leurs fonctions, et dans les cérémonies publiques, la robe de soie noire avec des paremens de velours.

2° *Charte constitutionnelle de* 1830.

51. L'institution actuelle des juges de commerce est conservée.

3° *Dispositions diverses.*

CONCILIATION. *C. Proc.* 49. Sont dispensé du préliminaire de la conciliation, — 1°... 4° les demandes en matière de commerce.

EXÉCUTION. *C. Proc.* 553. Les contestation élevées sur l'exécution des jugemens des tribunaux de commerce, seront portées au tribunal de première instance du lieu où l'exécution se poursuivra.

COMMETTANS. *C. Civ.* 1384. Les maîtres et les commettans (sont responsables) du dommage causé par leurs domestiques et préposés dans les fonctions auxquelles ils les ont employés. *V.* COMMISSIONNAIRES et MANDAT.

COMMINATOIRES (DISPOSITIONS). *C. Proc.* 1029. Aucune des nullités, amendes et déchéances prononcées dans le Code (de Procédure), n'est comminatoire.

COMMIS. *C. Com,* 654. Les tribunaux de commerce connaîtront, — 1° des actions contre les facteurs, commis des marchands ou leurs serviteurs, pour le fait seulement du trafic du marchand auquel ils sont attachés. *V.* COMMETTANS et MANDAT.

COMMISSAIRES DE POLICE. *V.* POLICE (*officiers de*).

COMMISSAIRES-PRISEURS. *C. Proc.* 625. Les commissaires-priseurs seront personnellement responsables du prix des adjudications, et feront mention, dans leurs procès-verbaux, des noms et domiciles des adjudicataires; ils ne pourront recevoir d'eux aucune somme au-dessus de l'enchère, à peine de concussion.

COMMISSION ROGATOIRE. *V.* ROGATOIRE (*commission*).

COMMISSIONNAIRES.

I. EN MATIÈRE CIVILE.

1° *Des commissionnaires en général.*

V. MANDAT.

2° *Des commissionnaires pour les transports.*

Des voituriers par terre et par eau.

C. Civ. (*liv.* 3, *tit* 8, *ch.* 3, *sect.* 2, *art.* 1782-1786).—1782. Les voituriers par terre et par eau sont assujettis, pour la garde et la conservation des choses qui leur sont confiées, aux mêmes obligations que les aubergistes dont il est parlé au titre *du dépôt et du séquestre. V.* DÉPÔT.

1783. Ils répondent non-seulement de ce qu'ils ont déjà reçu dans leur bâtiment ou voiture, mais encore de ce qui leur a été remis sur le port ou dans l'entrepôt, pour être placé dans leur bâtiment ou voiture.

1784. Ils sont responsables de la perte et des avaries des choses qui leur sont confiées, à moins qu'ils ne prouvent qu'elles ont été perdues et avariées par cas fortuit ou force majeure.

1785. Les entrepreneurs de voitures publiques par terre et par eau, et ceux des roulages publics, doivent tenir registre de l'argent, des effets et des paquets dont ils se chargent.

1786. Les entrepreneurs et directeurs de voitures et roulages publics, les maîtres de barques et navires, sont en outre assujettis à des règle-

mens particuliers, qui font la loi entre eux et les autres citoyens.

II. EN MATIÈRE DE COMMERCE.

1° *Dispositions générales.*

Sect. 1, *des commissionnaires en général.*

C. Com. (*liv.* 1, *tit.* 6, *art.* 91-108). — 91. Le commissionnaire est celui qui agit, en son propre nom, ou sous un nom social, pour le compte d'un commettant.

92. Les devoirs et les droits du commissionnaire qui agit au nom d'un commettant sont déterminés par le Code Civil, liv. 3, tit. 12 (*art.* 1984-2010. *V.* MANDAT.)

93. Tout commissionnaire qui a fait des avances sur des marchandises à lui expédiées d'une autre place pour être vendues pour le compte d'un commettant, a privilège, pour le remboursement de ses avances, intérêts et frais, sur la valeur des marchandises, si elles sont à sa disposition, dans ses magasins, ou dans un dépôt public, ou si, avant qu'elles soient arrivées, il peut constater, par un connaissement ou par une lettre de voiture, l'expédition qui lui en a été faite.

94. Si les marchandises ont été vendues et livrées pour le compte du commettant, le commissionnaire se rembourse, sur le produit de la vente, du montant de ses avances, intérêts et frais, par préférence aux créanciers du commettant.

95. Tous prêts, avances ou paiemens qui pourraient être faits sur des marchandises déposées ou consignées par un individu résidant dans le lieu du domicile du commissionnaire, ne donnent privilège au commissionnaire ou dépositaire qu'autant qu'il s'est conformé aux dispositions prescrites par le Code Civil, liv. 3, tit. 17, pour les prêts sur gage ou nantissement (*art.* 2073-2084. *V.* GAGE.)

Sect. 2, *des commissionnaires pour les transports par terre et par eau.*

96. Le commissionnaire qui se charge d'un transport par terre ou par eau, est tenu d'inscrire sur son livre-journal la déclaration de la nature et de la quantité des marchandises, et, s'il en est requis, de leur valeur.

97. Il est garant de l'arrivée des marchandises et effets dans le délai déterminé par la lettre de voiture, hors les cas de la force majeure légalement constatée.

98. Il est garant des avaries ou pertes de marchandises et effets, s'il n'y a stipulation contraire dans la lettre de voiture, ou force majeure.

99. Il est garant des faits du commissionnaire intermédiaire auquel il adresse les marchandises.

11

100. La marchandise sortie du magasin du vendeur ou de l'expéditeur, voyage, s'il n'y a convention contraire, aux risques et périls de celui à qui elle appartient, sauf son recours contre le commissionnaire et le voiturier chargés du transport.

101. La lettre de voiture forme un contrat entre l'expéditeur et le voiturier, ou entre l'expéditeur, le commissionnaire et le voiturier.

102. La lettre de voiture doit être datée. — Elle doit exprimer, — la nature et le poids ou la contenance des objets à transporter, — le délai dans lequel le transport doit être effectué. — Elle indique — le nom et le domicile du commissionnaire par l'entremise duquel le transport s'opère, s'il y en a un, — le nom de celui à qui la marchandise est adressée, — le nom et le domicile du voiturier. — Elle énonce — le prix de la voiture, — l'indemnité due pour cause de retard. — Elle est signée par l'expéditeur ou le commissionnaire. — Elle présente en marge les marques et numéros des objets à transporter. — La lettre de voiture est copiée par le commissionnaire sur un registre coté et paraphé sans intervalle et de suite.

Sect. 3, du voiturier.

103. Le voiturier est garant de la perte des objets à transporter, hors les cas de la force majeure. — Il est garant des avaries autres que celles qui proviennent du vice propre de la chose, ou de la force majeure.

104. Si, par l'effet de la force majeure, le transport n'est pas effectué dans le délai convenu, il n'y a pas lieu à indemnité contre le voiturier pour cause de retard.

105. La réception des objets transportés et le paiement du prix de la voiture éteignent toute action contre le voiturier.

106. En cas de refus ou contestation pour la réception des objets transportés, leur état est vérifié et constaté par des experts nommés par le président du tribunal de commerce, ou, à son défaut, par le juge de paix, et par ordonnance au pied d'une requête. — Le dépôt ou séquestre, et ensuite le transport dans un dépôt public, peut en être ordonné. — La vente peut en être ordonnée en faveur du voiturier, jusqu'à concurrence du prix de la voiture.

107. Les dispositions contenues dans le présent titre sont communes aux maîtres de bateaux, entrepreneurs de diligences et voitures publiques.

108. Toutes actions contre le commissionnaire et le voiturier, à raison de la perte ou de l'avarie des marchandises, sont prescrites, après six mois, pour les expéditions faites dans l'intérieur de l France, et après un an, pour celles faites à l'étranger ; le tout à compter, pour les cas de perte du jour où le transport des marchandises aura dû être effectué, et pour les cas d'avarie, d jour où la remise des marchandises aura été faite ; sans préjudice des cas de fraude ou d'inf délité.

2° Disposition additionnelle.

COMMERCE MARITIME. *C. Com.* 283. Tou commissionnaire qui aura reçu les marchandise mentionnées dans les connaissemens ou charte parties, sera tenu d'en donner reçu au capitain qui le demandera, à peine de tous dépens, dom mages-intérêts, même de ceux de retardemen

COMMODAT. *(Prêt à usage.)*

Dispositions générales.

C. Civ. 1874. Il y a deux sortes de prêt : - celui des choses dont on peut user sans les de truire, — et celui des choses qui se consommen par l'usage qu'on en fait. — La première espè s'appelle *prêt à usage*, ou *commodat ;* — deuxième s'appelle *prêt de consommation*, c simplement *prêt.*

Du prêt à usage, ou commodat.

C. Civ. (*liv.* 3, *tit.* 13, *ch.* 1, *art.* 1875-189

Sect. 1, de la nature du prêt à usage.

1875. Le prêt à usage ou commodat est u contrat par lequel l'une des parties livre u chose à l'autre pour s'en servir, à la charge par preneur de la rendre après s'en être servi.

1876. Ce prêt est essentiellement gratuit.

1877. Le prêteur demeure propriétaire de chose prêtée.

1878. Tout ce qui est dans le commerce, et q ne se consomme pas par l'usage, peut être l'ob de cette convention.

1879. Les engagemens qui se forment par commodat, passent aux héritiers de celui qui pré et aux héritiers de celui qui emprunte. — M si l'on n'a prêté qu'en considération de l'empru teur, et à lui personnellement, alors ses hériti ne peuvent continuer de jouir de la chose p tée.

Sect. 2, des engagemens de l'emprunteur.

1880. L'emprunteur est tenu de veiller, en père de famille, à la garde et à la conservation la chose prêtée. Il ne peut s'en servir qu'à l'us déterminé par sa nature ou par la conventic le tout à peine de dommages-intérêts, s'il y lieu.

1881. Si l'emprunteur emploie la chose à autre usage, ou pour un temps plus long qu'il le devait, il sera tenu de la perte arrivée, mê par cas fortuit.

1882. Si la chose prêtée périt par cas fortuit dont l'emprunteur aurait pu la garantir en employant la sienne propre, ou si, ne pouvant conserver que l'une des deux, il a préféré la sienne, il est tenu de la perte de l'autre.

1883. Si la chose a été estimée en la prêtant, la perte qui arrive, même par cas fortuit, est pour l'emprunteur, s'il n'y a convention contraire.

1884. Si la chose se détériore par le seul effet de l'usage pour lequel elle a été empruntée, et sans aucune faute de la part de l'emprunteur, il n'est pas tenu de la détérioration.

1885. L'emprunteur ne peut pas retenir la chose par compensation de ce que le prêteur lui doit.

1886. Si, pour user de la chose, l'emprunteur a fait quelque dépense, il ne peut pas la répéter.

1887. Si plusieurs ont conjointement emprunté la même chose, ils en sont solidairement responsables envers le prêteur.

Sect. 3, des engagemens de celui qui prête à usage.

1888. Le prêteur ne peut retirer la chose prêtée qu'après le terme convenu, ou, à défaut de convention, qu'après qu'elle a servi à l'usage pour lequel elle a été empruntée.

1889. Néanmoins, si, pendant ce délai, ou avant que le besoin de l'emprunteur ait cessé, il survient au prêteur un besoin pressant et imprévu de sa chose, le juge peut, suivant les circonstances, obliger l'emprunteur à la lui rendre.

1890. Si, pendant la durée du prêt, l'emprunteur a été obligé, pour la conservation de la chose, à quelque dépense extraordinaire, nécessaire, et tellement urgente qu'il n'ait pas pu en prévenir le prêteur, celui-ci sera tenu de la lui rembourser.

1891. Lorsque la chose prêtée a des défauts tels, qu'elle puisse causer du préjudice à celui qui s'en sert, le prêteur est responsable, s'il connaissait les défauts et n'en a pas averti l'emprunteur.

COMMUNAUTÉ.

I. DISPOSITIONS GÉNÉRALES.

C. Civ. 1391. (Les époux) peuvent déclarer, d'une manière générale, qu'ils entendent se marier, ou sous le régime de la communauté, ou sous le régime dotal. — Au premier cas, et sous le régime de la communauté, les droits des époux et de leurs héritiers seront réglés par les dispositions du chapitre 2 du présent titre. (*Art.* 1399-1559. *V. ci-après.*) — Au deuxième cas, et sous le régime dotal, leurs droits seront réglés par les dispositions du chapitre 5. (*Art.* 1540-1581. *V.* DOTAL [*régime*]).

1592. La simple stipulation que la femme se constitue ou qu'il lui est constitué des biens en dot, ne suffit pas pour soumettre ces biens au régime dotal, s'il n'y a dans le contrat de mariage une déclaration expresse à cet égard. — La soumission au régime dotal ne résulte pas non plus de la simple déclaration faite par les époux, qu'ils se marient sans communauté, ou qu'ils seront séparés de biens.

1593. A défaut de stipulations spéciales qui dérogent au régime de la communauté ou le modifient, les règles établies dans la première partie du chapitre 2 (*Art.* 1400-1496. *V. ci-après.*) formeront le droit commun de la France.

1594. Toutes conventions matrimoniales seront rédigées, avant le mariage, par acte devant notaire.

Du régime en communauté.

C. Civ. (*liv.* 3, *tit.* 5, *ch.* 2, *art.* 1399-1559) — 1599. La communauté, soit légale, soit conventionnelle, commence du jour du mariage contracté devant l'officier de l'état civil : on ne peut stipuler qu'elle commencera à une autre époque.

II. DE LA COMMUNAUTÉ LÉGALE.

C. Civ. (*liv.* 3, *tit.* 5, *ch.* 2, 1re *partie, art.* 1400-1496). — 1400. La communauté qui s'établit par la simple déclaration qu'on se marie sous le régime de la communauté, ou à défaut de contrat, est soumise aux règles expliquées dans les six sections qui suivent.

Sect. 1, de ce qui compose la communauté activement et passivement.

§ 1, *de l'actif de la communauté.*

1401. La communauté se compose activement, — 1° de tout le mobilier que les époux possédaient au jour de la célébration du mariage, ensemble de tout le mobilier qui leur échoit pendant le mariage à titre de succession ou même de donation, si le donateur n'a exprimé le contraire; — 2° de tous les fruits, revenus, intérêts et arrérages, de quelque nature qu'ils soient, échus ou perçus pendant le mariage, et provenant des biens qui appartenaient aux époux lors de sa célébration, ou de ceux qui leur sont échus pendant le mariage, à quelque titre que ce soit; — 3° de tous les immeubles qui sont acquis pendant le mariage.

1402. Tout immeuble est réputé acquêt de communauté, s'il n'est prouvé que l'un des époux en avait la propriété ou possession légale antérieurement au mariage, ou qu'il lui est échu depuis à titre de succession ou de donation.

1403. Les coupes de bois et les produits des

11.

carrières et mines tombent dans la communauté pour tout ce qui en est considéré comme usufruit, d'après les règles expliquées au titre *de l'usu-fruit, de l'usage et de l'habitation.* (*V.* USUFRUIT.) — Si les coupes de bois qui, en suivant ces règles, pouvaient être faites durant la communauté, ne l'ont point été, il en sera dû récompense à l'époux non propriétaire du fonds ou à ses héritiers. — Si les carrières et mines ont été ouvertes pendant le mariage, les produits n'en tombent dans la communauté que sauf récompense ou indemnité à celui des époux à qui elle pourra être due.

1404. Les immeubles que les époux possèdent au jour de la célébration du mariage, ou qui leur échoient pendant son cours à titre de succession, n'entrent point en communauté. — Néanmoins, si l'un des époux avait acquis un immeuble depuis le contrat de mariage, contenant stipulation de communauté, et avant la célébration du mariage, l'immeuble acquis dans cet intervalle entrera dans la communauté, à moins que l'acquisition n'ait été faite en exécution de quelque clause du mariage, auquel cas elle serait réglée suivant la convention.

1405. Les donations d'immeubles qui ne sont faites pendant le mariage qu'à l'un des deux époux, ne tombent point en communauté, et appartiennent au donataire seul, à moins que la donation ne contienne expressément que la chose donnée appartiendra à la communauté.

1406. L'immeuble abandonné ou cédé par père, mère ou autre ascendant, à l'un des deux époux, soit pour le remplir de ce qu'il lui doit, soit à la charge de payer les dettes du donateur à des étrangers, n'entre point en communauté; sauf récompense ou indemnité.

1407. L'immeuble acquis pendant le mariage à titre d'échange contre l'immeuble appartenant à l'un des deux époux, n'entre point en communauté, et est subrogé au lieu et place de celui qui a été aliéné; sauf la récompense s'il y a soulte.

1408. L'acquisition faite pendant le mariage, à titre de licitation ou autrement, de portion d'un immeuble dont l'un des époux était propriétaire par indivis, ne forme point un conquêt; sauf à indemniser la communauté de la somme qu'elle a fournie pour cette acquisition. — Dans le cas où le mari deviendrait seul, et en son nom personnel, acquéreur ou adjudicataire de portion ou de la totalité d'un immeuble appartenant par indivis à la femme, celle-ci, lors de la dissolution de la communauté, a le choix ou d'abandonner l'effet à la communauté, laquelle devient alors débitrice envers la femme de la portion appartenant à

celle-ci dans le prix, ou de retirer l'immeuble, en remboursant à la communauté le prix de l'acquisition.

§ 2, *du passif de la communauté, et des actions qui en résultent contre la communauté.*

1409. La communauté se compose passivement, — 1° de toutes les dettes mobilières dont les époux étaient grevés au jour de la célébration de leur mariage, ou dont se trouvent chargées les successions qui leur échoient durant le mariage, sauf la récompense pour celles relatives aux immeubles propres à l'un ou à l'autre des époux; — 2° des dettes, tant en capitaux qu'arrérages ou intérêts, contractées par le mari pendant la communauté, ou par la femme du consentement du mari, sauf la récompense dans les cas où elle a lieu; — 3° des arrérages et intérêts seulement des rentes ou dettes passives qui sont personnelles aux deux époux; — 4° des réparations usufructuaires des immeubles qui n'entrent point en communauté; — 5° des alimens des époux, de l'éducation et entretien des enfans, et de toute autre charge du mariage.

1410. La communauté n'est tenue des dettes mobilières contractées avant le mariage par la femme, qu'autant qu'elles résultent d'un acte authentique antérieur au mariage, ou ayant reçu avant la même époque une date certaine, soit par l'enregistrement, soit par le décès d'un ou de plusieurs signataires dudit acte. — Le créancier de la femme, en vertu d'un acte n'ayant pas de date certaine avant le mariage, ne peut en poursuivre contre elle le paiement que sur la nue propriété de ses immeubles personnels. — Le mari qui prétendrait avoir payé pour sa femme une dette de cette nature, n'en peut demander la récompense ni à sa femme ni à ses héritiers.

1411. Les dettes des successions purement mobilières qui sont échues aux époux pendant le mariage, sont pour le tout à la charge de la communauté.

1412. Les dettes d'une succession purement immobilière qui échoit à l'un des époux pendant le mariage, ne sont point à la charge de la communauté; sauf le droit qu'ont les créanciers de poursuivre leur paiement sur les immeubles de ladite succession. — Néanmoins, si la succession est échue au mari, les créanciers de la succession peuvent poursuivre leur paiement, soit sur tous les biens propres au mari, soit même sur ceux de la communauté; sauf, dans ce second cas, la récompense due à la femme ou à ses héritiers.

1413. Si la succession purement immobilière est échue à la femme, et que celle-ci l'ait acceptée du consentement de son mari, les créanciers la succession peuvent poursuivre leur paiement sur tous les biens personnels de la femme : mais, si la succession n'a été acceptée par la femme que comme autorisée en justice au refus du mari, les créanciers, en cas d'insuffisance des immeubles de la succession, ne peuvent se pourvoir que sur la nue propriété des autres biens personnels de la femme.

1414. Lorsque la succession échue à l'un des époux est en partie mobilière et en partie immobilière, les dettes dont elle est grevée ne sont à la charge de la communauté que jusqu'à concurrence de la portion contributoire du mobilier dans les dettes, eu égard à la valeur de ce mobilier comparée à celle des immeubles. — Cette portion contributoire se règle d'après l'inventaire auquel le mari doit faire procéder, soit de son chef, si la succession le concerne personnellement, soit comme dirigeant et autorisant les actions de sa femme, s'il s'agit d'une succession à elle échue.

1415. A défaut d'inventaire, et dans tous les cas où ce défaut préjudicie à la femme, elle ou ses héritiers peuvent, lors de la dissolution de la communauté, poursuivre les récompenses de droit, et même faire preuve tant par titres et papiers domestiques que par témoins, et au besoin par la commune renommée, de la consistance et valeur du mobilier non inventorié. — Le mari n'est jamais recevable à faire cette preuve.

1416. Les dispositions de l'article 1414 ne font point obstacle à ce que les créanciers d'une succession en partie mobilière et en partie immobilière poursuivent leur paiement sur les biens de la communauté, soit que la succession soit échue au mari, soit qu'elle soit échue à la femme lorsque celle-ci l'a acceptée du consentement de son mari ; le tout sauf les récompenses respectives. — Il en est de même si la succession n'a été acceptée par la femme que comme autorisée en justice, et que néanmoins le mobilier en ait été confondu dans celui de la communauté sans un inventaire préalable.

1417. Si la succession n'a été acceptée par la femme que comme autorisée en justice au refus du mari, et s'il y a eu inventaire, les créanciers ne peuvent poursuivre leur paiement que sur les biens tant mobiliers qu'immobiliers de ladite succession, et, en cas d'insuffisance, sur la nue propriété des autres biens personnels de la femme.

1418. Les règles établies par les articles 1411 et suivans régissent les dettes dépendantes d'une donation, comme celles résultant d'une succession.

1419. Les créanciers peuvent poursuivre le paiement des dettes que la femme a contractées avec le consentement du mari, tant sur tous les biens de la communauté, que sur ceux du mari ou de la femme ; sauf la récompense due à la communauté, ou l'indemnité due au mari.

1420. Toute dette qui n'est contractée par la femme qu'en vertu de la procuration générale ou spéciale du mari, est à la charge de la communauté ; et le créancier n'en peut poursuivre le paiement ni contre la femme ni sur ses biens personnels.

Sect. 2, de l'administration de la communauté, et de l'effet des actes de l'un ou de l'autre époux relativement à la société conjugale.

1421. Le mari administre seul les biens de la communauté. — Il peut les vendre, aliéner et hypothéquer sans le concours de la femme.

1422. Il ne peut disposer entre-vifs à titre gratuit des immeubles de la communauté, ni de l'universalité ou d'une quotité du mobilier, si ce n'est pour l'établissement des enfans communs. — Il peut néanmoins disposer des effets mobiliers à titre gratuit et particulier, au profit de toutes personnes, pourvu qu'il ne s'en réserve pas l'usufruit.

1423. La donation testamentaire faite par le mari ne peut excéder sa part dans la communauté. — S'il a donné en cette forme un effet de la communauté, le donataire ne peut le réclamer en nature, qu'autant que l'effet, par l'événement du partage, tombe au lot des héritiers du mari : si l'effet ne tombe point au lot de ces héritiers, le légataire a la récompense de la valeur totale de l'effet donné, sur la part des héritiers du mari dans la communauté et sur les biens personnels de ce dernier.

1424. Les amendes encourues par le mari pour crime n'emportant pas mort civile, peuvent se poursuivre sur les biens de la communauté, sauf la récompense due à la femme ; celles encourues par la femme ne peuvent s'exécuter que sur la nue propriété de ses biens personnels, tant que dure la communauté.

1425. Les condamnations prononcées contre l'un des deux époux pour crime emportant mort civile, ne frappent que sa part de la communauté et ses biens personnels.

1426. Les actes faits par la femme sans le consentement du mari, et même avec l'autorisation de la justice, n'engagent point les biens de la communauté, si ce n'est lorsqu'elle contracte comme marchande publique et pour le fait de son commerce.

1427. La femme ne peut s'obliger ni engager les biens de la communauté, même pour tirer son mari de prison, ou pour l'établissement de ses en-fans en cas d'absence du mari, qu'après y avoir été autorisée par justice.

1428. Le mari a l'administration de tous les biens personnels de la femme. — Il peut exercer seul toutes les actions mobilières et possessoires qui appartiennent à la femme. — Il ne peut alié-ner les immeubles personnels de sa femme sans son consentement. — Il est responsable de tout dépérissement des biens personnels de sa femme, causé par défaut d'actes conservatoires.

1429. Les baux que le mari seul a faits des biens de sa femme pour un temps qui excède neuf ans, ne sont, en cas de dissolution de la com-munauté, obligatoires vis-à-vis de la femme ou de ses héritiers que pour le temps qui reste à cou-rir soit de la première période de neuf ans, si les parties s'y trouvent encore, soit de la seconde, et ainsi de suite, de manière que le fermier n'ait que le droit d'achever la jouissance de la période de neuf ans où il se trouve.

1430. Les baux de neuf ans ou au-dessous que le mari seul a passés ou renouvelés des biens de sa femme, plus de trois ans avant l'expiration du bail courant s'il s'agit de biens ruraux, et plus de deux ans avant la même époque s'il s'agit de mai-sons, sont sans effet, à moins que leur exécution n'ait commencé avant la dissolution de la commu-nauté.

1431. La femme qui s'oblige solidairement avec son mari pour les affaires de la communauté ou du mari, n'est réputée, à l'égard de celui-ci, s'être obligée que comme caution; elle doit être indemnisée de l'obligation qu'elle a contractée.

1432. Le mari qui garantit solidairement ou autrement la vente que sa femme a faite d'un im-meuble personnel, a pareillement un recours con-tre elle, soit sur sa part dans la communauté, soit sur ses biens personnels, s'il est inquiété.

1433. S'il est vendu un immeuble appartenant à l'un des époux, de même que si l'on s'est rédimé en argent de services fonciers dus à des héri-tages propres à l'un d'eux, et que le prix en ait été versé dans la communauté, le tout sans rem-ploi, il y a lieu au prélèvement de ce prix sur la communauté, au profit de l'époux qui était pro-priétaire, soit de l'immeuble vendu, soit des ser-vices rachetés.

1434. Le remploi est censé fait à l'égard du mari, toutes les fois que, lors d'une acquisition, il a déclaré qu'elle était faite des deniers provenus de l'aliénation de l'immeuble qui lui était person-nel, et pour lui tenir lieu de remploi.

1435. La déclaration du mari que l'acquisition est faite des deniers provenus de l'immeuble ven-du par la femme et pour lui servir de remploi, ne suffit point, si ce remploi n'a été formellement accepté par la femme : si elle ne l'a pas accepté, elle a simplement droit, lors de la dissolution de la communauté, à la récompense du prix de son immeuble vendu.

1436. La récompense du prix de l'immeuble appartenant au mari ne s'exerce que sur la masse de la communauté; celle du prix de l'immeuble appartenant à la femme s'exerce sur les biens personnels du mari, en cas d'insuffisance des biens de la communauté. Dans tous les cas, la ré-compense n'a lieu que sur le pied de la vente, quelque allégation qui soit faite touchant la va-leur de l'immeuble aliéné.

1437. Toutes les fois qu'il est pris sur la com-munauté une somme soit pour acquitter les det-tes ou charges personnelles à l'un des époux, telles que le prix ou partie du prix d'un immeu-ble à lui propre ou le rachat de services fonciers, soit pour le recouvrement, la conservation ou l'a-mélioration de ses biens personnels, et générale-ment toutes les fois que l'un des deux époux a tiré un profit personnel des biens de la commu-nauté, il en doit la récompense.

1438. Si le père et la mère ont doté conjointe-ment l'enfant commun, sans exprimer la portion pour laquelle ils entendaient y contribuer, ils sont censés avoir doté chacun pour moitié, soit que la dot ait été fournie ou promise en effets de la communauté, soit qu'elle l'ait été en biens per-sonnels à l'un des deux époux. — Au second cas, l'époux dont l'immeuble ou l'effet personnel a été constitué en dot, a, sur les biens de l'autre, une action en indemnité pour la moitié de ladite dot, eu égard à la valeur de l'effet donné, au temps de la donation.

1439. La dot constituée par le mari seul à l'en-fant commun, en effets de la communauté, est à la charge de la communauté; et dans le cas où la communauté est acceptée par la femme, celle-ci doit supporter la moitié de la dot, à moins que le mari n'ait déclaré expressément qu'il s'en char-geait pour le tout, ou pour une portion plus forte que la moitié.

1440. La garantie de la dot est due par toute personne qui l'a constituée; et ses intérêts cou-rent du jour du mariage, encore qu'il y ait terme pour le paiement, s'il n'y a stipulation con-traire.

Sect. 3, *de la dissolution de la communauté, et de quelques-unes de ses suites.*

1441. La communauté se dissout, — 1° par la mort naturelle; — 2° par la mort civile. *V.* MORT CIVILE; — 3° par la séparation de corps. *V.*

ORPS (*séparation de*); — 4° par la séparation
(biens. *V.* BIENS (*separation de*).

1442. Le défaut d'inventaire après la mort na-
relle ou civile de l'un des époux, ne donne pas
u à la continuation de la communauté; sauf
s poursuites des parties intéressées, relative-
ent à la consistance des biens et effets com-
uns, dont la preuve pourra être faite tant par
tres que par la commune renommée. — S'il y a
es enfans mineurs, le défaut d'inventaire fait
erdre en outre à l'époux survivant la jouissance
le leurs revenus; et le subrogé-tuteur qui ne l'a
oint obligé à faire inventaire, est solidairement
enu avec lui de toutes les condamnations qui
peuvent être prononcées au profit des mineurs.

Sect. 4, *de l'acceptation de la communauté, et
de la renonciation qui peut y être faite, avec
les conditions qui y sont relatives.* *V.* ACCEP-
TATION DE COMMUNAUTÉ.

Sect. 5, *du partage de la communauté après
l'acceptation.*

1467. Après l'acceptation de la communauté,
par la femme ou ses héritiers, l'actif se partage, et
le passif est supporté de la manière ci-après déterminée.

§ 1, *du partage de l'actif.*

1468. Les époux ou leurs héritiers rapportent
à la masse des biens existans, tout ce dont ils sont
débiteurs envers la communauté à titre de récompense ou d'indemnité, d'après les règles ci-des-
us prescrites à la section 2 de la première partie
lu présent chapitre. *V.* ci-dessus, art. 1421-1440.

1469. Chaque époux ou son héritier rapporte
galement les sommes qui ont été tirées de la
ommunauté, ou la valeur des biens que l'époux
a pris pour doter un enfant d'un autre lit,
o pour doter personnellement l'enfant commun.

470. Sur la masse des biens, chaque époux ou
so héritier prélève, — 1° ses biens personnels
qu ne sont point entrés en communauté, s'ils
exient en nature, ou ceux qui ont été acquis en
remld ; — 2° le prix de ses immeubles qui ont
été limés pendant la communauté, et dont il
n'a oht été fait remploi ; — 5° les indemnités
qui n sont dues par la communauté.

171. Les prélèvemens de la femme s'exercent
avan ceux du mari. — Ils s'exercent pour les
bien qui n'existent plus en nature, d'abord sur
l'argn comptant, ensuite sur le mobilier, et
subsidirement sur les immeubles de la commu-
naute dans ce dernier cas, le choix des immeubles t déféré à la femme et à ses héritiers.

12. Le mari ne peut exercer ses reprises que

sur les biens de la communauté. — La femme et
ses héritiers, en cas d'insuffisance de la communauté, exercent leurs reprises sur les biens personnels du mari.

1473. Les remplois et récompenses dus par la
communauté aux époux, et les récompenses et
indemnités par eux dues à la communauté, emportent les intérêts de plein droit du jour de la
dissolution de la communauté.

1474. Après que tous les prélèvemens des deux
époux ont été exécutés sur la masse, le surplus
se partage par moitié entre les époux ou ceux
qui les représentent.

1475. Si les héritiers de la femme sont divisés,
en sorte que l'un ait accepté la communauté à laquelle l'autre a renoncé, celui qui a accepté ne
peut prendre que sa portion virile et héréditaire
dans les biens qui échoient au lot de la femme.
—Le surplus reste au mari, qui demeure chargé,
envers l'héritier renonçant, des droits que la
femme aurait pu exercer en cas de renonciation,
mais jusqu'à concurrence seulement de la portion
virile héréditaire du renonçant.

1476. Au surplus, le partage de la communauté, pour tout ce qui concerne ses formes, la
licitation des immeubles quand il y a lieu, les effets du partage, la garantie qui en résulte, et les
soultes, est soumis à toutes les règles qui sont établies au titre *des successions* pour les partages
entre cohéritiers. *V.* PARTAGE.

1477. Celui des époux qui aurait diverti ou recélé quelques effets de la communauté, est privé
de sa portion dans lesdits effets.

1478. Après le partage consommé, si l'un des
deux époux est créancier personnel de l'autre,
comme lorsque le prix de son bien a été employé
à payer une dette personnelle de l'autre époux,
ou pour toute autre cause, il exerce sa créance
sur la part qui est échue à celui-ci dans la communauté ou sur ses biens personnels.

1479. Les créances personnelles que les époux
ont à exercer l'un contre l'autre, ne portent intérêt que du jour de la demande en justice.

1480. Les donations que l'un des époux a pu
faire à l'autre, ne s'exécutent que sur la part du
donateur dans la communauté, et sur ses biens
personnels.

1481. Le deuil de la femme est aux frais des
héritiers du mari prédécédé. —La valeur de ce
deuil est réglée selon la fortune du mari. — Il
est dû même à la femme qui renonce à la communauté.

§ 2, *du passif de la communauté, et de la contribution aux dettes.*

1482. Les dettes de la communauté sont pour

moitié à la charge de chacun des époux ou de leurs héritiers : les frais de scellé, inventaire, vente de mobilier, liquidation, licitation et partage, font partie de ces dettes.

1483. La femme n'est tenue des dettes de la communauté, soit à l'égard du mari , soit à l'égard des créanciers, que jusqu'à concurrence de son émolument, pourvu qu'il y ait eu bon et fidèle inventaire, et en rendant compte tant du contenu de cet inventaire que de ce qui lui est échu par le partage.

1484. Le mari est tenu, pour la totalité, des dettes de la communauté par lui contractées ; sauf son recours contre la femme ou ses héritiers pour la moitié desdites dettes.

1485. Il n'est tenu que pour moitié, de celles personnelles à la femme et qui étaient tombées à la charge de la communauté.

1486. La femme peut être poursuivie pour la totalité des dettes qui procèdent de son chef et étaient entrées dans la communauté , sauf son recours contre le mari ou son héritier pour la moitié desdites dettes.

1487. La femme, même personnellement obligée pour une dette de communauté, ne peut être poursuivie que pour la moitié de cette dette, à moins que l'obligation ne soit solidaire.

1488. La femme qui a payé une dette de la communauté au-delà de sa moitié, n'a point de répétition contre le créancier pour l'excédant, à moins que la quittance n'exprime que ce qu'elle a payé était pour sa moitié.

1489. Celui des deux époux qui, par l'effet de l'hypothèque exercée sur l'immeuble à lui échu en partage, se trouve poursuivi pour la totalité d'une dette de communauté, a de droit son recours pour la moitié de cette dette contre l'autre époux ou ses héritiers.

1490. Les dispositions précédentes ne font point obstacle à ce que, par le partage , l'un ou l'autre des copartageans soit chargé de payer une quotité de dettes autre que la moitié, même de les acquitter entièrement. — Toutes les fois que l'un des copartageans a payé des dettes de la communauté au-delà de la portion dont il était tenu, il y a lieu au recours de celui qui a trop payé contre l'autre.

1491. Tout ce qui est dit ci-dessus à l'égard du mari ou de la femme, a lieu à l'égard des héritiers de l'un ou de l'autre ; et ces héritiers exercent les mêmes droits et sont soumis aux mêmes actions que le conjoint qu'ils représentent.

Sect. 6, de la renonciation à la communauté et de ses effets. V. RENONCIATION A COMMUNAUTÉ.

Disposition relative à la communauté léga , lorsque l'un des époux ou tous deux ont s enfans de précédens mariages.

1496. Tout ce qui est dit ci-dessus, sera obser même lorsque l'un des époux ou tous deux a ront des enfans de précédens mariages. — i toutefois la confusion du mobilier et des dett opérait, au profit de l'un des époux, un avanta supérieur à celui qui est autorisé par l'art. 1098 au titre *des donations entre-vifs et des testamen.* les enfans du premier lit de l'autre époux auroi l'action en retranchement.

III. DE LA COMMUNAUTÉ CONVENTIONNELLE.

De la communauté conventionnelle, et des con ventions qui peuvent modifier ou même exclur la communauté légale.

C. Civ. (liv. 3, tit. 5, chap. 2, 2e part. art. 1497-1539). — 1497. Les époux peuven modifier la communauté légale par toute es pèce de conventions non contraires aux article 1387, 1388, 1389 et 1390. V. MARIAGE (contra de.) — Les principales modifications sont celle qui ont lieu en stipulant de l'une ou de l'autr des manières qui suivent; savoir, — 1° que l communauté n'embrassera que les acquêts ; — 2° que le mobilier présent ou futur n'entrera poir en communauté, ou n'y entrera que pour un partie ; — 3° qu'on y comprendra tout ou part des immeubles présens ou futurs, par la voie e l'ameublissement ; — 4° que les époux paierot séparément leurs dettes antérieures au mariag; —5° qu'en cas de renonciation, la femme pour a reprendre ses apports francs et quittes, — 6° de le survivant aura un préciput ; — 7° que es époux auront des parts inégales ; — 8° qu' y aura entre eux communauté à titre universel.

Sect. 1, de la communauté réduite aux acqêts. V. ACQUÊTS.

Sect. 2, de la clause qui exclut de la communauté le mobilier en tout ou partie.

1500. Les époux peuvent exclure de leur com munauté tout leur mobilier présent et fur. — Lorsqu'ils stipulent qu'ils en mettront réproquement dans la communauté jusqu'à cncurrence d'une somme ou d'une valeur détermiée,

---

¹ C. Civ. 1098. L'homme ou la femme qui ayant des enfans d'un autre lit, contractera un send ou subséquent mariage, ne pourra donner à son nouvel époux qu'une part d'enfant légitime le moins prenant, et sans que, dans aucun cas, ces donations puissent excéder le quart des biens.

ils sont, par cela seul, censés se réserver le surplus.

1301. Cette clause rend l'époux débiteur envers la communauté, de la somme qu'il a promis d'y mettre, et l'oblige à justifier de cet apport.

1302. L'apport est suffisamment justifié, quant au mari, par la déclaration portée au contrat de mariage que son mobilier est de telle valeur. — Il est suffisamment justifié, à l'égard de la femme, par la quittance que le mari lui donne, ou à ceux qui l'ont dotée.

1303. Chaque époux a le droit de reprendre et de prélever, lors de la dissolution de la communauté, la valeur de ce dont le mobilier qu'il a apporté lors du mariage, ou qui lui est échu depuis, excédait sa mise en communauté.

1304. Le mobilier qui échoit à chacun des époux pendant le mariage, doit être constaté par un inventaire. — A défaut d'inventaire du mobilier échu au mari, ou d'un titre propre à justifier de sa consistance et valeur, déduction faite des dettes, le mari ne peut en exercer la reprise. — Si le défaut d'inventaire porte sur un mobilier échu à la femme, celle-ci ou ses héritiers sont admis à faire preuve, soit par titres, soit par témoins, soit même par commune renommée, de la valeur de ce mobilier.

Sect. 3, de la clause d'ameublissement. V. Ameublissement.

Sect. 4, de la clause de séparation de dettes. V. Dettes *(séparation de).*

Sect. 5, de la faculté accordée à la femme de reprendre son apport franc et quitte. V. Apport.

Sect. 6, du préciput conventionnel. V. Préciput.

Sect. 7, des clauses par lesquelles on assigne à chacun des époux des parts inégales dans la communauté.

1320. Les époux peuvent déroger au partage égal établi par la loi, soit en ne donnant à l'époux survivant ou à ses héritiers, dans la communauté, qu'une part moindre que la moitié, soit en ne lui donnant qu'une somme fixe pour tout droit de communauté, soit en stipulant que la communauté entière, en certains cas, appartiendra à l'époux survivant, ou à l'un d'eux seulement.

1321. Lorsqu'il a été stipulé que l'époux ou ses héritiers n'auront qu'une certaine part dans la communauté, comme le tiers ou le quart, l'époux ainsi réduit ou ses héritiers ne supportent les dettes de la communauté que proportionnellement à la part qu'ils prennent dans l'actif. — La convention est nulle si elle oblige l'époux ainsi réduit ou ses héritiers à supporter une plus forte part, ou si elle les dispense de supporter une part dans les dettes égale à celle qu'ils prennent dans l'actif.

1322. Lorsqu'il est stipulé que l'un des époux ou ses héritiers ne pourront prétendre qu'une certaine somme pour tout droit de communauté, la clause est un forfait qui oblige l'autre époux ou ses héritiers à payer la somme convenue, soit que la communauté soit bonne ou mauvaise, suffisante ou non pour acquitter la somme.

1323. Si la clause n'établit le forfait qu'à l'égard des héritiers de l'époux, celui-ci, dans le cas où il survit, a droit au partage légal par moitié.

1324. Le mari ou ses héritiers qui retiennent, en vertu de la clause énoncée en l'art. 1320, la totalité de la communauté, sont obligés d'en acquitter toutes les dettes. — Les créanciers n'ont, en ce cas, aucune action contre la femme ni contre ses héritiers. — Si c'est la femme survivante qui a, moyennant une somme convenue, le droit de retenir toute la communauté contre les héritiers du mari, elle a le choix ou de leur payer cette somme, en demeurant obligée à toutes les dettes, ou de renoncer à la communauté, et d'en abandonner aux héritiers du mari les biens et les charges.

1325. Il est permis aux époux de stipuler que la totalité de la communauté appartiendra au survivant ou à l'un d'eux seulement, sauf aux héritiers de l'autre à faire la reprise des apports et capitaux tombés dans la communauté, du chef de leur auteur. — Cette stipulation n'est point réputée un avantage sujet aux règles relatives aux donations, soit quant au fond, soit quant à la forme, mais simplement une convention de mariage et entre associés.

Sect. 8, de la communauté à titre universel.

1326. Les époux peuvent établir par leur contrat de mariage une communauté universelle de leurs biens tant meubles qu'immeubles, présens et à venir, ou de tous leurs biens présens seulement, ou de tous leurs biens à venir seulement.

Dispositions communes aux huit sections ci-dessus.

1327. Ce qui est dit aux huit sections ci-dessus, ne limite pas à leurs dispositions précises les stipulations dont est susceptible la communauté conventionnelle. — Les époux peuvent faire toutes autres conventions ainsi qu'il est dit à l'art. 1387, et sauf les modifications portées par les art. 1388, 1389 et 1390. *V.* Mariage *(contrat de)*.— Néanmoins, dans le cas où il y aurait des enfans d'un précédent mariage, toute convention qui tendrait dans ses effets à donner à l'un des époux au-delà de la portion réglée par l'art. 1098 (*V. la note ci-dessus,* p. 168), au titre *des donations entre-vifs et des testamens,* sera sans effet pour tout l'excédant de cette portion : mais les simples bénéfices résultant des travaux communs et des économies faites sur les revenus respectifs, quoiqu'inégaux, des deux époux, ne sont pas considérés comme un avantage fait au préjudice des enfans du premier lit.

1528. La communauté conventionnelle reste soumise aux règles de la communauté légale, pour tous les cas auxquels il n'y a pas été dérogé implicitement ou explicitement par le contrat.

IV. DES RÉGIMES EXCLUSIFS DE COMMUNAUTÉ.

Des conventions exclusives de la communauté.

C. Civ. (*liv.* 5, *tit.* 5, *ch.* 2, *sect.* 9, *art.* 1529-1559).—1529. Lorsque, sans se soumettre au régime dotal, les époux déclarent qu'ils se marient sans communauté, ou qu'ils seront séparés de biens, les effets de cette stipulation sont réglés comme il suit : (*sans communauté, art.*1530-1535 ; — *séparés de biens, art.* 1536-1539.)

§ 1, *de la clause portant que les époux se marient sans communauté. V.* EXCLUSION DE COMMUNAUTÉ.

§ 2, *de la clause de séparation de biens. V.* BIENS (*séparation de*).

Chap. 3, *du régime dotal. V.* DOTAL (*régime*).

V. DISPOSITIONS ADDITIONNELLES.

ABSENCE. C. Civ. 124. L'époux commun en biens, s'il opte pour la continuation de la communauté, pourra empêcher l'envoi provisoire et l'exercice provisoire de tous les droits subordonnés à la condition du décès de l'absent, et prendre ou conserver par préférence l'administration des biens de l'absent. Si l'époux demande la dissolution provisoire de la communauté, il exercera ses reprises et tous ses droits légaux et conventionnels, à la charge de donner caution pour les choses susceptibles de restitution.—La femme, en optant pour la continuation de la communauté, conservera le droit d'y renoncer ensuite.

CONTRAINTE PAR CORPS (*femme mariée*). C. Civ. 2066. La contrainte par corps pour cause de stellionat pendant le mariage n'a lieu contre les femmes mariées que lorsqu'elles sont séparées de biens, ou lorsqu'elles ont des biens dont elles se sont réservé la libre administration, et à raison des engagemens qui concernent ces biens. — Les femmes qui, étant en communauté, se seraient obligées conjointement ou solidairement avec leur mari, ne pourront être réputées stellionnataires à raison de ces contrats.

EXPROPRIATION FORCÉE. C. Civ. 2208. L'ex-propriation des immeubles qui font partie de la communauté se poursuit contre le mari débiteur, seul, quoique la femme soit obligée à la dette.—Celle des immeubles de la femme qui ne sont point entrés en communauté, se poursuit contre le mari et la femme, laquelle, au refus du mari de procéder avec elle, ou si le mari est mineur, peut être autorisée en justice. — En cas de minorité du mari et de la femme, ou de minorité de la femme seule, si son mari majeur refuse de procéder avec elle, il est nommé par le tribunal un tuteur à la femme, contre lequel la poursuite est exercée.

FAILLITE (*femme mariée*). 545. C. Com. Les femmes communes en biens qui n'auraient point mis les immeubles apportés en communauté, reprendront en nature lesdits immeubles et ceux qui leur seront survenus par successions ou donations entre-vifs ou pour cause de mort.

FEMME MARCHANDE. C. Civ. 220. La femme si elle est marchande publique, peut, sans l'autorisation de son mari, s'obliger pour ce qui concerne son négoce ; et, audit cas, elle oblige aussi son mari, s'il y a communauté entre eux.— Elle n'est pas réputée marchande publique si elle ne fait que détailler les marchandises du commerce de son mari, mais seulement quand elle fait un commerce séparé.

C. Com. 5. (*Même disposition dans les mêmes termes.*)

INVENTAIRE. C. Proc. 944. Si, lors de l'inventaire, il s'élève des difficultés, ou s'il est formé des réquisitions pour l'administration de la communauté, et qu'il n'y soit déféré par les autres parties, les notaires délaisseront les parties à se pourvoir en référé devant le président du tribunal de première instance ; ils pourront en référer eux-mêmes, s'ils résident dans le canton où siège le tribunal : dans ce cas, le président mettra son ordonnance sur la minute du procès-verbal.

LIVRES DE COMMERCE (*communication*). C. Com. 14. La communication des livres et inventaires ne peut être ordonnée en justice que dans les affaires de succession, communauté, partage de société, et en cas de faillite.

PRESCRIPTION. C. Civ. 2256. La prescription est suspendue pendant le mariage, — 1° dans le cas où l'action de la femme ne pourrait être exercée qu'après une option à faire sur l'acceptation ou la renonciation à la communauté ; — 2° dans le cas où le mari, ayant vendu le bien propre de la femme sans son consentement, est garant de la vente, et dans tous les autres cas où l'action de la femme réfléchirait contre le mari.

SCELLÉS. *C. Proc.* 909. L'apposition des scellés pourra être requise (après le décès de l'un des époux), — 1° par tous ceux qui prétendront droit dans la succession ou dans la communauté. 935. Le conjoint commun en biens, l'exécuteur testamentaire, et les légataires universels ou à titre universel, pourront (lors de la levée des scellés) convenir du choix d'un ou deux notaires, et d'un ou deux commissaires-priseurs ou experts ; s'ils n'en conviennent pas, il sera procédé, suivant la nature des objets, par un ou deux notaires, commissaires-priseurs ou experts, nommés d'office par le président du tribunal de première instance. Les experts prêteront serment devant le juge de paix.

SUCCESSION. *C. Civ.* 818. Le mari peut, sans le concours de sa femme, provoquer le partage des objets meubles ou immeubles à elle échus qui tombent dans la communauté ; à l'égard des objets qui ne tombent pas en communauté, le mari ne peut en provoquer le partage sans le concours de sa femme ; il peut seulement, s'il a le droit de jouir de ses biens, demander un partage provisionnel. — Les cohéritiers de la femme ne peuvent provoquer le partage définitif qu'en mettant en cause le mari et la femme.

VENTE. *C. Civ.* 1395. Le contrat de vente ne peut avoir lieu entre époux que dans les trois cas suivans : — 1° celui où l'un des deux époux cède des biens à l'autre, séparé judiciairement d'avec lui, en paiement de ses droits ; — 2° celui où la cession que le mari fait à sa femme, même non séparée, a une cause légitime, telle que le remploi de ses immeubles aliénés, ou de deniers à elle appartenant, si ces immeubles ou deniers ne tombent pas en communauté ; — 3° celui où la femme cède des biens à son mari en paiement d'une somme qu'elle lui aurait promise en dot, et lorsqu'il y a exclusion de communauté ; — sauf, dans ces trois cas, les droits des héritiers des parties contractantes, s'il y a avantage indirect.

COMMUNE.

1° *Des biens de commune.*

C. Civ. 537. Les biens qui n'appartiennent pas à des particuliers, sont administrés et ne peuvent être aliénés que dans les formes et suivant les règles qui leur sont particulières.

542. Les biens communaux sont ceux à la propriété ou au produit desquels les habitans d'une ou plusieurs communes ont un droit acquis.

1596. Ne peuvent se rendre adjudicataires sous peine de nullité, ni par eux-mêmes, ni par personnes interposées, — les administrateurs (des biens) des communes ou des établissemens publics confiés à leurs soins.

1712. Les baux des biens des communes sont soumis à des règlemens particuliers.

2° *Dispositions diverses.*

AJOURNEMENT. *C. Proc.* 69. Seront assignées, —1°.... 3° les communes, en la personne ou au domicile du maire, et à Paris, en la personne ou au domicile du préfet : — dans les cas ci-dessus, l'original sera visé de celui à qui copie de l'exploit sera laissée ; en cas d'absence ou de refus, le visa sera donné, soit par le juge de paix, soit par le procureur du Roi près le tribunal de première instance, auquel, en ce cas, la copie sera laissée (le tout à peine de nullité, art 70).

COMMUNICABLE (*cause*). *C. Proc.* 83. Seront communiquées au procureur du Roi, les causes suivantes : — 1° celles qui concernent les communes, les dons et legs au profit des pauvres.

COMPTABLES (*contrainte par corps*). *C. Proc.* 126. Il est laissé à la prudence des juges de prononcer (la contrainte par corps), — 1°... 2° pour reliquats de comptes, d'administration de corps et communauté, et pour toutes restitutions à faire par suite desdits comptes.

127. Pourront les juges, dans les cas énoncés en l'article précédent, ordonner qu'il sera sursis à l'exécution de la contrainte par corps pendant le temps qu'ils fixeront, après lequel elle sera exercée sans nouveau jugement. Ce sursis ne pourra être accordé que par le jugement qui statuera sur la contestation, et qui énoncera les motifs de délai.

(*Hypothèque légale*). *C. Civ.* 2121. Les droits et créances auxquelles l'hypothèque légale est attribuée, sont, — ceux des communes sur les biens des receveurs et administrateurs comptables.

(*Inscription*). *C. Civ.* 2153. Les droits d'hypothèque purement légale, des communes sur les biens des comptables, seront inscrits sur la représentation de deux bordereaux, contenant seulement, — 1° les nom, prénoms, profession et domicile réel du créancier, et le domicile qui sera par lui, ou pour lui, élu dans l'arrondissement ; — 2° les nom, prénoms, profession, domicile, ou désignation précise du débiteur ; — 3° la nature des droits à conserver, et le montant de leur valeur quant aux objets déterminés, sans être tenu de le fixer quant à ceux qui sont conditionnels, éventuels ou indéterminés.

CONCILIATION. *C. Proc.* 49. Sont dispensées du préliminaire de la conciliation, — 1° les demandes qui intéressent les communes.

COURS D'EAU. *C. Civ.* 643. Le propriétaire de la source ne peut en changer le cours lorsqu'il fournit aux habitans d'une commune, village ou hameau, l'eau qui leur est nécessaire ; mais si les habitans n'en ont pas acquis ou prescrit l'usage, le propriétaire peut réclamer une indemnité, laquelle est réglée par experts.

645. S'il s'élève une contestation entre les propriétaires auxquels (les eaux courantes) peuvent être utiles, les tribunaux, en prononçant, doivent concilier l'intérêt de l'agriculture avec le respect dû à la propriété ; et, dans tous les cas, les règlemens particuliers et locaux sur le cours et l'usage des eaux doivent être observés.

DEMANDE JUDICIAIRE. *C. Proc.* 1032. Les communes seront tenues, pour former une demande en justice, de se conformer aux lois administratives.

DONATIONS ET LEGS. *C. Civ.* 910. Les dispositions entre-vifs ou par testament, au profit des pauvres d'une commune ou d'établissemens d'utilité publique, n'auront leur effet qu'autant qu'elles seront autorisées par une ordonnance royale.

937. Les donations faites au profit des pauvres d'une commune, ou d'établissemens d'utilité publique, seront acceptées par les administrateurs de ces communes ou établissemens, après y avoir été dûment autorisés.

PRESCRIPTION. *C. Civ.* 2227. Les communes sont soumises aux mêmes prescriptions que les particuliers, et peuvent également les opposer.

REQUÊTE CIVILE. *C. Proc.* 481. Les communes seront reçues à se pourvoir (par requête civile) si elles n'ont été défendues, ou si elles ne l'ont été valablement. *V.* REQUÊTE CIVILE.

SERVITUDE. *C. Civ.* 649. Les servitudes établies par la loi ont pour objet l'utilité publique ou communale, ou l'utilité des particuliers.

650. Celles établies pour l'utilité publique ou communale ont pour objet le marchepied le long des rivières navigables ou flottables, la construction ou réparation des chemins et autres ouvrages publics ou communaux. — Tout ce qui concerne cette espèce de servitude est déterminé par des lois ou des règlemens particuliers.

TRANSACTION. *C. Civ.* 2045. Les communes ne peuvent transiger qu'avec l'autorisation expresse du Roi.

COMMUNE RENOMMÉE.

C. Civ. 1415. A défaut d'inventaire (des biens de la communauté), et dans tous les cas où ce défaut préjudicie à la femme, elle ou ses héritiers peuvent, lors de la dissolution de la communauté, poursuivre les récompenses de droit, et même faire preuve, tant par titres et papiers domestiques que par témoins, et au besoin par la commune renommée, de la consistance et valeur du mobilier non inventorié. — Le mari n'est jamais recevable à faire cette preuve.

1442. Le défaut d'inventaire après la mort naturelle ou civile de l'un des époux ne donne pas lieu à la continuation de la communauté ; sauf le poursuites des parties intéressées, relativement la consistance des biens et effets communs, dont la preuve pourra être faite tant par titre que par la commune renommée.

1504. Le mobilier qui échoit à chacun de époux pendant le mariage doit être constaté par un inventaire. — A défaut d'inventaire du mobilier échu au mari, ou d'un titre propre à justifier de sa consistance et valeur, déduction faite des dettes, le mari ne peut en exercer la reprise. — Si le défaut d'inventaire porte sur un mobilier échu à la femme, celle-ci ou ses héritiers sont admis à faire preuve, soit par titres, soit par témoins, soit même par commune renommée, de la valeur de ce mobilier.

COMMUNICABLES (CAUSES).

I. DISPOSITIONS GÉNÉRALES.

C. Proc. 112. Si la cause est susceptible de communication, le procureur du Roi sera entendu en ses conclusions à l'audience.

De la communication au ministère public.

C. Proc. (*liv.* 2, *tit.* 4, *art.* 83-84). — 83 Seront communiquées au procureur du Roi les causes suivantes : — 1° celles qui concernent l'ordre public, l'État, le domaine, les communes les établissemens publics, les dons et legs au profit des pauvres ; — 2° celles qui concernent l'état des personnes et les tutelles ; — 3° les déclinatoires sur incompétence ; — 4° les règlemens de juges, les récusations et renvois pour parenté ou alliance ; — 5° les prises à partie ; — 6° les causes des femmes non autorisées par leurs maris, ou même autorisées, lorsqu'il s'agit de leur dot et qu'elles sont mariées sous le régime dotal ; les causes des mineurs, et généralement toutes celles où l'une des parties est défendue par un curateur ; — 7° les causes concernant ou intéressant les personnes présumées absentes. — Le procureur du Roi pourra néanmoins prendre communication de toutes les autres causes dans lesquelles il croira son ministère nécessaire ; le tribunal pourra même l'ordonner d'office.

84. En cas d'absence ou empêchement des procureurs du Roi et de leurs substituts, ils seront remplacés par l'un des juges ou suppléans.

Dispositions du tarif.

Tarif civ. 90. (Pr. 83.) Vacation pour communiquer les pièces de la cause au ministère public et les retirer, le tout ensemble, — à Paris, 1 fr. 50 c. — Dans le ressort, 1 fr. 15 c. *V.* TARIF.

II. DISPOSITIONS ADDITIONNELLES.

ACTES DE L'ÉTAT CIVIL. (*Rectification.*) *C. Proc.* 858. Dans le cas où il n'y aurait d'autre partie que le demandeur en rectification, et où il croirait avoir à se plaindre du jugement, il pourra, dans les trois mois depuis la date de ce jugement, se pourvoir à la cour royale, en présentant au président une requête, sur laquelle sera indiqué un jour auquel il sera statué à l'audience sur les conclusions du ministère public.

CESSION DE BIENS. *C. Proc.* 900. La demande en cession de biens) sera communiquée au ministère public.

COMPROMIS. *C. Proc.* 1004. On ne peut compromettre sur aucune des contestations qui seraient sujettes à communication au ministère public.

DÉSAVEU. *C. Proc.* 339. Toute demande en désaveu sera communiquée au ministère public.

DISTRIBUTION PAR CONTRIBUTION. *C. Proc.* 568. Le jugement (sur la distribution par contribution) sera rendu sur le rapport du juge-commissaire et sur les conclusions du ministère public.

ÉLARGISSEMENT. *C. Proc.* 803. Les demandes en élargissement seront communiquées au ministère public.

FAMILLE (*conseil de*). *C. Proc.* 883. Dans tous les cas où il s'agit d'une délibération (du conseil de famille) sujette à homologation, une expédition de la délibération sera présentée au président, lequel, par ordonnance au bas de ladite délibération, ordonnera la communication au ministère public, et commettra un juge pour en faire le rapport à jour indiqué.

886. Le procureur du Roi donnera ses conclusions au bas de ladite ordonnance ; la minute du jugement d'homologation sera mise à la suite desdites conclusions sur le même cahier.

FAUX (*inscription de*). *C. Proc.* 249. Aucune transaction sur la poursuite du faux incident ne pourra être exécutée, si elle n'a été homologuée en justice, après avoir été communiquée au ministère public, lequel pourra faire à ce sujet telles réquisitions qu'il jugera à propos.

251. Tout jugement d'instruction ou définitif, en matière de faux, ne pourra être rendu que sur les conclusions du ministère public.

FEMME MARIÉE (*autorisation*). *C. Proc.* 862. Le mari entendu, ou faute par lui de se présenter, il sera rendu, sur les conclusions du ministère public, jugement qui statuera sur la demande de la femme (afin d'être autorisée).

863. Dans le cas de l'absence présumée du mari, ou lorsqu'elle aura été déclarée, la femme qui voudra se faire autoriser à la poursuite de ses droits présentera également requête au président du tribunal, qui ordonnera la communication au ministère public, et commettra un juge pour faire son rapport à jour indiqué.

864. La femme de l'interdit se fera autoriser en la forme prescrite par l'article précédent ; elle joindra à sa requête le jugement d'interdiction.

INTERDICTION. *C. Proc.* 891. Le président du tribunal ordonnera la communication de la requête (tendante à interdiction) au ministère public, et commettra un juge pour faire rapport à jour indiqué.

892. Sur le rapport du juge et les conclusions du procureur du Roi, le tribunal ordonnera que le conseil de famille donnera son avis sur l'état de la personne dont l'interdiction est demandée.

ORDRE. *C. Proc.* 762. Le jugement (qui règle l'ordre des collocations) sera rendu sur le rapport du juge-commissaire et les conclusions du ministère public.

RÉCUSATION (*d'experts*). *C. Proc.* 511. La récusation (d'experts) contestée sera jugée sommairement à l'audience, sur un simple acte, et sur les conclusions du ministère public.

(*De juge.*) *C. Proc.* 385. Sur l'expédition de l'acte de récusation (contre un juge), remise dans les vingt-quatre heures par le greffier au président du tribunal, il sera, sur le rapport du président et les conclusions du ministère public, rendu jugement qui, si la récusation est inadmissible, la rejettera ; et, si elle est admissible, ordonnera : — 1° la communication au juge récusé, pour s'expliquer en termes précis sur les faits, dans le délai qui sera fixé par le jugement ; — 2° la communication au ministère public, et indiquera le jour où le rapport sera fait par l'un des juges nommé par ledit jugement.

(*De juge de paix.*) *C. Proc.* 47. Dans les trois jours de la réponse du juge (de paix) qui refuse de s'abstenir, ou faute par lui de répondre, expédition de l'acte de récusation et de la déclaration du juge, s'il y en a, sera envoyée par le greffier, sur la réquisition de la partie la plus diligente, au procureur du Roi près le tribunal de première instance dans le ressort duquel la justice de paix est située ; la récusation y sera jugée en dernier ressort dans la huitaine sur les conclusions du procureur du Roi, sans qu'il soit besoin d'appeler les parties.

RENVOI (*demande en*). *C. Proc.* 371. Sur l'expédition (de l'acte demandant renvoi devant un autre tribunal) présentée avec les pièces justificatives, il sera rendu jugement qui ordonnera la communication au ministère public.

REQUÊTE-CIVILE. *C. Proc.* 480. Les jugemens contradictoires rendus en dernier ressort par les tribunaux de première instance et les cours royales, et les jugemens par défaut rendus aussi en dernier ressort, et qui ne sont plus susceptibles d'opposition, pourront être rétractés sur la requête de ceux qui auront été partie ou dûment appelés pour les causes ci-après, — 1°... .. 8° si, dans les cas où la loi exige la communication au ministère public, cette communication n'a pas eu lieu, et que le jugement ait été rendu contre celui pour qui elle était ordonnée.

498. Toute requête civile sera communiquée au ministère public.

SAUF-CONDUIT. *C. Proc.* 782. Le sauf-conduit (du débiteur appelé comme témoin en justice) pourra être accordé par le président du tribunal ou de la cour où les témoins devront être entendus. Les conclusions du ministère public seront nécessaires.

VÉRIFICATION D'ÉCRITURE. *C. Proc.* 202. Si les pièces de comparaison ne peuvent être déplacées, ou si leurs détenteurs sont trop éloignés, il est laissé à la prudence du tribunal d'ordonner, sur le rapport du juge-commissaire, et après avoir entendu le procureur du Roi, que la vérification se fera dans le lieu de la demeure des dépositaires, ou dans le lieu le plus proche, ou que, dans un délai déterminé, les pièces seront envoyées au greffe par les voies que le tribunal indiquera par son jugement.

COMMUNICATION DE PIÈCES.

I. AU MINISTÈRE PUBLIC. *V.* COMMUNICABLES (*causes*).

II. A PARTIE.

1° *Dispositions générales.*

C. Proc. 77. Dans la quinzaine du jour de la constitution, le défendeur fera signifier ses défenses signées de son avoué ; elles contiendront offre de communiquer les pièces à l'appui ou à l'amiable, d'avoué à avoué ou par la voie du greffe.

De la communication des pièces.

C. Proc. (*liv.* 2, *tit.* 9, § 3, art. 188-192). —
188. Les parties pourront respectivement demander, par un simple acte, communication des pièces employées contre elles, dans les trois jours où lesdites pièces auront été signifiées ou employées.

189. La communication sera faite entre avoués, sur récépissés, ou par dépôt au greffe : les pièces ne pourront être déplacées, si ce n'est qu'il y en ait minute, ou que la partie y consente.

190. Le délai de la communication sera fixé, ou par le récépissé de l'avoué, ou par le juge-

ment qui l'aura ordonné : s'il n'était pas fixé, sera de trois jours.

191. Si, après l'expiration du délai, l'avoué n'a pas rétabli les pièces, il sera, sur simple requête et même sur simple mémoire de la partie, rendu ordonnance portant qu'il sera contraint à ladite remise, incontinent et par corps ; même à payer trois francs de dommages-intérêts à l'autre partie par chaque jour de retard, du jour de la signification de ladite ordonnance, outre les frais de dites requête et ordonnance, qu'il ne pourra répéter contre son constituant.

192. En cas d'opposition, l'incident sera réglé sommairement : si l'avoué succombe, il sera condamné personnellement aux dépens de l'incident, même en tels autres dommages-intérêts et peines qu'il appartiendra, suivant la nature des circonstances.

2° *Dispositions additionnelles.*

CAUTION. *C. Proc.* 519. La partie pourra prendre au greffe communication des titres ; si elle accepte la caution, elle le déclarera par un simple acte : dans ce cas, ou si la partie ne conteste pas dans le délai, la caution fera au greffe sa soumission, qui sera exécutoire sans jugement, même pour la contrainte par corps, s'il y a lieu à contrainte.

INSTRUCTION PAR ÉCRIT. *C. Proc.* 97. Dans quinzaine de la production du demandeur au greffe, le défendeur en prendra communication et fera signifier sa réponse avec état au bas des pièces ; dans les vingt-quatre heures de cette signification, il rétablira au greffe la production par lui prise en communication, fera sienne, et en signifiera l'acte. — Dans le cas où il y aurait plusieurs défendeurs, s'ils ont tout à la fois des avoués et des intérêts différens, ils auront chacun les délais ci-dessus fixés pour prendre communication, répondre et produire : communication leur sera donnée successivement à commencer par le plus diligent.

3° *Dispositions du tarif.*

Tarif civ. 70. (Pr. 188.) Pour l'original de la sommation de communiquer les pièces signifiées ou employées dans la cause ; — (191) de la signification de la requête et de l'ordonnance portant que l'avoué qui retient des pièces sera tenu de les remettre, — à Paris 1 fr. — Dans le ressort, 75 c. (*V.* TARIF). — Pour les copies de chacun des actes, le quart.

75. (Pr. 192.) Pour la grosse de la requête d'opposition à l'ordonnance portant contrainte de remettre des pièces, qui ne pourra excéder deux rôles ; *idem* de la réponse ; — pour chaque rôle, — à Paris 2 fr. — Dans le ressort, 1 fr. 50 c. (*V.* TARIF.) — Et pour chaque copie, par rôle, le quart. — Le nombre des rôles de requête en réponse ne pourra jamais excéder celui fixé pour la requête en demande.

— Il ne sera passé aucuns frais d'impression des requêtes et défenses même autorisées.

76. (Pr. 191.) Requête pour faire contraindre un avoué à remettre les pièces qu'il a prises en communication. — La requête ne sera point grossoyée et sera taxée, — à Paris, 2 fr. — Dans le ressort, 1 fr. 50 c. (*V* TARIF.) — La vacation pour demander l'ordonnance et se la faire délivrer, est comprise dans la taxe.

91. (Pr. 189.) Vacation pour donner et prendre communication des pièces de la cause à l'amiable, sur récépissé ou par la voie du greffe, et le rétablissement entre les mains de l'avoué ou le retrait du greffe, le tout ensemble, — à Paris, 3 fr. — Dans le ressort, 2 fr. 25 c. V. TARIF.

COMMUNISTES.

1° *Disposition générale.*

C. Civ. 815. Nul ne peut être contraint à demeurer dans l'indivision ; et le partage peut être toujours provoqué, nonobstant prohibitions et conventions contraires. — On peut cependant convenir de suspendre le partage pendant un temps limité : cette convention ne peut être obligatoire au-delà de cinq ans ; mais elle peut être renouvelée.

2° *Dispositions diverses.*

MAISON. *C. Civ.* 664. Lorsque les différens étages d'une maison appartiennent à divers propriétaires, si les titres de propriété ne règlent pas le mode de réparations et reconstructions, elles doivent être faites ainsi qu'il suit : — Les gros murs et le toit sont à la charge de tous les propriétaires, chacun en proportion de la valeur de l'étage qui lui appartient. — Le propriétaire de chaque étage fait le plancher sur lequel il marche. — Le propriétaire du premier étage fait l'escalier qui y conduit ; le propriétaire du second étage fait, à partir du premier, l'escalier qui conduit chez lui, et ainsi de suite.

MÉLANGE. *C. Civ.* 572. Lorsqu'une personne a employé en partie la matière qui lui appartenait, et en partie celle qui ne lui appartenait pas, à former une chose d'une espèce nouvelle, sans que ni l'une ni l'autre des deux matières soit entièrement détruite, mais de manière qu'elles ne puissent se séparer sans inconvénient, la chose est commune aux deux propriétaires, en raison, quant à l'un, de la matière qui lui appartenait, quant à l'autre, en raison à la fois et de la matière qui lui appartenait, et du prix de sa main-d'œuvre.

573. Lorsqu'une chose a été formée par le mélange de plusieurs matières appartenant à différens propriétaires, mais dont aucune ne peut être regardée comme la matière principale, si les matières peuvent être séparées, celui à l'insu duquel les matières ont été mélangées peut en demander la division. — Si les matières ne peuvent plus être séparées sans inconvénient, ils en acquièrent en commun la propriété dans la proportion de la quantité, de la qualité et de la valeur des matières appartenant à chacun d'eux.

574. Si la matière appartenant à l'un des propriétaires était de beaucoup supérieure à l'autre par la quantité et le prix, en ce cas le propriétaire de la matière supérieure en valeur pourrait réclamer la chose provenue du mélange, en remboursant à l'autre la valeur de sa matière.

575. Lorsque la chose reste en commun entre les propriétaires des matières dont elle a été formée, elle doit être licitée au profit commun.

RÉMÉRÉ. *C. Civ.* 1668. Si plusieurs ont vendu conjointement, et par un seul contrat, un héritage commun entre eux, chacun ne peut exercer l'action en réméré que pour la part qu'il y avait.

COMMUTATIF (CONTRAT).

*C. Civ.*1104. (Le contrat) est *commutatif* lorsque chacune des parties s'engage à donner ou à faire une chose qui est regardée comme l'équivalent de ce qu'on lui donne ou de ce qu'on fait pour elle. (*V.* ÉCHANGE, VENTE.) — Lorsque l'équivalent consiste dans la chance de gain ou de perte pour chacune des parties, d'après un évènement incertain, le contrat est *aléatoire*. *V.* ALÉATOIRE (*contrat*).

COMMUTATION DE PEINE, charte 58. Le

Roi a le droit de faire grace et celui de commuer les peines.

COMPARAISON (PIÈCES DE).

C. Proc. 200. Si les parties ne s'accordent pas sur les pièces de comparaison, le juge ne pourra recevoir comme telles, — 1° que les signatures apposées aux actes pardevant notaires, ou celles apposées aux actes judiciaires, en présence du juge et du greffier, ou enfin les pièces écrites et signées par celui dont il s'agit de comparer l'écriture, en qualité de juge, greffier, notaire, avoué, huissier, ou comme faisant, à tout autre titre, fonction de personne publique ; — 2° les écritures et signatures privées, reconnues par celui à qui est attribuée la pièce à vérifier, mais non celles déniées ou non reconnues par lui, encore qu'elles eussent été précédemment vérifiées et reconnues être de lui. — Si la dénégation ou méconnaissance ne porte que sur partie de la pièce à vérifier, le juge pourra ordonner que le surplus de ladite pièce servira de pièce de comparaison. *V.* VÉRIFICATION D'ÉCRITURES.

COMPARUTION DE PARTIES.

C. Proc. 119. Si le jugement ordonne la comparution des parties, il indiquera le jour de la comparution. *V.* Paix (*juge de*), Commerce (*tribunaux de*), Mandat de comparution.

COMPENSATION.

1° *Dispositions générales.*

C. Civ. 1254. Les obligations s'éteignent par la compensation.

De la compensation.

C. Civ. (*liv.* 3, *tit.* 3, *chap.* 3, *sect.* 4, *art.* 1289-1299.) — 1289. Lorsque deux personnes se trouvent débitrices l'une envers l'autre, il s'opère entre elles une compensation qui éteint les deux dettes, de la manière et dans les cas ci-après exprimés.

1290. La compensation s'opère de plein droit par la seule force de la loi, même à l'insu des débiteurs ; les deux dettes s'éteignent réciproquement, à l'instant où elles se trouvent exister à la fois, jusqu'à concurrence de leurs quotités respectives.

1291. La compensation n'a lieu qu'entre deux dettes qui ont également pour objet une somme d'argent, ou une certaine quantité de choses fongibles de la même espèce, et qui sont également liquides et exigibles. — Les prestations en grains ou denrées, non contestées, et dont le prix est réglé par les mercuriales, peuvent se compenser avec des sommes liquides et exigibles.

1292. Le terme de grace n'est point un obstacle à la compensation.

1293. La compensation a lieu, quelles que soient les causes de l'une ou de l'autre des dettes, excepté dans le cas, — 1° de la demande en restitution d'une chose dont le propriétaire a été injustement dépouillé ; — 2° de la demande en restitution d'un dépôt et du prêt à usage ; — 3° d'une dette qui a pour cause des alimens déclarés insaisissables.

1294. La caution peut opposer la compensation de ce que le créancier doit au débiteur principal ; — mais le débiteur principal ne peut opposer la compensation de ce que le créancier doit à la caution. — Le débiteur solidaire ne peut pareillement opposer la compensation de ce que le créancier doit à son codébiteur.

1295. Le débiteur qui a accepté purement et simplement la cession qu'un créancier a faite de ses droits à un tiers, ne peut plus opposer au cessionnaire la compensation qu'il eût pu, avant l'acceptation, opposer au cédant. — A l'égard de la cession qui n'a point été acceptée par le débiteur, mais qui lui a été signifiée, elle n'empêche que la compensation des créances postérieures à cette notification.

1296. Lorsque les deux dettes ne sont pas payables au même lieu, on n'en peut opposer la compensation qu'en faisant raison des frais de la remise.

1297. Lorsqu'il y a plusieurs dettes compensables dues par la même personne, on suit, pour la compensation, les règles établies pour l'imputation par l'art. 1256 [1].

1298. La compensation n'a pas lieu au préjudice des droits acquis à un tiers. Ainsi celui qui, étant débiteur, est devenu créancier depuis la saisie-arrêt faite par un tiers entre ses mains, ne peut, au préjudice du saisissant, opposer la compensation.

1299. Celui qui a payé une dette qui était, de droit, éteinte par la compensation, ne peut plus, en exerçant la créance dont il n'a point opposé la compensation, se prévaloir, au préjudice des tiers, des privilèges ou hypothèques qui y étaient attachés, à moins qu'il n'ait eu une juste cause d'ignorer la créance qui devait compenser sa dette.

2° *Dispositions additionnelles.*

Antichrèse. *C. Civ.* 2089. Lorsque les parties ont stipulé (dans le contrat d'antichrèse) que les fruits se compenseront avec les intérêts, ou totalement, ou jusqu'à une certaine concurrence, cette convention s'exécute comme toute autre qui n'est point prohibée par les lois.

Appel. *C. Proc.* 464. Il ne sera formé, en cause d'appel, aucune nouvelle demande, à moins qu'il ne s'agisse de compensation ou que la demande nouvelle ne soit la défense à l'action principale.

Bail. *C. Civ.* 1769. Si le bail est fait pour plusieurs années, et que, pendant la durée du bail, la totalité ou la moitié d'une récolte au moins soit enlevée par des cas fortuits, le fermier peut demander une remise du prix de sa location, à moins qu'il ne soit indemnisé par les récoltes précédentes. — S'il n'est pas indemnisé, l'estimation de la remise ne peut avoir lieu qu'à la fin du bail, auquel temps il se fait une compensation de toutes les années de jouissance ; — et cependant le juge peut provisoirement dispenser le preneur de payer une partie du prix en raison de la perte soufferte.

Dépens. *C. Proc.* 131. Pourront les dépens être compensés, en tout ou en partie, entre con

---

[1] 1256. Lorsque la quittance ne porte aucune imputation, le paiement doit être imputé sur la dette que le débiteur avait pour lors le plus d'intérêt d'acquitter entre celles qui sont pareillement échues ; sinon, sur la dette échue, quoique moins onéreuse que celles qui ne le sont point. — Si les dettes sont d'égale nature, l'imputation se fait sur la plus ancienne ; toutes choses égales, elle se fait proportionnellement.

joints, ascendans, descendans, frères et sœurs ou alliés au même degré ; les juges pourront aussi compenser les dépens, en tout ou en partie, si les parties succombent respectivement sur quelques chefs.

LEGS. *C. Civ.* 1023. Le legs fait au créancier ne sera pas censé en compensation de sa créance, ni le legs fait au domestique en compensation de ses gages.

PRÊT. *C. Civ.* 1885. L'emprunteur ne peut pas retenir la chose par compensation de ce que le prêteur lui doit.

SOCIÉTÉ. *C. Civ.* 1850. Chaque associé est tenu envers la société des dommages qu'il lui a causés par sa faute, sans pouvoir compenser avec ces dommages les profits que son industrie lui aurait procurés dans d'autres affaires.

VENTE. *C. Civ.* 1623. S'il a été vendu deux fonds par le même contrat, et pour un seul et même prix, avec désignation de la mesure de chacun, et qu'il se trouve moins de contenance en l'un et plus en l'autre, on fait compensation jusqu'à due concurrence.

COMPÉTENCE. *V.* ARBITRAGE, ASSISES (*cour d'*), CASSATION (*cour de*), COMMERCE (*tribunaux de*), CONFLIT, CORRECTIONNELS (*tribunaux*), COURS ROYALES, CRIMINELLE (*instruction*), INSTANCE (*tribunaux de première*), PAIRS (*cour des*), PAIX (*juges de*), POLICE (*tribunaux de*).

COMPLAINTE POSSESSOIRE. *V.* POSSESSOIRE.

COMPLICE, COMPLICITÉ.

1° Dispositions générales.

C. Pén. 59. Les complices d'un crime ou d'un délit seront punis de la même peine que les auteurs mêmes de ce crime ou de ce délit, sauf les cas où la loi en aurait disposé autrement.

60. Seront punis comme complices d'une action qualifiée crime ou délit, ceux qui, par dons, promesses, menaces, abus d'autorité ou de pouvoir, machinations ou artifices coupables, auront provoqué à cette action, ou donné des instructions pour la commettre ; — ceux qui auront procuré des armes, des instrumens, ou tout autre moyen qui aura servi à l'action, sachant qu'ils devaient y servir ; — ceux qui auront, avec connaissance, aidé ou assisté l'auteur ou les auteurs de l'action, dans les faits qui l'auront préparée ou facilitée, ou qui l'auront consommée ; sans préjudice des peines qui seront spécialement portées par le présent Code contre les auteurs de complots ou de provocations attentatoires à la sûreté intérieure et extérieure de

l'État, même dans le cas où le crime, qui était l'objet des conspirateurs ou des provocateurs, n'aurait pas été commis.

61. Ceux qui, connaissant la conduite criminelle des malfaiteurs exerçant des brigandages ou des violences contre la sûreté de l'État, la paix publique, les personnes ou les propriétés, leur fournissent habituellement logement, lieu de retraite ou de réunion, seront punis comme leurs complices.

62. Ceux qui sciemment auront recélé, en tout ou en partie, des choses enlevées, détournées ou obtenues à l'aide d'un crime ou d'un délit, seront aussi punis comme complices de ce crime ou délit.

63. Néanmoins, la peine de mort, lorsqu'elle sera applicable aux auteurs des crimes, sera remplacée, à l'égard des recéleurs, par celle des travaux forcés à perpétuité. — Dans tous les cas, les peines de travaux forcés à perpétuité ou de la déportation, lorsqu'il y aura lieu, ne pourront être prononcées contre les recéleurs qu'autant qu'ils seront convaincus d'avoir eu, au temps du recélé, connaissance des circonstances auxquelles la loi attache les peines de mort, des travaux forcés à perpétuité et de la déportation ; sinon, ils ne subiront que la peine des travaux forcés à temps.

2° Dispositions diverses.

ADULTÈRE. *C. Pén.* 338. Le complice de la femme adultère sera puni de l'emprisonnement pendant le même espace de temps, et, en outre, d'une amende de cent francs à deux mille francs. — Les seules preuves qui pourront être admises contre le prévenu de complicité, seront, outre le flagrant délit, celles résultant de lettres ou autres pièces écrites par le prévenu.

ASSISES. *C. Instr. cr.* 433. Lorsque le procès aura été renvoyé (par la cour de cassation) devant une cour d'assises, et qu'il y aura des complices qui ne seront pas en état d'accusation, cette cour commettra un juge d'instruction, et le procureur général l'un de ses substituts, pour faire, chacun en ce qui le concerne, l'instruction dont les pièces seront ensuite adressées à la cour royale, qui prononcera s'il y a lieu ou non à la mise en accusation.

BANQUEROUTE FRAUDULEUSE. *C. Pén.* 403. Ceux qui, conformément au Code de Commerce, seront déclarés complices de banqueroute frauduleuse, seront punis de la même peine que les banqueroutiers frauduleux. *V.* BANQUEROUTE.

COMPLOT. *V.* ATTENTAT.

COMPROMIS.

Dispositions générales.

C. Proc. 1003. Toutes personnes peuvent com-

12

promettre sur les droits dont elles ont la libre disposition.

1004. On ne peut compromettre sur les dons et legs d'alimens, logement et vêtemens ; sur les séparations d'entre mari et femme, questions d'état, ni sur aucune des contestations qui seraient sujettes à communication au ministère public. *V.* COMMUNICABLES (*causes*).

1005. Le compromis pourra être fait par procès-verbal devant les arbitres choisis, ou par acte devant notaire, ou sous signature privée.

1006. Le compromis désignera les objets en litige et les noms des arbitres, à peine de nullité.

1007. Le compromis sera valable, encore qu'il ne fixe pas de délai ; et, en ce cas, la mission des arbitres ne durera que trois mois, du jour du compromis.

1012. Le compromis finit, — 1° par le décès, refus, déport ou empêchement d'un des arbitres, s'il n'y a clause qu'il sera passé outre, ou que le remplacement sera au choix des parties ou au choix de l'arbitre ou des arbitres restans ; — 2° par l'expiration du délai stipulé, ou de celui de trois mois, s'il n'en a pas été réglé ; — 3° par le partage, si les arbitres n'ont pas le pouvoir de prendre un tiers-arbitre.

1013. Le décès, lorsque tous les héritiers sont majeurs, ne mettra pas fin au compromis ; le délai pour instruire et juger sera suspendu pendant celui pour faire inventaire et délibérer.

1028. Il ne sera besoin de se pourvoir par appel ni requête civile dans les cas suivans : — 1° si le jugement a été rendu sans compromis, ou hors des termes du compromis ; — 2° s'il l'a été sur compromis nul ou expiré ; — 3°..... Dans tous ces cas, les parties se pourvoiront par opposition à l'ordonnance d'exécution, devant le tribunal qui l'aura rendue, et demanderont la nullité de l'acte qualifié *jugement arbitral. V* ARBITRAGE.

COMPTABLES.

Dispositions diverses.

CESSION. *C. Proc.* 905. Ne pourront être admis au bénéfice de cession les personnes comptables.

C. Com. 573 (*même disposition, mêmes termes*).

CONTRAINTE PAR CORPS. *C. Proc.* 126. Il est laissé à la prudence des juges de prononcer (la contrainte par corps), — 1°..., 2° pour reliquats de comptes de tutelle, curatelle, d'administration de corps et communauté, établissemens publics, ou de toute administration confiée par justice, et pour toutes restitutions à faire par suite desdits comptes.

127. Pourront les juges, dans les cas énoncés en l'article précédent, ordonner qu'il sera sursis à l'exécution de la contrainte par corps pendant le temps qu'ils fixeront, après lequel elle sera exercée sans nouveau jugement. Ce sursis ne pourra être accordé que par le jugement qui statuera sur la contestation, et qui énoncera les motifs de délai. *V.* CONTRAINTE PAR CORPS.

HYPOTHÈQUE. *C. Civ.* 2133. Les droits d'hypothèque purement légale de l'État, des communes et des établissemens publics sur les biens des comptables, ceux des mineurs ou interdits sur les tuteurs, des femmes mariées sur leurs époux, seront inscrits sur la représentation de deux bordereaux, contenant seulement, — 1° le nom, prénom, profession et domicile réel du créancier, et le domicile qui sera par lui, ou pour lui, élu dans l'arrondissement ; — 2° les nom, prénom, profession, domicile, ou désignation précise du débiteur ; — 3° la nature des droits à conserver, et le montant de leur valeur quant aux objets déterminés, sans être tenu de le fixer quant à ceux qui sont conditionnels, éventuels ou indéterminés.

RÉHABILITATION. *C. Com.* 612. Ne seront point admis à la réhabilitation, les personnes comptables, telles que les tuteurs, administrateurs ou dépositaires, qui n'auront pas rendu ou apuré leurs comptes.

COMPTE.

I. DISPOSITIONS GÉNÉRALES.

Des redditions de comptes.

C. Proc. (*liv.* 5, *tit.* 4, *art.* 527-542). — 527. Les comptables commis par justice seront poursuivis devant les juges qui les auront commis ; les tuteurs devant les juges du lieu où la tutelle a été déférée ; tous autres comptables, devant les juges de leur domicile.

528. En cas d'appel d'un jugement qui aurait rejeté une demande en reddition de compte, l'arrêt infirmatif renverra, pour la reddition et le jugement du compte, au tribunal où la demande avait été formée, ou à tout autre tribunal de première instance que l'arrêt indiquera. — Si le compte a été rendu et jugé en première instance, l'exécution de l'arrêt infirmatif appartiendra à la cour qui l'aura rendu, ou à un autre tribunal qu'elle aura indiqué par le même arrêt.

529. Les oyans qui auront le même intérêt nommeront un seul avoué : faute de s'accorder sur le choix, le plus ancien occupera, et néanmoins chacun des oyans pourra en constituer un ; mais les frais occasionés par cette constitution particulière, et faits tant activement que passivement, seront supportés par l'oyant.

530. Tout jugement portant condamnation de

rendre compte fixera le délai dans lequel le compte sera rendu, et commettra un juge.

531. Si le préambule du compte, en y comprenant la mention de l'acte ou du jugement qui aura commis le rendant, et du jugement qui aura ordonné le compte, excède six rôles, l'excédant ne passera point en taxe.

532. Le rendant n'emploiera pour dépenses communes que les frais de voyage, s'il y a lieu, les vacations de l'avoué qui aura mis en ordre les pièces du compte, les grosses et copies, les frais de présentation et affirmation.

533. Le compte contiendra les recette et dépense effectives; il sera terminé par la récapitulation de la balance desdites recette et dépense, sauf à faire un chapitre particulier des objets à recouvrer.

534. Le rendant présentera et affirmera son compte en personne ou par procureur spécial, dans le délai fixé, et au jour indiqué par le juge-commissaire, les oyans présens, ou appelés à personne ou domicile, s'ils n'ont avoué, et par acte d'avoué, s'ils en ont constitué. — Le délai passé, le rendant y sera contraint par saisie et vente de ses biens jusqu'à concurrence d'une somme que le tribunal arbitrera; il pourra même y être contraint par corps, si le tribunal l'estime convenable.

535. Le compte présenté et affirmé, si la recette excède la dépense, l'oyant pourra requérir du juge-commissaire exécutoire de cet excédant, sans approbation du compte.

536. Après la présentation et affirmation, le compte sera signifié à l'avoué de l'oyant : les pièces justificatives seront cotées et paraphées par l'avoué du rendant; si elles sont communiquées sur récépissé, elles seront rétablies dans le délai qui sera fixé par le juge-commissaire, sous les peines portées par l'art. 107 [1]. — Si les oyans ont constitué avoués différens, la copie et la communication ci-dessus seront données à l'avoué le plus ancien seulement, s'ils ont le même intérêt, et à chaque avoué s'ils ont des intérêts différens. — S'il y a des créanciers intervenans, ils n'auront tous ensemble qu'une seule communication, tant du compte que des pièces justificatives, par les mains du plus ancien des avoués qu'ils auront constitués.

537. Les quittances de fournisseurs, ouvriers, maîtres de pension, et autres de même nature, produites comme pièces justificatives du compte, sont dispensées de l'enregistrement.

538. Aux jour et heure indiqués par le commissaire, les parties se présenteront devant lui pour fournir débats, soutènemens et réponses sur son procès-verbal : si les parties ne se présentent pas, l'affaire sera portée à l'audience sur un simple acte.

539. Si les parties ne s'accordent pas, le commissaire ordonnera qu'il en sera par lui fait rapport à l'audience, au jour qu'il indiquera; elles seront tenues de s'y trouver sans aucune sommation.

540. Le jugement qui interviendra sur l'instance de compte, contiendra le calcul de la recette et des dépenses, et fixera le reliquat précis, s'il y en a aucun.

541. Il ne sera procédé à la révision d'aucun compte, sauf aux parties, s'il y a erreurs, omissions, faux ou doubles emplois, à en former leurs demandes devant les mêmes juges.

542. Si l'oyant est défaillant, le commissaire fera son rapport au jour par lui indiqué : les articles seront alloués, s'ils sont justifiés; le rendant, s'il est reliquataire, gardera les fonds, sans intérêts; et s'il ne s'agit point d'un compte de tutelle, le comptable donnera caution, si mieux il n'aime consigner.

Dispositions du tarif.

Tarif civ. 75. (Pr. 531.) Pour la grosse d'un compte dont le préambule ne pourra excéder six rôles ; — il ne sera fait qu'une seule grosse. — Pour chaque rôle, — à Paris, 2 fr. — Dans le ressort, 1 fr. 50 c. —Et pour chaque copie, par rôle, le quart. (*V.* Tarif.) — Le nombre des rôles des requêtes en réponse ne pourra jamais excéder celui fixé pour la requête en demande. — Il ne sera passé aucuns frais d'impression.

92. (Pr. 532, 534.) Vacation pour mettre en ordre les pièces d'un compte à rendre, les coter et les parapher. — Il sera passé une vacation pour cinquante pièces, deux pour cent, et ainsi de suite.—(534.) A la présentation et affirmation du compte. — (535.) Pour requérir du juge-commissaire exécutoire de l'excédant de la recette sur la dépense dans les comptes présentés.— (536.) Pour prendre en communication les pièces justificatives du compte, et les rétablir, le tout ensemble. —(538.) Pour fournir des débats sur le procès-verbal du juge-commissaire. — Par chaque vacation de trois

---

[1] *C. Proc.* 107. Si les avoués ne rétablissent, dans les délais fixés, les productions par eux prises en communication, il sera, sur le certificat du greffier, et sur un simple acte pour venir plaider, rendu jugement à l'audience, qui les condamnera personnellement et sans appel, à ladite remise, aux frais du jugement, sans répétition, et en dix francs au moins de dommages-intérêts par chaque jour de retard. — Si les avoués ne rétablissent les productions dans la huitaine de la signification dudit jugement, le tribunal pourra prononcer, sans appel, de plus forts dommages-intérêts, même condamner l'avoué par corps, et l'interdire pour le temps qu'il estimera convenable. — Lesdites condamnations pourront être prononcées sur la demande des parties, sans qu'elles aient besoin d'avoués, et sur un simple mémoire qu'elles remettront au président, ou au rapporteur, ou au procureur du Roi.

12.

heures, dont le nombre sera fixé et arbitré par le juge-commissaire. — (558.) Pour fournir soutènemens et réponses. — Par chaque vacation de trois heures, dont le nombre sera fixé et arbitré par le juge-commissaire, — à Paris, 6 fr. — Dans le ressort, 4 fr. 50 c. *V.* TARIF.

II. DISPOSITIONS DIVERSES.

EXÉCUTEUR TESTAMENTAIRE. *C. Civ.* 1031. Les exécuteurs testamentaires devront, à l'expiration de l'année du décès du testateur, rendre compte de leur gestion. *V.* TESTAMENTAIRE (*exécuteur*).

EXÉCUTION PROVISOIRE. *C. Proc.* 135. L'exécution provisoire pourra être ordonnée, avec ou sans caution, lorsqu'il s'agira : 1°..... 6° de nomination de tuteurs, curateurs et autres administrateurs, et de reddition de compte.

FEMME COMMUNE. *C. Civ.* 1483. La femme n'est tenue des dettes de la communauté, soit à l'égard du mari, soit à l'égard des créanciers, que jusqu'à concurrence de son émolument, pourvu qu'il y ait eu bon et fidèle inventaire, et en rendant compte tant du contenu de cet inventaire que de ce qui lui est échu par le partage.

HÉRITIER BÉNÉFICIAIRE. *C. Civ.* 803. L'héritier bénéficiaire est chargé d'administrer les biens de la succession, et doit rendre compte de son administration aux créanciers et aux légataires. — Il ne peut être contraint sur ses biens personnels qu'après avoir été mis en demeure de présenter son compte, et, faute d'avoir satisfait à cette obligation. — Après l'apurement du compte, il ne peut être contraint sur ses biens personnels que jusqu'à concurrence seulement des sommes dont il se trouve reliquataire. *V.* BÉNÉFICE D'INVENTAIRE.

MANDATAIRE. *C. Civ.* 1993. Tout mandataire est tenu de rendre compte de sa gestion, et de faire raison au mandant de tout ce qu'il a reçu en vertu de sa procuration, quand même ce qu'il aurait reçu n'eût point été dû au mandant. *V.* MANDAT.

MARI. *C. Civ.* 1539. Lorsque la femme séparée a laissé la jouissance de ses biens à son mari, celui-ci n'est tenu, soit sur la demande que sa femme pourrait lui faire, soit à la dissolution du mariage, qu'à la représentation des fruits existans, et il n'est pas comptable de ceux qui ont été consommés jusqu'alors.

1578. Si le mari a joui des biens paraphernaux de sa femme, sans mandat, et néanmoins sans opposition de sa part, il n'est tenu, à la dissolution du mariage, ou à la première demande de la femme, qu'à la représentation des fruits existans,

et il n'est point comptable de ceux qui ont été consommés jusqu'alors.

COMPTE (VENTE EN). *C. Civ.* 1585. Lorsque des marchandises ne sont pas vendues en bloc, mais au poids, au compte ou à la mesure, la vente n'est point parfaite, en ce sens que les choses vendues sont aux risques du vendeur jusqu'à ce qu'elles soient pesées, comptées ou mesurées, mais l'acheteur peut en demander ou la délivrance ou des dommages-intérêts, s'il y a lieu, en cas d'inexécution de l'engagement.

COMPTE COURANT. *V.* COURANT (*compte*).

COMPTE DE RETOUR. *V.* RETOUR (*compte de*).

COMPTE DE TUTELLE. *V.* TUTELLE (*compte de*).

COMPULSOIRE.

Dispositions générales.

C. Proc. 847. La demande à fin de compulsoire sera formée par requête d'avoué à avoué, elle sera portée à l'audience sur un simple acte et jugée sommairement sans aucune procédure.

848. Le jugement sera exécutoire nonobstant appel ou opposition.

849. Les procès-verbaux de compulsoire ou collation seront dressés, et l'expédition ou copie délivrée par le notaire ou dépositaire, à moins que le tribunal qui l'aura ordonné n'ait commis un de ses membres, ou tout autre juge de tribunal de première instance, ou un autre notaire.

850. Dans tous les cas, les parties pourront assister au procès-verbal, et y insérer tels dires qu'elles aviseront.

Disposition additionnelle.

L. 25 *vent. an XI.* — 24. En cas de compulsoire, le procès-verbal sera dressé par le notaire dépositaire de l'acte, à moins que le tribunal qui l'ordonne ne commette un de ses membres, ou tout autre juge, ou un autre notaire.

Dispositions du tarif.

Tarif civ. 73. (Pr. 847.) Pour la grosse de la requête, afin de se faire autoriser à compulser un acte, qui ne pourra excéder six rôles ; — et réponse. — Pour chaque rôle, — à Paris, 2 fr. — Dans le ressort, 1 fr. 50 c. (*V.* TARIF.) — Pour chaque copie par rôle, le quart. — Le nombre des rôles des réponse ne pourra jamais excéder celui fixé pour la requête en demande. — Il ne sera passé aucun frais d'impression.

92. (Pr. 850.) Pour assistance au compulsoire, dire au procès-verbal par chaque vacation, — à Paris 6 fr. — Dans le ressort, 4 fr. 50 c. *V.* TARIF.

168. Il sera taxé aux notaires, — pour chaque vacation de trois heures, — (Pr. 849) aux compulsoires faits en leur étude, — à Paris, 9 fr. — Dans les villes où il y a tribunal de première instance, 6 fr. — Partout ailleurs, 4 fr. *V.* VACATION.

COMPUTATION DE DÉLAI. *C. Proc.*

1033. Le jour de la signification ni celui de l'échéance ne sont jamais compris pour le délai général fixé pour les ajournemens, les citations, sommations et autres actes faits à personne ou domicile : ce délai sera augmenté d'un jour à raison de trois myriamètres de distance ; et quand il y aura lieu à voyage ou renvoi et retour, l'augmentation sera du double. *V.* DÉLAI.

CONCEPTION.

1° *Disposition générale.*

C. Civ. 312. L'enfant conçu pendant le mariage a pour père le mari. — Néanmoins celui-ci pourra désavouer l'enfant s'il prouve que, pendant le temps qui a couru depuis le trois centième jour jusqu'au cent quatre-vingtième jour avant la naissance de cet enfant, il était, soit par cause d'éloignement, soit par l'effet de quelque accident, dans l'impossibilité physique de cohabiter avec sa femme.

2° *Dispositions diverses.*

DONATIONS ET LEGS. *C. Civ.* 906. Pour être capable de recevoir entre-vifs, il suffit d'être conçu au moment de la donation. — Pour être capable de recevoir par testament, il suffit d'être conçu à l'époque du décès du testateur. — Néanmoins la donation ou le testament n'auront leur effet qu'autant que l'enfant sera né viable.

HÉRITIER. *C. Civ.* 725. Pour succéder, il faut nécessairement exister à l'instant de l'ouverture de la succession.—Ainsi sont incapables de succéder : — 1° celui qui n'est pas encore conçu ; — 2° l'enfant qui n'est pas né viable ; — 3° celui qui est mort civilement.

MARIAGE (*nullité*). *C. Civ.* 183. Le mariage contracté par des époux qui n'avaient point encore l'âge requis, ou dont l'un des deux n'avait point atteint cet âge, ne peut plus être attaqué : — 1°..... 2° lorsque la femme qui n'avait point cet âge, a conçu avant l'échéance de six mois.

CONCILIATION.

I. DISPOSITIONS GÉNÉRALES.

C. Civ. 2245. La citation ou conciliation devant le bureau de paix, interrompt la prescription, du jour de sa date, lorsqu'elle est suivie d'une assignation en justice donnée dans les délais de droit.

De la conciliation.

C. Proc. (*liv.* 2, *tit.* 1, *art.* 48-58). — 48. Aucune demande principale introductive d'instance entre parties capables de transiger, et sur des objets qui peuvent être la matière d'une transaction, ne sera reçue dans les tribunaux de première instance, que le défendeur n'ait été préa-

lablement appelé en conciliation devant le juge de paix, ou que les parties n'y aient volontairement comparu.

49. Sont dispensées du préliminaire de la conciliation, — 1° les demandes qui intéressent l'État et le domaine, les communes, les établissemens publics, les mineurs, les interdits, les curateurs aux successions vacantes ; — 2° les demandes qui requièrent célérité ; — 3° les demandes en intervention ou en garantie ; — 4° les demandes en matière de commerce ; — 5° les demandes de mise en liberté ; celles en main levée de saisie ou opposition, en paiement de loyers, fermages ou arrérages de rentes ou pensions ; celles des avoués en paiement de frais ; — 6° les demandes formées contre plus de deux parties, encore qu'elles aient le même intérêt ; — 7° les demandes en vérification d'écritures, en désaveu, en règlement de juges, en renvoi, en prise à parties ; les demandes contre un tiers-saisi, et en général sur les saisies, sur les offres réelles, sur la remise des titres, sur leur communication, sur les séparations de biens, sur les tutelles et curatelles ; et enfin toutes les causes exceptées par les lois.

50. Le défendeur sera cité en conciliation, — 1° en matière personnelle et réelle, devant le juge de paix de son domicile ; s'il y a deux défendeurs, devant le juge de l'un d'eux, au choix du demandeur ; — 2° en matière de société autre que celle de commerce, tant qu'elle existe, devant le juge du lieu où elle est établie ;—3° en matière de succession, sur les demandes entre héritiers, jusqu'au partage inclusivement ; sur les demandes qui seraient intentées par les créanciers du défunt avant le partage ; sur les demandes relatives à l'exécution des dispositions à cause de mort, jusqu'au jugement définitif, devant le juge de paix du lieu où la succession est ouverte.

51. Le délai de la citation sera de trois jours au moins.

52. La citation sera donnée par un huissier de la justice de paix du défendeur ; elle énoncera sommairement l'objet de la conciliation.

53. Les parties comparaîtront en personne ; en cas d'empêchement, par un fondé de pouvoir.

54. Lors de la comparution, le demandeur pourra expliquer, même augmenter sa demande, et le défendeur former celles qu'il jugera convenables : le procès-verbal qui en sera dressé contiendra les conditions de l'arrangement, s'il y en a ; dans le cas contraire, il fera sommairement mention que les parties n'ont pu s'accorder. — Les conventions des parties, insérées au procès-verbal, ont force d'obligation privée.

55. Si l'une des parties défère le serment à l'autre, le juge de paix le recevra, ou fera mention du refus de le prêter.

56. Celle des parties qui ne comparaîtra pas sera condamnée à une amende de dix francs ; et toute audience lui sera refusée jusqu'à ce qu'elle ait justifié de la quittance.

57. La citation en conciliation interrompra la prescription, et fera courir les intérêts ; le tout, pourvu que la demande soit formée dans le mois, à dater du jour de la non-comparution ou de la non-conciliation.

58. En cas de non-comparution de l'une des parties, il en sera fait mention sur le registre du greffe de la justice de paix, et sur l'original ou la copie de la citation, sans qu'il soit besoin de dresser procès-verbal.

Dispositions du tarif.

Tarif civ. 10. (Pr. 54.) Pour l'expédition du procès-verbal qui constatera que les parties n'ont pu être conciliées, et qui ne doit contenir qu'une mention sommaire qu'elles n'ont pu s'accorder, il sera alloué, — à Paris, 1 fr. — Dans les villes et cantons ruraux, 80 c.

13. (Pr. 58.) Il n'est rien alloué pour la mention sur le registre du greffe, et sur l'original ou la copie de la citation en conciliation, quand l'une des parties ne comparaît pas.

69. Il ne sera alloué aucun émolument à l'avoué, dans le cas où il comparaîtrait au bureau de conciliation pour sa partie.

II. DISPOSITIONS ADDITIONNELLES.

AJOURNEMENT. *C. Proc.* 65. Il sera donné, avec l'exploit (d'ajournement), copie du procès-verbal de non-conciliation ou copie de la mention de non-comparution, à peine de nullité ; sera aussi donnée copie des pièces ou de la partie des pièces sur lesquelles la demande est fondée. A défaut de ces copies, celles que le demandeur sera tenu de donner dans le cours de l'instance n'entreront point en taxe.

ÉTAT CIVIL (*acte, rectification*). *C. Proc.* 856. S'il y a lieu d'appeler (dans l'instance en rectification) les parties intéressées, la demande sera formée par exploit, sans préliminaire de conciliation

EXPÉDITION D'ACTE (*demande*). *C. Proc.* 859. Le notaire ou autre dépositaire qui refusera de délivrer expédition ou copie d'un acte aux parties intéressées en nom direct, héritiers ou ayans droit, y sera condamné, et par corps, sur assignation à bref délai, donnée en vertu de permission du président du tribunal de première instance, sans préliminaire de conciliation.

REPRISE D'INSTANCE. *C. Proc.* 343. Le défendeur qui n'aurait pas constitué avoué avant le changement d'état ou le décès du demandeur,

sera assigné de nouveau à un délai de huitaine, pour voir adjuger les conclusions, et sans qu'il soit besoin de conciliation préalable.

SAISIE-ARRÊT. *C. Proc.* 566. En aucun cas il ne sera nécessaire de faire précéder la demande en validité (de la saisie-arrêt) par une citation en conciliation.

570. Le tiers-saisi sera assigné, sans citation préalable en conciliation, devant le tribunal qui doit connaître de la saisie ; sauf à lui, si sa déclaration est contestée, à demander son renvoi devant son juge.

SAISIE IMMOBILIÈRE. *C. Proc.* 718. Toute contestation incidente à une poursuite de saisie immobilière sera jugée sommairement dans les cours et dans les tribunaux ; les demandes ne seront pas précédées de citation au bureau de conciliation.

SÉPARATION DE BIENS. *C. Proc.* 871. Les créanciers du mari pourront, jusqu'au jugement définitif, sommer l'avoué de la femme, par acte d'avoué à avoué, de leur communiquer la demande en séparation et les pièces justificatives, même intervenir pour la conservation de leurs droits, sans préliminaire de conciliation.

CONCLUSIONS.

I. CONCLUSIONS DES PARTIES.

1° *Dispositions générales.*

C. Proc. 61. L'exploit d'ajournement contiendra : 1°..... 3° l'objet de la demande, l'exposé sommaire des moyens.

77. Dans la quinzaine du jour de la constitution (de l'avoué), le défendeur fera signifier ses défenses signées de son avoué.

141. La rédaction des jugemens contiendra les noms des juges, du procureur du Roi, s'il a été entendu, ainsi que des avoués ; les noms, professions et demeures des parties, leurs conclusions, l'exposition sommaire des points de fait et de droit, les motifs et le dispositif des jugemens.

142. La rédaction sera faite sur les qualités signifiées entre les parties : en conséquence, celle qui voudra lever un jugement contradictoire sera tenue de signifier à l'avoué de son adversaire les qualités contenant les noms, professions et demeures des parties, les conclusions, et les points de fait et de droit.

2° *Dispositions diverses.*

APPEL. *C. Proc.* 465. Les nouvelles demandes (faites sur l'appel) et les exceptions du défendeur ne pourront être formées que par de simples actes de conclusions motivées. — Il en sera de même dans le cas où les parties voudraient changer ou modifier leurs conclusions.

DÉFAUT. *C. Proc.* 150. Le défaut sera prononcé à l'audience sur l'appel de la cause ; et les conclusions de la partie qui le requiert seront adjugées , si elles se trouvent justes et bien vérifiées : pourront néanmoins les juges faire mettre les pièces sur le bureau, pour prononcer le jugement à l'audience suivante.

II. CONCLUSIONS DU PROCUREUR DU ROI.
V. COMMUNICABLES (*causes*).

CONCORDAT:

Dispositions générales.

C. Com. 635. (Les tribunaux de commerce) connaîtront : 1°..... 2° des oppositions au concordat, lorsque les moyens de l'opposant seront fondés sur des actes ou opérations dont la connaissance est attribuée par la loi aux juges des tribunaux de commerce ; — dans tous les autres cas, ces oppositions seront jugées par les tribunaux civils ; — en conséquence, toute opposition au concordat contiendra les moyens de l'opposant, à peine de nullité.

Du concordat.

C. Com. (*liv.* 3, *tit.* 1, *ch.* 8, *sect.* 2, *art.* 519-526) — 519. Il ne pourra être consenti de traité entre les créanciers délibérans et le débiteur failli, qu'après l'accomplissement des formalités ci-dessus prescrites (*art.* 501-515. *V.* VÉRIFICATION DE CRÉANCES.) — Ce traité ne s'établira que par le concours d'un nombre de créanciers formant la majorité, et représentant, en outre , par leurs titres de créance vérifiées, les trois quarts de la totalité des sommes dues , selon l'état des créances vérifiées et enregistrées, conformément à la sect. 4 du chap. 7 (*art.* 501-515, *ibid.*), le tout à peine de nullité.

520. Les créanciers hypothécaires inscrits et ceux nantis d'un gage n'auront point de voix dans les délibérations relatives au concordat.

521. Si l'examen des actes, livres et papiers du failli, donne quelque présomption de banqueroute, il ne pourra être fait aucun traité entre le failli et les créanciers, à peine de nullité : le commissaire veillera à l'exécution de la présente disposition.

522. Le concordat, s'il est consenti, sera, à peine de nullité, signé séance tenante : si la majorité des créanciers présens consent au concordat, mais ne forme pas les trois quarts en somme, la délibération sera remise à-huitaine pour tout délai.

523. Les créanciers opposans au concordat seront tenus de faire signifier leurs oppositions aux syndics et au failli dans huitaine *pour tout délai.*

524. Le traité sera homologué dans la huitaine du jugement sur les oppositions. L'homologation le rendra obligatoire pour tous les créanciers, et l'on conservera l'hypothèque à chacun d'eux sur les immeubles du failli ; à cet effet, les syndics seront tenus de faire inscrire aux hypothèques le jugement d'homologation, à moins qu'il n'y ait été dérogé par le concordat.

525. L'homologation étant signifiée aux syndics provisoires, ceux-ci rendront leur compte définitif au failli, en présence du commissaire ; ce compte sera débattu et arrêté. En cas de contestation, le tribunal de commerce prononcera : les syndics remettront ensuite au failli l'universalité de ses biens, ses livres, papiers, effets. — Le failli donnera décharge ; les fonctions du commissaire et des syndics cesseront, et il sera dressé du tout procès-verbal par le commissaire.

526. Le tribunal de commerce pourra, pour cause d'inconduite ou de fraude, refuser l'homologation du concordat ; et , dans ce cas, le failli sera en prévention de banqueroute, et renvoyé, de droit, devant le magistrat de sûreté, qui sera tenu de poursuivre d'office. — S'il accorde l'homologation, le tribunal déclarera le failli excusable, et susceptible d'être réhabilité aux conditions exprimées au titre ci-après *de la réhabilitation.* (*Tit* 5, *art.* 604-614. *V.* RÉHABILITATION.)

CONCUSSION.

1° *Dispositions générales.*

Des concussions commises par des fonctionnaires publics.

C. Pén. (*liv.* 3 , *tit.* 1, *chap.* 3 , *sect.* 2, § 2, *art.* 174.) — 174. Tous fonctionnaires, tous officiers publics , leurs commis ou préposés, tous percepteurs des droits, taxes, contributions, deniers, revenus publics ou communaux, et leurs commis ou préposés , qui se seront rendus coupables du crime de concussion, en ordonnant de percevoir ou en exigeant ou en recevant ce qu'ils savaient n'être pas dû, ou excéder ce qui était dû pour droits, taxes, contributions, deniers ou revenus , ou pour salaires ou traitemens , seront punis, savoir, les fonctionnaires ou les officiers publics , de la peine de la réclusion ; et leurs commis ou préposés , d'un emprisonnement de deux ans au moins et de cinq ans au plus. — Les coupables seront de plus condamnés à une amende dont le *maximum* sera le quart des restitutions et des dommages-intérêts, et le *minimum* le douzième.

2° *Dispositions diverses.*

COMMISSAIRES-PRISEURS ET HUISSIERS. *C.Proc.* 625. Les commissaires-priseurs et huissiers seront personnellement responsables du prix des adjudications, et feront mention , dans leurs procès-verbaux, des noms et domiciles des adjudicataires; ils ne pourront recevoir d'eux aucune somme au-dessus de l'enchère, à peine de concussion.

JUGES. *C. Proc.* 505. Les juges peuvent être pris à partie dans les cas suivans : — 1° s'il y a dol, fraude ou concussion, qu'on prétendrait avoir été commis, soit dans le cours de l'instruction, soit lors des jugemens. *V.* PRISE A PARTIE.

CONDAMNATION, CONDAMNÉS.

1° *Des condamnations au grand criminel.*

V. BANNISSEMENT, CONFISCATION, DÉGRADATION CIVIQUE, DÉPORTATION, DÉTENTION, EXPOSITION, MORT (*peine de*), MORT CIVILE, POLICE (*surveillance de la haute*), RÉCLUSION, TRAVAUX FORCÉS.

2° *Des condamnations en police correctionnelle.*

V. AMENDE, CONFISCATION, DROITS CIVILS OU CIVIQUES (*interdiction de*), EMPRISONNEMENT, POLICE (*surveillance de la haute*).

3° *Des condamnations en simple police.*

V. AMENDE, CONFISCATION, EMPRISONNEMENT.

4° *Dispositions diverses.*

V. CONTUMACE, CURATEUR, DÉFAUT, RÉHABILITATION, RÉVISION.

CONDITION, CONDITIONNEL.

I. DES DISPOSITIONS ENTRE-VIFS ET TESTAMENTAIRES.

Disposition générale.

C. Civ. 900. Dans toute disposition entre-vifs ou testamentaire, les conditions impossibles, celles qui seront contraires aux lois ou aux mœurs, seront réputées non écrites.

1° *Des donations ordinaires étrangères à mariage.*

C. Civ. 944. Toute donation entre-vifs faite sous des conditions dont l'exécution dépend de la seule volonté du donateur, sera nulle.

945. Elle sera pareillement nulle, si elle a été faite sous la condition d'acquitter d'autres dettes ou charges que celles qui existaient à l'époque de la donation, ou qui seraient exprimées, soit dans l'acte de donation, soit dans l'état qui devrait y être annexé.

2° *Des donations par contrat de mariage.*

C. Civ. 1086. La donation par contrat de mariage en faveur des époux et des enfans à naître de leur mariage, pourra être faite, à condition de payer indistinctement toutes les dettes et charges de la succession du donateur, ou sous d'autres conditions dont l'exécution dépendrait de sa volonté, par quelque personne que la donation soit faite : le donataire sera tenu d'accomplir ces con-

ditions, s'il n'aime mieux renoncer à la donation; et en cas que le donateur, par contrat de mariage, se soit réservé la liberté de disposer d'un effet compris dans la donation de ses biens présens, ou d'une somme fixe à prendre sur ces mêmes biens, l'effet ou la somme, s'il meurt sans en avoir disposé, seront censés compris dans la donation, et appartiendront au donataire ou à ses héritiers.

1088. Toute donation faite en faveur du mariage sera caduque, si le mariage ne s'ensuit pas.

1092. Toute donation entre-vifs de biens présens, faite entre époux par contrat de mariage, ne sera point censée faite sous la condition de survie du donataire, si cette condition n'est formellement exprimée.

3° *Des testamens.*

C. Civ. 1040. Toute disposition testamentaire faite sous une condition dépendante d'un événement incertain, et telle que, dans l'intention du testateur, cette disposition ne doive être exécutée qu'autant que l'événement arrivera ou n'arrivera pas, sera caduque, si l'héritier institué ou le légataire décède avant l'accomplissement de la condition.

1041. La condition qui, dans l'intention du testateur, ne fait que suspendre l'exécution de la disposition, n'empêchera pas l'héritier institué, ou le légataire, d'avoir un droit acquis et transmissible à ses héritiers.

II. DES OBLIGATIONS.

1° *Dispositions générales.*

C. Civ. 1234. Les obligations s'éteignent par l'effet de la condition résolutoire.

Des obligations conditionnelles.

C. Civ. (*liv.* 3, *tit.* 3, *ch.* 4, *sect.* 1, *art.* 1168-1184).

§ 1, *de la condition en général et de ses diverses espèces.*

1168. L'obligation est conditionnelle lorsqu'on la fait dépendre d'un événement futur et incertain, soit en la suspendant jusqu'à ce que l'événement arrive, soit en la résiliant, selon que l'événement arrivera ou n'arrivera pas.

1169. La condition *casuelle* est celle qui dépend du hasard, et qui n'est nullement au pouvoir du créancier ni du débiteur.

1170. La condition *potestative* est celle qui fait dépendre l'exécution de la convention d'un événement qu'il est au pouvoir de l'une ou de l'autre des parties contractantes de faire arriver ou d'empêcher.

1171. La condition *mixte* est celle qui dépend tout à la fois de la volonté d'une des parties contractantes, et de la volonté d'un tiers.

1172. Toute condition d'une chose impossible, ou contraire aux bonnes mœurs, ou prohibée par la loi, est nulle, et rend nulle la convention qui en dépend.

1173. La condition de ne pas faire une chose impossible ne rend pas nulle l'obligation contractée sous cette condition.

1174. Toute obligation est nulle lorsqu'elle a été contractée sous une condition potestative de la part de celui qui s'oblige.

1175. Toute condition doit être accomplie de la manière que les parties ont vraisemblablement voulu et entendu qu'elle le fût.

1176. Lorsqu'une obligation est contractée sous la condition qu'un évènement arrivera dans un temps fixe, cette condition est censée défaillie lorsque le temps est expiré sans que l'évènement soit arrivé. S'il n'y a point de temps fixe, la condition peut toujours être accomplie; et elle n'est censée défaillie que lorsqu'il est devenu certain que l'évènement n'arrivera pas.

1177. Lorsqu'une obligation est contractée sous la condition qu'un évènement n'arrivera pas dans un temps fixe, cette condition est accomplie lorsque ce temps est expiré sans que l'évènement soit arrivé; elle l'est également, si avant le terme il est certain que l'évènement n'arrivera pas; et s'il n'y a pas de temps déterminé, elle n'est accomplie que lorsqu'il est certain que l'évènement n'arrivera pas.

1178. La condition est réputée accomplie lorsque c'est le débiteur, obligé sous cette condition, qui en a empêché l'accomplissement.

1179. La condition accomplie a un effet rétroactif au jour auquel l'engagement a été contracté. Si le créancier est mort avant l'accomplissement de la condition, ses droits passent à son héritier.

1180. Le créancier peut, avant que la condition soit accomplie, exercer tous les actes conservatoires de son droit.

§ 2, de la condition suspensive.

1181. L'obligation contractée sous une condition suspensive est celle qui dépend ou d'un évènement futur et incertain, ou d'un évènement actuellement arrivé, mais encore inconnu des parties. — Dans le premier cas, l'obligation ne peut être exécutée qu'après l'évènement. — Dans le second cas, l'obligation a son effet du jour où elle été contractée.

1182. Lorsque l'obligation a été contractée sous une condition suspensive, la chose qui fait la matière de la convention demeure aux risques du débiteur qui ne s'est obligé de la livrer que dans le cas de l'évènement de la condition. — Si la chose est entièrement périe sans la faute du débiteur, l'obligation est éteinte. — Si la chose s'est détériorée sans la faute du débiteur, le créancier a le choix ou de résoudre l'obligation, ou d'exiger la chose dans l'état où elle se trouve, sans diminution du prix.— Si la chose s'est détériorée par la faute du débiteur, le créancier a le droit, ou de résoudre l'obligation, ou d'exiger la chose dans l'état où elle se trouve, avec des dommages et intérêts.

§ 3, de la condition résolutoire.

1183. La condition résolutoire est celle qui, lorsqu'elle s'accomplit, opère la révocation de l'obligation, et qui remet les choses au même état que si l'obligation n'avait pas existé. — Elle ne suspend point l'exécution de l'obligation; elle oblige seulement le créancier à restituer ce qu'il a reçu, dans le cas où l'évènement prévu par la condition arrive.

1184. La condition résolutoire est toujours sous-entendue dans les contrats synallagmatiques, pour le cas où l'une des deux parties ne satisfera point à son engagement. — Dans ce cas, le contrat n'est point résolu de plein droit. La partie envers laquelle l'engagement n'a point été exécuté, a le choix ou de forcer l'autre à l'exécution de la convention lorsqu'elle est possible, ou d'en demander la résolution avec dommages et intérêts. — La résolution doit être demandée en justice, et il peut être accordé au défendeur un délai selon les circonstances.

2° Dispositions additionnelles.

HYPOTHÈQUE CONVENTIONNELLE. C. Civ. 2123. Ceux qui n'ont sur l'immeuble qu'un droit suspendu par une condition, ou résoluble dans certains cas, ou sujet à rescision, ne peuvent consentir qu'une hypothèque soumise aux mêmes conditions ou à la même rescision.

2132. Si la créance résultant de l'obligation est conditionnelle pour son existence, ou indéterminée dans sa valeur, le créancier ne pourra requérir l'inscription que jusqu'à concurrence d'une valeur estimative par lui déclarée expressément, et que le débiteur aura droit de faire réduire, s'il y a lieu.

2163. Peuvent être réduites comme excessives les inscriptions prises d'après l'évaluation faite par le créancier, des créances qui, en ce qui concerne l'hypothèque à établir pour leur sûreté, n'ont pas été réglées par la convention, et qui, par leur nature, sont conditionnelles, éventuelles ou indéterminées.

HYPOTHÈQUE LÉGALE. C. Civ. 2133. Les droits d'hypothèque purement légale de l'État, des communes et des établissemens publics sur les biens des comptables, ceux des mineurs ou interdits sur les tuteurs, des femmes mariées sur leurs époux, seront inscrits sur la représentation de deux bordereaux contenant seulement : — 1°... 3° la nature des droits à conserver, et le montant de leur valeur quant aux objets déterminés, sans être tenu de le fixer quant à ceux qui sont conditionnels, éventuels ou indéterminés.

OFFRES RÉELLES. *C. Civ.* 1258. Pour que les offres réelles soient valables, il faut,—1°... 3° que la condition sous laquelle la dette a été contractée soit arrivée.

PRESCRIPTION. *C. Civ.* 2257. La prescription ne court point, — à l'égard d'une créance qui dépend d'une condition, jusqu'à ce que la condition arrive.

TERME (*obligation à*). *C. Civ.* 1185. Le terme diffère de la condition, en ce qu'il ne suspend point l'engagement, dont il retarde seulement l'exécution.

USUFRUIT. *C. Civ.* 580. L'usufruit peut être établi, ou purement, ou à certain jour, ou à condition.

VENTE. *C. Civ.* 1584. La vente peut être faite purement et simplement, ou sous une condition soit suspensive, soit résolutoire.— Dans tous ces cas, son effet est réglé par les principes généraux des conventions.

1588. La vente faite à l'essai est toujours présumée faite sous une condition suspensive.

CONFIRMATIFS (ACTES).

Des actes récognitifs et confirmatifs.

C. Civ. (*liv.* 3, *tit.* 5, *ch.* 6, *sect.* 1, § 5, *art.* 1337-1540). — 1337. Les actes récognitifs ne dispensent point de la représentation du titre primordial, à moins que sa teneur n'y soit spécialement relatée. — Ce qu'ils contiennent de plus que le titre primordial, ou ce qui s'y trouve de différent, n'a aucun effet. — Néanmoins, s'il y avait plusieurs reconnaissances conformes, soutenues de la possession, et dont l'une eût trente ans de date, le créancier pourrait être dispensé de représenter le titre primordial.

1338. L'acte de confirmation ou ratification d'une obligation contre laquelle la loi admet l'action en nullité ou en rescision, n'est valable que lorsqu'on y trouve la substance de cette obligation, la mention du motif de l'action en rescision, et l'intention de réparer le vice sur lequel cette action est fondée. — A défaut d'acte de confirmation ou ratification, il suffit que l'obligation soit exécutée volontairement après l'époque à laquelle l'obligation pouvait être valablement confirmée ou ratifiée.—La confirmation, ratification, ou exécution volontaire dans les formes et à l'é-

poque déterminées par la loi, emporte la renonciation aux moyens et exceptions que l'on pouvait opposer contre cet acte, sans préjudice néanmoins du droit des tiers.

1339. Le donateur ne peut réparer par aucun acte confirmatif les vices d'une donation entre-vifs; nulle en la forme, il faut qu'elle soit refaite en la forme légale.

1340. La confirmation, ou ratification, ou exécution volontaire d'une donation par les héritiers ou ayans cause du donateur, après son décès, emporte leur renonciation à opposer soit les vices de forme, soit toute autre exception.

CONFISCATION.

1° De la confiscation générale.

Charte. 57. La peine de la confiscation des biens est abolie et ne pourra pas être rétablie.

2° De la confiscation spéciale.

C. Pén. 11. L'amende et la confiscation spéciale, soit du corps du délit, quand la propriété en appartient au condamné, soit des choses produites par le délit, soit de celles qui ont servi ou qui ont été destinées à le commettre, sont des peines communes aux matières criminelle et correctionnelle.

CONFLIT.

I. ENTRE LES TRIBUNAUX DIVERS. *V.* RÈGLEMENT DE JUGES.

II. ENTRE LES TRIBUNAUX ET L'ADMINISTRATION.

1° Disposition pénale.

C. Pén. 128. Les juges qui, sur la revendication formellement faite par l'autorité administrative d'une affaire portée devant eux, auront néanmoins procédé au jugement avant la décision de l'autorité supérieure, seront punis chacun d'une amende de seize francs au moins et de cinquante francs au plus. — Les officiers du ministère public qui auront fait des réquisitions, ou donné des conclusions pour ledit jugement, seront punis de la même peine. (*Cet article se trouve modifié par l'ordonnance suivante.*)

2° Ordonnance du 1er juin 1828 sur les conflits d'attribution entre les tribunaux et l'autorité administrative.

Art. 1er. A l'avenir le conflit d'attribution entre les tribunaux et l'autorité administrative ne sera ja mais élevé en matière criminelle.

2. Il ne pourra être élevé de conflit en matière de police correctionnelle que dans les deux cas suivans — 1° lorsque la répression du délit est attribuée par une disposition législative à l'autorité administrative —2° lorsque le jugement à rendre par le tribunal dépendra d'une question préjudicielle, dont la connaissance appartiendrait à l'autorité administrativ en vertu d'une disposition législative. — Dans c

dernier cas, le conflit ne pourra être élevé que sur la question préjudicielle.

3. Ne donneront pas lieu au conflit, — 1° le défaut d'autorisation, soit de la part du Gouvernement lorsqu'il s'agit de poursuites dirigées contre ses agens, soit de la part du conseil de préfecture lorsqu'il s'agira de contestations judiciaires dans lesquelles les communes ou les établissemens publics seront parties ; —2° le défaut d'accomplissement de formalités à remplir devant l'administration, préalablement aux poursuites judiciaires.

4. Hors le cas prévu ci-après par le dernier paragraphe de l'article 8 de la présente ordonnance, il ne pourra jamais être élevé de conflit après des jugemens rendus en dernier ressort ou acquiescés, ni après des arrêts définitifs. — Néanmoins le conflit pourra être élevé en cause d'appel s'il ne l'a pas été en première instance, ou s'il l'a été irrégulièrement après les délais prescrits par l'art. 8 de la présente ordonnance.

5. A l'avenir, le conflit d'attribution ne pourra être élevé que dans les formes et de la manière déterminées par les articles suivans.

6. Lorsqu'un préfet estimera que la connaissance d'une question portée devant un tribunal de première instance est attribuée par une disposition législative à l'autorité administrative, il pourra alors même que l'administration ne serait pas en cause, demander le renvoi devant l'autorité compétente. A cet effet, le préfet adressera au procureur du Roi un mémoire dans lequel sera rapportée la disposition législative qui attribue à l'administration la connaissance du litige.— Le procureur du Roi fera connaître, dans tous les cas, au tribunal, la demande formée par le préfet, et requerra le renvoi si la revendication lui paraît fondée.

7. Après que le tribunal aura statué sur le déclinatoire, le procureur du Roi adressera au préfet, dans les cinq jours qui suivront le jugement, copie de ses conclusions ou réquisitions, et du jugement rendu sur la compétence. — La date de l'envoi sera consignée sur un registre à ce destiné.

8. Si le déclinatoire est rejeté, dans la quinzaine de cet envoi pour tout délai, le préfet du département, s'il estime qu'il y ait lieu, pourra élever le conflit. Si le déclinatoire est admis, le préfet pourra également élever le conflit dans la quinzaine qui suivra la signification de l'acte d'appel, si la partie interjette appel du jugement. — Le conflit pourra être élevé dans ledit délai alors même que le tribunal aurait, avant l'expiration de ce délai, passé outre au jugement du fond.

9. Dans tous les cas, l'arrêté par lequel le préfet élèvera le conflit et revendiquera la cause, devra viser le jugement intervenu et l'acte d'appel, s'il y a lieu ; la disposition législative qui attribue à l'administration la connaissance du point litigieux, y sera textuellement insérée.

10. Lorsque le préfet aura élevé le conflit, il sera tenu de faire déposer son arrêté et les pièces y visées au greffe du tribunal. — Il lui sera donné récépissé de ce dépôt sans délai et sans frais.

11. Si, dans le délai de quinzaine, cet arrêté n'avait pas été déposé au greffe, le conflit ne pourrait plus être élevé devant le tribunal saisi de l'affaire.

12. Si l'arrêté a été déposé au greffe en temps utile, le greffier le remettra immédiatement au procureur du Roi, qui le communiquera au tribunal réuni dans la chambre du conseil, et requerra que, conformément à l'article 27 de la loi du 21 fructidor an 3 [1], il soit sursis à toute procédure judiciaire.

13. Après la communication ci-dessus, l'arrêté du préfet et les pièces seront rétablis au greffe où ils resteront déposés pendant quinze jours. Le procureur du Roi en préviendra de suite les parties ou leurs avoués, lesquels pourront en prendre communication sans déplacement, et remettre, dans le même délai de quinzaine, au parquet du procureur du Roi, leurs observations sur la question de compétence avec tous les documens à l'appui.

14. Le procureur du Roi informera immédiatement notre garde des sceaux, ministre secrétaire-d'état au département de la justice, de l'accomplissement desdites formalités, et lui transmettra en même temps l'arrêté du préfet, ses propres observations et celles des parties, s'il y a lieu, avec toutes les pièces jointes. — La date de l'envoi sera consignée sur un registre à ce destiné. — Dans les vingt-quatre heures de la réception de ces pièces, le ministre de la justice les transmettra au secrétaire-général du conseil-d'état, et il en donnera avis au magistrat qui les lui aura transmises.

15. Il sera statué sur le conflit au vu des pièces ci-dessus mentionnées, ensemble des observations et mémoires qui auraient pu être produits par les parties ou leurs avocats, dans le délai de quarante jours, à dater de l'envoi des pièces au ministre de la justice. — Néanmoins ce délai pourra être prorogé, sur l'avis du conseil-d'état et à la demande des parties, par notre garde-des-sceaux ; il ne pourra en aucun cas excéder deux mois.

16. Si les délais ci-dessus fixés expirent sans qu'il ait été statué sur le conflit, l'arrêté qui l'a élevé sera considéré comme non avenu, et l'instance pourra être reprise devant les tribunaux.

17. Au cas où le conflit serait élevé dans les matières correctionnelles comprises dans l'exception prévue par l'art. 2 de la présente ordonnance, il sera procédé conformément aux art. 6, 7 et 8.

CONFUSION.

1° Dispositions générales.

C. Civ. 1234. Les obligations s'éteignent par la confusion.

De la confusion.

C. Civ. (liv. 3, tit. 3, ch. 5, sect. 5, art. 1300-1301).—1300. Lorsque les qualités de créancier et de débiteur se réunissent dans la même personne, il se fait une confusion de droit qui éteint les deux créances.

1301. La confusion qui s'opère dans la personne du débiteur principal profite à ses cautions ; — celle qui s'opère dans la personne de la caution n'entraîne point l'extinction de l'obligation principale ; — celle qui s'opère dans la per-

---

[1] *Décret du 21 fructidor an 3, art. 27.*

En cas de conflit d'attribution entre les autorités judiciaires et administratives, il sera sursis jusqu'à décision du ministre, confirmée par le directoire exécutif, qui en référera, s'il est besoin, au corps législatif. — Le directoire exécutif est tenu, en ce cas, de prononcer dans le mois.

sonne du créancier, ne profite à ses codébiteurs solidaires que pour la portion dont il était débiteur.

2° *Dispositions additionnelles.*

CAUTIONNEMENT. *C. Civ.* 2035. La confusion qui s'opère dans la personne du débiteur principal et de sa caution, lorsqu'ils deviennent héritiers l'un de l'autre, n'éteint point l'action du créancier contre celui qui s'est rendu caution de la caution.

SERVITUDE. *C. Civ.* 705. Toute servitude est éteinte, lorsque le fonds à qui elle est due, et celui qui la doit, sont réunis dans la même main.

SOLIDARITÉ (*succession*). *C. Civ.* 1209. Lorsque l'un des débiteurs devient héritier unique du créancier, ou lorsque le créancier devient l'unique héritier de l'un des débiteurs, la confusion n'éteint la créance solidaire que pour la part et portion du débiteur ou du créancier.

CONGÉ. *V.* DÉFAUT.

CONGÉ DE LOCATION. *C. Civ.* 1736. Si le bail a été fait sans écrit, l'une des parties ne pourra donner congé à l'autre qu'en observant les délais fixés par l'usage des lieux.

1737. Le bail cesse de plein droit à l'expiration du terme fixé, lorsqu'il a été fait par écrit, sans qu'il soit nécessaire de donner congé.

1739. Lorsqu'il y a un congé signifié, le preneur, quoiqu'il ait continué sa jouissance, ne peut invoquer la tacite réconduction.

1762. S'il a été convenu dans le contrat de louage que le bailleur pourrait venir occuper la maison, il est tenu de signifier d'avance un congé aux époques déterminées par l'usage des lieux.

CONJOINTS. *V.* ÉPOUX.

CONNAISSEMENT.

1° *Dispositions générales.*

C. Com. 222. (Le capitaine, maître ou patron) est responsable des marchandises dont il se charge. — Il en fournit une reconnaissance. — Cette reconnaissance se nomme *connaissement.*

226. Le capitaine est tenu d'avoir à bord les connaissemens et chartes-parties.

236. Le prix du loyer d'un navire ou autre bâtiment de mer est appelé *fret* ou *nolis.* — Il est réglé par les conventions des parties. — Il est constaté par la charte-partie ou le connaissement.

Du connaissement.

C. Com. (*liv.* 2, *tit.* 7, *art.* 281-285). — 281. Le connaissement doit exprimer la nature et la quantité ainsi que les espèces ou qualité des objets à transporter. Il indique — le nom du chargeur, — le nom et l'adresse de celui à qui l'expédition est faite, — le nom et le domicile du capitai — le nom et le tonnage du navire, — le lieu départ et celui de la destination. — Il énonce prix du fret. — Il présente en marge les m ques et numéros des objets à transporter. — connaissement peut être à ordre, ou au porte ou à personne dénommée.

282. Chaque connaissement est fait en qua originaux au moins ; — un pour le chargeur, un pour celui à qui les marchandises sont adr sées, — un pour le capitaine, — un pour l'arm teur du bâtiment. — Les quatre originaux so signés par le chargeur et par le capitaine, da les vingt-quatre heures après le chargement. Le chargeur est tenu de fournir au capitain dans le même délai, les acquits des marchand ses chargées.

283. Le connaissement, rédigé dans la form ci-dessus prescrite, fait foi entre toutes les pa ties intéressées au chargement, et entre elles les assureurs.

284. En cas de diversité entre les connaiss mens d'un même chargement, celui qui sera en les mains du capitaine fera foi, s'il est rempli la main du chargeur, ou de celle de son comm sionnaire ; et celui qui est présenté par le cha geur ou le consignataire sera suivi, s'il est re pli de la main du capitaine.

285. Tout commissionnaire ou consignata qui aura reçu les marchandises mentionnées da les connaissemens ou chartes-parties, sera te d'en donner reçu au capitaine qui le demander à peine de tous dépens, dommages - intérê même de ceux de retardement.

2° *Dispositions additionnelles.*

ASSURANCE. *C. Com.* 344. En cas de perte marchandises assurées et chargées pour le comp du capitaine sur le vaisseau qu'il commande, capitaine est tenu de justifier aux assureurs l chat des marchandises, et d'en fournir un co naissement signé par deux des principaux de l quipage.

345. Tout homme de l'équipage et tout pass ger qui apportent des pays étrangers des ma chandises assurées en France, sont tenus d' laisser un connaissement dans les lieux où chargement s'effectue, entre les mains du cons de France, et, à défaut, entre les mains d'u Français notable négociant, ou du magistrat lieu.

COMMISSIONNAIRE. *C. Com.* 93. Tout commi sionnaire qui a fait des avances sur des marcha dises à lui expédiées d'une autre place pour ê vendues pour le compte d'un commettant, a p vilége, pour le remboursement de ses avanc térêts et frais, sur la valeur des marchandises, avant qu'elles soient arrivées, il peut constater, par un connaissement ou par une lettre de voiture, l'expédition qui lui en a été faite. JET ET CONTRIBUTION. *C. Com.* 418. Si la qualité des marchandises a été déguisée par le connaissement, et qu'elles se trouvent d'une plus grande valeur, elles contribuent sur le pied de leur estimation si elles sont sauvées ; — elles sont payées d'après la qualité désignée par le connaissement, si elles sont perdues. — Si les marchandises déclarées sont d'une qualité inférieure à celle qui est indiquée par le connaissement, elles contribuent d'après la qualité indiquée par le connaissement, si elles sont sauvées ; — elles sont payées sur le pied de leur valeur, si elles sont jetées ou endommagées.

420. Les effets dont il n'y a pas de connaissement ou déclaration du capitaine, ne sont pas payés s'ils sont jetés ; ils contribuent s'ils sont sauvés.

REVENDICATION (*faillite*). *C. Com.* 578. (Les marchandises expédiées) ne pourront être revendiquées (en cas de faillite de l'acheteur), si, avant leur arrivée, elles ont été vendues sans fraude, sur factures et connaissemens ou lettres de voiture.

CONNEXITÉ.

1° *En matière civile. V.* JONCTION.

2° *En matière criminelle.*

C. Inst. cr. 226. La cour statuera, par un seul et même arrêt, sur les délits connexes dont les pièces se trouveront en même temps produites devant elle.

227. Les délits sont connexes, soit lorsqu'ils ont été commis en même temps par plusieurs personnes réunies, soit lorsqu'ils ont été commis par différentes personnes, même en différens temps et en divers lieux, mais par suite d'un concert formé à l'avance entre elles, soit lorsque les coupables ont commis les uns pour se procurer les moyens de commettre les autres, pour en faciliter, pour en consommer l'exécution, ou pour en assurer l'impunité.

308. Lorsque l'acte d'accusation contiendra plusieurs délits non connexes, le procureur général pourra requérir que les accusés ne soient mis en jugement, quant à présent, que sur l'un ou quelques-uns de ces délits, et le président pourra l'ordonner d'office.

CONQUÊTS DE COMMUNAUTÉ.

C. Civ. 1401. La communauté se compose activement,—1° ..5° de tous les immeubles qui sont acquis pendant le mariage.

1408. L'acquisition faite pendant le mariage à titre de licitation, ou autrement, de portion d'un immeuble dont l'un des époux était propriétaire par indivis, ne forme point un conquêt ; sauf à indemniser la communauté de la somme qu'elle a fournie pour cette acquisition. *V.* ACQUÊTS DE COMMUNAUTÉ.

CONSANGUINS (PARENS). *C.Civ.* 733. Toute succession échue à des ascendans ou à des collatéraux se divise en deux parts égales, l'une pour les parens de la ligne paternelle, l'autre pour les parens de la ligne maternelle. — Les parens utérins ou consanguins ne sont pas exclus par les germains ; mais ils ne prennent part que dans leur ligne, sauf ce qui sera dit à l'article 752 (*ci-après*). Les germains prennent part dans les deux lignes. — Il ne se fait aucune dévolution d'une ligne à l'autre, que lorsqu'il ne se trouve aucun ascendant ni collatéral de l'une des deux lignes.

751. Si les père et mère de la personne morte sans postérité lui ont survécu, ses frères, sœurs ou leurs représentans ne sont appelés qu'à la moitié de la succession. Si le père ou la mère seulement a survécu, ils sont appelés à recueillir les trois quarts.

752. Le partage de la moitié ou des trois quarts dévolus aux frères ou sœurs, aux termes de l'article précédent, s'opère entre eux par égales portions, s'ils sont tous du même lit ; s'ils sont de lits différens, la division se fait par moitié entre les deux lignes paternelle et maternelle du défunt ; les germains prennent part dans les deux lignes, et les utérins ou consanguins chacun dans leur ligne seulement ; s'il n'y a de frères ou sœurs que d'un côté, ils succèdent à la totalité, à l'exclusion de tous autres parens de l'autre ligne.

CONSEIL.

C. Instr. cr. 294. L'accusé sera interpellé de déclarer le choix qu'il aura fait d'un conseil pour l'aider dans sa défense, sinon le juge lui en désignera un sur le champ, à peine de nullité de tout ce qui suivra. — Cette désignation sera comme non avenue, et la nullité ne sera pas prononcée si l'accusé choisit un conseil.

295. Le conseil de l'accusé ne pourra être choisi par lui ou désigné par le juge que parmi les avocats ou avoués de la cour royale ou de son ressort, à moins que l'accusé n'obtienne du président de la cour d'assises la permission de prendre pour conseil un de ses parens ou amis.

CONSEIL DE FAMILLE. *V.* FAMILLE (*conseil de*).

CONSEIL JUDICIAIRE. *V.* JUDICIAIRE (*conseil*).

CONSEIL DE TUTELLE. *V.* Tutelle (*conseil de*).

CONSENTEMENT.

I. PAR RAPPORT AUX CONVENTIONS.

1° *Dispositions générales.*

C. Civ. 1108. Quatre conditions sont essentielles pour la validité d'une convention : — le consentement de la partie qui s'oblige ; — sa capacité de contracter ; — un objet certain qui forme la matière de l'engagement ; — une cause licite dans l'obligation.

1134. Les conventions légalement formées tiennent lieu de loi à ceux qui les ont faites. — Elles ne peuvent être révoquées que de leur consentement mutuel, ou pour les causes que la loi autorise.

Du consentement.

C. Civ. (*liv.* 3, *tit.* 3, *chap.* 2, *sect.* 1, *art.* 1109-1122). — 1109. Il n'y a point de consentement valable, si le consentement n'a été donné que par erreur, ou s'il a été extorqué par violence ou surpris par dol.

1110. L'erreur n'est une cause de nullité de la convention que lorsqu'elle tombe sur la substance même de la chose qui en est l'objet. — Elle n'est point une cause de nullité, lorsqu'elle ne tombe que sur la personne avec laquelle on a intention de contracter, à moins que la considération de cette personne ne soit la cause principale de la convention.

1111. La violence exercée contre celui qui a contracté l'obligation, est une cause de nullité, encore qu'elle ait été exercée par un tiers autre que celui au profit duquel la convention a été faite.

1112. Il y a violence, lorsqu'elle est de nature à faire impression sur une personne raisonnable, et qu'elle peut lui imprimer la crainte d'exposer sa personne ou sa fortune à un mal considérable et présent. — On a égard, en cette matière, à l'âge, au sexe et à la condition des personnes.

1113. La violence est une cause de nullité du contrat, non-seulement lorsqu'elle a été exercée sur la partie contractante, mais encore lorsqu'elle l'a été sur son époux ou sur son épouse, sur ses descendans ou ses ascendans.

1114. La seule crainte révérentielle envers le père, la mère, ou autre ascendant, sans qu'il y ait eu de violence exercée, ne suffit point pour annuler le contrat.

1115. Un contrat ne peut plus être attaqué pour cause de violence, si, depuis que la violence a cessé, ce contrat a été approuvé, soit expressément, soit tacitement, soit en laissant passer le temps de la restitution fixé par la loi.

1116. Le dol est une cause de nullité de la convention lorsque les manœuvres pratiquées par l'une des parties sont telles, qu'il est évident que, sans ces manœuvres, l'autre partie n'aurait pas contracté. — Il ne se présume pas, et doit être prouvé.

1117. La convention contractée par erreur, violence ou dol, n'est point nulle de plein droit ; elle donne seulement lieu à une action en nullité ou en rescision, dans les cas et de la manière expliqués à la section 7 du chapitre 5 du présent titre. (*Art.* 1304-1314. *V.* Nullité.)

1118. La lésion ne vicie les conventions que dans certains contrats ou à l'égard de certaines personnes, ainsi qu'il sera expliqué en la même section.

1119. On ne peut, en général, s'engager ni stipuler en son propre nom, que pour soi-même.

1120. Néanmoins on peut se porter fort pour un tiers, en promettant le fait de celui-ci ; sauf l'indemnité contre celui qui s'est porté fort ou qui a promis de faire ratifier, si le tiers refuse de tenir l'engagement.

1121. On peut pareillement stipuler au profit d'un tiers, lorsque telle est la condition d'une stipulation que l'on fait pour soi-même ou d'une donation que l'on fait à un autre. Celui qui a fait cette stipulation, ne peut plus la révoquer, si le tiers a déclaré vouloir en profiter.

1122. On est censé avoir stipulé pour soi et pour ses héritiers et ayans cause, à moins que le contraire ne soit exprimé ou ne résulte de la nature de la convention.

2° *Dispositions additionnelles.*

Dépôt. *C. Civ.* 1921. Le dépôt volontaire se forme par le consentement réciproque de la personne qui fait le dépôt et de celle qui le reçoit.

1922. Le dépôt volontaire ne peut régulièrement être fait que par le propriétaire de la chose déposée, ou de son consentement exprès ou tacite.

Échange. *C. Civ.* 1703. L'échange s'opère par le seul consentement de la même manière que la vente.

Femme mariée. *C. Civ.* 1428. Le mari ne peut aliéner les immeubles personnels de sa femme sans son consentement.

1507. Si l'immeuble n'est ameubli que pour une certaine somme, le mari ne peut l'aliéner qu'avec le consentement de la femme ; mais il peut l'hypothéquer sans son consentement, jusqu'à concurrence seulement de la portion ameublie. *V.* Ameublissement.

1559. L'immeuble dotal peut être échangé, mais avec le consentement de la femme, contre un autre immeuble de même valeur, pour les quatre cinquièmes au moins, en justifiant de l'utilité de l'échange, en obtenant l'autorisation en justice, et d'après une estimation par experts nommés d'office par le tribunal.

HYPOTHÈQUE. *C. Civ.* 2157. Les inscriptions sont rayées du consentement des parties intéressées. *V.* RADIATION D'HYPOTHÈQUES.

SOCIÉTÉ. *C. Civ.* 1859. A défaut de stipulations spéciales sur le mode d'administration (des biens de la société), l'on suit les règles suivantes : 1º..... 4º l'un des associés ne peut faire d'innovations sur les immeubles dépendans de la société, même quand il les soutiendrait avantageuses à cette société, si les autres associés n'y consentent.

1861. Chaque associé peut, sans le consentement de ses associés, s'associer une tierce personne relativement à la part qu'il a dans la société : il ne peut pas, sans ce consentement, l'associer à la société, lors même qu'il en aurait l'administration.

TRADITION. *C. Civ.* 1138. L'obligation de livrer la chose est parfaite par le seul consentement des parties contractantes.

VENTE. *C. Civ.* 1583. (La vente) est parfaite entre les parties, et la propriété est acquise de droit à l'acheteur à l'égard du vendeur dès qu'on est convenu de la chose et du prix, quoique la chose n'ait pas encore été livrée ni le prix payé.

1589. La promesse de vente vaut vente lorsqu'il y a consentement réciproque des deux parties sur la chose et sur le prix.

1606. La délivrance des effets mobiliers s'opère même par le seul consentement des parties.

1607. La tradition des droits incorporels se fait, ou par la remise des titres, ou par l'usage que l'acquéreur en fait du consentement du vendeur.

II. PAR RAPPORT AUX DONATIONS.

C. Civ. 938. La donation dûment acceptée sera parfaite par le seul consentement des parties ; et la propriété des objets donnés sera transférée au donataire, sans qu'il soit besoin d'autre tradition.

III. PAR RAPPORT AU MARIAGE.

1º *Consentement des époux.*

C. Civ. 146. Il n'y a pas de mariage lorsqu'il n'y a point de consentement.

180. Le mariage qui a été contracté sans le consentement libre des deux époux, ou de l'un d'eux, ne peut être attaqué que par les deux époux, ou par celui des deux dont le consentement n'a pas été libre.

181. Dans le cas de l'article précédent, la demande en nullité n'est plus recevable, toutes les

fois qu'il y a eu cohabitation continuée pendant six mois, depuis que l'époux a acquis sa pleine liberté.

2º *Consentement des parens.*

148. Le fils qui n'a pas atteint l'âge de vingt-cinq ans accomplis, la fille qui n'a pas atteint l'âge de vingt et un ans accomplis, ne peuvent contracter mariage sans le consentement de leurs père et mère : en cas de dissentiment, le consentement du père suffit.

149. Si l'un des deux est mort, ou s'il est dans l'impossibilité de manifester sa volonté, le consentement de l'autre suffit.

150. Si le père et la mère sont morts, ou s'ils sont dans l'impossibilité de manifester leur volonté, les aïeuls et aïeules les remplacent : s'il y a dissentiment entre l'aïeul et l'aïeule de la même ligne, il suffit du consentement de l'aïeul. — S'il y a dissentiment entre les deux lignes, ce partage emportera consentement.

151. Les enfans de famille ayant atteint la majorité fixée par l'article 148 sont tenus, avant de contracter mariage, de demander, par un acte respectueux et formel, le conseil de leur père et de leur mère, ou celui de leurs aïeuls et aïeules, lorsque leur père et mère sont décédés, ou dans l'impossibilité de manifester leur volonté. *V.* RESPECTUEUX (*actes*) et MARIAGE.

160. S'il n'y a ni père ni mère, ni aïeuls ni aïeules, ou s'ils se trouvent tous dans l'impossibilité de manifester leur volonté, les fils ou filles mineurs de vingt et un ans ne peuvent contracter mariage sans le consentement du conseil de famille.

182. Le mariage contracté sans le consentement des père et mère, des ascendans, ou du conseil de famille, dans les cas où ce consentement était nécessaire, ne peut être attaqué que par ceux dont le consentement était requis, ou par celui des deux époux qui avait besoin de consentement.

5º *Disposition commune aux époux*
et aux parens.

183. L'action en nullité ne peut plus être intentée ni par les époux, ni par les parens dont le consentement était requis, toutes les fois que le mariage a été approuvé expressément ou tacitement par ceux dont le consentement était nécessaire, ou lorsqu'il s'est écoulé une année sans réclamation de leur part, depuis qu'ils ont eu connaissance du mariage. Elle ne peut être intentée non plus par l'époux, lorsqu'il s'est écoulé une année, sans réclamation de sa part, depuis qu'il a atteint l'âge compétent pour consentir par lui-même au mariage. *V.* MARIAGE.

CONSERVATEURS DES HYPOTHÈQUES.

1° *Dispositions générales.*

De la publicité des registres, et de la responsabilité du conservateur.

C. Civ. (*liv.* 3, *tit.* 18, *ch.* 10, *art.* 2196-2203).

— 2196. Les conservateurs des hypothèques sont tenus de délivrer à tous ceux qui le requièrent, copie des actes transcrits sur les registres et celle des inscriptions subsistantes, ou certificat qu'il n'en existe aucune.

2197. Ils sont responsables du préjudice résultant, — 1° de l'omission sur leurs registres, des transcriptions d'actes de mutation, et des inscriptions requises en leurs bureaux ; — 2° du défaut de mention dans leurs certificats, d'une ou de plusieurs des inscriptions existantes, à moins, dans ce dernier cas, que l'erreur ne provînt de désignations insuffisantes qui ne pourraient leur être imputées.

2198. L'immeuble à l'égard duquel le conservateur aurait omis dans ses certificats une ou plusieurs des charges inscrites, en demeure, sauf la responsabilité du conservateur, affranchi dans les mains du nouveau possesseur, pourvu qu'il ait requis le certificat depuis la transcription de son titre ; sans préjudice néanmoins du droit des créanciers de se faire colloquer suivant l'ordre qui leur appartient, tant que le prix n'a pas été payé par l'acquéreur, ou tant que l'ordre fait entre les créanciers n'a pas été homologué.

2199. Dans aucun cas, les conservateurs ne peuvent refuser ni retarder la transcription des actes de mutation, l'inscription des droits hypothécaires, ni la délivrance des certificats requis, sous peine des dommages et intérêts des parties ; à l'effet de quoi, procès-verbaux des refus ou retardemens seront, à la diligence des requérans, dressés sur-le-champ, soit par un juge de paix, soit par un huissier audiencier du tribunal, soit par un autre huissier ou un notaire assisté de deux témoins.

2200. Néanmoins les conservateurs seront tenus d'avoir un registre sur lequel ils inscriront, jour par jour et par ordre numérique, les remises qui leur seront faites d'actes de mutation pour être transcrits, ou de bordereaux pour être inscrits ; ils donneront au requérant une reconnaissance sur papier timbré, qui rappellera le numéro du registre sur lequel la remise aura été inscrite, et ils ne pourront transcrire les actes de mutation ni inscrire les bordereaux sur les registres à ce destinés, qu'à la date et dans l'ordre des remises qui leur en auront été faites.

2201. Tous les registres des conservateurs son en papier timbré, cotés et paraphés à chaqu page par première et dernière, par l'un des jug du tribunal dans le ressort duquel le bureau e établi. Les registres seront arrêtés chaque jou comme ceux d'enregistrement des actes.

2202. Les conservateurs sont tenus de se coi former, dans l'exercice de leurs fonctions, à toute les dispositions du présent chapitre, à pein d'une amende de deux cents à mille francs pour première contravention, et de destitution por la seconde ; sans préjudice des dommages et in térêts des parties, lesquels seront payés avant l' mende.

2203. Les mentions de dépôt, les inscriptio et transcriptions, sont faites sur les registres, suite, sans aucun blanc ni interligne, à pein contre le conservateur, de mille à deux mil francs d'amende, et des dommages et intérê des parties, payables aussi par préférence à l' mende.

2° *Dispositions additionnelles.*

BORDEREAUX D'INSCRIPTION. C. Civ. 2150. conservateur fait mention sur son registre contenu aux bordereaux, et remet au requéra tant le titre ou l'expédition du titre que l'un bordereaux, au pied duquel il certifie avoir f l'inscription.

EXÉCUTION DE JUGEMENT. C. Proc. 550. S le certificat qu'il n'existe aucune opposition appel sur (le registre des oppositions tenu greffe), les conservateurs seront tenus de sat faire au jugement.

ORDRE (*paiement*). C. Proc. 773. Au fur e mesure du paiement des collocations, le cons vateur des hypothèques, sur la représentation bordereau et de la quittance du créancier, déch gera d'office l'inscription, jusqu'à concurrence la somme acquittée.

SAISIE IMMOBILIÈRE. (*Transcription*). C. Pr 677. La saisie immobilière sera transcrite da un registre à ce destiné au bureau des hypotl ques de la situation des biens, pour la partie objets saisis qui se trouve dans l'arrondisseme

678. Si le conservateur ne peut procéder transcription de la saisie à l'instant où elle lui présentée, il fera mention sur l'original, qui sera laissé, des heure, jour, mois et an auxqu il aura été remis ; et, en cas de concurrence premier présenté sera transcrit.

679. S'il y a eu précédente saisie, le conser teur constatera son refus en marge de la secon il énoncera la date de la précédente saisie ; noms, demeures et professions du saisissant et saisi ; l'indication du tribunal où la saisie est

tée, le nom de l'avoué du saisissant, et la date de la transcription.

VENTE. (*Transcription.*) *C. Civ.* 2108. Le vendeur privilégié conserve son privilège par la transcription du titre qui a transféré la propriété à l'acquéreur, et qui constate que la totalité ou partie du prix lui est due ; à l'effet de quoi la transcription du contrat faite par l'acquéreur vaudra inscription pour le vendeur et pour le prêteur qui lui aura fourni les deniers payés, et qui sera subrogé aux droits du vendeur par le même contrat : sera néanmoins, le conservateur des hypothèques, tenu, sous peine de tous dommages et intérêts envers les tiers, de faire d'office l'inscription sur son registre des créances résultant de l'acte translatif de propriété, tant en faveur du vendeur qu'en faveur des prêteurs, qui pourront aussi faire faire, si elle ne l'a été, la transcription du contrat de vente, à l'effet d'acquérir l'inscription de ce qui leur est dû sur le prix.

CONSERVATOIRES (ACTES).

I. EN MATIÈRE CIVILE.
1° *Disposition générale.*

C. Civ. 2102. Les créances privilégiées sur certains meubles, sont : 1°... 3° les frais faits pour la conservation de la chose.

2° *Dispositions diverses.*

CRÉANCIER. *C. Civ.* 1180. Le créancier peut, avant que la condition soit accomplie, exercer tous les actes conservatoires de son droit.

C. Proc. 125. Les actes conservatoires (faits par le créancier) seront valables, nonobstant le délai accordé (par jugement au débiteur).

DÉPÔT. *C. Civ.* 1947. La personne qui a fait le dépôt est tenue de rembourser au dépositaire les dépenses qu'il a faites pour la conservation de la chose déposée.

FEMME MARIÉE. (*Communauté.*) *C. Civ.* 1454. La femme qui s'est immiscée dans les biens de la communauté, ne peut y renoncer.—Les actes purement administratifs ou conservatoires n'emportent point immixtion.

HÉRÉDITÉ (*addition d'*). *C. Civ.* 779. Les actes purement conservatoires de surveillance et d'administration provisoire, ne sont pas des actes d'addition d'hérédité, si l'on n'y a pas pris le titre ou la qualité d'héritier.

MARI. *C. Civ.* 1428. Le mari (sous le régime de la communauté) a l'administration de tous les biens personnels de la femme. — Il est responsable de tout dépérissement des biens personnels de sa femme, causé par défaut d'actes conservatoires.

PRÊT. *C. Civ.* 1890. Si, pendant la durée du prêt, l'emprunteur a été obligé, pour la conservation de la chose, à quelque dépense extraordinaire, nécessaire, et tellement urgente qu'il n'ait pas pu en prévenir le prêteur, celui-ci sera tenu de la lui rembourser.

RESTITUTION. *C. Civ.* 1381. Celui auquel la chose est restituée, doit tenir compte, même au possesseur de mauvaise foi, de toutes les dépenses nécessaires et utiles qui ont été faites pour la conservation de la chose.

TRADITION. *C. Civ.* 1136. L'obligation de donner emporte celle de livrer la chose et de la conserver jusqu'à la livraison, à peine de dommages et intérêts envers le créancier.

II. EN MATIÈRE DE FAILLITE.
Des actes conservatoires.

C. Com. (*liv.* 3, *tit.* 1, *chap.* 7, *sect.* 3, *art.* 499-500). — 499. A compter de leur entrée en fonctions, les agens, et ensuite les syndics, seront tenus de faire tous actes pour la conservation des droits du failli sur ses débiteurs. — Ils seront aussi tenus de requérir l'inscription aux hypothèques sur les immeubles des débiteurs du failli, si elle n'a été requise par ce dernier, et s'il a des titres hypothécaires. L'inscription sera reçue au nom des agens et des syndics, qui joindront à leurs bordereaux un extrait des jugemens qui les auront nommés. *V.* BORDEREAUX.

500. Ils seront tenus de prendre inscription, au nom de la masse des créanciers, sur les immeubles du failli dont ils connaîtront l'existence. L'inscription sera reçue sur un simple bordereau énonçant qu'il y a faillite, et relatant la date du jugement par lequel ils auront été nommés.

CONSIGNATION.

I. DE DENIERS ET OFFRES.
1° *Dispositions générales.*

Des offres de paiement, et de la consignation.
C. Civ. (*liv.* 3, *tit.* 3, *ch.* 5, *sect.* 1, §. 4, *art.* 1257-1264.) — 1257. Lorsque le créancier refuse de recevoir son paiement, le débiteur peut lui faire des offres réelles, et, au refus du créancier de les accepter, consigner la somme ou la chose offerte. — Les offres réelles suivies d'une consignation libèrent le débiteur ; elles tiennent lieu à son égard de paiement, lorsqu'elles sont valablement faites, et la chose ainsi consignée demeure aux risques du créancier.

1258. Pour que les offres réelles soient valables, il faut, — 1° qu'elles soient faites au créancier ayant la capacité de recevoir, ou à celui qui a pouvoir de recevoir pour lui ; — 2° qu'elles soient faites par une personne capable de payer ; — 3° qu'elles soient de la totalité de la somme exigible, des arrérages ou intérêts dus, des frais liquidés, et d'une somme pour les frais non liquidés, sauf à la parfaire ; — 4° que le terme soit échu, s'il a été stipulé en faveur du créancier ; — 5° que la condition sous laquelle la dette a été contractée soit arrivée ; — 6° que les offres soient faites au lieu dont on est convenu pour le paiement, et que, s'il n'y a pas de convention spéciale sur le lieu du paiement, elles soient faites ou à la personne du créancier, ou à son domicile, ou au domicile élu pour l'exécution de la convention ; — 7° que les offres soient faites par un officier ministériel ayant caractère pour ces sortes d'actes.

1259. Il n'est pas nécessaire pour la validité de la consignation, qu'elle ait été autorisée par le juge : il suffit, — 1° qu'elle ait été précédée d'une sommation signifiée au créancier, et contenant l'indication du jour, de l'heure et du lieu où la chose offerte sera déposée ; — 2° que le débiteur se soit dessaisi de la chose offerte, en la remettant dans le dépôt indiqué par la loi pour recevoir les consignations, avec les intérêts jusqu'au jour du dépôt ; — 3° qu'il y ait eu procès-verbal dressé par l'officier ministériel, de la nature des espèces offertes, du refus qu'a fait le créancier de les recevoir, ou de sa non-comparution, et enfin du dépôt ; — 4° qu'en cas de non-comparution de la part du créancier, le procès-verbal du dépôt lui ait été signifié avec sommation de retirer la chose déposée.

1260. Les frais des offres réelles et de la consignation sont à la charge du créancier, si elles sont valables.

1261. Tant que la consignation n'a point été acceptée par le créancier, le débiteur peut la retirer ; et s'il la retire, ses codébiteurs ou ses cautions ne sont point libérés.

1262. Lorsque le débiteur a lui-même obtenu un jugement passé en force de chose jugée, qui a déclaré ses offres et sa consignation bonnes et valables, il ne peut plus, même du consentement du créancier, retirer sa consignation au préjudice de ses codébiteurs ou de ses cautions.

1263. Le créancier qui a consenti que le débiteur retirât sa consignation après qu'elle a été déclarée valable par un jugement qui a acquis force de chose jugée, ne peut plus pour le paiement de sa créance exercer les privilèges ou hypothèques qui y étaient attachés : il n'a plus d'hypothèque que du jour où l'acte par lequel il a consenti que la consignation fût retirée, aura été revêtu des formes requises pour emporter l'hypothèque.

1264. Si la chose due est un corps certain qui doit être livré au lieu où il se trouve, le débiteur doit faire sommation au créancier de l'enlever, par acte notifié à sa personne ou à son domicile, ou au domicile élu pour l'exécution de la convention. Cette sommation faite, si le créancier n'enlève pas la chose, et que le débiteur ait besoin du lieu dans lequel elle est placée, celui-ci pourra obtenir de la justice la permission de la mettre en dépôt dans quelque autre lieu.

2° Dispositions additionnelles.

COMPTE. *C. Proc.* 542. Si l'oyant (compte) est défaillant, le rendant, s'il est reliquaire, gardera les fonds, sans intérêts ; et s'il ne s'agit point d'un compte de tutelle, le comptable donnera caution, si mieux il n'aime consigner.

CONTRAINTE PAR CORPS. *C. Civ.* 2060. La contrainte par corps a lieu 1°..., 5° pour répétition de deniers consignés entre les mains de personnes publiques établies à cet effet.

CONTRIBUTION. *C. Proc.* 657. Faute par le saisi et les créanciers de s'accorder (dans le mois), l'officier qui aura fait la vente sera tenu de consigner, dans la huitaine suivante, et à la charge de toutes les oppositions, le montant de la vente, déduction faite de ses frais d'après la taxe qui aura été faite par le juge sur la minute du procès-verbal ; il sera fait mention de cette taxe dans les expéditions.

FAILLITE. (*Administration.*) *C. Com.* 497. Toutes les semaines, le bordereau de situation de la caisse de la faillite sera remis au commissaire, qui pourra, sur la demande des syndics, et à raison des circonstances, ordonner le versement de tout ou partie des fonds à la caisse d'amortissement, ou entre les mains du délégué de cette caisse dans les départemens, à la charge de faire courir, au profit de la masse, les intérêts accordés aux sommes consignées à cette même caisse.

498. Le retirement des fonds versés à la caisse d'amortissement se fera en vertu d'une ordonnance du commissaire,

REQUÊTE CIVILE. *C. Proc.* 494. La requête civile d'aucune partie autre que celle qui stipule les intérêts de l'État, ne sera reçue, si, avant que cette requête ait été présentée, il n'a été consigné une somme de trois cents francs pour amende, et cent cinquante francs pour les dommages-intérêts de la partie, sans préjudice de plus amples dommages-intérêts, s'il y a lieu : la consignation sera de moitié, si le jugement est par défaut ou par forclusion, et du quart, s'il s'agit de jugemens rendus par les tribunaux de première instance.

SAISIE-EXÉCUTION. *C. Proc.* 590. S'il y a des deniers comptans (lors de la saisie), il sera fait mention du nombre et de la qualité des espèces : l'huissier les déposera au lieu établi pour les consignations, à moins que le saisissant et la partie saisie, ensemble les opposans, s'il y en a, ne conviennent d'un autre dépositaire.

VENTE D'IMMEUBLES. *C. Civ.* 2186. A défaut, par les créanciers, d'avoir requis la mise aux enchères dans le délai et les formes prescrites, la valeur de l'immeuble demeure définitivement fixée au prix stipulé dans le contrat, ou déclaré par le nouveau propriétaire, lequel est, en conséquence, libéré de tout privilège et hypothèque, en payant ledit prix aux créanciers qui seront en ordre de recevoir, ou en le consignant.

VENTE DE NAVIRES. *C. Com.* 209. Les adjudicataires des navires de tout tonnage seront tenus de payer le prix de leur adjudication dans le délai de vingt-quatre heures, ou de le consigner, sans frais, au greffe du tribunal de commerce, à peine d'y être contraints par corps. — A défaut de paiement ou de consignation, le bâtiment sera remis en vente, et adjugé trois jours après une nouvelle publication et affiche unique, à la folle enchère des adjudicataires, qui seront également contraints par corps pour le paiement du déficit, des dommages, des intérêts et des frais.

5° Procédure.

Des offres de paiement et de la consignation.

C. Proc. (2e part., liv. 1, tit. 1, art. 812-818).—812. Tout procès-verbal d'offres désignera l'objet offert, de manière qu'on ne puisse en substituer un autre ; et si ce sont des espèces, il en contiendra l'énumération et la qualité.

813. Le procès-verbal fera mention de la réponse, du refus ou de l'acceptation du créancier, et s'il a signé, refusé ou déclaré ne pouvoir signer.

814. Si le créancier refuse les offres, le débiteur peut, pour se libérer, consigner la somme ou la chose offerte, en observant les formalités prescrites par l'article 1259 du Code Civil. *V. ci-dessus.*

815. La demande qui pourra être intentée, soit en validité, soit en nullité des offres ou de la consignation, sera formée d'après les règles établies pour les demandes principales : si elle est incidente, elle le sera par requête.

816. Le jugement qui déclarera les offres valables, ordonnera, dans le cas où la consignation n'aurait pas encore eu lieu, que, faute par le créancier d'avoir reçu la somme ou la chose offerte, elle sera consignée ; il prononcera la cessation des intérêts, du jour de la réalisation.

817. La consignation volontaire ou ordonnée sera toujours à la charge des oppositions, s'il en existe, et en les dénonçant au créancier.

818. Le surplus est réglé par les dispositions du Code Civil relatives aux offres de paiement et à la consignation. (*V. ci-dessus.*)

Dispositions du tarif.

Tarif civ. 59. (Pr. 813.) Pour l'original d'un procès-verbal d'offres contenant le refus ou l'acceptation du créancier, — à Paris, 3 fr. — Dans les villes où il y a tribunal de première instance, 2 fr. 25 c. — Dans les autres villes et cantons ruraux, 2 fr. 25 c. — Pour la copie, le quart.

73. (Pr. 815.) Pour la grosse de la requête pour demander incidemment la validité ou la nullité d'offres réelles ; — et réponses. — Pour chaque rôle,— à Paris, 2 fr.—Dans le ressort, 1 f. 50 c. (*V.* TARIF.) — Et pour chaque copie, par rôle, le quart. — Il ne sera passé aucuns frais d'impression des requêtes et défenses.

II. DE MARCHANDISES.

1° *Dispositions générales.*

C. Com. 93. Tout commissionnaire qui a fait des avances sur des marchandises à lui expédiées d'une autre place pour être vendues pour le compte d'un commettant a privilège, pour le remboursement de ses avances, intérêts et frais, sur la valeur des marchandises, si elles sont à sa disposition, dans ses magasins ou dans un dépôt public, ou si, avant qu'elles soient arrivées, il peut constater, par un connaissement ou par une lettre de voiture, l'expédition qui lui en a été faite. *V.* COMMISSIONNAIRES, II, p. 161.

2° *Dispositions diverses.*

CONNAISSEMENT. *C. Com.* 283. Tout commissionnaire ou consignataire qui aura reçu les marchandises mentionnées dans les connaissemens ou chartes-parties sera tenu d'en donner reçu au capitaine qui le demandera, à peine de tous dépens, dommages-intérêts, même de ceux de retardement.

FAILLITE. (*Revendication.*) *C. Com.* 581. Pourront être revendiquées aussi long-temps qu'elles existeront en nature, en tout ou en partie, les marchandises consignées au failli, à titre de dépôt, ou pour être vendues pour le compte de l'envoyeur : dans ce dernier cas même, le prix desdites marchandises pourra être revendiqué s'il n'a pas été payé ou passé en compte courant entre le failli et l'acheteur.

582. Dans tous les cas de revendication, excepté ceux de dépôt et de consignation de marchandises, les syndics des créanciers auront la faculté de retenir les marchandises revendiquées, en payant au réclamant le prix convenu entre lui et le failli.

FRET. *C. Com.* 305. Si le consignataire refuse de recevoir les marchandises, le capitaine peut, par autorité de justice, en faire vendre pour le

13.

paiement de son fret, et faire ordonner le dépôt du surplus.—S'il y a insuffisance, il conserve son recours contre le chargeur.

CONSOMMATION (PRÊT DE).

Dispositions générales.

C. Civ. 1874. Il y a deux sortes de prêt : — celui des choses dont on peut user sans les détruire, — et celui des choses qui se consomment par l'usage qu'on en fait. — La première espèce s'appelle *prêt à usage*, ou *commodat* ; — la deuxième s'appelle *prêt de consommation*, ou simplement *prêt*.

Du prêt de consommation, ou simple prêt.

C. Civ. (*liv.* 3, *tit.* 10, *chap.* 2, *art.* 1892-1904).
Sect. 1, *de la nature du prêt de consommation.*

1892. Le prêt de consommation est un contrat par lequel l'une des parties livre à l'autre une certaine quantité de choses qui se consomment par l'usage, à la charge par cette dernière de lui en rendre autant de même espèce et qualité.

1893. Par l'effet de ce prêt, l'emprunteur devient le propriétaire de la chose prêtée ; et c'est pour lui qu'elle périt, de quelque manière que cette perte arrive.

1894. On ne peut pas donner à titre de prêt de consommation, des choses qui, quoique de même espèce, diffèrent dans l'individu, comme les animaux : alors c'est un prêt à usage. *V.* COMMODAT.

1895. L'obligation qui résulte d'un prêt en argent, n'est toujours que de la somme numérique énoncée au contrat.—S'il y a eu augmentation ou diminution d'espèces avant l'époque du paiement, le débiteur doit rendre la somme numérique prêtée, et ne doit rendre que cette somme dans les espèces ayant cours au moment du paiement.

1896. La règle portée en l'article précédent n'a pas lieu, si le prêt a été fait en lingots.

1897. Si ce sont des lingots ou des denrées qui ont été prêtés, quelle que soit l'augmentation ou la diminution de leur prix, le débiteur doit toujours rendre la même quantité et qualité, et ne doit rendre que cela.

Sect. 2, des obligations du prêteur.

1898. Dans le prêt de consommation, le prêteur est tenu de la responsabilité établie par l'article 1891[1] pour le prêt à usage.

1899. Le prêteur ne peut pas redemander les choses prêtées, avant le terme convenu.

[1] *C. Civ.* 1891. Lorsque la chose prêtée a des défauts tels, qu'elle puisse causer du préjudice à celui qui s'en sert, le prêteur est responsable, s'il connaissait les défauts et n'en a pas averti l'emprunteur.

1900. S'il n'a pas été fixé de terme pour la restitution, le juge peut accorder à l'emprunteur un délai suivant les circonstances.

1901. S'il a été seulement convenu que l'emprunteur paierait quand il le pourrait, ou quand il en aurait les moyens, le juge lui fixera un terme de paiement suivant les circonstances.

Sect. 3, des engagemens de l'emprunteur.

1902. L'emprunteur est tenu de rendre les choses prêtées, en même quantité et qualité, et au terme convenu.

1903. S'il est dans l'impossibilité d'y satisfaire, il est tenu d'en payer la valeur eu égard au temps et au lieu où la chose devait être rendue d'après la convention. — Si ce temps et ce lieu n'ont pas été réglés, le paiement se fait au prix du temps et du lieu où l'emprunt a été fait.

1904. Si l'emprunteur ne rend pas les choses prêtées ou leur valeur au terme convenu, il en doit l'intérêt du jour de la demande en justice. *V.* INTÉRÊT (*prêt à*).

CONSTITUTION D'AVOUÉ. *V.* AVOUÉ, DÉFENSE, REPRISE D'INSTANCE.

CONSTITUTION DE DOT. *V.* DOT.

CONSTITUTION DE RENTE.

C. Civ. 1909. On peut stipuler un intérêt moyennant un capital que le prêteur s'interdit d'exiger. — Dans ce cas, le prêt prend le nom de *constitution de rente*.

1910. Cette rente peut être constituée de deux manières, en perpétuel (*V.* PERPÉTUELLES [*rentes*]), ou en viager. *V.* VIAGÈRES (*rentes*).

CONSTRUCTIONS.

1° Dispositions générales.

C. Civ. 551. Les matériaux provenant de la démolition d'un édifice, ceux assemblés pour en construire un nouveau, sont meubles jusqu'à ce qu'ils soient employés par l'ouvrier dans une construction.

552. La propriété du sol emporte la propriété du dessus et du dessous. — Le propriétaire peut faire au-dessus toutes les constructions qu'il juge à propos, sauf les exceptions établies au titre *des Servitudes ou Services fonciers.* *V.* SERVITUDES. — Il peut faire au-dessous toutes les constructions qu'il jugera à propos, sauf les modifications résultant des lois et règlemens relatifs aux mines, et des lois et règlemens de police.

553. Toutes constructions et ouvrages sur un terrain ou dans l'intérieur, sont présumés faits par le propriétaire, à ses frais, et lui appartenir, si le contraire n'est prouvé.

2° Des constructions faites avec des matériaux ou sur le terrain d'autrui.

C. Civ. 554. Le propriétaire du sol qui a fait

des constructions et ouvrages avec des matériaux qui ne lui appartenaient pas, doit en payer la valeur ; il peut aussi être condamné à des dommages et intérêts, s'il y a lieu : mais le propriétaire des matériaux n'a pas le droit de les enlever.

555. Lorsque les constructions et ouvrages ont été faits par un tiers et avec ses matériaux, le propriétaire du fonds a droit ou de les retenir, ou d'obliger ce tiers à les enlever. — Si le propriétaire du fonds demande la suppression des constructions, elle est aux frais de celui qui les a faites, sans aucune indemnité pour lui ; il peut même être condamné à des dommages et intérêts, s'il y a lieu, pour le préjudice que peut avoir éprouvé le propriétaire du fonds. — Si le propriétaire préfère conserver ces constructions, il doit le remboursement de la valeur des matériaux et du prix de la main-d'œuvre, sans égard à la plus ou moins grande augmentation de valeur que le fonds a pu recevoir. Néanmoins, si les constructions et ouvrages ont été faits par un tiers évincé, qui n'aurait pas été condamné à la restitution des fruits, attendu sa bonne foi, le propriétaire ne pourra demander la suppression desdits ouvrages et constructions ; mais il aura le choix ou de rembourser la valeur des matériaux et du prix de la main-d'œuvre, ou de rembourser une somme égale à celle dont le fonds a augmenté la valeur.

5° *Dispositions diverses.*

DISTANCE. *C. Civ.* 674. Celui qui fait creuser un puits ou une fosse d'aisance près d'un mur mitoyen ou non ; — celui qui veut y construire cheminée ou âtre, forge, four ou fourneau ; — y adosser une étable, — ou établir contre ce mur un magasin de sel ou amas de matières corrosives, — est obligé à laisser la distance prescrite par les règlemens et usages particuliers sur cet objet, ou à faire les ouvrages prescrits par les mêmes règlemens et usages, pour éviter de nuire au voisin.

LOCATION (*incendie*). *C. Civ.* 1733. (Le preneur) répond de l'incendie, à moins qu'il ne prouve, — que l'incendie est arrivé par cas fortuit ou force majeure, ou par vice de construction, — ou que le feu a été communiqué par une maison voisine.

SERVITUDE. *C. Civ.* 665. Lorsqu'on reconstruit un mur mitoyen ou une maison, ses servitudes actives et passives se continuent à l'égard du nouveau mur ou de la nouvelle maison, sans toutefois qu'elles puissent être aggravées, et pourvu que la reconstruction se fasse avant que la prescription soit acquise.

CONSUL. *C. Civ.* 48. Tout acte de l'état civil des Français en pays étranger, sera valable, s'il a été reçu, conformément aux lois françaises, par les agens diplomatiques ou par les consuls.

C. Com. 244. Si le capitaine aborde dans un port étranger, il est tenu de se présenter au consul de France, de lui faire un rapport, et de prendre un certificat constatant l'époque de son arrivée et de son départ, l'état et la nature de son chargement.

243. Si, pendant le cours du voyage, le capitaine est obligé de relâcher dans un port étranger, la déclaration (des causes de la relâche) est faite au consul de France, ou, à son défaut, au magistrat du lieu. *V.* CAPITAINE DE NAVIRE.

CONSULTATION (DROIT DE).

Dispositions du tarif.

(Tarif civ., tit. 2, ch. 2, § 1er. Droit de consultation.)

68. Pour la consultation sur toute demande principale, intervention, tierce-opposition et requête civile, tant en demandant qu'en défendant, sans qu'il puisse être passé plus d'un droit par chaque avoué et par cause, et sans que l'intervention d'un appelé en garantie puisse y donner lieu, le droit ne pourra être exigé qu'autant qu'il aura été obtenu un jugement par défaut contre partie, ou qu'il y aura eu constitution d'avoué, et y compris la procuration sous signature privée ou par-devant notaire, indépendamment des déboursés, — à Paris, 10 fr. — Dans le ressort, 7 fr. 50 c. *V.* TARIF.

69. Il ne sera alloué aucun émolument à l'avoué dans le cas où il comparaîtrait au bureau de conciliation pour sa partie.

CONTENANCE.

1° *Contrat d'acquisition.*

C. Civ. 1616. Le vendeur est tenu de délivrer la contenance telle qu'elle est portée au contrat, sous les modifications ci-après exprimées.

1617. Si la vente d'un immeuble a été faite avec indication de la contenance, à raison de tant la mesure, le vendeur est obligé de délivrer à l'acquéreur, s'il l'exige, la quantité indiquée au contrat ; — et, si la chose ne lui est pas possible ou si l'acquéreur ne l'exige pas, le vendeur est obligé de souffrir une diminution proportionnelle du prix.

1618. Si, au contraire, dans le cas de l'article précédent, il se trouve une contenance plus grande que celle exprimée au contrat, l'acquéreur a le choix de fournir le supplément du prix, ou de se désister du contrat, si l'excédant est d'un vingtième au-dessus de la contenance déclarée.

1619. Dans tous les autres cas, — soit que la vente soit faite d'un corps certain et limité, — soit qu'elle ait pour objet des fonds distincts et séparés, — soit qu'elle commence par la mesure ou par la désignation de l'objet vendu suivie de la mesure, — l'expression de cette mesure ne donne lieu à aucun supplément de prix en faveur du vendeur, pour l'excédant de mesure, ni en faveur de l'acquéreur à aucune diminution du prix pour moindre mesure qu'autant que la différence de la mesure réelle à celle exprimée au contrat est d'un vingtième en plus ou en moins, eu égard à la valeur de la totalité des objets vendus, s'il n'y a stipulation contraire.

1620. Dans le cas où, suivant l'article précédent, il y a lieu à augmentation de prix pour excédant de mesure, l'acquéreur a le choix ou de se désister du contrat, ou de fournir le supplément du prix, et ce, avec les intérêts s'il a gardé l'immeuble.

1621. Dans tous les cas où l'acquéreur a le droit de se désister du contrat, le vendeur est tenu de lui restituer, outre le prix, s'il l'a reçu, les frais de ce contrat.

1622. L'action en supplément de prix de la part du vendeur, et celle en diminution de prix ou en résiliation du contrat de la part de l'acquéreur, doivent être intentées dans l'année, à compter du jour du contrat, à peine de déchéance.

1623. S'il a été vendu deux fonds par le même contrat, et pour un seul et même prix, avec désignation de la mesure de chacun, et qu'il se trouve moins de contenance en l'un et plus en l'autre, on fait compensation jusqu'à due concurrence ; et l'action, soit en supplément, soit en diminution du prix, n'a lieu que suivant les règles ci-dessus établies.

2° *Contrat de location.*

C. Civ. 1765. Si, dans un bail à ferme, on donne aux fonds une contenance moindre ou plus grande que celle qu'ils ont réellement, il n'y a lieu à augmentation ou diminution de prix pour le fermier que dans les cas et suivant les règles exprimés au titre *de la vente* (art. 1616-1623 *ci-dessus*).

CONTINUATION DE BAIL. *V*. RECONDUCTION.

CONTINUATION DE COMMUNAUTÉ. C. Civ. 1442. Le défaut d'inventaire après la mort naturelle ou civile de l'un des époux ne donne pas lieu à la continuation de la communauté, sauf les poursuites des parties intéressées, relativement à la consistance des biens et effets communs, dont la preuve pourra être faite tant par titres que par la commune renommée.

CONTINUATION DE SOCIÉTÉ.

1° *Société civile.*

C. Civ. 1866. La prorogation d'une société à temps limité ne peut être prouvée que par un écrit revêtu des mêmes formes que le contrat de société. *V*. SOCIÉTÉ (*acte de*).

2° *Société commerciale.*

C. Com. 46. Toute continuation de société, après son terme expiré, sera constatée par une déclaration des coassociés. — Cette déclaration, et tous actes portant dissolution de société avant le terme fixé pour sa durée par l'acte qui l'établit, tout changement ou retraite d'associés, toutes nouvelles stipulations ou clauses, tout changement à la raison de société sont soumis aux formalités prescrites par les art. 42, 43 et 44. — En cas d'omission de ces formalités, il y aura lieu à l'application des dispositions pénales de l'art. 42, troisième alinéa. *V*. SOCIÉTÉ (*acte de*).

CONTINUES (SERVITUDES) et DISCONTINUES. C. Civ. 688. Les servitudes sont ou continues, ou discontinues. — Les servitudes continues sont celles dont l'usage est ou peut être continuel sans avoir besoin du fait actuel de l'homme : tels sont les conduites d'eau, les égouts, les vues et autres de cette espèce. — Les servitudes discontinues sont celles qui ont besoin du fait actuel de l'homme pour être exercées : tels sont les droits de passage, puisage, pacage et autres semblables. *V*. SERVITUDE.

706. La servitude est éteinte par le non-usage pendant trente ans.

707. Les trente ans commencent à courir, selon les diverses espèces de servitudes, ou du jour où l'on a cessé d'en jouir, lorsqu'il s'agit de servitudes discontinues, ou du jour où il a été fait un acte contraire à la servitude, lorsqu'il s'agit de servitudes continues.

CONTRACTUELLES (DONATIONS). *V*. ÉPOUX (*donations entre*). MARIAGE (*contrat de*).

CONTRADICTOIRES (JUGEMENS). C. Proc. 343. L'affaire sera en état lorsque la plaidoirie sera commencée ; la plaidoirie sera réputée commencée quand les conclusions auront été contradictoirement prises à l'audience. *V*. DÉFAUT (*jugement par*).

445. Le délai pour interjeter appel sera de trois mois ; il courra, pour les jugemens contradictoires, du jour de la signification à personne ou domicile. *V*. APPEL.

480. Les jugemens contradictoires rendus en dernier ressort par les tribunaux de première instance et les cours royales, pourront être rétractés, sur la requête de ceux qui auront été parties. *V*. REQUÊTE CIVILE.

CONTRAINTE PAR CORPS.

I. EN MATIÈRE CIVILE.

Dispositions générales.

C. Proc. 126. La contrainte par corps ne sera prononcée que dans les cas prévus par la loi ; il est néanmoins laissé à la prudence des juges de la prononcer, — 1° pour dommages et intérêts en matière civile, au-dessus de la somme de trois cents francs ; — 2° pour reliquats de comptes de tutelle, curatelle, d'administration de corps et communauté, établissemens publics ou de toute administration confiée par justice, et pour toutes restitutions à faire par suite desdits comptes.

127. Pourront les juges, dans les cas énoncés en l'article précédent, ordonner qu'il sera sursis à l'exécution de la contrainte par corps, pendant le temps qu'ils fixeront ; après lequel elle sera exercée sans nouveau jugement. Ce sursis ne pourra être accordé que par le jugement qui statuera sur la contestation, et qui énoncera les motifs de délai.

De la contrainte par corps en matière civile.

C. Civ. (liv. 3, tit. 16, art. 2059-2070). —

2059. La contrainte par corps a lieu, en matière civile, pour le stellionat. — Il y a stellionat, — lorsqu'on vend ou qu'on hypothèque un immeuble dont on sait n'être pas propriétaire ; — lorsqu'on présente comme libres des biens hypothéqués, ou que l'on déclare des hypothèques moindres que celles dont ces biens sont chargés.

2060. La contrainte par corps a lieu pareillement, — 1° pour dépôt nécessaire ; — 2° en cas de réintégrande, pour le délaissement, ordonné par justice, d'un fonds dont le propriétaire a été dépouillé par voies de fait ; pour la restitution des fruits qui ont été perçus pendant l'indue possession, et pour le paiement des dommages et intérêts adjugés au propriétaire ; — 3° pour répétition de deniers consignés entre les mains de personnes publiques établies à cet effet ; — 4° pour la représentation des choses déposées aux séquestres, commissaires et autres gardiens ; — 5° contre les cautions judiciaires et contre les cautions des contraignables par corps, lorsqu'elles se sont soumises à cette contrainte ; — 6° contre tous officiers publics, pour la représentation de leurs minutes, quand elle est ordonnée ; — 7° contre les notaires, les avoués et les huissiers, pour la restitution des titres à eux confiés, et des deniers par eux reçus pour leurs cliens, par suite de leurs fonctions.

2061. Ceux qui, par un jugement rendu au pétitoire, et passé en force de chose jugée, ont été condamnés à désemparer un fonds, et qui refusent d'obéir, peuvent, par un second jugement, être contraints par corps, quinzaine après la signification du premier jugement à personne ou domicile. — Si le fonds ou l'héritage est éloigné de plus de cinq myriamètres du domicile de la partie condamnée, il sera ajouté, au délai de quinzaine, un jour par cinq myriamètres.

2062. La contrainte par corps ne peut être or-

donnée contre les fermiers pour le paiement des fermages des biens ruraux, si elle n'a été stipulée formellement dans l'acte de bail. Néanmoins les fermiers et les colons partiaires peuvent être contraints par corps, faute par eux de représenter, à la fin du bail, le cheptel de bétail, les semences et les instrumens aratoires qui leur ont été confiés ; à moins qu'ils ne justifient que le déficit de ces objets ne procède point de leur fait.

2063. Hors les cas déterminés par les articles précédens, ou qui pourraient l'être à l'avenir par une loi formelle, il est défendu à tous juges de prononcer la contrainte par corps ; à tous notaires et greffiers de recevoir des actes dans lesquels elle serait stipulée, et à tous Français de consentir pareils actes, encore qu'ils eussent été passés en pays étrangers ; le tout à peine de nullité, dépens, dommages et intérêts.

2064. Dans les cas même ci-dessus énoncés, la contrainte par corps ne peut être prononcée contre les mineurs.

2065. Elle ne peut être prononcée pour une somme moindre de trois cents francs.

2066. Elle ne peut être prononcée contre les septuagénaires, les femmes et les filles, que dans les cas de stellionnat. — Il suffit que la soixante-dixième année soit commencée, pour jouir de la faveur accordée aux septuagénaires. — La contrainte par corps pour cause de stellionat pendant le mariage, n'a lieu contre les femmes mariées que lorsqu'elles sont séparées de biens, ou lorsqu'elles ont des biens dont elles se sont réservé la libre administration, et à raison des engagemens qui concernent ces biens. — Les femmes, qui, étant en communauté, se seraient obligées conjointement ou solidairement avec leur mari, ne pourront être réputées stellionataires à raison de ces contrats.

2067. La contrainte par corps, dans les cas même où elle est autorisée par la loi, ne peut être appliquée qu'en vertu d'un jugement.

2068. L'appel ne suspend pas la contrainte par corps prononcée par un jugement provisoirement exécutoire en donnant caution.

2069. L'exercice de la contrainte par corps n'empêche ni ne suspend les poursuites et les exécutions sur les biens.

2070. Il n'est point dérogé aux lois particulières qui autorisent la contrainte par corps dans les matières de commerce, ni aux lois de police correctionnelle, ni à celles qui concernent l'administration des deniers publics.

2° *Dispositions additionnelles.*

ACTE (*expédition*). C. Proc. 839. Le notaire ou autre dépositaire qui refusera de délivrer expédition ou copie d'un acte aux parties intéressées en nom direct, héritiers ou ayans droit, y sera condamné, et par corps, sur assignation à bref délai, donnée en vertu de permission du président du tribunal de première instance, sans préliminaire de conciliation.

AVOUÉ (*communication de pièces*). *C. Proc.* 191. Si, après l'expiration du délai, l'avoué n'a pas rétabli les pièces (par lui prises en communication), il sera, sur simple requête, et même sur simple mémoire de la partie, rendu ordonnance portant qu'il sera contraint à ladite remise, incontinent et par corps; même à payer trois francs de dommages-intérêts à l'autre partie par chaque jour de retard, du jour de la signification de ladite ordonnance, outre les frais desdites requête et ordonnance, qu'il ne pourra répéter contre son constituant.

(*Sur instruction par écrit*). *C. Proc.* 107. Si les avoués ne rétablissent, dans les délais fixés, les productions par eux prises en communication (dans les affaires instruites par écrit), il sera sur le certificat du greffier, et sur un simple acte pour venir plaider, rendu jugement à l'audience, qui les condamnera personnellement, et sans appel, à ladite remise, aux frais du jugement, sans répétition, et en dix francs au moins de dommages-intérêts par chaque jour de retard. — Si les avoués ne rétablissent les productions dans la huitaine de la signification dudit jugement, le tribunal pourra prononcer, sans appel, de plus forts dommages-intérêts, même condamner l'avoué par corps, et l'interdire pour tel temps qu'il estimera convenable. — Lesdites condamnations pourront être prononcées sur la demande des parties, sans qu'elles aient besoin d'avoués, et sur un simple mémoire qu'elles remettront ou au président, ou au rapporteur, ou au procureur du Roi.

(*Sur reddition de compte*). *C. Proc.* 536. Après la présentation et affirmation, le compte sera signifié à l'avoué de l'oyant : les pièces justificatives seront cotées et paraphées par l'avoué du rendant; si elles sont communiquées sur récépissé, elles seront rétablies dans le délai qui sera fixé par le juge-commissaire, sous les peines portées par l'art. 107. (*V. ci-dessus.*)

CAUTION. *C. Civ.* 2017. Les engagemens des cautions passent à leurs héritiers, à l'exception de la contrainte par corps, si l'engagement était tel que la caution y fût obligée.

2040. Lorsqu'il s'agit d'un cautionnement judiciaire, la caution doit être susceptible de contrainte par corps.

C. Proc. 519. La partie pourra prendre au greffe communication des titres (de la caution); si elle accepte la caution, elle le déclarera par un

simple acte : dans ce cas, ou si la partie ne conteste pas dans le délai, la caution fera au greffe sa soumission, qui sera exécutoire sans jugement, même pour la contrainte par corps, s'il y a lieu à contrainte.

CESSION. *C. Civ.* 1270. (La cession judiciaire) opère la décharge de la contrainte par corps.

COMPTE. *C. Proc.* 534. Le délai passé (pour la présentation et l'affirmation du compte), le rendu y sera contraint par saisie et vente de ses biens jusqu'à concurrence d'une somme que le tribunal arbitrera; il pourra même y être contraint par corps si le tribunal l'estime convenable.

DÉLAI DE PAIEMENT. *C. Proc.* 124. Le débiteur ne pourra obtenir (du juge) un délai, ni jouir du délai qui lui aura été accordé, s'il est constitué prisonnier.

DÉNÉGATION D'ÉCRITURE. *C. Proc.* 213. S'il est prouvé que la pièce est écrite ou signée par celui qui l'a déniée, il sera condamné à cent cinquante francs d'amende envers le domaine, outre les dépens, dommages et intérêts de la partie, et pourra être condamné par corps même pour le principal.

ENQUÊTE (*témoins*). *C. Proc.* 264. Si les témoins réassignés sont encore défaillans, ils seront condamnés, et par corps, à une amende de cent francs; le juge-commissaire pourra même décerner contre eux un mandat d'amener.

FOLLE ENCHÈRE. *C. Proc.* 712. Au jour indiqué (pour la surenchère), ne pourront être admis à concourir que l'adjudicataire et celui qui aura enchéri du quart, lequel, en cas de folle enchère, sera tenu par corps de la différence de son prix d'avec celui de la vente.

744. Le fol enchérisseur est tenu par corps de la différence de son prix d'avec celui de la revente sur folle enchère, sans pouvoir réclamer l'excédant, s'il y en a; cet excédant sera payé aux créanciers, ou, si les créanciers sont désintéressés, à la partie saisie.

GARDIEN DE SAISIE (*disposition générale*). *C. Proc.* 603. Le gardien ne peut se servir des choses saisies, les louer ou prêter, à peine de privation des frais de garde, et de dommages-intérêts, au paiement desquels il sera contraignable par corps.

604. Si les objets saisis ont produit quelques profits ou revenus, il est tenu d'en compter, même par corps.

(*Saisie-gagerie*). *C. Proc.* 824. Le saisi, dans le cas (où il a été constitué gardien des effets saisis), le saisissant (dans le même cas) ou le gardien, s'il en a été établi, seront condamnés par corps à la représentation des effets.

HYPOTHÈQUE LÉGALE. *C. Civ.* 2136. Sont les maris et les tuteurs tenus de rendre publiques les hypothèques (légales) dont leurs biens sont grevés, et, à cet effet, de requérir eux-mêmes, sans aucun délai, inscription aux bureaux à ce établis, sur les immeubles à eux appartenant, et sur ceux qui pourront leur appartenir par la suite. — Les maris et les tuteurs qui, ayant manqué de requérir et de faire faire les inscriptions ordonnées par le présent article, auraient consenti ou laissé prendre des privilèges ou des hypothèques sur leurs immeubles, sans déclarer expressément que lesdits immeubles étaient affectés à l'hypothèque légale des femmes et des mineurs, seront réputés stellionataires, et, comme tels, contraignables par corps.

INSCRIPTION DE FAUX. *C. Proc.* 224. En cas qu'il y ait minute de la pièce arguée de faux, il sera ordonné, s'il y a lieu, par le juge-commissaire, sur la requête du demandeur, que le défendeur sera tenu, dans le temps qui lui sera prescrit, de faire apporter ladite minute au greffe, et que les dépositaires d'icelle y seront contraints, les fonctionnaires publics par corps, et ceux qui ne le sont pas, par voie de saisie, amende, et même par corps s'il y échet.

LIQUIDATION DE CRÉANCE. *C. Proc.* 552. La contrainte par corps, pour objet susceptible de liquidation, ne pourra être exécutée qu'après que la liquidation aura été faite en argent.

PARTIE SAISIE. *C. Proc.* 690. Le saisi ne pourra faire aucune coupe de bois ni dégradation, à peine de dommages-intérêts, auxquels il sera condamné par corps.

714. Le jugement d'adjudication sera revêtu de l'intitulé des jugemens et du mandement qui les termine, avec injonction à la partie saisie de délaisser la possession aussitôt la signification du jugement, sous peine d'y être contraint, même par corps.

PIÈCES DE COMPARAISON. *C. Proc.* 204. Si les pièces de comparaison sont entre les mains de dépositaires publics ou autres, le juge-commissaire ordonnera qu'aux jour et heure par lui indiqués les détenteurs desdites pièces les apporteront au lieu où se fera la vérification (d'écritures) ; à peine, contre les dépositaires publics, d'être contraints par corps, et les autres par les voies ordinaires, sauf même à prononcer contre ces derniers la contrainte par corps, s'il y échet.

3° *Exécution de la contrainte par corps.*

De l'emprisonnement.

C. Proc. (*liv.* 5, *tit.* 13, *art.* 780-805). — 780. Aucune contrainte par corps ne pourra être mise à exécution qu'un jour après la signification, avec commandement, du jugement qui l'a pro-

noncée. — Cette signification sera faite par un huissier commis par ledit jugement, ou par le président du tribunal de première instance du lieu où se trouve le débiteur. — La signification contiendra aussi élection de domicile dans la commune où siège le tribunal qui a rendu ce jugement, si le créancier n'y demeure pas.

781. Le débiteur ne pourra être arrêté, 1° avant le lever et après le coucher du soleil ; — 2° les jours de fête légale ; — 3° dans les édifices consacrés au culte, et pendant les exercices religieux seulement ; — 4° dans le lieu et pendant la tenue des séances des autorités constituées ; — 5° dans une maison quelconque, même dans son domicile, à moins qu'il n'eût été ainsi ordonné par le juge de paix du lieu, lequel juge de paix devra, dans ce cas, se transporter dans la maison avec l'officier ministériel.

782. Le débiteur ne pourra non plus être arrêté lorsque, appelé comme témoin (devant un directeur du juri [1]) ou devant un tribunal de première instance, ou une cour royale ou d'assises, il sera porteur d'un sauf-conduit. — Le sauf-conduit pourra être accordé (par le directeur du juri [1]), par le président du tribunal ou de la cour où les témoins devront être entendus. Les conclusions du ministère public seront nécessaires. — Le sauf-conduit réglera la durée de son effet, à peine de nullité. — En vertu du sauf-conduit, le débiteur ne pourra être arrêté, ni le jour fixé pour sa comparution, ni pendant le temps nécessaire pour aller et pour revenir.

783. Le procès-verbal d'emprisonnement contiendra, outre les formalités ordinaires des exploits,—1° itératif commandement ; —2° élection de domicile dans la commune où le débiteur sera détenu, si le créancier n'y demeure pas : l'huissier sera assisté de deux recors.

784. S'il s'est écoulé une année entière depuis le commandement, il sera fait un nouveau commandement par un huissier commis à cet effet.

785. En cas de rébellion, l'huissier pourra établir garnison aux portes pour empêcher l'évasion et requérir la force armée ; et le débiteur sera poursuivi conformément aux dispositions du Code criminel.

786. Si le débiteur requiert qu'il en soit référé, il sera conduit sur le champ devant le président du tribunal de première instance du lieu où l'arrestation aura été faite, lequel statuera en état de référé : si l'arrestation est faite hors des heures de l'audience, le débiteur sera conduit chez le président.

787. L'ordonnance sur référé sera consignée

---

[1] Les directeurs de juri ont été supprimés.

sur le procès-verbal de l'huissier, et sera exécutée sur le champ.

788. Si le débiteur ne requiert pas qu'il en soit référé, ou si, en cas de référé, le président ordonne qu'il soit passé outre, le débiteur sera conduit dans la prison du lieu; et s'il n'y en a pas, dans celle du lieu le plus voisin : l'huissier et tous autres qui conduiraient, recevraient ou retiendraient le débiteur dans un lieu de détention non légalement désigné comme tel, seront poursuivis comme coupables du crime de détention arbitraire.

789. L'écrou du débiteur énoncera,—1° le jugement;— 2° les noms et domicile du créancier ; — 3° l'élection de domicile, s'il ne demeure pas dans la commune; — 4° les noms, demeure et profession du débiteur; — 5° la consignation d'un mois d'alimens au moins ; — 6° enfin, mention de la copie qui sera laissée au débiteur, parlant à sa personne, tant du procès-verbal d'emprisonnement que de l'écrou. Il sera signé de l'huissier.

790. Le gardien ou geôlier transcrira sur son registre le jugement qui autorise l'arrestation: faute par l'huissier de représenter ce jugement, le geôlier refusera de recevoir le débiteur et de l'écrouer.

791. Le créancier sera tenu de consigner les alimens d'avance. Les alimens ne pourront être retirés, lorsqu'il y aura recommandation, si ce n'est du consentement du recommandant.

792. Le débiteur pourra être recommandé par ceux qui auraient le droit d'exercer contre lui la contrainte par corps. Celui qui est arrêté comme prévenu d'un délit, peut aussi être recommandé ; et il sera retenu par l'effet de la recommandation, encore que son élargissement ait été prononcé et qu'il ait été acquitté du délit.

793. Seront observées, pour les recommandations, les formalités ci-dessus prescrites pour l'emprisonnement: néanmoins l'huissier ne sera pas assisté de recors; et le recommandant sera dispensé de consigner les alimens, s'ils ont été consignés.—Le créancier qui a fait emprisonner, pourra se pourvoir contre le recommandant devant le tribunal du lieu où le débiteur est détenu, à l'effet de le faire contribuer au paiement des alimens par portion égale.

794. A défaut d'observation des formalités ci-dessus prescrites, le débiteur pourra demander la nullité de l'emprisonnement, et la demande sera portée au tribunal du lieu où il est détenu; si la demande en nullité est fondée sur des moyens de fond, elle sera portée devant le tribunal de l'exécution du jugement.

795. Dans tous les cas, la demande pourra être formée à bref délai, en vertu de permission de juge, et l'assignation donnée par huissier commis au domicile élu par l'écrou : la cause sera jugée sommairement, sur les conclusions du ministère public.

796. La nullité de l'emprisonnement, pour quelque cause qu'elle soit prononcée, n'emporte point la nullité des recommandations.

797. Le débiteur dont l'emprisonnement est déclaré nul, ne peut être arrêté pour la même dette qu'un jour au moins après sa sortie.

798. Le débiteur sera mis en liberté, en consignant entre les mains du geôlier de la prison les causes de son emprisonnement et les frais de la capture.

L. 17-19 *avril* 1832. — 24. Le débiteur, si la contrainte par corps n'a pas été prononcée pour dette commerciale, obtiendra son élargissement en payant ou consignant le tiers du principal de la dette et de ses accessoires, et en donnant pour le surplus une caution acceptée par le créancier, ou reçue par le tribunal civil dans le ressort duquel le débiteur sera détenu.

25. La caution sera tenue de s'obliger solidairement avec le débiteur à payer, dans un délai qui ne pourra excéder une année, les deux tiers qui resteront dus.

799. Si l'emprisonnement est déclaré nul, le créancier pourra être condamné en des dommages-intérêts envers le débiteur.

800. Le débiteur légalement incarcéré obtiendra son élargissement, — 1° par le consentement du créancier qui l'a fait incarcérer, et des recommandans, s'il y en a; — 2° par le paiement ou la consignation des sommes dues tant au créancier qui a fait emprisonner qu'au recommandant, des intérêts échus, des frais liquidés, de ceux d'emprisonnement, et de la restitution des alimens consignés; — 3° par le bénéfice de cession; — 4° à défaut par les créanciers d'avoir consigné d'avance les alimens ; — 5° et enfin, si le débiteur a commencé sa soixante-dixième année, et si, dans ce dernier cas, il n'est pas stellionataire [1].

L. 17-19 *avril* 1832. — 23. Les frais liquidés que le débiteur doit consigner ou payer pour empêcher l'exercice de la contrainte par corps, ou pour obtenir son élargissement, conformément aux art. 798 et 80, paragraphe 2, du Code de Procédure, ne seront jamais que les frais de l'instance, ceux de l'expédition et de la signification du jugement et de l'arrêt, s'il y a lieu, ceux enfin de l'exécution relative à la contrainte par corps seulement.

801. Le consentement à la sortie du débiteur pourra être donné, soit devant notaire, soit sur le registre d'écrou.

---

[1] Il faut ajouter aujourd'hui : — 6° par la consignation du tiers du principal de la dette et de ses accessoires, en donnant caution pour le surplus ; 7° par l'expiration du terme fixé par le jugement de condamnation. (*L.* 17-19 *avril* 1832, *art.* 24 *et* 7.)

802. La consignation de la dette sera faite entre les mains du geôlier, sans qu'il soit besoin de la faire ordonner. Si le geôlier refuse, il sera assigné à bref délai devant le tribunal du lieu, en vertu de permission : l'assignation sera donnée par huissier commis.

803 [1]. L'élargissement, faute de consignation d'alimens, sera ordonné sur le certificat de non-consignation, délivré par le geôlier, et annexé à la requête présentée au président du tribunal, sans sommation préalable. — « Si cependant le créancier en retard de consigner les alimens fait consignation avant que le débiteur ait formé sa demande en élargissement, cette demande ne sera plus recevable. »

804 [1]. 2e §. « On ne sera point tenu de recommencer les formalités préalables à l'emprisonnement, s'il a lieu dans l'année du commandement. »
L. 17-19 *avril* 1832. — 31 (*remplaçant le* 1er § *de l'art.* 804). Le débiteur élargi faute de consignation d'alimens ne pourra plus être incarcéré pour la même dette.

805. Les demandes en élargissement seront portées au tribunal dans le ressort duquel le débiteur est détenu. Elles seront formées à bref délai, au domicile élu par l'écrou, en vertu de permission du juge, sur requête présentée à cet effet : elles seront communiquées au ministère public, et jugées, sans instruction, à la première audience, préférablement à toutes autres causes, sans remise ni tour de rôle.

Dispositions du tarif.

6. (Pr. 587, 781.) Pour le transport du juge de paix à l'effet d'être présent à l'arrestation d'un débiteur condamné par corps, dans le domicile où ce dernier se trouve, — à Paris, 10 fr. — Dans les villes où il y a tribunal de 1re instance, 7 fr. 50 c. — Dans les autres villes et cantons ruraux, 5 fr.

51. (Pr. 780.) Pour l'original de la signification du jugement qui prononce la contrainte par corps, avec commandement, — à Paris, 3 fr. — Dans les villes où il y a tribunal de 1re instance, 2 fr. — Dans les autres villes et cantons ruraux, 1 fr. 25 c. — Et pour la copie, le quart.

52. (Pr. 781.) Vacation pour obtenir l'ordonnance du juge de paix à l'effet, par ce dernier, de se transporter dans le lieu où se trouve le débiteur condamné par corps, et requérir son transport, — à Paris, 2 f. 50 c. — Dans les villes où il y a tribunal de 1re in-

<hr/>

[1] Il est fort douteux que les 2es § des art. 803 et 804 puissent subsister en présence, tant de l'art. 31 ci-dessus qui pourrait emporter l'abrogation entière de l'art. 804, que du 1er § de l'art. 30, qui est ainsi conçu :
30. En cas d'élargissement, faute de consignation d'alimens, il suffira que la requête présentée au président du tribunal civil soit signée par le débiteur détenu et par le gardien de la maison d'arrêt pour dettes, ou même certifiée véritable par le gardien, si le détenu ne sait pas signer.

stance, 2 fr. — Dans les autres villes et cantons ruraux, 2 fr.

53. (Pr. 785, 789.) Pour le procès-verbal d'emprisonnement d'un débiteur, y compris l'assistance de deux recors et l'écrou, — à Paris, 60 fr. 25 c. — Dans les villes où il y a tribunal de 1re instance, 40 f. — Dans les autres villes et cantons ruraux, 30 f. — Il ne pourra être passé aucun procès-verbal de perquisition, pour lequel l'huissier n'aura point de recours, même contre sa partie; la somme ci-dessus lui étant allouée en considération de toutes les démarches qu'il pourrait faire.

54. (Pr. 786.) Vacation de l'huissier au référé, si le débiteur arrêté le requiert, — à Paris 8 f. — Dans les villes où il y a tribunal de 1re instance, 6 fr. — Dans les autres villes et cantons ruraux, 6 fr.

55. (Pr. 789.) Pour la copie du procès-verbal d'emprisonnement et de l'écrou, le tout ensemble, — à Paris, 5 fr. — Dans les villes où il y a tribunal de 1re instance, 2 fr. 25 c. — Dans les autres villes et cantons ruraux, 2 fr. 25 c.

56. (Pr. 790.) Il sera taxé au gardien ou geôlier qui transcrira sur son registre le jugement portant la contrainte par corps, pour chaque rôle d'expédition, — à Paris, 25 c. — Dans les villes où il y a tribunal de 1re instance, 20 c. — Dans les autres villes et cantons ruraux, 20 c.

57. (Pr. 792, 795.) Pour un acte de recommandation d'un débiteur emprisonné sans assistance de recors, — à Paris, 4 fr. — Dans les villes où il y a tribunal de 1re instance, 3 fr. — Dans les autres villes et cantons ruraux, 3 fr. — Pour chaque copie à donner au débiteur et au geôlier, le quart.

58. (Pr. 799.) Pour la signification du jugement qui déclare un emprisonnement nul, et la mise en liberté du débiteur, — à Paris, 4 fr. — Dans les villes où il y a tribunal de première instance, 3 fr. — Dans les autres villes et cantons ruraux, 3 fr. — Pour la copie à laisser au gardien ou geôlier, le quart.

76. (Pr. 780.) Requête pour faire commettre un huissier à l'effet de signifier le jugement portant contrainte par corps; — Elle ne sera point grossoyée, — à Paris, 2 f. — Dans le ressort, 1 f. 50 c. (*V.* TARIF.) — La vacation pour demander l'ordonnance du président ou du juge-commissaire et se la faire délivrer est comprise dans la taxe.

77. (Pr. 782.) Requêtes à l'effet d'obtenir pour le témoin assigné un sauf-conduit qui ne pourra être accordé que sur les conclusions du ministère public, et qui réglera sa durée; — (795.) A l'effet de demander la nullité de l'emprisonnement d'un débiteur détenu pour dettes; — (800.) Pour demander la liberté d'un débiteur détenu pour dettes, dans tous les cas prévus par l'art. 800. — (802.) Pour assigner le geôlier qui refuse de recevoir la consignation de la dette. — (803.) Pour demander la liberté faute de consignation d'alimens. — Elles seront taxées, — à Paris, 3 fr. — Dans le ressort, 2 f. 25 c. (*V.* TARIF.) — Les requêtes ci-dessus ne seront point grossoyées, et la vacation pour prendre l'ordonnance est comprise dans la taxe.

3o Durée de l'emprisonnement.

L. 17-19 *avril* 1832. — 7. Dans tous les cas où la contrainte par corps a lieu en matière civile ordinaire, la durée en sera fixée par le jugement de condamnation; elle sera d'un an au moins et de dix ans au plus. — Néanmoins, s'il s'agit de fermages de biens ruraux aux cas prévus par l'art. 2,062 du Code Civil, ou de l'exécution des condamnations intervenues dans le cas où la contrainte par corps n'est pas obligée, et où la loi attribue seulement aux juges la faculté de la prononcer, la durée de la contrainte ne sera que d'un an au moins et de cinq ans au plus.

II. EN MATIÈRE DE COMMERCE.

1° *Dispositions générales. V. ci-après, l. 17-19 avril 1832, tit. 1, art. 1-6.*

2° *Dispositions diverses.*

FAILLI (*Disposition préliminaire*). *C. Com.* 455. Le tribunal de commerce ordonnera ou le dépôt de la personne du failli dans la maison d'arrêt pour dettes, ou la garde de sa personne par un officier de police ou de justice, ou par un gendarme. — Il ne pourra, en cet état, être reçu contre le failli d'écrou ou recommandation, en vertu d'aucun jugement du tribunal de commerce.

(*Cession de biens*). *C. Com.* 568. La cession judiciaire n'éteint point l'action des créanciers sur des biens que le failli peut acquérir par la suite ; elle n'a d'autre effet que de soustraire le débiteur à la contrainte par corps.

LETTRE DE CHANGE ET BILLETS A ORDRE. *C. Com.* 637. Lorsque (réputées simples promesses) les lettres de change et les billets à ordre porteront en même temps des signatures d'individus négocians et d'individus non négocians, le tribunal de commerce en connaîtra ; mais il ne pourra prononcer la contrainte par corps contre les individus non négocians, à moins qu'ils ne se soient engagés à l'occasion d'opérations de commerce, trafic, change, banque ou courtage.

VENTE DE NAVIRE. *C. Com.* 209. Les adjudicataires des navires de tout tonnage seront tenus de payer le prix de leur adjudication dans le délai de vingt-quatre heures, ou de le consigner, sans frais, au greffe du tribunal de commerce, à peine d'y être contraints par corps. — A défaut de paiement ou de consignation, le bâtiment sera remis en vente, et adjugé trois jours après une nouvelle publication et affiche unique, à la folle enchère des adjudicataires, qui seront également contraints par corps pour le paiement du déficit, des dommages, des intérêts et des frais.

VOYAGE DE MER. *C. Com.* 231. Le capitaine et les gens de l'équipage qui sont à bord, ou qui sur les chaloupes se rendent à bord pour faire voile, ne peuvent être arrêtés pour dettes civiles, si ce n'est à raison de celles qu'ils auront contractées pour le voyage ; et même dans ce dernier cas, ils ne peuvent être arrêtés s'ils donnent caution.

III. EN MATIÈRE CRIMINELLE.

1° *Dispositions générales. V. ci-après, l. 17-19 avril 1832, tit. 5, art. 34-41.*

2° *Dispositions diverses.*

CAUTIONS DE PRÉVENU. *C. Inst. cr.* 125. Il juge d'inscription délivrera une ordonnance de contrainte contre la caution ou les cautions d'un individu mis sous la surveillance spéciale du Gouvernement lorsque celui-ci aura été condamné par un jugement devenu irrévocable, pour un crime ou pour un délit commis dans l'interval déterminé par l'acte de cautionnement.

TÉMOINS. *C. Inst cr.* 355. Si, à raison de la non comparution du témoin (devant la cour d'assises), l'affaire est renvoyée à la session suivante, tous les frais de citation, actes, voyages de témoins et autres ayant pour objet de faire juger l'affaire, seront à la charge de ce témoin ; et il sera contraint même par corps, sur la réquisition du procureur général, par l'arrêt qui renverra les débats à la session suivante.— Le même arrêt ordonnera de plus que ce témoin sera amené par la force publique devant la cour, pour y être entendu.

Dispositions du tarif criminel.

Tarif cr. 174. Le recouvrement des frais de justice avancés par l'administration de l'enregistrement, conformément aux dispositions du présent décret, comme ne sont point à la charge de l'Etat, ainsi que les restitutions ordonnées par notre chancelier en exécution des deux articles précédens, seront poursuivis par toutes voies de droit, et même par celles de contrainte par corps, à la diligence des préposés de ladite administration, en vertu des exécutoires mentionnés aux articles ci-dessus.

175. Pour l'exécution de la contrainte par corps dans les cas ci-dessus prévus, il suffira du remise de copie au débiteur, en tête du commandement à lui signifié, — 1° du rôle ou des articles du rôle sur lesquels sera intervenue l'ordonnance de recouvrement — 2° de l'ordonnance de notre chancelier portant restitution de la somme à recouvrer, en ce qui concernera le débiteur contraint.

IV. EN MATIÈRES DIVERSES.

1° *En matière de deniers et effets mobiliers publics. V. ci-après l. 17-19 avril 1832, tit. 2 sect. 2, art. 8-13.*

2° *Contre les étrangers. V. ci-après, l. 17-19 avril 1832, tit. 3, art. 14-18.*

V. LOI SUR LA CONTRAINTE PAR CORPS.

(*Du 17-19 avril 1832.*)

Tit. 1er, dispositions relatives à la contrainte par corps en matière de commerce.

Art. 1er. La contrainte par corps sera prononcée, sauf les exceptions et les modifications ci-après, contre toute personne condamnée pour dette commerciale au paiement d'une somme principale de deux cents francs et au-dessus.

2. Ne sont point soumis à la contrainte par corps en matière de commerce, — 1° les femmes et les filles non légalement réputées marchandes publiques ; — 2° les mineurs non commerçans, ou qui ne sont pas réputés majeurs pour fait de leur commerce ; — 3° les veuves et héritiers des justiciables des tribunaux de commerce assignés devant ces tribunaux en reprise d'instance, ou par action nouvelle, en raison de leur qualité.

3. Les condamnations prononcées par les tribunaux de commerce contre des individus non négocians, pour signatures apposées soit à des lettres de change réputées simples promesses, aux termes de l'article 112 ¹ du Code de Commerce, soit à des billets à ordre, n'emportent point la contrainte par corps, à moins que ces signatures et engagemens n'aient eu pour cause des opérations de commerce, trafic, change, banque ou courtage.

4. La contrainte par corps, en matière de commerce, ne pourra être prononcée contre les débiteurs qui auront commencé leur soixante et dixième année.

5. L'emprisonnement pour dette commerciale cessera de plein droit après un an, lorsque le montant de la condamnation principale ne s'élèvera pas à cinq cents francs ; — après deux ans, lorsqu'il ne s'élèvera pas à mille francs ; — après trois ans, lorsqu'il ne s'élèvera pas à trois mille francs ; — après quatre ans, lorsqu'il ne s'élèvera pas à cinq mille francs ; — après cinq ans, lorsqu'il sera de cinq mille francs et au-dessus.

6. Il cessera pareillement de plein droit le jour où le débiteur aura commencé sa soixante et dixième année.

Tit. 2, dispositions relatives à la contrainte par corps en matière civile.

Sect. 1re, *contrainte par corps en matière civile ordinaire.*

7. Dans tous les cas où la contrainte par corps a lieu en matière civile ordinaire, la durée en sera fixée par le jugement de condamnation ; elle sera d'un an au moins et de dix ans au plus.—Néanmoins, s'il s'agit de fermages de biens ruraux aux cas prévus par l'article 2,062 du Code Civil, ou de l'exécution des condamnations intervenues dans le cas où la contrainte par corps n'est pas obligée, et où la loi attribue seulement aux juges la faculté de la prononcer, la durée de la contrainte ne sera que d'un an au moins et de cinq ans au plus.

Sect. 2, *contrainte par corps en matière de deniers et effets mobiliers publics.*

8. Sont soumis à la contrainte par corps, pour raison du reliquat de leurs comptes, déficit ou débet constatés à leur charge, et dont ils ont été déclarés responsables, —1° les comptables de deniers publics ou d'effets mobiliers publics, et leurs cautions ; — 2° leurs agens ou préposés qui ont personnellement géré ou fait la recette ; — 3° toutes personnes qui ont perçu des deniers publics dont elles n'ont point

effectué le versement ou l'emploi, ou qui, ayant reçu des effets mobiliers appartenant à l'État, ne les représentent pas, ou ne justifient pas de l'emploi qui leur avait été prescrit.

9. Sont compris dans les dispositions de l'article précédent, les comptables chargés de la perception des deniers ou de la garde et de l'emploi des effets mobiliers appartenant aux communes, aux hospices et aux établissemens publics, ainsi que leurs cautions, et leurs agens et préposés ayant personnellement géré ou fait la recette.

10. Sont également soumis à la contrainte par corps, — 1° tous entrepreneurs, fournisseurs, soumissionnaires et traitans, qui ont passé des marchés ou traités intéressant l'État, les communes, les établissemens de bienfaisance et autres établissemens publics, et qui sont déclarés débiteurs par suite de leurs entreprises ; — 2° leurs cautions, ainsi que leurs agens et préposés qui ont personnellement géré l'entreprise, et toutes personnes déclarées responsables des mêmes services.

11. Seront encore soumis à la contrainte par corps tous redevables, débiteurs et cautions de droits de douanes, d'octrois et autres contributions indirectes, qui ont obtenu un crédit et qui n'ont pas acquitté à échéance le montant de leurs soumissions en obligations.

12. La contrainte par corps pourra être prononcée, en vertu des quatre articles précédens, contre les femmes et les filles. — Elle ne pourra l'être contre les septuagénaires.

13. Dans les cas énoncés dans la présente section, la contrainte par corps n'aura jamais lieu que pour une somme principale excédant trois cents francs.—Sa durée sera fixée dans les limites de l'article 7 de la présente loi, paragraphe 1er.

Tit. 3, dispositions relatives à la contrainte par corps contre les étrangers.

14. Tout jugement qui interviendra au profit d'un Français contre un étranger non domicilié en France, emportera la contrainte par corps, à moins que la somme principale de la condamnation ne soit inférieure à cent cinquante francs, sans distinction entre les dettes civiles et les dettes commerciales.

15. Avant le jugement de condamnation, mais après l'échéance ou l'exigibilité de la dette, le président du tribunal de première instance dans l'arrondissement duquel se trouvera l'étranger non domicilié, pourra, s'il y a de suffisans motifs, ordonner son arrestation provisoire, sur la requête du créancier français. — Dans ce cas, le créancier sera tenu de se pourvoir en condamnation dans la huitaine de l'arrestation du débiteur, faute de quoi celui-ci pourra demander son élargissement. — La mise en liberté sera prononcée par ordonnance de référé, sur une assignation donnée au créancier par l'huissier que le président aura commis dans l'ordonnance même qui autorisait l'arrestation, et, à défaut de cet huissier, par tel autre qui sera commis spécialement.

16. L'arrestation provisoire n'aura pas lieu ou cessera si l'étranger justifie qu'il possède sur le territoire français un établissement de commerce ou des immeubles, le tout d'une valeur suffisante pour assurer le paiement de la dette, ou s'il fournit pour caution une personne domiciliée en France et reconnue solvable.

---

¹ **C. Com.** 112. Sont réputées simples promesses toutes lettres de change contenant supposition soit de nom, soit de qualité, soit de domicile, soit des lieux d'où elles *sont* tirées ou dans lesquels elles *sont* payables.

17. La contrainte par corps exercée contre un étranger en vertu de jugement pour dette civile ordinaire, ou pour dette commerciale, cessera de plein droit après deux ans, lorsque le montant de la condamnation principale ne s'élèvera pas à cinq cents francs ; — après quatre ans, lorsqu'il ne s'élèvera pas à mille francs ; — après six ans, lorsqu'il ne s'élèvera pas à trois mille francs ; — après huit ans, lorsqu'il ne s'élèvera pas à cinq mille francs ; — après dix ans, lorsqu'il sera de cinq mille francs et au-dessus. S'il s'agit d'une dette civile pour laquelle un Français serait soumis à la contrainte par corps, les dispositions de l'article 7 seront applicables aux étrangers, sans toutefois que le minimum de la contrainte puisse être au-dessous de deux ans.

18. Le débiteur étranger, condamné pour dette commerciale, jouira du bénéfice des articles 4 et 6 de la présente loi. En conséquence, la contrainte par corps ne sera prononcée contre lui, ou elle cessera dès qu'il aura commencé sa soixante et dixième année. Il en sera de même à l'égard de l'étranger condamné pour dette civile, le cas de stellionat excepté. La contrainte par corps ne sera pas prononcée contre les étrangères pour dettes civiles, sauf aussi le cas de stellionat, conformément au premier paragraphe de l'article 2,066 du Code Civil, qui leur est déclaré applicable.

Tit. 4, dispositions communes aux trois titres précédens.

19. La contrainte par corps n'est jamais prononcée contre le débiteur au profit, — 1° de son mari ni de sa femme ; — 2° de ses ascendans, descendans, frères ou sœurs, ou alliés au même degré. — Les individus mentionnés dans les deux paragraphes ci-dessus, contre lesquels il serait intervenu des jugemens de condamnations par corps, ne pourront être arrêtés en vertu desdits jugemens : s'ils sont détenus, leur élargissement aura lieu immédiatement après la promulgation de la présente loi.

20. Dans les affaires où les tribunaux civils ou de commerce statuent en dernier ressort, la disposition de leur jugement relative à la contrainte par corps sera sujette à l'appel ; cet appel ne sera pas suspensif.

21. Dans aucun cas la contrainte par corps ne pourra être exécutée contre le mari et contre la femme simultanément pour la même dette.

22. Tout huissier, garde du commerce et exécuteur des mandemens de justice, qui, lors de l'arrestation d'un débiteur, se refuserait à le conduire en référé devant le président du tribunal de première instance, aux termes de l'article 780 du Code de Procédure civile, sera condamné à mille francs d'amende, sans préjudice des dommages-intérêts.

23. Les frais liquidés que le débiteur doit consigner ou payer pour empêcher l'exercice de la contrainte par corps, ou pour obtenir son élargissement, conformément aux articles 798 et 800, paragraphe 2, du Code de Procédure, ne seront jamais que les frais de l'instance, ceux de l'expédition et de la signification du jugement et de l'arrêt, s'il y a lieu, ceux enfin de l'exécution relative à la contrainte par corps seulement.

24. Le débiteur, si la contrainte par corps n'a pas été prononcée pour dette commerciale, obtiendra son élargissement en payant ou consignant le tiers du principal de la dette et de ses accessoires, et en donnant pour le surplus une caution acceptée par le créancier, ou reçue par le tribunal civil dans le ressort duquel le débiteur sera détenu.

25. La caution sera tenue de s'obliger solidairement avec le débiteur à payer, dans un délai qui ne pourra excéder une année, les deux tiers qui resteront dus.

26. A l'expiration du délai prescrit par l'article précédent, le créancier, s'il n'est pas intégralement payé, pourra exercer de nouveau la contrainte par corps contre le débiteur principal, sans préjudice de ses droits contre la caution.

27. Le débiteur qui aura obtenu son élargissement de plein droit après l'expiration des délais fixés par les articles 5, 7, 13 et 17 de la présente loi, ne pourra plus être détenu ou arrêté pour dettes contractées antérieurement à son arrestation et échues au moment de son élargissement, à moins que ces dettes n'entraînent par leur nature et leur quotité une contrainte plus longue que celle qu'il aura subie, et qui, dans ce dernier cas, lui sera toujours comptée pour la durée de la nouvelle incarcération.

28. Un mois après la promulgation de la présente loi, la somme destinée à pourvoir aux alimens des détenus pour dettes devra être consignée d'avance et pour trente jours au moins. — Les consignations pour plus de trente jours ne vaudront qu'autant qu'elles seront d'une seconde ou de plusieurs périodes de trente jours.

29. A compter du même délai d'un mois, la somme destinée aux alimens sera de trente francs à Paris, et de vingt-cinq francs dans les autres villes, pour chaque période de trente jours.

30. En cas d'élargissement, faute de consignation d'alimens, il suffira que la requête présentée au président du tribunal civil soit signée par le débiteur détenu et par le gardien de la maison d'arrêt pour dettes, ou même certifiée véritable par le gardien, si le détenu ne sait pas signer. Cette requête sera présentée en duplicata : l'ordonnance du président aussi rendue par duplicata, sera exécutée sur l'une des minutes qui restera entre les mains du gardien, l'autre minute sera déposée au greffe du tribunal, et enregistrée gratis.

31. Le débiteur élargi faute de consignation d'alimens ne pourra plus être incarcéré pour la même dette.

32. Les dispositions du présent titre et celles du Code de Procédure civile sur l'emprisonnement, auxquelles il n'est pas dérogé par la présente loi, sont applicables à l'exercice de toutes contraintes par corps, soit pour dettes commerciales, soit pour dettes civiles, même pour celles qui sont énoncées à la deuxième section du titre 2, ci-dessus, et enfin à la contrainte par corps qui est exercée contre les étrangers. — Néanmoins, dans le cas d'arrestation provisoire, le créancier ne sera pas tenu de se conformer à l'article 780 du Code de Procédure, qui prescrit une signification et un commandement préalables.

Tit. 5, dispositions relatives à la contrainte par corps en matière criminelle, correctionnelle et de police.

33. Les arrêts, jugemens et exécutoires portant condamnation, au profit de l'État, à des amendes, restitutions, dommages-intérêts et frais en matière criminelle, correctionnelle ou de police, ne pourront être exécutés par la voie de la contrainte par corps que cinq jours après le commandement qui sera fait

aux condamnés à la requète du receveur de l'enregis-trement et des domaines. — Dans le cas où le juge-ment de condamnation n'aurait pas été précédemment signifié au débiteur, le commandement portera en tête un extrait de ce jugement, lequel contiendra le nom des parties et le dispositif. — Sur le vu du com-mandement et sur la demande du receveur de l'en-registrement et des domaines, le procureur du Roi adressera les réquisitions nécessaires aux agens de la force publique et autres fonctionnaires chargés de l'exécution de justice. Si le débiteur est détenu, la recommandation pourra être ordonnée immédiate-ment après la notification du commandement.

34. Les individus contre lesquels la contrainte par corps aura été mise à exécution aux termes de l'arti-cle précédent, subiront l'effet de cette contrainte jus-qu'à ce qu'ils aient payé le montant des condamna-tions, ou fourni une caution admise par le receveur des domaines, ou, en cas de contestation de sa part, déclarée bonne et valable par le tribunal civil de l'ar-rondissement. — La caution devra s'exécuter dans le mois, à peine de poursuites.

35. Néanmoins, les condamnés qui justifieront de leur insolvabilité, suivant le mode prescrit par l'ar-ticle 420 du Code d'Instruction criminelle [1], seront mis en liberté après avoir subi quinze jours de con-trainte, lorsque l'amende et les autres condamna-tions pécuniaires n'excèderont pas quinze francs ; un mois, lorsqu'elles s'élèveront de quinze à cinquante francs ; deux mois, lorsque l'amende et les autres condamnations s'élèveront de cinquante à cent francs; et quatre mois, lorsqu'elles excèderont cent francs.

36. Lorsque la contrainte par corps aura cessé en vertu de l'article précédent, elle pourra être reprise, mais une seule fois, et quant aux restitutions, dom-mages-intérêts et frais seulement, s'il est jugé con-tradictoirement avec le débiteur qu'il lui est survenu des moyens de solvabilité.

37. Dans tous les cas, la contrainte par corps exer-cée en vertu de l'article 35 est indépendante des pei-nes prononcées contre les condamnés.

38. Les arrêts et jugemens contenant des condam-nations en faveur des particuliers pour réparations de crimes, délits ou contraventions, commis à leur préjudice, seront, à leur diligence, signifiés et exé-cutés suivant les mêmes formes et voies de contrainte que les jugemens portant des condamnations au profit de l'État. — Toutefois les parties poursuivantes se-ront tenues de pourvoir à la consignation d'alimens, aux termes de la présente loi, lorsque la contrainte aura lieu à leur requête et dans leur intérêt.

39. Lorsque la condamnation prononcée n'excè-dera pas trois cents francs, la mise en liberté des condamnés, arrêtés ou détenus à la requête et dans l'intérêt des particuliers ne pourra avoir lieu, en vertu des articles 34, 35 et 36, qu'autant que la validité des cautions ou l'insolvabilité des condamnés auront été, en cas de contestation, jugées contradic-toirement avec le créancier. — La durée de la con-trainte sera déterminée par le jugement de condam-nation dans les limites de six mois à cinq ans.

[1] C. Inst. cr. 420. En produisant : 1° un extrait du rôle des contributions, constatant qu'elles paient moins de six francs, ou un certificat du percepteur de leur commune, portant qu'elles ne sont point imposées ; 2° un certificat d'indigence à elles délivré par le maire de la commune de leur domicile ou par son adjoint, visé par le sous-préfet et approuvé par le préfet de leur département.

40. Dans tous les cas, et quand bien même l'insol-vabilité du débiteur pourrait être constatée, si la condamnation prononcée, soit en faveur d'un parti-culier, soit en faveur de l'État, s'élève à trois cents francs, la durée de la contrainte sera déterminée par le jugement de condamnation dans les limites fixées par l'article 7 de la présente loi.—Néanmoins, si le débiteur a commencé sa soixante et dixième an-née avant le jugement, les juges pourront réduire le minimum à six mois, et ils ne pourront dépasser un maximum de cinq ans. — S'il atteint sa soixante et dixième année pendant la durée de la contrainte, sa détention sera de plein droit réduite à la moitié du temps qu'elle avait encore à courir aux termes du jugement.

41. Les articles 19, 21 et 22 de la présente loi sont applicables à la contrainte par corps exercée par suite des condamnations criminelles, correctionnelles et de police.

Tit. 6, dispositions transitoires.

42. Un mois après la promulgation de la présente loi, tous débiteurs actuellement détenus pour dettes civiles ou commerciales obtiendront leur élargisse-ment, s'ils ont commencé leur soixante et dixième année, à l'exception toutefois des stellionataires à l'égard desquels il n'est nullement dérogé au Code Civil.

·43. Après le même délai d'un mois, les individus actuellement détenus pour dettes civiles emportant contrainte par corps obtiendront leur élargissement si cette contrainte a duré dix ans dans les cas prévus au premier paragraphe de l'article 7, et si cette contrainte a duré cinq ans, dans les cas prévus au deuxième paragraphe du même article, comme en-core si elle a duré dix ans, et s'ils sont détenus comme débiteurs ou rétentionnaires de deniers ou effets mobiliers de l'État, des communes et des éta-blissemens publics.

44. Deux mois après la promulgation de la présente loi, les étrangers actuellement détenus pour dettes, et dont l'emprisonnement aura duré dix ans, obtien-dront également leur élargissement.

45. Les individus actuellement détenus pour amen-des, restitutions et frais, en matière correctionnelle et de police, seront admis à jouir du bénéfice des articles 35, 39 et 40, savoir : les condamnés à quinze francs et au-dessous, dans la huitaine ; et les autres, dans la quinzaine de la promulgation de la présente loi.

Dispositions générales.

46. Les lois du 15 germinal an 6, du 4 floréal de la même année, et du 10 septembre 1807, sont abro-gées. Sont également abrogées, en ce qui concerne la contrainte par corps, toutes dispositions des lois antérieures relatives au cas où cette contrainte peut être prononcée contre les débiteurs de l'État, des communes et des établissemens publics. Néanmoins celles de ces dispositions qui concernent le mode des poursuites à exercer contre ces mêmes débiteurs, et celle du titre 12 du Code Forestier, de la loi sur la Pêche fluviale, ainsi que les dispositions relatives au Bénéfice de cession, sont maintenues et continueront d'être exécutées.

CONTRARIÉTÉ DE JUGEMENS.

1° *En matière civile.*

C. Proc. 480. Les jugemens contradictoires rendus en dernier ressort par les tribunaux de première instance et les cours royales, et les ju-

gemens par défaut rendus aussi en dernier ressort, et qui ne sont plus susceptibles d'opposition, pourront être rétractés, sur la requête de
ceux qui auront été parties ou dûment appelés,
pour les causes ci-après : —1°.... 6° s'il y a contrariété de jugemens en dernier ressort, entre les
mêmes parties et sur les mêmes moyens, dans
les mêmes cours ou tribunaux ; — 7° si, dans un
même jugement, il y a des dispositions contraires.

485. La requête civile sera signifiée avec assignation, dans les trois mois, à l'égard des majeurs, du jour de la signification à personne ou
domicile, du jugement attaqué.

489. S'il y a contrariété de jugemens, le délai
courra du jour de la signification du dernier jugement.

504. La contrariété de jugemens rendus en
dernier ressort entre les mêmes parties et sur les
mêmes moyens en différens tribunaux, donne ouverture à cassation, et l'instance est formée et
jugée conformément aux lois qui sont particulières à la cour de cassation.

2° En matière criminelle.

C. Inst. cr. 443. Lorsqu'un accusé aura été
condamné pour un crime, et qu'un autre accusé aura aussi été condamné par un autre arrêt comme auteur du même crime, si les deux
arrêts ne peuvent se concilier, et sont la
preuve de l'innocence de l'un et de l'autre condamné, l'exécution des deux arrêts sera suspendue, quand même la demande en cassation de
l'un ou de l'autre arrêt aurait été rejetée. — Le
ministre de la justice, soit d'office, soit sur la
réclamation des condamnés ou de l'un d'eux, ou
du procureur général, chargera le procureur
général près la cour de cassation, de dénoncer
les deux arrêts à cette cour. —Ladite cour, section criminelle, après avoir vérifié que les deux
condamnations ne peuvent se concilier, cassera
les deux arrêts, et renverra les accusés, pour être
procédé sur les actes d'accusation subsistans, devant une cour autre que celles qui auront rendu
les deux arrêts. *V.* RÉVISION.

CONTRATS, CONVENTIONS.

Dispositions générales.

*Des contrats ou des obligations conventionnelles
en général.*

Chap. 1, dispositions préliminaires.

C. Civ. (*liv.* 3, *tit.* 3, *art.* 1101-1369). — 1101.
Le contrat est une convention par laquelle une
ou plusieurs personnes s'obligent, envers une
ou plusieurs autres, à donner, à faire ou à ne
pas faire quelque chose.

1102. Le contrat est *synallagmatique* ou *bilatéral* lorsque les contractans s'obligent réciproquement les uns envers les autres.

1103. Il est *unilatéral* lorsqu'une ou plusieurs
personnes sont obligées envers une ou plusieurs
autres, sans que de la part de ces dernières il y
ait d'engagement.

1104. Il est *commutatif* lorsque chacune des
parties s'engage à donner ou à faire une chose
qui est regardée comme l'équivalent de ce qu'on
lui donne, ou de ce qu'on fait pour elle. —Lorsque l'équivalent consiste dans la chance de gain
ou de perte pour chacune des parties, d'après
un évènement incertain, le contrat est *aléatoire.*

1105. Le contrat *de bienfaisance* est celui dans
lequel l'une des parties procure à l'autre un avantage purement gratuit.

1106. Le contrat à *titre onéreux* est celui qui
assujettit chacune des parties à donner ou à faire
quelque chose.

1107. Les contrats, soit qu'ils aient une dénomination propre, soit qu'ils n'en aient pas,
sont soumis à des règles générales, qui sont l'objet du présent titre. — Les règles particulières à
certains contrats sont établies sous les titres relatifs à chacun d'eux ; et les règles particulières
aux transactions commerciales sont établies par
les lois relatives au commerce.

Chap. 2, *des conditions essentielles pour la validité des conventions.*

1108. Quatre conditions sont essentielles pour
la validité d'une convention : — le consentement
de la partie qui s'oblige ; — sa capacité de contracter ; — un objet certain qui forme la matière
de l'engagement ; — une cause licite dans l'obligation.

Sect. 1re, *du consentement. V.* CONSENTEMENT.

Sect. 2, *de la capacité des parties contractantes. V.* CAPACITÉ.

Sect. 3, *de l'objet et de la matière des contrats.*

1126. Tout contrat a pour objet une chose
qu'une partie s'oblige à donner, ou qu'une partie
s'oblige à faire ou à ne pas faire.

1127. Le simple usage ou la simple possession
d'une chose peut être, comme la chose même,
l'objet du contrat.

1128. Il n'y a que les choses qui sont dans le
commerce qui puissent être l'objet des conventions.

1129. Il faut que l'obligation ait pour objet une
chose au moins déterminée quant à son espèce.
— La quotité de la chose peut être incertaine,
pourvu qu'elle puisse être déterminée.

1130. Les choses futures peuvent être l'objet
d'une obligation. — On ne peut cependant renoncer à une succession non ouverte, ni faire

aucune stipulation sur une pareille succession, même avec le consentement de celui de la succession duquel il s'agit.

Sect. 4, de la cause. V. CAUSE.

Chap. 3, de l'effet des obligations.

Sect. 1re. Dispositions générales.

1134. Les conventions légalement formées tiennent lieu de loi à ceux qui les ont faites. — Elles ne peuvent être révoquées que de leur consentement mutuel, ou pour les causes que la loi autorise.— Elles doivent être exécutées de bonne foi.

1135. Les conventions obligent non-seulement à ce qui y est exprimé, mais encore à toutes les suites que l'équité, l'usage ou la loi donnent à l'obligation d'après sa nature. *V.* OBLIGATIONS.

Chap. 4, des diverses espèces d'obligations. V. OBLIGATIONS.

Chap. 5, de l'extinction des obligations. V. OBLIGATIONS.

Chap. 6, de la preuve des obligations et de celle du paiement. V. OBLIGATIONS, PAIEMENT.

CONTRATS ALÉATOIRES, D'ASSURANCE, DE CHANGE, INNOMÉS, JUDICIAIRE, DE LOUAGE, DE MARIAGE, ONÉREUX, PIGNORATIF, DE RENTE, DE SOCIÉTÉ, DE VENTE. *V. ces différens mots.*

CONTRAVENTIONS.

Dispositions générales.

C. Pén. 1. L'infraction que les lois punissent des peines de police est une *contravention.*

C. Inst. cr. 1. L'action pour l'application des peines n'appartient qu'aux fonctionnaires auxquels elle est confiée par la loi. — L'action en réparation du dommage causé par un crime, par un délit ou par une contravention, peut être exercée par tous ceux qui ont souffert de ce dommage.

154. Les contraventions seront prouvées, soit par procès-verbaux ou rapports, soit par témoins à défaut de rapports et procès-verbaux, ou à leur appui. — Nul ne sera admis, à peine de nullité, à faire preuve par témoins outre ou contre le contenu aux procès-verbaux ou rapports des officiers de police ayant reçu de la loi le pouvoir de constater les délits ou les contraventions jusqu'à inscription de faux. Quant aux procès-verbaux et rapports faits par des agens, préposés ou officiers auxquels la loi n'a pas accordé le droit d'en être crus jusqu'à inscription de faux, ils pourront être débattus par des preuves contraires, soit écrites, soit testimoniales, si le tribunal juge à propos de les admettre. *V.* POLICE (*contraventions et peines de*).

CONTREDITS. *C. Proc.* 639. Après l'expi-

ration des délais, et en vertu de l'ordonnance du juge commis, les créanciers seront sommés de produire (à la distribution par contribution) et la partie saisie de prendre communication des pièces produites, et de contredire s'il y échet. *V.* CONTRIBUTION (*distribution par*).

735. Le mois expiré (après la sommation de produire à l'ordre), et même auparavant, si les créanciers ont produit, le commissaire dressera, ensuite de son procès-verbal, un état de collocation sur les pièces produites. Le poursuivant dénoncera, par acte d'avoué à avoué, aux créanciers produisans et à la partie saisie, la confection de l'état de collocation, avec sommation d'en prendre communication, et de contredire, s'il y échet, sur le procès-verbal du commissaire, dans le délai d'un mois. *V.* ORDRE.

CONTR'ENQUÊTE. *C. Proc.* 256. La preuve contraire (des faits admis à l'enquête) sera de droit : la preuve du demandeur et la preuve contraire seront commencées et terminées dans les délais fixés. *V.* ENQUÊTE.

CONTREFAÇON ET CONTREFACTION.

I. DES OUVRAGES D'ART ET DE LITTÉRATURE.

1° *Dispositions générales.*

Loi du 19 *juillet* 1793.

Art. 1er. Les auteurs d'écrits en tout genre, les compositeurs de musique, les peintres et dessinateurs qui feront graver les tableaux ou dessins, jouiront durant leur vie entière du droit exclusif de vendre, faire vendre, distribuer leurs ouvrages dans le territoire de la république, et d'en céder la propriété en tout ou en partie.

2. Leurs héritiers ou cessionnaires jouiront du même droit, durant l'espace de dix ans, après la mort des auteurs.

3. « Les commissaires de police et les juges de paix, dans les lieux où il n'y aura point de commissaire de police » (*L.* 25 *prairial an* 3), — seront tenus de faire confisquer, à la réquisition et au profit des auteurs, compositeurs, peintres ou dessinateurs et autres, leurs héritiers ou cessionnaires, tous les exemplaires des éditions imprimées ou gravées sans permission formelle et par écrit des auteurs.

4. Tout contrefacteur sera tenu de payer au véritable propriétaire une somme équivalente au prix de 3,000 exemplaires de l'édition originale.

5. Tout débiteur d'édition contrefaite, s'il n'est pas reconnu contrefacteur, sera tenu de payer au véritable propriétaire une somme équivalente au prix de 500 exemplaires de l'édition originale.

6. Tout citoyen qui mettra au jour un ouvrage, soit de littérature ou de gravure, dans quelque genre que ce soit, sera obligé d'en déposer deux exemplaires à la bibliothèque nationale ou au cabinet des estampes de la république, dont il recevra un reçu signé par le bibliothécaire : faute de quoi, il ne pourra être admis en justice pour la poursuite du contrefacteur.

7. Les héritiers de l'auteur d'un ouvrage de litté-

14

rature ou de gravure, ou de toute autre production d'esprit ou de génie, qui appartient aux beaux arts, en auront la propriété exclusive pendant dix années.

2° Pénalité.

C. Pén. 425. Toute édition d'écrits, de composition musicale, de dessin, de peinture ou de toute autre production imprimée ou gravée en entier ou en partie des lois et règlemens relatifs à la propriété des auteurs, est une contrefaçon, et toute contrefaçon est un délit.

426. Le débit d'ouvrages contrefaits, l'introduction sur le territoire français d'ouvrages qui, après avoir été imprimés en France, ont été contrefaits chez l'étranger, sont un délit de la même espèce.

427. La peine contre le contrefacteur, ou contre l'introducteur, sera une amende de cent francs au moins et de deux mille francs au plus, et contre le débitant, une amende de vingt-cinq francs au moins et de cinq cents francs au plus. — La confiscation de l'édition contrefaite sera prononcée tant contre le contrefacteur que contre l'introducteur et le débitant.—Les planches, moules ou matrices des objets contrefaits seront aussi confisqués.

II. D'OUVRAGES INDUSTRIELS.

Dispositions générales.

1° Loi du 7 janvier 1791.

Art. 7. Afin d'assurer à tout inventeur la propriété et la jouissance temporaire de son invention, il lui sera délivré un titre ou patente (brevet d'invention).

12. Le propriétaire d'une patente jouira privativement de l'exercice et des fruits des découverte, invention ou perfection pour lesquelles ladite patente aura été obtenue. En conséquence, il pourra requérir la saisie des objets contrefaits, et traduire les contrefacteurs devant les tribunaux. —Lorsque les contrefacteurs seront convaincus, ils seront condamnés, en sus de la confiscation, à payer à l'inventeur des dommages-intérêts proportionnés à l'importance de la contrefaçon, et en outre à verser dans la caisse des pauvres du district une amende fixée au quart du montant desdits dommages-intérêts, sans toutefois que ladite amende puisse excéder la somme de trois mille livres, et au double en cas de récidive.

13. Dans le cas où la dénonciation pour contrefaçon se trouverait dénuée de preuves, l'inventeur sera condamné envers la partie adverse à des dommages-intérêts proportionnés au trouble, et en outre à verser dans la caisse des pauvres du district une amende fixée au quart du montant desdits dommages-intérêts, sans toutefois que ladite amende puisse excéder la somme de trois mille livres, et au double en cas de récidive.

14. Tout propriétaire de patente aura droit de former des établissemens dans toute l'étendue du royaume, et même d'autoriser d'autres particuliers à faire l'application et l'usage de ses moyens et procédés ; et dans tous les cas il pourra disposer de sa patente comme d'une propriété mobilière.

2° Loi du 25 mai 1791.

Art. 10. Lorsque le propriétaire d'un brevet sera troublé dans l'exercice de son droit privatif, il se pourvoira, dans les formes prescrites pour les autres procédures civiles, devant le juge de paix, pour faire condamner le contrefacteur aux peines prononcées par la loi.

11. Le juge de paix entendra les parties et leurs témoins, ordonnera les vérifications qui pourront être nécessaires, et le jugement qu'il prononcera sera exécuté provisoirement, nonobstant appel.

12. Dans le cas où une saisie juridique n'aurait pu faire découvrir aucun objet fabriqué ou débité en fraude, le dénonciateur supportera les peines énoncées dans l'article 13 de la loi du 7 janvier 1791, à moins qu'il ne légitime sa dénonciation par des preuves légales, auquel cas il sera exempt desdites peines, sans pouvoir néanmoins prétendre aucuns dommages-intérêts.

13. Il sera procédé de même en cas de contestation entre deux brevetés pour le même objet : si la ressemblance est déclarée absolue, le brevet de date antérieure sera seul valide ; s'il y a dissemblance en quelques parties, le brevet de date postérieure pourra être converti, sans payer de taxe, en brevet de perfection pour les moyens qui ne seraient point énoncés dans le brevet de date antérieure.

III. DES SCEAUX DE L'ÉTAT, TIMBRES, etc.

Dispositions générales.

C. Inst. cr. 5. Tout Français qui se sera rendu coupable, hors du territoire de France, de contrefaction du sceau de l'État, de monnaies nationales ayant cours, de papiers nationaux, de billets de banque autorisés par la loi, pourra être poursuivi, jugé et puni en France, d'après les dispositions des lois françaises. V. ci-après.

6. Cette disposition pourra être étendue aux étrangers qui, auteurs ou complices des mêmes crimes, seraient arrêtés en France, ou dont le gouvernement obtiendrait l'extradition.

Contrefaction des sceaux de l'État, des billets de banque, des effets publics, et des poinçons, timbres et marques.

C. Pén. (liv. 3, tit. 1, § 2, art. 139-144). — 139. Ceux qui auront contrefait le sceau de l'État ou fait usage du sceau contrefait ; — ceux qui auront contrefait ou falsifié, soit des effets émis par le trésor royal avec son timbre, soit des billets de banques autorisées par la loi, ou qui auront fait usage de ces effets et billets contrefaits ou falsifiés, ou qui les auront introduits dans l'enceinte du territoire français, — seront punis de travaux forcés à perpétuité.

140. Ceux qui auront contrefait ou falsifié, soit un ou plusieurs timbres nationaux, soit les marteaux de l'État servant aux marques forestières, soit le poinçon ou les poinçons servant à marquer les matières d'or ou d'argent, ou qui auront fait

usage des papiers, effets, timbres, marteaux ou poinçons falsifiés ou contrefaits, seront punis des travaux forcés à temps, dont le maximum sera toujours appliqué dans ce cas.

141. Sera puni de la réclusion quiconque s'étant indûment procuré les vrais timbres, marteaux ou poinçons ayant l'une des destinations exprimées en l'article 140, en aura fait une application ou usage préjudiciable aux droits ou intérêts de l'État.

142. Ceux qui auront contrefait les marques destinées à être apposées, au nom du Gouvernement, sur les diverses espèces de denrées ou de marchandises, ou qui auront fait usage de ces fausses marques; — ceux qui auront contrefait le sceau, timbre ou marque d'une autorité quelconque, ou d'un établissement particulier de banque ou de commerce, ou qui auront fait usage des sceaux, timbres ou marques contrefaits, — seront punis de la réclusion.

143. Sera puni de la dégradation civique, quiconque, s'étant indûment procuré les vrais sceaux, timbres ou marques ayant l'une des destinations exprimées en l'article 142, en aura fait une application ou usage préjudiciable aux droits ou intérêts de l'État, d'une autorité quelconque, ou même d'un établissement particulier.

144. Les dispositions de l'article 158 sont applicables aux crimes mentionnés dans l'article 139.

CONTRE-LETTRE.

Disposition générale.

C. Civ. 1321. Les contre-lettres ne peuvent avoir leur effet qu'entre les parties contractantes; elles n'ont point d'effet contre les tiers.

Dispositions additionnelles.

CONTRAT DE MARIAGE. *C. Civ.* 1394. Toutes conventions matrimoniales seront rédigées, avant le mariage, par acte devant notaire.

1395. Elles ne peuvent recevoir aucun changement après la célébration du mariage.

1396. Les changemens qui y seraient faits avant cette célébration doivent être constatés par acte passé dans la même forme que le contrat de mariage. — Nul changement ou contre-lettre n'est, au surplus, valable sans la présence et le consentement simultané de toutes les personnes qui ont été parties dans le contrat de mariage.

1397. Tous changemens et contre-lettres, même revêtus des formes prescrites par l'article précédent, seront sans effet à l'égard des tiers s'ils n'ont été rédigés à la suite de la minute du contrat de mariage; et le notaire ne pourra, à peine des dommages et intérêts des parties, et sous plus grande peine, s'il y a lieu, délivrer ni grosses

ni expéditions du contrat de mariage sans transcrire à la suite le changement ou la contre-lettre.

CONTRE-TEMPS (*dissolution de société*).

C. Civ. 1869. La dissolution de la société (civile) par la volonté de l'une des parties ne s'applique qu'aux sociétés dont la durée est illimitée, et s'opère par une renonciation notifiée à tous les associés, pourvu que cette renonciation soit de bonne foi, et non faite à contre-temps.

1870. Elle est faite à contre-temps lorsque les choses ne sont plus entières, et qu'il importe à la société que sa dissolution soit différée.

CONTRIBUTION (DISTRIBUTION PAR).

I. EN MATIÈRE CIVILE.

1° *Dispositions générales.*

C. Civ. 2093. Les biens du débiteur sont le gage commun de ses créanciers; et le prix s'en distribue entre eux par contribution, à moins qu'il n'y ait entre les créanciers des causes légitimes de préférence.

De la distribution par contribution.

C. Proc. (*liv.* 5, *tit.* 11, *art.* 656-672).—656. Si les deniers arrêtés ou le prix des ventes ne suffisent pas pour payer les créanciers, le saisi et les créanciers seront tenus, dans le mois, de convenir de la distribution par contribution.

657. Faute par le saisi et les créanciers de s'accorder dans ledit délai, l'officier qui aura fait la vente, sera tenu de consigner, dans la huitaine suivante, et à la charge de toutes les oppositions, le montant de la vente, déduction faite de ses frais d'après la taxe qui aura été faite par le juge sur la minute du procès-verbal : il sera fait mention de cette taxe dans les expéditions.

658. Il sera tenu au greffe un registre des contributions, sur lequel un juge sera commis par le président, sur la réquisition du saisissant, ou, à son défaut, de la partie la plus diligente ; cette réquisition sera faite par simple note portée sur le registre.

659. Après l'expiration des délais portés aux art. 656 et 657, et en vertu de l'ordonnance du juge commis, les créanciers seront sommés de produire, et la partie saisie de prendre communication des pièces produites, et de contredire, s'il y échet.

660. Dans le mois de la sommation, les créanciers opposans, soit entre les mains du saisissant, soit en celles de l'officier qui aura procédé à la vente, produiront, à peine de forclusion, leurs titres ès mains du juge commis, avec acte contenant demande en collocation et constitution d'avoué.

14.

661. Le même acte contiendra la demande à fin de privilège : néanmoins le propriétaire pourra appeler la partie saisie et l'avoué plus ancien en référé devant le juge-commissaire, pour faire statuer préliminairement sur son privilège pour raison des loyers à lui dus.

662. Les frais de poursuite seront prélevés, par privilège, avant toute créance autre que celle pour loyers dus au propriétaire.

663. Le délai ci-dessus fixé expiré, et même auparavant, si les créanciers ont produit, le commissaire dressera, ensuite de son procès-verbal, l'état de distribution sur les pièces produites; le poursuivant dénoncera, par acte d'avoué, la clôture du procès-verbal aux créanciers produisans et à la partie saisie, avec sommation d'en prendre communication, et de contredire sur le procès-verbal du commissaire dans la quinzaine.

664. Faute par les créanciers et la partie saisie de prendre communication ès mains du juge-commissaire dans ledit délai, ils demeureront forclos, sans nouvelle sommation ni jugement; il ne sera fait aucun dire, s'il n'y a lieu à contester.

665. S'il n'y a point de contestation, le juge-commissaire clora son procès-verbal, arrêtera la distribution des deniers, et ordonnera que le greffier délivrera mandement aux créanciers, en affirmant par eux la sincérité de leurs créances.

666. S'il s'élève des difficultés, le juge-commissaire renverra à l'audience ; elle sera poursuivie par la partie la plus diligente, sur un simple acte d'avoué à avoué, sans autre procédure.

667. Le créancier contestant, celui contesté, la partie saisie, et l'avoué plus ancien des opposans, seront seuls en cause : le poursuivant ne pourra être appelé en cette qualité.

668. Le jugement sera rendu sur le rapport du juge-commissaire et les conclusions du ministère public.

669. L'appel de ce jugement sera interjeté dans les dix jours de la signification à avoué : l'acte d'appel sera signifié au domicile de l'avoué; il contiendra citation et énonciation des griefs : il y sera statué comme en matière sommaire. — Ne pourront être intimées sur ledit appel que les parties indiquées par l'art. 667.

670. Après l'expiration du délai fixé pour l'appel, et en cas d'appel, après la signification de l'arrêt au domicile de l'avoué, le juge-commissaire clora son procès-verbal, ainsi qu'il est prescrit par l'art. 665.

671. Huitaine après la clôture du procès-verbal, le greffier délivrera les mandemens aux créanciers, en affirmant par eux la sincérité de leur créance par devant lui.

672. Les intérêts des sommes admises en distribution cesseront du jour de la clôture du procès-verbal de distribution, s'il ne s'élève pas de contestation ; en cas de contestation, du jour de la signification du jugement qui aura statué ; en cas d'appel, quinzaine après la signification du jugement sur appel.

2° Dispositions additionnelles.

SAISIE-ARRÊT. *C. Proc.* 579. Si la saisie-arrêt ou opposition est déclarée valable, il sera procédé à la vente et distribution du prix, ainsi qu'il sera dit au titre *de la distribution par contribution.*

SAISIE-BRANDON. *C. Proc.* 655. Il sera procédé à la distribution du prix de la vente (sur saisie-brandon) ainsi qu'il sera dit au titre *de la distribution par contribution.*

SAISIE DE RENTES. *C. Proc.* 655. La distribution du prix sera faite ainsi qu'il sera prescrit au titre *de la distribution par contribution,* sans préjudice néanmoins des hypothèques établies antérieurement à la loi du 11 brumaire an 7 (1 novembre 1798).

3° Dispositions du tarif.

Tarif civ. 29. (Pr. 659, 660.) Pour l'original d'une sommation aux créanciers de produire dans les contributions, et à la partie saisie de prendre communication des pièces produites, et de contredire, s'il y échet. — (661.) D'une sommation à la partie saisie qui n'a point d'avoué constitué, à la requête du propriétaire, de comparaître en référé devant le juge-commissaire, pour faire statuer préliminairement sur son privilège pour raison des loyers à lui dus. — (663.) De dénonciation à la partie saisie, qui n'a point d'avoué constitué, de la clôture du procès-verbal du juge-commissaire, en contribution, avec sommation d'en prendre communication, et de contredire sur le procès-verbal dans la quinzaine, — à Paris, 2 fr. — Partout ailleurs, 1 fr. 50 c. — Pour chaque copie, le quart de l'original.

42. (Pr. 657.) Pour la vacation de l'huissier ou autre officier qui aura procédé à la vente, pour faire taxer ses frais par le juge, sur la minute de son procès-verbal, — à Paris, 3 fr. — Dans les villes où il y a tribunal de première instance, 2 fr. — Dans les autres villes et cantons ruraux, 1 fr. 50 c. — Et pour consigner les deniers provenant de la vente, — à Paris, 3 fr. — Dans les villes où il y a tribunal de première instance, 2 fr. — Dans les autres villes et cantons ruraux, 1 fr. 50 c.

Poursuite de contribution.

Tarif civ. (tit. 2, ch. 2, § 9, art. 95-101.) — 95. (Pr. 658.) Vacation pour requérir sur le registre tenu au greffe la nomination d'un juge-commissaire devant lequel il sera procédé à une contribution, — à Paris, 5 fr. — Dans le ressort, 3 f. 75 c. (V. TARIF.) — S'il se présente deux ou plusieurs requérans en même temps au greffe, ils se retireront devant le président du tribunal, qui décidera sur le champ celui dont la réquisition sera reçue. Il n'y aura ni appel ni opposition contre la décision ; il n'en sera point dressé procès-verbal, et il ne sera alloué aucune vacation aux avoués pour s'être transportés devant le président.

96. (Pr. 659.) Pour la requête au juge-commissaire à l'effet d'obtenir son ordonnance pour sommer les opposans de produire, et la partie saisie de prendre communication des pièces produites et de contredire, s'il y échet, et la vacation pour obtenir l'ordonnance du commissaire, le tout ensemble, — à Paris, 3 fr. — Dans le ressort, 2 fr. 25 c. V. TARIF.

97. (Pr. 660, 661.) Pour l'acte de production des titres contenant demande en collocation, et même à fin de privilège et constitution d'avoué, y compris la vacation pour produire, — à Paris, 10 fr. — Dans le ressort, 7 fr. 50 c. — Il ne sera point signifié.

98. (Pr. 661.) Pour la sommation, à la requête du propriétaire, à l'avoué de la partie saisie, si elle en a constitué un, et au plus ancien de ceux des opposans, pour comparaître en référé par-devant le juge-commissaire à l'effet de faire statuer préliminairement sur son privilège, pour raison des loyers à lui dus, — à Paris, 1 fr. — Dans le ressort, 75 c. — Et pour chaque copie, le quart. — Vacation en référé devant le juge-commissaire, qui statuera sur le privilège réclamé pour loyers dus, par défaut, — à Paris, 3 fr. — Dans le ressort, 2 fr. 25 c. — Et contradictoirement, — à Paris, 5 fr. — Dans le ressort, 3 fr. 75 c.

99. (Pr. 666.) Pour l'acte de dénonciation de la clôture du procès-verbal de contribution du juge-commissaire aux avoués des créanciers produisans et de la partie saisie, si elle en a un, avec sommation d'en prendre communication et de contredire sur le procès-verbal dans la quinzaine, — à Paris, 1 fr. — Dans le ressort, 75 c. — Et pour chaque copie, le quart. — Le procès-verbal du juge-commissaire ne sera ni levé ni signifié, et il ne sera enregistré que lors de la délivrance des mandemens aux créanciers.

100. (Pr. 663.) Vacation pour prendre communication de l'état de contribution et contredire sur le procès-verbal du juge-commissaire, sans qu'il puisse en être passé plus d'une sous quelque prétexte que ce soit, — à Paris, 5 fr. — Dans le ressort, 3 f. 75 c. — Il ne sera fait aucun droit, s'il n'y a lieu à contredire. — Il sera alloué à l'avoué du poursuivant autant de demi-droits de vacation pour prendre communication de l'état de contribution et contredire, qu'il y aura eu de créanciers produisans, — à Paris, 2 fr. 50 c. — Dans le ressort, 1 fr. 80 c.

101. (Pr. 665, 671.) Vacation pour requérir la délivrance du mandement au créancier utilement colloqué, et être présent à l'affirmation de la créance devant le greffier ; l'avoué signera le procès-verbal, — à Paris, 2 fr. — Dans le ressort, 1 fr. 50 c. — Nota. Les mandemens collectivement contiendront la totalité du procès-verbal du juge-commissaire. Si on délivrait, indépendamment des mandemens, une expédition entière, ce serait un double emploi. — En cas de contestations, les dépens de ces contestations seront taxés comme dans les autres matières, suivant leur nature sommaire ou ordinaire.

II. EN MATIÈRE DE COMMERCE.

1º *Contribution au jet des marchandises.* V. JET.

2º *Dispositions diverses.*

FAILLITE. (*Disposition générale.*) *C. Com.* 558. Le montant de l'actif mobilier du failli, distraction faite des frais et dépenses de l'administration de la faillite, du secours qui a été accordé au failli et des sommes payées aux privilégiés, sera réparti entre tous les créanciers au marc le franc de leurs créances vérifiées et affirmées.

(*Gage.*) *C. Com.* 557. Si les syndics ne retirent pas le gage, qu'il soit vendu par les créanciers, et que le prix excède la créance, le surplus sera recouvré par les syndics ; si le prix est moindre que la créance, le créancier nanti viendra à contribution pour le surplus.

SAISIE DE NAVIRE. *C. Com.* 214. La collocation des créanciers et la distribution de deniers (provenant de la vente du navire) sont faites entre les créanciers privilégiés dans l'ordre prescrit par l'art. 191. V. NAVIRE (*saisie et vente*). Et entre les autres créanciers, au marc le franc de leurs créances. — Tout créancier colloqué l'est tant pour son principal que pour les intérêts et frais.

CONTUMACE.

I. POURSUITES ET CONDAMNATIONS.

1º *Dispositions générales.*

C. Inst. cr. 244. Si l'accusé ne peut être saisi (après l'arrêt de renvoi devant les assises) ou ne se présente point, on procédera contre lui par contumace, ainsi qu'il sera réglé ci-après au chapitre 2 du titre 4 du présent livre. (*Art.* 465-478 *ci-après.*)

Des contumaces.

C. Inst. cr. (*liv.* 2, *tit.* 4, *ch.* 2, *art.* 465-478. — 465. Lorsqu'après un arrêt de mise en accusation l'accusé n'aura pu être saisi, ou ne se présentera pas dans les dix jours de la notification qui en aura été faite à son domicile, — ou lorsqu'après s'être présenté ou avoir été saisi il se sera évadé, — le président de la cour d'assises, ou, en son absence, le président du tribunal de première instance, et à défaut de l'un et de l'autre, le plus ancien juge de ce tribunal, rendra une ordonnance portant qu'il sera tenu de se présenter dans un nouveau délai de dix jours ; sinon, qu'il sera déclaré rebelle à la loi, qu'il sera suspendu de l'exercice des droits de citoyen, que ses biens seront séquestrés pendant l'instruction de la contumace, que toute action en justice lui sera interdite pendant le même temps, qu'il sera procédé contre lui, et que toute personne est tenue d'indiquer le lieu où il se trouve. — Cette ordonnance fera de plus mention du crime et de l'ordonnance de prise de corps.

466. Cette ordonnance sera publiée à son de trompe ou de caisse, le dimanche suivant, et affichée à la porte du domicile de l'accusé, à celle du maire, et à celle de l'auditoire de la cour d'assises. — Le procureur général ou son substitut adressera aussi cette ordonnance au directeur des domaines et droits d'enregistrement du domicile du contumax.

467. Après un délai de dix jours, il sera procédé au jugement de la contumace.

468. Aucun conseil, aucun avoué, ne pourra se présenter pour défendre l'accusé contumax. — Si l'accusé est absent du territoire européen de la France, ou s'il est dans l'impossibilité absolue de se rendre, ses parens ou ses amis pourront présenter son excuse et en plaider la légitimité.

469. Si la cour trouve l'excuse légitime, elle ordonnera qu'il sera sursis au jugement de l'accusé et au séquestre de ses biens pendant un temps qui sera fixé, eu égard à la nature de l'excuse et à la distance des lieux.

470. Hors ce cas, il sera procédé de suite à la lecture de l'arrêt de renvoi à la cour d'assises, de l'acte de notification de l'ordonnance ayant pour objet la représentation du contumax, et des procès-verbaux dressés pour en constater la publication et l'affiche. — Après cette lecture, la cour, sur les conclusions du procureur général ou de son substitut, prononcera sur la contumace. — Si l'instruction n'est pas conforme à la loi, la cour la déclarera nulle, et ordonnera qu'elle sera recommencée, à partir du plus ancien acte illégal. — Si l'instruction est régulière, la cour prononcera sur l'accusation et statuera sur les intérêts civils, le tout sans assistance ni intervention de jurés.

471. Si le contumax est condamné, ses biens seront, à partir de l'exécution de l'arrêt, considérés et régis comme biens d'absent ; et le compte du séquestre sera rendu à qui il appartiendra, après que la condamnation sera devenue irrévocable par l'expiration du délai donné pour purger la contumace.

472. Extrait du jugement de condamnation sera, dans les trois jours de la prononciation, à la diligence du procureur général ou de son substitut, affiché par l'exécuteur des jugemens criminels à un poteau qui sera planté au milieu de l'une des places publiques de la ville chef-lieu de l'arrondissement où le crime aura été commis. — Pareil extrait sera, dans le même délai, adressé au directeur des domaines et droits d'enregistrement du domicile du contumax.

473. Le recours en cassation ne sera ouvert contre les jugemens de contumace qu'au procureur général et à la partie civile en ce qui la regarde.

474. En aucun cas la contumace d'un accusé ne suspendra ni ne retardera de plein droit l'instruction à l'égard de ses coaccusés présens. — La cour pourra ordonner, après le jugement de ceux-ci, la remise des effets déposés au greffe comme pièces de conviction, lorsqu'ils seront réclamés par les propriétaires ou ayans droit.

Elle pourra aussi ne l'ordonner qu'à charge de représenter, s'il y a lieu. — Cette remise sera précédée d'un procès-verbal de description dressé par le greffier, à peine de cent francs d'amende.

475. Durant le séquestre, il peut être accordé des secours à la femme, aux enfans, au père ou à la mère de l'accusé, s'ils sont dans le besoin. — Ces secours seront réglés par l'autorité administrative.

476. Si l'accusé se constitue prisonnier, ou s'il est arrêté avant que la peine soit éteinte par prescription, le jugement rendu par contumace et les procédures faites contre lui depuis l'ordonnance de prise de corps ou de se représenter, seront anéantis de plein droit, et il sera procédé à son égard dans la forme ordinaire. — Si cependant la condamnation par contumace était de nature à emporter la mort civile, et si l'accusé n'a été arrêté ou ne s'est représenté qu'après les cinq ans qui ont suivi l'exécution du jugement de contumace, ce jugement, conformément à l'art. 30 du Code Civil (ci-après), conservera pour le passé les effets que la mort civile aurait produits dans l'intervalle écoulé depuis l'expiration des cinq ans jusqu'au jour de la comparution de l'accusé en justice.

477. Dans les cas prévus par l'article précédent, si, pour quelque cause que ce soit, des témoins ne peuvent être produits aux débats, leurs dépositions écrites et les réponses écrites des autres accusés du même délit seront lues à l'audience : il en sera de même de toutes les autres pièces qui seront jugées par le président être de nature à répandre la lumière sur le délit et les coupables.

478. Le contumax, qui, après s'être représenté, obtiendrait son renvoi de l'accusation, sera toujours condamné aux frais occasionés par sa contumace.

2° *Disposition additionnelle.*

C. Instr. cr. 644. En aucun cas, les condamnés par défaut ou par contumace, dont la peine est prescrite, ne pourront être admis à se présenter pour purger le défaut ou la contumace.

3° *Dispositions du tarif.*

Tarif cr. 42. Les droits d'expédition sont dus pour tous les actes et pièces dont il est fait mention dans les articles du Code d'Instruction criminelle sous le numéro 465. V. EXPÉDITION (*droits d'*).

44. Il n'est dû qu'un droit fixe aux greffiers pour les extraits qu'ils sont tenus de délivrer en conformité de l'art. 472 du C. d'Inst. crim.

71. — 1° Pour (l'ordonnance) dans les cas prévus par l'article 466 du Code d'Instruction criminelle, pour l'original seulement. — Paris, 1 fr. — Villes de 40,000 habit. et au-dessus, 75 c. — Autres villes et

commuues, 50 c. — 2º Pour chaque copie, Paris, 75 c. — Villes de 40,000 hab. et au-dessus, 60 c. — Autres villes et comm., 50 c. — 8º Pour la publication à son de trompe ou de caisse, et les affiches de l'ordonnance qui, aux termes des articles 465 et 466 du C. d'Inst. crim., doit être rendue et publiée contre les accusés contumax, y compris le procès-verbal de la publication. — Paris, 18 fr. — Villes de 40,000 hab. et au-dessus, 15 fr. — Autres villes et comm., 12 fr.

79. Les frais pour la publication à son de trompe ou de caisse, prescrite par l'art. 466 du C. d'Inst. crim. (seront à la charge des huissiers).

II. DE LA MORT CIVILE.

C. Civ. 27. Les condamnations par contumace n'emporteront la mort civile qu'après les cinq années qui suivront l'exécution du jugement par effigie, et pendant lesquelles le condamné peut se représenter.

28. Les condamnés par contumace seront, pendant les cinq ans, ou jusqu'à ce qu'ils se représentent ou qu'ils soient arrêtés pendant ce délai, privés de l'exercice des droits civils. — Leurs biens seront administrés et leurs droits exercés de même que ceux des absens.

29. Lorsque le condamné par contumace se présentera volontairement dans les cinq années à compter du jour de l'exécution, ou lorsqu'il aura été saisi et constitué prisonnier dans ce délai, le jugement sera anéanti de plein droit; l'accusé sera remis en possession de ses biens, il sera jugé de nouveau; et si, par ce nouveau jugement, il est condamné à la même peine ou à une peine différente, emportant également la mort civile, elle n'aura lieu qu'à compter du jour de l'exécution du second jugement.

30. Lorsque le condamné par contumace, qui ne se sera représenté ou qui n'aura été constitué prisonnier qu'après les cinq ans, sera absous par le nouveau jugement, ou n'aura été condamné qu'à une peine qui n'emportera pas la mort civile, il rentrera dans la plénitude de ses droits civils, pour l'avenir, et à compter du jour où il aura reparu en justice; mais le premier jugement conservera, pour le passé, les effets que la mort civile avait produits dans l'intervalle écoulé depuis l'époque de l'expiration des cinq ans jusqu'au jour de sa comparution en justice.

31. Si le condamné par contumace meurt dans le délai de grace des cinq années, sans s'être représenté, ou sans avoir été saisi ou arrêté, il sera réputé mort dans l'intégrité de ses droits. Le jugement de contumace sera anéanti de plein droit, sans préjudice néanmoins de l'action de la partie civile, laquelle ne pourra être intentée contre les héritiers du condamné que par la voie civile.

CONVENTION *V.* CONTRAT.

CONVENTIONNELLE (COMMUNAUTÉ).

C. Civ. 1497. Les époux peuvent modifier la communauté légale par toute espèce de conventions non contraires aux art. 1387, 1388, 1389 et 1390. *V.* MARIAGE (*contrat de.*) — Les principales modifications sont celles qui ont lieu en stipulant de l'une ou de l'autre des manières qui suivent, savoir : — 1º que la communauté n'embrassera que les acquêts; — 2º que le mobilier présent ou futur n'entrera point en communauté, ou n'y entrera que pour une partie; — 5º qu'on y comprendra tout ou partie des immeubles présens ou futurs, par la voie de l'ameublissement; — 4º que les époux paieront séparément leurs dettes antérieures au mariage; — 5º qu'en cas de renonciation, la femme pourra reprendre ses apports francs et quittes; — 6º que le survivant aura un préciput; — 7º que les époux auront des parts inégales; — 8º qu'il y aura entre eux communauté à titre universel. *V.* COMMUNAUTÉ, III.

CONVENTIONNELLE (HYPOTHÈQUE).

Dispositions générales.

C. Civ. 2116. (L'hypothèque) est ou légale, ou judiciaire, ou conventionnelle.

2117. L'hypothèque conventionnelle est celle qui dépend des conventions et de la forme extérieure des actes et des contrats.

Des hypothèques conventionnelles.

C. Civ. (*liv.* 3, *tit* 18, *ch.* 3, *sect.* 3, *art.* 2124-2133). — 2124. Les hypothèques conventionnelles ne peuvent être consenties que par ceux qui ont la capacité d'aliéner les immeubles qu'ils y soumettent.

2125. Ceux qui n'ont sur l'immeuble qu'un droit suspendu par une condition, ou résoluble dans certains cas, ou sujet à rescision, ne peuvent consentir qu'une hypothèque soumise aux mêmes conditions ou à la même rescision.

2126. Les biens des mineurs, des interdits, et ceux des absens, tant que la possession n'en est déférée que provisoirement, ne peuvent être hypothéqués que pour les causes et dans les formes établies par la loi, ou en vertu de jugemens.

2127. L'hypothèque conventionnelle ne peut être consentie que par acte passé en forme authentique devant deux notaires ou devant un notaire et deux témoins.

2128. Les contrats passés en pays étrangers ne peuvent donner d'hypothèque sur les biens de France, s'il n'y a des dispositions contraires à ce principe dans les lois politiques ou dans les traités.

2129. Il n'y a d'hypothèque conventionnelle valable que celle qui, soit dans le titre authentique constitutif de la créance, soit dans un acte authentique postérieur, déclare spécialement la nature et la situation de chacun des immeubles actuellement appartenant au débiteur, sur lesquels il consent l'hypothèque de la créance. Chacun de tous ses biens présens peut être nominativement soumis à l'hypothèque. — Les biens à venir ne peuvent pas être hypothéqués.

2130. Néanmoins, si les biens présens et libres du débiteur sont insuffisans pour la sûreté de la créance, il peut, en exprimant cette insuffisance, consentir que chacun des biens qu'il acquerra par la suite, y demeure affecté à mesure des acquisitions.

2131. Pareillement, en cas que l'immeuble ou les immeubles présens, assujettis à l'hypothèque, eussent péri, ou éprouvé des dégradations, de manière qu'ils fussent devenus insuffisans pour la sûreté du créancier, celui-ci pourra ou poursuivre dès à présent son remboursement, ou obtenir un supplément d'hypothèque.

2132. L'hypothèque conventionnelle n'est valable qu'autant que la somme pour laquelle elle est consentie, est certaine et déterminée par l'acte : si la créance résultant de l'obligation est conditionnelle pour son existence, ou indéterminée dans sa valeur, le créancier ne pourra requérir l'inscription dont il sera parlé ci-après (*V.* INSCRIPTION), que jusqu'à concurrence d'une valeur estimative par lui déclarée expressément, et que le débiteur aura droit de faire réduire, s'il y a lieu.

2133. L'hypothèque acquise s'étend à toutes les améliorations survenues à l'immeuble hypothéqué. *V.* HYPOTHÈQUE.

CONVERSION (SUR SAISIE IMMOBILIÈRE).

C. Proc. 747. Lorsqu'un immeuble aura été saisi réellement, il sera libre aux intéressés, s'ils sont tous majeurs et maîtres de leurs droits, de demander que l'adjudication soit faite aux enchères, devant notaires ou en justice, sans autres formalités que celles prescrites aux articles 937, 938, 959, 960, 961, 962, 964, sur *la vente des biens immeubles. V.* IMMOBILIÈRES (*ventes*).

CONVICTION (PIÈCES DE).

1° *Dispositions générales.*

Des preuves par écrit et des pièces de conviction.

C. Inst. cr. (*liv.* 1, *tit.* 1, *ch.* 6, *sect.* 2, *distinction* 2, § 4, *art.* 87-90).—87. Le juge d'instruction se transportera, s'il en est requis, et pourra même se transporter d'office dans le domicile du prévenu, pour y faire la perquisition des papiers, effets, et généralement de tous les objets qui seront jugés utiles à la manifestation de la vérité.

88. Le juge d'instruction pourra pareillement se transporter dans les autres lieux où il présumerait qu'on aurait caché les objets dont il est parlé dans l'article précédent.

89. Les dispositions des art. 35, 36, 37, 38 et 39[1] concernant la saisie des objets dont la perquisition peut être faite par le procureur du Roi, dans le cas de flagrant délit, sont communes au juge d'instruction.

90. Si les papiers ou les effets dont il y aura lieu de faire la perquisition sont hors de l'arrondissement du juge d'instruction, il requerra le juge d'instruction du lieu où l'on peut les trouver, de procéder aux opérations prescrites par les articles précédens.

2° *Dispositions du tarif.*

Tarif cr. 88. Dans les cas prévus par les articles 36, 87, 88, 90 du C. d'Inst. cr., les juges et les officiers du ministère public recevront des indemnités ainsi qu'il suit : — s'ils se transportent à plus de cinq kilomètres de leur résidence, ils recevront pour tous frais de voyage, de nourriture et de séjour, une indemnité de 9 fr. par jour ; — s'ils se transportent à plus de deux myriamètres, l'indemnité sera de 12 fr. par jour.

89. L'indemnité du greffier ou commis assermenté qui accompagnera le juge ou l'officier du ministère public, sera, — dans le premier cas, de 6 fr. par jour ; — dans le second , de 8 fr.

---

[1] 35. Le procureur du Roi se saisira des armes et de tout ce qui paraîtra avoir servi ou avoir été destiné à commettre le crime ou le délit, ainsi que tout ce qui paraîtra en avoir été le produit, enfin de tout ce qui pourra servir à la manifestation de la vérité : il interpellera le prévenu de s'expliquer sur les choses saisies qui lui seront représentées ; il dressera du tout un procès-verbal, qui sera signé par le prévenu, ou mention sera faite de son refus.

36. Si la nature du crime ou du délit est telle, que la preuve puisse vraisemblablement être acquise par les papiers ou autres pièces et effets en la possession du prévenu, le procureur du Roi se transportera de suite dans le domicile du prévenu , pour y faire la perquisition des objets qu'il jugera utiles à la manifestation de la vérité.

37. S'il existe, dans le domicile du prévenu, des papiers ou effets qui puissent servir à conviction ou à décharge, le procureur du Roi en dressera procès-verbal, et se saisira desdits effets ou papiers.

38. Les objets saisis seront clos et cachetés, si faire se peut ; ou, s'ils ne sont pas susceptibles de recevoir des caractères d'écriture, seront mis dans un vase ou dans un sac, sur lequel le procureur du Roi attachera une bande de papier qu'il scellera de son sceau.

39. Les opérations prescrites par les articles précédens seront faites en présence du prévenu, s'il a été arrêté ; et, s'il ne veut ou ne peut y assister , en présence d'un fondé de pouvoir qu'il pourra nommer. Les objets lui seront présentés à l'effet de les reconnaître et de les parapher, s'il y a lieu ; et, au cas de refus, il en sera fait mention au procès-verbal.

CONVOL.

1° *Disposition générale.*

C. Civ. 147. On ne peut contracter un second mariage avant la dissolution du premier.

2° *Du convol à l'égard de la femme.*

Des seconds mariages.

C. Civ. (*liv.* 1, *tit.* 5, *ch.* 8, *art.* 228).—228. La femme ne peut contracter un nouveau mariage qu'après dix mois révolus depuis la dissolution du mariage précédent.

Dispositions additionnelles.

ALIMENS. *C. Civ.* 206. Les gendres et belles-filles doivent des alimens à leurs beau-père et belle-mère (qui sont dans le besoin); mais cette obligation cesse, 1° lorsque la belle-mère a convolé en secondes noces.

JOUISSANCE LÉGALE. *C. Civ.* 386. (La jouissance des biens des enfans issus du premier mariage) cessera à l'égard de la mère dans le cas d'un second mariage.

TUTELLE. *C. Civ.* 395. Si la mère tutrice veut se remarier, elle devra, avant l'acte de mariage, convoquer le conseil de famille, qui décidera si la tutelle doit lui être conservée. — A défaut de cette convocation, elle perdra la tutelle de plein droit; et son nouveau mari sera solidairement responsable de toutes les suites de la tutelle qu'elle aura indûment conservée.

396. Lorsque le conseil de famille, dûment convoqué, conservera la tutelle à la mère, il lui donnera nécessairement pour cotuteur le second mari, qui deviendra solidairement responsable, avec sa femme, de la gestion postérieure au mariage.

399. La mère remariée, et non maintenue dans la tutelle des enfans de son premier mariage, ne peut leur choisir un tuteur.

400. Lorsque la mère remariée, et maintenue dans la tutelle, aura fait choix d'un tuteur aux enfans de son premier mariage, ce choix ne sera valable qu'autant qu'il sera confirmé par le conseil de famille.

3° *A l'égard des enfans du premier lit.*

AVANTAGES ENTRE ÉPOUX. *C. Civ.* 1098. L'homme ou la femme qui, ayant des enfans d'un autre lit, contractera un second ou subséquent mariage, ne pourra donner à son nouvel époux qu'une part d'enfant légitime le moins prenant, et sans que, dans aucun cas, ces donations puissent excéder le quart des biens.

COMMUNAUTÉ (*légale*). *C. Civ.* 1496. Tout ce qui est dit (de la communauté légale, *art.* 1400-1495, *V.* COMMUNAUTÉ) sera observé même lorsque l'un des époux ou tous deux auront des enfans de précédens mariages. — Si toute la confusion du mobilier et des dettes opérait, au profit de l'un des époux, un avantage supérieur à celui qui est autorisé par l'art. 1098 (*ci-dessus*), les enfans du premier lit de l'autre époux auront l'action en retranchement.

(*Conventionnelle*). *C. Civ.* 1527. Dans le cas où il y aurait des enfans d'un précédent mariage, toute convention (relative à la communauté), qui tendrait dans ses effets à donner à l'un des époux au-delà de la portion réglée par l'art 1098 (*ci-dessus*), sera sans effet pour tout l'excédant de cette portion; mais les simples bénéfices résultant des travaux communs et des économies faites sur les revenus respectifs, quoiqu'inégaux, des deux époux, ne sont pas considérés comme un avantage fait au préjudice des enfans du premier lit.

COOBLIGÉS. *C. Civ.* 1251. La subrogation a lieu de plein droit, — 1°..... 3° au profit de celui qui, étant tenu avec d'autres ou pour d'autres au paiement de la dette, avait intérêt de l'acquitter. *V.* CAUTION, INDIVISION, SOLIDARITÉ.

COPARTAGEANS. *C. Civ.* 2109. Le cohéritier ou copartageant conserve son privilège sur les biens de chaque lot ou sur le bien licité, pour les soulte et retour de lots, ou pour le prix de la licitation, par l'inscription faite à sa diligence, dans soixante jours, à dater de l'acte de partage ou de l'adjudication par licitation, durant lequel temps aucune hypothèque ne peut avoir lieu sur le bien chargé de soulte ou adjugé par licitation, au préjudice du créancier de la soulte ou du prix. *V.* LICITATION, PARTAGE.

COPIE.

I. DES COPIES DE PIÈCES.

C. Proc. 65 Il sera donné avec l'exploit copie du procès-verbal de non-conciliation, ou copie de la mention de non-comparution, à peine de nullité; sera aussi donnée copie des pièces ou de la partie des pièces sur lesquelles la demande est fondée: à défaut de ces copies, celles que le demandeur sera tenu de donner dans le cours de l'instance n'entreront point en taxe. *V.* ci-après COPIE (*droit de*).

II. DES COPIES DES TITRES.

C. Civ. (*liv.* 3, *tit.* 3, *ch.* 6, *sect.* 1, § 4, *art.* 1334-1336). — 1334. Les copies, lorsque le titre original subsiste, ne font foi que de ce qui est contenu au titre, dont la représentation peut toujours être exigée.

1335. Lorsque le titre original n'existe plus, les copies font foi d'après les distinctions suivantes: — 1° les grosses ou premières expéditions font la même foi que l'original : il en est de même des copies qui ont été tirées par l'autorité du magistrat, parties présentes ou dûment appelées, ou de celles qui ont été tirées en présence des parties et de leur consentement réciproque. — 2° Les copies qui, sans l'autorité du magistrat, ou sans le consentement des parties, et depuis la délivrance des grosses ou premières expéditions, auront été tirées sur la minute de l'acte par le notaire qui l'a reçu, ou par l'un de ses successeurs, ou par officiers publics qui, en cette qualité, sont dépositaires des minutes, peuvent, en cas de perte de l'original, faire foi quand elles sont anciennes. — Elles sont considérées comme anciennes quand elles ont plus de trente ans ;—si elles ont moins de trente ans, elles ne peuvent servir que de commencement de preuve par écrit. — 5° Lorsque les copies tirées sur la minute d'un acte ne l'auront pas été par le notaire qui l'a reçu, ou par l'un de ses successeurs, ou par officiers publics qui, en cette qualité, sont dépositaires des minutes, elles ne pourront servir, quelle que soit leur ancienneté, que de commencement de preuve par écrit. — 4° Les copies de copies pourront, suivant les circonstances, être considérées comme simples renseignemens.

1536. La transcription d'un acte sur les registres publics ne pourra servir que de commencement de preuve par écrit ; et il faudra même pour cela, — 1° qu'il soit constant que toutes les minutes du notaire, de l'année dans laquelle l'acte paraît avoir été fait, soient perdues, ou que l'on prouve que la perte de la minute de cet acte a été faite par un accident particulier ; — 2° qu'il existe un répertoire en règle du notaire, qui constate que l'acte a été fait à la même date. — Lorsqu'au moyen du concours de ces deux circonstances la preuve par témoins sera admise, il sera nécessaire que ceux qui ont été témoins de l'acte, s'ils existent encore, soient entendus.

COPIE (DROIT DE).

1° *Disposition générale.*

Tarif civ. 21, 70 (*et art. divers.*) Pour chaque copie des actes (de procédure), indépendamment des copies de pièces, le quart de l'original.

2° *Des avoués et des huissiers.*

Tarif civ. (liv. 1, ch. 5, huissiers des juges de paix.) — 22. Pour la copie des pièces qui pourra être donnée avec les actes, par chaque rôle d'expédition de vingt lignes à la page et de dix syllabes à la ligne, — à Paris, 25 c. Dans les villes où il y a tribunal de première instance, 20 c. — Dans les autres villes et cantons ruraux, 20 c.

(*Liv. 2, tit. 1er, huissiers ordinaires.*) — 28. Pour les copies de pièces qui doivent être données avec l'exploit d'ajournement et autres actes, par rôle con-

tenant vingt lignes à la page, et dix syllabes à la ligne, ou évalué sur ce pied, — à Paris, 25 c. — Partout ailleurs, 20 c. — Le droit de copie de toute espèce de pièces et de jugemens appartiendra à l'avoué; quand les copies de pièces seront faites par lui, l'avoué sera tenu de signer les copies de pièces et de jugemens, et sera garant de leur exactitude. — Les copies seront correctes et lisibles, à peine de rejet de la taxe.

29. Pour l'original (d'actes divers), — à Paris, 2 f. — Partout ailleurs, 1 fr. 50 c. — Pour chaque copie, le quart de l'original. — Indépendamment des copies de pièces qui n'auront pas été faites par les avoués, et qui seront taxées comme il a été dit ci-dessus.

(*Liv. 2, tit. 2.*) *Avoués.* — 70. Pour l'original (d'actes divers), — à Paris, 1 fr. — Dans le ressort, 75 c. — Pour les copies de chacun des actes, indépendamment des copies de pièces, le quart.

72. Les copies de tous actes ou jugemens, qui seront signifiées avec les exploits des huissiers, appartiendront à l'avoué, si elles ont été faites par lui, à la charge de les certifier véritables et de les signer.

COPIE D'ACTE. *V.* EXPÉDITION.

COPROPRIÉTAIRE. *C. Civ.* 1686. Si une chose commune à plusieurs ne peut être partagée commodément et sans perte, — ou si, dans un partage fait de gré à gré de biens communs, il s'en trouve quelques-uns qu'aucun des copartageans ne puisse ou ne veuille prendre, — la vente s'en fait aux enchères, et le prix en est partagé entre les copropriétaires. *V.* COMMUNISTES, INDIVISION, LICITATION, PARTAGE.

CORPS (SÉPARATION DE).

I. DISPOSITIONS GÉNÉRALES.

1° *Des causes de la séparation de corps.*

De la séparation de corps.

C. Civ. (liv. 1, tit. 6, ch. 5, art. 306-311). — 306. Dans le cas où il y a lieu à la demande en divorce pour cause déterminée, il sera libre aux époux de former demande en séparation de corps.

229. Le mari pourra demander le divorce (la séparation de corps) pour cause d'adultère de sa femme.

230. La femme pourra demander le divorce (la séparation de corps) pour cause d'adultère de son mari, lorsqu'il aura tenu sa concubine dans la maison commune.

231. Les époux pourront réciproquement demander le divorce (la séparation de corps) pour excès, sévices ou injures graves, de l'un d'eux envers l'autre.

232. La condamnation de l'un des époux à une peine infamante, sera pour l'autre époux une cause de divorce (de séparation de corps).

2° *De ses effets généraux.*

507. (La demande en séparation de corps) sera intentée, instruite et jugée de la même manière

que toute autre action civile (*V. ci-après*, III *procédure*) : elle ne pourra avoir lieu par le consentement mutuel des époux.

508. La femme contre laquelle la séparation de corps sera prononcée pour cause d'adultère, sera condamnée par le même jugement, et sur la réquisition du ministère public, à la réclusion dans une maison de correction pendant un temps déterminé, qui ne pourra être moindre de trois mois, ni excéder deux années.

509. Le mari restera le maître d'arrêter l'effet de cette condamnation, en consentant à reprendre sa femme.

511 [1]. La séparation de corps emportera toujours séparation de biens.

3° *De ses effets relativement à la communauté*.

C. Civ. 1441. La communauté se dissout — par la séparation de corps.

1449. La femme séparée soit de corps et de biens, soit de biens seulement, en reprend la libre administration. — Elle peut disposer de son mobilier, et l'aliéner ; — elle ne peut aliéner ses immeubles sans le consentement du mari, ou sans être autorisée en justice à son refus.

1450. Le mari n'est point garant du défaut d'emploi ou de remploi du prix de l'immeuble que la femme séparée a aliéné sous l'autorisation de la justice, à moins qu'il n'ait concouru au contrat, ou qu'il ne soit prouvé que les deniers ont été reçus par lui, ou ont tourné à son profit. — Il est garant d'emploi ou de remploi si la vente a été faite en sa présence et de son consentement : il ne l'est point de l'utilité de cet emploi.

1451. La communauté dissoute par la séparation, soit de corps et de biens, soit de biens seulement, peut être rétablie du consentement des deux parties. — Elle ne peut l'être que par un acte passé devant notaire et avec minute, dont une expédition doit être affichée dans la forme de l'art. 1445 [2]. — En ce cas, la communauté rétablie reprend son effet du jour du mariage : les choses sont remises au même état que s'il n'y avait point eu de séparation, sans préjudice néanmoins de l'exécution des actes qui, dans cet intervalle, ont pu être faits par la femme en conformité de l'art. 1449 (*ci-dessus*.) — Toute convention par laquelle les époux rétabliraient leur communauté sous des conditions différentes de celles qui la réglaient antérieurement, est nulle.

1452. La dissolution de communauté opérée par le divorce ou par la séparation, soit de corps et de biens, soit de biens seulement, ne donne pas ouverture aux droits de survie de la femme ; mais celle-ci conserve la faculté de les exercer lors de la mort naturelle ou civile de son mari.

1518. Lorsque la dissolution de la communauté s'opère par le divorce ou par la séparation de corps, il n'y a pas lieu à la délivrance actuelle du préciput ; mais l'époux qui a obtenu soit le divorce, soit la séparation de corps, conserve ses droits au préciput en cas de survie. Si c'est la femme, la somme ou la chose qui constitue le préciput reste toujours provisoirement au mari, à la charge de donner caution.

II. DISPOSITIONS ADDITIONNELLES.

Articles relatifs au divorce qui doivent être appliqués à la séparation de corps.

1° *Des mesures provisoires auxquelles peut donner lieu la demande en divorce (ou séparation de corps) pour cause déterminée.*

C. Civ. (*liv.* 1, *tit.* 6, *ch.* 2, *sect.* 2, *art.* 267-271.) — 267. L'administration provisoire des enfans restera au mari demandeur ou défendeur en divorce, à moins qu'il n'en soit autrement ordonné par le tribunal, sur la demande soit de la mère, soit de la famille, ou du ministère public, pour le plus grand avantage des enfans.

268. La femme demanderesse ou défenderesse en divorce pourra quitter le domicile du mari pendant la poursuite, et demander une pension alimentaire proportionnée aux facultés du mari. Le tribunal indiquera la maison dans laquelle la femme sera tenue de résider, et fixera, s'il y a lieu, la provision alimentaire que le mari sera obligé de lui payer.

269. La femme sera tenue de justifier de sa résidence dans la maison indiquée toutes les fois qu'elle en sera requise : à défaut de cette justification, le mari pourra refuser la provision alimentaire, et, si la femme est demanderesse en divorce, la faire déclarer non-recevable à continuer ses poursuites.

---

[1] L'art. 310 du Code Civil se trouve abrogé par la loi du 8 mai 1816, abolitive du divorce ; il était ainsi conçu : — « Lorsque la séparation de corps prononcée pour toute autre cause que l'adultère de la femme, aura duré trois ans, l'époux qui était originairement défendeur pourra demander le divorce au tribunal, qui l'admettra, si le demandeur originaire, présent ou dûment appelé, ne consent pas immédiatement à faire cesser la séparation. »

[2] 1445. Toute séparation de biens doit, avant son exécution, être rendue publique par l'affiche sur un tableau à ce destiné, dans la principale salle du tribunal de première instance, et de plus, si le mari est marchand, banquier ou commerçant, dans celle du tribunal de commerce du lieu de son domicile ; et ce, à peine de nullité de l'exécution.

270 [1]. La femme commune en biens, demanderesse ou défenderesse en divorce, pourra, en tout état de cause, à partir de la date de l'ordonnance dont il est fait mention en l'art. 238 (afin de comparution des époux devant le juge [2]), requérir, pour la conservation de ses droits, l'apposition des scellés sur les effets mobiliers de la communauté. Ces scellés ne seront levés qu'en faisant inventaire avec prisée, et à la charge par le mari de représenter les choses inventoriées, ou de répondre de leur valeur comme gardien judiciaire.

271 [1]. Toute obligation contractée par le mari à la charge de la communauté, toute aliénation par lui faite des immeubles qui en dépendent, postérieurement à la date de l'ordonnance dont il est fait mention en l'art. 238 (afin de comparution des époux devant le juge), sera déclarée nulle, s'il est prouvé d'ailleurs qu'elle ait été faite ou contractée en fraude des droits de la femme.

2° *Des fins de non-recevoir contre l'action en divorce (ou séparation de corps) pour cause déterminée.*

(*Sect.* 3, *art.* 272-274.) — 272. L'action en divorce sera éteinte par la réconciliation des époux, survenue soit depuis les faits qui auraient pu autoriser cette action, soit depuis la demande en divorce.

273. Dans l'un et l'autre cas, le demandeur sera déclaré non-recevable dans son action; il pourra néanmoins en intenter une nouvelle pour cause survenue depuis la réconciliation, et alors faire usage des anciennes causes pour appuyer sa nouvelle demande.

274. Si le demandeur en divorce nie qu'il y ait eu réconciliation, le défendeur en fera preuve, soit par écrit, soit par témoins.

3° *Des effets du divorce (communs à la séparation de corps).*

(*Ch.* 4, *art.* 295-303.) — 299 [1]. Pour quelque cause que le divorce ait lieu, hors le cas du consentement mutuel, l'époux contre lequel le divorce aura été admis, perdra tous les avantages que l'autre époux lui avait faits, soit par leur contrat de mariage, soit depuis le mariage contracté.

300. L'époux qui aura obtenu le divorce, conservera les avantages à lui faits par l'autre époux, encore qu'ils aient été stipulés réciproques et que la réciprocité n'ait pas lieu.

---

[1] On conteste que les art. 270, 271, 299 et 386 puissent être appliqués à la séparation de corps; la jurisprudence n'est pas encore entièrement fixée.

[2] La même ordonnance est exigée en cas de séparation de corps par l'art. 876 du Code de Procédure civile. (*V. ci-après.*)

301. Si les époux ne s'étaient fait aucun avantage, ou si ceux stipulés ne paraissaient pas suffisans pour assurer la subsistance de l'époux qui obtenu le divorce, le tribunal pourra lui accorder, sur les biens de l'autre époux, une pension alimentaire, qui ne pourra excéder le tiers des revenus de cet autre époux. Cette pension sera révocable dans le cas où elle cesserait d'être nécessaire.

302. Les enfans seront confiés à l'époux qui a obtenu le divorce, à moins que le tribunal, sur la demande de la famille ou du ministère public, n'ordonne, pour le plus grand avantage des enfans, que tous ou quelques-uns d'eux seront confiés aux soins soit de l'autre époux, soit d'une tierce personne.

303. Quelle que soit la personne à laquelle les enfans seront confiés, les père et mère conserveront respectivement le droit de surveiller l'entretien et l'éducation de leurs enfans, et seront tenus d'y contribuer à proportion de leurs facultés.

386 [1]. (La jouissance des biens des enfans issus du mariage) n'aura pas lieu au profit de celui des père et mère contre lequel le divorce aurait été prononcé.

III. PROCÉDURE.

De la séparation de corps.

C. *Proc.* (2ᵉ *part.*, *liv.* 1, *tit.* 9, *art.* 875-880.) — 875. L'époux qui voudra se pourvoir en séparation de corps, sera tenu de présenter au président du tribunal de son domicile, requête contenant sommairement les faits; il y joindra les pièces à l'appui, s'il y en a.

876. La requête sera répondue d'une ordonnance portant que les parties comparaîtront devant le président au jour qui sera indiqué par ladite ordonnance.

877. Les parties seront tenues de comparaître en personne, sans pouvoir se faire assister d'avoués ni de conseils.

878. Le président fera aux deux époux les représentations qu'il croira propres à opérer un rapprochement; s'il ne peut y parvenir, il rendra ensuite de la première ordonnance, une seconde portant qu'attendu qu'il n'a pu concilier les parties, il les renvoie à se pourvoir, sans citation préalable au bureau de conciliation : il autorisera par la même ordonnance la femme à procéder sur la demande, et à se retirer provisoirement dans telle maison dont les parties seront convenues, ou qu'il indiquera d'office; il ordonnera que les effets à l'usage journalier de la femme lui seront remis. Les demandes en provision seront portées à l'audience.

879. La cause sera instruite dans les formes établies pour les autres demandes, et jugée sur les conclusions du ministère public.

880. Extrait du jugement qui prononcera la séparation sera inséré aux tableaux exposés tant dans l'auditoire des tribunaux que dans les chambres d'avoués et notaires, ainsi qu'il est dit art. 872. *V.* BIENS (*séparation de*).

Dispositions du tarif.

Tarif civ. 29. (Pr. 876.) Pour l'original d'une demande en séparation de corps, — à Paris, 2 fr. — Partout ailleurs, 1 fr. 50 c. — Pour chaque copie, le quart.

79. (Pr. 875.) Requête de l'époux qui se pourvoit en séparation de corps, contenant sommairement les faits. — Ces requêtes ne peuvent être grossoyées ; et l'émolument pour prendre les ordonnances et communiquer au ministère public est compris dans la taxe, — à Paris, 15 fr. — Dans le ressort, 12 fr. *V.* TARIF.

92. (Pr. 880.) Pour faire insérer l'extrait du jugement qui prononcera la séparation de corps dans les tableaux (de l'auditoire du tribunal où se poursuit la demande) et dans un journal, le tout ensemble, — à Paris, 6 fr. — Dans le ressort, 4 fr. 50 c. *V.* TARIF.

CORPS CERTAIN. *C. Civ.* 1220. L'obligation qui est susceptible de division doit être exécutée entre le créancier et le débiteur comme si elle était indivisible. La divisibilité n'a d'application qu'à l'égard de leurs héritiers, qui ne peuvent demander la dette, ou qui ne sont tenus de la payer que pour les parts dont ils sont saisis, ou dont ils sont tenus comme représentans le créancier ou le débiteur.

1221. Le principe établi dans l'article précédent reçoit exception à l'égard des héritiers du débiteur, — 1°...... 2° lorsqu'elle est d'un corps certain ; — dans les trois premiers cas, l'héritier qui possède la chose due peut être poursuivi pour le tout sur la chose due, sauf le recours contre ses cohéritiers.

1245. Le débiteur d'un corps certain et déterminé est libéré par la remise de la chose en l'état où elle se trouve lors de la livraison, pourvu que les détériorations qui y sont survenues ne viennent point de son fait ou de sa faute, ni de celle des personnes dont il est responsable, ou qu'avant ces détériorations il ne fût pas en demeure.

1264. Si la chose due est un corps certain qui doit être livré au lieu où il se trouve, le débiteur doit faire sommation au créancier de l'enlever, par acte notifié à sa personne ou à son domicile, ou au domicile élu pour l'exécution de la convention. Cette sommation faite, si le créancier n'enlève pas la chose, et que le débiteur ait besoin du lieu dans lequel elle est placée, celui-ci pourra

obtenir de la justice la permission de la mettre en dépôt dans quelque autre lieu.

1302. Lorsque le corps certain et déterminé qui était l'objet de l'obligation vient à périr, est mis hors du commerce, ou se perd de manière qu'on en ignore absolument l'existence, l'obligation est éteinte si la chose a péri ou a été perdue sans la faute du débiteur et avant qu'il fût en demeure. — Lors même que le débiteur est en demeure, et s'il n'est pas chargé des cas fortuits, l'obligation est éteinte dans le cas où la chose fût également périe chez le créancier si elle lui eût été livrée. — Le débiteur est tenu de prouver le cas fortuit qu'il allègue. — De quelque manière que la chose volée ait péri ou ait été perdue, sa perte ne dispense pas celui qui l'a soustraite de la restitution du prix.

1303. Lorsque la chose est périe, mise hors du commerce, ou perdue, sans la faute du débiteur, il est tenu, s'il y a quelques droits ou actions en indemnité par rapport à cette chose, de les céder à son créancier.

CORRECTION (DROIT DE).

1° Droit de la famille.

C. Civ. 375. Le père qui aura des sujets de mécontentement très-graves sur la conduite d'un enfant, aura les moyens de correction suivans.

376. Si l'enfant est âgé de moins de seize ans commencés, le père pourra le faire détenir pendant un temps qui ne pourra excéder un mois ; et, à cet effet, le président du tribunal d'arrondissement devra, sur sa demande, délivrer l'ordre d'arrestation.

377. Depuis l'âge de seize ans commencés jusqu'à la majorité ou l'émancipation, le père pourra seulement requérir la détention de son enfant pendant six mois au plus ; il s'adressera au président dudit tribunal, qui, après en avoir conféré avec le procureur du Roi, délivrera l'ordre d'arrestation ou le refusera, et pourra, dans le premier cas, abréger le temps de la détention requis par le père.

378. Il n'y aura, dans l'un et l'autre cas, aucune écriture ni formalité judiciaire, si ce n'est l'ordre même d'arrestation, dans lequel les motifs n'en seront pas énoncés. — Le père sera seulement tenu de souscrire une soumission de payer tous les frais et de fournir les alimens convenables.

379. Le père est toujours maître d'abréger la durée de la détention par lui ordonnée ou requise. Si, après sa sortie, l'enfant tombe dans de nouveaux écarts, la détention pourra être de nou-

veau ordonnée de la manière prescrite aux articles précédens.

380. Si le père est remarié, il sera tenu, pour faire détenir son enfant du premier lit, lors même qu'il serait âgé de moins de seize ans, de se conformer à l'art. 377.

381. La mère survivante et non remariée ne pourra faire détenir un enfant qu'avec le concours des deux plus proches parens paternels, et par voie de réquisition, conformément à l'art. 377.

382. Lorsque l'enfant aura des biens personnels, ou lorsqu'il exercera un état, sa détention ne pourra, même au-dessous de seize ans, avoir lieu que par voie de réquisition, en la forme prescrite par l'article 377. — L'enfant détenu pourra adresser un mémoire au procureur général près la cour royale. Celui-ci se fera rendre compte par le procureur du Roi près le tribunal de première instance, et fera son rapport au président de la cour royale, qui, après en avoir donné avis au père, et après avoir recueilli tous les renseignemens, pourra révoquer ou modifier l'ordre délivré par le président du tribunal de première instance.

383. Les articles 376, 377, 378 et 379 seront communs aux pères et mères des enfans naturels légalement reconnus.

468. Le tuteur qui aura des sujets de mécontentement graves sur la conduite du mineur, pourra porter ses plaintes à un conseil de famille, et, s'il y est autorisé par ce conseil, provoquer la réclusion du mineur, conformément à ce qui est statué à ce sujet au titre *de la puissance paternelle.* (*Art.* 373-382 *ci-dessus.*)

2° *Droit des juges criminels.*

C. Pén. 66. Lorsque l'accusé aura moins de seize ans, s'il est décidé qu'il a agi *sans discernement*, il sera acquitté ; mais il sera, selon les circonstances, remis à ses parens, ou conduit dans une maison de correction, pour y être élevé et détenu pendant tel nombre d'années que le jugement déterminera, et qui toutefois ne pourra excéder l'époque où il aura accompli sa vingtième année.

CORRECTIONNELLE (ACTION).

1° *Dispositions générales.*

C. Inst. cr. 1. L'action pour l'application des peines n'appartient qu'aux fonctionnaires auxquels elle est confiée par la loi. — L'action en réparation du dommage causé par un délit peut être exercée par tous ceux qui ont souffert de ce dommage.

2. L'action publique pour l'application de la peine s'éteint par la mort du prévenu. — L'action civile pour la réparation du dommage peut être exercée contre le prévenu et contre ses représentans. — L'une et l'autre action s'éteignent par la prescription, ainsi qu'il est réglé au liv. 2, titre 7 chap. 5, *de la prescription.* (*V. ci-après art.* 637, 638 *et* 643.)

3. L'action civile peut être poursuivie en même temps et devant les mêmes juges que l'action publique. — Elle peut aussi l'être séparément : dans ce cas, l'exercice en est suspendu tant qu'il n'a pas été prononcé définitivement sur l'action publique intentée avant ou pendant la poursuite de l'action civile.

4. La renonciation à l'action civile ne peut arrêter ni suspendre l'exercice de l'action publique.

2° *De la prescription.*

C. Inst. cr. 637. L'action publique et l'action civile résultant d'un crime de nature à entraîner la peine de mort ou des peines afflictives perpétuelles, ou de tout autre crime emportant peine afflictive ou infamante, se prescriront après dix années révolues, à compter du jour où le crime aura été commis, si dans cet intervalle il n'a été fait aucun acte d'instruction ni de poursuite. — S'il a été fait, dans cet intervalle, des actes d'instruction ou de poursuite non suivis de jugement, l'action publique et l'action civile ne se prescriront qu'après dix années révolues, à compter du dernier acte, à l'égard même des personnes qui ne seraient pas impliquées dans cet acte d'instruction ou de poursuite.

638. Dans les deux cas exprimés en l'article précédent, et suivant les distinctions d'époque qui y sont établies, la durée de la prescription sera réduite à trois années révolues, s'il s'agit d'un délit de nature à être puni correctionnellement.

643. Les dispositions du présent chapitre ne dérogent point aux lois particulières relatives à la prescription des actions résultant de certains délits ou de certaines contraventions.

CORRECTIONNELLES (PEINES).

1° *Dispositions générales.*

C. Pén. 1. L'infraction que les lois punissent de peines correctionnelles est un *délit.*

9. Les peines en matière correctionnelle sont — 1° l'emprisonnement à temps dans un lieu de correction ; — 2° l'interdiction à temps de certains droits civiques, civils ou de famille ; — 3° l'amende.

Des peines en matière correctionnelle.

C. Pén. (*liv.* 1er, *ch.* 2, *art.* 40-43). — 40. Quiconque aura été condamné à la peine d'emprisonnement sera renfermé dans une maison de correction : il y sera employé à l'un des travaux établis dans cette maison, selon son choix. — L durée de cette peine sera au moins de six jours, et de cinq années au plus ; sauf les cas de récidive ou autres où la loi aura déterminé d'autres limites. — La peine à un jour d'emprisonnement est de vingt-quatre heures ; — celle à un mois est de trente jours. *V.* ATTÉNUANTES (*circonstances*).

41. Les produits du travail de chaque détenu pour délit correctionnel seront appliqués partie aux dépenses communes de la maison, partie à lui procurer quelques adoucissemens, s'il les mérite, partie à former pour lui, au temps de sa sortie, un fonds de réserve ; le tout ainsi qu'il sera ordonné par des règlemens d'administration publique.

42. Les tribunaux, jugeant correctionnellement, pourront, dans certains cas, interdire, en tout ou en partie, l'exercice des droits civiques, civils et de famille suivans : — 1° de vote et d'élection ; — 2° d'éligibilité ; — 3° d'être appelé ou nommé aux fonctions de juré ou autres fonctions publiques, ou aux emplois de l'administration, ou d'exercer ces fonctions ou emplois ; — 4° du port d'armes ; — 5° de vote et de suffrage dans les délibérations de famille ; — 6° d'être tuteur, curateur, si ce n'est de ses enfans et sur l'avis seulement de la famille ; — 7° d'être expert ou employé comme témoin dans les actes ; — 8° de témoignage en justice, autrement que pour y faire de simples déclarations.

43. Les tribunaux ne prononceront l'interdiction mentionnée dans l'article précédent, que lorsqu'elle aura été autorisée ou ordonnée par une disposition particulière de la loi. *V.* RÉCIDIVE.

2° *De la prescription.*

C. Inst. cr. 656. Les peines portées par les arrêts ou jugemens rendus en matière correctionnelle se prescriront par cinq années révolues, à compter de la date de l'arrêt ou du jugement rendu en dernier ressort ; et à l'égard des peines prononcées par les tribunaux de première instance, à compter du jour où ils ne pourront plus être attaqués par la voie de l'appel.

641. En aucun cas, les condamnés par défaut ou par contumace, dont la peine est prescrite, ne pourront être admis à se présenter pour purger le défaut ou la contumace.

642. Les condamnations civiles portées par les arrêts ou par les jugemens rendus en matière criminelle, correctionnelle ou de police, et devenus irrévocables, se prescriront d'après les règles établies par le Code Civil. *V.* PRESCRIPTION.

CORRECTIONNELS (TRIBUNAUX).

I. DISPOSITIONS RÈGLEMENTAIRES.

Loi du 20 avril 1810.

34. Les tribunaux de première instance continueront de connaître des matières civile et de police, conformément aux Codes et aux lois de l'Empire.

40. Les juges ne pourront rendre aucun jugement, s'ils ne sont au nombre de trois au moins : sur l'appel en matière correctionnelle, ils seront au nombre de cinq. *V.* SOMMAIRES (*causes*).

II. COMPÉTENCE.

1° *De l'appel des jugemens de police.*

C. Inst. cr. 174. L'appel des jugemens rendus par le tribunal de police sera porté au tribunal correctionnel *V.* APPEL, II, 1°, p. 45.

2° *Des tribunaux en matière correctionnelle.*

C. Inst. cr. (*liv.* 2, *ch.* 2, *art.* 179-216). — 179. Les tribunaux de première instance en matière civile connaîtront en outre, sous le titre de tribunaux correctionnels, de tous les délits forestiers poursuivis à la requête de l'administration, et de tous les délits dont la peine excède cinq jours d'emprisonnement et quinze francs d'amende.

180. Ces tribunaux pourront, en matière correctionnelle, prononcer au nombre de trois juges.

181. S'il se commet un délit correctionnel dans l'enceinte et pendant la durée de l'audience, le président dressera procès-verbal du fait, entendra le prévenu et les témoins, et le tribunal appliquera, sans désemparer, les peines prononcées par la loi. — Cette disposition aura son exécution pour les délits correctionnels commis dans l'enceinte et pendant la durée des audiences de nos cours, et même des audiences du tribunal civil, sans préjudice de l'appel de droit des jugemens rendus dans ces cas par les tribunaux civils ou correctionnels.

182. Le tribunal sera saisi, en matière correctionnelle, de la connaissance des délits de sa compétence, soit par le renvoi qui lui en sera fait d'après les art. 130 et 160 [1], soit par la citation donnée directement au prévenu et aux personnes civilement responsables du délit par la partie civile, et, à l'égard des délits forestiers, par le conservateur, inspecteur ou sous-inspecteur forestier, ou par les gardes généraux, et, dans tous les cas, par le procureur du Roi.

183. La partie civile fera, par l'acte de citation,

[1] 150. Si le délit est reconnu (sur le rapport du juge d'instruction) de nature à être puni par des peines correctionnelles, le prévenu sera renvoyé au tribunal de police correctionnel. — Si, dans ce cas, le délit peut entraîner la peine d'emprisonnement, le prévenu, s'il est en arrestation, y demeurera provisoirement.

160. Si le fait (poursuivi devant le tribunal de police), est un délit qui emporte une peine correctionnelle ou plus grave, le tribunal renverra les parties devant le procureur du Roi.

élection de domicile dans la ville où siège le tribunal : la citation énoncera les faits, et tiendra lieu de plainte.

184. Il y aura au moins un délai de trois jours, outre un jour par trois myriamètres, entre la citation et le jugement, à peine de nullité de la condamnation qui serait prononcée par défaut contre la personne citée. — Néanmoins cette nullité ne pourra être proposée qu'à la première audience, et avant toute exception ou défense.

185. Dans les affaires relatives à des délits qui n'entraîneront pas la peine d'emprisonnement, le prévenu pourra se faire représenter par un avoué ; le tribunal pourra néanmoins ordonner sa comparution en personne.

186. Si le prévenu ne comparaît pas, il sera jugé par défaut.

187. La condamnation par défaut sera comme non avenue, si dans les cinq jours de la signification qui en aura été faite au prévenu ou à son domicile, outre un jour par cinq myriamètres, celui-ci forme opposition à l'exécution du jugement, et notifie son opposition tant au ministère public qu'à la partie civile. — Néanmoins les frais de l'expédition, de la signification du jugement par défaut, et de l'opposition, demeureront à la charge du prévenu.

188. L'opposition emportera de droit citation à la première audience : elle sera non avenue, si l'opposant n'y comparaît pas ; et le jugement que le tribunal aura rendu sur l'opposition ne pourra être attaqué par la partie qui l'aura formée, si ce n'est par appel, ainsi qu'il sera dit ci-après. — Le tribunal pourra, s'il y échet, accorder une provision ; et cette disposition sera exécutoire nonobstant l'appel.

189. La preuve des délits correctionnels se fera de la manière prescrite aux art. 154, 155 et 156 [1], concernant les contraventions de police. Les dispositions des art. 157, 138, 159, 160 et 161 [1]

sont communes aux tribunaux en matière correctionnelle.

190. L'instruction sera publique, à peine de nullité. — Le procureur du Roi, la partie civile ou son défenseur, et, à l'égard des délits forestiers, le conservateur, inspecteur ou sous-inspecteur forestier, ou, à leur défaut, le garde général, exposeront l'affaire : les procès-verbaux ou rapports, s'il en a été dressé, seront lus par le greffier ; les témoins pour et contre seront entendus, s'il y a lieu, et les reproches proposés et jugés ; les pièces pouvant servir à conviction ou à décharge seront représentées aux témoins et aux parties ; le prévenu sera interrogé ; le prévenu et les personnes civilement responsables proposeront leurs défenses : le procureur du Roi résumera l'affaire et donnera ses conclusions ; le prévenu et les personnes civilement responsables du délit pourront répliquer. — Le jugement sera prononcé de suite, ou, au plus tard, à l'audience qui suivra celle où l'instruction aura été terminée.

191. Si le fait n'est réputé ni délit ni contraven-

de leurs noms, prénoms, âge, profession et demeure, et de leurs principales déclarations.

156. Les ascendans ou descendans de la personne prévenue, ses frères et sœurs ou alliés en pareil degré, la femme ou son mari, même après le divorce prononcé, ne seront ni appelés, ni reçus en témoignage ; sans néanmoins que l'audition des personnes ci-dessus désignées puisse opérer une nullité, lorsque, soit le ministère public, soit la partie civile, soit le prévenu, ne se sont pas opposés à ce qu'elles soient entendues.

157. Les témoins qui ne satisferont pas à la citation pourront y être contraints par le tribunal, qui, à cet effet et sur la réquisition du ministère public, prononcera dans la même audience, sur le premier défaut, l'amende, et en cas d'un second défaut, la contrainte par corps.

158. Le témoin ainsi condamné à l'amende sur le premier défaut, et qui, sur la seconde citation, produira devant le tribunal des excuses légitimes, pourra, sur les conclusions du ministère public, être déchargé de l'amende. — Si le témoin n'est pas cité de nouveau, il pourra volontairement comparaître, par lui ou par un fondé de procuration spéciale, à l'audience suivante, pour présenter ses excuses, et obtenir, s'il y a lieu, décharge de l'amende.

159. Si le fait ne présente ni délit ni contravention de police, le tribunal annulera la citation et tout ce qui aura suivi, et statuera par le même jugement sur les demandes en dommages-intérêts.

160. Si le fait est un délit qui emporte une peine correctionnelle ou plus grave, le tribunal renverra les parties devant le procureur du Roi.

161. Si le prévenu est convaincu de contravention de police, le tribunal prononcera la peine, et statuera par le même jugement sur les demandes en restitution et en dommages-intérêts.

---

[1] 154. Les contraventions seront prouvées, soit par procès-verbaux ou rapports, soit par témoins à défaut de procès-verbaux et procès-verbaux, ou à leur appui. —Nul ne sera admis, à peine de nullité, à faire preuve par témoins outre ou contre le contenu aux procès-verbaux ou rapports des officiers de police ayant reçu de la loi le pouvoir de constater les délits ou les contraventions jusqu'à inscription de faux. Quant aux procès-verbaux et rapports faits par des agens, préposés ou officiers auxquels la loi n'a pas accordé le droit d'en être crus jusqu'à inscription de faux, ils pourront être débattus par des preuves contraires, soit écrites, soit testimoniales, si le tribunal juge à propos de les admettre.

155. Les témoins feront à l'audience, sous peine de nullité, le serment de dire toute la vérité, rien que la vérité ; et le greffier en tiendra note, ainsi que

tion de police, le tribunal annulera l'instruc-tion, la citation et tout ce qui aura suivi, renverra le prévenu, et statuera sur les demandes en dom-mages-intérêts.

192. Si le fait n'est qu'une contravention de po-lice, et si la partie publique ou la partie civile n'a pas demandé le renvoi, le tribunal appliquera la peine, et statuera, s'il y a lieu, sur les dommages-intérêts. — Dans ce cas, son jugement sera en dernier ressort.

193. Si le fait est de nature à mériter une peine afflictive ou infamante, le tribunal pourra décerner de suite le mandat de dépôt ou le man-dat d'arrêt ; et il renverra le prévenu devant le juge d'instruction compétent.

194. Tout jugement de condamnation rendu contre le prévenu et contre les personnes civile-ment responsables du délit, ou contre la partie civile, les condamnera aux frais même envers la partie publique. — Les frais seront liquidés par le même jugement.

195. Dans le dispositif de tout jugement de condamnation seront énoncés les faits dont les per-sonnes citées seront jugées coupables ou responsa-bles, la peine et les condamnations civiles. — Le texte de la loi dont on fera l'application sera lu à l'audience par le président ; il sera fait mention de cette lecture dans le jugement, et le texte de la loi y sera inséré, sous peine de cinquante francs d'amende contre le greffier.

196. La minute du jugement sera signée au plus tard dans les vingt-quatre heures par les juges qui l'auront rendu. — Les greffiers qui délivreront expédition d'un jugement avant qu'il ait été signé, seront poursuivis comme faussaires. — Les procureurs du Roi se feront représenter, tous les mois, les minutes des jugemens ; et, en cas de contravention au présent article, ils en dresseront procès-verbal pour être procédé ainsi qu'il appartiendra.

197. Le jugement sera exécuté à la requête du procureur du Roi et de la partie civile, chacun en ce qui le concerne. — Néanmoins les pour-suites pour le recouvrement des amendes et con-fiscations seront faites, au nom du procureur du Roi, par le directeur de la régie des droits d'en-registrement et domaines.

198. Le procureur du Roi sera tenu, dans les quinze jours qui suivront la prononciation du ju-gement, d'en envoyer un extrait au procureur général près la cour royale.

Dispositions du tarif criminel.

42. Les droits d'expédition sont dus pour tous les actes et pièces dont il est fait mention dans les arti-cles du C. d'Inst. crim. sous les numéros 188 , 190, 191, 192 et 193. V. EXPÉDITION (droits d').

56. En matière correctionnelle et de simple police,

aucune expédition ou copie des pièces de la procé-dure ne pourra être délivrée aux parties sans une autorisation expresse de notre procureur général. — Mais il leur sera délivré, sur leur seule demande, expédition de la plainte, de la dénonciation, des or-donnances et des jugemens définitifs. — Toutes ces expéditions seront à leurs frais.

71. Salaires des huissiers pour tous les actes dans les cas prévus par les art. 182, 185, 186, 187 188 et 190 du C. d'Inst. cr. , — pour l'original seulement, — à Paris, 1 fr. — Dans les villes de 40,000 hab. et au-dessus, 75 c. — Dans les autres villes et comm. , 50 c. — Pour chaque copie, — à Paris, 75 c. — Villes de 40,000 hab. et au-dessus, 60 c. — Autres villes et comm. , 50 c.

3° *De l'appel des jugemens de police correctionnelle.* V. APPEL, II, 2°, p. 44.

4° *Du recours en cassation.*

C. Inst. cr. 216. La partie civile, le prévenu, la partie publique, les personnes civilement res-ponsables du délit, pourront se pourvoir en cas-sation contre le jugement.

407. Les arrêts et jugemens rendus en dernier ressort en matière correctionnelle, ainsi que l'in-struction et les poursuites qui les auront pré-cédés, pourront être annulés dans les cas (déter-minés par la loi). V. CASSATION (cour de), II, art. 2, p. 125.

II. DISPOSITIONS ADDITIONNELLES.

JUGEMENS CORRECTIONNELS (*notice*). *C. Inst. cr.* 600. Les greffiers des tribunaux correc-tionnels et des cours d'assises seront tenus de consigner, par ordre alphabétique, sur un re-gistre particulier, les noms, prénoms, profes-sions , âges et résidences de tous les individus condamnés à un emprisonnement correctionnel ou à une plus forte peine : ce registre contiendra une notice sommaire de chaque affaire et de la condamnation , à peine de cinquante francs d'a-mende pour chaque omission.

601. Tous les trois mois, les greffiers enver-ront, sous peine de cent francs d'amende, copie de ces registres au ministre de la justice et à celui de la police générale.

602. Ces deux ministres feront tenir, dans la même forme, un registre général composé de ces diverses copies.

RÈGLEMENT DE JUGES. *C. Inst. cr.* 526. Il y aura lieu à être réglé de juges par la cour de cassation , en matière criminelle , correctionnelle ou de police, lorsque des cours, tribunaux, ou juges d'instruction , ne ressortissant point les uns aux autres , seront saisis de la connaissance du même délit ou de délits connexes , ou de la même contravention.

527. Il y aura lieu également à être réglé de juges par la cour de cassation lorsque le tribunal militaire ou maritime, ou un officier de police militaire , ou tout autre tribunal d'exception,

d'une part, une cour royale, ou d'assises, un tribunal jugeant correctionnellement, un tribunal de police ou un juge d'instruction, d'autre part, seront saisis de la connaissance du même délit ou délits connexes, ou de la même contravention. *V.* RÈGLEMENT DE JUGES.

RENVOI (*d'un tribunal à un autre*). *C. Inst. cr.* 542. En matière correctionnelle, la cour de cassation peut, sur la réquisition du procureur général de cette cour, renvoyer la connaissance d'une affaire d'une cour royale à une autre, d'un tribunal correctionnel ou de police à un autre tribunal de même qualité, d'un juge d'instruction à un autre juge d'instruction, pour cause de sûreté publique ou de suspicion légitime. — Ce renvoi peut aussi être ordonné sur la réquisition des parties intéressées, mais seulement pour cause de suspicion légitime. *V.* RENVOI.

CORRUPTION.

De la corruption des fonctionnaires publics.

C. Pén. (*liv.* 3, *tit.* 1, *ch.* 3, *sect.* 2, *art.* 177-185). — 177. Tout fonctionnaire public de l'ordre administratif ou judiciaire, tout agent ou préposé d'une administration publique, qui aura agréé des offres ou promesses ou reçu des dons ou présens pour faire un acte de sa fonction ou de son emploi, même juste, mais non sujet à salaire, sera puni de la dégradation civique, et condamné à une amende double de la valeur des promesses agréées ou des choses reçues, sans que ladite amende puisse être inférieure à deux cents francs. — La présente disposition est applicable à tout fonctionnaire, agent ou préposé de la qualité ci-dessus exprimée, qui, par offres ou promesses agréées, dons ou présens reçus, se sera abstenu de faire un acte qui entrait dans l'ordre de ses devoirs.

178. Dans le cas où la corruption aurait pour objet un fait criminel emportant une peine plus forte que celle de la dégradation civique, cette peine plus forte sera appliquée aux coupables.

179. Quiconque aura contraint ou tenté de contraindre par voies de fait ou menaces, corrompu ou tenté de corrompre par promesses, offres, dons ou présens, un fonctionnaire, agent ou préposé de la qualité exprimée en l'art. 177, pour obtenir, soit une opinion favorable, soit des procès-verbaux, états, certificats ou estimations contraires à la vérité, soit des places, emplois, adjudications, entreprises ou autres bénéfices quelconques, soit enfin tout autre acte du ministère du fonctionnaire, agent ou préposé, sera puni des mêmes peines que le fonctionnaire, agent ou préposé corrompu. — Toutefois, si les tentatives de contrainte ou corruption n'ont eu aucun effet, les auteurs de ces tentatives seront

simplement punis d'un emprisonnement de trois mois au moins et de six mois au plus, et d'une amende de cent francs à trois cents francs.

180. Il ne sera jamais fait au corrupteur restitution des choses par lui livrées, ni de leur valeur: elles seront confisquées au profit des hospices des lieux où la corruption aura été commise.

181. Si c'est un juge prononçant en matière criminelle, ou un juré, qui s'est laissé corrompre, soit en faveur, soit au préjudice de l'accusé, il sera puni de la réclusion, outre l'amende ordonnée par l'art. 177.

182. Si, par l'effet de la corruption, il y a eu condamnation à une peine supérieure à celle de la réclusion, cette peine, quelle qu'elle soit, sera appliquée au juge ou juré coupable de corruption.

183. Tout juge ou administrateur qui se sera décidé par faveur pour une partie ou par inimitié contre elle, sera coupable de forfaiture et puni de la dégradation civique.

COTUTEUR. *C. Civ.* 396. Lorsque le conseil de famille, dûment convoqué, conservera la tutelle à la mère (qui convole), il lui donnera nécessairement pour cotuteur le second mari, qui deviendra solidairement responsable, avec sa femme, de la gestion postérieure au mariage.

417. Quand le mineur, domicilié en France, possédera des biens dans les colonies, ou réciproquement, l'administration spéciale de ces biens sera donnée à un protuteur. En ce cas, le tuteur et le protuteur seront indépendans, et non responsables l'un envers l'autre pour leur gestion respective.

COUPES DE BOIS.

1° *Disposition générale.*

C. Civ. 521. Les coupes ordinaires des bois taillis ou de futaies mises en coupes réglées ne deviennent meubles qu'au fur et à mesure que les arbres sont abattus.

2° *Dispositions diverses.*

COMMUNAUTÉ. *C. Civ.* — 1403. Les coupes de bois tombent dans la communauté pour tout ce qui en est considéré comme usufruit, d'après les règles expliquées au titre *de l'usufruit, de l'usage et de l'habitation.* (*V. ci-après, art.* 590-594.) — Si les coupes de bois qui, en suivant les règles, pouvaient être faites durant la communauté, ne l'ont point été, il en sera dû récompense à l'époux non propriétaire du fonds ou à ses héritiers.

SAISIE. *C. Proc.* 690. Le saisi ne pourra faire aucune coupe de bois ni dégradation, à peine de dommages et intérêts, auxquels il sera condamné par corps; il pourra même être poursuivi par la voie criminelle, suivant la gravité des circonstances.

Usufruit. *C. Civ.* 590. Si l'usufruit comprend des bois taillis, l'usufruitier est tenu d'observer l'ordre et la quotité des coupes, conformément à l'aménagement ou à l'usage constant des propriétaires, sans indemnité toutefois en faveur de l'usufruitier ou de ses héritiers, pour les coupes ordinaires, soit de taillis, soit de baliveaux, soit de futaie, qu'il n'aurait pas faites pendant sa jouissance. — Les arbres qu'on peut tirer d'une pépinière sans la dégrader, ne font aussi partie de l'usufruit qu'à la charge par l'usufruitier de se conformer aux usages des lieux pour le remplacement.

591. L'usufruitier profite encore, toujours en se conformant aux époques et à l'usage des anciens propriétaires, des parties de bois de haute futaie qui ont été mises en coupes réglées, soit que ces coupes se fassent périodiquement sur une certaine étendue de terrain, soit qu'elles se fassent d'une certaine quantité d'arbres pris indistinctement sur toute la surface du domaine.

COUPS. *V.* Blessures.

COURANT (compte).

Faillite (*revendication*). *C. Com.* 581. Pourront être revendiquées, aussi long-temps qu'elles existeront en nature, en tout ou en partie, les marchandises consignées au failli, à titre de dépôt, ou pour être vendues pour le compte de l'envoyeur; dans ce dernier cas même, le prix desdites marchandises pourra être revendiqué, s'il n'a pas été payé ou passé en compte courant entre le failli et l'acheteur.

584. La revendication aura pareillement lieu pour les remises faites sans acceptation ni déposition, si elles sont entrées dans un compte courant pour lequel le propriétaire ne serait que créditeur; mais elle cessera d'avoir lieu si, à l'époque des remises, il était débiteur d'une somme quelconque.

COUR D'ASSISES. *V.* Assises (*cour d'*).

COUR DE CASSATION. *V.* Cassation (*cour de*).

COUR ROYALE.

I. DISPOSITIONS RÉGLEMENTAIRES.
Loi du 20 avril 1810.

2. Les cours impériales connaîtront des matières civiles et des matières criminelles, conformément aux Codes et aux lois de l'empire.

5. La division des cours impériales en chambres ou sections, et l'ordre du service, seront fixés par des règlemens d'administration publique.

7. La justice est rendue souverainement par les cours impériales; leurs arrêts, quand ils sont revêtus des formes prescrites à peine de nullité, ne peuvent être cassés que pour une contravention expresse à la loi. — Les arrêts qui ne sont pas rendus par le nombre de juges prescrit ou qui ont été rendus par des juges qui n'ont pas assisté à toutes les audiences de la cause, ou qui n'ont pas été rendus publiquement, ou qui ne contiennent pas les motifs, sont déclarés nuls. — La connaissance du fond est toujours renvoyée à une autre cour impériale.

11. La cour impériale pourra, toutes les chambres assemblées, entendre les dénonciations qui lui seraient faites par un de ses membres, de crimes et de délits; elle pourra mander le procureur général pour lui enjoindre de poursuivre à raison de ces faits, ou pour entendre le compte que le procureur général lui rendra des poursuites qui seraient commencées.

L. 27 *vent. an* 8. — 27. Les jugemens des tribunaux d'appel ne pourront être rendus par moins de sept juges.

II. COMPÉTENCE CIVILE ET COMMERCIALE.

1° *Appel des jugemens arbitraux. V.* Appel I, *art.* 1 et 2.

2° *Appel des jugemens de première instance. V. ibid., art.* 4.

5° *Appel des jugemens des tribunaux de commerce. V.* Commerce (*tribunaux de*) I, 4°, p. 160.

III. COMPÉTENCE CRIMINELLE.

Art. 1er GRAND CRIMINEL.

1° *Des mises en accusation. V.* Accusation.

2° *Des assises. V.* Assises (*cour d'*).

Art. 2. POLICE CORRECTIONNELLE.

Appel des jugemens de police correctionnelle. V. Appel II, 2°, p. 44.

COURS D'EAU.

1° *Dispositions générales.*

C. Civ. 538. Les fleuves et rivières navigables ou flottables seront considérés comme des dépendances du domaine public.

644. Celui dont la propriété borde une eau courante autre que celle qui est déclarée dépendance du domaine public par l'article 538, au titre *de la distinction des biens*, peut s'en servir à son passage pour l'irrigation de ses propriétés.— Celui dont cette eau traverse l'héritage peut même en user dans l'intervalle qu'elle y parcourt, mais à la charge de la rendre, à la sortie de ses fonds, à son cours ordinaire.

645. S'il s'élève une contestation entre les propriétaires auxquels ces eaux peuvent être utiles, les tribunaux, en prononçant, doivent concilier l'intérêt de l'agriculture avec le respect dû à la propriété; et, dans tous les cas, les règlemens particuliers et locaux sur le cours et l'usage des eaux doivent être observés.

650. (Les servitudes) établies pour l'utilité publique ou communale ont pour objet le marche-

13.

pied le long des rivières navigables ou flottables. —Tout ce qui concerne cette espèce de servitude est déterminé par des lois ou des règlemens particuliers.

C. Proc. 3. (La citation sera donnée) devant le juge (de paix) de la situation de l'objet litigieux, lorsqu'il s'agira, — 1°... 2° des entreprises sur les cours d'eau, commises dans l'année.

2° *Dispositions diverses.*

ALLUVION. *C. Civ.* 556. Les attérissemens et accroissemens qui se forment successivement et imperceptiblement aux fonds riverains d'un fleuve ou d'une rivière, s'appellent *alluvion.* V. ALLUVION.

ENLÈVEMENT DE TERRAIN. *C. Civ.* 559. Si un fleuve ou une rivière, navigable ou non, enlève par une force subite une partie considérable et reconnaissable d'un champ riverain, et la porte vers un champ inférieur ou sur la rive opposée, le propriétaire de la partie enlevée peut réclamer sa propriété ; mais il est tenu de former sa demande dans l'année : après ce délai il n'y sera plus recevable, à moins que le propriétaire du champ auquel la partie enlevée a été unie n'eût pas encore pris possession de celle-ci.

ILES (*formation*). *C. Civ.* 560. Les îles, îlots, attérissemens, qui se forment dans le lit des fleuves ou des rivières navigables ou flottables appartiennent à l'État, s'il n'y a titre ou prescription contraire.

561. Les îles et attérissemens qui se forment dans les rivières non navigables et non flottables, appartiennent aux propriétaires riverains du côté où l'île s'est formée : si l'île n'est pas formée d'un seul côté, elle appartient aux propriétaires riverains des deux côtés, à partir de la ligne qu'on suppose tracée au milieu de la rivière.

562. Si une rivière ou un fleuve, en se formant un bras nouveau, coupe et embrasse le champ d'un propriétaire riverain, et en fait une île, ce propriétaire conserve la propriété de son champ, encore que l'île se soit formée dans un fleuve ou dans une rivière navigable ou flottable.

LIT (*abandon*). *C. Civ.* 563. Si un fleuve ou une rivière navigable, flottable ou non, se forme un nouveau cours en abandonnant son ancien lit, les propriétaires des fonds nouvellement occupés prennent, à titre d'indemnité, l'ancien lit abandonné, chacun dans la proportion du terrain qui lui a été enlevé.

SOURCE. *C. Civ.* 641. Celui qui a une source dans son fonds peut en user à sa volonté, sauf le droit que le propriétaire du fonds inférieur pourrait avoir acquis par titre ou par prescription. V. SOURCE.

COURSES. V. JEU ET PARI.

COURTIERS. V. AGENS DE CHANGE ET COURTIERS.

COURTIERS D'ASSURANCES. V. ASSURANCES (*courtiers d'*).

COUTS (LOYAUX).

C. Civ. 1630. Lorsque la garantie a été promise (dans la vente), ou qu'il n'a rien été stipulé à ce sujet, si l'acquéreur est évincé, il a droit de demander contre le vendeur, — 1° la restitution du prix ;—4° enfin les dommages et intérêts, ainsi que les frais et loyaux coûts du contrat.

1673. Le vendeur qui use du pacte de rachat doit rembourser non-seulement le prix principal, mais encore les frais et loyaux coûts de la vente.

COUTUMES (DROIT COUTUMIER).

C. Civ. 1390. Les époux ne peuvent plus stipuler d'une manière générale que leur association sera réglée par l'une des coutumes, lois ou statuts locaux qui régissaient ci-devant les diverses parties du territoire français, et qui sont abrogés par le présent Code.

CRAINTE RÉVÉRENTIELLE.

C. Civ. 1114. La seule crainte révérentielle envers le père, la mère ou tout autre ascendant, sans qu'il y ait eu de violence exercée, ne suffit point pour annuler le contrat.

CRÉANCE (CESSION DE). V. TRANSPORT.

CRÉANCE HYPOTHÉCAIRE. V. HYPOTHÈQUE.

CRÉANCE PRIVILÉGIÉE. V. PRIVILÈGE.

CRÉANCIER.

1° *Dispositions générales.*

C. Civ. 1134. Les conventions légalement formées tiennent lieu de loi à ceux qui les ont faites. — Elles ne peuvent être révoquées que de leur consentement mutuel, ou pour les causes que la loi autorise. — Elles doivent être exécutées de bonne foi.

1144. Le créancier peut, en cas d'inexécution, être autorisé à faire exécuter lui-même l'obligation aux dépens du débiteur.

1145. Si l'obligation est de ne pas faire, celui qui y contrevient doit les dommages et intérêts par le seul fait de la contravention.

1166. Les créanciers peuvent exercer tous les droits et actions de leur débiteur, à l'exception de ceux qui sont exclusivement attachés à la personne.

1167. Ils peuvent aussi, en leur nom personnel, attaquer les actes faits par leur débiteur en fraude de leurs droits. — Ils doivent néanmoins, quant à leurs droits énoncés au titre *des successions* et au titre *du contrat de mariage et des droits respectifs des époux*, se conformer aux règles qni y sont prescrites.

2204. Le créancier peut poursuivre l'expropriation : — 1° des biens immobiliers et de leurs accessoires réputés immeubles appartenant en propriété à son débiteur; — 2° de l'usufruit appartenant au débiteur sur les biens de même nature.

2205. Néanmoins la part indivise d'un cohéritier dans les immeubles d'une succession ne peut être mise en vente, par ses créanciers personnels, avant le partage ou la licitation, qu'ils peuvent provoquer, s'ils le jugent convenable, ou dans lesquels ils ont le droit d'intervenir conformément à l'article 882, au titre *des successions.*

882. Les créanciers d'un copartageant, pour éviter que le partage ne soit fait en fraude de leurs droits, peuvent s'opposer à ce qu'il y soit procédé hors de leur présence ; ils ont le droit d'y intervenir à leurs frais; mais ils ne peuvent attaquer un partage consommé, à moins toutefois qu'il n'y ait été procédé sans eux et au préjudice d'une opposition qu'ils auraient formée.

C. Proc. 557. Tout créancier peut, en vertu de titres authentiques ou privés, saisir-arrêter entre les mains d'un tiers les sommes et effets appartenans à son débiteur, ou s'opposer à leur remise.

558. S'il n'y a pas de titre, le juge du domicile du débiteur, et même celui du domicile du tiers-saisi, pourront, sur requête, permettre la saisie-arrêt et opposition.

2° *Dispositions diverses.*

ANTICHRÈSE. *C. Civ.* 2085. Le créancier n'acquiert par le contrat (d'antichrèse) que la faculté de percevoir les fruits de l'immeuble, à la charge de les imputer annuellement sur les intérêts, s'il lui en est dû, et ensuite sur le capital de sa créance. *V.* ANTICHRÈSE.

CAUTION. *C. Civ.* 2011. Celui qui se rend caution d'une obligation, se soumet envers le créancier à satisfaire à cette obligation, si le débiteur n'y satisfait pas lui-même. *V.* CAUTION.

CESSION DE BIENS. *C. Civ.* 1265. La cession de biens est l'abandon qu'un débiteur fait de tous biens à ses créanciers, lorsqu'il se trouve hors d'état de payer ses dettes. *V.* CESSION DE BIENS.

COMMUNAUTÉ. *C. Civ.* 1409. La communauté se compose passivement,—1° de toutes les dettes mobilières dont les époux étaient grevés au jour de la célébration de leur mariage, ou dont se trouvent chargées les successions qui leur échoient durant le mariage, sauf la récompense pour celles relatives aux immeubles propres à l'un ou à l'autre des époux ; — 2° des dettes, tant en capitaux

qu'arrérages ou intérêts, contractées par le mari pendant la communauté, ou par la femme du consentement du mari, sauf la récompense dans le cas où elle a lieu. *V.* COMMUNAUTÉ.

(*Renonciation de la femme.*) *C. Civ.* 1464. Les créanciers de la femme peuvent attaquer la renonciation qui aurait été faite par elle ou par ses héritiers en fraude de leurs créances, et accepter la communauté de leur chef.

COMPENSATION. *C. Civ.* 1289. Lorsque deux personnes se trouvent débitrices l'une envers l'autre, il s'opère entre elles une compensation qui éteint les deux dettes. *V.* COMPENSATION.

COMPTE. *C. Proc.* 556. S'il y a des créanciers intervenans (dans le débat du compte), ils n'auront tous ensemble qu'une seule communication, tant du compte que des pièces justificatives par les mains du plus ancien des avoués qu'ils auront constitués.

CONFUSION. *C. Civ.* 1300. Lorsque les qualités de créancier et de débiteur se réunissent dans la même personne, il se fait une confusion de droit qui éteint les deux créances. *V.* CONFUSION.

DIVISIBILITÉ. *C. Civ.* 1220. L'obligation qui est susceptible de division doit être exécutée entre le créancier et le débiteur comme si elle était indivisible. *V.* DIVISIBLES (*obligations*).

EXÉCUTION CONTRE HÉRITIER. *C. Civ.* 877. Les titres exécutoires contre le défunt sont pareillement exécutoires contre l'héritier personnellement, et néanmoins les créanciers ne pourront en poursuivre l'exécution que huit jours après la signification de ces titres à la personne ou au domicile de l'héritier.

FAILLITE. *C. Com.* 442. Le failli, à compter du jour de la faillite, est dessaisi, de plein droit, de l'administration de tous ses biens. *V.* FAILLITE.

GAGE. *C. Civ.* 2073. Le gage confère au créancier le droit de se faire payer sur la chose qui en est l'objet, par privilège et préférence aux autres créanciers. *V.* GAGE.

HÉRITIER BÉNÉFICIAIRE. *C. Civ.* 803. L'héritier bénéficiaire est chargé d'administrer les biens de la succession, et doit rendre compte de son administration aux créanciers. *V.* BÉNÉFICE D'INVENTAIRE.

LEGS DIRECT. *C. Civ.* 1023. Le legs fait au créancier ne sera pas censé en compensation de sa créance.

NOVATION. *C. Civ.* 1234. Les obligations s'éteignent par la novation. *V.* NOVATION.

OBLIGATIONS ALTERNATIVES. *C. Civ.* 1190. Le choix (dans les obligations alternatives) appartient au débiteur, s'il n'a pas été expressément accordé au créancier. *V.* ALTERNATIVES (*obligations*).

PAIEMENT. *C. Civ.* 1239. Le paiement doit être fait au créancier, ou à quelqu'un ayant pouvoir de lui, ou qui soit autorisé par justice ou par la loi à recevoir pour lui. — Le paiement fait à celui qui n'aurait pas pouvoir de recevoir pour le créancier est valable, si celui-ci le ratifie, ou s'il en a profité. *V.* PAIEMENT.

PRESCRIPTION. *C. Civ.* 2225. Les créanciers, ou toute autre personne ayant intérêt à ce que la prescription soit acquise, peuvent l'opposer, encore que le débiteur ou le propriétaire y renonce.

RACHAT. *C. Civ.* 1666. (L'acquéreur à pacte de rachat) peut opposer le bénéfice de la discussion aux créanciers de son vendeur. *V.* RACHAT.

RAPPORT. *C. Civ.* 837. Le rapport n'est dû que par le cohéritier à son cohéritier; il n'est pas dû aux légataires ni aux créanciers de la succession.

RÉDUCTION DE DONATIONS. *C. Civ.* 921. La réduction des dispositions entre vifs ne pourra être demandée que par ceux au profit desquels la loi fait la réserve, par leurs héritiers ou ayans cause; les donataires, les légataires, ni les créanciers du défunt ne pourront demander cette réduction, ni en profiter.

RÉHABILITATION. *C. Com.* 608. Tout créancier qui n'aura pas été payé intégralement de sa créance (par le failli) en principal, intérêts et frais, et toute autre partie intéressée pourront, pendant la durée de l'affiche (de la demande en réhabilitation), former opposition à la réhabilitation, par simple acte au greffe, appuyé des pièces justificatives, s'il y a lieu. Le créancier opposant ne pourra jamais être partie dans la procédure tenue pour la réhabilitation, sans préjudice toutefois de ses autres droits. *V.* RÉHABILITATION DE FAILLI.

REMISE DE TITRE. *C. Civ.* 1282. La remise volontaire du titre original sous signature privée, par le créancier au débiteur, fait preuve de la libération.

SCELLÉS. *C. Civ.* 820. Les créanciers peuvent requérir l'apposition des scellés (après la mort du débiteur) en vertu d'un titre exécutoire ou d'une permission du juge.

SÉPARATION DE BIENS (*demande en*). *C. Civ.* 1446. Les créanciers personnels de la femme ne peuvent, sans son consentement, demander la séparation de biens. — Néanmoins, en cas de faillite ou de déconfiture du mari, ils peuvent exercer les droits de leur débitrice jusqu'à concurrence du montant de leurs créances.

1447. Les créanciers du mari peuvent se pourvoir contre la séparation de biens prononcée et même exécutée en fraude de leurs droits; ils peuvent même intervenir dans l'instance sur la demande en séparation pour la contester.

C. Proc. 871. Les créanciers du mari pourront, jusqu'au jugement définitif, sommer l'avoué de la femme, par acte d'avoué à avoué, de leur communiquer la demande en séparation et les pièces justificatives, même intervenir pour la conservation de leurs droits, sans préliminaire de conciliation.

873. Si les formalités prescrites ont été observées, les créanciers du mari ne seront plus reçus, après l'expiration du délai (d'un an). *V.* BIENS (*séparation de*), à se pourvoir par tierce-opposition contre le jugement de séparation.

SÉPARATION DE DETTES. *C. Civ.* 1510. (Nonobstant la clause de séparation de dettes) si le mobilier apporté par les époux n'a pas été constaté par un inventaire ou acte authentique antérieur au mariage, les créanciers de l'un et de l'autre des époux peuvent, sans avoir égard à aucune des distinctions qui seraient réclamées, poursuivre leur paiement sur le mobilier non inventorié, comme sur tous les autres biens de la communauté. — Les créanciers ont le même droit sur le mobilier qui serait échu aux époux pendant la communauté, s'il n'a pas été pareillement constaté par un inventaire ou état authentique.

SÉPARATION DE PATRIMOINE. *C. Civ.* 878. (Les créanciers de la succession) peuvent demander, dans tous les cas, et contre tout créancier, la séparation du patrimoine du défunt d'avec le patrimoine de l'héritier.

SOLIDARITÉ. *C. Civ.* 1197. L'obligation est solidaire entre plusieurs créanciers lorsque le titre donne expressément à chacun le droit de demander le paiement du total de la créance, et que le paiement fait à l'un d'eux libère le débiteur, encore que le bénéfice de l'obligation soit partageable et divisible entre les divers créanciers.

1200. Il y a solidarité de la part des débiteurs lorsqu'ils sont obligés à une même chose, de manière que chacun puisse être contraint pour la totalité, et que le paiement fait par un seul libère les autres envers le créancier. *V.* SOLIDARITÉ.

SUCCESSION. *C. Civ.* 826. Chacun des cohéritiers peut demander sa part en nature des meubles et immeubles de la succession : néanmoins, s'il y a des créanciers saisissans ou opposans, ou si la majorité des cohéritiers juge la vente nécessaire pour l'acquit des dettes et charges de la succession, les meubles sont vendus publiquement en la forme ordinaire. *V*. PARTAGE.

TERME. *C. Civ.* 1187. Le terme est toujours présumé stipulé en faveur du débiteur, à moins qu'il ne résulte de la stipulation ou des circonstances, qu'il a été aussi convenu en faveur du créancier. *V*. TERME (*obligations à*).

TRADITION. *C. Civ.* 1136. L'obligation de donner emporte celle de livrer la chose et de la conserver jusqu'à la livraison, à peine de dommages et intérêts envers le créancier. *V*. CONTRAT.

TUTELLE. *C. Civ.* 406. (Le conseil de famille) sera convoqué (pour la nomination du tuteur) soit sur la réquisition et à la diligence des parens du mineur, de ses créanciers ou d'autres parties intéressées, soit même d'office et à la poursuite du juge de paix du domicile du mineur. Toute personne pourra dénoncer à ce juge de paix le fait qui donnera lieu à la nomination d'un tuteur.

421. Lorsque les fonctions du tuteur seront dévolues (par la loi), le tuteur devra, avant d'entrer en fonctions, faire convoquer, pour la nomination du subrogé tuteur, un conseil de famille.—S'il s'est ingéré dans la gestion avant d'avoir rempli cette formalité, le conseil de famille, convoqué, soit sur la réquisition des parens, créanciers ou autres parties intéressées, soit d'office par le juge de paix, pourra, s'il y a eu dol de la part du tuteur, lui retirer la tutelle, sans préjudice des indemnités dues au mineur.

USUFRUIT. *C. Civ.* 618. L'usufruit peut cesser par l'abus que l'usufruitier fait de sa jouissance, soit en commettant des dégradations sur le fonds, soit en le laissant dépérir faute d'entretien.—Les créanciers de l'usufruitier peuvent intervenir dans les contestations pour la conservation de leurs droits ; ils peuvent offrir la réparation des dégradations commises, et des garanties pour l'avenir. — Les juges peuvent , suivant la gravité des circonstances, ou prononcer l'extinction absolue de l'usufruit, ou n'ordonner la rentrée du propriétaire dans la jouissance de l'objet qui en est grevé que sous la charge de payer annuellement à l'usufruitier, ou à ses ayans cause, une somme déterminée, jusqu'à l'instant où l'usufruit aurait dû cesser.

622. Les créanciers de l'usufruitier peuvent faire annuler la renonciation qu'il aurait faite à leur préjudice.

CRÉANCIER APPARENT , HYPOTHÉCAIRE , PRIVILÉGIÉ. *V*. CES MOTS DIVERS.

CRIÉES (VENTE AUX). *V*. ENCHÈRES, MOBILIÈRES (*ventes*).

CRIME.

I. DISPOSITIONS GÉNÉRALES.

C. Pén. 1. L'infraction que les lois punissent d'une peine afflictive ou infamante est un *crime*.

2. Toute tentative de *crime* qui aura été manifestée par des actes extérieurs et suivie d'un commencement d'exécution, si elle n'a été suspendue ou n'a manqué son effet que par des circonstances fortuites ou indépendantes de la volonté de l'auteur, est considérée comme le *crime* même.

II. DES CRIMES PRINCIPAUX CONTRE LA SURETÉ DE L'ÉTAT. *V*. ATTENTAT.

III. DES CRIMES PRINCIPAUX CONTRE LES PERSONNES.

Dispositions générales.

Meurtres et autres crimes capitaux. Menaces d'attentats contre les personnes

§ 1, *Meurtre, assassinat, parricide, infanticide, empoisonnement.*

C. Pén. (*liv.* 3, *tit.* 1, *ch.* 1, *sect.* 1, *art.* 295-308).— 295. L'homicide commis volontairement est qualifié meurtre.

296. Tout meurtre commis avec préméditation ou de guet-apens, est qualifié assassinat.

297. La préméditation consiste dans le dessein formé, avant l'action, d'attenter à la personne d'un individu déterminé, ou même de celui qui sera trouvé ou rencontré, quand même ce dessein serait dépendant de quelque circonstance ou de quelque condition.

298. Le guet-apens consiste à attendre plus ou moins de temps, dans un ou divers lieux, un individu, soit pour lui donner la mort, soit pour exercer sur lui des actes de violence.

299. Est qualifié parricide le meurtre des pères ou mères légitimes, naturels ou adoptifs, ou de tout autre ascendant légitime.

300. Est qualifié infanticide le meurtre d'un enfant nouveau-né.

301. Est qualifié empoisonnement tout attentat à la vie d'une personne, par l'effet de substances qui peuvent donner la mort plus ou moins promptement, de quelque manière que ces substances aient été employées ou administrées, et quelles qu'en aient été les suites.

302. Tout coupable d'assassinat, de parricide, d'infanticide et d'empoisonnement, sera puni de mort, sans préjudice de la disposition particulière contenue en l'art. 23, relativement au parricide. *V*. PARRICIDE.

303. Seront punis comme coupables d'assassinat, tous malfaiteurs, quelle que soit leur dénomination, qui, pour l'exécution de leurs crimes,

emploient des tortures ou commettent des actes de barbarie.

304. Le meurtre emportera la peine de mort, lorsqu'il aura précédé, accompagné ou suivi un autre crime ou délit. — Le meurtre emportera également la peine de mort, lorsqu'il aura pour objet, soit de préparer, faciliter ou exécuter un délit, soit de favoriser la fuite ou d'assurer l'impunité des auteurs ou complices de ce délit. — En tout autre cas, le coupable de meurtre sera puni de la peine des travaux forcés à perpétuité.

§ 2, Menaces.

305. Quiconque aura menacé, par écrit anonyme ou signé, d'assassinat, d'empoisonnement, ou de tout autre attentat contre les personnes qui serait punissable de la peine de mort, des travaux forcés à perpétuité, ou de la déportation, sera puni de la peine des travaux forcés à temps, dans le cas où la menace aurait été faite avec ordre de déposer une somme d'argent dans un lieu indiqué, ou de remplir toute autre condition.

306. Si cette menace n'a été accompagnée d'aucun ordre ou condition, la peine sera d'un emprisonnement de deux ans au moins et de cinq ans au plus, et d'une amende de cent francs à six cents francs.

307. Si la menace faite avec ordre ou sous condition a été verbale, le coupable sera puni d'un emprisonnement de six mois à deux ans, et d'une amende de vingt-cinq francs à trois cents francs.

308. Dans les cas prévus par les deux précédens articles, le coupable pourra de plus être mis par l'arrêt ou le jugement, sous la surveillance de la haute police pour cinq ans au moins et dix au plus. *V.* Blessures.

CRIMINELLE (action). *V.* Action, 2°.

CRIMINELS (débats).

DÉBATS DEVANT LA COUR D'ASSISES.

1° *Du débat contradictoire.*

C. Instr. cr. 309. Au jour fixé pour l'ouverture des assises, la cour ayant pris séance, douze jurés se placeront, dans l'ordre désigné par le sort, sur des sièges séparés du public, des parties et des témoins, en face de celui qui est destiné à l'accusé.

De l'examen.

C. Instr. cr. (*liv. 2, tit. 2, ch. 4, art.* 310-336, *sect.* 1). — 310. L'accusé comparaîtra libre, et seulement accompagné de gardes pour l'empêcher de s'évader. Le président lui demandera son nom, ses prénoms, son âge, sa profession, sa demeure et le lieu de sa naissance.

311. Le président avertira le conseil de l'accusé qu'il ne peut rien dire contre sa conscience

ou contre le respect dû aux lois, et qu'il doit s'exprimer avec décence et modération.

312. Le président adressera aux jurés, debout et découvert, le discours suivant : — « Vous » jurez et promettez devant Dieu et devant les » hommes d'examiner avec l'attention la plus » scrupuleuse les charges qui seront portées » contre N. ; de ne trahir ni les intérêts de l'ac- » cusé, ni ceux de la société qui l'accuse ; de ne » communiquer avec personne jusqu'après votre » déclaration ; de n'écouter ni la haine ou la mé- » chanceté, ni la crainte ou l'affection ; de vous » décider d'après les charges et les moyens de » défense, suivant votre conscience et votre in- » time conviction, avec l'impartialité et la fer- » meté qui conviennent à un homme probe et » libre. » — Chacun des jurés, appelé indivi- duellement par le président, répondra, en levant la main, *Je le jure ;* à peine de nullité.

313. Immédiatement après, le président aver- tira l'accusé d'être attentif à ce qu'il va entendre. — Il ordonnera au greffier de lire l'arrêt de la cour royale portant renvoi à la cour d'assises, et l'acte d'accusation. — Le greffier fera cette lecture à haute voix.

314. Après cette lecture, le président rappel- lera à l'accusé ce qui est contenu dans l'acte d'accusation, et lui dira : « Voilà de quoi vous » êtes accusé ; vous allez entendre les charges qui » seront produites contre vous. »

315. Le procureur général exposera le sujet de l'accusation ; il présentera ensuite la liste des témoins qui devront être entendus, soit à sa re- quête, soit à la requête de la partie civile, soit à celle de l'accusé. — Cette liste sera lue à haute voix par le greffier. —, Elle ne pourra contenir que les témoins dont les noms, profession et ré- sidence auront été notifiés, vingt-quatre heures au moins avant l'examen de ces témoins, à l'ac- cusé, par le procureur général ou par la partie civile, et au procureur général par l'accusé ; sans préjudice de la faculté accordée au président par l'art. 269 [1]. — L'accusé et le procureur général pourront, en conséquence, s'opposer à l'audition d'un témoin qui n'aurait pas été indiqué ou qui n'aurait pas été clairement désigné dans l'acte de notification.—La cour statuera de suite sur cette opposition.

---

[1] 269. Le président pourra, dans le cours des débats, appeler, même par mandat d'amener, et entendre toutes personnes, ou se faire apporter toutes nou- velles pièces qui lui paraîtraient, d'après les nouveaux développemens donnés à l'audience, soit par les ac- cusés, soit par les témoins, pouvoir répandre un jour utile sur le fait contesté. — Les témoins ainsi appe- lés ne prêteront point serment, et leurs déclarations ne seront considérées que comme renseignemens.

316. Le président ordonnera aux témoins de se retirer dans la chambre qui leur sera destinée. Ils n'en sortiront que pour déposer. Le président prendra des précautions, s'il en est besoin, pour empêcher les témoins de conférer entre eux du délit et de l'accusé, avant leur déposition.

317. Les témoins déposeront séparément l'un de l'autre dans l'ordre établi par le procureur général. Avant de déposer, ils prêteront, à peine de nullité, le serment de parler sans haine et sans crainte, de dire toute la vérité et rien que la vérité. — Le président leur demandera leurs noms, prénoms, âge, profession, leur domicile ou résidence, s'ils connaissaient l'accusé avant le fait mentionné dans l'acte d'accusation, s'ils sont parens ou alliés soit de l'accusé, soit de la partie civile, et à quel degré ; il leur demandera encore s'ils ne sont pas attachés au service de l'un ou de l'autre : cela fait, les témoins déposeront oralement.

318. Le président fera tenir note, par le greffier, des additions, changemens ou variations qui pourraient exister entre la déposition d'un témoin et ses précédentes déclarations. — Le procureur général et l'accusé pourront requérir le président de faire tenir les notes de ces changemens, additions et variations.

319. Après chaque déposition, le président demandera au témoin si c'est de l'accusé présent qu'il a entendu parler ; il demandera ensuite à l'accusé s'il veut répondre à ce qui vient d'être dit contre lui. — Le témoin ne pourra être interrompu : l'accusé ou son conseil pourront le questionner par l'organe du président, après sa déposition, et dire, tant contre lui que contre son témoignage, tout ce qui pourra être utile à la défense de l'accusé. — Le président pourra également demander au témoin et à l'accusé tous les éclaircissemens qu'il croira nécessaires à la manifestation de la vérité. — Les juges, le procureur général et les jurés auront la même faculté, en demandant la parole au président. La partie civile ne pourra faire de questions, soit au témoin, soit à l'accusé, que par l'organe du président.

320. Chaque témoin, après sa déposition, restera dans l'auditoire, si le président n'en a ordonné autrement, jusqu'à ce que les jurés se soient retirés pour donner leur déclaration.

321. Après l'audition dés témoins produits par le procureur général et par la partie civile, l'accusé fera entendre ceux dont il aura notifié la liste, soit sur les faits mentionnés dans l'acte d'accusation, soit pour attester qu'il est homme d'honneur, de probité, et d'une conduite irré-

prochable. — Les citations faites à la requête des accusés seront à leurs frais, ainsi que les salaires des témoins cités, s'ils en requièrent ; sauf au procureur général à faire citer à sa requête les témoins qui lui seront indiqués par l'accusé, dans le cas où il jugerait que leur déclaration pût être utile pour la découverte de la vérité.

322. Ne pourront être reçues les dépositions, — 1° du père, de la mère, de l'aïeul, de l'aïeule, ou de tout autre ascendant de l'accusé ou de l'un des accusés présens et soumis au même débat ; — 2° du fils, fille, petit-fils, petite-fille, ou de tout autre descendant ; — 3° des frères et sœurs ; — 4° des alliés aux mêmes degrés ; — 5° du mari et de la femme, même après le divorce prononcé ; — 6° des dénonciateurs dont la dénonciation est récompensée pécuniairement par la loi ; — sans néanmoins que l'audition des personnes ci-dessus désignées puisse opérer une nullité, lorsque, soit le procureur général, soit la partie civile, soit les accusés, ne se sont pas opposés à ce qu'elles soient entendues.

323. Les dénonciateurs autres que ceux récompensés pécuniairement par la loi pourront être entendus en témoignage ; mais le juri sera averti de leur qualité de dénonciateurs.

324. Les témoins produits par le procureur général ou par l'accusé seront entendus dans le débat, même lorsqu'ils n'auraient pas préalablement déposé par écrit, lorsqu'ils n'auraient reçu aucune assignation, pourvu, dans tous les cas, que ces témoins soient portés sur la liste mentionnée dans l'art. 315.

325. Les témoins, par quelque partie qu'ils soient produits, ne pourront jamais s'interpeller entre eux.

326. L'accusé pourra demander, après qu'ils auront déposé, que ceux qu'il désignera se retirent de l'auditoire, et qu'un ou plusieurs d'entre eux soient introduits et entendus de nouveau, soit séparément, soit en présence les uns des autres. — Le procureur général aura la même faculté. — Le président pourra aussi l'ordonner d'office.

327. Le président pourra, avant, pendant ou après l'audition d'un témoin, faire retirer un ou plusieurs accusés, et les examiner séparément sur quelques circonstances du procès ; mais il aura soin de ne reprendre la suite des débats généraux qu'après avoir instruit chaque accusé de ce qui se sera fait en son absence, et de ce qui en sera résulté.

328. Pendant l'examen, les jurés, le procureur général et les juges pourront prendre note de ce qui leur paraîtra important, soit dans les déposi-

tions des témoins, soit dans la défense de l'accusé, pourvu que la discussion n'en soit pas interrompue.

329. Dans le cours ou à la suite des dépositions, le président fera représenter à l'accusé toutes les pièces relatives au délit et pouvant servir à conviction ; il l'interpellera de répondre personnellement s'il les reconnaît : le président les fera aussi représenter aux témoins, s'il y a lieu.

330. Si, d'après les débats, la déposition d'un témoin paraît fausse, le président pourra, sur la réquisition soit du procureur général, soit de la partie civile, soit de l'accusé, et même d'office, faire sur le champ mettre le témoin en état d'arrestation. Le procureur général, et le président ou l'un des juges par lui commis, rempliront à son égard, le premier, les fonctions d'officier de police judiciaire ; le second, les fonctions attribuées aux juges d'instruction dans les autres cas. — Les pièces d'instruction seront ensuite transmises à la cour royale, pour y être statué sur la mise en accusation.

331. Dans le cas de l'article précédent, le procureur général, la partie civile ou l'accusé, pourront immédiatement requérir, et la cour ordonner, même d'office, le renvoi de l'affaire à la prochaine session.

332. Dans le cas où l'accusé, les témoins ou l'un d'eux ne parleraient pas la même langue ou le même idiome, le président nommera d'office, à peine de nullité, un interprète âgé de vingt-un ans au moins, et lui fera, sous la même peine, prêter serment de traduire fidèlement les discours à transmettre entre ceux qui parlent des langages différens. — L'accusé et le procureur général pourront récuser l'interprète, en motivant leur récusation. — La cour prononcera. — L'interprète ne pourra, à peine de nullité, même du consentement de l'accusé ni du procureur général, être pris parmi les témoins, les juges et les jurés.

333. Si l'accusé est sourd-muet et ne sait pas écrire, le président nommera d'office pour son interprète la personne qui aura le plus d'habitude de converser avec lui. — Il en sera de même à l'égard du témoin sourd-muet. — Le surplus des dispositions du précédent article sera exécuté. — Dans le cas où le sourd-muet saurait écrire, le greffier écrira les questions et observations qui lui seront faites ; elles seront remises à l'accusé ou au témoin, qui donneront par écrit leurs réponses ou déclarations. Il sera fait lecture du tout par le greffier.

334. Le président déterminera celui des accusés qui devra être soumis le premier aux débats en commençant par le principal accusé, s'il y en a un. — Il se fera ensuite un débat particulier sur chacun des autres accusés.

335. A la suite des dépositions des témoins et des dires respectifs auxquels elles auront donné lieu, la partie civile ou son conseil et le procureur-général seront entendus, et développeront les moyens qui appuient l'accusation. — L'accusé et son conseil pourront leur répondre. — La réplique sera permise à la partie civile et au procureur général ; mais l'accusé ou son conseil auront toujours la parole les derniers. — Le président déclarera ensuite que les débats sont terminés.

2° *Résumé et conséquences des débats.*

336. Le président résumera l'affaire. — Il fera remarquer aux jurés les principales preuves pour ou contre l'accusé. — Il leur rappellera les fonctions qu'ils auront à remplir.—Il posera les questions ainsi qu'il sera dit ci-après.

337. La question résultant de l'acte d'accusation sera posée en ces termes : — « L'accusé est» il coupable d'avoir commis tel meurtre, tel vo» ou tel autre crime, avec toutes les circonstances» comprises dans le résumé de l'acte d'accusa» tion ? »

338. S'il résulte des débats une ou plusieurs circonstances aggravantes, non mentionnées dans l'acte d'accusation, le président ajoutera la question suivante : « L'accusé a-t-il commis le crime» avec telle ou telle circonstance ? »

339. Lorsque l'accusé aura proposé pour excuse un fait admis comme tel par la loi, le président devra, à peine de nullité, poser la question ainsi qu'il suit : Tel fait est-il constaté ?

340. Si l'accusé à moins de seize ans, le président posera, à peine de nullité, cette question L'accusé a-t-il agi avec discernement ?

341. En toute matière criminelle, même en cas de récidive, le président, après avoir posé les questions résultant de l'acte d'accusation et des débats, avertira le juri, à peine de nullité, que s'il pense, à la majorité, qu'il existe, en faveur d'un ou de plusieurs accusés reconnus coupables des circonstances atténuantes, il devra en faire la déclaration en ces termes : A la majorité, il y a des circonstances atténuantes en faveur de tel accusé.—Ensuite le président remettra les questions écrites aux jurés, dans la personne du chef du juri ; et il leur remettra en même temps l'acte d'accusation, les procès-verbaux qui constatent les délits, et les pièces du procès, autres que les déclarations écrites des témoins. — Le président

avertira le juri que son vote doit avoir lieu au scrutin secret. — Il avertira également les jurés que, si l'accusé est déclaré coupable du fait principal à la simple majorité, ils doivent en faire mention en tête de leur déclaration.— Il fera retirer l'accusé de l'auditoire.

542. Les questions étant posées et remises aux jurés, ils se rendront dans leur chambre pour y délibérer.—Leur chef sera le premier juré sorti par le sort, ou celui qui sera désigné par eux et du consentement de ce dernier.—Avant de commencer la délibération, le chef des jurés leur fera lecture de l'instruction suivante, qui sera, en outre, affichée en gros caractères dans le lieu le plus apparent de leur chambre : — « La loi ne » demande pas compte aux jurés des moyens par » lesquels ils se sont convaincus ; elle ne leur » prescrit point de règles desquelles ils doivent » faire particulièrement dépendre la plénitude et » la suffisance d'une preuve ; elle leur prescrit de » s'interroger eux-mêmes dans le silence et le re- » cueillement, et de chercher, dans la sincérité » de leur conscience, quelle impression ont faite » sur leur raison les preuves rapportées contre » l'accusé, et les moyens de sa défense. La loi ne » leur dit point : *Vous tiendrez pour vrai tout* » *fait attesté par tel ou tel nombre de témoins;* » elle ne leur dit pas non plus : *Vous ne regar-* » *derez pas comme suffisamment établie toute* » *preuve qui ne sera pas formée de tel procès-* » *verbal, de telles pièces, de tant de témoins ou* » *de tant d'indices;* elle ne leur fait que cette » seule question, qui renferme toute la mesure » de leurs devoirs : *Avez-vous une intime convic-* » *tion?* — Ce qu'il est bien essentiel de ne pas » perdre de vue, c'est que toute la délibération » du juri porte sur l'acte d'accusation ; c'est aux » faits qui le constituent et qui en dépendent, » qu'ils doivent uniquement s'attacher ; et ils » manquent à leur premier devoir, lorsque, pen- » sant aux dispositions des lois pénales, ils con- » sidèrent les suites que pourra avoir, par rapport » à l'accusé, la déclaration qu'ils ont à faire. Leur » mission n'a pas pour objet la poursuite ni la » punition des délits ; ils ne sont appelés que » pour décider si l'accusé est, ou non, coupable » du crime qu'on lui impute. »

543. Les jurés ne pourront sortir de leur chambre qu'après avoir formé leur déclaration.— L'entrée n'en pourra être permise pendant leur délibération, pour quelque cause que ce soit, que par le président et par écrit. — Le président est tenu de donner au chef de la gendarmerie de service l'ordre spécial et par écrit de faire garder les issues de leur chambre : ce chef sera dénommé et qualifié dans l'ordre.—La cour pourra punir le juré contrevenant d'une amende de cinq cents francs au plus. Tout autre qui aura enfreint l'ordre, ou celui qui ne l'aura pas fait exécuter, pourra être puni d'un emprisonnement de vingt-quatre heures.

544. Les jurés délibèreront sur le fait principal, et ensuite sur chacune des circonstances.

545. Le chef du juri lira successivement chacune des questions posées comme il est dit en l'art. 356, et le vote aura lieu ensuite au scrutin secret, tant sur le fait principal et les circonstances aggravantes que sur l'existence des circonstances atténuantes.

546. Il sera procédé de même, et au scrutin secret, sur les questions qui seraient posées dans les cas prévus par les art. 339 et 340.

547. La décision du juri, tant contre l'accusé que sur les circonstances atténuantes, se formera à la majorité, à peine de nullité.—La déclaration du juri constatera la majorité, à peine de nullité, sans que le nombre de voix puisse y être exprimé, si ce n'est dans le cas prévu par le quatrième paragraphe de l'art. 341.

548. Les jurés rentreront ensuite dans l'auditoire, et reprendront leur place. — Le président leur demandera quel est le résultat de leur délibération.—Le chef du juri se lèvera, et, la main placée sur son cœur, il dira : *Sur mon honneur et ma conscience, devant Dieu et devant les hommes, la déclaration du juri est : Oui, l'accusé, etc. Non, l'accusé, etc.*

549. La déclaration du juri sera signée par le chef et remise par lui au président, le tout en présence des jurés. — Le président la signera, et la fera signer par le greffier.

550. La déclaration du juri ne pourra jamais être soumise à aucun recours.

552.¹ Si néanmoins les juges sont unanimement convaincus que les jurés, tout en observant les formes, se sont trompés au fond, la cour déclarera qu'il est sursis au jugement, et renverra l'affaire à la session suivante, pour être soumise à un nouveau juri, dont ne pourra faire partie aucun des premiers jurés. — Lorsque l'accusé n'aura été déclaré coupable qu'à la simple majorité, il suffira que la majorité des juges soit d'avis de surseoir au jugement et de renvoyer l'affaire à la session suivante, pour que cette mesure soit ordonnée par la cour.—Nul n'aura le droit de provoquer cette mesure : la cour ne pourra l'ordonner que d'office et immédiatement après que la déclaration du juri aura été prononcée publiquement, et dans le cas où l'accusé

¹ L'art. 551 a été abrogé par la loi du 4 mars 1831.

aura été convaincu ; jamais lorsqu'il n'aura pas été déclaré coupable. — La cour sera tenue de prononcer immédiatement après la déclaration du second juri, même quand elle serait conforme à la première.

533. L'examen et les débats, une fois entamés, devront être continués sans interruption, et sans aucune espèce de communication au dehors, jusqu'après la déclaration du juri inclusivement. Le président ne pourra les suspendre que pendant les intervalles nécessaires pour le repos des juges, des jurés, des témoins et des accusés.

534. Lorsqu'un témoin qui aura été cité ne comparaîtra pas, la cour pourra, sur la réquisition du procureur général, et avant que les débats soient ouverts par la déposition du premier témoin inscrit sur la liste, renvoyer l'affaire à la prochaine session.

535. Si, à raison de la non comparution du témoin, l'affaire est renvoyée à là session suivante, tous les frais de citation, actes, voyages de témoins, et autres ayant pour objet de faire juger l'affaire, seront à la charge de ce témoin, et il y sera contraint, même par corps, sur la réquisition du procureur général, par l'arrêt qui renverra les débats à la session suivante.—Le même arrêt ordonnera, de plus, que ce témoin sera amené par la force publique devant la cour, pour y être entendu. — Et néanmoins, dans tous les cas, le témoin qui ne comparaîtra pas, ou qui refusera soit de prêter serment, soit de faire sa déposition, sera condamné à la peine portée en l'art. 80 [1].

536. La voie de l'opposition sera ouverte contre ces condamnations, dans les dix jours de la signification qui en aura été faite au témoin condamné ou à son domicile, outre un jour par cinq myriamètres ; et l'opposition sera reçue s'il prouve qu'il a été légitimement empêché, ou que l'amende contre lui prononcée doit être modérée. V. CRIMINEL (jugement), p. 258.

3º Dispositions du tarif criminel.

16. Les honoraires et vacations des médecins, chirurgiens, sages-femmes, experts ou interprètes, à raison des opérations qu'ils feront, sur la réquisition de nos officiers de justice ou de police judiciaire, dans les cas prévus par les articles 332 et 333 du C.

[1] 80. Toute personne citée pour être entendue en témoignage sera tenue de comparaître et de satisfaire à la citation ; sinon elle pourra y être contrainte par le juge d'instruction, qui, à cet effet, sur les conclusions du procureur du Roi, sans autre formalité ni délai et sans appel, prononcera une amende qui n'excèdera pas cent francs, et pourra ordonner que la personne citée sera contrainte par corps à venir donner son témoignage.

d'Inst. cr., seront réglés ainsi qu'il est porté aux art. 17 à 25. V. MÉDECINS.

42. Les droits d'expédition sont dus pour tous les actes dont il est fait mention dans les art. C. d'Inst. cr. sous le numéro 343. V. EXPÉDITION (droit d').

71. Salaires des huissiers : 1º pour tous les actes dans les cas prévus par les art. 321, 354, 355 et 356 du C. d'Inst. cr. — Pour l'original seulement, — Paris, 1 fr. — Villes de 40,000 hab. et au-dessus 75 c. — Autres villes et comm., 50 c. ; — 2º pour chaque copie, — Paris, 75 c. — Villes de 40,000 hab. et au-dessus, 60 c. — Autres villes et comm., 50 c. — 3º pour l'exécution des mandats d'amener, dans les cas prévus par l'art. 355 C. d'Inst. cr., y compris l'exploit de signification et la copie, — Paris, 8 fr. — Villes de 40,000 hab. et au-dessus, 6 fr. ; — Autres villes et comm., 5 fr. ; — 4º dans les cas prévus par les art. 313 et 355 C. Inst. cr., — Paris, 21 fr. ; — Villes de 40,000 hab. et au-dessus, 18 fr. — Autres villes et comm., 15 fr.

CRIMINELLE (INSTRUCTION).

De la procédure devant la cour d'assises.

C. Inst. cr. (liv. 2, tit. 2, ch. 3, art. 291-309).

—291. Quand l'accusation aura été prononcée, si l'affaire ne doit pas être jugée dans le lieu où siège la cour royale, le procès sera, par les ordres du procureur général, envoyé, dans les vingt-quatre heures, au greffe du tribunal de première instance du chef-lieu du département, ou au greffe du tribunal qui pourrait avoir été désigné. —Dans tous les cas, les pièces servant à conviction qui seront restées déposées au greffe du tribunal d'instruction, ou qui auraient été apportées à celui de la cour royale, seront réunies dans le même délai au greffe où doivent être remises les pièces du procès.

292. Les vingt-quatre heures courront du moment de la signification, faite à l'accusé, de l'arrêt de renvoi devant la cour d'assises.—L'accusé s'il est détenu, sera, dans le même délai, envoyé dans la maison de justice du lieu où doivent se tenir les assises.

293. Vingt-quatre heures au plus tard après la remise des pièces au greffe et l'arrivée de l'accusé dans la maison de justice, celui-ci sera interrogé par le président de la cour d'assises, ou par le juge qu'il aura délégué.

294. L'accusé sera interpellé de déclarer le choix qu'il aura fait d'un conseil pour l'aider dans sa défense ; sinon le juge lui en désignera un sur le champ, à peine de nullité de tout ce qui suivra. —Cette désignation sera comme non avenue, et la nullité ne sera pas prononcée, si l'accusé choisit un conseil.

295. Le conseil de l'accusé ne pourra être choisi par lui ou désigné par le juge que parmi les avocats ou avoués de la cour royale ou de son ressort, à moins que l'accusé n'obtienne du pré-

sident de la cour d'assises la permission de prendre pour conseil un de ses parens ou amis.

296. Le juge avertira de plus l'accusé que, dans le cas où il se croirait fondé à former une demande en nullité, il doit faire sa déclaration dans les cinq jours suivans, et qu'après l'expiration de ce délai, il n'y sera plus recevable. — L'exécution du présent article et des deux précédens sera constatée par un procès-verbal, que signeront l'accusé, le juge et le greffier : si l'accusé ne sait ou ne veut pas signer, le procès-verbal en fera mention.

297. Si l'accusé n'a point été averti, conformément au précédent article, la nullité ne sera pas couverte par son silence : ses droits seront conservés, sauf à les faire valoir après l'arrêt définitif.

298. Le procureur général est tenu de faire sa déclaration dans le même délai, à compter de l'interrogatoire, et sous la même peine de déchéance portée en l'art. 296.

299. La déclaration de l'accusé et celle du procureur général doivent énoncer l'objet de la demande en nullité. — Cette demande ne peut être formée que contre l'arrêt de renvoi à la cour d'assises, et dans les trois cas suivans : — 1° si le fait n'est pas qualifié crime par la loi ; — 2° si le ministère public n'a pas été entendu ; — 3° si l'arrêt n'a pas été rendu par le nombre de juges fixé par la loi.

300. La déclaration doit être faite au greffe.— Aussitôt qu'elle aura été reçue par le greffier, l'expédition de l'arrêt sera transmise par le procureur général près la cour royale au procureur général près la cour de cassation, laquelle sera tenue de prononcer, toutes affaires cessantes.

301. Nonobstant la demande en nullité, l'instruction sera continuée jusqu'aux débats exclusivement.

302. Le conseil pourra communiquer avec l'accusé après son interrogatoire. — Il pourra aussi prendre communication de toutes les pièces, sans déplacement et sans retarder l'instruction.

303. S'il y a de nouveaux témoins à entendre et qu'ils résident hors du lieu où se tient la cour d'assises, le président, ou le juge qui le remplace, pourra commettre, pour recevoir leurs dépositions, le juge d'instruction de l'arrondissement où ils résident, ou même d'un autre arrondissement : celui-ci, après les avoir reçues, les enverra closes et cachetées au greffier qui doit exercer ses fonctions à la cour d'assises.

304. Les témoins qui n'auront pas comparu sur la citation du président ou du juge commis par lui, et qui n'auront pas justifié qu'ils en

étaient légitimement empêchés, ou qui refuseront de faire leurs dépositions, seront jugés par la cour d'assises, et punis conformément à l'article 80. V. la note précédente.

305. Les conseils des accusés pourront prendre ou faire prendre, à leurs frais, copie de telles pièces du procès qu'ils jugeront utiles à leur défense. — Il ne sera délivré gratuitement aux accusés, en quelque nombre qu'ils puissent être, et dans tous les cas, qu'une seule copie des procès-verbaux constatant le délit, et des déclarations écrites des témoins. — Les présidens, les juges et le procureur général, sont tenus de veiller à l'exécution du présent article.

306. Si le procureur général ou l'accusé ont des motifs pour demander que l'affaire ne soit pas portée à la première assemblée du juri, ils présenteront au président de la cour d'assises une requête en prorogation de délai.—Le président décidera si cette prorogation doit être accordée ; il pourra aussi, d'office, proroger le délai.

307. Lorsqu'il aura été formé à raison du même délit plusieurs actes d'accusation contre différens accusés, le procureur général pourra en requérir la jonction, et le président pourra l'ordonner, même d'office.

308. Lorsque l'acte d'accusation contiendra plusieurs délits non connexes, le procureur général pourra requérir que les accusés ne soient mis en jugement, quant à présent, que sur l'un ou quelques-uns de ces délits, et le président pourra l'ordonner d'office.

309. Au jour fixé pour l'ouverture des assises, la cour ayant pris séance, douze jurés se placeront, dans l'ordre désigné par le sort, sur des sièges séparés du public, des parties et des témoins, en face de celui qui est destiné à l'accusé. V. CRIMINELS (débats), p. 252.

Dispositions du tarif criminel.

4. Les prévenus ou accusés seront conduits à pied par la gendarmerie, de brigade en brigade : néanmoins ils pourront, si des circonstances extraordinaires l'exigent, être transférés soit en voiture, soit à cheval, sur les réquisitions motivées de nos officiers de justice. — Les réquisitions seront rapportées en original, ou par copies dûment certifiées par les officiers qui donneront les ordres, à l'appui de chaque état ou mémoire de frais à fournir par ceux qui auront fait le transport. V. TRANSPORT (frais de).

42. Les droits d'expédition sont dus pour tous les actes et pièces dont il est fait mention dans les art. du C. d'Inst. cr. sous les numéros 300, 304, 305. V. EXPÉDITION (droit d').

54. Les accusés paieront au taux réglé les expéditions et copies qu'ils demanderont, outre celles qui leur seront délivrées gratuitement aux termes de l'art. 305 du C. d'Inst. cr.

55. Dans le cas de renvoi des accusés, soit devant

un autre juge d'instruction, soit à une autre cour d'assises, il ne pourra leur être délivré, aux frais du trésor royal, de nouvelles copies des pièces dont ils auront déjà reçu une copie en exécution du susdit article 303.

71. Pour tous les actes dans les cas prévus par les art. 292, 303 C. Inst. cr. — Pour l'original seulement, — Paris, 1 fr. — Villes de 40,000 hab. et au-dessus, 75 c. — Autres villes et comm., 50 c. — Pour chaque copie, — Paris, 75 c. — Villes de 40,000 hab. et au-dessus, 60 c. — Autres villes et comm., 50 c.

CRIMINEL (JUGEMENT).

DU JUGEMENT ET DE L'EXÉCUTION.

C. Inst. cr. (liv. 2, tit. 2, ch. 4, sect. 2, art. 357-380).

1° *Du jugement.*

357. Le président fera comparaître l'accusé, et le greffier lira en sa présence la déclaration du juri.

358. Lorsque l'accusé aura été déclaré non coupable, le président prononcera qu'il est acquitté de l'accusation, et ordonnera qu'il soit mis en liberté, s'il n'est retenu pour autre cause. — La cour statuera ensuite sur les dommages-intérêts respectivement prétendus, après que les parties auront proposé leurs fins de non-recevoir ou leurs défenses, et que le procureur général aura été entendu. — La cour pourra néanmoins, si elle le juge convenable, commettre l'un des juges pour entendre les parties, prendre connaissance des pièces, et faire son rapport à l'audience, où les parties pourront encore présenter leurs observations, et où le ministère public sera entendu de nouveau. — L'accusé acquitté pourra aussi obtenir des dommages-intérêts contre ses dénonciateurs, pour fait de calomnie ; sans néanmoins que les membres des autorités constituées puissent être ainsi poursuivis à raison des avis qu'ils sont tenus de donner, concernant les délits dont ils ont cru acquérir la connaissance dans l'exercice de leurs fonctions, et sauf contre eux la demande en prise à partie, s'il y a lieu. — Le procureur général sera tenu, sur la réquisition de l'accusé, de lui faire connaître ses dénonciateurs.

359. Les demandes en dommages-intérêts, formées soit par l'accusé contre ses dénonciateurs ou la partie civile, soit par la partie civile contre l'accusé ou le condamné, seront portées à la cour d'assises. — La partie civile est tenue de former sa demande en dommages-intérêts avant le jugement ; plus tard, elle sera non recevable. — Il en est de même de l'accusé, s'il a connu son dénonciateur. — Dans le cas où l'accusé n'aurait connu son dénonciateur que depuis le jugement, mais avant la fin de la session, il sera tenu, sous peine de déchéance, de porter sa demande à la cour d'assises : s'il ne l'a connu qu'après la clôture de

la session, sa demande sera portée au tribunal civil. — A l'égard des tiers qui n'auraient pas été partie au procès, ils s'adresseront au tribunal civil.

360. Toute personne acquittée légalement ne pourra plus être reprise ni accusée à raison du même fait.

361. Lorsque, dans le cours des débats, l'accusé aura été inculpé sur un autre fait, soit par des pièces, soit par les dépositions des témoins, le président, après avoir prononcé qu'il est acquitté de l'accusation, ordonnera qu'il soit poursuivi à raison du nouveau fait : en conséquence, il le renverra en état de mandat de comparution ou d'amener, suivant les distinctions établies par l'article 91 [1], et même en état de mandat d'arrêt, s'il échet, devant le juge d'instruction de l'arrondissement où siège la cour, pour être procédé à une nouvelle instruction. — Cette disposition ne sera toutefois exécutée que dans le cas où, avant clôture des débats, le ministère public aura fait des réserves à fin de poursuite.

362. Lorsque l'accusé aura été déclaré coupable, le procureur général fera sa réquisition à la cour pour l'application de la loi. — La partie civile fera la sienne pour restitution et dommages-intérêts.

363. Le président demandera à l'accusé s'il n'a rien à dire pour sa défense. — L'accusé ni son conseil ne pourront plus plaider que le fait est faux, mais seulement qu'il n'est pas défendu ou qualifié délit par la loi, ou qu'il ne mérite pas la peine dont le procureur général a requis l'application, ou qu'il n'emporte pas de dommages-intérêts au profit de la partie civile, ou enfin que celle-ci élève trop haut les dommages-intérêts qui lui sont dus.

364. La cour prononcera l'absolution de l'accusé, si le fait dont il est déclaré coupable n'est pas défendu par une loi pénale.

365. Si ce fait est défendu, la cour prononcera la peine établie par la loi, même dans le cas où, d'après les débats, il se trouverait n'être plus dans la compétence de la cour d'assises. — En cas de conviction de plusieurs crimes ou délits, la peine la plus forte sera seule prononcée.

366. Dans le cas d'absolution comme dans celui d'acquittement ou de condamnation, la cour

---

[1] 91. Lorsque l'inculpé sera domicilié, et que le fait sera de nature à ne donner lieu qu'à une peine correctionnelle, le juge d'instruction pourra, s'il juge convenable, ne décerner contre l'inculpé qu'un mandat de comparution, sauf, après l'avoir interrogé, à convertir le mandat en tel autre mandat qu'il appartiendra.

statuera sur les dommages-intérêts prétendus par la partie civile ou par l'accusé ; elle les liquidera par le même arrêt, ou commettra l'un des juges pour entendre les parties, prendre connaissance des pièces, et faire du tout son rapport, ainsi qu'il est dit article 358. — La cour ordonnera aussi que les effets pris seront restitués au propriétaire.

—Néanmoins, s'il y a eu condamnation, cette restitution ne sera faite qu'en justifiant, par le propriétaire, que le condamné a laissé passer les délais sans se pourvoir en cassation, ou, s'il s'est pourvu, que l'affaire est définitivement terminée.

367. Lorsque l'accusé aura été déclaré excusable, la cour prononcera conformément au Code Pénal.

368. L'accusé ou la partie civile qui succombera, sera condamné aux frais envers l'État et envers l'autre partie. — Dans les affaires soumises au juri, la partie civile qui n'aura pas succombé, ne sera point tenue des frais. — Dans le cas où elle en aura consigné, en exécution du décret du 18 juin 1811, ils lui seront restitués.

369. Les juges délibéreront et opineront à voix basse ; ils pourront, pour cet effet, se retirer dans la chambre du conseil : mais l'arrêt sera prononcé à haute voix par le président, en présence du public et de l'accusé.— Avant de le prononcer, le président est tenu de lire le texte de la loi sur lequel il est fondé. — Le greffier écrira l'arrêt ; il y insèrera le texte de la loi appliquée, sous peine de cent francs d'amende.

370. La minute de l'arrêt sera signée par les juges qui l'auront rendu, à peine de cent francs d'amende contre le greffier, et, s'il y a lieu, de prise à partie tant contre le greffier que contre les juges.—Elle sera signée dans les vingt-quatre heures de la prononciation de l'arrêt.

371. Après avoir prononcé l'arrêt, le président pourra, selon les circonstances, exhorter l'accusé à la fermeté, à la résignation, ou à réformer sa conduite. — Il l'avertira de la faculté qui lui est accordée de se pourvoir en cassation, et du terme dans lequel l'exercice de cette faculté est circonscrit.

372. Le greffier dressera un procès-verbal de la séance, à l'effet de constater que les formalités prescrites ont été observées.—Il ne sera fait mention au procès-verbal, ni des réponses des accusés, ni du contenu aux dépositions, sans préjudice toutefois de l'exécution de l'article 318, concernant les changemens, variations et contradictions dans les déclarations des témoins. — Le procès-verbal sera signé par le président et le greffier, et ne pourra être imprimé à l'avance. — Les dispositions du présent article seront exécu-

tées à peine de nullité. — Le défaut du procès-verbal, et l'inexécution des dispositions du troisième paragraphe qui précède, seront punis de cinq cents francs d'amende contre le greffier.

373. Le condamné aura trois jours francs après celui où son arrêt lui aura été prononcé, pour déclarer au greffe qu'il se pourvoit en cassation. — Le procureur général pourra, dans le même délai, déclarer au greffe qu'il demande la cassation de l'arrêt.—La partie civile aura aussi le même délai; mais elle ne pourra se pourvoir que quant aux dispositions relatives à ses intérêts civils. — Pendant ces trois jours, et s'il y a eu recours en cassation, jusqu'à la réception de l'arrêt de la cour de cassation, il sera sursis à l'exécution de l'arrêt de la cour.

374. Dans les cas prévus par les articles 409 et 412[1] du présent Code, le procureur général ou la partie civile n'auront que vingt-quatre heures pour se pourvoir.

2º *Du pourvoi contre le jugement.* V. Cassation (*cour de*) et Révision.

3º *De l'exécution du jugement.*

375. La condamnation sera exécutée dans les vingt-quatre heures qui suivront les délais mentionnés en l'article 373, s'il n'y a point de recours en cassation ; ou, en cas de recours, dans les vingt-quatre heures de la réception de l'arrêt de la cour de cassation qui aura rejeté la demande.

376. La condamnation sera exécutée par les ordres du procureur général ; il aura le droit de requérir directement, pour cet effet, l'assistance de la force publique.

377. Si le condamné veut faire une déclaration, elle sera reçue par un des juges du lieu de l'exécution, assisté du greffier.

378. Le procès-verbal d'exécution sera, sous peine de cent francs d'amende, dressé par le greffier, et transcrit par lui, dans les vingt-quatre heures, au pied de la minute de l'arrêt. La transcription sera signée par lui, et il fera mention du tout, sous la même peine, en marge du procès-verbal. Cette mention sera également signée, et

---

[1] 409. Dans le cas d'acquittement de l'accusé, l'annulation de l'ordonnance qui l'aura prononcé et de ce qui l'aura précédé ne pourra être poursuivie par le ministère public que dans l'intérêt de la loi, et sans préjudicier à la partie acquittée.

412. Dans aucun cas la partie civile ne pourra poursuivre l'annulation d'une ordonnance d'acquittement ou d'un arrêt d'absolution : mais, si l'arrêt a prononcé contre elle des condamnations civiles, supérieures aux demandes de la partie acquittée ou absoute, cette disposition de l'arrêt pourra être annulée sur la demande de la partie civile.

la transcription fera preuve comme le procès-verbal même.

379. Lorsque, pendant les débats qui auront précédé l'arrêt de condamnation, l'accusé aura été inculpé, soit par des pièces, soit par des dépositions de témoins sur d'autres crimes que ceux dont il était accusé : si ces crimes nouvellement manifestés méritent une peine plus grave que les premiers, ou si l'accusé a des complices en état d'arrestation, la cour ordonnera qu'il soit poursuivi à raison de ces nouveaux faits, suivant les formes prescrites par le présent Code.—Dans ces deux cas, le procureur général surseoira à l'exécution de l'arrêt qui a prononcé la première condamnation, jusqu'à ce qu'il ait été statué sur le second procès.

380. Toutes les minutes des arrêts rendus aux assises seront réunies et déposées au greffe du tribunal de première instance du chef-lieu du département. — Sont exceptées les minutes des arrêts rendus par la cour d'assises du département où siège la cour royale, lesquelles resteront déposées au greffe de ladite cour. *V.* Juri.

Dispositions du tarif criminel.

45. Il est accordé (aux greffiers) une indemnité pour leur assistance aux actes désignés dans l'art. 378 C. Inst. cr.

52. Lors des exécutions des arrêts criminels, le greffier de la cour, du tribunal ou de la justice de paix du lieu où se fera l'exécution sera tenu d'y assister, d'en dresser procès-verbal; et, dans le cas d'exécution à mort, il fera parvenir à l'officier de l'état civil les renseignemens prescrits par le Code civil. — A cet effet le greffier se rendra, soit à l'hôtel-de-ville, soit dans une maison située sur la place publique où se fera l'exécution, et qui lui sera désignée par l'autorité administrative.

53. Il est alloué aux greffiers pour tous droits d'assistance, transcription du procès-verbal au bas de l'arrêt, et déclaration à l'officier de l'état civil, savoir : — 1° pour les exécutions à mort, — Paris, 20 fr. — Dans les villes de 40,000 hab. et au-dessus, 15 fr. — Dans les autres villes et comm., 10 fr.; — 2° pour les exécutions par effigie et expositions, — Paris, 10 fr. — Dans les villes de 40,000 hab. et au-dessus, 5 fr. — Dans les autres villes et comm., 3 fr.

58. Ne seront point insérés dans la rédaction des arrêts et jugemens les plaidoyers prononcés, soit par le ministère public, soit par les défenseurs des prévenus ou accusés, mais seulement leurs conclusions.

71. Pour tous les actes dans les cas prévus par l'art. 358 C. Inst. cr. — Pour l'original seulement, — Paris, 1 fr. — Villes de 40,000 hab. et au-dessus, 75 c. — Autres villes et comm., 50 c. — Par chaque copie, — Paris, 75 c. — Villes de 40,000 hab. et au-dessus, 60 c. — Autres villes et comm., 50 c.

156. La condamnation aux frais sera prononcée, dans toutes les procédures, *solidairement* contre tous les auteurs et complices du même fait, et contre les personnes civilement responsables du délit. *V.* Frais.

CRIMINELLES (peines).

I. des peines et de leurs effets.
Dispositions générales.

C. Pén. 4. Nulle contravention, nul délit, nul crime ne peuvent être punis de peines qui n'étaient pas prononcées par la loi avant qu'ils fussent commis.

Des peines en matière criminelle et correctionnelle, et de leurs effets.

C. Pén. (*liv.* 1, *art.* 6-58). — 6. Les peines en matière criminelle sont ou afflictives et infamantes, ou seulement infamantes.

7. Les peines afflictives et infamantes sont, — 1° la mort ; — 2° les travaux forcés à perpétuité ; — 3° la déportation ; — 4° les travaux forcés à temps ; — 5° la détention ; — 6° la réclusion.

8. Les peines infamantes sont, — 1° le bannissement ; — 2° la dégradation civique.

9. Les peines en matière correctionnelle sont, — 1° l'emprisonnement à temps dans un lieu de correction ; — 2° l'interdiction à temps de certains droits civiques, civils ou de famille ; — 3° l'amende. *V.* Correctionnelles (*peines*).

10. La condamnation aux peines établies par la loi est toujours prononcée sans préjudice des restitutions et dommages-intérêts qui peuvent être dus aux parties.

11. Le renvoi sous la surveillance spéciale de la haute police, l'amende et la confiscation spéciale, soit du corps du délit quand la propriété en appartient au condamné, soit des choses produites par le délit, soit de celles qui ont servi ou qui ont été destinées à le commettre, sont des peines communes aux matières criminelle et correctionnelle.

Des peines en matière criminelle.

C. Pén. (*liv.* 1, *chap.* 1, *art.* 12-39). — 12. Tout condamné à mort aura la tête tranchée.

13. Le coupable condamné à mort pour parricide, sera conduit sur le lieu de l'exécution, en chemise, nu-pieds, et la tête couverte d'un voile noir. — Il sera exposé sur l'échafaud pendant qu'un huissier fera au peuple lecture de l'arrêt de condamnation, et sera immédiatement exécuté à mort.

14. Les corps des suppliciés seront délivrés à leurs familles, si elles les réclament, à la charge par elles de les faire inhumer sans aucun appareil.

15. Les hommes condamnés aux travaux forcés seront employés aux travaux les plus pénibles; ils traîneront à leurs pieds un boulet, ou seront attachés deux à deux avec une chaîne, lorsque la nature du travail auquel ils seront employés le permettra.

16. Les femmes et les filles condamnées aux travaux forcés n'y seront employées que dans l'intérieur d'une maison de force.

17. La peine de la déportation consistera à être transporté et à demeurer à perpétuité dans un lieu déterminé par la loi, hors du territoire continental du royaume. — Si le déporté rentre sur le territoire du royaume, il sera, sur la seule preuve de son identité, condamné aux travaux forcés à perpétuité. — Le déporté qui ne sera pas rentré sur le territoire du royaume, mais qui sera saisi dans les pays occupés par les armées françaises, sera conduit dans le lieu de sa déportation. — Tant qu'il n'aura pas été établi un lieu de déportation, le condamné subira à perpétuité la peine de la détention, soit dans une prison du royaume, soit dans une prison située hors du territoire continental, dans l'une des possessions françaises, qui sera déterminée par la loi, selon que les juges l'auront expressément décidé par l'arrêt de condamnation. Lorsque les communications seront interrompues entre la métropole et le lieu de l'exécution de la peine, l'exécution aura lieu provisoirement en France.

18. Les condamnations aux travaux forcés à perpétuité et à la déportation emporteront mort civile. — Néanmoins le Gouvernement pourra accorder au condamné à la déportation l'exercice des droits civils ou de quelques-uns de ces droits.

19. La condamnation à la peine des travaux forcés à temps sera prononcée pour cinq ans au moins, et vingt ans au plus.

20. Quiconque aura été condamné à la détention sera renfermé dans l'une des forteresses situées sur le territoire continental du royaume, qui auront été déterminées par une ordonnance du Roi rendue dans la forme des règlemens d'administration publique. — Il communiquera avec les personnes placées dans l'intérieur du lieu de la détention ou avec celles du dehors, conformément aux règlemens de police établis par une ordonnance du Roi. — La détention ne peut être prononcée pour moins de cinq ans, ni pour plus de vingt ans, sauf les cas prévus par l'article 53 (ci-après).

21. Tout individu de l'un ou de l'autre sexe, condamné à la peine de la réclusion, sera renfermé dans une maison de force, et employé à des travaux dont le produit pourra être en partie appliqué à son profit, ainsi qu'il sera réglé par le Gouvernement. — La durée de cette peine sera au moins de cinq années, et de dix ans au plus.

22. Quiconque aura été condamné à l'une des peines des travaux forcés à perpétuité, des travaux forcés à temps, ou de la réclusion, avant de subir sa peine, demeurera durant une heure exposé aux regards du peuple sur la place publique. Au-dessus de sa tête sera placé un écriteau portant, en caractères gros et lisibles, ses noms, sa profession, son domicile, sa peine, et la cause de sa condamnation. — En cas de condamnation aux travaux forcés à temps ou à la réclusion, la cour d'assises pourra ordonner par son arrêt que le condamné, s'il n'est pas en état de récidive, ne subira pas l'exposition publique. Néanmoins, l'exposition ne sera jamais prononcée à l'égard des mineurs de dix-huit ans et des septuagénaires.

23. La durée des peines temporaires comptera du jour où la condamnation sera devenue irrévocable.

24. Néanmoins, à l'égard des condamnations à l'emprisonnement prononcées contre les individus en état de détention préalable, la durée de la peine, si le condamné ne s'est pas pourvu, comptera du jour du jugement ou de l'arrêt, nonobstant l'appel ou le pourvoi du ministère public, et quel que soit le résultat de cet appel ou de ce pourvoi. — Il en sera de même dans les cas où la peine aura été réduite, sur l'appel ou le pourvoi du condamné.

25. Aucune condamnation ne pourra être exécutée les jours de fêtes nationales ou religieuses, ni les dimanches.

26. L'exécution se fera sur l'une des places publiques du lieu qui sera indiqué par l'arrêt de condamnation.

27. Si une femme condamnée à mort se déclare et s'il est vérifié qu'elle est enceinte, elle ne subira la peine qu'après sa délivrance.

28. La condamnation à la peine des travaux forcés à temps, de la détention, de la réclusion ou du bannissement, emportera la dégradation civique. La dégradation civique sera encourue du jour où la condamnation sera devenue irrévocable, et, en cas de condamnation par contumace, du jour de l'exécution par effigie.

29. Quiconque aura été condamné à la peine des travaux forcés à temps, de la détention ou de la réclusion, sera de plus, pendant la durée de sa peine, en état d'interdiction légale; il lui sera nommé un tuteur et un subrogé-tuteur pour gérer et administrer ses biens, dans les formes prescrites pour les nominations des tuteurs et des subrogés-tuteurs aux interdits.

30. Les biens du condamné lui seront remis après qu'il aura subi sa peine, et le tuteur lui rendra compte de son administration.

31. Pendant la durée de la peine, il ne pourra

16

lui être remis aucune somme, aucune provision, aucune portion de ses revenus.

32. Quiconque aura été condamné au bannissement sera transporté, par ordre du Gouvernement, hors du territoire du royaume. — La durée du bannissement sera au moins de cinq années, et de dix ans au plus.

33. Si le banni, avant l'expiration de sa peine, rentre sur le territoire du royaume, il sera, sur la seule preuve de son identité, condamné à la détention pour un temps au moins égal à celui qui restait à courir jusqu'à l'expiration du bannissement, et qui ne pourra excéder le double de ce temps.

34. La dégradation civique consiste : — 1° dans la destitution et l'exclusion des condamnés de toutes fonctions, emplois ou offices publics ; — 2° dans la privation du droit de vote, d'élection, d'éligibilité, et en général de tous les droits civiques et politiques, et du droit de porter aucune décoration ; — 3° dans l'incapacité d'être juré, expert, d'être employé comme témoin dans des actes, et de déposer en justice autrement que pour y donner de simples renseignemens ; — 4° dans l'incapacité de faire partie d'aucun conseil de famille, et d'être tuteur, curateur, subrogé-tuteur ou conseil judiciaire, si ce n'est de ses propres enfans, et sur l'avis conforme de la famille ; — 5° dans la privation du droit de port d'armes, du droit de faire partie de la garde nationale, de servir dans les armées françaises, de tenir école ou d'enseigner, et d'être employé dans aucun établissement d'instruction, à titre de professeur, maître ou surveillant.

35. Toutes les fois que la dégradation civique sera prononcée comme peine principale, elle pourra être accompagnée d'un emprisonnement dont la durée, fixée par l'arrêt de condamnation, n'excèdera pas cinq ans. — Si le coupable est un étranger ou un Français ayant perdu la qualité de citoyen, la peine de l'emprisonnement devra toujours être prononcée.

56 [1]. Tous arrêts qui porteront la peine de mort, des travaux forcés à perpétuité et à temps, la déportation, la détention, la réclusion, la dégradation civique et le bannissement, seront imprimés par extrait. — Ils seront affichés dans la ville centrale du département, dans celle où l'arrêt aura été rendu, dans la commune du lieu où le délit aura été commis, dans celle où se fera l'exécution, et dans celle du domicile du condamné.

---

[1] Les art. 57, 58 et 59 du Code Pénal ont été abrogés par la loi du 28 avril 1852.

Chap. 2, des peines en matière correctionnelle.
V. CORRECTIONNELLES (*peines*).
Chap. 3, des peines et des autres condamnations qui peuvent être prononcées pour crimes ou délits.

C. Pén. (*liv.* 1, art. 44-55). — 44. L'effet du renvoi sous la surveillance de la haute police sera de donner au Gouvernement le droit de déterminer certains lieux dans lesquels il sera interdit au condamné de paraître après qu'il aura subi sa peine. En outre, le condamné devra déclarer, avant sa mise en liberté, le lieu où il veut fixer sa résidence ; il recevra une feuille de route réglant l'itinéraire dont il ne pourra s'écarter, et la durée de son séjour dans chaque lieu de passage. Il sera tenu de se présenter, dans les vingt-quatre heures de son arrivée, devant le maire de la commune ; il ne pourra changer de résidence sans avoir indiqué, trois jours à l'avance, à ce fonctionnaire, le lieu où il se propose d'aller habiter, et sans avoir reçu de lui une nouvelle feuille de route.

45. En cas de désobéissance aux dispositions prescrites par l'article précédent, l'individu mis sous la surveillance de la haute police sera condamné, par les tribunaux correctionnels, à un emprisonnement qui ne pourra excéder cinq ans.

47 [1]. Les coupables condamnés aux travaux forcés à temps, à la détention et à la réclusion, seront, de plein droit, après qu'ils auront subi leur peine, et pendant toute la vie, sous la surveillance de la haute police.

48. Les coupables condamnés au bannissement seront, de plein droit, sous la même surveillance pendant un temps égal à la durée de la peine qu'ils auront subie.

49. Devront être renvoyés sous la même surveillance ceux qui auront été condamnés pour crimes ou délits qui intéressent la sûreté intérieure ou extérieure de l'État.

50. Hors les cas déterminés par les articles précédens, les condamnés ne seront placés sous la surveillance de la haute police de l'État que dans le cas où une disposition particulière de la loi l'aura permis.

51. Quand il y aura lieu à restitution, le coupable pourra être condamné, en outre, envers la partie lésée, si elle le requiert, à des indemnités dont la détermination est laissée à la justice de la cour ou du tribunal, lorsque la loi ne

---

[1] L'article 46 du Code Pénal a été abrogé par la loi du 28 avril 1852.

les- aura pas réglées, sans que la cour ou le tribunal puisse, du consentement même de la partie, en prononcer l'application à une œuvre quelconque.

52. L'exécution des condamnations à l'amende, aux restitutions, aux dommages-intérêts et aux frais, pourra être poursuivie par la voie de la contrainte par corps.— (*V*. pour l'exécution de cette contrainte au mot CONTRAINTE PAR CORPS, p. 206, le titre 5 de la loi du 17-19 avril 1832, *dispositions relatives à la contrainte par corps en matière criminelle, correctionnelle et de police*, art. 35-41 qui remplacent l'article 55 du Code Pénal aujourd'hui abrogé.)

54. En cas de concurrence de l'amende avec les restitutions et les dommages-intérêts, sur les biens insuffisans du condamné, ces dernières condamnations obtiendront la préférence.

55. Tous les individus condamnés pour un même crime, ou pour un même délit, sont tenus solidairement des amendes, des restitutions, des dommages-intérêts et des frais.

Chap. 4, des peines de la récidive. V. RÉCIDIVE.

II. DE LA PRESCRIPTION.

1° *Des peines correctionnelles. V.* CORRECTIONNELLES (*peines*).

2° *Des peines au grand criminel.*

635. Les peines portées par les arrêts ou jugemens rendus en matière criminelle, se prescriront par vingt années révolues à compter de la date des arrêts ou jugemens. — Néanmoins le condamné ne pourra résider dans le département où demeureraient, soit celui sur lequel ou contre la propriété duquel le crime aurait été commis, soit ses héritiers directs. — Le Gouvernement pourra assigner au condamné le lieu de son domicile.

641. En aucun cas, les condamnés par défaut ou par contumace, dont la peine est prescrite, ne pourront être admis à se présenter pour purger le défaut ou la contumace.

642. Les condamnations civiles portées par les arrêts ou par les jugemens rendus en matière criminelle, correctionnelle ou de police, et devenus irrévocables, se prescriront d'après les règles établies par le Code Civil. *V.* PRESCRIPTION.

CROIT DES ANIMAUX.

1° *Disposition générale.*

C. Civ. 547. Le croit des animaux appartient au propriétaire par droit d'accession.

2° *Dispositions diverses.*

BAIL. *C. Civ.* 1711. On appelle *bail à cheptel* (le louage) des animaux dont le profit se partage entre le propriétaire et celui à qui il les confie. *V.* CHEPTEL.

USUFRUIT. *C. Civ.* 616. Si le troupeau sur lequel un usufruit a été établi, périt entièrement par accident ou par maladie, et sans la faute de l'usufruitier, celui-ci n'est tenu envers le propriétaire que de lui rendre compte des cuirs ou de leur valeur.—Si le troupeau ne périt pas entièrement, l'usufruitier est tenu de remplacer, jusqu'à concurrence du croît, les têtes des animaux qui ont péri.

CRUE (ESTIMATION).

SUCCESSION (*partage*). *C. Civ.* 825. L'estimation des meubles, s'il n'y a pas eu de prisée faite dans un inventaire régulier, doit être faite par gens à ce connaissant, à juste prix et sans crue.

(*Rapport*). *C. Civ.* 868. Le rapport du mobilier ne se fait qu'en moins prenant. Il se fait sur le pied de la valeur du mobilier lors de la donation, d'après l'état estimatif annexé à l'acte ; et, à défaut de cet état, d'après une estimation par experts, à juste prix et sans crue.

CULPABILITÉ.

C. Inst. cr. 342. La loi ne demande pas compte aux jurés des moyens par lesquels ils se sont convaincus ; elle ne leur prescrit point de règles desquelles ils doivent faire particulièrement dépendre la plénitude et la suffisance d'une preuve ; elle leur prescrit de s'interroger eux-mêmes dans le silence et le recueillement, et de chercher, dans la sincérité de leur conscience, quelle impression ont faite sur leur raison les preuves rapportées contre l'accusé et les moyens de sa défense. La loi ne leur dit point : *Vous tiendrez pour vrai tout fait attesté par tel ou tel nombre de témoins*; elle ne leur dit pas non plus : *Vous ne regarderez pas comme suffisamment établie toute preuve qui ne sera pas formée de tel procès-verbal, de telles pièces, de tant de témoins ou de tant d'indices*; elle ne leur fait que cette seule question, qui renferme toute la mesure de leurs devoirs : *Avez-vous une intime conviction?* — Ce qu'il est bien essentiel de ne pas perdre de vue, c'est que toute la délibération du juri porte sur l'acte d'accusation ; c'est aux faits qui le constituent et qui en dépendent qu'ils doivent uniquement s'attacher ; et ils manquent à leur premier devoir, lorsque, pensant aux dispositions des lois pénales, ils considèrent les suites que pourra avoir, par rapport à l'accusé, la déclaration qu'ils ont à faire. Leur mission n'a pas pour objet la poursuite ni la punition des délits ; ils ne sont appelés que pour décider si l'accusé est, ou non, coupable du crime qu'on lui impute.

16.

547. La décision du juri, tant contre l'accusé que sur les circonstances atténuantes, se formera à la majorité, à peine de nullité.

548. Les jurés rentreront ensuite dans l'auditoire, et reprendront leur place. — Le président leur demandera quel est le résultat de leur délibération.—Le chef du juri se lèvera, et, la main placée sur son cœur, il dira : *Sur mon honneur et ma conscience, devant Dieu et devant les hommes, la déclaration du juri est : Oui l'accusé (est coupable), etc. Non l'accusé (n'est pas coupable), etc.*

562. Lorsque l'accusé aura été déclaré coupable, le procureur général fera sa réquisition à la cour pour l'application de la loi. — La partie civile fera la sienne pour restitution et dommages-intérêts.

CULTE.

I. DISPOSITIONS GÉNÉRALES.

Charte. 5. Chacun professe sa religion avec une égale liberté, et obtient pour son culte la même protection.

6. Les ministres de la religion catholique, apostolique et romaine, professée par la majorité des Français, et ceux des autres cultes chrétiens, reçoivent des traitemens du trésor public.

II. DES DÉLITS COMMIS PAR UN MINISTRE DU CULTE.

Des troubles apportés à l'ordre public par les ministres des cultes dans l'exercice de leur ministère.

§ 1, *des contraventions propres à compromettre l'état civil des personnes.*

C. Pén. (liv. 5, tit. 1, ch. 3, sect. 3, art. 199-208).

199. Tout ministre d'un culte qui procédera aux cérémonies religieuses d'un mariage, sans qu'il lui ait été justifié d'un acte de mariage préalablement reçu par les officiers de l'état civil, sera, pour la première fois, puni d'une amende de seize francs à cent francs.

200. En cas de nouvelles contraventions de l'espèce exprimée en l'article précédent, le ministre du culte qui les aura commises, sera puni, savoir : — pour la première récidive, d'un emprisonnement de deux à cinq ans ; — et pour la seconde, de la détention.

§ 2, *des critiques, censures ou provocations dirigées contre l'autorité publique dans un discours pastoral prononcé publiquement.*

201. Les ministres des cultes qui prononceront, dans l'exercice de leur ministère, et en assemblée publique, un discours contenant la critique ou censure du Gouvernement, d'une loi, d'une ordonnance royale ou de tout autre acte de l'autorité publique, seront punis d'un emprisonnement de trois mois à deux ans.

202. Si le discours contient une provocation directe à la désobéissance aux lois ou autres actes de l'autorité publique, ou s'il tend à soulever ou armer une partie des citoyens contre les autres, le ministre du culte qui l'aura prononcé sera puni d'un emprisonnement de deux à cinq ans, si la provocation n'a été suivie d'aucun effet ; et du bannissement, si elle a donné lieu à désobéissance, autre toutefois que celle qui aurait dégénéré en sédition ou révolte.

203. Lorsque la provocation aura été suivie d'une sédition ou révolte dont la nature donnera lieu contre l'un ou plusieurs des coupables à une peine plus forte que celle du bannissement, cette peine, quelle qu'elle soit, sera appliquée au ministre coupable de la provocation.

§ 3, *des critiques, censures ou provocations dirigées contre l'autorité publique dans un écrit pastoral.*

204. Tout écrit contenant des instructions pastorales, en quelque forme que ce soit, et dans lequel un ministre du culte se sera ingéré de critiquer ou censurer, soit le Gouvernement, soit tout acte de l'autorité publique, emportera la peine du bannissement contre le ministre qui l'aura publié.

205. Si l'écrit mentionné en l'article précédent contient une provocation directe à la désobéissance aux lois ou autres actes de l'autorité publique, ou s'il tend à soulever ou armer une partie des citoyens contre les autres, le ministre qui l'aura publié sera puni de la détention.

206. Lorsque la provocation contenue dans l'écrit pastoral aura été suivie d'une sédition ou révolte dont la nature donnera lieu contre l'un ou plusieurs des coupables à une peine plus forte que celle de la déportation, cette peine, quelle qu'elle soit, sera appliquée au ministre coupable de la provocation.

§ 4, *de la correspondance des ministres des cultes avec des cours ou puissances étrangères, sur des matières de religion.*

207. Tout ministre d'un culte qui aura, sur des questions ou matières religieuses, entretenu une correspondance avec une cour ou puissance étrangère, sans en avoir préalablement informé le ministre du Roi chargé de la surveillance des cultes, et sans avoir obtenu son autorisation, sera, pour ce seul fait, puni d'une amende de cent francs à cinq cents francs, et d'un emprisonnement d'un mois à deux ans.

208. Si la correspondance mentionnée en l'article précédent a été accompagnée ou suivie d'au-

tres faits contraires aux dispositions formelles d'une loi ou d'une ordonnance du Roi, le coupable sera puni du bannissement, à moins que la peine résultant de la nature de ces faits ne soit plus forte, auquel cas cette peine plus forte sera seule appliquée.

III. DES DÉLITS CONTRE LES MINISTRES ET CONTRE L'EXERCICE D'UN CULTE.

Entraves au libre exercice des cultes.

C. Pén. (liv. 3, *tit.* 1, *chap.* 3, *sect.* 4, § 8, *art.* 260-264). — 260. Tout particulier qui, par des voies de fait ou des menaces, aura contraint ou empêché une ou plusieurs personnes d'exercer l'un des cultes autorisés, d'assister à l'exercice de ce culte, de célébrer certaines fêtes, d'observer certains jours de repos, et, en conséquence, d'ouvrir ou de fermer leurs ateliers, boutiques ou magasins, et de faire ou quitter certains travaux, sera puni, pour ce seul fait, d'une amende de seize francs à deux cents francs, et d'un emprisonnement de six jours à deux mois.

261. Ceux qui auront empêché, retardé ou interrompu les exercices d'un culte par des troubles ou désordres causés dans le temple ou autre lieu destiné ou servant actuellement à ces exercices, seront punis d'une amende de seize francs à trois cents francs, et d'un emprisonnement de six jours à trois mois.

262. Toute personne qui aura, par paroles ou gestes, outragé les objets d'un culte dans les lieux destinés ou servant actuellement à son exercice, ou les ministres de ce culte dans leurs fonctions, sera punie d'une amende de seize francs à cinq cents francs, et d'un emprisonnement de quinze jours à six mois.

263. Quiconque aura frappé le ministre d'un culte dans ses fonctions, sera puni de la dégradation civique.

264. Les dispositions du présent paragraphe ne s'appliquent qu'aux troubles, outrages ou voies de fait dont la nature ou les circonstances ne donneront pas lieu à de plus fortes peines, d'après les autres dispositions du présent Code.

CUMUL.

C. Proc. 25. Le possessoire et le pétitoire ne seront jamais cumulés. *V.* PÉTITOIRE, POSSESSOIRE.

CURATEURS.

I. DES CURATEURS EN GÉNÉRAL.

Dispositions diverses.

COMMUNICATION. *C. Proc.* 83. Seront communiquées au procureur du Roi les causes suivantes : — 1°... 6° généralement toutes celles où l'une des parties est défendue par un curateur.

CONCILIATION. *C. Proc.* 49. Seront dispensées du préliminaire de la conciliation, — 1°... 7° les demandes sur les curatelles.

CONTRAINTE PAR CORPS. *C. Proc.* 126. Il est laissé à la prudence des juges de prononcer (la contrainte par corps), — 1°... 2° pour reliquats de comptes de curatelle et pour restitution à faire par suite desdits comptes. *V.* COMPTABLES.

DÉPENS. *C. Proc.* 132. Les tuteurs, curateurs ou autres administrateurs qui auront compromis les intérêts de leur administration, pourront être condamnés aux dépens, en leur nom et sans répétition, même aux dommages et intérêts, s'il y a lieu ; sans préjudice de la destitution contre les tuteurs et autres, suivant la gravité des circonstances.

EXÉCUTION PROVISOIRE. *C. Proc.* 135. L'exécution provisoire (du jugement) pourra être ordonnée, avec ou sans caution, lorsqu'il s'agira, — 1°... 6° de nomination de curateur et de reddition de compte.

II. DES CURATEURS DIVERS.

1° *En matière civile.*

CURATEUR A BÉNÉFICE D'INVENTAIRE. *C. Proc.* 996. Les actions à intenter par l'héritier bénéficiaire contre la succession seront intentées contre les autres héritiers ; et s'il n'y en a pas, ou qu'elles soient intentées par tous, elles le seront contre un curateur au bénéfice d'inventaire, nommé en la même forme que le curateur à la succession vacante. *V. ci-après.*

CURATEUR SUR DÉLAISSEMENT PAR HYPOTHÈQUE. *C. Civ.* 2174. Le délaissement par hypothèque se fait au greffe du tribunal de la situation des biens, et il en est donné acte par ce tribunal. — Sur la pétition du plus diligent des intéressés, il est créé à l'immeuble délaissé un curateur sur lequel la vente de l'immeuble est poursuivie dans les formes prescrites pour les expropriations. *V.* IMMOBILIÈRE *(saisie).*

CURATEUR SUR ÉMANCIPATION DE MINEUR. *(Dispositions générales.) C. Civ.* 480. Le compte de tutelle sera rendu au mineur émancipé, assisté d'un curateur qui lui sera nommé par le conseil de famille.

482. (Le mineur émancipé) ne pourra intenter une action immobilière, ni y défendre, même recevoir et donner décharge d'un capital mobilier, sans l'assistance de son curateur, qui, au dernier cas, surveillera l'emploi du capital reçu. *V.* ÉMANCIPATION.

(Donation.) C. Civ. 935. Le mineur émancipé pourra accepter (une donation) avec l'assistance de son curateur.

940. Lorsque la donation sera faite à des mi-

neurs, la transcription sera faite à la diligence des tuteurs (ou) curateurs. *V.* TRANSCRIPTION.

(*Mariage.*) *C. Civ.* 174. A défaut d'aucun ascendant, le frère ou la sœur, l'oncle ou la tante, le cousin ou la cousine germains, majeurs, ne peuvent former aucune opposition que dans les deux cas suivans : — 1° lorsque le consentement du conseil de famille (quand il est requis), n'a pas été obtenu; — 2° lorsque l'opposition est fondée sur l'état de démence du futur époux : cette opposition, dont le tribunal pourra prononcer main-levée pure et simple, ne sera jamais reçue qu'à la charge par l'opposant de provoquer l'interdiction, et d'y faire statuer dans le délai qui sera fixé par le jugement.

175. Dans les deux cas prévus par le précédent article, le tuteur ou curateur ne pourra, pendant la durée de la tutelle ou curatelle, former opposition qu'autant qu'il y aura été autorisé par un conseil de famille qu'il pourra convoquer.

Scellés. C. Proc. 910. Les créanciers mineurs émancipés pourront requérir l'apposition des scellés (après le décès de leur débiteur), sans l'assistance de leur curateur.

CURATEUR DE SOURD-MUET. *C. Civ.* 936. Le sourd-muet qui saura écrire pourra accepter luimême ou par un fondé de pouvoir (une donation). — S'il ne sait pas écrire, l'acceptation doit être faite par un curateur nommé à cet effet, suivant les règles établies au titre *de la minorité, de la tutelle et de l'émancipation. V.* FAMILLE (*conseil de*).

CURATEUR A SUCCESSION VACANTE. *C. Civ.* 811. Lorsqu'après l'expiration des délais pour faire inventaire et pour délibérer, il ne se présente personne qui réclame une succession, qu'il n'y a pas d'héritier connu, ou que les héritiers connus y ont renoncé, cette succession est réputée vacante.

812. Le tribunal de première instance dans l'arrondissement duquel elle est ouverte nomme un curateur sur la demande des personnes intéressées, ou sur la réquisition du procureur du Roi. *V.* VACANTE (*succession*).

CURATEUR AU VENTRE. *C. Civ.* 393. Si, lors du décès du mari, la femme est enceinte, il sera nommé un curateur au ventre par le conseil de famille. A la naissance de l'enfant, la mère en deviendra tutrice, et le curateur en sera de plein droit le subrogé-tuteur.

2° *En matière criminelle.*

CURATEUR DE CONDAMNÉ. *C. Pén.* 29. Quiconque aura été condamné à la peine des travaux forcés à temps, de la détention ou de la réclusion, sera de plus, pendant la durée de sa peine, en état d'interdiction légale; il lui sera nommé un tuteur et un subrogé-tuteur pour gérer et administrer ses biens dans les formes prescrites pour la nomination des tuteurs et subrogés-tuteurs aux interdits. *V.* FAMILLE (*conseil de*), INTERDICTION.

30. Les biens du condamné lui seront remis après qu'il aura subi sa peine, et le tuteur lui rendra compte de son administration.

CURATEUR DE CONDAMNÉ A LA MORT CIVILE. *C. Civ.* 25. Par la mort civile, le condamné perd la propriété de tous les biens qu'il possédait. — Il ne peut procéder en justice, ni en défendant, ni en demandant, que sous le nom et par le ministère d'un curateur spécial, qui lui est nommé par le tribunal où l'action est portée.

CURATEUR A LA MÉMOIRE D'UN CONDAMNÉ. *C. Inst. cr.* 447. Lorsqu'il y aura lieu de réviser une condamnation (*V.* RÉVISION), et que cette condamnation aura été portée contre un individu mort depuis, la cour de cassation créera un curateur à sa mémoire, avec lequel se fera l'instruction, et qui exercera tous les droits du condamné. — Si, par le résultat de la nouvelle procédure, la première condamnation se trouve avoir été portée injustement, le nouvel arrêt déchargera la mémoire du condamné de l'accusation qui avait été portée contre lui.

CUREMENT.

C. Civ. 1756. Le curement des puits et celui des fosses d'aisance sont à la charge du bailleur, s'il n'y a clause contraire (dans le bail).

CUVES.

C. Civ. 524. Sont immeubles par destination, quand elles ont été placées par le propriétaire pour le service et l'exploitation du fonds, les cuves.

D

DATE DES ACTES.

1º *Dispositions générales.*

L. 25 *ventôse an* XI, *art.* 1. Les notaires sont les fonctionnaires publics établis pour recevoir tous les actes et contrats auxquels les parties doivent ou veulent faire donner le caractère d'authenticité attaché aux actes de l'autorité publique, et pour en assurer la date, en conserver le dépôt, en délivrer des grosses et expéditions.

C. Civ. 1322. L'acte sous seing privé, reconnu par celui auquel on l'oppose, ou légalement tenu pour reconnu, a, entre ceux qui l'ont souscrit, et entre leurs héritiers et ayans cause, la même foi que l'acte authentique. *V.* DATE CERTAINE.

2º *Dispositions diverses.*

ACTES DE L'ÉTAT CIVIL. *C. Civ.* 34. Les actes de l'état civil énonceront l'année, le jour et l'heure où ils seront reçus, les prénoms, noms, âge, profession et domicile de tous ceux qui y seront dénommés.

AJOURNEMENT. *C. Proc.* 61. L'exploit d'ajournement contiendra, — 1º la date des jour, mois et an (à peine de nullité, *art.* 70).

COMMUNICATION DE PIÈCES. *C. Proc.* 106. Les communications seront prises au greffe sur les récépissés des avoués, qui en contiendront la date.

ENQUÊTE. *C. Proc.* 269. Les procès-verbaux d'enquête contiendront la date des jour et heure, les comparutions ou défauts des parties et témoins, la représentation des assignations, les remises à autres jour et heure, si elles sont ordonnées; à peine de nullité.

HYPOTHÈQUE. *C. Civ.* 2134. Entre les créanciers, l'hypothèque, soit judiciaire, soit conventionnelle, n'a de rang que du jour de l'inscription prise par le créancier sur les registres du conservateur, dans la forme et de la manière prescrites par la loi.

2147. Tous les créanciers inscrits le même jour exercent en concurrence une hypothèque de la même date, sans distinction entre l'inscription du matin et celle du soir, quand cette différence serait marquée par le conservateur.

DATE CERTAINE.

C. Civ. 1328. Les actes sous seing privé n'ont de date contre les tiers que du jour où ils ont été enregistrés, du jour de la mort de celui ou de l'un de ceux qui les ont souscrits, ou du jour où leur substance est constatée dans des actes dressés par des officiers publics, tels que procès-verbaux de scellé ou d'inventaire.

1750. Si le bail n'est pas fait par acte authentique, ou n'a point de date certaine, l'acquéreur (en expulsant le fermier) n'est tenu d'aucuns dommages et intérêts.

DATIVE (TUTELLE).

C. Civ. 405. Lorsqu'un enfant mineur et non émancipé restera sans père ni mère, ni tuteur élu par ses père et mère, ni ascendans mâles, comme aussi lorsque le tuteur de l'une des qualités ci-dessus exprimées se trouvera ou (dans un cas d'exclusion), ou valablement excusé, il sera pourvu, par un conseil de famille, à la nomination d'un tuteur. *V.* FAMILLE (*conseil de*).

DÉBATS DE COMPTE.

C. Proc. 536. Après la présentation et affirmation, le compte sera signifié à l'avoué de l'oyant : les pièces justificatives seront cotées et paraphées par l'avoué du rendant; si elles sont communiquées sur récépissé, elles seront rétablies dans le délai qui sera fixé par le juge-commissaire. — Si les oyans ont constitué avoués différens, la copie et la communication ci-dessus seront données à l'avoué le plus ancien seulement, s'ils ont le même intérêt, et à chaque avoué, s'ils ont des intérêts différens. — S'il y a des créanciers intervenans, ils n'auront tous ensemble qu'une seule communication, tant du compte que des pièces justificatives, par les mains du plus ancien des avoués qu'ils auront constitués.

538. Aux jour et heure indiqués par le commissaire, les parties se présenteront devant lui pour fournir débats, soutènemens et réponses sur son procès-verbal : si les parties ne se présentent pas, l'affaire sera portée à l'audience sur un simple acte. *V.* COMPTE.

DÉBATS CRIMINELS. *V.* CRIMINELS (*débats*).

DÉBITEUR. *V.* CRÉANCIER, DETTE.

DÉBOUTÉ D'OPPOSITION. *C. Proc.* 163.

L'opposition ne pourra jamais être reçue contre un jugement qui aurait débouté d'une première opposition.

DÉBRIS DE NAVIRE.

C. Com. 258. En cas de prise, de bris et naufrage, avec perte entière du navire et des marchandises, les matelots ne peuvent prétendre aucun loyer. — Ils ne sont point tenus de restituer ce qui leur a été avancé sur leurs loyers.

259. Si quelque partie du navire est sauvée, les matelots engagés au voyage ou au mois sont payés de leurs loyers échus sur les débris du navire qu'ils ont sauvés. — Si les débris ne suffisent pas, ou s'il n'y a que des marchandises sauvées, ils sont payés de leurs loyers subsidiairement sur le fret.

260. Les matelots engagés au fret sont payés de leurs loyers seulement sur le fret, à proportion de celui que reçoit le capitaine.

261. De quelque manière que les matelots soient loués, ils sont payés des journées par eux employées à sauver les débris et les effets naufragés.

DÉCAPITATION.

C. Pén. 12. Tout condamné à mort aura la tête tranchée. *V.* MORT (*peine de*).

DÉCENNALE (*prescription*).

1° *Dispositions générales.*

De la prescription par dix et vingt ans.

C. Civ. (*liv.* 3, *tit.* 20, *ch.* 5, *sect.* 3, *art.* 2265-2270). —2265. Celui qui acquiert de bonne foi et par juste titre un immeuble, en prescrit la propriété par dix ans, si le véritable propriétaire habite dans le ressort de la cour royale dans l'étendue de laquelle l'immeuble est situé; et par vingt ans, s'il est domicilié hors dudit ressort.

2266. Si le véritable propriétaire a eu son domicile en différens temps, dans le ressort et hors du ressort, il faut, pour compléter la prescription, ajouter à ce qui manque aux dix ans de présence, un nombre d'années d'absence double de celui qui manque, pour compléter les dix ans de présence.

2267. Le titre nul par défaut de forme, ne peut servir de base à la prescription de dix et vingt ans.

2268. La bonne foi est toujours présumée, et c'est à celui qui allègue la mauvaise foi à la prouver.

2269. Il suffit que la bonne foi ait existé au moment de l'acquisition.

2270. Après dix ans, l'architecte et les entrepreneurs sont déchargés de la garantie des gros ouvrages qu'ils ont faits ou dirigés. *V.* PRESCRIPTION.

2° *Dispositions additionnelles.*

CAUTION. *C. Civ.* 2032. La caution, même avant d'avoir payé, peut agir contre le débiteur, pour être par lui indemnisée, — 1°... 5° au bout de dix années, lorsque l'obligation principale n'a point de terme fixe d'échéance, à moins que l'obligation principale, telle qu'une tutelle, ne soit pas de nature à pouvoir être éteinte avant un temps déterminé.

COMPTE DE TUTELLE. *C. Civ.* 475. Toute action du mineur contre son tuteur, relativement aux faits de la tutelle, se prescrit par dix ans, à compter de la majorité.

HYPOTHÈQUE (*inscription*). *C. Civ.* 2154. Les inscriptions conservent l'hypothèque et le privilège pendant dix années, à compter du jour de leur date; leur effet cesse, si ces inscriptions n'ont été renouvelées avant l'expiration de ce délai.

NULLITÉ (*rescision*). *C. Civ.* 1304. Dans tous les cas où l'action en nullité ou en rescision d'une convention n'est pas limitée à un moindre temps par une loi particulière, cette action dure dix ans. — Ce temps ne court, dans le cas de violence, que du jour où elle a cessé; dans le cas d'erreur ou de dol, du jour où ils ont été découverts; et pour les actes passés par les femmes mariées non autorisées, du jour de la dissolution du mariage. — Le temps ne court, à l'égard des actes faits par les interdits, que du jour où l'interdiction est levée; et, à l'égard de ceux faits par les mineurs, que du jour de la majorité.

SOLIDARITÉ. *C. Civ.* 1212. Le créancier qui reçoit divisément et sans réserve la portion de l'un des codébiteurs dans les arrérages ou intérêts de la dette, ne perd la solidarité que pour les arrérages ou intérêts échus, et non pour ceux à échoir, ni pour le capital, à moins que le paiement divisé n'ait été continué pendant dix ans consécutifs.

DÉCÈS.

I. ACTES DE DÉCÈS.

1° *Dispositions générales.*

C. Civ. 34. Les actes de l'état civil énonceront l'année, le jour et l'heure où ils seront reçus, les prénoms, noms, âge, profession et domicile de tous ceux qui y seront dénommés. *V.* ÉTAT CIVIL (*actes de l'*).

Des actes de décès.

C. Civ. (*liv.* 1, *tit.* 2, *ch.* 4, *art.* 77-87). — 77. Aucune inhumation ne sera faite sans une autorisation, sur papier libre et sans frais, de l'officier de l'état civil, qui ne pourra la délivrer qu'après s'être transporté auprès de la personne décédée, pour s'assurer du décès, et que vingt-quatre heures après le décès, hors les cas prévus par les règlemens de police.

78. L'acte de décès sera dressé par l'officier de l'état civil, sur la déclaration de deux témoins. Ces témoins seront, s'il est possible, les deux plus proches parens ou voisins, ou, lorsqu'une personne sera décédée hors de son domicile, la personne chez laquelle elle sera décédée, et un parent ou autre.

79. L'acte de décès contiendra les prénoms, nom, âge, profession et domicile de la per-

onne décédée ; les prénoms et nom de l'autre poux , si la personne décédée était mariée ou euve ; les prénoms, noms, âges, professions et omiciles des déclarans; et , s'ils sont parens , eur degré de parenté. — Le même acte contien-ra de plus, autant qu'on pourra le savoir, les rénoms, noms , profession et domicile des père t mère du décédé, et le lieu de sa naissance.

80. En cas de décès dans les hôpitaux mili-aires, civils ou autres maisons publiques, les su-érieurs, directeurs, administrateurs et maîtres de ces maisons, seront tenus d'en donner avis, dans les vingt-quatre heures, à l'officier de l'état civil, qui s'y transportera pour s'assurer du dé-cès , et en dressera l'acte conformément à l'arti-cle précédent, sur les déclarations qui lui auront été faites, et sur les renseignemens qu'il aura pris. — Il sera tenu en outre, dans lesdits hôpitaux et maisons, des registres destinés à inscrire ces dé-clarations et ces renseignemens. — L'officier de l'état civil enverra l'acte de décès à celui du der-nier domicile de la personne décédée , qui l'in-scrira sur les registres.

81. Lorsqu'il y aura des signes ou indices de mort violente, ou d'autres circonstances qui don-neront lieu de le soupçonner, on ne pourra faire l'inhumation qu'après qu'un officier de police, as-sisté d'un docteur en médecine ou en chirurgie, aura dressé procès-verbal de l'état du cadavre, et des circonstances y relatives, ainsi que des ren-seignemens qu'il aura pu recueillir sur les pré-noms, nom, âge, profession, lieu de naissance et domicile de la personne décédée.

82. L'officier de police sera tenu de trans-mettre de suite à l'officier de l'état civil du lieu où la personne sera décédée, tous les renseigne-mens énoncés dans son procès-verbal, d'après les-quels l'acte de décès sera rédigé. — L'officier de l'état civil en enverra une expédition à celui du domicile de la personne décédée, s'il est connu : cette expédition sera inscrite sur les registres.

85. Les greffiers criminels seront tenus d'en-voyer, dans les vingt-quatre heures de l'exécu-tion des jugemens portant peine de mort, à l'of-ficier de l'état civil du lieu où le condamné aura été exécuté, tous les renseignemens énoncés en l'article 79 , d'après lesquels l'acte de décès sera rédigé.

84. En cas de décès dans les prisons ou mai-sons de réclusion et de détention, il en sera donné avis sur le champ, par les concierges ou gardiens, à l'officier de l'état civil, qui s'y transportera comme il est dit en l'article 80, et rédigera l'acte de décès.

85. Dans tous les cas de mort violente, ou dans les prisons et maisons de réclusion , ou d'exécu-tion à mort, il ne sera fait sur les registres aucune mention de ces circonstances, et les actes de dé-cès seront simplement rédigés dans les formes prescrites par l'article 79.

86. En cas de décès pendant un voyage de mer, il en sera dressé acte dans les vingt-quatre heures, en présence de deux témoins pris parmi les offi-ciers du bâtiment, ou , à leur défaut, parmi les hommes de l'équipage. Cet acte sera rédigé , sa-voir, sur les bâtimens du Roi, par l'officier d'ad-ministration de la marine; et , sur les bâtimens ap-partenant à un négociant ou armateur, par le ca-pitaine , maître ou patron du navire. L'acte de décès sera inscrit à la suite du rôle de l'équi-page.

87. Au premier port où le bâtiment abordera , soit de relâche, soit pour toute autre cause que celle de son désarmement , les officiers de l'ad-ministration de la marine , capitaine , maître ou patron, qui auront rédigé des actes de décès, se-ront tenus d'en déposer deux expéditions , con-formément à l'article 60 [1]. — A l'arrivée du bâti-ment dans le port du désarmement, le rôle d'équi-page sera déposé au bureau du préposé à l'ins-cription maritime ; il enverra une expédition de l'acte de décès , de lui signée , à l'officier de l'état civil du domicile de la personne décédée : cette expédition sera inscrite de suite sur les re-gistres.

Dispositions du tarif criminel.

121. Les frais des actes et procédures faits sur la poursuite d'office du ministère public , dans les cas prévus par le Code Civil, et notamment par l'art. 81, relativement aux actes de l'état civil , seront payés, taxés et recouvrés ainsi qu'il est dit dans le chapitre précédent (*art.* 117-120 pour l'interdiction d'office). *V.* INTERDICTION.

II. EFFETS DU DÉCÈS EN MATIÈRE CIVILE.

1° *Droit civil.*

Disposition générale.

C. *Civ.* 718. Les successions s'ouvrent par la mort naturelle et par la mort civile. *V.* SUCCES-SION.

_____

[1] 60. Au premier port où le bâtiment abordera, soit de relâche, soit pour toute autre cause que celle de son désarmement, les officiers de l'administration de la marine, capitaine, maître ou patron, seront tenus de déposer deux expéditions authentiques des actes de naissance qu'ils auront rédigés, savoir : dans un port français , au bureau du préposé à l'inscription maritime, et dans un port étranger, entre les mains du consul. — L'une de ces expéditions restera dépo-sée au bureau de l'inscription maritime, ou à la chancellerie du consulat ; l'autre sera envoyée au ministre de la marine, qui fera parvenir une copie, de lui certifiée, de chacun desdits actes, à l'officier de l'état civil du domicile du père de l'enfant, ou de la mère, si le père est inconnu : cette copie sera inscrite de suite sur les registres.

Dispositions diverses.

DATE CERTAINE. *C. Civ.* 1328. Les actes sous seing privé n'ont de date contre les tiers que du jour où ils ont été enregistrés, du jour de la mort de celui ou de l'un de ceux qui les ont souscrits, ou du jour où leur substance est constatée dans des actes dressés par des officiers publics, tels que procès-verbaux de scellé ou d'inventaire.

DÉPÔT. *C. Civ.* 1939. En cas de mort naturelle ou civile de la personne qui a fait le dépôt, la chose déposée ne peut être rendue qu'à son héritier. — S'il y a plusieurs héritiers, elle doit être rendue à chacun d'eux pour leur part et portion. — Si la chose déposée est indivisible, les héritiers doivent s'accorder entre eux pour la recevoir.

EXÉCUTION DES ACTES. *C. Civ.* 877. Les titres exécutoires contre le défunt sont pareillement exécutoires contre l'héritier personnellement ; et néanmoins les créanciers ne pourront en poursuivre l'exécution que huit jours après la signification de ces titres à la personne ou au domicile de l'héritier.

HYPOTHÈQUE (*inscription*). *C. Civ.* 2149. Les inscriptions à faire sur les biens d'une personne décédée pourront être faites sous la simple désignation du défunt, ainsi qu'il est dit au n° 2 de l'article 2148 [1].

LOUAGE (*des choses*). *C. Civ.* 1742. Le contrat de louage n'est point résolu par la mort du bailleur, ni par celle du preneur.

(*D'ouvrage*). *C. Civ.* 1795. Le contrat de louage d'ouvrage est dissous par la mort de l'ouvrier, de l'architecte ou entrepreneur.

MANDAT. *C. Civ.* 1991. (Le mandataire) est tenu d'achever la chose commencée au décès du mandant, s'il y a péril en la demeure.

2003. Le mandat finit par la mort naturelle ou civile, soit du mandant, soit du mandataire.

2008. Si le mandataire ignore la mort du mandant, ce qu'il a fait dans cette ignorance est valide.

2010. En cas de mort du mandataire, ses héritiers doivent en donner avis au mandant, et pourvoir, en attendant, à ce que les circonstances exigent pour l'intérêt de celui-ci.

MARIAGE. *C. Civ.* 227. Le mariage se dissout, — 1° par la mort de l'un des époux.

393. Si, lors du décès du mari, la femme est

---

[1] *C. Civ.* 2148, n° 2, (en indiquant) les nom, prénom, domicile du débiteur, sa profession, s'il en a une connue, ou une désignation individuelle et spéciale, telle que le conservateur puisse reconnaître et distinguer dans tous les cas l'individu grevé d'hypothèque. V. BORDEREAUX HYPOTHÉCAIRES.

enceinte, il sera nommé un curateur au ventre par le conseil de famille. *V.* CURATEUR.

NEGOTIORUM GESTOR. *C. Civ.* 1373. (Celui qui gère volontairement l'affaire d'autrui) est obligé de continuer sa gestion, encore que le maître vienne à mourir avant que l'affaire soit consommée, jusqu'à ce que l'héritier ait pu en prendre la direction.

RENTE VIAGÈRE. *C. Civ.* 1968. La rente viagère peut être constituée à titre onéreux, moyennant une somme d'argent, ou pour une chose mobilière appréciable, ou pour un immeuble. *V.* VIAGÈRE (*rente*).

SOCIÉTÉ CIVILE. *C. Civ.* 1865. La société finit 1°.... 2° par la mort naturelle de quelqu'un des associés.

1868. S'il a été stipulé qu'en cas de mort de l'un des associés, la société continuerait avec son héritier, ou seulement entre les associés survivans, ces dispositions seront suivies : au second cas, l'héritier du décédé n'a droit qu'au partage de la société, eu égard à la situation de cette société lors du décès, et ne participe aux droits ultérieurs qu'autant qu'ils sont une suite nécessaire de ce qui s'est fait avant la mort de l'associé auquel il succède.

TUTELLE. *C. Civ.* 390. Après la dissolution du mariage arrivée par la mort naturelle ou civile de l'un des époux, la tutelle des enfans mineurs et non émancipés appartient de plein droit au survivant des père et mère.

403. Lorsqu'un enfant mineur et non émancipé restera sans père ni mère, ni tuteur élu par ses père et mère, ni ascendans mâles, comme aussi lorsque le tuteur de l'une des qualités ci-dessus exprimées se trouvera ou dans (un cas d'exclusion), ou valablement excusé, il sera pourvu, par un conseil de famille, à la nomination d'un tuteur.

419. La tutelle est une charge personnelle qui ne passe point aux héritiers du tuteur. Ceux-ci seront seulement responsables de la gestion de leur auteur ; et, s'ils sont majeurs, ils seront tenus de la continuer jusqu'à la nomination d'un nouveau tuteur.

USAGE ET HABITATION. *C. Civ.* 625. Les droits d'usage et d'habitation s'établissent et se perdent de la même manière que l'usufruit. *V.* ci-après.

USUFRUIT. *C. Civ.* 617. L'usufruit s'éteint par la mort naturelle et par la mort civile de l'usufruitier.

2° Procédure.

AJOURNEMENT. *C. Proc.* 59. En matière de succession (le défendeur sera assigné), — 1° sur les demandes entre héritiers, jusqu'au partage

:lusivement ; — 2° sur les demandes qui se-
ent intentées par des créanciers du défunt,
int le partage ; — 3° sur les demandes rela-
es à l'exécution des dispositions à cause de
irt, jusqu'au jugement définitif, — devant le
bunal du lieu où la succession est ouverte.

APPEL ET REQUÊTE CIVILE (*appel*). *C. Proc.*
7. Les délais de l'appel seront suspendus par la
irt de la partie condamnée. — Ils ne repren-
ont leur cours qu'après la signification du ju-
ment faite au domicile du défunt, avec les
rmalités prescrites en l'art. 61 (*V.* AJOURNE-
ENT), et à compter de l'expiration des délais
ur faire inventaire et délibérer, si le jugement
té signifié avant que ces derniers délais fussent
pirés. — Cette signification pourra être faite
x héritiers collectivement, et sans désignation
s noms et qualités.

(*Requête civile*). *C. Proc.* 487. Si la partie
ndamnée est décédée dans les délais fixés pour
pourvoir (en requête civile), ce qui en restera
courir ne commencera, contre la succession, que
ins les délais et de la manière prescrits en l'art.
87 ci-dessus.

COMPROMIS (*décès d'arbitre*). *C. Proc.* 1012.
compromis finit, —1° par le décès d'un des ar-
tres, s'il n'y a clause qu'il sera passé outre, ou
ie le remplacement sera au choix des parties
i au choix de l'arbitre ou des arbitres restans.

Décès de la partie). *C. Proc.* 1013. Le décès,
rsque tous les héritiers sont majeurs, ne mettra
is fin au compromis : le délai pour instruire et
iger sera suspendu pendant celui pour faire in-
entaire et délibérer.

INSTANCE (*décès d'avoué ou de la partie*).
. Proc. 148. Si l'avoué est décédé, la signi-
cation (du jugement) à partie suffira (pour au-
priser l'exécution); mais il sera fait mention du
écès de l'avoué.

162. Si l'avoué de la partie qui a obtenu le ju-
ement (par défaut) est décédé, elle fera notifier
ne nouvelle constitution d'avoué au défaillant,
equel sera tenu, dans les délais, à compter de
l signification, de réitérer son opposition par re-
uête, avec constitution d'avoué.

542. Le jugement de l'affaire qui sera en état,
le sera différé, ni par (la mort des parties), ni par
e décès de leurs avoués.

543. L'affaire sera en état, lorsque la plaidoirie
era commencée ; la plaidoirie sera réputée com-
nencée, quand les conclusions auront été con-
radictoirement prises à l'audience. — Dans les
affaires qui s'instruisent par écrit, la cause sera
en état quand l'instruction sera complète, ou
juand les délais pour les productions et réponses
seront expirés.

544. Dans les affaires qui ne seront pas en état,
toutes procédures faites postérieurement à la notification de la mort de l'une des parties seront
nulles : il ne sera pas besoin de signifier les décès des avoués ; les poursuites faites et les jugemens obtenus depuis seront nuls, s'il n'y a consti-.
tution de nouvel avoué.

SCELLÉS. *C. Proc.* 907. Lorsqu'il y aura lieu
à l'apposition des scellés après décès, elle sera
faite par des juges de paix, et à leur défaut, par
leurs suppléans. *V.* SCELLÉS.

III. EFFETS DU DÉCÈS EN MATIÈRE CRIMINELLE.

Disposition générale.

C. Inst. cr. 2. L'action publique pour l'application de la peine s'éteint par la mort du prévenu. — L'action civile, pour la réparation du
dommage, peut être exercée contre le prévenu et
contre ses représentans.

447. Lorsqu'il y aura lieu de réviser une condamnation (*V.* RÉVISION), et que cette condamnation aura été portée contre un individu mort
depuis, la cour de cassation créera un curateur
à sa mémoire, avec lequel se fera l'instruction,
et qui exercera tous les droits du condamné. —
Si, par le résultat de la nouvelle procédure, la
première condamnation se trouve avoir été portée
injustement, le nouvel arrêt déchargera la mémoire du condamné de l'accusation qui avait été
portée contre lui.

DÉCHARGE. *V.* REMISE.

DÉCHARGE D'ACCUSATION. *V.* ABSO-
LUTION, ACQUITTEMENT, RÉVISION.

DÉCHARGE DE CAUTION. *C. Civ.* 2037.
La caution est déchargée lorsque la subrogation
aux droits, hypothèques et privilèges du créancier, ne peut plus, par le fait de ce créancier, s'o-
pérer en faveur de la caution.

2039. La simple prorogation de terme, accordée par le créancier au débiteur principal, ne décharge point la caution, qui peut, en ce cas,
poursuivre le débiteur pour le forcer au paiement.

DÉCHARGE DE NAVIRE. *C. Com.* 253.
Si le voyage est prolongé, le prix des loyers des
matelots engagés au voyage est augmenté à proportion de la prolongation.

256. Si la décharge du navire se fait volontairement dans un lieu plus rapproché que celui
qui est désigné par l'affrètement, il ne leur est
fait aucune diminution.

DÉCHARGE DE PIÈCES. *C. Civ.* 2276.
Les juges et avoués sont déchargés des pièces
cinq ans après le jugement des procès.—Les huissiers, après deux ans depuis l'exécution de la com-

mission ou la signification des actes dont ils étaient chargés, en sont pareillement déchargés. *C. Proc.* 113. Les avoués, en retirant leurs pièces (produites au greffe), émargeront le registre; cet émargement servira de décharge au greffier.

DÉCHARGE DE SAISIE. *C. Proc.* 603. (Le gardien des effets saisis) peut demander sa décharge, si la vente n'a pas été faite au jour indiqué par le procès-verbal, sans qu'elle ait été empêchée par quelque obstacle ; et, en cas d'empêchement, la décharge peut être demandée deux mois après la saisie, sauf au saisissant à faire nommer un autre gardien.

606. La décharge sera demandée contre le saisissant et le saisi, par une assignation en référé devant le juge du lieu de la saisie; si elle est accordée, il sera préalablement procédé au récolement des effets saisis, parties appelées.

DÉCHARGE DE SOLIDARITÉ. *C. Civ.* 1285. La remise ou décharge conventionnelle au profit de l'un des codébiteurs solidaires, libère tous les autres, à moins que le créancier n'ait expressément réservé ses droits contre ces derniers. —Dans ce dernier cas, il ne peut plus répéter la dette que déduction faite de la part de celui auquel il a fait la remise. *V.* Décennale (*prescription*).

DÉCHÉANCE. *V.* Délai, Fin de non-recevoir, Péremption, Prescription.

DÉCISIVE (pièce). *C. Proc.* 448. Dans le cas où le jugement aurait été rendu sur une pièce fausse, ou si la partie avait été condamnée faute de représenter une pièce décisive qui était retenue par son adversaire, les délais de l'appel ne courront que du jour où le faux aura été reconnu ou juridiquement constaté, ou que la pièce aura été recouvrée, pourvu que, dans ce dernier cas, il y ait preuve par écrit du jour où la pièce a été recouvrée, et non autrement. *V.* Appel.

480. Les jugemens contradictoires rendus en dernier ressort par les tribunaux de première instance et les cours royales, et les jugemens par défaut rendus aussi en dernier ressort, et qui ne sont plus susceptibles d'opposition, pourront être rétractés, sur la requête de ceux qui auront été parties ou dûment appelés, pour les causes ci-après : 1°... 10° si, depuis le jugement, il a été recouvré de pièces décisives, et qui avaient été retenues par le fait de la partie. *V.* Requête civile.

DÉCISOIRE (serment).

Dispositions générales.

C. Civ. 1357. Le serment judiciaire est de deux espèces : — 1° celui qu'une partie défère à l'autre pour en faire dépendre le jugement de la cause : il est appelé *décisoire*; — 2° celui qui est déféré d'office par le juge à l'une ou à l'autre des parties. *V.* Supplétoire (*serment*).

Du serment décisoire.

C. Civ. (liv. 3, tit. 3, ch. 6, sect. 3, § 1, art. 1358-1365). — 1358. Le serment décisoire peut être déféré sur quelque espèce de contestation que ce soit.

1359. Il ne peut être déféré que sur un fait personnel à la partie à laquelle on le défère.

1360. Il peut être déféré en tout état de cause, et encore qu'il n'existe aucun commencement de preuve de la demande ou de l'exception sur laquelle il est provoqué.

1361. Celui auquel le serment est déféré, qui le refuse ou ne consent pas à le référer à son adversaire, ou l'adversaire à qui il a été référé et qui le refuse, doit succomber dans sa demande ou dans son exception.

1362. Le serment ne peut être référé quand le fait qui en est l'objet n'est point celui des deux parties, mais est purement personnel à celui auquel le serment avait été déféré.

1363. Lorsque le serment déféré ou référé a été fait, l'adversaire n'est point recevable à en prouver la fausseté.

1364. La partie qui a déféré ou référé le serment, ne peut plus se rétracter lorsque l'adversaire a déclaré qu'il est prêt à faire ce serment.

1365. Le serment fait ne forme preuve qu'au profit de celui qui l'a déféré ou contre lui, et au profit de ses héritiers et ayans cause ou contre eux.—Néanmoins le serment déféré par l'un des créanciers solidaires au débiteur ne libère celui-ci que pour la part de ce créancier; — le serment déféré au débiteur principal libère également les cautions;—celui déféré à l'un des débiteurs solidaires profite aux codébiteurs;—et celui déféré à la caution profite au débiteur principal.— Dans ces deux derniers cas, le serment du codébiteur solidaire ou de la caution ne profite aux autres codébiteurs ou au débiteur principal que lorsqu'il a été déféré sur la dette, et non sur le fait de la solidarité ou du cautionnement. *V.* Serment.

DÉCLARATIONS.

Dispositions diverses.

Déclaration d'absence. *C. Civ.* 115. Lorsqu'une personne aura cessé de paraître au lieu de son domicile ou de sa résidence, et que depuis quatre ans on n'en aura point eu de nouvelles, les parties intéressées pourront se pourvoir devant le tribunal de première instance, afin que l'absence soit déclarée. *V.* Absence, II, 1°, p.

Déclaration affirmative (*tiers-saisi*). *C. Proc.* 571. Le tiers-saisi assigné fera sa déclaration, et l'affirmera au greffe, s'il est sur le lieux ; sinon, devant le juge de paix de son domi-cile, sans qu'il soit besoin, dans ce cas, de réité-rer l'affirmation au greffe. *V.* TIERS-SAISI.

DÉCLARATION DE COMMAND. *V.* COMMAND.

DÉCLARATION DE CONDAMNÉ. *C. Inst. cr.* 377. Si le condamné veut faire une déclaration, elle sera reçue par un des juges du lieu de l'exécu-tion, assisté du greffier.

DÉCLARATION DE DÉCÈS. *C. Civ.* 78. L'acte de décès sera dressé par l'officier de l'état civil, sur la déclaration de deux témoins. Ces témoins seront, s'il est possible, les deux plus proches parens ou voisins, ou, lorsqu'une personne sera décédée hors de son domicile, la personne chez laquelle elle sera décédée, et un parent ou autre.

DÉCLARATION DE DÉPENS. *C. Proc.* 133. Les avoués pourront demander la distraction des dé-pens à leur profit, en affirmant, lors de la pro-nonciation du jugement, qu'ils ont fait la plus grande partie des avances. *V.* DÉPENS.

DÉCLARATION DU JURI. *C. Inst. cr.* 348. Le chef du juri se lèvera, et la main placée sur son cœur, il dira : *Sur mon honneur et ma conscience, devant Dieu et devant les hommes, la déclara-tion du juri est : Oui l'accusé (est coupable), etc. Non, l'accusé (n'est pas coupable), etc. V.* CRI-MINELS (*débats*).

DÉCLARATION DE MINEUR. *C. Inst. cr.* 79. Les enfans de l'un et de l'autre sexe, au-dessous de l'âge de quinze ans, pourront être entendus, par forme de déclaration et sans prestation de ser-ment.

DÉCLARATION DE NAISSANCE. *C. Civ.* 35. Les déclarations de naissance seront faites, dans les trois jours de l'accouchement, à l'officier de l'é-tat civil du lieu ; l'enfant lui sera présenté. *V.* NAISSANCE (*acte de*).

DÉCLINATOIRES. *C. Proc.* 168. La partie qui aura été appelée devant un tribunal autre que celui qui doit connaître de la contestation, pourra demander son renvoi devant les juges compétens. *V.* INCOMPÉTENCE.

DÉCONFITURE.

Dispositions diverses.

CAUTION. *C. Civ.* 2032. La caution, même avant d'avoir payé, peut agir contre le débiteur, pour être par lui indemnisée ;— 1°..., 2° lorsque le débiteur a fait faillite ou est en déconfiture.

COMMUNAUTÉ (*créanciers de la femme*). *C. Civ.* 1446. Les créanciers personnels de la femme ne peuvent, sans son consentement, demander la sé-paration de biens.—Néanmoins, en cas de faillite ou de déconfiture du mari, ils peuvent exercer les droits de leur débitrice jusqu'à concurrence du montant de leurs créances.

DÉLÉGATION. *C. Civ.* 1276. Le créancier qui a déchargé le débiteur par qui a été faite la délé-gation n'a point de recours contre ce débiteur si le délégué devient insolvable, à moins que l'acte n'en contienne une réserve expresse, ou que le délégué ne fût déjà en faillite ouverte, ou tombé en déconfiture au moment de la délégation.

MANDAT. *C. Civ.* 2003. Le mandat finit par la déconfiture, soit du mandant, soit du manda-taire.

SOCIÉTÉ CIVILE. *C. Civ.* 1865. La société finit, —4° par la déconfiture de l'un (des associés).

VENTE. *C. Civ.* 1613. (Le vendeur) ne sera pas obligé à la délivrance, quand même il aurait accordé un délai pour le paiement, si, depuis la vente, l'acheteur est tombé en faillite, ou en état de déconfiture, en sorte que le vendeur se trouve en danger imminent de perdre le prix, à moins que l'acheteur ne lui donne caution de payer au terme.

DÉFAUTS.

I. DU DÉFAUT EN MATIÈRE CIVILE ET DE COM-MERCE.

ART. 1er. DES SENTENCES DE JUGE DE PAIX.

1° *Dispositions générales.*

Des jugemens par défaut et des oppositions à ces jugemens.

C. Proc. (*liv.* 1, *tit.* 3, *art.* 19-22). — 19. Si, au jour indiqué par la citation, l'une des parties ne comparaît pas, la cause sera jugée par défaut, sauf la réassignation dans le cas prévu dans le dernier alinéa de l'article 3 [1].

20. La partie condamnée par défaut pourra former opposition, dans les trois jours de la si-gnification faite par l'huissier du juge de paix, ou autre qu'il aura commis. — L'opposition con-tiendra sommairement les moyens de la partie, et assignation au prochain jour d'audience, en observant toutefois les délais prescrits pour les citations (*V.* AJOURNEMENT) : elle indiquera les jour et heure de la comparution, et sera notifiée ainsi qu'il est dit ci-dessus.

21. Si le juge de paix sait par lui-même, ou par les représentations qui lui seraient faites à l'audience par les proches voisins, ou amis du dé-fendeur, que celui-ci n'a pu être instruit de la procédure, il pourra, en adjugeant le défaut, fixer pour le délai de l'opposition le temps qui lui paraîtra convenable ; et, dans le cas où la pro-rogation n'aurait été ni accordée d'office ni de-

---

[1] *C. Proc.* 3. *Dernier alinéa.* Dans le cas où les délais n'auront point été observés, si le défendeur ne comparaît pas, le juge ordonnera qu'il sera ré-assigné, et les frais de la première citation seront à la charge du demandeur.

mandée, le défaillant pourra être relevé de la rigueur du délai, et admis à opposition, en justifiant qu'à raison d'absence ou de maladie grave il n'a pu être instruit de la procédure.

22. La partie opposante qui se laisserait juger une seconde fois par défaut, ne sera plus reçue à former une nouvelle opposition.

2° Dispositions du tarif.

Tarif civ. 21. Pour l'original (Pr. 19) de signification de jugement, 1 fr. 25 c. — (20.) D'opposition au jugement par défaut, contenant assignation à la prochaine audience, 1 fr. 50 c. — Pour chaque copie, le quart.

ART. 2. DES JUGEMENS DES TRIBUNAUX CIVILS.

1° Dispositions générales.
Des jugemens par défaut et oppositions.

C. Proc. (liv. 2, tit. 8, art. 149-165). — 149. Si le défendeur ne constitue pas avoué, ou si l'avoué constitué ne se présente pas au jour indiqué pour l'audience, il sera donné défaut.

150. Le défaut sera prononcé à l'audience, sur l'appel de la cause ; et les conclusions de la partie qui le requiert, seront adjugées, si elles se trouvent justes et bien vérifiées : pourront néanmoins les juges faire mettre les pièces sur le bureau, pour prononcer le jugement à l'audience suivante.

151. Lorsque plusieurs parties auront été citées pour le même objet à différens délais, il ne sera pris défaut contre aucune d'elles qu'après l'échéance du plus long délai.

152. Toutes les parties appelées et défaillantes seront comprises dans le même défaut ; et s'il en est pris contre chacune d'elles séparément, les frais desdits défauts n'entreront point en taxe, et resteront à la charge de l'avoué, sans qu'il puisse les répéter contre la partie.

153. Si de deux ou de plusieurs parties assignées, l'une fait défaut et l'autre comparaît, le profit du défaut sera joint, et le jugement de jonction sera signifié à la partie défaillante par un huissier commis ; la signification contiendra assignation au jour auquel la cause sera appelée ; il sera statué par un seul jugement, qui ne sera pas susceptible d'opposition.

154. Le défendeur qui aura constitué avoué, pourra, sans avoir fourni de défenses, suivre l'audience par un seul acte, et prendre défaut contre le demandeur qui ne comparaîtrait pas.

155. Les jugemens par défaut ne seront pas exécutés avant l'échéance de la huitaine de la signification à avoué, s'il y a eu constitution d'avoué, et de la signification à personne ou domicile, s'il n'y a pas eu constitution d'avoué ; à moins qu'en cas d'urgence l'exécution n'en ait été ordonnée avant l'expiration de ce délai, dans les cas prévus par l'art. 135[1]. — Pourront aussi les juges, dans le cas seulement où il y aurait péril en la demeure, ordonner l'exécution nonobstant l'opposition, avec ou sans caution ; ce qui ne pourra se faire que par le même jugement.

156. Tous jugemens par défaut contre une partie qui n'a pas constitué d'avoué, seront signifiés par un huissier commis soit par le tribunal, soit par le juge du domicile du défaillant que le tribunal aura désigné ; ils seront exécutés dans les six mois de leur obtention, sinon seront réputés non avenus.

157. Si le jugement est rendu contre une partie ayant un avoué, l'opposition ne sera recevable que pendant huitaine, à compter du jour de la signification à avoué.

158. S'il est rendu contre une partie qui n'a pas d'avoué, l'opposition sera recevable jusqu'à l'exécution du jugement.

159. Le jugement est réputé exécuté, lorsque les meubles saisis ont été vendus, ou que le condamné a été emprisonné ou recommandé, ou que la saisie d'un ou de plusieurs de ses immeubles lui a été notifiée, ou que les frais ont été payés, ou enfin lorsqu'il y a quelque acte duquel il résulte nécessairement que l'exécution du jugement a été connue de la partie défaillante : l'opposition formée dans les délais ci-dessus et dans les formes ci-après prescrites, suspend l'exécution si elle n'a pas été ordonnée nonobstant opposition.

160. Lorsque le jugement aura été rendu contre une partie ayant un avoué, l'opposition ne sera recevable qu'autant qu'elle aura été formée par requête d'avoué à avoué.

161. La requête contiendra les moyens d'opposition, à moins que des moyens de défense n'aient été signifiés avant le jugement, auquel cas il suffira de déclarer qu'on les emploie comme moyens d'opposition : l'opposition qui ne sera pas signifiée dans cette forme n'arrêtera pas l'exécution ; elle sera rejetée sur un simple acte, et sans qu'il soit besoin d'aucune autre instruction.

[1] 133. L'exécution provisoire sans caution sera ordonnée, s'il y a titre authentique, promesse reconnue, ou condamnation précédente par jugement dont il n'y ait point d'appel. — L'exécution provisoire pourra être ordonnée, avec ou sans caution, lorsqu'il s'agira, — 1° d'opposition et levée de scellés ou confection d'inventaire ; — 2° de réparations urgentes ; — 3° d'expulsion des lieux, lorsqu'il n'y a pas de bail, ou que le bail est expiré ; — 4° de séquestres, commissaires et gardiens ; — 5° de réceptions de caution et certificateurs ; — 6° de nomination de tuteurs, curateurs, et autres administrateurs, de reddition de compte ; — 7° de pensions ou provisions alimentaires.

162. Lorsque le jugement aura été rendu contre une partie n'ayant pas d'avoué, l'opposition pourra être formée, soit par acte extrajudiciaire, soit par déclaration sur les commandemens, procès-verbaux de saisie ou d'emprisonnement, ou tout autre acte d'exécution, à la charge par l'opposant de la réitérer avec constitution d'avoué, par requête, dans la huitaine ; passé lequel temps elle ne sera plus recevable, et l'exécution sera continuée, sans qu'il soit besoin de le faire ordonner. — Si l'avoué de la partie qui a obtenu le jugement est décédé, ou ne peut plus postuler, elle fera notifier une nouvelle constitution d'avoué au défaillant, lequel sera tenu, dans les délais ci-dessus, à compter de la signification, de réitérer son opposition par requête, avec constitution d'avoué. — Dans aucun cas, les moyens d'opposition fournis postérieurement à la requête n'entreront en taxe.

163. Il sera tenu au greffe un registre sur lequel l'avoué de l'opposant fera mention sommaire de l'opposition, en énonçant les noms des parties et de leurs avoués, les dates du jugement et de l'opposition : il ne sera dû de droit d'enregistrement que dans le cas où il en serait délivré expédition.

164. Aucun jugement par défaut ne sera exécuté à l'égard d'un tiers, que sur un certificat du greffier, constatant qu'il n'y a aucune opposition portée sur le registre.

165. L'opposition ne pourra jamais être reçue contre un jugement qui aurait débouté d'une première opposition.

2° Dispositions additionnelles.

COMPTE. *C. Proc.* 542. Si l'oyant est défaillant, le commissaire fera son rapport au jour par lui indiqué : les articles seront alloués s'ils sont justifiés ; le rendant, s'il est reliquataire, gardera les fonds sans intérêts, et s'il ne s'agit point d'un compte de tutelle, le comptable donnera caution, si mieux il n'aime consigner.

EXÉCUTION. *C. Proc.* 123. Le délai (accordé pour l'exécution) courra du jour du jugement, s'il est contradictoire, et de celui de la signification, s'il est par défaut.

EXPROPRIATION FORCÉE. *C. Civ.* 2215. La poursuite (en expropriation forcée, ou saisie immobilière) peut avoir lieu en vertu d'un jugement provisoire et définitif, exécutoire par provision, nonobstant appel ; mais l'adjudication ne peut se faire qu'après un jugement définitif en dernier ressort, ou passé en force de chose jugée. — La poursuite ne peut s'exercer en vertu des jugemens rendus par défaut durant le délai de l'opposition.

GARANTIE. *C. Proc.* 179. Si les délais des assignations en garantie ne sont échus en même temps que celui de la demande originaire, il ne sera pris aucun défaut contre le défendeur originaire, lorsqu'avant l'expiration du délai il aura déclaré, par acte d'avoué à avoué, qu'il a formé sa demande en garantie ; sauf, si le défendeur, après l'échéance du délai pour appeler le garant, ne justifie pas de la demande en garantie, à faire droit sur la demande originaire, même à le condamner à des dommages-intérêts, si la demande en garantie par lui alléguée se trouve n'avoir pas été formée.

REPRISE D'INSTANCE. *C. Proc.* 349. Si, à l'expiration du délai (d'ajournement), la partie assignée en reprise ou en constitution ne comparaît pas, il sera rendu jugement qui tiendra la cause pour reprise, et ordonnera qu'il sera procédé suivant les derniers erremens, et sans qu'il puisse y avoir d'autres délais que ceux qui restaient à courir.

350. Le jugement rendu par défaut contre une partie, sur la demande en reprise d'instance ou en constitution de nouvel avoué, sera signifié par un huissier commis : si l'affaire est en rapport, la signification énoncera le nom du rapporteur.

351. L'opposition à ce jugement sera portée à l'audience, même dans les affaires en rapport.

REQUÊTE CIVILE. *C. Proc.* 480. Les jugemens par défaut rendus en dernier ressort (par les tribunaux de première instance et les cours royales), et qui ne sont plus susceptibles d'opposition, pourront être rétractés, sur la requête de ceux qui auront été parties, ou dûment appelés. *V.* REQUÊTE CIVILE.

VÉRIFICATION D'ÉCRITURES. *C. Proc.* 194. Si le défendeur ne comparaît pas, il sera donné défaut, et l'écrit sera tenu pour reconnu : si le défendeur reconnaît l'écrit, le jugement en donnera acte au demandeur.

Dispositions du tarif.

Tarif civ. 29. (Pr. 162.) Pour l'original d'opposition au jugement par défaut rendu contre partie, — Paris, 2 fr. — Partout ailleurs, 1 fr. 50 c. — Pour chaque copie, le quart. — Indépendamment des copies de pièces qui n'auront pas été faites par les avoués.

73. (Pr. 161.) Pour la grosse de la requête d'opposition au jugement par défaut contenant les moyens, par chaque rôle, — à Paris, 2 fr. — Dans le ressort, 1 fr. 50 c. (V. TARIF.) — Si les moyens ont été fournis avant le jugement par défaut la requête d'opposition, sans les moyens, ne sera passée que pour un rôle. — *Idem.* — Et pour chaque copie par rôle, le quart. — Le nombre des rôles de requête en réponse ne pourra jamais excéder celui fixé pour la requête en demande. — Il ne sera passé aucuns frais

d'impression des requêtes et défenses même autorisées.

76. (Pr. 156.) Pour faire commettre un huissier à l'effet de signifier un jugement par défaut contre partie. — La requête ne sera point grossoyée et sera taxée, — à Paris, 2 fr. — Dans le ressort, 1 f. 50 c. (*V.* Tarif.) — La vacation pour demander l'ordonnance du président et se la faire délivrer, est comprise dans la taxe.

82. (Pr. 149.) Assistance et plaidoirie aux jugemens par défaut, — Paris, 3 f. — Dans le ressort, 2 f. 45 c. (*V.* Tarif.) — Pour l'honoraire de l'avocat qui aura pris le jugement par défaut, — à Paris, 5 fr. — Dans le ressort, 4 fr. — Quand le jugement par défaut aura été pris par un avocat, le droit d'assistance de l'avoué ne sera, — à Paris, que de 1 fr. — Dans le ressort, 75 c.

89. (Pr. 156 et 157.) Pour signification de tout jugement à avoué ou à domicile, par chaque rôle d'expédition, — Paris, 30 c. — Dans le ressort, 25 c.

90. (Pr. 163, 164.) Pour faire la mention, sur le registre tenu au greffe, de l'opposition au jugement par défaut, ou de l'appel de tout jugement, quand il y aura dans les jugemens des dispositions qui doivent être exécutées par des tiers, — à Paris, 1 fr. 50 c. — Dans le ressort, 1 fr. 15 c.

Art. 3. des jugemens des tribunaux de commerce.

1° *Dispositions générales.*

C. Proc. 434. Si le demandeur ne se présente pas, le tribunal (de commerce) donnera défaut, et renverra le défendeur de la demande. — Si le défendeur ne comparaît pas, il sera donné défaut; et les conclusions du demandeur seront adjugées, si elles se trouvent justes et bien vérifiées.

435. Aucun jugement par défaut ne pourra être signifié que par un huissier commis à cet effet par le tribunal; la signification contiendra, à peine de nullité, élection de domicile dans la commune où elle se fait, si le demandeur n'y est domicilié. — Le jugement sera exécutoire un jour après la signification et jusqu'à l'opposition.

436. L'opposition ne sera plus recevable après la huitaine du jour de la signification.

437. L'opposition contiendra les moyens de l'opposant, et assignation dans le délai de la loi; elle sera signifiée au domicile élu.

438. L'opposition faite à l'instant de l'exécution, par déclaration sur le procès-verbal de l'huissier, arrêtera l'exécution; à la charge, par l'opposant, de la réitérer dans les trois jours, par exploit contenant assignation; passé lequel délai, elle sera censée non avenue.

2° *Dispositions additionnelles.*

C. Com. 643. Les articles 156, 158 et 159 du Code de Procédure civile (*V. ci-dessus, art.* 2, p. 254), relatifs aux jugemens par défaut rendus par les tribunaux inférieurs, seront applicables aux jugemens par défaut rendus par les tribunaux de commerce.

643. Le délai pour interjeter appel des jugemens des tribunaux de commerce, sera de deux mois, à compter du jour de la signification du jugement, pour ceux qui auront été rendus contradictoirement, et du jour de l'expiration du délai de l'opposition, pour ceux qui auront été rendus par défaut : l'appel pourra être interjeté le jour même du jugement.

Art. 4. des arrêts de cour royale.

Disposition générale.

C. Proc. 470. Les règles établies pour les tribunaux inférieurs seront observées dans les cours royales.

II. du défaut en matière criminelle.

1° *Des jugemens de police.*

C. Inst. cr. 146. La citation (pour contravention de police) ne pourra être donnée à un délai moindre que vingt-quatre heures, outre un jour par trois myriamètres, à peine de nullité tant de la citation que du jugement qui serait rendu par défaut. Néanmoins cette nullité ne pourra être proposée qu'à la première audience, avant toute exception et défense. — Dans les cas urgens, les délais pourront être abrégés et les parties citées à comparaître même dans le jour, et à heure indiquée, en vertu d'une cédule délivrée par le juge de paix.

149. Si la personne citée ne comparaît pas au jour et à l'heure fixée par la citation, elle sera jugée par défaut.

150. La personne condamnée par défaut ne sera plus recevable à s'opposer à l'exécution du jugement, si elle ne se présente à l'audience indiquée par l'article suivant; sauf ce qui sera réglé sur l'appel et le recours en cassation.

151. L'opposition au jugement par défaut pourra être faite par déclaration en réponse au bas de l'acte de signification, ou par acte notifié dans les trois jours de la signification, outre un jour par trois myriamètres. — L'opposition emportera de droit citation à la première audience après l'expiration des délais et sera réputée non avenue si l'opposant ne comparaît pas.

2° *Des jugemens de police correctionnelle.*

184. Il y aura au moins un délai de trois jours, outre un jour par trois myriamètres, entre la citation (devant la police correctionnelle) et le jugement, à peine de nullité de la condamnation qui serait prononcée par défaut contre la personne

citée. — Néanmoins cette nullité ne pourra être proposée qu'à la première audience, et avant toute exception ou défense.

186. Si le prévenu ne comparaît pas, il sera jugé par défaut.

187. La condamnation par défaut sera comme non avenue, si dans les cinq jours de la signification qui en aura été faite au prévenu ou à son domicile, outre un jour par cinq myriamètres, celui-ci forme opposition à l'exécution du jugement, et notifie son opposition tant au ministère public qu'à la partie civile. — Néanmoins les frais de l'expédition, de la signification du jugement par défaut, et de l'opposition, demeureront à la charge du prévenu.

188. L'opposition emportera de droit citation à la première audience : elle sera non avenue, si l'opposant n'y comparaît pas ; et le jugement que le tribunal aura rendu sur l'opposition ne pourra être attaqué par la partie qui l'aura formée, si ce n'est par appel. — Le tribunal pourra, s'il y échet, accorder une provision; et cette disposition sera exécutoire nonobstant l'appel.

3° Des arrêts des cours d'assises.

V. CONTUMACE.

4° Dispositions diverses.

JURÉS. C. Inst. cr. 396. Tout juré, qui ne se sera pas rendu à son poste sur la citation qui lui aura été notifiée, sera condamné par la cour d'assises à une amende, laquelle sera, — pour la première fois, de cinq cents francs ; — pour la seconde, de mille francs ; — et pour la troisième, de quinze cents francs. — Cette dernière fois, il sera de plus déclaré incapable d'exercer à l'avenir les fonctions de juré. L'arrêt sera imprimé et affiché à ses frais.

397. Seront exceptés ceux qui justifieront qu'ils étaient dans l'impossibilité de se rendre au jour indiqué. — La cour prononcera sur la validité de l'excuse.

MANDAT DE COMPARUTION. C. Inst. cr. 91. Si l'inculpé fait défaut (sur le mandat de comparution), le juge d'instruction décernera contre lui un mandat d'amener.

PRESCRIPTION. C. Inst. cr. 644. En aucun cas, les condamnés par défaut ou par contumace, dont la peine est prescrite, ne pourront être admis à se présenter pour purger le défaut ou la contumace.

TÉMOINS. C. Inst. cr. (Disposition générale.) 80. Toute personne citée pour être entendue en témoignage, sera tenue de comparaître et de satisfaire à la citation : sinon, elle pourra y être contrainte par le juge d'instruction, qui, à cet effet, sur les conclusions du procureur du Roi, sans autre formalité ni délai, et sans appel, prononcera une amende qui n'excèdera pas cent francs, et pourra ordonner que la personne citée sera contrainte par corps à venir donner son témoignage.

81. Le témoin, ainsi condamné à l'amende sur le premier défaut, et qui, sur la seconde citation, produira devant le juge d'instruction des excuses légitimes, pourra, sur les conclusions du procureur du Roi, être déchargé de l'amende.

(Cour d'assises). C. Inst. cr. 354. Lorsqu'un témoin qui aura été cité ne comparaîtra pas, la cour (d'assises) pourra, sur la réquisition du procureur général, et avant que les débats soient ouverts par la déposition du premier témoin inscrit sur la liste, renvoyer l'affaire à la prochaine session.

355. Si, à raison de la non-comparution du témoin, l'affaire est renvoyée à la session suivante, tous les frais de citation, actes, voyages de témoins, et autres ayant pour objet de faire juger l'affaire, seront à la charge de ce témoin ; et il y sera contraint, même par corps, sur la réquisition du procureur général, par l'arrêt qui renverra les débats à la session suivante. — Le même arrêt ordonnera, de plus, que ce témoin sera amené par la force publique devant la cour pour y être entendu. — Et néanmoins dans tous les cas, le témoin qui ne comparaîtra pas, ou qui refusera soit de prêter serment, soit de faire sa déposition, sera condamné à la peine portée par l'art. 80 (ci-dessus).

DEFENSE.

I. EN MATIÈRE CIVILE.

1° Du droit de défense.

C. Proc. 85. Pourront les parties, assistées de leurs avoués, se défendre elles-mêmes : le tribunal cependant aura la faculté de leur interdire ce droit, s'il reconnaît que la passion ou l'inexpérience les empêche de discuter leur cause avec la décence convenable ou la clarté nécessaire pour l'instruction des juges.

86. Les parties ne pourront charger de leur défense, soit verbale, soit par écrit, même à titre de consultation, les juges en activité de service, procureurs généraux, avocats généraux, procureurs du Roi, substituts des procureurs généraux et du Roi, même dans les tribunaux autres que ceux près desquels ils exercent leurs fonctions : pourront néanmoins les juges, procureurs généraux, avocats généraux, procureurs du Roi, et substituts des procureurs généraux et du Roi, plaider, dans tous les tribunaux, leurs causes personnelles, et celles de leurs femmes, parens ou alliés en ligne directe, et de leurs pupilles. V. AVOCAT, AVOUÉ.

17

2° Procédure relative à la défense.

Constitution d'avoués, et défenses.

C. Proc. (liv. 2, tit. 3, art. 75-82). — **75.** Le défendeur sera tenu, dans les délais de l'ajournement, de constituer avoué ; ce qui se fera par acte signifié d'avoué à avoué. Le défendeur ni le demandeur ne pourront révoquer leur avoué sans en constituer un autre. Les procédures faites et jugemens obtenus contre l'avoué révoqué et non remplacé, seront valables.

76. Si la demande a été formée à bref délai, le défendeur pourra, au jour de l'échéance, faire présenter à l'audience un avoué, auquel il sera donné acte de sa constitution ; ce jugement ne sera point levé : l'avoué sera tenu de réitérer, dans le jour, sa constitution par acte ; faute par lui de le faire, le jugement sera levé à ses frais.

77. Dans la quinzaine du jour de la constitution, le défendeur fera signifier ses défenses signées de son avoué ; elles contiendront offre de communiquer les pièces à l'appui ou à l'amiable, d'avoué à avoué, ou par la voie du greffe.

78. Dans la huitaine suivante, le demandeur fera signifier sa réponse aux défenses.

79. Si le défendeur n'a point fourni ses défenses dans le délai de quinzaine, le demandeur poursuivra l'audience sur un simple acte d'avoué à avoué.

80. Après l'expiration du délai accordé au demandeur pour faire signifier sa réponse, la partie la plus diligente pourra poursuivre l'audience sur un simple acte d'avoué à avoué ; pourra même le demandeur poursuivre l'audience après la signification des défenses, et sans y répondre.

81. Aucunes autres écritures ni significations n'entreront en taxe.

82. Dans tous les cas où l'audience peut être poursuivie sur un acte d'avoué à avoué, il n'en sera admis en taxe qu'un seul pour chaque partie.

Dispositions du tarif.

Tarif civ. **68.** (Pr. 75.) Pour la consultation sur toute demande principale, intervention, tierce-opposition, et requête civile, tant en demandant qu'en défendant, — à Paris, 10 fr. — Dans le ressort, 7 f. 50 c. *V.* CONSULTATION (*droit de*) et TARIF.

70. (Pr. 75.) Pour l'original d'une constitution d'avoué ; — (79, 82 et *passim*.) Pour un acte d'avoué à avoué pour suivre l'audience, sans qu'il puisse en être passé plus d'un seul pour chaque jugement par défaut, interlocutoire ou contradictoire, — Paris, 1 f. — Dans le ressort, 75 c. (*V.* TARIF.) — Pour les copies, indépendamment des copies de pièces, le quart.

72. (Pr. 77.) Pour l'original ou grosse des requêtes servant de défenses aux demandes, contenant vingt-cinq lignes à la page et douze syllabes à la ligne, — à Paris, 2 f. — Dans le ressort, 1 f. 50 c. (*V.* TARIF.)

— Les copies de pièces qui seront données avec les défenses, ou qui pourront être signifiées dans les causes, seront taxées, à raison du rôle, de vingt-cinq lignes à la page, et de douze syllabes à la ligne, ou évaluées sur ce pied, — à Paris, 30 c. — Dans le ressort, 25 c. — Les copies de tous actes ou jugemens qui seront signifiées avec les exploits des huissiers, appartiendront à l'avoué, si elles ont été faites par lui, à la charge de les certifier véritables et de les signer.

73. Pour l'original ou grosse des requêtes, contenant réponse aux défenses dans la forme ci-dessus pour chaque rôle, — à Paris, 2 fr. — Dans le ressort, 1 fr. 50 c.

80. (Pr. 76 et suiv.) Pour honoraires de l'avocat qui aura plaidé la cause contradictoirement, — à Paris, 15 fr. — Dans le ressort, 10 fr. *V.* TARIF.

81. Pour l'assistance de l'avoué à l'audience, à l'effet de demander acte de sa constitution, en cas d'abréviation des délais, — à Paris, 1 fr. 50 c. — Dans le ressort, 1 fr.

91. (Pr. 77.) Vacation pour donner et prendre communication des pièces de la cause à l'amiable, sur récépissé ou par voie du greffe, et le rétablissement entre les mains de l'avoué, ou le retrait du greffe, le tout ensemble, — à Paris, 6 fr. — Dans le ressort, 4 fr. 50 c.

II. EN MATIÈRE CRIMINELLE.

Du droit de défense.

1° Tribunaux de police et de police correctionnelle.

C. Inst. cr. **153.** L'instruction de chaque affaire (devant les tribunaux de police) sera publique, à peine de nullité. — La personne citée proposera sa défense... Le ministère public résumera l'affaire et donnera ses conclusions : la partie citée pourra proposer ses observations.

190. L'instruction (devant les tribunaux de police correctionnelle) sera publique, à peine de nullité. — ...Le prévenu est interrogé ; le prévenu et les personnes civilement responsables proposeront leurs défenses : le procureur du Roi résumera l'affaire et donnera ses conclusions : le prévenu et les personnes civilement responsables du délit pourront répliquer.

2° Cours d'assises.

C. Inst. cr. **311.** Le président avertira le conseil de l'accusé qu'il ne peut rien dire contre sa conscience ou contre le respect dû aux lois, et qu'il doit s'exprimer avec décence et modération.

335. A la suite des dépositions des témoins, et des dires respectifs auxquels elles auront donné lieu, la partie civile ou son conseil et le procureur général seront entendus, et développeront les moyens qui appuient l'accusation.—L'accusé et son conseil pourront leur répondre. — La réplique sera permise à la partie civile et au procureur général ; mais l'accusé ou son conseil auront toujours la parole les derniers. — Le président déclarera ensuite que les débats sont terminés.

365. Le président (après avoir lu la déclaration de culpabilité) demandera à l'accusé s'il n'a rien à dire pour sa défense. — L'accusé ni son conseil ne pourront plus plaider que le fait est faux, mais seulement qu'il n'est pas défendu ou qualifié délit par la loi, ou qu'il ne mérite pas la peine dont le procureur général a requis l'application, ou qu'il n'emporte pas de dommages-intérêts au profit de la partie civile, ou enfin que celle-ci élève trop haut les dommages-intérêts qui lui sont dus.

DÉFENSEUR. *V.* Avocat.

DÉFINITIFS (jugemens).

1° *Juges de paix.*

C. Proc. 31. Il n'y aura lieu à l'appel des jugemens préparatoires qu'après le jugement définitif, et conjointement avec l'appel de ce jugement; mais l'exécution des jugemens préparatoires ne portera aucun préjudice aux droits des parties sur l'appel, sans qu'elles soient obligées de faire à cet égard aucune protestation ni réserve.—L'appel des jugemens interlocutoires est permis avant que le jugement définitif ait été rendu.— Dans ce cas, il sera donné expédition du jugement interlocutoire.

2° *Tribunaux civils.*

C. Proc. 451. L'appel d'un jugement préparatoire ne pourra être interjeté qu'après le jugement définitif et conjointement avec l'appel de ce jugement, et le délai de l'appel ne courra que du jour de la signification du jugement définitif : cet appel sera recevable , encore que le jugement préparatoire ait été exécuté sans réserve.—L'appel d'un jugement interlocutoire pourra être interjeté avant le jugement définitif; il en sera de même des jugemens qui auraient accordé une provision.

475. Lorsqu'il y aura appel d'un jugement interlocutoire, si le jugement est infirmé, et que la matière soit disposée à recevoir une décision définitive, les cours royales et autres tribunaux d'appel pourront statuer en même temps sur le fond définitivement, par un seul et même jugement. — Il en sera de même dans le cas où les cours royales ou autres tribunaux d'appel infirmeraient, soit pour vice de forme, soit pour toute autre cause, des jugemens définitifs.

DÉGRADATION.

I. LOI CIVILE.

1° *Dispositions générales.*

C. Civ. 1382. Tout fait quelconque de l'homme, qui cause à autrui un dommage, oblige celui par la faute duquel il est arrivé, à le réparer. *V.* Dommage.

2° *Dispositions diverses.*

Bail. *C. Civ.* 1752. (Le preneur) répond des dégradations ou des pertes qui arrivent pendant sa jouissance, à moins qu'il ne prouve qu'elles ont eu lieu sans sa faute.

1733. Le preneur est tenu des dégradations et des pertes qui arrivent par le fait des personnes de sa maison ou de ses sous-locataires.

Hypothèque. *C. Civ.* 2131. En cas que l'immeuble ou les immeubles présens, assujettis à l'hypothèque, eussent péri, ou éprouvé des dégradations, de manière qu'ils fussent devenus insuffisans pour la sûreté du créancier, celui-ci pourra ou poursuivre dès à présent son remboursement, ou obtenir un supplément d'hypothèque.

Rapport. *C. Civ.* 863. Le donataire doit tenir compte des dégradations et détériorations qui ont diminué la valeur de l'immeuble, par son fait ou par sa faute et négligence.

864. Dans le cas où l'immeuble a été aliéné par le donataire, les améliorations ou dégradations faites par l'acquéreur doivent être imputées:

Saisie immobilière. *C. Proc.* 690. Le saisi ne pourra faire aucune coupe de bois ni dégradation, à peine de dommages et intérêts, auxquels il sera condamné par corps ; il pourra même être poursuivi par la voie criminelle, suivant la gravité des circonstances.

Tiers-détenteur. *C. Civ.* 2175. Les détériorations qui procèdent du fait ou de la négligence du tiers-détenteur, au préjudice des créanciers hypothécaires ou privilégiés, donnent lieu contre lui à une action en indemnité.

Usufruit. *C. Civ.* 614. Si, pendant la durée de l'usufruit, un tiers commet quelque usurpation sur le fonds, ou attente autrement aux droits du propriétaire, l'usufruitier est tenu de le dénoncer à celui-ci : faute de ce, il est responsable de tout le dommage qui peut en résulter pour le propriétaire, comme il le serait de dégradations commises par lui-même.

Vente (*éviction*). *C. Civ.* 1631. Lorsqu'à l'époque de l'éviction, la chose vendue se trouve diminuée de valeur ou considérablement détériorée, soit par la négligence de l'acheteur, soit par des accidens de force majeure, le vendeur n'en est pas moins tenu de restituer la totalité du prix.

1632. Mais si l'acquéreur a tiré profit des dégradations par lui faites, le vendeur a droit de retenir sur le prix une somme égale à ce profit.

II. LOI PÉNALE.

Dégradation de monumens.

C. Pén. (*liv.* 3, *tit.* 1, *ch.* 3, *sect.* 4, § 6,

17.

art. 237).—237. Quiconque aura détruit, abattu, mutilé ou dégradé des monumens, statues et autres objets destinés à l'utilité ou à la décoration publique, et élevés par l'autorité publique ou avec son autorisation, sera puni d'un emprisonnement d'un mois à deux ans, et d'une amende de cent francs à cinq cents francs. *V.* POLICE (*contraventions et peines*).

DÉGRADATION CIVIQUE.

C. Pén. 8. Les peines infamantes sont : — 1°... 2° la dégradation civique.

28. La condamnation à la peine des travaux forcés à temps, de la détention, de la réclusion ou du bannissement, emportera la dégradation civique. La dégradation civique sera encourue du jour où la condamnation sera devenue irrévocable, et, en cas de condamnation par contumace, du jour de l'exécution par effigie.

34. La dégradation civique consiste : — 1° dans la destitution et l'exclusion des condamnés de toutes fonctions, emplois ou offices publics; — 2° dans la privation du droit de vote, d'élection, d'éligibilité, et en général de tous les droits civiques et politiques, et du droit de porter aucune décoration; — 3° dans l'incapacité d'être juré-expert, d'être employé comme témoin dans des actes, et de déposer en justice autrement que pour y donner de simples renseignemens; — 4° dans l'incapacité de faire partie d'aucun conseil de famille, et d'être tuteur, curateur, subrogé-tuteur ou conseil judiciaire, si ce n'est de ses propres enfans, et sur l'avis conforme de la famille; — 5° dans la privation du droit de port d'armes, du droit de faire partie de la garde nationale, de servir dans les armées françaises, de tenir école, ou d'enseigner et d'être employé dans aucun établissement d'instruction, à titre de professeur, maître ou surveillant.

55. Toutes les fois que la dégradation civique sera prononcée comme peine principale, elle pourra être accompagnée d'un emprisonnement dont la durée, fixée par l'arrêt de condamnation, n'excédera pas cinq ans. — Si le coupable est un étranger ou un Français ayant perdu la qualité de citoyen, la peine de l'emprisonnement devra toujours être prononcée.

56. Tous arrêts qui porteront la dégradation civique seront imprimés par extrait. — Ils seront affichés dans la ville centrale du département, dans celle où l'arrêt aura été rendu, dans la commune du lieu où le délit aura été commis, dans celle où se fera l'exécution, et dans celle du domicile du condamné.

167. Toute forfaiture pour laquelle la loi ne prononce pas de peines plus graves, est punie de la dégradation civique.

DEGRÉ DE PARENTÉ.

C. Civ. 735. La proximité de parenté s'établit par le nombre de générations; chaque génération s'appelle un *degré.*

736. La suite des degrés forme la ligne : on appelle *ligne directe* la suite des degrés entre personnes qui descendent l'une de l'autre; *ligne collatérale,* la suite des degrés entre personnes qui ne descendent pas les unes des autres, mais qui descendent d'un auteur commun.—On distingue la ligne directe, en ligne directe descendante et ligne directe ascendante. — La première est celle qui lie le chef avec ceux qui descendent de lui : la deuxième est celle qui lie une personne avec celles dont elle descend.

737. En ligne directe, on compte autant de degrés qu'il y a de générations entre les personnes : ainsi le fils est, à l'égard du père, au premier degré; le petit-fils, au second; et réciproquement du père et de l'aïeul à l'égard des fils et petits-fils.

738. En ligne collatérale, les degrés se comptent par les générations, depuis l'un des parens jusques et non compris l'auteur commun, et depuis celui-ci jusqu'à l'autre parent.—Ainsi, deux frères sont au deuxième degré; l'oncle et le neveu sont au troisième degré; les cousins germains au quatrième, ainsi de suite.

739. La représentation est une fiction de la loi, dont l'effet est de faire entrer les représentans dans la place, dans le degré et dans les droits du représenté. *V.* REPRÉSENTATION, SUCCESSION.

DÉGUSTATION (VENTE).

C. Civ. 1587. A l'égard du vin, de l'huile, et des autres choses que l'on est dans l'usage de goûter avant d'en faire l'achat, il n'y a point de vente tant que l'acheteur ne les a pas goûtées et agréées.

DÉLAI DE PAIEMENT. *V.* TERME.

DÉLAI DE PROCÉDURE.

Disposition générale.

C. Proc. 1033. Le jour de la signification ni celui de l'échéance ne sont jamais comptés pour le délai général fixé pour les ajournemens, les citations, sommations et autres actes faits à personne ou domicile, ce délai sera augmenté d'un jour à raison de trois myriamètres de distance; et quand il y aura lieu à voyage ou renvoi et retour, l'augmentation sera du double. *V.* DISTANCE.

Délai général d'ajournement.

C. Proc. 72. Le délai ordinaire des ajournemens, pour ceux qui sont domiciliés en France, sera de huitaine.—Dans les cas qui requerront célérité, le président pourra, par ordonnance rendue sur requête, permettre d'assigner à bref délai. *V.* AJOURNEMENT.

Délai général d'appel.

C. Proc. 445. Le délai pour interjeter appel sera de trois mois : il courra, pour les jugemens contradictoires, du jour de la signification à personne ou domicile ;— pour les jugemens par défaut, du jour où l'opposition ne sera plus recevable.— L'intimé pourra néanmoins interjeter incidemment appel en tout état de cause, quand même il aurait signifié le jugement sans protestation. *V.* APPEL.

DÉLAISSEMENT.

I. DU DÉLAISSEMENT PAR HYPOTHÈQUE.

De l'effet des privilèges et hypothèques contre les tiers détenteurs.

C. Civ. (*liv.* 3, *tit.* 18, *ch.* 6, *art.* 2166-2179). — 2166. Les créanciers ayant privilège ou hypothèque inscrite sur un immeuble, le suivent en quelques mains qu'il passe, pour être colloqués et payés suivant l'ordre de leurs créances ou inscriptions.

2167. Si le tiers détenteur ne remplit pas les formalités qui seront ci-après établies, pour purger sa propriété (*art.* 2181-2192, *V.* PURGE.), il demeure, par l'effet seul des inscriptions, obligé comme détenteur à toutes les dettes hypothécaires, et jouit des termes et délais accordés au débiteur originaire.

2168. Le tiers détenteur est tenu, dans le même cas, ou de payer tous les intérêts et capitaux exigibles, à quelque somme qu'ils puissent monter, ou de délaisser l'immeuble hypothéqué, sans aucune réserve.

2169. Faute par le tiers détenteur de satisfaire pleinement à l'une de ces obligations, chaque créancier hypothécaire a droit de faire vendre sur lui l'immeuble hypothéqué, trente jours après commandement fait au débiteur originaire, et sommation faite au tiers détenteur de payer la dette exigible ou de délaisser l'héritage.

2170. Néanmoins le tiers détenteur qui n'est pas personnellement obligé à la dette peut s'opposer à la vente de l'héritage hypothéqué qui lui a été transmis, s'il est demeuré d'autres immeubles hypothéqués à la même dette dans la possession du principal ou des principaux obligés, et en requérir la discussion préalable selon la forme réglée au titre *du cautionnement* : pendant cette discussion, il est sursis à la vente de l'héritage hypothéqué. *V.* DISCUSSION.

2171. L'exception de discussion ne peut être opposée au créancier privilégié ou ayant hypothèque spéciale sur l'immeuble.

2172. Quant au délaissement par hypothèque, il peut être fait par tous les tiers détenteurs qui ne sont pas personnellement obligés à la dette, et qui ont la capacité d'aliéner.

2173. Il peut l'être même après que le tiers détenteur a reconnu l'obligation ou subi condamnation en cette qualité seulement : le délaissement n'empêche pas que, jusqu'à l'adjudication, le tiers détenteur ne puisse reprendre l'immeuble en payant toute la dette et les frais.

2174. Le délaissement par hypothèque se fait au greffe du tribunal de la situation des biens ; et il en est donné acte par ce tribunal.—Sur la pétition du plus diligent des intéressés, il est créé à l'immeuble délaissé un curateur sur lequel la vente de l'immeuble est poursuivie dans les formes prescrites pour les expropriations.

2175. Les détériorations qui procèdent du fait ou de la négligence du tiers détenteur, au préjudice des créanciers hypothécaires ou privilégiés, donnent lieu contre lui à une action en indemnité ; mais il ne peut répéter ses impenses et améliorations que jusqu'à concurrence de la plus-value résultant de l'amélioration.

2176. Les fruits de l'immeuble hypothéqué ne sont dus par le tiers détenteur qu'à compter du jour de la sommation de payer ou de délaisser, et, si les poursuites commencées ont été abandonnées pendant trois ans, à compter de la nouvelle sommation qui sera faite.

2177. Les servitudes et droits réels que le tiers détenteur avait sur l'immeuble avant sa possession, renaissent après le délaissement ou après l'adjudication faite sur lui. — Ses créanciers personnels, après tous ceux qui sont inscrits sur les précédens propriétaires, exercent leur hypothèque à leur rang, sur le bien délaissé ou adjugé.

2178. Le tiers détenteur qui a payé la dette hypothécaire, ou délaissé l'immeuble hypothéqué, ou subi l'expropriation de cet immeuble, a le recours en garantie, tel que de droit, contre le débiteur principal.

2179. Le tiers-détenteur qui veut purger sa propriété en payant le prix, observe les formalités qui sont établies dans le chapitre 8 du présent titre. (*Art.* 2181-2192. *V.* PURGE.)

II. DU DÉLAISSEMENT MARITIME.

1° Du délaissement en général.

C. Com. 216. Tout propriétaire de navire est civilement responsable des faits du capitaine, pour ce qui est relatif au navire et à l'expédition.

— La responsabilité cesse par l'abandon du navire et du fret.

310. Le chargeur ne peut abandonner pour le fret les marchandises diminuées de prix ou détériorées par leur vice propre ou par cas fortuit.
— Si toutefois des futailles contenant vin, huile, miel et autres liquides, ont tellement coulé qu'elles soient vides ou presque vides, lesdites futailles pourront être abandonnées pour le fret.

2° *Du délaissement après assurance.* *V.* Assurances maritimes, sect. 3, p. 68.

III. DU DÉLAISSEMENT ORDONNÉ PAR JUSTICE.

Dispositions diverses.

BAIL. *C. Civ.* 1727. Si ceux qui ont commis les voies de fait prétendent avoir quelque droit sur la chose louée, ou si le preneur est lui-même cité en justice pour se voir condamné au délaissement de la totalité ou de partie de cette chose, ou à souffrir l'exercice de quelque servitude, il doit appeler le bailleur en garantie, et doit être mis hors d'instance, s'il l'exige, en nommant le bailleur pour lequel il possède.

RÉINTÉGRANDE. *C. Civ.* 2060. La contrainte par corps a lieu , — 1°..... 2° en cas de réintégrande , pour le délaissement, ordonné par justice , d'un fonds dont le propriétaire a été dépouillé par voies de fait ; pour la restitution des fruits qui ont été perçus pendant l'indue possession, et pour le paiement des dommages et intérêts adjugés au propriétaire.

REQUÊTE CIVILE. *C. Proc.* 497. La requête civile n'empêchera pas l'exécution du jugement attaqué ; nulles défenses ne pourront être accordées ; celui qui aura été condamné à délaisser un héritage ne sera reçu à plaider sur la requête civile qu'en rapportant la preuve de l'exécution du jugement au principal.

DÉLÉGATION.

1° *Dispositions générales.*

C. Civ. 1275. La délégation par laquelle un débiteur donne au créancier un autre débiteur qui s'oblige envers le créancier, n'opère point de novation, si le créancier n'a expressément déclaré qu'il entendait décharger son débiteur qui a fait la délégation.

1276. Le créancier qui a déchargé le débiteur par qui a été faite la délégation n'a point de recours contre ce débiteur, si le délégué devient insolvable, à moins que l'acte n'en contienne une réserve expresse, ou que le délégué ne fût déjà en faillite ouverte, ou tombé en déconfiture au moment de la délégation.

1277. La simple indication faite par le débiteur d'une personne qui doit payer à sa place , n'o-père point novation. — Il en est de même de la simple indication faite par le créancier d'une personne qui doit recevoir pour lui.

2° *Disposition additionnelle.*

EXPROPRIATION FORCÉE. *C. Civ.* 2212. Si le débiteur justifie, par baux authentiques , que le revenu net et libre de ses immeubles pendant une année suffit pour le paiement de la dette en capital, intérêts et frais, et s'il en offre la délégation au créancier, la poursuite peut être suspendue par les juges, sauf à être reprise s'il survient quelque opposition ou obstacle au paiement.

DÉLIBÉRÉS.

1° *Dispositions générales.*

Des délibérés et instructions par écrit.

C. Proc. (liv. 2, tit. 6, art. 93-115). — 93. Le tribunal pourra ordonner que les pièces seront mises sur le bureau, pour en être délibéré au rapport d'un juge nommé par le jugement, avec indication du jour auquel le rapport sera fait.

94. Les parties et leurs défenseurs seront tenus d'exécuter le jugement qui ordonnera le délibéré, sans qu'il soit besoin de le lever ni signifier, et sans sommation : si l'une des parties ne remet point ses pièces, la cause sera jugée sur les pièces de l'autre.

95. Si une affaire ne paraît pas susceptible d'être jugée sur plaidoirie ou délibéré, le tribunal ordonnera qu'elle sera instruite par écrit, pour en être fait rapport par l'un des juges nommé par le jugement.—Aucune cause ne peut être mise en rapport qu'à l'audience et à la pluralité des voix.

96. Dans la quinzaine de la signification du jugement, le demandeur fera signifier une requête contenant ses moyens ; elle sera terminée par un état des pièces produites au soutien.— Le demandeur sera tenu, dans les vingt-quatre heures qui suivront cette signification, de produire au greffe et de faire signifier l'acte de produit.

97. Dans la quinzaine de la production du demandeur au greffe, le défendeur en prendra communication, et fera signifier sa réponse avec état au bas des pièces au soutien ; dans les vingt-quatre heures de cette signification, il rétablira au greffe la production par lui prise en communication, fera la sienne, et en signifiera l'acte. — Dans le cas où il y aurait plusieurs défendeurs, s'ils ont tout à la fois des avoués et des intérêts différens, ils auront chacun les délais ci-dessus fixés, pour prendre communication, répondre et produire : la communication leur sera donnée successivement, à commencer par le plus diligent.

98. Si le demandeur n'avait pas produit dans

le délai ci-dessus fixé, le défendeur mettra sa production au greffe, ainsi qu'il a été dit ci-dessus : le demandeur n'aura que huitaine pour en prendre communication et contredire ; ce délai passé, il sera procédé au jugement, sur la production du défendeur.

99. Si c'est le défendeur qui ne produit pas dans le délai qui lui est accordé, il sera procédé au jugement, sur la production du demandeur.

100. Si l'un des délais fixés expire sans qu'aucun des défendeurs ait pris communication, il sera procédé au jugement sur ce qui aura été produit.

101. Faute par le demandeur de produire, le défendeur le plus diligent mettra sa production au greffe ; et l'instruction sera continuée ainsi qu'il est dit ci-dessus.

102. Si l'une des parties veut produire de nouvelles pièces, elle le fera au greffe, avec acte de produit contenant état desdites pièces, lequel sera signifié à avoué, sans requête de production nouvelle ni écritures, à peine de rejet de la taxe, lors même que l'état des pièces contiendrait de nouvelles conclusions.

103. L'autre partie aura huitaine pour prendre communication, et fournir sa réponse, qui ne pourra excéder six rôles.

104. Les avoués déclareront, au bas des originaux et des copies de toutes leurs requêtes et écritures, le nombre des rôles, qui sera aussi énoncé dans l'acte de produit, à peine de rejet lors de la taxe.

105. Il ne sera passé en taxe que les écritures et significations énoncées au présent titre.

106. Les communications seront prises au greffe sur les récépissés des avoués, qui en contiendront la date.

107. Si les avoués ne rétablissent, dans les délais ci-dessus fixés, les productions par eux prises en communication, il sera, sur le certificat du greffier, et sur un simple acte pour venir plaider, rendu jugement à l'audience, qui les condamnera personnellement, et sans appel, à ladite remise, aux frais du jugement, sans répétition, et en dix francs au moins de dommages-intérêts par chaque jour de retard. — Si les avoués ne rétablissent les productions dans la huitaine de la signification dudit jugement, le tribunal pourra prononcer, sans appel, de plus forts dommages-intérêts, même condamner l'avoué par corps, et l'interdire pour tel temps qu'il estimera convenable. — Lesdites condamnations pourront être prononcées sur la demande des parties, sans qu'elles aient besoin d'avoués, et sur un simple mémoire qu'elles remettront ou au président, ou au rapporteur, ou au procureur du Roi.

108. Il sera tenu au greffe un registre sur lequel seront portées toutes les productions, suivant leur ordre de date : ce registre, divisé en colonnes, contiendra la date de la production, les noms des parties, de leurs avoués et du rapporteur ; il sera laissé une colonne en blanc.

109. Lorsque toutes les parties auront produit, ou après l'expiration des délais ci-dessus fixés, le greffier, sur la réquisition de la partie la plus diligente, remettra les pièces au rapporteur, qui s'en chargera en signant sur la colonne laissée en blanc aux registres des productions.

110. Si le rapporteur décède, se démet, ou ne peut faire le rapport, il en sera commis un autre, sur requête, par ordonnance du président, signifiée à partie ou à son avoué trois jours au moins avant le rapport.

111. Tous rapports, même sur délibérés, seront faits à l'audience ; le rapporteur résumera le fait et les moyens sans ouvrir son avis : les défenseurs n'auront, sous aucun prétexte, la parole après le rapport : ils pourront seulement remettre sur-le-champ au président de simples notes énonciatives des faits sur lesquels ils prétendraient que ce rapport a été incomplet ou inexact.

112. Si la cause est susceptible de communication, le procureur du Roi sera entendu en ses conclusions à l'audience.

113. Les jugemens rendus sur les pièces de l'une des parties, faute par l'autre d'avoir produit, ne seront point susceptibles d'opposition.

114. Après le jugement, le rapporteur remettra les pièces au greffe ; et il en sera déchargé par la seule radiation de sa signature sur le registre des productions.

115. Les avoués, en retirant leurs pièces, émargeront le registre : cet émargement servira de décharge au greffier.

2° *Dispositions additionnelles.*

APPEL. *C. Proc.* 461. Tout appel, même de jugement rendu sur instruction par écrit, sera porté à l'audience : sauf à la cour à ordonner l'instruction par écrit, s'il y a lieu.

DEMANDES INCIDENTES. *C. Proc.* 338. Les demandes incidentes seront jugées par préalable, s'il y a lieu ; et, dans les affaires sur lesquelles il aura été ordonné une instruction par écrit, l'incident sera porté à l'audience, pour être statué ce qu'il appartiendra.

INTERVENTION. *C. Proc.* 341. Dans les affaires sur lesquelles il aura été ordonné une instruction par écrit, si l'intervention est contestée par l'une des parties, l'incident sera porté à l'audience.

RÉCUSATION. *C. Proc.* 382. Celui qui voudra récuser, devra le faire avant le commencement de la plaidoirie ; et, si l'affaire est en rapport, avant que l'instruction soit achevée, ou que les délais soient expirés, à moins que les causes de la récusation ne soient survenues postérieurement.

REPRISE D'INSTANCE. *C. Proc.* 343. Dans les affaires qui s'instruisent par écrit, la cause sera en état quand l'instruction sera complète, ou quand les délais pour les productions et réponses seront expirés.

3° *Dispositions du tarif.*

Tarif civ. 70. (Pr. 96, 104.) Pour l'original d'un acte de déclaration de production par le demandeur en instruction par écrit, contenant le nombre des rôles dont la requête est composée. — (97.) *Id.* de la part du défendeur. — (110.) De la signification de l'ordonnance du président, portant nomination d'un autre rapporteur, en cas de décès, démission ou impossibilité de faire le rapport en délibéré ou instruction par écrit.—(115, résultat de l'article.)D'une sommation d'être présent au retrait des pièces, après les jugemens sur délibéré ou en instruction par écrit, — à Paris, 1 fr. — Dans le ressort, 75 c. (*V.* TARIF.) — Pour chaque copie, le quart.

71. (Pr. 102.) Acte de production nouvelle en instruction par écrit contenant l'état des pièces. — Pour l'original, — à Paris, 5 fr. — Dans le ressort, 3 f. 75 c. — Pour chaque copie, le quart.

73. Pour l'original ou grosse des requêtes, contenant réponse aux défenses (25 lignes à la page et 12 syllabes à la ligne). — Pour chaque rôle, — à Paris, 2 fr. — Dans le ressort, 1 fr. 50 c. — (96.) Des requêtes en instruction par écrit, terminées par l'état des pièces. *Idem.* — (97.) *Idem* servant de réponse à celles en instruction par écrit, avec état des pièces au soutien, *Idem.* — (103.) *Idem* en réponse aux productions de nouvelles pièces qui ne pourront excéder six rôles.

74. (Pr. 104.) Dans les instructions par écrit, les grosses et les copies de toutes les requêtes porteront la déclaration du nombre de rôles dont elles sont composées, à peine de rejet de la taxe.

76. (Pr. 110.) Requête pour faire nommer un autre rapporteur en instruction par écrit ou sur délibéré. — Elle ne sera pas grossoyée, — à Paris, 2 fr. — Dans le ressort, 1 fr. 50 c. — La vacation pour demander l'ordonnance du président et se la faire délivrer est comprise dans la taxe.

84. (Pr. 93, 95.) Pour assistance et observations des avoués aux jugemens qui ordonneront une instruction par écrit, — à Paris, 5 fr. — Dans le ressort, 4 fr.

85. (Pr. 113.) Pour assistance aux jugemens sur délibéré ou instruction par écrit, y compris les notes qu'ils pourront fournir, — à Paris, 5 fr. — Dans le ressort, 4 fr.

90. Vacation pour mettre la cause au rôle. (Pr. 85.) Pour communiquer les pièces de la cause au ministère public et les retirer, le tout ensemble. — (94.) Pour produire et retirer les pièces dans les causes où il a été ordonné un délibéré. — (102.) Pour produire au greffe des pièces nouvelles en instruction par écrit. — (103.) Pour prendre en communication les pièces nouvelles produites en instruction par écrit. — (107.) Pour prendre le certificat du greffier, constatant que

la partie adverse n'a pas produit en instruction par écrit dans les délais fixés. — (109.) Pour requérir le greffier, après que toutes les parties ont produit en instruction par écrit ou après l'expiration des délais, de remettre les pièces au rapporteur, — à Paris, 1 f. 50 c. — Dans le ressort, 1 fr. 15 c.

91. (Pr. 96.) Pour produire au greffe dans les causes où il a été ordonné une instruction par écrit. — (97.) Pour prendre communication au greffe de la production du demandeur en instruction par écrit, et le rétablissement de cette production, le tout ensemble. — (115.) Pour retirer les pièces du greffe dans les instructions par écrit, — à Paris, 3 fr. — Dans le ressort, 2 fr. 25 c.

DÉLIT.

I. DISPOSITIONS GÉNÉRALES.

C. Pén. 1. L'infraction que les lois punissent de peines correctionnelles est un *délit*.

3. Les tentatives de *délits* ne sont considérées comme *délits*, que dans les cas déterminés par une disposition spéciale de la loi.

4. Nulle contravention, nul délit ne peuvent être punis de peines qui n'étaient pas prononcées par la loi avant qu'ils fussent commis. *V.* CORRECTIONNELLE (*action*), CORRECTIONNELLES (*peines*), CORRECTIONNELS (*tribunaux*).

II. DES DÉLITS PAR RAPPORT AU DROIT CIVIL.

1° *Dispositions générales.*

Des délits et des quasi-délits.

C. Civ. (*liv.* 3, *tit.* 4, *ch.* 2, *art.* 1382-1386). — 1382. Tout fait quelconque de l'homme, qui cause à autrui un dommage, oblige celui par la faute duquel il est arrivé à le réparer. *V.* DOMMAGE.

2° *Dispositions additionnelles.*

MINEUR. *C. Civ.* 1310. (Le mineur) n'est point restituable contre les obligations résultant de son délit ou quasi-délit.

PREUVE TESTIMONIALE. *C. Civ.* 1348. (Les règles relatives à la preuve par titre, *V* TESTIMONIALE [*preuve*] reçoivent exception toutes les fois qu'il n'a pas été possible au créancier de se procurer une preuve littérale de l'obligation qui a été contractée envers lui. — Cette seconde exception s'applique : — 1° aux obligations qui naissent des quasi-contrats et des délits ou quasi-délits.

TRANSACTION. *C. Civ.* 2046. On peut transiger sur l'intérêt civil qui résulte d'un délit. — La transaction n'empêche pas la poursuite du ministère public.

DÉLIVRANCE.

I. DE LA DÉLIVRANCE DE LEGS.

1° *Du legs universel.*

C. Civ. 1004. Lorsqu'au décès du testateur il y a des héritiers auxquels une quotité de ses biens est réservée par la loi, ces héritiers sont saisis de plein droit, par sa mort, de tous les biens de la succession ; et le légataire universel est tenu de leur demander la délivrance des biens compris dans le testament.

2° *Du legs à titre universel.*

C. Civ. 1011. Les légataires à titre universel seront tenus de demander la délivrance aux héritiers auxquels une quotité des biens est réservée par la loi, à leur défaut, aux légataires universels ; et défaut de ceux-ci aux héritiers appelés dans l'ordre établi au titre *des successions. V.* SUCCESSION.

3° *Du legs particulier.*

1014. Tout legs pur et simple donnera au légataire, du jour du décès du testateur, un droit à la chose léguée, droit transmissible à ses héritiers ou ayans cause. — Néanmoins le légataire particulier ne pourra se mettre en possession de la chose léguée, ni en prétendre les fruits ou intérêts, qu'à compter du jour de sa demande en délivrance, formée suivant l'ordre établi par l'article 1011 (*V. ci-dessus*), ou du jour auquel cette délivrance lui aurait été volontairement consentie.

1015. Les intérêts ou fruits de la chose léguée courront au profit du légataire, dès le jour du décès, et sans qu'il ait formé sa demande en justice, — 1° lorsque le testateur aura expressément déclaré sa volonté, à cet égard, dans le testament ; — 2° lorsqu'une rente viagère ou une pension aura été désignée à titre d'alimens.

1016. Les frais de la demande en délivrance seront à la charge de la succession, sans néanmoins qu'il puisse en résulter de réduction de la réserve légale. — Les droits d'enregistrement seront dus par le légataire. — Le tout, s'il n'en a été autrement ordonné par le testament. — Chaque legs pourra être enregistré séparément, sans que cet enregistrement puisse profiter à aucun autre qu'au légataire ou ses ayans cause.

1018. La chose léguée sera délivrée avec les accessoires nécessaires, et dans l'état où elle se trouvera au jour du décès du donateur.

II. DE LA DÉLIVRANCE EN MATIÈRE DE VENTE.

1° *Des choses corporelles.*

De la délivrance.

C. Civ. (*liv. 3, tit. 6, ch. 4, sect. 2, art.* 1604-1624), — 1604. La délivrance est le transport de la chose vendue en la puissance et possession de l'acheteur.

1605. L'obligation de délivrer les immeubles est remplie de la part du vendeur lorsqu'il a remis les clés, s'il s'agit d'un bâtiment, ou lorsqu'il a remis les titres de propriété.

1606. La délivrance des effets mobiliers s'opère, — ou par la tradition réelle, — ou par la remise des clés des bâtimens qui les contiennent, — ou même par le seul consentement des parties, si le transport ne peut s'en faire au moment de la vente, ou si l'acheteur les avait déjà en son pouvoir à un autre titre.

1607. La tradition des droits incorporels se fait, ou par la remise des titres, ou par l'usage que l'acquéreur en fait du consentement du vendeur *V. ci-après* 2°.

1608. Les frais de la délivrance sont à la charge du vendeur, et ceux de l'enlèvement à la charge de l'acheteur, s'il n'y a eu stipulation contraire.

1609. La délivrance doit se faire au lieu où était, au temps de la vente, la chose qui en a fait l'objet, s'il n'en a été autrement convenu.

1610. Si le vendeur manque à faire la délivrance dans le temps convenu entre les parties, l'acquéreur pourra, à son choix, demander la résolution de la vente, ou sa mise en possession, si le retard ne vient que du fait du vendeur.

1611. Dans tous les cas, le vendeur doit être condamné aux dommages et intérêts, s'il résulte un préjudice pour l'acquéreur, du défaut de délivrance au terme convenu.

1612. Le vendeur n'est pas tenu de délivrer la chose si l'acheteur n'en paie pas le prix, et que le vendeur ne lui ait pas accordé un délai pour le paiement.

1613. Il ne sera pas non plus obligé à la délivrance, quand même il aurait accordé un délai pour le paiement, si, depuis la vente, l'acheteur est tombé en faillite ou en état de déconfiture, en sorte que le vendeur se trouve en danger imminent de perdre le prix ; à moins que l'acheteur ne lui donne caution de payer au terme.

1614. La chose doit être délivrée en l'état où elle se trouve au moment de la vente. — Depuis ce jour, tous les fruits appartiennent à l'acquéreur.

1615. L'obligation de délivrer la chose comprend ses accessoires et tout ce qui a été destiné à son usage perpétuel.

1616. Le vendeur est tenu de délivrer la contenance telle qu'elle est portée au contrat, sous les modifications ci-après exprimées.

1617. Si la vente d'un immeuble a été faite avec indication de la contenance, à raison de tant la mesure, le vendeur est obligé de délivrer à l'acquéreur, s'il l'exige, la quantité indiquée au contrat ; — et si la chose ne lui est pas possible, ou si l'acquéreur ne l'exige pas, le vendeur est obligé de souffrir une diminution proportionnelle du prix.

1618. Si, au contraire, dans le cas de l'article précédent, il se trouve une contenance plus

grande que celle exprimée au contrat, l'acquéreur a le choix de fournir le supplément du prix,
ou de se désister du contrat, si l'excédant est
d'un vingtième au-dessus de la contenance déclarée.

1619. Dans tous les autres cas, — soit que la
vente soit faite d'un corps certain et limité, —
soit qu'elle ait pour objet des fonds distincts et
séparés, — soit qu'elle commence par la mesure,
ou par la désignation de l'objet vendu suivie de
la mesure, — l'expression de cette mesure ne
donne lieu à aucun supplément de prix, en faveur
du vendeur, pour l'excédant de mesure, ni en faveur de l'acquéreur, à aucune diminution du
prix pour moindre mesure, qu'autant que la différence de la mesure réelle à celle exprimée au
contrat est d'un vingtième en plus ou en moins,
en égard à la valeur de la totalité des objets vendus, s'il n'y a stipulation contraire.

1620. Dans le cas où, suivant l'article précédent, il y a lieu à augmentation de prix pour
excédant de mesure, l'acquéreur a le choix ou
de se désister du contrat ou de fournir le supplément du prix, et ce, avec les intérêts s'il a
gardé l'immeuble.

1621. Dans tous les cas où l'acquéreur a le
droit de se désister du contrat, le vendeur est
tenu de lui restituer, outre le prix, s'il l'a reçu,
les frais de ce contrat.

1622. L'action en supplément de prix de la
part du vendeur, et celle en diminution de prix
ou en résiliation du contrat de la part de l'acquéreur, doivent être intentées dans l'année, à compter du jour du contrat, à peine de déchéance.

1623. S'il a été vendu deux fonds par le même
contrat, et pour un seul et même prix, avec désignation de la mesure de chacun, et qu'il se
trouve moins de contenance en l'un et plus en
l'autre, on fait compensation jusqu'à due concurrence ; et l'action, soit en supplément, soit en diminution du prix, n'a lieu que suivant les règles
ci-dessus établies.

1624. La question de savoir sur lequel, du vendeur ou de l'acquéreur, doit tomber la perte ou
la détérioration de la chose vendue avant la livraison, est jugée d'après les règles prescrites au
titre *des contrats et des obligations conventionnelles en général. V.* CONTRAT.

2° *Des droits incorporels.*

1689. Dans le transport d'une créance, d'un
droit ou d'une action sur un tiers, la délivrance
s'opère entre le cédant et le cessionnaire, par la
remise du titre.

1690. Le cessionnaire n'est saisi à l'égard des
tiers que par la signification du transport faite au
débiteur. — Néanmoins le cessionnaire peut être
également saisi par l'acceptation du transport
faite par le débiteur dans un acte authentique.
V. TRANSPORT.

DEMANDE JUDICIAIRE.

I. DISPOSITIONS GÉNÉRALES.

C. Proc. 59. En matière personnelle, le défendeur sera assigné devant le tribunal de son
domicile ; s'il n'a pas de domicile, devant le tribunal de sa résidence.—S'il y a plusieurs défendeurs, devant le tribunal du domicile de l'un
d'eux, au choix du demandeur ; — en matière
réelle, devant le tribunal de la situation de l'objet litigieux ; — en matière mixte, devant le juge
de la situation, ou devant le juge du domicile du
défendeur ; — en matière de société, tant qu'elle
existe, devant le juge du lieu où elle est établie ;
—en matière de succession,— 1° sur les demandes entre héritiers, jusqu'au partage inclusivement ; — 2° sur les demandes qui seraient intentées par des créanciers du défunt, avant le partage ; — 3° sur les demandes relatives à l'exécution des dispositions à cause de mort, jusqu'au
jugement définitif,— devant le tribunal du lieu où
la succession est ouverte ; — en matière de faillite,
devant le juge du domicile du failli ;—en matière
de garantie, devant le juge où la demande origi-
ginaire sera pendante ;— enfin, en cas d'élection
de domicile pour l'exécution d'un acte, devant le
tribunal du domicile élu ou devant le tribunal du
domicile réel du défendeur. *V.* AJOURNEMENT.

149. Si le défendeur ne constitue pas avoué,
ou si l'avoué constitué ne se présente pas au
jour indiqué pour l'audience, il sera donné défaut.

150. Le défaut sera prononcé à l'audience, sur
l'appel de la cause ; et les conclusions de la partie qui le requiert seront adjugées, si elles se
trouvent justes et bien vérifiées.

II. DES EFFETS DE LA DEMANDE.
1° *Relativement aux intérêts.*

C. Civ. 1153. Dans les obligations qui se bornent au paiement d'une certaine somme, les
dommages et intérêts résultant du retard dans
l'exécution ne consistent jamais que dans la condamnation aux intérêts fixés par la loi, sauf les
règles particulières au commerce et au cautionnement. — Ces dommages et intérêts sont dus
sans que le créancier soit tenu de justifier d'aucune perte. — Ils ne sont dus que du jour de la
demande, excepté dans les cas où la loi les fait
courir de plein droit.

1154. Les intérêts échus des capitaux peuvent
produire des intérêts, ou par une demande judiciaire, ou par une convention spéciale, pourvu

que, soit dans la demande, soit dans la convention, il s'agisse d'intérêts dus au moins pour une année entière.

1155. Néanmoins les revenus échus, tels que fermages, loyers, arrérages de rentes perpétuelles ou viagères, produisent intérêt du jour de la demande ou de la convention. — La même règle s'applique aux restitutions de fruits et aux intérêts payés par un tiers aux créanciers en acquit du débiteur.

2° *Relativement à la prescription.*

C. Civ. 2244. Une citation en justice, un commandement ou une saisie, signifiés à celui qu'on veut empêcher de prescrire, forment l'interruption civile.

2245. La citation en conciliation devant le bureau de paix interrompt la prescription, du jour de sa date, lorsqu'elle est suivie d'une assignation en justice donnée dans les délais de droit.

2246. La citation en justice, donnée même devant un juge incompétent, interrompt la prescription.

2247. Si l'assignation est nulle par défaut de forme, — si le demandeur se désiste de sa demande, — s'il laisse périmer l'instance, — ou si sa demande est rejetée, — l'interruption est regardée comme non avenue.

DEMANDE NOUVELLE. *C. Proc.* 464.

Il ne sera formé, en cause d'appel, aucune nouvelle demande, à moins qu'il ne s'agisse de compensation, ou que la demande nouvelle ne soit la défense à l'action principale. — Pourront aussi, les parties, demander des intérêts, arrérages, loyers et autres accessoires échus depuis le jugement de première instance, et les dommages et intérêts pour le préjudice souffert depuis ledit jugement.

465. Dans les cas prévus par l'article précédent, les nouvelles demandes et les exceptions du défendeur ne pourront être formées que par de simples actes de conclusions motivées.

DÉMENCE.

I. LOI CIVILE.

1° *Dispositions générales.*

489. Le majeur qui est dans un état habituel d'imbécillité, de démence ou de fureur, doit être interdit, même lorsque cet état présente des intervalles lucides. *V.* INTERDICTION.

493. Les faits d'imbécillité, de démence ou de fureur seront articulés par écrit. Ceux qui poursuivront l'interdiction présenteront les témoins et les pièces.

504. Après la mort d'un individu, les actes par lui faits ne pourront être attaqués pour cause de démence qu'autant que son interdiction aurait été prononcée ou provoquée avant son décès ; à moins que la preuve de la démence ne résulte de l'acte même qui est attaqué.

2° *Dispositions additionnelles.*

MARIAGE (*opposition*). *C. Civ.* 174. A défaut d'aucun ascendant, le frère ou la sœur, l'oncle ou la tante, le cousin ou la cousine germains, majeurs, ne peuvent former aucune opposition que dans les deux cas suivans : — 1°... 2° lorsque l'opposition est fondée sur l'état de démence du futur époux : cette opposition, dont le tribunal pourra prononcer main-levée pure et simple, ne sera jamais reçue qu'à la charge, par l'opposant, de provoquer l'interdiction et d'y faire statuer dans le délai qui sera fixé par le jugement.

175. Dans les cas prévus par le précédent article, l'interdiction ou curateur ne pourra, pendant la durée de la tutelle ou curatelle, former opposition qu'autant qu'il y aura été autorisé par un conseil de famille, qu'il pourra provoquer.

II. LOI PÉNALE.

Disposition générale.

C. Pén. 64. Il n'y a ni crime ni délit lorsque le prévenu était en état de démence au temps de l'action.

DEMEURE. *V.* RÉSIDENCE.

DEMEURE (MISE EN).

1° *Disposition générale.*

C. Civ. 1139. Le débiteur est constitué en demeure, soit par une sommation ou autre acte équivalent, soit par l'effet de la convention, lorsqu'elle porte que, sans qu'il soit besoin d'acte et par la seule échéance du terme, le débiteur sera en demeure.

2° *Dispositions diverses.*

BAIL A FERME. *C. Civ.* 1771. Le fermier ne peut obtenir de remise (sur le prix de son bail) lorsque la perte des fruits arrive après qu'ils sont séparés de la terre, à moins que le bail ne donne au propriétaire une quotité de la récolte en nature ; auquel cas le propriétaire doit supporter sa part de la perte, pourvu que le preneur ne fût pas en demeure de lui délivrer sa portion de récolte.

CLAUSE PÉNALE. *C. Civ.* 1230. Soit que l'obligation primitive contienne, soit qu'elle ne contienne pas un terme dans lequel elle doive être accomplie, la peine n'est encourue que lorsque celui qui s'est obligé, soit à livrer, soit à prendre, soit à faire, est en demeure.

DÉLIVRANCE. *C. Civ.* 1138. L'obligation de livrer la chose est parfaite par le seul consentement des parties contractantes. — Elle rend le créancier propriétaire et met la chose à ses risques dès l'instant où elle a dû être livrée, encore que la tradition n'en ait point été faite, à moins que le débiteur ne soit en demeure de la livrer; auquel cas la chose reste aux risques de ce dernier.

1245. Le débiteur d'un corps certain et déterminé, est libéré par la remise de la chose en l'état où elle se trouve lors de la livraison, pourvu que les détériorations qui y sont survenues ne viennent point de son fait ou de sa faute ni de celle des personnes dont il est responsable, ou qu'avant ces détériorations il ne fût pas en demeure.

DÉPOT. *C. Civ.* 1936. Si la chose déposée a produit des fruits qui aient été perçus par le dépositaire, il est obligé de les restituer. Il ne doit aucun intérêt de l'argent déposé, si ce n'est du jour où il a été mis en demeure de faire la restitution.

DEVIS ET MARCHÉS. *C. Civ.* 1788. Si, dans le cas où l'ouvrier fournit la matière, la chose vient à périr, de quelque manière que ce soit, avant d'être livrée, la perte en est pour l'ouvrier, à moins que le maître ne fût en demeure de recevoir la chose.

1789. Dans le cas où l'ouvrier fournit seulement son travail ou son industrie, si la chose vient à périr, l'ouvrier n'est tenu que de sa faute.

1790. Si, dans le cas de l'article précédent, la chose vient à périr, quoique sans aucune faute de la part de l'ouvrier, avant que l'ouvrage ait été reçu, et sans que le maître fût en demeure de le vérifier, l'ouvrier n'a point de salaire à réclamer, à moins que la chose n'ait péri par le vice de la matière.

DOMMAGES-INTÉRÊTS. *C. Civ.* 1146. Les dommages et intérêts ne sont dus que lorsque le débiteur est en demeure de remplir son obligation, excepté néanmoins lorsque la chose, que le débiteur s'était obligé de donner ou de faire, ne pouvait être donnée ou faite que dans un certain temps qu'il a laissé passer.

MANDAT. *C. Civ.* 1996. Le mandataire doit l'intérêt des sommes qu'il a employées à son usage, à dater de cet emploi; et de celles dont il est reliquataire, à compter du jour qu'il est mis en demeure.

PERTE DE LA CHOSE. *C. Civ.* 1302. Lorsque le corps certain et déterminé qui était l'objet de l'obligation vient à périr, est mis hors du commerce, ou se perd de manière qu'on en ignore absolument l'existence, l'obligation est éteinte si la chose a péri ou a été perdue sans la faute du débiteur et avant qu'il fût en demeure. — Lors même que le débiteur est en demeure, et s'il n'est pas chargé des cas fortuits, l'obligation est éteinte dans le cas où la chose fût également périe chez le créancier si elle lui eût été livrée.

VENTE (*d'immeubles*). *C. Civ.* 1656. S'il a été stipulé, lors de la vente d'immeubles, que, faute de paiement du prix, dans le terme convenu, la vente serait résolue de plein droit, l'acquéreur peut neanmoins payer après l'expiration du délai, tant qu'il n'a pas été mis en demeure par une sommation; mais après cette sommation, le juge né peut pas lui accorder de délai

(*De meubles et denrées.*) *C. Civ.* 1657. En matière de vente de denrées et effets mobiliers, la résolution de la vente aura lieu de plein droit, et sans sommation, au profit du vendeur, après l'expiration du terme convenu pour le retirement.

DEMEURE (PÉRIL EN).

1° *Disposition générale.*

C. Proc. 806. Dans tous les cas d'urgence, ou lorsqu'il s'agira de statuer provisoirement sur les difficultés relatives à l'exécution d'un titre exécutoire ou d'un jugement, il sera procédé (par voie de référé). *V.* RÉFÉRÉ, URGENCE.

2° *Dispositions diverses.*

EXÉCUTION PROVISOIRE. *C. Proc.* 135. L'exécution provisoire (du jugement) pourra être ordonnée, avec ou sans caution, lorsqu'il s'agira 1° ... 2° de réparations urgentes.

155. Les jugemens par défaut ne seront pas exécutés avant l'échéance de la huitaine de la signification à avoué s'il y a eu constitution d'avoué, et de la signification à personne ou domicile s'il n'y a pas eu constitution d'avoué, à moins qu'en cas d'urgence l'exécution n'en ait été ordonnée avant l'expiration de ce délai, dans les cas prévus par l'article 135 (*ci-dessus*). — Pourront aussi les juges, dans le cas seulement où il y aurait péril en la demeure, ordonner l'exécution nonobstant l'opposition avec ou sans caution, ce qui ne pourra se faire que par le même jugement.

JOURS FÉRIÉS. *C. Proc.* 1037. Aucune signification ni exécution ne pourra être faite, depuis le 1er octobre jusqu'au 31 mars, avant six heures du matin et après six heures du soir, et, depuis le 1er avril jusqu'au 50 décembre, avant quatre heures du matin et après neuf heures du soir, non plus que les jours de fête légale, si ce n'est en vertu de permission de juge dans le cas où il y aurait péril en la demeure.

MANDAT. *C. Civ.* 1991. Le mandataire est tenu d'achever la chose commencée au décès du mandant, s'il y a péril en la demeure.

RÉCUSATION DE JUGES. *C Proc.* 387. A compter du jour du jugement qui ordonnera la communication (de la demande en récusation), tous jugemens et opérations seront suspendus; si cependant l'une des parties prétend que l'opération est urgente et qu'il y a péril dans le retard, l'incident sera porté à l'audience sur un simple acte, et le tribunal pourra ordonner qu'il sera procédé par un autre juge.

SCELLÉS. *C. Proc.* 921. Pourra le juge de paix, s'il y a péril dans le retard, statuer par provision (sur les difficultés élevées soit avant, soit pendant le scellé), sauf à en référer ensuite au président du tribunal.

VENTE D'IMMEUBLES. *C. Civ.* 1655. La résolution de la vente d'immeubles est prononcée de suite, si le vendeur est en danger de perdre la chose et le prix.

DÉMISSION DE BIENS. *V.* ABANDON DE BIENS.

DÉMOLITION. *C. Civ.* 552. Les matériaux provenant de la démolition d'un édifice, ceux assemblés pour en construire un nouveau, sont meubles jusqu'à ce qu'ils soient employés par l'ouvrier dans une construction.

DÉNÉGATION D'ÉCRITURE.

1° *Dispositions générales.*

C. Proc. 193. Si le défendeur dénie la signature à lui attribuée, ou déclare ne pas reconnaître celle attribuée à un tiers, la vérification en pourra être ordonnée, tant par titres que par experts et par témoins. *V.* VÉRIFICATION D'ÉCRITURE.

2° *Dispositions diverses.*

JUSTICE DE PAIX. *C. Proc.* 14. Lorsqu'une des parties déclarera (devant le juge de paix) vouloir s'inscrire en faux, déniera l'écriture, ou déclarera ne pas la reconnaître, le juge lui en donnera acte : il paraphera la pièce, et renverra la cause devant les juges qui doivent en connaître.

TRIBUNAUX DE COMMERCE. *C. Proc.* 427. Si une pièce produite (devant un tribunal de commerce) est méconnue, déniée ou arguée de faux, et que la partie persiste à s'en servir, le tribunal renverra devant les juges qui doivent en connaître, et il sera sursis au jugement de la demande principale. — Néanmoins, si la pièce n'est relative qu'à un des chefs de la demande, il pourra être passé outre au jugement des autres chefs.

DÉNI DE JUSTICE.

C. Civ. 4. Le juge qui refusera de juger, sous prétexte du silence, de l'obscurité ou de l'insuffisance de la loi, pourra être poursuivi comme coupable de déni de justice.

C. Proc. 505. Les juges peuvent être pris à partie dans les cas suivans, — 1°... 4° s'il y a déni de justice.

506. Il y a déni de justice, lorsque les juges refusent de répondre aux requêtes, ou négligent de juger les affaires en état et en tour d'être jugées.

507. Le déni de justice sera constaté par deux réquisitions faites aux juges en la personne des greffiers, et signifiées de trois en trois jours au moins pour les juges de paix et de commerce, et de huitaine en huitaine au moins pour les autres juges : tout huissier requis sera tenu de faire ces réquisitions, à peine d'interdiction.

508. Après les deux réquisitions, le juge pourra être pris à partie. *V.* PRISE A PARTIE.

C. Pén. 185. Tout juge ou tribunal, tout administrateur ou autorité administrative qui, sous quelque prétexte que ce soit, même du silence ou de l'obscurité de la loi, aura dénié de rendre la justice qu'il doit aux parties, après en avoir été requis, et qui aura persévéré dans son déni, après avertissement ou injonction de ses supérieurs, pourra être poursuivi et sera puni d'une amende de deux cents francs au moins et de cinq cents francs au plus, et de l'interdiction de l'exercice des fonctions publiques depuis cinq ans jusqu'à vingt

DENIERS FOURNIS.

PRIVILÈGE. *C. Civ.* 2103. Les créanciers privilégiés sur les immeubles sont : — 1°... 2° ceux qui ont fourni les deniers pour l'acquisition d'un immeuble, pourvu qu'il soit authentiquement constaté, par l'acte d'emprunt, que la somme était destinée à cet emploi, et, par la quittance du vendeur, que ce paiement a été fait des deniers empruntés ; — 4° les architectes, entrepreneurs, maçons et autres ouvriers employés pour édifier, reconstruire ou réparer des bâtimens, canaux ou autres ouvrages quelconques, pourvu néanmoins que, par un expert nommé d'office par le tribunal de première instance dans le ressort duquel les bâtimens sont situés, il ait été dressé préalablement un procès-verbal, à l'effet de constater l'état des lieux relativement aux ouvrages que le propriétaire déclarera avoir dessein de faire, et que les ouvrages aient été, dans les six mois au plus de leur perfection, reçus par un expert également nommé d'office ; — mais le montant du privilège ne peut excéder les valeurs constatées par le second procès-verbal, et il se réduit à la plus-value existante à l'époque de l'aliénation de l'immeuble et résultant des travaux qui y ont été faits ; — 5° ceux qui ont prêté les deniers pour payer ou rembourser les ouvriers, jouissent du même privilège, pourvu que cet emploi soit authentiquement constaté par l'acte d'emprunt, et par la quittance des ouvriers, ainsi qu'il a été dit ci-dessus pour ceux qui ont prêté les deniers pour l'acquisition d'un immeuble.

2110. Les architectes, entrepreneurs, maçons et autres ouvriers employés pour édifier, reconstruire ou réparer des bâtimens, canaux ou autres ouvrages, et ceux qui ont, pour les payer et rembourser, prêté les deniers dont l'emploi a été constaté, conservent, par la double inscription faite, — 1° du procès-verbal qui constate l'état des lieux; — 2° du procès-verbal de réception, leur privilège à la date de l'inscription du premier procès-verbal.

DÉNONCIATION CRIMINELLE.

1° *Dispositions générales.*

C. Instr. cr. 30. Toute personne qui aura été témoin d'un attentat, soit contre la sûreté publique, soit contre la vie ou la propriété d'un individu, sera tenue d'en donner avis au procureur du Roi, soit du lieu du crime ou délit, soit du lieu où le prévenu pourra être trouvé.

31. Les dénonciations seront rédigées par les dénonciateurs, ou par leurs fondés de procuration spéciale, ou par le procureur du Roi s'il en est requis; elles seront toujours signées par le procureur du Roi à chaque feuillet, et par les dénonciateurs ou leurs fondés de pouvoir. — Si les dénonciateurs ou leurs fondés de pouvoir ne savent ou ne veulent pas signer, il en sera fait mention. — La procuration demeurera toujours annexée à la dénonciation; et le dénonciateur pourra se faire délivrer, mais à ses frais, une copie de sa dénonciation.

40. La dénonciation seule ne constitue pas une présomption suffisante pour décerner (un mandat d'amener) contre un individu ayant domicile.

2° *Dispositions diverses.*

ACQUITTEMENT. *C. Instr. cr.* 358. L'accusé acquitté pourra obtenir des dommages-intérêts contre ses dénonciateurs pour fait de calomnie; sans néanmoins que les membres des autorités constituées puissent être ainsi poursuivis à raison des avis qu'ils sont tenus de donner, concernant les délits dont ils ont cru acquérir la connaissance dans l'exercice de leurs fonctions, et sauf contre eux la demande en prise à partie, s'il y a lieu. — Le procureur général sera tenu, sur la réquisition de l'accusé, de lui faire connaître ses dénonciateurs.

359. Les demandes en dommages-intérêts, formées par l'accusé contre ses dénonciateurs, seront portées à la cour d'assises. — L'accusé, s'il a connu son dénonciateur (est tenu de former sa demande en dommages-intérêts avant le jugement; plus tard, il sera non recevable). — Dans le cas où l'accusé n'aurait connu son dénonciateur que depuis le jugement, mais avant la fin de la session, il sera tenu, sous peine de déchéance, de porter sa demande à la cour d'assises : s'il ne l'a

connu qu'après la clôture de la session, sa demande sera portée au tribunal civil.

COMPLOT. *C. Pén.* 108. Seront exemptés des peines prononcées contre les auteurs de complots ou d'autres crimes attentatoires à la sûreté intérieure ou extérieure de l'État, ceux des coupables qui, avant toute exécution ou tentative de ces complots ou de ces crimes, et avant toutes poursuites commencées, auront les premiers donné au Gouvernement ou aux autorités administratives ou de police judiciaire, connaissance de ces complots ou crimes, et de leurs auteurs ou complices, ou qui, même depuis le commencement des poursuites, auront procuré l'arrestation desdits auteurs ou complices.—Les coupables qui auront donné ces connaissances ou procuré ces arrestations, pourront néanmoins être condamnés à rester pour la vie ou à temps sous la surveillance de la haute police.

SUCCESSION (*indignité*). *C. Civ.* 727. Sont indignes de succéder, et, comme tels, exclus des successions, — 1°... 3° l'héritier majeur qui, instruit du meurtre du défunt, ne l'aura pas dénoncé à la justice.

728. Le défaut de dénonciation ne peut être opposé aux ascendans et descendans du meurtrier, ni à ses alliés au même degré, ni à son époux ou à son épouse, ni à ses frères ou sœurs, ni à ses oncles et tantes, ni à ses neveux et nièces.

TÉMOIGNAGE. *C. Inst. cr.* 322. Ne pourront être reçues les dépositions, — 1°... 6° des dénonciateurs dont la dénonciation est récompensée pécuniairement par la loi ; — sans néanmoins que l'audition des personnes ci-dessus désignées puisse opérer une nullité, lorsque, soit le procureur général, soit la partie civile, soit les accusés, ne se sont pas opposés à ce qu'elles soient entendues.

323. Les dénonciateurs autres que ceux récompensés pécuniairement par la loi pourront être entendus en témoignage; mais le juri sera averti de leur qualité de dénonciateurs.

DÉNONCIATION DE NOUVEL OEUVRE.

BAIL. *C. Civ.* 1768. Le preneur d'un bien rural est tenu, sous peine de tous dépens, dommages et intérêts, d'avertir le propriétaire des usurpations qui peuvent être commises sur les fonds. Cet avertissement doit être donné dans le même délai que celui qui est réglé en cas d'assignation suivant la distance des lieux. *V.* AJOURNEMENT.

USUFRUIT. *C. Civ.* 614. Si, pendant la durée de l'usufruit, un tiers commet quelque usurpation sur le fonds, ou attente autrement aux droits du propriétaire, l'usufruitier est tenu de le dénoncer à celui-ci : faute de ce, il est responsable de tout le dommage qui peut en résulter pour le propriétaire, comme il le serait des dégradations commises par lui-même.

DÉNONCIATION DE SAISIE.

1° De saisie-arrêt.

C. Proc. 563. Dans la huitaine de la saisie-arrêt ou opposition, outre un jour pour trois myriamètres de distance entre le domicile du tiers-saisi et celui du saisissant, et un jour pour trois myriamètres de distance entre le domicile de ce dernier et celui du débiteur saisi, le saisissant sera tenu de dénoncer la saisie-arrêt ou opposition au débiteur saisi, et de l'assigner de validité.

564. Dans un pareil délai, outre celui en raison des distances, à compter du jour de la demande en validité, cette demande sera dénoncée, à la requête du saisissant, au tiers-saisi, qui ne sera tenu de faire aucune déclaration avant que cette dénonciation lui ait été faite. *V.* ARRÊT (*saisie*).

2° De saisie immobilière.

C. Proc. 681. La saisie immobilière, enregistrée comme il est dit aux articles 677 et 680 (*V.* IMMOBILIÈRE [*saisie*]) sera dénoncée au saisi dans la quinzaine du jour du dernier enregistrement, outre un jour pour trois myriamètres de distance entre le domicile du saisi et la situation des biens : elle contiendra la date de la première publication. L'original de cette dénonciation sera visé dans les vingt-quatre heures par le maire du domicile du saisi, et enregistré dans la huitaine, outre un jour pour trois myriamètres, au bureau de la conservation des hypothèques de la situation des biens ; et mention en sera faite en marge de l'enregistrement de la saisie réelle.

DENRÉES.

1° Disposition générale.

C. Civ. 533. Le mot *meuble*, employé seul dans les dispositions de la loi ou de l'homme sans autre addition ni désignation, ne comprend pas les grains, vins, foins et autres denrées ; il ne comprend pas aussi ce qui fait l'objet d'un commerce.

2° Dispositions diverses.

PRÊT. *C. Civ.* 1897. Si ce sont des lingots ou des denrées qui ont été prêtés, quelle que soit l'augmentation ou la diminution de leur prix, le débiteur doit toujours rendre la même quantité et qualité, et ne doit rendre que cela.

PRÊT A INTÉRÊT. *C. Civ.* 1905. Il est permis de stipuler des intérêts pour simple prêt, soit de denrées, ou autres choses mobilières. *V.* INTÉRÊT (*prêt à*).

SAISIE. *C. Proc.* 592. Ne pourront être saisis, — 1°... 7° les farines et menues denrées nécessaires à la consommation du saisi et de sa famille pendant un mois ; — 8° enfin, une vache, ou trois brebis, ou deux chèvres, au choix du saisi, avec les pailles, fourrages et grains nécessaires pour la litière et la nourriture desdits animaux pendant un mois.

595. Lesdits objets ne pourront être saisis pour aucune créance, même celle de l'État, si ce n'est pour alimens fournis à la partie saisie, ou sommes dues aux fabricans ou vendeurs desdits objets, ou à celui qui aura prêté pour les acheter, fabriquer ou réparer ; pour fermages et moissons des terres à la culture desquelles ils sont employés ; loyers des manufactures, moulins, pressoirs, usines dont ils dépendent, et loyers des lieux servant à l'habitation personnelle du débiteur. *V.* EXÉCUTION (*saisie*).

USUFRUIT. *C. Civ.* 602. Si l'usufruitier ne trouve pas de caution, — les denrées sont vendues, et le prix en provenant est placé ; — les intérêts de ces sommes appartiennent, dans ce cas, à l'usufruitier.

VENTE (*résolution*). *C. Civ.* 1657. En matière de vente de denrées et effets mobiliers, la résolution de la vente aura lieu de plein droit et sans sommation, au profit du vendeur, après l'expiration du terme convenu pour le retirement.

DÉPENS.

I. EN MATIÈRE CIVILE.

1° De la condamnation aux dépens.

Dispositions générales.

C. Proc. 130. Toute partie qui succombera sera condamnée aux dépens.

131. Pourront néanmoins les dépens être compensés en tout ou en partie, entre conjoints, ascendans, descendans, frères et sœurs, ou alliés au même degré : les juges pourront aussi compenser les dépens en tout ou en partie, si les parties succombent respectivement sur quelques chefs.

132. Les avoués et huissiers qui auront excédé les bornes de leur ministère, les tuteurs, curateurs, héritiers bénéficiaires ou autres administrateurs qui auront compromis les intérêts de leur administration, pourront être condamnés aux dépens, en leur nom et sans répétition, même aux dommages et intérêts, s'il y a lieu ; sans préjudice de l'interdiction contre les avoués et huissiers, et de la destitution contre les tuteurs et autres, suivant la gravité des circonstances.

133. Les avoués pourront demander la distraction des dépens à leur profit, en affirmant, lors de la prononciation du jugement, qu'ils ont fait

la plus grande partie des avances. La distraction des dépens ne pourra être prononcée que par le jugement qui en portera la condamnation : dans ce cas, la taxe sera poursuivie et l'exécutoire délivré au nom de l'avoué, sans préjudice de l'action contre sa partie.

137. L'exécution provisoire ne pourra être ordonnée pour les dépens, quand même ils seraient adjugés pour tenir lieu de dommages et intérêts.

1031. Les procédures et les actes nuls ou frustratoires, et les actes qui auront donné lieu à une condamnation d'amende, seront à la charge des officiers ministériels qui les auront faits, lesquels, suivant l'exigence des cas, seront en outre passibles des dommages et intérêts de la partie, et pourront même être suspendus de leurs fonctions.

Dispositions diverses.

AVOUÉS (*rétablissement de pièces*). *C. Proc.* 191. Si, après l'expiration du délai (fixé pour le rétablissement des pièces en communication), l'avoué n'a pas rétabli les pièces, il sera, sur simple requête, et même sur simple mémoire de la partie, rendu ordonnance portant qu'il sera contraint à ladite remise, incontinent et par corps ; même à payer trois francs de dommages-intérêts à l'autre partie par chaque jour de retard, du jour de la signification de ladite ordonnance, outre les frais desdites requête et ordonnance, qu'il ne pourra répéter contre son constituant.

192. En cas d'opposition, l'incident sera réglé sommairement : si l'avoué succombe, il sera condamné personnellement aux dépens de l'incident, même en tels autres dommages-intérêts et peines qu'il appartiendra, suivant la nature des circonstances.

COMMUNAUTÉ (*renonciation*). *C. Civ.* 1459. La veuve qui n'a point fait sa renonciation dans le délai prescrit, n'est pas déchue de la faculté de renoncer si elle ne s'est point immiscée et qu'elle ait fait inventaire ; elle peut seulement être poursuivie comme commune jusqu'à ce qu'elle ait renoncé, et elle doit les frais faits contre elle jusqu'à sa renonciation.

CONSIGNATION ET OFFRES. *C. Civ.* 1260. Les frais des offres réelles et de la consignation sont à la charge du créancier, si elles sont valables.

DESCENTE SUR LIEUX. *C. Proc.* 301. Les frais de transport (lors de la descente sur les lieux) seront avancés par la partie requérante, et par elle consignés au greffe.

DÉSISTEMENT. *C. Proc.* 403. Le désistement, lorsqu'il aura été accepté, emportera de plein droit consentement que les choses soient remises de part et d'autre au même état qu'elles étaient avant la demande. — Il emportera également

soumission de payer les frais, au paiement desquels la partie qui se sera désistée sera contrainte, sur simple ordonnance du président mise au bas de la taxe, parties présentes, ou appelées par acte d'avoué à avoué.

DOMMAGES-INTÉRÊTS (*liquidation*). *C. Proc.* 525. Si les offres contestées (pour paiement de dommages-intérêts à liquider) sont jugées suffisantes, le demandeur sera condamné aux dépens, du jour des offres.

ENQUÊTE (*témoins*). *C. Proc.* 281. La partie qui aura fait entendre plus de cinq témoins sur un même fait, ne pourra répéter les frais des autres dépositions.

ÉTRANGER (*caution judicatum solvi*). *C. Proc.* 166. Tous étrangers, demandeurs principaux ou intervenans, seront tenus, si le défendeur le requiert, avant toute exception, de fournir caution de payer les frais et dommages-intérêts auxquels ils pourraient être condamnés. *V.* JUDICATUM SOLVI (*caution*).

EXPERT. *C. Proc.* 316. L'expert, qui, après avoir prêté serment, ne remplira pas sa mission, pourra être condamné par le tribunal qui l'avait commis, à tous les frais frustratoires, et même aux dommages-intérêts, s'il y échet.

GARANS. *C. Proc.* 185. Les jugemens rendus contre les garans formels seront exécutoires contre les garantis. — Il suffira de signifier le jugement aux garantis, soit qu'ils aient été mis hors de cause, et qu'ils y aient assisté, sans qu'il soit besoin d'autre demande ni procédure. A l'égard des dépens, dommages et intérêts, la liquidation et l'exécution ne pourront en être faites que contre les garans. — Néanmoins, en cas d'insolvabilité du garant, le garanti sera passible des dépens, à moins qu'il n'ait été mis hors de cause ; il le sera aussi des dommages et intérêts, si le tribunal juge qu'il y a lieu.

INCIDENS. *C. Proc.* 358. Toutes demandes incidentes seront formées en même temps ; les frais de celles qui seraient proposées postérieurement, et dont les causes auraient existé à l'époque des premières, ne pourront être répétés.

PÉREMPTION. *C. Proc.* 401. En cas de péremption, le demandeur principal est condamné à tous les frais de la procédure périmée. *V.* PÉREMPTION.

TUTELLE (*excuse*). *C. Civ.* 441. (Si le tuteur désigné) parvient à se faire exempter de la tutelle, ceux qui auront rejeté l'excuse pourront être condamnés aux frais de l'instance. — S'il succombe, il sera condamné lui-même.

USUFRUIT. *C. Civ.* 613. L'usufruitier n'est tenu que des frais des procès qui concernent la jouissance, et des autres condamnations auxquelles ces procès pourraient donner lieu.

II. DE LA LIQUIDATION ET DU PAIEMENT.

1° de la liquidation des dépens et frais.

C. Proc. (liv. 5, tit. 5, art. 543-544). — 543. La liquidation des dépens et frais sera faite, en matière sommaire, par le jugement qui les adjugera.

544. La manière de procéder à la liquidation des dépens et frais dans les autres matières, sera déterminée par un ou plusieurs règlemens d'administration publique, qui seront exécutoires le même jour que le présent Code, et qui, après trois ans au plus tard, seront présentés en forme de loi au corps législatif, avec les changemens dont ils auront paru susceptibles. *V.* TARIF, et *sous chaque mot* le § *dispositions du tarif civil.*

2° Du paiement par privilège.

C. Civ. 2101. Les créances privilégiées sur la généralité des meubles sont celles ci-après exprimées, et s'exercent dans l'ordre suivant : — 1° les frais de justice.

2104. Les privilèges qui s'étendent sur les meubles et les immeubles sont ceux énoncés en l'art. 2101 *(ci-dessus).*

2105. Lorsqu'à défaut de mobilier les privilégiés énoncés en l'article précédent se présentent pour être payés sur le prix d'un immeuble en concurrence avec les créanciers privilégiés sur l'immeuble, les paiemens se font dans l'ordre qui suit : — 1° les frais de justice.

DÉPENSES.

1° Dispositions générales.

C. Civ. 1375. Le maître dont l'affaire a été bien administrée, doit remplir les engagemens que le gérant a contractés en son nom, l'indemniser de tous les engagemens personnels qu'il a pris, et lui rembourser toutes les dépenses utiles ou nécessaires qu'il a faites.

1381. Celui auquel la chose est restituée, doit tenir compte, même au possesseur de mauvaise foi, de toutes les dépenses nécessaires et utiles qui ont été faites pour la conservation de la chose. *V.* AGRÉMENT (*dépenses d'*).

2° Dispositions diverses.

ANTICHRÈSE. *C. Civ.* 2086. Le créancier est tenu, s'il n'en est autrement convenu, de payer les contributions et les charges annuelles de l'immeuble qu'il tient en antichrèse. — Il doit également, sous peine de dommages et intérêts, pourvoir à l'entretien et aux réparations utiles et nécessaires de l'immeuble, sauf à prélever sur les fruits toutes les dépenses relatives à ces divers objets.

DÉPOT. *C. Civ.* 1947. La personne qui a fait le dépôt, est tenue de rembourser au dépositaire les dépenses qu'il a faites pour la conservation de la chose déposée, et de l'indemniser de toutes les pertes que le dépôt peut lui avoir occasionées.

1948. Le dépositaire peut retenir le dépôt jusqu'à l'entier paiement de ce qui lui est dû à raison du dépôt.

GAGE. *C. Civ.* 2080. Le débiteur doit tenir compte au créancier des dépenses utiles et nécessaires que celui-ci a faites pour la conservation du gage.

MINEUR. *C. Civ.* 454. Lors de l'entrée en exercice de toute tutelle, autre que celle des père et mère, le conseil de famille réglera par aperçu, et selon l'importance des biens régis, la somme à laquelle pourra s'élever la dépense annuelle du mineur, ainsi que celle d'administration de ses biens. — Le même acte spécifiera si le tuteur est autorisé à s'aider, dans sa gestion, d'un ou plusieurs administrateurs particuliers, salariés, et gérant sous sa responsabilité.

PRÊT. *C. Civ.* 1886. Si, pour user de la chose, l'emprunteur a fait quelque dépense, il ne peut pas la répéter.

1890. Si, pendant la durée du prêt, l'emprunteur a été obligé, pour la conservation de la chose, à quelque dépense extraordinaire, nécessaire, et tellement urgente qu'il n'ait pas pu en prévenir le prêteur, celui-ci sera tenu de la lui rembourser.

SOCIÉTÉ. *C. Civ.* 1859. A défaut de stipulations spéciales sur le mode d'administration, l'on suit les règles suivantes : — 1° les associés sont censés s'être donné réciproquement le pouvoir d'administrer l'un pour l'autre : ce que chacun fait est valable même pour la part de ses associés, sans qu'il ait pris leur consentement, sauf le droit qu'ont ces derniers, ou l'un d'eux, de s'opposer à l'opération avant qu'elle soit conclue ; — 5° chaque associé a le droit d'obliger ses associés à faire avec lui les dépenses qui sont nécessaires pour la conservation des choses de la société.

DÉPORT.

1° Déport d'arbitre.

C. Proc. 1012. Le compromis finit, — 1° par le décès, refus, déport ou empêchement d'un des arbitres, s'il n'y a clause qu'il sera passé outre, ou que le remplacement sera au choix des parties ou au choix de l'arbitre ou des arbitres restans.

1014. Les arbitres ne pourront se déporter si leurs opérations sont commencées.

2° Déport de juge.

C. Proc. 380. Tout juge qui saura cause de

récusation en sa personne, sera tenu de la déclarer à la chambre, qui décidera s'il doit s'abstenir. *V.* ABSTENSION DE JUGE et RÉCUSATION.

DÉPORTATION. *C. Pén.* 7. Les peines afflictives et infamantes sont, — 5° la déportation.

17. La peine de la déportation consistera à être transporté et à demeurer à perpétuité dans un lieu déterminé par la loi, hors du territoire continental du royaume. — Si le déporté rentre sur le territoire du royaume, il sera, sur la seule preuve de son identité, condamné aux travaux forcés à perpétuité. — Le déporté qui ne sera pas rentré sur le territoire du royaume, mais qui sera saisi dans les pays occupés par les armées françaises, sera conduit dans le lieu de sa déportation. — Tant qu'il n'aura pas été établi un lieu de déportation, le condamné subira à perpétuité la peine de la détention, soit dans une prison du royaume, soit dans une prison située hors du territoire continental, dans l'une des possessions françaises, qui sera déterminée par la loi, selon que les juges l'auront expressément décidé par l'arrêt de condamnation, ou lorsque les communications seront interrompues entre la métropole et le lieu de l'exécution de la peine, l'exécution aura lieu provisoirement en France.

70. La peine de la déportation ne sera prononcée contre aucun individu âgé de soixante-dix ans accomplis au moment du jugement.

71. Cette peine sera remplacée, à leur égard, par la détention à perpétuité.

DÉPOSITAIRE. *V.* DÉPOT.

DÉPOSITION. *V.* ENQUÊTE, TÉMOIN.

DÉPOT.

I. DISPOSITIONS GÉNÉRALES.
Du dépôt et du séquestre.

C. Civ. (liv. 3, *tit.* 11, *art.* 1915-1965).

Chap. 1, *du dépôt en général et de ses diverses espèces.*

1915. Le dépôt, en général, est un acte par lequel on reçoit la chose d'autrui, à la charge de la garder et de la restituer en nature.

1916. Il y a deux espèces de dépôt : le dépôt proprement dit, et le séquestre.

Chap. 2, *du dépôt proprement dit.*

Sect. 1, *de la nature et de l'essence du contrat de dépôt.*

1917. Le dépôt proprement dit est un contrat essentiellement gratuit.

1918. Il ne peut avoir pour objet que des choses mobilières.

1919. Il n'est parfait que par la tradition réelle ou feinte de la chose déposée. — La tradition feinte suffit, quand le dépositaire se trouve déjà nanti, à quelque autre titre, de la chose que l'on consent à lui laisser à titre de dépôt.

1920. Le dépôt est volontaire ou nécessaire.

Sect. 2, *du dépôt volontaire.*

1921. Le dépôt volontaire se forme par le consentement réciproque de la personne qui fait le dépôt et de celle qui le reçoit.

1922. Le dépôt volontaire ne peut régulièrement être fait que par le propriétaire de la chose déposée, ou de son consentement exprès ou tacite.

1923. Le dépôt volontaire doit être prouvé par écrit. La preuve testimoniale n'en est point reçue pour valeur excédant cent cinquante francs.

1924. Lorsque le dépôt, étant au-dessus de cent cinquante francs, n'est point prouvé par écrit, celui qui est attaqué comme dépositaire en est cru sur sa déclaration, soit pour le fait même du dépôt, soit pour la chose qui en faisait l'objet, soit pour le fait de sa restitution.

1925. Le dépôt volontaire ne peut avoir lieu qu'entre personnes capables de contracter. — Néanmoins, si une personne capable de contracter accepte le dépôt fait par une personne incapable, elle est tenue de toutes les obligations d'un véritable dépositaire ; elle peut être poursuivie par le tuteur ou administrateur de la personne qui a fait le dépôt.

1926. Si le dépôt a été fait par une personne capable à une personne qui ne l'est pas, la personne qui a fait le dépôt n'a que l'action en revendication de la chose déposée, tant qu'elle existe dans la main du dépositaire, ou une action en restitution jusqu'à concurrence de ce qui a tourné au profit de ce dernier.

Sect. 3, *des obligations du dépositaire.*

1927. Le dépositaire doit apporter dans la garde de la chose déposée, les mêmes soins qu'il apporte dans la garde des choses qui lui appartiennent.

1928. La disposition de l'article précédent doit être appliquée avec plus de rigueur, — 1° si le dépositaire s'est offert lui-même pour recevoir le dépôt ; — 2° s'il a stipulé un salaire pour la garde du dépôt ; — 5° si le dépôt a été fait uniquement pour l'intérêt du dépositaire ; — 4° s'il a été convenu expressément que le dépositaire répondrait de toute espèce de faute.

1929. Le dépositaire n'est tenu, en aucun cas, des accidens de force majeure, à moins qu'il n'ait été mis en demeure de restituer la chose déposée.

1930. Il ne peut se servir de la chose déposée, sans la permission expresse ou présumée du déposant.

1931. Il ne doit point chercher à connaître quelles sont les choses qui lui ont été déposées, si elles lui ont été confiées dans un coffre fermé ou sous une enveloppe cachetée.

1932. Le dépositaire doit rendre identiquement la chose même qu'il a reçue.—Ainsi, le dépôt des sommes monayées doit être rendu dans les mêmes espèces qu'il a été fait, soit dans le cas d'augmentation, soit dans le cas de diminution de leur valeur.

1933. Le dépositaire n'est tenu de rendre la chose déposée que dans l'état où elle se trouve au moment de la restitution. Les détériorations qui ne sont pas survenues par son fait sont à la charge du déposant.

1934. Le dépositaire auquel la chose a été enlevée par une force majeure, et qui a reçu un prix ou quelque chose à la place, doit restituer ce qu'il a reçu en échange.

1935. L'héritier du dépositaire, qui a vendu de bonne foi la chose dont il ignorait le dépôt, n'est tenu que de rendre le prix qu'il a reçu, ou de céder son action contre l'acheteur, s'il n'a pas touché le prix.

1936. Si la chose déposée a produit des fruits qui aient été perçus par le dépositaire, il est obligé de les restituer. Il ne doit aucun intérêt de l'argent déposé, si ce n'est du jour où il a été mis en demeure de faire la restitution.

1937. Le dépositaire ne doit restituer la chose déposée qu'à celui qui la lui a confiée, ou à celui au nom duquel le dépôt a été fait, ou à celui qui a été indiqué pour le recevoir.

1938. Il ne peut pas exiger de celui qui a fait le dépôt, la preuve qu'il était propriétaire de la chose déposée. — Néanmoins, s'il découvre que la chose a été volée, et quel en est le véritable propriétaire, il doit dénoncer à celui-ci le dépôt qui lui a été fait, avec sommation de le réclamer dans un délai déterminé et suffisant. Si celui auquel la dénonciation a été faite, néglige de réclamer le dépôt, le dépositaire est valablement déchargé par la tradition qu'il en fait à celui duquel il l'a reçu.

1939. En cas de mort naturelle ou civile de la personne qui a fait le dépôt, la chose déposée ne peut être rendue qu'à son héritier.—S'il y a plusieurs héritiers, elle doit être rendue à chacun d'eux pour leur part et portion.—Si la chose déposée est indivisible, les héritiers doivent s'accorder entre eux pour la recevoir.

1940. Si la personne qui a fait le dépôt a changé d'état, par exemple, si la femme libre au moment où le dépôt a été fait, s'est mariée depuis, et se trouve en puissance de mari; si le majeur déposant se trouve frappé d'interdiction; dans tous ces cas et autres de même nature, le dépôt ne peut être restitué qu'à celui qui a l'administration des droits et des biens du déposant.

1941. Si le dépôt a été fait par un tuteur, par un mari ou par un administrateur, dans l'une de ces qualités, il ne peut être restitué qu'à la personne que ce tuteur, ce mari ou cet administrateur représentaient, si leur gestion ou leur administration est finie.

1942. Si le contrat de dépôt désigne le lieu dans lequel la restitution doit être faite, le dépositaire est tenu d'y porter la chose déposée. S'il y a des frais de transport, ils sont à la charge du déposant

1943. Si le contrat ne désigne point le lieu de la restitution, elle doit être faite dans le lieu même du dépôt.

1944. Le dépôt doit être remis au déposant aussitôt qu'il le réclame, lors même que le contrat aurait fixé un délai déterminé pour la restitution; à moins qu'il n'existe, entre les mains du dépositaire, une saisie-arrêt ou une opposition à la restitution et au déplacement de la chose déposée.

1945. Le dépositaire infidèle n'est point admis au bénéfice de cession.

1946. Toutes les obligations du dépositaire cessent, s'il vient à découvrir et à prouver qu'il est lui-même propriétaire de la chose déposée.

Sect. 4, des obligations de la personne par laquelle le dépôt a été fait.

1947. La personne qui a fait le dépôt, est tenue de rembourser au dépositaire les dépenses qu'il a faites pour la conservation de la chose déposée, et de l'indemniser de toutes les pertes que le dépôt peut lui avoir occasionées.

1948. Le dépositaire peut retenir le dépôt jusqu'à l'entier paiement de ce qui lui est dû à raison du dépôt.

Sect. 5, du dépôt nécessaire.

1949. Le dépôt nécessaire est celui qui a été forcé par quelque accident, tel qu'un incendie, une ruine, un pillage, un naufrage ou autre événement imprévu.

1950. La preuve par témoins peut être reçue pour le dépôt nécessaire, même quand il s'agit d'une valeur au-dessus de cent cinquante francs.

1951. Le dépôt nécessaire est d'ailleurs régi par toutes les règles précédemment énoncées.

1952. Les aubergistes ou hôteliers sont responsables, comme dépositaires, des effets apportés par le voyageur qui loge chez eux : le dépôt de ces sortes d'effets doit être regardé comme un dépôt nécessaire.

1953. Ils sont responsables du vol ou du dom-

18.

mage des effets du voyageur, soit que le vol ait été fait ou que le dommage ait été causé par les domestiques et préposés de l'hôtellerie, ou par des étrangers allant et venant dans l'hôtellerie.

1954. Ils ne sont pas responsables des vols faits avec force armée ou autre force majeure.

Chap. 5, du séquestre. V. SÉQUESTRE.

II. DISPOSITIONS ADDITIONNELLES.

1º *De la preuve du dépôt.*

C. Civ. 1341. Il doit être passé acte, devant notaires ou sous signature privée, de toutes choses excédant la somme ou valeur de cent cinquante francs, même pour dépôts volontaires; et il n'est reçu aucune preuve par témoins contre et outre le contenu aux actes, ni sur ce qui serait allégué avoir été dit avant, lors ou depuis les actes, encore qu'il s'agisse d'une somme ou valeur moindre de cent cinquante francs.—Le tout sans préjudice de ce qui est prescrit dans les lois relatives au commerce.

1348. Elles reçoivent encore exception toutes les fois qu'il n'a pas été possible au créancier de se procurer une preuve littérale de l'obligation qui a été contractée envers lui. — Cette seconde exception s'applique,—1º... 2º aux dépôts nécessaires faits en cas d'incendie, ruine, tumulte ou naufrage, et à ceux faits par les voyageurs en logeant dans une hôtellerie, le tout suivant la qualité des personnes et les circonstances du fait.

2º *Dispositions diverses.*

ABSENCE. *C. Civ.* 125. La possession provisoire ne sera qu'un dépôt, qui donnera à ceux qui l'obtiendront l'administration des biens de l'absent, et qui les rendra comptables envers lui, en cas qu'il reparaisse ou qu'on ait de ses nouvelles.

BANQUEROUTE. *C. Com.* 593. Sera déclaré banqueroutier frauduleux, tout commerçant failli qui se trouvera dans un ou plusieurs des cas suivans :—1º... 5º si, ayant été constitué dépositaire d'argent, d'effets de commerce, de denrées ou de marchandises, il a, au préjudice du dépôt, appliqué à son profit les fonds ou la valeur des objets sur lesquels portait le dépôt.

CESSION DE BIENS. *C. Proc.* 905. Ne pourront être admis au bénéfice de cession, les dépositaires.

C. Com. 575. (*Même disposition.*)

COMPENSATION. *C. Civ.* 1293. La compensation (n'a pas lieu) dans le cas, — 2º de la demande en restitution d'un dépôt. *V.* COMPENSATION.

CONTRAINTE PAR CORPS. *C. Civ.* 2060. La contrainte par corps a lieu, — 1º pour dépôt nécessaire ;—4º pour la représentation des choses dé-

posées aux séquestres, commissaires et autres gardiens.

GAGE. *C. Civ.* 2079. Jusqu'à l'expropriation du débiteur, s'il y a lieu, il reste propriétaire du gage, qui n'est, dans la main du créancier, qu'un dépôt assurant le privilège de celui-ci. *V.* GAGE.

PRESCRIPTION. *C. Civ.* 2236. Le dépositaire ne peut prescrire (la chose du propriétaire qu'il détient précairement).

2239. Ceux à qui les dépositaires ont transmis la chose par un titre translatif de propriété, peuvent la prescrire.

RÉHABILITATION. *C. Com.* 612. Ne seront point admis à la réhabilitation (après faillite), les dépositaires qui n'auront pas rendu leurs comptes.

DÉPÔT (MANDAT DE). *V.* MANDAT DE DÉPÔT.

DERNIER RESSORT.

Dispositions générales.

C. Proc. 453. Seront sujets à l'appel les jugemens qualifiés en dernier ressort, lorsqu'ils auront été rendus par des juges qui ne pouvaient prononcer qu'en première instance. — Ne seront recevables les appels des jugemens rendus sur des matières dont la connaissance en dernier ressort appartient aux premiers juges, mais qu'ils auraient omis de qualifier, ou qu'ils auraient qualifiés en premier ressort.

454. Lorsqu'il s'agira d'incompétence, l'appel sera recevable, encore que le jugement ait été qualifié en dernier ressort.

DÉSAVEU D'AVOUÉ.

Dispositions générales.

C. Proc. 49. Sont dispensées du préliminaire de la conciliation, — 1º...... 7º les demandes en désaveu.

Du désaveu.

C. Proc. (*liv.* 2, *tit.* 18, *art.* 352-362). — 352. Aucunes offres, aucun aveu ou consentement, ne pourront être faits, donnés ou acceptés sans un pouvoir spécial, à peine de désaveu.

353. Le désaveu sera fait au greffe du tribunal qui devra en connaître, par un acte signé de la partie, ou du porteur de sa procuration spéciale et authentique : l'acte contiendra les moyens, conclusions, et constitution d'avoué.

354. Si le désaveu est formé dans le cours d'une instance encore pendante, il sera signifié, sans autre demande, par acte d'avoué, tant à l'avoué contre lequel le désaveu est dirigé, qu'aux autres avoués de la cause ; et ladite signification vaudra sommation de défendre au désaveu.

355. Si l'avoué n'exerce plus ses fonctions, le désaveu sera signifié par exploit à son domicile ; s'il est mort, le désaveu sera signifié à ses héritiers, avec assignation au tribunal où l'instance

est pendante, et notifié aux parties de l'instance, par acte d'avoué à avoué.

356. Le désaveu sera toujours porté au tribunal devant lequel la procédure désavouée aura été instruite, encore que l'instance dans le cours de laquelle il est formé soit pendante en un autre tribunal ; le désaveu sera dénoncé aux parties de l'instance principale, qui seront appelées dans celle de désaveu.

357. Il sera sursis à toute procédure et au jugement de l'instance principale, jusqu'à celui du désaveu, à peine de nullité; sauf cependant à ordonner que le désavouant fera juger le désaveu dans un délai fixe, sinon qu'il sera fait droit.

358. Lorsque le désaveu concernera un acte sur lequel il n'y a point instance, la demande sera portée au tribunal du défendeur.

359. Toute demande en désaveu sera communiquée au ministère public.

360. Si le désaveu est déclaré valable, le jugement, ou les dispositions du jugement relatives aux chefs qui ont donné lieu au désaveu, demeureront annulées et comme non avenues : le désavoué sera condamné, envers le demandeur et les autres parties, en tous dommages-intérêts, même puni d'interdiction, ou poursuivi extraordinairement, suivant la gravité du cas et la nature des circonstances.

361. Si le désaveu est rejeté, il sera fait mention du jugement de rejet en marge de l'acte de désaveu, et le demandeur pourra être condamné, envers le désavoué et les autres parties, en tels dommages et réparations qu'il appartiendra.

362. Si le désaveu est formé à l'occasion d'un jugement qui aura acquis force de chose jugée, il ne pourra être reçu après la huitaine, à dater du jour où le jugement devra être réputé exécuté, aux termes de l'art. 159 ci-dessus [1].

Dispositions du tarif.

Tarif civ. 29. (Pr. 355.) (*Tit.* 1 *des huissiers.*) Pour l'original de signification du désaveu, — à Paris, 2 fr. — Partout ailleurs, 1 fr. 50 c. — Pour chaque copie, le quart.

70. (Pr. 354, 355) (*Tit.* 2 *des avoués*). Pour l'original de la signification d'un désaveu, — à Paris, 1 fr. —

---

[1] 159. Le jugement est réputé exécuté, lorsque les meubles saisis ont été vendus, ou que le condamné a été emprisonné ou recommandé, ou que la saisie d'un ou de plusieurs de ses immeubles lui a été notifiée, ou que les frais ont été payés, ou enfin lorsqu'il y a quelque acte duquel il résulte nécessairement que l'exécution du jugement a été connue de la partie défaillante : l'opposition formée dans les délais ci-dessus et dans les formes prescrites, suspend l'exécution, si elle n'a pas été ordonnée nonobstant opposition.

Dans le ressort, 75 c. (*V.* TARIF.) — Pour chaque copie, le quart.

75. (Pr. 354.) Pour la grosse de la requête servant de moyens contre un désaveu — et réponse, — Pour chaque rôle, — à Paris, 2 fr. — Dans le ressort, 1 fr. 50 c. — Pour chaque copie, le quart. — Il ne sera passé aucuns frais d'impression.

91. (Pr. 361.) Vacation pour faire la mention, en marge de l'acte de désaveu, du jugement qui l'aura rejeté, — à Paris, 3 fr. — Dans le ressort, 2 fr. 25 c.

92. (Pr. 355.) Pour former un désaveu au greffe, contenant les moyens, conclusions et constitutions d'avoués, — à Paris, 6 fr. — Dans le ressort, 4 fr. 50 c.

DÉSAVEU DE PATERNITÉ.

De la filiation des enfans légitimes ou nés dans le mariage.

C. Civ. (*liv.* 1, *tit.* 7, *ch.* 1, *art.* 312-318). — 312. L'enfant conçu pendant le mariage a pour père le mari. — Néanmoins celui-ci pourra désavouer l'enfant, s'il prouve que, pendant le temps qui a couru depuis le trois-centième jusqu'au cent-quatre-vingtième jour avant la naissance de cet enfant, il était, soit par cause d'éloignement, soit par l'effet de quelque accident, dans l'impossibilité physique de cohabiter avec sa femme.

313. Le mari ne pourra, en alléguant son impuissance naturelle, désavouer l'enfant : il ne pourra le désavouer même pour cause d'adultère, à moins que la naissance ne lui ait été cachée, auquel cas il sera admis à proposer tous les faits propres à justifier qu'il n'en est pas le père.

314. L'enfant né avant le cent-quatre-vingtième jour du mariage, ne pourra être désavoué par le mari dans les cas suivans : — 1º s'il a eu connaissance de la grossesse avant le mariage;— 2º s'il a assisté à l'acte de naissance, et si cet acte est signé de lui, ou contient sa déclaration qu'il ne sait signer ; — 3º si l'enfant n'est pas déclaré viable.

315. La légitimité de l'enfant né trois cents jours après la dissolution du mariage, pourra être contestée.

316. Dans les divers cas où le mari est autorisé à réclamer, il devra le faire dans le mois, s'il se trouve sur les lieux de la naissance de l'enfant;—dans les deux mois après son retour, si, à la même époque, il est absent;—dans les deux mois après la découverte de la fraude, si on lui avait caché la naissance de l'enfant.

317. Si le mari est mort avant d'avoir fait sa réclamation, mais étant encore dans le délai utile pour la faire, les héritiers auront deux mois pour contester la légitimité de l'enfant, à compter de l'époque où cet enfant se serait mis en possession des biens du mari, ou de l'époque où les héritiers

seraient troublés par l'enfant dans cette possession.

518. Tout acte extrajudiciaire contenant le
désaveu de la part du mari ou de ses héritiers,
sera comme non avenu, s'il n'est suivi, dans le
délai d'un mois, d'une action en justice, dirigée
contre un tuteur *ad hoc* donné à l'enfant, et en
présence de sa mère.

DESCENDANS.

Des successions déférées aux descendans.

C. Civ. (*liv. 4, tit. 1, ch. 3, sect. 3, art.* 745).
—743. Les enfans ou leurs descendans succèdent
à leurs père et mère, aïeuls, aïeules, ou autres
ascendans, sans distinction de sexe ni de primo-
génilure, et encore qu'ils soient issus de différens mariages.—Ils succèdent par égales portions
et par tête, quand ils sont tous au premier degré
et appelés de leur chef : ils succèdent par souche, lorsqu'ils viennent tous ou en partie par représentation. *V.* ENFANS.

DESCENTE SUR LIEUX.

1° *Dispositions générales.*
Des descentes sur les lieux.

C. Proc. (*liv. 2, tit. 13, art.* 293-301).—295.
Le tribunal pourra, dans le cas où il le croira
nécessaire, ordonner que l'un des juges se transportera sur les lieux ; mais il ne pourra l'ordonner dans les matières où il n'échoit qu'un simple
rapport d'experts, s'il n'en est requis par l'une ou
par l'autre des parties.

296. Le jugement commettra l'un des juges
qui y auront assisté.

297. Sur la requête de la partie la plus diligente, le juge-commissaire rendra une ordonnance qui fixera le lieu, jour et heure de la descente ; la signification en sera faite d'avoué à
avoué, et vaudra sommation.

298. Le juge-commissaire fera mention, sur la
minute de son procès-verbal, des jours employés
aux transport, séjour et retour.

299. L'expédition du procès-verbal sera signifiée par la partie la plus diligente aux avoués des
autres parties ; et, trois jours après, elle pourra
poursuivre l'audience sur un simple acte.

500. La présence du ministère public ne sera
nécessaire que dans le cas où il sera lui-même
partie.

301. Les frais de transport seront avancés par
la partie requérante, et par elle consignés au
greffe.

2° *Disposition additionnelle.*

JUGE DE PAIX. C. Proc. 50. Toutes les fois
que le juge de paix se transportera sur le lieu
contentieux, soit pour en faire la visite, soit pour
entendre les témoins, il sera accompagné du

greffier, qui apportera la minute du jugement
préparatoire. *V.* PAIX (*juge de*).

3° *Dispositions du tarif.*

Tarif. civ. 70. (Pr. 297.) Pour l'original de la signification de l'ordonnance du juge commis pour faire
une descente sur les lieux, contenant la désignation
des jour, lieu et heure, et sommation d'y être présent. —(299.) De la signification du procès-verbal du
juge-commissaire qui a fait une descente sur les lieux,
—à Paris, 1 fr.—Dans le ressort, 75 c. (*V.* TARIF.)
— Pour chaque copie, le quart.

76. (Pr. 297.) Requête au juge commis pour faire
une descente sur les lieux, à l'effet d'obtenir son ordonnance, indiquant le jour et l'heure pour lesquels
les témoins seront assignés, — à Paris 2 fr. — Dans
le ressort, 1 fr. 50 c. — La vacation pour demander
l'ordonnance et se la faire délivrer, est comprise
dans la taxe.

92. (Pr. 297.) Vacation en cas de descente sur les
lieux par trois heures, — à Paris, 6 fr. — Dans le
ressort, 4 fr. 50 c.

DÉSHÉRENCE.

1° *Disposition générale.*

C. Civ. 539. Tous les biens vacans et sans maîtres, et ceux des personnes qui décèdent sans héritiers, ou dont les successions sont abandonnées, appartiennent au domaine public. *V.* SUC-
CESSION et VACANTE (*succession*).

2° *Disposition additionnelle.*

MORT CIVILE. C. Civ. 33. Les biens acquis
par le condamné, depuis la mort civile encourue,
et dont il se trouvera en possession au jour de sa
mort naturelle, appartiendront à l'État par droit
de déshérence.—Néanmoins il est loisible au Roi
de faire, au profit de la veuve, des enfans ou parens du condamné, telles dispositions que l'humanité lui suggérera.

DÉSISTEMENT.

I. EN MATIÈRE CIVILE.

1° *Dispositions générales.*
Du désistement.

C. Proc. (*liv. 2, tit. 23, art.* 402-403).—402.
Le désistement peut être fait et accepté par de
simples actes, signés des parties ou de leurs mandataires, et signifiés d'avoué à avoué.

403. Le désistement, lorsqu'il aura été accepté,
emportera de plein droit consentement que les
choses soient remises de part et d'autre au même
état qu'elles étaient avant la demande. — Il emportera également soumission de payer les frais,
au paiement desquels la partie qui se sera désistée sera contrainte, sur simple ordonnance du
président mise au bas de la taxe, parties présentes, ou appelées par acte d'avoué à avoué.—Cette
ordonnance, si elle émane d'un tribunal de première instance, sera exécutée nonobstant opposition ou appel ; elle sera exécutée nonobstant opposition, si elle émane d'une cour royale.

2°. *Dispositions additionnelles.*

PRESCRIPTION (*interruption*). *C. Civ.* 2246. La citation en justice, donnée même devant un juge incompétent, interrompt la prescription.

2247. Si le demandeur se désiste de la demande, l'interruption est regardée comme non avenue.

5° *Dispositions du tarif.*

Tarif civ. 70. (Pr. 405.) Pour l'original de la sommation de se trouver devant le président et voir déclarer la taxe des frais exécutoires, en cas de désistement de la demande, — à Paris, 1 fr. — Dans le ressort, 75 c. (*V.* TARIF.) — Pour chaque copie, le quart.

71. (Pr. 402.) Acte de désistement et d'acceptation de désistement. — Pour l'original, — à Paris, 5 fr. — Dans le ressort, 3 fr. 75 c. — Pour chaque copie, le quart.

76. (Pr. 405.) En cas de désistement de la demande, pour obtenir l'ordonnance du président, afin de rendre la taxe de frais exécutoire. — La requête ne sera pas grossoyée, — à Paris, 2 fr. — Dans le ressort, 1 fr. 50 c. — La vacation pour demander l'ordonnance et se la faire délivrer est comprise dans la taxe.

II. EN MATIÈRE CRIMINELLE.

Disposition générale.

C. Instr. cr. 4. La renonciation à l'action civile ne peut arrêter ni suspendre l'exercice de l'action publique.

Disposition particulière.

ADULTÈRE. *C. Pén.* 356. L'adultère de la femme ne pourra être denoncé que par le mari.

DESTINATION.

I. DES IMMEUBLES PAR DESTINATION.

C. Civ. 517. Les biens sont immeubles, ou par leur nature, ou par leur destination, ou par l'objet auquel ils s'appliquent.

522. Les animaux que le propriétaire du fonds livre au fermier ou au métayer pour la culture, estimés ou non, sont censés immeubles tant qu'ils demeurent attachés au fonds par l'effet de la convention. — Ceux qu'il donne à cheptel à d'autres qu'au fermier ou métayer, sont meubles.

523. Les tuyaux servant à la conduite des eaux dans une maison ou autre héritage, sont immeubles et font partie du fonds auquel ils sont attachés.

524. Les objets que le propriétaire d'un fonds y a placés pour le service de l'exploitation de ce fonds, sont immeubles par destination. — Ainsi, sont immeubles par destination, quand ils ont été placés par le propriétaire pour le service et l'exploitation du fonds, — les animaux attachés à la culture ; — les ustensiles aratoires ; — les semences données aux fermiers ou colons partiaires ; — les pigeons des colombiers ; — les lapins des garennes ; — les ruches à miel ; — les poissons des étangs ; — les pressoirs, chaudières, alambics, cuves et tonnes ; — les ustensiles nécessaires à l'exploitation des forges, papeteries et autres usines ; — les pailles et engrais. — Sont aussi immeubles par destination, tous effets mobiliers que le propriétaire a attachés au fonds à perpétuelle demeure.

525. Le propriétaire est censé avoir attaché à son fonds des effets mobiliers à perpétuelle demeure, quand ils y sont scellés en plâtre ou à chaux, ou à ciment, ou lorsqu'ils ne peuvent être détachés sans être fracturés et détériorés, ou sans briser ou détériorer la partie du fonds à laquelle ils sont attachés. — Les glaces d'un appartement sont censées mises à perpétuelle demeure, lorsque le parquet sur lequel elles sont attachées fait corps avec la boiserie. — Il en est de même des tableaux et autres ornemens. — Quant aux statues, elles sont immeubles lorsqu'elles sont placées dans une niche pratiquée exprès pour les recevoir, encore qu'elles puissent être enlevées sans fracture ou détérioration.

526. Sont immeubles, par l'objet auquel ils s'appliquent, — l'usufruit des choses immobilières ; — les servitudes ou services fonciers ; — les actions qui tendent à revendiquer un immeuble.

C. Proc. 592. Ne pourront être saisis (par voie de saisie-exécution) les objets que la loi déclare immeubles par destination. *V.* EXÉCUTION (*saisie*).

II. DES SERVITUDES PAR DESTINATION DU PÈRE DE FAMILLE.

C. Civ. 692. La destination du père de famille vaut titre à l'égard des servitudes continues et apparentes.

693. Il n'y a destination du père de famille que lorsqu'il est prouvé que les deux fonds actuellement divisés ont appartenu au même propriétaire, et que c'est par lui que les choses ont été mises dans l'état duquel résulte la servitude.

694. Si le propriétaire de deux héritages entre lesquels il existe un signe apparent de servitude, dispose de l'un des héritages sans que le contrat contienne aucune convention relative à la servitude, elle continue d'exister activement ou passivement en faveur du fonds aliéné ou sur le fonds aliéné.

DÉTAIL (VENTE EN). *C. Civ.* 1585. Lorsque des marchandises ne sont pas vendues en bloc, mais au poids, au compte ou à la mesure, la vente n'est point parfaite, en ce sens que les choses vendues sont aux risques du vendeur jusqu'à ce qu'elles soient pesées, comptées ou mesurées ;

mais l'acheteur peut en demander ou la délivrance, ou des dommages-intérêts, s'il y a lieu, en cas d'inexécution de l'engagement.

DÉTENTEUR. *V.* POSSESSION et TIERS-DÉTENTEUR.

DÉTENTION (PRIVATION DE LIBERTÉ).

I. EN MATIÈRE CIVILE ET DE COMMERCE.

V. CONTRAINTE PAR CORPS.

II. EN MATIÈRE CRIMINELLE.

1º *De la détention illégale. V.* ILLÉGALE (*détention*).

2º *de la détention préventive. V.* PRÉVENTIF (*emprisonnement*).

3º *De la détention considérée comme peine.*

Dispositions générales.

C. Pén. 7. Les peines afflictives et infamantes sont, — 3º la détention.

20. Quiconque aura été condamné à la détention sera renfermé dans l'une des forteresses situées sur le territoire continental du royaume, qui auront été déterminées par une ordonnance du Roi rendue dans la forme des règlemens d'administration publique. — Il communiquera avec les personnes placées dans l'intérieur du lieu de la détention ou avec celles du dehors, conformément aux règlemens de police établis par une ordonnance du Roi. — La détention ne peut être prononcée pour moins de cinq ans, ni pour plus de vingt ans, sauf les cas prévus par l'article 33 [1].

36. Tous arrêts qui porteront la peine de la détention seront imprimés par extrait. — Ils seront affichés dans la ville centrale du département, dans celle où l'arrêt aura été rendu, dans la commune du lieu où le délit aura été commis, dans celle où se fera l'exécution, et dans celle du domicile du condamné.

47. Les coupables condamnés à la détention seront, de plein droit, après qu'ils auront subi leur peine, et pendant toute leur vie, sous la surveillance de la haute police.

Disposition additionnelle.

C. Pén. 17. Tant qu'il n'aura pas été établi un lieu de déportation, le condamné subira à perpétuité la peine de la détention, soit dans une prison du royaume, soit dans une prison située hors du territoire continental, dans l'une des possessions françaises, qui sera déterminée par la loi,

---

[1] 33. Si le banni, avant l'expiration de sa peine, rentre sur le territoire du royaume, il sera, sur la seule preuve de son identité, condamné à la détention pour un temps au moins égal à celui qui restait à courir jusqu'à l'expiration du bannissement, et qui ne pourra excéder le double de ce temps.

selon que les juges l'auront expressément décidé par l'arrêt de condamnation.

DÉTÉRIORATION.

Dispositions diverses.

ASSURANCES MARITIMES. *C. Com.* 353. Il sera fait désignation dans la police, des marchandises sujettes, par leur nature, à détérioration particulière ou diminution, comme blés ou sels, ou marchandises susceptibles de coulage; sinon les assureurs ne répondront point des dommages ou pertes qui pourraient arriver à ces mêmes denrées, si ce n'est toutefois que l'assuré eût ignoré la nature du chargement lors de la signature de la police.

369. Le délaissement des objets assurés peut être fait en cas de perte ou détérioration des effets assurés, si la détérioration ou la perte va au moins à trois quarts.

DÉPÔT. *C. Civ.* 1933. Le dépositaire n'est tenu de rendre la chose déposée que dans l'état où elle se trouve au moment de la restitution. Les détériorations qui ne sont pas survenues par son fait sont à la charge du déposant.

GAGE. *C. Civ.* 2080. Le créancier répond, selon les règles établies au titre *des contrats ou des obligations conventionnelles en général*, de la perte ou détérioration du gage qui serait survenue par sa négligence. *V.* CONTRATS, PERTE.

PRÊT. *C. Civ.* 1884. Si la chose se détériore par le seul effet de l'usage pour lequel elle a été empruntée, et sans aucune faute de la part de l'emprunteur, il n'est pas tenu de la détérioration.

TIERS-DÉTENTEUR. *C. Civ.* 2175. Les détériorations qui procèdent du fait ou de la négligence du tiers-détenteur, au préjudice des créanciers hypothécaires ou privilégiés, donnent lieu contre lui à une action en indemnité; mais il ne peut répéter ses impenses et améliorations que jusqu'à concurrence de la plus-value résultant de l'amélioration.

DÉTOURNEMENT. *C. Proc.* 943. Outre les formalités communes à tous les actes devant notaires, l'inventaire contiendra : — 8º la mention du serment prêté, lors de la clôture de l'inventaire, par ceux qui ont été en possession des objets avant l'inventaire, ou qui ont habité la maison dans laquelle sont lesdits objets, qu'ils n'en ont détourné, vu détourner, ni su qu'il en ait été détourné aucun. *V.* RECÉLÉ.

DÉTRACTION (DROIT DE). *V.* AUBAINE (DROIT D').

DETTES.

I. DES DETTES EN GÉNÉRAL.

C. Proc. 557. Tout créancier peut, en vertu

de titres authentiques ou privés, saisir-arrêter entre les mains d'un tiers les sommes et effets appartenans à son débiteur, ou s'opposer à leur remise.

538. S'il n'y a pas de titre, le juge du domicile du débiteur, et même celui du domicile du tiers-saisi, pourront, sur requête, permettre la saisie-arrêt et opposition.

C. Civ. 2204. Le créancier peut poursuivre l'expropriation : — 1° des biens immobiliers et de leurs accessoires réputés immeubles appartenant en propriété à son débiteur ; — 2° de l'usufruit appartenant au débiteur sur les biens de même nature. *V.* Créancier.

II. DE LA CONTRIBUTION AUX DETTES.

1° PAR RAPPORT A LA COMMUNAUTÉ.

C. Civ. 1482. Les dettes de la communauté sont pour moitié à la charge de chacun des époux ou de leurs héritiers : les frais de scellé, inventaire, vente de mobilier, liquidation, licitation et partage, font partie de ces dettes. *V.* Communauté, p. 167, *sect* 3, § 2.

2° PAR RAPPORT AUX DONATIONS.

C. Civ. 943. (Toute donation entre-vifs) sera nulle si elle a été faite sous la condition d'acquitter d'autres dettes ou charges que celles qui existaient à l'époque de la donation, ou qui seraient exprimées soit dans l'acte de donation, soit dans l'état qui devrait y être annexé. *V.* Donation.

947. (L'article 943) ne s'applique point aux donations (faites par contrat de mariage aux époux, et aux enfans à naître du mariage, ni aux dispositions entre époux, soit par contrat de mariage, soit pendant le mariage.) *V.* Époux (*dispositions entre*) et Mariage (*contrat de*).

3° PAR RAPPORT AUX SUCCESSIONS.

Dispositions générales.

C. Civ. 724. Les héritiers légitimes sont saisis de plein droit des biens, droits et actions du défunt, sous l'obligation d'acquitter toutes les charges de la succession : les enfans naturels, l'époux survivant et l'État doivent se faire envoyer en possession par justice dans les formes qui seront déterminées. *V.* Envoi en possession.

802. L'effet du bénéfice d'inventaire est de donner à l'héritier l'avantage, — 1° de n'être tenu du paiement des dettes de la succession que jusqu'à concurrence de la valeur des biens qu'il a recueillis, même de pouvoir se décharger du paiement des dettes en abandonnant tous les biens de la succession aux créanciers et aux légataires ; — 2° de ne pas confondre ses biens personnels avec ceux de la succession, et de conser-

ver contre elle le droit de réclamer le paiement de ses créances.

1009. Le légataire universel qui sera en concours avec un héritier auquel la loi réserve une quotité des biens sera tenu des dettes et charges de la succession du testateur, personnellement pour sa part et portion, et hypothécairement pour le tout, et il sera tenu d'acquitter tous les legs, sauf le cas de réduction, ainsi qu'il est expliqué aux articles 926 et 927[1].

1012. Le légataire à titre universel sera tenu, comme le légataire universel, des dettes et charges de la succession du testateur, personnellement pour sa part et portion, et hypothécairement pour le tout.

1024. Le légataire à titre particulier ne sera point tenu des dettes de la succession, sauf la réduction du legs, ainsi qu'il est dit (aux articles 926 et 927[1]), et sauf l'action hypothécaire des créanciers.

Du paiement des dettes.

C. Civ. (*liv.* 3, *tit.* 1, *ch.* 6, *sect.* 3, *art.* 870-882). — 870. Les cohéritiers contribuent entre eux au paiement des dettes et charges de la succession, chacun dans la proportion de ce qu'il y prend.

871. Le légataire à titre universel contribue avec les héritiers, au prorata de son émolument ; mais le légataire particulier n'est pas tenu des dettes et charges, sauf toutefois l'action hypothécaire sur l'immeuble légué.

872. Lorsque des immeubles d'une succession sont grevés de rentes par hypothèque spéciale, chacun des cohéritiers peut exiger que les rentes soient remboursées et les immeubles rendus libres avant qu'il soit procédé à la formation des lots. Si les cohéritiers partagent la succession dans l'état où elle se trouve, l'immeuble grevé doit être estimé au même taux que les autres immeubles ; il est fait déduction du capital de la rente sur le prix total ; l'héritier dans le lot duquel tombe cet immeuble, demeure seul chargé du service de la rente, et il doit en garantir ses cohéritiers.

_____

[1] 926. Lorsque les dispositions testamentaires excèderont, soit la quotité disponible, soit la portion de cette quotité qui resterait après avoir déduit la valeur des donations entre-vifs, la réduction sera faite au marc le franc, sans aucune distinction entre les legs universels et les legs particuliers.

927. Néanmoins, dans tous les cas où le testateur aura expressément déclaré qu'il entend que tel legs soit acquitté de préférence aux autres, cette préférence aura lieu ; et le legs qui en sera l'objet ne sera réduit qu'autant que la valeur des autres ne remplirait pas la réserve légale.

873. Les héritiers sont tenus des dettes et charges de la succession, personnellement pour leur part et portion virile, et hypothécairement pour le tout ; sauf leur recours, soit contre leurs cohéritiers, soit contre les légataires universels, à raison de la part pour laquelle ils doivent y contribuer.

874. Le légataire particulier qui a acquitté la dette dont l'immeuble légué était grevé, demeure subrogé aux droits du créancier contre les héritiers et successeurs à titre universel.

875. Le cohéritier ou successeur à titre universel, qui, par l'effet de l'hypothèque, a payé au-delà de sa part de la dette commune, n'a de recours contre les autres cohéritiers ou successeurs à titre universel, que pour la part que chacun d'eux doit personnellement en supporter, même dans le cas où le cohéritier qui a payé la dette se serait fait subroger aux droits des créanciers ; sans préjudice néanmoins des droits d'un cohéritier qui, par l'effet du bénéfice d'inventaire, aurait conservé la faculté de réclamer le paiement de sa créance personnelle, comme tout autre créancier.

876. En cas d'insolvabilité d'un des cohéritiers ou successeurs à titre universel, sa part dans la dette hypothécaire est répartie sur tous les autres, au marc le franc.

877. Les titres exécutoires contre le défunt sont pareillement exécutoires contre l'héritier personnellement ; et néanmoins les créanciers ne pourront en poursuivre l'exécution que huit jours après la signification de ces titres à la personne ou au domicile de l'héritier.

878. Ils peuvent demander, dans tous les cas, et contre tout créancier, la séparation du patrimoine du défunt d'avec le patrimoine de l'héritier.

879. Ce droit ne peut cependant plus être exercé, lorsqu'il y a novation dans la créance contre le défunt, par l'acceptation de l'héritier pour débiteur.

880. Il se prescrit, relativement aux meubles, par le laps de trois ans. — A l'égard des immeubles, l'action peut être exercée tant qu'ils existent dans la main de l'héritier.

881. Les créanciers de l'héritier ne sont point admis à demander la séparation des patrimoines contre les créanciers de la succession.

882. Les créanciers d'un copartageant, pour éviter que le partage ne soit fait en fraude de leurs droits, peuvent s'opposer à ce qu'il y soit procédé hors de leur présence : ils ont le droit d'y intervenir à leurs frais ; mais ils ne peuvent attaquer un partage consommé, à moins toutefois qu'il n'y ait été procédé sans eux et au préjudice d'une opposition qu'ils auraient formée.

4° PAR RAPPORT A L'USUFRUIT.

C. Civ. 611. L'usufruitier à titre particulier n'est pas tenu des dettes auxquelles le fonds est hypothéqué : s'il est forcé de les payer, il a son recours contre le propriétaire, sauf ce qui est dit à l'article 1020 [1], au titre *des donations entre vifs et des testamens.*

612. L'usufruitier, ou universel, ou à titre universel, doit contribuer avec le propriétaire au paiement des dettes, ainsi qu'il suit : — On estime la valeur du fonds sujet à usufruit ; on fixe ensuite la contribution aux dettes à raison de cette valeur. — Si l'usufruitier veut avancer la somme pour laquelle le fonds doit contribuer, le capital lui en est restitué à la fin de l'usufruit sans aucun intérêt. — Si l'usufruitier ne veut pas faire cette avance, le propriétaire a le choix, ou de payer cette somme, et, dans ce cas, l'usufruitier lui tient compte des intérêts pendant la durée de l'usufruit, ou de faire vendre jusqu'à due concurrence une portion des biens soumis à l'usufruit.

DETTES (SÉPARATION DE).

COMMUNAUTÉ AVEC SÉPARATION DES DETTES
Dispositions générales.

1497. Les époux peuvent modifier la communauté légale en stipulant de l'une ou de l'autre des manières qui suivent, savoir : — 1°... 4° que les époux paieront séparément leurs dettes antérieures au mariage.

De la clause de séparation des dettes.

C. Civ. (liv. 3, tit. 5, ch. 2, 2e part., sect. 4, art. 1510-1513). — 1510. La clause par laquelle les époux stipulent qu'ils paieront séparément leurs dettes personnelles, les obligent à se faire lors de la dissolution de la communauté, respectivement raison des dettes qui sont justifiées avoir été acquittées par la communauté à la décharge de celui des époux qui en était débiteur. — Cette obligation est la même, soit qu'il y ait eu inventaire ou non : mais, si le mobilier apporté par le époux n'a pas été constaté par un inventaire ou état authentique antérieur au mariage, les créanciers de l'un et de l'autre des époux peuvent, sans avoir égard à aucune des distinctions qui seraient réclamées, poursuivre leur paiement sur le mobi-

---

[1] 1020. Si, avant le testament, ou depuis, la chose léguée a été hypothéquée pour une dette de la succession, ou même pour la dette d'un tiers, ou si elle est grevée d'un usufruit, celui qui doit acquitter le legs n'est point tenu de la dégager, à moins qu'il n'ait été chargé de le faire par une disposition expresse du testateur [1].

lier non inventorié, comme sur tous les autres biens de la communauté. — Les créanciers ont le même droit sur le mobilier qui serait échu aux époux pendant la communauté, s'il n'a pas été pareillement constaté par un inventaire ou état authentique.

1511. Lorsque les époux apportent dans la communauté une somme certaine ou un corps certain, un tel apport emporte la convention tacite qu'il n'est point grevé de dettes antérieures au mariage ; et il doit être fait raison par l'époux débiteur à l'autre, de toutes celles qui diminueraient l'apport promis.

1512. La clause de séparation des dettes n'empêche point que la communauté ne soit chargée des intérêts et arrérages qui ont couru depuis le mariage.

1513. Lorsque la communauté est poursuivie pour les dettes de l'un des époux, déclaré, par contrat, franc et quitte de toutes dettes antérieures au mariage, le conjoint a droit à une indemnité qui se prend soit sur la part de communauté revenant à l'époux débiteur, soit sur les biens personnels dudit époux ; et, en cas d'insuffisance, cette indemnité peut être poursuivie par voie de garantie contre le père, la mère, l'ascendant ou le tuteur qui l'auraient déclaré franc et quitte. — Cette garantie peut même être exercée par le mari durant la communauté, si la dette provient du chef de la femme ; sauf, en ce cas, le remboursement dû par la femme ou ses héritiers aux garans, après la dissolution de la communauté.

DEUIL.

C. Civ. 1481. Le deuil de la femme est aux frais des héritiers du mari prédécédé. — La valeur de ce deuil est réglée selon la fortune du mari. — Il est dû même à la femme qui renonce à la communauté.

1570. Si le mariage est dissous par la mort du mari, la femme a le choix d'exiger les intérêts de sa dot pendant l'an du deuil, ou de se faire fournir des alimens pendant ledit temps aux dépens de la succession du mari ; mais, dans les deux cas, l'habitation durant cette année, et les habits de deuil, doivent lui être fournis sur la succession, et sans imputation sur les intérêts à elle dus.

DEVIS ET MARCHÉS.

Dispositions générales.

C. Civ. 1711. Les devis, marché ou prix fait pour l'entreprise d'un ouvrage moyennant un prix déterminé sont un louage lorsque la matière est fournie par celui pour qui l'ouvrage se fait. —

Cette espèce (de louage) a des règles particulières.

1779. Il y a trois espèces principales de louage d'ouvrages et d'industrie : — 1º... 3º celui des entrepreneurs d'ouvrages par suite de devis ou marchés.

Des devis et des marchés.

C. Civ. (liv. 3 , tit. 8 , ch. 3 , sect. 3 , art. 1787-1817). — 1787. Lorsqu'on charge quelqu'un de faire un ouvrage, on peut convenir qu'il fournira seulement son travail ou son industrie, ou bien qu'il fournira aussi la matière.

1788. Si , dans le cas où l'ouvrier fournit la matière, la chose vient à périr, de quelque manière que ce soit, avant d'être livrée, la perte en est pour l'ouvrier, à moins que le maître ne fût en demeure de recevoir la chose.

1789. Dans le cas où l'ouvrier fournit seulement son travail ou son industrie, si la chose vient à périr, l'ouvrier n'est tenu que de sa faute.

1790. Si, dans le cas de l'article précédent, la chose vient à périr, quoique sans aucune faute de la part de l'ouvrier avant que l'ouvrage ait été reçu, et sans que le maître fût en demeure de le vérifier, l'ouvrier n'a point de salaire à réclamer, à moins que la chose n'ait péri par le vice de la matière.

1791. S'il s'agit d'un ouvrage à plusieurs pièces ou à la mesure, la vérification peut s'en faire par parties : elle est censée faite pour toutes les parties payées, si le maître paie l'ouvrier en proportion de l'ouvrage fait.

1792. Si l'édifice construit à prix fait, périt en tout ou en partie par le vice de la construction, même par le vice du sol, les architecte et entrepreneur en sont responsables pendant dix ans.

1793. Lorsqu'un architecte ou un entrepreneur s'est chargé de la construction à forfait d'un bâtiment , d'après un plan arrêté et convenu avec le propriétaire du sol, il ne peut demander aucune augmentation de prix , ni sous le prétexte de l'augmentation de la main-d'œuvre ou des matériaux, ni sous celui de changemens ou d'augmentations faits sur ce plan , si ces changemens ou augmentations n'ont pas été autorisés par écrit , et le prix convenu avec le propriétaire.

1794. Le maître peut résilier, par sa seule volonté, le marché à forfait, quoique l'ouvrage soit déjà commencé, en dédommageant l'entrepreneur de toutes ses dépenses, de tous ses travaux, et de tout ce qu'il aurait pu gagner dans cette entreprise.

1795. Le contrat de louage d'ouvrage est dissous par la mort de l'ouvrier, de l'architecte ou entrepreneur.

1796. Mais le propriétaire est tenu de payer en

proportion du prix porté par la convention, à leur succession, la valeur des ouvrages faits et celle des matériaux préparés, lors seulement que ces travaux ou ces matériaux peuvent lui être utiles.

1797. L'entrepreneur répond du fait des personnes qu'il emploie.

1798. Les maçons, charpentiers et autres ouvriers qui ont été employés à la construction d'un bâtiment ou d'autres ouvrages faits à l'entreprise, n'ont d'action contre celui pour lequel les ouvrages ont été faits, que jusqu'à concurrence de ce dont il se trouve débiteur envers l'entrepreneur, au moment où leur action est intentée.

1799. Les maçons, charpentiers, serruriers et autres ouvriers qui font directement des marchés à prix fait, sont astreints aux règles prescrites dans la présente section : ils sont entrepreneurs dans la partie qu'ils traitent.

DÉVOLUTION DE SUCCESSION.

C. Civ. 733. Toute succession échue à des ascendans ou à des collatéraux, se divise en deux parts égales : l'une pour les parens de la ligne paternelle, l'autre pour les parens de la ligne maternelle. — Les parens utérins ou consanguins ne sont pas exclus par les germains; mais ils ne prennent part que dans leur ligne, sauf ce qui sera dit à l'article 752 [1]. Les germains prennent part dans les deux lignes.—Il ne se fait aucune dévolution d'une ligne à l'autre, que lorsqu'il ne se trouve aucun ascendant ni collatéral de l'une des deux lignes.

734. Cette première division opérée entre les lignes paternelle et maternelle, il ne se fait plus de division entre les diverses branches; mais la moitié dévolue à chaque ligne appartient à l'héritier ou aux héritiers les plus proches en degrés, sauf le cas de la représentation. *V.* REPRÉSENTATION.

735. Les parens au-delà du douzième degré ne succèdent pas.—A défaut de parens au degré successible dans une ligne, les parens de l'autre ligne succèdent pour le tout.

DIFFAMATION.

Loi du 17 mai 1819.
De la diffamation et de l'injure publique.
Chap. 5 (art. 13-19.) — 13. Toute allégation ou

[1] 752. Le partage de la moitié ou des trois quarts dévolus aux frères ou sœurs (quand il y a lieu), s'opère entre eux par égales portions, s'ils sont tous du même lit; s'ils sont de lits différens, la division se fait par moitié entre les deux lignes paternelle et maternelle du défunt; les germains prennent part dans les deux lignes, et les utérins ou consanguins chacun dans leur ligne seulement : s'il n'y a de frères ou sœurs que d'un côté, ils succèdent à la totalité, à l'exclusion de tous autres parens de l'autre ligne.

imputation d'un fait qui porte atteinte à l'honneur ou à la considération de la personne ou du corps auquel le fait est imputé est une diffamation. — Toute expression outrageante, terme de mépris ou invective qui ne renferme l'imputation d'aucun fait, est une injure.

14. La diffamation et l'injure, commises par l'un des moyens énoncés en l'article 1er de la présente loi, (soit par des discours, des cris ou menaces proférés dans des lieux ou réunions publics, soit par des écrits, des imprimés, des dessins, des gravures, des peintures ou emblèmes, vendus ou distribués, mis en vente, ou exposés dans des lieux ou réunions publics, soit par des placards, et affiches exposés au regards du public) seront punies d'après les distinctions suivantes :

15. La diffamation ou injure envers les cours, tribunaux ou autres corps constitués, sera punie d'un emprisonnement de quinze jours à deux ans, et d'une amende de cinquante francs à quatre cents francs.

16. La diffamation envers tout dépositaire ou agent de l'autorité publique, pour les faits relatifs à ses fonctions, sera punie d'un emprisonnement de huit jours à dix-huit mois, et d'une amende de cinquante francs à trois mille francs. -- L'emprisonnement et l'amende pourront, dans ce cas, être infligés cumulativement ou séparément, selon les circonstances.

17. La diffamation envers les ambassadeurs, ministres plénipotentiaires, envoyés, chargés d'affaires ou autres agens diplomatiques, accrédités près du Roi, sera punie d'un emprisonnement de huit jours à dix-huit mois, et d'une amende de cinquante francs à trois mille francs, ou de l'une de ces deux peines seulement, selon les circonstances.

18. La diffamation envers les particuliers sera punie d'un emprisonnement de cinq jours à un an, et d'une amende de vingt-cinq francs à deux mille francs, ou de l'une de ces deux peines seulement, selon les circonstances.

19. L'injure contre les personnes désignées par les articles 16 et 17 de la présente loi, sera punie d'un emprisonnement de cinq jours à un an, et d'une amende de vingt-cinq francs à deux mille francs, ou de l'une de ces deux peines seulement, selon les circonstances. — L'injure contre les particuliers sera punie d'une amende de seize francs à cinq cents francs.

20. Néanmoins, l'injure qui ne renfermerait pas l'imputation d'un vice déterminé, ou qui ne serait pas publique, continuera d'être punie des peines de simple police.

Dispositions générales.

Chap. 6. (art. 21-23.) — 21. Ne donneront ouverture à aucune action, les discours tenus dans le sein de l'une des deux chambres, ainsi que les rapports ou toutes autres pièces imprimées par ordre de l'une des deux chambres.

22. Ne donnera lieu à aucune action, le compte fidèle des séances publiques de la chambre des députés, rendu de bonne foi dans les journaux.

23. Ne donneront lieu à aucune action en diffamation ou injure, les discours prononcés ou les écrits produits devant les tribunaux : pourront néanmoins, les juges saisis de la cause, en statuant sur le fond, prononcer la suppression des écrits injurieux ou diffamatoires, et condamner qui il appartiendra en des dommages-intérêts. — Les juges pourront aussi, dans le même cas, faire des injonctions aux avocats et offi-

ciers ministériels, ou même les suspendre de leurs fonctions. — La durée de cette suspension ne pourra excéder six mois ; en cas de récidive, elle sera d'un an au moins et de cinq ans au plus. — Pourront, toutefois, les faits diffamatoires étrangers à la cause, donner ouverture, soit à l'action publique, soit à l'action civile des parties, lorsqu'elle leur aura été réservée par les tribunaux, et, dans tous les cas, à l'action civile des tiers.

24. Les imprimeurs d'écrits dont les auteurs seraient mis en jugement en vertu de la présente loi, et qui auraient rempli les obligations prescrites par le titre 2 de la loi du 21 octobre 1814, ne pourront être recherchés pour le simple fait d'impression de ces écrits, à moins qu'ils n'aient agi sciemment, ainsi qu'il est dit à l'art. 60 du Code Pénal, qui définit la complicité. *V.* COMPLICITÉ.

25. En cas de récidive des crimes et délits prévus par la présente loi, il pourra y avoir lieu à l'aggravation de peines prononcées par le chap. 4, liv. 1er du Code Pénal. (*Art.* 56-58.) *V.* RÉCIDIVE.

DILATOIRES (EXCEPTIONS).

1° *Dispositions générales.*
Des exceptions dilatoires.

C. Proc. (*liv.* 2, *tit.* 9, § 4, *art.* 174-187). — 174. L'héritier, la veuve, la femme séparée de biens, assignée comme commune, auront trois mois, du jour de l'ouverture de la succession ou dissolution de la communauté, pour faire inventaire, et quarante jours pour délibérer : si l'inventaire a été fait avant les trois mois, le délai de quarante jours commencera du jour qu'il aura été parachevé. — S'ils justifient que l'inventaire n'a pu être fait dans les trois mois, il leur sera accordé un délai convenable pour le faire, et quarante jours pour délibérer ; ce qui sera réglé sommairement.—L'héritier conserve néanmoins, après l'expiration des délais ci-dessus accordés, la faculté de faire encore inventaire et de se porter héritier bénéficiaire, s'il n'a pas fait d'ailleurs acte d'héritier, ou s'il n'existe pas contre lui de jugement passé en force de chose jugée qui le condamne en qualité d'héritier pur et simple.

175. Celui qui prétendra avoir droit d'appeler en garantie, sera tenu de le faire dans la huitaine du jour de la demande originaire, outre un jour pour trois myriamètres. S'il y a plusieurs garans intéressés en la même garantie, il n'y aura qu'un seul délai pour tous, qui sera réglé selon la distance du lieu de la demeure du garant le plus éloigné.

176. Si le garant prétend avoir droit d'en appeler un autre en sous-garantie, il sera tenu de le faire dans le délai ci-dessus, à compter du jour de la demande en garantie formée contre lui ; ce qui sera successivement observé à l'égard du sous-garant ultérieur.

177. Si néanmoins le défendeur originaire est assigné dans les délais pour faire inventaire et délibérer, le délai pour appeler garant ne commencera que du jour où ceux pour faire inventaire et délibérer seront expirés.

178. Il n'y aura pas d'autre délai pour appeler garant, en quelque matière que ce soit, sous prétexte de minorité ou autre cause privilégiée ; sauf à poursuivre les garans, mais sans que le jugement de la demande principale en soit retardé.

179. Si les délais des assignations en garantie ne sont échus en même temps que celui de la demande originaire, il ne sera pris aucun défaut contre le défendeur originaire, lorsqu'avant l'expiration du délai il aura déclaré, par acte d'avoué à avoué, qu'il a formé sa demande en garantie ; sauf, si le défendeur, après l'échéance du délai pour appeler le garant, ne justifie pas de la demande en garantie, à faire droit sur la demande originaire, même à le condamner à des dommages-intérêts, si la demande en garantie par lui alléguée se trouve n'avoir pas été formée.

180. Si le demandeur originaire soutient qu'il n'y a lieu au délai pour appeler garant, l'incident sera jugé sommairement.

181. Ceux qui seront assignés en garantie seront tenus de procéder devant le tribunal où la demande originaire sera pendante, encore qu'ils dénient être garans ; mais s'il paraît par écrit, ou par l'évidence du fait, que la demande originaire n'a été formée que pour les traduire hors de leur tribunal, ils y seront renvoyés.

182. En garantie formelle, pour les matières réelles ou hypothécaires, le garant pourra toujours prendre le fait et cause du garanti, qui sera mis hors de cause, s'il le requiert avant le premier jugement. — Cependant le garanti, quoique mis hors de cause, pourra y assister pour la conservation de ses droits, et le demandeur originaire pourra demander qu'il y reste pour la conservation des siens.

183. En garantie simple, le garant pourra seulement intervenir sans prendre le fait et cause du garanti.

184. Si les demandes originaire et en garantie sont en état d'être jugées en même temps, il y sera fait droit conjointement ; sinon le demandeur originaire pourra faire juger sa demande séparément : le même jugement prononcera sur la disjonction, si les deux instances ont été jointes : sauf, après le jugement du principal, à faire droit sur la garantie, s'il y échet.

185. Les jugemens rendus contre les garans formels seront exécutoires contre les garantis. — Il suffira de signifier le jugement aux garantis, soit qu'ils aient été mis hors de cause, ou qu'ils y aient assisté, sans qu'il soit besoin d'autre demande ni procédure. À l'égard des dépens, dom-

mages et intérêts, la liquidation et l'exécution ne pourront en être faites que contre les garans. — Néanmoins, en cas d'insolvabilité du garant, le garanti sera passible des dépens, à moins qu'il n'ait été mis hors de cause ; il le sera aussi des dommages et intérêts, si le tribunal juge qu'il y a lieu.

186. Les exceptions dilatoires seront proposées conjointement et avant toutes défenses au fond.

187. L'héritier, la veuve et la femme séparée, pourront proposer leurs exceptions dilatoires qu'après l'échéance des délais pour faire inventaire et délibérer.

3° Dispositions du tarif.

Tarif civ. 70. (Pr. 179.) Pour l'original de la déclaration au demandeur originaire de la part du défendeur, qu'il a formé une demande en garantie. — De la dénonciation au demandeur originaire de la demande en garantie, — Paris, 1 fr. — Dans le ressort, 75 c. (*V.* Tarif.) — Pour chaque copie, le quart.

75. (Pr. 173.) Pour la grosse de la requête en nullité de la demande ou du jugement, qui ne pourra excéder six rôles ; — de la réponse. — (174.) De la requête pour demander délai pour délibérer et faire inventaire, qui ne pourra aussi excéder six rôles ; — de la réponse. — (180.) De la requête pour soutenir qu'il n'y a lieu d'appeler garant, qui ne pourra excéder six rôles ; — de la réponse. — Pour chaque rôle, — à Paris, 2 fr. — Dans le ressort, 1 fr. 50 c. — Et pour chaque copie, par rôle, le quart. — Le nombre des rôles de requête en réponse ne pourra jamais excéder celui fixé pour la requête en demande. — Il ne sera passé aucuns frais d'impression.

DIMANCHE. *V.* Fêtes.

DIRECTE (ligne).

I. Dispositions générales.

C. Civ. 735. La proximité de parenté s'établit par le nombre de générations : chaque génération s'appelle un *degré*.

736. La suite des degrés forme la ligne : on appelle *ligne directe* la suite des degrés entre personnes qui descendent l'une de l'autre.

737. En ligne directe, on compte autant de degrés qu'il y a de générations entre les personnes : ainsi le fils est, à l'égard du père, au premier degré ; le petit-fils, au second ; et réciproquement du père et de l'aïeul à l'égard des fils et petits-fils.

740. La représentation a lieu à l'infini dans la ligne directe descendante.— Elle est admise dans tous les cas, soit que les enfans du défunt concourent avec les descendans d'un enfant prédécédé, soit que, tous les enfans du défunt étant morts avant lui, les descendans desdits enfans se trouvent entre eux en degrés égaux ou inégaux.

741. La représentation n'a pas lieu en faveur

des ascendans ; le plus proche, dans chacune des deux lignes, exclut toujours le plus éloigné. *V.* Représentation.

II. Des successions en ligne directe.

1° *Des successions déférées aux ascendans.* *V.* Ascendans.

2° *Des successions déférées aux descendans,* *V.* Descendans, Enfans.

DIRECTION DE CRÉANCIERS. *C. Proc.*

69. Seront assignées 1° .... 7° les unions et directions de créanciers, en la personne ou au domicile de l'un des syndics ou directeurs. *V.* Union (*contrat d'*).

DISCERNEMENT. *C. Inst. cr.* 340. Si l'accusé a moins de seize ans, le président posera cette question : — « L'accusé a-t-il agi avec discernement ? »

C. pén. 66. Lorsque l'accusé aura moins de seize ans, s'il est décidé qu'il a agi *sans discernement*, il sera acquitté ; mais il sera, selon les circonstances, remis à ses parens, ou conduit dans une maison de correction, pour y être élevé et détenu pendant tel nombre d'années que le jugement déterminera, et qui toutefois ne pourra excéder l'époque où il aura accompli sa vingtième année.

67. S'il est décidé qu'il a agi *avec discernement*, les peines seront prononcées ainsi qu'il suit : — s'il a encouru la peine de mort, des travaux forcés à perpétuité, de la déportation, il sera condamné à la peine de dix à vingt ans d'emprisonnement dans une maison de correction ; — s'il a encouru la peine des travaux forcés à temps, de la détention ou de la réclusion, il sera condamné à être renfermé dans une maison de correction, pour un temps égal au tiers au moins et à la moitié au plus de celui pour lequel il aurait pu être condamné à l'une de ces peines. — Dans tous les cas, il pourra être mis, par l'arrêt ou le jugement, sous la surveillance de la haute police pendant cinq ans au moins et dix ans au plus. — S'il a encouru la peine de la dégradation civique ou du bannissement, il sera condamné à être enfermé ; d'un an à cinq ans, dans une maison de correction.

68. L'individu, âgé de moins de seize ans, qui n'aura pas de complices présens au-dessus de cet âge, et qui sera prévenu de crimes autres que ceux que la loi punit de la peine de mort, de celle des travaux forcés à perpétuité, de la peine de la déportation ou de celle de la détention, sera jugé par les tribunaux correctionnels, qui se conformeront aux deux articles ci-dessus.

69. Dans tous les cas où le mineur de seize ans n'aura commis qu'un simple délit, la peine qui sera prononcée contre lui ne pourra s'élever

u-dessus de la moitié de celle àlaquelle il aurait
u être condamné s'il avait eu seize ans.

DISCIPLINAIRE (POUVOIR). *V.* AVOCAT,
AVOUÉ, HUISSIER, JUGE, NOTAIRE.

DISCONTINUES (SERVITUDES).

C. Civ. 688. Les servitudes discontinues sont
elles qui ont besoin du fait actuel de l'homme
pour être exercées : tels sont les droits de passage, puisage, pacage et autres semblables. *V.*
CONTINUES (*servitudes*) *et* DISCONTINUES.

DISCRÉTIONNAIRE (POUVOIR).

C. Inst. cr. 268. Le président (des assises) est
investi d'un pouvoir discrétionnaire, en vertu
duquel il pourra prendre sur lui tout ce qu'il
croira utile pour découvrir la vérité; et la loi
charge son honneur et sa conscience d'employer
tous ses efforts pour en favoriser la manifestation.

269. Il pourra, dans le cours des débats, appeler, même par mandat d'amener, et entendre
toutes personnes, ou se faire apporter toutes nouvelles pièces qui lui paraîtraient, d'après les nouveaux développemens donnés à l'audience, soit
par les accusés, soit par les témoins, pouvoir répandre un jour utile sur le fait contesté. — Les
témoins ainsi appelés ne prêteront point serment,
et leurs déclarations ne seront considérées que
comme renseignemens.

270. Le président devra rejeter tout ce qui
tendrait à prolonger les débats sans donner lieu
d'espérer plus de certitude dans les résultats.

DISCUSSION (BÉNÉFICE DE).

I. PAR RAPPORT AU CAUTIONNEMENT.

1° *De la caution volontaire.*

C. Civ. 2019. La solvabilité d'une caution ne
s'estime qu'en égard à ses propriétés foncières,
excepté en matière de commerce, ou lorsque la
dette est modique. — On n'a point égard aux
immeubles litigieux, ou dont la discussion deviendrait trop difficile par l'éloignement de leur
situation.

2021. La caution n'est obligée envers le créancier à le payer qu'à défaut du débiteur, qui doit
être préalablement discuté dans ses biens, à moins
que la caution n'ait renoncé au bénéfice de discussion, ou à moins qu'elle ne se soit obligée solidairement avec le débiteur ; auquel cas l'effet de
son engagement se règle par les principes établis
pour les dettes solidaires. *V.* SOLIDARITÉ.

2022. Le créancier n'est obligé de discuter le
débiteur principal que lorsque la caution le requiert, sur les premières poursuites dirigées contre elle.

2025. La caution qui requiert la discussion, doit

indiquer au créancier les biens du débiteur principal, et avancer les deniers suffisans pour faire
la discussion. — Elle ne doit indiquer ni des
biens du débiteur principal situés hors de l'arrondissement de la cour royale du lieu où le paiement doit être fait, ni des biens litigieux, ni ceux
hypothéqués à la dette qui ne sont plus en la possession du débiteur.

2024. Toutes les fois que la caution a fait l'indication de biens autorisée par l'article précédent, et qu'elle a fourni les deniers suffisans pour
la discussion, le créancier est, jusqu'à concurrence des biens indiqués, responsable, à l'égard
de la caution, de l'insolvabilité du débiteur
principal survenue par le défaut de poursuites.

2° *De la caution judiciaire.*

C. Civ. 2042. La caution judiciaire ne peut
point demander la discussion du débiteur principal.

2043. Celui qui a simplement cautionné la caution judiciaire, ne peut demander la discussion
du débiteur principal et de la caution.

II. PAR RAPPORT A L'EXPROPRIATION.

1° *Du tiers détenteur.*

C. Civ. 2170. Le tiers détenteur qui n'est pas
personnellement obligé à la dette, peut s'opposer à la vente de l'héritage hypothéqué qui lui a
a été transmis, s'il est demeuré d'autres immeubles hypothéqués à la même dette dans la possession du principal ou des principaux obligés, et
en requérir la discussion préalable selon la forme
réglée au titre du *cautionnement* (*V. ci-dessus*);
pendant cette discussion, il est sursis à la vente
de l'héritage hypothéqué.

2171. L'exception de discussion ne peut être
opposée au créancier privilégié ou ayant hypothèque spéciale sur l'immeuble.

2° *De biens de mineur ou d'interdit.*

C. Civ. 2206. Les immeubles d'un mineur,
même émancipé, ou d'un interdit, ne peuvent
être mis en vente avant la discussion du mobilier.

2207. La discussion du mobilier n'est pas requise avant l'expropriation des immeubles possédés par indivis entre un majeur et un mineur ou
interdit, si la dette leur est commune, ni dans le
cas où les poursuites ont été commencées contre
un majeur, ou avant l'interdiction.

III. PAR RAPPORT AU PACTE DE RACHAT.

C. Civ. 1666. (L'acquéreur à pacte de rachat)
peut opposer le bénéfice de la discussion aux
créanciers de son vendeur.

DISJONCTION.

C. Proc. 184. Si les demandes originaire et en

garantie sont en état d'être jugées en même temps, il y sera fait droit conjointement ; sinon le demandeur originaire pourra faire juger sa demande séparément : le même jugement prononcera sur la disjonction, si les deux instances ont été jointes ; sauf, après le jugement du principal, à faire droit sur la garantie, s'il y échet. *V.* JONCTION.

DISPARITION.

C. Civ. 115. Lorsqu'une personne aura cessé de paraître au lieu de son domicile ou de sa résidence, et que depuis quatre ans on n'en aura pas eu de nouvelles, les parties intéressées pourront se pourvoir devant le tribunal de première instance, afin que l'absence soit déclarée. *V.* ABSENCE.

DISPENSES.

I. PAR RAPPORT AU MARIAGE.

1° *Bans de mariage.*

C. Civ. 169. Il est loisible au Roi, ou aux officiers qu'il préposera à cet effet, de dispenser, pour des causes graves, de la seconde publication.

2° *Célébration du mariage.*

C. Civ. 144. L'homme avant dix-huit ans révolus, la femme avant quinze ans révolus, ne peuvent contracter mariage.

145. Néanmoins il est loisible au Roi d'accorder des dispenses d'âge pour des motifs graves.

162. En ligne collatérale, le mariage est prohibé entre le frère et la sœur légitimes ou naturels, et les alliés au même degré.

163. Le mariage est encore prohibé entre l'oncle et la nièce, la tante et le neveu.

164. (*L.* 16 *avril* 1832.) Néanmoins il est loisible au Roi de lever, pour des causes graves, les prohibitions portées par l'article 162 aux mariages entre beaux-frères et belles-sœurs, et par l'article 163, aux mariages entre l'oncle et la nièce, la tante et le neveu.

II. DISPENSE DE RAPPORT.

C. Civ. 843. Tout héritier, même bénéficiaire, venant à une succession, doit rapporter à ses cohéritiers tout ce qu'il a reçu du défunt, par donation entre-vifs, directement ou indirectement ; il ne peut retenir les dons ni réclamer les legs à lui faits par le défunt, à moins que les dons et legs ne lui aient été faits expressément par préciput et hors part, ou avec dispense du rapport.

844. Dans le cas même où les dons et legs auraient été faits par préciput ou avec dispense du rapport, l'héritier venant à partage ne peut les retenir que jusqu'à concurrence de la quotité disponible ; l'excédant est sujet à rapport.

846. Le donataire qui n'était pas héritier présomptif lors de la donation, mais qui se trouve successible au jour de l'ouverture de la succession, doit également le rapport, à moins que le donateur ne l'en ait dispensé.

847. Les dons et legs faits au fils de celui qui se trouve successible à l'époque de l'ouverture de la succession, sont toujours réputés faits avec dispense du rapport. — Le père venant à la succession du donateur, n'est pas tenu de les rapporter.

848. Pareillement, le fils venant de son chef à la succession du donateur, n'est pas tenu de rapporter le don fait à son père, même quand il aurait accepté la succession de celui-ci ; mais s'il ne vient que par représentation, il doit rapporter ce qui avait été donné à son père, même dans le cas où il aurait répudié sa succession.

849. Les dons et legs faits au conjoint d'un époux successible, sont réputés faits avec dispense du rapport. — Si les dons et legs sont faits conjointement à deux époux, dont l'un seulement est successible, celui-ci en rapporte la moitié ; si les dons sont faits à l'époux successible, il les rapporte en entier.

866. Lorsque le don d'un immeuble fait à un successible avec dispense du rapport excède la portion disponible, le rapport de l'excédant se fait en nature, si le retranchement de cet excédant peut s'opérer commodément. — Dans le cas contraire, si l'excédant est de plus de moitié de la valeur de l'immeuble, le donataire doit rapporter l'immeuble en totalité, sauf à prélever sur la masse la valeur de la portion disponible : si cette portion excède la moitié de la valeur de l'immeuble, le donataire peut retenir l'immeuble en totalité, sauf à moins prendre, et à récompenser ses cohéritiers en argent ou autrement.

919. La quotité disponible pourra être donnée en tout ou en partie, soit par acte entre-vifs, soit par testament, aux enfans ou autres successibles du donateur, sans être sujette au rapport par le donataire ou le légataire venant à la succession, pourvu que la disposition ait été faite expressément à titre de préciput ou hors part. — La déclaration que le don ou le legs est à titre de préciput ou hors part, pourra être faite, soit par l'acte qui contiendra la disposition, soit postérieurement dans la forme des dispositions entre-vifs ou testamentaires.

III. DISPENSES DE TUTELLE.

Des causes qui dispensent de la tutelle.

C. Civ. (*liv.* 1, *tit.* 10, *ch.* 2, *sect.* 6, *art.* 427-441). — 427. Sont dispensés de la tutelle, les personnes désignées dans les titres 3, 5, 6, 8, 9

10 et 11 de l'acte du 18 mai 1804 (*V. ci-après*); — les présidens et conseillers à la cour de cassation [1], le procureur général et les avocats généraux en la même cour; — les préfets; — tous citoyens exerçant une fonction publique dans un département autre que celui où la tutelle s'établit.

428. Sont également dispensés de la tutelle, — les militaires en activité de service, et tous autres citoyens qui remplissent, hors du territoire du royaume, une mission du Roi.

429. Si la mission est non authentique, et contestée, la dispense ne sera prononcée qu'après la représentation faite par le réclamant, du certificat du ministre dans le département duquel se placera la mission articulée comme excuse.

430. Les citoyens de la qualité exprimée aux articles précédens, qui ont accepté la tutelle postérieurement aux fonctions, services ou missions qui en dispensent, ne seront plus admis à s'en faire décharger pour cette cause.

431. Ceux, au contraire, à qui lesdites fonctions, services ou missions, auront été conférés postérieurement à l'acceptation et gestion d'une tutelle, pourront, s'ils ne veulent la conserver, faire convoquer, dans le mois, un conseil de famille, pour y être procédé à leur remplacement. — Si, à l'expiration de ces fonctions, services ou missions, le nouveau tuteur réclame sa décharge, ou que l'ancien redemande la tutelle, elle pourra lui être rendue par le conseil de famille.

432. Tout citoyen non parent ni allié ne peut être forcé d'accepter la tutelle, que dans le cas où il n'existerait pas, dans la distance de quatre myriamètres, des parens ou alliés en état de gérer la tutelle.

433. Tout individu âgé de soixante-cinq ans accomplis, peut refuser d'être tuteur. Celui qui aura été nommé avant cet âge, pourra, à soixante-dix ans, se faire décharger de la tutelle.

434. Tout individu atteint d'une infirmité grave et dûment justifiée, est dispensé de la tutelle. — Il pourra même s'en faire décharger, si cette infirmité est survenue depuis sa nomination.

435. Deux tutelles sont, pour toutes personnes, une juste dispense d'en accepter une troisième.— Celui qui, époux ou père, sera déjà chargé d'une tutelle, ne pourra être tenu d'en accepter une seconde, excepté celle de ses enfans.

436. Ceux qui ont cinq enfans légitimes, sont dispensés de toute tutelle autre que celle desdits

enfans. — Les enfans morts en activité de service dans les armées du Roi, seront toujours comptés pour opérer cette dispense. — Les autres enfans morts ne seront comptés qu'autant qu'ils auront eux-mêmes laissé des enfans actuellement existans.

437. La survenance d'enfans pendant la tutelle ne pourra autoriser à l'abdiquer.

438. Si le tuteur nommé est présent à la délibération qui lui défère la tutelle, il devra sur le champ, et sous peine d'être déclaré non recevable dans toute réclamation ultérieure, proposer ses excuses, sur lesquelles le conseil de famille délibèrera.

439. Si le tuteur nommé n'a pas assisté à la délibération qui lui a déféré la tutelle, il pourra faire convoquer le conseil de famille pour délibérer sur ses excuses. — Ses diligences à ce sujet devront avoir lieu dans le délai de trois jours, à partir de la notification qui lui aura été faite de sa nomination; lequel délai sera augmenté d'un jour par trois myriamètres de distance du lieu de son domicile à celui de l'ouverture de la tutelle : passé ce délai, il sera non recevable.

440. Si ses excuses sont rejetées, il pourra se pourvoir devant les tribunaux pour les faire admettre; mais il sera, pendant le litige, tenu d'administrer provisoirement.

441. S'il parvient à se faire exempter de la tutelle, ceux qui auront rejeté l'excuse, pourront être condamnés aux frais de l'instance. — S'il succombe, il y sera condamné lui-même.

Senatus-consulte organique du 28 floréal an 12 (18 mai 1804).

Tit. 3. — 9. Les membres de la famille impériale.

Tit. 5. (Les grands dignitaires de l'empire.) — 32. Les grandes dignités de l'empire sont celles — de grand-électeur, — d'archi-chancelier de l'empire, — d'archi-chancelier de l'État, — d'archi-trésorier, — de connétable, — de grand-amiral.

Tit. 6. (Les grands-officiers de l'empire). — 48. Les grands-officiers de l'empire sont : — 1º des maréchaux de l'empire; — 2º huit inspecteurs et colonels-généraux de l'artillerie et du génie des troupes à cheval et de la marine; — 3º des grands-officiers civils de la couronne.

Tit. 8. (Les sénateurs, *aujourd'hui* les pairs de France.)

Tit. 9. (Les membres du conseil-d'État.)

Tit. 10 et *tit.* 11. (Les membres du corps législatif et du tribunat, *aujourd'hui* les députés des départemens.)

DISPONIBLE (PORTION DE BIENS).

I. DISPOSITIONS GÉNÉRALES.

C. Civ. 844. Dans le cas même où les dons et legs auraient été faits par préciput ou avec dispense du rapport, l'héritier venant à partage ne

---

[1] *Loi du 16 septembre* 1807. — 7. La cour des comptes prend rang immédiatement après la cour de cassation, et jouit des mêmes prérogatives.

19

peut les retenir que jusqu'à concurrence de la quotité disponible ; l'excédant est sujet à rapport.

843. L'héritier qui renonce à la succession peut cependant retenir le don entre-vifs, ou réclamer le legs à lui fait, jusqu'à concurrence de la portion disponible.

De la portion de biens disponible.

C. Civ. (liv. 3, tit. 2, ch. 3, sect. 1, art. 913-919). — 913. Les libéralités, soit par acte entre-vifs, soit par testament, ne pourront excéder la moitié des biens du disposant, s'il ne laisse à son décès qu'un enfant légitime ; le tiers, s'il laisse deux enfans ; le quart, s'il en laisse trois ou un plus grand nombre.

914. Sont compris dans l'article précédent, sous le nom d'*enfans*, les descendans en quelque degré que ce soit ; néanmoins ils ne sont comptés que pour l'enfant qu'ils représentent dans la succession du disposant.

915. Les libéralités, par acte entre-vifs ou par testament, ne pourront excéder la moitié des biens, si, à défaut d'enfans, le défunt laisse un ou plusieurs ascendans dans chacune des lignes paternelle et maternelle ; et les trois quarts, s'il ne laisse d'ascendans que dans une ligne.—Les biens ainsi réservés au profit des ascendans, seront par eux recueillis dans l'ordre où la loi les appelle à succéder ; ils auront seuls droit à cette réserve, dans tous les cas où un partage en concurrence avec des collatéraux ne leur donnerait pas la quotité de biens à laquelle elle est fixée.

916. A défaut d'ascendans et de descendans, les libéralités par actes entre-vifs ou testamentaires pourront épuiser la totalité des biens.

917. Si la disposition par acte entre-vifs ou par testament est d'un usufruit ou d'une rente viagère dont la valeur excède la quotité disponible, les héritiers au profit desquels la loi fait une réserve, auront l'option, ou d'exécuter cette disposition, ou de faire l'abandon de la propriété de la quotité disponible.

918. La valeur en pleine propriété des biens aliénés, soit à charge de rente viagère, soit à fonds perdu, ou avec réserve d'usufruit, à l'un des successibles en ligne directe, sera imputée sur la portion disponible ; et l'excédant, s'il y en a, sera rapporté à la masse. Cette imputation et ce rapport ne pourront être demandés par ceux des autres successibles en ligne directe qui auraient consenti à ces aliénations, ni, dans aucun cas, par les successibles en ligne collatérale.

919. La quotité disponible pourra être donnée en tout ou en partie, soit par acte entre-vifs, soit par testament, aux enfans ou autres successibles du donateur, sans être sujette au rapport par le donataire ou le légataire venant à la succession, pourvu que la disposition ait été faite expressément à titre de préciput ou hors part. — La déclaration que le don ou le legs est à titre de préciput ou hors part, pourra être faite, soit par l'acte qui contiendra la disposition, soit postérieurement dans la forme des dispositions entre-vifs ou testamentaires.

II. DISPOSITIONS ADDITIONNELLES.

De la portion disponible relativement aux époux.

1° *Des époux majeurs.*

C. Civ. 1094. L'époux pourra, soit par contrat de mariage, soit pendant le mariage, pour le cas où il ne laisserait point d'enfans ni descendans, disposer en faveur de l'autre époux, en propriété, de tout ce dont il pourrait disposer en faveur d'un étranger, et, en outre, de l'usufruit de la totalité de la portion dont la loi prohibe la disposition au préjudice des héritiers. — Et pour le cas où l'époux donateur laisserait des enfans ou descendans, il pourra donner à l'autre époux, ou un quart en propriété et un autre quart en usufruit, ou la moitié de tous ses biens en usufruit seulement.

2° *Des époux mineurs.*

C. Civ. 1095. Le mineur ne pourra, par contrat de mariage, donner à l'autre époux, soit par donation simple, soit par donation réciproque, qu'avec le consentement et l'assistance de ceux dont le consentement est requis pour la validité de son mariage ; et, avec ce consentement, il pourra donner tout ce que la loi permet à l'époux majeur de donner à l'autre conjoint.

3° *Des enfans d'un premier lit*

C. Civ. 1098. L'homme ou la femme qui, ayant des enfans d'un autre lit, contractera un second ou subséquent mariage, ne pourra donner à son nouvel époux qu'une part d'enfant légitime le moins prenant, et sans que, dans aucun cas, ces donations puissent excéder le quart des biens.

DISPOSITIF DE JUGEMENT. *C. Proc.* 141. La rédaction des jugemens contiendra les noms des juges, du procureur du Roi, s'il a été entendu ; ainsi que des avoués ; les noms, professions et demeures des parties, leurs conclusions, l'exposition sommaire des points de fait et de droit, les motifs et le dispositif des jugemens.

DISPOSITIONS.

I. DES DISPOSITIONS A TITRE GRATUIT.

C. Civ. 893. On ne pourra disposer de ses biens, à titre gratuit, que par donation entre-vifs (V. DONATION), ou par testament. (V. TESTAMENT.)

II. DES DISPOSITIONS A TITRE ONÉREUX.

C. Civ. 711. La propriété des biens s'acquiert et se transmet par l'effet des obligations. *V.* CONTRAT.

DISSIPATEURS.

C. Civ. 513. Il peut être défendu aux prodigues de plaider, de transiger, d'emprunter, de recevoir un capital mobilier et d'en donner décharge, d'aliéner ni de grever leurs biens d'hypothèques sans l'assistance d'un conseil qui leur est nommé par le tribunal. *V.* JUDICIAIRE (*conseil*).

DISSOLUTION DE COMMUNAUTÉ.

Dispositions générales.

De la dissolution de la communauté et de quelques-unes de ses suites.

C. Civ. (*liv.* 3, *tit.* 5, *ch.* 2, 1re *part.*, *sect.* 3, *art.* 1441-1452).—1441. La communauté se dissout,—1° par la mort naturelle ;—2° par la mort civile. *V.* MORT CIVILE ; — 5° par la séparation de corps. *V.* CORPS (*séparation de*) ;— 4° par la séparation de biens. *V.* BIENS (*séparation de*).

1442. Le défaut d'inventaire après la mort naturelle ou civile de l'un des époux, ne donne pas lieu à la continuation de la communauté ; sauf les poursuites des parties intéressées, relativement à la consistance des biens et effets communs, dont la preuve pourra être faite tant par titres que par la commune renommée. — S'il y a des enfans mineurs, le défaut d'inventaire fait perdre en outre à l'époux survivant la jouissance de leurs revenus ; et le subrogé tuteur qui ne l'a point obligé à faire inventaire, est solidairement tenu avec lui de toutes les condamnations qui peuvent être prononcées au profit des mineurs.

1443. La séparation de biens ne peut être poursuivie qu'en justice par la femme dont la dot est mise en péril, et lorsque le désordre des affaires du mari donne lieu de craindre que les biens de celui-ci ne soient point suffisans pour remplir les droits et reprises de la femme.— Toute séparation volontaire est nulle.

1444. La séparation de biens, quoique prononcée en justice, est nulle si elle n'a point été exécutée par le paiement réel des droits et reprises de la femme, effectué par acte authentique, jusqu'à concurrence des biens du mari, ou au moins par des poursuites commencées dans la quinzaine qui a suivi le jugement, et non interrompues depuis.

1445. Toute séparation de biens doit, avant son exécution, être rendue publique par l'affiche sur un tableau à ce destiné, dans la principale salle du tribunal de première instance, et de plus, si le mari est marchand, banquier ou commerçant, dans celle du tribunal de commerce du lieu de son domicile ; et ce, à peine de nullité de l'exécution.—Le jugement qui prononce la séparation de biens remonte, quant à ses effets, au jour de la demande.

1446. Les créanciers personnels de la femme ne peuvent, sans son consentement, demander la séparation de biens. — Néanmoins, en cas de faillite ou de déconfiture du mari, ils peuvent exercer les droits de leur débitrice jusqu'à concurrence du montant de leurs créances.

1447. Les créanciers du mari peuvent se pourvoir contre la séparation de biens prononcée et même exécutée en fraude de leurs droits ; ils peuvent même intervenir dans l'instance sur la demande en séparation pour la contester.

1448. La femme qui a obtenu la séparation de biens, doit contribuer, proportionnellement à ses facultés et à celles du mari, tant aux frais du ménage qu'à ceux d'éducation des enfans communs. — Elle doit supporter entièrement ces frais, s'il ne reste rien au mari.

1449. La femme séparée soit de corps et de biens, soit de biens seulement, en reprend la libre administration. — Elle peut disposer de son mobilier et l'aliéner. — Elle ne peut aliéner ses immeubles sans le consentement du mari, ou sans être autorisée en justice à son refus.

1450. Le mari n'est point garant du défaut d'emploi ou de remploi du prix de l'immeuble que la femme séparée a aliéné sous l'autorisation de la justice, à moins qu'il n'ait concouru au contrat, ou qu'il ne soit prouvé que les deniers ont été reçus par lui, ou ont tourné à son profit. —Il est garant du défaut d'emploi ou de remploi, si la vente a été faite en sa présence et de son consentement : il ne l'est point de l'utilité de cet emploi.

1451. La communauté dissoute par la séparation soit de corps et de biens, soit de biens seulement, peut être rétablie du consentement des deux parties. — Elle ne peut l'être que par un acte passé devant notaires et avec minute, dont une expédition doit être affichée dans la forme de l'art. 1445.—En ce cas, la communauté rétablie reprend son effet du jour du mariage : les choses sont remises au même état que s'il n'y avait point eu de séparation, sans préjudice néanmoins de l'exécution des actes qui, dans cet intervalle, ont pu être faits par la femme en conformité de l'art. 1449. — Toute convention par laquelle les époux rétabliraient leur communauté sous des conditions différentes de celles qui la réglaient antérieurement, est nulle.

1452. La dissolution de la communauté opérée par le divorce ou par la séparation soit de corps et de biens, soit de biens seulement, ne donne

19.

pas ouverture aux droits de survie de la femme ; mais celle-ci conserve la faculté de les exercer lors de la mort naturelle ou civile de son mari.

DISSOLUTION DE MARIAGE.

1° *Disposition générale.*
De la dissolution du mariage.

C. Civ. (*liv.* 1, *tit.* 5, *ch.* 7, *art.* 227). — 227. Le mariage se dissout, — 1° par la mort de l'un des époux ; — 2° par la condamnation devenue définitive de l'un des époux, à une peine emportant mort civile. *V.* Mort civile.

2° *Disposition additionnelle.*

C. Civ. 228. La femme ne peut contracter un nouveau mariage qu'après dix mois révolus depuis la dissolution du mariage précédent.

DISSOLUTION DE SOCIÉTÉ.

I. des sociétés civiles.
Des différentes manières dont finit la société.

C. Civ. (*liv.* 3, *tit.* 9, *ch.* 4, *art.* 1865-1873). —1865. La société finit,—1° par l'expiration du temps pour lequel elle a été contractée ;— 2° par l'extinction de la chose, ou la consommation de la négociation ; — 3° par la mort naturelle de quelqu'un des associés ; — 4° par la mort civile, l'interdiction ou la déconfiture de l'un d'eux ; — 5° par la volonté qu'un seul ou plusieurs expriment de n'être plus en société.

1866. La prorogation d'une société à temps limité ne peut être prouvée que par écrit revêtu des mêmes formes que le contrat de société. *V.* Société (*acte de*).

1867. Lorsque l'un des associés a promis de mettre en commun la propriété d'une chose, la perte survenue avant que la mise en soit effectuée, opère la dissolution de la société par rapport à tous les associés. — La société est également dissoute dans tous les cas par la perte de la chose, lorsque la jouissance seule a été mise en commun, et que la propriété en est restée dans la main de l'associé. — Mais la société n'est pas rompue par la perte de la chose dont la propriété a déjà été apportée à la société.

1868. S'il a été stipulé qu'en cas de mort de l'un des associés, la société continuerait avec son héritier, ou seulement entre les associés survivans, ces dispositions seront suivies : au second cas, l'héritier du décédé n'a droit qu'au partage de la société, eu égard à la situation de cette société lors du décès, et ne participe aux droits ultérieurs qu'autant qu'ils sont une suite nécessaire de ce qui s'est fait avant la mort de l'associé auquel il succède.

1869. La dissolution de la société par la volonté de l'une des parties ne s'applique qu'aux sociétés dont la durée est illimitée, et s'opère par une renonciation notifiée à tous les associés, pourvu que cette renonciation soit de bonne foi, et non faite à contre-temps.

1870. La renonciation n'est pas de bonne foi lorsque l'associé renonce pour s'approprier à lui seul le profit que les associés s'étaient proposé de retirer en commun. — Elle est faite à contre-temps lorsque les choses ne sont plus entières, et qu'il importe à la société que sa dissolution soit différée.

1871. La dissolution des sociétés à terme ne peut être demandée par l'un des associés avant le terme convenu, qu'autant qu'il y en a de justes motifs, comme lorsqu'un autre associé manque à ses engagemens, ou qu'une infirmité habituelle le rend inhabile aux affaires de la société, ou autres cas semblables, dont la légitimité et la gravité sont laissées à l'arbitrage des juges.

1872. Les règles concernant le partage des successions, la forme de ce partage, et les obligations qui en résultent entre les cohéritiers, s'appliquent aux partages entre associés. *V.* Partage.

Disposition relative aux sociétés de commerce.

1873. Les dispositions du présent titre ne s'appliquent aux sociétés de commerce que dans les points qui n'ont rien de contraire aux lois et usages du commerce.

II. des sociétés commerciales.

C. Com. 18. Le contrat de société (commerciale) se règle par le droit civil, par les lois particulières au commerce, et par les conventions des parties.

39. Les sociétés en nom collectif ou en commandite doivent être constatées par des actes publics ou sous signature privée.

40. Les sociétés anonymes ne peuvent être formées que par des actes publics.

43. L'extrait des actes de société (que les associés sont tenus de publier) doit contenir l'époque où la société doit commencer, et celle où elle doit finir.

45. L'ordonnance du Roi qui autorise les sociétés anonymes devra être affichée avec l'acte d'association.

46. Toute continuation de société, après son terme expiré, sera constatée par une déclaration des coassociés. — Cette déclaration et tous actes portant dissolution de société avant le terme fixé pour sa durée par l'acte qui l'établit, tout changement ou retraite d'associés, toutes nouvelles stipulations ou clauses, tout changement à la raison de société, sont soumis aux formalités prescrites par les art. 42, 43 et 44. — En cas d'omission de ces formalités, il y aura lieu à l'application des dispositions pénales de l'art. 42, troisième alinéa. *V.* Société (*acte de*).

DISTANCE.

DISTANCE LÉGALE.

1º *Arrêté du 25 thermidor an 11 contenant le tableau des distances de Paris aux chefs-lieux des départemens.*

1. Le tableau ci-joint des distances de Paris à tous les chefs-lieux des départemens, évaluées en kilomètres et lieues anciennes, sera inséré au Bulletin des lois pour servir de régulateur et d'indicateur du jour où, conformément à l'art. 1er du Code Civil, la promulgation de chaque loi est réputée connue dans chacun des départemens de la république.

TABLEAU DES DISTANCES.

NOMS DES		DISTANCES EN ¹			NOMS DES		DISTANCES EN ¹		
DÉPARTEMENS.	CHEFS-LIEUX.	Myriamèt. et Kilomèt.	Lieues anciennes.	cinquièmes.	DÉPARTEMENS.	CHEFS-LIEUX.	Myriamèt. et Kilomèt.	Lieues anciennes.	cinquièmes.
		M. K.	L.				M. K.	L.	
Ain	Bourg	43 2	86	2	Loiret	Orléans	12 3	24	3
Aisne	Laon	12 7	25	2	Lot	Cahors	55 8	111	3
Allier	Moulins	28 9	57	4	Lot-et-Garonne	Agen	71 4	142	4
Alpes (Basses)	Digne	75 5	151	»	Lozère	Mende	56 6	113	1
Alpes (Hautes)	Gap	66 5	133	2	Maine-et-Loire	Angers	30 0	60	»
Ardèche	Privas	60 6	121	1	Manche	Saint-Lô	32 6	65	1
Ardennes	Mézières	23 4	46	4	Marne	Châlons	16 4	32	4
Arriège	Foix	72 2	150	2	Marne (Haute)	Chaumont	24 7	49	2
Aube	Troyes	15 9	31	4	Mayenne	Laval	28 1	56	1
Aude	Carcassonne	76 5	153	»	Meurthe	Nanci	33 4	66	4
Aveyron	Rhodez	69 2	138	2	Meuse	Bar-sur-Ornain	25 1	50	1
Bouches-du-Rhône	Marseille	81 3	162	3	Morbihan	Vannes	50 0	100	»
Calvados	Caen	26 3	32	2	Moselle	Metz	30 8	61	3
Cantal	Aurillac	53 9	107	4	Nièvre	Nevers	23 6	47	1
Charente	Angoulême	45 4	90	4	Nord	Lille	23 6	47	1
Charente-Infér.	Saintes	48 4	96	4	Oise	Beauvais	8 8	17	3
Cher	Bourges	23 3	46	3	Orne	Alençon	19 1	38	1
Corrèze	Tulle	46 1	92	1	Pas-de-Calais	Arras	19 3	38	4
Corse ²	Ajaccio	145 5	291	»	Puy-de-Dôme	Clermont	38 4	76	3
Côte-d'Or	Dijon	30 5	61	»	Pyrénées (Basses)	Pau	78 1	136	3
Côtes-du-Nord	Saint-Brieuc	44 4	88	3	Pyrénées (Hautes)	Tarbes	81 5	163	»
Creuse	Guéret	42 8	85	3	Pyrénées-Orient.	Perpignan	88 8	177	3
Dordogne	Périgueux	47 2	94	2	Rhin (Bas)	Strasbourg	46 4	92	4
Doubs	Besançon	39 6	79	1	Rhin (Haut)	Colmar	48 1	96	1
Drôme	Valence	56 0	112	»	Rhône	Lyon	46 6	93	1
Eure	Evreux	10 4	20	4	Saône (Haute)	Vesoul	35 4	70	4
Eure-et-Loire	Chartres	9 2	18	2	Saône-et-Loire	Mâcon	39 9	79	4
Finistère	Quimper	62 3	124	3	Sarthe	Le Mans	21 1	42	1
Gard	Nîmes	70 2	40	2	Seine	Paris	»	»	»
Garonne (Haute)	Toulouse	66 9	133	4	Seine-Inférieure	Rouen	13 7	27	2
Gers	Auch	74 3	148	3	Seine-et-Marne	Melun	4 6	9	1
Gironde	Bordeaux	57 3	114	3	Seine-et-Oise	Versailles	2 1	4	1
Hérault	Montpellier	75 2	150	2	Sèvres (Deux)	Niort	41 6	83	1
Ille-et-Vilaine	Rennes	34 6	69	1	Somme	Amiens	12 8	25	3
Indre	Châteauroux	25 9	51	4	Tarn	Albi	65 7	131	2
Indre-et-Loire	Tours	24 2	48	2	Tarn-et-Garonne ³	Montauban	63 3	126	3
Isère	Grenoble	56 8	113	3	Var	Draguignan	89 0	178	»
Jura	Lons-le-Saunier	41 1	82	1	Vaucluse	Avignon	70 7	141	2
Landes	Mont-de-Marsan	70 2	140	2	Vendée	Fontenay	44 7	89	2
Loir-et-Cher	Blois	18 1	36	1	Vienne	Poitiers	34 3	68	3
Loire	Montbrison	44 3	88	3	Vienne (Haute)	Limoges	38 0	76	»
Loire (Haute)	Le Puy	50 5	101	4	Vosges	Epinal	38 1	76	1
Loire-Infércure	Nantes	38 9	74	4	Yonne	Auxerre	16 8	33	3

¹ La différence qui se trouve entre les distances portées dans ce tableau et celles fixées pour les postes, vient de ce que la lieue de poste n'est que de 2000 toises, tandis que la lieue ancienne, prise pour base du tableau, est de 2,500. — ² Corse, 15 jours (*délai fixe*), ord. 7 juillet 1824. — ³ Ord. 1er novembre 1826.

2° *Ordonnance du 27 novembre 1816.*

Art. 1er. A l'avenir, la promulgation des lois et de nos ordonnances résultera de leur insertion au Bulletin officiel.

2. Elle sera réputée connue, conformément à l'article 1er du Code Civil, un jour après que le Bulletin des lois aura été reçu de l'imprimerie royale par notre chancelier ministre de la justice, lequel constatera sur un registre l'époque de la réception.

3. Les lois et ordonnances seront exécutées, dans chacun des autres départemens du royaume, après l'expiration du même délai, augmenté d'autant de jours qu'il y aura de fois dix myriamètres (environ vingt lieues anciennes) entre la ville où la promulgation en aura été faite et le chef-lieu de chaque département, suivant le tableau annexé à l'arrêté du 25 thermidor an 11 ou 13 juillet 1803.

4. Néanmoins, dans les cas et les lieux où nous jugerons convenable de hâter l'exécution, les lois et les ordonnances seront censées publiées et seront exécutoires du jour qu'elles seront parvenues au préfet, qui en constatera la réception sur un registre.

3° *Ordonnance du 18 janvier 1817.*

Art. 1. Dans les cas prévus par l'article 4 de notre ordonnance du 27 novembre 1816, où nous jugerons convenable de hâter l'exécution des lois et de nos ordonnances en les faisant parvenir extraordinairement sur les lieux, les préfets prendront incontinent un arrêté par lequel ils ordonneront que lesdites lois et ordonnances seront imprimées et affichées partout où besoin sera.

2. Lesdites lois et ordonnances seront exécutées à compter du jour de la publication dans la forme prescrite par l'article ci-dessus.

4° *Dispositions du tarif criminel.*

Tarif cr. 93. Pour faciliter le règlement de (l'indemnité pour les frais de voyage en matière criminelle), les préfets feront dresser un tableau des distances, en myriamètres et kilomètres, de chaque commune ou chef-lieu de canton, au chef-lieu d'arrondissement, et au chef-lieu de département. Ce tableau sera déposé aux greffes des cours royales, des tribunaux de première instance et des justices de paix, et il sera transmis à notre chancelier.

DISTRACTION DE DÉPENS.

C. Proc. 155. Les avoués pourront demander la distraction des dépens à leur profit, en affirmant, lors de la prononciation du jugement, qu'ils ont fait la plus grande partie des avances. La distraction des dépens ne pourra être prononcée que par le jugement qui en portera la condamnation : dans ce cas, la taxe sera poursuivie et l'exécutoire délivré au nom de l'avoué, sans préjudice de l'action contre sa partie. *V.* DÉPENS.

DISTRACTION DES OBJETS SAISIS.

1° *Des saisies en général.*

C. Proc. 727. La demande en distraction de tout ou de partie de l'objet saisi sera formée par requête d'avoué, tant contre le saisissant que contre la partie saisie, le créancier premier inscrit et l'avoué adjudicataire provisoire. Cette action sera formée par exploit contre celle des parties qui n'aura pas avoué en cause, et, dans ce cas, contre le créancier au domicile élu par l'inscription.

728. La demande en distraction contiendra l'énonciation des titres justificatifs, qui seront déposés au greffe, et la copie de l'acte de ce dépôt.

729. Si la distraction demandée n'est que d'une partie des objets saisis, il sera passé outre, nonobstant cette demande, à la vente du surplus des objets saisis : pourront néanmoins les juges, sur la demande des parties intéressées, ordonner le sursis pour le tout. L'adjudicataire provisoire peut, dans ce cas, demander la décharge de son adjudication.

730. L'appel du jugement rendu sur la demande en distraction sera interjeté avec assignation, dans la quinzaine du jour de la signification à personne ou domicile, outre un jour par trois myriamètres en raison de la distance du domicile réel des parties : ce délai passé, l'appel ne sera plus reçu.

731. L'adjudication définitive ne transmet à l'adjudicataire d'autres droits à la propriété que ceux qu'avait le saisi.

2° *Des saisies de navire.*

C. Com. 210. Les demandes en distraction seront formées et notifiées au greffe du tribunal avant l'adjudication. — Si les demandes en distraction ne sont formées qu'après l'adjudication, elles seront converties, de plein droit, en oppositions à la délivrance des sommes provenant de la vente. *V.* NAVIRE (*saisie et vente de*).

DISTRIBUTION.

I. DU PRIX DES IMMEUBLES.

C. Civ. 2218. L'ordre et la distribution du prix des immeubles, et la manière d'y procéder, sont réglés par les lois sur la procédure. *V.* ORDRE.

II. DU PRIX DES MEUBLES.

C. Proc. 656. Si les deniers arrêtés ou le prix des ventes ne suffisent pas pour payer les créanciers, le saisi et les créanciers seront tenus, dans le mois, de convenir de la distribution par contribution. *V.* CONTRIBUTION (*distribution par*).

DIVAGATION.

C. Pén. 475. Seront punis d'amende, depuis six francs jusqu'à dix francs inclusivement, 1°..... —7° ceux qui auraient laissé divaguer des fous ou des furieux étant sous leur garde, ou des animaux malfaisans ou féroces ; ceux qui auront excité ou n'auront pas retenu leurs chiens lorsqu'ils attaquent ou poursuivent les passans, quand même il n'en serait résulté aucun mal ni dommage.

DIVISIBLES (OBLIGATIONS) ET INDIVISIBLES.

I. DISPOSITIONS GÉNÉRALES.

Des obligations divisibles et indivisibles.

C. Civ. (liv. 3, tit. 3, ch. 4, sect. 5, art. 1217-1225).

— 1217. L'obligation est divisible ou indivisible selon qu'elle a pour objet ou une chose qui dans sa livraison, ou un fait qui dans l'exécution, est ou n'est pas susceptible de division, soit matérielle, soit intellectuelle.

1218. L'obligation est indivisible, quoique la chose ou le fait qui en est l'objet soit divisible par sa nature, si le rapport sous lequel elle est considérée dans l'obligation ne la rend pas susceptible d'exécution partielle.

1219. La solidarité stipulée ne donne point à l'obligation le caractère d'indivisibilité.

§ 1, *des effets de l'obligation divisible.*

1220. L'obligation qui est susceptible de division, doit être exécutée entre le créancier et le débiteur comme si elle était indivisible. La divisibilité n'a d'application qu'à l'égard de leurs héritiers, qui ne peuvent demander la dette ou qui ne sont tenus de la payer que pour les parts dont ils sont saisis ou dont ils sont tenus comme représentant le créancier ou le débiteur.

1221. Le principe établi dans l'article précédent reçoit exception à l'égard des héritiers du débiteur, — 1° dans le cas où la dette est hypothécaire ; — 2° lorsqu'elle est d'un corps certain ; — 3° lorsqu'il s'agit de la dette alternative de choses au choix du créancier, dont l'une est indivisible ; — 4° lorsque l'un des héritiers est chargé seul, par le titre, de l'exécution de l'obligation ; — 5° lorsqu'il résulte, soit de la nature de l'engagement, soit de la chose qui en fait l'objet, soit de la fin qu'on s'est proposée dans le contrat, que l'intention des contractans a été que la dette ne pût s'acquitter partiellement. — Dans les trois premiers cas, l'héritier qui possède la chose due ou le fonds hypothéqué à la dette, peut être poursuivi pour le tout sur la chose due ou sur le fonds hypothéqué, sauf le recours contre ses cohéritiers. Dans le quatrième cas, l'héritier seul est chargé de la dette, et dans le cinquième cas, chaque héritier peut aussi être poursuivi pour le tout, sauf son recours contre ses cohéritiers.

§ 2, *des effets de l'obligation indivisible.*

1222. Chacun de ceux qui ont contracté conjointement une dette indivisible, en est tenu pour le total, encore que l'obligation n'ait pas été contractée solidairement.

1223. Il en est de même à l'égard des héritiers de celui qui a contracté une pareille obligation.

1224. Chaque héritier du créancier peut exiger en totalité l'exécution de l'obligation indivisible. — Il ne peut seul faire la remise de la totalité de la dette : il ne peut recevoir seul le prix au lieu de la chose. Si l'un des héritiers a seul remis la dette ou reçu le prix de la chose, son cohéritier ne peut demander la chose indivisible qu'en tenant compte de la portion du cohéritier qui a fait la remise ou qui a reçu le prix.

1225. L'héritier du débiteur, assigné pour la totalité de l'obligation, peut demander un délai pour mettre en cause ses cohéritiers, à moins que la dette ne soit de nature à ne pouvoir être acquittée que par l'héritier assigné, qui peut alors être condamné seul, sauf son recours en indemnité contre ses cohéritiers.

II. DISPOSITIONS ADDITIONNELLES.

GAGE ET ANTICHRÈSE. C. Civ. 2083. Le gage est indivisible nonobstant la divisibilité de la dette entre les héritiers du débiteur ou ceux du créancier. — L'héritier du débiteur qui a payé sa portion de la dette, ne peut demander la restitution de sa portion dans le gage, tant que la dette n'est pas entièrement acquittée. — Réciproquement, l'héritier du créancier, qui a reçu sa portion de la dette, ne peut remettre le gage au préjudice de ses cohéritiers qui ne sont pas payés.

2090. Les dispositions de l'article 2083 s'appliquent à l'antichrèse comme au gage.

SERVITUDE. C. Civ. 700. Si l'héritage pour lequel la servitude a été établie vient à être divisé, la servitude reste due pour chaque portion, sans néanmoins que la condition du fonds assujetti soit aggravée. — Ainsi, par exemple, s'il s'agit d'un droit de passage, tous les copropriétaires seront obligés de l'exercer par le même endroit.

SOLIDARITÉ. C. Civ. 1213. L'obligation contractée solidairement envers le créancier se divise de plein droit entre les débiteurs, qui n'en sont tenus entre eux que chacun pour sa part et portion. V. SOLIDARITÉ.

DIVISION.

C. Civ. 815. Nul ne peut être contraint à demeurer dans l'indivision ; et le partage peut être toujours provoqué nonobstant prohibitions et conventions contraires. — On peut cependant convenir de suspendre le partage pendant un temps limité ; cette convention ne peut être obligatoire au-delà de cinq ans ; mais elle peut être renouvelée. V. LICITATION, PARTAGE.

DIVISION (BÉNÉFICE DE).

I. A L'ÉGARD DES CAUTIONS.

C. Civ. 2025. Lorsque plusieurs personnes se sont rendues cautions d'un même débiteur pour une même dette, elles sont obligées chacune à toute la dette.

2026. Néanmoins chacune d'elles peut, à moins qu'elle n'ait renoncé au bénéfice de division, exiger que le créancier divise préalablement son action, et la réduise à la part et portion de chaque caution. — Lorsque, dans le temps où une des cautions a fait prononcer la division, il y en avait d'insolvables, cette caution est tenue proportionnellement de ces insolvabilités; mais elle ne peut plus être recherchée à raison des insolvabilités survenues depuis la division.

2027. Si le créancier a divisé lui-même et volontairement son action, il ne peut revenir contre cette division, quoiqu'il y eût eu, même antérieurement au temps où il l'a consentie, des cautions insolvables.

II. A L'ÉGARD DES DÉBITEURS SOLIDAIRES.

C. Civ. 1203. Le créancier d'une obligation contractée solidairement peut s'adresser à celui des débiteurs qu'il veut choisir, sans que celui-ci puisse lui opposer le bénéfice de division.

1212. Le créancier qui reçoit divisément et sans réserve la portion de l'un des codébiteurs dans les arrérages ou intérêts de la dette, ne perd la solidarité que pour les arrérages ou intérêts échus, et non pour ceux à échoir, ni pour le capital, à moins que le paiement divisé n'ait été continué pendant dix ans consécutifs.

DIVORCE.

1° *Loi du 8 mai* 1816.

1. Le divorce est aboli.

2. Toutes demandes et instances en divorce, pour causes déterminées, sont converties en demandes et instances en séparation de corps. *V.* CORPS (*séparation de*). Les jugemens et arrêts restés sans exécution par le défaut de prononciation du divorce, par l'officier de l'état civil, conformément aux articles 227, 264, 265 et 266 [1] du

---

[1] *C. Civ.* (*art.* 227, 264, 265 *et* 266, *aujourd'hui abrogés*). — 227. Le mariage se dissout — 2° par le divorce légalement prononcé.

264. En vertu de tout jugement rendu en dernier ressort ou passé en force de chose jugée, qui autorisera le divorce, l'époux qui l'aura obtenu, sera obligé de se présenter, dans le délai de deux mois, devant l'officier de l'état civil, l'autre partie dûment appelée, pour faire prononcer le divorce.

265. Ces deux mois ne commenceront à courir, à l'égard des jugemens de première instance, qu'après l'expiration du délai d'appel; à l'égard des arrêts rendus par défaut en cause d'appel, qu'après l'expiration du délai d'opposition; et à l'égard des jugemens contradictoires en dernier ressort, qu'après l'expiration du délai du pourvoi en cassation.

266. L'époux demandeur qui aura laissé passer le

Code Civil, sont restreints aux effets de la séparation. — Tous actes faits pour parvenir au divorce, par un consentement mutuel, sont annulés; les jugemens et arrêts rendus en ce cas, mais non suivis de la prononciation du divorce, sont considérés comme non avenus, conformément à l'article 294. (*V. ci-après.*)

2° *Dispositions du Code Civil abrogées pour l'avenir, mais qui régissent les divorces prononcés avant la loi du 8 mai* 1816.

294. En vertu de l'arrêt qui admettra le divorce, et dans les vingt jours de sa date, les parties se présenteront ensemble et en personne devant l'officier de l'état civil, pour faire prononcer le divorce. Ce délai passé, le jugement demeurera comme non avenu.

Des effets du divorce.

295. Les époux qui divorceront pour quelque cause que ce soit, ne pourront plus se réunir.

296. Dans le cas de divorce prononcé pour cause déterminée, la femme divorcée ne pourra se remarier que dix mois après le divorce prononcé.

297. Dans le cas de divorce par consentement mutuel, aucun des deux époux ne pourra contracter un nouveau mariage que trois ans après la prononciation du divorce.

298. Dans le cas de divorce admis en justice pour cause d'adultère, l'époux coupable ne pourra jamais se marier avec son complice. La femme adultère sera condamnée par le même jugement, et sur la réquisition du ministère public, à la réclusion dans une maison de correction, pour un temps déterminé, qui ne pourra être moindre de trois mois, ou excéder deux années.

299. Pour quelque cause que le divorce ait lieu, hors le cas du consentement mutuel, l'époux contre lequel le divorce aura été admis, perdra tous les avantages que l'autre époux lui avait faits, soit par leur contrat de mariage, soit depuis le mariage contracté.

300. L'époux qui aura obtenu le divorce conservera les avantages à lui faits par l'autre époux, encore qu'ils aient été stipulés réciproques et que la réciprocité n'ait pas lieu.

301. Si les époux ne s'étaient fait aucun avantage, ou si ceux stipulés ne paraissaient pas suffisans pour assurer la subsistance de l'époux qui a obtenu le divorce, le tribunal pourra lui accor-

---

délai de deux mois ci-dessus déterminé, sans appeler l'autre époux devant l'officier de l'état civil, sera déchu du bénéfice du jugement qu'il avait obtenu, et ne pourra reprendre son action en divorce, sinon pour cause nouvelle; auquel cas il pourra néanmoins faire valoir les anciennes causes.

der, sur les biens de l'autre époux, une pension alimentaire, qui ne pourra excéder le tiers des revenus de cet autre époux. Cette pension sera révocable dans le cas où elle cesserait d'être nécessaire.

302. Les enfans seront confiés à l'époux qui a obtenu le divorce, à moins que le tribunal, sur la demande de la famille, ou du ministère public, n'ordonne, pour le plus grand avantage des enfans, que tous ou quelques-uns d'eux seront confiés aux soins soit de l'autre époux, soit d'une tierce personne.

303. Quelle que soit la personne à laquelle les enfans seront confiés, les père et mère conserveront respectivement le droit de surveiller l'entretien et l'éducation de leurs enfans, et seront tenus d'y contribuer à proportion de leurs facultés.

304. La dissolution du mariage par le divorce admis en justice, ne privera les enfans nés de ce mariage d'aucun des avantages qui leur étaient assurés par les lois, ou par les conventions matrimoniales de leurs père et mère; mais il n'y aura d'ouverture aux droits des enfans que de la même manière et dans les mêmes circonstances où ils se seraient ouverts s'il n'y avait pas eu de divorce.

305. Dans le cas de divorce par consentement mutuel [1], la propriété de la moitié des biens de chacun des deux époux sera acquise de plein droit, du jour de leur première déclaration, aux enfans nés de leur mariage; les père et mère conserveront néanmoins la jouissance de cette moitié jusqu'à la majorité de leurs enfans, à la charge de pourvoir à leur nourriture, entretien

----

[1] C. Civ. (art. 235, 279, 280, 281, aujourd'hui abrogés). — 235. Le consentement mutuel et persévérant des époux, exprimé de la manière prescrite par la loi, sous les conditions et après les épreuves qu'elle détermine, prouvera suffisamment que la vie commune leur est insupportable, et qu'il existe, par rapport à eux, une cause péremptoire de divorce.

279. Les époux déterminés à opérer le divorce par consentement mutuel, seront tenus de faire préalablement inventaire et estimation de tous leurs biens meubles et immeubles, et de régler leurs droits respectifs, sur lesquels il leur sera néanmoins libre de transiger.

280. Ils seront pareillement tenus de constater par écrit leur convention sur les points qui suivent : — 1º A qui les enfans nés de leur union seront confiés, soit pendant le temps des épreuves, soit après le divorce prononcé.

281. Les époux se présenteront ensemble, et en personne, devant le président du tribunal civil de leur arrondissement ou devant le juge qui en fera les fonctions, et lui feront la déclaration de leur volonté, en présence de deux notaires amenés par eux.

et éducation, conformément à leur fortune et à leur état; le tout sans préjudice des autres avantages qui pourraient avoir été assurés auxdits enfans par les conventions matrimoniales de leurs père et mère.

386. (La jouissance des biens des enfans issus du mariage) n'aura pas lieu au profit de celui des père et mère contre lequel le divorce aurait été prononcé.

1441. La communauté se dissout, — 5º par le divorce.

1452. La dissolution de communauté opérée par le divorce ne donne pas ouverture aux droits de survie de la femme; mais celle-ci conserve la faculté de les exercer lors de la mort naturelle ou civile de son mari.

1463. La femme divorcée, qui n'a point, dans les trois mois et quarante jours après le divorce définitivement prononcé, accepté la communauté, est censée y avoir renoncé, à moins qu'étant encore dans le délai, elle n'en ait obtenu la prorogation en justice, contradictoirement avec le mari, ou lui dûment appelé.

1518. Lorsque la dissolution de la communauté s'opère par le divorce, il n'y a pas lieu à la délivrance actuelle du préciput; mais l'époux qui a obtenu le divorce conserve ses droits au préciput en cas de survie. Si c'est la femme, la somme ou la chose qui constitue le préciput reste toujours provisoirement au mari, à la charge de donner caution.

DOL.

1º *Dispositions générales.*

C. Civ. 1109. Il n'y a point de consentement valable, si le consentement a été surpris par dol.

1116. Le dol est une cause de nullité de la convention lorsque les manœuvres pratiquées par l'une des parties sont telles, qu'il est évident que, sans ces manœuvres, l'autre partie n'aurait pas contracté. — Il ne se présume pas, et doit être prouvé.

1117. La convention contractée par dol n'est point nulle de plein droit; elle donne seulement lieu à une action en nullité ou en rescision. *V*. NULLITÉ.

1150. Le débiteur n'est tenu que des dommages et intérêts qui ont été prévus ou qu'on a pu prévoir lors du contrat, lorsque ce n'est point par son dol que l'obligation n'est point exécutée.

1151. Dans le cas même où l'inexécution de la convention résulte du dol du débiteur, les dommages et intérêts ne doivent comprendre, à l'égard de la perte éprouvée par le créancier et du gain dont il a été privé, que ce qui est une suite immédiate et directe de l'inexécution de la convention.

1504. Dans tous les cas où l'action en nullité ou en rescision d'une convention n'est pas limitée à un moindre temps par une loi particulière, cette action dure dix ans. — Ce temps ne court, dans le cas de dol, que du jour où il a été découvert.

1355. Les présomptions qui ne sont point établies par la loi sont abandonnées aux lumières et à la prudence du magistrat, qui ne doit admettre que des présomptions graves, précises et concordantes, et dans les cas seulement où la loi admet les preuves testimoniales, à moins que l'acte ne soit attaqué pour cause de fraude ou de dol.

2º Dispositions diverses.

ASSURANCE. *C. Com.* 356. En cas de fraude dans l'estimation des effets assurés, en cas de supposition ou de falsification, l'assureur peut faire procéder à la vérification et estimation des objets, sans préjudice de toutes autres poursuites, soit civiles, soit criminelles.

357. Un contrat d'assurance ou de réassurance consenti pour une somme excédant la valeur des effets chargés est nul à l'égard de l'assuré seulement, s'il est prouvé qu'il y a dol ou fraude de sa part

358. S'il n'y a ni dol ni fraude, le contrat est valable jusqu'à concurrence de la valeur des effets chargés, d'après l'estimation qui en est faite ou convenue.

COMMUNAUTÉ. *C. Civ.* 1455. La femme majeure qui a pris dans un acte la qualité de commune ne peut plus y renoncer ni se faire restituer contre cette qualité, quand même elle l'aurait prise avant d'avoir fait inventaire, s'il n'y a eu dol de la part des héritiers du mari.

IMPUTATION DE PAIEMENT. *C.Civ.* 1255. Lorsque le débiteur de diverses dettes a accepté une quittance par laquelle le créancier a imputé ce qu'il a reçu sur l'une de ces dettes spécialement, le débiteur ne peut plus demander l'imputation sur une dette différente, à moins qu'il n'y ait eu dol ou surprise de la part du créancier.

FAILLITE, *C. Com.* 444. Tous actes translatifs de propriétés immobilières faits par le failli, à titre gratuit, dans les dix jours qui précèdent l'ouverture de la faillite, sont nuls et sans effets relativement à la masse des créanciers; tous actes du même genre, à titre onéreux, sont susceptibles d'être annulés, sur la demande des créanciers, s'ils paraissent porter aux juges des caractères de fraude.

447. Tous actes ou paiemens faits en fraude des créanciers sont nuls.

JEU ET PARI. *C. Civ.* 1067. Dans aucun cas, le perdant ne peut répéter ce qu'il a volontairement payé, à moins qu'il n'y ait eu, de la part du gagnant, dol, supercherie ou escroquerie.

MANDAT. *C. Civ.* 1992. Le mandataire répond non-seulement du dol, mais encore des fautes qu'il commet dans sa gestion.

NAVIRE (*vente*). *C. Com.* 196. La vente volontaire d'un navire en voyage ne préjudicie pas aux créanciers du vendeur. — En conséquence, nonobstant la vente, le navire ou son prix continue d'être le gage desdits créanciers, qui peuvent même, s'ils le jugent convenable, attaquer la vente pour cause de fraude.

PARTAGE (*droits des copartageans*). *C. Civ.* 887. Les partages peuvent être rescindés pour cause de violence ou de dol.

892. Le cohéritier qui a aliéné son lot en tout ou partie n'est plus recevable à intenter l'action en rescision pour dol ou violence, si l'aliénation qu'il a faite est postérieure à la découverte du dol, ou à la cessation de la violence.

(*Droit des créanciers.*) *C. Civ.* 882. Les créanciers d'un copartageant, pour éviter que le partage ne soit fait en fraude de leurs droits, peuvent s'opposer à ce qu'il y soit procédé hors de leur présence : ils ont le droit d'y intervenir à leurs frais; mais ils ne peuvent attaquer un partage consommé, à moins toutefois qu'il n'y ait été procédé sans eux et au préjudice d'une opposition qu'ils auraient formée.

PRISE A PARTIE. *C. Proc.* 505. Les juges peuvent être pris à partie dans les cas suivans : — 1º s'il y a dol, fraude ou concussion, qu'on prétendrait avoir été commis, soit dans le cours de l'instruction, soit lors des jugemens.

REQUÊTE CIVILE. *C. Proc.* 480. Les jugemens contradictoires rendus en dernier ressort par les tribunaux en première instance et les cours royales, et les jugemens par défaut rendus aussi en dernier ressort, et qui ne sont plus susceptibles d'opposition, pourront être rétractés, sur la requête de ceux qui auront été parties ou dûment appelés pour cause ci-après : — 1º s'il y a eu dol personnel.

488. Lorsque l'ouverture de requête civile sera le dol, les délais ne courront que du jour où le dol aura été reconnu, pourvu que, dans ce cas, il y ait preuve par écrit du jour, et non autrement.

SUCCESSION. *C. Civ.* 783. Le majeur ne peut attaquer l'acceptation expresse ou tacite qu'il a faite d'une succession, que dans le cas où cette acceptation aurait été la suite d'un dol pratiqué envers lui.

TRANSACTION. *C. Civ.* 2053. Une transaction peut être rescindée dans tous les cas où il y a dol.

DOMAINE DE L'ÉTAT.

1° *Dispositions générales.*

C. Civ. 538. Les chemins, routes et rues à la charge de l'État, les fleuves et rivières navigables ou flottables, les rivages, lais et relais de la mer, es ports, les havres, les rades, et généralement outes les portions du territoire français qui ne ont pas susceptibles d'une propriété privée, sont onsidérés comme des dépendances du domaine ublic.

539. Tous les biens vacans et sans maître, et eux des personnes qui décèdent sans héritiers, u dont les successions sont abandonnées, appartiennent au domaine public. *V.* DÉSHÉRENCE et VACANTE (*succession*).

540. Les portes, murs, fossés, remparts des laces de guerre et des forteresses, font aussi artie du domaine public.

541. Il en est de même des terrains, des fortications et remparts des places qui ne sont plus laces de guerre : ils appartiennent à l'État, s'ils n'ont été valablement aliénés, ou si la propriété 'en a pas été prescrite contre lui.

713. Les biens qui n'ont pas de maître appartiennent à l'État.

714. Il est des choses qui n'appartiennent à ersonne, et dont l'usage est commun à tous. — Des lois de police règlent la manière d'en jouir.

723. La loi règle l'ordre de succéder entre les héritiers légitimes ; à leur défaut, les biens passent aux enfans naturels, ensuite à l'époux survivant ; et, s'il n'y en a pas, à l'État. *V.* SUCCESSION.

2121. Les droits et créances auxquels l'hypothèque légale est attribuée, sont, — ceux de l'État, sur les biens des receveurs et administrateurs comptables. *V.* COMPTABLES.

2° *De la prescription.*

C. Civ. 2226. On ne peut prescrire le domaine des choses qui ne sont point dans le commerce.

2227. L'État, les établissemens publics et les communes sont soumis aux mêmes prescriptions que les particuliers, et peuvent également les pposer.

3° *Procédure.*

Lois des 23-28 octobre, 5 novembre 1790.

Tit. 3, *art.* 15. — Il ne pourra être exercé aucune ction « contre le procureur-général syndic, en dite qualité (de représentant de l'État) » (aujourd'hui contre le préfet), par qui que ce soit, sans qu'au préalable on ne se soit pourvu par simple mémoire, « d'abord au directoire du district pour donner on avis, ensuite au directoire du département » (aujourd'hui au préfet seulement), pour donner une décision, aussi à peine de nullité. — Les directoires de district et de département (les préfets) statueront sur e mémoire dans le mois, à compter du jour qu'il

aura été remis avec les pièces justificatives au secrétariat du district, dont le secrétaire donnera son récépissé et dont il fera mention sur le registre qu'il tiendra à cet effet. — La remise et l'enregistrement du mémoire interrompront la prescription, et, dans le cas où les corps administratifs n'auraient pas statué à l'expiration du délai ci-dessus, il sera permis de se pourvoir devant les tribunaux.

C. Proc. 49. Sont dispensés du préliminaire de la conciliation, — 1° les demandes qui intéressent l'État et le domaine.

69. Seront assignés, — 1° l'État, lorsqu'il s'agit de domaines et droits domaniaux, en la personne ou au domicile du préfet du département où siège le tribunal devant lequel doit être portée la demande en première instance ; — 2° le trésor royal, en la personne ou au bureau de l'agent ; — 3° les administrations ou établissemens publics, en leurs bureaux, dans le lieu où réside le siège de l'administration ; dans les autres lieux, en la personne et au bureau de leur préposé ; — 4° le Roi, pour ses domaines, en la personne du procureur du Roi de l'arrondissement. — Dans les cas ci-dessus, l'original sera visé de celui à qui copie de l'exploit sera laissée ; en cas d'absence ou de refus, le visa sera donné, soit par le juge de paix, soit par le procureur du Roi près le tribunal de première instance, auquel, en ce cas, la copie sera laissée.

83. Seront communiquées au procureur du Roi les causes suivantes : — 1° celles qui concernent l'État, le domaine.

598. La péremption courra contre l'État, sauf le recours contre les administrateurs.

481. L'État sera reçu à se pourvoir (par requête civile), s'il n'a été défendu ou s'il ne l'a été valablement.

DOMESTIQUE.

1° *Dispositions générales.*

PRESCRIPTION. *C. Civ.* 2272. L'action des domestiques qui se louent à l'année, pour le paiement de leur salaire, — se prescrit par un an.

PRIVILÈGE. *C. Civ.* 2101. Les créances privilégiées sur la généralité des meubles sont celles ci-après exprimées, et s'exercent dans l'ordre suivant : — 1°... 4° les salaires des gens de service pour l'année échue, et ce qui est dû sur l'année courante.

Du louage des domestiques ou ouvriers.

C. Civ. (*liv.* 3, *tit* 8, *ch.* 3, *sect.* 1, *art.* 1780-1781). — 1780. On ne peut engager ses services qu'à temps, ou pour une entreprise déterminée.

1781. Le maître est cru sur son affirmation, — pour la quotité des gages ; — pour le paiement du salaire de l'année échue ; — et pour les à-comptes donnés pour l'année courante.

2° *Dispositions additionnelles.*

COMMUNAUTÉ (*dissolution*). *C. Civ.* 1465. La veuve, soit qu'elle accepte , soit qu'elle renonce, a droit, pendant les trois mois et quarante jours qui lui sont accordés pour faire inventaire et délibérer, de prendre sa nourriture et celle de ses domestiques sur les provisions existantes.

DOMICILE. *C. Civ.* 109. Les majeurs qui servent ou travaillent habituellement chez autrui, auront le même domicile que la personne qu'ils servent ou chez laquelle ils travaillent, lorsqu'ils demeureront avec elle dans la même maison.

LEGS. *C. Civ.* 1023. Le legs fait au domestique (ne sera pas censé) en compensation de ses gages.

RESPONSABILITÉ DU MAÎTRE. *C. Civ.* 1384. Les maîtres (sont responsables) du dommage causé par leurs domestiques dans les fonctions auxquelles ils les ont employés.

1953. (Les aubergistes et hôteliers) sont responsables du vol ou du dommage des effets du voyageur, soit que le vol ait été fait ou que le dommage ait été causé par les domestiques et préposés de l'hôtellerie, ou par des étrangers allant et venant dans l'hôtellerie.

DOMESTIQUES (PAPIERS).

C. Civ. 46. Lorsqu'il n'aura pas existé de registres (de l'état civil), ou qu'ils seront perdus, la preuve en sera reçue tant par titre que par témoins ; et, dans ce cas, les mariages, naissances et décès, pourront être prouvés par les registres et papiers émanés des pères et mères décédés.

1331. Les registres et papiers domestiques ne font point un titre pour celui qui les a écrits. Ils font foi contre lui, — 1° dans tous les cas où ils énoncent formellement un paiement reçu ; — 2° lorsqu'ils contiennent la mention expresse que la note a été faite pour suppléer le défaut du titre en faveur de celui au profit duquel ils énoncent une obligation.

1415. A défaut d'inventaire , et dans tous les cas où ce défaut préjudicie à la femme , elle ou ses héritiers peuvent, lors de la dissolution de la communauté, faire preuve, par titres et papiers domestiques, de la consistance et valeur du mobilier non inventorié.

DOMESTIQUES (VOLS).

C. Pén. 386. Sera puni de la peine de la réclusion tout individu coupable de vol dans l'un des cas ci-après : — si le voleur est un domestique ou un homme de service à gages, même lorsqu'il aura commis le vol envers des personnes qu'il ne servait pas , mais qui se trouvaient , soit dans la maison de son maître, soit dans celle où il l'accompagnait ; ou, si c'est un ouvrier, compagnon ou apprenti , dans la maison, l'atelier ou le magasin de son maître ; ou un individu travaillant habituellement dans la maison où il aura volé.

DOMICILE.

I. DISPOSITIONS GÉNÉRALES.
Du domicile.

C. Civ. (*liv.* 1, *tit.* 3 , *art.* 102-111). — 102 Le domicile de tout Français, quant à l'exercice de ses droits civils, est au lieu où il a son principal établissement.

103. Le changement de domicile s'opèrera par le fait d'une habitation réelle dans un autre lieu joint à l'intention d'y fixer son principal établissement.

104. La preuve de l'intention résultera d'une déclaration expresse, faite tant à la municipalité du lieu qu'on quittera, qu'à celle du lieu où on aura transféré son domicile.

105. A défaut de déclaration expresse , la preuve de l'intention dépendra des circonstances.

106. Le citoyen appelé à une fonction publique temporaire ou révocable, conservera le domicile qu'il avait auparavant, s'il n'a pas manifesté d'intention contraire.

107. L'acceptation de fonctions conférées à vie emportera translation immédiate du domicile du fonctionnaire dans le lieu où il doit exercer ses fonctions.

108. La femme mariée n'a point d'autre domicile que celui de son mari. Le mineur non émancipé aura son domicile chez ses père et mère ou tuteur : le majeur interdit aura le sien chez son tuteur.

109. Les majeurs qui servent ou travaillent habituellement chez autrui, auront le même domicile que la personne qu'ils servent ou chez laquelle ils travaillent, lorsqu'ils demeureront avec elle dans la même maison.

110. Le lieu où la succession s'ouvrira, sera déterminé par le domicile.

111. Lorsqu'un acte contiendra, de la part des parties ou de l'une d'elles, élection de domicile pour l'exécution de ce même acte dans un autre lieu que celui du domicile réel, les significations demandes et poursuites relatives à cet acte pourront être faites au domicile convenu, et devant le juge de ce domicile. *V.* ÉLECTION DE DOMICILE.

II. DISPOSITIONS ADDITIONNELLES.
1° *Du domicile relativement au mariage.*

C. Civ. 165. Le mariage sera célébré publiquement , devant l'officier civil du domicile de l'une des parties.

166. Les publications (de mariage) seront faites à la municipalité du lieu où chacune des parties

contractantes aura son domicile. *V*. Publications.

167. Néanmoins, si le domicile actuel n'est établi que par six mois de résidence, les publications
seront faites en outre à la municipalité du dernier domicile.

2º *Procédure*.

C. Proc. 2. En matière purement personnelle
ou mobilière, la citation sera donnée devant le
juge (de paix) du domicile du défendeur ; s'il
n'a pas de domicile, devant le juge de sa résidence.

50. Le défendeur sera cité en conciliation, —
1º en matière personnelle et réelle, devant le
juge de paix de son domicile.

59. En matière personnelle, le défendeur sera
assigné devant le tribunal de son domicile ; s'il
n'a pas de domicile, devant le tribunal de sa
résidence.—S'il y a plusieurs défendeurs, devant
le tribunal du domicile de l'un d'eux, au choix du
demandeur.

69. Seront assignés, — 1º... 8º ceux qui n'ont
aucun domicile connu en France, au lieu de leur
résidence actuelle : si le lieu n'est pas connu, l'exploit sera affiché à la principale porte de l'auditoire du tribunal où la demande est portée ; une
seconde copie sera donnée au procureur du Roi,
lequel visera l'original.

3º *Dispositions diverses*.

Absence. *C. Civ*. 115. Lorsqu'une personne
aura cessé de paraître au lieu de son domicile ou
de sa résidence, et que depuis quatre ans on n'en
aura point eu de nouvelles, les parties intéressées pourront se pourvoir devant le tribunal de
première instance, afin que l'absence soit déclarée.

Offres réelles. *C. Civ*. 1258. Pour que les
offres soient valables, il faut, — 1º... 6º que les
offres soient faites au lieu dont on est convenu
pour le paiement, et que, s'il n'y a pas de convention spéciale sur le lieu du paiement, elles
soient faites ou à la personne du créancier, ou à
son domicile, ou au domicile élu pour l'exécution
de la convention.

Paiement. *C. Civ*. 1247. Le paiement doit être
exécuté dans le lieu désigné par la convention. Si
le lieu n'y est pas désigné, le paiement, lorsqu'il
s'agit d'un corps certain et déterminé, doit être
fait dans le lieu où était, au temps de l'obligation, la chose qui en fait l'objet. — Hors ces deux
cas, le paiement doit être fait au domicile du débiteur.

III. DU DOMICILE PAR RAPPORT AUX POUR-
SUITES CRIMINELLES.

1º *Des poursuites préventives*.

Inst. cr. 91. Lorsque l'inculpé sera domi-

cilié, et que le fait sera de nature à ne donner lieu
qu'à une peine correctionnelle, le juge d'instruction pourra, s'il le juge convenable, ne décerner
contre l'inculpé qu'un mandat de comparution,
sauf, après l'avoir interrogé, à convertir le mandat en tel autre mandat qu'il appartiendra. *V*.
Bris de porte.

2º *De la violation de domicile.* *V*. Violation
DE DOMICILE.

DOMMAGE.

I. LOI CIVILE.

1º *Dispositions générales*.

Des délits et des quasi-délits.

C. Civ. (*liv. 3, tit. 4, ch. 2, art* 1382-1386).—
1382. Tout fait quelconque de l'homme, qui
cause à autrui un dommage, oblige celui par la
faute duquel il est arrivé à le réparer.

1383. Chacun est responsable du dommage
qu'il a causé non-seulement par son fait, mais
encore par sa négligence ou par son imprudence.

1384. On est responsable non-seulement du
dommage que l'on cause par son propre fait, mais
encore de celui qui est causé par le fait des personnes dont on doit répondre, ou des choses que
l'on a sous sa garde. — Le père, et la mère après
le décès du mari, sont responsables du dommage
causé par leurs enfans mineurs habitant avec eux;
— Les maîtres et les commettans, du dommage
causé par leurs domestiques et préposés dans les
fonctions auxquelles ils les ont employés; — Les
instituteurs et les artisans, du dommage causé
par leurs élèves et apprentis pendant le temps
qu'ils sont sous leur surveillance. — La responsabilité ci-dessus a lieu, à moins que les père et
mère, instituteurs et artisans, ne prouvent qu'ils
n'ont pu empêcher le fait qui donne lieu à cette
responsabilité.

1385. Le propriétaire d'un animal, ou celui qui
s'en sert, pendant qu'il est à son usage, est responsable du dommage que l'animal a causé, soit
que l'animal fût sous sa garde, soit qu'il fût égaré
ou échappé.

1386. Le propriétaire d'un bâtiment est responsable du dommage causé par sa ruine, lorsqu'elle est arrivée par une suite du défaut d'entretien ou par le vice de sa construction.

2º *Dispositions additionnelles*.

1953. (Les aubergistes et hôteliers) sont responsables du dommage des effets du voyageur,
soit que le dommage ait été causé par les domestiques et préposés de l'hôtellerie, ou par des
étrangers allant et venant dans l'hôtellerie.

II. LOI PÉNALE.

Dispositions générales.

C. Inst. cr. 1. L'action en réparation du dommage causé par un crime, par un délit ou par une contravention, peut être exercée par tous ceux qui ont souffert de ce dommage. *V.* ACTION.

Destructions, dégradations, dommages.

C. Pén. (*liv.* 3, *tit.* 2, *ch.* 2, *sect.* 3, *art.* 454-462). — 454. Quiconque aura volontairement mis le feu à des édifices, navires, bateaux, magasins, chantiers, quand ils sont habités ou servent à l'habitation, et généralement aux lieux habités ou servant à l'habitation, qu'ils appartiennent ou n'appartiennent pas à l'auteur du crime, sera puni de mort.—Sera puni de la même peine quiconque aura volontairement mis le feu à tout édifice servant à des réunions de citoyens. — Quiconque aura volontairement mis le feu à des édifices, navires, bateaux, magasins, chantiers, lorsqu'ils ne sont ni habités, ni servant à habitation, ou à des forêts, bois taillis ou récoltes sur pied, lorsque ces objets ne lui appartiennent pas, sera puni de la peine des travaux forcés à perpétuité. — Celui qui, en mettant le feu à l'un des objets énumérés dans le paragraphe précédent et à lui-même appartenant, aura volontairement causé un préjudice quelconque à autrui, sera puni des travaux forcés à temps. — Quiconque aura volontairement mis le feu à des bois ou récoltes abattus, soit que les bois soient en tas ou en cordes, et les récoltes en tas ou en meules, si ces objets ne lui appartiennent pas, sera puni des travaux forcés à temps. — Celui qui, en mettant le feu à l'un des objets énumérés dans le paragraphe précédent et à lui-même appartenant, aura volontairement causé un préjudice quelconque à autrui, sera puni de la réclusion. — Celui qui aura communiqué l'incendie à l'un des objets énumérés dans les précédens paragraphes, en mettant volontairement le feu à des objets quelconques, appartenant soit à lui, soit à autrui, et placés de manière à communiquer ledit incendie, sera puni de la même peine que s'il avait directement mis le feu à l'un desdits objets.—Dans tous les cas, si l'incendie a occasionné la mort d'une ou plusieurs personnes se trouvant dans les lieux incendiés au moment où il a éclaté, la peine sera la mort.

455. La peine sera la même, d'après les distinctions établies en l'article précédent, contre ceux qui auront détruit, par l'effet d'une mine, des édifices, navires, bateaux, magasins ou chantiers.

456. La menace d'incendier une habitation ou toute autre propriété sera punie de la peine portée contre la menace d'assassinat, et d'après les distinctions établies par les articles 305, 506 et 307[1].

457. Quiconque aura volontairement détruit ou renversé, par quelque moyen que ce soit, en tout ou en partie, des édifices, des ponts, digues ou chaussées, ou autres constructions qu'il savait appartenir à autrui, sera puni de la réclusion, et d'une amende qui ne pourra excéder le quart des restitutions et indemnités, ni être au-dessous de cent francs. — S'il y a eu homicide ou blessures, le coupable sera, dans le premier cas, puni de mort, et, dans le second, puni de la peine des travaux forcés à temps.

458. Quiconque, par des voies de fait, se sera opposé à la confection de travaux autorisés par le Gouvernement, sera puni d'un emprisonnement de trois mois à deux ans, et d'une amende qui ne pourra excéder le quart des dommages-intérêts, ni être au-dessous de seize francs. — Les moteurs subiront le *maximum* de la peine.

459. Quiconque aura volontairement brûlé ou détruit, d'une manière quelconque, des registres, minutes ou actes originaux de l'autorité publique, des titres, billets, lettres de change, effets de commerce ou de banque, contenant ou opérant obligation, disposition ou décharge, sera puni ainsi qu'il suit : — si les pièces détruites sont des actes de l'autorité publique, ou des effets de commerce ou de banque, la peine sera la réclusion ; — s'il s'agit de toute autre pièce, le coupable sera puni d'un emprisonnement de deux à cinq ans, et d'une amende de cent francs à trois cents francs.

440. Tout pillage, tout dégât de denrées ou marchandises, effets, propriétés mobilières, commis en réunion ou bande et à force ouverte, sera puni des travaux forcés à temps ; chacun des coupables sera de plus condamné à une amende de deux cents francs à cinq mille francs.

441. Néanmoins, ceux qui prouveront avoir été

---

[1] 305. Quiconque aura menacé, par écrit anonyme ou signé, d'assassinat, d'empoisonnement, ou de toute autre attentat contre les personnes qui serait punissable de la peine de mort, des travaux forcés à perpétuité, ou de la déportation, sera puni de la peine des travaux forcés à temps, dans le cas où la menace aurait été faite avec ordre de déposer une somme d'argent dans un lieu indiqué, ou de remplir toute autre condition.

306. Si cette menace n'a été accompagnée d'aucun ordre ou condition, la peine sera d'un emprisonnement de deux ans au moins et de cinq ans au plus, et d'une amende de cent francs à six cents francs.

307. Si la menace faite avec ordre ou sous condition a été verbale, le coupable sera puni d'un emprisonnement de six mois à deux ans, et d'une amende de vingt-cinq francs à trois cents francs.

entraînés par des provocations ou sollicitations à prendre part à ces violences, pourront n'être punis que de la peine de la réclusion.

442. Si les denrées pillées ou détruites sont des grains, grenailles ou farines, substances farineuses, pain, vin ou autre boisson, la peine que subiront les chefs, instigateurs ou provocateurs seulement, sera le *maximum* des travaux forcés à temps, et celui de l'amende prononcé par l'article 440.

443. Quiconque, à l'aide d'une liqueur corrosive ou par tout autre moyen, aura volontairement gâté des marchandises ou matières servant à fabrication, sera puni d'un emprisonnement d'un mois à deux ans, et d'une amende qui ne pourra excéder le quart des dommages-intérêts, ni être moindre de seize francs. — Si le délit a été commis par un ouvrier de la fabrique ou par un commis de la maison de commerce, l'emprisonnement sera de deux à cinq ans, sans préjudice de l'amende, ainsi qu'il vient d'être dit.

444. Quiconque aura dévasté des récoltes sur pied ou des plants venus naturellement ou faits de main d'homme, sera puni d'un emprisonnement de deux ans au moins, de cinq ans au plus. — Les coupables pourront de plus être mis, par l'arrêt ou le jugement, sous la surveillance de la haute police pendant cinq ans au moins, et dix ans au plus.

445. Quiconque aura abattu un ou plusieurs arbres qu'il savait appartenir à autrui, sera puni d'un emprisonnement qui ne sera pas au-dessous de six jours ni au-dessus de six mois, à raison de chaque arbre, sans que la totalité puisse excéder cinq ans.

446. Les peines seront les mêmes à raison de chaque arbre mutilé, coupé et écorcé de manière à le faire périr.

447. S'il y a eu destruction d'une ou de plusieurs greffes, l'emprisonnement sera de six jours à deux mois, à raison de chaque greffe, sans que la totalité puisse excéder deux ans.

448. Le *minimum* de la peine sera de vingt jours dans les cas prévus par les articles 445 et 446, et de dix jours dans le cas prévu par l'article 447, si les arbres étaient plantés sur les places, routes, chemins, rues ou voies publiques ou vicinales ou de traverse.

449. Quiconque aura coupé des graines ou des fourrages qu'il savait appartenir à autrui, sera puni d'un emprisonnement qui ne sera pas au-dessous de six jours ni au-dessus de deux mois.

450. L'emprisonnement sera de vingt jours au moins et de quatre mois au plus, s'il a été coupé du grain en vert. — Dans les cas prévus par le présent article et les six précédens, si le fait a été commis en haine d'un fonctionnaire public et à raison de ses fonctions, le coupable sera puni du *maximum* de la peine établie par l'article auquel le cas se référera. — Il en sera de même, quoique cette circonstance n'existe point, si le fait a été commis pendant la nuit.

451. Toute rupture, toute destruction d'instrumens d'agriculture, de parcs de bestiaux, de cabanes de gardiens, sera punie d'un emprisonnement d'un mois au moins, d'un an au plus.

452. Quiconque aura empoisonné des chevaux ou autres bêtes de voiture, de monture ou de charge, des bestiaux à cornes, des moutons, chèvres ou porcs, ou des poissons dans les étangs, viviers ou réservoirs, sera puni d'un emprisonnement d'un an à cinq ans, et d'une amende de seize francs à trois cents francs. Les coupables pourront être mis, par l'arrêt ou le jugement, sous la surveillance de la haute police pendant deux ans au moins et cinq ans au plus.

453. Ceux qui, sans nécessité, auront tué l'un des animaux mentionnés au précédent article, seront punis ainsi qu'il suit : — si le délit a été commis dans les bâtimens, enclos et dépendances ou sur les terres dont le maître de l'animal tué était propriétaire, locataire, colon ou fermier, la peine sera un emprisonnement de deux mois à six mois ; — s'il a été commis dans les lieux dont le coupable était propriétaire, locataire, colon ou fermier, l'emprisonnement sera de six jours à un mois ; — s'il a été commis dans tout autre lieu, l'emprisonnement sera de quinze jours à six semaines. — Le *maximum* de la peine sera toujours prononcé en cas de violation de clôture.

454. Quiconque aura, sans nécessité, tué un animal domestique dans un lieu dont celui à qui cet animal appartient est propriétaire, locataire, colon ou fermier, sera puni d'un emprisonnement de six jours au moins et de six mois au plus. — S'il y a eu violation de clôture, le *maximum* de la peine sera prononcé.

455. Dans les cas prévus par les art. 444 et suivans jusqu'au précédent article inclusivement, il sera prononcé une amende qui ne pourra excéder le quart des restitutions et dommages-intérêts, ni être au-dessous de seize francs.

456. Quiconque aura, en tout ou en partie, comblé des fossés, détruit des clôtures, de quelques matériaux qu'elles soient faites, coupé ou arraché des haies vives ou sèches ; quiconque aura déplacé ou supprimé des bornes ou pieds corniers, ou autres arbres plantés ou reconnus pour établir les limites entre différens héritages, sera

puni d'un emprisonnement qui ne pourra être au-dessous d'un mois ni excéder une année, et d'une amende égale au quart des restitutions et des dommages-intérêts, qui, dans aucun cas, ne pourra être au-dessous de cinquante francs.

457. Seront punis d'une amende qui ne pourra excéder le quart des restitutions et des dommagés-intérêts, ni être au-dessous de cinquante francs, les propriétaires ou fermiers, ou toute autre personne jouissant de moulins, usines ou étangs, qui, par l'élévation du déversoir de leurs eaux au-dessus de la hauteur déterminée par l'autorité compétente, auront inondé les chemins ou les propriétés d'autrui. — S'il est résulté du fait quelques dégradations, la peine sera, outre l'amende, un emprisonnement de six jours à un mois.

458. L'incendie des propriétés mobilières ou immobilières d'autrui, qui aura été causé par la vétusté ou le défaut soit de réparation, soit de nettoyage des fours, cheminées, forges, maisons ou usines prochaines, ou par des feux allumés dans les champs à moins de cent mètres des maisons, édifices, forêts, bruyères, bois, vergers, plantations, haies, meules, tas de grains, pailles, foins, fourrages, ou tout autre dépôt de matières combustibles, ou par des feux ou lumières portés ou laissés sans précaution suffisante, ou par des pièces d'artifice allumées ou tirées par négligence ou imprudence, sera puni d'une amende de cinquante francs au moins et de cinq cents francs au plus.

459. Tout détenteur ou gardien d'animaux ou de bestiaux soupçonnés d'être infectés de maladie contagieuse, qui n'aura pas averti sur le champ le maire de la commune où ils se trouvent, et qui, même avant que le maire ait répondu à l'avertissement, ne les aura pas tenus renfermés, sera puni d'un emprisonnement de six jours à deux mois, et d'une amende de seize francs à deux cents francs.

460. Seront également punis d'un emprisonnement de deux mois à six mois, et d'une amende de cent francs à cinq cents francs, ceux qui, au mépris des défenses de l'administration, auront laissé leurs animaux ou bestiaux infectés communiquer avec d'autres.

461. Si, de la communication mentionnée au précédent article, il est résulté une contagion parmi les autres animaux, ceux qui auront contrevenu aux défenses de l'autorité administrative seront punis d'un emprisonnement de deux ans à cinq ans, et d'une amende de cent francs à mille francs ; le tout sans préjudice de l'exécution des lois et règlemens relatifs aux maladies épizootiques, et de l'application des peines y portées.

462. Si les délits de police correctionnelle dont il est parlé au présent chapitre ont été commis par des gardes champêtres ou forestiers, ou des officiers de police, à quelque titre que ce soit, la peine d'emprisonnement sera d'un mois au moins, et d'un tiers au plus en sus de la peine la plus forte qui serait appliquée à un autre coupable du même délit. *V.* POLICE (*contraventions et peines de*).

DOMMAGES-INTÉRÊTS.

I. DISPOSITIONS GÉNÉRALES.

1° *De l'obligation de donner.*

C. Civ. 1136. L'obligation de donner emporte celle de livrer la chose et de la conserver jusqu'à la livraison, à peine de dommages et intérêts envers le créancier.

2° *De l'obligation de faire ou de ne pas faire.*

C. Civ. (*liv.* 3, *tit.* 3, *ch.* 3, *sect.* 3, *art.* 1142-1145). — 1142. Toute obligation de faire ou de ne pas faire se résout en dommages et intérêts, en cas d'inexécution de la part du débiteur.

1143. Néanmoins le créancier a le droit de demander que ce qui aurait été fait par contravention à l'engagement soit détruit ; et il peut se faire autoriser à le détruire aux dépens du débiteur, sans préjudice des dommages et intérêts, s'il y a lieu.

1144. Le créancier peut aussi, en cas d'inexécution, être autorisé à faire exécuter lui-même l'obligation aux dépens du débiteur.

1145. Si l'obligation est de ne pas faire, celui qui y contrevient doit les dommages et intérêts par le seul fait de la contravention.

3° *Des dommages et intérêts résultant de l'inexécution de l'obligation.*

C. Civ. (*liv.* 3, *tit.* 3, *ch.* 3, *sect.* 4, *art.* 1146-1155). — 1146. Les dommages et intérêts ne sont dus que lorsque le débiteur est en demeure de remplir son obligation, excepté néanmoins lorsque la chose que le débiteur s'était obligé de donner ou de faire ne pouvait être donnée ou faite que dans un certain temps qu'il a laissé passer.

1147. Le débiteur est condamné, s'il y a lieu, au paiement de dommages et intérêts, soit à raison de l'inexécution de l'obligation, soit à raison du retard dans l'exécution, toutes les fois qu'il ne justifie pas que l'inexécution provient d'une cause étrangère qui ne peut lui être imputée, encore qu'il n'y ait aucune mauvaise foi de sa part.

1148. Il n'y a lieu à aucuns dommages et intérêts lorsque, par suite d'une force majeure ou d'un cas fortuit, le débiteur a été empêché de donner ou de faire ce à quoi il était obligé, ou a fait ce qui lui était interdit.

1149. Les dommages et intérêts dus au créancier sont, en général, de la perte qu'il a faite et du gain dont il a été privé, sauf les exceptions et modifications ci-après.

1150. Le débiteur n'est tenu que des dommages et intérêts qui ont été prévus ou qu'on a pu prévoir lors du contrat, lorsque ce n'est point par son dol que l'obligation n'est point exécutée.

1151. Dans le cas même où l'inexécution de la convention résulte du dol du débiteur, les dommages et intérêts ne doivent comprendre, à l'égard de la perte éprouvée par le créancier et du gain dont il a été privé, que ce qui est une suite immédiate et directe de l'inexécution de la convention.

1152. Lorsque la convention porte que celui qui manquera de l'exécuter paiera une certaine somme à titre de dommages-intérêts, il ne peut être alloué à l'autre partie une somme plus forte ni moindre.

1153. Dans les obligations qui se bornent au paiement d'une certaine somme, les dommages et intérêts résultant du retard dans l'exécution ne consistent jamais que dans la condamnation aux intérêts fixés par la loi ; sauf les règles particulières au commerce et au cautionnement.—Ces dommages et intérêts sont dus sans que le créancier soit tenu de justifier d'aucune perte.—Ils ne sont dus que du jour de la demande, excepté dans les cas où la loi les fait courir de plein droit.

1154. Les intérêts échus des capitaux peuvent produire des intérêts, ou par une demande judiciaire, ou par une convention spéciale, pourvu que, soit dans la demande, soit dans la convention, il s'agisse d'intérêts dus au moins pour une année entière.

1155. Néanmoins les revenus échus, tels que fermages, loyers, arrérages de rentes perpétuelles ou viagères, produisent intérêt du jour de la demande ou de la convention. — La même règle s'applique aux restitutions de fruits, et aux intérêts payés par un tiers au créancier en acquit du débiteur.

II. DE LA LIQUIDATION.

1° Dispositions générales.

C. Proc. 128. Tous jugemens qui condamneront en des dommages et intérêts en contiendront la liquidation, ou ordonneront qu'ils seront donnés par état.

2° De la liquidation des dommages-intérêts.

C. Proc. (*liv.* 5, *tit.* 2, *art.* 523-525). — 523. Lorsque l'arrêt ou le jugement n'aura pas fixé les dommages-intérêts, la déclaration en sera signifiée à l'avoué du défendeur, s'il en a été constitué ; et les pièces seront communiquées sur récépissé de l'avoué, ou par la voie du greffe.

524. Le défendeur sera tenu, dans les délais fixés par les art. 97 et 98 (*V.* DÉLIBÉRÉS), et sous les peines y portées, de remettre lesdites pièces, et, huitaine après l'expiration desdits délais, de faire ses offres au demandeur, de la somme qu'il avisera pour les dommages-intérêts ; sinon, la cause sera portée sur un simple acte à l'audience, et il sera condamné à payer le montant de la déclaration, si elle est trouvée juste et bien vérifiée.

525. Si les offres contestées sont jugées suffisantes, le demandeur sera condamné aux dépens, du jour des offres.

3° Dispositions du tarif.

Tarif civ. 71. (Pr. 524.) Acte d'offres sur la déclaration de dommages-intérêts. — Pour l'original, — à Paris, 5 fr. — Dans le ressort, 5 fr. 75 c. (V. TARIF.) — Pour chaque copie, le quart.

91. (Pr. 523.) Vacation pour déposer au greffe ou donner en communication sur récépissé à l'amiable les pièces justificatives de la déclaration des dommages et intérêts, et les retirer, le tout ensemble. — Pour prendre communication à l'amiable, sur récépissé, ou au greffe, des pièces justificatives de la déclaration de dommages et intérêts, et les rétablir, le tout ensemble, — à Paris, 5 fr. — Dans le ressort, 2 fr. 25 c.

141. (Pr. 523.) Pour la déclaration de dommages-intérêts, par article, — à Paris, 60 c. — Dans le ressort, 45 c. — Pour la copie signifiée, par chaque article, — à Paris, 15 c. — Dans le ressort, 12 c.

142. (Pr. arg. de l'art. 524.) Pour chaque apostille de l'avoué défendeur sur la déclaration de dommages et intérêts, — à Paris, 60 c. — Dans le ressort, 45 c.

III. DISPOSITIONS ADDITIONNELLES.

ACTES DE L'ÉTAT CIVIL. *C. Civ.* 52. Toute altération, tout faux dans les actes de l'état civil, toute inscription de ces actes faite sur une feuille volante et autrement que sur les registres à ce destinés, donneront lieu aux dommages-intérêts des parties, sans préjudice des peines portées au Code Pénal.

ANTICHRÈSE. *C. Civ.* 2086. (Le créancier qui tient l'immeuble à antichrèse) doit, sous peine de dommages et intérêts, pourvoir à l'entretien et aux réparations utiles et nécessaires de l'immeuble, sauf à prélever sur les fruits toutes les dépenses relatives à ces divers objets.

APPEL. *C. Proc.* 464. Pourront les parties demander (en cause d'appel) les dommages et inté-

20

rêts pour le préjudice souffert depuis le jugement.

BAIL (*à ferme et à loyer*). *C. Civ.* 1744. S'il a été convenu, lors du bail, qu'en cas de vente l'acquéreur pourrait expulser le fermier ou locataire, et qu'il n'ait été fait aucune stipulation sur les dommages et intérêts, le bailleur est tenu d'indemniser le fermier ou le locataire de la manière suivante :

1745. S'il s'agit d'une maison, appartement ou boutique, le bailleur paie, à titre de dommages et intérêts, au locataire évincé, une somme égale au prix du loyer, pendant le temps qui, suivant l'usage des lieux, est accordé entre le congé et la sortie.

1746. S'il s'agit de biens ruraux, l'indemnité que le bailleur doit payer au fermier est du tiers du prix du bail pour tout le temps qui reste à courir.

1747. L'indemnité se réglera par experts, s'il s'agit de manufactures, usines ou autres établissemens qui exigent de grandes avances.

1749. Les fermiers ou les locataires ne peuvent être expulsés qu'ils ne soient payés par le bailleur, ou, à son défaut, par le nouvel acquéreur, des dommages et intérêts ci-dessus expliqués.

1750. Si le bail n'est pas fait par acte authentique, ou n'a point de date certaine, l'acquéreur n'est tenu d'aucuns dommages et intérêts.

1760. En cas de résiliation par la faute du locataire, celui-ci est tenu de payer le prix du bail pendant le temps nécessaire à la relocation, sans préjudice des dommages et intérêts qui ont pu résulter de l'abus.

(*A portion de fruits*). *C. Civ.* 1763. Celui qui cultive sous la condition d'un partage de fruits avec le bailleur, ne peut ni sous-louer ni céder, si la faculté ne lui en a été expressément accordée par le bail.

1764. En cas de contravention, le propriétaire a droit de rentrer en jouissance, et le preneur est condamné aux dommages-intérêts résultant de l'inexécution du bail.

BIENS D'AUTRUI (*indue jouissance*). *C. Civ.* 577. Ceux qui auront employé des matières appartenant à d'autres, et à leur insu, pourront être condamnés à des dommages et intérêts, s'il y a lieu, sans préjudice des poursuites par voie extraordinaire, si le cas y échet.

(*Vente*). *C. Civ.* 1599. La vente de la chose d'autrui est nulle : elle peut donner lieu à des dommages-intérêts lorsque l'acheteur a ignoré que la chose fût à autrui.

BIENS DOTAUX (*vente*). *C. Civ.* 1560. Le mari lui-même pourra faire révoquer l'aliénation pendant le mariage (des biens dotaux vendus sans autorisation), en demeurant néanmoins sujet aux dommages et intérêts de l'acheteur, s'il n'a pas déclaré dans le contrat que le bien vendu était dotal.

CAUTION. *C. Civ.* 2028. La caution qui a payé a son recours contre le débiteur principal pour les dommages et intérêts, s'il y a lieu.

CLAUSE PÉNALE. *C. Civ.* 1229. La clause pénale est la compensation des dommages et intérêts que le créancier souffre de l'inexécution de l'obligation principale.

CONDITION (*résolutoire*). *C. Civ.* 1184. Dans (le cas de la condition résolutoire), le contrat n'est point résolu de plein droit. La partie envers laquelle l'engagement n'a point été exécuté, a le choix ou de forcer l'autre à l'exécution de la convention lorsqu'elle est possible, ou d'en demander la résolution avec dommages et intérêts.

(*Suspensive*). *C. Civ.* 1182. (Au moment de l'évènement de la condition), si la chose s'est détériorée par la faute du débiteur, le créancier a le droit ou de résoudre l'obligation, ou d'exiger la chose dans l'état où elle se trouve, avec des dommages et intérêts.

CONTRAINTE PAR CORPS. *C. Proc.* 126. Il est laissé à la prudence des juges de prononcer (la contrainte par corps),—1° pour dommages et intérêts en matière civile, au-dessus de la somme de trois cents francs.

127. Pourront les juges, dans les cas énoncés en l'article précédent, ordonner qu'il sera sursis à l'exécution de la contrainte par corps, pendant le temps qu'ils fixeront ; après lequel elle sera exercée sans nouveau jugement. Ce sursis ne pourra être accordé que par le jugement qui statuera sur la contestation, et qui énoncera les motifs de délai.

C. Civ. 2060. La contrainte par corps a lieu,— 1°... 2° en cas de réintégrande pour le paiement des dommages-intérêts adjugés au propriétaire.

2063. Hors les cas déterminés par (la loi), il est défendu à tous juges de prononcer la contrainte par corps ; à tous notaires et greffiers de recevoir des actes dans lesquels elle serait stipulée, et à tous Français de consentir pareils actes, encore qu'ils eussent été passés en pays étranger; le tout à peine de nullité, dépens, dommages et intérêts.

CONTRAT DE MARIAGE (*contre-lettre*). *C. Civ.* 1397. Tous changemens et contre-lettres, même revêtus des formes prescrites, seront sans effet à l'égard des tiers, s'ils n'ont été rédigés à la suite de la minute du contrat de mariage ; et le notaire ne pourra, à peine des dommages et intérêts des parties, et sous plus grande peine s'il y a lieu, délivrer ni grosses ni expéditions du contrat de mariage sans transcrire à la suite le changement ou la contre-lettre.

ÉCHANGE. *C. Civ.* 1705. Le copermutant qui est évincé de la chose qu'il a reçue en échange, a le choix de conclure à des dommages et intérêts, ou de répéter sa chose.

ÉTRANGER. *C. Proc.* 166. Tous étrangers, demandeurs principaux ou intervenans, seront tenus, si le défendeur le requiert, avant toute exception, de fournir caution de payer les frais et dommages-intérêts auxquels ils pourraient être condamnés. *V.* JUDICATUM SOLVI.

INSCRIPTION DE FAUX. *C. Proc.* 246. Le demandeur en faux qui succombera sera condamné à tels dommages et intérêts qu'il appartiendra.

LETTRES DE CHANGE. *C. Com.* 125. Après les vingt-quatre heures (de la remise à l'acceptation, si la lettre de change) n'est pas rendue acceptée ou non acceptée, celui qui l'a retenue est passible de dommages et intérêts envers le porteur.

MANDAT. *C. Civ.* 1991. Le mandataire répond des dommages-intérêts qui pourraient résulter de l'inexécution du mandat).

MARIAGE (*opposition*). *C. Civ.* 68. En cas d'opposition, l'officier de l'état civil ne pourra célébrer le mariage avant qu'on lui en ait remis la main-levée, sous peine de trois cents francs d'amende et de tous dommages-intérêts.

179. Si l'opposition est rejetée, les opposans, autres néanmoins que les ascendans, pourront être condamnés à des dommages-intérêts.

NEGOTIORUM GESTOR. *C. Civ.* 1374. (Le gérant volontaire) est tenu d'apporter à la gestion de l'affaire tous les soins d'un bon père de famille. —Néanmoins les circonstances qui l'ont conduit à se charger de l'affaire, peuvent autoriser le juge à modérer les dommages et intérêts qui résulteraient des fautes ou de la négligence du gérant.

PRÊT. *C. Civ.* 1880. L'emprunteur est tenu de veiller en bon père de famille à la garde et à la conservation de la chose prêtée. Il ne peut s'en servir qu'à l'usage déterminé par sa nature ou par la convention; le tout à peine de dommages-intérêts, s'il y a lieu.

RÈGLEMENT DE JUGES. *C. Proc.* 567. Le demandeur (en règlement de juges) qui succombera pourra être condamné aux dommages-intérêts envers les autres parties.

RENVOI (*à autre tribunal*). *C. Proc.* 374. Celui qui succombera sur sa demande en renvoi, sera condamné à une amende qui ne pourra être moindre de cinquante francs, sans préjudice des dommages-intérêts de la partie, s'il y a lieu.

SOCIÉTÉ. *C. Civ.* 1846. L'associé qui devait apporter une somme dans la société, et qui ne l'a

point fait, devient de plein droit et sans demande débiteur des intérêts de cette somme, à compter du jour où elle devait être payée. — Il en est de même à l'égard des sommes qu'il a prises dans la caisse sociale, à compter du jour où il les en a tirées pour son profit particulier. — Le tout sans préjudice de plus amples dommages-intérêts, s'il y a lieu.

SUCCESSION. *C. Civ.* 772. L'époux survivant ou l'administration des domaines qui n'auraient pas rempli les formalités qui leur sont respectivement prescrites, pourront être condamnés aux dommages et intérêts envers les héritiers, s'il s'en représente. *V.* SUCCESSION.

VENTE. *C. Civ.* 1611. Dans tous les cas, le vendeur doit être condamné aux dommages et intérêts, s'il résulte un préjudice pour l'acquéreur, du défaut de délivrance au terme convenu.

IV. DES DOMMAGES-INTÉRÊTS EN MATIÈRE CRIMINELLE. *V.* DÉNONCIATION CRIMINELLE.

DONATION.

I. DISPOSITIONS GÉNÉRALES.

Disposition préliminaire.

C. Civ. 711. La propriété des biens s'acquiert et se transmet par donation entre-vifs ou testamentaire.

Des donations entre-vifs et des testamens.

C. Civ. (*liv.* 3, *tit.* 2, *art.* 893-1100).

Chap. 1, *dispositions générales.*

893. On ne pourra disposer de ses biens, à titre gratuit, que par donation entre-vifs ou par testament, dans les formes ci-après établies.

894. La donation entre-vifs est un acte par lequel le donateur se dépouille actuellement et irrévocablement de la chose donnée, en faveur du donataire qui l'accepte.

895. Le testament est un acte par lequel le testateur dispose, pour le temps où il n'existera plus, de tout ou partie de ses biens, et qu'il peut révoquer.

896. Les substitutions sont prohibées.—Toute disposition par laquelle le donataire, l'héritier institué, ou le légataire, sera chargé de conserver et de rendre à un tiers, sera nulle, même à l'égard du donataire, de l'héritier institué ou du légataire. — Néanmoins les biens libres formant la dotation d'un titre héréditaire que le Roi aurait érigé en faveur d'un prince ou d'un chef de famille, pourront être transmis héréditairement, ainsi qu'il est réglé par l'acte du 30 mars 1806 et par celui du 14 août suivant. *V.* SUBSTITUTION.

897. Sont exceptés des deux premiers paragraphes de l'article précédent les dispositions permises aux pères et mères et aux frères et sœurs,

20.

au chapitre 6 du présent titre. (*Art.* 1048-1074. *V.* Substitution.)

898. La disposition par laquelle un tiers serait appelé à recueillir le don, l'hérédité ou le legs, dans le cas où le donataire, l'héritier institué ou le légataire, ne le recueillerait pas, ne sera pas regardée comme une substitution, et sera valable.

899. Il en sera de même de la disposition entre-vifs ou testamentaire par laquelle l'usufruit sera donné à l'un, et la nue-propriété à l'autre.

900. Dans toute disposition entre-vifs ou testamentaire, les conditions impossibles, celles qui seront contraires aux lois ou aux mœurs, seront réputées non écrites.

Chap. 2, *de la capacité de disposer ou de recevoir par donation entre-vifs ou par testament.* *V.* Capacité I.

Chap. 5, *de la portion de biens disponible et de la réduction.* *V.* Disponible (*portion de biens*), Réduction.

Chap. 4, *des donations entre-vifs.*

Sect. 1, *de la forme des donations entre-vifs.*

951. Tous actes portant donation entre-vifs seront passés devant notaires, dans la forme ordinaire des contrats; et il en restera minute, sous peine de nullité.

952. La donation entre-vifs n'engagera le donateur, et ne produira aucun effet, que du jour qu'elle aura été acceptée en termes exprès. — L'acceptation pourra être faite du vivant du donateur, par un acte postérieur et authentique, dont il restera minute; mais alors la donation n'aura d'effet, à l'égard du donateur, que du jour où l'acte qui constatera cette acceptation aura été notifié.

953. Si le donateur est majeur, l'acceptation doit être faite par lui, ou, en son nom, par la personne fondée de sa procuration, portant pouvoir d'accepter la donation faite, ou un pouvoir général d'accepter les donations qui auraient été ou qui pourraient être faites. — Cette procuration devra être passée devant notaires; et une expédition devra en être annexée à la minute de la donation, ou à la minute de l'acceptation qui serait faite par acte séparé.

954. La femme mariée ne pourra accepter une donation sans le consentement de son mari, ou, en cas de refus du mari, sans autorisation de la justice, conformément à ce qui est prescrit par les art. 217 et 219, au titre *du mariage. V.* Femme mariée.

955. La donation faite à un mineur non émancipé ou à un interdit devra être acceptée par son tuteur, conformément à l'art. 463, au titre *de la minorité, de la tutelle et de l'émancipation.* (*V. ci-après* II.) — Le mineur émancipé pourra accepter avec l'assistance de son curateur. — Néanmoins les père et mère du mineur émancipé ou non émancipé, ou les autres ascendans, même du vivant des père et mère, quoiqu'ils ne soient ni tuteurs ni curateurs du mineur, pourront accepter pour lui.

956. Le sourd-muet qui saura écrire, pourra accepter lui-même ou par un fondé de pouvoir. — S'il ne sait pas écrire, l'acceptation doit être faite par un curateur nommé à cet effet, suivant les règles établies au titre *de la minorité, de la tutelle et de l'émancipation. V.* Tutelle.

957. Les donations faites au profit d'hospices, des pauvres d'une commune, ou d'établissemens d'utilité publique, seront acceptées par les administrateurs de ces communes ou établissemens, après y avoir été dûment autorisés.

958. La donation dûment acceptée sera parfaite par le seul consentement des parties; et la propriété des objets donnés sera transférée au donataire, sans qu'il soit besoin d'autre tradition.

959. Lorsqu'il y aura donation de biens susceptibles d'hypothèques, la transcription des actes contenant la donation et l'acceptation, ainsi que la notification de l'acceptation qui aurait eu lieu par acte séparé, devra être faite aux bureaux des hypothèques dans l'arrondissement desquels les biens sont situés.

940. Cette transcription sera faite à la diligence du mari, lorsque les biens auront été donnés à sa femme; et si le mari ne remplit pas cette formalité, la femme pourra y faire procéder sans autorisation. — Lorsque la donation sera faite à des mineurs, à des interdits, ou à des établissemens publics, la transcription sera faite à la diligence des tuteurs, curateurs ou administrateurs.

941. Le défaut de transcription pourra être opposé par toutes personnes ayant intérêt, excepté toutefois celles qui sont chargées de faire faire la transcription, ou leurs ayans cause, et le donateur.

942. Les mineurs, les interdits, les femmes mariées, ne seront point restitués contre le défaut d'acceptation ou de transcription des donations; sauf leur recours contre leurs tuteurs ou maris, s'il y échet, et sans que la restitution puisse avoir lieu, dans le cas même où lesdits tuteurs et maris se trouveraient insolvables.

943. La donation entre-vifs ne pourra comprendre que les biens présens du donateur; si elle comprend des biens à venir, elle sera nulle à cet égard.

944. Toute donation entre-vifs faite sous des

conditions dont l'exécution dépend de la seule volonté du donateur, sera nulle.

945. Elle sera pareillement nulle, si elle a été faite sous la condition d'acquitter d'autres dettes ou charges que celles qui existaient à l'époque de la donation, ou qui seraient exprimées, soit dans l'acte de donation, soit dans l'état qui devrait y être annexé.

946. En cas que le donateur se soit réservé la liberté de disposer d'un effet compris dans la donation, ou d'une somme fixe sur les biens donnés ; s'il meurt sans en avoir disposé, ledit effet ou ladite somme appartiendra aux héritiers du donateur, nonobstant toutes clauses et stipulations à ce contraires.

947. Les quatre articles précédens ne s'appliquent point aux donations dont est mention aux chapitres 8 et 9 du présent titre. (*Art.* 1084-1100. *V.* MARIAGE (*donation de*) et ÉPOUX (*donation entre*).

948. Tout acte de donation d'effets mobiliers ne sera valable que pour les effets dont un état estimatif, signé du donateur, et du donataire, ou de ceux qui acceptent pour lui, aura été annexé à la minute de la donation.

949. Il est permis au donateur de faire la réserve à son profit, ou de disposer au profit d'un autre, de la jouissance ou de l'usufruit des biens meubles ou immeubles donnés.

950. Lorsque la donation d'effets mobiliers aura été faite avec réserve d'usufruit, le donataire sera tenu, à l'expiration de l'usufruit, de prendre les effets donnés qui se trouveront en nature, dans l'état où ils seront; et il aura action contre le donateur ou ses héritiers, pour raison des objets non existans, jusqu'à concurrence de la valeur qui leur aura été donnée dans l'état estimatif.

951. Le donateur pourra stipuler le droit de retour des objets donnés, soit pour le cas du prédécès du donataire seul, soit pour le cas du prédécès du donataire et de ses descendans. — Ce droit ne pourra être stipulé qu'au profit du donateur seul.

952. L'effet du droit de retour sera de résoudre toutes les aliénations des biens donnés, et de faire revenir ces biens au donateur, francs et quittes de toutes charges et hypothèques, sauf néanmoins l'hypothèque de la dot et des conventions matrimoniales, si les autres biens de l'époux donataire ne suffisent pas, et dans le cas seulement où la donation lui aura été faite par le même contrat de mariage duquel résultent ces droits et hypothèques.

II. DISPOSITIONS ADDITIONNELLES.

1º *Des femmes mariées.*

C. Civ. 217. La femme, même non commune ou séparée de biens, ne peut donner, acquérir, à titre gratuit, sans le concours du mari dans l'acte, ou son consentement par écrit.

2º *Des mineurs et interdits.*

C. Civ. 463. La donation faite au mineur ne pourra être acceptée par le tuteur qu'avec l'autorisation du conseil de famille. — Elle aura, à l'égard du mineur, le même effet qu'à l'égard du majeur.

509. L'interdit est assimilé au mineur, pour sa personne et pour ses biens : les lois sur la tutelle des mineurs s'appliquent à la tutelle des interdits.

3º *Dispositions diverses.*

ABSENT. *C. Civ.* 123. Lorsque les héritiers présomptifs auront obtenu l'envoi en possession provisoire, le testament, s'il en existe un, sera ouvert à la réquisition des parties intéressées, ou du procureur du Roi près le tribunal ; et les légataires, les donataires, ainsi que tous ceux qui avaient sur les biens de l'absent des droits subordonnés à la condition de son décès, pourront les exercer provisoirement, à la charge de donner caution.

ASCENDANS (*droit de retour*). *C. Civ.* 747. Les ascendans succèdent, à l'exclusion de tous autres, aux choses par eux données à leurs enfans ou descendans, décédés sans postérité, lorsque les objets donnés se retrouvent en nature dans la succession. — Si les objets ont été aliénés, les ascendans recueillent le prix qui peut en être dû. Ils succèdent aussi à l'action en reprise que pouvait avoir le donataire.

COMMUNAUTÉ (*donation faite à l'un des époux*). *C. Civ.* 1403. Les donations d'immeubles qui ne sont faites pendant le mariage qu'à l'un des deux époux, ne tombent point en communauté, et appartiennent au donateur seul, à moins que la donation ne contienne expressément que la chose donnée appartiendra à la communauté. *V.* COMMUNAUTÉ.

(*Donation faite par le mari.*) *C. Civ.* 1422. (Le mari) ne peut disposer entre-vifs, à titre gratuit, des immeubles de la communauté, ni de l'universalité ou d'une quotité du mobilier, si ce n'est pour l'établissement des enfans communs. — Il peut néanmoins disposer des effets mobiliers à titre gratuit et particulier, au profit de toutes personnes, pourvu qu'il ne s'en réserve pas l'usufruit.

CONFIRMATION. *C. Civ.* 1339. Le donateur ne peut réparer par aucun acte confirmatif les vices d'une donation entre-vifs; nulle en la forme, il faut qu'elle soit refaite en la forme légale.

1340. La confirmation, ou ratification, ou exécution volontaire d'une donation par les héritiers ou ayans cause du donateur, après son décès, emporte leur renonciation à opposer soit les vices de forme, soit toute autre exception.

FAILLITE. (*Disposition générale.*) *C. Com.* 444. Tous actes translatifs de propriétés immobilières, faits par le failli, à titre gratuit, dans les dix jours qui précèdent l'ouverture de la faillite, sont nuls et sans effet relativement à la masse des créanciers.

(*Droits des femmes.*) *C. Com.* 545. Les femmes mariées sous le régime dotal, les femmes séparées de biens, et les femmes communes en biens qui n'auraient point mis les immeubles apportés en communauté, reprendront en nature lesdits immeubles et ceux qui leur seront survenus par successions ou donations entre-vifs ou pour cause de mort.

546. Elles reprendront pareillement les immeubles acquis par elles et en leur nom, des deniers provenant desdites successions et donations, pourvu que la déclaration d'emploi soit expressément stipulée au contrat d'acquisition, et que l'origine des deniers soit constatée par inventaire ou par tout autre acte authentique.

FEMME MARIÉE (*biens dotaux*). *C. Civ.* 1555. La femme peut, avec l'autorisation de son mari, ou, sur son refus, avec permission de justice, donner ses biens dotaux pour l'établissement des enfans qu'elle aurait d'un mariage antérieur; mais, si elle n'est autorisée que par justice, elle doit réserver la jouissance à son mari.

1556. Elle peut aussi, avec l'autorisation de son mari, donner ses biens dotaux pour l'établissement de leurs enfans communs.

(*Hypothèque.*) *C. Civ.* 2135. La femme n'a hypothèque pour les sommes dotales qui proviennent de successions à elle échues, ou de donations à elle faites pendant le mariage, qu'à compter de l'ouverture des successions ou du jour que les donations ont eu leur effet.

MORT CIVILE. *C. Civ.* 25. Le condamné (à la mort civile) ne peut ni disposer de ses biens, en tout ou en partie, soit par donation entre-vifs, soit par testament, ni recevoir à ce titre, si ce n'est pour cause d'alimens.

RENTE VIAGÈRE. *C. Civ.* 1969. (La rente viagère) peut être constituée à titre purement gratuit, par donation entre-vifs ou par testament. Elle doit être alors revêtue des formes requises par la loi. *V.* VIAGÈRE (*rente*).

SAISIE. *C. Proc.* 581. Seront insaisissables, — 1°... 3° les sommes et objets disponibles déclarés insaisissables par le testateur ou donateur; — 4° les sommes et pensions pour alimens, encore que le testament ou l'acte de donation ne les déclare pas insaisissables.

SOCIÉTÉ. *C. Civ.* 1837. La société de tous biens présens est celle par laquelle les parties mettent en commun tous les biens meubles et immeubles qu'elles possèdent actuellement, et les profits qu'elles pourront en tirer. — Elles peuvent aussi y comprendre toute autre espèce de gains; mais les biens qui pourraient leur advenir par succession, donation ou legs, n'entrent dans cette société que pour la jouissance : toute stipulation tendant à y faire entrer la propriété de ces biens est prohibée, sauf entre époux, et conformément à ce qui est réglé à leur égard.

SURENCHÈRE. *C. Civ.* 2188. L'adjudicataire est tenu, au-delà du prix de son adjudication, de restituer à l'acquéreur ou au donataire dépossédé, les frais et loyaux coûts de son contrat, ceux de la transcription sur les registres du conservateur, ceux de notification, et ceux faits par lui pour parvenir à la revente.

2189. L'acquéreur ou le donataire qui conserve l'immeuble mis aux enchères, en se rendant dernier enchérisseur, n'est pas tenu de faire transcrire le jugement d'adjudication.

USUFRUIT. *C. Civ.* 601. (L'usufruitier) donne caution de jouir en bon père de famille, s'il n'en est dispensé par l'acte constitutif de l'usufruit; cependant les père et mère ayant l'usufruit légal du bien de leurs enfans, le vendeur ou le donateur, sous réserve d'usufruit, ne sont pas tenus de donner caution.

DOT

I. DISPOSITIONS GÉNÉRALES.

1° De la dot en général.

C. Civ. 1540. La dot est le bien que la femme apporte au mari pour supporter les charges du mariage.

2° De la communauté légale.

C. Civ. 1438. Si le père et la mère ont doté conjointement l'enfant commun, sans exprimer la portion pour laquelle ils entendaient y contribuer, ils sont censés avoir doté chacun pour moitié, soit que la dot ait été fournie ou promise en effets de la communauté, soit qu'elle l'ait été en biens personnels à l'un des deux époux. Au second cas, l'époux dont l'immeuble ou l'effet personnel a été constitué en dot, a, sur les biens de l'autre, une action en indemnité pour la moitié de ladite dot, eu égard à la valeur de l'effet donné, au temps de la donation.

1439. La dot constituée par le mari seul à l'enfant commun, en effets de la communauté, est à la charge de la communauté; et, dans le cas où la communauté est acceptée par la femme, celle-ci doit supporter la moitié de la dot, à moins que le mari n'ait déclaré expressément qu'il s'en chargeait pour le tout, ou pour une portion plus forte que la moitié.

1440. La garantie de la dot est due par toute personne qui l'a constituée; et ses intérêts courent du jour du mariage, encore qu'il y ait terme pour le paiement, s'il n'y a stipulation contraire.

1443. La séparation de biens ne peut être poursuivie qu'en justice par la femme dont la dot est mise en péril, et lorsque le désordre des affaires du mari donne lieu de craindre que les biens de celui-ci ne soient point suffisans pour remplir les droits et reprises de la femme. — Toute séparation volontaire est nulle.

3° De la communauté d'acquêts.

C. Civ. 1502. L'apport est suffisamment justifié, quant au mari, par la déclaration portée au contrat de mariage, que son mobilier est de telle valeur. — Il est suffisamment justifié, à l'égard de la femme, par la quittance que le mari lui donne, ou à ceux qui l'ont dotée.

4° Du régime exclusif de communauté.

C. Civ. 1531. Le mari conserve l'administration des biens meubles et immeubles de la femme, et, par suite, le droit de percevoir tout le mobilier qu'elle apporte en dot, ou qui lui échoit pendant le mariage, sauf la restitution qu'il en doit faire après la dissolution du mariage, ou après la séparation de biens qui serait prononcée par justice.

1535. Les immeubles constitués en dot (sous ce régime), ne sont point inaliénables. — Néanmoins ils ne peuvent être aliénés sans le consentement du mari, et, à son refus, sans l'autorisation de la justice.

5° Du régime dotal.

C. Civ. 1540. La dot, sous ce régime comme sous celui du chapitre 2 (réglant la communauté), est le bien que la femme apporte au mari pour supporter les charges du mariage. *V.* DOTAL (*régime*).

II. DISPOSITIONS DIVERSES.

HYPOTHÈQUE. *C. Civ.* 2135. L'hypothèque existe, indépendamment de toute inscription, — 1°... 2° au profit des femmes, pour raison de leurs dot et conventions matrimoniales, sur les immeubles de leur mari, et à compter du jour du mariage.

2140. Lorsque, dans le contrat de mariage, les parties majeures seront convenues qu'il ne sera pris d'inscription que sur un ou certains immeubles du mari, les immeubles qui ne seraient pas indiqués pour l'inscription resteront libres et affranchis de l'hypothèque pour la dot de la femme et pour ses reprises et conventions matrimoniales. Il ne pourra pas être convenu qu'il ne sera pris aucune inscription.

2193. Pourront les acquéreurs d'immeubles appartenant à des maris, lorsqu'il n'existera pas d'inscription sur lesdits immeubles à raison des dot, reprises et conventions matrimoniales de la femme, purger les hypothèques qui existeraient sur les biens par eux acquis. *V.* PURGE.

RETOUR (*droit de*). *C. Civ.* 952. L'effet du droit de retour sera de résoudre toutes les aliénations des biens donnés, et de faire revenir ces biens au donateur, francs et quittes de toutes charges et hypothèques, sauf néanmoins l'hypothèque de la dot et des conventions matrimoniales, si les autres biens de l'époux donataire ne suffisent pas, et dans le cas seulement où la donation lui aura été faite par le même contrat de mariage duquel résultent ces droits et hypothèques.

RÉVOCATION DE DONATION. *C. Civ.* 963. Les biens compris dans la donation révoquée de plein droit, rentreront dans le patrimoine du donateur, libres de toutes charges et hypothèques du chef du donataire, sans qu'ils puissent demeurer affectés, même subsidiairement, à la restitution de la dot de la femme de ce donataire, de ses reprises ou autres conventions matrimoniales, ce qui aura lieu quand même la donation aurait été faite en faveur du mariage du donataire et insérée dans le contrat, et que le donateur se serait obligé comme caution, par la donation, à l'exécution du contrat de mariage. *V.* RÉVOCATION.

SUBSTITUTION. *C. Civ.* 1054. Les femmes des grevés ne pourront avoir, sur les biens à rendre, de recours subsidiaire, en cas d'insuffisance des biens libres, que pour le capital des deniers dotaux, et dans le cas seulement où le testateur l'aurait expressément ordonné.

VENTE (*entre époux*). *C. Civ.* 1595. Le contrat de vente ne peut avoir lieu entre époux que dans les trois cas suivans : —1°... 5° celui où la femme cède des biens à son mari en paiement d'une somme qu'elle lui aurait promise en dot, et lorsqu'il y a exclusion de communauté.—Sauf, dans ces trois cas, les droits des héritiers des parties contractantes, s'il y a avantage indirect.

DOTAL (*régime*).

I. DISPOSITIONS GÉNÉRALES.

Disposition préliminaire.

C. Civ. 1391. (Les époux) peuvent déclarer, d'une manière générale, qu'ils entendent se marier sous le régime dotal. — Sous le régime dotal, leurs droits seront réglés par les dispositions du chapitre 3 (*art.* 1540-1581 *ci-après*).

1392. La simple stipulation que la femme se constitue ou qu'il lui est constitué des biens en dot, ne suffit pas pour soumettre ces biens au régime dotal, s'il n'y a dans le contrat de mariage une déclaration expresse à cet égard. — La soumission au régime dotal ne résulte pas non plus de la simple déclaration faite par les époux, qu'ils se marient sans communauté, ou qu'ils seront séparés de biens.

2255. (La prescription) ne court point, pendant le mariage, à l'égard de l'aliénation d'un fonds constitué selon le régime dotal, conformément à l'article 1561, au titre *du contrat de mariage et des droits respectifs des époux.* (*V.* ci-après).

C. Proc. 83. Seront communiquées au procureur du Roi : 1°... 6° les causes des femmes non autorisées par leurs maris, ou même autorisées lorsqu'il s'agit de leur dot et qu'elles sont mariées sous le régime dotal.

Du régime dotal.

C. Civ. (*liv.* 3, *tit.* 5, *ch.* 5, *art.* 1540-1581). — 1540. La dot, sous ce régime comme sous celui du chapitre 2 (réglant la communauté), est le bien que la femme apporte au mari pour supporter les charges du mariage.

1541. Tout ce que la femme se constitue ou qui lui est donné en contrat de mariage, est dotal s'il n'y a stipulation contraire.

Sect. 1, *de la constitution de dot.*

1542. La constitution de dot peut frapper tous les biens présens et à venir de la femme, ou tous ses biens présens seulement, ou une partie de ses biens présens et à venir, ou même un objet individuel. — La constitution, en termes généraux, de tous les biens de la femme, ne comprend pas les biens à venir.

1543. La dot ne peut être constituée ni même augmentée pendant le mariage.

1544. Si les père et mère constituent conjointement une dot, sans distinguer la part de chacun, elle sera censée constituée par portions égales. — Si la dot est constituée par le père seul pour droits paternels et maternels, la mère, quoique présente au contrat, ne sera point engagée, et la dot demeurera en entier à la charge du père.

1545. Si le survivant des père ou mère constitue une dot pour biens paternels et maternels, sans spécifier les portions, la dot se prendra d'abord sur les droits du futur époux dans les biens du conjoint prédécédé, et le surplus sur les biens du constituant.

1546. Quoique la fille dotée par ses père et mère ait des biens à elle propres dont ils jouissent, la dot sera prise sur les biens des constituans, s'il n'y a stipulation contraire.

1547. Ceux qui constituent une dot, sont tenus à la garantie des objets constitués.

1548. Les intérêts de la dot courent de plein droit, du jour du mariage, contre ceux qui l'ont promise, encore qu'il y ait terme pour le paiement, s'il n'y a stipulation contraire.

Sect. 2, *des droits du mari sur les biens dotaux, et de l'inaliénabilité du fonds dotal.*

1549. Le mari seul a l'administration des biens dotaux pendant le mariage. — Il a seul le droit d'en poursuivre les débiteurs et détenteurs, d'en percevoir les fruits et les intérêts, et de recevoir le remboursement des capitaux. — Cependant il peut être convenu, par le contrat de mariage, que la femme touchera annuellement, sur ses seules quittances, une partie de ses revenus pour son entretien et ses besoins personnels.

1550. Le mari n'est pas tenu de fournir caution pour la réception de la dot, s'il n'y a pas été assujetti par le contrat de mariage.

1551. Si la dot ou partie de la dot consiste en objets mobiliers mis à prix par le contrat, sans déclaration que l'estimation n'en fait pas vente, le mari en devient propriétaire, et n'est débiteur que du prix donné au mobilier.

1552. L'estimation donnée à l'immeuble constitué en dot, n'en transporte point la propriété au mari, s'il n'y en a déclaration expresse.

1553. L'immeuble acquis des deniers dotaux

n'est pas dotal si la condition de l'emploi n'a été stipulée par le contrat de mariage.—Il en est de même de l'immeuble donné en paiement de la dot constituée en argent.

1334. Les immeubles constitués en dot ne peuvent être aliénés ou hypothéqués pendant le mariage, ni par le mari, ni par la femme, ni par les deux conjointement, sauf les exceptions qui suivent.

1335. La femme peut, avec l'autorisation de son mari, ou, sur son refus, avec permission de justice, donner ses biens dotaux pour l'établissement des enfans qu'elle aurait d'un mariage antérieur; mais, si elle n'est autorisée que par justice, elle doit en réserver la jouissance à son mari.

1336. Elle peut aussi, avec l'autorisation de son mari, donner ses biens dotaux pour l'établissement de leurs enfans communs.

1337. L'immeuble dotal peut être aliéné lorsque l'aliénation en a été permise par le contrat de mariage.

1338. L'immeuble dotal peut encore être aliéné avec permission de justice, et aux enchères, après trois affiches, — pour tirer de prison le mari ou la femme ;—pour fournir des alimens à la famille dans les cas prévus par les articles 203, 205 et 206 au titre *du mariage* (*V.* ALIMENS) ; — pour payer les dettes de la femme ou de ceux qui ont constitué la dot, lorsque ces dettes ont une date certaine antérieure au contrat de mariage ; — pour faire de grosses réparations indispensables pour la conservation de l'immeuble dotal ; — enfin, lorsque cet immeuble se trouve indivis avec des tiers, et qu'il est reconnu impartageable. — Dans tous ces cas, l'excédant du prix de la vente au-dessus des besoins reconnus restera dotal, et il en sera fait emploi comme tel au profit de la femme.

1339. L'immeuble dotal peut être échangé, mais avec le consentement de la femme, contre un autre immeuble de même valeur, pour les quatre cinquièmes au moins, en justifiant de l'utilité de l'échange, en obtenant l'autorisation en justice, et d'après une estimation par experts nommés d'office par le tribunal. — Dans ce cas, l'immeuble reçu en échange sera dotal; l'excédant du prix, s'il y en a, le sera aussi, et il en sera fait emploi comme tel au profit de la femme.

1360. Si, hors les cas d'exception qui viennent d'être expliqués, la femme ou le mari, ou tous les deux conjointement, aliènent le fonds dotal, la femme ou ses héritiers pourront faire révoquer l'aliénation après la dissolution du mariage, sans qu'on puisse leur opposer aucune prescription pendant sa durée : la femme aura le même droit après la séparation de biens. — Le mari lui-même pourra faire révoquer l'aliénation pendant le mariage, en demeurant néanmoins sujet aux dommages et intérêts de l'acheteur, s'il n'a pas déclaré dans le contrat que le bien vendu était dotal.

1361. Les immeubles dotaux, non déclarés aliénables par le contrat de mariage, sont imprescriptibles pendant le mariage, à moins que la prescription n'ait commencé auparavant.—Ils deviennent néanmoins prescriptibles après la séparation de biens, quelle que soit l'époque à laquelle la prescription a commencé.

1362. Le mari est tenu, à l'égard des biens dotaux, de toutes les obligations de l'usufruitier.— Il est responsable de toutes prescriptions acquises et détériorations survenues par sa négligence.

1363. Si la dot est mise en péril, la femme peut poursuivre la séparation de biens, ainsi qu'il est dit aux art. 1443 et suivans. *V.* BIENS (*séparation de*).

Sect. 3, de la restitution de la dot.

1364. Si la dot consiste en immeubles,—ou en meubles non estimés par le contrat de mariage, ou bien mis à prix, avec déclaration que l'estimation n'en ôte pas la propriété à la femme, — le mari ou ses héritiers peuvent être contraints de la restituer sans délai, après la dissolution du mariage.

1365. Si elle consiste en une somme d'argent, — ou en meubles mis à prix par le contrat, sans déclaration que l'estimation n'en rend pas le mari propriétaire, — la restitution n'en peut être exigée qu'un an après la dissolution.

1366. Si les meubles dont la propriété reste à la femme ont dépéri par l'usage et sans la faute du mari, il ne sera tenu de rendre que ceux qui resteront, et dans l'état où ils se trouveront.—Et néanmoins la femme pourra, dans tous les cas, retirer les linges et hardes à son usage actuel, sauf à précompter leur valeur, lorsque ces linges et hardes auront été primitivement constitués avec estimation.

1367. Si la dot comprend des obligations ou constitutions de rentes qui ont péri, ou souffert des retranchemens qu'on ne puisse imputer à la négligence du mari, il n'en sera point tenu, et il en sera quitte en restituant les contrats.

1368. Si un usufruit a été constitué en dot, le mari ou ses héritiers ne sont obligés, à la dissolution du mariage, que de restituer le droit d'usufruit, et non les fruits échus durant le mariage.

1369. Si le mariage a duré dix ans depuis l'échéance des termes pris pour le paiement de la dot, la femme ou ses héritiers pourront la répéter contre le mari après la dissolution du mariage, sans être tenus de prouver qu'il l'a reçue, à moins qu'il ne justifiât de diligences inutilement par lui faites pour s'en procurer le paiement.

1570. Si le mariage est dissous par la mort de la femme, l'intérêt et les fruits de la dot à restituer courent de plein droit au profit de ses héritiers depuis le jour de la dissolution. — Si c'est par la mort du mari, la femme a le choix d'exiger les intérêts de sa dot pendant l'an du deuil, ou de se faire fournir des alimens pendant ledit temps aux dépens de la succession du mari ; mais, dans les deux cas, l'habitation durant cette année, et les habits de deuil, doivent lui être fournis sur la succession, et sans imputation sur les intérêts à elle dus.

1571. A la dissolution du mariage, les fruits des immeubles dotaux se partagent entre le mari et la femme ou leurs héritiers, à proportion du temps qu'il a duré, pendant la dernière année. — L'année commence à partir du jour où le mariage a été célébré.

1572. La femme et ses héritiers n'ont point de privilège pour la répétition de la dot sur les créanciers antérieurs à elle en hypothèque.

1573. Si le mari était déjà insolvable, et n'avait ni art ni profession lorsque le père a constitué une dot à sa fille, celle-ci ne sera tenue de rapporter à la succession du père que l'action qu'elle a contre celle de son mari, pour s'en faire rembourser.—Mais si le mari n'est devenu insolvable que depuis le mariage, — ou s'il avait un métier ou une profession qui lui tenait lieu de bien, — la perte de la dot tombe uniquement sur la femme.

Sect. 4, des biens paraphernaux.

1574. Tous les biens de la femme qui n'ont pas été constitués en dot, sont paraphernaux.

1575. Si tous les biens de la femme sont paraphernaux, et s'il n'y a pas de convention dans le contrat pour lui faire supporter une portion des charges du mariage, la femme y contribue jusqu'à concurrence du tiers de ses revenus.

1576. La femme a l'administration et la jouissance de ses biens paraphernaux. — Mais elle ne peut les aliéner ni paraître en jugement à raison desdits biens, sans l'autorisation du mari, ou, à son refus, sans la permission de la justice.

1577. Si la femme donne sa procuration au mari pour administrer ses biens paraphernaux, avec charge de lui rendre compte des fruits, il sera tenu vis-à-vis d'elle comme tout mandataire.

1578. Si le mari a joui des biens paraphernaux de sa femme sans mandat, et néanmoins sans opposition de sa part, il n'est tenu, à la dissolution du mariage, ou à la première demande de la femme, qu'à la représentation des fruits existans, et il n'est point comptable de ceux qui ont été consommés jusqu'alors.

1579. Si le mari a joui des biens paraphernaux malgré l'opposition constatée de la femme, il est comptable envers elle de tous les fruits tant existans que consommés.

1580. Le mari qui jouit des biens paraphernaux est tenu de toutes les obligations de l'usufruitier.

Disposition particulière.

1581. En se soumettant au régime dotal, les époux peuvent néanmoins stipuler une société d'acquêts, et les effets de cette société sont réglés comme il est dit aux art. 1498 et 1499. *V.* ACQUÊTS DE COMMUNAUTÉ.

II. DISPOSITIONS ADDITIONNELLES.

Des commerçans.

C. Com. 7. Les femmes marchandes publiques peuvent engager, hypothéquer et aliéner leurs immeubles. — Toutefois leurs biens stipulés dotaux, quand elles sont mariées sous le régime dotal, ne peuvent être hypothéqués ni aliénés que dans les cas déterminés et avec les formes réglées par le Code Civil.

69. Tout époux marié sous le régime dotal, qui embrasserait la profession de commerçant postérieurement à son mariage, sera tenu de faire remise (de son contrat au greffe) dans le mois du jour où il aura ouvert son commerce, à peine, en cas de faillite, d'être puni comme banqueroutier frauduleux.

70. La même remise sera faite, sous les mêmes peines, dans l'année de la publication de la présente loi, par tout époux marié sous le régime dotal, qui, au moment de ladite publication, exercerait la profession de commerçant.

545. (En cas de faillite du mari) les femmes mariées sous le régime dotal reprendront en nature (leurs immeubles dotaux).

DOUBLE EMPLOI. C. Proc. 541. Il ne sera procédé à la révision d'aucun compte, sauf aux parties, s'il y a erreurs, omissions, faux ou doubles emplois, à en former leurs demandes devant les mêmes juges.

DOUTE. C. Civ. 1162. Dans le doute, la convention s'interprète contre celui qui a stipulé, et en faveur de celui qui a contracté l'obligation.

1602. Tout pacte obscur ou ambigu s'interprète contre le vendeur.

DROIT. C. Civ. 543. On peut avoir sur les biens, ou un droit de propriété, ou un simple droit de jouissance, ou seulement des services fonciers à prétendre. *V*. Propriété, Jouissance, Servitude, Usage, Usufruit.

DROIT (erreur de). *C. Civ*. 1356. (L'aveu judiciaire) ne peut être révoqué, à moins qu'on ne prouve qu'il a été la suite d'une erreur de fait. Il ne pourrait être révoqué sous prétexte d'une erreur de droit.

2052. Les transactions ont, entre les parties, l'autorité de la chose jugée en dernier ressort.— Elles ne peuvent être attaquées pour cause d'erreur de droit, ni pour cause de lésion.

DROIT (point de). *C. Proc*. 141. La rédaction des jugemens contiendra l'exposition sommaire des points de fait et de droit.

DROIT (règles du). *C. Proc*. 1019. Les arbitres et tiers-arbitres décideront d'après les règles du droit, à moins que le compromis ne leur donne pouvoir de prononcer comme amiables compositeurs.

DROIT D'ACCESSION. *V*. Accession (*droit d'*).

DROIT D'ACCROISSEMENT. *V*. Accroissement (*droit d'*).

DROIT D'AUBAINE. *V*. Aubaine (*droit d'*).

DROIT DE CONSULTATION. *V*. Consultation (*droit de*).

DROIT DE COPIE. *V*. Copie (*droit de*).

DROIT DE CORRECTION. *V*. Correction (*droit de*).

DROIT POLITIQUE. *V*. Charte constitutionnelle.

DROIT DE RETOUR. *V*. Retour (*droit de*).

DROITS CIVILS ET DROITS CIVIQUES.

I. dispositions générales.
De la jouissance et de la privation des droits civils.

C. Civ. (*liv*. 1, *tit*. 1, *art*. 7-33).

Chap. 1, *de la jouissance des droits civils.*

7. L'exercice des droits civils est indépendant de la qualité de *citoyen*, laquelle ne s'acquiert et ne se conserve que conformément à la loi constitutionnelle.

8. Tout Français jouira des droits civils.

9. Tout individu né en France d'un étranger, pourra, dans l'année qui suivra l'époque de sa majorité, réclamer la qualité de *Français* ; pourvu que, dans le cas où il résiderait en France, il déclare que son intention est d'y fixer son domicile, et que, dans le cas où il résiderait en pays étranger, il fasse sa soumission de fixer en France son domicile, et qu'il l'y établisse dans l'année, à compter de l'acte de soumission.

10. Tout enfant né d'un Français en pays étranger, est Français. —Tout enfant né, en pays étranger, d'un Français qui aurait perdu la qualité de Français, pourra toujours recouvrer cette qualité, en remplissant les formalités prescrites par l'art. 9.

11. L'étranger jouira en France des mêmes droits civils que ceux qui sont ou seront accordés aux Français par les traités de la nation à laquelle cet étranger appartiendra. — (Abrogé quant aux droits successifs par *la loi du* 14 *juillet* 1819. *V*. Aubaine [*droit d'*]).

12. L'étrangère qui aura épousé un Français, suivra la condition de son mari.

13. L'étranger qui aura été admis par l'autorisation du Roi à établir son domicile en France, y jouira de tous les droits civils, tant qu'il continuera d'y résider.

14. L'étranger, même non résidant en France, pourra être cité devant les tribunaux français pour l'exécution des obligations par lui contractées en France avec un Français ; il pourra être traduit devant les tribunaux de France, pour les obligations par lui contractées en pays étranger envers des Français.

15. Un Français pourra être traduit devant un tribunal de France, pour des obligations par lui contractées en pays étranger, même avec un étranger.

16. En toutes matières, autres que celles de commerce, l'étranger qui sera demandeur sera tenu de donner caution pour le paiement des frais et dommages-intérêts résultant du procès, à moins qu'il ne possède en France des immeubles d'une valeur suffisante pour assurer ce paiement. *V*. Judicatum solvi.

Chap. 2, *de la privation des droits civils.*

Sect. 1, *de la privation des droits civils par la perte de la qualité de Français.*

17. La qualité de Français se perdra, — 1° par la naturalisation acquise en pays étranger ; — 2° par l'acceptation non autorisée par le Roi, de fonctions publiques conférées par un gouvernement étranger ; — 3° enfin, par tout établissement fait en pays étranger, sans esprit de retour. — Les établissemens de commerce ne pourront jamais être considérés comme ayant été faits sans esprit de retour.

18. Le Français qui aura perdu sa qualité de Français, pourra toujours la recouvrer en rentrant en France avec l'autorisation du Roi, et en déclarant qu'il veut s'y fixer, et qu'il renonce à toute distinction contraire à la loi française.

19. Une femme française qui épousera un étranger, suivra la condition de son mari. — Si elle de-

vient veuve, elle recouvrera la qualité de Française, pourvu qu'elle réside en France, ou qu'elle y rentre avec l'autorisation du Roi, et en déclarant qu'elle veut s'y fixer.

20. Les individus qui recouvreront la qualité de Français, dans les cas prévus par les art. 10, 18 et 19, ne pourront s'en prévaloir qu'après avoir rempli les conditions qui leur sont imposées par ces articles, et seulement pour l'exercice des droits ouverts à leur profit depuis cette époque.

21. Le Français qui, sans autorisation du Roi, prendrait du service militaire chez l'étranger, ou s'affilierait à une corporation militaire étrangère, perdra sa qualité de Français. — Il ne pourra rentrer en France qu'avec la permission du Roi, et recouvrer la qualité de Français qu'en remplissant les conditions imposées à l'étranger pour devenir citoyen (*V*. NATURALISATION); le tout sans préjudice des peines prononcées par la loi criminelle contre les Français qui ont porté ou porteront les armes contre leur patrie.

Sect. 2, de la privation (totale) des droits civils par suite des condamnations judiciaires. V. MORT CIVILE.

II. DISPOSITIONS ADDITIONNELLES.

1° *De l'exercice des droits civils.*

C. Civ. 102. Le domicile de tout Français, quant à l'exercice de ses droits civils, est au lieu où il a son principal établissement.

980. Les témoins appelés pour être présens aux testamens devront être mâles, majeurs, sujets du Roi, jouissant des droits civils.

2° *De la privation partielle des droits civils e des droits civiques par suite des condamna tions judiciaires.*

C. Pén. 28. La condamnation à la peine de travaux forcés à temps, de la détention, de l réclusion ou du bannissement, emportera la dé gradation civique. *V*. DÉGRADATION CIVIQUE.

42. Les tribunaux jugeant correctionnellemen pourront, dans certains cas, interdire, en tout o en partie, l'exercice des droits civiques, civils e de famille suivans : — 1° de vote et d'élection — 2° d'éligibilité ; — 3° d'être appelé ou nomm aux fonctions de juré ou autres fonctions publi ques, ou aux emplois de l'administration, o d'exercer ces fonctions ou emplois ; — 4° du por d'armes ; — 5° de vote et de suffrage dans le délibérations de famille ; — 6° d'être tuteur, cu rateur, si ce n'est de ses enfans et sur l'avis seu lement de la famille ; — 7° d'être expert ou em ployé comme témoin dans les actes ; — 8° de té moignage en justice, autrement que pour y fair de simples déclarations.

43. Les tribunaux ne prononceront l'interdic tion mentionnée dans l'article précédent qu lorsqu'elle aura été autorisée ou ordonnée pa une disposition particulière de la loi.

DROITS ÉVENTUELS. *V*. ÉVENTUEL (*droits*).

DROITS INCORPORELS. *V*. INCORPOREL (*droits*).

DROITS LITIGIEUX. *V*. LITIGIEUX (*droits*)

DROITS SUCCESSIFS. *V*. SUCCESSIF (*droits*).

DROITS D'USAGE. *V*. USAGE (*droit d*').

E

EAU.

1° *Dispositions générales.*

C. Civ. 640. Les fonds inférieurs sont assujettis, envers ceux qui sont plus élevés, à recevoir les eaux qui en découlent naturellement sans que la main de l'homme y ait contribué. — Le propriétaire inférieur ne peut point élever de digue qui empêche cet écoulement. — Le propriétaire supérieur ne peut rien faire qui aggrave la servitude du fonds inférieur. *V*. COURS D'EAU, SERVITUDE, SOURCE.

2° *Des conduites d'eau.*

C. Civ. 525. Les tuyaux servant à la conduite des eaux dans une maison ou autre héritage, sont immeubles et font partie du fonds auquel ils sont attachés.

EAU PLUVIALE. *C. Civ.* 681. Tout pro priétaire doit établir des toits de manière que le eaux pluviales s'écoulent sur son terrain ou su la voie publique ; il ne peut les faire verser sur l fonds de son voisin.

ÉCHALAS. *C. Civ.* 593. (L'usufruitier) peu prendre, dans les bois, des échalas pour le vignes.

ÉCHANGE.

1° *Dispositions générales.*

De l'échange.

C. Civ. (liv. 3, tit. 7, art. 1702-1707.) — 1702. L'échange est un contrat par lequel le parties se donnent respectivement une chose pou une autre.

1703. L'échange s'opère par le seul consentement, de la même manière que la vente.

1704. Si l'un des copermutans a déjà reçu la chose à lui donnée en échange, et qu'il prouve ensuite que l'autre contractant n'est pas propriétaire de cette chose, il ne peut pas être forcé à livrer celle qu'il a promise en contre-échange, mais seulement à rendre celle qu'il a reçue.

1705. Le copermutant qui est évincé de la chose qu'il a reçue en échange, a le choix de conclure à des dommages et intérêts, ou de répéter sa chose.

1706. La rescision pour cause de lésion n'a pas lieu dans le contrat d'échange.

1707. Toutes les autres règles prescrites pour le contrat de vente s'appliquent d'ailleurs à l'échange. *V.* VENTE.

2° *Dispositions additionnelles.*

COMMUNAUTÉ. *C. Civ.* 1407. L'immeuble acquis pendant le mariage à titre d'échange contre l'immeuble appartenant à l'un des deux époux, n'entre point en communauté, et est subrogé au lieu et place de celui qui a été aliéné ; sauf la récompense, s'il y a soulte.

DÉPOT. *C. Civ.* 1954. Le dépositaire auquel la chose a été enlevée par une force majeure, et qui a reçu un prix ou quelque chose à la place, doit restituer ce qu'il a reçu en échange.

IMMEUBLE DOTAL. *C. Civ.* 1559. L'immeuble dotal peut être échangé, mais avec le consentement de la femme, contre un autre immeuble de même valeur, pour les quatre cinquièmes au moins, en justifiant de l'utilité de l'échange, en obtenant l'autorisation en justice, et d'après une estimation par experts nommés d'office par le tribunal. — Dans ce cas l'immeuble reçu en échange sera dotal ; l'excédant du prix, s'il y en a, le sera aussi, et il en sera fait emploi comme tel au profit de la femme.

LEGS. *C. Civ.* 1038. Toute aliénation, celle même par vente avec faculté de rachat ou par échange, que fera le testateur de tout ou de partie de la chose léguée, emportera la révocation du legs pour tout ce qui a été aliéné, encore que l'aliénation postérieure soit nulle, et que l'objet soit rentré dans la main du testateur.

ÉCHÉANCE. *V.* TERME.

ÉCHENILLAGE. *C. Pén.* 471. Seront punis d'une amende, depuis un franc jusqu'à cinq francs inclusivement, 1°..... 8° ceux qui auront négligé d'écheniller dans les campagnes ou jardins où ce soin est prescrit par la loi ou les règlemens.

ÉCHOUEMENT. *C. Com.* 369. Le délaisse-

ment des objets assurés peut être fait, — en cas d'échouement avec bris. *V.* BRIS DE NAVIRE.

ÉCRIT (PREUVE PAR).

1° *Du commencement de preuve. V.* COMMENCEMENT DE PREUVE.

2° *De la preuve complète. V.* AUTHENTIQUE (*acte*), NOTARIÉ (*acte*), PRIVÉ (*titre*).

ÉCRITURE (DÉNÉGATION ET VÉRIFICATION D'). *V.* DÉNÉGATION D'ÉCRITURE, VÉRIFICATION D'ÉCRITURE.

ÉCROU.

1° *En matière civile.*

C. Proc. 789. L'écrou du débiteur énoncera, — 1° le jugement ; — 2° les noms et domicile du créancier ; — 3° l'élection de domicile, s'il ne demeure pas dans la commune ; — 4° les noms, demeure et profession du débiteur ; — 3° la consignation d'un mois d'alimens, au moins ; — 6° enfin, mention de la copie qui sera laissée au débiteur, parlant à sa personne, tant du procès-verbal d'emprisonnement que de l'écrou. Il sera signé de l'huissier.

2° *En matière criminelle.*

C. Inst. cr. 608. Tout exécuteur de mandat d'arrêt, d'ordonnance de prise de corps, d'arrêt ou de jugement de condamnation, est tenu, avant de remettre au gardien la personne qu'il conduira, de faire inscrire sur le registre l'acte dont il sera porteur ; l'acte de remise sera écrit devant lui. — Le tout sera signé tant par lui que par le gardien. — Le gardien lui en remettra une copie signée de lui, pour sa décharge.

ÉDIFICE. *V.* CONSTRUCTION.

ÉDUCATION (FRAIS D'). *C. Civ.* 1409. La communauté se compose passivement, 1°..... 3° de l'éducation et entretien des enfans.

1448. La femme qui a obtenu la séparation de biens doit contribuer, proportionnellement à ses facultés et à celles du mari, tant aux frais du ménage qu'à ceux d'éducation des enfans communs. — Elle doit supporter entièrement ces frais s'il ne reste rien au mari.

EFFET (CHOSE). EFFET MOBILIER. *V.* MOBILIER (*effet*). EFFET DE SUCCESSION. *V.* SUCCESSION.

EFFET (CONSÉQUENCE).

I. EFFET CIVIL.

Dispositions relatives au mariage.

C. Civ. 25. (Le condamné à la mort civile) est incapable de contracter un mariage qui produise aucun effet civil. — Le mariage qu'il avait contracté précédemment est dissous, quant à tous ses effets civils.

194. Nul ne peut réclamer le titre d'époux et

les effets civils du mariage, s'il ne représente un acte de célébration inscrit sur le registre de l'état civil ; sauf les cas prévus par l'article 46 [1], au titre *des actes de l'état civil.*

198. Lorsque la preuve d'une célébration légale du mariage se trouve acquise par le résultat d'une procédure criminelle, l'inscription du jugement sur les registres de l'état civil assure au mariage, à compter du jour de sa célébration, tous les effets civils, tant à l'égard des époux, qu'à l'égard des enfans issus de ce mariage.

201. Le mariage qui a été déclaré nul, produit néanmoins les effets civils, tant à l'égard des époux qu'à l'égard des enfans, lorsqu'il a été contracté de bonne foi.

202. Si la bonne foi n'existe que de la part de l'un des deux époux, le mariage ne produit les effets civils qu'en faveur de cet époux et des enfans issus du mariage.

II. EFFET RÉTROACTIF. *V.* RÉTROACTIF (*effet*).

EFFET (VALEUR).

I. EFFETS DE COMMERCE. *V.* CHANGE (*lettre de*) et ORDRE (*billet à*).

II. EFFETS PUBLICS.

C. Com. 72. Le résultat des négociations et des transactions qui s'opèrent dans la bourse, détermine le cours des effets publics et autres dont le cours est susceptible d'être coté.

90. Il sera pourvu, par des règlemens d'administration publique, à tout ce qui est relatif à la négociation et transmission de propriété des effets publics.

C. Pén. 159. Ceux qui auront contrefait ou falsifié des effets émis par le trésor royal avec son timbre, ou qui auront fait usage de ces effets contrefaits ou falsifiés, ou qui les auront introduits dans l'enceinte du territoire français, seront punis des travaux forcés à perpétuité. *V.* BOURSE (*jeux de*).

EFFIGIE (EXÉCUTION PAR). *C. Civ.* 26. Les condamnations contradictoires n'emportent la mort civile qu'à compter du jour de leur exécution, soit réelle, soit par effigie.

27. Les condamnations par contumace n'emporteront la mort civile qu'après les cinq années qui suivront l'exécution du jugement par effigie,

_____

[1] 46. Lorsqu'il n'aura pas existé de registres, ou qu'ils seront perdus, la preuve en sera reçue tant par titres que par témoins ; et dans ces cas, les mariages, naissances et décès, pourront être prouvés tant par les registres et papiers émanés des pères et mères décédés, que par témoins.

et pendant lesquelles le condamné peut se représenter.

C. Inst. cr. 471. Si le contumax est condamné, ses biens seront, à partir de l'exécution de l'arrêt considérés et régis comme biens d'absent ; et le compte du séquestre sera rendu à qui il appartiendra, après que la condamnation sera devenue irrévocable par l'expiration du délai donné pour purger la contumace.

472. Extrait du jugement de condamnation sera, dans les trois jours de la prononciation, à la diligence du procureur général ou de son substitut, affiché par l'exécuteur des jugemens criminels à un poteau qui sera planté au milieu de l'une des places publiques de la ville chef lieu de l'arrondissement où le crime aura été commis. — Pareil extrait sera, dans le même délai, adressé au directeur des domaines et droit d'enregistrement du domicile du contumax.

EFFRACTION. *C. Pén.* 393. Est qualifié *effraction* tout forcement, rupture, dégradation démolition, enlèvement de murs, toits, planchers, portes, fenêtres, serrures, cadenas, ou autres ustensiles ou instrumens servant à fermer ou à empêcher le passage, et de toute espèce de clôture, quelle qu'elle soit.

394. Les effractions sont extérieures ou intérieures.

393. Les effractions extérieures sont celles à l'aide desquelles on peut s'introduire dans les maisons, cours, basses-cours, enclos ou dépendances, ou dans les appartemens ou logemens particuliers.

396. Les effractions intérieures sont celles qui, après l'introduction dans les lieux mentionnés en l'article précédent, sont faites aux portes ou clôtures du dedans, ainsi qu'aux armoires ou autres meubles fermés. — Est compris dans la classe des infractions intérieures, le simple enlèvement des caisses, boites, ballots sous toile et corde, et autres meubles fermés, qui contiennent des effets quelconques, bien que l'effraction n'ait pas été faite sur le lieu.

ÉGLISES.

Des vols commis dans les églises.

C. Pén. 386. Sera puni de la peine de réclusion, tout individu coupable de vol commis dans l'un des cas ci-après : — 1° si le vol a été commis la nuit, et par deux ou plusieurs personnes, ou s'il a été commis avec une de ces deux circonstance seulement, mais en même temps dans un lieu habité ou servant à l'habitation, ou dans les édifices consacrés aux cultes légalement établis en France.

ÉGOUT (servitude d').

Disposition générale.

C. Civ. 631. La loi assujettit les propriétaires à différentes obligations l'un à l'égard de l'autre, indépendamment de toute convention.

632. Partie de ces obligations est réglée par les lois sur la police rurale; les autres sont relatives au mur et au fossé mitoyens, au cas où il y a lieu à contre-mur, aux vues sur la propriété du voisin, à l'égout des toits, au droit de passage.

De l'égout des toits.

C. Civ. (liv. 2, tit. 6, ch. 2, sect. 4, art. 681.)
— 681. Tout propriétaire doit établir des toits de manière que les eaux pluviales s'écoulent sur son terrain ou sur la voie publique ; il ne peut les faire verser sur le fonds de son voisin.

ÉLARGISSEMENT.

I. en matière civile.

1° *Dispositions générales.*

C. Proc. 49. Sont dispensées du préliminaire de la conciliation, 1°.... 5° les demandes de mise en liberté.

798. Le débiteur sera mis en liberté, en consignant entre les mains du geôlier de la prison les causes de son emprisonnement et les frais de la capture.

L. 17-19 *avril* 1832. — 24. Le débiteur, si la contrainte par corps n'a pas été prononcée pour dette commerciale, obtiendra son élargissement en payant ou consignant le tiers du principal de la dette et de ses accessoires, et en donnant pour le surplus une caution acceptée par le créancier, ou reçue par le tribunal civil dans le ressort duquel le débiteur sera détenu.

C. Proc. 800. Le débiteur légalement incarcéré obtiendra son élargissement, — 1° par le consentement du créancier qui l'a fait incarcérer, ou des recommandants, s'il y en a ; — 2° par le paiement ou la consignation des sommes dues tant au créancier qui a fait emprisonner qu'au recommandant, des intérêts échus, des frais liquidés, de ceux d'emprisonnement, et de la restitution des alimens consignés ; — 3° par le bénéfice de cession ; — 4° à défaut par les créanciers d'avoir consigné d'avance les alimens ; — 5° et enfin, si le débiteur a commencé sa soixante-dixième année, et si, dans ce dernier cas, il n'est pas stellionataire [1].

L. 17-19 *avril* 1832. — 25. Les frais liquidés que le débiteur doit consigner ou payer pour empêcher l'exercice de la contrainte par corps, ou pour obtenir son élargissement, conformément aux art. 798 et

---

[1] Il faut ajouter aujourd'hui : — 6° par la consignation du tiers du principal de la dette et de ses accessoires, en donnant caution pour le surplus ; — 7° par l'expiration du terme fixé par le jugement de condamnation. (*L.* 17-19 *avril* 1832, art. 24 et 7.)

800, paragraphe 2, du Code de Procédure, ne seront jamais que les frais de l'instance, ceux de l'expédition et de la signification du jugement et de l'arrêt, s'il y a lieu, ceux enfin de l'exécution relative à la contrainte par corps seulement.

C. Proc. 802. La consignation de la dette sera faite entre les mains du geôlier, sans qu'il soit besoin de la faire ordonner. Si le geôlier refuse, il sera assigné à bref délai devant le tribunal du lieu, en vertu de permission : l'assignation sera donnée par huissier commis.

803. L'élargissement, faute de consignation d'alimens, sera ordonné sur le certificat de non-consignation, délivré par le geôlier, et annexé à la requête présentée au président du tribunal, sans sommation préalable.

805. Les demandes en élargissement seront portées au tribunal dans le ressort duquel le débiteur est détenu. Elles seront formées à bref délai, au domicile élu par l'écrou, en vertu de permission du juge, sur requête présentée à cet effet : elles seront communiquées au ministère public, et jugées, sans instruction, à la première audience, préférablement à toutes autres causes, sans remise ni tour de rôle.

L. 17-19 *avril* 1832. — 30. En cas d'élargissement, faute de consignation d'alimens, il suffira que la requête présentée au président du tribunal civil soit signée par le débiteur détenu et par le gardien de la maison d'arrêt pour dettes, ou même certifiée véritable par le gardien, si le détenu ne sait pas signer. Cette requête sera présentée en duplicata : l'ordonnance du président, aussi rendue par duplicata, sera exécutée sur l'une des minutes qui restera entre les mains du gardien ; l'autre minute sera déposée au greffe du tribunal, et enregistrée gratis.

31. Le débiteur élargi faute de consignation d'alimens ne pourra plus être incarcéré pour la même dette.

3° *Dispositions additionnelles.*

Femme mariée (communauté). *C. Civ.* 1427. La femme ne peut s'obliger ni engager les biens de la communauté, même pour tirer son mari de prison, qu'après y avoir été autorisée par justice.

(*Immeuble dotal.*) *C. Civ.* 1558. L'immeuble dotal peut être aliéné avec permission de justice, et aux enchères, après trois affiches, — pour tirer de prison le mari ou la femme.

Recommandation. *C. Proc.* 792. Le débiteur pourra être recommandé par ceux qui auraient le droit d'exercer contre lui la contrainte par corps. Celui qui est arrêté comme prévenu d'un délit, peut aussi être recommandé ; et il sera retenu par l'effet de la recommandation, encore que son élargissement ait été prononcé et qu'il ait été acquitté du délit.

II. en matière criminelle.

1° *Des arrestations illégales.*

C. Inst. cr. 615. Quiconque aura connaissance

qu'un individu est détenu dans un lieu qui n'a pas été destiné à servir de maison d'arrêt, de justice, ou de prison, est tenu d'en donner avis au juge de paix, au procureur du Roi ou à son substitut, ou au juge d'instruction, ou au procureur général près la cour royale.

616. Tout juge de paix, tout officier chargé du ministère public, tout juge d'instruction, est tenu d'office, ou sur l'avis qu'il en aura reçu, sous peine d'être poursuivi comme complice de détention arbitraire, de s'y transporter aussitôt, et de faire mettre en liberté la personne détenue, ou s'il est allégué quelque cause légale de détention, de la faire conduire sur le champ devant le magistrat compétent. — Il dressera du tout son procès-verbal. *V.* ILLÉGALE (*détention*).

2° *De l'élargissement provisoire sous caution.*

V. CAUTION III, p. 134.

5° *De l'élargissement définitif.*

C. Inst. cr. 131. Si le délit ne doit pas entraîner la peine de l'emprisonnement, le prévenu sera mis en liberté, à la charge de se représenter, à jour fixe, devant le tribunal compétent.

206. La mise en liberté du prévenu acquitté (par le tribunal de police correctionnelle) ne pourra être suspendue, lorsqu'aucun appel n'aura été déclaré ou notifié dans les trois jours de la prononciation du jugement.

229. Si la cour (royale saisie d'une poursuite au grand criminel) n'aperçoit aucune trace d'un délit prévu par la loi, ou si elle ne trouve pas des indices suffisans de culpabilité, elle ordonnera la mise en liberté du prévenu ; ce qui sera exécuté sur le champ, s'il n'est retenu pour autre cause. — Dans le même cas, lorsque la cour statuera sur une opposition à la mise en liberté du prévenu prononcée par les premiers juges, elle confirmera leur ordonnance.

230. Si la cour estime que le prévenu doit être renvoyé à un tribunal de simple police ou à un tribunal de police correctionnelle, elle prononcera le renvoi, et indiquera le tribunal qui doit en connaitre. — Dans le cas de renvoi à un tribunal de simple police, le prévenu sera mis en liberté.

338. Lorsque l'accusé aura été déclaré non coupable (par le juri), le président prononcera qu'il est acquitté de l'accusation, et ordonnera qu'il soit mis en liberté, s'il n'est retenu pour autre cause.

ÉLECTION DE DOMICILE.

1° *Dispositions générales.*

C. Civ. 111. Lorsqu'un acte contiendra, de la part des parties ou de l'une d'elles, élection de domicile pour l'exécution de ce même acte dans un autre lieu que celui du domicile réel, les significations, demandes et poursuites relatives à cet acte, pourront être faites au domicile convenu, et devant le juge de ce domicile.

C. Proc. 59. En matière personnelle, le défendeur sera assigné, en cas d'élection de domicile pour l'exécution d'un acte, devant le tribunal du domicile élu, ou devant le tribunal du domicile réel du défendeur, conformément à l'article 111 du Code Civil.

61. L'exploit d'ajournement contiendra, — 1° la date des jour, mois et an, les noms, profession et domicile du demandeur, la constitution de l'avoué qui occupera pour lui, et chez lequel l'élection de domicile sera de droit, à moins d'une élection contraire par le même exploit.

Dispositions diverses.

INSCRIPTION HYPOTHÉCAIRE. *C. Civ.* 2148. Pour opérer l'inscription, le créancier joint (à son titre) deux bordereaux : ils contiennent, — 1° les nom, prénom, domicile du créancier, sa profession s'il en a une, et l'élection d'un domicile pour lui dans un lieu quelconque de l'arrondissement du bureau.

2152. Il est loisible à celui qui a requis une inscription, ainsi qu'à ses représentans, ou cessionnaires par acte authentique, de changer sur le registre des hypothèques le domicile par lui élu, à la charge d'en choisir et indiquer un autre dans le même arrondissement.

MARIAGE (*opposition à*). *C. Civ.* 176. Tout acte d'opposition (à mariage) énoncera la qualité qui donne à l'opposant le droit de la former ; il contiendra élection de domicile dans le lieu où le mariage devra être célébré.

SAISIE-ARRÊT. *C. Proc.* 559. L'exploit (de saisie-arrêt) contiendra élection de domicile dans le lieu où demeure le tiers-saisi, si le saisissant n'y demeure pas ; à peine de nullité.

SAISIE-EXÉCUTION *C. Proc.* 584. (Le commandement afin de saisie-exécution) contiendra élection de domicile jusqu'à la fin de la poursuite, dans la commune où doit se faire l'exécution, si le créancier n'y demeure ; et le débiteur pourra faire à ce domicile élu toutes significations, même d'offres réelles et d'appel.

TRIBUNAUX DE COMMERCE. *C. Proc.* 422. Si les parties comparaissent (devant le tribunal de commerce), et qu'à la première audience il n'intervienne pas jugement définitif, les parties non domiciliées dans le lieu où siège le tribunal, seront tenues d'y faire l'élection d'un domicile. —

L'élection de domicile doit être mentionnée sur le plumitif de l'audience ; à défaut de cette élection, toute signification, même celle du jugement définitif, sera faite valablement au greffe du tribunal.

455. Aucun jugement par défaut (de tribunal de commerce) ne pourra être signifié que par un huissier commis à cet effet par le tribunal ; la signification contiendra, à peine de nullité, élection de domicile dans la commune où elle se fait, si le demandeur n'y est domicilié.

ÉLECTION DES JUGES DE COMMERCE.

C. Com. 618. Les membres des tribunaux de commerce seront élus dans une assemblée composée de commerçans notables, et principalement des chefs des maisons les plus anciennes et les plus recommandables par la probité, l'esprit d'ordre et d'économie. *V.* COMMERCE (*tribunaux de*).

ÉMANCIPATION.

I. DISPOSITIONS GÉNÉRALES.

Dispositions préliminaires.

C. Civ. 371. L'enfant, à tout âge, doit honneur et respect à ses père et mère.

372. Il reste sous leur autorité jusqu'à sa majorité ou son émancipation.

De l'émancipation.

C. Civ. (*liv.* 1, *tit.* 10, *ch.* 3, *art.* 476-487). — 476. Le mineur est émancipé de plein droit par le mariage.

477. Le mineur, même non marié, pourra être émancipé par son père, ou, à défaut de père, par sa mère, lorsqu'il aura atteint l'âge de quinze ans révolus. — Cette émancipation s'opèrera par la seule déclaration du père ou de la mère, reçue par le juge de paix assisté de son greffier.

478. Le mineur resté sans père ni mère pourra aussi, mais seulement à l'âge de dix-huit ans accomplis, être émancipé, si le conseil de famille l'en juge capable. — En ce cas, l'émancipation résultera de la délibération qui l'aura autorisée, et de la déclaration que le juge de paix, comme président du conseil de famille, aura faite dans le même acte, *que le mineur est émancipé.*

479. Lorsque le tuteur n'aura fait aucune diligence pour l'émancipation du mineur dont il est parlé dans l'article précédent, et qu'un ou plusieurs parens ou alliés de ce mineur, au degré de cousin germain ou à des degrés plus proches, le jugeront capable d'être émancipé, ils pourront requérir le juge de paix de convoquer un conseil de famille pour délibérer à ce sujet. — Le juge de paix devra déférer à cette réquisition.

480. Le compte de tutelle sera rendu au mineur émancipé, assisté d'un curateur qui lui sera nommé par le conseil de famille.

481. Le mineur émancipé passera les baux dont la durée n'excèdera point neuf ans ; il recevra ses revenus, en donnera décharge, et fera tous les actes qui ne sont que de pure administration, sans être restituable contre ces actes dans tous les cas où le majeur ne le serait pas lui-même.

482. Il ne pourra intenter une action immobilière ni y défendre, même recevoir et donner décharge d'un capital mobilier, sans l'assistance de son curateur, qui, au dernier cas, surveillera l'emploi du capital reçu.

483. Le mineur émancipé ne pourra faire d'emprunts, sous aucun prétexte, sans une délibération du conseil de famille, homologuée par le tribunal de première instance, après avoir entendu le procureur du Roi.

484. Il ne pourra non plus vendre ni aliéner ses immeubles, ni faire aucun acte autre que ceux de pure administration, sans observer les formes prescrites au mineur non émancipé. — A l'égard des obligations qu'il aurait contractées par voie d'achats ou autrement, elles seront réductibles en cas d'excès : les tribunaux prendront, à ce sujet, en considération, la fortune du mineur, la bonne ou mauvaise foi des personnes qui auront contracté avec lui, l'utilité ou l'inutilité des dépenses.

485. Tout mineur émancipé dont les engagemens auraient été réduits en vertu de l'article précédent, pourra être privé du bénéfice de l'émancipation, laquelle lui sera retirée en suivant les mêmes formes que celles qui auront eu lieu pour la lui conférer.

486. Dès le jour où l'émancipation aura été révoquée, le mineur rentrera en tutelle, et y restera jusqu'à sa majorité accomplie.

487. Le mineur émancipé qui fait un commerce est réputé majeur pour les faits relatifs à ce commerce.

II. DISPOSITIONS ADDITIONNELLES.

ACTES DE COMMERCE. *C. Com.* 2. Tout mineur émancipé de l'un et de l'autre sexe, âgé de dix-huit ans accompli, qui voudra profiter de la faculté que lui accorde l'art. 487 du Code Civil, de faire le commerce, ne pourra en commencer les opérations, ni être réputé majeur quant aux engagemens par lui contractés pour faits de commerce, — 1° s'il n'a été préalablement autorisé par son père, ou par sa mère, en cas de décès, interdiction ou absence du père, ou, à défaut du père et de la mère, par une délibération du conseil de famille, homologuée par le tribunal civil ;

21

—2° si, en outre, l'acte d'autorisation n'a été enregistré et affiché au tribunal de commerce du lieu où le mineur veut établir son domicile.

3. La disposition de l'article précédent est applicable aux mineurs même non commerçans, à l'égard de tous les faits qui sont déclarés faits de commerce par les dispositions des art. 632 et 633. *V.* COMMERCE (*acte de*), p. 136.

COMPTE DE TUTELLE. *C. Civ.* 471. Le compte définitif de tutelle sera rendu aux dépens du mineur, lorsqu'il aura atteint sa majorité ou obtenu son émancipation. Le tuteur en avancera les frais.

EXPROPRIATION. *C. Civ.* 2206. Les immeubles d'un mineur, même émancipé, ou d'un interdit, ne peuvent être mis en vente avant la discussion du mobilier.

JOUISSANCE LÉGALE. *C. Civ.* 384. Le père, durant le mariage, et, après la dissolution du mariage, le survivant des père et mère, auront la jouissance des biens de leurs enfans jusqu'à l'âge de dix-huit ans accomplis, ou jusqu'à l'émancipation qui pourrait avoir lieu avant l'âge de dix-huit ans.

LÉSION (*rescision*). *C. Civ.* 1305. La simple lésion donne lieu à la rescision en faveur du mineur non émancipé, contre toutes sortes de conventions ; et en faveur du mineur émancipé, contre toutes conventions qui excèdent les bornes de sa capacité, ainsi qu'elle est déterminée au titre *de la minorité, de la tutelle et de l'émancipation.*

MANDAT. *C. Civ.* 1990. Les mineurs émancipés peuvent être choisis pour mandataires ; mais le mandant n'a d'action contre le mandataire mineur que d'après les règles générales relatives aux obligations des mineurs.

PARTAGE. *C. Civ.* 838. Si tous les cohéritiers ne sont pas présens, ou s'il y a parmi eux des interdits, ou des mineurs, même émancipés, le partage doit être fait en justice. (*V.* PARTAGE.) S'il y a plusieurs mineurs qui aient des intérêts opposés dans le partage, il doit leur être donné à chacun un tuteur spécial et particulier.

839. S'il y a lieu à licitation, dans le cas du précédent article, elle ne peut être faite qu'en justice avec les formalités prescrites pour l'aliénation des biens des mineurs. Les étrangers y sont toujours admis.

EMPÊCHEMENS DE MARIAGE. *V.* OPPOSITION, PROHIBITIONS.

EMPIÈTEMENT DES AUTORITÉS. *V.* ATTENTAT, *sect. 4, p. 74.*

EMPLOI DE DENIERS.

I. DE FEMME MARIÉE.
Dispositions diverses.

BIENS (*séparation de*). *C. Civ.* 1450. Le mari n'est point garant du défaut d'emploi ou de remploi du prix de l'immeuble que la femme séparée a aliéné sous l'autorisation de la justice, à moins qu'il n'ait concouru au contrat, ou qu'il ne soit prouvé que les deniers ont été reçus par lui, ou ont tourné à son profit.—Il est garant du défaut d'emploi ou de remploi, si la vente a été faite en sa présence et de son consentement ; il ne l'est point de l'utilité de cet emploi.

BIENS DOTAUX. *C. Civ.* 1553. L'immeuble acquis des deniers dotaux n'est pas dotal si la condition de l'emploi n'a été stipulée par le contrat de mariage. — Il en est de même de l'immeuble donné en paiement de la dot constituée en argent.

1558. Dans tous (les cas où la vente d'un bien dotal est autorisée par justice), l'excédant du prix de la vente au-dessus des besoins reconnus restera dotal, et il en sera fait emploi comme tel au profit de la femme.

FAILLITE DU MARI. 546. *C. Com.* (Les femmes, après la faillite du mari), reprendront les immeubles acquis par elles et en leur nom, de deniers provenant de successions et donations, pourvu que la déclaration d'emploi soit expressément stipulée au contrat d'acquisition, et que l'origine des deniers soit constatée par inventaire ou par tout autre acte authentique.

II. DE MINEUR.

C. Civ. 455. (Le conseil de famille) déterminera positivement la somme à laquelle commencera, pour le tuteur, l'obligation d'employer l'excédant des revenus sur la dépense ; cet emploi devra être fait dans le délai de six mois, passé lequel le tuteur devra les intérêts à défaut d'emploi.

EMPOISONNEMENT. *C. Pén.* 301. Est qualifié empoisonnement, tout attentat à la vie d'une personne, par l'effet de substances qui peuvent donner la mort plus ou moins promptement, de quelque manière que ces substances aient été employées ou administrées, et quelles qu'en aient été les suites.

302. Tout coupable d'empoisonnement sera puni de mort.

EMPRISONNEMENT.

I. EN MATIÈRE CIVILE. *V.* CONTRAINTE PAR CORPS, *p.* 201.

II. EN MATIÈRE CRIMINELLE.

ART. 1. DE L'EMPRISONNEMENT PRÉVENTIF.
V. PRÉVENTIF (*emprisonnement*).

ART. 2. DE L'EMPRISONNEMENT CONSIDÉRÉ COMME PEINE.

1º *Police correctionnelle.*

C. Pén. 9. Les peines en matière correctionnelle sont : — 1º l'emprisonnement à temps dans un lieu de correction.

24. A l'égard des condamnations à l'emprisonnement prononcées contre les individus en état de détention préalable, la durée de la peine, si le condamné ne s'est pas pourvu, comptera du jour du jugement ou de l'arrêt, nonobstant l'appel ou le pourvoi du ministère public, et quel que soit le résultat de cet appel ou de ce pourvoi.— Il en sera de même dans les cas où la peine aura été réduite sur l'appel ou le pourvoi du condamné.

40. Quiconque aura été condamné à la peine d'emprisonnement sera renfermé dans une maison de correction : il y sera employé à l'un des travaux établis dans cette maison, selon son choix. — La durée de cette peine sera au moins de six jours, et de cinq années au plus ; sauf les cas de récidive ou autres où la loi aura déterminé d'autres limites. (*V.* ATTÉNUANTES [*circonstances*].) .—La peine à un jour d'emprisonnement est de vingt-quatre heures; — celle à un mois est de trente jours.

41. Les produits du travail de chaque détenu pour délit correctionnel seront appliqués, partie aux dépenses communes de la maison, partie à lui procurer quelques adoucissemens, s'il les mérite, partie à former pour lui, au temps de sa sortie, un fonds de réserve ; le tout ainsi qu'il sera ordonné par des règlemens d'administration publique.

2º *Simple police.*

C. Pén. 464. Les peines de police sont,—l'emprisonnement...

465. L'emprisonnement, pour contravention de police, ne pourra être moindre d'un jour, ni excéder cinq jours, selon les classes, distinctions et cas spécifiés. — Les jours d'emprisonnement sont des jours complets de vingt-quatre heures.

EMPRUNT DE DENIERS.

1º *Pour les besoins d'un mineur.*

C. Civ. 457. Le tuteur, même le père ou la mère, ne peut emprunter pour le mineur sans y être autorisé par un conseil de famille. — Cette autorisation ne devra être accordée que pour cause d'une nécessité absolue ou d'un avantage évident.—Le conseil de famille indiquera toutes les conditions qu'il jugera utiles.

2º *Pour opérer un paiement.*

C. Civ. 1249. La subrogation dans les droits du créancier au profit d'une tierce personne qui le paie, est ou conventionnelle ou légale. *V.* COMMODAT, DENIERS FOURNIS, SUBROGATION.

ENCHÈRES.

I. DISPOSITION GÉNÉRALE.

C. Civ. 1686. Si une chose commune à plusieurs ne peut être partagée commodément et sans perte ;—ou si, dans un partage fait de gré à gré de biens communs, il s'en trouve quelques-uns qu'aucun des copartageans ne puisse ou ne veuille prendre, — la vente s'en fait aux enchères, et le prix en est partagé entre les copropriétaires. *V.* FOLLE ENCHÈRE, LICITATION, SURENCHÈRE.

II. DE LA VENTE DES IMMEUBLES. *V.* IMMOBILIÈRES (*ventes*).

III. DE LA VENTE DES MEUBLES. *V.* MOBILIÈRES (*ventes*).

IV. DISPOSITIONS DIVERSES.

GAGE. *C. Civ.* 2078. Le créancier ne peut, à défaut de paiement, disposer du gage ; sauf à lui à faire ordonner en justice que ce gage lui demeurera en paiement et jusqu'à due concurrence, d'après une estimation faite par experts, ou qu'il sera vendu aux enchères.—Toute clause qui autoriserait le créancier à s'approprier le gage ou à en disposer sans les formalités ci-dessus , est nulle.

HÉRITIER BÉNÉFICIAIRE. *C. Civ.* 805. (L'héritier bénéficiaire) ne peut vendre les meubles de la succession que par le ministère d'un officier public, aux enchères, et après les affiches et publications accoutumées.

IMMEUBLE DOTAL. *C. Civ.* 1558. L'immeuble dotal peut être aliéné avec permission de justice, et aux enchères, après trois affiches.

MINEURS (*immeubles de*). *C. Civ.* 459. La vente se fera publiquement , en présence du subrogé tuteur, aux enchères qui seront reçues par un membre du tribunal de première instance, ou par un notaire à ce commis, et à la suite de trois affiches apposées, par trois dimanches consécutifs, aux lieux accoutumés dans le canton. — Chacune de ces affiches sera visée et certifiée par le maire des communes où elles auront été apposées.

(*Meubles*). *C. Civ.* 452. Dans le mois qui suivra la clôture de l'inventaire, le tuteur fera vendre, en présence du subrogé tuteur, aux enchères reçues par un officier public, et après des affiches ou publications dont le procès-verbal de vente fera mention, tous les meubles autres que ceux que le conseil de famille aurait autorisé à conserver en nature. *V.* MINEUR (*bien de*).

SAISIES (*exécution*). *C. Proc.* 624. L'adjudication sera faite au plus offrant, en payant comptant : faute de paiement, l'effet sera revendu sur le champ à la folle enchère de l'adjudicataire.

623. Les commissaires-priseurs et huissiers seront personnellement responsables du prix des adjudications, et feront mention, dans leurs procès-verbaux, des noms et domiciles des adjudicataires ; ils ne pourront recevoir d'eux aucune somme au-dessus de l'enchère, à peine de concussion.

(*Immobilière.*) *C. Proc.* 707. Les enchères seront faites par le ministère d'avoués et à l'audience ; aussitôt que les enchères seront ouvertes, il sera allumé successivement des bougies préparées de manière que chacune ait une durée d'environ une minute. — L'enchérisseur cesse d'être obligé si son enchère est couverte par une autre, lors même que cette dernière serait déclarée nulle.

(*De vente.*) *C. Proc.* 831. Les enchères seront reçues par le ministère d'avoués.

VENTE VOLONTAIRE D'IMMEUBLES. *C. Proc.* 746. Les immeubles appartenant à des majeurs maîtres de disposer de leurs droits, ne pourront, à peine de nullité, être mis aux enchères en justice, lorsqu'il ne s'agira que de ventes volontaires.

V. LOI PÉNALE.

Entraves apportées à la liberté des enchères.

C. Pén. (*liv.* 3, *tit.* 2, *chap.* 2, *sect.* 2, § 4, *art.* 412.) — 412. Ceux qui, dans les adjudications de la propriété, de l'usufruit ou de la location des choses mobilières ou immobilières, d'une entreprise, d'une fourniture, d'une exploitation ou d'un service quelconque, auront entravé ou troublé la liberté des enchères ou des soumissions, par voies de fait, violences ou menaces, soit avant, soit pendant les enchères ou les soumissions, seront punis d'un emprisonnement de quinze jours au moins, de trois mois au plus, et d'une amende de cent francs au moins et de cinq mille francs au plus. — La même peine aura lieu contre ceux qui, par dons ou promesses, auront écarté les enchérisseurs.

ENCLAVE.

Dispositions générales.

C. Civ. 651. La loi assujettit les propriétaires à différentes obligations l'un à l'égard de l'autre, indépendamment de toute convention.

652. Partie de ces obligations est réglée par les lois sur la police rurale ; — les autres sont relatives au mur et au fossé mitoyens, au cas où il y a lieu à contre-mur, aux vues sur la propriété du voisin, à l'égout des toits, au droit de passage.

Du droit de passage.

C. Civ. (*liv.* 2, *tit.* 6, *ch.* 2, *sect.* 5, *art.* 682-685.) — 682. Le propriétaire dont les fonds sont enclavés, et qui n'a aucune issue sur la voie publique, peut réclamer un passage sur les fonds de ses voisins pour l'exploitation de son héritage, à la charge d'une indemnité proportionnée au dommage qu'il peut occasioner.

683. Le passage doit régulièrement être pris du côté où le trajet est le plus court du fonds enclavé à la voie publique.

684. Néanmoins il doit être fixé dans l'endroit le moins dommageable à celui sur le fonds duquel il est accordé.

685. L'action en indemnité, dans le cas prévu par l'article 682, est prescriptible ; et le passage doit être continué, quoique l'action en indemnité ne soit plus recevable.

ENCLOS. *C. Civ.* 1019. Lorsque celui qui a légué la propriété d'un immeuble, l'a ensuite augmentée par des acquisitions, ces acquisitions, fussent-elles contiguës, ne seront pas censées, sans une nouvelle disposition, faire partie du legs. — Il en sera autrement des embellissemens, ou des constructions nouvelles faites sur le fonds légué, ou d'un enclos dont le testateur aurait augmenté l'enceinte.

ENDOSSEMENT.

1° Dispositions générales.
De l'endossement.

C. Com. (*liv.* 1, *tit.* 8, *sect.* 1, § 6, *art.* 136-139.) — 136. La propriété d'une lettre de change se transmet par la voie de l'endossement.

137. L'endossement est daté. — Il exprime la valeur fournie. — Il dénonce le nom de celui à l'ordre de qui il est passé.

138. Si l'endossement n'est pas conforme aux dispositions de l'article précédent, il n'opère pas le transport ; il n'est qu'une procuration.

139. Il est défendu d'antidater les ordres, à peine de faux.

2° Dispositions additionnelles.

C. Com. 164. Le porteur d'une lettre de change protestée faute de paiement peut exercer son action en garantie, — ou individuellement contre le tireur et chacun des endosseurs, — ou collectivement contre les endosseurs et le tireur. — La même faculté existe pour chacun des endosseurs, à l'égard du tireur et des endosseurs qui le précèdent. *V.* CHANGE (*lettre de*).

ENFANT.

I. LOI CIVILE.
ART. 1er. DES ENFANS EN GÉNÉRAL.
Dispositions communes.

C. Civ. 371. L'enfant, à tout âge, doit honneur et respect à ses père et mère.

372. Il reste sous leur autorité jusqu'à sa majorité ou son émancipation.

Dispositions particulières.

C. *Civ.* 725. Sont incapables de succéder, — 1° celui qui n'est pas encore conçu ; — 2° l'enfant qui n'est pas né viable.

ART. 2. DES ENFANS CONSIDÉRÉS PAR RAPPORT AU DROIT CIVIL.

1° *Enfans abandonnés.* V. ABANDONNÉS (enfans).

2° *Enfans adoptifs.* V. ADOPTION.

3° *Enfans adultérins et incestueux.* V. ADULTÉRINS (*enfans*) *et* INCESTUEUX.

4° *Enfans légitimes.* V. LÉGITIMES (*enfans*).

5° *Enfans naturels.* V. NATURELS (*enfans*).

II. LOI PÉNALE.

1° *Du meurtre de l'enfant.*

C. *Pén.* 300. Est qualifié infanticide le meurtre d'un enfant nouveau-né. V. INFANTICIDE.

2° *Crimes et délits envers l'enfant.*

C. *Pén.* (*liv.* 3, *tit.* 2, *ch.* 1, *sect.* 6, § 1, *art.* 345-353.) — 345. Les coupables d'enlèvement, de recélé ou de suppression d'un enfant, de substitution d'un enfant à un autre, ou de supposition d'un enfant à une femme qui ne sera pas accouchée, seront punis de la réclusion. — La même peine aura lieu contre ceux qui, étant chargés d'un enfant, ne le représenteront point aux personnes qui ont le droit de le réclamer.

346. Toute personne qui, ayant assisté à un accouchement, n'aura pas fait la déclaration à elle prescrite par l'article 56 du Code civil, et dans le délai fixé par l'art. 55 du même Code, sera punie d'un emprisonnement de six jours à six mois, et d'une amende de seize francs à trois cents francs. V. NAISSANCE (*acte de*).

347. Toute personne qui, ayant trouvé un enfant nouveau-né, ne l'aura pas remis à l'officier de l'état civil, ainsi qu'il est prescrit par l'art. 58 du Code Civil, sera punie des peines portées au précédent article (V. *ibidem*).— La présente disposition n'est point applicable à celui qui aurait consenti à se charger de l'enfant, et qui aurait fait sa déclaration à cet égard devant la municipalité du lieu où l'enfant a été trouvé.

348. Ceux qui auront porté à un hospice un enfant au-dessous de l'âge de sept ans accomplis, qui leur aurait été confié afin qu'ils en prissent soin ou pour toute autre cause, seront punis d'un emprisonnement de six semaines à six mois, et d'une amende de seize francs à cinquante francs. —Toutefois aucune peine ne sera prononcée, s'ils n'étaient pas tenus ou ne s'étaient pas obligés de pourvoir gratuitement à la nourriture et à l'entretien de l'enfant, et si personne n'y avait pourvu.

349. Ceux qui auront exposé et délaissé en un lieu solitaire un enfant au-dessous de l'âge de sept ans accomplis, ceux qui auront donné l'ordre de l'exposer ainsi, si cet ordre a été exécuté, seront, pour ce seul fait, condamnés à un emprisonnement de six mois à deux ans, et à une amende de seize francs à deux cents francs.

350. La peine portée au précédent article sera de deux ans à cinq ans, et l'amende de cinquante francs à quatre cents francs, contre les tuteurs ou tutrices, instituteurs ou institutrices de l'enfant exposé et délaissé par eux ou par leur ordre.

351. Si, par suite de l'exposition et du délaissement prévu par les articles 349 et 350, l'enfant est demeuré mutilé ou estropié, l'action sera considérée comme blessures volontaires à lui faites par la personne qui l'a exposé et délaissé ; et si la mort s'en est suivie, l'action sera considérée comme meurtre : au premier cas, les coupables subiront la peine applicable aux blessures volontaires ; et, au second cas, celle du meurtre.

352. Ceux qui auront exposé et délaissé en un lieu non solitaire un enfant au-dessous de l'âge de sept ans accomplis, seront punis d'un emprisonnement de trois mois à un an, et d'une amende de seize francs à cent francs.

353. Le délit prévu par le précédent article sera puni d'un emprisonnement de six mois à deux ans, et d'une amende de vingt-cinq francs à deux cents francs, s'il a été commis par les tuteurs ou tutrices, instituteurs ou institutrices de l'enfant.

ENGAGEMENT.

Des engagemens qui se forment sans convention.

C. *Civ.* (*liv.* 3, *tit.* 4, *art.* 1370-1386.) — 1370. Certains engagemens se forment sans qu'il intervienne aucune convention, ni de la part de celui qui s'oblige, ni de la part de celui envers lequel il est obligé. — Les uns résultent de l'autorité seule de la loi ; les autres naissent d'un fait personnel à celui qui se trouve obligé. — Les premiers sont les engagemens formés involontairement, tels que ceux entre propriétaires voisins, ou ceux des tuteurs et des autres administrateurs qui ne peuvent refuser la fonction qui leur est déférée. — Les engagemens qui naissent d'un fait personnel à celui qui se trouve obligé résultent ou des quasi-contrats, ou des délits ou quasi-délits ; ils font la matière du présent titre.

Chap. 1, *des quasi-contrats.* V. QUASI-CONTRATS.

Chap. 2, *des délits et des quasi-délits.*

V. DOMMAGE.

ENLÈVEMENT.

I. DE PERSONNES.

1° *Séquestration de personne.*

V. SÉQUESTRATION.

2° *Enlèvement d'enfant et de mineur.*

C. Pén. 345. Les coupables d'enlèvement, de recélé ou de suppression d'un enfant, de substitution d'un enfant à un autre, ou de supposition d'un enfant à une femme qui ne sera pas accouchée, seront punis de la réclusion. — La même peine aura lieu contre ceux qui, étant chargés d'un enfant, ne le représenteront point aux personnes qui ont le droit de le réclamer.

§ 2, *enlèvement des mineurs.*

C. Pén. (*liv.* 3, *tit.* 2, *ch.* 1, *sect.* 6, § 2, *art.* 354-357.) — 354. Quiconque aura, par fraude ou violence, enlevé ou fait enlever des mineurs, ou les aura entraînés, détournés ou déplacés, ou les aura fait entraîner, détourner ou déplacer des lieux où ils étaient mis par ceux à l'autorité ou à la direction desquels ils étaient soumis ou confiés, subira la peine de la réclusion.

355. Si la personne ainsi enlevée ou détournée est une fille au-dessous de seize ans accomplis, la peine sera celle des travaux forcés à temps.

356. Quand la fille au-dessous de seize ans aurait consenti à son enlèvement ou suivi volontairement le ravisseur, si celui-ci était majeur de vingt-un ans ou au-dessus, il sera condamné aux travaux forcés à temps. — Si le ravisseur n'avait pas encore vingt-un ans, il sera puni d'un emprisonnement de deux à cinq ans.

357. Dans le cas où le ravisseur aurait épousé la fille qu'il a enlevée, il ne pourra être poursuivi que sur la plainte des personnes qui, d'après le Code Civil, ont le droit de demander la nullité du mariage, ni condamné qu'après que la nullité du mariage aura été prononcée. *V.* RAPT.

II. DE PIÈCES

1° *Bris de scellés et enlèvement de pièces dans les dépôts publics.*

C. Pén. (*liv.* 3, *tit.* 1, *ch.* 1, *sect* 4, § 5, *art.* 249-256). *V.* BRIS DE SCELLÉS.

2° *Manière de procéder en cas de destruction ou d'enlèvement des pièces ou du jugement d'une affaire.*

C. Inst. cr. (*liv.* 2, *tit.* 5, *ch.* 7, *art.* 521-524). — 521. Lorsque, par l'effet d'un incendie, d'une inondation ou de toute autre cause extraordinaire, des minutes d'arrêts rendus en matière criminelle ou correctionnelle et non encore exécutés, ou des procédures encore indécises, auront été dé-truites, enlevées, ou se trouveront égarées, et qu'il n'aura pas été possible de les rétablir, il sera procédé ainsi qu'il suit.

522. S'il existe une expédition ou copie authentique de l'arrêt, elle sera considérée comme minute, et en conséquence remise dans le dépôt destiné à la conservation des arrêts. — A cet effet, tout officier public ou tout individu dépositaire d'une expédition ou d'une copie authentique de l'arrêt est tenu, sous peine d'y être contraint par corps, de la remettre au greffe de la cour qui l'a rendu, sur l'ordre qui en sera donné par le président de cette cour. — Cet ordre lui servira de décharge envers ceux qui auront intérêt à la pièce. — Le dépositaire de l'expédition ou copie authentique de la minute détruite, enlevée ou égarée, aura la liberté, en la remettant dans le dépôt public, de s'en faire délivrer une expédition sans frais.

523. Lorsqu'il n'existera plus, en matière criminelle, d'expédition ni de copie authentique de l'arrêt, si la déclaration du juri existe encore en minute ou en copie authentique, on procédera, d'après cette déclaration, à un nouveau jugement.

524. Lorsque la déclaration du juri ne pourra plus être représentée, ou lorsque l'affaire aura été jugée sans jurés, et qu'il n'en existera aucun acte par écrit, l'instruction sera recommencée, à partir du point où les pièces se trouveront manquer tant en minute qu'en expédition ou copie authentique.

Dispositions du tarif.

Tarif cr. 71. 5° Pour la capture de chaque prévenu, accusé ou condamné, en exécution d'un mandat d'arrêt, ordonnance de prise de corps, arrêt ou jugement quelconque emportant saisie de la personne, y compris l'exploit de signification, la copie et le procès-verbal de perquisition, lors même qu'il s'agirait de l'exécution d'un seul mandat d'arrêt, ordonnance de prise de corps, arrêt ou jugement qui concerneraient plusieurs individus, dans les cas prévus par l'article 522 du C. d'Inst. cr. — Paris, 24 fr. — Villes de 40,000 hab. et au-dessus, 18 fr. — Autres villes et communes, 15 fr.

ENQUÊTE.

I. DES JUGES DE PAIX ET TRIBUNAUX DE COMMERCE. *V.* SOMMAIRE (*enquête*).

I. DES TRIBUNAUX CIVILS.

Disposition générale.

C. Proc. 1035. Quand il s'agira de procéder à une enquête, et que les parties seront trop éloignées, les juges pourront commettre un tribunal voisin, un juge, ou même un juge de paix, suivant l'exigence des cas; ils pourront même autoriser un tribunal à nommer, soit un de ses membres, soit un juge de paix, pour procéder aux opérations ordonnées.

Des enquêtes.

C. Proc. (liv. 2, tit. 12, art. 252-294). — 252. Les faits dont une partie demandera à faire preuve seront articulés succinctement par un simple acte de conclusion, sans écritures ni requête. — Ils seront, également par un simple acte, déniés ou reconnus dans les trois jours ; sinon ils pourront être tenus pour confessés ou avérés.

253. Si les faits sont admissibles, qu'ils soient déniées, et que la loi n'en défende pas la preuve, elle pourra être ordonnée.

254. Le tribunal pourra aussi ordonner d'office la preuve des faits qui lui paraîtront concluans, si la loi ne le défend pas.

255. Le jugement qui ordonnera la preuve, contiendra, — 1º les faits à prouver ; — 2º la nomination du juge devant qui l'enquête sera faite. — Si les témoins sont trop éloignés, il pourra être ordonné que l'enquête sera faite devant un juge commis par un tribunal désigné à cet effet.

256. La preuve contraire sera de droit : la preuve du demandeur et la preuve contraire seront commencées et terminées dans les délais fixés par les articles suivans.

257. Si l'enquête est faite au même lieu où le jugement a été rendu, ou dans la distance de trois myriamètres, elle sera commencée dans la huitaine du jour de la signification à avoué ; si le jugement est rendu contre une partie qui n'avait point d'avoué, le délai courra du jour de la signification à personne ou domicile : ces délais courent également contre celui qui a signifié le jugement ; le tout à peine de nullité. — Si le jugement est susceptible d'opposition, le délai courra du jour de l'expiration des délais de l'opposition.

258. Si l'enquête doit être faite à une plus grande distance, le jugement fixera le délai dans lequel elle sera commencée.

259. L'enquête est censée commencée, pour chacune des parties respectivement, par l'ordonnance qu'elle obtient du juge-commissaire, à l'effet d'assigner les témoins aux jour et heure par lui indiqués. — En conséquence, le juge-commissaire ouvrira les procès-verbaux respectifs par la mention de la réquisition et de la délivrance de son ordonnance.

260. Les témoins seront assignés à personne ou domicile : ceux domiciliés dans l'étendue de trois myriamètres du lieu où se fait l'enquête, le seront au moins un jour avant l'audition ; il sera ajouté un jour par trois myriamètres pour ceux

domiciliés à une plus grande distance. Il sera donné copie à chaque témoin, du dispositif du jugement, seulement en ce qui concerne les faits admis, et de l'ordonnance du juge-commissaire ; le tout à peine de nullité des dépositions des témoins envers lesquels les formalités ci-dessus n'auraient pas été observées.

261. La partie sera assignée pour être présente à l'enquête, au domicile de son avoué, si elle en a constitué, sinon à son domicile ; le tout trois jours au moins avant l'audition : les noms, professions et demeures des témoins à produire contre elle lui seront notifiés ; le tout à peine de nullité, comme ci-dessus.

262. Les témoins seront entendus séparément, tant en présence qu'en l'absence des parties. — Chaque témoin, avant d'être entendu, déclarera ses noms, profession, âge et demeure, s'il est parent ou allié de l'une des parties, à quel degré, s'il est serviteur ou domestique de l'une d'elles ; il fera serment de dire vérité : le tout à peine de nullité.

263. Les témoins défaillans seront condamnés, par ordonnances du juge-commissaire qui seront exécutoires nonobstant opposition ou appel, à une somme qui ne pourra être moindre de dix francs, au profit de la partie, à titre de dommages et intérêts ; ils pourront de plus être condamnés, par la même ordonnance, à une amende qui ne pourra excéder la somme de cent francs. — Les témoins défaillans seront réassignés à leurs frais.

264. Si les témoins réassignés sont encore défaillans, ils seront condamnés, et par corps, à une amende de cent francs ; le juge commissaire pourra même décerner contre eux un mandat d'amener.

265. Si le témoin justifie qu'il n'a pu se présenter au jour indiqué, le juge-commissaire le déchargera, après sa déposition, de l'amende et des frais de réassignation.

266. Si le témoin justifie qu'il est dans l'impossibilité de se présenter au jour indiqué, le juge-commissaire lui accordera un délai suffisant, qui néanmoins ne pourra excéder celui fixé pour l'enquête, ou se transportera pour recevoir la déposition. Si le témoin est éloigné, le juge-commissaire renverra devant le président du tribunal du lieu, qui entendra le témoin ou commettra un juge : le greffier de ce tribunal fera parvenir de suite la minute du procès-verbal au greffe du tribunal où le procès est pendant, sauf à lui à prendre exécutoire pour les frais contre la partie à la requête de qui le témoin aura été entendu.

267. Si les témoins ne peuvent être entendus

le même jour, le juge-commissaire remettra à jour et heure certains ; et il ne sera donné nouvelle assignation ni aux témoins, ni à la partie, encore qu'elle n'ait pas comparu.

268. Nul ne pourra être assigné comme témoin, s'il est parent ou allié en ligne directe de l'une des parties, ou son conjoint, même divorcé.

269. Les procès-verbaux d'enquête contiendront la date des jour et heure, les comparution ou défaut des parties et témoins, la représentation des assignations, les remises à autres jour et heure, si elles sont ordonnées ; à peine de nullité.

270. Les reproches seront proposés par la partie ou par son avoué avant la déposition du témoin, qui sera tenu de s'expliquer sur iceux : ils seront circonstanciés et pertinens, et non en termes vagues et généraux. Les reproches et les explications du témoin seront consignés dans le procès-verbal.

271. Le témoin déposera, sans qu'il lui soit permis de lire aucun projet écrit. Sa déposition sera consignée sur le procès-verbal ; elle lui sera lue, et il lui sera demandé s'il y persiste : le tout à peine de nullité : il lui sera demandé aussi s'il requiert taxe.

272. Lors de la lecture de sa déposition, le témoin pourra faire tels changemens et additions que bon lui semblera : ils seront écrits à la suite ou à la marge de sa déposition ; il lui en sera donné lecture, ainsi que de la déposition, et mention en sera faite ; le tout à peine de nullité.

273. Le juge-commissaire pourra, soit d'office, soit sur la réquisition des parties ou de l'une d'elles, faire au témoin les interpellations qu'il croira convenables pour éclaircir sa déposition : les réponses du témoin seront signées de lui, après lui avoir été lues, ou mention sera faite s'il ne veut ou ne peut signer ; elles seront également signées du juge et du greffier ; le tout à peine de nullité.

274. La déposition du témoin, ainsi que les changemens et additions qu'il pourra y faire, seront signés par lui, le juge et le greffier ; et si le témoin ne veut ou ne peut signer, il en sera fait mention : le tout à peine de nullité. Il sera fait mention de la taxe, s'il la requiert, ou de son refus.

275. Les procès-verbaux feront mention de l'observation des formalités prescrites par les articles 261, 262, 269, 270, 271, 272, 273 et 274 ci-dessus : ils seront signés, à la fin, par le juge et le greffier, et par les parties si elles le veulent ou le peuvent ; en cas de refus, il en sera fait mention : le tout à peine de nullité.

276. La partie ne pourra ni interrompre le témoin dans sa déposition, ni lui faire aucune interpellation directe, mais sera tenue de s'adresser au juge-commissaire, à peine de dix francs d'amende ; et de plus forte amende, même d'exclusion, en cas de récidive : ce qui sera prononcé par le juge-commissaire. Ses ordonnances seront exécutoires nonobstant appel ou opposition.

277. Si le témoin requiert taxe, elle sera faite par le juge-commissaire sur la copie de l'assignation, et elle vaudra exécutoire : le juge fera mention de la taxe sur son procès-verbal.

278. L'enquête sera respectivement parachevée dans la huitaine de l'audition des premiers témoins, à peine de nullité, si le jugement qui l'a ordonnée n'a fixé un plus long délai.

279. Si néanmoins l'une des parties demande prorogation dans le délai fixé pour la confection de l'enquête, le tribunal pourra l'accorder.

280. La prorogation sera demandée sur le procès-verbal du juge-commissaire, et ordonnée sur le référé qu'il en fera à l'audience, au jour indiqué par son procès-verbal, sans sommation ni avenir, si les parties ou leurs avoués ont été présens : il ne sera accordé qu'une seule prorogation, à peine de nullité.

281. La partie qui aura fait entendre plus de cinq témoins sur un même fait, ne pourra répéter les frais des autres dépositions.

282. Aucun reproche ne sera proposé après la déposition, s'il n'est justifié par écrit.

283. Pourront être reprochés, les parens ou alliés de l'une ou de l'autre des parties, jusqu'au degré de cousin issu de germain inclusivement ; les parens et alliés des conjoints au degré ci-dessus, si le conjoint est vivant, ou si la partie ou le témoin en a des enfans vivans : en cas que le conjoint soit décédé, et qu'il n'ait pas laissé de descendans, pourront être reprochés les parens et alliés en ligne directe, les frères, beaux-frères, sœurs et belles-sœurs. — Pourront aussi être reprochés, le témoin héritier présomptif ou donataire ; celui qui aura bu ou mangé avec la partie, et à ses frais, depuis la prononciation du jugement qui a ordonné l'enquête ; celui qui aura donné des certificats sur les faits relatifs au procès ; les serviteurs et domestiques ; le témoin en état d'accusation ; celui qui aura été condamné à une peine afflictive ou infamante, ou même à une peine correctionnelle pour cause de vol.

284. Le témoin reproché sera entendu dans sa déposition.

285. Pourront les individus âgés de moins de quinze ans révolus être entendus, sauf à avoir à leurs dépositions tel égard que de raison.

286. Le délai pour faire enquête étant expiré,

la partie la plus diligente fera signifier à avoué copie des procès-verbaux, et poursuivra l'audience sur un simple acte.

287. Il sera statué sommairement sur les reproches.

288. Si néanmoins le fond de la cause était en état, il pourra être prononcé sur le tout par un seul jugement.

289. Si les reproches proposés avant la déposition ne sont justifiés par écrit, la partie sera tenue d'en offrir la preuve et de désigner les témoins; autrement elle n'y sera plus reçue; le tout sans préjudice des réparations, dommages et intérêts qui pourraient être dus au témoin reproché.

290. La preuve, s'il y échet, sera ordonnée par le tribunal, sauf la preuve contraire, et sera faite dans la forme ci-après réglée pour les enquêtes sommaires. *V.* SOMMAIRE (*enquête*). Aucun reproche ne pourra y être proposé, s'il n'est justifié par écrit.

291. Si les reproches sont admis, la déposition du témoin reproché ne sera point lue.

292. L'enquête ou la déposition déclarée nulle par la faute du juge-commissaire, sera recommencée à ses frais; les délais de la nouvelle enquête ou de la nouvelle audition de témoins courront du jour de la signification du jugement qui l'aura ordonnée : la partie pourra faire entendre les mêmes témoins ; et si quelques-uns ne peuvent être entendus, les juges auront tel égard que de raison aux dépositions par eux faites dans la première enquête.

293. L'enquête déclarée nulle par la faute de l'avoué, ou par celle de l'huissier, ne sera pas recommencée : mais la partie pourra en répéter les frais contre eux, même des dommages et intérêts, en cas de manifeste négligence; ce qui est laissé à l'arbitrage du juge.

294. La nullité d'une ou de plusieurs dépositions n'entraine pas celle de l'enquête.

Dispositions du tarif.

Tarif civ. 29. (Pr. 260 et 261.) L'original d'assignation aux témoins dans les enquêtes. — D'assignation à la partie contre laquelle se fait l'enquête, — Paris, 2 fr. — Partout ailleurs, 1 fr. 30 c. — Pour chaque copie, le quart.

70. (Pr. 286.) L'original de la signification des procès-verbaux d'enquête, — Paris, 1 fr. — Dans le ressort, 75 c. (*V.* TARIF.) — Pour chaque copie, le quart.

71. (Pr. 252.) Acte contenant articulation succincte des faits dont une partie demandera à faire preuve. — Acte contenant réponse au précédent et dénégation ou reconnaissance des faits. — (282.) Acte contenant la justification des reproches par écrit. — Acte en réponse. — (283.) Acte contenant offre de prouver les reproches contre les témoins non justifiés par écrit, et désignation des témoins à entendre sur les reproches. — Acte en réponse. — Pour l'original, —

Paris, 5 fr. — Dans le ressort, 3 fr. 75 c. — Pour chaque copie, le quart.

76. (Pr. 259.) Requête au juge commis pour procéder à une enquête, à l'effet d'obtenir son ordonnance, indiquant le jour et l'heure pour lesquels les témoins seront assignés. — Elle ne sera point grossoyée. — Paris, 2 fr. — Dans le ressort, 1 fr. 50 c. — La vacation pour demander l'ordonnance et se la faire délivrer est comprise dans la taxe.

91. (Pr. 259.) Vacation pour requérir l'ordonnance du juge-commis à l'effet de procéder à une enquête et signer le procès-verbal d'ouverture, — Paris, 3 fr. — Dans le ressort, 2 fr. 25 c.

92. (Pr. 270.) Vacation à l'audition des témoins, par trois heures, — Paris, 6 fr. — Dans le ressort, 4 fr. 50 c.

167. Il sera taxé au témoin, à raison de son état et de sa profession, une journée pour sa déposition ; et s'il n'a pas été entendu le premier jour pour lequel il aura été cité, dans le cas prévu par l'art. 267, il lui sera passé deux journées , indépendamment des frais de voyage, si le témoin est domicilié à plus de deux myriamètres du lieu où se fait l'enquête. Le *maximum* de la taxe du témoin sera de 10 fr. ; et le *minimum*, 2 fr. Les frais de voyage sont fixés à 3 fr. par myriamètre pour l'aller et le retour.

ENREGISTREMENT. *C. Civ.* 1328. Les actes sous seing privé n'ont de date contre les tiers que du jour où ils ont été enregistrés, du jour de la mort de celui ou de l'un de ceux qui les ont souscrits, ou du jour où leur substance est constatée dans des actes dressés par des officiers publics, tels que procès-verbaux de scellé ou d'inventaire.

ENROLEMENT. *C. Civ.* 374. L'enfant ne peut quitter la maison paternelle sans la permission de son père, si ce n'est pour enrôlement volontaire, après l'âge de dix-huit ans révolus.

ENTERREMENT. *V.* INHUMATION.

ENTREPRENEUR. *V.* ARCHITECTE.

ENTRETIEN (*frais d'*).

I. ENTRETIEN DES ENFANS.

203. Les époux contractent ensemble, par le fait seul du mariage, l'obligation de nourrir, entretenir et élever leurs enfans.

852. Les frais de nourriture, d'entretien, d'éducation, d'apprentissage, les frais ordinaires d'équipement, ceux de noces et présens d'usage, ne doivent pas être rapportés.

1409. La communauté se compose passivement : — 1°... 5° de l'éducation et entretien des enfans.

II. RÉPARATIONS D'IMMEUBLES.

1° *Du bail.*

C. Civ. 1719. Le bailleur est obligé, par la nature du contrat, et sans qu'il soit besoin d'aucune stipulation particulière, — 1° de délivrer au preneur la chose louée ; — 2° d'entretenir cette chose en état de servir à l'usage pour lequel elle a été louée.

1720. Le bailleur est tenu de délivrer la chose

en bon état de réparations de toute espèce. — Il doit y faire, pendant la durée du bail, toutes les réparations qui peuvent devenir nécessaires, autres que les locatives. *V.* LOCATIVES (*réparations*).

2° *De l'usufruit.*

C. Civ. 605. L'usufruitier n'est tenu qu'aux réparations d'entretien.

ENVOI EN POSSESSION.

I. DE BIENS D'ABSENT.

C. Civ. 120. Dans les cas où l'absent n'aurait point laissé de procuration pour l'administration de ses biens, ses héritiers présomptifs, au jour de sa disparition ou de ses dernières nouvelles, pourront, en vertu du jugement définitif qui aura déclaré l'absence, se faire envoyer en possession provisoire des biens qui appartenaient à l'absent au jour de son départ ou de ses dernières nouvelles, à la charge de donner caution pour la sûreté de leur administration. *V.* ABSENCE.

817. L'action en partage, à l'égard des cohéritiers mineurs ou interdits, peut être exercée par leurs tuteurs, spécialement autorisés par un conseil de famille. — A l'égard des cohéritiers absens, l'action appartient aux parens envoyés en possession.

II. DES BIENS D'UNE SUCCESSION.

1° *Des héritiers appelés par la loi.*

C. Civ. 724. Les héritiers légitimes sont saisis de plein droit des biens, droits et actions du défunt, sous l'obligation d'acquitter toutes les charges de la succession. — Les enfans naturels, l'époux survivant et l'État doivent se faire envoyer en possession par justice dans les formes qui seront déterminées. *V.* VACANTE (*succession*).

2° *Des légataires universels.*

C. Civ. 1006. Lorsqu'au décès du testateur il n'y a pas d'héritiers auxquels une quotité de ses biens soit réservée par la loi, le légataire universel sera saisi de plein droit par la mort du testateur, sans être tenu de demander la délivrance.

1008. Dans le cas de l'article 1006, si le testament est olographe ou mystique, le légataire universel sera tenu de se faire envoyer en possession, par une ordonnance du président, mise au bas d'une requête à laquelle sera joint l'acte de dépôt.

3° *Des légataires particuliers. V.* DÉLIVRANCE.

ÉPAVES. *C. Civ.* 717. Les droits sur les choses perdues dont le maître ne se représente pas, sont réglés par des lois particulières.

ÉPIZOOTIE.

C. Pén. 459. Tout détenteur ou gardien d'animaux ou de bestiaux soupçonnés d'être infectés de maladie contagieuse, qui n'aura pas averti

sur le champ le maire de la commune où ils se trouvent, et qui même, avant que le maire ait répondu à l'avertissement, ne les aura pas tenus renfermés, sera puni d'un emprisonnement de six jours à deux mois, et d'une amende de seize francs à deux cents francs.

460. Seront également punis d'un emprisonnement de deux mois à six mois, et d'une amende de cent francs à cinq cents francs, ceux qui, au mépris des défenses de l'administration, auront laissé leurs animaux ou bestiaux infectés communiquer avec d'autres.

461. Si, de la communication mentionnée au précédent article, il est résulté une contagion parmi les autres animaux, ceux qui auront contrevenu aux défenses de l'autorité administrative seront punis d'un emprisonnement de deux ans à cinq ans, et d'une amende de cent francs à mille francs; le tout sans préjudice de l'exécution des lois et règlemens relatifs aux maladies épizootiques et de l'application des peines y portées.

ÉPOUX.

I. DES FUTURS ÉPOUX.

1° *Des dispositions faites avant le mariage.*

C. Civ. 1587. La loi ne régit l'association conjugale, quant aux biens, qu'à défaut de conventions spéciales, que les époux peuvent faire comme ils le jugent à propos, pourvu qu'elles ne soient pas contraires aux bonnes mœurs, et, en outre, sous les modifications qui suivent.

1388. Les époux ne peuvent déroger ni aux droits résultant de la puissance maritale sur la personne de la femme et des enfans, ou qui appartiennent au mari comme chef, ni aux droits conférés au survivant des époux par le titre *de la puissance paternelle* et par le titre *de la minorité, de la tutelle et de l'émancipation*, ni aux dispositions prohibitives du Code civil.

1389. Ils ne peuvent faire aucune convention ou renonciation dont l'objet serait de changer l'ordre légal des successions, soit par rapport à eux-mêmes dans la succession de leurs enfans ou descendans, soit par rapport à leurs enfans entre eux, sans préjudice des donations entre-vifs ou testamentaires qui pourront avoir lieu selon les formes et dans les cas déterminés par le Code civil. *V.* MARIAGE (*contrat de*).

2° *Des donations faites par contrat de mariage aux époux, et aux enfans à naître du mariage.*

C. Civ. (*liv.* 5, *tit.* 2, *ch.* 8, *art.* 1081-1090). — 1081. Toute donation entre-vifs de biens présens, quoique faite par contrat de mariage aux époux, ou à l'un d'eux, sera soumise aux règles générales prescrites pour les donations faites à ce titre. — Elle ne pourra avoir lieu au profit des enfans à naître, si ce n'est dans les cas énoncés au chapitre 6 du présent titre. (*Art.* 1048-1074. *V.* Substitution.)

1082. Les pères et mères, les autres ascendans, les parens collatéraux des époux, et même les étrangers, pourront, par contrat de mariage, disposer de tout ou partie des biens qu'ils laisseront au jour de leur décès, tant au profit desdits époux, qu'au profit des enfans à naître de leur mariage, dans le cas où le donateur survivrait à l'époux donataire. — Pareille donation, quoique faite au profit seulement des époux ou de l'un d'eux, sera toujours, dans ledit cas de survie du donateur, présumée faite au profit des enfans et descendans à naître du mariage.

1083. La donation, dans la forme portée au précédent article, sera irrévocable, en ce sens seulement que le donateur ne pourra plus disposer, à titre gratuit, des objets compris dans la donation, si ce n'est pour sommes modiques, à titre de récompense ou autrement.

1084. La donation par contrat de mariage pourra être faite cumulativement des biens présens et à venir, en tout ou en partie, à la charge qu'il sera annexé à l'acte un état des dettes et charges du donateur existantes au jour de la donation ; auquel cas il sera libre au donataire, lors du décès du donateur, de s'en tenir aux biens présens, en renonçant au surplus des biens du donateur.

1085. Si l'état dont est mention au précédent article n'a point été annexé à l'acte contenant donation des biens présens et à venir, le donataire sera obligé d'accepter ou de répudier cette donation pour le tout. En cas d'acceptation, il ne pourra réclamer que les biens qui se trouveront existans au jour du décès du donateur, et il sera soumis au paiement de toutes les dettes et charges de la succession.

1086. La donation par contrat de mariage en faveur des époux et des enfans à naître de leur mariage, pourra encore être faite, à condition de payer indistinctement toutes les dettes et charges de la succession du donateur, ou sous d'autres conditions dont l'exécution dépendrait de sa volonté, par quelque personne que la donation soit faite : le donataire sera tenu d'accomplir ces conditions, s'il n'aime mieux renoncer à la donation ; et en cas que le donateur, par contrat de mariage, se soit réservé la liberté de disposer d'un effet compris dans la donation de ses biens présens, ou d'une somme fixe à prendre sur ces mêmes biens, l'effet ou la somme, s'il meurt sans en avoir dis-

posé, seront censés compris dans la donation, et appartiendront au donataire ou à ses héritiers.

1087. Les donations faites par contrat de mariage ne pourront être attaquées, ni déclarées nulles, sous prétexte de défaut d'acceptation.

1088. Toute donation faite en faveur du mariage sera caduque si le mariage ne s'ensuit pas.

1089. Les donations faites à l'un des époux, dans les termes des articles 1082, 1084 et 1086 ci-dessus, deviendront caduques, si le donateur survit à l'époux donataire et à sa postérité.

1090. Toutes donations faites aux époux par leur contrat de mariage, seront, lors de l'ouverture de la succession du donateur, réductibles à la portion dont la loi lui permettait de disposer.

II. DES ÉPOUX.

ART. 1er. DROITS ET DEVOIRS DES ÉPOUX.

Dispositions générales.

C. Civ. 203. Les époux contractent ensemble, par le fait seul du mariage, l'obligation de nourrir, entretenir et élever leurs enfans. *V.* MARIAGE.

Des droits et des devoirs respectifs des époux.

C. Civ. (*liv.* 1, *tit.* 5, *ch.* 6, *art.* 212-226). — 212. Les époux se doivent mutuellement fidélité, secours, assistance.

213. Le mari doit protection à sa femme, la femme obéissance à son mari.

214. La femme est obligée d'habiter avec le mari, et de le suivre partout où il juge à propos de résider (*V.* Corps [*séparation de*].) : le mari est obligé de la recevoir, et de lui fournir tout ce qui est nécessaire pour les besoins de la vie, selon ses facultés et son état.

215. La femme ne peut ester en jugement sans l'autorisation de son mari, quand même elle serait marchande publique, ou non commune, ou séparée de biens.

216. L'autorisation du mari n'est pas nécessaire lorsque la femme est poursuivie en matière criminelle ou de police.

217. La femme, même non commune ou séparée de biens, ne peut donner, aliéner, hypothéquer, acquérir, à titre gratuit ou onéreux, sans le concours du mari dans l'acte, ou son consentement par écrit.

218. Si le mari refuse d'autoriser sa femme à ester en jugement, le juge peut donner l'autorisation.

219. Si le mari refuse d'autoriser sa femme à passer un acte, la femme peut faire citer son mari directement devant le tribunal de première instance de l'arrondissement du domicile commun, qui peut donner ou refuser son autorisation,

après que le mari aura été entendu ou dûment appelé en la chambre du conseil.

220. La femme, si elle est marchande publique, peut, sans l'autorisation de son mari, s'obliger pour ce qui concerne son négoce; et, audit cas, elle oblige aussi son mari, s'il y a communauté entre eux. — Elle n'est pas réputée marchande publique si elle ne fait que détailler les marchandises du commerce de son mari, mais seulement quand elle fait un commerce séparé.

221. Lorsque le mari est frappé d'une condamnation emportant peine afflictive ou infamante, encore qu'elle n'ait été prononcée que par contumace, la femme, même majeure, ne peut, pendant la durée de la peine, ester en jugement, ni contracter, qu'après s'être fait autoriser par le juge, qui peut, en ce cas, donner l'autorisation, sans que le mari ait été entendu ou appelé.

222. Si le mari est interdit ou absent, le juge peut, en connaissance de cause, autoriser la femme, soit pour ester en jugement, soit pour contracter.

223. Toute autorisation générale, même stipulée par contrat de mariage, n'est valable que quant à l'administration des biens de la femme.

224. Si le mari est mineur, l'autorisation du juge est nécessaire à la femme, soit pour ester en jugement, soit pour contracter.

225. La nullité fondée sur le défaut d'autorisation ne peut être opposée que par la femme, par le mari, ou par leurs héritiers.

225. La femme peut tester sans l'autorisation de son mari. (*V. ci-dessus, art.* 1031-1090.)

ART. 2. DISPOSITIONS ENTRE ÉPOUX.

Des dispositions entre époux, soit par contrat de mariage, soit pendant le mariage.

C. Civ. (liv. 3, tit. 2, ch. 9, art. 1091-1100). — 1091. Les époux pourront, par contrat de mariage, se faire réciproquement, ou l'un des deux à l'autre, telle donation qu'ils jugeront à propos, sous les modifications ci-après exprimées.

1092. Toute donation entre-vifs de biens présens, faite entre époux par contrat de mariage, ne sera point censée faite sous la condition de survie du donataire, si cette condition n'est formellement exprimée; et elle sera soumise à toutes les règles et formes ci-dessus prescrites pour ces sortes de donations. V. DONATION.

1093. La donation de biens à venir ou de biens présens et à venir, faite entre époux par contrat de mariage, soit simple, soit réciproque, sera soumise aux règles établies par le chapitre précédent, à l'égard des donations pareilles qui leur seront faites par un tiers (*V. ci-dessus, art.* 1081-

1090) : sauf qu'elle ne sera point transmissible aux enfans issus du mariage, en cas de décès de l'époux donataire avant l'époux donateur.

1094. L'époux pourra, soit par contrat de mariage, soit pendant le mariage, pour le cas où il ne laisserait point d'enfans ni descendans, disposer en faveur de l'autre époux, en propriété, de tout ce dont il pourrait disposer en faveur d'un étranger, et, en outre, de l'usufruit de la totalité de la portion dont la loi prohibe la disposition au préjudice des héritiers. — Et pour le cas où l'époux donateur laisserait des enfans ou descendans, il pourra donner à l'autre époux, ou, un quart en propriété et un autre quart en usufruit, ou la moitié de tous ses biens en usufruit seulement.

1095. Le mineur ne pourra, par contrat de mariage simple, soit par donation réciproque, qu'avec le consentement et l'assistance de ceux dont le consentement est requis pour la validité de son mariage; et, avec ce consentement, il pourra donner tout ce que la loi permet à l'époux majeur de donner à l'autre conjoint.

1096. Toutes donations faites entre époux pendant le mariage, quoique qualifiées entre-vifs, seront toujours révocables. — La révocation pourra être faite par la femme, sans y être autorisée par le mari ni par justice. — Ces donations ne seront point révoquées par la survenance d'enfans.

1097. Les époux ne pourront, pendant le mariage, se faire, ni par acte entre-vifs, ni par testamen', aucune donation mutuelle et réciproque par un seul et même acte.

1098. L'homme ou la femme qui, ayant des enfans d'un autre lit, contractera un second ou subséquent mariage, ne pourra donner à son nouvel époux qu'une part d'enfant légitime le moins prenant, et sans que, dans aucun cas, ces donations puissent excéder le quart des biens.

1099. Les époux ne pourront se donner indirectement au-delà de ce qui leur est permis par les dispositions ci-dessus. — Toute donation, ou déguisée, ou faite à personnes interposées, sera nulle.

1100. Seront réputées faites à personnes interposées, les donations de l'un des époux aux enfans ou à l'un des enfans de l'autre époux issus d'un autre mariage, et celles faites par le donateur aux parens dont l'autre époux sera héritier présomptif au jour de la donation, encore que ce dernier n'ait point survécu à son parent donataire.

ART. 3. DISPOSITIONS DIVERSES.

ABSENCE. C. Civ. 140. Si l'époux absent n'a point laissé de parens habiles à lui succéder, l'autre époux pourra demander l'envoi en possession provisoire des biens.

ADOPTION ET TUTELLE OFFICIEUSE. *C. Civ.* 344. Nul ne peut être adopté par plusieurs, si ce n'est par deux époux. — Hors le cas de l'article 366 (*ci-après*), nul époux ne peut adopter qu'avec le consentement de l'autre conjoint.

362. Un époux ne peut devenir tuteur officieux qu'avec le consentement de l'autre conjoint.

366. Si le tuteur officieux, après cinq ans révolus depuis la tutelle, et dans la prévoyance de son décès avant la majorité du pupille, lui confère l'adoption par acte testamentaire, cette disposition sera valable, pourvu que le tuteur officieux ne laisse point d'enfans légitimes.

PRESCRIPTION. *C. Civ.* 2253. (La prescription) ne court point entre époux.

RAPPORT. *C. Civ.* 849. Les dons et legs faits au conjoint d'un époux successible, sont réputés faits avec dispense du rapport. — Si les dons et legs sont faits conjointement à deux époux, dont l'un seulement est successible, celui-ci en rapporte la moitié; si les dons sont faits à l'époux successible, il les rapporte en entier.

SCELLÉS ET INVENTAIRE. *C. Proc.* 932. Le conjoint pourra assister à toutes les vacations de la levée du scellé et de l'inventaire, en personne ou par un mandataire.

SUCCESSION. *C. Civ.* 723. La loi règle l'ordre de succéder entre les héritiers légitimes : à leur défaut, les biens passent aux enfans naturels, ensuite à l'époux survivant; et s'il n'y en a pas, à l'État. *V.* VACANTE (*succession*).

TÉMOIN (*au civil*). *C. Proc.* 268. Nul ne pourra être assigné comme témoin, s'il est parent ou allié en ligne directe de l'une des parties, ou son conjoint, même divorcé.

(*Au criminel*). *C. Inst. cr.* 322. Ne pourront être reçues les dépositions — 1°... 3° du mari ou de la femme, même après le divorce prononcé.

VENTE (*entre époux*). *C. Civ.* 1595. Le contrat de vente ne peut avoir lieu entre époux que dans les trois cas suivans ; — 1° celui où l'un des deux époux cède des biens à l'autre, séparé judiciairement d'avec lui, en paiement de ses droits ; — 2° celui où la cession que le mari fait à sa femme, même non séparée, a une cause légitime, telle que le remploi de ses immeubles aliénés, ou de deniers à elle appartenant, si ces immeubles ou deniers ne tombent pas en communauté ; — 3° celui où la femme cède des biens à son mari en paiement d'une somme qu'elle lui aurait promise en dot, et lorsqu'il y a exclusion de communauté. — Sauf, dans ces trois cas, les droits des héritiers des parties contractantes, s'il y a avantage indirect.

ART. 4. DE LA LOI PÉNALE.
1° *Du meurtre de l'époux.*

C. Pén. 324. Le meurtre commis par l'époux sur l'épouse, ou par celle-ci sur son époux, n'est pas excusable, si la vie de l'époux ou de l'épouse qui a commis le meurtre n'a pas été mise en péril dans le moment même où le meurtre a eu lieu.— Néanmoins, dans le cas d'adultère, le meurtre commis par l'époux sur son épouse, ainsi que sur le complice, à l'instant où il les surprend en flagrant délit dans la maison conjugale, est excusable.

2° *Des vols commis au préjudice de l'époux.*

C. Pén. 380. Les soustractions commises par des maris au préjudice de leurs femmes, par des femmes au préjudice de leurs maris, par un veuf ou une veuve quant aux choses qui avaient appartenu à l'époux décédé, ne pourront donner lieu qu'à des réparations civiles. — A l'égard de tous autres individus qui auraient recélé ou appliqué à leur profit tout ou partie des objets volés, ils seront punis comme coupables de vol.

ÉQUIPAGE DE NAVIRE.

I. DISPOSITIONS GÉNÉRALES.
De l'engagement et des loyers des matelots et gens de l'équipage.

C. Com. (liv. 2, tit. 3, art. 250-272). — 250. Les conditions d'engagement du capitaine et des hommes d'équipage d'un navire sont constatées par le rôle d'équipage, ou par les conventions des parties.

251. Le capitaine et les gens de l'équipage ne peuvent, sous aucun prétexte, charger dans le navire aucune marchandise pour leur compte, sans la permission des propriétaires et sans en payer le fret, et s'ils n'y sont autorisés par l'engagement.

252. Si le voyage est rompu par le fait des propriétaires, capitaine ou affréteurs, avant le départ du navire, les matelots loués au voyage ou au mois sont payés des journées par eux employées à l'équipement du navire. Ils retiennent pour indemnité les avances reçues.— Si les avances ne sont pas encore payées, ils reçoivent pour indemnité un mois de leurs gages convenus.— Si la rupture arrive après le voyage commencé, les matelots loués au voyage ou au mois sont payés en entier aux termes de leur convention. — Les matelots loués au mois reçoivent leurs loyers stipulés pour le temps qu'ils ont servi, et en outre, pour indemnité, la moitié de leurs gages pour le reste de la durée présumée du voyage pour lequel ils étaient engagés. — Les matelots loués au voyage ou au mois reçoivent en outre leur conduite de retour jusqu'au lieu du départ du na-

vire, à moins que le capitaine, les propriétaires ou affréteurs, ou l'officier d'administration, ne leur procurent leur embarquement sur un autre navire revenant audit lieu de leur départ.

233. S'il y a interdiction de commerce avec le lieu de la destination du navire, ou si le navire est arrêté par ordre du gouvernement avant le voyage commencé, — Il n'est dû aux matelots que les journées employées à équiper le bâtiment.

234. Si l'interdiction du commerce ou l'arrêt du navire arrive pendant le cours du voyage, — dans le cas d'interdiction, les matelots sont payés à proportion du temps qu'ils auront servi; — dans le cas de l'arrêt, le loyer des matelots engagés au mois court pour moitié pendant le temps de l'arrêt; — le loyer des matelots engagés au voyage est payé aux termes de leur engagement.

235. Si le voyage est prolongé, le prix des loyers des matelots engagés au voyage est augmenté à proportion de la prolongation.

236. Si la décharge du navire se fait volontairement dans un lieu plus rapproché de celui qui est désigné par l'affrètement, il ne leur est fait aucune diminution.

237. Si les matelots sont engagés au profit ou au fret, il ne leur est dû aucun dédommagement ni journées pour la rupture, le retardement ou la prolongation de voyage occasionés par force majeure. — Si la rupture, le retardement ou la prolongation arrivent par le fait des chargeurs, les gens de l'équipage ont part aux indemnités qui sont adjugées au navire. — Ces indemnités sont partagées entre les propriétaires du navire et les gens de l'équipage, dans la même proportion que l'aurait été le fret. — Si l'empêchement arrive par le fait du capitaine ou des propriétaires, ils sont tenus des indemnités dues aux gens de l'équipage.

238. En cas de prise, de bris et naufrage, avec perte entière du navire et des marchandises, les matelots ne peuvent prétendre aucun loyer. —Ils ne sont point tenus de restituer ce qui leur a été avancé sur leurs loyers.

239. Si quelque partie du navire est sauvée, les matelots engagés au voyage ou au mois sont payés de leurs loyers échus sur les débris du navire qu'ils ont sauvés. — Si les débris ne suffisent pas, ou s'il n'y a que des marchandises sauvées, ils sont payés de leurs loyers subsidiairement sur le fret.

260. Les matelots engagés au fret sont payés de leurs loyers seulement sur le fret, à proportion de celui que reçoit le capitaine.

261. De quelque manière que les matelots soient loués, ils sont payés des journées par eux employées à sauver les débris et les effets naufragés.

262. Le matelot est payé de ses loyers, traité et pansé aux dépens du navire, s'il tombe malade pendant le voyage, ou s'il est blessé au service du navire.

263. Le matelot est traité et pansé aux dépens du navire et du chargement, s'il est blessé en combattant contre les ennemis et les pirates.

264. Si le matelot, sorti du navire sans autorisation, est blessé à terre, les frais de ses pansement et traitement sont à sa charge : il pourra même être congédié par le capitaine.—Ses loyers, en ce cas, ne lui seront payés qu'à proportion du temps qu'il aura servi.

265. En cas de mort d'un matelot pendant le voyage, si le matelot est engagé au mois, ses loyers sont dus à sa succession jusqu'au jour de son décès. — Si le matelot est engagé au voyage, la moitié de ses loyers est due s'il meurt en allant ou au port d'arrivée. — Le total de ses loyers est dû s'il meurt en revenant. — Si le matelot est engagé au profit ou au fret, sa part entière est due s'il meurt le voyage commencé.— Les loyers du matelot tué en défendant le navire sont dus en entier pour tout le voyage, si le navire arrive à bon port.

266. Le matelot pris dans le navire et fait esclave ne peut rien prétendre contre le capitaine, les propriétaires ni les affréteurs, pour le paiement de son rachat. — Il est payé de ses loyers jusqu'au jour où il est pris et fait esclave.

267. Le matelot pris et fait esclave, s'il a été envoyé en mer ou à terre pour le service du navire, a droit à l'entier paiement de ses loyers. — Il a droit au paiement d'une indemnité pour son rachat, si le navire arrive à bon port.

268. L'indemnité est due par les propriétaires du navire, si le matelot a été envoyé en mer ou à terre pour le service du navire. — L'indemnité est due par les propriétaires du navire et du chargement, si le matelot a été envoyé en mer ou à terre pour le service du navire et du chargement.

269. Le montant de l'indemnité est fixé à six cents francs. — Le recouvrement et l'emploi en seront faits suivant les formes déterminées par le Gouvernement, dans un règlement relatif au rachat des captifs.

270. Tout matelot qui justifie qu'il est congédié sans cause valable, a droit à une indemnité contre le capitaine.— L'indemnité est fixée au tiers des loyers, si le congé a lieu avant le voyage commencé. — L'indemnité est fixée à la totalité des loyers et aux frais du retour, si le congé a lieu pendant le cours du voyage. — Le capitaine ne

eut, dans aucun des cas ci-dessus, répéter le montant de l'indemnité contre les propriétaires du navire.—Il n'y a pas lieu à indemnité, si le matelot est congédié avant la clôture du rôle d'équipage. — Dans aucun cas, le capitaine ne peut congédier un matelot dans les pays étrangers.

271. Le navire et le fret sont spécialement affectés aux loyers des matelots.

272. Toutes les dispositions concernant les loyers, pansement et rachat des matelots, sont communes aux officiers et à tous autres gens de l'équipage.

II. DISPOSITIONS ADDITIONNELLES.

PRESCRIPTION. *C. Com.* 433. Sont prescrites, toutes actions en paiement pour gages et loyers des officiers, matelots et autres gens de l'équipage, un an après le voyage fini.

454. La prescription ne peut avoir lieu, s'il y a cédule, obligation, arrêté de compte ou interpellation judiciaire.

PRIVILÈGE. *C. Com.* 191. Sont privilégiées, et dans l'ordre où elles sont rangées, les dettes ci-après désignées : — 1°... 6° les gages et loyers du capitaine et autres gens de l'équipage employés au dernier voyage.

192.—4° Les gages et loyers de l'équipage (doivent être justifiés) par les rôles d'armement et désarmement arrêtés dans les bureaux de l'inscription maritime.

ERREUR.

1° *Dispositions générales.*

C. Civ. 1109. Il n'y a point de consentement valable, si le consentement n'a été donné que par erreur.

1110. L'erreur n'est une cause de nullité de la convention que lorsqu'elle tombe sur la substance même de la chose qui en est l'objet.— Elle n'est point une cause de nullité, lorsqu'elle ne tombe que sur la personne avec laquelle on a intention de contracter, à moins que la considération de cette personne ne soit la cause principale de la convention.

1304. Dans tous les cas où l'action en nullité ou en rescision d'une convention n'est pas limitée à un moindre temps par une loi particulière, cette action dure dix ans.—Ce temps ne court, dans le cas d'erreur, que du jour où il a été découvert.

2° *Erreur de calcul.*

C. Proc. 541. Il ne sera procédé à la révision d'aucun compte, sauf aux parties, s'il y a erreurs, à en former leurs demandes devant les mêmes juges.

C. Civ. 2058. L'erreur de calcul dans une transaction doit être réparée.

3° *Erreur de droit, erreur de fait.*

C. Civ. 1356. L'aveu judiciaire ne peut être révoqué, à moins qu'on ne prouve qu'il a été la suite d'une erreur de fait. — Il ne pourrait être révoqué sous prétexte d'une erreur de droit.

2052. Les transactions ne peuvent être attaquées pour cause d'erreur de droit.

2053. Néanmoins une transaction peut être rescindée lorsqu'il y a erreur dans la personne ou sur l'objet de la contestation.

4° *Dispositions diverses.*

MARIAGE. *C. Civ.* 180. Lorsqu'il y a eu erreur dans la personne, le mariage ne peut être attaqué que par celui des deux époux qui a été induit en erreur.

PAIEMENT. *C. Civ.* 1376. Celui qui reçoit par erreur ou sciemment ce qui ne lui est pas dû, s'oblige à le restituer à celui de qui il l'a indûment reçu. *V.* PAIEMENT.

ESCALADE. *C. Pén.* 397. Est qualifiée *escalade*, toute entrée dans les maisons, bâtimens, cours, basses-cours, édifices quelconques, jardins, parcs et enclos, exécutée par dessus les murs, portes, toitures ou toute autre clôture. — L'entrée par une ouverture souterraine, autre que celle qui a été établie pour servir d'entrée, est une circonstance de même gravité que l'escalade. *V.* VOL.

ESCROQUERIE. *C. Pén.* 405. Quiconque, soit en faisant usage de faux noms ou de fausses qualités, soit en employant des manœuvres frauduleuses pour persuader l'existence de fausses entreprises, d'un pouvoir ou d'un crédit imaginaire, ou pour faire naître l'espérance ou la crainte d'un succès, d'un accident ou de tout autre événement chimérique, se sera fait remettre ou délivrer des fonds, des meubles ou des obligations, dispositions, billets, promesses, quittances ou décharges, et aura, par un de ces moyens, escroqué ou tenté d'escroquer la totalité ou partie de la fortune d'autrui, sera puni d'un emprisonnement d'un an au moins et de cinq ans au plus, et d'une amende de cinquante francs au moins et de trois mille francs au plus.—Le coupable pourra être, en outre, à compter du jour où il aura subi sa peine, interdit, pendant cinq ans au moins et dix ans au plus, des droits mentionnés en l'art. 42 (*V.* CORRECTIONNELLES [*peines*]) du présent Code, le tout sauf les peines plus graves, s'il y a crime de faux.

ESSAI (VENTE A L'). *C. Civ.* 1588. La vente faite à l'essai est toujours présumée faite sous une condition suspensive.

ÉTABLISSEMENT (FRAIS D').

Dispositions générales.

C. Civ. 204. L'enfant n'a pas d'action contre ses père et mère pour un établissement par mariage ou autrement.

851. Le rapport est dû de ce qui a été employé pour l'établissement d'un des cohéritiers, ou pour le paiement de ses dettes.

1427. La femme ne peut s'obliger ni engager les biens de la communauté pour l'établissement de ses enfans en cas d'absence du mari, qu'après y avoir été autorisée par justice.

1555. La femme peut, avec l'autorisation de son mari, ou, sur son refus, avec permission de justice, donner ses biens dotaux pour l'établissement des enfans qu'elle aurait d'un mariage antérieur ; mais, si elle n'est autorisée que par justice, elle doit réserver la jouissance à son mari.

ÉTABLISSEMENS PUBLICS.

1° Des administrateurs.

C. Civ. 1596. Ne peuvent se rendre adjudicataires, sous peine de nullité, ni par eux-mêmes, ni par personnes interposées, — les administrateurs, des biens des communes ou des établissemens publics confiés à leurs soins.

2121. Les droits et créances auxquels l'hypothèque légale est attribuée sont, — ceux des établissemens publics, sur les biens des receveurs et administrateurs comptables. V. BORDEREAUX.

C. Proc. 126. Il est laissé à la prudence des juges de prononcer (la contrainte par corps), — 1°... 2° pour reliquats de comptes d'établissemens publics, et pour toutes restitutions à faire par suite desdits comptes. V. COMPTABLES.

2° Dispositions diverses.

AJOURNEMENT. C. Proc. 69. Seront assignés , — 1°.. 5° les administrations ou établissemens publics, en leurs bureaux, dans le lieu où réside le siège de l'administration ; dans les autres lieux en la personne et au bureau de leur préposé V. AJOURNEMENT.

COMMUNICATION. C. Proc. 83. Seront communiquées au procureur du Roi, les causes concernant les établissemens publics.

CONCILIATION. C. Proc. 49. Sont dispensées du préliminaire de la conciliation, les demandes qui intéressent les établissemens publics.

DEMANDE JUDICIAIRE. C. Proc. 1032. Les établissemens publics seront tenus, pour former une demande en justice, de se conformer aux lois administratives.

DONATION ET LEGS. C. Civ. 910. Les dispositions entre vifs ou par testament, au profit d'établissemens d'utilité publique, n'auront leur effet qu'autant qu'elles seront autorisées par une ordonnance royale.

937. Les donations faites au profit d'établissemens d'utilité publique, seront acceptées par les administrateurs de ces établissemens, après y avoir été dûment autorisés.

940. Lorsque la donation sera faite à des établissemens publics, la transcription sera faite à la diligence des administrateurs.

PÉREMPTION. C. Proc. 398. La péremption courra contre les établissemens publics, sauf le recours contre les administrateurs.

PRESCRIPTION. C. Civ. 2227. Les établissemens publics sont soumis aux mêmes prescriptions que les particuliers, et peuvent également les opposer.

REQUÊTE CIVILE. C. Proc. 481. Les établissemens publics seront reçus à se pourvoir (par requête civile) s'ils n'ont été défendus, ou s'ils ne l'ont été valablement.

TRANSACTION. C. Civ. 2045. Les établissemens publics ne peuvent transiger qu'avec l'autorisation expresse du Roi.

ÉTANG. C. Civ. 558. L'alluvion n'a pas lieu à l'égard des lacs et étangs, dont le propriétaire conserve toujours le terrain que l'eau couvre quand elle est à la hauteur de la décharge de l'étang, encore que le volume de l'eau vienne à diminuer.—Réciproquement le propriétaire de l'étang n'acquiert aucun droit sur les terres riveraines que son eau vient à couvrir dans des crues extraordinaires.

ÉTAT. V. DOMAINE DE L'ÉTAT.

ÉTAT CIVIL (ACTES DE L').

I. LOI CIVILE.

Des actes de l'état civil.

C. Civ. (liv. 1, tit. 2, art. 54-101).

Chap. 1, dispositions générales.

54. Les actes de l'état civil énonceront l'année, le jour et l'heure où ils seront reçus, les prénoms, noms, âge, profession et domicile de tous ceux qui y seront dénommés.

55. Les officiers de l'état civil ne pourront rien insérer dans les actes qu'ils recevront, soit par note, soit par énonciation quelconque, que ce qui doit être déclaré par les comparans.

56. Dans les cas où les parties intéressées ne seront point obligées de comparaître en personne, elles pourront se faire représenter par un fondé de procuration spéciale et authentique.

57. Les témoins produits aux actes de l'état civil ne pourront être que du sexe masculin, âgés de 21 ans au moins, parens ou autres ; et ils seront choisis par les personnes intéressées.

58. L'officier de l'état civil donnera lecture

des actes aux parties comparantes, ou à leur fondé de procuration, et aux témoins. — Il y sera fait mention de l'accomplissement de cette formalité.

39. Ces actes seront signés par l'officier de l'état civil, par les comparans et les témoins; ou mention sera faite de la cause qui empêchera les comparans et les témoins de signer.

40. Les actes de l'état civil seront inscrits, dans chaque commune, sur un ou plusieurs registres tenus doubles.

41. Les registres seront cotés par première et dernière, et paraphés sur chaque feuille, par le président du tribunal de première instance, ou par le juge qui le remplacera.

42. Les actes seront inscrits sur les registres, de suite, sans aucun blanc. Les ratures et les renvois seront approuvés et signés de la même manière que le corps de l'acte. Il n'y sera rien écrit par abréviation, et aucune date ne sera mise en chiffres.

43. Les registres seront clos et arrêtés par l'officier de l'état civil, à la fin de chaque année ; et dans le mois, l'un des doubles sera déposé aux archives de la commune, l'autre au greffe du tribunal de première instance.

44. Les procurations et les autres pièces qui doivent demeurer annexées aux actes de l'état civil, seront déposées, après qu'elles auront été paraphées par la personne qui les aura produites, et par l'officier de l'état civil, au greffe du tribunal, avec le double des registres, dont le dépôt doit avoir lieu audit greffe.

45. Toute personne pourra se faire délivrer, par les dépositaires des registres de l'état civil, des extraits de ces registres. Les extraits délivrés conformes aux registres, et légalisés par le président du tribunal de première instance, ou par le juge qui le remplacera, feront foi jusqu'à inscription de faux.

46. Lorsqu'il n'aura pas existé de registres, ou qu'ils seront perdus, la preuve en sera reçue tant par titres que par témoins ; et dans ces cas, les mariages, naissances et décès, pourront être prouvés tant par les registres ét papiers émanés des pères et mères décédés, que par témoins.

47. Tout acte de l'état civil des Français et des étrangers, fait en pays étranger, fera foi, s'il a été rédigé dans les formes usitées dans ledit pays.

48. Tout acte de l'état civil des Français en pays étranger sera valable, s'il a été reçu, conformément aux lois françaises, par les agens diplomatiques ou par les consuls.

49. Dans tous les cas où la mention d'un acte relatif à l'état civil devra avoir lieu en marge d'un autre acte déjà inscrit, elle sera faite à la requête des parties intéressées, par l'officier de l'état civil, sur les registres courans ou sur ceux qui auront été déposés aux archives de la commune, et par le greffier du tribunal de première instance, sur les registres déposés au greffe ; à l'effet de quoi l'officier de l'état civil en donnera avis, dans les trois jours, au procureur du Roi près ledit tribunal, qui veillera à ce que la mention soit faite d'une manière uniforme sur les deux registres.

50. Toute contravention aux articles précédens de la part des fonctionnaires y dénommés, sera poursuivie devant le tribunal de première instance, et punie d'une amende qui ne pourra excéder cent francs.

51. Tout dépositaire des registres sera civilement responsable des altérations qui y surviendront, sauf son recours, s'il y a lieu, contre les auteurs desdites altérations.

52. Toute altération, tout faux dans les actes de l'état civil, toute inscription de ces actes faite sur une feuille volante et autrement que sur les registres à ce destinés, donneront lieu aux dommages-intérêts des parties, sans préjudice des peines portées au Code Pénal.

53. Le procureur du Roi au tribunal de première instance sera tenu de vérifier l'état des registres lors du dépôt qui en sera fait au greffe ; il dressera un procès-verbal sommaire de la vérification, dénoncera les contraventions ou délits commis par les officiers de l'état civil, et requerra contre eux la condamnation aux amendes.

54. Dans tous les cas où un tribunal de première instance connaîtra des actes relatifs à l'état civil, les parties intéressées pourront se pourvoir contre le jugement.

Dispositions du tarif criminel.

121. Les frais des actes et procédures faits sur la poursuite d'office du ministère public, dans les cas prévus par le Code Civil, et notamment par les articles 50, 53, relativement aux actes de l'état civil, seront payés, taxés et recouvrés ainsi qu'il est dit (*art.* 117-120 pour l'interdiction d'office). *V.* INTERDICTION.

Chap. 2, *des actes de naissance. V.* NAISSANCE (*actes de*).

Chap. 3, *des actes de mariage. V.* MARIAGE (*actes de*).

Chap. 4, *des actes de décès. V.* DÉCÈS (*actes de*).

Chap. 5, *des actes de l'état civil concernant les militaires hors du territoire du royaume. V.* MILITAIRES (*état civil des*).

Chap. 6, *de la rectification des actes de l'état civil. V.* RECTIFICATION.

22

Décret du 12 juillet 1807, contenant règlement de la taxe.

1. Il continuera à être perçu, par les officiers publics de l'état civil, pour chaque expédition d'un acte de naissance, de décès, ou de publication de mariage, 30 c. — Plus, pour le remboursement du droit de timbre, et le dixième en sus pour la taxe de guerre, 83 c. (1 fr. 13 c.) — Pour celles des actes de mariage et d'adoption, 60 c. — Timbre et taxe et guerre, 83 c. (1 fr. 43 c.)

2. Dans les villes de 50,000 ames et au-dessus, pour chaque expédition d'acte de naissance, de décès et de publication de mariage, 50 c. — Timbre et taxe de guerre, 83 c. (1 fr. 33 c.) — Actes de mariage et d'adoption, 1 fr. — Timbre et taxe de guerre, 83 c. (1 fr. 83 c.)

3. A Paris, pour chaque expédition d'acte de naissance, de décès et de publication de mariage, 75 c. — Timbre et taxe de guerre, 83 c. (1 fr. 58 c.) — Actes de mariage et d'adoption, 1 fr. 50 c. — Timbre et taxe de guerre, 83 c. (2 fr. 33 c.)

4. Il est défendu d'exiger d'autres taxes et droits, à peine de concussion. — Il n'est rien dû pour la confection desdits actes et leur inscription sur les registres.

5. Le présent décret sera constamment affiché en placard, et en gros caractères, dans chacun des bureaux des lieux où les déclarations relatives à l'état civil sont reçues, et dans tous les dépôts des registres.

II. LOI PÉNALE.

De quelques délits relatifs à la tenue des actes de l'état civil.

C. Pén. (*liv.* 3, *tit.* 1, *ch.* 3, *sect.* 2, §6, *art.* 192-193.) — 192. Les officiers de l'état civil qui auront inscrit leurs actes sur de simples feuilles volantes, seront punis d'un emprisonnement d'un mois au moins et de trois mois au plus, et d'une amende de seize francs à deux cents francs.

193. Lorsque, pour la validité d'un mariage (*V.* MARIAGE), la loi prescrit le consentement des pères, mères ou autres personnes, et que l'officier de l'état civil ne se sera point assuré de l'existence de ce consentement, il sera puni d'une amende de seize francs à trois cents francs, et d'un emprisonnement de six mois au moins et d'un an au plus.

194. L'officier de l'état civil sera aussi puni de seize francs à trois cents francs d'amende, lorsqu'il aura reçu, avant le terme prescrit par l'article 228 du Code Civil (*V.* MARIAGE), l'acte de mariage d'une femme ayant déjà été mariée.

195. Les peines portées aux articles précédens contre les officiers de l'état civil leur seront appliquées, lors même que la nullité de leurs actes n'aurait pas été demandée, ou aurait été couverte; le tout sans préjudice des peines plus fortes prononcées en cas de collusion, et sans préjudice aussi des autres dispositions pénales du titre 5 du livre I du Code Civil. (*Art.* 34-101 *des actes de l'état civil.*)

ÉTAT CIVIL DES PERSONNES.

I. DISPOSITIONS GÉNÉRALES.

C. Civ. 3. Les lois concernant l'état et la capacité des personnes régissent les Français, même résidant en pays étranger.

C. Proc. 83. Seront communiquées au procureur du Roi les causes qui concernent l'état des personnes.

1004. On ne peut compromettre sur les questions d'état.

II. DE LA POSSESSION D'ÉTAT.

1° *Relativement aux enfans.*

C. Civ. 319. La filiation des enfans légitimes se prouve par des actes de naissance inscrits sur le registre de l'état civil.

320. A défaut de ce titre, la possession constante de l'état d'enfant légitime suffit.

321. La possession d'état s'établit par une réunion suffisante de faits qui indiquent le rapport de filiation et de parenté entre un individu et la famille à laquelle il prétend appartenir. — Les principaux de ces faits sont : — que l'individu a toujours porté le nom du père auquel il prétend appartenir; — que le père l'a traité comme son enfant, et a pourvu, en cette qualité, à son éducation, à son entretien et à son établissement; — qu'il a été reconnu constamment pour tel dans la société; — qu'il a été reconnu pour tel par la famille.

322. Nul ne peut réclamer un état contraire à celui que lui donnent son titre de naissance et la possession conforme à ce titre; — et réciproquement, nul ne peut contester l'état de celui qui a une possession conforme à son titre de naissance.

2° *Relativement aux époux.*

C. Civ. 195. La possession d'état ne pourra dispenser les prétendus époux qui l'invoqueront respectivement, de représenter l'acte de célébration du mariage devant l'officier de l'état civil.

196. Lorsqu'il y a possession d'état, et que l'acte de célébration du mariage devant l'officier de l'état civil est représenté, les époux sont respectivement non recevables à demander la nullité de cet acte.

197. Si néanmoins il existe des enfans issus de deux individus qui ont vécu publiquement comme mari et femme, et qui soient tous deux décédés, la légitimité des enfans ne peut être contestée sous le seul prétexte du défaut de représentation de l'acte de célébration, toutes les fois que cette légitimité est prouvée par une possession d'état qui n'est point contredite par l'acte de naissance.

III. DE LA RÉCLAMATION D'ÉTAT.

C. Civ. 326. Les tribunaux civils seront seuls compétens pour statuer sur les réclamations d'état.

327. L'action criminelle contre un délit de suppression d'état, ne pourra commencer qu'après le jugement définitif sur la question d'état.

328. L'action en réclamation d'état est imprescriptible à l'égard de l'enfant.

329. L'action ne peut être intentée par les héritiers de l'enfant qui n'a pas réclamé, qu'autant qu'il est décédé mineur, ou dans les cinq années après sa majorité.

330. Les héritiers peuvent suivre cette action lorsqu'elle a été commencée par l'enfant, à moins qu'il ne s'en fût désisté formellement, ou qu'il n'eût laissé passer trois années sans poursuites, à compter du dernier acte de la procédure.

IV. DE LA SUPPRESSION D'ÉTAT.

C. Pén. 345. Les coupables de suppression d'un enfant, de substitution d'un enfant à un autre, ou de supposition d'un enfant à une femme qui ne sera pas accouchée, seront punis de la réclusion.

ÉTRANGER.

I. LOI CIVILE.

1° *Droits et obligations des étrangers en France.*

C. Civ. 3. Les lois de police et de sûreté obligent tous ceux qui habitent le territoire. — Les immeubles, même ceux possédés par des étrangers, sont régis par la loi française.

9. Tout individu né en France d'un étranger pourra, dans l'année qui suivra l'époque de sa majorité, réclamer la qualité de *Français*; pourvu que, dans le cas où il résiderait en France, il déclare que son intention est d'y fixer son domicile, et que, dans le cas où il résiderait en pays étranger, il fasse sa soumission de fixer en France son domicile, et qu'il y établisse dans l'année, à compter de l'acte de soumission.

10. Tout enfant né d'un Français en pays étranger est Français. — Tout enfant né, en pays étranger, d'un Français qui aurait perdu la qualité de Français, pourra toujours recouvrer cette qualité, en remplissant les formalités prescrites par l'art. 9.

11. L'étranger jouira en France des mêmes droits civils que ceux qui sont ou seront accordés aux Français par les traités de la nation à laquelle cet étranger appartiendra. (Disposition abrogée quant aux droits successifs par la *loi du 14 juillet* 1819. *V.* AUBAINE (*droits d'*).)

12. L'étrangère qui aura épousé un Français, suivra la condition de son mari.

13. L'étranger qui aura été admis par l'autorisation du Roi à établir son domicile en France, y jouira de tous les droits civils, tant qu'il continuera d'y résider.

14. L'étranger, même non résidant en France, pourra être cité devant les tribunaux français, pour l'exécution des obligations par lui contractées en France avec un Français; il pourra être traduit devant les tribunaux de France, pour les obligations par lui contractées en pays étranger envers des Français.

15. Un Français pourra être traduit devant un tribunal de France, pour des obligations par lui contractées en pays étranger, même avec un étranger.

16. En toutes matières, autres que celles de commerce, l'étranger qui sera demandeur, sera tenu de donner caution pour le paiement des frais et dommages-intérêts résultant du procès, à moins qu'il ne possède en France des immeubles d'une valeur suffisante pour assurer ce paiement. *V.* JUDICATUM SOLVI.

C. Proc. 69. Seront assignés,—1°... 9° ceux qui sont établis chez l'étranger, au domicile du procureur du Roi près le tribunal où sera portée la demande, lequel visera l'original, et enverra la copie au ministre des relations extérieures.

905. Ne pourront être admis au bénéfice de cession les étrangers.

2° *Comment s'acquiert la qualité de Français.*

V. NATURALISATION.

3° *Comment se perd la qualité de Français.*

V. DROITS CIVILS.

II. LOI PÉNALE.

Des crimes commis sur territoire étranger.

C. Inst. cr. 5. Tout Français qui se sera rendu coupable, hors du territoire de France, d'un crime attentatoire à la sûreté de l'État, de contrefaction du sceau de l'État, de monnaies nationales ayant cours, de papiers nationaux, de billets de banque autorisés par la loi, pourra être poursuivi, jugé et puni en France, d'après les dispositions des lois françaises.

6. Cette disposition pourra être étendue aux étrangers qui, auteurs ou complices des mêmes crimes, seraient arrêtés en France, ou dont le Gouvernement obtiendrait l'extradition.

7. Tout Français qui se sera rendu coupable, hors du territoire du Royaume, d'un crime contre un Français, pourra, à son retour en France, y être poursuivi et jugé, s'il n'a pas été poursuivi et jugé en pays étranger, et si le Français offensé rend plainte contre lui.

24. (Les fonctions, relatives aux recherches et à la poursuite), lorsqu'il s'agira de crimes ou de délits commis hors du territoire français, dans les cas énoncés aux art. 5, 6 et 7, seront remplis par le procureur du Roi du lieu où résidera le

22.

prévenu, ou par celui du lieu où il pourra être trouvé, ou par celui de sa dernière résidence connue.

ÉTRANGERS (ACTES ET JUGEMENS).

Dispositions diverses.

ACTES DE L'ÉTAT CIVIL. *C. Civ.* Tout acte de l'état civil des Français et des étrangers, fait en pays étranger, fera foi, s'il a été rédigé dans les formes usitées dans ledit pays.

48. Tout acte de l'état civil des Français en pays étranger sera valable, s'il a été reçu conformément aux lois françaises, par les agens diplomatiques ou par les consuls.

ACTES DE MARIAGE. *C. Civ.* 170. Le mariage contracté en pays étranger entre Français, et entre Français et étrangers, sera valable, s'il a été célébré dans les formes usitées dans le pays, pourvu qu'il ait été précédé des publications prescrites par l'article 63, au titre *des actes de l'état civil* (*V.* PUBLICATIONS), et que le Français n'ait point contrevenu aux dispositions (des articles 144 à 164. *V.* MARIAGE).

171. Dans les trois mois après le retour du Français sur le territoire du royaume, l'acte de célébration du mariage contracté en pays étranger sera transcrit sur le registre public des mariages du lieu de son domicile.

EXÉCUTION. *C. Proc.* 546. Les jugemens rendus par les tribunaux étrangers, et les actes reçus par les officiers étrangers, ne seront susceptibles d'exécution en France, que de la manière et dans les cas prévus par les art. 2123 et 2128 du Code Civil (*ci-après*).

(*Hypothèque*). *C. Civ.* 2123. L'hypothèque ne peut résulter des jugemens rendus en pays étranger, qu'autant qu'ils ont été déclarés exécutoires par un tribunal français; sans préjudice des dispositions contraires qui peuvent être dans les lois politiques ou dans les traités.

2128. Les contrats passés en pays étranger ne peuvent donner d'hypothèque sur les biens de France, s'il n'y a des dispositions contraires à ce principe dans les lois politiques ou dans les traités.

TESTAMENT. *C. Civ.* 999. Un Français qui se trouvera en pays étranger, pourra faire ses dispositions testamentaires par acte sous signature privée *V.* OLOGRAPHE (*testament*), ou par acte authentique, avec les formes usitées dans le lieu où cet acte sera passé.

1000. Les testamens faits en pays étranger ne pourront être exécutés sur les biens situés en France, qu'après avoir été enregistrés au bureau du domicile du testateur, s'il en a conservé un, sinon au bureau de son dernier domicile connu en France; et dans le cas où le testament contiendrait des dispositions d'immeubles qui y se-

raient situés, il devra être, en outre, enregistré au bureau de la situation de ces immeubles, sans qu'il puisse être exigé un double droit.

ÉVASION DE DÉTENUS.

Évasion de détenus, recèlement de criminels.

C. Pén. (*liv.* 3, *tit.* 1, *ch.* 3, *sect.* 4, § 4, *art.* 237-248. — 257. Toutes les fois qu'une évasion de détenus aura lieu, les huissiers, les commandans en chef ou en sous-ordre, soit de la gendarmerie, soit de la force armée servant d'escorte ou garnissant les postes, les concierges, gardiens, geôliers, et tous autres préposés à la conduite, au transport ou à la garde des détenus, seront punis ainsi qu'il suit.

238. Si l'évadé était prévenu de délits de police, ou de crimes simplement infamans, ou s'il était prisonnier de guerre, les préposés à sa garde ou conduite seront punis, en cas de négligence, d'un emprisonnement de six jours à deux mois; et en cas de connivence, d'un emprisonnement de six mois à deux ans. — Ceux qui, n'étant pas chargés de la garde ou de la conduite du détenu, auront procuré ou facilité son évasion, seront punis de six jours à trois mois d'emprisonnement.

239. Si les détenus évadés, ou l'un d'eux, étaient prévenus ou accusés d'un crime de nature à entraîner une peine afflictive à temps, ou condamnés pour l'un de ces crimes, la peine sera, contre les préposés à la garde ou conduite, en cas de négligence, un emprisonnement de deux mois à six mois; en cas de connivence, la réclusion. — Les individus non chargés de la garde des détenus, qui auront procuré ou facilité l'évasion, seront punis d'un emprisonnement de trois mois à deux ans.

240. Si les évadés, ou l'un d'eux, sont prévenus ou accusés de crimes de nature à entraîner la peine de mort ou des peines perpétuelles, ou s'ils sont condamnés à l'une de ces peines, leurs conducteurs ou gardiens seront punis d'un an à deux ans d'emprisonnement, en cas de négligence, et des travaux forcés à temps, en cas de connivence. — Les individus non chargés de la conduite ou de la garde qui auront facilité ou procuré l'évasion, seront punis d'un emprisonnement d'un an au moins et de cinq ans au plus.

241. Si l'évasion a eu lieu ou a été tentée avec violences ou bris de prison, les peines contre ceux qui l'auront favorisée en fournissant des instrumens propres à l'opérer, seront, au cas que l'évadé fût de la qualité exprimée en l'art. 238, trois mois à deux ans d'emprisonnement; au cas de l'art. 239, deux à cinq ans d'emprisonnement; et au cas de l'art. 240, la réclusion.

242. Dans tous les cas ci-dessus, lorsque les

tiers qui auront procuré ou facilité l'évasion y seront parvenus en corrompant les gardiens ou geôliers, ou de connivence avec eux, ils seront punis des mêmes peines que lesdits gardiens et geôliers.

243. Si l'évasion avec bris ou violence a été favorisée par transmission d'armes, les gardiens ou conducteurs qui y auront participé seront punis des travaux forcés à perpétuité ; les autres personnes, des travaux forcés à temps.

244. Tous ceux qui auront connivé à l'évasion d'un détenu seront solidairement condamnés, à titre de dommages-intérêts, à tout ce que la partie civile du détenu aurait eu droit d'obtenir contre lui.

245. A l'égard des détenus qui se seront évadés ou qui auront tenté de s'évader par bris de prison ou par violence, ils seront, pour ce seul fait, punis de six mois à un an d'emprisonnement, et subiront cette peine immédiatement après l'expiration de celle qu'ils auront encourue pour le crime ou délit à raison duquel ils étaient détenus, ou immédiatement après l'arrêt ou jugement qui les aura acquittés ou renvoyés absous dudit crime ou délit ; le tout sans préjudice de plus fortes peines qu'ils auraient pu encourir pour d'autres crimes qu'ils auraient commis dans leurs violences.

246. Quiconque sera condamné, pour avoir favorisé une évasion ou des tentatives d'évasion, à un emprisonnement de plus de six mois, pourra, en outre, être mis sous la surveillance spéciale de la haute police, pour un intervalle de cinq à dix ans.

247. Les peines d'emprisonnement ci-dessus établies contre les conducteurs ou les gardiens, en cas de négligence seulement, cesseront lorsque les évadés seront repris ou représentés, pourvu que ce soit dans les quatre mois de l'évasion, et qu'ils ne soient pas arrêtés pour d'autres crimes ou délits, commis postérieurement.

248. Ceux qui auront recélé ou fait recéler des personnes qu'ils savaient avoir commis des crimes emportant peine afflictive, seront punis de trois mois d'emprisonnement au moins et de deux ans au plus. — Sont exceptés de la présente disposition les ascendans ou descendans, époux ou épouse même divorcés, frères ou sœurs des criminels recélés, ou leurs alliés aux mêmes degrés.

ÉVÈNEMENT CASUEL. *V.* Casuel (*évènement*).

ÉVENTUELS (droits).

1° *Dispositions générales.*

C. Civ. 791. On ne peut, même par contrat de mariage, renoncer à la succession d'un homme vivant, ni aliéner les droits éventuels qu'on peut avoir à cette succession.

2125. Ceux qui n'ont sur l'immeuble qu'un droit suspendu par une condition, ou résoluble dans certains cas, ou sujet à rescision, ne peuvent consentir qu'une hypothèque soumise aux mêmes conditions ou à la même rescision. *V.* Condition.

2° *Des droits éventuels des absens. V.* Absent.

ÉVICTION.

I. dispositions générales.

De la garantie en cas d'éviction.

C. Civ. (*liv.* 3, *tit.* 6, *ch.* 4, *sect.* 3, § 1, *art.* 1626-1640). — 1626. Quoique lors de la vente il n'ait été fait aucune stipulation sur la garantie, le vendeur est obligé de droit à garantir l'acquéreur de l'éviction qu'il souffre dans la totalité ou partie de l'objet vendu, ou des charges prétendues sur cet objet, et non déclarées lors de la vente.

1627. Les parties peuvent, par des conventions particulières, ajouter à cette obligation de droit, ou en diminuer l'effet ; elles peuvent même convenir que le vendeur ne sera soumis à aucune garantie.

1628. Quoiqu'il soit dit que le vendeur ne sera soumis à aucune garantie, il demeure cependant tenu de celle qui résulte d'un fait qui lui est personnel : toute convention contraire est nulle.

1629. Dans le même cas de stipulation de non garantie, le vendeur, en cas d'éviction, est tenu à la restitution du prix, à moins que l'acquéreur n'ait connu lors de la vente le danger de l'éviction, ou qu'il n'ait acheté à ses périls et risques.

1630. Lorsque la garantie a été promise, ou qu'il n'a rien été stipulé à ce sujet, si l'acquéreur est évincé, il a droit de demander contre le vendeur, — 1° la restitution du prix ; — 2° celle des fruits, lorsqu'il est obligé de les rendre au propriétaire qui l'évince ; — 3° les frais faits sur la demande en garantie de l'acheteur, et ceux faits par le demandeur originaire ; — 4° enfin les dommages et intérêts, ainsi que les frais et loyaux coûts du contrat.

1631. Lorsqu'à l'époque de l'éviction, la chose vendue se trouve diminuée de valeur, ou considérablement détériorée, soit par la négligence de l'acheteur, soit par des accidens de force majeure, le vendeur n'en est pas moins tenu de restituer la totalité du prix.

1632. Mais si l'acquéreur a tiré profit des dégradations par lui faites, le vendeur a droit de retenir sur le prix une somme égale à ce profit.

1633. Si la chose vendue se trouve avoir augmenté de prix à l'époque de l'éviction, indépendamment même du fait de l'acquéreur, le vendeur est tenu de lui payer ce qu'elle vaut au-dessus du prix de la vente.

1634. Le vendeur est tenu de rembourser, ou de faire rembourser à l'acquéreur, par celui qui l'évince, toutes les réparations et améliorations utiles qu'il aura faites au fonds.

1635. Si le vendeur avait vendu de mauvaise foi le fonds d'autrui, il sera obligé de rembourser à l'acquéreur toutes les dépenses, même voluptuaires ou d'agrément, que celui-ci aura faites au fonds.

1636. Si l'acquéreur n'est évincé que d'une partie de la chose, et qu'elle soit de telle conséquence, relativement au tout, que l'acquéreur n'eût point acheté sans la partie dont il a été évincé, il peut faire résilier la vente.

1637. Si, dans le cas de l'éviction d'une partie du fonds vendu, la vente n'est pas résiliée, la valeur de la partie dont l'acquéreur se trouve évincé, lui est remboursée suivant l'estimation à l'époque de l'éviction, et non proportionnellement au prix total de la vente, soit que la chose vendue ait augmenté ou diminué de valeur.

1638. Si l'héritage vendu se trouve grevé, sans qu'il en ait été fait de déclaration, de servitudes non apparentes, et qu'elles soient de telle importance qu'il y ait lieu de présumer que l'acquéreur n'aurait pas acheté s'il en avait été instruit, il peut demander la résiliation du contrat, si mieux il n'aime se contenter d'une indemnité.

1639. Les autres questions auxquelles peuvent donner lieu les dommages et intérêts résultant pour l'acquéreur de l'inexécution de la vente, doivent être décidées suivant les règles générales établies au titre *des contrats ou des obligations conventionnelles en général.* V. CONTRAT.

1640. La garantie pour cause d'éviction cesse lorsque l'acquéreur s'est laissé condamner par un jugement en dernier ressort, ou dont l'appel n'est plus recevable, sans appeler son vendeur, si celui-ci prouve qu'il existait des moyens suffisans pour faire rejeter la demande.

II. DISPOSITIONS ADDITIONNELLES.

CAUTION. *C. Civ.* 2038. L'acceptation volontaire que le créancier a faite d'un immeuble ou d'un effet quelconque en paiement de la dette principale, décharge la caution, encore que le créancier vienne à en être évincé.

ÉCHANGE. *C. Civ.* 1705. Le copermutant qui est évincé de la chose qu'il a reçue en échange,

a le choix de conclure à des dommages et intérêts, ou de répéter sa chose.

PARTAGE. *C. Civ.* 884. Les cohéritiers demeurent respectivement garans, les uns envers les autres, des troubles et évictions seulement qui procèdent d'une cause antérieure au partage. — La garantie n'a pas lieu, si l'espèce d'éviction soufferte a été exceptée par une clause particulière et expresse de l'acte de partage; elle cesse, si c'est par sa faute que le cohéritier souffre l'éviction.

885. Chacun des cohéritiers est personnellement obligé, en proportion de sa part héréditaire, d'indemniser son cohéritier de la perte que lui a causée l'éviction. — Si l'un des cohéritiers se trouve insolvable, la portion dont il est tenu doit être également répartie entre le garanti et tous les cohéritiers solvables.

SOCIÉTÉ. *C. Civ.* 1845. Chaque associé est débiteur envers la société de tout ce qu'il a promis d'y apporter. — Lorsque cet apport consiste en un corps certain, et que la société en est évincée, l'associé en est garant envers la société, de la même manière qu'un vendeur l'est envers son acheteur.

ÉVOCATION.

C. Proc. 473. Lorsqu'il y aura appel d'un jugement interlocutoire, si le jugement est infirmé, et que la matière soit disposée à recevoir une décision définitive, les cours royales et autres tribunaux d'appel pourront statuer en même temps sur le fond définitivement, par un seul et même jugement. — Il en sera de même dans les cas où les cours royales ou autres tribunaux d'appel infirmeraient, soit pour vice de forme, soit pour toute autre cause, des jugemens définitifs.

EXCEPTIONS. *V.* DILATOIRES (*exceptions*), INCOMPÉTENCE.

EXCLUSION DE COMMUNAUTÉ.

DU RÉGIME EXCLUSIF DE COMMUNAUTÉ.

1° *Dispositions générales.*

C. Civ. 1392. La soumission au régime dotal ne résulte pas de la simple déclaration faite par les époux, qu'ils se marient sans communauté.

1529. Lorsque, sans se soumettre au régime dotal, les époux déclarent qu'ils se marient sans communauté, les effets de cette stipulation sont réglés comme il suit.

De la clause portant que les époux se marient sans communauté.

C. Civ. (liv. 3, tit. 5, ch. 2, 2° part., sect. 9, § 1, art. 1530-1535). — 1530. La clause portant que les époux se marient sans communauté, ne donne point à la femme le droit d'administrer ses biens, ni d'en percevoir les fruits : ces fruits sont censés apportés au mari pour soutenir les charges du mariage.

1351. Le mari conserve l'administration des biens meubles et immeubles de la femme, et, par suite, le droit de percevoir tout le mobilier qu'elle apporte en dot, ou qui lui échoit pendant le mariage, sauf la restitution qu'il en doit faire après la dissolution du mariage, ou après la séparation de biens qui serait prononcée par justice.

1352. Si, dans le mobilier apporté en dot par la femme, ou qui lui échoit pendant le mariage, il y a des choses dont on ne peut faire usage sans les consommer, il en doit être joint un état estimatif au contrat de mariage, ou il doit en être fait inventaire lors de l'échéance, et le mari en doit rendre le prix d'après l'estimation.

1353. Le mari est tenu de toutes les charges de l'usufruit. *V.* USUFRUIT.

1354. La clause énoncée au présent paragraphe ne fait point obstacle à ce qu'il soit convenu que la femme touchera annuellement, sur ses seules quittances, certaines portions de ses revenus pour son entretien et ses besoins personnels.

1355. Les immeubles constitués en dot, dans le cas du présent paragraphe, ne sont point inaliénables. — Néanmoins ils ne peuvent être aliénés sans le consentement du mari, et, à son refus, sans l'autorisation de la justice.

2° *Disposition additionnelle.*

C. Civ. 1595. Le contrat de vente ne peut avoir lieu entre les époux que dans les trois cas suivans : — 1°.... 3° celui où la femme cède des biens à son mari en paiement d'une somme qu'elle lui aurait promise en dot, et lorsqu'il y a exclusion de communauté; sauf les droits des héritiers des parties contractantes, s'il y a avantage indirect.

EXCLUSION DE LA TUTELLE.

I. DISPOSITIONS GÉNÉRALES.

De l'incapacité, des exclusions et destitutions de la tutelle.

C. Civ. (liv. 1, tit. 10, ch. 2, sect. 7, art. 442-449). —442. Ne peuvent être tuteurs, ni membres des conseils de famille, — 1° les mineurs, excepté le père ou la mère; — 2° les interdits; — 3° les femmes, autres que la mère et les ascendantes; — 4° tous ceux qui ont ou dont les père ou mère ont avec le mineur un procès dans lequel l'état de ce mineur, sa fortune ou une partie notable de ses biens, sont compromis.

443. La condamnation à une peine afflictive ou infamante emporte de plein droit l'exclusion de la tutelle. Elle emporte de même la destitution, dans le cas où il s'agirait d'une tutelle antérieurement déférée. (*V. l'art.* 54 *C. Pén. ci-après.*)

444. Sont aussi exclus de la tutelle, et même destituables, s'ils sont en exercice, —1° les gens d'une inconduite notoire ; — 2° ceux dont la gestion attesterait l'incapacité ou l'infidélité.

445. Tout individu qui aura été exclu ou destitué d'une tutelle, ne pourra être membre d'un conseil de famille.

446. Toutes les fois qu'il y aura lieu à une destitution de tuteur, elle sera prononcée par le conseil de famille, convoqué à la diligence du subrogé tuteur, ou d'office par le juge de paix. — Celui-ci ne pourra se dispenser de faire cette convocation, quand elle sera formellement requise par un ou plusieurs parens ou alliés du mineur, au degré de cousin germain ou à des degrés plus proches.

447. Toute délibération du conseil de famille qui prononcera l'exclusion et la destitution du tuteur, sera motivée, et ne pourra être prise qu'après avoir entendu ou appelé le tuteur.

448. Si le tuteur adhère à la délibération, il en sera fait mention, et le nouveau tuteur entrera aussitôt en fonctions. — S'il y a réclamation, le subrogé tuteur poursuivra l'homologation de la délibération devant le tribunal de première instance, qui prononcera sauf l'appel. — Le tuteur exclu ou destitué peut lui-même, en ce cas, assigner le subrogé tuteur pour se faire déclarer maintenu en la tutelle.

449. Les parens ou alliés qui auront requis la convocation pourront intervenir dans la cause, qui sera instruite et jugée comme affaire urgente.

II. DISPOSITIONS ADDITIONNELLES.

C. Pén. 34. La dégradation civique consiste, —1°... 4° dans l'incapacité de faire partie d'aucun conseil de famille, et d'être tuteur, curateur, subrogé tuteur ou conseil judiciaire, si ce n'est de ses propres enfans, et sur l'avis conforme de la famille.

42. Les tribunaux, jugeant correctionnellement, pourront, dans certains cas, interdire en tout ou en partie, l'exercice des droits civiques, civils et de famille suivans : — 6° d'être tuteur, curateur, si ce n'est de ses enfans et sur l'avis seulement de la famille.

EXCUSABLES (CRIMES ET DÉLITS).

Dispositions générales.

C. Inst. cr. 339. Lorsque l'accusé aura proposé pour excuse un fait admis comme tel par la loi, le président devra, à peine de nullité, poser la question ainsi qu'il suit : Tel fait est-il constaté ?

367. Lorsque l'accusé aura été déclaré excusable, la cour prononcera conformément au Code Pénal.

C. Pén. 65. Nul crime ou délit ne peut être excusé, ni la peine mitigée, que dans les cas et dans les circonstances où la loi déclare le. fait excusable, ou permet de lui appliquer une peine moins rigoureuse.

Crimes et délits excusables, et cas où ils ne peuvent être excusés.

C. Pén. (liv. 3, *tit.* 2, *ch.* 1, *sect.* 3, § 2, *art.* 321-326). — 321. Le meurtre ainsi que les blessures et les coups sont excusables, s'ils ont été provoqués par des coups ou violences graves envers les personnes.

322. Les crimes et délits mentionnés au précédent article sont également excusables, s'ils ont été commis en repoussant pendant le jour l'escalade ou l'effraction des clôtures, murs ou entrée d'une maison ou d'un appartement habité ou de leurs dépendances. — Si le fait est arrivé pendant la nuit, ce cas est réglé par l'art. 329. *V.* Légitime défense.

323. Le parricide n'est jamais excusable.

324. Le meurtre commis par l'époux sur l'épouse, ou par celle-ci sur son époux, n'est pas excusable, si la vie de l'époux ou de l'épouse qui a commis le meurtre n'a pas été mise en péril dans le moment même où le meurtre a eu lieu. — Néanmoins, dans le cas d'adultère, prévu par l'art. 346 (*V.* Adultère), le meurtre commis par l'époux sur son épouse, ainsi que sur le complice à l'instant où il les surprend en flagrant délit dans la maison conjugale, est excusable.

325. Le crime de castration, s'il a été immédiatement provoqué par un outrage violent à la pudeur, sera considéré comme meurtre ou blessures excusables.

326. Lorsque le fait d'excuse sera prouvé, — s'il s'agit d'un crime emportant la peine de mort, ou celle des travaux forcés à perpétuité ou celle de la déportation, la peine sera réduite à un emprisonnement d'un an à cinq ans ; — s'il s'agit de tout autre crime, elle sera réduite à un emprisonnement de six mois à deux ans ; — dans ces deux premiers cas, les coupables pourront de plus être mis par l'arrêt ou le jugement sous la surveillance de la haute police pendant cinq ans au moins et dix ans au plus. — S'il s'agit d'un délit, la peine sera réduite à un emprisonnement de six jours à six mois,

EXÉCUTEUR TESTAMENTAIRE. *V.*
Testamentaire (*exécuteur*).

EXÉCUTION (des actes et jugemens civils).

I. dispositions générales.
C. Proc. 146. Les expéditions des jugemens seront intitulées et terminées au nom du Roi.

Règles générales sur l'exécution forcée des jugemens et actes.

C. Proc. (liv. 5, *tit.* 6, *art.* 545-556). — 545. Nul jugement ni acte ne pourront être mis à exécution, s'ils ne portent le même intitulé que les lois et ne sont terminés par un mandement aux officiers de justice ; ainsi qu'il est dit à l'article 146 (*ci-dessus*).

546. Les jugemens rendus par les tribunaux étrangers, et les actes reçus par les officiers étrangers, ne seront susceptibles d'exécution en France, que de la manière et dans les cas prévus par les articles 2123 et 2128 du Code Civil [1].

547. Les jugemens rendus et les actes passés en France seront exécutoires dans tout le royaume, sans *visa* ni *pareatis*, encore que l'exécution ait lieu hors du ressort du tribunal par lequel les jugemens ont été rendus ou dans le territoire duquel les actes ont été passés.

548. Les jugemens qui prononceront une main-levée, une radiation d'inscription hypothécaire, un paiement, ou quelque autre chose à faire par un tiers ou à sa charge, ne seront exécutoires par les tiers ou contre eux, même après les délais de l'opposition ou de l'appel, que sur le certificat de l'avoué de la partie poursuivante, contenant la date de la signification du jugement faite au domicile de la partie condamnée, et sur l'attestation du greffier constatant qu'il n'existe contre le jugement ni opposition ni appel.

549. A cet effet, l'avoué de l'appelant fera mention de l'appel, dans la forme et sur le registre prescrits par l'article 163 [2].

550. Sur le certificat qu'il n'existe aucune opposition ni appel sur ce registre, les séquestres, conservateurs, et tous autres, seront tenus de satisfaire au jugement.

551. Il ne sera procédé à aucune saisie mobilière ou immobilière qu'en vertu d'un titre exécutoire, et pour choses liquides et certaines : si la dette exigible n'est pas d'une somme en argent, il sera sursis, après la saisie, à toutes poursuites

---

[1] *C. Civ.* 2123. L'hypothèque ne peut résulter des jugemens rendus en pays étranger, qu'autant qu'ils ont été déclarés exécutoires par un tribunal français ; sans préjudice des dispositions contraires qui peuvent être dans les lois politiques ou dans les traités.

2128. Les contrats passés en pays étranger ne peuvent donner d'hypothèque sur les biens de France, s'il n'y a des dispositions contraires à ce principe dans les lois politiques ou dans les traités.

[2] *C. Proc.* 163. Il sera tenu au greffe un registre sur lequel l'avoué de l'opposant fera mention sommaire de l'opposition, en énonçant les noms des parties et de leurs avoués, les dates du jugement et de l'opposition : il ne sera dû de droit d'enregistrement que dans le cas où il en serait délivré expédition.

ultérieures, jusqu'à ce que l'appréciation en ait été faite.

552. La contrainte par corps, pour objet susceptible de liquidation, ne pourra être exécutée qu'après que la liquidation aura été faite en argent.

553. Les contestations élevées sur l'exécution des jugemens des tribunaux de commerce seront portées au tribunal de première instance du lieu où l'exécution se poursuivra.

554. Si les difficultés élevées sur l'exécution des jugemens ou actes requièrent célérité, le tribunal du lieu y statuera provisoirement, et renverra la connaissance du fond au tribunal d'exécution.

555. L'officier insulté dans l'exercice de ses fonctions dressera procès-verbal de rébellion ; et il sera procédé suivant les règles établies par le Code d'Instruction criminelle.

556. La remise de l'acte ou du jugement à l'huissier vaudra pouvoir pour toutes exécutions autres que la saisie immobilière et l'emprisonnement, pour lesquels il sera besoin d'un pouvoir spécial.

Dispositions du tarif.

Tarif civ. 90. (Pr. 548.) Vacation pour donner certificat contenant la date de la signification, au domicile de la partie condamnée, du jugement qui prononce une main-levée, la radiation d'inscription hypothécaire, un paiement ou autre chose à faire par un tiers ou contre lui. — Pour requérir du greffier le certificat qu'il n'existe, contre le jugement énoncé ci-dessus, ni opposition ni appel portés sur le registre tenu au greffe, — Paris, 1 fr. 50 c. — Dans le ressort, 1 fr. 15 c. V. Tarif.

II. DISPOSITIONS ADDITIONNELLES.

Art. 1. DES ARBITRES.

C. Proc. 1020. Le jugement arbitral sera rendu exécutoire par une ordonnance du président du tribunal de première instance, dans le ressort duquel il a été rendu. A cet effet, la minute du jugement sera déposée, dans les trois jours, par l'un des arbitres, au greffe du tribunal. — S'il avait été compromis sur l'appel d'un jugement, la décision arbitrale sera déposée au greffe de la cour royale, et l'ordonnance rendue par le président de cette cour. — Les poursuites pour les frais du dépôt et les droits d'enregistrement ne pourront être faites que contre les parties.

1021. Les jugemens arbitraux, même ceux préparatoires, ne pourront être exécutés qu'après l'ordonnance qui sera accordée à cet effet par le président du tribunal, au bas ou en marge de la minute, sans qu'il soit besoin d'en communiquer au ministère public ; et sera ladite ordonnance expédiée ensuite de l'expédition de la décision.

— La connaissance de l'exécution du jugement appartient au tribunal qui a rendu l'ordonnance.

1024. Les règles sur l'exécution provisoire des jugemens des tribunaux sont applicables aux jugemens arbitraux. *V.* Provisoire (*exécution*).

Art. 2. DES TRIBUNAUX CIVILS.

1° *Dispositions communes aux divers jugemens.*

C.Proc. 122. Dans le cas où les tribunaux peuvent accorder des délais pour l'exécution de leurs jugemens, ils le feront par le jugement même qui statuera sur la contestation, et qui énoncera les motifs du délai. *V.* Terme.

147. S'il y a avoué en cause, le jugement ne pourra être exécuté qu'après avoir été signifié à avoué, à peine de nullité : les jugemens provisoires et définitifs qui prononceront des condamnations seront, en outre, signifiés à la partie, à personne ou domicile, et il sera fait mention de la signification à l'avoué.

148. Si l'avoué est décédé, ou a cessé de postuler, la signification à partie suffira ; mais il y sera fait mention du décès ou de la cessation des fonctions de l'avoué.

2° *Des jugemens par défaut.*

C. Proc. 155. Les jugemens par défaut ne seront pas exécutés avant l'échéance de la huitaine de la signification à avoué, s'il y a eu constitution d'avoué, et de la signification à personne ou domicile, s'il n'y a pas eu constitution d'avoué ; à moins qu'en cas d'urgence l'exécution (provisoire) n'en ait été ordonnée. *V.* Provisoire (*exécution*).

156. Tous jugemens par défaut contre une partie qui n'a pas constitué d'avoué, seront signifiés par un huissier commis soit par le tribunal, soit par le juge du domicile du défaillant que le tribunal aura désigné ; ils seront exécutés dans les six mois de leur obtention, sinon seront réputés non avenus.

159. Le jugement est réputé exécuté, lorsque les meubles saisis ont été vendus, ou que le condamné a été emprisonné ou recommandé, ou que la saisie d'un ou de plusieurs de ses immeubles lui a été notifiée, ou que les frais ont été payés, ou enfin lorsqu'il y a quelque acte duquel il résulte nécessairement que l'exécution du jugement a été connue de la partie défaillante : l'opposition formée dans les délais et dans les formes prescrites, suspend l'exécution, si elle n'a pas été ordonnée nonobstant opposition. *V.* Défaut.

164. Aucun jugement par défaut ne sera exécuté à l'égard d'un tiers, que sur un certificat du greffier, constatant qu'il n'y a aucune opposition portée sur le registre.

5° *Des jugemens contradictoires*.

C. Proc. 449. Aucun appel d'un jugement non exécutoire par provision ne pourra être interjeté dans la huitaine, à dater du jour du jugement ; les appels interjetés dans ce délai seront déclarés non recevables, sauf à l'appelant à les réitérer, s'il est encore dans le délai.

450. L'exécution des jugemens non exécutoires par provision sera suspendue pendant ladite huitaine.

457. L'appel des jugemens définitifs ou interlocutoires sera suspensif, si le jugement ne prononce pas l'exécution provisoire dans le cas où elle est autorisée. *V.* PROVISOIRE (*execution*).

ART. 3. DES TRIBUNAUX DE COMMERCE.

C. Proc. 435. Le jugement (par défaut d'un tribunal de commerce) sera exécutoire un jour après la signification et jusqu'à l'opposition.

442. Les tribunaux de commerce ne connaîtront point de l'exécution de leurs jugemens.

ART. 4. DES COURS ROYALES.

C. Proc. 472. Si le jugement est confirmé (sur l'appel), l'exécution appartiendra au tribunal dont est appel ; si le jugement est infirmé, l'exécution entre les mêmes parties appartiendra à la cour royale qui aura prononcé, ou à un autre tribunal qu'elle aura indiqué par le même arrêt ; sauf les cas de la demande en nullité d'emprisonnement, en expropriation forcée, et autres dans lesquels la loi attribue juridiction.

528. En cas d'appel d'un jugement qui aurait rejeté une demande en reddition de compte, l'arrêt infirmatif renverra, pour la reddition et le jugement du compte, au tribunal où la demande avait été formée, ou à tout autre tribunal de première instance que l'arrêt indiquera. — Si le compte a été rendu et jugé en première instance, l'exécution de l'arrêt infirmatif appartiendra à la cour qui l'aura rendu, ou à un autre tribunal qu'elle aura indiqué par le même arrêt.

ART. 5. DISPOSITIONS DIVERSES.

AVOUÉ. *C. Proc.* 1038. Les avoués qui ont occupé dans les causes où il est intervenu des jugemens définitifs, seront tenus d'occuper sur l'exécution de ces jugemens, sans nouveaux pouvoirs, pourvu qu'elle ait lieu dans l'année de la prononciation des jugemens.

HÉRITIER. *C. Civ.* 877. Les titres exécutoires contre le défunt sont pareillement exécutoires contre l'héritier personnellement ; et néanmoins les créanciers ne pourront en poursuivre l'exécution que huit jours après la signification de ces titres à la personne ou au domicile de l'héritier.

HUISSIER. *C. Proc.* 1037. Aucune signification ni exécution ne pourra être faite, depuis le 1er octobre jusqu'au 31 mars, avant six heures du matin et après six heures du soir ; et depuis le 1er avril jusqu'au 30 septembre, avant quatre heures du matin et après neuf heures du soir ; non plus que les jours de fête légale, si ce n'est en vertu de permission du juge, dans le cas où il y aurait péril en la demeure.

INSCRIPTION DE FAUX. *C. Proc.* 241. Lorsqu'en statuant sur l'inscription de faux, le tribunal aura ordonné la suppression, la lacération ou la radiation en tout ou en partie, même la réformation ou le rétablissement des pièces déclarées fausses, il sera sursis à l'exécution de ce chef de jugement, tant que le condamné sera dans le délai de se pourvoir par appel, requête civile ou cassation, ou qu'il n'aura pas formellement et valablement acquiescé au jugement.

REQUÊTE CIVILE. *C. Pro.* 497. La requête civile n'empêchera pas l'exécution du jugement attaqué ; nulles défenses ne pourront être accordées : celui qui aura été condamné à délaisser un héritage, ne sera reçu à plaider sur la requête civile qu'en rapportant la preuve de l'exécution du jugement au principal.

EXÉCUTION (DES JUGEMENS CRIMINELS).

C. Instr. cr. 373. Le condamné aura trois jours francs après celui où son arrêt lui aura été prononcé, pour déclarer au greffe qu'il se pourvoit en cassation. — Pendant ces trois jours, et s'il y a eu recours en cassation, jusqu'à la réception de l'arrêt de la cour de cassation, il sera sursis à l'exécution de l'arrêt de la cour.

375. La condamnation sera exécutée dans les vingt-quatre heures qui suivront les délais mentionnés en l'article 373, s'il n'y a point de recours en cassation ; ou, en cas de recours, dans les vingt-quatre heures de la réception de l'arrêt de la cour de cassation qui aura rejeté la demande.

376. La condamnation sera exécutée par les ordres du procureur général ; il aura le droit de requérir directement, pour cet effet, l'assistance de la force publique.

377. Si le condamné veut faire une déclaration, elle sera reçue par un des juges du lieu de l'exécution, assisté du greffier.

378. Le procès-verbal d'exécution sera, sous peine de cent francs d'amende, dressé par le greffier, et transcrit par lui, dans les vingt-quatre heures, au pied de la minute de l'arrêt. La transcription sera signée par lui ; et il fera mention du tout, sous la même peine, en marge du procès-verbal. Cette mention sera également signée,

et la transcription fera preuve comme le procès-verbal même.

C. Pén. 25. Aucune condamnation ne pourra être exécutée les jours de fêtes nationales ou religieuses, ni les dimanches.

26. L'exécution se fera sur l'une des places publiques du lieu qui sera indiqué par l'arrêt de condamnation. *V.* MORT (*peine de*).

Dispositions du tarif criminel.

52. Lors des exécutions des arrêts criminels, le greffier de la cour, du tribunal ou de la justice de paix du lieu où se fera l'exécution, sera tenu d'y assister, et d'en dresser procès-verbal ; et, dans le cas d'exécution à mort, il fera parvenir à l'officier de l'état civil les renseignemens prescrits par le Code Civil. *V.* MORT (*peine de*).

Des frais d'exécution des arrêts.

(*Tit.* 1er, *ch.* 2.) — 113. Il sera fait par notre chancelier un règlement qui déterminera les dépenses nécessaires pour l'exécution des arrêts criminels, et règlera le mode de leur paiement. — Ce règlement sera adressé à nos procureurs près les cours et tribunaux, et aux préfets, pour le faire exécuter, chacun en ce qui le concerne.

114. La loi du 22 germinal an IV, relative à la réquisition des ouvriers pour les travaux nécessaires à l'exécution des jugemens, continuera d'être exécutée. — Les dispositions de la même loi seront observées dans le cas où il y aurait lieu de faire fournir un logement aux exécuteurs.

115. Les lois des 13 juin 1793, 3 frimaire et 22 floréal an 2, relatives au nombre, au placement, aux gages et à la nomination des exécuteurs et de leurs aides, continueront d'être exécutées.

116. Notre chancelier est autorisé à disposer, sur les fonds généraux des frais de justice, d'une somme de trente-six mille francs par année pour l'employer à donner, sur l'avis de nos procureurs et des préfets, des secours alimentaires aux exécuteurs infirmes et sans emploi, à leurs veuves et à leurs enfans orphelins, jusqu'à l'âge de douze ans. — Au moyen de la présente disposition, tous les règlemens antérieurs sur les secours accordés aux exécuteurs et à leurs familles sont abrogés.

EXÉCUTION (SAISIE-).

DISPOSITIONS GÉNÉRALES.

Des saisies-exécutions.

C. Proc. (*liv.* 5, *tit.* 8, *art.* 583-625.) — 583. Toute saisie-exécution sera précédée d'un commandement à la personne ou au domicile du débiteur, fait au moins un jour avant la saisie, et contenant notification du titre, s'il n'a déjà été notifié.

584. Il contiendra élection de domicile jusqu'à la fin de la poursuite, dans la commune où doit se faire l'exécution, si le créancier n'y demeure ; et le débiteur pourra faire à ce domicile élu toutes significations, même d'offres réelles et d'appel.

585. L'huissier sera assisté de deux témoins,

français, majeurs, non parens ni alliés des parties ou de l'huissier, jusqu'au degré de cousin issu de germain inclusivement, ni leurs domestiques ; il énoncera sur le procès-verbal leurs noms, professions et demeures : les témoins signeront l'original et les copies. La partie poursuivante ne pourra être présente à la saisie.

586. Les formalités des exploits seront observées dans les procès-verbaux de saisie-exécution ; ils contiendront itératif commandement, si la saisie est faite en la demeure du saisi.

587. Si les portes sont fermées, ou si l'ouverture en est refusée, l'huissier pourra établir gardien aux portes pour empêcher le divertissement : il se retirera sur le champ, sans assignation, devant le juge de paix, ou, à son défaut, devant le commissaire de police, et dans les communes où il n'y en a pas, devant le maire, et à son défaut, devant l'adjoint, en présence desquels l'ouverture des portes, même celle des meubles fermans, sera faite, au fur et à mesure de la saisie. L'officier qui se transportera, ne dressera point de procès-verbal ; mais il signera celui de l'huissier, lequel ne pourra dresser du tout qu'un seul et même procès-verbal.

588. Le procès-verbal contiendra la désignation détaillée des objets saisis : s'il y a des marchandises, elles seront pesées, mesurées ou jaugées, suivant leur nature.

589. L'argenterie sera spécifiée par pièces et poinçons, et elle sera pesée.

590. S'il y a des deniers comptans, il sera fait mention du nombre et de la qualité des espèces : l'huissier les déposera au lieu établi pour les consignations ; à moins que le saisissant et la partie saisie, ensemble les opposans, s'il y en a, ne conviennent d'un autre dépositaire.

591. Si le saisi est absent, et qu'il y ait refus d'ouvrir aucune pièce ou meuble, l'huissier en requerra l'ouverture ; et s'il se trouve des papiers, il requerra l'apposition des scellés par l'officier appelé pour l'ouverture.

592. Ne pourront être saisis, — 1° les objets que la loi déclare immeubles par destination ; — 2° le coucher nécessaire des saisis, ceux de leurs enfans vivans avec eux ; les habits dont les saisis sont vêtus et couverts ; — 3° les livres relatifs à la profession du saisi, jusqu'à la somme de trois cents francs, à son choix ; — 4° les machines et instrumens servant à l'enseignement, pratique ou exercice des sciences et arts, jusqu'à concurrence de la même somme, et au choix du saisi ; — 5° les équipemens des militaires, suivant l'ordonnance et le grade ; — 6° les outils des artisans, nécessaires à leurs occupations personnelles ; — 7° les farines et menues denrées nécessaires à la con-

sommation du saisi et de sa famille pendant un mois ; — 8° enfin, une vache, ou trois brebis, ou deux chèvres, au choix du saisi, avec les pailles, fourrages et grains nécessaires pour la litière et la nourriture desdits animaux pendant un mois.

593. Lesdits objets ne pourront être saisis pour aucune créance, même celle de l'État, si ce n'est pour alimens fournis à la partie saisie, ou sommes dues aux fabricans ou vendeurs desdits objets, ou à celui qui aura prêté pour les acheter, fabriquer ou réparer ; pour fermages et moissons des terres à la culture desquelles ils sont employés ; loyers des manufactures, moulins, pressoirs, usines dont ils dépendent, et loyers des lieux servant d'habitation personnelle du débiteur. — Les objets spécifiés sous le n° 2 du précédent article, ne pourront être saisis pour aucune créance.

594. En cas de saisie d'animaux et ustensiles servant à l'exploitation des terres, le juge de paix pourra, sur la demande du saisissant, le propriétaire et le saisi entendus ou appelés, établir un gérant à l'exploitation.

595. Le procès-verbal contiendra indication du jour de la vente.

596. Si la partie saisie offre un gardien solvable, et qui se charge volontairement et sur le champ, il sera établi par l'huissier.

597. Si le saisi ne présente gardien solvable et de la qualité requise, il en sera établi un par l'huissier.

598. Ne pourront être établis gardiens, le saisissant, son conjoint, ses parens et alliés jusqu'au degré de cousin issu de germain inclusivement, et ses domestiques ; mais le saisi, son conjoint, ses parens, alliés et domestiques, pourront être établis gardiens, de leur consentement et de celui du saisissant.

599. Le procès-verbal sera fait sans déplacer ; il sera signé par le gardien en l'original et la copie : s'il ne sait signer, il en sera fait mention ; et il lui sera laissé copie du procès-verbal.

600. Ceux qui, par voies de fait, empêcheraient l'établissement du gardien, ou qui enlèveraient et detourneraient des effets saisis, seront poursuivis conformément au Code d'Instruction criminelle.

601. Si la saisie est faite au domicile de la partie, copie lui sera laissée sur le champ du procès-verbal, signée des personnes qui auront signé l'original ; si la partie est absente, copie sera remise au maire ou adjoint, ou au magistrat qui, en cas de refus de portes, aura fait ouverture, et qui visera l'original.

602. Si la saisie est faite hors du domicile et en l'absence du saisi, copie lui sera notifiée dans le jour, outre un jour pour trois myriamètres ; sinon les frais de garde et le délai pour la vente ne courront que du jour de la notification.

603. Le gardien ne peut se servir des choses saisies, les louer ou prêter, à peine de privation des frais de garde, et dommages et intérêts, au paiement desquels il sera contraignable par corps.

604. Si les objets saisis ont produit quelques profits ou revenus, il est tenu d'en compter, même par corps.

605. Il peut demander sa décharge, si la vente n'a pas été faite au jour indiqué par le procès-verbal, sans qu'elle ait été empêchée par quelque obstacle ; et, en cas d'empêchement, la décharge peut être demandée deux mois après la saisie, sauf au saisissant à faire nommer un autre gardien.

606. La décharge sera demandée contre le saisissant et le saisi, par une assignation en référé devant le juge du lieu de la saisie : si elle est accordée, il sera préalablement procédé au récolement des effets saisis, parties appelées.

607. Il sera passé outre, nonobstant toutes réclamations de la part de la partie saisie, sur lesquelles il sera statué en référé.

608. Celui qui se prétendra propriétaire des objets saisis ou de partie d'iceux, pourra s'opposer à la vente par exploit signifié au gardien, et dénoncé au saisissant et au saisi, contenant assignation libellée et l'énonciation des preuves de propriété, à peine de nullité : il y sera statué par le tribunal du lieu de la saisie, comme en matière sommaire. — Le réclamant qui succombera, sera condamné, s'il y échet, aux dommages et intérêts du saisissant.

609. Les créanciers du saisi, pour quelque cause que ce soit, même pour loyers, ne pourront former opposition que sur le prix de la vente : leurs oppositions en contiendront les causes ; elles seront signifiées au saisissant et à l'huissier ou autre officier chargé de la vente, avec élection de domicile dans le lieu où la saisie est faite, si l'opposant n'y est pas domicilié : le tout à peine de nullité des oppositions, et des dommages-intérêts contre l'huissier, s'il y a lieu.

610. Le créancier opposant ne pourra faire aucune poursuite, si ce n'est contre la partie saisie, et pour obtenir condamnation : il n'en sera fait aucune contre lui, sauf à discuter les causes de son opposition lors de la distribution des deniers.

611. L'huissier qui, se présentant pour saisir, trouverait une saisie déjà faite et un gardien établi, ne pourra pas saisir de nouveau ; mais il

pourra procéder au récolement des meubles et effets sur le procès-verbal, que le gardien sera tenu de lui représenter : il saisira les effets omis, et fera sommation au premier saisissant de vendre le tout dans la huitaine ; le procès-verbal de récolement vaudra opposition sur les deniers de la vente.

612. Faute par le saisissant de faire vendre dans le délai ci-après fixé, tout opposant ayant titre exécutoire pourra, sommation préalablement faite au saisissant, et sans former aucune demande en subrogation, faire procéder au récolement des effets saisis, sur la copie du procès-verbal de saisie, que le gardien sera tenu de représenter, et de suite à la vente.

613. Il y aura au moins huit jours entre la signification de la saisie au débiteur et la vente.

614. Si la vente se fait à un jour autre que celui indiqué par la signification, la partie saisie sera appelée, avec un jour d'intervalle, outre un jour pour trois myriamètres, en raison de la distance du domicile du saisi, et du lieu où les effets seront vendus.

615. Les opposans ne seront point appelés.

616. Le procès-verbal de récolement qui précèdera la vente ne contiendra aucune énonciation des effets saisis, mais seulement de ceux en déficit, s'il y en a.

617. La vente sera faite au plus prochain marché public, aux jour et heure ordinaires des marchés, ou un jour de dimanche : pourra néanmoins le tribunal permettre de vendre les effets en un autre lieu plus avantageux. Dans tous les cas, elle sera annoncée un jour auparavant par quatre placards au moins, affichés, l'un au lieu où sont les effets, l'autre à la porte de la maison commune, le troisième au marché du lieu, et, s'il n'y en a pas, au marché voisin, le quatrième à la porte de l'auditoire de la justice de paix ; et si la vente se fait dans un lieu autre que le marché ou le lieu où sont les effets, un cinquième placard sera apposé au lieu où se fera la vente. La vente sera en outre annoncée par les journaux, dans les villes où il y en a.

618. Les placards indiqueront les lieu, jour et heure de la vente, et la nature des objets sans détail particulier.

619. L'apposition sera constatée par exploit, auquel sera annexé un exemplaire du placard.

620. S'il s'agit de barques, chaloupes et autres bâtimens de mer du port de dix tonneaux et au-dessous, bacs, galiotes, bateaux et autres bâtimens de rivière, moulins et autres édifices mobiles, assis sur bateaux ou autrement, il sera procédé à leur adjudication sur les ports, gares ou quais où ils se trouvent : il sera affiché quatre placards au moins, conformément à l'article précédent ; et il sera fait, à trois divers jours consécutifs, trois publications au lieu où sont lesdits objets : la première publication ne sera faite que huit jours au moins après la signification de la saisie. Dans les villes où il s'imprime des journaux, il sera suppléé à ces trois publications par l'insertion qui sera faite au journal de l'annonce de ladite vente, laquelle annonce sera répétée trois fois dans le cours du mois précédant la vente.

621. La vaisselle d'argent, les bagues et joyaux de la valeur de trois cents francs au moins, ne pourront être vendus qu'après placards apposés en la forme ci-dessus, et trois expositions, soit au marché, soit dans l'endroit où sont lesdits effets ; sans que néanmoins, dans aucun cas, lesdits objets puissent être vendus au-dessous de leur valeur réelle, s'il s'agit de vaisselle d'argent ; ni au-dessous de l'estimation qui en aura été faite par des gens de l'art, s'il s'agit de bagues et joyaux. — Dans les villes où il s'imprime des journaux, les trois publications seront suppléées comme il est dit en l'article précédent.

622. Lorsque la valeur des effets saisis excèdera le montant des causes de la saisie et des oppositions, il ne sera procédé qu'à la vente des objets suffisant à fournir somme nécessaire pour le paiement des créances et frais.

623. Le procès-verbal constatera la présence ou le défaut de comparution de la partie saisie.

624. L'adjudication sera faite au plus offrant, en payant comptant : faute de paiement, l'effet sera revendu sur le champ à la folle enchère de l'adjudicataire.

625. Les commissaires-priseurs et huissiers seront personnellement responsables du prix des adjudications, et feront mention, dans leurs procès-verbaux, des noms et domiciles des adjudicataires : ils ne pourront recevoir d'eux aucune somme au-dessus de l'enchère, à peine de concussion.

Dispositions du tarif.

Tarif civ. 29. (Pr. 583 et 584.) Pour l'original d'un commandement, pour parvenir à une saisie-exécution. — (602.) De la notification de la saisie-exécution faite hors du domicile du saisi, et en son absence. — (606.) D'une assignation en référé à la requête du gardien qui demande sa décharge. D'une sommation à la partie saisie, pour être présente au récolement des effets saisis, quand le gardien a obtenu sa décharge. — (608.) D'une opposition à vente, à la requête de celui qui se prétendra propriétaire des objets saisis entre les mains du gardien. De la dénonciation de cette opposition au saisissant et au saisi, avec assignation libellée et l'énonciation des preuves de propriété. Le gardien ne pourra être assigné. — (609.) D'une opposition sur le prix de la vente, qui en contiendra les causes. — (612.) D'une sommation au premier saisissant de faire vendre. — (614.) D'une sommation à la partie saisie, pour être présente à la vente qui ne serait pas faite au jour indiqué par le procès-verbal de saisie-exécution. — Paris, 2 fr. — Partout ailleurs, 1 fr. 50 c. — Pour chaque copie, le quart.

31. (Pr. 585, 586, 587, 588, 589, 590 et 601.) Pour un procès-verbal de saisie-exécution, qui durera trois heures, y compris le temps nécessaire pour requérir, soit le juge de paix, soit le commissaire de police ou les maire et adjoints, en cas de refus d'ouverture de porte, — à Paris, y compris 1 fr. 50 c. pour chaque témoin, 8 fr. — Dans les villes où il y a tribunal de 1re instance, et dans les autres villes et cantons ruraux, y compris 1 fr. pour chaque témoin, 6 fr. — Si la saisie dure plus de trois heures, par chacune des vacations subséquentes aussi de trois heures, — à Paris, y compris 80 c. pour chaque témoin, 5 fr. — Dans les villes où il y a tribunal de 1re instance, et dans les autres villes et cantons ruraux, y compris 60 c. pour chaque témoin, 3 fr. 75 c. — Dans les taxes ci-dessus se trouvent comprises les copies pour la partie saisie et pour le gardien.

32. (Pr. 587.) Vacation du commissaire de police qui aura été requis pour être présent à l'ouverture des portes et des meubles fermant à clef, ou au maire et adjoints, si ces derniers le requièrent, — à Paris, 5 fr. — Dans les villes où il y a tribunal de 1re instance, 3 fr. 75 c. — Dans les autres villes et cantons ruraux, 2 fr. 50 c.

33. (Pr. 590.) Vacation de l'huissier pour déposer, au lieu établi pour les consignations ou entre les mains du dépositaire qui sera convenu, les deniers comptans qui pourraient avoir été trouvés, — à Paris, 2 fr. — Dans les villes où il y a tribunal de première instance, 1 fr. 50 c. — Dans les autres villes et cantons ruraux, 1 fr. 50 c.

34. (Pr. 596.) Les frais de garde seront taxés par chaque jour, pendant les douze premiers jours, — à Paris, 2 f. 50 c. — Dans les villes où il y a tribunal de 1re instance, 2 fr. — Dans les autres villes et cantons ruraux, 1 f. 50 c. — Ensuite seulement à raison de, — à Paris, 1 fr. — Dans les villes où il y a tribunal de première instance, 80 c. — Dans les autres villes et cantons ruraux, 60 c.

35. (Pr. 606.) Pour un procès-verbal de récolement des effets saisis, quand le gardien a obtenu sa décharge, — à Paris, 5 fr. — Dans les villes où il y a tribunal de 1re instance, 2 f. 25 c. — Dans les autres villes et cantons ruraux, 2 fr. 25 c. — Ce procès-verbal ne contiendra aucun détail, si ce n'est pour constater les effets qui pourraient se trouver en déficit, et l'huissier ne sera point assisté de témoins. Il sera laissé copie du procès-verbal de récolement au gardien qui aura obtenu sa décharge : il remettra la copie de la saisie qu'il avait entre les mains au nouveau gardien, qui se chargera du contenu sur le procès-verbal de récolement. — Pour chacune des copies à donner du procès-verbal de récolement, le quart de l'original.

36. (Pr. 611.) Dans le cas de saisie antérieure et d'établissement de gardien pour le procès-verbal de récolement sur le premier procès-verbal que le gardien sera tenu de représenter, et qui, sans entrer dans aucun détail, et contenant seulement la saisie des effets omis, et sommation au premier saisissant de vendre, témoins compris et deux copies, sera taxé, — à Paris, 6 fr. — Dans les villes où il y a tribunal

de 1re instance, 4 fr. 50 c. — Dans les autres villes et cantons ruraux, 4 fr. 50 c. — Et pour une troisième copie, s'il y a lieu, le quart de l'original.

37. (Pr. 616.) Pour le procès-verbal de récolement qui précédera la vente, et qui ne contiendra aucune énonciation des effets saisis, mais seulement de ceux en déficit, s'il y en a, y compris les témoins, — à Paris, 4 fr. — Dans les villes où il y a tribunal de 1re instance, 4 fr. 50 c. — Dans les autres villes et cantons ruraux, 4 f. 50 c. — Il n'en sera point donné de copie.

38. (Pr. 617.) S'il y a lieu au transport des effets saisis l'huissier sera remboursé de ses frais sur les quittances qu'il en représentera, ou sur sa simple déclaration, si les voituriers et gens de peine ne savent écrire, ce qu'il constatera par son procès-verbal de vente. Il sera alloué à l'huissier ou autre officier qui procédera à la vente, pour la rédaction de l'original du placard qui doit être affiché, — à Paris, 1 f. — Dans les villes où il y a tribunal de première instance, 1 fr. — Dans les autres villes et cantons ruraux, 1 fr. — Pour chacun des placards, s'ils sont manuscrits, — à Paris, 50 c. — Dans les villes où il y a tribunal de première instance, 50 c. — Dans les autres villes et cantons ruraux, 50 c. — Et s'ils sont imprimés, l'officier qui procédera à la vente, en sera remboursé sur les quittances de l'imprimeur et de l'afficheur.

39. Pour l'original de l'exploit, qui constatera l'apposition des placards, dont il ne sera point donné de copie, — à Paris, 3 fr. — Dans les villes où il y a tribunal de première instance, 2 fr. 25 c. — Dans les autres villes et cantons ruraux, 2 fr. 25 c. — Il sera passé en outre la somme qui aura été payée pour l'insertion de l'annonce de la vente dans un journal, si la vente est faite dans une ville où il s'en imprime. — Pour chaque vacation de trois heures à la vente, le procès-verbal compris, il sera taxé à l'huissier aux lieux où ils sont autorisés à la faire, — à Paris, 8 f. — Dans les villes où il y a tribunal de première instance, 5 fr. — Dans les autres villes et cantons ruraux, 4 f. — Et à Paris, où les ventes sont faites par les commissaires-priseurs, il sera alloué à l'huissier, pour requérir le commissaire-priseur, une vacation de 2 fr.

40. (Pr. 625.) En cas d'absence de la partie saisie, son absence sera constatée, et il ne sera nommé aucun officier pour la représenter.

41. (Pr. 620, 621.) Dans le cas de publication sur les lieux où se trouvent les barques, chaloupes et autres bâtimens, prescrite par l'art. 620 du Code, et dans le cas d'exposition de la vaisselle d'argent, bagues et joyaux, ordonnée par l'art. 621, il sera alloué à l'huissier, pour chacune des deux premières publications ou expositions, — à Paris, 6 fr. — Dans les villes où il y a tribunal de première instance, 4 fr. — Dans les autres villes et cantons ruraux, 3 fr. — La troisième publication ou exposition est comprise dans la vacation de vente. — A Paris, et dans les villes où il s'imprime des journaux, les vacations, pour publications et expositions, ne pourront être allouées aux huissiers, attendu qu'il doit y être suppléé par l'insertion dans un journal. — Si l'expédition du procès-verbal de vente est requise par l'une des parties, il sera alloué à l'huissier ou autre officier qui aura procédé à la vente, par chaque rôle d'expédition, contenant vingt-cinq lignes à la page, et dix à douze syllabes à la ligne, — à Paris, 1 fr. — Dans les villes

où il y a tribunal de première instance, 50 c. — Dans les autres villes et cantons ruraux, 40 c.

76. (Pr. 617.) Requête à fin de permission de vendre les meubles saisis-exécutés, dans un lieu plus avantageux que celui indiqué par la loi. — Elle ne sera point grossoyée, — à Paris, 2 fr. — Dans le ressort, 1 fr. 50 c. (V. TARIF.) — La vacation pour demander l'ordonnance et se la faire délivrer, est comprise dans la taxe.

EXÉCUTOIRE DE DÉPENS. V. DÉPENS.

EXPÉDITION D'ACTES.

Des voies à prendre pour avoir expédition ou copie d'un acte, ou pour le faire réformer.

C. Proc. (2ᵉ part., liv. 1, tit. 5, art. 859-858).

—859. Le notaire ou autre dépositaire qui refusera de délivrer expédition ou copie d'un acte aux parties intéressées en nom direct, héritiers ou ayans droits, y sera condamné, et par corps, sur assignation à bref délai, donnée en vertu de permission du président du tribunal de première instance, sans préliminaire de conciliation.

840. L'affaire sera jugée sommairement, et le jugement exécuté, nonobstant opposition ou appel.

841. La partie qui voudra obtenir copie d'un acte non enregistré, ou même resté imparfait, présentera sa requête au président du tribunal de première instance, sauf l'exécution des lois et réglemens relatifs à l'enregistrement.

842. La délivrance sera faite, s'il y a lieu, en exécution de l'ordonnance mise ensuite de la requête ; et il en sera fait mention au bas de la copie délivrée.

843. En cas de refus de la part du notaire ou dépositaire, il en sera référé au président du tribunal de première instance.

844. La partie qui voudra se faire délivrer une seconde grosse, soit d'une minute d'acte, soit par forme d'ampliation sur une grosse déposée, présentera, à cet effet, requête au président du tribunal de première instance : en vertu de l'ordonnance qui interviendra, elle fera sommation au notaire pour faire la délivrance à jour et heure indiqués, et aux parties intéressées, pour y être présentes ; mention sera faite de cette ordonnance au bas de la seconde grosse, ainsi que de la somme pour laquelle on pourra exécuter, si la créance est acquittée ou cédée en partie.

845. En cas de contestation, les parties se pourvoiront en référé.

846. Celui qui, dans le cours d'une instance, voudra se faire délivrer expédition ou extrait d'un acte dans lequel il n'aura pas été partie, se pourvoira ainsi qu'il va être réglé.

847. La demande à fin de compulsoire sera formée par requête d'avoué à avoué : elle sera portée à l'audience sur un simple acte, et jugée sommairement sans aucune procédure.

848. Le jugement sera exécutoire, nonobstant appel ou opposition.

849. Les procès-verbaux de compulsoire ou collation seront dressés et l'expédition ou copie délivrée par le notaire ou dépositaire, à moins que le tribunal qui l'aura ordonné n'ait commis un de ses membres, ou tout autre juge de tribunal de première instance, ou un autre notaire.

850. Dans tous les cas, les parties pourront assister au procès-verbal, et y insérer tels dires qu'elles aviseront.

851. Si les frais et déboursés de la minute de l'acte sont dus au dépositaire, il pourra refuser expédition tant qu'il ne sera pas payé desdits frais, outre ceux d'expédition.

852. Les parties pourront collationner l'expédition ou copie à la minute, dont lecture sera faite par le dépositaire : si elles prétendent qu'elles ne sont pas conformes, il en sera référé, à jour indiqué par le procès-verbal, au président du tribunal, lequel fera la collation ; à cet effet, le dépositaire sera tenu d'apporter la minute. — Les frais du procès-verbal, ainsi que ceux du transport du dépositaire, seront avancés par le requérant.

853. Les greffiers et dépositaires des registres publics en délivreront, sans ordonnance de justice, expédition, copie ou extrait à tous requérans, à la charge de leurs droits, à peine de dépens, dommages et intérêts.

854. Une seconde expédition exécutoire d'un jugement ne sera délivrée à la même partie qu'en vertu d'ordonnance du président du tribunal où il aura été rendu. — Seront observées les formalités prescrites pour la délivrance des secondes grosses des actes devant notaires. V. NOTARIÉ (acte).

855. Celui qui voudra faire ordonner la rectification d'un acte de l'état civil, présentera requête au président du tribunal de première instance.

856. Il sera statué sur rapport, et sur les conclusions du ministère public. Les juges ordonneront, s'ils l'estiment convenable, que les parties intéressées seront appelées, et que le conseil de famille sera préalablement convoqué. — S'il y a lieu d'appeler les parties intéressées, la demande sera formée par exploit, sans préliminaire de conciliation.—Elle le sera par acte d'avoué, si les parties sont en instance.

857. Aucune rectification, aucun changement ne pourront être faits sur l'acte ; mais les jugemens de rectification seront inscrits sur les registres par l'officier de l'état civil, aussitôt qu'ils

lui auront été remis : mention en sera faite en marge de l'acte réformé, et l'acte ne sera plus délivré qu'avec les rectifications ordonnées, à peine de tous dommages-intérêts contre l'officier qui l'aurait délivré.

838. Dans le cas où il n'y aurait d'autre partie que le demandeur en rectification et où il croirait avoir à se plaindre du jugement, il pourra, dans les trois mois depuis la date de ce jugement, se pourvoir à la cour royale, en présentant au président une requête sur laquelle sera indiqué un jour auquel il sera statué à l'audience sur les conclusions du ministère public.

Dispositions du tarif.

Tarif civ. 29. (Pr. 839.) Pour l'original d'une assignation et sommation à un notaire, et aux parties intéressées, s'il y a lieu, pour avoir expédition d'un acte parfait ; — (841.) d'un acte non enregistré, ou resté imparfait ; — (844.) ou d'une seconde grosse, — à Paris, 2 fr. — Partout ailleurs, 1 fr. 50 c. — Chaque copie, le quart.

71. (Pr. 856.) Acte contenant demande en rectification d'un acte de l'état civil. — Acte servant de réponse. — Pour l'original, — à Paris, 5 f. — Dans le ressort, 3 fr. 75 c. (*V.* Tarif.) — Chaque copie, le quart.

75. (Pr. 847.) Grosse de la requête afin de se faire autoriser à compulser un acte, qui ne pourra excéder six rôles, — et réponse, — par chaque rôle, — Paris, 2 fr. — Dans le ressort, 1 fr. 50 c. — Chaque copie, le quart. — Le nombre des rôles de requête en réponse ne pourra jamais excéder celui fixé pour la requête en demande. — Il ne sera passé aucuns frais d'impression.

78. (Pr. 839, 841, 844, 854.) Requête à fin de permission de se faire délivrer expédition ou copie d'un acte parfait, non enregistré, ou même resté imparfait, ou pour se faire délivrer une seconde grosse. — (855.) A fin de réformation d'un acte de l'état civil. — Ces requêtes ne peuvent être grossoyées et l'émolument pour prendre les ordonnances et communiquer au ministère public est compris dans la taxe. — Paris, 7 fr. 50 c. — Dans le ressort, 5 fr. 50 c.

92. (Pr. 850.) Pour assistance au compulsoire, et dire au procès-verbal, par chaque vacation, — Paris, 6 fr. — Dans le ressort, 4 fr. 50 c.

150. (Pr. 858.) Les requêtes en prise à partie, et celles de pourvoi contre un jugement qui a statué sur une demande en rectification d'un acte de l'état civil, quand il n'y a d'autre partie que le demandeur en rectification, seront taxées 15 fr.

168. (Pr. 852.) Il sera taxé aux notaires pour chaque vacation de trois heures aux compulsoires faits en leur étude, — Paris, 9 fr. — Dans les villes où il y a tribunal de première instance, 6 fr. — Partout ailleurs, 4 fr.

EXPÉDITION (*droit d'*).

1° *En matière civile.*

Tarif civ. 174. Les expéditions de tous les actes reçus par les notaires, y compris celles des inventaires et de tous procès-verbaux, contiendront vingt-cinq lignes à la page et quinze syllabes à la ligne, et leur seront payées, par chaque rôle, — Paris, 3 fr.; — dans les villes où il y a tribunal de première instance, 2 fr.; — partout ailleurs, 1 fr. 50 c.

2° *En matière criminelle.*

Tarif cr. 43. Les droits d'expédition ne sont dus que lorsque les expéditions sont demandées, soit par les parties qui en requièrent la délivrance à leurs frais, soit par le ministère public ; dans ce dernier cas, le trésor royal en fait les avances, s'il n'y a pas de partie civile, ou si la partie civile est dans un état d'indigence dûment constaté.

48. Les droits d'expédition dus aux greffiers des cours et tribunaux sont fixés à 40 c. par rôle de vingt-huit lignes à la page, et de quatorze à seize syllabes à la ligne.

EXPERTS.

Dispositions générales.

C. Proc. 1034. Les sommations pour être présens aux rapports d'experts, indiqueront seulement le lieu, le jour et l'heure de la première vacation ; elles n'auront pas besoin d'être réitérées, quoique la vacation ait été continuée à un autre jour.

1035. Quand il s'agira de nommer des experts, et que les parties ou les lieux contentieux seront trop éloignés, les juges pourront commettre un tribunal voisin, un juge, ou même un juge de paix, suivant l'exigence des cas ; ils pourront même autoriser un tribunal à nommer, soit un de ses membres, soit un juge de paix, pour procéder aux opérations ordonnées.

Des rapports d'experts.

C. Proc. (*liv.* 2, *tit.* 14, *art.* 302-325). — 502. Lorsqu'il y aura lieu à un rapport d'experts, il sera ordonné par un jugement, lequel énoncera clairement les objets de l'expertise.

503. L'expertise ne pourra se faire que par trois experts, à moins que les parties ne consentent qu'il soit procédé par un seul.

504. Si, lors du jugement qui ordonne l'expertise, les parties se sont accordées pour nommer les experts, le même jugement leur donnera acte de la nomination.

505. Si les experts ne sont pas convenus par les parties, le jugement ordonnera qu'elles seront tenues d'en nommer dans les trois jours de la signification ; sinon, qu'il sera procédé à l'opération par les experts qui seront nommés d'office par le même jugement. — Ce même jugement nommera le juge-commissaire, qui recevra le serment des experts convenus ou nommés d'office : pourra néanmoins le tribunal ordonner que les experts prêteront leur serment devant le juge de paix du canton où ils procèderont.

306. Dans le délai ci-dessus, les parties qui se seront accordées pour la nomination des experts, en feront leur déclaration au greffe.

307. Après l'expiration du délai ci-dessus, la partie la plus diligente prendra l'ordonnance du juge, et fera sommation aux experts nommés par les parties ou d'office, pour faire leur serment, sans qu'il soit nécessaire que les parties y soient présentes.

308. Les récusations ne pourront être proposées que contre les experts nommés d'office, à moins que les causes n'en soient survenues depuis la nomination et avant le serment.

309. La partie qui aura des moyens de récusation à proposer, sera tenue de le faire dans les trois jours de la nomination, par un simple acte signé d'elle ou de son mandataire spécial, contenant les causes de récusation, et les preuves, si elle en a, ou l'offre de les vérifier par témoins : le délai ci-dessus expiré, la récusation ne pourra être proposée, et l'expert prêtera serment au jour indiqué par la sommation.

310. Les experts pourront être récusés par les motifs pour lesquels les témoins peuvent être reprochés.

311. La récusation contestée sera jugée sommairement à l'audience, sur un simple acte, et sur les conclusions du ministère public ; les juges pourront ordonner la preuve par témoins, laquelle sera faite dans la forme ci-après prescrite pour les enquêtes sommaires. *V.* SOMMAIRE *(enquête).*

312. Le jugement sur la récusation sera exécutoire, nonobstant l'appel.

313. Si la récusation est admise, il sera d'office, par le même jugement, nommé un nouvel expert ou de nouveaux experts à la place de celui ou de ceux récusés.

314. Si la récusation est rejetée, la partie qui l'aura faite sera condamnée en tels dommages et intérêts qu'il appartiendra, même envers l'expert, s'il le requiert ; mais, dans ce dernier cas, il ne pourra demeurer expert.

315. Le procès-verbal de prestation de serment contiendra indication, par les experts, du lieu et des jour et heure de leur opération. — En cas de présence des parties ou de leurs avoués, cette indication vaudra sommation. — En cas d'absence, il sera fait sommation aux parties, par acte d'avoué, de se trouver aux jour et heure que les experts auront indiqués.

316. Si quelque expert n'accepte point la nomination, ou ne se présente point, soit pour le serment, soit pour l'expertise, aux jour et heure indiqués, les parties s'accorderont sur le champ pour en nommer un autre à sa place ; sinon la nomination pourra être faite d'office par le tribunal. — L'expert qui, après avoir prêté serment, ne remplira pas sa mission, pourra être condamné par le tribunal qui l'avait commis, à tous les frais frustratoires, et même aux dommages-intérêts, s'il y échet.

317. Le jugement qui aura ordonné le rapport, et les pièces nécessaires, seront remis aux experts ; les parties pourront faire tels dires et réquisitions qu'elles jugeront convenables : il en sera fait mention dans le rapport ; il sera rédigé sur le lieu contentieux, ou dans le lieu et aux jour et heure qui seront indiqués par les experts. — La rédaction sera écrite par un des experts, et signée par tous : s'ils ne savent pas tous écrire, elle sera écrite et signée par le greffier de la justice de paix du lieu où ils auront procédé.

318. Les experts dresseront un seul rapport ; ils ne formeront qu'un seul avis à la pluralité des voix. — Ils indiqueront néanmoins, en cas d'avis différens, les motifs des divers avis, sans faire connaître quel a été l'avis personnel de chacun d'eux.

319. La minute du rapport sera déposée au greffe du tribunal qui aura ordonné l'expertise, sans nouveau serment de la part des experts : leurs vacations seront taxées par le président au bas de la minute ; et il en sera délivré exécutoire contre la partie qui aura requis l'expertise, ou qui l'aura poursuivie, si elle a été ordonnée d'office.

320. En cas de retard ou de refus de la part des experts de déposer leur rapport, ils pourront être assignés à trois jours, sans préliminaire de conciliation, par devant le tribunal qui les aura commis, pour se voir condamner, même par corps s'il y échet, à faire ledit dépôt ; il y sera statué sommairement et sans instruction.

321. Le rapport sera levé et signifié à avoué par la partie la plus diligente ; l'audience sera poursuivie sur un simple acte.

322. Si les juges ne trouvent point dans le rapport les éclaircissemens suffisans, ils pourront ordonner d'office une nouvelle expertise, par un ou plusieurs experts qu'ils nommeront également d'office, et qui pourront demander aux précédens experts les renseignemens qu'ils trouveront convenables.

323. Les juges ne sont point astreints à suivre l'avis des experts, si leur conviction s'y oppose.

Dispositions du tarif civil.

13. (Pr. 317.) Il sera taxé au greffier du juge de paix qui aura assisté aux opérations des experts, et qui aura écrit la minute de leur rapport, dans le cas où tous, ou l'un d'eux, ne sauraient écrire, les deux tiers des vacations allouées à un expert.

29. (Pr. 307.) Original de signification de l'or-

25

donnance du juge-commissaire pour faire prêter serment aux experts, — Paris, 2 f. — Partout ailleurs, 1 f. 50 c. — Chaque copie, le quart.

70. (Pr. 315.) Original de la sommation contenant indication des jour et heure choisis par les experts, si la partie n'était pas présente à la prestation de leur serment. — (321.) De la signification du rapport des experts, — Paris, 1 f. — Dans le ressort, 75 c. (V. TARIF.) — Chaque copie, le quart.

71. (Pr. 309.) Acte contenant les moyens de récusation contre les experts. — (311.) Acte contenant réponse aux moyens de récusation. — Pour l'original, — Paris, 5 f. — Dans le ressort, 3 f. 75 c. — Chaque copie, le quart.

76. (Pr. 307.) Requête au juge-commissaire pour demander son ordonnance, à l'effet de faire prêter serment aux experts convenus ou nommés d'office. — Elle ne sera pas grossoyée, — Paris, 2 fr. — Dans le ressort, 1 fr. 50 c. — La vacation pour demander l'ordonnance et la faire délivrer est comprise dans la taxe.

91. (Pr. 306.) Pour faire la déclaration au greffe des experts convenus. — (307, 315.) Pour être présent à la prestation de serment des experts devant le juge-commissaire, — Paris, 3 f. — Dans le ressort, 2 f. 25 c.

92. (Pr. 317.) Vacation des avoués aux rapports d'experts s'ils en sont expressément requis par leurs parties, pour ne les répéter que contre elles, et sans qu'elles puissent entrer en taxe, — Paris, 6 fr. — Dans le ressort, 4 f. 50 c.

Chap. 6, des experts.

159. (Pr. 320.) Il sera taxé aux experts, par chaque vacation de trois heures, quand ils opèreront dans les lieux où ils sont domiciliés ou dans la distance de deux myriamètres ; savoir dans le département de la Seine,— pour les artisans ou laboureurs, 4 f. —Pour les architectes et autres artistes, 8 f.—Dans les autres départemens, aux artisans et laboureurs, 3 f. — Aux architectes et autres artistes, 6 f.

160. Au-delà de deux myriamètres, il sera alloué par chaque myriamètre, pour frais de voyage et nourriture, aux architectes et autres artistes, soit pour aller, soit pour revenir, — à ceux de Paris, 6 f.— A ceux des départemens, 4 f. 50 c.

161. Il leur sera alloué pendant leur séjour, à la charge de faire quatre vacations par jour, savoir, — à ceux de Paris, 32 f. — A ceux des départemens, 24 fr.—*Nota.* La taxe sera réduite, dans le cas où le nombre des quatre vacations n'aurait pas été employé. — S'il y a lieu à transport d'un laboureur au-delà de deux myriamètres, il sera alloué trois francs par myriamètre, pour aller, et autant pour le retour, sans néanmoins qu'il puisse rien être alloué au-delà de cinq myriamètres.

162. Il sera encore alloué aux experts deux vacations, l'une pour leur prestation de serment, l'autre pour le dépôt de leur rapport, indépendamment de leurs frais de transport, s'ils sont domiciliés à plus de deux myriamètres de distance du lieu où siège le tribunal ; il leur sera accordé par myriamètre, en ce cas, le cinquième de leur journée de campagne. — Au moyen de cette taxe, les experts ne pourront rien réclamer ni pour frais de voyage et de nourriture, ni pour s'être fait aider par des écrivains ou par des toiseurs et porte-chaînes, ni sous quelque

autre prétexte que ce soit ; ces frais, s'ils ont eu lieu, restant à leur charge. — Le président, en procédant à la taxe de leurs vacations, en réduira le nombre, s'il lui paraît excessif.

163. Il sera taxé aux experts en vérification d'écritures, et en cas d'inscription de faux incident, par chaque vacation de trois heures, indépendamment de leurs frais de voyage, s'il y a lieu, — A Paris, 8 f. —- Dans les tribunaux du ressort, 6 f.

164. (Pr. 208 et 252.) Il ne leur sera rien alloué pour prestation de serment ni pour dépôt de leur procès-verbal, attendu qu'ils doivent opérer en présence du juge ou du greffier, et que le tout est compris dans leurs vacations.

165. Il leur sera alloué pour frais de voyage, s'ils sont domiciliés à plus de deux myriamètres du lieu où se fait la vérification,—à Paris, 32 f.—Dans les tribunaux du ressort, 24 f. — A raison de cinq myriamètres par journée, et au moyen de cette taxe, ils ne pourront rien réclamer pour frais de transport et de nourriture.

Dispositions du tarif criminel.

22. Chaque expert ou interprète recevra, pour chaque vacation de trois heures, et pour chaque rapport, lorsqu'il sera fait par écrit, savoir, à Paris, 5 f. — Dans les villes de quarante mille habitans et au-dessus, 4 f. — Dans les autres villes et communes, 3 f. — Les vacations de nuit seront payées moitié en sus.— Il ne pourra être alloué par chaque journée que deux vacations de jour et une de nuit. V. TÉMOINS, VOYAGE (*frais de*).

EXPLOIT.

C. Proc. 71. Si un exploit est déclaré nul par le fait de l'huissier, il pourra être condamné aux frais de l'exploit et de la procédure annulée, sans préjudice des dommages et intérêts de la partie, suivant les circonstances.

173. Toute nullité d'exploit ou d'acte de procédure est couverte si elle n'est proposée avant toute défense ou exception autres que les exceptions d'incompétence.

1030. Aucun exploit ou acte de procédure ne pourra être déclaré nul si la nullité n'en est pas formellement prononcée par la loi.—Dans les cas où la loi n'aurait pas prononcé la nullité, l'officier ministériel pourra, soit pour omission, soit pour contravention, être condamné à une amende qui ne sera pas moindre de cinq francs et n'excèdera pas cent francs.

EXPOSITION (PEINE).

C. Pén. 22. Quiconque aura été condamné à l'une des peines des travaux forcés à perpétuité, des travaux forcés à temps, ou de la réclusion, avant de subir sa peine, demeurera une heure exposé aux regards du peuple sur la place publique, au-dessus de sa tête sera placé un écriteau portant, en caractères gros et lisibles, ses noms, sa profession, son domicile, sa peine et la cause de sa condamnation. — En cas de condamnation aux travaux forcés, à temps ou à la réclusion, la cour d'assises pourra ordonner par son arrêt que le condamné, s'il n'est pas en état de récidive, ne subira pas l'exposition publique.—Néanmoins l'exposition ne sera jamais prononcée à l'égard des mineurs de 18 ans et des septuagénaires.

EXPROPRIATION DE DÉBITEUR. *V.*

IMMOBILIÈRE (*saisie*).

EXPROPRIATION POUR CAUSE D'UTILITÉ PUBLIQUE.

I. DISPOSITIONS GÉNÉRALES.

Chart. 9. L'État peut exiger le sacrifice d'une propriété pour cause d'intérêt public légalement constaté, mais avec une indemnité préalable.

C. Civ. 545. Nul ne peut être contraint de céder sa propriété si ce n'est pour cause d'utilité publique, et moyennant une juste et préalable indemnité.

II. LOI DU 7 JUILLET 1833,

Sur l'expropriation pour cause d'utilité publique.

Tit. 1, *dispositions préliminaires.*

1. L'expropriation pour cause d'utilité publique s'opère par autorité de justice.

2. Les tribunaux ne peuvent prononcer l'expropriation qu'autant que l'utilité en a été constatée et déclarée dans les formes prescrites par la présente loi. — Ces formes consistent : — 1° dans la loi ou l'ordonnance royale qui autorise l'exécution des travaux pour lesquels l'expropriation est requise ; — 2° dans l'acte du préfet qui désigne les localités ou territoires sur lesquels les travaux doivent avoir lieu, lorsque cette désignation ne résulte pas de la loi ou de l'ordonnance royale ; — 3° dans l'arrêté ultérieur par lequel le préfet détermine les propriétés particulières auxquelles l'expropriation est applicable. Cette application ne peut être faite à aucune propriété particulière qu'après que les parties intéressées ont été mises en état d'y fournir leurs contredits, selon les règles exprimées au titre 2.

3. Tous grands travaux publics, routes royales, canaux, chemins de fer, canalisation de rivières, bassins et docks, entrepris par l'État ou par compagnies particulières, avec ou sans péage, avec ou sans subsides du Trésor, avec ou sans aliénation du domaine public, ne pourront être exécutés qu'en vertu d'une loi qui ne sera rendue qu'après une enquête administrative.—Une ordonnance royale suffira pour autoriser l'exécution des routes, des canaux et chemins de fer d'embranchement de vingt mille mètres de longueur, des ponts et de tous autres travaux de moindre importance. — Cette ordonnance devra également être précédée d'une enquête. — Ces enquêtes auront lieu dans les formes déterminées par un règlement d'administration publique.

Tit. 2, *des mesures d'administration relatives à l'expropriation.*

4. Les ingénieurs ou autres gens de l'art chargés de l'exécution des travaux lèvent, pour la partie qui s'étend sur chaque commune, le plan parcellaire des terrains ou des édifices dont la cession leur paraît nécessaire.

5. Le plan desdites propriétés particulières, indi-

catif des noms de chaque propriétaire, tels qu'ils sont inscrits sur la matrice des rôles, reste déposé, pendant huit jours au moins, à la mairie de la commune où les propriétés sont situées, afin que chacun puisse en prendre connaissance.

6. Le délai fixé à l'article précédent ne court qu'à dater de l'avertissement qui est donné collectivement aux parties intéressées, de prendre communication du plan déposé à la mairie. — Cet avertissement est publié à son de trompe ou de caisse dans la commune, et affiché tant à la principale porte de l'église du lieu qu'à celle de la maison commune. — Il est, en outre, inséré dans l'un des journaux des chefs-lieux d'arrondissement et de département.

7. Le maire certifie ces publications et affiches ; il mentionne sur un procès-verbal qu'il ouvre à cet effet, et que les parties qui comparaissent sont requises de signer, les déclarations et réclamations qui lui ont été faites verbalement, et y annexe celles qui lui sont transmises par écrit.

8. A l'expiration du délai de huitaine, prescrit par l'article 5, une commission se réunit au chef-lieu de la sous-préfecture. — Cette commission, présidée par le sous-préfet de l'arrondissement, sera composée de quatre membres du conseil général du département ou du conseil d'arrondissement désignés par le préfet, du maire de la commune où les propriétés sont situées, et de l'un des ingénieurs chargés de l'exécution des travaux. — Les propriétaires qu'il s'agit d'exproprier ne peuvent être appelés à faire partie de la commission.

9. La commission reçoit les observations des propriétaires. — Elle les appelle toutes les fois qu'elle le juge convenable. — Elle reçoit leurs moyens respectifs, et donne son avis. — Ses opérations doivent être terminées dans le délai d'un mois ; après quoi le procès-verbal est adressé immédiatement par le sous-préfet au préfet. — Dans le cas où lesdites opérations n'auraient pas été mises à fin dans le délai ci-dessus, le sous-préfet devra, dans les trois jours, transmettre au préfet son procès-verbal et les documens recueillis.

10. Le procès-verbal et les pièces transmis par le sous-préfet, resteront déposés au secrétariat général de la préfecture pendant huitaine, à dater du jour du dépôt. — Les parties intéressées pourront en prendre communication sans déplacement et sans frais.

11. Sur le vu du procès-verbal et des documens y annexés, le préfet détermine, par un arrêté motivé, les propriétés qui doivent être cédées, et indique l'époque à laquelle il sera nécessaire d'en prendre possession. — Toutefois, dans le cas où il résulterait de l'avis de la commission qu'il y aurait lieu de modifier le tracé des travaux ordonnés, le préfet sursoira jusqu'à ce qu'il ait été prononcé par l'administration supérieure. — La décision de l'administration supérieure sera définitive et sans recours au conseil d'État.

12. Les dispositions des articles 8, 9 et 10 ne sont point applicables aux cas où l'expropriation serait demandée par une commune, et dans un intérêt purement communal. — Dans ce cas, le procès-verbal prescrit par l'article 7 est transmis, avec l'avis du conseil municipal, par le maire au sous-préfet, qui l'adressera au préfet avec ses observations. — Le préfet, en conseil de préfecture, sur le vu de ce procès-verbal, et sauf l'approbation de l'administration

23.

supérieure, prononcera comme il est dit en l'article précédent.

Tit. 3, de l'expropriation et de ses suites, quant aux privilèges, hypothèques et autres droits réels.

13. A défaut de conventions amiables avec les propriétaires des terrains ou bâtimens dont la cession est reconnue nécessaire, le préfet transmet au procureur du Roi dans le ressort duquel les biens sont situés, la loi ou l'ordonnance qui autorise l'exécution des travaux, et l'arrêté du préfet mentionné en l'article 11.

14. Dans les trois jours, et sur la production des pièces constatant que les formalités prescrites par l'article 2 du titre 1er, et par le titre 2 de la présente loi, ont été remplies, le procureur du Roi requiert, et le tribunal prononce l'expropriation pour cause d'utilité publique des terrains ou bâtimens indiqués dans l'arrêté du préfet. — Le même jugement commet un des membres du tribunal pour remplir les fonctions attribuées par le titre 4, chapitre 2, au magistrat directeur du juri chargé de fixer l'indemnité.

15. Le jugement est publié et affiché, par extrait, dans la commune de la situation des biens, de la manière indiquée en l'article 6. Il est en outre inséré dans l'un des journaux de l'arrondissement et dans l'un de ceux du chef-lieu du département. — Cet extrait, contenant les noms des propriétaires, les motifs et le dispositif du jugement, leur est notifié au domicile qu'ils auront élu dans l'arrondissement de la situation des biens, par une déclaration faite à la mairie de la commune où les biens sont situés, et dans le cas où cette élection de domicile n'aurait pas eu lieu, la notification de l'extrait sera faite en double copie au maire et au fermier, locataire, gardien ou régisseur de la propriété. — Toutes les autres notifications prescrites par la présente loi seront faites dans la forme ci-dessus indiquée.

16. Le jugement sera immédiatement transcrit au bureau de la conservation des hypothèques de l'arrondissement, conformément à l'article 2181 du Code Civil. V. TRANSCRIPTION.

17. Dans la quinzaine de la transcription, les privilèges et les hypothèques conventionnelles, judiciaires ou légales, antérieurs au jugement, seront inscrits. — A défaut d'inscription dans ce délai, l'immeuble exproprié sera affranchi de tous privilèges et de toutes hypothèques, de quelque nature qu'ils soient, sans préjudice du recours contre les maris, tuteurs ou autres administrateurs qui auraient dû requérir les inscriptions.—Les créanciers inscrits n'auront, dans aucun cas, la faculté de surenchérir; mais ils pourront exiger que l'indemnité soit fixée conformément au titre 4.

18. Les actions en résolution, en revendication, et toutes autres actions réelles, ne pourront arrêter l'expropriation, ni en empêcher l'effet. Le droit des réclamans sera transporté sur le prix, et l'immeuble en demeurera affranchi.

19. Les règles posées aux deux articles qui précèdent sont applicables, dans le cas de conventions amiables, aux contrats passés entre l'administration et le propriétaire.

20. Le jugement ne pourra être attaqué que par la voie du recours en cassation, et seulement pour incompétence, excès de pouvoir ou vice de forme du jugement. — Le pourvoi aura lieu dans les trois jours,

à dater de celui de la notification du jugement, par déclaration au greffe du tribunal qui l'aura rendu. — Ce pourvoi sera notifié dans la huitaine, soit au préfet, soit à la partie, au domicile indiqué par l'art. 14, et les pièces adressées dans la quinzaine à la chambre civile de la cour de cassation, qui statuera dans le mois suivant. — L'arrêt, s'il est rendu par défaut, à l'expiration de ce délai, ne sera pas susceptible d'opposition.

Titre 4, du règlement des indemnités.

Chap. 1er, mesures préparatoires.

21. Dans la huitaine qui suit la notification prescrite par l'article 15, le propriétaire est tenu d'appeler et de faire connaître au magistrat directeur du juri les fermiers, locataires, ceux qui ont des droits d'usufruit, d'habitation ou d'usage, tels qu'ils sont réglés par le Code Civil, et ceux qui peuvent réclamer des servitudes résultant des titres mêmes de propriété ou d'autres actes dans lesquels il serait intervenu; sinon, il restera seul chargé envers eux des indemnités que ces derniers pourront réclamer. — Les autres intéressés seront en demeure de faire valoir leurs droits par l'avertissement énoncé en l'article 6, et tenus de se faire connaître au magistrat directeur du juri, dans le même délai de huitaine, à défaut de quoi ils seront déchus de tous droits à l'indemnité.

22. Les dispositions de la présente loi, relatives aux propriétaires et à leurs créanciers, sont applicables à l'usufruitier et à ses créanciers.

23. L'administration notifie aux propriétaires, aux créanciers inscrits et à tous autres intéressés qui auront été désignés ou qui seront intervenus en vertu des articles 21 et 22, les sommes qu'elle offre pour indemnité.

24. Dans la quinzaine suivante, les propriétaires et autres intéressés sont tenus de déclarer leur acceptation, ou, s'ils n'acceptent pas les offres qui leur sont faites, d'indiquer le montant de leurs prétentions.

25. Les tuteurs, maris et autres personnes qui n'ont pas qualité pour aliéner un immeuble, peuvent valablement faire les offres énoncées en l'article 23, lorsqu'ils s'y sont fait autoriser par le tribunal. — Cette autorisation peut être donnée sur simple mémoire en la chambre du conseil, le ministère public entendu. — Le tribunal ordonne les mesures de conservation ou de remploi que chaque cas peut nécessiter.

26. S'il s'agit de biens appartenant à des départemens, à des communes ou à des établissemens publics, les préfets, maires ou administrateurs pourront valablement accepter les offres énoncées en l'article 23, s'ils y sont autorisés par délibération du conseil général de département, du conseil municipal ou du conseil d'administration, approuvée par le préfet en conseil de préfecture.

27. Le délai de quinzaine fixé par l'article 24, sera d'un mois dans les cas prévus par les articles 25 et 26.

28. Si les offres de l'administration ne sont pas acceptées, ou si, nonobstant l'acceptation du propriétaire, les créanciers inscrits et autres intéressés déclarent, dans la quinzaine de la notification qui leur en est faite, qu'ils ne veulent pas se contenter de la somme convenue entre l'administration et le

propriétaire, il sera procédé au règlement des indemnités de la manière indiquée au chapitre suivant.

Chap. 2, du juri spécial chargé de régler les indemnités.

29. Dans sa session annuelle, le conseil général du département désigne, pour chaque arrondissement de sous-préfecture, tant sur la liste des électeurs que sur la seconde partie de la liste du juri, trente-six personnes au moins, et soixante-douze au plus, qui ont leur domicile réel dans l'arrondissement, parmi lesquelles sont choisis, jusqu'à la session suivante ordinaire du conseil général, les membres du juri spécial appelé, le cas échéant, à régler les indemnités dues par suite d'expropriation pour cause d'utilité publique. — Le nombre des jurés désignés pour le département de la Seine sera de six cents.

30. Toutes les fois qu'il y a lieu de recourir à un juri spécial, la cour royale, dans les départemens qui sont le siège d'une cour royale, et dans les autres départemens le tribunal du chef-lieu judiciaire du département (toutes les chambres réunies en chambre du conseil), choisit sur la liste dressée en vertu de l'article précédent seize personnes, pour former le juri spécial chargé de fixer définitivement le montant de l'indemnité. — La cour ou le tribunal choisit en outre et en même temps quatre jurés supplémentaires. — Ne peuvent être choisis : — 1° les propriétaires, fermiers, locataires des terrains et bâtimens désignés dans l'arrêté du préfet pris en vertu de l'article 11, et qui restent à acquérir ; — 2° les créanciers ayant inscription sur lesdits immeubles ; — 3° tous autres intéressés désignés ou intervenans en vertu des articles 21 et 22. — Les septuagénaires seront dispensés, s'ils le requièrent, des fonctions de jurés.

31. La liste des seize jurés, et des quatre jurés supplémentaires, est transmise par le préfet au sous-préfet, qui, après s'être concerté avec le magistrat directeur du juri, convoque les jurés et les parties en leur indiquant, au moins huit jours à l'avance, le lieu et le jour de la réunion. La notification aux parties leur fait connaître les noms des jurés.

32. Tout juré qui, sans motifs légitimes, manque à l'une des séances ou refuse de prendre part à la délibération, encourt une amende de cent francs au moins et de trois cents francs au plus. — L'amende est prononcée par le magistrat directeur du juri. — Il statue en dernier ressort sur l'opposition qui serait formée par le juré condamné. — Il prononce également sur les causes d'empêchement que les jurés proposent, ainsi que sur les exclusions ou incompatibilités dont les causes ne seraient survenues ou n'auraient été connues que postérieurement à la désignation faite en vertu de l'article 30.

33. Ceux des jurés qui se trouvent rayés de la liste pour suite des empêchemens, exclusions ou incompatibilités prévus à l'article précédent, sont immédiatement remplacés par les jurés supplémentaires, que le magistrat directeur du juri appelle dans l'ordre de leur inscription. — En cas d'insuffisance, le tribunal de l'arrondissement choisit, sur la liste dressée en vertu de l'article 29, les personnes nécessaires pour compléter le nombre des seize jurés.

34. Le magistrat directeur du juri est assisté, au-

près du juri spécial, du greffier ou commis-greffier du tribunal, qui appelle successivement les causes sur lesquelles le juri doit statuer, et tient procès-verbal des opérations. — Lors de l'appel, l'administration a le droit d'exercer deux récusations péremptoires ; la partie adverse a le même droit. — Dans le cas où plusieurs intéressés figurent dans la même affaire, ils s'entendent pour l'exercice du droit de récusation, sinon le sort désigne ceux qui doivent en user. — Si le droit de récusation n'est point exercé, ou s'il ne l'est que partiellement, le magistrat directeur du juri procède à la réduction des jurés au nombre de douze, en retranchant les derniers noms inscrits sur la liste.

35. Le juri spécial n'est constitué que lorsque les douze jurés sont présens. — Les jurés ne peuvent délibérer valablement qu'au nombre de neuf au moins.

36. Lorsque le juri est constitué, chaque juré prête serment de remplir ses fonctions avec impartialité.

37. Le magistrat directeur met sous les yeux du juri : — 1° le tableau des offres et demandes notifiées en exécution des articles 23 et 24 ; — 2° les plans parcellaires, et les titres ou autres documens produits par les parties à l'appui de leurs offres et demandes. — Les parties, ou leurs fondés de pouvoir, peuvent présenter sommairement leurs observations. — Le juri pourra entendre toutes les personnes qu'il croira pouvoir l'éclairer. — Il pourra également se transporter sur les lieux, ou déléguer à cet effet un ou plusieurs de ses membres. — La discussion est publique ; elle peut être continuée à une autre séance.

38. La clôture de l'instruction est prononcée par le magistrat directeur du juri. — Les jurés se retirent immédiatement dans leur chambre pour délibérer, sans désemparer, sous la présidence de l'un d'eux, qu'ils désignent à l'instant même. — La décision du juri fixe le montant de l'indemnité ; elle est prise à la majorité des voix. — En cas de partage, la voix du président du juri est prépondérante.

39. Le juri prononce des indemnités distinctes en faveur des parties qui les réclament à des titres différens, comme propriétaires, fermiers, locataires, usagers, autres que ceux dont il est parlé au premier paragraphe de l'article 21, etc. — Dans le cas d'usufruit, une seule indemnité est fixée par le juri, eu égard à la valeur totale de l'immeuble ; le nu-propriétaire et l'usufruitier exercent leurs droits sur le montant de l'indemnité au lieu de l'exercer sur la chose. — L'usufruitier sera tenu de donner caution ; les père et mère ayant l'usufruit légal des biens de leurs enfans en seront seuls dispensés. — Lorsqu'il y a litige sur le fond du droit ou la qualité des réclamans, et toutes les fois qu'il s'élève des difficultés étrangères à la fixation du montant de l'indemnité, le juri règle l'indemnité, indépendamment de ces difficultés, sur lesquelles les parties sont renvoyées à se pourvoir devant qui de droit.

40. Si l'indemnité réglée par le juri est inférieure ou égale à l'offre faite par l'administration, les parties qui l'auront refusée seront condamnées aux dépens. — Si l'indemnité est égale ou supérieure à l'offre des parties, l'administration sera condamnée aux dépens. — Si l'indemnité est à la fois supérieure à l'offre de l'administration et inférieure à la

demande des parties, les dépens seront compensés de manière à être supportés par les parties et l'administration, dans les proportions de leur offre ou de leur demande avec la décision du juri. — Tout indemnitaire qui ne se trouvera pas dans le cas des articles 25 et 26, sera condamné aux dépens, quelle que soit l'estimation ultérieure du juri, s'il a omis de se conformer aux dispositions de l'article 24.

41. La décision du juri, signée des membres qui y ont concouru, est remise par le président au magistrat directeur, qui la déclare exécutoire, statue sur les dépens, et envoie l'administration en possession de la propriété, à la charge par elle de se conformer aux dispositions des art. 53 et 54 suivans. — Ce magistrat taxe les dépens. — Un règlement d'administration publique, qui sera publié avant la mise à exécution de la présente loi, déterminera le tarif des dépens (V. ci-après).—La taxe ne comprendra que les actes faits postérieurement à l'offre de l'administration ; les frais des actes antérieurs demeurent, dans tous les cas, à la charge de l'administration.

42. La décision du juri ne peut être attaquée que par la voie du recours en cassation et seulement pour violation du premier paragraphe de l'art. 30 et des art. 31, 35, 36, 37, 38, 39 et 40. — Le délai sera de quinze jours pour ce recours, qui sera d'ailleurs formé, notifié et jugé comme il est dit en l'art. 20 ; il courra à partir du jour de la décision.

43. Lorsqu'une décision du juri aura été cassée, l'affaire sera renvoyée devant un nouveau juri, choisi dans le même arrondissement. — Il sera procédé à cet effet conformément à l'art. 30.

44. Le juri ne connaît que des affaires dont il a été saisi au moment de sa convocation, et statue successivement et sans interruption sur chacune de ces affaires. Il ne peut se séparer qu'après avoir réglé toutes les indemnités dont la fixation lui a été ainsi déférée.

45. Les opérations commencées par un juri, et qui ne sont pas encore terminées au moment du renouvellement annuel de la liste générale mentionnée en l'art. 29, sont continuées, jusqu'à conclusion définitive, par le même juri.

46. Après la clôture des opérations du juri, les minutes de ses décisions et les autres pièces qui se rattachent auxdites opérations sont déposées au greffe du tribunal civil de l'arrondissement.

47. Les noms des jurés qui auront fait le service d'une session ne pourront être portés sur le tableau dressé par le conseil général pour l'année suivante.

Chap. 3, des règles à suivre pour la fixation des indemnités.

48. Le juri est juge de la sincérité des titres et de l'effet des actes qui seraient de nature à modifier l'évaluation de l'indemnité.

49. Dans le cas où l'administration contesterait au détenteur exproprié le droit à une indemnité, le juri, sans s'arrêter à la contestation, dont il renvoie le jugement devant qui de droit, fixe l'indemnité comme si elle était due, et le magistrat directeur du juri en ordonne la consignation, pour ladite indemnité rester déposée jusqu'à ce que les parties se soient entendues, ou que le litige soit vidé.

50. Les maisons et bâtimens dont il est nécessaire d'acquérir une portion pour cause d'utilité publique seront achetés en entier, si les propriétaires le requièrent par une déclaration formelle adressée au magistrat directeur du juri, dans le délai énoncé en l'article 24. — Il en sera de même de toute parcelle de terrain qui, par suite du morcellement, se trouvera réduite au quart de la contenance totale, si toutefois le propriétaire ne possède aucun terrain immédiatement contigu, et si la parcelle, ainsi réduite, est inférieure à dix ares.

51. Si l'exécution des travaux doit procurer une augmentation de valeur immédiate et spéciale au restant de la propriété, cette augmentation pourra être prise en considération dans l'évaluation de l'indemnité.

52. Les constructions, plantations et améliorations ne donneront lieu à aucune indemnité, lorsque, à raison de l'époque où elles auront été faites ou de toutes autres circonstances, dont l'appréciation lui est abandonnée, le juri acquiert la conviction qu'elles ont été faites dans la vue d'obtenir une indemnité plus élevée.

Tit. 5, du paiement des indemnités.

53. Les indemnités réglées par le juri seront, préalablement à la prise de possession, acquittées entre les mains des ayans droit. — S'ils se refusent à les recevoir, la prise de possession aura lieu après offres réelles et consignation.

54. Il ne sera pas fait d'offres réelles toutes les fois qu'il existera des inscriptions sur l'immeuble exproprié, ou d'autres obstacles au versement des deniers entre les mains des ayans droit ; dans ce cas, il suffira que les sommes dues par l'administration soient assignées, pour être ultérieurement distribuées ou remises, selon les règles du droit commun.

55. Si, dans les six mois du jugement d'expropriation, l'administration ne poursuit pas la fixation de l'indemnité, les parties pourront exiger qu'il soit procédé à ladite fixation. — Quand l'indemnité aura été réglée, si elle n'est ni acquittée ni consignée dans les six mois, les intérêts courront de plein droit à l'expiration de ce délai, à titre de dédommagement.

Tit. 6, dispositions diverses.

56. Les contrats de vente, quittances et autres actes relatifs à l'acquisition des terrains, peuvent être passés dans la forme des actes administratifs ; la minute restera déposée au secrétariat de la préfecture ; expédition en sera transmise à l'administration des domaines.

57. Les significations et notifications mentionnées en la présente loi sont faites à la diligence du préfet du département de la situation des biens. — Elles peuvent être faites tant par huissier que par tout agent de l'administration dont les procès-verbaux font foi en justice.

58. Les plans, procès-verbaux, certificats, significations, jugemens, contrats, quittances et autres actes faits en vertu de la présente loi, seront visés pour timbre et enregistrés *gratis*, lorsqu'il y aura lieu à la formalité de l'enregistrement.

59. Lorsqu'un propriétaire aura accepté les offres de l'administration, le montant de l'indemnité devra, s'il l'exige et s'il n'y a pas eu contestation de la part des tiers, dans le délai prescrit par l'art. 28, être versé à la caisse des dépôts et consignations, pour

être remis ou distribué à qui de droit, selon les règles du droit commun.

60. Si des terrains acquis pour des travaux d'utilité publique ne reçoivent pas cette destination, les anciens propriétaires ou leurs ayans droit peuvent en demander la remise. — Le prix des terrains rétrocédés est fixé à l'amiable, et s'il n'y a pas accord, par le juri, dans les formes ci-dessus prescrites. La fixation par le juri ne peut, en aucun cas, excéder la somme moyennant laquelle l'État est devenu propriétaire desdits terrains.

61. Un avis, publié de la manière indiquée en l'art. 6, fait connaître les terrains que l'administration est dans le cas de revendre. Dans les trois mois de cette publication, les anciens propriétaires qui veulent réacquérir la propriété desdits terrains sont tenus de le déclarer; et, dans le mois de la fixation du prix, soit amiable, soit judiciaire, ils doivent passer le contrat de rachat et payer le prix : le tout à peine de déchéance du privilège que leur accorde l'article précédent.

62. Les dispositions des articles 60 et 61 ne sont pas applicables aux terrains qui auront été acquis sur la réquisition du propriétaire, en vertu de l'article 30, et qui resteraient disponibles après l'exécution des travaux.

63. Les concessionnaires des travaux publics exerceront tous les droits conférés à l'administration, et seront soumis à toutes les obligations qui lui sont imposées dans la présente loi.

64. Les contributions de la portion d'immeuble qu'un propriétaire aura cédée, ou dont il aura été exproprié pour cause d'utilité publique, continueront à lui être comptées pendant un an, à partir de la remise de la propriété, pour former son cens électoral.

Tit. 7, dispositions exceptionnelles.

65. Les formalités prescrites par les titres 1 et 2 de la présente loi, ne sont applicables ni aux travaux militaires ni aux travaux de la marine royale. — Pour ces travaux une ordonnance royale détermine les terrains qui sont soumis à l'expropriation.

66. L'expropriation ou l'occupation temporaire, en cas d'urgence, des propriétés privées qui seront jugées nécessaires pour des travaux de fortification, continueront d'avoir lieu conformément aux dispositions prescrites par la loi du 30 mars 1831 (*V. ci-après*). —Toutefois, lorsque les propriétaires ou autres intéressés n'auront pas accepté les offres de l'administration, le règlement définitif des indemnités aura lieu conformément aux dispositions du titre 4 ci-dessus. — Seront également applicables aux expropriations poursuivies en vertu de la loi du 30 mars 1831. les articles 16, 17, 18 et 20, ainsi que le titre 6, de la présente loi.

Tit. 8, dispositions finales.

67. La loi du 8 mars 1810 est abrogée. — Les dispositions de la présente loi seront appliquées dans tous les cas où les lois se réfèrent à celle du 8 mars 1810.

68. La présente loi sera obligatoire, à dater de la première convocation générale des conseils généraux de département qui suivra sa promulgation. — Les instances en règlement d'indemnités dont les tribunaux se trouveront saisis à l'époque de cette pre-

mière convocation, seront jugées d'après les lois en vigueur au moment où l'instance aura été introduite. — Néanmoins, avant le jugement, les parties auront la faculté de demander que l'indemnité soit fixée conformément à la présente loi, à la charge par le demandeur d'acquitter les frais de l'instance faits antérieurement.

III. ORDONNANCE DU 18 SEPTEMBRE 1833, *Réglant le tarif des actes.*

Chap. 1, des huissiers.

1. Il sera alloué à tous huissiers un franc pour l'original,—1° de la notification de l'extrait du jugement d'expropriation aux personnes désignées dans les art. 15 et 22 de la loi du 7 juillet 1833; — 2° de la signification de l'arrêt de la cour de cassation (20, 42); — 3° de la dénonciation de l'extrait du jugement d'expropriation aux ayans droit mentionnés aux art. 21 et 22; — 4° de la notification de l'arrêté du préfet, qui fixe la somme offerte pour indemnités (23);—5° de l'acte contenant acceptation des offres faites par l'administration, avec signification, s'il y a lieu, des autorisations requises (24, 25, 26);—6° de l'acte portant convocation des jurés et des parties, avec notification aux parties d'une expédition de l'arrêt par lequel la cour royale a formé la liste du juri (51, 55);—7° de la notification au juré défaillant de l'ordonnance du directeur du juri, qui l'a condamné à l'amende (52); — 8° de la notification de la décision du juri, revêtue de l'ordonnance d'exécution (41); — 9° de la sommation d'assister à la consignation, dans le cas où il n'y aura pas eu d'offres réelles (54);—10° de la sommation au préfet pour qu'il soit procédé à la fixation de l'indemnité (55); — 11° de l'acte contenant réquisition par le propriétaire de la consignation des sommes offertes, dans le cas où cette réquisition n'a pas été faite par l'acte même d'acceptation (39); — 12° et généralement de tous actes simples auxquels pourra donner lieu l'expropriation.

2. Il sera alloué à tous huissiers un franc cinquante centimes pour l'original, — 1° de la notification du pourvoi en cassation formé soit contre le jugement d'expropriation, soit contre la décision du juri (20, 42); — 2° de la dénonciation, faite au directeur du juri par le propriétaire ou l'usufruitier, des noms et qualités des ayans droit mentionnés au § 1er de l'art. 21 de la loi précitée (21, 22);— 3° de l'acte par lequel les parties intéressées font connaître leurs réclamations (18, 21, 59, 52, 54);— 4° de l'acte d'acceptation des offres de l'administration, avec réquisition de consignation (24, 59);— 5° de l'acte par lequel la partie qui refuse les offres de l'administration indique le montant de ses prétentions (17, 24, 58, 55);—6° de l'opposition formée par un juré à l'ordonnance du magistrat directeur du juri, qui l'a condamné à l'amende (32);— 7° de la réquisition du propriétaire tendant à l'acquisition de la totalité de son immeuble (50);— 8° de la demande à fin de rétrocession des terrains non employés à des travaux d'utilité publique (60, 61);— 9° de la demande tendant à ce que l'indemnité d'une expropriation déjà commencée soit réglée conformément à la loi du 7 juillet 1833 (68);—10° enfin, de tous actes qui, par leur nature, pourront être assimilés à ceux dont l'énumération précède.

3. Il sera alloué à tous huissiers pour l'original, — 1° du procès-verbal d'offres réelles, contenant le refus ou l'acceptation des ayans droit et sommation d'assister à la consignation (53), deux francs vingt-cinq

centimes ;—2° du procès-verbal de consignation, soit qu'il y ait eu ou non offres réelles (49, 53, 54), quatre francs.

4. Il sera alloué pour chaque copie des exploits ci-dessus le quart de la somme fixée pour l'original.

5. Lorsque les copies de pièces, dont la notification a lieu en vertu de la loi, seront certifiées par l'huissier, il lui sera payé trente centimes par chaque rôle, évalué à raison de vingt-huit lignes à la page, et quatorze à seize syllabes à la ligne (57).

6. Les copies des pièces déposées dans les archives de l'administration qui seront réclamées par les parties dans leur intérêt pour l'exécution de la loi, et qui seront certifiées par les agens de l'administration, seront payées à l'administration sur le même taux que les copies certifiées par les huissiers.

7. Il sera alloué à tous huissiers cinquante centimes pour visa de leurs actes, dans le cas où cette formalité est prescrite. — Ce droit sera double, si le refus du fonctionnaire qui doit donner le visa oblige l'huissier à se transporter auprès d'un autre fonctionnaire.

8. Les huissiers ne pourront rien réclamer pour le papier des actes par eux notifiés, ni pour l'avoir fait viser pour timbre. — Ils emploieront du papier d'une dimension égale, au moins, à celle des feuilles assujetties au timbre de soixante-dix centimes.

Chap. 2, des greffiers.

9. Tous extraits ou expéditions délivrés par les greffiers en matière d'expropriation pour cause d'utilité publique seront portés sur papier d'une dimension égale à celle des feuilles assujetties au timbre de un franc vingt-cinq centimes. — Ils contiendront vingt-huit lignes à la page, et quatorze à seize syllabes à la ligne

10. Il sera alloué aux greffiers quarante centimes pour chaque rôle d'expédition ou d'extrait.

11. Il sera alloué aux greffiers, pour la rédaction du procès-verbal des opérations du juri spécial, cinq francs pour chaque affaire terminée par décision du juri rendue exécutoire. — Néanmoins cette allocation ne pourra jamais excéder quinze francs par jour, quel que soit le nombre des affaires ; et, dans ce cas, ladite somme de quinze francs sera répartie également entre chacune des affaires terminées le même jour.

12. L'état des dépens sera rédigé par le greffier. — Celle des parties qui requerra la taxe devra, dans les trois jours qui suivront la décision du juri, remettre au greffier toutes les pièces justificatives.—Le greffier paraphera chaque pièce admise en taxe, avant de la remettre à la partie.

13. Il sera alloué au greffier dix centimes pour chaque article de l'état des dépens, y compris le paraphe des pièces.

14. L'ordonnance d'exécution du magistrat directeur du juri indiquera la somme des dépens taxés, et la proportion dans laquelle chaque partie devra les supporter.

15. Au moyen des droits ci-dessus accordés aux greffiers, il ne leur sera alloué aucune autre rétribution à aucun titre, sauf les droits de transport dont il sera parlé ci-après ; et ils demeureront chargés,—1° du traitement des commis-greffiers, s'il était besoin d'en établir pour le service des assises spé-

ciales ;—2° de toutes les fournitures de bureau nécessaires pour la tenue de ces assises ;—3° de la fourniture du papier des expéditions ou extraits, qu'ils devront aussi faire viser pour timbre.

Chap. 3, des indemnités de transport.

16. Lorsque les assises spéciales se tiendront ailleurs que dans la ville où siège le tribunal, le magistrat directeur du juri aura droit à une indemnité fixée de la manière suivante : — s'il se transporte à plus de cinq kilomètres de sa résidence, il recevra pour tous frais de voyage, de nourriture et de séjour, une indemnité de neuf francs par jour ; — s'il se transporte à plus de deux myriamètres, l'indemnité sera de douze francs par jour.

17. Dans le même cas, le greffier ou son commis assermenté recevra six ou huit francs par jour, suivant que le voyage sera de plus de cinq kilomètres ou de plus de deux myriamètres, ainsi qu'il est dit dans l'article précédent.

18. Les jurés qui se transporteront à plus de deux kilomètres du lieu où se tiendront les assises spéciales, pour les descentes sur les lieux, autorisées par l'art. 37 de la loi du 7 juillet 1833, recevront, s'ils en font la demande formelle, une indemnité qui sera fixée, pour chaque myriamètre parcouru en allant et en revenant, à deux francs cinquante centimes. Il ne sera rien alloué pour toute autre cause que ce soit, à raison de leurs fonctions, si ce n'est dans le cas de séjour forcé en route, comme il est dit ci-après, art. 24.

19. Les personnes qui seront appelées pour éclairer le juri, conformément à l'art. 37 précité, recevront si elles le requièrent, savoir : — quand elles ne seront pas domiciliées à plus d'un myriamètre du lieu où elles doivent être entendues, pour indemnité de comparution, un franc cinquante cent. ; — quand elles seront domiciliées à plus d'un myriamètre, pour indemnité de voyage, lorsqu'elles ne seront pas sorties de leur arrondissement, un franc par myriamètre parcouru en allant et revenant ; et lorsqu'elles seront sorties de leur arrondissement, un franc cinquante centimes. — Dans le cas où l'indemnité de voyage est allouée, il ne doit être accordé aucune taxe de comparution.

20. Les personnes appelées devant le juri, qui reçoivent un traitement quelconque à raison d'un service public, n'auront droit qu'à l'indemnité de voyage, s'il y a lieu, et si elles la requièrent.

21. Les huissiers qui instrumenteront dans les procédures en matière d'expropriation pour cause d'utilité publique recevront, lorsqu'ils seront obligés de se transporter à plus de deux kilomètres de leur résidence, un franc cinquante centimes pour chaque myriamètre parcouru en allant et en revenant, sans préjudice de l'application de l'article 35 du décret du 14 juin 1813. *V.* Huissier.

22. Les indemnités de transport ci-dessus établies seront réglées par myriamètre et demi-myriamètre. Les fractions de huit ou neuf kilomètres seront comptées pour un myriamètre, et celles de trois à huit kilomètres, pour un demi-myriamètre.

23. Les distances seront calculées d'après le tableau dressé par les préfets, conformément à l'art. 93 du décret du 18 juin 1811. *V.* Distance.

24. Lorsque les individus dénommés ci-dessus seront arrêtés dans le cours du voyage par force majeure, ils recevront en indemnité, pour chaque jour

dé séjour forcé, savoir : — les jurés, deux francs cinquante centimes ; — les personnes appelées devant le juri et les huissiers, un franc cinquante centimes. — Ils seront tenus de faire constater par le juge de paix, et à son défaut par l'un des suppléans, ou par le maire et à son défaut par l'un de ses adjoints, la cause du séjour forcé en route, et d'en représenter le certificat à l'appui de leur demande en taxe.

25. Si les personnes appelées devant le juri sont obligées de prolonger leur séjour dans le lieu où se fait l'instruction, et que ce lieu soit éloigné de plus d'un myriamètre de leur résidence, il leur sera alloué, pour chaque journée, une indemnité de deux francs.

26. Les indemnités des jurés et des personnes appelées pour éclairer le juri seront acquittées comme frais urgens par le receveur de l'enregistrement, sur un simple mandat du magistrat directeur du juri, lequel mandat devra, lorsqu'il s'agira d'un transport, indiquer le nombre de myriamètres parcourus, et, dans tous les cas, faire mention expresse de la demande d'indemnité.

27. Seront également acquittées par le receveur de l'enregistrement, les indemnités de déplacement que le magistrat directeur du juri et son greffier pourront réclamer, lorsque la réunion du juri aura lieu dans une commune autre que le chef-lieu judiciaire de l'arrondissement. Le paiement sera fait sur un état certifié et signé par le magistrat directeur du juri, indiquant le nombre des journées employées au transport, et la distance entre le lieu ou siège le juri et le chef-lieu judiciaire de l'arrondissement.

28. Dans tous les cas, les indemnités de transport allouées au magistrat directeur du juri et au greffier resteront à la charge, soit de l'administration, soit de la compagnie concessionnaire qui aura provoqué l'expropriation, et ne pourront entrer dans la taxe des dépens.

Chap. 4, dispositions générales.

29. Il ne sera alloué aucune taxe aux agens de l'administration autorisés, par la loi du 7 juillet 1833, à instrumenter concurremment avec les huissiers.

30. Le greffier tiendra exactement note des indemnités allouées aux jurés et aux personnes qui seront appelées pour éclairer le juri, et en portera le montant dans l'état de liquidation des frais.

31. L'administration de l'enregistrement se fera rembourser de ses avances comprises dans la liquidation des frais, par la partie qui sera condamnée aux dépens, en vertu d'un exécutoire délivré par le magistrat directeur du juri, et selon le mode usité pour le recouvrement des droits dont la perception est confiée à cette administration. — Quant aux indemnités de transport, payées au magistrat directeur du juri et au greffier, et qui, suivant l'article 28 ci-dessus, ne pourront entrer dans la taxe des dépens, elle en sera remboursée, soit par l'administration, soit par la compagnie concessionnaire qui aura provoqué l'expropriation.

IV. LOI DU 30 MARS 1831.

Expropriation temporaire.

1. Lorsqu'il y aura lieu d'occuper tout ou partie d'une ou de plusieurs propriétés particulières pour y faire des travaux de fortifications dont l'urgence ne permettra pas d'accomplir les formalités (prescrites), il sera procédé de la manière suivante.

2. L'ordonnance royale qui autorisera les travaux et déclarera l'unité publique, déclarera en même temps qu'*il y a urgence*.

3. Dans les vingt-quatre heures de la réception de l'ordonnance du Roi, le préfet du département où les travaux de fortifications devront être exécutés, transmettra ampliation de ladite ordonnance au procureur du Roi près le tribunal de l'arrondissement où seront situées les propriétés qu'il s'agira d'occuper, et au maire de la commune de leur situation. — Sur le vu de cette ordonnance, le procureur du Roi requerra de suite, et le tribunal ordonnera immédiatement que l'un de ses juges se transportera sur les lieux avec un expert que le tribunal nommera d'office. — Le maire fera sans délai publier l'ordonnance royale par affiche, tant à la principale porte de l'église du lieu qu'à celle de la maison commune, et par tous autres moyens possibles. Les publications et affiches seront certifiées par ce magistrat.

4. Dans les vingt-quatre heures, le juge-commissaire rendra, pour fixer le jour et l'heure de sa descente sur les lieux, une ordonnance qui sera signifiée à la requête du procureur du Roi, au maire de la commune où le transport devra s'effectuer, et à l'expert nommé par le tribunal. — Le transport s'effectuera dans les dix jours de cette ordonnance, et seulement huit jours après la signification dont il vient d'être parlé. — Le maire, sur les indications qui lui seront données par l'agent militaire chargé de la direction des travaux, convoquera, au moins cinq jours à l'avance, pour le jour et l'heure indiqués par le juge-commissaire, — 1° les propriétaires intéressés, et s'ils ne résident pas sur les lieux, leurs agens, mandataires ou ayans cause ; — 2° les usufruitiers, ou autres personnes intéressées, telles que fermiers, locataires, ou occupant à quelque titre que ce soit. — Les personnes ainsi convoquées pourront se faire assister par un expert ou arpenteur.

5. Un agent de l'administration des domaines et un expert, ingénieur, architecte ou arpenteur, désignés l'un et l'autre par le préfet, se transporteront sur les lieux au jour et à l'heure indiqués pour se réunir au juge-commissaire, au maire ou à l'adjoint, à l'agent militaire et à l'expert désigné par le tribunal. — Le juge-commissaire recevra le serment préalable des experts sur les lieux, et il en sera fait mention au procès-verbal. — L'agent militaire déterminera, en présence de tous, par des pieux et piquets, le périmètre du terrain dont l'exécution des travaux nécessite l'occupation.

6. Cette opération achevée, l'expert désigné par le préfet procédera immédiatement et sans interruption, de concert avec l'agent de l'administration du domaine, à la levée du plan parcellaire, pour indiquer dans le plan général de circonscription les limites et la superficie des propriétés particulières.

7. L'expert nommé par le tribunal dressera un procès-verbal qui comprendra, — 1° la désignation des lieux, des cultures, plantations, clôtures, bâtimens et autres accessoires des fonds : cet état descriptif devra être détaillé pour pouvoir servir de base à l'appréciation de la valeur foncière, et, en cas de besoin, de la valeur locative, ainsi que les dommages-intérêts résultant des changemens ou dégats qui pourront avoir lieu ultérieurement ; — 2° l'estimation de la valeur foncière et locative de chaque parcelle de ces dépendances, ainsi que de l'indemnité qui pourra être due pour frais de déménagement, pertes

de récoltes, détérioration d'objets mobiliers, ou tous autres dommages. — Ces diverses opérations auront lieu contradictoirement avec l'agent et l'administration des domaines et l'expert nommé par le préfet avec les parties intéressées, si elles sont présentes, ou avec l'expert qu'elles auront désigné si elles sont absentes et qu'elles n'aient point nommé d'expert, ou si elles n'ont point le libre exercice de leurs droits, un expert sera désigné d'office par le juge-commissaire pour les représenter.

8. L'expert nommé par le tribunal devra, dans son procès-verbal, — 1º indiquer la nature et la contenance de chaque propriété, la nature des constructions, l'usage auquel elles sont destinées, les motifs et les évaluations diverses, et le temps qu'il paraît nécessaire d'accorder aux occupans pour évacuer les lieux ; — 2º transcrire l'avis de chacun des autres experts, et les observations et réquisitions, telles qu'elles lui seront faites, de l'agent militaire, du maire, de l'agent du domaine, et des parties intéressées ou de leurs représentans. Chacun signera ses dires, ou mention sera faite de la cause qui l'en empêche.

9. Lorsque les propriétaires ayant le libre exercice de leurs droits consentiront à la cession qui leur sera demandée et aux conditions qui leur seront offertes par l'administration, il sera passé entre eux et le préfet un acte de vente qui sera rédigé dans les formes des actes d'administration, et dont la minute restera déposée aux archives de la préfecture.

10. Dans le cas contraire, sur le vu de la minute du procès-verbal dressé par l'expert, et de celui du juge-commissaire qui aura assisté à toutes les opérations, le tribunal, dans une audience tenue aussitôt après le retour de ce magistrat, déterminera, en procédant comme matière sommaire, sans retard et sans frais, — 1º l'indemnité de déménagement, à payer aux détenteurs avant l'occupation ; — 2º l'indemnité approximative et provisionnelle de dépossession qui devra être consignée, sauf règlement ultérieur et définitif préalablement à la prise de possession. Le même jugement autorisera le préfet à se mettre en possession, à la charge, — 1º de payer sans délai l'indemnité de déménagement, soit au propriétaire, soit au locataire ; — 2º de signifier avec le jugement l'acte de consignation de l'indemnité provisionnelle de dépossession. — Ledit jugement déterminera le délai dans lequel, à compter de l'accomplissement de ces formalités, les détenteurs seront tenus d'abandonner les lieux. — Ce délai ne pourra excéder cinq jours pour les propriétés non bâties, et dix jours pour les propriétés bâties. — Le jugement sera exécutoire, nonobstant appel ou opposition.

11. L'acceptation de l'indemnité approximative et provisionnelle de dépossession ne fera aucun préjudice à la fixation de l'indemnité définitive. — Si l'indemnité provisionnelle n'excède pas cent francs, le paiement en sera effectué sans production d'un certificat d'affranchissement d'hypothèque et sans formalité de purge hypothécaire. — Si l'indemnité excède cette somme, le gouvernement fera, dans les trois mois de la date du jugement dont il est parlé dans l'article précédent, transcrire ledit jugement, et purgera les hypothèques légales. A l'expiration de ce délai, l'indemnité provisionnelle sera exigible de plein droit, lors même que les formalités ci-dessus n'auraient pas été remplies, à moins qu'il n'y ait des inscriptions ou des saisies-arrêts ou oppositions : dans ce cas, il sera procédé selon les règles ordinaires. — (L'*art.* 12, relatif au règlement définitif

de l'indemnité se trouve abrogé par l'art. 66 de la loi du 7 juillet 1833 *ci-dessus.*)

EXTINCTION DES PRIVILÉGES (ET HYPOTHÈQUES).

C. Civ. 2180. Les privilèges et hypothèques s'éteignent, — 1º par l'extinction de l'obligation principale, — 2º par la renonciation du créancier à l'hypothèque, — 3º par l'accomplissement des formalités et conditions prescrites aux tiers-détenteurs pour purger les biens par eux acquis, — 4º par la prescription. — La prescription est acquise au débiteur, quant aux biens qui sont dans ses mains, par le temps fixé pour la prescription des actions qui donnent l'hypothèque ou le privilège. — Quant aux biens qui sont dans la main d'un tiers-détenteur, elle lui est acquise par le temps réglé pour la prescription de la propriété à son profit : dans le cas où la prescription suppose un titre, elle ne commence à courir que du jour où il a été transcrit sur les registres du conservateur. — Les inscriptions prises par le créancier n'interrompent pas le cours de la prescription établie par la loi en faveur du débiteur ou du tiers-détenteur.

13. L'occupation temporaire prescrite par ordonnance royale ne pourra avoir lieu que pour des propriétés non bâties. — L'indemnité annuelle représentative de ces propriétés et du dommage résultant du fait de la dépossession, sera réglée à l'amiable ou par l'autorité de la justice, et payée par moitié, de six mois en six mois, au propriétaire et au fermier, le cas échéant. — Lors de la remise des terrains qui n'auront été occupés que temporairement, l'indemnité due pour les détériorations causées par les travaux, ou par la différence entre l'état constaté par le procès-verbal descriptif, sera payée au règlement amiable ou judiciaire, soit au propriétaire, soit au fermier ou exploitant, et selon leurs droits respectifs.

14. Si, dans le cours de la troisième année d'occupation provisoire, le propriétaire ou son ayant droit n'est pas remis en possession, ce propriétaire pourra exiger que l'Etat sera tenu de payer l'indemnité pour la cession de l'immeuble, qui deviendra dès lors propriété publique. L'indemnité foncière sera réglée, non sur l'état de la propriété à cette époque, mais sur son état au moment de l'occupation, tel qu'il aura été constaté par le procès-verbal descriptif. — Tout dommage causé au fermier ou exploitant par cette dépossession définitive lui sera payé après règlement amiable ou judiciaire.

15. Dans tous les cas où l'occupation provisoire ou définitive donnerait lieu à des travaux pour lesquels un crédit n'aurait pas été ouvert au budget de l'Etat, la dépense restera soumise à l'exécution de l'art. 132 de la loi du 25 mars 1817.

EXTINCTION DES OBLIGATIONS.

C. Civ. 1234. Les obligations s'éteignent, — par le paiement, — par la novation, — par la remise volontaire, — par la compensation, — par la confusion, — par la perte de la chose, — par la nullité ou la rescision, — par l'effet de la condition résolutoire, — et par la prescription.

F

FACTURE.

C. Com. 109. Les achats et ventes (en matière de commerce) se constatent,—par une facture acceptée.

FAILLITE.

I. DISPOSITIONS GÉNÉRALES.

Des faillites et des banqueroutes.

C. Com. (*liv.* 3, *tit.* 3, *art.* 437-614).

Dispositions générales.

437. Tout commerçant qui cesse ses paiemens est en état de faillite.

438. Tout commerçant failli qui se trouve dans l'un des cas de faute grave ou de fraude prévus par la présente loi, est en état de banqueroute.

439. Il y a deux espèces de banqueroute : — la banqueroute simple ; elle sera jugée par les tribunaux correctionnels ;—la banqueroute frauduleuse ; elle sera jugée par les cours d'assises.

Tit. 1, *de la faillite.*

Chap. 1, *de l'ouverture de la faillite.*

440. Tout failli sera tenu, dans les trois jours de la cessation des paiemens, d'en faire la déclaration au greffe du tribunal de commerce ; le jour où il aura cessé ses paiemens sera compris dans ces trois jours. — En cas de faillite d'une société en nom collectif, la déclaration du failli contiendra le nom et l'indication du domicile de chacun des associés solidaires.

441. L'ouverture de la faillite est déclarée par le tribunal de commerce ; son époque est fixée, soit par la retraite du débiteur, soit par la clôture de ses magasins, soit par la date de tous actes constatant le refus d'acquitter ou de payer des engagemens de commerce. — Tous les actes ci-dessus mentionnés ne constateront néanmoins l'ouverture de la faillite que lorsqu'il y aura cessation de paiemens ou déclaration du failli.

442. Le failli, à compter du jour de la faillite, est dessaisi, de plein droit, de l'administration de tous ses biens.

443. Nul ne peut acquérir privilège ni hypothèque sur les biens du failli dans les dix jours qui précèdent l'ouverture de la faillite.

444. Tous actes translatifs de propriétés immobilières, faits par le failli, à titre gratuit, dans les dix jours qui précèdent l'ouverture de la faillite, sont nuls et sans effet relativement à la masse des créanciers ; tous actes du même genre, à titre onéreux, sont susceptibles d'être annulés, sur la demande des créanciers, s'ils paraissent aux juges porter des caractères de fraude.

445. Tous actes ou engagemens pour fait de commerce, contractés par le débiteur dans les dix jours qui précèdent l'ouverture de la faillite, sont présumés frauduleux, quant au failli ; ils sont nuls lorsqu'il est prouvé qu'il y a fraude de la part des autres contractans.

446. Toutes sommes payées dans les dix jours qui précèdent l'ouverture de la faillite, pour dettes commerciales non échues, sont rapportées.

447. Tous actes ou paiemens faits en fraude des créanciers sont nuls.

448. L'ouverture de la faillite rend exigibles les dettes passives non échues ; à l'égard des effets de commerce par lesquels le failli se trouvera être l'un des obligés, les autres obligés ne seront tenus que de donner caution pour le paiement à l'échéance, s'ils n'aiment mieux payer immédiatement.

Chap. 2, *de l'apposition des scellés.*

449. Dès que le tribunal de commerce aura connaissance de la faillite, soit par la déclaration du failli, soit par la requête de quelque créancier, soit par la notoriété publique, il ordonnera l'apposition des scellés ; expédition du jugement sera sur le champ adressée au juge de paix.

450. Le juge de paix pourra aussi apposer les scellés sur la notoriété acquise.

451. Les scellés seront apposés sur les magasins, comptoirs, caisses, portefeuilles, livres, registres, papiers, meubles et effets du failli.

452. Si la faillite est faite par des associés réunis en société collective, les scellés seront apposés, non-seulement dans le principal manoir de la société, mais dans le domicile séparé de chacun des associés solidaires.

453. Dans tous les cas, le juge de paix adressera, sans délai, au tribunal de commerce, le procès-verbal de l'apposition des scellés.

Chap. 3, de la nomination du juge-commissaire et des agens de la faillite.

454. Par le même jugement qui ordonnera l'apposition des scellés, le tribunal de commerce déclarera l'époque de l'ouverture de la faillite ; il nommera un de ses membres commissaire de la faillite, et un ou plusieurs agens, suivant l'importance de la faillite, pour remplir, sous la surveillance du commissaire, les fonctions qui leur sont attribuées par la présente loi.—Dans le cas où les scellés auraient été apposés par le juge de paix sur la notoriété acquise, le tribunal se conformera au surplus des dispositions ci-dessus prescrites, dès qu'il aura connaissance de la faillite.

455. Le tribunal de commerce ordonnera, en même temps, ou le dépôt de la personne du failli dans la maison d'arrêt pour dettes, ou la garde de sa personne par un officier de police ou de justice, ou par un gendarme. — Il ne pourra, en cet état, être reçu le failli d'écrou ou recommandation, en vertu d'aucun jugement du tribunal de commerce.

456. Les agens que nommera le tribunal pourront être choisis parmi les créanciers présumés, ou tous autres, qui offriraient le plus de garantie pour la fidélité de leur gestion. Nul ne pourra être nommé agent deux fois dans le cours de la même année, à moins qu'il ne soit créancier.

457. Le jugement sera affiché et inséré par extrait dans les journaux, suivant le mode établi par l'art. 683 du C. de Proc. civile. *V.* IMMOBILIÈRE *(saisie).*—Il sera exécutoire provisoirement, mais susceptible d'opposition, savoir : pour le failli, dans les huit jours qui suivront celui de l'affiche ; pour les créanciers présens ou représentés, et pour tout autre intéressé, jusques et y compris le jour du procès-verbal constatant la vérification des créances ; pour les créanciers en demeure, jusqu'à l'expiration du dernier délai qui leur a été accordé.

458. Le juge-commissaire fera au tribunal de commerce le rapport de toutes les contestations que la faillite pourra faire naître, et qui seront de la compétence de ce tribunal.—Il sera chargé spécialement d'accélérer la confection du bilan, la convocation des créanciers, et de surveiller la gestion de la faillite, soit pendant la durée de la gestion provisoire des agens, soit pendant celle de l'administration des syndics provisoires ou définitifs.

459. Les agens nommés par le tribunal de commerce géreront la faillite sous la surveillance du commissaire, jusqu'à la nomination des syndics ; leur gestion provisoire ne pourra durer que quinze jours au plus, à moins que le tribunal ne

trouve nécessaire de prolonger cette agence de quinze autres jours pour tout délai.

460. Les agens seront révocables par le tribunal qui les aura nommés.

461 Les agens ne pourront faire aucune fonction avant d'avoir prêté serment devant le commissaire de bien et fidèlement s'acquitter des fonctions qui leur seront attribuées.

Chap. 4, des fonctions préalables des agens et des premières dispositions à l'égard du failli.

462. Si, après la nomination des agens et la prestation du serment, les scellés n'avaient point été apposés, les agens requerront le juge de paix de procéder à l'apposition.

463. Les livres du failli seront extraits des scellés, et remis par le juge de paix aux agens, après avoir été arrêtés par lui ; il constatera sommairement, par son procès-verbal, l'état dans lequel ils se trouveront. — Les effets de portefeuille qui seront à courte échéance ou susceptibles d'acceptation seront aussi extraits des scellés par le juge de paix, décrits et remis aux agens pour en faire le recouvrement ; le bordereau en sera remis au commissaire. — Les agens recevront les autres sommes dues au failli, et sur leurs quittances, qui devront être visées par le commissaire. Les lettres adressées au failli seront remises aux agens ; ils les ouvriront s'il est absent ; s'il est présent il assistera à leur ouverture.

464. Les agens feront retirer et vendre les denrées et marchandises sujettes à dépérissement prochain, après avoir exposé leurs motifs au commissaire, et obtenu son autorisation. — Les marchandises non dépérissables ne pourront être vendues par les agens qu'après la permission du tribunal de commerce, et sur le rapport du commissaire.

465. Toutes les sommes reçues par les agens seront versées dans une caisse à deux clefs, dont il sera fait mention à l'art. 496 *(ci-après).*

466. Après l'apposition des scellés, le commissaire rendra compte au tribunal de l'état apparent des affaires du failli, et pourra proposer ou sa mise en liberté pure et simple, avec sauf-conduit provisoire de sa personne, ou sa mise en liberté avec sauf-conduit, en fournissant caution de se représenter, sous peine de paiement d'une somme que le tribunal arbitrera, et qui tournera, le cas advenant, au profit des créanciers.

467. A défaut par le commissaire de proposer un sauf-conduit pour le failli, ce dernier pourra présenter sa demande au tribunal de commerce, qui statuera après avoir entendu le commissaire.

468. Si le failli a obtenu un sauf-conduit, les

gens l'appelleront auprès d'eux, pour clore et arrêter les livres en sa présence.— Si le failli ne se rend pas à l'invitation, il sera sommé de comparaître.—Si le failli ne comparaît pas quarante-huit heures après la sommation, il sera réputé s'être absenté à dessein. Le failli pourra néanmoins comparaître par fondé de pouvoir, s'il propose des empêchemens jugés valables par le commissaire.

469. Le failli qui n'aura pas obtenu de sauf-conduit comparaîtra par un fondé de pouvoir ; à défaut de quoi il sera réputé s'être absenté à dessein.

Chap. 5, *du bilan. V.* BILAN.

Chap. 6, *des syndics provisoires.*

Sect. 1, *de la nomination des syndics provisoires.*

476. Dès que le bilan aura été remis par les agens au commissaire, celui-ci dressera, dans trois jours pour tout délai, la liste des créanciers, qui sera remise au tribunal de commerce, et il les fera convoquer par lettres, affiches et insertion dans les journaux.

477. Même avant la confection du bilan, le commissaire délégué pourra convoquer les créanciers, suivant l'exigence des cas.

478. Les créanciers susdits se réuniront, en présence du commissaire, aux jour et lieu indiqués par lui.

479. Toute personne qui se présenterait comme créancier à cette assemblée, et dont le titre serait postérieurement reconnu supposé de concert entre elle et le failli, encourra les peines portées contre les complices de banqueroutiers frauduleux.

480. Les créanciers réunis présenteront au juge-commissaire une liste triple du nombre des syndics provisoires qu'ils estimeront devoir être nommés; sur cette liste le tribunal de commerce nommera.

Sect. 1, *de la cessation des fonctions des agens.*

481. Dans les vingt-quatre heures qui suivront la nomination des syndics provisoires, les agens cesseront leurs fonctions, et rendront compte aux syndics, en présence du commissaire, de toutes leurs opérations et de l'état de la faillite.

482. Après compte rendu, les syndics continueront les opérations commencées par les agens, et seront chargés provisoirement de toute l'administration de la faillite, sous la surveillance du juge-commissaire.

Sect. 3, *des indemnités pour les agens.*

485. Les agens, après la reddition de leur compte, auront droit à une indemnité, qui leur sera payée par les syndics provisoires.

484. Cette indemnité sera réglée suivant les lieux et suivant la nature de la faillite, d'après les bases qui seront établies par un règlement d'administration publique.

485. Si les agens ont été pris parmi les créanciers, ils ne recevront aucune indemnité.

Chap. 7, *des opérations des syndics provisoires.*

Sect. 1, *de la levée des scellés et de l'inventaire.*

486. Aussitôt après leur nomination, les syndics provisoires requerront la levée des scellés, et procèderont à l'inventaire des biens du failli. Ils seront libres de se faire aider, pour l'estimation, par qui ils jugeront convenable. Conformément à l'art. 957 du C. de Proc. civ. *V.* SCELLÉS, cet inventaire se fera par les syndics à mesure que les scellés seront levés, et le juge de paix y assistera et le signera à chaque vacation.

487. Le failli sera présent ou dûment appelé à la levée des scellés et aux opérations de l'inventaire.

488. En toute faillite, les agens, syndics provisoires et définitifs, seront tenus de remettre, dans la huitaine de leur entrée en fonctions, au magistrat de sûreté de l'arrondissement (le procureur du Roi), un mémoire ou compte sommaire de l'état apparent de la faillite, de ses principales causes et circonstances, et des caractères qu'elle paraît avoir.

489. Le magistrat de sûreté pourra, s'il le juge convenable, se transporter au domicile du failli ou des faillis, assister à la rédaction du bilan, de l'inventaire et des autres actes de la faillite, se faire donner tous les renseignemens qui en résulteront, et faire en conséquence les actes ou poursuites nécessaires ; le tout d'office et sans frais.

490. S'il présume qu'il y a banqueroute simple ou frauduleuse ; s'il y a mandat d'amener, de dépôt ou d'arrêt décerné contre le failli, il en donnera connaissance, sans délai, au juge-commissaire du tribunal de commerce; en ce cas, ce commissaire ne pourra proposer, ni le tribunal accorder de sauf-conduit au failli.

Sect. 2, *de la vente des marchandises et meubles, et des recouvremens.*

491. L'inventaire terminé, les marchandises, l'argent, les titres actifs, meubles et effets du débiteur, seront remis aux syndics, qui s'en chargeront au pied dudit inventaire.

492. Les syndics pourront, sous l'autorisation du commissaire, procéder au recouvrement des dettes actives du failli.—Ils pourront aussi procéder à la vente de ses effets et marchandises, soit par la voie des enchères publiques, par l'en-

tremise des courtiers et à la bourse, soit à l'amiable, à leur choix.

493. Si le failli a obtenu un sauf-conduit, les syndics pourront l'employer pour faciliter et éclairer leur gestion, ils fixeront les conditions de son travail.

494. A compter de l'entrée en fonctions des agens et ensuite des syndics, toute action civile intentée, avant la faillite, contre la personne et les biens mobiliers du failli, par un créancier privé, ne pourra être suivie que contre les agens et les syndics ; et toute action qui serait intentée après la faillite ne pourra l'être que contre les agens et les syndics.

495. Si les créanciers ont quelque motif de se plaindre des opérations des syndics, ils en référeront au commissaire, qui statuera, s'il y a lieu, ou fera son rapport au tribunal de commerce.

496. Les deniers provenant des ventes et des recouvremens seront versés, sous la déduction des dépenses et frais, dans une caisse à double serrure. Une des clefs sera remise au plus âgé des agens ou syndics, et l'autre à celui d'entre les créanciers que le commissaire aura préposé à cet effet.

497. Toutes les semaines, le bordereau de situation de caisse de la faillite sera remis au commissaire, qui pourra, sur la demande des syndics, et à raison des circonstances, ordonner le versement de tout ou partie des fonds à la caisse d'amortissement, ou entre les mains du délégué de cette caisse dans les départemens, à la charge de faire courir, au profit de la masse, les intérêts accordés aux sommes consignées à cette même caisse.

498. Le retirement des fonds versés à la caisse d'amortissement se fera en vertu d'une ordonnance du commissaire.

Sect. 3, des actes conservatoires. V. CONSERVATOIRES *(actes).*

Sect. 4, de la vérification des créances. V. VÉRIFICATION.

Chap. 8, *des syndics définitifs et de leurs fonctions.*

Sect. 1, de l'assemblée des créanciers dont les créances sont vérifiées et affirmées.

514. Dans les trois jours après l'expiration des délais prescrits pour l'affirmation des créanciers connus, les créanciers dont les créances ont été admises seront convoqués par les syndics provisoires.

515. Aux lieu, jour et heure qui seront fixés par le commissaire, l'assemblée se formera sous sa présidence ; il n'y sera admis que des créanciers reconnus, ou leurs fondés de pouvoir.

516. Le failli sera appelé à cette assemblée ; il devra s'y présenter en personne, s'il a obtenu un sauf-conduit ; et il ne pourra s'y faire représenter que pour des motifs valables et approuvés par le commissaire.

517. Le commissaire vérifiera les pouvoirs de ceux qui s'y présenteront comme fondés de procuration ; il fera rendre compte en sa présence, par les syndics provisoires, de l'état de la faillite, des formalités qui auront été remplies et des opérations qui auront eu lieu ; le failli sera entendu.

518. Le commissaire tiendra procès-verbal de ce qui aura été dit et décidé dans cette assemblée.

Sect. 2, du concordat. V. CONCORDAT.

Sect. 3, de l'union des créanciers. V. UNION.

Chap. 9, *des différentes espèces de créanciers, et de leurs droits en cas de faillite.*

Sect. 1, dispositions générales.

532. S'il n'y a pas d'action en expropriation des immeubles, formée avant la notification des syndics définitifs, eux seuls seront admis à poursuivre la vente ; ils seront tenus d'y procéder dans huitaine, selon la forme qui sera indiquée ci-après.

533. Les syndics présenteront au commissaire l'état des créanciers se prétendant privilégiés sur les meubles, et le commissaire autorisera le paiement de ces créanciers sur les premiers deniers rentrés. S'il y a des créanciers contestant le privilège, le tribunal prononcera ; les frais seront supportés par ceux dont la demande aura été rejetée, et ne seront pas au compte de la masse.

534. Le créancier porteur d'engagemens solidaires entre le failli et d'autres coobligés qui sont en faillite, participera aux distributions dans toutes les masses, jusqu'à son parfait et entier paiement.

535. Les créanciers du failli qui seront valablement nantis par des gages ne seront inscrits dans la masse que pour mémoire.

536. Les syndics seront autorisés à retirer les gages au profit de la faillite, en remboursant la dette.

537. Si les syndics ne retirent pas le gage, qu'il soit vendu par les créanciers, et que le prix excède la créance, le surplus sera recouvré par les syndics ; si le prix est moindre que la créance, le créancier nanti viendra à contribution pour le surplus.

538. Les créanciers garantis par un cautionnement seront compris dans la masse, sous la déduction des sommes qu'ils auront reçues de la

caution; la caution sera comprise dans la même masse pour tout ce qu'elle aura payé à la décharge du failli.

Sect. 2, des droits des créanciers hypothécaires.

539. Lorsque la distribution du prix des immeubles sera faite antérieurement à celle du prix des meubles, ou simultanément, les seuls créanciers hypothécaires non remplis sur le prix des immeubles, concourront, à proportion de ce qui leur restera dû, avec les créanciers chirographaires, sur les deniers appartenant à la masse chirographaire.

540. Si la vente du mobilier précède celle des immeubles et donne lieu à une ou plusieurs répartitions de deniers avant la distribution du prix des immeubles, les créanciers hypothécaires concourront à ces répartitions dans la proportion de leurs créances totales, et sauf, le cas échéant, les distractions dont il sera ci-après parlé.

541. Après la vente des immeubles et le jugement d'ordre entre les créanciers hypothécaires, ceux d'entre ces derniers qui viendront en ordre utile sur le prix des immeubles pour la totalité de leurs créances, ne toucheront le montant de leur collocation hypothécaire que sous la déduction des sommes par eux perçues dans la masse chirographaire. — Les sommes ainsi déduites ne resteront point dans la masse hypothécaire, mais retourneront à la masse chirographaire, au profit de laquelle il en sera fait distraction.

542. A l'égard des créanciers hypothécaires qui ne seront colloqués que partiellement dans la distribution du prix des immeubles, il sera procédé comme il suit : — leurs droits sur la masse chirographaire seront définitivement réglés d'après les sommes dont ils resteront créanciers après leur collocation immobilière ; et les deniers qu'ils auront touchés au-delà de cette proportion dans la distribution antérieure, leur seront retenus sur le montant de leur collocation hypothécaire, et reversés dans la masse chirographaire.

543. Les créanciers hypothécaires qui ne viennent point en ordre utile, seront considérés comme purement et simplement chirographaires.

Sect. 3, des droits des femmes.

544. En cas de faillite, les droits et actions des femmes, lors de la publication de la présente loi seront réglés ainsi qu'il suit.

545. Les femmes mariées sous le régime dotal, les femmes séparées de biens, et les femmes communes en biens qui n'auraient point mis les immeubles apportés en communauté, reprendront en nature lesdits immeubles et ceux qui leur seront survenus par successions ou donations entre-vifs ou pour cause de mort.

546. Elles reprendront pareillement les immeubles acquis par elles et en leur nom, des deniers provenant desdites successions et donations, pourvu que la déclaration d'emploi soit expressément stipulée au contrat d'acquisition, et que l'origine des deniers soit constatée par inventaire ou par tout autre acte authentique.

547. Sous quelque régime qu'ait été formé le contrat de mariage, hors le cas prévu par l'article précédent, la présomption légale est que les biens acquis par la femme du failli appartiennent à son mari, sont payés de ses deniers, et doivent être réunis à la masse de son actif ; sauf à la femme à fournir la preuve du contraire.

548. L'action en reprise, résultant des dispositions des art. 545 et 546, ne sera exercée par la femme qu'à charge des dettes et hypothèques dont les biens seront grevés, soit que la femme s'y soit volontairement obligée, soit qu'elle y ait été judiciairement condamnée.

549. La femme ne pourra exercer, dans la faillite, aucune action à raison des avantages portés au contrat de mariage ; et réciproquement, les créanciers ne pourront se prévaloir, dans aucun cas, des avantages faits par la femme au mari dans le même contrat.

550. En cas que la femme ait payé des dettes pour son mari, la présomption légale est qu'elle l'a fait des deniers de son mari, et elle ne pourra, en conséquence, exercer aucune action dans la faillite, sauf la preuve contraire, comme il est dit à l'article 547.

551. La femme dont le mari était commerçant à l'époque de la célébration du mariage, n'aura hypothèque, pour les deniers ou effets mobiliers qu'elle justifiera par actes authentiques avoir apportés en dot, pour le remploi de ses biens aliénés pendant le mariage, et pour l'indemnité des dettes par elle contractées avec son mari, que sur les immeubles qui appartenaient à son mari à l'époque ci-dessus.

552. Sera, à cet égard, assimilée à la femme dont le mari était commerçant à l'époque de la célébration du mariage, la femme qui aura épousé un fils de négociant, n'ayant, à cette époque, aucun état ou profession déterminés, et qui deviendrait lui-même négociant.

553. Sera exceptée des dispositions des art. 549 et 551, et jouira de tous les droits hypothécaires accordés aux femmes par le Code Civil, la femme dont le mari avait, à l'époque de la célébration du mariage, une profession déterminée autre que celle de négociant : néanmoins cette exception ne sera pas applicable à la femme dont

le mari ferait le commerce dans l'année qui suivrait la célébration du mariage.

554. Tous les meubles meublans, effets mobiliers, diamans, tableaux, vaisselle d'or et d'argent, et autres objets, tant à l'usage du mari qu'à celui de la femme, sous quelque régime qu'ait été formé le contrat de mariage, seront acquis aux créanciers, sans que la femme puisse en recevoir autre chose que les habits et linge à son usage, qui lui seront accordés d'après les dispositions de l'art 529. — Toutefois la femme pourra reprendre les bijoux, diamans et vaisselle qu'elle pourra justifier par état légalement dressé, annexé aux actes, ou par bons et loyaux inventaires, lui avoir été donnés par contrat de mariage, ou lui être advenus par succession seulement.

555. La femme qui aurait détourné, diverti ou recélé des effets mobiliers portés en l'article précédent, des marchandises, des effets de commerce, de l'argent comptant, sera condamnée à les rapporter à la masse, et poursuivie, en outre, comme complice de banqueroute frauduleuse.

556. Pourra aussi, suivant la nature des cas, être poursuivie comme complice de banqueroute frauduleuse, la femme qui aura prêté son nom ou son intervention à des actes faits par le mari en fraude de ses créanciers.

557. Les dispositions portées en la présente section ne seront point applicables aux droits et actions des femmes acquis avant la publication de la présente loi. V. COMMERCE (code de).

Chap. 10, de la répartition entre les créanciers, et de la liquidation du mobilier.

558. Le montant de l'actif mobilier du failli, distraction faite des frais et dépenses de l'administration de la faillite, du secours qui a été accordé au failli, et des sommes payées aux privilégiés, sera réparti entre tous les créanciers au marc le franc de leurs créances vérifiées et affirmées.

559. A cet effet, les syndics remettront, tous les mois, au commissaire, un état de situation de la faillite, et des deniers existant en caisse ; le commissaire ordonnera, s'il y a lieu, une répartition entre les créanciers, et en fixera la quotité.

560. Les créanciers seront avertis des décisions du commissaire et de l'ouverture de la répartition.

561. Nul paiement ne sera fait que sur la représentation du titre constitutif de la créance. — Le caissier mentionnera, sur le titre, le paiement qu'il effectuera ; le créancier donnera quittance en marge de l'état de répartition.

562. Lorsque la liquidation sera terminée, l'union des créanciers sera convoquée à la diligence des syndics, sous la présidence du commissaire ; les syndics rendront leur compte, et son reliquat formera la dernière répartition.

563. L'union pourra, dans tout état de cause, se faire autoriser par le tribunal de commerce, le failli dûment appelé, à traiter à forfait des droits et actions dont le recouvrement n'aurait pas été opéré, et à les aliéner ; en ce cas, les syndics feront tous les actes nécessaires.

Chap. 11, du mode de vente des immeubles du failli.

564. Les syndics de l'union, sous l'autorisation du commissaire, procèderont à la vente des immeubles suivant les formes prescrites par le Code Civil pour la vente des biens des mineurs. V. MINEUR.

565. Pendant huitaine après l'adjudication, tout créancier aura droit de surenchérir. La surenchère ne pourra être au-dessous du dixième du prix principal de l'adjudication.

Tit. 2, de la cession de biens. V. CESSION DE BIENS.

Tit. 3, de la revendication. V. REVENDICATION.

Tit. 4, des banqueroutes. V BANQUEROUTE.

Tit. 5, de la réhabilitation. V. RÉHABILITATION.

DISPOSITIONS ADDITIONNELLES.

AJOURNEMENT. *C. Proc.* 59. Le défendeur sera assigné, en matière de faillite, devant le juge du domicile du failli.

69. Seront assignées, — 1°..... 7° les unions et directions de créanciers, en la personne ou au domicile de l'un des syndics ou directeurs.

ASSURANCES. *C. Com.* 346. Si l'assureur tombe en faillite lorsque le risque n'est pas encore fini, l'assuré peut demander caution, ou la résiliation du contrat. — L'assureur a le même droit en cas de faillite de l'assuré.

DÉLÉGATION. *C. Civ.* 1276. Le créancier qui a déchargé le débiteur par qui a été faite la délégation, n'a point de recours contre ce débiteur, si le délégué devient insolvable, à moins que l'acte n'en contienne une réserve expresse, ou que le délégué ne fût déjà en faillite ouverte, au moment de la délégation.

FEMME (créanciers). *C. Civ.* 1446. Les créanciers personnels de la femme, en cas de faillite du mari, peuvent exercer les droits de leur débitrice, jusqu'à concurrence du montant de leurs créances.

FRÊT. *C. Com.* 308. En cas de faillite des

chargeurs ou réclamateurs avant l'expiration de la quinzaine (après la délivrance des marchandises chargées), le capitaine est privilégié sur tous les créanciers pour le paiement de son fret et des avaries qui lui sont dues.

INSCRIPTION HYPOTHÉCAIRE. *C. Civ.* 2146. Les inscriptions ne produisent aucun effet, si elles sont prises dans le délai pendant lequel les actes faits avant l'ouverture des faillites sont déclarés nuls.

LETTRE DE CHANGE. *C. Com.* 121. L'accepteur n'est pas restituable contre son acceptation, quand même le tireur aurait failli à son insu avant qu'il eût accepté.

163. Le porteur n'est dispensé du protêt faute de paiement, ni par le protêt faute d'acceptation, ni par la mort ou faillite de celui sur qui la lettre de change est tirée. — Dans le cas de faillite de l'accepteur avant l'échéance, le porteur peut faire protester, et exercer son recours.

LIVRES DE COMMERCE. *C. Com.* 14. La communication des livres et inventaires ne peut être ordonnée en justice que dans les affaires de succession, communauté, partage de société, et en cas de faillite.

TERME ET DÉLAI. *C. Civ.* 1188. Le débiteur ne peut plus réclamer le bénéfice du terme lorsqu'il a fait faillite.

C. Proc. 124. Le débiteur ne pourra obtenir (de justice) un délai, ni jouir du délai qui lui aura été accordé, s'il est en état de faillite.

VENTE. *C. Civ.* 1613. (Le vendeur) ne sera pas obligé à la délivrance, quand même il aurait accordé un délai pour le paiement, si, depuis la vente, l'acheteur est tombé en faillite.

FAIT.

C. Civ. 1382. Tout fait quelconque de l'homme, qui cause à autrui un dommage, oblige celui par la faute duquel il est arrivé à le réparer.

1383. Chacun est responsable du dommage qu'il a causé par son fait. *V.* DOMMAGE.

1628. Quoiqu'il soit dit que le vendeur ne sera soumis à aucune garantie, il demeure cependant tenu de celle qui résulte d'un fait qui lui est personnel : toute convention contraire est nulle.

FAIT (ERREUR DE). *V.* ERREUR.

FAIT (POINT DE). *V.* DROIT (*point de*).

FAMILLE (CONSEIL DE).

I. DISPOSITIONS GÉNÉRALES.

1° *De la tutelle déférée par le conseil de famille.*

C. Civ. (*liv.* 1, *tit.* 10, *ch.* 2, *sect.* 4, *art.* 405-419). — 405. Lorsqu'un enfant mineur et non émancipé restera sans père ni mère, ni tuteur élu par ~~son père et mère~~, ni ascendans mâles, comme

aussi lorsque le tuteur de l'une des qualités ci-dessus exprimées se trouvera ou dans le cas des exclusions dont il sera parlé ci-après (*art.* 442-449. *V.* TUTELLE.), ou valablement excusé, il sera pourvu, par un conseil de famille, à la nomination d'un tuteur.

406. Ce conseil sera convoqué, soit sur la réquisition et à la diligence des parens du mineur, de ses créanciers ou d'autres parties intéressées, soit même d'office et à la poursuite du juge de paix du domicile du mineur. Toute personne pourra dénoncer à ce juge de paix le fait qui donnera lieu à la nomination d'un tuteur.

407. Le conseil de famille sera composé, non compris le juge de paix, de six parens ou alliés, pris tant dans la commune où la tutelle sera ouverte que dans la distance de deux myriamètres, moitié du côté paternel, moitié du côté maternel, et en suivant l'ordre de proximité dans chaque ligne.—Le parent sera préféré à l'allié du même degré ; et, parmi les parens du même degré, le plus âgé à celui qui le sera le moins.

408. Les frères germains du mineur et les maris des sœurs germaines sont seuls exceptés de la limitation de nombre posée en l'article précédent. —S'ils sont six, ou au-delà, ils seront tous membres du conseil de famille, qu'ils composeront seuls, avec les veuves d'ascendans et les ascendans valablement excusés, s'il y en a.—S'ils sont en nombre inférieur, les autres parens ne seront appelés que pour compléter le conseil.

409. Lorsque les parens ou alliés de l'une ou de l'autre ligne se trouveront en nombre insuffisant sur les lieux, ou dans la distance désignée par l'art. 407, le juge de paix appellera soit des parens ou alliés domiciliés à de plus grandes distances, soit, dans la commune même, des citoyens connus pour avoir eu des relations habituelles d'amitié avec le père ou la mère du mineur.

410. Le juge de paix pourra, lors même qu'il y aurait sur les lieux un nombre suffisant de parens ou alliés, permettre de citer, à quelque distance qu'ils soient domiciliés, des parens ou alliés plus proches en degrés ou de mêmes degrés que les parens ou alliés présens ; de manière toutefois que cela s'opère en retranchant quelques-uns de ces derniers, et sans excéder le nombre réglé par les précédens articles.

411. Le délai pour comparaître sera réglé par le juge de paix à jour fixe, mais de manière qu'il y ait toujours, entre la citation notifiée et le jour indiqué pour la réunion du conseil, un intervalle de trois jours au moins, quand toutes les parties citées résideront dans la commune, ou dans la distance de deux myriamètres. — Toutes les fois que, parmi les parties citées, il s'en trouvera de

24

domiciliées au-delà de cette distance, le délai sera augmenté d'un jour par trois myriamètres.

412. Les parens, alliés ou amis, ainsi convoqués, seront tenus de se rendre en personne, ou de se faire représenter par un mandataire spécial. —Le fondé de pouvoir ne peut représenter plus d'une personne.

413. Tout parent, allié ou ami, convoqué, et qui, sans excuse légitime, ne comparaîtra point, encourra une amende qui ne pourra excéder cinquante francs, et sera prononcée sans appel par le juge de paix.

414. S'il y a excuse suffisante, et qu'il convienne, soit d'attendre le membre absent, soit de le remplacer ; en ce cas, comme en tout autre où l'intérêt du mineur semblera l'exiger, le juge de paix pourra ajourner l'assemblée ou la proroger.

415. Cette assemblée se tiendra de plein droit chez le juge de paix, à moins qu'il ne désigne lui-même un autre local. La présence des trois quarts au moins de ses membres convoqués, sera nécessaire pour qu'elle délibère.

416. Le conseil de famille sera présidé par le juge de paix, qui y aura voix délibérative, et prépondérante en cas de partage.

417. Quand le mineur, domicilié en France, possédera des biens dans les colonies, ou réciproquement, l'administration spéciale de ces biens sera donnée à un protuteur. — En ce cas, le tuteur et le protuteur seront indépendans, et non responsables l'un envers l'autre pour leur gestion respective.

418. Le tuteur agira et administrera, en cette qualité, du jour de sa nomination, si elle a lieu en sa présence ; sinon du jour qu'elle lui aura été notifiée.

419. La tutelle est une charge personnelle qui ne passe point aux héritiers du tuteur. Ceux-ci seront seulement responsables de la gestion de leur auteur ; et, s'ils sont majeurs, ils seront tenus de la continuer jusqu'à la nomination d'un nouveau tuteur. *V.* Tutelle.

2° *Des avis de parens.*

C. Proc. (2° *part.*, *liv.* 1, *tit.* 10, *art.* 882-889). — 882. Lorsque la nomination d'un tuteur n'aura pas été faite en sa présence, elle lui sera notifiée, à la diligence du membre de l'assemblée qui aura été désigné par elle : ladite notification sera faite dans les trois jours de la délibération, outre un jour par trois myriamètres de distance entre le lieu où s'est tenue l'assemblée et le domicile du tuteur.

883. Toutes les fois que les délibérations du conseil de famille ne seront pas unanimes, l'avis de chacun des membres qui la composent sera

mentionné dans le procès-verbal. — Les tuteur, subrogé-tuteur ou curateur, même les membres de l'assemblée, pourront se pourvoir contre la délibération ; ils formeront leur demande contre les membres qui auront été d'avis de la délibération, sans qu'il soit nécessaire d'appeler en conciliation.

884. La cause sera jugée sommairement.

885. Dans tous les cas où il s'agit d'une délibération sujette à homologation, une expédition de la délibération sera présentée au président lequel, par ordonnance au bas de ladite délibération, ordonnera la communication au ministère public, et commettra un juge pour en faire le rapport à jour indiqué.

886. Le procureur du Roi donnera ses conclusions au bas de ladite ordonnance ; la minute du jugement d'homologation sera mise à la suite desdites conclusions, sur le même cahier.

887. Si le tuteur, ou autre chargé de poursuivre l'homologation, ne le fait dans le délai fixé par la délibération, ou, à défaut de fixation, dans le délai de quinzaine, un des membres de l'assemblée pourra poursuivre l'homologation contre le tuteur, et aux frais de celui-ci, sans répétition.

888. Ceux des membres de l'assemblée qui croiront devoir s'opposer à l'homologation, le déclareront, par acte extrajudiciaire, à celui qui est chargé de la poursuivre ; et, s'ils n'ont pas été appelés, ils pourront former opposition au jugement.

889. Les jugemens rendus sur délibération de conseil de famille seront sujets à l'appel.

3° *Dispositions du tarif civil.*

4. (C. 406.) Pour l'assistance du juge de paix à tout conseil de famille, — à Paris, 5 fr. — Dans les villes où il y a un tribunal de première instance, fr. 75 c. — Dans les autres villes et cantons ruraux 2 fr. 50 c. — Le juge de paix ne pourra jamais prendre plus de deux vacations.

29. (Pr. 883.) Original d'ajournement pour demander la réformation d'un avis du conseil de famille qui n'a pas été unanime. — (888.) De l'opposition formée, à la requête des membres d'un conseil de famille, à l'homologation de la délibération, à Paris, 2 fr. — Partout ailleurs, 1 fr. 50 c. — Chaque copie, le quart.

78. (Pr. 885.) Requête afin d'homologation de l'avis du conseil de famille, elle ne peut être refusée, et l'émolument pour prendre l'ordonnance à communiquer est comprise dans la taxe, — Paris 7 fr. 50. c. — Dans le ressort, 5 fr. 50. *V.* Tarif.

II. DISPOSITIONS ADDITIONNELLES.

Absent (enfant). *C. Civ.* 142. Six mois après la disparition du père, si la mère était décédée lors de cette disparition, ou si elle vient à décéder avant que l'absence du père ait été déclarée, la surveillance des enfans sera déférée, par conseil de famille, aux ascendans les plus pro-ches, et, à leur défaut, à un tuteur provisoire.

ACTE DE L'ÉTAT CIVIL (*rectification*). *C. Proc.* 856. Les juges (saisis d'une demande en rectifi-cation d'acte de l'état civil) ordonneront, s'ils l'estiment convenable, que les parties intéressées seront appelées, et que le conseil de famille sera préalablement convoqué.

INSCRIPTION. *C. Civ.* 2141. Les immeubles du tuteur (non indiqués, resteront libres) lorsque les parens, en conseil de famille, auront été d'avis qu'il ne soit pris d'inscription que sur cer-tains immeubles.

INTERDICTION. *C. Civ.* 494. Le tribunal or-donnera que le conseil de famille, formé selon le mode déterminé à la section 4 du chapitre 2, du titre de *la minorité, de la tutelle et de l'émanci-pation* (*V. ci-dessus*), donne son avis sur l'état de la personne dont l'interdiction est demandée. *V.* INTERDICTION.

FAUTE.

C. Civ. 1382. Tout fait quelconque de l'homme, qui cause à autrui un dommage, oblige celui par la faute duquel il est arrivé à le répa-rer. *V.* DOMMAGE.

804. (L'héritier bénéficiaire) n'est tenu que des fautes graves dans l'administration dont il est chargé.

1992. Le mandataire répond non-seulement du dol, mais encore des fautes qu'il commet dans sa gestion.—Néanmoins la responsabilité relative aux fautes est appliquée moins rigoureusement à celui dont le mandat est gratuit qu'à celui qui reçoit un salaire.

FAUX.

I. LOI CIVILE.
1° *Dispositions diverses.*

ACTE AUTHENTIQUE. *C. Civ.* 1319. L'acte au-thentique fait pleine foi de la convention qu'il renferme entre les parties contractantes et leurs héritiers ou ayans cause.—Néanmoins, en cas de plainte en faux principal, l'exécution de l'acte argué de faux sera suspendue par la mise en ac-cusation; et, en cas d'inscription de faux faite incidemment, les tribunaux pourront, suivant les circonstances, suspendre provisoirement l'exécu-tion de l'acte.

ACTE DE L'ÉTAT CIVIL. *C. Civ.* 51. Tout dé-positaire des registres sera civilement responsa-ble des altérations qui y surviendront, sauf son recours, s'il y a lieu, contre les auteurs desdites altérations.

52. Toute altération, tout faux dans les actes de l'état civil, toute inscription de ces actes faite sur une feuille volante et autrement que sur les registres à ce destinés, donneront lieu aux dom-mages-intérêts des parties, sans préjudice des peines portées au Code Pénal.

APPEL. *C. Proc.* 448. Dans le cas où le juge-ment aurait été rendu sur une pièce fausse, les délais de l'appel ne courront que du jour où le faux aura été reconnu ou juridiquement cons-taté.

ARBITRAGE. *C. Proc.* 1015. S'il est formé (de-vant les arbitres) inscription de faux, même pu-rement civile, les arbitres délaisseront les parties à se pourvoir, et les délais de l'arbitrage conti-nueront à courir du jour du jugement de l'inci-dent.

COMPTE. *C. Proc.* 541. Il ne sera procédé à la révision d'aucun compte, sauf aux parties, s'il y a erreurs, omissions, faux ou doubles emplois, à en former leurs demandes devant les mêmes juges.

JUGE DE PAIX. *C. Proc.* 14. Lorsqu'une des parties déclarera (devant le juge de paix) vouloir s'inscrire en faux, le juge lui en donnera acte; il paraphera la pièce, et renverra la cause devant les juges qui doivent en connaître.

ORDRE (*effets de commerce*). *C. Com.* 139. Il est défendu d'antidater les ordres, à peine de faux.

REQUÊTE CIVILE. *C. Proc.* 480. Les juge-mens contradictoires rendus en dernier ressort par les tribunaux de première instance et les cours royales, et les jugemens par défaut rendus aussi en dernier ressort, et qui ne sont plus sus-ceptibles d'opposition, pourront être rétractés, sur la requête de ceux qui auront été parties ou dûment appelés pour les causes ci-après :—1°... 9° si l'on a jugé sur pièces reconnues ou décla-rées fausses depuis le jugement.

488. Lorsque l'ouverture de requête civile sera le faux, les délais ne courront que du jour où le faux aura été reconnu. *V.* REQUÊTE CIVILE.

TRANSACTION. *C. Civ.* 2055. La transaction faite sur pièces qui depuis ont été reconnues fausses, est entièrement nulle.

TRIBUNAUX DE COMMERCE. *C. Proc.* 427. Si une pièce produite (devant un tribunal de com-merce) est arguée de faux, et que la partie per-siste à s'en servir, le tribunal renverra devant les juges qui doivent en connaître, et il sera sursis au jugement de la demande principale. — Néan-moins, si la pièce n'est relative qu'à un des chefs de la demande, il pourra être passé outre au ju-gement des autres chefs.

2° *Procédure.*
Du faux incident civil.

C. Proc. (*liv.* 2, *tit.* 11, *art.* 214-251). —214. Celui qui prétend qu'une pièce signifiée, com-

24.

muniquée ou produite dans le cours de la procédure, est fausse ou falsifiée, peut, s'il y échet, être reçu à s'inscrire en faux, encore que ladite pièce ait été vérifiée, soit avec le demandeur, soit avec le défendeur en faux, à d'autres fins que celles d'une poursuite de faux principal ou incident, et qu'en conséquence il soit intervenu un jugement sur le fondement de ladite pièce comme véritable.

215. Celui qui voudra s'inscrire en faux, sera tenu préalablement de sommer l'autre partie, par acte d'avoué à avoué, de déclarer si elle veut ou non se servir de la pièce, avec déclaration que, dans le cas où elle s'en servirait, il s'inscrira en faux.

216. Dans les huit jours, la partie sommée doit faire signifier, par acte d'avoué, sa déclaration, signée d'elle, ou du porteur de sa procuration spéciale et authentique, dont copie sera donnée, si elle entend ou non se servir de la pièce arguée de faux.

217. Si le défendeur à cette sommation ne fait cette déclaration, ou s'il déclare qu'il ne veut pas se servir de la pièce, le demandeur pourra se pourvoir à l'audience, sur un simple acte, pour faire ordonner que la pièce maintenue fausse sera rejetée par rapport au défendeur ; sauf au demandeur à en tirer telles inductions ou conséquences qu'il jugera à propos, ou à former telles demandes qu'il avisera, pour ses dommages et intérêts.

218. Si le défendeur déclare qu'il veut se servir de la pièce, le demandeur déclarera par acte au greffe, signé de lui, ou de son fondé de pouvoir spécial et authentique, qu'il entend s'inscrire en faux ; il poursuivra l'audience sur un simple acte, à l'effet de faire admettre l'inscription, et de faire nommer le commissaire devant lequel elle sera poursuivie.

219. Le défendeur sera tenu de remettre la pièce arguée de faux, au greffe, dans trois jours de la signification du jugement qui aura admis l'inscription et nommé le commissaire, et de signifier l'acte de mise au greffe dans les trois jours suivans.

220. Faute par le défendeur de satisfaire, dans ledit délai, à ce qui est prescrit par l'article précédent, le demandeur pourra se pourvoir à l'audience pour faire statuer sur le rejet de ladite pièce, suivant ce qui est porté en l'art. 217 ci-dessus ; si mieux il n'aime demander qu'il lui soit permis de faire remettre ladite pièce au greffe à ses frais, dont il sera remboursé par le défendeur comme de frais préjudiciels ; à l'effet de quoi il lui en sera délivré exécutoire.

221. En cas qu'il y ait minute de la pièce arguée de faux, il sera ordonné, s'il y a lieu, par le juge-commissaire, sur la requête du demandeur, que le défendeur sera tenu, dans le temps qui lui sera prescrit, de faire apporter ladite minute au greffe, et que les dépositaires d'icelle y seront contraints, les fonctionnaires publics par corps, et ceux qui ne le sont pas par voie de saisie, amende, et même par corps s'il y échet.

222. Il est laissé à la prudence du tribunal d'ordonner, sur le rapport du juge-commissaire, qu'il sera procédé à la continuation de la poursuite du faux, sans attendre l'apport de la minute ; comme aussi de statuer ce qu'il appartiendra, en cas que ladite minute ne pût être rapportée, ou qu'il fût suffisamment justifié qu'elle a été soustraite ou qu'elle est perdue.

223. Le délai pour l'apport de la minute court du jour de la signification de l'ordonnance ou du jugement au domicile de ceux qui l'ont en leur possession.

224. Le délai qui aura été prescrit au défendeur pour faire apporter la minute, courra du jour de la signification de l'ordonnance ou du jugement à son avoué ; et faute par le défendeur d'avoir fait les diligences nécessaires pour l'apport de ladite minute dans ce délai, le demandeur pourra se pourvoir à l'audience, ainsi qu'il est dit art. 217. — Les diligences ci-dessus prescrites au défendeur seront remplies en signifiant par lui aux dépositaires, dans le délai qui aura été prescrit, copie de la signification qui lui aura été faite de l'ordonnance ou du jugement ordonnant l'apport de ladite minute ; sans qu'il soit besoin, par lui, de lever expédition de ladite ordonnance ou dudit jugement.

225. La remise de ladite pièce prétendue fausse étant faite au greffe, l'acte en sera signifié à l'avoué du demandeur, avec sommation d'être présent au procès-verbal ; et trois jours après cette signification, il sera dressé procès-verbal de l'état de la pièce. — Si c'est le demandeur qui a fait faire la remise, ledit procès-verbal sera fait dans les trois jours de ladite remise, sommation préalablement faite au défendeur d'y être présent.

226. S'il a été ordonné que les minutes seraient apportées, le procès-verbal sera dressé conjointement, tant desdites minutes, que des expéditions arguées de faux, dans les délais ci-dessus ; pourra néanmoins le tribunal ordonner, suivant l'exigence des cas, qu'il sera d'abord dressé procès-verbal de l'état desdites expéditions, sans attendre l'apport desdites minutes, de l'état desquelles il sera, en ce cas, dressé procès-verbal séparément.

227. Le procès-verbal contiendra mention et description des ratures, surcharges, interlignes et autres circonstances du même genre ; il sera

dressé par le juge-commissaire, en présence du procureur du Roi, du demandeur et du défendeur, ou de leurs fondés de procurations authentiques et spéciales : lesdites pièces et minutes seront paraphées par le juge-commissaire et le procureur du Roi, par le défendeur et le demandeur, s'ils peuvent ou veulent les parapher ; sinon il en sera fait mention. Dans le cas de non-comparution de l'une ou de l'autre des parties, il sera donné défaut et passé outre au procès-verbal.

228. Le demandeur en faux, ou son avoué, pourra prendre communication, en tout état de cause, des pièces arguées de faux, par les mains du greffier, sans déplacement et sans retard.

229. Dans les huit jours qui suivront ledit procès-verbal, le demandeur sera tenu de signifier au défendeur ses moyens de faux, lesquels contiendront les faits, circonstances et preuves par lesquels il prétend établir le faux ou la falsification ; sinon le défendeur pourra se pourvoir à l'audience pour faire ordonner, s'il y échet, que ledit demandeur demeurera déchu de son inscription en faux.

230. Sera tenu le défendeur, dans les huit jours de la signification des moyens de faux, d'y répondre par écrit ; sinon le demandeur pourra se pourvoir à l'audience pour faire statuer sur le rejet de la pièce, suivant ce qui est prescrit article 217 ci-dessus.

231. Trois jours après lesdites réponses, la partie la plus diligente pourra poursuivre l'audience ; et les moyens de faux seront admis ou rejetés, en tout ou en partie : il sera ordonné, s'il y échet, que lesdits moyens ou aucuns d'eux demeureront joints, soit à l'incident en faux, si quelques-uns desdits moyens ont été admis, soit à la cause ou au procès principal ; le tout suivant la qualité desdits moyens et l'exigence des cas.

232. Le jugement ordonnera que les moyens admis seront prouvés, tant par titres que par témoins, devant le juge commis, sauf au défendeur la preuve contraire, et qu'il sera procédé à la vérification des pièces arguées de faux, par trois experts écrivains qui seront nommés d'office par le même jugement.

233. Les moyens de faux qui seront déclarés pertinens et admissibles, seront énoncés expressément dans le dispositif du jugement qui permettra d'en faire preuve ; et il ne sera fait preuve d'aucun autre moyen. Pourront néanmoins les experts faire telles observations dépendantes de leur art qu'ils jugeront à propos, sur les pièces prétendues fausses, sauf aux juges à y avoir tel égard que de raison.

234. En procédant à l'audition des témoins,

seront observées les formalités ci-après prescrites pour les enquêtes (*art.* 252-294. *V.* Enquête) : les pièces prétendues fausses leur seront représentées, et paraphées d'eux, s'ils peuvent ou veulent les parapher ; sinon il en sera fait mention. — A l'égard des pièces de comparaison et autres qui doivent être représentées aux experts, elles pourront l'être aussi aux témoins, en tout ou en partie, si le juge-commissaire l'estime convenable ; auquel cas elles seront par eux paraphées, ainsi qu'il est ci-dessus prescrit.

235. Si les témoins représentent quelques pièces lors de leur déposition, elles y demeureront jointes, après avoir été paraphées, tant par le juge-commissaire que par lesdits témoins, s'ils peuvent ou veulent le faire ; sinon il en sera fait mention : et si lesdites pièces font preuve du faux ou de la vérité des pièces arguées, elles seront représentées aux autres témoins qui en auraient connaissance ; et elles seront par eux paraphées, suivant ce qui est ci-dessus prescrit.

236. La preuve par experts se fera en la forme suivante : — 1° les pièces de comparaison seront convenues entre les parties, ou indiquées par le juge, ainsi qu'il est dit à l'article 200, titre *de la vérification des écritures* (*V.* Vérification) ; — 2° seront remis aux experts, le jugement qui aura admis l'inscription de faux ; les pièces prétendues fausses ; le procès-verbal de l'état d'icelles ; le jugement qui aura admis les moyens de faux et ordonné le rapport d'experts ; les pièces de comparaison, lorsqu'il en aura été fourni ; le procès-verbal de présentation d'icelles, et le jugement par lequel elles auront été reçues : les experts mentionneront dans leur rapport la remise de toutes les pièces susdites, et l'examen auquel ils auront procédé, sans pouvoir en dresser aucun procès-verbal ; ils parapheront les pièces prétendues fausses. — Dans le cas où les témoins auraient joint des pièces à leur déposition, la partie pourra requérir et le juge-commissaire ordonner qu'elles seront représentées aux experts ; — 3° seront, au surplus, observées audit rapport les règles prescrites au titre *de la vérification des écritures*.

237. En cas de récusation, soit contre le juge-commissaire, soit contre les experts, il y sera procédé ainsi qu'il est prescrit aux titres 14 et 21 du présent livre. (*Art.* 302-323. *V.* Experts et *art.* 378-596. *V.* Récusation.)

238. Lorsque l'instruction sera achevée, le jugement sera poursuivi sur un simple acte.

239. S'il résulte, de la procédure, des indices de faux ou de falsification, et que les auteurs ou complices soient vivans, et la poursuite du crime non éteinte par la prescription d'après les dispositions du Code Pénal, le président délivrera

mandat d'amener contre les prévenus , et remplira, à cet égard, les fonctions d'officier de police judiciaire.

240. Dans le cas de l'article précédent, il sera sursis à statuer sur le civil, jusqu'après le jugement sur le faux.

241. Lorsqu'en statuant sur l'inscription de faux, le tribunal aura ordonné la suppression, la lacération ou la radiation en tout ou en partie, même la réformation ou le rétablissement des pièces déclarées fausses , il sera sursis à l'exécution de ce chef du jugement, tant que le condamné sera dans le délai de se pourvoir par appel, requête civile ou cassation , ou qu'il n'aura pas formellement et valablement acquiescé au jugement.

242. Par le jugement qui interviendra sur le faux, il sera statué, ainsi qu'il appartiendra , sur la remise des pièces, soit aux parties, soit aux témoins qui les auront fournies ou représentées ; ce qui aura lieu même à l'égard des pièces prétendues fausses , lorsqu'elles ne seront pas jugées telles : à l'égard des pièces qui auront été tirées d'un dépôt public , il sera ordonné qu'elles seront remises aux dépositaires , ou renvoyées par les greffiers de la manière prescrite par le tribunal ; le tout sans qu'il soit rendu séparément un autre jugement sur la remise des pièces, laquelle néanmoins ne pourra être faite qu'après le délai prescrit par l'article précédent.

243. Il sera sursis, pendant ledit délai, à la remise des pièces de comparaison ou autres , si ce n'est qu'il en soit autrement ordonné par le tribunal , sur la requête des dépositaires desdites pièces, ou des parties qui auraient intérêt de la demander.

244. Il est enjoint aux greffiers de se conformer exactement aux articles précédens, en ce qui les regarde, à peine d'interdiction, d'amende qui ne pourra être moindre de cent francs , et des dommages-intérêts des parties, même d'être procédé extraordinairement s'il y échet.

245. Pendant que lesdites pièces demeureront au greffe, les greffiers ne pourront délivrer aucune copie ni expédition des pièces prétendues fausses, si ce n'est en vertu d'un jugement ; à l'égard des actes dont les originaux ou minutes auront été remis au greffe , et notamment des registres sur lesquels il y aurait des actes non argués de faux, lesdits greffiers pourront en délivrer des expéditions aux parties qui auront droit d'en demander, sans qu'ils puissent prendre de plus grands droits que ceux qui seraient dus aux dépositaires desdits originaux ou minutes : et sera le présent article exécuté, sous les peines portées par l'article précédent. — S'il a été fait,

par les dépositaires des minutes desdites pièces, des expéditions pour tenir lieu desdites minutes, en l'exécution de l'article 203 [1] du titre *de la vérification des écritures*, lesdits actes ne pourront être expédiés que par lesdits dépositaires.

246. Le demandeur en faux qui succombera, sera condamné à une amende qui ne pourra être moindre de trois cents francs, et à tels dommages et intérêts qu'il appartiendra.

247. L'amende sera encourue toutes les fois que l'inscription en faux ayant été faite au greffe, et la demande à fin de s'inscrire admise, le demandeur s'en sera désisté volontairement ou aura succombé, ou que les parties auront été mises hors de procès , soit par le défaut de moyens ou de preuves suffisantes, soit faute d'avoir satisfait, de la part du demandeur, aux diligences et formalités ci-dessus prescrites; ce qui aura lieu , en quelques termes que la prononciation soit conçue, et encore que le jugement ne portât point condamnation d'amende : le tout quand même le demandeur offrirait de poursuivre le faux par la voie extraordinaire.

248. L'amende ne sera pas encourue, lorsque la pièce, ou une des pièces arguées de faux, aura été déclarée fausse en tout ou en partie, ou lorsqu'elle aura été rejetée de la cause ou du procès, comme aussi lorsque la demande à fin de s'inscrire en faux n'aura pas été admise ; et ce , de quelques termes que les juges se soient servis pour rejeter ladite demande, ou pour n'y avoir pas d'égard.

249. Aucune transaction sur la poursuite du faux incident ne pourra être exécutée, si elle n'a été homologuée en justice , après avoir été communiquée au ministère public , lequel pourra faire, à ce sujet, telles réquisitions qu'il jugera à propos.

250. Le demandeur en faux pourra toujours se pourvoir, par la voie criminelle, en faux principal; et, dans ce cas, il sera sursis au jugement de la cause, à moins que les juges n'estiment que le

[1] 203. Si le dépositaire est personne publique, il fera préalablement expédition ou copie collationnée des pièces, laquelle sera vérifiée sur la minute ou original par le président du tribunal de son arrondissement, qui en dressera procès-verbal : ladite expédition ou copie sera mise par le dépositaire au rang de ses minutes, pour en tenir lieu jusqu'au renvoi de la pièce ; et il pourra en délivrer des grosses ou expéditions, en faisant mention du procès-verbal qui aura été dressé. — Le dépositaire sera remboursé de ses frais par le demandeur en vérification, sur la taxe qui en sera faite par le juge qui aura dressé le procès-verbal, d'après lequel sera délivré exécutoire.

procès puisse être jugé indépendamment de la pièce arguée de faux.

251. Tout jugement d'instruction ou définitif, en matière de faux, ne pourra être rendu que sur les conclusions du ministère public.

5o *Dispositions du tarif civil.*

29. (Pr. 225.) Original de signification aux dépositaires de l'ordonnance ou du jugement qui porte que la minute de la pièce sera apportée au greffe, — Paris, 2 fr. — Partout ailleurs, 1 fr. 50 c. — Chaque copie, le quart.

70. (Pr. 219.) Original de la signification de l'acte de dépôt au greffe d'une pièce arguée de faux. — (221.) De la sommation pour être présent à la réquisition d'apport au greffe de la minute de la pièce arguée de faux. — (224.) De la signification de l'ordonnance portant que la minute de la pièce arguée de faux sera apportée au greffe. — (225.) De la signification de l'acte de dépôt au greffe de la pièce arguée de faux, avec sommation d'être présent au procès-verbal qui sera dressé de son état, — Paris, 1 fr. — Dans le ressort, 75 c. V. TARIF. — Chaque copie, le quart.

74. (Pr. 215.) Sommation à la partie adverse de déclarer si elle veut ou non se servir d'une pièce produite, avec déclaration que dans le cas où elle s'en servirait, le demandeur s'inscrira en faux. — (216.) Déclaration de la partie sommée, signée d'elle ou du fondé de sa procuration spéciale et authentique, dont il sera donné copie, qu'elle entend ou non se servir de la pièce arguée de faux, — Paris, 5 fr. — Dans le ressort, 5 fr. 75 c. — Chaque copie, le quart.

75. (Pr. 229.) Grosse de la requête contenant les moyens faux. — (250.) De la requête contenant réponse aux moyens faux, par rôle, — Paris, 2 fr. — Ressort, 1 fr. 50 c. — Chaque copie, le quart. — Il ne sera passé aucuns frais d'impression.

91. (Pr. 219, 220.) Vacation pour déposer au greffe les pièces arguées de faux, — Paris, 5 fr. — Ressort, 2 fr. 25 c.

92. (Pr. 218.) Vacation pour former une inscription de faux incident au greffe. — (221.) Pour requérir du juge-commissaire son ordonnance à l'effet de faire apporter au greffe la pièce arguée de faux, dont il y a minute. — (226). Au procès-verbal de l'état des pièces arguées de faux. — (228.) De l'avoué du demandeur, pour prendre, en tout état de cause, communication de la pièce arguée de faux, — Paris, 6 fr. — Ressort, 4 fr. 50 c.

163. Il sera taxé aux experts en vérification d'écritures, et, en cas d'inscription de faux incident, par chaque vacation de trois heures, indépendamment de leurs frais de voyage, s'il y a lieu, — Paris, 8 fr. — Dans les tribunaux du ressort, 6 fr.

164. (Pr. 228 et 252.) Il ne leur sera rien alloué pour prestation de serment ni pour dépôt de leur procès-verbal, attendu qu'ils doivent opérer en présence du juge ou du greffier, et que le tout est compris dans leurs vacations.

165. Il leur sera alloué pour frais de voyage, s'ils sont domiciliés à plus de deux myriamètres du lieu où se fait la vérification, — à Paris, 32 fr. — Dans les tribunaux du ressort, 24 fr. — A raison de cinq myriamètres par journée, et au moyen de cette taxe, ils ne pourront rien réclamer pour frais de transport et de nourriture.

166. (Pr. 201, 204, 205, 221, 225.) Il sera taxé aux dépositaires qui devront représenter les pièces de comparaison en vérifications d'écritures ou arguées de faux, en inscription de faux incident, indépendamment de leurs frais de voyage, par chaque vacation de trois heures devant le juge-commissaire ou le greffier ; savoir : — 1o aux greffiers des cours royales, 12 fr., des cours d'assises, 12 fr., des tribunaux de première instance, 10 fr. ; — 2o aux notaires de Paris, 9 fr., des départemens, 6 fr. 75 c. ; — 5o aux avoués des cours royales, 8 fr., des tribunaux de première instance, 6 f. ; — 4o aux huissiers de Paris, 5 fr., des départemens, 4 fr. ; — 5o aux autres fonctionnaires publics ou autres particuliers, s'ils le requièrent, 6 fr.

II. INSTRUCTION CRIMINELLE.

Du faux.

C. Inst. cr. (liv. 2, tit. 4, art. 448-464). — 448. Dans tous les procès pour faux en écriture, la pièce arguée de faux, aussitôt qu'elle aura été produite, sera déposée au greffe, signée et paraphée à toutes les pages par le greffier, qui dressera un procès-verbal détaillé de l'état matériel de la pièce, et par la personne qui l'aura déposée, si elle sait signer, ce dont il sera fait mention ; le tout à peine de cinquante francs d'amende contre le greffier qui l'aura reçue sans que cette formalité ait été remplie.

449. Si la pièce arguée de faux est tirée d'un dépôt public, le fonctionnaire qui s'en dessaisira, la signera aussi et la paraphera, comme il vient d'être dit, sous la peine d'une pareille amende.

450. La pièce arguée de faux sera de plus signée par l'officier de police judiciaire, et par la partie civile ou son avoué, si ceux-ci se présentent. — Elle le sera également par le prévenu, au moment de sa comparution. — Si les comparans, ou quelques-uns d'entre eux, ne peuvent pas ou ne veulent pas signer, le procès-verbal en fera mention. — En cas de négligence ou d'omission, le greffier sera puni de cinquante francs d'amende.

451. Les plaintes et dénonciations en faux pourront toujours être suivies, lors même que les pièces qui en sont l'objet auraient servi de fondement à des actes judiciaires ou civils.

452. Tout dépositaire public ou particulier de pièces arguées de faux est tenu, sous peine d'y être contraint par corps, de les remettre, sur l'ordonnance donnée par l'officier du ministère public ou par le juge d'instruction. — Cette ordonnance et l'acte de dépôt lui serviront de décharge envers tous ceux qui auraient intérêt à la pièce.

455. Les pièces qui seront fournies pour servir

de comparaison seront signées et paraphées, comme il est dit aux trois premiers articles du présent chapitre pour la pièce arguée de faux, et sous les mêmes peines.

454. Tous dépositaires publics pourront être contraints, même par corps, à fournir les pièces de comparaison qui seront en leur possession : l'ordonnance par écrit et l'acte de dépôt leur serviront de décharge envers ceux qui pourraient avoir intérêt à ces pièces.

455. S'il est nécessaire de déplacer une pièce authentique , il en sera laissé au dépositaire une copie collationnée, laquelle sera vérifiée sur la minute ou l'original par le président du tribunal de son arrondissement, qui en dressera procès-verbal ; et si le dépositaire est une personne publique, cette copie sera par lui mise au rang de ses minutes, pour en tenir lieu jusqu'au renvoi de la pièce , et il pourra en délivrer des grosses ou expéditions , en faisant mention du procès-verbal.— Néanmoins, si la pièce se trouve faire partie d'un registre de manière à ne pouvoir en être momentanément distraite, le tribunal pourra, en ordonnant l'apport du registre, dispenser de la formalité établie par le présent article.

456. Les écritures privées peuvent aussi être produites pour pièces de comparaison , et être admises à ce titre, si les parties intéressées les reconnaissent. — Néanmoins les particuliers qui, même de leur aveu, en sont possesseurs, ne peuvent être immédiatement contraints à les remettre ; mais si, après avoir été cités devant le tribunal saisi pour faire cette remise ou déduire les motifs de leur refus, ils succombent, l'arrêt ou le jugement pourra ordonner qu'ils y seront contraints par corps.

457. Lorsque les témoins s'expliqueront sur une pièce du procès, ils la parapheront et la signeront; et s'ils ne peuvent signer, le procès-verbal en fera mention.

458. Si , dans le cours d'une instruction ou d'une procédure , une pièce produite est arguée de faux par l'une des parties , elle sommera l'autre de déclarer si elle entend se servir de la pièce.

459. La pièce sera rejetée du procès, si la partie déclare qu'elle ne veut pas s'en servir , ou si, dans le délai de huit jours, elle ne fait aucune déclaration ; et il sera passé outre à l'instruction et au jugement. — Si la partie déclare qu'elle entend se servir de la pièce, l'instruction sur le faux sera suivie incidemment devant la cour ou le tribunal saisi de l'affaire principale.

460. Si la partie qui a argué de faux la pièce soutient que celui qui l'a produite est l'auteur ou le complice du faux, ou s'il résulte de la procé-

dure que l'auteur ou le complice du faux soit vivant, et la poursuite du crime non éteinte par la prescription, l'accusation sera suivie criminellement dans les formes ci-dessus prescrites. — Si le procès est engagé au civil, il sera sursis au jugement jusqu'à ce qu'il ait été prononcé sur le faux. — S'il s'agit de crimes , délits ou contraventions , la cour ou le tribunal saisi est tenu de décider préalablement, et après avoir entendu l'officier chargé du ministère public, s'il y a lieu ou non à surseoir.

461. Le prévenu ou l'accusé pourra être requis de produire et de former un corps d'écriture ; en cas de refus ou de silence, le procès-verbal en fera mention.

462. Si une cour ou un tribunal trouve dans la visite d'un procès , même civil, des indices sur un faux et sur la personne qui l'a commis, l'officier chargé du ministère public ou le président transmettra les pièces au substitut du procureur général près le juge d'instruction, soit du lieu où le délit paraîtra avoir été commis , soit du lieu où le prévenu pourra être saisi, et il pourra même délivrer le mandat d'amener.

463. Lorsque des actes authentiques auront été déclarés faux en tout ou en partie, la cour ou le tribunal qui aura connu du faux ordonnera qu'ils soient rétablis , rayés ou réformés, et du tout il sera dressé procès-verbal. — Les pièces de comparaison seront renvoyées dans les dépôts d'où elles auront été tirées, ou seront remises aux personnes qui les auront communiquées; le tout dans le délai de quinzaine à compter du jour de l'arrêt ou du jugement, à peine d'une amende de cinquante francs contre le greffier.

464. Le surplus de l'instruction sur le faux se fera comme sur les autres délits, sauf l'exception suivante. — Les présidens des cours d'assises, les procureurs généraux ou leurs substituts , les juges d'instruction et les juges de paix, pourront continuer, hors de leur ressort, les visites nécessaires chez les personnes soupçonnées d'avoir fabriqué, introduit , distribué de faux papiers royaux, de faux billets de la banque de France ou des banques de départemens. — La présente disposition a lieu également pour le crime de fausse monnaie, ou de contrefaction du sceau de l'État.

Dispositions du tarif criminel.

13. Lorsqu'en conformité des dispositions du Code d'Instruction criminelle sur le faux, et dans les cas prévus, notamment par les art. 452 et 454, des dépositaires publics, tels que les greffiers, notaires, avoués et huissiers, seront tenus de se transporter au greffe ou devant un juge d'instruction, pour remettre des pièces arguées de faux ou des pièces de comparaison, il leur sera alloué, pour chaque vacation de trois

heures, la même indemnité qui leur est accordée par l'art. 166 du décret du 16 février 1807 (*V. ci-dessus*), relativement à l'inscription de faux incident. Les dépositaires publics auront toujours le droit de faire en personne le transport et la remise des pièces, sans qu'on puisse les obliger à les confier à des tiers.

14. Les autres dépositaires particuliers recevront pour le même objet l'indemnité réglée par ledit art. 166.

15. Dans les cas prévus par les deux articles précédens, les frais de voyage et de séjour, des greffiers, notaires, avoués et dépositaires particuliers, seront réglés ainsi qu'il sera dit dans le chapitre 8, ci-après, pour les médecins, chirurgiens, etc. *V.* VOYAGE (*frais de*); quant aux huissiers, on se conformera aux dispositions du chapitre 8 en ce qui les concerne. *V.* HUISSIERS.

42. Les droits d'expédition sont dus pour tous les actes et pièces dont il est fait mention dans les art. 452, 454, 455, 456, C. Inst. cr. *V.* EXPÉDITION (*droits d'*).

71. Pour tous les actes de citation dans les cas prévus par les art. 452, 454, 456, C. Inst. cr., — 1° original, — Paris, 1 fr. — Villes de 40,000 habitans et au-dessus, 75 c. — Autres villes et communes, 50 c.; — 2° chaque copie, — Paris, 1 fr. — Villes de 40,000 habitans et au-dessus, 60 c. — Autres villes et communes, 50 c. ; — 3° pour exécution de mandats, art. 462, y compris l'exploit de signification et la copie, — Paris, 8 fr. — Villes de 40,000 habitans et au-dessus, 6 fr. — Autres villes et communes, 5 fr. ; — 5° pour capture, art. 452, 454, 456, — Paris, 21 fr. — Villes de 40,000 habitans et au-dessus, 18 fr. — Autres villes et communes, 15 fr.

88. Dans les cas prévus par l'art. 464, C. Inst. cr., si (les magistrats) se transportent à plus de cinq kilomètres de leur résidence, ils recevront pour tous frais de voyage, de nourriture et de séjour, une indemnité de 9 fr. par jour ; s'ils se transportent à plus de deux myriamètres, l'indemnité sera de 12 fr. par jour. *V.* VOYAGE (*frais de*).

III. LOI PÉNALE.
Du faux.

C. Pén. (*liv. 3, tit. 1, ch. 3, sect. 1, art. 132-166.*)

§ 1, *fausse monnaie. V.* MONNAIE (*fausse*).

§ 2, *contrefaction des sceaux de l'État, des billets de banque, des effets publics, et des poinçons, timbres et marques. V.* CONTREFACTION.

§ 3, *des faux en écritures publiques ou authentiques et de commerce ou de banque.*

143. Tout fonctionnaire ou officier public qui, dans l'exercice de ses fonctions, aura commis un faux, — soit par fausses signatures, — soit par altération des actes, écritures ou signatures, — soit par supposition de personnes, — soit par des écritures faites ou intercalées sur des registres ou d'autres actes publics, depuis leur confection ou clôture, — sera puni des travaux forcés à perpétuité.

146. Sera aussi puni des travaux forcés à per-

pétuité, tout fonctionnaire ou officier public qui, en rédigeant des actes de son ministère, en aura frauduleusement dénaturé la substance ou les circonstances, soit en écrivant des conventions autres que celles qui auraient été tracées ou dictées par les parties, soit en constatant comme vrais des faits faux, ou comme avoués des faits qui ne l'étaient pas.

147. Seront punies des travaux forcés à temps, toutes autres personnes qui auront commis un faux en écriture authentique et publique, ou en écriture de commerce ou de banque, — soit par contrefaçon ou altération d'écritures ou de signatures, — soit par fabrication de conventions, dispositions, obligations ou décharges, ou par leur insertion après coup dans ces actes, — soit par addition ou altération de clauses, de déclarations ou de faits que ces actes avaient pour objet de recevoir et de constater.

148. Dans tous les cas exprimés au présent paragraphe, celui qui aura fait usage des actes faux sera puni des travaux forcés à temps.

149. Sont exceptées des dispositions ci-dessus, les faux commis dans les passe-ports et feuilles de route, sur lesquels il sera particulièrement statué ci-après.

§ 4, *du faux en écriture privée.*

150. Tout individu qui aura, de l'une des manières exprimées en l'article 147, commis un faux en écriture privée, sera puni de la réclusion.

151. Sera puni de la même peine celui qui aura fait usage de la pièce fausse.

152. Sont exceptés des dispositions ci-dessus, les faux certificats de l'espèce dont il sera ci-après parlé.

§ 5, *du faux commis dans les passe-ports, feuilles de route et certificats.*

153. Quiconque fabriquera un faux passeport ou falsifiera un passeport originairement véritable, ou fera usage d'un passeport fabriqué ou falsifié, sera puni d'un emprisonnement d'une année au moins et de cinq ans au plus.

154. Quiconque prendra, dans un passeport, un nom supposé, ou aura concouru comme témoin à faire délivrer le passeport sous le nom supposé, sera puni d'un emprisonnement de trois mois à un an. — Les logeurs et aubergistes qui sciemment inscriront sur leurs registres, sous des noms faux ou supposés, les personnes logées chez eux, seront punis d'un emprisonnement de six jours au moins et d'un mois au plus.

155. Les officiers publics qui délivreront un passeport à une personne qu'ils ne connaîtront pas personnellement, sans avoir fait attester ses noms et qualités par deux citoyens à eux connus,

seront punis d'un emprisonnement d'un mois à six mois. — Si l'officier public, instruit de la supposition du nom, a néanmoins délivré le passeport sous le nom supposé, il sera puni du bannissement.

156. Quiconque fabriquera une fausse feuille de route, ou falsifiera une feuille de route originairement véritable, ou fera usage d'une feuille de route fabriquée ou falsifiée, sera puni, savoir, — d'un emprisonnement d'une année au moins et de cinq ans au plus, si la fausse feuille de route n'a eu pour objet que de tromper la surveillance de l'autorité publique ; — du bannissement, si le trésor royal a payé au porteur de la fausse feuille des frais de route qui ne lui étaient pas dus ou qui excédaient ceux auxquels il pouvait avoir droit, le tout néanmoins au-dessous de cent francs ; — et de la réclusion, si les sommes indûment reçues par le porteur de la feuille s'élèvent à cent francs ou au-delà.

157. Les peines portées en l'article précédent seront appliquées, selon les distinctions qui y sont posées, à toute personne qui se sera fait délivrer, par l'officier public, une feuille de route sous un nom supposé.

158. Si l'officier public était instruit de la supposition de nom lorsqu'il a délivré la feuille, il sera puni, savoir, — dans le premier cas posé par l'art. 156, du bannissement ; — dans le second cas du même article, de la réclusion ; — et dans le troisième cas, des travaux forcés à temps.

159. Toute personne qui, pour se rédimer elle-même ou en affranchir une autre d'un service public quelconque, fabriquera, sous le nom d'un médecin, chirurgien ou autre officier de santé, un certificat de maladie ou d'infirmité, sera punie d'un emprisonnement de deux à cinq ans.

160. Tout médecin, chirurgien ou autre officier de santé qui, pour favoriser quelqu'un, certifiera faussement des maladies ou infirmités propres à dispenser d'un service public, sera puni d'un emprisonnement de deux à cinq ans. — S'il y a été mu par dons ou promesses, il sera puni du bannissement : les corrupteurs seront, en ce cas, punis de la même peine.

161. Quiconque fabriquera, sous le nom d'un fonctionnaire ou officier public, un certificat de bonne conduite, indigence ou autres circonstances propres à appeler la bienveillance du Gouvernement ou des particuliers sur la personne y désignée, et à lui procurer des places, crédit ou secours, sera puni d'un emprisonnement de six mois à deux ans. — La même peine sera appliquée, — 1° à celui qui falsifiera un cer-

tificat de cette espèce, originairement véritable, pour l'approprier à une personne autre que celle à laquelle il a été primitivement délivré ; — 2° à tout individu qui se sera servi du certificat ainsi fabriqué ou falsifié.

162. Les faux certificats de toute autre nature, et d'où il pourrait résulter soit lésion envers des tiers, soit préjudice envers le trésor royal, seront punis, selon qu'il y aura lieu, d'après les dispositions des paragraphes 3 et 4 de la présente section.

Dispositions communes.

163. L'application des peines portées contre ceux qui ont fait usage de monnaies, billets, sceaux, timbres, marteaux, poinçons, marques et écrits faux, contrefaits, fabriqués ou falsifiés, cessera toutes les fois que le faux n'aura pas été connu de la personne qui aura fait usage de la chose fausse.

164. Il sera prononcé contre les coupables une amende dont le *maximum* pourra être porté jusqu'au quart du bénéfice illégitime que le faux aura procuré ou était destiné à procurer aux auteurs du crime, à leurs complices ou à ceux qui ont fait usage de la pièce fausse. Le *minimum* de cette amende ne pourra être inférieur à cent francs.

165. Tout faussaire condamné, soit aux travaux forcés, soit à la réclusion, subira l'exposition publique.

FAUX POIDS. *V.* POIDS ET MESURES.

FAUX TÉMOIGNAGE. *V.* TÉMOIGNAGE (*faux*).

FEMME.

II. DISPOSITIONS DIVERSES.

1° *Loi civile.*

ACTES AUTHENTIQUES. *C. Civ.* 37. Les témoins produits aux actes de l'état civil ne pourront être que du sexe masculin.

980. Les témoins appelés pour être présens aux testamens devront être mâles.

CONSEIL DE FAMILLE, TUTELLE. *C. Civ.* 442. Ne peuvent être tutrices, ni membres des conseils de famille, — 1°.... 5° les femmes, autres que la mère et les ascendantes.

CONTRAINTE PAR CORPS. *C. Civ.* 2066. (La contrainte par corps en matière civile) ne peut être prononcée contre les femmes et les filles, que dans le cas de stellionat.

L. 17-19 *avril* 1832. — 2. Ne sont point soumis à la contrainte par corps en matière de commerce, — 1° les femmes et les filles non légalement réputées marchandes publiques (*V.* COMMERÇANS) ; — 3° les veuves et héritiers des justiciables des tribunaux de commerce assignés devant ces tribunaux en reprise d'instance, ou par action nouvelle, en raison de leur qualité.

12. La contrainte par corps pourra être prononcée (en matière de deniers et effets mobiliers publics) contre les femmes et les filles.

LETTRE DE CHANGE. *C. Com.* 115. La signature des femmes et des filles non négociantes ou marchandes publiques sur lettres de change, ne vaut, à leur égard, que comme simple promesse.

MARIAGE. *C. Civ.* 144. La femme avant quinze ans révolus ne peut contracter mariage.

145. Néanmoins il est loisible au Roi d'accorder des dispenses d'âge pour des motifs graves *V.* MARIAGE.

2° *Loi pénale.*

C. Pén. 16. Les femmes et les filles condamnées aux travaux forcés n'y seront employées que dans l'intérieur d'une maison de force.

27. Si une femme condamnée à mort se déclare, et s'il est vérifié qu'elle est enceinte, elle ne subira la peine qu'après sa délivrance.

FEMME MARIÉE.

I. DISPOSITIONS GÉNÉRALES.

12. L'étrangère qui aura épousé un Français suivra la condition de son mari.

19. Une femme française qui épousera un étranger suivra la condition de son mari. — Si elle devient veuve, elle recouvrera la qualité de Française, pourvu qu'elle réside en France, ou qu'elle y rentre avec l'autorisation du Roi, et en déclarant qu'elle veut s'y fixer.

213. La femme doit obéissance à son mari. *V.* ÉPOUX (*droits et devoirs*), MARIAGE.

II. DES AUTORISATIONS.

1° *Droit civil.*

C. Civ. 1124. Les incapables de contracter sont les femmes mariées, dans les cas exprimés par la loi.

215. La femme ne peut ester en jugement sans l'autorisation de son mari, quand même elle serait marchande publique, ou non commune, ou séparée de biens.

216. L'autorisation du mari n'est pas nécessaire lorsque la femme est poursuivie en matière criminelle ou de police.

217. La femme, même non commune ou séparée de biens,. ne peut donner, aliéner, hypothéquer, acquérir, à titre gratuit ou onéreux, sans le concours du mari dans l'acte, ou son consentement par écrit.

218. Si le mari refuse d'autoriser sa femme à ester en jugement, le juge peut donner l'autorisation.

219. Si le mari refuse d'autoriser sa femme à passer un acte, la femme peut faire citer son mari directement devant le tribunal de première instance de l'arrondissement du domicile commun, qui peut donner ou refuser son autorisation, après que le mari aura été entendu ou dûment appelé en la chambre du conseil.

220. La femme, si elle est marchande publique, peut, sans l'autorisation de son mari, s'obliger pour ce qui concerne son négoce ; et, audit cas, elle oblige aussi son mari, s'il y a communauté entre eux. — Elle n'est pas réputée marchande publique, si elle ne fait que détailler les marchandises du commerce de son mari, mais seulement quand elle fait un commerce séparé.

221. Lorsque le mari est frappé d'une condamnation emportant peine afflictive ou infamante, encore qu'elle n'ait été prononcée que par contumace, la femme, même majeure, ne peut, pendant la durée de la peine, ester en jugement, ni contracter, qu'après s'être fait autoriser par le juge, qui peut, en ce cas, donner l'autorisation, sans que le mari ait été entendu ou appelé.

222. Si le mari est interdit ou absent, le juge peut, en connaissance de cause, autoriser la femme, soit pour ester en jugement, soit pour contracter.

223. Toute autorisation générale, même stipulée par contrat de mariage, n'est valable que quant à l'administration des biens de la femme.

224. Si le mari est mineur, l'autorisation du juge est nécessaire à la femme, soit pour ester en jugement, soit pour contracter.

225. La nullité fondée sur le défaut d'autorisation ne peut être opposée que par la femme, par le mari, ou par leurs héritiers.

226. La femme peut ester sans l'autorisation de son mari.

905. La femme mariée ne pourra donner entre-vifs sans l'assistance ou le consentement spécial de son mari, ou sans y être autorisée par la justice, conformément à ce qui est prescrit par les art. 217 et 219, au titre *du mariage* (*V. ci-dessus*). —Elle n'aura besoin ni du consentement du mari, ni d'autorisation de la justice, pour disposer par testament.

934. La femme mariée ne pourra accepter une donation sans le consentement de son mari, ou, en cas de refus du mari, sans autorisation de la justice, conformément à ce qui est prescrit par les art. 217 et 219, au titre *du mariage.*

940. (La transcription de la donation) sera faite à la diligence du mari ; lorsque les biens auront été donnés à sa femme ; et si le mari ne remplit pas cette formalité, la femme pourra y faire procéder sans autorisation.

1029. La femme mariée ne pourra accepter

l'exécution testamentaire qu'avec le consentement de son mari. — Si elle est séparée de biens, soit par contrat de mariage, soit par jugement, elle le pourra avec le consentement de son mari, ou, à son refus, autorisée par justice, conformément à ce qui est prescrit par les art. 217 et 219, au titre *du mariage.* (*V. ci-dessus.*)

1504. Dans tous les cas où l'action en nullité ou en rescision d'une convention n'est pas limitée à un moindre temps par une loi particulière, cette action dure dix ans. — Ce temps ne court, pour les actes passés par les femmes mariées non autorisées, que du jour de la dissolution.

1449. La femme séparée soit de corps et de biens, soit de biens seulement, en reprend la libre administration. — Elle peut disposer de son mobilier, et l'aliéner. — Elle ne peut aliéner ses immeubles sans le consentement du mari, ou sans être autorisée en justice à son refus.

2° *Procédure.*
Autorisation de la femme mariée.

C. Proc. (2ᵉ *part.*, *liv.* 1, *tit.* 7, *art.* 861-864). — 861. La femme qui voudra se faire autoriser à la poursuite de ses droits, après avoir fait une sommation à son mari, et sur le refus par lui fait, présentera une requête au président, qui rendra une ordonnance portant permission de citer le mari, à jour indiqué, à la chambre du conseil, pour déduire les causes de son refus.

862. Le mari entendu, ou faute par lui de se présenter, il sera rendu, sur les conclusions du ministère public, jugement qui statuera sur la demande de la femme.

863. Dans le cas de l'absence présumée du mari, ou lorsqu'elle aura été déclarée, la femme qui voudra se faire autoriser à la poursuite de ses droits présentera également requête au président du tribunal, qui ordonnera la communication au ministère public, et commettra un juge pour faire son rapport à jour indiqué.

864. La femme de l'interdit se fera autoriser en la forme prescrite par l'article précédent; elle joindra à sa requête le jugement d'interdiction.

Dispositions du tarif civil.

29. (Pr. 861.) Original d'une sommation à la requête de la femme à son mari, de l'autoriser, — Paris, 2 fr. — Partout ailleurs, 1 fr. 50 c. — Chaque copie, le quart.

78. (Pr. 861.) Requête de la femme, à l'effet de citer son mari à la chambre du conseil pour déduire les causes de son refus de l'autoriser. — (863 et 864.) De la femme, en cas d'absence présumée ou déclarée du mari, ou, en cas d'interdiction, pour se faire autoriser. — Elles ne peuvent être grossoyées, et l'émolument pour prendre les ordonnances et communiquer au ministère public est comprise dans la taxe. — Paris, 7 fr. 50 c. — Ressort, 5 fr. 50 c. V. **Tarif.**

III. des droits de la femme.
Dans la communauté, dans la faillite, dans la succession de son mari, V. **Communauté, Faillite, Vacante** (*succession*).

IV. de l'hypothèque de la femme.
C. Civ. 2121. Les droits et créances auxquels l'hypothèque légale est attribuée, sont, — ceux des femmes mariées, sur les biens de leur mari. V. **Légale** (*hypothèque*).

V. dispositions diverses.
Communication. *C. Proc.* 83. Seront communiquées au procureur du Roi, — 1°...6° les causes des femmes non autorisées par leurs maris, ou même autorisées, lorsqu'il s'agit de leur dot, et qu'elles sont mariées sous le régime dotal.

Domicile. *C. Civ.* 108. La femme mariée n'a point d'autre domicile que celui de son mari. V. **Corps** (*séparation de*).

Expropriation. *C. Civ.* 2208. L'expropriation des immeubles qui font partie de la communauté, se poursuit contre le mari débiteur seul, quoique la femme soit obligée à la dette. — Celle des immeubles de la femme qui ne sont point entrés en communauté se poursuit contre le mari et la femme, laquelle, au refus du mari de procéder avec elle, ou si le mari est mineur, peut être autorisée en justice. — En cas de minorité du mari et de la femme, ou de minorité de la femme seule, si son mari majeur refuse de procéder avec elle, il est nommé par le tribunal un tuteur à la femme, contre lequel la poursuite est exercée.

Rescision. *C. Civ.* 1312. Lorsque les femmes mariées sont admises en cette qualité, à se faire restituer contre leurs engagemens, le remboursement de ce qui aurait été, en conséquence de ces engagemens, payé pendant le mariage, ne peut en être exigé, à moins qu'il ne soit prouvé que ce qui a été payé a tourné à leur profit.

Vente. *C. Civ.* 1676. La demande (en nullité pour cause de lésion) n'est plus recevable après l'expiration de deux années, à compter du jour de la vente. — Ce délai court contre les femmes mariées.

FERME (Bail a).
I. dispositions générales.
C. Civ. 1708. Il y a deux sortes de contrats de louage : — celui des choses, — et celui d'ouvrage.

1709. Le louage des choses est un contrat par lequel l'une des parties s'oblige à faire jouir l'autre d'une chose pendant un certain temps, et moyennant un certain prix que celle-ci s'oblige de lui payer.

1711. Ces deux genres de louage se subdivisent encore en plusieurs espèces particulières. — On

appelle *bail à ferme*, le louage des héritages ruraux.

Des règles particulières aux baux à ferme.
C. Civ. (*liv.* 3, *tit.* 8, *ch.* 2, *sect.* 3, *art.* 1763-
1778). — 1763. Celui qui cultive sous la condition d'un partage de fruits avec le bailleur, ne
peut ni sous-louer ni céder, si la faculté ne lui
en a été expressément accordée par le bail.

1764. En cas de contravention, le propriétaire
a droit de rentrer en jouissance, et le preneur est
condamné aux dommages-intérêts résultant de
l'inexécution du bail.

1765. Si, dans un bail à ferme, on donne aux
fonds une contenance moindre ou plus grande
que celle qu'ils ont réellement, il n'y a lieu à
augmentation ou diminution de prix pour le fermier, que dans les cas et suivant les règles exprimées au titre *de la vente. V.* CONTENANCE.

1766. Si le preneur d'un héritage rural ne le
garnit pas des bestiaux et des ustensiles nécessaires à son exploitation, s'il abandonne la culture, s'il ne cultive pas en bon père de famille,
s'il emploie la chose louée à un autre usage que
celui auquel elle a été destinée, ou, en général,
s'il n'exécute pas les clauses du bail, et qu'il en
résulte un dommage pour le bailleur, celui-ci
peut, suivant les circonstances, faire résilier le
bail. — En cas de résiliation provenant du fait
du preneur, celui-ci est tenu des dommages et
intérêts, ainsi qu'il est dit en l'article 1764.

1767. Tout preneur de bien rural est tenu
d'engranger dans les lieux à ce destinés d'après
le bail.

1768. Le preneur d'un bien rural est tenu,
sous peine de tous dépens, dommages et intérêts,
d'avertir le propriétaire des usurpations qui peuvent être commises sur les fonds. — Cet avertissement doit être donné dans le même délai que
celui qui est réglé en cas d'assignation suivant la
distance des lieux. *V.* AJOURNEMENT.

1769. Si le bail est fait pour plusieurs années,
et que, pendant la durée du bail, la totalité ou
la moitié d'une récolte au moins soit enlevée par
des cas fortuits, le fermier peut demander une
remise du prix de sa location, à moins qu'il ne
soit indemnisé par les récoltes précédentes. —
S'il n'est pas indemnisé, l'estimation de la remise
ne peut avoir lieu qu'à la fin du bail, auquel
temps il se fait une compensation de toutes les
années de jouissance ; — et cependant le juge
peut provisoirement dispenser le preneur de
payer une partie du prix en raison de la perte
soufferte.

1770. Si le bail n'est que d'une année, et que
la perte soit de la totalité des fruits, ou au moins
de la moitié, le preneur sera déchargé d'une

partie proportionnelle du prix de la location. —
Il ne pourra prétendre aucune remise, si la perte
est moindre de moitié.

1771. Le fermier ne peut obtenir de remise,
lorsque la perte des fruits arrive après qu'ils sont
séparés de la terre, à moins que le bail ne donne
au propriétaire une quotité de la récolte en nature ; auquel cas le propriétaire doit supporter
sa part de la perte, pourvu que le preneur ne fût
pas en demeure de lui délivrer sa portion de récolte. — Le fermier ne peut également demander une remise, lorsque la cause du dommage
était existante et connue à l'époque où le bail a
été passé.

1772. Le preneur peut être déchargé des cas
fortuits par une stipulation expresse.

1773. Cette stipulation ne s'entend que des cas
fortuits ordinaires, tels que grêle, feu du ciel,
gelée ou coulure. — Elle ne s'entend pas des cas
fortuits extraordinaires, tels que les ravages de
la guerre, ou une inondation, auxquels le pays
n'est pas ordinairement sujet, à moins que le
preneur n'ait été chargé de tous les cas fortuits
prévus et imprévus.

1774. Le bail, sans écrit, d'un fonds rural, est
censé fait pour le temps qui est nécessaire afin
que le preneur recueille tous les fruits de l'héritage affermé. — Ainsi le bail à ferme d'un pré,
d'une vigne, et de tout autre fonds dont les fruits
se recueillent en entier dans le cours de l'année,
est censé fait pour un an. — Le bail des terres
labourables, lorsqu'elles se divisent par soles ou
saisons, est censé fait pour autant d'années qu'il
y a de soles.

1775. Le bail des héritages ruraux, quoique
fait sans écrit, cesse de plein droit à l'expiration
du temps pour lequel il est censé fait, selon l'article précédent.

1776. Si, à l'expiration des baux ruraux écrits,
le preneur reste et est laissé en possession, il s'o-
père un nouveau bail, dont l'effet est réglé par
l'article 1774.

1777. Le fermier sortant doit laisser à celui
qui lui succède dans la culture, les logemens convenables et autres facilités pour les travaux de
l'année suivante ; et réciproquement, le fermier
entrant doit procurer à celui qui sort les logemens
convenables et autres facilités pour la consommation des fourrages, et pour les récoltes restant
à faire. — Dans l'un et l'autre cas, on doit se
conformer à l'usage des lieux.

1778. Le fermier sortant doit aussi laisser les
pailles et engrais de l'année, s'il les a reçus lors
de son entrée en jouissance ; et quand même il
ne les aurait pas reçus, le propriétaire pourra les
retenir suivant l'estimation.

II. DISPOSITIONS ADDITIONNELLES.

1° Des fermages.

C. Civ 584. Les prix des baux à ferme sont rangés dans la classe des fruits civils.

586. Les fruits civils sont réputés s'acquérir jour par jour. Cette règle s'applique aux prix des baux à ferme comme aux autres fruits civils.

2277. Le prix de ferme des biens ruraux se prescrit par cinq ans.

C. Proc. 49. Sont dispensés du préliminaire de la conciliation, — 3° les demandes en paiement de fermages.

404. Seront réputées matières sommaires, et instruites comme telles, — les demandes en paiement de fermages.

2° Dispositions diverses.

ANIMAUX. *C. Civ.* 522. Les animaux que le propriétaire du fonds livre au fermier ou au métayer pour la culture, estimés ou non, sont censés immeubles tant qu'ils demeurent attachés au fonds par l'effet de la convention. — Ceux qu'il donne à cheptel à d'autres qu'au fermier ou métayer sont meubles.

CONTRAINTE PAR CORPS. *C. Civ.* 2062. La contrainte par corps ne peut être ordonnée contre les fermiers pour le paiement des fermages des biens ruraux, si elle n'a été stipulée formellement dans l'acte de bail. Néanmoins les fermiers et les colons partiaires peuvent être contraints par corps, faute par eux de représenter à la fin du bail le cheptel de bétail, les semences et les instrumens aratoires qui leur ont été confiés ; à moins qu'ils ne justifient que le déficit de ces objets ne procède point de leur fait.

INTÉRÊTS. *C. Civ.* 1155. Les revenus échus, tels que fermages, produisent intérêt du jour de la demande ou de la convention.

PRIVILÈGE. *C. Civ.* 2102. Les créances privilégiées sur certains meubles sont, — 1° les loyers et fermages des immeubles, sur les fruits de la récolte de l'année, et sur le prix de tout ce qui garnit la maison louée ou la ferme, et de tout ce qui sert à l'exploitation de la ferme, savoir : pour tout ce qui est échu, et pour tout ce qui est à échoir, si les baux sont authentiques, ou si, étant sous signature privée, ils ont une date certaine ; et, dans ces deux cas, les autres créanciers ont le droit de relouer la maison ou la ferme pour le restant du bail, et de faire leur profit des baux ou fermages, à la charge toutefois de payer au propriétaire tout ce qui lui serait encore dû ; — et, à défaut de baux authentiques, ou lorsqu'étant sous signature privée, ils n'ont pas une date certaine, pour une année à partir de l'expiration de l'année courante ; — le même privilège a lieu pour les réparations locatives, et pour tout ce qui concerne l'exécution du bail ; — néanmoins les sommes dues pour les semences ou pour les frais de la récolte de l'année sont payées sur le prix de la récolte, et celles dues pour ustensiles, sur le prix de ces ustensiles, par préférence au propriétaire, dans l'un et l'autre cas ; — le propriétaire peut saisir les meubles qui garnissent sa maison ou sa ferme, lorsqu'ils ont été déplacés sans son consentement, et il conserve sur eux son privilège, pourvu qu'il ait fait la revendication, savoir : lorsqu'il s'agit du mobilier qui garnissait une ferme, dans le délai de quarante jours ; et dans celui de quinzaine s'il s'agit de meubles garnissant une maison.

PRESCRIPTION (*fermier*). *C. Civ.* 2236. Ceux qui possèdent pour autrui ne prescrivent jamais, par quelque laps de temps que ce soit. — Ainsi le fermier qui détient précairement la chose du propriétaire ne peut la prescrire.

2239. Ceux à qui les fermiers ont transmis la chose par un titre translatif de propriété peuvent la prescrire.

SAISIE (*exécution*). *C. Proc.* 593. Les objets (déclarés insaisissables, *V.* INSAISISSABLES [*objets*]) ne pourront être saisis pour aucune créance, même celle de l'État, si ce n'est pour fermages et moissons des terres à la culture desquelles ils sont employés...

(*Immobilière*). *C. Proc.* 691. Si les immeubles (saisis) sont loués par bail dont la date ne soit pas certaine, avant le commandement, la nullité pourra en être prononcée, si les créanciers ou l'adjudicataire le demandent. — Si le bail a une date certaine, les créanciers pourront saisir et arrêter les loyers ou fermages ; et, dans ce cas, il en sera des loyers ou fermages échus depuis la dénonciation faite au saisi comme des fruits mentionnés en l'art. 689 [1].

FÊTE.

1° Des actes de procédure.

C. Proc. 63. Aucun exploit ne sera donné un jour de fête légale, si ce n'est en vertu de permission du président du tribunal.

781. Le débiteur ne pourra être arrêté, — 2° les jours de fête légale.

808. Si le cas requiert célérité, le président (saisi d'un référé), ou celui qui le représentera, pourra permettre d'assigner, soit à l'audience, soit à son hôtel, à heure indiquée, même les jours de fête ; et, dans ce cas, l'assignation ne

---

[1] 689. Les fruits depuis la dénonciation au saisi seront immobilisés pour être distribués avec le prix de l'immeuble par ordre d'hypothèques.

pourra être donnée qu'en vertu de l'ordonnance du juge, qui commettra un huissier à cet effet.

828. Le juge pourra permettre la saisie-revendication, même les jours de fête légale.

1037. Aucune signification ni exécution ne pourra être faite les jours de fête légale, si ce n'est en vertu de permission du juge, dans le cas où il y aurait péril en la demeure.

2º Des effets de commerce.

C. Com. 134. Si l'échéance d'une lettre de change est à un jour férié légal, elle est payable la veille.

162. Le refus de paiement doit être constaté, le lendemain du jour de l'échéance, par un acte que l'on nomme *protêt faute de paiement*. — Si ce jour est un jour férié légal, le protêt est fait le jour suivant.

187. Toutes les dispositions relatives aux lettres de change, et concernant le paiement, le protêt, sont applicables aux billets à ordre.

3º Des exécutions criminelles.

C. Pén. 25. Aucune condamnation ne pourra être exécutée les jours des fêtes nationales ou religieuses, ni les dimanches.

FILIATION. *V.* LÉGITIMES (*enfans*), NATURELS (*enfans*).

FILLE. *V.* FEMME.

FIN DE NON-RECEVOIR. *V.* DILATOIRES (*exceptions*), INCOMPÉTENCE, PRESCRIPTION.

FLAGRANT DÉLIT.

C. Inst. cr. 41. Le délit qui se commet actuellement, ou qui vient de se commettre, est un flagrant délit.—Seront aussi réputés flagrant délit, le cas où le prévenu est poursuivi par la clameur publique, et celui où le prévenu est trouvé saisi d'effets, armes, instrumens ou papiers faisant présumer qu'il est auteur ou complice, pourvu que ce soit dans un temps voisin du délit.

FOIRE.

C. Com. 129. Une lettre de change peut être tirée en foire.

133. Une lettre de change payable en foire est échue la veille du jour fixé pour la clôture de la foire, ou le jour de la foire, si elle ne dure qu'un jour.

187. Toutes les dispositions relatives aux lettres de change, concernant l'échéance et le paiement, sont applicables aux billets à ordre.

FOLIE. *V.* DÉMENCE.

FOLLE-ENCHÈRE.

1º Sur vente immobilière.

C. Proc. 757. Faute par l'adjudicataire (d'un immeuble) d'exécuter les clauses d'adjudication, le bien sera vendu à sa folle-enchère.

738. Le poursuivant la vente sur folle-enchère se fera délivrer par le greffier un certificat constatant que l'adjudicataire n'a point justifié de l'acquit des conditions exigibles de l'adjudication.

739. Sur ce certificat, et sans autre procédure ni jugement, il sera apposé nouveaux placards et inséré nouvelles annonces, dans la forme prescrite, lesquels porteront que l'enchère sera publiée de nouveau au jour indiqué ; cette publication ne pourra avoir lieu que quinzaine au moins après l'apposition des placards.

740. Le placard sera signifié à l'avoué de l'adjudicataire, et à la partie saisie, au domicile de son avoué ; et si elle n'en a pas, à son domicile, au moins huit jours avant la publication.

741. L'adjudication préparatoire pourra être faite à la seconde publication, qui aura lieu quinzaine après la première.

742. A la quinzaine suivante, ou au jour plus éloigné qui aura été fixé par le tribunal, il sera procédé à une troisième publication, lors de laquelle les objets saisis pourront être vendus définitivement ; chacune desdites publications sera précédée de placards et annonces, ainsi qu'il est dit ci-dessus ; et seront observées, lors de l'adjudication, les formalités prescrites par les articles 707, 708 et 709. *V.* ADJUDICATION, p. 25.

743. Si néanmoins l'adjudicataire justifiait de l'acquit des conditions de l'adjudication, et consignait la somme réglée par le tribunal pour le paiement des frais de folle enchère, il ne serait pas procédé à l'adjudication définitive, et l'adjudicataire éventuel serait déchargé.

744. Le fol enchérisseur est tenu par corps de la différence de son prix d'avec celui de la revente sur folle-enchère, sans pouvoir réclamer l'excédant s'il y en a ; cet excédant sera payé aux créanciers, ou, si les créanciers sont désintéressés, à la partie saisie.

745. Les articles relatifs aux nullités et aux délais et formalités de l'appel sont communs à la poursuite de la folle-enchère. *V.* IMMOBILIÈRE (*saisie*).

2º Dispositions diverses.

SAISIE-EXÉCUTION. *C. Proc.* 624. L'adjudication (sur saisie-exécution) sera faite au plus offrant, en payant comptant; faute de paiement, l'effet sera revendu sur le champ à la folle-enchère de l'adjudicataire.

SAISIE DE RENTES. *C. Proc.* 652. Les formalités prescrites au titre *de la saisie immobilière*, pour la revente sur folle-enchère, seront observées lors de l'adjudication des rentes.

FONCTIONNAIRES PUBLICS.

I. LOI CIVILE.

1° Disposition générale.

C. Proc. 555. L'officier insulté dans l'exercice de ses fonctions dressera procès-verbal de rébellion ; et il sera procédé suivant les règles établies par le Code d'Instruction criminelle.

2° Dispositions diverses.

APPEL. C. Proc. 446. Ceux qui sont absens du territoire européen du royaume pour service de terre ou de mer, ou employés dans les négociations extérieures pour le service de l'État, auront, pour interjeter appel, outre le délai de trois mois depuis la signification du jugement, le délai d'une année.

DOMICILE. C. Civ. 106. Le citoyen appelé à une fonction publique temporaire ou révocable, conservera le domicile qu'il avait auparavant, s'il n'a pas manifesté d'intention contraire.

107. L'acceptation de fonctions conférées à vie, emportera translation immédiate du domicile du fonctionnaire dans le lieu où il doit exercer ses fonctions.

SIGNIFICATION. C. Proc. 1039. Toutes significations faites à des personnes publiques préposées pour les recevoir, seront visées par elles sans frais sur l'original. — En cas de refus, l'original sera visé par le procureur du Roi près le tribunal de première instance de leur domicile. Les refusans pourront être condamnés, sur les conclusions du ministère public, à une amende qui ne pourra être moindre de cinq francs.

II. LOI CRIMINELLE.

ART. 1. INSTRUCTION CRIMINELLE.

1° Des crimes commis par des juges hors de leurs fonctions et dans l'exercice de leurs fonctions. V. JUGES.

2° Des dépositions des fonctionnaires en justice. V. TÉMOIGNAGE.

ART. 2. LOI PÉNALE.

1° Des délits commis contre des fonctionnaires. V. ATTENTAT, AUDIENCE.

2° Des délits commis par des fonctionnaires. De la forfaiture et des crimes et délits des fonctionnaires publics dans l'exercice de leurs fonctions.

C. Pén. (liv. 3, tit. 1, ch. 3, sect. 2, art. 166-198).—166. Tout crime commis par un fonctionnaire public dans l'exercice de ses fonctions est une forfaiture. V. FORFAITURE.

§ 1, des soustractions commises par les dépositaires publics. V. SOUSTRACTIONS.

§ 2, des concussions commises par des fonctionnaires publics. V. CONCUSSION.

§ 3, des délits de fonctionnaires qui se seront ingérés dans les affaires ou commerces incompatibles avec leur qualité.

175. Tout fonctionnaire, tout officier public, tout agent du Gouvernement, qui, soit ouvertement, soit par actes simulés, soit par interposition de personnes, aura pris ou reçu quelque intérêt que ce soit dans les actes, adjudications, entreprises ou régies dont il a ou avait, au temps de l'acte, en tout ou en partie, l'administration ou la surveillance, sera puni d'un emprisonnement de six mois au moins et de deux ans au plus, et sera condamné à une amende qui ne pourra excéder le quart des restitutions et des indemnités, ni être au-dessous du douzième.— Il sera de plus déclaré à jamais incapable d'exercer aucune fonction publique.—La présente disposition est applicable à tout fonctionnaire ou agent du Gouvernement qui aura pris un intérêt quelconque dans une affaire dont il était chargé d'ordonnancer le paiement ou de faire la liquidation.

176. Tout commandant des divisions militaires, des départemens ou des places et villes, tout préfet ou sous-préfet, qui aura, dans l'étendue des lieux où il a droit d'exercer son autorité, fait ouvertement, ou par des actes simulés, ou par interposition de personnes, le commerce de grains, grenailles, farines, substances farineuses, vins ou boissons, autres que ceux provenant de ses propriétés, sera puni d'une amende de cinq cents francs au moins, de dix mille francs au plus, et de la confiscation des denrées appartenant à ce commerce.

§ 4, de la corruption des fonctionnaires publics. V. CORRUPTION.

§ 5, des abus d'autorité. V. ABUS D'AUTORITÉ.

§ 6, de quelques délits relatifs à la tenue des actes de l'état civil. V. ÉTAT CIVIL (actes de l').

§ 7, de l'exercice de l'autorité publique illégalement anticipé ou prolongé.

196. Tout fonctionnaire public qui sera entré en exercice de ses fonctions sans avoir prêté le serment, pourra être poursuivi, et sera puni d'une amende de seize francs à cent cinquante francs.

197. Tout fonctionnaire public révoqué, destitué, suspendu ou interdit légalement, qui, après en avoir eu la connaissance officielle, aura continué l'exercice de ses fonctions, ou qui, étant électif ou temporaire, les aura exercées après avoir été remplacé, sera puni d'un emprisonnement de six mois au moins et de deux ans au plus, et d'une amende de cent francs à cinq cents francs. Il sera interdit de l'exercice de toute

fonction publique pour cinq ans au moins et dix ans au plus, à compter du jour où il aura subi sa peine ; le tout sans préjudice des plus fortes peines portées contre les officiers ou les commandans militaires par l'art. 93 du présent Code [1].

Dispositions particulières.

198. Hors les cas où la loi règle spécialement les peines encourues pour crimes ou délits commis par les fonctionnaires ou officiers publics, ceux d'entre eux qui auront participé à d'autres crimes ou délits qu'ils étaient chargés de surveiller ou de réprimer, seront punis comme il suit : — s'il s'agit d'un délit de police correctionnelle, ils subiront toujours le *maximum* de la peine attachée à l'espèce de délit ; — et s'il s'agit d'un crime, ils seront condamnés, savoir : à la réclusion, si le crime emporte contre tout autre coupable la peine du bannissement ou de la dégradation civique ; — aux travaux forcés à temps, si le crime emporte contre tout autre coupable la peine de la réclusion ou de la détention ; — et aux travaux forcés à perpétuité, lorsque le crime emportera contre tout autre coupable la peine de la déportation ou celle des travaux forcés à temps. — Au-delà des cas qui viennent d'être exprimés, la peine commune sera appliquée sans aggravation.

FONDS DE TERRE.

C. Civ. 518. Les fonds de terre sont immeubles par leur nature.

FONGIBLES (CHOSES).

Dispositions diverses.

COMMODAT (*prêt à usage*). *C. Civ.* 1878. Tout ce qui est dans le commerce, ou qui ne se consomme pas par l'usage, peut être l'objet (du commodat.)

CONSOMMATION (*prêt de*). *C. Civ.* 1892. Le prêt de consommation est un contrat par lequel l'une des parties livre à l'autre une certaine quantité de choses qui se consomment par l'usage, à la charge par cette dernière de lui en rendre autant de même espèce et qualité. *V.* CONSOMMATION (*prêt de*).

EXCLUSION DE COMMUNAUTÉ. *C. Civ.* 1532. Si, dans le mobilier apporté en dot par la femme, ou qui lui échoit pendant le mariage, il y a des

choses dont on ne peut faire usage sans les consommer, il en doit être joint un état estimatif au contrat de mariage, ou il doit en être fait inventaire lors de l'échéance, et le mari en doit rendre le prix d'après l'estimation.

PAIEMENT. *C. Civ.* 1238. Le paiement d'une somme en argent ou autre chose qui se consomme par l'usage ne peut être répété contre le créancier qui l'a consommée de bonne foi, quoique le paiement en ait été fait par celui qui n'en était pas propriétaire ou qui n'était pas capable de l'aliéner.

USUFRUIT. *C. Civ.* 587. Si l'usufruit comprend des choses dont on ne peut faire usage sans les consommer, comme l'argent, les grains, les liqueurs, l'usufruitier a le droit de s'en servir, mais à la condition d'en rendre de pareille quantité, qualité et valeur, ou leur estimation, à la fin de l'usufruit.

FORAINS. *V.* GAGERIE (*saisie*).

FORCE MAJEURE. *V.* FORTUIT (*cas*).

FORÊTS (BOIS ET FORÊTS, RÉGIME FORESTIER).

L. 21 *mai* 1827. — Art. 1er. Sont soumis au régime forestier, et seront administrés conformément aux dispositions de la présente loi, — 1° les bois et forêts qui font partie du domaine de l'État ; — 2° ceux qui font partie du domaine de la couronne ; — 3° ceux qui sont possédés à titre d'apanage et de majorat réversibles à l'État ; — 4° les bois et forêts des communes et des sections de communes ; — 5° ceux des établissemens publics ; — 6° les bois et forêts dans lesquels l'État, la couronne, les communes ou les établissemens publics ont des droits de propriété indivis avec des particuliers.

2. Les particuliers exercent sur leurs bois tous les droits résultant de la propriété, sauf les restrictions qui seront spécifiées dans la présente loi. *V.* RÉGIME FORESTIER, USAGES (*droits d'*).

FORFAIT (TRAITÉ).

1° *Relativement aux architectes. V.* DEVIS.

2° *Relativement à la communauté.*

C. Civ. 1521. Lorsqu'il a été stipulé que l'époux ou ses héritiers n'auront qu'une certaine part dans la communauté, comme le tiers ou le quart, l'époux ainsi réduit ou ses héritiers ne supportent les dettes de la communauté que proportionnellement à la part dans l'actif. — La convention est nulle si elle oblige l'époux ainsi réduit ou ses héritiers à supporter une plus forte part, ou si elle les dispense de supporter une part dans les dettes égale à celle qu'ils prennent dans l'actif.

1522. Lorsqu'il est stipulé que l'un des époux ou ses héritiers ne pourront prétendre qu'une certaine somme pour tout droit de communauté, la clause est un forfait qui oblige l'autre époux ou ses héritiers à payer la somme convenue, soit

---

[1] 93. Ceux qui, sans droit ou motif légitimes, auront pris le commandement d'un corps d'armée, d'une troupe, d'une flotte, d'une escadre, d'un bâtiment de guerre, d'une place forte, d'un poste, d'un port, d'une ville ; — ceux qui auront retenu, contre l'ordre du Gouvernement, un commandement militaire quelconque ; — les commandans qui auront tenu leur armée ou troupe rassemblée, après que le licenciement ou la séparation en auront été ordonnés, — seront punis de la peine de mort.

23

que la communauté soit bonne ou mauvaise, suffisante ou non pour acquitter la somme.

1525. Si la clause n'établit le forfait qu'à l'égard des héritiers de l'époux, celui-ci, dans le cas où il survit, a droit au partage légal par moitié.

5° *Relativement à la faillite.*

C. Com. 565. L'union (des créanciers) pourra, dans tout état de cause, se faire autoriser par le tribunal de commerce, le failli dûment appelé, à traiter à forfait des droits et actions dont le recouvrement n'aurait pas été opéré, et à les aliéner; en ce cas, les syndics feront tous les actes nécessaires.

FORFAITURE.

I. INSTRUCTION CRIMINELLE.

Poursuites contre les juges. *V.* JUGE.

II. LOI PÉNALE.

1° *Dispositions générales.*
De la forfaiture.

C. Pén. 166. Tout crime commis par un fonctionnaire public dans ses fonctions, est une forfaiture.

167. Toute forfaiture pour laquelle la loi ne prononce pas de peines plus graves, est punie de la dégradation civique.

168. Les simples délits ne constituent pas les fonctionnaires en forfaiture.

2° *Dispositions additionnelles.*

C. Pén. 121. Seront, comme coupables de forfaiture, punis de la dégradation civique, tout officier de police judiciaire, tous procureurs généraux ou du Roi, tous substituts, tous juges, qui auront provoqué, donné ou signé un jugement, une ordonnance ou un mandat tendant à la poursuite personnelle ou accusation, soit d'un ministre, soit d'un membre de la chambre des pairs, de la chambre des députés ou du conseil d'État, sans les autorisations prescrites par les lois de l'État; ou qui, hors les cas de flagrant délit ou de clameur publique, auront, sans les mêmes autorisations, donné ou signé l'ordre ou le mandat de saisir ou arrêter un ou plusieurs ministres, ou membres de la chambre des pairs, de la chambre des députés ou du conseil d'État.

126. Seront coupables de forfaiture, et punis de la dégradation civique, — les fonctionnaires publics qui auront, par délibération, arrêté de donner des démissions dont l'objet ou l'effet serait d'empêcher ou de suspendre soit l'administration de la justice, soit l'accomplissement d'un service quelconque.

127. Seront coupables de forfaiture, et punis de la dégradation civique, — 1° les juges, les procureurs généraux ou du Roi, ou leurs substituts, les officiers de police, qui se seront immiscés dans l'exercice du pouvoir législatif, soit par des règlemens contenant des dispositions législatives, soit en arrêtant ou en suspendant l'exécution d'une ou de plusieurs lois, soit en délibérant sur le point de savoir si les lois seront publiées ou exécutées; — 2° les juges, les procureurs généraux ou du Roi, ou leurs substituts, les officiers de police judiciaire, qui auraient excédé leur pouvoir, en s'immisçant dans les matières attribuées aux autorités administratives, soit en faisant des règlemens sur ces matières, soit en défendant d'exécuter les ordres émanés de l'administration, ou qui, ayant permis ou ordonné de citer des administrateurs pour raison de l'exercice de leurs fonctions, auraient persisté dans l'exécution de leurs jugemens ou ordonnances, nonobstant l'annulation qui en aurait été prononcée ou le conflit qui leur aurait été notifié. *V.* CONFLIT.

185. Tout juge ou administrateur qui se sera décidé par faveur pour une partie ou par inimitié contre elle, sera coupable de forfaiture et puni de la dégradation civique.

FORT (SE PORTER).

C. Civ. 1120. On peut se porter fort pour un tiers, en promettant le fait de celui-ci; sauf l'indemnité contre celui qui s'est porté fort ou qui a promis de faire ratifier, si le tiers refuse de tenir l'engagement.

FORTUIT (CAS) ET DE FORCE MAJEURE.

1° *Dispositions générales.*

C. Civ. 1148. Il n'y a lieu à aucuns dommages et intérêts lorsque, par suite d'une force majeure ou d'un cas fortuit, le débiteur a été empêché de donner ou de faire ce à quoi il était obligé, ou a fait ce qui lui était interdit.

1502. Lorsque le corps certain et déterminé qui était l'objet de l'obligation vient à périr, est mis hors du commerce, ou se perd de manière qu'on en ignore absolument l'existence, l'obligation est éteinte si la chose a péri ou a été perdue sans la faute du débiteur et avant qu'il fût en demeure. — Lors même que le débiteur est en demeure, et s'il ne s'est pas chargé des cas fortuits, l'obligation est éteinte dans le cas où la chose fût également périe chez le créancier si elle lui eût été livrée. — Le débiteur est tenu de prouver le cas fortuit qu'il allègue. — De quelque manière que la chose volée ait péri ou ait été perdue, sa perte ne dispense pas celui qui l'a soustraite de la restitution du prix.

2° *Dispositions diverses.*

BAIL (*cas fortuit*). *C. Civ.* 1722. Si, pendant la durée du bail, la chose louée est détruite en totalité par cas fortuit, le bail est résilié de plein droit ; si elle n'est détruite qu'en partie, le preneur peut, suivant les circonstances, demander ou une diminution du prix, ou la résiliation même du bail. Dans l'un et l'autre cas, il n'y a lieu à aucun dédommagement.

1772. Le preneur peut être déchargé des cas fortuits par une stipulation expresse.

1773. Cette stipulation ne s'entend que des cas fortuits ordinaires, tels que grêle, feu du ciel, gelée ou coulure. — Elle ne s'entend pas des cas fortuits extraordinaires, tels que les ravages de la guerre, ou une inondation, auxquels le pays n'est pas ordinairement sujet, à moins que le preneur n'ait été chargé de tous les cas fortuits prévus et imprévus. *V.* Louage.

(*Force majeure.*) *C. Civ.* 1730. S'il a été fait un état des lieux entre le bailleur et le preneur, celui-ci doit rendre la chose telle qu'il l'a reçue, suivant cet état, excepté ce qui a péri ou a été dégradé par vétusté ou force majeure.

1733. (Le preneur) répond de l'incendie, à moins qu'il ne prouve — que l'incendie est arrivé par cas fortuit, ou force majeure, ou par vice de construction, — ou que le feu a été communiqué par une maison voisine. *V.* Incendie.

Commissionnaires. *C. Civ.* 1784. (Les voituriers) sont responsables de la perte et des avaries des choses qui leur sont confiées, à moins qu'ils ne prouvent qu'elles ont été perdues ou avariées par cas fortuit ou force majeure.

C. Com. 97. (Le commissionnaire) est garant de l'arrivée des marchandises et effets dans le délai déterminé par la lettre de voiture, hors les cas de la force majeure légalement constatée. *V.* Commissionnaire.

Dépôt. *C. Civ.* 1929. Le dépositaire n'est tenu, en aucun cas, des accidens de force majeure, à moins qu'il n'ait été mis en demeure de restituer la chose déposée.

Éviction. *C. Civ.* 1631. Lorsque, à l'époque de l'éviction, la chose vendue se trouve diminuée de valeur ou considérablement détériorée, soit par la négligence de l'acheteur, soit par des accidens de force majeure, le vendeur n'en est pas moins tenu de restituer la totalité du prix.

Navire. (*Capitaine.*) *C. Com.* 241. Si les objets tirés du navire sont perdus par quelque cas fortuit, le capitaine en demeurera déchargé.

(*Départ.*) *C. Com.* 277. S'il existe une force majeure qui n'empêche que pour un temps la sortie du navire, les conventions subsistent, et il n'y a pas lieu à dommages-intérêts à raison du retard. — Elles subsistent également, et il n'y a

lieu à aucune augmentation de fret, si la force majeure arrive pendant le voyage.

(*Fret.*) *C. Com.* 310. Le chargeur ne peut abandonner pour le fret les marchandises diminuées de prix ou détériorées par leur vice propre ou par cas fortuit. — Si toutefois des futailles contenant vin, huile, miel et autres liquides, ont tellement coulé qu'elles soient vides ou presque vides, lesdites futailles pourront être abandonnées pour le fret.

(*Prêt à la grosse.*) *C. Com.* 324. Le prêteur à la grosse sur marchandises chargées dans un navire désigné au contrat, ne supporte pas la perte des marchandises, même par fortune de mer, si elles ont été chargées sur un autre navire, à moins qu'il ne soit légalement constaté que ce chargement a eu lieu par force majeure.

Prêt. *C. Civ.* 1881. Si l'emprunteur emploie la chose à un autre usage, ou pour un temps plus long qu'il ne le devait, il sera tenu de la perte arrivée, même par cas fortuit.

1882. Si la chose prêtée périt par cas fortuit dont l'emprunteur aurait pu la garantir en employant la sienne propre, ou si, ne pouvant conserver que l'une des deux, il a préféré la sienne, il est tenu de la perte de l'autre.

1883. Si la chose a été estimée en la prêtant, la perte qui arrive, même par cas fortuit, est pour l'emprunteur, s'il n'y a convention contraire.

Preuve testimoniale *C. Civ.* 1348. (Les règles relatives à la preuve par titre *V.* Testimoniale [*preuve*]) reçoivent exception toutes les fois qu'il n'a pas été possible au créancier de se procurer une preuve littérale de l'obligation qui a été contractée envers lui. — Cette seconde exception s'applique, — 1°... 2° aux dépôts nécessaires faits en cas d'incendie, ruine, tumulte ou naufrage ; — 3° aux obligations contractées en cas d'accidens imprévus, où l'on ne pourrait pas avoir fait des actes par écrit ; — 4° au cas où le créancier a perdu le titre qui lui servait de preuve littérale, par suite d'un cas fortuit, imprévu et résultant d'une force majeure.

Usufruit. *C. Civ.* 607. Ni le propriétaire, ni l'usufruitier, ne sont tenus de rebâtir ce qui est tombé de vétusté, ou ce qui a été détruit par cas fortuit.

Vente. *C. Civ.* 1647. La perte arrivée par cas fortuit sera pour le compte de l'acheteur.

FOSSÉ. *V.* Clôture, Mitoyenneté.

FOURNISSEURS.

I. LOI CIVILE.

Dispositions diverses.

Compte. *C. Proc.* 537. Les quittances de fournisseurs, ouvriers, maîtres de pension, et autres

25.

de même nature, produites comme pièces justificatives du compte, sont dispensées de l'enregistrement.

PRESCRIPTION. *C. Civ.* 2271. L'action des hôteliers et traiteurs, à raison du logement et de la nourriture qu'ils fournissent ; — celle des ouvriers et gens de travail, pour le paiement de leurs journées, fournitures et salaires, — se prescrivent par six mois.

2272. L'action des médecins, chirurgiens et apothicaires, pour leurs visites, opérations et médicamens, — celle des marchands, pour les marchandises qu'ils vendent aux particuliers non marchands, — se prescrivent par un an.

PREUVE. *C. Civ.* 1333. Les tailles corrélatives à leurs échantillons font foi entre les personnes qui sont dans l'usage de constater ainsi les fournitures qu'elles font ou reçoivent en détail.

PRIVILÈGE. *C. Civ.* 2101. Les créances privilégiées sur la généralité des meubles sont celles ci-après exprimées, et s'exercent dans l'ordre suivant : — 1°... 3° les fournitures de subsistances faites au débiteur et à sa famille ; savoir : pendant les six derniers mois, par les marchands en détail, tels que boulangers, bouchers et autres, et pendant la dernière année, par les maîtres de pension et marchands en gros.

2102. Les créances privilégiées sur certains meubles sont : — 1°... 3° les fournitures d'un aubergiste, sur les effets du voyageur qui ont été transportés dans son auberge.

II. LOI PÉNALE.

Délits des fournisseurs.

C. Pén. (liv. 3, tit. 2, ch. 2, sect. 2, § 6, art. 430-433). — 430. Tous individus chargés, comme membres de compagnie ou individuellement, de fournitures, d'entreprises ou régies pour le compte des armées de terre et de mer, qui, sans y avoir été contraints par une force majeure, auront fait manquer le service dont ils sont chargés, seront punis de la peine de la réclusion et d'une amende qui ne pourra excéder le quart des dommages-intérêts, ni être au-dessous de cinq cents francs ; le tout sans préjudice de peines plus fortes en cas d'intelligence avec l'ennemi.

431. Lorsque la cessation du service proviendra du fait des agens des fournisseurs, les agens seront condamnés aux peines portées par le précédent article. — Les fournisseurs et leurs agens seront également condamnés, lorsque les uns et les autres auront participé au crime.

432. Si des fonctionnaires publics ou des agens, préposés ou salariés du Gouvernement, ont aidé les coupables à faire manquer le service, ils seront punis de la peine des travaux forcés à temps ;

sans préjudice de peines plus fortes en cas d'intelligence avec l'ennemi.

433. Quoique le service n'ait pas manqué, si, par négligence, les livraisons et les travaux ont été retardés, ou s'il y a eu fraude sur la nature, la qualité ou la quantité des travaux ou main-d'œuvre ou des choses fournies, les coupables seront punis d'un emprisonnement de six mois au moins et de cinq ans au plus, et d'une amende qui ne pourra excéder le quart des dommages-intérêts, ni être moindre de cent francs. — Dans les divers cas prévus par les articles composant le présent paragraphe, la poursuite ne pourra être faite que sur la dénonciation du Gouvernement.

FOURRIÈRE.

MISE EN FOURRIÈRE.

Tarif cr. 39. Les animaux et tous objets périssables, pour quelque cause qu'ils aient été saisis, ne pourront rester en fourrière ou sous le séquestre plus de huit jours. Après ce délai, la main-levée provisoire pourra en être accordée. S'ils ne doivent ou ne peuvent être restitués, ils seront mis en vente, et les frais de fourrière seront prélevés sur le produit de la vente, par privilège et préférence à tous autres.

40. La main-levée provisoire des animaux saisis et des objets périssables mis en séquestre sera ordonnée par le juge de paix ou par le juge d'instruction, moyennant caution, et le paiement des frais de fourrière et de séquestre ; si lesdits objets doivent être vendus, la vente sera ordonnée par les mêmes magistrats. Cette vente sera faite à l'enchère au marché le plus voisin, à la diligence de l'administration de l'enregistrement. Le jour de la vente sera indiqué par affiches vingt-quatre heures à l'avance, à moins que la modicité de l'objet ne détermine le magistrat à en ordonner la vente sans formalités : ce qu'il exprimera dans son ordonnance. Le produit de la vente sera versé dans la caisse de l'administration de l'enregistrement pour en être disposé ainsi qu'il sera ordonné par le jugement définitif.

FRAIS.

I. EN MATIÈRE CIVILE. *V.* DÉPENS.

II. EN MATIÈRE CRIMINELLE.

Disposition générale.

C. Inst. cr. 368. L'accusé ou la partie civile qui succombera, sera condamné aux frais envers l'État et envers l'autre partie. — Dans les affaires soumises au juri, la partie civile qui n'aura pas succombé, ne sera jamais tenue des frais. — Dans le cas où elle en aura consigné en exécution du decret du 18 juin 1811, ils lui seront restitués. *V.* TARIF CRIMINEL.

FRAIS FRUSTRATOIRES.

C. Proc. 1031. Les procédures et les actes nuls ou frustratoires seront à la charge des officiers ministériels qui les auront faits, lesquels, suivant l'exigence des cas, seront en outre passibles des dommages et intérêts de la partie et pourront même être suspendus de leurs fonctions.

316. L'expert qui, après avoir prêté serment, ne remplira pas sa mission, pourra être condamné, par le tribunal qui l'avait commis, à tous les frais frustratoires, et même aux dommages-intérêts, s'il y échet.

FRAIS FUNÉRAIRES.

C. Civ. 2104. Les créances privilégiées sur la généralité des meubles sont celles ci-après exprimées, et s'exercent dans l'ordre suivant : — 1°... 2° les frais funéraires. *V.* PRIVILÈGE.

FRANC ET QUITTE. *V.* APPORT.

FRANÇAIS. *V.* DROITS CIVILS, ÉTRANGER, NATURALISATION.

FRAUDE. *V.* DOL.

FRET.

I. DISPOSITIONS GÉNÉRALES.
Prescription.

C. Com. 433. Sont prescrites, — toutes actions en paiement pour fret de navire, un an après le voyage fini.

434. La prescription ne peut avoir lieu s'il y a cédule, obligation, arrêté de compte ou interpellation judiciaire.

Du fret ou nolis.

C. Com. (*liv.* 2, *tit.* 8. *art.* 286-310). — 286. Le prix du loyer d'un navire ou autre bâtiment de mer est appelé *fret* ou *nolis*. — Il est réglé par les conventions des parties; — Il est constaté par la charte-partie ou par le connaissement ; — Il a lieu pour la totalité ou pour partie du bâtiment, pour un voyage entier ou pour un temps limité, au tonneau, au quintal, à forfait, ou à cueillette, avec désignation du tonnage du vaisseau.

287. Si le navire est loué en totalité, et que l'affréteur ne lui donne pas toute sa charge, le capitaine ne peut prendre d'autres marchandises sans le consentement de l'affréteur. — L'affréteur profite du fret des marchandises qui complètent le chargement du navire qu'il a entièrement affrété.

288. L'affréteur qui n'a pas chargé la quantité de marchandises portée par la charte-partie, est tenu de payer le fret en entier, et pour le chargement complet auquel il s'est engagé. — S'il en charge davantage, il paie le fret de l'excédent sur le prix réglé par la charte-partie. — Si cependant l'affréteur, sans avoir rien chargé, rompt le voyage avant le départ, il paiera en indemnité, au capitaine, la moitié du fret convenu par la charte-partie pour la totalité du chargement qu'il devait faire. — Si le navire a reçu une partie de son chargement, et qu'il parte à non-charge, le fret entier sera dû au capitaine.

289. Le capitaine qui a déclaré le navire d'un plus grand port qu'il n'est, est tenu des dommages et intérêts envers l'affréteur.

290. N'est réputé y avoir erreur en la déclaration du tonnage d'un navire, si l'erreur n'excède un quarantième, ou si la déclaration est conforme au certificat de jauge.

291. Si le navire est chargé à cueillette, soit au quintal, au tonneau ou à forfait, le chargeur peut retirer ses marchandises, avant le départ du navire, en payant le demi-fret. — Il supportera les frais de charge, ainsi que ceux de décharge et de rechargement des autres marchandises qu'il faudrait déplacer, et ceux du retardement.

292. Le capitaine peut faire mettre à terre, dans le lieu du chargement, les marchandises trouvées dans son navire, si elles ne lui ont point été déclarées, ou en prendre le fret au plus haut prix qui sera payé dans le même lieu pour les marchandises de même nature.

293. Le chargeur qui retire ses marchandises pendant le voyage, est tenu de payer le fret en entier et tous les frais de déplacement occasionés par le déchargement : si les marchandises sont retirées pour cause des faits ou des fautes du capitaine, celui-ci est responsable de tous les frais.

294. Si le navire est arrêté au départ, pendant la route, ou au lieu de sa décharge, par le fait de l'affréteur, les frais du retardement sont dus par l'affréteur ; — Si, ayant été frété pour l'aller et le retour, le navire fait son retour sans chargement ou avec un chargement incomplet, le fret entier est dû au capitaine, ainsi que l'intérêt du retardement.

295. Le capitaine est tenu des dommages-intérêts envers l'affréteur, si, par son fait, le navire a été arrêté ou retardé au départ, pendant sa route, ou au lieu de sa décharge. — Ces dommages-intérêts sont réglés par des experts.

296. Si le capitaine est contraint de faire radouber le navire pendant le voyage, l'affréteur est tenu d'attendre, ou de payer le fret en entier.— Dans le cas où le navire ne pourrait être radoubé, le capitaine est tenu d'en louer un autre. — Si le capitaine n'a pu louer un autre navire, le fret n'est dû qu'à proportion de ce que le voyage est avancé.

297. Le capitaine perd son fret, et répond des dommages-intérêts de l'affréteur, si celui-ci prouve que, lorsque le navire a fait voile, il était hors d'état de naviguer. — La preuve est admissible nonobstant et contre les certificats de visite au départ.

298. Le fret est dû pour les marchandises que le capitaine a été contraint de vendre pour sub-

venir aux victuailles, radoub et autres nécessités pressantes du navire, en tenant par lui compte de leur valeur au prix que le reste ou autre pareille marchandise de même qualité sera vendu au lieu de la décharge, si le navire arrive à bon port. — Si le navire se perd, le capitaine tiendra compte des marchandises sur le pied qu'il les aura vendues, en retenant également le fret porté aux connaissemens.

299. S'il arrive interdiction de commerce avec le pays pour lequel le navire est en route, et qu'il soit obligé de revenir avec son chargement, il n'est dû au capitaine que le fret de l'aller, quoique le vaisseau ait été affrété pour l'aller et le retour.

500. Si le vaisseau est arrêté dans le cours de son voyage par l'ordre d'une puissance, — il n'est dû aucun fret pour le temps de sa détention, si le navire est affrété au mois; ni augmentation de fret, s'il est loué au voyage. — La nourriture et les loyers de l'équipage pendant la détention du navire, sont réputés avaries.

501. Le capitaine est payé du fret des marchandises jetées à la mer pour le salut commun, à la charge de contribution.

502. Il n'est dû aucun fret pour les marchandises perdues par naufrage ou échouement, pillées par des pirates ou prises par les ennemis. — Le capitaine est tenu de restituer le fret qui lui aura été avancé, s'il n'y a convention contraire.

505. Si le navire et les marchandises sont rachetés, ou si les marchandises sont sauvées du naufrage, le capitaine est payé du fret jusqu'au lieu de la prise ou du naufrage. — Il est payé du fret entier en contribuant au rachat, s'il conduit les marchandises au lieu de leur destination.

504. La contribution pour le rachat se fait sur le prix courant des marchandises au lieu de leur décharge, déduction faite des frais, et sur la moitié du navire et du fret. — Les loyers des matelots n'entrent point en contribution.

505. Si le consignataire refuse de recevoir les marchandises, le capitaine peut, par autorité de justice, en faire vendre pour le paiement de son fret, et faire ordonner le dépôt du surplus. — S'il y a insuffisance, il conserve son recours contre le chargeur.

506. Le capitaine ne peut retenir les marchandises dans son navire faute de paiement de son fret; — Il peut, dans le temps de la décharge, demander le dépôt en mains tierces jusqu'au paiement de son fret.

507. Le capitaine est préféré, pour son fret, sur les marchandises de son chargement, pendant quinzaine après leur délivrance, si elles n'ont passé en mains tierces.

508. En cas de faillite des chargeurs ou réclamateurs avant l'expiration de la quinzaine, le capitaine est privilégié sur tous les créanciers pour le paiement de son fret et des avaries qui lui sont dues.

509. En aucun cas le chargeur ne peut demander de diminution sur le prix du fret.

510. Le chargeur ne peut abandonner pour le fret les marchandises diminuées de prix, ou détériorées par leur vice propre ou par cas fortuit. — Si toutefois des futailles contenant vin, huile, miel et autres liquides ont tellement coulé qu'elles soient vides ou presque vides, lesdites futailles pourront être abandonnées pour le fret.

II. DISPOSITIONS ADDITIONNELLES.

ASSURANCE. *C. Com.* 547. Le contrat d'assurance est nul, s'il a pour objet le fret des marchandises existant à bord du navire.

586. Le fret des marchandises sauvées, quand même il aurait été payé d'avance, fait partie du délaissement du navire, et appartient également à l'assureur, sans préjudice des droits des prêteurs à la grosse, de ceux des matelots pour leur loyer, et des frais et dépenses pendant le voyage.

ÉQUIPAGE. *C. Com.* 259. Si les débris ne suffisent pas (pour payer de leurs loyers les matelots engagés au voyage et au mois), ou s'il n'y a que des marchandises sauvées, ils sont payés de leurs loyers subsidiairement sur le fret.

260. Les matelots engagés au fret sont payés de leurs loyers seulement sur le fret, à proportion de celui que reçoit le capitaine.

FAILLITE (*revendication*). *C. Com.* 579. En cas de revendication, sera tenu le revendiquant sera tenu de rendre l'actif du failli indemne de toute avance faite pour fret ou voiture, commission, assurances ou autres frais, et de payer les sommes dues pour mêmes causes, si elles n'ont pas été acquittées.

FRUITS.

I. DISPOSITIONS GÉNÉRALES.

1° *Des fruits civils, industriels et naturels.*

C. Civ. 520. Les récoltes pendantes par les racines, et les fruits des arbres non encore recueillis, sont immeubles. — Dès que les grains sont coupés et les fruits détachés, quoique non enlevés, ils sont meubles. — Si une partie seulement de la récolte est coupée, cette partie seule est meuble.

548. Les fruits produits par la chose n'appartiennent au propriétaire qu'à la charge de rembourser les frais de labours, travaux et semences faits par des tiers.

583. Les fruits naturels sont ceux qui sont le produit spontané de la terre. Le produit et le croît des animaux sont aussi des fruits naturels. — Les fruits industriels d'un fonds sont ceux qu'on obtient par la culture.

584. Les fruits civils sont les loyers des maisons, les intérêts des sommes exigibles, les arrérages des rentes. — Les prix des baux à ferme sont aussi rangés dans la classe des fruits civils.

585. Les fruits civils sont réputés s'acquérir jour par jour, et appartiennent à l'usufruitier à proportion de la durée de son usufruit. Cette règle s'applique aux prix des baux à ferme, comme aux loyers des maisons et aux autres fruits civils.

2° De la restitution des fruits.

C. Proc. 129. Les jugemens qui condamneront à une restitution de fruits ordonneront qu'elle sera faite en nature pour la dernière année ; et pour les années précédentes, suivant les mercuriales du marché le plus voisin, eu égard aux saisons et aux prix communs de l'année ; sinon à dire d'experts, à défaut de mercuriales. Si la restitution en nature pour la dernière année est impossible, elle se fera comme pour les années précédentes.

3° De la liquidation des fruits.

C. Proc. (liv. 5, tit. 5, art. 526).— 526. Celui qui sera condamné à restituer des fruits, en rendra compte dans la forme ci-après (art. 527-342. *V.* COMPTE) ; et il sera procédé comme sur les autres comptes rendus en justice.

II. DISPOSITIONS ADDITIONNELLES.

CONTRAT DE MARIAGE (*communauté*). *C. Civ.* 1401. La communauté se compose activement, — 1°.... 2° de tous les fruits, revenus, intérêts et arrérages, de quelque nature qu'ils soient, échus ou perçus pendant le mariage, et provenant des biens qui appartenaient aux époux lors de sa célébration, ou de ceux qui leur sont échus pendant le mariage, à quelque titre que ce soit. *V.* COMMUNAUTÉ.

(*Communauté d'acquêts.*) *C. Civ.* 1498. Après que chacun des époux (qui ont contracté une communauté d'acquêts) a prélevé ses apports dûment justifiés, le partage se borne aux acquêts faits par les époux ensemble ou séparément durant le mariage, et provenant tant de l'industrie commune que des économies faites sur les fruits et revenus des biens des deux époux.

(*Régime dotal.*) *C. Civ.* 1549. Le mari seul a l'administration des biens dotaux pendant le mariage. — Il a seul le droit d'en poursuivre les débiteurs et détenteurs, d'en percevoir les fruits et les intérêts, et de recevoir le remboursement des capitaux. — Cependant il peut être convenu, par le contrat de mariage, que la femme touchera annuellement, sur ses seules quittances, une partie de ses revenus pour son entretien et ses besoins personnels. *V.* DOTAL (*régime*).

(*Séparation de biens.*) *C. Civ.* 1559. Lorsque la femme séparée a laissé la jouissance de ses biens à son mari, celui-ci n'est tenu, soit à la demande que sa femme pourrait lui faire, soit à la dissolution du mariage, qu'à la représentation des fruits existans, et il n'est point comptable de ceux qui ont été consommés jusqu'alors.

DÉPÔT. *C. Civ.* 1936. Si la chose déposée a produit des fruits qui aient été perçus par le dépositaire, il est obligé de les restituer.

DONATION (*réduction*). *C. Civ.* 928. Le donataire restituera les fruits de ce qui excédera la portion disponible, à compter du jour du décès du donateur, si la demande en réduction a été faite dans l'année ; sinon, du jour de la demande.

(*Révocation pour ingratitude.*) *C. Civ.* 958. Dans le cas de révocation (pour cause d'ingratitude), le donataire sera condamné à restituer les fruits, à compter du jour de la demande.

(*Pour survenance d'enfant.*) *C. Civ.* 962. La donation demeurera révoquée (pour cause de survenance d'enfant), lors même que le donataire serait entré en possession des biens donnés, et qu'il y aurait été laissé par le donateur depuis la survenance de l'enfant ; sans néanmoins que le donataire soit tenu de restituer les fruits par lui perçus, de quelque nature qu'ils soient, si ce n'est du jour que la naissance de l'enfant ou sa légitimation par mariage subséquent lui aura été notifiée par exploit ou autre acte en bonne forme ; et ce, quand même la demande pour rentrer dans les biens donnés n'aurait été formée que postérieurement à cette notification.

HÉRITIER (*indignité*). *C. Civ.* 729. L'héritier exclu de la succession pour cause d'indignité est tenu de rendre tous les fruits et les revenus dont il a eu la jouissance depuis l'ouverture de la succession.

HYPOTHÈQUE. *C. Civ.* 2176. Les fruits de l'immeuble hypothéqué ne sont dus par le tiers-détenteur qu'à compter du jour de la sommation de payer ou de délaisser, et, si les poursuites commencées ont été abandonnées pendant trois ans, à compter de la nouvelle sommation qui sera faite.

INTÉRÊTS. *C. Civ.* 1155. Les revenus échus, tels que fermages, loyers, arrérages de rentes perpétuelles ou viagères, produisent intérêt du jour de la demande ou de la convention. — La même règle s'applique aux restitutions de fruits.

LEGS. *C. Civ.* 1014. Le légataire particulier ne

pourra se mettre en possession de la chose léguée, ni en prétendre les fruits ou intérêts, qu'à compter du jour de sa demande en délivrance, ou du jour auquel cette délivrance lui aurait été volontairement consentie.

1015. Les intérêts ou fruits de la chose léguée courront au profit du légataire, dès le jour du décès, et sans qu'il ait formé sa demande en justice, — 1° lorsque le testateur aura expressément déclaré sa volonté, à cet égard, dans le testament ; — 2° lorsqu'une rente viagère ou une pension aura été léguée à titre d'alimens.

Possesseur. *C. Civ.* 549. Le simple possesseur ne fait les fruits siens que dans le cas où il possède de bonne foi : dans le cas contraire, il est tenu de rendre les produits avec la chose au propriétaire qui la revendique.

Privilège. *C. Civ.* 2102. Les créances privilégiées sur certains meubles sont, — 1° les loyers et fermages des immeubles, sur les fruits de la récolte de l'année.

Réintégrande. *C. Civ.* 2060. La contrainte par corps a lieu, — 1°..... 2° en cas de réintégrande, pour la restitution des fruits qui ont été perçus pendant l'indue possession.

Saisie-brandon. *C. Proc.* 626. La saisie-brandon (ou saisie des fruits pendans par racine) ne pourra être faite que dans les six semaines qui précèderont l'époque ordinaire de la maturité des fruits ; elle sera précédée d'un commandement, avec un jour d'intervalle. *V.* Brandon (*saisie*).

Saisie-gagerie. *C. Proc.* 819. Les propriétaires et principaux locataires de maisons ou biens ruraux, soit qu'il y ait bail, soit qu'il n'y en ait pas, peuvent, un jour après le commandement, et sans permission du juge, faire saisir-gager, pour loyers et fermages échus, les effets et fruits étant dans lesdites maisons ou bâtimens ruraux, et sur les terres. *V.* Gagerie (*saisie*).

Saisie immobilière. *C. Proc.* 688. Si les immeubles saisis ne sont pas loués ou affermés, le saisi en restera en possession jusqu'à la vente, comme séquestre judiciaire ; à moins qu'il ne soit autrement ordonné par le juge, sur la réclamation d'un ou plusieurs créanciers. Les créanciers pourront néanmoins faire faire la coupe et la vente, en tout ou en partie, des fruits pendant par les racines.

689. Les fruits échus depuis la dénonciation au saisi seront immobilisés, pour être distribués avec le prix de l'immeuble par ordre d'hypothèques.

Succession (*vente*). *C. Civ.* 1697. (Si celui qui vend une hérédité) avait déjà profité des fruits de quelque fonds appartenant à cette hérédité, il est tenu de les rembourser à l'acquéreur, s'il ne les a expressément réservés lors de la vente.

Usage. *C. Civ.* 630. Celui qui a l'usage des fruits d'un fonds ne peut en exiger qu'autant qu'il lui en faut pour ses besoins et ceux de sa famille. — Il peut en exiger pour les besoins même des enfans qui lui sont survenus depuis la concession de l'usage.

Usufruit. *C. Civ.* 582. L'usufruitier a le droit de jouir de toute espèce de fruits, soit naturels, soit civils, que peut produire l'objet dont il a l'usufruit. *V.* Usufruit.

Vente (*disposition générale*). *C. Civ.* 1614. La chose doit être délivrée en l'état où elle se trouve au moment de la vente. — Depuis ce jour, tous les fruits appartiennent à l'acquéreur.

(*Éviction.*) *C. Civ.* 1630. Lorsque la garantie a été promise, ou qu'il n'a rien été stipulé à ce sujet, si l'acquéreur est évincé, il a droit de demander contre le vendeur, — 1° la restitution du prix ; — 2° celle des fruits, lorsqu'il est obligé de les rendre au propriétaire qui l'évince.

(*Intérêts du prix.*) *C. Civ.* 1652. L'acheteur doit l'intérêt du prix de la vente jusqu'au paiement du capital, dans les cas suivans : — si la chose vendue et livrée produit des fruits ou autres revenus.

(*Rescision pour lésion.*) *C. Civ.* 1682. Si l'acquéreur (soumis à la rescision pour cause de lésion) préfère rendre (la chose) et recevoir le prix, il rend les fruits du jour de la demande. — L'intérêt du prix qu'il a payé lui est aussi compté du jour de la même demande, ou du jour du paiement, s'il n'a touché aucuns fruits.

FRUSTRATOIRES (FRAIS). *V.* Frais frustratoires.

FUREUR. *V.* Démence.

FUTURES (CHOSES).

1° Dispositions générales.

C. Civ. 1130. Les choses futures peuvent être l'objet d'une obligation. — On ne peut cependant renoncer à une succession non ouverte, ni faire aucune stipulation sur une pareille succession, même avec le consentement de celui de la succession duquel il s'agit.

2° Dispositions diverses.

Contrat de mariage (*communauté*). *C. Civ.* 1526. Les époux peuvent établir par leur contrat de mariage une communauté universelle de leurs biens tant meubles qu'immeubles, présens et à venir, ou de tous leurs biens présens seulement, ou de tous leurs biens à venir seulement.

(*Régime dotal.*) *C. Civ.* 1542. La constitution de dot peut frapper tous les biens présens et à venir de la femme, ou tous ses biens présens seulement, ou une partie de ses biens présens et à venir, ou même un objet individuel. — La constitution, en termes généraux, de tous les biens de la femme, ne comprend pas les biens à venir.

DONATIONS (*étrangères à mariage*). *C. Civ.* 943. La donation entre-vifs ne pourra comprendre que les biens présens du donateur ; si elle comprend des biens à venir, elle sera nulle à cet égard.

(*Faites aux époux.*) *C. Civ.* 1084. La donation par contrat de mariage pourra être faite cumulativement des biens présens et à venir, en tout ou en partie, à la charge qu'il sera annexé à l'acte un état des dettes et charges du donateur existantes au jour de la donation ; auquel cas, il sera libre au donataire, lors du décès du donateur, de s'en tenir aux biens présens, en renonçant au surplus des biens du donateur. *V.* ÉPOUX.

(*Faites entre époux.*) *C. Civ.* 1093. La donation de biens à venir, ou de biens présens et à venir, faite entre époux par contrat de mariage, soit simple, soit réciproque, sera soumise aux règles établies à l'égard des donations pareilles qui leur seront faites par un tiers ; sauf qu'elle ne sera point transmissible aux enfans issus du mariage, en cas de décès de l'époux donataire avant l'époux donateur. *V.* ÉPOUX.

HYPOTHÈQUE (*conventionnelle*). *C. Civ.* 2129. Les biens à venir ne peuvent pas être hypothéqués (par convention).

2130. Néanmoins, si les biens présens et libres du débiteur sont insuffisans pour la sûreté de la créance, il peut, en exprimant cette insuffisance, consentir que chacun des biens qu'il acquerra par la suite, y demeure affecté à mesure des acquisitions.

(*Judiciaire.*) *C. Civ.* 2123. L'hypothèque judiciaire peut s'exercer sur les immeubles actuels du débiteur et sur ceux qu'il pourra acquérir, sauf les modifications (établies par la loi). *V.* JUDICIAIRE (*hypothèque*).

(*Légale.*) *C. Civ.* 2122. Le créancier qui a une hypothèque légale peut exercer son droit sur tous les immeubles appartenant à son débiteur, et sur ceux qui pourront lui appartenir dans la suite, sous les modifications (établies par la loi). *V.* LÉGALE (*hypothèque*).

TRANSPORT DE CRÉANCES. *C. Civ.* 1695. Lorsque (le cédant) a promis la garantie de la solvabilité du débiteur, cette promesse ne s'entend que de la solvabilité actuelle, et ne s'étend pas au temps à venir, si le cédant ne l'a expressément stipulé.

FUTURS (ÉPOUX). *V.* ÉPOUX.

G

GAGE.

I. LOI CIVILE.

1° *Dispositions générales.*

C. Civ. 2072. Le nantissement d'une chose mobilière s'appelle *gage*.

Du gage.

C. Civ. (*liv.* 3, *tit.* 17, *ch.* 1, *art.* 2073-2084). —2073. Le gage confère au créancier le droit de se faire payer sur la chose qui en est l'objet, par privilège et préférence aux autres créanciers.

2074. Ce privilège n'a lieu qu'autant qu'il y a un acte public ou sous seing privé, dûment enregistré, contenant la déclaration de la somme due, ainsi que l'espèce et la nature des choses remises en gage, ou un état annexé de leurs qualité, poids et mesure.—La rédaction de l'acte par écrit et son enregistrement ne sont néanmoins prescrits qu'en matière excédant la valeur de cent cinquante francs.

2075. Le privilège énoncé en l'article précédent ne s'établit sur les meubles incorporels, tels que les créances mobilières, que par acte public ou sous seing privé, aussi enregistré, et signifié au débiteur de la créance donnée en gage.

2076. Dans tous les cas, le privilège ne subsiste sur le gage qu'autant que ce gage a été mis et est resté en la possession du créancier, ou d'un tiers convenu entre les parties.

2077. Le gage peut être donné par un tiers pour le débiteur.

2078. Le créancier ne peut, à défaut de paiement, disposer du gage ; sauf à lui à faire ordonner en justice que le gage lui demeurera en paiement et jusqu'à due concurrence, d'après une estimation faite par experts, ou qu'il sera vendu aux enchères. — Toute clause qui autoriserait le créancier à s'approprier le gage, ou à en disposer sans les formalités ci-dessus, est nulle.

2079. Jusqu'à l'expropriation du débiteur, s'il y a lieu, il reste propriétaire du gage, qui n'est, dans la main du créancier, qu'un dépôt assurant le privilège de celui-ci.

2080. Le créancier répond, selon les règles établies au titre *des contrats ou des obligations conventionnelles en général*, de la perte ou détérioration du gage qui serait survenue par sa négligence. (*V.* CONTRAT.)—De son côté, le débiteur doit tenir compte au créancier des dépenses utiles et nécessaires que celui-ci a faites pour la conservation du gage.

2081. S'il s'agit d'une créance donnée en gage, et que cette créance porte intérêts, le créancier impute ces intérêts sur ceux qui peuvent lui être dus. — Si la dette pour sûreté de laquelle la créance a été donnée en gage, ne porte point elle-même intérêts, l'imputation se fait sur le capital de la dette.

2082. Le débiteur ne peut, à moins que le détenteur du gage n'en abuse, en réclamer la restitution qu'après avoir entièrement payé, tant en principal qu'intérêts et frais, la dette pour sûreté de laquelle le gage a été donné.—S'il existait de la part du même débiteur, envers le même créancier, une autre dette contractée postérieurement à la mise en gage, et devenue exigible avant le paiement de la première dette, le créancier ne pourra être tenu de se dessaisir du gage avant d'être entièrement payé de l'une et de l'autre dette, lors même qu'il n'y aurait eu aucune stipulation pour affecter le gage au paiement de la seconde.

2083. Le gage est indivisible nonobstant la divisibilité de la dette entre les héritiers du débiteur ou ceux du créancier. — L'héritier du débiteur, qui a payé sa portion de la dette, ne peut demander la restitution de sa portion dans le gage, tant que la dette n'est pas entièrement acquittée.—Réciproquement, l'héritier du créancier, qui a reçu sa portion de la dette, ne peut remettre le gage au préjudice de ceux de ses cohéritiers qui ne sont pas payés.

2084. Les dispositions ci-dessus ne sont applicables ni aux matières de commerce, ni aux maisons de prêt sur gages autorisées, et à l'égard desquelles on suit les lois et reglemens qui les concernent.

2° *Dispositions additionnelles.*

CAUTION. *C. Civ.* 2041. Celui qui ne peut pas trouver une caution est reçu à donner à sa place un gage en nantissement suffisant.

COMMISSIONNAIRE. *C. Com.* 93. Tous prêts, avances ou paiemens qui pourraient être faits sur des marchandises déposées ou consignées par un individu résidant dans le lieu du domicile du commissionnaire, ne donnent privilège au commissionnaire ou dépositaire qu'autant qu'il s'est conformé aux dispositions prescrites par le Code

Civil, liv. 3, tit. 17, pour les prêts sur gage ou nantissement. (*V. ci-dessus.*)

FAILLITE. *C. Com.* 555. Les créanciers du failli qui seront valablement nantis par des gages ne seront inscrits dans la masse que pour mémoire.

556. Les syndics seront autorisés à retirer les gages au profit de la faillite, en remboursant la dette.

557. Si les syndics ne retirent pas le gage, qu'il soit vendu par les créanciers, et que le prix excède la créance, le surplus sera recouvré par les syndics ; si le prix est moindre que la créance, le créancier nanti viendra à contribution pour le surplus.

PRIVILÈGE. *C. Civ.* 2102. Les créanciers privilégiés sur certains meubles sont, — 1°.,.. 2° la créance sur le gage dont le créancier est saisi.

REMISE. *C. Civ.* 1286. La remise de la chose donnée en nantissement ne suffit point pour faire présumer la remise de la dette.

II. LOI PÉNALE.

Des maisons de prêt sur gage.

C. Pén. 411. Ceux qui auront établi ou tenu des maisons de prêt sur gages ou nantissement, sans autorisation légale, ou qui, ayant une autorisation, n'auront pas tenu un registre conforme aux règlemens, contenant de suite, sans aucun blanc ni interligne, les sommes ou les objets prêtés, les noms, domicile et profession des emprunteurs, la nature, la qualité, la valeur des objets mis en nantissement, seront punis d'un emprisonnement de quinze jours au moins, de trois mois au plus, et d'une amende de cent francs à deux mille francs.

GAGERIE (SAISIE-).

DISPOSITIONS GÉNÉRALES.

Du droit des propriétaires sur les meubles, effets et fruits de leurs locataires et fermiers, ou de la saisie-gagerie et de la saisie-arrêt sur débiteurs forains.

C. Proc. (2ᵉ part., liv. 1, tit. 2, art. 819-825). —819. Les propriétaires et principaux locataires de maisons ou biens ruraux, soit qu'il y ait bail, soit qu'il n'y en ait pas, peuvent, un jour après le commandement, et sans permission du juge, faire saisir-gager, pour loyers et fermages échus, les effets et fruits étant dans lesdites maisons ou bâtimens ruraux, et sur les terres. — Ils peuvent même faire saisir-gager à l'instant, en vertu de la permission qu'ils en auront obtenue, sur requête, du président du tribunal de première instance. — Ils peuvent aussi saisir les meubles qui garnissaient la maison ou la ferme, lorsqu'ils ont été déplacés sans leur consentement ; et ils onservent sur eux leur privilège, pourvu qu'ils n'aient fait la revendication, conformément à art. 2102 du Code Civil. *V.* REVENDICATION.

820. Peuvent les effets des sous-fermiers et sous-locataires, garnissant les lieux par eux occupés, et les fruits des terres qu'ils sous-louent, être saisis-gagés pour les loyers et fermages dus par le locataire ou fermier de qui ils tiennent ; mais ils obtiendront main-levée, en justifiant qu'ils ont payé sans fraude, et sans qu'ils puissent opposer des paiemens faits par anticipation.

821. La saisie-gagerie sera faite en la même forme que la saisie - exécution *V.* EXÉCUTION (saisie); le saisi pourra être constitué gardien ; et s'il y a des fruits, elle sera faite dans la forme établie par le titre 9 du livre précédent. (*Art.* 826-635. *V.* BRANDON [saisie-].)

822. Tout créancier, même sans titre, peut, sans commandement préalable, mais avec permission du président du tribunal de première instance et même du juge de paix, faire saisir les effets trouvés en la commune qu'il habite, appartenant à son débiteur forain.

823. Le saisissant sera gardien des effets, s'ils sont en ses mains ; sinon il sera établi un gardien.

824. Il ne pourra être procédé à la vente, sur les saisies énoncées au présent titre, qu'après qu'elles auront été déclarées valables : le saisi, dans le cas de l'art. 821, le saisissant, dans le cas de l'art. 823, ou le gardien, s'il en a été établi, seront condamnés par corps à la représentation des effets.

825. Seront, au surplus, observées les règles ci-devant prescrites pour la saisie-exécution, la vente et la distribution des deniers. *V.* EXÉCUTION (saisie-) et CONTRIBUTION.

Dispositions du tarif civil.

29. (Pr. 819.) Original d'un commandement à la requête des propriétaires et principaux locataires de maisons ou biens ruraux, à leurs locataires, sous-locataires et fermiers, pour paiement de loyers ou fermages échus. — Paris, 2 fr. — Partout ailleurs, 1 fr. 50 c. — Chaque copie, le quart de l'original.

61. (Pr. 819, 822, 825.) Les procès-verbaux de saisie-gagerie sur locataires et fermiers, et ceux de saisie des effets du débiteur forain, seront taxés comme ceux de saisie-exécution, ainsi que tout le reste de la poursuite.

76. (Pr. 819.) Requête à fin de saisir-gager à l'instant les meubles et effets garnissant les maisons et fermes.— (822.) A fin de permission de saisir les effets de son débiteur forain, trouvés en la commune qu'il habite le créancier. — Elles ne seront pas grossoyées, — Paris, 2 fr. — Ressort, 1 fr. 50 c. (*V.* TARIF.) — La vacation pour demander l'ordonnance et se la faire délivrer est comprise dans la taxe.

GAINS NUPTIAUX. *V.* SURVIE (*droits de*).

GARANTIE.

I. EN MATIÈRE DE VENTE.
De la garantie.

C. Civ. (liv. 3, tit. 6, ch. 4, sect. 3, art. 1625-1649). — 1625. La garantie que le vendeur doit à l'acquéreur a deux objets : le premier est la possession paisible de la chose vendue ; le second, les défauts cachés de cette chose ou les vices rédhibitoires.

§ 1, *de la garantie en cas d'éviction.*
V. ÉVICTION.

§ 2, *de la garantie des défauts de la chose vendue.*
V. RÉDHIBITOIRES (*vices*).

II. EN MATIÈRES DIVERSES.

AGENT DE CHANGE. *C. Com.* 86. (L'agent de change) ne peut se rendre garant de l'exécution des marchés dans lesquels il s'entremet.

COMMISSIONNAIRE. *C. Com.* 97. (Le commissionnaire) est garant de l'arrivée des marchandises et effets dans le délai déterminé par la lettre de voiture, hors les cas de la force majeure légalement constatée.

98. Il est garant des avaries ou pertes de marchandises et effets, s'il n'y a stipulation contraire dans la lettre de voiture, ou force majeure.

99. Il est garant des faits du commissionnaire intermédiaire auquel il adresse les marchandises.

COMMUNAUTÉ (*avec séparation de dettes*). *C. Civ.* 1513. Lorsque la communauté est poursuivie pour les dettes de l'un des époux, déclaré, par contrat, franc et quitte de toutes dettes antérieures au mariage, le conjoint a droit à une indemnité qui se prend soit sur la part de communauté revenant à l'époux débiteur, soit sur les biens personnels dudit époux ; et, en cas d'insuffisance, cette indemnité peut être poursuivie par voie de garantie contre le père, la mère, l'ascendant ou le tuteur qui l'auraient déclaré franc et quitte. — Cette garantie peut même être exercée par le mari durant la communauté, si la dette provient du chef de la femme ; sauf, en ce cas, le remboursement dû par la femme ou ses héritiers aux garans, après la dissolution de la communauté.

CONSTRUCTIONS. *C. Civ.* 2270. Après dix ans, l'architecte et les entrepreneurs sont déchargés de la garantie des gros ouvrages qu'ils ont faits ou dirigés.

DOT (*régime de la communauté*). *C. Civ.* 1440. La garantie de la dot est due par toute personne qui l'a constituée ; et ses intérêts courent du jour du mariage, encore qu'il y ait terme pour le paiement, s'il n'y a stipulation contraire.

(*Régime dotal*). *C. Civ.* 1547. Ceux qui constituent une dot sont tenus à la garantie des objets constitués.

DROITS INCORPORELS (*cession de*). *C. Civ.* 1693. Celui qui vend une créance ou autre droit incorporel, doit en garantir l'existence au temps du transport, quoiqu'il soit fait sans garantie.

INDU PAIEMENT. *C. Civ.* 1379. Si la chose indûment reçue est un immeuble ou un meuble corporel, celui qui l'a reçue s'oblige à la restituer en nature, si elle existe, ou sa valeur, si elle est périe ou détériorée par sa faute ; il est même garant de sa perte par cas fortuit, s'il l'a reçue de mauvaise foi.

LETTRE DE CHANGE. *C. Com.* 117. L'acceptation (de la lettre de change) suppose la provision ; — elle en établit la preuve à l'égard des endosseurs. — Soit qu'il y ait ou non acceptation, le tireur seul est tenu de prouver, en cas de dénégation, que ceux sur qui la lettre était tirée avaient provision à l'échéance : sinon il est tenu de la garantir, quoique le protêt ait été fait après les délais fixés. *V.* CHANGE (*lettre de*).

LOUAGE. *C. Civ.* 1721. Il est dû garantie au preneur pour tous les vices ou défauts de la chose louée qui en empêchent l'usage , quand même le bailleur ne les aurait pas connus lors du bail. — S'il résulte de ces vices ou défauts quelque perte pour le preneur, le bailleur est tenu de l'indemniser.

MANDAT. *C. Civ.* 1997. Le mandataire qui a donné à la partie avec laquelle il contracte en cette qualité une suffisante connaissance de ses pouvoirs, n'est tenu d'aucune garantie pour ce qui a été fait au-delà, s'il ne s'y est personnellement soumis.

PARTAGE. *C. Civ.* 2103. Les créanciers privilégiés sur les immeubles sont, — 1°..... 5° les cohéritiers, sur les immeubles de la succession, pour la garantie des partages faits entre eux, et des soulte ou retour de lots. *V.* PARTAGE.

RESCISION. *C. Civ.* 1681. Dans le cas où l'action en rescision est admise, l'acquéreur a le choix ou de rendre la chose en retirant le prix qu'il en a payé, ou de garder le fonds en payant le supplément du juste prix sous la déduction du dixième du prix total. Le tiers possesseur a le même droit, sauf sa garantie contre son vendeur.

III. PROCÉDURE.

1° *Justice de paix.*

De la mise en cause des garans.

C. Proc. (*liv.* 1, *tit.* 6, *art.* 52-55). — 52. Si, au jour de la première comparution, le défendeur demande à mettre le garant en cause, le juge accordera délai suffisant en raison de la distance du domicile du garant : la citation donnée au garant sera libellée, sans qu'il soit besoin de lui notifier le jugement qui ordonne sa mise en cause.

55. Si la mise en cause n'a pas été demandée à la première comparution, ou si la citation n'a pas été faite dans le délai fixé, il sera procédé sans délai , au jugement de l'action principale, sauf à statuer séparément sur la demande en garantie.

Disposition du tarif civil.

21. (Pr. 52.) Original de demande en garantie, — Paris, 1 fr. 50 c. — Chaque copie, le quart.

2° *Tribunaux de première instance.*

C. Proc. 49. Sont dispensés du préliminaire de la conciliation , — 1°.... 5° les demandes en garantie.

59. Le défendeur sera assigné, en matière de garantie, devant le juge où la demande originaire sera pendante.

175. Celui qui prétendra avoir droit d'appeler en garantie, sera tenu de le faire dans la huitaine du jour de la demande originaire, outre un jour pour trois myriamètres. S'il y a plusieurs garans intéressés en la même garantie , il n'y aura qu'un seul délai pour tous, qui sera réglé selon la distance du lieu de la demeure du garant le plus éloigné. *V.* DILATOIRES (*exceptions*) p. 283.

GARDE (FRAIS DE). *V.* SÉQUESTRE.

GARDE CHAMPÊTRE, GARDE FORESTIER. *V.* POLICE JUDICIAIRE.

GARDE DU COMMERCE.

C. Com. 625. Il sera établi, pour la ville de Paris seulement, des gardes du commerce pour l'exécution des jugemens emportant la contrainte par corps; la forme de leur organisation et leurs attributions seront déterminées par un règlement particulier.

GARDIEN. *V.* SÉQUESTRE.

GENDARMERIE. *V.* POLICE JUDICIAIRE.

GÉNÉRATION.

C. Civ. 735. La proximité de la parenté s'établit par le nombre de générations : chaque génération s'appelle un *degré*. *V.* DEGRÉ.

GÉRANT VOLONTAIRE.

C. Civ. 1372. Lorsque volontairement on gère l'affaire d'autrui, soit que le propriétaire connaisse la gestion, soit qu'il l'ignore, celui qui gère contracte l'engagement tacite de continuer la gestion qu'il a commencée, et de l'achever jusqu'à ce que le propriétaire soit en état d'y pourvoir lui-même ; il doit se charger également de toutes les dépendances de cette même affaire. — Il se soumet à toutes les obligations qui résultent raient d'un mandat exprès que lui aurait donné le propriétaire.

1373. Il est obligé de continuer sa gestion, encore que le maître vienne à mourir avant que l'affaire soit consommée, jusqu'à ce que l'héritier ait pu en prendre la direction.

1374. Il est tenu d'apporter à la gestion de l'affaire tous les soins d'un bon père de famille.

— Néanmoins les circonstances qui l'ont conduit à se charger de l'affaire peuvent autoriser le juge à modérer les dommages et intérêts qui résulteraient des fautes ou de la négligence du gérant.

1375. Le maître dont l'affaire a été bien administrée doit remplir les engagemens que le gérant a contractés en son nom, l'indemniser de tous les engagemens personnels qu'il a pris, et lui rembourser toutes les dépenses utiles ou nécessaires qu'il a faites.

GERMAINS (PARENS).

C. Civ. 733. Toute succession échue à des ascendans ou des collatéraux se divise en deux parts égales : l'une pour les parens de la ligne paternelle, l'autre pour les parens de la ligne maternelle. — Les parens utérins ou consanguins ne sont pas exclus par les germains ; mais ils ne prennent part que dans leur ligne, sauf ce qui sera dit à l'art. 752 *(ci-après)*. — Les germains prennent part dans les deux lignes. Il ne se fait aucune dévolution d'une ligne à l'autre que lorsqu'il ne se trouve aucun ascendant ni collatéral de l'une des deux lignes.

752. Le partage de la moitié ou des trois quarts dévolus aux frères ou sœurs (quand il y a lieu) s'opère entre eux par égales portions, s'ils sont tous du même lit ; s'ils sont de lits différens, la division se fait par moitié entre les deux lignes paternelle et maternelle du défunt ; les germains prennent part dans les deux lignes, et les utérins ou consanguins chacun dans leur ligne seulement ; s'il n'y a de frères ou sœurs que d'un côté, ils succèdent à la totalité, à l'exclusion de tous autres parens de l'autre ligne.

GLACES.

C. Civ. 524. Les objets que le propriétaire d'un fonds y a placés pour le service et l'exploitation de ce fonds sont immeubles par destination.

525. Les glaces d'un appartement sont censées mises à perpétuelle demeure, lorsque le parquet sur lequel elles sont attachées fait corps avec la boiserie.

GRACE (DROIT DE).

Charte. 58. Le Roi a le droit de faire grâce et celui de commuer les peines.

GREFFIER.

I. LOIS ET RÉGLEMENS.

1º *Loi du 27 ventôse an 8.*

13. Il y aura près de chaque tribunal de première instance un greffier.

92. Les greffiers de tous les tribunaux seront nommés par le premier consul, qui pourra les révoquer à volonté. Le Gouvernement pourvoira à leur traitement, au moyen duquel ils seront chargés de leurs commis et expéditionnaires, ainsi que de toutes les fournitures du greffe.

2º *Décret du 16 ventôse an 11.*

1. Il suffit d'être âgé de vingt-cinq ans pour être greffier, soit d'un tribunal de première instance, soit d'un juge de paix.

3º *Décret du 30 mars 1808.*

Titre 4 des greffiers.

90. Les greffes de nos cours d'appel et ceux de nos tribunaux de première instance seront ouverts tous les jours, excepté les dimanches et fêtes, aux heures réglées par la cour ou par le tribunal de première instance, de manière néanmoins qu'ils soient ouverts au moins huit heures par jour.

91. Le greffier ou l'un de ses commis assermenté tiendra la plume aux audiences depuis leur ouverture jusqu'à ce qu'elles soient terminées. — Le greffier en chef assistera aux audiences solennelles et aux assemblées générales.

92. Le greffier est chargé de tenir dans le meilleur ordre les rôles et les différens registres qui sont prescrits par le Code de Procédure, et celui des délibérations de la cour ou du tribunal.

93. Il conservera avec soin les collections des lois et autres ouvrages à l'usage de la cour ou du tribunal. Il veillera à la garde des pièces qui lui sont confiées et de tous les papiers du greffe.

100. Les greffiers et leurs commis de service aux audiences, seront tenus de résider dans la ville où est établie la cour ou le tribunal. Le défaut de résidence sera considéré comme absence.

4º *Loi du 20 avril 1810.*

62. Les greffiers seront avertis ou réprimandés par les présidens de leurs cours et tribunaux respectifs, et ils seront dénoncés, s'il y a lieu, au grand-juge ministre de la justice.

63. Nul ne pourra être greffier dans une cour impériale, s'il n'a vingt-sept ans accomplis, et s'il ne réunit les conditions exigées par l'article précédent — (s'il n'est licencié en droit, et s'il n'a suivi le barreau pendant deux ans, après avoir prêté serment à la cour impériale, ou s'il ne se trouve dans un cas d'exception prévu par la loi, art. 64.)

5º *Décret du 6 juillet 1810.*

Section 5 des greffiers des cours impériales.

54. Il y aura dans chaque cour impériale un greffier qui prendra le titre de greffier en chef.

55. Le greffier en chef présentera et fera admettre au serment le nombre de commis-greffiers nécessaire pour le service de la cour impériale.

56. Le greffier en chef tiendra la plume aux assemblées générales de la cour, aux audiences solennelles, et aux audiences des chambres civile et criminelle.

57. Il pourra se faire suppléer par ses commis assermentés pour le service particulier de chaque chambre, et même, en cas d'empêchement, aux assemblées des chambres et aux audiences solennelles.

58. Les commis assermentés seront avertis ou réprimandés, s'il y a lieu, par le premier président ou par le procureur général. — Après une seconde réprimande, la cour peut, sur la réquisition du ministère public, et après avoir entendu le commis-greffier inculpé, ou lui dûment appelé, ordonner qu'il cessera ses fonctions sur le champ ; et le greffier en chef sera tenu de le faire remplacer dans le délai qui aura été fixé par la cour.

59. Le greffier en chef est responsable solidairement de toutes amendes, restitutions, dépens et dommages intérêts résultant des contraventions, délits ou crimes dont ses commis se seraient rendus coupables dans l'exercice de leurs fonctions, sauf son recours contre eux, ainsi que de droit.

60. Les dispositions du titre 4 de notre décret du 30 mars 1808 (*V. ci-dessus*), relatives aux greffiers des cours d'appel, recevront leur exécution dans les cours impériales.

6° *Décret du 18 août 1810.*

Section 5 des greffiers.

24. Les greffiers de nos tribunaux de première instance seront tenus de présenter au tribunal, et de faire admettre au serment le nombre de commis-greffiers nécessaire pour le service.

25. Le greffier pourra se faire suppléer auprès des juges d'instruction, ainsi qu'aux audiences, tant du tribunal de première instance que des cours d'assises, par ses commis-greffiers assermentés. — Il se conformera, au surplus, aux dispositions du titre 4 de notre décret du 30 mars 1808. (*V. ci-dessus.*)

26. Le président du tribunal et le procureur impérial pourront, s'il y a lieu, avertir ou réprimander les commis assermentés. — Après une seconde réprimande, le tribunal pourra, sur la réquisition du ministère public, et après avoir entendu le commis-greffier inculpé, ou lui dûment appelé, ordonner qu'il cessera ses fonctions sur le champ ; et le greffier sera tenu de le faire remplacer dans le délai qui aura été fixé par le tribunal.

27. Le greffier est solidairement responsable des amendes, restitutions, dépens et dommages-intérêts, résultant des contraventions, délits ou crimes dont ses commis se seraient rendus coupables dans l'exercice de leurs fonctions; sauf son recours contre eux, ainsi que de droit.

29. Les membres de nos tribunaux de première instance sont tenus de résider dans la ville même où siège le tribunal dont ils font partie.

7° *Décret du 30 janvier 1811.*

7. Les greffiers des cours impériales auront chacun autant de commis assermentés qu'il y aura de chambres dans la cour, et de plus un commis assermenté pour le service de la cour d'assises.

8. Au moyen du traitement fixe, des droits et remises qui sont attribués par la loi et par nos décrets aux greffiers des cours impériales, ils demeurent chargés du salaire de leurs commis expéditionnaires, et généralement de toutes les dépenses relatives au service et à l'entretien du greffe.

8° *Loi du 28 avril 1816.*

88. Les cautionnemens des greffiers à notre cour de cassation, dans les cours royales et tribunaux de première instance, tribunaux de commerce et justices de paix, sont fixés en raison de la population et du ressort des tribunaux de la résidence de ces fonctionnaires, conformément au tarif annexé à la présente loi [1].

91. Les greffiers pourront présenter à l'agrément de Sa Majesté des successeurs, pourvu qu'ils réunissent les qualités exigées par les lois. Cette faculté n'aura pas lieu pour les titulaires destitués. — Il sera statué, par une loi particulière, sur l'exécution de cette disposition, et sur les moyens d'en faire jouir les héritiers ou ayans cause desdits officiers. — Cette faculté de présenter des successeurs ne déroge point au droit de Sa Majesté de réduire le nombre desdits fonctionnaires.

II. DROITS DE GREFFE.

1° *Loi du 22 frimaire an 7.*

49. Les notaires, huissiers et greffiers tiendront des répertoires à colonnes, sur lesquels ils inscriront jour par jour, sans blanc ni interligne, et par ordre de numéros, savoir : —1°... 3° des greffiers, tous les actes et jugemens qui doivent être enregistrés sur les minutes, à peine d'une amende de dix francs pour chaque omission. *V.* RÉPERTOIRE.

2° *Loi du 21 ventôse an 7.*

Art. 1er. Il est établi des droits de greffe au profit de la république, dans tous les tribunaux civils et de commerce. — Ils seront perçus à compter du jour de la publication de la présente, pour le compte du trésor public, par les receveurs de la régie de l'enregistrement, de la manière ci-après déterminée.

2. Ces droits consistent, — 1° dans celui qui sera perçu lors de la mise au rôle de chaque cause, ainsi qu'il est établi par l'article 3 ci-après; — 2° dans

---

[1] État n° 8. — *Cautionnement des greffiers près les tribunaux de première instance* (où il y avait antérieurement à 1810) :

3 juges et 2 suppléans	4,000 fr.
4 juges et 3 suppléans	5,000
7 juges et 4 suppléans	5,500
10 juges et 5 suppléans	6,500
à Paris	10,000

Cautionnement des greffiers près les cours royales (où il y avait antérieurement à 1810) :

12, 13 et 14 juges	12,000 fr.
20, 21 et 22 juges	14,000
31 juges	16,000
à Paris	20,000

— *des greffiers près les tribunaux de commerce :*

Dans tous les départemens . . .	3,000 fr.
à Paris	8,000

— *du greffier près la cour de cassation.* 8,000 fr.

État n° 9. — *Cautionnement des greffiers près les justices de paix :*

à Paris	10,000 fr.
à Bordeaux, Lyon et Marseille . .	6,000
Dans les comm. de 50,001 à 100,000 hab.	4,000
50,001 à 50,000	3,000
10,001 à 50,000	2,400
3,001 à 10,000	1,800
3,000 et au-dessous	1,200

celui établi pour la rédaction et transcription des actes énoncés en l'article 5 ; — 5° dans le droit d'expédition des jugemens et actes énoncés dans les articles 7, 8 et 9.

3. Le droit perçu lors de la mise au rôle est la rétribution due pour la formation et tenue des rôles, et l'inscription de chaque cause sur le rôle auquel elle appartient. — Ce droit sera, dans les tribunaux (d'appel), de 5 fr., sur appel des causes civiles et de commerce ; — de 5 fr. pour les causes de première instance, ou sur appel des juges de paix ; — et de 1 fr. 50 c. pour les causes sommaires et provisoires. — Dans les tribunaux de commerce, il sera pareillement de 1 fr. 50 c. — Le tout sans préjudice du droit de 25 c., qui est accordé aux huissiers audienciers pour chaque placement de cause. — Le droit de mise au rôle ne pourra être exigé qu'une seule fois ; en cas de radiation, elle sera placée gratuitement à la fin du rôle, et il y sera fait mention du premier placement. — L'usage des placets pour appeler les causes est interdit ; elles ne pourront l'être que sur les rôles et dans l'ordre du placement.

4. Le droit de mise en rôle sera perçu par le greffier en y inscrivant la cause ; et, le premier de chaque mois, il en versera le montant à la caisse du receveur de l'enregistrement, sur la représentation des rôles, cotés et paraphés par le président, sur lesquels les causes seront appelées, à compter du jour de la publication de la présente.

5. Les actes assujettis, sur la minute, au droit de rédaction et transcription, sont, les actes de voyage, d'appel, de renonciation à une communauté de biens ou à succession, d'acceptation de succession sous bénéfice d'inventaire, de réception et soumission de caution, de reprise d'instance, de déclaration affirmative, de dépôt de bilan et pièces, d'enregistrement de société, les interrogatoires sur faits et articles, et les enquêtes. Il sera payé par chacun de ces actes 1 fr. 25 c., les enquêtes seront en outre assujéties à un droit de 50 c. par chaque déposition de témoins.

6. Les expéditions contiendront vingt lignes, compensation faite des unes avec les autres.

7. Les expéditions des jugemens définitifs sur appel des tribunaux civils et de commerce, soit contradictoires, soit par défaut, seront payées 2 fr. le rôle.

8. L'expédition des jugemens définitifs rendus par les tribunaux civils, soit par défaut, soit contradictoires, en dernier ressort ou sujets à l'appel, celles des décisions arbitrales, celles des jugemens rendus sur appel des juges de paix, celles des ventes et baux judiciaires, seront payées 1 fr. 25 c. le rôle.

9. Les expéditions des jugemens interlocutoires, préparatoires et d'instruction, des enquêtes, interrogatoires, rapports d'experts, de libérations, avis de parens, dépôt de bilan, pièces et registres, des actes d'appel, déclaration affirmative, renonciation à communauté ou à succession, généralement de tous les actes faits ou déposés au greffe, non spécifiés aux articles 7 et 8, ensemble de tous les jugemens des tribunaux de commerce, seront payés 1 fr. le rôle.

10. La réception de ce droit sera faite par le receveur de l'enregistrement, sur les minutes des actes assujettis au droit de rédaction et de transcription, sur les expéditions et sur les rôles de placement de

causes, qui lui seront présentés par le greffier ; il y mettra son reçu, et il tiendra de cette recette un registre particulier.

11. Le greffier ne pourra délivrer aucune expédition que les droits n'aient été acquittés, sous peine de restitution du droit et de cent francs d'amende, sauf, en cas de fraude et de malversation évidente, à être poursuivi devant les tribunaux conformément aux lois.

12. Ne sont pas compris dans les droits ci-dessus fixés, le papier timbré et l'enregistrement, qui continueront d'être perçus conformément aux lois existantes.

13. Les greffiers des tribunaux civils et de commerce tiendront un registre coté et paraphé par le président, sur lequel ils inscriront, jour par jour, les actes sujets au droit de greffe, les expéditions qu'ils délivreront, la nature de chaque expédition, le nombre des rôles, le nom des parties, avec mention de celle à laquelle l'expédition sera délivrée. — Ils seront tenus de communiquer ce registre aux préposés de l'enregistrement, toutes les fois qu'ils en seront requis. V. RÉPERTOIRE.

14. Les greffiers ne pourront exiger aucun droit de recherche des actes et jugemens faits ou rendus dans l'année, ni de ceux dont ils feront les expéditions ; mais lorsqu'il n'y aura pas l'expédition, il leur est attribué un droit de recherche, qui demeure fixé à 50 c., pour l'année qui leur sera indiquée ; et, dans le cas où il leur serait indiqué plusieurs années, qu'ils seraient obligés d'en faire la recherche, ils ne percevront que 50 c. pour la première, et 25 c. pour chacune des autres. Il leur est, en outre, attribué 25 c. pour chaque légalisation d'acte des officiers publics.

15. Les greffiers présenteront et feront recevoir conformément aux lois existantes, un commis-greffier assermenté par chaque section.

16. Au moyen du traitement et de la remise ci-après accordés aux greffiers, ils demeureront chargés du traitement et des commis assermentés, commis expéditionnaires, et de tous les employés au greffe quelles que soient leurs fonctions, ainsi que des frais de bureau, papier libre, rôles, registres, encre, plumes, lumière, chauffage des commis, et généralement de toutes les dépenses du greffe.

17. Le traitement des greffiers des tribunaux civils est égal à celui des juges auprès desquels ils sont établis.

18. Celui des greffiers des tribunaux de commerce sera la moitié de celui du greffier d'un tribunal civil, s'il avait été établi dans la commune ou siège le tribunal de commerce. — Et néanmoins le traitement de ceux des tribunaux de commerce établis dans les communes de 6,000 habitans et au-dessous, demeure fixé à 800 fr.

19. Il est accordé aux greffiers une remise de 30 c. par chaque rôle d'expédition, et d'un décime par franc sur le produit du droit de mise au rôle, et de celui établi pour la rédaction et transcription des actes énoncés en l'article 5.

20. La remise de 30 c., accordée par l'article précédent, ne sera que de deux décimes sur toutes les expéditions que les agens de la république demanderaient en son nom et pour soutenir ses droits ; ils ne seront tenus, à cet égard, à aucune avance ;

en conséquence, ces expéditions seront portées, pour mémoire, sur le registre du receveur de l'enregistrement, et il en sera fait un compte particulier.

21. Le premier de chaque mois, le receveur de l'enregistrement comptera, avec le greffier, du produit des remises à lui accordées par l'art. 19, et il lui en paiera le montant sur le mandat qui sera délivré au bas du compte par le président du tribunal.

22. Le traitement fixe du greffier sera payé, mois par mois, par le receveur de l'enregistrement, sur le produit du droit de greffe, d'après les mandats aussi délivrés, mois par mois, par le président du tribunal.

23. Il est défendu aux greffiers et à leurs commis d'exiger ni recevoir d'autres droits de greffe, ni aucun droit de prompte expédition, à peine de cent francs d'amende et de destitution.

24. Les droits établis par la présente seront alloués aux parties dans la taxe des dépens, sur les quittances des receveurs de l'enregistrement mises au bas des expéditions, et sur celles données par les greffiers, de l'acquit du droit de mise au rôle et de rédaction, lesquelles ne seront assujetties à d'autres droits qu'à ceux du timbre.

25. Le directoire exécutif fera connaître au corps législatif, dans le courant de thermidor prochain, par des états distincts et séparés, le produit de la perception des droits de greffe dans chaque tribunal.

26. La présente résolution demeurera affichée dans tous les greffes des tribunaux civils et de commerce.

27. Il sera statué, par une résolution particulière, sur les greffes des tribunaux criminels et correctionnels.

28. Toutes dispositions de lois contraires à la présente sont abrogées.

3° *Tarif civil du* 16 *février* 1807.

Chap. II. — *Taxe des greffiers des juges de paix.*

9. (Pr. 8.) Il sera taxé aux greffiers des justices de paix, par chaque rôle d'expédition qu'ils délivreront et qui contiendra vingt lignes à la page et dix syllabes à la ligne, — à Paris, 50 c. — Dans les villes où il y a tribunal de première instance, 40 c. — Dans les autres villes et cantons ruraux, 40 c. V. *pour la taxe des actes les mots auxquels ces actes se rapportent.*

4° *Tarif criminel du* 18 *juin* 1811.

Chap. V. — *Des droits d'expédition et autres alloués aux greffiers.*

41. Il est dû aux greffiers des cours royales, des tribunaux correctionnels et des tribunaux de police, suivant les cas, des droits d'expédition, des droits fixes et des indemnités, indépendamment du traitement fixe qui leur est accordé par les décrets.

42. Les droits *d'expédition* sont dus pour tous les actes et pièces dont il est fait mention dans les articles du Code d'Instruction criminelle, sous les n. 31, 63, 65, 68, 84, 86, 114, 117, 118, 120, 122, 123, 124, 125, 128, 129, 130, 131, 146, 155, 157, 158, 159, 160, 161, 188, 190, 191, 192, 193, 248, 281, 300, 304, 305, 343, 348, 396, 597, 398, 415, 419, 452, 454, 455, 456, 465, 481, 568, 595 et 601.

43. Ces droits d'expédition ne sont dus que lorsque les expéditions sont demandées, soit par les parties qui en requièrent la délivrance à leurs frais, soit par le ministère public ; dans ce dernier cas, le trésor royal en fait les avances, s'il n'y a pas de partie civile, ou si la partie civile est dans un état d'indigence dûment constaté. Hors les cas ci-dessus, il n'est rien dû aux greffiers pour les actes sus-énoncés, lorsque la signification, notification ou communication en sont faites sur les minutes, ainsi qu'il sera dit ci-après.

44. Il n'est dû qu'un droit fixe aux greffiers pour les *extraits* qu'ils sont tenus de délivrer en conformité des art. 198, 202, 417 et 472 du C. d'Inst. cr., et l'art. 36 du C. Pénal.

45. Il leur est accordé une indemnité pour leur assistance aux actes désignés dans l'art. 378 du Code d'Inst. cr., et pour l'accomplissement des formalités prescrites par l'art. 83 du Code Civil.

46. L'expédition de l'acte d'écrou dont il est fait mention en l'art. 421 du C. d'Inst. cr., sera payée comme *extrait* aux concierges des prisons, suivant la fixation qui sera faite dans l'art. 50 ci-après.

47. En conformité de l'art. 168 du C. d'Inst. cr., les droits d'expédition dus aux greffiers des maires agissant comme juges de police, seront les mêmes que ceux des greffiers des autres tribunaux de police.

48. Les droits d'expédition dus aux greffiers des cours et tribunaux sont fixés à 40 c. par rôle de 28 lignes à la page et de 14 à 16 syllabes à la ligne.

49. Les droits d'expédition pour chacune des copies du registre tenu par les greffiers, aux termes de l'art. 600 du C. d'Inst. cr., qui doivent être adressées à notre chancelier et à notre ministre de la police générale, conformément à l'art. 601 du même code, sont fixés à 10 c. pour chaque article du registre.

50. Les droits fixés pour les extraits sont réglés à 60 c., quel que soit le nombre de rôles de chaque extrait. En matière forestière, ces droits ne seront que de 25 c.

51. L'état de liquidation des frais et dépens sera dressé par le greffier ; et les copies qu'il en délivrera lui seront payées à raison de 5 c. par article.

52. Lors des exécutions des arrêts criminels, le greffier de la cour, du tribunal ou de la justice de paix du lieu où se fera l'exécution, sera tenu d'y assister, d'en dresser procès-verbal, et dans le cas d'exécution à mort, il fera parvenir à l'officier de l'état civil les renseignemens prescrits par le Code Civil. A cet effet, le greffier se rendra, soit à l'Hôtel-de-Ville, soit dans une maison située sur la place publique où se fera l'exécution, et qui lui sera désignée par l'autorité administrative.

53. Il est alloué aux greffiers pour tous droits d'assistance, transcription du procès-verbal de l'arrêt, et déclaration à l'officier de l'état civil, savoir : — 1° pour les exécutions à mort, à Paris, 20 fr. — Dans les villes de 40,000 hab. et au-dessus, 15 fr. — Dans les autres villes et comm., 10 f. ; — 2° pour les exécutions par effigie et expositions, à Paris, 10 f. — Dans les villes de 40,000 hab. et au-dessus, 5 fr. — Dans les autres villes et comm., 3 fr.

54. Les accusés paieront au taux réglé par le présent décret les expéditions et copies qu'ils demanderont, outre celles qui leur seront délivrées gratuitement aux termes de l'art. 305 du C. d'Inst. cr.

55. Dans le cas de renvoi des accusés, soit devant un autre juge d'instruction, soit à une autre cour d'assises, il ne pourra leur être délivré aux frais du trésor royal, de nouvelles copies des pièces dont ils auront déjà reçu une copie en exécution du susdit art. 305.

56. En matière correctionnelle et de simple police, aucune expédition ou copie des pièces de la procédure ne pourra être délivrée aux parties sans une autorisation expresse de notre procureur général. Mais il leur sera délivré, sur leur seule demande, expédition de la plainte, de la dénonciation, des ordonnances et des jugemens définitifs. Toutes ces expéditions seront à leurs frais.

57. Conformément à l'art. 5 du décret du 24 février 1806, les greffiers ne délivreront aucune expédition ou copie susceptible d'être taxée par rôle, ni aucun extrait, sans les avoir soumis à l'examen de nos procureurs, qui en feront prendre note sur un registre tenu au parquet. Nos procureurs viseront en outre les expéditions.

58. Ne seront point insérés dans la rédaction des arrêts et jugemens, les plaidoyers prononcés, soit par le ministère public, soit par les défenseurs des prévenus ou accusés, mais seulement leurs conclusions.

59. Toutes les fois qu'une procédure en matière criminelle, de police correctionnelle, ou de simple police, devra être transmise à quelque cour ou tribunal que ce soit, ou au ministre de la justice, la procédure et les pièces seront envoyées en minutes, sans en excepter aucune, à moins que le ministre de la justice ne désigne des pièces pour n'être expédiées que par copies ou par extraits.

60. Dans tous les cas où il y aura envoi des pièces d'une procédure, le greffier sera tenu d'y joindre un inventaire qu'il dressera *sans frais*, ainsi qu'il est prescrit par l'article 423 du Code d'Instruction criminelle.

61. Ne seront expédiés dans la forme exécutoire que les arrêts, jugemens et ordonnances de justice que les parties ou le ministère public demanderont dans cette forme.

62. Toutes les fois que l'officier du ministère public aura pris une expédition d'un arrêt ou d'un jugement portant peine d'amende ou de confiscation, pour en poursuivre l'exécution en ce qui le concerne, il remettra cette expédition au préposé de l'enregistrement chargé du recouvrement des condamnations pécuniaires, pour tenir lieu de l'extrait dont la remise est ordonnée par les arrêtés du Gouvernement des 1er et 16 nivose an 5. Cette remise de l'expédition n'aura lieu que lorsque nos procureurs ou leurs substituts auront consommé tous les actes de leur ministère.

63. Il n'est rien alloué aux greffiers pour les écritures qu'ils sont tenus de faire sous la dictée ou l'inspection des magistrats, ni pour la minute d'aucun acte quelconque, non plus aussi que pour les simples renseignemens qui leur seront demandés par le ministère public pour être transmis à nos ministres.

64. Nous défendons très-expressément aux greffiers et à leurs commis d'exiger d'autres ou de plus forts droits que ceux qui leur sont attribués par le présent décret, soit à titre de prompte expédition, soit comme gratification, ni pour quelque cause et sous quelque prétexte que ce soit. En cas de contravention, voulons qu'ils soient destitués de leurs

emplois, et condamnés à une amende qui ne pourra être moindre de 500 fr., ni excéder 6,000 fr., sans préjudice toutefois, suivant la gravité des cas, de l'application des dispositions de l'art. 174 du Code Pénal. (*V.* Concussion). Ordonnons à nos procureurs généraux et procureurs du Roi de dénoncer d'office, ou de poursuivre sur la plainte des parties intéressées les abus qui viendront à leur connaissance.

Tit. 2, chap. 5, du transport des greffes.

129. Lorsqu'il y aura lieu au déplacement des registres, minutes, et autres papiers d'un greffe, les frais d'emballage et de transport seront acquittés comme frais généraux de justice, avec les formalités prescrites par le présent décret. V. Tarif criminel.

130. Dans les cas prévus ci-dessus, il sera dressé, sans frais, par le greffier, et à son défaut par le juge de paix, un bref état des registres et papiers à transporter. La décharge du transport sera donnée au bas de cet état.

131. Le mode et les frais du transport seront réglés par le préfet ou le sous-préfet de l'arrondissement; et une copie du marché sera envoyée à notre chancelier. Ces marchés ne seront soumis à l'enregistrement que pour le droit fixe de 1 fr.

6° Décret du 6 janvier 1814.

1. Le greffier du tribunal de commerce de Paris est autorisé à percevoir à son profit, indépendamment des remises à lui accordées par la loi du 21 ventose an 7, les droits ci-après, savoir : — pour chaque jugement interlocutoire et préparatoire, ceux de simples remises exceptés, 1 fr.; — pour chaque jugement expédié, et dont les qualités se rédigent dans le greffe, 2 fr.

2. Les procès-verbaux et actes concernant les faillites sont fixés de la manière suivante, savoir : — procès-verbal contenant la prestation de serment des agens de la faillite, 3 fr.; — procès-verbal contenant la liste de présentation pour la nomination des syndics provisoires, 3 fr.; — procès-verbal de reddition de compte des agens aux syndics provisoires, 4 fr. 50 c.; — procès-verbal relatif à la vérification et affirmation des créances, pour chaque vérification et affirmation, 1 fr.; — par circulaire à chaque créancier, 20 c.;—pour insertion dans les journaux, 1 fr. — Les deux formalités ci-dessus ne pourront être remplies que par la voie du greffe. — Procès-verbal de clôture, 3 fr.; — d'assemblée pour passer un contrat d'union, 4 fr. 50 c.; — de reddition de compte des syndics provisoires au failli, 4 fr. 50 c.; — de reddition de compte des syndics provisoires aux syndics définitifs, 4 fr. 50 c.; — des syndics définitifs à la masse des créanciers, 4 fr. 50 c.; — d'assemblée des créanciers pour prendre une délibération quelconque non prévue par les articles précédens, 4 fr. 50 c. — *Enquêtes*. — Pour chaque témoin, 2 fr. — *Interrogatoires sur faits et articles*. — Pour chaque interrogatoire, 3 fr.; — procès-verbal de compulsoire, 3 fr.; — rédaction des certificats délivrés par le greffe, 1 fr.; — pour l'inscription des rapports, 20 c.; — pour l'insertion dans les tableaux de l'auditoire du tribunal de commerce, dans les cas déterminés par le Code, et dans les journaux, pour chacun 50 c.

3. Tous greffiers qui, sous quelque prétexte que ce soit, exigeraient d'autres droits que ceux établis par le présent décret, ou de plus fortes sommes que celles fixées par le tarif ci-dessus, seront poursuivis con-

26

formément à l'art. 174 du Code Pénal (comme coupables de concussion).

III. DISPOSITIONS DIVERSES.

ASSISTANCE DU GREFFIER. *C. Proc.* 1040. Tous actes et procès-verbaux du ministère du juge seront faits au lieu où siège le tribunal ; le juge y sera toujours assisté du greffier, qui gardera les minutes et délivrera les expéditions. En cas d'urgence, le juge pourra répondre en sa demeure les requêtes qui lui seront présentées ; le tout, sauf l'exécution des dispositions portées au titre *des référés. V.* RÉFÉRÉS.

CESSION DE PROCÈS. *C. Civ.* 1597. Les greffiers ne peuvent devenir cessionnaires des procès, droits et actions litigieux qui sont de la compétence du tribunal dans le ressort duquel ils exercent leurs fonctions, à peine de nullité et des dépens, dommages et intérêts.

JUGEMENS. *C. Proc.* 138. Le président et le greffier signeront la minute de chaque jugement aussitôt qu'il sera rendu : il sera fait mention, en marge de la feuille d'audience, des juges et du procureur du Roi qui y auront assisté ; cette mention sera également signée par le président et le greffier.

139. Les greffiers qui délivreront expédition d'un jugement avant qu'il ait été signé seront poursuivis comme faussaires.

GREVÉ. *V.* SUBSTITUTION.

GROSSE.

C. Civ. 1283. La remise volontaire de la grosse du titre fait présumer la remise de la dette ou le paiement, sans préjudice de la preuve contraire.

1355. Lorsque le titre original n'existe plus, les grosses ou premières expéditions font la même foi que l'original. *V.* COPIE.

GROSSE AVENTURE (CONTRAT A LA). *V.* AVENTURE.

GROSSES RÉPARATIONS.

C. Civ. 605. L'usufruitier n'est tenu qu'aux réparations d'entretien. — Les grosses réparations demeurent à la charge du propriétaire, à moins qu'elles n'aient été occasionées par le défaut de réparations d'entretien, depuis l'ouverture de l'usufruit ; auquel cas l'usufruitier en est aussi tenu.

606. Les grosses réparations sont celles des gros murs et des voûtes, le rétablissement des poutres et des couvertures entières ; — celui des digues et des murs de soutènement et de clôture aussi en entier. — Toutes les autres réparations sont d'entretien.

GUET-APENS.

C. Pén. 298. Le guet-apens consiste à attendre plus ou moins de temps, dans un ou divers lieux, un individu, soit pour lui donner la mort, soit pour exercer sur lui des actes de violence. *V.* ASSASSINAT.

H

HABITATION (*droit d'*) et D'USAGE PERSONNEL.

DISPOSITIONS GÉNÉRALES.
De l'usage et de l'habitation.

C. Civ. (*liv.* 2, *tit.* 3, *ch.* 2, *art.* 625-636). — 625. Les droits d'usage et d'habitation s'établissent et se perdent de la même manière que l'usufruit. *V.* USUFRUIT.

626. On ne peut en jouir, comme dans le cas de l'usufruit, sans donner préalablement caution, et sans faire des états et inventaires.

627. L'usager, et celui qui a un droit d'habitation, doivent jouir en bons pères de famille.

628. Les droits d'usage et d'habitation se règlent par le titre qui les a établis, et reçoivent, d'après ses dispositions, plus ou moins d'étendue.

629. Si le titre ne s'explique pas sur l'étendue de ces droits, ils seront réglés ainsi qu'il suit.

630. Celui qui a l'usage des fruits d'un fonds, ne peut en exiger qu'autant qu'il lui en faut pour ses besoins et ceux de sa famille. — Il peut en exiger pour les besoins même des enfans qui lui sont survenus depuis la concession de l'usage.

631. L'usager ne peut céder ni louer son droit à un autre.

632. Celui qui a un droit d'habitation dans une maison peut y demeurer avec sa famille, quand même il n'aurait pas été marié à l'époque où ce droit lui a été donné.

633. Le droit d'habitation se restreint à ce qui est nécessaire pour l'habitation de celui à qui ce droit est concédé, et de sa famille.

634. Le droit d'habitation ne peut être ni cédé ni loué.

635. Si l'usager absorbe tous les fruits du fonds, ou s'il occupe la totalité de la maison, il

est assujetti aux frais de culture, aux réparations d'entretien et au paiement des contributions, comme l'usufruitier.—S'il ne prend qu'une partie des fruits, ou s'il n'occupe qu'une partie de la maison, il contribue au prorata de ce dont il jouit.

636. L'usage des bois et forêts est réglé par des lois particulières. *V.* Usage (*droit d'*).

HAIE. *V.* Cloture, Mitoyenneté.

HÉRÉDITÉ.

C. Civ. 1696. Celui qui vend une hérédité sans en spécifier en détail les objets, n'est tenu de garantir que sa qualité d'héritier.

1697. S'il avait déjà profité des fruits de quelque fonds ou reçu le montant de quelque créance appartenant à cette hérédité, ou vendu quelques effets de la succession, il est tenu de les rembourser à l'acquéreur, s'il ne les a expressément réservés lors de la vente.

1698. L'acquéreur doit de son côté rembourser au vendeur ce que celui-ci a payé pour les dettes et charges de la succession, et lui faire raison de tout ce dont il était créancier, s'il n'y a stipulation contraire.

HÉRITIER.

Dispositions générales.

C. Civ. 724. Les héritiers légitimes sont saisis de plein droit des biens, droits et actions du défunt, sous l'obligation d'acquitter toutes les charges de la succession. *V.* Succession, Partage, Rapport.

774. Une succession peut être acceptée purement et simplement (*V.* Acceptation de succession.), ou sous bénéfice d'inventaire. *V.* Bénéfice d'inventaire.

HÉRITIER (ACTE D').

C. Civ. 778. L'acceptation (d'une succession) peut être expresse ou tacite : elle est expresse, quand on prend le titre ou la qualité d'héritier dans un acte authentique ou privé; elle est tacite, quand l'héritier fait un acte qui suppose nécessairement son intention d'accepter, et qu'il n'aurait droit de faire qu'en sa qualité d'héritier.

779. Les actes purement conservatoires, de surveillance et d'administration provisoire, ne sont pas des actes d'adition d'hérédité, si l'on n'y a pas pris le titre ou la qualité d'héritier.

780. La donation, vente ou transport que fait de ses droits successifs un des cohéritiers, soit à un étranger, soit à tous ses cohéritiers, soit à quelques-uns d'eux, emporte de sa part acceptation de la succession.—Il en est de même, — 1º de la renonciation, même gratuite, que fait un des héritiers au profit d'un ou de plusieurs de ses cohéritiers ; — 2º de la renonciation qu'il fait même au profit de tous ses cohéritiers indistinc-

tement, lorsqu'il reçoit le prix de sa renonciation.

HOMICIDE.

C. Pén. 295. L'homicide commis volontairement est qualifié meurtre. *V.* Meurtre.

319. Quiconque par maladresse, imprudence, inattention, négligence ou inobservation des règlemens, aura commis involontairement un homicide, ou en aura involontairement été la cause, sera puni d'un emprisonnement de trois mois à deux ans, et d'une amende de cinquante francs à six cents francs. *V.* Blessures, *sect.* 3, *p* 108.

327. Il n'y a ni crime ni délit lorsque l'homicide était ordonné par la loi et commandé par l'autorité légitime.

328. Il n'y a ni crime ni délit lorsque l'homicide était commandé par la nécessité actuelle de la légitime défense de soi-même ou d'autrui.

HOSPICE. *V.* Établissemens publics.

HOTELIER.

1º *Loi civile.*

C. Civ. 1952. Les aubergistes ou hôteliers sont responsables, comme dépositaires des effets apportés par le voyageur qui loge chez eux ; le dépôt de ces sortes d'effets doit être regardé comme un dépôt nécessaire. *V.* Dépot.

1953. Ils sont responsables du vol ou du dommage des effets du voyageur, soit que le vol ait été fait ou que le dommage ait été causé par les domestiques et préposés de l'hôtellerie, ou par des étrangers allant et venant dans l'hôtellerie.

1954. Ils ne sont pas responsables des vols faits avec force armée ou autre force majeure.

2271. L'action des hôteliers et traiteurs, à raison du logement et de la nourriture qu'ils fournissent, se prescrit par six mois.

2º *Loi pénale. V.* Police (*contraventions et peines de.*)

HUIS-CLOS.

1º *En matière civile.*

C. Proc. 87. Les plaidoiries seront publiques, excepté dans le cas où la loi ordonne qu'elles seront secrètes. Pourra cependant le tribunal ordonner qu'elles se feront à huis clos, si la discussion publique devait entraîner ou scandale ou des inconvéniens graves; mais, dans ce cas, le tribunal sera tenu d'en délibérer, et de rendre compte de sa délibération au procureur général près la cour royale, et si la cause est pendante dans une cour royale, au ministre de la justice.

2º *En matière criminelle.*

Charte. 35. Les débats seront publics en matière criminelle, à moins que cette publicité ne soit dangereuse pour l'ordre et les mœurs; et,

26.

dans ce cas, le tribunal le déclare par un jugement.

HUISSIER.

I. LOIS ET RÈGLEMENS.

1º Loi du 27 ventôse an 8.

96. Il sera établi, — près chaque tribunal de première instance, — près de chaque tribunal d'appel, — près de chaque tribunal criminel, — un nombre fixe d'huissiers, qui sera réglé par le Gouvernement, sur l'avis du tribunal près duquel ils devront servir : ils seront nommés par le premier consul, sur la présentation de ce même tribunal.

2º Décret du 30 mars 1808.

Tit.5. — 94. Nos tribunaux de première instance désigneront pour le service intérieur ceux de leurs huissiers qu'ils jugeront les plus dignes de leur confiance.

95. Les huissiers audienciers de nos cours et de nos tribunaux de première instance feront tour à tour le service intérieur, tant aux audiences qu'aux assemblées générales ou particulières, aux enquêtes et autres commissions.

96. Les huissiers qui seront de service se rendront au lieu des séances une heure avant l'ouverture de l'audience ; ils prendront au greffe l'extrait des causes qu'ils doivent appeler. — Ils veilleront à ce que personne ne s'introduise à la chambre du conseil sans s'être fait annoncer, à l'exception des membres de la cour ou du tribunal. — Ils maintiendront, sous les ordres des présidens, la police des audiences.

97. Les huissiers audienciers auront, près la cour ou le tribunal, une chambre ou un banc où se déposeront les actes et pièces qui se notifieront d'avoué à avoué.

98 Les émolumens des appels des causes et des significations d'avoué à avoué se partageront également entr'eux.

99. Les huissiers désignés par le premier président de la cour, ou par le président du tribunal de première instance, assisteront aux cérémonies publiques, et marcheront en avant des membres de la cour ou du tribunal.

3º Décret du 6 octobre 1809.

5. Le tribunal de commerce de Paris aura quatre huissiers.

6. Les autres tribunaux de commerce n'auront que deux huissiers. — Les huissiers seront, autant que faire se pourra, choisis parmi ceux déjà nommés par nous.

4º Décret du 14 juin 1813.

Règlement sur l'organisation et le service des huissiers.

Tit. 1er, de la nomination, du nombre et de la résidence des huissiers.

§ 1er, de la nomination et du nombre des huissiers. — 1. Les huissiers institués pour le service de nos cours impériales, et pour tous nos tribunaux, seront nommés par nous.

2. Ils auront tous le même caractère, les mêmes attributions, et le droit d'exploiter concurremment dans l'étendue du ressort du tribunal civil d'arrondissement de leur résidence. — Néanmoins nos cours et tribunaux choisiront parmi ces huissiers, conformément au titre 5 de notre décret du 30 mars 1808,

ceux qu'ils jugeront les plus dignes de leur confiance, pour le service intérieur de leurs audiences.

3. Les huissiers ainsi désignés par nos cours et tribunaux continueront de porter le titre d'huissiers audienciers; ils auront, pour ce service particulier, une indemnité qui sera réglée par les articles 93, 94, 95, 96 et 103 ci-après.

4. Le tableau des huissiers audienciers sera renouvelé au mois de novembre de chaque année; tous les membres en exercice seront rééligibles ; ceux qui n'auront pas été réélus rentreront dans la classe des huissiers ordinaires.

5. Les huissiers qui seront en activité lors de la publication de notre présent décret, continueront provisoirement l'exercice de leurs fonctions ; mais ils ne seront maintenus qu'après avoir obtenu de nous une commission confirmative. — A cet effet, ils remettront, dans les trois mois de ladite publication, tous les titres et pièces concernant leurs précédentes nominations et réceptions, au greffe du tribunal de première instance de leur résidence. — Ils y joindront leur demande en commission confirmative, et le greffier leur donnera récépissé du tout. — Notre procureur près le tribunal de première instance enverra cette demande, avec l'avis du tribunal, à notre procureur général, qui prendra l'avis de la cour impériale, et adressera le tout à notre grand-juge ministre de la justice.

6. Lorsque la liste des huissiers auxquels nous aurons accordé la commission confirmative, aura été renvoyée par notre grand-juge à notre procureur général, ceux qui ne se trouveront point sur la liste seront tenus de cesser leurs fonctions, à compter du jour où la notification leur en aura été faite à la diligence du ministère public. Cette même liste sera de plus affichée dans la salle d'audience, et au greffe de la cour ou du tribunal.

7. Chacun des huissiers qui auront obtenu la commission confirmative, prêtera dans les deux mois, à compter du jour où la liste aura été affichée, et ce à l'audience de ladite cour ou dudit tribunal, le serment de fidélité à l'empereur et d'obéissance aux constitutions de l'empire, ainsi qu'à celui de se conformer aux lois et règlemens concernant son ministère, et de remplir ses fonctions avec exactitude et probité.

8. Notre grand-juge ministre de la justice, après avoir pris l'avis de nos cours, et les observations de nos procureurs généraux, nous proposera la fixation définitive du nombre des huissiers qu'il doit y avoir dans le ressort de chaque tribunal civil d'arrondissement.

9. Si le nombre des huissiers maintenus d'après l'article 6 excède celui qui sera définitivement fixé par nous en exécution du précédent article, la réduction à ce dernier nombre ne s'opérera que par mort, démission ou destitution.

10. A l'égard de ceux qui aspireront, à l'avenir, aux places d'huissiers ordinaires, les conditions requises seront : — 1º D'être âgé de vingt-cinq ans accomplis ; — 2º d'avoir satisfait aux lois de la conscription militaire ; — 3º d'avoir travaillé, au moins pendant deux ans, soit dans l'étude d'un notaire ou d'un avoué, soit chez un huissier, ou pendant trois ans au greffe d'une cour impériale ou d'un tribunal de première instance ; — 4º d'avoir obtenu de la chambre de discipline, dont il sera parlé ci-après, un certi-

ficat de moralité, de bonne conduite et de capacité. — Si la chambre accorde trop légérement ou refuse sans motif valable ce certificat, il y aura recours au tribunal de première instance, savoir : dans le premier cas, par le procureur impérial, et dans le second, par la partie intéressée. En conséquence, le tribunal, après avoir pris connaissance des motifs d'admission ou de refus de la chambre, ainsi que des moyens de justification de l'aspirant, et après avoir entendu notre procureur impérial, pourra refuser ou accorder lui-même le certificat par une délibération dont copie sera jointe à l'acte de présentation du candidat.

11. Ceux qui seront nommés huissiers se présenteront, dans le mois qui suivra la notification à eux faite du décret de leur nomination, à l'audience publique du tribunal de première instance, et y prêteront le serment prescrit par l'article 7.

12. Ces huissiers ne pourront faire aucun acte de leur ministère avant d'avoir prêté ledit serment ; et ils ne seront admis à le prêter, que sur la représentation de la quittance du cautionnement fixé par la loi.

13. Ceux qui n'auront point prêté le serment dans le délai ci-dessus fixé, demeureront déchus de leur nomination, à moins qu'ils ne prouvent que le retard ne leur est point imputable ; auquel cas, le tribunal pourra déclarer qu'ils sont relevés de la déchéance par eux encourue, et les admettra au serment.

14. La précédente disposition est applicable aux huissiers dont il est parlé en l'article 5, relativement au délai fixé par l'article 7.

§ 2, *de la résidence des huissiers.* — 15. Les huissiers audienciers seront tenus, à peine d'être remplacés, de résider dans les villes où siègent les cours et tribunaux près desquels ils devront faire respectivement leur service.

16. Les huissiers ordinaires seront tenus, sous la même peine, de garder la résidence qui leur aura été assignée par le tribunal de première instance.

17. La résidence des huissiers ordinaires sera, autant que faire se pourra, fixée dans les chefs-lieux de canton.

18. Si des circonstances de localité ne permettent point l'établissement d'un huissier ordinaire au chef-lieu du canton, le tribunal de première instance la fixera dans l'une des communes les plus rapprochées du chef-lieu.

19. Dans les communes divisées en deux arrondissemens de justice de paix ou plus, chaque huissier ordinaire sera tenu de fixer sa demeure dans le quartier que le tribunal de première instance jugera convenable de lui indiquer à cet effet.

Tit. 2, *des attributions des huissiers et de leurs devoirs.*

Chap. 1er, *attributions des huissiers.*

§ 1er, *service personnel près les cours impériales et près les divers tribunaux.* — 20. Les huissiers audienciers sont maintenus dans le droit que leur donne et l'obligation que leur impose notre décret du 30 mars 1808 (*V. ci-dessus*), de faire exclusivement, près leurs cours et tribunaux respectifs, le service personnel aux audiences, aux assemblées générales ou particulières, aux enquêtes, interrogatoires et

autres commissions, ainsi qu'au parquet. — Pourront néanmoins nos cours et tribunaux commettre accidentellement des huissiers ordinaires, à défaut ou en cas d'insuffisance des huissiers audienciers.

21. Le service personnel d'huissiers près les cours d'assises sera fait, savoir : — dans les villes où siègent nos cours impériales, par des huissiers audienciers de la cour impériale ; et partout ailleurs, par des huissiers audienciers du tribunal de première instance du lieu où se tiendront les séances de la cour d'assises. — L'article 118 [1] de notre décret du 6 juillet 1810, relatif au mode de désignation des huissiers qui doivent faire le service près les cours d'assises des départemens autres que celui où siège la cour impériale, continuera de recevoir son exécution.

22. Les huissiers qui seront désignés pour faire le service personnel près les cours d'assises, ne pourront pendant la durée des sessions criminelles, sortir du canton de leur résidence, sans un ordre exprès du procureur général ou du procureur impérial criminel.

23. Il sera fait par nos cours et tribunaux, des règlemens particuliers sur l'ordre du service de leurs huissiers audienciers, en se conformant aux dispositions du présent titre et à celles du titre 5 de notre décret du 30 mars 1808. — Les règlemens que feront sur cet objet les tribunaux de première instance ou de commerce, seront soumis à l'approbation des cours auxquelles ces tribunaux ressortissent.

§ 2, *droit d'exploiter, etc.* — 24. Toutes citations, notifications et significations requises pour l'instruction des procès, ainsi que tous actes et exploits nécessaires pour l'exécution des ordonnances de justice, jugemens et arrêts, seront faits concurremment par les huissiers audienciers et les huissiers ordinaires, chacun dans l'étendue du ressort du tribunal civil de première instance de sa résidence, sauf les restrictions portées par les articles suivans.

25. Les huissiers audienciers de notre cour de cassation continueront, dans l'étendue du lieu de la résidence de cette cour, d'instrumenter exclusivement à tous autres huissiers pour les affaires portées devant elle.

26. Les huissiers audienciers de nos cours impériales et ceux de nos tribunaux de première instance feront exclusivement, près leurs cours et tribunaux respectifs, les significations d'avoué à avoué [2].

---

[1] *D. 6 juillet* 1810.—118. A l'avenir, les huissiers qui devront faire le service près les cours d'assises des départemens autres que celui où siège la cour impériale, seront désignés par le procureur impérial criminel, de concert avec le président, parmi les huissiers du tribunal de première instance. En cas de dissentiment, il en sera référé au procureur général : jusqu'à ce qu'il ait été statué, les huissiers désignés par le procureur impérial criminel seront tenus de faire le service près la cour d'assises, ainsi que tous les exploits en matière criminelle. — (Ce décret est abrogé dans ses autres dispositions.)

[2] L'art. 27 qui s'appliquait aux anciennes cours prévôtales et aux anciens tribunaux des douanes se trouve aujourd'hui abrogé, ces juridictions ayant été supprimées.

28. Tous exploits et actes du ministère d'huissier près les justices de paix et les tribunaux de police seront faits par les huissiers ordinaires employés au service des audiences. — A défaut ou en cas d'insuffisance des huissiers ordinaires du ressort, lesdits exploits et actes seront faits par les huissiers ordinaires de l'un des cantons les plus voisins.

29. Défenses itératives sont faites à tous huissiers, sans distinction, d'instrumenter en matière criminelle ou correctionnelle hors du canton de leur résidence, sans un mandement exprès délivré conformément à l'article 84 de notre décret du 18 juin 1811. (*V. ci-après Tarif crim.*, p. 411.)

30. Nos procureurs près les tribunaux de première instance et les juges d'instruction ne pourront délivrer de pareils mandemens que pour l'étendue du ressort du tribunal de première instance.

31. Nos procureurs impériaux criminels pourront ordonner le transport d'un huissier dans toute l'étendue du département.

33 [1]. Le transport des huissiers dans les divers départemens du ressort de nos cours impériales, ne pourra être autorisé, dans les affaires criminelles, que par nos procureurs généraux près ces cours.

34. En matière de simple police, aucun huissier ne pourra instrumenter hors du canton de sa résidence, si ce n'est dans le cas prévu par le second paragraphe de l'article 28 du présent décret, et en vertu d'une cédule délivrée pour cet effet par le juge de paix.

35. Dans tous les cas où les règlemens accordent aux huissiers une indemnité pour frais de voyage, il ne sera alloué qu'un seul droit de transport pour la totalité des actes que l'huissier aura faits dans une même course et dans le même lieu. — Ce droit sera partagé en autant de portions égales entre elles, qu'il y aura d'originaux d'actes ; et à chacun de ces actes, l'huissier appliquera l'une desdites portions : le tout à peine de rejet de la taxe, ou de restitution envers la partie, et d'une amende qui ne pourra excéder cent francs ni être moindre de vingt francs.

36. Tout huissier qui chargera un huissier d'une autre résidence d'instrumenter pour lui, à l'effet de se procurer un droit de transport qui ne lui aurait pas été alloué s'il eût instrumenté lui-même, sera puni d'une amende de cent francs. L'huissier qui aura prêté sa signature, sera puni de la même peine. — En cas de récidive, l'amende sera double, et l'huissier sera de plus destitué. — Dans tous les cas, le droit de transport indûment alloué ou perçu sera rejeté de la taxe, ou restitué à la partie.

§ 3, *prisées et ventes publiques de meubles et effets mobiliers.* — 37. Dans les lieux pour lesquels il n'est point établi de commissaires priseurs exclusivement chargés de faire les prisées et ventes publiques de meubles et effets mobiliers, les huissiers tant audienciers qu'ordinaires continueront de procéder, concurremment avec les notaires et les greffiers, aux dites prisées et ventes publiques, en se conformant aux lois et règlemens qui y sont relatifs.

---

[1] L'art. 32 concernant les tribunaux de douane, se trouve aujourd'hui abrogé.

38. Les huissiers ne pourront, ni directement ni indirectement, se rendre adjudicataires des objets mobiliers qu'ils seront chargés de vendre. — Toute contravention à cette disposition sera punie de la suspension de l'huissier pendant trois mois, et d'une amende de cent francs pour chaque article par lui acheté, sans préjudice de plus fortes peines dans les cas prévus par le Code pénal. — La récidive, dans quelque cas que ce soit, entraînera toujours la destitution.

Chap. 2, devoirs des huissiers.

39. Les huissiers sont tenus de se renfermer dans les bornes de leur ministère, sous les peines portées par l'article 132 du Code de procédure civile (dépens, dommages-intérêts, interdiction. *V. ci-après*, p. 413.)

40. L'exercice du ministère d'huissier est incompatible avec toute autre fonction publique salariée.

41. Il est défendu aux huissiers, sous peine d'être remplacés, de tenir auberge, cabaret, café, tabagie ou billard, même sous le nom de leurs femmes, à moins qu'ils n'y soient spécialement autorisés.

42. Les huissiers sont tenus d'exercer leur ministère toutes les fois qu'ils en sont requis et sans acception de personnes, sauf les prohibitions pour cause de parenté ou d'alliance portées par les articles 4 et 66 [1] du Code de procédure. — L'article 85 de notre décret du 18 juin 1811 sera exécuté à l'égard de tout huissier qui, sans cause valable, refuserait d'instrumenter à la requête d'un particulier. (*V. ci-après, Tarif crim.*, p. 411.)

43. [2] Tout huissier qui ne remettra pas lui-même à personne ou domicile l'exploit et les copies de pièces qu'il aura été chargé de signifier, sera condamné, par voie de police correctionnelle, à une suspension de trois mois, à une amende, qui ne pourra être moindre de deux cents francs, ni excéder deux mille francs, et aux dommages et intérêts des parties. — Si néanmoins il résulte de l'instruction qu'il a agi frauduleusement, il sera poursuivi criminellement, et puni d'après l'article 146 du code pénal [3].

46. Les répertoires que les huissiers sont obligés de tenir conformément à la loi du 22 frimaire an 7, relative à l'enregistrement (*V. RÉPERTOIRE*), seront cotés et paraphés, savoir : ceux des huissiers audien-

---

[1] *C. Proc.* 4. L'huissier de la justice de paix ne pourra instrumenter pour ses parens en ligne directe, ni pour ses frères, sœurs et alliés au même degré.

66. L'huissier ne pourra instrumenter pour ses parens et alliés, et ceux de sa femme, en ligne directe à l'infini, ni pour ses parens et alliés collatéraux, jusqu'au degré de cousin issu de germain inclusivement ; le tout à peine de nullité.

[2] Les art. 43 et 44 ont été abrogés par D. 29 août 1813, qui porte par erreur 43 et 57.

[3] *C. Pén.* 146. Sera puni des travaux forcés à perpétuité, tout fonctionnaire ou officier public qui, en rédigeant des actes de son ministère, en aura frauduleusement dénaturé la substance ou les circonstances, soit en écrivant des conventions autres que celles qui auraient été tracées ou dictées par les parties, soit en constatant comme vrais des faits faux, ou comme avoués des faits qui ne l'étaient pas.

ciers, par le président de la cour ou du tribunal, ou par le juge qu'il aura commis à cet effet ; — ceux des huissiers ordinaires résidant dans les villes où siègent les tribunaux de première instance, par le président du tribunal, ou par le juge qu'il aura commis à cet effet ; — ceux des autres huissiers, par le juge de paix du canton de leur résidence.

47. Outre les mentions qui, aux termes de l'article 50 de la même loi, doivent être faites dans lesdits répertoires, les huissiers y marqueront, dans une colonne particulière, le coût de chaque acte ou exploit, déduction faite de leurs déboursés.

48. Pour faciliter la taxe des frais, les huissiers, outre la mention qu'ils doivent faire au bas de l'original et de la copie de chaque acte, du montant de leurs droits, seront tenus d'indiquer en marge de l'original le nombre de rôles des copies de pièces, et d'y marquer de même le détail de tous les articles de frais formant le coût de l'acte.

Tit. 3, de la réunion des huissiers en communauté d'arrondissement.

Chap. 1er, formation de la communauté.

49. Il y aura communauté entre tous les huissiers sans exception, résidant et exploitant dans l'étendue du ressort du tribunal civil d'arrondissement de leur résidence.

50. Le département de la Seine n'ayant qu'un seul tribunal civil, tous les huissiers exerçant dans ce département, y compris ceux de notre cour de cassation, seront réunis en communauté.

52 [1]. Chaque communauté aura une chambre de discipline, qui sera présidée par un syndic.

Chap. 2, organisation de la chambre de discipline.

53. Le nombre des membres de la chambre de discipline, y compris le syndic, est fixé, savoir : — à quinze, dans le département de la Seine ; — à neuf, dans les autres arrondissemens où il y aura plus de cinquante huissiers ; — à sept, dans les arrondissemens où le nombre des huissiers sera de trente à cinquante ; — à cinq, dans les arrondissemens où il y aura moins de trente huissiers.

54. Dans chaque chambre, il y aura, outre le syndic, un rapporteur, un trésorier et un secrétaire.

55. Le syndic, et deux autres membres de la chambre, seront nécessairement pris parmi les huissiers, en résidence au chef-lieu de l'arrondissement.— Dans les arrondissemens où siègent les cours impériales, il y aura toujours à la chambre de discipline, indépendamment du syndic, au moins trois huissiers du chef-lieu. — Dans le département de la Seine, les deux tiers au moins des membres de la chambre, y compris le syndic, seront pris parmi les huissiers de Paris.

56. Le syndic sera nommé tous les ans; savoir : dans les arrondissemens où siègent nos cours impériales, par le premier président, sur la présentation qui lui sera faite de trois membres par notre procureur général ; et dans les autres arrondissemens, par le président du tribunal de première instance, sur la présentation qui sera également faite de trois membres par notre procureur impérial. Le syndic sera indéfiniment rééligible.

57. Si pour la nomination du syndic il y a partage, il en sera référé à la chambre à laquelle le premier président ou le président est spécialement attaché, et au tribunal même si le tribunal n'est pas divisé en plusieurs chambres.

58. La première nomination des autres membres de la chambre de discipline sera faite de la même manière que celle du syndic.

59. Après cette première nomination, les membres de la chambre de discipline, autres que le syndic, seront élus par l'assemblée générale des huissiers, qui se réuniront pour cet effet au chef-lieu de l'arrondissement, sur la convocation et sous la présidence du syndic.

60. L'élection des membres de la chambre de discipline se fera au scrutin secret. — Un scrutin particulier aura lieu pour la nomination du trésorier, qui sera toujours pris parmi les huissiers du chef-lieu.— Les autres membres de la chambre seront nommés, sans désignation de fonctions, par bulletin de liste contenant un nombre de noms qui ne pourra excéder celui des membres à nommer.— Toutes ces nominations seront faites à la majorité absolue.

61. Lorsqu'il y aura cent votans et au-dessus, l'assemblée se divisera par bureaux, qui ne pourront être composés de moins de trente ni de plus de cinquante votans. — Ces bureaux seront présidés, le premier par le syndic, et chacun des autres par le plus âgé des huissiers présens; les deux plus âgés après lui, feront les fonctions de scrutateurs, et le plus jeune celles de secrétaire.

62. La chambre de discipline sera renouvelée tous les ans par tiers, ou, si le nombre n'est pas susceptible de cette division, par portions les plus approchantes du tiers, en faisant alterner, chaque année, les portions inférieures et supérieures au tiers, à commencer par les inférieures, de manière que, dans tous les cas, aucun membre ne puisse rester en fonctions plus de trois années consécutives.

63. Le sort indiquera ceux des membres qui devront sortir la première et la seconde année; ensuite le renouvellement s'opérera par ordre d'ancienneté de nomination.— Les membres sortans ne seront rééligibles qu'après un an d'intervalle, à l'exception toutefois du trésorier qui sera toujours rééligible.

64. Lorsque le nombre total des huissiers formant la communauté ne sera pas suffisant pour le renouvellement de la chambre tel qu'il est prescrit ci-dessus, ce renouvellement n'aura lieu que jusqu'à concurrence du nombre existant.

65. Les membres de la chambre de discipline nommeront entre eux au scrutin secret, à la majorité absolue, un rapporteur et un secrétaire. — Cette nomination sera renouvelée tous les ans ; et les mêmes pourront être réélus.

66. En cas de partage des voix pour ladite nomination, le scrutin sera recommencé ; et si le résultat est le même, le plus âgé des deux membres qui seront l'objet de ce partage, sera nommé de droit, à moins qu'il n'ait rempli, pendant les deux années précédentes, la fonction à laquelle il s'agira de nommer : auquel cas la nomination de droit sera pour son concurrent.

67. La nomination des membres de la chambre de discipline aura lieu chaque année dans la première quinzaine d'octobre, et sera immédiatement suivie de la nomination du rapporteur et du secrétaire.

---

[1] L'art. 51 relatif au département de la Sésia, est aujourd'hui abrogé.

68. La chambre et les officiers entreront en exercice le 1er novembre.

69. La chambre tiendra ses séances au chef-lieu de l'arrondissement : elle s'assemblera au moins une fois par mois.— Le syndic la convoquera extraordinairement quand il le jugera convenable, ou sur la demande motivée de deux membres. — Il sera tenu de la convoquer toutes les fois qu'il en recevra l'ordre du président du tribunal de première instance, ou de notre procureur prés ce tribunal.

Chap. 3, *attributions de la chambre de discipline, et de ses officiers.*

70. La chambre de discipline est chargée : — 1º De veiller au maintien de l'ordre et de la discipline parmi tous les huissiers de l'arrondissement, et à l'exécution des lois et réglemens qui concernent les huissiers ; — 2º de prévenir ou concilier tous différends qui peuvent s'élever entre huissiers relativement à leurs droits, fonctions et devoirs, et, en cas de non-conciliation, de donner son avis comme tiers sur ces différends ; — 3º de s'expliquer, également par forme d'avis, sur les plaintes ou réclamations de tiers contre des huissiers à raison de leurs fonctions, et sur les réparations civiles qui pourraient résulter de ces plaintes ou réclamations ;— 4º de donner son avis comme tiers sur les difficultés qui peuvent s'élever au sujet de la taxe de tous frais et dépens réclamés par des huissiers. — Lorsque la chambre ne sera point assemblée, cet avis pourra être donné par un de ses membres, à moins que l'objet de la contestation ne soit d'une importance majeure, auquel cas la chambre s'expliquera elle-même à la prochaine séance, ou, si le cas est urgent, dans une séance extraordinaire ; — 5º d'appliquer elle-même les peines de discipline établies par l'article suivant, et de dénoncer au procureur impérial les faits qui donneraient lieu à des peines de discipline excédant la compétence de la chambre, ou à d'autres peines plus graves ; — 6º de délivrer, s'il y a lieu, des certificats de moralité, de bonne conduite et de capacité, à ceux qui se présenteront pour être nommés huissiers ; — 7º de s'expliquer également sur la conduite et la moralité des huissiers en exercice, toutes les fois qu'elle en sera requise par les cours et tribunaux, ou par les officiers du ministère public ; — 8º enfin de représenter tous les huissiers sous le rapport de leurs droits et intérêts communs, et, en conséquence, d'administrer la bourse commune dont il sera parlé au chapitre 5 ci-après. (*V. ci-après* III, *Bourses communes, p.* 411.)

71. Les peines de discipline que la chambre peut infliger elle-même, sont : — 1º le rappel à l'ordre ; — 2º la censure simple par la décision même ; — 3º la censure avec réprimande par le syndic à l'huissier en personne dans la chambre assemblée ; — 4º l'interdiction de l'entrée de la chambre pendant six mois au plus.

72. L'application, par la chambre des huissiers, des peines de discipline spécifiées dans l'article précédent, ne préjudiciera point à l'action des parties intéressées ni à celle du ministère public.

73. Toute condamnation des huissiers à l'amende, à la restitution et aux dommages-intérêts, pour des faits relatifs à leurs fonctions, sera prononcée par le tribunal de première instance du lieu de leur résidence, à la poursuite des parties intéressées ou du syndic de la communauté, au nom de la chambre

de discipline. Elle pourra l'être aussi à la requête du ministère public.

74. La suspension des huissiers ne pourra être prononcée que par les cours et tribunaux auxquels ils seront respectivement attachés.

75. Il n'est dérogé, par le présent titre, à aucune des dispositions des articles 102, 103 et 104 de notre décret du 30 mars 1808 [1].

76. Le syndic aura la police d'ordre dans la chambre. — Il proposera les sujets de délibération, recueillera les voix, et prononcera le résultat des délibérations. — Il dirigera toutes actions et poursuites à exercer par la chambre, et agira pour elle et en son nom dans tous les cas, conformément à ce qu'elle aura délibéré. — Il aura seul le droit de correspondre, au nom de la chambre, avec le président et le ministère public ; sauf, en cas d'empêchement, la délégation au rapporteur.

77. Le rapporteur déférera à la chambre, soit d'office, soit sur la provocation des parties intéressées ou de l'un des membres de la chambre, les faits qui pourront donner lieu à des mesures de discipline contre des membres de la communauté. — Il recueillera des renseignemens sur ces faits, ainsi que sur toutes les affaires qui doivent être portées à la connaissance de la chambre, et lui en fera son rapport.

78. Le trésorier tiendra la bourse commune, conformément aux dispositions du chapitre 5 ci-après. (*V. p.* 411.)

---

[1] *D.* 30 *mars* 1808. — 102. Les officiers ministériels qui seraient en contravention aux lois et règlemens pourront, suivant la gravité des circonstances, être punis par des injonctions d'être plus exacts ou circonspects, par des défenses de récidiver, par des condamnations de dépens en leur nom personnel, par des suspensions à temps : l'impression et même l'affiche des jugemens à leurs frais pourront aussi être ordonnées, et leur destitution pourra être provoquée, s'il y a lieu.

103. Dans les cours et dans les tribunaux de première instance, chaque chambre connaîtra des fautes de discipline qui auraient été commises ou découvertes à son audience. Les mesures de discipline à prendre sur les plaintes des particuliers ou sur les réquisitoires du ministère public, pour cause de faits qui ne se seraient point passés ou qui n'auraient pas été découverts à l'audience, seront arrêtées en assemblée générale, à la chambre du conseil, après avoir appelé l'individu inculpé. Ces mesures ne seront point sujettes à l'appel, ni au recours en cassation, sauf le cas où la suspension serait l'effet d'une condamnation prononcée en jugement. — Notre procureur général impérial rendra compte de tous les actes de discipline à notre grand-juge ministre de la justice, en lui transmettant les arrêtés, avec ses observations, afin qu'il puisse être statué sur les réclamations, ou que la destitution soit prononcée, s'il y a lieu.

104. Notre procureur impérial, en chaque tribunal de première instance, sera tenu de rendre, sans délai, un pareil compte à notre procureur général en la cour du ressort, afin que ce dernier l'adresse à notre grand-juge ministre de la justice avec ses observations.

79. Le secrétaire rédigera les délibérations de la chambre.—Il sera le gardien des archives et délivrera les expéditions.

Chap. 4, forme de procéder dans la chambre de discipline.

80. La chambre ne pourra faire l'application des peines de discipline spécifiées en l'article 71, qu'après avoir entendu l'huissier inculpé, ou faute par lui d'avoir comparu dans le délai de la citation. Ce délai ne sera jamais moindre de cinq jours.

81. La citation sera donnée par une simple lettre indicative de l'objet, signée du rapporteur, et envoyée par le secrétaire, qui en prendra note sur un registre tenu à cet effet, coté et paraphé par le président du tribunal de première instance.

82. La même forme aura lieu pour appeler toutes personnes, huissiers ou autres, qui voudront être entendues sur des réclamations ou plaintes par elles adressées à la chambre de discipline.

83. Lorsqu'il s'agira de contestations entre huissiers, les citations pourront être respectivement données dans la forme ordinaire, en déposant les originaux au secrétariat de la chambre.

84. Dans tous les cas, les parties pourront se présenter aux séances de la chambre volontairement et sans citation préalable.

85. La chambre ne pourra prononcer ni émettre son avis sur aucune affaire, qu'après avoir entendu le rapporteur.

86. Elle ne pourra délibérer valablement, si les membres votans ne forment au moins les deux tiers de ceux qui la composent.

87. Les délibérations seront prises à la majorité absolue des voix : le syndic aura voix prépondérante en cas de partage.

88. Les délibérations seront inscrites sur un registre coté et paraphé par le syndic : elles seront signées par tous les membres qui y auront concouru. — Les expéditions seront signées par le syndic et le secrétaire.

89. Tous les actes de la chambre, soit en minute, soit en expédition, à l'exception des certificats et autres pièces à délivrer aux candidats ou à des individus quelconques dans leur intérêt personnel, seront exempts du timbre et de l'enregistrement.

90. La chambre sera tenue de représenter à nos procureurs généraux et impériaux, toutes les fois qu'ils en feront la demande, les registres de ses délibérations, et tous autres papiers déposés dans ses archives. (*V. p.* 411 *Bourse commune.*)

5º *Décret du* 29 *août* 1813.

1. Les copies d'actes de jugemens, d'arrêts et de toutes autres pièces qui seront faites par les huissiers, doivent être correctes et lisibles, à peine de rejet de la taxe, ainsi qu'il a déjà été ordonné par l'art. 28 du décret du 16 février 1807, pour les copies des pièces faites par les avoués. — Les papiers employés à ces copies ne pourront contenir plus de trente-cinq lignes par page de petit papier ; — plus de quarante lignes par page de moyen papier ; — et plus de cinquante lignes par page de grand papier, à peine de l'amende de vingt-cinq francs, prononcée pour les expéditions, par l'art. 26 de la loi du 13 brumaire an VII. (*L. sur le timbre.*)

2. L'huissier qui aura signifié une copie de citation,

ou d'exploit de jugement, ou d'arrêt qui serait illisible, sera condamné à l'amende de vingt-cinq francs, sur la seule provocation du ministère public, et par la cour ou le tribunal devant lequel cette copie aura été produite. — Si la copie a été faite et signée par un avoué, l'huissier qui l'aura signifiée sera également condamné à l'amende, sauf son recours contre l'avoué, ainsi qu'il avisera.

3. Les art. 43 et (44) de notre décret du 14 juin 1813, sont rapportés.

5º *Loi du* 28 *avril* 1816.

88. Les cautionnemens des huissiers sont fixés en raison de la population et du ressort des tribunaux de la résidence de ces fonctionnaires, conformément au tarif annexé à la présente loi [1].

91. Les huissiers pourront présenter à l'agrément de Sa Majesté des successeurs, pourvu qu'ils réunissent les qualités exigées par les lois. Cette faculté n'aura pas lieu pour les titulaires destitués. — Il sera statué, par une loi particulière, sur l'exécution de cette disposition, et sur les moyens d'en faire jouir les héritiers ou ayans cause desdits officiers. Cette faculté de présenter des successeurs ne déroge point, au surplus, au droit de Sa Majesté de réduire le nombre desdits fonctionnaires.

6º *Ordonnance du* 26 *août* 1829.

1. A l'avenir nul ne pourra être élu membre de la chambre de discipline des huissiers du tribunal de première instance du département de la Seine, s'il n'exerce depuis plus de dix ans les fonctions d'huissier.

II. TAXE DES HUISSIERS.

1º *En matière civile.*

Dispositions générales.

Tarif civ. (*D.* 16 *février* 1807). 66. Il ne sera rien alloué aux huissiers pour transport jusqu'à un demi-myriamètre. Il leur sera alloué au-delà d'un demi-myriamètre, pour frais de voyage qui ne pourra excéder une journée de cinq myriamètres (dix lieues anciennes), savoir : au-delà d'un demi-myriamètre, et jusqu'à un myriamètre, pour aller et retourner, — à Paris, 4 f. — Dans les villes et cantons ruraux, 4 f. — Au-delà d'un myriamètre, il sera alloué pour chaque demi-myriamètre, sans distinction, 2 fr. — Il sera taxé pour *visa* de chacun des actes qui y sont assujétis, — à Paris, 1 fr. — Dans les villes où il y a tribunal de première instance, 75 c. — Dans les autres villes et cantons ruraux, 75 c. — En cas de refus de la part du fonctionnaire public qui doit donner le *visa*, et dans le cas où l'huissier sera obligé, à raison de ce refus, de requérir le *visa* du procureur du Roi, le droit sera double. Les huissiers qui seront commis pour donner des ajournemens, faire des significations de jugemens, ou tous autres actes, ou procéder à des opérations, ne pourront prendre de plus forts droits que ceux énoncés au présent Tarif, à peine de restitution et d'interdiction, quels que soient la cour et le tribunal auxquels ils sont attachés. Les huissiers qui auront

[1] *Cautionnement des huissiers* (tribunaux de première instance où il y avait avant 1810) :

3 juges et 2 suppléans	600 fr.
4 juges et 3 suppléans	900
7 juges et 4 suppléans	1,200
10 juges et 5 suppléans	1,600
à Paris	5,000

omis de mettre au bas de l'original et de chaque copie des actes de leur ministère la mention du coût d'icelui, pourront, indépendamment de l'amende portée par l'art. 67 du Code de Procédure (*V. ci-après*), être interdits de leurs fonctions sur la réquisition d'office des procureurs généraux et des procureurs du Roi. *V. pour la taxe des actes les mots auxquels ils se rapportent;* et AUDIENCIERS (*huissiers*).

2° En matière criminelle.
Des salaires des huissiers.

Tarif cr. (*D. 18 juin 1811.*) (*ch. 6.*) 65. Le service des huissiers près de nos cours royales sera déterminé par une délibération prise en assemblée générale de la cour. Tous les huissiers pourront être appelés indistinctement à faire le service civil et le service criminel à tour de rôle. Néanmoins, ceux des huissiers ci-devant attachés aux cours criminelles, qui seront jugés les plus aptes à mettre le service criminel en activité, seront attachés de préférence, pendant les quatre années qui courront du jour de l'installation de chaque cour royale, au service des chambres criminelles de la cour, et des cours d'assises.

66. Les cours royales pourront fixer le lieu de la résidence de tous les huissiers de leur ressort, et la changer sur la réquisition de notre procureur général. Le service des huissiers des tribunaux de première instance sera réglé par une délibération de chaque tribunal pour son arrondissement.

67. Les huissiers n'ont aucun traitement fixe : il leur est seulement accordé des salaires à raison des actes confiés à leur ministère.

68. Les dispositions du décret du 17 mars 1809 [1], concernant les six huissiers attachés à la cour de justice criminelle du département de la Seine, continueront à être exécutées à l'égard des huissiers qui seront attachés au service criminel près notre cour royale de Paris, et ce, jusqu'à ce qu'il en soit autrement ordonné par nous.

69. En exécution de l'art. 120 du décret du 6 juillet 1810, notre chancelier, après avoir pris l'avis de nos cours qui lui transmettront leurs délibérations, nous présentera, d'ici au premier janvier 1812, un rapport sur l'organisation en communauté des huissiers résidant et exploitant dans chaque arrondissement communal; sur le nombre d'huissiers qui doivent être attachés au service des audiences de nos cours et tribunaux; sur les indemnités qu'il pourra y avoir lieu d'accorder aux huissiers audienciers pour leur service particulier; sur les règlemens de police et de discipline nécessaires pour tous; et sur l'établissement d'une bourse commune entre tous les membres de chaque communauté d'arrondissement. (*V. D. 14 juin 1813.*)

70. Lorsqu'il n'aura pas été délivré au ministère public des expéditions des actes ou jugemens à signifier, les significations seront faites par les huissiers sur les minutes qui leur seront confiées par les greffiers, sur leur récépissé, à la charge par eux de les rétablir au greffe, dans les vingt-quatre heures qui suivront la signification, sous peine d'y être contraints par corps, en cas de retard. Lorsqu'un acte ou jugement aura été remis en expédition au ministère public, la signification sera faite sur cette expédition, sans qu'il en soit délivré une seconde pour cet objet.

---

[1] Ce décret de règlement intérieur n'a point été publié.

Les copies de tous les actes, arrêts, jugemens et pièces à signifier, seront toujours faites par les huissiers ou par leurs scribes.

71. Les salaires des huissiers, pour tous les actes de leur ministère résultant du Code d'Instruction criminelle et du Code Pénal, sont réglés et fixés ainsi qu'il suit : 1° (*V. les mots auxquels ces actes se rapportent.*) — 10° Pour le salaire particulier des scribes employés pour les copies de tous les actes dont il est fait mention ci-dessus, et de toutes les autres pièces dont il doit être donné copie, et ce pour chaque rôle d'écriture de trente lignes à la page et de dix-huit à vingt syllabes à la ligne, non compris le premier rôle, à Paris, 50 c. — Dans les villes de 40,000 hab. et au-dessus, 40 c.; — 11° pour assistance à l'inscription de l'écrou, lorsque le prévenu se trouve déjà incarcéré, et pour la radiation de l'écrou dans tous les cas, — Paris, 1 fr. — Villes de 40,000 hab. et au-dessus, 75 c. — Autres villes et comm., 50 c.

72. Il ne sera alloué aucune taxe aux agens de la force publique pour raison des citations, notifications et significations dont ils seront chargés par les officiers de police judiciaire et par le ministère public.

73. Si un mandat d'amener et un mandat de dépôt ont été décernés dans les mêmes vingt-quatre heures contre le même individu et par le même magistrat, il n'y aura pas lieu de cumuler et d'allouer aux huissiers la taxe ci-dessus établie pour l'exécution des deux mandats; mais, audit cas, il leur sera alloué pour toute taxe, — Paris, 10 fr. — Villes de 40,000 hab. et au-dessus, 8 fr. — Autres villes et comm., 6 fr.

74. Lorsque les individus contre lesquels il aura été décerné des mandats d'arrêt et ordonnance de prise de corps, ou rendu des arrêts ou jugemens emportant saisie de la personne, se trouveront déjà arrêtés d'une manière quelconque, l'exécution des actes ci-dessus, à leur égard, ne sera payée aux huissiers qu'au taux réglé par le n° 4 de l'art. 71 pour les citations, significations et notifications. — (Paris, 1 fr. — Villes de 40,000 hab. et au-dessus, 75 c. — Autres villes et comm., 50 c. — Copies, 75 c., 60 c. et 50 c.) — Il en sera de même pour l'exécution des mandats d'amener lorsque l'individu se trouvera arrêté, lorsqu'il se sera présenté volontairement, ou qu'il n'aura pu être saisi.

75. Les huissiers ne dresseront un procès-verbal de perquisition qu'en vertu d'un mandat d'arrêt, ordonnance de prise de corps, arrêt ou jugement de condamnation à peine afflictive ou infamante, ou à l'emprisonnement.

76. Il ne sera payé dans une même affaire qu'un seul procès-verbal pour chaque individu, quel que soit le nombre des perquisitions qui auront été faites dans la même commune.

77. Si, malgré les perquisitions faites par l'huissier, le prévenu, accusé ou condamné, n'est point arrêté, une copie en forme du mandat d'arrêt, de l'ordonnance de prise de corps, de l'arrêt ou jugement de condamnation, sera adressée au commissaire-général de police : à son défaut, au commandant de la gendarmerie; et à Paris, au préfet de police. Le préfet, les commissaires-généraux de police et les commandans de la gendarmerie donneront aussitôt à leurs subordonnés l'ordre d'assister les huissiers dans leurs recherches et de les aider de leurs renseignemens. Enjoignons aux agens de la force publique et de la police de prêter aide et main-forte aux huis-

siers, toutes et quantes fois ils en seront par eux requis, et sans pouvoir en exiger aucune rétribution, à peine d'être poursuivis et punis suivant l'exigence des cas. Néanmoins, lorsque les gendarmes ou agens de police, porteurs de mandemens de justice, viendront à découvrir, hors de la présence des huissiers, les prévenus, accusés ou condamnés, ils les arrêteront et les conduiront devant le magistrat compétent : et dans ce cas, le droit de capture leur sera dévolu.

78. Le salaire des recors sera toujours à la charge des huissiers qui les auront employés.

79. Il en sera de même des frais pour la publication à son de trompe ou de caisse, prescrite par l'art. 466 du C. d'Inst. crim. V. CONTUMACE.

80. Lorsque lesdites publications et affiches se feront dans deux communes différentes, chacun des deux huissiers qui en seront chargés ne recevra que la moitié de la taxe fixée par l'art. 71, n° 8. — (Paris, 18 fr. — Villes de 40,000 hab. et au-dessus, 15 fr. — Autres villes et comm., 12 fr. pour les deux.)

81. Les frais de voyage et de séjour des huissiers seront alloués ainsi qu'il sera dit dans le chap. 8 ci-après. V. VOYAGE (frais de).

82. Notre chancelier fera dresser et parvenir à nos procureurs des modèles des mémoires que les huissiers auront à fournir pour la répétition de leurs salaires ; et les huissiers seront tenus de s'y conformer exactement, sous peine de rejet de leurs mémoires.

83. Pour faciliter la vérification de la taxe des mémoires des huissiers, il sera tenu au parquet de nos cours et tribunaux un registre des actes de ces officiers ministériels : on y désignera sommairement chaque affaire ; et en marge ou à la suite de cette désignation, on relatera, par ordre de dates, l'objet et la nature des diligences à mesure qu'elles seront faites, ainsi que le montant du salaire qui y est affecté. Nos procureurs examineront en même temps les écritures, afin de s'assurer qu'elles comprennent le nombre de lignes à la page et de syllabes à la ligne, prescrit par l'art. 71, n° 10, et ils réduiront au taux convenable le prix des écritures qui ne seraient pas dans les proportions établies par ledit article.

84. Nos procureurs et les juges d'instruction ne pourront user, si ce n'est pour causes graves, de la faculté qui leur est accordée par la loi du 5 pluviôse an 13 [1], de charger un huissier d'instrumenter hors du canton de sa résidence : ils seront tenus d'énoncer ces causes dans leur mandement, lequel contiendra, en outre, le nom de l'huissier, la désignation du nombre et de la nature des actes, et l'indication du lieu où ils devront être mis à exécution. Le mandement sera toujours joint au mémoire de l'huissier.

85. Tout huissier qui refusera d'instrumenter dans une procédure suivie à la requête du ministère public, ou de faire le service auquel il est tenu près la cour ou le tribunal, et qui, après injonction à lui faite par l'officier compétent, persistera dans son re-

fus, sera destitué, sans préjudice de tous dommages-intérêts et des autres peines qu'il aura encourues.

86. Les dispositions de l'art. 64 [1] ci-dessus sont communes aux huissiers, lesquels, en cas de contravention, seront poursuivis de la même manière par nos procureurs et sous les mêmes peines.

III. BOURSE COMMUNE.

1° *Dispositions du décret du 14 juin 1813 qui ne sont point abrogées.*

Chap. 5, de la bourse commune.

91. Dans chaque communauté d'huissiers, il y aura une bourse commune.

98. L'huissier contrevenant à l'une des obligations qui lui sont imposées (relativement à la bourse commune), sera condamné à cent francs d'amende. — La contrainte par corps contre l'huissier aura lieu, — pour le paiement de l'amende, — pour la remise de la copie du répertoire, — pour l'acquittement de la somme qu'il doit verser dans la bourse commune.

99. Le syndic pourra exiger la représentation de l'original du répertoire ; et si la copie remise au trésorier n'y est point conforme, l'huissier en fraude sera condamné, par corps, à cent francs d'amende, pour chaque article omis, ou infidèlement transcrit.

100. Sera également versé à la bourse commune le quart des amendes prononcées contre des huissiers pour délits ou contraventions relatifs à l'exercice de leur ministère. — Ces amendes seront perçues en totalité par le receveur de l'enregistrement du chef-lieu de l'arrondissement, lequel tiendra compte, tous les trois mois, à la communauté des huissiers, de la portion qui pourra lui revenir, aux termes du présent article.

101. La communauté fixera, chaque année, en assemblée générale, la somme à prélever sur la bourse commune, tant pour droit de recette que pour frais de bureau et autres dépenses de la chambre. — L'arrêté portant cette fixation sera homologué par le tribunal de première instance, sur les conclusions du ministère public.

110. Le trésorier rendra, chaque année, dans la première quinzaine d'octobre, le compte général de ses recettes et dépenses pendant l'année révolue. — Ce compte sera vérifié, arrêté et signé par chacun des membres de la chambre. Il pourra être débattu de la même manière que les comptes particuliers. Le délai pour prendre communication sera de deux mois, à partir du jour où la chambre aura définitivement arrêté le compte.

---

[1] L. 5 pluv. an 13. — Il ne sera jamais alloué de frais de transport aux huissiers, à moins toutefois qu'ils n'aient été chargés, par un mandement exprès du procureur général, ou du procureur impérial, ou du directeur du juri, chacun en ce qui le concerne, de porter, hors du lieu de leur résidence, les citations, notifications ou significations.

---

[1] 64. Nous défendons très-expressément aux greffiers et à leurs commis d'exiger d'autres ou de plus forts droits que ceux qui leur sont attribués par le présent décret, soit à titre de prompte expédition, soit comme gratification, ni pour quelque cause et sous quelque prétexte que ce soit. En cas de contravention, nous voulons qu'ils soient destitués de leurs emplois, et condamnés à une amende qui ne pourra être moindre de 500 fr., ni excéder 6,000 fr., sans préjudice toutefois, suivant la gravité des cas, de l'application des dispositions de l'art. 174 du Code Pénal. (V. CONCUSSION.) Ordonnons à nos procureurs généraux et procureurs du Roi, de dénoncer d'office, ou de poursuivre, sur la plainte des parties intéressées, les abus qui viendront à leur connaissance.

111. Le trésorier qui sera en retard, ou qui refusera, soit de rendre ses comptes, soit de remettre les sommes par lui dues, pourra être poursuivi par toutes les voies ordinaires de droit, et même par celle de la contrainte par corps, comme rétentionnaire de deniers.

112. Le trésorier tiendra un registre coté et paraphé par le président du tribunal de première instance, et dans lequel il inscrira, jour par jour, ses recettes et dépenses. La chambre pourra se faire représenter ce registre aussi souvent qu'elle le jugera convenable, et l'arrêter par une délibération qui y sera transcrite en double minute. Elle l'arrêtera nécessairement tous les ans, lors de la vérification du compte général du trésorier.

113. Le trésorier sera tenu, si l'assemblée générale l'exige, de fournir caution solvable pour le montant présumé de ses recettes pendant quatre mois.

3° Ordonnance du 26 juin 1822.

Art. 1er. La bourse commune des huissiers sera exclusivement destinée à subvenir aux dépenses de la communauté, et à distribuer, lorsqu'il y aura lieu, des secours, tant aux huissiers en exercice qui seraient indigens, âgés et hors d'état de travailler, qu'aux huissiers retirés pour cause d'infirmité, de vieillesse, mais non destitués, et aux veuves et orphelins d'huissiers.

2. Chaque huissier versera dans la bourse commune une portion qui ne pourra être au-dessous d'un vingtième ni excéder le dixième des émolumens attribués pour les originaux seulement de tous les exploits et procès-verbaux portés à son répertoire et faits, soit à la requête des parties, soit à la réquisition ou sur la demande du ministère public, tant en matière civile qu'en matière criminelle, correctionnelle et de simple police.

3. Les actes non susceptibles d'être inscrits sur le répertoire ne seront pas sujets au versement.

4. A l'égard des actes pour lesquels le tarif n'alloue qu'un seul droit dans lequel sont confondues les vacations et diligences, la contribution ne s'exercera que sur la somme allouée pour l'original seulement.

5. Les huissiers suspendus ou destitués verseront dans les proportions ci-dessus les émolumens par eux perçus jusqu'à l'époque de la cessation effective de leurs fonctions.

6. Les huissiers audienciers qui reçoivent un traitement n'en verseront aucune portion à la bourse commune; au surplus, les articles ci-dessus leur seront applicables.

7. Les versemens à la bourse commune seront faits par trimestre, entre les mains du trésorier de la chambre de discipline, dans les quinze jours qui suivront le trimestre expiré, sans distinction des actes dont l'huissier aura été payé d'avec ceux dont le coût lui serait encore dû.

8. A l'appui de chacun de ces versemens, l'huissier, après que son répertoire aura été visé par le receveur de l'enregistrement, en remettra au trésorier de la chambre un extrait sur papier libre, lequel sera par lui certifié véritable, et contiendra seulement, en quatre colonnes, le numéro d'ordre, la date des actes, leur nature, et le coût de l'original.

9. Pendant le cours de chaque année, les quatre cinquièmes des fonds versés à la bourse commune pourront être employés par la chambre aux besoins de la communauté et aux secours à accorder. — Le dernier cinquième, ensemble ce qui n'aurait pas été employé sur les quatre autres, formera un fonds de réserve, lequel, dès qu'il sera suffisant, sera placé en rentes sur l'État : les intérêts de ce fonds seront successivement cumulés avec le capital, jusqu'à ce que l'intérêt annuel de la réserve suffise à la destination déterminée par l'article 1er.

10. Les secours seront accordés nominativement chaque année par une délibération de la chambre, qui sera soumise à l'homologation du tribunal sur les conclusions du ministère public.

11. Dans le mois qui suivra la publication de la présente ordonnance, chaque communauté d'huissiers fixera, en assemblée générale, la quotité des émolumens qui, *pour l'exécution de l'article 2 ci-dessus*, devra être versée en bourse commune. Cette délibération sera homologuée, ainsi qu'il est dit au précédent article. — Les augmentations et diminutions dont la portion contributive pourrait, par la suite, être jugée susceptible, seront réglées suivant le même mode.

12. Toutes dispositions du règlement du 14 juin 1813, auxquelles il n'est pas dérogé par la présente ordonnance, continueront d'être exécutées.

IV. DISPOSITIONS DIVERSES.

CESSION DE PROCÈS. *C. Civ.* 1597. Les huissiers ne peuvent devenir cessionnaires des procès, droits et actions litigieux qui sont de la compétence du tribunal dans le ressort duquel ils exercent leurs fonctions, à peine de nullité, et des dépens, dommages et intérêts.

COUT DES ACTES. *C. Proc.* 67. Les huissiers seront tenus de mettre à la fin de l'original et de la copie de l'exploit, le coût d'icelui, à peine de cinq francs d'amende, payables à l'instant de l'enregistrement.

EMPRISONNEMENT. *C. Proc.* 783. L'huissier (qui procèdera à une arrestation) sera assisté de deux recors.

ENQUÊTE. *C. Proc.* 293. L'enquête déclarée nulle par la faute de l'huissier ne sera pas recommencée; mais la partie pourra en répéter les frais contre lui, même des dommages et intérêts en cas de manifeste négligence, ce qui est laissé à l'arbitrage du juge.

FRAIS (*paiement de*). *C. Proc.* 60. Les demandes formées pour frais par les officiers ministériels, seront portées au tribunal où les frais ont été faits.

(*Prescription.*) *C. Civ.* 2272. L'action des huissiers, pour le salaire des actes qu'ils signifient, et des commissions qu'ils exécutent, se prescrit par un an.

PIÈCES ET TITRES (*prescription*). *C. Civ.* 2276. Les huissiers, après deux ans, depuis l'exécution de la commission, ou la signification des actes dont ils étaient chargés, en sont déchargés.

(Restitution.) C. Civ. 2060. La contrainte par corps a lieu, —7° contre les huissiers, pour la restitution des titres à eux confiés, et des deniers par eux reçus pour leurs cliens, par suite de leurs fonctions.

POUVOIR. *C. Proc.* 556. La remise de l'acte ou du jugement à l'huissier vaudra pouvoir pour toutes exécutions autres que la saisie immobilière et l'emprisonnement, pour lesquels il sera besoin d'un pouvoir spécial.

PROTÊT. *C. Com.* 173. Les protêts, faute d'acceptation ou de paiement, sont faits par un huissier et deux témoins.

RESPONSABILITÉ. *C. Proc.* 152. Les huissiers qui auront excédé les bornes de leur ministère pourront être condamnés aux dépens, en leur nom et sans répétition, même aux dommages et intérêts, s'il y a lieu; sans préjudice de l'interdiction, suivant la gravité des circonstances.

SAISIE-ARRÊT. *C. Proc.* 562. L'huissier qui aura signé la saisie-arrêt ou opposition, sera tenu, s'il en est requis, de justifier de l'existence du saisissant à l'époque où le pouvoir de saisir a été donné, à peine d'interdiction, et des dommages et intérêts des parties.

SAISIE-EXÉCUTION. *C. Proc.* 585. L'huissier (lors de la saisie-exécution) sera assisté de deux témoins, Français, majeurs, non parens ni alliés des parties ou de l'huissier, jusqu'au degré de cousin issu de germain inclusivement, ni leurs domestiques.

HYPOTHÉCAIRES (CRÉANCIERS).

1° *De leurs droits en général. V.* HYPOTHÈQUE, IMMOBILIÈRE *(saisie),* ORDRE.

2° *De leurs droits dans les faillites. V.* FAILLITE.

HYPOTHÈQUES.

DISPOSITIONS GÉNÉRALES.

Des privilèges et hypothèques.

C. Civ. (liv. 3, *tit.* 18, *art.* 2092-2203).

Chap. 1, *dispositions générales.*

2092. Quiconque s'est obligé personnellement est tenu de remplir son engagement sur tous ses biens mobiliers et immobiliers, présens et à venir.

2093. Les biens du débiteur sont le gage commun de ses créanciers; et le prix s'en distribue entre eux par contribution, à moins qu'il n'y ait entre les créanciers des causes légitimes de préférence.

2094. Les causes légitimes de préférence sont les privilèges et hypothèques.

Chap. 2, *des privilèges. V.* PRIVILÈGES.

Chap. 3, *des hypothèques.*

2114. L'hypothèque est un droit réel sur les immeubles affectés à l'acquittement d'une obligation.—Elle est, de sa nature, indivisible, et subsiste en entier sur tous les immeubles affectés, sur chacun et sur chaque portion de ses immeubles. — Elle les suit dans quelques mains qu'ils passent.

2115. L'hypothèque n'a lieu que dans les cas et suivant les formes autorisées par la loi.

2116. Elle est ou légale, ou judiciaire, ou conventionnelle.

2117. L'hypothèque légale est celle qui résulte de la loi.—L'hypothèque judiciaire est celle qui résulte des jugemens ou actes judiciaires.—L'hypothèque conventionnelle est celle qui dépend des conventions, et de la forme extérieure des actes et des contrats.

2118. Sont seuls susceptibles d'hypothèques, —1° les biens immobiliers qui sont dans le commerce et leurs accessoires réputés immeubles ; — 2° l'usufruit des mêmes biens et accessoires pendant le temps de sa durée.

2119. Les meubles n'ont pas de suite par hypothèque.

2120. Il n'est rien innové par le présent Code aux dispositions des lois maritimes concernant les navires et bâtimens de mer.

Sect. 1, *des hypothèques légales.*

2121. Les droits et créances auxquels l'hypothèque légale est attribuée, sont,—ceux des femmes mariées, sur les biens de leur mari ; — ceux des mineurs et interdits, sur les biens de leur tuteur ;—ceux de l'État, des communes et des établissemens publics, sur les biens des receveurs et administrateurs comptables.

2122. Le créancier qui a une hypothèque légale peut exercer son droit sur tous les immeubles appartenant à son débiteur et sur ceux qui pourront lui appartenir dans la suite, sous les modifications qui seront ci-après exprimées.

Sect. 2, *des hypothèques judiciaires.*

2123. L'hypothèque judiciaire résulte des jugemens, soit contradictoires, soit par défaut, définitifs ou provisoires, en faveur de celui qui les a obtenus. Elle résulte aussi des reconnaissances ou vérifications, faites en jugement, des signatures apposées à un acte obligatoire sous seing privé.—Elle peut s'exercer sur les immeubles actuels du débiteur et sur ceux qu'il pourra acquérir, sauf aussi les modifications qui seront ci-après exprimées. — Les décisions arbitrales n'emportent hypothèque qu'autant qu'elles sont revêtues de l'ordonnance judiciaire d'exécution.—L'hypothèque ne peut pareillement résulter des jugemens rendus en pays étranger, qu'autant qu'ils ont été déclarés exécutoires par un tribunal français; sans préjudice des dispositions contraires qui peuvent être dans les lois politiques ou dans les traités.

Sect. 3, des hypothèques conventionnelles.

2124. Les hypothèques conventionnelles ne peuvent être consenties que par ceux qui ont la capacité d'aliéner les immeubles qu'ils y soumettent.

2125. Ceux qui n'ont sur l'immeuble qu'un droit suspendu par une condition, ou résoluble dans certain cas, ou sujet à rescision, ne peuvent consentir qu'une hypothèque soumise aux mêmes conditions ou à la même rescision.

2126. Les biens des mineurs, des interdits, et ceux des absens, tant que la possession n'en est déférée que provisoirement, ne peuvent être hypothéqués que pour les causes et dans les formes établies par la loi, ou en vertu de jugemens.

2127. L'hypothèque conventionnelle ne peut être consentie que par acte passé en forme authentique devant deux notaires, ou devant un notaire et deux témoins.

2128. Les contrats passés en pays étrangers ne peuvent donner d'hypothèque sur les biens de France, s'il n'y a des dispositions contraires à ce principe dans les lois politiques ou dans les traités.

2129. Il n'y a d'hypothèque conventionnelle valable que celle qui, soit dans le titre authentique constitutif de la créance, soit dans un acte authentique postérieur, déclare spécialement la nature et la situation de chacun des immeubles actuellement appartenant au débiteur, sur lesquels il consent l'hypothèque de la créance. Chacun de tous ses biens présens peut être nominativement soumis à l'hypothèque. — Les biens à venir ne peuvent pas être hypothéqués.

2130. Néanmoins, si les biens présens et libres du débiteur sont insuffisans pour la sûreté de la créance, il peut, en exprimant cette insuffisance, consentir que chacun des biens qu'il acquerra par la suite, y demeure affecté à mesure des acquisitions.

2131. Pareillement, en cas que l'immeuble ou les immeubles présens, assujettis à l'hypothèque, eussent péri, ou éprouvé des dégradations, de manière qu'ils fussent devenus insuffisans pour la sûreté du créancier, celui-ci pourra ou poursuivre dès à présent son remboursement, ou obtenir un supplément d'hypothèque.

2132. L'hypothèque conventionnelle n'est valable qu'autant que la somme pour laquelle elle est consentie, est certaine et déterminée par l'acte: si la créance résultant de l'obligation est conditionnelle pour son existence, ou indéterminée dans sa valeur, le créancier ne pourra requérir l'inscription dont il sera parlé ci-après, que jusqu'à concurrence d'une valeur estimative par lui déclarée expressément, et que le débiteur aura droit de faire réduire, s'il y a lieu.

2133. L'hypothèque acquise s'étend à toutes les améliorations survenues à l'immeuble hypothéqué.

Sect. 4, du rang que les hypothèques ont entre elles.

2134. Entre les créanciers, l'hypothèque, soit légale, soit judiciaire, soit conventionnelle, n'a de rang que du jour de l'inscription prise par le créancier sur les registres du conservateur, dans la forme et de la manière prescrites par la loi, sauf les exceptions portées en l'article suivant.

2135. L'hypothèque existe, indépendamment de toute inscription, — 1° au profit des mineurs et interdits, sur les immeubles appartenant à leur tuteur, à raison de sa gestion, du jour de l'acceptation de la tutelle; — 2° au profit des femmes, pour raison de leurs dot et conventions matrimoniales, sur les immeubles de leur mari, et à compter du jour du mariage. — La femme n'a hypothèque pour les sommes dotales qui proviennent de successions à elle échues, ou de donations à elle faites pendant le mariage, qu'à compter de l'ouverture des successions ou du jour que les donations ont eu leur effet.—Elle n'a hypothèque pour l'indemnité des dettes qu'elle a contractées avec son mari, et pour le remploi de ses propres aliénés, qu'à compter du jour de l'obligation ou de la vente.—Dans aucun cas, la disposition du présent article ne pourra préjudicier aux droits acquis à des tiers avant la publication du présent titre.

2136. Sont toutefois les maris et les tuteurs tenus de rendre publiques les hypothèques dont leurs biens sont grevés, et, à cet effet, de requérir eux-mêmes, sans aucun délai, inscription aux bureaux à ce établis, sur les immeubles à eux appartenant, et sur ceux qui pourront leur appartenir par la suite. — Les maris et les tuteurs qui, ayant manqué de requérir et de faire faire les inscriptions ordonnées par le présent article, auraient consenti ou laissé prendre des privilèges ou des hypothèques sur leurs immeubles, sans déclarer expressément que lesdits immeubles étaient affectés à l'hypothèque légale des femmes et des mineurs, seront réputés stellionataires, et comme tels contraignables par corps.

2137. Les subrogés tuteurs seront tenus, sous leur responsabilité personnelle, et sous peine de tous dommages et intérêts, de veiller à ce que les inscriptions soient prises sans délai sur les biens du tuteur, pour raison de sa gestion, même de faire faire lesdites inscriptions.

2138. A défaut par les maris, tuteurs, subrogés-tuteurs, de faire faire les inscriptions ordonnées par les articles précédens, elles seront requises par le procureur du Roi près le tribunal de première instance du domicile des maris et tuteurs, ou du lieu de la situation des biens.

2139. Pourront les parens, soit du mari, soit de la femme, et les parens du mineur, ou, à défaut de parens, ses amis, requérir lesdites inscriptions ; elles pourront aussi être requises par la femme et par les mineurs.

2140. Lorsque, dans le contrat de mariage, les parties majeures seront convenues qu'il ne sera pris d'inscription que sur un ou certains immeubles du mari, les immeubles qui ne seraient pas indiqués pour l'inscription resteront libres et affranchis de l'hypothèque pour la dot de la femme et pour ses reprises et conventions matrimoniales. Il ne pourra pas être convenu qu'il ne sera pris aucune inscription.

2141. Il en sera de même pour les immeubles du tuteur, lorsque les parens, en conseil de famille, auront été d'avis qu'il ne soit pris d'inscription que sur certains immeubles.

2142. Dans le cas des deux articles précédens, le mari, le tuteur et le subrogé-tuteur, ne seront tenus de requérir inscription que sur les immeubles indiqués.

2143. Lorsque l'hypothèque n'aura pas été restreinte par l'acte de nomination du tuteur, celui-ci pourra, dans le cas où l'hypothèque générale sur ses immeubles excéderait notoirement les sûretés suffisantes pour sa gestion, demander que cette hypothèque soit restreinte aux immeubles suffisans pour opérer une pleine garantie en faveur du mineur. — La demande sera formée contre le subrogé-tuteur, et elle devra être précédée d'un avis de famille.

2144. Pourra pareillement le mari, du consentement de sa femme, et après avoir pris l'avis des quatre plus proches parens d'icelle réunis en assemblée de famille, demander que l'hypothèque générale sur tous ses immeubles, pour raison de la dot, des reprises et conventions matrimoniales, soit restreinte aux immeubles suffisans pour la conservation entière des droits de la femme.

2145. Les jugemens sur les demandes des maris et des tuteurs ne seront rendus qu'après avoir entendu le procureur du Roi, et contradictoirement avec lui. — Dans le cas où le tribunal prononcera la réduction de l'hypothèque à certains immeubles, les inscriptions prises sur tous les autres seront rayées.

Chap. 4, du mode de l'inscription des privilèges et hypothèques. V. INSCRIPTION.

Chap. 5, de la radiation et réduction des inscriptions. V. INSCRIPTION.

Chap. 6, de l'effet des privilèges et hypothèques contre les tiers - détenteurs. V. DÉLAISSEMENT, p. 261.

Chap. 7, de l'extinction des privilèges et hypothèques.

2180. Les privilèges et hypothèques s'éteignent, — 1° par l'extinction de l'obligation principale, — 2° par la renonciation du créancier à l'hypothèque, — 3° par l'accomplissement des formalités et conditions prescrites aux tiers détenteurs pour purger les biens par eux acquis, — 4° par la prescription. — La prescription est acquise au débiteur, quant aux biens qui sont dans ses mains, par le temps fixé pour la prescription des actions qui donnent l'hypothèque ou le privilège. — Quant aux biens qui sont dans la main d'un tiers détenteur, elle lui est acquise par le temps réglé pour la prescription de la propriété à son profit : dans le cas où la prescription suppose un titre, elle ne commence à courir que du jour où il a été transcrit sur les registres du conservateur. — Les inscriptions prises par le créancier n'interrompent pas le cours de la prescription établie par la loi en faveur du débiteur ou du tiers détenteur.

Chap. 8, du mode de purger les propriétés des privilèges et hypothèques. V. PURGE.

Chap. 9, du mode de purger les hypothèques quand il n'existe pas d'inscription sur les biens des maris et des tuteurs. V. PURGE.

Chap. 10, de la publicité des registres et de la responsabilité des conservateurs. V. CONSERVATEURS.

II. DISPOSITIONS ADDITIONNELLES.

ABSENCE. *C. Civ.* 128. Tous ceux qui ne jouiront qu'en vertu de l'envoi provisoire, ne pourront aliéner ni hypothéquer les immeubles de l'absent.

CAUTION. *C. Civ.* 2023. La caution qui requiert discussion ne peut indiquer des biens hypothéqués à la dette qui ne sont plus en possession du débiteur.

2037. La caution est déchargée, lorsque la subrogation aux hypothèques du créancier ne peut plus, par le fait de ce créancier, s'opérer en faveur de la caution.

CAUTIONNEMENT CRIMINEL. *C. Instr. cr.* 121. Le procureur du Roi et la partie civile pourront prendre inscription hypothécaire (sur les immeubles servant de cautionnement), sans attendre le jugement définitif. L'inscription prise à la requête de l'un ou de l'autre, profitera à tous les deux.

CESSION DE CRÉANCE. *C. Civ.* 1692. La vente ou cession d'une créance comprend les accessoires de la créance, tels que caution, privilège et hypothèque.

CLAUSE PÉNALE. *C. Civ.* 1252. Lorsque l'obligation primitive contractée avec une clause pénale est d'une chose indivisible, la peine est encourue par la contravention d'un seul des héritiers du débiteur, et elle peut être demandée, soit en totalité contre celui qui a fait la contravention, soit contre chacun des cohéritiers pour leur part et portion, et hypothécairement pour le tout, sauf leur recours contre celui qui a fait encourir la peine.

COMMUNAUTÉ (*biens*). *C. Civ.* 1421. Le mari peut hypothéquer (les biens de la communauté) sans le concours de la femme.

1489. Celui des deux époux qui, par l'effet de l'hypothèque exercée sur l'immeuble à lui échu en partage, se trouve poursuivi pour la totalité d'une dette de communauté, a de droit son recours pour la moitié de cette dette contre l'autre époux ou ses héritiers.

(*Clause d'ameublissement.*) *C. Civ.* 1507. Si l'immeuble n'est ameubli que pour une certaine somme, le mari peut l'hypothéquer sans (le consentement de la femme) jusqu'à concurrence seulement de la portion ameublie.

1508. Le mari ne peut aliéner en tout ou en partie, sans le consentement de sa femme, les immeubles sur lesquels est établi l'ameublissement indéterminé; mais il peut les hypothéquer jusqu'à concurrence de cet ameublissement.

COMPENSATION. *C. Civ.* 1299. Celui qui a payé une dette qui était, de droit, éteinte par la compensation, ne peut plus, en exerçant la créance dont il n'a point opposé la compensation, se prévaloir, au préjudice des tiers, des privilèges ou hypothèques qui y étaient attachés, à moins qu'il n'ait eu une juste cause d'ignorer la créance qui devait compenser sa dette.

DIVISIBLE (*obligation*). *C. Civ.* 1221. Dans le cas où la dette (susceptible de division) est hypothécaire, l'héritier qui possède le fonds hypothéqué à la dette, peut être poursuivi pour le tout sur le fonds hypothéqué, sauf le recours contre ses cohéritiers.

DONATION. (*Disposition générale.*) *C. Civ.* 939. Lorsqu'il y aura donation de biens susceptibles d'hypothèques, la transcription des actes contenant la donation et l'acceptation, ainsi que la notification de l'acceptation qui aurait eu lieu par acte séparé, devra être faite aux bureaux des hypothèques dans l'arrondissement desquels les biens sont situés. *V.* TRANSCRIPTION.

(*Droit de retour conventionnel.*) *C. Civ.* 952.

L'effet du droit de retour sera de résoudre toutes les aliénations des biens donnés, et de faire revenir ces biens au donateur francs et quittes de toutes charges et hypothèques, sauf néanmoins l'hypothèque de la dot et des conventions matrimoniales, si les autres biens de l'époux donataire ne suffisent pas, et dans le cas seulement où la donation lui aura été faite par le même contrat de mariage duquel résultent ces droits et hypothèques.

(*Révocation pour ingratitude.*) *C. Civ.* 958. La révocation pour cause d'ingratitude ne préjudiciera ni aux aliénations faites par le donataire, ni aux hypothèques et autres charges réelles qu'il aura pu imposer sur l'objet de la donation, pourvu que le tout soit antérieur à l'inscription qui aurait été faite de l'extrait de la demande en révocation, en marge de la transcription.

(*Pour survenance d'enfant.*) *C. Civ.* 963. Les biens compris dans la donation révoquée de plein droit (pour cause de survenance d'enfant), rentreront dans le patrimoine du donateur, libres de toutes charges et hypothèques du chef du donataire, sans qu'ils puissent demeurer affectés, même subsidiairement, à la restitution de la dot de la femme de ce donataire, de ses reprises ou autres conventions matrimoniales; ce qui aura lieu quand même la donation aurait été faite en faveur du mariage du donataire et insérée dans le contrat, et que le donateur se serait obligé comme caution, par la donation, à l'exécution du contrat de mariage.

DOTAL (*régime*). *C. Civ.* 1554. Les immeubles constitués en dot ne peuvent être aliénés ou hypothéqués pendant le mariage, ni par le mari, ni par la femme, ni par les deux conjointement, sauf les exceptions (établies par la loi).

1572. La femme et ses héritiers n'ont point de privilège pour la répétition de la dot sur les créanciers antérieurs à elle en hypothèque.

EXPROPRIATION. *C. Civ.* 2209. Le créancier ne peut poursuivre la vente des immeubles qui ne lui sont pas hypothéqués, que dans le cas d'insuffisance des biens qui lui sont hypothéqués. *V.* IMMOBILIÈRE (*saisie*).

FAILLITE. *C. Com.* 443. Nul ne peut acquérir privilège ni hypothèque sur les biens du failli, dans les dix jours qui précèdent l'ouverture de la faillite. *V.* FAILLITE.

FEMME MARIÉE. *C. Civ.* 217. La femme, même non commune, ou séparée de biens, ne peut hypothéquer sans le concours du mari dans l'acte, ou son consentement par écrit. *V.* FEMME MARIÉE.

LEGS (*universel.*) *C. Civ.* 1009. Le légataire universel qui sera en concours avec un héritier auquel la loi réserve une quotité des biens, sera tenu des dettes et charges de la succession du testateur, personnellement pour sa part et portion, et hypothécairement pour le tout.

(*A titre universel.*) *C. Civ.* 1012. Le légataire à titre universel sera tenu, comme le légataire universel, des dettes et charges de la succession du testateur, personnellement pour sa part et portion, et hypothécairement pour le tout.

(*A titre particulier.*) *C. Civ.* 1017. Les héritiers du testateur, ou autres débiteurs d'un legs, seront tenus hypothécairement pour le tout, jusqu'à concurrence de la valeur des immeubles de la succession dont ils seront détenteurs.

1020. Si, avant le testament ou depuis, la chose léguée a été hypothéquée pour une dette de la succession, ou même pour la dette d'un tiers, celui qui doit acquitter le legs n'est point tenu de la dégager, à moins qu'il n'ait été chargé de le faire par une disposition expresse du testateur.

MANDAT. *C. Civ.* 1988. S'il s'agit d'hypothéquer, le mandat doit être exprès.

MINEUR. *C. Civ.* 457. Le tuteur, même le père ou la mère, ne peut hypothéquer (les biens immeubles du mineur), sans y être autorisé par un conseil de famille. — Cette autorisation ne devra être accordée que pour cause d'une nécessité absolue, ou d'un avantage évident.

(*Mineur commerçant.*) *C. Com.* 6. Les mineurs marchands, autorisés (à faire le commerce), peuvent engager et hypothéquer leurs immeubles.

NOVATION. *C. Civ.* 1278. Les privilèges et hypothèques de l'ancienne créance ne passent point à celle qui lui est substituée, à moins que le créancier ne les ait expressément réservés.

1279. Lorsque la novation s'opère par la substitution d'un nouveau débiteur, les privilèges et hypothèques primitifs de la créance ne peuvent point passer sur les biens du nouveau débiteur.

1280. Lorsque la novation s'opère entre le créancier et l'un des débiteurs solidaires, les privilèges et hypothèques de l'ancienne créance ne

peuvent être réservés que sur les biens de celui qui contracte la nouvelle dette.

PRESCRIPTION. (*Interruption.*) *C. Civ.* 2249. L'interpellation faite à l'un des héritiers d'un débiteur solidaire, ou la reconnaissance de cet héritier, n'interrompt pas la prescription à l'égard des autres cohéritiers, quand même la créance serait hypothécaire, si l'obligation n'est indivisible.

STELLIONAT. *C. Civ.* 2059. Il y a stellionat lorsqu'on présente comme libres des biens hypothéqués, ou que l'on déclare des hypothèques moindres que celles dont ces biens sont chargés.

SUBROGATION. *C. Civ.* 1251. La subrogation a lieu de plein droit, — 1° au profit de celui qui, étant lui-même créancier, paie un autre créancier qui lui est préférable à raison de ses privilèges ou hypothèques ; — 2° au profit de l'acquéreur d'un immeuble qui emploie le prix de son acquisition au paiement des créanciers auxquels cet héritage était hypothéqué.

SUCCESSION. *C. Civ.* 870. Les cohéritiers contribuent entre eux au paiement des dettes et charges de la succession, chacun dans la proportion de ce qu'il y prend. *V.* DETTES (*de la contribution aux*), II, 3°, p. 281.

USUFRUIT. *C. Civ.* 611. L'usufruitier à titre particulier n'est pas tenu des dettes auxquelles le fonds est hypothéqué ; s'il est forcé de les payer, il a son recours contre le propriétaire, sauf ce qui est dit à l'article 1020. (*V. ci-dessus legs.*)

VENTE (à pacte de rachat). *C. Civ.* 1665. L'acquéreur à pacte de rachat exerce tous les droits de son vendeur ; il peut prescrire tant contre le véritable maître que contre ceux qui prétendraient des droits ou hypothèques sur la chose vendue.

1673. Lorsque le vendeur rentre dans son héritage par l'effet du pacte de rachat, il le reprend exempt de toutes les charges et hypothèques dont l'acquéreur l'aurait grevé : il est tenu d'exécuter les baux faits sans fraude par l'acquéreur.

I

IDENTITÉ.

DISPOSITIONS GÉNÉRALES.

De la reconnaissance de l'identité des individus condamnés, évadés et repris.

C. Inst. cr. (*liv.* 2, *tit.* 4, *ch.* 6, *art.* 518-520).

— 518. La reconnaissance de l'identité d'un in-

dividu condamné, évadé et repris, sera faite par la cour qui aura prononcé sa condamnation. — Il en sera de même de l'identité d'un individu condamné à la déportation ou au bannissement, qui aura enfreint son ban et sera repris ; et la cour, en prononçant l'identité, lui appliquera, de plus, la peine attachée par la loi à son infraction.

519. Tous ces jugemens seront rendus sans assistance de jurés, après que la cour aura entendu les témoins appelés tant à la requête du procureur général qu'à celle de l'individu repris, si ce dernier en a fait citer. — L'audience sera publique, et l'individu repris sera présent, à peine de nullité.

520. Le procureur général et l'individu repris pourront se pourvoir en cassation, dans la forme et dans le délai déterminés par le présent Code, contre l'arrêt rendu sur la poursuite en reconnaissance d'identité.

ILES.

C. Civ. 560. Les îles, îlots, attérissemens qui se forment dans le lit des fleuves ou des rivières navigables ou flottables, appartiennent à l'État, s'il n'y a titre ou prescription contraire.

561. Les îles et attérissemens qui se forment dans les rivières non navigables et non flottables appartiennent aux propriétaires riverains du côté où l'île s'est formée : si l'île n'est pas formée d'un seul côté, elle appartient aux propriétaires riverains des deux côtés, à partir de la ligne qu'on suppose tracée au milieu de la rivière.

562. Si une rivière ou un fleuve, en se formant un bras nouveau, coupe et embrasse le champ d'un propriétaire riverain, et en fait une île, ce propriétaire conserve la propriété de son champ, encore que l'île se soit formée dans un fleuve ou dans une rivière navigable ou flottable.

ILLÉGALE DÉTENTION.

C. Pén. 341. Seront punis de la peine des travaux forcés à temps, ceux qui, sans ordre des autorités constituées et hors les cas où la loi ordonne de saisir des prévenus, auront arrêté, détenu ou séquestré des personnes quelconques. — Quiconque aura prêté un lieu pour exécuter la détention ou séquestration, subira la même peine. *V.* SÉQUESTRATION et LIBERTÉ INDIVIDUELLE.

ILLICITE (CAUSE).

C. Civ. 1133. La cause est illicite, quand elle est prohibée par la loi, quand elle est contraire aux bonnes mœurs ou à l'ordre public.

IMBÉCILLITÉ. *V.* DÉMENCE.

IMMEUBLES (BIENS).

I. DISPOSITIONS GÉNÉRALES.
De la distinction des biens.

C. Civ. 516. Tous les biens sont meubles ou immeubles.

Des immeubles.

C. Civ. (*liv.* 2, *tit.* 1, *ch.* 1, *art.* 517-526).—

517. Les biens sont immeubles, ou par leur nature, ou par leur destination, ou par l'objet auquel ils s'appliquent.

518. Les fonds de terre et les bâtimens sont immeubles par leur nature.

519. Les moulins à vent ou à eau, fixes sur piliers et faisant partie du bâtiment, sont aussi immeubles par leur nature.

520. Les récoltes pendantes par les racines, et les fruits des arbres non encore recueillis, sont pareillement immeubles. — Dès que les grains sont coupés et les fruits détachés, quoique non enlevés, ils sont meubles. — Si une partie seulement de la récolte est coupée, cette partie seule est meuble.

521. Les coupes ordinaires des bois taillis ou de futaies mises en coupes réglées, ne deviennent meubles qu'au fur et à mesure que les arbres sont abattus.

522. Les animaux que le propriétaire du fonds livre au fermier ou au métayer pour la culture, estimés ou non, sont censés immeubles tant qu'ils demeurent attachés au fonds par l'effet de la convention. — Ceux qu'il donne à cheptel à d'autres qu'au fermier ou métayer, sont meubles.

523. Les tuyaux servant à la conduite des eaux dans une maison ou autre héritage, sont immeubles, et font partie du fonds auquel ils sont attachés.

524. Les objets que le propriétaire d'un fonds y a placés pour le service et l'exploitation de ce fonds, sont immeubles par destination. — Ainsi, sont immeubles par destination, quand ils ont été placés par le propriétaire pour le service et l'exploitation du fonds, — les animaux attachés à la culture; — les ustensiles aratoires; — les semences données aux fermiers ou colons partiaires; — les pigeons des colombiers; — les lapins des garennes; — les ruches à miel; — les poissons des étangs; — les pressoirs, chaudières, alambics, cuves et tonnes; — les ustensiles nécessaires à l'exploitation des forges, papeteries et autres usines; — les pailles et engrais.— Sont aussi immeubles par destination, tous effets mobiliers que le propriétaire a attachés au fonds à perpétuelle demeure.

525. Le propriétaire est censé avoir attaché à son fonds des effets mobiliers à perpétuelle demeure, quand ils y sont scellés en plâtre ou à chaux ou à ciment, ou lorsqu'ils ne peuvent être détachés sans être fracturés et détériorés, ou sans briser ou détériorer la partie du fonds à laquelle ils sont attachés. — Les glaces d'un appartement sont censées mises à perpétuelle demeure, lorsque le parquet sur lequel elles sont attachées fait corps avec la boiserie. — Il en est

de même des tableaux et autres ornemens. — Quant aux statues, elles sont immeubles lorsqu'elles sont placées dans une niche pratiquée exprès pour les recevoir, encore qu'elles puissent être enlevées sans fracture ou détérioration.

526. Sont immeubles, par l'objet auquel ils s'appliquent, — l'usufruit des choses immobilières ; — les servitudes ou services fonciers ; — les actions qui tendent à revendiquer un immeuble.

II. DISPOSITIONS DIVERSES.

ABSENT. *C. Civ.* 126. Ceux qui auront obtenu l'envoi provisoire (des biens de l'absent) pourront requérir, pour leur sûreté, qu'il soit procédé, par un expert nommé par le tribunal, à la visite des immeubles, à l'effet d'en constater l'état. Son rapport sera homologué en présence du procureur du Roi ; les frais en seront pris sur les biens de l'absent.

CAUTION. *C. Civ.* 2019. La solvabilité d'une caution ne s'estime qu'eu égard à ses propriétés foncières, excepté en matière de commerce, ou lorsque la dette est modique. — On n'a point égard aux immeubles litigieux, ou dont la discussion deviendrait trop difficile par l'éloignement de leur situation.

COMMUNAUTÉ. *C. Civ.* 1428. Le mari ne peut (sous le régime de la communauté) aliéner les immeubles personnels de sa femme sans son consentement.

DÉLIVRANCE. *C. Civ.* 1605. L'obligation de délivrer les immeubles est remplie de la part du vendeur lorsqu'il a remis les clés, s'il s'agit d'un bâtiment, ou lorsqu'il a remis les titres de propriété.

EXPROPRIATION. *C. Civ.* 2204. Le créancier peut poursuivre l'expropriation, — 1° des biens immobiliers et de leurs accessoires réputés immeubles appartenant en propriété à son débiteur ; — 2° de l'usufruit appartenant au débiteur sur les biens de même nature. *V.* IMMOBILIÈRE (*saisie*), USUFRUIT.

HÉRITIER BÉNÉFICIAIRE. *C. Civ.* 806. (L'héritier bénéficiaire) ne peut vendre les immeubles que dans les formes prescrites par les lois sur la procédure ; il est tenu d'en déléguer le prix aux créanciers hypothécaires qui se sont fait connaître. *V.* BÉNÉFICE D'INVENTAIRE.

HYPOTHÈQUE. *C. Civ.* 2118. Sont seuls susceptibles d'hypothèques, — 1° les biens immobiliers qui sont dans le commerce et leurs accessoires réputés immeubles ; — 2° l'usufruit des mêmes biens et accessoires pendant le temps de sa durée. *V.* HYPOTHÈQUE.

INDU PAIEMENT. *C. Civ.* 1379. Si la chose indûment reçue est un immeuble, celui qui l'a re-

çue s'oblige à la restituer en nature, si elle existe, ou sa valeur, si elle est périe ou détériorée par sa faute ; il est même garant de sa perte par cas fortuit, s'il l'a reçue de mauvaise foi.

NANTISSEMENT. *C. Civ.* 2072. Le nantissement d'une chose immobilière s'appelle *antichrèse*. *V.* ANTICHRÈSE.

RENTE VIAGÈRE. *C. Civ.* 1968. La rente viagère peut être constituée à titre onéreux pour un immeuble.

SÉQUESTRE. *C. Civ.* 1959. Le séquestre peut avoir pour objet même des immeubles.

SUBROGATION. *C. Civ.* 1251. La subrogation a lieu de plein droit, — 1°..... 2° au profit de l'acquéreur d'un immeuble, qui emploie le prix de son acquisition au paiement des créanciers auxquels cet héritage était hypothéqué.

USUFRUIT. *C. Civ.* 581. (L'usufruit) peut être établi sur toute espèce de biens immeubles.

IMMOBILIÈRE (ACTION).

C. Civ. 526. Sont immeubles, les actions qui tendent à revendiquer un immeuble.

C. Proc. 59. En matière réelle (le défendeur sera assigné) devant le tribunal de la situation de l'objet litigieux.

IMMOBILIÈRE (SAISIE).

I. LOI CIVILE.

De l'expropriation forcée et des ordres entre les créanciers.

C. Civ. (*liv.* 5, *tit.* 19, *art.* 2204-2218.)

Chap. 1, de l'expropriation forcée.

2204. Le créancier peut poursuivre l'expropriation, — 1° des biens immobiliers et de leurs accessoires réputés immeubles, appartenant en propriété à son débiteur ; — 2° de l'usufruit appartenant au débiteur sur les biens de même nature.

2205. Néanmoins la part indivise d'un cohéritier dans les immeubles d'une succession ne peut être mise en vente par ses créanciers personnels, avant le partage ou la licitation qu'ils peuvent provoquer s'ils le jugent convenable, ou dans lesquels ils ont le droit d'intervenir conformément à l'art. 882, au titre *des successions*[1].

2206. Les immeubles d'un mineur, même émancipé, ou d'un interdit, ne peuvent être mis en vente avant la discussion du mobilier.

2207. La discussion du mobilier n'est pas re-

[1] 882. Les créanciers d'un copartageant, pour éviter que le partage ne soit fait en fraude de leurs droits, peuvent s'opposer à ce qu'il y soit procédé hors de leur présence ; ils ont le droit d'y intervenir à leurs frais, mais ils ne peuvent attaquer un partage consommé, à moins toutefois qu'il n'y ait été procédé sans eux et au préjudice d'une opposition qu'ils auraient formée.

quise avant l'expropriation des immeubles possédés par indivis entre un majeur et un mineur ou interdit, si la dette leur est commune, ni dans le cas où les poursuites ont été commencées contre un majeur, ou avant l'interdiction.

2208. L'expropriation des immeubles qui font partie de la communauté, se poursuit contre le mari débiteur, seul, quoique la femme soit obligée à la dette.—Celle des immeubles de la femme qui ne sont point entrés en communauté, se poursuit contre le mari et la femme, laquelle, au refus du mari de procéder avec elle, ou si le mari est mineur, peut être autorisée en justice. — En cas de minorité du mari et de la femme, ou de minorité de la femme seule, si son mari majeur refuse de procéder avec elle, il est nommé par le tribunal un tuteur à la femme, contre lequel la poursuite est exercée.

2209. Le créancier ne peut poursuivre la vente des immeubles qui ne lui sont pas hypothéqués, que dans le cas d'insuffisance des biens qui lui sont hypothéqués.

2210. La vente forcée des biens situés dans différens arrondissemens ne peut être provoquée que successivement, à moins qu'ils ne fassent partie d'une seule et même exploitation. — Elle est suivie dans le tribunal dans le ressort duquel se trouve le chef-lieu de l'exploitation, ou, à défaut de chef-lieu, la partie de biens qui présente le plus grand revenu, d'après la matrice du rôle.

2211. Si les biens hypothéqués au créancier, et les biens non hypothéqués, ou les biens situés dans divers arrondissemens, font partie d'une seule et même exploitation, la vente des uns et des autres est poursuivie ensemble, si le débiteur le requiert; et ventilation se fait du prix de l'adjudication, s'il y a lieu.

2212. Si le débiteur justifie, par baux authentiques, que le revenu net et libre de ses immeubles pendant une année, suffit pour le paiement de la dette en capital, intérêts et frais, et s'il en offre la délégation au créancier, la poursuite peut être suspendue par les juges, sauf à être reprise s'il survient quelque opposition ou obstacle au paiement.

2213. La vente forcée des immeubles ne peut être poursuivie qu'en vertu d'un titre authentique et exécutoire, pour une dette certaine et liquide. Si la dette est en espèces non liquidées, la poursuite est valable; mais l'adjudication ne pourra être faite qu'après la liquidation.

2214. Le cessionnaire d'un titre exécutoire ne peut poursuivre l'expropriation qu'après que la signification du transport a été faite au débiteur.

2215. La poursuite peut avoir lieu en vertu d'un jugement provisoire ou définitif, exécutoire par provision, nonobstant appel ; mais l'adjudication ne peut se faire qu'après un jugement définitif en dernier ressort, ou passé en force de chose jugée.—La poursuite ne peut s'exercer en vertu de jugemens rendus par défaut durant le délai de l'opposition.

2216. La poursuite ne peut être annulée sous prétexte que le créancier l'aurait commencée pour une somme plus forte que celle qui lui est due.

2217. Toute poursuite en expropriation d'immeubles doit être précédée d'un commandement de payer, fait, à la diligence et requête du créancier, à la personne du débiteur ou à son domicile, par le ministère d'un huissier. — Les formes du commandement et celles de la poursuite sur l'expropriation sont réglées par les lois sur la procédure. (V. ci-après.)

Chap. 2, de l'ordre et de la distribution du prix entre les créanciers.

2218. L'ordre et la distribution du prix des immeubles, et la manière d'y procéder, sont réglés par les lois sur la procédure. V. Ordre.

II. PROCÉDURE.

Dispositions générales.

C. Proc. 551. Il ne sera procédé à aucune saisie mobilière ou immobilière qu'en vertu d'un titre exécutoire, et pour choses liquides et certaines : si la dette exigible n'est pas d'une somme en argent, il sera sursis, après la saisie, à toutes poursuites ultérieures, jusqu'à ce que l'appréciation en ait été faite.

ART. 1, DE LA SAISIE IMMOBILIÈRE.

C. Proc. (liv. 5, tit. 12, art. 673-717). — 673. La saisie immobilière sera précédée d'un commandement à personne ou domicile, en tête duquel sera donnée copie entière du titre en vertu duquel elle est faite : ce commandement contiendra élection de domicile dans le lieu où siège le tribunal qui devra connaître de la saisie, si le créancier n'y demeure pas ; il énoncera que, faute de paiement, il sera procédé à la saisie des immeubles du débiteur. L'huissier ne se fera point assister de témoins ; il fera, dans le jour, viser l'original par le maire ou l'adjoint du domicile du débiteur, et il laissera une seconde copie à celui qui donnera le visa.

674. La saisie immobilière ne pourra être faite que trente jours après le commandement : si le créancier laisse écouler plus de trois mois entre le commandement et la saisie, il sera tenu de le réitérer dans les formes et avec le délai ci-dessus.

675. Le procès-verbal de saisie contiendra, outre les formalités communes à tous les exploits,

l'énonciation du jugement ou du titre exécutoire, le transport de l'huissier sur les biens saisis, la désignation de l'extérieur des objets saisis, si c'est une maison, et énoncera l'arrondissement, la commune et la rue où elle est située, et les tenans et aboutissans; si ce sont des biens ruraux, la désignation des bâtimens s'il y en a, la nature et la contenance au moins approximative de chaque pièce, deux au moins de ses tenans et aboutissans, le nom du fermier ou colon s'il y en a, l'arrondissement et la commune où elle est située : quelle que soit la nature du bien, le procès-verbal contiendra en outre l'extrait de la matrice du rôle de contribution foncière pour tous les articles saisis, l'indication du tribunal où la saisie sera portée, et constitution d'avoué chez lequel domicile du saisissant sera élu de droit.

676. Copie entière du procès-verbal de saisie sera, avant l'enregistrement, laissée aux greffiers des juges de paix, et aux maires ou adjoints des communes de la situation de l'immeuble saisi, si c'est une maison; si ce sont des biens ruraux, à ceux de la situation des bâtimens s'il y en a, et s'il n'y en a pas, à ceux de la situation de la partie des biens à laquelle la matrice du rôle de la contribution foncière attribue le plus de revenus : les maires ou adjoints et greffiers viseront l'original du procès-verbal, lequel fera mention des copies qui auront été laissées.

677. La saisie immobilière sera transcrite dans un registre à ce destiné au bureau des hypothèques de la situation des biens, pour la partie des objets saisis qui se trouve dans l'arrondissement.

678. Si le conservateur ne peut procéder à la transcription de la saisie à l'instant où elle lui est présentée, il fera mention sur l'original, qui lui sera laissé, des heure, jour, mois et an auxquels il lui aura été remis; et, en cas de concurrence, le premier présenté sera transcrit.

679. S'il y a eu précédente saisie, le conservateur constatera son refus en marge de la seconde; il énoncera la date de la précédente saisie, les noms, demeures et professions du saisissant et du saisi, l'indication du tribunal où la saisie est portée, le nom de l'avoué du saisissant, et la date de la transcription.

680. La saisie immobilière sera en outre transcrite au greffe du tribunal où se doit faire la vente, et ce, dans la quinzaine du jour de la transcription au bureau des hypothèques, outre un jour pour trois myriamètres de distance entre le lieu de la situation des biens et le tribunal.

681. La saisie immobilière, enregistrée comme il est dit aux art. 677 et 680, sera dénoncée au saisi dans la quinzaine du jour du dernier enregistrement, outre un jour pour trois myriamètres de distance entre le domicile du saisi et la situation des biens : elle contiendra la date de la première publication. L'original de cette dénonciation sera visé dans les vingt-quatre heures par le maire du domicile du saisi, et enregistré dans la huitaine, outre un jour pour trois myriamètres, au bureau de la conservation des hypothèques de la situation des biens ; et mention en sera faite en marge de l'enregistrement de la saisie réelle.

682. Le greffier du tribunal sera tenu, dans les trois jours de l'enregistrement mentionné en en l'art. 680, d'insérer dans un tableau placé à cet effet dans l'auditoire, un extrait contenant, — 1° la date de la saisie et des enregistremens ; — 2° les noms, professions et demeures du saisi et du saisissant, et de l'avoué de ce dernier, — 3° les noms de l'arrondissement, de la commune, de la rue, des maisons saisies ; — 4° l'indication sommaire des biens ruraux, en autant d'articles qu'il y a de communes, lesquelles seront indiquées, ainsi que les arrondissemens : chaque article contiendra seulement la nature et la quantité des objets, et les noms des fermiers ou colons s'il y en a; si néanmoins les biens situés dans la même commune sont exploités par plusieurs personnes, ils seront divisés en autant d'articles qu'il y aura d'exploitans ; — 5° l'indication du jour de la première publication ; — 6° les noms des maires, et greffiers des juges de paix, auxquels copies de la saisie auront été laissées.

683. L'extrait prescrit par l'article précédent sera inséré, sur la poursuite du saisissant, dans un des journaux imprimés dans le lieu où siège le tribunal devant lequel la saisie se poursuit; et s'il n'y en a pas, dans l'un de ceux imprimés dans le département, s'il y en a : il sera justifié de cette insertion par la feuille contenant ledit extrait, avec la signature de l'imprimeur, légalisée par le maire.

684. Extrait pareil à celui prescrit par l'article précédent, imprimé en forme de placard, sera affiché, — 1° à la porte du domicile du saisi; — 2° à la principale porte des édifices saisis; — 5° à la principale place de la commune où le saisi est domicilié, de celle de la situation des biens, et de celle du tribunal où la vente se poursuit ; — 4° au principal marché desdites communes, et lorsqu'il n'y en a pas, aux deux marchés les plus voisins ; — 5° à la porte de l'auditoire du juge de paix de la situation des bâtimens ; et s'il n'y a pas de bâtimens, à la porte de l'auditoire de la justice de paix où se trouve la majeure partie

des biens saisis ; — 6° aux portes extérieures des tribunaux du domicile du saisi, de la situation des biens, et de la vente.

685. L'apposition des placards sera constatée par un acte auquel sera annexé un exemplaire du placard : par cet acte l'huissier attestera que l'apposition a été faite aux lieux désignés par la loi, sans les détailler.

686. Les originaux du placard, et le procès-verbal d'apposition, ne pourront être grossoyés sous aucun prétexte.

687. L'original dudit procès-verbal sera visé par le maire de chacune des communes dans lesquelles l'apposition aura été faite, et il sera notifié à la partie saisie, avec copie du placard.

688. Si les immeubles saisis ne sont pas loués ou affermés, le saisi en restera en possession jusqu'à la vente, comme séquestre judiciaire ; à moins qu'il ne soit autrement ordonné par le juge, sur la réclamation d'un ou plusieurs créanciers. Les créanciers pourront néanmoins faire faire la coupe et la vente, en tout ou en partie, des fruits pendans par les racines.

689. Les fruits échus depuis la dénonciation au saisi seront immobilisés pour être distribués avec le prix de l'immeuble par ordre d'hypothèques.

690. Le saisi ne pourra faire aucune coupe de bois ni dégradation, à peine de dommages et intérêts, auxquels il sera condamné par corps ; il pourra même être poursuivi par voie criminelle, suivant la gravité des circonstances.

691. Si les immeubles sont loués par bail dont la date ne soit pas certaine, avant le commandement, la nullité pourra en être prononcée, si les créanciers ou l'adjudicataire le demandent. — Si le bail a une date certaine, les créanciers pourront saisir et arrêter les loyers ou fermages ; et, dans ce cas, il en sera des loyers ou fermages, échus depuis la dénonciation faite au saisi, comme des fruits mentionnés en l'art. 689.

692. La partie saisie ne peut, à compter du jour de la dénonciation à elle faite de la saisie, aliéner les immeubles, à peine de nullité, et sans qu'il soit besoin de la faire prononcer.

693. Néanmoins l'aliénation ainsi faite aura son exécution, si avant l'adjudication l'acquéreur consigne somme suffisante pour acquitter, en principal, intérêts et frais, les créances inscrites, et signifie l'acte de consignation aux créanciers inscrits. — Si les deniers ainsi déposés ont été empruntés, les prêteurs n'auront d'hypothèque que postérieurement aux créanciers inscrits lors de l'aliénation.

694. Faute d'avoir fait la consignation avant l'adjudication, il ne pourra y être sursis sous aucun prétexte.

695. Un exemplaire du placard imprimé prescrit par l'art. 684 sera notifié aux créanciers inscrits, aux domiciles élus par leurs inscriptions, huit jours au moins avant la première publication de l'enchère, outre un jour pour trois myriamètres de distance entre la commune du bureau de la conservation et celle où se fait la vente.

696. La notification prescrite par l'article précédent sera enregistrée en marge de la saisie, au bureau de la conservation : du jour de cet enregistrement, la saisie ne pourra plus être rayée que du consentement des créanciers ou en vertu de jugemens rendus contre eux.

697. Quinzaine au moins avant la première publication, le poursuivant déposera au greffe le cahier des charges, contenant, — 1° l'énonciation du titre en vertu duquel la saisie a été faite, du commandement, de l'exploit de saisie, et des actes et jugemens qui auront pu être faits ou rendus ; — 2° la désignation des objets saisis, telle qu'elle a été insérée dans le procès-verbal ; — 3° les conditions de la vente ; — 4° et une mise à prix par le poursuivant.

698. Le poursuivant demeurera adjudicataire pour la mise à prix, s'il ne se présente pas de surenchérisseur.

699. Les dires, publications et adjudications seront mis sur le cahier des charges, à la suite de la mise à prix.

700. Le cahier des charges sera publié, pour la première fois, un mois au moins après la notification du procès-verbal d'affiches à la partie saisie.

701. Il ne pourra y avoir moins d'un mois ni plus de six semaines de délai entre ladite notification et la première publication.

702. Le cahier des charges sera publié à l'audience successivement de quinzaine en quinzaine, trois fois au moins avant l'adjudication préparatoire.

703. Huit jours au moins avant cette adjudication, outre un jour pour trois myriamètres de distance entre le lieu de la situation de la majeure partie des biens saisis et celui où siège le tribunal, il sera inséré dans un journal, ainsi qu'il est dit en l'article 683, de nouvelles annonces ; les mêmes placards seront apposés aux endroits désignés en l'article 684 ; ils contiendront, en outre, la mise à prix et l'indication du jour où se fera l'adjudication préparatoire. — Cette addition sera manuscrite ; et si elle donnait lieu à une réimpression de placard, les frais n'entreront pas en taxe.

704. Dans les quinze jours de cette adjudication, nouvelles annonces seront insérées dans les journaux, et nouveaux placards affichés dans la forme ci-dessus, contenant, en outre, la mention de l'adjudication préparatoire, du prix moyennant lequel elle a été faite, et indication du jour de l'adjudication définitive.

705. L'insertion aux journaux, des seconde et troisième annonces, et les seconde et troisième appositions de placards, seront justifiées dans la même forme que les premières.

706. Il sera procédé à l'adjudication définitive, au jour indiqué lors de l'adjudication préparatoire : le délai entre les deux adjudications ne pourra être moindre de six semaines.

707. Les enchères seront faites par le ministère d'avoués et à l'audience : aussitôt que les enchères seront ouvertes, il sera allumé successivement dès bougies préparées de manière que chacune ait une durée d'environ une minute. — L'enchérisseur cesse d'être obligé si son enchère est couverte par une autre, lors même que cette dernière serait déclarée nulle.

708. Aucune adjudication ne pourra être faite qu'après l'extinction de trois bougies allumées successivement. — S'il y a eu enchérisseur lors de l'adjudication préparatoire, l'adjudication ne deviendra définitive qu'après l'extinction des trois feux sans nouvelle enchère. — Si, pendant la durée d'une des trois premières bougies, il survient des enchères, l'adjudication ne pourra être faite qu'après l'extinction de deux feux sans enchère survenue pendant leur durée.

709. L'avoué dernier enchérisseur sera tenu, dans les trois jours de l'adjudication, de déclarer l'adjudicataire, et de fournir son acceptation ; sinon, de représenter son pouvoir, lequel demeurera annexé à la minute de sa déclaration : faute de ce faire, il sera réputé adjudicataire en son nom.

710. Toute personne pourra, dans la huitaine du jour où l'adjudication aura été prononcée, faire au greffe du tribunal, par elle-même ou par un fondé de procuration spéciale, une surenchère, pourvu qu'elle soit du quart au moins du prix principal de la vente.

711. La surenchère permise par l'article précédent ne sera reçue qu'à la charge, par le surenchérisseur, d'en faire, à peine de nullité, la dénonciation, dans les vingt-quatre heures, aux avoués de l'adjudicataire, du poursuivant, et de la partie saisie, si elle a avoué constitué, sans néanmoins qu'il soit nécessaire de faire cette dénonciation à la personne ou au domicile de la partie saisie qui n'aurait pas d'avoué. — La dénonciation sera faite par un simple acte contenant avenir à la prochaine audience, sans autre procédure.

712. Au jour indiqué, ne pourront être admis à concourir que l'adjudicataire et celui qui aura enchéri du quart, lequel, en cas de folle enchère, sera tenu par corps de la différence de son prix d'avec celui de la vente.

713. Les avoués ne pourront se rendre adjudicataires pour le saisi, les personnes notoirement insolvables, les juges, juges suppléans, procureurs généraux, avocats généraux, procureurs du Roi, substituts des procureurs généraux et du Roi, et greffiers du tribunal où se poursuit et se fait la vente, à peine de nullité de l'adjudication, et de tous dommages et intérêts.

714. Le jugement d'adjudication ne sera autre que la copie du cahier des charges, rédigé ainsi qu'il est dit dans l'article 697 ; il sera revêtu de l'intitulé des jugemens et du mandement qui les termine, avec injonction à la partie saisie de délaisser la possession aussitôt la signification du jugement, sous peine d'y être contrainte, même par corps.

715. Le jugement d'adjudication ne sera délivré à l'adjudicataire, qu'en rapportant par lui au greffier quittance des frais ordinaires de poursuite, et la preuve qu'il a satisfait aux conditions de l'enchère, qui doivent être exécutées avant ladite délivrance ; lesquelles quittances demeureront annexées à la minute du jugement, et seront copiées ensuite de l'adjudication : faute par l'adjudicataire de faire lesdites justifications dans les vingt jours de l'adjudication, il y sera contraint par la voie de la folle enchère, ainsi qu'il sera dit ci-après, sans préjudice des autres voies de droit.

716. Les frais extraordinaires de poursuite seront payés par privilège sur le prix, lorsqu'il en aura été ainsi ordonné par jugement.

717. Les formalités prescrites par les articles 673, 674, 675, 676, 677, 680, 681, 682, 683, 684, 685, 687, 695, 696, 697, 699, 700, 701, 702, premier alinéa de 703, 704, 705, 706, 707, 708, seront observées à peine de nullité.

ART. 2, DES INCIDENS.

Sur la poursuite de saisie immobilière.

C. Proc. (*liv.* 5, *tit.* 13, *art.* 718-748.) — 718. Toute contestation incidente à une poursuite de saisie immobilière sera jugée sommairement dans les cours et dans les tribunaux ; les demandes ne seront pas précédées de citation au bureau de conciliation.

719. Si deux saisissans ont fait enregistrer deux saisies de biens différens, poursuivies dans le même tribunal, elles seront réunies sur la requête de la partie la plus diligente, et seront

continuées par le premier saisissant : la jonction sera ordonnée, encore que l'une des saisies soit plus ample que l'autre ; mais elle ne pourra, en aucun cas, être demandée après la mise de l'enchère au greffe. En cas de concurrence, la poursuite appartiendra à l'avoué porteur du titre plus ancien ; et si les titres sont de même date, à l'avoué le plus ancien.

720. Si une seconde saisie présentée à l'enregistrement est plus ample que la première, elle sera enregistrée pour les objets non compris en la première saisie, et le second saisissant sera tenu de dénoncer sa saisie au premier saisissant, qui poursuivra sur les deux, si elles sont au même état, sinon surseoira à la première, et suivra sur la deuxième jusqu'à ce qu'elle soit au même degré ; et alors elles seront réunies en une seule poursuite, qui sera portée devant le tribunal de la première saisie.

721. Faute par le premier saisissant d'avoir poursuivi sur la seconde saisie à lui dénoncée, conformément à l'article ci-dessus, le second saisissant pourra par un simple acte demander la subrogation.

722. Elle pourra être également demandée en cas de collusion, fraude ou négligence de la part du poursuivant. — Il y a négligence, lorsque le poursuivant n'a pas rempli une formalité, ou n'a pas fait un acte de procédure, dans les délais prescrits ; sauf, dans le cas de collusion ou fraude, les dommages-intérêts envers qui il appartiendra.

723. L'appel d'un jugement qui aura statué sur cette contestation incidente, ne sera recevable que dans la quinzaine du jour de la signification à avoué.

724. Le poursuivant contre qui la subrogation aura été prononcée, sera tenu de remettre les pièces de la poursuite au subrogé, sur son récépissé ; et il ne sera payé de ses frais qu'après l'adjudication, soit sur le prix, soit par l'adjudicataire. — Si le poursuivant a contesté la subrogation, les frais de la contestation seront à sa charge, et ne pourront, en aucun cas, être employés en frais de poursuite et payés sur le prix.

725. Lorsqu'une saisie immobilière aura été rayée, le plus diligent des saisissans postérieurs pourra poursuivre sur sa saisie, encore qu'il ne se soit pas présenté le premier à l'enregistrement.

726. Si le débiteur interjette appel du jugement en vertu duquel on procède à la saisie, il sera tenu d'intimer sur cet appel, et de dénoncer et faire viser l'intimation au greffier du tribunal devant lequel se poursuit la vente ; et ce, trois jours au moins avant la mise du cahier des charges au greffe : sinon l'appel ne sera pas reçu, et il sera passé outre à l'adjudication.

727. La demande en distraction de tout ou de partie de l'objet saisi, sera formée par requête d'avoué, tant contre le saisissant que contre la partie saisie, le créancier premier inscrit et l'avoué adjudicataire provisoire. Cette action sera formée par exploit contre celle des parties qui n'aura pas avoué en cause, et, dans ce cas, contre le créancier au domicile élu par l'inscription.

728. La demande en distraction contiendra l'énonciation des titres justificatifs, qui seront déposés au greffe, et la copie de l'acte de ce dépôt.

729. Si la distraction demandée n'est que d'une partie des objets saisis, il sera passé outre, nonobstant cette demande, à la vente du surplus des objets saisis : pourront néanmoins les juges, sur la demande des parties intéressées, ordonner le sursis pour le tout ; l'adjudicataire provisoire peut, dans ce cas, demander la décharge de son adjudication.

730. L'appel du jugement rendu sur la demande en distraction sera interjeté avec assignation dans la quinzaine du jour de la signification à personne ou domicile, outre un jour par trois myriamètres en raison de la distance du domicile réel des parties : ce délai passé, l'appel ne sera plus reçu.

731. L'adjudication définitive ne transmet à l'adjudicataire d'autres droits à la propriété que ceux qu'avait le saisi.

732. Lorsque l'une des publications de l'enchère aura été retardée par un incident, il ne pourra y être procédé qu'après une nouvelle apposition de placards et insertion de nouvelles annonces en la forme ci-dessus prescrite.

733. Les moyens de nullité contre la procédure qui précède l'adjudication préparatoire, ne pourront être proposés après ladite adjudication : ils seront jugés avant ladite adjudication ; et si les moyens de nullité sont rejetés, l'adjudication préparatoire sera prononcée par le même jugement.

734. L'appel du jugement qui aura statué sur ces nullités, ne sera pas reçu, s'il n'a été interjeté avec intimation dans la quinzaine de la signification du jugement à avoué : l'appel sera notifié au greffier, et visé par lui.

735. La partie saisie sera tenue de proposer par requête, avec avenir à jour indiqué, ses moyens de nullité, si aucuns elle a, contre les procédures postérieures à l'adjudication provisoire, vingt jours au moins avant celui indiqué pour l'adjudication définitive : les juges seront tenus de statuer sur les moyens de nullité, dix jours au moins avant ladite adjudication définitive.

736. L'appel de ce jugement ne sera pas rece-

vable après la huitaine de la prononciation ; il sera notifié au greffier et visé par lui : la partie saisie ne pourra, sur l'appel, proposer autres moyens de nullité que ceux présentés en première instance.

737. Faute par l'adjudicataire d'exécuter les clauses d'adjudication, le bien sera vendu à sa folle enchère.

738. Le poursuivant la vente sur folle-enchère se fera délivrer par le greffier un certificat constatant que l'adjudicataire n'a point justifié de l'acquit des conditions exigibles de l'adjudication.

739. Sur ce certificat, et sans autre procédure ni jugement, il sera apposé nouveaux placards et inséré nouvelles annonces dans la forme ci-dessus prescrite, lesquels porteront que l'enchère sera publiée de nouveau au jour indiqué : cette publication ne pourra avoir lieu que quinzaine au moins après l'apposition des placards.

740. Le placard sera signifié à l'avoué de l'adjudicataire, et à la partie saisie, au domicile de son avoué, et si elle n'en a pas, à son domicile, au moins huit jours avant la publication.

741. L'adjudication préparatoire pourra être faite à la seconde publication, qui aura lieu quinzaine après la première.

742. A la quinzaine suivante, ou au jour plus éloigné qui aura été fixé par le tribunal, il sera procédé à une troisième publication, lors de laquelle les objets saisis pourront être vendus définitivement : chacune desdites publications sera précédée de placards et annonces, ainsi qu'il est dit ci-dessus ; et seront observées, lors de l'adjudication, les formalités prescrites par les articles 707, 708 et 709. (*V. ci-dessus*.)

743. Si néanmoins l'adjudicataire justifiait de l'acquit des conditions de l'adjudication, et consignait la somme réglée par le tribunal pour le paiement des frais de folle enchère, il ne serait pas procédé à l'adjudication définitive, et l'adjudicataire éventuel serait déchargé.

744. Le fol enchérisseur est tenu par corps de la différence de son prix d'avec celui de la revente sur folle enchère, sans pouvoir réclamer l'excédant s'il y en a ; cet excédant sera payé aux créanciers, ou, si les créanciers sont désintéressés, à la partie saisie.

745. Les articles relatifs aux nullités et aux délais et formalités de l'appel sont communs à la poursuite de la folle enchère.

746. Les immeubles appartenant à des majeurs maîtres de disposer de leurs droits ne pourront, à peine de nullité, être mis aux enchères en justice, lorsqu'il ne s'agira que de ventes volontaires.

747. Néanmoins, lorsqu'un immeuble aura été saisi réellement, il sera libre aux intéressés, s'ils sont tous majeurs et maîtres de leurs droits, de demander que l'adjudication soit faite aux enchères, devant notaires ou en justice, sans autres formalités que celles prescrites aux articles 957, 958, 959, 960, 961, 962, 964, sur *la vente des biens immeubles*. *V.* IMMOBILIÈRES (*ventes*).

748. Dans le cas de l'article précédent, si un mineur ou interdit est créancier, le tuteur pourra, sur un avis de parens, se joindre aux autres parties intéressées pour la même demande. — Si le mineur ou interdit est débiteur, les autres parties intéressées ne pourront faire cette demande qu'en se soumettant à observer toutes les formalités pour la vente des biens des mineurs.

ART. 3. TAXE DES ACTES.
Dispositions du tarif civil.

29. (Pr. 673.) Pour l'original d'un commandement tendant à saisie immobilière. — (687.) De la notification à la partie saisie de l'acte d'apposition de placards en saisie immobilière. — (693.) De la signification aux créanciers inscrits de l'acte de consignation faite par l'acquéreur, en cas d'aliénation, qui peut avoir lieu après la saisie immobilière, sous la condition de consigner.—(695.) De la notification d'un exemplaire du placard aux créanciers inscrits.— (727.) De la demande en distraction d'objets saisis immobilièrement contre la partie qui n'a pas avoué en cause.—(754,736.) De la notification au greffier de l'appel du jugement qui aura statué sur les nullités proposées en saisie immobilière, — Paris, 2 fr. — Partout ailleurs, 1 fr. 50 c. — Chaque copie, le quart.

47. (Pr. 675.) Procès-verbal de saisie immobilière auquel il n'aura été employé que trois heures, — Paris, 6 fr. — Villes où il y a tribunal de 1re instance, 5 francs. — Autres villes et cantons ruraux, 5 fr. — Cette somme sera augmentée, par chacune des vacations subséquentes qui auront pu être employées, de — Paris, 5 fr. — Villes où il y a tribunal de première instance, 4 fr. — Autres villes et cantons ruraux, 4 fr. — L'huissier ne se fera point assister de témoins.

48. (Pr. 676.) Chaque copie de ladite saisie qui sera laissée au greffier ou aux juges de paix et au maire ou adjoints des communes de la situation, le quart de l'original.

49. (Pr. 681.) Dénonciation de la saisie immobilière et des enregistremens à la partie saisie,—Paris, 2 fr. 50 c. — Villes où il y a tribunal de première instance, 2 fr.—Autres villes et cantons ruraux, 2 f. — Copie de ladite dénonciation, le quart.

50. (Pr. 685, 686.) Original de l'acte d'apposition de placards en saisie immobilière, lequel ne contiendra pas la désignation des lieux où ils ont été apposés, —Paris, 4 fr. — Villes où il y a tribunal de 1re instance, 3 fr. — Autres villes et cantons ruraux, 5 f.

Tit. 2, ch. 2, § 10.— Poursuite de saisie immobilière.

102. (Pr. 677,680.) Vacation pour faire transcrire le procès-verbal de saisie immobilière au bureau de la conservation des hypothèques et au greffe du tribunal où doit se faire la vente, par chacune, — Paris, 6 fr. — Ressort, 4 fr. 50 c. V. TARIF.

105. (Pr. 681.) Pour faire enregistrer au bureau de la conservation des hypothèques la dénonciation

faite à la partie saisie de la saisie immobilière, — Paris, 6 fr. — Ressort, 4 fr. 50 c.

104. (Pr. 682.) Extrait de la saisie immobilière qui doit être inséré dans un tableau placé à cet effet dans l'auditoire, — Paris, 6 fr. — Ressort, 4 fr. 50 c.

105. (Pr. 683.) Extrait pareil à celui prescrit par l'art. 682, qui doit être inséré dans un journal. Il sera passé autant de droits à l'avoué qu'il y aura eu d'insertions prescrites par le Code, — Paris, 2 fr. — Ressort, 1 fr. 50 c. — Pour faire légaliser la signature de l'imprimeur par le maire, s'il y a lieu, — Paris, 2 fr. — Ressort, 1 fr. 50 c.

106. (Pr. 684, 686.) Extrait de la saisie immobilière qui doit être imprimé et placardé, et qui servira d'original et ne pourra être grossoyé, — Paris, 6 fr. — Ressort, 4 fr. 50 c. — Il ne sera passé qu'un droit à l'avoué, attendu qu'aux termes de l'art. 703 il ne doit entrer en taxe qu'une seule impression de placards ; et que les additions, lors des appositions subséquentes, doivent être manuscrites.

107. (Pr. 695.) Vacation pour se faire délivrer l'extrait des inscriptions, — Paris, 6 fr. — Ressort, 4 fr. 50 c.

108. (Pr. 696.) Vacation pour faire enregistrer, à la conservation des hypothèques, la notification du placard faite aux créanciers inscrits, — Paris, 6 fr. — Ressort¹, 4 fr. 50 c.

109. (Pr. 697.) Pour la grosse du cahier des charges, contenant vingt-cinq lignes à la page, et douze syllabes à la ligne, — Paris, 2 fr. — Ressort, 1 fr. 50 c. — Il ne sera signifié de copie, ni à la partie saisie, ni aux créanciers inscrits, attendu que cette grosse doit être déposée au greffe, quinzaine avant la première publication, et que toute partie intéressée a la faculté d'en prendre communication.

110. Il ne sera fait qu'une seule grosse, et il n'en sera point remis à l'huissier audiencier pour les publications : l'huissier publiera sur la note qui lui sera remise par le greffier, et le greffier constatera les publications qui seront d'ailleurs signées par le juge ; vacation pour déposer au greffe le cahier des charges, — Paris, 3 fr. — Ressort 2 fr. 45 c.

111. (Pr. 699 et 700.) A chaque publication des charges, avec les dires qui pourront avoir lieu, — Paris, 3 fr. — Ressort, 2 fr. 45 c. — Il ne sera point signifié d'acte de remise de la publication du cahier des charges, attendu que les parties intéressées peuvent se présenter à la première publication et connaître les jours auxquels les publications subséquentes auront lieu ; que d'ailleurs l'apposition des placards et l'insertion dans un journal annonçant les adjudications préparatoires et définitives, les instruiront suffisamment.

112. (Pr. 702.) Vacation à l'adjudication préparatoire, — Paris, 6 fr. — Ressort, 4 fr. 50 c.

113. (Pr. 706.) Vacation à l'adjudication définitive, — Paris, 5 fr. — Ressort, 12 fr. — Indépendamment des émoluments ci-dessus fixés, il sera alloué à l'avoué poursuivant, sur le prix des biens dont l'adjudication sera faite au-dessus de 2,000 fr., savoir : depuis 2,000 fr. jusqu'à 10,000 fr., un pour cent ; sur la somme excédant 10,000 jusqu'à 50,000 fr., demi pour cent ; sur la somme excédant 50,000 fr. jusqu'à 100,000 fr., un quart pour cent ; et sur l'excédant de 100,000 fr., indéfiniment un huitième d'un pour cent. — En cas d'adjudication par lots de biens compris dans la même poursuite, en l'état où elle se trouvera lors des adjudications, la totalité des prix des lots sera réunie pour fixer le montant de la remise. Il ne sera passé que trois quarts de la remise aux avoués des tribunaux de département.

114. (Pr. 707.) Vacation pour enchérir, — Paris, 7 fr. 50 c. — Ressort, 5 fr. 63 c. — Pour enchérir et se rendre adjudicataire, — Paris, 15 f. — Ressort, 11 fr. 25 c. — Pour faire la déclaration de command, — Paris, 6 fr. — Ressort, 4 fr. 50 c. — Nota. Les vacations pour enchérir ou pour la déclaration de command sont à la charge de l'enchérisseur ou de l'adjudicataire.

115. (Pr. 710.) Vacation pour faire au greffe la surenchère du quart au moins du prix principal de l'adjudication en saisie immobilière, — Paris, 15 fr. — Ressort, 11 fr. 25 c.

116. (Pr. 711.) Acte de dénonciation de la surenchère aux avoués de l'adjudicataire, du poursuivant, et de la partie saisie, si elle en a constitué, contenant avenir à la prochaine audience, — Paris, 1 fr. — Ressort, 75 c. — Chaque copie, le quart.

117. (Pr. 719.) Requête d'avoué à avoué contenant demande à fin de réunion de poursuites de saisies immobilières de biens différents portées devant le même tribunal, — par chaque rôle, — Paris, 2 fr. — Ressort, 1 fr. 50 c. — Copie, le quart. — Requête en défense à cette même demande, — Paris, 2 fr. — Ressort, 1 fr. 50 c. — Copie, le quart.

118. (Pr. 720.) Acte de dénonciation de la plus ample saisie au premier saisissant, à la requête du plus ample saisissant, avec sommation de se mettre en état, — Paris, 3 fr. — Ressort, 2 fr. 25 c. — Copie, le quart.

119. (Pr. 721 et 722.) Acte contenant demande en subrogation à la poursuite, soit faute par le premier saisissant de s'être mis en état sur la plus ample saisie, soit en état de collusion, faute ou négligence de la part du poursuivant, — Paris, 5 fr. — Ressort, 3 fr. 75 c. — Copie, le quart. — Acte en réponse, — Paris, 5 fr. — Ressort, 5 fr. 75 c. — Copie, le quart.

120. (Pr. 726.) Vacation pour faire viser par le greffier l'exploit d'intimation sur l'appel du jugement en vertu duquel il a été procédé à la saisie immobilière, — Paris, 2 fr. — Ressort, 1 fr. 50 c.

121. (Pr. 728.) Pour déposer au greffe les titres justificatifs d'une demande en distraction d'objets immobiliers saisis, — Paris, 3 fr. — Ressort, 2 fr. 45 c.

122. (Pr. 727.) Requête d'avoué à avoué contenant demande en distraction, — par chaque rôle, — Paris, 2 f. — Ressort, 1 fr. 50 c. — Copie, le quart. — Requête en réponse, — par chaque rôle, — Paris, 2 fr. — Ressort, 1 fr. 50 c. — Copie, le quart.

123. (Pr. 729.) Requête d'avoué à avoué contenant demande en décharge de l'adjudication préparatoire de la part de l'adjudicataire en cas de demande en distraction de tout ou partie de l'objet saisi immobilièrement, par chaque rôle, sans cependant qu'elle puisse excéder le nombre de trois rôles, — Paris, 2 f. — Ressort, 1 f. 50 c. — Copie, le quart. — Réponse, — Paris, 2 fr. — Ressort, 1 fr. 50 c. — Copie, le quart.

124. (Pr. 733.) Requête d'avoué à avoué de la part de la partie saisie, contenant moyens de nullité contre la procédure antérieure à l'adjudication pré-

paratoire, — par chaque rôle, — Paris, **2 fr.** — Ressort, **1 fr. 50 c.** — Copie, le quart. — Réponse, — Paris, **2 fr.** — Ressort, **1 fr. 50 c.** — Copie, le quart.

125. (Pr. 735.) Requête d'avoué à avoué de la part de la partie saisie, contenant ses moyens contre les procédures postérieures à l'adjudication préparatoire, — Paris, **2 fr.** — Ressort, **1 fr. 50 c.** — Copie, le quart. — Requête en réponse, — Paris, **2 fr.** — Ressort, **1 fr. 50 c.** — Copie, le quart.

126. (Pr. 738.) Vacation pour requérir le certificat du greffier constatant que l'adjudicataire n'a point justifié de l'acquit des conditions exigibles de l'adjudication, — Ressort, **2 fr. 25 c.**

127. (Pr. 747.) Requête non grossoyée et non signifiée, sur le consentement de toutes les parties intéressées, pour demander, après saisie immobilière, que l'immeuble saisi soit vendu aux enchères, par-devant notaires ou en justice, — Paris, **6 fr.** — Ressort, **4 fr. 50 c.**

128. Les émolumens des avoués pour dresser le cahier des charges, en faire le dépôt au greffe, et pour les publications, les extraits à placarder et à insérer dans les journaux, les adjudications préparatoires et définitives, seront réglés et taxés comme en saisie immobilière, lorsqu'il s'agira, — (656) 1° de saisie de rentes constituées sur particuliers ; — (852) 2° de surenchère sur aliénation volontaire ; — (954) 3° de vente d'immeubles de mineurs, et des biens dotaux dans le régime dotal ; — (972) 4° de vente sur licitation ; — (988 et 1001) 5° et de vente d'immeubles dépendans d'une succession bénéficiaire ou vacante, ou provenant d'un débiteur failli ou qui a fait cession.

129. La remise proportionnelle sur le prix de l'adjudication sera divisée en licitation, ainsi qu'il suit : — moitié appartiendra à l'avoué poursuivant ; — la seconde moitié sera partagée par égales portions entre tous les avoués qui ont occupé dans la licitation, y compris l'avoué poursuivant, qui aura part comme les autres dans cette seconde moitié. — L'art. 972 prescrivant en licitation la signification du cahier des charges par un simple acte aux avoués des solicitans, cet acte sera taxé comme un acte simple ; et la copie du cahier des charges comme celle de requête d'avoué à avoué. — Dans tous les cahiers des charges, il est expressément défendu d'y stipuler d'autres et plus grands droits au profit des avoués que ceux énoncés au présent tarif ; et s'il y est inséré quelque clause pour les exhausser, elle sera réputée non écrite.

IMMOBILIÈRES (VENTES).

PROCÉDURE.

De la vente des biens immeubles.

C. Proc. (2e part., *liv.* 2, *tit.* 6, art. 953-965). 953. Si les immeubles n'appartiennent qu'à des majeurs, ils seront vendus, s'il y a lieu, de la manière dont les majeurs conviendront. — S'il y a lieu à licitation, elle sera faite conformément à ce qui est prescrit au titre *des partages et licitations* (art. 966-985. *V.* LICITATION.).

954. Si les immeubles n'appartiennent qu'à des mineurs, la vente ne pourra en être ordonnée que d'après un avis de parens. — Cet avis ne sera point nécessaire lorsque les immeubles appartiendront en partie à des majeurs et à des mi-

neurs, et lorsque la licitation sera ordonnée sur la demande des majeurs.—Il sera procédé à cette licitation ainsi qu'il est prescrit au titre *des partages et licitations.*

955. Lorsque le tribunal civil homologuera les délibérations du conseil de famille relatives à l'aliénation des biens immeubles des mineurs, il nommera, par le même jugement, un ou trois experts, suivant que l'importance des biens paraîtra l'exiger, et ordonnera que, sur leur estimation, les enchères seront publiquement ouvertes devant un membre du tribunal ou devant un notaire à ce commis aussi par le même jugement.

956. Les experts, après avoir prêté serment, rédigeront leur rapport en un seul avis, à la pluralité des voix ; il présenteront les bases de l'estimation qu'ils auront faite.

957. Ils remettront la minute de leur rapport ou au greffe ou chez le notaire, suivant qu'un membre du tribunal ou un notaire aura été commis pour recevoir les enchères.

958. Les enchères seront ouvertes sur un cahier de charges, déposé au greffe ou chez le notaire commis, et contenant,— 1° l'énonciation du jugement homologatif de l'avis des parens ; — 2° celle du titre de propriété ; — 3° la désignation sommaire des biens à vendre et le prix de leur estimation ; — 4° les conditions de la vente.

959. Ce cahier sera lu à l'audience, si la vente se fait en justice. Lors de sa lecture, le jour auquel il sera procédé à la première adjudication, ou adjudication préparatoire, sera annoncé. Ce jour sera éloigné de six semaines au moins.

960. L'adjudication préparatoire, soit devant le tribunal, soit devant le notaire, sera indiquée par des affiches. Ces affiches ou placards ne contiendront que la désignation sommaire des biens, les noms, professions et domiciles du mineur, de son tuteur et de son subrogé-tuteur, et la demeure du notaire, si c'est devant un notaire que la vente doit être faite.

961. Ces placards seront apposés, par trois dimanches consécutifs, — 1° à la principale porte de chacun des bâtimens dont la vente sera poursuivie ; — 2° à la principale porte des communes de la situation des biens ; et à Paris, à la principale porte seulement de la municipalité dans l'arrondissement de laquelle les biens sont situés ; — 3° à la porte extérieure du tribunal qui aura permis la vente ; et à celle du notaire, si c'est un notaire qui doit y procéder. — Les maires des communes où ces placards auront été apposés, les viseront et certifieront sans frais, sur un exemplaire qui restera joint au dossier.

962. Copie desdits placards sera insérée dans un journal, conformément à l'article 685 ci-des-

sus. *V.* Immobilière (*saisie*). Cette insertion sera constatée ainsi qu'il est dit au titre *de la saisie immobilière :* elle sera faite huit jours au moins avant le jour indiqué pour l'adjudication préparatoire.

963. L'apposition des placards et l'insertion aux journaux seront réitérées huit jours au moins avant l'adjudication définitive.

964. Au jour indiqué pour l'adjudication définitive, si les enchères ne s'élèvent pas au prix de l'estimation, le tribunal pourra ordonner, sur un nouvel avis de parens, que l'immeuble sera adjugé au plus offrant, même au-dessous de l'estimation ; à l'effet de quoi l'adjudication sera remise à un délai fixé par le jugement, et qui ne pourra être moindre de quinzaine. — Cette adjudication sera encore indiquée par des placards apposés dans les communes et lieux, visés, certifiés et insérés dans les journaux, comme il est dit ci-dessus, huit jours au moins avant l'adjudication.

965. Seront observées, au surplus, relativement à la réception des enchères, à la forme de l'adjudication et à ses suites, les dispositions contenues dans les articles 707 et suivans du titre *de la saisie immobilière* (*V.* Immobilière [*saisie*]) : néanmoins, si les enchères sont reçues par un notaire, elles pourront être faites par toutes personnes, sans ministère d'avoué.

Dispositions du tarif civil.

63. (Pr. 961.) Le procès-verbal d'apposition de placards, en vente de biens immeubles de mineurs, ou dépendans d'une succession bénéficiaire ou vacante, ou abandonnée par un débiteur failli, sera taxé comme en saisie immobilière. *V.* Immobilière (*saisie*).

78.(Pr.953 et 964.)Requête à fin d'homologation d'un avis du conseil de famille pour aliéner les immeubles des mineurs, ou pour être autorisé à vendre au-dessous de l'estimation. Elle ne peut être grossoyée, et l'émolument pour prendre les ordonnances et communiquer est comprise dans la taxe. — Paris, 7 fr. 50 c. — Ressort, 5 fr. 50 c. *V.* Tarif.

IMPENSES D'AMÉLIORATIONS. *V.* Améliorations (*impenses d'*).

IMPOSSIBLE (condition).

C. Civ. 1172. Toute condition d'une chose impossible, ou contraire aux bonnes mœurs, ou prohibée par la loi, est nulle, et rend nulle la convention qui en dépend.

1173. La condition de ne pas faire une chose impossible ne rend pas nulle l'obligation contractée sous cette condition.

IMPRÉVU (cas). *V.* Fortuit (*cas*).

IMPRUDENCE.

C. Civ. 1383. Chacun est responsable du dommage qu'il a causé, non-seulement par son fait, mais encore par sa négligence ou par son imprudence. *V.* Dommage.

IMPUISSANCE.

C. Civ. 313. Le mari ne pourra, en alléguant son impuissance naturelle, désavouer l'enfant

IMPUTATION.

I. dispositions générales.
De l'imputation des paiemens.

C. Civ. (*liv.* 3, *tit.* 3, *ch.* 5, *sect.* 1, § 3, *art.* 1253-1256). — 1253. Le débiteur de plusieurs dettes a le droit de déclarer, lorsqu'il paie, quelle dette il entend acquitter.

1254. Le débiteur d'une dette qui porte intérêt ou produit des arrérages, ne peut point, sans le consentement du créancier, imputer le paiement qu'il fait sur le capital par préférence aux arrérages ou intérêts : le paiement fait sur le capital et intérêts, mais qui n'est point intégral, s'impute d'abord sur les intérêts.

1255. Lorsque le débiteur de diverses dettes a accepté une quittance par laquelle le créancier a imputé ce qu'il a reçu sur l'une de ces dettes spécialement, le débiteur ne peut plus demander l'imputation sur une dette différente, à moins qu'il n'y ait eu dol ou surprise de la part du créancier.

1256. Lorsque la quittance ne porte aucune imputation, le paiement doit être imputé sur la dette que le débiteur avait pour lors le plus d'intérêt d'acquitter entre celles qui sont pareillement échues ; sinon, sur la dette échue, quoique moins onéreuse que celles qui ne le sont point, — Si les dettes sont d'égale nature, l'imputation se fait sur la plus ancienne : toutes choses égales, elle se fait proportionnellement.

II. dispositions additionnelles.

Antichrèse. *C. Civ.* 2085. Le créancier n'acquiert par (le contrat d'antichrèse) que la faculté de percevoir les fruits de l'immeuble, à la charge de les imputer annuellement sur les intérêts, s'il lui en est dû, et ensuite sur le capital de sa créance.

Gage. *C. Civ.* 2081. S'il s'agit d'une créance donnée en gage, et que cette créance porte intérêts, le créancier impute ces intérêts sur ceux qui peuvent lui être dus.—Si la dette pour sûreté de laquelle la créance a été donnée en gage ne porte point elle-même intérêts, l'imputation se fait sur le capital de la dette.

Prêt. *C. Civ.* 1906. L'emprunteur qui a payé des intérêts qui n'étaient pas stipulés, ne peut ni les répéter, ni les imputer sur le capital.

Société. *C. Civ.* 1848. Lorsque l'un des associés est, pour son compte particulier, créancier d'une somme exigible envers une personne qui se trouve aussi devoir à la société une somme également exigible, l'imputation de ce qu'il reçoit de e débiteur doit se faire sur la créance de la société et sur la sienne dans la proportion des deux créances, encore qu'il eût par sa quittance dirigé l'imputation intégrale sur sa créance particulière; mais, s'il a exprimé dans sa quittance que l'imputation serait faite en entier sur la créance de la société, cette stipulation sera exécutée.

INALIÉNABILITÉ DE LA DOT.

1° *Régime dotal.*

C. Civ. 1554. Les immeubles constitués en dot ne peuvent être aliénés ou hypothéqués pendant le mariage ni par le mari, ni par la femme, ni par les deux conjointement, sauf les exceptions (établies par la loi). *V.* Dotal (*régime*).

2° *Régime exclusif de communauté.*

C. Civ. 1555. Les immeubles constitués en dot, dans le cas (d'exclusion de communauté) ne sont point inaliénables. — Néanmoins ils ne peuvent être aliénés sans le consentement du mari, et, à son refus, sans l'autorisation de la justice.

INCAPACITÉ. *V.* Capacité.

INCENDIE.

I. loi civile.

Dispositions diverses.

Bail. *C. Civ.* 1733. (Le preneur) répond de l'incendie, à moins qu'il ne prouve — que l'incendie est arrivé par cas fortuit ou force majeure, ou par vice de construction, — ou que le feu a été communiqué par une maison voisine.

1734. S'il y a plusieurs locataires, tous sont solidairement responsables de l'incendie; — à moins qu'ils ne prouvent que l'incendie a commencé dans l'habitation de l'un d'eux, auquel cas celui-là seul en est tenu; — ou que quelques-uns ne prouvent que l'incendie n'a pu commencer chez eux, auquel cas ceux-là n'en sont pas tenus.

Dépôt nécessaire. *C. Civ.* 1949. Le dépôt nécessaire est celui qui a été forcé par quelque accident, tel qu'un incendie. *V.* Dépôt.

II. loi pénale.

C. Pén. 434. Quiconque aura volontairement mis le feu à des édifices, navires, bateaux, magasins, chantiers, quand ils sont habités ou servent à l'habitation, et généralement aux lieux habités ou servant à l'habitation, qu'ils appartiennent ou n'appartiennent pas à l'auteur du crime, sera puni de mort. — Sera puni de la même peine quiconque aura volontairement mis le feu à tout édifice servant à des réunions de citoyens.— Quiconque aura volontairement mis le feu à des édifices, navires, bateaux, magasins, chantiers, lorsqu'ils ne sont ni habités, ni servant à habitation, ou à des forêts, bois taillis ou récoltes sur pied,

lorsque ces objets ne lui appartiennent pas, sera puni de la peine des travaux forcés à perpétuité. — Celui qui, en mettant le feu à l'un des objets énumérés dans le paragraphe précédent et à lui-même appartenant, aura volontairement causé un préjudice quelconque à autrui, sera puni des travaux forcés à temps. — Quiconque aura volontairement mis le feu à des bois ou récoltes abattus, soit que les bois soient en tas ou en cordes, et les récoltes en tas ou en meules, si ces objets ne lui appartiennent pas, sera puni des travaux forcés à temps. — Celui qui, en mettant le feu à l'un des objets énumérés dans le paragraphe précédent et à lui-même appartenant, aura volontairement causé un préjudice quelconque à autrui, sera puni de la réclusion. — Celui qui aura communiqué l'incendie à l'un des objets énumérés dans les précédens paragraphes, en mettant volontairement le feu à des objets quelconques, appartenant soit à lui, soit à autrui, et placés de manière à communiquer ledit incendie, sera puni de la même peine que s'il avait directement mis le feu à l'un desdits objets. — Dans tous les cas, si l'incendie a occasioné la mort d'une ou plusieurs personnes se trouvant dans les lieux incendiés au moment où il a éclaté, la peine sera la mort.

436. La menace d'incendier une habitation ou toute autre propriété sera punie de la peine portée contre la menace d'assassinat, et d'après les distinctions établies par les articles 305, 306 et 307 [1].

458. L'incendie des propriétés mobilières ou immobilières d'autrui, qui aura été causé par la vetusté ou le défaut soit de réparation, soit de nettoyage des fours, cheminées, forges, maisons ou usines prochaines, ou par des feux allumés dans les champs à moins de cent mètres des maisons, édifices, forêts, bruyères, bois, vergers, plantations, haies, meules, tas de grains, pailles, foins, fourrages, ou tout autre dépôt de matières combustibles, ou par des feux ou lumières por-

---

[1] 305. Quiconque aura menacé, par écrit anonyme ou signé, d'assassinat, d'empoisonnement, ou de tout autre attentat contre les personnes qui seraient passibles de la peine de mort, des travaux forcés à perpétuité, ou de la déportation, sera puni de la peine des travaux forcés à temps, dans le cas où la menace aurait été faite avec ordre de déposer une somme d'argent dans un lieu indiqué, ou de remplir toute autre condition.

306. Si cette menace n'a été accompagné d'aucun ordre ou condition, la peine sera d'un emprisonnement de deux ans au moins et de cinq ans au plus, et d'une amende de cent francs à six cents francs.

307. Si la menace faite avec ordre ou sous condition a été verbale, le coupable sera puni d'un emprisonnement de six mois à deux ans, et d'une amende de vingt-cinq francs à trois cents francs.

tés ou laissés sans précaution suffisante, ou par des pièces d'artifice allumées ou tirées par négligence ou imprudence, sera puni d'une amende de cinquante francs au moins et de cinq cents francs au plus.

475. Seront punis d'amende, depuis six francs jusqu'à dix francs inclusivement, — 1°......
12° ceux qui, le pouvant, auront refusé ou négligé de faire les travaux, le service, ou de prêter le secours dont ils auront été requis, dans les circonstances d'accidens, incendie ou autres calamités.

INCESTUEUX (ENFANS). *V.* ADULTÉRINS (*enfans*).

INCIDENS.

1° *Dispositions générales.*

C. Proc. **406.** Les demandes incidentes et les interventions seront formées par requête d'avoué, qui ne pourra contenir que des conclusions motivées.

Des incidens.

C. Proc. (*liv.* 2, *tit.* 16, *art.* 337-541).

§ 1, *des demandes incidentes.*

337. Les demandes incidentes seront formées par un simple acte contenant les moyens et les conclusions, avec offre de communiquer les pièces justificatives sur récépissé, ou par dépôt au greffe. — Le défendeur à l'incident donnera sa réponse par un simple acte.

338. Toutes demandes incidentes seront formées en même temps ; les frais de celles qui seraient proposées postérieurement, et dont les causes auraient existé à l'époque des premières, ne pourront être répétés. — Les demandes incidentes seront jugées par préalable, s'il y a lieu ; et dans les affaires sur lesquelles il aura été ordonné une instruction par écrit, l'incident sera porté à l'audience, pour être statué ce qu'il appartiendra. *V.* IMMOBILIÈRE (*saisie*), p. 423.

§ 2, *de l'intervention. V.* INTERVENTION.

2° *Dispositions additionnelles.*

APPEL INCIDENT. *C. Proc.* **443.** L'intimé pourra interjeter incidemment appel en tout état de cause, quand même il aurait signifié le jugement sans protestation.

REQUÊTE CIVILE. *C. Proc.* **493.** Si la requête civile est formée incidemment devant un tribunal compétent pour en connaître, elle le sera par requête d'avoué à avoué ; mais, si elle est incidente à une contestation portée dans un autre tribunal que celui qui a rendu le jugement, elle sera formée par assignation devant les juges qui ont rendu le jugement.

3° *Dispositions du tarif civil.*

71. (*Pr.* 337.) Acte contenant les moyens et conclusions des demandes incidentes ; — acte servant de réponse aux demandes incidentes.—Original,—Paris, 5 fr. — Ressort, 3 fr. 75 c. (*V.* TARIF.) — Chaque copie, le quart.

INCOMPÉTENCE.

I. LOI CIVILE.

Dispositions générales.

C. Proc. **83.** Seront communiquées au procureur du Roi, — 1°..... 5° les déclinatoires sur l'incompétence.

168. La partie qui aura été appelée devant un tribunal autre que celui qui doit connaître de la contestation, pourra demander son renvoi devant les juges compétens.

169. Elle sera tenue de former cette demande préalablement à toutes autres exceptions et défenses.

170. Si néanmoins le tribunal était incompétent à raison de la matière, le renvoi pourra être demandé en tout état de cause ; et, si le renvoi n'était pas demandé, le tribunal sera tenu de renvoyer d'office devant qui de droit.

454. Lorsqu'il s'agira d'incompétence, l'appel sera recevable, encore que le jugement ait été qualifié en dernier ressort.

C. Com. **647.** Les cours royales ne pourront, en aucun cas, à peine de nullité, et même des dommages et intérêts des parties, s'il y a lieu, accorder des défenses ni surseoir à l'exécution des jugemens des tribunaux de commerce, quand même ils seraient attaqués d'incompétence ; mais elles pourront, suivant l'exigence des cas, accorder la permission de citer extraordinairement à jour et heure fixés pour plaider sur l'appel.

II. LOI CRIMINELLE.

C. Inst. cr. **539.** Lorsque le prévenu ou l'accusé, l'officier chargé du ministère public, ou la partie civile, aura excipé de l'incompétence d'un tribunal de première instance ou d'un juge d'instruction, ou proposé un déclinatoire, soit que l'exception ait été admise ou rejetée, nul ne pourra recourir à la cour de cassation pour être réglé de juges ; sauf à se pourvoir devant la cour royale contre la décision portée par le tribunal de première instance ou le juge d'instruction, et à se pourvoir en cassation, s'il y a lieu, contre l'arrêt rendu par la cour royale.

408. Lorsque l'accusé aura subi une condamnation, l'omission ou violation (des formes prescrites à peine de nullité) donnera lieu, sur la poursuite de la partie condamnée ou du ministère public, à l'annulation de l'arrêt de condamnation, et de ce qui l'a précédé, à partir du plus ancien acte nul. — Il en sera de même dans le cas d'incompétence.

INCORPORATION.

C. Civ. 712. La propriété s'acquiert par accession ou incorporation. *V.* ACCESSION.

INCORPORELS (DROITS).

C. Civ. 1607. La tradition des droits incorporels se fait, ou par la remise des titres, ou par l'usage que l'acquéreur en fait du consentement du vendeur. *V.* TRANSPORT.

2075. Le privilège (sur le gage) ne s'établit sur les meubles incorporels, tels que les créances mobilières, que par acte public ou sous seing privé, enregistré, et signifié au débiteur de la créance donnée en gage.

INDEMNITÉ. *V.* DOMMAGE.

INDICATION DE PAIEMENT.

C. Civ. 1277. La simple indication faite par le débiteur d'une personne qui doit payer à sa place n'opère point novation. — Il en est de même de la simple indication faite par le créancier d'une personne qui doit recevoir pour lui.

INDIGENCE. *V.* CERTIFICAT D'INDIGENCE.

INDIGNITÉ.

C. Civ. 727. Sont indignes de succéder, et, comme tels, exclus des successions, — 1.° celui qui serait condamné pour avoir donné ou tenté de donner la mort au défunt; — 2° celui qui a porté contre le défunt une accusation capitale jugée calomnieuse; — 3° l'héritier majeur qui, instruit du meurtre du défunt, ne l'aura pas dénoncé à la justice.

728. Le défaut de dénonciation ne peut être opposé aux ascendans et descendans du meurtrier, ni à ses alliés au même degré, ni à son époux ou à son épouse, ni à ses frères ou sœurs, ni à ses oncles et tantes, ni à ses neveux et nièces.

729. L'héritier exclu de la succession pour cause d'indignité, est tenu de rendre tous les fruits et les revenus dont il a eu la jouissance depuis l'ouverture de la succession.

750. Les enfans de l'indigne, venant à la succession de leur chef, et sans le secours de la représentation, ne sont pas exclus pour la faute de leur père; mais celui-ci ne peut, en aucun cas, réclamer sur les biens de cette succession l'usufruit que la loi accorde aux pères et mères sur les biens de leurs enfans.

INDIVISION.

C. Civ. 815. Nul ne peut être contraint à demeurer dans l'indivision; et le partage peut être toujours provoqué nonobstant prohibitions et conventions contraires. — On peut cependant convenir de suspendre le partage pendant un temps limité. Cette convention ne peut être obligatoire au-delà de cinq ans; mais elle peut être renouvelée. *V.* LICITATION, PARTAGE.

INDIVISIBLES (OBLIGATIONS).

1° *Dispositions générales.* *V.* DIVISIBLES (*obligations*).

2° *Dispositions diverses.*

CLAUSE PÉNALE. *C. Civ.* 1232. Lorsque l'obligation primitive, contractée avec une clause pénale, est d'une chose indivisible, la peine est encourue par la contravention d'un seul des héritiers du débiteur, et elle peut être demandée, soit en totalité contre celui qui a fait la contravention, soit contre chacun des cohéritiers pour leur part et portion, et hypothécairement pour le tout, sauf leur recours contre celui qui a fait encourir la peine.

DÉPÔT. *C. Civ.* 1939. En cas de mort naturelle ou civile de la personne qui fait le dépôt, la chose déposée ne peut être rendue qu'à son héritier. S'il y a plusieurs héritiers, elle doit être rendue à chacun d'eux pour leur part et portion. Si la chose déposée est indivisible, les héritiers doivent s'accorder entre eux pour le recevoir.

PRESCRIPTION. *C. Civ.* 2249. L'interpellation faite à l'un des héritiers d'un débiteur solidaire, ou la reconnaissance de cet héritier, n'interrompt pas la prescription à l'égard des autres cohéritiers, quand même la créance serait hypothécaire, si l'obligation n'est indivisible.

INDU PAIEMENT.

C. Civ. 1235. Tout paiement suppose une dette : ce qui a été payé sans être dû, est sujet à répétition. — La répétition n'est pas admise à l'égard des obligations naturelles qui ont été volontairement acquittées.

1376. Celui qui reçoit par erreur ou sciemment ce qui ne lui est pas dû, s'oblige à le restituer à celui de qui il l'a indûment reçu.

1377. Lorsqu'une personne qui, par erreur, se croyait débitrice, a acquitté une dette, elle a le droit de répétition contre le créancier. — Néanmoins ce droit cesse dans le cas où le créancier a supprimé son titre par suite du paiement, sauf le recours de celui qui a payé contre le véritable débiteur.

1378. S'il y a eu mauvaise foi de la part de celui qui a reçu, il est tenu de restituer, tant le capital que les intérêts ou les fruits, du jour du paiement.

1379. Si la chose indûment reçue est un immeuble ou meuble corporel, celui qui l'a reçue s'oblige à la restituer en nature, si elle existe, ou sa valeur, si elle est périe ou détériorée par sa faute; il est même garant de sa perte par cas fortuit, s'il l'a reçue de mauvaise foi.

1380. Si celui qui a reçu de bonne foi, a

vendu la chose, il ne doit restituer que le prix la vente.

1581. Celui auquel la chose est restituée doit tenir compte, même au possesseur de mauvaise foi, de toutes les dépenses nécessaires et utiles qui ont été faites pour la conservation de la chose.

INDUSTRIE.

1° *Du louage d'industrie.* *V.* Ouvrage (*louage d'*).

2° *Des ouvrages d'industrie.* *V.* Contrefaçon.

3° *De la société.*

C. Civ. 1838. La société universelle de gains renferme tout ce que les parties acquerront par leur industrie, à quelque titre que ce soit, pendant le cours de la société : les meubles que chacun des associés possède au temps du contrat y sont aussi compris; mais leurs immeubles personnels n'y entrent que pour la jouissance seulement.

1847. Les associés qui se sont soumis à apporter leur industrie à la société, lui doivent compte de tous les gains qu'ils ont faits par l'espèce d'industrie qui est l'objet de cette société.

1853. Lorsque l'acte de société ne détermine point la part de chaque associé dans les bénéfices ou pertes, la part de chacun est en proportion de sa mise dans le fonds de la société.—A l'égard de celui qui n'a apporté que son industrie, sa part dans les bénéfices ou dans les pertes est réglée comme si sa mise eût été égale à celle de l'associé qui a le moins apporté.

INDUSTRIELLE (action).

C. Civ. 529. Sont meubles par la détermination de la loi, les actions ou intérêts dans les compagnies de finance, de commerce ou d'industrie, encore que des immeubles dépendans de ces entreprises appartiennent aux compagnies. Ces actions ou intérêts sont réputés meubles à l'égard de chaque associé seulement, tant que dure la société.

INEXÉCUTION.

C. Civ. 1144. Le créancier peut, en cas d'inexécution, être autorisé à faire exécuter lui-même l'obligation aux dépens du débiteur. *V.* Dommages-intérêts.

INFAMANTES (peines).

C. Pén. 6. Les peines en matière criminelle sont ou afflictives et infamantes, ou seulement infamantes.

7. Les peines afflictives et infamantes sont, — 1° la mort; — 2° les travaux forcés à perpétuité; — 3° la déportation; — 4° les travaux forcés à temps; — 5° la détention; — 6° la réclusion.

8. Les peines infamantes sont, — 1° le bannissement; — 2° la dégradation civique.

INFANTICIDE.

C. Pén. 300. Est qualifié infanticide le meurtre d'un enfant nouveau-né.

302. Tout coupable d'infanticide sera puni de mort.

INFORMATION.

C. Inst. cr. 70. Les dépositions seront signées du juge, du greffier et du témoin après que lecture lui en aura été faite, et qu'il aura déclaré y persister : si le témoin ne veut ou ne peut signer, il en sera fait mention. Chaque page du cahier d'information sera signée par le juge et par le greffier.

INGRATITUDE.

1° *A l'égard des donations.*

955. La donation entre-vifs ne pourra être révoquée que pour cause d'inexécution des conditions sous lesquelles elle aura été faite, pour cause d'ingratitude, et pour cause de survenance d'enfans.

955. La donation entre-vifs ne pourra être révoquée pour cause d'ingratitude que dans les cas suivans : — 1° si le donataire a attenté à la vie du donateur ; — 2° s'il s'est rendu coupable envers lui de sévices, délits ou injures graves ; — 3° s'il lui refuse des alimens.

956. La révocation pour cause d'inexécution des conditions, ou pour cause d'ingratitude, n'aura jamais lieu de plein droit.

957. La demande en révocation pour cause d'ingratitude devra être formée dans l'année, à compter du jour du délit imputé par le donateur au donataire, ou du jour que le délit aura pu être connu par le donateur. — Cette révocation ne pourra être demandée par le donateur contre les héritiers du donataire, ni par les héritiers du donateur contre le donataire, à moins que, dans ce dernier cas, l'action n'ait été intentée par le donateur, ou qu'il ne soit décédé dans l'année du délit.

958. La révocation pour cause d'ingratitude ne préjudiciera ni aux aliénations faites par le donataire, ni aux hypothèques et autres charges réelles qu'il aura pu imposer sur l'objet de la donation, pourvu que le tout soit antérieur à l'inscription qui aurait été faite de l'extrait de la demande en révocation, en marge de la transcription prescrite par l'article 939 [1]. — Dans le cas de révocation, le donataire sera condamné à restituer la va

[1] 939. Lorsqu'il y aura donation de biens susceptibles d'hypothèques, la transcription des actes contenant la donation et l'acceptation, ainsi que la notification de l'acceptation qui aurait eu lieu par acte séparé, devra être faite aux bureaux des hypothèques dans l'arrondissement desquels les biens sont situés.

leur des objets aliénés, eu égard au temps de la demande, et les fruits, à compter du jour de cette demande.

959. Les donations en faveur de mariage ne seront pas révocables pour cause d'ingratitude.

2° *A l'égard des successions. V.* Indignité.

INHUMATION.

1° *Loi civile.*

C. Civ. 77. Aucune inhumation ne sera faite sans une autorisation, sur papier libre et sans frais, de l'officier de l'état civil, qui ne pourra la délivrer qu'après s'être transporté auprès de la personne décédée pour s'assurer du décès, et que vingt-quatre heures après le décès, hors les cas prévus par les règlemens de police.

81. Lorsqu'il y aura des signes ou indices de mort violente, ou d'autres circonstances qui donneront lieu de le soupçonner, on ne pourra faire l'inhumation qu'après qu'un officier de police, assisté d'un docteur en médecine ou en chirurgie, aura dressé procès-verbal de l'état du cadavre, et des circonstances y relatives, ainsi que des renseignemens qu'il aura pu recueillir sur les prénoms, nom, âge, profession, lieu de naissance et domicile de la personne décédée.

82. L'officier de police sera tenu de transmettre de suite à l'officier de l'état civil du lieu où la personne sera décédée tous les renseignemens énoncés dans son procès-verbal, d'après lesquels l'acte de décès sera rédigé. — L'officier de l'état civil en enverra une expédition à celui du domicile de la personne décédée, s'il est connu : cette expédition sera inscrite sur les registres.

2° *Loi pénale.*

C. Pén. 14. Les corps des suppliciés seront délivrés à leurs familles, si elles les réclament, à la charge par elles de les faire inhumer sans aucun appareil.

Infraction aux lois sur les inhumations.

C. Pén. (liv. 3, *tit.* 2, *ch.* 1, *sect.* 6, § 3, *art.* 358-360). — 358. Ceux qui, sans l'autorisation préalable de l'officier public, dans le cas où elle est prescrite, auront fait inhumer un individu décédé, seront punis de six jours à deux mois d'emprisonnement, et d'une amende de seize francs à cinquante francs : sans préjudice de la poursuite des crimes dont les auteurs de ce délit pourraient être prévenus dans cette circonstance.—La même peine aura lieu contre ceux qui auront contrevenu, de quelque manière que ce soit, à la loi et aux règlemens relatifs aux inhumations précipitées.

359. Quiconque aura recélé ou caché le cadavre d'une personne homicidée ou morte des suites de coups ou blessures, sera puni d'un emprisonnement de six mois à deux ans, et d'une amende

de cinquante francs à quatre cents francs; sans préjudice de peines plus graves, s'il a participé au crime.

360. Sera puni d'un emprisonnement de trois mois à un an, et de seize francs à deux cents francs d'amende, quiconque se sera rendu coupable de violation de tombeaux ou de sépultures ; sans préjudice des peines contre les crimes ou les délits qui seraient joints à celui-ci.

INJURE.

L. 17 *mai* 1819. — 13. Toute expression outrageante, terme de mépris ou invective qui ne renferme l'imputation d'aucun fait est une injure. *V.* Diffamation.

C. Inst. cr. 159. Les juges de paix connaîtront exclusivement, — 1°..... 3° des injures verbales.

C. Pén. 471. Seront punis d'amende, depuis un franc jusqu'à cinq francs inclusivement, — 1°... 11° ceux qui, sans avoir été provoqués, auront proféré contre quelqu'un des injures, autres que celles prévues (par l'article 373 [*V.* Calomnie] et par la loi du 17 mai 1819 [*V.* Diffamation]).

INNAVIGABILITÉ.

C. Com. 237. Hors le cas d'innavigabilité légalement constatée, le capitaine ne peut, à peine de nullité de la vente, vendre le navire sans un pouvoir spécial des propriétaires.

297. Le capitaine perd son fret, et répond des dommages intérêts de l'affréteur, si celui-ci prouve que, lorsque le navire a fait voile, il était hors d'état de naviguer. — La preuve est admissible nonobstant et contre les certificats de visite au départ.

369. Le délaissement des objets assurés peut être fait, — en cas d'innavigabilité, par fortune de mer.

389. Le délaissement à titre d'innavigabilité ne peut être fait, si le navire échoué peut être relevé, réparé, et mis en état de continuer sa route pour le lieu de sa destination. — Dans ce cas, l'assuré conserve son recours sur les assureurs, pour les frais et avaries occasionés par l'échouement.

390. Si le navire a été déclaré innavigable, l'assuré sur le chargement est tenu d'en faire la notification dans le délai de trois jours de la réception de la nouvelle.

391. Le capitaine est tenu, dans ce cas, de faire toutes diligences pour se procurer un autre navire à l'effet de transporter les marchandises au lieu de leur destination.

392. L'assureur court les risques des marchandises chargées sur un autre navire, dans le cas

28

prévu par l'article précédent, jusqu'à leur arrivée et leur débarquement.

INNOMMÉS (CONTRATS).

C. Civ. 1107. Les contrats, soit qu'ils aient une dénomination propre, soit qu'ils n'en aient pas, sont soumis à des règles générales. *V.* CONTRATS.

INSAISISSABLES (OBJETS).

1° *Dispositions générales.*

C. Proc. 580. Les traitemens et pensions dus par l'État ne pourront être saisis que pour la portion déterminée par les lois, ou par les règlemens et ordonnances royaux.

581. Seront insaisissables, — 1° les choses déclarées insaisissables par la loi ; — 2° les provisions alimentaires adjugées par justice ; — 3° les sommes et objets disponibles declarés insaisissables par le testateur ou donateur ; — 4° les sommes et pensions pour alimens, encore que le testament ou l'acte de donation ne les déclare pas insaisissables.

582. Les provisions alimentaires ne pourront être saisies que pour cause d'alimens ; les objets mentionnés aux numéros 3 et 4 du précédent article pourront être saisis par des créanciers postérieurs à l'acte de donation ou à l'ouverture du legs ; et ce, en vertu de la permission du juge, et pour la portion qu'il déterminera.

592. Ne pourront être saisis, — 1° les objets que la loi déclare immeubles par destination ; — 2° le coucher nécessaire des saisis, ceux de leurs enfans vivant avec eux, les habits dont les saisis sont vêtus et couverts ; — 3° les livres relatifs à la profession du saisi, jusqu'à la somme de trois cents francs, à son choix ; — 4° les machines et instrumens servant à l'enseignement, pratique ou exercice des sciences et arts, jusqu'à concurrence de la même somme, et au choix du saisi ; — 5° les équipemens des militaires, suivant l'ordonnance et le grade ; — 6° les outils des artisans nécessaires à leurs occupations personnelles ; — 7° les farines et menues denrées nécessaires à la consommation du saisi et de sa famille pendant un mois ; — 8° enfin, une vache, ou trois brebis, ou deux chèvres, au choix du saisi, avec les pailles, fourrages et grains nécessaires pour la litière et la nourriture desdits animaux pendant un mois.

593. Lesdits objets ne pourront être saisis pour aucune créance, même celle de l'État, si ce n'est pour alimens fournis à la partie saisie, ou sommes dues aux fabricans ou vendeurs desdits objets, ou à celui qui aura prêté pour les acheter, fabriquer ou réparer ; pour fermages et moissons des terres à la culture desquelles ils sont employés ; loyers des manufactures, moulins, pressoirs, usi-

nes, dont ils dépendent, et loyers des lieux servant à l'habitation personnelle du débiteur. — Les objets spécifiés sous le n° 2 du précédent article ne pourront être saisis pour aucune créance.

2° *Dispositions diverses.*

NAVIRE. *C. Com.* 215. Le bâtiment prêt à faire voile n'est pas saisissable, si ce n'est à raison de dettes contractées pour le voyage qu'il va faire ; et même, dans ce dernier cas, le cautionnement de ces dettes empêche la saisie. — Le bâtiment est censé prêt à faire voile lorsque le capitaine est muni de ses expéditions pour son voyage.

RENTE VIAGÈRE. *C. Civ.* 1981. La rente viagère ne peut être stipulée insaisissable, que lorsqu'elle a été constituée à titre gratuit.

INSCRIPTION DE FAUX. *V.* FAUX.

INSCRIPTION HYPOTHÉCAIRE.

I. DISPOSITIONS PRÉLIMINAIRES.

Des privilèges et hypothèques.

C. Civ. 2106. Entre les créanciers, les privilèges ne produisent d'effet à l'égard des immeubles qu'autant qu'ils sont rendus publics par inscription sur les registres du conservateur des hypothèques, de la manière déterminée par la loi, et à compter de la date de cette inscription, sous les seules exceptions (établies par la loi.) *V.* PRIVILÈGE.

2134. Entre les créanciers, l'hypothèque, soit légale, soit judiciaire, soit conventionnelle, n'a de rang que du jour de l'inscription prise par le créancier sur les registres du conservateur, dans la forme et de la manière prescrites par la loi, sauf les exceptions (établies par la loi.) *V.* HYPOTHÈQUE.

II. DES INSCRIPTIONS.

C. Civ. (*liv.* 3, *tit.* 8, *ch.* 4 et 5, *art.* 2146-2165). *Ch.* 4, *du mode de l'inscription des privilèges et hypothèques.*

2146. Les inscriptions se font au bureau de conservation des hypothèques dans l'arrondissement duquel sont situés les biens soumis au privilège ou à l'hypothèque. Elles ne produisent aucun effet, si elles sont prises dans le délai pendant lequel les actes faits, avant l'ouverture des faillites sont déclarés nuls. — Il en est de même entre les créanciers d'une succession, si l'inscription n'a été faite par l'un d'eux que depuis l'ouverture, et dans le cas où la succession n'est acceptée que par bénéfice d'inventaire.

2147. Tous les créanciers inscrits le même jour exercent en concurrence une hypothèque de la même date, sans distinction entre l'inscription du matin et celle du soir, quand cette différence serait marquée par le conservateur.

2148. Pour opérer l'inscription, le créancier représente, soit par lui-même, soit par un tiers, au conservateur des hypothèques, l'original en brevet ou une expédition authentique du jugement ou de l'acte qui donne naissance au privilège ou à l'hypothèque. — Il y joint deux bordereaux écrits sur papier timbré, dont l'un peut être porté sur l'expédition du titre; ils contiennent, — 1° les nom, prénom, domicile du créancier, sa profession, s'il en a une, et l'élection d'un domicile pour lui dans un lieu quelconque de l'arrondissement du bureau; — 2° les nom, prénom, domicile du débiteur, sa profession s'il en a une connue, ou une désignation, individuelle et spéciale, telle, que le conservateur puisse reconnaître et distinguer dans tous les cas l'individu grevé d'hypothèque;—3° la date et la nature du titre;—4° le montant du capital des créances exprimées dans le titre, ou évaluées par l'inscrivant, pour les rentes et prestations, ou pour les droits éventuels, conditionnels ou indéterminés, dans les cas où cette évaluation est ordonnée; comme aussi le montant des accessoires de ces capitaux, et l'époque de l'exigibilité; — 5° l'indication de l'espèce et de la situation des biens sur lesquels il entend conserver son privilège ou son hypothèque. — Cette dernière disposition n'est pas nécessaire dans le cas des hypothèques légales ou judiciaires: à défaut de convention, une seule inscription, pour ces hypothèques, frappe tous les immeubles compris dans l'arrondissement du bureau.

2149. Les inscriptions à faire sur les biens d'une personne décédée, pourront être faites sous la simple désignation du défunt, ainsi qu'il est dit au n° 2 de l'article précédent.

2150. Le conservateur fait mention, sur son registre, du contenu aux bordereaux, et remet au requérant, tant le titre ou l'expédition du titre, que l'un des bordereaux, au pied duquel il certifie avoir fait l'inscription.

2151. Le créancier inscrit pour un capital produisant intérêt ou arrérages, a droit d'être colloqué pour deux années seulement, et pour l'année courante, au même rang d'hypothèque que pour son capital; sans préjudice dés inscriptions particulières à prendre, portant hypothèque à compter de leur date, pour les arrérages autres que ceux conservés par la première inscription.

2152. Il est loisible à celui qui a requis une inscription, ainsi qu'à ses représentans, ou cessionnaires par acte authentique, de changer sur le registre des hypothèques le domicile par lui élu, à la charge d'en choisir et indiquer un autre dans le même arrondissement.

2153. Les droits d'hypothèque purement légale de l'État, des communes et des établissemens publics sur les biens des comptables, ceux des mineurs ou interdits sur les tuteurs, des femmes mariées sur leurs époux, seront inscrits sur la représentation de deux bordereaux, contenant seulement, — 1° les nom, prénom, profession et domicile réel du créancier, et le domicile qui sera par lui, ou pour lui, élu dans l'arrondissement; — 2° les nom, prénom, profession, domicile ou désignation précise du débiteur; — 3° la nature des droits à conserver, et le montant de leur valeur quant aux objets déterminés, sans être tenu de le fixer quant à ceux qui sont conditionnels, éventuels ou indéterminés.

2154. Les inscriptions conservent l'hypothèque et le privilège pendant dix années, à compter du jour de leur date: leur effet cesse, si ces inscriptions n'ont été renouvelées avant l'expiration de ce délai.

2155. Les frais des inscriptions sont à la charge du débiteur, s'il n'y a stipulation contraire; l'avance en est faite par l'inscrivant, si ce n'est quant aux hypothèques légales, pour l'inscription desquelles le conservateur a son recours contre le débiteur. Les frais de la transcription, qui peut être requise par le vendeur, sont à la charge de l'acquéreur.

2156. Les actions auxquelles les inscriptions peuvent donner lieu contre les créanciers, seront intentées devant le tribunal compétent, par exploits faits à leur personne, ou au dernier des domiciles élus sur le registre; et ce, nonobstant le décès soit des créanciers, soit de ceux chez lesquels ils auront fait élection de domicile.

Chap. 3, de la radiation et réduction des inscriptions.

2157. Les inscriptions sont rayées du consentement des parties intéressées et ayant capacité à cet effet, ou en vertu d'un jugement en dernier ressort ou passé en force de chose jugée.

2158. Dans l'un et l'autre cas, ceux qui requièrent la radiation déposent au bureau du conservateur l'expédition de l'acte authentique portant consentement, ou celle du jugement.

2159. La radiation non consentie est demandée au tribunal dans le ressort duquel l'inscription a été faite, si ce n'est lorsque cette inscription a eu lieu pour sûreté d'une condamnation éventuelle ou indéterminée, sur l'exécution ou liquidation de laquelle le débiteur et le créancier prétendu sont en instance ou doivent être jugés dans un autre tribunal; auquel cas la demande en radiation doit y être portée ou renvoyée.—Cependant la convention faite par le créancier et le débiteur, de porter, en cas de contestation, la de-

28.

mande à un tribunal qu'ils auraient désigné, recevra son exécution entre eux.

2160. La radiation doit être ordonnée par les tribunaux, lorsque l'inscription a été faite sans être fondée ni sur la loi, ni sur un titre, ou lorsqu'elle l'a été en vertu d'un titre, soit irrégulier, soit éteint ou soldé, ou lorsque les droits de privilège ou d'hypothèque sont effacés par les voies légales.

2161. Toutes les fois que les inscriptions prises par un créancier qui, d'après la loi, aurait droit d'en prendre sur les biens présens ou sur les biens à venir d'un débiteur, sans limitation convenue, seront portées sur plus de domaines différens qu'il n'est nécessaire à la sûreté des créances, l'action en réduction des inscriptions, ou en radiation d'une partie en ce qui excède la proportion convenable, est ouverte au débiteur. On y suit les règles de compétence établies dans l'art. 2159. — La disposition du présent article ne s'applique pas aux hypothèques conventionnelles.

2162. Sont réputées excessives les inscriptions qui frappent sur plusieurs domaines, lorsque la valeur d'un seul ou de quelques-uns d'entre eux excède de plus d'un tiers en fonds libres le montant des créances en capital et accessoires légaux.

2163. Peuvent aussi être réduites comme excessives, les inscriptions prises d'après l'évaluation faite par le créancier, des créances qui, en ce qui concerne l'hypothèque à établir pour leur sûreté, n'ont pas été réglées par la convention, et qui par leur nature sont conditionnelles, éventuelles ou indéterminées.

2164. L'excès, dans ce cas, est arbitré par les juges, d'après les circonstances, les probabilités des chances et les présomptions de fait, de manière à concilier les droits vraisemblables du créancier avec l'intérêt du crédit raisonnable à conserver au débiteur; sans préjudice des nouvelles inscriptions à prendre avec hypothèque du jour de leur date, lorsque l'évènement aura porté les créances indéterminées à une somme plus forte.

2165. La valeur des immeubles dont la comparaison est à faire avec celle des créances et le tiers en sus, est déterminée par quinze fois la valeur du revenu déclaré par la matrice du rôle de la contribution foncière, ou indiqué par la cote de contribution sur le rôle, selon la proportion qui existe dans les communes de la situation entre cette matrice ou cette cote et le revenu, pour les immeubles non sujets à dépérissement, et dix fois cette valeur pour ceux qui y sont sujets. Pourront néanmoins les juges s'aider, en outre,

des éclaircissemens qui peuvent résulter des baux non suspects, des procès-verbaux d'estimation qui ont pu être dressés précédemment à des époques rapprochées, et autres actes semblables, et évaluer le revenu au taux moyen entre les résultats de ces divers renseignemens. *V*. Hypothèque.

III. des bordereaux d'inscription. *V*. Bordereau, Certificats.

IV. de l'effet des inscriptions. *V*. Ordre.

INSENSÉ. *V*. Démence.

INSOLVABILITÉ.

Dispositions diverses.

Adjudication. *C. Proc.* 713. Les avoués ne pourront se rendre adjudicataires pour les personnes notoirement insolvables.

Cautions. *C. Civ.* 2020. Lorsque la caution reçue par le créancier, volontairement ou en justice, est ensuite devenue insolvable, il doit en être donné une autre.

2024. Toutes les fois que la caution a fait l'indication de biens (à discuter), et qu'elle a fourni les deniers suffisans pour la discussion, le créancier est, jusqu'à concurrence des biens indiqués, responsable, à l'égard de la caution, de l'insolvabilité du débiteur principal, survenue par le défaut de poursuites.

2026. Lorsque, dans le temps où une des cautions a fait prononcer la division, il y en avait d'insolvables, cette caution est tenue proportionnellement de ces insolvabilités; mais elle ne peut plus être recherchée à raison des insolvabilités survenues depuis la division.

2027. Si le créancier a divisé lui-même et volontairement son action, il ne peut revenir contre cette division, quoiqu'il y eût, même antérieurement au temps où il l'a ainsi consentie, des cautions insolvables.

Dot (*régime dotal*). *C. Civ.* 1573. Si le mari était déjà insolvable, et n'avait ni art ni profession lorsque le père a constitué une dot à sa fille, celle-ci ne sera tenue de rapporter à la succession du père que l'action qu'elle a contre celle de son mari, pour s'en faire rembourser. — Mais si le mari n'est devenu insolvable que depuis le mariage, — ou s'il avait un métier ou une profession qui lui tenait lieu de bien, — la perte de la dot tombe uniquement sur la femme.

Garantie. *C. Proc.* 185. En cas d'insolvabilité du garant, le garanti sera passible des dépens, à moins qu'il n'ait été mis hors de cause; il le sera aussi des dommages et intérêts, si le tribunal juge qu'il y a lieu.

Société. *C. Civ.* 1849. Lorsqu'un des associés a reçu sa part entière de la créance commune, et que le débiteur est depuis devenu insolvable, cet associé est tenu de rapporter à la masse commune ce qu'il a reçu, encore qu'il eût spécialement donné quittance *pour sa part*.

SOLIDARITÉ. *C. Civ.* 1214. Le codébiteur d'une dette solidaire, qui l'a payée en entier, ne peut répéter contre les autres que les part et portion de chacun d'eux. — Si l'un d'eux se trouve insolvable, la perte qu'occasionne son insolvabilité se répartit, par contribution, entre tous les autres codébiteurs solvables et celui qui a fait le paiement.

1215. Dans le cas où le créancier a renoncé à l'action solidaire envers l'un des débiteurs, si l'un ou plusieurs des autres codébiteurs deviennent insolvables, la portion des insolvables sera contributoirement répartie entre tous les débiteurs, même entre ceux précédemment déchargés de la solidarité par le créancier.

SUCCESSION (*héritier*). *C. Civ.* 885. Chacun des cohéritiers est personnellement obligé, en proportion de sa part héréditaire, d'indemniser son cohéritier de la perte que lui a causée l'éviction. — Si l'un des cohéritiers se trouve insolvable, la portion dont il est tenu doit être également répartie entre le garanti et tous les cohéritiers solvables.

886. La garantie de la solvabilité du débiteur d'une rente ne peut être exercée que dans les cinq ans qui suivent le partage. Il n'y a pas lieu à garantie à raison de l'insolvabilité du débiteur, quand elle n'est survenue que depuis le partage consommé.

TRANSPORT. *C. Civ.* 1694. (Celui qui vend une créance ou autre droit incorporel) ne répond de la solvabilité du débiteur que lorsqu'il s'y est engagé, et jusqu'à concurrence seulement du prix qu'il a retiré de la créance.

1695. Lorsqu'il a promis la garantie de la solvabilité du débiteur, cette promesse ne s'entend que de la solvabilité actuelle, et ne s'étend pas au temps à venir, si le cédant ne l'a expressément stipulé.

INSTANCE (TRIBUNAUX DE PREMIÈRE).

DISPOSITIONS RÉGLÉMENTAIRES.

1° *Loi du 27 ventôse an 8.*

6. Il sera établi un tribunal de première instance par arrondissement communal.

7. Les tribunaux de première instance connaîtront en dernier et dernier ressort, dans les cas déterminés par la loi (*V. ci-après*), des matières civiles ; ils connaîtront également des matières de police correctionnelle ; ils prononceront sur l'appel des jugemens rendus en premier ressort par les juges de paix.

16. Les jugemens de tous tribunaux de première instance ne pourront être rendus par moins de trois juges.

2° *Dispositions de la loi du 16-24 août 1790, auxquelles se réfère la loi du 27 ventôse an 8.*

4. Les juges de district connaîtront en première instance de toutes les affaires personnelles, réelles et mixtes, en toutes matières, excepté seulement celles qui ont été déclarées de la compétence des juges de paix, les affaires de commerce, dans les districts où il y aura des tribunaux de commerce établis, et le contentieux de la police municipale.

5. Les juges de district connaîtront, en premier et dernier ressort, de toutes les affaires personnelles et mobilières, jusqu'à la valeur de mille livres de principal, et des affaires réelles dont l'objet principal sera de cinquante livres de revenu déterminé, soit en rente, soit par prix de bail.

6. En toutes matières personnelles, réelles ou mixtes, à quelque somme ou valeur que l'objet de la contestation puisse monter, les parties seront tenues de déclarer, au commencement de la procédure, si elles consentent à être jugées sans appel, et auront encore, pendant le cours de l'instruction, la faculté d'en convenir, auquel cas les juges de district prononceront en premier et dernier ressort.

3° *Loi du 20 avril 1810.*

54. Les tribunaux de première instance continueront de connaître des matières civile et de police, conformément aux Codes et aux lois de l'empire.

55. Le tribunal de première instance de Paris sera composé de trente-six juges et de douze suppléans.

56. Les tribunaux placés dans les villes les moins populeuses et où il y a le moins d'affaires, seront composés de trois juges et de trois suppléans.

57. Le nombre des juges pourra être augmenté dans les autres villes, suivant les localités.

58. Le classement des tribunaux, leur division en sections et l'ordre de leur service, seront fixés par des réglemens d'administration publique.

59. Si les circonstances exigent qu'il soit formé des sections temporaires dans un tribunal de première instance, ces sections le seront par un règlement d'administration publique. — Elles pourront être composées de juges ou de suppléans.

40. Les juges ne pourront rendre aucun jugement, s'ils ne sont au nombre de trois au moins : sur l'appel en matière correctionnelle, ils seront au nombre de cinq. *V.* CORRECTIONNELS (*tribunaux*).

41. Les suppléans pourront assister à toutes les audiences : ils auront voix consultative ; et, en cas de partage, le plus ancien dans l'ordre de réception aura voix délibérative.

INSTITUTEUR.

C. Civ. 1384. Les instituteurs et les artisans (sont responsables) du dommage causé par leurs élèves et apprentis pendant le temps qu'ils sont sous leur surveillance.—La responsabilité ci-dessus a lieu, à moins que les instituteurs et artisans ne prouvent qu'ils n'ont pu empêcher le fait qui donne lieu à cette responsabilité.

2271. L'action des maîtres et instituteurs des sciences et arts, pour les leçons qu'ils donnent au mois, se prescrit par six mois.

2272. L'action des maîtres de pension, pour

le prix de la pension de leurs élèves, et des autres maîtres, pour le prix de l'apprentissage, se prescrit par un an.

INSTRUCTION.

I. DES AFFAIRES CIVILES.

1º *De l'instruction en général.* *V.* AJOURNEMENT, AVOUÉ, CONCLUSIONS, DÉFENSE, JUGEMENT.

2º *De l'instruction par écrit.* *V.* DÉLIBÉRÉ.

II. DES AFFAIRES CRIMINELLES.

1º *De l'instruction préalable.* *V.* INSTRUCTION (*juge d'*), MINISTÈRE PUBLIC, POLICE JUDICIAIRE.

2º *De l'instruction relative aux délits et contraventions.* *V.* CORRECTIONNELS (*tribunaux*) et POLICE (*tribunaux de*).

3º *De l'instruction tendante au renvoi devant les assises.* *V.* ACCUSATION.

4º *De l'instruction devant les assises.* *V.* CRIMINELLE (*instruction*), p. 236.

INSTRUCTION (JUGES D').

I. RÈGLEMENT.

Décret du 18 août 1810.

11. Il y aura un juge d'instruction près chaque tribunal de première instance, composé d'une ou de deux chambres. — Il y en aura deux près les tribunaux divisés en trois chambres. — Il y en aura six à Paris.

12. Il ne pourra jamais y avoir plus d'un juge d'instruction dans la même chambre.

13. Le juge d'instruction fera les rapports dont il est chargé par le Code d'Instruction criminelle, à la chambre à laquelle il sera attaché, sauf ce qui sera dit à l'article 36 ci-après.

36. Les chambres de service pour les matières correctionnelles n'auront point de vacances; il en sera de même des juges d'instruction. — Lorsque ceux-ci appartiendront à une chambre qui vaquera, ils feront leurs rapports à la chambre des vacations.

II. DISPOSITIONS GÉNÉRALES.

Des juges d'instruction.

C. Inst. cr. (liv. 1, ch. 6, art. 55-91.)

Sect. 1, du juge d'instruction.

55. Il y aura, dans chaque arrondissement communal, un juge d'instruction. Il sera choisi par Sa Majesté parmi les juges du tribunal civil, pour trois ans : il pourra être continué plus longtemps; et il conservera séance au jugement des affaires civiles, suivant le rang de sa réception.

56. Il sera établi un second juge d'instruction dans les arrondissemens où il pourrait être nécessaire; ce juge sera membre du tribunal civil. — Il y aura à Paris six juges d'instruction.

57. Les juges d'instruction seront, quant aux fonctions de police judiciaire, sous la surveillance du procureur général près la cour royale.

58. Dans les villes où il n'y a qu'un juge d'instruction, s'il est absent, malade, ou autrement empêché, le tribunal de première instance désignera l'un des juges de ce tribunal pour le remplacer.

Sect 2, fonctions du juge d'instruction.

Distinction 1re, *des cas de flagrant délit.*

59. Le juge d'instruction, dans tous les cas réputés flagrant délit, peut faire directement, et par lui-même, tous les actes attribués au procureur du Roi, en se conformant aux règles établies au chapitre *des procureurs du Roi et de leurs substituts* (*V.* MINISTÈRE [*public*]). Le juge d'instruction peut requérir la présence du procureur du Roi, sans aucun retard néanmoins des opérations prescrites dans ledit chapitre.

60. Lorsque le flagrant délit aura déjà été constaté, et que le procureur du Roi transmettra les actes et pièces au juge d'instruction, celui-ci sera tenu de faire, sans délai, l'examen de la procédure. — Il peut refaire les actes ou ceux des actes qui ne lui paraîtraient pas complets.

Distinction 2, de l'instruction.

§ 1, *dispositions générales.*

61. Hors les cas de flagrant délit, le juge d'instruction ne fera aucun acte d'instruction et de poursuite qu'il n'ait donné communication de la procédure au procureur du Roi. Il la lui communiquera pareillement lorsqu'elle sera terminée; et le procureur du Roi fera les réquisitions qu'il jugera convenables, sans pouvoir retenir la procédure plus de trois jours. — Néanmoins le juge d'instruction délivrera, s'il y a lieu, le mandat d'amener, et même le mandat de dépôt, sans que ces mandats doivent être précédés des conclusions du procureur du Roi.

62. Lorsque le juge d'instruction se transportera sur les lieux, il sera toujours accompagné du procureur du Roi et du greffier du tribunal.

§ 2, *des plaintes.* *V.* PLAINTES.

§ 3, *de l'audition des témoins.*

71. Le juge d'instruction fera citer devant lui les personnes qui auront été indiquées par la dénonciation, par la plainte, par le procureur du Roi ou autrement, comme ayant connaissance, soit du crime ou délit, soit de ses circonstances.

72. Les témoins seront cités par un huissier, ou par un agent de la force publique, à la requête du procureur du Roi.

73. Ils seront entendus séparément, et hors de la présence du prévenu, par le juge d'instruction, assisté de son greffier.

74. Ils représenteront, avant d'être entendus, la citation qui leur aura été donnée pour déposer; et il en sera fait mention dans le procès-verbal.

75. Les témoins prêteront serment de dire toute la vérité, rien que la vérité ; le juge d'instruction leur demandera leurs noms, prénoms, âge, état, profession, demeure, s'ils sont domestiques, parens ou alliés des parties, et à quel degré : il sera fait mention de la demande, et des réponses des témoins.

76. Les dépositions seront signées du juge, du greffier, et du témoin, après que lecture lui en aura été faite et qu'il aura déclaré y persister : si le témoin ne veut ou ne peut signer, il en sera fait mention. — Chaque page du cahier d'information sera signée par le juge et par le greffier.

77. Les formalités prescrites par les trois articles précédens seront remplies, à peine de cinquante francs d'amende contre le greffier, même, s'il y a lieu, de prise à partie contre le juge d'instruction.

78. Aucune interligne ne pourra être faite : les ratures et les renvois seront approuvés et signés par le juge d'instruction, par le greffier et par le témoin, sous les peines portées en l'article précédent. Les interlignes, ratures et renvois non approuvés, seront réputés non avenus.

79. Les enfans de l'un et de l'autre sexe, au-dessous de l'âge de quinze ans, pourront être entendus, par forme de déclaration et sans prestation de serment.

80. Toute personne citée pour être entendue en témoignage sera tenue de comparaître et de satisfaire à la citation : sinon, elle pourra y être contrainte par le juge d'instruction, qui, à cet effet, sur les conclusions du procureur du Roi, sans autre formalité ni délai, et sans appel, prononcera une amende qui n'excèdera pas cent francs, et pourra ordonner que la personne citée sera contrainte par corps à venir donner son témoignage.

81. Le témoin ainsi condamné à l'amende sur le premier défaut, et qui, sur la seconde citation, produira devant le juge d'instruction des excuses légitimes, pourra, sur les conclusions du procureur du Roi, être déchargé de l'amende.

82. Chaque témoin qui demandera une indemnité, sera taxé par le juge d'instruction.

83. Lorsqu'il sera constaté, par le certificat d'un officier de santé, que des témoins se trouvent dans l'impossibilité de comparaître sur la citation qui leur aura été donnée, le juge d'instruction se transportera en leur demeure, quand ils habiteront dans le canton de la justice de paix du domicile du juge d'instruction. — Si les témoins habitent hors du canton, le juge d'instruction pourra commettre le juge de paix de leur habitation à l'effet de recevoir leur déposition, et il enverra au juge de paix des notes et instruc-

tions qui feront connaître les faits sur lesquels les témoins devront déposer.

84. Si les témoins résident hors de l'arrondissement du juge d'instruction, celui-ci requerra le juge d'instruction de l'arrondissement dans lequel les témoins sont résidans de se transporter auprès d'eux pour recevoir leurs dépositions. — Dans le cas où les témoins n'habiteraient pas le canton du juge d'instruction ainsi requis, il pourra commettre le juge de paix de leur habitation, à l'effet de recevoir leurs dépositions, ainsi qu'il est dit dans l'article précédent.

85. Le juge qui aura reçu les dépositions en conséquence des articles 83 et 84 ci-dessus, les enverra closes et cachetées au juge d'instruction du tribunal saisi de l'affaire.

86. Si le témoin auprès duquel le juge se sera transporté dans les cas prévus par les trois articles précédens, n'était pas dans l'impossibilité de comparaître sur la citation qui lui avait été donnée, le juge décernera un mandat de dépôt contre le témoin et l'officier de santé qui aura délivré le certificat ci-dessus mentionné. — La peine portée en pareil cas sera prononcée par le juge d'instruction du même lieu, et sur la réquisition du procureur du Roi, en la forme prescrite par l'art. 80.

§ 4, *des preuves par écrit et des pièces de conviction. V.* CONVICTION (*pièces de*).

Chap. 7, des mandats de comparution, de dépôt, d'amener et d'arrêt. V. MANDATS.

Chap. 8, de la liberté provisoire et du cautionnement. V. CAUTIONNEMENT III, p. 154.

Chap. 9, du rapport des juges d'instruction quand la procédure est complète.

127. Le juge d'instruction sera tenu de rendre compte, au moins une fois par semaine, des affaires dont l'instruction lui est dévolue. — Le compte sera rendu à la chambre du conseil, composée de trois juges au moins, y compris le juge d'instruction ; communication préalablement donnée au procureur du Roi, pour être par lui requis ce qu'il appartiendra.

128. Si les juges sont d'avis que le fait ne présente ni crime, ni délit, ni contravention, ou qu'il n'existe aucune charge contre l'inculpé, il sera déclaré qu'il n'y a pas lieu à poursuivre ; et si l'inculpé avait été arrêté, il sera mis en liberté.

129. S'ils sont d'avis que le fait n'est qu'une simple contravention de police, l'inculpé sera renvoyé au tribunal de police, et il sera remis en liberté s'il est arrêté. — Les dispositions du présent article et de l'article précédent ne pourront préjudicier aux droits de la partie civile ou de la partie publique, ainsi qu'il sera expliqué ci-après.

130. Si le délit est reconnu de nature à être puni par des peines correctionnelles, le prévenu sera renvoyé au tribunal de police correctionnelle. —Si, dans ce cas, le délit peut entraîner la peine d'emprisonnement, le prévenu, s'il est en arrestation, y demeurera provisoirement.

131. Si le délit ne doit pas entraîner la peine de l'emprisonnement, le prévenu sera mis en liberté, à la charge de se représenter, à jour fixe, devant le tribunal compétent.

132. Dans tous les cas de renvoi, soit à la police municipale, soit à la police correctionnelle, le procureur du Roi est tenu d'envoyer, dans les vingt-quatre heures au plus tard, au greffe du tribunal qui doit prononcer, toutes les pièces, après les avoir cotées.

133. Si, sur le rapport fait à la chambre du conseil par le juge d'instruction, les juges ou l'un d'eux estiment que le fait est de nature à être puni de peines afflictives ou infamantes, et que la prévention contre l'inculpé est suffisamment établie, les pièces d'instruction, le procès-verbal constatant le corps du délit, et un état des pièces servant à conviction, seront transmis sans délai par le procureur du Roi au procureur général près la cour royale, pour être procédé ainsi qu'il sera dit au chapitre *des mises en accusation*. (*V.* ACCUSATION.) — Les pièces de conviction resteront au tribunal d'instruction, sauf ce qui sera dit aux articles 248 et 291. *V.* ASSISES (*cour d'*).

134. La chambre du conseil décernera dans ce cas, contre le prévenu, une ordonnance de prise de corps, qui sera adressée avec les autres pièces au procureur général. — Cette ordonnance contiendra le nom du prévenu, son signalement, son domicile, s'ils sont connus, l'exposé du fait et la nature du délit.

135. Lorsque la mise en liberté des prévenus sera ordonnée conformément aux art. 128, 129 et 131 ci-dessus, le procureur du Roi ou la partie civile pourra s'opposer à leur élargissement. L'opposition devra être formée dans un délai de vingt-quatre heures, qui courra, contre le procureur du Roi, à compter du jour de l'ordonnance de mise en liberté, et contre la partie civile, à compter du jour de la signification à elle faite de ladite ordonnance au domicile par elle élu dans le lieu où siège le tribunal. L'envoi des pièces sera fait ainsi qu'il est dit à l'art. 135. — Le prévenu gardera prison jusqu'après l'expiration du susdit délai.

136. La partie civile qui succombera dans son opposition sera condamnée aux dommages-intérêts envers le prévenu.

Dispositions du tarif criminel.

26. Conformément à l'art. 82 du Code d'Instruc-tion criminelle, les témoins entendus dans l'instruction et lors du jugement des affaires criminelles et de police, recevront, s'ils le demandent, une indemnité. *V.* TÉMOINS.

42. Les droits d'*expédition* sont dus pour tous les actes et pièces dont il est fait mention dans les articles du Code d'Instruction criminelle, sous les numéros 63, 65, 66, 68, 81, 86, 114, 117, 118, 120, 122, 123, 124, 125, 128, 129, 130, 131. *V.* GREFFIERS.

71. 1° Pour toutes citations et significations, dans les cas prévus par les articles 72, 81, 91, 97, 109, 114, 116, 117, 128, 129, 130, 131, 135 C. Inst. cr.—Original,— Paris, 1 fr.—Villes de 40,000 hab. et au-dessus, 75 c. — Autres villes et comm., 50 c. — 2° Chaque copie,— Paris, 75 c.—Villes de 40,000 hab. et au-dessus, 60 c. — Autres villes et comm., 50 c. — 3° Exécution des mandats d'amener, art. 61, 80, 91, 92 , y compris l'exploit de signification et la copie, — Paris, 8 fr. — Villes de 40,000 hab. et au-dessus, 6 fr. — Autres villes et comm., 5 f. — 4° Exécution des mandats de dépôt, art. 61, 86, 100, y compris l'exploit de signification et la copie, — Paris, 5 fr. — Villes de 40,000 hab. et au-dessus, 4 fr. — Autres villes et comm., 3 fr. — 5° Capture, y compris l'exploit de signification, la copie et le procès-verbal de perquisition, art. 80, 94, 109, 110, 134, — Paris, 21 fr. — Villes de 40,000 hab. et au-dessus, 18 fr. — Autres villes et comm., 15 fr.

88. Dans les cas prévus par les art. 32, 36, 43, 46, 47, 49, 50, 51 52, 59, 60, 62, 83, 84, 87, 88, 90, 464, 488, 497, 511 et 616 C. Inst. cr., les juges et les officiers du ministère public recevront des indemnités. *V.* VOYAGE (*frais de*).

III. DISPOSITIONS DIVERSES.

CAUTION. *C. Inst. cr.* 122. Le juge d'instruction rendra, le cas arrivant, sur les conclusions du procureur du Roi, ou sur la demande de la partie civile, une ordonnance pour le paiement de la somme cautionnée.

123. Le juge d'instruction délivrera, dans la même forme et sur les mêmes réquisitions, une ordonnance de contrainte contre la caution ou les cautions d'un individu mis sous la surveillance spéciale du Gouvernement, lorsque celui-ci aura été condamné, par un jugement devenu irrévocable, pour un crime ou pour un délit commis dans l'intervalle déterminé par l'acte de cautionnement.

PRISONS. *C. Inst. cr.* 611. Le juge d'instruction est tenu de visiter, au moins une fois par mois, les personnes retenues dans la maison d'arrêt de l'arrondissement.

613. Le juge d'instruction et le président des assises pourront donner respectivement tous les ordres qui devront être exécutés dans les maisons d'arrêt et de justice, et qu'ils croiront nécessaires, soit pour l'instruction, soit pour le jugement.

RENVOI APRÈS CASSATION. *C. Instr. cr.* 431. Les nouveaux juges d'instruction auxquels il pourrait être fait des délégations pour compléter l'instruction des affaires renvoyées (par la cour de cassation), ne pourront être pris parmi les juges d'instruction établis dans le ressort de la cour dont l'arrêt aura été annulé.

INTERDICTION.

I. DISPOSITIONS GÉNÉRALES.

C. Civ. 1124. Les incapables de contracter sont les interdits.

1125. L'interdit ne peut attaquer, pour cause d'incapacité, ses engagemens que dans les cas prévus par la loi. — Les personnes capables de s'engager ne peuvent opposer l'incapacité de l'interdit avec qui elles ont contracté.

De l'interdiction.

C. Civ. (*liv.* 1 , *tit.* 11 , *ch.* 2, *art.* 489-512).

— 489. Le majeur qui est dans un état habituel d'imbécillité, de démence ou de fureur, doit être interdit, même lorsque cet état présente des intervalles lucides.

490. Tout parent est recevable à provoquer l'interdiction de son parent. Il en est de même de l'un des époux à l'égard de l'autre.

491. Dans le cas de fureur, si l'interdiction n'est provoquée ni par l'époux ni par les parens, elle doit l'être par le procureur du Roi, qui, dans le cas d'imbécillité ou de démence, peut aussi la provoquer contre un individu qui n'a ni époux, ni épouse, ni parens connus.

492. Toute demande en interdiction sera portée devant le tribunal de première instance.

493. Les frais d'imbécillité, de démence ou de fureur, seront articulés par écrit. Ceux qui poursuivront l'interdiction, présenteront les témoins et les pièces.

494. Le tribunal ordonnera que le conseil de famille, formé selon le mode déterminé à la section 4 du chapitre 2 du titre *de la minorité, de la tutelle et de l'émancipation* (*V.* FAMILLE *[conseil de]*), donne son avis sur l'état de la personne dont l'interdiction est demandée.

495. Ceux qui auront provoqué l'interdiction, ne pourront faire partie du conseil de famille : cependant, l'époux ou l'épouse, et les enfans de la personne dont l'interdiction sera provoquée, pourront y être admis sans y avoir voix délibérative.

496. Après avoir reçu l'avis du conseil de famille , le tribunal interrogera le défendeur à la chambre du conseil : s'il ne peut s'y présenter, il sera interrogé dans sa demeure, par l'un des juges à ce commis , assisté du greffier. Dans tous les cas, le procureur du Roi sera présent à l'interrogatoire.

497. Après le premier interrogatoire, le tribunal commettra, s'il y a lieu , un administrateur provisoire, pour prendre soin de la personne et des biens du défendeur.

498. Le jugement sur une demande en interdiction, ne pourra être rendu qu'à l'audience publique, les parties entendues ou appelées.

499. En rejetant la demande en interdiction, le tribunal pourra néanmoins , si les circonstances l'exigent , ordonner que le défendeur ne pourra désormais plaider, transiger, emprunter, recevoir un capital mobilier, ni en donner décharge, aliéner, ni grever ses biens d'hypothèques, sans l'assistance d'un conseil qui lui sera nommé par le même jugement.

500. En cas d'appel du jugement rendu en première instance, la cour royale pourra , si elle le juge nécessaire , interroger de nouveau, ou faire interroger par un commissaire, la personne dont l'interdiction est demandée.

501. Tout arrêt ou jugement portant interdiction, ou nomination d'un conseil, sera, à la diligence des demandeurs, levé, signifié à partie, et inscrit, dans les dix jours , sur les tableaux qui doivent être affichés dans la salle de l'auditoire et dans les études des notaires de l'arrondissement.

502. L'interdiction, ou la nomination d'un conseil, aura son effet du jour du jugement. Tous actes passés postérieurement par l'interdit, ou sans l'assistance du conseil, seront nuls de droit.

503. Les actes antérieurs à l'interdiction pourront être annulés , si la cause de l'interdiction existait notoirement à l'époque où ces actes ont été faits.

504. Après la mort d'un individu, les actes par lui faits ne pourront être attaqués pour cause de démence , qu'autant que son interdiction aurait été prononcée ou provoquée avant son décès ; à moins que la preuve de la démence ne résulte de l'acte même qui est attaqué.

505. S'il n'y a pas d'appel du jugement d'interdiction rendu en première instance, ou s'il est confirmé sur l'appel , il sera pourvu à la nomination d'un tuteur ou d'un subrogé tuteur à l'interdit, suivant les règles prescrites au titre *de la minorité, de la tutelle et de l'émancipation.* (*V.* TUTELLE.) L'administrateur provisoire cessera ses fonctions, et rendra compte au tuteur s'il ne l'est pas lui-même.

506. Le mari est , de droit, le tuteur de sa femme interdite.

507. La femme pourra être nommée tutrice de son mari. En ce cas, le conseil de famille réglera la forme et les conditions de l'administration; sauf le recours devant les tribunaux de la part de la femme qui se croirait lésée par l'arrêté de la famille.

508. Nul, à l'exception des époux, des ascendans et descendans, ne sera tenu de conserver la tutelle d'un interdit au-delà de dix ans. A l'expiration de ce délai, le tuteur pourra demander et devra obtenir son remplacement.

509. L'interdit est assimilé au mineur, pour sa personne et pour ses biens : les lois sur la tutelle des mineurs s'appliqueront à la tutelle des interdits. *V.* MINEUR, TUTELLE.

510. Les revenus d'un interdit doivent être essentiellement employés à adoucir son sort et à accélérer sa guérison. Selon les caractères de sa maladie et l'état de sa fortune, le conseil de famille pourra arrêter qu'il sera traité dans son domicile, ou qu'il sera placé dans une maison de santé, et même dans un hospice.

511. Lorsqu'il sera question du mariage de l'enfant d'un interdit, la dot, ou l'avancement d'hoirie, et les autres conventions matrimoniales, seront réglés par un avis du conseil de famille, homologué par le tribunal, sur les conclusions du procureur du Roi.

512. L'interdiction cesse avec les causes qui l'ont déterminée : néanmoins la main-levée ne sera prononcée qu'en observant les formalités prescrites pour parvenir à l'interdiction, et l'interdit ne pourra reprendre l'exercice de ses droits qu'après le jugement de main-levée.

II. DISPOSITIONS ADDITIONNELLES.

COMMUNICATION. *C. Civ.* 515. Aucun jugement, en matière d'interdiction, ou de nomination de conseil, ne pourra être rendu, soit en première instance, soit en cause d'appel, que sur les conclusions du ministère public.

CONCILIATION. *C. Proc.* 49. Sont dispensés du préliminaire de la conciliation, — 1º les demandes qui intéressent les interdits.

CONSEIL DE FAMILLE, TUTELLE. *C. Civ.* 442. Ne peuvent être tuteurs, ni membres du conseil de famille, — 1º... 2º les interdits.

DÉPÔT. *C. Civ.* 1940. Si le majeur déposant se trouve frappé d'interdiction, le dépôt ne peut être restitué qu'à celui qui a l'administration des droits et des biens du déposant.

DOMICILE. *C. Civ.* 108. Le majeur interdit aura (son domicile) chez son tuteur.

DONATION. *C. Civ.* 935. La donation faite à un mineur non émancipé ou à un interdit, devra être acceptée par son tuteur, conformément à l'art. 463 [1].

EXPROPRIATION. *C. Civ.* 2205. Les immeubles d'un interdit ne peuvent être mis en vente avant la discussion du mobilier.

2207. La discussion du mobilier n'est pas requise avant l'expropriation des immeubles possédés par indivis entre un majeur et un interdit, si la dette leur est commune, ni dans le cas où les poursuites ont été commencées avant l'interdiction.

FEMME DE L'INTERDIT (*autorisation*). *C. Civ.* 222. Si le mari est interdit, le juge peut, en connaissance de cause, autoriser la femme, soit pour ester en jugement, soit pour contracter. *V.* FEMME MARIÉE.

HYPOTHÈQUE. *C. Civ.* 2121. Les droits et créances auxquels l'hypothèque légale est attribuée, sont ceux des interdits, sur les biens de leur tuteur. *V.* HYPOTHÈQUE.

MANDAT. *C. Civ.* 2003. Le mandat finit par l'interdiction, soit du mandant, soit du mandataire.

MARIAGE (*opposition*). *C. Civ.* 174. A défaut d'aucun ascendant, le frère ou la sœur, l'oncle ou la tante, le cousin ou la cousine germains, majeurs, ne peuvent former aucune opposition que dans les deux cas suivans : — 1º...... 2º lorsque l'opposition est fondée sur l'état de démence du futur époux; cette opposition, dont le tribunal pourra prononcer main-levée pure et simple, ne sera jamais reçue qu'à la charge, par l'opposant, de provoquer l'interdiction, et d'y faire statuer dans le délai qui sera fixé par le jugement.

PARTAGE. *C. Civ.* 817. L'action en partage, à l'égard des cohéritiers interdits, peut être exercée par leurs tuteurs, spécialement autorisés par un conseil de famille.

838. S'il y a parmi (les cohéritiers) des interdits, le partage doit être fait en justice. *V.* PARTAGE.

PRESCRIPTION. *C. Civ.* 2252. La prescription ne court pas contre les interdits, à l'exception des cas déterminés par la loi. *V.* PRESCRIPTION.

RESCISION (*pour lésion*). *C. Civ.* 1676. La demande (en rescision pour lésion) n'est plus recevable après l'expiration de deux années, à compter du jour de la vente. — Ce délai court contre les interdits.

(*Pour nullité.*) *C. Civ.* 1304. Dans tous les cas où l'action en nullité ou en rescision d'une convention n'est pas limitée à un moindre temps par une loi particulière, cette action dure deux ans. — Le temps ne court, à l'égard des actes faits par les interdits, que du jour où l'interdiction est levée.

1312. Lorsque les interdits sont admis, en cette qualité, à se faire restituer, contre leurs engagemens, le remboursement de ce qui aurait été, en

---

[1] 463. La donation faite au mineur ne pourra être acceptée par le tuteur qu'avec l'autorisation du conseil de famille. Elle aura, à l'égard du mineur, le même effet qu'à l'égard du majeur.

conséquence de ces engagemens, payé pendant l'interdiction, ne peut en être exigé, à moins qu'il ne soit prouvé que ce qui a été payé a tourné à leur profit.

. 1514. Lorsque les formalités requises à l'égard des interdits, soit pour aliénation d'immeubles, soit dans un partage de succession, ont été remplies, ils sont, relativement à ces actes, considérés comme s'ils les avaient faits avant l'interdiction.

SAISIE IMMOBILIÈRE. *C. Proc.* 748. Dans le cas de (saisie immobilière), si un interdit est créancier, le tuteur pourra, sur un avis de parens, se joindre aux autres parties intéressées pour (demander que l'adjudication soit faite aux enchères devant notaires ou en justice, sans autres formalités que celles prescrites pour la vente volontaire). — Si l'interdit est débiteur, les autres parties intéressées ne pourront faire cette demande qu'en se soumettant à observer toutes les formalités pour la vente des biens des mineurs.

SOCIÉTÉ. *C. Civ.* 1865. La société finit,—1°.. 4° par l'interdiction de l'un (des associés).

SUCCESSION. *C. Civ.* 776. Les successions échues aux mineurs et aux interdits ne pourront être valablement acceptées que conformément aux dispositions du titre *de la minorité, de la tutelle et de l'émancipation. V.* MINEUR.

TRANSACTION. *C. Civ.* 2045. Le tuteur ne peut transiger pour le mineur ou l'interdit que conformément à l'art. 467 [1].

III. PROCÉDURE.
De l'interdiction.

C. Proc. (2e part., *liv.* 1, *tit.* 11, *art.* 890-897).— 890. Dans toute poursuite d'interdiction, les faits d'imbécillité, de démence, ou de fureur, seront énoncés en la requête présentée au président du tribunal, et on y joindra les pièces justificatives, et l'on indiquera les témoins.

891. Le président du tribunal ordonnera la communication de la requête au ministère public, et commettra un juge pour faire rapport à jour indiqué.

892. Sur le rapport du juge et les conclusions du procureur du Roi, le tribunal ordonnera que le conseil de famille, formé selon le mode déterminé par le Code Civil, section 4 du chapitre 2,

au titre *de la minorité, de la tutelle et de l'émancipation* (*V.* FAMILLE [*conseil de*]), donnera son avis sur l'état de la personne dont l'interdiction est demandée.

893. La requête et l'avis du conseil de famille seront signifiés au défendeur avant qu'il soit procédé à son interrogatoire. — Si l'interrogatoire et les pièces produites sont insuffisans, et si les faits peuvent être justifiés par témoins, le tribunal ordonnera, s'il y a lieu, l'enquête, qui se fera en la forme ordinaire. — Il pourra ordonner, si les circonstances l'exigent, que l'enquête sera faite hors de la présence du défendeur ; mais, dans ce cas, son conseil pourra le représenter.

894. L'appel interjeté par celui dont l'interdiction aura été prononcée, sera dirigé contre le provoquant. — L'appel interjeté par le provoquant, ou par un des membres de l'assemblée, le sera contre celui dont l'interdiction aura été provoquée. — En cas de la nomination de conseil, l'appel de celui auquel il aura été donné, sera dirigé contre le provoquant.

895. S'il n'y a pas d'appel du jugement d'interdiction, ou s'il est confirmé sur l'appel, il sera pourvu à la nomination d'un tuteur et d'un subrogé-tuteur à l'interdit, suivant les règles prescrites au titre *des avis de parens* (*V.* FAMILLE [*conseil de*].— L'administrateur provisoire nommé en exécution de l'article 497 du Code Civil (*ci-dessus*), cessera ses fonctions, et rendra compte au tuteur, s'il ne l'est pas lui-même.

896. La demande en main-levée d'interdiction sera instruite et jugée dans la même forme que l'interdiction.

897. Le jugement qui prononcera défenses de plaider, transiger, emprunter, recevoir un capital mobilier, en donner décharge, aliéner ou hypothéquer sans assistance de conseil, sera affiché dans la forme prescrite par l'article 501 du Code Civil (*ci-dessus*).

Dispositions du tarif civil.

79. (Pr. 890.) Requête contenant demande à fin d'interdiction, le détail des faits et l'indication des témoins. — Elle ne peut être grossoyée, l'émolument pour prendre l'ordonnance et communiquer compris, — Paris, 15 fr. — Ressort, 12 fr. *V.* TARIF.

92. (Pr. 892.) Vacation pour assister à la délibération du conseil de famille qui suit la demande en interdiction et avant l'interrogatoire. — (C. C. 501.) Pour faire l'extrait du jugement qui prononcera une interdiction ou une nomination de conseil, le faire insérer dans le tableau de l'auditoire et des études des notaires de l'arrondissement et dans un journal, le tout ensemble. Le jugement d'interdiction ou de nomination de conseil ne sera point signifié aux notaires de l'arrondissement ; l'extrait en sera remis au secrétaire de leur chambre, qui en donnera récépissé, et qui le communiquera à ses collègues, qui seront

---

[1] 467. Le tuteur ne pourra transiger au nom du mineur, qu'après y avoir été autorisé par le conseil de famille, et de l'avis de trois jurisconsultes désignés par le procureur du Roi près le tribunal de première instance. — La transaction ne sera valable qu'autant qu'elle aura été homologuée par le tribunal de première instance, après avoir entendu le procureur du Roi.

tenus d'en prendre note, et de l'afficher dans leurs études, — Paris, 6 fr. — Ressort, 4 fr. 50 c.

IV. DE L'INTERDICTION D'OFFICE.
Dispositions du tarif criminel.

117. Indépendamment des poursuites qui seront dirigées contre ceux qui laissent divaguer des fous et des furieux, pour faire prononcer contre les délinquans les peines portées par les art. 471 et 479 du Code Pénal (*V.* POLICE | *peines de*]), le ministère public, lorsque l'interdiction ne sera pas provoquée par les parens, la poursuivra d'office, non-seulement dans les cas de *fureur*, mais aussi dans les cas d'*imbécillité* et de *démence*, si l'individu n'a ni époux, ni épouse, ni parens connus, conformément à l'art. 491 du Code Civil.

118. Les frais de cette procédure seront avancés par l'administration de l'enregistrement, sur le pied du tarif fixé par le présent décret; et les actes auxquels cette procédure donnera lieu seront *visés pour timbre* et enregistrés *en débet*, conformément aux lois des 13 brumaire et 22 frimaire an 7.

119. Si l'interdit est solvable, les frais de l'interdiction seront à sa charge; et, le recouvrement en sera poursuivi, avec privilège et préférence, sur ses biens, et, en cas d'insuffisance, sur ceux de ses père, mère, époux ou épouse. Ce privilège s'exercera conformément aux règles prescrites par la loi du 5 septembre 1807. *V.* PRIVILÈGE.

120. Si l'interdit et les parens désignés dans l'article précédent sont dans un état d'indigence dûment constaté par certificat du maire, visé et approuvé par le sous-préfet et par le préfet, il ne sera passé en taxe que les salaires des huissiers et l'indemnité due aux témoins non parens ni alliés de l'interdit.

V. DE L'INTERDICTION PÉNALE.
1° *Grand criminel.*

C. Pén. 29. Quiconque aura été condamné à la peine des travaux forcés à temps, de la détention, de la réclusion, sera, de plus, pendant la durée de sa peine, en état d'interdiction légale; il lui sera nommé un tuteur et un subrogé-tuteur pour gérer et administrer ses biens, dans les formes prescrites pour les nominations des tuteurs et subrogés-tuteurs aux interdits.

30. Les biens du condamné lui seront remis après qu'il aura subi sa peine, et le tuteur lui rendra compte de son administration.

31. Pendant la durée de la peine, il ne pourra lui être remis aucune somme, aucune provision, aucune portion de ses revenus.

2° *Police correctionnelle.*

C. Pén. 42. Les tribunaux jugeant correctionnellement pourront, dans certains cas, interdire, en tout ou en partie, l'exercice des droits civiques, civils et de famille suivans : — 1° de vote et d'élection; — 2° d'éligibilité; — 3° d'être appelé ou nommé aux fonctions de juré ou autres fonctions publiques, ou aux emplois de l'administration, ou d'exercer ces fonctions ou emplois; — 4° du port d'armes; — 5° de vote et de suffrage dans les délibérations de famille; — 6° d'être tuteur, curateur, si ce n'est de ses enfans

et sur l'avis seulement de la famille; — 7° d'être expert ou employé comme témoin dans les actes; — 8° de témoignage en justice, autrement que pour y faire de simples déclarations.

43. Les tribunaux ne prononceront l'interdiction mentionnée dans l'article précédent que lorsqu'elle aura été autorisée ou ordonnée par une disposition particulière de la loi.

INTERDICTION DE COMMERCE.

C. Com. 299. S'il arrive interdiction de commerce avec le pays pour lequel le navire est en route, et qu'il soit obligé de revenir avec son chargement, il n'est dû au capitaine que le fret de l'aller, quoique le vaisseau ait été affrété pour l'aller et le retour. *V.* ARRÊT DE NAVIRE.

INTÉRÊT (D'ARGENT).
I. DE L'INTÉRÊT EN GÉNÉRAL.

C. Civ. 1153. Dans les obligations qui se bornent au paiement d'une certaine somme, les dommages et intérêts résultant du retard dans l'exécution ne consistent jamais que dans la condamnation aux intérêts fixés par la loi; sauf les règles particulières au commerce et au cautionnement. — Ces dommages et intérêts sont dus sans que le créancier soit tenu de justifier d'aucune perte. — Ils ne sont dus que du jour de la demande, excepté dans les cas où la loi les fait courir de plein droit.

1154. Les intérêts échus des capitaux peuvent produire des intérêts, ou par une demande judiciaire, ou par une convention spéciale, pourvu que, soit dans la demande, soit dans la convention, il s'agisse d'intérêts dus au moins pour une année entière.

1155. Néanmoins les revenus échus, tels que fermages, loyers, arrérages de rentes perpétuelles ou viagères, produisent intérêt du jour de la demande ou de la convention. — La même règle s'applique aux restitutions de fruits et aux intérêts payés par un tiers au créancier en acquit du débiteur.

II. DU PRÊT A INTÉRÊT.
1° *Dispositions générales.*
Du prêt à intérêt.

C. Civ. (*liv.* 3, *tit.* 10, *ch.* 3, *art.* 1905-1914). — 1905. Il est permis de stipuler des intérêts pour simple prêt soit d'argent, soit de denrées, ou autres choses mobilières.

1906. L'emprunteur qui a payé des intérêts qui n'étaient pas stipulés, ne peut ni les répéter, ni les imputer sur le capital.

1907. L'intérêt est légal ou conventionnel. L'intérêt légal est fixé par la loi. L'intérêt conventionnel peut excéder celui de la loi toutes les fois que la loi ne le prohibe pas. — Le taux de l'intérêt conventionnel doit être fixé par écrit.

1908. La quittance du capital donnée sans réserve des intérêts, en fait présumer le paiement, et en opère la libération.

1909. On peut stipuler un intérêt moyennant un capital que le prêteur s'interdit d'exiger. — Dans ce cas, le prêt prend le nom de *constitution de rente*.

1910. Cette rente peut être constituée de deux manières, en perpétuel ou en viager.

1911. La rente constituée en perpétuel est essentiellement rachetable. — Les parties peuvent seulement convenir que le rachat ne sera pas fait avant un délai qui ne pourra excéder dix ans, ou sans avoir averti le créancier au terme d'avance qu'elles auront déterminé.

1912. Le débiteur d'une rente constituée en perpétuel peut être contraint au rachat, — 1° s'il cesse de remplir ses obligations pendant deux années ; — 2° s'il manque à fournir au prêteur les sûretés promises par le contrat.

1913. Le capital de la rente constituée en perpétuel devient aussi exigible en cas de faillite ou de déconfiture du débiteur.

1914. Les règles concernant les rentes viagères sont établies au titre *des contrats aléatoires*. *V.* VIAGÈRE (*rente*).

2° Du taux de l'intérêt.

Loi du 3 septembre 1807. — 1. L'intérêt conventionnel ne pourra excéder, en matière civile, cinq pour cent, ni en matière commerciale, six pour cent, le tout sans retenue.

2. L'intérêt légal sera, en matière civile, de cinq pour cent, et, en matière de commerce, de six pour cent, aussi sans retenue.

3. Lorsqu'il sera prouvé que le prêt conventionnel a été fait à un taux excédant celui qui est fixé par l'article 1, le prêteur sera condamné, par le tribunal saisi de la contestation, à restituer cet excédant, s'il l'a reçu, ou à souffrir la réduction sur le principal de la créance, et pourra même être renvoyé, s'il y a lieu, devant le tribunal correctionnel pour y être jugé conformément à l'article suivant.

4. Tout individu qui sera prévenu de se livrer habituellement à l'usure, sera traduit devant le tribunal correctionnel, et, en ce cas, condamné à une amende qui ne pourra excéder la moitié des capitaux qu'il aura prêtés à usure. — S'il résulte de la procédure, qu'il y a eu escroquerie de la part du prêteur, il sera condamné, outre l'amende ci-dessus, à un emprisonnement qui ne pourra excéder deux ans.

5. Il n'est rien innové aux stipulations d'intérêts par contrats ou autres actes faits jusqu'au jour de la publication de la présente loi.

III. DISPOSITIONS DIVERSES.

APPEL. *C. Proc.* 464. Pourront les parties demander (en cause d'appel) des intérêts échus depuis le jugement de première instance.

CAUTION. *C. Civ.* 2028. La caution qui a payé a son recours contre le débiteur principal, tant pour le principal que pour les intérêts.

COMMUNAUTÉ. *C. Civ.* 1473. Les remplois et récompenses dus par la communauté aux époux, et les récompenses et indemnités par eux dues à la communauté, emportent les intérêts de plein droit du jour de la dissolution de la communauté.

1479. Les créances personnelles que les époux ont à exercer l'un contre l'autre, ne portent intérêt que du jour de la demande en justice.

1512. La clause de séparation des dettes n'empêche point que la communauté ne soit chargée des intérêts et arrérages qui ont couru depuis le mariage.

COMPTE. *C. Proc.* 542. Si l'oyant est défaillant, le rendant, s'il est reliquataire, gardera les fonds, sans intérêts.

CONCILIATION. *C. Proc.* 57. La citation en conciliation fera courir les intérêts, pourvu que la demande soit formée dans le mois, à dater du jour de la non comparution ou de la non conciliation.

DÉPÔT. *C. Civ.* 1936. Le dépositaire ne doit aucun intérêt de l'argent déposé, si ce n'est du jour où il a été mis en demeure de faire la restitution.

DOT (*régimes divers*). *C. Civ.* 1440. (Les intérêts de la dot) courent du jour du mariage, encore qu'il y ait terme pour le paiement, s'il n'y a stipulation contraire.

(*Régime dotal.*) *C. Civ.* 1548. Les intérêts de la dot courent, de plein droit, du jour du mariage, contre ceux qui l'ont promise, encore qu'il y ait terme pour le paiement, s'il n'y a stipulation contraire.

GAGE. *C. Civ.* 2081. S'il s'agit d'une créance donnée en gage, et que cette créance porte intérêts, le créancier impute ces intérêts sur ceux qui peuvent lui être dus. — Si la dette pour sûreté de laquelle la créance a été donnée en gage, ne porte point elle-même intérêts, l'imputation se fait sur le capital de la dette.

IMPUTATION. *C. Civ.* 1254. Le débiteur d'une dette qui porte intérêt ou produit des arrérages, ne peut point, sans le consentement du créancier, imputer le paiement qu'il fait sur le capital par préférence aux arrérages ou intérêts : le paiement fait sur le capital et intérêts, mais qui n'est point intégral, s'impute d'abord sur les intérêts.

LETTRE DE CHANGE ET BILLET A ORDRE. *C. Com.* 184. L'intérêt du principal de la lettre de change protestée faute de paiement est dû à compter du protêt.

185. L'intérêt des frais du protêt, rechange, et

autres frais légitimes, n'est dû qu'à compter du jour de la demande en justice.

187. Toutes les dispositions relatives aux lettres de change, et concernant le protêt, le rechange ou les intérêts, sont applicables aux billets à ordre.

MANDAT. *C. Civ.* 2001. L'intérêt des avances faites par le mandataire lui est dû par le mandant, à dater du jour des avances constatées.

OFFRES RÉELLES. *C. Civ.* 1258. Pour que les offres réelles soient valables, il faut — 1°... 5° qu'elles soient de la totalité de la somme exigible, des arrérages ou intérêts dus.

PRESCRIPTION. *C. Civ.* 2277. Les intérêts des sommes prêtées se prescrivent par cinq ans.

PREUVE PAR ÉCRIT. *C. Civ.* 1341. Il doit être passé acte de toutes choses excédant la somme ou valeur de cent cinquante francs.

1342. La règle ci-dessus s'applique au cas où l'action contient, outre la demande du capital, une demande d'intérêts qui, réunis au capital, excèdent la somme de cent cinquante francs.

RAPPORT. *C. Civ.* 856. Les intérêts des choses sujettes à rapport ne sont dus qu'à compter du jour de l'ouverture de la succession.

SAISIE IMMOBILIÈRE. *C. Proc.* 767. Quinzaine après le jugement des contestations (sur ordre), et, en cas d'appel, quinzaine après la signification de l'arrêt qui y aura statué, le commissaire arrêtera définitivement l'ordre des créances contestées et de celles postérieures : les intérêts et arrérages des créanciers utilement colloqués cesseront.

770. La partie saisie et le créancier sur lequel les fonds manqueront, auront leur recours contre ceux qui auront succombé dans la contestation pour les intérêts et arrérages qui auront couru pendant le cours desdites contestations.

SOCIÉTÉ. *C. Civ.* 1846. L'associé qui devait apporter une somme dans la société, et qui ne l'a point fait, devient de plein droit, et sans demande, débiteur des intérêts de cette somme, à compter du jour où elle devait être payée. — Il en est de même à l'égard des sommes qu'il a prises dans la caisse sociale, à compter du jour où il les en a tirées pour son profit particulier.

SOLIDARITÉ. *C. Civ.* 1212. Le créancier qui reçoit divisément et sans réserve la portion de l'un des codébiteurs dans les arrérages ou intérêts de la dette, ne perd la solidarité que pour les arrérages ou intérêts échus, et non pour ceux à échoir, ni pour le capital, à moins que le paiement divisé n'ait été continué pendant dix ans consécutifs.

TUTELLE. *C. Civ.* 455. (Le conseil de famille) déterminera positivement la somme à laquelle commencera, pour le tuteur, l'obligation d'employer l'excédant des revenus sur la dépense : cet emploi devra être fait dans le délai de six mois, passé lequel le tuteur devra les intérêts à défaut d'emploi.

456. Si le tuteur n'a pas fait déterminer par le conseil de famille la somme à laquelle doit commencer l'emploi, il devra, après le délai exprimé dans l'article précédent, les intérêts de toute somme non employée, quelque modique qu'elle soit.

(*Compte de tutelle.*) *C. Civ.* 474. La somme à laquelle s'élèvera le reliquat dû par le tuteur, portera intérêt, sans demande, à compter de la clôture du compte. Les intérêts de ce qui sera dû au tuteur par le mineur, ne courront que du jour de la sommation de payer qui aura suivi la clôture du compte.

USUFRUIT. *C. Civ.* 609. A l'égard des charges qui peuvent être imposées sur la propriété, pendant la durée de l'usufruit, l'usufruitier et le propriétaire y contribuent ainsi qu'il suit : — le propriétaire est obligé de les payer, et l'usufruitier doit lui tenir compte des intérêts. — Si elles sont avancées par l'usufruitier, il a la répétition du capital à la fin de l'usufruit.

VENTE. (*Disposition générale.*) *C. Civ.* 1652. L'acheteur doit l'intérêt du prix de la vente jusqu'au paiement du capital, dans les trois cas suivans : — s'il a été ainsi convenu lors de la vente; — si la chose vendue et livrée produit des fruits ou autres revenus ; — si l'acheteur a été sommé de payer. — Dans ce dernier cas, l'intérêt ne court que depuis la sommation.

(*Supplément de prix pour excédant de contenance.*) *C. Civ.* 1620. Dans le cas où il y a lieu à augmentation de prix pour excédant de mesure, l'acquéreur a le choix ou de se désister du contrat ou de fournir le supplément du prix, et ce, avec les intérêts s'il a gardé l'immeuble.

(*Pour cause de lésion.*) *C. Civ.* 1682. Si l'acquéreur préfère garder la chose en fournissant le supplément (de prix), il doit l'intérêt du supplément, du jour de la demande en réscision. — S'il préfère la rendre et recevoir le prix, il rend les fruits du jour de la demande. — L'intérêt du prix qu'il a payé lui est aussi compté du jour de la même demande, ou du jour du paiement, s'il n'a touché aucuns fruits.

INTÉRÊT CIVIL.

C. Civ. 2046. On peut transiger sur l'intérêt civil qui résulte d'un délit. — La transaction n'empêche pas la poursuite du ministère public.

INTÉRÊT DE LA LOI.

C. Inst. cr. 409. Dans le cas d'acquittement

de l'accusé, l'annulation de l'ordonnance qui l'aura prononcé, et de ce qui l'aura précédée, ne pourra être poursuivie par le ministère public que dans l'intérêt de la loi et sans préjudicier à la partie acquittée.

442. Lorsqu'il aura été rendu par une cour royale ou d'assises, ou par un tribunal correctionnel ou de police, un arrêt ou jugement en dernier ressort, sujet à cassation, et contre lequel néanmoins aucune des parties n'aurait réclamé dans le délai déterminé, le procureur général près la cour de cassation pourra d'office, et nonobstant l'expiration du délai, en donner connaissance à la cour de cassation : l'arrêt ou le jugement sera cassé, sans que les parties puissent s'en prévaloir pour s'opposer à son exécution.

INTÉRÊT NÉ ET ACTUEL.

C. Civ. 187. Dans tous les cas où l'action en nullité (de mariage) peut être intentée par tous ceux qui y ont un intérêt, elle ne peut l'être par les parens collatéraux, ou par les enfans nés d'un autre mariage, du vivant des deux époux, mais seulement lorsqu'ils y ont un intérêt né et actuel.

191. Tout mariage qui n'a point été contracté publiquement, et qui n'a point été célébré devant l'officier public compétent, peut être attaqué par les époux eux-mêmes, par les père et mère, par les ascendans, et par tous ceux qui y ont un intérêt né et actuel, ainsi que par le ministère public.

INTERLOCUTOIRE (JUGEMENT).

C. Proc. 451. L'appel d'un jugement interlocutoire pourra être interjeté avant le jugement définitif; il en sera de même des jugemens qui auraient accordé une provision.

452. Sont réputés interlocutoires, les jugemens rendus lorsque le tribunal ordonne, avant dire droit, une preuve, une vérification ou une instruction qui préjuge le fond.

457. L'appel des jugemens interlocutoires sera suspensif si le jugement ne prononce pas l'exécution provisoire dans le cas où elle est autorisée.

473. Lorsqu'il y aura appel d'un jugement interlocutoire, si le jugement est infirmé et que la matière soit disposée à recevoir une décision définitive, les cours royales et autres tribunaux d'appel pourront statuer en même temps sur le fond définitivement par un seul et même jugement.

INTERPOSÉES (PERSONNES).

C. Civ. 911. Toute disposition au profit d'un incapable sera nulle, soit qu'on la désigne sous la forme d'un contrat onéreux, soit qu'on la fasse sous le nom de personnes interposées. — Seront réputées personnes interposées, les père et mère, les enfans et descendans, et l'époux de la personne incapable.

1099. Les époux ne pourront se donner indirectement au-delà de ce qui leur est permis. — Toute donation, ou déguisée, ou faite à personnes interposées, sera nulle.

1100. Seront réputées faites à personnes interposées, les donations de l'un des époux aux enfans ou à l'un des enfans de l'autre époux, issus d'un autre mariage; et celles faites par le donateur aux parens dont l'autre époux sera héritier présomptif au jour de la donation, encore que ce dernier n'ait point survécu à son parent donataire.

1596. Ne peuvent se rendre adjudicataires, sous peine de nullité, ni par eux-mêmes, ni par personnes interposées,—les tuteurs des biens de ceux dont ils ont la tutelle; — les mandataires des biens qu'ils sont chargés de vendre;—les administrateurs de ceux des communes ou des établissemens publics confiés à leurs soins; — les officiers publics des biens nationaux dont les ventes se font par leur ministère.

INTERPRÉTATION.

DISPOSITIONS GÉNÉRALES.

1° *De l'interprétation des conventions.*

C. Civ. (*liv.* 3, *tit.* 3, *ch.* 5, *sect.* 5, *art.* 1156-1164). —1156. On doit dans les conventions rechercher quelle a été la commune intention des parties contractantes, plutôt que de s'arrêter au sens littéral des termes.

1157. Lorsqu'une clause est susceptible de deux sens, on doit plutôt l'entendre dans celui avec lequel elle peut avoir quelque effet, que dans le sens avec lequel elle n'en pourrait produire aucun.

1158. Les termes susceptibles de deux sens doivent être pris dans le sens qui convient le plus à la matière du contrat.

1159. Ce qui est ambigu s'interprète par ce qui est d'usage dans le pays où le contrat est passé.

1160. On doit suppléer dans le contrat les clauses qui y sont d'usage, quoiqu'elles n'y soient pas exprimées.

1161. Toutes les clauses des conventions s'interprètent les unes par les autres, en donnant à chacune le sens qui résulte de l'acte entier.

1162. Dans le doute, la convention s'interprète contre celui qui a stipulé, et en faveur de celui qui a contracté l'obligation.

1163. Quelque généraux que soient les termes

dans lesquels une convention est conçue, elle ne comprend que les choses sur lesquelles il paraît que les parties se sont proposé de contracter.

1164. Lorsque dans un contrat on a exprimé un cas pour l'explication de l'obligation, on n'est pas censé avoir voulu par là restreindre l'étendue que l'engagement reçoit de droit aux cas non exprimés.

2° De l'acte de vente.

C. Civ. 1602. Le vendeur est tenu d'expliquer clairement ce à quoi il s'oblige.—Tout pacte obscur ou ambigu s'interprète contre le vendeur.

INTERPRÈTE.

C. Inst. cr. 332. Dans le cas où l'accusé, les témoins ou l'un d'eux ne parleraient pas la même langue ou le même idiome, le président nommera d'office, à peine de nullité, un interprète âgé de vingt-un ans au moins, et lui fera, sous la même peine, prêter serment de traduire fidèlement les discours à transmettre entre ceux qui parlent des langages différens.—L'accusé et le procureur général pourront récuser l'interprète, en motivant leur récusation. — La cour prononcera. — L'interprète ne pourra, à peine de nullité, même du consentement de l'accusé ni du procureur général, être pris parmi les témoins, les juges et les jurés.

INTERROGATOIRE.

I. EN MATIÈRE CIVILE.

De l'interrogatoire sur faits et articles.

C. Proc. (liv. 2, tit. 13, art. 324-356). — 324. Les parties peuvent, en toutes matières et en tout état de cause, demander de se faire interroger respectivement sur faits et articles pertinens concernant seulement la matière dont est question, sans retard de l'instruction ni du jugement.

325. L'interrogatoire ne pourra être ordonné que sur requête contenant les faits et par jugement rendu à l'audience : il y sera procédé, soit devant le président, soit devant un juge par lui commis.

326. En cas d'éloignement, le président pourra commettre le président du tribunal dans le ressort duquel la partie réside, ou le juge de paix du canton de cette résidence.

327. Le juge commis indiquera, au bas de l'ordonnance qui l'aura nommé, les jour et heure de l'interrogatoire ; le tout sans qu'il soit besoin de procès-verbal contenant réquisition, ou délivrance de son ordonnance.

328. En cas d'empêchement legitime de la partie, le juge se transportera au lieu où elle est retenue.

329. Vingt-quatre heures au moins avant l'interrogatoire, seront signifiées par le même ex-

ploit, à personne ou domicile, la requête et les ordonnances du tribunal, du président ou du juge qui devra procéder à l'interrogatoire, avec assignation donnée par un huissier qu'il aura commis à cet effet.

330. Si l'assigné ne comparaît pas, ou refuse de répondre après avoir comparu, il en sera dressé procès-verbal sommaire, et les faits pourront être tenus pour avérés.

331. Si, ayant fait défaut sur l'assignation, il se présente avant le jugement, il sera interrogé, en payant les frais du procès-verbal, et de la signification, sans répétition.

332. Si, au jour de l'interrogatoire, la partie assignée justifie d'empêchement légitime, le juge indiquera un autre jour pour l'interrogatoire, sans nouvelle assignation.

333. La partie répondra en personne, sans pouvoir lire aucun projet de réponse par écrit, et sans assistance de conseil, aux faits contenus en la requête, même à ceux sur lesquels le juge l'interrogera d'office ; les réponses seront précises et pertinentes sur chaque fait, et sans aucun terme calomnieux ni injurieux : celui qui aura requis l'interrogatoire, ne pourra y assister.

334. L'interrogatoire achevé sera lu à la partie, avec interpellation de déclarer si elle a dit vérité et persiste : si elle ajoute, l'addition sera rédigée en marge ou à la suite de l'interrogatoire ; elle lui sera lue, et il lui sera fait la même interpellation : elle signera l'interrogatoire et les additions ; et si elle ne sait ou ne veut signer, il en sera fait mention.

335. La partie qui voudra faire usage de l'interrogatoire, le fera signifier, sans qu'il puisse être un sujet d'écritures de part ni d'autre.

336. Seront tenues les administrations d'établissemens publics, de nommer un administrateur ou agent pour répondre sur les faits et articles qui leur auront été communiqués : elles donneront, à cet effet, un pouvoir spécial dans lequel les réponses seront expliquées et affirmées véritables, sinon les faits pourront être tenus pour avérés ; sans préjudice de faire interroger les administrateurs et agens sur les faits qui leur seront personnels, pour y avoir, par le tribunal, tel égard que de raison.

Disposition additionnelle.

C. Proc. 1035. Quand il s'agira de procéder à un interrogatoire sur faits et articles, et que les parties seront trop éloignées, les juges pourront commettre un tribunal voisin, un juge, ou même un juge de paix, suivant l'exigence des cas ; ils pourront même autoriser un tribunal à nommer un de ses membres, soit un juge de paix, pour procéder à l'opération ordonnée.

Dispositions du tarif civil.

29. (Pr. 329.) Original de la signification de la requête et des ordonnances, pour faire subir l'interrogatoire sur faits et articles, — Paris, 2 fr. — Partout ailleurs, 1 fr. 50 c. — Chaque copie, le quart.

70. (Pr. 335.) Original de la signification de l'interrogatoire sur faits et articles, — Paris, 1 fr. — Ressort, 75 c. (*V.* TARIF.) — Chaque copie, le quart.

79. (Pr. 325.) Requête pour avoir permission de faire interroger sur faits et articles, contenant les faits. — Cette requête ne sera point signifiée ni la partie appelée avant le jugement qui admettra ou rejettera la demande à fin de faire interroger : elle ne sera notifiée qu'avec le jugement et l'ordonnance du juge commis pour faire subir l'interrogatoire, — Paris, 15 fr. — Ressort, 12 fr.

II. EN MATIÈRE CRIMINELLE.
De l'interrogatoire du prévenu.

C. Inst. cr. 40. Le procureur du Roi (en cas de flagrant délit) interrogera sur le champ le prévenu amené devant lui.

93. Dans le cas de mandat de comparution (le juge d'instruction) interrogera de suite (le prévenu), dans le cas de mandat d'amener, dans les vingt-quatre heures au plus tard.

INTERRUPTION DE PRESCRIPTION.
DISPOSITIONS GÉNÉRALES.
Des causes qui interrompent ou qui suspendent le cours de la prescription.

C. Civ. (*liv.* 3, *tit.* 20, *ch.* 4, *art.* 2242-2259).

Sect. 1, *des causes qui interrompent la prescription.*

2242. La prescription peut être interrompue ou naturellement ou civilement.

2243. Il y a interruption naturelle lorsque le possesseur est privé, pendant plus d'un an, de la jouissance de la chose, soit par l'ancien propriétaire, soit même par un tiers.

2244. Une citation en justice, un commandement ou une saisie, signifiés à celui qu'on veut empêcher de prescrire, forment l'interruption civile.

2245. La citation en conciliation devant le bureau de paix, interrompt la prescription, du jour de sa date, lorsqu'elle est suivie d'une assignation en justice donnée dans les délais de droit. *V.* CONCILIATION.

2246. La citation en justice, donnée même devant un juge incompétent, interrompt la prescription.

2247. Si l'assignation est nulle par défaut de forme, — si le demandeur se désiste de sa demande, — s'il laisse périmer l'instance, — ou si sa demande est rejetée, — l'interruption est regardée comme non avenue.

2248. La prescription est interrompue par la reconnaissance que le débiteur ou le possesseur fait du droit de celui contre lequel il prescrivait.

2249. L'interpellation faite, conformément aux articles ci-dessus, à l'un des débiteurs solidaires, ou sa reconnaissance, interrompt la prescription contre tous les autres, même contre leurs héritiers. — L'interpellation faite à l'un des héritiers d'un débiteur solidaire, ou la reconnaissance de cet héritier, n'interrompt pas la prescription à l'égard des autres cohéritiers, quand même la créance serait hypothécaire, si l'obligation n'est indivisible. — Cette interpellation ou cette reconnaissance n'interrompt la prescription, à l'égard des autres codébiteurs, que pour la part dont cet héritier est tenu.—Pour interrompre la prescription pour le tout, à l'égard des autres codébiteurs, il faut l'interpellation faite à tous les héritiers du débiteur décédé, ou la reconnaissance de tous ces héritiers.

2250. L'interpellation faite au débiteur principal, ou sa reconnaissance, interrompt la prescription contre la caution.

Sect. 2, *des causes qui suspendent le cours de la prescription.*

2251. La prescription court contre toutes personnes, à moins qu'elles ne soient dans quelque exception établie par une loi.

2252. La prescription ne court pas contre les mineurs et les interdits, sauf ce qui est dit à l'article 2278 (*V.* PRESCRIPTION), et à l'exception des autres cas déterminés par la loi. *V.* INTERDIT, MINEUR.

2253. Elle ne court point entre époux.

2254. La prescription court contre la femme mariée, encore qu'elle ne soit point séparée par contrat de mariage ou en justice, à l'égard des biens dont le mari a l'administration, sauf son recours contre le mari.

2255. Néanmoins elle ne court point, pendant le mariage, à l'égard de l'aliénation d'un fonds constitué selon le régime dotal, conformément à l'article 1561 [1], au titre *du contrat de mariage et des droits respectifs des époux.*

2256. La prescription est pareillement suspendue pendant le mariage, — 1° dans le cas où l'action de la femme ne pourrait être exercée qu'après une option à faire sur l'acceptation ou la renonciation à la communauté ; — 2° dans le cas où le mari, ayant vendu le bien propre de la femme

----

[1] 1561. Les immeubles dotaux non déclarés aliénables par le contrat de mariage sont imprescriptibles pendant le mariage, à moins que la prescription n'ait commencé auparavant. — Ils deviennent néanmoins prescriptibles après la séparation de biens, quelle que soit l'époque à laquelle la prescription a commencé.

sans son consentement, est garant de la vente, et dans tous les autres cas où l'action de la femme réfléchirait contre le mari.

2237. La prescription ne court point, — a l'égard d'une créance qui dépend d'une condition, jusqu'à ce que la condition arrive; — à l'égard d'une action en garantie, jusqu'à ce que l'éviction ait lieu; — à l'égard d'une créance à jour fixe, jusqu'à ce que ce jour soit arrivé.

2238. La prescription ne court point contre l'héritier bénéficiaire, à l'égard des créances qu'il a contre la succession. — Elle court contre une succession vacante, quoique non pourvue du curateur.

2239. Elle court encore pendant les trois mois pour faire inventaire, et les quarante jours pour délibérer. *V.* Prescription.

INTERVENTION (procédure.)

I. dispositions générales.

C. Proc. 49. Sont dispensées du préliminaire de la conciliation, — 1°... 5° les demandes en intervention.

406. Les interventions seront formées par requête d'avoué, qui ne pourra contenir que des conclusions motivées.

466. Aucune intervention ne sera reçue, si ce n'est de la part de ceux qui auraient droit de former tierce-opposition.

De l'intervention.

C. Proc. (liv. 2, tit. 16, § 2, art. 339-341). — 339. L'intervention sera formée par requête qui contiendra les moyens et conclusions dont il sera donné copie, ainsi que des pièces justificatives.

340. L'intervention ne pourra retarder le jugement de la cause principale, quand elle sera en état.

341. Dans les affaires sur lesquelles il aura été ordonné une instruction par écrit, si l'intervention est contestée par l'une des parties, l'incident sera porté à l'audience.

Disposition du tarif civil.

75. (Pr. 339.) Grosse de la requête d'intervention, — de la requête en réponse à l'intervention, — par rôle, — Paris, 2 fr. — Ressort, 1 f. 50 c. — Chaque copie, le quart. — Il ne sera passé aucuns frais d'impression.

II. dispositions additionnelles.

Compte. *C. Proc.* 356. S'il y a des créanciers intervenans (dans une discussion de compte), ils n'auront tous ensemble qu'une seule communication, tant du compte que des pièces justificatives, par les mains du plus ancien des avoués qu'ils auront constitués.

Étranger. *C. Proc.* 166. Tous étrangers intervenans seront tenus, si le défendeur le requiert, avant toute exception, de fournir caution de payer les frais et dommages-intérêts auxquels ils pourraient être condamnés. *V.* Judicatum solvi.

Garantie. *C. Proc.* 182. En garantie formelle, pour les matières réelles ou hypothécaires, le garant pourra toujours prendre le fait et cause du garanti, qui sera mis hors de cause, s'il le requiert avant le premier jugement. — Cependant le garanti, quoique mis hors de cause, pourra y assister pour la conservation de ses droits, et le demandeur originaire pourra demander qu'il y reste pour la conservation des siens.

183. En garantie simple le garant pourra seulement intervenir, sans prendre le fait et cause du garanti.

Séparation de biens. (*Demande.*) *C. Proc.* 871. Les créanciers du mari pourront, jusqu'au jugement définitif, intervenir (dans l'instance en séparation de biens) pour la conservation de leurs droits, sans préliminaire de conciliation.

INTERVENTION. *V.* Change (*lettre de*).

INTERVERSION DE TITRES.

C. Civ. 2236. Ceux qui possèdent pour autrui ne prescrivent jamais, par quelque laps de temps que ce soit. — Ainsi, le fermier, le dépositaire, l'usufruitier, et tous autres qui détiennent précairement la chose du propriétaire, ne peuvent la prescrire.

2237. Les héritiers de ceux qui tenaient la chose à quelqu'un des titres désignés par l'article précédent, ne peuvent non plus prescrire.

2238. Néanmoins les personnes énoncées dans les articles 2236 et 2257 peuvent prescrire, si le titre de leur possession se trouve interverti, soit par une cause venant d'un tiers, soit par la contradiction qu'elles ont opposée au droit du propriétaire.

INTIMATION.

C. Proc. 462. Dans la huitaine de la constitution d'avoué par l'intimé, l'appelant signifiera ses griefs contre le jugement. L'intimé répondra dans la huitaine suivante. L'audience sera poursuivie sans autre procédure. *V.* Appel.

INVENTAIRE.

1. après décès.

1° Dispositions générales.

C. Proc. 928. Le scellé ne pourra être levé et l'inventaire fait que trois jours après l'inhumation s'il a été apposé auparavant, et trois jours après l'apposition si elle a été faite depuis l'inhumation, à peine de nullité des procès-verbaux de levée de scellés et inventaire, et des dommages et intérêts contre ceux qui les auront faits et requis; le tout, à moins que, pour des causes urgentes et dont il sera fait mention dans son ordonnance, il n'en soit autrement ordonné par le président du tribunal de première instance. Dans ce cas, si les parties qui ont droit d'assister à la levée ne sont pas présentes, il sera appelé pour elles, tant à la levée qu'à l'inventaire, un notaire nommé d'office par le président.

De l'inventaire.

C. Proc. (2e *part.*, *liv.* 2, *tit.* 4, *art.* 941-944). — 941. L'inventaire peut être requis par ceux qui ont droit de requérir la levée du scellé. *V.* Scellé.

942. Il doit être fait en présence, — 1° du conjoint survivant, — 2° des héritiers présomptifs, —3° de l'exécuteur testamentaire si le testament est connu, — 4° des donataires et légataires universels ou à titre universel, soit en propriété, soit en usufruit, ou eux dûment appelés, s'ils demeurent dans la distance de cinq myriamètres; s'ils demeurent au-delà, il sera appelé pour tous les absens un seul notaire, nommé par le président du tribunal de première instance, pour représenter les parties appelées et défaillantes.

943. Outre les formalités communes à tous les actes devant notaires (*V.* Notarié [*acte*]), l'inventaire contiendra, — 1° les noms, professions, et demeures des requérans, des comparans, des défaillans et des absens, s'ils sont connus, du notaire appelé pour les représenter, des commissaires-priseurs et experts; et la mention de l'ordonnance qui commet le notaire pour les absens et défaillans; — 2° l'indication des lieux où l'inventaire est fait; — 3° la description et estimation des effets, laquelle sera faite à juste valeur et sans crue; — 4° la désignation des qualité, poids et titre de l'argenterie; — 5° la désignation des espèces en numéraire; — 6° les papiers seront cotés par première et dernière; ils seront paraphés de la main d'un des notaires; s'il y a des livres et registres de commerce, l'état en sera constaté; les feuillets en seront pareillement cotés et paraphés s'ils ne le sont; s'il y a des blancs dans les pages écrites, ils seront bâtonnés;—7° la déclaration des titres actifs et passifs; — 8° la mention du serment prêté, lors de la clôture de l'inventaire, par ceux qui ont été en possession des objets avant l'inventaire ou qui ont habité la maison dans laquelle sont lesdits objets, qu'ils n'en ont détourné, vu détourner ni su qu'il n'en ait été détourné aucun; — 9° la remise des effets et papiers, s'il y a lieu, entre les mains de la personne dont on conviendra, ou qui à défaut sera nommée par le président du tribunal.

944. Si, lors de l'inventaire, il s'élève des difficultés, ou s'il est formé des réquisitions pour l'administration de la communauté ou de la succession, ou pour autres objets, et qu'il n'y soit déféré par les autres parties, les notaires délaisseront les parties à se pourvoir en référé devant le président du tribunal de première instance; ils pourront en référer eux-mêmes s'ils résident dans le canton où siège le tribunal : dans ce cas, le président mettra son ordonnance sur la minute du procès-verbal.

2° Disposition additionnelle.

C. Proc. 925. Lorsque l'inventaire sera parachevé, les scellés ne pourront être apposés, à moins que l'inventaire ne soit attaqué, et qu'il ne soit ainsi ordonné par le président du tribunal.— Si l'apposition des scellés est requise pendant le cours de l'inventaire, les scellés ne seront apposés que sur les objets non inventoriés.

3° Dispositions du tarif civil.

168. Il sera taxé aux notaires, — pour chaque vacation de trois heures. — (Pr. 941 et suivans.) 6° Aux inventaires après décès. — (944.) 7° En référé devant le président du tribunal, s'il s'élève des difficultés ou s'il est formé des réquisitions pour l'administration de la communauté ou de la succession, ou pour tous autres objets. — Paris, 9 f. — Villes où il y a tribunal de première instance, 6 fr. — Partout ailleurs, 4 f. V. Notaires.

II. PAR RAPPORT AU MARIAGE.

Dispositions diverses.

C. Civ. 1414. Lorsque la succession échue à l'un des époux est en partie mobilière et en partie immobilière, les dettes dont elle est grevée ne sont à la charge de la communauté que jusqu'à concurrence de la portion contributoire du mobilier dans les dettes, eu égard à la valeur de ce mobilier comparée à celle des immeubles. —Cette portion contributoire se règle d'après l'inventaire auquel le mari doit faire procéder, soit de son chef, si la succession le concerne personnellement, soit comme dirigeant et autorisant les actions de sa femme, s'il s'agit d'une succession à elle échue.

1415. A défaut d'inventaire, et dans tous les cas où ce défaut préjudicie à la femme, elle ou ses héritiers peuvent, lors de la dissolution de la communauté, poursuivre les récompenses de droit, et même faire preuve, tant par titres et papiers domestiques que par témoins, et au besoin par la commune renommée, de la consistance et valeur du mobilier non inventorié. — Le mari n'est jamais recevable à faire cette preuve.

1442. Le défaut d'inventaire, après la mort naturelle ou civile de l'un des époux, ne donne pas lieu à la continuation de la communauté; sauf les poursuites des parties intéressées, relativement à la consistance des biens et effets communs, dont la preuve pourra être faite tant par titres que par la commune renommée. — S'il y a des enfans mineurs, le défaut d'inventaire fait perdre en outre à l'époux survivant la jouissance de leurs revenus ; et le subrogé-tuteur qui ne l'a point obligé à faire inventaire, est solidairement tenu avec lui de toutes les condamnations qui peuvent être prononcées au profit des mineurs.

1456. La femme survivante qui veut conserver la faculté de renoncer à la communauté, doit, dans les trois mois du jour du décès du mari, faire faire un inventaire fidèle et exact de tous les biens de la communauté, contradictoirement avec les héritiers du mari, ou eux dûment appelés. — Cet inventaire doit être par elle affirmé sincère et véritable, lors de sa clôture, devant l'officier public qui l'a reçu. V. ACCEPTATION DE COMMUNAUTÉ.

1482. Les frais d'inventaire font partie (des dettes de la communauté.)

1499. Si le mobilier existant lors du mariage, ou échu depuis, n'a pas été constaté par inventaire ou état en bonne forme, il est réputé acquêt (de communauté).

1504. Le mobilier qui échoit à chacun des époux pendant le mariage doit être constaté par inventaire. — A défaut d'inventaire du mobilier échu au mari, ou d'un titre propre à justifier de sa consistance et valeur, déduction faite des dettes, le mari ne peut en exercer la reprise. — Si le défaut d'inventaire porte sur un mobilier échu à la femme, celle-ci ou ses héritiers sont admis à faire preuve, soit par titres, soit par témoins, soit même par commune renommée, de la valeur de ce mobilier.

1510. La clause par laquelle les époux stipulent qu'ils paieront séparément leurs dettes personnelles, les oblige à se faire, lors de la dissolution de la communauté, respectivement raison des dettes qui sont justifiées avoir été acquittées par la communauté à la décharge de celui des époux qui en était débiteur. — Cette obligation est la même, soit qu'il y ait eu inventaire ou non: mais, si le mobilier apporté par les époux n'a pas été constaté par un inventaire ou état authentique antérieur au mariage, les créanciers de l'un et de l'autre des époux peuvent, sans avoir égard à aucune des distinctions qui seraient réclamées, poursuivre leur paiement sur le mobilier non inventorié, comme sur tous les autres biens de la communauté. — Les créanciers ont le même droit sur le mobilier qui serait échu aux époux pendant la communauté, s'il n'a pas été pareillement constaté par un inventaire ou état authentique.

1552. Si, dans le mobilier apporté en dot par la femme, ou qui lui échoit pendant le mariage, il y a des choses dont on ne peut faire usage sans les consommer, il en doit être joint un état estimatif au contrat de mariage, ou il doit en être fait inventaire lors de l'échéance, et le mari en doit rendre le prix d'après l'estimation.

III. DES INVENTAIRES DES NÉGOCIANS.

1º *Dispositions générales.*

C. Com. 9. ('Tout commerçant) est tenu de faire tous les ans, sous seing privé, un inventaire de ses effets mobiliers et immobiliers, et de ses dettes actives et passives, et de le copier année par année sur un registre spécial à ce destiné.

10. Le livre-journal et le livre des inventaires seront paraphés et visés une fois par année. — Le livre de copies de lettres ne sera pas soumis à cette formalité. — Tous seront tenus par ordre de dates, sans blancs, lacunes ni transports en marge.

586. Sera poursuivi comme banqueroutier simple, et pourra être déclaré tel, le commerçant failli qui se trouvera dans l'un ou plusieurs des cas suivans, savoir : — 1º... 3º s'il résulte de son dernier inventaire que son actif étant de cinquante pour cent au-dessous de son passif, il a fait des emprunts considérables, et s'il a revendu des marchandises à perte ou au-dessous du cours ; — 4º s'il a donné des signatures de crédit ou de circulation pour une somme triple de son actif, selon son dernier inventaire.

2º *De la faillite.*

C. Com. 486. Aussitôt après leur nomination, les syndics provisoires requerront la levée des scellés, et procéderont à l'inventaire des biens du failli. V. FAILLITE.

491. L'inventaire terminé, les marchandises, l'argent, les titres actifs, meubles et effets du débiteur seront remis aux syndics, qui s'en chargeront au pied dudit inventaire.

554. La femme (du failli) pourra reprendre les bijoux, diamans et vaisselle qu'elle pourra justifier, par état légalement dressé, annexé aux actes, ou par bons et loyaux inventaires, lui avoir été donnés par contrat de mariage, ou lui être advenus par succession seulement.

IV. DE L'INVENTAIRE PAR RAPPORT AUX SUCCESSIONS.

De l'acceptation des successions.

C. Civ. 774. Une succession peut être acceptée purement et simplement, ou sous bénéfice d'inventaire. V. BÉNÉFICE D'INVENTAIRE.

V. DISPOSITIONS DIVERSES.

ABSENT. **C. Civ. 126.** Ceux qui auront obtenu l'envoi provisoire (des biens de l'absent), ou l'époux qui aura opté pour la continuation de la communauté, devront faire procéder à l'inventaire du mobilier et des titres de l'absent en présence du procureur du Roi près le tribunal de première instance, ou d'un juge de paix requis par ledit procureur du Roi.

APPEL. *C. Proc.* 447. Les délais de l'appel seront suspendus par la mort de la partie condamnée.—Ils ne reprendront leur cours qu'après la signification du jugement faite au domicile du défunt, et à compter de l'expiration des délais pour faire inventaire et délibérer (trois mois et quarante jours), si le jugement a été signifié avant que ces derniers délais fussent expirés. Cette signification pourra être faite aux héritiers collectivement, et sans désignation des noms et qualités. *V.* BÉNÉFICE D'INVENTAIRE.

EXÉCUTEUR TESTAMENTAIRE. *C. Civ.* 1031. Les exécuteurs testamentaires feront faire, en présence de l'héritier présomptif, ou lui dûment appelé, l'inventaire des biens de la succession.

EXÉCUTION PROVISOIRE. *C. Proc.* 135. L'exécution provisoire pourra être ordonnée, avec ou sans caution, lorsqu'il s'agira,—1° de confection d'inventaire.

PRESCRIPTION. *C. Civ.* 2259. (La prescription) court pendant les trois mois pour faire inventaire, et les quarante jours pour délibérer.

SOCIÉTÉ. *C. Civ.* 1851. Si les choses dont la jouissance seulement a été mise dans la société y ont été mises sur une estimation portée par un inventaire, elles sont aux risques de la société.

SUBSTITUTION. *C. Civ.* 1058. Après le décès de celui qui aura disposé à la charge de restitution, il sera procédé, dans les formes ordinaires, à l'inventaire de tous les biens et effets qui composeront sa succession, excepté néanmoins le cas où il ne s'agirait que d'un legs particulier. Cet inventaire contiendra la prisée à juste prix des meubles et effets mobiliers.

SUCCESSION VACANTE (*à défaut de parens*). *C. Civ.* 769. Le conjoint survivant et l'administration des domaines qui prétendent droit à la succession, sont tenus de faire apposer les scellés, et de faire faire inventaire dans les formes prescrites pour l'acceptation des successions sous bénéfice d'inventaire. *V.* BÉNÉFICE D'INVENTAIRE.

773. Les dispositions de l'art. 769 sont communes aux enfans naturels appelés à défaut de parens.

(*Régie par curateur.*) *C. Civ.* 1000. Le curateur (à succession vacante) est tenu, avant tout, de faire constater l'état de la succession par un inventaire, si fait n'a été.

TUTELLE. *C. Civ.* 451. Dans les dix jours qui suivront celui de sa nomination, dûment connue de lui, le tuteur requerra la levée des scellés, s'ils ont été apposés, et fera procéder immédiatement à l'inventaire des biens du mineur, en présence du subrogé-tuteur.—S'il lui est dû quelque chose par le mineur, il devra le déclarer dans l'inventaire, à peine de déchéance, et ce, sur la réquisition que l'officier public sera tenu de lui en faire, et dont mention sera faite au procès-verbal.

432. Dans le mois qui suivra la clôture de l'inventaire, le tuteur fera vendre, en présence du subrogé-tuteur, aux enchères reçues par un officier public, et après des affiches ou publications dont le procès-verbal de vente fera mention, tous les meubles autres que ceux que le conseil de famille l'aurait autorisé à conserver en nature.

USUFRUIT. *C. Civ.* 600. L'usufruitier prend les choses dans l'état où elles sont; mais il ne peut entrer en jouissance qu'après avoir fait dresser, en présence du propriétaire, ou lui dûment appelé, un inventaire des meubles et un état des immeubles sujets à l'usufruit.

INVENTION. *V.* CONTREFAÇON, II, p. 210.

IRRÉVOCABILITÉ.

C. Civ. 894. La donation entre-vifs est un acte par lequel le donateur se dépouille actuellement et irrévocablement de la chose donnée en faveur du donataire qui l'accepte. *V.* RÉVOCATION.

895. Le testament est un acte par lequel le testateur dispose, pour le temps où il n'existera plus, de tout ou partie de ses biens, et qu'il peut révoquer.

IRRIGATION.

C. Civ. 644. Celui dont la propriété borde une eau courante, autre que celle qui est déclarée dépendance du domaine public[1], peut s'en servir à son passage pour l'irrigation de ses propriétés.

ISSUE.

C. Civ. 682. Le propriétaire dont les fonds sont enclavés, et qui n'a aucune issue sur la voie publique, peut réclamer un passage sur les fonds de ses voisins pour l'exploitation de son héritage, à la charge d'une indemnité proportionnée au dommage qu'il peut occasioner. *V.* ENCLAVE.

---

[1] 538. Les fleuves et rivières navigables ou flottables seront considérés comme des dépendances du domaine public.

J

JET.

Dispositions générales.

C. Com. 301. Le capitaine est payé du fret des marchandises jetées à la mer pour le salut commun, à la charge de contribution.

400. Sont avaries communes,—1°... 2° les choses qui sont jetées à la mer ; — 3° les câbles ou mâts rompus ou coupés ;—4° les ancres et autres effets abandonnés pour le salut commun ;—5° les dommages occasionés par le jet aux marchandises restées dans le navire.

Du jet et de la contribution.

C. Com. (*liv.* 2, *tit.* 12, *art.* 410-429). — 410. Si, par tempête ou par la chasse de l'ennemi, le capitaine se croit obligé, pour le salut du navire, de jeter en mer une partie de son chargement, de couper ses mâts ou d'abandonner ses ancres, il prend l'avis des intéressés au chargement qui se trouvent dans le vaisseau, et des principaux de l'équipage.—S'il y a diversité d'avis, celui du capitaine et des principaux de l'équipage est suivi.

411. Les choses les moins nécessaires, les plus pesantes et de moindre prix, sont jetées les premières, et ensuite les marchandises du premier pont au choix du capitaine, et par l'avis des principaux de l'équipage.

412. Le capitaine est tenu de rédiger par écrit la délibération, aussitôt qu'il en a les moyens.— La délibération exprime —les motifs qui ont déterminé le jet,—les objets jetés ou endommagés. — Elle présente la signature des délibérans, ou les motifs de leurs refus de signer. — Elle est transcrite sur le registre.

413. Au premier port où le navire abordera, le capitaine est tenu, dans les vingt-quatre heures de son arrivée, d'affirmer les faits contenus dans la délibération transcrite sur le registre.

414. L'état des pertes et dommages est fait dans le lieu du déchargement du navire, à la diligence du capitaine et par experts.—Les experts sont nommés par le tribunal de commerce, si le déchargement se fait dans un port français. — Dans les lieux où il n'y a pas de tribunal de commerce, les experts sont nommés par le juge de paix.—Ils sont nommés par le consul de France, et, à son défaut, par le magistrat du lieu, si la décharge se fait dans un port étranger.—Les experts prêtent serment avant d'opérer.

415. Les marchandises jetées sont estimées suivant le prix courant du lieu du déchargement; leur qualité est constatée par la production des connaissemens, et des factures s'il y en a.

416. Les experts nommés en vertu de l'article précédent font la répartition des pertes et dommages.—La répartition est rendue exécutoire par l'homologation du tribunal. — Dans les ports étrangers, la répartition est rendue exécutoire par le consul de France, ou, à son défaut, par tout tribunal compétent sur les lieux.

417. La répartition pour le paiement des pertes et dommages est faite sur les effets jetés et sauvés, et sur moitié du navire et du fret, à proportion de leur valeur au lieu du déchargement.

418. Si la qualité des marchandises a été déguisée par le connaissement, et qu'elles se trouvent d'une plus grande valeur, elles contribuent sur le pied de leur estimation, si elles sont sauvées ; — elles sont payées d'après la qualité désignée par le connaissement, si elles sont perdues. — Si les marchandises déclarées sont d'une qualité inférieure à celle qui est indiquée par le connaissement, elles contribuent d'après la qualité indiquée par le connaissement, si elles sont sauvées ; — elles sont payées sur le pied de leur valeur, si elles sont jetées ou endommagées.

419. Les munitions de guerre et de bouche, et les hardes des gens de l'équipage, ne contribuent point au jet ; la valeur de celles qui auront été jetées, sera payée par contribution sur tous les autres effets.

420. Les effets dont il n'y a pas de connaissement ou déclaration du capitaine, ne sont pas payés s'ils sont jetés; ils contribuent s'ils sont sauvés.

421. Les effets chargés sur le tillac du navire contribuent s'ils sont sauvés. — S'ils sont jetés, ou endommagés par le jet, le propriétaire n'est point admis à former une demande en contribution; il ne peut exercer son recours que contre le capitaine.

422. Il n'y a lieu à contribution pour raison du dommage arrivé au navire, que dans le cas où le dommage a été fait pour faciliter le jet.

423. Si le jet ne sauve le navire, il n'y a lieu à aucune contribution. — Les marchandises sauvées ne sont point tenues du paiement ni du dédommagement de celles qui ont été jetées ou endommagées.

424. Si le jet sauve le navire, et si le navire, en continuant sa route, vient à se perdre, — les effets sauvés contribuent au jet sur le pied de leur valeur en l'état où ils se trouvent, déduction faite des frais de sauvetage.

425. Les effets jetés ne contribuent en aucun cas au paiement des dommages arrivés depuis le jet aux marchandises sauvées. — Les marchandises ne contribuent point au paiement du navire perdu, ou réduit à l'état d'innavigabilité.

426. Si, en vertu d'une délibération, le navire a été ouvert pour en extraire les marchandises, elles contribuent à la réparation du dommage causé au navire.

427. En cas de perte de marchandises mises dans des barques pour alléger le navire entrant dans un port ou une rivière, la répartition en est faite sur le navire et son chargement en entier. — Si le navire périt avec le reste de son chargement, il n'est fait aucune répartition sur les marchandises mises dans les allèges, quoiqu'elles arrivent à bon port.

428. Dans tous les cas ci-dessus exprimés, le capitaine et l'équipage sont privilégiés sur les marchandises ou le prix en provenant pour le montant de la contribution.

429. Si, depuis la répartition, les effets jetés sont recouvrés par les propriétaires, ils sont tenus de rapporter au capitaine et aux intéressés ce qu'ils ont reçu dans la contribution, déduction faite des dommages causés par le jet et des frais de recouvrement.

JEU ET PARI.

I. LOI CIVILE.

1° Dispositions générales.

C. Civ. **1964.** Le contrat aléatoire est une convention réciproque dont les effets, quant aux avantages et aux pertes, soit pour toutes les parties, soit pour l'une ou plusieurs d'entre elles, dépendent d'un événement incertain.—Tels sont, le jeu et le pari.

Du jeu et du pari.

C. Civ. (*liv.* 3, *tit.* 12, *ch.* 1, *art.* 1965-1967). — **1965.** La loi n'accorde aucune action pour une dette du jeu ou pour le paiement d'un pari.

1966. Les jeux propres à exercer au fait des armes, les courses à pied ou à cheval, les courses de chariot, le jeu de paume et autres jeux de même nature qui tiennent à l'adresse et à l'exercice du corps, sont exceptés de la disposition précédente. — Néanmoins le tribunal peut rejeter la demande, quand la somme lui paraît excessive.

1967. Dans aucun cas, le perdant ne peut répéter ce qu'il a volontairement payé, à moins qu'il n'y ait eu, de la part du gagnant, dol, supercherie ou escroquerie.

2° Disposition additionnelle.

C. Com. **586.** Sera poursuivi comme banqueroutier simple, et pourra être déclaré tel, le commerçant failli qui se trouvera dans l'un ou plusieurs des cas suivans : — 1°... 2° s'il est reconnu qu'il a consommé de fortes sommes au jeu, ou à des opérations de pur hasard.

II. LOI PÉNALE.

1° Des jeux de bourse. V. BOURSE (*jeux de*).

2° Des maisons de jeu.

C. Pén. **410.** Ceux qui auront tenu une maison de jeux de hasard, et y auront admis le public, soit librement, soit sur la représentation des intéressés ou affiliés, les banquiers de cette maison, tous ceux qui auront établi ou tenu des loteries non autorisées par la loi, tous administrateurs, préposés ou agens de ces établissemens, seront punis d'un emprisonnement de deux mois au moins et de six mois au plus, et d'une amende de cent francs à six mille francs. — Les coupables pourront être de plus, à compter du jour où ils auront subi leur peine, interdits, pendant cinq ans au moins et dix ans au plus, des droits mentionnés en l'art. 42 du présent Code. (*V.* CORRECTIONNELLES [*peines*], p. 225.) — Dans tous les cas, seront confisqués tous les fonds ou effets qui seront trouvés exposés au jeu ou mis à la loterie, les meubles, instrumens, ustensiles, appareils employés ou destinés au service des jeux ou des loteries, les meubles et les effets mobiliers dont les lieux seront garnis ou décorés.

3° Des jeux établis sur la voie publique.

C. Pén. **475.** Seront punis d'amende, depuis six francs jusqu'à dix francs inclusivement, — 1°..... 5° ceux qui auront établi ou tenu dans les rues, chemins, places ou lieux publics, des jeux de loterie ou d'autres jeux de hasard.

477. Seront saisis et confisqués, — 1° les tables, instrumens, appareils des jeux ou des loteries établis dans les rues, chemins et voies publiques, ainsi que les enjeux, les fonds, denrées, objets ou lots proposés aux joueurs, dans le cas de l'article 475. *V.* POLICE (*contraventions de*).

JONCTION.

I. EN MATIÈRE CIVILE.

1° Disposition générale.

C. Proc. **1034.** Les assignations données en vertu de jugement de jonction, indiqueront seulement le lieu, le jour et l'heure de la première audience ; elles n'auront pas besoin d'être réitérées, quoique l'audience ait été continuée à un autre jour.

2° Jonction sur défaut.

C. Proc. 155. Si de deux ou de plusieurs parties assignées, l'une fait défaut et l'autre comparaît, le profit du défaut sera joint, et le jugement de jonction sera signifié à la partie défaillante par un huissier commis : la signification contiendra assignation au jour auquel la cause sera appelée ; il sera statué par un seul jugement, qui ne sera pas susceptible d'opposition.

5° Sur demande en garantie.

C. Proc. 184. Si les demandes originaire et en garantie sont en état d'être jugées en même temps, il y sera fait droit conjointement ; sinon le demandeur originaire pourra faire juger sa demande séparément ; le même jugement prononcera sur la disjonction si les deux instances ont été jointes, sauf, après le jugement du principal, à faire droit sur la garantie, s'il y échet.

4° Sur saisie immobilière.

C. Proc. 719. Si deux saisissans ont fait enregistrer deux saisies de biens différens, poursuivies dans le même tribunal, elles seront réunies, sur la requête de la partie la plus diligente, et seront continuées par le premier saisissant : la jonction sera ordonnée, encore que l'une des saisies soit plus ample que l'autre ; mais elle ne pourra, en aucun cas, être demandée après la mise de l'enchère au greffe : en cas de concurrence, la poursuite appartiendra à l'avoué porteur du titre le plus ancien ; et si les titres sont de même date, à l'avoué le plus ancien.

720. Si une seconde saisie présentée à l'enregistrement est plus ample que la première, elle sera enregistrée pour les objets non compris en la première saisie, et le second saisissant sera tenu de dénoncer sa saisie au premier saisissant, qui poursuivra sur les deux, si elles sont au même état, sinon surseoira à la première, et suivra sur la deuxième jusqu'à ce qu'elle soit au même degré ; et alors elles seront réunies en une seule poursuite, qui sera portée devant le tribunal de la première saisie.

II. EN MATIÈRE CRIMINELLE. *V.* CONNEXITÉ.

JOUISSANCE.

I. DROIT DE JOUISSANCE.

Dispositions générales.

C. Civ. 543. On peut avoir sur les biens, ou un droit de propriété, ou un simple droit de jouissance, ou seulement des services fonciers à prétendre.

578. L'usufruit est le droit de jouir des choses dont un autre a la propriété, comme le propriétaire lui-même, mais à la charge d'en conserver la substance.

579. L'usufruit est établi par la loi (*V.* ci-après *jouissance légale*), ou par la volonté de l'homme. *V.* USUFRUIT, HABITATION, USAGE (*droit d'*) et ABUS DE JOUISSANCE.

II. DE LA JOUISSANCE LÉGALE.

1° Loi civile.

384. Le père, durant le mariage, et, après la dissolution du mariage, le survivant des père et mère, auront la jouissance des biens de leurs enfans jusqu'à l'âge de dix-huit ans accomplis, ou jusqu'à l'émancipation qui pourrait avoir lieu avant l'âge de dix-huit ans.

385. Les charges de cette jouissance seront, — 1° celles auxquelles sont tenus les usufruitiers ; — 2° la nourriture, l'entretien et l'éducation des enfans, selon leur fortune ; — 5° le paiement des arrérages ou intérêts des capitaux ; — 4° les frais funéraires et ceux de dernière maladie.

386. Cette jouissance n'aura pas lieu au profit de celui des père et mère contre lequel le divorce (ou la séparation de corps) [1] aurait été prononcé ; et elle cessera à l'égard de la mère dans le cas d'un second mariage.

387. Elle ne s'étendra pas aux biens que les enfans pourront acquérir par un travail et une industrie séparés, ni à ceux qui leur seront donnés ou légués sous la condition expresse que les père et mère n'en jouiront pas.

389. Le père est, durant le mariage, administrateur des biens personnels de ses enfans mineurs. — Il est comptable, quant à la propriété et aux revenus, des biens dont il n'a pas la jouissance ; et, quant à la propriété seulement, de ceux des biens dont la loi lui donne l'usufruit.

455. Les père et mère, tant qu'ils ont la jouissance propre et légale des biens du mineur, sont dispensés de vendre les meubles, s'ils préfèrent de les garder pour les remettre en nature. — Dans ce cas, ils en feront faire, à leurs frais, une estimation à juste valeur, par un expert qui sera nommé par le subrogé-tuteur et prêtera serment devant le juge de paix. Ils rendront la valeur estimative de ceux des meubles qu'ils ne pourraient représenter en nature.

601. Les père et mère, ayant l'usufruit légal du bien de leurs enfans, ne sont pas tenus de donner caution.

730. Les enfans de l'indigne, venant à la succession de leur chef, et sans le secours de la représentation, ne sont pas exclus pour la faute de leur père ; mais celui-ci ne peut, en aucun cas, réclamer sur les biens de cette succession

---

[1] On conteste que cet article soit applicable à la séparation de corps.

l'usufruit que la loi accorde aux pères et mères sur les biens de leurs enfans.

1442. S'il y a enfans mineurs, le défaut d'inventaire (à la dissolution de la communauté) fait perdre à l'époux survivant la jouissance de leurs revenus.

2° Loi pénale.

C. Pén. 334. Quiconque aura attenté aux mœurs, en excitant, favorisant ou facilitant habituellement la débauche ou la corruption de la jeunesse de l'un ou de l'autre sexe au-dessous de l'âge de vingt-un ans, sera puni d'un emprisonnement de six mois à deux ans, et d'une amende de cinquante francs à cinq cents francs. — Si la prostitution ou la corruption a été excitée, favorisée ou facilitée par leurs pères, mères, tuteurs, ou autres personnes chargées de leur surveillance, la peine sera de deux ans à cinq ans d'emprisonnement, et de trois cents francs à mille francs d'amende.

335. Si le délit a été commis par le père ou la mère, le coupable sera de plus privé des droits et avantages à lui accordés sur les biens de l'enfant par le Code Civil, livre 1, titre 9, *de la puissance paternelle* (*art. 384-389 ci-dessus*).

III. PAR RAPPORT AU MARIAGE.

1° De la séparation de biens.

C. Civ. 1539. Lorsque la femme séparée a laissé la jouissance de ses biens à son mari, celui-ci n'est tenu, soit sur la demande que sa femme pourrait lui faire, soit à la dissolution du mariage, qu'à la représentation des fruits existans, et il n'est point comptable de ceux qui ont été consommés jusqu'alors.

2° Du régime dotal.

C. Civ. 1555. La femme peut, avec l'autorisation de son mari, ou, sur son refus, avec permission de justice, donner ses biens dotaux pour l'établissement des enfans qu'elle aurait d'un mariage antérieur; mais si elle n'est autorisée que par justice, elle doit réserver la jouissance à son mari.

1578. Si le mari a joui des biens paraphernaux de sa femme sans mandat, et néanmoins sans opposition de sa part, il n'est tenu, à la dissolution du mariage, ou à la première demande de la femme, qu'à la représentation des fruits existans, et il n'est point comptable de ceux qui ont été consommés jusqu'alors.

1579. Si le mari a joui des biens paraphernaux malgré l'opposition constatée de la femme, il est comptable envers elle de tous les fruits tant existans que consommés.

1580. Le mari qui jouit des biens parapher-naux est tenu de toutes les obligations de l'usufruitier.

IV. PAR RAPPORT A LA SOCIÉTÉ.

Dispositions générales.

C. Civ. 1837. La société de tous biens présens est celle par laquelle les parties mettent en commun tous les biens meubles et immeubles qu'elles possédent actuellement, et les profits qu'elles pourront en tirer. — Elles peuvent aussi y comprendre toute autre espèce de gains; mais les biens qui pourraient leur avenir par succession, donation ou legs, n'entrent dans cette société que pour la jouissance : toute stipulation tendant à y faire entrer la propriété de ces biens est prohibée, sauf entre époux, et conformément à ce qui est réglé à leur égard.

1838. La société universelle de gains renferme tout ce que les parties acquerront par leur industrie, à quelque titre que ce soit, pendant le cours de la société : les meubles que chacun des associés possède au temps du contrat, y sont aussi compris; mais leurs immeubles personnels n'y entrent que pour la jouissance seulement.

1867. Lorsque l'un des associés a promis de mettre en commun la propriété d'une chose, la perte, survenue avant que la mise en soit effectuée, opère la dissolution de la société par rapport à tous les associés. — La société est également dissoute dans tous les cas par la perte de la chose, lorsque la jouissance seule a été mise en commun, et que la propriété en est restée dans la main de l'associé. — Mais la société n'est pas rompue par la perte de la chose dont la propriété a déjà été apportée à la société.

JOUR (SERVITUDE).

1° Servitude légale de jour.

Des vues sur la propriété de son voisin.

C. Civ. (*liv. 2, tit. 6, ch. 2, sect. 3, art 675-680*). — 675. L'un des voisins ne peut, sans le consentement de l'autre, pratiquer dans le mur mitoyen aucune fenêtre ou ouverture, en quelque manière que ce soit, même à verre dormant.

676. Le propriétaire d'un mur non mitoyen, joignant immédiatement l'héritage d'autrui, peut pratiquer dans ce mur des jours ou fenêtres à fer maillé et verre dormant. — Ces fenêtres doivent être garnies d'un treillis de fer, dont les mailles auront un décimètre (environ trois pouces huit lignes) d'ouverture au plus, et d'un châssis à verre dormant.

677. Ces fenêtres ou jours ne peuvent être établis qu'à vingt-six décimètres (huit pieds) au-dessus du plancher ou sol de la chambre qu'on veut éclairer, si c'est à rez-de-chaussée, et à dix-

neuf décimètres (six pieds) au-dessus du plancher pour les étages supérieurs.

678. On ne peut avoir des vues droites ou fenêtres d'aspect, ni balcons ou autres semblables saillies sur l'héritage clos ou non clos de son voisin, s'il n'y a dix-neuf décimètres (six pieds) de distance entre le mur où on les pratique et ledit héritage.

679. On ne peut avoir des vues par côté ou obliques sur le même héritage, s'il n'y a six décimètres (deux pieds) de distance.

680. La distance dont il est parlé dans les deux articles précédens, se compte depuis le parement extérieur du mur où l'ouverture se fait, et, s'il y a balcons ou autres semblables saillies, depuis leur ligne extérieure jusqu'à la ligne de séparation des deux propriétés.

2° Servitude conventionnelle.

C. Civ. 690. Les servitudes continues et apparentes s'acquièrent par titre, ou par la possession de trente ans.

688. Les servitudes continues sont celles dont l'usage est ou peut être continuel sans avoir besoin du fait actuel de l'homme : tels sont les conduites d'eau, les égouts, les vues et autres de cette espèce.

689. Les servitudes apparentes sont celles qui s'annoncent par des ouvrages extérieurs, tels qu'une porte, une fenêtre, un aqueduc.

JUDICATUM SOLVI (caution).

1° Dispositions générales.

C. Civ. 16. En toutes matières, autres que celles de commerce, l'étranger qui sera demandeur sera tenu de donner caution pour le paiement des frais et dommages-intérêts résultant du procès, à moins qu'il ne possède en France des immeubles d'une valeur suffisante pour assurer ce paiement.

De la caution à fournir par les étrangers.

C. Proc. (*liv.* 2, *tit.* 9, § 1, *art.* 166-167.) — 166. Tous étrangers, demandeurs principaux ou intervenans, seront tenus, si le défendeur le requiert, avant toute exception, de fournir caution de payer les frais et dommages-intérêts auxquels ils pourraient être condamnés.

167. Le jugement qui ordonnera la caution fixera la somme jusqu'à concurrence de laquelle elle sera fournie : le demandeur qui consignera cette somme, ou qui justifiera que ses immeubles situés en France sont suffisans pour en répondre, sera dispensé de fournir caution.

2° Dispositions du tarif civil.

75. (Pr. 166.) Pour la grosse de la requête, qui ne pourra excéder deux rôles, tendant à ce que l'étranger demandeur soit tenu de fournir caution. —

Idem de celle en réponse qui ne pourra non plus excéder deux rôles. — Chaque rôle, — Paris 2 fr. — Ressort, 1 fr. 50 c. (*V.* TARIF.) — Chaque copie, le quart. — Il ne sera passé aucuns frais d'impression.

JUDICIAIRE (ACTE).

C. Proc. 1040. Tous actes et procès-verbaux du ministère du juge seront faits au lieu où siège le tribunal ; le juge y sera toujours assisté du greffier, qui gardera les minutes et délivrera les expéditions ; en cas d'urgence, le juge pourra répondre en sa demeure les requêtes qui lui seront présentées ; le tout sauf l'exécution des dispositions portées au titre *des référés. V.* RÉFÉRÉ.

JUDICIAIRE (CAUTION). *V.* CAUTION.

JUDICIAIRE (CESSION).

C. Civ. 1268. La cession judiciaire est un bénéfice que la loi accorde au débiteur malheureux et de bonne foi, auquel il est permis, pour avoir la liberté de sa personne, de faire en justice l'abandon de tous ses biens à ses créanciers, nonobstant toute stipulation contraire. *V.* CESSION.

JUDICIAIRE (CONSEIL).

1° Dispositions générales.

C. Civ. 499. En rejetant la demande en interdiction, le tribunal pourra néanmoins, si les circonstances l'exigent, ordonner que le défendeur ne pourra désormais plaider, transiger, emprunter, recevoir un capital mobilier, ni en donner décharge, aliéner, ni grever ses biens d'hypothèque sans l'assistance d'un conseil qui lui sera nommé par le même jugement.

501. Tout arrêt ou jugement portant nomination d'un conseil sera, à la diligence des demandeurs, levé, signifié à partie, et inscrit, dans les dix jours, sur les tableaux qui doivent être affichés dans la salle de l'auditoire et dans les études des notaires de l'arrondissement.

502. La nomination d'un conseil aura son effet du jour du jugement. Tous actes passés postérieurement sans l'assistance du conseil, seront nuls de droit.

Du conseil judiciaire.

C. Civ. (*liv.* 1, *tit.* 11, *ch.* 5, *art.* 513-515). — 513. Il peut être défendu aux prodigues de plaider, de transiger, d'emprunter, de recevoir un capital mobilier et d'en donner décharge, d'aliéner, ni de grever leurs biens d'hypothèques, sans l'assistance d'un conseil qui leur est nommé par le tribunal.

514. La défense de procéder sans l'assistance d'un conseil, peut être provoquée par ceux qui ont droit de demander l'interdiction ; leur demande doit être instruite et jugée de la même manière —Cette défense ne peut être levée qu'en observant les mêmes formalités. *V.* INTERDICTION.

848. Aucun jugement, en matière d'interdiction, ou de nomination de conseil, ne pourra être rendu, soit en première instance, soit en cause d'appel, que sur les conclusions du ministère public.

2° *Procédure.*

C. Proc. 894. En cas de nomination de conseil, l'appel de celui auquel il aura été donné sera dirigé contre le provoquant.

897. Le jugement qui prononcera défenses de plaider, transiger, emprunter, recevoir un capital mobilier, en donner décharge, aliéner ou hypothéquer sans assistance de conseil, sera affiché dans la forme prescrite par l'art. 501 du Code Civil (*ci-dessus*).

JUDICIAIRE (CONTRAT).

C. Proc. 54. Lors de la comparution (sur demande en conciliation), le demandeur pourra expliquer, même augmenter sa demande, et le défendeur former celles qu'il jugera convenables ; le procès-verbal qui en sera dressé contiendra les conditions de l'arrangement, s'il y en a ; dans le cas contraire, il fera sommairement mention que les parties n'ont pu s'accorder.—Les conventions des parties insérées au procès-verbal ont force d'obligation privée.

403. Le désistement, lorsqu'il aura été accepté, emportera de plein droit consentement que les choses soient remises de part et d'autre au même état qu'elles étaient avant la demande.

C. Civ. 1356. L'aveu judiciaire est la déclaration que fait en justice la partie ou son fondé de pouvoir spécial. — Il fait pleine foi contre celui qui l'a fait.—Il ne peut être divisé contre lui.— Il ne peut être révoqué, à moins qu'on ne prouve qu'il a été la suite d'une erreur de fait. Il ne pourrait être révoqué sous prétexte d'une erreur de droit.

JUDICIAIRE (HYPOTHÈQUE).

C. Civ. 2123. L'hypothèque judiciaire résulte des jugemens, soit contradictoires, soit par défaut, définitifs ou provisoires, en faveur de celui qui les a obtenus. Elle résulte aussi des reconnaissances ou vérifications faites en jugement des signatures apposées à un acte obligatoire sous seing privé.—Elle peut s'exercer sur les immeubles actuels du débiteur et sur ceux qu'il pourra acquérir, sauf aussi les modifications qui seront exprimées. — Les décisions arbitrales n'emportent hypothèque qu'autant qu'elles sont revêtues de l'ordonnance judiciaire d'exécution. —L'hypothèque ne peut pareillement résulter des jugemens rendus en pays étranger qu'autant qu'ils ont été déclarés exécutoires par un tribunal français, sans préjudice des dispositions contrai-

res qui peuvent être dans les lois politiques ou dans les traités. *V.* HYPOTHÈQUE.

JUDICIAIRE (VENTE).

Dispositions générales.

C. Civ. 1649. (L'action résultant des vices rédhibitoires) n'a pas lieu dans les ventes faites par autorité de justice.

1684 (La rescision pour lésion) n'a pas lieu en toutes ventes qui, d'après la loi, ne peuvent être faites que d'autorité de justice. *V.* IMMOBILIÈRE (*saisie*), IMMOBILIÈRE (*vente*), MINEUR (*biens de*).

JUGE.

I. DISPOSITIONS RÈGLEMENTAIRES.

1° *Charte constitutionnelle.*

48. Toute justice émane du Roi ; elle s'administre en son nom par des juges qu'il nomme et qu'il institue.

49. Les juges nommés par le Roi sont inamovibles.

2° *Loi du* 20 *avril* 1810.

Dispositions générales.

63. Les parens et alliés, jusqu'au degré d'oncle et de neveu inclusivement, ne pourront être simultanément membres d'un même tribunal ou d'une même cour, soit comme juges, soit comme officiers d'un ministère public, ou même comme greffiers, sans une dispense de l'Empereur. Il ne sera accordé aucune dispense pour les tribunaux composés de moins de huit juges. — En cas d'alliance survenue depuis la nomination, celui qui l'a contractée ne pourra continuer ses fonctions sans obtenir une dispense de Sa Majesté.

64. Nul ne pourra être juge ou suppléant d'un tribunal de première instance, ou procureur impérial, s'il n'est âgé de vingt-cinq ans accomplis, s'il n'est licencié en droit, et s'il n'a suivi le barreau pendant deux ans, après avoir prêté serment à la cour impériale, ou s'il ne se trouve dans un cas d'exception prévu par la loi. — Nul ne pourra être président, s'il n'a vingt-sept ans accomplis. — Les substituts des procureurs impériaux pourront être nommés lorsqu'ils auront atteint leur vingt-deuxième année, et s'ils réunissent les autres conditions requises.

65. Nul ne pourra être juge ou greffier dans une cour impériale, s'il n'a vingt-sept ans accomplis, et s'il ne réunit les conditions exigées par l'article précédent. — Nul ne pourra être président ou procureur général, s'il n'a trente ans accomplis. — Les substituts du procureur général pourront être nommés lorsqu'ils auront atteint leur vingt-cinquième année.

De la discipline.

48. Les juges et les officiers du ministère public qui s'absenteraient sans congé délivré suivant les règles prescrites par la loi ou les règlemens, seront privés de leur traitement, pendant le temps de leur absence ; et, si leur absence dure plus de six mois, ils pourront être considérés comme démissionnaires, et remplacés. — Néanmoins les juges et officiers du ministère public pourront, après un mois d'absence, être requis par le procureur général de se rendre

à leur poste ; et faute par eux d'y revenir dans le mois, il en sera fait rapport au grand-juge, qui pourra proposer à l'Empereur de les remplacer comme démissionnaires.

49. Les présidens de cours impériales et des tribunaux de première instance avertiront d'office, ou sur la réquisition du ministère public, tout juge qui compromettra la dignité de son caractère.

50. Si l'avertissement reste sans effet, le juge sera soumis, par forme de discipline, à l'une des peines suivantes, savoir : — la censure simple ; — la censure avec réprimande ; — la suspension provisoire. — La censure avec réprimande emportera de droit privation de traitement pendant un mois ; la suspension provisoire emportera privation de traitement pendant sa durée.

51. Les décisions prises par les tribunaux de première instance seront transmises, avant de recevoir leur exécution, aux procureurs généraux par les procureurs impériaux, et soumises aux cours impériales.

52. L'application des peines déterminées par l'article 50, ci-dessus, sera faite en chambre du conseil par les tribunaux de première instance, s'il s'agit d'un juge de ces tribunaux ou d'un membre de justice de paix, ou d'un juge de police d'un arrondissement ; — lorsqu'il s'agira d'un membre des cours impériales, ou d'assises, l'application sera faite par les cours impériales en la chambre du conseil.

53. La disposition de l'article précédent est applicable à tous les membres des cours d'assises, qui auront encouru l'une des peines portées en l'article 50, même à ceux qui, n'ayant exercé qu'en qualité de suppléans, auront, dans l'exercice de leur suppléance, manqué aux devoirs de leur état.

54. Les cours impériales exerceront les droits de discipline attribués aux tribunaux de première instance, lorsque ceux-ci auront négligé de les exercer. — Les cours impériales pourront, dans ce cas, donner à ces tribunaux un avertissement d'être plus exacts à l'avenir.

55. Aucune décision ne pourra être prise que le juge inculpé n'ait été entendu ou dûment appelé, et que le procureur impérial ou le procureur général n'ait donné ses conclusions par écrit.

56. Dans tous les cas, il sera rendu compte au grand-juge ministre de la justice, par les procureurs généraux, de la décision prise par les cours impériales : quand elles auront prononcé ou confirmé la censure avec réprimande, ou la suspension provisoire, la décision ne sera mise à exécution qu'après avoir été approuvée par le grand-juge. — Néanmoins, en cas de suspension provisoire, le juge sera tenu de s'abstenir de ses fonctions jusqu'à ce que le grand-prêtre ait prononcé, sans préjudice du droit que l'article 81 du senatus-consulte du 16 thermidor an 10 [1] donne au grand-juge de déférer le juge inculpé à la cour de cassation, si la gravité des faits l'exige.

57. Le grand-juge ministre de la justice pourra,

_____

[1] S. C. 16 *thermidor an 10.* — 82. Le tribunal de cassation a droit de censure et de discipline sur les tribunaux d'appel et les tribunaux criminels ; il peut, pour cause grave, suspendre les juges de leurs fonctions, les mander près du grand-juge, pour y rendre compte de leur conduite.

quand il le jugera convenable, mander auprès de [s]a personne les membres des cours et tribunaux, à l'effet de s'expliquer sur les faits qui pourraient leu[r] être imputés.

58. Tout juge qui se trouvera sous les liens d'u[n] mandat d'arrêt, de dépôt, d'une ordonnance de pris[e] de corps ou d'une condamnation correctionnelle, même pendant l'appel, sera suspendu provisoiremen[t] de ses fonctions.

59. Tout jugement de condamnation rendu contr[e] un juge, à une peine de simple police, sera transm[is] au grand-juge ministre de la justice, qui, après e[n] avoir fait l'examen, dénoncera à la cour de cassation s'il y a lieu, le magistrat condamné ; et , sous la pré[-] sidence du ministre, ledit magistrat pourra êtr[e] déchu ou suspendu de ses fonctions , suivant la gra[-] vité des faits.

60. Les officiers du ministère public dont la co[n-] duite est répréhensible, seront rappelés à leur devo[ir] par le procureur général du ressort ; il en sera rend[u] compte au grand-juge, qui, suivant la gravité de[s] circonstances, leur fera faire par le procureur géné[-] ral les injonctions qu'il jugera nécessaires, ou le[s] mandera près de lui.

61. Les cours impériales ou d'assises sont te[-] nues d'instruire le grand-juge ministre de la jus[-] tice , toutes les fois que les officiers du ministèr[e] public, exerçant leurs fonctions près de ces cour[s] s'écartent du devoir de leur état, et qu'ils en com[-] promettent l'honneur , la délicatesse et la dignit[é] — Les tribunaux de première instance instruiro[nt] le premier président et le procureur général de [la] cour impériale, des reproches qu'ils se croiront e[n] devoir de faire aux officiers du ministère public exe[r-] çant dans l'étendue de l'arrondissement , soit aupr[ès] de ces tribunaux , soit auprès des tribunaux d[e] police.

62. Les greffiers seront avertis ou réprimandé[s] par les présidens de leurs cours et tribunaux respe[c-] tifs ; et ils seront dénoncés, s'il y a lieu, au gran[d-] juge ministre de la justice.

II. DES POURSUITES CONTRE LES JUGES.

Des crimes commis par des juges , hors de leur[s] fonctions , et dans l'exercice de leurs fonc[-] tions.

C. Inst. cr. (liv. 2, tit. 4 , ch. 3 , art. 479-503[.] Sect. 1, de la poursuite et instruction contre d[es] juges, pour crimes et délits par eux comm[is] hors de leurs fonctions.

479. Lorsqu'un juge de paix, un membre d[u] tribunal correctionnel ou de première instance ou un officier chargé du ministère public prè[s] l'un de ces tribunaux, sera prévenu d'avoir com[-] mis hors de ses fonctions un délit emportan[t] une peine correctionnelle , le procureur généra[l] près la cour royale le fera citer devant cette cou[r] qui prononcera sans qu'il puisse y avoir appel.

480. S'il s'agit d'un crime emportant peine a[f-] flictive ou infamante, le procureur général prè[s] la cour royale et le premier président de cett[e] cour désigneront , le premier, le magistrat qu[i] exercera les fonctions d'officier de police judi[-]

iaire ; le second , le magistrat qui exercera les onctions de juge d'instruction.

481. Si c'est un membre de cour royale, ou un fficier exerçant près d'elle le ministère public, qui soit prévenu d'avoir commis un délit ou un rime hors de ses fonctions, l'officier qui aura eçu les dénonciations ou les plaintes sera tenu l'en envoyer de suite des copies au ministre de a justice, sans aucun retard de l'instruction, qui era continuée comme il est précédemment ré-lé, et il adressera pareillement au ministre une opie des pièces.

482. Le ministre de la justice transmettra les pièces à la cour de cassation, qui renverra l'af-faire, s'il y a lieu, soit à un tribunal de police cor-rectionnelle, soit à un juge d'instruction, pris l'un et l'autre hors du ressort de la cour à laquelle appartient le membre inculpé. — S'il s'agit de prononcer la mise en accusation, le renvoi sera fait à une autre cour royale.

Sect. 2, *de la poursuite et instruction contre des juges et tribunaux autres que les membres de la cour de cassation, les cours royales et les cours d'assises, pour forfaiture et autres cri-mes ou délits relatifs à leurs fonctions.*

483. Lorsqu'un juge de paix ou de police, ou un juge faisant partie d'un tribunal de commerce, un officier de police judiciaire, un membre de tribunal correctionnel ou de première instance, ou un officier chargé du ministère public près d'un de ces juges ou tribunaux, sera prévenu d'a-voir commis, dans l'exercice de ses fonctions, un délit emportant une peine correctionnelle, ce dé-lit sera poursuivi et jugé comme il est dit à l'ar-ticle 479.

484. Lorsque des fonctionnaires de la qualité exprimée en l'article précédent seront prévenus d'avoir commis un crime emportant la peine de forfaiture ou autre plus grave, les fonctions ordi-nairement dévolues au juge d'instruction et au procureur du Roi seront immédiatement remplies par le premier président et le procureur général près la cour royale, chacun en ce qui le concerne, ou par tels autres officiers qu'ils auront respecti-vement et spécialement désignés à cet effet.—Jus-qu'à cette délégation, et dans le cas où il existe-rait un corps de délit, il pourra être constaté par tout officier de police judiciaire; et pour le sur-plus de la procédure, on suivra les dispositions générales du présent Code.

483. Lorsque le crime commis dans l'exercice des fonctions et emportant la peine de forfaiture ou autre plus grave sera imputé, soit à un tribu-nal entier de commerce, correctionnel ou de pre-mière instance, soit individuellement à un ou

plusieurs membres des cours royales, et aux pro-cureurs généraux et substituts près ces cours, il sera procédé comme il suit.

486. Le crime sera dénoncé au ministre de la justice, qui donnera, s'il y a lieu, ordre au procu-reur général près la cour de cassation de le pour-suivre sur la dénonciation. — Le crime pourra aussi être dénoncé directement à la cour de cas-sation par les personnes qui se prétendront lé-sées, mais seulement lorsqu'elles demanderont à prendre le tribunal ou le juge à partie , ou lors-que la dénonciation sera incidente à une affaire pendante à la cour de cassation.

487. Si le procureur général près la cour de cassation ne trouve pas dans les pièces à lui trans-mises par le ministre de la justice, ou produites par les parties, tous les renseignemens qu'il ju-gera nécessaires, il sera, sur son réquisitoire, dé-signé par le premier président de cette cour un de ses membres pour l'audition des témoins et tous autres actes d'instruction qu'il peut y avoir lieu de faire dans la ville où siège la cour de cas-sation.

488. Lorsqu'il y aura des témoins à entendre ou des actes d'instruction à faire hors de la ville où siège la cour de cassation, le premier président de cette cour fera, à ce sujet, toutes délégations nécessaires, à un juge d'instruction, même d'un département ou d'un arrondissement autre que ceux du tribunal ou du juge prévenu.

489. Après avoir entendu les témoins et ter-miné l'instruction qui lui aura été déléguée , le juge d'instruction mentionné en l'article précé-dent renverra les procès-verbaux et les autres ac-tes , clos et cachetés , au premier président de la cour de cassation.

490. Sur le vu , soit des pièces qui auront été transmises par le ministre de la justice ou pro-duites par les parties, soit des renseignemens ul-térieurs qu'il se sera procurés, le premier prési-dent décernera, s'il y a lieu, le mandat de dépôt. — Ce mandat désignera la maison d'arrêt dans laquelle le prévenu devra être déposé.

491. Le premier président de la cour de cassa-tion ordonnera de suite la communication de la procédure au procureur général , qui , dans les cinq jours suivans, adressera à la section des re-quêtes son réquisitoire contenant la dénonciation du prévenu.

492. Soit que la dénonciation portée à la sec-tion des requêtes ait été, ou non, précédée d'un mandat de dépôt, cette section y statuera, toutes affaires cessantes. — Si elle la rejette, elle ordon-nera la mise en liberté du prévenu.—Si elle l'ad-met,elle renverra le tribunal ou le juge prévenu,

devant les juges de la section civile, qui prononceront sur la mise en accusation.

493. La dénonciation incidente à une affaire pendante à la cour de cassation sera portée devant la section saisie de l'affaire ; et si elle est admise, elle sera renvoyée de la section criminelle ou de celle des requêtes à la section civile, et de la section civile à celle des requêtes.

494. Lorsque, dans l'examen d'une demande en prise à partie ou de toute autre affaire, et sans qu'il y ait de dénonciation directe ni incidente, l'une des sections de la cour de cassation apercevra quelque délit de nature à faire poursuivre criminellement un tribunal ou un juge de la qualité exprimée en l'article 479, elle pourra d'office ordonner le renvoi conformément à l'article précédent.

495. Lorsque l'examen d'une affaire portée devant les sections réunies donnera lieu au renvoi d'office exprimé dans l'article qui précède, ce renvoi sera fait à la section civile.

496. Dans tous les cas, la section à laquelle sera fait le renvoi sur dénonciation ou d'office, prononcera sur la mise en accusation. — Son président remplira les fonctions que la loi attribue aux juges d'instruction.

497. Ce président pourra déléguer l'audition des témoins et l'interrogatoire des prévenus à un autre juge d'instruction, pris même hors de l'arrondissement et du département où se trouvera le prévenu.

498. Le mandat d'arrêt que délivrera le président, désignera la maison d'arrêt dans laquelle le prévenu devra être conduit.

499. La section de la cour de cassation, saisie de l'affaire, délibérera sur la mise en accusation, en séance non publique ; les juges devront être en nombre impair. — Si la majorité des juges trouve que la mise en accusation ne doit pas avoir lieu, la dénonciation sera rejetée par un arrêt, et le procureur général fera mettre le prévenu en liberté.

500. Si la majorité des juges est pour la mise en accusation, cette mise en accusation sera prononcée par un arrêt, qui portera en même temps ordonnance de prise de corps.— En exécution de cet arrêt, l'accusé sera transféré dans la maison de justice de la cour d'assises qui sera désignée par celle de cassation dans l'arrêt même.

501. L'instruction ainsi faite devant la cour de cassation ne pourra être attaquée quant à la forme. — Elle sera commune aux complices du tribunal ou du juge poursuivi, lors même qu'ils n'exerceraient point de fonctions judiciaires.

502. Seront au surplus observées les autres dispositions du présent Code qui ne sont pas contraires aux formes de procéder prescrites par le présent chapitre.

503. Lorsqu'il se trouvera dans la section criminelle saisie du recours en cassation dirigé contre l'arrêt de la cour d'assises à laquelle l'affaire aura été renvoyée, des juges qui auront concouru à la mise en accusation dans l'une des autres sections, ils s'abstiendront. — Et néanmoins, dans le cas d'un second recours qui donnera lieu à la réunion des sections, tous les juges pourront en connaître.

Dispositions du tarif criminel.

42. Les droits d'expéditions sont dus pour tous les actes et pièces dont il est fait mention dans l'art. 484 C. Inst. cr. V. GREFFIER.

71. — 1° Pour toutes citations, significations, notifications, communications et mandats de comparution dans les cas prévus par les art. 479, 487, 492 e 500, C. Inst. cr. — Original, — Paris, 1 fr. — Ville de 40,000 habitans et au-dessus, 75 c. — Autre villes et communes, 50 c. ; — 2° chaque copie, — Paris, 75 c. — Villes de 40,000 habitans et au-dessus 60 c. — Autres villes et communes, 50 c.; — 4° pour l'exécution du mandat de dépôt, art. 490, C. Inst cr., y compris l'exploit de signification et la copie — Paris, 5 fr. — Villes de 40,000 habitans et au-dessus, 4 fr. — Autres villes et communes, 3 fr. — 5° pour la capture, en exécution d'ordonnance de prise de corps, art. 500, C. Inst. cr., — Paris 21 fr. — Villes de 40,000 habitans et au-dessus 18 fr. — Autres villes et communes, 15 fr.

88. Dans les cas prévus par les art. 488 et 497 C. Inst. cr., les juges et officiers du ministère public recevront des indemnités ainsi qu'il suit : — s'ils se transportent à plus de cinq kilomètres de leur résidence, ils recevront pour tous frais de voyage de nourriture et de séjour, une indemnité de 9 fr par jour ; — s'ils se transportent à plus de deu myriamètres, l'indemnité sera de 12 fr. par jour. V VOYAGE (frais de).

III. DISPOSITIONS DIVERSES.

V. ABSTENTION DE JUGE, AUDIENCE, DÉNI DE JUSTICE, FORFAITURE, JUGEMENT, PRISE A PARTIE, RÉCUSATION, RÈGLEMENT DE JUGE.

IV. DISPOSITIONS ADDITIONNELLES.

CESSION DE PROCÈS. C. Civ. 1597. Les juges leurs suppléans, les magistrats remplissant le ministère public, ne peuvent devenir cessionnaire des procès, droits et actions litigieux qui sont de la compétence du tribunal dans le ressort duquel ils exercent leurs fonctions, à peine de nullité et des dépens, dommages et intérêts.

PIÈCES ET TITRES. C. Civ. 2276. Les juge sont déchargés des pièces cinq ans après le jugement des procès.

RÈGLEMENT. C. Civ. 5. Il est défendu aux juges de prononcer par voie de disposition générale et réglementaire sur les causes qui leur son soumises.

JUGE D'INSTRUCTION. *V.* Instruction (*juge d'*).

JUGE DE PAIX. *V.* Paix (*juge de*).

JUGE SUPPLÉANT. *V.* Suppléant (*juge*).

JUGEMENS.

I. DISPOSITIONS GÉNÉRALES.

Des jugemens.

C. Proc. (*liv.* 2, *tit.* 6, *art.* 116-148). — **116.** Les jugemens seront rendus à la pluralité des voix, et prononcés sur le champ : néanmoins les juges pourront se retirer dans la chambre du conseil pour y recueillir les avis; ils pourront aussi continuer la cause à une des prochaines audiences, pour prononcer le jugement.

117. S'il se forme plus de deux opinions, les juges plus faibles en nombre seront tenus de se réunir à l'une des deux opinions qui auront été émises par le plus grand nombre; toutefois ils ne seront tenus de s'y réunir qu'après que les voix auront été recueillies une seconde fois.

118. En cas de partage, on appellera, pour le vider, un juge; à défaut de juge, un suppléant; à son défaut, un avocat attaché au barreau, et à son défaut, un avoué ; tous appelés selon l'ordre du tableau : l'affaire sera de nouveau plaidée.

119. Si le jugement ordonne la comparution des parties, il indiquera le jour de la comparution.

120. Tout jugement qui ordonnera un serment, énoncera les faits sur lesquels il sera reçu.

121. Le serment sera fait par la partie en personne, et à l'audience. Dans le cas d'un empêchement légitime et dûment constaté, le serment pourra être prêté devant le juge que le tribunal aura commis, et qui se transportera chez la partie, assisté du greffier. — Si la partie à laquelle le serment est déféré, est trop éloignée, le tribunal pourra ordonner qu'elle prêtera le serment devant le tribunal du lieu de sa résidence. — Dans tous les cas, le serment sera fait en présence de l'autre partie, ou elle dûment appelée par acte d'avoué à avoué, et s'il n'y a pas d'avoué constitué, par exploit contenant l'indication du jour de la prestation.

122. Dans le cas où les tribunaux peuvent accorder des délais pour l'exécution de leurs jugemens, ils le feront par le jugement même qui statuera sur la contestation, et qui énoncera les motifs du délai.

123. Le délai courra du jour du jugement, s'il est contradictoire, et de celui de la signification, s'il est par défaut.

124. Le débiteur ne pourra obtenir un délai, ni jouir du délai qui lui aura été accordé, si ses biens sont vendus à la requête d'autres créanciers, s'il est en état de faillite, de contumace, ou s'il est constitué prisonnier, ni enfin lorsque par son fait il aura diminué les sûretés qu'il avait données par le contrat à son créancier.

125. Les actes conservatoires seront valables, nonobstant le délai accordé.

126. La contrainte par corps ne sera prononcée que dans les cas prévus par la loi : il est néanmoins laissé à la prudence des juges de la prononcer, — 1° pour dommages et intérêts en matière civile, au-dessus de la somme de trois cents francs ; — 2° pour reliquats de comptes de tutelle, curatelle, d'administration de corps et communauté, établissemens publics, ou de toute administration confiée par justice, et pour toutes restitutions à faire par suite desdits comptes.

127. Pourront les juges, dans les cas énoncés en l'article précédent, ordonner qu'il sera sursis à l'exécution de la contrainte par corps, pendant le temps qu'ils fixeront ; après lequel, elle sera exercée sans nouveau jugement. Ce sursis ne pourra être accordé que par le jugement qui statuera sur la contestation, et qui énoncera les motifs de délai.

128. Tous jugemens qui condamneront en des dommages et intérêts, en contiendront la liquidation, ou ordonneront qu'ils seront donnés par état.

129. Les jugemens qui condamneront à une restitution de fruits, ordonneront qu'elle sera faite en nature pour la dernière année ; et pour les années précédentes, suivant les mercuriales du marché le plus voisin, eu égard aux saisons et prix communs de l'année ; sinon à dire d'experts, à défaut de mercuriales. Si la restitution en nature pour la dernière année est impossible, elle se fera comme pour les années précédentes.

130. Toute partie qui succombera, sera condamnée aux dépens.

131. Pourront néanmoins les dépens être compensés en tout ou en partie, entre conjoints, ascendans, descendans, frères et sœurs, ou alliés au même degré : les juges pourront aussi compenser les dépens en tout ou en partie, si les parties succombent respectivement sur quelques chefs.

132. Les avoués et huissiers qui auront excédé les bornes de leur ministère, les tuteurs, curateurs, héritiers bénéficiaires ou autres administrateurs qui auront compromis les intérêts de leur administration, pourront être condamnés aux dépens, en leur nom et sans répétition, même aux dommages et intérêts s'il y a lieu ; sans préjudice de l'interdiction contre les avoués et huissiers, et de la destitution contre les tuteurs et autres, suivant la gravité des circonstances.

133. Les avoués pourront demander la distraction des dépens à leur profit, en affirmant, lors de la prononciation du jugement, qu'ils ont fait la plus grande partie des avances. La distraction des dépens ne pourra être prononcée que par le jugement qui en portera la condamnation : dans ce cas, la taxe sera poursuivie et l'exécutoire délivré au nom de l'avoué, sans préjudice de l'action contre sa partie.

134. S'il a été formé une demande provisoire, et que la cause soit en état sur le provisoire et sur le fond, les juges seront tenus de prononcer sur le tout par un seul jugement.

135. L'exécution provisoire sans caution sera ordonnée s'il y a titre authentique, promesse reconnue, ou condamnation précédente par jugement dont il n'y ait point d'appel.— L'exécution provisoire pourra être ordonnée, avec ou sans caution, lorsqu'il s'agira, — 1º d'apposition et levée de scellés, ou confection d'inventaire; — 2º de réparations urgentes ; — 3º d'expulsion des lieux, lorsqu'il n'y a pas de bail, ou que le bail est expiré ; — 4º de séquestres, commissaires et gardiens ; — 5º de réceptions de caution et certificateurs ; — 6º de nomination de tuteurs, curateurs, et autres administrateurs, et de reddition de comptes ; — 7º de pensions ou provisions alimentaires.

136. Si les juges ont omis de prononcer l'exécution provisoire, ils ne pourront l'ordonner par un second jugement, sauf aux parties à la demander sur l'appel.

137. L'exécution provisoire ne pourra être ordonnée pour les dépens , quand même ils seraient adjugés pour tenir lieu de dommages et intérêts.

138. Le président et le greffier signeront la minute de chaque jugement aussitôt qu'il sera rendu : il sera fait mention, en marge de la feuille d'audience, des juges et du procureur du Roi qui y auront assisté; cette mention sera également signée par le président et le greffier.

139. Les greffiers qui délivreront expédition d'un jugement avant qu'il ait été signé, seront poursuivis comme faussaires.

140. Les procureurs du Roi et généraux se feront représenter tous les mois les minutes des jugemens, et vérifieront s'il a été satisfait aux dispositions ci-dessus : en cas de contravention, ils en dresseront procès-verbal, pour être procédé ainsi qu'il appartiendra.

141. La rédaction des jugemens contiendra les noms des juges, du procureur du Roi, s'il a été entendu, ainsi que des avoués; les noms, profes-

sions et demeures des parties, leurs conclusions, l'exposition sommaire des points de fait et de droit, les motifs et le dispositif des jugemens.

142. La rédaction sera faite sur les qualités signifiées entre les parties : en conséquence, celle qui voudra lever un jugement contradictoire, sera tenue de signifier à l'avoué de son adversaire les qualités, contenant les noms, professions et demeures des parties, les conclusions, et les points de fait et de droit.

143. L'original de cette signification restera pendant vingt-quatre heures entre les mains des huissiers audienciers.

144. L'avoué qui voudra s'opposer soit aux qualités, soit à l'exposé des points de fait et de droit, le déclarera à l'huissier, qui sera tenu d'en faire mention.

145. Sur un simple acte d'avoué à avoué, les parties seront réglées sur cette opposition par le juge qui aura présidé; en cas d'empêchement, par le plus ancien, suivant l'ordre du tableau.

146. Les expéditions des jugemens seront intitulées et terminées au nom du Roi, conformément à l'article 48 de la Charte constitutionnelle [1].

147. S'il y a avoué en cause, le jugement ne pourra être exécuté qu'après avoir été signifié à avoué, à peine de nullité : les jugemens provisoires et définitifs qui prononceront des condamnations , seront en outre signifiés à la partie , à personne ou à domicile, et il sera fait mention de la signification à l'avoué.

148. Si l'avoué est décédé, ou a cessé de postuler, la signification à partie suffira ; mais il y sera fait mention du décès ou de la cessation des fonctions de l'avoué.

Dispositions du tarif civil.

29. (Pr. 121.) Pour l'original d'une sommation d'être présent à la prestation d'un serment ordonné — (147.) D'une signification de jugement à domicile, — Paris, 2 fr. — Partout ailleurs, 1 fr. 50 c. — Chaque copie, le quart.

70. (Pr. 121.) Original d'une sommation d'avoué à avoué, pour être présent à la prestation d'un serment ordonné. — (145.) D'une sommation d'avoué à avoué, pour être réglé sur une opposition aux qualités, —Paris, 1 fr. — Ressort, 75. c. (V. TARIF.)— Chaque copie, le quart.

86. (Pr. 116.) Pour assistance des avoués à chaque journée de plaidoiries qui précède les jugemens interlocutoires et définitifs contradictoires, quand les causes sont plaidées par les parties elles-mêmes ou par des avocats, —Paris, 5 fr. — Dans le ressort, 2 fr. 25 c. — Et quand les avoués plaideront eux-mêmes, — Paris, 10 fr. — Ressort, 6 fr.

[1] *Charte*, 48. Toute justice émane du Roi. Elle s'administre en son nom par des juges qu'il nomme et qu'il institue.

87. (Pr. 142.) Pour l'original des qualités contenant les noms, professions et demeures des parties, leurs conclusions et les points de fait et de droit, sans que les motifs des conclusions puissent y être insérés, ni qu'on puisse rappeler, dans les points de fait et de droit, les moyens des parties ; savoir pour celles d'un jugement par défaut,— Paris, 3 fr. 75 c. — Ressort, 2 fr. 80 c. — Pour celles d'un jugement contradictoire sur plaidoirie ou délibéré, — Paris, 7 fr. 50. c. — Ressort, 5 fr. 30.— Et celles d'un jugement en instruction par écrit, — Paris, 10 fr. — Ressort, 7 fr. 50 c.

88. (Pr. 142.) Pour chaque copie qui ne pourra être signifiée que dans le cas où le jugement serait contradictoire, le quart.

90. (Pr. 144.) Vacation pour former opposition à des qualités, le droit ne sera passé qu'autant que le président aura ordonné une réformation. — (145.) Pour faire régler les qualités des jugemens en cas d'opposition, — Paris, 1 fr. 50 c. — Ressort, 1 fr. 15 c.

II. DES JUGEMENS DIVERS.

V. CONTRADICTOIRES (*jugemens*), CRIMINEL (*jugement*), DÉFAUT (*jugement par*), DÉFINITIF, INTERLOCUTOIRE , PRÉPARATOIRE , PROVISIONNEL (*jugemens*).

III. DES RECOURS CONTRE LES JUGEMENS.

V. APPEL, CASSATION, REQUÊTE CIVILE, RÉVISION.

JURATOIRE (CAUTION).

C. Civ. 603. A défaut d'une caution de la part de l'usufruitier, le propriétaire peut exiger que les meubles qui dépérissent par l'usage soient vendus, pour le prix en être placé comme celui des denrées ; et alors l'usufruitier jouit de l'intérêt pendant son usufruit ; cependant l'usufruitier pourra demander, et les juges pourront ordonner, suivant les circonstances, qu'une partie des meubles nécessaires pour son usage lui soit délaissée, sous sa simple caution juratoire, et à la charge de les représenter à l'extinction de l'usufruit.

JURÉ, JURI.

I. DISPOSITIONS GÉNÉRALES.

1° *Charte constitutionnelle.*

56. L'institution des jurés est conservée. Les changemens qu'une plus longue expérience ferait juger nécessaires ne peuvent être effectués que par une loi.

69. Il sera pourvu successivement par des lois séparées et dans le plus court délai possible aux objets qui suivent : — 1° l'application du juri aux délits de la presse et aux délits politiques.

2° *Du juri et de la manière de le former.*

C. Inst. cr. (*liv*. 2, *tit*. 2, *ch*. 3, *art*. 381-406.)

Sect. 1, *du juri.*

381. Nul ne peut remplir les fonctions de juré, s'il n'a pas trente ans accomplis et s'il ne jouit

des droits politiques et civils, à peine de nullité.
— Les jurés seront pris parmi les membres des collèges électoraux [1] et parmi les personnes désignées dans les paragraphes 3 et suivans de l'article 382.

382. Le préfet de chaque département dressera une liste qui sera divisée en deux parties (*V. ci-après* IV *de la liste des jurés*). — La première partie sera rédigée conformément (aux articles 1 , 2 et 3 de la loi du 19 avril 1831) [1], et comprendra toutes les personnes , qui rempliront les conditions requises pour faire partie des collèges électoraux du département. — La seconde partie comprendra, — 1° les électeurs qui, ayant leur domicile réel dans le département, exerceraient leurs droits électoraux dans un autre département ; — 2° les fonctionnaires publics nommés par le Roi et exerçant des fonctions gratuites ;—3° les officiers des armées de terre et de mer en retraite ;—4° les docteurs et licenciés de l'une ou de plusieurs des facultés de droit, sciences et des lettres ; les docteurs en médecine; les membres et correspondans de l'institut ; les membres des autres sociétés savantes reconnues par le Roi ; — 5° les notaires, après trois ans d'exercice de leurs fonctions. — Les officiers des armées de terre et de mer en retraite ne seront portés dans la liste générale qu'après qu'il aura été justifié qu'ils jouissent d'une pension de retraite de douze cents francs au moins, et qu'ils ont depuis cinq ans un domicile réel dans le département. — Les licenciés de l'une des facultés de droit, des sciences et des lettres, qui ne seraient pas inscrits sur le tableau des avocats et des avoués près les cours et tribunaux, ou qui ne seraient pas chargés de l'enseignement de quel-

_____

[1] *L*. 19 *avril* 1831. — 1. Tout français jouissant des droits civils et politiques, âgé de 25 ans accomplis, et payant 200 francs de contributions directes, est électeur, s'il remplit d'ailleurs les autres conditions fixées par la loi.

2. Si le nombre des électeurs d'un arrondissement électoral ne s'élève pas à 150, ce nombre sera complété en appelant les citoyens les plus imposés au-dessous de 200 fr. — Lorsqu'en vertu du paragraphe précédent les citoyens payant une quotité de contributions égale, se trouveront appelés concurremment à compléter la liste des électeurs, les plus âgés seront inscrits jusqu'à concurrence du nombre déterminé par ledit article.

3. Sont en outre électeurs, en payant 100 francs de contributions directes, — 1° les membres correspondans de l'Institut ; — 2° les officiers des armées de terre et de mer jouissant d'une pension de retraite de 1,200 francs au moins, et justifiant d'un domicile réel dans trois ans dans l'arrondissement électoral. Les officiers en retraite pourront compter , pour compléter les 1,200 francs ci-dessus, le traitement qu'ils toucheraient comme membres de la Légion-d'Honneur.

50

qu'une des matières appartenant à la faculté où ils auront pris leur licence, ne seront portés sur la liste générale qu'après qu'il aura été justifié qu'ils ont depuis dix ans un domicile réel dans le département. — Dans les départemens où les deux parties de la liste ne comprendraient pas huit cents individus, ce nombre sera complété par une liste supplémentaire, formée des individus les plus imposés parmi ceux qui n'auront pas été inscrits sur la première.

383. Les fonctions de juré sont incompatibles avec celles de ministre, de préfet, de sous-préfet, de juge, de procureur général, de procureur du Roi et de leurs substituts.—Elles sont également incompatibles avec celles de ministre d'un culte quelconque. — Les conseillers d'État chargés d'une partie d'administration, les commissaires du Roi près les administrations ou régies, les septuagénaires seront dispensés, s'ils le requièrent.

384. Les listes dressées en exécution de l'article 382 seront affichées au chef-lieu de chaque commune au plus tard le 15 août, et seront arrêtées et closes le (20 octobre). — Un exemplaire en sera déposé et conservé au secrétariat des mairies, des sous-préfectures et des préfectures, pour être donné en communication à toutes les personnes qui le requerront. — Il sera statué, suivant le mode établi par (le chapitre 3 de la loi du 19 avril 1831), sur les réclamations qui seraient formées contre la rédaction des listes.—Ces réclamations seront inscrites au secrétariat général de la préfecture, selon l'ordre et la date de leur réception.—Elles seront formées par simple mémoire et sans frais.

385. Nul ne pourra cesser de faire partie des listes prescrites par l'art. 382 qu'en vertu d'une décision motivée ou d'un jugement, contre lesquels le recours ou l'appel auront un effet suspensif. (*V. ci-après loi du 19 avril 1831.*)

387[1]. Après le (20 octobre), les préfets extrairont, sous leur responsabilité, des listes générales dressées en exécution de l'art. 382, une liste pour le service du juri de l'année suivante. — Cette liste sera composée du quart des listes générales, sans pouvoir excéder le nombre de trois cents noms, si ce n'est dans le département de la Seine, où elle sera composée de quinze cents. — Elle sera transmise immédiatement par le préfet au ministre de la justice, au premier président de la cour royale et au procureur général.— Nul ne sera porté deux ans de suite sur la liste prescrite par le présent article.

388. Dix jours au moins avant l'ouverture des assises, le premier président de la cour royale

[1] L'art. 386 se trouve abrogé par le chapitre 3 de la loi du 19 avril 1831.

tirera au sort, sur la liste transmise par le préfet, trente-six noms qui formeront la liste des jurés pour toute la durée de la session.—Il tirera en outre quatre jurés supplémentaires pris parmi les individus mentionnés au troisième paragraphe de l'art. 393.—Le tirage se fait en audience publique de la première chambre de la cour, ou de la chambre des vacations.

389. La liste entière ne sera point envoyée aux citoyens qui la composent ; mais le préfet notifiera à chacun d'eux l'extrait de la liste qui constate que son nom y est porté. Cette notification leur sera faite huit jours au moins avant celui où la liste doit servir.—Ce jour sera mentionné dans la notification, laquelle contiendra aussi une sommation de se trouver au jour indiqué, sous les peines portées au présent Code. — A défaut de notification à la personne, elle sera faite à son domicile, ainsi qu'à celui du maire ou de l'adjoint du lieu ; celui-ci est tenu de lui en donner connaissance.

390. Si parmi les quarante individus désignés par le sort il s'en trouve un ou plusieurs qui, depuis la formation de la liste arrêtée en exécution de l'art. 387, soient décédés ou aient été légalement privés des capacités exigées pour exercer les fonctions de juré, ou aient accepté un emploi incompatible avec ces fonctions, la cour, après avoir entendu le procureur général, procèdera, séance tenante, à leur remplacement. — Ce remplacement aura lieu dans la forme déterminée par l'article 388.

391. La liste des jurés sera comme non avenue après le service pour lequel elle aura été formée. —Hors les cas d'assises extraordinaires, les jurés qui auront satisfait aux réquisitions prescrites par l'art. 389, ne pourront être placés plus d'une fois dans la même année sur la liste formée en exécution de l'art. 387. — Dans les cas d'assises extraordinaires, ils ne pourront être placés sur cette liste plus de deux fois dans la même année.—Ne seront pas considérés comme ayant satisfait auxdites réquisitions, ceux qui auront, avant l'ouverture de la session, fait admettre des excuses dont la cour d'assises aura jugé les causes temporaires. — Leurs noms, et ceux des jurés condamnés à l'amende pour la première ou deuxième fois, seront, immédiatement après la session, adressés au premier président de la cour royale, qui les reportera sur la liste formée en exécution de l'art. 387 ; et s'il ne reste plus de tirage à faire pour la même année, ils seront ajoutés à la liste de l'année suivante.

392. Nul ne peut être juré dans la même affaire où il aura été officier de police judiciaire, témoin, interprète, expert ou partie, à peine de nullité.

Sect. 2, de la manière de former et de convoquer le juri.

593. Au jour indiqué pour le jugement de chaque affaire, s'il y a moins de trente jurés présens, le nombre sera complété par les jurés supplémentaires mentionnes en l'art. 588, lesquels seront appelés dans l'ordre de leur inscription sur la liste formée en vertu dudit article. — En cas d'insuffisance, le président désignera, en audience publique, et par la voie du sort, les jurés qui devront compléter le nombre de trente. — Ils seront pris parmi ceux des individus inscrits sur la liste dressée en exécution de l'art. 587 qui résideront dans la ville où se tiendront les assises, et subsidiairement parmi les autres habitans de cette ville qui seront compris dans les listes prescrites par l'art. 582. — Les dispositions de l'art. 591 ne s'appliquent pas aux remplacemens opérés en vertu du présent article.

594. Le nombre de douze jurés est nécessaire pour former un juri. — Lorsqu'un procès criminel paraîtra de nature à entraîner de longs débats, la cour d'assises pourra ordonner, avant le tirage de la liste des jurés, qu'indépendamment de douze jurés il en sera tiré au sort un ou deux autres qui assisteront aux débats.—Dans le cas où l'un ou deux des douze jurés seraient empêchés de suivre les débats jusqu'à la déclaration définitive du juri, ils seront remplacés par les jurés suppléans.—Le remplacement se fera suivant l'ordre dans lequel les jurés suppléans auront été appelés par le sort.

595. La liste des jurés sera notifiée à chaque accusé la veille du jour déterminé pour la formation du tableau ; cette notification sera nulle, ainsi que tout ce qui aura suivi, si elle est faite plus tôt ou plus tard.

596. Tout juré qui ne se sera pas rendu à son poste sur la citation qui lui aura été notifiée, sera condamné par la cour d'assises à une amende, laquelle sera, — pour la première fois, de cinq cents francs ;—pour la seconde, de mille francs ; —et pour la troisième, de quinze cents francs.— Cette dernière fois il sera de plus déclaré incapable d'exercer à l'avenir les fonctions de juré. L'arrêt sera imprimé et affiché à ses frais.

597. Seront exceptés ceux qui justifieront qu'ils étaient dans l'impossibilité de se rendre au jour indiqué. — La cour prononcera sur la validité de l'excuse.

598. Les peines portées en l'art. 596 sont applicables à tout juré qui, même s'étant rendu à son poste, se retirerait avant l'expiration de ses fonctions, sans une excuse valable, qui sera également jugée par la cour.

599. Au jour indiqué, et pour chaque affaire, l'appel des jurés non excusés et non dispensés sera fait avant l'ouverture de l'audience, en leur présence, et en présence de l'accusé et du procureur général.—Le nom de chaque juré répondant à l'appel sera déposé dans une urne. — L'accusé premièrement ou son conseil, et le procureur général, récuseront tels jurés qu'ils jugeront à propos, à mesure que leurs noms sortiront de l'urne, sauf la limitation exprimée ci-après. —L'accusé, son conseil, ni le procureur général, ne pourront exposer leurs motifs de récusation. — Le juri de jugement sera formé à l'instant où il sera sorti de l'urne douze noms de jurés non récusés.

400. Les récusations que pourront faire l'accusé et le procureur général, s'arrêteront lorsqu'il ne restera que douze jurés.

401. L'accusé et le procureur général pourront exercer une égal nombre de récusations ; et cependant si les jurés sont en nombre impair, les accusés pourront exercer une récusation de plus que le procureur général.

402. S'il y a plusieurs accusés, ils pourront se concerter pour exercer leurs récusations ; ils pourront les exercer séparément. — Dans l'un et l'autre cas, ils ne pourront excéder le nombre de récusations déterminé pour un seul accusé par les articles précédens.

403. Si les accusés ne se concertent pas pour récuser, le sort réglera entre eux le rang dans lequel ils feront les récusations. Dans ce cas, les jurés récusés par un seul, et dans cet ordre, le seront pour tous, jusqu'à ce que le nombre des récusations soit épuisé.

404. Les accusés pourront se concerter pour exercer une partie des récusations, sauf à exercer le surplus suivant le rang fixé par le sort.

405. L'examen de l'accusé commencera immédiatement après la formation du tableau.

406. Si, par quelque évènement, l'examen des accusés sur les délits ou sur quelques-uns des délits compris dans l'acte ou dans les actes d'accusation, est renvoyé à la session suivante, il sera fait une autre liste ; il sera procédé à de nouvelles récusations, et à la formation d'un nouveau tableau de douze jurés, d'après les règles prescrites ci-dessus, à peine de nullité.

II. DISPOSITIONS ADDITIONNELLES.

1° Des débats et de la déclaration du juri.

C. Inst. cr. 509. Au jour fixé pour l'ouverture des assises, la cour ayant pris séance, douze jurés se placeront, dans l'ordre désigné par le sort, sur des sièges séparés du public, des parties et des témoins, en face de celui qui est destiné à l'accusé.

512. Le président adressera aux jurés debout et découvert le discours suivant : — « Vous » jurez et promettez devant Dieu et devant les

30.

» hommes d'examiner avec l'attention la plus
» scrupuleuse les charges qui seront portées
» contre N. ; de ne trahir ni les intérêts de l'ac-
» cusé, ni ceux de la société, qui l'accuse ; de ne
» communiquer avec personne jusqu'après vo-
» tre déclaration ; de n'écouter ni la haine ou
» la méchanceté, ni la crainte ou l'affection ;
» de vous décider d'après les charges et les
» moyens de défense, suivant votre conscience
» et votre intime conviction, avec l'impartia-
» lité et la fermeté qui conviennent à un homme
» probe et libre. » — Chacun des jurés, appelé individuellement par le président, répondra,
en levant la main : *Je le jure* ; à peine de nullité.

528. Pendant l'examen, les jurés pourront
prendre note de ce qui leur paraîtra important,
soit dans les dépositions des témoins, soit dans la
défense de l'accusé, pourvu que la discussion n'en
soit pas interrompue.

556. Le président résumera l'affaire. — Il fera
remarquer aux jurés les principales preuves pour
ou contre l'accusé. — Il leur rappellera les fonctions qu'ils auront à remplir. — Il posera les
questions.

541. En toute matière criminelle, même en cas
de récidive, le président, après avoir posé les
questions résultant de l'acte d'accusation et des
débats, avertira le juri, à peine de nullité, que
s'il pense, à la majorité, qu'il existe, en faveur
d'un ou de plusieurs accusés reconnus coupables,
des circonstances atténuantes, il devra en faire la
déclaration en ces termes : «A la majorité, il y
a des circonstances atténuantes en faveur de tel
accusé.»—Ensuite le président remettra les questions écrites aux jurés, dans la personne du chef
du juri ; et il leur remettra en même temps l'acte
d'accusation, les procès-verbaux qui constatent
les délits, et les pièces du procès, autres que les
déclarations écrites des témoins. — Le président
avertira le juri que son vote doit avoir lieu au
scrutin secret. — Il avertira également les jurés
que, si l'accusé est déclaré coupable du fait principal à la simple majorité, ils doivent en faire
mention en tête de leur déclaration. — Il fera retirer l'accusé de l'auditoire.

542. Les questions étant posées et remises aux
jurés, ils se rendront dans leur chambre pour y
délibérer. — Leur chef sera le premier juré sorti
par le sort, ou celui qui sera désigné par eux et
du consentement de ce dernier. — Avant de
commencer la délibération, le chef des jurés leur
fera lecture de l'instruction suivante, qui sera,
en outre, affichée en gros caractères dans le lieu
le plus apparent de leur chambre : « La loi ne
» demande pas compte aux jurés des moyens
» par lesquels ils se sont convaincus ; elle ne leur

» prescrit point de règles desquelles ils doivent
» faire particulièrement dépendre la plénitude et
» la suffisance d'une preuve ; elle leur prescrit
» de s'interroger eux-mêmes dans le silence et
» le recueillement, et de chercher, dans la sin-
» cérité de leur conscience, quelle impression
» ont faite sur leur raison les preuves rapportées
» contre l'accusé, et les moyens de sa défense.
» La loi ne leur dit point : *Vous tiendrez pour
» vrai tout fait attesté par tel ou tel nombre de
» témoins* ; elle ne leur dit pas non plus : *Vous
» ne regarderez pas comme suffisamment éta-
» blie toute preuve qui ne sera pas formée de tel
» procès-verbal, de telles pièces, de tant de té-
» moins ou de tant d'indices* ; elle ne leur fait
» que cette seule question, qui renferme toute la
» mesure de leurs devoirs : *Avez-vous une in-
» time conviction ?* — Ce qu'il est bien essentiel
» de ne pas perdre de vue, c'est que toute la
» délibération du juri porte sur l'acte d'accusa-
» tion ; c'est aux faits qui le constituent et qui
» en dépendent, qu'ils doivent uniquement s'at-
» tacher ; et ils manquent à leur premier devoir,
» lorsque, pensant aux dispositions des lois pé-
» nales, ils considèrent les suites que pourra
» avoir, par rapport à l'accusé, la déclaration
» qu'ils ont à faire. Leur mission n'a pas pour
» objet la poursuite ni la punition des délits ; ils
» ne sont appelés que pour décider si l'accusé est,
» ou non, coupable du crime qu'on lui impute. »

343. Les jurés ne pourront sortir de leur chambre qu'après avoir formé leur déclaration.—L'entrée n'en pourra être permise pendant leur délibération, pour quelque cause que ce soit, que
par le président et par écrit. — Le président est
tenu de donner au chef de la gendarmerie de
service l'ordre spécial et par écrit de faire garder
les issues de leur chambre : ce chef sera dénommé et qualifié dans l'ordre. — La cour pourra
punir le juré contrevenant d'une amende de cinq
cents francs au plus. Tout autre qui aura enfreint
l'ordre, ou celui qui ne l'aura pas fait exécuter,
pourra être puni d'un emprisonnement de vingt-
quatre heures.

544. Les jurés délibéreront sur le fait principal, et ensuite sur chacune des circonstances.

343. Le chef du juri lira successivement chacune des questions posées, et le vote aura lieu ensuite au scrutin secret (*V.* SCRUTIN), tant sur le
fait principal et les circonstances aggravantes que
sur l'existence des circonstances atténuantes.

346. Il sera procédé de même, et au scrutin
secret, sur les questions qui seraient posées dans
les cas prévus par les articles 339 et 340 [1].

---

[1] 339. Lorsque l'accusé aura proposé pour excuse

547. La décision du juri, tant contre l'accusé que sur les circonstances atténuantes, se formera à la majorité, à peine de nullité. — La déclaration du juri constatera la majorité, à peine de nullité, sans que le nombre de voix puisse y être exprimé, si ce n'est dans le cas prévu par le quatrième paragraphe de l'article 341. *V. ci-dessus*.

548. Les jurés rentreront ensuite dans l'auditoire, et reprendront leur place. — Le président leur demandera quel est le résultat de leur délibération. — Le chef du juri se lèvera, et, la main placée sur son cœur, il dira : *Sur mon honneur et ma conscience, devant Dieu et devant les hommes, la déclaration du juri est : Oui, l'accusé, etc. Non l'accusé, etc.*

549. La déclaration du juri sera signée par le chef et remise par lui au président, le tout en présence des jurés. — Le président la signera, et la fera signer par le greffier.

550. La déclaration du juri ne pourra jamais être soumise à aucun recours.

552. Si néanmoins les juges sont unanimement convaincus que les jurés, tout en observant les formes, se sont trompés au fond, la cour déclarera qu'il est sursis au jugement, et renverra l'affaire à la session suivante, pour être soumise à un nouveau juri, dont ne pourra faire partie aucun des premiers jurés. — Lorsque l'accusé n'aura été déclaré coupable qu'à la simple majorité, il suffira que la majorité des juges soit d'avis de surseoir au jugement et de renvoyer l'affaire à la session suivante, pour que cette mesure soit ordonnée par la cour. — Nul n'aura le droit de provoquer cette mesure : la cour ne pourra l'ordonner que d'office et immédiatement après que la déclaration du juri aura été prononcée publiquement, et dans le cas où l'accusé aura été convaincu ; jamais lorsqu'il n'aura pas été déclaré coupable. — La cour sera tenue de prononcer immédiatement après la déclaration du second juri, même quand elle serait conforme à la première.

553. L'examen et les débats, une fois entamés, devront être continués sans interruption, et sans aucune espèce de communication au-dehors, jusqu'après la déclaration du juri inclusivement. Le président ne pourra les suspendre que pendant les intervalles nécessaires pour le repos des juges, des jurés, des témoins et des accusés.

---

un fait admis comme tel par la loi, le président devra, à peine de nullité, poser la question ainsi qu'il suit : *Tel fait est-il constaté ?*

540. Si l'accusé a moins de seize ans, le président posera, *à peine de nullité*, cette question : *L'accusé a-t-il agi avec discernement ?*

2° *De l'excuse.*

C. Pén. 256. Les jurés qui auront allégué une excuse reconnue fausse seront condamnés, outre les amendes prononcées pour la non-comparution, à un emprisonnement de six jours à deux mois.

III. *Dispositions du tarif criminel.*

55. Les jurés qui auront été obligés de se transporter à plus de deux kilomètres de leur résidence actuelle pourront être remboursés des frais de voyage seulement sur le pied réglé dans le chapitre 8 (*V.* VOYAGE [*frais de*].), si toutefois ils le requièrent; et il ne sera rien alloué pour toute autre cause que ce soit, à raison de leurs fonctions.

56. Nos officiers de justice énonceront, dans les mandats qu'ils délivreront au profit des témoins et des jurés, que la taxe a été requise.

161. Sont déclarés dans tous les cas à la charge de l'État, et sans recours envers les condamnés, — 1°... 2° l'indemnité des jurés pour leur déplacement.

IV. DE LA LISTE DES JURÉS.

Loi du 19 avril 1831.

68. Les dispositions de la présente loi (*ch. 3, art. 13-37 ci-après*) sont applicables à la révision de la liste des jurés non électeurs établie par les articles (381 et 382 du Code d'Instruction criminelle).

69. Il sera formé pour chaque arrondissement électoral une liste des jurés non électeurs qui ont leur domicile réel dans cet arrondissement. — Le droit d'intervention des tiers, relativement à cette liste, appartient à tous les électeurs et à tous les jurés de l'arrondissement.

Chapitre 3, des listes électorales.

13. La liste des électeurs dont le droit dérive de leurs contributions, et la liste des électeurs en vertu de l'art. 3 (*V. note ci-dessus, p.* 465), sont permanentes, sauf les radiations et inscriptions qui peuvent avoir lieu lors de la révision annuelle. — Cette révision annuelle sera faite conformément aux dispositions suivantes :

14. Du 1er au 10 juin de chaque année, et aux jours qui seront indiqués par les sous-préfets, les maires des communes composant chaque canton se réuniront à la mairie du chef-lieu, sous la présidence du maire, et procéderont à la révision de la portion des listes mentionnées à l'article précédent, qui comprendra les électeurs de leur canton appelés à faire partie de ces listes; ils se feront assister des percepteurs du canton.

15. Dans les villes qui forment à elles seules un canton, ou qui sont partagées en plusieurs cantons, la révision des listes sera faite par le maire et les trois plus anciens membres du conseil municipal, selon l'ordre du tableau. Les maires des communes qui dépendraient de l'un de ces cantons prendront part également à cette révision, sous la présidence du maire de la ville. — A Paris, les maires des douze arrondissemens, assistés des percepteurs, procéderont à la révision, sous la présidence du doyen de réception.

16. Le résultat de cette opération sera soumis au sous-préfet, qui, avant le 1er juillet, l'adressera, avec ses observations, au préfet du département.

17. A partir du 1er juillet, le préfet procédera à la révision générale des listes.

18. Le préfet ajoutera aux listes les citoyens qu'il reconnaîtra avoir acquis les qualités requises par la loi, et ceux qui auraient été précédemment omis. — Il en retranchera : — 1° les individus décédés ; — 2° ceux dont l'inscription aura été déclarée nulle par les autorités compétentes. — Il indiquera comme devant être retranchés : — 1° ceux qui ont perdu les qualités requises ; — 2° ceux qu'il reconnaîtrait avoir été indûment inscrits, quoique leur inscription n'ait pas été attaquée. — Il tiendra un registre de toutes ces décisions. — Il fera mention de leurs motifs et de toutes les pièces à l'appui.

19. Les listes de l'arrondissement électoral, ainsi rectifiées par le préfet, seront affichées le 15 août, au chef-lieu de chaque canton et dans les communes dont la population sera au moins de 600 habitans. Elles seront déposées : — 1° au secrétariat de la mairie de chacune de ces communes ; — 2° au secrétariat de la préfecture, pour être donnée en communication à toutes les personnes qui le requerront. La liste des contribuables électeurs contiendra, en regard du nom de chaque individu inscrit, la date de sa naissance et l'indication des arrondissemens de perception où sont assises ses contributions propres ou déléguées, ainsi que la quotité et l'espèce des contributions pour chacun des arrondissemens. — La liste des électeurs, désignés par l'article 3 (V. note, p. 465), contiendra en outre, en regard du nom de chaque individu, la date et l'espèce du titre qui lui confère le droit électoral, et l'époque de son domicile réel. — Le préfet inscrira sur cette liste ceux des individus qui, n'ayant pas atteint au 15 août les conditions relatives à l'âge, au domicile et à l'inscription sur le rôle de la patente, les acquerront avant le 21 octobre, époque de la clôture de la révision annuelle.

20. S'il y a moins de cent cinquante électeurs inscrits, le préfet ajoutera, sur la liste qu'il publiera le 15 août, les citoyens payant moins de 200 fr., qui devront compléter le nombre de 150, conformément au paragraphe 1er de l'art. 2 (V. note, p. 465).—Toutes les fois que le nombre des électeurs ne s'élèvera pas au-delà de 150, le préfet publiera, à la suite de la liste électorale, une liste supplémentaire dressée dans la même forme, et contenant les noms des citoyens susceptibles d'être appelés à compléter le nombre de 150, par suite des changemens qui surviendraient ultérieurement dans la composition du collège, dans les cas prévus par les articles 30, 32 et 35.

21. La publication prescrite par les articles 19 et 20 tiendra lieu de notification des décisions intervenues, aux individus dont l'inscription aura été ordonnée. — Les décisions provisoires du préfet, qui indiquent ceux dont le nom devrait être retranché comme ayant été indûment inscrits, ou comme ayant perdu les qualités requises, seront notifiées, dans les dix jours, à ceux qu'elles concernent, ou au domicile qu'ils sont tenus d'élire dans le département pour l'exercice de leurs droits électoraux s'ils n'y ont pas leur domicile réel, et à défaut de domicile élu, à la mairie de leur domicile politique. — Cette notification, et toutes celles qui doivent avoir lieu, aux termes de la présente loi, seront faites suivant le mode employé jusqu'à présent pour les jurés, en exécution de l'article 389 du Code d'Instruction criminelle.

22. Après la publication de la liste rectifiée, il ne pourra plus y être fait de changement qu'en vertu de décisions rendues par le préfet, en conseil de préfecture, dans les formes ci-après.

23. A compter du 15 août, jour de la publication, il sera ouvert, au secrétariat général de la préfecture, un registre coté et paraphé par le préfet, sur lequel seront transcrites, à la date de leur présentation, et suivant un ordre de numéros, toutes les réclamations concernant la teneur des listes. Ces réclamations seront signées par le réclamant ou par son fondé de pouvoirs. — Le préfet donnera récépissé de chaque réclamation et des pièces à l'appui. Ce récépissé énoncera la date et le numéro de l'enregistrement.

24. Tout individu qui croirait avoir à se plaindre, soit d'avoir été indûment inscrit, omis ou rayé, soit de toute autre erreur commise à son égard dans la rédaction des listes, pourra, jusqu'au 30 septembre inclusivement, présenter sa réclamation, qui devra être accompagnée de pièces justificatives.

25. Dans le même délai, tout individu inscrit sur les listes d'un arrondissement électoral pourra réclamer l'inscription de tout citoyen qui n'y sera pas porté, quoique réunissant les conditions nécessaires ; la radiation de tout individu qu'il prétendrait indûment inscrit, ou la rectification de toute autre erreur commise dans la rédaction des listes. — Ce même droit appartiendra à tout citoyen inscrit sur la liste des jurés non électeurs de l'arrondissement.

26. Aucune des demandes énoncées en l'article précédent ne sera reçue lorsqu'elle sera formée par des tiers, qu'autant que le réclamant y joindra la preuve qu'elle a été par lui notifiée à la partie intéressée, laquelle aura dix jours pour y répondre, à partir de celui de la notification.

27. Le préfet statuera en conseil de préfecture sur les demandes dont il est fait mention aux articles 24 et 25 ci-dessus dans les cinq jours qui suivront leur réception, quand elles seront formées par les parties elles-mêmes ou par leurs fondés de pouvoirs ; et dans les cinq jours qui suivront l'expiration du délai fixé par l'art. 26, si elles sont formées par des tiers. Ses décisions seront motivées. — La communication, sans déplacement, des pièces respectivement produites sur les questions et contestations, devra être donnée à toute partie intéressée qui le requerra.

28. Les art. 23, 24, 25, 26 et 27 ci-dessus sont applicables à la liste supplémentaire prescrite par le dernier paragraphe de l'article 20.

29. Il sera publié tous les quinze jours un tableau de rectification, conformément aux décisions rendues dans cet intervalle, et présentant les indications mentionnées en l'art. 19. — Aux termes de l'art. 21, la publication de ce tableau de rectification tiendra lieu de notification aux individus dont l'inscription aura été ordonnée ou rectifiée. — Les décisions portant refus d'inscription, ou prononçant des radiations, seront notifiées dans les cinq jours de leur date, aux individus dont l'inscription ou la radiation aura été réclamée par eux ou par des tiers. — Les décisions rejetant les demandes en radiation ou en rectification, seront notifiées dans le même délai, tant au réclamant qu'à l'individu dont l'inscription aura été contestée.

30. Le préfet, en conseil de préfecture, apportera, s'il y a lieu, à la liste électorale, en dressant les tableaux de rectification, les changemens nécessaires

pour maintenir le collège au complet de 150 électeurs. Il maintiendra également la liste supplémentaire au nombre de dix suppléans.

31. Le 16 octobre, le préfet procédera à la clôture des listes. Le dernier tableau de rectification, l'arrêté de clôture des listes des collèges électoraux du département seront publiés et affichés le 20 du même mois.

32. La liste restera jusqu'au 20 octobre de l'année suivante, telle qu'elle aura été arrêtée conformément à l'article précédent, sauf néanmoins les changemens qui y seront ordonnés par des arrêts rendus dans la forme déterminée dans les articles ci-après, et sauf aussi la radiation des noms des électeurs décédés ou privés des droits civils ou politiques par jugement ayant acquis force de chose jugée. — L'élection, à quelque époque de l'année qu'elle ait lieu, se fera sur ces listes.

33. Toute partie qui se croira fondée à contester une décision rendue par le préfet, pourra porter son action devant la cour royale du ressort, et y produire toutes pièces à l'appui. — L'exploit introductif d'instance devra, sous peine de nullité, être notifié dans les dix jours, quelle que soit la distance des lieux, tant au préfet qu'aux parties intéressées. — Dans le cas où la décision du préfet aurait rejeté une demande d'inscription formée par un tiers, l'action ne pourra être intentée que par l'individu dont l'inscription aurait été réclamée. — La cause sera jugée sommairement, toutes affaires cessantes, et sans qu'il soit besoin du ministère d'avoué ; les actes judiciaires auxquels elle donnera lieu, seront enregistrés *gratis*. L'affaire sera rapportée en audience publique par un des membres de la cour, et l'arrêt sera prononcé après que la partie ou son défenseur et le ministère public auront été entendus. — S'il y a pourvoi en cassation, il sera procédé sommairement, et toutes affaires cessantes, comme devant la cour

royale, avec la même exemption du droit d'enregistrement, sans consignation d'amende.

34. Les réclamations portées devant les préfets en conseil de préfecture, et les actions intentées devant les cours royales par suite d'une décision qui aura rayé un individu de la liste, auront un effet suspensif.

35. Le préfet, sur la notification de l'arrêt intervenu, fera sur la liste la rectification qui aura été prescrite. — Si, par suite de radiation prescrite par arrêt de la cour royale, la liste se trouve réduite à moins de cent cinquante, le préfet, en conseil de préfecture, complètera ce nombre en prenant les plus imposés de la liste supplémentaire, arrêtée le 16 octobre, et seulement jusqu'à épuisement de cette liste.

36. Les percepteurs des contributions directes seront tenus de délivrer, sur papier libre et moyennant une rétribution de 25 centimes par extrait de rôle concernant le même contribuable, à toute personne portée aux rôles, l'extrait relatif à ses contributions, et à tout individu qualifié comme il est dit à l'art. 25 ci-dessus, tout certificat négatif ou tout extrait des rôles de contributions.

37. Il sera donné communication des listes annuelles et des tableaux de rectification à tous les imprimeurs qui voudront en prendre copie. Il sera permis de les faire imprimer sous tel format qu'il leur plaira choisir, et de les mettre en vente.

JURIDICTION. *V*. COMPÉTENCE.

JURISCONSULTE. *V*. AVOCAT.

JUSTICE.

Charte. 48. Toute justice émane du Roi, elle s'administre en son nom par des juges qu'il nomme et qu'il institue. *V*. JUGE.

L

LABOUR (FRAIS DE).

C. Civ. 548. Les fruits produits par la chose n'appartiennent au propriétaire qu'à la charge de rembourser les frais des labours, travaux et semences faits par des tiers.

585. Les fruits naturels et industriels, pendans par branches ou par racines au moment où l'usufruit est ouvert, appartiennent à l'usufruitier. Ceux qui sont dans le même état au moment où finit l'usufruit, appartiennent au propriétaire, sans récompense de part ni d'autre des labours et des semences, mais aussi sans préjudice de la portion des fruits qui pourrait être acquise au colon partiaire, s'il en existait un au commencement ou à la cessation de l'usufruit.

LAC. *V*. ÉTANG.

LAIS ET RELAIS.

C. Civ. 538. Les lais et relais de la mer sont

considérés comme des dépendances du domaine public.

556. L'alluvion profite au propriétaire riverain, soit qu'il s'agisse d'un fleuve ou d'une rivière navigable, flottable ou non ; à la charge, dans le premier cas, de laisser le marchepied ou chemin de halage, conformément aux règlemens.

557. Il en est de même des relais que forme l'eau courante qui se retire insensiblement de l'une de ses rives en se portant sur l'autre ; le propriétaire de la rive découverte profite de l'alluvion, sans que le riverain du côté opposé y puisse venir réclamer le terrain qu'il a perdu. — Ce droit n'a pas lieu à l'égard des relais de la mer.

LÉGALE (CAUTION).

C. Civ. 2040. Toutes les fois qu'une personne est obligée par la loi à fournir une caution, la caution offerte doit remplir les conditions prescrites par les art. 2018 et 2019.

2018. Le débiteur obligé à fournir une caution doit en présenter une qui ait la capacité de contracter, qui ait un bien suffisant pour répondre de l'objet de l'obligation, et dont le domicile soit dans le ressort de la cour royale où elle doit être donnée.

2019. La solvabilité d'une caution ne s'estime qu'en égard à ses propriétés foncières, excepté en matière de commerce, ou lorsque la dette est modique. — On n'a point égard aux immeubles litigieux, ou dont la discussion deviendrait trop difficile par l'éloignement de leur situation. *V.* CAUTION.

LÉGALE (JOUISSANCE), **LÉGAL** (*usufruit*). *V.* JOUISSANCE LÉGALE.

LÉGALE (HYPOTHÈQUE).

Dispositions générales.

C. Civ. 2117. L'hypothèque légale est celle qui résulte de la loi.

Des hypothèques légales.

2121. Les droits et créances auxquels l'hypothèque légale est attribuée sont : —ceux des femmes mariées, sur les biens de leur mari ; — ceux des mineurs et interdits, sur les biens de leur tuteur ; —ceux de l'État, des communes et des établissemens publics, sur les biens des receveurs et administrateurs comptables.

2122. Le créancier qui a une hypothèque légale peut exercer son droit sur tous les immeubles appartenant à son débiteur, et sur ceux qui pourront lui appartenir dans la suite, sous les modifications exprimées (par la loi). *V.* HYPOTHÈQUE.

LÉGALE (PRÉSOMPTION).

C. Civ. 1350. La présomption légale est celle qui est attachée par une loi spéciale à certains actes ou à certains faits. *V.* PRÉSOMPTION.

LÉGALES (SERVITUDES).

Des servitudes établies par la loi.

649. Les servitudes établies par la loi ont pour objet l'utilité publique ou communale, ou l'utilité des particuliers.

650. Celles établies pour l'utilité publique ou communale ont pour objet le marchepied le long des rivières navigables ou flottables, la construction ou réparation des chemins et autres ouvrages publics ou communaux. — Tout ce qui concerne cette espèce de servitude est déterminé par des lois ou des règlemens particuliers.

651. La loi assujettit les propriétaires à différentes obligations l'un à l'égard de l'autre, indépendamment de toute convention.

652. Partie de ces obligations est réglée par les lois sur la police rurale ;—les autres sont relatives au mur et au fossé mitoyens, au cas où il y a lieu à contre-mur, aux vues sur la propriété du voisin, à l'égout des toits, au droit de passage. *V.* SERVITUDES.

LÉGALISATION.

L. 25 *ventôse an 11.* — 28. Les actes notariés seront légalisés, savoir : ceux des notaires à la résidence des cours royales, lorsqu'on s'en servira hors de leur ressort ; et ceux des autres notaires, lorsqu'on s'en servira hors de leur département. — La légalisation sera faite par le président du tribunal de première instance de la résidence du notaire, ou du lieu où sera délivré l'acte d'expédition.

C. Civ. 45. Toute personne pourra se faire délivrer, par les dépositaires des registres de l'état civil, des extraits de ces registres. Les extraits délivrés conformes aux registres, et légalisés par le président du tribunal de première instance, ou par le juge qui le remplacera, feront foi jusqu'à inscription de faux.

LÉGATAIRE. *V.* LEGS.

LÉGITIMATION.

De la légitimation des enfans naturels.

C. Civ. (*liv.* 1, *tit.* 7, *chap.* 3, *sect.* 1, *art.* 331-333).—331. Les enfans nés hors mariage, autres que ceux nés d'un commerce incestueux ou adultérin, pourront être légitimés par le mariage subséquent de leurs père et mère, lorsque ceux-ci les auront légalement reconnus avant leur mariage, ou qu'ils les reconnaîtront dans l'acte même de célébration.

332. La légitimation peut avoir lieu, même en faveur des enfans décédés qui ont laissé des descendans ; et, dans ce cas, elle profite à ces descendans.

333. Les enfans légitimés par le mariage subséquent, auront les mêmes droits que s'ils étaient nés de ce mariage. *V.* LÉGITIME (*enfant*).

Disposition additionnelle.

C. Civ. 962. La donation demeurera révoquée (pour survenance d'enfant) lors même que le donataire serait entré en possession des biens donnés, et qu'il y aurait été laissé par le donateur depuis la survenance de l'enfant ; sans néanmoins que le donataire soit tenu de restituer les fruits par lui perçus, de quelque nature qu'ils soient, si ce n'est du jour que la naissance de l'enfant ou sa légitimation par mariage subséquent lui aura été notifiée par exploit ou autre acte en bonne forme ; et ce, quand même la demande pour rentrer dans les biens donnés n'aurait été formée que postérieurement à cette notification.

LÉGITIME. *V.* RÉSERVE LÉGALE.

LÉGITIME (ENFANT).

I. DE LA FILIATION.

C. Civ. (liv. 1, tit. 7, ch. 1 et 2, art. 312-330.)

Chap. 1, de la filiation des enfans légitimes ou nés dans le mariage.

312. L'enfant conçu pendant le mariage a pour père le mari. — Néanmoins celui-ci pourra désavouer l'enfant, s'il prouve que, pendant le temps qui a couru depuis le trois-centième jusqu'au cent quatre-vingtième jour avant la naissance de cet enfant, il était, soit par cause d'éloignement, soit par l'effet de quelque accident, dans l'impossibilité physique de cohabiter avec sa femme.

313. Le mari ne pourra, en alléguant son impuissance naturelle, désavouer l'enfant; il ne pourra le désavouer même pour cause d'adultère, à moins que la naissance ne lui ait été cachée, auquel cas il sera admis à proposer tous les faits propres à justifier qu'il n'en est pas le père.

314. L'enfant né avant le cent quatre-vingtième jour du mariage, ne pourra être désavoué par le mari, dans les cas suivans :— 1° s'il a eu connaissance de la grossesse avant le mariage ;— 2° s'il a assisté à l'acte de naissance, et si cet acte est signé de lui, ou contient sa déclaration qu'il ne sait signer ; — 3° si l'enfant n'est pas déclaré viable.

315. La légitimité de l'enfant né trois cents jours après la dissolution du mariage, pourra être contestée.

316. Dans les divers cas où le mari est autorisé à réclamer, il devra le faire dans le mois, s'il se trouve sur les lieux de la naissance de l'enfant; — dans les deux mois après son retour, si, à la même époque, il est absent ;—dans les deux mois après la découverte de la fraude, si on lui avait caché la naissance de l'enfant.

317. Si le mari est mort avant d'avoir fait sa réclamation, mais étant encore dans le délai utile pour la faire, les héritiers auront deux mois pour contester la légitimité de l'enfant, à compter de l'époque où cet enfant se serait mis en possession des biens du mari, ou de l'époque où les héritiers seraient troublés par l'enfant dans cette possession.

318. Tout acte extrajudiciaire contenant le désaveu de la part du mari ou de ses héritiers, sera comme non avenu, s'il n'est suivi, dans le délai d'un mois, d'une action en justice, dirigée contre un tuteur *ad hoc* donné à l'enfant, et en présence de sa mère.

Chap. 2, des preuves de la filiation des enfans légitimes.

319. La filiation des enfans légitimes se prouve par les actes de naissance inscrits sur le registre de l'état civil.

320. A défaut de ce titre, la possession constante de l'état d'enfant légitime suffit.

321. La possession d'État s'établit par une réunion suffisante de faits qui indiquent le rapport de filiation et de parenté entre un individu et la famille à laquelle il prétend appartenir. — Les principaux de ces faits sont , — que l'individu a toujours porté le nom du père auquel il prétend appartenir; — que le père l'a traité comme son enfant, et a pourvu, en cette qualité, à son éducation, à son entretien et à son établissement ;— qu'il a été reconnu constamment pour tel dans la société ;—qu'il a été reconnu pour tel par la famille.

322. Nul ne peut réclamer un état contraire à celui que lui donnent son titre de naissance et la possession conforme à ce titre ; — et réciproquement, nul ne peut contester l'état de celui qui a une possession conforme à son titre de naissance.

323. A défaut de titre et de possession constante, ou si l'enfant a été inscrit, soit sous de faux noms, soit comme né de père et mère inconnus, la preuve de filiation peut se faire par témoins.— Néanmoins cette preuve ne peut être admise que lorsqu'il y a commencement de preuve par écrit, ou lorsque les présomptions ou indices résultant de faits dès lors constans, sont assez graves pour déterminer l'admission.

324. Le commencement de preuve par écrit résulte des titres de famille, des registres et papiers domestiques du père ou de la mère, des actes publics et même privés émanés d'une partie engagée dans la contestation, ou qui y aurait intérêt si elle était vivante.

325. La preuve contraire pourra se faire par tous les moyens propres à établir que le réclamant n'est pas l'enfant de la mère qu'il prétend avoir, ou même, la maternité prouvée, qu'il n'est pas l'enfant du mari de la mère.

326. Les tribunaux civils seront seuls compétens pour statuer sur les réclamations d'état.

327. L'action criminelle contre un délit de suppression d'état, ne pourra commencer qu'après le jugement définitif sur la question d'état.

328. L'action en réclamation d'état est imprescriptible à l'égard de l'enfant.

329. L'action ne peut être intentée par les héritiers de l'enfant qui n'a pas réclamé, qu'autant qu'il est décédé mineur, ou dans les cinq années après sa majorité.

330. Les héritiers peuvent suivre cette action lorsqu'elle a été commencée par l'enfant, à moins qu'il ne s'en fût désisté formellement , ou qu'il

n'eût laissé passé trois années sans poursuites, à compter du dernier acte de la procédure.

II. DONATIONS ET RÉSERVE.

1° *Des donations faites par contrat de mariage aux époux et aux enfans à naître du mariage.* *V.* ÉPOUX.

2° *Des dispositions permises en faveur des petits enfans du donateur ou testateur, ou des enfans de ses frères et sœurs. V.* SUBSTITUTION.

3° *Des partages faits par père, mère ou autres ascendans, entre leurs descendans. V.* ABANDON DE BIENS.

4° *De la réserve légale des enfans. V.* RÉSERVE.

III. DISPOSITIONS DIVERSES.

V. ADOPTION, ALIMENS, CONVOL, CORRECTION (*droit de*), ÉTAT CIVIL DES PERSONNES (*possession, réclamation, suppression d'*), MARIAGE, SUCCESSION, SURVENANCE D'ENFANT.

LÉGITIME DÉFENSE.

C. Pén. 328. Il n'y a ni crime ni délit lorsque l'homicide, les blessures et les coups étaient commandés par la nécessité actuelle de la légitime défense de soi-même ou d'autrui.

329. Sont compris dans les cas de nécessité actuelle de défense, les deux cas suivans : — 1° si l'homicide a été commis, si les blessures ont été faites, ou si les coups ont été portés en repoussant pendant la nuit l'escalade ou l'effraction des clôtures, murs ou entrée d'une maison ou d'un appartement habité ou de leurs dépendances. — 2° si le fait a eu lieu en se défendant contre les auteurs de vols ou de pillages exécutés avec violence.

LÉGITIMITÉ. *V.* LÉGITIME (*enfant*).

LEGS, LÉGATAIRE.

I. DISPOSITIONS GÉNÉRALES.

C. Civ. (*liv.* 3, *tit.* 2, *ch.* 3, *sect.* 3, 4, 5 et 6, *art.* 1002-1024.)

Sect. 3, *des institutions d'héritier, et des legs en général.*

1002. Les dispositions testamentaires sont ou universelles, ou à titre universel, ou à titre particulier. — Chacune de ces dispositions, soit qu'elle ait été faite sous la dénomination d'institution d'héritier, soit qu'elle ait été faite sous la dénomination de legs, produira son effet suivant les règles ci-après établies pour les legs universels, pour les legs à titre universel, et pour les legs particuliers.

Sect. 4, *du legs universel.*

1003. Le legs universel est la disposition testamentaire par laquelle le testateur donne à une ou plusieurs personnes l'universalité des biens qu'il laissera à son décès.

1004. Lorsqu'au décès du testateur il y a des héritiers auxquels une quotité de ses biens est réservée par la loi, ces héritiers sont saisis de plein droit, par sa mort, de tous les biens de la succession ; et le légataire universel est tenu de leur demander la délivrance des biens compris dans le testament.

1005. Néanmoins, dans les mêmes cas, le légataire universel aura la jouissance des biens compris dans le testament, à compter du jour du décès, si la demande en délivrance a été faite dans l'année, depuis cette époque ; sinon, cette jouissance ne commencera que du jour de la demande formée en justice, ou du jour que la délivrance aurait été volontairement consentie.

1006. Lorsqu'au décès du testateur il n'y aura pas d'héritiers auxquels une quotité de ses biens soit réservée par la loi, le légataire universel sera saisi de plein droit par la mort du testateur, sans être tenu de demander la délivrance.

1007. Tout testament olographe sera, avant d'être mis à exécution, présenté au président du tribunal de première instance de l'arrondissement dans lequel la succession est ouverte. Ce testament sera ouvert, s'il est cacheté. Le président dressera procès-verbal de la présentation, de l'ouverture et de l'état du testament, dont il ordonnera le dépôt entre les mains du notaire par lui commis. — Si le testament est dans la forme mystique, sa présentation, son ouverture, sa description et son dépôt seront faits de la même manière ; mais l'ouverture ne pourra se faire qu'en présence de ceux des notaires et des témoins, signataires de l'acte de suscription, qui se trouveront sur les lieux, ou eux appelés.

1008. Dans le cas de l'article 1006, si le testament est olographe ou mystique, le légataire universel sera tenu de se faire envoyer en possession, par une ordonnance du président, mise au bas d'une requête, à laquelle sera joint l'acte de dépôt.

1009. Le légataire universel qui sera en concours avec un héritier auquel la loi réserve une quotité des biens, sera tenu des dettes et charges de la succession du testateur, personnellement pour sa part et portion, et hypothécairement pour le tout ; et il sera tenu d'acquitter tous les legs, sauf le cas de réduction, ainsi qu'il est expliqué aux articles 926 et 927. *V.* RÉDUCTION

Sect. 5, *du legs à titre universel.*

1010. Le legs à titre universel est celui par lequel le testateur lègue une quote part des biens dont la loi lui permet de disposer, telle qu'une moitié, un tiers, ou tous ses immeubles, ou tout

n mobilier, ou une quotité fixe de tous ses im-
eubles ou de tout son mobilier.—Tout autre legs
e forme qu'une disposition à titre particulier.

1011. Les légataires à titre universel seront te-
us de demander la délivrance aux héritiers aux-
uels une quotité des biens est réservée par la loi;
leur défaut, aux légataires universels ; et à dé-
ut de ceux-ci, aux héritiers appelés dans l'ordre
abli au titre *des successions. V.* Succession.

1012. Le légataire à titre universel sera tenu,
mme le légataire universel, des dettes et char-
s de la succession du testateur, personnelle-
ent pour sa part et portion, et hypothécaire-
ent pour le tout.

1013. Lorsque le testateur n'aura disposé que
une quotité de la portion disponible, et qu'il
aura fait à titre universel, ce légataire sera tenu
acquitter les legs particuliers par contribution
ec les héritiers naturels.

Sect. 6, des legs particuliers.

1014. Tout legs pur et simple donnera au lé-
ataire, du jour du décès du testateur, un droit
la chose léguée, droit transmissible à ses héri-
ers ou ayans cause. — Néanmoins le légataire
articulier ne pourra se mettre en possession de la
hose léguée, ni en prétendre les fruits ou inté-
ts, qu'à compter du jour de sa demande en dé-
vrance formée suivant l'ordre établi par l'article
011, ou du jour auquel cette délivrance lui au-
it été volontairement consentie.

1015. Les intérêts ou fruits de la chose léguée
ourront au profit du légataire, dès le jour du
écès, et sans qu'il ait formé sa demande en jus-
ce,—1° lorsque le testateur aura expressément
éclaré sa volonté, à cet égard, dans le testa-
ent;—2° lorsqu'une rente viagère ou une pen-
on aura été léguée à titre d'alimens.

1016. Les frais de la demande en délivrance
eront à la charge de la succession, sans néan-
oins qu'il puisse en résulter de réduction de la
serve légale.—Les droits d'enregistrement se-
ont dus par le légataire.—Le tout, s'il n'en a été
utrement ordonné par le testament. — Chaque
gs pourra être enregistré séparément, sans que
et enregistrement puisse profiter à aucun autre
u'au légataire ou à ses ayans cause.

1017. Les héritiers du testateur, ou autres dé-
iteurs d'un legs, seront personnellement tenus
e l'acquitter, chacun au prorata de la part et
ortion dont ils profiteront dans la succession.
— Ils en seront tenus hypothécairement pour le
out jusqu'à concurrence de la valeur des immeubles de la succession dont ils seront déten-
urs.

1018. La chose léguée sera délivrée avec les
accessoires nécessaires, et dans l'état où elle se
trouvera au jour du décès du donateur.

1019. Lorsque celui qui a légué la propriété
d'un immeuble, l'a ensuite augmentée par des acquisitions, ces acquisitions, fussent-elles contiguës, ne seront pas censées, sans une nouvelle
disposition, faire partie du legs. — Il en sera autrement des embellissemens, ou des constructions nouvelles faites sur le fonds légué , ou
d'un enclos dont le testateur aurait augmenté
l'enceinte.

1020. Si, avant le testament ou depuis, la chose
léguée a été hypothéquée pour une dette de la
succession, ou même pour la dette d'un tiers, ou
si elle est grevée d'un usufruit, celui qui doit acquitter le legs n'est point tenu de la dégager, à
moins qu'il n'ait été chargé de le faire par une
disposition expresse du testateur.

1021. Lorsque le testateur aura légué la chose
d'autrui, le legs sera nul, soit que le testateur ait
connu ou non qu'elle ne lui appartenait pas.

1022. Lorsque le legs sera d'une chose indéterminée, l'héritier ne sera pas obligé de la donner de la meilleure qualité, et il ne pourra l'offrir de la plus mauvaise.

1023. Le legs fait au créancier ne sera pas censé
en compensation de sa créance, ni le legs fait au
domestique en compensation de ses gages.

1024. Le légataire à titre particulier ne sera
point tenu des dettes de la succession , sauf la
réduction du legs, ainsi qu'il est dit ci-dessus, et
sauf l'action hypothécaire des créanciers.

Dispositions du tarif civil.

78. (C. C. 1008.) Requête pour demander l'envoi
en possession du legs universel. — Elle ne peut être
grossoyée, et l'émolument pour prendre l'ordonnance
et communiquer est compris, — Paris, 7 fr. 50 c.—
Ressort, 5 fr. 50 c. *V.* Tarif.

II. DE LA RÉDUCTION DES LEGS. *V.* RÉDUC-
TION.

III. DISPOSITIONS DIVERSES.

Absent. *C. Civ.* 123. Lorsque les héritiers
présomptifs auront obtenu l'envoi en possession
provisoire (des biens de l'absent), le testament ,
s'il en existe un, sera ouvert à la réquisition des
parties intéressées, ou du procureur du Roi près
le tribunal ; et les légataires, les donataires, ainsi
que tous ceux qui avaient sur les biens de l'absent
des droits subordonnés à la condition de son décès, pourront les exercer provisoirement , à la
charge de donner caution.

Dettes et charges. *C. Civ.* 871. Le légataire à titre universel contribue avec les héritiers
au prorata de son émolument ; mais le légataire
particulier n'est pas tenu des dettes et charges ,

sauf toutefois l'action hypothécaire sur l'immeuble légué. *V.* Dettes.

Rapport. *C. Civ.* 857. Le rapport n'est dû que par le cohéritier à son cohéritier ; il n'est pas dû aux légataires ni aux créanciers de la succession.

Séparation de patrimoine. *C. Civ.* 2111. Les créanciers et légataires qui demandent la séparation du patrimoine du défunt, conservent, à l'égard des créanciers des héritiers ou représentans du défunt, leur privilège sur les immeubles de la succession, par les inscriptions faites sur chacun de ces biens, dans les six mois à compter de l'ouverture de la succession. — Avant l'expiration de ce délai, aucune hypothèque ne peut être établie avec effet sur ces biens par les héritiers ou représentans au préjudice de ces créanciers ou légataires. *V.* Patrimoine (*séparation de*).

Société. *C. Civ.* 1837. La société de tous biens présens est celle par laquelle les parties mettent en commun tous les biens meubles et immeubles qu'elles possèdent actuellement, et les profits qu'elles pourront en tirer. — Elles peuvent aussi y comprendre toute autre espèce de gain ; mais les biens qui pourraient leur avenir par succession, donation ou legs, n'entrent dans cette société que pour la jouissance. Toute stipulation tendant à y faire entrer la propriété de ces biens est prohibée, sauf entre époux, et conformément à tout ce qui est réglé à leur égard.

LÉONINES (SOCIÉTÉS).

C. Civ. 1521. Lorsqu'il a été stipulé que l'époux ou ses héritiers n'auront qu'une certaine part dans la communauté, comme le tiers ou le quart, l'époux ainsi réduit ou ses héritiers ne supportent les dettes de la communauté que proportionnellement à la part qu'ils prennent dans l'actif. — La convention est nulle si elle oblige l'époux ainsi réduit ou ses héritiers à supporter une plus forte part, ou si elle les dispense de supporter une part dans les dettes égale à celle qu'ils prennent dans l'actif.

1811. On ne peut stipuler, — que le preneur supportera la perte totale du cheptel, quoique arrivée par cas fortuit et sans sa faute ; — ou qu'il supportera, dans la perte, une part plus grande que dans le profit ; — ou que le bailleur prélèvera, à la fin du bail, quelque chose de plus que le cheptel qu'il a fourni.—Toute convention semblable est nulle.

1855. La convention qui donnerait à l'un des associés la totalité des bénéfices, est nulle. — Il en est de même de la stipulation qui affranchirait de toute contribution aux pertes les sommes ou effets mis dans le fonds de la société par un ou plusieurs associés.

LÉSION.

1° *Dispositions générales.*

C. Civ. 1118. La lésion ne vicie les conventions que dans certains contrats ou à l'égard de certaines personnes, ainsi qu'il sera expliqué (aux articles 1305, 1306, 1313 *ci-après*).

1305. La simple lésion donne lieu à la rescision en faveur du mineur non émancipé, contre toutes sortes de conventions, et en faveur du mineur émancipé contre toutes conventions qui excèdent les bornes de sa capacité, ainsi qu'elle est déterminée au titre *de la minorité, de la tutelle et de l'émancipation.* *V.* Émancipation.

1306. Le mineur n'est pas restituable pour cause de lésion, lorsqu'elle ne résulte que d'un événement casuel et imprévu. *V.* Rescision.

1313. Les majeurs ne sont restitués pour cause de lésion que dans les cas et sous les conditions spécialement exprimés dans le présent Code. *V.* ci-après.

2° *Dispositions diverses.*

Échange. *C. Civ.* 1706. La rescision pour cause de lésion n'a pas lieu dans le contrat d'échange.

Partage. *C. Civ.* 887. Les partages peuvent être rescindés pour cause de violence ou de dol. — Il peut aussi y avoir lieu à la rescision lorsqu'un des cohéritiers établit, à son préjudice, une lésion de plus du quart. La simple omission d'un objet de la succession ne donne pas ouverture à l'action en rescision, mais seulement à un supplément à l'acte de partage.

890. Pour juger s'il y a eu lésion, on estime les objets suivant leur valeur à l'époque du partage. *V.* Rescision.

Partage d'ascendant. *C. Civ.* 1079. Le partage fait par l'ascendant pourra être attaqué pour cause de lésion de plus du quart. *V.* Abandon de biens.

Succession (*acceptation de*). *C. Civ.* 783. Le majeur ne peut attaquer l'acceptation expresse ou tacite qu'il a faite d'une succession, que dans le cas où cette acceptation aurait été la suite d'un dol pratiqué envers lui ; il ne peut jamais réclamer sous prétexte de lésion, excepté seulement dans le cas où la succession se trouverait absorbée ou diminuée de plus de moitié, par la découverte d'un testament inconnu au moment de l'acceptation.

Transaction. *C. Civ.* 2052. Les transactions ne peuvent être attaquées pour cause de lésion.

Vente. *C. Civ.* 1674. Si le vendeur a été lésé de plus de sept douzièmes dans le prix d'un immeuble, il a le droit de demander la rescision

vente, quand même il aurait expressément re-
ncé dans le contrat à la faculté de demander
tte rescision, et qu'il aurait déclaré donner la
s-value.

1675. Pour savoir s'il y a lésion de plus de sept
uzièmes, il faut estimer l'immeuble suivant
n état et sa valeur au moment de la vente. *V.*
SCISION, VENTE.

LETTRE DE CHANGE. *V.* CHANGE (*let-
e de*).

LETTRE DE VOITURE. *V.* VOITURE
ttre de).

LEVÉE DE SCELLÉS. *V.* SCELLÉS.

LIBÉRALITÉ. *V.* DISPONIBLE (*portion*).

LIBÉRATION.

Dispositions générales.

C. Civ. 1282. La remise volontaire du titre
riginal sous signature privée, par le créancier
débiteur, fait preuve de la libération.

1283. La remise volontaire de la grosse du ti-
e fait présumer la remise de la dette ou le paie-
ent, sans préjudice de la preuve contraire. *V.*
EMISE.

1515. Celui qui réclame l'exécution d'une obli-
ation, doit la prouver. — Réciproquement, ce-
i qui se prétend libéré, doit justifier le paiement
u le fait qui a produit l'extinction de son obli-
ation.

1552. L'écriture mise par le créancier à la suite,
n marge ou au dos d'un titre qui est toujours
esté en sa possession, fait foi, quoique non si-
née ni datée par lui, lorsqu'elle tend à établir
a libération du débiteur. — Il en est de même
e l'écriture mise par le créancier au dos, ou en
marge, ou à la suite du double d'un titre ou d'une
quittance, pourvu que ce double soit entre les
mains du débiteur.

1550. La présomption légale est celle qui est
attachée par une loi spéciale à certains actes ou à
certains faits : tels sont, — 1°... 2° les cas dans
lesquels la loi déclare la propriété ou la libération résulter de certaines circonstances déterminées.

1908. La quittance du capital donnée sans réserve des intérêts, en fait présumer le paiment,
et en opère la libération.

1961. La justice peut ordonner le séquestre,—
1°... 5° des choses qu'un débiteur offre pour sa
libération.

LIBERTÉ. *V.* ÉLARGISSEMENT.

LIBERTÉ INDIVIDUELLE.

I. DISPOSITIONS GÉNÉRALES.

*Des moyens d'assurer la liberté individuelle
contre les détentions illégales ou d'autres actes arbitraires.*

C. Inst. cr. (*liv.* 2, *tit.* 7, *ch.* 5, *art.* 615-618).

— 615. En exécution des articles 77, 78, 79, 80,
81 et 82 de l'acte des constitutions du 22 frimaire
an 8 (*V. ci-après*), quiconque aura connaissance
qu'un individu est détenu dans un lieu qui n'a
pas été destiné à servir de maison d'arrêt, de
justice ou de prison, est tenu d'en donner avis au
juge de paix, au procureur du Roi, ou à son substitut, ou au juge d'instruction, ou au procureur
général près la cour royale.

616. Tout juge de paix, tout officier chargé du
ministère public, tout juge d'instruction, est tenu
d'office, ou sur l'avis qu'il en aura reçu, sous
peine d'être poursuivi comme complice de détention arbitraire, de s'y transporter aussitôt, et de
faire mettre en liberté la personne détenue, ou,
s'il est allégué quelque cause légale de détention,
de la faire conduire sur le champ devant le magistrat compétent. — Il dressera du tout son procès-verbal.

617. Il rendra, au besoin, une ordonnance
dans la forme prescrite par l'article 95 du présent
Code [1]. — En cas de résistance, il pourra se faire
assister de la force nécessaire, et toute personne
requise est tenue de prêter main forte.

618. Tout gardien qui aura refusé, ou de montrer au porteur de l'ordre de l'officier civil ayant
la police de la maison d'arrêt, de justice, ou de
la prison, la personne du détenu, sur la réquisition qui en sera faite, ou de montrer l'ordre qui
le lui défend, ou de faire au juge de paix l'exhibition de ses registres, ou de lui laisser prendre
telle copie que celui-ci croira nécessaire de partie
de ses registres, sera poursuivi comme coupable
ou complice de détention arbitraire.

Constitution du 22 frimaire an 8.

77. Pour que l'acte qui ordonne l'arrestation
d'une personne puisse être exécuté, il faut, — 1° qu'il
exprime formellement le motif de l'arrestation, et la
loi en exécution de laquelle elle est ordonnée ; —
2° qu'il émane d'un fonctionnaire à qui la loi ait
donné formellement ce pouvoir ; — 3° qu'il soit
notifié à la personne arrêtée et qu'il lui en soit
laissé copie.

78. Un gardien ou geôlier ne peut recevoir ou retenir aucune personne qu'après avoir transcrit sur
son registre l'acte qui ordonne l'arrestation ; cet acte
doit être un mandat donné dans les formes prescrites par l'article précédent, ou une ordonnance de
prise de corps, ou un décret d'accusation, ou un jugement.

79. Tout gardien ou geôlier est tenu, sans qu'aucun ordre puisse l'en dispenser, de représenter la

---

[1] 95. Les mandats de comparution, d'amener et
de dépôt, seront signés par celui qui les aura décernés, et munis de son sceau. — Le prévenu y sera
nommé ou désigné le plus clairement qu'il sera possible.

personne détenue à l'officier civil ayant la police de la maison de détention, toutes les fois qu'il en sera requis par cet officier.

80. La représentation de la personne détenue ne pourra être refusée à ses parens et amis porteurs de l'ordre de l'officier civil, lequel sera toujours tenu de l'accorder, à moins que le gardien ou le geôlier ne représente une ordonnance du juge pour tenir la personne au secret.

81. Tous ceux qui, n'ayant point reçu de la loi le pouvoir de faire arrêter, donneront, signeront, exécuteront l'arrestation d'une personne quelconque ; tous ceux qui, même dans le cas de l'arrestation autorisée par la loi, recevront ou retiendront la personne arrêtée, dans un lieu de détention non publiquement et légalement désigné comme tel, et tous les gardiens ou geôliers qui contreviendront aux dispositions des trois articles précédens, seront coupables du crime de détention arbitraire.

82. Toutes rigueurs employées dans les arrestations, détentions ou exécutions, autres que celles autorisées par des lois, sont des crimes.

II. LOI PÉNALE.

C. Pén. 114. Lorsqu'un fonctionnaire public, un agent ou un préposé du Gouvernement, aura ordonné ou fait quelque acte attentatoire à la liberté individuelle d'un ou de plusieurs citoyens, il sera condamné à la peine de la dégradation civique. — Si néanmoins il justifie qu'il a agi par ordre de ses supérieurs pour des objets du ressort de ceux-ci, sur lesquels il leur était dû obéissance hiérarchique, il sera exempt de la peine, laquelle sera, dans ce cas, appliquée seulement aux supérieurs qui auront donné l'ordre. *V.* ATTENTAT.

341. Seront punis de la peine des travaux forcés à temps, ceux qui, sans ordre des autorités constituées et hors les cas où la loi ordonne de saisir des prévenus, auront arrêté, détenu ou séquestré des personnes quelconques. — Quiconque aura prêté un lieu pour exécuter la détention ou séquestration, subira la même peine.

LICITATION.

I. DISPOSITIONS GÉNÉRALES.

1° *De la licitation.*

C. Civ. (liv. 3, tit. 6, ch. 7, art. 1686-1688). — 1686. Si une chose commune à plusieurs ne peut être partagée commodément et sans perte ; — ou si, dans un partage fait de gré à gré de biens communs, il s'en trouve quelques-uns qu'aucun des copartageans ne puisse ou ne veuille prendre, — la vente s'en fait aux enchères, et le prix en est partagé entre les copropriétaires.

1687. Chacun des copropriétaires est le maître de demander que les étrangers soient appelés à la licitation ; ils sont nécessairement appelés lorsque l'un des copropriétaires est mineur.

1688. Le mode et les formalités à observer pour la licitation sont expliqués au titre *des successions* et au Code de Procédure. (*V. ci-après.*)

2° *Entre cohéritiers.*

C. Civ. 822. L'action en partage et les contestations qui s'élèvent dans le cours des opérations sont soumises au tribunal du lieu de l'ouverture de la succession. C'est devant ce tribunal qu'est procédé aux licitations.

826. Chacun des cohéritiers peut demander part en nature des meubles et immeubles de succession : néanmoins, s'il y a des créanciers saisissans ou opposans, ou si la majorité des cohéritiers juge la vente nécessaire pour l'acquit des dettes et charges de la succession, les meubles sont vendus publiquement en la forme ordinaire. *V.* MOBILIÈRE (*vente*).

827. Si les immeubles ne peuvent pas se partager commodément, il doit être procédé à vente par licitation devant le tribunal. — Cependant les parties, si elles sont toutes majeures, peuvent consentir que la licitation soit faite devant un notaire, sur le choix duquel elles s'accordent.

838. Si tous les cohéritiers ne sont pas présens ou s'il y a parmi eux des interdits, ou des mineurs, même émancipés, le partage doit être fait en justice.

839. S'il y a lieu à licitation, dans le cas du précédent article, elle ne peut être faite qu'en justice avec les formalités prescrites pour l'aliénation des biens des mineurs. (*V. ci-après.*) Les étrangers y sont toujours admis.

883. Chaque cohéritier est censé avoir succédé seul et immédiatement à tous les effets à lui échus sur licitation et n'avoir jamais eu la propriété des autres effets de la succession.

2109. Le cohéritier ou copartageant conserve son privilège sur le bien licité, pour le prix de licitation, par l'inscription faite à sa diligence dans soixante jours, à dater de l'adjudication par licitation ; durant lequel temps aucune hypothèque ne peut avoir lieu sur le bien adjugé par licitation, au préjudice du créancier du prix.

2205. La part indivise d'un cohéritier dans les immeubles d'une succession ne peut être mise en vente par ses créanciers personnels, avant le partage ou la licitation qu'ils peuvent provoquer, s'ils le jugent convenable, ou dans lesquels ils ont droit d'intervenir.

3° *Procédure.*

C. Proc. 953. Si les immeubles n'appartiennent qu'à des majeurs, ils seront vendus, s'il y a lieu, de la manière dont les majeurs conviendront. — S'il y a lieu à licitation, elle sera faite conformément à ce qui est prescrit au titre *des partages et licitations.* (*V. ci-après*).

954 Si les immeubles n'appartiennent qu'à des mineurs, la vente ne pourra en être ordonnée que d'après un avis de parens. — Cet avis ne sera point nécessaire lorsque les immeubles appartiendront en partie à des majeurs et à des mineurs, et lorsque la licitation sera ordonnée sur la demande des majeurs.—Il sera procédé à cette licitation ainsi qu'il est prescrit au titre des *partages et licitations*.

970. En prononçant sur (la demande en partage), le tribunal ordonnera par le même jugement le partage s'il peut avoir lieu, ou la vente par licitation, qui sera faite soit devant un membre du tribunal, soit devant un notaire.

971. Il sera procédé aux nominations, prestations de serment et rapports d'experts, suivant les formalités prescrites au titre *des rapports d'experts* (*V.* EXPERTS.) : néanmoins, lorsque toutes les parties seront majeures, il pourra n'être nommé qu'un expert, si elles y consentent.

972. Le poursuivant demandera l'entérinement du rapport, par requête de simples conclusions d'avoué à avoué. On se conformera, pour la vente, aux formalités prescrites dans le titre *de la vente des biens immeubles* (*V.* IMMOBILIÈRE [*vente*].), en ajoutant dans le cahier des charges, — les noms, demeure et profession du poursuivant, les noms et demeure de son avoué ; — les noms, demeures et professions des colicitans. — Copie du cahier des charges sera signifiée aux avoués des colicitans par un simple acte, dans la huitaine du dépôt au greffe ou chez le notaire.

973. S'il s'élève des difficultés sur le cahier des charges, elles seront vidées à l'audience, sans aucune requête, et sur un simple acte d'avoué à avoué.

974. Lorsque la situation des immeubles aura exigé plusieurs expertises distinctes, et que chaque immeuble aura été déclaré impartageable, il n'y aura cependant pas lieu à licitation, s'il résulte du rapprochement des rapports que la totalité des immeubles peut se partager commodément.

976. Le poursuivant fera sommer les copartageans de comparaître, au jour indiqué, devant le juge-commissaire, qui renverra les parties devant un notaire dont elles conviendront, si elles peuvent et veulent en convenir, ou qui, à défaut, sera nommé d'office par le tribunal, à l'effet de procéder aux comptes, rapports, formation de masses, prélèvemens, composition de lots, et fournissemens. — Il en sera de même après qu'il aura été procédé à la licitation, si le prix de l'adjudication doit être confondu avec d'autres objets

dans une masse commune de partage pour former la balance en divers lots.

984. Les formalités ci-dessus seront suivies dans les licitations tendant à faire cesser l'indivision, lorsque des mineurs ou autres personnes non jouissant de leurs droits civils y auront intérêt.

985. Au surplus, lorsque tous les copropriétaires ou cohéritiers seront majeurs, jouissant de leurs droits civils, présens et dûment représentés, ils pourront s'abstenir des voies judiciaires, ou les abandonner en tout état de cause, et s'accorder pour procéder de telle manière qu'ils aviseront. *V.* PARTAGE.

II. DES BIENS DE MINEURS ET D'INTERDITS.

1° *Des interdits.*

C. Civ. 509. L'interdit est assimilé au mineur pour sa personne et pour ses biens : les lois sur la tutelle des mineurs s'appliqueront à la tutelle des interdits.

2° *Des mineurs.*

C. Civ. 457. Le tuteur, même le père ou la mère, ne peut aliéner (les biens immeubles du mineur), sans y être autorisé par un conseil de famille.

458. Les délibérations du conseil de famille relatives à cet objet ne seront exécutées qu'après que le tuteur en aura demandé et obtenu l'homologation devant le tribunal de première instance, qui y statuera en la chambre du conseil, et après avoir entendu le procureur du Roi.

459. La vente se fera publiquement, en présence du subrogé-tuteur, aux enchères qui seront reçues par un membre du tribunal de première instance, ou par un notaire à ce commis, et à la suite de trois affiches apposées, par trois dimanches consécutifs, aux lieux accoutumés dans le canton.

460. Les formalités exigées par les articles 457 et 458, pour l'aliénation des biens du mineur, ne s'appliquent point au cas où un jugement aurait ordonné la licitation sur la provocation d'un copropriétaire par indivis. — Seulement, et en ce cas, la licitation ne pourra se faire que dans la forme prescrite par l'article précédent : les étrangers y seront nécessairement admis.

III. DISPOSITIONS DIVERSES.

COMMUNAUTÉ. *C. Civ.* 1408. L'acquisition faite pendant le mariage, à titre de licitation ou autrement, de portion d'un immeuble dont l'un des époux était propriétaire par indivis, ne forme point un conquêt ; sauf à indemniser la communauté de la somme qu'elle a fournie pour cette acquisition.—Dans le cas où le mari deviendrait seul, et en son nom personnel, acquéreur ou adjudicataire de portion ou de la totalité d'un immeuble appartenant par indivis à la femme, celle-ci, lors de la dissolution de la communauté, a le choix ou d'abandonner l'effet à la communauté, laquelle devient alors débitrice envers la femme de la portion appartenant à celle-ci dans le prix, ou de retirer l'immeuble, en remboursant à la communauté le prix de l'acquisition.

1482. Les frais de licitation font partie (des dettes de la communauté).

MÉLANGE. *C. Civ.* 575. Lorsque la chose reste en commun entre les propriétaires des matières dont elle a été formée, elle doit être licitée au profit commun.

NAVIRE. *C. Com.* 220. La licitation du navire ne peut être accordée que sur la demande des propriétaires formant ensemble la moitié de l'intérêt total dans le navire, s'il n'y a, par écrit, convention contraire.

RACHAT (*pacte de*). *C. Civ.* 1667. Si l'acquéreur à pacte de réméré d'une partie indivise d'un héritage s'est rendu adjudicataire de la totalité sur une licitation provoquée contre lui, il peut obliger le vendeur à retirer le tout lorsque celui-ci veut user du pacte.

LIEU. *V.* DESCENTE SUR LIEU, EXPULSION DE LIEU.

LIGNE.

C. Civ. 733. Toute succession échue à des ascendans ou à des collatéraux, se divise en deux parts égales; l'une pour les parens de la ligne paternelle, l'autre pour les parens de la ligne maternelle. — Les parens utérins ou consanguins ne sont pas exclus par les germains; mais ils ne prennent part que dans leur ligne, sauf ce qui sera dit à l'article 752 (*ci-après*). Les germains prennent part dans les deux lignes. — Il ne se fait aucune dévolution d'une ligne à l'autre, que lorsqu'il ne se trouve aucun ascendant ni collatéral de l'une des deux lignes.

734. Cette première division, opérée entre les lignes paternelle et maternelle, il ne se fait plus de division entre les diverses branches; mais la moitié dévolue à chaque ligne appartient à l'héritier ou aux héritiers les plus proches en degrés, sauf le cas de la représentation. *V. art.* 740, 742.

735. La proximité de parenté s'établit par le nombre de générations; chaque génération s'appelle un *degré*.

736. La suite des degrés forme la ligne. On appelle *ligne directe* la suite des degrés entre personnes qui descendent l'une de l'autre; *ligne collatérale* la suite des degrés entre personnes qui ne descendent pas les unes des autres, mais qui descendent d'un auteur commun. — On distingue la ligne directe en ligne directe descendante et ligne directe ascendante. — La première est celle qui lie le chef avec ceux qui descendent de lui; la deuxième est celle qui lie une personne avec ceux dont elle descend.

737. En ligne directe, on compte autant de degrés qu'il y a de générations entre les personnes: ainsi le fils est, à l'égard du père, au premier degré; le petit-fils, au second; et réciproquement du père et de l'aïeul à l'égard des fils et petits-fils.

738. En ligne collatérale, les degrés se comptent par les générations, depuis l'un des parens jusques et non compris l'auteur commun, et depuis celui-ci jusqu'à l'autre parent. — Ainsi, deux frères sont au deuxième degré; l'oncle et le neveu sont au troisième degré; les cousins germains au quatrième; ainsi de suite.

740. La représentation a lieu à l'infini dans la ligne directe descendante. *V.* REPRÉSENTATION.

742. En ligne collatérale, la représentation est admise en faveur des enfans et descendans de frères ou sœurs du défunt, soit qu'ils viennent à sa succession concurremment avec des oncles ou tantes, soit que tous les frères et sœurs du défunt étant prédécédés, la succession se trouve dévolue à leurs descendans en degrés égaux ou inégaux.

752. Le partage de la moitié ou des trois quarts dévolus aux frères ou sœurs (quand il y a lieu) s'opère entre eux par égales portions, s'ils sont tous du même lit; s'ils sont de lits différens, la division se fait par moitié entre les deux lignes paternelle et maternelle du défunt; les germains prennent part dans les deux lignes, et les utérins ou consanguins chacun dans leur ligne seulement; s'il n'y a de frères ou sœurs que d'un côté, ils succèdent à la totalité, à l'exclusion de tous autres parens de l'autre ligne.

755. Les parens au-delà du douzième degré ne succèdent pas. — A défaut de parens au degré successible dans une ligne, les parens de l'autre ligne succèdent pour le tout.

LINGE.

C. Civ. 533. Le mot *meuble*, employé seul dans les dispositions de la loi ou de l'homme, sans autre addition ni désignation, ne comprend pas le linge de corps.

LINGOT.

C. Civ. 1895. L'obligation qui résulte d'un prêt en argent, n'est toujours que de la somme numérique énoncée au contrat. — S'il y a eu augmentation ou diminution d'espèces avant l'époque du paiement, le débiteur doit rendre la somme numérique prêtée, et ne doit rendre que cette somme dans les espèces ayant cours au moment du paiement.

1896. La règle portée en l'article précédent n'a pas lieu, si le prêt a été fait en lingots.

1897. Si ce sont des lingots ou des denrées qui ont été prêtés, quelle que soit l'augmentation ou la diminution de leur prix, le débiteur doit toujours rendre la même quantité et qualité, et ne doit rendre que cela.

LIQUIDATION.

DES LIQUIDATIONS DIVERSES.

1° *De communauté.* *V.* COMMUNAUTÉ.

2° *De compte et de créance.* *V.* COMPTE.

3° *De dépens.* *V.* DÉPENS.

4° *De dommages-intérêts.* *V.* DOMMAGES-INTÉRÊTS.

5° *De fruits.* *V.* FRUITS.

6° *De société.* *V.* ARBITRAGE, SOCIÉTÉ.

7° *De succession.* *V.* PARTAGE.

LIQUIDE (CRÉANCE).

1° *Dispositions générales.*

C. Civ. **2213.** La vente forcée des immeubles ne peut être poursuivie qu'en vertu d'un titre authentique et exécutoire pour une dette certaine et liquide. Si la dette est en espèces non liquidées, la poursuite est valable; mais l'adjudication ne pourra être faite qu'après la liquidation.

C. Proc. **551.** Il ne sera procédé à aucune saisie mobilière ou immobilière qu'en vertu d'un titre exécutoire, et pour choses liquides et certaines : si la dette exigible n'est pas d'une somme en argent, il sera sursis, après la saisie, à toutes poursuites ultérieures, jusqu'à ce que l'appréciation en ait été faite.

559. Tout exploit de saisie-arrêt ou opposition, fait en vertu d'un titre, contiendra l'énonciation du titre et de la somme pour laquelle elle est faite : si l'exploit est fait en vertu de la permission du juge, l'ordonnance énoncera la somme pour laquelle la saisie-arrêt ou opposition est faite, et il sera donné copie de l'ordonnance en tête de l'exploit. — Si la créance pour laquelle on demande la permission de saisir-arrêter n'est pas liquide, l'évaluation provisoire en sera faite par le juge.

2° *De la compensation.*

C. Civ. **1291.** La compensation n'a lieu qu'entre deux dettes qui ont également pour objet une somme d'argent, ou une certaine quantité de choses fongibles de la même espèce et qui sont également liquides et exigibles. — Les prestations en grains ou denrées, non contestées, et dont le prix est réglé par les mercuriales, peuvent se compenser avec des sommes liquides et exigibles.

LITIGIEUX (DROITS).

1° *Dispositions générales.*

C. Civ. **1699.** Celui contre lequel on a cédé un droit litigieux peut s'en faire tenir quitte par le cessionnaire, en lui remboursant le prix réel de la cession avec les frais et loyaux coûts, et avec les intérêts à compter du jour où le cessionnaire a payé le prix de la cession à lui faite.

1700. La chose est censée litigieuse dès qu'il y a procès et contestation sur le fond du droit.

1701. La disposition portée en l'article 1699 cesse, — 1° dans le cas où la cession a été faite à un cohéritier ou copropriétaire du droit cédé; — 2° lorsqu'elle a été faite à un créancier en paiement de ce qui lui est dû ; — 3° lorsqu'elle a été faite au possesseur de l'héritage sujet aux droits litigieux.

2° *Disposition additionnelle.*

C. Civ. **1597.** Les juges, leurs suppléans, les magistrats remplissant le ministère public, les greffiers, huissiers, avoués, défenseurs officieux et notaires, ne peuvent devenir cessionnaires des procès, droits et actions litigieux qui sont de la compétence du tribunal dans le ressort duquel ils exercent leurs fonctions, à peine de nullité, et des dépens, dommages et intérêts.

LITISPENDANCE.

C. Proc. **171.** S'il a été formé précédemment, en un autre tribunal, une demande pour le même objet, ou si la contestation est connexe à une cause déjà pendante en un autre tribunal, le renvoi pourra être demandé et ordonné. *V.* RENVOI.

363. Si un différend est porté à deux ou à plusieurs tribunaux de paix ressortissant au même tribunal, le règlement de juges sera porté à ce tribunal. — Si les tribunaux de paix relèvent de tribunaux différens, le règlement de juges sera porté à la cour royale.—Si ces tribunaux ne ressortissent pas à la même cour royale, le règlement sera porté à la cour de cassation. — Si un différend est porté à deux ou à plusieurs tribunaux de première instance ressortissant à la même cour royale, le règlement de juges sera porté à cette cour ; il sera porté à la cour de cassation, si les tribunaux ne ressortissent pas tous à la même cour royale, ou si le conflit existe entre une ou plusieurs cours. *V.* RÈGLEMENT DE JUGES.

LIVRAISON. *V.* DÉLIVRANCE.

LIVRES DE COMMERCE.

I. DISPOSITIONS GÉNÉRALES.

1° *Des livres de commerce et de leur effet entre commerçans.*

C. Com. (*liv.* 1, *tit.* 2, *art.* 8-17). — **8.** Tout commerçant est tenu d'avoir un livre-journal qui *présente*, jour par jour, ses dettes actives et passives, les opérations de son commerce, ses négociations, acceptations ou endossemens d'effets, et généralement tout ce qu'il reçoit et paie, à quelque titre que ce soit ; et qui *énonce*, mois par mois, les sommes employées à la dépense de sa maison : le tout indépendamment des autres livres usités dans le commerce, mais qui ne sont pas indispensables. — Il est tenu de mettre en liasse les lettres missives qu'il reçoit, et de copier sur un registre celles qu'il envoie.

9. Il est tenu de faire, tous les ans, sous seing privé, un inventaire de ses effets mobiliers et immobiliers, et de ses dettes actives et passives, et de le copier année par année, sur un registre spécial à ce destiné.

10. Le livre-journal et le livre des inventaires seront paraphés et visés une fois par année.—Le livre de copie de lettres ne sera pas soumis à cette formalité.—Tous seront tenus par ordre de dates, sans blancs, lacunes, ni transports en marge.

11. Les livres dont la tenue est ordonnée par les articles 8 et 9 ci-dessus, seront cotés, paraphés et visés soit par un des juges des tribunaux de commerce, soit par le maire ou un adjoint, dans la forme ordinaire et sans frais. Les commerçans seront tenus de conserver ces livres pendant dix ans.

12. Les livres de commerce, régulièrement tenus, peuvent être admis par le juge pour faire preuve entre commerçans pour faits de commerce.

13. Les livres que les individus faisant le commerce sont obligés de tenir, et pour lesquels ils n'auront pas observé les formalités ci-dessus prescrites, ne pourront être représentés, ni faire foi en justice, au profit de ceux qui les auront tenus; sans préjudice de ce qui sera réglé au livre *des faillites et banqueroutes.* (*V. ci-après art.* 586, 587, 593 *et* 594.)

14. La communication des livres et inventaires ne peut être ordonnée en justice que dans les affaires de succession, communauté, partage de société, et en cas de faillite.

15. Dans le cours d'une contestation, la représentation des livres peut être ordonnée par le juge, même d'office, à l'effet d'en extraire ce qui concerne le différend.

16. En cas que les livres dont la représentation est offerte, requise ou ordonnée, soient dans des lieux éloignés du tribunal saisi de l'affaire, les juges peuvent adresser une commission rogatoire au tribunal de commerce du lieu, ou déléguer un juge de paix pour en prendre connaissance, dresser un procès-verbal du contenu, et l'envoyer au tribunal saisi de l'affaire.

17. Si la partie aux livres de laquelle on offre d'ajouter foi, refuse de les représenter, le juge peut déférer le serment à l'autre partie.

2° *De leur effet à l'égard des non-commerçans.*

C. Civ. 1329. Les registres des marchands ne font point, contre les personnes non marchandes, preuve des fournitures qui y sont portées, sauf ce qui sera dit à l'égard du serment. *V.* SERMENT.

1330. Les livres des marchands font preuve contre eux ; mais celui qui en veut tirer avantage ne peut les diviser en ce qu'ils contiennent de contraire à sa prétention.

3° *Des livres relativement à la faillite.*

C. Com. 461. Les scellés seront apposés sur les livres, registres, papiers du failli.

463. Les livres du failli seront extraits des scellés, et remis par le juge de paix aux agens, après avoir été arrêtés par lui ; il constatera sommairement, par son procès-verbal, l'état dans lequel ils se trouveront.

468. Si le failli a obtenu un sauf-conduit, les agens l'appelleront auprès d'eux pour clore et arrêter les livres en sa présence. — Si le failli ne se rend pas à l'invitation, il sera sommé de comparaître.— Si le failli ne comparaît pas quarante-huit heures après la sommation, il sera réputé s'être absenté à dessein. — Le failli pourra néanmoins comparaître par fondé de pouvoir, s'il propose des empêchemens jugés valables par le commissaire.

525. L'homologation (du concordat) étant signifiée aux syndics provisoires, ceux-ci rendront leur compte définitif au failli, en présence du commissaire ; ce compte sera débattu et arrêté. En cas de contestation, le tribunal de commerce prononcera ; les syndics remettront ensuite au failli l'universalité de ses biens, ses livres, papiers, effets. — Le failli donnera décharge ; les fonctions du commissaire et des syndics cesseront, et il sera dressé du tout procès-verbal par le commissaire.

586. Sera poursuivi comme banqueroutier simple et pourra être déclaré tel, le commerçant failli qui se trouvera dans l'un ou plusieurs des cas suivans, savoir : — si les dépenses de sa maison, qu'il est tenu d'inscrire mois par mois sur son livre-journal, sont jugées excessives.

587. Pourra être poursuivi comme banqueroutier simple et être déclaré tel, le failli qui présentera des livres irrégulièrement tenus, sans néanmoins que les irrégularités indiquent de fraude, ou qui ne les présentera pas tous.

593. Sera déclaré banqueroutier frauduleux, tout commerçant failli qui se trouvera dans un

ou plusieurs des cas suivans, savoir : — 1°..... 4° s'il a supposé des dettes passives et collusoires entre lui et ses créanciers fictifs, en faisant des écritures simulées ; — 7° s'il a caché ses livres.

594. Pourra être poursuivi comme banqueroutier frauduleux, et être déclaré tel, — le failli qui n'a pas tenu de livres, ou dont les livres ne présenteront pas sa véritable situation active et passive.

II. DISPOSITIONS ADDITIONNELLES.

ACHATS ET VENTES. *C. Com.* 109. Les achats et ventes (en matière de commerce) se constatent par les livres des parties.

AGENS DE CHANGE ET COURTIERS. *C. Com.* 84. Les agens de change et courtiers sont tenus d'avoir un livre revêtu des formes prescrites par l'article 11 (*ci-dessus*). Ils sont tenus de consigner dans ce livre, jour par jour, et par ordre de dates, sans ratures, interlignes ni transpositions, et sans abréviations ni chiffres, toutes les conditions des ventes, achats, assurances, négociations et en général de toutes les opérations faites par leur ministère.

CAPITAINE DE NAVIRE. *C. Com.* 224. Le capitaine tient un registre coté et paraphé par l'un des juges du tribunal de commerce, ou par le maire ou son adjoint, dans les lieux où il n'y a pas de tribunal de commerce. — Ce registre contient, — les résolutions prises pendant le voyage, — la recette et la dépense concernant le navire, et généralement tout ce qui concerne le fait de sa charge, et tout ce qui peut donner lieu à un compte à rendre, à une demande à former.

242. Le capitaine est tenu, dans les vingt-quatre heures de son arrivée, de faire viser son registre.

CESSION DE BIENS. *C. Proc.* 898. Les débiteurs qui seront dans le cas de réclamer la cession judiciaire (*V.* CESSION DE BIENS.), seront tenus, à cet effet, de déposer au greffe du tribunal où la demande sera portée, leurs livres, s'ils en ont.

COMMISSIONNAIRES (*voituriers*). *C. Civ.* 1785. Les entrepreneurs de voitures publiques par terre et par eau, et ceux des roulages publics, doivent tenir registre de l'argent, des effets et des paquets dont ils se chargent.

C. Com. 96. Le commissionnaire qui se charge d'un transport par terre ou par eau, est tenu d'inscrire sur son livre-journal la déclaration de la nature et de la quantité des marchandises, et, s'il en est requis, de leur valeur.

102. La lettre de voiture est copiée par le commissionnaire sur un registre coté et paraphé, sans intervalle et de suite.

LOCATAIRE. *V.* LOYER (*bail à*).

LOCATIVES (RÉPARATIONS).

C. Civ. 1720. Le bailleur est tenu de délivrer la chose en bon état de réparations de toute espèce. — Il doit y faire, pendant la durée du bail, toutes les réparations qui peuvent devenir nécessaires, autres que les locatives.

1731. S'il n'a pas été fait d'état des lieux, le preneur est présumé les avoir reçus en bon état de réparations locatives, et doit les rendre tels, sauf la preuve contraire.

1754. Les réparations locatives ou de menu entretien dont le locataire est tenu, s'il n'y a clause contraire, sont celles désignées comme telles par l'usage des lieux, et, entre autres, les réparations à faire, — aux âtres, contre-cœurs, chambranles et tablettes des cheminées ; — au récrépiment du bas des murailles des appartemens et autres lieux d'habitation, à la hauteur d'un mètre ; — aux pavés et carreaux des chambres, lorsqu'il y en a seulement quelques-uns de cassés ; — aux vitres, à moins qu'elles ne soient cassées par la grêle, ou autres accidens extraordinaires et de force majeure, dont le locataire ne peut être tenu ; — aux portes, croisées, planches de cloison ou de fermeture de boutiques, gonds, targettes et serrures.

1755. Aucune des réparations réputées locatives n'est à la charge des locataires, quand elles ne sont occasionées que par vétusté ou force majeure. *V.* LOUAGE, PRIVILÈGE.

LOI.

I. FORMATION DE LA LOI.

Charte. 14. La puissance législative s'exerce collectivement par le Roi, la chambre des pairs et la chambre des députés.

15. La proposition des lois appartient au Roi, à la chambre des pairs et à la chambre des députés. — Néanmoins, toute loi d'impôt doit être d'abord votée par la chambre des députés.

16. Toute loi doit être discutée et votée librement par la majorité de chacune des deux chambres.

17. Si une proposition de loi a été rejetée par l'un des trois pouvoirs, elle ne pourra être reproduite dans la même session.

18. Le Roi seul sanctionne et promulgue les lois.

19. Le Roi fait les réglemens et ordonnances nécessaires pour l'exécution des lois, sans pouvoir jamais ni suspendre les lois elles-mêmes, ni se dispenser de leur exécution.

II. EFFETS DE LA LOI.

De la publication des effets et de l'application des lois en général.

C. Civ. (*tit. préliminaire, art.* 1-6). — 1. Les

51.

lois sont exécutoires dans tout le territoire français, en vertu de la promulgation qui en est faite par le Roi.—Elles seront exécutées dans chaque partie du royaume, du moment où la promulgation en pourra être connue. — La promulgation faite par le Roi sera réputée connue dans le département de la résidence royale un jour après celui de la promulgation ; et dans chacun des autres départemens, après l'expiration du même délai, augmenté d'autant de jours qu'il y aura de fois dix myriamètres (environ vingt lieues anciennes) entre la ville où la promulgation en aura été faite, et le chef-lieu de chaque département. *V.* DISTANCE.

2. La loi ne dispose que pour l'avenir ; elle n'a point d'effet rétroactif.

3. Les lois de police et de sûreté obligent tous ceux qui habitent le territoire.—Les immeubles, même ceux possédés par des étrangers, sont régis par la loi française. — Les lois concernant l'état et la capacité des personnes régissent les Français, même résidant en pays étranger.

4. Le juge qui refusera de juger, sous prétexte du silence, de l'obscurité ou de l'insuffisance de la loi, pourra être poursuivi comme coupable de déni de justice.

5. Il est défendu aux juges de prononcer par voie de disposition générale et réglementaire sur les causes qui leur sont soumises.

6. On ne peut déroger, par des conventions particulières, aux lois qui intéressent l'ordre public et les bonnes mœurs.

Dispositions additionnelles.

C. Civ. 1154. Les conventions légalement formées tiennent lieu de loi à ceux qui les ont faites.

1172. Toute condition d'une chose prohibée par la loi est nulle, et rend nulle la convention qui en dépend.

900. Dans toute disposition entre-vifs ou testamentaire, les conditions qui seront contraires aux lois seront réputées non écrites.

LOT, LOTISSEMENT.

I. DISPOSITIONS GÉNÉRALES.

1° *Biens de majeurs.*

C. Civ. 824. L'estimation des immeubles (à partager) est faite par experts choisis par les parties intéressées, ou, à leur refus, nommés d'office. — Le procès-verbal des experts doit présenter les bases de l'estimation ; il doit indiquer si l'objet estimé peut être commodément partagé ; de quelle manière ; fixer enfin, en cas de division, chacune des parts qu'on peut en former, et leur valeur.

826. Chacun des cohéritiers peut demander sa part en nature de meubles et immeubles de la succession ; néanmoins, s'il y a des créanciers saisissans ou opposans, ou si la majorité des cohéritiers juge la vente nécessaire pour l'acquit des dettes et charges de la succession, les meubles sont vendus publiquement en la forme ordinaire.

828. Après que les meubles et immeubles ont été estimés et vendus, s'il y a lieu, le juge commissaire renvoie les parties devant un notaire dont elles conviennent, ou nommé d'office, si les parties ne s'accordent pas sur le choix.—On procède, devant cet officier, aux comptes que les copartageans peuvent se devoir, à la formation de la masse générale, à la composition des lots, et aux fournissemens à faire à chacun des copartageans.

831. Après ces prélèvemens, il est procédé, sur ce qui reste dans la masse, à la composition d'autant de lots égaux qu'il y a d'héritiers copartageans, ou de souches copartageantes.

832. Dans la formation et composition des lots, on doit éviter, autant que possible, de morceler les héritages et de diviser les exploitations ; et il convient de faire entrer dans chaque lot, s'il se peut, la même quantité de meubles, d'immeubles, de droits ou de créances de même nature et valeur.

833. L'inégalité des lots en nature se compense par un retour, soit en rente, soit en argent.

834. Les lots sont faits par l'un des cohéritiers, s'ils peuvent convenir entre eux sur le choix, et si celui qu'ils avaient choisi accepte la commission ; dans le cas contraire, les lots sont faits par un expert que le juge commissaire désigne.—Ils sont ensuite tirés au sort.

835. Avant de procéder au tirage des lots, chaque copartageant est admis à proposer ses réclamations contre leur formation.

836. Les règles établies pour la division des masses à partager, sont également observées dans la subdivision à faire entre les souches copartageantes.

2° *Biens de mineurs et d'interdits.*

C. Civ. 466. Pour obtenir à l'égard du mineur tout l'effet qu'il aurait entre majeurs, le partage devra être fait en justice, et précédé d'une estimation faite par experts nommés par le tribunal de première instance du lieu de l'ouverture de la succession.—Les experts, après avoir prêté, devant le président du même tribunal ou autre juge par lui délégué, le serment de bien et fidèlement remplir leur mission, procéderont à la division des héritages et à la formation des lots, qui seront tirés au sort, et en présence soit d'un membre du tribunal, soit d'un notaire par lui commis, lequel fera la délivrance des lots. — Tout autre partage ne sera considéré que comme provisionnel.

509. L'interdit est assimilé au mineur pour sa personne et pour ses biens.

II. PROCÉDURE.

Composition et tirage des lots.

C. Proc. 969. Le même jugement qui prononcera sur la demande en partage, commettra, s'il y a lieu, un juge, et ordonnera que les immeubles, s'il y en a, seront estimés par experts.

970. En prononçant sur cette demande, le tribunal ordonnera, par le même jugement, le partage, s'il peut avoir lieu, ou la vente par licitation, qui sera faite soit devant un membre du tribunal, soit devant un notaire.

971. Il sera procédé aux nominations, prestations de serment et rapports d'experts, suivant les formalités prescrites au titre *des rapports d'experts* (*V.* EXPERTS); néanmoins, lorsque toutes les parties seront majeures, il pourra n'être nommé qu'un expert, si elles y consentent.

974. Lorsque la situation des immeubles aura exigé plusieurs expertises distinctes, et que chaque immeuble aura été déclaré impartageable, il n'y aura cependant pas lieu à licitation, s'il résulte du rapprochement des rapports que la totalité des immeubles peut se partager commodément.

975. Si la demande en partage n'a pour objet que la division d'un ou de plusieurs immeubles sur lesquels les droits des intéressés soient déjà liquides, les experts, en procédant à l'estimation, composeront les lots ainsi qu'il est prescrit par l'article 466 du Code Civil (*ci-dessus*); et après que leur rapport aura été entériné, les lots seront tirés au sort, soit devant un juge-commissaire, soit devant un notaire commis par le tribunal.

976. Dans les autres cas, le poursuivant fera sommer les copartageans de comparaître, au jour indiqué, devant le juge-commissaire, qui renverra les parties devant un notaire dont elles conviendront, si elles peuvent et veulent en convenir, ou qui, à défaut, sera nommé d'office par le tribunal, à l'effet de procéder aux comptes, rapports, formation de masses, prélèvemens, composition de lots, et fournissemens, ainsi qu'il est ordonné par le Code Civil, art. 828 (*ci-dessus*). — Il en sera de même après qu'il aura été procédé à la licitation, si le prix de l'adjudication doit être confondu avec d'autres objets dans une masse commune de partage pour former la balance entre les divers lots.

978. Lorsque la masse du partage, les rapports et prélèvemens à faire par chacune des parties intéressées, auront été établis par le notaire, les lots seront faits par l'un des cohéritiers s'ils sont tous majeurs, s'ils s'accordent sur le choix, et si celui qu'ils auront choisi accepte la commission; dans le cas contraire, le notaire, sans qu'il soit besoin d'aucune procédure, renverra les parties devant le juge-commissaire, et celui-ci nommera un expert.

979. Le cohéritier choisi par les parties, ou l'expert nommé pour la formation des lots, en établira la composition par un rapport qui sera reçu et rédigé par le notaire à la suite des opérations précédentes.

980. Lorsque les lots auront été fixés, et que les contestations sur leur formation, s'il y en a eu, auront été jugées, le poursuivant fera sommer les copartageans, à l'effet de se trouver, à jour indiqué, en l'étude du notaire, pour assister à la clôture de son procès-verbal, en entendre lecture, et le signer avec lui, s'ils le peuvent et le veulent.

981. Le notaire remettra l'expédition du procès-verbal de partage à la partie la plus diligente, pour en poursuivre l'homologation par le tribunal; sur le rapport du juge-commissaire, le tribunal homologuera le partage, s'il y a lieu, les parties présentes, ou appelées si toutes n'ont pas comparu à la clôture du procès-verbal, et sur les conclusions du procureur du Roi, dans le cas où la qualité des parties requerra son ministère.

982. Le jugement d'homologation ordonnera le tirage des lots, soit devant le juge-commissaire, soit devant le notaire, lequel en fera la délivrance aussitôt après le tirage. *V.* PARTAGE.

III. DE LA GARANTIE DES LOTS.

Des effets du partage et de la garantie des lots.
C. Civ. (*liv.* 3, *tit.* 1, *ch.* 6, *sect.* 4, *art.* 883-886). — 883. Chaque cohéritier est censé avoir succédé seul et immédiatement à tous les effets compris dans son lot, ou à lui échus sur licitation, et n'avoir jamais eu la propriété des autres effets de la succession.

884. Les cohéritiers demeurent respectivement garans, les uns envers les autres, des troubles et évictions seulement qui procèdent d'une cause antérieure au partage.—La garantie n'a pas lieu, si l'espèce d'éviction soufferte a été exceptée par une clause particulière et expresse de l'acte de partage; elle cesse, si c'est par sa faute que le cohéritier souffre l'éviction.

885. Chacun des cohéritiers est personnellement obligé, en proportion de sa part héréditaire, d'indemniser son cohéritier de la perte que lui a causée l'éviction. — Si l'un des cohéritiers se trouve insolvable, la portion dont il est tenu doit être également répartie entre le garanti et tous les cohéritiers solvables.

886. La garantie de la solvabilité du débiteur d'une rente ne peut être exercée que dans les cinq ans qui suivent le partage. Il n'y a pas lieu à garantie à raison de l'insolvabilité du débiteur, quand elle n'est survenue que depuis le partage consommé.

Dispositions additionnelles.

C. Civ. 2103. Les créanciers privilégiés sur les immeubles sont,—1°... 5° les cohéritiers sur les immeubles de la succession, pour la garantie des partages faits entre eux et des soultes ou retour de lots.

2109. Le cohéritier ou copartageant conserve son privilège sur les biens de chaque lot, pour les soulte et retour de lots, par l'inscription faite à sa diligence, dans soixante jours, à dater de l'acte de partage, durant lequel temps aucune hypothèque ne peut avoir lieu sur le bien chargé de soulte, au préjudice du créancier de la soulte.

LOTERIE.

C. Pén. 410. Tous ceux qui auront établi ou tenu des loteries non autorisées par la loi, tous administrateurs, préposés ou agens de ces établissemens, seront punis d'un emprisonnement de deux mois au moins, et de six mois au plus, et d'une amende de cent francs à six mille francs. —Les coupables pourront être de plus, à compter du jour où ils auront subi leur peine, interdits, pendant cinq ans au moins et dix ans au plus, des droits mentionnés en l'art. 42 du présent Code. *V.* CORRECTIONNELLES *(peines).* — Dans tous les cas, seront confisqués tous les fonds ou effets qui seront trouvés exposés au jeu ou mis à la loterie, les meubles, instrumens, ustensiles, appareils employés ou destinés au service des jeux ou des loteries, les meubles et les effets mobiliers dont les lieux seront garnis ou décorés. *V.* PRIMES.

LOUAGE.

I. DISPOSITIONS GÉNÉRALES.

Du contrat de louage.

Ç. Civ. (liv. 3. tit. 8, art. 1708-1779.)

Chap. 1, dispositions générales.

1708. Il y a deux sortes de contrats de louage : —celui des choses, — et celui d'ouvrage.

1709. Le louage des choses est un contrat par lequel l'une des parties s'oblige à faire jouir l'autre d'une chose pendant un certain temps, et moyennant un certain prix que celle-ci s'oblige de lui payer.

1710. Le louage d'ouvrage est un contrat par lequel l'une des parties s'engage à faire quelque chose pour l'autre, moyennant un prix convenu entre elles.

1711. Ces deux genres de louage se subdivi-

sent encore en plusieurs espèces particulières : —On appelle *bail à loyer*, le louage des maisons et celui des meubles ; — *bail à ferme*, celui des héritages ruraux ; — *loyer*, le louage du travail ou du service ; — *bail à cheptel*, celui des animaux dont le profit se partage entre le propriétaire et celui à qui il les confie.—Les *devis, marchés* ou *prix faits*, pour l'entreprise d'un ouvrage moyennant un prix déterminé, sont aussi un louage, lorsque la matière est fournie par celui pour qui l'ouvrage se fait. — Ces trois dernières espèces ont des règles particulières.

1712. Les baux des biens nationaux, des biens des communes et des établissemens publics, sont soumis à des règlemens particuliers.

Chap. 2, du louage des choses.

1713. On peut louer toutes sortes de biens meubles ou immeubles.

Sect. 1, des règles communes aux baux des maisons et des biens ruraux.

1714. On peut louer ou par écrit, ou verbalement.

1715. Si le bail fait sans écrit n'a encore reçu aucune exécution, et que l'une des parties le nie, la preuve ne peut être reçue par témoins, quelque modique qu'en soit le prix, et quoiqu'on allègue qu'il y a eu des arrhes données. — Le serment peut seulement être déféré à celui qui nie le bail.

1716. Lorsqu'il y aura contestation sur le prix du bail verbal dont l'exécution a commencé, et qu'il n'existera point de quittance, le propriétaire en sera cru sur son serment, si mieux n'aime le locataire demander l'estimation par experts ; auquel cas les frais de l'expertise restent à sa charge, si l'estimation excède le prix qu'il a déclaré.

1717. Le preneur a le droit de sous-louer, et même de céder son bail à un autre, si cette faculté ne lui a pas été interdite. — Elle peut être interdite pour le tout ou partie. — Cette clause est toujours de rigueur.

1718. Les articles du titre *du contrat de mariage et des droits respectifs des époux*, relatifs aux baux des biens des femmes mariées, sont applicables aux baux des biens des mineurs. (*V. ci-après* II.)

1719. Le bailleur est obligé, par la nature du contrat, et sans qu'il soit besoin d'aucune stipulation particulière, — 1° de délivrer au preneur la chose louée ; — 2° d'entretenir cette chose en état de servir à l'usage pour lequel elle a été louée; — 3° d'en faire jouir paisiblement le preneur pendant la durée du bail.

1720. Le bailleur est tenu de délivrer la chose en bon état de réparations de toute espèce. — Il doit y faire, pendant la durée du bail, toutes les réparations qui peuvent devenir nécessaires, autres que les locatives.

1721. Il est dû garantie au preneur pour tous les vices ou défauts de la chose louée qui en empêchent l'usage, quand même le bailleur ne les aurait pas connus lors du bail. — S'il résulte de ces vices ou défauts quelque perte pour le preneur, le bailleur est tenu de l'indemniser.

1722. Si, pendant la durée du bail, la chose louée est détruite en totalité par cas fortuit, le bail est résilié de plein droit ; si elle n'est détruite qu'en partie, le preneur peut, suivant les circonstances, demander ou une diminution du prix, ou la résiliation même du bail. Dans l'un et l'autre cas, il n'y a lieu à aucun dédommagement.

1723. Le bailleur ne peut, pendant la durée du bail, changer la forme de la chose louée.

1724. Si, durant le bail, la chose louée a besoin de réparations urgentes et qui ne puissent être différées jusqu'à sa fin, le preneur doit les souffrir, quelque incommodité qu'elles lui causent, et quoiqu'il soit privé, pendant qu'elles se font, d'une partie de la chose louée. — Mais, si ces réparations durent plus de quarante jours, le prix du bail sera diminué à proportion du temps et de la partie de la chose louée dont il aura été privé. — Si les réparations sont de telle nature qu'elles rendent inhabitable ce qui est nécessaire au logement du preneur et de sa famille, celui-ci pourra faire résilier le bail.

1725. Le bailleur n'est pas tenu de garantir le preneur du trouble que des tiers apportent par voies de fait à sa jouissance, sans prétendre d'ailleurs aucun droit sur la chose louée ; sauf au preneur à les poursuivre en son nom personnel.

1726. Si, au contraire, le locataire ou le fermier ont été troublés dans leur jouissance par suite d'une action concernant la propriété du fonds, ils ont droit à une diminution proportionnée sur le prix du bail à loyer ou à ferme, pourvu que le trouble et l'empêchement aient été dénoncés au propriétaire.

1727. Si ceux qui ont commis les voies de fait, prétendent avoir quelque droit sur la chose louée, ou si le preneur est lui-même cité en justice pour se voir condamner au délaissement de la totalité ou de partie de cette chose, ou à souffrir l'exercice de quelque servitude, il doit appeler le bailleur en garantie, et doit être mis hors d'instance, s'il l'exige, en nommant le bailleur pour lequel il possède.

1728. Le preneur est tenu de deux obligations principales, — 1° d'user de la chose louée en bon père de famille, et suivant la destination qui lui a été donnée par le bail, ou suivant celle pré-

sumée d'après les circonstances, à défaut de convention ; — 2° de payer le prix du bail aux termes convenus.

1729. Si le preneur emploie la chose louée à un autre usage que celui auquel elle a été destinée, ou dont il puisse résulter un dommage pour le bailleur, celui-ci peut, suivant les circonstances, faire résilier le bail.

1730. S'il a été fait un état des lieux entre le bailleur et le preneur, celui-ci doit rendre la chose telle qu'il l'a reçue, suivant cet état, excepté ce qui a péri ou a été dégradé par vétusté ou force majeure.

1731. S'il n'a pas été fait d'état des lieux, le preneur est présumé les avoir reçus en bon état de réparations locatives, et doit les rendre tels, sauf la preuve contraire.

1732. Il répond des dégradations ou des pertes qui arrivent pendant sa jouissance, à moins qu'il ne prouve qu'elles ont eu lieu sans sa faute.

1733. Il répond de l'incendie, à moins qu'il ne prouve, — que l'incendie est arrivé par cas fortuit, ou force majeure, ou par vice de construction, — ou que le feu a été communiqué par une maison voisine.

1734. S'il y a plusieurs locataires, tous sont solidairement responsables de l'incendie ; — à moins qu'ils ne prouvent que l'incendie a commencé dans l'habitation de l'un d'eux, auquel cas celui-là seul en est tenu ; — ou que quelques-uns ne prouvent que l'incendie n'a pu commencer chez eux, auquel cas ceux-là n'en sont pas tenus.

1735. Le preneur est tenu des dégradations et des pertes qui arrivent par le fait des personnes de sa maison ou de ses sous-locataires.

1736. Si le bail a été fait sans écrit, l'une des parties ne pourra donner congé à l'autre qu'en observant les délais fixés par l'usage des lieux.

1737. Le bail cesse de plein droit à l'expiration du terme fixé, lorsqu'il a été fait par écrit, sans qu'il soit nécessaire de donner congé.

1738. Si, à l'expiration des baux écrits, le preneur reste et est laissé en possession, il s'opère un nouveau bail dont l'effet est réglé par l'article relatif aux locations faites sans écrit.

1739. Lorsqu'il y a un congé signifié, le preneur, quoiqu'il ait continué sa jouissance, ne peut invoquer la tacite réconduction.

1740. Dans le cas des deux articles précédens, la caution donnée pour le bail ne s'étend pas aux obligations résultant de la prolongation.

1741. Le contrat de louage se résout par la perte de la chose louée, et par le défaut respectif du bailleur et du preneur, de remplir leurs engagemens.

1742. Le contrat de louage n'est point résolu

par la mort du bailleur, ni par celle du preneur.

1743. Si le bailleur vend la chose louée, l'acquéreur ne peut expulser le fermier ou le locataire qui a un bail authentique ou dont la date est certaine, à moins qu'il ne se soit réservé ce droit par le contrat de bail.

1744. S'il a été convenu, lors du bail, qu'en cas de vente l'acquéreur pourrait expulser le fermier ou locataire, et qu'il n'ait été fait aucune stipulation sur les dommages et intérêts, le bailleur est tenu d'indemniser le fermier ou le locataire de la manière suivante.

1745. S'il s'agit d'une maison, appartement ou boutique, le bailleur paie, à titre de dommages et intérêts, au locataire évincé, une somme égale au prix du loyer, pendant le temps qui, suivant l'usage des lieux, est accordé entre le congé et la sortie.

1746. S'il s'agit de biens ruraux, l'indemnité que le bailleur doit payer au fermier, est du tiers du prix du bail pour tout le temps qui reste à courir.

1747. L'indemnité se règlera par experts, s'il s'agit de manufactures, usines, ou autres établissemens qui exigent de grandes avances.

1748. L'acquéreur qui veut user de la faculté réservée par le bail, d'expulser le fermier ou locataire en cas de vente, est, en outre, tenu d'avertir le locataire au temps d'avance usité dans le lieu pour les congés. — Il doit aussi avertir le fermier de biens ruraux au moins un an à l'avance.

1749. Les fermiers ou les locataires ne peuvent être expulsés qu'ils ne soient payés par le bailleur, ou, à son défaut, par le nouvel acquéreur, des dommages et intérêts ci-dessus expliqués.

1750. Si le bail n'est pas fait par acte authentique, ou n'a point de date certaine, l'acquéreur n'est tenu d'aucuns dommages et intérêts.

1751. L'acquéreur à pacte de rachat ne peut user de la faculté d'expulser le preneur, jusqu'à ce que, par l'expiration du délai fixé pour le réméré, il devienne propriétaire incommutable.

Sect. 2, des règles particulières aux baux à loyer.

V. LOYER (bail à).

Sect. 3, des règles particulières aux baux à ferme. V. FERME (bail à).

Chap. 3, du louage d'ouvrage et d'industrie.

V. OUVRAGE (louage d').

II. DISPOSITIONS ADDITIONNELLES.

APPEL. *C. Proc.* **464.** Pourront les parties demander (en appel) les loyers échus depuis le jugement de première instance.

CONCILIATION. *C. Proc.* **49.** Sont dispensées du préliminaire de la conciliation : — 1°... 5° les demandes en paiement de loyers et fermages.

EXPROPRIATION. *C. Civ.* **2212.** Si le débiteur justifie, par baux authentiques, que le revenu net et libre de ses immeubles pendant une année suffit pour le paiement de la dette en capital, intérêts et frais, et s'il en offre la délégation au créancier, la poursuite peut être suspendue par les juges, sauf à être reprise s'il survient quelque opposition ou obstacle au paiement.

FEMME MARIÉE (*biens de*). *C. Civ.* **1428.** Le mari (pendant la communauté) a l'administration de tous les biens personnels de la femme.

1429. Les baux que le mari seul a faits des biens de sa femme pour un temps qui excède neuf ans, ne sont, en cas de dissolution de la communauté, obligatoires vis-à-vis de la femme ou de ses héritiers que pour le temps qui reste à courir, soit de la première période de neuf ans, si les parties s'y trouvent encore, soit de la seconde, et ainsi de suite, de manière que le fermier n'ait que le droit d'achever la jouissance de la période de neuf ans où il se trouve.

1430. Les baux de neuf ans ou au-dessous que le mari seul a passés ou renouvelés des biens de sa femme, plus de trois ans avant l'expiration du bail courant s'il s'agit de biens ruraux, et plus de deux ans avant la même époque s'il s'agit de maisons, sont sans effet, à moins que leur exécution n'ait commencé avant la dissolution de la communauté.

FRUITS CIVILS. *C. Civ.* **584.** Les fruits civils sont les loyers des maisons, les intérêts des sommes exigibles, les arrérages des rentes. — Les prix des baux à ferme sont aussi rangés dans la classe des fruits civils.

1155. Les revenus échus, tels que fermages, produisent intérêt du jour de la demande ou de la convention.

MINEURS ET INTERDITS (*biens de*). *C. Civ.* **450.** Le tuteur représentera (le mineur) dans tous les actes civils. — Il administrera ses biens en bon père de famille, et répondra des dommages-intérêts qui pourraient résulter d'une mauvaise gestion. — Il ne peut ni acheter les biens du mineur, ni les prendre à ferme, à moins que le conseil de famille n'ait autorisé le subrogé-tuteur à lui en passer bail.

509. L'interdit est assimilé au mineur, pour sa personne et pour ses biens; les lois sur la tutelle des mineurs s'appliqueront à la tutelle des interdits.

MINEURS ÉMANCIPÉS. *C. Civ.* **481.** Le mineur émancipé passera les baux dont la durée n'excédera point neuf ans; il recevra ses revenus, en donnera décharge, et fera tous les actes qui ne sont que de pure administration, sans être restituable contre ces actes dans tous les cas où le majeur ne le serait pas lui-même.

PRESCRIPTION. *C. Civ.* 2277. Les loyers des maisons, et le prix de ferme des biens ruraux,—se prescrivent par cinq ans.

PRIVILÈGE. *C. Civ.* 2102. Les créances privilégiées sur certains meubles sont,— 1° les loyers et fermages des immeubles, sur les fruits de la récolte de l'année, et sur le prix de tout ce qui garnit la maison louée ou la ferme, et de tout ce qui sert à l'exploitation de la ferme, savoir : pour tout ce qui est échu, et pour tout ce qui est à échoir, si les baux sont authentiques, ou si, étant sous signature privée, ils ont une date certaine ; et, dans ces deux cas, les autres créanciers ont le droit de relouer la maison ou la ferme pour le restant du bail, et de faire leur profit des baux ou fermages, à la charge toutefois de payer au propriétaire tout ce qui lui serait encore dû ; — et, à défaut de baux authentiques, ou lorsqu'étant sous signature privée, ils n'ont pas une date certaine, pour une année à partir de l'expiration de l'année courante ; — le même privilège a lieu pour les réparations locatives, et pour tout ce qui concerne l'exécution du bail ; — néanmoins les sommes dues pour les semences ou pour les frais de la récolte de l'année sont payées sur le prix de la récolte, et celles dues pour ustensiles, sur le prix de ces ustensiles, par préférence au propriétaire, dans l'un et l'autre cas ; — le propriétaire peut saisir les meubles qui garnissent sa maison ou sa ferme, lorsqu'ils ont été déplacés sans son consentement, et il conserve sur eux son privilège, pourvu qu'il ait fait la revendication, savoir : lorsqu'il s'agit du mobilier qui garnissait une ferme, dans le délai de quarante jours ; et dans celui de quinzaine s'il s'agit de meubles garnissant une maison.

RACHAT (*pacte de*). *C. Civ.* 1673. Le vendeur qui use du pacte de rachat est tenu d'exécuter les baux faits sans fraude par l'acquéreur.

SAISIE IMMOBILIÈRE. *C. Proc.* 691. Si les immeubles sont loués par bail dont la date ne soit pas certaine, avant le commandement, la nullité pourra en être prononcée, si les créanciers ou l'adjudicataire le demandent. — Si le bail a une date certaine, les créanciers pourront saisir et arrêter les loyers ou fermages ; et, dans ce cas, il en sera des loyers ou fermages échus depuis la dénonciation faite au saisi, comme des fruits mentionnés en l'article 689 [1].

[1] 689. Les fruits échus depuis la dénonciation au saisi seront immobilisés, pour être distribués avec le prix de l'immeuble par ordre d'hypothèques.

SOMMAIRE (*matière*). *C. Proc.* 404. Seront réputées matières sommaires et instruites comme telles, les demandes en paiement de loyers et fermages.

USAGE ET HABITATION (*droits d'*). *C. Civ.* 631. L'usager ne peut céder ni louer son droit à un autre.

634. Le droit d'habitation ne peut être ni cédé ni loué.

USUFRUIT. *C. Civ.* 595. L'usufruitier peut jouir par lui-même, donner à ferme à un autre, ou même vendre ou céder son droit à titre gratuit. S'il donne à ferme, il doit se conformer, pour les époques où les baux doivent être renouvelés, et pour leur durée, aux règles établies pour le mari à l'égard des biens de la femme, au titre *du contrat de mariage et des droits respectifs des époux.* (*Art.* 1429 *et* 1430 *ci-dessus.*)

LOYAUX COUTS. *V.* COUTS (*loyaux*).

LOYER. *C. Civ.* 1711. On appelle *loyer*, le louage du travail ou du service. *V.* OUVRAGE (*louage d'*).

LOYER (*bail à*).

I. DISPOSITIONS GÉNÉRALES.

C. Civ. 1708. Il y a deux sortes de contrats de louage : — celui des choses, — et celui d'ouvrage.

1709. Le louage des choses est un contrat par lequel l'une des parties s'oblige à faire jouir l'autre d'une chose pendant un certain temps, et moyennant un certain prix que celle-ci s'oblige de lui payer.

1711. Ces deux genres de louage se subdivisent encore en plusieurs espèces particulières. — On appelle *bail à loyer*, le louage des maisons et celui des meubles.

1713. On peut louer toutes sortes de biens meubles ou immeubles. *V.* LOUAGE.

II. — *Des règles particulières aux baux à loyer.*

C. Civ. (liv. 3, tit. 8, ch. 2, sect. 2, art. 1752-1762.) — 1752. Le locataire qui ne garnit pas la maison de meubles suffisans, peut être expulsé, à moins qu'il ne donne des sûretés capables de répondre du loyer.

1753. Le sous-locataire n'est tenu envers le propriétaire que jusqu'à concurrence du prix de sa sous-location dont il peut être débiteur au moment de la saisie, et sans qu'il puisse opposer des paiemens faits par anticipation. — Les paiemens faits par le sous-locataire, soit en vertu d'une stipulation portée en son bail, soit en conséquence de l'usage des lieux, ne sont pas réputés faits par anticipation.

1754. Les réparations locatives ou de menu entretien dont le locataire est tenu, s'il n'y a clause contraire, sont celles désignées comme telles par l'usage des lieux, et, entre autres, les réparations à faire, — aux âtres, contre-cœurs, chambranles et tablettes des cheminées ; — au re-crépiment du bas des murailles des appartemens et autres lieux d'habitation, à la hauteur d'un mètre ; — aux pavés et carreaux des chambres, lorsqu'il y en a seulement quelques-uns de cassés ; — aux vitres, à moins qu'elles ne soient cassées par la grêle, ou autres accidens extraordinaires et de force majeure, dont le locataire ne peut être tenu ; — aux portes, croisées, planches de cloison ou de fermeture de boutiques, gonds, tar-gettes et serrures.

1755. Aucune des réparations réputées locati-ves n'est à la charge des locataires, quand elles ne sont occasionées que par vétusté ou force majeure.

1756. Le curement des puits et celui des fos-ses d'aisances sont à la charge du bailleur, s'il n'y a clause contraire.

1757. Le bail des meubles fournis pour garnir une maison entière, un corps de logis entier, une boutique, ou tous autres appartemens, est censé fait pour la durée ordinaire des baux de maisons, corps de logis, boutiques ou autres appartemens, selon l'usage des lieux.

1758. Le bail d'un appartement meublé est censé fait à l'année, quand il a été fait à tant par an ; — au mois, quand il a été fait à tant par mois ; — au jour, s'il a été fait à tant par jour. — Si rien ne constate que le bail soit fait à tant par an, par mois ou par jour, la location est censée faite sui-vant l'usage des lieux.

1759. Si le locataire d'une maison ou d'un ap-partement continue sa jouissance après l'expira-tion du bail par écrit, sans opposition de la part du bailleur, il sera censé les occuper aux mêmes conditions, pour le terme fixé par l'usage des lieux, et ne pourra plus en sortir ni en être ex-pulsé qu'après un congé donné suivant le délai fixé par l'usage des lieux.

1760. En cas de résiliation par la faute du lo-cataire, celui-ci est tenu de payer le prix du bail pendant le temps nécessaire à la relocation, sans préjudice des dommages et intérêts qui ont pu résulter de l'abus.

1761. Le bailleur ne peut résoudre la loca-tion, encore qu'il déclare vouloir occuper par lui-même la maison louée, s'il n'y a eu conven-tion contraire.

1762. S'il a été convenu dans le contrat de louage que le bailleur pourrait venir occuper la maison, il est tenu de signifier d'avance un congé aux époques déterminées par l'usage des lieux. *V.* Louage.

M

MAIN-D'ŒUVRE.

C. Civ. 570. Si un artisan ou une personne quelconque a employé une matière qui ne lui appartenait pas à former une chose d'une nou-velle espèce, soit que la matière puisse ou non reprendre sa première forme, celui qui en était le propriétaire a le droit de réclamer la chose qui en a été formée, en remboursant le prix de la main-d'œuvre.

571. Si cependant la main-d'œuvre était telle-ment importante qu'elle surpassât de beaucoup la valeur de la matière employée, l'industrie se-rait alors réputée la partie principale, et l'ou-vrier aurait le droit de retenir la chose travaillée, en remboursant le prix de la matière au proprié-taire.

572. Lorsqu'une personne a employé en partie une matière qui lui appartenait, et en partie celle qui ne lui appartenait pas, à former une chose d'une espèce nouvelle, sans que ni l'une ni l'autre des deux matières soit entièrement détruite, mais de manière qu'elles ne puissent pas se sé-parer sans inconvénient, la chose est commune aux deux propriétaires, en raison, quant à l'un, de la matière qui lui appartenait ; quant à l'autre, en raison à la fois et de la matière qui lui appar-tenait, et du prix de sa main-d'œuvre.

MAIN-LEVÉE.

1° *D'interdiction.*

C. Proc. 896. La demande en main-levée d'in-terdiction sera instruite et jugée dans la même forme que l'interdiction. *V.* Interdiction.

2° *D'opposition.*

C. Proc. 567. La demande en main-levée (de saisie-arrêt ou opposition) formée par la partie saisie, sera portée devant le tribunal du domi-cile de la partie saisie. *V.* Arrêt (*saisie-*).

MAIRE.

I. LOI CIVILE.

1º *Des maires considérés comme officiers de l'état civil. V.* ÉTAT CIVIL.

2º *Dispositions diverses.*

ADJUDICATION. *C. Civ.* 1596. Ne peuvent se rendre adjudicataires, sous peine de nullité, ni par eux-mêmes, ni par personnes interposées, — les administrateurs (des biens), des communes ou des établissemens publics confiés à leurs soins.

COMMUNE (*ajournement*). *C. Proc.* 69. Seront assignés, — 5º les communes, en la personne ou au domicile du maire ; et à Paris, en la personne ou au domicile du préfet. — Dans les cas ci-dessus, l'original sera visé de celui à qui copie de l'exploit sera laissée ; en cas d'absence ou de refus, le visa sera donné, soit par le juge de paix, soit par le procureur du Roi près le tribunal de première instance, auquel, en ce cas, la copie sera laissée.

MINEUR (*vente de biens de*). *C. Civ.* 459. La vente (de biens de mineur) se fera publiquement, en présence du subrogé-tuteur, aux enchères qui seront reçues par un membre du tribunal de première instance, ou par un notaire à ce commis, et à la suite des trois affiches apposées, par trois dimanches consécutifs, aux lieux accoutumés dans le canton. — Chacune de ces affiches sera visée et certifiée par le maire des communes où elles auront été apposées.

SAISIE IMMOBILIÈRE. *C. Proc.* 675. La saisie immobilière sera précédée d'un commandement à personne ou domicile, en tête duquel sera donnée copie entière du titre en vertu duquel elle est faite : ce commandement contiendra élection de domicile dans le lieu où siège le tribunal qui devra connaître de la saisie, si le créancier n'y demeure pas ; il énoncera que, faute de paiement, il sera procédé à la saisie des immeubles du débiteur. L'huissier ne se fera point assister de témoins ; il fera, dans le jour, viser l'original par le maire ou l'adjoint du domicile du débiteur, et il laissera une seconde copie à celui qui donnera le visa.

676. Copie entière du procès-verbal de saisie sera, avant l'enregistrement, laissée aux greffiers des juges de paix, et aux maires ou adjoints des communes de la situation de l'immeuble saisi, si c'est une maison ; si ce sont des biens ruraux, à ceux de la situation des bâtimens, s'il y en a, et s'il n'y en a pas, à ceux de la situation de la partie des biens à laquelle la matrice du rôle de la contribution foncière attribue le plus de revenus : les maires ou adjoints et greffiers viseront l'original du procès-verbal, lequel fera mention des copies qui auront été laissées.

682. Le greffier du tribunal sera tenu d'insérer dans un tableau placé à cet effet dans l'auditoire un extrait contenant, — 1º..... 6º les noms des maires, et greffiers des juges de paix, auxquels copies de la saisie auront été laissées.

687. L'original du procès-verbal (d'apposition des placards) sera visé par le maire de chacune des communes dans lesquelles l'apposition aura été faite, et il sera notifié à la partie saisie, avec copie du placard.

II. LOI CRIMINELLE.

1º *Des maires considérés comme fonctionnaires publics. V.* FONCTIONNAIRES.

2º *Des maires considérés comme officiers de police judiciaire. V.* POLICE JUDICIAIRE.

MAISON.

Dispositions générales.

C. Civ. 518. Les fonds de terre et les bâtimens sont immeubles par leur nature.

533. La vente ou le don d'une maison meublée ne comprend que les meubles meublans.

536. La vente ou le don d'une maison avec tout ce qui s'y trouve, ne comprend pas l'argent comptant ni les dettes actives et autres droits dont les titres peuvent être déposés dans la maison ; tous les autres effets mobiliers y sont compris.

664. Lorsque les différens étages d'une maison appartiennent à divers propriétaires, si les titres de propriété ne règlent pas le mode de réparations et reconstructions, elles doivent être faites ainsi qu'il suit : — les gros murs et le toit sont à la charge de tous les propriétaires, chacun en proportion de la valeur de l'étage qui lui appartient. — Le propriétaire de chaque étage fait le plancher sur lequel il marche. — Le propriétaire du premier étage fait l'escalier qui y conduit ; le propriétaire du second étage fait, à partir du premier, l'escalier qui conduit chez lui, et ainsi de suite.

1711. On appelle *bail à loyer*, le louage des maisons et celui des immeubles. *V.* LOYER (*bail à*).

MAISON COMMUNE.

C. Civ. 75. Le jour désigné par les parties (pour la célébration du mariage) après les délais des publications, l'officier de l'état civil, dans la maison commune, en présence de quatre témoins, parens ou non parens, fera lecture aux parties des pièces relatives à leur état et aux formalités du mariage, et du chapitre 6 du titre *du mariage*, sur *les droits et les devoirs respectifs des époux* (*V.* ÉPOUX). Il recevra de chaque partie, l'une après l'autre, la déclaration qu'elles veulent se prendre pour mari et femme ; il prononcera, au nom de la loi, qu'elles sont unies par le mariage, et il en dressera acte sur le champ.

MAISON CONJUGALE.

C. Civ. 214. La femme est obligée d'habiter avec le mari, et de le suivre partout où il juge à propos de résider : le mari est obligé de la recevoir, et de lui fournir tout ce qui est nécessaire pour les besoins de la vie, selon ses facultés et son état.

230. La femme pourra demander le divorce (la séparation de corps) pour cause d'adultère de son mari, lorsqu'il aura tenu sa concubine dans la maison commune. *V.* CORPS (*séparation de*).

MAISONS DE CORRECTION (*V.* PRISON), — DE JEU (*V.* JEU), — DE PRÊT SUR GAGE (*V.* GAGE).

MAISON PATERNELLE.

C. Civ. 374. L'enfant ne peut quitter la maison paternelle sans la permission de son père, si ce n'est pour enrôlement volontaire, après dix-huit ans révolus.

MAITRE.

1° *Par rapport aux domestiques.*

C. Civ. 1384. Les maîtres et les commettans (sont responsables) du dommage causé par leurs domestiques et préposés dans les fonctions auxquelles ils les ont employés.

1781. Le maître est cru sur son affirmation, — pour la quotité des gages (de ses domestiques); — pour le paiement du salaire de l'année échue ; — et pour les à comptes donnés pour l'année courante. *V.* DOMESTIQUES.

2° *Par rapport à la propriété.*

C. Civ. 1375. Le maître dont l'affaire a été bien administrée doit remplir les engagemens que le gérant a contractés en son nom, l'indemniser de tous les engagemens personnels qu'il a pris, et lui rembourser toutes les dépenses utiles ou nécessaires qu'il a faites. *V.* GÉRANT VOLONTAIRE.

MAITRE D'ART, — DE PENSION. *V.* INSTITUTEUR.

MAJORITÉ.

I. DISPOSITIONS GÉNÉRALES.
1° *Des actes en général.*
De la majorité.

C. Civ. (*liv.* 1, *tit.* 11, *ch.* 1, *art.* 488).—488. La majorité est fixée à vingt-un ans accomplis ; à cet âge on est capable de tous les actes de la vie civile, sauf la restriction portée au titre *du mariage* (*V. ci-après*).

2° *Du mariage.*

C. Civ. 148. Le fils qui n'a pas atteint l'âge de vingt-cinq ans accomplis, la fille qui n'a pas atteint l'âge de vingt-un ans accomplis, ne peuvent contracter mariage sans le consentement de leurs père et mère : en cas de dissentiment, le consentement du père suffit. *V.* MARIAGE.

II. DISPOSITIONS DIVERSES.

INTERDICTION. *C. Civ.* 489. Le majeur qui est dans un état habituel d'imbécillité, de démence ou de fureur, doit être interdit, même lorsque cet état présente des intervalles lucides. *V.* INTERDICTION.

LÉSION (*rescision pour*). *C. Civ.* 1313. Les majeurs ne sont restitués pour cause de lésion que dans le cas et sous les conditions spécialement exprimés dans le Code Civil. *V.* LÉSION.

MINEUR ÉMANCIPÉ. *C. Civ.* 487. Le mineur émancipé qui fait un commerce est réputé majeur pour les faits relatifs à ce commerce. *V.* ÉMANCIPATION.

PUISSANCE PATERNELLE. *C. Civ.* 371. L'enfant à tout âge, doit honneur et respect à ses père et mère.

372. Il reste sous leur autorité jusqu'à sa majorité ou son émancipation.

TUTELLE (*compte de*). *C. Civ.* 471. Le compte définitif de tutelle sera rendu aux dépens du mineur, lorsqu'il aura atteint sa majorité ou obtenu son émancipation. Le tuteur en avancera les frais. — On y allouera au tuteur toutes dépenses suffisamment justifiées, et dont l'objet sera utile.

472. Tout traité qui pourra intervenir entre le tuteur et le mineur devenu majeur, sera nul s'il n'a été précédé de la reddition d'un compte détaillé, et de la remise des pièces justificatives le tout constaté par un récépissé de l'oyant compte, dix jours au moins avant le traité.

473. Toute action du mineur contre son tuteur, relativement aux faits de la tutelle, se prescrit par dix ans, à compter de la majorité.

MALFAITEURS.

Association de malfaiteurs.

C. Pén. (*liv.* 3, *tit.* 1, *ch.* 5, *sect.* 5, § 1, *art.* 265 268). — 265. Toute association de malfaiteurs envers les personnes ou les propriétés, est un crime contre la paix publique.

266. Ce crime existe par le seul fait d'organisation de bandes ou de correspondance entre elles et leurs chefs ou commandans, ou de conventions tendant à rendre compte ou à faire distribution ou partage du produit des méfaits.

267. Quand ce crime n'aurait été accompagné ni suivi d'aucun autre, les auteurs, directeurs de l'association, et les commandans en chef ou en sous

ordres de ces bandes, seront punis des travaux forcés à temps.

268. Seront punis de la réclusion tous autres individus chargés d'un service quelconque dans ces bandes, et ceux qui auront sciemment et volontairement fourni aux bandes ou à leurs divisions, des armes, munitions, instrumens de crime, logement, retraite ou lieu de réunion.

MANDAT, MANDANT, MANDATAIRE.

I. DISPOSITIONS GÉNÉRALES.
Du mandat.

C. Civ. (*liv.* 3, *tit.* 13, *art.* 1984-2010).

Chap. 1, de la nature et de la forme du mandat.

1984. Le mandat ou procuration est un acte par lequel une personne donne à une autre le pouvoir de faire quelque chose pour le mandant et en son nom. — Le contrat ne se forme que par l'acceptation du mandataire.

1985. Le mandat peut être donné ou par acte public, ou par écrit sous seing privé, même par lettre. Il peut aussi être donné verbalement; mais la preuve testimoniale n'en est reçue que conformément au titre *des contrats et des obligations conventionnelles en général. V.* TESTIMONIALE (*preuve*). — L'acceptation du mandat peut n'être que tacite, et résulter de l'exécution qui lui a été donnée par le mandataire.

1986. Le mandat est gratuit, s'il n'y a convention contraire.

1987. Il est ou spécial et pour une affaire ou certaines affaires seulement, ou général et pour toutes les affaires du mandant.

1988. Le mandat conçu en termes généraux n'embrasse que les actes d'administration. — S'il s'agit d'aliéner ou hypothéquer, ou de quelque autre acte de propriété, le mandat doit être exprès.

1989. Le mandataire ne peut rien faire au-delà de ce qui est porté dans son mandat : le pouvoir de transiger ne renferme pas celui de compromettre.

1990. Les femmes et les mineurs émancipés peuvent être choisis pour mandataires ; mais le mandant n'a d'action contre le mandataire mineur que d'après les règles générales relatives aux obligations des mineurs (*V.* MINEUR), et contre la femme mariée et qui a accepté le mandat sans autorisation de son mari, que d'après les règles établies au titre *du contrat de mariage et des droits respectifs des époux. (V.* FEMME MARIÉE.)

Chap. 2. des obligations du mandataire.

1991. Le mandataire est tenu d'accomplir le mandat tant qu'il en demeure chargé, et répond des dommages-intérêts qui pourraient résulter de son inexécution. — Il est tenu de même d'achever la chose commencée au décès du mandant, s'il y a péril en la demeure.

1992. Le mandataire répond non-seulement du dol, mais encore des fautes qu'il commet dans sa gestion. — Néanmoins la responsabilité relative aux fautes est appliquée moins rigoureusement à celui dont le mandat est gratuit qu'à celui qui reçoit un salaire.

1993. Tout mandataire est tenu de rendre compte de sa gestion, et de faire raison au mandant de tout ce qu'il a reçu en vertu de sa procuration, quand même ce qu'il aurait reçu n'eût point été dû au mandant.

1994. Le mandataire répond de celui qu'il s'est substitué dans la gestion, — 1° quand il n'a pas reçu le pouvoir de se substituer quelqu'un ; — 2° quand ce pouvoir lui a été conféré sans désignation d'une personne, et que celle dont il a fait choix était notoirement incapable ou insolvable. — Dans tous les cas, le mandant peut agir directement contre la personne que le mandataire s'est substituée.

1995. Quand il y a plusieurs fondés de pouvoir ou mandataires établis par le même acte, il n'y a de solidarité entre eux qu'autant qu'elle est exprimée.

1996. Le mandataire doit l'intérêt des sommes qu'il a employées à son usage, à dater de cet emploi; et de celles dont il est reliquataire, à compter du jour qu'il est mis en demeure.

1997. Le mandataire qui a donné à la partie avec laquelle il contracte en cette qualité, une suffisante connaissance de ses pouvoirs, n'est tenu d'aucune garantie pour ce qui a été fait au-delà, s'il ne s'y est personnellement soumis.

Chap. 3, des obligations du mandant.

1998. Le mandant est tenu d'exécuter les engagemens contractés par le mandataire, conformément au pouvoir qui lui a été donné. — Il n'est tenu de ce qui a pu être fait au-delà, qu'autant qu'il l'a ratifié expressément ou tacitement.

1999. Le mandant doit rembourser au mandataire les avances et frais que celui-ci a faits pour l'exécution du mandat, et lui payer ses salaires lorsqu'il en a été promis. — S'il n'y a aucune faute imputable au mandataire, le mandant ne peut se dispenser de faire ces remboursement et paiement, lors même que l'affaire n'aurait pas réussi, ni faire réduire le montant des frais et avances sous le prétexte qu'ils pouvaient être moindres.

2000. Le mandant doit aussi indemniser le mandataire des pertes que celui-ci a essuyées à l'occasion de sa gestion, sans imprudence qui lui soit imputable.

2001. L'intérêt des avances faites par le mandataire lui est dû par le mandant, à dater du jour des avances constatées.

2002. Lorsque le mandataire a été constitué par plusieurs personnes pour une affaire commune, chacune d'elles est tenue solidairement envers lui de tous les effets du mandat.

Chap. 4, des différentes manières dont le mandat finit.

2003. Le mandat finit, — par la révocation du mandataire, — par la renonciation de celui-ci au mandat , — par la mort naturelle ou civile, l'interdiction ou la déconfiture, soit du mandant, soit du mandataire.

2004. Le mandant peut révoquer sa procuration quand bon lui semble, et contraindre, s'il y a lieu, le mandataire à lui remettre, soit l'écrit sous seing privé qui la contient, soit l'original de la procuration , si elle a été délivrée en brevet, soit l'expédition, s'il en a été gardé minute.

2005. La révocation notifiée au seul mandataire ne peut être opposée aux tiers qui ont traité dans l'ignorance de cette révocation, sauf au mandant son recours contre le mandataire.

2006. La constitution d'un nouveau mandataire pour la même affaire, vaut révocation du premier, à compter du jour où elle a été notifiée à celui-ci.

2007. Le mandataire peut renoncer au mandat, en notifiant au mandant sa renonciation. — Néanmoins, si cette renonciation préjudicie au mandant, il devra en être indemnisé par le mandataire, à moins que celui-ci ne se trouve dans l'impossibilité de continuer le mandat sans en éprouver lui-même un préjudice considérable.

2008. Si le mandataire ignore la mort du mandant, ou l'une des autres causes qui font cesser le mandat, ce qu'il a fait dans cette ignorance est valide.

2009. Dans les cas ci-dessus , les engagemens du mandataire sont exécutés à l'égard des tiers qui sont de bonne foi.

2010. En cas de mort du mandataire, ses héritiers doivent en donner avis au mandant , et pourvoir, en attendant, à ce que les circonstances exigent pour l'intérêt de celui-ci.

II. DISPOSITIONS ADDITIONNELLES.

ADJUDICATION. *C. Civ.* 1596. Ne peuvent se rendre adjudicataires, sous peine de nullité, ni par eux-mêmes, ni par personnes interposées, — les mandataires des biens qu'ils sont chargés de vendre.

MANDAT VOLONTAIRE. *C. Civ.* 1372. Lorsque volontairement on gère l'affaire d'autrui, soit que le propriétaire connaisse la gestion, soit qu'il l'ignore, celui qui gère contracte l'engagement tacite de continuer la gestion qu'il a commencée, et de l'achever jusqu'à ce que le propriétaire soit en état d'y pourvoir lui-même ; il doit se charger également de toutes les dépendances de cette même affaire. — Il se soumet à toutes les obligations qui résulteraient d'un mandat exprès que lui aurait donné le propriétaire.

III. DE LA REDDITION DE COMPTE.
V. COMPTE.

MANDATS DE JUSTICE.

I. DISPOSITIONS GÉNÉRALES.

C. Inst. cr. 40. Le procureur du Roi, au cas de flagrant délit, et lorsque le fait sera de nature à entraîner peine afflictive ou infamante, fera saisir les prévenus présens contre lesquels il existerait des indices graves. — Si le prévenu n'est pas présent, le procureur du Roi rendra une ordonnance à l'effet de le faire comparaître : cette ordonnance s'appelle *mandat d'amener.* — La dénonciation seule ne constitue pas une présomption suffisante pour décerner cette ordonnance contre un individu ayant domicile. — Le procureur du Roi interrogera sur le champ le prévenu amené devant lui.

61. Le juge d'instruction délivrera, s'il y a lieu, le mandat d'amener, et même le mandat de dépôt, sans que ces mandats doivent être précédés des conclusions du procureur du Roi.

Des mandats de comparution, de dépôt, d'amener et d'arrêt.

C. Inst. cr. (liv. 1, *tit.* 1, *ch.* 7, *art.* 91-112). — 91. Lorsque l'inculpé sera domicilié, et que le fait sera de nature à ne donner lieu qu'à une peine correctionnelle, le juge d'instruction pourra, s'il le juge convenable, ne décerner contre l'inculpé qu'un mandat de comparution, sauf, après l'avoir interrogé, à convertir le mandat en tel autre mandat qu'il appartiendra.—Si l'inculpé fait défaut, le juge d'instruction décernera contre lui un mandat d'amener. — Il décernera pareillement mandat d'amener contre toute personne, de quelque qualité qu'elle soit, inculpée d'un délit emportant peine afflictive ou infamante.

92. Il peut aussi donner des mandats d'amener contre les témoins qui refusent de comparaître sur la citation à eux donnée, conformément à l'article 80¹, et sans préjudice de l'amende portée en cet article.

---

¹ 80. Toute personne citée pour être entendue en

93. Dans le cas de mandat de comparution, il interrogera de suite ; dans le cas de mandat d'amener, dans les vingt-quatre heures au plus tard.

94. Il pourra, après avoir entendu les prévenus, et le procureur du Roi ouï, décerner, lorsque le fait emportera peine afflictive ou infamante ou emprisonnement correctionnel, un mandat d'arrêt dans la forme qui sera ci-après présentée.

95. Les mandats de comparution, d'amener et de dépôt, seront signés par celui qui les aura décernés, et munis de son sceau. — Le prévenu y sera nommé ou désigné le plus clairement qu'il sera possible.

96. Les mêmes formalités seront observées dans le mandat d'arrêt ; ce mandat contiendra de plus l'énonciation du fait pour lequel il est décerné, et la citation de la loi qui déclare que ce fait est un crime ou délit.

97. Les mandats de comparution, d'amener, de dépôt ou d'arrêt, seront notifiés par un huissier ou par un agent de la force publique, lequel en fera l'exhibition au prévenu, et lui en délivrera copie. — Le mandat d'arrêt sera exhibé au prévenu, lors même qu'il serait déjà détenu, et il lui en sera délivré copie.

98. Les mandats d'amener, de comparution, de dépôt et d'arrêt, seront exécutoires dans toute l'étendue du royaume. — Si le prévenu est trouvé hors de l'arrondissement de l'officier qui aura délivré le mandat de dépôt ou d'arrêt, il sera conduit devant le juge de paix ou son suppléant, et, à leur défaut, devant le maire ou l'adjoint de maire, ou le commissaire de police du lieu, lequel visera le mandat, sans pouvoir en empêcher l'exécution.

99. Le prévenu qui refusera d'obéir au mandat d'amener, ou qui, après avoir déclaré qu'il est prêt à obéir, tentera de s'évader, devra être contraint. — Le porteur du mandat d'amener emploiera, au besoin, la force publique du lieu le plus voisin : elle sera tenue de marcher, sur la réquisition contenue dans le mandat d'amener.

100. Néanmoins, lorsqu'après plus de deux jours depuis la date du mandat d'amener, le prévenu aura été trouvé hors de l'arrondissement de l'officier qui a délivré ce mandat, et à une dis-

tance de plus de cinq myriamètres du domicile de cet officier, ce prévenu pourra n'être pas contraint de se rendre au mandat ; mais alors le procureur du Roi de l'arrondissement où il aura été trouvé, et devant lequel il sera conduit, décernera un mandat de dépôt, en vertu duquel il sera retenu dans la maison d'arrêt. — Le mandat d'amener devra être pleinement exécuté, si le prévenu a été trouvé muni d'effets, de papiers ou d'instrumens qui feront présumer qu'il est auteur ou complice du délit pour raison duquel il est recherché, quels que soient le délai et la distance dans lesquels il aura été trouvé.

101. Dans les vingt-quatre heures de l'exécution du mandat de dépôt, le procureur du Roi qui l'aura délivré, en donnera avis, et transmettra les procès-verbaux, s'il en a été dressé, à l'officier qui a décerné le mandat d'amener.

102. L'officier qui a délivré le mandat d'amener, et auquel les pièces sont ainsi transmises, communiquera le tout dans un pareil délai, au juge d'instruction près duquel il exerce ; ce juge se conformera aux dispositions de l'article 90. *V.* CONVICTION (*pièces de*).

103. Le juge d'instruction saisi de l'affaire directement ou par renvoi en exécution de l'article 90 transmettra, sous cachet, au juge d'instruction du lieu où le prévenu a été trouvé, les pièces, notes et renseignemens relatifs au délit, afin de faire subir interrogatoire à ce prévenu. — Toutes les pièces seront ensuite également renvoyées, avec l'interrogatoire, au juge saisi de l'affaire.

104. Si, dans le cours de l'instruction, le juge saisi de l'affaire décerne un mandat d'arrêt, il pourra ordonner, par ce mandat, que le prévenu sera transféré dans la maison d'arrêt du lieu où se fait l'instruction. — S'il n'est pas exprimé dans le mandat d'arrêt que le prévenu sera ainsi transféré, il restera en la maison d'arrêt de l'arrondissement dans lequel il aura été trouvé, jusqu'à ce qu'il ait été statué par la chambre du conseil, conformément aux articles 127, 128, 129, 150, 151, 152 et 155 ci-après. *V.* INSTRUCTION (*juge d'*).

105. Si le prévenu contre lequel il a été décerné un mandat d'amener, ne peut être trouvé, ce mandat sera exhibé au maire ou à l'adjoint, ou au commissaire de police de la commune de la résidence du prévenu. — Le maire, l'adjoint ou le commissaire de police, mettra son visa sur l'original de l'acte de notification.

106. Tout dépositaire de la force publique, et même toute personne, sera tenu de saisir le prévenu surpris en flagrant délit, ou poursuivi, soit par la clameur publique, soit dans les cas assimilés au flagrant délit, et de le conduire

témoignage sera tenue de comparaître et de satisfaire à la citation : sinon, elle pourra y être contrainte par le juge d'instruction, qui, à cet effet, sur les conclusions du procureur du Roi, sans autre formalité ni délai, et sans appel, prononcera une amende qui n'excédera pas cent francs, et pourra ordonner que la personne citée sera contrainte par corps à venir donner son témoignage.

devant le procureur du Roi, sans qu'il soit besoin de mandat d'amener, si le crime ou délit emporte peine afflictive ou infamante.

107. Sur l'exhibition du mandat de dépôt, le prévenu sera reçu et gardé dans la maison d'arrêt établie près le tribunal correctionnel ; et le gardien remettra à l'huissier ou à l'agent de la force publique chargé de l'exécution du mandat une reconnaissance de la remise du prévenu.

108. L'officier chargé de l'exécution d'un mandat de dépôt ou d'arrêt se fera accompagner d'une force suffisante pour que le prévenu ne puisse se soustraire à la loi. — Cette force sera prise dans le lieu le plus à portée de celui où le mandat d'arrêt ou de dépôt devra s'exécuter ; et elle est tenue de marcher, sur la réquisition directement faite au commandant et contenue dans le mandat.

109. Si le prévenu ne peut être saisi, le mandat d'arrêt sera notifié à sa dernière habitation, et il sera dressé procès-verbal de perquisition. — Ce procès-verbal sera dressé en présence des deux plus proches voisins du prévenu que le porteur du mandat d'arrêt pourra trouver : ils le signeront ; ou, s'ils ne savent ou ne veulent pas signer, il en sera fait mention, ainsi que de l'interpellation qui en aura été faite. — Le porteur du mandat d'arrêt fera ensuite viser son procès-verbal par le juge de paix ou son suppléant, ou, à son défaut, par le maire, l'adjoint, ou le commissaire de police du lieu, et lui en laissera copie. — Le mandat d'arrêt et le procès-verbal seront ensuite remis au greffe du tribunal.

110. Le prévenu saisi en vertu d'un mandat d'arrêt ou de dépôt, sera conduit sans délai dans la maison d'arrêt indiquée par le mandat.

111. L'officier chargé de l'exécution du mandat d'arrêt ou de dépôt remettra le prévenu au gardien de la maison d'arrêt, qui lui en donnera décharge ; le tout dans la forme prescrite par l'article 107. — Il portera ensuite au greffe du tribunal correctionnel les pièces relatives à l'arrestation, et en prendra une reconnaissance. — Il exhibera ces décharge et reconnaissance dans les vingt-quatre heures au juge d'instruction : celui-ci mettra sur l'une et sur l'autre son vu qu'il datera et signera.

112. L'inobservation des formalités prescrites pour les mandats de comparution, de dépôt, d'amener et d'arrêt, sera toujours punie d'une amende de cinquante francs au moins contre le greffier, et, s'il y a lieu, d'injonctions au juge d'instruction et au procureur du Roi, même de prise à partie s'il y échet.

II. DISPOSITIONS ADDITIONNELLES.

C. Inst. cr. 86. Si le témoin auprès duquel le juge se sera transporté (en cas de maladie), n'était pas dans l'impossibilité de comparaître sur la citation qui lui avait été donnée , le juge décernera un mandat de dépôt contre le témoin et l'officier de santé qui aura délivré le certificat (constatant la maladie).

237. Le juge (chargé de l'instruction devant les assises) entendra les témoins, ou commettra, pour recevoir leurs dépositions, un des juges du tribunal de première instance dans le ressort duquel ils demeurent, interrogera le prévenu, fera constater par écrit toutes les preuves ou indices qui pourront être recueillis, et décernera suivant les circonstances les mandats d'amener, de dépôt ou d'arrêt. *V.* ASSISES.

C. Proc. 264. Si les témoins réassignés (pour être entendus dans une enquête) sont encore défaillants, ils seront condamnés, et par corps, à une amende de cent francs ; le juge-commissaire pourra même décerner contre eux un mandat d'amener.

III. DISPOSITIONS DU TARIF.

Tarif crim. 71. 1° Pour toutes citations, significations, notifications, communications et mandats de comparution, dans les cas prévus par les art. 91, 97 et 109 C. Inst. cr. — Original, — Paris, 1 fr. — Villes de 40,000 hab. et au-dessus, 75 c. — Autres villes et comm., 50 c. ; — 2° pour chaque copie, — Paris, 75 c. — Villes de 40,000 hab. et au-dessus, 60 c.—Autres villes et comm., 50 c. ; —3° pour l'exécution des mandats d'amener, dans les cas prévus par les art. 40, 61, 80, 91, 92, 237, 269, 355, 361 et 462 C. Inst. cr., y compris l'exploit de signification et la copie, — Paris, 8 fr. — Villes de 40,000 hab. et au-dessus, 6 fr. — Autres villes et comm., 5 fr. ; — 4° pour l'exécution des mandats de dépôt, aux cas prévus par les art. 34, 40, 61, 86, 100, 193, 214, 237, 248 et 490 C. Inst. cr., y compris l'exploit de signification et la copie, — Paris, 5 fr. — Villes de 40,000 hab. et au-dessus, 4 fr. — Autres villes et comm. , 3 fr. ; — 5° pour la capture de chaque prévenu, accusé ou condamné, en exécution d'un mandat d'arrêt, ordonnance de prise de corps, arrêt ou jugement quelconque emportant saisie de la personne, y compris l'exploit de signification, la copie et le procès-verbal de perquisition, lors même qu'il s'agirait de l'exécution d'un seul mandat d'arrêt, ordonnance de prise de corps, arrêt ou jugement qui concerneraient plusieurs individus, et dans les cas prévus par les art. 80, 94, 109, 110, 134, 157, 193, 214, 231, 232, 237, 239, 343, 355, 361, 452, 454, 456, 500 et 522 C. Inst. cr., et par les art. 46 et 52 C. Pén.; savoir,—Paris, 21 f.—Villes de 40,000 h. et au-dessus, 18 f.—Autres villes et comm., 15 f.; — 7° pour le procès-verbal de perquisition dont il est fait mention dans l'art. 109 C. Inst cr., et qui n'est pas suivi de capture, y compris l'exploit de signification et la copie du mandat d'arrêt, de l'ordonnance de prise de corps, ou de l'arrêt ou jugement qui auront donné lieu à la perquisition, savoir : — Paris, 6 fr. — Villes de 40,000 hab. et au-dessus, 4 fr. — Autres villes et comm. , 3 fr.

MANDEMENT.

C. Proc. 146. Les expéditions des jugemens seront intitulées et terminées au nom du Roi, conformément à l'article 48 de la Charte constitutionnelle [1].

L. vent. an 11. 25. Les grosses seules (des actes notariés) seront délivrées en forme exécutoire ; elles seront intitulées et terminées dans les mêmes termes que les jugemens des tribunaux.

MANUFACTURES.

DISPOSITIONS GÉNÉRALES.

Violation des règlemens relatifs aux manufactures, au commerce et aux arts.

C. Pén. (*liv.* 3, *tit.* 2, *ch.* 2, *sect.* 2, § 3, *art.* 413-429). — 413. Toute violation des règlemens d'administration publique relatifs aux produits des manufactures françaises qui s'exporteront à l'étranger, et qui ont pour objet de garantir la bonne qualité, les dimensions et la nature de la fabrication, sera punie d'une amende de deux cents francs au moins, de trois mille francs au plus, et de la confiscation des marchandises. Ces deux peines pourront être prononcées cumulativement ou séparément, selon les circonstances.

414. Toute coalition entre ceux qui font travailler des ouvriers, tendant à forcer injustement et abusivement l'abaissement des salaires, suivie d'une tentative ou d'un commencement d'exécution, sera punie d'un emprisonnement de six jours à un mois, et d'une amende de deux cents francs à trois mille francs.

415. Toute coalition de la part des ouvriers pour faire cesser en même temps de travailler, interdire le travail dans un atelier, empêcher de s'y rendre et d'y rester avant ou après de certaines heures, et en général pour suspendre, empêcher, enchérir les travaux, s'il y a eu tentative ou commencement d'exécution, sera punie d'un emprisonnement d'un mois au moins et de trois mois au plus. — Les chefs ou moteurs seront punis d'un emprisonnement de deux à cinq ans.

416. Seront aussi punis de la peine portée par l'article précédent, et d'après les mêmes distinctions, les ouvriers qui auront prononcé des amendes, des défenses, des interdictions, ou toutes proscriptions sous le nom de *damnations* et sous quelque qualification que ce puisse être , soit contre les directeurs d'ateliers et entrepreneurs d'ouvrages, soit les uns contre les autres.—Dans le cas du présent article et dans celui du précé-

dent, les chefs ou moteurs du délit pourront, après l'expiration de leur peine, être mis sous la surveillance de la haute police pendant deux ans au moins et cinq ans au plus.

417. Quiconque , dans la vue de nuire à l'industrie française, aura fait passer en pays étranger, des directeurs, commis ou des ouvriers d'un établissement, sera puni d'un emprisonnement de six mois à deux ans, et d'une amende de cinquante francs à trois cents francs.

418. Tout directeur, commis, ouvrier de fabrique, qui aura communiqué à des étrangers ou à des Français résidant en pays étranger, des secrets de la fabrique où il est employé, sera puni de la réclusion et d'une amende de cinq cents francs à vingt mille francs. — Si ces secrets ont été communiqués à des Français résidant en France, la peine sera d'un emprisonnement de trois mois à deux ans, et d'une amende de seize francs à deux cents francs.

419. Tous ceux qui , par des faits faux ou calomnieux semés à dessein dans le public, par des sur-offres faites aux prix que demandaient les vendeurs eux-mêmes, par réunion ou coalition entre les principaux détenteurs d'une même marchandise ou denrée, tendant à ne la pas vendre ou à ne la vendre qu'à un certain prix , ou qui, par des voies ou moyens frauduleux quelconques, auront opéré la hausse ou la baisse du prix des denrées ou marchandises ou des papiers et effets publics au-dessus ou au-dessous des prix qu'aurait déterminé la concurrence naturelle et libre du commerce, seront punis d'un emprisonnement d'un mois au moins, d'un an au plus, et d'une amende de cinq cents francs à dix mille francs. Les coupables pourront de plus être mis , par l'arrêt ou le jugement, sous la surveillance de la haute police pendant deux ans au moins et cinq ans au plus.

420. La peine sera d'un emprisonnement de deux mois au moins et de deux ans au plus, et d'une amende de mille francs à vingt mille francs, si ces manœuvres ont été pratiquées sur grains, grenailles , farines, substances farineuses , pain , vin ou toute autre boisson. — La mise en surveillance qui pourra être prononcée sera de cinq ans au moins et de dix ans au plus.

421. Les paris qui auront été faits sur la hausse ou la baisse des effets publics seront punis des peines portées par l'article 419.

422. Sera réputé pari de ce genre toute convention de vendre ou de livrer des effets publics qui ne seront pas prouvés par le vendeur avoir existé à sa disposition au temps de la convention, ou avoir dû s'y trouver au temps de la livraison.

---

[1] Toute justice émane du Roi ; elle s'administre en son nom par des juges qu'il nomme et qu'il institue.

423. Quiconque aura trompé l'acheteur sur le titre des matières d'or ou d'argent, sur la qualité d'une pierre fausse vendue pour fine, sur la nature de toutes marchandises; quiconque, par usage de faux poids ou de fausses mesures, aura trompé sur la quantité des choses vendues, sera puni de l'emprisonnement pendant trois mois au moins, un an au plus, et d'une amende qui ne pourra excéder le quart des restitutions et dommages-intérêts, ni être au-dessous de cinquante francs. — Les objets du délit, ou leur valeur, s'ils appartiennent encore au vendeur, seront confisqués : les faux poids et les fausses mesures seront aussi confisqués, et de plus seront brisés.

424. Si le vendeur et l'acheteur se sont servis, dans leurs marchés, d'autres poids ou d'autres mesures que ceux qui ont été établis par les lois de l'État, l'acheteur sera privé de toute action contre le vendeur qui l'aura trompé par l'usage de poids ou de mesures prohibés; sans préjudice de l'action publique pour la punition tant de cette fraude que de l'emploi même des poids et des mesures prohibés. — La peine, en cas de fraude, sera celle portée par l'article précédent. — La peine pour l'emploi des mesures et poids prohibés sera déterminée par le livre 4 du présent Code, contenant les peines de simple police. V. POLICE (peines de).

425. Toute édition d'écrits, de composition musicale, de dessin, de peinture ou de toute autre production, imprimée ou gravée en entier ou en partie, au mépris des lois et règlemens relatifs à la propriété des auteurs, est une contrefaçon ; et toute contrefaçon est un délit.

426. Le débit d'ouvrages contrefaits, l'introduction sur le territoire français d'ouvrages qui, après avoir été imprimés en France, ont été contrefaits chez l'étranger, sont un délit de la même espèce.

427. La peine contre le contrefacteur ou contre l'introducteur sera une amende de cent francs au moins et de deux mille francs au plus ; et contre le débitant, une amende de vingt-cinq francs au moins et de cinq cents francs au plus. — La confiscation de l'édition contrefaite sera prononcée tant contre le contrefacteur que contre l'introducteur et le débitant. — Les planches, moules ou matrices des objets contrefaits seront aussi confisqués.

428. Tout directeur, tout entrepreneur de spectacle, toute association d'artistes, qui aura fait représenter sur son théâtre des ouvrages dramatiques au mépris des lois et règlemens relatifs à la propriété des auteurs, sera puni d'une amende de cinquante francs au moins, de cinq cents francs au plus, et de la confiscation des recettes.

429. Dans les cas prévus par les quatre articles précédens, le produit des confiscations, ou les recettes confisquées, seront remis au propriétaire, pour l'indemniser d'autant du préjudice qu'il aura souffert ; le surplus de son indemnité, ou l'entière indemnité, s'il n'y a eu ni vente d'objets confisqués, ni saisie de recettes, sera réglé par les voies ordinaires.

MARCHAND. V. COMMERÇANT.

MARCHANDISES.

PRESCRIPTION. C. Civ. 2272. L'action des marchands, pour les marchandises qu'ils vendent aux particuliers non marchands, — se prescrit par un an.

VENTE. C. Civ. 1585. Lorsque les marchandises ne sont pas vendues en bloc, mais au poids, au compte ou à la mesure, la vente n'est point parfaite, en ce sens que les choses vendues sont aux risques du vendeur jusqu'à ce qu'elles soient pesées, comptées ou mesurées ; mais l'acheteur peut en demander ou la délivrance ou des dommages-intérêts, s'il y a lieu, en cas d'inexécution de l'engagement.

1586. Si, au contraire, les marchandises ont été vendues en bloc, la vente est parfaite, quoique les marchandises n'aient pas encore été pesées, comptées ou mesurées.

1587. A l'égard du vin, de l'huile, et des autres choses que l'on est dans l'usage de goûter avant d'en faire l'achat, il n'y a point de vente tant que l'acheteur ne les a pas goûtées et agréées.

MARCHÉS. V. DEVIS ET MARCHÉS.

MARCHEPIED.

C. Civ. 650. (Les servitudes) établies pour l'utilité publique ou communale ont pour objet le marchepied le long des rivières navigables ou flottables. — Tout ce qui concerne cette espèce de servitude est déterminé par des lois ou des règlemens particuliers.

MARI. V. FEMME MARIÉE, MARIAGE.

MARIAGE.

I. DISPOSITIONS GÉNÉRALES.

Du mariage.

C. Civ. (liv. 1, tit. 5, art. 144-228).
Chap. 1, des qualités et conditions requises pour pouvoir contracter mariage.

144. L'homme avant dix-huit ans révolus, la femme avant quinze ans révolus, ne peuvent contracter mariage.

145. Néanmoins, il est loisible au Roi d'accorder des dispenses d'âge pour des motifs graves.

146. Il n'y a pas de mariage lorsqu'il n'y a point de consentement.

147. On ne peut contracter un second mariage avant la dissolution du premier.

148. Le fils qui n'a pas atteint l'âge de vingt-cinq ans accomplis, la fille qui n'a pas atteint l'âge de vingt-un ans accomplis, ne peuvent contracter mariage sans le consentement de leurs père et mère : en cas de dissentiment, le consentement du père suffit.

149. Si l'un des deux est mort, ou s'il est dans l'impossibilité de manifester sa volonté, le consentement de l'autre suffit.

150. Si le père et la mère sont morts, ou s'ils sont dans l'impossibilité de manifester leur volonté, les aïeuls et aïeules les remplacent : s'il y a dissentiment entre l'aïeul et l'aïeule de la même ligne, il suffit du consentement de l'aïeul. — S'il y a dissentiment entre les deux lignes, ce partage emportera consentement.

151. Les enfans de famille ayant atteint la majorité fixée par l'article 148, sont tenus, avant de contracter mariage, de demander, par un acte respectueux et formel, le conseil de leur père et de leur mère, ou celui de leurs aïeuls et aïeules, lorsque leur père et leur mère sont décédés, ou dans l'impossibilité de manifester leur volonté.

152. Depuis la majorité fixée par l'article 148, jusqu'à l'âge de trente ans accomplis pour les fils, et jusqu'à l'âge de vingt-cinq ans accomplis pour les filles, l'acte respectueux prescrit par l'article précédent, et sur lequel il n'y aurait pas de consentement au mariage, sera renouvelé deux autres fois, de mois en mois ; et un mois après le troisième acte, il pourra être passé outre à la célébration du mariage.

153. Après l'âge de trente ans, il pourra être, à défaut de consentement sur un acte respectueux, passé outre, un mois après, à la célébration du mariage.

154. L'acte respectueux sera notifié à celui ou ceux des ascendans désignés en l'article 151, par deux notaires, ou par un notaire et deux témoins ; et, dans le procès-verbal qui doit en être dressé, il sera fait mention de la réponse.

155. En cas d'absence de l'ascendant auquel eût dû être fait l'acte respectueux, il sera passé outre à la célébration du mariage, en représentant le jugement qui aurait été rendu pour déclarer l'absence, ou, à défaut de ce jugement, celui qui aurait ordonné l'enquête, ou, s'il n'y a point encore eu de jugement, un acte de notoriété délivré par le juge de paix du lieu où l'ascendant a eu son dernier domicile connu. Cet acte contiendra la déclaration de quatre témoins appelés d'office par ce juge de paix.

156. Les officiers de l'état civil qui auraient procédé à la célébration des mariages contractés par des fils n'ayant pas atteint l'âge de vingt-cinq ans accomplis, ou par des filles n'ayant pas atteint l'âge de vingt-un ans accomplis, sans que le consentement des pères et mères, celui des aïeuls et aïeules, et celui de la famille, dans le cas où ils sont requis, soient énoncés dans l'acte de mariage, seront, à la diligence des parties intéressées et du procureur du Roi près le tribunal de première instance du lieu où le mariage, aura été célébré, condamnés à l'amende portée par l'article 192, et, en outre, à un emprisonnement dont la durée ne pourra être moindre de six mois.

157. Lorsqu'il n'y aura pas eu d'actes respectueux, dans les cas où ils sont prescrits, l'officier de l'état civil qui aurait célébré le mariage, sera condamné à la même amende, et à un emprisonnement qui ne pourra être moindre d'un mois.

158. Les dispositions contenues aux articles 148 et 149, et les dispositions des articles 151, 152, 153, 154 et 155, relatives à l'acte respectueux qui doit être fait aux père et mère dans le cas prévu par ces articles, sont applicables aux enfans naturels légalement reconnus.

159. L'enfant naturel qui n'a point été reconnu, et celui qui, après l'avoir été, a perdu ses père et mère, ou dont les père et mère ne peuvent manifester leur volonté, ne pourra, avant l'âge de vingt-un ans révolus, se marier qu'après avoir obtenu le consentement d'un tuteur ad hoc qui lui sera nommé.

160. S'il n'y a ni père ni mère, ni aïeuls ni aïeules, ou s'ils se trouvent tous dans l'impossibilité de manifester leur volonté, les fils ou filles mineures de vingt-un ans ne peuvent contracter mariage sans le consentement du conseil de famille.

161. En ligne directe, le mariage est prohibé entre tous les ascendans et descendans légitimes ou naturels, et les alliés dans la même ligne.

162. En ligne collatérale, le mariage est prohibé entre le frère et la sœur légitimes ou naturels, et les alliés au même degré.

163. Le mariage est encore prohibé entre l'oncle et la nièce, la tante et le neveu.

164. Néanmoins il est loisible au Roi de lever, pour des causes graves, les prohibitions portées — « par l'article 162 aux mariages entre beaux-frères et belles-sœurs » (L. 16 avril 1852.), — et par l'article 163, aux mariages entre l'oncle et la nièce, la tante et le neveu.

Chap. 2, des formalités relatives à la célébration du mariage.

165. Le mariage sera célébré publiquement,

52.

devant l'officier civil du domicile de l'une des deux parties.

166. Les deux publications ordonnées par l'article 63 , titre *des actes de l'état civil* (*V.* MARIAGE [*acte de*].) , seront faites à la municipalité du lieu où chacune des parties contractantes aura son domicile.

167. Néanmoins, si le domicile actuel n'est établi que par six mois de résidence, les publications seront faites en outre à la municipalité du dernier domicile.

168. Si les parties contractantes , ou l'une d'elles , sont, relativement au mariage , sous la puissance d'autrui, les publications seront encore faites à la municipalité du domicile de ceux sous la puissance desquels elles se trouvent.

169. Il est loisible au Roi ou aux officiers qu'il préposera à cet effet, de dispenser, pour des causes graves , de la seconde publication.

170. Le mariage contracté en pays étranger, entre Français , et entre Français et étrangers, sera valable , s'il a été célébré dans les formes usitées dans le pays, pourvu qu'il ait été précédé des publications prescrites par l'article 63 , au titre *des actes de l'état civil* (*V.* MARIAGE [*acte de*].) , et que le Français n'ait point contrevenu aux dispositions contenues au chapitre précédent.

171. Dans les trois mois après le retour du Français sur le territoire du royaume , l'acte de célébration du mariage contracté en pays étranger, sera transcrit sur le registre public des mariages du lieu de son domicile.

Chap. 3, *des oppositions à mariage. V.* OPPOSITION.

Chap. 4, *des demandes en nullité de mariage.*

180. Le mariage qui a été contracté sans le consentement libre des deux époux , ou de l'un d'eux , ne peut être attaqué que par les époux , ou par celui des deux dont le consentement n'a pas été libre. — Lorsqu'il y a eu erreur dans la personne , le mariage ne peut être attaqué que par celui des deux époux qui a été induit en erreur.

181. Dans le cas de l'article précédent , la demande en nullité n'est plus recevable , toutes les fois qu'il y a eu cohabitation continuée pendant six mois, depuis que l'époux a acquis sa pleine liberté ou que l'erreur a été par lui reconnue.

182. Le mariage contracté sans le consentement des père et mère , des ascendans, ou du conseil de famille , dans les cas où ce consentement était nécessaire , ne peut être attaqué que par ceux dont le consentement était requis , ou par celui des deux époux qui avait besoin de ce consentement.

183. L'action en nullité ne peut plus être intentée ni par les époux, ni par les parens dont le consentement était requis , toutes les fois que le mariage a été approuvé expressément ou tacitement par ceux dont le consentement était nécessaire, ou lorsqu'il s'est écoulé une année sans réclamation de leur part, depuis qu'ils ont eu connaissance du mariage. Elle ne peut être intentée non plus par l'époux, lorsqu'il s'est écoulé une année sans réclamation de sa part , depuis qu'il a atteint l'âge compétent pour consentir par lui-même au mariage.

184. Tout mariage contracté en contravention aux dispositions contenues aux articles 144, 147, 161 , 162 et 163 , peut être attaqué soit par les époux eux-mêmes, soit par tous ceux qui y ont intérêt , soit par le ministère public.

185. Néanmoins le mariage contracté par des époux qui n'avaient point encore l'âge requis, ou dont l'un des deux n'avait point atteint cet âge, ne peut plus être attaqué, — 1° lorsqu'il s'est écoulé six mois depuis que cet époux ou les époux ont atteint l'âge compétent; — 2° lorsque la femme qui n'avait point cet âge a conçu avant l'échéance de six mois.

186. Le père , la mère , les ascendans et la famille qui ont consenti au mariage contracté dans le cas de l'article précédent , ne sont point recevables à en demander la nullité.

187. Dans tous les cas où, conformément à l'article 184, l'action en nullité peut être intentée par tous ceux qui y ont un intérêt, elle ne peut l'être par les parens collatéraux , ou par les enfans nés d'un autre mariage, du vivant des deux époux, mais seulement lorsqu'ils y ont un intérêt né et actuel.

188. L'époux au préjudice duquel a été contracté un second mariage, peut en demander la nullité, du vivant même de l'époux qui était engagé avec lui.

189. Si les nouveaux époux opposent la nullité du premier mariage , la validité ou la nullité de ce mariage doit être jugée préalablement.

190. Le procureur du Roi, dans tous les cas auxquels s'applique l'article 184 , et sous les modifications portées en l'article 185 , peut et doit demander la nullité du mariage, du vivant des deux époux , et les faire condamner à se séparer.

191. Tout mariage qui n'a point été contracté publiquement , et qui n'a point été célébré devant l'officier public compétent, peut être attaqué par les époux eux-mêmes, par les père et mère , par les ascendans, et par tous ceux qui y ont un intérêt né et actuel, ainsi que par le ministère public.

192. Si le mariage n'a point été précédé des

deux publications requises, ou s'il n'a pas été obtenu des dispenses permises par la loi, ou si les intervalles prescrits dans les publications et célébrations n'ont point été observés, le procureur du Roi fera prononcer contre l'officier public une amende qui ne pourra excéder trois cents francs ; et, contre les parties contractantes, ou ceux sous la puissance desquels elles ont agi, une amende proportionnée à leur fortune.

193. Les peines prononcées par l'article précédent, seront encourues par les personnes qui y sont désignées, pour toute contravention aux règles prescrites par l'article 165, lors même que ces contraventions ne seraient pas jugées suffisantes pour faire prononcer la nullité du mariage.

194. Nul ne peut réclamer le titre d'époux et les effets civils du mariage, s'il ne représente un acte de célébration inscrit sur le registre de l'état civil ; sauf les cas prévus par l'article 46, au titre *des actes de l'état civil*[1].

195. La possession d'état ne pourra dispenser les prétendus époux qui l'invoqueront respectivement, de représenter l'acte de célébration du mariage devant l'officier de l'état civil.

196. Lorsqu'il y a possession d'état, et que l'acte de célébration du mariage devant l'officier de l'état civil est représenté, les époux sont respectivement non recevables à demander la nullité de cet acte.

197. Si néanmoins, dans le cas des articles 194 et 195, il existe des enfans issus de deux individus qui ont vécu publiquement comme mari et femme, et qui soient tous deux décédés, la légitimité des enfans ne peut être contestée sous le seul prétexte de défaut de représentation de l'acte de célébration, toutes les fois que cette légitimité est prouvée par une possession d'état qui n'est point contredite par l'acte de naissance.

198. Lorsque la preuve d'une célébration légale du mariage se trouve acquise par le résultat d'une procédure criminelle, l'inscription du jugement sur les registres de l'état civil assure au mariage, à compter du jour de sa célébration, tous les effets civils, tant à l'égard des époux, qu'à l'égard des enfans issus de ce mariage.

199. Si les époux ou l'un d'eux sont décédés sans avoir découvert la fraude, l'action criminelle peut être intentée par tous ceux qui ont intérêt de faire déclarer le mariage valable, et par le procureur du Roi.

200. Si l'officier public est décédé lors de la découverte de la fraude, l'action sera dirigée au civil contre ses héritiers, par le procureur du Roi, en présence des parties intéressées et sur leur dénonciation.

201. Le mariage qui a été déclaré nul, produit néanmoins les effets civils, tant à l'égard des époux qu'à l'égard des enfans, lorsqu'il a été contracté de bonne foi.

202. Si la bonne foi n'existe que de la part de l'un des deux époux, le mariage ne produit les effets civils qu'en faveur de cet époux, et des enfans issus du mariage.

Chap. 5, des obligations qui naissent du mariage.

203. Les époux contractent ensemble, par le fait seul du mariage, l'obligation de nourrir, entretenir et élever leurs enfans.

204. L'enfant n'a pas d'action contre ses père et mère pour un établissement par mariage ou autrement.

205. Les enfans doivent des alimens à leurs père et mère et autres ascendans qui sont dans le besoin.

206. Les gendres et belles-filles doivent également, et dans les mêmes circonstances, des alimens à leurs beau-père et belle-mère ; mais cette obligation cesse, — 1° lorsque la belle-mère a convolé en secondes noces, — 2° lorsque celui des époux qui produisait l'affinité, et les enfans issus de son union avec l'autre époux, sont décédés.

207. Les obligations résultant de ces dispositions sont réciproques.

208. Les alimens ne sont accordés que dans la proportion du besoin, de celui qui les réclame, et de la fortune de celui qui les doit.

209. Lorsque celui qui fournit ou celui qui reçoit des alimens est replacé dans un état tel, que l'un ne puisse plus en donner, ou que l'autre n'en ait plus besoin, en tout ou en partie, la décharge ou réduction peut en être demandée.

210. Si la personne qui doit fournir les alimens justifie qu'elle ne peut payer la pension alimentaire, le tribunal pourra, en connaissance de cause, ordonner qu'elle recevra dans sa demeure, qu'elle nourrira et entretiendra celui auquel elle devra des alimens.

211. Le tribunal prononcera également si le père ou la mère qui offrira de recevoir, nourrir et entretenir dans sa demeure, l'enfant à qui elle devra des alimens, devra dans ce cas être dispensé de payer la pension alimentaire.

Chap. 6, des droits et des devoirs respectifs des époux. V. ÉPOUX, II, p. 351.

[1] 46. Lorsqu'il n'aura pas existé de registres, ou qu'ils seront perdus, la preuve en sera reçue tant par titres que par témoins ; et, dans ces cas, les mariages, naissances et décès pourront être prouvés tant par les registres et papiers émanés des pères et mères décédés, que par témoins.

Chap. 7, de la dissolution du mariage.

227. Le mariage se dissout, — 1° par la mort de l'un des époux; — 2° par la condamnation devenue définitive de l'un des époux, à une peine emportant mort civile. *V.* MORT CIVILE.

Chap. 8, des seconds mariages.

228. La femme ne peut contracter un nouveau mariage qu'après dix mois révolus depuis la dissolution du mariage précédent. *V.* CONVOL..

Taxe des actes.

Tarif civ. 168. Il sera taxé aux notaires, — pour chaque vacation de trois heures. — (C. C. 151, 152, 153, et 154.) 3° A tout acte respectueux et formel pour demander le conseil du père et de la mère, ou celui des aïeuls, à l'effet de contracter mariage, — à Paris, 9 fr. — Dans les villes où il y a tribunal de première instance, 6 fr. — Partout ailleurs, 4 fr.

Tarif crim. 121. Les frais des actes et procédures faits sur la poursuite d'office du ministère public, dans les cas prévus par le Code Civil, et notamment par les art. 184, 191 et 192, relativement aux actes de l'état civil, seront payés, taxés et recouvrés ainsi qu'il est dit (pour l'interdiction d'office). *V.* INTERDICTION.

II. DISPOSITIONS DIVERSES

ABSENT. *C. Civ.* 139. L'époux absent dont le conjoint a contracté une nouvelle union sera seul recevable à attaquer ce mariage par lui-même, ou par son fondé de pouvoir, muni de la preuve de son existence.

ADOPTION. *C. Civ.* 348. Le mariage est prohibé, — entre l'adoptant, l'adopté et ses descendans; — entre les enfans adoptifs du même individu; — entre l'adopté et les enfans qui pourraient survenir à l'adoptant; — entre l'adopté et le conjoint de l'adoptant, et réciproquement entre l'adoptant et le conjoint de l'adopté.

BIENS DES ENFANS. *C. Civ.* 384. Le père, durant le mariage, aura la jouissance des biens de ses enfans jusqu'à l'âge de dix-huit ans accomplis, ou jusqu'à l'émancipation qui pourrait avoir lieu avant l'âge de dix-huit ans. *V.* JOUISSANCE LÉGALE, II, p. 436.

389. Le père est, durant le mariage, administrateur des biens personnels de ses enfans mineurs. — Il est comptable, quant à la propriété et aux revenus, des biens dont il n'a pas la jouissance; et, quant à la propriété seulement, de ceux des biens dont la loi lui donne l'usufruit.

DONATION. *C. Civ.* 939. Les donations en faveur de mariage ne seront pas révocables pour cause d'ingratitude.

ENFANT LÉGITIME. *C. Civ.* 312. L'enfant conçu pendant le mariage a pour père le mari. — Néanmoins celui-ci pourra désavouer l'enfant, s'il prouve que, pendant le temps qui a couru depuis le trois-centième jusqu'au cent quatre-vingtième jour avant la naissance de cet enfant, il était, soit par cause d'éloignement, soit par l'effet de quelque accident, dans l'impossibilité physique de cohabiter avec sa femme. *V.* FILIATION.

ENFANT NATUREL (*légitimation*). *C. Civ.* 331. Les enfans nés hors mariage, autres que ceux nés d'un commerce incestueux ou adultérin, pourront être légitimés par le mariage subséquent de leurs père et mère, lorsque ceux-ci les auront légalement reconnus avant leur mariage, ou qu'ils les reconnaîtront dans l'acte même de célébration. *V.* LÉGITIMATION.

(*Reconnaissance.*) *C. Civ.* 337. La reconnaissance faite pendant le mariage, par l'un des époux, au profit d'un enfant naturel qu'il aurait eu, avant son mariage, d'un autre que de son époux, ne pourra nuire ni à celui-ci ni aux enfans nés de ce mariage. — Néanmoins elle produira son effet après la dissolution de ce mariage, s'il n'en reste pas d'enfans.

ENLÈVEMENT. *C. Pén.* 357. Dans le cas où le ravisseur aurait épousé la fille qu'il a enlevée, il ne pourra être poursuivi que sur la plainte des personnes qui, d'après le Code Civil, ont le droit de demander la nullité du mariage, ni condamné qu'après que la nullité du mariage aura été prononcée. *V.* ENLÈVEMENT.

HYPOTHÈQUE LÉGALE. *C. Civ.* 2135. L'hypothèque existe, indépendamment de toute inscription, — 1°... 2° au profit des femmes, pour raison de leurs dot et conventions matrimoniales, sur les immeubles de leur mari, et à compter du jour du mariage. — La femme n'a hypothèque pour les sommes dotales qui proviennent de successions à elle échues, ou de donations à elle faites pendant le mariage, qu'à compter de l'ouverture des successions ou du jour que les donations ont eu leur effet.

MINEUR (*émancipation*). *C. Civ.* 476. Le mineur est émancipé de plein droit par le mariage.

(*Enfant d'interdit.*) *C. Civ.* 511. Lorsqu'il sera question du mariage de l'enfant d'un interdit, la dot, ou l'avancement d'hoirie, et les autres conventions matrimoniales, seront réglées par un avis du conseil de famille homologué par le tribunal, sur les conclusions du procureur du Roi.

MORT CIVILE. *C. Civ.* 25. Le condamné à la mort civile est incapable de contracter un mariage qui produise aucun effet civil. — Le mariage qu'il avait contracté précédemment est dissous, quant à tous ses effets civils.

PRESCRIPTION. *C. Civ.* 2253. (La prescription) ne court point entre époux.

2254. La prescription court contre la femme mariée, encore qu'elle ne soit point séparée par contrat de mariage ou en justice, à l'égard des biens dont le mari a l'administration, sauf son recours contre le mari.

2235. Néanmoins elle ne court point, pendant le mariage, à l'égard de l'aliénation d'un fonds constitué selon le régime dotal.

2256. La prescription est pareillement suspendue pendant le mariage, — 1° dans le cas où l'action de la femme ne pourrait être exercée qu'après une option à faire sur l'acceptation ou la renonciation à la communauté ; — 2° dans le cas où le mari, ayant vendu le bien propre de la femme sans son consentement, est garant de la vente, et dans tous les autres cas où l'action de la femme réfléchirait contre le mari.

III. LOI PÉNALE.

C. Pén. 193. Lorsque, pour la validité d'un mariage, la loi prescrit le consentement des père, mère ou autres personnes, et que l'officier de l'état civil ne se sera point assuré de l'existence de ce consentement, il sera puni d'une amende de seize francs à trois cents francs, et d'un emprisonnement de six mois au moins et d'un an au plus.

194. L'officier de l'état civil sera aussi puni de seize francs à trois cents francs d'amende, lorsqu'il aura reçu, avant le terme prescrit par l'article 228 du Code Civil (*ci-dessus*), l'acte de mariage d'une femme ayant déjà été mariée.

195. Les peines portées aux articles précédens contre les officiers de l'état civil leur seront appliquées, lors même que la nullité de leurs actes n'aurait pas été demandée ou aurait été couverte ; le tout sans préjudice des peines plus fortes prononcées en cas de collusion, et sans préjudice aussi des autres dispositions pénales du titre 5 du livre 1 du Code Civil. (*Art.* 34-101. *V.* ÉTAT CIVIL [*actes de l'*].)

340. Quiconque étant engagé dans les liens du mariage en aura contracté un autre avant la dissolution du précédent, sera puni de la peine des travaux forcés à temps. — L'officier public qui aura prêté son ministère à ce mariage, connaissant l'existence du précédent, sera condamné à la même peine.

MARIAGE (ACTE DE).

I. DISPOSITIONS GÉNÉRALES.
Des actes de mariage.

C. Civ. (*liv.* 1, *ch.* 5, *art.* 63-76). — 63. Avant la célébration du mariage, l'officier de l'état civil fera deux publications, à huit jours d'intervalle, un jour de dimanche, devant la porte de la maison commune. Ces publications, et l'acte qui en sera dressé, énonceront les prénoms, noms, professions et domiciles des futurs époux, leur qualité de majeurs ou de mineurs, et les prénoms, noms, professions et domiciles de leurs pères et mères. Cet acte énoncera, en outre, les jours, lieux et heures où les publications auront été faites : il sera inscrit sur un seul registre, qui sera coté et paraphé comme il est dit en l'article 41 (*V.* ÉTAT CIVIL [*actes de l'*]), et déposé, à la fin de chaque année, au greffe du tribunal de l'arrondissement.

64. Un extrait de l'acte de publication sera et restera affiché à la porte de la maison commune, pendant les huit jours d'intervalle de l'une à l'autre publication. Le mariage ne pourra être célébré avant le troisième jour, depuis et non compris celui de la seconde publication.

65. Si le mariage n'a pas été célébré dans l'année, à compter de l'expiration du délai des publications, il ne pourra plus être célébré qu'après que de nouvelles publications auront été faites dans la forme ci-dessus prescrite.

66. Les actes d'opposition au mariage seront signés sur l'original et sur la copie par les opposans ou par leurs fondés de procuration spéciale ou authentique ; ils seront signifiés, avec la copie de la procuration, à la personne ou au domicile des parties, et à l'officier de l'état civil, qui mettra son *visa* sur l'original.

67. L'officier de l'état civil fera, sans délai, une mention sommaire des oppositions sur le registre des publications ; il fera aussi mention, en marge de l'inscription desdites oppositions, des jugemens ou des actes de main-levée dont expédition lui aura été remise.

68. En cas d'opposition, l'officier de l'état civil ne pourra célébrer le mariage avant qu'on lui en ait remis la main-levée, sous peine de trois cents francs d'amende, et de tous dommages-intérêts.

69. S'il n'y a point d'opposition, il en sera fait mention dans l'acte de mariage ; et si les publications ont été faites dans plusieurs communes, les parties remettront un certificat délivré par l'officier de l'état civil de chaque commune, constatant qu'il n'existe point d'opposition.

70. L'officier de l'état civil se fera remettre l'acte de naissance de chacun des futurs époux. Celui des époux qui serait dans l'impossibilité de se le procurer, pourra le suppléer, en rapportant un acte de notoriété délivré par le juge de paix du lieu de sa naissance, ou par celui de son domicile.

71. L'acte de notoriété contiendra la déclaration faite par sept témoins, de l'un ou de l'autre sexe, parens ou non parens, des prénoms, nom, profession et domicile du futur époux, et de ceux de ses père et mère, s'ils sont connus ; le lieu,

et, autant que possible, l'époque de sa naissance, et les causes qui empêchent d'en rapporter l'acte. Les témoins signeront l'acte de notoriété avec le juge de paix ; et s'il en est qui ne puissent ou ne sachent signer, il en sera fait mention.

72. L'acte de notoriété sera présenté au tribunal de première instance du lieu où doit se célébrer le mariage. Le tribunal, après avoir entendu le procureur du Roi, donnera ou refusera son homologation, selon qu'il trouvera suffisantes ou insuffisantes les déclarations des témoins, et les causes qui empêchent de rapporter l'acte de naissance.

73. L'acte authentique du consentement des père et mère ou aïeuls et aïeules, ou, à leur défaut, celui de la famille, contiendra les prénoms, noms, professions et domiciles du futur époux, et de tous ceux qui auront concouru à l'acte, ainsi que leur degré de parenté.

74. Le mariage sera célébré dans la commune où l'un des deux époux aura son domicile. Ce domicile, quant au mariage, s'établira par six mois d'habitation continue dans la même commune.

75. Le jour désigné par les parties après les délais des publications, l'officier de l'état civil, dans la maison commune, en présence de quatre témoins, parens ou non parens, fera lecture aux parties, des pièces ci-dessus mentionnées, relatives à leur état et aux formalités du mariage, et du chapitre 6 du titre *du mariage* sur *les droits et les devoirs respectifs des époux.* (*Art.* 212-226. *V.* ÉPOUX.) Il recevra de chaque partie, l'une après l'autre, la déclaration qu'elles veulent se prendre pour mari et femme ; il prononcera, au nom de la loi, qu'elles sont unies par le mariage, et il en dressera acte sur le champ.

76. On énoncera dans l'acte de mariage, — 1° les prénoms, noms, professions, âge, lieux de naissance et domiciles des époux ; — 2° s'ils sont majeurs ou mineurs ; — 3° les prénoms, noms, professions et domiciles des pères et mères ; — 4° le consentement des pères et mères, aïeuls et aïeules, et celui de la famille, dans les cas où ils sont requis ; — 5° les actes respectueux, s'il en a été fait ; — 6° les publications dans les divers domiciles ; — 7° les oppositions, s'il y en a eu ; leur main-levée, ou la mention qu'il n'y a point eu d'opposition ; — 8° la déclaration des contractans de se prendre pour époux, et le prononcé de leur union par l'officier public ; — 9° les prénoms, noms, âge, professions et domiciles des témoins, et leur déclaration s'ils sont parens ou alliés des parties, de quel côté et à quel degré.

Dispositions du tarif civil.

5. Il est accordé au juge de paix (C. C. 70, 71.), pour l'acte de notoriété sur la déclaration de sept témoins, pour constater, autant que possible, l'époque de la naissance d'un individu de l'un ou de l'autre sexe qui se propose de contracter mariage, et les causes qui empêchent de représenter son acte de naissance, —Paris, 5 fr. — Villes où il y a tribunal de 1ʳᵉ instance, 3 fr. 75 c. — Autres villes et cantons ruraux, 2 fr. 50 c. — Et pour la délivrance de tout autre acte de notoriété qui doit être donné par le juge de paix, — Paris, 1 fr. — Villes où il y a tribunal de première instance, 75 c. — Autres villes et cantons ruraux, 50 c.

16. Il est alloué au greffier des juges de paix les deux tiers des vacations du juge de paix pour assistance (C. C. 70, 71.) aux actes de notoriété.

II. DISPOSITIONS ADDITIONNELLES.

Avis du conseil d'état du 27 messidor an 13, approuvé et converti en décret le 4 thermidor.

Le conseil d'état est d'avis, — 1° qu'il n'est pas nécessaire de produire les actes de décès des pères et mères des futurs mariés, lorsque les aïeux ou aïeules attestent ce décès ; et, dans ce cas, il doit être fait mention de leur attestation dans l'acte de mariage ; — 2° que si les pères, mères, aïeuls ou aïeules, dont le consentement ou conseil est requis, sont décédés, et si l'on est dans l'impossibilité de produire l'acte de leur décès ou la preuve de leur absence, faute de connaître leur dernier domicile, il peut être procédé à la célébration du mariage des majeurs, sur leur déclaration à serment que le lieu du décès et celui du dernier domicile de leurs ascendans leur sont inconnus. Cette déclaration doit être certifiée aussi par serment des quatre témoins de l'acte de mariage, lesquels affirment que, quoiqu'ils connaissent les futurs époux, ils ignorent le lieu du décès de leurs ascendans et leur dernier domicile. Les officiers de l'état civil doivent faire mention, dans l'acte de mariage, desdites déclarations.

III. LOI PÉNALE.

C. Pén. 199. Tout ministre d'un culte qui procèdera aux cérémonies religieuses d'un mariage, sans qu'il lui ait été justifié d'un acte de mariage préalablement reçu par les officiers de l'état civil, sera, pour la première fois, puni d'une amende de seize francs à cent francs.

200. En cas de nouvelles contraventions de l'espèce exprimée en l'article précédent, le ministre du culte qui les aura commises, sera puni, savoir : — pour la première récidive, d'un emprisonnement de deux à cinq ans ; — et pour la seconde, de la détention.

MARIAGE (CONTRAT DE).

I. DISPOSITIONS GÉNÉRALES.

Du contrat de mariage et des droits respectifs des époux.

C. Civ. (*liv.* 3, *tit.* 5, *art.* 1387-1581.)

Chap. 1, *dispositions générales.*

1387. La loi ne régit l'association conjugale

quant aux biens, qu'à défaut de conventions spéciales, que les époux peuvent faire comme ils le jugent à propos, pourvu qu'elles ne soient pas contraires aux bonnes mœurs, et, en outre, sous les modifications qui suivent.

1388. Les époux ne peuvent déroger ni aux droits résultant de la puissance maritale sur la personne de la femme et des enfans, ou qui appartiennent au mari comme chef, ni aux droits conférés au survivant des époux par le titre *de la puissance paternelle* (art. 571-587) *V.* PATERNELLE (*puissance*), et par le titre *de la minorité, de la tutelle et de l'émancipation* (art. 388-487), ni aux dispositions prohibitives du présent Code.

1389. Ils ne peuvent faire aucune convention ou renonciation dont l'objet serait de changer l'ordre légal des successions, soit par rapport à eux-mêmes dans la succession de leurs enfans ou descendans, soit par rapport à leurs enfans entre eux ; sans préjudice des donations entre-vifs ou testamentaires qui pourront avoir lieu selon les formes et dans les cas déterminés par le présent Code.

1590. Les époux ne peuvent plus stipuler d'une manière générale que leur association sera réglée par l'une des coutumes, lois ou statuts locaux qui régissaient ci-devant les diverses parties du territoire français, et qui sont abrogés par le présent Code.

1391. Ils peuvent cependant déclarer, d'une manière générale, qu'ils entendent se marier ou sous le régime de la communauté, ou sous le régime dotal.—Au premier cas, et sous le régime de la communauté, les droits des époux et de leurs héritiers seront réglés par les dispositions du chapitre 2 du présent titre. — Au deuxième cas, et sous le régime dotal, leurs droits seront réglés par les dispositions du chapitre 5.

1592. La simple stipulation que la femme se constitue ou qu'il lui est constitué des biens en dot, ne suffit pas pour soumettre ces biens au régime dotal, s'il n'y a dans le contrat de mariage une déclaration expresse à cet égard. — La soumission au régime dotal ne résulte pas non plus de la simple déclaration faite par les époux qu'ils se marient sans communauté, ou qu'ils seront séparés de biens.

1393. A défaut de stipulations spéciales qui dérogent au régime de la communauté ou le modifient, les règles établies dans la première partie du chapitre 2 formeront le droit commun de la France.

1594. Toutes conventions matrimoniales seront rédigées, avant le mariage, par acte devant notaire.

1595. Elles ne peuvent recevoir aucun changement après la célébration du mariage.

1596. Les changemens qui y seraient faits avant cette célébration, doivent être constatés par acte passé dans la même forme que le contrat de mariage. — Nul changement ou contre-lettre n'est, au surplus, valable sans la présence et le consentement simultané de toutes les personnes qui ont été parties dans le contrat de mariage.

1597. Tous changemens et contre-lettres , même revêtus des formes prescrites par l'article précédent, seront sans effet à l'égard des tiers, s'ils n'ont été rédigés à la suite de la minute du contrat de mariage ; et le notaire ne pourra, à peine des dommages et intérêts des parties, et sous plus grande peine s'il y a lieu, délivrer ni grosses ni expéditions du contrat de mariage sans transcrire à la suite le changement ou la contre-lettre.

1598. Le mineur habile à contracter mariage est habile à consentir toutes les conventions dont ce contrat est susceptible ; et les conventions et donations qu'il y a faites, sont valables, pourvu qu'il ait été assisté, dans le contrat, des personnes dont le consentement est nécessaire pour la validité du mariage.

Chap. 2, *du régime en communauté.*

§ 2, *de la clause de séparation de biens.* *V.* Biens (*séparation de*), p. 103.

Chap. 3, *du régime dotal.* *V.* Dotal (*régime*).

II. DONATIONS PAR CONTRAT DE MARIAGE.

1° *Des donations faites par contrat de mariage aux époux et aux enfans à naître (art.* 1081-1090). *V.* Époux, I, 2°, p. 330.

2° *Des dispositions entre époux, soit par contrat de mariage, soit pendant le mariage (art.* 1091-1100). *V.* Époux, II, *art.* 2, p. 332.

III. DISPOSITIONS DIVERSES.

COMMERÇANT. *C. Com.* 67. Tout contrat de mariage entre époux dont l'un serait commerçant, sera transmis par extrait, dans le mois de sa date, aux greffes et chambres désignés par l'article 872 du Code de Procédure civile, pour être exposé au tableau conformément au même article. *V.* Biens (*séparation de*). — Cet extrait annoncera si les époux sont mariés en communauté, s'ils sont séparés de biens, ou s'ils ont contracté sous le régime dotal.

68. Le notaire qui aura reçu le contrat de mariage sera tenu de faire la remise ordonnée par l'article précédent, sous peine de cent francs d'amende, et même de destitution et de responsabilité envers les créanciers, s'il est prouvé que l'omission soit la suite d'une collusion.

69. Tout époux séparé de biens, ou marié sous le régime dotal, qui embrasserait la profession de commerçant postérieurement à son mariage, sera tenu de faire pareille remise dans le mois du jour où il aura ouvert son commerce, à peine, en cas de faillite, d'être puni comme banqueroutier frauduleux.

70. La même remise sera faite, sous les mêmes peines, dans l'année de la publication de la présente loi, par tout époux séparé de biens, ou marié sous le régime dotal, qui, au moment de ladite publication, exercerait la profession de commerçant.

FAILLITE. *C. Com.* 549. La femme ne pourra exercer, dans la faillite, aucune action, à raison des avantages portés au contrat de mariage ; et réciproquement, les créanciers ne pourront se prévaloir, dans aucun cas, des avantages faits par la femme au mari dans le même contrat. *V.* Faillite.

HYPOTHÈQUE. *C. Civ.* 2140. Lorsque, dans le contrat de mariage, les parties majeures seront convenues qu'il ne sera pris d'inscription que sur un ou certains immeubles du mari, les immeubles qui ne seraient pas indiqués pour l'inscription resteront libres et affranchis de l'hypothèque pour la dot de la femme et pour ses reprises et conventions matrimoniales. Il ne pourra

pas être convenu qu'il ne sera pris aucune inscription. *V.* Purge.

MINEUR. *C. Civ.* 1309. Le mineur n'est point restituable contre les conventions portées en son contrat de mariage, lorsqu'elles ont été faites avec le consentement et l'assistance de ceux dont le consentement est requis pour la validité de son mariage.

SUCCESSION FUTURE. *C. Civ.* 791. On ne peut, même par contrat de mariage, renoncer à la succession d'un homme vivant, ni aliéner les droits éventuels qu'on peut avoir à cette succession.

MATELOT. *V.* Équipage de navire.

MATÉRIAUX.

C. Civ. 532. Les matériaux provenant de la démolition d'un édifice, ceux assemblés pour en construire un nouveau, sont meubles jusqu'à ce qu'ils soient employés par l'ouvrier dans une construction. *V.* Construction.

MATERNITÉ.

C. Civ. 341. La recherche de la maternité est admise. — L'enfant qui réclamera sa mère sera tenu de prouver qu'il est identiquement le même que l'enfant dont elle est accouchée.—Il ne sera reçu à faire cette preuve par témoins que lorsqu'il aura déjà un commencement de preuve par écrit.

342. Un enfant ne sera jamais admis à la recherche soit de la paternité, soit de la maternité, dans les cas où, suivant l'article 333, la reconnaissance n'est pas admise.

333. (La) reconnaissance ne pourra avoir lieu au profit des enfans nés d'un commerce incestueux ou adultérin.

MATIÈRES SOMMAIRES. *V.* Sommaires (*matières*).

MAUVAISE FOI.

1° *Relativement à la possession.*

C. Civ. 549. Le simple possesseur ne fait les fruits siens que dans le cas où il possède de bonne foi ; dans le cas contraire, il est tenu de rendre les produits avec la chose au propriétaire qui la revendique.

550. Le possesseur est de bonne foi quand il possède comme propriétaire, en vertu d'un titre translatif de propriété dont il ignore les vices. — Il cesse d'être de bonne foi du moment où ces vices lui sont connus. *V.* Bonne foi.

2° *Dispositions diverses.*

INDU PAIEMENT. *C. Civ.* 1378. S'il y a eu mauvaise foi de la part de celui qui a reçu, il est tenu de restituer, tant le capital que les intérêts ou les fruits, du jour du paiement.

PRESCRIPTION. *C. Civ.* 2262. Toutes les actions, tant réelles que personnelles, sont prescrites par trente ans, sans que celui qui allègue cette prescription soit obligé d'en rapporter un titre, ou qu'on puisse lui opposer l'exception déduite de la mauvaise foi.

SUCCESSION. *C. Civ.* 801. L'héritier qui s'est rendu coupable de recélé, ou qui a omis sciemment et de mauvaise foi, de comprendre dans l'inventaire des effets de la succession, est déchu du bénéfice d'inventaire.

VENTE. *C. Civ.* 1635. Si le vendeur avait vendu de mauvaise foi le fonds d'autrui, il sera obligé de rembourser à l'acquéreur toutes les dépenses, même voluptuaires ou d'agrément, que celui-ci aura faites au fonds.

MÉDECIN.

1° *Loi civile.*

DONATIONS ET LEGS. *C. Civ.* 909. Les docteurs en médecine ou en chirurgie, les officiers de santé et les pharmaciens qui auront traité une personne pendant la maladie dont elle meurt, ne pourront profiter des dispositions entre-vifs ou testamentaires qu'elle aurait faites en leur faveur pendant le cours de cette maladie. — Sont exceptées, — 1° les dispositions rémunératoires faites à titre particulier, eu égard aux facultés du disposant et aux services rendus ; — 2° les dispositions universelles, dans le cas de parenté jusqu'au quatrième degré inclusivement, pourvu toutefois que le décédé n'ait pas d'héritiers en ligne directe ; à moins que celui au profit de qui la disposition a été faite ne soit lui-même du nombre de ces héritiers.

911. Toute disposition au profit d'un incapable sera nulle, soit qu'on la déguise sous la forme d'un contrat onéreux, soit qu'on la fasse sous le nom de personnes interposées. — Seront réputés personnes interposées, les père et mère, les enfans et descendans, et l'époux de la personne incapable.

PRESCRIPTION. *C. Civ.* 2272. L'action des médecins, chirurgiens et apothicaires, pour leurs visites, opérations et médicamens, se prescrivent par un an.

2° *Loi pénale.*

AVORTEMENT. *C. Pén.* 317. Les médecins, chirurgiens et autres officiers de santé, ainsi que les pharmaciens qui auront indiqué ou administré (les moyens propres à procurer l'avortement), seront condamnés à la peine des travaux forcés à temps, dans le cas où l'avortement aurait eu lieu.

FAUX CERTIFICATS. 160. Tout médecin, chirurgien ou autre officier de santé qui, pour favoriser quelqu'un, certifiera faussement des maladies ou infirmités propres à dispenser d'un ser-

vice public, sera puni d'un emprisonnement de deux à cinq ans;—s'il y a été mu par dons ou promesses, il sera puni du bannissement ; les corrupteurs seront, en ce cas, punis de la même peine.

3° *Dispositions du tarif criminel.*

16. Les honoraires et vacations des médecins, chirurgiens et sages-femmes, à raison des opérations qu'ils feront, sur la réquisition de nos officiers de justice ou de police judiciaire, dans les cas prévus par les articles 43, 44, 148, 332 et 333 du C. d'Inst. cr., seront réglés ainsi qu'il suit. .

17. Chaque médecin ou chirurgien recevra, savoir : — 1° pour chaque visite et rapport, y compris le premier pansement, s'il y a lieu, — Paris, 6 fr. — Villes de 40,000 hab. et au-dessus, 5 fr. — Autres villes et comm., 3 fr. ; — 2° pour les ouvertures de cadavres ou autres opérations plus difficiles que la simple visite, et en sus des droits ci-dessus, — Paris, 9 fr. — Villes de 40,000 hab. et au-dessus, 6 fr. — Autres villes et comm., 5 fr.

18. Les visites faites par les sages-femmes seront payées, — Paris, 3 fr. — Dans toutes les autres villes et comm., 2 fr.

19. Outre les droits ci-dessus, le prix des fournitures nécessaires pour les opérations, sera remboursé.

20. Pour les frais d'exhumation des cadavres, on suivra les tarifs locaux.

21. Il ne sera rien alloué pour soins et traitemens administrés, soit après le premier pansement, soit après les visites ordonnées d'office.

24. Dans le cas de transport à plus de deux kilomètres de leur résidence, les médecins, chirurgiens et sages-femmes, outre la taxe ci-dessus fixée pour leurs vacations, seront indemnisés de leurs frais de voyage et séjour de la manière déterminée dans le chapitre S V. VOYAGE (*frais de*).

25. Dans tous les cas où les médecins, chirurgiens et sages-femmes, seront appelés, soit devant le juge d'instruction, soit aux débats, à raison de leurs déclarations, visites ou rapports, les indemnités dues pour cette comparution leur seront payées comme à des témoins, s'ils le requièrent taxe.

MENACES.

C. Pén. 305. Quiconque aura menacé, par écrit anonyme ou signé, d'assassinat, d'empoisonnement, ou de tout autre attentat contre les personnes qui seraient punissables de la peine de mort, des travaux forcés à perpétuité ou de la déportation, sera puni de la peine des travaux forcés à temps ; dans le cas où la menace aurait été faite avec ordre de déposer une somme d'argent dans un lieu indiqué, ou de remplir toute autre condition.

306. Si cette menace n'a été accompagnée d'aucun ordre ou condition, la peine sera d'un emprisonnement de deux ans au moins et cinq ans au plus, et d'une amende de cent francs à six cents francs.

307. Si la menace faite avec ordre ou sous condition a été verbale, le coupable sera puni d'un emprisonnement de six mois à deux ans, et d'une

amende de vingt-cinq francs à trois cents francs.

508. Dans les cas prévus par les deux précédens articles, le coupable pourra de plus être mis, par l'arrêt ou le jugement, sous la surveillance de la haute police pour cinq ans au moins et dix au plus.

MENDICITÉ.

LOI PÉNALE
Mendicité.

C. Pén. (*liv.* 5, *lit.* 1, *ch.* 3, *sect.* 5, § 5, *art.* 274-282.) — 274. Toute personne qui aura été trouvée mendiant dans un lieu pour lequel il existera un établissement public organisé afin d'obvier à la mendicité, sera punie de trois à six mois d'emprisonnement, et sera, après l'expiration de sa peine, conduite au dépôt de mendicité.

275. Dans les lieux où il n'existe point encore de tels établissemens, les mendians d'habitude valides seront punis d'un mois à trois mois d'emprisonnement. — S'ils ont été arrêtés hors du canton de leur résidence, ils seront punis d'un emprisonnement de six mois à deux ans.

276. Tous mendians, même invalides, qui auront usé de menaces, ou seront entrés, sans permission du propriétaire ou des personnes de sa maison, soit dans une habitation, soit dans un enclos en dépendant, — ou qui feindront des plaies ou infirmités, — ou qui mendieront en réunion, à moins que ce ne soient le mari et la femme, le père ou la mère et leurs jeunes enfans, l'aveugle et son conducteur, — seront punis d'un emprisonnement de six mois à deux ans.

Dispositions communes aux vagabonds et mendians.

277. Tout mendiant ou vagabond qui aura été saisi travesti d'une manière quelconque, — ou porteur d'armes, bien qu'il n'en ait usé ni menacé, — ou muni de limes, crochets ou autres instrumens propres soit à commettre des vols ou d'autres délits, soit à lui procurer les moyens de pénétrer dans les maisons, — sera puni de deux à cinq ans d'emprisonnement.

278. Tout mendiant ou vagabond qui sera trouvé porteur d'un ou de plusieurs effets d'une valeur supérieure à cent francs, et qui ne justifiera point d'où ils lui proviennent, sera puni de la peine portée en l'article 276.

279. Tout mendiant ou vagabond qui aura exercé quelque acte de violence que ce soit envers les personnes, sera puni de la réclusion, sans préjudice de peines plus fortes, s'il y a lieu, à raison du genre et des circonstances de la violence.

281 [1]. Les peines établies par le présent Code

---

[1] L'art. 280 a été abrogé par la loi du 28 avril 1832.

contre les individus porteurs de faux certificats, faux passeports ou fausses feuilles de route, seront toujours, dans leur espèce, portées au *maximum*, quand elles seront appliquées à des vagabonds ou mendians (*art.* 153-162. *V.* FAUX, p. 577.).

282. Les mendians qui auront été condamnés aux peines portées par les articles précédens, seront renvoyés, après l'expiration de leur peine, sous la surveillance de la haute police pour cinq ans au moins et dix ans au plus.

MER.

1° *Dispositions générales.*

C. Civ. 717. Les droits sur les effets jetés à la mer, sur les objets que la mer rejette, de quelque nature qu'ils puissent être, sur les plantes et herbages qui croissent sur les rivages de la mer, sont réglés par des lois particulières. *V.* LAIS ET RELAIS.

2° *Des naissances en cours de voyage.*

C. Civ. 59. S'il naît un enfant pendant un voyage de mer, l'acte de naissance sera dressé dans les vingt-quatre heures, en présence du père, s'il est présent, et de deux témoins pris parmi les officiers du bâtiment, ou, à leur défaut, parmi les hommes de l'équipage. Cet acte sera rédigé, savoir sur les bâtimens du Roi, par l'officier d'administration de la marine; et sur les bâtimens appartenant à un armateur ou négociant, par le capitaine, maître ou patron du navire. L'acte de naissance sera inscrit à la suite du rôle d'équipage.

60. Au premier port où le bâtiment abordera, soit de relâche, soit pour toute autre cause que celle de son désarmement, les officiers de l'administration de la marine, capitaine, maître ou patron, seront tenus de déposer deux expéditions authentiques des actes de naissance qu'ils auront rédigés, savoir, dans un port français, au bureau du préposé à l'inscription maritime; et dans un port étranger, entre les mains du consul. — L'une de ces expéditions restera déposée au bureau de l'inscription maritime, ou à la chancellerie du consulat; l'autre sera envoyée au ministre de la marine, qui fera parvenir une copie, de lui certifiée, de chacun desdits actes, à l'officier de l'état civil du domicile du père de l'enfant, ou de la mère, si le père est inconnu : cette copie sera inscrite de suite sur les registres.

61. A l'arrivée du bâtiment dans le port du désarmement, le rôle d'équipage sera déposé au bureau du préposé à l'inscription maritime, qui enverra une expédition de l'acte de naissance, de lui signée, à l'officier de l'état civil du domicile du père de l'enfant, ou de la mère, si le père est

nconnu : cette expédition sera inscrite de suite sur les registres.

3° Des décès.

C. Civ. 86. En cas de décès pendant un voyage de mer, il en sera dressé acte dans les vingt-quatre heures, en présence de deux témoins pris parmi les officiers du bâtiment, ou, à leur défaut, parmi les hommes de l'équipage. Cet acte sera rédigé, savoir, sur les bâtimens du Roi, par l'officier d'administration de la marine ; et sur les bâtimens appartenant à un négociant ou armateur, par le capitaine, maître ou patron du navire. L'acte de décès sera inscrit à la suite du rôle de l'équipage.

87. Au premier port où le bâtiment abordera, soit de relâche, soit pour toute autre cause que celle de son désarmement, les officiers de l'administration de la marine, capitaine, maître ou patron, qui auront rédigé des actes de décès, seront tenus d'en déposer deux expéditions, conformément à l'article 60 (*ci-dessus*.) — A l'arrivée du bâtiment dans le port du désarmement, le rôle d'équipage sera déposé au bureau du préposé à l'inscription maritime ; il enverra une expédition de l'acte de décès, de lui signée, à l'officier de l'état civil du domicile de la personne décédée : cette expédition sera inscrite de suite sur les registres.

4° Des testamens.

C. Civ. 988. Les testamens faits sur mer, dans le cours d'un voyage, pourront être reçus, savoir : — à bord des vaisseaux et autres bâtimens du Roi, par l'officier commandant le bâtiment, ou, à son défaut, par celui qui le supplée dans l'ordre du service, l'un ou l'autre conjointement avec l'officier d'administration ou avec celui qui en remplit les fonctions ; — et à bord des bâtimens de commerce par l'écrivain du navire ou celui qui en fait les fonctions, l'un ou l'autre conjointement avec le capitaine, le maître ou le patron, ou, à leur défaut, par ceux qui les remplacent.—Dans tous les cas, ces testamens devront être reçus en présence de deux témoins.

989. Sur les bâtimens du Roi, le testament du capitaine ou celui de l'officier d'administration, et, sur les bâtimens de commerce, celui du capitaine, du maître ou patron, ou celui de l'écrivain, pourront être reçus par ceux qui viennent après eux dans l'ordre du service, en se conformant pour le surplus aux dispositions de l'article précédent.

990. Dans tous les cas, il sera fait un double original des testamens mentionnés aux deux articles précédens.

991. Si le bâtiment aborde dans un port étranger dans lequel se trouve un consul de France, ceux qui auront reçu le testament, seront tenus de déposer l'un des originaux, clos ou cacheté, entre les mains de ce consul, qui le fera parvenir au ministre de la marine ; et celui-ci en fera faire le dépôt au greffe de la justice de paix du lieu du domicile du testateur.

992. Au retour du bâtiment en France, soit dans le port de l'armement, soit dans un port autre que celui de l'armement, les deux originaux du testament, également clos et cachetés, ou l'original qui resterait, si, conformément à l'article précédent, l'autre avait été déposé pendant le cours du voyage, seront remis au bureau du préposé de l'inscription maritime ; ce préposé les fera passer sans délai au ministre de la marine, qui en ordonnera le dépôt, ainsi qu'il est dit au même article.

993. Il sera fait mention sur le rôle du bâtiment, à la marge, du nom du testateur, de la remise qui aura été faite des originaux du testament, soit entre les mains d'un consul, soit au bureau d'un préposé de l'inscription maritime.

994. Le testament ne sera point réputé fait en mer, quoiqu'il l'ait été dans le cours du voyage, si, au temps où il a été fait, le navire avait abordé une terre, soit étrangère, soit de la domination française, où il y aurait un officier public français ; auquel cas, il ne sera valable qu'autant qu'il aura été dressé suivant les formes prescrites en France, ou suivant celles usitées dans les pays où il aura été fait.

995. Les dispositions ci-dessus seront communes aux testamens faits par les simples passagers qui ne feront point partie de l'équipage.

996. Le testament fait sur mer, en la forme prescrite par l'article 988, ne sera valable qu'autant que le testateur mourra en mer, ou dans les trois mois après qu'il sera descendu à terre, et dans un lieu où il aura pu le refaire dans les formes ordinaires.

997. Le testament fait sur mer ne pourra contenir aucune disposition au profit des officiers du vaisseau, s'ils ne sont parens du testateur.

998. Les testamens compris dans les articles ci-dessus, seront signés par les testateurs et par ceux qui les auront reçus. — Si le testateur déclare qu'il ne sait ou ne peut signer, il sera fait mention de sa déclaration, ainsi que de la cause qui l'empêche de signer. — Dans les cas où la présence de deux témoins est requise, le testament sera signé au moins par l'un d'eux, et il sera fait mention de la cause pour laquelle l'autre n'aura pas signé.

MÈRE. *V.* Enfant, Maternité.

MESSAGERIES.

I. LOI CIVILE ET COMMERCIALE.

1° *Dispositions générales.*

C. Civ. 1785. Les entrepreneurs de voitures publiques par terre et par eau, et ceux des roulages publics, doivent tenir registre de l'argent, des effets et des paquets dont ils se chargent.

1786. Les entrepreneurs et directeurs de voitures et roulages publics, les maîtres de barques et navires, sont en outre assujétis à des règlemens particuliers qui font la loi entre eux et les autres citoyens.

C. Com. 107. Les dispositions contenues dans le titre 6 du livre 1er du Code de Commerce (*des commissionnaires, art.* 91-108.) sont communes aux maîtres de bateaux, entrepreneurs de diligences et voitures publiques. *V.* COMMISSIONNAIRE.

2° *Disposition additionnelle.*

C. Civ. 1384. Les commettans (sont responsables) du dommage causé par leurs préposés dans les fonctions auxquelles ils les ont employés.

II. LOI PÉNALE.

C. Pén. 475. Seront punis d'amende, depuis six francs jusqu'à dix francs inclusivement, — 1°... 4° ceux qui auront violé les règlemens contre le chargement, la rapidité ou la mauvaise direction des voitures ; — ceux qui contreviendront aux dispositions des ordonnances et règlemens ayant pour objet : — la solidité des voitures publiques ; — leurs poids ; — le mode de leur chargement ; — le nombre et la sûreté des voyageurs ; — l'indication, dans l'intérieur des voitures, des places qu'elles contiennent et du prix des places; — l'indication, à l'extérieur, du nom du propriétaire.

MESURES. *V.* POIDS ET MESURES.

MEUBLANS (MEUBLES).

C. Civ. 534. Les mots *meubles meublans* ne comprennent que les meubles destinés à l'usage et à l'ornement des appartemens, comme tapisseries, lits, sièges, glaces, pendules, tables, porcelaines et autres objets de cette nature. — Les tableaux et les statues qui font partie du meuble d'un appartement, y sont aussi compris, mais non les collections de tableaux qui peuvent être dans les galeries et pièces particulières. — Il en est de même des porcelaines : celles seulement qui font partie de la décoration d'un appartement, sont comprises sous la dénomination de meubles meublans.

535. La vente ou le don d'une maison meublée ne comprend que les meubles meublans.

MEUBLES (BIENS).

I. DISPOSITIONS GÉNÉRALES.

De la distinction des biens.

C. Civ. 516. Tous les biens sont meubles ou immeubles.

Des meubles.

C. Civ. (*liv.* 2, *tit.* 1, *ch.* 2, *art.* 527-536). — 527. Les biens sont meubles par leur nature, ou par la détermination de la loi.

528. Sont meubles par leur nature, les corps qui peuvent se transporter d'un lieu à un autre, soit qu'ils se meuvent par eux-mêmes, comme les animaux , soit qu'ils ne puissent changer de place que par l'effet d'une force étrangère, comme les choses inanimées.

529. Sont meubles par la détermination de la loi, les obligations et actions qui ont pour objet des sommes exigibles ou des effets mobiliers, les actions ou intérêts dans les compagnies de finance, de commerce ou d'industrie, encore que des immeubles dépendans de ces entreprises appartiennent aux compagnies. Ces actions ou intérêts sont réputés meubles à l'égard de chaque associé seulement, tant que dure la société.— Sont aussi meubles par la détermination de la loi, les rentes perpétuelles ou viagères, soit sur l'État, soit sur des particuliers.

530. Toute rente établie à perpétuité pour le prix de la vente d'un immeuble ou comme condition de la cession à titre onéreux ou gratuit d'un fonds immobilier, est essentiellement rachetable. — Il est néanmoins permis au créancier de régler les clauses et conditions du rachat. — Il lui est aussi permis de stipuler que la rente ne pourra lui être remboursée qu'après un certain terme, lequel ne peut jamais excéder trente ans : toute stipulation contraire est nulle.

531. Les bateaux, bacs, navires, moulins et bains sur bateaux, et généralement toutes usines non fixées par des piliers, et ne faisant point partie de la maison, sont meubles : la saisie de quelques-uns de ces objets peut cependant, à cause de leur importance , être soumise à des formes particulières, ainsi qu'il sera expliqué dans le Code de la Procédure civile. *V.* EXÉCUTION (*saisie*).

532. Les matériaux provenant de la démolition d'un édifice, ceux assemblés pour en construire un nouveau , sont meubles jusqu'à ce qu'ils soient employés par l'ouvrier dans une construction.

533. Le mot *meuble*, employé seul dans les dispositions de la loi ou de l'homme, sans autre addition ni désignation, ne comprend pas l'argent comptant, les pierreries, les dettes actives, les li-

vres, les médailles, les instrumens des sciences, des arts et métiers, le linge de corps, les chevaux, équipages, armes, grains, vins, foins et autres denrées; il ne comprend pas aussi ce qui fait l'objet d'un commerce.

534. Les mots *meubles meublans* ne comprennent que les meubles destinés à l'usage et à l'ornement des appartemens, comme tapisseries, lits, sièges, glaces, pendules, tables, porcelaines et autres objets de cette nature. — Les tableaux et les statues qui font partie du meuble d'un appartement, y sont aussi compris, mais non les collections de tableaux qui peuvent être dans les galeries ou pièces particulières. — Il en est de même des porcelaines : celles seulement qui font partie de la décoration d'un appartement, y sont comprises sous la dénomination de *meubles meublans*.

535. L'expression *biens meubles*, celle de *mobilier* ou d'*effets mobiliers*, comprennent généralement tout ce qui est censé meuble d'après les règles ci-dessus établies. — La vente ou le don d'une maison meublée ne comprend que les meubles meublans.

536. La vente ou le don d'une maison, avec tout ce qui s'y trouve, ne comprend pas l'argent comptant, ni les dettes actives et autres droits dont les titres peuvent être déposés dans la maison; tous les autres effets mobiliers y sont compris.

Dispositions additionnelles.

C. Civ. 520. Dès que les grains sont coupés et les fruits détachés, quoique non enlevés, ils sont meubles. — Si une partie seulement de la récolte est coupée, cette partie seule est meuble.

521. Les coupes ordinaires des bois taillis ou de futaies mises en coupes réglées, ne deviennent meubles qu'au fur et à mesure que les arbres sont abattus.

522. (Les animaux que le propriétaire) donne à cheptel à d'autres qu'au fermier ou métayer, sont meubles.

524. Les objets que le propriétaire d'un fonds y a placés pour le service et l'exploitation de ce fonds, sont immeubles par destination. *V.* IMMEUBLES.

II. DISPOSITIONS DIVERSES.

ABSENT. *C. Civ.* 126. Ceux qui auront obtenu l'envoi provisoire (des biens de l'absent), ou l'époux qui aura opté pour la continuation de la communauté, devront faire procéder à l'inventaire du mobilier et des titres de l'absent, en présence du procureur du Roi près le tribunal de première instance, ou d'un juge de paix requis par

ledit procureur du Roi. — Le tribunal ordonnera, s'il y a lieu, de vendre tout ou partie du mobilier. Dans le cas de vente, il sera fait emploi du prix, ainsi que des fruits échus.

COMMUNAUTÉ. *C. Civ.* 1401. La communauté se compose activement, — 1° de tout le mobilier que les époux possédaient au jour de la célébration du mariage, ensemble de tout le mobilier qui leur échoit pendant le mariage, à titre de succession ou même de donation, si le donateur n'a exprimé le contraire. *V.* COMMUNAUTÉ.

DÉPÔT. *C. Civ.* 1918. (Le dépôt) ne peut avoir pour objet que des choses mobilières.

DONATION. *C. Civ.* 948. Tout acte de donation d'effets mobiliers ne sera valable que pour les effets dont un état estimatif, signé du donateur et du donataire, ou de ceux qui acceptent pour lui, aura été annexé à la minute de la donation.

949. Il est permis au donateur de faire la réserve à son profit, ou de disposer au profit d'un autre, de la jouissance ou de l'usufruit des meubles ou immeubles donnés.

950. Lorsque la donation d'effets mobiliers aura été faite avec réserve d'usufruit, le donataire sera tenu, à l'expiration de l'usufruit, de prendre les effets donnés qui se trouveront en nature, dans l'état où ils seront; et il aura action contre le donateur ou ses héritiers, pour raison des objets non existans, jusqu'à concurrence de la valeur qui leur aura été donnée dans l'état estimatif.

HÉRITIER BÉNÉFICIAIRE. *C. Civ.* 803. (L'héritier bénéficiaire) ne peut vendre les meubles de la succession que par le ministère d'un officier public, aux enchères, et après les affiches et publications accoutumées. *V.* MOBILIÈRES (ventes).— S'il les représente en nature, il n'est tenu que de la dépréciation ou de la détérioration causée par sa négligence.

HYPOTHÈQUE. *C. Civ.* 2119. Les biens meubles n'ont pas de suite par hypothèque.

INDU PAIEMENT. *C. Civ.* 1379. Si la chose indûment reçue est un meuble corporel, celui qui l'a reçue s'oblige à la restituer en nature, si elle existe, ou sa valeur, si elle est périe ou détériorée par sa faute; il est même garant de sa perte par cas fortuit, s'il l'a reçue de mauvaise foi.

NAVIRE. *C. Com.* 190. Les navires et autres bâtimens de mer sont meubles. — Néanmoins ils sont affectés aux dettes du vendeur, et spécialement à celles que la loi déclare privilégiées. *V.* NAVIRES.

POSSESSION (*perte, vol*). *C. Civ.* 2279. En fait de meubles, la possession vaut titre. — Néanmoins celui qui a perdu, ou auquel il a été volé une chose, peut la revendiquer pendant trois ans, à compter du jour de la perte ou du vol, contre celui dans les mains duquel il la trouve, sauf à celui-ci son recours contre celui duquel il la tient.

2280. Si le possesseur actuel de la chose volée ou perdue l'a achetée dans une foire, ou dans un marché, ou dans une vente publique, ou d'un marchand vendant des choses pareilles, le propriétaire originaire ne peut se la faire rendre qu'en remboursant au possesseur le prix qu'elle lui a coûté.

Prêt (à intérêt). C. Civ. 1905. Il est permis de stipuler des intérêts pour simple prêt, soit d'argent, soit de denrées, ou autres choses mobilières.

Privilège. C. Civ. 2099. Les privilèges peuvent être sur les meubles ou sur les immeubles. V. Privilège.

Rapport. C. Civ. 868. Le rapport du mobilier ne se fait qu'en moins prenant. Il se fait sur le pied de la valeur du mobilier lors de la donation, d'après l'état estimatif annexé à l'acte; et à défaut de cet état, d'après une estimation par experts, à juste prix et sans crue.

869. Le rapport de l'argent donné se fait en moins prenant dans le numéraire de la succession. — En cas d'insuffisance, le donataire peut se dispenser de rapporter du numéraire, en abandonnant, jusqu'à due concurrence du mobilier, et à défaut de mobilier, des immeubles de la succession.

Rente viagère. C. Civ. 1968. La rente viagère peut être constituée à titre onéreux, moyennant une somme d'argent, ou pour une chose mobilière appréciable.

Séquestre. C. Civ. 1961. La justice peut ordonner le séquestre, — 1° des meubles saisis sur un débiteur; V. Exécution (saisie-).— 2° d'un immeuble ou d'une chose mobilière dont la propriété ou la possession est litigieuse entre deux ou plusieurs personnes; — 3° des choses qu'un débiteur offre pour sa libération. V. Séquestre.

Substitution. C. Civ. 1062. Le grevé de restitution sera tenu de faire procéder à la vente, par affiches et enchères, de tous les meubles et effets compris dans la disposition, à l'exception néanmoins de ceux dont il est mention dans les deux articles suivans.

1063. Les meubles meublans et autres choses mobilières qui auraient été compris dans la disposition, à la condition expresse de les conserver en nature, seront rendus dans l'état où ils se trouveront lors de la restitution.

1064. Les bestiaux et ustensiles servant à faire valoir les terres seront censés compris dans les donations entre-vifs ou testamentaires desdites terres : et le grevé sera seulement tenu de les faire priser et estimer, pour en rendre une égale valeur lors de la restitution.

Succession. C. Civ. 825. L'estimation des meubles (de la succession), s'il n'y a pas eu de prisée faite dans un inventaire régulier, doit être faite par gens à ce connaissant, à juste prix et sans crue.

Usufruit. C. Civ. 581. (L'usufruit) peut être établi sur toute espèce de biens meubles ou immeubles.

600. L'usufruitier prend les choses dans l'état où elles sont; mais il ne peut entrer en jouissance qu'après avoir fait dresser, en présence du propriétaire, ou lui dûment appelé, un inventaire des meubles et un état des immeubles sujets à usufruit.

601. Il donne caution de jouir en bon père de famille, s'il n'en est dispensé par l'acte constitutif de l'usufruit.

603. A défaut d'une caution de la part de l'usufruitier, le propriétaire peut exiger que les meubles qui dépérissent par l'usage soient vendus, pour le prix en être placé comme celui des denrées : et alors l'usufruitier jouit de l'intérêt pendant son usufruit : cependant l'usufruitier pourra demander, et les juges pourront ordonner, suivant les circonstances, qu'une partie des meubles nécessaires pour son usage lui soit délaissée, sous sa simple caution juratoire, et à la charge de les représenter à l'extinction de l'usufruit.

Vente (délivrance). C. Civ. 1606. La délivrance des effets mobiliers s'opère, — ou par la tradition réelle, — ou par la remise des clés des bâtimens qui les contiennent, — ou même par le seul consentement des parties, si le transport ne peut s'en faire au moment de la vente, ou si l'acheteur les avait déjà en son pouvoir à un autre titre.

(Résolution.) C. Civ. 1657. En matière de vente de denrées et effets mobiliers, la résolution de la vente aura lieu de plein droit et sans sommation, au profit du vendeur, après l'expiration du terme convenu pour le retirement.

MEURTRE.

1° Dispositions générales.

C. Pén. 295. L'homicide commis volontairement est qualifié meurtre.

296. Tout meurtre commis avec préméditation ou de guet-apens, est qualifié assassinat.

299. Est qualifié parricide le meurtre des pères ou mères légitimes, naturels ou adoptifs, ou de tout autre ascendant légitime.

500. Est qualifié infanticide le meurtre d'un enfant nouveau-né.

501. Est qualifié empoisonnement tout attentat à la vie d'une personne par l'effet de substances qui peuvent donner la mort plus ou moins promptement, de quelque manière que ces substances aient été employées ou administrées, et quelles qu'en aient été les suites.

504. Le meurtre emportera la peine de mort, lorsqu'il aura précédé, accompagné ou suivi un autre crime. — Le meurtre emportera également la peine de mort, lorsqu'il aura eu pour objet, soit de préparer, faciliter ou exécuter un délit, soit de favoriser la fuite ou d'assurer l'impunité des auteurs ou complices de ce délit. — En tout autre cas, le coupable de meurtre sera puni des travaux forcés à perpétuité.

2° Du meurtre excusable.

C. Pén. 521. Le meurtre ainsi que les blessures et les coups sont excusables, s'ils ont été provoqués par des coups ou violences graves envers les personnes.

524. Le meurtre commis par l'époux sur l'épouse, ou par celle-ci sur son époux, n'est pas excusable, si la vie de l'époux ou de l'épouse qui a commis le meurtre n'a pas été mise en péril dans le moment même où le meurtre a eu lieu.— Néanmoins dans le cas d'adultère prévu par l'article 556 (*V.* ADULTÈRE), le meurtre commis par l'époux sur son épouse, ainsi que sur le complice, à l'instant où il les surprend en flagrant délit dans la maison conjugale, est excusable.

MILITAIRES.

I. DE L'ABSENCE.

Loi du 13 janvier 1817.

Art. 1er. Lorsqu'un militaire ou marin en activité pendant les guerres qui ont eu lieu depuis le 21 avril 1792 jusqu'au traité de paix du 20 novembre 1815, aura cessé de paraître avant cette dernière époque à son corps et au lieu de son domicile, ou de sa résidence, les héritiers présomptifs ou son épouse pourront dès à présent se pourvoir au tribunal de son dernier domicile, soit pour faire déclarer son absence, soit pour faire constater son décès, soit pour l'une de ces fins au défaut de l'autre.

2. Leur requête et les pièces justificatives seront communiquées au procureur du Roi et par lui adressées au ministre de la justice qui les transmettra au ministre de la guerre ou au ministre de la marine, selon que l'individu appartiendra au service de terre ou à celui de mer, et rendra publique la demande, ainsi qu'il est prescrit à l'égard des jugemens d'absence par l'article 118 du Code Civil. *V.* ABSENCE.

3. La requête, les extraits d'actes, pièces et renseignemens recueillis au ministère de la guerre ou de la marine sur l'individu dénommé dans ladite requête, seront renvoyés par l'intermédiaire du ministre de la justice au procureur du Roi. — Si l'acte de décès a été transmis au procureur du Roi, il en fera immédiatement le renvoi à l'officier de l'état civil, qui sera tenu de se conformer à l'article 98 du Code Civil (*ci-après*).—Le procureur du Roi remettra le surplus des pièces au greffe, après en avoir prévenu l'avoué des parties requérantes, et, à défaut d'acte de décès, il donnera ses conclusions.

4. Sur le vu du tout, le tribunal prononcera. — S'il résulte des pièces et renseignemens fournis par le ministre que l'individu existe, la demande sera rejetée. — S'il y a lieu seulement de présumer son existence, l'instruction pourra être ajournée pendant un délai qui n'excédera pas une année. — Le tribunal pourra aussi ordonner les enquêtes prescrites par l'article 116 du Code Civil (*V.* ABSENCE), pour confirmer les présomptions d'absence résultant desdites pièces et renseignemens.—Enfin l'absence pourra être déclarée, ou sans instruction, ou après ajournement et enquêtes, s'il est prouvé que l'individu a disparu sans qu'on ait eu de ses nouvelles, savoir : depuis deux ans, quand le corps, le détachement ou l'équipage dont il fait partie, servait en Europe ; et depuis quatre ans, quand le corps, le détachement ou l'équipage se trouvait hors de l'Europe.

5. La preuve testimoniale du décès pourra être ordonnée, conformément à l'article 46 du Code Civil (*V.* DÉCÈS), s'il est prouvé, soit par l'attestation du ministre de la guerre ou de la marine, soit par toute autre voie légale, qu'il n'y a pas eu de registres ou qu'ils ont été perdus ou détruits en tout ou en partie ou que tous ont éprouvé des interruptions. — Dans le cas du présent article, il sera procédé aux enquêtes contradictoirement avec le procureur du Roi.

6. Dans aucun cas, le jugement définitif portant déclaration d'absence ou de décès ne pourra intervenir qu'après le délai d'un an, à compter de l'annonce officielle prescrite par l'article 2.

7. Lorsqu'il s'agira de déclarer l'absence ou de constater en justice le décès des personnes mentionnées en l'article 1er de la présente loi, les jugemens contiendront uniquement les conclusions, le sommaire des motifs et le dispositif, sans que la requête puisse y être insérée. Les parties pourront même se faire délivrer par simple extrait le dispositif des jugemens interlocutoires ; et, s'il y a lieu à enquêtes, elles seront mises en minute sous les yeux des juges.

8. Le procureur du Roi et les parties requérantes pourront interjeter appel des jugemens, soit interlocutoires, soit définitifs. — L'appel du procureur du Roi sera, dans le délai d'un mois, à dater du jugement, signifié à la partie au domicile de son avoué. — Les appels seront portés à l'audience sur simple acte et sans aucune procédure.

9. Dans le cas d'absence en vertu de la présente loi, si le présumé absent a laissé une procuration, l'envoi en possession provisoire sous caution pourra être demandé, sans attendre le délai prescrit par les art. 121 et 122 du C. Civ. (*V.* ABSENCE), mais à la charge de restituer en cas de retour, sous les déductions de droit, la totalité des fruits perçus pendant les dix premières années de l'absence. — Les parties requérantes qui posséderont des immeubles reconnus suffisans pour répondre de la valeur des objets susceptibles de restitution en cas de retour, pourront être admises par le tribunal à se cautionner sur leurs propres biens.

10. Feront preuve en justice, dans les cas prévus par la présente loi, les registres et actes de décès des militaires, tenus conformément à l'article 88 et sui-

35

vans du Code Civil (*ci après*), bien que lesdits militaires soient décédés sur le territoire français, s'ils faisaient partie des corps ou détachemens d'une armée active ou de la garnison d'une ville assiégée.

11. Si les héritiers présomptifs ou l'épouse négligent d'user du bénéfice de la présente loi, les créanciers ou autres personnes intéressées pourront, un mois après l'interpellation qu'ils seront tenus de leur faire signifier, se pourvoir eux-mêmes en déclaration d'absence ou de décès.

12. Les dispositions de la présente loi sont applicables à l'absence ou au décès de toutes les personnes inscrites au bureau des classes de la marine, à celles attachées par brevets ou commissions aux services de santé, aux services administratifs des armées de terre et de mer, ou portées sur les contrôles réguliers des administrations militaires. — Elles pourront être appliquées par nos tribunaux à l'absence et au décès des domestiques, vivandiers et autres personnes à la suite de l'armée, s'il résulte des rôles d'équipage, des pièces produites et des registres de police, permissions, passeports, feuilles de route et autres registres déposés aux ministères de la guerre et de la marine, ou dans les bureaux en dépendans, des preuves et des documens suffisans sur la profession desdites personnes et sur leur sort.

13. Les dispositions du Code Civil relatives aux absens auxquelles il n'est pas dérogé par la présente loi, continueront d'être exécutées. *V*. Absence.

II. DE L'ÉTAT CIVIL.

Des actes de l'état civil concernant les militaires hors du territoire du royaume.

C. Civ. (*liv.* 1, *tit.* 2, *ch.* 3, *art.* 88-98). — 88. Les actes de l'état civil faits hors du territoire du royaume, concernant les militaires ou autres personnes employées à la suite des armées, seront rédigés dans les formes prescrites par les dispositions précédentes (*art.* 34-87. *V*. ÉTAT CIVIL [*actes de l'*]), sauf les exceptions contenues dans les articles suivans.

89. Le quartier-maître dans chaque corps d'un ou plusieurs bataillons ou escadrons, et le capitaine commandant dans les autres corps, rempliront les fonctions d'officiers de l'état civil : ces mêmes fonctions seront remplies, pour les officiers sans troupes et pour les employés de l'armée, par l'inspecteur aux revues attaché à l'armée ou au corps d'armée.

90. Il sera tenu, dans chaque corps de troupes, un registre pour les actes de l'état civil relatifs aux individus de ce corps, et un autre à l'état-major de l'armée ou d'un corps d'armée, pour les actes civils relatifs aux officiers sans troupes et aux employés : ces registres seront conservés de la même manière que les autres registres des corps et états-majors, et déposés aux archives de la guerre, à la rentrée des corps ou armées sur le territoire du royaume.

91. Les registres seront cotés et paraphés, dans chaque corps, par l'officier qui le commande ;

et à l'état-major, par le chef de l'état-major général.

92. Les déclarations de naissance à l'armée seront faites dans les dix jours qui suivront l'accouchement.

93. L'officier chargé de la tenue du registre de l'état civil devra, dans les dix jours qui suivront l'inscription d'un acte de naissance audit registre, en adresser un extrait à l'officier de l'état civil du dernier domicile du père de l'enfant, ou de la mère si le père est inconnu.

94. Les publications de mariage des militaires et employés à la suite des armées, seront faites au lieu de leur dernier domicile : elles seront mises en outre, vingt-cinq jours avant la célébration du mariage, à l'ordre du jour du corps, pour les individus qui tiennent à un corps ; et à celui de l'armée ou du corps d'armée, pour les officiers sans troupes, et pour les employés qui en font partie.

95. Immédiatement après l'inscription sur le registre de l'acte de célébration du mariage, l'officier chargé de la tenue du registre en enverra une expédition à l'officier de l'état civil du dernier domicile des époux.

96. Les actes de décès seront dressés, dans chaque corps, par le quartier-maître ; et pour les officiers sans troupes et les employés, par l'inspecteur aux revues de l'armée, sur l'attestation de trois témoins ; et l'extrait de ces registres sera envoyé, dans les dix jours, à l'officier de l'état civil du dernier domicile du décédé.

97. En cas de décès dans les hôpitaux militaires ambulans ou sédentaires, l'acte en sera rédigé par le directeur desdits hôpitaux, et envoyé au quartier-maître du corps, ou à l'inspecteur aux revues de l'armée ou du corps d'armée dont le décédé faisait partie : ces officiers en feront parvenir une expédition à l'officier de l'état civil du dernier domicile du décédé.

98. L'officier de l'état civil du domicile des parties auquel il aura été envoyé de l'armée expédition d'un acte de l'état civil, sera tenu de l'inscrire de suite sur les registres.

III. DES TESTAMENS MILITAIRES.

C. Civ. 981. Les testamens des militaires et des individus employés dans les armées pourront, en quelque pays que ce soit, être reçus par un chef de bataillon ou d'escadron, ou par tout autre officier d'un grade supérieur, en présence de deux témoins, ou par deux commissaires des guerres, ou par un de ces commissaires en présence de deux témoins.

982. Ils pourront encore, si le testateur est malade ou blessé, être reçus par l'officier de

santé en chef, assisté du commandant militaire chargé de la police de l'hospice.

983. Les dispositions des articles ci-dessus n'auront lieu qu'en faveur de ceux qui seront en expédition militaire, ou en quartier, ou en garnison hors du territoire français, ou prisonniers chez l'ennemi ; sans que ceux qui seront en quartier ou en garnison dans l'intérieur puissent en profiter, à moins qu'ils ne se trouvent dans une place assiégée ou dans une citadelle et autres lieux dont les portes soient fermées, et les communications interrompues à cause de la guerre.

984. Le testament fait dans la forme ci-dessus établie sera nul six mois après que le testateur sera revenu dans un lieu où il aura la liberté d'employer les formes ordinaires.

998. Les testamens compris dans les articles ci-dessus seront signés par les testateurs et par ceux qui les auront reçus. — Si le testateur déclare qu'il ne sait ou ne peut signer, il sera fait mention de sa déclaration, ainsi que de la cause qui l'empêche de signer.—Dans le cas où la présence de deux témoins est requise, le testament sera signé au moins par l'un d'eux, et il sera fait mention de la cause pour laquelle l'autre n'aura pas signé.

IV. DISPOSITIONS DIVERSES.

CRIMES ET DÉLITS. *C. Pén.* 5. Les dispositions du Code (Pénal) ne s'appliquent pas aux contraventions, délits et crimes *militaires*.

56. L'individu condamné par un tribunal militaire ou maritime ne sera, en cas de crime ou délit postérieur, passible des peines de la récidive qu'autant que la première condamnation aurait été prononcée pour des crimes ou délits punissables d'après les lois pénales ordinaires.

PUISSANCE PATERNELLE. *C. Civ.* 374. L'enfant ne peut quitter la maison paternelle sans la permission de son père, si ce n'est pour enrôlement volontaire, après l'âge de dix-huit ans révolus.

TUTELLE. *C. Civ.* 428. Sont dispensés de la tutelle, —les militaires en activité de service.

436. Ceux qui ont cinq enfans légitimes sont dispensés de toute tutelle autre que celle desdits enfans.—Les enfans morts en activité de service dans les armées du Roi seront toujours comptés pour opérer cette dispense.

MINES. *V.* CARRIÈRES.

MINEUR, MINORITÉ.

I. DISPOSITIONS GÉNÉRALES.

1° *De la minorité.*

C. Civ. (liv. 1, tit. 10, ch. 1, art. 388).—588. Le mineur est l'individu de l'un et de l'autre sexe qui n'a point encore l'âge de vingt-un ans accomplis.

2° *De la minorité relativement au mariage.*

C. Civ. 148 Le fils qui n'a pas atteint l'âge de vingt-cinq ans accomplis, la fille qui n'a pas atteint l'âge de vingt-un ans accomplis, ne peuvent contracter mariage sans le consentement de leurs père et mère ; en cas de dissentiment, le consentement du père suffit.

476. Le mineur est émancipé de plein droit par le mariage.

224. Si le mari est mineur, l'autorisation du juge est nécessaire à la femme, soit pour ester en jugement, soit pour contracter.

1095. Le mineur ne pourra, par contrat de mariage, donner à l'autre époux, soit par donation simple, soit par donation réciproque, qu'avec le consentement et l'assistance de ceux dont le consentement est requis pour la validité de son mariage ; et, avec ce consentement, il pourra donner tout ce que la loi permet à l'époux majeur de donner à l'autre conjoint.

1398. Le mineur habile à contracter mariage est habile à consentir toutes les conventions dont ce contrat est susceptible, et les conventions et donations qu'il y a faites sont valables, pourvu qu'il ait été assisté, dans le contrat, des personnes dont le consentement est nécessaire pour la validité du mariage.

2208. En cas de minorité du mari et de la femme, ou de minorité de la femme seule, si son mari majeur refuse de procéder avec elle (sur la demande en expropriation formée contre elle), il est nommé par le tribunal un tuteur à la femme, contre lequel la poursuite est exercée.

3° *Relativement aux obligations.*

C. Civ. 1124. Les incapables de contracter sont, — les mineurs.

1125. Le mineur ne peut attaquer, pour cause d'incapacité, ses engagemens, que dans les cas prévus par la loi. — Les personnes capables de s'engager ne peuvent opposer l'incapacité du mineur avec qui elles ont contracté.

1304. Dans tous les cas où l'action en nullité ou en rescision d'une convention n'est pas limitée à un moindre temps par une loi particulière, cette action dure dix ans.—Le temps ne court, à l'égard des actes faits par les mineurs, que du jour de la majorité.

1305. La simple lésion donne lieu à la rescision en faveur du mineur non émancipé, contre toutes sortes de conventions ; et en faveur du mineur émancipé, contre toutes conventions qui excèdent les bornes de sa capacité, ainsi qu'elle est déterminée au titre *de la minorité, de la tutelle et de l'émancipation. V.* ÉMANCIPATION.

35.

1306. Le mineur n'est pas restituable pour cause de lésion, lorsqu'elle ne résulte que d'un événement casuel et imprévu.

1307. La simple déclaration de majorité, faite par le mineur, ne fait point obstacle à sa restitution.

1308. Le mineur commerçant, banquier ou artisan, n'est point restituable contre les engagemens qu'il a pris à raison de son commerce ou de son art.

1309. Le mineur n'est point restituable contre les conventions portées en son contrat de mariage lorsqu'elles ont été faites avec le consentement et l'assistance de ceux dont le consentement est requis pour la validité de son mariage.

1310. Il n'est point restituable contre les obligations résultant de son délit ou quasi-délit.

1311. Il n'est plus recevable à revenir contre l'engagement qu'il avait souscrit en minorité, lorsqu'il l'a ratifié en majorité, soit que cet engagement fût nul en sa forme, soit qu'il fût seulement sujet à restitution.

1312. Lorsque les mineurs, les interdits ou les femmes mariées sont admis, en ces qualités, à se faire restituer contre leurs engagemens, le remboursement de ce qui aurait été, en conséquence de ces engagemens, payé pendant la minorité, l'interdiction ou le mariage, ne peut en être exigé, à moins qu'il ne soit prouvé que ce qui a été payé a tourné à leur profit.

1314. Lorsque les formalités requises à l'égard des mineurs, soit pour aliénation d'immeubles, soit dans un partage de succession, ont été remplies, ils sont, relativement à ces actes, considérés comme s'ils les avaient faits en majorité.

II. DES BIENS DE MINEUR.

1° *De l'administration.*

C. Civ. 389. Le père est, durant le mariage, administrateur des biens personnels de ses enfans mineurs.—Il est comptable, quant à la propriété et aux revenus, des biens dont il n'a pas la jouissance ; et, quant à la propriété seulement, de ceux des biens dont la loi lui donne l'usufruit. V. JOUISSANCE LÉGALE, II, p. 436.

390. Après la dissolution du mariage arrivée par la mort naturelle ou civile de l'un des époux, la tutelle des enfans mineurs et non émancipés appartient de plein droit au survivant des père et mère. *V.* TUTELLE.

450. Le tuteur prendra soin de la personne du mineur, et le représentera dans tous les actes civils.—Il administrera ses biens en bon père de famille, et répondra des dommages-intérêts qui pourraient résulter d'une mauvaise gestion. — Il ne peut ni acheter les biens du mineur, ni les prendre à ferme, à moins que le conseil de famille n'ait autorisé le subrogé-tuteur à lui en passer bail, ni accepter la cession d'aucun autre droit ou créance contre son pupille.

457. Le tuteur, même le père ou la mère, ne peut emprunter pour le mineur, ni aliéner ou hypothéquer ses biens immeubles, sans y être autorisé par un conseil de famille.—Cette autorisation ne devra être accordée que pour cause d'une nécessité absolue, ou d'un avantage évident. — Dans le premier cas, le conseil de famille n'accordera son autorisation qu'après qu'il aura été constaté, par un compte sommaire présenté par le tuteur, que les deniers, effets mobiliers et revenus du mineur sont insuffisans.—Le conseil de famille indiquera, dans tous les cas, les immeubles qui devront être vendus de préférence, et toutes les conditions qu'il jugera utiles.

458. Les délibérations du conseil de famille, relatives à cet objet, ne seront exécutées qu'après que le tuteur en aura demandé et obtenu l'homologation devant le tribunal de première instance, qui statuera en la chambre du conseil, et après avoir entendu le procureur du Roi.

459. La vente se fera publiquement, en présence du subrogé-tuteur, aux enchères, qui seront reçues par un membre du tribunal de première instance, ou par un notaire à ce commis, et à la suite de trois affiches apposées, par trois dimanches consécutifs, aux lieux accoutumés dans le canton.

460. Les formalités exigées par les art. 457 et 458, pour l'aliénation des biens du mineur, ne s'appliquent point au cas où un jugement aurait ordonné la licitation sur la provocation d'un copropriétaire par indivis. — Seulement, et en ce cas, la licitation ne pourra se faire que dans la forme prescrite par l'article précédent ; les étrangers y seront nécessairement admis.

464. Aucun tuteur ne pourra introduire en justice une action relative aux droits immobiliers du mineur, ni acquiescer à une demande relative aux mêmes droits, sans l'autorisation du conseil de famille.

467. Le tuteur ne pourra transiger au nom du mineur qu'après y avoir été autorisé par le conseil de famille, et de l'avis de trois jurisconsultes désignés par le procureur du Roi près le tribunal de première instance. — La transaction ne sera valable qu'autant qu'elle aura été homologuée par le tribunal de première instance, après avoir entendu le procureur du Roi.

469. Tout tuteur est comptable de sa gestion lorsqu'elle finit. *V.* TUTELLE (*compte de*).

472. Tout traité qui pourra intervenir entre le tuteur et le mineur devenu majeur, sera nul s'il n'a été précédé de la reddition d'un compte dé-

taillé et de la remise des pièces justificatives ; le tout constaté par un récépissé de l'oyant compte, dix jours au moins avant le traité.

473. Toute action du mineur contre son tuteur relativement aux faits de la tutelle, se prescrit par dix ans, à compter de la majorité.

2045. Le tuteur ne peut transiger pour le mineur ou l'interdit que conformément à l'art. 467 (*ci-dessus*) du titre *de la minorité, de la tutelle et de l'émancipation*, et il ne peut transiger avec le mineur devenu majeur, sur le compte de tutelle, que conformément à l'art. 472 (*ci-dessus*) du même titre.

2° *Des donations et legs.*

C. *Civ.* 463. La donation faite au mineur ne pourra être acceptée par le tuteur qu'avec l'autorisation du conseil de famille. — Elle aura, à l'égard du mineur, le même effet qu'à l'égard du majeur.

903. Le mineur âgé de moins de seize ans ne pourra aucunement disposer, sauf ce qui est réglé (à l'égard du mariage. *V. ci-dessus*, 1, 2°.)

904. Le mineur parvenu à l'âge de seize ans ne pourra disposer que par testament, et jusqu'à concurrence seulement de la moitié des biens dont la loi permet au majeur de disposer.

907. Le mineur, quoique parvenu à l'âge de seize ans, ne pourra, même par testament, disposer au profit de son tuteur. — Le mineur, devenu majeur, ne pourra disposer, soit par donation entre-vifs, soit par testament, au profit de celui qui aura été son tuteur, si le compte définitif de la tutelle n'a été préalablement rendu et apuré. — Sont exceptés, dans les deux cas ci-dessus, les ascendans des mineurs, qui sont ou qui ont été leurs tuteurs.

935. La donation faite à un mineur non émancipé ou à un interdit devra être acceptée par son tuteur, conformément à l'article 463, au titre *de la minorité, de la tutelle et de l'émancipation* (*ci-dessus*). — Le mineur émancipé pourra accepter avec l'assistance de son curateur. — Néanmoins les père et mère du mineur émancipé ou non émancipé, ou les autres ascendans, même du vivant des père et mère, quoiqu'ils ne soient ni tuteurs ni curateurs du mineur, pourront accepter pour lui.

940. Lorsque la donation sera faite à des mineurs, la transcription sera faite à la diligence des tuteurs.

942. Les mineurs ne seront point restitués contre le défaut d'acceptation ou de transcription des donations ; sauf leur recours contre les tuteurs, s'il y échet, et sans que la restitution puisse avoir lieu, dans le cas même où lesdits tuteurs se trouveraient insolvables.

3° *De l'hypothèque.*

C. *Civ.* 2121. Les droits et créances auxquels l'hypothèque légale est attribuée sont : — ceux des mineurs et interdits, sur les biens de leur tuteur. *V.* HYPOTHÈQUE.

4° *De la prescription.*

C. *Civ.* 2252. La prescription ne court pas contre les mineurs et les interdits, sauf ce qui est dit à l'article 2278 (*ci-après*), et à l'exception des autres cas déterminés par la loi.

2278. Les prescriptions (*brevi tempore*) dont il s'agit dans les articles (2271 à 2777, *V.* PRESCRIPTION) courent contre les mineurs et les interdits, sauf leur recours contre leurs tuteurs.

5° *Des successions et partages.*

C. *Civ.* 461. Le tuteur ne pourra accepter ni répudier une succession échue au mineur, sans une autorisation préalable du conseil de famille. L'acceptation n'aura lieu que sous bénéfice d'inventaire. *V.* BÉNÉFICE D'INVENTAIRE.

462. Dans le cas où la succession répudiée au nom du mineur n'aurait pas été acceptée par un autre, elle pourra être reprise soit par le tuteur, autorisé à cet effet par une nouvelle délibération du conseil de famille, soit par le mineur devenu majeur, mais dans l'état où elle se trouvera lors de la reprise, et sans pouvoir attaquer les ventes et autres actes qui auraient été légalement faits durant la vacance.

463. L'autorisation (du conseil de famille) sera nécessaire au tuteur pour provoquer un partage ; mais il pourra, sans cette autorisation, répondre à une demande en partage dirigée contre le mineur.

466. Pour obtenir à l'égard du mineur tout l'effet qu'il aurait entre majeurs, le partage devra être fait en justice, et précédé d'une estimation faite par experts nommés par le tribunal de première instance du lieu de l'ouverture de la succession. — Les experts, après avoir prêté, devant le président du même tribunal ou autre juge par lui délégué, le serment de bien et fidèlement remplir leur mission, procéderont à la division des héritages et à la formation des lots, qui seront tirés au sort, et en présence soit d'un membre du tribunal, soit d'un notaire par lui commis, lequel fera la délivrance des lots. — Tout autre partage ne sera considéré que comme provisionnel.

776. Les successions échues aux mineurs et aux interdits ne pourront être valablement acceptées que conformément aux dispositions du titre *de la minorité, de la tutelle et de l'émancipation.* (*Art. 461 ci-dessus.*)

817. L'action en partage, à l'égard des cohé-

ritiers mineurs ou interdits, peut être exercée par leurs tuteurs, spécialement autorisés par un conseil de famille. — A l'égard des cohéritiers absens, l'action appartient aux parens envoyés en possession.

819. S'il y a parmi (les héritiers) des mineurs ou des interdits, le scellé doit être apposé dans le plus bref délai, soit à la requête des héritiers, soit à la diligence du procureur du Roi près le tribunal de première instance, soit d'office par le juge de paix dans l'arrondissement duquel la succession est ouverte.

858. Si tous les cohéritiers ne sont pas présens, ou s'il y a parmi eux des interdits, ou des mineurs, même émancipés, le partage doit être fait en justice. S'il y a plusieurs mineurs qui aient des intérêts opposés dans le partage, il doit leur être donné à chacun un tuteur spécial et particulier. *V.* Partage.

859. S'il y a lieu à licitation, dans le cas du précédent article, elle ne peut être faite qu'en justice avec les formalités prescrites pour l'aliénation des biens des mineurs. Les étrangers y sont toujours admis.

1687. Chacun des copropriétaires est le maître de demander que les étrangers soient appelés à la licitation : ils sont nécessairement appelés lorsque l'un des copropriétaires est mineur.

III. dispositions diverses.

Absent. *C. Civ.* 141. Si le père a disparu laissant des enfans mineurs issus d'un commun mariage, la mère en aura la surveillance, et elle exercera tous les droits du mari, quant à leur éducation et à l'administration de leurs biens. *V.* Absence.

Adoption. *C. Civ.* 345. La faculté d'adopter ne peut être exercée qu'envers l'individu à qui l'on aura, dans sa minorité et pendant six ans au moins, fourni des secours et donné des soins non interrompus, ou envers celui qui aurait sauvé la vie à l'adoptant, soit dans un combat, soit en le retirant des flammes ou des flots. — Il suffira, dans ce deuxième cas, que l'adoptant soit majeur, plus âgé que l'adopté, sans enfans ni descendans légitimes ; et s'il est marié, que son conjoint consente à l'adoption.

346. L'adoption ne pourra, en aucun cas, avoir lieu avant la majorité de l'adopté. Si l'adopté, ayant encore ses père et mère, ou l'un des deux, n'a point accompli sa vingt-cinquième année, il sera tenu de rapporter le consentement donné à l'adoption par ses père et mère, ou par le survivant ; et s'il est majeur de vingt-cinq ans, de requérir leur conseil. *V.* Adoption et Officieuse (*tutelle*).

Appel. *C. Proc.* 444. (Les délais de l'appel) emporteront déchéance : ils courront contre toutes parties, sauf le recours contre qui de droit ; mais ils ne courront contre le mineur non émancipé que du jour où le jugement aura été signifié tant au tuteur qu'au subrogé-tuteur, encore que ce dernier n'ait pas été en cause.

Caution. *C. Civ.* 2012. On peut cautionner une obligation, encore qu'elle pût être annulée par une exception purement personnelle à l'obligé ; par exemple, dans le cas de minorité.

Communication. *C. Proc.* 83. Seront communiquées au procureur du Roi, — 1°... 6° les causes des mineurs.

Communauté. *C. Civ.* 1442. S'il y a des enfans mineurs, le défaut d'inventaire fait perdre à l'époux survivant la jouissance de leurs revenus ; et le subrogé-tuteur qui ne l'a point obligé à faire inventaire est solidairement tenu avec lui de toutes les condamnations qui peuvent être prononcées au profit des mineurs.

Conciliation. *C. Proc.* 49. Sont dispensées du préliminaire de la conciliation, — 1° les demandes qui intéressent les mineurs.

Conseil de famille, tutelle. *C. Civ.* 442. Ne peuvent être tuteurs ni membres des conseils de famille, — 1° les mineurs, excepté le père ou la mère.

Contrainte par corps. *C. Civ.* 2064. La contrainte par corps ne peut être prononcée contre les mineurs.

Domicile. *C. Civ.* 108. Le mineur non émancipé aura son domicile chez ses père et mère ou tuteur.

Enquête (*déposition*). *C. Proc.* 283. Pourront les individus âgés de moins de quinze ans révolus être entendus, sauf à avoir à leurs dépositions tel égard que de raison. *V.* Témoignage.

Exécution testamentaire. *C. Civ.* 1030. Le mineur ne pourra être exécuteur testamentaire, même avec l'autorisation de son tuteur ou curateur.

Expropriation. *C. Civ.* 2205. Les immeubles d'un mineur, même émancipé, ou d'un interdit, ne peuvent être mis en vente avant la discussion du mobilier.

2207. La discussion du mobilier n'est pas requise avant l'expropriation des immeubles possédés par indivis entre un majeur et un mineur ou interdit, si la dette leur est commune, ni dans le cas où les poursuites ont été commencées contre un majeur, ou avant l'interdiction.

Lettre de change. *C. Com.* 114. Les lettres de change souscrites par des mineurs non négocians sont nulles à leur égard ; sauf les droits respectifs des parties, conformément à l'article 1312 du Code Civil. (*V. ci-dessus,* 1.)

PÉREMPTION. *C. Proc.* 398. La péremption courra contre toutes personnes, même mineures, sauf leur recours contre les tuteurs.

RACHAT (*pacte de*). *C. Civ.* 1663. Le délai (pour exercer le réméré) court contre toutes personnes, même contre le mineur, sauf, s'il y a lieu, le recours contre qui de droit.

REQUÊTE CIVILE. *C. Proc.* 481. Les mineurs seront reçus à se pourvoir (par requête civile), s'ils n'ont été défendus, ou s'ils ne l'ont été valablement.

484. Le délai de trois mois (pour se pourvoir par requête civile) ne courra contre les mineurs que du jour de la signification du jugement, faite depuis leur majorité, à personne ou domicile.

RESPONSABILITÉ. *C. Civ.* 1384. Le père, et la mère après le décès du mari, sont responsables du dommage causé par leurs enfans mineurs habitant avec eux. — La responsabilité ci-dessus a lieu, à moins que les père et mère ne prouvent qu'ils n'ont pu empêcher le fait qui donne lieu à cette responsabilité.

SCELLÉS. *C. Proc.* 910. Les prétendans droit et les créanciers mineurs émancipés pourront requérir l'apposition des scellés sans l'assistance de leur curateur. — S'ils sont mineurs non émancipés, et s'ils n'ont pas de tuteur, ou s'il est absent, elle pourra être requise par un de leurs parens.

911. Le scellé sera apposé, soit à la diligence du ministère public, soit sur la déclaration du maire ou adjoint de la commune, et même d'office par le juge de paix, — 1° si le mineur est sans tuteur, et que le scellé ne soit pas requis par un parent.

929. Si les héritiers ou quelques-uns d'eux sont mineurs non émancipés, il ne sera pas procédé à la levée des scellés, qu'ils n'aient été, ou préalablement pourvus de tuteur, ou émancipés.

SOCIÉTÉ (*arbitrage*). *C. Com.* 63. Si des mineurs sont intéressés dans une contestation pour raison d'une société commerciale, le tuteur ne pourra renoncer à la faculté d'appeler du jugement arbitral.

VENTE (*lésion*). *C. Civ.* 1676. La demande (en rescision pour lésion) n'est plus recevable après l'expiration de deux années, à compter du jour de la vente. — Ce délai court contre les interdits et les mineurs venant du chef d'un majeur qui a vendu.

IV. DES MINEURS COMMERÇANS. *V.* COMMERÇANS.

V. LOI PÉNALE.

1° *Dispositions générales.*

C. Inst. cr. 79. Les enfans de l'un et de l'au-

tre sexe, au-dessous de l'âge de quinze ans, pourront être entendus (dans le cours de l'instruction des procès criminels), par forme de déclaration et sans prestation de serment.

C. Pén. 340. Si l'accusé à moins de seize ans, le président posera cette question : — « L'accusé a-t-il agi avec discernement? » *V.* DISCERNEMENT.

2° *Du droit de correction. V.* CORRECTION (*droit de*).

3° *Des crimes contre l'enfant. V.* ENFANT, MŒURS (*attentats aux*).

4° *De l'enlèvement de mineurs. V.* ENLÈVEMENT.

MINEUR ÉMANCIPÉ. *V.* ÉMANCIPATION.

MINISTÈRE PUBLIC.

I. DISPOSITIONS RÈGLEMENTAIRES.

Loi du 20 avril 1810.

Du ministère public.

45. Les procureurs généraux exerceront l'action de la justice criminelle dans toute l'étendue de leur ressort : ils veilleront au maintien de l'ordre dans tous les tribunaux ; ils auront la surveillance de tous les officiers de police judiciaire et officiers ministériels du ressort.

46. En matière civile, le ministère public agit d'office dans les cas spécifiés par la loi. — Il surveille l'exécution des lois, des arrêts et des règlemens ; il poursuit d'office cette exécution dans les dispositions qui intéressent l'ordre public.

47. Les substituts du procureur général exercent la même action dans les mêmes cas, d'après les mêmes règles, sous la surveillance et la direction du procureur général. — En cas d'absence ou d'empêchement du procureur général, il est remplacé par le premier avocat général. *V.* JUGE.

II. MATIÈRES CIVILES.

1° *De la communication au ministère public. V.* COMMUNICABLES (*causes*).

2° *Des délits d'audience. V.* AUDIENCE.

3° *Dispositions diverses.*

ABSENT. *C. Civ.* 114. Le ministère public est spécialement chargé de veiller aux intérêts des personnes présumées absentes ; il sera entendu sur toutes les demandes qui les concernent.

ACTES DE L'ÉTAT CIVIL. *C. Civ.* 53. Le procureur du Roi au tribunal de première instance sera tenu de vérifier l'état des registres (de l'état civil) lors du dépôt qui en sera fait au greffe ; il dressera un procès-verbal sommaire de la vérification, dénoncera les contraventions ou délits commis par les officiers de l'état civil, et requerra contre eux la condamnation aux amendes.

Actes de mariage. C. Civ. 156. Les officiers de l'état civil qui auraient procédé à la célébration des mariages contractés par des fils n'ayant pas atteint l'âge de vingt-cinq ans accomplis, ou par des filles n'ayant pas atteint l'âge de vingt-un ans accomplis, sans que le consentement des pères et mères, celui des aïeuls et aïeules, et celui de la famille, dans le cas où ils sont requis, soient énoncés dans l'acte de mariage, seront, à la diligence des parties intéressées et du procureur du Roi près le tribunal de première instance du lieu où le mariage aura été célébré, condamnés à l'amende portée par l'art. 192, et, en outre, à un emprisonnement dont la durée ne pourra être moindre de six mois.

192. Si le mariage n'a point été précédé des deux publications requises, ou s'il n'a pas été obtenu des dispenses permises par la loi, ou si les intervalles prescrits dans les publications et célébrations n'ont point été observés, le procureur du Roi fera prononcer contre l'officier public une amende qui ne pourra excéder trois cents francs ; et contre les parties contractantes, ou ceux sous la puissance desquelles elles ont agi, une amende proportionnée à leur fortune.

193. Les peines prononcées par l'article précédent seront encourues par les personnes qui y sont désignées, pour toute contravention aux règles prescrites par l'art. 165 [1], lors même que ces contraventions ne seraient pas jugées suffisantes pour faire prononcer la nullité du mariage.

ADOPTION. *C. Civ.* 354. Une expédition de l'acte portant consentement afin d'adoption) sera remise, dans les dix jours (de sa date) par la partie la plus diligente au procureur du Roi près le tribunal de première instance dans le ressort duquel se trouvera le domicile de l'adoptant, pour être soumis à l'homologation de ce tribunal. *V.* ADOPTION.

ADULTÈRE. *C. Civ.* 308. La femme contre laquelle la séparation de corps sera prononcée pour cause d'adultère, sera condamnée par le même jugement, et sur la réquisition du ministère public, à la réclusion dans une maison de correction pendant un temps déterminé, qui ne pourra être moindre de trois mois, ni excéder deux années. *V.* ADULTÈRE.

CESSION DE PROCÈS. *C. Civ.* 1597. Les magistrats remplissant le ministère public ne peuvent devenir cessionnaires des procès, droits et actions litigieux qui sont de la compétence du tribunal dans le ressort duquel ils exercent leurs fonctions, à peine de nullité, et des dépens, dommages et intérêts.

HYPOTHÈQUE LÉGALE. *C. Civ.* 2138. A défaut par les maris, tuteurs, subrogés-tuteurs de

faire faire les inscriptions ordonnées par (la loi), elles seront requises par le procureur du Roi près le tribunal de première instance du domicile des maris et tuteurs, ou du lieu de la situation des biens. *V.* HYPOTHÈQUE.

INTERDICTION. *C. Civ.* 491. Dans le cas de fureur, si l'interdiction n'est provoquée ni par l'époux ni par les parens, elle doit l'être par le procureur du Roi, qui, dans le cas d'imbécillité ou de démence, peut aussi la provoquer contre un individu qui n'a ni époux, ni épouse, ni parens connus. *V.* INTERDICTION.

MARIAGE (*nullité de*). *C. Civ.* 184. Tout mariage contracté en contravention aux dispositions contenues aux art. 144, 147, 161, 162 et 163 [1], peut être attaqué, soit par les époux eux-mêmes, soit par tous ceux qui y ont intérêt, soit par le ministère public.

190. Le procureur du Roi, dans tous les cas auxquels s'applique l'art. 184, et sous les modifications portées en l'art. 185 (*V.* MARIAGE.), peut et doit demander la nullité du mariage du vivant des deux époux, et les faire condamner à se séparer.

MINEUR. *C. Civ.* 467. Le tuteur ne pourra transiger au nom du mineur qu'après y avoir été autorisé par le conseil de famille, et de l'avis de trois jurisconsultes désignés par le procureur du Roi près le tribunal de première instance. — La transaction ne sera valable qu'autant qu'elle aura été homologuée par le tribunal de première instance, après avoir entendu le procureur du Roi. *V.* MINEUR.

RÉCUSATION, *C. Proc.* 381. Les causes de récusation relatives aux juges sont applicables au ministère public, lorsqu'il est partie jointe (*V.* RÉCUSATION); mais il n'est pas récusable lorsqu'il est partie principale.

SUBSTITUTION. *C. Civ.* 1057. Le grevé qui n'aura pas (fait nommer un tuteur à la substitution) sera déchu du bénéfice de la disposition ; et, dans ce cas, le droit pourra être déclaré ouvert au profit des appelés, même d'office, à la diligence du procureur du Roi près le tribunal de

---

[1] 144. L'homme avant dix-huit ans révolus, la femme avant quinze ans révolus, ne peuvent contracter mariage.

147. On ne peut contracter un second mariage avant la dissolution du premier.

161. En ligne directe, le mariage est prohibé entre tous les ascendans et descendans légitimes ou naturels, et les alliés dans la même ligne.

162. En ligne collatérale, le mariage est prohibé entre le frère et la sœur légitimes ou naturels, et les alliés au même degré.

163. Le mariage est encore prohibé entre l'oncle et la nièce, la tante et le neveu.

---

[1] 165. Le mariage sera célébré publiquement, devant l'officier civil du domicile de l'une des deux parties.

première instance du lieu où la succession est ouverte. *V*. SUBSTITUTION.

SUCCESSION. *C. Civ.* 819. Si tous les héritiers ne sont pas présens, s'il y a parmi eux des mineurs ou des interdits, le scellé doit être apposé dans le plus bref délai, soit à la requête des héritiers, soit à la diligence du procureur du Roi près le tribunal de première instance, soit d'office par le juge de paix de l'arrondissement duquel la succession est ouverte.

(*Succession vacante.*) *C. Civ.* 812. Le tribunal de première instance dans l'arrondissement duquel (la succession réputée vacante) est ouverte, nomme un curateur sur la demande des personnes intéressées ou sur la réquisition du procureur du Roi.

III. MATIÈRES CRIMINELLES.

ART. 1. DE L'INSTRUCTION.

Des procureurs du Roi et de leurs substituts.

C. Inst. cr. (*liv.* 1, *tit.* 1; *ch.* 4 *et* 5, *art.* 22-54.)

Sect. 1, *de la compétence des procureurs du Roi relativement à la police judiciaire.*

22. Les procureurs du Roi sont chargés de la recherche et de la poursuite de tous les délits dont la connaissance appartient aux tribunaux de police correctionnelle ou aux cours d'assises.

23. Sont également compétens pour remplir les fonctions déléguées par l'article précédent, le procureur du Roi du lieu du crime ou délit, celui de la résidence du prévenu et celui du lieu où le prévenu pourra être trouvé.

24. Ces fonctions, lorsqu'il s'agira de crimes ou de délits commis hors du territoire français, dans les cas énoncés aux articles 5, 6 et 7 (*V.* ÉTRANGER, II, p. 559.), seront remplies par le procureur du Roi du lieu où résidera le prévenu, ou par celui du lieu où il pourra être trouvé, ou par celui de sa dernière résidence connue.

25. Les procureurs du Roi et tous autres officiers de police judiciaire auront, dans l'exercice de leurs fonctions, le droit de requérir directement la force publique.

26. Le procureur du Roi sera, en cas d'empêchement, remplacé par son substitut, ou, s'il a plusieurs substituts, par le plus ancien. S'il n'a pas de substitut, il sera remplacé par un juge commis à cet effet par le président.

27. Les procureurs du Roi seront tenus, aussitôt que les délits parviendront à leur connaissance, d'en donner avis au procureur général près la cour royale, et d'exécuter ses ordres relativement à tous actes de police judiciaire.

28. Ils pourvoiront à l'envoi, à la notification et à l'exécution des ordonnances qui seront rendues par le juge d'instruction, d'après les règles qui seront ci-après établies au chapitre *des juges d'instruction*. *V.* INSTRUCTION (*juge d'*).

Sect. 2, *mode de procéder des procureurs du Roi dans l'exercice de leurs fonctions.*

29. Toute autorité constituée, tout fonctionnaire ou officier public, qui, dans l'exercice de ses fonctions, acquerra la connaissance d'un crime ou d'un délit, sera tenu d'en donner avis sur le champ au procureur du Roi près le tribunal dans le ressort duquel ce crime ou délit aura été commis ou dans lequel le prévenu pourrait être trouvé, et de transmettre à ce magistrat tous les renseignemens, procès-verbaux et actes qui y sont relatifs.

30. Toute personne qui aura été témoin d'un attentat, soit contre la sûreté publique, soit contre la vie ou la propriété d'un individu, sera pareillement tenue d'en donner avis au procureur du Roi, soit du lieu du crime ou délit, soit du lieu où le prévenu pourra être trouvé.

31. Les dénonciations seront rédigées par les dénonciateurs, ou par leurs fondés de procuration spéciale, ou par le procureur du Roi s'il en est requis; elles seront toujours signées par le procureur du Roi à chaque feuillet, et par les dénonciateurs ou par leurs fondés de pouvoir.—Si les dénonciateurs ou leurs fondés de pouvoir ne savent ou ne veulent pas signer, il en sera fait mention. — La procuration demeurera toujours annexée à la dénonciation; et le dénonciateur pourra se faire délivrer, mais à ses frais, une copie de sa dénonciation.

32. Dans tous les cas de flagrant délit, lorsque le fait sera de nature à entraîner une peine afflictive ou infamante, le procureur du Roi se transportera sur le lieu, sans aucun retard, pour y dresser les procès-verbaux nécessaires à l'effet de constater le corps du délit, son état, l'état des lieux, et pour recevoir les déclarations des personnes qui auraient été présentes, ou qui auraient des renseignemens à donner.—Le procureur du Roi donnera avis de son transport au juge d'instruction, sans être toutefois tenu de l'attendre pour procéder, ainsi qu'il est dit au présent chapitre.

53. Le procureur du Roi pourra aussi, dans le cas de l'article précédent, appeler à son procès-verbal les parens, voisins ou domestiques, présumés en état de donner des éclaircissemens sur le fait; il recevra leurs déclarations, qu'ils signeront : les déclarations reçues en conséquence du présent article et de l'article précédent seront signées par les parties, ou, en cas de refus, il en sera fait mention.

54. Il pourra défendre que qui que ce soit sorte de la maison, ou s'éloigne du lieu, jusqu'après la

clôture de son procès-verbal. — Tout contrevnant à cette défense sera, s'il peut être saisi, déposé dans la maison d'arrêt : la peine encourue pour la contravention sera prononcée par le juge d'instruction, sur les conclusions du procureur du Roi, après que le contrevenant aura été cité et entendu, ou par défaut s'il ne comparaît pas, sans autre formalité ni délai, et sans opposition ni appel.—La peine ne pourra excéder dix jours d'emprisonnement et cent francs d'amende.

35. Le procureur du Roi se saisira des armes et de tout ce qui paraîtra avoir servi ou avoir été destiné à commettre le crime ou le délit, ainsi que de tout ce qui paraîtra en avoir été le produit, enfin de tout ce qui pourra servir à la manifestation de la vérité : il interpellera le prévenu de s'expliquer sur les choses saisies qui lui seront représentées ; il dressera du tout un procès-verbal, qui sera signé par le prévenu, ou mention sera faite de son refus.

36. Si la nature du crime ou du délit est telle, que la preuve puisse vraisemblablement être acquise par les papiers ou autres pièces et effets en la possession du prévenu, le procureur du Roi se transportera de suite dans le domicile du prévenu, pour y faire la perquisition des objets qu'il jugera utiles à la manifestation de la vérité.

37. S'il existe, dans le domicile du prévenu, des papiers ou effets qui puissent servir à conviction ou à décharge, le procureur du Roi en dressera procès-verbal, et se saisira desdits effets ou papiers.

38. Les objets saisis seront clos et cachetés, si faire se peut ; ou s'ils ne sont pas susceptibles de recevoir des caractères d'écriture, ils seront mis dans un vase ou dans un sac, sur lequel le procureur du Roi attachera une bande de papier qu'il scellera de son sceau.

39. Les opérations prescrites par les articles précédens seront faites en présence du prévenu, s'il a été arrêté ; et s'il ne veut ou ne peut y assister, en présence d'un fondé de pouvoir qu'il pourra nommer. Les objets lui seront présentés à l'effet de les reconnaître et de les parapher, s'il y a lieu ; et, au cas de refus, il en sera fait mention au procès-verbal.

40. Le procureur du Roi, audit cas de flagrant délit, et lorsque le fait sera de nature à entraîner peine afflictive ou infamante, fera saisir les prévenus présens contre lesquels il existerait des indices graves.—Si le prévenu n'est pas présent, le procureur du Roi rendra une ordonnance à l'effet de le faire comparaître ; cette ordonnance s'appelle *mandat d'amener*. — La dénonciation seule ne constitue pas une présomption suffisante pour décerner cette ordonnance contre un individu ayant

domicile.—Le procureur du Roi interrogera sur le champ le prévenu amené devant lui.

41. Le délit qui se commet actuellement, ou qui vient de se commettre, est un flagrant délit. —Seront aussi réputés flagrant délit, le cas où le prévenu est poursuivi par la clameur publique, et celui où le prévenu est trouvé saisi d'effets, armes, instrumens ou papiers faisant présumer qu'il est auteur ou complice, pourvu que ce soit dans un temps voisin du délit.

42. Les procès-verbaux du procureur du Roi, en exécution des articles précédens, seront faits et rédigés en la présence et revêtus de la signature du commissaire de police de la commune dans laquelle le crime ou le délit aura été commis, ou du maire, ou de l'adjoint du maire, ou de deux citoyens domiciliés dans la même commune. — Pourra néanmoins le procureur du Roi dresser les procès-verbaux sans assistance de témoins, lorsqu'il n'y aura pas possibilité de s'en procurer tout de suite.— Chaque feuillet du procès-verbal sera signé par le procureur du Roi et par les personnes qui y auront assisté : en cas de refus ou d'impossibilité de signer de la part de celles-ci, il en sera fait mention.

43. Le procureur du Roi se fera accompagner, au besoin, d'une ou de deux personnes, présumées, par leur art ou profession, capables d'apprécier la nature et les circonstances du crime ou délit.

44. S'il s'agit d'une mort violente, ou d'une mort dont la cause soit inconnue et suspecte, le procureur du Roi se fera assister d'un ou de deux officiers de santé, qui feront leur rapport sur les causes de la mort et sur l'état du cadavre. — Les personnes appelées, dans les cas du présent article et de l'article précédent, prêteront devant le procureur du Roi le serment de faire leur rapport et de donner leur avis en leur honneur et conscience.

45. Le procureur du Roi transmettra sans délai au juge d'instruction les procès-verbaux, actes, pièces et instrumens dressés ou saisis en conséquence des articles précédens, pour être procédé ainsi qu'il sera dit au chapitre *des juges d'instruction* (*V.* INSTRUCTION [*juge d'*].), et cependant le prévenu restera sous la main de la justice en état de mandat d'amener.

46. Les attributions faites ci-dessus au procureur du Roi pour le cas de flagrant délit auront lieu aussi toutes les fois que, s'agissant d'un crime ou délit, même non flagrant, commis dans l'intérieur d'une maison, le chef de cette maison requerra le procureur du Roi de le constater.

47. Hors les cas énoncés dans les articles 32 et 46, le procureur du Roi instruit, soit par une

dénonciation, soit par toute autre voie, qu'il a été commis dans son arrondissement un crime ou un délit, ou qu'une personne qui en est prévenue se trouve dans son arrondissement, sera tenu de requérir le juge d'instruction d'ordonner qu'il en soit informé, même de se transporter, s'il est besoin, sur les lieux, à l'effet d'y dresser tous les procès-verbaux nécessaires, ainsi qu'il sera dit au chapitre *des juges d'instruction*. *V*. INSTRUCTION (*juge d'*).

Chap. 5, *des officiers de police auxiliaires du procureur du Roi.*

48. Les juges de paix, les officiers de gendarmerie, les commissaires généraux de police, recevront les dénonciations de crimes ou délits commis dans les lieux où ils exercent leurs fonctions habituelles.

49. Dans les cas de flagrant délit, ou dans le cas de réquisition de la part d'un chef de maison, ils dresseront les procès-verbaux, recevront les déclarations des témoins, feront les visites et les autres actes qui sont, auxdits cas, de la compétence des procureurs du Roi, le tout dans les formes et suivant les règles établies au chapitre *des procureurs du Roi* (*ci-dessus*).

50. Les maires, adjoints de maire, et les commissaires de police recevront également les dénonciations et feront les actes énoncés en l'article précédent, en se conformant aux mêmes règles.

51. Dans les cas de concurrence entre les procureurs du Roi et les officiers de police énoncés aux articles précédens, le procureur du Roi fera les actes attribués à la police judiciaire : s'il a été prévenu, il pourra continuer la procédure, et autoriser l'officier qui l'aura commencée à la suivre.

52. Le procureur du Roi, exerçant son ministère dans les cas des articles 52 et 46, pourra, s'il le juge utile et nécessaire, charger un officier de police auxiliaire de partie des actes de sa compétence.

53. Les officiers de police auxiliaires renverront sans délai les dénonciations, procès-verbaux et autres actes par eux faits dans les cas de leur compétence, au procureur du Roi, qui sera tenu d'examiner sans retard les procédures, et de les transmettre, avec les réquisitions qu'il jugera convenables, au juge d'instruction.

54. Dans les cas de dénonciation de crimes ou délits autres que ceux qu'ils sont directement chargés de constater, les officiers de police judiciaire transmettront aussi sans délai au procureur du Roi les dénonciations qui leur auront été faites ; et le procureur du Roi les remettra au juge

d'instruction, avec son réquisitoire. *V*. INSTRUCTION (*juge d'*), POLICE JUDICIAIRE.

Dispositions du tarif criminel.

37. Dans les cas prévus par les articles 55, 37 et 58 C. Inst. cr., il ne sera accordé de taxe pour la garde des scellés que lorsque le juge instructeur n'aura pas jugé à propos de confier cette garde à des habitans de la maison où les scellés auront été apposés. *V*. SCELLÉS.

42. Les droits d'expéditions sont dus pour tous les actes et pièces dont il est fait mention dans l'art. 31 C. Inst. cr. *V*. GREFFIER.

71. 1° Pour toutes citations, significations, notifications, communications et mandats de comparution dans les cas prévus par l'art. 54 C. Inst. cr. — Original, — Paris, 1 fr. — Villes de 40,000 hab. et au-dessus, 75 c. — Autres villes et comm., 50 c. ;—2° Chaque copie, — Paris, 75 c. — Villes de 40,000 hab. et au-dessus, 60 c. — Autres villes et comm., 50 c. ; — 5° pour l'exécution du mandat d'amener, art. 40, C. Inst. cr., y compris l'exploit de signification et la copie, — Paris, 8 fr. — Villes de 40,000 hab. et au-dessus, 6 fr. — Autres villes et comm., 5 fr. ; — 4° pour l'exécution du mandat de dépôt, art. 54 et 40 C. Inst. cr., y compris l'exploit de signification et la copie, — Paris, 5 fr. — Villes de 40,000 hab. et au-dessus, 4 fr. — Autres villes et comm., 3 fr.

88. Dans les cas prévus par les art. 51, 36, 43, 46, 49, 50, 51 et 52, C. Inst. cr., les officiers du ministère public recevront des indemnités ainsi qu'il suit : — s'ils se transportent à plus de cinq kilomètres de leur résidence, ils recevront pour tous frais de voyage, de nourriture et de séjour, une indemnité de 9 fr. par jour ; — s'ils se transportent à plus de deux myriamètres, l'indemnité sera de 12 fr. par jour. *V*. VOYAGE (*frais de*).

ART. 2°. DES JUGEMENS ET DE LEUR EXÉCUTION.

1° *Des fonctions du ministère public près les assises*. *V*. ASSISES (*procureurs du Roi près les*), p. 62.

2° *Près les tribunaux de police correctionnelle*. *V*. CORRECTIONNELS (*tribunaux*), p. 223.

5° *Près les tribunaux de simple police*. *V*. POLICE. (*tribunaux de*).

MINISTRE DU CULTE.

1° *Dispositions générales*. *V*. CULTE.

2° *Dispositions diverses*.

DONS ET LEGS. *C. Civ.* 909. Les docteurs en médecine ou en chirurgie, les officiers de santé et les pharmaciens qui auront traité une personne pendant la maladie dont elle meurt, ne pourront profiter des dispositions entre-vifs ou testamentaires qu'elle aurait faites en leur faveur pendant le cours de cette maladie.—Sont exceptées,—1° les dispositions rémunératoires faites à titre particulier, eu égard aux facultés du disposant et aux services rendus;—2° les dispositions universelles, dans le cas de parenté jusqu'au quatrième degré inclusivement, pourvu toutefois que le décédé n'ait pas d'héritiers en ligne directe, à moins que celui au profit de qui la disposition a été faite ne soit lui-même du nombre de ces héritiers. — Les mêmes règles seront observées à l'égard du ministre du culte.

Mœurs (*attentat aux*). (*Viol*). *C. Pén.* 333. Si les coupables (d'attentat à la pudeur ou de viol) sont ministres d'un culte, la peine sera celle des travaux forcés à temps, dans le cas prévu par l'article 331, et des travaux forcés à perpétuité, dans les cas prévus par l'article 332 [1].

MINORITÉ. *V.* Mineur.

MINUTE.

C. Civ. 2060. La contrainte par corps a lieu, — 1°..... 6° contre tous officiers publics, pour la représentation de leurs minutes, quand elle est ordonnée.

MISE EN CAUSE. *V.* Garantie.

MISE EN DEMEURE. *V.* Demeure (*mise en*).

MISE EN JUGEMENT. *V.* Accusation.

MISTIQUE (testament).

1° De la forme du testament mistique.

C. Civ. 969. Un testament pourra être fait dans la forme mistique.

976. Lorsque le testateur voudra faire un testament mistique ou secret, il sera tenu de signer ses dispositions, soit qu'il les ait écrites lui-même, ou qu'il les ait fait écrire par un autre. Sera le papier qui contiendra ses dispositions, ou le papier qui servira d'enveloppe, s'il y en a une, clos et scellé. Le testateur le présentera ainsi clos et scellé au notaire et à six témoins au moins, ou il le fera clore et sceller en leur présence; et il déclarera que le contenu en ce papier est son testament écrit et signé de lui, ou écrit par un autre et signé de lui : le notaire en dressera l'acte de suscription, qui sera écrit sur ce papier ou sur la feuille qui servira d'enveloppe; cet acte sera signé tant par le testateur que par le notaire, ensemble par les témoins. Tout ce que dessus sera fait de suite et sans divertir à autres actes; et en cas que le testateur, par un empêchement survenu depuis la signa-

---

[1] 531. Tout attentat à la pudeur, consommé ou tenté sans violence sur la personne d'un enfant de l'un ou de l'autre sexe âgé de moins de onze ans, sera puni de la réclusion.

532. Quiconque aura commis le crime de viol sera puni des travaux forcés à temps. — Si le crime a été commis sur la personne d'un enfant au-dessous de l'âge de quinze ans accomplis, le coupable subira le *maximum* de la peine des travaux forcés à temps. — Quiconque aura commis un attentat à la pudeur, consommé ou tenté avec violence contre des individus de l'un ou de l'autre sexe, sera puni de la réclusion. — Si le crime a été commis sur la personne d'un enfant au-dessous de l'âge de quinze ans accomplis, le coupable subira la peine des travaux forcés à temps.

---

ture du testament, ne puisse signer l'acte de suscription, il sera fait mention de la déclaration qu'il en aura faite, sans qu'il soit besoin, en ce cas, d'augmenter le nombre des témoins.

977. Si le testateur ne sait signer, ou s'il n'a pu le faire lorsqu'il a fait écrire ses dispositions, il sera appelé à l'acte de suscription un témoin, outre le nombre porté par l'article précédent, lequel signera l'acte avec les autres témoins; et il y sera fait mention de la cause pour laquelle ce témoin aura été appelé.

978. Ceux qui ne savent ou ne peuvent lire, ne pourront faire de dispositions dans la forme du testament mistique.

979. En cas que le testateur ne puisse parler, mais qu'il puisse écrire, il pourra faire un testament mistique, à la charge que le testament sera entièrement écrit, daté et signé de sa main, qu'il le présentera au notaire et aux témoins, et qu'au haut de l'acte de suscription, il écrira, en leur présence, que le papier qu'il présente est son testament; après quoi le notaire écrira l'acte de suscription, dans lequel il sera fait mention que le testateur a écrit ces mots en présence du notaire et des témoins; et sera, au surplus, observé tout ce qui est prescrit par l'art. 976.

980. Les témoins appelés pour être présens aux testamens devront être mâles, majeurs, sujets du Roi, jouissant des droits civils.

1001. (Toutes les formalités des art. 969 à 980) doivent être observées à peine de nullité.

2° De son exécution.

C. Civ. 1007. Tout testament olographe sera, avant d'être mis à exécution, présenté au président du tribunal de première instance de l'arrondissement dans lequel la succession est ouverte. Ce testament sera ouvert, s'il est cacheté. Le président dressera procès-verbal de la présentation, de l'ouverture et de l'état du testament, dont il ordonnera le dépôt entre les mains du notaire par lui commis.—Si le testament est dans la forme mistique, sa présentation, son ouverture, sa description et son dépôt seront faits de la même manière; mais l'ouverture ne pourra se faire qu'en présence de ceux des notaires et des témoins, signataires de l'acte de suscription, qui se trouveront sur les lieux, ou ceux appelés.

1008. Dans le cas (où il n'y aura pas d'héritier à réserve), si le testament est olographe ou mistique, le légataire universel sera tenu de se faire envoyer en possession, par une ordonnance du président, mise au bas d'une requète à laquelle sera joint l'acte de dépôt.

MITOYENNETÉ.

Dispositions générales.

C. Civ. 631. La loi assujétit les propriétaires à différentes obligations l'un à l'égard de l'autre, indépendamment de toute convention.

632. Partie de ces obligations est réglée par les lois sur la police rurale ; les autres sont relatives au mur et au fossé mitoyens, au cas où il y a lieu à contre-mur, aux vues sur la propriété du voisin, à l'égout des toits, au droit de passage.

Du mur et du fossé mitoyens.

C. Civ. (*liv. 2, tit. 4, ch. 2, sect. 1, art.* 653-675).—653. Dans les villes et les campagnes, tout mur servant de séparation entre bâtimens jusqu'à l'héberge, ou entre cours et jardins, et même entre enclos dans les champs, est présumé mitoyen, s'il n'y a titre ou marque du contraire.

654. Il y a marque de non mitoyenneté lorsque la sommité du mur est droite et à plomb de son parement d'un côté, et présente de l'autre un plan incliné ; — lors encore qu'il n'y a que d'un côté ou un chaperon ou des filets et corbeaux de pierre qui y auraient été mis en bâtissant le mur. — Dans ces cas, le mur est censé appartenir exclusivement au propriétaire du côté duquel sont l'égout ou les corbeaux et filets de pierre.

655. La réparation et la reconstruction du mur mitoyen sont à la charge de tous ceux qui y ont droit, et proportionnellement au droit de chacun.

656. Cependant tout copropriétaire d'un mur mitoyen peut se dispenser de contribuer aux réparations et reconstructions en abandonnant le droit de mitoyenneté, pourvu que le mur mitoyen ne soutienne pas un bâtiment qui lui appartienne.

657. Tout copropriétaire peut faire bâtir contre un mur mitoyen, et y faire placer des poutres ou solives dans toute l'épaisseur du mur, à cinquante-quatre millimètres (deux pouces) près, sans préjudice du droit qu'a le voisin de faire réduire à l'ébauchoir la poutre jusqu'à la moitié du mur, dans le cas où il voudrait lui-même asseoir des poutres dans le même lieu, ou y adosser une cheminée.

658. Tout copropriétaire peut faire exhausser le mur mitoyen ; mais il doit payer seul la dépense de l'exhaussement, les réparations d'entretien au-dessus de la hauteur de la clôture commune, et en outre l'indemnité de la charge en raison de l'exhaussement et suivant la valeur.

659. Si le mur mitoyen n'est pas en état de supporter l'exhaussement, celui qui veut l'exhausser doit le faire reconstruire en entier à ses frais, et l'excédant d'épaisseur doit se prendre de son côté.

660. Le voisin qui n'a pas contribué à l'exhaussement, peut en acquérir la mitoyenneté en payant la moitié de la dépense qu'il a coûté, et la valeur de la moitié du sol fourni pour l'excédant d'épaisseur, s'il y en a.

661. Tout propriétaire joignant un mur, a de même la faculté de le rendre mitoyen, en tout ou en partie, en remboursant au maître du mur la moitié de sa valeur, ou la moitié de la valeur de la portion qu'il veut rendre mitoyenne, et moitié de la valeur du sol sur lequel le mur est bâti.

662. L'un des voisins ne peut pratiquer dans le corps d'un mur mitoyen aucun enfoncement, ni y appliquer ou appuyer aucun ouvrage sans le consentement de l'autre, ou sans avoir, à son refus, fait régler par experts les moyens nécessaires pour que le nouvel ouvrage ne soit pas nuisible aux droits de l'autre.

663. Chacun peut contraindre son voisin, dans les villes et faubourgs, à contribuer aux constructions et réparations de la clôture faisant séparation de leurs maisons, cours et jardins assis èsdites villes et faubourgs : la hauteur de la clôture sera fixée suivant les règlemens particuliers ou les usages constans et reconnus ; et, à défaut d'usages et de règlemens, tout mur de séparation entre voisins, qui sera construit ou rétabli à l'avenir, doit avoir au moins trente-deux décimètres (dix pieds) de hauteur, compris le chaperon, dans les villes de cinquante mille âmes et au-dessus, et vingt-six décimètres (huit pieds) dans les autres.

664. Lorsque les différens étages d'une maison appartiennent à divers propriétaires, si les titres de propriété ne règlent pas le mode de réparations et reconstructions, elles doivent être faites ainsi qu'il suit : — les gros murs et le toit sont à la charge de tous les propriétaires, chacun en proportion de la valeur de l'étage qui lui appartient. — Le propriétaire de chaque étage fait le plancher sur lequel il marche.— Le propriétaire du premier étage fait l'escalier qui y conduit ; le propriétaire du second étage fait, à partir du premier, l'escalier qui conduit chez lui, et ainsi de suite.

665. Lorsqu'on reconstruit un mur mitoyen ou une maison, les servitudes actives et passives se continuent à l'égard du nouveau mur ou de la nouvelle maison, sans toutefois qu'elles puissent être aggravées, et pourvu que la reconstruction se fasse avant que la prescription soit acquise.

666. Tous fossés entre deux héritages sont présumés mitoyens s'il n'y a titre ou marque du contraire.

667. Il y a marque de non mitoyenneté lorsque la levée ou le rejet de la terre se trouve d'un côté seulement du fossé.

668. Le fossé est censé appartenir exclusivement à celui du côté duquel le rejet se trouve.

669. Le fossé mitoyen doit être entretenu à frais communs.

670. Toute haie qui sépare des héritages est réputée mitoyenne, à moins qu'il n'y ait qu'un seul des héritages en état de clôture, ou s'il n'y a titre ou possession suffisante au contraire.

671. Il n'est permis de planter des arbres de haute tige qu'à la distance prescrite par les règlemens particuliers actuellement existans, ou par les usages constans et reconnus; et, à défaut de règlemens et usages, qu'à la distance de deux mètres de la ligne séparative des deux héritages pour les arbres à haute tige, et à la distance d'un demi-mètre pour les autres arbres et haies vives.

672. Le voisin peut exiger que les arbres et les haies plantés à une moindre distance soient arrachés.—Celui sur la propriété duquel avancent les branch.s des arbres du voisin, peut contraindre celui-ci à couper ces branches. — Si ce sont les racines qui avancent sur son héritage, il a droit de les y couper lui-même.

673. Les arbres qui se trouvent dans la haie mitoyenne sont mitoyens comme la haie; et chacun des deux propriétaires a droit de requérir qu'ils soient abattus.

Dispositions additionnelles.

C. Civ. 675. L'un des voisins ne peut, sans le consentement de l'autre, pratiquer dans le mur mitoyen aucune fenêtre ou ouverture, en quelque manière que ce soit, même à verre dormant.

676. Le propriétaire d'un mur non mitoyen, joignant immédiatement l'héritage d'autrui, peut pratiquer dans ce mur des jours ou fenêtres à fer maillé et verre dormant. *V.* JOUR.

MIXTE (ACTION).

C. Proc. 39. En matière mixte (le défendeur sera assigné) devant le juge de la situation ou devant le juge du domicile du défendeur.

MIXTE (CONDITION).

C. Civ. 1171. La condition *mixte* est celle qui dépend tout à la fois de la volonté d'une des parties contractantes, et de la volonté d'un tiers.

MOBILIER. *V.* MEUBLES (*biens*), MOBILIERS (*effets*).

MOBILIÈRE (ACTION).

C. Proc. 2. En matière purement personnelle ou mobilière, la citation sera donnée devant le juge du domicile du défendeur, s'il n'a pas de domicile, devant le juge de sa résidence.

C. Civ. 1428. Le mari (pendant la communauté) peut exercer seul toutes les actions mobilières qui appartiennent à la femme.

MOBILIERS (EFFETS).

C. Civ. 535. L'expression *biens meubles*, celle de *mobilier* ou *d'effets mobiliers* comprennent

généralement tout ce qui est censé meuble d'après les règles établies (par la loi). *V.* MEUBLES.

C. Proc. 578. Si la saisie-arrêt ou opposition est formée sur effets mobiliers, le tiers-saisi sera tenu de joindre à sa déclaration un état détaillé desdits effets.

MOBILIÈRE (SAISIE). *V.* EXÉCUTION (*saisie-*).

MOBILIÈRES (VENTES).

1° *Biens de mineurs et d'interdits.*

C. Civ. 452. Dans le mois qui suivra la clôture de l'inventaire, le tuteur fera vendre, en présence du subrogé-tuteur, aux enchères reçues par un officier public, et après des affiches ou publications dont le procès-verbal de vente fera mention, tous les meubles autres que ceux que le conseil de famille l'aurait autorisé à conserver en nature. *V.* MINEUR.

509. L'interdit est assimilé au mineur pour sa personne et pour ses biens : les lois sur la tutelle des mineurs s'appliqueront à la tutelle des interdits.

2° *Biens saisis.*

C. Proc. 617. La vente (des effets mobiliers saisis) sera faite au plus prochain marché public, aux jour et heure ordinaires des marchés, ou un jour de dimanche : pourra néanmoins le tribunal permettre de vendre les effets en un autre lieu plus avantageux. Dans tous les cas, elle sera annoncée un jour auparavant par quatre placards au moins, affichés, l'un au lieu où sont les effets, l'autre à la porte de la maison commune, le troisième au marché du lieu, et, s'il n'y en a pas, au marché voisin, le quatrième à la porte de l'auditoire de la justice de paix; et si la vente se fait dans un lieu autre que le marché ou le lieu où sont les effets, un cinquième placard sera apposé au lieu où se fera la vente. La vente sera, en outre, annoncée par les journaux, dans les villes où il y en a.

618. Les placards indiqueront les lieu, jour et heure de la vente, et la nature des objets sans détail particulier.

619. L'apposition sera constatée par exploit, auquel sera annexé un exemplaire du placard.

620. S'il s'agit de barques, chaloupes et autres bâtimens de mer du port de dix tonneaux et au-dessous, bacs, galiotes, bateaux et autres bâtimens de rivière, moulins et autres édifices mobiles, assis sur bateaux ou autrement, il sera procédé à leur adjudication sur les ports, gares ou quais où ils se trouvent : il sera affiché quatre placards au moins, conformément à l'article précédent; et il sera fait, à trois divers jours consécutifs, trois publications au lieu où sont lesdits objets; la première publication ne sera faite que

huit jours au moins après la signification de la saisie. Dans les villes où il s'imprime des journaux , il sera suppléé à ces trois publications par l'insertion qui sera faite au journal de l'annonce de ladite vente, laquelle annonce sera répétée trois fois dans le cours du mois précédant la vente.

621. La vaisselle d'argent, les bagues et joyaux de la valeur de trois cents francs au moins , ne pourront être vendus qu'après placards apposés en la forme ci-dessus , et trois expositions , soit au marché, soit dans l'endroit où sont lesdits effets ; sans que , néanmoins, dans aucun cas, lesdits objets puissent être vendus au-dessous de leur valeur réelle, s'il s'agit de vaisselle d'argent, ni au-dessous de l'estimation qui en aura été faite par des gens de l'art, s'il s'agit de bagues et joyaux. — Dans les villes où il s'imprime des journaux, les trois publications seront suppléées comme il est dit en l'article précédent.

622. Lorsque la valeur des effets saisis excèdera le montant des causes de la saisie et des oppositions, il ne sera procédé qu'à la vente des objets suffisant à fournir somme nécessaire pour le paiement des créances et frais.

623. Le procès-verbal constatera la présence ou le défaut de comparution de la partie saisie.

624. L'adjudication sera faite au plus offrant, en payant comptant : faute de paiement, l'effet sera revendu sur le champ à la folle-enchère de l'adjudicataire.

625. Les commissaires-priseurs et huissiers seront personnellement responsables du prix des adjudications, et feront mention, dans leurs procès-verbaux , des noms et domiciles des adjudicataires : ils ne pourront recevoir d'eux aucune somme au-dessus de l'enchère , à peine de concussion.

3° *Biens de succession.*

C. Civ. 826. Chacun des cohéritiers peut demander sa part en nature des meubles et immeubles de la succession : néanmoins , s'il y a des créanciers saisissans ou opposans, ou si la majorité des cohéritiers juge la vente nécessaire pour l'acquit des dettes et charges de la succession , les meubles sont vendus publiquement en la forme ordinaire.

De la vente du mobilier.

C. Proc. (2e *part., liv.* 2, *tit.* 6, *art.* 945-952). — 945. Lorsque la vente des meubles dépendans d'une succession aura lieu en exécution de l'article 826 du Code Civil, cette vente sera faite dans les formes prescrites au titre *des saisies-exécutions* (*art.* 617-625 *ci-dessus*).

946. Il y sera procédé sur la réquisition de l'une des parties intéressées, en vertu de l'ordonnance du président du tribunal de première instance, et par un officier public.

947. On appellera les parties ayant droit d'assister à l'inventaire (*V.* Inventaire), et qui demeureront ou auront élu domicile dans la distance de cinq myriamètres : l'acte sera signifié au domicile élu.

948. S'il s'élève des difficultés, il pourra être statué provisoirement en référé par le président du tribunal de première instance.

949. La vente se fera dans le lieu où sont les effets, s'il n'en est autrement ordonné.

950. La vente sera faite tant en absence que présence, sans appeler personne pour les non-comparans.

951. Le procès-verbal fera mention de la présence ou de l'absence du requérant.

952. Si toutes les parties sont majeures , présentes et d'accord, et qu'il n'y ait aucun tiers intéressé , elles ne seront obligées à aucune des formalités ci-dessus.

Dispositions du tarif civil.

29. (Pr. 947.) Original de sommation aux parties qui doivent être appelées à la vente des meubles dépendans d'une succession, — Paris , 2 fr. — Partout ailleurs, 1 fr. 50 c. — Chaque copie , le quart.

77. (Pr. 946.) Requête pour faire autoriser à la vente du mobilier d'une succession, — Paris, 3 fr. — Ressort, 2 fr. 25 c. (*V.* Tarif.) — Elle ne sera point grossoyée, et la vacation pour prendre l'ordonnance est comprise dans la taxe.

MŒURS.

I. LOI CIVILE.
Dispositions générales.

C. Civ. 6. On ne peut déroger, par des conventions particulières, aux lois qui intéressent l'ordre public et les bonnes mœurs.

900. Dans toute disposition entre-vifs ou testamentaire , les conditions impossibles , celles qui seront contraires aux lois ou aux mœurs, seront réputées non écrites.

1133. La cause est illicite , quand elle est prohibée par la loi , quand elle est contraire aux bonnes mœurs ou à l'ordre public.

1172. Toute condition d'une chose impossible, ou contraire aux bonnes mœurs, ou prohibée par la loi, est nulle, et rend nulle la convention qui en dépend.

1387. La loi ne régit l'association conjugale, quant aux biens, qu'à défaut de conventions spéciales, que les époux peuvent faire comme ils le jugent à propos, pourvu qu'elles ne soient pas contraires aux bonnes mœurs.

II. LOI PÉNALE.
Attentats aux mœurs.

C. Pén. (*liv.* 3, *tit.* 2, *ch.* 1, *sect.* 4, *art.* 330-

540). — 550. Toute personne qui aura commis un outrage public à la pudeur, sera punie d'un emprisonnement de trois mois à un an, et d'une amende de seize francs à deux cents francs.

531. Tout attentat à la pudeur, consommé ou tenté sans violence sur la personne d'un enfant de l'un ou de l'autre sexe âgé de moins de onze ans, sera puni de la réclusion.

552. Quiconque aura commis le crime de viol sera puni des travaux forcés à temps. — Si le crime a été commis sur la personne d'un enfant au-dessous de l'âge de quinze ans accomplis, le coupable subira le *maximum* de la peine des travaux forcés à temps. — Quiconque aura commis un attentat à la pudeur, consommé ou tenté avec violence contre des individus de l'un ou de l'autre sexe, sera puni de la réclusion. — Si le crime a été commis sur la personne d'un enfant au-dessous de l'âge de quinze ans accomplis, le coupable subira la peine des travaux forcés à temps.

555. Si les coupables sont ascendans de la personne sur laquelle a été commis l'attentat, s'ils sont de la classe de ceux qui ont autorité sur elle, s'ils sont ses instituteurs ou ses serviteurs à gages, ou serviteurs à gages des personnes ci-dessus désignées, s'ils sont fonctionnaires publics ou ministres d'un culte, ou si le coupable, quel qu'il soit, a été aidé dans son crime par une ou plusieurs personnes, la peine sera celle des travaux forcés à temps, dans le cas prévu par l'article 531, et des travaux forcés à perpétuité, dans les cas prévus par l'article précédent.

534. Quiconque aura attenté aux mœurs, en excitant, favorisant ou facilitant habituellement la débauche ou la corruption de la jeunesse de l'un ou de l'autre sexe au-dessous de l'âge de vingt-un ans, sera puni d'un emprisonnement de six mois à deux ans, et d'une amende de cinquante francs à cinq cents francs. — Si la prostitution ou la corruption a été excitée, favorisée ou facilitée par leurs pères, mères, tuteurs ou autres personnes chargées de leur surveillance, la peine sera de deux ans à cinq ans d'emprisonnement, et de trois cents frans à mille francs d'amende.

555. Les coupables du délit mentionné au précédent article seront interdits de toute tutelle et curatelle, et de toute participation aux conseils de famille; savoir, les individus auxquels s'applique le premier paragraphe de cet article, pendant deux ans au moins et cinq ans au plus, et ceux dont il est parlé au second paragraphe, pendant dix ans au moins et vingt ans au plus. — Si le délit a été commis par le père ou la mère, le coupable sera de plus privé des droits et avantages à lui accordés sur la personne et les biens de l'enfant par le Code Civil, livre 1er,

titre 9, *de la puissance paternelle*. (*V.* PATERNELLE [*puissance*].) — Dans tous les cas, les coupables pourront de plus être mis, par l'arrêt ou le jugement, en observant, pour la durée de la surveillance, ce qui vient d'être établi pour la durée de l'interdiction mentionnée au présent article.

536. L'adultère de la femme ne pourra être dénoncé que par le mari; cette faculté même cessera, s'il est dans le cas prévu par l'article 359.

557. La femme convaincue d'adultère subira la peine de l'emprisonnement pendant trois mois au moins et deux ans au plus. — Le mari restera le maître d'arrêter l'effet de cette condamnation, en consentant à reprendre sa femme.

558. Le complice de la femme adultère sera puni de l'emprisonnement pendant le même espace de temps, et, en outre, d'une amende de cent francs à deux mille francs. — Les seules preuves qui pourront être admises contre le prévenu de complicité, seront, outre le flagrant délit, celles résultant de lettres ou autres pièces écrites par le prévenu.

559. Le mari qui aura entretenu une concubine dans la maison conjugale, et qui aura été convaincu sur la plainte de la femme, sera puni d'une amende de cent francs à deux mille francs.

540. Quiconque étant engagé dans les liens du mariage en aura contracté un autre avant la dissolution du précédent, sera puni de la peine des travaux forcés à temps. — L'officier public qui aura prêté son ministère à ce mariage, connaissant l'existence du précédent, sera condamné à la même peine.

Dispositions additionnelles.

C. *Pén.* 287. Toute exposition ou distribution de chansons, pamphlets, figures ou images contraires aux bonnes mœurs, sera punie d'une amende de seize francs à cinq cents francs, d'un emprisonnement d'un mois à un an, et de la confiscation des planches et des exemplaires imprimés ou gravés de chansons, figures ou autres objets du délit.

477. Seront saisis et confisqués, — 1°... 5° les écrits ou gravures contraires aux mœurs : ces objets seront mis sous le pilon.

MONNAIE (FAUSSE).

Dispositions générales.

C. *Inst. cr.* 5. Tout Français qui se sera rendu coupable, hors du territoire de France, de contrefaction de monnaies nationales ayant cours, de papiers nationaux, de billets de banque autorisés par la loi, pourra être poursuivi, jugé et puni en

France, d'après les dispositions des lois françaises.

6. Cette disposition pourra être étendue aux étrangers qui, auteurs ou complices des mêmes crimes, seraient arrêtés en France, ou dont le Gouvernement obtiendrait l'extradition.

Fausse monnaie.

C. Pén. (liv. 3, tit. 1, ch. 3, art. 132-138). —
132. Quiconque aura contrefait ou altéré les monnaies d'or ou d'argent ayant cours légal en France, ou participé à l'émission ou exposition desdites monnaies contrefaites ou altérées, ou à leur introduction sur le territoire français, sera puni des travaux forcés à perpétuité.

133. Celui qui aura contrefait ou altéré des monnaies de billon ou de cuivre ayant cours légal en France, ou participé à l'émission ou exposition desdites monnaies contrefaites ou altérées, ou à leur introduction sur le territoire français, sera puni des travaux forcés à temps.

134. Tout individu qui aura, en France, contrefait ou altéré des monnaies étrangères, ou participé à l'émission, exposition ou introduction en France de monnaies étrangères contrefaites ou altérées, sera puni des travaux forcés à temps.

135. La participation énoncée aux précédens articles ne s'applique point à ceux qui, ayant reçu pour bonnes des pièces de monnaies contrefaites ou altérées, les ont remises en circulation. — Toutefois celui qui aurait fait usage desdites pièces après en avoir vérifié ou fait vérifier les vices, sera puni d'une amende triple au moins et sextuple au plus de la somme représentée par les pièces qu'il aura rendues à la circulation, sans que cette amende puisse en aucun cas être inférieure à seize francs.

138 [1]. Les personnes coupables des crimes mentionnés aux articles 132 et 133 seront exemptes de peine, si, avant la consommation de ces crimes et avant toutes poursuites, elles en ont donné connaissance et révélé les auteurs aux autorités constituées, ou si, même après les poursuites commencées, elles ont procuré l'arrestation des autres coupables. — Elles pourront néanmoins être mises, pour la vie ou à temps, sous la surveillance spéciale de la haute police.

Disposition additionnelle.

C. Pén. 475. Seront punis d'amende, depuis six francs jusqu'à dix francs inclusivement, —
1°...... 11° ceux qui auraient refusé de recevoir les espèces et monnaies nationales, non fausses

---

[1] Les art. 136 et 137 ont été abrogés par la loi du 28 avril 1832.

ni altérées, selon la valeur pour laquelle elles ont cours.

MORT. *V.* Décès.

MORT (peine de).

C. Pén. 7. Les peines afflictives et infamantes sont : —1° la mort.

12. Tout condamné à mort aura la tête tranchée.

13. Le coupable condamné à mort pour parricide, sera conduit sur le lieu de l'exécution, en chemise, nu-pieds, et la tête couverte d'un voile noir. — Il sera exposé sur l'échafaud pendant qu'un huissier fera au peuple lecture de l'arrêt de condamnation, et il sera immédiatement exécuté à mort.

14. Les corps des suppliciés seront délivrés à leurs familles, si elles les réclament, à la charge par elles de les faire inhumer sans aucun appareil.

25. Aucune condamnation ne pourra être exécutée les jours de fêtes nationales ou religieuses, ni les dimanches.

26. L'exécution se fera sur l'une des places publiques du lieu qui sera indiqué par l'arrêt de condamnation.

27. Si une femme condamnée à mort se déclare et s'il est vérifié qu'elle est enceinte, elle ne subira la peine qu'après sa délivrance.

36. Tous arrêts qui porteront la peine de mort seront imprimés par extrait. — Ils seront affichés dans la ville centrale du département, dans celle où l'arrêt aura été rendu, dans la commune du lieu où le délit aura été commis, dans celle où se fera l'exécution, et dans celle du domicile du condamné.

MORT CIVILE.

I. DISPOSITIONS GÉNÉRALES.

De la privation des droits civils par suite des condamnations judiciaires.

C. Civ. (liv. 1, tit. 1, ch. 2, sect. 2, art. 22-33).
— 22. Les condamnations à des peines dont l'effet est de priver celui qui est condamné, de toute participation aux droits civils ci-après exprimés, emporteront la mort civile.

23. La condamnation à la mort naturelle emportera la mort civile.

24. Les autres peines afflictives perpétuelles n'emporteront la mort civile qu'autant que la loi y aurait attaché cet effet.

25. Par la mort civile, le condamné perd la propriété de tous les biens qu'il possédait : sa succession est ouverte au profit de ses héritiers, auxquels ses biens sont dévolus, de la même manière que s'il était mort naturellement et sans testament. — Il ne peut plus ni recueillir aucune succession, ni transmettre, à ce titre, les biens

34

qu'il a acquis par la suite. — Il ne peut ni disposer de ses biens, en tout ou en partie, soit par donation entre-vifs, soit par testament, ni recevoir à ce titre, si ce n'est pour cause d'alimens. — Il ne peut être nommé tuteur, ni concourir aux opérations relatives à la tutelle. — Il ne peut être témoin dans un acte solennel ou authentique, ni être admis à porter témoignage en justice. — Il ne peut procéder en justice, ni en défendant, ni en demandant, que sous le nom et par le ministère d'un curateur spécial, qui lui est nommé par le tribunal où l'action est portée. — Il est incapable de contracter un mariage qui produise aucun effet civil. — Le mariage qu'il avait contracté précédemment, est dissous, quant à tous ses effets civils. — Son époux et ses héritiers peuvent exercer respectivement les droits et les actions auxquels sa mort naturelle donnerait ouverture.

26. Les condamnations contradictoires n'emportent la mort civile qu'à compter du jour de leur exécution, soit réelle, soit par effigie.

27. Les condamnations par contumace n'emporteront la mort civile qu'après les cinq années qui suivront l'exécution du jugement par effigie, et pendant lesquelles le condamné peut se représenter.

28. Les condamnés par contumace seront, pendant les cinq ans, ou jusqu'à ce qu'ils se représentent ou qu'ils soient arrêtés pendant ce délai, privés de l'exercice des droits civils. — Leurs biens seront administrés et leurs droits exercés de même que ceux des absens. V. ABSENT.

29. Lorsque le condamné par contumace se présentera volontairement dans les cinq années, à compter du jour de l'exécution, ou lorsqu'il aura été saisi et constitué prisonnier dans ce délai, le jugement sera anéanti de plein droit ; l'accusé sera remis en possession de ses biens : il sera jugé de nouveau ; et si, par ce nouveau jugement, il est condamné à la même peine ou à une peine différente, emportant également la mort civile, elle n'aura lieu qu'à compter du jour de l'exécution du second jugement.

50. Lorsque le condamné par contumace, qui ne se sera représenté ou qui n'aura été constitué prisonnier qu'après les cinq ans, sera absous par le nouveau jugement, ou n'aura été condamné qu'à une peine qui n'emportera pas la mort civile, il rentrera dans la plénitude de ses droits civils, pour l'avenir, et à compter du jour où il aura reparu en justice ; mais le premier jugement conservera, pour le passé, les effets que la mort civile avait produits dans l'intervalle écoulé depuis l'époque de l'expiration des cinq ans jusqu'au jour de sa comparution en justice.

51. Si le condamné par contumace meurt dans le délai de grâce des cinq années sans s'être représenté, ou sans avoir été saisi ou arrêté, il sera réputé mort dans l'intégrité de ses droits. Le jugement de contumace sera anéanti de plein droit, sans préjudice néanmoins de l'action de la partie civile, laquelle ne pourra être intentée contre les héritiers du condamné que par la voie civile.

52. En aucun cas la prescription de la peine ne réintègrera le condamné dans ses droits civils pour l'avenir.

53. Les biens acquis par le condamné, depuis la mort civile encourue, et dont il se trouvera en possession au jour de sa mort naturelle, appartiendront à l'État par droit de déshérence. — Néanmoins, il est loisible au Roi de faire, au profit de la veuve, des enfans ou parens du condamné, telles dispositions que l'humanité lui suggérera.

Dispositions additionnelles.

C. Inst. cr. 476. Si l'accusé se constitue prisonnier, ou s'il est arrêté avant que la peine soit éteinte par prescription, le jugement rendu par contumace et les procédures faites contre lui depuis l'ordonnance de prise de corps ou de se représenter, seront anéantis de plein droit, et il sera procédé à son égard dans la forme ordinaire. — Si cependant la condamnation par contumace était de nature à emporter la mort civile, et si l'accusé n'a été arrêté ou ne s'est représenté qu'après les cinq ans qui ont suivi l'exécution du jugement de contumace, ce jugement, conformément à l'article 30 du Code Civil, conservera, pour le passé, les effets que la mort civile aurait produits dans l'intervalle écoulé depuis l'expiration des cinq ans jusqu'au jour de la comparution de l'accusé en justice.

C. Pén. 18. Les condamnations aux travaux forcés à perpétuité et à la déportation emporteront mort civile. — Néanmoins le Gouvernement pourra accorder au condamné à la déportation l'exercice des droits civils ou de quelques-uns de ces droits.

II. DISPOSITIONS DIVERSES.

COMMUNAUTÉ. *C. Civ.* 1424. Les amendes encourues par le mari pour crime n'emportant pas mort civile, peuvent se poursuivre sur les biens de la communauté, sauf la récompense due à la femme ; celles encourues par la femme ne peuvent s'exécuter que sur la nue propriété de ses biens personnels, tant que dure la communauté.

1425. Les condamnations prononcées contre l'un des deux époux pour crime emportant mort civile, ne frappent que sa part de la communauté et ses biens personnels.

1441. La communauté se dissout,—1°... 2° par la mort civile.

1442. Le défaut d'inventaire après la mort naturelle ou civile de l'un des époux ne donne pas lieu à la continuation de la communauté; sauf les poursuites des parties intéressées, relativement à la consistance des biens et effets communs, dont la preuve pourra être faite tant par titres que par la commune renommée.

1462. Les dispositions des articles 1456 et suivans (relatifs à l'acceptation ou répudiation de la communauté [V. ACCEPTÀTION DE COMMUNAUTÉ]) sont applicables aux femmes des individus morts civilement, à partir du moment où la mort civile a commencé.

DÉPÔT. C. Civ. 1939. En cas de mort naturelle ou civile de la personne qui a fait le dépôt, la chose déposée ne peut être rendue qu'à son héritier. — S'il y a plusieurs héritiers, elle doit être rendue à chacun d'eux pour leur part et portion.— Si la chose déposée est indivisible, les héritiers doivent s'accorder entre eux pour la recevoir.

MANDAT. C. Civ. 2003. Le mandat finit — par la mort naturelle ou civile, soit du mandant, soit du mandataire.

MARIAGE. C. Civ. 227. Le mariage se dissout, — 1°..... 2° par la condamnation devenue définitive de l'un des époux à une peine emportant mort civile.

(Enfans mineurs.) C. Civ. 390. Après la dissolution du mariage arrivée par la mort naturelle ou civile de l'un des époux, la tutelle des enfans mineurs et non émancipés appartient de plein droit au survivant des père et mère.

PRÉCIPUT. C. Civ. 1517. La mort naturelle ou civile donne ouverture au préciput.

RENTE VIAGÈRE. C. Civ. 1982. La rente viagère ne s'éteint pas par la mort civile du propriétaire; le paiement doit en être continué pendant sa vie naturelle.

REPRÉSENTATION. C. Civ. 744. On ne représente pas les personnes vivantes, mais seulement celles qui sont mortes naturellement ou civilement.

SOCIÉTÉ. C. Civ. 1865. La société finit, — 1°..... 4° par la mort civile de l'un des associés.

SUCCESSION. C. Civ. 718. Les successions s'ouvrent par la mort naturelle et par la mort civile.

719. La succession est ouverte par la mort civile, du moment où cette mort est encourue, conformément aux dispositions de la section 2 du chapitre 2 du titre de la jouissance et de la privation des droits civils. (V. ci-dessus.)

725. Sont incapables de succéder, — 1°..... 3° celui qui est mort civilement.

USUFRUIT. C. Civ. 647. L'usufruit s'éteint, — par la mort naturelle et par la mort civile de l'usufruitier.

MORT VIOLENTE.

C. Civ. 81. Lorsqu'il y aura des signes ou indices de mort violente, ou d'autres circonstances qui donneront lieu de le soupçonner, on ne pourra faire l'inhumation qu'après qu'un officier de police assisté d'un docteur en médecine ou en chirurgie aura dressé procès-verbal de l'état du cadavre, et des circonstances y relatives, ainsi que des renseignemens qu'il aura pu recueillir sur les prénoms, nom, âge, profession, lieu de naissance et domicile de la personne décédée.

C. Inst. cr. 44. S'il s'agit d'une mort violente, ou d'une mort dont la cause soit inconnue et suspecte, le procureur du Roi se fera assister d'un ou de deux officiers de santé, qui feront leur rapport sur les causes de la mort et sur l'état du cadavre. — Les personnes appelées, dans les cas du présent article, prêteront devant le procureur du Roi le serment de faire leur rapport et de donner leur avis en leur honneur et conscience.

MORTUAIRE (DOMICILE).

C. Civ. 110. Le lieu où la succession s'ouvrira sera déterminé par le domicile.

C. Proc. 59. En matière de succession (le défendeur sera assigné), — 1° sur les demandes entre héritiers, jusqu'au partage inclusivement; — 2° sur les demandes qui seraient intentées par des créanciers du défunt, avant le partage; — 3° sur les demandes relatives à l'exécution des dispositions à cause de mort, jusqu'au jugement définitif, — devant le tribunal du lieu où la succession est ouverte.

447. Les délais de l'appel seront suspendus par la mort de la partie condamnée. — Ils ne reprendront leur cours qu'après la signification du jugement faite au domicile du défunt, et à compter de l'expiration des délais pour faire inventaire et délibérer, si le jugement a été signifié avant que ces derniers délais fussent expirés. — Cette signification pourra être faite aux héritiers collectivement, et sans désignation des noms et qualités.

MOTIFS DES JUGEMENS.

L. 20 avril 1810. — 7. Les arrêts qui ne contiennent pas les motifs, sont déclarés nuls.

MOULIN.

C. Civ. 519. Les moulins à vent ou à eau, fixes

34

sur piliers et faisant partie du bâtiment, sont immeubles par leur nature.

551. Les bateaux, bacs, navires, moulins et bains sur bateaux, et généralement toutes usines non fixées par des piliers, et ne faisant point partie de la maison, sont meubles : la saisie de quelques-uns de ces objets peut cependant, à cause de leur importance, être soumise à des formes particulières, ainsi qu'il sera expliqué dans le Code de la procédure civile.

C. Proc. 620. S'il s'agit de moulins et autres édifices mobiles, assis sur bateaux ou autrement, il sera procédé à leur adjudication (après saisie) sur les ports, gares ou quais où ils se trouvent ; il sera affiché quatre placards au moins (*V.* PLACARDS) ; et il sera fait, à trois divers jours consécutifs, trois publications au lieu où sont lesdits objets : la première publication ne sera faite que huit jours au moins après la signification de la saisie. Dans les villes où il s'imprime des journaux, il sera suppléé à ces trois publications par l'insertion qui sera faite au journal de l'annonce de ladite vente, laquelle annonce sera répétée trois fois dans le cours du mois précédant la vente.

MUET. *V.* SOURD-MUET.

MUNITIONS ET ARMES DE GUERRE.

Loi du 24 mai 1834, sur les détenteurs d'armes ou de munitions de guerre.

Art. 1er. Tout individu qui aura fabriqué, débité ou distribué des armes prohibées par la loi ou par des réglemens d'administration publique, sera puni d'un emprisonnement d'un mois à un an et d'une amende de seize francs à cinq cents francs. — Celui qui sera porteur desdites armes sera puni d'un emprisonnement de six jours à six mois, et d'une amende de seize francs à deux cents francs.

2. Tout individu qui, sans y être légalement autorisé, aura fabriqué, débité ou distribué de la poudre, ou sera détenteur d'une quantité quelconque de poudre de guerre, ou de plus de deux kilogrammes de toute autre poudre, sera puni d'un emprisonnement d'un mois à deux ans, sans préjudice des autres peines portées par les lois.

3. Tout individu qui, sans y être légalement autorisé, aura fabriqué ou confectionné, débité ou distribué des armes de guerre, ou sera détenteur d'armes de guerre, cartouches ou munitions de guerre, ou d'un dépôt d'armes quelconque, sera puni d'un emprisonnement d'un mois à deux ans, et d'une amende de seize francs à mille francs. — La présente disposition n'est point applicable aux professions d'armurier et de fabricant d'armes de commerce, lesquelles resteront seulement assujéties aux lois et réglemens particuliers qui les concernent.

4. Les infractions prévues par les articles précédens sont jugées par le tribunal de police correctionnelle. — Les armes et les munitions fabriquées, débitées, distribuées ou possédées sans autorisation, seront confisquées. — Les condamnés pourront, en outre, être placés sous la surveillance de la haute police pendant un temps qui ne pourra excéder deux

ans. — En cas de récidive, les peines pourront être élevées jusqu'au double.

5. Seront punis de la détention les individus qui, dans un mouvement insurrectionnel, auront porté, soit des armes apparentes ou cachées, ou des munitions, soit un uniforme, costume, ou autres insignes civils ou militaires. — Si les individus porteurs d'armes apparentes ou cachées, ou de munitions, étaient revêtus d'un uniforme, d'un costume ou d'autres insignes civils ou militaires, ils seront punis de la déportation. — Les individus qui auront fait usage de leurs armes seront punis de mort.

6. Seront punis des travaux forcés à temps les individus qui, dans un mouvement insurrectionnel, se seront emparés d'armes ou de munitions de toutes espèces, soit à l'aide de violences ou de menaces, soit par le pillage de boutiques, postes, magasins, arsenaux et autres établissemens publics, soit par le désarmement d'agens de la force publique ; chacun des coupables sera, de plus, condamné à une amende de deux cents francs à cinq mille francs.

7. Seront punis de la même peine les individus qui, dans un mouvement insurrectionnel, auront envahi, à l'aide de violences ou menaces, une maison habitée ou servant à l'habitation.

8. Seront punis de la détention les individus qui, dans un mouvement insurrectionnel, auront, pour faire attaque ou résistance envers la force publique, envahi ou occupé des édifices, postes et autres établissemens publics. — La peine sera la même à l'égard de ceux qui, dans le même but, auront occupé une maison habitée ou non habitée, avec le consentement du propriétaire ou du locataire et à l'égard du propriétaire ou du locataire, qui, connaissant le but des insurgés, leur aura procuré sans contrainte l'entrée de ladite maison.

9. Seront punis de la détention les individus qui, dans un mouvement insurrectionnel, auront fait ou aidé à faire des barricades, des retranchemens ou tous autres travaux ayant pour objet d'entraver ou d'arrêter l'exercice de la force publique. — Ceux qui auront empêché, à l'aide de violences ou de menaces, la convocation ou la réunion de la force publique, ou qui auront provoqué ou facilité le rassemblement des insurgés, soit par la distribution d'ordres ou de proclamations, soit par les ports de drapeaux ou autres signes de ralliement, soit par tout autre moyen d'appel ; — ceux qui auront brisé ou détruit un ou plusieurs télégraphes ou qui auront envahi, à l'aide de violences ou de menaces, un ou plusieurs postes télégraphiques, ou qui auront intercepté par tout autre moyen, avec violences ou menaces, les communications ou la correspondance entre les divers dépositaires de l'autorité publique.

10. Les peines portées par la présente loi seront prononcées sans préjudice de celles que les coupables auraient pu encourir comme auteurs ou complices de tous autres crimes. — Dans le cas du concours de deux peines, la plus grave seule sera appliquée.

11. Dans tous les cas prévus par la présente loi, s'il existe des circonstances atténuantes, il sera fait application de l'article 463 du Code Pénal. *V.* ATTÉNUANTES (*circonstances*). — Néanmoins, les condamnés pourront toujours être placés sous la surveillance de la haute police pendant un temps qui ne pourra excéder le *maximum* de la durée de l'emprisonnement prononcé par la loi.

MUR. *V.* CONSTRUCTION, MITOYENNETÉ.

N

NAISSANCE (ACTE DE).

1° *Dispositions générales.*

C. Civ. 319. La filiation des enfans légitimes se prouve par les actes de naissance inscrits sur le registre de l'état civil.

322. Nul ne peut réclamer un état contraire à celui que lui donnent son titre de naissance et la possession conforme à ce titre ; — et réciproquement, nul ne peut contester l'état de celui qui a une possession conforme à son titre de naissance.

Des actes de naissance.

C. Civ. (*liv.* 1, *tit.* 2, *ch.* 2, *art.* 55-62). — 55. Les déclarations de naissance seront faites dans les trois jours de l'accouchement, à l'officier de l'état civil du lieu : l'enfant lui sera présenté.

56. La naissance de l'enfant sera déclarée par le père, ou, à défaut du père, par les docteurs en médecine ou en chirurgie, sages-femmes, officiers de santé ou autres personnes qui auront assisté à l'accouchement ; et lorsque la mère sera accouchée hors de son domicile, par la personne chez qui elle sera accouchée. — L'acte de naissance sera rédigé de suite, en présence de deux témoins.

57. L'acte de naissance énoncera le jour, l'heure et le lieu de la naissance, le sexe de l'enfant, et les prénoms qui lui seront donnés, les prénoms, noms, profession et domicile des père et mère, et ceux des témoins.

58. Toute personne qui aura trouvé un enfant nouveau-né, sera tenue de le remettre à l'officier de l'état civil, ainsi que les vêtemens et autres effets trouvés avec l'enfant, et de déclarer toutes les circonstances du temps et du lieu où il aura été trouvé. — Il en sera dressé un procès-verbal détaillé, qui énoncera en outre l'âge apparent de l'enfant, son sexe, les noms qui lui seront donnés, l'autorité civile à laquelle il sera remis. Ce procès-verbal sera inscrit sur les registres.

59. S'il naît un enfant pendant un voyage de mer, l'acte de naissance sera dressé, dans les vingt-quatre heures, en présence du père, s'il est présent, et de deux témoins pris parmi les officiers du bâtiment, ou, à leur défaut, parmi les hommes de l'équipage. Cet acte sera rédigé, savoir, sur les bâtimens du Roi, par l'officier d'administration de la marine, et sur les bâtimens

appartenant à un armateur ou négociant, par le capitaine, maître ou patron du navire. L'acte de naissance sera inscrit à la suite du rôle d'équipage.

60. Au premier port où le bâtiment abordera, soit de relâche, soit pour toute autre cause que celle de son désarmement, les officiers de l'administration de la marine, capitaine, maître ou patron, seront tenus de déposer deux expéditions authentiques des actes de naissance qu'ils auront rédigés, savoir, dans un port français, au bureau du préposé à l'inscription maritime ; et dans un port étranger, entre les mains du consul. — L'une de ces expéditions restera déposée au bureau de l'inscription maritime, ou à la chancellerie du consulat ; l'autre sera envoyée au ministre de la marine, qui fera parvenir une copie, de lui certifiée, de chacun desdits actes, à l'officier de l'état civil du domicile du père de l'enfant, ou de la mère, si le père est inconnu : cette copie sera inscrite de suite sur les registres.

61. A l'arrivée du bâtiment dans le port du désarmement, le rôle d'équipage sera déposé au bureau du préposé à l'inscription maritime, qui enverra une expédition de l'acte de naissance, de lui signée, à l'officier de l'état civil du domicile du père de l'enfant, ou de la mère, si le père est inconnu : cette expédition sera inscrite de suite sur les registres.

62. L'acte de reconnaissance d'un enfant sera inscrit sur les registres, à sa date ; et il en sera fait mention en marge de l'acte de naissance, s'il en existe un. *V.* ÉTAT CIVIL (*actes de l'*).

2° *Disposition additionnelle.*

C. Pén. 346. Toute personne qui, ayant assisté à un accouchement, n'aura pas fait la déclaration à elle prescripte par l'article 56 du Code Civil, et dans le délai fixé par l'article 55 du même Code, sera punie d'un emprisonnement de six jours à six mois, et d'une amende de seize francs à trois cents francs. *V.* ENFANT.

NANTISSEMENT.

DISPOSITIONS GÉNÉRALES.

Du nantissement.

C. Civ. (*liv.* 5, *tit.* 17, *art.* 2071-2091). — 2071. Le nantissement est un contrat par lequel un débiteur remet une chose à son créancier pour sûreté de la dette.

2072. Le nantissement d'une chose mobilière s'appelle *gage*. (*V.* Gage.) — Celui d'une chose immobilière s'appelle *antichrèse.* *V.* Antichrèse.

NATURALISATION.

LOIS, DÉCRETS ET ORDONNANCES.

1º *Constitution du 22 frimaire an 8.*

5. Un étranger devient citoyen français lorsque après avoir atteint l'âge de vingt et un ans accomplis, et avoir déclaré (devant l'officier de l'état civil) l'intention de se fixer en France, il y a résidé pendant dix années consécutives.

2º *Senatus-consulte du 19 février* 1808.

1. Les étrangers qui rendront, ou qui auraient rendu des services importans à l'État, ou qui apporteront dans son sein des talens, des inventions ou une industrie utiles, ou qui formeront de grands établissemens, pourront, après un an de domicile, être admis à jouir du droit de citoyen français.

2. Ce droit leur sera conféré par un décret spécial rendu sur le rapport d'un ministre, le conseil-d'état entendu.

3. Il sera délivré à l'impétrant une expédition dudit décret, visée par le grand-juge ministre de la justice.

4. L'impétrant, muni de cette expédition, se présentera devant la municipalité de son domicile pour y prêter le serment d'obéissance aux constitutions de l'empire et de fidélité à l'Empereur. Il sera tenu registre et dressé procès-verbal de cette prestation de serment.

3º *Décret du 17 mars* 1809.

1. Lorsqu'un étranger, en se conformant aux dispositions de l'acte des constitutions de l'empire du 22 frimaire an 8, aura rempli les conditions exigées pour devenir citoyen français, sa naturalisation sera prononcée par nous.

2. La demande en naturalisation, et les pièces à appui, seront transmises par le maire du domicile du pétitionnaire au préfet, qui les adressera avec son avis à notre grand-juge ministre de la justice.

4º *Ordonnance du 4 juin* 1814.

1. Conformément aux anciennes constitutions françaises, aucun étranger ne pourra siéger, à compter de ce jour, ni dans la chambre des pairs ni dans celle des députés, à moins que, par d'importans services rendus à l'État, il n'ait de nous des lettres de naturalisation.

5º *Loi du 14 octobre* 1814.

1. Tous les habitans des départemens qui avaient été réunis au territoire de la France depuis 1791, et qui, en vertu de cette réunion, se sont établis sur le territoire actuel de France, et y ont résidé sans interruption depuis dix années, et depuis l'âge de vingt et un ans, sont censés avoir fait la déclaration exigée par l'art. 3 de la loi du 22 frimaire an 8, à charge par eux de déclarer, dans le délai de trois mois, à dater de la publication des présentes, qu'ils persistent dans la volonté de se fixer en France.—Ils obtiendront, à cet effet, de nous des lettres de déclaration de naturalité, et pourront jouir, dès ce moment, des droits de citoyen français, à l'exception de ceux réservés dans l'art. 1er de l'ordonnance du 4 juin (*ci-dessus*), qui ne pourront être accordés qu'en vertu des lettres de naturalisation, vérifiées dans les deux chambres.

2. Ceux qui n'ont pas encore dix années de résidence réelle dans l'intérieur de France, acquerront les mêmes droits de citoyen français le jour où les dix ans de résidence seront révolus, à charge de faire dans le même délai la déclaration susdite.—Nous nous réservons néanmoins d'accorder, lorsque nous le jugerons convenable, même avant les dix ans de résidence révolus, des déclarations de naturalité.

3. A l'égard des individus nés et encore domiciliés dans les départemens, qui, après avoir fait partie de la France, en ont été séparés par les derniers traités, nous pourrons leur accorder la permission de s'établir dans notre royaume et d'y jouir des droits civils; mais ils ne pourront exercer ceux de citoyen français qu'après avoir fait la déclaration prescrite, après avoir rempli les conditions imposées par la loi du 22 frimaire an 8, et après avoir obtenu de nous des lettres de déclaration de naturalité. — Nous nous réservons néanmoins d'accorder lesdites lettres quand nous le jugerons convenable, avant les dix ans de résidence révolus.

NATUREL (ENFANT).

I. LÉGITIMATION ET RECONNAISSANCE.

Des enfans naturels.

C. Civ. (liv. 1, *tit.* 7, *ch.* 3, *art.* 331-342).

Sect. 1re, *de la légitimation des enfans naturels.*

331. Les enfans nés hors mariage, autres que ceux nés d'un commerce incestueux ou adultérin, pourront être légitimés par le mariage subséquent de leurs père et mère, lorsque ceux-ci les auront légalement reconnus avant leur mariage, ou qu'ils les reconnaîtront dans l'acte même de célébration.

332. La légitimation peut avoir lieu, même en faveur des enfans décédés qui ont laissé des descendans; et, dans ce cas, elle profite à ces descendans.

333. Les enfans légitimés par le mariage subséquent, auront les mêmes droits que s'ils étaient nés de ce mariage. *V.* Légitime (*enfant*).

Sect. 2, *de la reconnaissance des enfans naturels.*

334. La reconnaissance d'un enfant naturel sera faite par un acte authentique, lorsqu'elle ne l'aura pas été dans son acte de naissance.

335. Cette reconnaissance ne pourra avoir lieu au profit des enfans nés d'un commerce incestueux ou adultérin.

336. La reconnaissance du père, sans l'indication et l'aveu de la mère, n'a d'effet qu'à l'égard du père.

337. La reconnaissance faite pendant le mariage, par l'un des époux, au profit d'un enfant naturel qu'il aurait eu, avant son mariage, d'un autre que de son époux, ne pourra nuire ni à celui-ci, ni aux enfans nés de ce mariage.— Néanmoins elle produira son effet après la dissolution de ce mariage, s'il n'en reste pas d'enfants.

338. L'enfant naturel reconnu ne pourra ré-

clamer les droits d'enfant légitime. Les droits des enfans naturels seront réglés au titre *des successions*. (*V. ci-après.*)

539. Toute reconnaissance de la part du père ou de la mère, de même que toute réclamation de la part de l'enfant, pourra être contestée par tous ceux qui y auront intérêt.

540. La recherche de la paternité est interdite. Dans le cas d'enlèvement, lorsque l'époque de cet enlèvement se rapportera à celle de la conception, le ravisseur pourra être, sur la demande des parties intéressées, déclaré père de l'enfant.

541. La recherche de la maternité est admise. — L'enfant qui réclamera sa mère, sera tenu de prouver qu'il est identiquement le même que l'enfant dont elle est accouchée. — Il ne sera reçu à faire cette preuve par témoins, que lorsqu'il aura déjà un commencement de preuve par écrit. *V.* COMMENCEMENT DE PREUVE.

542. Un enfant ne sera jamais admis à la recherche, soit de la paternité, soit de la maternité, dans les cas où, suivant l'article 535, la reconnaissance n'est pas admise.

Disposition additionnelle.

C. Civ. 62. L'acte de reconnaissance d'un enfant sera inscrit sur les registres à sa date : et il en sera fait mention en marge de l'acte de naissance, s'il en existe un.

II. DES SUCCESSIONS.

Dispositions générales.

C. Civ. 723. La loi règle l'ordre de succéder entre les héritiers légitimes : à leur défaut, les biens passent aux enfans naturels. *V.* VACANTE (*succession*).

Des droits des enfans naturels sur les biens de leur père ou mère et de la succession des enfans naturels décédés sans postérité.

C. Civ. (*liv. 3, tit. 1, ch. 4, sect. 1, art. 756-766*). — 756. Les enfans naturels ne sont point héritiers ; la loi ne leur accorde de droits sur les biens de leur père ou mère décédés, que lorsqu'ils ont été légalement reconnus. Elle ne leur accorde aucun droit sur les biens des parens de leur père ou mère.

757. Le droit de l'enfant naturel sur les biens de ses père ou mère décédés, est réglé ainsi qu'il suit : — si le père ou la mère a laissé des descendans légitimes, ce droit est d'un tiers de la portion héréditaire que l'enfant naturel aurait eue s'il eût été légitime ; il est de la moitié lorsque les père ou mère ne laissent pas de descendans, mais bien des ascendans ou des frères ou sœurs ; il est des trois quarts lorsque les père ou

mère ne laissent ni descendans ni ascendans, ni frères ni sœurs.

758. L'enfant naturel a droit à la totalité des biens, lorsque ses père ou mère ne laissent pas de parens au degré successible.

759. En cas de prédécès de l'enfant naturel, ses enfans ou descendans peuvent réclamer les droits fixés par les articles précédens.

760. L'enfant naturel ou ses descendans sont tenus d'imputer sur ce qu'ils ont droit de prétendre, tout ce qu'ils ont reçu du père ou de la mère dont la succession est ouverte, et qui serait sujet à rapport, d'après les règles établies à la section 2 du chapitre 6 du présent titre. (*Art.* 843-869. *V.* RAPPORT.)

761. Toute réclamation leur est interdite, lorsqu'ils ont reçu, du vivant de leur père ou de leur mère, la moitié de ce qui leur est attribué par les articles précédens, avec déclaration expresse, de la part de leur père ou mère, que leur intention est de réduire l'enfant naturel à la portion qu'ils lui ont assignée. — Dans le cas où cette portion serait inférieure à la moitié de ce qui devrait revenir à l'enfant naturel, il ne pourra réclamer que le supplément nécessaire pour parfaire cette moitié.

762. Les dispositions des articles 757 et 758 ne sont pas applicables aux enfans adultérins ou incestueux. — La loi ne leur accorde que des alimens.

763. Ces alimens sont réglés, eu égard aux facultés du père ou de la mère, au nombre et à la qualité des héritiers légitimes.

764. Lorsque le père ou la mère de l'enfant adultérin ou incestueux lui auront fait apprendre un art mécanique, ou lorsque l'un d'eux lui aura assuré des alimens de son vivant, l'enfant ne pourra élever aucune réclamation contre leur succession.

765. La succession de l'enfant naturel décédé sans postérité est dévolue au père ou à la mère qui l'a reconnu ; ou par moitié à tous les deux, s'il a été reconnu par l'un et par l'autre.

766. En cas de prédécès des père et mère de l'enfant naturel, les biens qu'il en avait reçus passent aux frères ou sœurs légitimes, s'ils se retrouvent en nature dans la succession : les actions en reprise, s'il en existe, ou le prix de ces biens aliénés, s'il est encore dû, retournent également aux frères et sœurs légitimes. Tous les autres biens passent aux frères et sœurs naturels ou à leurs descendans.

Disposition additionnelle.

C. Civ. 908. Les enfans naturels ne pourront, par donation entre-vifs ou par testament, rien recevoir au-delà de ce qui leur est accordé au titre *des successions (ci-dessus).*

III. Dispositions diverses.

Mariage. *C. Civ.* 138. Les dispositions contenues aux articles 148 et 149 [1], et les dispositions des articles 151, 152, 153, 154 et 155, relatives à l'acte respectueux (*V.* Respectueux [*acte*].) qui doit être fait aux père et mère dans le cas prévu par ces articles, sont applicables aux enfans naturels légalement reconnus.

159. L'enfant naturel qui n'a point été reconnu, et celui qui, après l'avoir été, a perdu ses père et mère, ou dont les père et mère ne peuvent manifester leur volonté, ne pourra, avant l'âge de vingt-un ans révolus, se marier qu'après avoir obtenu le consentement d'un tuteur *ad hoc* qui lui sera nommé.

161. En ligne directe, le mariage est prohibé entre tous les ascendans et descendans légitimes ou naturels.

162. En ligne collatérale, le mariage est prohibé entre le frère et la sœur légitimes ou naturels.

Puissance paternelle. *C. Civ.* 383. Les articles 376, 377, 378 et 379 (relatifs au droit de correction, *V.* Correction [*droit de*]), seront communs aux pères et mères des enfans naturels légalement reconnus.

IV. dispositions transitoires.

Loi du 14 floréal an 11.

1. L'état et les droits des enfans nés hors mariage, dont les pères et mères sont morts depuis la promulgation de la loi du 12 brumaire an 2 jusqu'à la promulgation des titres du Code Civil sur la *paternité et la filiation*, et sur les *successions*, seront réglés de la manière prescrite par ces titres.

2. Néanmoins les dispositions entre-vifs ou testamentaires, antérieures à la promulgation des mêmes titres du Code Civil, et dans lesquelles on aurait fixé les droits de ces enfans naturels, seront exécutées, sauf la réduction à la quotité disponible aux termes du Code Civil, et sauf aussi un supplément, conformément à l'art. (761) de la loi sur les *successions*, dans le cas où la portion donnée ou léguée serait inférieure à la moitié de ce qui devrait revenir à l'enfant naturel, suivant la même loi.

3. Les conventions et les jugemens passés en force de chose jugée, par lesquels l'état et les droits desdits enfans naturels auraient été réglés, seront exécutés selon leur forme et teneur.

----

[1] 148. Le fils qui n'a pas atteint l'âge de vingt-cinq ans accomplis, la fille qui n'a pas atteint l'âge de vingt-un ans accomplis, ne peuvent contracter mariage sans le consentement de leurs père et mère. En cas de dissentiment, le consentement du père suffit.

149. Si l'un des deux est mort, ou s'il est dans l'impossibilité de manifester sa volonté, le consentement de l'autre suffit.

NATURELLE (obligation).

C. Civ. 1235. Tout paiement suppose une dette; ce qui a été payé sans être dû est sujet à répétition.—La répétition n'est pas admise à l'égard des obligations naturelles qui ont été volontairement acquittées.

NAUFRAGE.

1° *Dispositions générales.*

C. Com. 246. Le capitaine qui a fait naufrage, et qui s'est sauvé seul ou avec partie de son équipage, est tenu de se présenter devant le juge du lieu, ou, à défaut de juge, devant toute autre autorité civile, d'y faire son rapport, de le faire vérifier par ceux de son équipage qui se seraient sauvés et se trouveraient avec lui, et d'en lever expédition.

247. Pour vérifier le rapport du capitaine, le juge reçoit l'interrogatoire des gens de l'équipage, et, s'il est possible, des passagers, sans préjudice des autres preuves.—Les rapports non vérifiés ne sont point admis à la décharge du capitaine, et ne font point foi en justice, excepté dans le cas où le capitaine naufragé s'est sauvé seul dans le lieu où il a fait son rapport. — La preuve des faits contraires est réservée aux parties.

258. En cas de naufrage, avec perte entière du navire et des marchandises, les matelots ne peuvent prétendre aucun loyer. Ils ne sont point tenus de restituer ce qui leur a été avancé sur leurs loyers.

302. Il n'est dû aucun fret pour les marchandises perdues par naufrage ou échouement, pillées par des pirates ou prises par les ennemis. — Le capitaine est tenu de restituer le fret qui lui aura été avancé, s'il n'y a convention contraire.

350. Sont aux risques des assureurs, toutes pertes et dommages qui arrivent aux objets assurés par naufrage.

369. Le délaissement des objets assurés peut être fait en cas de naufrage.

2° *Dispositions additionnelles.*

Dépôt. *C. Civ.* 1949. Le dépôt nécessaire est celui qui a été forcé par quelque accident, tel qu'un naufrage.

Preuve. *C. Civ.* 1348. (Les règles relatives à la preuve testimoniale, *V.* Testimoniale [*preuve*]) reçoivent exception toutes les fois qu'il n'a pas été possible au créancier de se procurer une preuve littérale de l'obligation qui a été constatée envers lui.—Cette exception s'applique,—1°.... 2° aux dépôts nécessaires faits en cas de naufrage. *V.* Dépôt.

NAVIRES.

DU COMMERCE MARITIME,

C. Com. (liv. 2, art. 190-456.)

Tit. 1, *des navires et autres bâtimens de mer.*

490. Les navires et autres bâtimens de mer sont meubles. — Néanmoins ils sont affectés aux dettes du vendeur, et spécialement à celles que la loi déclare privilégiées.

491. Sont privilégiées, et dans l'ordre où elles sont rangées, les dettes ci-après désignées : — 1° les frais de justice et autres, faits pour parvenir à la vente et à la distribution du prix; — 2° les droits de pilotage, tonnage, cale, amarrage et bassin ou avant-bassin; — 3° les gages du gardien et frais de garde du bâtiment, depuis son entrée dans le port jusqu'à la vente; — 4° le loyer des magasins où se trouvent déposés les agrès et les apparaux; — 5° les frais d'entretien du bâtiment et de ses agrès et apparaux, depuis son dernier voyage et son entrée dans le port; — 6° les gages et loyers du capitaine et autres gens de l'équipage employés au dernier voyage; — 7° les sommes prêtées au capitaine pour les besoins du bâtiment pendant le dernier voyage, et le remboursement du prix des marchandises par lui vendues pour le même objet; — 8° les sommes dues au vendeur, aux fournisseurs et ouvriers employés à la construction, si le navire n'a point encore fait de voyage; et les sommes dues aux créanciers pour fournitures, travaux, main-d'œuvre, pour radoub, victuailles, armement et équipement, avant le départ du navire, s'il a déjà navigué; — 9° les sommes prêtées à la grosse sur le corps, quille, agrès, apparaux, pour radoub, victuailles, armement et équipement, avant le départ du navire; — 10° le montant des primes d'assurances faites sur le corps, quille, agrès, apparaux, et sur armement et équipement du navire, dues pour le dernier voyage; — 11° les dommages-intérêts dus aux affréteurs, pour le défaut de délivrance des marchandises qu'ils ont chargées, ou pour remboursement des avaries souffertes par lesdites marchandises par la faute du capitaine ou de l'équipage. — Les créanciers compris dans chacun des numéros du présent article viendront en concurrence, et au marc le franc, en cas d'insuffisance du prix.

492. Le privilège accordé aux dettes énoncées dans le précédent article, ne peut être exercé qu'autant qu'elles seront justifiées dans les formes suivantes : — 1° les frais de justice seront constatés par les états de frais arrêtés par les tribunaux compétens; — 2° les droits de tonnage et autres, par les quittances légales des receveurs; — 3° les dettes désignées par les numéros 1, 3, 4 et 5 de l'art. 191, seront constatées par des états arrêtés par le président du tribunal de commerce; — 4° les gages et loyers de l'équipage, par les rôles d'armement et désarmement arrêtés dans les bureaux de l'inscription maritime; — 5° les sommes prêtées et la valeur des marchandises vendues pour les besoins du navire pendant le dernier voyage, par des états arrêtés par le capitaine, appuyés de procès-verbaux signés par le capitaine et les principaux de l'équipage, constatant la nécessité des emprunts; — 6° la vente du navire par un acte ayant date certaine, et les fournitures pour l'armement, équipement et victuailles du navire, seront constatées par les mémoires, factures ou états visés par le capitaine et arrêtés par l'armateur, dont un double sera déposé au greffe du tribunal de commerce avant le départ du navire, ou, au plus tard, dans les dix jours après son départ; — 7° les sommes prêtées à la grosse sur le corps, quille, agrès, apparaux, armement et équipement, avant le départ du navire, seront constatées par des contrats passés devant notaires, ou sous signature privée, dont les expéditions ou doubles seront déposés au greffe du tribunal de commerce dans les dix jours de leur date; — 8° les primes d'assurances seront constatées par les polices ou par les extraits des livres des courtiers d'assurances; — 9° les dommages-intérêts dus aux affréteurs seront constatés par les jugemens, ou par les décisions arbitrales qui seront intervenues.

493. Les privilèges des créanciers seront éteints, — indépendamment des moyens généraux d'extinction des obligations, — par la vente en justice faite dans les formes établies par le titre suivant; — ou lorsqu'après une vente volontaire, le navire aura fait un voyage en mer sous le nom et aux risques de l'acquéreur, et sans opposition de la part des créanciers du vendeur.

494. Un navire est censé avoir fait un voyage en mer, — lorsque son départ et son arrivée auront été constatés dans deux ports différens et trente jours après le départ; — lorsque, sans être arrivé dans un autre port, il s'est écoulé plus de soixante jours entre le départ et le retour dans le même port, ou lorsque le navire, parti pour un voyage de long cours, a été plus de soixante jours en voyage, sans réclamation de la part des créanciers du vendeur.

495. La vente volontaire d'un navire doit être faite par écrit, et peut avoir lieu par acte public, ou par acte sous signature privée. — Elle peut être faite pour le navire entier, ou pour une portion du navire, — le navire étant dans le port ou en voyage.

496. La vente volontaire d'un navire en voyage

ne préjudicie pas aux créanciers du vendeur. — En conséquence, nonobstant la vente, le navire ou son prix continue d'être le gage desdits créanciers, qui peuvent même, s'ils le jugent convenable, attaquer la vente pour cause de fraude.

Tit. 2. de la saisie et vente des navires.

197. Tous bâtimens de mer peuvent être saisis et vendus par autorité de justice ; et le privilège des créanciers sera purgé par les formalités suivantes.

198. Il ne pourra être procédé à la saisie que vingt-quatre heures après le commandement de payer.

199. Le commandement devra être fait à la personne du propriétaire ou à son domicile, s'il s'agit d'une action générale à exercer contre lui. — Le commandement pourra être fait au capitaine du navire, si la créance est du nombre de celles qui sont susceptibles de privilège sur le navire, aux termes de l'article 191.

200. L'huissier énonce dans le procès-verbal — les nom, profession et demeure du créancier pour qui il agit ; — le titre en vertu duquel il procède ; — la somme dont il poursuit le paiement ; — l'élection de domicile faite par le créancier dans le lieu où siège le tribunal devant lequel la vente doit être poursuivie, et dans le lieu où le navire saisi est amarré ; — les noms du propriétaire et du capitaine ; — le nom, l'espèce et le tonnage du bâtiment. — Il fait l'énonciation et la description des chaloupes, canots, agrès, ustensiles, armes, munitions et provisions. — Il établit un gardien.

201. Si le propriétaire du navire saisi demeure dans l'arrondissement du tribunal, le saisissant doit lui faire notifier, dans le délai de trois jours, copie du procès-verbal de saisie, et le faire citer devant le tribunal, pour voir procéder à la vente des choses saisies. — Si le propriétaire n'est point domicilié dans l'arrondissement du tribunal, les significations et citations lui sont données à la personne du capitaine du bâtiment saisi, ou, en son absence, à celui qui représente le propriétaire ou le capitaine ; et le délai de trois jours est augmenté d'un jour à raison de deux myriamètres et demi (cinq lieues) de la distance de son domicile. — S'il est étranger et hors de France, les citations et significations sont données ainsi qu'il est prescrit par le Code de Procédure civile, article 69 [1].

---

[1] *C. Proc.* 69. Seront assignés : — 1°... 9° ceux qui habitent le territoire français hors du continent, et ceux qui sont établis chez l'étranger, au domicile du procureur du Roi près le tribunal où sera portée la demande, lequel visera l'original et enverra la copie,

202. Si la saisie a pour objet un bâtiment dont le tonnage soit au-dessus de dix tonneaux, — il sera fait trois criées et publications des objets en vente. — Les criées et publications seront faites consécutivement, de huitaine en huitaine, à la bourse et dans la principale place publique du lieu où le bâtiment est amarré. — L'avis en sera inséré dans un des papiers publics imprimés dans le lieu où siège le tribunal devant lequel la saisie se poursuit ; et s'il n'y en a pas, dans l'un de ceux qui seraient imprimés dans le département.

203. Dans les deux jours qui suivent chaque criée et publication, il est apposé des affiches, — au grand mât du bâtiment saisi, — à la porte principale du tribunal devant lequel on procède, — dans la place publique et sur le quai du port où le bâtiment est amarré, ainsi qu'à la bourse de commerce.

204. Les criées, publications et affiches doivent désigner — les nom, profession et demeure du poursuivant, — les titres en vertu desquels il agit, — le montant de la somme qui lui est due, — l'élection de domicile par lui faite dans le lieu où siège le tribunal, et dans le lieu où le bâtiment est amarré, — les nom et domicile du propriétaire du navire saisi, — le nom du bâtiment, et, s'il est armé ou en armement, celui du capitaine, — le tonnage du navire, — le lieu où il est gisant ou flottant, — le nom de l'avoué du poursuivant, — la première mise à prix, — les jours des audiences auxquelles les enchères seront reçues.

205. Après la première criée, les enchères seront reçues le jour indiqué par l'affiche. — Le juge commis d'office pour la vente continue de recevoir les enchères après chaque criée, de huitaine en huitaine, à jour certain fixé par son ordonnance.

206. Après la troisième criée, l'adjudication est faite au plus offrant et dernier enchérisseur, à l'extinction des feux, sans autre formalité. — Le juge commis d'office peut accorder une ou deux remises, de huitaine chacune. — Elles sont publiées et affichées.

207. Si la saisie porte sur des barques, chaloupes et autres bâtimens du port de dix tonneaux et au-dessous, l'adjudication sera faite à l'audience, après la publication sur le quai pendant trois jours consécutifs, avec affiche au mât, ou, à défaut, en autre lieu apparent du bâtiment, et à la porte du tribunal. — Il sera observé un délai de huit jours francs entre la signification de la saisie et la vente.

---

pour les premiers, au ministre de la marine, et pour les seconds, à celui des affaires étrangères.

208. L'adjudication du navire fait cesser les fonctions du capitaine ; sauf à lui à se pourvoir en dédommagement contre qui de droit.

209. Les adjudicataires des navires de tout tonnage seront tenus de payer le prix de leur adjudication dans le délai de vingt-quatre heures, ou de le consigner, sans frais, au greffe du tribunal de commerce, à peine d'y être contraints par corps. — A défaut de paiement ou de consignation, le bâtiment sera remis en vente , et adjugé trois jours après une nouvelle publication et affiche unique , à la folle-enchère des adjudicataires , qui seront également contraints par corps pour le paiement du déficit , des dommages , des intérêts et des frais.

210. Les demandes en distraction seront formées et notifiées au greffe du tribunal avant l'adjudication. — Si les demandes en distraction ne sont formées qu'après l'adjudication, elles seront converties, de plein droit, en oppositions à la délivrance des sommes provenant de la vente.

211. Le demandeur ou l'opposant aura trois jours pour fournir ses moyens. — Le défendeur aura trois jours pour contredire.— La cause sera portée à l'audience sur une simple citation.

212. Pendant trois jours après celui de l'adjudication, les oppositions à la délivrance du prix seront reçues; passé ce temps, elles ne seront plus admises.

213. Les créanciers opposans sont tenus de produire au greffe leurs titres de créance, dans les trois jours qui suivent la sommation qui leur en est faite par le créancier poursuivant ou par le tiers saisi; faute de quoi il sera procédé à la distribution du prix de la vente, sans qu'ils y soient compris.

214. La collocation des créanciers et la distribution de deniers sont faites entre les créanciers privilégiés, dans l'ordre prescrit par l'article 191; et entre les autres créanciers , au marc le franc de leurs créances. — Tout créancier colloqué l'est tant pour son principal que pour les intérêts et frais.

215. Le bâtiment prêt à faire voile n'est pas saisissable, si ce n'est à raison de dettes contractées pour le voyage qu'il va faire ; et même, dans ce dernier cas, le cautionnement de ces dettes empêche la saisie. — Le bâtiment est censé prêt à faire voile lorsque le capitaine est muni de ses expéditions pour son voyage.

Tit. 5 , des propriétaires de navires.

216. Tout propriétaire de navire est civilement responsable des faits du capitaine , pour ce qui est relatif au navire et à l'expédition. — La responsabilité cesse par l'abandon du navire et du fret.

217. Les propriétaires des navires équipés en guerre ne seront toutefois responsables des délits et déprédations commis en mer par les gens de guerre qui sont sur leurs navires, ou par les équipages, que jusqu'à concurrence de la somme pour laquelle ils auront donné caution, à moins qu'ils n'en soient participans ou complices.

218. Le propriétaire peut congédier le capitaine. — Il n'y a pas lieu à indemnité , s'il n'y a convention par écrit.

219. Si le capitaine congédié est copropriétaire du navire, il peut renoncer à la copropriété , et exiger le remboursement du capital qui la représente. — Le montant de ce capital est déterminé par des experts convenus, ou nommés d'office.

220. En tout ce qui concerne l'intérêt commun des propriétaires d'un navire , l'avis de la majorité est suivi. — La majorité se détermine par une portion d'intérêt dans le navire, excédant la moitié de sa valeur. — La licitation du navire ne peut être accordée que sur la demande des propriétaires, formant ensemble la moitié de l'intérêt total dans le navire, s'il n'y a , par écrit, convention contraire.

Tit. 4 , du capitaine. V. Capitaine.

Tit. 5 , de l'engagement et des loyers des matelots et gens de l'équipage. V. Équipage.

Tit. 6 , des chartes-parties, affrétemens ou nolissemens. V. Affrétement.

Tit. 7 , du connaissement. V. Connaissement.

Tit. 8 , du fret ou nolis. V. Fret.

Tit. 9 , des contrats à la grosse (aventure). V. Aventure *(grosse).*

Tit. 10, des assurances. V. Assurances.

Tit. 11 , des avaries. V. Avaries.

Tit. 12, du jet et de la contribution. V. Jet.

Tit. 13, des prescriptions.

430. Le capitaine ne peut acquérir la propriété du navire par voie de prescription.

431. L'action en délaissement est prescrite dans les délais exprimés par l'article 373 [1].

---

[1] 373. Le délaissement doit être fait aux assureurs dans le terme de six mois, à partir du jour de la réception de la nouvelle de la perte arrivée aux ports ou côtes de l'Europe, ou sur celles d'Asie et d'Afrique, dans la Méditerranée, ou bien, en cas de prise, de la réception de celle de la conduite du navire dans l'un des ports ou lieux situés aux côtes ci-dessus mentionnées ; — dans le délai d'un an après la réception de la nouvelle ou de la perte arrivée, ou de la prise conduite aux colonies des Indes occidentales, aux îles Açores, Canaries, Madère et autres îles et côtes occidentales d'Afrique et orientales d'Amérique ; — dans le délai de deux ans après la nouvelle des pertes arrivées ou des prises conduites dans toutes les autres parties du monde. — Et ces délais passés, les assurés ne seront plus recevables à faire le délaissement.

432. Toute action dérivant d'un contrat à la grosse, ou d'une police d'assurance, est prescrite après cinq ans, à compter de la date du contrat.

433. Sont prescrites — toutes actions en paiement pour fret de navire, gages et loyers des officiers, matelots et autres gens de l'équipage, un an après le voyage fini ; — pour nourriture fournie aux matelots par l'ordre du capitaine, un an après la livraison ; — pour fournitures de bois et autres choses nécessaires aux construction, équipement et avitaillement du navire, un an après ces fournitures faites ; — pour salaires d'ouvriers, et pour ouvrages faits, un an après la réception des ouvrages ; — toute demande en délivrance de marchandises, un an après l'arrivée du navire.

434. La prescription ne peut avoir lieu s'il y a cédule, obligation, arrêté de compte ou interpellation judiciaire.

Tit. 14, fins de non-recevoir.

435. Sont non recevables — toutes actions contre le capitaine et les assureurs, pour dommage arrivé à la marchandise, si elle a été reçue sans protestation ; — toutes actions contre l'affréteur, pour avaries, si le capitaine a livré les marchandises et reçu son fret sans avoir protesté ; — toutes actions en indemnité pour dommages causés par l'abordage dans un lieu où le capitaine a pu agir, s'il n'a point fait de réclamation.

436. Ces protestations et réclamations sont nulles, si elles ne sont faites et signifiées dans les vingt-quatre heures, et si dans le mois de leur date elles ne sont suivies d'une demande en justice.

NÉGLIGENCE.

1° Dispositions générales.

C. Civ. 1383. Chacun est responsable du dommage qu'il a causé non-seulement par son fait, mais encore par sa négligence ou par son imprudence. V. DOMMAGE.

2° Dispositions diverses.

ÉVICTION. C. Civ. 1621. Dans tous les cas où l'acquéreur a le droit de se désister du contrat, le vendeur est tenu de lui restituer, outre le prix, s'il l'a reçu, les frais de ce contrat.

GAGE. C. Civ. 2080. Le créancier répond, selon les règles établies au titre des contrats ou des obligations conventionnelles en général (V. CONTRAT), de la perte ou détérioration du gage qui serait survenue par sa négligence.

HÉRITIER BÉNÉFICIAIRE. C. Civ. 805. Si (l'hé-

ritier bénéficiaire) représente en nature (le meubles de la succession), il n'est tenu que de l dépréciation ou de la détérioration causée par s négligence.

MARI (régime dotal). C. Civ. 1562. Le mari (l'égard des biens dotaux) est responsable d toutes prescriptions acquises et détérioration survenues par sa négligence.

1567. Si la dot comprend des obligations, ou constitutions de rente qui ont péri, ou souffer des retranchemens qu'on ne puisse imputer à l négligence du mari, il n'en sera point tenu, et en sera quitte en restituant les contrats.

RAPPORT. C. Civ. 863. Le donataire (en faisar le rapport) doit tenir compte des dégradation et détériorations qui ont diminué la valeur d l'immeuble, par son fait ou par sa faute et négl gence.

SAISIE IMMOBILIÈRE. C. Proc. 722. (La subro gation dans les poursuites de saisie immobilièr pourra être demandée en cas de collusion, frau ou négligence de la part du poursuivant. — Il y négligence, lorsque le poursuivant n'a pas remp une formalité, ou n'a pas fait un acte de procé dure dans les délais prescrits ; sauf, dans le ca de collusion ou fraude, les dommages-intérê envers qui il appartiendra.

TIERS-DÉTENTEUR. C. Civ. 2175. Les détério rations qui procèdent du fait ou de la négligenc du tiers-détenteur, au préjudice des créancier hypothécaires ou privilégiés, donnent lieu contr lui à une action en indemnité.

NEGOTIORUM GESTOR. V. GÉRANT VO LONTAIRE.

NEVEU ET TANTE (NIÈCE ET ONCLE).

C. Civ. 163. Le mariage est prohibé entr l'oncle et la nièce, la tante et le neveu.

164. Néanmoins, il est loisible au Roi de leve pour des causes graves, les prohibitions portée par l'article 163, aux mariages entre l'oncle et l nièce, la tante et le neveu.

NOCES (SECONDES). V. CONVOL.

NOLI. V. FRET.

NOLISSEMENT.

C. Com. 273. Toute convention pour louag d'un vaisseau, appelée charte-partie, affrète ment ou nolissement, doit être rédigée par écrit V. AFFRÉTEMENT.

NOM.

I. DISPOSITIONS GÉNÉRALES.

Loi du 6 fructidor an 2.

1. Aucun citoyen ne pourra porter de nom ni de prénom autres que ceux exprimés dans son acte

naissance. Ceux qui les auraient quittés seraient tenus de les reprendre.

2. Il est également défendu d'ajouter aucun surnom à son nom propre, à moins qu'il n'ait servi jusqu'ici à distinguer les membres d'une même famille, ans rappeler des qualifications féodales.

4. Il est expressément défendu à tous fonctionnaires publics de désigner les citoyens dans les actes autrement que par le nom de famille, les prénoms portés en l'acte de naissance ou les surnoms maintenus par l'art. 2, ni d'en exprimer d'autres dans les expéditions et extraits qu'ils délivreront à l'avenir.

II. DU CHANGEMENT DE NOM.

Loi du 11 germinal an 11.

4. Toute personne qui aura quelque raison de changer de nom, en adressera la demande motivée au Gouvernement.

5. Le Gouvernement prononcera dans la forme prescrite pour les réglemens d'administration publique.

6. S'il admet la demande, il autorisera le changement de nom, par un arrêté rendu dans la même forme, mais qui n'aura son exécution qu'après la révolution d'une année, à compter du jour de son insertion au bulletin des lois.

7. Pendant le cours de cette année, toute personne ayant droit sera admise à présenter requête au Gouvernement pour obtenir la révocation de l'arrêté autorisant le changement de nom ; et cette révocation sera prononcée par le Gouvernement s'il juge l'opposition fondée.

8. S'il n'y a pas eu d'oppositions, ou si celles qui ont été faites n'ont point été admises, l'arrêté autorisant le changement de nom aura son plein et entier effet à l'expiration de l'année.

III. DISPOSITIONS ADDITIONNELLES.

ADOPTION. *C. Civ.* 347. L'adoption conférera le nom de l'adoptant à l'adopté, en l'ajoutant au nom propre de ce dernier.

AJOURNEMENT. *C. Proc.* 61. L'exploit d'ajournement contiendra, — 1° la date des jour, mois et an, les noms, profession et domicile du demandeur, la constitution de l'avoué qui occupera pour lui ; — 2° les noms, demeure et immatricule de l'huissier, les noms et demeure du défendeur, et mention de la personne à laquelle copie de l'exploit aura été laissée.

ÉTAT CIVIL (*actes de l'*). *C. Civ.* 34. Les actes de l'état civil énonceront l'année, le jour et l'heure où ils seront reçus, les prénoms, noms, âge, profession et domicile de tous ceux qui y seront dénommés.

NOTABLES COMMERÇANS. *V.* COMMERÇANS.

NOTAIRE.

I. LOIS ET RÈGLEMENS.

1° *Loi du 25 ventôse an 11, contenant organisation du notariat.*

Tit. 1er, *des notaires et des actes notariés.*

Sect. 1, *des fonctions, ressort et devoir des notaires.*

Art. 1er. Les notaires sont les fonctionnaires publics établis pour recevoir tous les actes et contrats auxquels les parties doivent ou veulent donner le caractère d'authenticité attaché aux actes de l'autorité publique, et pour en assurer la date, en conserver le dépôt, en délivrer des grosses et expéditions.

2. Ils sont institués à vie.

3. Ils sont tenus de prêter leur ministère lorsqu'ils en sont requis.

4. Chaque notaire devra résider dans le lieu qui lui sera fixé par le gouvernement. En cas de contravention, le notaire sera considéré comme démissionnaire ; en conséquence, le grand-juge ministre de la justice, après avoir pris l'avis du tribunal, pourra proposer au Gouvernement le remplacement.

5. Les notaires exercent leurs fonctions, savoir : ceux des villes où est établi le tribunal d'appel, dans l'étendue du ressort de ce tribunal ; — ceux des villes où il n'y a qu'un tribunal de première instance, dans l'étendue du ressort de ce tribunal ; — ceux des autres communes, dans l'étendue ou ressort du tribunal de paix.

6. Il est défendu à tout notaire d'instrumenter hors de son ressort, à peine d'être suspendu de ses fonctions pendant trois mois, d'être destitué en cas de récidive, et de tous dommages-intérêts.

7. Les fonctions de notaires sont incompatibles avec celles de juges, commissaires du Gouvernement près les tribunaux, leurs substituts, greffiers, avoués, huissiers, préposés à la recette des contributions directes et indirectes, juges, greffiers et huissiers des justices de paix, commissaires de police et commissaires aux ventes.

Sect. 2, *des actes, de leur forme ; des minutes, grosses, expéditions et répertoires.*

8. Les notaires ne pourront recevoir des actes dans lesquels leurs parens ou alliés, en ligne directe à tous les degrés, et en collatérale jusqu'au degré d'oncle ou de neveu inclusivement, seraient parties, ou qui contiendraient quelque disposition en leur faveur.

9. Les actes seront reçus par deux notaires, ou par un notaire assisté de deux témoins, citoyens français, sachant signer, et domiciliés dans l'arrondissement communal où l'acte sera passé.

10. Deux notaires parens ou alliés au degré prohibé par l'article 8 ne pourront concourir au même acte. — Les parens, alliés, soit du notaire, soit des parties contractantes, au degré prohibé par l'art. 8, leurs clercs et leurs serviteurs, ne pourront être témoins.

11. Le nom, l'état et la demeure des parties devront être connus des notaires, ou leur être attestés dans l'acte par deux citoyens connus d'eux, ayant les mêmes qualités que celles requises pour être témoin instrumentaire.

12. Tous les actes doivent énoncer les nom et lieu de résidence du notaire qui les reçoit, à peine de cent francs d'amende contre le notaire contrevenant.

— Ils doivent également énoncer les noms des témoins instrumentaires, leur demeure, le lieu, l'année et le jour où les actes sont passés, sous les peines prononcées par l'art. 68 ci-après, et même de faux, si le cas y échoit.

13. Les actes des notaires seront écrits en un seul et même contexte, lisiblement, sans abréviation,

blanc, lacune ni intervalle ; ils contiendront les noms, prénoms, qualités et demeures des parties, ainsi que des témoins qui seraient appelés dans le cas de l'article 11 ; ils énonceront en toutes lettres les sommes et les dates ; les procurations des contractans seront annexées à la minute, qui fera mention que lecture de l'acte a été faite aux parties : le tout à peine de cent francs d'amende contre le notaire contrevenant.

14. Les actes seront signés par les parties, les témoins et les notaires, qui doivent en faire mention à la fin de l'acte. — Quant aux parties qui ne savent ou ne peuvent signer, le notaire doit faire mention, à la fin de l'acte, de leurs déclarations à cet égard.

15. Les renvois et apostilles ne pourront, sauf l'exception ci-après, être écrits qu'en marge ; ils seront signés ou paraphés, tant par les notaires que par les autres signataires, à peine de nullité des renvois et apostilles. Si la longueur du renvoi exige qu'il soit transporté à la fin de l'acte, il devra être non-seulement signé ou paraphé comme les renvois écrits en marge, mais encore expressément approuvé par les parties, à peine de nullité du renvoi.

16. Il n'y aura ni surcharge, ni interligne, ni addition dans le corps de l'acte ; et les mots surchargés, interlignés ou ajoutés, seront nuls. Les mots qui devront être rayés le seront de manière que le nombre puisse en être constaté à la marge de leur page correspondante, ou à la fin de l'acte, et approuvé de la même manière que les renvois écrits en marge ; le tout à peine d'une amende de cinquante francs contre le notaire, ainsi que de tous dommages-intérêts, même de destitution en cas de fraude.

17. Le notaire qui contreviendra aux lois et aux arrêtés du gouvernement concernant les noms et qualifications supprimés, les clauses et expressions féodales, les mesures, ainsi que la numération décimale, sera condamné à une amende de cent francs, qui sera double en cas de récidive.

18. Le notaire tiendra exposé, dans son étude, un tableau sur lequel il inscrira les noms, prénoms, qualités et demeures des personnes qui, dans l'étendue du ressort où il peut exercer, sont interdites et assistées d'un conseil judiciaire, ainsi que la mention des jugemens y relatifs ; le tout immédiatement après la notification qui en aura été faite, et à peine de dommages-intérêts des parties.

19. Tous actes notariés feront foi en justice, et seront exécutoires dans toute l'étendue de la république. — Néanmoins, en cas de plainte en faux principal, l'exécution de l'acte argué de faux sera suspendue par la déclaration prononçant *qu'il y a lieu à accusation* : en cas d'inscription de faux faite incidemment, les tribunaux pourront, suivant la gravité des circonstances, suspendre provisoirement l'exécution de l'acte.

20. Les notaires seront tenus de garder minute de tous les actes qu'ils recevront. — Ne sont néanmoins compris dans la présente disposition les certificats de vie, procurations, actes de notoriété, quittances de fermages, de loyers, de salaires, arrérages de pensions et rentes, et autres actes simples qui, d'après les lois, peuvent être délivrés en brevet.

21. Le droit de délivrer des grosses et des expéditions n'appartiendra qu'au notaire possesseur de la minute ; et, néanmoins, tout notaire pourra délivrer copie d'un acte qui lui aura été déposé pour minute.

22. Les notaires ne pourront se dessaisir d'aucune minute, si ce n'est dans les cas prévus par la loi, ou en vertu d'un jugement. — Avant de s'en dessaisir, ils en dresseront et signeront une copie figurée, qui, après avoir été certifiée par le président et le commissaire du tribunal civil de leur résidence (procureur du Roi), sera substituée à la minute, dont elle tiendra lieu jusqu'à sa réintégration.

23. Les notaires ne pourront également, sans l'ordonnance du président du tribunal de première instance, délivrer expédition ni donner connaissance des actes à d'autres qu'aux personnes intéressées en nom direct, héritiers ou ayans droit, à peine de dommages-intérêts, d'une amende de cent francs, et d'être, en cas de récidive, suspendus de leurs fonctions pendant trois mois ; sauf néanmoins l'exécution des lois et règlemens sur le droit d'enregistrement, et de celles relatives aux actes qui doivent être publiés dans les tribunaux.

24. En cas de compulsoire, le procès-verbal sera dressé par le notaire dépositaire de l'acte, à moins que le tribunal qui l'ordonne ne commette un de ses membres, ou tout autre juge, ou un autre notaire.

25. Les grosses seules seront délivrées en forme exécutoire ; elles seront intitulées et terminées dans les mêmes termes que les jugemens des tribunaux. *V.* MANDEMENT.

26. Il doit être fait mention, sur la minute, de la délivrance d'une première grosse, faite à chacune des parties intéressées : il ne peut lui en être délivré d'autre, à peine de destitution, sans une ordonnance du président du tribunal de première instance, laquelle demeurera jointe à la minute.

27. Chaque notaire sera tenu d'avoir un cachet ou sceau particulier, portant ses nom, qualité et résidence, et, d'après un modèle uniforme, le type de (l'État). — Les grosses et expéditions des actes porteront l'empreinte de ce cachet.

28. Les actes notariés seront légalisés, savoir : ceux des notaires à la résidence des tribunaux d'appel, lorsqu'on s'en servira hors de leur ressort ; et ceux des autres notaires, lorsqu'on s'en servira hors de leur département. — La légalisation sera faite par le président du tribunal de première instance de la résidence du notaire, ou du lieu où sera délivré l'acte ou l'expédition.

29. Les notaires tiendront répertoire de tous les actes qu'ils recevront.

30. Les répertoires seront visés, cotés et paraphés par le président, ou, à son défaut, par un autre juge du tribunal civil de la résidence : ils contiendront la date, la nature et l'espèce de l'acte, les noms des parties, et la relation de l'enregistrement. *V.* RÉPERTOIRE.

Tit. 2, régime du notariat.

Sect. 1, *nombre, placement et cautionnement des notaires.*

51. Le nombre des notaires pour chaque département, leur placement et résidence, seront déterminés par le Gouvernement, de manière, — 1° que, dans les villes de cent mille habitans et au-dessus, il y ait un notaire, au plus, par six mille habitans ; — 2° que, dans les autres villes, bourgs ou villages, il y ait deux notaires au moins, ou cinq au plus, par chaque arrondissement de justice de paix.

52. Les suppressions ou réductions de places ne seront effectuées que par mort, démission ou destitution.

33. Les notaires exercent sans patentes ; mais ils ont assujétis à un cautionnement fixé par le Gouvernement, et qui sera spécialement affecté à la garantie des condamnations prononcées contre eux, par suite de l'exercice de leurs fonctions. — Lorsque, par l'effet de cette garantie, le montant du cautionnement aura été employé en tout ou en partie, le notaire sera suspendu de ses fonctions jusqu'à ce que le cautionnement ait été entièrement rétabli ; et, faute par lui de rétablir, dans les six mois, l'intégralité du cautionnement, il sera considéré comme démissionnaire, et remplacé.

34. Le cautionnement sera fixé par le gouvernement en raison combinée des ressort et résidence de chaque notaire. (*V. ci-après*, p. 545.) — Ces cautionnemens seront versés, remboursés et les intérêts payés conformément aux lois sur les cautionnemens sous la déduction de tous versemens antérieurs.

Section 2, conditions pour être admis, et mode de nomination en notariat.

55. Pour être admis aux fonctions de notaire, il faudra : — 1º jouir de l'exercice des droits de citoyen ; — 2º avoir satisfait aux lois sur la conscription militaire ; — 3º être âgé de vingt-cinq ans accomplis ; — 4º justifier du temps de travail prescrit par les articles suivans.

56. Le temps de travail ou stage sera, sauf les exceptions ci-après, de six années entières et non interrompues, dont une des deux dernières, au moins, en qualité de premier clerc chez un notaire d'une classe égale à celle où se trouvera la place à remplir.

37. Le temps de travail pourra n'être que de quatre années, lorsqu'il en aura été employé trois dans l'étude d'un notaire d'une classe supérieure à la place qui devra être remplie, et lorsque, pendant la quatrième, l'aspirant aura travaillé, en qualité de premier clerc, chez un notaire d'une classe supérieure ou égale à celle où se trouvera la place pour laquelle il se présentera.

38. Le notaire déjà reçu, et exerçant depuis un an, dans une classe inférieure, sera dispensé de toute justification de stage, pour être admis à une place de notaire vacante dans une classe immédiatement supérieure.

39. L'aspirant qui aura travaillé pendant quatre ans, sans interruption, chez un notaire de première ou de seconde classe, et qui aura été, pendant deux ans au moins, défenseur ou avoué près d'un tribunal civil, pourra être admis dans une des classes où il aura fait son stage, pourvu que, pendant l'une des deux dernières années de son stage, il ait travaillé, en qualité de premier clerc, chez un notaire d'une classe égale à celle où se trouvera la place à remplir.

40. Le temps de travail exigé par les articles précédens devra être d'un tiers en sus, toutes les fois que l'aspirant, ayant travaillé chez un notaire d'une classe inférieure, se présentera pour remplir une place d'une classe immédiatement supérieure.

41. Pour être admis à exercer dans la troisième classe de notaires, il suffira que l'aspirant ait travaillé, pendant trois années chez un notaire de première ou de seconde classe, ou qu'il ait exercé, comme défenseur ou avoué, pendant l'espace de deux années, auprès du tribunal d'appel ou de première instance, et qu'en outre il ait travaillé, pendant un an, chez un notaire.

42. Le Gouvernement pourra dispenser de la justification du temps d'étude les individus qui auront exercé des fonctions administratives ou judiciaires.

43. L'aspirant demandera à la chambre de discipline du ressort dans lequel il devra exercer, un certificat de moralité et de capacité. Le certificat ne pourra être délivré qu'après que la chambre aura fait parvenir au commissaire du Gouvernement du tribunal de première instance l'expédition de la délibération qui l'aura accordé.

44. En cas de refus, la chambre donnera un avis motivé, et le communiquera au commissaire du Gouvernement (procureur du Roi), qui l'adressera au grand-juge, avec ses observations.

45. Les notaires seront nommés par le (Roi), et obtiendront de lui une commission qui énoncera le lieu fixe de la résidence.

46. Les commissions de notaires seront, dans leur intitulé, adressées au tribunal de première instance dans le ressort duquel le pourvu aura sa résidence.

47. Dans les deux mois de sa nomination, et à peine de déchéance, le pourvu sera tenu de prêter, à l'audience du tribunal auquel la commission aura été adressée, le serment que la loi exige de tout fonctionnaire public, ainsi que celui de remplir ses fonctions avec exactitude et probité. — Il ne sera admis à prêter serment qu'en représentant l'original de sa commission et la quittance du versement de son cautionnement. — Il sera tenu de faire enregistrer le procès-verbal de prestation de serment au secrétariat de la municipalité du lieu où il devra résider, et aux greffes de tous les tribunaux dans le ressort desquels il doit exercer.

48. Il n'aura le droit d'exercer qu'à compter du jour où il aura prêté serment.

49. Avant d'entrer en fonctions, les notaires devront déposer au greffe de chaque tribunal de première instance de leur département, et au secrétariat de la municipalité de leur résidence, leur signature et paraphe. — Les notaires à la résidence des tribunaux d'appel feront, en outre, ce dépôt aux greffes des autres tribunaux de première instance de leur ressort.

Sect. 3, chambre de discipline.

50. Les chambres qui seront établies pour la discipline intérieure des notaires seront organisées par des réglemens. (*V. ci-après*, II.)

51. Les honoraires et vacations des notaires seront réglés, à l'amiable, entre eux et les parties ; sinon, par le tribunal civil de la résidence du notaire, sur l'avis de la chambre et sur simples mémoires, sans frais.

52. Tout notaire suspendu, destitué ou remplacé, devra, aussitôt après la notification qui lui aura été faite de sa suspension, de sa destitution ou de son remplacement, cesser l'exercice de son état, à peine de tous dommages et intérêts, et des autres condamnations prononcées par les lois contre tout fonctionnaire suspendu ou destitué qui continue l'exercice de ses fonctions. — Le notaire suspendu ne pourra les reprendre, sous les mêmes peines, qu'après la cessation du temps de la suspension.

53. Toutes suspensions, destitutions, condamnations d'amende et dommages-intérêts seront prononcées contre les notaires par le tribunal civil de leur résidence, à la poursuite des parties intéressées, ou,

d'office, à la poursuite et diligence du commissaire du Gouvernement (procureur du Roi). — Ces jugemens seront sujets à l'appel, et exécutoires par provision, excepté quant aux condamnations pécuniaires.

Sect. 4, garde, transmission, tables des minutes, et recouvremens.

54. Les minutes et répertoires d'un notaire remplacé ou dont la place aura été supprimée, pourront être remis par lui ou par ses héritiers à l'un des notaires résidant dans le même canton, si le remplacé était le seul notaire établi dans la commune.

55. Si la remise des minutes et répertoires du notaire remplacé n'a pas été effectuée, conformément à l'article précédent, dans le mois à compter du jour de la prestation de serment du successeur, la remise en sera faite à celui-ci.

56. Lorsque la place de notaire sera supprimée, le titulaire ou ses héritiers seront tenus de remettre les minutes et répertoires, dans le délai de deux mois du jour de la suppression, à l'un des notaires de la commune, ou à l'un des notaires du canton, conformément à l'article 54.

57. Le commissaire du Gouvernement près le tribunal de première instance est chargé de veiller à ce que les remises ordonnées par les articles précédens soient effectuées ; et dans le cas de suppression de la place, si le titulaire ou ses héritiers n'ont pas fait choix, dans les délais prescrits, du notaire à qui les minutes et répertoires devront être remis, le commissaire indiquera celui qui en demeurera dépositaire. — Le titulaire ou ses héritiers, en retard de satisfaire aux dispositions des articles 55 et 56, seront condamnés à cent francs d'amende par chaque mois de retard, à compter du jour de la sommation qui leur aura été faite d'effectuer la remise.

58. Dans tous les cas, il sera dressé un état sommaire des minutes remises ; et le notaire qui les recevra s'en chargera au pied de cet état, dont un double sera remis à la chambre de discipline.

59. Le titulaire ou ses héritiers, et le notaire qui recevra les minutes, aux termes des articles 54, 55 et 56, traiteront, de gré à gré, des recouvremens, à raison des actes dont les honoraires sont encore dus, et du bénéfice des expéditions. — S'ils ne peuvent s'accorder, l'appréciation en sera faite par deux notaires dont les parties conviendront, ou qui seront nommés d'office parmi les notaires de la même résidence, ou, à leur défaut, parmi ceux de la résidence la plus voisine.

60. Tous dépôts de minutes, sous la dénomination de *chambre de contrats, bureaux de tabellionnage,* et autres, sont maintenus à la garde de leurs possesseurs actuels. — Les grosses et expéditions ne pourront en être délivrées que par un notaire de la résidence des dépôts, ou, à défaut, par un notaire de la résidence la plus voisine. — Néanmoins, si lesdits dépôts de minutes ont été remis au greffe d'un tribunal, les grosses et expéditions pourront, dans ce cas seulement, être délivrées par le greffier.

61. Immédiatement après le décès du notaire ou autre possesseur de minutes, les minutes et répertoires seront mis sous les scellés par le juge de paix de la résidence, jusqu'à ce qu'un autre notaire en ait été provisoirement chargé par ordonnance du président du tribunal de la résidence.

Tit. 3, des notaires actuels.

62. Sont maintenus définitivement tous les notaires

qui, au jour de la promulgation de la présente loi, seront en exercice.

63. Sont également maintenus définitivement les notaires qui, au jour de la promulgation de la présente loi, n'ayant point été remplacés, n'auraient interrompu l'exercice de leurs fonctions ou n'auraient été empêchés d'y entrer que pour cause soit d'incompatibilité, soit de service militaire.

64. Tous lesdits notaires exerceront ou continueront d'exercer leurs fonctions, et conserveront rang entre eux, suivant la date de leurs réceptions respectives. — Mais ils seront tenus, dans les trois mois du jour de la publication de la présente loi : — 1° de remettre au greffe du tribunal de première instance de leur résidence, et sur un récépissé du greffier, tous les titres et pièces concernant leurs précédentes nomination et réception ; — 2° de se pourvoir, avec ce récépissé, auprès du Gouvernement, à l'effet d'obtenir du premier consul une commission confirmative dans laquelle seront rappelés la date de leurs nomination et réception primitives, ainsi que le lieu fixe de leur résidence.

65. Dans les deux mois qui suivront la délivrance de cette commission, chacun desdits notaires sera tenu de prêter le serment prescrit par l'article 47, et de se conformer aux dispositions de l'article 49 pour le dépôt des signature et paraphe. — Le présent article et le précédent seront exécutés, à peine de déchéance.

66. Les notaires qui réunissent des fonctions incompatibles seront tenus, dans les trois mois du jour de la publication de la présente loi, de faire leur option, et d'en déposer l'acte au greffe du tribunal de première instance de leur résidence : sinon, ils seront considérés comme ayant donné leur démission de l'état de notaire, et remplacés ; et dans le cas où ils continueraient à l'exercer, ils encourront les peines prononcées par l'article 52.

67. A compter du jour de leur option, ils auront un délai de trois mois pour obtenir la commission du premier consul, et pour remplir les formalités prescrites aux articles 47 et 49 : le tout sous les mêmes peines.

Dispositions générales.

68. Tout acte fait en contravention aux dispositions contenues aux articles 6, 8, 9, 10, 14, 20, 52, 64, 65, 66 et 67, est nul, s'il n'est pas revêtu de la signature de toutes les parties ; et lorsque l'acte sera revêtu de la signature de toutes les parties contractantes, il ne vaudra que comme écrit sous signature privée, sauf, dans les deux cas, s'il y a lieu, les dommages-intérêts contre le notaire contrevenant.

2° Loi du 28 avril 1816.

88. Les cautionnemens sont fixés en raison de la population et du ressort des tribunaux de la résidence de ces fonctionnaires, conformément au tarif annexé à la présente loi. (*V. ci-après.*)

91. Les notaires pourront présenter à l'agrément de Sa Majesté des successeurs, pourvu qu'ils réunissent les qualités exigées par les lois. Cette faculté n'aura pas lieu pour les titulaires destitués. — Il sera statué, par une loi particulière, sur l'exécution de cette disposition, et sur les moyens d'en faire jouir les héritiers ou ayans cause desdits officiers. — Cette faculté de présenter des successeurs ne déroge point, au surplus, au droit de Sa Majesté de réduire le nombre desdits fonctionnaires, notamment celui des notaires, dans les cas prévus par la loi du 25 ventôse an 11 sur le notariat.

CAUTIONNEMENS DES NOTAIRES.

RÉSIDENCE DES COURS ROYALES.		RÉSIDENCE.		
POPULATION.	FIXATIONS du cautionnement.	POPULATION.	TRIBUNAUX de 1re instance.	JUSTICES de paix.
5000 habitans et au-dessous.	4,000 fr.	2000 habitans et au-dessous.	3,000 fr.	1,800 fr.
5001 à 6000	4,500	2001 à 2500	3,200	1,900
6001 à 7000	5,000	2501 à 3000	3,400	2,000
7001 à 8000	5,500	3001 à 3500	3,600	2,100
8001 à 9000	6,000	3501 à 4000	3,800	2,200
9001 à 10000	6,500	4001 à 4500	4,000	2,300
10001 à 12000	7,000	4501 à 5000	4,200	2,400
12001 à 14000	7,500	5001 à 5500	4,400	2,500
14001 à 16000	8,000	5501 à 6000	4,600	2,600
16001 à 18000	8,500	6001 à 6500	4,800	2,700
18001 à 20000	9,000	6501 à 7000	5,000	2,800
20001 à 22000	9,500	7001 à 7500	5,200	2,900
22001 à 24000	10,000	7501 à 8000	5,400	3,000
24001 à 26000	10,500	8001 à 8500	5,600	3,100
26001 à 28000	11,000	8501 à 9000	5,800	3,200
28001 à 30000	11,500	9001 à 9500	6,000	3,300
30001 à 32000	12,000	9501 à 10000	6,200	3,400
32001 à 34000	12,500	10001 à 11000	6,400	3,500
34001 à 36000	13,000	11001 à 12000	6,600	3,600
36001 à 38000	13,500	12001 à 13000	6,800	3,700
38001 à 42000	14,000	13001 à 14000	7,000	3,800
42001 à 46000	14,500	14001 à 15000	7,200	3,900
46001 à 50000	15,000	15001 à 16000	7,400	4,000
50001 à 55000	15,500	16001 à 17000	7,600	4,100
55001 à 60000	16,000	17001 à 18000	7,800	4,200
60001 à 65000	16,500	18001 à 19000	8,000	4,300
65001 à 70000	17,000	19001 à 20000	8,200	4,400
70001 à 75000	17,500	20001 à 25000	8,400	4,500
75001 à 80000	18,000	25001 à 30000	8,600	4,600
80001 à 85000	18,500	30001 à 35000	8,800	4,700
85001 à 90000	19,000	35001 à 40000	9,000	4,800
90001 à 95000	19,500	40001 à 50000	9,200	4,900
95001 à 100000	20,000	50001 à 60000	9,400	5,000
100001 et au-dessus.	25,000	60001 à 70000	9,600	5,100
A Paris	50,000	70001 et au-dessus.	12,000	5,200

II. CHAMBRE DES NOTAIRES.

Arrêté du 2 nivôse an 12.

Chambre des notaires, et ses attributions.

Art. 1er. Il sera établi auprès de chaque tribunal civil de première instance, et dans son chef-lieu, une chambre des notaires de son ressort, pour leur discipline intérieure.

2. Les attributions de la chambre seront : — 1° de maintenir la discipline intérieure entre les notaires, et de prononcer l'application de toutes censures et autres dispositions de discipline ; — 2° de prévenir ou concilier tous différens entre notaires et notamment ceux sur des communications, remises, dépôts et rétentions de pièces, fonds et autres objets quelconques, sur des questions, soit de réception et garde des minutes, soit de préférence ou concurrence dans les inventaires, partages, ventes ou adjudication et autres actes ; et, en cas de non conciliation, d'émettre son opinion par simple avis ; — 3° de prévenir ou concilier également toutes plaintes et réclamations de la part des tiers contre les notaires, à raison de

leurs fonctions; donner simplement son avis sur les dommages-intérêts qui en résulteraient, et réprimer, par voie de censure et autres dispositions de discipline, toutes infractions qui en seraient l'objet, sans préjudice de l'action devant les tribunaux, s'il y a lieu; — 4° de donner, comme tiers, son avis sur les difficultés concernant le règlement des honoraires et vacations des notaires, ainsi que sur tous différens soumis à cet égard au tribunal civil; — 5° de délivrer ou refuser, s'il y a lieu, tous certificats de bonnes mœurs et capacité à elle demandés, par les aspirans qui se présenteront pour être admis aux fonctions de notaires, prendre à ce sujet toutes délibérations, ou donner tous avis motivés, les adresser ou communiquer à qui de droit; — 6° de recevoir en dépôt les états de minutes dépendantes des places de notaires supprimés; — 7° et enfin, de représenter tous les notaires de l'arrondissement collectivement, sous les rapports de leurs droits et intérêts communs.

Organisation de la chambre.

3. Chaque chambre de notaires sera composée de membres désignés par eux parmi les notaires de l'arrondissement. — Leur nombre est fixé à dix-neuf pour la chambre des notaires de Paris, à neuf, lorsque celui des notaires du ressort de la chambre sera au-dessus de cinquante, et à sept lorsqu'il sera au-dessous.

4. Les membres de la chambre ne pourront délibérer valablement qu'autant que ceux présens et votans seront au moins au nombre de douze pour Paris, de sept pour les chambres composées de neuf membres et de cinq pour les autres chambres.

5. Les membres de la chambre choisiront entre eux : — 1° un président qui aura voix prépondérante en cas de partage d'opinion. Il convoquera la chambre extraordinairement quand il le jugera à propos ou sur la réquisition motivée de deux autres membres; il aura la police d'ordre dans la chambre; — 2° un syndic qui sera partie poursuivante contre les notaires inculpés. Il sera entendu préalablement à toutes délibérations de la chambre, qui sera tenue de délibérer sur tous ses réquisitoires; il aura, comme le président, le droit de la convoquer, il poursuivra l'exécution de ses délibérations, dans la forme ci-après déterminée, et agira pour la chambre, dans tous les cas et conformément à ce qu'elle aura délibéré; — 3° un rapporteur qui recueillera les renseignemens sur les affaires contre les notaires inculpés et en fera rapport à la chambre; — 4° un secrétaire qui rédigera les délibérations de la chambre, qui sera gardien des archives, et délivrera toutes les expéditions; — 5° un trésorier qui tiendra la bourse commune ci-après établie, fera les recettes et dépenses autorisées par la chambre; il en rendra compte à la fin de chaque trimestre à la chambre assemblée, qui les arrêtera ainsi que de droit, et lui en donnera sa décharge.

6. Le nombre des membres qui doivent composer les chambres de notaires, d'après l'article 3, celui qui, d'après l'article 4, est nécessaire à la validité des délibérations de la chambre, pourront être, suivant les localités, réduits ou augmentés par le Gouvernement. — Le nombre des syndics pourra être porté à trois pour Paris, et à deux pour les chambres dont le ressort comprendra plus de cinquante notaires.

7. Indépendamment des attributions particulières données aux membres désignés dans l'article 5, chacun d'eux aura voix délibérative, ainsi que les autres membres, dans toutes les assemblées de la chambre, et néanmoins, lorsqu'il s'agira d'affaire où le syndic sera partie contre un notaire inculpé, le syndic n'aura que voix consultative, et ne sera point compté parmi les votans, à moins que son opinion ne soit à décharge.

8. Les fonctions spéciales attribuées par l'article 5 à chacun des membres dont il ordonne la création, pourront être cumulées lorsque le nombre des membres composant la chambre sera au-dessous de sept, et néanmoins les fonctions de président, de syndic et de rapporteur, seront toujours exercées par trois personnes différentes. — Quel que soit le nombre des membres composant la chambre, la même cumulation de fonctions pourra avoir lieu momentanément, en cas d'absence ou empêchement de quelqu'un des membres désignés dans l'article 5, lesquels, pour ce cas, suppléeront entre eux, ou pourront même être suppléés par tel autre membre de la chambre. — Les suppléans momentanés seront nommés par le président de la chambre, ou, s'il est absent, par la majorité des membres présens en nombre suffisant pour délibérer.

Pouvoir de la chambre dans les moyens de discipline.

9. La chambre prononcera par voie de décision pour les cas de police et de discipline intérieure.

10. La chambre mandera les notaires à ses séances, prononcera contre eux par forme de discipline, et suivant la gravité des cas, soit le rappel à l'ordre, soit la censure simple sur la décision même, soit la censure avec réprimande par le président, aux notaires en personne, dans la chambre assemblée, soit la privation de voix délibérative dans l'assemblée générale, soit l'interdiction de l'entrée de la chambre pendant un espace de temps qui ne pourra excéder trois ans pour la première fois, et qui pourra s'étendre à six ans, en cas de récidive.

11. Si l'inculpation portée à la chambre contre un notaire paraît assez grave pour mériter la suspension du notaire inculpé, la chambre s'adjoindra, par la voie du sort, d'autres notaires de son ressort, savoir : celle de Paris dix notaires, et les autres chambres un nombre égal, plus un, à celui de leurs membres. — La chambre ainsi composée émettra, par forme de simple avis, et à la majorité absolue des voix, son opinion sur la suspension et sa durée. — Les voix seront recueillies, en ce cas, au scrutin secret, par *oui* ou par *non*, mais l'avis ne pourra être formé, si les deux tiers au moins de tous les membres appelés à l'assemblée n'y sont présens.

12. Quand l'avis émis par la majorité des membres de la chambre sera pour la suspension, il sera déposé au greffe du tribunal; expédition en sera remise au commissaire du Gouvernement, qui en fera usage.

Mode de procéder en la chambre.

13. Le syndic déférera à la chambre les faits relatifs à la discipline, et il sera tenu de les lui dénoncer, soit d'office, quand il en aura eu connaissance, soit sur la provocation des parties intéressées, soit sur celle d'un des membres de la chambre. — Les notaires inculpés seront cités à la chambre avec délai suffisant, qui ne pourra être au-dessous de cinq jours, à la diligence du syndic, par une simple lettre indica-

tive de l'objet, signée de lui et envoyée par le secrétaire qui en tiendra note. — Si le notaire ne comparaît point sur la lettre du syndic, il sera cité, une seconde fois, dans le même délai, à la même diligence, par ministère d'huissier.

14. Quant aux différens entre notaires, et aux difficultés sur lesquelles la chambre est chargée d'émettre son avis, les notaires pourront se présenter contradictoirement, et sans citation préalable, aux séances de la chambre ; ils pourront également y être cités, soit par simples lettres indicatives des objets, signées des notaires provoquans, envoyées par le secrétaire auquel ils en laisseront des doubles, soit par des citations ordinaires, dont ils déposeront les originaux au secrétariat. Ces citations officielles ou par lettres seront données avec les mêmes délais que celles du syndic, après avoir été préalablement soumises au *visa* du président de la chambre.

15. La chambre prendra ses délibérations, dans les affaires particulières, après avoir entendu ou dûment appelé, dans la forme ci-dessus prescrite, les notaires inculpés ou intéressés, ensemble les tiers-parties qui voudront être entendues, et qui, dans tous les cas, pourront se faire représenter ou assister par un notaire. — Les délibérations de la chambre seront motivées et signées sur la minute, par le président et le secrétaire, à la séance même où elles seront prises. — Chaque délibération contiendra les noms des membres présens. Ces délibérations n'étant que de simples actes d'administration, d'ordre ou de discipline intérieure, ou de simples avis, ne seront, dans aucun cas, sujettes au droit d'enregistrement, non plus que les pièces y relatives. — Les délibérations de la chambre seront notifiées, quand il y aura lieu, dans la même forme que les citations, et il en sera fait mention par le secrétaire, en marge desdites délibérations.

16. Les assemblées de la chambre se tiendront en un local à ce destiné dans la ville où elle sera établie. — Chaque année il y aura de droit deux assemblées générales, et il pourra y en avoir d'autres extraordinaires, qui seront convoquées conformément aux dispositions rappelées en l'article 5. Tous les notaires du ressort de la chambre seront invités à s'y rendre, soit pour les nominations dont parle l'article 18 ci-après, soit pour se concerter sur ce qui intéressera l'exercice de leurs fonctions.

17. Il ne pourra être pris de délibération en assemblée générale, qu'autant que le nombre des notaires présens sera au moins du tiers de tous ceux du ressort de la chambre, non compris dans ce tiers les membres de la chambre.

Nomination des membres de la chambre, et durée de leurs fonctions.

18. Les membres de la chambre seront nommés par l'assemblée générale des notaires de son ressort, convoqués à cet effet. — La moitié desdits membres sera choisie dans les plus anciens en exercice, formant le tiers de tous les notaires du ressort. — La nomination aura lieu à la majorité absolue des voix, au scrutin secret, et par bulletin de liste contenant un nombre de noms qui ne pourra excéder celui des membres à nommer.

19. Les membres de la chambre seront renouvelés chaque année, et par tiers, pour les nombres qui comportent cette division, et par portion approchant le plus du tiers, pour les autres nombres, en faisant alterner chaque année les portions inférieures et supérieures au tiers, mais en commençant par les inférieures, et de manière que, dans tous les cas, aucun membre ne puisse rester en fonctions plus de trois ans consécutifs. — Les deux premiers renouvellemens seront indiqués par le sort, les autres par l'ancienneté de nomination.

20. Les membres désignés pour composer la chambre nommeront entre eux, en suivant le mode de l'article 18, les présidens et autres officiers dont parle l'article 5. Le président sera toujours pris parmi les plus anciens désignés dans l'article 18. — Cette nomination particulière se renouvellera chaque année ; les mêmes pourront être réélus ; à égalité de voix, le plus ancien d'âge obtiendra la préférence.

21. La nomination des membres de la chambre se fera, de droit, le (1er mai de chaque année. D. 4 *avril* 1806.)—Ils entreront en fonctions le (15 mai) suivant et le même jour nommeront les présidens et autres officiers, qui de suite entreront aussi en fonctions. — La première nomination aura lieu au plus tard le 15 pluviôse prochain, et les membres entreront en fonctions dans la huitaine qui suivra la nomination.

Fonds pour les dépenses de la chambre.

22. Il y aura une bourse commune pour les dépenses de la chambre. — Elle sera établie de manière qu'elle n'excède pas les dépenses nécessaires. — Elle sera consentie par l'assemblée générale, répartie sur les divers membres de l'arrondissement, et le rôle rendu exécutoire par le président du tribunal d'appel du ressort, sur le rapport et d'après l'avis du commissaire établi près le même tribunal. — L'arrêté qui aura ainsi établi la bourse commune, sera adressé au grand-juge, qui prononcera sur les réclamations.

23. Il sera pourvu, lors du règlement général à faire pour l'exécution de la loi du 25 ventôse an 11, sur le notariat, à toutes autres dispositions qui pourraient concerner les chambres de discipline.

III. DISPOSITIONS DIVERSES.

ABSENT. *C. Civ.* 113. Le tribunal, à la requête de la partie la plus diligente, commettra un notaire pour représenter les présumés absens, dans les inventaires, comptes, partages et liquidations dans lesquels ils seront intéressés.

ACTES RESPECTUEUX. *C. Civ.* 154. L'acte respectueux (pour parvenir au mariage) sera notifié à celui ou ceux des ascendans désignés, par deux notaires, ou par un notaire et deux témoins ; et, dans le procès-verbal qui doit en être dressé, il sera fait mention de la réponse. *V.* RESPECTUEUX (actes).

CESSION DE BIENS. *C. Civ.* 1597. Les notaires ne peuvent devenir cessionnaires des procès, droits et actions litigieux qui sont de la compétence du tribunal dans le ressort duquel ils exercent leurs fonctions, à peine de nullité, et des dépens, dommages et intérêts.

CONTRAINTE PAR CORPS. *C. Civ.* 2060. La contrainte par corps a lieu : — 1°... 6° contre tous officiers publics, pour la représentation de leurs minutes, quand elle est ordonnée ; — 7° contre les notaires, pour la restitution des titres à eux confiés, et des deniers par eux reçus pour leurs cliens, par suite de leurs fonctions.

2065. Hors les cas déterminés (par une loi formelle), il est défendu à tous juges de prononcer la contrainte par corps ; à tous notaires de recevoir des actes dans lesquels elle serait stipulée ; le tout à peine de nullité, dépens, dommages et intérêts.

CONTRAT DE MARIAGE. *C. Civ.* 1394. Toutes contraventions matrimoniales seront rédigées, avant le mariage, par acte devant notaire.

1595. Elles ne peuvent recevoir aucun changement après la célébration du mariage.

1596. Les changemens qui y seraient faits avant cette célébration, doivent être constatés par acte passé dans la même forme que le contrat de mariage. — Nul changement ou contre-lettre n'est, au surplus, valable sans la présence et le consentement simultanés de toutes les personnes qui ont été parties dans le contrat de mariage.

1597. Tous changemens et contre-lettres, même revêtus des formes prescrites par l'article précédent, seront sans effet à l'égard des tiers, s'ils n'ont été rédigés à la suite de la minute du contrat de mariage ; et le notaire ne pourra, à peine des dommages et intérêts des parties, et sous plus grande peine, s'il y a lieu, délivrer ni grosses ni expéditions du contrat de mariage sans transcrire à la suite le changement ou la contre-lettre.

1451. La communauté dissoute par la séparation soit de corps et de biens, soit de biens seulement, peut être rétablie du consentement des deux parties. — Elle ne peut l'être que par un acte passé devant notaire et avec minute.

C. Com. 67. Tout contrat de mariage entre époux dont l'un sera commerçant, sera transmis par extrait, dans le mois de sa date, aux greffes et chambres désignés par l'article 872 du Code de Procédure civile (*V.* BIENS [*séparation de*]), pour être exposé au tableau, conformément au même article. — Cet extrait annoncera si les époux sont mariés en communauté, s'ils sont séparés de biens, ou s'ils ont contracté sous le régime dotal.

68. Le notaire qui aura reçu le contrat de mariage, sera tenu de faire la remise ordonnée par l'article précédent, sous peine de cent francs d'amende, et même de destitution et de responsabilité envers les créanciers, s'il est prouvé que l'omission soit la suite d'une collusion.

COPIE. *C. Civ.* 1335. Les copies qui, sans l'autorité du magistrat, ou sans le consentement des parties, et depuis la délivrance des grosses ou

premières expéditions, auront été tirées sur la minute de l'acte par le notaire qui l'a reçu, où par l'un de ses successeurs, ou par officiers publics qui, en cette qualité, sont dépositaires des minutes, peuvent, en cas de perte de l'original, faire foi quand elles sont anciennes. *V.* COPIE.

DONATION. *C. Civ.* 931. Tous actes portant donation entre-vifs seront passés devant notaires, dans la forme ordinaire des contrats ; et il en restera minute, sous peine de nullité.

ÉLARGISSEMENT. *C. Proc.* 804. Le consentement à la sortie du débiteur pourra être donné, soit devant notaire, soit sur le registre d'écrou.

EXPÉDITION. *C. Proc.* 859. Le notaire ou autre dépositaire qui refusera de délivrer expédition ou copie d'un acte aux parties intéressées en nom direct, héritiers ou ayans droit, y sera condamné, et par corps, sur assignation à bref délai, donnée en vertu de permission du président du tribunal de première instance, sans préliminaire de conciliation. *V.* EXPÉDITION D'ACTES.

HYPOTHÈQUE (*conventionnelle*). *C. Civ.* 2127. L'hypothèque conventionnelle ne peut être consentie que par acte passé en forme authentique devant deux notaires, ou devant un notaire et deux témoins.

INTERDICTION (*et conseil judiciaire*). *C. Civ.* 501. Tout arrêt ou jugement portant interdiction, ou nomination d'un conseil, sera, à la diligence des demandeurs, levé, signifié à partie, et inscrit, dans les dix jours, sur les tableaux qui doivent être affichés dans la salle de l'auditoire et dans les études des notaires de l'arrondissement.

INVENTAIRE. *C. Proc.* 943. Outre les formalités communes à tous les actes devant notaires, l'inventaire contiendra, — 1° les noms, professions et demeures des requérans, des comparans, des défaillans et des absens, s'ils sont connus, du notaire appelé pour les représenter, des commissaires-priseurs et experts ; et la mention de l'ordonnance qui commet le notaire pour les absens et défaillans. *V.* INVENTAIRE.

LICITATION ET PARTAGE. *C. Civ.* 827. Si les immeubles ne peuvent pas se partager commodément, il doit être procédé à la vente par licitation devant le tribunal. — Cependant les parties, si elles sont toutes majeures, peuvent consentir que la licitation soit faite devant un notaire, sur le choix duquel elles s'accordent. *V.* LICITATION.

828. Après que les meubles et les immeubles ont été estimés et vendus, s'il y a lieu, le juge-commissaire renvoie les parties devant un notaire

dont elles conviennent, ou nommé d'office, si les parties ne s'accordent pas sur le choix.—On procède, devant cet officier, aux comptes que les copartageans peuvent se devoir, à la formation de la masse générale, à la composition des lots et aux fournissemens à faire à chacun des copartageans.

PROTÊT. *C. Com.* 173. Les protêts faute d'acceptation ou de paiement (de lettre de change), sont faits par deux notaires, ou par un notaire et deux témoins, ou par un huissier et deux témoins.

187. Toutes dispositions relatives aux lettres de change, et concernant — le protêt, sont applicables aux billets à ordre.

SAISIE IMMOBILIÈRE. *C. Proc.* 747. Lorsqu'un immeuble aura été saisi réellement, il sera libre aux intéressés, s'ils sont tous majeurs et maîtres de leurs droits, de demander que l'adjudication soit faite aux enchères, devant notaires ou en justice, sans autres formalités que celles prescrites aux articles 957, 958, 959, 960, 961, 962, 964, sur *la vente des biens immeubles. V.* IMMOBILIÈRE (*vente*).

748. Dans le cas de l'article précédent, si un mineur ou interdit est créancier, le tuteur pourra, sur un avis de parens, se joindre aux autres parties intéressées pour la même demande. — Si le mineur ou interdit est débiteur, les autres parties intéressées ne pourront faire cette demande qu'en se soumettant à observer toutes les formalités pour la vente des biens des mineurs. *V.* MINEURS (*biens de*).

SUBROGATION. *C. Civ.* 1250. Lorsque le débiteur emprunte une somme à l'effet de payer sa dette, et de subroger le tuteur dans les droits du créancier, il faut, pour que cette subrogation soit valable, que l'acte d'emprunt et la quittance soient passés devant notaires; que dans l'acte d'emprunt il soit déclaré que la somme a été empruntée pour faire le paiement, et, que dans la quittance il soit déclaré que le paiement a été fait des deniers fournis à cet effet par le nouveau créancier. Cette subrogation s'opère sans le concours de la volonté du créancier. *V.* SUBROGATION.

TESTAMENT (*authentique*). *C. Civ.* 971. Le testament par acte public est celui qui est reçu par deux notaires, en présence de deux témoins, ou par un notaire, en présence de quatre témoins. *V.* AUTHENTIQUE (*testament*).

(*Mistique.*) *C. Civ.* 976. Lorsque le testateur voudra faire un testament mistique ou secret, il sera tenu de signer ses dispositions, soit qu'il les ait écrites lui-même, ou qu'il les ait fait écrire par un autre. Sera le papier qui contiendra ses dispo-

sitions, ou le papier qui servira d'enveloppe, s'il y en a une, clos et scellé. Le testateur le présentera ainsi clos et scellé au notaire, et à six témoins au moins, ou il le fera clore et sceller en leur présence. *V.* MISTIQUE (*testament*).

(*Olographe.*) *C. Civ.* 1007. Tout testament olographe sera, avant d'être mis à exécution, présenté au président du tribunal de première instance de l'arrondissement dans lequel la succession est ouverte. Ce testament sera ouvert, s'il est cacheté. Le président dressera procès-verbal de la présentation, de l'ouverture et de l'état du testament, dont il ordonnera le dépôt entre les mains du notaire par lui commis. *V.* OLOGRAPHE (*testament*).

TUTELLE. *C. Civ.* 391. Pourra le père nommer à la mère survivante ou tutrice un conseil spécial, sans l'avis duquel elle ne pourra faire aucun acte relatif à la tutelle.

392. Cette nomination de conseil ne pourra être faite que de l'une des manières suivantes : — 1° par acte de dernière volonté ; — 2° par une déclaration faite ou devant le juge de paix, assisté de son greffier, ou devant notaire.

IV. DISPOSITIONS DU TARIF CIVIL.

Chap. 7, *des notaires.*

168. Il sera taxé aux notaires, pour tous les actes indiqués par le Code Civil et par le Code Judiciaire, — pour chaque vacation de trois heures, — à Paris, 9 fr. — Dans les villes où il y a tribunal de première instance, 6 fr. — Partout ailleurs, 4 fr.

169. Dans tous les cas où il est alloué des vacations aux notaires, il ne leur sera rien passé pour les minutes de leurs procès-verbaux.

170. Quand les notaires seront obligés de se transporter à plus d'un myriamètre de leur résidence, indépendamment de leur journée, il leur sera alloué pour tous frais de voyage et nourriture, par chaque myriamètre, un cinquième de leurs vacations, et autant pour le retour ; — et par journée, qui sera comptée à raison de cinq myriamètres, aussi pour l'aller et le retour, quatre vacations.

171. Il sera passé aux notaires, pour la formation des comptes que les copartageans peuvent se devoir de la masse générale de la succession, des lots et des fournissemens à faire à chacun des copartageans, une somme correspondante au nombre des vacations que le juge arbitrera avoir été employées à la confection de l'opération.

172. Les remises accordées aux avoués sur les prix des ventes d'immeubles seront allouées aux notaires, dans les cas où les tribunaux renverront des ventes d'immeubles par devant eux, mais sans distinction de celles dont le prix n'excèdera pas 2,000 fr. ; et au moyen de cette remise, ils ne pourront rien exiger pour les minutes de leurs procès-verbaux de publication et d'adjudication.

173. Tous les autres actes du ministère des notaires, notamment les partages et ventes volontaires qui auront lieu par devant eux seront taxés par le président du tribunal de première instance de leur

arrondissement, suivant leur nature et les difficultés que leur rédaction aura présentées, et sur les renseignemens qui lui seront fournis par les notaires et les parties.

174. Les expéditions de tous les actes reçus par les notaires, y compris celles des inventaires et de tous procès-verbaux, contiendront vingt-cinq lignes à la page et quinze syllabes à la ligne, et leur seront payées, — par chaque rôle, — à Paris, 3 fr. — Dans les villes où il y a tribunal de première instance, 2 fr. — Partout ailleurs, 1 fr. 50 c.

175. (C. C. 501.) Les notaires seront tenus de prendre à leur chambre de discipline, et de faire afficher dans leurs études l'extrait des jugemens qui auront prononcé des interdictions contre des particuliers, ou qui leur auront nommé des conseils, sans qu'il soit besoin de leur signifier les jugemens.

V. LOI PÉNALE.

C. Pén. 145. Tout fonctionnaire ou officier public qui, dans l'exercice de ses fonctions, aura commis un faux, — soit par fausse signature, — soit par altération des actes, écritures ou signatures, — soit par supposition de personnes, — soit par des écritures faites, ou intercalées sur des registres ou d'autres actes publics depuis leur confection ou clôture, — sera puni des travaux forcés à perpétuité. V. FAUX.

254. Quant aux soustractions, destructions et enlèvemens de pièces ou de procédures criminelles, ou d'autres papiers, registres, actes et effets, contenus dans des archives, greffes ou dépôts publics, ou remis à un dépositaire public en cette qualité, les peines seront, contre les greffiers, archivistes, notaires ou autres dépositaires négligens, de trois mois à un an d'emprisonnement, et d'une amende de cent francs à trois cents francs.

255. Quiconque se sera rendu coupable des soustractions, enlèvemens ou destructions mentionnés en l'article précédent, sera puni de la réclusion. — Si le crime est l'ouvrage du dépositaire lui-même, il sera puni des travaux forcés à temps.

NOTARIÉ (ACTE). V. NOTAIRE.

NOTICE (DES JUGEMENS CRIMINELS).

Du dépôt général de la notice des jugemens.

C. Inst. cr. (liv. 2, tit. 7, ch. 1, art. 600-602). — 600. Les greffiers des tribunaux correctionnels et des cours d'assises seront tenus de consigner, par ordre alphabétique, sur un registre particulier, les noms, prénoms, professions, âge et résidences de tous les individus condamnés à un emprisonnement correctionnel ou à une plus forte peine : ce registre contiendra une notice sommaire de chaque affaire et de la condamnation, à peine de cinquante francs d'amende pour chaque omission.

601. Tous les trois mois, les greffiers enverront, sous peine de cent francs d'amende, copie de ces registres au ministre de la justice et à celui de la police générale.

602. Ces deux ministres feront tenir dans la même forme un registre général composé de ces diverses copies.

NOTORIÉTÉ (ACTE DE).

Par rapport au mariage.

C. Civ. 70. L'officier de l'état civil se fera remettre l'acte de naissance de chacun des futurs époux. — Celui des époux qui serait dans l'impossibilité de se le procurer, pourra le suppléer, en rapportant un acte de notoriété délivré par le juge de paix du lieu de sa naissance, ou par celui de son domicile.

71. L'acte de notoriété contiendra la déclaration faite par sept témoins, de l'un ou de l'autre sexe, parens ou non parens, des prénoms, nom, profession et domicile du futur époux, et de ceux de ses père et mère, s'ils sont connus ; le lieu, et, autant que possible, l'époque de sa naissance, et les causes qui empêchent d'en rapporter l'acte. Les témoins signeront l'acte de notoriété avec le juge de paix ; et s'il en est qui ne puissent ou ne sachent signer, il en sera fait mention.

72. L'acte de notoriété sera présenté au tribunal de première instance du lieu où doit se célébrer le mariage. Le tribunal, après avoir entendu le procureur du Roi, donnera ou refusera son homologation, selon qu'il trouvera suffisantes ou insuffisantes les déclarations des témoins, et les causes qui empêchent de rapporter l'acte de naissance.

155. En cas d'absence de l'ascendant auquel eût dû être fait l'acte respectueux, il sera passé outre à la célébration du mariage, en représentant le jugement qui aurait été rendu pour déclarer l'absence, ou, à défaut de ce jugement, celui qui aurait ordonné l'enquête, ou, s'il n'y a point encore eu de jugement, un acte de notoriété délivré par le juge de paix du lieu où l'ascendant a eu son dernier domicile connu. Cet acte contiendra la déclaration de quatre témoins appelés d'office par le juge de paix.

NOUVELLE (CHARGE).

C. Inst. cr. 246. Le prévenu à l'égard duquel la cour royale aura décidé qu'il n'y a pas lieu au renvoi à la cour d'assises ne pourra plus y être traduit à raison du même fait, à moins qu'il ne survienne de nouvelles charges.

247. Sont considérées comme charges nouvelles, les déclarations des témoins, pièces et procès-verbaux qui, n'ayant pu être soumis à l'examen

de la cour royale, sont cependant de nature, soit à fortifier les preuves que la cour aurait trouvées trop faibles, soit à donner aux faits de nouveaux développemens utiles à la manifestation de la vérité.

248. En ce cas, l'officier de police judiciaire, ou le juge d'instruction, adressera sans délai copie des pièces et charges au procureur général près la cour royale ; et sur la réquisition du procureur général, le président de la section criminelle indiquera le juge devant lequel il sera, à la poursuite de l'officier du ministère public, procédé à une nouvelle instruction, conformément à ce qui a été prescrit. — Pourra toutefois le juge d'instruction décerner, s'il y a lieu, sur les nouvelles charges, et avant leur envoi au procureur général, un mandat de dépôt contre le prévenu qui aurait été déjà mis en liberté.

NOUVELLE (DEMANDE). *V.* DEMANDE NOUVELLE.

NOUVELLE (ENQUÊTE).

C. Proc. 292. L'enquête ou la déposition déclarée nulle par la faute du juge-commissaire, sera recommencée à ses frais ; les délais de la nouvelle enquête ou de la nouvelle audition de témoins courront du jour de la signification du jugement qui l'aura ordonnée ; la partie pourra faire entendre les mêmes témoins ; et si quelques-uns ne peuvent être entendus, les juges auront tel égard que de raison aux dépositions par eux faites dans la première enquête.

293. L'enquête déclarée nulle par la faute de l'avoué ou par celle de l'huissier, ne sera pas recommencée : mais la partie pourra en répéter les frais contre eux, même des dommages et intérêts, en cas de manifeste négligence ; ce qui est laissé à l'arbitrage du juge.

NOUVEL (ŒUVRE). *V.* POSSESSOIRE.

NOUVEL (TITRE).

C. Civ. 2263. Après vingt-huit ans de la date du dernier titre, le débiteur d'une rente peut être contraint à fournir à ses frais un titre nouvel à son créancier ou à ses ayans cause.

NOVATION.

1° Dispositions générales.

C. Civ. 1234. Les obligations s'éteignent, — par la novation.

De la novation.

C. Civ. (liv. 3, tit. 3, ch. 5, sect. 2, art. 1271-1281). — 1271. La novation s'opère de trois manières : — 1° lorsque le débiteur contracte envers son créancier une nouvelle dette qui est substituée à l'ancienne, laquelle est éteinte ; — 2° lorsqu'un nouveau débiteur est substitué à l'ancien qui est déchargé par le créancier ; — 3° lorsque, par l'effet d'un nouvel engagement, un nouveau créancier est substitué à l'ancien, envers lequel le débiteur se trouve déchargé.

1272. La novation ne peut s'opérer qu'entre personnes capables de contracter.

1273. La novation ne se présume point ; il faut que la volonté de l'opérer résulte clairement de l'acte.

1274. La novation par la substitution d'un nouveau débiteur, peut s'opérer sans le concours du premier débiteur.

1275. La délégation par laquelle un débiteur donne au créancier un autre débiteur qui s'oblige envers le créancier, n'opère point de novation, si le créancier n'a expressément déclaré qu'il entendait décharger son débiteur qui a fait la délégation.

1276. Le créancier qui a déchargé le débiteur par qui a été faite la délégation, n'a point de recours contre ce débiteur, si le délégué devient insolvable, à moins que l'acte n'en contienne une réserve expresse, ou que le délégué ne fût déjà en faillite ouverte, ou tombé en déconfiture au moment de la délégation.

1277. La simple indication faite par le débiteur, d'une personne qui doit payer à sa place, n'opère point novation. — Il en est de même de la simple indication faite par le créancier, d'une personne qui doit recevoir pour lui.

1278. Les privilèges et hypothèques de l'ancienne créance ne passent point à celle qui lui est substituée, à moins que le créancier ne les ait expressément réservés.

1279. Lorsque la novation s'opère par la substitution d'un nouveau débiteur, les privilèges et hypothèques primitifs de la créance ne peuvent point passer sur les biens du nouveau débiteur.

1280. Lorsque la novation s'opère entre le créancier et l'un des débiteurs solidaires, les privilèges et hypothèques de l'ancienne créance ne peuvent être réservés que sur les biens de celui qui contracte la nouvelle dette.

1281. Par la novation faite entre le créancier et l'un des débiteurs solidaires, les codébiteurs sont libérés. — La novation opérée à l'égard du débiteur principal libère les cautions. — Néanmoins si le créancier a exigé, dans le premier cas, l'accession des codébiteurs, ou, dans le second, celle des cautions, l'ancienne créance subsiste, si les codébiteurs ou les cautions refusent d'accéder au nouvel arrangement.

2° Dispositions additionnelles.

CONSIGNATION. *C. Civ.* 1263. Le créancier qui a consenti que le débiteur retirât sa consignation après qu'elle a été déclarée valable par un jugement qui a acquis force de chose jugée, ne peut plus pour le paiement de sa créance exercer les privilèges ou les hypothèques qui y étaient attachés; il n'a plus d'hypothèque que du jour où l'acte par lequel il a consenti que la consignation fût retirée aura été revêtu des formes requises pour emporter hypothèque.

Séparation de patrimoine. *C. Civ.* 878. (Les créanciers de la succession) peuvent demander, dans tous les cas, et contre tout créancier, la séparation du patrimoine du défunt d'avec le patrimoine de l'héritier.

879. Ce droit ne peut cependant plus être exercé, lorsqu'il y a novation dans la créance contre le défunt, par l'acceptation de l'héritier pour débiteur.

NUE PROPRIÉTÉ.

I. DISPOSITIONS GÉNÉRALES.

Droits et obligations du nu-propriétaire.

C. Civ. 578. L'usufruit est le droit de jouir des choses dont un autre a la propriété, comme le propriétaire lui-même, mais à la charge d'en conserver la substance.

599. Le propriétaire ne peut, par son fait, ni de quelque manière que ce soit, nuire aux droits de l'usufruitier

602. A défaut d'une caution de la part de l'usufruitier, le propriétaire peut exiger que les meubles qui dépérissent par l'usage soient vendus, pour le prix en être placé comme celui des denrées; et alors l'usufruitier jouit de l'intérêt pendant son usufruit : cependant l'usufruitier pourra demander, et les juges pourront ordonner, suivant les circonstances, qu'une partie des meubles nécessaires pour son usage lui soit délaissée, sous sa simple caution juratoire, et à la charge de les représenter à l'extinction de l'usufruit.

603. L'usufruitier n'est tenu qu'aux réparations d'entretien. — Les grosses réparations demeurent à la charge du propriétaire, à moins qu'elles n'aient été occasionées par le défaut de réparations d'entretien, depuis l'ouverture de l'usufruit; auquel cas l'usufruitier en est aussi tenu.

606. Les grosses réparations sont celles des gros murs et des voûtes, le rétablissement des poutres et des couvertures entières; — celui des digues et des murs de soutènement et de clôture aussi en entier. — Toutes les autres réparations sont d'entretien.

607. Ni le propriétaire, ni l'usufruitier, ne sont tenus de rebâtir ce qui est tombé de vétusté, ou ce qui a été détruit par cas fortuit.

608. L'usufruitier est tenu, pendant sa jouissance, de toutes les charges annuelles de l'héritage, telles que les contributions et autres qui dans l'usage sont censées charges des fruits.

609. A l'égard des charges qui peuvent être imposées sur la propriété pendant la durée de l'usufruit, l'usufruitier et le propriétaire y contribuent ainsi qu'il suit : — le propriétaire est obligé de les payer, et l'usufruitier doit lui tenir compte des intérêts. — Si elles sont avancées par l'usufruitier, il a la répétition du capital à la fin de l'usufruit.

612. L'usufruitier, ou universel, ou à titre universel, doit contribuer avec le propriétaire au paiement des dettes, ainsi qu'il suit : — On estime la valeur du fonds sujet à usufruit, on fixe ensuite la contribution aux dettes à raison de cette valeur. — Si l'usufruitier veut avancer la somme pour laquelle le fonds doit contribuer, le capital lui en est restitué à la fin de l'usufruit, sans aucun intérêt. — Si l'usufruitier ne veut pas faire cette avance, le propriétaire a le choix, ou de payer cette somme, et, dans ce cas, l'usufruitier lui tient compte des intérêts pendant la durée de l'usufruit, ou de faire vendre jusqu'à due concurrence une portion des biens soumis à l'usufruit.

613. L'usufruitier n'est tenu que des frais des procès qui concernent la jouissance, et des autres condamnations auxquelles ces procès pourraient donner lieu.

614. Si, pendant la durée de l'usufruit, un tiers commet quelque usurpation sur le fonds, ou attente autrement aux droits du propriétaire, l'usufruitier est tenu de le dénoncer à celui-ci; faute de ce, il est responsable de tout le dommage qui peut en résulter pour le propriétaire, comme il le serait de dégradations commises par lui-même.

II. DISPOSITIONS ADDITIONNELLES.

1° *Du legs de nue propriété.*

C. Civ. 898. La disposition par laquelle un tiers serait appelé à recueillir le don, l'hérédité ou le legs, dans le cas où le donataire, l'héritier institué ou le légataire ne le recueillerait pas, ne sera pas regardée comme une substitution, et sera valable.

899. Il en sera de même de la disposition entre-vifs ou testamentaire par laquelle l'usufruit sera donné à l'un, et la nue propriété à l'autre.

2° *Des poursuites contre la femme durant la communauté.*

C. Civ. 1410. Le créancier de la femme, en vertu d'un acte n'ayant pas de date certaine avant le mariage, ne peut en poursuivre contre elle le paiement que sur la nue propriété de ses immeubles personnels.

1415. Si la succession purement immobilière est échue à la femme, et que celle-ci l'ait acceptée du consentement de son mari, les créanciers de la succession peuvent poursuivre leur paiement sur tous les biens personnels de la femme; mais si la succession n'a été acceptée par la femme que comme autorisée en justice au refus du mari, les créanciers, en cas d'insuffisance des immeubles de la succession, ne peuvent se pourvoir que sur la nue propriété des autres biens personnels de la femme.

1417. Si la succession n'a été acceptée par la femme que comme autorisée en justice au refus du mari, et s'il y a eu inventaire, les créanciers ne peuvent poursuivre leur paiement que sur les biens tant mobiliers qu'immobiliers de ladite succession, et, en cas d'insuffisance, sur la nue propriété des autres biens personnels de la femme.

1424. Les amendes encourues par la femme ne peuvent s'exécuter que sur la nue propriété de ses biens personnels, tant que dure la communauté.

NULLITÉ.

I. DES ACTES ET CONTRATS.
Disposition générale.

C. Civ. 1234. Les obligations s'éteignent — par la nullité ou la rescision. *V.* RESCISION.

II. DES ACTES DE PROCÉDURE.
Dispositions générales.

C. Proc. 71. Si un exploit est déclaré nul par le fait de l'huissier, il pourra être condamné aux frais de l'exploit et de la procédure annulée, sans préjudice des dommages et intérêts de la partie, suivant les circonstances.

1029. Aucune des nullités, amendes et déchéances, prononcées dans le Code (de Procédure) n'est comminatoire.

1030. Aucun exploit ou acte de procédure ne pourra être déclaré nul, si la nullité n'en est pas formellement prononcée par la loi.—Dans les cas où la loi n'aurait pas prononcé la nullité, l'officier ministériel pourra, soit pour omission, soit pour contravention, être condamné à une amende qui ne sera pas moindre de cinq francs et n'excèdera pas cent francs.

1031. Les procédures et les actes nuls ou frustratoires, et les actes qui auront donné lieu à une condamnation d'amende, seront à la charge des officiers ministériels qui les auront faits, lesquels, suivant l'exigence des cas, seront en outre passibles des dommages et intérêts de la partie, et pourront même être suspendus de leurs fonctions.

Des nullités.

C. Proc. (*liv.* 2, *tit.* 9, § 3, *art.* 173). — 173. Toute nullité d'exploit ou d'acte de procédure est couverte, si elle n'est proposée avant toute défense ou exception autre que les exceptions d'incompétence.

Dispositions du tarif civil.

75. (Pr. 173.) Grosse de la requête en nullité de la demande ou du jugement, qui ne pourra excéder six rôles. — *Id.* de la réponse. — Pour chaque rôle, — Paris, 2 fr. — Ressort, 1 f. 50 c. (*V.* TARIF.) — Chaque copie, le quart. — Le nombre des rôles de requête en réponse ne pourra jamais excéder celui fixé pour la requête en demande. — Il ne sera passé aucuns frais d'impression.

O

OBLIGATIONS.

DISPOSITION PRÉLIMINAIRE.

C. Civ. 711. La propriété des biens s'acquiert et se transmet par l'effet des obligations. *V.* CONTRAT.

DES OBLIGATIONS.

C. Civ. (*liv.* 3, *tit.* 3, *ch.* 3, 4, 5 et 6, *art.* 1134-1369).

Chap. 3, *de l'effet des obligations.*
Sect. 1, *dispositions générales.*

1134. Les conventions légalement formées tiennent lieu de loi à ceux qui les ont faites.—Elles ne peuvent être révoquées que de leur consentement mutuel, ou pour les causes que la loi autorise. — Elles doivent être exécutées de bonne foi.

1135. Les conventions obligent non-seulement à ce qui y est exprimé, mais encore à toutes les suites que l'équité, l'usage ou la loi donnent à l'obligation d'après sa nature.

Sect. 2, *de l'obligation de donner.*

1136. L'obligation de donner emporte celle de livrer la chose et de la conserver jusqu'à la livraison, à peine de dommages et intérêts envers le créancier.

1157. L'obligation de veiller à la conservation de la chose, soit que la convention n'ait pour objet que l'utilité de l'une des parties, soit qu'elle ait pour objet leur utilité commune, soumet celui qui en est chargé à y apporter tous les soins d'un bon père de famille. — Cette obligation est plus ou moins étendue relativement à certains contrats, dont les effets, à cet égard, sont expliqués sous les titres qui les concernent.

1158. L'obligation de livrer la chose est parfaite par le seul consentement des parties contractantes. — Elle rend le créancier propriétaire et met la chose à ses risques dès l'instant où elle a dû être livrée, encore que la tradition n'en ait point été faite, à moins que le débiteur ne soit en demeure de la livrer; auquel cas la chose reste aux risques de ce dernier.

1159. Le débiteur est constitué en demeure, soit par une sommation ou par un autre acte équivalent, soit par l'effet de la convention, lorsqu'elle porte que, sans qu'il soit besoin d'acte, et par la seule échéance du terme, le débiteur sera en demeure.

1140. Les effets de l'obligation de donner ou de livrer un immeuble sont réglés au titre *de la vente* et au titre *des privilèges et hypothèques.* V. Délivrance, Hypothèque.

1141. Si la chose qu'on s'est obligé de donner ou de livrer à deux personnes successivement, est purement mobilière, celle des deux qui en a été mise en possession réelle est préférée et en demeure propriétaire, encore que son titre soit postérieur en date, pourvu toutefois que la possession soit de bonne foi.

Sect. 3, de l'obligation de faire ou de ne pas faire.

1142. Toute obligation de faire ou de ne pas faire se résout en dommages et intérêts, en cas d'inexécution de la part du débiteur.

1143. Néanmoins le créancier a le droit de demander que ce qui aurait été fait par contravention à l'engagement, soit détruit; et il peut se faire autoriser à le détruire aux dépens du débiteur, sans préjudice des dommages et intérêts, s'il y a lieu.

1144. Le créancier peut aussi, en cas d'inexécution, être autorisé à faire exécuter lui-même l'obligation aux dépens du débiteur.

1145. Si l'obligation est de ne pas faire, celui qui y contrevient doit les dommages et intérêts par le seul fait de la contravention.

Sect. 4, des dommages-intérêts résultant de l'inexécution de l'obligation. V. Dommages-intérêts.

Sect. 5, de l'interprétation des conventions. V. Interprétation.

1165. Les conventions n'ont d'effet qu'entre les parties contractantes; elles ne nuisent point au tiers, et elles ne lui profitent que dans le cas prévu par l'article 1121 [1].

1166. Néanmoins les créanciers peuvent exercer tous les droits et actions de leur débiteur, à l'exception de ceux qui sont exclusivement attachés à la personne.

1167. Ils peuvent aussi, en leur nom personnel, attaquer les actes faits par leur débiteur en fraude de leurs droits. — Ils doivent néanmoins, quant à leurs droits énoncés au titre *des successions* (V. Succession) et au titre *du contrat de mariage et des droits respectifs des époux*, se conformer aux règles qui y sont prescrites. V. Mariage (*contrat de*), Époux.

1254. Les obligations s'éteignent, — par le paiement (V. Paiement), — par la novation (V. Novation), — par la remise volontaire (V. Remise), — par la compensation (V. Compensation), par la confusion (V. Confusion), — par la perte de la chose (V. Perte), — par la nullité ou la rescision (V. Rescision), — par l'effet de la condition résolutoire, qui a été expliquée au chapitre précédent (V. Condition), — et par la prescription, qui fera l'objet d'un titre particulier (V. Prescription).

1515. Celui qui réclame l'exécution d'une obligation, doit la prouver. — Réciproquement, celui qui se prétend libéré doit justifier le paie-

[1] 1121. On peut stipuler au profit d'un tiers, lorsque telle est la condition d'une stipulation que l'on fait pour soi-même ou d'une donation que l'on fait à un autre. Celui qui a fait cette stipulation ne peut plus la révoquer, si le tiers a déclaré vouloir en profiter.

ment ou le fait qui a produit l'extinction de son obligation.

1316. Les règles qui concernent la preuve littérale, la preuve testimoniale, les présomptions, l'aveu de la partie et le serment, sont expliquées dans les sections suivantes.

Sect. 1, *de la preuve littérale.*

§ 1, *du titre authentique.* V. AUTHENTIQUE (*acte*).

§ 2, *de l'acte sous seing privé.* V. PRIVÉ (*acté*).

§ 3, *des tailles.* V. TAILLES.

§ 4, *des copies des titres.* V. COPIE.

§ 5, *des actes récognitifs et confirmatifs.* V. CONFIRMATIFS (*actes*).

Sect. 2, *de la preuve testimoniale.* V. TESTIMONIALE (*preuve*).

Sect. 3, *des présomptions.* V. PRÉSOMPTIONS.

Sect. 4, *de l'aveu de la partie.* V. AVEU.

Sect. 5, *du serment.* V. SERMENT.

OEUVRE. V. MAIN-D'ŒUVRE, NOUVEL (*œuvre*).

OFFICIERS DE L'ÉTAT CIVIL. V. ÉTAT CIVIL (*actes de l'*).

OFFICIERS MINISTÉRIELS. V. AVOUÉ, GREFFIER, HUISSIER, NOTAIRE.

OFFICIERS DE POLICE JUDICIAIRE. V. POLICE JUDICIAIRE.

OFFICIEUSE (TUTELLE).

DISPOSITIONS GÉNÉRALES.

De la tutelle officieuse.

C. Civ. (*liv.* 1, *tit.* 8, *ch.* 2, *art.* 361-370). — 561. Tout individu âgé de plus de cinquante ans, et sans enfans ni descendans légitimes, qui voudra, durant la minorité d'un individu, se l'attacher par un titre légal, pourra devenir son tuteur officieux, en obtenant le consentement des père et mère de l'enfant, ou du survivant d'entre eux, ou, à leur défaut, d'un conseil de famille, ou enfin, si l'enfant n'a point de parens connus, en obtenant le consentement des administrateurs de l'hospice où il aura été recueilli, ou de la municipalité du lieu de sa résidence.

362. Un époux ne peut devenir tuteur officieux qu'avec le consentement de l'autre conjoint.

363. Le juge de paix du domicile de l'enfant dressera procès-verbal des demandes et consentemens relatifs à la tutelle officieuse.

364. Cette tutelle ne pourra avoir lieu qu'au profit d'enfans âgés de moins de quinze ans. — Elle emportera avec soi, sans préjudice de toutes stipulations particulières, l'obligation de nourrir le pupille, de l'élever, de le mettre en état de gagner sa vie.

365. Si le pupille a quelque bien, et s'il était antérieurement en tutelle, l'administration de ses biens, comme celle de sa personne, passera au tuteur officieux, qui ne pourra néanmoins imputer les dépenses de l'éducation sur les revenus du pupille.

366. Si le tuteur officieux, après cinq ans révolus depuis la tutelle, et dans la prévoyance de son décès avant la majorité du pupille, lui confère l'adoption par acte testamentaire, cette disposition sera valable, pourvu que le tuteur officieux ne laisse point d'enfans légitimes.

367. Dans le cas où le tuteur officieux mourrait, soit avant les cinq ans, soit après ce temps, sans avoir adopté son pupille, il sera fourni à celui-ci, durant sa minorité, des moyens de subsister, dont la quotité et l'espèce, s'il n'y a été antérieurement pourvu par une convention formelle, seront réglées soit amiablement entre les représentans respectifs du tuteur et du pupille, soit judiciairement en cas de contestation.

368. Si, à la majorité du pupille, son tuteur officieux veut l'adopter, et que le premier y consente, il sera procédé à l'adoption selon les formes prescrites au chapitre précédent (V. ADOPTION), et les effets en seront, en tous points, les mêmes.

369. Si, dans les trois mois qui suivront la majorité du pupille, les réquisitions par lui faites à son tuteur officieux, à fin d'adoption, sont restées sans effet, et que le pupille ne se trouve point en état de gagner sa vie, le tuteur officieux pourra être condamné à indemniser le pupille de l'incapacité où celui-ci pourrait se trouver de pourvoir à sa subsistance. — Cette indemnité se résoudra en secours propres à lui procurer un métier ; le tout sans préjudice des stipulations qui auraient pu avoir lieu dans la prévoyance de ce cas.

570. Le tuteur officieux qui aurait eu l'administration de quelques biens pupillaires, en devra rendre compte dans tous les cas.

OFFRES RÉELLES. V. CONSIGNATION.

OLOGRAPHE (TESTAMENT).

C. Civ. 969. Un testament pourra être olographe, ou fait par acte public, ou dans la forme mistique.

970. Le testament olographe ne sera point valable, s'il n'est écrit en entier, daté et signé de la main du testateur : il n'est assujéti à aucune autre forme.

1005. Lorsqu'au décès du testateur il n'y aura pas d'héritiers auxquels une partie de ses biens soit réservée par la loi, le légataire universel sera saisi de plein droit, par la mort du testateur, sans être tenu de demander la délivrance.

1007. Tout testament olographe sera, avant d'être mis à exécution, présenté au président du tribunal de première instance de l'arrondissement dans lequel la succession est ouverte. Ce testament sera ouvert, s'il est cacheté. Le président dressera procès-verbal de la présentation, de l'ouverture et de l'état du testament, dont il ordonnera le dépôt entre les mains du notaire par lui commis.

1008. Dans le cas de l'article 1006, si le testament est olographe ou mistique, le légataire universel sera tenu de se faire envoyer en possession, par une ordonnance du président, mise au bas d'une requête, à laquelle sera joint l'acte de dépôt.

ONCLE ET NIÈCE.

C. Civ. 163. Le mariage est prohibé entre l'oncle et la nièce.

164. Néanmoins il est loisible au Roi de lever, pour des causes graves, les prohibitions portées par l'article 163, aux mariages entre l'oncle et la nièce.

ONÉREUX (CONTRATS A TITRE).

C. Civ. 1106. Le contrat *à titre onéreux* est celui qui assujétit chacune des parties à donner ou à faire quelque chose.

OPINION.

1° *Jugemens de première instance.*

C. Proc. 116. Les jugemens seront rendus à la pluralité des voix, et prononcés sur le champ : néanmoins les juges pourront se retirer dans la chambre du conseil pour y recueillir les avis; ils pourront aussi continuer la cause à une des prochaines audiences, pour prononcer le jugement.

117. S'il se forme plus de deux opinions, les juges plus faibles en nombre seront tenus de se réunir à l'une des deux opinions qui auront été emises par le plus grand nombre ; toutefois ils ne seront tenus de s'y réunir qu'après que les voix auront été recueillies une seconde fois.

2° *Cours royales.*

C. Proc. 467. S'il se forme plus de deux opinions (dans une cour royale), les juges plus faibles en nombre seront tenus de se réunir à l'une des deux opinions qui auront été émises par le plus grand nombre.

OPPOSITION.

I. AUX ACTES DIVERS.

ART. 1er. OPPOSITION A MARIAGE.

Des oppositions au mariage.

C. Civ. (*liv.* 1, *tit.* 5, *ch.* 3, *art.* 172-179). — 172. Le droit de former opposition à la célébra-

tion du mariage, appartient à la personne engagée par mariage avec l'une des deux parties contractantes.

173. Le père, et à défaut du père, la mère, et à défaut des père et mère, les aïeuls et aïeules, peuvent former opposition au mariage de leurs enfans et descendans, encore que ceux-ci aient vingt-cinq ans accomplis.

174. A défaut d'aucun ascendant, le frère ou la sœur, l'oncle ou la tante, le cousin ou la cousine germains, majeurs, ne peuvent former aucune opposition que dans les deux cas suivans : — 1° lorsque le consentement du conseil de famille, requis par l'article 160 (*V.* MARIAGE), n'a pas été obtenu; — 2° lorsque l'opposition est fondée sur l'état de démence du futur époux : cette opposition, dont le tribunal pourra prononcer main-levée pure et simple, ne sera jamais reçue qu'à la charge, par l'opposant, de provoquer l'interdiction, et d'y faire statuer dans le délai qui sera fixé par le jugement.

175. Dans les deux cas prévus par le précédent article, le tuteur ou curateur ne pourra, pendant la durée de la tutelle ou curatelle, former opposition qu'autant qu'il y aura été autorisé par un conseil de famille, qu'il pourra convoquer.

176. Tout acte d'opposition énoncera la qualité qui donne à l'opposant le droit de la former; il contiendra élection de domicile dans le lieu où le mariage devra être célébré; il devra également, à moins qu'il ne soit fait à la requête d'un ascendant, contenir les motifs de l'opposition; le tout à peine de nullité, et de l'interdiction de l'officier ministériel qui aurait signé l'acte contenant opposition.

177. Le tribunal de première instance prononcera dans les dix jours sur la demande en main-levée.

178. S'il y a appel, il y sera statué dans les dix jours de la citation.

179. Si l'opposition est rejetée, les opposans, autres néanmoins que les ascendans, pourront être condamnés à des dommages-intérêts.

Dispositions additionnelles.

C. Civ. 66. Les actes d'opposition au mariage seront signés sur l'original et sur la copie, par les opposans ou par leurs fondés de procuration spéciale et authentique; ils seront signifiés, avec la copie de la procuration, à la personne ou au domicile des parties, et à l'officier de l'état civil, qui mettra son *visa* sur l'original.

67. L'officier de l'état civil fera, sans délai, une mention sommaire des oppositions sur le registre des publications; il fera aussi mention, en marge de l'inscription desdites oppositions, des juge-

mens ou des actes de main-levée dont expédition lui aura été remise.

68. En cas d'opposition, l'officier de l'état civil ne pourra célébrer le mariage avant qu'on lui en ait remis la main-levée, sous peine de trois cents francs d'amende, et de tous dommages-intérêts.

69. S'il n'y a point d'opposition, il en sera fait mention dans l'acte de mariage : et si les publications ont été faites dans plusieurs communes, les parties remettront un certificat délivré par l'officier de l'état civil de chaque commune, constatant qu'il n'existe point d'opposition.

ART. 2. OPPOSITION A PAIEMENT OU SAISIE-ARRÊT.

C. Civ. 1242. Le paiement fait par le débiteur à son créancier, au préjudice d'une saisie ou d'une opposition, n'est pas valable à l'égard des créanciers saisissans ou opposans : ceux-ci peuvent, selon leur droit, le contraindre à payer de nouveau, sauf, en ce cas seulement, son recours contre le créancier. V. ARRÊT (saisie-).

ART. 3. OPPOSITION A SCELLÉS.

C. Civ. 926. Les oppositions aux scellés pourront être faites, soit par une déclaration sur le procès-verbal de scellé, soit par exploit signifié au greffier du juge de paix. V. SCELLÉS.

927. Toutes oppositions à scellé contiendront, à peine de nullité, outre les formalités communes à tout exploit (V. AJOURNEMENT), — 1º élection de domicile dans la commune ou dans l'arrondissement de la justice de paix où le scellé est apposé, si l'opposant n'y demeure pas; — 2º l'énonciation précise de la cause de l'opposition.

ART. 4. DISPOSITIONS DIVERSES.

BIENS PARAPHERNAUX. C. Civ. 1578. Si le mari a joui des biens paraphernaux de sa femme, sans mandat, et néanmoins sans opposition de sa part, il n'est tenu, à la dissolution du mariage, ou à la première demande de la femme, qu'à la représentation des fruits existans, et il n'est point comptable de ceux qui ont été consommés jusqu'alors.

1579. Si le mari a joui des biens paraphernaux malgré l'opposition constatée de la femme, il est comptable envers elle de tous les fruits tant existans que consommés.

CONSIGNATION. C. Proc. 817. La consignation volontaire ou ordonnée sera toujours à la charge des oppositions, s'il en existe, et en les dénonçant au créancier.

DÉPÔT. C. Civ. 1944. Le dépôt doit être remis au déposant aussitôt qu'il le réclame, lors même que le contrat aurait fixé un délai dé-

terminé pour la restitution; à moins qu'il n'existe, entre les mains du dépositaire, une saisie-arrêt ou une opposition à la restitution et au déplacement de la chose déposée.

DISTRIBUTION PAR CONTRIBUTION. C. Proc. 657. Faute par le saisi et les créanciers de s'accorder dans le (mois de la vente), l'officier qui aura fait la vente sera tenu de consigner dans la huitaine suivante, et à la charge de toutes les oppositions, le montant de la vente, déduction faite de ses frais d'après la taxe qui aura été faite par le juge sur la minute du procès-verbal.

HÉRITIER BÉNÉFICIAIRE. C. Civ. 808. S'il y a des créanciers opposans, l'héritier bénéficiaire ne peut payer que dans l'ordre et de la manière réglés par le juge. — S'il n'y a pas de créanciers opposans, il paie les créanciers et les légataires à mesure qu'ils se présentent.

809. Les créanciers non opposans qui ne se présentent qu'après l'apurement du compte et le paiement du reliquat, n'ont de recours à exercer que contre les légataires. — Dans l'un et l'autre cas, le recours se prescrit par le laps de trois ans, à compter du jour de l'apurement du compte, et du paiement du reliquat.

LETTRE DE CHANGE (et billets à ordre). C. Com. 145. Celui qui paie une lettre de change à son échéance et sans opposition, est présumé valablement libéré.

149. Il n'est admis d'opposition au paiement qu'en cas de perte de la lettre de change, ou de la faillite du porteur.

187. Toutes les dispositions relatives aux lettres de change, et concernant le paiement, sont applicables aux billets à ordre.

NAVIRE (vente de). C. Com. 213. Les créanciers opposans (à la distribution du prix de la vente d'un navire) sont tenus de produire au greffe leurs titres de créance, dans les trois jours qui suivent la sommation qui leur en est faite par le créancier poursuivant ou par le tiers saisi ; faute de quoi il sera procédé à la distribution du prix de la vente, sans qu'ils y soient compris.

RÉHABILITATION DE FAILLI. C. Com. 603. Tout créancier qui n'aura pas été payé intégralement de sa créance en principal, intérêts et frais, et toute autre partie intéressée, pourront, pendant la durée de l'affiche, former opposition à la réhabilitation, par simple acte au greffe, appuyé de pièces justificatives, s'il y a lieu. Le créancier opposant ne pourra jamais être partie dans la procédure tenue pour la réhabilitation, sans préjudice toutefois de ses autres droits.

SOCIÉTÉ. C. Civ. 1856. L'associé chargé de l'administration par une clause spéciale du contrat de société, peut faire, nonobstant l'opposition des autres associés, tous les actes qui dépendent de son administration, pourvu que ce soit sans fraude. — Ce pouvoir ne peut être révoqué sans cause légitime tant que la société dure ; mais s'il n'a été donné que par acte postérieur au contrat de société, il est révocable comme un simple mandat.

TIERS DÉTENTEUR. *C. Civ.* 2170. Le tiers détenteur qui n'est pas personnellement obligé à la dette, peut s'opposer à la vente de l'héritage hypothéqué qui lui a été transmis, s'il est demeuré d'autres immeubles hypothéqués à la même dette dans la possession du principal ou des principaux obligés, et en requérir la discussion préalable ; pendant cette discussion, il est sursis à la vente de l'héritage hypothéqué.

II. OPPOSITIONS A JUGEMENS.

ART. 1. DES TRIBUNAUX CIVILS ET DE COMMERCE.

1° *Dispositions générales.*

C. Proc. 548. Les jugemens qui prononceront une main-levée, une radiation d'inscription hypothécaire, un paiement, ou quelque autre chose à faire par un tiers ou à sa charge, ne seront exécutoires par les tiers ou contre eux, même après les délais de l'opposition ou de l'appel, que sur les certificats de l'avoué de la partie poursuivante, contenant la date de la signification du jugement faite au domicile de la partie condamnée, et sur l'attestation du greffier constatant qu'il n'existe contre le jugement ni opposition ni appel.

530. Sur le certificat qu'il n'existe aucune opposition ni appel sur (le registre prescrit par l'article 163 *ci-après*), les séquestres, conservateurs, ou tous autres, seront tenus de satisfaire au jugement.

2° *Des jugemens d'arbitres.*

C. Proc. 1028. Il ne sera besoin de se pourvoir par appel ni requête civile (contre les jugemens d'arbitres) dans les cas suivans : — 1° si le jugement a été rendu sans compromis, ou hors des termes du compromis ; — 2° s'il l'a été sur compromis nul ou expiré ; — 3° s'il n'a été rendu que par quelques arbitres non autorisés à juger en l'absence des autres ; — 4° s'il l'a été par un tiers sans en avoir conféré avec les arbitres partagés ; — 5° enfin s'il a été prononcé sur choses non demandées. — Dans tous ces cas, les parties se pourvoiront par opposition à l'ordonnance d'exécution, devant le tribunal qui l'aura rendue, et demanderont la nullité de l'acte qualifié *jugement arbitral.*

3° *Des sentences des juges de paix.*

C. Proc. 20. La partie condamnée par défaut pourra former opposition dans les trois jours de la signification faite par l'huissier du juge de paix ou autre qu'il aura commis. — L'opposition contiendra sommairement les moyens de la partie, et assignation au prochain jour d'audience, en observant toutefois les délais prescrits pour les citations ; elle indiquera les jour et heure de la comparution, et sera notifiée. *V.* PAIX *(juge de).*

4° *Des jugemens des tribunaux de première instance.*

C. Proc. 155. Les jugemens par défaut ne seront pas exécutés avant l'échéance de la huitaine de la signification à avoué, s'il y a eu constitution d'avoué, et de la signification à personne ou domicile, s'il n'y a pas eu constitution d'avoué ; à moins qu'en cas d'urgence l'exécution n'en ait été ordonnée avant l'expiration de ce délai. — Pourront aussi les juges, dans le cas seulement où il y aurait péril en la demeure, ordonner l'exécution nonobstant l'opposition, avec ou sans caution ; ce qui ne pourra se faire que par le même jugement.

156. Tous jugemens par défaut contre une partie qui n'a pas constitué d'avoué seront signifiés par un huissier commis soit par le tribunal, soit par le juge du domicile du défaillant que le tribunal aura désigné ; ils seront exécutés dans les six mois de leur obtention, sinon seront réputés non avenus.

157. Si le jugement est rendu contre une partie ayant un avoué, l'opposition ne sera recevable que pendant huitaine, à compter du jour de la signification à avoué.

158. S'il est rendu contre une partie qui n'a pas d'avoué, l'opposition sera recevable jusqu'à l'exécution du jugement.

159. Le jugement est réputé exécuté lorsque les meubles saisis ont été vendus, ou que le condamné a été emprisonné ou recommandé, ou que la saisie d'un ou de plusieurs de ses immeubles lui a été notifiée, ou que les frais ont été payés, ou enfin lorsqu'il y a quelque acte duquel il résulte nécessairement que l'exécution du jugement a été connue de la partie défaillante ; l'opposition formée dans les délais ci-dessus et dans les formes ci-après prescrites suspend l'exécution si elle n'a pas été ordonnée nonobstant opposition.

160. Lorsque le jugement aura été rendu contre une partie ayant un avoué, l'opposition ne sera recevable qu'autant qu'elle aura été formée par requête d'avoué à avoué.

161. La requête contiendra les moyens d'opposition, à moins que des moyens de défense n'aient été signifiés avant le jugement, auquel cas il suffira de déclarer qu'on les emploie comme moyens d'opposition ; l'opposition qui ne sera pas signifiée dans cette forme n'arrêtera pas l'exécution ; elle sera rejetée sur un simple acte, et sans qu'il soit besoin d'aucune autre instruction.

162. Lorsque le jugement aura été rendu contre une partie n'ayant pas d'avoué, l'opposition pourra être formée, soit par acte extrajudiciaire, soit par déclaration sur les commandemens, procès-verbaux de saisie ou d'emprisonnement, ou sout autre acte d'exécution, à la charge par l'opposant de la réitérer avec constitution d'avoué, par requête, dans la huitaine ; passé lequel temps elle ne sera plus recevable, et l'exécution sera continuée, sans qu'il soit besoin de le faire ordonner.—Si l'avoué de la partie qui a obtenu le jugement est décédé ou ne peut plus postuler, elle fera notifier une nouvelle constitution d'avoué au défaillant, lequel sera tenu, dans les délais ci-dessus, à compter de la signification, de réitérer son opposition, par requête, avec constitution d'avoué. — Dans aucun cas, les moyens d'opposition fournis postérieurement à la requête n'entreront en taxe.

163. Il sera tenu au greffe un registre sur lequel l'avoué de l'opposant fera mention sommaire de l'opposition, en énonçant les noms des parties ou de leurs avoués, les dates du jugement et de l'opposition ; il ne sera dû de droit d'enregistrement que dans le cas où il en serait délivré expédition.

164. Aucun jugement par défaut ne sera exécuté à l'égard d'un tiers, que sur un certificat du greffier constatant qu'il n'y a aucune opposition portée sur le registre.

165. L'opposition ne pourra jamais être reçue contre un jugement qui aurait débouté d'une première opposition.

5° *Des jugemens des tribunaux de commerce.*

C. Proc. 455. Aucun jugement par défaut (rendu par un tribunal de commerce) ne pourra être signifié que par un huissier-commis à cet effet par le tribunal ; la signification contiendra, à peine de nullité, élection de domicile dans la commune où elle se fait, si le demandeur n'y est domicilié.—Le jugement sera exécutoire un jour après la signification et jusqu'à l'opposition.

456. L'opposition ne sera plus recevable après la huitaine du jour de la signification.

457. L'opposition contiendra les moyens de l'opposant, et assignation dans le délai de la loi ; elle sera signifiée au domicile élu.

458. L'opposition faite à l'instant de l'exécu-tion, par déclaration sur le procès-verbal de l'huissier, arrêtera l'exécution, à la charge, par l'opposant, de la réitérer dans les trois jours, par exploit contenant assignation ; passé lequel délai elle sera censée non avenue.

6° *Des arrêts de cour royale.*

C. Proc. 455. Les appels des jugemens susceptibles d'opposition ne seront point recevables pendant la durée du délai pour l'opposition.

470. Les règles établies pour les tribunaux inférieurs seront observées dans les tribunaux d'appel.

7° *De la tierce-opposition aux jugemens.*

V. TIERCE-OPPOSITION.

ART. 2. DES TRIBUNAUX CRIMINELS.

1° *Jugemens de police.*

C. Instr. cr. 150. La personne condamnée par défaut (par le tribunal de police) ne sera plus recevable à s'opposer à l'exécution du jugement, si elle ne se présente à l'audience indiquée par l'article suivant.

151. L'opposition au jugement par défaut pourra être faite par déclaration en réponse au bas de l'acte de signification, ou par acte notifié dans les trois jours de la signification, outre un jour par trois myriamètres. — L'opposition emportera de droit citation à la première audience après l'expiration des délais et sera réputée non avenue si l'opposant ne comparaît pas.

2° *Jugemens de police correctionnelle.*

C. Inst. cr. 187. La condamnation par défaut sera comme non avenue si, dans les cinq jours de la signification qui en aura été faite au prévenu ou à son domicile, outre un jour par cinq myriamètres, celui-ci forme opposition à l'exécution du jugement, et notifie son opposition tant au ministère public qu'à la partie civile.—Néanmoins les frais de l'expédition, de la signification du jugement par défaut, et de l'opposition, demeureront à la charge du prévenu.

188. L'opposition emportera de droit citation à la première audience ; elle sera non avenue si l'opposant n'y comparaît pas ; et le jugement que le tribunal aura rendu sur l'opposition ne pourra être attaqué par la partie qui l'aura formée, si ce n'est par appel.

208. Les jugemens rendus par défaut sur l'appel pourront être attaqués par la voie de l'opposition dans la même forme et dans les mêmes délais que les jugemens par défaut rendus par les tribunaux correctionnels. — L'opposition emportera de droit citation à la première audience, et sera comme non avenue si l'opposant n'y comparaît pas. Le jugement qui interviendra sur l'opposition ne pourra être attaqué par la partie qui

l'aura formée, si ce n'est devant la cour de cassation. *V.* PARTIE CIVILE.

ART. 3. DE DIVERS CAS DANS LESQUELS L'OPPOSITION EST AUTORISÉE OU INTERDITE.

1° *Quand l'opposition est spécialement autorisée.*

DÉLIT D'AUDIENCE. *C. Proc.* 91. Ceux qui outrageraient ou menaceraient les juges, ou les officiers de justice, dans l'exercice de leurs fonctions, seront, de l'ordonnance du président, du juge-commissaire ou du procureur du Roi, chacun dans le lieu dont la police lui appartient, saisis et déposés à l'instant dans la maison d'arrêt, interrogés dans les vingt-quatre heures et condamnés par le tribunal, sur le vu du procès-verbal qui constatera le délit, à une détention qui ne pourra excéder le mois, et à une amende qui ne pourra être moindre de vingt-cinq francs, ni excéder trois cents francs. — Si le délinquant ne peut être saisi à l'instant, le tribunal prononcera contre lui dans les vingt-quatre heures les peines ci-dessus, sauf l'opposition que le condamné pourra former dans les dix jours du jugement, et en se mettant en état de détention.

FAILLITE. *C. Com.* 457. Le jugement (déclaratif de faillite) sera affiché et inséré par extrait dans les journaux.—Il sera exécutoire provisoirement, mais susceptible d'opposition, savoir : pour le failli, dans les huit jours qui suivront celui de l'affiche ; pour les créanciers présents ou représentés, et pour tout autre intéressé, jusques et y compris le jour du procès-verbal constatant la vérification de créances ; pour les créanciers en demeure, jusqu'à l'expiration du dernier délai qui leur aura été accordé. *V.* FAILLITE.

RÈGLEMENT DE JUGES. *C. Inst. cr.* 553. Le prévenu ou l'accusé et la partie civile pourront former opposition à l'arrêt (rendu sans contradiction sur règlement de juge) dans le délai de trois jours, et dans les formes prescrites pour le recours en cassation. *V.* CASSATION.

554. L'opposition dont il est parlé au précédent article entraînera de plein droit sursis au jugement du procès.

TÉMOINS. *C. Inst. cr.* 556. La voie de l'opposition sera ouverte contre les condamnations (prononcées contre les témoins) dans les dix jours de la signification qui en aura été faite au témoin condamné ou à son domicile, outre un jour par cinq myriamètres ; et l'opposition sera reçue s'il prouve qu'il a été légitimement empêché, ou que l'amende contre lui prononcée doit être modérée.

VÉRIFICATION D'ÉCRITURE. *C. Proc.* 199. Au jour indiqué par l'ordonnance du juge-commissaire, et sur la sommation de la partie la plus diligente, signifiée à avoué, s'il en a été constitué, sinon à domicile, par un huissier commis par ladite ordonnance, les parties seront tenues de comparaître devant ledit commissaire, pour convenir de pièces de comparaison ; si le demandeur en vérification ne comparaît pas, la pièce sera rejetée ; si c'est le défendeur, le juge pourra tenir la pièce pour reconnue. Dans les deux cas, le jugement sera rendu à la prochaine audience, sur le rapport du juge-commissaire, sans acte à venir plaider ; il sera susceptible d'opposition.

2° *Quand l'opposition est formellement interdite.*

INSTRUCTION PAR ÉCRIT. *C. Proc.* 113. Les jugemens rendus sur les pièces de l'une des parties, faute par l'autre d'avoir produit, ne seront point susceptibles d'opposition.

PERQUISITIONS CRIMINELLES. *C. Inst. cr.* 34. (Le procureur du Roi) pourra défendre que qui que ce soit sorte de la maison ou s'éloigne du lieu, jusqu'après la clôture de son procès-verbal. — Tout contrevenant à cette défense sera, s'il peut être saisi, déposé dans la maison d'arrêt ; la peine encourue pour la contravention sera prononcée par le juge d'instruction, sur les conclusions du procureur impérial, après que le contrevenant aura été cité et entendu, ou par défaut s'il ne comparaît pas, sans autre formalité ni délai, et sans opposition ni appel. — La peine ne pourra excéder dix jours d'emprisonnement et cent francs d'amende.

RÉFÉRÉ. *C. Proc.* 809. Les ordonnances sur référés ne feront aucun préjudice au principal ; elles seront exécutoires par provision, sans caution, si le juge n'a pas ordonné qu'il en serait fourni une. — Elles ne seront pas susceptibles d'opposition.

OPPOSITION (SAISIE). *V.* ARRÊT (saisie-).

OPPOSITION (TIERCE-). *V.* TIERCE-OPPOSITION.

OPTION.

1° *A l'égard des obligations alternatives.*

V. ALTERNATIVES (*obligations*).

2° *En matière de vente.*

C. Civ. 1601. Si, au moment de la vente, la chose vendue était périe en totalité, la vente serait nulle. — Si une partie seulement de la chose est périe, il est au choix de l'acquéreur d'abandonner la vente, ou de demander la partie conservée, en faisant déterminer le prix par la ventilation.

1620. Dans le cas où il y a lieu à augmentation de prix pour excédant de mesure (*V.* CONTENANCE), l'acquéreur a le choix ou de se désister du contrat ou de fournir le supplément du prix, et ce, avec les intérêts, s'il a gardé l'immeuble.

1681. Dans le cas où l'action en rescision est admise, l'acquéreur a le choix ou de rendre la chose en retirant le prix qu'il en a payé, ou de garder le fonds en payant le supplément du juste prix, sous la déduction du dixième du prix total. — Le tiers-possesseur a le même droit, sauf sa garantie contre son vendeur.

1682. Si l'acquéreur préfère garder la chose en fournissant le supplément réglé par l'article précédent, il doit l'intérêt du supplément du jour de la demande en rescision.—S'il préfère la rendre et recevoir le prix, il rend les fruits du jour de la demande. — L'intérêt du prix qu'il a payé lui est aussi compté du jour de la même demande, ou du jour du paiement, s'il n'a touché aucuns fruits.

ORDRE (ENTRE CRÉANCIERS).

1° Dispositions générales.

C. Civ. 2166. Les créanciers ayant privilège ou hypothèque inscrite sur un immeuble, le suivent en quelques mains qu'il passe, pour être colloqués et payés suivant l'ordre de leurs créances ou inscriptions.

2198. L'immeuble à l'égard duquel le conservateur aurait omis dans ses certificats une ou plusieurs des charges inscrites en demeure, sauf la responsabilité du conservateur, affranchi dans les mains du nouveau possesseur, pourvu qu'il ait requis le certificat depuis la transcription du titre ; sans préjudice néanmoins du droit des créanciers de se faire colloquer suivant l'ordre qui leur appartient, tant que le prix n'a pas été payé par l'acquéreur, ou tant que l'ordre fait entre les créanciers n'a pas été homologué.

2218. L'ordre et la distribution du prix des immeubles, et la manière d'y procéder, sont réglés par les lois sur la procédure.

De l'ordre.

C. Proc. (liv. 5, tit. 14, art. 749-779).—749. Dans le mois de la signification du jugement d'adjudication, s'il n'est pas attaqué ; en cas d'appel, dans le mois de la signification du jugement confirmatif, les créanciers et la partie saisie seront tenus de se régler entre eux sur la distribution du prix.

750. Le mois expiré, faute par les créanciers et la partie saisie de s'être réglés entre eux, le saisissant, dans la huitaine, et à son défaut, après ce délai, le créancier le plus diligent ou l'adjudicataire, requerra la nomination d'un juge-commissaire, devant lequel il sera procédé à l'ordre.

751. Il sera tenu au greffe, à cet effet, un registre des adjudications, sur lequel le requérant l'ordre fera son réquisitoire, à la suite duquel le président du tribunal nommera un juge-commissaire.

752. Le poursuivant prendra l'ordonnance du juge commis, qui ouvrira le procès-verbal d'ordre, auquel sera annexé un extrait, délivré par le conservateur, de toutes les inscriptions existantes.

753. En vertu de l'ordonnance du commissaire, les créanciers seront sommés de produire, par acte signifié aux domiciles élus par leurs inscriptions, ou à celui de leurs avoués, s'il y en a de constitués.

754. Dans le mois de cette sommation, chaque créancier sera tenu de produire ses titres avec acte de produit, signé de son avoué, et contenant demande en collocation. Le commissaire fera mention de la remise sur son procès-verbal.

755. Le mois expiré, et même auparavant, si les créanciers ont produit, le commissaire dressera, ensuite de son procès-verbal, un état de collocation sur les pièces produites. Le poursuivant dénoncera, par acte d'avoué à avoué, aux créanciers produisans et à la partie saisie, la confection de l'état de collocation, avec sommation d'en prendre communication, et de contredire, s'il y échet, sur le procès-verbal du commissaire, dans le délai d'un mois.

756. Faute par les créanciers produisans de prendre communication des productions ès-mains du commissaire dans ledit délai, ils demeureront forclos, sans nouvelle sommation ni jugement ; il ne sera fait aucun dire, s'il n'y a contestation.

757. Les créanciers qui n'auront produit qu'après le délai fixé, supporteront sans répétition, et sans pouvoir les employer dans aucun cas, les frais auxquels leur production tardive, et la déclaration d'icelle aux créanciers à l'effet d'en prendre connaissance, auront donné lieu. Ils seront garans des intérêts qui auront couru, à compter du jour où ils auraient cessé si la production eût été faite dans le délai fixé.

758. En cas de contestation, le commissaire renverra les contestans à l'audience, et néanmoins arrêtera l'ordre pour les créances antérieures à celles contestées, et ordonnera la délivrance des bordereaux de collocation de ces créanciers, qui ne seront tenus à aucun rapport à l'égard de ceux qui produiraient postérieurement.

759. S'il ne s'élève aucune contestation, le juge-commissaire fera la clôture de l'ordre ; il liquidera les frais de radiation et de poursuite d'ordre, qui seront colloqués par préférence à toutes autres créances ; il prononcera la déchéance des créanciers non produisans, ordonnera la délivrance des bordereaux de collocation aux créan-

36

ciers utilement colloqués, et la radiation des inscriptions de ceux non utilement colloqués. Il sera fait distraction en faveur de l'adjudicataire, sur le montant de chaque bordereau, des frais de radiation de l'inscription.

760. Les créanciers postérieurs en ordre d'hypothèque aux collocations contestées seront tenus, dans la huitaine du mois accordé pour contredire, de s'accorder entre eux sur le choix d'un avoué ; sinon ils seront représentés par l'avoué du dernier créancier colloqué. Le créancier qui contestera individuellement, supportera les frais auxquels sa contestation particulière aura donné lieu, sans pouvoir les répéter ni employer en aucun cas. L'avoué poursuivant ne pourra en cette qualité être appelé dans la contestation.

761. L'audience sera poursuivie par la partie la plus diligente, sur un simple acte d'avoué à avoué, sans autre procédure.

762. Le jugement sera rendu sur le rapport du juge-commissaire et les conclusions du ministère public ; il contiendra liquidation des frais.

763. L'appel de ce jugement ne sera reçu, s'il n'est interjeté dans les dix jours de sa signification à avoué, outre un jour par trois myriamètres de distance du domicile réel de chaque partie ; il contiendra assignation, et l'énonciation des griefs.

764. L'avoué du créancier dernier colloqué pourra être intimé s'il y a lieu.

765. Il ne sera signifié sur l'appel que des conclusions motivées de la part des intimés ; et l'audience sera poursuivie ainsi qu'il est dit en l'article 761.

766. L'arrêt contiendra liquidation des frais : les parties qui succomberont sur l'appel seront condamnées aux dépens, sans pouvoir les répéter.

767. Quinzaine après le jugement des contestations, et, en cas d'appel, quinzaine après la signification de l'arrêt qui y aura statué, le commissaire arrêtera définitivement l'ordre des créances contestées et de celles postérieures, et ce, conformément à ce qui est prescrit par l'article 759 : les intérêts et arrérages des créanciers utilement colloqués cesseront.

768. Les frais de l'avoué qui aura représenté les créanciers contestans, seront colloqués, par préférence à toutes autres créances, sur ce qui restera de deniers à distribuer, déduction faite de ceux qui auront été employés à acquitter les créances antérieures à celles contestées.

769. L'arrêt qui autorisera l'emploi des frais, prononcera la subrogation au profit du créancier sur lequels les fonds manqueront, ou de la partie saisie. L'exécutoire énoncera cette disposition, et indiquera la partie qui devra en profiter.

770. La partie saisie, et le créancier sur lequel les fonds manqueront, auront leur recours contre ceux qui auront succombé dans la contestation, pour les intérêts et arrérages qui auront couru pendant le cours desdites contestations.

771. Dans les dix jours après l'ordonnance du juge-commissaire, le greffier délivrera à chaque créancier utilement colloqué le bordereau de collocation, qui sera exécutoire contre l'acquéreur.

772. Le créancier colloqué, en donnant quittance du montant de sa collocation, consentira la radiation de son inscription.

773. Au fur et à mesure du paiement des collocations, le conservateur des hypothèques, sur la représentation du bordereau et de la quittance du créancier, déchargera d'office l'inscription, jusqu'à concurrence de la somme acquittée.

774. L'inscription d'office sera rayée définitivement, en justifiant, par l'adjudicataire, du paiement de la totalité de son prix, soit aux créanciers utilement colloqués, soit à la partie saisie, et de l'ordonnance du juge-commissaire qui prononce la radiation des inscriptions des créanciers non colloqués.

775. En cas d'aliénation autre que celle par expropriation, l'ordre ne pourra être provoqué s'il n'y a plus de trois créanciers inscrits ; et il le sera par le créancier le plus diligent ou l'acquéreur après l'expiration des trente jours qui suivront les délais prescrits par les articles 2185 et 2194 du Code Civil [1].

776. L'ordre sera introduit et réglé dans les formes prescrites par le présent titre.

777. L'acquéreur sera employé par préférence pour le coût de l'extrait des inscriptions et dénonciations aux créanciers inscrits.

---

[1] C. Civ. 2185. Lorsque le nouveau propriétaire a fait notification (de son contrat) dans le délai fixé, tout créancier dont le titre est inscrit, peut requérir la mise de l'immeuble aux enchères et adjudications publiques ; à la charge, — 1o que cette réquisition sera signifiée au nouveau propriétaire dans quarante jours, au plus tard, de la notification faite à la requête de ce dernier, en y ajoutant deux jours par cinq myriamètres de distance entre le domicile élu et le domicile réel de chaque créancier requérant.

2194. (Pour opérer la purge, les acquéreurs) déposeront copie dûment collationnée du contrat translatif de propriété au greffe du tribunal civil du lieu de la situation des biens, et ils certifieront par acte signifié, tant à la femme ou au subrogé-tuteur, qu'au procureur du Roi près le tribunal, le dépôt qu'ils auront fait. Extrait de ce contrat, contenant sa date, les noms, prénoms, professions et domiciles des contractans, la désignation de la nature et de la situation des biens, le prix et les autres charges de la vente, sera et restera affiché pendant deux mois dans l'auditoire du tribunal.

778. Tout créancier pourra prendre inscription pour conserver les droits de son débiteur ; mais le montant de la collocation du débiteur sera distribué, comme chose mobilière, entre tous les créanciers inscrits ou opposans avant la clôture de l'ordre.

779. En cas de retard et de négligence dans la poursuite d'ordre, la subrogation pourra être demandée. La demande en sera formée par requête insérée au procès-verbal d'ordre, communiquée au poursuivant par acte d'avoué, jugée sommairement en la chambre du conseil, sur le rapport du juge-commissaire.

2º *Dispositions du tarif civil.*

29. (Pr. 755.) Original de sommation aux créanciers inscrits de produire dans les ordres, — Paris, 2 fr. — Partout ailleurs, 1 fr. 50 c.

Poursuite d'ordre.

150. (Pr. 750.) Vacation pour requérir sur le registre tenu au greffe la nomination, par le président du tribunal, d'un juge-commissaire devant lequel il sera procédé à l'ordre, — Paris, 6 fr. — Ressort, 4 fr. 50 c. (V. Tarif.) — Si deux ou plusieurs avoués se présentent en même temps au greffe pour faire la même réquisition, ils se retireront sur le champ, sans sommation, devant le président du tribunal, qui décidera quelle est la réquisition qui doit être admise, sans dresser aucun procès-verbal ; il ne sera reçu ni appel ni opposition contre la décision du président, et il ne sera alloué aucune vacation aux avoués.

131. (Pr. 752.) Requête au juge-commissaire à l'effet d'obtenir une ordonnance portant que les créanciers inscrits seront tenus de produire, et vacation pour se faire délivrer l'ordonnance, le tout ensemble, — Paris, 3 fr. — Ressort, 2 fr. 25 c. — Vacation pour se faire délivrer par le conservateur des hypothèques l'extrait des inscriptions, — Paris, 6 fr. — Ressort, 4 fr. 50 c.

132. (Pr. 755.) Sommation d'avoué à avoué aux créanciers inscrits qui en ont constitué, de produire dans le mois, — Paris, 1 f. — Ressort, 75 c. — Chaque copie, le quart.

155. (Pr. 754.) Acte de production des titres contenant demande en collocation et constitution d'avoué, y compris la vacation pour produire, — Paris, 20 fr. — Ressort, 15 fr. — Il ne sera point signifié.

134. (Pr. 755.) Dénonciation, par acte d'avoué à avoué, aux créanciers produisans et à la partie saisie, de la confection de l'état de collocation, avec sommation d'en prendre communication, et de contredire, s'il y a lieu, dans le procès-verbal du commissaire dans le délai d'un mois : le procès-verbal ne sera ni levé, ni signifié, et il ne sera enregistré que lors de la délivrance des mandemens, — Paris, 3 fr. — Ressort, 2 fr. 25 c. — Chaque copie, le quart.

155. Vacation pour prendre communication des productions, et contredire sur le procès-verbal du commissaire, sans qu'il puisse être passé plus d'une vacation dans le même ordre, sous quelque prétexte que ce soit, — Paris, 10 fr. — Ressort, 7 fr. 50 c. — Il sera passé à l'avoué poursuivant une demi-vacation par chaque production, pour en prendre communication et contredire, s'il y a lieu, — Paris, 5 fr. — Ressort, 3 fr. 75 c.

156. (Pr. 757.) Pour la dénonciation aux créanciers

inscrits et à la partie saisie, des productions faites après les délais dans les ordres, et sommation d'en prendre communication, et de contredire, s'il y a lieu, — Paris, 3 fr. — Ressort, 2 f. 25 c. — Chaque copie, le quart.

157. (Pr. 759.) Vacation pour faire rayer une ou plusieurs inscriptions en vertu du même jugement, — Paris, 6 fr. — Ressort, 4 fr. 50 c. — Vacation pour requérir et se faire délivrer le mandement ou bordereau de collocation, — Paris, 5 fr. — Ressort, 5 fr. 75 c. — Les bordereaux de collocation et l'ordonnance de main-levée des inscriptions non utilement colloquées, contenant nécessairement la totalité du procès-verbal du juge-commissaire, l'expédition entière serait un double emploi : elle ne sera ni levée, ni signifiée.

158. (Pr. 779.) Requête pour demander la subrogation à la poursuite d'ordre ; elle ne sera point grossoyée, — Paris, 3 fr. — Ressort, 2 fr. 25 c.

159. Vacation pour faire insérer au procès-verbal du juge-commissaire, — Paris, 1 fr. 50 c. — Ressort, 1 fr. 15 c. — Signification de la requête au poursuivant par acte d'avoué à avoué, — Paris, 1 fr. — Ressort, 75 c. — Pour la copie, le quart. — Acte servant de réponse, — Paris, 1 fr. — Ressort, 75 c. — Pour la copie, le quart.

ORDRE (BILLET A).

1º *Dispositions générales.*

C. Com. 159. Il est défendu d'antidater les ordres, à peine de faux.

Du billet à ordre.

C. Com. (liv. 1, tit. 8, sect. 2, art. 187-188). — 187. Toutes les dispositions relatives aux lettres de change, et concernant — l'échéance, — l'endossement, — la solidarité, — l'aval, — le paiement, — le paiement par intervention, — le protêt, — les devoirs et droits du porteur, — le rechange ou les intérêts (V. Change [contrat de].), — sont applicables aux billets à ordre, sans préjudice des dispositions relatives aux cas prévus par les articles 636, 637 et 638 (ci-après).

188. Le billet à ordre est daté. — Il énonce — la somme à payer, — le nom de celui à l'ordre de qui il est souscrit, — l'époque à laquelle le paiement doit s'effectuer, — la valeur qui a été fournie en espèces, en marchandises, en compte, ou de toute autre manière.

2º *Dispositions additionnelles.*

C. Com. 636. Lorsque les billets à ordre ne porteront que des signatures d'individus non négocians, et n'auront pas pour occasion des opérations de commerce, trafic, change, banque ou courtage, le tribunal de commerce sera tenu de renvoyer au civil, s'il en est requis par le défendeur.

657. Lorsque ces billets à ordre porteront en même temps des signatures d'individus négocians et d'individus non négocians, le tribunal de commerce en connaîtra ; mais il ne pourra prononcer la contrainte par corps contre les individus non négocians, à moins qu'ils ne se soient engagés à

36.

l'occasion d'opérations de commerce, trafic, change, banque ou courtage.

638. Ne seront point de la compétence des tribunaux de commerce, les actions intentées contre un propriétaire, cultivateur ou vigneron, pour vente de denrées provenant de son cru; les actions intentées contre un commerçant, pour paiement de denrées et marchandises achetées pour son usage particulier. — Néanmoins les billets souscrits par un commerçant seront censés faits pour son commerce, et ceux des receveurs, payeurs, percepteurs ou autres comptables de deniers publics, seront censés faits pour leur gestion, lorsqu'une autre cause n'y sera point énoncée.

5° De la prescription.

C. Com. 189. Toutes actions relatives à ceux des billets à ordre souscrits par des négocians, marchands ou banquiers, ou pour faits de commerce, se prescrivent par cinq ans, à compter du jour du protêt, ou de la dernière poursuite juridique, s'il n'y a eu condamnation, ou si la dette n'a été reconnue par acte séparé. — Néanmoins les prétendus débiteurs seront tenus, s'ils en sont requis, d'affirmer, sous serment, qu'ils ne sont plus redevables; et leurs veuves, héritiers ou ayans cause, qu'ils estiment de bonne foi qu'il n'est plus rien dû.

OUTRAGES.

I. ENVERS LES CULTES.

C. Pén. 262. Toute personne qui aura, par paroles ou gestes, outragé les objets d'un culte dans les lieux destinés ou servant actuellement à son exercice, ou les ministres de ce culte dans leurs fonctions, sera punie d'une amende de seize francs à cinq cents francs, et d'un emprisonnement de quinze jours à six mois. V. CULTE.

II. ENVERS DES FONCTIONNAIRES.

Outrages et violences envers les dépositaires de l'autorité et de la force publique.

C. Pén. (liv. 3, ch. 3, sect. 4, § 2, art. 222-233). —222. Lorsqu'un ou plusieurs magistrats de l'ordre administratif ou judiciaire auront reçu, dans l'exercice de leurs fonctions, ou à l'occasion de cet exercice, quelque outrage par paroles tendant à inculper leur honneur ou leur délicatesse, celui qui les aura ainsi outragés sera puni d'un emprisonnement d'un mois à deux ans. — Si l'outrage a eu lieu à l'audience d'une cour ou d'un tribunal, l'emprisonnement sera de deux à cinq ans.

225. L'outrage fait par gestes ou menaces à un magistrat dans l'exercice ou à l'occasion de l'exercice de ses fonctions, sera puni d'un mois à six mois d'emprisonnement; et si l'outrage a

eu lieu à l'audience d'une cour ou d'un tribunal, il sera puni d'un emprisonnement d'un mois à deux ans.

224. L'outrage fait par paroles, gestes ou menaces à tout officier ministériel, ou agent dépositaire de la force publique, dans l'exercice ou à l'occasion de l'exercice de ses fonctions, sera puni d'une amende de seize francs à deux cents francs.

225. La peine sera de six jours à un mois d'emprisonnement, si l'outrage mentionné en l'article précédent a été dirigé contre un commandant de la force publique.

226. Dans le cas des articles 222, 223 et 225, l'offenseur pourra être, outre l'emprisonnement, condamné à faire réparation, soit à la première audience, soit par écrit; et le temps de l'emprisonnement prononcé contre lui ne sera compté qu'à dater du jour où la réparation aura eu lieu.

227. Dans le cas de l'article 224, l'offenseur pourra de même, outre l'amende, être condamné à faire réparation à l'offensé; et s'il retarde ou refuse, il sera contraint par corps.

228. Tout individu qui, même sans armes, et sans qu'il en soit résulté de blessures, aura frappé un magistrat dans l'exercice de ses fonctions, ou à l'occasion de cet exercice, sera puni d'un emprisonnement de deux à cinq ans. — Si cette voie de fait a eu lieu à l'audience d'une cour ou d'un tribunal, le coupable sera en outre puni de la dégradation civique.

229. Dans l'un et l'autre des cas exprimés en l'article précédent, le coupable pourra de plus être condamné à s'éloigner, pendant cinq à dix ans, du lieu où siège le magistrat, et d'un rayon de deux myriamètres. — Cette disposition aura son exécution à dater du jour où le condamné aura subi sa peine. — Si le condamné enfreint cet ordre avant l'expiration du temps fixé, il sera puni du bannissement.

230. Les violences de l'espèce exprimée en l'article 228, dirigées contre un officier ministériel, un agent de la force publique ou un citoyen chargé d'un ministère de service public, si elles ont eu lieu pendant qu'ils exerçaient leur ministère ou à cette occasion, seront punies d'un emprisonnement d'un mois à six mois.

231. Si les violences exercées contre les fonctionnaires ou agens désignés aux articles 228 et 230, ont été la cause d'effusion de sang, blessures ou maladie, la peine sera la réclusion; si la mort s'en est suivie dans les quarante jours, le coupable sera puni des travaux forcés à perpétuité.

232. Dans le cas même où ces violences n'auraient pas causé d'effusion de sang, blessures ou maladie, les coups seront punis de la réclusion,

s'ils ont été portés avec préméditation ou de guet-apens.

233. Si les coups ont été portés ou les blessures faites à un des fonctionnaires ou agens désignés aux articles 228 et 230, dans l'exercice ou à l'occasion de l'exercice de leurs fonctions, avec intention de donner la mort, le coupable sera puni de mort.

III. OUTRAGES AUX MŒURS. *V.* MŒURS.

OUVRAGE (LOUAGE D'), OUVRIER.

I. DISPOSITIONS GÉNÉRALES.

C. Civ. 1708. Il y a deux sortes de contrats de louage : — celui des choses, — et celui d'ouvrage.

1710. Le louage d'ouvrage est un contrat par lequel l'une des parties s'engage à faire quelque chose pour l'autre moyennant un prix convenu entre elles.

1711. Ces deux genres de louage se subdivisent encore en plusieurs espèces particulières : — on appelle *loyer* le louage du travail ou du service (*V.* LOYER.). Les *devis, marché* ou *prix fait* pour l'entreprise d'un ouvrage moyennant un prix déterminé, sont aussi un louage, lorsque la matière est fournie par celui pour qui l'ouvrage se fait.—Ces espèces ont des règles particulières.

Du louage d'ouvrage et d'industrie.

C. Civ. (*liv.* 3, *tit.* 8, *ch.* 3, *art.* 1779-1799). —1779. Il y a trois espèces principales de louage d'ouvrage et d'industrie : —1° le louage des gens de travail qui s'engagent au service de quelqu'un; — 2° celui des voituriers, tant par terre que par eau, qui se chargent du transport des personnes ou des marchandises ; — 3° celui des entrepreneurs d'ouvrages par suite de devis ou marchés. *Sect.* 1, *du louage des domestiques et ouvriers.*

1780. On ne peut engager ses services qu'à temps, ou pour une entreprise déterminée.

1781. Le maître est cru sur son affirmation, — pour la quotité des gages ; — pour le paiement du salaire de l'année échue ;— et pour les à-comptes donnés pour l'année courante.

Sect 2, *des voituriers par terre et par eau.*

V. COMMISSIONNAIRES.

Sect. 3, *des devis et marchés. V.* DEVIS.

II. DISPOSITIONS ADDITIONNELLES.

DOMICILE. *C. Civ.* 109. Les majeurs qui servent ou travaillent habituellement chez autrui auront le même domicile que la personne qu'ils servent ou chez laquelle ils travaillent, lorsqu'ils demeureront avec elle dans la même maison.

MAIN-D'ŒUVRE. *C. Civ.* 570. Si un artisan ou une personne quelconque a employé une matière qui ne lui appartenait pas à former une chose d'une nouvelle espèce, soit que la matière puisse ou non reprendre sa première forme, celui qui en était le propriétaire a le droit de réclamer la chose qui en a été formée, en remboursant le prix de la main-d'œuvre.

571. Si cependant la main-d'œuvre était tellement importante qu'elle surpassât de beaucoup la valeur de la matière employée, l'industrie serait alors réputée la partie principale, et l'ouvrier aurait le droit de retenir la chose travaillée, en remboursant le prix de la matière au propriétaire. *V.* MAIN-D'ŒUVRE.

PRESCRIPTION. *C. Civ.* 2271. L'action des ouvriers et gens de travail, pour le paiement de leurs journées, fournitures et salaires, se prescrit par six mois.

PRIVILÈGE. *C. Civ.* 2103. Les créanciers privilégiés sur les immeubles sont,—1°.... 4° les architectes, entrepreneurs, maçons et autres ouvriers employés pour édifier, reconstruire ou réparer des bâtimens, canaux ou autres ouvrages quelconques, pourvu néanmoins que, par un expert nommé d'office par le tribunal de première instance dans le ressort duquel les bâtimens sont situés, il ait été dressé préalablement un procès-verbal, à l'effet de constater l'état des lieux relativement aux ouvrages que le propriétaire déclarera avoir dessein de faire, et que les ouvrages aient été, dans les six mois au plus de leur perfection, reçus par un expert également nommé d'office ; — mais le montant du privilège ne peut excéder les valeurs constatées par le second procès-verbal, et il se réduit à la plus-value existante à l'époque de l'aliénation de l'immeuble et résultant des travaux qui y ont été faits. *V.* ARCHITECTE.

QUITTANCES. *C. Proc.* 557. Les quittances de fournisseurs, ouvriers, maîtres de pension et autres de même nature, produites comme pièces justificatives du compte, sont dispensées de l'enregistrement.

P

PACAGE (DROIT DE).

C. Civ. 688. Les servitudes discontinues sont celles qui ont besoin du fait actuel de l'homme pour être exercées : tels sont les droits de pacage. *V.* USAGE (*droits d'*).

PACTE DE RACHAT. *V.* RACHAT.

PAIEMENT.

I. DISPOSITIONS GÉNÉRALES.

C. Civ. 1234. Les obligations s'éteignent, — par le paiement.

Du paiement.

C. Civ. (liv. 3, tit. 3, ch. 5, § 1, art. 1235-1270).

§ 1, *du paiement en général.*

1235. Tout paiement suppose une dette : ce qui a été payé sans être dû est sujet à répétition. — La répétition n'est pas admise à l'égard des obligations naturelles qui ont été volontairement acquittées.

1236. Une obligation peut être acquittée par toute personne qui y est intéressée, telle qu'un coobligé ou une caution. — L'obligation peut même être acquittée par un tiers qui n'y est point intéressé, pourvu que ce tiers agisse au nom et en l'acquit du débiteur, ou que, s'il agit en son nom propre, il ne soit pas subrogé aux droits du créancier,

1237. L'obligation de faire ne peut être acquittée par un tiers contre le gré du créancier, lorsque ce dernier a intérêt qu'elle soit remplie par le débiteur lui-même.

1238. Pour payer valablement, il faut être propriétaire de la chose donnée en paiement, et capable de l'aliéner. — Néanmoins le paiement d'une somme en argent ou autre chose qui se consomme par l'usage, ne peut être répété contre le créancier qui l'a consommée de bonne foi, quoique le paiement en ait été fait par celui qui n'en était pas propriétaire ou qui n'était pas capable de l'aliéner.

1239. Le paiement doit être fait au créancier, ou à quelqu'un ayant pouvoir de lui, ou qui soit autorisé par justice ou par la loi à recevoir pour lui. — Le paiement fait à celui qui n'aurait pas pouvoir de recevoir pour le créancier, est valable, si celui-ci le ratifie, ou s'il en a profité.

1240. Le paiement fait de bonne foi à celui qui est en possession de la créance, est valable,

encore que le possesseur en soit par la suite évincé.

1241. Le paiement fait au créancier n'est point valable s'il était incapable de le recevoir, à moins que le débiteur ne prouve que la chose payée a tourné au profit du créancier.

1242. Le paiement fait par le débiteur à son créancier, au préjudice d'une saisie ou d'une opposition, n'est pas valable à l'égard des créanciers saisissans ou opposans; ceux-ci peuvent selon leur droit, le contraindre à payer de nouveau, sauf, en ce cas seulement, son recours contre le créancier.

1243. Le créancier ne peut être contraint de recevoir une autre chose que celle qui lui est due, quoique la valeur de la chose offerte soit égale ou même plus grande.

1244. Le débiteur ne peut point forcer le créancier à recevoir en partie le paiement d'une dette, même divisible. — Les juges peuvent néanmoins, en considération de la position du débiteur, et en usant de ce pouvoir avec une grande réserve, accorder des délais modérés pour le paiement, et surseoir à l'exécution des poursuites, toutes choses demeurant en état.

1245. Le débiteur d'un corps certain et déterminé est libéré par la remise de la chose en l'état où elle se trouve lors de la livraison, pourvu que les détériorations qui y sont survenues ne viennent point de son fait ou de sa faute, ni de celles des personnes dont il est responsable, ou qu'avant ces détériorations il ne fût pas en demeure.

1246. Si la dette est d'une chose qui ne soit déterminée que par son espèce, le débiteur ne sera pas tenu, pour être libéré, de la donner de la meilleure espèce ; mais il ne pourra l'offrir de la plus mauvaise.

1247. Le paiement doit être exécuté dans le lieu désigné par la convention. Si le lieu n'y est pas désigné, le paiement, lorsqu'il s'agit d'un corps certain et déterminé, doit être fait dans le lieu où était, au temps de l'obligation, la chose qui en fait l'objet. — Hors ces deux cas, le paiement doit être fait au domicile du débiteur.

1248. Les frais de paiement sont à la charge du débiteur.

§ 2, *du paiement avec subrogation.*

V. SUBROGATION.

§ 3, *de l'imputation des paiemens.*
V. IMPUTATION.

§ 4, *des offres de paiement, et de la consignation.*
V. CONSIGNATION.

§ 5, *de la cession de biens. V.* CESSION DE BIENS.

II. DISPOSITIONS ADDITIONNELLES.

OPPOSITIONS. *C. Proc.* 563. Faute de demande en validité, la saisie ou opposition sera nulle : faute de dénonciation de cette demande au tiers-saisi, les paiemens par lui faits jusqu'à la dénonciation seront valables.

PAPIERS DOMESTIQUES. *C. Civ.* 1331. Les registres et papiers domestiques ne font point un titre pour celui qui les a écrits. Ils font foi contre lui, — 1° dans tous les cas où ils énoncent formellement un paiement reçu.

REMISE DU TITRE. *C. Civ.* 1282. La remise volontaire du titre original sous signature privée, par le créancier au débiteur, fait preuve de la libération. *V.* LIBÉRATION.

PAIRS (COUR DES).

Charte. 28. La chambre des pairs connait des crimes de haute-trahison et des attentats à la sûreté de l'État, qui seront définis par la loi.

29. Aucun pair ne pourra être arrêté que de l'autorité de la chambre, et jugé que par elle en matière criminelle.

PAIX (JUGE DE).

I. DISPOSITIONS RÈGLEMENTAIRES.

1° *Charte constitutionnelle.*

52. La justice de paix est conservée. Les juges de paix, quoique nommés par le Roi, ne sont pas inamovibles.

2° *Dispositions de la loi du* 16-24 *août* 1790, *qui ne sont pas abrogées.*

Tit. 3, *des juges de paix.*

Art. 1er. Il y aura dans chaque canton un juge de paix.

2. S'il y a dans le canton une ou plusieurs villes ou bourgs dont la population excède deux mille âmes, ces villes ou bourgs auront un juge de paix. — Les villes et les bourgs qui contiendront plus de huit mille âmes, auront le nombre de juges de paix qui sera déterminé.

3. Le juge de paix ne pourra être choisi que parmi les citoyens âgés de trente ans accomplis.

9. Le juge de paix connaîtra toutes les causes purement personnelles et mobilières, sans appel jusqu'à la valeur de cinquante livres, et à charge d'appel jusqu'à la valeur de cent livres : en ce dernier cas, ses jugemens seront exécutoires par provision, non-obstant l'appel, en donnant caution. Les législateurs pourront élever le taux de cette compétence.

10. Il connaîtra de même, sans appel jusqu'à la valeur de cinquante livres, et à charge d'appel à quelque valeur que la demande puisse monter, — 1° des actions pour dommages faits, soit par les hommes, soit par les animaux, aux champs, fruits et récoltes ; — 2° des déplacemens de bornes, des usurpations de terres, arbres et haies, fossés et autres clôtures, commises dans l'année ; des entreprises sur les cours d'eau servant à l'arrosement des prés, commises pareillement dans l'année, et de toutes autres actions possessoires ; — 3° des réparations locatives des maisons et fermes ; — 4° des indemnités prétendues par le fermier ou locataire pour non-jouissance, lorsque le droit de l'indemnité ne sera pas contesté, et des dégradations alléguées par le propriétaire ; — 5° du paiement des salaires des gens de travail, des gages des domestiques, et de l'exécution des engagemens respectifs des maîtres et de leurs domestiques ou gens de travail ; — 6° des actions pour injures verbales, rixes et voies de fait, pour lesquelles les parties ne se seront point pourvues par la voie criminelle. *V.* CITATION.

11. Lorsqu'il y aura lieu à l'apposition des scellés, elle sera faite par le juge de paix, qui procèdera aussi à leur reconnaissance et levée, mais sans qu'il puisse connaître des contestations qui pourront s'élever à l'occasion de cette reconnaissance. — Il recevra les délibérations de famille pour la nomination des tuteurs, des curateurs aux absens et aux enfans à naître, et pour l'émancipation et la curatelle des mineurs, et toutes celles auxquelles la personne, l'état ou les affaires des mineurs et des absens pourront donner lieu, pendant la durée de la tutelle ou curatelle, à charge de renvoyer devant les juges du district (les tribunaux de première instance) la connaissance de ce qui deviendra contentieux dans le cours ou par suite des délibérations ci-dessus. — Il pourra recevoir, dans tous les cas, le serment des tuteurs et des curateurs.

12. L'appel des jugemens du juge de paix, lorsqu'ils seront sujets à l'appel, sera porté devant les juges du district (les tribunaux de première instance), et jugé par eux en dernier ressort, à l'audience et sommairement, sur le simple exploit d'appel.

3° *Loi du* 9 *ventôse an* 9.

2. Chaque juge de paix remplira seul les fonctions soit de justice, soit de conciliation, ou autres, qui sont attribuées aux juges de paix par les lois,

3. En cas de maladie, absence ou autre empêchement du juge de paix, ces fonctions seront exercées par un suppléant ; à cet effet, chaque juge de paix aura deux suppléans.

4° *Loi du* 16 *ventôse an* 12.

1. En cas d'empêchement légitime d'un juge de paix et de ses suppléans, le tribunal de première instance dans l'arrondissement duquel est située la justice de paix renverra les parties devant le juge de paix du canton le plus voisin.

2. Ce jugement de renvoi sera rendu à la demande de la partie la plus diligente, sur simple requête, et d'après les conclusions du commissaire du gouvernement (le procureur du Roi), parties présentes ou dûment appelées.

3. La distance d'une justice de paix à l'autre est réglée d'après celle de leurs chefs-lieux entre eux.

II. JURIDICTION CIVILE.

ART. 1er, DISPOSITIONS GÉNÉRALES.
De la justice de paix.

C. Proc. (*liv.* 1, *art.* 1-47).

Tit. 1, *des citations. V.* CITATION.

Tit. 2, des audiences du juge de paix, et de la comparution des parties.

8. Les juges de paix indiqueront au moins deux audiences par semaine : ils pourront juger tous les jours, même ceux de dimanches et fêtes, le matin et l'après-midi. — Ils pourront donner audience chez eux, en tenant les portes ouvertes.

9. Au jour fixé par la citation, ou convenu entre les parties, elles comparaîtront en personne ou par leurs fondés de pouvoir, sans qu'elles puissent faire signifier aucune défense.

10. Les parties seront tenues de s'expliquer avec modération devant le juge, et de garder en tout le respect qui est dû à la justice : si elles y manquent, le juge les y rappellera d'abord par un avertissement ; en cas de récidive, elles pourront être condamnées à une amende qui n'excédera pas la somme de dix francs, avec affiches du jugement, dont le nombre n'excédera pas celui des communes du canton.

11. Dans le cas d'insulte ou irrévérence grave envers le juge, il en dressera procès-verbal, et pourra condamner à un emprisonnement de trois jours au plus.

12. Les jugemens, dans les cas prévus par les précédens articles, seront exécutoires par provision.

13. Les parties ou leurs fondés de pouvoir seront entendus contradictoirement. La cause sera jugée sur le champ, ou à la première audience ; le juge, s'il le croit nécessaire, se fera remettre les pièces.

14. Lorsqu'une des parties déclarera vouloir s'inscrire en faux, déniera l'écriture, ou déclarera ne pas la reconnaître, le juge lui en donnera acte : il paraphera la pièce et renverra la cause devant les juges qui doivent en connaître.

15. Dans le cas où un interlocutoire aurait été ordonné, la cause sera jugée définitivement, au plus tard dans le délai de quatre mois du jour du jugement interlocutoire : après ce délai, l'instance sera périmée de droit ; le jugement qui serait rendu sur le fond, sera sujet à l'appel, même dans les matières dont le juge de paix connaît en dernier ressort, et sera annulé, sur la réquisition de la partie intéressée. — Si l'instance est périmée par la faute du juge, il sera passible des dommages et intérêts.

16. L'appel des jugemens de la justice de paix ne sera pas recevable après les trois mois, à dater du jour de la signification faite par l'huissier de la justice de paix, ou tel autre, commis par le juge.

17. Les jugemens des justices de paix, jusqu'à concurrence de trois cents francs, seront exécutoires par provision, nonobstant l'appel, et sans qu'il soit besoin de fournir caution : les juges de paix pourront, dans les autres cas, ordonner l'exécution provisoire de leurs jugemens, mais à la charge de donner caution.

18. Les minutes de tout jugement seront portées par le greffier sur la feuille d'audience, et signées par le juge qui aura tenu l'audience et par le greffier.

Tit. 3, des jugemens par défaut, et des oppositions à ces jugemens. V. DÉFAUT.

Tit. 4, des jugemens sur les actions possessoires. V. POSSESSOIRE.

Tit. 5, des jugemens qui ne sont pas définitifs, et de leur exécution.

28. Les jugemens qui ne seront pas définitifs, ne seront point expédiés quand ils auront été rendus contradictoirement et en présence des parties. Dans le cas où le jugement ordonnerait une opération à laquelle les parties devraient assister, il indiquera le lieu, le jour et l'heure ; et la prononciation vaudra citation.

29. Si le jugement ordonne une opération par des gens de l'art, le juge délivrera à la partie requérante cédule de citation pour appeler les experts ; elle fera mention du lieu, du jour, de l'heure, et contiendra le fait, les motifs et la disposition du jugement relative à l'opération ordonnée. — Si le jugement ordonne une enquête, la cédule de citation fera mention de la date du jugement, du lieu, du jour et de l'heure.

30. Toutes les fois que le juge de paix se transportera sur le lieu contentieux, soit pour en faire la visite, soit pour entendre les témoins, il sera accompagné du greffier, qui apportera la minute du jugement préparatoire.

31. Il n'y aura lieu à l'appel des jugemens préparatoires qu'après le jugement définitif et conjointement avec l'appel de ce jugement ; mais l'exécution des jugemens préparatoires ne portera aucun préjudice aux droits des parties sur l'appel, sans qu'elles soient obligées de faire à cet égard aucune protestation ni réserve.—L'appel des jugemens interlocutoires est permis avant que le jugement définitif ait été rendu. — Dans ce cas, il sera donné expédition du jugement interlocutoire.

Tit. 6, de la mise en cause des garans. V. GARANTIE III, 1°, p. 596.

Tit. 7, des enquêtes. V. SOMMAIRE (enquête).

Tit. 8, des visites des lieux, et des appréciations.

41. Lorsqu'il s'agira, soit de constater l'état des lieux, soit d'apprécier la valeur des indemni-

lés et dédommagemens demandés, le juge de paix ordonnera que le lieu contentieux sera visité par lui, en présence des parties.

42. Si l'objet de la visite ou de l'appréciation exige des connaissances qui soient étrangères au juge, il ordonnera que les gens de l'art, qu'il nommera par le même jugement, feront la visite avec lui, et donneront leur avis : il pourra juger sur le lieu même, sans désemparer. Dans les causes sujettes à l'appel, procès-verbal de la visite sera dressé par le greffier, qui constatera le serment prêté par les experts. Le procès-verbal sera signé par le juge, par le greffier et par les experts, et si les experts ne savent ou ne peuvent signer, il en sera fait mention.

43. Dans les causes non sujettes à l'appel, il ne sera point dressé de procès-verbal ; mais le jugement énoncera les noms des experts, la prestation de leur serment, et le résultat de leur avis.

Tit. 9, *de la récusation des juges de paix.*

V. RÉCUSATION.

Dispositions du tarif civil.

7. (Pr. 29.) Il n'est rien alloué au juge de paix, 1° pour toute cédule qu'il pourra délivrer, — (14) 2° pour le paraphe des pièces en cas de dénégation d'écriture, et de déclaration qu'on entend s'inscrire en faux incident.

8. Il est alloué au juge de paix pour transport, soit à l'effet de visiter des lieux contentieux, soit à l'effet d'entendre des témoins, lorsque le transport aura été expressément requis par l'une des parties, et que le juge l'aura trouvé nécessaire, par chaque vacation, — à Paris, 5 fr. — Dans les villes où il y a un tribunal de 1re instance, 3 fr. 75 c. — Dans les autres villes et cantons ruraux, 2 f. 50 c. — *Nota.* Le procès-verbal du juge doit faire mention de la réquisition de la partie, et il n'est rien alloué à défaut de cette mention.

9. (Pr. 8.) Il sera taxé aux greffiers des justices de paix, par chaque rôle d'expédition qu'ils délivreront, et qui contiendra vingt lignes à la page et dix syllabes à la ligne, — à Paris, 50 c. — Dans les villes où il y a tribunal de première instance, 40 c. — Dans les autres villes et cantons ruraux, 40 c.

12. (Pr. 50.) Pour transport sur les lieux contentieux, quand il sera ordonné, il sera alloué au greffier les deux tiers de la taxe du juge de paix.

21. (Pr. 16.) Original de signification de jugement, 1 fr. 25 c. ; — (17.) de sommation de fournir caution ou d'être présent à la réception et soumission de la caution ordonnée, — *idem.* — Chaque copie, le quart.

24. (Pr. 29, 54.) Il sera taxé au témoin entendu par le juge de paix une somme équivalente à une journée de travail, même à une double journée si le témoin a été obligé de se faire remplacer dans sa profession, ce qui est laissé à la prudence du juge. Il sera taxé au témoin qui n'a pas de profession, 2 f. — Il ne sera point passé de frais de voyage, si le témoin est domicilié dans le canton où il est entendu. S'il est domicilié hors du canton et à une distance de plus de deux myriamètres et demi du lieu où il fera sa déposition, il lui sera alloué autant de fois une somme double de journée de travail, ou une somme de 4 francs, qu'il y aura de fois cinq myriamètres de distance entre son domicile et le lieu où il aura déposé. *V.* VOYAGE (*frais de*).

25. (Pr. 29, 42.) La taxe des experts en justice de paix sera la même que celle des témoins, et il ne leur sera alloué de frais de voyage que dans les mêmes cas.

27. (Pr. 16.) Pour l'original d'un exploit d'appel du jugement de la justice de paix, — à Paris, 2 fr. — Partout ailleurs, 1 fr. 50 c.

ART. 2, DISPOSITIONS ADDITIONNELLES.

1° *De la conciliation.*

C. Proc. 48. Aucune demande principale introductive d'instance entre parties capables de transiger, et sur des objets qui peuvent être la matière d'une transaction, ne sera reçue dans les tribunaux de première instance, que le défendeur n'ait été préalablement appelé en conciliation devant le juge de paix, ou que les parties n'y aient volontairement comparu. *V.* CONCILIATION.

2° *Des règlemens de juges.*

C. Proc. 363. Si un différend est porté à deux ou à plusieurs tribunaux de paix ressortissant du même tribunal, le règlement de juges sera porté à ce tribunal. — Si les tribunaux de paix relèvent de tribunaux différens, le règlement de juges sera porté à la cour d'appel. — Si ces tribunaux ne ressortissent pas de la même cour d'appel, le règlement sera porté à la cour de cassation.

III. JURIDICTION CRIMINELLE.

C. Inst. cr. 48. Les juges de paix, les officiers de gendarmerie, les commissaires généraux de police, recevront les dénonciations de crimes ou délits commis dans les lieux où ils exercent leurs fonctions habituelles.

158. La connaissance des contraventions de police est attribuée au juge de paix et au maire, suivant les règles et les distinctions qui seront établies. *V.* POLICE (*tribunaux de*).

IV. DISPOSITIONS DIVERSES.

ACTES DE NOTORIÉTÉ. *C. Civ.* 70. L'officier de l'état civil se fera remettre l'acte de naissance de chacun des futurs époux. Celui des époux qui serait dans l'impossibilité de se le procurer pourra le suppléer, en rapportant un acte de notoriété délivré par le juge de paix du lieu de sa naissance, ou par celui de son domicile *V.* NOTORIÉTÉ (*acte de*).

ADOPTION. *C. Civ.* 353. La personne qui se proposera d'adopter, et celle qui voudra être adoptée, se présenteront devant le juge de paix du domicile de l'adoptant, pour y passer acte de leurs consentemens respectifs. *V.* ADOPTION.

CONSEIL DE FAMILLE. *C. Civ.* 406. (Le conseil de

famille) sera convoqué soit sur la réquisition et à la diligence des parens du mineur, de ses créanciers ou d'autres parties intéressées, soit même d'office et à la poursuite du juge de paix du domicile du mineur. Toute personne pourra dénoncer à ce juge de paix le fait qui donnera lieu à la nomination d'un tuteur. *V.* Famille (*conseil de*).

Contrainte par corps. *C. Proc.* 781. Le débiteur ne pourra être arrêté, — 1°..... 3° dans une maison quelconque, même dans son domicile, à moins qu'il n'eût été ainsi ordonné par le juge de paix du lieu, lequel juge de paix devra, dans ce cas, se transporter dans la maison avec l'officier ministériel.

Saisie-exécution. *C. Proc.* 587. Si les portes sont fermées (lors de la saisie-exécution), ou si l'ouverture en est refusée, l'huissier pourra établir gardien aux portes pour empêcher divertissement ; il se retirera sur le champ, sans assignation, devant le juge de paix, en présence duquel l'ouverture des portes, même celles des meubles fermans, sera faite, au fur et à mesure de la saisie. L'officier qui se transportera , ne dressera point de procès-verbal ; mais il signera celui de l'huissier, lequel ne pourra dresser du tout qu'un seul et même procès-verbal.

Scellés. *C. Proc.* 907. Lorsqu'il y aura lieu à l'apposition des scellés après décès, elle sera faite par les juges de paix, et à leur défaut, par leurs suppléans.

908. Les juges de paix et leurs suppléans se serviront d'un sceau particulier, qui restera entre leurs mains, et dont l'empreinte sera déposée au greffe du tribunal de première instance. *V.* Scellés.

PAPIERS DOMESTIQUES. *V.* Domestiques (*papiers*).

PARAPHERNAUX (biens).

Dispositions générales.

C. Civ. 1574. Tous les biens de la femme (mariée sous le régime dotal) qui n'ont pas été constitués en dot, sont paraphernaux.

1575. Si tous les biens de la femme sont paraphernaux, et s'il n'y a pas de convention dans le contrat pour lui faire supporter une portion des charges du mariage, la femme y contribue jusqu'à concurrence du tiers de ses revenus.

1576. La femme a l'administration et la jouissance de ses biens paraphernaux. — Mais elle ne peut les aliéner ni paraître en jugement à raison desdits biens, sans l'autorisation du mari, ou , à son refus, sans la permission de la justice.

1577. Si la femme donne sa procuration au mari pour administrer ses biens paraphernaux, avec charge de lui rendre compte des fruits, il sera tenu vis-à-vis d'elle comme tout mandataire.

1578. Si le mari a joui des biens paraphernaux de sa femme sans mandat, et néanmoins sans opposition de sa part, il n'est tenu, à la dissolution du mariage, ou à la première demande de la femme, qu'à la représentation des fruits existans, et il n'est point comptable de ceux qui ont été consommés jusqu'alors.

1579. Si le mari a joui des biens paraphernaux malgré l'opposition constatée de la femme, il est comptable envers elle de toutes les fruits tant existans que consommés.

1580. Le mari qui jouit des biens paraphernaux est tenu de toutes les obligations de l'usufruitier.

PARCOURS.

C. Civ. 648. Le propriétaire qui veut se clore, perd son droit au parcours et vaine pâture, en proportion du terrain qu'il y soustrait.

PARENTÉ, PARENS.

I. dispositions générales.

1° *Des degrés de parenté.*

C. Civ. 735. La proximité de parenté s'établit par le nombre de générations ; chaque génération s'appelle un *degré*.

736. La suite des degrés forme la ligne ; on appelle *ligne directe* la suite des degrés entre personnes qui descendent l'une de l'autre ; *ligne collatérale*, la suite des degrés entre personnes qui ne descendent pas les unes des autres, mais qui descendent d'un auteur commun. *V.* Degré de parenté.

2° *Des droits de famille.*

C. Civ. 405. Lorsqu'un enfant mineur et non émancipé restera sans père ni mère, ni tuteur élu par ses père ou mère, ni ascendans mâles, comme aussi lorsque le tuteur de l'une des qualités ci-dessus exprimées se trouvera ou dans les cas des exclusions (déterminés par la loi) ou valablement excusé, il sera pourvu, par un conseil de famille, à la nomination d'un tuteur. *V.* Famille (*conseil de*).

3° *Des successions.*

C. Civ. 723. La loi règle l'ordre de succéder entre les héritiers légitimes (les parens).

724. Les héritiers légitimes sont saisis de plein droit des biens, droits et actions du défunt, sous l'obligation d'acquitter toutes les charges de la succession.

755. Les parens au-delà du douzième degré ne succèdent pas. — A défaut de parens au degré

ccessible dans une ligne, les parens de l'autre ligne succèdent pour le tout. *V.* Succession.

II. DISPOSITIONS DIVERSES.

Alimens. *C. Civ.* 203. Les enfans doivent des alimens à leurs père et mère et autres ascendans qui sont dans le besoin.

206. Les gendres et belles-filles doivent également, et dans les mêmes circonstances, des alimens à leurs beau-père et belle-mère ; mais cette obligation cesse, — 1° lorsque la belle-mère a convolé en secondes noces ; — 2° lorsque celui des époux qui produisait l'affinité, et les enfans issus de son union avec l'autre époux, sont décédés. *V.* Alimens.

Huissier. *C. Proc.* 66. L'huissier ne pourra instrumenter pour ses parens et alliés, et ceux de sa femme, en ligne directe à l'infini, ni pour les parens et alliés collatéraux, jusqu'au degré de cousin issu de germain inclusivement ; le tout à peine de nullité.

Interdiction. *C. Civ.* 490. Tout parent est recevable à provoquer l'interdiction de son parent. — Il en est de même de l'un des époux à l'égard de l'autre.

Juge. *L. 20 avril* 1810. — 63. Les parens et alliés, jusqu'au degré d'oncle et de neveu inclusivement, ne pourront être simultanément membres d'un même tribunal ou d'une même cour, soit comme juges, soit comme officiers d'un ministère public, ou même comme greffiers, sans une dispense. — En cas d'alliance survenue depuis la nomination, celui qui l'a contractée ne pourra continuer ses fonctions sans obtenir une dispense. *V.* Récusation.

Mariage. (*Dispositions générales.*) *C. Civ.* 161. En ligne directe, le mariage est prohibé entre tous les ascendans et descendans légitimes ou naturels, et les alliés dans la même ligne.

162. En ligne collatérale, le mariage est prohibé entre le frère et la sœur légitimes ou naturels, et les alliés au même degré.

163. Le mariage est encore prohibé entre l'oncle et la nièce, la tante et le neveu.

164. Néanmoins il est loisible au Roi de lever, pour des causes graves, les prohibitions portées par l'article 162 aux mariages entre beaux-frères et belles-sœurs, et par l'article 163 aux mariages entre l'oncle et la nièce, la tante et le neveu.

Notaire. *L. 25 ventôse an 11.* — 8. Les notaires ne pourront recevoir des actes dans lesquels leurs parens ou alliés, en ligne directe à tous les degrés, et en collatérale jusqu'au degré d'oncle ou de neveu inclusivement, seraient parties, ou qui contiendraient quelque disposition en leur faveur.

PARI. *V.* Jeu et pari.

PARRICIDE.

1° *Dispositions générales.*

C. Pén. 299. Est qualifié parricide le meurtre des pères ou mères légitimes, naturels ou adoptifs, ou de tout autre ascendant légitime.

323. Le parricide n'est jamais excusable.

2° *De la peine.*

C. Pén. 302. Tout coupable d'assassinat, de parricide, d'infanticide et d'empoisonnement, sera puni de mort, sans préjudice de la disposition particulière contenue dans l'article 13, relativement au parricide.

13. Le coupable condamné à mort pour parricide sera conduit sur le lieu de l'exécution, en chemise, nu-pieds, et la tête couverte d'un voile noir. — Il sera exposé sur l'échafaud pendant qu'un huissier fera au peuple lecture de l'arrêt de condamnation, et il sera immédiatement exécuté à mort.

3° *Disposition additionnelle.*

C. Pén. 86. L'attentat contre la vie ou contre la personne du Roi est puni de la peine du parricide.

PARTAGE.

I. DE BIENS INDIVIS.

De la licitation.

C. Civ. (*liv.* 3, *tit.* 6, *ch.* 7, *art.* 1686-1688). — 1686. Si une chose commune à plusieurs ne peut être partagée commodément et sans perte ; — ou si, dans un partage fait de gré à gré de biens communs, il s'en trouve quelques-unes qu'aucun des copartageans ne puisse ou ne veuille prendre, — la vente s'en fait aux enchères, et le prix en est partagé entre les copropriétaires.

1687. Chacun des copropriétaires est le maître de demander que les étrangers soient appelés à la licitation : ils sont nécessairement appelés lorsque l'un des copropriétaires est mineur.

1688. Le mode et les formalités à observer pour la licitation sont expliqués au titre *des successions* et au Code de Procédure. *V. ci-après* IV, *art.* 2.

II. DE COMMUNAUTÉ.

Du partage de la communauté après l'acceptation.

C. Civ. 1467. Après l'acceptation de la communauté par la femme ou ses héritiers, l'actif se partage. *V.* Communauté.

III. DE SOCIÉTÉ.

C. Civ. 1872. Les règles concernant le partage des successions, la forme de ce partage, et les obligations qui en résultent entre les cohéritiers, s'appliquent aux partages entre associés. *V. ci-après.*

IV. DE SUCCESSION.

Art. 1er. DES PARTAGES FAITS PAR LES ASCENDANS. *V.* Abandon de biens.

ART. 2. DES PARTAGES ENTRE COHÉRITIERS.

1° *Dispositions générales.*

C. Civ. 745. Dans tous les cas où la représentation est admise, le partage s'opère par souche : si une même souche a produit plusieurs branches, la subdivision se fait aussi par souche dans chaque branche, et les membres de la même branche partagent entre eux par tête.

De l'action en partage, et de sa forme.

C. Civ. (liv. 3, tit. 1, ch. 6, sect. 1, art. 815-842). — 815. Nul ne peut être contraint à demeurer dans l'indivision ; et le partage peut être toujours provoqué, nonobstant prohibitions et conventions contraires. — On peut cependant convenir de suspendre le partage pendant un temps limité : cette convention ne peut être obligatoire au-delà de cinq ans ; mais elle peut être renouvelée.

816. Le partage peut être demandé, même quand l'un des cohéritiers aurait joui séparément de partie des biens de la succession, s'il n'y a eu un acte de partage, ou possession suffisante pour acquérir la prescription.

817. L'action en partage, à l'égard des cohéritiers mineurs ou interdits, peut être exercée par leurs tuteurs, spécialement autorisés par un conseil de famille. — A l'égard des cohéritiers absens, l'action appartient aux parens envoyés en possession.

818. Le mari peut, sans le concours de sa femme, provoquer le partage des objets meubles ou immeubles à elle échus qui tombent dans la communauté : à l'égard des objets qui ne tombent pas en communauté, le mari ne peut en provoquer le partage sans le concours de sa femme ; il peut seulement, s'il a le droit de jouir de ses biens, demander un partage provisionnel. — Les cohéritiers de la femme ne peuvent provoquer le partage définitif qu'en mettant en cause le mari et la femme.

819. Si tous les héritiers sont présens et majeurs, l'apposition de scellés sur les effets de la succession n'est pas nécessaire, et le partage peut être fait dans la forme et par tel acte que les parties intéressées jugent convenables. — Si tous les héritiers ne sont pas présens, s'il y a parmi eux des mineurs ou des interdits, le scellé doit être apposé dans le plus bref délai, soit à la requête des héritiers, soit à la diligence du procureur du Roi près le tribunal de première instance, soit d'office par le juge de paix dans l'arrondissement duquel la succession est ouverte.

820. Les créanciers peuvent aussi requérir l'apposition des scellés, en vertu d'un titre exécutoire ou d'une permission du juge.

821. Lorsque le scellé a été apposé, tous les créanciers peuvent y former opposition, encore qu'ils n'aient ni titre exécutoire ni permission du juge. — Les formalités pour la levée des scellés et la confection de l'inventaire, sont réglées par les lois sur la procédure. *V.* INVENTAIRE, SCELLÉS.

822. L'action en partage, et les contestations qui s'élèvent dans le cours des opérations, sont soumises au tribunal du lieu de l'ouverture de la succession. — C'est devant ce tribunal qu'il est procédé aux licitations, et que doivent être portées les demandes relatives à la garantie des lots entre copartageans et celles en rescision du partage.

823. Si l'un des cohéritiers refuse de consentir au partage, ou s'il s'élève des contestations soit sur le mode d'y procéder, soit sur la manière de le terminer, le tribunal prononce comme en matière sommaire, ou commet, s'il y a lieu, pour les opérations du partage, un des juges, sur le rapport duquel il décide les contestations.

824. L'estimation des immeubles est faite par experts choisis par les parties intéressées, ou, à leur refus, nommés d'office. — Le procès-verbal des experts doit présenter les bases de l'estimation : il doit indiquer si l'objet estimé peut être commodément partagé ; de quelle manière ; fixer enfin, en cas de division, chacune des parts qu'on peut en former, et leur valeur.

825. L'estimation des meubles, s'il n'y a pas eu de prisée faite dans un inventaire régulier, doit être faite par gens à ce connaissant, à juste prix et sans crue.

826. Chacun des cohéritiers peut demander sa part en nature des meubles et immeubles de la succession : néanmoins, s'il y a des créanciers saisissans ou opposans, ou si la majorité des cohéritiers juge la vente nécessaire pour l'acquit des dettes et charges de la succession, les meubles sont vendus publiquement en la forme ordinaire.

827. Si les immeubles ne peuvent pas se partager commodément, il doit être procédé à la vente par licitation devant le tribunal. — Cependant les parties, si elles sont toutes majeures, peuvent consentir que la licitation soit faite devant un notaire, sur le choix duquel elles s'accordent.

828. Après que les meubles et immeubles ont été estimés et vendus, s'il y a lieu, le juge-commissaire renvoie les parties devant un notaire dont elles conviennent, ou nommé d'office, si les parties ne s'accordent pas sur le choix. — On procède, devant cet officier, aux comptes que les copartageans peuvent se devoir, à la formation de la masse générale, à la composition des lots, et

...x fournissemens à faire à chacun des coparta-geans.

829. Chaque cohéritier fait rapport à la masse, suivant les règles qui seront ci-après établies (*V.* APPORT), des dons qui lui ont été faits, et des sommes dont il est débiteur.

830. Si le rapport n'est pas fait en nature, les cohéritiers à qui il est dû, prélèvent une portion égale sur la masse de la succession. — Les prélè-vemens se font, autant que possible, en objets de mêmes nature, qualité et bonté que les objets non apportés en nature.

831. Après ces prélèvemens, il est procédé, sur ce qui reste dans la masse, à la composition d'autant de lots égaux qu'il y a d'héritiers co-partageans, ou de souches copartageantes.

832. Dans la formation et composition des lots, on doit éviter, autant que possible, de mor-celer les héritages et de diviser les exploitations; et il convient de faire entrer dans chaque lot, s'il se peut, la même quantité de meubles, d'immeu-bles, de droits ou de créances de même nature et valeur.

833. L'inégalité des lots en nature se com-pense par un retour, soit en rente, soit en ar-gent.

834. Les lots sont faits par l'un des cohéritiers, s'ils peuvent convenir entre eux sur le choix, et si celui qu'ils avaient choisi accepte la commis-sion : dans le cas contraire, les lots sont faits par un expert que le juge-commissaire désigne.— Ils sont ensuite tirés au sort.

835. Avant de procéder au tirage des lots, cha-que copartageant est admis à proposer ses récla-mations contre leur formation.

836. Les règles établies pour la division des masses à partager, sont également observées dans la subdivision à faire entre les souches coparta-geantes.

837. Si, dans les opérations renvoyées devant un notaire, il s'élève des contestations, le notaire dressera procès-verbal des difficultés et des dires respectifs des parties, les renverra devant le com-missaire nommé pour le partage; et, au surplus, il sera procédé suivant les formes prescrites par les lois sur la procédure (*ci-après*).

838. Si tous les cohéritiers ne sont pas présens, ou s'il y a parmi eux des interdits, ou des mi-neurs, même émancipés, le partage doit être fait en justice, conformément aux règles prescrites par les articles 819 et suivans, jusques et compris l'article précédent. S'il y a plusieurs mineurs qui aient des intérêts opposés dans le partage, il doit leur être donné à chacun un tuteur spécial et particulier.

839. S'il y a lieu à licitation, dans le cas du précédent article, elle ne peut être faite qu'en justice avec les formalités prescrites pour l'aliéna-tion des biens des mineurs. Les étrangers y sont toujours admis. (*V. ci-après* 5°.)

840. Les partages faits conformément aux rè-gles ci-dessus prescrites, soit par les tuteurs, avec l'autorisation d'un conseil de famille, soit par les mineurs émancipés, assistés de leurs curateurs, soit au nom des absens ou non présens, sont dé-finitifs : ils ne sont que provisionnels, si les règles prescrites n'ont pas été observées.

841. Toute personne, même parente du défunt, qui n'est pas son successible, et à laquelle un co-héritier aurait cédé son droit à la succession, peut être écartée du partage, soit par tous les cohéritiers, soit par un seul, en lui remboursant le prix de la cession.

842. Après le partage, remise doit être faite à chacun des copartageans des titres particuliers aux objets qui leur seront échus. — Les titres d'une propriété divisée restent à celui qui a la plus grande part, à la charge d'en aider ceux de ses copartageans qui y auront intérêt, quand il en sera requis. — Les titres communs à toute l'hérédité sont remis à celui que tous les héritiers ont choisi pour en être le dépositaire, à la charge d'en aider les copartageans, à toute réquisition. S'il y a difficulté sur ce choix, il est réglé par le juge.

2° *Procédure.*
Des partages et licitations.

C. Proc. (2e part., *liv.* 2, *tit.* 7, *art.* 966-985). — 966. Dans les cas des articles 823 et 838 du Code Civil (*ci-dessus*), lorsque le partage doit être fait en justice, la partie la plus diligente se pourvoira.

967. Entre deux demandeurs, la poursuite ap-partiendra à celui qui aura fait viser le premier l'original de son exploit par le greffier du tribu-nal : ce visa sera daté du jour et de l'heure.

968. Le tuteur spécial et particulier qui doit être donné à chaque mineur ayant des intérêts op-posés, sera nommé suivant les règles contenues au titre *des avis de parens. V.* FAMILLE (*conseil de*).

969. Le même jugement qui prononcera sur la demande en partage, commettra, s'il y a lieu, un juge, conformément à l'article 823 du Code Ci-vil (*ci-dessus*), et ordonnera que les immeubles, s'il y en a, seront estimés par experts, de la ma-nière prescrite en l'article 824 du même Code (*ci-dessus*).

970. En prononçant sur cette demande, le tri-bunal ordonnera par le même jugement le par-tage s'il peut avoir lieu, ou la vente par licitation, qui sera faite soit devant un membre du tribu-nal, soit devant un notaire.

971. Il sera procédé aux nominations, prestations de serment et rapports d'experts, suivant les formalités prescrites au titre *des rapports d'experts* (*V*. EXPERTS.) : néanmoins, lorsque toutes les parties seront majeures, il pourra n'être nommé qu'un expert, si elles y consentent.

972. Le poursuivant demandera l'entérinement du rapport, par requête de simples conclusions d'avoué à avoué. On se conformera pour la vente aux formalités prescrites dans le titre *de la vente des biens immeubles* (*V*. IMMOBILIÈRES [*ventes*].), en ajoutant dans le cahier des charges, — les noms, demeure et profession du poursuivant, les noms et demeure de son avoué ; — les noms, demeures et professions des colicitans. — Copie du cahier des charges sera signifiée aux avoués des colicitans par un simple acte, dans la huitaine du dépôt au greffe ou chez le notaire

973. S'il s'élève des difficultés sur le cahier des charges, elles seront vidées à l'audience, sans aucune requête, et sur un simple acte d'avoué à avoué.

974. Lorsque la situation des immeubles aura exigé plusieurs expertises distinctes, et que chaque immeuble aura été déclaré impartageable, il n'y aura cependant pas lieu à licitation, s'il résulte du rapprochement des rapports que la totalité des immeubles peut se partager commodément.

975. Si la demande en partage n'a pour objet que la division d'un ou de plusieurs immeubles sur lesquels les droits des intéressés soient déjà liquidés, les experts, en procédant à l'estimation, composeront les lots ainsi qu'il est prescrit par l'article 466 du Code Civil (*V*. *ci-après* 5°); et après que leur rapport aura été entériné, les lots seront tirés au sort, soit devant le juge-commissaire, soit devant un notaire commis par le tribunal.

976. Dans les autres cas, le poursuivant fera sommer les copartageans de comparaître, au jour indiqué, devant le juge-commissaire, qui renverra les parties devant un notaire dont elles conviendront, si elles peuvent et veulent en convenir, ou qui, à défaut, sera nommé d'office par le tribunal, à l'effet de procéder aux comptes, rapports, formation de masses, prélèvemens, composition de lots et fournissemens, ainsi qu'il est ordonné par le Code Civil, article 828 (*ci-dessus*). — Il en sera de même après qu'il aura été procédé à la licitation, si le prix de l'adjudication doit être confondu avec d'autres objets dans une masse commune de partage pour former la balance entre les divers lots.

977. Le notaire commis procédera seul et sans l'assistance d'un second notaire ou de témoins : si les parties se font assister auprès de lui d'un conseil, les honoraires de ce conseil n'entreront point dans les frais de partage, et seront à leur charge. — Au cas de l'article 837 du Code Civil (*ci-dessus*), le notaire rédigera en un procès-verbal séparé les difficultés et dires des parties : ce procès-verbal sera, par lui, remis au greffe, et y sera retenu.— Si le juge-commissaire renvoie les parties à l'audience, l'indication du jour où elles devront comparaître leur tiendra lieu d'ajournement. — Il ne sera fait aucune sommation pour comparaître soit devant le juge, soit à l'audience.

978. Lorsque la masse du partage, les rapports et prélèvemens à faire par chacune des parties intéressées, auront été établis par le notaire, suivant les articles 829, 830 et 831 du Code Civil (*ci-dessus*), les lots seront faits par l'un des cohéritiers, s'ils sont tous majeurs, s'ils s'accordent sur le choix, et si celui qu'ils auront choisi accepte la commission : dans le cas contraire, le notaire, sans qu'il soit besoin d'aucune autre procédure, renverra les parties devant le juge-commissaire, et celui-ci nommera un expert.

979. Le cohéritier choisi par les parties, ou l'expert nommé pour la formation des lots, en établira la composition par un rapport qui sera reçu et rédigé par le notaire à la suite des opérations précédentes.

980. Lorsque les lots auront été fixés, et que les contestations sur leur formation, s'il y en a eu, auront été jugées, le poursuivant fera sommer les copartageans à l'effet de se trouver, à jour indiqué, en l'étude du notaire, pour assister à la clôture de son procès-verbal, en entendre lecture, et le signer avec lui, s'ils le peuvent et le veulent.

981. Le notaire remettra l'expédition du procès-verbal de partage à la partie la plus diligente pour en poursuivre l'homologation par le tribunal : sur le rapport du juge-commissaire, le tribunal homologuera le partage, s'il y a lieu, les parties présentes, ou appelées, si toutes n'ont pas comparu à la clôture du procès-verbal, et sur les conclusions du procureur du Roi, dans le cas où la qualité des parties requerra son ministère.

982. Le jugement d'homologation ordonnera le tirage des lots, soit devant le juge-commissaire, soit devant le notaire, lequel en fera la délivrance aussitôt après le tirage.

983. Soit le greffier, soit le notaire, seront tenus de délivrer tels extraits, en tout ou en partie, du procès-verbal de partage que les parties intéressées requerront.

984. Les formalités ci-dessus seront suivies dans les licitations et partages tendant à faire cesser l'indivision, lorsque des mineurs ou autres personnes non jouissant de leurs droits civils y uront intérêt.

985. Au surplus, lorsque tous les copropriétaires ou cohéritiers seront majeurs, jouissant de eurs droits civils, présens ou dûment représentés, ils pourront s'abstenir des voies judiciaires, ou les abandonner en tout état de cause, et s'accorder pour procéder de telle manière qu'ils aviseront.

Dispositions du tarif civil.

29. (Pr. 976.) Original de sommation aux copartageans de comparaître devant le juge-commissaire; — (980.) de sommation aux parties pour assister à la clôture du procès-verbal de partage chez le notaire, — Paris, 2 fr. — Partout ailleurs, 1 fr. 50 c. — Chaque copie, le quart.

70. (Pr. 972.) Original de l'acte de signification du cahier des charges en licitation aux avoués des solicitans. — (*Titre des partages*.) De l'acte de sommation aux avoués des copartageans de se trouver, soit devant le juge-commissaire, soit devant le notaire, pour procéder aux opérations du partage, — Paris, 1 fr. — Ressort, 75. c. (*V.* TARIF.) — Chaque copie, le quart.

75. (Pr. 972.) Grosse de la requête de conclusions motivées, contenant demande en entérinement du rapport des experts, en partage et licitation; — et réponse, — pour chaque rôle, — Paris, 2 fr. — Ressort, 1 fr. 50 c. — Chaque copie, le quart. — Il ne sera passé aucun frais d'impression.

76. (Pr. 976.) Requête au juge-commissaire en partage et licitation, à l'effet d'obtenir son ordonnance pour citer les autres parties à comparaître par-devant lui. — Elle ne sera point grossoyée, — Paris, 2 fr. — Ressort, 1 fr. 50 c. — La vacation pour demander l'ordonnance et se la faire délivrer est comprise.

90. (Pr. 967) Vacation pour faire viser par le greffier la demande en partage et licitation, — Paris, 1 fr. 50 c. — Ressort, 1 fr. 15 c.

92. (Pr. 976, 977, 982.) Vacation au partage, soit devant le juge-commissaire, soit devant le notaire commis par lui, par trois heures. — (977.) Les vacations devant le notaire n'entreront point en frais de partage, elles ne pourront être répétées que contre la partie qui aura requis l'assistance de l'avoué, — Paris, 6 fr. — Ressort, 4 fr. 50 c.

128. Les émolumens des avoués pour dresser le cahier des charges, en faire le dépôt au greffe, et pour les publications, les extraits à placarder et à insérer dans les journaux, les adjudications préparatoires et définitives, seront réglés et taxés comme en saisie-immobilière, lorsqu'ils s'agira: — 1º... — (Pr. 972.) 4º de vente sur licitation, — (988.) 5º et de vente d'immeubles dépendans d'une succession bénéficiaire ou vacante, ou provenant d'un débiteur failli ou qui a fait cession *V.* IMMOBILIÈRE (*saisie*).

129. La remise proportionnelle sur le prix de l'adjudication sera divisée en licitation, ainsi qu'il suit: moitié appartiendra à l'avoué poursuivant; la seconde moitié sera partagée par égales portions entre tous

les avoués qui ont occupé dans la licitation, y compris l'avoué poursuivant, qui aura sa part comme les autres dans cette seconde moitié. L'article 972 prescrivant en licitation la signification du cahier des charges par un simple acte aux avoués des colicitans, cet acte sera taxé comme un acte simple; et la copie du cahier des charges comme celle de requête d'avoué à avoué. Dans tous les cahiers des charges, il est expressément défendu d'y stipuler d'autres et plus grands droits au profit des avoués, que ceux énoncés au présent tarif; et s'il y est inséré quelque clause pour les exhausser, elle sera réputée non écrite.

168. Il sera taxé aux notaires, pour chaque vacation de trois heures : — 1º... — (Pr. 977, 978, etc.) 8º à tous les procès-verbaux qu'ils dresseront et dans lesquels ils seront tenus de constater le temps qu'ils auront employé; — (977.) 9º au greffe, pour y déposer la minute du procès-verbal des difficultés élevées dans les partages, contenant les dires des parties, — Paris, 9 fr. — Dans les villes où il y a tribunal de 1re instance, 6 fr. — Partout ailleurs, 4 fr. *V.* NOTAIRES.

3º *Des cohéritiers mineurs ou interdits.*

C. Civ. 465. L'autorisation (du conseil de famille) sera nécessaire au tuteur pour provoquer un partage (au nom du mineur); mais il pourra, sans cette autorisation, répondre à une demande en partage dirigée contre le mineur.

466. Pour obtenir à l'égard du mineur tout l'effet qu'il aurait entre majeurs, le partage devra être fait en justice, et précédé d'une estimation faite par experts nommés par le tribunal de première instance du lieu de l'ouverture de la succession. — Les experts, après avoir prêté, devant le président du même tribunal ou autre juge par lui délégué, le serment de bien et fidèlement remplir leur mission, procéderont à la division des héritages et à la formation des lots, qui seront tirés au sort, et en présence soit d'un membre du tribunal, soit d'un notaire par lui commis, lequel fera la délivrance des lots.— Tout autre partage ne sera considéré que comme provisionnel.

1314. Lorsque les formalités requises à l'égard des mineurs, dans un partage de succession, ont été remplies, ils sont, relativement à ces actes, considérés comme s'ils les avaient faits en majorité.

509. L'interdit est assimilé au mineur, pour sa personne et pour ses biens; les lois sur la tutelle des mineurs s'appliqueront à la tutelle des interdits.

4º *Dispositions diverses.*

AJOURNEMENT. *C. Proc.* 50. Le défendeur sera cité en conciliation,— 1º... 5º en matière de succession, sur les demandes entre héritiers, jusqu'au partage inclusivement; sur les demandes qui seraient intentées par les créanciers du défunt avant le partage — devant le juge de paix du lieu où la succession est ouverte.

59. En matière de succession (le défendeur sera assigné), — 1° sur les demandes entre héritiers, jusqu'au partage inclusivement ; — 2° sur les demandes qui seraient intentées par des créanciers du défunt avant le partage — devant le tribunal du lieu où la succession est ouverte.

CRÉANCIERS. *C. Civ.* 882. Les créanciers d'un copartageant, pour éviter que le partage ne soit fait en fraude de leurs droits, peuvent s'opposer à ce qu'il y soit procédé hors de leur présence ; ils ont le droit d'y intervenir à leurs frais ; mais ils ne peuvent attaquer un partage consommé, à moins toutefois qu'il n'y ait été procédé sans eux et au préjudice d'une opposition qu'ils auraient formée.

EXPROPRIATION. *C. Civ.* 2205. La part indivise d'un cohéritier dans les immeubles d'une succession ne peut être mise en vente par ses créanciers personnels, avant le partage ou la licitation qu'ils peuvent provoquer s'ils le jugent convenable, ou dans lesquels ils ont le droit d'intervenir, conformément à l'article 882, au titre *des successions* (*ci-dessus*).

PRIVILÈGE. *C. Civ.* 2103. Les créanciers privilégiés sur les immeubles sont, — 1°.... 3° les cohéritiers, sur les immeubles de la succession, pour la garantie des partages faits entre eux et des soultes ou retour de lots.

RACHAT. *C. Civ.* 1672. Si l'acquéreur a laissé plusieurs héritiers, l'action en réméré ne peut être exercée contre chacun d'eux que pour sa part, dans le cas où elle est encore indivise, et dans celui où la chose vendue a été partagée entre eux. — Mais s'il y a eu partage de l'hérédité, et que la chose vendue soit échue au lot de l'un des héritiers, l'action en réméré peut être intentée contre lui pour le tout.

PARTAGE (DE JUGES).

1° *Juges arbitres.*

C. Proc. 1012. Le compromis finit, — 1°.... 5° par le partage, si les arbitres n'ont pas le pouvoir de prendre un tiers-arbitre.

1017. En cas de partage, les arbitres autorisés à nommer un tiers seront tenus de le faire par la décision qui prononce le partage ; s'ils ne peuvent en convenir, ils le déclareront sur le procès-verbal, et le tiers sera nommé par le président du tribunal qui doit ordonner l'exécution de la décision arbitrale. — Il sera, à cet effet, présenté requête par la partie la plus diligente. — Dans les deux cas, les arbitres divisés seront tenus de rédiger leur avis distinct et motivé, soit dans le même procès-verbal, soit dans des procès-verbaux séparés. *V.* TIERS-ARBITRE.

2° *Juges de première instance.*

C. Proc. 118. En cas de partage (dans un tribunal de première instance), on appellera pour le vider un juge ; à défaut du juge, un suppléant ; à son défaut, un avocat attaché au barreau ; à son défaut, un avoué, tous appelés selon l'ordre du tableau ; l'affaire sera de nouveau plaidée.

3° *Juges d'appel.*

C. Proc. 468. En cas de partage dans une cour royale, on appellera, pour le vider, un au moins ou plusieurs des juges qui n'auront pas connu de l'affaire, et toujours en nombre impair, en suivant l'ordre du tableau ; l'affaire sera de nouveau plaidée, ou de nouveau rapportée, s'il s'agit d'une instruction par écrit. — Dans le cas où tous les juges auraient connu de l'affaire, il sera appelé, pour le jugement, trois anciens jurisconsultes.

PARTICIPATION (SOCIÉTÉ EN).

C. Com. 47. La loi reconnaît les *associations commerciales en participation.*

48. Ces associations sont relatives à une ou plusieurs *opérations de commerce ;* elles ont lieu pour les objets, dans les formes, avec les proportions d'intérêt et aux conditions convenues entre les participans.

49. Les associations en participation peuvent être constatées par la représentation des livres, de la correspondance, ou par la preuve testimoniale, si le tribunal juge qu'elle peut être admise.

50. Les associations commerciales en participation ne sont pas sujettes aux formalités prescrites pour les autres sociétés. *V.* SOCIÉTÉ.

PARTIE. *V.* COMPARUTION DE PARTIE, DÉPENS.

PARTIE CIVILE.

1° *Dispositions générales.*

C. Inst. cr. 1. L'action en réparation du dommage causé par un crime, par un délit ou par une contravention, peut être exercée par tous ceux qui ont souffert de ce dommage, *V.* ACTION.

63. Toute personne qui se prétendra lésée par un crime ou délit, pourra en rendre plainte et se constituer partie civile devant le juge d'instruction, soit du lieu du crime ou délit, soit du lieu de la résidence du prévenu, soit du lieu où il pourra être trouvé.

66. Les plaignans ne seront réputés partie civile s'ils ne le déclarent formellement, soit par la plainte, soit par acte subséquent, ou s'ils ne prennent, par l'un ou par l'autre, des conclusions en dommages-intérêts ; ils pourront se départir dans les vingt-quatre heures ; dans le cas du désistement, ils ne sont pas tenus des frais depuis

qu'il aura été signifié, sans préjudice néanmoins des dommages-intérêts des prévenus, s'il y a lieu.

67. Les plaignans pourront se porter partie civile en tout état de cause jusqu'à la clôture des débats; mais en aucun cas leur désistement après le jugement ne peut être valable, quoiqu'il ait été donné dans les vingt-quatre heures de leur déclaration qu'ils se portent partie civile.

68. Toute partie civile qui ne demeurera pas dans l'arrondissement communal où se fait l'instruction sera tenue d'y élire domicile par acte passé au greffe du tribunal.—A défaut d'élection de domicile par la partie civile, elle ne pourra opposer le défaut de signification contre les actes qui auraient dû lui être signifiés aux termes de la loi.

155. Lorsque la mise en liberté des prévenus sera ordonnée (par la chambre du conseil), le procureur du Roi ou la partie civile pourra s'opposer à leur élargissement. L'opposition devra être formée dans un délai de vingt-quatre heures, qui courra, contre le procureur du Roi, à compter du jour de l'ordonnance de mise en liberté, et contre la partie civile, à compter du jour de la signification à elle faite de ladite ordonnance au domicile par elle élu dans le lieu où siège le tribunal.

156. La partie civile qui succombera dans son opposition sera condamnée aux dommages-intérêts envers le prévenu.

2º *Des tribunaux de police.*

C. Inst. cr. 145. Les citations pour contravention de police seront faites à la requête du ministère public, ou de la partie qui réclame.

148. Avant le jour de l'audience, le juge de paix pourra, sur la réquisition du ministère public ou de la partie civile, estimer ou faire estimer les dommages, dresser ou faire dresser des procès-verbaux, faire ou ordonner tous actes requérant célérité.

153. L'instruction de chaque affaire sera publique, à peine de nullité.—Les témoins, s'il en a été appelé par le ministère public ou la partie civile, seront entendus s'il y a lieu, la partie civile prendra ses conclusions.—La personne citée proposera sa défense. *V.* POLICE (*tribunaux de*).

162. La partie qui succombera sera condamnée aux frais, même envers la partie publique.

165. Le ministère public et la partie civile poursuivront l'exécution du jugement, chacun en ce qui le concerne.

172. Les jugemens rendus en matière de police pourront être attaqués par la voie de l'appel, lorsqu'ils prononceront un emprisonnement, ou lorsque les amendes, restitutions et autres réparations civiles excèderont la somme de cinq francs, outre les dépens.

3º *Des tribunaux de police correctionnelle.*

C. Inst. cr. 182. Le tribunal sera saisi, en matière correctionnelle, de la connaissance des délits de sa compétence, soit par le renvoi qui lui en sera fait, soit par la citation donnée directement au prévenu et aux personnes civilement responsables du délit par la partie civile, et, dans tous les cas, par le procureur du Roi.

183. La partie civile fera, par l'acte de citation, élection de domicile dans la ville où siège le tribunal; la citation énoncera les faits et tiendra lieu de plainte.

190. L'instruction sera publique, à peine de nullité. — Le procureur du Roi, la partie civile ou son défenseur exposeront l'affaire.

194. Tout jugement de condamnation rendu contre la partie civile, la condamnera aux frais, même envers la partie publique.

197. Le jugement sera exécuté à la requête du procureur du Roi et de la partie civile, chacun en ce qui le concerne.

202. La faculté d'appeler appartiendra,—1º.... 2º à la partie civile, quant à ses intérêts civils seulement.

216. La partie civile, le prévenu, la partie publique, les personnes civilement responsables du délit, pourront se pourvoir en cassation contre le jugement

4º *Des cours d'assises.*

C. Inst. cr. 217. Le procureur général près la cour royale sera tenu de mettre l'affaire en état dans les cinq jours de la réception des pièces, et de faire son rapport dans les cinq jours suivans, au plus tard.—Pendant ce temps, la partie civile et le prévenu pourront fournir tels mémoires qu'ils estimeront convenables, sans que le rapport puisse être retardé.

222. Le greffier donnera aux juges (en la chambre du conseil), en présence du procureur général, lecture de toutes les pièces du procès; elles seront ensuite laissées sur le bureau, ainsi que les mémoires que la partie civile et le prévenu auront fournis.

223. La partie civile, le prévenu, les témoins ne paraîtront point.

319. (Pendant les débats) la partie civile ne pourra faire de questions, soit au témoin, soit à l'accusé, que par l'organe du président.

321. Après l'audition des témoins produits par le procureur général et par la partie civile, l'accusé fera entendre ceux dont il aura notifié la liste.

37

355. A la suite des dépositions des témoins et des dires respectifs auxquels elles auront donné lieu, la partie civile ou son conseil et le procureur général seront entendus, et développeront les moyens qui appuient l'accusation.

359. Les demandes en dommages-intérêts, formées soit par l'accusé contre ses dénonciateurs ou la partie civile, soit par la partie civile contre l'accusé ou le condamné, seront portées à la cour d'assises. — La partie civile est tenue de former sa demande en dommages-intérêts avant le jugement ; plus tard elle sera non recevable.

362. Lorsque l'accusé aura été déclaré coupable, le procureur général fera sa réquisition à la cour pour l'application de la loi. — La partie civile fera la sienne pour restitution et dommages-intérêts.

366. Dans le cas d'absolution comme dans celui d'acquittement ou de condamnation, la cour statuera sur les dommages-intérêts prétendus par la partie civile ou par l'accusé ; elle les liquidera par le même arrêt, ou commettra l'un des juges pour entendre les parties, prendre connaissance des pièces, et faire du tout son rapport.

368. L'accusé ou la partie civile qui succombera, sera condamnée aux frais envers l'État et envers l'autre partie.—Dans les affaires soumises au juri, la partie civile qui n'aura pas succombé, ne sera point tenue des frais. — Dans le cas où elle en aura consigné, en exécution du décret du 18 juin 1811 (ci-après 6° tarif), ils lui seront restitués.

373. Le condamné aura trois jours francs après celui où son arrêt lui aura été prononcé, pour déclarer au greffe qu'il se pourvoit en cassation. —La partie civile aura aussi le même délai ; mais elle ne pourra se pourvoir que quant aux dispositions relatives à ses intérêts civils.

412. Dans aucun cas, la partie civile ne pourra poursuivre l'annulation d'une ordonnance d'acquittement ou d'un arrêt d'absolution ; mais si l'arrêt a prononcé contre elle des condamnations civiles, supérieures aux demandes de la partie acquittée ou absoute, cette disposition de l'arrêt pourra être annulée sur la demande de la partie civile.

419. La partie civile qui se sera pourvue en cassation est tenue de joindre aux pièces une expédition authentique de l'arrêt.—Elle est tenue, à peine de déchéance, de consigner une amende de cent cinquante francs, ou de moitié de cette somme si l'arrêt est rendu par contumace ou par défaut. V. CASSATION (cour de).

436. La partie civile qui succombera dans son recours, soit en matière criminelle, soit en matière correctionnelle ou de police, sera condamnée à une indemnité de cent cinquante francs et

aux frais envers la partie acquittée, absoute ou renvoyée ; la partie civile sera de plus condamnée, envers l'État, à une amende de cent cinquante francs, ou de soixante-quinze francs seulement si l'arrêt ou le jugement a été rendu par contumace ou par défaut. — Les administrations ou régies de l'État et les agens publics qui succomberont ne seront condamnés qu'aux frais et à l'indemnité.

5° *Dispositions additionnelles.*

CONTUMACE. C. Civ. 51. Si le condamné par contumace meurt dans le délai de grace des cinq années sans s'être représenté, ou sans avoir été saisi ou arrêté, il sera réputé mort dans l'intégrité de ses droits. Le jugement de contumace sera anéanti de plein droit, sans préjudice néanmoins de l'action de la partie civile, laquelle ne pourra être intentée contre les héritiers du condamné que par la voie civile.

RÈGLEMENT DE JUGES. C. Inst. cr. 541. La partie civile qui succombera dans la demande en règlement de juges qu'elle aura introduite, pourra être condamnée à une amende qui toutefois n'excédera point la somme de trois cents francs, dont moitié sera pour la partie.

6° *Dispositions du tarif criminel.*

157. Ceux qui se seront constitués parties civiles, soit qu'ils succombent ou non, seront personnellement tenus (excepté dans les affaires soumises au juri) des frais d'instruction, expédition et signification des jugemens, sauf leur recours contre les prévenus ou accusés qui seront condamnés, et contre les personnes civilement responsables du délit.

158. Sont assimilés aux parties civiles : — 1° toute régie ou administration publique, relativement aux procès suivis, soit à sa requête, soit même d'office et dans son intérêt ; — 2° les communes et les établissemens publics, dans les procès instruits, ou à leur requête, ou même d'office, pour crimes ou délits commis contre leurs propriétés.

159. Toutes les fois qu'il y aura partie civile en cause, et qu'elle n'aura pas justifié de son indigence dans la forme prescrite par l'article 420 du Code d'instruction criminelle (V. CERTIFICAT D'INDIGENCE), les exécutoires pour les frais d'instruction, expédition et signification des jugemens, pourront être décernés directement contre elle.

160. En matière de police simple ou correctionnelle, la partie civile qui n'aura pas justifié de son indigence, sera tenue, avant toutes les poursuites, de déposer au greffe, ou entre les mains du receveur de l'enregistrement, la somme présumée nécessaire pour les frais de la procédure. Il ne sera exigé aucune rétribution pour la garde de ce dépôt, à peine de concussion.

161. Dans les exécutoires décernés sur les caisses de l'administration de l'enregistrement pour les frais qui ne sont point à la charge de l'État, il sera fait mention qu'il n'y a point de partie civile en cause, ou que la partie civile a justifié de son indigence.

162. Sont déclarés dans tous les cas à la charge de

l'État, et sans recours envers les condamnés : — 1° les frais de voyage des conseillers de nos cours royales et des conseillers auditeurs qui seront délégués aux cours d'assises ; — 2° l'indemnité des jurés pour leur déplacement ; — 3° toutes les dépenses pour l'exécution des arrêts criminels.

PASSAGE (DROIT DE).

1° *Du passage en cas d'enclave.* *V.* ENCLAVE.

2° *Du passage volontaire.*

C. Civ. 688. Les servitudes discontinues sont celles qui ont besoin du fait actuel de l'homme pour être exercées ; tels sont les droits de passage.

689. Les servitudes apparentes sont celles qui s'annoncent par des ouvrages extérieurs, tels qu'une porte. *V.* SERVITUDE.

PASSEPORT.

Du faux commis dans les passeports.

C. Pén. 153. Quiconque fabriquera un faux passeport ou falsifiera un passeport originairement véritable, ou fera usage d'un passeport fabriqué ou falsifié, sera puni d'un emprisonnement d'une année au moins et de cinq ans au plus.

154. Quiconque prendra, dans un passeport, un nom supposé, ou aura concouru comme témoin à faire délivrer le passeport sous le nom supposé, sera puni d'un emprisonnement de trois mois à un an. — Les logeurs et aubergistes qui sciemment inscriront sur leurs registres, sous des noms faux ou supposés, les personnes logées chez eux, seront punis d'un emprisonnement de six jours au moins et d'un mois au plus.

155. Les officiers publics qui délivreront un passeport à une personne qu'ils ne connaîtront pas personnellement, sans avoir fait attester ses noms et qualités par deux citoyens à eux connus, seront punis d'un emprisonnement d'un mois à six mois. — Si l'officier public, instruit de la supposition du nom, a néanmoins délivré le passeport sous le nom supposé, il sera puni du bannissement.

PASSIF. *V.* COMMUNAUTÉ, DETTES.

PATERNELLE (PUISSANCE).

I. DISPOSITIONS GÉNÉRALES.

De la puissance paternelle.

C. Civ. (*liv.* 1, *tit.* 9, *art.* 371-387). — 371. L'enfant, à tout âge, doit honneur et respect à ses père et mère.

372. Il reste sous leur autorité jusqu'à sa majorité ou son émancipation.

373. Le père seul exerce cette autorité durant le mariage.

374. L'enfant ne peut quitter la maison paternelle sans la permission de son père, si ce n'est

pour enrôlement volontaire, après l'âge de dix-huit ans révolus.

375. Le père qui aura des sujets de mécontentement très-graves sur la conduite d'un enfant, aura les moyens de correction suivans.

376. Si l'enfant est âgé de moins de seize ans commencés, le père pourra le faire détenir pendant un temps qui ne pourra excéder un mois ; et, à cet effet, le président du tribunal d'arrondissement devra, sur sa demande, délivrer l'ordre d'arrestation.

377. Depuis l'âge de seize ans commencés jusqu'à la majorité ou l'émancipation, le père pourra seulement requérir la détention de son enfant pendant six mois au plus ; il s'adressera au président dudit tribunal, qui, après en avoir conféré avec le procureur du Roi, délivrera l'ordre d'arrestation ou le refusera, et pourra, dans le premier cas, abréger le temps de la détention requis par le père.

378. Il n'y aura, dans l'un et l'autre cas, aucune écriture ni formalité judiciaire, si ce n'est l'ordre même d'arrestation, dans lequel les motifs n'en seront pas énoncés. — Le père sera seulement tenu de souscrire une soumission de payer tous les frais, et de fournir les alimens convenables.

379. Le père est toujours maître d'abréger la durée de la détention par lui ordonnée ou requise. Si, après sa sortie, l'enfant tombe dans de nouveaux écarts, la détention pourra être de nouveau ordonnée de la manière prescrite aux articles précédens.

380. Si le père est remarié, il sera tenu, pour faire détenir son enfant du premier lit, lors même qu'il serait âgé de moins de seize ans, de se conformer à l'article 377.

381. La mère survivante et non remariée ne pourra faire détenir un enfant qu'avec le concours des deux plus proches parens paternels, et par voie de réquisition, conformément à l'article 377.

382. Lorsque l'enfant aura des biens personnels, ou lorsqu'il exercera un état, sa détention ne pourra, même au-dessous de seize ans, avoir lieu que par voie de réquisition, en la forme prescrite par l'article 377. — L'enfant détenu pourra adresser un mémoire au procureur général près la cour royale. Celui-ci se fera rendre compte par le procureur du Roi près le tribunal de première instance, et fera son rapport au président de la cour royale, qui, après en avoir donné avis au père, et après avoir recueilli tous les renseignemens, pourra révoquer ou modifier l'ordre délivré par le président du tribunal de première instance.

57.

383. Les articles 376, 377, 378 et 379, seront communs aux pères et mères des enfans naturels légalement reconnus.

384. Le père, durant le mariage, et, après la dissolution du mariage, le survivant des père et mère, auront la jouissance des biens de leurs enfans jusqu'à l'âge de dix-huit ans accomplis, ou jusqu'à l'émancipation qui pourrait avoir lieu avant l'âge de dix-huit ans.

385. Les charges de cette jouissance seront, — 1° celles auxquelles sont tenus les usufruitiers; — 2° la nourriture, l'entretien et l'éducation des enfans, selon leur fortune; — 3° le paiement des arrérages ou intérêts des capitaux; — 4° les frais funéraires et ceux de dernière maladie.

386. Cette jouissance n'aura pas lieu au profit de celui des père et mère contre lequel le divorce (ou la séparation de corps [1]) aurait été prononcé; et elle cessera à l'égard de la mère, dans le cas d'un second mariage.

387. Elle ne s'étendra pas aux biens que les enfans pourront acquérir par un travail et une industrie séparés, ni à ceux qui leur seront donnés ou légués sous la condition expresse que les père et mère n'en jouiront pas.

II. DISPOSITIONS ADDITIONNELLES.

ADOPTION. *C. Civ.* 346. L'adoption ne pourra, en aucun cas, avoir lieu avant la majorité de l'adopté. Si l'adopté, ayant encore ses père et mère, ou l'un des deux, n'a point accompli sa vingt-cinquième année, il sera tenu de rapporter le consentement donné à l'adoption par ses père et mère, ou par le survivant, et s'il est majeur de vingt-cinq ans, de requérir leur conseil.

348. L'adopté restera dans sa famille naturelle, et y conservera tous ses droits.

ATTENTAT AUX MŒURS. *C. Pén.* 334. Quiconque aura attenté aux mœurs, en excitant, favorisant ou facilitant habituellement la débauche ou la corruption de la jeunesse de l'un ou de l'autre sexe au-dessous de l'âge de vingt-un ans, sera puni d'un emprisonnement de six mois à deux ans, et d'une amende de cinquante francs à cinq cents francs. — Si la prostitution ou la corruption a été excitée, favorisée ou facilitée par leurs pères ou mères, la peine sera de deux ans à cinq ans d'emprisonnement, et de trois cents francs à mille francs d'amende.

335. Les coupables du délit mentionné au précédent article seront interdits de toute tutelle ou curatelle, et de toute participation aux conseils de famille, savoir : les individus auxquels s'applique le premier paragraphe de cet article, pendant deux ans au moins et cinq ans au plus; et ceux dont il est parlé au second paragraphe, pendant dix ans au moins et vingt ans au plus. — Si le délit a été commis par le père ou la mère, le coupable sera de plus privé des droits et avantages à lui accordés sur la personne et les biens de l'enfant par le Code Civil, livre 1, titre 9, *de la puissance paternelle.* (*ci-dessus*).

CONTRAT DE MARIAGE. *C. Civ.* 1388. Les époux ne peuvent déroger ni aux droits résultant de la puissance maritale sur la personne de la femme et des enfans, ou qui appartiennent au mari comme chef, ni aux droits conférés au survivant des époux par le titre *de la puissance paternelle*, et par le titre *de la minorité, de la tutelle et de l'émancipation*.

MARIAGE (*des enfans*). *C. Civ.* 148. Le fils qui n'a pas atteint l'âge de vingt-cinq ans accomplis, la fille qui n'a pas atteint l'âge de vingt-un ans accomplis, ne peuvent contracter mariage sans le consentement de leurs père et mère : en cas de dissentiment, le consentement du père suffit.

149. Si l'un des deux est mort, ou s'il est dans l'impossibilité de manifester sa volonté, le consentement de l'autre suffit. *V.* RESPECTUEUX (*actes*).

(*Publication.*) *C. Civ.* 168. Si les parties contractantes, ou l'une d'elles, sont, relativement au mariage, sous la puissance d'autrui, les publications seront faites à la municipalité du domicile de ceux sous la puissance desquels elles se trouvent.

PATERNITÉ.

1° *A l'égard des enfans nés dans le mariage.*

C. Civ. 312. L'enfant conçu pendant le mariage a pour père le mari. *V.* LÉGITIME (*enfant*).

2° *A l'égard des enfans nés hors mariage.*

C. Civ. 334. La reconnaissance d'un enfant naturel sera faite par un acte authentique, lorsqu'elle ne l'aura pas été dans son acte de naissance. *V.* NATUREL (*enfant*).

335. Cette reconnaissance ne pourra avoir lieu au profit des enfans nés d'un commerce incestueux ou adultérin. *V.* ADULTÉRINS (*enfans*) et *incestueux.*

336. La reconnaissance du père, sans l'indication et l'aveu de la mère, n'a d'effet qu'à l'égard du père.

340. La recherche de la paternité est interdite.

PATRIMOINE (SÉPARATION DE).

1° *Dispositions générales.*

C. Civ. 878. (Les créanciers de la succession) peuvent demander, dans tous les cas, et contre tout créancier, la séparation du patrimoine du défunt d'avec le patrimoine de l'héritier.

---

[1] On conteste que cet article soit applicable à la séparation de corps.

879. Ce droit ne peut cependant plus être exercé, lorsqu'il y a novation dans la créance contre le défunt, par l'acceptation de l'héritier pour débiteur.

880. Il se prescrit, relativement aux meubles, par le laps de trois ans. — A l'égard des immeubles, l'action peut être exercée tant qu'ils existent dans la main de l'héritier.

881. Les créanciers de l'héritier ne sont point admis à demander la séparation des patrimoines contre les créanciers de la succession.

2° *Disposition additionnelle.*

C. Civ. 2111. Les créanciers, et légataires qui demandent la séparation du patrimoine du défunt, conformément à l'article 878 au titre *des successions*, conservent à l'égard des créanciers des héritiers ou représentans du défunt, leur privilège sur les immeubles de la succession, par les inscriptions faites sur chacun de ces biens, dans les six mois à compter de l'ouverture de la succession. — Avant l'expiration de ce délai, aucune hypothèque ne peut être établie avec effet sur ces biens par les héritiers ou représentans au préjudice de ces créanciers ou légataires.

PATURE. *V.* PARCOURS.

PAUVRES. *V.* COMMUNE.

PÊCHE.

C. Civ. 715. La faculté de pêcher est réglée par des lois particulières.

Loi du 15 avril 1829, relative à la pêche fluviale.

Tit. 1, du droit de pêche.

1. Le droit de pêche sera exercé au profit de l'État : — 1° dans tous les fleuves, rivières, canaux et contre-fossés navigables ou flottables avec bateaux, trains ou radeaux, et dont l'entretien est à la charge de l'État ou de ses ayans cause ; — 2° dans les bras, noues, boires et fossés qui tirent leurs eaux des fleuves et rivières navigables ou flottables dans lesquels on peut en tout temps passer ou pénétrer librement en bateau de pêcheur, et dont l'entretien est également à la charge de l'État. — Sont toutefois exceptés les canaux et fossés existans, ou qui seraient creusés dans des propriétés particulières, et entretenus aux frais des propriétaires.

2. Dans toutes les rivières et canaux autres que ceux qui sont désignés dans l'article précédent, les propriétaires riverains auront, chacun de son côté, le droit de pêche jusqu'au milieu du cours de l'eau, sans préjudice des droits contraires établis par possession ou titre.

3. Des ordonnances royales, insérées au Bulletin des Lois, détermineront, après une enquête de *commodo et incommodo*, quelles sont les parties des fleuves et rivières et quels sont les canaux désignés dans les deux premiers paragraphes de l'article 1 où le droit de pêche sera exercé au profit de l'État. — De semblables ordonnances fixeront les limites entre la pêche fluviale et la pêche maritime dans les fleuves et rivières affluant à la mer. Ces limites seront les mêmes que celles de l'inscription maritime ; mais la

pêche qui se fera au-dessus du point où les eaux cesseront d'être salées, sera soumise aux règles de police et de conservation établies pour la pêche fluviale. — Dans le cas où des cours d'eau seraient rendus ou déclarés navigables ou flottables, les propriétaires qui seront privés du droit de pêche auront droit à une indemnité préalable, qui sera réglée selon les formes prescrites par (la loi du 7 juillet 1833), compensation faite des avantages qu'ils pourraient retirer de la disposition prescrite par le Gouvernement.

4. Les contestations entre l'administration et les adjudicataires, relatives à l'interprétation et à l'exécution des conditions des baux et adjudications, et toutes celles qui s'élèveraient entre l'administration ou ses ayans cause et des tiers intéressés à raison de leurs droits ou de leurs propriétés, seront portées devant les tribunaux.

5. Tout individu qui se livrera à la pêche sur les fleuves et rivières navigables ou flottables, canaux, ruisseaux ou cours d'eau quelconque, sans la permission de celui à qui le droit de pêche appartient, sera condamné à une amende de vingt francs au moins et de cent francs au plus, indépendamment des dommages-intérêts. — Il y aura lieu, en outre, à la restitution du prix du poisson qui aura été pêché en délit, et la confiscation des filets et engins de pêche pourra être prononcée. — Néanmoins il est permis à tout individu de pêcher à la ligne flottante tenue à la main, dans les fleuves, rivières et canaux désignés dans les deux premiers paragraphes de l'article 1 de la présente loi, le temps du frai excepté.

Tit. 2, de l'administration et de la régie de la pêche.

6. (Art. 3 du *Code Forestier.*) « Nul ne peut exercer l'emploi de garde-pêche, s'il n'est âgé de vingt-cinq ans accomplis. »

7. (Art. 5 du *Code Forestier.*) « Les préposés chargés de la surveillance de la pêche ne pourront entrer en fonction qu'après avoir prêté serment devant le tribunal de première instance de leur résidence, et avoir fait enregistrer leur commission et l'acte de prestation de leur serment au greffe des tribunaux dans le ressort desquels ils devront exercer leurs fonctions. — Dans le cas d'un changement de résidence qui les placerait dans un autre ressort en la même qualité, il n'y aura pas lieu à une nouvelle prestation de serment. »

8. Les gardes-pêche pourront être déclarés responsables des délits commis dans leurs cantonnemens, et passibles des amendes et indemnités encourues par les délinquans, lorsqu'ils n'auront pas dûment constaté les délits.

9. L'empreinte des fers dont les gardes-pêche font usage pour la marque des filets, sera déposée au greffe des tribunaux de première instance.

Tit. 3, des adjudications des cantonnemens de pêche.

10. La pêche au profit de l'État sera exploitée, soit par voie d'adjudication publique aux enchères et à l'extinction des feux, conformément aux dispositions du présent titre, soit par concession de licence à prix d'argent. — Le mode de concession par licence ne pourra être employé qu'à défaut d'offres suffisantes. — En conséquence, il sera fait mention, dans les procès-verbaux d'adjudication, des mesures qui auront été prises pour lui donner toute la publicité possible et des offres qui auront été faites.

11. L'adjudication publique devra être annoncée au moins quinze jours à l'avance par des affiches apposées dans le chef-lieu du département, dans les communes riveraines du cantonnement et dans les communes environnantes.

12. (Art. 18 du *Code Forestier*.) « Toute *location* faite autrement que par adjudication publique sera considérée comme clandestine et déclarée nulle. Les fonctionnaires et agens qui l'auraient ordonnée ou effectuée, seront condamnés solidairement à une amende *égale au double* du fermage annuel du cantonnement de pêche. » — Sont exceptées les concessions par voie de licence.

13. (Art. 19 du *Code Forestier*.) « Sera de même annulée toute adjudication qui n'aura point été précédée des publications et affiches prescrites par l'article 11, ou qui aura été effectuée dans d'autres lieux, à autres jour et heure que ceux qui auront été indiqués par les affiches ou les procès-verbaux de remise en location.—Les fonctionnaires ou agens qui auraient contrevenu à ces dispositions, seront condamnés solidairement à une amende égale à la valeur annuelle du cantonnement de pêche, et une amende pareille sera prononcée contre les adjudicataires en cas de complicité. »

14. (Art. 21 du *Code Forestier*.) « Toutes les contestations qui pourront s'élever, pendant les opérations d'adjudication, sur la validité des enchères ou sur la solvabilité des enchérisseurs et des cautions, seront décidées immédiatement par le fonctionnaire qui présidera la séance d'adjudication. »

15. (Art. 21 du *Code Forestier*.) « Ne pourront prendre part aux adjudications, ni par eux-mêmes, ni par personnes interposées, directement ou indirectement, soit comme partie principale, soit comme associé ou caution : — 1° les agens et gardes forestiers et les gardes-pêche, dans toute l'étendue du royaume; les fonctionnaires chargés de présider ou de concourir aux adjudications et les receveurs du produit de la pêche, dans toute l'étendue du territoire où ils exercent leurs fonctions; — en cas de contravention, ils seront punis d'une amende qui ne pourra excéder le quart ni être moindre du douzième du montant de l'adjudication; et ils seront, en outre, passibles de l'emprisonnement et de l'indemnité qui sont prononcés par l'article 175 du Code Pénal (*V.* FONCTIONNAIRES); — 2° les parens et alliés en ligne directe, les frères et beaux-frères, oncles et neveux des agens et gardes forestiers et gardes-pêche, dans toute l'étendue du territoire pour lequel ces agens ou gardes sont commissionnés; — en cas de contravention, ils seront punis d'une amende égale à celle qui est prononcée par le paragraphe précédent; — 3° les conseillers de préfecture, les juges, officiers du ministère public et greffiers des tribunaux de première instance, dans tout l'arrondissement de leur ressort; — en cas de contravention, ils seront passibles de tous dommages et intérêts, s'il y a lieu. — Toute adjudication qui serait faite en contravention aux dispositions du présent article, sera déclarée nulle. »

16. (Art. 22 du *Code Forestier*.) « Toute association secrète ou manœuvre entre les pêcheurs ou autres, tendant à nuire aux enchères, à les troubler ou à obtenir *les cantonnemens de pêche* à plus bas prix, donnera lieu à l'application des peines portées par l'article 412 du Code Pénal (*V.* ENCHÈRE), indépendamment de tous dommages-intérêts; et si l'adjudica-tion a été faite au profit de l'association secrète ou des auteurs desdites manœuvres, elle sera déclarée nulle. »

17. (Art. 23 du *Code Forestier*.) « Aucune déclaration de command ne sera admise, si elle n'est faite immédiatement après l'adjudication et séance tenante. »

18. (Art. 24 du *Code Forestier*.) « Faute par l'adjudicataire de fournir les cautions exigées par le cahier des charges dans le délai prescrit, il sera déclaré déchu de l'adjudication par un arrêté du préfet, et il sera procédé dans les formes ci-dessus prescrites à une nouvelle adjudication du cantonnement de pêche, à sa folle-enchère. — L'adjudicataire déchu sera tenu par corps de la différence entre son prix et celui de la nouvelle adjudication, sans pouvoir réclamer l'excédant, s'il y en a. »

19. (Art. 25 du *Code Forestier*.) « Toute personne capable et reconnue solvable sera admise, jusqu'à l'heure de midi du lendemain de l'adjudication, à faire une offre de surenchère, qui ne pourra être moindre du cinquième du montant de l'adjudication. — Dès qu'une pareille offre aura été faite, l'adjudicataire et les surenchérisseurs pourront faire de semblables déclarations de simple surenchère jusqu'à l'heure de midi du surlendemain de l'adjudication, heure à laquelle le plus offrant restera définitivement adjudicataire. — Toutes déclarations de surenchère devront être faites au secrétariat qui sera indiqué par le cahier des charges, et dans les délais ci-dessus fixés, le tout sous peine de nullité. — Le secrétaire commis à l'effet de recevoir ces déclarations sera tenu de les consigner immédiatement sur un registre à ce destiné, d'y faire mention expresse du jour et de l'heure précise où il les aura reçues, et d'en donner communication à l'adjudicataire et aux surenchérisseurs dès qu'il en sera requis, le tout sous peine de trois cents francs d'amende, sans préjudice de plus fortes peines en cas de collusion. — En conséquence, il n'y aura lieu à aucune signification des déclarations de surenchère, soit par l'administration, soit par les adjudicataires et surenchérisseurs. »

20. (Art. 26 du *Code forestier*.) « Toutes contestations au sujet de la validité des surenchères seront portées devant les conseils de préfecture. »

21. (Art. 27 du *Code Forestier*.) « Les adjudicataires et surenchérisseurs sont tenus, au moment de l'adjudication ou de leurs déclarations de surenchère, d'élire domicile dans le lieu où l'adjudication aura été faite : faute par eux de le faire, tous actes postérieurs leur seront valablement signifiés au secrétariat de la sous-préfecture. »

22. (Art. 28 du *Code Forestier*.) « Tout procès-verbal d'adjudication emporte exécution parée et contrainte par corps contre les adjudicataires, leurs associés et cautions, tant pour le paiement du prix principal de l'adjudication que pour accessoires et frais. — Les cautions sont en outre contraignables solidairement par les mêmes voies au paiement des dommages, restitutions et amendes qu'aurait encourus l'adjudicataire. »

Tit. 4, conservation et police de la pêche.

23. Nul ne pourra exercer le droit de pêche dans les fleuves et rivières navigables ou flottables, les canaux, ruisseaux, ou cours d'eau quelconque, qu'en se conformant aux dispositions suivantes.

24. Il est interdit de placer dans les rivières navigables ou flottables, les canaux et ruisseaux, aucun

barrage, appareil, ou établissement quelconque de pêcherie, ayant pour objet d'empêcher entièrement le passage du poisson. Les délinquans seront condamnés à une amende de cinquante francs à cinq cents francs, et, en outre, aux dommages-intérêts; et les appareils ou établissemens de pêche seront saisis et détruits.

25. Quiconque aura jeté dans les eaux des drogues ou appâts qui sont de nature à enivrer le poisson ou à le détruire, sera puni d'une amende de trente francs à trois cents francs, d'un emprisonnement d'un mois à trois mois.

26. Des ordonnances royales détermineront : 1º les temps, saisons et heures pendant lesquels la pêche sera interdite dans les rivières et cours d'eau quelconque ; — 2º les procédés et modes de pêche qui, étant de nature à nuire au repeuplement des rivières, devront être prohibés; — 3º les filets, engins et instrumens de pêche qui seront défendus comme étant aussi de nature à nuire au repeuplement des rivières; — 4º les dimensions de ceux dont l'usage sera permis dans les divers départemens pour la pêche des différentes espèces de poissons; — 5º les dimensions au-dessous desquelles les poissons de certaines espèces qui seront désignées ne pourront être pêchés et devront être rejetés en rivière; — 6º les espèces de poissons avec lesquels il sera défendu d'appâter les hameçons, nasses, filets ou autres engins.

27. Quiconque se livrera à la pêche pendant les temps, saisons et heures prohibés par les ordonnances, sera puni d'une amende de trente à deux cents francs.

28. Une amende de trente à cent francs sera prononcée contre ceux qui feront usage, en quelque temps et en quelque fleuve, rivière, canal et ruisseau que ce soit, de l'un des procédés ou modes de pêche ou de l'un des instrumens ou engins de pêche prohibés par les ordonnances. — Si le délit a eu lieu pendant le temps du frai, l'amende sera de soixante à deux cents francs.

29. Les mêmes peines sont prononcées contre ceux qui se serviront, pour une autre pêche, de filets permis seulement pour celle du poisson de petite espèce. — Ceux qui seront trouvés porteurs ou munis, hors de leur domicile, d'engins ou instrumens de pêche prohibés, pourront être condamnés à une amende qui n'excédera pas vingt francs, et à la confiscation des engins ou instrumens de pêche, à moins que ces engins ou instrumens ne soient destinés à la pêche dans des étangs ou réservoirs.

30. Quiconque pêchera, colportera ou débitera des poissons qui n'auront point les dimensions déterminées par les ordonnances, sera puni d'une amende de vingt à cinquante francs, et de la confiscation desdits poissons. Sont néanmoins exceptés de cette disposition les ventes de poisson provenant des étangs ou réservoirs. — Sont considérés comme des étangs ou réservoirs les fossés et canaux appartenant à des particuliers, dès que leurs eaux cessent naturellement de communiquer avec les rivières.

31. La même peine sera prononcée contre les pêcheurs qui appâteront leurs hameçons, nasses, filets et autres engins, avec des poissons des espèces prohibées qui seront désignées par les ordonnances.

32. Les fermiers de la pêche et porteurs de licences, leurs associés, compagnons et gens à gages, ne pourront faire usage d'aucun filet ou engin quel-conque, qu'après qu'il aura été plombé ou marqué par les gens de l'administration de la police de la pêche. — La même obligation s'étendra à tous autres pêcheurs compris dans les limites de l'inscription maritime, pour les engins et filets dont ils feront usage dans les cours d'eau désignés par les paragraphes 1 et 2 de l'article 1 de la présente loi. — Les délinquans seront punis d'une amende de vingt francs pour chaque filet ou engin non plombé ou marqué.

33. Les contre-maîtres, les employés du balisage et les mariniers qui fréquentent les fleuves, rivières et canaux navigables ou flottables, ne pourront avoir dans leurs bateaux ou équipages aucun filet ou engin de pêche, même non prohibé, sous peine d'une amende de cinquante francs, et de la confiscation des filets. — A cet effet, ils seront tenus de souffrir la visite, sur leurs bateaux et équipages, des agens chargés de la police de la pêche, aux lieux où ils aborderont. — La même amende sera prononcée contre ceux qui s'opposeront à cette visite.

34. Les fermiers de la pêche et les porteurs de licences, et tous pêcheurs en général, dans les rivières et canaux désignés par les deux premiers paragraphes de l'article 1 de la présente loi, seront tenus d'amener leurs bateaux, et de faire l'ouverture de leurs loges et hangards, bannetons, huches et autres réservoirs ou boutiques à poisson, sur leurs cantonnemens, à toute réquisition des agens et préposés de l'administration de la pêche, à l'effet de constater les contraventions qui pourraient être par eux commises aux dispositions de la présente loi. — Ceux qui s'opposeront à la visite ou refuseront l'ouverture de leurs boutiques à poisson, seront, pour ce seul fait, punis d'une amende de cinquante francs.

35. Les fermiers et porteurs de licences ne pourront user, sur les fleuves, rivières et canaux navigables, que du chemin de halage; sur les rivières et cours d'eau flottables, que du marchepied. Ils traiteront de gré à gré avec les propriétaires riverains pour l'usage des terrains dont ils auront besoin pour retirer et ascencer leurs filets.

Tit. 5, des poursuites en réparation de délits.

Section 1, des poursuites exercées au nom de l'administration.

36. Le Gouvernement exerce la surveillance et la police de la pêche dans l'intérêt général. — En conséquence, les agens spéciaux par lui institués à cet effet, ainsi que les gardes champêtres, éclusiers des canaux et autres officiers de police judiciaire, sont tenus de constater les délits qui sont spécifiés au titre 4 de la présente loi, en quelques lieux qu'ils soient commis; et lesdits agens spéciaux exerceront, conjointement avec les officiers du ministère public, toutes les poursuites et actions en réparation de ces délits. — Les mêmes agens et gardes de l'administration, les gardes champêtres, les éclusiers, les officiers de police judiciaire, pourront constater également le délit spécifié en l'article 5, et ils transmettront leurs procès-verbaux au procureur du Roi.

37. Les gardes-pêche nommés par l'administration sont assimilés aux gardes forestiers royaux.

38. Ils recherchent et constatent par procès-verbaux les délits dans l'arrondissement du tribunal près duquel ils sont assermentés.

39. (Art. 161 du *Code Forestier.*) Ils sont autorisés à saisir les *filets et autres instrumens de pêche prohibés, ainsi que le poisson pêché en délit.*

40. Les gardes-pêche ne pourront, sous aucun prétexte, s'introduire dans les maisons et enclos y attenant pour la recherche des filets prohibés.

41. Les filets et engins de pêche qui auront été saisis comme prohibés, ne pourront, dans aucun cas, être remis sous caution ; ils seront déposés au greffe, et y demeureront jusqu'après le jugement pour être ensuite détruits. — Les filets non prohibés, dont la confiscation aurait été prononcée en exécution de l'article 5, seront vendus au profit du Trésor. — En cas de refus, de la part des délinquans, de remettre immédiatement le filet déclaré prohibé après la sommation du garde-pêche, ils seront condamnés à une amende de cinquante francs.

42. Quant au poisson saisi pour cause de délit, il sera vendu sans délai dans la commune la plus voisine du lieu de la saisie, à son de trompe et aux enchères publiques, en vertu d'ordonnance du juge de paix ou de ses suppléans, si la vente a lieu dans un chef-lieu de canton, ou, dans le cas contraire, d'après l'autorisation du maire de la commune : ces ordonnances ou autorisations seront délivrées sur la requête des agens ou gardes qui auront opéré la saisie et sur la présentation du procès-verbal régulièrement dressé et affirmé par eux. — Dans tous les cas, la vente aura lieu en présence du receveur des domaines, et, à défaut, du maire ou adjoint de la commune ou du commissaire de police.

43. Les gardes-pêche ont le droit de requérir directement la force publique pour la répression des délits *en matière de pêche*, ainsi que pour la saisie des filets prohibés et du poisson *pêché en délit*.

44. (Art. 163 du *Code Forestier*.) « Ils écriront eux-mêmes leurs procès-verbaux, ils les signeront et affirmeront, au plus tard, le lendemain de la clôture desdits procès-verbaux, par-devant le juge de paix du canton ou l'un de ses suppléans, ou par-devant le maire ou l'adjoint, soit de la commune de leur résidence, soit de celle où le délit a été commis ou constaté ; le tout sous peine de nullité. — Toutefois, si, par suite d'un empêchement quelconque, le procès-verbal est seulement signé par le garde-pêche, mais non écrit en entier de sa main, l'officier public qui en recevra l'affirmation devra lui en donner préalablement lecture, et faire ensuite mention de cette formalité : le tout sous peine de nullité du procès-verbal. »

45. (Art. 166 du *Code Forestier*.) « Les procès-verbaux dressés par les agens forestiers, les gardes généraux et les gardes à cheval, soit isolément, soit avec le concours des gardes-pêche royaux et des gardes champêtres, ne seront point soumis à l'affirmation. »

46. Dans le cas où le procès-verbal portera saisie, il en sera fait une expédition qui sera déposée dans les vingt-quatre heures au greffe de la justice de paix, pour qu'il en puisse être donné communication à ceux qui réclameraient les objets saisis. — Le délai ne courra que du moment de l'affirmation pour les procès-verbaux qui sont soumis à cette formalité.

47. (Art. 170 du *Code Forestier*.) « Les procès-verbaux seront, sous peine de nullité, enregistrés dans les quatre jours qui suivront celui de l'affirmation, ou celui de la clôture du procès-verbal, s'il n'est pas sujet à l'affirmation. — L'enregistrement s'en fera en débet. »

48. Toutes les poursuites exercées en réparation de délits pour fait de pêche, seront portées devant les tribunaux correctionnels.

49. (Art. 172 du *Code Forestier*.) « L'acte de citation doit, à peine de nullité, contenir la copie du procès-verbal et de l'acte d'affirmation. »

50. (Art. 173 du *Code Forestier*.) « Les gardes de l'administration forestière *chargés de la surveillance de la pêche* pourront, dans les actions et poursuites exercées en son nom, faire toutes citations et significations d'exploits, sans pouvoir procéder aux saisies-exécutions. — Leurs rétributions, pour les actes de ce genre, seront taxées comme pour les actes faits par les huissiers des juges de paix. »

51. (Art. 174 du *Code Forestier*.) « Les agens de cette administration ont le droit d'exposer l'affaire devant le tribunal, et sont entendus à l'appui de leurs conclusions. »

52. Les délits en matière de pêche seront prouvés, soit par procès-verbaux, soit par témoins à défaut de procès-verbaux ou en cas d'insuffisance de ces actes.

53. Les procès-verbaux revêtus de toutes les formalités prescrites par les articles 44 et 47 ci-dessus, et qui sont dressés et signés par deux agens ou gardes-pêche, font preuve, jusqu'à inscription de faux, des faits matériels relatifs aux délits qu'ils constatent, quelles que soient les condamnations auxquelles ces délits peuvent donner lieu. — Il ne sera, en conséquence, admis aucune preuve outre ou contre le contenu de ces procès-verbaux, à moins qu'il n'existe une cause légale de récusation contre l'un des signataires.

54. Les procès-verbaux revêtus de toutes les formalités prescrites, mais qui ne seront dressés et signés que par un seul agent ou *garde-pêche*, feront de même preuve suffisante jusqu'à inscription de faux, mais seulement lorsque le délit n'entraînera pas une condamnation de cinquante francs, tant pour amende que pour dommages-intérêts.

55. (Art. 178 du *Code Forestier*.) « Les procès-verbaux qui, d'après les dispositions qui précèdent, ne font point foi et preuve suffisante jusqu'à inscription de faux, peuvent être corroborés et combattus par toutes les preuves légales, conformément à l'article 154 du Code d'Instruction criminelle. » V. POLICE (*tribunal de*).

56. Le prévenu qui voudra s'inscrire en faux contre le procès-verbal, sera tenu d'en faire par écrit et en personne, ou par un fondé de pouvoir spécial par un acte notarié, la déclaration au greffe du tribunal avant l'audience indiquée par la citation. — Cette déclaration sera reçue par le greffier du tribunal ; elle sera signée par le prévenu ou son fondé de pouvoir, et dans le cas où il ne saurait ou ne pourrait signer, il en sera fait mention expresse. — Au jour indiqué pour l'audience, le tribunal donnera acte de la déclaration, et fixera un délai de huit jours au moins et de quinze jours au plus, pendant lequel le prévenu sera tenu de faire au greffe le dépôt des moyens de faux, et des noms, qualités et demeures des témoins qu'il voudra faire entendre. — A l'expiration de ce délai, et sans qu'il soit besoin d'une citation nouvelle, le tribunal admettra les moyens de faux, s'ils sont de nature à détruire l'effet du procès-verbal, et il sera procédé sur le faux conformément aux lois. — Dans le cas contraire, et faute par le prévenu d'avoir rempli les formalités ci-dessus prescrites, le tribunal déclarera qu'il n'y a pas lieu à

mettre les moyens de faux, et ordonnera qu'il soit passé outre au jugement.

57. (Art. 180 du *Code Forestier.*) « Le prévenu contre lequel aura été rendu un jugement par défaut, sera encore admissible à faire sa déclaration d'inscription de faux pendant le délai qui lui est accordé par la loi pour se présenter à l'audience sur l'opposition par lui formée. »

58. (Art. 181 du *Code Forestier.*) « Lorsqu'un procès-verbal sera rédigé contre plusieurs prévenus, si qu'un ou quelques-uns d'entre eux seulement s'inscriront en faux, le procès-verbal continuera de faire foi à l'égard des autres, à moins que le fait sur lequel portera l'inscription de faux ne soit indivisible et commun aux autres prévenus. »

59. Si, dans une instance en réparation de délit, le prévenu excipe d'un droit de propriété ou tout autre droit réel, le tribunal saisi de la plainte statuera sur l'incident. — L'exception préjudicielle ne sera admise qu'autant qu'elle sera fondée, soit sur un titre apparent, soit sur un des faits de possession équivalens, articulés avec précision, et si le titre produit ou les faits articulés sont de nature, dans le cas où ils seraient reconnus par l'autorité compétente, à ôter au fait qui sert de base aux poursuites tout caractère de délit. — *Dans le cas de renvoi à fins civiles,* le jugement fixera un bref délai dans lequel la partie qui aura élevé la question préjudicielle devra saisir les juges compétens de la connaissance du litige et justifier de ses diligences ; sinon il sera passé outre. Toutefois, en cas de condamnation, il sera sursis à l'exécution du jugement sous le rapport de l'emprisonnement, s'il était prononcé, et le montant des amendes, restitutions et dommages-intérêts sera versé à la caisse des dépôts et consignations, pour être remis à qui il sera ordonné par le tribunal qui statuera sur le fond de droit.

60. (Article 185 du *Code Forestier.*) « Les agens de l'administration *chargés de la surveillance de la pêche* peuvent, en son nom, interjeter appel des jugemens, et se pourvoir contre les arrêts et jugemens en dernier ressort ; mais ils ne peuvent se désister de leurs appels sans son autorisation spéciale. »

61. (Art. 184 du *Code Forestier.*) « Le droit attribué à l'administration et à ses agens de se pourvoir contre les jugemens et arrêts par appel ou par recours en cassation, est indépendant de la même faculté qui est accordée par la loi au ministère public, lequel peut toujours en user, même lorsque l'administration ou ses agens auraient acquiescé aux jugemens et arrêts. »

62. Les actions en réparation de délit en matière de pêche se prescrivent par un mois à compter du jour où les délits ont été constatés, lorsque les prévenus sont désignés dans les procès-verbaux. Dans le cas contraire, le délai de prescription est de trois mois, à compter du même jour.

63. Les dispositions de l'article précédent ne sont pas applicables aux délits et malversations commis par les agens, préposés ou gardes de l'administration dans l'exercice de leurs fonctions ; les délais de prescription à l'égard des préposés et de leurs complices seront les mêmes que ceux qui sont déterminés par le Code d'Instruction criminelle.

64. Les dispositions du Code d'Instruction criminelle sur les poursuites des délits, sur défauts, oppo-

sitions, jugemens, appels et recours en cassation, sont et demeurent applicables à la poursuite des délits spécifiés par la présente loi, sauf les modifications qui résultent du présent titre.

Sect. 2, des poursuites exercées au nom et dans l'intérêt des fermiers de la pêche et des particuliers.

65. Les délits qui portent préjudice aux fermiers de la pêche, aux porteurs de licence et aux propriétaires riverains, seront constatés par leurs gardes, lesquels sont assimilés aux gardes-bois des particuliers.

66. (Article 188 du *Code Forestier.*) « Les procès-verbaux dressés par ces gardes feront foi jusqu'à preuve contraire. »

67. Les poursuites et actions seront exercées au nom et à la diligence des parties intéressées.

68. Les dispositions contenues aux articles 58, 59, 40, 41, 42, 45, 44. 45, 46, 47, paragraphe 1er, 49, 52, 59, 62 et 94 de la présente loi, sont applicables aux poursuites exercées au nom et dans l'intérêt des particuliers et des fermiers de la pêche, pour les délits commis à leur préjudice.

Tit. 6, des peines et condamnations.

69. Dans le cas de récidive, la peine sera toujours doublée. — Il y a récidive lorsque, dans les douze mois précédens, il a été rendu contre le délinquant un premier jugement pour délit en matière de pêche.

70. Les peines seront également doublées lorsque les délits auront été commis la nuit.

71. (Art. 202 du *Code Forestier.*) « Dans tous les cas où il y aura à adjuger des dommages-intérêts, ils ne pourront être inférieurs à l'amende simple prononcée par le jugement. »

72. Dans tous les cas prévus par la présente loi, si le préjudice causé n'excède pas vingt-cinq francs, et si les circonstances paraissent atténuantes, les tribunaux sont autorisés à réduire l'emprisonnement même au-dessous de six jours, et l'amende au-dessous de seize francs ; ils pourront aussi prononcer séparément l'une ou l'autre de ces peines, sans qu'en aucun cas elle puisse être au-dessous des peines de simple police.

73. (Art. 204 du *Code Forestier.*) « Les restitutions et dommages-intérêts appartiennent aux fermiers, porteurs de licence et propriétaires riverains, si le délit est commis à leur préjudice ; mais, lorsque le délit a été commis par eux-mêmes au détriment de l'intérêt général, ces dommages-intérêts appartiennent à l'État. — Appartiennent également à l'État toutes les amendes et confiscations. »

74. Les maris, pères, mères, tuteurs, fermiers et porteurs de licences, ainsi que tous propriétaires, maîtres et commettans, seront civilement responsables des délits en matière de pêche commis par leurs femmes, enfans mineurs, pupilles, bateliers et compagnons, et tous autres subordonnés, sauf tout recours de droit. — Cette responsabilité sera réglée conformément à l'article 1584 du Code Civil. *V.* DOMMAGE.

Tit. 7, de l'exécution des jugemens.

Sect. 1, de l'exécution des jugemens rendus à la requête de l'administration ou du ministère public.

75. (Art. 209 du *Code Forestier.*) « Les jugemens rendus à la requête de l'administration chargée de

la police de la pêche, ou sur la poursuite du ministère public, seront signifiés par simple extrait qui contiendra le nom des parties et le dispositif du jugement. — Cette signification fera courir les délais de l'opposition et de l'appel des jugemens par défaut. »

76. Le recouvrement de toutes les amendes pour délits de pêche est confié aux receveurs de l'enregistrement et des domaines. Ces receveurs sont également chargés du recouvrement des restitutions, frais et dommages-intérêts résultant des jugemens rendus en matière de *pêche*.

77. (Art. 211 du *Code Forestier*.) « Les jugemens portant condamnation à des amendes, restitutions, dommages-intérêts et frais, sont exécutoires par la voie de la contrainte par corps, et l'exécution en pourra être poursuivie cinq jours après un simple commandement fait aux condamnés. — En conséquence, et sur la demande du receveur de l'enregistrement et des domaines, le procureur du Roi adressera les réquisitions nécessaires aux agens de la force publique chargés de l'exécution des mandemens de justice. »

78. (Art. 212 du *Code forestier*.) « Les individus contre lesquels la contrainte par corps aura été prononcée pour raison des amendes et autres condamnations et réparations pécuniaires, subiront l'effet de cette contrainte jusqu'à ce qu'ils aient payé le montant desdites condamnations, ou fourni une caution admise par le receveur des domaines, ou, en cas de contestation de sa part, déclarée bonne et valable par le tribunal de l'arrondissement. »

79. (Art. 213 du *Code Forestier*.) « Néanmoins, les condamnés qui justifieraient de leur insolvabilité, suivant le mode prescrit par l'article 420 du Code d'Instruct. criminelle (*V.* Certificat d'indigence), seront mis en liberté après avoir subi quinze jours de détention, lorsque l'amende et les autres condamnations pécuniaires n'excéderont pas quinze francs.— La détention ne cessera qu'au bout d'un mois, lorsque les condamnations s'élèveront ensemble de quinze à cinquante francs. — Elle ne durera que deux mois, quelle que soit la quotité desdites condamnations. — En cas de récidive, la durée de la détention sera double de ce qu'elle eût été sans cette circonstance. »

80. (Art. 214 du *Code Forestier*.) « Dans tous les cas, la détention employée comme moyen de contrainte est indépendante de la peine d'emprisonnement prononcée contre les condamnés pour tous les cas où la loi l'exige. »

Sect. 2, de l'exécution des jugemens rendus dans l'intérêt des fermiers de la pêche et des particuliers.

81. Les jugemens contenant des condamnations en faveur des fermiers de la pêche, des porteurs de licence et des particuliers, pour réparation des délits commis à *leur préjudice*, seront, à leur diligence, signifiés et exécutés suivant les mêmes formes et voies de contrainte que les jugemens rendus à la requête de l'administration chargée de la surveillance de la pêche. — Le recouvrement des amendes prononcées par les mêmes jugemens sera opposé par les receveurs de l'enregistrement et des domaines.

82. La mise en liberté des condamnés, détenus par voie de contrainte par corps à la requête et dans les intérêts des particuliers, ne pourra être accordée, en vertu des articles 78 et 79, qu'autant

que la validité des cautions ou la solvabilité des condamnés aura été, en cas de contestations de la part desdits propriétaires, jugée contradictoirement entre eux.

Tit. 8, dispositions générales.

83. Sont et demeurent abrogés toutes les lois, ordonnances, édits et déclarations, arrêts du conseil, arrêtés et décrets, et tous règlemens intervenus, à quelque époque que ce soit, sur les matières réglées par la présente loi, en tout ce qui concerne la pêche. — Mais les droits acquis antérieurement à la présente loi seront jugés, en cas de contestation, d'après les lois existantes avant sa promulgation.

Dispositions transitoires.

84. Les prohibitions portées par les articles 6, 8 et 10, et la prohibition de pêcher à autres heures que depuis le lever du soleil jusqu'à son coucher, portée par l'article 5 du titre 31 de l'ordonnance de 1669, continueront à être exécutées jusqu'à la promulgation des ordonnances royales qui, aux termes de l'article 26 de la présente loi, détermineront les temps où la pêche sera interdite dans tous les cours d'eau, ainsi que les filets et instrumens de pêche dont l'usage sera prohibé.—Toutefois les contraventions aux articles ci-dessus énoncés de l'ordonnance de 1669 seront punies conformément aux dispositions de la présente loi, ainsi que tous les délits qui y sont prévus, à dater de sa publication.

PEINES. *V.* Afflictives, Correctionnelles, Criminelles, Infamantes (*peines*), Police *et* Commutation de peines.

PÉNALE (clause).

DISPOSITIONS GÉNÉRALES.

Des obligations avec clauses pénales.

C. Civ. (*liv. 3, tit. 3, chap. 4, sect. 6, art.* 1226-1233). — 1226. La clause pénale est celle par laquelle une personne, pour assurer l'exécution d'une convention, s'engage à quelque chose en cas d'inexécution.

1227. La nullité de l'obligation principale entraîne celle de la clause pénale. — La nullité de celle-ci n'entraîne point celle de l'obligation principale.

1228. Le créancier, au lieu de demander la peine stipulée contre le débiteur qui est en demeure, peut poursuivre l'exécution de l'obligation principale.

1229. La clause pénale est la compensation des dommages et intérêts que le créancier souffre de l'inexécution de l'obligation principale. — Il ne peut demander en même temps le principal et la peine, à moins qu'elle n'ait été stipulée pour le simple retard.

1230. Soit que l'obligation primitive contienne, soit qu'elle ne contienne pas un terme dans lequel elle doive être accomplie, la peine n'est encourue que lorsque celui qui s'est obligé soit à livrer, soit à prendre, soit à faire, est en demeure.

1231. La peine peut être modifiée par le juge lorsque l'obligation principale a été exécutée en partie.

1232. Lorsque l'obligation primitive contractée avec une clause pénale est d'une chose indivisible, la peine est encourue par la contravention d'un seul des héritiers du débiteur, et elle peut être demandée, soit en totalité contre celui qui a fait la contravention, soit contre chacun des cohéritiers pour leur part et portion, et hypothécairement pour le tout, sauf leur recours contre lui qui a fait encourir la peine.

1233. Lorsque l'obligation primitive contractée sous une peine est divisible, la peine n'est encourue que par celui des héritiers du débiteur qui contrevient à cette obligation, et pour la part seulement dont il était tenu dans l'obligation principale, sans qu'il y ait d'action contre ceux qui l'ont exécutée. — Cette règle reçoit exception lorsque la clause pénale ayant été ajoutée dans l'intention que le paiement ne pût se faire partiellement, un cohéritier a empêché l'exécution de l'obligation pour la totalité. En ce cas, la peine entière peut être exigée contre lui, et contre les autres cohéritiers pour leur portion seulement, sauf leur recours.

Disposition additionnelle.

C. Civ. 2047. On peut ajouter à une transaction la stipulation d'une peine contre celui qui manquera de l'exécuter.

PÉNALITÉ.

I. CODE D'INSTRUCTION CRIMINELLE.

Dispositions préliminaires. (Art. 1-7.)

1. L'action pour l'application des peines n'appartient qu'aux fonctionnaires auxquels elle est confiée par la loi. — L'action en réparation du dommage causé par un crime, par un délit ou par une contravention, peut être exercée par tous ceux qui ont souffert de ce dommage.

2. L'action publique pour l'application de la peine s'éteint par la mort du prévenu.—L'action civile pour la réparation du dommage peut être exercée contre le prévenu et contre ses représentants. — L'une et l'autre actions s'éteignent par la prescription, ainsi qu'il est réglé au livre 2, titre 7, chapitre 5, *de la prescription* (art. 637-640. *V.* ACTION, p. 21).

3. L'action civile peut être poursuivie en même temps et devant les mêmes juges que l'action publique.—Elle peut aussi l'être séparément : dans ce cas, l'exercice en est suspendu tant qu'il n'a pas été prononcé définitivement sur l'action publique intentée avant ou pendant la poursuite de l'action civile.

4. La renonciation à l'action civile ne peut arrêter ni suspendre l'exercice de l'action publique.

5. Tout Français qui se sera rendu coupable, hors du territoire de France, d'un crime attentatoire à la sûreté de l'État, de contrefaction du sceau de l'État, de monnaies nationales ayant cours, de papiers nationaux, de billets de banque autorisés par la loi, pourra être poursuivi, jugé et puni en France, d'après les dispositions des lois françaises.

6. Cette disposition pourra être étendue aux étrangers qui, auteurs ou complices des mêmes crimes, seraient arrêtés en France, ou dont le Gouvernement obtiendrait l'extradition.

7. Tout Français qui se sera rendu coupable, hors du territoire du royaume, d'un crime contre un Français, pourra, à son retour en France, y être poursuivi et jugé, s'il n'a pas été poursuivi et jugé en pays étranger, et si le Français offensé rend plainte contre lui.

II. CODE PÉNAL.

1° *Dispositions préliminaires.* (*Art.* 1-5.)

1. L'infraction que les lois punissent des peines de police est une *contravention*. — L'infraction que les lois punissent de peines correctionnelles est un *délit*. — L'infraction que les lois punissent d'une peine afflictive ou infamante est un *crime*.

2. Toute tentative de *crime* qui aura été manifestée par un commencement d'exécution, si elle n'a été suspendue ou si elle n'a manqué son effet que par des circonstances indépendantes de la volonté de son auteur, est considérée comme le *crime* même.

3. Les tentatives de *délits* ne sont considérées comme *délits* que dans les cas déterminés par une disposition spéciale de la loi.

4. Nulle contravention, nul délit, nul crime, ne peuvent être punis de peines qui n'étaient pas prononcées par la loi avant qu'ils fussent commis.

5. Les dispositions du présent Code (Pénal) ne s'appliquent pas aux contraventions, délits et crimes *militaires*.

2° *Dispositions additionnelles.*

C. Pén. 64. Il n'y a ni crime ni délit, lorsque le prévenu était en état de démence au temps de l'action, ou lorsqu'il a été contraint par une force à laquelle il n'a pu résister.

65. Nul crime ou délit ne peut être excusé, ni la peine mitigée, que dans les cas et dans les circonstances où la loi déclare le fait excusable, ou permet de lui appliquer une peine moins rigoureuse.

3° *Disposition générale.*

C. Pén. 484. Dans toutes les matières qui n'ont pas été réglées par le présent Code (Pénal); et qui sont régies par des lois et règlemens particuliers, les cours et les tribunaux continueront de les observer.

PENSIONS ALIMENTAIRES. *V.* Alimens.

PÈRE DE FAMILLE. *V.* Destination.

PÉREMPTION.

I. DISPOSITIONS GÉNÉRALES.

De la péremption.

C. Proc. (*liv.* 2, *tit.* 22, *art.* 597-401). — 597. Toute instance, encore qu'il n'y ait pas eu constitution d'avoué, sera éteinte par discontinuation de poursuite pendant trois ans. — Ce délai sera augmenté de six mois, dans tous les cas où il y aura lieu à demande en reprise d'instance, ou constitution de nouvel avoué.

398. La péremption courra contre l'État, les établissemens publics, et toutes personnes, même mineures, sauf leur recours contre les administrateurs et tuteurs.

399. La péremption n'aura pas lieu de droit; elle se couvrira par les actes valables faits par l'une ou l'autre des parties avant la demande en péremption.

400. Elle sera demandée par requête d'avoué à avoué, à moins que l'avoué ne soit décédé, ou interdit, ou suspendu, depuis le moment où elle a été acquise.

401. La péremption n'éteint pas l'action; elle emporte seulement extinction de la procédure sans qu'on puisse, dans aucun cas, opposer aucun des actes de la procédure éteinte, ni s'en prévaloir. — En cas de péremption, le demandeur principal est condamné à tous les frais de la procédure périmée.

II. DISPOSITIONS ADDITIONNELLES.

1° *Péremption des jugemens par défaut.*

C. Proc. 156. Tous jugemens par défaut contre une partie qui n'a pas constitué d'avoué seront signifiés par un huissier commis soit par le tribunal, soit par le juge du domicile du défaillant que le tribunal aura désigné; ils seront exécutés dans les six mois de leur obtention, sinon seront réputés non avenus. *V.* Exécution.

C. Com. 645. L'article 156 du Code (de Procédure), relatif aux jugemens par défaut rendus par les tribunaux inférieurs, sera applicable aux jugemens par défaut rendus par les tribunaux de commerce.

C. Proc. 470. Les règles établies pour les tribunaux inférieurs seront observées dans les tribunaux d'appel.

2° *Péremption en justice de paix.*

C. Proc. 15. Dans les cas où un interlocutoire aurait été ordonné, la cause sera jugée définitivement, au plus tard dans le délai de quatre mois du jour du jugement interlocutoire : après ce délai, l'instance sera périmée de droit; le jugement qui serait rendu sur le fond sera sujet à l'appel même dans les matières dont le juge de paix connaît en dernier ressort, et sera annulé, sur la réquisition de la partie intéressée. — Si l'instance est périmée par la faute du juge, il sera passible des dommages et intérêts.

3° *Dispositions diverses.*

Appel. *C. Proc.* 469. La péremption en cause d'appel aura l'effet de donner au jugement dont est appel la force de chose jugée.

Prescription (*interruption de*). *C. Civ.* 2245. La citation en justice, donnée même devant un juge incompétent, interrompt la prescription.

2247. Si le demandeur laisse périmer l'instance — l'interruption est regardée comme non avenue.

PÉRIL EN DEMEURE. *V.* Demeure (*péril en*).

PÉRILS ET RISQUES. *V.* Risques et périls.

PERPÉTUELLE DEMEURE.

C. Civ. 524. Sont immeubles par destination tous effets mobiliers que le propriétaire a attachés au fonds à perpétuelle demeure.

525. Le propriétaire est censé avoir attaché à son fonds des effets mobiliers à perpétuelle demeure, quand ils y sont scellés en plâtre, ou en chaux, ou à ciment, ou lorsqu'ils ne peuvent être détachés sans être fracturés et détériorés ou sans briser et détériorer la partie du fonds à laquelle ils sont attachés. — Les glaces d'un appartement sont censées mises à perpétuelle demeure, lorsque le parquet sur lequel elles sont attachées fait corps avec la boiserie. — Il en est de même des tableaux et autres ornemens. — Quant aux statues, elles sont immeubles lorsqu'elles sont placées dans une niche pratiquée exprès pour les recevoir, encore qu'elles puissent être enlevées sans fracture ou détérioration. *V.* Immeubles.

PERPÉTUELLE (rente).

C. Civ. 529. Sont meubles par la détermination de la loi, les rentes perpétuelles ou viagères soit sur l'État, soit sur des particuliers.

530. Toute rente établie à perpétuité pour prix de la vente d'un immeuble ou comme condition de la cession à titre onéreux ou gratuit d'un fonds immobilier, est essentiellement rachetable. — Il est néanmoins permis au créancier

régler les clauses et conditions du rachat. — Il lui est aussi permis de stipuler que la rente ne pourra lui être remboursée qu'après un certain terme, lequel ne peut jamais excéder trente ans: toute stipulation contraire est nulle.

PERQUISITIONS.

1° En matière commerciale.

C. Com. 173. En cas de fausse indication de domicile, le protêt est précédé d'un acte de perquisition.

2° En matière criminelle.

C. Inst. cr. 36. Si la nature du crime ou du délit est telle que la preuve puisse vraisemblablement être acquise par les papiers ou autres pièces et effets en la possession du prévenu, le procureur du Roi (en cas de flagrant délit) se transportera de suite dans le domicile du prévenu, pour y faire la perquisition des objets qu'il jugera utiles à la manifestation de la vérité. *V.* MINISTÈRE PUBLIC.

59. Le juge d'instruction, dans tous les cas réputés flagrant délit, peut faire directement, et par lui-même, tous les actes attribués au procureur du Roi.

62. Lorsque le juge d'instruction (hors le cas de flagrant délit) se transportera sur les lieux, il sera toujours accompagné du procureur du Roi et du greffier du tribunal. *V.* INSTRUCTION (*juge*) et BRIS DE PORTE.

PERSONNE (ERREUR DE). *V.* ERREUR.

PERSONNE (INTERPOSITION DE). *V.* INTERPOSÉES (*personnes*).

PERSONNELLE (ACTION).

C. Proc. 2. En matière purement personnelle ou mobilière, la citation sera donnée devant le juge du domicile du défendeur; s'il n'a pas de domicile, devant le juge de sa résidence.

50. Le défendeur sera cité en conciliation, — en matière personnelle et réelle, devant le juge de paix de son domicile; s'il y a deux défendeurs, devant le juge de l'un d'eux, au choix du demandeur.

59. En matière personnelle, le défendeur sera assigné devant le tribunal de son domicile, s'il n'a pas de domicile, devant le tribunal de sa résidence. — S'il y a plusieurs défendeurs, devant le tribunal du domicile de l'un d'eux, au choix du demandeur.

PERSONNELLES (EXCEPTIONS).

CAUTIONNEMENT. *C. Civ.* 2012. Le cautionnement ne peut exister que sur une obligation valable. — On peut néanmoins cautionner une obligation, encore qu'elle pût être annulée par une exception purement personnelle à l'obligé; par exemple dans le cas de minorité.

2036. La caution peut opposer au créancier toutes les exceptions qui appartiennent au débiteur principal et qui sont inhérentes à la dette. — Mais elle ne peut opposer les exceptions qui sont purement personnelles au débiteur.

SOLIDARITÉ. *C. Civ.* 1208. Le codébiteur solidaire poursuivi par le créancier peut opposer toutes les exceptions qui résultent de la nature de l'obligation, et toutes celles qui lui sont personnelles, ainsi que celles qui sont communes à tous les codébiteurs. — Il ne peut opposer les exceptions qui sont purement personnelles à quelques-uns des autres codébiteurs.

PERSONNELLES (LOIS). (STATUT PERSONNEL.)

C. Civ. 3. Les lois concernant l'état et la capacité des personnes régissent les Français, même résidant en pays étranger.

PERTE (CHOSES PERDUES).

1° Dispositions générales.

C. Civ. 717. Les droits sur les effets jetés à la mer, sur les objets que la mer rejette, de quelque nature qu'ils puissent être, sur les plantes et herbages qui croissent sur les rivages de la mer, sont réglés par des lois particulières. — Il en est de même des choses perdues dont le maître ne se représente pas.

2279. Celui qui a perdu une chose peut la revendiquer pendant trois ans, à compter du jour de la perte, contre celui dans les mains duquel il la trouve; sauf à celui-ci son recours contre celui duquel il la tient. *V.* REVENDICATION.

2° Perte d'effets de commerce.

C. Com. 149. Il n'est admis d'opposition au paiement qu'en cas de perte de la lettre de change ou de la faillite du porteur.

150. En cas de perte d'une lettre de change *non acceptée*, celui à qui elle appartient peut en poursuivre le paiement sur une seconde, troisième, quatrième, etc.

151. Si la lettre de change perdue est revêtue de l'acceptation, le paiement ne peut en être exigé sur une seconde, troisième, quatrième, etc., que par ordonnance du juge, et en donnant caution.

152. Si celui qui a perdu la lettre de change, qu'elle soit acceptée ou non, ne peut représenter la seconde, troisième, quatrième, etc., il peut demander le paiement de la lettre de change perdue, et l'obtenir par l'ordonnance du juge en justifiant de sa propriété par ses livres, et en donnant caution.

153. En cas de refus de paiement, sur la demande formée en vertu des deux articles précédents, le propriétaire de la lettre de change per-

due conserve tous ses droits par un acte de protestation. — Cet acte doit être fait le lendemain de l'échéance de la lettre de change perdue. — Il doit être notifié aux tireur et endosseurs, dans les formes et délais prescrits pour la notification du protêt. *V.* PROTÊT.

154. Le propriétaire de la lettre de change égarée doit, pour s'en procurer la seconde, s'adresser à son endosseur immédiat, qui est tenu de lui prêter son nom et ses soins pour agir envers son propre endosseur ; et ainsi en remontant d'endosseur en endosseur jusqu'au tireur de la lettre. Le propriétaire de la lettre de change égarée supportera les frais.

155. L'engagement de la caution, mentionné dans les articles 151 et 152, est éteint après trois ans, si, pendant ce temps, il n'y a eu ni demandes, ni poursuites juridiques.

157. Toutes les dispositions relatives aux lettres de change et concernant le paiement, sont applicables aux billets à ordre.

PERTE (DESTRUCTION, DOMMAGE).

I. DISPOSITIONS GÉNÉRALES.

C. Civ. 1234. Les obligations s'éteignent — par la perte de la chose.

De la perte de la chose due.

C. Civ. (*liv.* 3, *tit.* 3, *ch.* 5, *sect.* 6, *art.* 1302-1303).—1302. Lorsque le corps certain et déterminé qui était l'objet de l'obligation, vient à périr, est mis hors du commerce, ou se perd de manière qu'on en ignore absolument l'existence ; l'obligation est éteinte si la chose a péri ou a été perdue sans la faute du débiteur et avant qu'il fût en demeure.—Lors même que le débiteur est en demeure, et s'il ne s'est pas chargé des cas fortuits, l'obligation est éteinte dans le cas où la chose fût également périe chez le créancier si elle lui eût été livrée.—Le débiteur est tenu de prouver le cas fortuit qu'il allègue.—De quelque manière que la chose volée ait péri ou ait été perdue, sa perte ne dispense pas celui qui l'a soustraite de la restitution du prix.

1303. Lorsque la chose est périe, mise hors du commerce, ou perdue, sans la faute du débiteur, il est tenu, s'il y a quelques droits ou actions en indemnité par rapport à cette chose, de les céder à son créancier. *V.* FORTUIT (*cas*).

II. DISPOSITIONS DIVERSES.

BAIL. *C. Civ.* 1730. S'il a été fait un état des lieux entre le bailleur et le preneur, celui-ci doit rendre la chose telle qu'il l'a reçue, suivant cet état, excepté ce qui a péri ou a été dégradé par vétusté ou force majeure.

1735. Le preneur est tenu des dégradations et des pertes qui arrivent par le fait des personnes de sa maison ou de ses sous-locataires.

1741. Le contrat de louage se résout par la perte de la chose louée.

(*Récolte.*) *C. Civ.* 1769. Si le bail est fait pour plusieurs années, et que, pendant la durée du bail, la totalité ou la moitié d'une récolte au moins soit enlevée par des cas fortuits, le fermier peut demander une remise du prix de sa location, à moins qu'il ne soit indemnisé par les récoltes précédentes. *V.* RÉCOLTE.

CHEPTEL. *C. Civ.* 1810. Si le cheptel périt en entier sans la faute du preneur, la perte en est pour le bailleur. — S'il n'en périt qu'une partie, la perte est supportée en commun, d'après le prix de l'estimation originaire, et celui de l'estimation à l'expiration du cheptel.

1811. On ne peut stipuler, — que le preneur supportera la perte totale du cheptel, quoiqu'arrivée par cas fortuit et sans sa faute, — ou qu'il supportera, dans la perte, une part plus grande que dans le profit. *V.* CHEPTEL.

COMMANDITAIRES. *C. Com.* 26. L'associé commanditaire n'est passible des pertes que jusqu'à concurrence des fonds qu'il a mis ou dû mettre dans la société.

COMMISSIONNAIRES. *C. Civ.* 1784. (Les commissionnaires) sont responsables de la perte et des avaries des choses qui leur sont confiées, à moins qu'ils ne prouvent qu'elles ont été perdues et avariées par cas fortuit ou force majeure. *V.* COMMISSIONNAIRES.

CONSTRUCTIONS. *C. Civ.* 1792. Si l'édifice construit à prix fait périt en tout ou en partie par le vice de la construction, même par le vice du sol, les architecte et entrepreneur en sont responsables pendant dix ans.

DOMMAGES-INTÉRÊTS. *C. Civ.* 1149. Les dommages et intérêts dus au créancier sont, en général, de la perte qu'il a faite et du gain dont il a été privé. *V.* DOMMAGES-INTÉRÊTS.

GAGE. 2080. Le créancier répond, selon les règles établies au titre *des contrats ou des obligations conventionnelles en général,* de la perte ou détérioration du gage qui serait survenue par sa négligence. (*V. ci-dessus.*)

INDU PAIEMENT. *C. Civ.* 1379. Si la chose indûment reçue est un immeuble ou un meuble corporel, celui qui l'a reçue s'oblige à la restituer en nature, si elle existe, ou sa valeur, si elle est périe ou détériorée par sa faute ; il est même garant de sa perte par cas fortuit, s'il l'a reçue de mauvaise foi.

LEGS. *C. Civ.* 1042. Le legs sera caduc si la chose léguée a totalement péri pendant la vie du testateur.—Il en sera de même si elle a péri deis sa mort sans le fait et la faute de l'héritier, oique celui-ci ait été mis en retard de la déli-r, lorsqu'elle eût également dû périr entre les ins du légataire.

Mandat. *C. Civ.* 2000. Le mandant doit indemniser le mandataire des pertes que celui-ci ssuyées à l'occasion de sa gestion, sans imprudence qui lui soit imputable.

Navire. *C. Com.* 238. En cas de prise, de bris naufrage, avec perte entière du navire et des rchandises, les matelots ne peuvent prétendre un loyer. — Ils ne sont point tenus de restir ce qui leur a été avancé sur leurs loyers.

298. Si le navire se perd, le capitaine tiendra npte des marchandises sur le pied qu'il les aura dues, en retenant le fret porté aux connaissens. *V.* Assurance.

Prêt à la grosse.) C. Com. 324. Le prêteur à grosse sur marchandises chargées dans un nae désigné au contrat, ne supporte pas la perte s marchandises, même par fortune de mer, si es ont été chargées sur un autre navire, à ins qu'il ne soit légalement constaté que ce argement a eu lieu par force majeure.

525. Si les effets sur lesquels le prêt à la grosse eu lieu sont entièrement perdus, et que la te soit arrivée par cas fortuit, dans le temps dans le lieu des risques, la somme prêtée ne t être réclamée. *V.* Aventure.

Obligations alternatives. *C. Civ.* 1193. Obligation alternative devient pure et simple si ne des choses promises périt et ne peut plus e livrée, même par la faute du débiteur. Le ix de cette chose ne peut pas être offert à sa ce.—Si toutes deux sont péries, et que le déteur soit en faute à l'égard de l'une d'elles, il it payer le prix de celle qui a péri la dernière.

1194. Lorsque, dans les cas prévus par l'article écédent, le choix avait été déféré par la condition au créancier, — ou l'une des choses seunent est périe ; et alors, si c'est sans la faute débiteur, le créancier doit avoir celle qui reste ; le débiteur est en faute, le créancier peut deander la chose qui reste, ou le prix de celle qui périe ; — ou les deux choses sont péries ; et rs, si le débiteur est en faute à l'égard des ux, ou même à l'égard de l'une d'elles, seulent, le créancier peut demander le prix de ne ou de l'autre à son choix.

1195. Si les deux choses sont péries sans la faute débiteur, et avant qu'il soit en demeure, l'oation est éteinte, conformément à l'article 92 (*ci-dessus*).

Ouvrier. *C. Civ.* 1788. Si, dans le cas où l'ouier fournit la matière, la chose vient à périr, quelque manière que ce soit, avant d'être li-

vrée, la perte en est pour l'ouvrier, à moins que le maître ne fût en demeure de recevoir la chose.

1789. Dans le cas où l'ouvrier fournit seulement son travail ou son industrie, si la chose vient à périr, l'ouvrier n'est tenu que de sa faute.

1790. Si, dans le cas de l'article précédent, la chose vient à périr, quoique sans aucune faute de la part de l'ouvrier, avant que l'ouvrage ait été reçu, et sans que le maître fût en demeure de le vérifier, l'ouvrier n'a point de salaire à réclamer, à moins que la chose n'ait péri par le vice de la matière.

Prêt. *C. Civ.* 1882. Si la chose prêtée périt par cas fortuit dont l'emprunteur aurait pu la garantir en employant la sienne propre, ou si, ne pouvant conserver que l'une des deux, il a préféré la sienne, il est tenu de la perte de l'autre.

1883. Si la chose a été estimée en la prêtant, la perte qui arrive, même par cas fortuit, est pour l'emprunteur, si n'y a convention contraire.

Preuve testimoniale. *C. Civ.* 1348. (Les règles relatives à la preuve par titre, *V.* Testimoniale [*preuve*],) reçoivent exception toutes les fois qu'il n'a pas été possible au créancier de se procurer une preuve littérale de l'obligation qui a été contractée envers lui. — Cette seconde exception s'applique, — 1°... 4° au cas où le créancier a perdu le titre qui lui servait de preuve littérale, par suite d'un cas fortuit, imprévu, et résultant d'une force majeure.

Rapport. *C. Civ.* 855. L'immeuble qui a péri par cas fortuit et sans la faute du donataire n'est pas sujet à rapport.

(*Dot.*) *C. Civ.* 1575. Si le mari était déjà insolvable, et n'avait ni art ni profession lorsque le père a constitué une dot à sa fille, celle-ci ne sera tenue de rapporter à la succession du père que l'action qu'elle a contre celle de son mari, pour s'en faire rembourser. — Mais si le mari n'est devenu insolvable que depuis le mariage, — ou s'il avait un métier ou une profession qui lui tenait lieu de bien, — la perte de la dot tombe uniquement sur la femme.

Société. *C. Civ.* 1867. Lorsque l'un des associés a promis de mettre en commun la propriété d'une chose, la perte survenue avant que la mise en soit effectuée opère la dissolution de la société par rapport à tous les associés.—La société est également dissoute dans tous les cas par la perte de la chose, lorsque la jouissance seule a été mise en commun, et que la propriété en est restée dans les mains de l'associé.

Solidarité. *C. Civ.* 1205. Si la chose due a

péri par la faute ou pendant la demeure de l'un ou de plusieurs des débiteurs solidaires, les autres codébiteurs ne sont point déchargés de l'obligation de payer le prix de la chose ; mais ceux-ci ne sont point tenus des dommages et intérêts. — Le créancier peut seulement répéter les dommages et intérêts tant contre les débiteurs par la faute desquels la chose a péri, que contre ceux qui étaient en demeure.

VENTE. *C. Civ.* 1601. Si, au moment de la vente, la chose vendue était périe en totalité, la vente serait nulle. — Si une partie seulement de la chose est périe, il est au choix de l'acquéreur d'abandonner la vente, ou de demander la partie conservée, en faisant déterminer le prix par la ventilation.

1647. Si la chose qui avait des vices a péri par suite de sa mauvaise qualité, la perte est pour le vendeur, qui sera tenu envers l'acheteur à la restitution du prix, et aux autres dédommagemens. *V.* VENTE.—Mais la perte arrivée par cas fortuit sera pour le compte de l'acheteur.

PESTE (TEMS DE).

DES TESTAMENS.

C. Civ. 985. Les testamens faits dans un lieu avec lequel toute communication sera interceptée à cause de la peste ou autre maladie contagieuse, pourront être faits devant le juge de paix ou devant l'un des officiers municipaux de la commune, en présence de deux témoins.

986. Cette disposition aura lieu, tant à l'égard de ceux qui seraient attaqués de ces maladies, que de ceux qui seraient dans les lieux qui en sont infectés, encore qu'ils ne fussent pas actuellement malades.

987. Les testamens mentionnés aux deux précédens articles, deviendront nuls six mois après que les communications auront été rétablies dans le lieu où le testateur se trouve, ou six mois après qu'il aura passé dans un lieu où elles ne seront point interrompues.

998. Les testamens compris dans les articles (985, 986 et 987), seront signés par les testateurs et par ceux qui les auront reçus.—Si le testateur déclare qu'il ne sait ou ne peut signer, il sera fait mention de sa déclaration, ainsi que de la cause qui l'empêche de signer.—Dans le cas où la présence de deux témoins est requise, le testament sera signé au moins par l'un d'eux, et il sera fait mention de la cause pour laquelle l'autre n'aura pas signé. *V.* TESTAMENT.

PÉTITOIRE.

1° *Dispositions générales.*

C. Proc. 25. Le possessoire et le pétitoire ne seront jamais cumulés.

26. Le demandeur au pétitoire ne sera plus recevable à agir au possessoire.

27. Le défendeur au possessoire ne pourra se pourvoir au pétitoire qu'après que l'instance sur le possessoire aura été terminée ; il ne pourra s'il a succombé, se pourvoir qu'après qu'il aura pleinement satisfait aux condamnations prononcées contre lui.—Si néanmoins la partie qui les a obtenues était en retard de les faire liquider, le juge du pétitoire pourra fixer, pour cette liquidation, un délai, après lequel l'action au pétitoire sera reçue. *V.* POSSESSOIRE.

2° *Disposition additionnelle.*

C. Civ. 2061. Ceux qui, par un jugement rendu au pétitoire, et passé en force de chose jugée, ont été condamnés à désemparer un fonds et qui refusent d'obéir, peuvent, par un second jugement, être contraints par corps, quinzaine après la signification du premier jugement à personne ou domicile.—Si le fonds ou l'héritage est éloigné de plus de cinq myriamètres du domicile de la partie condamnée, il sera ajouté au délai de quinzaine un jour par cinq myriamètres.

PHARMACIENS. *V.* APOTHICAIRES, MÉDECINS.

PIÈCES. *V.* COMMUNICATION, COPIE, ENLÈVEMENT (*de pièces*).

PIGNORATIF (CONTRAT). *V.* NANTISSEMENT.

PLACARDS.

DISPOSITIONS GÉNÉRALES.

1° *Saisie-exécution.*

C. Proc. 617. La vente sera faite au plus prochain marché public, aux jour et heure ordinaire des marchés, ou un jour de dimanche : néanmoins le tribunal permettre de vendre les effets en un autre lieu plus avantageux. Dans tous les cas, elle sera annoncée un jour auparavant par quatre placards au moins, affichés, l'un au lieu où sont les effets, l'autre à la porte de la maison commune, le troisième au marché du lieu, et s'il n'y en a pas, au marché voisin, le quatrième à la porte de l'auditoire de la justice de paix ; et si la vente se fait dans un lieu autre que le marché ou le lieu où sont les effets, un cinquième placard sera apposé au lieu où se fera la vente. La vente sera en outre annoncée par la voie des journaux, dans les villes où il y en a.

618. Les placards indiqueront les lieu, jour et heure de la vente, et la nature des objets, sans détail particulier.

619. L'apposition sera constatée par exploit, auquel sera annexé un exemplaire du placard.

2° *Saisie immobilière.*

C. Proc. 960. L'adjudication préparatoire, soit

devant le tribunal, soit devant le notaire, sera indiquée par des affiches. Ces affiches ou placards ne contiendront que la désignation sommaire des biens, les noms, professions et domiciles du mineur, de son tuteur et de son subrogé-tuteur, et la demeure du notaire, si c'est devant un notaire que la vente doit être faite. *V*. IMMOBILIÈRE (*saisie*).

PLAIDOIRIE. *V*. AUDIENCE, AVOCAT.

PLAINTE.

DISPOSITIONS GÉNÉRALES.
Des plaintes.

C. Inst. cr. (*liv.* 1, *tit.* 1, *ch.* 6, *sect.* 2, *distinction* 2, § 2, *art.* 63-70). — 63. Toute personne qui se prétendra lésée par un crime ou délit, pourra en rendre plainte et se constituer partie civile devant le juge d'instruction, soit du lieu du crime ou délit, soit du lieu de la résidence du prévenu, soit du lieu où il pourra être trouvé.

64. Les plaintes qui auraient été adressées au procureur du Roi seront par lui transmises au juge d'instruction avec son réquisitoire; celles qui auraient été présentées aux officiers auxiliaires de police, seront par eux envoyées au procureur du Roi, et transmises par lui au juge d'instruction, aussi avec son réquisitoire. — Dans les matières du ressort de la police correctionnelle, la partie lésée pourra s'adresser directement au tribunal correctionnel, dans la forme qui sera ci-après réglée. *V*. CORRECTIONNEL (*tribunal*).

65. Les dispositions de l'article 51 concernant les dénonciations (*V*. DÉNONCIATION) seront communes aux plaintes.

66. Les plaignans ne seront réputés partie civile s'ils ne le déclarent formellement, soit par la plainte, soit par acte subséquent, ou s'ils ne prennent, par l'un ou par l'autre, des conclusions en dommages-intérêts: ils pourront se départir dans les vingt-quatre heures; dans le cas du désistement, ils ne sont pas tenus des frais depuis qu'il aura été signifié, sans préjudice néanmoins des dommages-intérêts des prévenus, s'il y a lieu.

67. Les plaignans pourront se porter partie civile en tout état de cause jusqu'à la clôture des débats: mais en aucun cas leur désistement après le jugement ne peut être valable, quoiqu'il ait été donné dans les vingt-quatre heures de leur déclaration qu'ils se portent partie civile.

68. Toute partie civile qui ne demeurera pas dans l'arrondissement communal où se fait l'instruction, sera tenue d'y élire domicile par acte passé au greffe du tribunal. — A défaut d'élection de domicile par la partie civile, elle ne pourra opposer le défaut de signification contre les actes qui auraient dû lui être signifiés aux termes de la loi.

69. Dans le cas où le juge d'instruction ne serait ni celui du lieu du crime ou délit, ni celui de la résidence du prévenu, ni celui du lieu où il pourra être trouvé, il renverra la plainte devant le juge d'instruction qui pourrait en connaître.

70. Le juge d'instruction compétent pour connaître de la plainte en ordonnera la communication au procureur du Roi, pour être par lui requis ce qu'il appartiendra.

Dispositions du tarif criminel.

42. Les droits *d'expédition* sont dus pour tous les actes et pièces dont il est fait mention dans les articles du Code d'Instruction criminelle, sous les n. 63, 65, 66, 68. *V*. GREFFIER.

PLANTATIONS. *V*. ARBRES.

POIDS ET MESURES.

C. Pén. 423. Quiconque, par usage de faux poids ou de fausses mesures, aura trompé sur la quantité des choses vendues, sera puni de l'emprisonnement pendant trois mois au moins, un an au plus, et d'une amende qui ne pourra excéder le quart des restitutions et dommages-intérêts, ni être au-dessous de cinquante francs. — Les objets du délit, ou leur valeur, s'ils appartiennent encore au vendeur, seront confisqués: les faux poids et les fausses mesures seront aussi confisqués, et de plus seront brisés.

424. Si le vendeur et l'acheteur se sont servi, dans leurs marchés, d'autres poids ou d'autres mesures que ceux qui ont été établis par les lois de l'État, l'acheteur sera privé de toute action contre le vendeur qui l'aura trompé par l'usage de poids ou de mesures prohibés; sans préjudice de l'action publique pour la punition tant de cette fraude que de l'emploi même des poids et des mesures prohibés. — La peine, en cas de fraude, sera celle portée par l'article précédent. — La peine pour l'emploi des mesures et poids prohibés sera déterminée par le livre 4 du Code (Pénal), contenant les peines de simple police (amende de onze à quinze francs inclusivement). *V*. POLICE (*peines de*).

POINT DE DROIT (POINT DE FAIT). *V*. DROIT (*point de*).

POLICE.

DES LOIS DE POLICE.

C. Civ. 3. Les lois de police et de sûreté obligent tous ceux qui habitent le territoire.

POLICE JUDICIAIRE.

DE LA POLICE JUDICIAIRE ET DES OFFICIERS DE POLICE QUI L'EXERCENT.

C. Instr. cr. (*liv.* 1er, *art.* 8-156).

Chap. 1, *de la police judiciaire.*

8. La police judiciaire recherche les crimes, les

délits et les contraventions, en rassemble les preuves et en livre les auteurs aux tribunaux chargés de les punir.

9. La police judiciaire sera exercée sous l'autorité des cours royales, et suivant les distinctions qui vont être établies, — par les gardes champêtres et les gardes forestiers, — par les commissaires de police, — par les maires et les adjoints de maire, — par les procureurs du Roi et leurs substituts, — par les juges de paix, — par les officiers de gendarmerie, — par les commissaires généraux de police, — et par les juges d'instruction.

10. Les préfets des départemens, et le préfet de police à Paris, pourront faire personnellement, ou requérir les officiers de police judiciaire, chacun en ce qui le concerne, de faire tous actes nécessaires à l'effet de constater les crimes, délits et contraventions, et d'en livrer les auteurs aux tribunaux chargés de les punir, conformément à l'article 8 ci-dessus.

Chap. 2, des maires, des adjoints de maire et des commissaires de police.

11. Les commissaires de police, et, dans les communes où il n'y en a point, les maires, au défaut de ceux-ci les adjoints de maire, rechercheront les contraventions de police, même celles qui sont sous la surveillance spéciale des gardes forestiers et champêtres, à l'égard desquels ils auront concurrence et même prévention. — Ils recevront les rapports, dénonciations et plaintes qui seront relatifs aux contraventions de police. — Ils consigneront, dans les procès-verbaux qu'ils rédigeront à cet effet, la nature et les circonstances des contraventions, le temps et le lieu où elles auront été commises, les preuves ou indices à la charge de ceux qui en seront présumés coupables.

12. Dans les communes divisées en plusieurs arrondissemens, les commissaires de police exerceront ces fonctions dans toute l'étendue de la commune où ils sont établis, sans pouvoir alléguer que les contraventions ont été commises hors de l'arrondissement particulier auquel ils sont préposés. — Ces arrondissemens ne limitent ni ne circonscrivent leurs pouvoirs respectifs, mais indiquent seulement les termes dans lesquels chacun d'eux est plus spécialement astreint à un exercice constant et régulier de ses fonctions.

13. Lorsque l'un des commissaires de police d'une même commune se trouvera légitimement empêché, celui de l'arrondissement voisin est tenu de le suppléer, sans qu'il puisse retarder le service pour lequel il sera requis, sous prétexte qu'il n'est pas le plus voisin du commissaire empêché, ou que l'empêchement n'est pas légitime ou n'est pas prouvé.

14. Dans les communes où il n'y a qu'un commissaire de police, s'il se trouve légitimement empêché, le maire, ou, au défaut de celui-ci, l'adjoint de maire, le remplacera, tant que durera l'empêchement.

15. Les maires ou adjoints de maire remettront à l'officier par qui sera rempli le ministère public près le tribunal de police, toutes les pièces et renseignemens, dans les trois jours au plus tard, y compris celui où ils ont reconnu le fait sur lequel ils ont procédé.

Chap. 3, des gardes champêtres et forestiers.

16. Les gardes champêtres et les gardes forestiers, considérés comme officiers de police judiciaire, sont chargés de rechercher, chacun dans le territoire pour lequel ils auront été assermentés, les délits et les contraventions de police qui auront porté atteinte aux propriétés rurales et forestières.—Ils dresseront des procès-verbaux à l'effet de constater la nature, les circonstances, le temps, le lieu des délits et des contraventions, ainsi que les preuves et les indices qu'ils auront pu recueillir. — Ils suivront les choses enlevées dans les lieux où elles auront été transportées, et les mettront en séquestre : ils ne pourront néanmoins s'introduire dans les maisons, ateliers, bâtimens, cours adjacentes et enclos, si ce n'est en présence, soit du juge de paix, soit de son suppléant, soit du commissaire de police, soit du maire du lieu, soit de son adjoint ; et le procès-verbal qui devra en être dressé sera signé par celui en présence duquel il aura été fait. — Ils arrêteront et conduiront devant le juge de paix ou devant le maire tout individu qu'ils auront surpris en flagrant délit ou qui sera dénoncé par la clameur publique, lorsque ce délit emportera la peine d'emprisonnement, ou une peine plus grave. — Ils se feront donner, pour cet effet, main-forte par le maire ou par l'adjoint de maire du lieu, qui ne pourra s'y refuser.

17. Les gardes champêtres et forestiers sont, comme officiers de police judiciaire, sous la surveillance du procureur du Roi, sans préjudice de leur subordination à l'égard de leurs supérieurs dans l'administration.

18. Les gardes forestiers de l'administration, des communes et des établissemens publics, remettront leurs procès-verbaux au conservateur, inspecteur ou sous-inspecteur forestier, dans le délai fixé par l'article 15. — L'officier qui aura reçu l'affirmation sera tenu, dans la huitaine, d'en donner avis au procureur du Roi.

19. Le conservateur, inspecteur ou sous-inspecteur, fera citer les prévenus ou les personnes civilement responsables devant le tribunal correctionnel.

20. Les procès-verbaux des gardes champêtres des communes, et ceux des gardes champêtres et forestiers des particuliers, seront, lorsqu'il s'agira de simples contraventions, remis par eux, dans le délai fixé par l'article 15, au commissaire de police de la commune chef-lieu de la justice de paix, ou au maire dans les communes où il n'y a point de commissaire de police ; et lorsqu'il s'agira d'un délit de nature à mériter une peine correctionnelle, la remise sera faite au procureur du Roi.

21. Si le procès-verbal a pour objet une contravention de police, il sera procédé par le commissaire de police de la commune chef-lieu de la justice de paix, par le maire ou, à son défaut, par l'adjoint de maire, dans les communes où il n'y a point de commissaire de police, ainsi qu'il sera réglé au chapitre 1, titre 1 du livre 2 du présent Code. *V. ci-après* POLICE *(tribunaux de).*

Chap. 4, des procureurs du Roi et de leurs substituts. — Chap. 5, des officiers de police auxiliaires du procureur du Roi. V. MINISTÈRE PUBLIC.

Chap. 6, des juges d'instruction. V. INSTRUCTION *(juge d').*

Chap. 7, des mandats de comparution, de dépôt, d'amener et d'arrêt. V. MANDATS JUDICIAIRES.

Chap. 8, de la liberté provisoire et du cautionnement, V. CAUTIONNEMENT.

Chap. 9, du rapport des juges d'instruction quand la procédure est complète. V. INSTRUCTION *(juge d').*

Dispositions du tarif criminel.

57. Dans les cas prévus par l'article 16 C. Inst. crim., il ne sera accordé de taxe pour la garde des scellés que lorsque le juge instructeur n'aura pas jugé à propos de confier cette garde à des habitans de la maison où les scellés auront été apposés. Dans ce cas, il sera alloué, pour chaque jour, au gardien nommé d'office, savoir : — Paris, 2 fr. 50 c. — Villes de 40,000 hab. et au-dessus, 2 fr. — Autres villes et comm., 1 fr.

71. 1° Pour toutes citations dans les cas prévus par l'art. 19 C. Inst. cr. — Original, — Paris, 1 fr. — Villes de 40,000 hab. et au-dessus, 75 c. — Autres villes et comm., 50 c. ; — 2° chaque copie, — Paris, 75 c. — Villes de 40,000 hab. et au-dessus, 60 c. — Autres villes et comm., 50 c.

90. Il est accordé des indemnités aux médecins, chirurgiens, sages-femmes, experts, interprètes, témoins, jurés, huissiers et gardes champêtres et forestiers, lorsqu'à raison des fonctions qu'ils doivent remplir, et notamment dans les cas prévus par l'article 20 C. Inst. cr., ils sont obligés de se transporter à plus de deux kilomètres de leur résidence, soit dans le canton, soit au-delà. *V.* VOYAGE *(frais de).*

POLICE (CONTRAVENTIONS ET PEINES DE).

I. DISPOSITIONS GÉNÉRALES.

C. Pén. 1. L'infraction que les lois punissent des peines de police est une *contravention.*

De la prescription.

C. Inst. cr. 659. Les peines portées par les jugemens rendus pour contraventions de police seront prescrites après deux années révolues, savoir, pour les peines prononcées par arrêt ou jugement en dernier ressort, à compter du jour de l'arrêt ; et, à l'égard des peines prononcées par les tribunaux de première instance, à compter du jour où ils ne pourront plus être attaqués par la voie de l'appel.

640. L'action publique et l'action civile pour une contravention de police seront prescrites après une année révolue, à compter du jour où elle aura été commise, même lorsqu'il y aura eu procès-verbal, saisie, instruction ou poursuite, si dans cet intervalle il n'est point intervenu de condamnation ; s'il y a eu un jugement définitif de première instance, de nature à être attaqué par la voie de l'appel, l'action publique et l'action civile se prescriront après une année révolue, à compter de la notification de l'appel qui en aura été interjeté.

641. En aucun cas, les condamnés par défaut, dont la peine est prescrite, ne pourront être admis à se présenter pour purger le défaut.

642. Les condamnations civiles portées par les arrêts ou par les jugemens rendus en matière de police, et devenus irrévocables, se prescriront d'après les règles établies par le Code Civil. *V.* PRESCRIPTION.

II. CONTRAVENTIONS DE POLICE ET PEINES.

C. Pén. (liv. 4, art. 464-485.)

Chap. 1, des peines.

464. Les peines de police sont, — l'emprisonnement, — l'amende — et la confiscation de certains objets saisis.

465. L'emprisonnement, pour contravention de police, ne pourra être moindre d'un jour, ni excéder cinq jours, selon les classes, distinctions et cas ci-après spécifiés. — Les jours d'emprisonnement sont des jours complets de vingt-quatre heures.

466. Les amendes pour contravention pourront être prononcées depuis un franc jusqu'à quinze francs inclusivement, selon les distinctions et classes ci-après spécifiées, et seront appliquées au profit de la commune où la contravention aura été commise.

58.

467. La contrainte par corps a lieu pour le paiement de l'amende. — Néanmoins le condamné ne pourra être, pour cet objet, détenu plus de quinze jours, s'il justifie de son insolvabilité. *V.* CONTRAINTE PAR CORPS.

468. En cas d'insuffisance des biens, les restitutions et les indemnités dues à la partie lésée sont préférées à l'amende.

469. Les restitutions, indemnités et frais entraîneront la contrainte par corps, et le condamné gardera prison jusqu'à parfait paiement : néanmoins, si ces condamnations sont prononcées au profit de l'État, les condamnés pourront jouir de la faculté accordée par l'art. 467, dans le cas d'insolvabilité prévu par cet article.

470. Les tribunaux de police pourront aussi, dans les cas déterminés par la loi, prononcer la confiscation, soit des choses saisies en contravention, soit des choses produites par la contravention, soit des matières ou des instrumens qui ont servi ou étaient destinés à la commettre.

Chap. 2, contraventions et peines.

Sect. 1, première classe.

471. Seront punis d'amende, depuis un franc jusqu'à cinq francs inclusivement, — 1° ceux qui auront négligé d'entretenir, réparer ou nettoyer les fours, cheminées ou usines où l'on fait usage du feu ; — 2° ceux qui auront violé la défense de tirer, en certains lieux, des pièces d'artifice ; — 3° les aubergistes et autres qui, obligés à l'éclairage, l'auront négligé ; ceux qui auront négligé de nettoyer les rues ou passages, dans les communes où ce soin est laissé à la charge des habitans ; — 4° ceux qui auront embarrassé la voie publique, en y déposant ou y laissant sans nécessité, des matériaux ou des choses quelconques qui empêchent ou diminuent la liberté ou la sûreté du passage ; ceux qui, en contravention aux lois et règlemens, auront négligé d'éclairer les matériaux par eux entreposés ou les excavations par eux faites dans les rues et places ; — 5° ceux qui auront négligé ou refusé d'exécuter les règlemens ou arrêtés concernant la petite voirie, ou d'obéir à la sommation émanée de l'autorité administrative, de réparer ou démolir les édifices menaçant ruine ; — 6° ceux qui auront jeté ou exposé au-devant de leurs édifices des choses de nature à nuire par leur chute ou par des exhalaisons insalubres ; — 7° ceux qui auront laissé dans les rues, chemins, places, lieux publics, ou dans les champs, des coutres de charrue, pinces, barres, barreaux, ou autres machines, ou instrumens, ou armes, dont puissent abuser les voleurs et autres malfaiteurs ; — 8° ceux qui auront négligé d'écheniller dans les campagnes ou

jardins où ce soin est prescrit par la loi ou les règlemens ; — 9° ceux qui, sans autre circonstance prévue par les lois, auront cueilli ou mangé, sur le lieu même, des fruits appartenant à autrui ; — 10° ceux qui, sans autre circonstance, auront glané, râtelé ou grapillé dans les champs non encore entièrement dépouillés et vidés de leurs récoltes, ou avant le moment du lever ou après celui du coucher du soleil ; — 11° ceux qui, sans avoir été provoqués, auront proféré contre quelqu'un des injures, autres que celles prévues par l'article 375 [*V.* CALOMNIE.] et par la loi du 17 mai 1819 [*V.* DIFFAMATION.]) ; — 12° ceux qui imprudemment auront jeté des immondices sur quelque personne ; — 13° ceux qui, n'étant ni propriétaires, ni usufruitiers, ni locataires, ni fermiers, ni jouissant d'un terrain ou d'un droit de passage, ou qui n'étant agens ni préposés d'aucune de ces personnes, seront entrés et auront passé sur ce terrain, ou sur partie de ce terrain, s'il est préparé ou ensemencé ; — 14° ceux qui auront laissé passer leurs bestiaux ou leurs bêtes de trait, de charge, ou de monture sur le terrain d'autrui, avant l'enlèvement de la récolte ; — 15° ceux qui auront contrevenu aux règlemens légalement faits par l'autorité administrative, et ceux qui ne se seront pas conformés aux règlemens ou arrêtés publiés par l'autorité municipale, en vertu des articles 3 et 4, titre 11 de la loi du 16-24 août 1790, et de l'article 46, titre 1er de la loi du 19-22 juillet 1791 [1].

[1] L. 16-24 *août* 1790, tit. 11. — 5. Les objets de police confiés à la vigilance et à l'autorité des corps municipaux sont : — 1° tout ce qui intéresse la sûreté et la commodité du passage dans les rues, quais, places et voies publiques ; ce qui comprend le nettoiement, l'illumination, l'enlèvement des encombremens, la démolition ou la réparation des bâtimens menaçant ruine, l'interdiction de rien exposer aux fenêtres ou autres parties des bâtimens qui puisse nuire par sa chute, et celle de rien jeter qui puisse blesser ou endommager les passans, ou causer des exhalaisons nuisibles ; — 2° le soin de réprimer et punir les délits contre la tranquillité publique, tels que les rixes et disputes accompagnées d'amentemens dans les rues, le tumulte excité dans les lieux d'assemblée publique, des bruits et attroupemens nocturnes qui troublent le repos des citoyens ; — 3° le maintien du bon ordre dans les endroits où il se fait de grands rassemblemens d'hommes, tels que les foires, marchés, réjouissances et cérémonies publiques, spectacles, jeux, cafés, églises et autres lieux publics ; — 4° l'inspection sur la fidélité du débit des denrées qui se vendent au poids, à l'aune ou à la mesure, et sur la salubrité des comestibles exposés en vente publique ; — 5° le soin de prévenir par les précautions convenables, et celui de faire cesser par la distribution des secours nécessaires, les accidens et fléaux calamiteux, tels que les incendies, les épidémies, les épizooties, en provoquant

472. Seront en outre confisquées les pièces d'artifice saisies dans le cas du n° 2 de l'article 471, les coutres, les instrumens et les armes mentionnés dans le n° 7 du même article.

473. La peine d'emprisonnement pendant trois jours au plus, pourra de plus être prononcée, selon les circonstances, contre ceux qui auront tiré des pièces d'artifice, contre ceux qui auront glané, râtelé ou grapillé en contravention au n° 10 de l'article 471.

474. La peine d'emprisonnement contre toutes les personnes mentionnées en l'article 471 aura toujours lieu, en cas de récidive, pendant trois jours au plus.

Sect. 2, deuxième classe.

475. Seront punis d'amende, depuis six francs jusqu'à dix francs inclusivement, — 1° ceux qui auront contrevenu aux bans de vendanges ou autres bans autorisés par les règlemens ; — 2° les aubergistes, hôteliers, logeurs ou loueurs de maisons garnies, qui auront négligé d'inscrire de suite et sans aucun blanc, sur un registre tenu régulièrement, les noms, qualités, domicile habituel, dates d'entrée et de sortie de toute personne qui aurait couché ou passé une nuit dans leurs maisons ; ceux d'entre eux qui auraient manqué à représenter ce registre aux époques déterminées par les règlemens, ou lorsqu'ils en auraient été requis, aux maires, adjoints, officiers ou commissaires de police, ou aux citoyens commis à cet effet : le tout sans préjudice des cas de responsabilité mentionnés en l'article 73 du présent Code (*V.* Responsabilité.), relativement aux crimes ou aux délits de ceux qui, ayant logé ou séjourné

aussi, dans ces deux derniers cas, l'autorité des administrations de département et de district ; — 6° le soin d'obvier ou de remédier aux évènemens fâcheux qui pourraient être occasionés par les insensés ou les furieux laissés en liberté, et par la divagation des animaux malfaisans ou féroces.

4. Les spectacles publics ne pourront être permis et autorisés que par les officiers municipaux. Ceux des entrepreneurs et directeurs actuels qui ont obtenu des autorisations, soit des gouverneurs des anciennes provinces, soit de toute autre manière, se pourvoiront devant les officiers municipaux, qui confirmeront leur jouissance pour le temps qui en reste à courir, et à charge d'une redevance envers les pauvres.

L. 19-22 *juillet* 1791, *tit.* 1. — 46. Le corps municipal pourra, sous le nom et l'intitulé de délibération, et sauf la réformation, s'il y a lieu, par l'administration du département, sur l'avis de celle du district, faire des arrêtés sur les objets qui suivent : — 1° lorsqu'il s'agira d'ordonner les précautions locales sur les objets confiés à sa vigilance et à son autorité, par les articles 3 et 4 du titre 11 du décret du 16 août sur l'organisation judiciaire.

chez eux, n'auraient pas été régulièrement inscrits ; — 3° les rouliers, charretiers, conducteurs de voitures quelconques ou de bêtes de charge, qui auraient contrevenu aux règlemens par lesquels ils sont obligés de se tenir constamment à portée de leurs chevaux, bêtes de trait ou de charge et de leurs voitures, et en état de les guider et conduire ; d'occuper un seul côté des rues, chemins ou voies publiques ; de se détourner ou ranger devant toutes autres voitures, et, à leur approche, de leur laisser libre au moins la moitié des rues, chaussées, routes et chemins ; — 4° ceux qui auront fait ou laissé courir les chevaux, bêtes de trait, de charge ou de monture, dans l'intérieur d'un lieu habité, ou violé les règlemens contre le chargement, la rapidité ou la mauvaise direction des voitures ; — ceux qui contreviendront aux dispositions des ordonnances et règlemens ayant pour objet : — la solidité des voitures publiques ; — leurs poids ; — le mode de leur chargement ; — le nombre et la sûreté des voyageurs ; — l'indication, dans l'intérieur des voitures, des places qu'elles contiennent et du prix des places ; — l'indication, à l'extérieur, du nom du propriétaire ; — 5° ceux qui auront établi ou tenu dans les rues, chemins, places ou lieux publics, des jeux de loterie ou d'autres jeux de hasard ; — 6° ceux qui auront vendu ou débité des boissons falsifiées ; sans préjudice des peines plus sévères qui seront prononcées par les tribunaux de police correctionnelle, dans le cas où elles contiendraient des mixtions nuisibles à la santé ; — 7° ceux qui auraient laissé divaguer des fous ou des furieux étant sous leur garde, ou des animaux malfaisans ou féroces ; ceux qui auront excité ou n'auront pas retenu leurs chiens lorsqu'ils attaquent ou poursuivent les passans, quand même il n'en serait résulté aucun mal ni dommage ; — 8° ceux qui auraient jeté des pierres ou d'autres corps durs ou immondices contre les maisons, édifices et clôtures d'autrui, ou dans les jardins ou enclos, et ceux aussi qui auraient volontairement jeté des corps durs ou des immondices sur quelqu'un ; — 9° ceux qui, n'étant propriétaires, usufruitiers ni jouissant d'un terrain ou d'un droit de passage, y sont entrés et y ont passé dans le temps où ce terrain était chargé de grains en tuyau, de raisins ou autres fruits mûrs ou voisins de la maturité ; — 10° ceux qui auraient fait ou laissé passer des bestiaux, animaux de trait, de charge ou de monture, sur le terrain d'autrui, ensemencé ou chargé d'une récolte, en quelque saison que ce soit, ou dans un bois-taillis appartenant à autrui ; — 11° ceux qui auraient refusé de recevoir les espèces et monnaies nationales, non fausses ni altérées, selon la valeur pour laquelle elles ont cours ; — 12° ceux qui, le pouvant, auront refusé ou négligé de faire les travaux, le service, ou de prêter le secours dont ils auront été requis, dans les circonstances d'accidens, tumultes, naufrage, inondation, incendie ou autres calamités, ainsi que dans les cas de brigandages, pillages, flagrant délit, clameur publique ou d'exécution judiciaire ; — 13° les personnes désignées aux articles 284 et 288 du présent Code, (*V.* PRESSE.) ; — 14° ceux qui exposent en vente des comestibles gâtés, corrompus ou nuisibles ; — 15° ceux qui déroberont, sans aucune des circonstances prévues en l'article 388 (*V.* VOL.), des récoltes ou autres productions utiles de la terre, qui, avant d'être soustraites, n'étaient pas encore détachées du sol.

476. Pourra, suivant les circonstances, être prononcé, outre l'amende portée en l'article précédent, l'emprisonnement pendant trois jours au plus, contre les rouliers, charretiers, voituriers et conducteurs en contravention ; contre ceux qui auront contrevenu aux règlemens ayant pour objet, soit la rapidité, la mauvaise direction ou le chargement des voitures ou des animaux, soit la solidité des voitures publiques, leurs poids, le mode de leur chargement, le nombre et la sûreté des voyageurs ; contre les vendeurs et débitans de boissons falsifiées ; contre ceux qui auraient jeté des corps durs ou des immondices.

477. Seront saisis et confisqués, — 1° les tables, instrumens, appareils des jeux ou des loteries établis dans les rues, chemins et voies publiques, ainsi que les enjeux, les fonds, denrées, objets ou lots proposés aux joueurs, dans le cas de l'article 476 ; — 2° les boissons falsifiées, trouvées appartenir au vendeur et débitant : ces boissons seront répandues ; — 3° les écrits ou gravures contraires aux mœurs ; ces objets seront mis sous le pilon ; — 4° les comestibles gâtés, corrompus ou nuisibles ; ces comestibles seront détruits.

478. La peine de l'emprisonnement pendant cinq jours au plus sera toujours prononcée, en cas de récidive, contre toutes les personnes mentionnées dans l'article 475. — Les individus mentionnés au n° 5 du même article qui seraient repris pour la même raison en état de récidive, seront traduits devant le tribunal de police correctionnelle, et punis d'un emprisonnement de six jours à un mois, et d'une amende de seize francs à deux cents francs.

Sect. 5, troisième classe.

479. Seront punis d'une amende de onze à quinze francs inclusivement, — 1° ceux qui, hors les cas prévus par l'article 434 jusques et compris l'article 462, auront volontairement causé du dommage aux propriétés mobilières d'autrui : — 2° ceux qui auront occasioné la mort ou la blessure des animaux ou bestiaux appartenant à autrui, par l'effet de la divagation des fous ou furieux, ou d'animaux malfaisans ou féroces, ou par la rapidité ou la mauvaise direction ou le chargement excessif des voitures, chevaux, bêtes de trait, de charge ou de monture ; — 3° ceux qui auront occasioné les mêmes dommages par l'emploi ou l'usage d'armes sans précaution ou avec maladresse, ou par jet de pierres ou d'autres corps durs ; — 4° ceux qui auront causé les mêmes accidens par la vétusté, la dégradation, le défaut de réparation ou d'entretien des maisons ou édifices, ou par l'encombrement ou l'excavation, ou telles autres œuvres, dans ou près des rues, chemins, places ou voies publiques, sans les précautions ou signaux ordonnés ou d'usage ; — 5° ceux qui auront de faux poids ou de fausses mesures dans leurs magasins, boutiques, ateliers ou maisons de commerce, ou dans les halles, foires ou marchés, sans préjudice des peines qui seront prononcées par les tribunaux de police correctionnelle contre ceux qui auraient fait usage de ces faux poids ou de ces fausses mesures ; — 6° ceux qui emploieront des poids ou des mesures différens de ceux qui sont établis par les lois en vigueur ; — les boulangers et bouchers qui vendront le pain ou la viande au-delà du prix fixé par la taxe légalement faite et publiée ; — 7° les gens qui font métier de deviner et de pronostiquer, ou d'expliquer les songes ; — 8° les auteurs ou complices de bruits ou tapages injurieux ou nocturnes, troublant la tranquillité des habitans ; — 9° ceux qui auront méchamment enlevé ou déchiré les affiches apposées par ordre de l'administration ; — 10° ceux qui mèneront sur le terrain d'autrui des bestiaux, de quelque nature qu'ils soient, et notamment dans les prairies artificielles, dans les vignes, oseraies, dans les plants de capriers, dans ceux d'oliviers, de mûriers, de grenadiers, d'orangers, et d'arbres du même genre, dans tous les plants ou pépinières d'arbres fruitiers ou autres, faits de main d'homme ; — 11° ceux qui auront dégradé ou détérioré, de quelque manière que ce soit, les chemins publics, ou usurpé sur leur largeur ; — 12° ceux qui, sans y être dûment autorisés, auront enlevé des chemins publics les gazons, terres ou pierres, ou qui, dans les lieux appartenant aux communes, auraient enlevé les terres ou matériaux, à moins qu'il n'existe un usage général qui l'autorise.

480. Pourra, selon les circonstances, être prononcée la peine d'emprisonnement pendant cinq jours au plus, — 1° contre ceux qui auront occasioné la mort ou la blessure des animaux ou

bestiaux appartenant à autrui, dans les cas prévus par le n° 3 du précédent article ; — 2° contre les possesseurs de faux poids et de fausses mesures ; — 3° contre ceux qui emploient des poids ou des mesures différens de ceux que la loi en vigueur a établis ; contre les boulangers et bouchers, dans les cas prévus par le paragraphe 6 de l'article précédent ; — 4° contre les interprètes de songes ; — 5° contre les auteurs ou complices de bruits ou tapages injurieux ou nocturnes.

481. Seront, de plus, saisis et confisqués, — 1° les faux poids, les fausses mesures, ainsi que les poids et les mesures différens de ceux que la loi a établis ; — 2° les instrumens, ustensiles et costumes servant ou destinés à l'exercice du métier de devin, pronostiqueur, ou interprète de songes.

482. La peine d'emprisonnement pendant cinq jours aura toujours lieu, pour récidive, contre les personnes et dans les cas mentionnés en l'article 479.

Disposition commune aux trois sections ci-dessus.

483. Il y a récidive dans tous les cas prévus par le présent livre, lorsqu'il a été rendu contre le contrevenant, dans les douze mois précédens, un premier jugement pour contravention de police commise dans le ressort du même tribunal. — L'article 463 du présent Code Pénal (*V.* ATTÉNUANTES [*circonstances*].) sera applicable à toutes les contraventions ci-dessus indiquées.

POLICE (SURVEILLANCE DE LA).

C. Pén. 11. Le renvoi sous la surveillance spéciale de la haute police est une peine commune aux matières criminelles et correctionnelles.

44. L'effet du renvoi sous la surveillance de la haute police sera de donner au Gouvernement le droit de déterminer certains lieux dans lesquels il sera interdit au condamné de paraître, après qu'il aura subi sa peine. En outre, le condamné devra déclarer, avant sa mise en liberté, le lieu où il veut fixer sa résidence ; il recevra une feuille de route réglant l'itinéraire dont il ne pourra s'écarter, et la durée de son séjour dans chaque lieu de passage. Il sera tenu de se présenter, dans les vingt-quatre heures de son arrivée, devant le maire de la commune ; il ne pourra changer de résidence sans avoir indiqué, trois jours à l'avance, à ce fonctionnaire, le lieu où il se propose d'aller habiter, et sans avoir reçu de lui une nouvelle feuille de route.

45. En cas de désobéissance aux dispositions prescrites par l'article précédent, l'individu mis sous la surveillance de la haute police sera condamné, par les tribunaux correctionnels, à un emprisonnement qui ne pourra excéder cinq ans.

POLICE (TRIBUNAUX DE).

DES TRIBUNAUX DE POLICE.

C. Inst. cr. (*liv.* 2, *tit.* 1, *art.* 137-216).

Chap. 1, *des tribunaux de simple police.*

137. Sont considérés comme contravention de police simple, les faits qui, d'après les dispositions du quatrième livre du Code Pénal (*ci-dessus*, *p.* 595 *et s.*), peuvent donner lieu, soit à quinze francs d'amende ou au-dessous, soit à cinq ans d'emprisonnement ou au-dessous, qu'il y ait ou non confiscation des choses saisies, et quelle qu'en soit la valeur.

138. La connaissance des contraventions de police est attribuée au juge de paix ou au maire, suivant les règles et les distinctions qui seront ci-après établies.

§ 1, *du tribunal du juge de paix comme juge de police.*

139. Les juges de paix connaîtront exclusivement, — 1° des contraventions commises dans l'étendue de la commune chef-lieu du canton ; — 2° des contraventions dans les autres communes de leur arrondissement, lorsque, hors le cas où les coupables auront été pris en flagrant délit, les contraventions auront été commises par des personnes non domiciliées ou non présentes dans la commune, ou lorsque les témoins qui doivent déposer n'y sont pas résidans ou présens ; — 3° des contraventions à raison desquelles la partie qui réclame conclut, pour ses dommages-intérêts, à une somme indéterminée ou à une somme excédant quinze francs ; — 4° des contraventions forestières poursuivies à la requête des particuliers ; — 5° des injures verbales ; — 6° des affiches, annonces, ventes, distributions ou débits d'ouvrages, écrits ou gravures contraires aux mœurs ; — 7° de l'action contre les gens qui font le métier de deviner ou pronostiquer, ou d'expliquer les songes.

140. Les juges de paix connaîtront aussi, mais concurremment avec les maires, de toutes autres contraventions commises dans leur arrondissement.

141. Dans les communes dans lesquelles il n'y a qu'un juge de paix, il connaîtra seul des affaires attribuées à son tribunal ; les greffiers et les huissiers de la justice de paix feront le service pour les affaires de police.

142. Dans les communes divisées en deux justices de paix ou plus, le service au tribunal de police sera fait successivement par chaque juge de paix, en commençant par le plus ancien : il y aura, dans ce cas, un greffier particulier pour le tribunal de police.

143. Il pourra aussi, dans le cas de l'article précédent, y avoir deux sections pour la police : cha-

que section sera tenue par un juge de paix ; et le greffier aura un commis assermenté pour le suppléer.

144. Les fonctions du ministère public, pour les faits de police, seront remplies par le commissaire du lieu où siègera le tribunal : en cas d'empêchement du commissaire de police, ou s'il n'y en a point, elles seront remplies par le maire, qui pourra se faire remplacer par son adjoint.—S'il y a plusieurs commissaires de police, le procureur général près la cour royale nommera celui ou ceux d'entre eux qui feront le service.

145. Les citations pour contravention de police seront faites à la requête du ministère public, ou de la partie qui réclame. — Elles seront notifiées par un huissier ; il en sera laissé copie au prévenu, ou à la personne civilement responsable.

146. La citation ne pourra être donnée à un délai moindre que vingt-quatre heures, outre un jour par trois myriamètres, à peine de nullité tant de la citation que du jugement qui serait rendu par défaut. Néanmoins cette nullité ne pourra être proposée qu'à la première audience, avant toute exception et défense.—Dans les cas urgens, les délais pourront être abrégés et les parties citées à comparaître même dans le jour, et à heure indiquée, en vertu d'une cédule délivrée par le juge de paix.

147. Les parties pourront comparaître volontairement et sur un simple avertissement, sans qu'il soit besoin de citation.

148. Avant le jour de l'audience, le juge de paix pourra, sur la réquisition du ministère public ou de la partie civile, estimer ou faire estimer les dommages, dresser ou faire dresser des procès-verbaux, faire ou ordonner tous actes requérant célérité.

149. Si la personne citée ne comparait pas au jour et à l'heure fixés par la citation, elle sera jugée par défaut.

150. La personne condamnée par défaut ne sera plus recevable à s'opposer à l'exécution du jugement, si elle ne se présente à l'audience indiquée par l'article suivant ; sauf ce qui sera ci-après réglé sur l'appel et le recours en cassation.

151. L'opposition au jugement par défaut pourra être faite par déclaration en réponse au bas de l'acte de signification, ou par acte notifié dans les trois jours de la signification, outre un jour par trois myriamètres.—L'opposition emportera de droit citation à la première audience après l'expiration des délais, et sera réputée non avenue si l'opposant ne comparait pas.

152. La personne citée comparaîtra par elle-même, ou par un fondé de procuration spéciale.

153. L'instruction de chaque affaire sera publique, à peine de nullité.—Elle se fera dans l'ordre suivant : — les procès-verbaux, s'il y en a, seront lus par le greffier ; — les témoins, s'il en a été appelé par le ministère public ou la partie civile, seront entendus s'il y a lieu ; la partie civile prendra ses conclusions ;—la personne citée proposera sa défense, et fera entendre ses témoins, si elle en a amené ou fait citer, et si, aux termes de l'article suivant, elle est recevable à les produire ;—le ministère public résumera l'affaire et donnera ses conclusions : la partie citée pourra proposer ses observations. — Le tribunal de police prononcera le jugement dans l'audience où l'instruction aura été terminée, et, au plus tard, dans l'audience suivante.

154. Les contraventions seront prouvées, soit par procès-verbaux ou rapports, soit par témoins à défaut de rapports et procès-verbaux, ou à leur appui. — Nul ne sera admis, à peine de nullité, à faire preuve par témoins outre ou contre le contenu aux procès-verbaux ou rapports des officiers de police ayant reçu de la loi le pouvoir de constater des délits ou les contraventions jusqu'à inscription de faux. Quant aux procès-verbaux et rapports faits par des agens, préposés ou officiers auxquels la loi n'a pas accordé le droit d'en être crus jusqu'à inscription de faux, ils pourront être débattus par des preuves contraires, soit écrites, soit testimoniales, si le tribunal juge à propos de les admettre.

155. Les témoins feront à l'audience, sous peine de nullité, le serment de dire toute la vérité, rien que la vérité ; et le greffier en tiendra note, ainsi que de leurs noms, prénoms, âge, profession et demeure, et de leurs principales déclarations.

156. Les ascendans ou descendans de la personne prévenue, ses frères et sœurs ou alliés en pareil degré, la femme ou son mari, même après le divorce prononcé, ne seront ni appelés ni reçus en témoignage ; sans néanmoins que l'audition des personnes ci-dessus désignées puisse opérer une nullité, lorsque, soit le ministère public, soit la partie civile, soit le prévenu, ne se sont pas opposés à ce qu'elles soient entendues.

157. Les témoins qui ne satisferont pas à la citation, pourront y être contraints par le tribunal, qui, à cet effet et sur la réquisition du ministère public, prononcera dans la même audience, sur le premier défaut, l'amende, et, en cas d'un second défaut, la contrainte par corps.

158. Le témoin ainsi condamné à l'amende sur le premier défaut, et qui, sur la seconde citation, produira devant le tribunal des excuses légitimes,

ourra, sur les conclusions du ministère public, être déchargé de l'amende. — Si le témoin n'est pas cité de nouveau, il pourra volontairement comparaître, par lui ou par un fondé de procuration spéciale, à l'audience suivante, pour présenter ses excuses, et obtenir, s'il y a lieu, décharge de l'amende.

159. Si le fait ne présente ni délit ni contravention de police, le tribunal annulera la citation et tout ce qui aura suivi, et statuera par le même jugement sur les demandes en dommages-intérêts.

160. Si le fait est un délit qui emporte une peine correctionnelle ou plus grave, le tribunal renverra les parties devant le procureur du roi.

161. Si le prévenu est convaincu de contravention de police, le tribunal prononcera la peine, et statuera par le même jugement sur les demandes en restitution et en dommages-intérêts.

162. La partie qui succombera sera condamnée aux frais, même envers la partie publique. — Les dépens seront liquidés par le jugement.

163. Tout jugement définitif de condamnation sera motivé, et les termes de la loi appliquée y seront insérés, à peine de nullité. — Il y sera fait mention s'il est rendu en dernier ressort ou en première instance.

164. La minute du jugement sera signée par le juge qui aura tenu l'audience, dans les vingt-quatre heures au plus tard, à peine de vingt-cinq francs d'amende contre le greffier, et de prise à partie, s'il y a lieu, tant contre le greffier que contre le président.

165. Le ministère public et la partie civile poursuivront l'exécution du jugement, chacun en ce qui le concerne.

§ 2, *de la juridiction des maires comme juges de police.*

166. Les maires des communes non chefs-lieux de canton connaîtront, concurremment avec les juges de paix, des contraventions commises dans l'étendue de leur commune, par les personnes prises en flagrant délit ou par les personnes qui résident dans la commune ou qui y sont présentes, lorsque les témoins y seront aussi résidans ou présens, et lorsque la partie réclamant conclura pour ses dommages-intérêts à une somme déterminée qui n'excédera pas celle de quinze francs. — Ils ne pourront jamais connaître des contraventions attribuées exclusivement aux juges de paix par l'article 139, ni d'aucune des matières dont la connaissance est attribuée aux juges de paix considérés comme juges civils.

167. Le ministère public sera exercé auprès du maire, dans les matières de police, par l'adjoint : en l'absence de l'adjoint, ou lorsque l'adjoint remplacera le maire comme juge de police, le ministère public sera exercé par un membre du conseil municipal, qui sera désigné à cet effet par le procureur du Roi pour une année entière.

168. Les fonctions de greffiers des maires dans les affaires de police seront exercées par un citoyen que le maire proposera, et qui prêtera serment en cette qualité au tribunal de police correctionnelle. Il recevra, pour ses expéditions les émolumens attribués au greffier du juge de paix.

169. Le ministère des huissiers ne sera pas nécessaire pour les citations aux parties ; elles pourront être faites par un avertissement du maire, qui annoncera au défendeur le fait dont il est inculpé, le jour et l'heure où il doit se présenter.

170. Il en sera de même des citations aux témoins ; elles pourront être faites par un avertissement qui indiquera le moment où leur déposition sera reçue.

171. Le maire donnera son audience dans la maison commune ; il entendra publiquement les parties et les témoins. — Seront, au surplus, observées les dispositions des articles 149, 150, 151, 153, 154, 155, 156, 157, 158, 159 et 160, concernant l'instruction et les jugemens au tribunal du juge de paix.

§ 3, *de l'appel des jugemens de police.*
V. APPEL, II, p. 43.

Chap. 2, *des tribunaux en matière correctionnelle. V.* CORRECTIONNELS (*tribunaux*).

Dispositions du tarif criminel.

42. Les droits d'expéditions sont dus pour tous les actes et pièces dont il est fait mention dans les articles C. Inst. cr. 146, 155, 157, 158, 159, 160 et 161. V. GREFFIER.

47. En conformité de l'art. 168 C. Inst. cr., les droits d'expédition dus aux greffiers des maires agissant comme juges de police seront les mêmes que ceux des greffiers des autres tribunaux de police.

71. 1° Pour toutes citations, significations et notifications dans les cas prévus par les art. 145, 146, 149, 151, 153, 157, 158 et 160 C. Inst. cr. — Original, — Paris, 1 fr. — Villes de 40,000 habitans et au-dessus, 75 c. — Autres villes et comm., 50 c. ; — 2° chaque copie, — Paris, 75 c. — Villes de 40,000 habitans et au-dessus, 60 c. — Autres villes et comm., 50 c.

PORTE. *V.* BRIS DE PORTE.

POSSESSION.

I. DISPOSITIONS GÉNÉRALES.

C. Civ. (liv. 3, tit. 20, ch. 2 et 3, art. 2228-2241).

Chap. 2, de la possession.

2228. La possession est la détention ou la jouissance d'une chose ou d'un droit que nous tenons ou que nous exerçons par nous-mêmes, ou par un autre qui la tient ou qui l'exerce en notre nom.

2229. Pour pouvoir prescrire, il faut une possession continue et non interrompue, paisible, publique, non équivoque, et à titre de propriétaire.

2230. On est toujours présumé posséder pour soi, et à titre de propriétaire, s'il n'est prouvé qu'on a commencé à posséder pour un autre.

2231. Quand on a commencé à posséder pour autrui, on est toujours présumé posséder au même titre, s'il n'y a preuve du contraire.

2232. Les actes de pure faculté et ceux de simple tolérance ne peuvent fonder ni possession ni prescription.

2233. Les actes de violence ne peuvent fonder non plus une possession capable d'opérer la prescription.— La possession utile ne commence que lorsque la violence a cessé.

2234. Le possesseur actuel qui prouve avoir possédé anciennement, est présumé avoir possédé dans le temps intermédiaire, sauf la preuve contraire.

2235. Pour compléter la prescription, on peut joindre à sa possession celle de son auteur, de quelque manière qu'on lui ait succédé, soit à titre universel ou particulier, soit à titre lucratif ou onéreux.

Chap. 3, des causes qui empêchent la prescription.

2236. Ceux qui possèdent pour autrui ne prescrivent jamais, par quelque laps de temps que ce soit. — Ainsi, le fermier, le dépositaire, l'usufruitier, et tous autres qui détiennent précairement la chose du propriétaire, ne peuvent la prescrire.

2237. Les héritiers de ceux qui tenaient la chose à quelqu'un des titres désignés par l'article précédent, ne peuvent non plus prescrire.

2238. Néanmoins les personnes énoncées dans les articles 2236 et 2237 peuvent prescrire, si le titre de leur possession se trouve interverti, soit par une cause venant d'un tiers, soit par la contradiction qu'elles ont opposée au droit du propriétaire.

2239. Ceux à qui les fermiers, dépositaires et autres détenteurs précaires, ont transmis la chose par un titre translatif de propriété, peuvent la prescrire.

2240. On ne peut pas prescrire contre son titre, en ce sens que l'on ne peut point se changer à soi-même la cause et le principe de sa possession.

2241. On peut prescrire contre son titre, en ce sens que l'on prescrit la libération de l'obligation que l'on a contractée.

II. DISPOSITIONS ADDITIONNELLES.

C. Civ. 549. Le simple possesseur ne fait les fruits siens que dans le cas où il possède de bonne foi : dans le cas contraire, il est tenu de rendre les produits avec la chose au propriétaire qui la revendique.

550. Le possesseur est de bonne foi quand il possède comme propriétaire, en vertu d'un titre translatif de propriété dont il ignore les vices. — Il cesse d'être de bonne foi du moment où ces vices lui sont connus. *V.* BONNE FOI.

1127. Le simple usage ou la simple possession d'une chose peut être, comme la chose même, l'objet du contrat.

1701. La disposition portée en l'article 1699[1] cesse, — 1°..... 5° lorsqu'elle a été faite au possesseur de l'héritage sujet au droit litigieux.

2279. En fait de meubles, la possession vaut titre. — Néanmoins celui qui a perdu, ou auquel il a été volé une chose, peut la revendiquer pendant trois ans, à compter du jour de la perte ou du vol, contre celui dans les mains duquel il la trouve, sauf à celui-ci son recours contre celui duquel il la tient.

2280. Si le possesseur actuel de la chose volée ou perdue l'a achetée dans une foire, ou dans un marché, ou dans une vente publique, ou d'un marchand vendant des choses pareilles, le propriétaire originaire ne peut se la faire rendre qu'en remboursant au possesseur le prix qu'elle lui a coûté.

POSSESSION (ENVOI EN). *V.* ENVOI.— **POSSESSION D'ÉTAT.** *V.* ÉTAT (*possession d'*).

POSSESSOIRE (ACTION).

1° *Dispositions générales.*

C. Proc. 3. (La citation sera donnée) devant le juge (de paix) de la situation de l'objet litigieux, lorsqu'il s'agira, — 1°.... 2° des déplacemens de

---

[1] 1699. Celui contre lequel on a cédé un droit litigieux peut s'en faire tenir quitte par le cessionnaire, en lui remboursant le prix réel de la cession avec les frais et loyaux couts, et avec les intérêts à compter du jour où le cessionnaire a payé le prix de la cession à lui faite.

ornes, des usurpations de terres, arbres, haies, fossés et autres clôtures, commis dans l'année; des entreprises sur les cours d'eau, commises pareillement dans l'année, et de toutes autres actions possessoires.

Des jugemens sur les actions possessoires.

C. Proc. (*liv.* 1, *tit.* 4, *art.* 23-27). — 23. Les actions possessoires ne seront recevables qu'autant qu'elles auront été formées dans l'année du trouble, par ceux qui, depuis une année au moins, étaient en possession paisible par eux ou les leurs, à titre non précaire.

24. Si la possession ou le trouble sont déniés, l'enquête qui sera ordonnée ne pourra porter sur le fond du droit.

25. Le possessoire et le pétitoire ne seront jamais cumulés.

26. Le demandeur au pétitoire ne sera plus recevable à agir au possessoire.

27. Le défendeur au possessoire ne pourra se pourvoir au pétitoire qu'après que l'instance sur le possessoire aura été terminée : il ne pourra, s'il a succombé, se pourvoir qu'après qu'il aura pleinement satisfait aux condamnations prononcées contre lui.— Si, néanmoins, la partie qui les a obtenues, était en retard de les faire liquider, le juge du pétitoire pourra fixer, pour cette liquidation, un délai, après lequel l'action au pétitoire sera reçue.

Disposition additionnelle.

C. Civ. 1428. Le mari (pendant la communauté) a l'administration de tous les biens personnels de la femme. — Il peut exercer seul toutes les actions mobilières et possessoires qui appartiennent à la femme.

POTESTATIVE (CONDITION).

C. Civ. 1170. La condition *potestative* est celle qui fait dépendre l'exécution de la convention d'un évènement qu'il est au pouvoir de l'une ou de l'autre des parties contractantes de faire arriver ou d'empêcher.

1174. Toute obligation est nulle lorsqu'elle a été contractée sous une condition potestative de la part de celui qui s'oblige.

POUVOIR DISCRÉTIONNAIRE. *V.* DISCRÉTIONNAIRE (*pouvoir*).

PRÉCAIRE (POSSESSION).

C. Civ. 2236. Ceux qui possèdent pour autrui ne prescrivent jamais, par quelque laps de temps que ce soit. — Ainsi le fermier, le dépositaire, l'usufruitier, et tous autres qui détiennent précairement la chose du propriétaire, ne peuvent la prescrire.

2239. Ceux à qui les fermiers, dépositaires et autres détenteurs précaires ont transmis la chose par un titre translatif de propriété peuvent la prescrire. *V.* POSSESSOIRE (*action*).

PRÉCIPUT.

I. AVANCEMENT D'HOIRIE.

C. Civ. 919. La quotité disponible pourra être donnée en tout ou en partie, soit par acte entrevifs, soit par testament, aux enfans ou autres successibles du donateur, sans être sujette au rapport par le donataire ou le légataire venant à la succession, pourvu que la disposition ait été faite expressément à titre de préciput ou hors part.— La déclaration que le don ou le legs est à titre de préciput ou hors part, pourra être faite, soit par l'acte qui contiendra la disposition, soit postérieurement dans la forme des dispositions entre-vifs ou testamentaires. *V.* RAPPORT.

II. PRÉCIPUT DE COMMUNAUTÉ.

C. Civ. 1497. Les époux peuvent modifier la communauté légale en stipulant, — 1°... 6° que le survivant aura un préciput.

Du préciput conventionnel.

C. Civ. (*liv.* 3, *tit.* 5, *chap.* 2, 2ᵉ *part.*, *sect.* 6, *art.* 1515-1519). — 1515. La clause par laquelle l'époux survivant est autorisé à prélever, avant tout partage, une certaine somme ou une certaine quantité d'effets mobiliers en nature, ne donne droit à ce prélèvement, au profit de la femme survivante, que lorsqu'elle accepte la communauté, à moins que le contrat de mariage ne lui ait réservé ce droit, même en renonçant. — Hors le cas de cette réserve, le préciput ne s'exerce que sur la masse partageable, et non sur les biens personnels de l'époux prédécédé.

1516. Le préciput n'est point regardé comme un avantage sujet aux formalités des donations, mais comme une convention de mariage.

1517. La mort naturelle ou civile donne ouverture au préciput.

1518. Lorsque la dissolution de la communauté s'opère par le divorce ou par la séparation de corps, il n'y a pas lieu à la délivrance actuelle du préciput; mais l'époux qui a obtenu soit le divorce, soit la séparation de corps, conserve ses droits au préciput en cas de survie. Si c'est la femme, la somme ou la chose qui constitue le préciput reste toujours provisoirement au mari, à la charge de donner caution.

1519. Les créanciers de la communauté ont toujours le droit de faire vendre les effets compris dans le préciput, sauf le recours de l'époux, conformément à l'article 1515.

PRÉFÉRENCE. *V.* PRIVILÈGE.

PRÉLÈVEMENS.

C. Civ. 1471. Les prélèvemens de la femme

s'exercent avant ceux du mari. — Ils s'exercent pour les biens qui n'existent plus en nature, d'abord sur l'argent comptant, ensuite sur le mobilier, et subsidiairement sur les immeubles de la communauté; dans ce dernier cas, le choix des immeubles est déféré à la femme et à ses héritiers.

1472. Le mari ne peut exercer ses reprises que sur les biens de la communauté. — La femme et ses héritiers, en cas d'insuffisance de la communauté, exercent leurs reprises sur les biens personnels du mari.

1473. Les remplois et récompenses dus par la communauté aux époux, et les récompenses et indemnités par eux dues à la communauté, emportent les intérêts de plein droit du jour de la dissolution de la communauté.

1474. Après que tous les prélèvemens des deux époux ont été exécutés sur la masse, le surplus se partage par moitié entre les époux ou ceux qui les représentent. V. COMMUNAUTÉ, PARTAGE.

PRÉMÉDITATION.

C. Pén. 296. Tout meurtre commis avec préméditation est qualifié assassinat.

297. La préméditation consiste dans le dessein formé, avant l'action, d'attenter à la personne d'un individu déterminé, ou même de celui qui sera trouvé ou rencontré, quand même ce dessein serait dépendant de quelque circonstance ou de quelque condition.

PRÉPARATOIRE (JUGEMENT).

1° *Juge de paix.*

C. Proc. 51. Il n'y aura lieu à l'appel des jugemens préparatoires (des juges de paix) qu'après le jugement définitif et conjointement avec l'appel de ce jugement; mais l'exécution des jugemens préparatoires ne portera aucun préjudice aux droits des parties sur l'appel, sans qu'elles soient obligées de faire à cet égard aucune protestation ni réserve.

2° *Tribunaux civils.*

C. Proc. 451. L'appel d'un jugement préparatoire ne pourra être interjeté qu'après le jugement définitif et conjointement avec l'appel de ce jugement, et le délai de l'appel ne courra que du jour de la signification du jugement définitif: cet appel sera recevable, encore que le jugement préparatoire ait été exécuté sans réserves.

452. Sont réputés préparatoires les jugemens rendus pour l'instruction de la cause, et qui tendent à mettre le procès en état de recevoir jugement définitif.

PRESCRIPTION.

I. LOI CIVILE.

1° *Dispositions générales.*

C. Civ. 712. La propriété s'acquiert par prescription.

1234. Les obligations s'éteignent —par la prescription.

De la prescription.

C. Civ. (*liv.* 3, *tit.* 20, *art.* 2219-2281).

Chap. 1, *dispositions générales.*

2219. La prescription est un moyen d'acquérir ou de se libérer par un certain laps de temps, et sous les conditions déterminées par la loi.

2220. On ne peut, d'avance, renoncer à la prescription : on peut renoncer à la prescription acquise.

2221. La renonciation à la prescription est expresse ou tacite : la renonciation tacite résulte d'un fait qui suppose l'abandon du droit acquis.

2222. Celui qui ne peut aliéner, ne peut renoncer à la prescription acquise.

2223. Les juges ne peuvent pas suppléer d'office le moyen résultant de la prescription.

2224. La prescription peut être opposée en tout état de cause, même devant la cour royale, à moins que la partie qui n'aurait pas opposé le moyen de la prescription ne doive, par les circonstances, être présumée y avoir renoncé.

2225. Les créanciers, ou toute autre personne ayant intérêt à ce que la prescription soit acquise, peuvent l'opposer, encore que le débiteur ou le propriétaire y renonce.

2226. On ne peut prescrire le domaine des choses qui ne sont point dans le commerce.

2227. L'État, les établissemens publics et les communes sont soumis aux mêmes prescriptions que les particuliers, et peuvent également les opposer.

Chap. 2, *de la possession.* — *Chap.* 3, *des causes qui empêchent la prescription.* V. POSSESSION.

Chap. 4, *des causes qui interrompent ou qui suspendent le cours de la prescription.* V. INTERRUPTION DE PRESCRIPTION.

Chap. 5, *du temps requis pour prescrire.*

Sect. 1, *dispositions générales.*

2260. La prescription se compte par jours, et non par heures.

2261. Elle est acquise lorsque le dernier jour du terme est accompli.

Sect. 2, *de la prescription trentenaire.*

2262. Toutes les actions, tant réelles que pernnelles, sont prescrites par trente ans, sans que celui qui allègue cette prescription soit obligé en rapporter un titre, ou qu'on puisse lui opposer l'exception déduite de la mauvaise foi.

2263. Après vingt-huit ans de la date du dernier titre, le débiteur d'une rente peut être contraint à fournir à ses frais un titre nouvel à son créancier ou à ses ayans cause.

2264. Les règles de la prescription sur d'autres objets que ceux mentionnés dans le présent titre, sont expliquées dans les titres qui leur sont propres. (*V. ci-après.*)

ct. 3, de la prescription par dix et vingt ans.
V. DÉCENNALE (*prescription*).

ct. 4, de quelques prescriptions particulières.

2271. L'action des maîtres et instituteurs des sciences et arts, pour les leçons qu'ils donnent au mois ;—celle des hôteliers et traiteurs, à raison du logement et de la nourriture qu'ils fournissent ; — celle des ouvriers et gens de travail, pour le paiement de leurs journées, fournitures et salaires,— se prescrivent par six mois.

2272. L'action des médecins, chirurgiens et apothicaires, pour leurs visites, opérations et médicamens ;— celle des huissiers pour le salaire des actes qu'ils signifient et des commissions qu'ils exécutent ;—celle des marchands, pour les marchandises qu'ils vendent aux particuliers non marchands ;—celle des maîtres de pension, pour le prix de la pension de leurs élèves ; et des autres maîtres, pour le prix de l'apprentissage ; — celle des domestiques qui se louent à l'année, pour le paiement de leur salaire,—se prescrivent par un an.

2273. L'action des avoués, pour le paiement de leurs frais et salaires, se prescrit par deux ans, à compter du jugement du procès, ou de la conciliation des parties, ou depuis la révocation desdits avoués. A l'égard des affaires non terminées, ils ne peuvent former de demandes pour leurs frais et salaires qui remonteraient à plus de cinq ans.

2274. La prescription, dans les cas ci-dessus, a lieu, quoiqu'il y ait eu continuation de fournitures, livraisons, services et travaux. — Elle ne cesse de courir que lorsqu'il y a eu compte arrêté, cédule ou obligation, ou citation en justice non périmée.

2275. Néanmoins ceux auxquels ces prescriptions seront opposées peuvent déférer le serment à ceux qui les opposent, sur la question de savoir si la chose a été réellement payée.—Le serment pourra être déféré aux veuves et héritiers, ou aux tuteurs de ces derniers, s'ils sont mi-

neurs, pour qu'ils aient à déclarer s'ils ne savent pas que la chose soit due.

2276. Les juges et avoués sont déchargés des pièces cinq ans après le jugement des procès. — Les huissiers, après deux ans, depuis l'exécution de la commission, ou la signification des actes dont ils étaient chargés, en sont pareillement déchargés.

2277. Les arrérages de rentes perpétuelles et viagères ; — ceux des pensions alimentaires ; — les loyers des maisons, et le prix de ferme des biens ruraux ;—les intérêts des sommes prêtées, et généralement tout ce qui est payable par année, ou à des termes périodiques plus courts, — se prescrivent par cinq ans.

2278. Les prescriptions dont il s'agit dans les articles de la présente section, courent contre les mineurs et les interdits ; sauf leur recours contre leurs tuteurs.

2279. En fait de meubles, la possession vaut titre.—Néanmoins celui qui a perdu ou auquel il a été volé une chose, peut la revendiquer, pendant trois ans, à compter du jour de la perte ou du vol, contre celui dans les mains duquel il la trouve ; sauf à celui-ci son recours contre celui duquel il la tient.

2280. Si le possesseur actuel de la chose volée ou perdue l'a achetée dans une foire ou dans un marché, ou dans une vente publique, ou d'un marchand vendant des choses pareilles, le propriétaire originaire ne peut se la faire rendre qu'en remboursant au possesseur le prix qu'elle lui a coûté.

2281. Les prescriptions commencées à l'époque de la publication du présent titre (25 *mars* 1804) seront réglées conformément aux lois anciennes. — Néanmoins les prescriptions alors commencées, et pour lesquelles il faudrait encore, suivant les anciennes lois, plus de trente ans à compter de la même époque, seront accomplies par ce laps de trente ans.

2° *Dispositions additionnelles.*

CONCILIATION. *C. Proc.* 57. La citation en conciliation interrompra la prescription, et fera courir les intérêts ; le tout, pourvu que la demande soit formée dans le mois, à dater du jour de la non-comparution ou de la non-conciliation.

DOMAINE. *C. Civ.* 541. (Les terrains, les fortifications et remparts des places qui ne sont plus places de guerre) appartiennent à l'État s'ils n'ont été valablement aliénés, ou si la propriété n'en a pas été prescrite contre lui.

560. Les îles, îlots, attérissemens qui se forment dans le lit des fleuves ou des rivières navigables ou flottables appartiennent à l'État, s'il n'y a titre ou prescription contraire.

DONATION (*survenance d'enfant*). C. Civ. 966. Le donataire, ses héritiers ou ayans cause, ou autres détenteurs des choses données, ne pourront opposer la prescription pour faire valoir la donation révoquée par la survenance d'enfant, qu'après une possession de trente années, qui ne pourront commencer à courir que du jour de la naissance du dernier enfant du donateur, même posthume ; et ce, sans préjudice des interruptions, telles que de droit.

DOT (*fonds dotal*). C. Civ. 1560. Si, hors les cas d'exception (établis par la loi), la femme ou le mari, ou tous les deux conjointement, aliènent le fonds dotal, la femme ou ses héritiers pourront faire révoquer l'aliénation après la dissolution du mariage, sans qu'on puisse leur opposer aucune prescription pendant sa durée ; la femme aura le même droit après la séparation de biens. — Le mari lui-même pourra faire révoquer l'aliénation pendant le mariage, en demeurant néanmoins sujet aux dommages et intérêts de l'acheteur, s'il n'a pas déclaré dans le contrat que le bien vendu était dotal.

1561. Les immeubles dotaux, non déclarés aliénables par le contrat de mariage, sont imprescriptibles pendant le mariage, à moins que la prescription n'ait commencé auparavant. — Ils deviennent néanmoins prescriptibles après la séparation de biens, quelle que soit l'époque à laquelle la prescription a commencé.

ENCLAVE (*passage*). C. Civ. 685. L'action en indemnité, dans le cas (d'enclave) prévu par l'article 682 (*V.* ENCLAVE.), est prescriptible ; et le passage doit être continué, quoique l'action en indemnité ne soit plus recevable.

FAUX (*inscription de*). C. Proc. 259. S'il résulte de la procédure (sur inscription de faux civile) des indices de faux ou de falsification, et que les auteurs ou complices soient vivans, et la poursuite du crime non éteinte par la prescription, d'après les dispositions du Code Pénal (*V. ci-après*), le président délivrera mandat d'amener contre les prévenus, et remplira, à cet égard, les fonctions d'officier de police judiciaire.

HÉRITIER BÉNÉFICIAIRE (*créancier*). C. Civ. 809. Les créanciers non opposans qui ne se présentent qu'après l'apurement du compte (de bénéfice d'inventaire) et le paiement du reliquat, n'ont de recours à exercer que contre les légataires.—Dans l'un et l'autre cas, le recours se prescrit par le laps de trois ans, à compter du jour de l'apurement du compte et du paiement du reliquat. *V.* BÉNÉFICE D'INVENTAIRE.

HYPOTHÈQUES (*et privilèges*). C. Civ. 2180. Les privilèges et hypothèques s'éteignent,—1°... 4° par la prescription. — La prescription est acquise au débiteur, quant aux biens qui sont dans ses mains, par le temps fixé pour la prescription des actions qui donnent l'hypothèque ou le privilège. — Quant aux biens qui sont dans la main d'un tiers-détenteur, elle lui est acquise par le temps réglé pour la prescription de la propriété à son profit ; dans le cas où la prescription suppose un titre, elle ne commence à courir que du jour où il a été transcrit sur les registres du conservateur.—Les inscriptions prises par le créancier n'interrompent pas le cours de la prescription établie par la loi en faveur du débiteur et du tiers-détenteur.

MINEUR. C. Civ. 475. Toute action du mineur contre son tuteur, relativement aux faits de la tutelle, se prescrit par dix ans, à compter de la majorité.

PARTAGE. C. Civ. 886. La garantie de la solvabilité du débiteur d'une rente ne peut être exercée que dans les cinq ans qui suivent le partage. Il n'y a pas lieu à garantie à raison de l'insolvabilité du débiteur, quand elle n'est survenue que depuis le partage consommé.

RÉCLAMATION D'ÉTAT. C. Civ. 328. L'action en réclamation d'état est imprescriptible à l'égard de l'enfant. *V.* ÉTAT (*réclamation d'*).

RESCISION. C. Civ. 1304. Dans tous les cas où l'action en nullité ou en rescision d'une convention n'est pas limitée à un moindre temps par une loi particulière, cette action dure dix ans.— Ce temps ne court, dans le cas de violence, que du jour où elle a cessé ; dans le cas d'erreur ou de dol, du jour où ils ont été découverts ; et pour les actes passés par les femmes mariées non autorisées, du jour de la dissolution du mariage.— Le temps ne court à l'égard des actes faits par les interdits, que du jour où l'interdiction est levée ; et à l'égard de ceux faits par les mineurs, que du jour de la majorité.

SÉPARATION DE PATRIMOINE. C. Civ. 880. (Le droit de demander la séparation de patrimoine) se prescrit, relativement aux meubles, par le laps de trois ans. — A l'égard des immeubles, l'action peut être exercée tant qu'ils existent dans la main de l'héritier.

SERVITUDE (*établissement*). C. Civ. 690. Les servitudes continues et apparentes s'acquièrent par titre ou par la possession de trente ans.

691. Les servitudes continues non apparentes, et les servitudes discontinues apparentes ou non apparentes ne peuvent s'établir que par titres.— La possession même immémoriale ne suffit pas pour les établir, sans cependant qu'on puisse attaquer aujourd'hui les servitudes de cette nature déjà acquises par la possession, dans les pays où elles pouvaient s'acquérir de cette manière.

(Extinction.) *C. Civ.* 706. La servitude est éteinte par le non usage pendant trente ans.

707. Les trente ans commencent à courir, selon les diverses espèces de servitudes, ou du jour où l'on a cessé d'en jouir, lorsqu'il s'agit de servitudes discontinues, ou du jour où il a été fait un acte contraire à la servitude, lorsqu'il s'agit de servitudes continues.

708. Le mode de la servitude peut se prescrire comme la servitude même, et de la même manière.

709. Si l'héritage en faveur duquel la servitude est établie appartient à plusieurs par indivis, la jouissance de l'un empêche la prescription à l'égard de tous.

710. Si parmi les copropriétaires il s'en trouve un contre lequel la prescription n'ait pu courir, comme un mineur, il aura conservé le droit de tous les autres.

Société (*civile*). *C. Civ.* 1854. Si les associés sont convenus de s'en rapporter à l'un d'eux ou à un tiers pour le règlement des parts, ce règlement ne peut être attaqué s'il n'est évidemment contraire à l'équité.—Nulle réclamation n'est admise à ce sujet, s'il s'est écoulé plus de trois mois depuis que la partie qui se prétend lésée a eu connaissance du règlement.

Solidarité. *C. Civ.* 1199. Tout acte qui interrompt la prescription à l'égard de l'un des créanciers solidaires profite aux autres créanciers.

1206. Les poursuites faites contre l'un des débiteurs solidaires interrompt la prescription à l'égard de tous.

1212. Le créancier qui reçoit divisément et sans réserve la portion de l'un des codébiteurs dans les arrérages ou intérêts de la dette, ne perd la solidarité que pour les arrérages ou intérêts échus, et non pour ceux à échoir, ni pour le capital, à moins que le paiement divisé n'ait été continué pendant dix ans consécutifs.

Source. *C. Civ.* 641. Celui qui a une source dans son fonds peut en user à sa volonté, sauf le droit que le propriétaire du fonds inférieur pourrait avoir acquis par titre ou par prescription.

642. La prescription, dans ce cas, ne peut s'acquérir que par une jouissance non interrompue pendant l'espace de trente années, à compter du moment où le propriétaire du fonds inférieur a fait et terminé des ouvrages apparens destinés à faciliter la chute et le cours de l'eau dans sa propriété.

Succession. *C. Civ.* 789. La faculté d'accepter ou de répudier une succession se prescrit par le laps de temps requis pour la prescription la plus longue des droits immobiliers.

790. Tant que la prescription du droit d'accepter n'est pas acquise contre les héritiers qui ont renoncé, ils ont la faculté d'accepter encore la succession, si elle n'a pas été déjà acceptée par d'autres héritiers ; sans préjudice néanmoins des droits qui peuvent être acquis à des tiers sur les biens de la succession, soit par prescription, soit par actes valablement faits avec le curateur à la succession vacante.

Usufruit (*usage, habitation*). *C. Civ.* 617. L'usufruit s'éteint par le non-usage du droit pendant trente ans.

625. Les droits d'usage et d'habitation se perdent de la même manière que l'usufruit.

Vente (*contenance*). *C. Civ.* 1622. L'action en supplément de prix (à raison de la contenance) de la part du vendeur, et celle en diminution de prix ou en résiliation du contrat de la part de l'acquéreur, doivent être intentées dans l'année, à compter du jour du contrat, à peine de déchéance.

(*Rachat.*) *C. Civ.* 1660. La faculté de rachat ne peut être stipulée pour un terme excédant cinq années.

1662. Faute par le vendeur d'avoir exercé son action de réméré dans le terme prescrit, l'acquéreur demeure propriétaire irrévocable.

1663. L'acquéreur à pacte de rachat peut prescrire tant contre le véritable maître que contre ceux qui prétendraient des droits ou hypothèques sur la chose vendue.

(*Rescision pour lésion.*) 1676. La demande (en rescision pour cause de lésion) n'est plus recevable après l'expiration de deux années, à compter du jour de la vente. — Ce délai court, contre les femmes mariées, et contre les absens, les interdits, et les mineurs venant du chef d'un majeur qui a vendu. — Ce délai court aussi et n'est pas suspendu pendant la durée du temps stipulé pour le pacte de rachat.

II. LOI COMMERCIALE.

Dispositions diverses.

Commerce maritime. *C. Com.* 430. Le capitaine ne peut acquérir la propriété du navire par voie de prescription.

431. L'action en délaissement est prescrite dans les délais exprimés par l'article 373. *V.* Assurance.

432. Toute action dérivant d'un contrat à la grosse ou d'une police d'assurance, est prescrite après cinq ans, à compter de la date du contrat.

433. Sont prescrites : — toutes actions en paiement, pour fret de navire, gages et loyers des officiers, matelots et autres gens de l'équipage, un an après le voyage fini ; — pour nourriture four-

nie aux matelots par l'ordre du capitaine, un an après la livraison ; — pour fournitures de bois et autres choses nécessaires aux constructions, équipement et avitaillement du navire, un an après ces fournitures faites ; — pour salaires d'ouvriers, et pour ouvrages faits, un an après la réception des ouvrages ; — toute demande en délivrance de marchandises, un an après l'arrivée du navire.

454. La prescription ne peut avoir lieu, s'il y a cédule, obligation, arrêté de compte ou interpellation judiciaire.

COMMISSIONNAIRES. *C. Com.* 108. Toutes actions contre le commissionnaire et le voiturier, à raison de la perte ou de l'avarie des marchandises, sont prescrites, après six mois, pour les expéditions faites dans l'intérieur de la France, et après un an, pour celles faites à l'étranger ; le tout à compter, pour les cas de perte, du jour où le transport des marchandises aurait dû être effectué, et pour les cas d'avarie, du jour où la remise des marchandises aura été faite, sans préjudice des cas de fraude ou d'infidélité.

EFFETS DE COMMERCE. *C. Com.* 153. L'engagement de la caution (fournie en cas de perte d'effets de commerce, [*V.*PERTE.]) est éteint après trois ans si, pendant ce temps, il n'y a eu ni demandes ni poursuites.

189. Toutes actions relatives aux lettres de change, et à ceux des billets à ordre souscrits par des négocians, marchands ou banquiers, ou pour faits de commerce, se prescrivent par cinq ans, à compter du jour du protêt ou de la dernière poursuite juridique, s'il n'y a eu condamnation, ou si la dette n'a été reconnue par acte séparé.—Néanmoins les prétendus débiteurs seront tenus, s'ils en sont requis, d'affirmer, sous serment, qu'ils ne sont plus redevables ; et leurs veuves, héritiers ou ayans cause, qu'ils estiment de bonne foi qu'il n'est plus rien dû.

SOCIÉTÉ COMMERCIALE. *C. Com.* 64. Toutes actions contre les associés non liquidateurs et leurs veuves, héritiers ou ayans cause, sont prescrites cinq ans après la fin ou la dissolution de la société , si l'acte de société qui en énonce la durée ou l'acte de dissolution a été affiché et enregistré conformément (à la loi), et si, depuis cette formalité remplie, la prescription n'a été interrompue à leur égard par aucune poursuite judiciaire.

III. LOI CRIMINELLE.
Dispositions générales.

C. Inst. cr. 2. L'action publique pour l'application de la peine, — l'action civile pour la réparation du dommage, s'éteignent par la prescription, ainsi qu'il est réglé au livre 2, titre 7, chapitre 3 *de la prescription (ci-après).*

De la prescription.
C. Inst. cr. (liv. 2, *tit.* 7, *ch.* 5, *art.* 635-643)
— 635. Les peines portées par les arrêts ou jugemens rendus en matière criminelle se prescriront par vingt années révolues, à compter de la date des arrêts ou jugemens. — Néanmoins le condamné ne pourra résider dans le département où demeureraient, soit celui sur lequel ou contre la propriété duquel le crime aurait été commis, soit ses héritiers directs. — Le Gouvernement pourra assigner au condamné le lieu de son domicile.

636. Les peines portées par les arrêts ou jugemens rendus en matière correctionnelle se prescriront par cinq années révolues, à compter de la date de l'arrêt ou du jugement rendu en dernier ressort ; et à l'égard des peines prononcées par les tribunaux de première instance, à compter du jour où ils ne pourront plus être attaqués par la voie de l'appel.

637. L'action publique et l'action civile résultant d'un crime de nature à entraîner la peine de mort ou des peines afflictives perpétuelles, ou de tout autre crime emportant peine afflictive ou infamante, se prescriront après dix années révolues, à compter du jour où le crime aura été commis, si dans cet intervalle il n'a été fait aucun acte d'instruction ni de poursuite. S'il a été fait, dans cet intervalle , des actes d'instruction ou de poursuite non suivis de jugement, l'action publique et l'action civile ne se prescriront qu'après dix années révolues, à compter du dernier acte, à l'égard même des personnes qui ne seraient pas impliquées dans cet acte d'instruction ou de poursuite

638. Dans les deux cas exprimés en l'article précédent, et suivant les distinctions d'époques qui y sont établies, la durée de la prescription sera réduite à trois années révolues, s'il s'agit d'un délit de nature à être puni correctionnellement.

639. Les peines portées par les jugemens rendus pour contraventions de police seront prescrites après deux années révolues, savoir , pour les peines prononcées par arrêt ou jugement en dernier ressort, à compter du jour de l'arrêt ; et, à l'égard des peines prononcées par les tribunaux de première instance, à compter du jour où ils ne pourront plus être attaqués par la voie de l'appel.

640. L'action publique et l'action civile pour une contravention de police seront prescrites après une année révolue, à compter du jour où elle aura été commise, même lorsqu'il y aura eu procès-verbal, saisie, instruction ou poursuite, si dans cet intervalle il n'est point intervenu de

ndamnation ; s'il y a eu un jugement définitif le première instance, de nature à être attaqué par la voie de l'appel, l'action publique et l'action civile se prescriront après une année révolue, à compter de la notification de l'appel lui en aura été interjeté.

§ 641. En aucun cas, les condamnés par défaut u par contumace, dont la peine est prescrite, ne pourront être admis à se présenter pour purger le défaut ou la contumace.

§ 642. Les condamnations civiles portées par les arrêts ou par les jugemens rendus en matière criminelle, correctionnelle ou de police, et detenus irrévocables, se prescriront d'après les règles établies par le Code Civil. (*V. ci-dessus.*)

§ 643. Les dispositions du présent chapitre ne dérogent point aux lois particulières relatives à la prescription des actions résultant de certains délits ou de certaines contraventions.

Disposition additionnelle.

C. Civ. 32. En aucun cas la prescription de la peine ne réintègrera le condamné (à la mort civile) dans ses droits civils pour l'avenir.

PRÉSOMPTIFS (HÉRITIERS).

ABSENCE. *C. Civ.* 120. Dans le cas où l'absent n'aurait point laissé de procuration pour l'administration de ses biens, ses héritiers présomptifs, au jour de sa disparition ou de ses dernières nouvelles, pourront, en vertu du jugement définitif qui aura déclaré l'absence, se faire envoyer en possession provisoire des biens qui appartenaient à l'absent au jour de son départ ou de ses dernières nouvelles, à la charge de donner caution pour la sûreté de leur administration.

121. Si l'absent a laissé une procuration, ses héritiers présomptifs ne pourront poursuivre la déclaration d'absence et l'envoi en possession provisoire, qu'après dix années révolues depuis la disparition, ou depuis ses dernières nouvelles. *V.* ABSENCE.

RÉCUSATION. *C. Proc.* 378. Tout juge peut être récusé, — 1°..... 7° s'il est héritier présomptif de l'une des parties.

PRÉSOMPTION.

I. DISPOSITIONS GÉNÉRALES.

C. Civ. 1315. Les règles qui concernent les présomptions sont expliquées (dans la section suivante).

Des présomptions.

C. Civ. (*liv.* 3, *tit.* 3, *ch.* 6, *sect.* 3, *art.* 1349-1353). — 1349. Les présomptions sont des conséquences que la loi ou le magistrat tire d'un fait connu à un fait inconnu.

§ 1, *des présomptions établies par la loi.*

1350. La présomption légale est celle qui est at-tachée par une loi spéciale à certains actes ou à certains faits : tels sont, — 1° les actes que la loi déclare nuls, comme présumés faits en fraude de ses dispositions, d'après leur seule qualité ; — 2° les cas dans lesquels la loi déclare la propriété ou la libération résulter de certaines circonstances déterminées ; — 3° l'autorité que la loi attribue à la chose jugée ; — 4° la force que la loi attache à l'aveu de la partie ou à son serment.

1351. L'autorité de la chose jugée n'a lieu qu'à l'égard de ce qui a fait l'objet du jugement. Il faut que la chose demandée soit la même ; que la demande soit fondée sur la même cause ; que la demande soit entre les mêmes parties, et formée par elles et contre elles en la même qualité.

1352. La présomption légale dispense de toute preuve celui au profit duquel elle existe. — Nulle preuve n'est admise contre la présomption de la loi, lorsque, sur le fondement de cette présomption, elle annulle certains actes ou dénie l'action en justice, à moins qu'elle n'ait réservé la preuve contraire, et sauf ce qui sera dit sur le serment et l'aveu judiciaires.

§ 2, *des présomptions qui ne sont point établies par la loi.*

1353. Les présomptions qui ne sont point établies par la loi, sont abandonnées aux lumières et à la prudence du magistrat, qui ne doit admettre que des présomptions graves, précises et concordantes, et dans les cas seulement où la loi admet les preuves testimoniales, à moins que l'acte ne soit attaqué pour cause de fraude ou de dol.

II. DISPOSITIONS ADDITIONNELLES.

ASSURANCE. *C. Com.* 365. Toute assurance faite après la perte ou l'arrivée des objets assurés est nulle, s'il y a présomption qu'avant la signature du contrat l'assuré a pu être informé de la perte, ou l'assureur de l'arrivée des objets assurés.

366. La présomption existe, si en comptant trois quarts de myriamètre (une lieue et demie) par heure, sans préjudice des autres preuves, il est établi que de l'endroit de l'arrivée ou de la perte du vaisseau, ou du lieu où la première nouvelle en est arrivée, elle a pu être portée dans le lieu où le contrat d'assurance a été passé, avant la signature du contrat.

367. Si cependant l'assurance est faite sur bonnes ou mauvaises nouvelles, la présomption mentionnée dans les articles précédens n'est point admise. — Le contrat n'est annulé que sur la preuve que l'assuré savait la perte, ou l'assureur l'arrivée du navire, avant la signature du contrat.

39

BILLET. *C. Civ.* 1327. Lorsque la somme exprimée au corps de l'acte est différente de celle exprimée au *bon*, l'obligation est présumée n'être que de la somme moindre, lors même que l'acte ainsi que le *bon* sont écrits en entier de la main de celui qui s'est obligé, à moins qu'il ne soit prouvé de quel côté est l'erreur.

CAUTIONNEMENT. *C. Civ.* 2015. Le cautionnement ne se présume point : il doit être exprès, et on ne peut l'étendre au-delà des limites dans lesquelles il a été contracté.

DOL. *C. Civ.* 1117. Le dol ne se présume pas, et doit être prouvé.

FAILLITE. *C. Com.* 443. Tous actes ou engagemens pour fait de commerce, contractés par le débiteur dans les dix jours qui précèdent l'ouverture de la faillite, sont présumés frauduleux, quant au failli : ils sont nuls, lorsqu'il est prouvé qu'il y a fraude de la part des autres contractans.

(*Femme.*) *C. Com.* 550. En cas que la femme (du failli) ait payé des dettes pour son mari, la présomption légale est qu'elle l'a fait des deniers de son mari, et elle ne pourra, en conséquence, exercer aucune action dans la faillite, sauf la preuve contraire.

NOVATION. *C. Civ.* 1275. La novation ne se présume point ; il faut que la volonté de l'opérer résulte clairement de l'acte.

QUITTANCE. *C. Civ.* 1908. La quittance du capital donnée sans réserve des intérêts, en fait présumer le paiement, et en opère la libération.

REMISE. *C. Civ.* 1282. La remise volontaire du titre original sous signature privée, par le créancier au débiteur, fait preuve de la libération.

1283. La remise volontaire de la grosse du titre fait présumer la remise de la dette ou le paiement, sans préjudice de la preuve contraire *V.* REMISE.

SOLIDARITÉ. *C. Civ.* 1202. La solidarité ne se présume point ; il faut qu'elle soit expressément stipulée. — Cette règle ne cesse que dans les cas où la solidarité a lieu de plein droit en vertu d'une disposition de la loi. *V.* SOLIDARITÉ.

PRESSE.

I. DISPOSITIONS GÉNÉRALES.

Délits commis par la voie d'écrits, images ou gravures, distribués sans nom d'auteur, imprimeur ou graveur.

C. Pén. (*liv.* 3, *tit.* 1, *ch.* 3, *sect.* 6, *art.* 283-290). —283. Toute publication ou distribution d'ouvrages, écrits, avis, bulletins, affiches, journaux, feuilles périodiques ou autres imprimés, dans lesquels ne se trouvera pas l'indication vraie des noms, profession et demeure de l'auteur ou de l'imprimeur, sera, pour ce seul fait, punie d'un emprisonnement de six jours à six mois, contre toute personne qui aura sciemment contribué à la publication ou distribution.

284. Cette disposition sera réduite à des peines de simple police, — 1° à l'égard des crieurs, afficheurs, vendeurs ou distributeurs qui auront fait connaître la personne de laquelle ils tiennent l'écrit imprimé ; — 2° à l'égard de quiconque aura fait connaître l'imprimeur ; — 3° à l'égard même de l'imprimeur qui aura fait connaître l'auteur.

285. Si l'écrit imprimé contient quelques provocations à des crimes ou délits, les crieurs, afficheurs, vendeurs et distributeurs seront punis comme complices des provocateurs, à moins qu'ils n'aient fait connaître ceux dont ils tiennent l'écrit contenant la provocation. — En cas de révélation, ils n'encourront qu'un emprisonnement de six jours à trois mois ; et la peine de complicité ne restera applicable qu'à ceux qui n'auront point fait connaître les personnes dont ils auront reçu l'écrit imprimé, et à l'imprimeur, s'il est connu.

286. Dans tous les cas ci-dessus, il y aura confiscation des exemplaires saisis.

287. Toute exposition ou distribution de chansons, pamphlets, figures ou images contraires aux bonnes mœurs, sera punie d'une amende de seize francs à cinq cents francs, d'un emprisonnement d'un mois à un an, et de la confiscation des planches et des exemplaires imprimés ou gravés de chansons, figures ou autres objets du délit.

288. La peine d'emprisonnement et l'amende prononcées par l'article précédent, seront réduites à des peines de simple police, — 1° à l'égard des crieurs, vendeurs ou distributeurs qui auront fait connaître la personne qui leur a remis l'objet du délit ; — 2° à l'égard de quiconque aura fait connaître l'imprimeur ou le graveur ; — 3° à l'égard même de l'imprimeur ou du graveur qui auront fait connaître l'auteur ou la personne qui les aura chargés de l'impression ou de la gravure.

289. Dans tous les cas exprimés en la présente section, et où l'auteur sera connu, il subira le *maximum* de la peine attachée à l'espèce du délit [1].

II. LÉGISLATION SPÉCIALE.

1° Charte constitutionnelle.

69. Il sera pourvu successivement, par des lois

---

[1] L'art. 290 a été abrogé par la loi du 10 décembre 1850 (*ci-après*).

éparées, et dans le plus court délai possible : —
1° à l'application du juri aux délits de la presse
et aux délits politiques.

2° Loi du 8 octobre 1830.

1. La connaissance de tous les délits commis, soit
par la voie de la presse, soit par tous les autres
moyens de publication énoncés en l'article 1er de la
loi du 17 mai 1819 [1], est attribuée aux cours d'assises.

2. Sont exceptés, les cas prévus par l'article 14 de
la loi du 26 mai 1819. (V. DIFFAMATION.)

3. Sont pareillement exceptés, les cas où les chambres, cours et tribunaux, jugeraient à propos d'user
des droits qui leur sont attribués par les articles 15
et 16 de la loi du 25 mars 1822 [2].

6 [5]. La connaissance des délits politiques est pareillement attribuée aux cours d'assises.

[1] L. 17 mai 1819. — 1. Quiconque, soit par des
discours, des cris ou menaces proférés dans des lieux
ou réunions publics, soit par des écrits, des imprimés, des dessins, des gravures, des peintures ou emblèmes vendus ou distribués, mis en vente, ou exposés
dans des lieux ou réunions publics, soit par des placards et affiches exposés aux regards du public, aura
provoqué l'auteur ou les auteurs de toute action qualifiée crime ou délit à la commettre, sera réputé
complice, et puni comme tel.

[2] L. 25 mars 1822. — 15. Dans le cas d'offense
envers les chambres ou l'une d'elles par l'un des
moyens énoncés en la loi du 17 mai 1819 (art. 1er),
la chambre offensée, sur la simple réclamation d'un
de ses membres, pourra, si mieux elle n'aime autoriser les poursuites par la voie ordinaire, ordonner
que le prévenu sera traduit à sa barre. Après qu'il
aura été entendu ou dûment appelé, elle le condamnera, s'il y a lieu, aux peines portées par les lois. La
décision sera exécutée sur l'ordre du président de la
chambre.

16. Les chambres appliqueront elles-mêmes, conformément à l'article précédent, les dispositions de
l'article 7, relatives au compte rendu par les journaux de leurs séances. — Les dispositions du même
article 7, relatives au compte rendu des audiences
des cours et tribunaux, seront appliquées directement par les cours et tribunaux qui auront tenu ces
audiences.

7. L'infidélité et la mauvaise foi dans le compte
que rendent les journaux et écrits périodiques des
séances des chambres et des audiences des cours et
tribunaux, seront punies d'une amende de mille fr.
à six mille francs. — En cas de récidive, ou lorsque
le compte rendu sera offensant pour l'une ou l'autre
des chambres, ou pour l'un des pairs ou des députés, ou
injurieux pour la cour, le tribunal, ou l'un des magistrats, des jurés ou des témoins, les éditeurs du
journal seront en outre condamnés à un emprisonnement d'un mois à trois ans. — Dans les mêmes cas,
il pourra être interdit, pour un temps limité ou pour
toujours, aux propriétaires et éditeurs du journal ou
écrit périodique condamné, de rendre compte des
débats législatifs ou judiciaires. La violation de cette
défense sera punie de peines doubles de celles portées
au présent article.

[5] Les art. 4 et 5 sont aujourd'hui remplacés par la
loi du 9 septembre 1835.

7. Sont réputés politiques, les délits prévus, —
1° par les chapitres 1 et 2 du titre 1 du livre 3 du
Code Pénal (art. 75-131) ; — 2° par les paragraphes
2 et 4 de la section 3 du chapitre 3 des mêmes livre et titre (art. 201-205, art. 207-208) ; — 3° par
l'article 9 de la loi du 25 mars 1822 [1].

2° Loi du 29 novembre 1830.

1. Toute attaque, par l'un des moyens énoncés en
l'art. 1er de la loi du 17 mai 1819 (V. note ci-dessus),
contre la dignité royale, l'ordre de successibilité au
trône, les droits que le Roi tient du vœu de la nation
française, exprimé dans la déclaration du 7 août 1830
(V. CHARTE), et par la charte constitutionnelle par
lui acceptée et jurée dans la séance du 9 août de la
même année, son autorité constitutionnelle, l'invio-
labilité de sa personne, les droits et l'autorité des
chambres, sera punie d'un emprisonnement de trois
mois à cinq ans, et d'une amende de trois cents francs
à six mille francs.

4° Loi du 10 décembre 1830.

1. Aucun écrit, soit à la main, soit imprimé,
gravé ou lithographié, contenant des nouvelles politiques ou traitant d'objets politiques, ne pourra être
affiché ou placardé dans les rues, places ou autres
lieux publics. — Sont exceptés de la présente disposition, les actes de l'autorité publique.

2. Quiconque voudra exercer, même temporairement, la profession d'afficheur ou de crieur, de vendeur ou distributeur, sur la voie publique, d'écrits
imprimés, lithographiés, gravés ou à la main, sera
tenu d'en faire préalablement la déclaration devant
l'autorité municipale, et d'indiquer son domicile. —
Le crieur ou afficheur devra renouveler cette déclaration chaque fois qu'il changera de domicile.

3. Les journaux, feuilles quotidiennes ou périodiques, les jugemens et autres actes d'une autorité
constituée, ne pourront être annoncés dans les rues,
places et autres lieux publics autrement que par leur
titre. — Aucun autre écrit imprimé, lithographié,
gravé ou à la main, ne pourra être crié sur la voie
publique, qu'après que le crieur ou distributeur aura
fait connaître à l'autorité municipale le titre sous
lequel il veut l'annoncer, et qu'après avoir remis à
cette autorité un exemplaire de cet écrit.

4. La vente ou distribution de faux extraits de
journaux, jugemens et actes de l'autorité publique,
est défendue, et sera punie des peines ci-après.

5. L'infraction aux dispositions des articles 1 et 4
de la présente loi, sera punie d'une amende de vingt-
cinq à cinq cents francs, et d'un emprisonnement de
six jours à un mois, cumulativement ou séparément.
— L'auteur ou l'imprimeur des faux extraits défen-

[1] L. 25 mars 1822. — 9. Seront punis d'un emprisonnement de quinze jours à deux ans, et d'une
amende de cent francs à quatre mille francs, —
1° l'enlèvement ou la dégradation des signes publics
de l'autorité royale, opérés en haine ou mépris de
cette autorité ; — 2° le port public de tous signes
extérieurs de ralliement non autorisés par le roi ou
par des règlemens de police ; — 3° l'exposition dans
les lieux ou réunions publics, la distribution ou mise
en vente de tous signes ou symboles destinés à pro-
pager l'esprit de rébellion, ou à troubler la paix
publique.

dus par l'article ci-dessus, sera puni du double de la peine infligée au crieur, vendeur ou distributeur des faux extraits. — Les peines prononcées par le présent article seront appliquées sans préjudice des autres peines qui pourraient être encourues par suite des crimes et délits résultant de la nature même de l'écrit.

6. La connaissance des délits punis par le précédent article, est attribuée aux cours d'assises.

7. Toute infraction aux articles 2 et 3 de la présente loi, sera punie, par la voie ordinaire de police correctionnelle, d'une amende de vingt-cinq à deux cents francs, et d'un emprisonnement de six jours à un mois, cumulativement ou séparément.

8. Dans les cas prévus par la présente loi, les cours d'assises et des tribunaux correctionnels pourront appliquer l'article 463 du Code Pénal, si les circonstances leur paraissent atténuantes (*V.* ATTÉ-NUANTES [*circonstances*]), et si le préjudice causé n'excède pas vingt-cinq francs.

9. La loi du 5 nivôse an 5, relative aux crieurs publics, et l'article 290 du Code Pénal, sont abrogés.

5° *Loi du 9 septembre 1835 sur les crimes, délits et contraventions de la presse, et des autres moyens de publication.*

Tit. 1, *des crimes, délits et contraventions.*

Art. 1. Toute provocation par l'un des moyens énoncés en l'article 1er de la loi du 17 mai 1819 (*V. note ci-dessus*), aux crimes prévus par les articles 86 et 87 du Code Pénal (*V.* ATTENTAT), soit qu'elle ait été ou non suivie d'effet, est un attentat à la sûreté de l'Etat.—Si elle a été suivie d'effet, elle sera punie conformément à l'article 1er de la loi du 17 mai 1819. — Si elle n'a pas été suivie d'effet, elle sera punie de la détention et d'une amende de dix mille à cinquante mille fr. — Dans l'un comme dans l'autre cas, elle pourra être déférée à la chambre des pairs, conformément à l'article 28 de la Charte. (*V.* CHARTE.)

2. L'offense au Roi, commise par les mêmes moyens, lorsqu'elle a pour but d'exciter à la haine ou au mépris de sa personne ou de son autorité constitutionnelle, est un attentat à la sûreté de l'Etat. — Celui qui s'en rendra coupable sera jugé et puni conformément aux deux derniers paragraphes de l'article précédent.

3. Toute autre offense au Roi sera punie conformément à l'article 9 de la loi du 17 mai 1819 —(emprisonnement de six mois à cinq années, amende de cinq cents francs à dix mille francs, interdiction facultative des droits mentionnés en l'article 42 du Code Pénal (*V.* CORRECTIONNELLES [*peines*])) pendant un temps égal à celui de l'emprisonnement).

4. Quiconque fera remonter au Roi le blâme ou la responsabilité des actes de son Gouvernement, sera puni d'un emprisonnement d'un mois à un an et d'une amende de cinq cents à cinq mille francs.

5. L'attaque contre le principe ou la forme du Gouvernement établi par la Charte de 1830, tels qu'ils sont définis par la loi du 29 novembre 1830 (*ci-dessus*), est un attentat à la sûreté de l'Etat, lorsqu'elle a pour but d'exciter à la destruction ou au changement du Gouvernement. — Celui qui s'en rendra coupable sera jugé et puni conformément aux deux derniers paragraphes de l'article 1er.

6. Toute autre attaque prévue par la loi du 29

novembre 1830 continuera d'être punie conformément aux dispositions de cette loi.

7. Seront punis des peines prévues par l'article précédent, ceux qui auront fait publiquement acte d'adhésion à tout autre forme de gouvernement, soit en attribuant des droits au trône de France aux personnes bannies à perpétuité par la loi du 10 avril 1832 [1], ou à tout autre que Louis-Philippe Ier et sa descendance ; — soit en prenant la qualification de républicain ou tout autre incompatible avec la Charte de 1830 ; — soit en exprimant le vœu, l'espoir ou la menace de la destruction de l'ordre monarchique constitutionnel, ou de la restauration de la dynastie déchue.

8. Toute attaque contre la propriété, le serment, le respect dû aux lois ; toute apologie de faits qualifiés crimes et délits par la loi pénale ; toute provocation à la haine entre les diverses classes de la société, sera punie des peines portées par l'article 8 de la loi du 17 mai 1819 [2].— Néanmoins, dans les cas prévus par le paragraphe précédent et par l'article 8 de la loi précitée, les tribunaux pourront, selon les circonstances, élever les peines jusqu'au double du maximum.

9. Dans tous les cas de diffamation prévus par les lois, les peines qui sont portées pourront, suivant la gravité des circonstances, être élevées au double du maximum, soit pour l'emprisonnement, soit pour l'amende. Le coupable pourra, en outre, être interdit, en tout ou en partie, des droits mentionnés dans l'article 42 du Code Pénal (*V.* CORRECTIONNELLES [*peines*]), pendant un temps égal à la durée de l'emprisonnement.

10. Il est interdit aux journaux et écrits périodiques de rendre compte des procès pour outrages ou injures, et des procès en diffamation, où la preuve des faits diffamatoires n'est pas admise par la loi ; ils pourront seulement annoncer la plainte sur la demande du plaignant ; dans tous les cas ils pourront insérer le jugement. — Il est interdit de publier les noms des jurés, excepté dans le compte-rendu de l'audience où le juri aura été constitué. — Il est interdit de rendre compte des délibérations intérieures, soit des jurés, soit des cours et tribunaux. — L'infraction à ces diverses prohibitions sera poursuivie devant les tribunaux correctionnels, et punie d'un emprisonnement d'un mois à un an, et d'une amende de cinq cents à cinq mille francs.

11. Il est interdit d'ouvrir ou annoncer publiquement des souscriptions ayant pour objet d'indemniser des amendes, frais, dommages et intérêts prononcés par des condamnations judiciaires. Cette infraction sera jugée et punie comme il est dit à l'article précédent.

12. Les dispositions de l'article 10 de la loi du 9 juin 1819 [3] sont applicables à tous les cas prévus par la présente loi. En cas de seconde ou ultérieure con-

---

[1] La branche aînée de la famille Bourbon, et la famille Napoléon.

[2] *L.* 17 *mai* 1819. — 8. Tout outrage à la morale publique et religieuse ou aux bonnes mœurs, par l'un des moyens énoncés en l'article 1er (*V. note ci-dessus*), sera puni d'un emprisonnement d'un mois à un an, et d'une amende de seize francs à cinq cents francs.

[3] *L.* 9 *juin* 1819. — 10. Les amendes pourront

damnation contre le même gérant ou contre le même journal dans le cours d'une année, les cours et tribunaux pourront prononcer la suspension du journal pour un temps qui n'excèdera pas deux mois, suivant la loi du 18 juillet 1828. Cette suspension pourra être portée à quatre mois si la condamnation a eu lieu pour crime. — Les peines prononcées par la présente loi et par les lois précédentes sur la presse et autres moyens de publication, ne se confondront point entre elles, et seront toutes intégralement subies lorsque les faits qui y donneront lieu seront postérieurs à la première poursuite.

Tit. 2, du gérant des journaux et écrits périodiques.

13. Le cautionnement que les propriétaires de tout journal ou écrit périodique sont tenus de fournir sera versé, en numéraire, au Trésor, qui en paiera l'intérêt au taux réglé pour les cautionnemens. — Le taux de ce cautionnement est fixé comme il suit : — Si le journal ou écrit périodique paraît plus de deux fois par semaine, soit à jour fixe, soit par livraison et irrégulièrement, le cautionnement sera de cent mille francs. — Le cautionnement sera de soixante-quinze mille francs, si le journal ou écrit périodique ne paraît que deux fois la semaine. — Il sera de cinquante mille francs, si le journal ou écrit périodique ne paraît qu'une fois par semaine. — Il sera de vingt-cinq mille francs, si le journal ou écrit périodique paraît seulement plus d'une fois par mois. — Le cautionnement des journaux quotidiens, publiés dans les départemens autres que ceux de la Seine, Seine-et-Oise, Seine-et-Marne, sera de vingt-cinq mille francs dans les villes de cinquante mille âmes et au-dessus. — Il sera de quinze mille francs dans les villes au-dessous, et respectivement de la moitié de ces deux sommes, pour les journaux et écrits périodiques qui paraissent à des termes moins rapprochés. — Il est accordé aux propriétaires des journaux ou écrits périodiques actuellement existans, un délai de quatre mois pour se conformer à ces dispositions.

14. Continueront à être dispensés de tout cautionnement les journaux ou écrits périodiques mentionnés en l'article 3 de la loi du 18 juillet 1828 [1].

───

être élevées au double, et, en cas de récidive, portées au quadruple, sans préjudice des peines de la récidive, prononcées par le Code Pénal.

[1] *L.* 18 *juillet* 1828. — 3. 1° Les journaux ou écrits périodiques qui ne paraissent qu'une fois par mois ou plus rarement; — 2° les journaux ou écrits périodiques exclusivement consacrés, soit aux sciences mathématiques, physiques ou naturelles, soit aux travaux et à recherches d'érudition, soit aux arts mécaniques et libéraux, c'est-à-dire aux sciences et aux arts dont s'occupent les trois académies des sciences, des inscriptions et des beaux-arts de l'institut royal; — 3° les journaux ou écrits périodiques étrangers aux matières politiques et exclusivement consacrés aux lettres et à d'autres branches de connaissances non spécifiées précédemment, pourvu qu'ils ne paraissent au plus que deux fois par semaine; — 4° tous les écrits périodiques étrangers aux matières politiques et qui seront publiés dans une autre langue que la langue française; — 5° les feuilles périodiques exclusivement consacrées aux avis, annonces, affiches judiciaires, arrivages maritimes, mercuriales et prix courans.

15. Chaque gérant responsable d'un journal ou écrit périodique devra posséder, en son propre et privé nom, le tiers du cautionnement. — Dans le cas où, soit des cessions totales ou partielles de la portion du cautionnement appartenant à un gérant, soit des jugemens passés en force de chose jugée, prononçant la validité de saisies-arrêts formées sur ce cautionnement, seraient signifiés au Trésor, le gérant sera tenu de rapporter, dans les quinze jours de la notification qui lui en sera faite, soit la rétrocession, soit la main-levée de la saisie-arrêt; fauté de quoi le journal devra cesser de paraître, sous les peines portées en l'article 6 de la loi du 9 juin 1819 — (emprisonnement d'un mois à six mois, amende de deux cents francs à douze cents francs).

16. Conformément à l'article 8 de la loi du 18 juillet 1828, le gérant d'un journal ou écrit périodique sera tenu de le signer, en minute, chaque numéro de son journal. — Toute infraction à cette disposition sera poursuivie devant les tribunaux correctionnels, et punie d'une amende de cinq cents à trois mille francs.

17. L'insertion des réponses et rectifications prévues par l'art. 11 de la loi du 25 mars 1822 [1] devra avoir lieu dans le numéro qui suivra le jour de la réception : elle aura lieu intégralement, et sera gratuite; le tout sous les peines portées par ladite loi. — Toutefois, si la réponse a plus du double de la longueur de l'article auquel elle sera faite, le surplus de l'insertion sera payé suivant le tarif des annonces.

18. Tout gérant sera tenu d'insérer, en tête du journal, les documens officiels, relations authentiques, renseignemens et rectifications qui lui seront adressés par tout dépositaire de l'autorité publique; la publication devra avoir lieu le lendemain de la réception des pièces, sous la seule condition du paiement des frais d'insertion. — Toute autre insertion réclamée par le Gouvernement par l'intermédiaire des préfets, sera faite de la même manière, sous la même condition, dans le numéro qui suivra le jour de la réception des pièces. — Les contrevenans seront punis par les tribunaux correctionnels, conformément à l'article 11 de la loi du 25 mars 1822 [1].

19. En cas de condamnation contre un gérant pour crime, délit ou contravention de la presse, la publication du journal ou écrit périodique ne pourra avoir lieu, pendant toute la durée des peines d'emprisonnement et d'interdiction des droits civils, que par un autre gérant remplissant toutes les conditions exigées par la loi. — Si le journal n'a qu'un gérant, les propriétaires auront un mois pour en présenter un nouveau, et, dans l'intervalle, ils seront tenus de désigner un rédacteur responsable. Le cautionnement entier demeurera affecté à cette responsabilité.

───

[1] *L.* 25 *mars* 1822. — 11. Les propriétaires ou éditeurs de tout journal ou écrit périodique seront tenus d'y insérer, dans les trois jours de la réception, ou dans le plus prochain numéro, s'il n'en était pas publié avant l'expiration des trois jours, la réponse de toute personne nommée ou désignée dans le journal ou écrit périodique, sous peine d'une amende de cinquante francs à cinq cents francs, sans préjudice des autres peines et dommages-intérêts auxquels l'article incriminé pourrait donner lieu. Cette insertion sera gratuite, et la réponse pourra avoir le double de la longueur de l'article auquel elle sera faite.

Tit. 3, des dessins, gravures, lithographies et emblèmes.

20. Aucun dessin, aucunes gravures, lithographies, médailles et estampes, aucun emblème, de quelque nature et espèce qu'ils soient, ne pourront être publiés, exposés ou mis en vente sans l'autorisation préalable du ministre de l'intérieur, à Paris, et des préfets, dans les départemens. — En cas de contraventions, les dessins, gravures, lithographies, médailles, estampes ou emblèmes pourront être confisqués, et le publicateur sera condamné, par les tribunaux correctionnels, à un emprisonnement d'un mois à un an, et à une amende de cent francs à mille francs, sans préjudice des poursuites auxquelles pourraient donner lieu la publication, l'exposition et la mise en vente desdits objets.

Tit. 4, des théâtres et des pièces de théâtre.

21. Il ne pourra être établi, soit à Paris, soit dans les départemens, aucun théâtre ni spectacle, de quelque nature qu'ils soient, sans l'autorisation préalable du ministre de l'intérieur, à Paris, et des préfets dans les départemens. — La même autorisation sera exigée pour les pièces qui y seront représentées. — Toute contravention au présent article sera punie, par les tribunaux correctionnels, d'un emprisonnement d'un mois à un an, et d'une amende de mille francs à cinq mille francs, sans préjudice, contre les contrevenans, des poursuites auxquelles pourront donner lieu les pièces représentées.

22. L'autorité pourra toujours, pour des motifs d'ordre public, suspendre la représentation d'une pièce, et même ordonner la clôture provisoire du théâtre. — Ces dispositions et celles contenues en l'article précédent sont applicables aux théâtres existans.

23. Il sera pourvu, par un règlement d'administration publique, qui sera converti en loi dans la session de 1837, au mode d'exécution des dispositions précédentes, qui n'en demeurent pas moins exécutoires à compter de la promulgation de la présente loi.

Tit. 5, de la poursuite et du jugement.

24. Le ministère public aura la faculté de faire citer directement à trois jours les prévenus devant la cour d'assises, même lorsqu'il y aura eu saisie préalable des écrits, dessins, gravures, lithographies, médailles ou emblèmes. Néanmoins la citation ne pourra être donnée, dans ce dernier cas, qu'après la signification, au prévenu, du procès-verbal de saisie.

25. Si, au jour fixé par la citation, le prévenu ne se présente pas, il sera statué par défaut. — L'opposition à cet arrêt devra être formée dans les cinq jours, à partir de la signification, à peine de nullité. — L'opposition emportera, de plein droit, citation à la première audience. — Toute demande en renvoi devra être présentée à la cour avant l'appel et le tirage au sort des jurés. — Lorsque cette dernière opération aura commencé en présence du prévenu, l'arrêt à intervenir sur le fond sera définitif et non susceptible d'opposition, quand même il se retirerait de l'audience après le tirage du juri ou durant le cours des débats.

26. Le pourvoi en cassation contre les arrêts qui auront statué tant sur les questions de compétence que sur des incidens, ne sera formé qu'après l'arrêt définitif et en même temps que le pourvoi contre cet arrêt. — Aucun pourvoi formé auparavant ne pourra dispenser la cour d'assises de statuer sur le fond.

27. Si, au moment où le ministère public exerce son action, la session de la cour est terminée, et s'il ne doit pas s'en ouvrir d'autre à une époque rapprochée, il sera formé une cour d'assises extraordinaire par ordonnance motivée du premier président. Cette ordonnance prescrira le tirage au sort des jurés, conformément à l'art. 388 du Code d'Instruction criminelle (*V.* JURI), et elle désignera le conseiller qui doit présider. — Dans les chefs-lieux des départemens où ne siègent pas les cours royales, le président du tribunal de première instance sera, de droit, président de la cour d'assises, si le ministre de la justice ou le premier président n'en ont pas désigné un autre.

Dispositions générales.

28. Les dispositions des lois antérieures qui ne sont pas contraires à la présente, continueront d'être exécutées selon leur forme et teneur.

PRÊT.

DISPOSITIONS GÉNÉRALES.

1° *Du prêt.*

C. Civ. (*liv.* 3, *tit.* 10, *art.* 1874-1914.) — 1874. Il y a deux sortes de prêt : — celui des choses dont on peut user sans les détruire, — et celui des choses qui se consomment par l'usage qu'on en fait. — La première espèce s'appelle *prêt à usage,* ou *commodat ;* — la deuxième s'appelle *prêt de consommation,* ou simplement *prêt.*

Chap. 1er, *du prêt à usage, ou commodat. V.* COMMODAT.

Chap. 2, *du prêt de consommation, ou simple prêt. V.* CONSOMMATION (*prêt de*).

Chap. 3, *du prêt à intérêt. V.* INTÉRÊT (*prêt à*).

2° *Du prêt sur gage. V.* GAGE.

3° *Du prêt maritime V.* AVENTURE (*prêt à la grosse*).

PREUVE. *V.* OBLIGATION.

PREUVE TESTIMONIALE. *V.* TESTIMONIALE (*preuve*).

PRÉVENTIF (EMPRISONNEMENT). *C. Inst. cr.*

94. Lorsque l'inculpé sera domicilié, et que le fait sera de nature à ne donner lieu qu'à une peine correctionnelle, le juge d'instruction pourra, s'il le juge convenable, ne décerner contre l'inculpé qu'un mandat de comparution, sauf, après l'avoir interrogé, à convertir le mandat en tel autre mandat qu'il appartiendra. — Si l'inculpé fait défaut, le juge d'instruction décernera contre lui un mandat d'amener. — Il décernera pareillement mandat d'amener contre toute personne, de quelque qualité qu'elle soit, inculpée d'un délit emportant peine afflictive ou infamante. *V.* MANDATS JUDICIAIRES.

PRIME (LOTERIE).

Loi du 21 mai 1836.

1. Les loteries de toute espèce sont prohibées.

2. Sont réputées loteries, et interdites comme telles,

— les ventes d'immeubles, de meubles ou de marchandises effectuées par la voie du sort, ou auxquelles auraient été réunies des primes ou autres bénéfices dus au hasard, et généralement toutes opérations offertes au public pour faire naître l'espérance d'un gain qui serait acquis par la voie du sort.

3. La contravention à ces prohibitions sera punie des peines portées à l'article 410 du Code Pénal. (*V.* LOTERIE.) — S'il s'agit de loteries d'immeubles, la confiscation prononcée par ledit article sera remplacée, à l'égard du propriétaire de l'immeuble mis en loterie, par une amende qui pourra s'élever jusqu'à la valeur estimative de cet immeuble. — En cas de seconde ou ultérieure condamnation, l'emprisonnement et l'amende portés en l'article 410 pourront être élevés au double du maximum. — Il pourra, dans tous les cas, être fait application de l'article 463 du Code Pénal. *V.* ATTÉNUANTES (*circonstances*).

4. Ces peines seront encourues par les auteurs, entrepreneurs ou agens des loteries françaises ou étrangères, ou des opérations qui leur sont assimilées. — Ceux qui auront colporté ou distribué les billets, ceux qui, par des avis, annonces, affiches ou par tout autre moyen de publication, auront fait connaître l'existence de ces loteries, ou facilité l'émission de billets, seront punis des peines portées en l'art. 411 du Code Pénal (*V.* LOTERIE) : Il sera fait application, s'il y a lieu, des deux dernières dispositions de l'article précédent.

5. Sont exceptées des dispositions des articles 1er et 2 ci-dessus, les loteries d'objets mobiliers exclusivement destinés à des actes de bienfaisance ou à l'encouragement des arts, lorsqu'elles auront été autorisées dans les formes qui seront déterminées par des règlemens d'administration publique.

PRISE (DE NAVIRE).

C. Com. 238. En cas de prise, de bris ou naufrage, avec perte entière du navire et des marchandises, les matelots ne peuvent prendre aucun loyer. — Ils ne sont point tenus de restituer ce qui leur a été avancé sur leurs loyers.

569. Le délaissement des objets assurés peut être fait — en cas de prise.

395. En cas de prise, si l'assuré n'a pu en donner avis à l'assureur, il peut racheter les effets sans attendre son ordre. L'assuré est tenu de signifier à l'assureur la composition qu'il aura faite, aussitôt qu'il en aura les moyens.

396. L'assureur a le choix de prendre la composition à son compte, ou d'y renoncer : il est tenu de notifier son choix à l'assuré, dans les vingt-quatre heures qui suivent la signification de la composition. — S'il déclare prendre la composition à son profit, il est tenu de contribuer, sans délai, au paiement du rachat dans les termes de la convention, et à proportion de son intérêt; et il continue de courir les risques du voyage, conformément au contrat d'assurance. — S'il déclare renoncer au profit de la composition, il est tenu au paiement de la somme assurée, sans pouvoir rien prétendre aux effets rachetés. —

Lorsque l'assureur n'a pas notifié son choix dans le délai susdit, il est censé avoir renoncé au profit de la composition.

PRISE A PARTIE.

1° *Dispositions générales.*
De la prise à partie.

C. Proc. (*liv.* 4, *tit.* 3, *art.* 505-516.) — 505. Les juges peuvent être pris à partie dans les cas suivans : — 1° S'il y a dol, fraude ou concussion, qu'on prétendrait avoir été commis, soit dans le cours de l'instruction, soit lors des jugemens ; — 2° si la prise à partie est expressément prononcée par la loi ; — 5° si la loi déclare les juges responsables, à peine de dommages et intérêts ; — 4° s'il y a déni de justice.

506. Il y a déni de justice, lorsque les juges refusent de répondre les requêtes ou négligent de juger les affaires en état et en tour d'être jugées.

507. Le déni de justice sera constaté par deux réquisitions faites aux juges, en la personne des greffiers, et signifiées de trois en trois jours au moins pour les juges de paix et de commerce, et de huitaine en huitaine au moins pour les autres juges : tout huissier requis sera tenu de faire ces réquisitions, à peine d'interdiction.

508. Après les deux réquisitions, le juge pourra être pris à partie.

509. La prise à partie contre les juges de paix, contre les tribunaux de commerce ou de première instance, ou contre quelqu'un de leurs membres, et la prise à partie contre un conseiller à une cour royale ou à une cour d'assises, seront portées à la cour royale du ressort. — La prise à partie contre les cours d'assises, contre les cours royales ou l'une de leurs sections, sera portée à la haute cour, conformément à l'article 101 de l'acte du 18 mai 1804 [1].

510. Néanmoins aucun juge ne pourra être pris à partie sans permission préalable du tribunal devant lequel la prise à partie sera portée.

511. Il sera présenté, à cet effet, une requête signée de la partie ou de son fondé de procuration authentique et spéciale, laquelle procuration sera annexée à la requête, ainsi que les pièces justificatives s'il y en a, à peine de nullité.

512. Il ne pourra être employé aucun terme injurieux contre les juges, à peine, contre la partie, de telle amende, et contre son avoué, de telle injonction ou suspension qu'il appartiendra.

515. Si la requête est rejetée, la partie sera condamnée à une amende qui ne pourra être moindre de trois cents francs, sans préjudice des dommages et intérêts envers les parties, s'il y a lieu.

---

[1] La haute cour, créée par cet acte, n'existe plus.

514. Si la requête est admise, elle sera signifiée dans trois jours au juge pris à partie, qui sera tenu de fournir ses défenses dans la huitaine. — Il s'abstiendra de la connaissance du différend; il s'abstiendra même, jusqu'au jugement définitif de la prise à partie, de toutes les causes que la partie, ou ses parens en ligne directe, ou son conjoint, pourront avoir dans son tribunal, à peine de nullité des jugemens.

515. La prise à partie sera portée à l'audience sur un simple acte, et sera jugée par une autre section que celle qui l'aura admise : si la cour royale n'est composée que d'une section, le jugement de la prise à partie sera renvoyé à la cour royale la plus voisine par la cour de cassation.

516. Si le demandeur est débouté, il sera condamné à une amende qui ne pourra être moindre de trois cents francs, sans préjudice des dommages-intérêts envers les parties, s'il y a lieu.

2° Dispositions additionnelles.

C. *Proc.* 49. Sont dispensées du préliminaire de la conciliation : 1°... — 7° les demandes en prise à partie.

83. Seront communiquées au procureur du Roi : 1°... — 5° les prises à partie.

5° Dispositions du tarif civil.

29. (Pr. 507.) Original d'une réquisition aux tribunaux de juger en la personne du greffier ; — (514.) de signification de la requête et du jugement qui admet une requête à partie, — Paris, 2 fr. — Partout ailleurs, 1 fr. 50 c. — Chaque copie, le quart.

75. (Pr. 514.) Grosse de la requête contenant défense du juge pris à partie, — et réponse. — Chaque rôle, — Paris, 2 fr. — Ressort, 1 fr. 50 c. (V. Tarif.) — Chaque copie, le quart.

PRISONS.

DISPOSITIONS GÉNÉRALES.

Des prisons, maisons d'arrêt et de justice.

C. *Inst. cr.* (liv. 2, tit. 7, ch. 2, art. 603-614.) — 603. Indépendamment des prisons établies pour peines, il y aura dans chaque arrondissement, près du tribunal de première instance, une maison d'arrêt pour y retenir les prévenus ; et, près de chaque cour d'assises, une maison de justice pour y retenir ceux contre lesquels il aura été rendu une ordonnance de prise de corps.

604. Les maisons d'arrêt et de justice seront entièrement distinctes des prisons établies pour peines.

605. Les préfets veilleront à ce que ces différentes maisons soient non-seulement sûres, mais propres, et telles que la santé des prisonniers ne puisse être aucunement altérée.

606. Les gardiens de ces maisons seront nommés par les préfets.

607. Les gardiens des maisons d'arrêt, des maisons de justice et des prisons, seront tenus d'avoir un registre. — Ce registre sera signé et paraphé, à toutes les pages, par le juge d'instruction, pour les maisons d'arrêt ; par le président de la cour d'assises, ou, en son absence, par le président du tribunal de première instance, pour les maisons de justice ; et par le préfet, pour les prisons pour peines.

608. Tout exécuteur de mandat d'arrêt, d'ordonnance de prise de corps, d'arrêt ou de jugement de condamnation, est tenu, avant de remettre au gardien la personne qu'il conduira, de faire inscrire sur le registre l'acte dont il sera porteur ; l'acte de remise sera écrit devant lui. — Le tout sera signé tant par lui que par le gardien. — Le gardien lui en remettra une copie signée de lui, pour sa décharge.

609. Nul gardien ne pourra, à peine d'être poursuivi et puni comme coupable de détention arbitraire, recevoir ni retenir aucune personne qu'en vertu soit d'un mandat de dépôt, soit d'un mandat d'arrêt décerné selon les formes prescrites par la loi, soit d'un arrêt de renvoi devant une cour d'assises, d'un décret d'accusation ou d'un arrêt ou jugement de condamnation à peine afflictive ou à un emprisonnement, et sans que la transcription en ait été faite sur son registre.

610. Le registre ci-dessus mentionné contiendra également, en marge de l'acte de remise, la date de la sortie du prisonnier, ainsi que l'ordonnance, l'arrêt ou le jugement en vertu duquel elle aura lieu.

611. Le juge d'instruction est tenu de visiter, au moins une fois par mois, les personnes retenues dans la maison d'arrêt de l'arrondissement. — Une fois au moins dans le cours de chaque session de la cour d'assises, le président de cette cour est tenu de visiter les personnes retenues dans la maison de justice. — Le préfet est tenu de visiter, au moins une fois par an, toutes les maisons de justice et prisons et tous les prisonniers du département.

612. Indépendamment des visites ordonnées par l'article précédent, le maire de chaque commune où il y aura soit une maison d'arrêt, soit une maison de justice, soit une prison, et, dans les communes où il y aura plusieurs maires, le préfet de police ou le commissaire général de police, est tenu de faire, au moins une fois par mois, la visite de ces maisons.

613. Le maire, le préfet de police ou le commissaire général de police, veillera à ce que la nourriture des prisonniers soit suffisante et saine : la police de ces maisons lui appartiendra. — Le juge d'instruction et le président des assises pour-

ront néanmoins donner respectivement tous les ordres qui devront être exécutés dans les maisons d'arrêt et de justice, et qu'ils croiront nécessaires, soit pour l'instruction, soit pour le jugement.

614. Si quelque prisonnier use de menaces, injures ou violences, soit à l'égard du gardien ou de ses préposés, soit à l'égard des autres prisonniers, il sera, sur les ordres de qui il appartiendra, resserré plus étroitement, enfermé seul, même mis aux fers en cas de fureur ou de violence grave, sans préjudice des poursuites auxquelles il pourrait avoir donné lieu.

PRIVÉ (ACTE).

I. DISPOSITIONS GÉNÉRALES.

C. Civ. 1318. L'acte qui n'est point authentique par l'incompétence ou l'incapacité de l'officier, ou par un défaut de forme, vaut comme écriture privée, s'il a été signé des parties.

1320. L'acte, soit authentique, soit sous seing privé, fait foi entre les parties, même de ce qui n'y est exprimé qu'en termes énonciatifs, pourvu que l'énonciation ait un rapport direct à la disposition. Les énonciations étrangères à la disposition, ne peuvent servir que d'un commencement de preuve.

De l'acte sous seing privé.

C. Civ. (*liv.* 3, *tit.* 3, *ch.* 6, *sect.* 1, § 2, *art.* 1322-1332.) — 1322. L'acte sous seing privé, reconnu par celui auquel on l'oppose, ou légalement tenu pour reconnu, a, entre ceux qui l'ont souscrit et entre leurs héritiers et ayans cause, la même foi que l'acte authentique.

1323. Celui auquel on oppose un acte sous seing privé, est obligé d'avouer ou de désavouer formellement son écriture ou sa signature. — Ses héritiers ou ayans-cause peuvent se contenter de déclarer qu'ils ne connaissent point l'écriture ou la signature de leur auteur.

1324. Dans le cas où la partie désavoue son écriture ou sa signature, et dans le cas où ses héritiers ou ayans cause déclarent ne les point connaître, la vérification en est ordonnée en justice.

1325. Les actes sous seing privé qui contiennent des conventions synallagmatiques, ne sont valables qu'autant qu'ils ont été faits en autant d'originaux qu'il y a de parties ayant un intérêt distinct. — Il suffit d'un original pour toutes les personnes ayant le même intérêt. — Chaque original doit contenir la mention du nombre des originaux qui en ont été faits. — Néanmoins le défaut de mention que les originaux ont été faits doubles, triples, etc., ne peut être opposé par celui qui a exécuté de sa part la convention portée dans l'acte.

1326. Le billet ou la promesse sous seing privé par lequel une seule partie s'engage envers l'autre à lui payer une somme d'argent ou une chose appréciable, doit être écrit en entier de la main de celui qui le souscrit; ou du moins il faut qu'outre sa signature, il ait écrit de sa main un *bon* ou un *approuvé*, portant en toutes lettres la somme ou la quantité de la chose; — excepté dans le cas où l'acte émane de marchands, artisans, laboureurs, vignerons, gens de journée et de service.

1327. Lorsque la somme exprimée au corps de l'acte est différente de celle exprimée au *bon*, l'obligation est présumée n'être que de la somme moindre, lors même que l'acte ainsi que le *bon* sont écrits en entier de la main de celui qui s'est obligé, à moins qu'il ne soit prouvé de quel côté est l'erreur.

1328. Les actes sous seing privé n'ont de date contre les tiers que du jour où ils ont été enregistrés, du jour de la mort de celui ou de l'un de ceux qui les ont souscrits, ou du jour où leur substance est constatée dans des actes dressés par des officiers publics, tels que procès-verbaux de scellé ou d'inventaire.

1329. Les registres des marchands ne font point, contre les personnes non marchandes, preuve des fournitures qui y sont portées, sauf ce qui sera dit à l'égard du serment. *V.* SERMENT.

1330. Les livres des marchands font preuve contre eux; mais celui qui en veut tirer avantage, ne peut les diviser en ce qu'ils contiennent de contraire à sa prétention.

1331. Les registres et papiers domestiques ne font point un titre pour celui qui les a écrits. Ils font foi contre lui, — 1° dans tous les cas où ils énoncent formellement un paiement reçu; — 2° lorsqu'ils contiennent la mention expresse que la note a été faite pour suppléer le défaut du titre en faveur de celui au profit duquel ils énoncent une obligation.

1332. L'écriture mise par le créancier à la suite, en marge ou au dos d'un titre qui est toujours resté en sa possession, fait foi, quoique non signée ni datée par lui, lorsqu'elle tend à établir la libération du débiteur.—Il en est de même de l'écriture mise par le créancier au dos, ou en marge, ou à la suite du double d'un titre ou d'une quittance, pourvu que ce double soit entre les mains du débiteur.

II. DISPOSITIONS ADDITIONNELLES.

HYPOTHÈQUE. *C. Civ.* 2123. L'hypothèque judiciaire résulte des jugemens soit contradictoires, soit par défaut, définitifs ou provisoires, en faveur de celui qui les a obtenus. Elle résulte aussi des reconnaissances en vérifications, faites en jugement, des signatures apposées à un acte obligatoire sous seing privé.

REMISE. *C. Civ.* 1282. La remise volontaire du titre original sous signature privée, par le créancier au débiteur, fait preuve de la libération.

1284. La remise du titre original sous signature privée ou de la grosse du titre à l'un des débiteurs solidaires, a le même effet au profit de ses codébiteurs. *V.* REMISE.

VENTE. *C. Civ.* 1582. La vente peut être faite par acte authentique ou sous seing privé.

III. DU FAUX EN ÉCRITURE PRIVÉ. *V.* FAUX.

IV. DE LA VÉRIFICATION D'ÉCRITURE. *V.* VÉRIFICATION.

PRIVILÈGE.

I. DISPOSITIONS GÉNÉRALES.
Des privilèges et hypothèques.
C. Civ. (*liv.* 3, *tit.* 18, *art.* 2092-2203.)
Chap. 1, *dispositions générales.*

2092. Quiconque s'est obligé personnellement est tenu de remplir son engagement sur tous ses biens mobiliers et immobiliers, présens et à venir.

2093. Les biens du débiteur sont le gage commun de ses créanciers; et le prix s'en distribue entre eux par contribution, à moins qu'il n'y ait entre les créanciers des causes légitimes de préférence.

2094. Les causes légitimes de préférence sont les privilèges et hypothèques. *V.* HYPOTHÈQUE.

Chap. 2, *des privilèges.*

2095. Le privilège est un droit que la qualité de la créance donne à un créancier d'être préféré aux autres créanciers, même hypothécaires.

2096. Entre les créanciers privilégiés, la préférence se règle par les différentes qualités des privilèges.

2097. Les créanciers privilégiés qui sont dans le même rang sont payés par concurrence.

2098. Le privilège, à raison des droits du trésor royal, et l'ordre dans lequel il s'exerce, sont réglés par les lois qui les concernent. — Le trésor royal ne peut cependant obtenir de privilège au préjudice des droits antérieurement acquis à des tiers.

2099. Les privilèges peuvent être sur les meubles ou sur les immeubles.

Sect. 1, *des privilèges sur les meubles.*

2100. Les privilèges sont ou généraux, ou particuliers sur certains meubles.

§ 1, *des privilèges généraux sur les meubles.*

2101. Les créances privilégiées sur la généra-

lité des meubles sont celles ci-après exprimées, et s'exercent dans l'ordre suivant : — 1° les frais de justice; — 2° les frais funéraires; — 3° les frais quelconques de la dernière maladie, concurremment entre ceux à qui ils sont dus; — 4° les salaires des gens de service, pour l'année échue et ce qui est dû sur l'année courante; — 5° les fournitures de subsistances faites au débiteur et à sa famille; savoir, pendant les six derniers mois, par les marchands en détail, tels que boulangers, bouchers et autres; et pendant la dernière année, par les maîtres de pension et marchands en gros.

§ 2, *des privilèges sur certains meubles.*

2102. Les créances privilégiées sur certains meubles sont, — 1° les loyers et fermages des immeubles, sur les fruits de la récolte de l'année, et sur le prix de tout ce qui garnit la maison louée ou la ferme, et de tout ce qui sert à l'exploitation de la ferme; savoir, pour tout ce qui est échu, et pour tout ce qui est à échoir, si les baux sont authentiques, ou si, étant sous signature privée, ils ont une date certaine; et, dans ces deux cas, les autres créanciers ont le droit de relouer la maison ou la ferme pour le restant du bail, et de faire leur profit des baux ou fermages; à la charge toutefois de payer au propriétaire tout ce qui lui serait encore dû; — et, à défaut de baux authentiques, ou lorsqu'étant sous signature privée, ils n'ont pas une date certaine, pour une année à partir de l'expiration de l'année courante; — le même privilège a lieu pour les réparations locatives, et pour tout ce qui concerne l'exécution du bail; — néanmoins les sommes dues pour les semences ou pour les frais de la récolte de l'année, sont payées sur le prix de la récolte, et celles dues pour ustensiles, sur le prix de ces ustensiles, par préférence au propriétaire, dans l'un et l'autre cas; — le propriétaire peut saisir les meubles qui garnissent sa maison ou sa ferme, lorsqu'ils ont été déplacés sans son consentement, et il conserve sur eux son privilège, pourvu qu'il ait fait la revendication; savoir, lorsqu'il s'agit du mobilier qui garnissait une ferme, dans le délai de quarante jours; et dans celui de quinzaine, s'il s'agit des meubles garnissant une maison; — 2° la créance sur le gage dont le créancier est saisi; — 3° les frais faits pour la conservation de la chose; — 4° le prix d'effets mobiliers non payés, s'ils sont encore en la possession du débiteur, soit qu'il ait acheté à terme ou sans terme; — si la vente a été faite sans terme, le vendeur peut même revendiquer ces effets tant qu'ils sont en la possession de l'acheteur, et en empêcher la revente, pourvu que la revendication soit faite dans la huitaine de la livraison, et que les effets se trouvent dans le même état dans lequel cette li-vraison a été faite ; — le privilège du vendeur ne s'exerce toutefois qu'après celui du propriétaire de la maison ou de la ferme, à moins qu'il ne soit prouvé que le propriétaire avait connaissance que les meubles et autres objets garnissant sa maison ou sa ferme n'appartenaient pas au locataire ; — il n'est rien innové aux lois et usages du commerce sur la revendication ; — 5° les fournitures d'un aubergiste, sur les effets du voyageur qui ont été transportés dans son auberge ; — 6° les frais de voiture et les dépenses accessoires, sur la chose voiturée ; —7° les créances résultant d'abus et prévarications commis par les fonctionnaires publics dans l'exercice de leurs fonctions, sur les fonds de leur cautionnement , et sur les intérêts qui en peuvent être dus.

Sect. 2, des privilèges sur les immeubles.

2105. Les créanciers privilégiés sur les immeubles sont,—1° le vendeur, sur l'immeuble vendu, pour le paiement du prix; — s'il y a plusieurs ventes successives dont le prix soit dû en tout ou en partie, le premier vendeur est préféré au second, le deuxième au troisième, et ainsi de suite; — 2° ceux qui ont fourni les deniers pour l'acquisition d'un immeuble, pourvu qu'il soit authentiquement constaté , par l'acte d'emprunt, que la somme était destinée à cet emploi, et, par la quittance du vendeur, que ce paiement a été fait de deniers empruntés ; — 5° les cohéritiers, sur les immeubles de la succession, pour la garantie des partages faits entre eux, et des soulte ou retour de lots ; — 4° les architectes, entrepreneurs , maçons et autres ouvriers employés pour édifier, reconstruire ou réparer des bâtimens, canaux, ou autres ouvrages quelconques, pourvu néanmoins que , par un expert nommé d'office par le tribunal de première instance dans le ressort duquel les bâtimens sont situés, il ait été dressé préalablement un procès-verbal , à l'effet de constater l'état des lieux relativement aux ouvrages que le propriétaire déclarera avoir dessein de faire, et que les ouvrages aient été, dans les six mois au plus de leur perfection, reçus par un expert également nommé d'office ; — mais le montant du privilège ne peut excéder les valeurs constatées par le second procès-verbal, et il se réduit à la plus-value existante à l'époque de l'aliénation de l'immeuble et résultant des travaux qui y ont été faits ; — 5° ceux qui ont prêté les deniers pour payer ou rembourser les ouvriers, jouissent du même privilège, pourvu que cet emploi soit authentiquement constaté par l'acte d'emprunt, et par la quittance des ouvriers, ainsi qu'il a été dit ci-dessus pour ceux qui ont prêté les deniers pour l'acquisition d'un immeuble.

Sect. 3, des privilèges qui s'étendent sur les meubles et les immeubles.

2104. Les privilèges qui s'étendent sur les meubles et les immeubles sont ceux énoncés en l'article 2101.

2105. Lorsqu'à défaut de mobilier les privilégiés énoncés en l'article précédent se présentent pour être payés sur le prix d'un immeuble en concurrence avec les créanciers privilégiés sur l'immeuble, les paiemens se font dans l'ordre qui suit : — 1° les frais de justice et autres énoncés en l'article 2101 ; — 2° les créances désignées en l'article 2105.

Sect. 4, comment se conservent les privilèges.

2106. Entre les créanciers, les privilèges ne produisent d'effet à l'égard des immeubles qu'autant qu'ils sont rendus publics par inscription sur les registres du conservateur des hypothèques, de la manière déterminée par la loi , et à compter de la date de cette inscription, sous les seules exceptions qui suivent.

2107. Sont exceptées de la formalité de l'inscription les créances énoncées en l'article 2101.

2108. Le vendeur privilégié conserve son privilège par la transcription du titre qui a transféré la propriété à l'acquéreur, et qui constate que la totalité ou partie du prix lui est due; à l'effet de quoi la transcription du contrat faite par l'acquéreur vaudra inscription pour le vendeur et pour le prêteur qui lui aura fourni les deniers payés, et qui sera subrogé aux droits du vendeur par le même contrat : sera néanmoins le conservateur des hypothèques tenu, sous peine de tous dommages et intérêts envers les tiers , de faire d'office l'inscription sur son registre, des créances résultant de l'acte translatif de propriété, tant en faveur du vendeur qu'en faveur des prêteurs, qui pourront aussi faire faire, si elle ne l'a été , la transcription du contrat de vente, à l'effet d'acquérir l'inscription de ce qui leur est dû sur le prix.

2109. Le cohéritier ou copartageant conserve son privilège sur les biens de chaque lot ou sur le bien licité, pour les soulte et retour de lots , ou pour le prix de la licitation, par l'inscription faite à sa diligence, dans soixante jours, à dater de l'acte de partage ou de l'adjudication par licitation; durant lequel temps aucune hypothèque ne peut avoir lieu sur le bien chargé de soulte ou adjugé par licitation, au préjudice du créancier de la soulte ou du prix.

2110. Les architectes, entrepreneurs, maçons et autres ouvriers employés pour édifier, reconstruire ou réparer des bâtimens, canaux, ou autres ouvrages, et ceux qui ont , pour les payer et rembourser, prêté les deniers dont l'emploi a été constaté, conservent, par la double inscription faite, — 1° du procès-verbal qui constate l'état des lieux, — 2° du procès-verbal de réception, — leur privilège à la date de l'inscription du premier procès-verbal.

2111. Les créanciers et légataires qui demandent la séparation du patrimoine du défunt, conformément à l'article 878, au titre *des successions* (*V.* PATRIMOINE [*séparation de*].), conservent, à l'égard des créanciers des héritiers ou représentans du défunt, leur privilège sur les immeubles de la succession, par les inscriptions faites sur chacun de ces biens, dans les six mois à compter de l'ouverture de la succession. — Avant l'expiration de ce délai, aucune hypothèque ne peut être établie avec effet sur ces biens par les héritiers ou représentans au préjudice de ces créanciers ou légataires.

2112. Les cessionnaires de ces diverses créances privilégiées exercent tous, les mêmes droits que les cédans, en leur lieu et place.

2113. Toutes créances privilégiées soumises à la formalité de l'inscription, à l'égard desquelles les conditions ci-dessus prescrites pour conserver le privilège n'ont pas été accomplies, ne cessent pas néanmoins d'être hypothécaires; mais l'hypothèque ne date, à l'égard des tiers, que de l'époque des inscriptions qui auront dû être faites ainsi qu'il sera ci-après expliqué. *V.* INSCRIPTION.

Chap. 4, du mode de l'inscription des privilèges et hypothèques.—Chap. 5, de la radiation et réduction des inscriptions. V. INSCRIPTION.

Chap. 6, de l'effet des privilèges et hypothèques contre les tiers détenteurs. V. DÉLAISSEMENT.

Chap. 7, de l'extinction des privilèges et hypothèques.

2180. Les privilèges et hypothèques s'éteignent, — 1° par l'extinction de l'obligation principale, — 2° par la renonciation du créancier à l'hypothèque, —3° par l'accomplissement des formalités et conditions prescrites aux tiers détenteurs pour purger les biens par eux acquis ; — 4° par la prescription. — La prescription est acquise au débiteur, quant aux biens qui sont dans ses mains, par le temps fixé pour la prescription des actions qui donnent l'hypothèque ou le privilège.—Quant aux biens qui sont dans la main d'un tiers détenteur, elle lui est acquise par le temps réglé pour la prescription de la propriété à son profit : dans le cas où la prescription suppose un titre, elle ne commence à courir que du jour où il a été transcrit sur les registres du conservateur.—Les inscriptions prises par le créan-

cier n'interrompent pas le cours de la prescription établie par la loi en faveur du débiteur ou du tiers détenteur. *V.* CONSERVATEUR.

Chap. 8, du mode de purger les propriétés des privilèges et hypothèques. V. PURGE.

II. DISPOSITIONS ADDITIONNELLES.

CAUTION. *C. Civ.* 2037. La caution est déchargée lorsque la subrogation aux droits, hypothèques et privilèges du créancier ne peut plus, par le fait de ce créancier, s'opérer en faveur de la caution.

CAUTIONNEMENT CRIMINEL. *C. Instr. cr.* 121. Les espèces déposées et les immeubles servant de cautionnement seront affectés par privilège,— 1° au paiement des réparations civiles et des frais avancés par la partie civile ;—2° aux amendes ; le tout néanmoins sans préjudice du privilège du trésor public, à raison des frais faits par la partie publique. (*V. ci-après*, III.)

CESSION DE CRÉANCES. *C. Civ.* 1692. La vente ou cession d'une créance comprend les accessoires de la créance, tels que caution, privilège et hypothèque.

COMMISSIONNAIRE. *C. Com.* 94. Si les marchandises ont été vendues et livrées pour le compte du commettant, le commissionnaire se rembourse, sur le produit de la vente, du montant de ses avances, intérêts et frais, par préférence aux créanciers du commettant.

95. Tous prêts, avances ou paiemens qui pourraient être faits sur des marchandises déposées ou consignées par un individu résidant dans le lieu du domicile du commissionnaire, ne donnent privilège au commissionnaire ou dépositaire qu'autant qu'il s'est conformé aux dispositions prescrites par le Code Civil, livre 3, titre 17, pour les prêts sur gage ou nantissemens. *V.* GAGE.

COMPENSATION. *C. Civ.* 1299. Celui qui a payé une dette qui était de droit éteinte par la compensation, ne peut plus, en exerçant la créance dont il n'a point opposé la compensation, se prévaloir, au préjudice des tiers, des privilèges ou hypothèques qui y étaient attachés, à moins qu'il n'ait une juste cause d'ignorer la créance qui devait compenser sa dette.

DISTRIBUTION PAR CONTRIBUTION. *C. Proc.* 661. (L'acte à fin de collocation) contiendra la demande à fin de privilège ; néanmoins le propriétaire pourra appeler la partie saisie et l'avoué plus ancien en référé devant le juge-commissaire, pour faire statuer préliminairement sur son privilège pour raison des loyers à lui dus.

662. Les frais de poursuite seront prélevés, par privilège, avant toute créance autre que celle pour loyers dus au propriétaire.

DOTAL (*régime*). *C. Civ.* 1572. La femme et ses héritiers n'ont point de privilège pour la répétition de la dot sur les créanciers antérieurs à elle en hypothèque.

FAILLITE. *C. Com.* 443. Nul ne peut acquérir privilège ni hypothèque sur les biens du failli dans les dix jours qui précèdent l'ouverture de la faillite.

533. Les syndics présenteront au commissaire l'état des créanciers se prétendant privilégiés sur les meubles, et le commissaire autorisera le paiement de ces créanciers sur les premiers deniers rentrés. S'il y a des créanciers contestant le privilège, le tribunal prononcera ; les frais seront supportés par ceux dont la demande aura été rejetée, et ne seront pas au compte de la masse. *V.* FAILLITE.

NAVIRES. *C. Com.* 190. Les navires et autres bâtimens de mer sont affectés aux dettes du vendeur, et spécialement à celles que la loi déclare privilégiées. *V.* NAVIRE.

NOVATION. *C. Civ.* 1278. Les privilèges et hypothèques de l'ancienne créance ne passent point à celle qui lui est substituée, à moins que le créancier ne les ait expressément réservés. *V.* NOVATION.

SAISIE-IMMOBILIÈRE. *C. Proc.* 716. Les frais extraordinaires de poursuite seront payés par privilège sur le prix, lorsqu'il en aura été ainsi ordonné par jugement.

SUBROGATION. *C. Civ.* 1251. La subrogation a lieu de plein droit, — 1° au profit de celui qui, étant lui-même créancier, paie un autre créancier qui lui est préférable à raison de ses privilèges et hypothèques.

SUBSTITUTION. *C. Civ.* 1069. Les dispositions par actes entre-vifs ou testamentaires, à charge de restitution, seront, à la diligence, soit du grevé, soit du tuteur nommé pour l'exécution, rendues publiques ; savoir, quant aux immeubles, par la transcription des actes sur les registres du bureau des hypothèques du lieu de la situation ; et quant aux sommes colloquées avec privilège sur des immeubles, par l'inscription sur les biens affectés au privilège.

III. PRIVILÈGE DU TRÉSOR EN MATIÈRE CRIMINELLE.
Loi du 5-15 septembre 1807.

1. En conséquence de l'article 2098 du Code Civil, le privilège du trésor public est réglé de la manière suivante, en ce qui concerne le remboursement des frais dont la condamnation est prononcée à son profit, en matière criminelle, correctionnelle et de police.

2. Le privilège du trésor public sur les meubles et effets mobiliers des condamnés ne s'exercera qu'après les autres privilèges et droits ci-après mentionnés, savoir : — 1° les privilèges désignés aux art. 2101 et 2102 du Code Civil ; — 2° les sommes dues pour la défense personnelle du condamné, lesquelles, en cas de contestation de la part de l'administration des domaines, seront réglées d'après la nature de l'affaire par le tribunal qui aura prononcé la condamnation.

3. Le privilège du trésor public sur les biens immeubles des condamnés n'aura lieu qu'à la charge de l'inscription dans les deux mois, à dater du jour du jugement de condamnation ; passé lequel délai, les droits du trésor public ne pourront s'exercer qu'en conformité de l'article 2113 du Code Civil.

4. Le privilège mentionné dans l'article 3 ci-dessus ne s'exercera qu'après les autres privilèges et droits suivans : — 1° les privilèges désignés en l'art. 2101 du Code Civil, dans le cas prévu par l'article 2105 ; — 2° les privilèges désignés en l'article 2103 du Code Civil, pourvu que les conditions prescrites pour leur conservation aient été accomplies ; — 3° les hypothèques légales existantes indépendamment de l'inscription, pourvu toutefois qu'elles soient antérieures au mandat d'arrêt, dans le cas où il en aurait été décerné contre le condamné ; et dans les autres cas, au jugement de condamnation ; — 4° les autres hypothèques, pourvu que les créances aient été inscrites au bureau des hypothèques avant le privilège du trésor public, et qu'elles résultent d'actes qui aient une date certaine, antérieure auxdits mandat d'arrêt ou jugement de condamnation ; — 5° les sommes dues pour la défense personnelle du condamné, sauf le règlement, ainsi qu'il est dit en l'article 2 ci-dessus.

PRIX. *V.* VENTE.
PRIX FAIT. *V.* DEVIS.
PROCÉDURE.

DISPOSITIONS GÉNÉRALES.
C. Proc. (art. 1029-1042).

1029. Aucune des nullités, amendes et déchéances prononcées dans le présent Code (de Procédure civile), n'est comminatoire.

1030. Aucun exploit ou acte de procédure ne pourra être déclaré nul, si la nullité n'en est pas formellement prononcée par la loi.—Dans les cas où la loi n'aurait pas prononcé la nullité, l'officier ministériel pourra, soit pour omission, soit pour contravention, être condamné à une amende qui ne sera pas moindre de cinq francs et n'excèdera pas cent francs.

1031. Les procédures et les actes nuls ou frustratoires, et les actes qui auront donné lieu à une condamnation d'amende, seront à la charge des officiers ministériels qui les auront faits, lesquels, suivant l'exigence des cas, seront en outre passibles des dommages et intérêts de la partie, et pourront même être suspendus de leurs fonctions.

1032. Les communes et les établissemens publics seront tenus, pour former une demande en justice, de se conformer aux lois administratives.

1033. Le jour de la signification ni celui de l'échéance ne sont jamais comptés pour le délai général fixé pour les ajournemens, les citations, sommations et autres actes faits à personne ou domicile : ce délai sera augmenté d'un jour à raison de trois myriamètres de distance ; et quand il y aura lieu à voyage ou envoi et retour, l'augmentation sera du double.

1054. Les sommations pour être présent aux rapports d'experts, ainsi que les assignations données en vertu de jugement de jonction, indiqueront seulement le lieu, le jour et l'heure de la première vacation ou de la première audience ; elles n'auront pas besoin d'être réitérées, quoique la vacation ou l'audience ait été continuée à un autre jour.

1055. Quand il s'agira de recevoir un serment, une caution, de procéder à une enquête, à un interrogatoire sur faits et articles, de nommer des experts, et généralement de faire une opération quelconque en vertu d'un jugement, et que les parties, ou les lieux contentieux, seront trop éloignés, les juges pourront commettre un tribunal voisin, un juge, ou même un juge de paix, suivant l'exigence des cas ; ils pourront même autoriser un tribunal à nommer, soit un de ses membres, soit un juge de paix, pour procéder aux opérations ordonnées.

1056. Les tribunaux, suivant la gravité des circonstances, pourront, dans les causes dont ils seront saisis, prononcer, même d'office, des injonctions, supprimer des écrits, les déclarer calomnieux, et ordonner l'impression et l'affiche de leurs jugemens.

1057. Aucune signification ni exécution ne pourra être faite, depuis le 1er octobre jusqu'au 31 mars, avant six heures du matin et après six heures du soir ; et depuis le 1er avril jusqu'au 30 septembre, avant quatre heures du matin et après neuf heures du soir ; non plus que les jours de fête légale, si ce n'est en vertu de permission du juge, dans le cas où il y aurait péril en la demeure.

1058. Les avoués qui ont occupé dans les causes où il est intervenu des jugemens définitifs, seront tenus d'occuper sur l'exécution de ces jugemens, sans nouveaux pouvoirs, pourvu qu'elle ait lieu dans l'année de la prononciation des jugemens.

1059. Toutes significations faites à des personnes publiques, préposées pour les recevoir, seront visées par elles sans frais sur l'original. — En cas de refus, l'original sera visé par le procureur du Roi près le tribunal de première instance de leur domicile. Les refusans pourront être condamnés, sur les conclusions du ministère public, à une amende, qui ne pourra être moindre de cinq francs.

1040. Tous actes et procès-verbaux du ministère du juge seront faits au lieu où siège le tribunal ; le juge y sera toujours assisté du greffier, qui gardera les minutes et délivrera les expéditions : en cas d'urgence, le juge pourra répondre en sa demeure les requêtes qui lui seront présentées ; le tout, sauf l'exécution des dispositions portées au titre *des référés*. *V*. RÉFÉRÉ.

1041. Le présent Code (de Procédure civile) sera exécuté à dater du 1er janvier 1807 : en conséquence, tous procès qui seront intentés depuis cette époque seront instruits conformément à ses dispositions. Toutes lois, coutumes, usages et règlemens relatifs à la procédure civile, seront abrogés.

1042. Avant cette époque, il sera fait, tant pour la taxe des frais que pour la police et discipline des tribunaux, des règlemens d'administration publique. — Dans trois ans, au plus tard, les dispositions de ces règlemens qui contiendraient des mesures législatives seront présentées au Corps législatif en forme de loi.

Dispositions du tarif civil.

19. (Pr. 1059.) Il ne sera rien alloué au greffier du juge de paix pour les oppositions formées par le ministère des huissiers et visées par lui.

PROCÈS-VERBAL.

1° *En matière civile*. *V*. CONCILIATION, ENQUÊTE, EXPERTS.

2° *En matière criminelle*. *V*. POLICE JUDICIAIRE.

PROCURATION. *V*. MANDAT.

PROCUREURS DU ROI. *V*. MINISTÈRE PUBLIC.

PRODIGUE.

C. Civ. 513. Il peut être défendu aux prodigues de plaider, de transiger, d'emprunter, de recevoir un capital mobilier et d'en donner décharge, d'aliéner ni de grever leurs biens d'hypothèques, sans l'assistance d'un conseil qui leur est nommé par le tribunal. *V*. JUDICIAIRE (*conseil*).

PRODUCTION. *V*. DÉLIBÉRÉ.

PROHIBITIONS DE MARIAGE.

C. Civ. 161. En ligne directe, le mariage est prohibé entre tous les ascendans et descendans légitimes ou naturels, et les alliés dans la même ligne.

162. En ligne collatérale, le mariage est prohibé entre le frère et la sœur légitimes ou naturels, et les alliés au même degré.

163. Le mariage est encore prohibé entre l'oncle et la nièce, la tante et le neveu.

164. Néanmoins il est loisible au Roi de lever, pour des causes graves, les prohibitions portées par l'article 162, aux mariages entre beaux-frères

et belles-sœurs, et par l'article 163, aux mariages entre l'oncle et la nièce, la tante et le neveu.

348. Le mariage est prohibé, — entre l'adoptant, l'adopté et ses descendans; — entre les enfans adoptifs du même individu; — entre l'adopté et les enfans qui pourraient survenir à l'adoptant; — entre l'adopté et le conjoint de l'adoptant, — et réciproquement entre l'adoptant et le conjoint de l'adopté.

PROMESSE.

LETTRE DE CHANGE. C. Com. 112. Sont réputées simples promesses toutes lettres de change contenant supposition, soit de nom, soit de qualité, soit de domicile, soit des lieux d'où elles *sont* tirées, ou dans lesquels elles *sont* payables.

113. La signature des femmes et des filles non négociantes ou marchandes publiques sur lettres de change, ne vaut, à leur égard, que comme simple promesse. *V.* CHANGE (*lettre de*).

VENTE. C. Civ. 1589. La promesse de vente vaut vente, lorsqu'il y a consentement réciproque des deux parties sur la chose et sur le prix.

1590. Si la promesse de vendre a été faite avec des arrhes, chacun des contractans est maître de s'en départir, — celui qui les a données, en les perdant, — et celui qui les a reçues, en restituant le double.

PROMULGATION.

C. Civ. 1. Les lois sont exécutoires dans tout le territoire français, en vertu de la promulgation qui en est faite par le Roi. — Elles seront exécutées dans chaque partie du royaume du moment où la promulgation en pourra être connue. — La promulgation faite par le Roi sera réputée connue dans le département de la résidence royale un jour après celui de la promulgation; et dans chacun des autres départemens après l'expiration du même délai, augmenté d'autant de jours qu'il y aura de fois dix myriamètres (environ vingt lieues anciennes) entre la ville où la promulgation en aura été faite et le chef-lieu de chaque département. *V.* DISTANCE.

PROPRIÉTAIRE. *V.* LOUAGE, PRIVILÈGE.

PROPRIÉTÉ.

DISPOSITIONS GÉNÉRALES.

C. Civ. 543. On peut avoir sur les biens, ou un droit de propriété, ou un simple droit de jouissance, ou seulement des services fonciers à prétendre.

1° De la propriété.

C. Civ. (*liv.* 2, *tit.* 2, *art.* 544-577).—544. La propriété est le droit de jouir et disposer des choses de la manière la plus absolue, pourvu qu'on n'en fasse pas un usage prohibé par les lois ou par les règlemens.

545. Nul ne peut être contraint de céder sa propriété, si ce n'est pour cause d'utilité publique, et moyennant une juste et préalable indemnité. *V.* EXPROPRIATION.

546. La propriété d'une chose, soit mobilière, soit immobilière, donne droit sur tout ce qu'elle produit, et sur ce qui s'y unit accessoirement, soit naturellement, soit artificiellement. — Ce droit s'appelle *droit d'accession. V.* ACCESSION (*droit d'*).

2° Des différentes manières dont on acquiert la propriété.

Dispositions générales.

C. Civ. (*liv.* 5, *art.* 711-717). — 711. La propriété des biens s'acquiert et se transmet par succession, par donation entre-vifs ou testamentaire, et par l'effet des obligations.

712. La propriété s'acquiert aussi par accession ou incorporation, et par prescription.

713. Les biens qui n'ont pas de maître appartiennent à l'État.

714. Il est des choses qui n'appartiennent à personne et dont l'usage est commun à tous.—Des lois de police règlent la manière d'en jouir.

715. La faculté de chasser ou de pêcher est également réglée par des lois particulières.

716. La propriété d'un trésor appartient à celui qui le trouve dans son propre fonds : si le trésor est trouvé dans le fonds d'autrui, il appartient pour moitié à celui qui l'a découvert, et pour l'autre moitié au propriétaire du fonds. — Le trésor est toute chose cachée ou enfouie sur laquelle personne ne peut justifier sa propriété, et qui est découverte par le pur effet du hasard.

717. Les droits sur les effets jetés à la mer, sur les objets que la mer rejette, de quelque nature qu'ils puissent être, sur les plantes et herbages qui croissent sur les rivages de la mer, sont aussi réglés par des lois particulières.—Il en est de même des choses perdues dont le maître ne se présente pas.

PROROGATION.

1° D'enquête.

C. Proc. 279. Si l'une des parties demande prorogation dans le délai fixé pour la confection de l'enquête, le tribunal pourra l'accorder.

280. La prorogation sera demandée sur le procès-verbal du juge-commissaire, et ordonnée sur le référé qu'il en fera à l'audience, au jour indiqué par son procès-verbal, sans sommation ni avenir, si les parties ou leurs avoués ont été pré-

sens ; il ne sera accordé qu'une seule prorogation, à peine de nullité.

409. Si l'une des parties demande prorogation
(de l'enquête sommaire), l'incident sera jugé sur
le champ.

2° De terme.

C. Civ. 2039. La simple prorogation de terme,
accordée par le créancier au débiteur principal, ne
décharge point la caution, qui peut, en ce cas,
poursuivre le débiteur pour le forcer au paiement.

PROTÊT.

Dispositions générales.

C. Com. 161. Le porteur d'une lettre de
change doit en exiger le paiement le jour de son
échéance.

162. Le refus de paiement doit être constaté,
le lendemain du jour de l'échéance, par un acte
que l'on nomme *protêt faute de paiement.* — Si
ce jour est un jour férié légal le protêt est fait le
jour suivant.

163. Le porteur n'est dispensé du protêt faute
de paiement, ni par le protêt faute d'acceptation,
ni par la mort ou faillite de celui sur qui la lettre de change est tirée. — Dans le cas de faillite
de l'accepteur avant l'échéance, le porteur peut
faire protester et exercer son recours. *V.* CHANGE
(*lettre de*).

Des protêts.

C. Com. (*liv.* 1, *tit.* 8, *sect.* 1, § 12, *art.* 173-
176). — 173. Les protêts faute d'acceptation ou
de paiement sont faits par deux notaires, ou par
un notaire et deux témoins, ou par un huissier
et deux témoins.—Le protêt doit être fait — au
domicile de celui sur qui la lettre de change était
payable, ou à son dernier domicile connu , — au
domicile des personnes indiquées par la lettre
de change pour la payer au besoin,—au domicile
du tiers qui a accepté par intervention ;— le tout
par un seul et même acte.—En cas de fausse indication de domicile, le protêt est précédé d'un
acte de perquisition.

174. L'acte de protêt contient — la transcription littérale de la lettre de change, de l'acceptation, des endossemens et des recommandations
qui y sont indiquées, — la sommation de payer
le montant de la lettre de change.—Il énonce —
la présence ou l'absence de celui qui doit payer,
— les motifs du refus de payer, et l'impuissance
ou le refus de signer.

175. Nul acte, de la part du porteur de la lettre de change, ne peut suppléer l'acte de protêt,
hors le cas prévu par les articles 150 et suivans,
touchant la perte de la lettre de change. *V.*
PERTE.

176. Les notaires et les huissiers sont tenus, à
peine de destitution, dépens, dommages-intérêts
envers les parties, de laisser copie exacte des protêts, et de les inscrire en entier, jour par jour et
par ordre de dates, dans un registre particulier,
coté, paraphé, et tenu dans les formes prescrites
pour les répertoires.

187. Toutes les dispositions relatives aux lettres de change et concernant le protêt, sont applicables aux billets à ordre.

Dispositions additionnelles.

C. Com. 119. Le refus d'acceptation est constaté par un acte que l'on appelle *protêt faute
d'acceptation. V.* ACCEPTATION.

156. Les paiemens faits à compte sur le montant d'une lettre de change sont à la décharge des
tireur et endosseurs. — Le porteur est tenu de
faire protester la lettre de change pour le surplus.

PROTUTEUR.

C. Civ. 417. Quand le mineur, domicilié en
France, possédera des biens dans les colonies,
ou réciproquement, l'administration spéciale de
ces biens sera donnée à un protuteur. — En ce
cas, le tuteur et le protuteur seront indépendans
et non responsables l'un envers l'autre pour leur
gestion respective.

PROVISION (JUDICIAIRE).— (PROVISIONNEL JUGEMENT.)

C. Proc. 451. L'appel d'un jugement interlocutoire pourra être interjeté avant le jugement
définitif ; il en sera de même des jugemens qui
auraient accordé une provision.

878. Les demandes en provision (formées pendant l'instance en séparation de corps) seront
portées à l'audience.

PROVISION (DE LETTRE DE CHANGE).

De la provision.

C. Com. (*liv.* 1, *tit.* 8, *sect.* 1, § 2, *art.* 115-
117). — 115. La provision doit être faite par
le tireur, ou par celui pour le compte de qui la
lettre de change sera tirée, sans que le tireur
cesse d'être personnellement obligé — « envers
les endosseurs et le porteur seulement. » (*L.* 19
mars 1817.)

116. Il y a provision, si, à l'échéance de la
lettre de change, celui sur qui elle est fournie
est redevable au tireur, ou à celui pour compte
de qui elle est tirée, d'une somme au moins égale
au montant de la lettre de change.

117. L'acceptation suppose la provision. —
Elle en établit la preuve à l'égard des endosseurs.
— Soit qu'il y ait ou non acceptation, le tireur
seul est tenu de prouver, en cas de dénégation,
que ceux sur qui la lettre était tirée, avaient pro-

sion à l'échéance : sinon il est tenu de la garantir, quoique le protêt ait été fait après les délais fixés. *V.* CHANGE (*lettre de*).

¶ PROVISOIRE (EXÉCUTION).

1° *Arbitres.*

C. Proc. 1024. Les règles sur l'exécution provisoire des jugemens des tribunaux sont applicables aux jugemens arbitraux.

2° *Juge de paix.*

C. Proc. 17. Les jugemens des justices de paix, jusqu'à concurrence de trois cents francs, seront exécutoires par provision, nonobstant l'appel, et sans qu'il soit besoin de fournir caution : les juges de paix pourront, dans les autres cas, ordonner l'exécution provisoire de leurs jugemens, mais à la charge de donner caution.

10. Les parties seront tenues de s'expliquer avec modération devant le juge, et de garder en tout le respect qui est dû à la justice; si elles y manquent, le juge les y rappellera d'abord par un avertissement ; en cas de récidive, elles pourront être condamnées à une amende qui n'excédera pas la somme de dix francs, avec affiches du jugement dont le nombre n'excédera pas celui des communes du canton.

11. Dans le cas d'insulte ou irrévérence grave envers le juge, il en dressera procès-verbal, et pourra condamner à un emprisonnement de trois jours au plus.

12. Les jugemens, dans les cas prévus par les précédens articles, seront exécutoires par provision.

5° *Tribunaux de première instance.*

C. Proc. 134. S'il a été formé une demande provisoire, et que la cause soit en état sur le provisoire et sur le fond, les juges seront tenus de prononcer sur le tout par un seul jugement.

135. L'exécution provisoire sans caution sera ordonnée, s'il y a titre authentique, promesse reconnue, ou condamnation précédente par jugement dont il n'y ait point d'appel. — L'exécution provisoire pourra être ordonnée, avec ou sans caution, lorsqu'il s'agira, — 1° d'apposition et levée de scellés, ou confection d'inventaire ; — 2° de réparations urgentes ; — 5° d'expulsion des lieux, lorsqu'il n'y a pas de bail, ou que le bail est expiré ; — 4° de séquestres, commissaires et gardiens ; — 5° de réceptions de caution et certificateurs ; — 6° de nomination de tuteurs, curateurs, et autres administrateurs, et de reddition de compte ; — 7° de pensions ou provisions alimentaires.

136. Si les juges ont omis de prononcer l'exécution provisoire, ils ne pourront l'ordonner par un second jugement, sauf aux parties à la deman-

157. L'exécution provisoire ne pourra être ordonnée pour les dépens, quand même ils seraient adjugés pour tenir lieu de dommages et intérêts.

404. Seront réputées matières sommaires, et instruites comme telles, — les demandes provisoires.

554. Si les difficultés élevées sur l'exécution des jugemens ou actes requièrent célérité, le tribunal du lieu y statuera provisoirement, et renverra la connaissance du fond au tribunal d'exécution.

4° *Tribunaux de commerce.*

C. Proc. 417. Dans les cas qui requerront célérité, le président du tribunal pourra permettre d'assigner, même de jour à jour et d'heure à heure, et de saisir les effets mobiliers ; il pourra, suivant l'exigence des cas, assujétir le demandeur à donner caution, ou à justifier de solvabilité suffisante. Ses ordonnances seront exécutoires nonobstant opposition ou appel.

418. Dans les affaires maritimes où il existe des parties non domiciliées, et dans celles où il s'agit d'agrès, victuailles, équipages et radoubs de vaisseaux prêts à mettre à la voile, et autres matières urgentes et provisoires, l'assignation de jour à jour ou d'heure à heure pourra être donnée sans ordonnance, et le défaut pourra être jugé sur le champ.

459. Les tribunaux de commerce pourront ordonner l'exécution provisoire de leurs jugemens, nonobstant l'appel, et sans caution, lorsqu'il y aura titre non attaqué, ou condamnation précédente dont il n'y aura pas d'appel : dans les autres cas, l'exécution provisoire n'aura lieu qu'à la charge de donner caution, ou de justifier de solvabilité suffisante. *V.* CAUTION.

C. Com. 437. Le jugement (déclaratif de faillite) sera exécutoire provisoirement, mais susceptible d'opposition.

5° *Cours royales.*

C. Proc. 457. L'appel des jugemens définitifs ou interlocutoires sera suspensif, si le jugement ne prononce pas l'exécution provisoire dans les cas où elle est autorisée. — L'exécution des jugemens mal-à-propos qualifiés en dernier ressort ne pourra être suspendue qu'en vertu de défenses obtenues par l'appelant, à l'audience de la cour royale, sur assignation à bref délai. — A l'égard des jugemens non qualifiés, ou qualifiés en premier ressort, et dans lesquels les juges étaient autorisés à prononcer en dernier ressort, l'exécution provisoire pourra en être ordonnée par la cour royale, à l'audience et sur simple acte.

40

438. Si l'exécution provisoire n'a pas été prononcée dans les cas où elle est autorisée, l'intimé pourra, sur un simple acte, la faire ordonner à l'audience, avant le jugement de l'appel.

459. Si l'exécution provisoire a été ordonnée hors des cas prévus par la loi, l'appelant pourra obtenir des défenses, à l'audience, sur assignation à bref délai, sans qu'il puisse en être accordé sur requête non communiquée.

460. En aucun autre cas, il ne pourra être accordé des dispenses, ni être rendu aucun jugement tendant à arrêter directement ou indirectement l'exécution du jugement, à peine de nullité.

6° *Juges de référé.*

C. Proc. 806. Dans tous les cas d'urgence, ou lorsqu'il s'agira de statuer provisoirement sur les difficultés relatives à l'exécution d'un titre exécutoire ou d'un jugement, il sera procédé (par voie de référé). *V.* RÉFÉRÉ.

PUBERTÉ (AGE DE).

C. Civ. 144. L'homme avant dix-huit ans révolus, la femme avant quinze ans révolus, ne peuvent contracter mariage.

145. Néanmoins, il est loisible au Roi d'accorder des dispenses d'âge pour des motifs graves.

185. Le mariage contracté par des époux qui n'avaient point encore l'âge requis, ou dont l'un des deux n'avait point atteint cet âge, ne peut plus être attaqué, — 1° lorsqu'il s'est écoulé six mois depuis que cet époux ou les époux ont atteint l'âge compétent ; — 2° lorsque la femme qui n'avait point cet âge a conçu avant l'échéance de six mois.

PUBLICATIONS (DE MARIAGE).

C. Civ. 63. Avant la célébration du mariage, l'officier de l'état civil fera deux publications, à huit jours d'intervalle, un jour de dimanche, devant la porte de la maison commune. Ces publications, et l'acte qui en sera dressé, énonceront les prénoms, noms, professions et domiciles des futurs époux, leur qualité de majeurs ou de mineurs, et les prénoms, noms, professions et domiciles de leurs pères et mères. Cet acte énoncera, en outre, les jours, lieux et heures où les publications auront été faites; il sera inscrit sur un seul registre, qui sera coté et paraphé comme il est dit en l'article 41 (*V.* ÉTAT CIVIL [*actes de*].), et déposé à la fin de chaque année au greffe du tribunal de l'arrondissement.

64. Un extrait de l'acte de publication sera et restera affiché à la porte de la maison commune, pendant les huit jours d'intervalle de l'une à l'autre publication. Le mariage ne pourra être célébré avant le troisième jour, depuis et non compris celui de la seconde publication.

65. Si le mariage n'a pas été célébré dans l'année, à compter de l'expiration du délai des publications, il ne pourra plus être célébré qu'après que de nouvelles publications auront été faites dans la forme ci-dessus prescrite.

166. Les deux publications ordonnées par l'article 63, titre *des actes de l'état civil* (*ci-dessus*), seront faites à la municipalité du lieu où chacune des parties contractantes aura son domicile.

167. Néanmoins, si le domicile actuel n'est établi que par six mois de résidence, les publications seront faites en outre à la municipalité du dernier domicile.

168. Si les parties contractantes, ou l'une d'elles, sont, relativement au mariage, sous la puissance d'autrui, les publications seront encore faites à la municipalité du domicile de ceux sous la puissance desquels elles se trouvent.

169. Il est loisible au Roi, ou aux officiers qu'il préposera à cet effet, de dispenser, pour des causes graves, de la seconde publication.

170. Le mariage contracté en pays étranger entre Français, et entre Français et étrangers, sera valable, s'il a été célébré dans les formes usitées dans le pays, pourvu qu'il ait été précédé des publications prescrites par l'article 63, au titre *des actes de l'état civil* (*ci-dessus*), et que le Français n'ait pas contrevenu aux dispositions contenues (aux articles 144 à 164, *V.* MARIAGE).

192. Si le mariage n'a point été précédé des deux publications requises, ou s'il n'a pas été obtenu des dispenses permises par la loi, ou si les intervalles prescrits dans les publications et célébrations n'ont point été observés, le procureur du Roi fera prononcer contre l'officier public une amende qui ne pourra excéder trois cents francs; et contre les parties contractantes, ou ceux sous la puissance desquels elles ont agi, une amende proportionnée à leur fortune.

PUISSANCE PATERNELLE. *V.* PATERNELLE (*puissance*).

PURGE.

DISPOSITIONS GÉNÉRALES.

C. Civ. 2167. Si le tiers-détenteur ne remplit pas les formalités qui seront ci-après établies pour purger sa propriété, il demeure, par l'effet seul des inscriptions, obligé comme détenteur à toutes les dettes hypothécaires, et jouit des termes et délais accordés au débiteur originaire.

2179. Le tiers-détenteur qui veut purger sa propriété en payant le prix observe les formalités qui sont établies dans le chapitre 8 du présent titre (*art.* 2181-2192 *ci-après*).

2180. Les privilèges et hypothèques s'éteignent,—1°..... 5° par l'accomplissement des formalités et conditions prescrites aux tiers-détenteurs pour purger les biens par eux acquis.

DE LA PURGE.

C. Civ. (liv. 3, tit. 18, ch. 8 et 9, art. 2181-2195.)
Chap. 8, du mode de purger les propriétés des
privilèges et hypothèques.

2181. Les contrats translatifs de la propriété
d'immeubles ou droits réels immobiliers, que les
tiers-détenteurs voudront purger de privilèges et
hypothèques, seront transcrits en entier par le
conservateur des hypothèques dans l'arrondissement duquel les biens sont situés.— Cette transcription se fera sur un registre à ce destiné, et le
conservateur sera tenu d'en donner reconnaissance au requérant.

2182. La simple transcription des titres translatifs de propriété sur le registre du conservateur, ne purge pas les hypothèques et privilèges
établis sur l'immeuble.—Le vendeur ne transmet
à l'acquéreur que la propriété et les droits qu'il
avait lui-même sur la chose vendue : il les transmet sous l'affectation des mêmes privilèges et hypothèques dont il était chargé.

2183. Si le nouveau propriétaire veut se garantir de l'effet des poursuites autorisées dans le
chapitre 6 du présent titre (art. 2166-2179 [V.
DÉLAISSEMENT.]), il est tenu, soit avant les poursuites, soit dans le mois au plus tard, à compter
de la première sommation qui lui est faite, de
notifier aux créanciers, aux domiciles par eux
élus dans leurs inscriptions, —1° extrait de son
titre, contenant seulement la date et la qualité
de l'acte, le nom et la désignation précise du vendeur ou du donateur, la nature et la situation de
la chose vendue ou donnée ; et , s'il s'agit d'un
corps de biens, la dénomination générale seulement du domaine et des arrondissemens dans
lesquels il est situé, le prix et les charges faisant
partie du prix de la vente, ou l'évaluation de la
chose, si elle a été donnée ; — 2° extrait de la
transcription de l'acte de vente ;— 5° un tableau
sur trois colonnes, dont la première contiendra
la date des hypothèques et celle des inscriptions ;
la seconde, le nom des créanciers ; la troisième, le
montant des créances inscrites.

2184. L'acquéreur ou le donataire déclarera,
par le même acte, qu'il est prêt à acquitter, sur
le champ, les dettes et charges hypothécaires,
jusqu'à concurrence seulement du prix, sans distinction des dettes exigibles ou non exigibles.

2185. Lorsque le nouveau propriétaire a fait
cette notification dans le délai fixé, tout créancier dont le titre est inscrit, peut requérir la mise

de l'immeuble aux enchères et adjudications publiques ; à la charge, — 1° que cette réquisition
sera signifiée au nouveau propriétaire dans quarante jours, au plus tard, de la notification faite
à la requête de ce dernier ; en y ajoutant deux
jours par cinq myriamètres de distance entre le
domicile élu et le domicile réel de chaque créancier requérant ; — 2° qu'elle contiendra soumission du requérant, de porter ou faire porter le
prix à un dixième en sus de celui qui aura été
stipulé dans le contrat, ou déclaré par le nouveau propriétaire ;—3° que la même signification
sera faite dans le même délai au précédent propriétaire, débiteur principal ; - 4° que l'original
et les copies de ces exploits seront signés par le
créancier, requérant ou par son fondé de procuration expresse, lequel, en ce cas, est tenu de
donner copie de sa procuration ; — 5° qu'il offrira de donner caution jusqu'à concurrence du
prix et des charges.—Le tout à peine de nullité.

2186. A défaut, par les créanciers, d'avoir requis la mise aux enchères dans le délai et les formes prescrites, la valeur de l'immeuble demeure
définitivement fixée au prix stipulé dans le contrat, ou déclaré par le nouveau propriétaire, lequel est, en conséquence, libéré de tout privilège
et hypothèque, en payant ledit prix aux créanciers qui seront en ordre de recevoir, ou en le
consignant.

2187. En cas de revente sur enchères, elle aura
lieu suivant les formes établies pour les expropriations forcées, à la diligence soit du créancier
qui l'aura requise , soit du nouveau propriétaire.
— Le poursuivant énoncera dans les affiches le
prix stipulé dans le contrat, ou déclaré, et la
somme en sus à laquelle le créancier s'est obligé
de la porter ou faire porter.

2188. L'adjudicataire est tenu, au-delà du prix
de son adjudication , de restituer à l'acquéreur
ou au donataire dépossédé les frais et loyaux
coûts de son contrat, ceux de la transcription
sur les registres du conservateur, ceux de notification, et ceux faits par lui pour parvenir à la revente.

2189. L'acquéreur ou le donataire qui conserve
l'immeuble mis aux enchères, en se rendant dernier enchérisseur, n'est pas tenu de faire transcrire le jugement d'adjudication.

2190. Le désistement du créancier requérant la
mise aux enchères, ne peut, même quand le créancier paierait le montant de la soumission, empêcher l'adjudication publique, si ce n'est du consentement exprès de tous les autres créanciers
hypothécaires.

2191. L'acquéreur qui se sera rendu adjudicataire aura son recours tel que de droit contre le

40.

vendeur, pour le remboursement de ce qui excède le prix stipulé par son titre, et pour l'intérêt de cet excédant, à compter du jour de chaque paiement.

2192. Dans le cas où le titre du nouveau propriétaire comprendrait des immeubles et des meubles, ou plusieurs immeubles, les uns hypothéqués, les autres non hypothéqués, situés dans le même ou dans divers arrondissemens de bureaux, aliénés pour un seul et même prix, ou pour des prix distincts et séparés, soumis ou non à la même exploitation, le prix de chaque immeuble frappé d'inscriptions particulières et séparées, sera déclaré dans la notification du nouveau propriétaire, par ventilation, s'il y a lieu, du prix total exprimé dans le titre. — Le créancier surenchérisseur ne pourra, en aucun cas, être contraint d'étendre sa soumission ni sur le mobilier, ni sur d'autres immeubles que ceux qui sont hypothéqués à sa créance et situés dans le même arrondissement ; sauf le recours du nouveau propriétaire contre ses auteurs, pour l'indemnité du dommage qu'il éprouverait, soit de la division des objets de son acquisition, soit de celle des exploitations.

Chap. 9, du mode de purger les hypothèques, quand il n'existe pas d'inscriptions sur les biens des maris et des tuteurs.

2193. Pourront les acquéreurs d'immeubles appartenant à des maris ou à des tuteurs, lorsqu'il n'existera pas d'inscriptions sur lesdits immeubles à raison de la gestion du tuteur, ou des dot, reprises et conventions matrimoniales de la femme, purger les hypothèques qui existeraient sur les biens par eux acquis.

2194. A cet effet, ils déposeront copie dûment collationnée du contrat translatif de propriété au greffe du tribunal civil du lieu de la situation des biens, et ils certifieront par acte signifié, tant à la femme ou au subrogé-tuteur qu'au procureur du Roi près le tribunal, le dépôt qu'ils auront fait. Extrait de ce contrat, contenant sa date, les noms, prénoms, professions et domiciles des contractans, la désignation de la nature et de la situation des biens, le prix et les autres charges de la vente, sera et restera affiché pendant deux mois dans l'auditoire du tribunal, pendant lequel temps, les femmes, les maris, tuteurs, subrogés-tuteurs, mineurs, interdits, parens ou amis, et le procureur du Roi, seront reçus à requérir, s'il y a lieu, et à faire faire au bureau du conservateur des hypothèques, des inscriptions sur l'immeuble aliéné, qui auront le même effet que si elles avaient été prises le jour du contrat de mariage, ou le jour de l'entrée en gestion du tuteur ; sans préjudice des poursuites qui pourraient avoir lieu contre les maris et les tuteurs, ainsi qu'il a été dit ci-dessus, pour hypothèques par eux consenties au profit de tierces personnes sans leur avoir déclaré que les immeubles étaient déjà grevés d'hypothèques, en raison du mariage ou de la tutelle.

2195. Si, dans le cours des deux mois de l'exposition du contrat, il n'a pas été fait d'inscription du chef des femmes, mineurs ou interdits sur les immeubles vendus, ils passent à l'acquéreur sans aucune charge, à raison des dot, reprises et conventions matrimoniales de la femme, ou de la gestion du tuteur, et sauf le recours, s'il y a lieu, contre le mari et le tuteur. — S'il a été pris des inscriptions du chef desdites femmes, mineurs ou interdits, et s'il existe des créanciers antérieurs qui absorbent le prix en totalité ou en partie, l'acquéreur est libéré du prix ou de la portion du prix par lui payée aux créanciers placés en ordre utile ; et les inscriptions du chef des femmes, mineurs ou interdits, seront rayées, ou en totalité ou jusqu'à due concurrence. — Si les inscriptions du chef des femmes, mineurs ou interdits, sont les plus anciennes, l'acquéreur ne pourra faire aucun paiement du prix au préjudice desdites inscriptions, qui auront toujours, ainsi qu'il a été dit ci-dessus (*V.* Hypothèque.), la date du contrat de mariage, ou de l'entrée en gestion du tuteur ; et, dans ce cas, les inscriptions des autres créanciers qui ne viennent pas en ordre utile, seront rayées.

Dispositions du tarif civil.

63. (C. C. 2185.) Pour l'original de l'acte contenant réquisition d'un créancier inscrit, à fin de mises aux enchères et adjudications publiques de l'immeuble aliéné par son débiteur, — Paris, 5 fr. — Villes où il y a tribunal de 1re instance, 4 fr. — Autres villes et cantons ruraux, 4 fr. — Pour la copie, le quart. — L'original et la copie de cette réquisition seront signés par le requérant ou par son fondé de procuration spéciale. — Il contiendra la soumission de porter ou faire porter le prix à un dixième en sus de celui qui aura été stipulé dans le contrat, et l'offre d'une caution avec assignation devant le tribunal pour la réception de la caution.

Q

QUALITÉS (DES JUGEMENS).

C. Proc. 142. La rédaction (des jugemens) sera faite sur les qualités signifiées entre les parties : en conséquence, celle qui voudra lever un jugement contradictoire sera tenue de signifier à l'avoué de son adversaire les qualités contenant les noms, professions et demeures des parties, les conclusions, et les points de fait et de droit.

143. L'original de cette signification restera pendant vingt-quatre heures entre les mains des huissiers audienciers.

144. L'avoué qui voudra s'opposer soit aux qualités, soit à l'exposé des points de fait et de droit, le déclarera à l'huissier, qui sera tenu d'en faire mention.

145. Sur un simple acte d'avoué à avoué, les parties seront réglées sur cette opposition par le juge qui aura présidé ; en cas d'empêchement, par le plus ancien, suivant l'ordre du tableau.

QUASI-CONTRAT.

1° *Dispositions générales.*

C. Civ. 1370. Les engagemens qui naissent d'un fait personnel à celui qui se trouve obligé, résultent, ou des quasi-contrats, ou des délits ou quasi-délits.

Des quasi-contrats.

C. Civ. (*liv.* 3, *tit.* 4, *ch.* 1, *art.* 1371-1581).

— 1371. Les quasi-contrats sont les faits purement volontaires de l'homme, dont il résulte un engagement quelconque envers un tiers, et quelquefois un engagement réciproque des deux parties.

1372. Lorsque volontairement on gère l'affaire d'autrui, soit que le propriétaire connaisse la gestion, soit qu'il l'ignore, celui qui gère contracte l'engagement tacite de continuer la gestion qu'il a commencée, et de l'achever jusqu'à ce que le propriétaire soit en état d'y pourvoir lui-même ; il doit se charger également de toutes les dépendances de cette même affaire. — Il se soumet à toutes les obligations qui résulteraient d'un mandat exprès que lui aurait donné le propriétaire.

1373. Il est obligé de continuer sa gestion, encore que le maître vienne à mourir avant que l'affaire soit consommée, jusqu'à ce que l'héritier ait pu en prendre la direction.

1374. Il est tenu d'apporter à la gestion de l'affaire tous les soins d'un bon père de famille. — Néanmoins les circonstances qui l'ont conduit à se charger de l'affaire, peuvent autoriser le juge à modérer les dommages et intérêts qui résulteraient des fautes ou de la négligence du gérant.

1375. Le maître dont l'affaire a été bien administrée, doit remplir les engagemens que le gérant a contractés en son nom, l'indemniser de tous les engagemens personnels qu'il a pris, et lui rembourser toutes les dépenses utiles ou nécessaires qu'il a faites.

1376. Celui qui reçoit par erreur ou sciemment ce qui ne lui est pas dû, s'oblige à le restituer à celui de qui il l'a indûment reçu.

1377. Lorsqu'une personne qui, par erreur, se croyait débitrice, a acquitté une dette, elle a le droit de répétition contre le créancier. — Néanmoins ce droit cesse dans le cas où le créancier a supprimé son titre par suite du paiement, sauf le recours de celui qui a payé contre le véritable débiteur.

1378. S'il y a eu mauvaise foi de la part de celui qui a reçu, il est tenu de restituer, tant le capital que les intérêts ou les fruits, du jour du paiement.

1379. Si la chose indûment reçue est un immeuble ou un meuble corporel, celui qui l'a reçue s'oblige à la restituer en nature, si elle existe, ou sa valeur, si elle est périe ou détériorée par sa faute ; il est même garant de sa perte par cas fortuit, s'il l'a reçue de mauvaise foi. Si celui qui a reçu de bonne foi, a vendu la chose, il ne doit restituer que le prix de la vente.

1380. Celui auquel la chose est restituée, doit tenir compte, même au possesseur de mauvaise foi, de toutes les dépenses nécessaires et utiles qui ont été faites pour la conservation de la chose.

2° *Disposition additionnelle.*

PREUVE. *C. Civ.* 1548. (Les règles relatives à la preuve testimoniale (*V.* TESTIMONIALE [*preuve*].) reçoivent exception toutes les fois qu'il n'a pas été possible au créancier de se procurer une preuve littérale de l'obligation qui a été contractée envers lui. — Cette seconde exception s'applique, — 1° aux obligations qui naissent des quasi-contrats et des délits ou quasi-délits.

QUASI-DÉLIT. *V.* DOMMAGE.

QUESTION D'ÉTAT. *V.* ÉTAT DES PERSONNES.

QUESTIONS PRÉJUDICIELLES. *V.* DILATOIRES (*exceptions*).

QUOTITÉ DISPONIBLE. *V.* DISPONIBLE (*portion*).

R

RACHAT (VENTE A PACTE DE).

1° *Dispositions générales.*

C. Civ. 1658. Le contrat de vente peut être résolu par l'exercice de la faculté de rachat.

De la faculté de rachat.

C. Civ. (*liv.* 3, *tit.* 6, *ch.* 6, *sect.* 1, *art.* 1659-1673). — 1659. La faculté de rachat ou de réméré est un pacte par lequel le vendeur se réserve de reprendre la chose vendue, moyennant la restitution du prix principal, et le remboursement dont il est parlé à l'article 1673.

1660. La faculté de rachat ne peut être stipulée pour un terme excédant cinq années. — Si elle a été stipulée pour un terme plus long, elle est réduite à ce terme.

1661. Le terme fixé est de rigueur, et ne peut être prolongé par le juge.

1662. Faute par le vendeur d'avoir exercé son action de réméré dans le terme prescrit, l'acquéreur demeure propriétaire irrévocable.

1663. Le délai court contre toutes personnes, même contre le mineur, sauf, s'il y a lieu, le recours contre qui de droit.

1664. Le vendeur à pacte de rachat peut exercer son action contre un second acquéreur, quand même la faculté de réméré n'aurait pas été déclarée dans le second contrat.

1665. L'acquéreur à pacte de rachat exerce tous les droits de son vendeur; il peut prescrire tant contre le véritable maître que contre ceux qui prétendraient des droits ou hypothèques sur la chose vendue.

1666. Il peut opposer le bénéfice de la discussion aux créanciers de son vendeur.

1667. Si l'acquéreur à pacte de réméré d'une partie indivise d'un héritage, s'est rendu adjudicataire de la totalité sur une licitation provoquée contre lui, il peut obliger le vendeur à retirer le tout lorsque celui-ci veut user du pacte.

1668. Si plusieurs ont vendu conjointement, et par un seul contrat, un héritage commun entre eux, chacun ne peut exercer l'action en réméré que pour la part qu'il y avait.

1669. Il en est de même, si celui qui a vendu seul un héritage a laissé plusieurs héritiers. — Chacun de ces cohéritiers ne peut user de la faculté de rachat que pour la part qu'il prend dans la succession.

1670. Mais, dans le cas des deux articles précédens, l'acquéreur peut exiger que tous les covendeurs ou tous les cohéritiers soient mis en cause, afin de se concilier entre eux pour la reprise de l'héritage entier; et, s'ils ne se concilient pas, il sera renvoyé de la demande.

1671. Si la vente d'un héritage appartenant à plusieurs n'a pas été faite conjointement et de tout l'héritage ensemble, et que chacun n'ait vendu que la part qu'il y avait, ils peuvent exercer séparément l'action en réméré sur la portion qui leur appartenait; — et l'acquéreur ne peut forcer celui qui l'exercera de cette manière, à retirer le tout.

1672. Si l'acquéreur a laissé plusieurs héritiers, l'action en réméré ne peut être exercée contre chacun d'eux que pour sa part, dans le cas où elle est encore indivise, et dans celui où la chose vendue a été partagée entre eux. — Mais s'il y a eu partage de l'hérédité, et que la chose vendue soit échue au lot de l'un des héritiers, l'action en réméré peut être intentée contre lui pour le tout.

1673. Le vendeur qui use du pacte de rachat doit rembourser non-seulement le prix principal, mais encore les frais et loyaux coûts de la vente, les réparations nécessaires, et celles qui ont augmenté la valeur du fonds, jusqu'à concurrence de cette augmentation. Il ne peut entrer en possession qu'après avoir satisfait à toutes ces obligations. — Lorsque le vendeur rentre dans son héritage par l'effet du pacte de rachat, il le reprend exempt de toutes les charges et hypothèques dont l'acquéreur l'aurait grevé : il est tenu d'exécuter les baux faits sans fraude par l'acquéreur.

2° *Dispositions additionnelles.*

BAIL. *C. Civ.* 1751. L'acquéreur à pacte de rachat ne peut user de la faculté d'expulser le preneur, jusqu'à ce que, par l'expiration du déai fixé pour le réméré, il devienne propriétaire incommutable.

I LEGS. *C. Civ.* 1038. Toute aliénation, celle même par vente avec faculté de rachat ou par échange, que fera le testateur, de tout ou de partie de la chose léguée, emportera la révocation du legs sur tout ce qui a été aliéné, encore que l'aliénation postérieure soit nulle, et que l'objet soit rentré dans la main du testateur.

I LÉSION. *C. Civ.* 1676. La demande (en rescision pour cause de lésion) n'est plus recevable après l'expiration de deux années, à compter du jour de la vente. — Ce délai court et n'est pas suspendu pendant la durée du temps stipulé pour le pacte de rachat.

RADIATION (DES HYPOTHÈQUES). *V.* INSCRIPTION.

RADOUB.

C. Com. 296. Si le capitaine est contraint de faire radouber le navire pendant le voyage, l'affréteur est tenu d'attendre, ou de payer le fret en entier. — Dans le cas où le navire ne pourrait être radoubé, le capitaine est tenu d'en louer un autre. — Si le capitaine n'a pu louer un autre navire, le fret n'est dû qu'à proportion de ce que le voyage est avancé.

RAPPORT.

I. PARTAGE DE COMMUNAUTÉ.

C. Civ. 1468. Les époux ou leurs héritiers rapportent à la masse des biens existans tout ce dont ils sont débiteurs envers la communauté à titre de récompense ou d'indemnité.

1469. Chaque époux ou son héritier rapporte également les sommes qui ont été tirées de la communauté, ou la valeur des biens que l'époux y a pris pour doter un enfant d'un autre lit, ou pour doter personnellement l'enfant commun. *V.* COMMUNAUTÉ.

II. PARTAGE DE FAILLITE.

C. Com. 446. Toutes sommes payées dans les dix jours qui précèdent l'ouverture de la faillite, pour dettes commerciales non échues, sont rapportées.

III. PARTAGE DE SUCCESSION.

1° *Dispositions générales.*

C. Civ. 829. Chaque cohéritier fait rapport à la masse, suivant les règles qui seront ci-après établies (*art.* 843-869 *ci-après*), des dons qui lui ont été faits, et des sommes dont il est débiteur.

830. Si le rapport n'est pas fait en nature, les cohéritiers à qui il est dû prélèvent une portion égale sur la masse de la succession. — Les prélèvemens se font, autant que possible, en objets de même nature, qualité et bonté que les objets non rapportés en nature. *V.* PARTAGE.

Des rapports.

C. Civ. (*liv.* 3, *tit.* 1, *ch.* 6, *sect.* 2, *art.* 843-869).—843. Tout héritier, même bénéficiaire, venant à une succession, doit rapporter à ses cohéritiers tout ce qu'il a reçu du défunt, par donation entre-vifs, directement ou indirectement : il ne peut retenir les dons ni réclamer les legs à lui faits par le défunt, à moins que les dons et legs ne lui aient été faits expressément par préciput et hors part, ou avec dispense du rapport.

844. Dans le cas même où les dons et legs auraient été faits par préciput ou avec dispense du rapport, l'héritier venant à partage ne peut les retenir que jusqu'à concurrence de la quotité disponible : l'excédant est sujet à rapport.

845. L'héritier qui renonce à la succession, peut cependant retenir le don entre-vifs, ou réclamer le legs à lui fait, jusqu'à concurrence de la portion disponible.

846. Le donataire qui n'était pas héritier présomptif lors de la donation, mais qui se trouve successible au jour de l'ouverture de la succession, doit également le rapport, à moins que le donateur ne l'en ait dispensé.

847. Les dons et legs faits au fils de celui qui se trouve successible à l'époque de l'ouverture de la succession, sont toujours réputés faits avec dispense du rapport. — Le père venant à la succession du donateur, n'est pas tenu de les rapporter.

848. Pareillement, le fils venant de son chef à la succession du donateur, n'est pas tenu de rapporter le don fait à son père, même quand il aurait accepté la succession de celui-ci : mais si le fils ne vient que par représentation, il doit rapporter ce qui avait été donné à son père, même dans le cas où il aurait répudié sa succession.

849. Les dons et legs faits au conjoint d'un époux successible sont réputés faits avec dispense du rapport. — Si les dons et legs sont faits conjointement à deux époux, dont l'un seulement est successible, celui-ci en rapporte la moitié; si les dons sont faits à l'époux successible, il les rapporte en entier.

850. Le rapport ne se fait qu'à la succession du donateur.

851. Le rapport est dû de ce qui a été employé pour l'établissement d'un des cohéritiers, ou pour le paiement de ses dettes.

852. Les frais de nourriture, d'entretien, d'éducation, d'apprentissage, les frais ordinaires d'équipement, ceux de noces et présens d'usage, ne doivent pas être rapportés.

853. Il en est de même des profits que l'héritier a pu retirer de conventions passées avec le défunt, si ces conventions ne présentaient aucun avantage indirect, lorsqu'elles ont été faites.

854. Pareillement, il n'est pas dû de rapport pour les associations faites sans fraude entre le défunt et l'un de ses héritiers, lorsque les conditions en ont été réglées par un acte authentique.

853. L'immeuble qui a péri par cas fortuit et sans la faute du donataire, n'est pas sujet à rapport.

856. Les fruits et les intérêts des choses sujettes à rapport ne sont dus qu'à compter du jour de l'ouverture de la succession.

857. Le rapport n'est dû que par le cohéritier à son cohéritier ; il n'est pas dû aux légataires ni aux créanciers de la succession.

858. Le rapport se fait en nature ou en moins prenant.

859. Il peut être exigé en nature, à l'égard des immeubles, toutes les fois que l'immeuble donné n'a pas été aliéné par le donataire, et qu'il n'y a pas , dans la succession , d'immeubles de même nature, valeur et bonté, dont on puisse former des lots à peu près égaux pour les autres cohéritiers.

860. Le rapport n'a lieu qu'en moins prenant, quand le donataire a aliéné l'immeuble avant l'ouverture de la succession ; il est dû de la valeur de l'immeuble à l'époque de l'ouverture.

861. Dans tous les cas, il doit être tenu compte au donataire, des impenses qui ont amélioré la chose, eu égard à ce dont sa valeur se trouve augmentée au temps du partage.

862. Il doit être pareillement tenu compte au donataire, des impenses nécessaires qu'il a faites pour la conservation de la chose, encore qu'elles n'aient point amélioré le fonds.

863. Le donataire, de son côté, doit tenir compte des dégradations et détériorations qui ont diminué la valeur de l'immeuble, par son fait ou par sa faute et négligence.

864. Dans le cas où l'immeuble a été aliéné par le donataire , les améliorations ou dégradations faites par l'acquéreur doivent être imputées conformément aux trois articles précédens.

865. Lorsque le rapport se fait en nature , les biens se réunissent à la masse de la succession, francs et quittes de toutes charges créées par le donataire ; mais les créanciers ayant hypothèque peuvent intervenir au partage, pour s'opposer à ce que le rapport se fasse en fraude de leurs droits.

866. Lorsque le don d'un immeuble fait à un successible avec dispense du rapport, excède la portion disponible, le rapport de l'excédant se fait en nature, si le retranchement de cet excédant peut s'opérer commodément.—Dans le cas contraire, si l'excédant est de plus de moitié de la valeur de l'immeuble, le donataire doit rapporter l'immeuble en totalité, sauf à prélever sur la masse la valeur de la portion disponible : si cette portion excède la moitié de la valeur de l'immeuble, le donataire peut retenir l'immeuble en totalité, sauf à moins prendre, et à récompenser ses cohéritiers en argent ou autrement.

867. Le cohéritier qui fait le rapport en nature d'un immeuble, peut en retenir la possession jusqu'au remboursement effectif des sommes qui lui sont dues pour impenses ou améliorations.

868. Le rapport du mobilier ne se fait qu'en moins prenant. Il se fait sur le pied de la valeur du mobilier lors de la donation, d'après l'état estimatif annexé à l'acte ; et, à défaut de cet état, d'après une estimation par experts, à juste prix et sans crue.

869. Le rapport de l'argent donné se fait en moins prenant dans le numéraire de la succession.—En cas d'insuffisance, le donataire peut se dispenser de rapporter du numéraire, en abandonnant, jusqu'à due concurrence, du mobilier, et à défaut de mobilier, des immeubles de la succession.

2° *Dispositions additionnelles.*

Dot (*régime dotal*). C. Civ. 1575. Si le mari était déjà insolvable, et n'avait ni art ni profession lorsque le père a constitué une dot à sa fille, celle-ci ne sera tenue de rapporter à la succession du père que l'action qu'elle a contre celle de son mari, pour s'en faire rembourser. — Mais si le mari n'est devenu insolvable que depuis le mariage,—ou s'il avait un métier ou une profession qui lui tenait lieu de bien, — la perte de la dot tombe uniquement sur la femme.

Enfant naturel. C. Civ. 760. L'enfant naturel ou ses descendans sont tenus d'imputer, sur ce qu'ils ont droit de prétendre, tout ce qu'ils ont reçu du père ou de la mère dont la succession est ouverte, et qui serait sujet à rapport, d'après les règles établies (*par les articles* 843-869 *ci-dessus*).

Portion disponible. C. Civ. 918. La valeur en pleine propriété des biens aliénés, soit à charge de rente viagère, soit à fonds perdu, ou avec réserve d'usufruit, à l'un des successibles en ligne directe, sera imputée sur la portion disponible, et l'excédant, s'il y en a, sera rapporté à la masse. Cette imputation et ce rapport ne pourront être demandés par ceux des autres successibles en ligne directe qui auraient consenti à ces aliénations, ni, dans aucun cas, par les successibles en ligne collatérale.

919. La quotité disponible pourra être donnée en tout ou en partie, soit par acte entre-vifs, soit par testament, aux enfans ou autres successibles du donateur, sans être sujette au rapport par le donataire ou le légataire venant à la succession, pourvu que la disposition ait été faite expressément à titre de préciput ou hors part. — La déclaration que le don ou le legs est à titre de préciput ou hors part pourra être faite, soit par l'acte qui contiendra la disposition, soit postérieurement dans la forme des dispositions entre-vifs ou testamentaires.

RAPT.

C. Civ. 340. Dans le cas d'enlèvement, lorsque l'époque de cet enlèvement se rapportera à celle de la conception, le ravisseur pourra être, sur la demande des parties intéressées, déclaré père de l'enfant. *V.* ENLÈVEMENT, VIOL.

RATIFICATION. *V.* CONFIRMATIFS (*actes*).

RÉASSURANCE.

C. Com. 342. L'assureur peut faire réassurer par d'autres les effets qu'il a assurés. — L'assuré peut faire assurer le coût de l'assurance. — La prime de réassurance peut être moindre ou plus forte que celle de l'assurance.

RÉBELLION.

DISPOSITIONS GÉNÉRALES.

Rébellion.

C. Pén. (*liv.* 3, *tit.* 1, *ch.* 3, *sect.* 4, § 1, *art.* 209-221). — 209. Toute attaque, toute résistance avec violences et voies de fait envers les officiers ministériels, les gardes-champêtres ou forestiers, la force publique, les préposés à la perception des taxes et des contributions, les porteurs de contrainte, les préposés des douanes, les séquestres, les officiers ou agens de la police administrative ou judiciaire, agissant pour l'exécution des lois, des ordres ou ordonnances de l'autorité publique, des mandats de justice ou jugemens, est qualifiée, selon les circonstances, crime ou délit de rébellion.

210. Si elle a été commise par plus de vingt personnes armées, les coupables seront punis des travaux forcés à temps; et s'il n'y a pas eu port d'armes, ils seront punis de la réclusion.

211. Si la rébellion a été commise par une réunion armée de trois personnes ou plus jusqu'à vingt inclusivement, la peine sera la réclusion ; s'il n'y a pas eu port d'armes, la peine sera un emprisonnement de six mois au moins et deux ans au plus.

212. Si la rébellion n'a été commise que par une ou deux personnes, avec armes, elle sera punie d'un emprisonnement de six mois à deux ans, et si elle a eu lieu sans armes, d'un emprisonnement de six jours à six mois.

213. En cas de rébellion avec bande ou attroupement, l'article 100 du présent Code (*V.* ATTENTAT) sera applicable aux rebelles sans fonctions ni emplois dans la bande, qui se seront retirés au premier avertissement de l'autorité publique, ou même depuis, s'ils n'ont été saisis que hors du lieu de la rébellion, et sans nouvelle résistance et sans armes. — (Il ne sera prononcé aucune peine.)

214. Toute réunion d'individus pour un crime ou un délit, est réputée réunion armée, lorsque plus de deux personnes portent des armes ostensibles.

215. Les personnes qui se trouveraient munies d'armes cachées, et qui auraient fait partie d'une troupe ou réunion non réputée armée, seront individuellement punies comme si elles avaient fait partie d'une troupe ou réunion armée.

216. Les auteurs des crimes et délits commis pendant le cours et à l'occasion d'une rébellion, seront punies des peines prononcées contre chacun de ces crimes, si elles sont plus fortes que celles de la rébellion.

218 [1]. Dans tous les cas où il sera prononcé, pour fait de rébellion, une simple peine d'emprisonnement, les coupables pourront être condamnés en outre à une amende de seize francs à deux cents francs.

219. Seront punies comme réunion de rebelles, celles qui auront été formées avec ou sans armes, et accompagnées de violences ou de menaces contre l'autorité administrative, les officiers et les agens de police, ou contre la force publique, — 1° par les ouvriers ou journaliers dans les ateliers publics ou manufactures ; — 2° par les individus admis dans les hospices ; — 3° par les prisonniers prévenus, accusés ou condamnés.

220. La peine appliquée pour rébellion à des prisonniers prévenus, accusés ou condamnés relativement à d'autres crimes ou délits, sera par eux subie, savoir : — par ceux qui, à raison des crimes ou délits qui ont causé leur détention, sont ou seraient condamnés à une peine non capitale ni perpétuelle, immédiatement après l'expiration de cette peine ; — et par les autres, immédiatement après l'arrêt ou jugement en dernier ressort qui les aura acquittés ou renvoyés absous du fait pour lequel ils étaient détenus.

221. Les chefs d'une rébellion, et ceux qui l'auront provoquée, pourront être condamnés à rester, après l'expiration de leur peine, sous la

_____

[1] L'article 217 a été abrogé par la loi du 17 mai 1819.

surveillance spéciale de la haute police pendant cinq ans au moins et dix ans au plus.

RECÉLÉ, RECÈLEMENT.

I. LOI CIVILE.

Dispositions diverses.

COMMUNAUTÉ. *C. Civ.* 1460. La veuve qui a diverti ou recélé quelques effets de la communauté est déclarée commune, nonobstant sa renonciation ; il en est de même à l'égard de ses héritiers.

1477. Celui des époux qui aurait diverti ou recélé quelques effets de la communauté est privé de sa portion dans lesdits effets.

SUCCESSION. *C. Civ.* 792. Les héritiers qui auraient diverti ou recélé des effets d'une succession sont déchus de la faculté d'y renoncer ; ils demeurent héritiers purs et simples, nonobstant leur renonciation, sans pouvoir prétendre aucune part dans les objets divertis ou recélés.

801. L'héritier qui s'est rendu coupable de recélé, ou qui a omis, sciemment et de mauvaise foi, de comprendre dans l'inventaire des effets de la succession, est déchu du bénéfice d'inventaire.

II. LOI COMMERCIALE.

FAILLITE. *C. Com.* 597. Seront déclarés complices des banqueroutiers frauduleux, et seront condamnés aux mêmes peines que l'accusé, les individus qui seront convaincus de s'être entendus avec le banqueroutier pour recéler ou soustraire tout ou partie de ses biens meubles ou immeubles.

III. LOI PÉNALE.

1° Recèlement de criminels. *V.* ÉVASION.

2° Recélé de vols.

C. Pén. 62. Ceux qui sciemment auront recélé, en tout ou en partie, des choses enlevées, détournées, ou obtenues à l'aide d'un crime ou d'un délit, seront punis comme complices de ce crime ou délit.

63. Néanmoins, la peine de mort, lorsqu'elle sera applicable aux auteurs des crimes, sera remplacée, à l'égard des recéleurs, par celle des travaux forcés à perpétuité.— Dans tous les cas, les peines des travaux forcés à perpétuité ou de la déportation, lorsqu'il y aura lieu, ne pourront être prononcées contre les recéleurs qu'autant qu'ils seront convaincus d'avoir eu, au temps du recélé, connaissance des circonstances auxquelles la loi attache les peines de mort, des travaux forcés à perpétuité et de la déportation ; sinon ils ne subiront que la peine des travaux forcés à temps.

RECHANGE.

1° Dispositions générales.

Du rechange.

C. Com. (*liv.* 1, *tit.* 8, *sect.* 1, § 13, *art.* 177-186). — 177. Le rechange s'effectue par une retraite.

178. La retraite est une nouvelle lettre de change, au moyen de laquelle le porteur se rembourse sur le tireur, ou sur l'un des endosseurs, du principal de la lettre protestée, de ses frais, et du nouveau change qu'il paie.

179. Le rechange se règle, à l'égard du tireur, par le cours du change du lieu où la lettre de change était payable, sur le lieu d'où elle a été tirée.—Il se règle, à l'égard des endosseurs, par le cours du change du lieu où la lettre de change a été remise ou négociée par eux, sur le lieu où le remboursement s'effectue.

180. La retraite est accompagnée d'un compte de retour.

181. Le compte de retour comprend,—le principal de la lettre de change protestée, — les frais de protêt, et autres frais légitimes, tels que commission de banque, courtage, timbre et ports de lettres. — Il énonce le nom de celui sur qui la retraite est faite, et le prix du change auquel elle est négociée. — Il est certifié par un agent de change. — Dans les lieux où il n'y a pas d'agent de change, il est certifié par deux commerçans. —Il est accompagné de la lettre de change protestée, du protêt, ou d'une expédition de l'acte de protêt.— Dans le cas où la retraite est faite sur l'un des endosseurs, elle est accompagnée, en outre, d'un certificat qui constate le cours du change du lieu où la lettre de change était payable, sur le lieu d'où elle a été tirée.

182. Il ne peut être fait plusieurs comptes de retour sur une même lettre de change. — Ce compte de retour est remboursé d'endosseur à endosseur respectivement, et définitivement par le tireur.

183. Les rechanges ne peuvent être cumulés. Chaque endosseur n'en supporte qu'un seul, ainsi que le tireur.

184. L'intérêt du principal de la lettre de change protestée faute de paiement, est dû à compter du jour du protêt.

185. L'intérêt des frais de protêt, rechange et autres frais légitimes, n'est dû qu'à compter du jour de la demande en justice.

186. Il n'est point dû de rechange, si le compte de retour n'est pas accompagné des certificats d'agens de change ou de commerçans, prescrits par l'article 181. *V.* CHANGE (*lettre de*).

2º *Disposition additionnelle.*

C. Com. 187. Toutes les dispositions relatives aux lettres de change, et concernant—le rechange, sont applicables aux billets à ordre.

RÉCIDIVE (peines de la).

1º *Pour contraventions de police.*

C. Pén 483. Il y a récidive dans tous les cas (de contravention de police) lorsqu'il a été rendu contre le contrevenant, dans les douze mois précédens, un premier jugement pour contravention de police commise dans le ressort du même tribunal.

2º *Des peines de la récidive pour crimes et délits.*

C. Pén. (*liv.* 1, *ch.* 4, *art.* 56-58). — 56. Quiconque, ayant été condamné à une peine afflictive ou infamante, aura commis un second crime emportant, comme peine principale, la dégradation civique, sera condamné à la peine du bannissement.— Si le second crime emporte la peine du bannissement, il sera condamné à la peine de la détention.—Si le second crime emporte la peine de la réclusion, il sera condamné à la peine des travaux forcés à temps.—Si le second crime emporte la peine de la détention, il sera condamné au *maximum* de la même peine, laquelle pourra être élevée jusqu'au double. — Si le second crime emporte la peine des travaux forcés à temps, il sera condamné au *maximum* de la même peine, laquelle pourra être élevée jusqu'au double. — Si le second crime emporte la peine de la déportation, il sera condamné aux travaux forcés à perpétuité. — Quiconque, ayant été condamné aux travaux forcés à perpétuité, aura commis un second crime emportant la même peine, sera condamné à la peine de mort. — Toutefois, l'individu condamné par un tribunal militaire ou maritime, ne sera, en cas de crime ou délit postérieur, passible des peines de la récidive qu'autant que la première condamnation aurait été prononcée pour des crimes ou délits punissables d'après les lois pénales ordinaires.

57. Quiconque, ayant été condamné pour un crime, aura commis un délit de nature à être puni correctionnellement, sera condamné au *maximum* de la peine portée par la loi, et cette peine pourra être élevée jusqu'au double.

58. Les coupables condamnés correctionnellement à un emprisonnement de plus d'une année, seront aussi, en cas de nouveau délit, condamnés au *maximum* de la peine portée par la loi, et cette peine pourra être élevée jusqu'au double : ils seront de plus mis sous la surveillance spéciale du Gouvernement pendant au moins cinq années, et dix ans au plus. *V.* ATTÉNUANTES (*circonstances*).

Disposition additionnelle.

C. Inst. cr. 634. Le condamné pour récidive ne sera jamais admis à la réhabilitation

RÉCLAMATION D'ÉTAT. *V.* ÉTAT CIVIL.

RÉCLUSION.

C. Pén. 7. Les peines afflictives et infamantes sont, — 1º.... 6º la réclusion.

21. Tout individu de l'un ou de l'autre sexe, condamné à la peine de la réclusion, sera renfermé dans une maison de force, et employé à des travaux dont le produit pourra être en partie appliqué à son profit, ainsi qu'il sera réglé par le Gouvernement.—La durée de cette peine sera au moins de cinq années, et de dix ans au plus.

22. Quiconque aura été condamné à la réclusion, avant de subir sa peine, demeurera durant une heure exposé aux regards du peuple sur la place publique. Au-dessus de sa tête sera placé un écriteau portant, en caractères gros et lisibles, ses noms, sa profession, son domicile, sa peine et la cause de sa condamnation.—En cas de condamnation à la réclusion, la cour d'assises pourra ordonner par son arrêt que le condamné, s'il n'est pas en état de récidive, ne subira pas l'exposition publique.— Néanmoins, l'exposition ne sera jamais prononcée à l'égard des mineurs de dix-huit ans et des septuagénaires.

RECOGNITIF (ACTE). *V.* CONFIRMATIF (*acte*).

RÉCOLTE.

1º *Dispositions générales.*

C. Civ. 520. Les récoltes pendantes par les racines et les fruits des arbres non encore recueillis sont immeubles. — Dès que les grains sont coupés et les fruits détachés, quoique non enlevés, ils sont meubles. — Si une partie seulement de la récolte est coupée, cette partie seule est meuble.

2º *Perte des récoltes.*

C. Civ. 1769. Si le bail est fait pour plusieurs années, et que, pendant la durée du bail, la totalité ou la moitié d'une récolte au moins soit enlevée par des cas fortuits, le fermier peut demander une remise de sa location, à moins qu'il ne soit indemnisé par les récoltes précédentes.— S'il n'est pas indemnisé, l'estimation de la remise ne peut avoir lieu qu'à la fin du bail, auquel temps il se fait une compensation de toutes les années de jouissance ; — et cependant le juge peut provisoirement dispenser le preneur de payer une partie du prix en raison de la perte soufferte.

1770. Si le bail n'est que d'une année, et que la perte soit de la totalité des fruits, ou au moins de la moitié, le preneur sera déchargé d'une partie proportionnelle du prix de la location.—Il ne pourra prétendre aucune remise si la perte est moindre de moitié.

1771. Le fermier ne peut obtenir de remise lorsque la perte des fruits arrive après qu'ils sont séparés de la terre, à moins que le bail ne donne au propriétaire une quotité de la récolte en nature ; auquel cas le propriétaire doit supporter sa part de la perte, pourvu que le preneur ne fût pas en demeure de lui délivrer sa portion de récolte. — Le fermier ne peut également demander une remise lorsque la cause du dommage était existante et connue à l'époque où le bail a été passé. *V.* LOUAGE.

3° *Saisie des récoltes. V.* BRANDON (*saisie*).

RÉCOMPENSE (COMMUNAUTÉ).

C. Civ. 1436. La récompense du prix de l'immeuble appartenant au mari ne s'exerce que sur la masse de la communauté ; celle du prix de l'immeuble appartenant à la femme s'exerce sur les biens personnels du mari, en cas d'insuffisance des biens de la communauté. Dans tous les cas, la récompense n'a lieu que sur le pied de la vente, quelque allégation qui soit faite touchant la valeur de l'immeuble aliéné.

1437. Toutes les fois qu'il est pris sur la communauté une somme soit pour acquitter les dettes ou charges personnelles à l'un des époux, telles que le prix ou partie du prix d'un immeuble à lui propre ou le rachat de services fonciers, soit pour le recouvrement, la conservation ou l'amélioration de ses biens personnels, et généralement toutes les fois que l'un des deux époux a tiré un profit personnel des biens de la communauté, il en doit la récompense. *V.* COMMUNAUTÉ.

RECONDUCTION.

C. Civ. 1759. Si le locataire d'une maison ou d'un appartement continue sa jouissance après l'expiration du bail par écrit, sans opposition de la part du bailleur, il sera censé les occuper aux mêmes conditions, pour le terme fixé par l'usage des lieux, et ne pourra plus en sortir, ni en être expulsé qu'après un congé donné suivant le délai fixé par l'usage des lieux.

1776. Si, à l'expiration des baux ruraux écrits, le preneur reste et est laissé en possession, il s'opère un nouveau bail dont l'effet est réglé par l'article 1774 [1].

---

[1] 1774. Le bail sans écrit, d'un fonds rural, est

RECONNAISSANCE.

1° *Acte de reconnaissance. V.* CONFIRMATIF (*acte*).

2° *D'enfant. V.* NATUREL (*enfant*).

3° *D'identité. V.* IDENTITÉ.

RECOURS. *V.* GARANTIE.

RECTIFICATION (DES ACTES DE L'ÉTAT CIVIL).

1° *Dispositions générales.*

De la rectification des actes de l'état civil.

C. Civ. (*liv.* 1, *tit.* 2, *ch.* 6, *art.* 99-101). —99. Lorsque la rectification d'un acte de l'état civil sera demandée, il y sera statué, sauf l'appel, par le tribunal compétent, et sur les conclusions du procureur du Roi. Les parties intéressées seront appelées, s'il y a lieu.

100. Le jugement de rectification ne pourra, dans aucun temps être opposé aux parties intéressées qui ne l'auraient point requis, ou qui n'y auraient pas été appelées.

101. Les jugemens de rectification seront inscrits sur les registres par l'officier de l'état civil, aussitôt qu'ils lui auront été remis ; et mention sera faite en marge de l'acte réformé.

2° *Procédure.*

C. Proc. 855. Celui qui voudra faire ordonner la rectification d'un acte de l'état civil présentera requête au président du tribunal de première instance.

856. Il y sera statué sur rapport et sur les conclusions du ministère public. Les juges ordonneront, s'ils l'estiment convenable, que les parties intéressées seront appelées, et que le conseil de famille sera préalablement convoqué. — S'il y a lieu d'appeler les parties intéressées, la demande sera formée par exploit, sans préliminaire de conciliation.—Elle le sera par acte d'avoué, si les parties sont en instance.

857. Aucune rectification, aucun changement ne pourront être faits sur l'acte ; mais les jugemens de rectification seront inscrits sur les registres par l'officier de l'état civil, aussitôt qu'ils lui auront été remis ; mention en sera faite en marge de l'acte réformé, et l'acte ne sera plus

---

censé fait pour le temps qui est nécessaire afin que le preneur recueille tous les fruits de l'héritage affermé. — Ainsi le bail à ferme d'un pré, d'une vigne, et de tout autre fonds dont les fruits se recueillent en entier dans le cours de l'année, est censé fait pour un an. — Le bail des terres labourables, lorsqu'elles se divisent par soles ou saisons, est censé fait pour autant d'années qu'il y a de soles.

délivré qu'avec les rectifications ordonnées, à peine de tous dommages et intérêts contre l'officier qui l'aurait délivré.

858. Dans le cas où il n'y aurait d'autre partie que le demandeur en rectification, et où il croirait avoir à se plaindre du jugement, il pourra, dans les trois mois depuis la date de ce jugement, se pourvoir à la cour royale, en présentant au président une requête sur laquelle sera indiqué un jour auquel il sera statué à l'audience sur les conclusions du ministère public.

RÉCUSATION.

I. EN MATIÈRE CIVILE.

1° De la récusation (de juge).

C. Proc. (liv. 2, tit. 21, art. 578-596.) — 578. Tout juge peut être récusé pour les causes ci-après : — 1° s'il est parent ou allié des parties, ou de l'une d'elles, jusqu'au degré de cousin issu de germain inclusivement ; — 2° si la femme du juge est parente ou alliée de l'une des parties, ou si le juge est parent ou allié de la femme de l'une des parties, au degré ci-dessus, lorsque la femme est vivante, ou qu'étant décédée il en existe des enfans : si elle est décédée et qu'il n'y ait point d'enfans, le beau-père, le gendre ni les beaux-frères, ne pourront être juges ; — la disposition relative à la femme décédée s'appliquera à la femme divorcée, s'il existe des enfans du mariage dissous ; — 3° si le juge, sa femme, leurs ascendans et descendans, ou alliés dans la même ligne, ont un différend sur pareille question que celle dont il s'agit entre les parties ; — 4° s'ils ont un procès en leur nom dans un tribunal où l'une des parties sera juge ; s'ils sont créanciers ou débiteurs d'une des parties ; — 5° si, dans les cinq ans qui ont précédé la récusation, il y a eu procès criminel entre eux et l'une des parties, ou son conjoint, ou ses parens ou alliés en ligne directe ; — 6° s'il y a procès civil entre le juge, sa femme, leurs ascendans et descendans, ou alliés dans la même ligne, et l'une des parties, et que ce procès, s'il a été intenté par la partie, l'ait été avant l'instance dans laquelle la récusation est proposée ; si ce procès étant terminé, il ne l'a été que dans les six mois précédant la récusation ; — 7° si le juge est tuteur, subrogé-tuteur ou curateur, héritier présomptif, ou donataire, maître ou commensal de l'une des parties ; s'il est administrateur de quelque établissement, société ou direction, partie dans la cause ; si l'une des parties est sa présomptive héritière ; — 8° si le juge a donné conseil, plaidé ou écrit sur le différend ; s'il en a précédemment connu comme juge ou comme arbitre ; s'il

a sollicité, recommandé ou fourni aux frais du procès ; s'il a déposé comme témoin ; si depuis le commencement du procès il a bu ou mangé avec l'une ou l'autre des parties dans leur maison, ou reçu d'elle des présens ; — 9° s'il y a inimitié capitale entre lui et l'une des parties ; s'il y a eu, de sa part, aggressions, injures ou menaces, verbalement ou par écrit, depuis l'instance ou dans les six mois précédant la récusation proposée.

379. Il n'y aura pas lieu à récusation, dans les cas où le juge serait parent du tuteur ou du curateur de l'une des parties, ou des membres ou administrateurs d'un établissement, société, direction ou union, partie dans la cause, à moins que lesdits tuteurs, administrateurs ou intéressés, n'aient un intérêt distinct ou personnel.

380. Tout juge qui saura cause de récusation en sa personne, sera tenu de la déclarer à la chambre, qui décidera s'il doit s'abstenir.

381. Les causes de récusation relatives aux juges sont applicables au ministère public lorsqu'il est partie jointe ; mais il n'est pas récusable lorsqu'il est partie principale.

382. Celui qui voudra récuser devra le faire avant le commencement de la plaidoirie ; et, si l'affaire est en rapport, avant que l'instruction soit achevée, ou que les délais soient expirés, à moins que les causes de la récusation ne soient survenues postérieurement.

383. La récusation contre les juges commis aux descentes, enquêtes et autres opérations, ne pourra être proposée que dans les trois jours qui courront, — 1° si le jugement est contradictoire, du jour du jugement ; — 2° si le jugement est par défaut et qu'il n'y ait pas d'opposition, du jour de l'expiration de la huitaine de l'opposition ; — 3° si le jugement a été rendu par défaut et qu'il y ait eu opposition, du jour du débouté d'opposition, même par défaut.

384. La récusation sera proposée par un acte au greffe, qui en contiendra les moyens, et sera signé de la partie, ou du fondé de sa procuration authentique et spéciale, laquelle sera annexé à l'acte.

385. Sur l'expédition de l'acte de récusation, remise dans les vingt-quatre heures par le greffier au président du tribunal, il sera, sur le rapport du président et les conclusions du ministère public, rendu jugement qui, si la récusation est inadmissible, la rejettera ; et si elle est admissible, ordonnera, — 1° la communication au juge récusé, pour s'expliquer en termes précis sur les faits, dans le délai qui sera fixé par le jugement,

— 2° la communication au ministère public, et indiquera le jour où le rapport sera fait par l'un des juges nommé par ledit jugement.

386. Le juge récusé fera sa déclaration au greffe, à la suite de la minute de l'acte de récusation.

387. À compter du jour du jugement qui ordonnera la communication, tous jugemens et opérations seront suspendus : si cependant l'une des parties prétend que l'opération est urgente et qu'il y a péril dans le retard, l'incident sera porté à l'audience sur un simple acte, et le tribunal pourra ordonner qu'il sera procédé par un autre juge.

388. Si le juge récusé convient des faits qui ont motivé sa récusation, ou si ces faits sont prouvés, il sera ordonné qu'il s'abstiendra.

389. Si le récusant n'apporte preuve par écrit ou commencement de preuve des causes de la récusation, il est laissé à la prudence du tribunal de rejeter la récusation sur la simple déclaration du juge, ou d'ordonner la preuve testimoniale.

390. Celui dont la récusation aura été déclarée non admissible ou non recevable, sera condamné à telle amende qu'il plaira au tribunal, laquelle ne pourra être moindre de cent francs, et sans préjudice, s'il y a lieu, de l'action du juge en réparations et dommages et intérêts, auquel cas il ne pourra demeurer juge.

391. Tout jugement sur récusation, même dans les matières où le tribunal de première instance juge en dernier ressort, sera susceptible d'appel : si néanmoins la partie soutient qu'attendu l'urgence il est nécessaire de procéder à une opération sans attendre que l'appel soit jugé, l'incident sera porté à l'audience sur un simple acte ; et le tribunal qui aura rejeté la récusation, pourra ordonner qu'il sera procédé à l'opération par un autre juge.

392. Celui qui voudra appeler, sera tenu de le faire dans les cinq jours du jugement, par un acte au greffe, lequel sera motivé et contiendra énonciation du dépôt au greffe des pièces au soutien.

393. L'expédition de l'acte de récusation, de la déclaration du juge, du jugement, de l'appel, et les pièces jointes, seront envoyées sous trois jours, par le greffier, à la requête et aux frais de l'appelant, au greffier de la cour royale.

394. Dans les trois jours de la remise au greffier de la cour royale, il présentera lesdites pièces à la cour, laquelle indiquera le jour du jugement, et commettra l'un des juges ; sur son rapport et sur les conclusions du ministère public, il sera

rendu à l'audience jugement, sans qu'il soit nécessaire d'appeler les parties.

395. Dans les vingt-quatre heures de l'expédition du jugement, le greffier de la cour royale renverra les pièces à lui adressées, au greffier du tribunal de première instance.

396. L'appelant sera tenu, dans le mois du jour du jugement de première instance qui aura rejeté sa récusation, de signifier aux parties le jugement sur l'appel, ou certificat du greffier de la cour royale, contenant que l'appel n'est pas jugé, et indication du jour déterminé par la cour : sinon le jugement qui aura rejeté la récusation, sera exécuté par provision ; et ce qui sera fait en conséquence sera valable, encore que la récusation fût admise sur l'appel.

Dispositions du tarif civil.

70. (Pr. 396.) Original de la signification de l'arrêt intervenu sur l'appel d'un jugement qui aura rejeté une récusation, ou du certificat du greffier de la cour royale, contenant que l'appel n'est pas jugé, et indication du jour où il doit l'être, — Paris, 1 fr. — Ressort, 75 c. (V. TARIF.) — Copie, le quart.

92. (Pr. 384.) Vacation pour faire au greffe l'acte contenant les moyens de récusation contre un juge. — Pour interjeter appel au greffe du jugement qui aura rejeté la récusation, avec énonciation des moyens et dépôt des pièces au soutien, — Paris, 6 fr. — Ressort, 4 fr. 50 c.

2° De la récusation des juges-arbitres.

C. *Proc.* 1014. Les arbitres ne pourront être récusés, si ce n'est pour cause survenue depuis le compromis.

3° De la récusation des juges de paix.

C. *Proc.* (*liv.* 1, *tit.* 9, *art.* 44-47.) — 44. Les juges de paix pourront être récusés, — 1° quand ils auront intérêt personnel à la contestation ; — 2° quand ils seront parens ou alliés d'une des parties, jusqu'au degré de cousin germain inclusivement ; — 3° si, dans l'année qui a précédé la récusation, il y a eu procès criminel entre eux et l'une des parties ou son conjoint, ou ses parens et alliés en ligne directe ; — 4° s'il y a procès civil existant entre eux et l'une des parties, ou son conjoint ; — 5° s'ils ont donné un avis écrit dans l'affaire.

45. La partie qui voudra récuser un juge de paix, sera tenue de former la récusation et d'en exposer les motifs par un acte qu'elle fera signifier, par le premier huissier requis, au greffier de la justice de paix, qui visera l'original. L'exploit sera signé, sur l'original et la copie, par la partie ou son fondé de pouvoir spécial. La copie sera déposée au greffe, et communiquée immédiatement au juge par le greffier.

46. Le juge sera tenu de donner au bas de cet

acte, dans le délai de deux jours, sa déclaration par écrit, portant, ou son acquiescement à la récusation, ou son refus de s'abstenir, avec ses réponses aux moyens de récusation.

47. Dans les trois jours de la réponse du juge qui refuse de s'abstenir, ou faute par lui de répondre, expédition de l'acte de récusation et de la déclaration du juge, s'il y en a, sera envoyée par le greffier, sur la réquisition de la partie la plus diligente, au procureur du Roi près le tribunal de première instance dans le ressort duquel la justice de paix est située : la récusation y sera jugée en dernier ressort dans la huitaine, sur les conclusions du procureur du Roi, sans qu'il soit besoin d'appeler les parties.

Dispositions du tarif civil.

14. (Pr. 45, 47.) Pour la transmission au procureur du Roi, de la récusation et de la réponse du juge, tous frais de port compris, — Paris, 5 fr. — Villes où il y a tribunal de première instance, 5 fr. — Autres villes et cantons ruraux, 5 fr.

30. (Pr. 45.) Original de la récusation du juge de paix, qui en contiendra les motifs, et qui sera signé par la partie ou son fondé de pouvoir spécial, ainsi que la copie, — Paris, 5 fr. — Villes où il y a tribunal de 1re instance, 2 fr. 25 c. — Autres villes et cantons ruraux, 2 fr. 25 c. — Pour la copie, le quart.

4° Récusation d'experts.

C. Proc. 308. Les récusations ne pourront être proposées que contre les experts nommés d'office, à moins que les causes n'en soient survenues depuis la nomination et avant le serment.

309. La partie qui aura des moyens de récusation à proposer sera tenue de le faire dans les trois jours de la nomination, par un simple acte signé d'elle ou de son mandataire spécial, contenant les causes de récusation, et les preuves, si elle en a, ou l'offre de les vérifier par témoins : le délai ci-dessus expiré, la récusation ne pourra être proposée, et l'expert prêtera serment au jour indiqué par la sommation.

310. Les experts pourront être récusés par les motifs pour lesquels les témoins peuvent être reprochés. *V.* TÉMOINS.

311. La récusation contestée sera jugée sommairement à l'audience, sur un simple acte, et sur les conclusions du ministère public; les juges pourront ordonner la preuve par témoins, laquelle sera faite dans la forme prescrite pour les enquêtes sommaires. *V.* SOMMAIRE (*enquête*).

312. Le jugement sur la récusation sera exécutoire nonobstant l'appel.

313. Si la récusation est admise, il sera d'office, par le même jugement, nommé un nouvel expert ou de nouveaux experts à la place de celui ou de ceux récusés.

314. Si la récusation est rejetée, la partie qui l'aura faite sera condamnée en tels dommages et intérêts qu'il appartiendra, même envers l'expert, s'il le requiert : mais, dans ce dernier cas, il ne pourra demeurer expert.

4° Récusations diverses.

ARBITRES (*de commerce*). C. Proc. 430. La récusation (contre les arbitres et les experts en matière commerciale) ne pourra être proposée que dans les trois jours de la nomination.

INSCRIPTION DE FAUX. C. Proc. 237. En cas de récusation, soit contre le juge-commissaire, soit contre les experts (commis sur inscription de faux), il y sera procédé ainsi qu'il est prescrit aux titres 14 et 21 du présent livre. (*Art.* 578-596 *et* 508-514 *ci-dessus.*)

VÉRIFICATIONS D'ÉCRITURES. C. Proc. 197. En cas de récusation contre le juge-commissaire ou les experts (commis pour la vérification d'écritures), il sera procédé ainsi qu'il est prescrit aux titres 14 et 21 du présent livre. (*Idem.*)

II. EN MATIÈRE CRIMINELLE.

1° Récusation d'interprète.

C. Inst. cr. 332. Dans le cas où l'accusé, les témoins ou l'un d'eux ne parleraient pas la même langue ou le même idiome, le président nommera d'office, à peine de nullité, un interprète.—L'accusé et le procureur général pourront récuser l'interprète, en motivant leur récusation. — La cour prononcera.

2° Récusation des jurés.

C. Inst. cr. 399. Au jour indiqué, et pour chaque affaire, l'appel des jurés non excusés ni non dispensés sera fait avant l'ouverture de l'audience, en leur présence, et en présence de l'accusé et du procureur général. — Le nom de chaque juré répondant à l'appel sera déposé dans une urne. — L'accusé premièrement ou son conseil, et le procureur général, récuseront tels jurés qu'ils jugeront à propos, à mesure que leurs noms sortiront de l'urne, sauf la limitation exprimée ci-après. — L'accusé, son conseil, ni le procureur général, ne pourront exposer leurs motifs de récusation. — Le juri de jugement sera formé à l'instant où il sera sorti de l'urne douze noms de jurés non récusés.

400. Les récusations que pourront faire l'accusé et le procureur général, s'arrêteront lorsqu'il ne restera que douze jurés.

401. L'accusé et le procureur général pourront exercer un égal nombre de récusations; et cependant, si les jurés sont en nombre impair, les accusés pourront exercer une récusation de plus que le procureur général.

402. S'il y a plusieurs accusés, ils pourront se

concerter pour exercer leurs récusations ; ils pourront les exercer séparément. — Dans l'un et l'autre cas, ils ne pourront excéder le nombre de récusations déterminé pour un seul accusé par les articles précédens.

403. Si les accusés ne se concertent pas pour récuser, le sort règlera entre eux le rang dans lequel ils feront les récusations. Dans ce cas, les jurés récusés par un seul, et dans cet ordre, le seront pour tous, jusqu'à ce que le nombre des récusations soit épuisé.

404. Les accusés pourront se concerter pour exercer une partie des récusations, sauf à exercer le surplus suivant le rang fixé par le sort.

REDHIBITOIRES (VICES).

Dispositions générales.

C. Civ. 1625. La garantie que le vendeur doit à l'acquéreur a deux objets : le premier est la possession paisible de la chose vendue (*V.* ÉVICTION) ; le second, les défauts cachés de cette chose ou les vices redhibitoires.

De la garantie des défauts de la chose vendue.

C. Civ. (*liv.* 3, *tit.* 6, *ch.* 4, *sect.* 3, § 2, *art.* 1641-1649). — 1641. Le vendeur est tenu de la garantie à raison des défauts cachés de la chose vendue qui la rendent impropre à l'usage auquel on la destine, ou qui diminuent tellement cet usage, que l'acheteur ne l'aurait pas acquise, ou n'en aurait donné qu'un moindre prix, s'il les avait connus.

1642. Le vendeur n'est pas tenu des vices apparens et dont l'acheteur a pu se convaincre lui-même.

1645. Il est tenu des vices cachés, quand même il ne les aurait pas connus, à moins que dans ce cas il n'ait stipulé qu'il ne sera obligé à aucune garantie.

1644. Dans les cas des articles 1641 et 1645, l'acheteur a le choix de rendre la chose et de se faire restituer le prix, ou de garder la chose et de se faire rendre une partie du prix, telle qu'elle sera arbitrée par experts.

1645. Si le vendeur connaissait les vices de la chose, il est tenu, outre la restitution du prix qu'il en a reçu, de tous les dommages et intérêts envers l'acheteur.

1646. Si le vendeur ignorait les vices de la chose, il ne sera tenu qu'à la restitution du prix, et à rembourser à l'acquéreur les frais occasionés par la vente.

1647. Si la chose qui avait des vices, a péri par suite de sa mauvaise qualité, la perte est pour le vendeur, qui sera tenu envers l'acheteur à la restitution du prix, et aux autres dédommagemens expliqués dans les deux articles précédens. —

Mais la perte arrivée par cas fortuit sera pour le compte de l'acheteur.

1648. L'action résultant des vices redhibitoires doit être intentée par l'acquéreur, dans un bref délai, suivant la nature des vices redhibitoires, et l'usage du lieu où la vente a été faite.

1649. Elle n'a pas lieu dans les ventes faites par autorité de justice.

RÉDUCTION (DES DONATIONS ET LEGS).

DISPOSITIONS GÉNÉRALES.

De la réduction des donations et legs.

C. Civ. (*liv.* 3, *tit.* 2, *ch.* 3, *sect.* 2, *art.* 920-950). — 920. Les dispositions soit entre-vifs, soit à cause de mort, qui excèderont la quotité disponible, seront réductibles à cette quotité lors de l'ouverture de la succession.

921. La réduction des dispositions entre-vifs ne pourra être demandée que par ceux au profit desquels la loi fait la réserve, par leurs héritiers ou ayans cause ; les donataires, les légataires, ni les créanciers du défunt, ne pourront demander cette réduction, ni en profiter.

922. La réduction se détermine en formant une masse de tous les biens existans au décès du donateur ou testateur. On y réunit fictivement ceux dont il a été disposé par donations entre-vifs, d'après leur état à l'époque des donations et leur valeur au temps du décès du donateur. On calcule sur tous ces biens, après en avoir déduit les dettes, quelle est, eu égard à la qualité des héritiers qu'il laisse, la quotité dont il a pu disposer.

923. Il n'y aura jamais lieu à réduire les donations entre-vifs, qu'après avoir épuisé la valeur de tous les biens compris dans les dispositions testamentaires ; et lorsqu'il y aura lieu à cette réduction, elle se fera en commençant par la dernière donation, et ainsi de suite en remontant des dernières aux plus anciennes.

924. Si la donation entre-vifs réductible a été faite à l'un des successibles, il pourra retenir, sur les biens donnés, la valeur de la portion qui lui appartiendrait, comme héritier, dans les biens non disponibles, s'ils sont de la même nature.

925. Lorsque la valeur des donations entre-vifs excèdera ou égalera la quotité disponible, toutes les dispositions testamentaires seront caduques

926. Lorsque les dispositions testamentaires excèderont, soit la quotité disponible, soit la portion de cette quotité qui resterait après avoir déduit la valeur des donations entre-vifs, la réduction sera faite au marc le franc, sans aucune distinction entre les legs universels et les legs particuliers.

927. Néanmoins, dans tous les cas où le testateur aura expressément déclaré qu'il entend que tel legs soit acquitté de préférence aux autres, cette préférence aura lieu ; et le legs qui en sera l'objet, ne sera réduit qu'autant que la valeur des autres ne remplirait pas la réserve légale.

928. Le donataire restituera les fruits de ce qui excèdera la portion disponible, à compter du jour du décès du donateur, si la demande en réduction a été faite dans l'année ; sinon, du jour de la demande.

929. Les immeubles à recouvrer par l'effet de la réduction, le seront sans charge de dettes ou hypothèques créées par le donataire.

930. L'action en réduction ou revendication pourra être exercée par les héritiers contre les tiers détenteurs des immeubles faisant partie des donations et aliénés par les donataires, de la même manière et dans le même ordre que contre les donataires eux-mêmes, et discussion préalablement faite de leurs biens. Cette action devra être exercée suivant l'ordre des dates des aliénations, en commençant par la plus récente.

DISPOSITIONS ADDITIONNELLES.

CONTRAT DE MARIAGE. *C. Civ.* 1090. Toutes donations faites aux époux par leur contrat de mariage, seront, lors de l'ouverture de la succession du donateur, réductibles à la portion dont la loi lui permettait de disposer.

CONVOL. *C. Civ.* 1496. Si (en cas de convol) la confusion du mobilier et des dettes opérait, au profit de l'un des époux, un avantage supérieur à celui qui est autorisé par (la loi), les enfans du premier lit de l'autre époux auront l'action en retranchement.

RENTE VIAGÈRE. *C. Civ.* 1969. (La rente viagère) peut être constituée, à titre purement gratuit, par donation entre-vifs ou par testament.

1970. Dans le cas de l'article précédent, la rente viagère est réductible, si elle excède ce dont il est permis de disposer.

1973. (La rente viagère) peut être constituée au profit d'un tiers, quoique le prix en soit fourni par une autre personne. — Dans ce dernier cas, quoiqu'elle ait les caractères d'une libéralité, elle n'est point assujettie aux formes requises pour les donations ; sauf le cas de réduction énoncé dans l'article 1970 (*ci-dessus*).

RÉDUCTION (DES HYPOTHÈQUES). *V.* INSCRIPTION.

RÉELLE (ACTION). *C. Proc.* 59. Le défendeur sera cité en conciliation, — 1° en matière personnelle et réelle, devant le juge de paix de son domicile ; s'il y a deux défendeurs, devant le juge de l'un d'eux, au choix du demandeur.

59. En matière réelle (le défendeur sera assigné) devant le tribunal de la situation de l'objet litigieux.

RÉFÉRÉ.

I. DISPOSITIONS GÉNÉRALES.

Des référés.

C. Proc. (*liv.* 5, *tit.* 16, *art.* 806-811.) — 806. Dans tous les cas d'urgence, ou lorsqu'il s'agira de statuer provisoirement sur les difficultés relatives à l'exécution d'un titre exécutoire ou d'un jugement, il sera procédé ainsi qu'il va être réglé ci-après.

807. La demande sera portée à une audience tenue à cet effet par le président du tribunal de première instance, ou par le juge qui le remplace, aux jour et heure indiqués par le tribunal.

808. Si néanmoins le cas requiert célérité, le président, ou celui qui le représentera, pourra permettre d'assigner soit à l'audience, soit à son hôtel, à heure indiquée, même les jours de fêtes ; et, dans ce cas, l'assignation ne pourra être donnée qu'en vertu de l'ordonnance du juge, qui commettra un huissier à cet effet.

809. Les ordonnances sur référés ne feront aucun préjudice au principal ; elles seront exécutoires par provision, sans caution, si le juge n'a pas ordonné qu'il en serait fourni une. — Elles ne seront pas susceptibles d'opposition. — Dans les cas où la loi autorise l'appel, cet appel pourra être interjeté même avant le délai de huitaine, à dater du jugement ; et il ne sera point recevable s'il a été interjeté après la quinzaine, à dater du jour de la signification du jugement. — L'appel sera jugé sommairement et sans procédure.

810. Les minutes des ordonnances sur référés seront déposées au greffe.

811. Dans les cas d'absolue nécessité, le juge pourra ordonner l'exécution de son ordonnance sur la minute.

Dispositions du tarif civil.

29. (Pr. 807.) Original d'assignation en référé, dans les cas d'urgence, ou lorsqu'il s'agit de statuer sur les difficultés relatives à l'exécution d'un titre exécutoire ou d'un jugement. — (809.) De signification d'une ordonnance sur référé. — Paris, 2 fr. — Partout ailleurs, 1 f. 50 c. — Chaque copie, le quart.

76. (Pr. 808.) Requête à fin d'assigner extraordinairement en référé, si le cas requiert célérité. — Elle ne sera pas grossoyée, — Paris, 2 fr. — Ressort, 1 fr. 50 c. (*V.* TARIF.) — La vacation pour demander l'ordonnance et se la faire délivrer est comprise.

93. (Pr. 806.) Vacation en référé contradictoire, — Paris, 5 fr. — Ressort ; 3 fr. 75 c. — Et par défaut, — Paris, 3 fr. — Ressort, 2 fr. 25 c.

149. (Pr. 809.) Les frais faits sur les appels d'ordonnance de référés seront liquidés comme en matière sommaire. *V.* SOMMAIRES (*affaires*).

41

II. DISPOSITIONS ADDITIONNELLES.

EMPRISONNEMENT. *C. Proc.* 786. Si le débiteur (arrêté) requiert qu'il en soit référé, il sera conduit sur le champ devant le président du tribunal de première instance du lieu où l'arrestation aura été faite, lequel statuera en état de référé : si l'arrestation est faite hors des heures de l'audience, le débiteur sera conduit chez le président.

787. L'ordonnance sur référé sera consignée sur le procès-verbal de l'huissier, et sera exécutée sur le champ.

EXPÉDITION D'ACTES. *C. Proc.* 843. En cas de refus de la part du notaire ou dépositaire (de délivrer un acte resté imparfait), il en sera référé au président du tribunal de première instance.

845. En cas de contestation (sur une demande en délivrance d'une seconde copie d'acte), les parties se pourvoiront en référé.

INVENTAIRE. *C. Proc.* 944. Si, lors de l'inventaire, il s'élève des difficultés, ou s'il est formé des réquisitions pour l'administration de la communauté ou de la succession, ou pour autres objets, et qu'il n'y soit déféré par les autres parties, les notaires délaisseront les parties à se pourvoir en référé devant le président du tribunal de première instance; ils pourront en référer eux-mêmes, s'ils résident dans le canton où siège le tribunal : dans ce cas, le président mettra son ordonnance sur la minute du procès-verbal.

JUGE DE COMMERCE. *C. Proc.* 417. Dans les cas qui requerront célérité, le président du tribunal (de commerce) pourra permettre d'assigner, même de jour à jour et d'heure à heure, et de saisir les effets mobiliers : il pourra, suivant l'exigence des cas, assujétir le demandeur à donner caution, ou à justifier de solvabilité suffisante. Ses ordonnances seront exécutoires nonobstant opposition ou appel.

SAISIE-EXÉCUTION. *C. Proc.* 607. Il sera passé outre (à la saisie-exécution), nonobstant toutes réclamations de la part de la partie saisie, sur lesquelles il sera statué en référé.

SCELLÉS. *C. Proc.* 921. Si les portes sont fermées, s'il se rencontre des obstacles à l'apposition des scellés, s'il s'élève, soit avant, soit pendant le scellé, des difficultés, il y sera statué en référé par le président du tribunal. A cet effet, il sera sursis, et établi par le juge de paix garnison extérieure, même intérieure, si le cas y échet ; et il en référera sur le champ au président du tribunal. — Pourra néanmoins le juge de paix, s'il y a péril dans le retard, statuer par provision, sauf à en référer ensuite au président du tribunal.

922. Dans tous les cas où il sera référé par le juge de paix au président du tribunal, soit en matière de scellé, soit en autre matière, ce qui sera fait et ordonné sera constaté sur le procès-verbal dressé par le juge de paix; le président signera ses ordonnances sur ledit procès-verbal.

REFUS (DE SERVICE).

Refus d'un service dû légalement.

C. Pén. (*liv.* 3, *tit.* 1, *ch.* 3, *sect.* 4, § 3, *art.* 234-256.) — 234. Tout commandant, tout officier ou sous-officier de la force publique qui, après en avoir été légalement requis par l'autorité civile, aura refusé de faire agir la force à ses ordres, sera puni d'un emprisonnement d'un mois à trois mois, sans préjudice des réparations civiles qui pourraient être dues aux termes de l'art. 10 du présent Code (Pénal) [1].

255. Les lois pénales et règlemens relatifs à la conscription militaire continueront de recevoir leur exécution.

256. Les témoins et jurés qui auront allégué une excuse reconnue fausse, seront condamnés, outre les amendes prononcées pour la non-comparution, à un emprisonnement de six jours à deux mois.

RÉGIME DOTAL. *V.* DOTAL (*régime*).

RÉGIME FORESTIER.

CODE FORESTIER.

Loi du 21 mai 1827.

Tit. 1er, du régime forestier.

Art. 1er. Sont soumis au régime forestier, et seront administrés conformément aux dispositions de la présente loi. — 1° les bois et forêts qui font partie du domaine de l'État ; — 2° ceux qui font partie du domaine de la couronne ; — 3° ceux qui sont possédés à titre d'apanage et de majorats reversibles à l'État ; — 4° les bois et forêts des communes et des sections de commune ; — 5° ceux des établissemens publics ; — 6° les bois et forêts dans lesquels l'État, la couronne, les communes ou les établissemens publics ont des droits de propriété indivis avec des particuliers.

2. Les particuliers exercent sur leurs bois tous les droits résultant de la propriété, sauf les restrictions qui seront spécifiées dans la présente loi.

Tit. 2, de l'administration forestière.

3. Nul ne peut exercer un emploi forestier, s'il n'est âgé de vingt-cinq ans accomplis ; néanmoins les élèves sortant de l'école forestière pourront obtenir des dispenses d'âge.

4. Les emplois de l'administration forestière sont incompatibles avec toutes autres fonctions, soit administratives, soit judiciaires.

5. Les agens et préposés de l'administration fores-

[1] 10. La condamnation aux peines établies par la loi, est toujours prononcée sans préjudice des restitutions et dommages-intérêts qui peuvent être dus aux parties.

tière ne pourront entrer en fonctions qu'après avoir prêté serment devant le tribunal de première instance de leur résidence, et avoir fait enregistrer leur commission et l'acte de prestation de leur serment au greffe des tribunaux dans le ressort desquels ils devront exercer leurs fonctions.—Dans le cas d'un changement de résidence qui les placerait dans un autre ressort en la même qualité, il n'y aura pas lieu à une autre prestation de serment.

6. Les gardes sont responsables des délits, dégâts, abus et abroutissemens qui ont lieu dans leurs triages, et passibles des amendes et indemnités encourues par les délinquans, lorsqu'ils n'ont pas dûment constaté les délits.

7. L'empreinte de tous les marteaux dont les agens et les gardes forestiers font usage, tant pour la marque des bois de délit et des chablis que pour les opérations de balivage et de martelage, est déposée au greffe des tribunaux, savoir : — celle des marteaux particuliers dont les agens et gardes sont pourvus, aux greffes des tribunaux de première instance dans le ressort desquels ils exercent leurs fonctions;— Celle du marteau royal uniforme, aux greffes des tribunaux de première instance et des cours royales.

Tit. 3, des bois et forêts qui font partie du domaine de l'État.

Sect. 1, de la délimitation et du bornage.

8. La séparation entre les bois et forêts de l'État et les propriétés riveraines pourra être requise, soit par l'administration forestière, soit par les propriétaires riverains.

9. L'action en séparation sera intentée, soit par l'État, soit par les propriétaires riverains, dans les formes ordinaires. — Toutefois, il sera sursis à statuer sur les actions partielles, si l'administration forestière offre d'y faire droit dans le délai de six mois, en procédant à la délimitation générale de la forêt.

10. Lorsqu'il y aura lieu d'opérer la délimitation générale et le bornage d'une forêt de l'État, cette opération sera annoncée deux mois d'avance par un arrêté du préfet, qui sera publié et affiché dans les communes limitrophes, et signifié au domicile des propriétaires riverains ou à celui de leurs fermiers, gardes ou agens.—Après ce délai, les agens de l'administration forestière procéderont à la délimitation en présence ou en l'absence des propriétaires riverains.

11. Le procès-verbal de la délimitation sera immédiatement déposé au secrétariat de la préfecture, et par extrait au secrétariat de la sous-préfecture, en ce qui concerne chaque arrondissement. Il en sera donné avis par un arrêté du préfet, publié et affiché dans les communes limitrophes. Les intéressés pourront en prendre connaissance et former leur opposition dans le délai d'une année, à dater du jour où l'arrêté aura été publié.—Dans le même délai, le Gouvernement déclarera s'il approuve ou s'il refuse d'homologuer ce procès-verbal en tout ou en partie;—Sa déclaration sera rendue publique de la même manière que le procès-verbal de délimitation.

12. Si, à l'expiration de ce délai, il n'a été élevé aucune réclamation par les propriétaires riverains contre le procès-verbal de délimitation, et si le gouvernement n'a pas déclaré son refus d'homologuer, l'opération sera définitive.—Les agens de l'adminis-

tration forestière procèderont dans le mois suivant, au bornage, en présence des parties intéressées, ou elles dûment appelées par un arrêté du préfet, ainsi qu'il est prescrit par l'art. 10.

13. En cas de contestations élevées, soit pendant les opérations, soit par suite d'oppositions formées par les riverains en vertu de l'article 11, elles seront portées par les parties intéressées devant les tribunaux compétens, et il sera sursis à l'abornement jusque après leur décision. — Il y aura également lieu au recours devant les tribunaux de la part des propriétaires riverains, si, dans le cas prévu par l'article 12, les agens forestiers se refusaient à procéder au bornage.

14. Lorsque la séparation ou délimitation sera effectuée par un simple bornage, elle sera faite à frais communs. —Lorsqu'elle sera effectuée par des fossés de clôture, ils seront exécutés aux frais de la partie requérante, et pris en entier sur son terrain.

Sec. 2, de l'aménagement.

15. Tous les bois et forêts du domaine de l'État sont assujétis à un aménagement réglé par des ordonnances royales.

16. Il ne pourra être fait dans les bois de l'État aucune coupe extraordinaire quelconque, ni aucune coupe de quarts en réserve ou de massifs réservés par l'aménagement pour croître en futaie, sans une ordonnance spéciale du Roi, à peine de nullité des ventes; sauf le recours des adjudicataires, s'il y a lieu, contre les fonctionnaires ou agens qui auraient ordonné ou autorisé ces coupes. — Cette ordonnance spéciale sera insérée au Bulletin des lois.

Sect. 3, des adjudications des coupes.

17. Aucune vente ordinaire ou extraordinaire ne pourra avoir lieu dans les bois de l'État que par voie d'adjudication publique, laquelle devra être annoncée, au moins quinze jours d'avance, par des affiches apposées dans le chef-lieu du département, dans le lieu de la vente, dans la commune de la situation des bois, et dans les communes environnantes.

18. Toute vente faite autrement que par adjudication publique sera considérée comme vente clandestine, et déclarée nulle. Les fonctionnaires et agens qui auraient ordonné ou effectué la vente seront condamnés solidairement à une amende de 3,000 francs au moins, et de 6,000 francs au plus, et l'acquéreur sera puni d'une amende égale à la valeur des bois vendus.

19. Sera de même annulée, quoique faite par adjudication publique, toute vente qui n'aura point été précédée des publications et affiches prescrites par l'article 17, ou qui aura été effectuée dans d'autres lieux ou à un autre jour que ceux qui auront été indiqués par les affiches ou les procès-verbaux de remise de vente. — Les fonctionnaires ou agens qui auraient contrevenu à ces dispositions seront condamnés solidairement à une amende de 1,000 francs; et une amende pareille sera prononcée contre les adjudicataires, en cas de complicité.

20. Toutes les contestations qui pourront s'élever pendant les opérations d'adjudication, sur la validité des enchères ou sur la solvabilité des enchérisseurs et des cautions, seront décidées immédiatement par le fonctionnaire qui présidera la séance d'adjudication.

21. Ne pourront prendre part aux ventes, ni par eux-mêmes, ni par personnes interposées, directement ou indirectement, soit comme parties principales, soit comme associés ou cautions ; — 1° les agens et gardes forestiers et les forestiers de la marine, dans toute l'étendue du royaume, les fonctionnaires chargés de présider ou de concourir aux ventes, et les receveurs du produit des coupes, dans toute l'étendue du territoire où ils exercent leurs fonctions. — En cas de contravention, ils seront punis d'une amende qui ne pourra excéder le quart ni être moindre du douzième du montant de l'adjudication, et ils seront en outre passibles de l'emprisonnement et de l'interdiction qui sont prononcés par l'art. 175 du Code Pénal (V. FONCTIONNAIRES); — 2° les parens et alliés en ligne directe, les frères et beaux-frères, oncles et neveux des agens et gardes forestiers et des agens forestiers de la marine, dans toute l'étendue du territoire pour lequel ces agens ou gardes sont commissionnés ; — En cas de contravention, ils seront punis d'une amende égale à celle qui est prononcée par le paragraphe précédent ; — 3° les conseillers de préfecture, les juges, officiers du ministère public et greffiers des tribunaux de première instance, dans tout l'arrondissement de leur ressort. — En cas de contravention, ils seront passibles de tous dommages-intérêts, s'il y a lieu. — Toute adjudication qui serait faite en contravention aux dispositions du présent article sera déclarée nulle.

22. Toute association secrète ou manœuvre entre les marchands de bois ou autres, tendant à nuire aux enchères, à les troubler ou à obtenir le bois à plus bas prix, donnera lieu à l'application des peines portées par l'art. 412 du Code Pénal (V. ENCHÈRES), indépendamment de tous les dommages-intérêts ; et si l'adjudication a été faite au profit de l'association secrète ou des auteurs desdites manœuvres, elle sera déclarée nulle.

23. Aucune déclaration de command ne sera admise, si elle n'est faite immédiatement après l'adjudication et séance tenante.

24. Faute par l'adjudicataire de fournir les cautions exigées par le cahier des charges, dans le délai prescrit, il sera déclaré déchu de l'adjudication par un arrêté du préfet, et il sera procédé, dans les formes ci-dessus prescrites, à une nouvelle adjudication de la coupe à sa folle-enchère. — L'adjudicataire déchu sera tenu, par corps, de la différence entre son prix et celui de la revente, sans pouvoir réclamer l'excédant, s'il y en a.

25. Toute personne capable et reconnue solvable sera admise, jusqu'à l'heure de midi du lendemain de l'adjudication, à faire une offre de surenchère, qui ne pourra être moindre du cinquième du montant de l'adjudication. — Dès qu'une pareille offre aura été faite, l'adjudicataire et les surenchérisseurs pourront faire de semblables déclarations de simple surenchère, jusqu'à l'heure de midi du surlendemain de l'adjudication, heure à laquelle le plus offrant restera définitivement adjudicataire. — Toutes déclarations de surenchère devront être faites au secrétariat qui sera indiqué par le cahier des charges, et dans les délais ci-dessus fixés ; le tout sous peine de nullité. — Le secrétaire commis à l'effet de recevoir ces déclarations sera tenu de les consigner immédiatement sur un registre à ce destiné, d'y faire mention expresse du jour et de l'heure précise où il les aura reçues, et d'en donner communication à l'adjudicataire et

aux surenchérisseurs, dès qu'il en sera requis : le tout sous peine de 300 fr. d'amende, sans préjudice de plus fortes peines en cas de collusion. — En conséquence, il n'y aura lieu à aucune signification des déclarations de surenchère, soit par l'administration, soit par les adjudicataires et surenchérisseurs.

26. Toutes contestations au sujet de la validité des surenchères seront portées devant les conseils de préfecture.

27. Les adjudicataires et surenchérisseurs sont tenus, au moment de l'adjudication ou de leurs déclarations de surenchère, d'élire domicile dans le lieu où l'adjudication aura été faite ; faute par eux de le faire, tous actes postérieurs leur seront valablement signifiés au secrétariat de la sous-préfecture.

28. Tout procès-verbal d'adjudication emporte exécution parée et contrainte par corps contre les adjudicataires, leurs associés et cautions, tant pour le paiement du prix principal de l'adjudication que pour accessoires et frais. — Les cautions sont en outre contraignables, solidairement et par les mêmes voies, au paiement des dommages, restitutions et amendes qu'aurait encourus l'adjudicataire.

Sect. 4, des exploitations.

29. Après l'adjudication, il ne pourra être fait aucun changement à l'assiette des coupes, et il n'y sera ajouté aucun arbre ou portion de bois, sous quelque prétexte que ce soit, à peine, contre l'adjudicataire, d'une amende égale au triple de la valeur des bois non compris dans l'adjudication, et sans préjudice de la restitution de ces mêmes bois ou de leur valeur. — Si les bois sont de meilleure nature ou qualité, ou plus âgés que ceux de la vente, il paiera l'amende comme pour bois coupé en délit, et une somme double à titre de dommages-intérêts. — Les agens forestiers qui auraient permis ou toléré ces additions ou changemens seront punis de pareille amende, sauf l'application, s'il y a lieu, de l'art. 207 de la présente loi.

30. Les adjudicataires ne pourront commencer l'exploitation de leurs coupes avant d'avoir obtenu, par écrit, de l'agent forestier local, le permis d'exploiter, à peine d'être poursuivis comme délinquans pour les bois qu'ils auraient coupés.

31. Chaque adjudicataire sera tenu d'avoir un facteur ou garde-vente, qui sera agréé par l'agent forestier local et assermenté devant le juge de paix. — Ce garde-vente sera autorisé à dresser des procès-verbaux, tant dans la vente qu'à l'ouïe de la cognée. Ses procès-verbaux seront soumis aux-mêmes formalités que ceux des gardes forestiers, et feront foi jusqu'à preuve contraire. — L'espace appelé l'*ouïe de la cognée* est fixé à la distance de deux cent cinquante mètres, à partir des limites de la coupe.

32. Tout adjudicataire sera tenu, sous peine de 100 fr. d'amende, de déposer chez l'agent forestier local et au greffe du tribunal de l'arrondissement l'empreinte du marteau destiné à marquer les arbres et bois de sa vente. — L'adjudicataire et ses associés ne pourront avoir plus d'un marteau pour la même vente, ni en marquer d'autres bois que ceux qui proviendront de cette vente, sous peine de 500 fr. d'amende.

33. L'adjudicataire sera tenu de respecter tous les arbres marqués ou désignés pour demeurer en réserve, quelle que soit leur qualification, lors même que le nombre en excéderait celui qui est porté au

procès-verbal de martelage, et sans que l'on puisse admettre en compensation d'arbres coupés en contravention, d'autres arbres non réservés que l'adjudicataire aurait laissés sur pied.

34. Les amendes encourues par les adjudicataires, en vertu de l'article précédent, pour abattage ou déficit d'arbres réservés, seront du tiers en sus de celles qui sont déterminées par l'article 192, toutes les fois que l'essence et la circonférence des arbres pourront être constatées. — Si, à raison de l'enlèvement des arbres et de leurs souches, ou de toute autre circonstance, il y a impossibilité de constater l'essence et la dimension des arbres, l'amende ne pourra être moindre de 50 fr. ni excéder 200 fr.. —Dans tous les cas, il y aura lieu à la restitution des arbres, ou, s'ils ne peuvent être représentés, de leur valeur, qui sera estimée à une somme égale à l'amende encourue. Sans préjudice des dommages-intérêts.

35. Les adjudicataires ne pourront effectuer aucune coupe ni enlèvement de bois avant le lever ni après le coucher du soleil, à peine de 100 fr. d'amende.

36. Il leur est interdit, à moins que le procès-verbal d'adjudication n'en contienne l'autorisation expresse, de peler ou d'écorcer sur pied aucun des bois de leurs ventes, sous peine de 50 à 500 fr. d'amende ; et il y aura lieu à la saisie des écorces et bois écorcés, comme garantie des dommages-intérêts, dont le montant ne pourra être inférieur à la valeur des arbres indûment pelés ou écorcés.

37. Toute contravention aux clauses ou conditions du cahier des charges, relativement au mode d'abattage des arbres et au nettoiement des coupes, sera punie d'une amende qui ne pourra être moindre de 50 fr. ni excéder 500 fr., sans préjudice des dommages-intérêts.

38. Les agens forestiers indiqueront, par écrit, aux adjudicataires, les lieux où il pourra être établi des fosses ou fourneaux pour charbon, les loges ou des ateliers ; il n'en pourra être placé ailleurs, sous peine, contre l'adjudicataire, d'une amende de 50 fr. pour chaque fosse ou fourneau, loge ou atelier établi en contravention à cette disposition.

39. La traite des bois se fera par les chemins désignés au cahier des charges, sous peine, contre ceux qui en pratiqueraient de nouveaux, d'une amende dont le minimum sera de 50 fr. et le maximum de 200 fr., outre les dommages-intérêts.

40. La coupe des bois et la vidange des ventes seront faites dans les délais fixés par le cahier des charges, à moins que les adjudicataires n'aient obtenu de l'administration forestière une prorogation de délai, à peine d'une amende de 50 à 500 fr., et, en outre, des dommages-intérêts, dont le montant ne pourra être inférieur à la valeur estimative des bois restés sur pied ou gisans sur les coupes. —Il y aura lieu à la saisie de ces bois, à titre de garantie pour les dommages-intérêts.

41. A défaut, par les adjudicataires, d'exécuter, dans les délais fixés par le cahier des charges, les travaux que ce cahier leur impose, tant pour relever et faire façonner les ramiers, et pour nettoyer les coupes des épines, ronces et arbustes nuisibles, selon le mode prescrit à cet effet, que pour les réparations des chemins de vidange, fossés, repiquement de places à charbon et autres ouvrages à leur charge, ces travaux seront exécutés à leurs frais, à la diligence des agens forestiers, et sur l'autorisation du préfet, qui arrêtera ensuite le mémoire des frais et le rendra exécutoire contre les adjudicataires pour le paiement.

42. Il est défendu à tous adjudicataires, leurs facteurs et ouvriers, d'allumer du feu ailleurs que dans leurs loges ou ateliers, à peine d'une amende de 10 à 100 fr., sans préjudice de la réparation du dommage qui pourrait résulter de cette contravention.

43. Les adjudicataires ne pourront déposer dans leurs ventes d'autres bois que ceux qui en proviendront, sous peine d'une amende de 100 à 1,000 fr.

44. Si, dans le cours de l'exploitation ou de la vidange, il était dressé des procès-verbaux de délits ou vices d'exploitations, il pourra y être donné suite sans attendre l'époque du récolement. —Néanmoins, en cas d'insuffisance d'un premier procès-verbal, sur lequel il ne sera pas intervenu de jugement, les agens forestiers pourront, lors du récolement, constater par un nouveau procès-verbal les délits et contraventions.

45. Les adjudicataires, à dater du permis d'exploiter, et jusqu'à ce qu'ils aient obtenu leur décharge, sont responsables de tout délit forestier commis dans leurs ventes et à l'ouïe de la cognée, si leurs facteurs ou gardes-ventes n'en font leurs rapports, lesquels doivent être remis à l'agent forestier dans le délai de cinq jours.

46. Les adjudicataires et leurs cautions seront responsables et contraignables par corps au paiement des amendes et restitutions encourues pour délits et contraventions commis, soit dans la vente, soit à l'ouïe de la cognée, par les facteurs, gardes-ventes, ouvriers, bûcherons, voituriers, et tous autres employés par les adjudicataires.

Sect. 5, des réarpentages et récolemens.

47. Il sera procédé au réarpentage et au récolement de chaque vente, dans les trois mois qui suivront le jour de l'expiration des délais accordés pour la vidange des coupes. — Ces trois mois écoulés, les adjudicataires pourront mettre en demeure l'administration par acte extrajudiciaire signifié à l'agent forestier local ; et si, dans le mois après la signification de cet acte, l'administration n'a pas procédé au réarpentage et au récolement, l'adjudicataire demeurera libéré.

48. L'adjudicataire ou son cessionnaire sera tenu d'assister au récolement ; et il lui sera, à cet effet, signifié, au moins dix jours d'avance, un acte contenant l'indication des jours où se feront le réarpentage et le récolement ; faute par lui de se trouver sur les lieux ou de s'y faire représenter, les procès-verbaux de réarpentage et de récolement seront réputés contradictoires.

49. Les adjudicataires auront le droit d'appeler un arpenteur de leur choix pour assister aux opérations du réarpentage : à défaut par eux d'user de ce droit, les procès-verbaux de réarpentage n'en seront pas moins réputés contradictoires.

50. Dans le délai d'un mois après la clôture des opérations, l'administration et l'adjudicataire pourront requérir l'annulation du procès-verbal pour défaut de forme ou pour fausse énonciation. — Ils se pourvoiront, à cet effet, devant le conseil de préfecture, qui statuera. — En cas d'annulation du procès-verbal, l'administration pourra, dans le mois

qui suivra, y faire suppléer par un nouveau procès-verbal.

51. A l'expiration des délais fixés par l'article 50, et si l'administration n'a élevé aucune contestation, le préfet délivrera à l'adjudicataire la décharge d'exploitation.

52. Les arpenteurs seront passibles de tous dommages-intérêts par suite des erreurs qu'ils auront commises, lorsqu'il en résultera une différence d'un vingtième de l'étendue de la coupe. — Sans préjudice de l'application, s'il y a lieu, des dispositions de l'article 207.

Sect. 6, des adjudications de glandée, panage et paisson.

53. Les formalités prescrites par la section 3 du présent titre, pour les adjudications des coupes de bois, seront observées pour les adjudications de glandée, panage et paisson. — Toutefois, dans les cas prévus par les articles 18 et 19, l'amende infligée aux fonctionnaires et agens sera de 100 fr. au moins et de 1000 fr. au plus, et celle qui aura été encourue par l'acquéreur sera égale au montant du prix de la vente.

54. Les adjudicataires ne pourront introduire dans les forêts un plus grand nombre de porcs que celui qui sera déterminé par l'acte d'adjudication, sous peine d'une amende double de celle qui est prononcée par l'article 199.

55. Les adjudicataires seront tenus de faire marquer les porcs d'un fer chaud, sous peine d'une amende de 5 fr. par chaque porc qui ne serait point marqué. — Ils devront déposer l'empreinte de cette marque au greffe du tribunal, et le fer servant à la marque au bureau de l'agent forestier local, sous peine de 50 fr. d'amende.

56. Si les porcs sont trouvés hors des cantons désignés par l'acte d'adjudication, ou des chemins indiqués pour s'y rendre, il y aura lieu, contre l'adjudicataire, aux peines prononcées par l'article 199. En cas de récidive, outre l'amende encourue par l'adjudicataire, le pâtre sera condamné à un emprisonnement de cinq à quinze jours.

57. Il est défendu aux adjudicataires d'abattre, de ramasser ou d'emporter des glands, faînes ou autres fruits, semences ou productions des forêts, sous peine d'une amende double de celle qui est prononcée par l'article 144.

Sect. 7, des affectations à titre particulier dans les bois de l'État. — *Sect. 8, des droits d'usage dans les bois de l'État. V. USAGE (droits d').*

Tit. 4, des bois et forêts qui font partie du domaine de la couronne.

86. Les bois et forêts qui font partie du domaine de la couronne sont exclusivement régis et administrés par le ministre de la maison du Roi, conformément aux dispositions de la loi du 8 novembre 1814.

87. Les agens et gardes des forêts de la couronne sont en tout assimilés aux agens et gardes de l'administration forestière, tant pour l'exercice de leurs fonctions que pour la poursuite des délits et contraventions.

88. Toutes les dispositions de la présente loi qui sont applicables aux bois et forêts du domaine de l'État, le sont également aux bois et forêts qui font partie du domaine de la couronne, sauf les exceptions qui résultent de l'article 86 ci-dessus.

Tit. 5, des bois et forêts qui sont possédés à titre d'apanage ou de majorats reversibles à l'État.

89. Les bois et forêts qui sont possédés par les princes à titre d'apanage, ou par des particuliers à titre de majorats reversibles à l'État, sont soumis au régime forestier, quant à la propriété du sol et à l'aménagement des bois. En conséquence, les agens de l'administration forestière y seront chargés de toutes les opérations relatives à la délimitation, au bornage et à l'aménagement, conformément aux dispositions des sections 1 et 2 du titre 3 de la présente loi. Les articles 60 et 62 sont également applicables à ces bois et forêts (*V.* USAGE).—L'administration forestière y fera faire les visites et opérations qu'elle jugera nécessaire pour s'assurer que l'exploitation est conforme à l'aménagement, et que les autres dispositions du présent titre sont exécutées.

Tit. 6, des bois des communes et des établissemens publics.

90. Sont soumis au régime forestier, d'après l'article 1er de la présente loi, les bois taillis ou futaies appartenant aux communes et aux établissemens publics, qui auront été reconnus susceptibles d'aménagement ou d'une exploitation régulière, par l'autorité administrative, sur la proposition de l'administration forestière, et d'après l'avis des conseils municipaux ou des administrateurs des établissemens publics. — Il sera procédé dans les mêmes formes à tout changement qui pourrait être demandé, soit de l'aménagement, soit du mode d'exploitation. — En conséquence, toutes les dispositions des six premières sections du titre 3 leur sont applicables, sauf les modifications et exceptions portées au présent titre. — Lorsqu'il s'agira de la conversion en bois et de l'aménagement de terrains en pâturages, la proposition de l'administration forestière sera communiquée au maire ou aux administrateurs des établissemens publics. Le conseil municipal ou ses administrateurs seront appelés à en délibérer ; en cas de contestation, il sera statué par le conseil de préfecture, sauf le pourvoi au conseil d'État.

91. Les communes et établissemens publics ne peuvent faire aucun défrichement de leurs bois sans une autorisation expresse et spéciale du Gouvernement ; ceux qui l'auraient ordonné ou effectué sans cette autorisation seront passibles des peines portées au titre 15 contre les particuliers pour les contraventions de même nature.

92. La propriété des bois communaux ne peut jamais donner lieu à partage entre les habitans ; — Mais lorsque deux ou plusieurs communes possèdent un bois par indivis, chacune conserve le droit d'en provoquer le partage.

93. Un quart des bois appartenant aux communes et aux établissemens publics sera toujours mis en réserve, lorsque ces communes ou établissemens possèderont au moins dix hectares de bois réunis ou divisés. — Cette disposition n'est pas applicable aux bois peuplés totalement en arbres résineux.

94. Les communes et établissemens publics entretiendront, pour la conservation de leurs bois, le nombre de gardes particuliers qui sera déterminé par le maire et les administrateurs des établissemens, sauf l'approbation du préfet, sur l'avis de l'administration forestière.

95. Le choix de ces gardes sera fait, pour les communes, par le maire, sauf l'approbation du conseil municipal ; et pour les établissemens publics, par les administrateurs de ces établissemens. — Ces choix doivent être agréés par l'administration forestière, qui délivre aux gardes leurs commissions. — En cas de dissentiment, le préfet prononcera.

96. A défaut, par les communes ou établissemens publics, de faire choix d'un garde dans le mois de la vacance de l'emploi, le préfet y pourvoira, sur la demande de l'administration forestière.

97. Si l'administration forestière et les communes ou établissemens publics jugent convenable de confier à un même individu la garde d'un canton de bois appartenant à des communes ou établissemens publics, et d'un canton de bois de l'État, la nomination du garde appartient à cette administration seule. Son salaire sera payé proportionnellement par chacune des parties intéressées.

98. L'administration forestière peut suspendre de leurs fonctions les gardes des bois des communes et des établissemens publics ; s'il y a lieu à destitution, le préfet la prononcera, après avoir pris l'avis du conseil municipal ou des administrateurs des établissemens propriétaires, ainsi que de l'administration forestière. — Le salaire de ces gardes est réglé par le préfet, sur la proposition du conseil municipal ou des établissemens propriétaires.

99. Les gardes des bois des communes et des établissemens publics sont en tout assimilés aux gardes des bois de l'État, et soumis à l'autorité des mêmes agens ; ils prêtent serment dans les mêmes formes, et leurs procès-verbaux font également foi en justice pour constater les délits et contraventions commis même dans les bois soumis au régime forestier autres que ceux dont la garde leur est confiée.

100. Les ventes des coupes, tant ordinaires qu'extraordinaires, seront faites à la diligence des agens forestiers, dans les mêmes formes que pour les bois de l'État, et en présence du maire ou d'un adjoint, pour les bois des communes, et d'un des administrateurs pour ceux des établissemens publics ; sans toutefois que l'absence des maires ou administrateurs, dûment appelés, entraîne la nullité des opérations. — Toute vente ou coupe effectuée par l'ordre des maires des communes ou des administrateurs des établissemens publics en contravention au présent article, donnera lieu contre eux à une amende qui ne pourra être au-dessous de 500 fr., ni excéder 6,000 fr., sans préjudice des dommages-intérêts qui pourraient être dus aux communes ou établissemens des propriétaires. — Les ventes ainsi effectuées seront déclarées nulles.

101. Les incapacités et défenses prononcées par l'article 21 sont applicables aux maires, adjoints et receveurs des communes, ainsi qu'aux administrateurs et receveurs des établissemens publics, pour les ventes des bois des communes et établissemens dont l'administration leur est confiée. — En cas de contravention, ils seront passibles des peines prononcées par le paragraphe premier de l'article précité, sans préjudice des dommages-intérêts, s'il y a lieu ; et les ventes seront déclarées nulles.

102. Lors des adjudications des coupes ordinaires et extraordinaires des bois des établissemens publics, il sera fait réserve, en faveur de ces établissemens, et suivant les formes qui seront prescrites par l'autorité administrative, de la quantité de bois, tant de chauffage que de construction, nécessaire pour leur propre usage. — Les bois ainsi délivrés ne pourront être employés qu'à la destination pour laquelle ils auront été réservés, et ne pourront être vendus ni échangés sans l'autorisation du préfet. Les administrateurs qui auraient consenti de pareils ventes ou échanges seront passibles d'une amende égale à la valeur de ces bois, et de la restitution, au profit de l'établissement public, de ces mêmes bois ou de la valeur. Les ventes ou échanges seront en outre déclarés nuls.

103. Les coupes des bois communaux destinées à être partagées en nature pour l'affouage des habitans, ne pourront avoir lieu qu'après que la délivrance en aura été préalablement faite par les agens forestiers, et en suivant les formes prescrites par l'art. 81 (V. Usage), pour l'exploitation des coupes affouagères délivrées aux communes dans les bois de l'État ; le tout sous les peines portées par ledit article.

104. Les actes relatifs aux coupes et arbres délivrés en nature, en exécution des deux articles précédens, seront visés pour timbre et enregistrés en débet, et il n'y aura lieu à la perception des droits que dans le cas de poursuites devant les tribunaux.

105. S'il n'y a titre ou usage contraire, le partage des bois d'affouage se fera par feu, c'est-à-dire par chef de famille ou de maison ayant domicile réel et fixe dans la commune ; s'il n'y a également titre ou usage contraire, la valeur des arbres délivrés pour constructions ou réparations sera estimée à dire d'experts et payée à la commune.

106. Pour indemniser le Gouvernement des frais d'administration des bois des communes ou établissemens publics, il sera ajouté annuellement à la contribution foncière établie sur ces bois une somme équivalente à ces frais. Le montant de cette somme sera réglé chaque année par la loi des finances ; elle sera répartie au marc le franc de ladite contribution, et perçue de la même manière.

107. Moyennant les perceptions ordonnées par l'article précédent, toutes les opérations de conservation et de régie dans les bois des communes et des établissemens publics seront faites par les agens et préposés de l'administration forestière, sans aucuns frais. — Les poursuites dans l'intérêt des communes et des établissemens publics, pour délits ou contraventions commis dans leurs bois, et la perception des restitutions et dommages-intérêts prononcés en leur faveur, seront effectuées sans frais par les agens du Gouvernement, en même temps que celles qui ont pour objet le recouvrement des amendes dans l'intérêt de l'État. — En conséquence, il n'y aura lieu à exiger à l'avenir des communes et établissemens publics, ni aucun droit de vacation, d'arpentage, de réarpentage, de décime, de prélèvement quelconque, pour les agens et préposés de l'administration forestière, ni le remboursement soit des frais des instances dans lesquelles l'administration succomberait, soit de ceux qui tomberaient en non-valeurs par l'insolvabilité des condamnés.

108. Le salaire des gardes particuliers restera à la charge des communes et des établissemens publics.

109. Les coupes ordinaires et extraordinaires sont principalement affectées au paiement des frais de garde, de la contribution foncière et des sommes

qui reviennent au Trésor en exécution de l'art. 106: — Si les coupes sont délivrées en nature pour l'affouage, et que les communes n'aient pas d'autres ressources, il sera distrait une portion suffisante des coupes, pour être vendue aux enchères avant toute distribution, et le prix en être employé au paiement desdites charges.

110. Dans aucun cas et sous aucun prétexte, les habitans des communes et les administrateurs ou employés des établissemens publics ne peuvent introduire ni faire introduire dans les bois appartenant à ces communes ou établissemens publics, des chèvres, brebis ou moutons, sous les peines prononcées par l'art. 199 contre ceux qui auraient introduit ou permis d'introduire ces animaux et par l'art 78 (V. USAGE.) contre les pâtres ou gardiens. Cette prohibition n'aura son exécution que dans deux ans, à compter du jour de la publication de la présente loi, dans les bois où, nonobstant les dispositions de l'ordonnance de 1669, le pâturage des moutons a été toléré jusqu'à présent. — Toutefois le pacage des brebis ou moutons pourra être autorisé, dans certaines localités, par des ordonnances spéciales de Sa Majesté.

111. La faculté accordée au Gouvernement par l'art. 63 (V. USAGE.), d'affranchir les forêts de l'État de tous droits d'usage en bois, est applicable, sous les mêmes conditions, aux communes et aux établissemens publics, pour les bois qui leur appartiennent.

112. Toutes les dispositions de la 8e section du titre 3 sur l'exercice des droits d'usage dans les bois de l'État sont applicables à la jouissance des communes et des établissemens publics dans leurs propres bois ainsi qu'aux droits d'usage dont ces mêmes bois pourraient être grevés, sauf les modifications résultant du présent titre et à l'exception des articles 61, 73, 74, 83 et 84. V. USAGE.

Tit. 7, des bois et forêts indivis qui sont soumis au régime forestier.

113. Toutes les dispositions de la présente loi relatives à la conservation et à la régie des bois qui font partie du domaine de l'État, ainsi qu'à la poursuite des délits et contraventions commis dans ces bois, sont applicables aux bois indivis mentionnés à l'article 1er, § 6, de la présente loi, sauf les modifications portées par le titre 6 pour les bois des communes et des établissemens publics.

114. Aucune coupe ordinaire ou extraordinaire, exploitation ouverte, ne pourra être faite par les possesseurs co-propriétaires, sous peine d'une amende égale à la valeur de la totalité des bois abattus ou vendus ; toutes ventes ainsi faites seront déclarées nulles.

115. Les frais de délimitation, d'arpentage et de garde seront supportés par le domaine et les copropriétaires, chacun dans la proportion de ses droits. — L'administration forestière nommera les gardes, règlera leur salaire, et aura seul le droit de les révoquer.

116. Les copropriétaires auront, dans les restitutions et dommages-intérêts, la même part que dans le produit des ventes, chacun dans la proportion de ses droits.

Tit. 8, des bois des particuliers.

117. Les propriétaires qui voudront avoir, pour la conservation de leurs bois, des gardes particuliers, devront les faire agréer par le sous-préfet de l'arrondissement, sauf le recours au préfet, en cas de refus. — Ces gardes ne pourront exercer leurs fonctions qu'après avoir prêté serment devant le tribunal de première instance.

118. Les particuliers jouiront, de la même manière que le Gouvernement et sous les conditions déterminées par l'art. 63 (V. USAGE.), de la faculté d'affranchir leurs forêts de tous droits d'usage en bois.

119. Les droits de pâturage, parcours, panage et glandée dans les bois des particuliers, ne pourront être exercés que dans les parties de bois déclarées défensables par l'administration forestière, et suivant l'état et la possibilité des forêts, reconnus et constatés par la même administration. —Les chemins par lesquels les bestiaux devront passer pour aller au pâturage et pour en revenir seront désignés par le propriétaire.

120. Toutes les dispositions contenues dans les art. 64, 66, § 1; 70, 72, 73, 75, 76, 78, § 1 et 2; 79, 80, 83 et 85 de la présente loi, sont applicables à l'exercice des droits d'usage dans les bois des particuliers, lesquels y exercent, à cet effet, les mêmes droits et la même surveillance que les agens du Gouvernement dans les forêts soumises au régime forestier. V. USAGE.

121. En cas de contestation entre le propriétaire et l'usager, il sera statué par les tribunaux.

Tit. 9, affectations spéciales des bois à des services publics.

Sect. 1, des bois destinés au service de la marine.

122. Dans tous les bois soumis au régime forestier, lorsque des coupes devront y avoir lieu, le département de la marine pourra faire choisir et marteler par ses gens les arbres propres aux constructions navales, parmi ceux qui n'auront pas été marqués en réserve par les agens forestiers.

123. Les arbres ainsi marqués seront compris dans les adjudications et livrés par les adjudicataires à la marine, aux conditions qui seront indiquées ci-après.

124. Pendant dix ans, à compter de la promulgation de la présente loi, le département de la marine exercera le droit de choix et de martelage sur les bois des particuliers, futaies, arbres de réserve, avenues, lisières et arbres épars. — Ce droit ne pourra être exercé que sur les arbres en essence de chêne, qui seront destinés à être coupés, et dont la circonférence, mesurée à un mètre du sol, sera de 15 décimètres au moins. — Les arbres qui existeront dans les lieux clos attenant aux habitations, et qui ne sont point aménagés en coupes réglées, ne seront point assujétis au martelage.

125. Tous les propriétaires seront tenus, sauf l'exception énoncée en l'article précédent, et hors le cas de besoins personnels pour réparations et constructions, de faire, six mois d'avance, à la sous-préfecture, la déclaration des arbres qu'ils ont l'intention d'abattre, et des lieux où ils sont situés;— Le défaut de déclaration sera puni d'une amende de dix-huit francs par mètre de tour pour chaque arbre susceptible d'être déclaré.

126. Les particuliers pourront disposer librement des arbres déclarés, si la marine ne les a pas fait marquer pour son service, dans les six mois à compter du jour de l'enregistrement de la déclaration à la

sous-préfecture. — Les agens de la marine seront tenus, à peine de nullité de leur opération, de dresser des procès-verbaux de martelage des arbres dans les bois de l'État, des communes, des établissemens publics et des particuliers, de faire viser ces procès-verbaux par le maire dans la huitaine, et d'en déposer immédiatement une expédition à la mairie de la commune où le martelage aura eu lieu. — Aussitôt après ce dépôt, les adjudicataires, communes, établissemens ou propriétaires, pourront disposer des bois qui n'auront pas été marqués.

127. Les adjudicataires des bois soumis au régime forestier, les maires des communes, ainsi que les administrateurs des établissemens publics pour les exploitations faites sans adjudication, et les particuliers, traiteront de gré à gré du prix de leurs bois avec la marine. — En cas de contestation, le prix sera réglé par experts nommés contradictoirement, et, s'il y a partage entre les experts, il en sera nommé un d'office par le président du tribunal de première instance, à la requête de la partie la plus diligente; les frais de l'expertise seront supportés en commun.

128. Les adjudicataires des bois soumis au régime forestier, les maires des communes ainsi que les administrateurs des établissemens publics pour les exploitations faites sans adjudication, et les particuliers, pourront disposer librement des arbres marqués pour la marine, si, dans les trois mois après qu'ils en auront fait notifier à la sous-préfecture l'abattage, la marine n'a pas pris livraison de la totalité des arbres marqués appartenant au même propriétaire, et n'en a pas acquitté le prix.

129. La marine aura jusqu'à l'abattage des arbres la faculté d'annuler les martelages opérés pour son service; mais, conformément à l'article précédent, elle devra prendre tous les arbres marqués qui auront été abattus, ou les abandonner en totalité.

130. Lorsque les propriétaires de bois n'auront pas fait abattre les arbres déclarés, dans le délai d'un an, à dater du jour de la déclaration, elle sera considérée comme non avenue, et ils seront tenus d'en faire une nouvelle.

131. Ceux qui, dans les cas de besoins personnels pour réparations ou constructions, voudront faire abattre des arbres sujets à déclaration, ne pourront procéder à l'abattage qu'après avoir fait préalablement constater ces besoins par le maire de la commune. — Tout propriétaire convaincu d'avoir, sans motifs valables, donné, en tout ou en partie, à ses arbres, une destination autre que celle qui aura été énoncée dans le procès-verbal constatant les besoins personnels, sera passible de l'amende portée par l'art. 125 pour défaut de déclaration.

132. Le Gouvernement déterminera les formalités à remplir tant pour les déclarations de volonté d'abattre, que pour constater, soit les besoins dans le cas prévu par l'article précédent, soit les martelages et les abattages. Ces formalités seront remplies sans frais.

133. Les arbres qui auront été marqués pour le service de la marine, dans les bois soumis au régime forestier, comme sur toute propriété privée, ne pourront être distraits de leur destination, sous peine d'une amende de 45 fr. par mètre de tour de chaque arbre; sauf néanmoins les cas prévus par les art. 126 et 128. Les arbres marqués pour le service de la marine ne pourront être équarris avant la livraison,

ni détériorés par ses agens avec des haches, scies, sondes ou autres instrumens, à peine de la même amende.

134. Les délits et contraventions concernant le service de la marine seront constatés, dans tous les bois, par procès-verbaux, soit des agens et gardes forestiers, soit des maîtres, contre-maîtres et aides-contre-maîtres assermentés de la marine : en conséquence, les procès-verbaux de ces maîtres, contre-maîtres et aides-contre-maîtres feront foi en justice comme ceux des gardes forestiers, pourvu qu'ils soient dressés et affirmés dans les mêmes formes et dans les mêmes délais.

135. Les dispositions du présent titre ne sont applicables qu'aux localités où le droit de martelage sera jugé indispensable pour le service de la marine, et pour être utilement exercé par elle; — Le Gouvernement fera dresser et publier l'état des départemens, arrondissemens et cantons qui ne seront pas soumis à l'exercice de ce droit. — La même publicité sera donnée au rétablissement de cet exercice dans les localités exceptées, lorsque le Gouvernement jugera ce rétablissement nécessaire.

Sect. 2, des bois destinées au service des ponts et chaussées pour les travaux du Rhin.

136. Dans tous les cas où les travaux d'endigage ou de fascinage sur le Rhin exigeront une prompte fourniture de bois ou oseraies, le préfet, en constatant l'urgence, pourra en requérir la délivrance, d'abord dans les bois de l'État, en cas d'insuffisance de ces bois, dans ceux des communes et des établissemens publics, et subsidiairement enfin dans ceux des particuliers : le tout à la distance de 5 kilomètres des bords du fleuve.

137. En conséquence, tous particuliers propriétaires de bois taillis ou autres dans les îles, sur les rives, et à une distance de 5 kilomètres des bords du fleuve, seront tenus de faire, trois mois d'avance à la sous-préfecture, une déclaration des coupes qu'ils se proposeront d'exploiter. — Si dans le délai de trois mois, les bois ne sont pas requis, le propriétaire pourra en disposer librement.

138. Tout propriétaire qui, hors les cas d'urgence, effectuerait la coupe de ses bois sans avoir fait la déclaration prescrite par l'article précédent, sera condamné à une amende de 1 fr. par are de bois ainsi exploité. — L'amende sera de 4 fr par are contre tout propriétaire qui, après que la réquisition de ces bois lui aura été notifiée, les détournerait de la destination pour laquelle ils auraient été requis.

139. Dans les bois soumis au régime forestier, l'exploitation des bois requis sera faite par les entrepreneurs des travaux des ponts et chaussées, d'après les indications et sous la surveillance des agens forestiers. Ces entrepreneurs seront, dans ces cas, soumis aux mêmes obligations et à la même responsabilité que les adjudicataires des coupes des bois de l'État.

140. Dans les bois des particuliers, l'exploitation des bois requis sera faite également, et sous la même responsabilité, par les entrepreneurs des travaux, si mieux n'aime le propriétaire faire exploiter lui-même : ce qu'il devra déclarer aussitôt que la réquisition lui aura été notifiée. — A défaut par le propriétaire d'effectuer l'exploitation dans le délai fixé par la réquisition, il y sera procédé à ses frais, sur l'autorisation du préfet.

141. Le prix des bois et oseraies requis en exécution de l'art. 136, sera payé par les entrepreneurs des travaux de l'État et aux communes ou établissemens publics, comme aux particuliers, dans le délai de trois mois après l'abattage constaté, et d'après le même mode d'expertise déterminé par l'art. 127 de la présente loi pour les arbres marqués par la marine. — Les communes et les particuliers seront indemnisés, de gré à gré ou à dire d'experts, du tort qui pourrait être résulté pour eux des coupes exécutées hors des saisons convenables.

142. Le Gouvernement déterminera les formalités qui devront être observées pour la réquisition des bois, les déclarations et notifications, en conséquence de ce qui est prescrit par les articles précédens.

143. Les contraventions et délits en cette matière seront constatés par procès-verbaux des agens et gardes forestiers, des conducteurs des ponts et chaussées et des officiers de police assermentés, qui devront observer à cet égard les formalités et délais prescrits au titre 11, section 4, pour les procès-verbaux dressés par les gardes de l'administration forestière.

Tit. 10, police et conservation des bois et forêts.

Sect. 1, dispositions applicables à tous les bois et forêts en général.

144. Toute extraction ou enlèvement non autorisé de pierre, sable, minerai, terre ou gazon, tourbe, bruyères, genêts, herbages, feuilles vertes ou mortes, engrais existant sur le sol des forêts, glands, faînes, et autres fruits ou semences des bois et forêts, donnera lieu à des amendes qui seront fixées ainsi qu'il suit; — Par charretée ou tombereau, de 10 à 50 fr., pour chaque bête attelée; — Par chaque charge de bête de somme, de 5 à 15 fr.; — Par chaque charge d'homme, de 2 à 6 fr.

145. Il n'est point dérogé aux droits conférés à l'administration des ponts et chaussées d'indiquer les lieux où doivent être faites les extractions de matériaux pour les travaux publics : néanmoins les entrepreneurs seront tenus envers l'État, les communes et établissemens publics, comme envers les particuliers, de payer toutes les indemnités de droit et d'observer toutes les formes prescrites par les lois et règlemens en cette matière.

146. Quiconque sera trouvé dans les bois et forêts, hors les routes et chemins ordinaires, avec serpes, cognées, haches, scies et autres instrumens de même nature, sera condamné à une amende de 10 fr. et à la confiscation desdits instrumens.

147. Ceux dont les voitures, bestiaux, animaux de charge ou de monture, seront trouvés dans les forêts, hors des routes et chemins ordinaires, seront condamnés, savoir : — Par chaque voiture à une amende de 10 fr. pour les bois de dix ans et au-dessus, et de 20 fr. pour les bois au-dessous de cet âge; — Par chaque tête ou espèce de bestiaux non attelés, aux amendes fixées pour délit de pâturage par l'art. 199. — Le tout sans préjudice des dommages intérêts.

148. Il est défendu de porter ou allumer du feu dans l'intérieur et à la distance de 200 mètres des bois et forêts, sous peine d'une amende de 20 à 100 fr.; sans préjudice, en cas d'incendie, des peines portées par le Code Pénal, et de tous dommages-intérêts s'il y a lieu. V. INCENDIE.

149. Tous usagers qui, en cas d'incendie, refuseront de porter des secours dans les bois soumis à leur droit d'usage, seront traduits en police correctionnelle, privés de ce droit pendant un an au moins et cinq ans au plus, et condamnés en outre aux peines portées en l'art. 475 du Code Pénal. V. INCENDIE.

150. Les propriétaires riverains des bois et forêts ne peuvent se prévaloir de l'art. 672 du Code Civil (V. MITOYENNETÉ) pour l'élagage des lisières desdits bois et forêts si ces arbres de lisière ont plus de trente ans. — Tout élagage qui serait exécuté sans l'autorisation des propriétaires des bois et forêts, donnera lieu à l'application des peines portées par l'art. 196.

Sect. 2, dispositions spéciales applicables seulement aux bois et forêts soumis au régime forestier.

151. Aucun four à chaux ou à plâtre, soit temporaire, soit permanent, aucune briquetterie ou tuilerie, ne pourront être établis dans l'intérieur et à moins d'un kilomètre des forêts sans l'autorisation du Gouvernement, à peine d'une amende de 100 à 500 fr., et de démolition des établissemens.

152. Il ne pourra être établi sans l'autorisation du Gouvernement, sous quelque prétexte que ce soit, aucune maison sur perches, loge, baraque ou hangar dans l'enceinte et à moins d'un kilomètre des bois et forêts sous peine de 50 fr. d'amende, et de la démolition dans le mois, à dater du jour du jugement qui l'aura ordonnée.

153. Aucune construction de maisons ou fermes ne pourra être effectuée, sans l'autorisation du Gouvernement à la distance de 500 mètres des bois et forêts soumis au régime forestier, sous peine de démolition. — Il sera statué dans le délai de six mois sur les demandes en autorisation : passé ce délai, la construction pourra être effectuée. — Il n'y aura point lieu à ordonner la démolition des maisons ou fermes actuellement existantes. Ces maisons ou fermes pourront être réparées, reconstruites et augmentées, sans autorisation; — Sont exceptés des dispositions du paragraphe premier du présent article, les bois et forêts appartenant aux communes, et qui sont d'une contenance au-dessous de 250 hectares.

154. Nul individu habitant les maisons ou fermes actuellement existantes dans le rayon ci-dessus fixé, ou dont la construction y aura été autorisée en vertu de l'article précédent, ne pourra établir dans les dites maisons ou fermes aucun atelier à façonner le bois, aucun chantier ou magasin pour faire le commerce de bois, sans la permission spéciale du Gouvernement, sous peine de 50 fr. d'amende et de la confiscation des bois. — Lorsque les individus qui auront obtenu cette permission auront subi une condamnation pour délits forestiers, le Gouvernement pourra leur retirer ladite permission.

155. Aucune usine à scier le bois ne pourra être établie dans l'enceinte et à moins de 2 kilomètres de distance des bois et forêts qu'avec l'autorisation du Gouvernement, sous peine d'une amende de 100 à 500 fr. et de la démolition dans le mois, à dater du jugement qui l'aura ordonnée.

156. Sont exceptées des dispositions des trois articles précédens les maisons et usines qui font partie des villes, villages ou hameaux formant une population agglomérée, bien qu'elles se trouvent dans les distances ci-dessus fixées des bois et forêts.

157. Les usines, hangars et autres établissemens autorisés en vertu des art. 151, 152, 154 et 155, seront soumis aux visites des gens et gardes forestiers, qui pourront y faire toutes perquisitions sans l'assistance d'un officier public, pourvu qu'ils se présentent au nombre de deux au moins, ou que l'agent ou garde forestier soit accompagné de deux témoins domiciliés dans la commune.

158. Aucun arbre, bille ou tronce, ne pourra être reçu dans les scieries dont il est fait mention en l'article 155, sans avoir été préalablement reconnu par le garde forestier du canton et marqué de son marteau : ce qui devra avoir lieu dans les cinq jours de la déclaration qui en aura été faite, sous peine, contre les exploitans desdites scieries, d'une amende de 50 à 500 fr. En cas de récidive, l'amende sera double, et la suppression de l'usine pourra être ordonnée par le tribunal.

Tit. 11, des poursuites en réparation de délits et contraventions

Sect. 1, des poursuites exercées au nom de l'administration forestière.

159. L'administration forestière est chargée, tant dans l'intérêt de l'État que dans celui des autres propriétaires de bois et forêts soumis au régime forestier, des poursuites en réparation de tous délits et contraventions commis dans ces bois et forêts, sauf l'exception mentionnée en l'article 87. — Elle est également chargée de la poursuite en réparation de délits et contraventions spécifiés aux articles 134, 143 et 219. — Les actions et poursuites seront exercées par les agens forestiers au nom de l'administration forestière, sans préjudice du droit qui appartient au ministère public.

160. Les agens, arpenteurs et gardes forestiers recherchent et constatent par procès-verbaux les délits et contraventions, savoir : les agens et arpenteurs, dans toute l'étendue du territoire pour lequel ils sont commissionnés ; et les gardes, dans l'arrondissement du tribunal près duquel ils sont assermentés.

161. Les gardes sont autorisés à saisir les bestiaux trouvés en délit, et les instrumens, voitures et attelages des délinquans, et à les mettre en séquestre. Ils suivront les objets enlevés par les délinquans jusque dans les lieux où ils auront été transportés, et les mettront également en séquestre. — Ils ne pourront néanmoins s'introduire dans les maisons, bâtimens, cours adjacentes et enclos, si ce n'est en présence, soit du juge de paix ou de son suppléant, soit du maire du lieu ou de son adjoint, soit du commissaire de police.

162. Les fonctionnaires dénommés en l'article précédent ne pourront se refuser à accompagner sur le champ les gardes, lorsqu'ils en seront requis par eux, pour assister à des perquisitions. — Ils seront tenus, en outre, de signer le procès-verbal du séquestre ou de la perquisition faite en leur présence, sauf au garde, en cas de refus de leur part, à en faire mention au procès-verbal.

163. Les gardes arrêteront et conduiront devant le juge de paix ou devant le maire tout inconnu qu'ils auront surpris en flagrant délit.

164. Les agens et les gardes de l'administration des forêts ont le droit de requérir directement la force publique pour la répression des délits et contraventions en matière forestière, ainsi que pour la recherche

et la saisie des bois coupés en délit, vendus ou achetés en fraude.

165. Les gardes écriront eux-mêmes leurs procès-verbaux : ils les signeront et les affirmeront, au plus tard le lendemain de la clôture desdits procès-verbaux, par-devant le juge de paix du canton ou l'un de ses suppléans, ou par-devant le maire ou l'adjoint soit de la commune de leur résidence, soit de celle où le délit a été commis ou constaté : le tout sous peine de nullité. — Toutefois, si, par suite d'un empêchement quelconque, le procès-verbal est seulement signé par le garde, mais non écrit en entier de sa main, l'officier public qui en recevra l'affirmation devra lui en donner préalablement lecture, et faire ensuite mention de cette formalité ; le tout sous peine de nullité du procès-verbal.

166. Les procès-verbaux que les agens forestiers, les gardes généraux et les gardes à cheval dresseront, soit isolément, soit avec le concours d'un garde, ne seront point soumis à l'affirmation.

167. Dans les cas où le procès-verbal portera saisie, il en sera fait aussitôt après l'affirmation une expédition qui sera déposée dans les vingt-quatre heures au greffe de la justice de paix, pour qu'il en puisse être donné communication à ceux qui réclameraient les objets saisis.

168. Les juges de paix pourront donner main-levée provisoire des objets saisis, à la charge du paiement des frais de séquestre, et moyennant une bonne et valable caution. — En cas de contestation sur la solvabilité de la caution, il sera statué par le juge de paix.

169. Si les bestiaux saisis ne sont pas réclamés dans les cinq jours qui suivront le séquestre, ou s'il n'est pas fourni bonne et valable caution, le juge de paix en ordonnera la vente à l'enchère, au marché le plus voisin. Il y sera procédé à la diligence du receveur des domaines, qui la fera publier vingt-quatre heures d'avance. — Les frais de séquestre et de vente seront taxés par le juge de paix, et prélevés sur le produit de la vente ; le surplus restera déposé entre les mains du receveur des domaines, jusqu'à ce qu'il ait été statué en dernier ressort sur le procès-verbal. — Si la réclamation n'a lieu qu'après la vente des bestiaux saisis, le propriétaire n'aura droit qu'à la restitution du produit net de la vente, tous frais déduits, dans le cas où cette restitution serait ordonnée par le jugement.

170. Les procès-verbaux seront, sous peine de nullité, enregistrés dans les quatre jours qui suivront celui de l'affirmation, ou celui de la clôture du procès-verbal, s'il n'est pas sujet à l'affirmation. — L'enregistrement s'en fera en débet, lorsque les délits en contravention intéresseront l'État, le domaine de la couronne, ou les communes et les établissemens publics.

171. Toutes les actions et poursuites exercées au nom de l'administration générale des forêts, et à la requête de ses agens, en réparation de délits ou contraventions en matière forestière, sont portées devant les tribunaux correctionnels, lesquels sont seuls compétens pour en connaître.

172. L'acte de citation doit, à peine de nullité, contenir la copie du procès-verbal et de l'acte d'affirmation.

173. Les gardes de l'administration forestière pourront, dans les actions et poursuites exercées en son nom, faire toutes citations et significations d'ex-

ploits, sans pouvoir procéder aux saisies-exécutions. — Leurs rétributions pour les actes de ce genre seront taxées comme pour les actes faits par les huissiers des juges de paix.

174. Les agens forestiers ont le droit d'exposer l'affaire devant le tribunal, et sont entendus à l'appui de leurs conclusions.

175. Les délits ou contraventions en matière forestière seront prouvés soit par procès-verbaux, soit par témoins à défaut de procès-verbaux, ou en cas d'insuffisance de ces actes.

176. Les procès-verbaux revêtus de toutes les formalités prescrites par les articles 165 et 170, et qui sont dressés et signés par deux agens ou gardes forestiers, font preuve, jusqu'à inscription de faux, des faits matériels relatifs aux délits et contraventions qu'ils constatent, quelles que soient les condamnations auxquelles ces délits et contraventions peuvent donner lieu. — Il ne sera, en conséquence, admis aucune preuve outre ou contre le contenu de ces procès-verbaux, à moins qu'il n'existe une cause légale de récusation contre l'un des signataires.

177. Les procès-verbaux revêtus de toutes les formalités prescrites, mais qui ne seront dressés et signés que par un seul agent ou garde, feront de même preuve suffisante jusqu'à inscription de faux, mais seulement lorsque le délit ou la contravention n'entraînera pas une condamnation de plus de 100 f., tant pour amende que pour dommages-intérêts. — Lorsqu'un de ces procès-verbaux constatera à la fois contre divers individus des délits ou contraventions distincts et séparés, il n'en fera pas moins foi, aux termes du présent article, pour chaque délit ou contravention qui n'entraînerait pas une condamnation de plus de 100 fr., tant pour amende que pour dommages-intérêts, quelle que soit la quotité à laquelle pourraient s'élever toutes les condamnations réunies.

178. Les procès-verbaux qui, d'après les dispositions qui précèdent, ne font point foi et preuve suffisante jusqu'à inscription de faux, peuvent être corroborés et combattus par toutes les preuves légales, conformément à l'article 154 du Code d'Instruction criminelle. V. POLICE (tribunaux de).

179. Le prévenu qui voudra s'inscrire en faux contre le procès-verbal sera tenu d'en faire, par écrit et en personne, ou par un fondé de pouvoirs spécial par acte notarié, la déclaration au greffe du tribunal, avant l'audience indiquée par la citation. — Cette déclaration sera par le greffier du tribunal : elle sera signée par le prévenu ou son fondé de pouvoirs, et dans le cas où il ne saurait ou ne pourrait signer, il en sera fait mention expresse. — Au jour indiqué pour l'audience le tribunal donnera acte de la déclaration, et fixera un délai de trois jours au moins, et de huit jours au plus, pendant lequel le prévenu sera tenu de faire au greffe le dépôt des moyens de faux, et des noms, qualités et demeures des témoins qu'il voudra faire entendre. — A l'expiration de ce délai, et sans qu'il soit besoin de citation nouvelle, le tribunal admettra les moyens de faux, s'ils sont de nature à détruire l'effet du procès-verbal, et il sera procédé sur le faux conformément aux lois. — Dans le cas contraire, ou faute par le prévenu d'avoir rempli toutes les formalités ci-dessus prescrites, le tribunal déclarera qu'il n'y a lieu à admettre les moyens de faux, et ordonnera qu'il soit passé outre au jugement.

180. Le prévenu contre lequel aura été rendu un jugement par défaut sera encore admissible à faire sa déclaration d'inscription de faux pendant le délai qui lui est accordé par la loi pour se présenter à l'audience sur l'opposition par lui formée.

181. Lorsqu'un procès-verbal sera rédigé contre plusieurs prévenus, et qu'un ou quelques-uns d'entre eux seulement s'inscriront en faux, le procès-verbal continuera de faire foi à l'égard des autres, à moins que le fait sur lequel portera l'inscription de faux ne soit indivisible et commun aux autres prévenus.

182. Si, dans une instance en réparation de délit ou contravention, le prévenu excipe d'un droit de propriété ou autre droit réel, le tribunal saisi de la plainte statuera sur l'incident, en se conformant aux règles suivantes : — l'exception préjudicielle ne sera admise qu'autant qu'elle sera fondée, soit sur un titre apparent, soit sur des faits de possession équivalens personnels au prévenu et par lui articulés avec précision, et si le titre produit ou les faits articulés sont de nature, dans le cas où ils seraient reconnus par l'autorité compétente, à ôter au fait qui sert de base aux poursuites tout caractère de délit ou de contravention. — Dans le cas de renvoi à fins civiles, le jugement fixera un bref délai dans lequel la partie qui aura élevé la question préjudicielle devra saisir les juges compétens de la connaissance du litige et justifier de ses diligences ; sinon il sera passé outre. Toutefois, en cas de condamnation, il sera sursis à l'exécution du jugement, sous le rapport de l'emprisonnement, s'il était prononcé, et le montant des amendes, restitutions et dommages-intérêts, sera versé à la caisse des dépôts et consignations, pour être remis à qui il sera ordonné par le tribunal qui statuera sur le fond du droit.

183. Les agens de l'administration des forêts peuvent, en son nom, interjeter appel des jugemens, et se pourvoir contre les arrêts et jugemens en dernier ressort ; mais ils ne peuvent se désister de leurs appels sans son autorisation spéciale.

184. Le droit attribué à l'administration des forêts et à ses agens de se pourvoir contre les jugemens et arrêts par appel ou par recours en cassation, est indépendant de la même faculté qui est accordée par la loi au ministère public, lequel peut toujours en user, même lorsque l'administration ou ses agens auraient acquiescé aux jugemens et arrêts.

185. Les actions en réparation de délits et contraventions en matière forestière se prescrivent par trois mois, à compter du jour où les délits et contraventions ont été constatés, lorsque les prévenus sont désignés dans les procès-verbaux. — Dans le cas contraire, le délai de prescription est de six mois, à compter du même jour, sans préjudice, à l'égard des adjudicataires et entrepreneurs de coupes, des dispositions contenues aux art. 45, 47, 50, 51 (ci-dessus) et 82 (V. USAGE.) de la présente loi.

186. Les dispositions de l'article précédent ne sont point applicables aux contraventions, délits et malversations commis par des agens, préposés ou gardes de l'administration forestière, dans l'exercice de leurs fonctions : les délais de prescription à l'égard de ces préposés et de leurs complices seront les mêmes qui sont déterminés par le Code d'Instruction criminelle. V. PRESCRIPTION.

187. Les dispositions du Code d'Instruction criminelle sur la poursuite des délits et contraventions, sur les citations et délais, sur les défauts, oppositions, jugemens, appels et recours en cassation, sont et demeurent applicables à la poursuite des délits et

contraventions spécifiés par la présente loi, sauf les modifications qui résultent du présent titre.

Sect. 2, des poursuites exercées au nom et dans l'intérêt des particuliers.

188. Les procès-verbaux dressés par les gardes des bois et forêts des particuliers feront foi jusqu'à preuve contraire.

189. Les dispositions contenues aux art. 161, 162, 163, 165, 167, 168, 169, 170, § 1er; 172, 175, 182, 185 et 187 ci-dessus, sont applicables aux poursuites exercées au nom et dans l'intérêt des particuliers, pour délits et contraventions commis dans les bois et forêts qui leur appartiennent. — Toutefois dans les cas prévus par l'article 169, lorsqu'il y aura lieu à effectuer la vente des bestiaux saisis, le produit net de la vente sera versé à la caisse des dépôts et consignations.

190. Il n'est rien changé aux dispositions du Code d'instruction criminelle relativement à la compétence des tribunaux, pour statuer sur les délits et contraventions commis dans les bois et forêts qui appartiennent aux particuliers.

191. Les procès-verbaux dressés par les gardes des bois des particuliers seront, dans le délai d'un mois à dater de l'affirmation, remis au procureur du Roi ou juge de paix, suivant leur compétence respective.

t. 12, des peines et condamnations pour tous les bois et forêts en général.

192. La coupe ou l'enlèvement d'arbre ayant deux décimètres de tour et au-dessus donnera lieu à des amendes qui seront déterminées dans les proportions suivantes, d'après l'essence et la circonférence de ces arbres. — Les arbres sont divisés en deux classes. — La première comprend les chênes, hêtres, charmes, ormes, frênes, érables, platanes, pins, sapins, mélèses, châtaigniers, noyers, aliziers, sorbiers, cormiers, merisiers et autres arbres fruitiers. — La seconde se compose des aulnes, tilleuls, bouleaux, trembles, peupliers, saules, et de toutes les espèces non comprises dans la première classe. — Si les arbres de la première classe ont deux décimètres de tour, l'amende sera de 1 fr. par chacun de ces deux décimètres, et s'accroîtra ensuite progressivement de 50 cent. par chacun des autres décimètres. — Si les arbres de la seconde classe ont deux décimètres de tour, l'amende sera de 50 c. par chacun de ces deux décimètres, et s'accroîtra ensuite progressivement de 25 cent. pour chacun des autres décimètres. — Le tout conformément au tableau annexé à la présente loi (V. p. 655). — La circonférence sera mesurée à un mètre du sol.

193. Si les arbres auxquels s'applique le tarif établi par l'article précédent ont été enlevés et façonnés, le tour en sera mesuré sur la souche : et si la souche a été également enlevée, le tour sera calculé tous la proportion d'un cinquième en sus de la dimension totale des quatre faces de l'arbre équarri. — Lorsque l'arbre et la souche auront disparu, l'amende sera calculée suivant la grosseur de l'arbre, arbitrée par le tribunal, d'après les documens du procès.

194. L'amende pour coupe ou enlèvement de bois qui n'auront pas deux décimètres de tour, sera, pour chaque charretée, de 10 fr. par bête attelée, de 5 fr. par chaque charge de bête de somme, et de 2 fr. par fagot, fouée ou charge d'homme. — S'il s'agit d'arbres nés ou plantés dans les forêts depuis moins de cinq ans, la peine sera d'une amende de 5 fr. par chaque arbre, quelle qu'en soit la grosseur, et, en outre, un emprisonnement de six à quinze jours.

193. Quiconque arrachera des plants dans les bois et forêts sera puni d'une amende qui ne pourra être moindre de 10 fr. ni excéder 500 fr. ; et si le délit a été commis dans un semis ou plantation exécutés de main d'homme, il sera prononcé en outre un emprisonnement de quinze jours à un mois.

196. Ceux qui, dans les bois et forêts, auront éhouppé, écorcé ou mutilé des arbres, ou qui en auront coupé les principales branches, seront punis comme s'ils les avaient abattus par le pied.

197. Quiconque enlèvera des chablis et bois de délit sera condamné aux mêmes amendes et restitutions que s'il les avait abattus sur le pied.

198. Dans les cas d'enlèvement frauduleux de bois et d'autres productions du sol des forêts, il y aura toujours lieu, outre les amendes, à la restitution des objets enlevés ou de leur valeur, et de plus, selon les circonstances, à des dommages-intérêts. — Les scies, haches, serpes, cognées et autres instrumens de même nature dont les délinquans et leurs complices seront trouvés munis, seront confisqués.

199. Les propriétaires d'animaux trouvés de jour en délit dans les bois de dix ans et au-dessus, seront condamnés à une amende de — 1 franc pour un cochon, — 2 francs pour une bête à laine, — 3 francs pour un cheval ou autre bête de somme, — 5 francs pour une chèvre, — 4 francs pour un bœuf, une vache ou un veau. — L'amende sera double si les bois ont moins de dix ans ; sans préjudice, s'il y a lieu, des dommages-intérêts.

200. Dans les cas de récidive, la peine sera toujours doublée. — Il y a récidive lorsque dans les douze mois précédens il a été rendu contre le délinquant ou contrevenant un premier jugement pour délit ou contravention en matière forestière.

201. Les peines seront également doublées lorsque les délits ou contraventions auront été commis dans la nuit, ou que les délinquans auront fait usage de la scie pour couper les arbres sur pied.

202. Dans tous les cas où il y aura lieu à adjuger des dommages-intérêts, ils ne pourront être inférieurs à l'amende simple prononcée par le jugement.

203. Les tribunaux ne pourront appliquer aux matières réglées par le présent Code les dispositions de l'art. 463 du Code Pénal. V. ATTÉNUANTES (circonstances).

204. Les restitutions et dommages-intérêts appartiennent au propriétaire : les amendes et confiscations appartiennent toujours à l'État.

205. Dans tous les cas où les ventes et adjudications seront déclarées nulles pour cause de fraude ou collusion, l'acquéreur ou adjudicataire, indépendamment des amendes et dommages-intérêts prononcés contre lui, sera condamné à restituer les bois déjà exploités, ou à en payer la valeur sur le pied du prix d'adjudication ou de vente.

206. Les maris, pères, mères et tuteurs, et en général tous maîtres et commettans, seront civilement responsables des délits et contraventions commis par leurs femmes, enfans mineurs et pupilles, demeurant avec eux et non mariés ; ouvriers, voituriers et autres subordonnés ; sauf tout recours de droit. — Cette responsabilité sera réglée conformément au paragraphe dernier de l'art. 1384 du Code Civil (V. DOMMAGE.) et s'étendra aux restitutions, dommages-intérêts et frais, sans pouvoir toutefois donner lieu à la contrainte par corps, si ce n'est dans le cas prévu par l'article 46.

207. Les peines que la présente loi prononce, dans certains cas spéciaux, contre des fonctionnaires ou contre des agens et préposés de l'administration forestière, sont indépendantes des poursuites et peines dont ces fonctionnaires, agens ou préposés seraient passibles d'ailleurs pour malversation, concussion ou abus de pouvoir. — Il en est de même quant aux poursuites qui pourraient être dirigées, aux termes des articles 179 et 180 du Code Pénal (*V.* CORRUPTION), contre tous délinquans et contrevenans pour fait de tentative de corruption envers des fonctionnaires publics et des agens et préposés de l'administration forestière.

208. Il y aura lieu à l'application des dispositions du même Code dans tous les cas non spécifiés par la présente loi.

Tit. 13, *de l'exécution des jugemens.*

Sect. 1, *de l'exécution des jugemens rendus à la requête de l'administration forestière ou du ministère public.*

209. Les jugemens rendus à la requête de l'administration forestière, ou sur la poursuite du ministère public, seront signifiés par simple extrait qui contiendra le nom des parties et le dispositif du jugement. — Cette signification fera courir les délais de l'opposition et de l'appel des jugemens par défaut.

210. Le recouvrement de toutes les amendes forestières est confié aux receveurs de l'enregistrement et des domaines. — Ces receveurs sont également chargés du recouvrement des restitutions, frais et dommages-intérêts résultant des jugemens rendus pour délits et contraventions dans les bois soumis au régime forestier.

211. Les jugemens portant condamnations à des amendes, restitutions, dommages-intérêts et frais, sont exécutoires par voie de la contrainte par corps, et l'exécution pourra en être poursuivie cinq jours après un simple commandement fait aux condamnés. — En conséquence, et sur la demande du receveur de l'enregistrement et des domaines, le procureur du Roi adressera les réquisitions nécessaires aux agens de la force publique chargés de l'exécution des mandemens de justice.

212. Les individus contre lesquels la contrainte par corps aura été prononcée pour raison des amendes et autres condamnations et réparations pécuniaires, subiront l'effet de cette contrainte, jusqu'à ce qu'ils aient payé le montant desdites condamnations, ou fourni une caution admise par le receveur des domaines, ou, en cas de contestations de sa part, déclarée bonne et valable par le tribunal de l'arrondissement.

213. Néanmoins les condamnés qui justifieraient de leur insolvabilité, suivant le mode prescrit par l'art. 420 du Code d'Instruction criminelle (*V.* CERTIFICAT D'INDIGENCE), seront mis en liberté après avoir subi quinze jours de détention, lorsque l'amende et les autres condamnations pécuniaires n'excéderont pas 15 fr. — La détention ne cessera qu'au bout d'un mois, lorsque ces condamnations s'élèveront ensemble de 15 à 50 fr. — Elle ne durera que deux mois, quelle que soit la quotité desdites condamnations. — En cas de récidive, la durée de la détention sera double de ce qu'elle eût été sans cette circonstance.

214. Dans tous les cas, la détention employée comme moyen de contrainte est indépendante de la peine d'emprisonnement prononcée contre les condamnés pour tous les cas où la loi l'inflige.

Sect. 2, *de l'exécution des jugemens rendus dans l'intérêt des particuliers.*

215. Les jugemens contenant des condamnations en faveur des particuliers, pour réparation des délits ou contraventions commis dans leurs bois, seront, à leur diligence, signifiés et exécutés suivant les mêmes formes et voies de contrainte que les jugemens rendus à la requête de l'administration forestière. — Le recouvrement des amendes prononcées par les mêmes jugemens sera opéré par les receveurs de l'enregistrement et des domaines.

216. Toutefois, les propriétaires seront tenus de pourvoir à la consignation d'alimens prescrite par le Code de Procédure civile, lorsque la détention aura lieu à leur requête et dans leur intérêt.

217. La mise en liberté des condamnés ainsi détenus à la requête et dans l'intérêt des particuliers ne pourra être accordée, en vertu des articles 212 et 213, qu'autant que la validité des cautions ou l'insolvabilité des condamnés aura été, en cas de contestation de la part desdits propriétaires, jugée contradictoirement entre eux.

Tit. 14, *disposition générale.*

218. Sont et demeurent abrogés, pour l'avenir, toutes lois, ordonnances, édits et déclarations, arrêts du conseil, arrêtés et décrets, et tous règlemens intervenus, à quelque époque que ce soit, sur les matières réglées par le présent Code, en tout ce qui concerne les forêts. — Mais les droits acquis antérieurement au présent Code sont jugés, en cas de contestation, d'après les lois, ordonnances, édits, déclarations, arrêts du conseil, arrêtés, décrets et règlemens ci-dessus mentionnés.

Tit. 15, *dispositions transitoires.*

219. Pendant vingt ans, à dater de la promulgation de la présente loi, aucun particulier ne pourra arracher ni défricher ses bois qu'après en avoir fait préalablement la déclaration à la sous-préfecture au moins six mois d'avance, durant lesquels l'administration pourra faire signifier au propriétaire son opposition au défrichement. Dans les six mois, à dater de cette signification, il sera statué sur l'opposition par le préfet, sauf le recours au ministre des finances. — Si, dans les six mois après la signification de l'opposition, la décision du ministre n'a pas été rendue et signifiée au propriétaire des bois, le défrichement pourra être effectué.

220. En cas de contravention à l'article précédent, le propriétaire sera condamné à une amende calculée à raison de 500 fr. au moins et de 1500 fr. au plus par hectare de bois défriché, et, en outre, à rétablir le lieu en nature de bois dans le délai qui sera fixé par le jugement, et qui ne pourra excéder trois années.

221. Faute par le propriétaire d'effectuer la plantation ou le semis dans le délai prescrit par le jugement, il y sera pourvu à ses frais par l'administration forestière, sur l'autorisation préalable du préfet, qui arrêtera le mémoire des travaux faits et le rendra exécutoire contre le propriétaire.

222. Les dispositions des trois articles qui précèdent sont applicables aux semis et plantations exécutés, par suite de jugemens, en remplacement des bois défrichés.

225. Seront exceptés des dispositions de l'article 219 : — 1° les jeunes bois, pendant les vingt

premières années après leur semis ou plantation, sauf le cas prévu en l'article précédent ; — 2° les parcs ou jardins clos et attenant aux habitations ; — 3° les bois non clos, d'une étendue au-dessous de quatre hectares, lorsqu'ils ne feront point partie d'un autre bois qui compléterait une contenance de quatre hectares, ou qu'ils ne seront pas situés sur le sommet ou la pente d'une montagne.

224. Les actions ayant pour objet des défrichemens commis en contravention à l'article 219 se prescriront par deux ans à dater de l'époque où le défrichement aura été consommé.

225. Les semis et plantations de bois, sur le sommet et le penchant des montagnes, et sur les dunes, seront exempts de tout impôt pendant vingt ans.

TABLEAU

DES AMENDES A PRONONCER PAR ARBRE, D'APRÈS SA GROSSEUR ET SON ESSENCE.

(Art. 192.)

ARBRES DE PREMIÈRE CLASSE.			ARBRES DE SECONDE CLASSE.		
Circonférence.	Amende par décimètre.	Amende par arbre.	Circonférence.	Amende par décimètre.	Amende par arbre.
décimètre	fr. c.	fr. c.	décimètre	fr. c.	fr. c.
1	» »	» »	1	» »	» »
2	1 00	2 00	2	0 50	1 00
3	1 10	3 30	3	0 55	1 65
4	1 20	4 80	4	0 60	2 40
5	1 30	6 50	5	0 65	3 25
6	1 40	8 40	6	0 70	4 20
7	1 50	10 50	7	0 75	5 25
8	1 60	12 80	8	0 80	6 40
9	1 70	15 30	9	0 85	7 65
10	1 80	18 00	10	0 90	9 00
11	1 90	20 90	11	0 95	10 45
12	2 00	24 00	12	1 00	12 00
13	2 10	27 30	13	1 05	13 65
14	2 20	30 80	14	1 10	15 40
15	2 30	34 50	15	1 15	17 25
16	2 40	38 40	16	1 20	19 20
17	2 50	42 50	17	1 25	21 25
18	2 60	46 80	18	1 30	23 40
19	2 70	51 30	19	1 35	25 65
20	2 80	56 00	20	1 40	28 00
21	2 90	60 90	21	1 45	30 45
22	3 00	66 00	22	1 50	33 30
23	3 10	71 30	23	1 55	35 65
24	3 20	76 80	24	1 60	38 40
25	3 30	82 50	25	1 65	41 25
26	3 40	88 40	26	1 70	44 20
27	3 50	94 50	27	1 75	47 25
28	3 60	100 80	28	1 80	50 40
29	3 70	107 30	29	1 85	53 65
30	3 80	114 00	30	1 90	57 30
31	3 90	120 90	31	1 95	60 45
32	4 00	128 00	32	2 00	64 00

RÈGLEMENT DE JUGES.

I. EN MATIÈRE CIVILE.

1° Dispositions générales.

C. Proc. 49. Sont dispensées du préliminaire de la conciliation, — 1°... 7° les demandes en règlemens de juges.

85. Seront communiqués au procureur du Roi, — 1°... 4° les règlemens de juges.

Des règlemens de juges.

C. Proc. (liv. 2, tit. 19, art. 363-367) — 363. Si un différend est porté à deux ou à plusieurs tribunaux de paix, ressortissant du même tribunal, le règlement de juges sera porté à ce tribunal. — Si les tribunaux de paix relèvent de tribunaux différens, le règlement de juges sera porté à la cour royale. — Si ces tribunaux ne ressortissent pas à la même cour royale, le règlement sera porté à la cour de cassation. — Si un différend est porté à deux ou à plusieurs tribunaux de première instance, ressortissant à la même cour royale, le règlement de juges sera porté à cette cour ; il sera porté à la cour de cassation, si les tribunaux ne ressortissent pas tous à la même cour royale, ou si le conflit existe entre une ou plusieurs cours.

364. Sur le vu des demandes formées dans différens tribunaux, il sera rendu, sur requête, jugement portant permission d'assigner en règlement, et les juges pourront ordonner qu'il sera sursis à toute procédure dans lesdits tribunaux.

365. Le demandeur signifiera le jugement et assignera les parties au domicile de leurs avoués. — Le délai pour signifier le jugement et pour assigner sera de quinzaine, à compter du jour du jugement. — Le délai pour comparaître sera celui des ajournemens, en comptant les distances d'après le domicile respectif des avoués.

366. Si le demandeur n'a pas assigné dans les délais ci-dessus, il demeurera déchu du règlement de juges, sans qu'il soit besoin de le faire ordonner ; et les poursuites pourront être continuées dans le tribunal saisi par le défendeur en règlement.

367. Le demandeur qui succombera pourra être condamné aux dommages-intérêts envers les autres parties.

Dispositions du tarif civil.

29. (Pr. 363.) Original de signification du jugement portant permission d'assigner en règlement de juges, contenant assignation, — Paris, 2 fr. — Partout ailleurs, 1 fr. 50 c. — Chaque copie, le quart.

78. (Pr. 364.) Requête à fin d'obtenir permission d'assigner en règlement de juges. Elle ne peut être grossoyée, et l'émolument pour prendre

l'ordonnance et communiquer au ministère public est comprise, — Paris, 7 fr. 50 c. — Ressort, 5 fr. 50 c. *V.* TARIF.

II. EN MATIÈRE CRIMINELLE.
Des règlemens de juges.

C. Inst. cr. (*liv.* 2 , *tit.* 5 , *ch.* 1 , *art.* 525-541). — 525. Toutes demandes en règlement de juges seront instruites et jugées sommairement et sur simples mémoires.

526. Il y aura lieu à être réglé de juges par la cour de cassation, en matière criminelle, correctionnelle ou de police, lorsque des cours, tribunaux ou juges d'instruction, ne ressortissant point les uns aux autres, seront saisis de la connaissance du même délit ou de délits connexes, ou de la même contravention.

527. Il y aura lieu également à être réglé de juges par la cour de cassation, lorsqu'un tribunal militaire ou maritime , ou un officier de police militaire, ou tout autre tribunal d'exception, d'une part, une cour royale, ou d'assises un tribunal jugeant correctionnellement , un tribunal de police, ou un juge d'instruction, d'autre part, seront saisis de la connaissance du même délit ou de délits connexes, ou de la même contravention.

528. Sur le vu de la requête et des pièces, la cour de cassation, section criminelle, ordonnera que le tout soit communiqué aux parties, ou statuera définitivement, sauf l'opposition.

529. Dans le cas où la communication serait ordonnée sur le pourvoi en conflit du prévenu, de l'accusé ou de la partie civile, l'arrêt enjoindra à l'un et à l'autre des officiers chargés du ministère public près les autorités judiciaires concurremment saisies , de transmettre les pièces du procès et, leur avis motivé sur le conflit.

530. Lorsque la communication sera ordonnée sur le pourvoi de l'un de ces officiers, l'arrêt ordonnera à l'autre de transmettre les pièces et son avis motivé.

531. L'arrêt de *soit communiqué* fera mention sommaire des actes d'où naîtra le conflit, et fixera, selon la distance des lieux , le délai dans lequel les pièces et les avis motivés seront apportés au greffe. — La notification qui sera faite de cet arrêt aux parties emportera de plein droit sursis au jugement du procès, et, en matière criminelle, à la mise en accusation, ou, si elle a déjà été prononcée, à la formation du juri dans les cours d'assises, mais non aux actes et aux procédures conservatoires ou d'instruction.—Le prévenu ou l'accusé et la partie civile pourront présenter leurs moyens sur le conflit, dans la forme réglée par le chapitre 2

du titre 3 du présent livre pour le recours en cassation (*art.* 416-442). *V.* CASSATION.

532. Lorsque, sur la simple requête, il sera intervenu arrêt qui aura statué sur la demande en règlement de juges, cet arrêt sera, à la diligence du procureur général près la cour de cassation, et par l'intermédiaire du ministre de la justice, notifié à l'officier chargé du ministère public près la cour, le tribunal ou le magistrat dessaisi.—Il sera notifié de même au prévenu ou à l'accusé, et à la partie civile, s'il y en a une.

533. Le prévenu ou l'accusé et la partie civile pourront former opposition à l'arrêt dans le délai de trois jours , et dans les formes prescrites par le chapitre 2 du titre 3 du présent livre pour le recours en cassation. *V.* CASSATION.

534. L'opposition dont il est parlé au précédent article, entraînera de plein droit sursis au jugement du procès , comme il est dit en l'article 531.

535. Le prévenu qui ne sera pas en arrestation, l'accusé qui ne sera pas retenu dans la maison de justice, et la partie civile, ne seront point admis au bénéfice de l'opposition, s'ils n'ont antérieurement, ou dans le délai fixé par l'article 533, élu domicile dans le lieu où siège l'une des autorités judiciaires en conflit. — A défaut de cette élection, ils ne pourront non plus exciper de ce qu'il ne leur aurait été fourni aucune communication, dont le poursuivant sera dispensé à leur égard.

536. La cour de cassation, en jugeant le conflit, statuera sur tous les actes qui pourraient avoir été faits par la cour, le tribunal ou le magistrat qu'elle dessaisira.

537. Les arrêts rendus sur des conflits ne pourront pas être attaqués par la voie de l'opposition, lorsqu'ils auront été précédés d'un arrêt de *soit communiqué*, dûment exécuté.

538. L'arrêt rendu, ou après un *soit communiqué*, ou sur une opposition , sera notifié aux mêmes parties et dans la même forme que l'arrêt qui l'aura précédé.

539. Lorsque le prévenu ou l'accusé, l'officier chargé du ministère public, ou la partie civile, aura excipé d'une incompétence d'un tribunal de première instance ou d'un juge d'instruction, ou proposé un déclinatoire, soit que l'exception ait été admise ou rejetée, nul ne pourra recourir à la cour de cassation pour être réglé de juges; sauf à se pourvoir devant la cour royale contre la décision portée par le tribunal de première instance ou le juge d'instruction, et à se pourvoir en cassation, s'il y a lieu, contre l'arrêt rendu par la cour royale.

540. Lorsque deux juges d'instruction ou deux

tribunaux de première instance, établis dans le ressort de la même cour royale, seront saisis de la connaissance du même délit ou de délits connexes, les parties seront réglées de juges par cette cour, suivant la forme prescrite au présent chapitre; sauf le recours, s'il y a lieu, à la cour de cassation. — Lorsque deux tribunaux de police simple seront saisis de la connaissance de la même contravention ou de contraventions connexes, les parties seront réglées de juges par le tribunal auquel ils ressortissent l'un et l'autre; et s'ils ressortissent à différens tribunaux, elles seront réglées par la cour royale, sauf le recours, s'il y a lieu, à la cour de cassation.

541. La partie civile, le prévenu ou l'accusé qui succombera dans la demande en règlement de juges qu'il aura introduite, pourra être condamné à une amende qui toutefois n'excédera point la somme de trois cents francs, dont moitié sera pour la partie.

Dispositions du tarif criminel.

71. 1° Pour toutes significations et communications dans les cas prévus par les articles 528, 531, 532 et 538 C. Inst. cr. — Original, — Paris, 1 fr. — Villes de 40,000 hab. et au-dessus, 75 c. — Autres villes et comm., 50 c. ; — 2° pour chaque copie, — Paris, 75 c. — Villes de 40,000 hab. et au-dessus, 60 c. — Autres villes et comm., 50 c.

RÉHABILITATION

I. DE CONDAMNÉ.

De la réhabilitation des condamnés.

C. Inst. cr. (liv. 2, tit. 7, ch. 4, art. 619-654.) — **619.** Tout condamné à une peine afflictive ou infamante, qui aura subi sa peine, ou qui aura obtenu, soit des lettres de commutation, soit des lettres de grace, pourra être réhabilité. — La demande en réhabilitation ne pourra être formée par les condamnés aux travaux forcés à temps, à la détention ou à la réclusion, que cinq ans après l'expiration de leur peine; et par les condamnés à la dégradation civique, qu'après cinq ans à compter du jour où la condamnation sera devenue irrévocable, et cinq ans après qu'ils auront subi la peine de l'emprisonnement, s'ils y ont été condamnés. En cas de commutation, la demande en réhabilitation ne pourra être formée que cinq ans après l'expiration de la nouvelle peine, et, en cas de grace, que cinq ans après l'enregistrement des lettres de grace.

620. Nul ne sera admis à demander sa réhabilitation, s'il ne demeure depuis cinq ans dans le même arrondissement communal, s'il n'est pas domicilié depuis deux ans accomplis dans le territoire de la municipalité à laquelle sa demande est adressée, et s'il ne joint à sa demande des attestations de bonne conduite qui lui auront été données par les conseils municipaux et par les municipalités dans le territoire desquelles il aura demeuré ou résidé pendant le temps qui aura précédé sa demande. — Ces attestations de bonne conduite ne pourront lui être délivrées qu'à l'instant où il quitterait son domicile ou son habitation. — Les attestations exigées ci-dessus devront être approuvées par le sous-préfet et le procureur du Roi ou son substitut, et par les juges de paix des lieux où il aura demeuré ou résidé.

621. La demande en réhabilitation, les attestations exigées par l'article précédent, et l'expédition du jugement de condamnation, seront déposées au greffe de la cour royale dans le ressort de laquelle résidera le condamné.

622. La requête et les pièces seront communiquées au procureur général : il donnera ses conclusions motivées et par écrit.

623. L'affaire sera rapportée à la chambre criminelle.

624. La cour et le ministère public pourront, en tout état de cause, ordonner de nouvelles informations.

625. La notice de la demande en réhabilitation sera insérée au journal judiciaire du lieu où siège la cour qui devra donner son avis, et du lieu où la condamnation aura été prononcée.

626. La cour, le procureur général entendu, donnera son avis.

627. Cet avis ne pourra être donné que trois mois au moins après la présentation de la demande en réhabilitation.

628. Si la cour est d'avis que la demande en réhabilitation ne peut être admise, le condamné pourra se pourvoir de nouveau après un nouvel intervalle de cinq ans.

629. Si la cour pense que la demande en réhabilitation peut être admise, son avis, ensemble les pièces exigées par l'article 620, seront, par le procureur général, et dans le plus bref délai, transmis au ministre de la justice, qui pourra consulter le tribunal qui aura prononcé la condamnation.

630. Il en sera fait rapport à Sa Majesté par le ministre de la justice.

631. Si la réhabilitation est prononcée, il en sera expédié des lettres où l'avis de la cour sera inséré.

632. Les lettres de réhabilitation seront adressées à la cour qui aura délibéré l'avis : il en sera envoyé copie authentique à la cour qui aura prononcé la condamnation; et transcription des lettres sera faite en marge de la minute de l'arrêt de condamnation.

633. La réhabilitation fera cesser, pour l'a-

42

venir, dans la personne du condamné, toutes les incapacités qui résultaient de la condamnation.

634. Le condamné pour récidive ne sera jamais admis à la réhabilitation.

II. DE FAILLI.

De la réhabilitation (des faillis).

C. Com. (*liv.* 3, *tit.* 3. *art.* 604-614). — 604. Toute demande en réhabilitation, de la part du failli, sera adressée à la cour royale dans le ressort de laquelle il sera domicilié.

605. Le demandeur sera tenu de joindre à sa pétition les quittances et autres pièces justifiant qu'il a acquitté intégralement toutes les sommes par lui dues en principal, intérêts et frais.

606. Le procureur général près la cour royale, sur la communication qui lui aura été faite de la requête, en adressera des expéditions, certifiées de lui, au procureur du Roi près le tribunal d'arrondissement, et au président du tribunal de commerce du domicile du pétitionnaire ; et, s'il a changé de domicile depuis la faillite, au tribunal de commerce dans l'arrondissement duquel elle a eu lieu, en les chargeant de recueillir tous les renseignemens qui seront à leur portée, sur la vérité des faits qui auront été exposés.

607. A cet effet, à la diligence tant du procureur du Roi que du président du tribunal de commerce, copie de ladite pétition restera affichée pendant un délai de deux mois, tant dans les salles d'audience de chaque tribunal, qu'à la bourse et à la maison commune, et sera insérée par extrait dans les papiers publics.

608. Tout créancier qui n'aura pas été payé intégralement de sa créance en principal, intérêts et frais, et toute autre partie intéressée, pourront, pendant la durée de l'affiche, former opposition à la réhabilitation, par simple acte au greffe, appuyé de pièces justificatives, s'il y a lieu. Le créancier opposant ne pourra jamais être partie dans la procédure tenue pour la réhabilitation, sans préjudice toutefois de ses autres droits.

609. Après l'expiration des deux mois, le procureur du Roi et le président du tribunal de commerce transmettront, chacun séparément, au procureur général près la cour royale les renseignemens qu'ils auront recueillis, les oppositions qui auront pu être formées, et les connaissances particulières qu'ils auraient sur la conduite du failli ; ils y joindront leur avis sur sa demande.

610. Le procureur général près la cour royale fera rendre, sur le tout, arrêt portant admission ou rejet de la demande en réhabilitation ; si la demande est rejetée, elle ne pourra plus être reproduite.

611. L'arrêt portant réhabilitation sera adressé tant au procureur du Roi qu'au président des tribunaux auxquels la demande aura été adressée. Ces tribunaux en feront faire la lecture publique et la transcription sur leurs registres.

612. Ne seront point admis à la réhabilitation les stellionataires, les banqueroutiers frauduleux, les personnes condamnées pour fait de vol ou d'escroquerie, ni les personnes comptables, tels que les tuteurs, administrateurs ou dépositaires, qui n'auront pas rendu ou apuré leurs comptes.

613. Pourra être admis à la réhabilitation le banqueroutier simple qui aura subi le jugement par lequel il aura été condamné.

614. Nul commerçant failli ne pourra se présenter à la bourse à moins qu'il n'ait obtenu sa réhabilitation.

Dispositions additionnelles.

C. Com. 83. Ceux qui ont fait faillite ne peuvent être agens de change ni courtiers, s'ils n'ont été réhabilités.

526. S'il accorde l'homologation (du concordat), le tribunal déclarera le failli excusable, et susceptible d'être réhabilité aux conditions exprimées au titre *de la réhabilitation* (*ci-dessus*).

RÉINTÉGRANDE. *V.* POSSESSOIRE.

RELACHE.

C. Com. 243. Si, pendant le cours du voyage, le capitaine est obligé de relâcher dans un port français, il est tenu de déclarer au président du tribunal de commerce du lieu les causes de sa relâche. — Dans les lieux où il n'y a pas de tribunal de commerce, la déclaration est faite au juge de paix du canton. — Si la relâche forcée a lieu dans un port étranger, la déclaration est faite au consul de France, ou, à son défaut, au magistrat du lieu.

RELAIS. *V.* LAIS ET RELAIS.

RÉMÉRÉ. *V.* RACHAT.

REMISE.

Dispositions générales.

C. Civ. 1234. Les obligations s'éteignent — par la remise volontaire.

De la remise de la dette.

C. Civ. (*liv.* 3, *tit.* 3, *ch.* 3, *sect.* 3, *art.* 1282-1288). — 1282. La remise volontaire du titre original sous signature privée, par le créancier au débiteur, fait preuve de la libération.

1283. La remise volontaire de la grosse du titre fait présumer la remise de la dette ou le paiement, sans préjudice de la preuve contraire.

1284. La remise du titre original sous signature privée, ou de la grosse du titre à l'un des débiteurs solidaires, a le même effet au profit de ses codébiteurs.

1285. La remise ou décharge conventionnelle au profit de l'un des codébiteurs solidaires, libère tous les autres, à moins que le créancier n'ait expressément réservé ses droits contre ces derniers. — Dans ce dernier cas, il ne peut plus répéter la dette que déduction faite de la part de celui auquel il a fait la remise.

1286. La remise de la chose donnée en nantissement ne suffit point pour faire présumer la remise de la dette.

1287. La remise ou décharge conventionnelle accordée au débiteur principal libère les cautions; — celle accordée à la caution ne libère pas le débiteur principal; — celle accordée à l'une des cautions ne libère pas les autres.

1288. Ce que le créancier a reçu d'une caution pour la décharge de son cautionnement doit être imputé sur la dette, et tourner à la décharge du débiteur principal et des autres cautions.

REMPLOI (COMMUNAUTÉ).

C. Civ. 1433. S'il est vendu (pendant la communauté) un immeuble appartenant à l'un des époux, de même que si l'on s'est rédimé en argent de services fonciers dus à des héritages propres à l'un d'eux, et que le prix en ait été versé dans la communauté, le tout sans remploi, il y a lieu au prélèvement de ce prix sur la communauté, au profit de l'époux qui était propriétaire, soit de l'immeuble vendu, soit des services rachetés.

1434. Le remploi est censé fait à l'égard du mari, toutes les fois que, lors d'une acquisition, il a déclaré qu'elle était faite des deniers provenus de l'aliénation de l'immeuble qui lui était personnel, et pour lui tenir lieu de remploi.

1435. La déclaration du mari que l'acquisition est faite des deniers provenus de l'immeuble vendu par la femme et pour lui servir de remploi, ne suffit point, si ce remploi n'a été formellement accepté par la femme : si elle ne l'a pas accepté, elle a simplement droit, lors de la dissolution de la communauté, à la récompense du prix de son immeuble vendu. *V.* COMMUNAUTÉ *et ci-après* RENONCIATION, I.

RENONCIATION.

I. A COMMUNAUTÉ.

Dispositions générales.

C. Civ. 1453. Après la dissolution de la communauté, la femme ou ses héritiers et ayans cause ont la faculté de l'accepter ou d'y renoncer : toute convention contraire est nulle. *V.* ACCEPTATION DE COMMUNAUTÉ.

De la renonciation à la communauté et de ses effets.

C. Civ. (liv. 3, tit. 5, ch. 2, 1re part., sect. 6, art. 1492-1495). —1492. La femme qui renonce perd toute espèce de droit sur les biens de la communauté, et même sur le mobilier qui y est entré de son chef. — Elle retire seulement les linges et hardes à son usage.

1493. La femme renonçante a le droit de reprendre, — 1o les immeubles à elle appartenant, lorsqu'ils existent en nature, ou l'immeuble qui a été acquis en remploi; — 2o le prix de ses immeubles aliénés dont le remploi n'a pas été fait et accepté comme il est dit ci-dessus; — 3o toutes les indemnités qui peuvent lui être dues par la communauté.

1494. La femme renonçante est déchargée de toute contribution aux dettes de la communauté, tant à l'égard du mari qu'à l'égard des créanciers. Elle reste néanmoins tenue envers ceux-ci lorsqu'elle s'est obligée conjointement avec son mari, ou lorsque la dette, devenue dette de la communauté, provenait originairement de son chef; le tout sauf son recours contre le mari ou ses héritiers.

1495. Elle peut exercer toutes les actions et reprises ci-dessus détaillées, tant sur les biens de la communauté que sur les biens personnels du mari. — Ses héritiers le peuvent de même, sauf en ce qui concerne le prélèvement des linges et hardes, ainsi que le logement et la nourriture pendant le délai donné pour faire inventaire et délibérer; lesquels droits sont purement personnels à la femme survivante.

II. A SUCCESSION.

De la renonciation aux successions.

C. Civ. (liv. 3, tit. 1, ch. 5, sect. 2, art. 784-792). —784. La renonciation à une succession ne se présume pas : elle ne peut plus être faite qu'au greffe du tribunal de première instance dans l'arrondissement duquel la succession s'est ouverte, sur un registre particulier tenu à cet effet.

785. L'héritier qui renonce, est censé n'avoir jamais été héritier.

786. La part du renonçant accroît à ses cohéritiers; s'il est seul, elle est dévolue au degré subséquent.

787. On ne vient jamais par représentation d'un héritier qui a renoncé : si le renonçant est seul héritier de son degré, ou si tous ses cohéritiers renoncent, les enfans viennent de leur chef et succèdent par tête.

788. Les créanciers de celui qui renonce au

préjudice de leurs droits, peuvent se faire autoriser en justice à accepter la succession du chef de leur débiteur, en son lieu et place.— Dans ce cas, la renonciation n'est annulée qu'en faveur des créanciers, et jusqu'à concurrence seulement de leurs créances : elle ne l'est pas au profit de l'héritier qui a renoncé.

789. La faculté d'accepter ou de répudier une succession, se prescrit par le laps de temps requis pour la prescription la plus longue des droits immobiliers.

790. Tant que la prescription du droit d'accepter n'est pas acquise contre les héritiers qui ont renoncé, ils ont la faculté d'accepter encore la succession, si elle n'a pas été déjà acceptée par d'autres héritiers ; sans préjudice néanmoins des droits qui peuvent être acquis à des tiers sur les biens de la succession, soit par prescription, soit par actes valablement faits avec le curateur à la succession vacante.

791. On ne peut, même par contrat de mariage, renoncer à la succession d'un homme vivant, ni aliéner les droits éventuels qu'on peut avoir à cette succession.

792. Les héritiers qui auraient diverti ou recélé des effets d'une succession, sont déchus de la faculté d'y renoncer : ils demeurent héritiers purs et simples, nonobstant leur renonciation, sans pouvoir prétendre aucune part dans les objets divertis ou recélés.

Dispositions additionnelles.

C. Civ. 744. On peut représenter celui à la succession duquel on a renoncé.

780. La donation, vente ou transport, que fait de ses droits successifs un des cohéritiers, soit à un étranger, soit à tous ses cohéritiers, soit à quelques-uns d'eux, emporte de sa part acceptation de la succession.—Il en est de même , — 1° de la renonciation, même gratuite, que fait un des héritiers au profit d'un ou de plusieurs de ses cohéritiers ; — 2° de la renonciation qu'il fait même au profit de tous ses cohéritiers indistinctement, lorsqu'il reçoit le prix de sa renonciation.

781. Lorsque celui à qui une succession est échue est décédé sans l'avoir répudiée ou sans l'avoir acceptée expressément ou tacitement, ses héritiers peuvent l'accepter ou la répudier de son chef.

782. Si ces héritiers ne sont pas d'accord pour accepter ou pour répudier la succession, elle doit être acceptée sous bénéfice d'inventaire.

795. L'héritier a trois mois pour faire inventaire, à compter du jour de l'ouverture de la succession. — Il a de plus, pour délibérer sur son

acceptation ou sur sa renonciation , un délai de quarante jours. *V.* BÉNÉFICE D'INVENTAIRE.

845. L'héritier qui renonce à la succession peut cependant retenir le don entre-vifs, ou réclamer le legs à lui fait, jusqu'à concurrence de la portion disponible.

848. Si le fils ne vient que par représentation, il doit rapporter ce qui avait été donné à son père, même dans le cas où il aurait répudié sa succession.

III. DISPOSITIONS COMMUNES.

De la renonciation à la communauté ou à la succession.

C. Proc. (2e part., liv. 2, tit. 9, art. 997). —

997. Les renonciations à communauté ou à succession seront faites au greffe du tribunal dans l'arrondissement duquel la dissolution de la communauté ou l'ouverture de la succession se sera opérée, sur le registre prescrit par l'article 784 Code Civil (*ci-dessus*), et en conformité de l'article 1457 du même Code (*ci-dessus*), sans qu'il soit besoin d'autre formalité.

Dispositions du tarif civil.

91. (Pr. 997.) Vacation pour assister au greffe la femme qui renonce à la communauté après décès, ou l'héritier qui renonce à la succession, ou qui ne l'accepte que sous bénéfice d'inventaire, — Paris, 3 fr. — Ressort, 2 fr. 25 c. *V.* TARIF.

IV. RENONCIATIONS DIVERSES.

DONATION. *C. Civ.* 963. Toute clause ou convention par laquelle le donateur aurait renoncé à la révocation de la donation pour survenance d'enfant sera regardée comme nulle, et ne pourra produire aucun effet.

HYPOTHÈQUE (*et privilèges*). *C. Civ.* 2180. Les privilèges et hypothèques s'éteignent,—1°... 2° par la renonciation du créancier à l'hypothèque.

PRESCRIPTION. *C. Civ.* 2220. On ne peut d'avance renoncer à la prescription ; on peut renoncer à la prescription acquise.

2221. La renonciation à la prescription est expresse ou tacite ; la renonciation tacite résulte d'un fait qui suppose l'abandon du droit acquis.

2222. Celui qui ne peut aliéner ne peut renoncer à la prescription acquise.

VENTE (*lésion*). *C. Civ.* 1674. Si le vendeur a été lésé de plus de sept douzièmes dans le prix d'un immeuble, il a le droit de demander la rescision de la vente, quand même il aurait expressément renoncé dans le contrat à la faculté de demander cette rescision, et qu'il aurait déclaré donner la plus-value.

RENOUVELLEMENT (D'INSCRIPTION).

C. Civ. 2154. Les inscriptions conservent l'hypothèque et le privilège pendant dix années, à compter du jour de leur date ; leur effet cesse si ces inscriptions n'ont été renouvelées avant l'expiration de ce délai.

RENTE (ET SAISIE DES RENTES).

I. DES RENTES CONSTITUÉES.

1° Dispositions générales.

C. Civ. 1909. On peut stipuler un intérêt moyennant un capital que le prêteur s'interdit d'exiger.—Dans ce cas le prêt prend le nom de *constitution de rente.*

1910. Cette rente peut être constituée de deux manières, en perpétuel ou en viager. *V.* PERPÉTUELLES, VIAGÈRES (*rentes*).

529. Sont meubles par la détermination de la loi, les rentes perpétuelles ou viagères, soit sur l'État, soit sur des particuliers.

2° Dispositions diverses.

DOT (*régime dotal*), *C. Civ.* 1567. Si la dot comprend des obligations ou constitutions de rentes qui ont péri, ou souffert des retranchemens qu'on ne puisse imputer à la négligence du mari, il n'en sera point tenu, et il en sera quitte en restituant les contrats.

PRESCRIPTION. *C. Civ.* 2277. Les arrérages de rentes perpétuelles et viagères se prescrivent par cinq ans. *V.* ARRÉRAGES.

SUCCESSION (*partage*). *C. Civ.* 872. Lorsque des immeubles d'une succession sont grevés de rentes par hypothèque spéciale, chacun des cohéritiers peut exiger que les rentes soient remboursées et les immeubles rendus libres avant qu'il soit procédé à la formation des lots. Si les cohéritiers partagent la succession dans l'état où elle se trouve, l'immeuble grevé doit être estimé au même taux que les autres immeubles ; il est fait déduction du capital de la rente sur le prix total ; l'héritier dans le lot duquel tombe cet immeuble demeure seul chargé du service de la rente, et il doit en garantir ses cohéritiers.

II. SAISIE DES RENTES.

De la saisie des rentes constituées sur particuliers.

C. Proc. (*liv.* 5, *tit.* 10, *art.* 636-635).— 636. La saisie d'une rente constituée ne peut avoir lieu qu'en vertu d'un titre authentique et exécutoire. — Elle sera précédée d'un commandement fait à la personne ou au domicile de la partie obligée ou condamnée, au moins un jour avant la saisie, et contenant notification du titre, si elle n'a déjà été faite.

637. La rente sera saisie entre les mains de celui qui la doit, par exploit contenant, outre les formalités ordinaires, l'énonciation du titre constitutif de la rente, de sa quotité et de son capital, et du titre de la créance du saisissant ; les noms, profession et demeure de la partie saisie, élection de domicile chez un avoué près le tribunal devant lequel la vente sera poursuivie, et assignation au tiers-saisi en déclaration devant le même tribunal : le tout à peine de nullité.

658. Les dispositions contenues aux articles 570, 571, 572, 573, 574, 575 et 576 (*V.* ARRÊT [*saisie*].), relatives aux formalités que doit remplir le tiers-saisi, seront observées par le débiteur de la rente.—Et si ce débiteur ne fait pas sa déclaration, ou s'il la fait tardivement, ou s'il ne fait pas les justifications ordonnées, il pourra, selon les cas, être condamné à servir la rente, faute d'avoir justifié de sa libération, ou à des dommages-intérêts, résultant soit de son silence, soit du retard apporté à faire sa déclaration, soit de la procédure à laquelle il aura donné lieu.

659. La saisie entre les mains de personnes non demeurant en France sur le continent, sera signifiée à personne ou domicile ; et seront observés, pour la citation, les délais prescrits par l'article 73 [1].

640. L'exploit de la saisie vaudra toujours saisie-arrêt des arrérages échus et à échoir jusqu'à la distribution.

641. Dans les trois jours de la saisie, outre un jour pour trois myriamètres de distance entre le domicile du débiteur de la rente et celui du saisissant, et pareil délai en raison de la distance entre le domicile de ce dernier et celui de la partie saisie, le saisissant sera tenu, à peine de nullité de la saisie, de la dénoncer à la partie saisie, et de lui notifier le jour de la première publication.

642. Lorsque le débiteur de la rente sera domicilié hors du continent du royaume, le délai pour la dénonciation ne courra que du jour de l'échéance de la citation au saisi.

643. Quinzaine après la dénonciation à la partie saisie, le saisissant sera tenu de mettre au greffe du tribunal du domicile de la partie saisie le cahier des charges, contenant les noms, professions et demeures du saisissant, de la partie saisie et du débiteur de la rente ; la nature de la rente, sa quotité, celle du capital, la date et l'énonciation du titre en vertu duquel elle est constituée ; l'énonciation de l'inscription, si le titre

---

[1] 73. Si celui qui est assigné demeure hors de la France continentale, le délai sera, — 1° pour ceux demeurant en Corse, dans l'île d'Elbe ou de Capraja, en Angleterre et dans les états limitrophes de la France, de deux mois ; — 2° pour ceux demeurant dans les autres états de l'Europe, de quatre mois ; — 3° pour ceux demeurant hors d'Europe, en deçà du cap de Bonne-Espérance, de six mois ; — 4° et pour ceux demeurant au-delà, d'un an.

contient hypothèque, et si aucune a été prise pour la sûreté de la rente ; les noms et demeure de l'avoué du poursuivant, les conditions de l'adjudication, et la mise à prix : la première publication se fera à l'audience.

644. Extrait du cahier des charges, contenant les renseignemens ci-dessus, sera remis au greffier huitaine avant la remise du cahier des charges au greffe, et par lui inséré dans un tableau placé à cet effet dans l'auditoire du tribunal devant lequel se poursuit la vente.

645. Huitaine avant la remise du cahier des charges au greffe, pareil extrait sera placardé, — 1° à la porte de la maison de la partie saisie , — 2° à celle du débiteur de la rente, — 3° à la principale porte du tribunal , — 4° et à la principale place du lieu où se poursuit la vente.

646. Pareil extrait sera inséré dans l'un des journaux imprimés dans la ville où se poursuit la vente ; et s'il n'y en a pas, dans l'un de ceux imprimés dans le département, s'il y en a.

647. Sera observé, relativement auxdits placards et annonces, ce qui est prescrit au titre de la saisie-immobilière. V. IMMOBILIÈRE (saisie).

648. La seconde publication se fera huitaine après la première ; et la rente saisie pourra, lors de ladite publication, être adjugée, sauf le délai qui sera prescrit par le tribunal.

649. Il sera fait une troisième publication, lors de laquelle l'adjudication définitive sera faite au plus offrant et dernier enchérisseur.

650. Il sera affiché nouveaux placards et inséré nouvelles annonces dans les journaux, trois jours avant l'adjudication définitive.

651. Les enchères seront reçues par le ministère d'avoués.

652. Les formalités prescrites au titre de la saisie immobilière, pour la rédaction du jugement d'adjudication, l'acquit des conditions et du prix, et la revente sur folle-enchère, seront observées lors de l'adjudication des rentes. V. IMMOBILIÈRE (saisie).

653. Si la rente a été saisie par deux créanciers, la poursuite appartiendra à celui qui le premier aura dénoncé ; en cas de concurrence, au porteur du titre plus ancien ; et si les titres sont de même date, à l'avoué le plus ancien.

654. La partie saisie sera tenue de proposer ses moyens de nullité, si aucuns elle a, avant l'adjudication préparatoire , après laquelle elle ne pourra proposer que les moyens de nullité contre les procédures postérieures.

655. La distribution du prix sera faite ainsi qu'il sera prescrit au titre de la distribution par contribution (V. CONTRIBUTION [distribution par].), sans préjudice néanmoins des hypothèques établies antérieurement à la loi du 11 brumaire an 7 (1er novembre 1798).

Dispositions du tarif civil.

29. (Pr. 636.) Pour l'original du commandement qui doit précéder la saisie de rentes constituées sur particuliers. — (641.) De dénonciation à la partie saisie de l'exploit de saisie de rentes constituées sur particuliers, — Paris, 2 fr. — Partout ailleurs, 1 fr. 50 c. — Chaque copie, le quart.

46. (Pr. 637.) Pour un exploit de saisie du fonds d'une rente constituée sur particulier, contenant assignation au tiers-saisi en déclaration affirmative devant le tribunal, — Paris, 4 fr. — Villes où il y a tribunal de première instance, 3 f. — Autres villes et cantons ruraux, 3 f. — Copie, le quart. — Nota. La dénonciation des placards et tous les autres actes seront taxés comme en saisie immobilière. V. IMMOBILIÈRE (saisie).

128. Les émolumens des avoués pour dresser le cahier des charges, en faire le dépôt au greffe, et pour les publications, les extraits à placarder et à insérer dans les journaux, les adjudications préparatoires et définitives seront réglés et taxés comme en saisie immobilière, lorsqu'il s'agira, — (Pr. 656.) 1° de saisie de rentes constituées sur particuliers.

RENVOI (D'UN TRIBUNAL A UN AUTRE).

I. EN MATIÈRE CIVILE.

1° Des renvois (sur exception).

C. Proc. (liv. 2, tit. 9, § 2, art. 168-172). — 168. La partie qui aura été appelée devant un tribunal autre que celui qui doit connaître de la contestation, pourra demander son renvoi devant les juges compétens.

169. Elle sera tenue de former cette demande préalablement à toutes autres exceptions et défenses.

170. Si néanmoins le tribunal était incompétent à raison de la matière, le renvoi pourra être demandé en tout état de cause ; et si le renvoi n'était pas demandé, le tribunal sera tenu de renvoyer d'office devant qui de droit.

171. S'il a été formé précédemment, en un autre tribunal, une demande pour le même objet, ou si la contestation est connexe à une cause déjà pendante en un autre tribunal, le renvoi pourra être demandé et ordonné.

172. Toute demande en renvoi sera jugée sommairement, sans qu'elle puisse être réservée ni jointe au principal.

Dispositions du tarif civil.

75. (Pr. 168.) Grosse de la requête pour proposer un déclinatoire, qui ne pourra excéder six rôles. — Idem de la réponse. — Par rôle, — Paris, 2 fr. — Ressort, 1 fr. 50 c. (V. TARIF.) — Chaque copie, le quart. — Le nombre des rôles de requête en réponse ne pourra jamais excéder celui fixé pour la requête en demande. — Il ne sera passé aucuns frais d'impressions.

2° *Du renvoi à un autre tribunal pour parenté ou alliance.*

C. Proc. (*liv.* 2, *tit.* 20, *art.* 368-377.) — 368. Lorsqu'une partie aura deux parens ou alliés jusqu'au degré de cousin issu de germain inclusivement, parmi les juges d'un tribunal de première instance, ou trois parens ou alliés au même degré dans une cour royale; ou lorsqu'elle aura un parent audit degré parmi les juges du tribunal de première instance, ou deux parens dans la cour royale, et qu'elle-même sera membre du tribunal ou de cette cour, l'autre partie pourra demander le renvoi.

369. Le renvoi sera demandé avant le commencement de la plaidoirie ; et, si l'affaire est en rapport, avant que l'instruction soit achevée, ou que les délais soient expirés : sinon il ne sera plus reçu.

370. Le renvoi sera proposé par acte au greffe, lequel contiendra les moyens, et sera signé de la partie ou de son fondé de procuration spéciale et authentique.

371. Sur l'expédition dudit acte, présentée avec les pièces justificatives, il sera rendu jugement qui ordonnera, — 1° la communication aux juges à raison desquels le renvoi est demandé, pour faire, dans un délai fixe, leur déclaration au bas de l'expédition du jugement; — 2° la communication au ministère public ; — 5° le rapport, à jour indiqué, par l'un des juges nommés par ledit jugement.

372. L'expédition de l'acte à fin de renvoi, les pièces y annexées, et le jugement mentionné en l'article précédent, seront signifiés aux autres parties.

373. Si les causes de la demande en renvoi sont avouées ou justifiées dans un tribunal de première instance, le renvoi sera fait à l'un des autres tribunaux ressortissant en la même cour royale ; et si c'est dans une cour royale, le renvoi sera fait à l'une des trois cours les plus voisines.

374. Celui qui succombera sur sa demande en renvoi, sera condamné à une amende qui ne pourra être moindre de cinquante francs, sans préjudice des dommages-intérêts de la partie, s'il y a lieu.

375. Si le renvoi est prononcé, qu'il n'y ait pas d'appel, ou que l'appelant ait succombé, la contestation sera portée devant le tribunal qui devra en connaître, sur simple assignation ; et la procédure y sera continuée suivant ses derniers erremens.

376. Dans tous les cas, l'appel du jugement de renvoi sera suspensif.

377. Sont applicables audit appel les dispositions des articles 392, 393, 394, 395, titre *de la récusation*, ci-après. *V.* RÉCUSATION.

Dispositions additionnelles.

C. Proc. 49. Sont dispensées du préliminaire de conciliation, — 1°... 7° les demandes en renvoi.

83. Seront communiquées au procureur du Roi, — 1°... 4° les renvois pour parenté et alliance.

Dispositions du tarif civil.

70. (Pr. 372.) Original de la signification de l'acte à fin de renvoi d'un tribunal à un autre des pièces y annexées et du jugement intervenu, — Paris, 1 fr. — Ressort, 75 c. (*V.* TARIF.) — Copie, le quart.

75. (Pr. 373.) Grosse de la requête contre la demande à fin de renvoi d'un tribunal à un autre, pour cause de parenté ou alliance. — Et pour la réponse, — Paris, 2 f. — Ressort, 1 fr. 50 c. — Chaque copie, le quart. — Il ne sera passé aucuns frais d'impression.

92. (Pr. 370.) Vacation pour former par acte au greffe la demande à fin de renvoi d'un tribunal à un autre, pour parenté et alliance, — Paris, 6 fr. — Ressort, 4 fr. 50 c.

II. EN MATIÈRE CRIMINELLE.

Des renvois d'un tribunal à un autre.

C. Inst. cr. (*liv.* 2, *tit.* 5, *ch.* 2, *art.* 542-552.) — 542. En matière criminelle, correctionnelle et de police, la cour de cassation peut, sur la réquisition du procureur général près cette cour, renvoyer la connaissance d'une affaire, d'une cour royale, ou d'assises, à une autre, d'un tribunal correctionnel ou de police à un autre tribunal de même qualité, d'un juge d'instruction à un autre juge d'instruction, pour cause de sûreté publique ou de suspicion légitime. — Ce renvoi peut aussi être ordonné sur la réquisition des parties intéressées, mais seulement pour cause de suspicion légitime.

543. La partie intéressée qui aura procédé volontairement devant une cour, un tribunal ou un juge d'instruction, ne sera reçue à demander le renvoi qu'à raison des circonstances survenues depuis, lorsqu'elles seront de nature à faire naître une suspicion légitime.

544. Les officiers chargés du ministère public pourront se pourvoir immédiatement devant la cour de cassation, pour demander le renvoi pour cause de suspicion légitime; mais, lorsqu'il s'agira d'une demande en renvoi pour cause de sûreté publique, ils seront tenus d'adresser leurs réclamations, leurs motifs et les pièces à l'appui, au ministre de la justice, qui les transmettra, s'il y a lieu, à la cour de cassation.

545. Sur le vu de la requête et des pièces, la cour de cassation, section criminelle, statuera définitivement, sauf l'opposition, ou ordonnera que le tout soit communiqué.

546. Lorsque le renvoi sera demandé par le prévenu, l'accusé, ou la partie civile, et que la

cour de cassation ne jugera à propos ni d'accueillir ni de rejeter cette demande sur le champ, l'arrêt en ordonnera la communication à l'officier chargé du ministère public près la cour, le tribunal ou le juge d'instruction saisi de la connaissance du délit, et enjoindra à cet officier de transmettre les pièces avec son avis motivé sur la demande en renvoi ; l'arrêt ordonnera de plus, s'il y a lieu, que la communication sera faite à l'autre partie.

547. Lorsque la demande en renvoi sera formée par l'officier chargé du ministère public, et que la cour de cassation n'y statuera point définitivement, elle ordonnera, s'il y a lieu, que la communication sera faite aux parties, ou prononcera telle autre disposition préparatoire qu'elle jugera nécessaire.

548. Tout arrêt qui, sur le vu de la requête et des pièces, aura définitivement statué sur une demande en renvoi, sera, à la diligence du procureur général près la cour de cassation, et par l'intermédiaire du ministre de la justice, notifié soit à l'officier chargé du ministère public près la cour, le tribunal ou le juge d'instruction dessaisi, soit à la partie civile, au prévenu ou à l'accusé en personne ou au domicile élu.

549. L'opposition ne sera pas reçue, si elle n'est pas formée d'après les règles et dans le délai fixés au chapitre 1er du présent titre. *V.* RÈGLEMENT DE JUGES.

550. L'opposition reçue emporte de plein droit sursis au jugement du procès, comme il est dit en l'article 551 (*ibidem*).

551. Les articles 523, 530, 531, 534, 535, 536, 537, 538 et 541 (*V.* RÈGLEMENT DE JUGES.), seront communs aux demandes en renvoi d'un tribunal à un autre.

552. L'arrêt qui aura rejeté une demande en renvoi, n'exclura pas une nouvelle demande en renvoi fondée sur des faits survenus depuis.

Dispositions du tarif criminel.

71. 1° Pour toutes citations dans les cas prévus par les articles 546, 547 et 548 C. Inst. cr. — Original, — Paris, 1 fr. — Villes de 40,000 hab. et au-dessus, 75 c. — Autres villes et comm. , 50 c. ; — 2° pour chaque copie, —Paris, 75 c. — Villes de 40,000 hab. et au-dessus, 60 c. — Autres villes et comm. , 50 c.

RÉPARATIONS.

1° *Des grosses réparations. V.* GROSSES RÉPARATIONS.

2° *Des réparations d'entretien. V.* ENTRETIEN, LOCATIVES (*réparations*).

RÉPARTITION (DE DENIERS).

1° *Après adjudication sur saisie. V.* CONTRIBUTION (*distribution par*) ORDRE.

2° *Après faillite. V.* FAILLITE.

RÉPERTOIRES (D'ENREGISTREMENT).

1° *Loi du 22 frimaire an 7.*

49. Les notaires, huissiers, greffiers, et les secrétaires des administrations centrales et municipales tiendront des répertoires à colonnes, sur lesquels ils inscriront, jour par jour, sans blanc ni interligne, et par ordre de numéros, savoir : — 1° les notaires, tous les actes et contrats qu'ils recevront, même ceux qui seront passés en brevet, à peine de dix francs d'amende pour chaque omission ; — 2° les huissiers, tous actes et exploits de leur ministère, sous peine d'une amende de cinq francs pour chaque omission ; — 3° les greffiers, tous les actes et jugemens qui, aux termes de la présente, doivent être enregistrés sur les minutes, à peine d'une amende de dix francs pour chaque omission.

50. Chaque article du répertoire contiendra : — 1° son numéro ; — 2° la date de l'acte ; — 3° sa nature ; — 4° les noms et prénoms des parties et leur domicile ; — 5° l'indication des biens, leur situation et le prix, lorsqu'il s'agira d'actes qui auront pour objet la propriété, l'usufruit ou la jouissance de biens-fonds ; — 6° la relation de l'enregistrement.

51. Les notaires, huissiers, greffiers, et les secrétaires des administrations centrales et municipales, présenteront, tous les trois mois, leurs répertoires aux receveurs de l'enregistrement de leur résidence, qui les viseront, et qui énonceront sur leur *visa* le nombre des actes inscrits. — Cette présentation a lieu chaque année (tous les trois mois), à peine d'une amende de dix francs. (*L.* 16-17 *juin* 1824, *art.* 10.)

52. Indépendamment de la représentation ordonnée par l'article précédent, les notaires, huissiers, greffiers et secrétaires seront tenus de communiquer leurs répertoires, à toute réquisition, aux préposés de l'enregistrement qui se présenteront chez eux pour les vérifier, à peine d'une amende de cinquante francs en cas de refus. — Le préposé, dans ce cas, requerra l'assistance d'un officier municipal, ou de l'agent, ou de l'adjoint de la commune du lieu, pour dresser en sa présence procès-verbal du refus qui lui aura été fait.

53. Les répertoires seront cotés et paraphés, savoir : ceux des notaires, huissiers et greffiers de la justice de paix, par le juge de paix de leur domicile ; ceux des greffiers des tribunaux, par le président ; et ceux des secrétaires des administrations, par le président de l'administration.

RÉPÉTITION.

1° *Dispositions générales.*

C. Civ. 1235. Tout paiement suppose une dette : ce qui a été payé sans être dû est sujet à répétition.— La répétition n'est pas admise à l'égard des obligations naturelles qui ont été volontairement acquittées.

1377. Lorsqu'une personne qui, par erreur, se croyait débitrice a acquitté une dette, elle a le droit de répétition contre le créancier. — Néanmoins ce droit cesse dans le cas où le créancier a supprimé son titre par suite du paiement, sauf le recours de celui qui a payé contre le véritable débiteur. *V.* INDU PAIEMENT, RESTITUTION.

2° *Dispositions diverses.*

COMMUNAUTÉ. *C. Civ.* 1488. La femme qui a payé une dette de la communauté au-delà de sa moitié, n'a point de répétition contre le créancier pour l'excédant, à moins que la quittance n'exprime que ce qu'elle a payé était pour sa moitié.

1489. Celui des deux époux qui, par l'effet de l'hypothèque exercée sur l'immeuble à lui échu en partage, se trouve poursuivi pour la totalité d'une dette de la communauté, a de droit son recours pour la moitié de cette dette contre l'autre époux ou ses héritiers.

DOT (*régime dotal*). *C. Civ.* 1569. Si le mariage a duré dix ans depuis l'échéance des termes pris pour le paiement de la dot, la femme ou ses héritiers pourront la répéter contre le mari après la dissolution du mariage, sans être tenus de prouver qu'il l'a reçue, à moins qu'il ne justifiât de diligences inutilement par lui faites pour s'en procurer le paiement.

ÉCHANGE. *C. Civ.* 1705. Le copermutant qui est évincé de la chose qu'il a reçue en échange, a le choix de conclure à des dommages et intérêts, ou de répéter sa chose.

INTÉRÊTS. *C. Civ.* 1906. L'emprunteur qui a payé des intérêts qui n'étaient pas stipulés, ne peut ni les répéter ni les imputer sur le capital.

JEU. *C. Civ.* 1967. Dans aucun cas, le perdant ne peut répéter ce qu'il a volontairement payé, à moins qu'il n'y ait eu, de la part du gagnant, dol, supercherie ou escroquerie.

SOLIDARITÉ (*caution*). *C. Civ.* 2030. Lorsqu'il y avait plusieurs débiteurs principaux solidaires d'une même dette, la caution qui les a tous cautionnés, a, contre chacun d'eux, le recours pour la répétition du total de ce qu'elle a payé.

(*Codébiteurs.*) *C. Civ.* 1214. Le codébiteur d'une dette solidaire, qui l'a payée en entier, ne peut répéter des autres que leur part et portion de chacun d'eux. — Si l'un d'eux se trouve insolvable, la perte qu'occasionne son insolvabilité se répartit, par contribution, entre tous les autres codébiteurs solvables et celui qui a fait le paiement.

REPRÉSAILLES. *C. Pén.* 85. Quiconque aura, par des actes non approuvés par le Gouvernement, exposé des Français à éprouver des représailles, sera puni du bannissement.

REPRÉSENTATION.

1° *Dispositions générales.*

C. Civ. 735. Toute succession échue à des ascendans ou à des collatéraux se divise en deux parts égales : l'une pour les parens de la ligne paternelle, l'autre pour les parens de la ligne maternelle.

736. Cette première division opérée entre les lignes paternelle et maternelle, il ne se fait plus de division entre les diverses branches ; mais la moitié dévolue à chaque ligne appartient à l'héritier ou aux héritiers les plus proches en degré, sauf le cas de la représentation, ainsi qu'il sera dit ci-après.

De la représentation.

C. Civ. (*liv. 3, tit. 1, ch. 3, sect. 2, art.* 739-744.) — 739. La représentation est une fiction de la loi, dont l'effet est de faire entrer les représentans dans la place, dans le degré et dans les droits du représenté.

740. La représentation a lieu à l'infini dans la ligne directe descendante. — Elle est admise dans tous les cas, soit que les enfans du défunt concourent avec les descendans d'un enfant prédécédé, soit que tous les enfans du défunt étant morts avant lui, les descendans desdits enfans se trouvent entre eux en degrés égaux ou inégaux.

741. La représentation n'a pas lieu en faveur des ascendans ; le plus proche, dans chacune des deux lignes, exclut toujours le plus éloigné.

742. En ligne collatérale, la représentation est admise en faveur des enfans et descendans de frères ou sœurs du défunt, soit qu'ils viennent à sa succession concurremment avec des oncles ou tantes, soit que tous les frères et sœurs du défunt étant prédécédés, la succession se trouve dévolue à leurs descendans en degrés égaux ou inégaux.

743. Dans tous les cas où la représentation est admise, le partage s'opère par souche : si une même souche a produit plusieurs branches, la subdivision se fait aussi par souche dans chaque branche, et les membres de la même branche partagent entre eux par tête.

744. On ne représente pas les personnes vivantes, mais seulement celles qui sont mortes naturellement ou civilement. — On peut représenter celui à la succession duquel on a renoncé.

2° *Dispositions additionnelles.*

C. Civ. 730. Les enfans de l'indigne, venant à la succession de leur chef, et sans le secours de la représentation, ne sont pas exclus pour la faute de leur père ; mais celui-ci ne peut, en aucun cas, réclamer sur les biens de cette succession l'usufruit que la loi accorde aux pères et mères sur les biens de leurs enfans.

745. Les enfans ou leurs descendans succèdent à leurs père et mère, aïeuls, aïeules, ou au-

tres ascendans, sans distinction de sexe ni de primogéniture, et encore qu'ils soient issus de différens mariages. — Ils succèdent par égales portions et par tête, quand ils sont tous au premier degré et appelés de leur chef; ils succèdent par souche, lorsqu'ils viennent tous ou en partie par représentation.

750. En cas de prédécès des père et mère d'une personne morte sans postérité, ses frères, sœurs, ou leurs descendans, sont appelés à la succession, à l'exclusion des ascendans et des autres collatéraux. — Ils succèdent, ou de leur chef, ou par représentation, ainsi qu'il a été réglé (par les articles 739-744 ci-dessus).

787. On ne vient jamais par représentation d'un héritier qui a renoncé : si le renonçant est seul héritier de son degré, ou si tous ses cohéritiers renoncent, les enfans viennent de leur chef, et succèdent par tête.

848. Le fils venant de son chef à la succession du donateur, n'est pas tenu de rapporter le don fait à son père, même quand il aurait accepté la succession de celui-ci : mais si le fils ne vient que par représentation, il doit rapporter ce qui avait été donné à son père, même dans le cas où il aurait répudié sa succession.

REPRIS DE JUSTICE.

C. Inst. cr. 113. Les repris de justice ne pourront, en aucun cas, être mis en liberté provisoire. *V.* RÉCIDIVE.

REPRISE D'INSTANCE.

DISPOSITIONS GÉNÉRALES.

Des reprises d'instances et constitution de nouvel avoué.

C. Proc. (*liv.* 2, *tit.* 17, *art.* 342-351). — 342. Le jugement de l'affaire qui sera en état ne sera différé, ni par le changement d'état des parties, ni par la cessation des fonctions dans lesquelles elles procédaient, ni par leur mort, ni par les décès, démissions, interdictions ou destitutions de leurs avoués.

343. L'affaire sera en état lorsque la plaidoirie sera commencée; la plaidoirie sera réputée commencée quand les conclusions auront été contradictoirement prises à l'audience. — Dans les affaires qui s'instruisent par écrit, la cause sera en état quand l'instruction sera complète, ou quand les délais pour les productions et réponses seront expirés.

344. Dans les affaires qui ne seront pas en état, toutes procédures faites postérieurement à la notification de la mort de l'une des parties seront nulles: il ne sera pas besoin de signifier les décès, démissions, interdictions ni destitutions des avoués; les poursuites faites et les jugemens obtenus depuis seront nuls, s'il n'y a constitution de nouvel avoué.

345. Ni le changement d'état des parties, ni la cessation des fonctions dans lesquelles elles procédaient, n'empêcheront la continuation des procédures. — Néanmoins le défendeur qui n'aurait pas constitué avoué avant le changement d'état ou le décès du demandeur, sera assigné de nouveau à un délai de huitaine, pour voir adjuger les conclusions, et sans qu'il soit besoin de conciliation préalable.

346. L'assignation en reprise ou en constitution sera donnée aux délais fixés au titre *des ajournemens* (*V.* AJOURNEMENT), avec indication des noms des avoués qui occupaient, et du rapporteur, s'il y en a.

347. L'instance sera reprise par acte d'avoué à avoué.

348. Si la partie assignée en reprise conteste, l'incident sera jugé sommairement.

349. Si, à l'expiration du délai, la partie assignée en reprise ou en constitution ne comparaît pas, il sera rendu jugement qui tiendra la cause pour reprise, et ordonnera qu'il sera procédé suivant les derniers erremens, et sans qu'il puisse y avoir d'autres délais que ceux qui restaient à courir.

350. Le jugement rendu par défaut contre une partie, sur la demande en reprise d'instance ou en constitution de nouvel avoué, sera signifié par un huissier commis : si l'affaire est en rapport, la signification énoncera le nom du rapporteur.

351. L'opposition à ce jugement sera portée à l'audience, même dans les affaires en rapport.

Tribunaux de commerce.

C. Proc. 426. Les veuves et héritiers des justiciables du tribunal de commerce, seront assignés en reprise, ou par action nouvelle; sauf, si les qualités sont contestées, à les renvoyer aux tribunaux ordinaires pour y être réglés, et ensuite être jugés sur le fond au tribunal de commerce.

Dispositions du tarif civil.

29. (Pr. 350.) Original de la signification du jugement rendu par défaut contre partie, sur demande en reprise d'instance, ou en constitution de nouvel avoué, par un huissier commis, — Paris, 2 fr. — Partout ailleurs, 1 fr. 50 c. — Chaque copie, le quart.

70. (Pr. 344.) Original de la notification du décès d'une partie, — Paris, 1 fr. — Ressort, 75 c. (*V.* TARIF.) — Chaque copie, le quart.

71. (Pr. 347.) Acte de reprise d'instance, — Paris, 5 fr. — Ressort, 3 fr. 75 c. — Copie, le quart.

73. (Pr. 348.) Grosse de la requête contenant contestation sur la demande en reprise d'instance, qui ne pourra excéder six rôles. — *Id.* de la réponse.

Par rôle. — Paris, 2 fr. — Ressort, 4 fr. 50 c. —
opie, le quart. — Le nombre des rôles de requête
i réponse ne pourra jamais excéder celui fixé pour
l requête en demande. — Il ne sera passé aucuns
ais d'impression.

REPRISES.

1° De communauté.

C. Civ. 1472. Le mari ne peut exercer ses re-
ises que sur les biens de la communauté. — La
mme et ses héritiers, en cas d'insuffisance de
communauté, exercent leurs reprises sur les
iens personnels du mari.

1473. Les remplois et récompenses dus par la
communauté aux époux, et les récompenses et
emnités par eux dues à la communauté em-
ortent les intérêts de plein droit du jour de la
ssolution de la communauté. *V.* COMMUNAUTÉ.

2° Après faillite.

C. Com. 545. Les femmes mariées sous le ré-
me dotal, les femmes séparées de biens, et les
mmes communes en biens qui n'auraient point
s les immeubles apportés en communauté, re-
endront en nature lesdits immeubles et ceux
i leur seront survenus par successions ou do-
tions entre-vifs ou pour cause de mort.

546. Elles reprendront pareillement les im-
eubles acquis par elles et en leur nom, des de-
rs provenant desdites successions et donations,
urvu que la déclaration d'emploi soit expres-
ment stipulée au contrat d'acquisition, et que
rigine des deniers soit constatée par inventaire
par tout autre acte authentique.

548. L'action en reprise, résultant des disposi-
ns des articles 545 et 546, ne sera exercée par
femme qu'à charge des dettes et hypothèques
nt les biens seront grevés, soit que la femme
soit volontairement obligée, soit qu'elle y ait
é judiciairement condamnée.

REPROCHES. *V.* TÉMOINS.

REQUÊTE CIVILE.

DISPOSITIONS GÉNÉRALES.

De la requête civile.

C. Proc. (liv. 4, tit. 2, art. 480-504). — 480.
s jugements contradictoires rendus en dernier
sort par les tribunaux de première instance et
cours royales, et les jugements par défaut ren-
s aussi en dernier ressort, et qui ne sont plus
sceptibles d'opposition, pourront être rétrac-
s sur la requête de ceux qui auront été parties
dûment appelés, pour les causes ci-après : —
s'il y a eu dol personnel; — 2° si les formes
scrites à peine de nullité ont été violées, soit
ant, soit lors des jugements, pourvu que la
llité n'ait pas été couverte par les parties; —
s'il a été prononcé sur choses non demandées;

— 4° s'il a été adjugé plus qu'il n'a été demandé;
— 5° s'il a été omis de prononcer sur l'un des
chefs de demande; — 6° s'il y a contrariété de
jugements en dernier ressort, entre les mêmes
parties et sur les mêmes moyens, dans les mêmes
cours ou tribunaux; — 7° si, dans un même jugement, il y a des dispositions contraires; —
8° si, dans les cas où la loi exige la communication au ministère public, cette communication
n'a pas eu lieu, et que le jugement ait été rendu
contre celui pour qui elle était ordonnée; —
9° si l'on a jugé sur pièces reconnues ou déclarées fausses depuis le jugement; — 10° si, depuis le jugement, il a été recouvré des pièces
décisives, et qui avaient été retenues par le fait
de la partie.

481. L'État, les communes, les établissemens
publics et les mineurs, seront encore reçus à se
pourvoir, s'ils n'ont été défendus, ou s'ils ne l'ont
été valablement.

482. S'il n'y a ouverture que contre un chef de
jugement, il sera seul rétracté, à moins que les
autres n'en soient dépendans.

483. La requête civile sera signifiée avec assignation, dans les trois mois, à l'égard des majeurs, du jour de la signification à personne ou
domicile, du jugement attaqué.

484. Le délai de trois mois ne courra contre
les mineurs que du jour de la signification du jugement, faite depuis leur majorité, à personne
ou domicile.

485. Lorsque le demandeur sera absent du
territoire européen du royaume pour un service de terre ou de mer, ou employé dans les
négociations extérieures pour le service de l'État,
il aura, outre le délai ordinaire de trois mois depuis la signification du jugement, le délai d'une
année.

486. Ceux qui demeurent hors de la France
continentale, auront, outre le délai de trois mois
depuis la signification du jugement, le délai des
ajournemens réglé par l'article 73 ci-dessus [1].

487. Si la partie condamnée est décédée dans
les délais ci-dessus fixés pour se pourvoir, ce qui
en restera à courir ne commencera, contre la succession, que dans les délais et de la manière
prescrits en l'article 447 ci-dessus [2].

[1] 73. Si celui qui est assigné demeure hors de la
France continentale, le délai sera, — 1° pour ceux
demeurant en Corse, dans l'île d'Elbe ou de Capraja,
en Angleterre et dans les états limitrophes de la
France, de deux mois; — 2° pour ceux demeurant
dans les autres états de l'Europe, de quatre mois; —
3° pour ceux demeurant hors d'Europe, en deçà du
cap de Bonne-Espérance, de six mois; — et pour
ceux demeurant au-delà, d'un an.

[2] 447. Les délais de l'appel seront suspendus par

488. Lorsque les ouvertures de requête civile seront le faux, le dol, ou la découverte de pièces nouvelles, les délais ne courront que du jour où, soit le faux, soit le dol, auront été reconnus, ou les pièces découvertes ; pourvu que, dans ces deux derniers cas, il y ait preuve par écrit du jour, et non autrement.

489. S'il y a contrariété de jugemens, le délai courra du jour de la signification du dernier jugement.

490. La requête civile sera portée au même tribunal où le jugement attaqué aura été rendu ; il pourra y être statué par les mêmes juges.

491. Si une partie veut attaquer par la requête civile un jugement produit dans une cause pendante en un tribunal autre que celui qui l'a rendu, elle se pourvoira devant le tribunal qui a rendu le jugement attaqué ; et le tribunal saisi de la cause dans laquelle il est produit, pourra, suivant les circonstances, passer outre ou surseoir.

492. La requête civile sera formée par assignation au domicile de l'avoué de la partie qui a obtenu le jugement attaqué, si elle est formée dans les six mois de la date du jugement : après ce délai, l'assignation sera donnée au domicile de la partie.

493. Si la requête civile est formée incidemment devant un tribunal compétent pour en connaître, elle le sera par requête d'avoué à avoué ; mais si elle est incidente à une contestation portée dans un autre tribunal que celui qui a rendu le jugement, elle sera formée par assignation devant les juges qui ont rendu le jugement.

494. La requête civile d'aucune partie autre que celle qui stipule les intérêts de l'État, ne sera reçue, si, avant que cette requête ait été présentée, il n'a été consigné une somme de trois cents francs pour amende, et cent cinquante francs pour les dommages-intérêts de la partie, sans préjudice de plus amples dommages-intérêts, s'il y a lieu : la consignation sera de moitié si le jugement est par défaut ou par forclusion, et du quart s'il s'agit de jugemens rendus par les tribunaux de première instance.

495. La quittance du receveur sera signifiée en tête de la demande, ainsi qu'une consultation de trois avocats exerçant depuis dix ans au

la mort de la partie condamnée.—Ils ne reprendront leur cours qu'après la signification du jugement faite au domicile du défunt, avec les formalités prescrites et à compter de l'expiration des délais pour faire inventaire et délibérer, si le jugement a été signifié avant que ces derniers délais fussent expirés. — Cette signification pourra être faite aux héritiers collectivement, et sans désignation des noms et qualités.

moins près un des tribunaux du ressort de la cour royale dans lequel le jugement a été rendu. — La consultation contiendra déclaration qu'ils sont d'avis de la requête civile, et elle en énoncera aussi les ouvertures ; sinon la requête ne sera pas reçue.

496. Si la requête civile est signifiée dans les six mois de la date du jugement, l'avoué de la partie qui a obtenu le jugement, sera constitué de droit sans nouveau pouvoir.

497. La requête civile n'empêchera pas l'exécution du jugement attaqué ; nulles défenses ne pourront être accordées : celui qui aura été condamné à délaisser un héritage, ne sera reçu à plaider sur la requête civile qu'en rapportant la preuve de l'exécution du jugement au principal.

498. Toute requête civile sera communiquée au ministère public.

499. Aucun moyen autre que les ouvertures de requête civile énoncées en la consultation, ne sera discuté à l'audience ni par écrit.

500. Le jugement qui rejettera la requête civile, condamnera le demandeur à l'amende et aux dommages-intérêts ci-dessus fixés, sans préjudice de plus amples dommages-intérêts, s'il y a lieu.

501. Si la requête civile est admise, le jugement sera rétracté, et les parties seront remises au même état où elles étaient avant ce jugement : les sommes consignées seront rendues, et les objets des condamnations qui auront été perçus en vertu du jugement rétracté, seront restitués. — Lorsque la requête civile aura été entérinée pour raison de contrariété de jugemens, le jugement qui entérinera la requête civile, ordonnera que le premier jugement sera exécuté selon sa forme et teneur.

502. Le fond de la contestation sur laquelle le jugement rétracté aura été rendu, sera porté au même tribunal qui aura statué sur la requête civile.

503. Aucune partie ne pourra se pourvoir en requête civile, soit contre le jugement déjà attaqué par cette voie, soit contre le jugement qui l'aura rejetée, soit contre celui rendu sur le recisoire, à peine de nullité et de dommages-intérêts, même contre l'avoué qui, ayant occupé sur la première demande, occuperait sur la seconde.

504. La contrariété de jugemens rendus en dernier ressort entre les mêmes parties et sur les mêmes moyens en différens tribunaux, donne ouverture à cassation ; et l'instance est formée et jugée conformément aux lois qui sont particulières à la cour de cassation.

Dispositions du tarif civil.

75. (Pr. 493.) Grosse de la requête civile incidente, et réponse, — Paris, 2 fr. — Ressort, 1 fr. 50 c. — TARIF.) — Chaque copie, le quart. — Il ne sera passé aucuns frais d'impression.

78 (Pr. 483, 492.) Requête civile principale, — ris, 7 fr. 50 c. — Ressort, 5 fr. 50 c.

90. (Pr. 494.) Vacation pour consigner l'amende requête civile, ou sur appel dans toutes les causes, exception des matières sommaires. — (501.) Pour retirer, — Paris, 1 fr. 50. c. — Ressort, 1 fr. c.

140. (Pr. 495.) Pour la consultation de trois avo-.s exerçant depuis dix ans, qui doit précéder la quête civile, principale ou incidente, — Paris, 72 f. Dans le ressort, 72 fr.

II. DISPOSITIONS ADDITIONNELLES.

Sentences arbitrales.

C. Proc. 1010. Lorsque l'arbitrage sera sur pel ou sur requête civile, le jugement arbitral a définitif et sans appel.

1026. La requête civile pourra être prise contre jugemens arbitraux, dans les délais, formes cas ci-devant désignés pour les jugemens des bunaux ordinaires. — Elle sera portée devant tribunal qui eût été compétent pour connaitre l'appel.

1027. Ne pourront cependant être proposés ur ouvertures, — 1° l'inobservation des formes dinaires, si les parties n'en étaient autrement nvenues ; — 2° le moyen résultant de ce qu'il ra été prononcé sur choses non demandées, uf à se pourvoir en nullité, suivant l'article ci-rès.

1028. Il ne sera besoin de se pourvoir par pel ni requête civile dans les cas suivans : — si le jugement a été rendu sans compromis, hors des termes du compromis ; — 2° s'il l'a é sur compromis nul ou expiré ; — 3° s'il n'a é rendu que par quelques arbitres non autorisés juger en l'absence des autres ; — 4° s'il l'a été r un tiers sans en avoir conféré avec les arbi-es partagés ; — 5° enfin s'il a été prononcé sur oses non demandées. — Dans tous ces cas, les rties se pourvoiront, par opposition à l'ordon-nce d'exécution, devant le tribunal qui l'aura ndue, et demanderont la nullité de l'acte qua-lé *jugement arbitral.* — Il ne pourra y avoir cours en cassation que contre les jugemens des ibunaux, rendus soit sur requête civile, soit sur pel d'un jugement arbitral.

RESCISION.

I. DES CONVENTIONS.

Dispositions générales.

C. Civ. 1234. Les obligations s'éteignent — r la nullité ou la rescision.

De l'action en nullité ou en rescision des conventions.

C. Civ. (liv. 3, tit. 3, ch. 5, sect. 7, art. 1304-1314). — 1304. Dans tous les cas où l'action en nullité ou en rescision d'une convention n'est pas limitée à un moindre temps par une loi particulière, cette action dure dix ans. — Ce temps ne court, dans le cas de violence, que du jour où elle a cessé ; dans le cas d'erreur ou de dol, du jour où ils ont été découverts ; et pour les actes passés par les femmes mariées non au-torisées, du jour de la dissolution du mariage. — Le temps ne court, à l'égard des actes faits par les interdits, que du jour où l'interdiction est le-vée ; et à l'égard de ceux faits par les mineurs, que du jour de la majorité.

1305. La simple lésion donne lieu à la rescision en faveur du mineur non émancipé, contre toutes sortes de conventions ; et en faveur du mineur émancipé, contre toutes conventions qui excè-dent les bornes de sa capacité, ainsi qu'elle est déterminée au titre *de la minorité, de la tutelle et de l'émancipation. V.* MINEUR.

1306. Le mineur n'est pas restituable pour cause de lésion, lorsqu'elle ne résulte que d'un événement casuel et imprévu.

1307. La simple déclaration de majorité, faite par le mineur, ne fait point obstacle à sa restitu-tion.

1308. Le mineur commerçant, banquier ou ar-tisan, n'est point restituable contre les engage-mens qu'il a pris à raison de son commerce ou de son art.

1309. Le mineur n'est point restituable contre les conventions portées en son contrat de ma-riage, lorsqu'elles ont été faites avec le con-sentement et l'assistance de ceux dont le con-sentement est requis pour la validité de son ma-riage.

1310. Il n'est point restituable contre les obli-gations résultant de son délit ou quasi-délit.

1311. Il n'est plus recevable à revenir contre l'engagement qu'il avait souscrit en minorité, lorsqu'il l'a ratifié en majorité, soit que cet enga-gement fût nul en sa forme, soit qu'il fût seule-ment sujet à la restitution.

1312. Lorsque les mineurs, les interdits ou les femmes mariées sont admis, en ces qualités, à se faire restituer contre leurs engagemens, le rem-boursement de ce qui aurait été, en conséquence de ces engagemens, payé pendant la minorité, l'interdiction ou le mariage, ne peut en être exigé, à moins qu'il ne soit prouvé que ce qui a été payé a tourné à leur profit.

1313. Les majeurs ne sont restitués pour cause

de lésion que dans les cas et sous les conditions spécialement exprimés dans le présent Code (Civil). *V.* LÉSION.

1314. Lorsque les formalités requises à l'égard des mineurs ou des interdits, soit pour aliénation d'immeubles, soit dans un partage de succession, ont été remplies, ils sont, relativement à ces actes, considérés comme s'ils les avaient faits en majorité ou avant l'interdiction.

Disposition additionnelle.

C. Civ. 1117. La convention contractée par erreur, violence ou dol, n'est point nulle de plein droit; elle donne seulement lieu à une action en nullité ou en rescision, dans les cas et de la manière expliqués (aux articles 1304-1314 *ci-dessus.*)

II. DE PARTAGE DE SUCCESSION.

De la rescision en matière de partage.

C. Civ. (*liv.* 3, *tit.* 1, *ch.* 6, *sect.* 5, *art.* 887-892). — 887. Les partages peuvent être rescindés pour cause de violence ou de dol. — Il peut aussi y avoir lieu à rescision, lorsqu'un des cohéritiers établit, à son préjudice, une lésion de plus du quart. La simple omission d'un objet de la succession ne donne pas ouverture à l'action en rescision, mais seulement à un supplément à l'acte de partage.

888. L'action en rescision est admise contre tout acte qui a pour objet de faire cesser l'indivision entre cohéritiers, encore qu'il fût qualifié de vente, d'échange et de transaction, ou de toute autre manière. — Mais après le partage, ou l'acte qui en tient lieu, l'action en rescision n'est plus admissible contre la transaction faite sur les difficultés réelles que présentait le premier acte, même quand il n'y aurait pas eu à ce sujet de procès commencé.

889. L'action n'est pas admise contre une vente de droit successif faite sans fraude à l'un des cohéritiers, à ses risques et périls, par ses autres cohéritiers, ou par l'un d'eux.

890. Pour juger s'il y a eu lésion, on estime les objets suivant leur valeur à l'époque du partage.

891. Le défendeur à la demande en rescision peut en arrêter le cours et empêcher un nouveau partage, en offrant et en fournissant au demandeur le supplément de sa portion héréditaire, soit en numéraire, soit en nature.

892. Le cohéritier qui a aliéné son lot en tout ou partie, n'est plus recevable à intenter l'action en rescision pour dol ou violence, si l'aliénation qu'il a faite est postérieure à la découverte du dol, ou à la cessation de la violence.

III. DE VENTE.

De la rescision de la vente pour cause de lésion.

C. Civ. (*liv.* 3, *tit.* 6, *ch.* 6, *sect.* 2, *art.* 1674-1685). — 1674. Si le vendeur a été lésé de plus de sept douzièmes dans le prix d'un immeuble, il a le droit de demander la rescision de la vente quand même il aurait expressément renoncé dans le contrat à la faculté de demander cette rescision, et qu'il aurait déclaré donner la plus value.

1675. Pour savoir s'il y a lésion de plus de sept douzièmes, il faut estimer l'immeuble suivant son état et sa valeur au moment de la vente.

1676. La demande n'est plus recevable après l'expiration de deux années, à compter du jour de la vente. — Ce délai court contre les femmes mariées, et contre les absens, les interdits, et les mineurs venant du chef d'un majeur qui a vendu. — Ce délai court aussi et n'est pas suspendu pendant la durée du temps stipulé pour le pacte de rachat.

1677. La preuve de la lésion ne pourra être admise que par jugement, et dans le cas seulement où les faits articulés seraient assez vraisemblables et assez graves pour faire présumer la lésion.

1678. Cette preuve ne pourra se faire que par un rapport de trois experts, qui seront tenus de dresser un seul procès-verbal commun, et de ne former qu'un seul avis à la pluralité des voix.

1679. S'il y a des avis différens, le procès-verbal en contiendra les motifs, sans qu'il soit permis de faire connaître de quel avis chaque expert a été.

1680. Les trois experts seront nommés d'office, à moins que les parties ne se soient accordées pour les nommer tous les trois conjointement.

1681. Dans le cas où l'action en rescision est admise, l'acquéreur a le choix ou de rendre la chose en retirant le prix qu'il en a payé, ou de garder le fonds en payant le supplément du juste prix, sous la déduction du dixième du prix total. — Le tiers-possesseur a le même droit, sauf sa garantie contre son vendeur.

1682. Si l'acquéreur préfère garder la chose en fournissant le supplément réglé par l'article précédent, il doit l'intérêt du supplément, du jour de la demande en rescision. — S'il préfère la rendre et recevoir le prix, il rend les fruits du jour de la demande. — L'intérêt du prix qu'il a payé lui est aussi compté du jour de la même demande, ou du jour du paiement, s'il n'a touché aucuns fruits.

1683. La rescision pour lésion n'a pas lieu en faveur de l'acheteur.

1684. Elle n'a pas lieu en toutes ventes qui, après la loi, ne peuvent être faites que d'autorité de justice.

1685. Les règles expliquées dans la section précédente (*art.* 1659-1673 [*V.* RACHAT]) pour les cas où plusieurs ont vendu conjointement ou séparément, et pour celui où le vendeur ou l'acheteur a laissé plusieurs héritiers, sont pareillement observées pour l'exercice de l'action en rescision.

IV. DISPOSITIONS DIVERSES.

ÉCHANGE. *C. Civ.* 1706. La rescision pour cause de lésion n'a pas lieu dans le contrat d'échange.

HYPOTHÈQUE. *C. Civ.* 2125. Ceux qui n'ont sur l'immeuble qu'un droit sujet à rescision, ne peuvent consentir qu'une hypothèque soumise à la même rescision.

TRANSACTION. *C. Civ.* 2053. Une transaction peut être rescindée, lorsqu'il y a erreur dans la personne ou sur l'objet de la contestation. — Elle peut l'être dans tous les cas où il y a dol ou violence.

2054. Il y a également lieu à l'action en rescision contre une transaction, lorsqu'elle a été faite en exécution d'un titre nul, à moins que les parties n'aient expressément traité sur la nullité.

2057. Lorsque les parties ont transigé généralement sur toutes les affaires qu'elles pouvaient avoir ensemble, les titres qui leur étaient alors connus, et qui auraient été postérieurement découverts, ne sont point une cause de rescision, à moins qu'ils n'aient été retenus par le fait de l'une des parties. — Mais la transaction serait nulle si elle n'avait qu'un objet sur lequel il serait constaté, par des titres nouvellement découverts, que l'une des parties n'avait aucun droit.

RÉSERVE *V.* DISPONIBLE (*portion*) et RÉDUCTION.

RÉSIDENCE. *C. Proc.* 59. En matière personnelle, le défendeur sera assigné devant le tribunal de son domicile; s'il n'a pas de domicile, devant le tribunal de sa résidence.

69. Seront assignés, — 1°... 8° ceux qui n'ont aucun domicile connu en France, au lieu de leur résidence actuelle : si le lieu n'est pas connu, l'exploit sera affiché à la principale porte de l'auditoire du tribunal où la demande est portée; une seconde copie sera donnée au procureur du Roi, lequel visera l'original.

RÉSILIATION.

I. DES CONVENTIONS.

C. Civ. 1142. Toute obligation de faire ou de ne pas faire se résout en dommages et intérêts, en cas d'inexécution de la part du débiteur.

II. DU CONTRAT DE LOUAGE.

1° *Bail.*

C. Civ. 1722. Si, pendant la durée du bail, la chose louée est détruite en totalité par cas fortuit, le bail est résilié de plein droit ; si elle n'est détruite qu'en partie, le preneur peut, suivant les circonstances, demander ou une diminution du prix ou la résiliation même du bail. Dans l'un et l'autre cas, il n'y a lieu à aucun dédommagement.

1724. Si les réparations (faites durant le bail) sont de telle nature qu'elles rendent inhabitable ce qui est nécessaire au logement du preneur et de sa famille, celui-ci pourra faire résilier le bail.

1729. Si le preneur emploie la chose louée à un autre usage que celui auquel elle a été destinée, ou dont il puisse résulter un dommage pour le bailleur, celui-ci peut, suivant les circonstances, faire résilier le bail.

1766. Si le preneur d'un héritage rural ne le garnit pas des bestiaux et des ustensiles nécessaires à son exploitation, s'il abandonne la culture, s'il ne cultive pas en bon père de famille, s'il emploie la chose louée à un autre usage que celui auquel elle a été destinée, ou, en général, s'il n'exécute pas les clauses du bail, et qu'il en résulte un dommage pour le bailleur, celui-ci peut, suivant les circonstances, faire résilier le bail. — En cas de résiliation provenant du fait du preneur, celui-ci est tenu des dommages et intérêts. *V.* LOUAGE.

2° *Marché à forfait.*

C. Civ. 1794. Le maître peut résilier, par sa seule volonté, le marché à forfait, quoique l'ouvrage soit déjà commencé; en dédommageant l'entrepreneur de toutes ses dépenses, de tous ses travaux, et de tout ce qu'il aurait pu gagner dans cette entreprise.

III. DE RENTE VIAGÈRE.

C. Civ. 1977. Celui au profit duquel la rente viagère a été constituée moyennant un prix, peut demander la résiliation du contrat, si le constituant ne lui donne pas les sûretés stipulées pour son exécution.

IV. DE VENTE.

C. Civ. 1636. Si l'acquéreur n'est évincé que d'une partie de la chose, et qu'elle soit de telle conséquence, relativement au tout, que l'acquéreur n'eût point acheté sans la partie dont il a été évincé, il peut faire résilier la vente.

1638. Si l'héritage vendu se trouve grevé, sans qu'il en ait été fait de déclaration, de servitudes non apparentes, et qu'elles soient de telle importance qu'il y ait lieu de présumer que l'acquéreur n'aurait pas acheté s'il en avait été instruit, il peut demander la résiliation du contrat, si mieux il n'aime se contenter d'une indemnité.

RÉSISTANCE. *V.* Rébellion.

RÉSOLUTION.

I. des conventions.

C. Civ. 1234. Les obligations s'éteignent — par l'effet de la condition résolutoire. *V.* Condition.

II. de la vente.

C. Civ. 1610. Si le vendeur manque à faire la délivrance dans le temps convenu entre les parties, l'acquéreur pourra, à son choix, demander la résolution de la vente, ou sa mise en possession, si le retard ne vient que du fait du vendeur.

1654. Si l'acheteur ne paie pas le prix, le vendeur peut demander la résolution de la vente.

1655. La résolution de la vente d'immeubles est prononcée de suite si le vendeur est en danger de perdre la chose et le prix. — Si ce danger n'existe pas, le juge peut accorder à l'acquéreur un délai plus ou moins long suivant les circonstances. — Ce délai passé sans que l'acquéreur ait payé, la résolution de la vente sera prononcée.

1656. S'il a été stipulé lors de la vente d'immeubles, que faute de paiement du prix dans le terme convenu, la vente serait résolue de plein droit, l'acquéreur peut néanmoins payer après l'expiration du délai, tant qu'il n'a pas été mis en demeure par une sommation ; mais après cette sommation, le juge ne peut pas lui accorder de délai.

1657. En matière de vente de denrées et effets mobiliers, la résolution de la vente aura lieu de plein droit et sans sommation, au profit du vendeur, après l'expiration du terme convenu pour le retirement.

1658. Indépendamment des causes de nullité ou de résolution (*ci-dessus*), et de celles qui sont communes à toutes les conventions, le contrat de vente peut être résolu par l'exercice de la faculté de rachat (*V.* Rachat) et par la vilité du prix. *V.* Rescision.

RESPECTUEUX (actes).

C. Civ. 151. Les enfans de famille ayant atteint la majorité fixée par l'article 148 (vingt-cinq ans accomplis pour les fils, vingt-un ans accomplis pour les filles), sont tenus, avant de contracter mariage, de demander, par un acte respectueux et formel, le conseil de leur père et de leur mère, ou celui de leurs aïeuls et aïeules, lorsque leur père et leur

mère sont décédés, ou dans l'impossibilité de manifester leur volonté.

152. Depuis la majorité fixée par l'article 148 jusqu'à l'âge de trente ans accomplis pour les fils et jusqu'à l'âge de vingt-cinq ans accomplis pour les filles, l'acte respectueux prescrit par l'article précédent, et sur lequel il n'y aurait pas de consentement au mariage, sera renouvelé deux autres fois, de mois en mois ; et un mois après le troisième acte, il pourra être passé outre à la célébration du mariage.

153. Après l'âge de trente ans, il pourra être à défaut de consentement sur un acte respectueux passé outre, un mois après, à la célébration du mariage.

154. L'acte respectueux sera notifié à celui o ceux des ascendans désignés en l'article 151, par deux notaires, ou par un notaire et deux témoins et, dans le procès-verbal qui doit en être dressé il sera fait mention de la réponse.

155. En cas d'absence de l'ascendant auqu eût dû être fait l'acte respectueux, il sera pass outre à la célébration du mariage, en représen tant le jugement qui aurait été rendu pour décla rer l'absence, ou, à défaut de ce jugement, celu qui aurait ordonné l'enquête, ou, s'il n'y a poin encore eu de jugement, un acte de notoriété de livré par le juge de paix du lieu où l'ascendant eu son dernier domicile connu. Cet acte contien dra la déclaration de quatre témoins appelés d'of fice par ce juge de paix.

157. Lorsqu'il n'y aura pas eu d'actes res pectueux, dans les cas où ils sont prescrits l'officier de l'état civil qui aurait célébré le ma riage sera condamné à (une amende qui ne pourr excéder trois cents francs, *art.* 192), et à un em prisonnement qui ne pourra être moindre d'u mois.

158. Les dispositions des articles 151, 152 153, 154 et 155, relatives à l'acte respectueux qu doit être fait aux père et mère dans le cas prév par ces articles, sont applicables aux enfans na turels légalement reconnus.

RESPONSABILITÉ CIVILE.

I. loi civile.

Dispositions générales.

C. Civ. 1384. On est responsable non-seule ment du dommage que l'on cause par son propr fait, mais encore de celui qui est causé par le fai des personnes dont on doit répondre, ou des choses que l'on a sous sa garde. — Le père, la mère après le décès du mari, sont responsable du dommage causé par leurs enfans mineurs ha bitant avec eux ; — les maîtres et les commet tans, du dommage causé par leurs domestique et préposés dans les fonctions auxquelles ils le font employés ; — les instituteurs et les artisans, du dommage causé par leurs élèves et apprentis pendant le temps qu'ils sont sous leur surveillance. — La responsabilité ci-dessus a lieu, à moins que les père et mère, instituteurs et artisans, ne prouvent qu'ils n'ont pu empêcher le fait qui donne lieu à cette responsabilité.

1385. Le propriétaire d'un animal, ou celui qui s'en sert, pendant qu'il est à son usage, est responsable du dommage que l'animal a causé, soit que l'animal fût sous sa garde, soit qu'il fût égaré ou échappé.

1386. Le propriétaire d'un bâtiment est responsable du dommage causé par sa ruine, lorsqu'elle est arrivée par une suite du défaut d'entretien ou par le vice de sa construction.

1952. Les aubergistes ou hôteliers sont responsables, comme dépositaires des effets apportés par le voyageur qui loge chez eux ; le dépôt de ces sortes d'effets doit être regardé comme un dépôt nécessaire.

1953. Ils sont responsables du dommage des effets du voyageur, soit que le dommage ait été causé par les domestiques et préposés de l'hôtellerie, ou par des étrangers allant et venant dans l'hôtellerie.

II. LOI PÉNALE.

C. Pén. 73. Les aubergistes et hôteliers convaincus d'avoir logé, plus de vingt-quatre heures, quelqu'un qui, pendant son séjour, aurait commis un crime ou un délit, seront civilement responsables des restitutions, des indemnités et des frais adjugés à ceux à qui ce crime ou ce délit aurait causé quelque dommage, faute par eux d'avoir inscrit sur leur registre le nom, la profession et le domicile du coupable ; sans préjudice de leur responsabilité, dans le cas des articles 1952 et 1953 du Code Civil (*ci-dessus*).

74. Dans les autres cas de responsabilité civile qui pourront se présenter dans les affaires criminelles, correctionnelles ou de police, les cours et tribunaux devant qui ces affaires seront portées, se conformeront aux dispositions du Code Civil, livre 3, titre 4, chapitre 2. (*Art.* 1384-1386 *ci-dessus*).

RESSORT.

C. Proc. 453. Seront sujets à l'appel les jugemens qualifiés en dernier ressort, lorsqu'ils auront été rendus par des juges qui ne pouvaient prononcer qu'en première instance. — Ne seront recevables les appels des jugemens rendus sur des matières dont la connaissance en dernier ressort appartient aux premiers juges, mais qu'ils auraient omis de qualifier, ou qu'ils auraient qualifiés en premier ressort.

454. Lorsqu'il s'agira d'incompétence, l'appel sera recevable, encore que le jugement ait été qualifié en dernier ressort.

457. L'exécution des jugemens mal-à-propos qualifiés en dernier ressort ne pourra être suspendue qu'en vertu de défenses obtenues par l'appelant, à l'audience de la cour royale, sur assignation à bref délai. — A l'égard des jugemens non qualifiés, ou qualifiés en premier ressort, et dans lesquels les juges étaient autorisés à prononcer en dernier ressort, l'exécution provisoire pourra en être ordonnée par la cour royale, à l'audience et sur un simple acte.

480. Les jugemens contradictoires rendus en dernier ressort par les tribunaux de première instance et d'appel, et les jugemens par défaut rendus aussi en dernier ressort, et qui ne sont plus susceptibles d'opposition, pourront être rétractés sur la requête de ceux qui auront été parties et dûment appelés. *V.* REQUÊTE CIVILE.

RESTITUTION.

1° *Disposition générale.*

C. Civ. 1376. Celui qui reçoit par erreur ou sciemment ce qui ne lui est pas dû s'oblige à le restituer à celui de qui il l'a indûment reçu. *V.* INDU PAIEMENT.

2° *Dispositions diverses.*

CONDITION RÉSOLUTOIRE. *C. Civ.* 1183. La condition résolutoire ne suspend point l'exécution de l'obligation ; elle oblige seulement le créancier à restituer ce qu'il a reçu dans le cas où l'évènement prévu par la condition arrive.

DÉPÔT. *C. Civ.* 1932. Le dépositaire doit rendre identiquement la chose même qu'il a reçue. *V.* DÉPÔT.

FEMME (*communauté*). *C. Civ.* 1455. La femme majeure qui a pris dans un acte la qualité de commune, ne peut plus y renoncer ni se faire restituer contre cette qualité, quand même elle l'aurait prise avant d'avoir fait inventaire, s'il n'y a eu dol de la part des héritiers du mari.

GAGE. *C. Civ.* 2082. Le débiteur ne peut, à moins que le détenteur du gage n'en abuse, en réclamer la restitution qu'après avoir entièrement payé, tant en principal qu'intérêts et frais, la dette pour sûreté de laquelle le gage a été donné. — S'il existait de la part du même débiteur, envers le même créancier, une autre dette contractée postérieurement à la mise en gage, et devenue exigible avant le paiement de la première dette, le créancier ne pourra être tenu de se dessaisir du gage avant d'être entièrement payé de l'une et de l'autre dette, lors même qu'il n'y aurait eu aucune stipulation pour affecter le gage au paiement de la seconde.

2085. Le gage est indivisible nonobstant la divisibilité de la dette entre les héritiers du débiteur ou ceux du créancier. — L'héritier du débiteur, qui a payé sa portion de la dette, ne peut demander la restitution de sa portion dans le gage, tant que la dette n'est pas entièrement acquittée. — Réciproquement, l'héritier du créancier, qui a reçu sa portion de la dette, ne peut remettre le gage au préjudice de ceux de ses cohéritiers qui ne sont pas payés.

MINEUR. *C. Civ.* 1306. Le mineur n'est pas restituable, pour cause de lésion, lorsqu'elle ne résulte que d'un événement casuel et imprévu. *V.* MINEUR.

PERTE. *C. Civ.* 1302. De quelque manière que la chose volée ait péri ou ait été perdue, sa perte ne dispense pas celui qui l'a soustraite de la restitution du prix.

RESTITUTION DE DOT, — DE FRUITS.

V. DOTAL (*régime*), FRUITS.

RESTRICTION (D'HYPOTHÈQUE).

C. Civ. 2143. Lorsque l'hypothèque n'aura pas été restreinte par l'acte de nomination du tuteur, celui-ci pourra, dans le cas où l'hypothèque générale sur ses immeubles excéderait notoirement les sûretés suffisantes pour sa gestion, demander que cette hypothèque soit restreinte aux immeubles suffisans pour opérer une pleine garantie en faveur du mineur. — La demande sera formée contre le subrogé-tuteur, et elle devra être précédée d'un avis de famille.

2144. Pourra pareillement le mari, du consentement de sa femme, et après avoir pris l'avis des quatre plus proches parens d'icelle, réunis en assemblée de famille, demander que l'hypothèque générale sur tous ses immeubles, pour raison de la dot, des reprises et conventions matrimoniales, soit restreinte aux immeubles suffisans pour la conservation entière des droits de la femme.

2145. Les jugemens sur les demandes des maris et des tuteurs ne seront rendus qu'après avoir entendu le procureur du Roi, et contradictoirement avec lui. — Dans le cas où le tribunal prononcera la réduction de l'hypothèque à certains immeubles, les inscriptions prises sur tous les autres seront rayées.

RÉSUMÉ.

C. Inst. cr. 336. Le président (des assises, après la clôture des débats,) résumera l'affaire. — Il fera remarquer aux jurés les principales preuves pour ou contre l'accusé. — Il leur rappellera les fonctions qu'ils auront à remplir. — Il posera les questions.

RETARD.

Dispositions générales.

C. Civ. 1147. Le débiteur est condamné, s'il y a lieu, au paiement de dommages et intérêts, soit à raison de l'inexécution de l'obligation, soit à raison du retard dans l'exécution, toutes les fois qu'il ne justifie pas que l'inexécution provient d'une cause étrangère qui ne peut lui être imputée, encore qu'il n'y ait aucune mauvaise foi de sa part.

1229. La clause pénale est la compensation des dommages et intérêts que le créancier souffre de l'inexécution de l'obligation principale. — Il ne peut demander en même temps le principal et la peine, à moins qu'elle n'ait été stipulée pour le simple retard. *V.* DEMEURE (*mise en*).

1610. Si le vendeur manque à faire la délivrance dans le temps convenu entre les parties, l'acquéreur pourra, à son choix, demander la résolution de la vente, ou sa mise en possession, si le retard ne vient que du fait du vendeur. *V.* TERME.

RETOUR (COMPTE DE).

C. Com. 180. La retraite (d'un effet de commerce) est accompagnée d'un compte de retour.

181. Le compte de retour comprend, — le principal de la lettre de change protestée, — les frais de protêt et autres frais légitimes, tels que commission de banque, courtage, timbre et ports de lettres. — Il énonce le nom de celui sur qui la retraite est faite, et le prix du change auquel elle est négociée. — Il est certifié par un agent de change. — Dans les lieux où il n'y a pas d'agent de change, il est certifié par deux commerçans. — Il est accompagné de la lettre de change protestée, du protêt ou d'une expédition de l'acte de protêt. — Dans le cas où la retraite est faite sur l'un des endosseurs, elle est accompagnée, en outre, d'un certificat qui constate le cours du change du lieu où la lettre de change était payable, sur le lieu d'où elle a été tirée.

182. Il ne peut être fait plusieurs comptes de retour sur une même lettre de change. — Ce compte de retour est remboursé d'endosseur à endosseur respectivement, et définitivement par le tireur. *V.* RECHANGE.

RETOUR (DROIT DE).

I. CONVENTIONNEL.

C. Civ. 951. Le donateur pourra stipuler le droit de retour des objets donnés, soit pour le cas du prédécès du donataire seul, soit pour le cas du prédécès du donataire et de ses descendans. — Ce droit ne pourra être stipulé qu'au profit du donateur seul.

952. L'effet du droit de retour sera de résou-

re toutes les aliénations des biens donnés, et de faire revenir ces biens au donateur, francs et quittes de toutes charges et hypothèques, sauf néanmoins l'hypothèque de la dot et des conventions matrimoniales, si les autres biens de l'époux donataire ne suffisent pas, et dans le cas seulement où la donation lui aura été faite par le même contrat de mariage, duquel résultent ces droits et hypothèques.

II. LÉGAL.
1° En faveur de l'adoptant.

C. Civ. 351. Si l'adopté meurt sans descendans légitimes, les choses données par l'adoptant, ou recueillies dans sa succession, et qui existeront en nature lors du décès de l'adopté, retourneront à l'adoptant ou à ses descendans, à la charge de contribuer aux dettes, et sans préjudice des droits des tiers.—Le surplus des biens de l'adopté appartiendra à ses propres parens; et ceux-ci excluront toujours, pour les objets même spécifiés au présent article, tous héritiers de l'adoptant autres que ses descendans.

2° En faveur des ascendans.

C. Civ. 747. Les ascendans succèdent, à l'exclusion de tous autres, aux choses par eux données à leurs enfans ou descendans décédés sans postérité, lorsque les objets donnés se retrouvent en nature dans la succession. — Si les objets ont été aliénés, les ascendans recueillent le prix qui peut en être dû. Ils succèdent aussi à l'action en reprise que pouvait avoir le donataire.

RETOUR (ESPRIT DE).

C. Civ. 17. La qualité de Français se perdra, — 1°..... 5° par tout établissement fait en pays étranger, sans esprit de retour. — Les établissemens de commerce ne pourront jamais être considérés comme ayant été faits sans esprit de retour.

RETRAIT.

1° *Litigieux. V.* LITIGIEUX (*droits*).
2° *Successoral. V.* SUCCESSIFS (*droits*).

RETRAITE.

C. Com. 177. Le rechange (des effets de commerce) s'effectue par une retraite.

178. La retraite est une nouvelle lettre de change, au moyen de laquelle le porteur se rembourse, sur le tireur ou sur l'un des endosseurs, du principal de la lettre protestée, de ses frais, et du nouveau change qu'il paie. *V.* RECHANGE.

180. La retraite est accompagnée d'un compte de retour.

RÉTROACTIVITÉ.

1° Loi civile.

C. Civ. 2. La loi ne dispose que pour l'avenir; elle n'a point d'effet rétroactif.

1179. La condition accomplie a un effet rétroactif au jour auquel l'engagement a été contracté. Si le créancier est mort avant l'accomplissement de la condition, ses droits passent à son héritier.

2° Loi pénale.

C. Pén. 4. Nulle contravention, nul délit, nul crime ne peuvent être punis de peines qui n'étaient pas prononcées par la loi avant qu'ils fussent commis.

RÉVÉLATION DE SECRET.

C. Pén. 378. Les médecins, chirurgiens et autres officiers de santé, ainsi que les pharmaciens, les sages-femmes, et toutes autres personnes dépositaires, par état ou profession, des secrets qu'on leur confie, qui, hors le cas où la loi les oblige à se porter dénonciateurs, auront révélé ces secrets, seront punis d'un emprisonnement d'un mois à six mois, et d'une amende de cent francs à cinq cents francs.

REVENDICATION.

I. EN MATIÈRE CIVILE.
1° De dépôt.

C. Civ. 1926. Si le dépôt a été fait par une personne capable à une personne qui ne l'est pas, la personne qui a fait le dépôt n'a que l'action en revendication de la chose déposée, tant qu'elle existe dans la main du dépositaire, ou une action en restitution jusqu'à concurrence de ce qui a tourné au profit de ce dernier. *V.* DÉPÔT.

2° De meuble.

C. Civ. 2279. En fait de meubles, la possession vaut titre.—Néanmoins celui qui a perdu, ou auquel il a été volé une chose, peut la revendiquer pendant trois ans, à compter du jour de la perte ou du vol, contre celui dans les mains duquel il la trouve, sauf à celui-ci son recours contre celui duquel il la tient. (*V.* ci-après, III, *de la saisie-revendication.*)

2280. Si le possesseur actuel de la chose volée ou perdue l'a achetée dans une foire, ou dans un marché, ou dans une vente publique, ou d'un marchand vendant des choses pareilles, le propriétaire originaire ne peut se la faire rendre qu'en remboursant au possesseur le prix qu'elle lui a coûté.

3° A raison du prix de location.

C. Civ. 2102. Les créances privilégiées sur certains meubles sont, — 1° les loyers et fermages des immeubles, sur les fruits de la récolte de l'année, et sur le prix de tout ce qui garnit la maison louée ou la ferme, et de tout ce qui sert à l'exploitation de la ferme; savoir : pour tout ce qui est échu et pour tout ce qui est à échoir, si

45.

les baux sont authentiques, ou si, étant sous signature privée, ils ont une date certaine ; et, dans ces deux cas, les autres créanciers ont le droit de relouer la maison ou la ferme pour le restant du bail, et de faire leur profit des baux ou fermages, à la charge toutefois de payer au propriétaire tout ce qui lui serait encore dû ; — et, à défaut de baux authentiques, ou lorsqu'étant sous signature privée, ils n'ont pas une date certaine, pour une année à partir de l'expiration de l'année courante ; — le même privilége a lieu pour les réparations locatives et pour tout ce qui concerne l'exécution du bail ; — néanmoins les sommes dues pour les semences ou pour les frais de la récolte de l'année sont payées sur le prix de la récolte, et celles dues pour ustensiles sur le prix de ces ustensiles, par préférence au propriétaire, dans l'un et l'autre cas ; — le propriétaire peut saisir les meubles qui garnissent sa maison ou sa ferme, lorsqu'ils ont été déplacés sans son consentement, et il conserve sur eux son privilége, pourvu qu'il ait fait la revendication ; savoir, lorsqu'il s'agit du mobilier qui garnissait une ferme, dans le délai de quarante jours ; et dans celui de quinzaine s'il s'agit des meubles garnissant une maison.

II. EN MATIÈRE COMMERCIALE.
De la revendication (après faillite).

C. Com. (liv. 3, tit. 3, art. 376-385).—376. Le vendeur pourra, en cas de faillite, revendiquer les marchandises vendues et livrées, et dont le prix ne lui a pas été payé, dans les cas et aux conditions ci-après exprimés.

577. La revendication ne pourra avoir lieu que pendant que les marchandises expédiées seront encore en route, soit par terre, soit par eau, et avant qu'elles soient entrées dans les magasins du failli ou dans les magasins du commissionnaire chargé de les vendre pour le compte du failli.

578. Elles ne pourront être revendiquées, si, avant leur arrivée, elles ont été vendues sans fraude, sur factures et connaissemens ou lettres de voiture.

579. En cas de revendication, le revendiquant sera tenu de rendre l'actif du failli indemne de toute avance faite pour fret ou voiture, commission, assurance ou autres frais, et de payer les sommes dues pour mêmes causes, si elles n'ont pas été acquittées.

580. La revendication ne pourra être exercée que sur les marchandises qui seront reconnues être identiquement les mêmes, et que lorsqu'il sera reconnu que les balles, barriques ou enveloppes dans lesquelles elles se trouvaient lors de la vente, n'ont pas été ouvertes, que les cordes ou marques n'ont été ni enlevées ni changées, et que les marchandises n'ont subi en nature et quantité ni changement ni altération.

581. Pourront être revendiquées, aussi longtemps qu'elles existeront en nature, en tout ou en partie, les marchandises consignées au failli, à titre de dépôt, ou pour être vendues pour le compte de l'envoyeur : dans ce dernier cas même, le prix desdites marchandises pourra être revendiqué, s'il n'a pas été payé ou passé en compte-courant entre le failli et l'acheteur.

582. Dans tous les cas de revendication, excepté ceux de dépôt et de consignation de marchandises, les syndics des créanciers auront la faculté de retenir les marchandises revendiquées, en payant au réclamant le prix convenu entre lui et le failli.

583. Les remises en effets de commerce, ou en tous autres effets non encore échus, ou échus et non encore payés, et qui se trouveront en nature dans le portefeuille du failli à l'époque de sa faillite, pourront être revendiquées, si ces remises ont été faites par le propriétaire avec le simple mandat d'en faire le recouvrement et d'en garder la valeur à sa disposition, ou si elles ont reçu de sa part la destination spéciale de servir au paiement d'acceptations ou de billets tirés au domicile du failli.

584. La revendication aura pareillement lieu pour les remises faites sans acceptation ni disposition, si elles sont entrées dans un compte courant par lequel le propriétaire ne serait que créditeur ; mais elle cessera d'avoir lieu si, à l'époque des remises, il était débiteur d'une somme quelconque.

585. Dans les cas où la loi permet la revendication, les syndics examineront les demandes ; ils pourront les admettre, sauf l'approbation du commissaire : s'il y a contestation, le tribunal prononcera après avoir entendu le commissaire.

III. DE LA SAISIE-REVENDICATION.
1° Dispositions générales.
De la saisie-revendication.

C. Proc (2ᵉ part., *liv.* 1, *tit.* 3, *art.* 826-831). —826. Il ne pourra être procédé à aucune saisie-revendication, qu'en vertu d'ordonnance du président du tribunal de première instance, rendue sur requête ; et ce, à peine de dommages-intérêts tant contre la partie que contre l'huissier qui aura procédé à la saisie.

827. Toute requête à fin de saisie-revendication désignera sommairement les effets.

828. Le juge pourra permettre la saisie-revendication, même les jours de fête légale.

829. Si celui chez lequel sont les effets qu'on veut revendiquer, refuse les portes ou s'oppose à la saisie, il en sera référé au juge ; et cependant il sera sursis à la saisie, sauf au requérant à établir garnison aux portes.

830. La saisie-revendication sera faite en même forme que la saisie-exécution, si ce n'est que celui chez qui elle est faite pourra être constitué gardien. *V.* Exécution (*saisie*).

831. La demande en validité de la saisie sera portée devant le tribunal du domicile de celui sur qui elle est faite ; et, si elle est connexe à une instance déjà pendante, elle le sera au tribunal saisi de cette instance.

2° Dispositions du tarif civil.

62. (Pr. 829.) Pour un procès-verbal tendant à la saisie-revendication, s'il y a refus de portes ou opposition à la saisie , contenant assignation en référé devant le juge, y compris les témoins, — Paris, 5 f. — Villes où il y a tribunal de première instance, 4 fr. — Autres villes et cantons ruraux, 4 f. — Pour la copie , le quart. — Le procès-verbal de saisie-revendication sera taxé comme celui de saisie-exécution. *V.* Exécution (*saisie*).

77. (Pr. 826, 827.) Requête pour demander la permission de saisir-revendiquer, contenant la désignation des effets, — Paris, 5 fr. — Ressort, 2 fr. 25 c. (*V.* Tarif.) — Elle ne sera point grossoyée, et la vacation pour prendre l'ordonnance est comprise.

REVENTE. *V.* Folle-enchère, Surenchère.

REVENUS. *V.* Arrérages, Fruits.

RÉVISION (de compte).

C. Proc. 541. Il ne sera procédé à la révision d'aucun compte, sauf aux parties, s'il y a erreurs, omissions, faux ou doubles emplois, à en former leurs demandes devant les mêmes juges.

RÉVISION (des jugemens criminels).

Des demandes en révision.

C. Inst. cr. (*liv.* 2, *tit.* 3, *ch.* 3, *art.* 443-447). — 443. Lorsqu'un accusé aura été condamné pour un crime, et qu'un autre accusé aura aussi été condamné par un autre arrêt comme auteur du même crime ; si les deux arrêts ne peuvent se concilier , et sont la preuve de l'innocence de l'un ou de l'autre condamné, l'exécution des deux arrêts sera suspendue, quand même la demande en cassation de l'un ou de l'autre arrêt aurait été rejetée. — Le ministre de la justice, soit d'office, soit sur la réclamation des condamnés ou de l'un d'eux, ou du procureur général, chargera le procureur général près la cour de cassation, de dénoncer les deux arrêts à cette cour. — Ladite cour, section criminelle , après avoir vérifié que les deux condamnations ne peuvent se concilier, cassera les deux arrêts, et renverra les accusés, pour être procédé sur les actes d'accusation subsis-

tans, devant une autre cour que celles qui auront rendu les deux arrêts.

444. Lorsqu'après une condamnation pour homicide il sera , de l'ordre exprès du ministre de la justice, adressé à la cour de cassation, section criminelle, des pièces représentées postérieurement à la condamnation et propres à faire naître de suffisans indices sur l'existence de la personne dont la mort supposée aurait donné lieu à la condamnation, cette cour pourra préparatoirement désigner une cour royale pour reconnaître l'existence et l'identité de la personne prétendue homicidée , et les constater par l'interrogatoire de cette personne, par audition de témoins, et par tous les moyens propres à mettre en évidence le fait destructif de la condamnation. — L'exécution de la condamnation sera de plein droit suspendue par l'ordre du ministre de la justice , jusqu'à ce que la cour de cassation ait prononcé, et, s'il y a lieu ensuite, par l'arrêt préparatoire de cette cour. — La cour désignée par celle de cassation prononcera simplement sur l'identité ou la non-identité de la personne ; et après que son arrêt aura été, avec la procédure, transmis à la cour de cassation, celle-ci pourra casser l'arrêt de condamnation, et même renvoyer, s'il y a lieu, l'affaire à une cour d'assises autre que celles qui en auraient primitivement connu.

445. Lorsqu'après une condamnation contre un accusé, l'un ou plusieurs des témoins qui avaient déposé à charge contre lui, seront poursuivis pour avoir porté un faux témoignage dans le procès, et si l'accusation en faux témoignage est admise contre eux, ou même s'il est décerné contre eux des mandats d'arrêt, il sera sursis à l'exécution de l'arrêt de condamnation, quand même la cour de cassation aurait rejeté la requête du condamné. — Si les témoins sont ensuite condamnés pour faux témoignage à charge , le ministre de la justice, soit d'office, soit sur la réclamation de l'individu condamné par le premier arrêt, ou du procureur général, chargera le procureur général près la cour de cassation de dénoncer le fait à cette cour. — Ladite cour, après avoir vérifié la déclaration du juri, sur laquelle le second arrêt aura été rendu, annulera le premier arrêt , si par cette déclaration les témoins sont convaincus de faux témoignage à charge contre le premier condamné ; et, pour être procédé contre l'accusé sur l'acte d'accusation subsistant, elle le renverra devant une cour d'assises autre que celles qui auront rendu soit le premier, soit le second arrêt. — Si les accusés de faux témoignage sont acquittés, le sursis sera levé de droit, et l'arrêt de condamnation sera exécuté.

446. Les témoins condamnés pour faux témoignage ne pourront pas être entendus dans les nouveaux débats.

447. Lorsqu'il y aura lieu de réviser une condamnation pour la cause exprimée en l'art. 444, et que cette condamnation aura été portée contre un individu mort depuis, la cour de cassation créera un curateur à sa mémoire, avec lequel se fera l'instruction, et qui exercera tous les droits du condamné. — Si, par le résultat de la nouvelle procédure, la première condamnation se trouve avoir été portée injustement, le nouvel arrêt déchargera la mémoire du condamné de l'accusation qui avait été portée contre lui.

RÉVOCATION.

I. DES DONATIONS.

1° *Dispositions générales.*

C. Civ. 894. La donation entre-vifs est un acte par lequel le donateur se dépouille actuellement et irrévocablement de la chose donnée en faveur du donataire qui l'accepte.

Des exceptions à la règle de l'irrévocabilité des donations entre-vifs.

C. Civ. (*liv.* 3, *tit.* 2, *ch.* 4, *sect.* 2, *art.* 953-966.)—953. La donation entre-vifs ne pourra être révoquée que pour cause d'inexécution des conditions sous lesquelles elle aura été faite, pour cause d'ingratitude, et pour cause de survenance d'enfans.

954. Dans le cas de la révocation pour cause d'inexécution des conditions, les biens rentreront dans les mains du donateur, libres de toutes charges et hypothèques du chef du donataire ; et le donateur aura, contre les tiers détenteurs des immeubles donnés, tous les droits qu'il aurait contre le donataire lui-même.

955. La donation entre-vifs ne pourra être révoquée pour cause d'ingratitude que dans les cas suivans : — 1° si le donataire a attenté à la vie du donateur ; — 2° s'il s'est rendu coupable envers lui de sévices, délits ou injures graves ; — 3° s'il lui refuse des alimens.

956. La révocation pour cause d'inexécution des conditions, ou pour cause d'ingratitude, n'aura jamais lieu de plein droit.

957. La demande en révocation pour cause d'ingratitude devra être formée dans l'année, à compter du jour du délit imputé par le donateur au donataire, ou du jour que le délit aura pu être connu par le donateur. — Cette révocation ne pourra être demandée par le donateur contre les héritiers du donataire, ni par les héritiers du donateur contre le donataire, à moins que, dans ce dernier cas, l'action n'ait été intentée par le

donateur, ou qu'il ne soit décédé dans l'année du délit.

958. La révocation pour cause d'ingratitude ne préjudiciera ni aux aliénations faites par le donataire, ni aux hypothèques et autres charges réelles qu'il aura pu imposer sur l'objet de la donation, pourvu que le tout soit antérieur à l'inscription qui aurait été faite de l'extrait de la demande en révocation, en marge de la transcription prescrite par l'article 939. (*V.* DONATION.) — Dans le cas de révocation, le donataire sera condamné à restituer la valeur des objets aliénés, eu égard au temps de la demande, et les fruits, à compter du jour de cette demande.

959. Les donations en faveur de mariage ne seront pas révocables pour cause d'ingratitude.

960. Toutes donations entre-vifs faites par personnes qui n'avaient point d'enfans ou de descendans actuellement vivans dans le temps de la donation, de quelque valeur que ces donations puissent être, et à quelque titre qu'elles aient été faites, et encore qu'elles fussent mutuelles ou rémunératoires, même celles qui auraient été faites en faveur de mariage par autres que par les ascendans aux conjoints, ou par les conjoints l'un à l'autre, demeureront révoquées de plein droit par la survenance d'un enfant légitime du donateur, même d'un posthume, ou par la légitimation d'un enfant naturel par mariage subséquent, s'il est né depuis la donation.

961. Cette révocation aura lieu, encore que l'enfant du donateur ou de la donatrice fût conçu au temps de la donation.

962. La donation demeurera pareillement révoquée, lors même que le donataire serait entré en possession des biens donnés, et qu'il y aurait été laissé par le donateur depuis la survenance de l'enfant ; sans néanmoins que le donataire soit tenu de restituer les fruits par lui perçus, de quelque nature qu'ils soient, si ce n'est du jour que la naissance de l'enfant ou sa légitimation par mariage subséquent lui aura été notifiée par exploit ou autre acte en bonne forme ; et ce, quand même la demande pour rentrer dans les biens donnés n'aurait été formée que postérieurement à cette notification.

963. Les biens compris dans la donation révoquée de plein droit, rentreront dans le patrimoine du donateur, libres de toutes charges et hypothèques du chef du donataire, sans qu'ils puissent demeurer affectés, même subsidiairement, à la restitution de la dot de la femme de ce donataire, de ses reprises ou autres conventions matrimoniales ; ce qui aura lieu quand même la donation aurait été faite en faveur du mariage du

donataire et insérée dans le contrat, et que le donateur se serait obligé comme caution, par la donation, à l'exécution du contrat de mariage.

964. Les donations ainsi révoquées ne pourront revivre ou avoir de nouveau leur effet, ni par la mort de l'enfant du donateur, ni par aucun acte confirmatif; et si le donateur veut donner les mêmes biens au même donataire, soit avant ou après la mort de l'enfant par la naissance duquel la donation avait été révoquée, il ne le pourra faire que par une nouvelle disposition.

965. Toute clause ou convention par laquelle le donateur aurait renoncé à la révocation de la donation pour survenance d'enfant, sera regardée comme nulle, et ne pourra produire aucun effet.

966. Le donataire, ses héritiers ou ayans cause, ou autres détenteurs des choses données, ne pourront opposer la prescription pour faire valoir la donation révoquée par la survenance d'enfant, qu'après une possession de trente années, qui ne pourront commencer à courir que du jour de la naissance du dernier enfant du donateur, même posthume; et ce, sans préjudice des interruptions, telles que de droit.

2° *Dispositions additionnelles.*

C. Civ. 1096. Toutes donations faites entre époux pendant le mariage, quoique qualifiées entre-vifs, seront toujours révocables. — La révocation pourra être faite par la femme sans y être autorisée par le mari ni par justice. — Ces donations ne seront point révoquées par la survenance d'enfans.

II. DES TESTAMENS.

Dispositions générales.

C. Civ. 893. Le testament est un acte par lequel le testateur dispose, pour le temps où il n'existera plus, de tout ou partie de ses biens, et qu'il peut révoquer.

De la révocation des testamens, et de leur caducité.

C. Civ. (liv. 3, tit. 2, ch. 5, sect. 8, art. 1035-1047.) — 1035. Les testamens ne pourront être révoqués, en tout ou en partie, que par un testament postérieur, ou par un acte devant notaires, portant déclaration du changement de volonté.

1036. Les testamens postérieurs qui ne révoqueront pas d'une manière expresse les précédens, n'annulleront, dans ceux-ci, que celles des dispositions y contenues qui se trouveront incompatibles avec les nouvelles, ou qui seront contraires.

1037. La révocation faite dans un testament postérieur aura tout son effet, quoique ce nouvel acte reste sans exécution par l'incapacité de l'héritier institué ou du légataire, ou par leur refus de recueillir.

1038. Toute aliénation, celle même par vente avec faculté de rachat ou par échange, que fera le testateur de tout ou de partie de la chose léguée, emportera la révocation du legs pour tout ce qui a été aliéné, encore que l'aliénation postérieure soit nulle, et que l'objet soit rentré dans la main du testateur.

1039. Toute disposition testamentaire sera caduque, si celui en faveur de qui elle est faite, n'a pas survécu au testateur.

1040. Toute disposition testamentaire faite sous une condition dépendante d'un évènement incertain, et telle que, dans l'intention du testateur, cette disposition ne doive être exécutée qu'autant que l'évènement arrivera ou n'arrivera pas, sera caduque, si l'héritier institué ou le légataire décède avant l'accomplissement de la condition.

1041. La condition qui, dans l'intention du testateur, ne fait que suspendre l'exécution de la disposition, n'empêchera pas l'héritier institué, ou le légataire, d'avoir un droit acquis et transmissible à ses héritiers.

1042. Le legs sera caduc, si la chose léguée a totalement péri pendant la vie du testateur. — Il en sera de même, si elle a péri depuis sa mort, sans le fait et la faute de l'héritier, quoique celui-ci ait été mis en retard de la délivrer, lorsqu'elle eût également dû périr entre les mains du légataire.

1043. La disposition testamentaire sera caduque, lorsque l'héritier institué ou le légataire la répudiera, ou se trouvera incapable de la recueillir.

1044. Il y aura lieu à accroissement au profit des légataires, dans le cas où le legs sera fait à plusieurs conjointement. — Le legs sera réputé fait conjointement, lorsqu'il le sera par une seule et même disposition, et que le testateur n'aura pas assigné la part de chacun des colégataires dans la chose léguée.

1045. Il sera encore réputé fait conjointement, quand une chose qui n'est pas susceptible d'être divisée sans détérioration, aura été donnée par le même acte à plusieurs personnes, même séparément.

1046. Les mêmes causes qui, suivant l'article 954, et les deux premières dispositions de l'article 955 (ci-dessus), autoriseront la demande en révocation de la donation entre-vifs, seront admises pour la demande en révocation des dispositions testamentaires.

1047. Si cette demande est fondée sur une

injure grave faite à la mémoire du testateur, elle doit être intentée dans l'année, à compter du jour du délit.

III. RÉVOCATIONS DIVERSES.

ARBITRES. *C. Proc.* 1008. Pendant le délai de l'arbitrage, les arbitres ne pourront être révoqués que du consentement unanime des parties.

AVOUÉ. *C. Proc.* 75. Le défendeur sera tenu, dans les délais de l'ajournement, de constituer avoué : ce qui se fera par acte signifié d'avoué à avoué. Le défendeur ni le demandeur ne pourront révoquer leur avoué sans en constituer un autre. Les procédures faites et jugemens obtenus contre l'avoué révoqué, et non remplacé, seront valables. *V.* DÉFENSE.

CONDITION RÉSOLUTOIRE. *C. Civ.* 1183. La condition résolutoire est celle qui, lorsqu'elle s'accomplit, opère la révocation de l'obligation, et qui remet les choses au même état que si l'obligation n'avait pas existé.

MANDAT *C. Civ.* 2003. Le mandat finit par la révocation du mandataire.

2004. Le mandant peut révoquer sa procuration quand bon lui semble, et contraindre, s'il y a lieu, le mandataire à lui remettre, soit l'écrit sous seing privé qui la contient, soit l'original de la procuration, si elle a été délivrée en brevet, soit l'expédition, s'il en a été gardé minute.

2005. La révocation notifiée au seul mandataire ne peut être opposée aux tiers qui ont traité dans l'ignorance de cette révocation, sauf au mandant son recours contre le mandataire.

2006. La constitution d'un nouveau mandataire pour la même affaire vaut révocation du premier, à compter du jour où elle a été notifiée à celui-ci.

SOCIÉTÉ. *C. Civ.* 1856. L'associé chargé de l'administration par une clause spéciale du contrat de société peut faire, nonobstant l'opposition des autres associés, tous les actes qui dépendent de son administration, pourvu que ce soit sans fraude. — Ce pouvoir ne peut être révoqué sans cause légitime tant que la société dure ; mais s'il n'a été donné que par acte postérieur au contrat de société, il est révocable comme un simple mandat.

RISQUES.

1° *Disposition générale.*

C. Civ. 1138. L'obligation de livrer la chose est parfaite par le seul consentement des parties contractantes. — Elle rend le créancier propriétaire et met la chose à ses risques dès l'instant où elle a dû être livrée, encore que la tradition n'en ait point été faite, à moins que le débiteur ne soit en demeure de la livrer ; auquel cas la chose reste aux risques de ce dernier.

2° *Dispositions diverses.*

COMMISSIONNAIRES. *C. Com.* 100. La marchandise sortie du magasin du vendeur ou de l'expéditeur, voyage, s'il n'y a convention contraire, aux risques et périls de celui à qui elle appartient, sauf son recours contre le commissionnaire et le voiturier chargé du transport.

CONDITION SUSPENSIVE. *C. Civ.* 1182. Lorsque l'obligation a été contractée sous une condition suspensive, la chose qui fait la matière de la convention demeure aux risques du débiteur qui ne s'est obligé de la livrer que dans le cas de l'évènement de la condition.

CONSIGNATION. *C. Civ.* 1257. Les offres réelles suivies d'une consignation libèrent le débiteur ; elles tiennent lieu à son égard de paiement, lorsqu'elles sont valablement faites, et la chose ainsi consignée demeure aux risques du créancier.

NAVIRE (*assurance*). *C. Com.* 350. Sont aux risques des assureurs, toutes pertes et dommages qui arrivent aux objets assurés, par tempête, naufrage, échouement, abordage fortuit, changemens forcés de route, de voyage ou de vaisseau, par jet, feu, prise, pillage, arrêt par ordre de puissance, déclaration de guerre, représailles, et généralement par toutes les autres fortunes de mer.

(*Grosse aventure.*) *C. Com.* 528. Si le temps des risques n'est point déterminé par le contrat, il court, à l'égard du navire, des agrès, apparaux, armement et victuailles, du jour que le navire a fait voile, jusqu'au jour où il est ancré ou amarré au port ou lieu de sa destination. — A l'égard des marchandises, le temps des risques court du jour qu'elles ont été chargées dans le navire, ou dans les gabares pour les y porter, jusqu'au jour où elles sont délivrées à terre. *V.* AVENTURE.

SOCIÉTÉ. *C. Civ.* 1851. Si les choses dont la jouissance seulement a été mise dans la société sont des corps certains et déterminés, qui ne se consomment point par l'usage, elles sont aux risques de l'associé propriétaire. — Si ces choses se consomment, si elles se détériorent en les gardant, si elles ont été destinées à être vendues, ou si elles ont été mises dans la société sur une estimation portée par un inventaire, elles sont aux risques de la société.

VENTE. *C. Civ.* 1585. Lorsque les marchandises ne sont pas vendues en bloc, mais au poids, au compte ou à la mesure, la vente n'est point parfaite, en ce sens que les choses vendues sont aux risques du vendeur jusqu'à ce qu'elles soient pesées, comptées ou mesurées ; mais l'acheteur peut en demander ou la délivrance ou des dommages-intérêts, s'il y a lieu, en cas d'inexécution de l'engagement.

(*Éviction.*) *C. Civ.* 1629. Dans le cas de stipulation de non-garantie, le vendeur, en cas d'éviction, est tenu à la restitution du prix, à moins que l'acquéreur n'ait connu, lors de la vente, le danger de l'éviction, ou qu'il n'ait acheté à ses périls et risques.

ROGATOIRE (COMMISSION).

1º *En matière civile.*

C. Proc. 1035. Quand il s'agira de recevoir un serment, une caution, de procéder à une enquête, à un interrogatoire sur faits et articles, de nommer des experts, et généralement de faire une opération quelconque en vertu d'un jugement, et que les parties, ou les lieux contentieux, seront trop éloignés, les juges pourront commettre un tribunal voisin, un juge, ou même un juge de paix, suivant l'exigence des cas; ils pourront même autoriser un tribunal à nommer, soit un de ses membres, soit un juge de paix, pour procéder aux opérations ordonnées.

C. Com. 16. En cas que les livres (de commerce) dont la représentation est offerte, requise ou ordonnée, soient dans les lieux éloignés du tribunal saisi de l'affaire, les juges peuvent adresser une commission rogatoire au tribunal de commerce du lieu, ou déléguer un juge de paix pour en prendre connaissance, dresser un procès-verbal du contenu et l'envoyer au tribunal saisi de l'affaire.

2º *En matière criminelle.*

C. Inst. cr. 90. Si les papiers ou les effets dont il y aura lieu de faire la perquisition sont hors de l'arrondissement du juge d'instruction, il requerra le juge d'instruction du lieu où l'on peut les trouver de procéder aux opérations prescrites.

ROLE (PROCÉDURE).

C. Proc. 104. Les avoués déclareront, au bas des originaux et des copies de toutes leurs requêtes et écritures, le nombre des rôles, qui sera aussi énoncé dans l'acte de produit, à peine de rejet lors de la taxe.

RUES.

C. Civ. 538. Les chemins, routes et rues à la charge de l'État sont considérés comme des dépendances du domaine public.

RUINE. *C. Civ.* 1386. Le propriétaire d'un bâtiment est responsable du dommage causé par sa ruine, lorsqu'elle est arrivée par une suite du défaut d'entretien ou par le vice de sa construction. *V.* POLICE (*peines de*).

RUPTURE (DE VOYAGE DE MER).

C. Com. 252. Si le voyage est rompu par le fait des propriétaires, capitaine ou affréteurs, avant le départ du navire, les matelots loués au voyage ou au mois sont payés des journées par eux employées à l'équipement du navire. Ils retiennent pour indemnité les avances reçues. — Si les avances ne sont pas encore payées, ils reçoivent pour indemnité un mois de leurs gages convenus. — Si la rupture arrive après le voyage commencé, les matelots loués au voyage ou au mois sont payés en entier aux termes de leur convention. — Les matelots loués au mois reçoivent leurs loyers stipulés pour le temps qu'ils ont servi, et en outre, pour indemnité, la moitié de leurs gages pour le reste de la durée présumée du voyage pour lequel ils étaient engagés. — Les matelots loués au voyage ou au mois reçoivent, en outre, leur conduite de retour jusqu'au lieu du départ du navire, à moins que le capitaine, les propriétaires ou affréteurs, ou l'officier d'administration, ne leur procurent leur embarquement sur un autre navire revenant audit lieu de leur départ.

237. Si la rupture, le retardement ou la prolongation arrivent par le fait des chargeurs, les gens de l'équipage ont part aux indemnités qui sont adjugées au navire.

349. Si le voyage est rompu avant le départ du vaisseau, même par le fait de l'assuré, l'assurance est annulée; l'assureur reçoit, à titre d'indemnité, demi pour cent de la somme assurée.

RURALES (SERVITUDES) et URBAINES.

C. Civ. 687. Les servitudes sont établies ou pour l'usage des bâtimens, ou pour celui des fonds de terre. Celles de la première espèce s'appellent *urbaines*, soit que les bâtimens auxquels elles sont dues soient situés à la ville ou à la campagne. — Celles de la seconde espèce se nomment *rurales*.

S

SAISIE.

I. DISPOSITIONS GÉNÉRALES.

C. Civ. 2092. Quiconque s'est obligé personnellement est tenu de remplir son engagement sur tous ses biens mobiliers et immobiliers, présens et à venir.

C. Proc. 551. Il ne sera procédé à aucune saisie-mobilière ou immobilière qu'en vertu d'un titre exécutoire, et pour choses liquides et certaines ; si la dette exigible n'est pas d'une somme en argent, il sera sursis, après la saisie, à toutes poursuites ultérieures, jusqu'à ce que l'appréciation en ait été faite.

II. DES DIVERSES SAISIES.

ART. 1. DE LA SAISIE IMMOBILIÈRE. *V.* IMMOBILIÈRE (*saisie*).

ART. 2. DES SAISIES MOBILIÈRES.

1° *Saisie-arrêt. V.* ARRÊT (*saisie*).

2° *Saisie-brandon. V.* BRANDON (*saisie*).

3° *Saisie-exécution. V.* EXÉCUTION (*saisie*).

4° *Saisie sur forains. V.* GAGERIE (*saisie*).

5° *Saisie-gagerie. V.* GAGERIE (*saisie*).

6° *Saisie de navires. V.* NAVIRE.

7° *Saisie des rentes. V.* RENTES.

8° *Saisie-revendication. V.* REVENDICATION.

SAISINE.

1° *Des héritiers et légataires.*

C. Civ. 724. Les héritiers légitimes sont saisis de plein droit des biens, droits et actions du défunt, sous l'obligation d'acquitter toutes les charges de la succession : les enfans naturels, l'époux survivant et l'État doivent se faire envoyer en possession par justice.

1006. Lorsqu'au décès du testateur il n'y aura pas d'héritiers auxquels une quotité de ses biens soit réservée par la loi, le légataire universel sera saisi de plein droit par la mort du testateur, sans être tenu de demander la délivrance.

2° *De l'exécuteur testamentaire.*

1026. (Le testateur) pourra donner (aux exécuteurs testamentaires) la saisine du tout, ou seulement d'une partie de son mobilier; mais elle ne pourra durer au-delà de l'an et jour à compter de son décès. — S'il ne la leur a pas donnée, ils ne pourront l'exiger.

1027. L'héritier pourra faire cesser la saisine en offrant de remettre aux exécuteurs testamentaires somme suffisante pour le paiement des legs mobiliers, ou en justifiant de ce paiement.

SAUF-CONDUIT.

1° *Dispositions générales.*

C. Proc. 782. Le débiteur ne pourra être arrêté lorsque, appelé comme témoin devant un directeur du juri (juge d'instruction) ou devant un tribunal de première instance, ou une cour royale ou d'assises, il sera porteur d'un sauf-conduit. — Le sauf-conduit pourra être accordé par le directeur du juri, par le président du tribunal ou de la cour où les témoins devront être entendus. Les conclusions du ministère public seront nécessaires. — Le sauf-conduit règlera la durée de

son effet, à peine de nullité. — En vertu du sauf-conduit, le débiteur ne pourra être arrêté, ni le jour fixé pour sa comparution, ni pendant le temps nécessaire pour aller et pour revenir.

2° *En matière de faillite.*

C. Com. 466. Après l'apposition des scellés, le commissaire rendra compte au tribunal de l'état apparent des affaires du failli, et pourra proposer ou sa mise en liberté pure et simple, avec sauf-conduit provisoire de sa personne, ou sa mise en liberté avec sauf-conduit, en fournissant caution de se représenter, sous peine de paiement d'une somme que le tribunal arbitrera, et qui tournera, le cas advenant, au profit des créanciers.

468. Si le failli a obtenu un sauf-conduit, les agens l'appelleront auprès d'eux, pour clore et arrêter les livres en sa présence. — Si le failli ne se rend pas à l'invitation, il sera sommé de comparaître. — Si le failli ne comparaît pas quarante-huit heures après la sommation, il sera réputé s'être absenté à dessein. Le failli pourra néanmoins comparaître par fondé de pouvoir, s'il propose des empêchemens jugés valables par le commissaire.

469. Le failli qui n'aura pas obtenu de sauf-conduit comparaîtra par un fondé de pouvoir ; à défaut de quoi il sera réputé s'être absenté à dessein.

490. (Si le procureur du Roi) présume qu'il y a banqueroute simple ou frauduleuse ; s'il y a mandat d'amener, de dépôt ou d'arrêt décerné contre le failli, il en donnera connaissance, sans délai, au juge-commissaire du tribunal de commerce ; en ce cas, ce commissaire ne pourra proposer, ni le tribunal accorder de sauf-conduit au failli.

493. Si le failli a obtenu un sauf-conduit, les syndics pourront l'employer pour faciliter et éclairer leur gestion ; ils fixeront les conditions de son travail.

594. Pourra être poursuivi comme banqueroutier frauduleux, et être déclaré tel, — le failli qui, ayant obtenu un sauf-conduit, ne se sera pas représenté à justice.

SAUVETAGE.

C. Com. 327. En cas de naufrage, le paiement des sommes empruntées à la grosse est réduit à la valeur des effets sauvés et affectés au contrat, déduction faite des frais de sauvetage.

386. Le fret des marchandises sauvées, quand même il aurait été payé d'avance, fait partie du délaissement du navire, et appartient à l'assureur, sans préjudice des droits des prêteurs à la grosse, de ceux des matelots pour leur loyer, et des frais et dépenses pendant le voyage.

SCEAUX. *V.* CONTREFAÇON.

SCELLÉ.

I. EN MATIÈRE CIVILE.

1° *Dispositions générales.*

C. Civ. 819. Si tous les héritiers sont présens et majeurs, l'apposition de scellés sur les effets de la succession, n'est pas nécessaire, et le partage peut être fait dans la forme et par tel acte que les parties intéressées jugent conv. nables. — Si tous les héritiers ne sont pas présens, s'il y a parmi eux des mineurs ou des interdits, le scellé doit être apposé dans le plus bref délai, soit à la requête des héritiers, soit à la diligence du procureur du Roi près le tribunal de première instance, soit d'office par le juge de paix dans l'arrondissement duquel la succession est ouverte.

820. Les créanciers peuvent aussi requérir l'apposition des scellés, en vertu d'un titre exécutoire ou d'une permission du juge.

821. Lorsque le scellé a été apposé, tous créanciers peuvent y former opposition, encore qu'ils n'aient ni titre exécutoire ni permission du juge. — Les formalités pour la levée des scellés et la confection de l'inventaire, sont réglées par les lois sur la procédure. (*V. ci-après.*)

Des scellés.

C. Proc. (2ᵉ part., liv. 2, tit. 1, 2 et 3, art. 907-940.)

Tit. 1ᵉʳ, *de l'apposition des scellés après décès.*

907. Lorsqu'il y aura lieu à l'apposition des scellés après décès, elle sera faite par les juges de paix, et, à leur défaut, par leurs suppléans.

908. Les juges de paix et leurs suppléans se serviront d'un sceau particulier, qui restera entre leurs mains, et dont l'empreinte sera déposée au greffe du tribunal de première instance.

909. L'apposition des scellés pourra être requise, — 1° par tous ceux qui prétendront droit dans la succession ou dans la communauté; — 2° par tous créanciers fondés en titre exécutoire, ou autorisés par une permission, soit du président du tribunal de première instance, soit du juge de paix du canton où le scellé doit être apposé; — 3° et en cas d'absence, soit du conjoint, soit des héritiers, ou de l'un deux, par les personnes qui demeuraient avec le défunt, et par ses serviteurs et domestiques.

910. Les prétendans droit et les créanciers mineurs émancipés pourront requérir l'apposition des scellés sans l'assistance de leur curateur. — S'ils sont mineurs non émancipés, et s'ils n'ont pas de tuteur, ou s'il est absent, elle pourra être requise par un de leurs parens.

911. Le scellé sera apposé, soit à la diligence du ministère public, soit sur la déclaration du maire ou adjoint de la commune, et même d'office par le juge de paix, — 1° si le mineur est sans tuteur, et que le scellé ne soit pas requis par un parent; — 2° si le conjoint, ou si les héritiers ou l'un deux, sont absens; — 3° si le défunt était dépositaire public; auquel cas le scellé ne sera apposé que pour raison de ce dépôt et sur les objets qui le composent.

912. Le scellé ne pourra être apposé que par le juge de paix des lieux ou par ses suppléans.

913. Si le scellé n'a pas été apposé avant l'inhumation, le juge constatera, par son procès-verbal, le moment où il a été requis de l'apposer, et les causes qui ont retardé soit la réquisition soit l'apposition.

914. Le procès-verbal d'apposition contiendra, — 1° la date des an, mois, jour et heure; — 2° les motifs de l'apposition; — 3° les noms, profession et demeure du requérant, s'il y en a, et son élection de domicile dans la commune où le scellé est apposé, s'il n'y demeure; — 4° s'il n'y a pas de partie requérante, le procès-verbal énoncera que le scellé a été apposé d'office ou sur le réquisitoire ou sur la déclaration de l'un des fonctionnaires dénommés dans l'article 911; — 5° l'ordonnance qui permet le scellé, s'il en a été rendu; — 6° les comparutions et dires des parties; — 7° la désignation des lieux, bureaux, coffres, armoires, sur les ouvertures desquels le scellé a été apposé; — 8° une description sommaire des effets qui ne sont pas mis sous les scellés; — 9° le serment, lors de la clôture de l'apposition, par ceux qui demeurent dans le lieu, qu'ils n'ont rien détourné, vu ni su qu'il ait été rien détourné directement ni indirectement; — 10° l'établissement du gardien présenté, s'il a les qualités requises; sauf, s'il ne les a pas, ou s'il n'en est pas présenté, à en établir un d'office par le juge de paix.

915. Les clefs des serrures sur lesquelles le scellé a été apposé, resteront, jusqu'à sa levée, entre les mains du greffier de la justice de paix, lequel fera mention, sur le procès-verbal, de la remise qui lui en aura été faite; et ne pourront le juge ni le greffier aller, jusqu'à la levée, dans la maison où est le scellé, à peine d'interdiction, à moins qu'ils n'en soient requis, ou que leur transport n'ait été précédé d'une ordonnance motivée.

916. Si, lors de l'apposition, il est trouvé un testament ou autres papiers cachetés, le juge de paix en constatera la forme extérieure, le sceau et la suscription s'il y en a, paraphera l'enveloppe avec les parties présentes, si elles le savent ou le peuvent, et indiquera les jour et heure où le paquet sera par lui présenté au président du

tribunal de première instance : il fera mention du tout sur son procès-verbal, lequel sera signé des parties, sinon mention sera faite de leur refus.

917. Sur la réquisition de toute partie intéressée, le juge de paix fera, avant l'apposition du scellé, la perquisition du testament dont l'existence sera annoncée; et s'il le trouve, il procédera ainsi qu'il est dit ci-dessus.

918. Aux jour et heure indiqués, sans qu'il soit besoin d'aucune assignation, les paquets trouvés cachetés seront présentés par le juge de paix au président du tribunal de première instance, lequel en fera l'ouverture, en constatera l'état et en ordonnera le dépôt si le contenu concerne la succession.

919. Si les paquets cachetés paraissent, par leur suscription, ou par quelque autre preuve écrite, appartenir à des tiers, le président du tribunal ordonnera que ces tiers seront appelés dans un délai qu'il fixera, pour qu'ils puissent assister à l'ouverture : il la fera au jour indiqué, en leur présence ou à leur défaut ; et si les paquets sont étrangers à la succession, il les leur remettra sans en faire connaître le contenu, ou les cachètera de nouveau pour leur être remis à leur première réquisition.

920. Si un testament est trouvé ouvert, le juge de paix en constatera l'état, et observera ce qui est prescrit en l'article 916.

921. Si les portes sont fermées, s'il se rencontre des obstacles à l'apposition des scellés, s'il s'élève, soit avant soit pendant le scellé, des difficultés, il y sera statué en référé par le président du tribunal. A cet effet, il sera sursis, et établi par le juge de paix garnison extérieure, même intérieure si le cas y échet; et il en référera sur le champ au président du tribunal. — Pourra néanmoins le juge de paix, s'il y a péril dans le retard, statuer par provision, sauf à en référer ensuite au président du tribunal.

922. Dans tous les cas où il sera référé par le juge de paix au président du tribunal, soit en matière de scellé, soit en autre matière, ce qui sera fait et ordonné sera constaté sur le procès-verbal dressé par le juge de paix; le président signera ses ordonnances sur ledit procès-verbal.

923. Lorsque l'inventaire sera parachevé, les scellés ne pourront être apposés, à moins que l'inventaire ne soit attaqué, et qu'il ne soit ainsi ordonné par le président du tribunal. — Si l'apposition des scellés est requise pendant le cours de l'inventaire, les scellés ne seront apposés que sur les objets non inventoriés.

924. S'il n'y a aucun effet mobilier, le juge de paix dressera un procès-verbal de carence. — S'il

y a des effets mobiliers qui soient nécessaires à l'usage des personnes qui restent dans la maison, ou sur lesquels le scellé ne puisse être mis, le juge de paix fera un procès-verbal contenant description sommaire desdits effets.

925. Dans les communes où la population est de vingt mille âmes et au-dessus, il sera tenu, au greffe du tribunal de première instance, un registre d'ordre pour les scellés, sur lequel seront inscrits, d'après la déclaration que les juges de paix de l'arrondissement seront tenus d'y faire parvenir dans les vingt-quatre heures de l'apposition, — 1° les noms et demeures des personnes sur les effets desquelles le scellé aura été apposé; — 2° le nom et la demeure du juge qui a fait l'apposition, — 3° le jour où elle a été faite.

Tit. 2, des oppositions aux scellés. V. OPPOSITION.

Tit. 3, de la levée du scellé.

928. Le scellé ne pourra être levé et l'inventaire fait que trois jours après l'inhumation s'il a été apposé auparavant, et trois jours après l'apposition si elle a été faite depuis l'inhumation, à peine de nullité des procès-verbaux de levée de scellés et inventaire, et des dommages et intérêts contre ceux qui les auront faits et requis : le tout, à moins que, pour des causes urgentes et dont il sera fait mention dans son ordonnance, il n'en soit autrement ordonné par le président du tribunal de première instance. Dans ce cas, si les parties qui ont droit d'assister à la levée ne sont pas présentes, il sera appelé pour elles, tant à la levée qu'à l'inventaire, un notaire nommé d'office par le président.

929. Si les héritiers ou quelques-uns d'eux sont mineurs non émancipés, il ne sera pas procédé à la levée des scellés, qu'ils n'aient été, ou préalablement pourvus de tuteurs, ou émancipés.

930. Tous ceux qui ont droit de faire apposer les scellés pourront en requérir la levée, excepté ceux qui ne les ont fait apposer qu'en exécution de l'article 909, n° 3 ci-dessus.

931. Les formalités pour parvenir à la levée des scellés seront, — 1° une réquisition à cet effet consignée sur le procès-verbal du juge de paix ; — 2° une ordonnance du juge, indicative des jour et heure où la levée sera faite ; — 3° une sommation d'assister à cette levée, faite au conjoint survivant, aux présomptifs héritiers, à l'exécuteur testamentaire, aux légataires universels et à titre universel, s'ils sont connus, et aux opposans. — Il ne sera pas besoin d'appeler les intéressés demeurant hors de la distance de cinq myriamètres; mais on appellera pour eux, à la levée et à l'inventaire, un notaire nommé d'office par

le président du tribunal de première instance. — Les opposans seront appelés aux domiciles par eux élus.

952. Le conjoint, l'exécuteur testamentaire, les héritiers, les légataires universels et ceux à titre universel, pourront assister à toutes les vacations de la levée du scellé et de l'inventaire, en personne ou par un mandataire. — Les opposans ne pourront assister, soit en personne, soit par un mandataire, qu'à la première vacation : ils seront tenus de se faire représenter, aux vacations suivantes, par un seul mandataire pour tous, dont ils conviendront ; sinon il sera nommé d'office par le juge. — Si parmi ces mandataires se trouvent des avoués près le tribunal de première instance du ressort, ils justifieront de leurs pouvoirs par la représentation du titre de leur partie ; et l'avoué le plus ancien, suivant l'ordre du tableau, des créanciers fondés en titre authentique, assistera de droit pour tous les opposans : si aucun des créanciers n'est fondé en titre authentique, l'avoué le plus ancien des opposans fondés en titre privé assistera. L'ancienneté sera définitivement réglée à la première vacation.

953. Si l'un des opposans avait des intérêts différens de ceux des autres, ou des intérêts contraires, il pourra assister en personne, ou par un mandataire particulier, à ses frais.

954. Les opposans pour la conservation des droits de leur débiteur ne pourront assister à la première vacation, ni concourir au choix d'un mandataire commun pour les autres vacations.

955. Le conjoint commun en biens, les héritiers, l'exécuteur testamentaire, et les légataires universels ou à titre universel, pourront convenir du choix d'un ou deux notaires, et d'un ou deux commissaires priseurs ou experts ; s'ils n'en conviennent pas, il sera procédé, suivant la nature des objets, par un ou deux notaires, commissaires-priseurs ou experts, nommés d'office par le président du tribunal de première instance. Les experts prêteront serment devant le juge de paix.

956. Le procès-verbal de levée contiendra, — 1° la date ; — 2° les noms, profession, demeure et élection de domicile du requérant ; — 3° l'énonciation de l'ordonnance délivrée pour la levée ; — 4° l'énonciation de la sommation prescrite par l'article 951 ci-dessus ; — 5° les comparutions et dires des parties ; — 6° la nomination des notaires, commissaires-priseurs et experts qui doivent opérer ; — 7° la reconnaissance des scellés, s'ils sont sains et entiers ; s'ils ne le sont pas, l'état des altérations, sauf à se pourvoir ainsi qu'il appartiendra pour raison desdites altérations ; — 8° les réquisitions à fin de perquisitions, le résul-

tat desdites perquisitions, et toutes autres demandes sur lesquelles il y aura lieu de statuer.

937. Les scellés seront levés successivement, et à fur et mesure de la confection de l'inventaire : ils seront réapposés à la fin de chaque vacation.

938. On pourra réunir les objets de même nature, pour être inventoriés successivement suivant leur ordre ; ils seront, dans ce cas, replacés sous les scellés.

939. S'il est trouvé des objets et papiers étrangers à la succession et réclamés par des tiers, ils seront remis à qui il appartiendra ; s'ils ne peuvent être remis à l'instant, et qu'il soit nécessaire d'en faire la description, elle sera faite sur le procès-verbal des scellés, et non sur l'inventaire.

940. Si la cause de l'apposition des scellés cesse avant qu'ils soient levés, ou pendant le cours de leur levée, ils seront levés sans description.

Dispositions du tarif civil.

1. (Pr. 909, 952.) Il est accordé au juge de paix pour chaque vacation d'apposition, reconnaissance et levée de scellés, qui sera de trois heures au moins, — à Paris, 5 fr. — Dans les villes où il y a tribunal de 1re instance, 5 f. 75 c. — Dans les autres villes et cantons ruraux, 2 fr. 50 c. — Dans la première vacation seront compris le temps du transport et du retour du juge de paix ; s'il n'y a qu'une seule vacation, elle sera payée comme complète, encore qu'elle n'ait pas été de trois heures. Si le nombre des vacations d'apposition, reconnaissance et levée de scellés paraît excessif, le président du tribunal de première instance, en procédant à la taxe, pourra le réduire.

2. (Pr. 921, 955, 916.) S'il y a lieu à référé, lors de l'apposition des scellés, ou dans le cours de leur levée, ou pour présenter un testament ou autre papier cacheté, au président du tribunal de première instance, les vacations du juge de paix lui sont allouées comme celles de l'apposition, la reconnaissance et la levée de ses scellés. *V.* JUGE DE PAIX.

16. Il est alloué au greffier du juge de paix les deux tiers des vacations du juge de paix pour assistance — (Pr. 909.) aux appositions de scellés ; — (952.) aux reconnaissances et levées de scellés.

17. (Pr. 925.) Il sera taxé au greffier du juge de paix, pour sa vacation, à l'effet de faire la déclaration de l'apposition des scellés sur le registre du greffe du tribunal de première instance, dans les villes où elle est prescrite, les deux tiers d'une vacation du juge de paix.

77. (Pr. 928, 951.) Requête pour faire commettre un notaire à l'effet de représenter les absens présumés, dans les inventaires, comptes, partages et liquidations dans lesquels ils sont intéressés, — Paris, 3 f. Ressort, 2 fr. 25 c. (*V.* TARIF.) — Elle ne sera point grossoyée, et la vacation pour prendre l'ordonnance est comprise.

78. (Pr. 909.) Requête du créancier pour obtenir la permission de faire apposer un scellé. — Elle ne peut être grossoyée, et l'émolument pour prendre les ordonnances et communiquer au ministère public est compris, — Paris, 7 fr. 50 c. — Ressort, 5 fr. 50 c.

94. (Pr. 929.) Vacation pour requérir une apposition de scellés. — (911.) A l'apposition de scellés, par trois heures. — (916, 918, 921, 922.) En référé lors de l'apposition, ou dans le cours de la levée. — (931.) Pour en requérir la levée. — (952, 953, etc.) A chaque vacation de trois heures, à la reconnaissance et levée. — (940.) Pour requérir la levée des scellés sans description — Paris, 6 fr. — Ressort, 4 f. 50 c. V. TARIF.

2° *Dispositions additionnelles.*

COMMUNAUTÉ. *C. Civ.* 1482. Les frais de scellé font partie (des dettes de la communauté).

EXÉCUTEUR TESTAMENTAIRE. *C. Civ.* 1031. Les exécuteurs testamentaires feront apposer les scellés s'il y a des héritiers mineurs, interdits ou absens.

EXÉCUTION PROVISOIRE. *C. Proc.* 135. L'exécution provisoire pourra être ordonnée avec ou sans caution lorsqu'il s'agira, — 1° d'apposition et levée de scellés.

FAILLITE. *C. Com.* 449. Dès que le tribunal de commerce aura connaissance de la faillite, soit par la déclaration du failli, soit par la requête de quelque créancier, soit par la notoriété publique, il ordonnera l'apposition des scellés. V. FAILLITE.

SAISIE-EXÉCUTION. *C. Proc.* 591. Si le saisi est absent, et qu'il y ait refus d'ouvrir aucune pièce ou meuble, l'huissier en requerra l'ouverture; et s'il se trouve des papiers, il requerra l'apposition des scellés par l'officier appelé pour l'ouverture.

SUCCESSION VACANTE (*à défaut d'héritiers*). *C. Civ.* 769. Le conjoint survivant et l'administration des domaines qui prétendent droit à la succession sont tenus de faire apposer les scellés et de faire faire inventaire dans les formes prescrites pour l'acceptation des successions sous bénéfice d'inventaire. V. BÉNÉFICE D'INVENTAIRE.

773. Les dispositions de l'article 769 sont communes aux enfans naturels appelés à défaut de parens.

TUTEUR. *C. Civ.* 451. Dans les dix jours qui suivront celui de sa nomination, dûment connue de lui, le tuteur requerra la levée des scellés, s'ils ont été apposés.

II. EN MATIÈRE CRIMINELLE.

1° *De l'apposition des scellés.* V. POLICE JUDICIAIRE.

2° *Des frais de garde.*

Tarif crim. 37. Dans les cas prévus par les articles 16, 35, 37, 58, 89 et 90 du Code d'Instruction criminelle, il ne sera accordé de taxe pour la garde des scellés que lorsque le juge instructeur n'aura pas jugé à propos de confier cette garde à des habitans de la maison où les scellés auront été apposés. Dans ce cas, il sera alloué, pour chaque jour, au gardien nommé d'office, savoir : à Paris, 2 fr. 50 c. — Dans les villes de 40,000 hab. et au-dessus, 2 fr. — Dans les autres villes et comm., 1 fr.

38. En matière criminelle et correctionnelle, les femmes ne peuvent être constituées gardiennes des scellés, conformément à la loi du 6 vendémiaire an 3, qui recevra, quant à ce, son exécution.

III. DU BRIS DE SCELLÉ. V. BRIS DE SCELLÉ.

SCRUTIN (DU JURI).

Loi du 13 mai 1836.

Art. 1er. Le juri votera par bulletins écrits et par scrutins distincts et successifs, sur le fait principal d'abord, et, s'il y a lieu, sur chacune des circonstances aggravantes, sur chacun des faits d'excuse légale, sur la question de discernement, et enfin sur la question des circonstances atténuantes, que le chef du juri sera tenu de poser toutes les fois que la culpabilité de l'accusé aura été connue.

2. A cet effet, chacun des jurés, appelé par le chef du juri, recevra de lui un bulletin ouvert, marqué du timbre de la cour d'assises, et portant ces mots : *Sur mon honneur et ma conscience, ma déclaration est.....* Il écrira à la suite, ou fera écrire secrètement par un juré de son choix, le mot *oui* ou le mot *non* sur une table disposée de manière à ce que personne ne puisse voir le vote inscrit au bulletin. Il remettra le bulletin écrit et fermé au chef du juri, qui le déposera dans une urne ou boîte destinée à cet usage.

3. Le chef du juri dépouillera chaque scrutin en présence des jurés, qui pourront vérifier les bulletins, — Il en consignera sur le champ le résultat en marge ou à la suite de la question résolue, sans néanmoins exprimer le nombre des suffrages, si ce n'est lorsque la décision affirmative, sur le fait principal, aura été prise à la simple majorité. — La déclaration du juri, en ce qui concerne les circonstances atténuantes, n'exprimera le résultat du scrutin qu'autant qu'il sera affirmatif.

4. S'il arrivait que dans le nombre des bulletins il s'en trouvât sur lesquels aucun vote ne fût exprimé, ils seraient comptés comme portant une réponse favorable à l'accusé. Il en serait de même des bulletins que six jurés au moins auraient déclarés illisibles.

5. Immédiatement après le dépouillement de chaque scrutin, les bulletins seront brûlés en présence du juri.

6. La présente loi sera affichée en gros caractères dans la chambre des délibérations du juri.

SECONDES NOCES. V. CONVOL.

SECRET. V. RÉVÉLATION.

SÉDITION. V. ATTENTAT.

SEING-PRIVÉ. V. PRIVÉ (*acte*).

SÉPARATIONS.

I. DE BIENS. V. BIENS (*séparation de*).

II. DE CORPS. V. CORPS (*séparation de*).

III. DE DETTES. V. DETTES (*séparation de*).

IV. DE PATRIMOINE. V. PATRIMOINE (*séparation de*).

SEPTUAGÉNAIRES.

1° *Loi civile.*

C. Civ. 2066. (La contrainte par corps ne

peut être prononcée contre les septuagénaires que dans le cas de stellionat. — Il suffit que la soixante-dixième année soit commencée pour jouir de la faveur accordée aux septuagénaires.

C. Proc. 800. Le débiteur légalement incarcéré obtiendra son élargissement, — 1°.... 5° si il a commencé sa soixante-dixième année, et si, dans ce dernier cas, il n'est pas stellionaire.

2° *Loi commerciale.*

L. 17-19 *avril* 1832. — 4. La contrainte par corps, en matière de commerce, ne pourra être prononcée contre les débiteurs qui auront commencé leur soixante et dixième année.

6. (L'emprisonnement pour dette commerciale) cessera de plein droit le jour où le débiteur aura commencé sa soixante et dixième année.

5° *Loi pénale.*

C. Pén. 70. Les peines des travaux forcés à perpétuité, de la déportation et des travaux forcés à temps, ne seront prononcées contre aucun individu âgé de soixante-dix ans accomplis au moment du jugement.

71. Ces peines seront remplacées, à leur égard, savoir : celle de la déportation, par la détention à perpétuité ; et les autres, par celle de la réclusion, soit à perpétuité, soit à temps, selon la durée de la peine qu'elle remplacera.

72. Tout condamné à la peine des travaux forcés à perpétuité ou à temps, dès qu'il aura atteint l'âge de soixante-dix ans accomplis, en sera relevé, et sera renfermé dans la maison de force pour tout le temps à expirer de sa peine, comme s'il n'eût été condamné qu'à la réclusion.

SÉPULTURE *V.* INHUMATION *et* VIOLATION DE SÉPULTURE.

SÉQUESTRATION.

Arrestations illégales et séquestrations de personnes.

C. Pén. (*liv.* 5, *tit.* 2, *ch.* 1, *sect.* 5, *art.* 541-544): — 341. Seront punis de la peine des travaux forcés à temps, ceux qui, sans ordre des autorités constituées et hors les cas où la loi ordonne de saisir des prévenus, auront arrêté, détenu ou séquestré des personnes quelconques. — Quiconque aura prêté un lieu pour exécuter la détention ou séquestration, subira la même peine.

342. Si la détention ou séquestration a duré plus d'un mois, la peine sera celle des travaux forcés à perpétuité.

343. La peine sera réduite à l'emprisonnement de deux ans à cinq ans, si les coupables des délits mentionnés en l'article 541, non encore poursuivis de fait, ont rendu la liberté à la personne arrêtée, séquestrée ou détenue, avant le dixième jour accompli depuis celui de l'arrestation, dé-

tention ou séquestration. Ils pourront néanmoins être renvoyés sous la surveillance de la haute police, depuis cinq ans jusqu'à dix ans.

344. Dans chacun des deux cas suivans : — 1° si l'arrestation a été exécutée avec le faux costume, sous un faux nom, ou sur un faux ordre de l'autorité publique ; — 2° Si l'individu arrêté, détenu ou séquestré, a été menacé de la mort, — les coupables seront punis des travaux forcés à perpétuité. — Mais la peine sera celle de la mort, si les personnes arrêtées, détenues ou séquestrées, ont été soumises à des tortures corporelles.

SÉQUESTRE.

I. EN MATIÈRE CIVILE.

1° *Dispositions générales.*

C. Civ. 1916. Il y a deux espèces de dépôt : le dépôt proprement dit, et le séquestre.

Du séquestre.

C. Civ. (*liv.* 3, *tit.* 11, *ch.* 3, *art.* 1955-1965).

Sect. 1, *des diverses espèces de séquestres.*

1955. Le séquestre est ou conventionnel ou judiciaire.

Sect. 2, *du séquestre conventionnel.*

1956. Le séquestre conventionnel est le dépôt fait par une ou plusieurs personnes, d'une chose contentieuse, entre les mains d'un tiers qui s'oblige de la rendre, après la contestation terminée, à la personne qui sera jugée devoir l'obtenir.

1957. Le séquestre peut n'être pas gratuit.

1958. Lorsqu'il est gratuit, il est soumis aux règles du dépôt proprement dit, sauf les différences ci-après énoncées.

1959. Le séquestre peut avoir pour objet, non-seulement des effets mobiliers, mais même des immeubles.

1960. Le dépositaire chargé du séquestre ne peut être déchargé, avant la contestation terminée, que du consentement de toutes les parties intéressées, ou pour une cause jugée légitime.

Sect. 3, *du séquestre ou dépôt judiciaire.*

1961. La justice peut ordonner le séquestre, — 1° des meubles saisis sur un débiteur ; — 2° d'un immeuble ou d'une chose mobilière dont la propriété ou la possession est litigieuse entre deux ou plusieurs personnes ; — 3° des choses qu'un débiteur offre pour sa libération.

1962. L'établissement d'un gardien judiciaire produit, entre le saisissant et le gardien, des obligations réciproques. Le gardien doit apporter pour la conservation des effets saisis, les soins d'un bon père de famille. — Il doit les représenter, soit à la décharge du saisissant pour la vente, soit à la partie contre laquelle les exécutions ont été faites, en cas de main-levée de la saisie. — L'obligation du saisissant consiste à payer au gardien le salaire fixé par la loi.

1963. Le séquestre judiciaire est donné, soit à une personne dont les parties intéressées sont convenues entre elles, soit à une personne nommée d'office par le juge. — Dans l'un et l'autre cas, celui auquel la chose a été confiée, est soumis à toutes les obligations qu'emporte le séquestre conventionnel.

2° Dispositions additionnelles.

CONTRAINTE PAR CORPS. *C. Civ.* 2060. La contrainte par corps a lieu, — 1°.... 4° pour la représentatation des choses déposées aux séquestres, commissaires et autres gardiens.

EXÉCUTION PROVISOIRE. *C. Proc.* 135. L'exécution provisoire pourra être ordonnée, avec ou sans caution, lorsqu'il s'agira, — 1°.... 4° de séquestres, commissaires et gardiens.

JUGEMENT (*exécution*). *C. Proc.* 550. Sur le certificat qu'il n'existe aucune opposition ni appel sur (le registre du greffe), les séquestres, conservateurs, et tous autres, seront tenus de satisfaire au jugement.

SAISIE IMMOBILIÈRE. *C. Proc.* 688. Si les immeubles saisis ne sont pas loués ou affermés, le saisi en restera en possession jusqu'à la vente, comme séquestre judiciaire; à moins qu'il ne soit autrement ordonné par le juge, sur la réclamation d'un ou plusieurs créanciers.

II. EN MATIÈRE CRIMINELLE.
1° Dispositions générales.

C. Inst. cr. 16. Les gardes champêtres et les gardes forestiers suivront les choses enlevées, dans les lieux où elles auront été transportées, et les mettront en séquestre. *V.* FOURRIÈRE (*mise en*).

35. Le procureur du Roi se saisira des armes et de tout ce qui paraîtra avoir servi ou avoir été destiné à commettre le crime ou le délit, ainsi que de tout ce qui paraîtra en avoir été le produit.

2° Des biens du contumax.

C. Inst. cr. 471. Si le contumax est condamné, ses biens seront, à partir de l'exécution de l'arrêt, considérés et régis comme biens d'absent (*V.* ABSENT.); et le compte du séquestre sera rendu à qui il appartiendra, après que la condamnation sera devenue irrévocable par l'expiration du délai donné pour purger la contumace.

475. Durant le séquestre, il peut être accordé des secours à la femme, aux enfans, au père ou à la mère de l'accusé, s'ils sont dans le besoin. — Ces secours seront réglés par l'autorité administrative.

SERMENT.
I. EN MATIÈRE CIVILE.
1° Dispositions générales.

C. Civ. 1316. Les règles qui concernent le serment sont expliquées dans les (articles 1357-1369.

1350. La présomption légale est celle qui est attachée par une loi spéciale à certains actes ou à certains faits; tels sont, — 1°.... 4° la force que la loi attache à l'aveu de la partie ou à son serment.

1352. Nulle preuve n'est admise contre la présomption de la loi, lorsque, sur le fondement de cette présomption, elle annulle certains actes ou dénie l'action en justice; à moins qu'elle n'ait réservé la preuve contraire, et sauf ce qui sera dit sur le serment et l'aveu judiciaires.

Du serment.

C. Civ. (*liv.* 3, *tit.* 3, *ch.* 6, *sect.* 3, *art.* 1357-1369). — 1357. Le serment judiciaire est de deux espèces : — 1° celui qu'une partie défère à l'autre pour en faire dépendre le jugement de la cause : il est appelé *décisoire* (*V.* DÉCISOIRE [*serment*]); — 2° celui qui est déféré d'office par le juge à l'une ou à l'autre des parties. *V.* SUPPLÉTOIRE (*serment*).

2° Dispositions additionnelles.

C. Civ. 120. Tout jugement qui ordonnera un serment, énoncera les faits sur lesquels il sera reçu.

121. Le serment sera fait par la partie en personne, et à l'audience. Dans le cas d'un empêchement légitime et dûment constaté, le serment pourra être prêté devant le juge que le tribunal aura commis, et qui se transportera chez la partie, assisté du greffier. — Si la partie à laquelle le serment est déféré est trop éloignée, le tribunal pourra ordonner qu'elle prêtera le serment devant le tribunal du lieu de sa résidence. — Dans tous les cas, le serment sera fait en présence de l'autre partie, ou elle dûment appelée par acte d'avoué à avoué, et s'il n'y a pas d'avoué constitué, par exploit contenant l'indication du jour de la prestation.

3° Dispositions diverses.

BAIL. *C. Civ.* 1715. Si le bail fait sans écrit n'a encore reçu aucune exécution, et que l'une des parties le nie, la preuve ne peut être reçue par témoins, quelque modique qu'en soit le prix, et quoiqu'on allègue qu'il y a eu des arrhes données. — Le serment peut seulement être déféré à celui qui nie le bail.

1716. Lorsqu'il y aura contestation sur le prix du bail verbal dont l'exécution a commencé, et qu'il n'existera point de quittance, le propriétaire en sera cru sur son serment, si mieux n'aime le locataire demander l'estimation par experts ; auquel cas les frais de l'expertise restent à sa charge, si l'estimation excède le prix qu'il a déclaré.

CONCILIATION. *C. Proc.* 55. Si (au bureau de conciliation) l'une des parties défère le serment à l'autre, le juge de paix le recevra, ou fera mention du refus de le prêter.

ENQUÊTE. *C. Proc.* 262. Chaque témoin avant d'être entendu (dans une enquête) fera serment de dire vérité, à peine de nullité.

EXPERTS. *C. Proc.* 305. (Le même jugement qui désignera les experts) nommera le juge-commissaire, qui recevra le serment des experts convenus ou nommés d'office ; pourra néanmoins le tribunal ordonner que les experts prêteront leur serment devant le juge de paix du canton où ils procèderont *V.* EXPERT.

LIVRES DE COMMERCE. *C. Civ.* 1329. Les registres des marchands ne font point, contre les personnes non marchandes, preuve des fournitures qui y sont portées, sauf ce qui est dit à l'égard du serment. (*Art.* 1357-1369.)

C. Com. 17. Si la partie aux livres de laquelle on offre d'ajouter foi refuse de les représenter, le juge peut déférer le serment à l'autre partie.

PRESCRIPTION. *C. Civ.* 2275. Ceux auxquels les prescriptions *brevi tempore*, établies par les articles 2271-2274 [*V.* PRESCRIPTION]), seront opposées, peuvent déférer le serment à ceux qui les opposent, sur la question de savoir si la chose a été réellement payée. — Le serment pourra être déféré aux veuves et héritiers, ou aux tuteurs de ces derniers, s'ils sont mineurs, pour qu'ils aient à déclarer s'ils ne savent pas que la chose soit due.

(*Effets de commerce.*) *C. Com.* 189. Toutes actions relatives aux lettres de change, et à ceux des billets à ordre souscrits par des négocians, marchands ou banquiers, ou pour faits de commerce, se prescrivent par cinq ans, à compter du jour du protêt ou de la dernière poursuite juridique, s'il n'y a eu condamnation, ou si la dette n'a été reconnue par acte séparé. — Néanmoins ces prétendus débiteurs seront tenus, s'ils en sont requis, d'affirmer, sous serment, qu'ils ne sont plus redevables ; et leurs veuves, héritiers ou ayans cause, qu'ils estiment de bonne foi qu'il n'est plus rien dû.

4° *Loi pénale.*

C. Pén. 366. Celui à qui le serment aura été déféré ou référé en matière civile, et qui aura fait un faux serment, sera puni de la dégradation civique.

II. EN MATIÈRE CRIMINELLE. *V.* TÉMOINS.

SERVITUDES (SERVICES FONCIERS).

I. DISPOSITIONS GÉNÉRALES.

C. Civ. 526. Sont immeubles, par l'objet auquel ils s'appliquent, les servitudes ou services fonciers.

545. On peut avoir sur les biens, ou un droit de propriété, ou un simple droit de jouissance, ou seulement des services fonciers à prétendre.

Des servitudes ou services fonciers.

C. Civ. (*liv.* 2, *tit.* 4, *art.* 637-710). — 637. Une servitude est une charge imposée sur un héritage pour l'usage et l'utilité d'un héritage appartenant à un autre propriétaire.

638. La servitude n'établit aucune prééminence d'un héritage sur l'autre.

639. Elle dérive ou de la situation naturelle des lieux, ou des obligations imposées par la loi, ou des conventions entre les propriétaires.

Chap 1, des servitudes qui dérivent de la situation des lieux.

640. Les fonds inférieurs sont assujétis envers ceux qui sont plus élevés, à recevoir les eaux qui en découlent naturellement sans que la main de l'homme y ait contribué. — Le propriétaire inférieur ne peut point élever de digue qui empêche cet écoulement. — Le propriétaire supérieur ne peut rien faire qui aggrave la servitude du fonds inférieur.

641. Celui qui a une source dans son fonds, peut en user à sa volonté, sauf le droit que le propriétaire du fonds inférieur pourrait avoir acquis par titre ou par prescription.

642. La prescription, dans ce cas, ne peut s'acquérir que par une jouissance non interrompue pendant l'espace de trente années, à compter du moment où le propriétaire du fonds inférieur a fait et terminé des ouvrages apparens destinés à faciliter la chute et le cours de l'eau dans sa propriété.

643. Le propriétaire de la source ne peut en changer le cours, lorsqu'il fournit aux habitans d'une commune, village ou hameau, l'eau qui leur est nécessaire : mais si les habitans n'en ont pas acquis ou prescrit l'usage, le propriétaire peut réclamer une indemnité, laquelle est réglée par experts.

644. Celui dont la propriété borde une eau courante, autre que celle qui est déclarée dépendance du domaine public par l'article 538¹ au titre *de la distinction des biens*, peut s'en servir à son passage pour l'irrigation de ses propriétés.—

¹ 538. Les fleuves et rivières navigables ou flottables sont considérés comme des dépendances du domaine public.

44

.Celui dont cette eau traverse l'héritage peut même en user dans l'intervalle qu'elle y parcourt, mais à la charge de la rendre, à la sortie de ses fonds, à son cours ordinaire.

645. S'il s'élève une contestation entre les propriétaires auxquels ces eaux peuvent être utiles, les tribunaux, en prononçant, doivent concilier l'intérêt de l'agriculture avec le respect dû à la propriété; et, dans tous les cas, les règlemens particuliers et locaux sur le cours et l'usage des eaux doivent être observés.

646. Tout propriétaire peut obliger son voisin au bornage de leurs propriétés contiguës. Le bornage se fait à frais communs.

647. Tout propriétaire peut clore son héritage, sauf l'exception portée en l'article 682. *V*. ENCLAVE.

648. Le propriétaire qui veut se clore, perd son droit au parcours et vaine pâture, en proportion du terrain qu'il y soustrait.

Chap. 2, des servitudes établies par la loi.

649. Les servitudes établies par la loi ont pour objet l'utilité publique ou communale, ou l'utilité des particuliers.

650. Celles établies pour l'utilité publique ou communale ont pour objet le marchepied le long des rivières navigables ou flottables, la construction ou réparation des chemins et autres ouvrages publics ou communaux. — Tout ce qui concerne cette espèce de servitude, est déterminé par des lois ou des règlemens particuliers.

651. La loi assujétit les propriétaires à différentes obligations l'un à l'égard de l'autre, indépendamment de toute convention.

652. Partie de ces obligations est réglée par les lois sur la police rurale; — les autres sont relatives au mur et au fossé mitoyens, au cas où il y a lieu à contre-mur, aux vues sur la propriété du voisin, à l'égout des toits, au droit de passage.

Sect. 1, du mur et du fossé mitoyens. V. MITOYENNETÉ.

Sect. 2, de la distance et des ouvrages intermédiaires requis pour certaines constructions.

674. Celui qui fait creuser un puits ou une fosse d'aisance près d'un mur mitoyen ou non; — celui qui veut y construire cheminée ou âtre, forge, four ou fourneau, — y adosser une étable, — ou établir contre ce mur un magasin de sel ou amas de matières corrosives, — est obligé à laisser la distance prescrite par les règlemens et usages particuliers sur ces objets, ou à faire les ouvrages prescrits par les mêmes règlemens et usages, pour éviter de nuire au voisin.

Sect. 3, des vues sur la propriété de son voisin. V. JOURS.

Sect. 4, de l'égout des toits. V. ÉGOUT.

Sect. 5, du droit de passage. V. ENCLAVE.

Chap. 3, des servitudes établies par le fait de l'homme.

Sect. 1, des diverses espèces de servitudes qui peuvent être établies sur les biens.

686. Il est permis aux propriétaires d'établir sur leurs propriétés, ou en faveur de leurs propriétés, telles servitudes que bon leur semble, pourvu néanmoins que les services établis ne soient imposés ni à la personne, ni en faveur de la personne, mais seulement à un fonds et pour un fonds, et pourvu que ces services n'aient d'ailleurs rien de contraire à l'ordre public.—L'usage et l'étendue des servitudes ainsi établies se règlent par le titre qui les constitue; à défaut de titre, par les règles ci-après.

687. Les servitudes sont établies ou pour l'usage des bâtimens, ou pour celui des fonds de terre. — Celles de la première espèce s'appellent *urbaines*, soit que les bâtimens auxquels elles sont dues soient situés à la ville ou à la campagne; — Celles de la seconde espèce se nomment *rurales*.

688. Les servitudes sont ou continues, ou discontinues.—Les servitudes continues sont celles dont l'usage est ou peut être continuel sans avoir besoin du fait actuel de l'homme : tels sont, les conduites d'eau, les égouts, les vues et autres de cette espèce. — Les servitudes discontinues sont celles qui ont besoin du fait actuel de l'homme pour être exercées : tels sont les droits de passage, puisage, pacage et autres semblables.

689. Les servitudes sont apparentes, ou non apparentes.—Les servitudes apparentes sont celles qui s'annoncent par des ouvrages extérieurs, tels qu'une porte, une fenêtre, un aqueduc. — Les servitudes non apparentes sont celles qui n'ont pas de signe extérieur de leur existence, comme, par exemple, la prohibition de bâtir sur un fonds, ou de ne bâtir qu'à une hauteur déterminée.

Sect. 2, comment s'établissent les servitudes.

690. Les servitudes continues et apparentes s'acquièrent par titre, ou par la possession de trente ans.

691. Les servitudes continues non apparentes, et les servitudes discontinues, apparentes ou non apparentes, ne peuvent s'établir que par titres.—La possession même immémoriale ne suffit pas pour les établir; sans cependant qu'on puisse attaquer aujourd'hui les servitudes de cette nature déjà acquises par la possession, dans les pays où elles pouvaient s'acquérir de cette manière.

692. La destination du père de famille vaut à titre à l'égard des servitudes continues ou apparentes.

693. Il n'y a destination du père de famille que lorsqu'il est prouvé que les deux fonds actuellement divisés ont appartenu au même propriétaire, et que c'est par lui que les choses ont été mises dans l'état duquel résulte la servitude.

694. Si le propriétaire de deux héritages entre lesquels il existe un signe apparent de servitude, dispose de l'un des héritages sans que le contrat contienne aucune convention relative à la servitude, elle continue d'exister activement ou passivement en faveur du fonds aliéné ou sur le fonds aliéné.

695. Le titre constitutif de la servitude, à l'égard de celles qui ne peuvent s'acquérir par la prescription, ne peut être remplacé que par un titre récognitif de la servitude, et émané du propriétaire du fonds asservi.

696. Quand on établit une servitude, on est censé accorder tout ce qui est nécessaire pour en user. — Ainsi la servitude de puiser de l'eau à la fontaine d'autrui, emporte nécessairement le droit de passage.

Sect. 3, des droits du propriétaire du fonds auquel la servitude est due.

697. Celui auquel est due une servitude, a droit de faire tous les ouvrages nécessaires pour en user et pour la conserver.

698. Ces ouvrages sont à ses frais, et non à ceux du propriétaire du fonds assujéti, à moins que le titre d'établissement de la servitude ne dise le contraire.

699. Dans le cas même où le propriétaire du fonds assujéti est chargé par le titre de faire à ses frais les ouvrages nécessaires pour l'usage ou la conservation de la servitude, il peut toujours s'affranchir de la charge, en abandonnant le fonds assujéti au propriétaire du fonds auquel la servitude est due.

700. Si l'héritage pour lequel la servitude a été établie vient à être divisé, la servitude reste due pour chaque portion, sans néanmoins que la condition du fonds assujéti soit aggravée. — Ainsi, par exemple, s'il s'agit d'un droit de passage, tous les copropriétaires seront obligés de l'exercer par le même endroit.

701. Le propriétaire du fonds débiteur de la servitude ne peut rien faire qui tende à en diminuer l'usage ou à le rendre plus incommode. — Ainsi il ne peut changer l'état des lieux, ni transporter l'exercice de la servitude dans un endroit différent de celui où elle a été primitivement assignée. — Mais cependant, si cette assignation primitive était devenue plus onéreuse au propriétaire du fonds assujéti, ou si elle l'empêchait d'y faire des réparations avantageuses, il pourrait offrir au propriétaire de l'autre fonds un endroit aussi commode pour l'exercice de ses droits, et celui-ci ne pourrait pas le refuser.

702. De son côté, celui qui a un droit de servitude, ne peut en user que suivant son titre, sans pouvoir faire, ni dans le fonds qui doit la servitude, ni dans le fonds à qui elle est due, de changement qui aggrave la condition du premier.

Sect. 4, comment les servitudes s'éteignent.

703. Les servitudes cessent lorsque les choses se trouvent en tel état qu'on ne peut plus en user.

704. Elles revivent si les choses sont rétablies de manière qu'on puisse en user ; à moins qu'il ne se soit déjà écoulé un espace de temps suffisant pour faire présumer l'extinction de la servitude, ainsi qu'il est dit à l'article 707.

705. Toute servitude est éteinte lorsque le fonds à qui elle est due, et celui qui la doit, sont réunis dans la même main.

706. La servitude est éteinte par le non usage pendant trente ans.

707. Les trente ans commencent à courir, selon les diverses espèces de servitudes, ou du jour où l'on a cessé d'en jouir, lorsqu'il s'agit de servitudes discontinues, ou du jour où il a été fait un acte contraire à la servitude, lorsqu'il s'agit de servitudes continues.

708. Le mode de la servitude peut se prescrire comme la servitude même, et de la même manière.

709. Si l'héritage en faveur duquel la servitude est établie, appartient à plusieurs par indivis, la jouissance de l'un empêche la prescription à l'égard de tous.

710. Si parmi les copropriétaires il s'en trouve un contre lequel la prescription n'ait pu courir, comme un mineur, il aura conservé le droit de tous les autres.

II. DISPOSITIONS ADDITIONNELLES.

COMMUNAUTÉ. *C. Civ.* 1455. S'il est vendu (pendant la communauté) un immeuble appartenant à l'un des époux, de même que si l'on s'est rédimé en argent de services fonciers dus à des héritages propres à l'un d'eux, et que le prix en ait été versé dans la communauté, le tout sans remploi, il y a lieu au prélèvement de ce prix sur la communauté, au profit de l'époux qui était propriétaire, soit de l'immeuble vendu, soit des services rachetés.

44.

1437. Toutes les fois qu'il est pris sur la communauté une somme pour le rachat de services fonciers (grevant l'immeuble de l'un des époux), il en doit la récompense.

DÉLAISSEMENT (par hypothèque). C. Civ. 2177. Les servitudes et droits réels que le tiers-détenteur avait sur l'immeuble avant sa possession renaissent après le délaissement ou après l'adjudication faite sur lui.

USUFRUITIER. C. Civ. 597. (L'usufruitier) jouit des droits de servitude, de passage et généralement de tous les droits dont le propriétaire peut jouir, et il en jouit comme le propriétaire lui-même.

VENTE. C. Civ. 1638. Si l'héritage vendu se trouve grevé sans qu'il en ait été fait de déclaration, de servitudes non apparentes, et qu'elles soient de telle importance qu'il y ait lieu de présumer que l'acquéreur n'aurait pas acheté s'il en avait été instruit, il peut demander la résiliation du contrat, si mieux il n'aime se contenter d'une indemnité.

SIGNATURE. *V.* VÉRIFICATION D'ÉCRITURE.

SIGNIFICATION. *V.* AJOURNEMENT, EXPLOIT.

SIGNIFICATION DE JUGEMENT.

C. Proc. 147. S'il y a avoué en cause, le jugement ne pourra être exécuté qu'après avoir été signifié à avoué, à peine de nullité; les jugemens provisoires et définitifs qui prononceront des condamnations seront en outre signifiés à la partie, à personne ou domicile, et il sera fait mention de la signification à l'avoué.

148. Si l'avoué est décédé ou a cessé de postuler, la signification à partie suffira; mais il y sera fait mention du décès ou de la cessation des fonctions de l'avoué. *V.* APPEL, REQUÊTE CIVILE.

SIGNIFICATION DE TRANSPORT.

C. Civ. 1690. Le cessionnaire n'est saisi à l'égard des tiers que par la signification du transport faite au débiteur.— Néanmoins le cessionnaire peut être également saisi par l'acceptation du transport faite par le débiteur dans un acte authentique.

1691. Si, avant que le cédant ou le cessionnaire eût signifié le transport au débiteur, celui-ci avait payé le cédant, il sera valablement libéré. *V.* TRANSPORT.

SOCIÉTÉ.

I. EN MATIÈRE CIVILE.
1° *Dispositions générales.*
Du contrat de société.
C. Civ. (*liv.* 3, *tit.* 9, *art.* 1832-1873.)

Chap. 1, dispositions générales.

1832. La société est un contrat par lequel deux ou plusieurs personnes conviennent de mettre quelque chose en commun, dans la vue de partager le bénéfice qui pourra en résulter.

1833. Toute société doit avoir un objet licite, et être contractée pour l'intérêt commun des parties.—Chaque associé doit y apporter ou de l'argent, ou d'autres biens, ou son industrie.

1834. Toutes sociétés doivent être rédigées par écrit, lorsque leur objet est d'une valeur de plus de cent cinquante francs.— La preuve testimoniale n'est point admise contre et outre le contenu en l'acte de société, ni sur ce qui serait allégué avoir été dit avant, lors et depuis cet acte, encore qu'il s'agisse d'une somme ou valeur moindre de cent cinquante francs.

Chap. 2, des diverses espèces de sociétés.

1835. Les sociétés sont universelles ou particulières.

Sect. 1, des sociétés universelles.

1836. On distingue deux sortes de sociétés universelles, la société de tous biens présens, et la société universelle de gains.

1837. La société de tous biens présens est celle par laquelle les parties mettent en commun tous les biens meubles et immeubles qu'elles possèdent actuellement, et les profits qu'elles pourront en tirer.— Elles peuvent aussi y comprendre toute autre espèce de gains; mais les biens qui pourraient leur avenir par succession, donation ou legs, n'entrent dans cette société que pour la jouissance : toute stipulation tendant à y faire entrer la propriété de ces biens est prohibée, sauf entre époux, et conformément à ce qui est réglé à leur égard. *V.* MARIAGE (*contrat de*).

1838. La société universelle de gains renferme tout ce que les parties acquerront par leur industrie, à quelque titre que ce soit, pendant le cours de la société : les meubles que chacun des associés possède au temps du contrat, y sont aussi compris; mais leurs immeubles personnels n'y entrent que pour la jouissance seulement.

1839. La simple convention de société universelle, faite sans autre explication, n'emporte que la société universelle de gains.

1840. Nulle société universelle ne peut avoir lieu qu'entre personnes respectivement capables de se donner ou de recevoir l'une de l'autre, et auxquelles il n'est point défendu de s'avantager au préjudice d'autres personnes.

Sect. 2, de la société particulière.

1841. La société particulière est celle qui ne s'applique qu'à certaines choses déterminées, ou à leur usage, ou aux fruits à en percevoir.

1842. Le contrat par lequel plusieurs personnes s'associent, soit pour une entreprise désignée, soit pour l'exercice de quelque métier ou profession, est aussi une société particulière.

Chap. 3, des engagemens des associés entre eux et à l'égard des tiers. V. ASSOCIÉS.

Chap. 4, des différentes manières dont finit la société. V. DISSOLUTION DE SOCIÉTÉ.

Disposition relative aux sociétés de commerce.

1873. Les dispositions du présent titre ne s'appliquent aux sociétés de commerce que dans les points qui n'ont rien de contraire aux lois et usages du commerce. (*V. ci-après.*)

Dispositions additionnelles.

AJOURNEMENT. *C. Proc.* 50. Le défendeur sera cité en conciliation, — 1°.... 2° en matière de société autre que celle de commerce, tant qu'elle existe, devant le juge du lieu où elle est établie.

59. En matière de société, tant qu'elle existe, (le défendeur sera assigné) devant le juge du lieu où elle est établie.

RAPPORT. *C. Proc.* 854. Il n'est pas dû de rapport pour les associations faites sans fraude entre le défunt et l'un de ses héritiers, lorsque les conditions en ont été réglées par un acte authentique.

II. EN MATIÈRE DE COMMERCE.

1° *Dispositions générales.*

Des sociétés.

C. Com. (*liv.* 1, *tit.* 3, *art.* 18-64.)

Sect. 1, *des diverses sociétés et de leurs règles.*

18. Le contrat de société se règle par le droit civil (*V. ci-dessus*), par les lois particulières au commerce, et par les conventions des parties.

19. La loi reconnaît trois espèces de sociétés commerciales : — la société en nom collectif, — la société en commandite, — la société anonyme.

20. La *société en nom collectif* est celle que contractent deux personnes ou un plus grand nombre, et qui a pour objet de faire le commerce sous une raison sociale.

21. Les noms des associés peuvent seuls faire partie de la raison sociale.

22. Les associés en nom collectif indiqués dans l'acte de société, sont solidaires pour tous les engagemens de la société, encore qu'un seul des associés ait signé, pourvu que ce soit sous la raison sociale.

23. La *société en commandite* se contracte entre un ou plusieurs associés responsables et solidaires, et un ou plusieurs associés simples bailleurs de fonds, que l'on nomme *commanditaires* ou *associés en commandite*.—Elle est régie sous un nom social, qui doit être nécessairement celui

d'un ou de plusieurs des associés responsables et solidaires.

24. Lorsqu'il y a plusieurs associés solidaires et en nom, soit que tous gèrent ensemble, soit qu'un ou plusieurs gèrent pour tous, la société est, à la fois, société en nom collectif à leur égard, et société en commandite à l'égard des simples bailleurs de fonds.

25. Le nom d'un associé commanditaire ne peut faire partie de la raison sociale.

26. L'associé commanditaire n'est passible des pertes que jusqu'à concurrence des fonds qu'il a mis ou dû mettre dans la société.

27. L'associé commanditaire ne peut faire aucun acte de gestion, ni être employé pour les affaires de la société, même en vertu de procuration.

28. En cas de contravention à la prohibition mentionnée dans l'article précédent, l'associé commanditaire est obligé solidairement, avec les associés en nom collectif, pour toutes les dettes et engagemens de la société.

29. La *société anonyme* n'existe point sous un nom social ; elle n'est désignée par le nom d'aucun des associés.

30. Elle est qualifiée par la désignation de l'objet de son entreprise.

31. Elle est administrée par des mandataires à temps, révocables, associés ou non associés, salariés ou gratuits.

32. Les administrateurs ne sont responsables que de l'exécution du mandat qu'ils ont reçu. — Ils ne contractent, à raison de leur gestion, aucune obligation personnelle ni solidaire relativement aux engagemens de la société.

33. Les associés ne sont passibles que de la perte du montant de leur intérêt dans la société.

34. Le capital de la société anonyme se divise en actions et même en coupons d'action d'une valeur égale.

35. L'action peut être établie sous la forme d'un titre au porteur. — Dans ce cas, la cession s'opère par la tradition du titre.

36. La propriété des actions peut être établie par une inscription sur les registres de la société. —Dans ce cas, la cession s'opère par une déclaration de transfert inscrite sur les registres, et signée de celui qui fait le transport ou d'un fondé de pouvoir.

37. La société anonyme ne peut exister qu'avec l'autorisation du Roi, et avec son approbation pour l'acte qui la constitue ; cette approbation doit être donnée dans la forme prescrite pour les règlemens d'administration publique.

38. Le capital des sociétés en commandite pourra être aussi divisé en actions, sans aucune

autre dérogation aux règles établies pour ce genre de société.

39. Les sociétés en nom collectif ou en commandite doivent être constatées par des actes publics ou sous signature privée, en se conformant, dans ce dernier cas, à l'article 1325 du Code Civil [1].

40. Les sociétés anonymes ne peuvent être formées que par des actes publics.

41. Aucune preuve par témoins ne peut être admise contre et outre le contenu dans les actes de société, ni sur ce qui serait allégué avoir été dit avant l'acte, lors de l'acte ou depuis, encore qu'il s'agisse d'une somme au-dessous de cent cinquante francs.

42. L'extrait des actes de société en nom collectif et en commandite, doit être remis, dans la quinzaine de leur date, au greffe du tribunal de commerce de l'arrondissement dans lequel est établie la maison du commerce social, pour être transcrit sur le registre, et affiché, pendant trois mois, dans la salle des audiences. — Si la société a plusieurs maisons de commerce situées dans divers arrondissemens, la remise, la transcription et l'affiche de cet extrait, seront faites au tribunal de commerce de chaque arrondissement. — Ces formalités seront observées, à peine de nullité, à l'égard des intéressés ; mais le défaut d'aucune d'elles ne pourra être opposé à des tiers par les associés.

43. L'extrait doit contenir — les noms, prénoms, qualités et demeures des associés autres que les actionnaires ou commanditaires, — la raison de commerce de la société, — la désignation de ceux des associés autorisés à gérer, administrer et signer pour la société, — le montant des valeurs fournies à fournir par actions ou en commandite, — l'époque où la société doit commencer, et celle où elle doit finir.

44. L'extrait des actes de société est signé, pour les actes publics, par les notaires, et, pour les actes sous seing privé, par tous les associés, si la société est en nom collectif, et par les associés solidaires ou gérans, si la société est en commandite, soit qu'elle se divise ou ne se divise pas en actions.

45. L'ordonnance du Roi qui autorise les sociétés anonymes, devra être affichée avec l'acte d'association et pendant le même temps.

46. Toute continuation de société, après son terme expiré, sera constatée par une déclaration des coassociés. — Cette déclaration, et tous actes portant dissolution de société avant le terme fixé pour sa durée par l'acte qui l'établit, tout changement ou retraite d'associés, toutes nouvelles stipulations ou clauses, tout changement à la raison de société, sont soumis aux formalités prescrites par les articles 42, 43 et 44. — En cas d'omission de ces formalités, il y aura lieu à l'application des dispositions pénales de l'article 42, troisième alinéa.

47. Indépendamment de trois espèces de sociétés ci-dessus, la loi reconnaît les *associations commerciales en participation*.

48. Ces associations sont relatives à une ou plusieurs *opérations de commerce* ; elles ont lieu pour les objets, dans les formes, avec les proportions d'intérêt et aux conditions convenues entre les participans.

49. Les associations en participation peuvent être constatées par la représentation des livres, de la correspondance, ou par la preuve testimoniale, si le tribunal juge qu'elle peut être admise.

50. Les associations commerciales en participation ne sont pas sujettes aux formalités prescrites pour les autres sociétés.

Sect. 2, des contestations entre associés, et de la manière de les décider. V. ARBITRAGE.

2° *Dispositions additionnelles.*

AJOURNEMENT. C. Proc. 69. Seront assignées, — 1°... 6° les sociétés de commerce, tant qu'elles existent, en leur maison sociale ; et s'il n'y en a pas, en la personne ou au domicile de l'un des associés.

FAILLITE. C. Com. 440. Tout failli sera tenu, dans les trois jours de la cessation de paiemens, d'en faire la déclaration au greffe du tribunal de commerce ; le jour où il aura cessé ses paiemens sera compris dans ces trois jours. — En cas de faillite d'une société en nom collectif, la déclaration du failli contiendra le nom et l'indication du domicile de chacun des associés solidaires.

432. Si la faillite est faite par des associés réunis en société collective, les scellés seront apposés, non-seulement dans le principal manoir de la société, mais dans le domicile séparé de chacun des associés solidaires.

587. Pourra être poursuivi comme banqueroutier simple, et être déclaré tel, — le failli qui,

---

[1] *C. Civ.* 1325. Les actes sous seing privé qui contiennent des conventions synallagmatiques ne sont valables qu'autant qu'ils ont été faits en autant d'originaux qu'il y a de parties ayant un intérêt distinct. — Il suffit d'un original pour toutes les personnes ayant le même intérêt. — Chaque original doit contenir la mention du nombre des originaux qui en ont été faits. — Néanmoins le défaut de mention que les originaux ont été faits doubles, triples, etc., ne peut être opposé par celui qui a exécuté de sa part la convention portée dans l'acte.

-y ayant une société, ne se sera pas conformé à l'article 440 (*ci-dessus*).

LIVRES DE COMMERCE. *C. Com.* 14. La communication des livres et inventaires ne peut être ordonnée en justice que dans les affaires de succession, communauté, partage de société, et en cas de faillite.

SOCIÉTÉ (ACTE DE). *V.* SOCIÉTÉ.

SOL.

C. Civ. 552. La propriété du sol emporte la propriété du dessus et du dessous. — Le propriétaire peut faire au-dessus toutes les plantations et constructions qu'il juge à propos, sauf les exceptions établies au titre *des servitudes ou services fonciers* (*V.* SERVITUDES). — Il peut faire au-dessous toutes les constructions et fouilles qu'il jugera à propos, et tirer de ces fouilles tous les produits qu'elles peuvent fournir, sauf les modifications résultant des lois et règlemens relatifs aux mines, et des lois et règlemens de police.

SOLIDARITÉ.

I. DISPOSITIONS GÉNÉRALES.
Des obligations solidaires.

C. Civ. (*liv.* 5, *tit.* 3, *chap.* 4, *sect.* 4, *art.* 1197-1216).

§ 1, *de la solidarité entre les créanciers.*

1197. L'obligation est solidaire entre plusieurs créanciers lorsque le titre donne expressément à chacun d'eux le droit de demander le paiement du total de la créance, et que le paiement fait à l'un d'eux libère le débiteur, encore que le bénéfice de l'obligation soit partageable et divisible entre les divers créanciers.

1198. Il est au choix du débiteur de payer à l'un ou à l'autre des créanciers solidaires, tant qu'il n'a pas été prévenu par les poursuites de l'un d'eux. — Néanmoins la remise qui n'est faite que par l'un des créanciers solidaires, ne libère le débiteur que pour la part de ce créancier.

1199. Tout acte qui interrompt la prescription à l'égard de l'un des créanciers solidaires, profite aux autres créanciers.

§ 2, *de la solidarité de la part des débiteurs.*

1200. Il y a solidarité de la part des débiteurs, lorsqu'ils sont obligés à une même chose, de manière que chacun puisse être contraint pour la totalité, et que le paiement fait par un seul libère les autres envers le créancier.

1201. L'obligation peut être solidaire quoique l'un des débiteurs soit obligé différemment de l'autre au paiement de la même chose ; par exemple, si l'un n'est obligé que conditionnellement, tandis que l'engagement de l'autre est pur et simple, ou si l'un a pris un terme qui n'est point accordé à l'autre.

1202. La solidarité ne se présume point ; il faut qu'elle soit expressément stipulée. — Cette règle ne cesse que dans les cas où la solidarité a lieu de plein droit, en vertu d'une disposition de la loi.

1203. Le créancier d'une obligation contractée solidairement peut s'adresser à celui des débiteurs qu'il veut choisir, sans que celui-ci puisse lui opposer le bénéfice de division.

1204. Les poursuites faites contre l'un des débiteurs n'empêchent pas le créancier d'en exercer de pareilles contre les autres.

1205. Si la chose due a péri par la faute ou pendant la demeure de l'un ou de plusieurs des débiteurs solidaires, les autres codébiteurs ne sont point déchargés de l'obligation de payer le prix de la chose : mais ceux-ci ne sont point tenus des dommages et intérêts. — Le créancier peut seulement répéter les dommages et intérêts tant contre les débiteurs par la faute desquels la chose a péri, que contre ceux qui étaient en demeure.

1206. Les poursuites faites contre l'un des débiteurs solidaires interrompent la prescription à l'égard de tous.

1207. La demande d'intérêt formée contre l'un des débiteurs solidaires fait courir les intérêts à l'égard de tous.

1208. Le codébiteur solidaire poursuivi par le créancier peut opposer toutes les exceptions qui résultent de la nature de l'obligation, et toutes celles qui lui sont personnelles, ainsi que celles qui sont communes à tous les codébiteurs. — Il ne peut opposer les exceptions qui sont purement personnelles à quelques-uns des autres codébiteurs.

1209. Lorsque l'un des débiteurs devient héritier unique du créancier, ou lorsque le créancier devient l'unique héritier de l'un des débiteurs, la confusion n'éteint la créance solidaire que pour la part et portion du débiteur ou du créancier.

1210. Le créancier qui consent à la division de la dette à l'égard de l'un des codébiteurs, conserve son action solidaire contre les autres, mais sous la déduction de la part du débiteur qu'il a déchargé de la solidarité.

1211. Le créancier qui reçoit divisément la part de l'un des débiteurs, sans réserver dans la quittance la solidarité ou ses droits en général, ne renonce à la solidarité qu'à l'égard de ce débiteur. — Le créancier n'est pas censé remettre la solidarité au débiteur lorsqu'il reçoit de lui une somme égale à la portion dont il est tenu, si la

quittance ne porte pas que c'est *pour sa part.*
— Il en est de même de la simple demande formée côntre l'un des codébiteurs *pour sa part*, si celui-ci n'a pas acquiescé à la demande, ou s'il n'est pas intervenu un jugement de condamnation.

1212. Le créancier qui reçoit divisément et sans réserve la portion de l'un des codébiteurs dans les arrérages ou intérêts de la dette, ne perd la solidarité que pour les arrérages ou intérêts échus, et non pour ceux à échoir, ni pour le capital, à moins que le paiement divisé n'ait été continué pendant dix ans consécutifs.

1213. L'obligation contractée solidairement envers le créancier se divise de plein droit entre les débiteurs, qui ne sont tenus entre eux que chacun pour sa part et portion.

1214. Le codébiteur d'une dette solidaire, qui l'a payée en entier, ne peut répéter contre les autres que les part et portion de chacun d'eux. — Si l'un d'eux se trouve insolvable, la perte qu'occasionne son insolvabilité, se répartit, par contribution, entre tous les autres codébiteurs solvables et celui qui a fait le paiement.

1215. Dans le cas où le créancier a renoncé à l'action solidaire envers l'un des débiteurs, si l'un ou plusieurs des autres codébiteurs deviennent insolvables, la portion des insolvables sera contributoirement répartie entre tous les débiteurs, même ceux précédemment déchargés de la solidarité par le créancier.

1216. Si l'affaire pour laquelle la dette a été contractée solidairement ne concernait que l'un des coobligés solidaires, celui-ci serait tenu de toute la dette vis-à-vis des autres codébiteurs, qui ne seraient considérés par rapport à lui que comme ses cautions.

II. DISPOSITIONS ADDITIONNELLES.

BAIL *(incendie). C. Civ.* 1754. S'il y a plusieurs locataires, tous sont solidairement responsables de l'incendie, — à moins qu'ils ne prouvent que l'incendie a commencé dans l'habitation de l'un d'eux, auquel cas celui-là seul en est tenu ; — ou que quelques-uns ne prouvent que l'incendie n'a pu commencer chez eux, auquel cas ceux-là n'en sont pas tenus.

CAUTIONS. *C. Civ.* 2021. La caution n'est obligée envers le créancier à le payer qu'à défaut du débiteur, qui doit préalablement être discuté dans ses biens, à moins que la caution ne se soit obligée solidairement avec le débiteur ; auquel cas l'effet de son engagement se règle par les principes qui ont été établis pour les dettes solidaires. *(Art.* 1197-1216 *ci-dessus.)*

2025. Lorsque plusieurs personnes se sont rendues cautions d'un même débiteur pour une même dette, elles sont obligées chacune à toute la dette.

2030. Lorsqu'il y avait plusieurs débiteurs principaux solidaires d'une même dette, la caution qui les a tous cautionnés, a, contre chacun d'eux, le recours pour la répétition du total de ce qu'elle a payé.

COMMUNAUTÉ. *C. Civ.* 1431. La femme qui s'oblige solidairement avec son mari pour les affaires de la communauté ou du mari n'est réputée à l'égard de celui-ci s'être obligée que comme caution ; elle doit être indemnisée de l'obligation qu'elle a contractée.

1432. Le mari qui garantit solidairement ou autrement la vente que sa femme a faite d'un immeuble personnel a pareillement un recours contre elle, soit sur sa part dans la communauté, soit sur ses biens personnels, s'il est inquiété.

1442. S'il y a des enfans mineurs le défaut d'inventaire (après la dissolution de la communauté) fait perdre à l'époux survivant la jouissance de leurs revenus ; et le subrogé-tuteur qui ne l'a point obligé à faire inventaire, est solidairement tenu avec lui de toutes les condamnations qui peuvent être prononcées au profit des mineurs.

1487. La femme, même personnellement obligée pour une dette de communauté, ne peut être poursuivie que pour la moitié de cette dette, à moins que l'obligation ne soit solidaire.

2066. Les femmes qui, étant en communauté, se seraient obligées conjointement ou solidairement avec leur mari, ne pourront être réputées stellionataires à raison de ces contrats.

COMPENSATION. *C. Civ.* 1294. Le débiteur solidaire ne peut opposer la compensation de ce que le créancier doit à son codébiteur.

CONFUSION. *C. Civ.* 1301. La confusion qui s'opère dans la personne du créancier, ne profite à ses codébiteurs solidaires que pour la portion dont il était débiteur.

CONVOL *(tutelle). C. Civ.* 395. Si la mère tutrice veut se remarier, elle devra, avant l'acte de mariage, convoquer le conseil de famille, qui décidera si la tutelle doit lui être conservée. — A défaut de cette convocation, elle perdra la tutelle de plein droit ; et son nouveau mari sera solidairement responsable de toutes les suites de la tutelle qu'elle aura indûment conservée.

396. Lorsque le conseil de famille, dûment convoqué, conservera la tutelle à la mère, il lui donnera nécessairement pour cotuteur le second mari, qui deviendra solidairement responsable, avec sa femme, de la gestion postérieure au mariage.

DIVISIBILITÉ. *C. Civ.* 1219. La solidarité stipulée ne donne point à l'obligation le caractère d'indivisibilité.

EFFETS DE COMMERCE. *C. Com.* 118. Le tireur et les endosseurs d'une lettre de change sont garans solidaires de l'acceptation et du paiement à l'échéance.

120. La caution, soit du tireur, soit de l'endosseur, n'est solidaire qu'avec celui qu'elle a cautionné.

140. Tous ceux qui ont signé, accepté ou endossé une lettre de change, sont tenus à la garantie solidaire envers le porteur.

142. Le donneur d'aval est tenu solidairement et par les mêmes voies que les tireurs et les endosseurs, sauf les conventions différentes des parties.

187. Toutes les dispositions relatives aux lettres de change, et concernant — l'échéance, — l'endossement, — la solidarité, — l'aval, — le paiement, — sont applicables aux billets à ordre.

EXÉCUTEURS TESTAMENTAIRES. *C. Civ.* 1033. S'il y a plusieurs exécuteurs testamentaires qui aient accepté, un seul pourra agir au défaut des autres; et ils seront solidairement responsables du compte du mobilier qui leur a été confié, à moins que le testateur n'ait divisé leurs fonctions, et que chacun d'eux ne se soit renfermé dans celle qui lui était attribuée.

FAILLITE. *C. Com.* 534. Le créancier porteur d'engagemens solidaires entre le failli et d'autres coobligés qui sont en faillite, participera aux distributions dans toutes les masses, jusqu'à son parfait et entier paiement.

MANDAT. *C. Civ.* 1995. Quand il y a plusieurs fondés de pouvoir ou mandataires établis par le même acte, il n'y a de solidarité entre eux qu'autant qu'elle est exprimée.

2002. Lorsque le mandataire a été constitué par plusieurs personnes pour une affaire commune, chacune d'elles est tenue solidairement envers lui de tous les effets du mandat.

NOVATION. *C. Civ.* 1281. Par la novation faite entre le créancier et l'un des débiteurs solidaires, les codébiteurs sont libérés.

PRESCRIPTION (*interruption*). *C. Civ.* 2249. L'interpellation faite à l'un des débiteurs solidaires, ou sa reconnaissance, interrompt la prescription contre tous les autres, même contre leurs héritiers. — L'interpellation faite à l'un des héritiers d'un débiteur solidaire, ou la reconnaissance de cet héritier, n'interrompt pas la prescription à l'égard des autres cohéritiers, quand même la créance serait hypothécaire, si l'obligation n'est indivisible. — Cette interpellation ou cette reconnaissance n'interrompt la prescription, à l'égard des autres codébiteurs, que pour la part dont cet héritier est tenu.—Pour interrompre la prescription pour le tout, à l'égard des autres codébiteurs, il faut l'interpellation faite à tous les héritiers du débiteur décédé, ou la reconnaissance de tous ses héritiers.

PRÊT. *C. Civ.* 1887. Si plusieurs ont conjointement emprunté la même chose, ils en sont solidairement responsables envers le prêteur.

REMISE. *C. Civ.* 1284. La remise du titre original sous signature privée, ou de la grosse du titre à l'un des débiteurs solidaires, a le même effet au profit de ses codébiteurs. *V.* REMISE.

1285. La remise ou décharge conventionnelle au profit de l'un des codébiteurs solidaires libère tous les autres, à moins que le créancier n'ait expressément réservé ses droits contre ces derniers. — Dans ce dernier cas, il ne peut plus répéter la dette que déduction faite de la part de celui auquel il a fait la remise.

SERMENT. *C. Civ.* 1365. Le serment déféré par l'un des créanciers solidaires au débiteur ne libère celui-ci que pour la part de ce créancier.

SOCIÉTÉ CIVILE. *C. Civ.* 1862. Dans les sociétés autres que celles de commerce, les associés ne sont pas tenus solidairement des dettes sociales, et l'un des associés ne peut obliger les autres, si ceux-ci ne lui en ont conféré le pouvoir.

SOCIÉTÉS COMMERCIALES. *C. Com.* 22. Les associés en nom collectif indiqués dans l'acte de société, sont solidaires pour tous les engagemens de la société, encore qu'un seul des associés ait signé, pourvu que ce soit sous la raison sociale.

23. La *société en commandite* se contracte entre un ou plusieurs associés responsables et solidaires, et un ou plusieurs associés, simples bailleurs de fonds, que l'on nomme *commanditaires* ou *associés en commandite*. — Elle est régie sous un nom social, qui doit être nécessairement celui d'un ou de plusieurs des associés responsables et solidaires.

24. Lorsqu'il y a plusieurs associés solidaires et en nom, soit que tous gèrent ensemble, soit qu'un ou plusieurs gèrent pour tous, la société est, à la fois, société en nom collectif à leur égard, et société en commandite à l'égard des simples bailleurs de fonds.

27. L'associé commanditaire ne peut faire aucun acte de gestion, ni être employé pour les affaires de la société, même en vertu de procuration.

28. En cas de contravention à la prohibition mentionnée dans l'article précédent, l'associé commanditaire est obligé solidairement, avec les

associés en nom collectif, pour toutes les dettes et engagemens de la société.

III. SOLIDARITÉ EN MATIÈRE CRIMINELLE.

Disposition générale.

C. Pén. 55. Tous les individus condamnés pour un même crime, ou pour un même délit, sont tenus solidairement des amendes, des restitutions, des dommages-intérêts et des frais.

Dispositions du tarif criminel.

156. La condamnation aux frais sera prononcée, dans toutes les procédures, *solidairement*, contre tous les auteurs et complices du même fait, et contre les personnes civilement responsables du délit.

SOLVABILITÉ (DE CAUTION).

1° En matière civile.

C. Civ. 2019. La solvabilité d'une caution ne s'estime qu'eu égard à ses propriétés foncières, excepté en matière de commerce, ou lorsque la dette est modique. — On n'a point égard aux immeubles litigieux, ou dont la discussion deviendrait trop difficile par l'éloignement de leur situation. *V.* INSOLVABILITÉ.

2° En matière criminelle.

C. Inst. cr. 117. La solvabilité de la caution offerte sera discutée par le procureur du Roi, et par la partie civile dûment appelée. — Elle devra être justifiée par des immeubles libres, pour le montant du cautionnement et une moitié en sus, si mieux n'aime la caution déposer dans la caisse de l'enregistrement et des domaines le montant du cautionnement en espèces.

SOMMAIRES (AFFAIRES ET ENQUÊTES).

I. DISPOSITIONS GÉNÉRALES.

C. Proc. 465. Les appels de jugemens rendus en matière sommaire seront portés à l'audience sur simple acte, et sans autre procédure. Il en sera de même de l'appel des autres jugemens, lorsque l'intimé n'aura pas comparu.

543. La liquidation des dépens et frais sera faite, en matière sommaire, par le jugement qui les adjugera.

1° Des matières sommaires.

C. Proc. (liv. 2, tit. 24, art. 404-413). — 404. Seront réputés matières sommaires, et instruits comme tels, — les appels de juges de paix; — les demandes pures personnelles, à quelque somme qu'elles puissent monter, quand il y a titre, pourvu qu'il ne soit pas contesté; — les demandes formées sans titres, lorsqu'elles n'excèdent pas mille francs; — les demandes provisoires, ou qui requièrent célérité; — les demandes en paiement de loyers et fermages et arrérages de rentes.

405. Les matières sommaires seront jugées à l'audience, après les délais de la citation échus,

sur un simple acte, sans autres procédures ni formalités.

406. Les demandes incidentes et les interventions seront formées par requête d'avoué, qui ne pourra contenir que des conclusions motivées.

407. S'il y a lieu à enquête, le jugement qui l'ordonnera contiendra les faits sans qu'il soit besoin de les articuler préalablement, et fixera les jour et heure où les témoins seront entendus à l'audience.

408. Les témoins seront assignés au moins un jour avant celui de l'audition.

409. Si l'une des parties demande prorogation, l'incident sera jugé sur le champ.

410. Lorsque le jugement ne sera pas susceptible d'appel, il ne sera point dressé procès-verbal de l'enquête; il sera seulement fait mention, dans le jugement, des noms des témoins, et du résultat de leurs dépositions.

411. Si le jugement est susceptible d'appel, il sera dressé procès-verbal, qui contiendra les sermens des témoins, leur déclaration s'ils sont parens, alliés, serviteurs ou domestiques des parties, les reproches qui auraient été formés contre eux, et le résultat de leurs dépositions.

412. Si les témoins sont éloignés ou empêchés, le tribunal pourra commettre le tribunal ou le juge de paix de leur résidence : dans ce cas, l'enquête sera rédigée par écrit; il en sera dressé procès-verbal.

413. Seront observées en la confection des enquêtes sommaires les dispositions du titre 12, des enquêtes (art. 252-294. [*V.* ENQUÊTE.]), relatives aux formalités ci-après : — la copie aux témoins, du dispositif du jugement par lequel ils sont appelés (art. 260.); — copie à la partie, des noms des témoins (art. 261.); — l'amende et les peines contre les témoins défaillans (art. 263 s.); — la prohibition d'entendre les conjoints des parties, les parens et alliés en ligne directe (art. 268.); — les reproches par la partie présente, la manière de les juger, les interpellations aux témoins, la taxe (art. 270, 273, 277, 282.); — le nombre des témoins dont les voyages passent en taxe (art. 281.); — la faculté d'entendre les individus âgés de moins de quinze ans révolus (art. 283.).

Dispositions du tarif civil.

Tit. 2, ch. 1, matières sommaires.

67. Les dépens, dans ces matières, seront liquidés, tant en demandant qu'en défendant; savoir : pour l'obtention d'un jugement par défaut contre partie ou avoué, y compris les qualités et la signification à avoué, s'il y a lieu, quand la demande n'excédera pas 1000 fr. — Paris, 7 fr. 50 c. — Dans le ressort, les trois quarts. (*V.* TARIF.) — Et quand elle excè-

cèdera 1000 fr. jusqu'à 5000 fr., 10 fr.—Et quand elle
excèdera 5000 fr., 15 fr. — Et pour l'obtention d'un
jugement contradictoire ou définitif, quand la demande n'excèdera pas 1000 fr., 15 fr. — Et quand
elle excèdera 1000 fr. jusqu'à 5000 fr., 20 fr. —
Quand elle excèdera 5000 fr., 30 fr. — *Nota.* Si la
valeur de l'objet de la contestation est indéterminée,
le juge allouera l'une des sommes ci-dessus indiquées.
S'il y a lieu à enquête ou à visite et estimation d'experts ordonnée contradictoirement, et s'il est intervenu aussi jugement contradictoire sur l'enquête ou
le rapport d'experts, il sera alloué un demi-droit.
Et en outre, pour copie des procès-verbaux d'enquête
et d'expertise, par chaque rôle, — Paris, 15 fr. —
Dans le ressort, les trois quarts. — S'il y a plus de
deux parties en cause, et si elles ont des intérêts
contraires, il sera alloué un quart en sus des droits
ci-dessus à l'avoué qui aura suivi contre chacune des
autres parties. S'il y a lieu à un interrogatoire sur
faits et articles, il sera passé à l'avoué de la partie
à la requête de laquelle il aura été subi, un demi-
droit : et en outre, pour copie du procès-verbal d'interrogatoire, par chaque rôle d'expédition, — à Paris,
15 f. — Dans le ressort, les trois quarts. — Il sera
passé à l'avoué qui lèvera le jugement rendu contradictoirement, pour dressé des qualités et de signification du jugement à avoué, le quart du droit accordé pour l'obtention du jugement contradictoire.
Il ne sera alloué aucun honoraire aux avocats dans
ces sortes de causes. Si l'avoué est révoqué, ou si
les pièces lui sont retirées, il lui sera alloué, savoir :
s'il y a eu constitution d'avoué avant l'obtention d'un
jugement par défaut, moitié du droit accordé pour
faire rendre un jugement par défaut; et s'il a été
obtenu un premier jugement par défaut ou un jugement interlocutoire, indépendamment de l'émolument
pour ces jugemens, moitié du droit accordé pour
obtenir un jugement contradictoire. Mais ces droits
ne seront acquis, et ils ne pourront être exigés que
lorsqu'il y aura eu constitution d'avoué dans le premier cas, ou qu'il aura été formé opposition au premier jugement par défaut, et que l'avoué qui aura
obtenu le premier jugement aura suivi l'audience sur
le débouté d'opposition. Au moyen de la fixation ci-
dessus, il ne sera passé aucun autre honoraire pour
aucun acte et sous aucun prétexte. Il ne sera alloué
en outre que les simples déboursés.

D. *16 février 1807.* — 1. La liquidation des dépens
en matière sommaire sera faite par les arrêts et jugemens qui les auront adjugés : à cet effet, l'avoué
qui aura obtenu la condamnation remettra dans le
jour, au greffier tenant la plume à l'audience, l'état
des dépens adjugés ; et la liquidation en sera insérée
dans le dispositif de l'arrêt ou jugement.

Tarif des frais de taxe. — Il ne sera rien alloué
aux avoués pour l'état des dépens adjugés en matière
sommaire qu'ils doivent remettre aux greffiers, à
l'effet d'en faire insérer la liquidation dans l'arrêt ou
le jugement.

2° Des enquêtes (*en justice de paix*).

C. Proc. (*liv.* 1, *tit.* 7, *art.* 34-40). — 34. Si
les parties sont contraires en faits de nature à
être constatés par témoins, et dont le juge de
paix trouve la vérification utile et admissible,
il ordonnera la preuve et en fixera précisément
l'objet.

35. Au jour indiqué, les témoins, après avoir
dit leurs noms, profession, âge et demeure,
feront le serment de dire la vérité, et déclareront s'ils sont parens ou alliés des parties et à
quel degré, et s'ils sont leurs serviteurs ou domestiques.

36. Ils seront entendus séparément, en présence des parties, si elles comparaissent : elles
seront tenues de fournir leurs reproches avant la
déposition, et de les signer ; si elles ne le savent
ou ne le peuvent, il en sera fait mention : les reproches ne pourront être reçus après la déposition commencée, qu'autant qu'ils seront justifiés
par écrit.

37. Les parties n'interrompront point les témoins : après la déposition, le juge pourra, sur
la réquisition des parties, et même d'office, faire
aux témoins les interpellations convenables.

38. Dans tous les cas où la vue du lieu peut
être utile pour l'intelligence des dépositions, et
spécialement dans les actions pour déplacement
de bornes, usurpations de terres, arbres, haies,
fossés ou autres clôtures, et pour entreprises sur
les cours d'eau, le juge de paix se transportera,
s'il le croit nécessaire, sur le lieu, et ordonnera
que les témoins y seront entendus.

39. Dans les causes sujettes à l'appel, le greffier dressera procès-verbal de l'audition des témoins : cet acte contiendra leurs noms, âge, profession et demeure, leur serment de dire vérité, leur déclaration s'ils sont parens, alliés, serviteurs ou domestiques des parties, et les reproches qui auraient été fournis contre eux. Lecture
de ce procès-verbal sera faite à chaque témoin
pour la partie qui le concerne ; il signera sa déposition, ou mention sera faite qu'il ne sait ou ne
peut signer. Le procès-verbal sera, en outre, signé par le juge et le greffier. Il sera procédé immédiatement au jugement, ou au plus tard à la
première audience.

40. Dans les causes de nature à être jugées en
dernier ressort, il ne sera point dressé de procès-
verbal ; mais le jugement énoncera les noms, âge,
profession et demeure des témoins, leur serment,
leur déclaration s'ils sont parens, alliés, serviteurs ou domestiques des parties, les reproches,
et le résultat des dépositions.

Dispositions du tarif civil.

8. (Pr. 58.) Il est alloué au juge de paix pour transport, soit à l'effet de visiter les lieux contentieux, soit à
l'effet d'en faire insérer la liquidation dans l'arrêt ou
été expressément requis par l'une des parties, et
que le juge l'aura trouvé nécessaire ; par chaque vacation, — Paris, 5 fr. — Dans les villes où il y a tribunal de 1re instance, 3 fr. 75 c. — Dans les autres
villes et cantons ruraux, 2 fr. 50 c. — *Nota.* Le
procès-verbal du juge doit faire mention de la réqui-

sition de la partie, et il n'est rien alloué à défaut de cette mention.

21. (Pr. 34.) Original de citation aux témoins, 1 f. 50 c. — Chaque copie, le quart.

24. (Pr. 34.) Il sera taxé au témoin entendu par le juge de paix, une somme équivalente à une journée de travail, même à une double journée si le témoin a été obligé de se faire remplacer dans sa profession, ce qui est laissé à la prudence du juge. Il sera taxé au témoin qui n'a pas de profession, 2 fr. — Il ne sera point passé de frais de voyage, si le témoin est domicilié dans le canton où il est entendu. S'il est domicilié hors du canton, et à une distance de plus de deux myriamètres et demi du lieu où il fera sa déposition, il lui sera alloué autant de fois une somme double de journée de travail, ou une somme de 4 francs qu'il y aura de fois cinq myriamètres de distance entre son domicile et le lieu où il aura déposé.

II. DISPOSITIONS ADDITIONNELLES.

CAUTION. *C. Proc.* 521. Les réceptions de caution seront jugées sommairement, sans requête ni écritures.

COMPTE. *C. Proc.* 538. Aux jour et heure indiqués par le commissaire, les parties se présenteront devant lui pour fournir débats (de compte), soutènemens et réponses sur son procès-verbal : si les parties ne se présentent pas, l'affaire sera portée à l'audience sur un simple acte.

COMPULSOIRE. *C. Proc.* 847. La demande à fin de compulsoire sera formée par requête d'avoué à avoué ; elle sera portée à l'audience sur un simple acte, et jugée sommairement sans aucune procédure.

CONSEIL DE FAMILLE. *C. Proc.* 883. Le tuteur, subrogé-tuteur ou curateur, même les membres de l'assemblée, pourront se pourvoir contre la délibération (du conseil de famille) ; ils formeront leur demande contre les membres qui auront été d'avis de la délibération, sans qu'il soit nécessaire d'appeler en conciliation.

884. La cause sera jugée sommairement.

CONTRIBUTION (*distribution par*). *C. Proc.* 669. L'appel (du jugement sur les contestations relatives à la distribution) sera interjeté dans les dix jours de la signification à avoué : l'acte d'appel sera signifié au domicile de l'avoué ; il contiendra citation et énonciation des griefs ; il y sera statué comme en matière sommaire.

EMPRISONNEMENT. *C. Proc.* 793. La demande (en nullité d'emprisonnement) pourra être formée à bref délai ; la cause sera jugée sommairement, sur les conclusions du ministère public.

EXPÉDITION D'ACTES. *C. Proc.* 839. Le notaire ou autre dépositaire qui refusera de délivrer expédition ou copie d'un acte aux parties intéressées en nom direct, héritiers ou ayans droits,

y sera condamné, et par corps, sur assignation à bref délai.

840. L'affaire sera jugée sommairement.

EXPERT (*récusation*). *C. Proc.* 311. La récusation (contre expert) contestée sera jugée sommairement à l'audience, sur un simple acte.

(*Retard.*) *C. Proc.* 320. En cas de retard ou de refus de la part des experts de déposer leur rapport, ils pourront être assignés à trois jours, sans préliminaire de conciliation, par-devant le tribunal qui les aura commis, pour se voir condamner, même par corps s'il y échet, à faire ledit dépôt ; il y sera statué sommairement et sans instruction.

GARANT. *C. Proc.* 180. Si le demandeur originaire soutient qu'il n'y a lieu au délai pour appeler garant, l'incident sera jugé sommairement.

PARTAGE. *C. Civ.* 823. Si l'un des cohéritiers refuse de consentir au partage, ou s'il s'élève des contestations, soit sur le mode d'y procéder, soit sur la manière de le terminer, le tribunal prononce comme en matière sommaire, ou commet, s'il y a lieu, pour les opérations du partage, un des juges, sur le rapport duquel il décide les contestations.

PIÈCES (*rétablissement de*). *C. Proc.* 191. Si, après l'expiration du délai, l'avoué n'a pas rétabli les pièces, il sera, sur simple requête, et même sur simple mémoire de la partie, rendu ordonnance portant qu'il sera contraint à ladite remise, incontinent et par corps.

192. En cas d'opposition, l'incident sera réglé sommairement.

RÉFÉRÉ. *C. Proc.* 809. L'appel (des ordonnances de référé) sera jugé sommairement et sans procédure.

RENVOI (*sur exception*). *C. Proc.* 172. Toute demande en renvoi (par voie d'exception) sera jugée sommairement, sans qu'elle puisse être réservée ni jointe au principal.

REPRISE D'INSTANCE. *C. Proc.* 348. Si la partie assignée en reprise (d'instance) conteste, l'incident sera jugé sommairement.

SAISIE-EXÉCUTION. *C. Proc.* 608. Celui qui se prétendra propriétaire des objets saisis ou de partie d'iceux, pourra s'opposer à la vente par exploit signifié au gardien, et dénoncé au saisissant et au saisi, contenant assignation libellée et l'énonciation des preuves de propriété, à peine de nullité ; il y sera statué par le tribunal du lieu de la saisie, comme en matière sommaire.

SAISIE IMMOBILIÈRE. *C. Proc.* 718. Toute contestation incidente à une poursuite de saisie immobilière sera jugée sommairement dans les cours et dans les tribunaux.

SURENCHÈRE. *C. Proc.* 852. L'acte de réquisition de mise aux enchères contiendra, à peine de nullité de la surenchère, l'offre de la caution, avec assignation à trois jours devant le même tribunal, pour la réception de ladite caution, à laquelle il sera procédé sommairement.

TÉMOINS (*reproches*). *C. Proc.* 287. Il sera statué sommairement sur les reproches (contre des témoins).

290. La preuve (des reproches), s'il y échet, sera ordonnée par le tribunal, sauf la preuve contraire, et sera faite dans la forme réglée pour les enquêtes sommaires. (*Art. 404-413 ci-dessus.*)

TRIBUNAUX DE COMMERCE (*appel*). *C. Com.* 648. Les appels des jugemens des tribunaux de commerce seront instruits et jugés dans les cours, comme appels de jugemens rendus en matière sommaire.

SOMMATION. *V.* DEMEURE (*mise en*), EXPLOIT.

SOUCHE.

C. Civ. 743. Les enfans ou leurs descendans succèdent par égales portions et par tête, quand ils sont tous au premier degré et appelés de leur chef : ils succèdent par souche, lorsqu'ils viennent tous ou en partie par représentation.

SOULTE.

C. Civ. 833. L'inégalité des lots en nature (dans un partage) se compose par un retour, soit en rente, soit en argent. *V.* LOT.

SOURCE.

C. Civ. 641. Celui qui a une source dans son fonds, peut en user à sa volonté, sauf le droit que le propriétaire du fonds inférieur pourrait avoir acquis par titre ou par prescription.

642. La prescription, dans ce cas, ne peut s'acquérir que par une jouissance non interrompue pendant l'espace de trente années, à compter du moment où le propriétaire du fonds inférieur a fait et terminé des ouvrages apparens destinés à faciliter la chute et le cours de l'eau dans sa propriété.

643. Le propriétaire de la source ne peut en changer le cours, lorsqu'il fournit aux habitans d'une commune, village ou hameau, l'eau qui leur est nécessaire ; mais si les habitans n'en ont pas acquis ou prescrit l'usage, le propriétaire peut réclamer une indemnité, laquelle est réglée par experts.

SOURDS-MUETS.

1° *Matière civile.*

C. Civ. 936. Le sourd-muet qui saura écrire pourra accepter lui-même ou par un fondé de pouvoir (une donation).—S'il ne sait pas écrire,

l'acceptation doit être faite par un curateur nommé à cet effet suivant les règles établies au titre *de la minorité, de la tutelle et de l'émancipation.* *V.* FAMILLE (*conseil de*).

2° *Matière criminelle.*

C. Inst. cr. 333. Si l'accusé est sourd-muet, et ne sait pas écrire, le président nommera d'office pour son interprète la personne qui aura le plus d'habitude de converser avec lui. — Il en sera de même à l'égard du témoin sourd-muet.— Le surplus des dispositions (de l'article 332 *V.* INTERPRÈTE) sera exécuté. — Dans le cas où le sourd-muet saurait écrire, le greffier écrira les questions et observations qui lui seront faites : elles seront remises à l'accusé ou au témoin, qui donneront par écrit leurs réponses ou déclarations. — Il sera fait lecture du tout par le greffier.

SOUS-GARANT.

C. Proc. 176. Si le garant prétend avoir droit d'en appeler un autre en sous-garantie, il sera tenu de le faire dans le délai (de huitaine, outre un jour pour trois myriamètres), à compter du jour de la demande en garantie formée contre lui ; ce qui sera successivement observé à l'égard du sous-garant ultérieur. *V.* GARANTIE.

SOUS-LOCATION.

C. Civ. 1717. Le preneur a le droit de sous-louer, et même de céder son bail à un autre, si cette faculté ne lui a pas été interdite.—Elle peut être interdite pour le tout ou partie. — Cette clause est toujours de rigueur.

1735. Le preneur est tenu des dégradations et des pertes qui arrivent par le fait des personnes de sa maison ou de ses sous-locataires.

1753. Le sous-locataire n'est tenu envers le propriétaire que jusqu'à concurrence du prix de sa sous-location dont il peut être débiteur au moment de la saisie, et sans qu'il puisse opposer des paiemens faits par anticipation. — Les paiemens faits par le sous-locataire, soit en vertu d'une stipulation portée en son bail, soit en conséquence de l'usage des lieux, ne sont pas réputés faits par anticipation.

1763. Celui qui cultive sous la condition d'un partage de fruits avec le bailleur, ne peut ni sous-louer ni céder, si la faculté ne lui en a été expressément accordée par le bail.

SOUS-SEING. *V.* PRIVÉ (*acte*).

SOUSTRACTIONS.

Des soustractions commises par les dépositaires publics.

C. Pén. (*liv.* 3, *tit.* 1, *ch.* 3, *sect.* 2, § 1, *art.* 169-173). — 169. Tout percepteur, tout commis

à une perception, dépositaire ou comptable public, qui aura détourné ou soustrait des deniers publics ou privés, ou effets actifs en tenant lieu, ou des pièces, titres, actes, effets mobiliers qui étaient entre ses mains en vertu de ses fonctions, sera puni des travaux forcés à temps, si les choses détournées ou soustraites sont d'une valeur au-dessus de trois mille francs.

170. La peine des travaux forcés à temps aura lieu également, quelle que soit la valeur des deniers ou des effets détournés ou soustraits, si cette valeur égale ou excède soit le tiers de la recette ou du dépôt, s'il s'agit de deniers ou effets une fois reçus ou déposés, soit le cautionnement, s'il s'agit d'une recette ou d'un dépôt attaché à une place sujette à cautionnement, soit enfin le tiers du produit commun de la recette pendant un mois, s'il s'agit d'une recette composée de rentrées successives et non sujette à cautionnement.

171. Si les valeurs détournées ou soustraites sont au-dessous de trois mille francs, et en outre inférieures aux mesures exprimées en l'article précédent, la peine sera un emprisonnement de deux ans au moins et de cinq ans au plus, et le condamné sera de plus déclaré à jamais incapable d'exercer aucune fonction publique.

172. Dans les cas exprimés aux trois articles précédens, il sera toujours prononcé contre le condamné une amende dont le *maximum* sera le quart des restitutions et indemnités, et le *minimum* le douzième.

173. Tout juge, administrateur, fonctionnaire ou officier public qui aura détruit, supprimé, soustrait ou détourné les actes et titres dont il était dépositaire en cette qualité, ou qui lui auront été remis ou communiqués à raison de ses fonctions, sera puni des travaux forcés à temps. — Tous agens, préposés ou commis, soit du Gouvernement, soit des dépositaires publics, qui se seront rendus coupables des mêmes soustractions, seront soumis à la même peine.

SOUTERRAIN.

C. Civ. 553. Toutes constructions, plantations et ouvrages sur un terrain ou dans l'intérieur, sont présumés faits par le propriétaire à ses frais et lui appartenir, si le contraire n'est prouvé; sans préjudice de la propriété qu'un tiers pourrait avoir acquise ou pourrait acquérir par prescription, soit d'un souterrain sous le bâtiment d'autrui, soit de toute autre partie du bâtiment.

STATUTS (PERSONNEL ET RÉEL).

C. Civ. 3. Les lois de police et de sûreté obligent tous ceux qui habitent le territoire. — Les immeubles, même ceux possédés par des étran-

gers, sont régis par la loi française. — Les lois concernant l'état et la capacité des personnes régissent les Français, même résidant en pays étranger.

STELLIONAT.

Dispositions générales.

C. Civ. 2059 La contrainte par corps a lieu, en matière civile, pour le stellionat. — Il y a stellionat, — lorsqu'on vend ou qu'on hypothèque un immeuble dont on sait n'être pas propriétaire; — lorsqu'on présente comme libres des biens hypothéqués, ou que l'on déclare des hypothèques moindres que celles dont ces biens sont chargés.

2066. La contrainte par corps pour cause de stellionat pendant le mariage n'a lieu contre les femmes mariées que lorsqu'elles sont séparées de biens, ou lorsqu'elles ont des biens dont elles se sont réservé la libre administration, et à raison des engagemens qui concernent ces biens.

2156. Les maris et les tuteurs qui, ayant manqué de requérir et de faire faire les inscriptions ordonnées par (la loi), auraient consenti ou laissé prendre des privilèges ou des hypothèques sur leurs immeubles, sans déclarer expressément que lesdits immeubles étaient affectés à l'hypothèque légale des femmes et des mineurs, seront réputés stellionataires, et comme tels contraignables par corps.

C. Proc. 800. Le débiteur légalement incarcéré obtiendra son élargissement, — 1°... 5° s'il a commencé sa soixante-dixième année, et si, dans ce dernier cas, il n'est pas stellionataire.

905. Ne pourront être admis au bénéfice de cession, les stellionataires.

(*C. Com.* 575, *même disposition.*)

C. Com. 612. Ne seront point admis à la réhabilitation (après faillite), les stellionataires.

SUBORNATION (DE TÉMOINS). *V.* TÉMOIGNAGE (*faux*).

SUBROGATION.

I. DISPOSITIONS GÉNÉRALES.

Du paiement avec subrogation.

C. Civ. (liv. 3, tit. 3, ch. 5, sect. 1, § 2, art. 1249-1252). — 1249. La subrogation dans les droits du créancier au profit d'une tierce personne qui le paie est ou conventionnelle, ou légale.

1250. Cette subrogation est conventionnelle, — 1° lorsque le créancier recevant son paiement d'une tierce personne la subroge dans ses droits, actions, privilèges ou hypothèques contre le débiteur: cette subrogation doit être expresse et faite en même temps que le paiement; — 2° lorsque le débiteur emprunte une somme à l'effet de payer sa dette, et de subroger le prêteur dans les droits du créancier. Il faut, pour que cette subrogation soit valable, que l'acte d'emprunt et la quittance soient passés devant notaires ; que dans l'acte d'emprunt il soit déclaré que la somme a été empruntée pour faire le paiement, et que dans la quittance il soit déclaré que le paiement a été fait des deniers fournis à cet effet par le nouveau créancier. Cette subrogation s'opère sans le concours de la volonté du créancier.

1251. La subrogation a lieu de plein droit, — 1° au profit de celui qui, étant lui-même créancier, paie un autre créancier qui lui est préférable à raison de ses privilèges ou hypothèques ; — 2° au profit de l'acquéreur d'un immeuble qui emploie le prix de son acquisition au paiement des créanciers auxquels cet héritage était hypothéqué ; — 3° au profit de celui qui, étant tenu avec d'autres ou pour d'autres au paiement de la dette, avait intérêt de l'acquitter ; — 4° au profit de l'héritier bénéficiaire qui a payé de ses deniers les dettes de la succession.

1252. La subrogation établie par les articles précédens a lieu tant contre les cautions que contre les débiteurs : elle ne peut nuire au créancier lorsqu'il n'a été payé qu'en partie; en ce cas, il peut exercer ses droits, pour ce qui lui reste dû, par préférence à celui dont il n'a reçu qu'un paiement partiel.

II. DISPOSITIONS DIVERSES.

CAUTION. *C. Civ.* 2029. La caution qui a payé la dette est subrogée à tous les droits qu'avait le créancier contre le débiteur.

2057. La caution est déchargée lorsque la subrogation aux droits, hypothèques et privilèges du créancier ne peut plus, par le fait de ce créancier, s'opérer en faveur de la caution.

EFFETS DE COMMERCE. *C. Com.* 159. Celui qui paie une lettre de change par intervention est subrogé aux droits du porteur, et tenu des mêmes devoirs pour les formalités à remplir.

187. Toutes les dispositions relatives aux lettres de change, et concernant le paiement par intervention, sont applicables aux billets à ordre.

HÉRITIERS. *C. Civ.* 875. Le cohéritier ou successeur à titre universel qui, par l'effet de l'hypothèque, a payé au-delà de sa part de la dette commune, n'a de recours contre les autres cohéritiers ou successeurs à titre universel que pour la part que chacun d'eux doit personnellement en supporter, même dans le cas où le cohéritier qui a payé la dette se serait fait subroger aux droits des créanciers.

LÉGATAIRE. *C. Civ.* 874. Le légataire particulier qui a acquitté la dette dont l'immeuble légué était grevé, demeure subrogé aux droits du créancier contre les héritiers et successeurs à titre universel.

ORDRE. *C. Proc.* 769. L'arrêt qui autorisera l'emploi des frais (en matière d'ordre) prononcera la subrogation au profit du créancier sur lequel les fonds manqueront, ou de la partie saisie. L'exécutoire énoncera cette disposition, et indiquera la partie qui devra en profiter.

PAIEMENT. *C. Civ.* 1236. L'obligation peut être acquittée par un tiers qui n'y est point intéressé, pourvu que ce tiers agisse au nom et en l'acquit du débiteur, ou que, s'il agit en son nom propre, il ne soit pas subrogé aux droits du créancier.

SAISIE-EXÉCUTION. *C. Proc.* 612. Faute par le saisissant de faire vendre (les effets saisis) dans le délai fixé, tout opposant ayant titre exécutoire pourra, sommation préalable faite au saisissant, et sans former aucune demande en subrogation, faire procéder au récolement des effets saisis sur la copie du procès-verbal de saisie, que le gardien sera tenu de représenter, et de suite à la vente.

SAISIE-IMMOBILIÈRE. *C. Proc.* 721. Faute par le premier saisissant d'avoir poursuivi sur la seconde saisie (immobilière) à lui dénoncée, le second saisissant pourra par un simple acte demander la subrogation.

SUBROGÉ-TUTEUR.

1. DISPOSITIONS GÉNÉRALES.

Du subrogé-tuteur.

C. Civ. (*liv.* 1, *tit.* 10, *ch.* 2, *sect.* 3, *art.* 420-426).—420. Dans toute tutelle, il y aura un subrogé-tuteur, nommé par le conseil de famille.— Ses fonctions consisteront à agir pour les intérêts du mineur, lorsqu'ils seront en opposition avec ceux du tuteur.

421. Lorsque les fonctions du tuteur seront dévolues à une personne de l'une des qualités exprimées aux sections 1, 2 et 3 du présent chapitre (*art.* 389-404 [*V.* TUTELLE.]), ce tuteur devra, avant d'entrer en fonctions, faire convoquer, pour la nomination du subrogé-tuteur, un conseil de famille composé comme il est dit dans la section 4. (*Art.* 405-419. *V.* FAMILLE [*conseil de*].)— S'il s'est ingéré dans la gestion avant d'avoir rempli cette formalité, le conseil de famille, convoqué, soit sur la réquisition des parens, créanciers ou autres parties intéressées, soit d'office par le juge de paix, pourra, s'il y a eu dol de la part du tuteur, lui retirer la tutelle, sans préjudice des indemnités dues au mineur.

422. Dans les autres tutelles, la nomination du subrogé-tuteur aura lieu immédiatement après celle du tuteur.

423. En aucun cas le tuteur ne votera pour la nomination du subrogé-tuteur, lequel sera pris, hors le cas de frères germains, dans celle des deux lignes à laquelle le tuteur n'appartiendra point.

424. Le subrogé-tuteur ne remplacera pas de plein droit le tuteur, lorsque la tutelle deviendra vacante, ou qu'elle sera abandonnée par absence ; mais il devra, en ce cas, sous peine des dommages-intérêts qui pourraient en résulter pour le mineur, provoquer la nomination d'un nouveau tuteur.

425. Les fonctions du subrogé-tuteur cesseront à la même époque que la tutelle.

426. Les dispositions contenues dans les sections 6 et 7 du présent chapitre (*art.* 427-449, *V.* DISPENSE [*de tutelle*] ; *art.* 442-449, *V.* EXCLUSION), s'appliqueront aux subrogés-tuteurs. — Néanmoins le tuteur ne pourra provoquer la destitution du subrogé-tuteur, ni voter dans les conseils de famille qui seront convoqués pour cet objet.

II. DISPOSITIONS ADDITIONNELLES.

CURATEUR AU VENTRE. *C. Civ.* 393. Si, lors du décès du mari, la femme est enceinte, il sera nommé un curateur au ventre par le conseil de famille. — A la naissance de l'enfant, la mère en deviendra tutrice, et le curateur en sera de plein droit le subrogé-tuteur.

INTERDIT. *C. Civ.* 505. S'il n'y a pas d'appel du jugement d'interdiction rendu en première instance, ou s'il est confirmé sur l'appel, il sera pourvu à la nomination d'un tuteur et d'un subrogé-tuteur à l'interdit, suivant les règles prescrites au titre *de la minorité, de la tutelle et de l'émancipation. V.* FAMILLE (*conseil de*).

RESPONSABILITÉ. *C. Civ.* 1442. S'il y a des enfans mineurs, le défaut d'inventaire fait perdre à l'époux survivant la jouissance de leurs revenus ; et le subrogé-tuteur qui ne l'a point obligé à faire inventaire est solidairement tenu avec lui de toutes les condamnations qui peuvent être prononcées au profit des mineurs.

2157. Les subrogés-tuteurs seront tenus, sous leur responsabilité personnelle, et sous peine de tous dommages et intérêts, de veiller à ce que les inscriptions soient prises sans délai sur les biens du tuteur, pour raison de sa gestion, même de faire faire lesdites inscriptions. *V.* HYPOTHÈQUE.

TUTEUR. *C. Civ.* 446. Toutes les fois qu'il y aura lieu à une destitution de tuteur, elle sera prononcée par le conseil de famille, convoqué à la diligence du subrogé-tuteur ou d'office par le juge de paix.

450. Le tuteur ne peut ni acheter les biens du mineur, ni les prendre à ferme, à moins que le conseil de famille n'ait autorisé le subrogé-tuteur à lui en passer bail.

451. Dans les dix jours qui suivront celui de sa nomination, dûment connue de lui, le tuteur requerra la levée des scellés s'ils ont été apposés, et fera procéder immédiatement à l'inventaire des biens du mineur, en présence du subrogé-tuteur.

452. Dans le mois qui suivra la clôture de l'inventaire, le tuteur fera vendre, en présence du subrogé-tuteur, aux enchères reçues par un officier public, et après des affiches ou publications dont le procès-verbal de vente fera mention, tous les meubles autres que ceux que le conseil de famille l'aurait autorisé à conserver en nature.

470. Tout tuteur, autre que le père et la mère, peut être tenu, même durant la tutelle, de remettre au subrogé-tuteur des états de situation de sa gestion, aux époques que le conseil de famille aurait jugé à propos de fixer, sans néanmoins que le tuteur puisse être astreint à en fournir plus d'un chaque année. — Ces états de situation seront rédigés et remis, sans frais, sur papier non timbré, et sans aucune formalité de justice.

SUBSTITUTION (DE BIENS).

I. DISPOSITIONS GÉNÉRALES.

C. Civ. 896. Les substitutions sont prohibées. — Toute disposition par laquelle le donataire, l'héritier institué ou le légataire sera chargé de conserver et de rendre à un tiers sera nulle, même à l'égard du donataire, de l'héritier institué ou du légataire. — « Néanmoins les biens libres formant la dotation d'un titre héréditaire que l'Empereur aurait érigé en faveur d'un prince ou d'un chef de famille, pourront être transmis héréditairement, ainsi qu'il est réglé par l'acte impérial du 30 mars 1806 et par le sénatus-consulte du 14 août suivant. » (*Ce dernier paragraphe se trouve aujourd'hui abrogé, pour l'avenir, par la loi du 12 mai 1835 ci-après.*)

897. Sont exceptées des deux premiers paragraphes de l'article précédent, les dispositions permises aux pères et mères et aux frères et sœurs, au chapitre 6 du présent titre. (*Art.* 1048-1074 *ci-après.*) — « Et les dispositions autorisées par la loi du 17 mai 1826 » *ci-après.*

898. La disposition par laquelle un tiers serait appelé à recueillir le don, l'hérédité ou le legs, dans le cas où le donataire, l'héritier institué ou le légataire ne le recueillerait pas, ne sera pas regardée comme une substitution, et sera valable.

899. Il en sera de même de la disposition entre-vifs ou testamentaire, par laquelle l'usufruit sera donné à l'un, et la nue-propriété à l'autre.

Des dispositions permises en faveur des petits-enfans du donateur ou testateur, ou des enfans de ses frères et sœurs.

C. Civ. (liv. 3, tit. 2, ch. 6, art. 1048-1074).—

1048. Les biens dont les pères et mères ont la faculté de disposer, pourront être par eux donnés, en tout ou en partie, à un ou plusieurs de leurs enfans, par actes entre-vifs ou testamentaires, avec la charge de rendre ces biens aux enfans nés et à naître, au premier degré [1] seulement, desdits donataires.

1049. Sera valable, en cas de mort sans enfans, la disposition que le défunt aura faite par acte entre-vifs ou testamentaire, au profit d'un ou plusieurs de ses frères ou sœurs, de tout ou partie des biens qui ne sont point réservés par la loi dans sa succession, avec la charge de rendre ces biens aux enfans nés et à naître, au premier degré [1] seulement, desdits frères ou sœurs donataires.

1050 [1]. Les dispositions permises par les deux articles précédens ne seront valables qu'autant que la charge de restitution sera au profit de tous les enfans nés et à naître du grevé, sans exception ni préférence d'âge ou de sexe.

1051. Si, dans les cas ci-dessus, le grevé de restitution au profit de ses enfans, meurt, laissant des enfans au premier degré et des descendans d'un enfant prédécédé, ces derniers recueilleront, par représentation, la portion de l'enfant prédécédé.

1052. Si l'enfant, le frère ou la sœur auxquels des biens auraient été donnés par acte entre-vifs, sans charge de restitution, acceptent une nouvelle libéralité faite par acte entre-vifs ou testamentaire, sous la condition que les biens précédemment donnés demeureront grevés de cette charge, il ne leur est plus permis de diviser les deux dispositions faites à leur profit, et de renoncer à la seconde pour s'en tenir à la première, quand même ils offriraient de rendre les biens compris dans la seconde disposition.

1053. Les droits des appelés seront ouverts à l'époque où, par quelque cause que ce soit, la jouissance de l'enfant, du frère ou de la sœur, grevés de restitution, cessera : l'abandon anticipé de la jouissance au profit des appelés, ne pourra préjudicier aux créanciers du grevé antérieurs à l'abandon.

1054. Les femmes des grevés ne pourront avoir, sur les biens à rendre, de recours subsidiaire, en cas d'insuffisance des biens libres, que pour le capital des deniers dotaux, et dans le cas seulement

[1] La loi du 17 mai 1826 permet d'établir la substitution jusqu'au deuxième degré, et la charge de restitution au profit de l'un des enfans du donataire à l'exclusion des autres.

où le testateur l'aurait expressément ordonné.

1055. Celui qui fera les dispositions autorisées par les articles précédens, pourra, par le même acte, ou par un acte postérieur, en forme authentique, nommer un tuteur chargé de l'exécution de ces dispositions : ce tuteur ne pourra être dispensé que pour une des causes exprimées à la section 6 du chapitre 2 du titre *de la minorité, de la tutelle et de l'émancipation.* (*V.* DISPENSE.)

1056. A défaut de ce tuteur, il en sera nommé un à la diligence du grevé, ou de son tuteur s'il est mineur, dans le délai d'un mois, à compter du jour du décès du donateur ou testateur, ou du jour que, depuis cette mort, l'acte contenant la disposition aura été connu.

1057. Le grevé qui n'aura pas satisfait à l'article précédent, sera déchu du bénéfice de la disposition ; et dans ce cas, le droit pourra être déclaré ouvert au profit des appelés, à la diligence, soit des appelés s'ils sont majeurs, soit de leur tuteur ou curateur s'ils sont mineurs ou interdits, soit de tout parent des appelés majeurs, mineurs ou interdits, ou même d'office, à la diligence du procureur du Roi près le tribunal de première instance du lieu où la succession est ouverte.

1058. Après le décès de celui qui aura disposé à la charge de restitution, il sera procédé, dans les formes ordinaires, à l'inventaire de tous les biens et effets qui composeront sa succession, excepté néanmoins le cas où il ne s'agirait que d'un legs particulier. Cet inventaire contiendra la prisée à juste prix des meubles et effets mobiliers.

1059. Il sera fait à la requête du grevé de restitution, et dans le délai fixé au titre *des successions* (*V.* INVENTAIRE), en présence du tuteur nommé pour l'exécution. Les frais seront pris sur les biens compris dans la disposition.

1060. Si l'inventaire n'a pas été fait à la requête du grevé dans le délai ci-dessus, il y sera procédé dans le mois suivant, à la diligence du tuteur nommé pour l'exécution, en présence du grevé ou de son tuteur.

1061. S'il n'a point été satisfait aux deux articles précédens, il sera procédé au même inventaire, à la diligence des personnes désignées en l'article 1057, en y appelant le grevé ou son tuteur, et le tuteur nommé pour l'exécution.

1062. Le grevé de restitution sera tenu de faire procéder à la vente, par affiches et enchères, de tous les meubles et effets compris dans la disposition, à l'exception néanmoins de ceux dont il est mention dans les deux articles suivans.

1063. Les meubles meublans et autres choses mobilières qui auraient été compris dans la disposition, à la condition expresse de les conserver

43

en nature, seront rendus dans l'état où ils se trouveront lors de la restitution.

1064. Les bestiaux et ustensiles servant à faire valoir les terres, seront censés compris dans les donations entre-vifs ou testamentaires desdites terres ; et le grevé sera seulement tenu de les faire priser et estimer, pour en rendre une égale valeur lors de la restitution.

1065. Il sera fait par le grevé, dans le délai de six mois, à compter du jour de la clôture de l'inventaire, un emploi des deniers comptans, de ceux provenant du prix des meubles et effets qui auront été vendus, et de ce qui aura été reçu des effets actifs. — Ce délai pourra être prolongé, s'il y a lieu.

1066. Le grevé sera pareillement tenu de faire emploi des deniers provenant des effets actifs qui seront recouvrés et des remboursemens de rentes ; et ce, dans trois mois au plus tard après qu'il aura reçu ces deniers.

1067. Cet emploi sera fait conformément à ce qui aura été ordonné par l'auteur de la disposition, s'il a désigné la nature des effets dans lesquels l'emploi doit être fait ; sinon, il ne pourra l'être qu'en immeubles, ou avec privilège sur des immeubles.

1068. L'emploi ordonné par les articles précédens sera fait en présence et à la diligence du tuteur nommé pour l'exécution.

1069. Les dispositions par actes entre-vifs ou testamentaires, à charge de restitution, seront, à la diligence, soit du grevé, soit du tuteur nommé pour l'exécution, rendues publiques ; savoir, quant aux immeubles, par la transcription des actes sur les registres du bureau des hypothèques du lieu de la situation ; et quant aux sommes colloquées avec privilège sur des immeubles, par l'inscription sur les biens affectés au privilège.

1070. Le défaut de transcription de l'acte contenant la disposition, pourra être opposé par les créanciers et tiers-acquéreurs, même aux mineurs ou interdits, sauf le recours contre le grevé et contre le tuteur à l'exécution, et sans que les mineurs ou interdits puissent être restitués contre ce défaut de transcription, quand même le grevé et le tuteur se trouveraient insolvables.

1071. Le défaut de transcription ne pourra être suppléé ni regardé comme couvert par la connaissance que les créanciers ou les tiers-acquéreurs pourraient avoir eue de la disposition par d'autres voies que celle de la transcription.

1072. Les donataires, les légataires, ni même les héritiers légitimes de celui qui aura fait la disposition, ni pareillement leurs donataires, légataires ou héritiers, ne pourront, en aucun cas,

opposer aux appelés le défaut de transcription ou inscription.

1073. Le tuteur nommé pour l'exécution sera personnellement responsable, s'il ne s'est pas, en tout point, conformé aux règles ci-dessus établies pour constater les biens, pour la vente du mobilier, pour l'emploi des deniers, pour la transcription et l'inscription, et, en général, s'il n'a pas fait toutes les diligences nécessaires pour que la charge de restitution soit bien et fidèlement acquittée.

1074. Si le grevé est mineur, il ne pourra, dans le cas même de l'insolvabilité de son tuteur, être restitué contre l'inexécution des règles qui lui sont prescrites par les articles du présent chapitre.

II. DISPOSITIONS ADDITIONNELLES.

1° Loi du 17 mai 1826.

Article unique. Les biens dont il est permis de disposer aux termes des articles 913, 915 et 916 du Code Civil (V. DISPONIBLE [portion]), pourront être donnés en tout ou en partie, par acte entre-vifs ou testamentaire, avec la charge de les rendre à un ou plusieurs enfans du donataire, nés ou à naître, jusqu'au deuxième degré inclusivement. — Seront observés, pour l'exécution de cette disposition, les articles 1051 et suivans du Code Civil jusques et y compris l'article 1074 (ci-dessus).

2° Loi du 12 mai 1835.

1. Toute institution de majorats est interdite à l'avenir.

2. Les majorats fondés jusqu'à ce jour avec des biens particuliers ne pourront s'étendre au-delà de deux degrés, l'institution non comprise.

3. Le fondateur d'un majorat pourra le révoquer en tout ou en partie, ou en modifier les conditions. — Néanmoins, il ne pourra exercer cette faculté s'il existe un appelé qui ait contracté, antérieurement à la présente loi, un mariage non dissous ou dont il soit resté des enfans. En ce cas, le majorat aura son effet restreint à deux degrés, ainsi qu'il est dit dans l'article précédent.

4. Les dotations ou portions de dotation consistant en biens soumis au droit de retour en faveur de l'État, continueront à être possédées et transmises conformément aux actes d'investiture, et sans préjudice des droits d'expectative ouverts par la loi du 5 décembre 1814.

SUBSTITUTION DE DÉBITEUR.

C. Civ. 1274. La novation par la substitution d'un nouveau débiteur peut s'opérer sans le concours du premier débiteur.

1279. Lorsque la novation s'opère par la substitution d'un nouveau débiteur, les privilèges et hypothèques primitifs de la créance ne peuvent point passer sur les biens du nouveau débiteur. V. NOVATION.

SUBSTITUTION D'ENFANT.

C. Pén. 345. Les coupables de substitution

l'un enfant à un autre seront punis de la réclusion.

SUBSTITUTION DE MANDAT.

C. Civ. 1994. Le mandataire répond de celui qu'il s'est substitué dans la gestion, — 1° quand il n'a pas reçu le pouvoir de se substituer quelqu'un; — 2° quand ce pouvoir lui a été conféré sans désignation d'une personne, et que celle dont il a fait choix était notoirement incapable ou insolvable. — Dans tous les cas, le mandant peut agir directement contre la personne que le mandataire s'est substituée.

SUCCESSIFS (DROITS).

C. Civ. 780. La donation, vente ou transport que fait de ses droits successifs un des cohéritiers, soit à un étranger, soit à tous ses cohéritiers, soit à quelques-uns d'eux, emporte de sa part acceptation de la succession.

841. Toute personne, même parente du défunt, qui n'est pas son successible, et à laquelle un cohéritier aurait cédé son droit à la succession, peut être écartée du partage, soit par tous les cohéritiers, soit par un seul, en lui remboursant le prix de la cession.

889. L'action (en rescision) n'est pas admise contre une vente de droit successif faite sans fraude à l'un des cohéritiers, à ses risques et périls, par ses autres cohéritiers ou par l'un d'eux. *V.* HÉRÉDITÉ.

SUCCESSION.

I. DISPOSITIONS GÉNÉRALES.

C. Civ. 711. La propriété des biens s'acquiert et se transmet par succession.

Des successions.

C. Civ. (*liv.* 3, *tit.* 1, *art.* 718-892.)

Chap. 1, *des successions, et de la saisine des héritiers.*

718. Les successions s'ouvrent par la mort naturelle et par la mort civile.

719. La succession est ouverte par la mort civile, du moment où cette mort est encourue, conformément aux dispositions de la section 2 du chapitre 2 du titre *de la jouissance et de la privation des droits civils.* (*Art.* 22-33.) *V.* MORT CIVILE.

720. Si plusieurs personnes, respectivement appelées à la succession l'une de l'autre, périssent dans un même évènement, sans qu'on puisse reconnaître laquelle est décédée la première, la présomption de survie est déterminée par les circonstances du fait, et, à leur défaut, par la force de l'âge ou du sexe.

721. Si ceux qui ont péri ensemble, avaient moins de quinze ans, le plus âgé sera présumé avoir survécu. — S'ils étaient tous au-dessus de

soixante ans, le moins âgé sera présumé avoir survécu. — Si les uns avaient moins de quinze ans, et les autres plus de soixante, les premiers seront présumés avoir survécu.

722. Si ceux qui ont péri ensemble, avaient quinze ans accomplis, et moins de soixante, le mâle est toujours présumé avoir survécu, lorsqu'il y a égalité d'âge, ou si la différence qui existe n'excède pas une année. — S'ils étaient du même sexe, la présomption de survie qui donne ouverture à la succession dans l'ordre de la nature, doit être admise : ainsi le plus jeune est présumé avoir survécu au plus âgé.

723. La loi règle l'ordre de succéder entre les héritiers légitimes : à leur défaut, les biens passent aux enfans naturels, ensuite à l'époux survivant ; et s'il n'y en a pas, à l'État.

724. Les héritiers légitimes sont saisis de plein droit des biens, droits et actions du défunt, sous l'obligation d'acquitter toutes les charges de la succession : les enfans naturels, l'époux survivant et l'État, doivent se faire envoyer en possession par justice dans les formes qui seront déterminées. *V.* VACANTE (*succession*).

Chap. 2, *des qualités requises pour succéder.*

725. Pour succéder, il faut nécessairement exister à l'instant de l'ouverture de la succession. — Ainsi, sont incapables de succéder, — 1° celui qui n'est pas encore conçu ; — 2° l'enfant qui n'est pas né viable ; — 3° celui qui est mort civilement.

L. 14 *juillet* 1819 (*remplaçant l'article* 726). — 1. Les articles 726 et 912 du Code Civil sont abrogés : en conséquence, les étrangers auront le droit de succéder, de disposer et de recevoir de la même manière que les Français dans toute l'étendue du royaume.

2. Dans le cas de partage d'une même succession entre des cohéritiers étrangers et français, ceux-ci prélèveront sur les biens situés en France une portion égale à la valeur des biens situés en pays étrangers dont ils seraient exclus, à quelque titre que ce soit, en vertu des lois et coutumes locales.

727. Sont indignes de succéder, et, comme tels, exclus des successions, — 1° celui qui serait condamné pour avoir donné ou tenté de donner la mort au défunt ; — 2° celui qui a porté contre le défunt une accusation capitale jugée calomnieuse ; — 3° l'héritier majeur qui, instruit du meurtre du défunt, ne l'aura pas dénoncé à la justice.

728. Le défaut de dénonciation ne peut être opposé aux ascendans et descendans du meurtrier, ni à ses alliés au même degré, ni à son époux ou à son épouse, ni à ses frères ou sœurs, ni à ses oncles et tantes, ni à ses neveux et nièces.

729. L'héritier exclu de la succession pour cause d'indignité, est tenu de rendre tous les fruits

43.

et les revenus dont il a eu la jouissance depuis l'ouverture de la succession.

750. Les enfans de l'indigne, venant à la succession de leur chef, et sans le secours de la représentation, ne sont pas exclus pour la faute de leur père; mais celui-ci ne peut, en aucun cas, réclamer, sur les biens de cette succession, l'usufruit que la loi accorde aux pères et mères sur les biens de leurs enfans.

Chap. 3, des divers ordres de successions.

Sect. 1, dispositions générales.

731. Les successions sont déférées aux enfans et descendans du défunt, à ses ascendans et à ses parens collatéraux, dans l'ordre et suivant les règles ci-après déterminés.

732. La loi ne considère ni la nature ni l'origine des biens pour en régler la succession.

733. Toute succession échue à des ascendans ou à des collatéraux, se divise en deux parts égales; l'une pour les parens de la ligne paternelle, l'autre pour les parens de la ligne maternelle.— Les parens utérins ou consanguins ne sont pas exclus par les germains; mais ils ne prennent part que dans leur ligne, sauf ce qui sera dit à l'article 752. (*V.* Représentation.) Les germains prennent part dans les deux lignes.—Il ne se fait aucune dévolution d'une ligne à l'autre, que lorsqu'il ne se trouve aucun ascendant ni collatéral de l'une des deux lignes.

734. Cette première division opérée entre les lignes paternelle et maternelle, il ne se fait plus de division entre les diverses branches; mais la moitié dévolue à chaque ligne appartient à l'héritier ou aux héritiers les plus proches en degrés, sauf le cas de la représentation, ainsi qu'il sera dit ci-après. *V.* Représentation.

735. La proximité de parenté s'établit par le nombre de générations; chaque génération s'appelle un *degré.*

736. La suite des degrés forme la ligne : on appelle *ligne directe* la suite des degrés entre personnes qui descendent l'une de l'autre; *ligne collatérale,* la suite des degrés entre personnes qui ne descendent pas les unes des autres, mais qui descendent d'un auteur commun.—On distingue la ligne directe en ligne directe descendante et ligne directe ascendante.— La première est celle qui lie le chef avec ceux qui descendent de lui; la deuxième est celle qui lie une personne avec ceux dont elle descend.

737. En ligne directe, on compte autant de degrés qu'il y a de générations entre les personnes : ainsi, le fils est, à l'égard du père, au premier degré; le petit-fils au second; et réciproquement du père et de l'aïeul à l'égard des fils et petits-fils.

738. En ligne collatérale, les degrés se comptent par les générations, depuis l'un des parens jusques et non compris l'auteur commun, et depuis celui-ci jusqu'à l'autre parent. — Ainsi, deux frères sont au deuxième degré; l'oncle et le neveu sont au troisième degré; les cousins-germains au quatrième; ainsi de suite.

Sect. 2, de la représentation. V. Représentation.

Sect. 3, des successions déférées aux descendans. V. Descendans.

Sect. 4, des successions déférées aux ascendans. V. Ascendans.

Sect. 5, des successions collatérales. V. Collatérales (*successions*).

Chap. 4, des successions irrégulières.

Sect. 1, des droits des enfans naturels sur les biens de leur père ou mère, et de la succession aux enfans naturels décédés sans postérité. V. Naturels (*enfans*).

Sect. 2, des droits du conjoint survivant et de l'État. V. Vacante (*succession*).

Chap. 5, de l'acceptation et de la répudiation des successions.

Sect. 1, de l'acceptation. V. Acceptation.

Sect. 2, de la renonciation aux successions. V. Renonciation.

Sect. 3, du bénéfice d'inventaire, de ses effets, et des obligations de l'héritier bénéficiaire. V. Bénéfice d'inventaire.

Sect. 4, des successions vacantes. V. Vacante (*succession*).

Chap. 6, du partage et des rapports.

Sect. 1, de l'action en partage, et de sa forme. V. Partage.

Sect. 2, des rapports. V. Rapports.

Sect. 3, du paiement des dettes. V. Dettes.

Sect. 4, des effets du partage, et de la garantie des lots. V. Lots.

Sect. 5, de la rescision en matière de partage. V. Rescision.

II. DISPOSITIONS ADDITIONNELLES.

Absent. *C. Civ.* 130. La succession de l'absent sera ouverte du jour de son décès prouvé, au profit des héritiers les plus proches à cette époque; et ceux qui auraient joui des biens de l'absent, seront tenus de les restituer, sous la réserve des fruits par eux acquis.

Adoption. *C. Civ.* 350. L'adopté n'acquerra aucun droit de successibilité sur les biens des parens de l'adoptant; mais il aura sur la succession de l'adoptant les mêmes droits que ceux qu'y aurait l'enfant né en mariage, même quand il y aurait d'autres enfans de cette dernière qualité nés depuis l'adoption.

351. Si l'adopté meurt sans descendans légitimes, les choses données par l'adoptant, ou recueillies dans sa succession, et qui existeront en nature lors du décès de l'adopté, retourneront à l'adoptant ou à ses descendans, à la charge de contribuer aux dettes, et sans préjudice des droits des tiers. — Le surplus des biens de l'adopté appartiendra à ses propres parens ; et ceux-ci excluront toujours, pour les objets même spécifiés au présent article, tous héritiers de l'adoptant autres que ses descendans.

352. Si, du vivant de l'adoptant, et après le décès de l'adopté, les enfans ou descendans laissés par celui-ci mouraient eux-mêmes sans postérité, l'adoptant succèdera aux choses par lui données, comme il est dit en l'article précédent ; mais ce droit sera inhérent à la personne de l'adoptant, et non transmissible à ses héritiers, même en ligne descendante.

AJOURNEMENS. *C. Proc.* 50. Le défendeur sera cité en conciliation, — 1°... 5° en matière de succession, sur les demandes entre héritiers, jusqu'au partage inclusivement ; sur les demandes qui seraient intentées par les créanciers du défunt avant le partage ; sur les demandes relatives à l'exécution des dispositions à cause de mort, jusqu'au jugement définitif devant le juge de paix du lieu où la succession est ouverte.

59. En matière de succession (le défendeur sera assigné), — 1° sur les demandes entre héritiers, jusqu'au partage inclusivement ; — 2° sur les demandes qui seraient intentées par des créanciers du défunt, avant le partage ; — 5° sur les demandes relatives à l'exécution des dispositions à cause de mort, jusqu'au jugement définitif, — devant le tribunal du lieu où la succession est ouverte.

APPEL (*et requête civile*). *C. Proc.* 447. Les délais de l'appel seront suspendus par la mort de la partie condamnée. — Ils ne reprendront leur cours qu'après la signification du jugement faite au domicile du défunt, avec les formalités prescrites, et à compter de l'expiration des délais pour faire inventaire et délibérer, si le jugement a été signifié avant que ces derniers délais fussent expirés. — Cette signification pourra être faite aux héritiers collectivement, et sans désignation des noms et qualités.

487. Si la partie condamnée est décédée dans les délais fixés pour se pourvoir (en requête civile), ce qui en restera à courir ne commencera contre la succession que dans les délais et de la manière prescrits en l'article 447 ci-dessus.

CONTRAT DE MARIAGE. *C. Civ.* 1389. (Les époux) ne peuvent faire (par contrat de mariage) aucune convention ou renonciation dont l'objet serait de changer l'ordre légal des successions, soit par rapport à eux-mêmes dans la succession de leurs enfans ou descendans, soit par rapport à leurs enfans entre eux ; sans préjudice des donations entre-vifs ou testamentaires qui pourront avoir lieu selon les formes et dans les cas déterminés par le Code (Civil).

LIVRES DE COMMERCE. *C. Com.* 14. La communication des livres et inventaires (de commerce) ne peut être ordonnée en justice que dans les affaires de succession....

MINEUR. *C. Civ.* 461. Le tuteur ne pourra accepter ni répudier une succession échue au mineur, sans une autorisation préalable du conseil de famille. L'acceptation n'aura lieu que sous bénéfice d'inventaire.

462. Dans le cas où la succession répudiée au nom du mineur n'aurait pas été acceptée par un autre, elle pourra être reprise soit par le tuteur, autorisé à cet effet par une nouvelle délibération du conseil de famille, soit par le mineur devenu majeur, mais dans l'état où elle se trouvera lors de la reprise, et sans pouvoir attaquer les ventes et autres actes qui auraient été légalement faits durant la vacance.

SCELLÉS. *C. Proc.* 909. L'apposition des scellés pourra être requise, — 1° par tous ceux qui prétendront droit dans la succession. *V.* SCELLÉS.

SOCIÉTÉ. *C. Civ.* 1868. S'il a été stipulé qu'en cas de mort de l'un des associés, la société continuerait avec son héritier, ou seulement entre les associés survivans, ces dispositions seront suivies ; au second cas, l'héritier du décédé n'a droit qu'au partage de la société, eu égard à la situation de cette société lors du décès, et ne participe aux droits ultérieurs qu'autant qu'ils sont une suite nécessaire de ce qui s'est fait avant la mort de l'associé auquel il succède.

VENTE. *C. Civ.* 1600. On ne peut vendre la succession d'une personne vivante, même de son consentement. *V.* HÉRÉDITÉ, SUCCESSIFS (*droits*).

SUFFRAGE.

C. Pén. 113. Tout citoyen qui aura, dans les élections, acheté ou vendu un suffrage à un prix quelconque, sera puni d'interdiction des droits de citoyen et de toute fonction ou emploi public, pendant cinq ans au moins et dix ans au plus. — Seront en outre, le vendeur et l'acheteur du suffrage, condamnés chacun à une amende double de la valeur des choses reçues ou promises.

SUPPLÉANT (JUGE).

L. 20 avril 1810. — 64. Nul ne pourra être suppléant d'un tribunal de première instance, s'il n'est âgé de vingt-cinq ans accompli, s'il n'est licencié en droit, et s'il n'a suivi le barreau pendant deux ans, après avoir prêté serment à la cour impériale, ou s'il ne se trouve dans un cas d'exception prévu par la loi. *V.* Juge.

C. Proc. 84. En cas d'absence ou empêchement des procureurs du Roi et de leurs substituts, ils seront remplacés par l'un des juges ou suppléans.

118. En cas de partage (des juges), on appellera pour le vider, un juge ; à défaut de juge, un suppléant.

SUPPLÉANT (DE JUGE DE PAIX). *V.* Paix (*juge de*).

SUPPLÉTOIRE (SERMENT).

Dispositions générales.

C. Civ. 1357. Le serment judiciaire est de deux espèces : — 1° celui qu'une partie défère à l'autre pour en faire dépendre le jugement de la cause : il est appelé *décisoire* (*V.* Décisoire [*serment*].) ; — 2° celui qui est déféré d'office par le juge à l'une ou à l'autre des parties.

Du serment déféré d'office.

C. Civ. (*liv.* 3, *tit.* 3, *ch.* 6, *sect.* 3, § 2, *art.* 1366-1369). — 1366. Le juge peut déférer à l'une des parties le serment, ou pour en faire dépendre la décision de la cause, ou seulement pour déterminer le montant de la condamnation.

1367. Le juge ne peut déférer d'office le serment, soit sur la demande, soit sur l'exception qui y est opposée, que sous les deux conditions suivantes : il faut, — 1° que la demande ou l'exception ne soit pas pleinement justifiée; — 2° qu'elle ne soit pas totalement dénuée de preuves. — Hors ces deux cas, le juge doit ou adjuger ou rejeter purement et simplement la demande.

1368. Le serment déféré d'office par le juge à l'une des parties, ne peut être par elle référé à l'autre.

1369. Le serment sur la valeur de la chose demandée, ne peut être déféré par le juge au demandeur que lorsqu'il est d'ailleurs impossible de constater autrement cette valeur. — Le juge doit même, en ce cas, déterminer la somme jusqu'à concurrence de laquelle le demandeur en sera cru sur son serment. *V.* Serment.

SUPPLICE. *V.* Décapitation.

SUPPOSITION D'ENFANT.

C. Pén. 345. Les coupables de supposition d'un enfant à une femme qui ne sera pas accouchée, seront punis de la réclusion.

SUPPOSITION DE NOM.

C. Pén. 154. Quiconque prendra, dans un passeport, un nom supposé, ou aura concouru comme témoin à faire délivrer le passeport sous le nom supposé, sera puni d'un emprisonnement de trois mois à un an — Les logeurs et aubergistes qui sciemment inscriront sur leurs registres sous des noms faux ou supposés, les personnes logées chez eux, seront punis d'un emprisonnement de six jours au moins et d'un mois au plus.

SUPPOSITION DE PERSONNE.

C. Pén. 145. Tout fonctionnaire ou officier public qui, dans l'exercice de ses fonctions, aura commis un faux — par supposition de personne, — sera puni des travaux forcés à perpétuité. *V.* Faux.

SUPPRESSION D'ÉCRIT.

C. Proc. 1036. Les tribunaux, suivant la gravité des circonstances, pourront, dans les causes dont ils seront saisis, prononcer, même d'office, des injonctions suppriment des écrits, les déclarer calomnieux, et ordonner l'impression et l'affiche de leurs jugemens. *V.* Diffamation.

SUPPRESSION D'ÉTAT. *V.* État civil.

SURARBITRE. *V.* Tiers-arbitre.

SURENCHÈRE.

1. SUR ALIÉNATION VOLONTAIRE.

C. Proc. 2183. Si le nouveau propriétaire veut se garantir de l'effet des poursuites autorisées (par les articles 2166-2179. [*V.* Délaissement.]), il est tenu, soit avant les poursuites, soit dans le mois, au plus tard, à compter de la première sommation qui lui est faite, de notifier aux créanciers, aux domiciles par eux élus dans leurs inscriptions, — 1° extrait de son titre, contenant seulement la date et la qualité de l'acte, le nom et la désignation précise du vendeur ou du donateur, la nature et la situation de la chose vendue ou donnée, et, s'il s'agit d'un corps de biens, la dénomination générale du domaine et des arrondissemens dans lesquels il est situé, le prix et les charges faisant partie du prix de la vente, ou l'évaluation de la chose, si elle a été donnée ; — 2° extrait de la transcription de l'acte de vente ; — 3° un tableau sur trois colonnes, dont la première contiendra la date des hypothèques et celle des inscriptions ; la seconde, le nom des créanciers ; la troisième, le montant des créances inscrites.

2184. L'acquéreur ou le donataire déclarera, par le même acte, qu'il est prêt à acquitter, sur le champ, les dettes et charges hypothécaires, jusqu'à concurrence seulement du prix, sans distinction des dettes exigibles ou non exigibles.

2185. Lorsque le nouveau propriétaire a fait cette notification dans le délai fixé, tout créancier dont le titre est inscrit, peut requérir la mise de l'immeuble aux enchères et adjudications publiques à la charge, — 1º que cette réquisition sera signifiée au nouveau propriétaire dans quarante jours au plus tard, de la notification faite à la requête de ce dernier, en y ajoutant deux jours par cinq myriamètres de distance entre le domicile élu et le domicile réel de chaque créancier requérant ; — 2º qu'elle contiendra soumission du requérant, de porter ou faire porter le prix à un dixième en sus de celui qui aura été stipulé dans le contrat, ou déclaré par le nouveau propriétaire ; — 3º que la même signification sera faite dans le même délai au précédent propriétaire, débiteur principal ; — 4º que l'original et les copies de ces exploits seront signés par le créancier requérant ou par son fondé de procuration expresse, lequel, en ce cas, est tenu de donner copie de sa procuration ; — 5º qu'il offrira de donner caution jusqu'à concurrence du prix et des charges. — Le tout à peine de nullité.

2192. Le créancier surenchérisseur ne pourra, en aucun cas, être contraint d'étendre sa soumission ni sur le mobilier, ni sur d'autres immeubles que ceux qui sont hypothéqués à sa créance, et situés dans le même arrondissement ; sauf le recours du nouveau propriétaire contre ses auteurs, pour l'indemnité du dommage qu'il éprouverait, soit de la division des objets de son acquisition, soit de celle des exploitations.

De la surenchère sur aliénation volontaire.

C. *Proc.* (2e part., *liv.* 1, *tit.* 4, *art.* 832-838).
—832. Les notifications et réquisitions prescrites par les articles 2183 et 2185 du Code Civil (*ci-dessus*), seront faites par un huissier commis à cet effet, sur simple requête, par le président du tribunal de première instance de l'arrondissement où elles auront lieu ; elles contiendront constitution d'avoué près le tribunal où la surenchère et l'ordre devront être portés.—L'acte de réquisition de mise aux enchères contiendra, à peine de nullité de la surenchère, l'offre de la caution, avec assignation à trois jours devant le même tribunal pour la réception de ladite caution, à laquelle il sera procédé sommairement.

833. Si la caution est rejetée, la surenchère sera déclarée nulle et l'acquéreur maintenu, à moins qu'il n'ait été fait d'autres surenchères par d'autres créanciers.

834. Les créanciers qui, ayant une hypothèque aux termes des articles 2123, 2127 et 2128 du Code Civil (*V.* HYPOTHÈQUE.), n'auront pas fait inscrire leurs titres antérieurement aux aliénations qui seront faites à l'avenir des immeubles hypothéqués, ne seront reçus à requérir la mise aux enchères, conformément aux dispositions du cha-

pitre 8, titre 18 du livre 3 du Code Civil (*art.* 2181-2192. *V.* PURGE.), qu'en justifiant de l'inscription qu'ils auront prise depuis l'acte translatif de propriété, et au plus tard dans la quinzaine de la transcription de cet acte. — Il en sera de même à l'égard des créanciers ayant privilège sur des immeubles, sans préjudice des autres droits résultant au vendeur et aux héritiers, des articles 2108 et 2109 du Code Civil. *V.* PRIVILÈGE.

835. Dans le cas de l'article précédent, le nouveau propriétaire n'est pas tenu de faire aux créanciers dont l'inscription n'est pas antérieure à la transcription de l'acte, les significations prescrites par les articles 2183 et 2184 du Code Civil (*ci-dessus*) ; et dans tous les cas, faute par les créanciers d'avoir requis la mise aux enchères dans le délai et les formes prescrits, le nouveau propriétaire n'est tenu que du paiement du prix, conformément à l'article 2186 du Code Civil. *V.* PURGE.

836. Pour parvenir à la revente sur enchère, prévue par l'article 2187 du Code Civil (*idem.*), le poursuivant fera apposer des placards indicatifs de la première publication, laquelle sera faite quinzaine après cette apposition.

837. Le procès-verbal d'apposition de placards sera notifié au nouveau propriétaire, si c'est le créancier qui poursuit ; et au créancier surenchérisseur, si c'est l'acquéreur.

838. L'acte d'aliénation tiendra lieu de minute d'enchère. — Le prix porté dans l'acte et la somme de la surenchère tiendront lieu d'enchère.

Dispositions du tarif civil.

76. (Pr. 832.) Requête à fin de faire commettre un huissier pour notifier le titre du nouveau propriétaire aux créanciers inscrits.—A fin de faire commettre un huissier, à l'effet de notifier la réquisition de surenchère. — Elle ne sera point grossoyée, — Paris, 2 fr. — Ressort, 1 fr. 50 c. (*V.* TARIF.) — La vacation pour demander l'ordonnance et se la faire délivrer est comprise.

128. Les émolumens des avoués pour dresser le cahier des charges, en faire le dépôt au greffe, et pour les publications, les extraits à placarder et à insérer dans les journaux, les adjudications préparatoires et définitives seront réglés et taxés comme en saisie immobilière, lorsqu'il s'agira, — 1º... (Pr. 832.) 2º surenchère sur aliénation volontaire. *V.* IMMOBILIÈRE (*saisie*).

II. SUR EXPROPRIATION FORCÉE.

C. *Proc.* 710. Toute personne pourra, dans la huitaine du jour où l'adjudication aura été prononcée, faire au greffe du tribunal, par elle-même ou par un fondé de procuration spéciale, une surenchère, pourvu qu'elle soit du quart au moins du prix principal de la vente.

711. La surenchère permise par l'article précédent ne sera reçue qu'à la charge, par le surenchérisseur, d'en faire, à peine de nullité, la dénonciation, dans les vingt-quatre heures, aux avoués de l'adjudicataire, du poursuivant, et de la partie saisie, si elle a avoué constitué, sans néanmoins qu'il soit nécessaire de faire cette dénonciation à la personne ou au domicile de la partie saisie qui n'aurait pas d'avoué. — La dénonciation sera faite par un simple acte contenant avenir à la prochaine audience, sans autre procédure.

712. Au jour indiqué, ne pourront être admis à concourir que l'adjudicataire et celui qui aura enchéri du quart, lequel, en cas de folle enchère, sera tenu par corps de la différence de son prix d'avec celui de la vente. *V.* IMMOBILIÈRE (*saisie*).

III. SUR VENTE DE BIENS DE FAILLI.

C. Com. 565. Pendant huitaine après l'adjudication (des immeubles du failli), tout créancier aura droit de surenchérir. La surenchère ne pourra être au-dessous du dixième du prix principal de l'adjudication.

SURSIS.

Dispositions diverses.

CESSION DE BIENS. *C. Proc.* 900. La demande (en cession de biens) ne suspendra l'effet d'aucune poursuite, sauf aux juges à ordonner, parties appelées, qu'il sera sursis provisoirement.

CONTRAINTE PAR CORPS. *C. Proc.* 126. Il est laissé à la prudence des juges de prononcer (la contrainte par corps), — 1° pour dommages et intérêts en matière civile, au-dessus de la somme de trois cents francs; — 2° pour reliquats de comptes de tutelle, curatelle, d'administration de corps et communauté, établissemens publics, ou de toute administration confiée par justice, et pour toutes restitutions à faire par suite desdits comptes.

127. Pourront les juges, dans les cas énoncés en l'article précédent, ordonner qu'il sera sursis à l'exécution de la contrainte par corps, pendant le temps qu'ils fixeront; après lequel, elle sera exercée sans nouveau jugement. Ce sursis ne pourra être accordé que par le jugement qui statuera sur la contestation, et qui énoncera les motifs de délai.

DÉSAVEU. *C. Proc.* 357. Il ne sera sursis à toute procédure et au jugement de l'instance principale, jusqu'à celui du désaveu, à peine de nullité, sauf cependant à ordonner que le désavouant fera juger le désaveu dans un délai fixé, sinon qu'il sera fait droit.

FAUX (*inscription de*). *C. Proc.* 230. Le deman-

deur en faux pourra toujours se pourvoir, par la voie criminelle, en faux principal; et, dans ce cas, il sera sursis au jugement de la cause, à moins que les juges n'estiment que le procès puisse être jugé indépendamment de la pièce arguée de faux. *V.* FAUX.

RÈGLEMENT DE JUGES. *C. Proc.* 364. Sur le vu des demandes formées dans différens tribunaux, il sera rendu, sur requête, jugement portant permission d'assigner en règlement, et les juges pourront ordonner qu'il sera sursis à toute procédure dans lesdits tribunaux.

REQUÊTE CIVILE. *C. Proc.* 491. Si une partie veut attaquer par la requête civile un jugement produit dans une cause pendante en un tribunal autre que celui qui l'a rendu, elle se pourvoira devant le tribunal qui a rendu le jugement attaqué; et le tribunal saisi de la cause dans laquelle il est produit pourra, suivant les circonstances, passer outre ou surseoir.

SAISIE. *C. Proc.* 551. Si la dette exigible n'est pas d'une somme en argent, il sera sursis, après la saisie, à toutes poursuites ultérieures, jusqu'à ce que l'appréciation en ait été faite.

TIERCE-OPPOSITION. *C. Proc.* 477. Le tribunal devant lequel le jugement attaqué (par la tierce-opposition) aura été produit pourra, suivant les circonstances, passer outre ou surseoir.

TRIBUNAUX DE COMMERCE. *C. Com.* 647. Les cours royales ne pourront, en aucun cas, à peine de nullité, et même des dommages et intérêts des parties, s'il y a lieu, accorder des défenses ni surseoir à l'exécution des jugemens des tribunaux de commerce, quand même ils seraient attaqués d'incompétence.

SURVEILLANCE. *V.* POLICE (*surveillance, le la*).

SURVENANCE D'ENFANT.

Révocation des donations.

C. Civ. 953. La donation entre-vifs ne pourra être révoquée que pour cause d'inexécution des conditions sous lesquelles elle aura été faite, pour cause d'ingratitude et pour cause de survenance d'enfans.

960. Toutes donations entre-vifs faites par personnes qui n'avaient point d'enfans ou de descendans actuellement vivans dans le temps de la donation, de quelque valeur que ces donations puissent être, et à quelque titre qu'elles aient été faites, et encore qu'elles fussent mutuelles ou rémunératoires, même celles qui auraient été faites en faveur de mariage par autres que par les ascendans aux conjoints, ou par les conjoints l'un à l'autre, demeureront révoquées de plein droit par la survenance d'un enfant légitime du dona-

teur, même d'un posthume, ou par la légitimation d'un enfant naturel par mariage subséquent, s'il est né depuis la donation.

961. Cette révocation aura lieu, encore que l'enfant du donateur ou de la donatrice fût conçu au temps de la donation.

962. La donation demeurera pareillement révoquée, lors même que le donataire serait entré en possession des biens donnés, et qu'il y aurait été laissé par le donateur depuis la survenance de l'enfant; sans néanmoins que le donataire soit tenu de restituer les fruits par lui perçus, de quelque nature qu'ils soient, si ce n'est du jour que la naissance de l'enfant ou sa légitimation par mariage subséquent lui aura été notifiée par exploit ou autre acte en bonne forme; et ce, quand même la demande pour rentrer dans les biens donnés n'aurait été formée que postérieurement à cette notification.

963. Les biens compris dans la donation révoquée de plein droit rentreront dans le patrimoine du donateur, libres de toutes charges et hypothèques du chef du donataire, sans qu'ils puissent demeurer affectés, même subsidiairement, à la restitution de la dot de la femme de ce donataire, de ses reprises ou autres conventions matrimoniales; ce qui aura lieu quand même la donation aurait été faite en faveur du mariage du donataire et insérée dans le contrat, et que le donateur se serait obligé comme caution, par la donation, à l'exécution du contrat de mariage.

964. Les donations ainsi révoquées ne pourront revivre ou avoir de nouveau leur effet, ni par la mort de l'enfant du donateur, ni par aucun acte confirmatif; et si le donateur veut donner les mêmes biens au même donataire, soit avant ou après la mort de l'enfant par la naissance duquel la donation avait été révoquée, il ne le pourra faire que par une nouvelle disposition.

965. Toute clause ou convention par laquelle le donateur aurait renoncé à la révocation de la donation pour survenance d'enfant, sera regardée comme nulle, et ne pourra produire aucun effet.

966. Le donataire, ses héritiers ou ayans cause, ou autres détenteurs des choses données, pourront opposer la prescription pour faire valoir la donation révoquée par la survenance d'enfant, qu'après une possession de trente années, qui ne pourront commencer à courir que du jour de la naissance du dernier enfant du donateur, même posthume; et ce, sans préjudice des interruptions, telles que de droit.

1096. (Les) donations faites entre époux, pendant le mariage, ne seront point révoquées par la survenance d'enfans.

SURVIE (GAINS DE).

C. Civ. 1452. La dissolution de la communauté opérée par le divorce ou par la séparation soit de corps et de biens, soit de biens seulement, ne donne pas ouverture aux droits de survie de la femme; mais celle-ci conserve la faculté de les exercer lors de la mort naturelle ou civile de son mari. *V.* MARIAGE (*contrat de*).

SURVIE (PRÉSOMPTION DE).

C. Civ. 720. Si plusieurs personnes respectivement appelées à la succession l'une de l'autre périssent dans un même événement, sans qu'on puisse reconnaître laquelle est décédée la première, la présomption de survie est déterminée par les circonstances du fait, et, à leur défaut, par la force de l'âge ou du sexe.

721. Si ceux qui ont péri ensemble avaient moins de quinze ans, le plus âgé sera présumé avoir survécu. — S'ils étaient tous au-dessus de soixante ans, le moins âgé sera présumé avoir survécu. — Si les uns avaient moins de quinze ans, et les autres plus de soixante, les premiers seront présumés avoir survécu.

722. Si ceux qui ont péri ensemble avaient quinze ans accomplis, et moins de soixante, le mâle est toujours présumé avoir survécu, lorsqu'il y a égalité d'âge, ou si la différence qui existe n'excède pas une année. — S'ils étaient du même sexe, la présomption de survie, qui donne ouverture à la succession dans l'ordre de la nature, doit être admise : ainsi le plus jeune est présumé avoir survécu au plus âgé.

SUSPENSIF (EFFET). *V.* EXÉCUTION.

SUSPENSIVE (CONDITION).

C. Civ. 1181. L'obligation contractée sous une condition suspensive est celle qui dépend ou d'un événement futur et incertain, ou d'un événement actuellement arrivé, mais encore inconnu des parties. *V.* CONDITION.

SUSPICION LÉGITIME.

1° *En matière civile. V.* RÉCUSATION.

2° *En matière criminelle. V.* RENVOI.

SYNALLAGMATIQUE (ACTE).

C. Civ. 1102. Le contrat est *synallagmatique* ou *bilatéral* lorsque les contractants s'obligent réciproquement les uns envers les autres.

1184. La condition résolutoire est toujours sous-entendue dans les contrats synallagmatiques, pour le cas où l'une des parties ne satisfera point à son engagement. — Dans ce cas, le contrat n'est point résolu de plein droit. La partie envers laquelle l'engagement n'a point été exécuté a le choix ou de forcer l'autre à l'exécution de la convention lorsqu'elle est possible, ou d'en demander la résolution avec dommages et intérêts. — La résolution doit être demandée en justice, et il peut être accordé au défendeur un délai selon les circonstances.

1325. Les actes sous seing privé, qui contiennent des conventions synallagmatiques, ne sont valables qu'autant qu'ils ont été faits en autant d'originaux qu'il y a de parties ayant un intérêt distinct. — Il suffit d'un original pour toutes les personnes ayant le même intérêt. — Chaque original doit contenir la mention du nombre des originaux qui en ont été faits. — Néanmoins le défaut de mention que les originaux ont été faits doubles, triples, etc., ne peut être opposé par celui qui a exécuté de sa part la convention portée dans l'acte.

SYNDICS. *V.* FAILLITE.

T

TACITE RECONDUCTION. *V.* RECONDUCTION.

TAILLES.

Des tailles.

C. Civ. (*liv.* 3, *tit.* 3, *ch.* 6, *sect.* 1, § 3, *art.* 1333.) — 1333. Les tailles corrélatives à leurs échantillons font foi entre les personnes qui sont dans l'usage de constater ainsi les fournitures qu'elles font et reçoivent en détail.

TANTE. *V.* ONCLE.

TAPAGE NOCTURNE.

C. Pén. 479. Seront punis d'une amende de onze à quinze francs inclusivement, — 1°... 8° les auteurs ou complices de bruits ou tapages injurieux ou nocturnes, troublant la tranquillité des habitans.

TARIF CIVIL.

1° *Décret du 16 février 1807, contenant le tarif des frais et dépens pour le ressort de la cour royale de Paris.* (*V. les mots auxquels les taxes se rapportent.*)

2° *Décret additionnel du 16 février 1807.*

1. La liquidation des dépens en matière sommaire sera faite par les arrêts et jugemens qui les auront adjugés : à cet effet, l'avoué qui aura obtenu la condamnation remettra dans le jour, au greffier tenant la plume à l'audience, l'état des dépens adjugés ; et la liquidation en sera insérée dans le dispositif de l'arrêt ou jugement.

2. Les dépens dans les matières ordinaires seront liquidés par un des juges qui aura assisté au jugement ; mais le jugement pourra être expédié et délivré avant que la liquidation soit faite.

3. L'avoué qui requerra la taxe remettra au greffier l'état des dépens adjugés avec les pièces justificatives.

4. Le juge chargé de liquider taxera chaque article en marge de l'état, sommera le total au bas, le signera, mettra le *taxé* sur chaque pièce justificative, et paraphera : l'état demeurera annexé aux qualités.

5. Le montant de la taxe sera porté au bas de l'état des dépens adjugés ; il sera signé du juge qui y aura procédé et du greffier. Lorsque ce montant n'aura pas été compris dans l'expédition de l'arrêt ou jugement, il en sera délivré exécutoire par le greffier.

6. L'exécutoire ou le jugement au chef de la liquidation seront susceptibles d'opposition. L'opposition sera formée dans les trois jours de la signification à avoué avec citation : il sera statué sommairement, et il ne pourra être interjeté appel de ce jugement que lorsqu'il y aura appel de quelques dispositions sur le fond.

7. Si la partie qui a obtenu l'arrêt ou le jugement néglige de le lever, l'autre partie fera une sommation de le lever dans les trois jours.

8. Faute de satisfaire à cette sommation, la partie qui aura succombé pourra lever une expédition du jugement, sans que les frais soient taxés, sauf à l'autre partie à les faire taxer dans la forme ci-dessus prescrite.

9. Les demandes des avoués et autres officiers ministériels, en paiement de frais contre les parties pour lesquelles ils auront occupé ou instrumenté, seront portées à l'audience, sans qu'il soit besoin de citer en conciliation ; il sera donné, en tête des assignations, copie du mémoire des frais réclamés.

Tarif des frais de taxe.

Il ne sera rien alloué aux avoués pour l'état des dépens adjugés en matière sommaire qu'ils doivent remettre aux greffiers, à l'effet d'en faire insérer la liquidation dans l'arrêt ou le jugement. — Pour chaque article entrant en taxe des dépens adjugés en matière ordinaire, il sera alloué 10 c. Au moyen de cette taxe il ne sera alloué à l'avoué aucune vacation à l'effet de remettre et retirer les pièces justificatives. — *Nota.* Il ne pourra être fait qu'un article pour chaque pièce de la procédure, tant pour l'avoir dressé que pour l'original, copie et signification, et tous les droits qui en résultent. — Chaque article sera divisé en deux parties : la première comprendra les déboursés, y compris le salaire des huissiers, et la seconde, l'émolument net de l'avoué : en conséquence, les états seront formés sur deux colonnes, l'une des déboursés, l'autre de l'émolument de l'avoué. — Pour la sommation à l'avoué de la partie qui a obtenu la condamnation de dépens, de lever le jugement, — à Paris, 1 fr. — Dans le ressort, 75 c. Et pour la copie, le quart. — Pour l'original de l'acte contenant opposition, soit à un exécutoire de dépens, soit au chef du jugement qui les a liquidés, avec sommation de comparaître à la chambre du conseil pour être statué sur ladite opposition, — à Paris, 1 f. — Dans le ressort, 75 c. — Et pour chaque copie, le quart. — Pour assistance et plaidoirie à la chambre du conseil, — à Paris, 7 fr. 50 c. — Dans le ressort, les trois quarts. Pour les qualités et signification à avoué du jugement qui interviendra, s'il n'y a qu'une partie, le tout ensemble, — à Paris, 5 f. — Dans le ressort, 4 fr. — S'il y a plusieurs avoués, pour chacune des autres copies tant des qualités que du jugement, — à Paris, 1 fr. — Dans le ressort, 75 c. — Il ne sera passé aucun autre droit pour la taxe des frais.

5o *Décret du 16 février 1807, qui rend commun à plusieurs cours d'appel et tribunaux le tarif des frais et dépens de ceux de Paris, et en fixe la réduction pour les autres.*

1. Le tarif des frais et dépens en la cour royale de Paris, décrété cejourd'hui, est rendu commun aux cours royales de Lyon, Bordeaux et Rouen. — Toutes les sommes portées en ce tarif seront réduites d'un dixième pour la taxe des frais et dépens dans les autres cours d'appel.

2. Le tarif des frais et dépens, décrété pour le tribunal de première instance et pour les justices de paix établis à Paris, est rendu commun aux tribunaux de première instance et aux justices de paix établis à Lyon, Bordeaux et Rouen. — Toutes les sommes portées en ce tarif seront réduites d'un dixième dans la taxe des frais et dépens pour les tribunaux de première instance et pour les justices de paix établis dans les villes où siège une cour d'appel, ou dans les villes dont la population excède trente mille âmes.

3. Dans tous les autres tribunaux de première instance et justices de paix du royaume, le tarif des frais et dépens sera le même que celui décrété pour les tribunaux de première instance et les justices de paix du ressort de la cour royale de Paris, autres que ceux établis dans cette capitale.

4. Le tarif des frais de taxe, décrété également cejourd'hui pour le ressort de la cour royale de Paris, est aussi déclaré commun à tout le royaume : en conséquence, dans tous les chefs-lieux de cour royale, les droits de taxe seront perçus comme à Paris, et partout ailleurs ils seront perçus comme dans le ressort de la cour royale de Paris.

TARIF CRIMINEL.
Décret du 18 juin 1811.

Tarif des frais en matière criminelle; et règlement pour l'administration de la justice en matière criminelle, de police correctionnelle et de simple police.

Dispositions préliminaires.

Art. 1. L'administration de l'enregistrement continuera de faire l'avance des frais de justice criminelle, pour les actes et procédures qui seront ordonnés d'office ou à la requête du ministère public, sauf à poursuivre, ainsi que de droit, le recouvrement de ceux desdits frais qui ne sont point à la charge de l'État, le tout suivant la forme et selon les règles établies par le présent décret.

2. Sont compris sous la dénomination de frais de justice criminelle, sans distinction des frais d'instruction et de poursuite en matière correctionnelle et de simple police,—1o les frais de translation des prévenus ou accusés, de transport des procédures et des objets pouvant servir à conviction ou à décharge; — 2o les frais d'extradition des prévenus, accusés ou condamnés;—3o les honoraires et vacations des médecins, chirurgiens, sages-femmes, experts et interprètes; —4o les indemnités qui peuvent être accordées aux témoins et aux jurés; — 5o les frais de garde de scellés et ceux de mise en fourrière; 6o les droits d'expédition et autres alloués aux greffiers; — 7o les salaires des huissiers;—8o l'indemnité accordée aux officiers de justice dans les cas de transport sur le lieu du crime ou délit; — 9o les frais de voyage et de séjour accordés à nos conseillers dans les cours royales, et à nos conseillers-auditeurs délégués pour compléter le nombre des juges d'une cour d'assise, ainsi qu'aux officiers du ministère public, autres néanmoins que les substituts en service près les cours d'assises hors du chef-lieu, à l'égard desquels il a été statué par l'article 10 du décret du 30 janvier 1811 ; — 10o les frais de voyage et de séjour auxquels l'instruction des procédures peut donner lieu; — 11o le port des lettres et paquets pour l'instruction criminelle ; — 12o les frais d'impression des arrêts, jugemens et ordonnances de justice; — 13o les frais d'exécution des jugemens criminels et les gages des exécuteurs; — 15o les dépenses assimilées à celles de l'instruction des procès criminels et qui résulteront, savoir : des procédures d'office pour l'interdiction; des poursuites d'office en matière civile; des inscriptions hypothécaires requises par le ministère public; du transport des greffes.

3. Ne sont point compris sous la dénomination de frais de justice criminelle,—1o les honoraires des conseils ou défenseurs des accusés, même de ceux qui sont nommés d'office, non plus que les droits et honoraires des avoués, dans le cas où leur ministère serait employé;—2o les indemnités de route des militaires en activité de service, appelés en témoignage devant quelques juges ou tribunaux que ce soit, et ce conformément à l'art. 69 de la loi du 28 germinal an 6, et l'arrêté du Gouvernement du 22 messidor an 5;—3o les frais d'apposition des affiches d'arrêts, jugemens ou ordonnances de justice, lesquels continueront à être payés par les communes, ainsi qu'il résulte des articles 9 et 10 de l'arrêté du Gouvernement du 27 brumaire an 6;—4o les frais d'inhumation des condamnés et de tous cadavres trouvés sur la voie publique ou dans quelque autre lieu que ce soit, lesquels sont également à la charge des communes, aux termes de l'article 26 du décret du 23 prairial an 12, lors toutefois que les cadavres ne sont pas réclamés par les familles, et sauf le recours des communes sur les héritiers ;—5o les frais de translation des condamnés dans les bagnes, dans les maisons centrales de correction, etc., lesquels continueront d'être à la charge du ministère de l'intérieur, conformément à l'avis du conseil d'état du 10 janvier 1807, approuvé le 16 février suivant ;—6o les frais de conduite des mendians et vagabonds qui ne sont point traduits devant les tribunaux, lesquels continueront d'être à la charge du ministère de l'intérieur, conformément à l'avis du conseil d'état du 1 décembre 1807, approuvé le 11 janvier 1808 ;—7o les frais de translation de tous individus arrêtés par mesure de haute police, lesquels continueront à être payés par le ministère de la police, conformément au même avis ;—8o les frais de translation de tous condamnés évadés du lieu de leur détention, qui continueront à

être supportés par les ministères de la guerre, de la marine, de l'intérieur, et de la police, chacun en ce qui le concerne ; — 9° les dépenses des prisons, maisons de correction, maisons de dépôt, d'arrêt et de justice, lesquelles resteront à la charge du ministère de l'intérieur, en vertu de la loi du 10 vendémiaire an 4, et de l'arrêté du Gouvernement du 23 brumaire suivant ; — 10° les frais de translation des déserteurs des armées de terre et de mer, qui sont à la charge des ministères de la guerre et de la marine; — 11° les dépenses occasionées par les poursuites intentées devant les tribunaux militaires ou maritimes, et les frais de procédures qui ont lieu devant les tribunaux ordinaires contre les conscrits réfractaires et les déserteurs, lesquels sont également à la charge des ministères de la guerre et de la marine, conformément aux articles 8 et 9 du décret du 8 juillet 1806; — 12° toutes autres dépenses, de quelque nature qu'elles soient, qui n'ont pas pour objet la recherche, la poursuite et la punition de crimes, délits ou contraventions de la compétence, soit des cours royales, ou des cours d'assises, soit des tribunaux correctionnels ou de simple police, sauf les exceptions énoncées dans le titre 2 du présent décret.

Tit. 1er, tarif des frais.

Chap. 1, des frais de translation des prévenus ou accusés, de transport des procédures et des objets pouvant servir à conviction ou à décharge.

4. Les prévenus ou accusés seront conduits à pied par la gendarmerie, de brigade en brigade : néanmoins ils pourront, si des circonstances extraordinaires l'exigent, être transférés soit en voiture, soit à cheval, sur les réquisitions motivées de nos officiers de justice. — Les réquisitions seront rapportées en original, ou par copies dûment certifiées, par les officiers qui donneront les ordres à l'appui de chaque état ou mémoire de frais à fournir par ceux qui auront fait le transport.

5. Lorsque la translation par voie extraordinaire sera ordonnée d'office ou demandée par le prévenu ou accusé, à cause de l'impossibilité où il se trouverait de faire ou de continuer le voyage à pied, cette impossibilité sera constatée par certificat de médecin ou de chirurgien. Ce certificat sera mentionné dans la réquisition et y demeurera joint.

6. Dans les cas d'exception ci-dessus, la translation des prévenus ou accusés sera faite par les entrepreneurs généraux des transports et convois militaires, et au prix de leur marché. Dans les localités où le service des transports militaires ne sera point organisé, les réquisitions seront adressées aux officiers municipaux, qui y pourvoiront par les moyens ordinaires et aux prix les plus modérés.

7. Les prévenus et accusés pourront toujours se faire transporter en voiture à leurs frais, en se soumettant aux mesures de précaution que prescrira le magistrat qui aura ordonné la translation, ou le chef d'escorte chargé de l'exécuter.

8. La translation des prévenus ou accusés, soit dans l'intérieur de Paris, soit de Paris à Bicêtre, et de Bicêtre à Paris, se fera toujours par voitures fermées, et par un entrepreneur particulier, en vertu d'un marché passé par le préfet du département de la Seine, et qui ne pourra être exécuté qu'avec l'approbation de notre chancelier.

9. Les procédures et les effets pouvant servir à conviction ou à décharge seront transportés par les gendarmes chargés de la conduite des prévenus ou accusés. Si, à raison du poids ou du volume, ces objets ne peuvent être transportés par les gendarmes, ils le seront, d'après un ordre par écrit du magistrat qui ordonnera le transport, soit par les messageries, soit par les entrepreneurs des transports et convois militaires, soit par toute autre voie plus économique, sauf les précautions convenables pour la sûreté des objets.

10. Les alimens et autres secours indispensablement nécessaires aux prévenus ou accusés, pendant leur translation leur seront fournis dans les prisons et maisons d'arrêt des lieux de la route. Cette dépense ne sera point considérée comme faisant partie des frais généraux de justice ; mais elle sera confondue dans la masse des dépenses ordinaires des prisons et maisons d'arrêt. Dans les lieux où il n'y a point de prison, les officiers municipaux feront faire la fourniture des alimens et autres objets, et le remboursement en sera fait aux fournisseurs, comme frais généraux de justice.

11. Les gendarmes ne pourront accompagner les prévenus ou accusés au-delà de la résidence d'une des brigades les plus voisines de celles dont ils feront eux-mêmes partie, sans un ordre exprès du capitaine commandant la gendarmerie du département.

12. Si, pour l'exécution d'ordres supérieurs, relatifs à la translation des prévenus ou accusés, il est nécessaire d'employer des moyens extraordinaires de transport, tels que la poste, les diligences, ou autres voies semblables, les frais de ce transport et autres dépenses que les gendarmes se trouveront obligés de faire en route leur seront remboursés comme frais de justice criminelle, sur leurs mémoires détaillés, auxquels ils joindront les ordres qu'ils auront reçus, ainsi que des quittances particulières pour les dépenses de nature à être ainsi constatées. Si les gendarmes n'ont pas des fonds suffisans pour faire les avances, il leur sera délivré un mandat provisoire de la somme présumée nécessaire, par le magistrat qui ordonnera le transport. Il sera fait mention du montant de ce mandat sur l'ordre de transport. A leur arrivée à leur destination, les gendarmes feront régler définitivement leur mémoire par le magistrat devant qui le prévenu devra comparaître. Il ne sera alloué aux gendarmes aucuns frais de retour ; ils recevront seulement l'indemnité prescrite par les art. 68 et 69 de la loi du 28 germinal an 6. — (L'étape et le logement militaire, — un supplément de solde, par nuit.)

13. Lorsqu'en conformité des dispositions du Code d'Instruction criminelle sur le faux, et dans les cas prévus, notamment par les art. 452 et 454, des dépositaires publics, tels que les greffiers, notaires, avoués et huissiers, seront tenus de se transporter au greffe ou devant un juge d'instruction, pour remettre des pièces arguées de faux ou des pièces de comparaison, il leur sera alloué, pour chaque vacation de trois heures, la même indemnité qui leur est accordée par l'art. 166 du décret du 16 février 1807, relativement à l'inscription de faux incident. (*V.* FAUX.) Les dépositaires publics auront toujours le droit de faire en personne le transport et la remise des pièces, sans qu'on puisse les obliger à les confier à des tiers.

14. Les autres dépositaires particuliers recevront pour le même objet l'indemnité réglée par ledit article 166.

15. Dans les cas prévus par les deux articles précédens, les frais de voyage et de séjour, des greffiers, notaires, avoués et dépositaires particuliers, seront

réglés ainsi qu'il sera dit dans le chapitre 8 ci-après, pour les médecins, chirurgiens, etc. ; quant aux huissiers, on se conformera aux dispositions dudit chapitre 8 en ce qui les concerne. *V.* VOYAGE.

Chap. 2 à 8. *V. Expert, Fourrière, Greffier, Huissier, Interprète, Juré, Médecin, Scellé, Témoin, Traduction, Voyage.*

Chap. 9, *du port des lettres et paquets.*

98. Les états de crédit mentionnés dans l'art. 14 de l'arrêté du Gouvernement du 27 prairial an 8, relatif à la franchise et au contre-seing, seront tenus à l'avenir, pour les fonctionnaires ci-après désignés, savoir :—1° les premiers présidens des cours royales ; —2° nos procureurs généraux près les mêmes cours ; —5° les présidens des cours d'assises ; — 4° les substituts de nos procureurs généraux près les cours d'assises hors du chef-lieu ; — 5° nos procureurs royaux près les tribunaux de première instance ; — 6° les juges d'instruction ; — 7° les juges de paix ; — 8° les greffiers et chefs des cours royales et les greffiers des tribunaux de première instance.

99. Nos procureurs généraux jouiront en outre, dans le ressort de la cour royale, du contre-seing et de la franchise pour les lettres et paquets qu'ils adresseront aux autorités constituées et aux fonctionnaires désignés dans l'état annexé au règlement du 27 prairial an 8, et pour ceux qui leur seront adressés des divers points du ressort.

100. Les directeurs des postes seront tenus de comprendre dans lesdits états de crédit tous paquets ou lettres que les fonctionnaires ci-dessus désignés jugeront nécessaire d'affranchir ou de charger pour tous autres fonctionnaires publics quelconques.

101. Les paquets ou lettres avec enveloppe, adressés aux greffiers, ne seront par eux ouverts qu'au parquet, en présence de nos procureurs, ou d'un substitut, lesquels feront tenir sur un registre particulier une note indicative de chaque envoi, du lieu du départ, du montant de la taxe, et de l'affaire à laquelle l'envoi se rapportera. Ce registre servira de contrôle aux états qui seront fournis chaque mois par les greffiers, ainsi qu'il sera dit ci-après.

102. A la fin de chaque mois il sera fait des états de crédit, article par article, pour les paquets adressés aux premiers présidens, et aux présidens des cours d'assises. Ces états, certifiés par eux et par le directeur des postes, seront exécutoires de plein droit au profit du directeur des postes, après avoir été préalablement visés par le préfet. Les états relatifs au crédit des autres fonctionnaires désignés dans l'art. 98, seront certifiés par eux et par le directeur des postes, rendus exécutoires au profit du directeur des postes par ordonnance du président de la cour ou du tribunal, et visés par le préfet.

103. Les fonctionnaires mentionnés dans l'art. 98 pourront aussi employer, pour le transport de leurs dépêches, toutes autres voies qui leur paraîtront plus expéditives et plus économiques que celle de la poste, et particulièrement les messagers des préfectures, sous-préfectures ou autres.

Chap. 10, *des frais d'impression.*

104. Il ne sera payé des frais d'impression sur les fonds généraux des frais de justice criminelle que pour les objets suivans :—1° pour les extraits d'arrêts de condamnation à des peines afflictives ou infamantes, ainsi qu'il est dit dans l'art. 56 du Code Pénal (*V.* CRIMINELLES [*peines*]); —2° pour les ordonnances

portant nomination des présidens et assesseurs des cours d'assises et les arrêts de convocation des cours d'assises , le tout en conformité de la loi du 20 avril 1810 et du décret du 6 juillet suivant ; — 5° pour les signalemens des personnes à arrêter ; 4° pour les états et modèles d'états relatifs au paiement, à la liquidation et au recouvrement des frais de justice ; —5° pour les actes dont une loi ou un décret aura donné l'impression, et pour ceux dont notre chancelier jugera l'impression et la publication nécessaire par une décision spéciale.

105. Seront imprimés en placards tous les actes qui doivent être publiés et affichés, et ce, conformément au modèle que notre chancelier en fera dresser à notre imprimerie royale. Ce modèle sera envoyé à nos procureurs près les cours et tribunaux. Toutes impressions qui ne seront point conformes au modèle seront rejetées.

106. Le nombre d'exemplaires des placards et des autres impressions sera déterminé par nos procureurs généraux, suivant les localités.

107. Les placards destinés à être affichés seront transmis aux maires, qui les feront apposer dans les lieux accoutumés.

108. Les cours royales et les tribunaux de première instance nommeront un imprimeur pour faire le service de la cour et du tribunal. Nos procureurs généraux informeront notre chancelier du prix et des conditions des marchés qui seront faits avec les imprimeurs de la cour royale et des tribunaux du ressort.

109. Les épreuves de toutes les impressions seront adressées par les imprimeurs à nos procureurs près les cours et tribunaux, et la correction en sera faite au parquet. Elles seront communiquées au conseiller-rapporteur et au président de la chambre qui aura prononcé l'arrêt, lorsqu'il le demanderont.

110. Il sera tenu note au parquet de toutes les impressions, à mesure qu'elles seront exécutées. Deux exemplaires de chaque objet seront remis au parquet; deux seront adressés à notre chancelier.

111. Tous les trois mois, les imprimeurs fourniront leurs mémoires à nos procureurs, qui les feront vérifier. Ils joindront à chaque article un exemplaire de l'objet imprimé, comme pièce justificative. Ces mémoires seront rendus exécutoires par ordonnances des présidens de nos cours et tribunaux, sur les réquisitions du ministère public. L'ordonnance contiendra l'indication des lois, des ordonnances ou des décisions de notre chancelier, en vertu desquelles l'impression aura été ordonnée.

112. Les frais d'impression qui seront à la charge d'un juré condamné pour avoir manqué à ses fonctions, dans les cas prévus par les art. 596 et 398 du Code d'instruction criminelle (*V.* JURÉ), seront les mêmes que ceux du marché passé pour les impressions de la cour ou du tribunal. Auxdits cas, les frais d'affiches seront payés au prix d'usage dans chaque localité.

Chap. 11, *des frais d'exécution des arrêts.*

115. Il sera fait par notre chancelier un règlement qui déterminera les dépenses nécessaires pour l'exécution des arrêts criminels, et réglera le mode de leur paiement. Ce règlement sera adressé à nos procureurs près les cours et tribunaux et aux préfets, pour le faire exécuter, chacun en ce qui le concerne.

114. La loi du 22 germinal an 4, relative à la ré-

quisition des ouvriers pour les travaux nécessaires à l'exécution des jugemens, continuera d'être exécutée. Les dispositions de la même loi seront observées dans le cas où il y aurait lieu de faire fournir un logement aux exécuteurs.

115. Les lois des 13 juin 1793, 3 frimaire et 22 floréal an 2, relatives au nombre, au placement, aux gages et à la nomination des exécuteurs et de leurs aides, continueront d'être exécutées.

116. Notre chancelier est autorisé à disposer, sur les fonds généraux des frais de justice, d'une somme de trente-six mille francs par année pour l'employer à donner, sur l'avis de nos procureurs et des préfets, des secours alimentaires aux exécuteurs infirmes ou sans emploi, à leurs veuves et à leurs enfans orphelins, jusqu'à l'âge de douze ans. Au moyen de la présente disposition, tous les règlemens antérieurs sur les secours accordés aux exécuteurs et à leurs familles sont abrogés.

Tit. 2, des dépenses assimilées à celles de l'instruction des procès criminels.

Chap. 1, de l'interdiction d'office. (V. INTERDICTION.)

Chap. 2, des poursuites d'office en matière civile.

121. Les frais des actes et procédures faites sur la poursuite d'office du ministère public, dans les cas prévus par le Code Civil, et notamment par les articles 50, 55, 81, 184, 191 et 192, relativement aux actes de l'état civil, seront payés, taxés et recouvrés, ainsi qu'il est dit dans le chapitre précédent.

122. Il en sera de même lorsque le ministère public poursuivra d'office les rectifications des actes de l'état civil, en conformité de l'avis du conseil d'état du 12 brumaire an 11, comme aussi au sujet des poursuites faites en conformité de la loi du 25 ventôse an 11, sur le notariat, et généralement dans tous les cas où le ministère public agit dans l'intérêt de la loi et pour assurer son exécution.

123. Il n'est point dérogé par les précédentes dispositions à celles du décret du 12 juillet 1807, concernant les droits à percevoir par les officiers de l'état civil.

Chap. 3, des inscriptions hypothécaires requises par le ministère public.

124. Les frais d'inscription hypothécaire, lorsqu'elle sera requise par le ministère public, en conformité de l'art. 121 du Code d'Instruction criminelle, seront avancés par l'administration de l'enregistrement, laquelle sera remboursée sur les biens des condamnés, dans les cas et aux formes de droit.

125. Il en sera de même dans tous les cas où le ministère public est tenu, conformément à la loi et aux décrets, de prendre des inscriptions d'office, dans l'intérêt des femmes, des mineurs, du trésor royal, etc.

Chap. 4, du recouvrement des amendes et cautionnement.

126. Les frais de recouvrement des amendes prononcées dans les cas prévus par le Code d'Instruction criminelle et par le Code Pénal, seront taxés conformément au tarif réglé par les décrets du 19 février 1807, pour la procédure civile. L'avance de ces frais ne sera point imputée, par l'administration de l'enregistrement, sur les fonds généraux des frais de justice criminelle ; elle s'en remboursera, suivant les formes de droit, sur les parties condamnées. En cas d'insol-

vabilité des condamnés, les frais de poursuites seront alloués à l'administration dans ses comptes, en conformité de l'art. 66 de la loi du 2 frimaire an 7.

127. Il en sera de même pour le recouvrement des cautionnemens fournis à l'effet d'obtenir la liberté provisoire des prévenus, et dans les cas prévus par les articles 122 et 123 du Code d'Instruction criminelle.

128. La même disposition est applicable quant à la taxe, aux poursuites faites par les cautions à l'effet d'obtenir les restitutions dans le cas de droit, des sommes déposées dans la caisse de l'administration de l'enregistrement, aux termes de l'article 117 du Code d'Instruction criminelle.

Chap. 5, du transport des greffes, V. GREFFIER.

Tit. 3, du paiement et recouvrement des frais de justice criminelle.

Chap. 1, du mode de paiement.

132. Le mode de paiement des frais diffère suivant leur nature et leur urgence ; il est réglé ainsi qu'il suit :

133. Les frais urgens seront acquittés sur simple taxe et mandat du juge mis au bas des réquisitions, copies de convocations ou de citations, états ou mémoires des parties.

134. Sont réputés frais urgens, 1° les indemnités des témoins et des jurés ;—2° toutes dépenses relatives à des fournitures ou opérations pour lesquelles les parties prenantes ne sont pas habituellement employées ;—3° les frais d'extradition des prévenus, accusés ou condamnés.

135. Lorsqu'un témoin se trouvera hors d'état de fournir aux frais de son déplacement, il lui sera délivré par le président de la cour ou du tribunal du lieu de sa résidence, et à son défaut par le juge de paix, un mandat provisoire à compte de ce qui pourra lui revenir pour son indemnité. Le receveur de l'enregistrement qui acquittera ce mandat, fera mention de l'à-compte en marge ou au bas de la copie de la citation.

136. Dans le cas où l'instruction d'une procédure criminelle exigerait des dépenses extraordinaires et non prévues par le présent décret, elles ne pourront être faites qu'avec l'autorisation motivée de nos procureurs-généraux, sous leur responsabilité personnelle, et à la charge par eux d'en informer sans délai notre chancelier.

137. Au commencement de chaque trimestre, les receveurs de l'enregistrement réuniront en un seul état, sur papier libre, tous les frais urgens qu'ils auront acquittés pendant le trimestre précédent, pour ledit état être revêtu des formalités de l'exécutoire et du visa dont il sera parlé ci-après.

138. Les dépenses non réputées urgentes seront payées sur les états ou mémoires des parties prenantes, revêtues de la taxe et de l'exécutoire du juge et du visa du préfet du département.

139. Les états ou mémoires seront taxés article par article, et l'exécutoire sera délivré à la suite, le tout dans la forme qui sera prescrite par notre chancelier. La taxe de chaque article rappellera la disposition du présent décret sur laquelle elle sera fondée.

140. Les formalités de la taxe et de l'exécutoire seront remplies sans frais par les présidens, les juges

d'instruction et les juges de paix, chacun en ce qui le concerne. L'exécutoire sera décerné sur les réquisitions de l'officier du ministère public, lequel signera la minute de l'ordonnance.

141. Les juges qui auront décerné les mandats ou exécutoires, et les officiers du ministère public qui y auront apposé leur signature, seront responsables de tout abus ou exagération dans les taxes, solidairement avec les parties prenantes, et sauf leur recours contre elles.

142. Les présidens et les juges d'instruction ne pourront refuser de taxer et de rendre exécutoires, s'il y a lieu, des états ou mémoires de frais de justice criminelle, par la seule raison que ces frais n'auraient pas été faits par leur ordre direct, pourvu toutefois qu'ils aient été faits en vertu des ordres d'une autorité compétente, dans le ressort de la cour ou du tribunal que ces juges président, ou dont ils sont membres.

143. Les états ou mémoires taxés et rendus exécutoires, ainsi qu'il est dit dans les articles précédens, seront vérifiés par le préfet du département, qui apposera son visa sans frais de l'exécutoire; le tout dans la forme qui sera indiquée par notre chancelier.

144. Les états ou mémoires seront dressés de manière que nos officiers de justice et les préfets puissent y apposer leurs taxes, exécutoires, règlement et visa; autrement ils seront rejetés, ainsi que les mémoires de greffiers ou d'huissiers qui ne seraient point conformes aux modèles arrêtés par notre chancelier, comme il est dit dans l'art. 82 ci-dessus.

145. Il sera fait de chaque état ou mémoire trois expéditions, dont une sur papier timbré et deux sur papier libre. Chacune de ces expéditions sera revêtue de la taxe et de l'exécution du juge et du visa du préfet. La première sera remise au payeur avec les pièces au soutien des articles susceptibles d'être ainsi justifiés; le prix du timbre tant de l'état ou mémoire que des pièces à l'appui est à la charge de la partie prenante. L'une des expéditions sur papier libre restera déposée aux archives de la préfecture, l'autre sera transmise à notre chancelier, avec l'état du trimestre dont il sera parlé ci-après.

146. Les états ou mémoires qui ne s'élèveront pas à plus de 10 fr. ne seront point sujets à la formalité du timbre.

147. Aucun état ou mémoire fait au nom de deux ou plusieurs parties prenantes ne sera rendu exécutoire s'il n'est signé de chacune d'elles : le paiement ne pourra être fait que sur leur acquit individuel, ou celui de la personne qu'elles auront autorisée, spécialement et par écrit, à toucher le montant de l'état ou mémoire. Cette autorisation et l'acquit seront mis au bas de l'état, et ne donneront lieu à la perception d'aucun droit.

148. Les états ou mémoires qui comprendraient des dépenses autres que celles qui, d'après le présent décret, doivent être payées sur les fonds généraux des frais de justice, seront rejetés de la taxe et du visa, sauf aux parties réclamantes à diviser leurs mémoires par nature de dépenses, pour le montant en être acquitté par qui de droit.

149. Les exécutoires qui n'auront pas été présentés au visa du préfet dans le délai d'une année, à compter de l'époque à laquelle les frais auront été faits, ou dont le paiement n'aura pas été réclamé dans les six mois de la date du visa, ne pourront être acquittés qu'autant qu'il sera justifié que les retards ne sont point imputables à la partie dénommée dans l'exécutoire. Cette justification ne pourra être admise que par notre chancelier, après avoir pris l'avis de nos procureurs généraux, ou des préfets, s'il y a lieu.

150. Les frais d'extradition des prévenus, accusés ou condamnés, seront acquittés sur simple mandat du préfet le plus voisin du lieu où se fera l'extradition, d'après les états de dépense dûment certifiés par les autorités compétentes. Ces états demeureront joints aux mandats des préfets.

151. Les gages des exécuteurs des jugemens criminels et leurs aides seront payés par mois ou par trimestre, sur simples mandats des préfets.

152. Les préfets ne délivreront leurs mandats et n'apposeront leur visa sur les exécutoires, que d'après les règles établies par le présent décret, et après une exacte vérification de chacun des articles de dépenses portés dans les états ou mémoires. Ils réduiront au taux convenable les sommes qui surpasseraient les fixations faites par les décrets, et les articles non tarifés qui leur paraîtraient exagérés. Ils rejetteront en totalité les dépenses non autorisées ou non suffisamment justifiées, et celles dont la taxe ne rappellerait pas l'article qui l'autorise, ainsi qu'il est dit dans l'article 139 ci-dessus. Ils pourront exiger la représentation des pièces, à l'effet de vérifier les taxes soumises à leur révision.

153. Le secrétaire général de l'administration de l'enregistrement à Paris, et les directeurs de cette administration dans les départemens, ne pourront refuser leur visa sur les mandats ou exécutoires qui auront été délivrés conformément aux dispositions du présent décret, si ce n'est dans les cas suivans :— 1° s'il existe des saisies ou oppositions au préjudice des parties prenantes, ainsi qu'il est dit dans le décret du 13 pluviôse an 13;— 2° si ces mandats ou exécutoires comprennent des dépenses autres que celles dont l'administration de l'enregistrement est chargée de faire l'avance sur les crédits ouverts à notre chancelier. Dans ces deux cas, le secrétaire général et les directeurs de l'administration feront mention, en marge ou au bas des mandats ou exécutoires, des motifs de leur refus de les viser.

154. Les mandats et exécutoires délivrés pour les causes et dans les formes déterminées par le présent décret seront payables chez les receveurs établis près le tribunal de qui ils émanèrent.

155. Les greffiers et les huissiers ne pourront réclamer directement des parties le paiement des droits qui leur sont attribués.

Chap. 2, de la liquidation et du recouvrement des frais.

156. La condamnation aux frais sera prononcée, dans toutes les procédures, solidairement contre tous les auteurs et complices du même fait, et contre les personnes civilement responsables du délit.

157. Ceux qui seront constitués parties civiles, soit qu'ils succombent ou non, seront personnellement tenus (excepté dans les affaires soumises au juri) des frais d'instruction, expédition et signification des jugemens, sauf leur recours contre les prévenus ou accusés qui seront condamnés, et contre les personnes civilement responsables du délit.

158. Sont assimilés aux parties civiles,—1° toute régie ou administration publique, relativement aux

procès suivis, soit à sa requête, soit même d'office et dans son intérêt;—2° les communes et les établissemens publics, dans les procès instruits ou à leur requête, ou même d'office, pour crimes ou délits commis contre leurs propriétés.

159. Toutes les fois qu'il y aura partie civile en cause et qu'elle n'aura pas justifié de son indigence dans la forme prescrite par l'art. 420 du Code d'Instruction criminelle (V. CERTIFICAT D'INDIGENCE), les exécutoires pour les frais d'instruction, expédition et signification des jugemens, pourront être décernés directement contre elle.

160. En matière de police simple ou correctionnelle, la partie civile qui n'aura pas justifié de son indigence sera tenue, avant toutes les poursuites, de déposer au greffe, ou entre les mains du receveur de l'enregistrement, la somme présumée nécessaire pour les frais de la procédure. Il ne sera exigé aucune rétribution pour la garde de ce dépôt, à peine de concussion.

161. Dans les exécutoires décernés sur les caisses de l'administration de l'enregistrement pour des frais qui ne sont point à la charge de l'Etat, il sera fait mention qu'il n'y a point de partie civile en cause, ou que la partie civile a justifié de son indigence.

162. Sont déclarés dans tous les cas à la charge de l'Etat, et sans recours envers les condamnés,—1° les frais de voyage des conseillers de nos cours royales et des conseillers auditeurs qui seront délégués aux cours d'assises ; — 2° l'indemnité des jurés pour leur déplacement;—3° toutes les dépenses pour l'exécution des arrêts criminels.

163. Il sera dressé, pour chaque affaire criminelle, correctionnelle ou de simple police, un état de liquidation des frais autres que ceux qui sont mentionnés dans l'article précédent ; et lorsque cette liquidation n'aura pu être insérée, soit dans l'ordonnance de mise en liberté, soit dans l'arrêt ou le jugement de condamnation, d'absolution ou d'acquittement, le juge compétent décernera exécutoire contre qui de droit, au bas dudit état de liquidation.

164. Le greffier remettra, dans le plus court délai, au préposé de l'administration de l'enregistrement chargé du recouvrement, un extrait de l'ordonnance, arrêt ou jugement, pour ce qui concerne la liquidation et la condamnation au remboursement des frais ou une copie de l'état de liquidation rendu exécutoire ainsi qu'il est dit dans l'article précédent. Il en transmettra un double à notre chancelier, pour servir à la vérification de l'état du trimestre dont il sera parlé ci-après.

165. Les préfets inscriront sur un registre particulier, sommairement et par ordre de dates et de numéros, les mandats qu'ils délivreront en vertu du présent décret, ainsi que les visa qu'ils apposeront sur les états ou mémoires, avec indication du nombre et de la nature des pièces produites au soutien. Ils porteront le numéro de l'inscription, tant sur leurs mandats que sur les trois expéditions desdits états ou mémoires, et sur chacune des pièces produites à l'appui : ces pièces seront en outre cotées par première et dernière.

166. Dans la première quinzaine de chaque trimestre, les préfets adresseront à notre chancelier un état relevé sur le registre mentionné dans l'article précédent, et conforme au modèle arrêté par ce ministre : ils y joindront les doubles des états ou mémoires qu'ils auront visés pendant le trimestre expiré.

167. Dans la première quinzaine du second mois de chaque trimestre, les directeurs de l'administration de l'enregistrement adresseront au directeur général de cette administration un état conforme au modèle arrêté par notre chancelier, avec les mandats et exécutoires que les receveurs de leur arrondissement auront acquittés pendant le trimestre précédent. Ces mandats et exécutoires seront accompagnés des originaux des pièces justificatives.

168. Le directeur général de l'administration de l'enregistrement fera parvenir à notre chancelier, dans les trois mois au plus tard, après l'expiration de chaque trimestre, un état général conforme au modèle arrêté par ce ministre, auquel état seront joints les états particuliers des directeurs, ainsi que les mandats et exécutoires accompagnés des originaux des pièces justificatives.

169. Notre chancelier fera procéder à la vérification de l'état général qui lui aura été adressé ; il l'arrêtera à la somme totale des paiemens qui lui paraîtront avoir été régulièrement faits. Il délivrera du montant une ordonnance au profit de l'administration de l'enregistrement, le tout sans préjudice de restitution qu'il pourrait y avoir lieu d'ordonner ultérieurement.

170. Cette ordonnance sera remise, avec l'état général ci-dessus mentionné et les pièces à l'appui, par l'administration de l'enregistrement, à notre ministre des finances, lequel délivrera en échange un récépissé admissible dans les comptes de cette administration.

171. Notre chancelier pourra, lorsqu'il le croira convenable, envoyer des inspecteurs pour visiter les greffes et y faire toutes vérifications relatives aux frais de justice.

172. Toutes les fois que notre chancelier reconnaîtra que des sommes ont été indûment allouées à titre de frais de justice criminelle, il en fera dresser des rôles de restitution, lesquels seront par lui déclarés exécutoires contre qui de droit, lors même que ces sommes se trouveraient comprises dans des états déjà ordonnancés par lui ; pourvu néanmoins qu'il ne se soit pas écoulé plus de deux ans depuis la date de ses ordonnances.

173. Si dans les états de frais urgens dressés par les receveurs de l'enregistrement, les préfets trouvent qu'il y ait abus ou surtaxe, ils dresseront du montant des sommes qu'ils ne croiront pas légitimement allouées, des rôles de restitution conformes au modèle arrêté par notre chancelier et ils les adresseront à ce ministre pour être par lui déclarés exécutoires s'il y a lieu.

174. Le recouvrement des frais de justice avancés par l'administration de l'enregistrement, conformément aux dispositions du présent décret, et qui ne sont point à la charge de l'État, ainsi que les restitutions ordonnées par notre chancelier, en exécution des deux articles précédens, seront poursuivis par toutes voies de droit, et même par celle de la contrainte par corps, à la diligence des préposés de la dite administration, en vertu des exécutoires mentionnés aux articles ci-dessus.

175. Pour l'exécution de la contrainte par corps dans les cas ci-dessus prévus, il suffira de donner

copie au débiteur , en tête du commandement à lui signifié, —1° du rôle ou des articles du rôle sur lesquels sera intervenue l'ordonnance de recouvrement; —2° de l'ordonnance de notre chancelier portant restitution de la somme à recouvrer , en ce qui concernera le débiteur contraint.

176. Les huissiers préposés pour les actes relatifs au recouvrement pourront recevoir les sommes dont les parties offriront de se libérer dans leurs mains ; à la charge par eux d'en faire mention sur leurs répertoires et de les verser immédiatement dans la caisse du receveur de l'enregistrement, à peine d'être poursuivis et punis conformément aux art. 169,171, et 172 du Code Pénal, s'ils sont en retard de plus de trois jours. V. SOUSTRACTION.

177. L'administration de l'enregistrement rendra compte des recouvremens effectués de la même manière que de ses autres recettes. En cas d'insolvabilité des parties contre lesquelles seront décernés les exécutoires, les receveurs seront déchargés des recouvremens qui concerneront ces parties, en justifiant de leurs diligences, et en rapportant des certificats d'indigence légalement délivrés ; sans préjudice toutefois des poursuites qui pourront être exercées dans les cas où lesdites parties deviendraient solvables.

178. Dans le courant de chaque trimestre, l'administration de l'enregistrement remettra à notre chancelier des états de situation des recouvremens du trimestre précédent, dressés dans la forme qui sera par lui déterminée. A la fin de chaque trimestre ou de chaque exercice, le montant des sommes recouvrées sera compensé , jusqu'à due concurrence , avec les avances faites par l'administration, pendant le même exercice, pour frais généraux de justice, et il en sera fait déduction dans ses comptes.

179. Notre chancelier nous présentera chaque année un bordereau général tant des ordonnances qu'il aura délivrées pour frais de justice, que des sommes qui auront été recouvrées par l'administration de l'enregistrement sur le montant de ces ordonnances.

189. Tous règlemens relatifs au tarif et au mode de paiement et recouvrement des frais de justice en matière criminelle, notamment l'arrêté du Gouvernement du 6 messidor an 6 , et le décret du 24 février 1806, sont abrogés.

TAXE. V. TARIF.

TÉMOIGNAGE (TÉMOINS EN JUSTICE).

I. TRIBUNAUX CIVILS.

1° De l'audition des témoins.

C. Proc. 262. Les témoins seront entendus séparément, tant en présence qu'en l'absence des parties. — Chaque témoin, avant d'être entendu, déclarera ses noms, profession, âge et demeure, s'il est parent ou allié de l'une des parties, à quel degré, s'il est serviteur ou domestique de l'une d'elles; il fera serment de dire vérité : le tout à peine de nullité.

271. Le témoin déposera , sans qu'il lui soit permis de lire aucun projet écrit. Sa déposition sera consignée sur le procès-verbal ; elle lui sera lue, et il lui sera demandé s'il y persiste ; le tout

à peine de nullité : il lui sera demandé aussi s'il requiert taxe. V. ENQUÊTE.

2° Du reproche contre les témoins.

C. Proc. 282. Aucun reproche ne sera proposé après la déposition, s'il n'est justifié par écrit.

283. Pourront être reprochés, les parens ou alliés de l'une ou de l'autre des parties, jusqu'au degré de cousin issu de germain inclusivement; les parens et alliés des conjoints au degré ci-dessus, si le conjoint est vivant, ou si la partie ou le témoin en a des enfans vivans : en cas que le conjoint soit décédé, et qu'il n'ait pas laissé de descendans, pourront être reprochés les parens et alliés en ligne directe, les frères, beaux-frères, sœurs et belles-sœurs. — Pourront aussi être reprochés, le témoin héritier présomptif ou donataire; celui qui aura bu ou mangé avec la partie, et à ses frais , depuis la prononciation du jugement qui a ordonné l'enquête; celui qui aura donné des certificats sur les faits relatifs au procès ; les serviteurs et domestiques; le témoin en état d'accusation ; celui qui aura été condamné à une peine afflictive ou infamante, ou même à une peine correctionnelle pour cause de vol.

284. Le témoin reproché sera entendu dans sa déposition.

287. Il sera statué sommairement sur les reproches.

288. Si néanmoins le fond de la cause était en état, il pourra être prononcé sur le tout par un seul jugement.

289. Si les reproches proposés avant la déposition ne sont justifiés par écrit, la partie tenue d'en offrir la preuve et de désigner les témoins ; autrement elle n'y sera plus reçue ; le tout sans préjudice des réparations, dommages et intérêts qui pourraient être dus au témoin reproché.

290. La preuve, s'il y échet, sera ordonnée par le tribunal, sauf la preuve contraire, et sera faite dans la forme réglée pour les enquêtes sommaires. Aucun reproche ne pourra y être proposé, s'il n'est justifié par écrit.

291. Si les reproches sont admis, la déposition du témoin reproché ne sera point lue.

5° Des enquêtes sommaires.

413. Seront observées en la confection des enquêtes sommaires, les dispositions du titre 12 des enquêtes, relatives aux formalités ci-après : — les reproches par la partie présente, la manière de les juger. V. SOMMAIRE (enquête).

II. TRIBUNAUX CRIMINELS.

ART. 1er, DISPOSITIONS GÉNÉRALES.

1° Des témoins devant le juge d'instruction.

V. INSTRUCTION (juge d').

46

2º *Devant les tribunaux de police.*

C. Inst. cr. 155. Les témoins feront à l'audience, sous peine de nullité, le serment de dire toute la vérité, rien que la vérité; et le greffier en tiendra note, ainsi que de leurs noms, prénoms, âge, profession et demeure, et de leurs principales déclarations.

156. Les ascendans ou descendans de la personne prévenue, ses frères et sœurs ou alliés en pareil degré, la femme ou son mari, même après le divorce prononcé, ne seront ni appelés ni reçus en témoignage; sans néanmoins que l'audition des personnes ci-dessus désignées puisse opérer une nullité, lorsque, soit le ministère public, soit la partie civile, soit le prévenu, ne se sont pas opposés à ce qu'elles soient entendues.

157. Les témoins qui ne satisferont pas à la citation, pourront y être contraints par le tribunal, qui, à cet effet et sur la réquisition du ministère public, prononcera dans la même audience, sur le premier défaut, l'amende (qui n'excédera pas cent francs, *art.* 80. (*V.* INSTRUCTION [*juge d'*].), et en cas d'un second défaut, la contrainte par corps.

158. Le témoin ainsi condamné à l'amende sur le premier défaut, et qui, sur la seconde citation, produira devant le tribunal des excuses légitimes, pourra, sur les conclusions du ministère public, être déchargé de l'amende. — Si le témoin n'est pas cité de nouveau, il pourra volontairement comparaître par lui, ou par un fondé de procuration spéciale, à l'audience suivante, pour présenter ses excuses, et obtenir, s'il y a lieu, décharge de l'amende.

3º *Devant les tribunaux correctionnels.*

C. Inst. cr. 189. La preuve des délits correctionnels se fera de la manière prescrite aux articles 155 et 156 ci-dessus, concernant les contraventions de police. Les dispositions des articles 157 et 158 (*ci-dessus*) sont communes aux tribunaux en matière correctionnelle.

4º *Devant les assises.*

Dispositions générales.

C. Inst. cr. 269. (Le président des assises) pourra, dans le cours des débats, appeler, même par mandat d'amener, et entendre toutes personnes qui lui paraîtraient pouvoir répandre un jour utile sur le fait contesté. — Les témoins ainsi appelés ne prêteront point serment, et leurs déclarations ne seront considérées que comme renseignemens.

317. Les témoins déposeront séparément l'un de l'autre dans l'ordre établi par le procureur général. Avant de déposer, ils prêteront, à peine de nullité, le serment de parler sans haine et sans crainte, de dire toute la vérité et rien que la vérité. — Le président leur demandera leurs noms, prénoms, âge, profession, leur domicile ou résidence, s'ils connaissaient l'accusé avant le fait mentionné dans l'acte d'accusation, s'ils sont parens ou alliés, soit de l'accusé, soit de la partie civile, et à quel degré; il leur demandera encore s'ils ne sont pas attachés au service de l'un ou de l'autre : cela fait, les témoins déposeront oralement.

318. Le président fera tenir note par le greffier, des additions, changemens ou variations qui pourraient exister entre la déposition d'un témoin et ses précédentes déclarations. — Le procureur général et l'accusé pourront requérir le président de faire tenir les notes de ces changemens, additions et variations.

322. Ne pourront être reçues les dépositions, — 1º du père, de la mère, de l'aïeul, de l'aïeule, ou de tout autre ascendant de l'accusé ou de l'un des coaccusés présens et soumis au même débat; — 2º du fils, fille, petit-fils, petite-fille, ou de tout autre descendant; — 3º des frères et sœurs; — 4º des alliés aux mêmes degrés; — 5º du mari ou de la femme, même après le divorce prononcé; — 6º des dénonciateurs dont la dénonciation est récompensée pécuniairement par la loi; — sans néanmoins que l'audition des personnes ci-dessus désignées puisse opérer une nullité, lorsque, soit le procureur général, soit la partie civile, soit les accusés, ne se sont pas opposés à ce qu'elles soient entendues.

323. Les dénonciateurs autres que ceux récompensés pécuniairement par la loi, pourront être entendus en témoignage; mais le juri sera averti de leur qualité de dénonciateurs. *V.* CRIMINELS (*débats*).

ART. 2, TÉMOIGNAGES DES FONCTIONNAIRES.

De la manière dont seront reçues, en matière criminelle, correctionnelle et de police, les dépositions des princes et de certains fonctionnaires de l'État.

C. Inst. cr. (liv. 2, tit. 4, ch. 5, art. 510-517.) — **510.** Les princes ou princesses du sang royal, les grands dignitaires et le ministre de la justice, ne pourront jamais être cités comme témoins, même pour les débats qui ont lieu en présence du juri, si ce n'est dans le cas où le Roi, sur la demande d'une partie et le rapport du ministre de la justice, aurait, par une ordonnance spéciale, autorisé cette comparution.

511. Les dépositions des personnes de cette qualité seront, sauf l'exception ci-dessus prévue, rédigées par écrit et reçues par le premier président de la cour royale, si les personnes dénommées en l'article précédent résident ou se trouvent au chef-lieu d'une cour royale ; sinon par le président du tribunal de première instance de l'arrondissement dans lequel elles auraient leur domicile, ou se trouveraient accidentellement. — Il sera, à cet effet, adressé par la cour ou le juge d'instruction saisi de l'affaire, au président ci-dessus nommé, un état des faits, demandes et questions, sur lesquels le témoignage est requis. — Ce président se transportera aux demeures des personnes dont il s'agit, pour recevoir leurs dépositions.

512. Les dépositions ainsi reçues seront immédiatement remises au greffe, ou envoyées closes et cachetées à celui de la cour ou du juge requérant, et communiquées sans délai à l'officier chargé du ministère public. — Dans l'examen devant le juri, elles seront lues publiquement aux jurés et soumises aux débats, sous peine de nullité.

513. Dans le cas où le Roi aurait ordonné ou autorisé la comparution de quelques-unes des personnes ci-dessus désignées devant le juri, l'ordonnance désignera le cérémonial à observer à leur égard.

514. A l'égard des ministres autres que le ministre de la justice, les grands officiers de la couronne, conseillers d'état chargés d'une partie dans l'administration publique, généraux en chef actuellement en service, ambassadeurs ou autres agens du Roi accrédités près les cours étrangères, il sera procédé comme il suit : — si leur déposition est requise devant la cour d'assises, ou devant le juge d'instruction du lieu de leur résidence ou de celui où ils se trouveraient accidentellement, ils devront la fournir dans les formes ordinaires. — S'il s'agit d'une déposition relative à une affaire poursuivie hors du lieu où ils résident pour l'exercice de leurs fonctions et de celui où ils se trouveraient accidentellement, et si cette déposition n'est pas requise devant le juri, le président ou le juge d'instruction saisi de l'affaire adressera à celui du lieu où résident ces fonctionnaires à raison de leurs fonctions, un état des faits, demandes et questions, sur lesquels leur témoignage est requis. — S'il s'agit du témoignage d'un agent résidant auprès d'un gouvernement étranger, cet état sera adressé au ministre de la justice, qui en fera le renvoi sur les lieux, et désignera la personne qui recevra la déposition.

515. Le président ou le juge d'instruction auquel sera adressé l'état mentionné en l'article précédent, fera assigner le fonctionnaire devant lui, et recevra sa déposition par écrit.

516. Cette déposition sera envoyée close et cachetée au greffe de la cour ou du juge requé-rant, communiquée et lue, comme il est dit en l'article 512, et sous les mêmes peines.

517. Si les fonctionnaires de la qualité exprimée dans l'article 514 sont cités à comparaître comme témoins devant un juri assemblé hors du lieu où ils résident pour l'exercice de leurs fonctions, ou de celui où ils se trouveraient accidentellement, ils pourront en être dispensés par une ordonnance du Roi. — Dans ce cas, ils déposeront par écrit, et l'on observera les dispositions prescrites par les articles 514, 515 et 516.

Dispositions du tarif criminel.

88. Dans les cas prévus par l'article 511 C. Inst. cr., les juges et les officiers du ministère public recevront des indemnités. *V.* Voyage (*frais de*).

ART. 3, TAXE DES TÉMOINS.

Dispositions du tarif criminel.

26. Conformément à l'article 82 du Code d'Inst. crim., les témoins entendus dans l'instruction et lors du jugement des affaires criminelles et de police, recevront, s'ils le demandent, une indemnité qui demeure réglée ainsi qu'il suit :

27. Pour chaque jour que le témoin aura été détourné de son travail ou de ses affaires, il pourra lui être taxé, savoir, — Paris, 2 fr. — Villes de 40,000 habit. et au-dessus, 1 fr. 50 c. — Autres villes et comm., 1 fr.

28. Les témoins du sexe féminin admis à déposer, et les enfans de l'un et de l'autre sexe au-dessous de l'âge de quinze ans, entendus par forme de déclaration, recevront, savoir : — Paris, 1 fr. 25 c. — Villes de 40,000 hab. et au-dessus, 1 fr. — Autres villes et comm., 75 c.

29. Les témoins qui comparaîtront en justice dans un état de maladie ou d'infirmité dûment constaté, auront droit au double de la taxe accordé aux témoins valides.

30. Si les témoins sont obligés de se transporter hors du lieu de leur résidence, il pourra leur être alloué des frais de voyage et de séjour, tels qu'ils seront réglés dans le chap. 8 ci-après. *V.* Voyage (*frais de*). Audit cas, les *frais de séjour*, tels qu'ils seront fixés par le n° 2 de l'article 96 ci-après, leur tiendront lieu de la taxe déterminée dans les articles 27 et 28 ci-dessus.

31. Nos officiers de justice n'accorderont aucune taxe aux militaires en activité de service, lorsqu'ils seront appelés en témoignage. Néanmoins il pourra leur être accordé une indemnité pour leur *séjour forcé* hors de leur garnison ou cantonnement, en se conformant, pour les officiers de tout grade, à la fixation faite par le n° 2 de l'article 96 du présent décret (*V.* Voyage), et en allouant la moitié seulement de ladite indemnité aux sous-officiers et soldats.

32. Tous les témoins qui reçoivent un traitement quelconque, à raison d'un service public, n'auront droit qu'au remboursement des frais de voyage, s'il y a lieu et s'ils le requièrent, sur le pied réglé dans le chap. 8.

33. Conformément à la loi du 5 pluviose an 13, l'indemnité accordée aux témoins ne sera avancée par le trésor royal qu'autant qu'ils auront été cités,

soit à la requête du ministère public, soit en vertu d'ordonnance rendue d'office, dans les cas prévus par les articles 269 et 303 du Code d'Instruction criminelle.

34. Les témoins cités à la requête, soit des accusés, conformément à l'article 321 du Code d'Instruction criminelle, soit des parties civiles, conformément à la loi du 5 pluviôse an 13, recevront les indemnités ci-dessus déterminées ; elles leur seront payées par ceux qui les auront appelés en témoignage.

134. Sont réputés frais urgens, — 1º les indemnités des témoins.

135. Lorsqu'un témoin se trouvera hors d'état de fournir aux frais de son déplacement, il lui sera délivré par le président de la cour ou du tribunal du lieu de sa résidence, et à son défaut par le juge de paix, un mandat provisoire à compte de ce qui pourra lui revenir pour son indemnité. Le receveur de l'enregistrement, qui acquittera ce mandat, fera mention de l'à-compte en marge ou au bas de la copie de la citation.

III. DU FAUX TÉMOIGNAGE.

C. Pén. (*liv.* 3, *tit.* 2, *ch.* 1, *sect.* 7, § 1, *art.* 361-366.) — 361. Quiconque sera coupable de faux témoignage en matière criminelle, soit contre l'accusé, soit en sa faveur, sera puni de la peine des travaux forcés à temps. — Si néanmoins l'accusé a été condamné à une peine plus forte que celle des travaux forcés à temps, le faux témoin qui a déposé contre lui subira la même peine.

362. Quiconque sera coupable de faux témoignage en matière correctionnelle, soit contre le prévenu, soit en sa faveur, sera puni de la réclusion. — Quiconque sera coupable de faux témoignage en matière de police, soit contre le prévenu, soit en sa faveur, sera puni de la dégradation civique et de la peine de l'emprisonnement pour un an au moins et cinq ans au plus.

363. Le coupable de faux témoignage en matière civile, sera puni de la peine de la réclusion.

364. Le faux témoin en matière correctionnelle ou civile, qui aura reçu de l'argent, une récompense quelconque ou des promesses, sera puni des travaux forcés à temps. — Le faux témoin en matière de police, qui aura reçu de l'argent, une récompense quelconque ou des promesses, sera puni de la réclusion. — Dans tous les cas, ce que le faux témoin aura reçu sera confisqué.

365. Le coupable de subornation de témoins sera passible des mêmes peines que le faux témoin, selon les distinctions contenues dans les articles 361, 362, 363 et 364.

366. Celui à qui le serment aura été déféré ou référé en matière civile, et qui aura fait un faux serment, sera puni de la dégradation civique.

TÉMOINS (DES ACTES).

Dispositions générales.

ACTE DE L'ÉTAT CIVIL. *C. Civ.* 37. Les témoins produits aux actes de l'état civil ne pourront être que du sexe masculin, âgés de vingt-un ans au moins, parens ou autres ; et ils seront choisis par les personnes intéressées.

ACTES NOTARIÉS. *L. 25 ventôse an 11.* — 9. Les actes seront reçus par deux notaires, ou par un notaire assisté de deux témoins, citoyens français, sachant signer, et domiciliés dans l'arrondissement communal où l'acte sera passé. *V.* NOTAIRE.

TESTAMENS. *C. Civ.* 980. Les témoins appelés pour être présens aux testamens devront être mâles, majeurs, sujets du Roi, jouissant des droits civils.

TENANS. *V.* ABOUTISSANS.

TENTATIVE.

C. Pén. 2. Toute tentative de *crime* qui aura été manifestée par un commencement d'exécution, si elle n'a été suspendue ou si elle n'a manqué son effet que par des circonstances indépendantes de la volonté de son auteur, est considérée comme le *crime* même.

3. Les tentatives de *délits* ne sont considérées comme *délits* que dans les cas déterminés par une disposition spéciale de la loi.

TERME.

I. DISPOSITIONS GÉNÉRALES.

Des obligations à terme.

C. Civ. (*liv.* 3, *tit.* 3, *ch.* 4, *sect.* 2, *art.* 1185, 1188.) — 1185. Le terme diffère de la condition, en ce qu'il ne suspend point l'engagement, dont il retarde seulement l'exécution.

1186. Ce qui n'est dû qu'à terme, ne peut être exigé avant l'échéance du terme ; mais ce qui a été payé d'avance, ne peut être répété.

1187. Le terme est toujours présumé stipulé en faveur du débiteur, à moins qu'il ne résulte de la stipulation ou des circonstances, qu'il a été aussi convenu en faveur du créancier.

1188. Le débiteur ne peut plus réclamer le bénéfice du terme lorsqu'il a fait faillite, ou lorsque par son fait il a diminué les sûretés qu'il avait données par le contrat à son créancier.

II. DISPOSITIONS ADDITIONNELLES.

CLAUSE PÉNALE. *C. Civ.* 1230. Soit que l'obligation primitive contienne, soit qu'elle ne contienne pas un terme dans lequel elle doive être accomplie, la peine n'est encourue que lorsque celui qui s'est obligé, soit à livrer, soit à prendre, soit à faire, est en demeure. *V.* DEMEURE (*mise en*).

COMPENSATION. *C. Civ.* 1292. Le terme de grâce n'est point un obstacle à la compensation.

OFFRES RÉELLES. *C. Civ.* 1258. Pour que les offres réelles soient valables, il faut,—1°... 4° que le terme soit échu, s'il a été stipulé en faveur du créancier.

PRÊT. *C. Civ.* 1899. Le prêteur ne peut pas redemander les choses prêtées avant le terme convenu.

1902. L'emprunteur est tenu de rendre les choses prêtées au terme convenu. *V.* PRÊT.

TESTAMENT.

I. DISPOSITIONS GÉNÉRALES.

C. Civ. 711. La propriété des biens s'acquiert et se transmet par donation entre-vifs ou testamentaire.

Des donations entre-vifs et des testamens.

Chap. 1, *dispositions générales.*

C. Civ. (*liv.* 3, *tit.* 2, *art.* 893-1100). — 893. On ne pourra disposer de ses biens, à titre gratuit, que par donation entre-vifs ou par testament, dans les formes ci-après établies. *V.* DONATION.

895. Le testament est un acte par lequel le testateur dispose, pour le temps où il n'existera plus, de tout ou partie de ses biens, et qu'il peut révoquer.

Chap. 2, *de la capacité de disposer ou de recevoir par donation entre-vifs ou par testament.* *V.* CAPACITÉ.

Chap. 3, *de la portion de biens disponible et de la réduction.* *V.* DISPONIBLE (*portion*), RÉDUCTION.

Chap. 5, *des dispositions testamentaires.*

Sect. 1, *des règles générales sur la forme des testamens.*

967. Toute personne pourra disposer par testament, soit sous le titre d'institution d'héritier, soit sous le titre de legs, soit sous toute autre dénomination propre à manifester sa volonté.

968. Un testament ne pourra être fait dans le même acte par deux ou plusieurs personnes, soit au profit d'un tiers, soit à titre de disposition réciproque et mutuelle.

969. Un testament pourra être olographe, ou fait par acte public ou dans la forme mistique.

970. Le testament olographe ne sera point valable, s'il n'est écrit en entier, daté et signé de la main du testateur : il n'est assujetti à aucune autre forme.

971. Le testament par acte public est celui qui est reçu par deux notaires, en présence de deux témoins, ou par un notaire, en présence de quatre témoins.

972. Si le testament est reçu par deux notaires, il leur est dicté par le testateur, et il doit être écrit par l'un de ces notaires, tel qu'il est dicté.—S'il n'y a qu'un notaire, il doit également être dicté par le testateur, et écrit par ce notaire.—Dans l'un et l'autre cas, il doit en être donné lecture au testateur, en présence des témoins.—Il est fait du tout mention expresse.

973. Ce testament doit être signé par le testateur : s'il déclare qu'il ne sait ou ne peut signer, il sera fait dans l'acte mention expresse de sa déclaration, ainsi que de la cause qui l'empêche de signer.

974. Le testament devra être signé par les témoins ; et néanmoins, dans les campagnes, il suffira qu'un des deux témoins signe, si le testament est reçu par deux notaires, et que deux des quatre témoins signent, s'il est reçu par un notaire.

975. Ne pourront être pris pour témoins du testament par acte public, ni les légataires, à quelque titre qu'ils soient, ni leurs parens ou alliés jusqu'au quatrième degré inclusivement, ni les clercs des notaires par lesquels les actes seront reçus.

976. Lorsque le testateur voudra faire un testament mistique ou secret, il sera tenu de signer ses dispositions, soit qu'il les ait écrites lui-même, ou qu'il les ait fait écrire par un autre. Sera le papier qui contiendra ses dispositions, ou le papier qui servira d'enveloppe, s'il y en a une, clos et scellé. Le testateur le présentera ainsi clos et scellé au notaire, et à six témoins au moins, ou il le fera clore et sceller en leur présence ; et il déclarera que le contenu en ce papier est son testament écrit et signé de lui, ou écrit par un autre et signé de lui : le notaire en dressera l'acte de suscription, qui sera écrit sur ce papier ou sur la feuille qui servira d'enveloppe ; cet acte sera signé tant par le testateur que par le notaire, ensemble par les témoins. Tout ce dessus sera fait de suite et sans divertir à autres actes ; et en cas que le testateur, par un empêchement survenu depuis la signature du testament, ne puisse signer l'acte de suscription, il sera fait mention de la déclaration qu'il en aura faite, sans qu'il soit besoin, en ce cas, d'augmenter le nombre des témoins.

977. Si le testateur ne sait signer, ou s'il n'a pu le faire lorsqu'il a fait écrire ses dispositions, il sera appelé à l'acte de suscription un témoin, outre le nombre porté par l'article précédent, lequel signera l'acte avec les autres témoins ; et il y sera fait mention de la cause pour laquelle ce témoin aura été appelé.

978. Ceux qui ne savent ou ne peuvent lire, ne pourront faire de dispositions dans la forme du testament mistique.

979. En cas que le testateur ne puisse parler, mais qu'il puisse écrire, il pourra faire un testa-

ment mistique, à la charge que le testament sera entièrement écrit, daté et signé de sa main, qu'il le présentera au notaire et aux témoins, et qu'au haut de l'acte de suscription, il écrira, en leur présence, que le papier qu'il présente est son testament : après quoi le notaire écrira l'acte de suscription, dans lequel il sera fait mention que le testateur a écrit ces mots en présence du notaire et des témoins; et sera, au surplus, observé tout ce qui est prescrit par l'article 976.

980. Les témoins appelés pour être présens aux testamens devront être mâles, majeurs, sujets du Roi, jouissant des droits civils.

Sect. 2, des règles particulières sur la forme de certains testamens.

981. Les testamens des militaires et des individus employés dans les armées pourront, en quelque pays que ce soit, être reçus par un chef de bataillon ou d'escadron, ou par tout autre officier d'un grade supérieur, en présence de deux témoins, ou par deux commissaires des guerres, ou par un de ces commissaires en présence de deux témoins.

982. Ils pourront encore, si le testateur est malade ou blessé, être reçus par l'officier de santé en chef, assisté du commandant militaire chargé de la police de l'hospice.

983. Les dispositions des articles ci-dessus n'auront lieu qu'en faveur de ceux qui seront en expédition militaire, ou en quartier, ou en garnison hors du territoire français, ou prisonniers chez l'ennemi ; sans que ceux qui seront en quartier ou en garnison dans l'intérieur puissent en profiter, à moins qu'ils ne se trouvent dans une place assiégée ou dans une citadelle et autres lieux dont les portes soient fermées et les communications interrompues à cause de la guerre.

984. Le testament fait dans la forme ci-dessus établie, sera nul six mois après que le testateur sera revenu dans un lieu où il aura la liberté d'employer les formes ordinaires.

985. Les testamens faits dans un lieu avec lequel toute communication sera interceptée à cause de la peste ou autre maladie contagieuse, pourront être faits devant le juge de paix, ou devant l'un des officiers municipaux de la commune, en présence de deux témoins.

986. Cette disposition aura lieu, tant à l'égard de ceux qui seraient attaqués de ces maladies, que de ceux qui seraient dans les lieux qui en sont infectés, encore qu'ils ne fussent pas actuellement malades.

987. Les testamens mentionnés aux deux précédens articles, deviendront nuls six mois après que les communications auront été rétablies dans le lieu où le testateur se trouve, ou six mois après qu'il aura passé dans un lieu où elles ne seront point interrompues.

988. Les testamens faits sur mer, dans le cours d'un voyage, pourront être reçus, savoir, — à bord des vaisseaux et autres bâtimens du Roi, par l'officier commandant le bâtiment, ou, à son défaut, par celui qui le supplée dans l'ordre du service, l'un ou l'autre conjointement avec l'officier d'administration ou avec celui qui en remplit les fonctions; — et à bord des bâtimens de commerce, par l'écrivain du navire ou celui qui en fait les fonctions, l'un ou l'autre conjointement avec le capitaine, le maître ou le patron, ou, à leur défaut, par ceux qui les remplacent. — Dans tous les cas, ces testamens devront être reçus en présence de deux témoins.

989. Sur les bâtimens du Roi, le testament du capitaine ou celui de l'officier d'administration, et, sur les bâtimens de commerce, celui du capitaine, du maître ou patron, ou celui de l'écrivain, pourront être reçus par ceux qui viennent après eux dans l'ordre du service, en se conformant pour le surplus aux dispositions de l'article précédent.

990. Dans tous les cas, il sera fait un double original des testamens mentionnés aux deux articles précédens.

991. Si le bâtiment aborde dans un port étranger dans lequel se trouve un consul de France, ceux qui auront reçu le testament seront tenus de déposer l'un des originaux, clos ou cacheté, entre les mains de ce consul, qui le fera parvenir au ministre de la marine ; et celui-ci en fera faire le dépôt au greffe de la justice de paix du lieu du domicile du testateur.

992. Au retour du bâtiment en France, soit dans le port de l'armement, soit dans un port autre que celui de l'armement, les deux originaux du testament, également clos et cachetés, ou l'original qui resterait, si, conformément à l'article précédent, l'autre avait été déposé pendant le cours du voyage, seront remis au bureau du préposé de l'inscription maritime; ce préposé les fera passer sans délai au ministre de la marine, qui en ordonnera le dépôt, ainsi qu'il est dit au même article.

993. Il sera fait mention sur le rôle du bâtiment, à la marge, du nom du testateur, de la remise qui aura été faite des originaux du testament, soit entre les mains d'un consul, soit au bureau d'un préposé de l'inscription maritime.

994. Le testament ne sera point réputé fait en mer, quoiqu'il ait été dans le cours du voyage, si, au temps où il a été fait, le navire avait abordé une terre, soit étrangère, soit de la domination

française, où il y aurait un officier public français ; auquel cas, il ne sera valable qu'autant qu'il aura été dressé suivant les formes prescrites en France, ou suivant celles usitées dans les pays où il aura été fait.

995. Les dispositions ci-dessus seront communes aux testamens faits par les simples passagers qui ne feront point partie de l'équipage.

996. Le testament fait sur mer, en la forme prescrite par l'article 988, ne sera valable qu'autant que le testateur mourra en mer, ou dans les trois mois après qu'il sera descendu à terre, et dans un lieu où il aura pu le refaire dans les formes ordinaires.

997. Le testament fait sur mer ne pourra contenir aucune disposition au profit des officiers du vaisseau, s'ils ne sont parens du testateur.

998. Les testamens compris dans les articles ci-dessus de la présente section, seront signés par les testateurs et par ceux qui les auront reçus. — Si le testateur déclare qu'il ne sait ou ne peut signer, il sera fait mention de sa déclaration, ainsi que de la cause qui l'empêche de signer. — Dans le cas où la présence de deux témoins est requise, le testament sera signé au moins par l'un d'eux, et il sera fait mention de la cause pour laquelle l'autre n'aura pas signé.

999. Un Français qui se trouvera en pays étranger, pourra faire ses dispositions testamentaires par acte sous signature privée, ainsi qu'il est proscrit en l'article 970, ou par acte authentique, avec les formes usitées dans le lieu où cet acte sera passé.

1000. Les testamens faits en pays étranger ne pourront être exécutés sur les biens situés en France, qu'après avoir été enregistrés au bureau du domicile du testateur, s'il en a conservé un, sinon au bureau de son dernier domicile connu en France ; et dans le cas où le testament contiendrait des dispositions d'immeubles qui y seraient situés, il devra être, en outre, enregistré au bureau de la situation de ces immeubles, sans qu'il puisse être exigé un double droit.

1001. Les formalités auxquelles les divers testamens sont assujétis par les dispositions de la présente section et de la précédente doivent être observées à peine de nullité.

Sect. 3, des institutions d'héritier et des legs en général.—Sect. 4, du legs universel.—Sect. 5, du legs à titre universel.—Sect. 6, des legs particuliers. V. Legs.

Sect. 7, des exécuteurs testamentaires. V. Testamentaires (*exécuteurs*).

Sect. 8, de la révocation des testamens et de leur caducité. V. Révocation.

Chap. 6, *des dispositions permises en faveur des petits-enfans du donateur ou testateur, ou des enfans de ses frères et sœurs. V.* Substitution.

Chap. 7, *des partages faits par père, mère ou autres ascendans, entre leurs descendans. V.* Abandon de biens.

Chap. 8, *des donations faites par contrat de mariage aux époux et aux enfans à naître du mariage. V.* Époux, I, 2°, *p.* 330.

Chap. 9, *des dispositions entre époux, soit par contrat de mariage, soit pendant le mariage. V.* Époux, II, *art.* 2, *p.* 332.

II. DISPOSITIONS ADDITIONNELLES.

Absent. *C. Civ.* 125. Lorsque les héritiers présomptifs auront obtenu l'envoi en possession provisoire (des biens de l'absent), le testament, s'il en existe un, sera ouvert à la réquisition des parties intéressées, ou du procureur du Roi près le tribunal ; et les légataires, les donataires, ainsi que tous ceux qui avaient sur les biens de l'absent des droits subordonnés à la condition de son décès, pourront les exercer provisoirement, à la charge de donner caution.

Adoption. *C. Civ.* 366. Si le tuteur officieux, après cinq ans révolus depuis la tutelle, et dans la prévoyance de son décès avant la majorité du pupille, lui confère l'adoption par acte testamentaire, cette disposition sera valable pourvu que le tuteur officieux ne laisse point d'enfans légitimes.

Ajournemens. *C. Proc.* 50. Le défendeur sera cité en conciliation,—1°... 3° en matière de succession, sur les demandes relatives à l'exécution des dispositions à cause de mort, jusqu'au jugement définitif, devant le juge de paix du lieu où la succession est ouverte.

59. En matière de succession (le défendeur sera assigné),—1°.... 3° sur les demandes relatives à l'exécution des dispositions à cause de mort, jusqu'au jugement définitif, devant le tribunal du lieu où la succession est ouverte.

Communauté. *C. Civ.* 1423. La donation testamentaire faite par le mari ne peut excéder sa part dans la communauté.—S'il a donné en cette forme un effet de la communauté, le donataire ne peut le réclamer en nature qu'autant que l'effet, par l'évènement du partage, tombe au lot des héritiers du mari ; si l'effet ne tombe point au lot de ces héritiers, le légataire a la récompense de la valeur totale de l'effet donné, sur la part des héritiers du mari dans la communauté, et sur les biens personnels de ce dernier.

Femme mariée. *C. Civ.* 226. La femme peut tester sans l'autorisation de son mari.

INSAISISSABLES (*objets*). *C. Proc.* 581. Seront insaisissables,—1°... 5° les sommes et objets disponibles déclarés insaisissables par le testateur ou donateur ; — 4° les sommes et pensions pour alimens, encore que le testament ou l'acte de donation ne les déclare pas insaisissables.

MORT CIVILE. *C. Civ.* 25. (Le condamné à la mort civile) ne peut ni disposer de ses biens, en tout ou en partie, soit par donation entre-vifs, soit par testament, ni recevoir à ce titre, si ce n'est pour cause d'alimens.

RENTE VIAGÈRE. *C. Civ.* 1969. (La rente viagère) peut être constituée, à titre purement gratuit, par donation entre-vifs ou par testament. Elle doit être alors revêtue des formes requises par la loi.

SCELLÉS. *C. Proc.* 916. Si, lors de l'apposition (des scellés), il est trouvé un testament ou autres papiers cachetés, le juge de paix en constatera la forme extérieure, le sceau et la suscription, s'il y en a, paraphera l'enveloppe avec les parties présentes, si elles le savent ou le peuvent, et indiquera les jour et heure où le paquet sera par lui présenté au président du tribunal de première instance ; il fera mention du tout sur son procès-verbal, lequel sera signé des parties, sinon mention sera faite de leur refus.

917. Sur la réquisition de toute partie intéressée, le juge de paix fera, avant l'apposition du scellé, la perquisition du testament dont l'existence sera annoncée ; et s'il le trouve, il procèdera ainsi qu'il est dit ci-dessus.

918. Aux jour et heure indiqués, sans qu'il soit besoin d'aucune assignation, les paquets trouvés cachetés seront présentés par le juge de paix au président du tribunal de première instance, lequel en fera l'ouverture, en constatera l'état et en ordonnera le dépôt si le contenu concerne la succession.

920. Si un testament est trouvé ouvert, le juge de paix en constatera l'état, et observera ce qui est prescrit en l'article 916.

SUCCESSION (*acceptation de*). *C. Civ.* 783. Le majeur ne peut attaquer l'acceptation expresse ou tacite qu'il a faite d'une succession, que dans le cas où cette acceptation aurait été la suite d'un dol pratiqué envers lui ; il ne peut jamais réclamer sous prétexte de lésion, excepté seulement dans le cas où la succession se trouverait absorbée ou diminuée de plus de moitié par la découverte d'un testament inconnu au moment de l'acceptation.

TUTELLE (*conseil de*). *C. Civ.* 391. Pourra le père nommer à la mère survivante et tutrice un conseil spécial. *V.* TUTELLE (*conseil de*).

392. Cette nomination de conseil ne pourra être faite que de l'une des manières suivantes : —1° par acte de dernière volonté. *V.* TUTELLE.

TESTAMENTAIRE (EXÉCUTEUR).

Des exécuteurs testamentaires.

C. Civ. (*liv.* 3, *tit.* 2, *ch.* 5, *sect.* 7, *art.* 1025-1034). — 1025. Le testateur pourra nommer un ou plusieurs exécuteurs testamentaires.

1026. Il pourra leur donner la saisine du tout, ou seulement d'une partie de son mobilier ; mais elle ne pourra durer au-delà de l'an et jour à compter de son décès. — S'il ne la leur a pas donnée, ils ne pourront l'exiger.

1027. L'héritier pourra faire cesser la saisine, en offrant de remettre aux exécuteurs testamentaires somme suffisante pour le paiement des legs mobiliers, ou en justifiant de ce paiement.

1028. Celui qui ne peut s'obliger, ne peut pas être exécuteur testamentaire.

1029. La femme mariée ne pourra accepter l'exécution testamentaire qu'avec le consentement de son mari. — Si elle est séparée de biens, soit par contrat de mariage, soit par jugement, elle le pourra avec le consentement de son mari, ou, à son refus, autorisée par justice, conformément à ce qui est prescrit par les articles 217 et 219, au titre *du mariage*. *V.* FEMME MARIÉE.

1030. Le mineur ne pourra être exécuteur testamentaire, même avec l'autorisation de son tuteur ou curateur.

1031. Les exécuteurs testamentaires feront apposer les scellés, s'il y a des héritiers mineurs, interdits ou absens. — Ils feront faire, en présence de l'héritier présomptif, ou lui dûment appelé, l'inventaire des biens de la succession. — Ils provoqueront la vente du mobilier, à défaut de deniers suffisans pour acquitter les legs. — Ils veilleront à ce que le testament soit exécuté ; et ils pourront, en cas de contestation sur son exécution, intervenir pour en soutenir la validité. — Ils devront, à l'expiration de l'année du décès du testateur, rendre compte de leur gestion.

1032. Les pouvoirs de l'exécuteur testamentaire ne passeront point à ses héritiers.

1033. S'il y a plusieurs exécuteurs testamentaires qui aient accepté, un seul pourra agir au défaut des autres ; et ils seront solidairement responsables du compte du mobilier qui leur a été confié, à moins que le testateur n'ait divisé leurs fonctions, et que chacun d'eux ne se soit renfermé dans celle qui lui était attribuée.

1034. Les frais faits par l'exécuteur testamentaire pour l'apposition des scellés, l'inventaire, le compte et les autres frais relatifs à ses fonctions, seront à la charge de la succession.

TESTIMONIALE (PREUVE).

Dispositions générales.

C. Civ. 1316. Les règles qui concernent la preuve testimoniale sont expliquées (dans les articles 1341-1348).

De la preuve testimoniale.

C. Civ. (*liv.* 3, *tit.* 3, *ch.* 6, *sect.* 2, *art.* 1341-1348). — 1341. Il doit être passé acte devant notaires ou sous signature privée, de toutes choses excédant la somme ou valeur de cent cinquante francs, même pour dépôts volontaires ; et il n'est reçu aucune preuve par témoins contre et outre le contenu aux actes, ni sur ce qui serait allégué avoir été dit avant, lors ou depuis les actes, encore qu'il s'agisse d'une somme ou valeur moindre de cent cinquante francs ; — le tout sans préjudice de ce qui est prescrit dans les lois relatives au commerce.

1342. La règle ci-dessus s'applique au cas où l'action contient, outre la demande du capital, une demande d'intérêts qui, réunis au capital, excèdent la somme de cent cinquante francs.

1343. Celui qui a formé une demande excédant cent cinquante francs, ne peut plus être admis à la preuve testimoniale, même en restreignant sa demande primitive.

1344. La preuve testimoniale, sur la demande d'une somme même moindre de cent cinquante francs, ne peut être admise lorsque cette somme est déclarée être le restant ou faire partie d'une créance plus forte qui n'est point prouvée par écrit.

1345. Si dans la même instance une partie fait plusieurs demandes dont il n'y ait point de titre par écrit, et que, jointes ensemble, elles excèdent la somme de cent cinquante francs, la preuve par témoins n'en peut être admise, encore que la partie allègue que ces créances proviennent de différentes causes, et qu'elles se soient formées en différens temps, si ce n'était que ces droits procédassent, par succession, donation ou autrement, de personnes différentes.

1346. Toutes les demandes, à quelque titre que ce soit, qui ne seront pas entièrement justifiées par écrit, seront formées par un même exploit, après lequel les autres demandes dont il n'y aura point de preuves par écrit ne seront pas reçues.

1347. Les règles ci-dessus reçoivent exception lorsqu'il existe un commencement de preuve par écrit. — On appelle ainsi tout acte par écrit qui est émané de celui contre lequel la demande est formée, ou de celui qu'il représente, et qui rend vraisemblable le fait allégué. V. COMMENCEMENT DE PREUVE.

1348. Elles reçoivent encore exception toutes les fois qu'il n'a pas été possible au créancier de se procurer une preuve littérale de l'obligation qui a été contractée envers lui (V. PRÉSOMPTION). — Cette seconde exception s'applique, — 1º aux obligations qui naissent des quasi-contrats et des délits ou quasi-délits ; — 2º aux dépôts nécessaires faits en cas d'incendie, ruine, tumulte ou naufrage, et à ceux faits par les voyageurs en logeant dans une hôtellerie, le tout suivant la qualité des personnes et les circonstances du fait ; — 3º aux obligations contractées en cas d'accidens imprévus, où l'on ne pourrait pas avoir fait des actes par écrit ; — 4º au cas où le créancier a perdu le titre qui lui servait de preuve littérale, par suite d'un cas fortuit, imprévu et résultant d'une force majeure.

Disposition additionnelle.

C. Com. 109. Les achats et ventes (en matière de commerce) se constatent, — par la preuve testimoniale, dans le cas où le tribunal croira devoir l'admettre.

Dispositions diverses.

ACTES DE L'ÉTAT CIVIL. C. Civ. 46. Lorsqu'il n'aura pas existé de registres ou qu'ils seront perdus, la preuve en sera reçue tant par titres que par témoins ; et, dans ce cas, les mariages, naissances et décès, pourront être prouvés tant par les registres et papiers émanés des pères et mères décédés, que par témoins.

DÉPÔT NÉCESSAIRE. C. Civ. 1950. La preuve par témoins peut être reçue pour le dépôt nécessaire, même quand il s'agit d'une valeur au-dessus de cent cinquante francs.

SOCIÉTÉ. C. Civ. 1854. La preuve testimoniale n'est point admise contre et outre le contenu en l'acte de société, ni sur ce qui serait allégué avoir été dit avant, lors et depuis cet acte, encore qu'il s'agisse d'une somme ou valeur moindre de cent cinquante francs.

C. Com. 41. (*Même disposition.*)

THÉATRE.

1º *des théâtres et des pièces de théâtre.*
Loi du 9 septembre 1835, *tit.* 4

21. Il ne pourra être établi, soit à Paris, soit dans les départemens, aucun théâtre ni spectacle, de quelque nature qu'ils soient, sans l'autorisation préalable du ministre de l'intérieur, à Paris, et des préfets dans les départemens. — La même autorisation sera exigée pour les pièces qui y seront représentées. — Toute contravention au présent article sera punie, par les tribunaux correctionnels, d'un emprisonnement d'un mois à un an, et d'une amende de mille francs à cinq mille francs, sans préjudice, contre les contrevenans, des poursuites auxquelles pourront donner lieu les pièces représentées.

22. L'autorité pourra toujours, pour des motifs d'ordre public, suspendre la représentation d'une pièce, et même ordonner la clôture provisoire du

théâtre. — Ces dispositions et celles contenues en l'article précédent sont applicables aux théâtres existans.

23. Il sera pourvu, par un règlement d'administration publique, qui sera converti en loi dans la session de 1837, au mode d'exécution des dispositions précédentes, qui n'en demeurent pas moins exécutoires à compter de la promulgation de la présente loi.

2° Des droits d'auteur.

C. Pén. 428. Tout directeur, tout entrepreneur de spectacle, toute association d'artistes, qui aura fait représenter sur son théâtre des ouvrages dramatiques, au mépris des lois et règlemens relatifs à la propriété des auteurs, sera puni d'une amende de cinquante francs au moins, de cinq cents francs au plus, et de la confiscation des recettes.

429. Dans les cas prévus par l'article précédent, les recettes confisquées seront remises au propriétaire pour l'indemniser d'autant du préjudice qu'il aura souffert ; le surplus de son indemnité, ou l'entière indemnité, s'il n'y a eu ni vente d'objets confisqués ni saisie de recettes, sera réglé par les voies ordinaires.

TIERCE-OPPOSITION.

De la tierce-opposition.

C. Proc. (liv. 4, tit. 1, art. 474-479). — 474. Une partie peut former tierce-opposition à un jugement qui préjudicie à ses droits, et lors duquel, ni elle, ni ceux qu'elle représente, n'ont été appelés.

475. La tierce-opposition, formée par action principale, sera portée au tribunal qui aura rendu le jugement attaqué. — La tierce-opposition incidente à une contestation dont un tribunal est saisi, sera formée par requête à ce tribunal, s'il est égal ou supérieur à celui qui a rendu le jugement.

476. S'il n'est égal ou supérieur, la tierce-opposition incidente sera portée, par action principale, au tribunal qui aura rendu le jugement.

477. Le tribunal devant lequel le jugement attaqué aura été produit, pourra, suivant les circonstances, passer outre ou surseoir.

478. Les jugemens passés en force de chose jugée, portant condamnation à délaisser la possession d'un héritage, seront exécutés contre les parties condamnées, nonobstant la tierce-opposition et sans y préjudicier. — Dans les autres cas, les juges pourront, suivant les circonstances, suspendre l'exécution du jugement.

479. La partie dont la tierce-opposition sera rejetée, sera condamnée à une amende qui ne pourra être moindre de cinquante francs, sans préjudice des dommages et intérêts de la partie, s'il y a lieu.

Dispositions additionnelles.

SÉPARATION DE BIENS. *C. Proc.* 873. Si les formalités prescrites (par la loi) ont été observées, les créanciers du mari ne seront plus reçus, après l'expiration (de l'année depuis l'affiche du jugement), à se pourvoir par tierce-opposition contre le jugement de séparation.

Disposition du tarif.

73. (Pr. 475.) Grosse de la requête de tierce-opposition — et réponse, — Paris, 2 fr. — Ressort, 1 fr. 50 c. (*V.* TARIF.) — Chaque copie, le quart. — Il ne sera passé aucuns frais d'impression.

TIERS. *V.* AUTRUI (*biens et droits d'*), et ARBITRAGE D'UN TIERS.

TIERS-ACQUÉREUR, TIERS-DÉTENTEUR. *V.* DÉLAISSEMENT.

TIERS-ARBITRE.

1° Des arbitres volontaires.

C. Proc. 1012. Le compromis finit, — 1° par le décès, refus, déport ou empêchement d'un des arbitres, s'il n'y a clause qu'il sera passé outre, ou que le remplacement sera au choix des parties ou au choix de l'arbitre ou des arbitres restans ; — 2° par l'expiration du délai stipulé, ou de celui de trois mois s'il n'en a pas été réglé ; — 3° par le partage, si les arbitres n'ont pas le pouvoir de prendre un tiers-arbitre.

1017. En cas de partage, les arbitres autorisés à nommer un tiers seront tenus de le faire par la décision qui prononce le partage ; s'ils ne peuvent en convenir, ils le déclareront sur le procès-verbal, et le tiers sera nommé par le président du tribunal qui doit ordonner l'exécution de la décision arbitrale. — Il sera, à cet effet, présenté requête par la partie la plus diligente. — Dans les deux cas, les arbitres divisés seront tenus de rédiger leur avis distinct et motivé, soit dans le même procès-verbal, soit dans des procès-verbaux séparés.

1018. Le tiers-arbitre sera tenu de juger dans le mois du jour de son acceptation, à moins que ce délai n'ait été prolongé par l'acte de nomination ; il ne pourra prononcer qu'après avoir conféré avec les arbitres divisés, qui seront sommés de se réunir à cet effet. — Si tous les arbitres ne se réunissent pas, le tiers-arbitre prononcera seul ; et néanmoins il sera tenu de se conformer à l'un des avis des autres arbitres.

1019. Les arbitres et tiers-arbitre décideront d'après les règles du droit, à moins que le compromis ne leur donne pouvoir de prononcer comme amiables compositeurs.

2° Des juges-arbitres.

C. Com. 60. En cas de partage, les arbitres nomment un sur-arbitre, s'il n'est nommé par le compromis ; si les arbitres sont discordans sur le choix, le sur-arbitre est nommé par le tribunal de commerce.

TIERS-PORTEUR. *V.* Change (*lettre de*).

TIERS-POSSESSEUR. *V.* Bonne foi, Possession.

TIERS-SAISI.

C. Proc. 49. Sont dispensés du préliminaire de la conciliation, — 1°..... 7° les demandes contre un tiers-saisi. *V.* Arrêt (*saisie-*).

TIMBRE. *V.* Contrefaçon.

TIREUR. *V.* Change (*lettre de*).

TITRE. *V.* Acte, Décennale (*prescription*).

TITRE NOUVEL. *V.* Nouvel (*titre*).

TOLÉRANCE.

C. Civ. 2232. Les actes de pure faculté et ceux de simple tolérance ne peuvent fonder ni possession ni prescription.

TOMBEAU. *V.* Violation de sépulture.

TRADITION. *V.* Délivrance.

TRADUCTION.

Dispositions du tarif criminel.

23. Les traductions par écrit seront payées pour chaque rôle de trente lignes à la page, et de seize à dix-huit syllabes à la ligne, savoir : — Paris, 1 fr. 25 c. — Dans les villes de 40,000 hab. et au-dessus, 1 fr. — Dans les autres villes et comm., 75 c.

TRAHISON.

Charte. 28. La chambre des pairs connaît des crimes de haute trahison. *V.* Attentat.

TRAITEMENT.

C. Proc. 580. Les traitemens et pensions dus par l'État ne pourront être saisis que pour la portion déterminée par les lois ou par arrêtés du Gouvernement.

TRANSACTION.

I. dispositions générales.

Des transactions.

C. Civ. (*liv.* 3, *tit.* 15, *art.* 2044-2058.) — 2044. La transaction est un contrat par lequel les parties terminent une contestation née, ou préviennent une contestation à naître. — Ce contrat doit être rédigé par écrit.

2045. Pour transiger, il faut avoir la capacité de disposer des objets compris dans la transaction. — Le tuteur ne peut transiger pour le mineur ou l'interdit que conformément à l'article 467 (*ci après*) au titre *de la minorité, de la tutelle et de l'émancipation* ; et il ne peut transiger avec le mineur devenu majeur, sur le compte de tutelle, que conformément à l'article 472 au même titre (*ci-après*). — Les communes et établissemens publics ne peuvent transiger qu'avec l'autorisation expresse du Roi.

2046. On peut transiger sur l'intérêt civil qui résulte d'un délit. — La transaction n'empêche pas la poursuite du ministère public.

2047. On peut ajouter à une transaction la stipulation d'une peine contre celui qui manquera de l'exécuter.

2048. Les transactions se renferment dans leur objet : la renonciation qui est faite à tous droits, actions et prétentions, ne s'entend que de ce qui est relatif au différend qui y a donné lieu.

2049. Les transactions ne règlent que les différens qui s'y trouvent compris, soit que les parties aient manifesté leur intention par des expressions spéciales ou générales, soit que l'on reconnaisse cette intention par une suite nécessaire de ce qui est exprimé.

2050. Si celui qui avait transigé sur un droit qu'il avait de son chef, acquiert ensuite un droit semblable du chef d'une autre personne, il n'est point, quant au droit nouvellement acquis, lié par la transaction antérieure.

2051. La transaction faite par l'un des intéressés ne lie point les autres intéressés, et ne peut être opposée par eux.

2052. Les transactions ont, entre les parties, l'autorité de la chose jugée en dernier ressort. — Elles ne peuvent être attaquées pour cause d'erreur de droit, ni pour cause de lésion.

2053. Néanmoins une transaction peut être rescindée, lorsqu'il y a erreur dans la personne ou sur l'objet de la contestation. — Elle peut l'être dans tous les cas où il y a dol ou violence.

2054. Il y a également lieu à l'action en rescision contre une transaction, lorsqu'elle a été faite en exécution d'un titre nul, à moins que les parties n'aient expressément traité sur la nullité.

2055. La transaction faite sur pièces qui depuis ont été reconnues fausses, est entièrement nulle.

2056. La transaction sur un procès terminé par un jugement passé en force de chose jugée, dont les parties ou l'une d'elles n'avaient point connaissance, est nulle. — Si le jugement ignoré des parties était susceptible d'appel, la transaction sera valable.

2057. Lorsque les parties ont transigé généralement sur toutes les affaires qu'elles pouvaient avoir ensemble, les titres qui leur étaient alors inconnus, et qui auraient été postérieurement découverts, ne sont point une cause de rescision, à moins qu'ils n'aient été retenus par le fait de l'une des parties ; — Mais la transaction serait nulle si elle n'avait qu'un objet sur lequel il serait constaté par des titres nouvellement découverts, que l'une des parties n'avait aucun droit.

2038. L'erreur de calcul dans une transaction doit être réparée. —

II. DISPOSITIONS ADDITIONNELLES.

FAUX (inscription de). C. Proc. 249. Aucune transaction sur la poursuite du faux incident ne pourra être exécutée, si elle n'a été homologuée en justice, après avoir été communiquée au ministère public; lequel pourra faire, à ce sujet, telles réquisitions qu'il jugera à propos.

MANDAT. C. Civ. 1988. Le mandat conçu en termes généraux n'embrasse que les actes d'administration.

1989. Le pouvoir de transiger ne renferme pas celui de compromettre.

PARTAGE. C. Civ. 888. L'action en rescision est admise contre tout acte qui a pour objet de faire cesser l'indivision entre cohéritiers, encore qu'il fût qualifié de vente, d'échange et de transaction, ou de toute autre manière. — Mais après le partage, ou l'acte qui en tient lieu, l'action en rescision n'est plus admissible contre la transaction faite sur les difficultés réelles que présentait le premier acte, même quand il n'y aurait pas eu à ce sujet de procès commencé.

TUTELLE. C. Civ. 467. Le tuteur ne pourra transiger au nom du mineur, qu'après y avoir été autorisé par le conseil de famille, et de l'avis de trois jurisconsultes désignés par le procureur du Roi près le tribunal de première instance. — La transaction ne sera valable qu'autant qu'elle aura été homologuée par le tribunal de première instance après avoir entendu le procureur du Roi.

(Compte de tutelle.) C. Civ. 472. Tout traité qui pourra intervenir entre le tuteur et le mineur devenu majeur, sera nul, s'il n'a été précédé de la reddition d'un compte détaillé, et de la remise des pièces justificatives; le tout constaté par un récépissé de l'oyant compte, dix jours au moins avant le traité.

I. DES DONATIONS.

C. Civ. 939. Lorsqu'il y aura donation de biens susceptibles d'hypothèques, la transcription des actes contenant la donation et l'acceptation, ainsi que la notification de l'acceptation qui aurait eu lieu par acte séparé, devra être faite aux bureaux des hypothèques, dans l'arrondissement desquels les biens sont situés.

940. Cette transcription sera faite à la diligence du mari, lorsque les biens auront été donnés à sa femme; et si le mari ne remplit pas cette formalité, la femme pourra y faire procéder sans autorisation. — Lorsque la donation sera faite à des mineurs, à des interdits, ou à des établissemens publics, la transcription sera faite à la dili-

gence des tuteurs, curateurs ou administrateurs.

941. Le défaut de transcription pourra être opposé par toutes personnes ayant intérêt, excepté toutefois celles qui sont chargées de faire faire la transcription, ou leurs ayans-cause, et le donateur.

942. Les mineurs, les interdits, les femmes mariées, ne seront point restitués contre le défaut d'acceptation ou de transcription des donations; sauf leur recours contre leurs tuteurs ou maris, s'il y échet, et sans que la restitution puisse avoir lieu, dans le cas même où lesdits tuteurs et maris se trouveraient insolvables.

II. DES SUBSTITUTIONS.

C. Civ. 1069. Les dispositions par actes entre-vifs ou testamentaires, à charge de restitution, seront, à la diligence, soit du grevé, soit du tuteur nommé pour l'exécution, rendues publiques, savoir : quant aux immeubles, par la transcription des actes sur les registres du bureau des hypothèques du lieu de la situation; et quant aux sommes colloquées avec privilège sur des immeubles, par l'inscription sur les biens affectés au privilège.

1070. Le défaut de transcription de l'acte contenant la disposition, pourra être opposé par les créanciers et tiers-acquéreurs, même aux mineurs ou interdits; sauf le recours contre le grevé et contre le tuteur à l'exécution, et sans que les mineurs ou interdits puissent être restitués contre ce défaut de transcription, quand même le grevé et le tuteur se trouveraient insolvables.

1071. Le défaut de transcription ne pourra être suppléé ni regardé comme couvert, par la connaissance que les créanciers ou les tiers-acquéreurs pourraient avoir eue de la disposition par d'autres voies que celle de la transcription.

1072. Les donataires, les légataires, ni même les héritiers légitimes de celui qui aura fait la disposition, ni pareillement leurs donataires, légataires ou héritiers, ne pourront, en aucun cas, opposer aux appelés le défaut de transcription ou inscription.

1073. Le tuteur nommé pour l'exécution sera personnellement responsable, s'il ne s'est pas, en tout point, conformé aux règles ci-dessus établies pour la transcription et l'inscription. —

III. DES VENTES.

1° A l'égard de l'acquéreur.

C. Civ. 2181. Les contrats translatifs de la propriété d'immeubles ou droits réels immobiliers que les tiers-détenteurs voudront purger de privilèges et hypothèques, seront transcrits en entier par le conservateur des hypothèques dans l'arrondissement duquel les biens sont situés.

Cette transcription se fera sur un registre à ce destiné, et le conservateur sera tenu d'en donner reconnaissance au requérant. *V*. PURGE.

2° A l'égard du vendeur.

C. Civ. 2108. Le vendeur privilégié conserve son privilège par la transcription du titre qui a transféré la propriété à l'acquéreur, et qui constate que la totalité ou partie du prix lui est due; à l'effet de quoi la transcription du contrat faite par l'acquéreur vaudra inscription pour le vendeur et pour le prêteur qui lui aura fourni les deniers payés, et qui sera subrogé aux droits du vendeur par le même contrat : sera néanmoins le conservateur des hypothèques tenu, sous peine de tous dommages et intérêts envers les tiers, de faire d'office l'inscription sur son registre, des créances résultant de l'acte translatif de propriété, tant en faveur du vendeur qu'en faveur des prêteurs, qui pourront aussi faire faire, si elle ne l'a été, la transcription du contrat de vente, à l'effet d'acquérir l'inscription de ce qui leur est dû sur le prix.

TRANSPORT (FRAIS DE). *V*. VOYAGES.

TRANSPORT DE CRÉANCES.

Du transport des créances et autres droits incorporels.

C. Civ. (*liv.* 3, *tit.* 6, *ch.* 8, *art.* 1689-1701).— 1689. Dans le transport d'une créance, d'un droit ou d'une action sur un tiers, la délivrance s'opère entre le cédant et le cessionnaire par la remise du titre.

1690. Le cessionnaire n'est saisi à l'égard des tiers que par la signification du transport faite au débiteur. — Néanmoins le cessionnaire peut être également saisi par l'acceptation du transport faite par le débiteur dans un acte authentique.

1691. Si, avant que le cédant ou le cessionnaire eût signifié le transport au débiteur, celui-ci avait payé le cédant, il sera valablement libéré.

1692. La vente ou cession d'une créance comprend les accessoires de la créance, tels que caution, privilège et hypothèque.

1693. Celui qui vend une créance ou autre droit incorporel, doit en garantir l'existence au temps du transport, quoiqu'il soit fait sans garantie.

1694. Il ne répond de la solvabilité du débiteur que lorsqu'il s'y est engagé, et jusqu'à concurrence seulement du prix qu'il a retiré de la créance.

1695. Lorsqu'il a promis la garantie de la solvabilité du débiteur, cette promesse ne s'entend que de la solvabilité actuelle, et ne s'étend pas au temps à venir, si le cédant ne l'a expressément stipulé.

1696. Celui qui vend une hérédité sans en spécifier en détail les objets, n'est tenu de garantir que sa qualité d'héritier.

1697. S'il avait déjà profité des fruits de quelque fonds, ou reçu le montant de quelque créance appartenant à cette hérédité, ou vendu quelques effets de la succession, il est tenu de les rembourser à l'acquéreur, s'il ne les a expressément réservés lors de la vente.

1698. L'acquéreur doit de son côté rembourser au vendeur ce que celui-ci a payé pour les dettes et charges de la succession, et lui faire raison de tout ce dont il était créancier, s'il n'y a stipulation contraire.

1699. Celui contre lequel on a cédé un droit litigieux peut s'en faire tenir quitte par le cessionnaire, en lui remboursant le prix réel de la cession avec les frais et loyaux coûts, et avec les intérêts à compter du jour où le cessionnaire a payé le prix de la cession à lui faite.

1700. La chose est censée litigieuse dès qu'il y a procès et contestation sur le fond du droit.

1701. La disposition portée en l'article 1699 cesse, — 1° dans le cas où la cession a été faite à un cohéritier ou copropriétaire du droit cédé;— 2° lorsqu'elle a été faite à un créancier en paiement de ce qui lui est dû; — 3° lorsqu'elle a été faite au possesseur de l'héritage sujet au droit litigieux.

Disposition additionnelle.

C. Civ. 2214. Le cessionnaire d'un titre exécutoire ne peut poursuivre l'expropriation qu'après que la signification du transport a été faite au débiteur.

TRAVAUX FORCÉS.

C. Pén. 7. Les peines afflictives et infamantes sont, — 1°.... 2° les travaux forcés à perpétuité; — 4° les travaux forcés à temps.

15. Les hommes condamnés aux travaux forcés seront employés aux travaux les plus pénibles; ils traîneront à leurs pieds un boulet, ou seront attachés deux à deux avec une chaîne, lorsque la nature du travail auquel ils seront employés le permettra.

16. Les femmes et les filles condamnées aux travaux forcés n'y seront employées que dans l'intérieur d'une maison de force.

18. La condamnation aux travaux forcés à perpétuité emportera mort civile.

19. La condamnation à la peine des travaux forcés à temps sera prononcée pour cinq ans au moins et vingt ans au plus.

22. Quiconque aura été condamné à l'une des

peines des travaux forcés à perpétuité , ou des travaux forcés à temps, avant de subir sa peine, demeurera durant une heure exposé aux regards du peuple sur la place publique. Au-dessus de sa tête sera placé un écriteau portant, en caractères gros et lisibles, ses noms, sa profession, son domicile, sa peine et la cause de sa condamnation. — En cas de condamnation aux travaux forcés à temps, la cour d'assises pourra ordonner par son arrêt que le condamné, s'il n'est pas en état de récidive, ne subira pas l'exposition publique. — Néanmoins, l'exposition ne sera jamais prononcée à l'égard des mineurs de dix-huit ans et des septuagénaires. *V.* SEPTUAGÉNAIRES.

36. Tous arrêts qui porteront la peine des travaux forcés à perpétuité et à temps seront imprimés par extrait. — Ils seront affichés dans la ville centrale du département, dans celle où l'arrêt aura été rendu, dans la commune du lieu où le délit aura été commis, dans celle où se fera l'exécution , et dans celle du domicile du condamné. *V.* CRIMINELLES (*peines*).

TRENTENAIRE (PRESCRIPTION).

C. Civ. 2262. Toutes les actions , tant réelles que personnelles, sont prescrites par trente ans , sans que celui qui allègue cette prescription soit obligé d'en rapporter un titre, ou qu'on puisse lui opposer l'exception déduite de la mauvaise foi. *V.* PRESCRIPTION.

TRÉSOR.

C. Civ. 716. La propriété d'un trésor appartient à celui qui le trouve dans son propre fonds : si le trésor est trouvé dans le fonds d'autrui , il appartient pour moitié à celui qui l'a découvert, et pour l'autre moitié au propriétaire du fonds. — Le trésor est toute chose cachée ou enfouie sur laquelle personne ne peut justifier sa propriété , et qui est découverte par le pur effet du hasard.

598. (L'usufruitier) n'a aucun droit au trésor qui pourrait être découvert pendant la durée de l'usufruit.

TRÉSOR PUBLIC.
Dispositions diverses.

AJOURNEMENT. *C. Proc.* 69. Sera assigné,— 1°... 2° le trésor royal, en la personne ou au bureau de l'agent. — L'original sera visé de celui à qui copie de l'exploit sera laissée; en cas d'absence ou de refus, le visa sera donné soit par le juge de paix, soit par le procureur du Roi près le tribunal de première instance, auquel, en ce cas, la copie sera laissée.

PRIVILÈGE. *C. Civ.* 2098. Le privilège, à raison des droits du trésor public, et l'ordre dans lequel il s'exerce, sont réglés par les lois qui les concernent. — Le trésor public ne peut cependant obtenir de privilège au préjudice des droits antérieurement acquis à des tiers. *V.* PRIVILÈGE.

TRIBUNAUX. *V.* COMPÉTENCE.
TROUBLE.
1° *Dispositions générales.*

C. Proc. 23. Les actions possessoires ne seront recevables qu'autant qu'elles auront été formées dans l'année du trouble. *V.* POSSESSOIRE.

2° *Dispositions diverses.*

BAIL. *C. Civ.* 1725. Le bailleur n'est pas tenu de garantir le preneur du trouble que des tiers apportent par voies de fait à sa jouissance , sans prétendre d'ailleurs aucun droit sur la chose louée , sauf au preneur à les poursuivre en son nom personnel.

1726. Si, au contraire, le locataire ou le fermier ont été troublés dans leur jouissance par suite d'une action concernant la propriété du fonds, ils ont droit à une diminution proportionnée sur le prix du bail à loyer ou à ferme, pourvu que le trouble et l'empêchement aient été dénoncés au propriétaire.

1727. Si ceux qui ont commis les voies de fait, prétendent avoir quelque droit sur la chose louée, ou si le preneur est lui-même cité en justice pour se voir condamner au délaissement de la totalité ou de partie de cette chose, ou à souffrir l'exercice de quelque servitude, il doit appeler le bailleur en garantie, et doit être mis hors d'instance, s'il l'exige, en nommant le bailleur pour lequel il possède.

PARTAGE. *C. Civ.* 884. Les cohéritiers demeurent respectivement garans, les uns envers les autres , des troubles et évictions seulement qui procèdent d'une cause antérieure au partage. *V.* PARTAGE.

VENTE. *C. Civ.* 1633. Si l'acheteur est troublé ou a juste sujet de craindre d'être troublé par une action, soit hypothécaire, soit en revendication, il peut suspendre le paiement du prix jusqu'à ce que le vendeur ait fait cesser le trouble, si mieux n'aime celui-ci donner caution ; à moins qu'il n'ait été stipulé que, nonobstant le trouble, l'acheteur paiera. *V.* ÉVICTION.

TROUPEAU. *V.* CHEPTEL.
TUTELLE (TUTEUR , COMPTE DE TUTELLE).

I. DISPOSITIONS GÉNÉRALES.
De la tutelle.

C. Civ. (*liv.* 1, *tit.* 9, *ch.* 2, *art.* 389-475).

Sect. 1, *de la tutelle des père et mère.*

389. Le père est, durant le mariage, adminis-

trateur des biens personnels de ses enfans mineurs. — Il est comptable, quant à la propriété et aux revenus, des biens dont il n'a pas la jouissance; et, quant à la propriété seulement, de ceux des biens dont la loi lui donne l'usufruit.

390. Après la dissolution du mariage arrivée par la mort naturelle ou civile de l'un des époux, la tutelle des enfans mineurs et non émancipés appartient de plein droit au survivant des père et mère.

391. Pourra néanmoins le père nommer à la mère survivante et tutrice, un conseil spécial, sans l'avis duquel elle ne pourra faire aucun acte relatif à la tutelle. — Si le père spécifie les actes pour lesquels le conseil sera nommé, la tutrice sera habile à faire les autres sans son assistance.

392. Cette nomination de conseil ne pourra être faite que de l'une des manières suivantes : — 1° par acte de dernière volonté ; — 2° par une déclaration faite ou devant le juge de paix, assisté de son greffier, ou devant notaires.

393. Si, lors du décès du mari, la femme est enceinte, il sera nommé un curateur au ventre par le conseil de famille. — A la naissance de l'enfant, la mère en deviendra tutrice, et le curateur en sera de plein droit le subrogé-tuteur.

394. La mère n'est point tenue d'accepter la tutelle; néanmoins, et en cas qu'elle la refuse, elle devra en remplir les devoirs jusqu'à ce qu'elle ait fait nommer un tuteur.

395. Si la mère tutrice veut se remarier, elle devra, avant l'acte de mariage, convoquer le conseil de famille, qui décidera si la tutelle doit lui être conservée. — A défaut de cette convocation, elle perdra la tutelle de plein droit; et son nouveau mari sera solidairement responsable de toutes les suites de la tutelle qu'elle aura indûment conservée.

396. Lorsque le conseil de famille, dûment convoqué, conservera la tutelle à la mère, il lui donnera nécessairement pour cotuteur le second mari, qui deviendra solidairement responsable, avec sa femme, de la gestion postérieure au mariage.

Sect. 2, de la tutelle déférée par le père ou la mère.

397. Le droit individuel de choisir un tuteur parent, ou même étranger, n'appartient qu'au dernier mourant des père et mère.

398. Ce droit ne peut être exercé que dans les formes prescrites par l'article 392, et sous les exceptions et modifications ci-après.

399. La mère remariée et non maintenue dans la tutelle des enfans de son premier mariage, ne peut leur choisir un tuteur.

400. Lorsque la mère remariée, et maintenue dans la tutelle, aura fait choix d'un tuteur aux enfans de son premier mariage, ce choix ne sera valable qu'autant qu'il sera confirmé par le conseil de famille.

401. Le tuteur élu par le père ou la mère n'est pas tenu d'accepter la tutelle, s'il n'est d'ailleurs dans la classe des personnes qu'à défaut de cette élection spéciale le conseil de famille eût pu en charger.

Sect. 3, de la tutelle des ascendans. V. ASCENDANS.

Sect. 4, de la tutelle déférée par le conseil de famille. V. FAMILLE (conseil de).

Sect. 5, du subrogé-tuteur. V. SUBROGÉ-TUTEUR.

Sect. 6, des causes qui dispensent de la tutelle. V. DISPENSE DE TUTELLE.

Sect. 7, de l'incapacité, des exclusions et destitutions de la tutelle. V. EXCLUSION DE LA TUTELLE.

Sect. 8, de l'administration du tuteur.

430. Le tuteur prendra soin de la personne du mineur, et le représentera dans tous les actes civils. — Il administrera ses biens en bon père de famille, et répondra des dommages-intérêts qui pourraient résulter d'une mauvaise gestion. — Il ne peut ni acheter les biens du mineur, ni les prendre à ferme, à moins que le conseil de famille n'ait autorisé le subrogé-tuteur à lui en passer bail, ni accepter la cession d'aucun droit ou créance contre son pupille.

431. Dans les dix jours qui suivront celui de sa nomination, dûment connue de lui, le tuteur requerra la levée des scellés, s'ils ont été apposés, et fera procéder immédiatement à l'inventaire des biens du mineur, en présence du subrogé-tuteur. — S'il lui est dû quelque chose par le mineur, il devra le déclarer dans l'inventaire, à peine de déchéance, et ce, sur la réquisition que l'officier public sera tenu de lui en faire, et dont mention sera faite au procès-verbal.

432. Dans le mois qui suivra la clôture de l'inventaire, le tuteur fera vendre, en présence du subrogé-tuteur, aux enchères reçues par un officier public, et après des affiches ou publications dont le procès-verbal de vente fera mention, tous les meubles autres que ceux que le conseil de famille l'aurait autorisé à conserver en nature.

433. Les père et mère, tant qu'ils ont la jouissance propre et légale des biens du mineur, sont dispensés de vendre les meubles, s'ils préfèrent de les garder pour les remettre en nature.— Dans

ce cas, ils en feront faire, à leurs frais, une estimation à juste valeur, par un expert qui sera nommé par le subrogé-tuteur et prêtera serment devant le juge de paix. Ils rendront la valeur estimative de ceux des meubles qu'ils ne pourraient représenter en nature.

454. Lors de l'entrée en exercice de toute tutelle, autre que celle des père et mère, le conseil de famille réglera par aperçu, et selon l'importance des biens régis, la somme à laquelle pourra s'élever la dépense annuelle du mineur, ainsi que celle d'administration de ses biens. — Le même acte spécifiera si le tuteur est autorisé à s'aider, dans sa gestion, d'un ou plusieurs administrateurs particuliers, salariés, et gérant sous sa responsabilité.

455. Ce conseil déterminera positivement la somme à laquelle commencera, pour le tuteur, l'obligation d'employer l'excédant des revenus sur la dépense : cet emploi devra être fait dans le délai de six mois, passé lequel le tuteur devra les intérêts à défaut d'emploi.

456. Si le tuteur n'a pas fait déterminer par le conseil de famille la somme à laquelle doit commencer l'emploi, il devra, après le délai exprimé dans l'article précédent, les intérêts de toute somme non employée, quelque modique qu'elle soit.

437. Le tuteur, même le père ou la mère, ne peut emprunter pour le mineur, ni aliéner ou hypothéquer ses biens immeubles, sans y être autorisé par un conseil de famille. — Cette autorisation ne devra être accordée que pour cause d'une nécessité absolue, ou d'un avantage évident. — Dans le premier cas, le conseil de famille n'accordera son autorisation qu'après qu'il aura été constaté, par un compte sommaire présenté par le tuteur, que les deniers, effets mobiliers et revenus du mineur sont insuffisans. — Le conseil de famille indiquera, dans tous les cas, les immeubles qui devront être vendus de préférence, et toutes les conditions qu'il jugera utiles.

458. Les délibérations du conseil de famille relatives à cet objet, ne seront exécutées qu'après que le tuteur en aura demandé et obtenu l'homologation devant le tribunal de première instance, qui y statuera en la chambre du conseil, et après avoir entendu le procureur du Roi.

459. La vente se fera publiquement, en présence du subrogé-tuteur, aux enchères qui seront reçues par un membre du tribunal de première instance, ou par un notaire à ce commis, et à la suite de trois affiches apposées, par trois dimanches consécutifs, aux lieux accoutumés, dans le canton. — Chacune de ces affiches sera visée et certifiée par le maire des communes où elles auront été apposées.

460. Les formalités exigées par les articles 457 et 458 pour l'aliénation des biens du mineur, ne s'appliquent point au cas où un jugement aurait ordonné la licitation sur la provocation d'un copropriétaire par indivis. — Seulement, et en ce cas, la licitation ne pourra se faire que dans la forme prescrite par l'article précédent : les étrangers y seront nécessairement admis.

461. Le tuteur ne pourra accepter ni répudier une succession échue au mineur, sans une autorisation préalable du conseil de famille. L'acceptation n'aura lieu que sous bénéfice d'inventaire.

462. Dans le cas où la succession répudiée au nom du mineur n'aurait pas été acceptée par un autre, elle pourra être reprise, soit par le tuteur, autorisé à cet effet par une nouvelle délibération du conseil de famille, soit par le mineur devenu majeur, mais dans l'état où elle se trouvera lors de la reprise, et sans pouvoir attaquer les ventes et autres actes qui auraient été légalement faits durant la vacance.

463. La donation faite au mineur ne pourra être acceptée par le tuteur qu'avec l'autorisation du conseil de famille. — Elle aura, à l'égard du mineur, le même effet qu'à l'égard du majeur.

464. Aucun tuteur ne pourra introduire en justice une action relative aux droits immobiliers du mineur, ni acquiescer à une demande relative aux mêmes droits, sans l'autorisation du conseil de famille.

465. La même autorisation sera nécessaire au tuteur pour provoquer un partage; mais il pourra, sans cette autorisation, répondre à une demande en partage dirigée contre le mineur.

466. Pour obtenir à l'égard du mineur tout l'effet qu'il aurait entre majeurs, le partage devra être fait en justice, et précédé d'une estimation faite par experts nommés par le tribunal de première instance du lieu de l'ouverture de la succession. — Les experts, après avoir prêté, devant le président du même tribunal ou autre juge par lui délégué, le serment de bien et fidèlement remplir leur mission, procéderont à la division des héritages et à la formation des lots, qui seront tirés au sort, et en présence soit d'un membre du tribunal, soit d'un notaire par lui commis, lequel fera la délivrance des lots. — Tout autre partage ne sera considéré que comme provisionnel.

467. Le tuteur ne pourra transiger au nom du mineur, qu'après y avoir été autorisé par le conseil de famille, et de l'avis de trois jurisconsultes désignés par le procureur du Roi près le tribunal

de première instance. — La transaction ne sera valable qu'autant qu'elle aura été homologuée par le tribunal de première instance, après avoir entendu le procureur du Roi.

468. Le tuteur qui aura des sujets de mécontentement graves sur la conduite du mineur, pourra porter ses plaintes à un conseil de famille, et, s'il y est autorisé par ce conseil, provoquer la réclusion du mineur, conformément à ce qui est statué à ce sujet au titre de la puissance paternelle. *V*. PATERNELLE (*puissance*).

Sect. 9, *des comptes de la tutelle.*

469. Tout tuteur est comptable de sa gestion lorsqu'elle finit.

470. Tout tuteur, autre que le père et la mère, peut être tenu, même durant la tutelle, de remettre au subrogé-tuteur des états de situation de sa gestion, aux époques que le conseil de famille aurait jugé à propos de fixer, sans néanmoins que le tuteur puisse être astreint à en fournir plus d'un chaque année. — Ces états de situation seront rédigés et remis, sans frais, sur papier non timbré, et sans aucune formalité de justice.

471. Le compte définitif de tutelle sera rendu aux dépens du mineur, lorsqu'il aura atteint sa majorité ou obtenu son émancipation. Le tuteur en avancera les frais. — On y allouera au tuteur toutes dépenses suffisamment justifiées, et dont l'objet sera utile. *V*. COMPTE.

472. Tout traité qui pourra intervenir entre le tuteur et le mineur devenu majeur, sera nul, s'il n'a été précédé de la reddition d'un compte détaillé, et de la remise des pièces justificatives ; le tout constaté par un récépissé de l'oyant-compte, dix jours au moins avant le traité.

473. Si le compte donne lieu à des contestations, elles seront poursuivies et jugées comme les autres contestations en matière civile.

474. La somme à laquelle s'élèvera le reliquat dû par le tuteur, portera intérêt, sans demande, à compter de la clôture du compte. — Les intérêts de ce qui sera dû au tuteur par le mineur ne courront que du jour de la sommation de payer qui aura suivi la clôture du compte.

475. Toute action du mineur contre son tuteur, relativement aux faits de la tutelle, se prescrit par dix ans, à compter de la majorité.

II. DISPOSITIONS ADDITIONNELLES.

1° De la tutelle en général.

CAUTION. *C. Civ.* 2032. La caution, même avant d'avoir payé, peut agir contre le débiteur, pour être par lui indemnisée, — 1°... 5° au bout de dix années, lorsque l'obligation principale n'a point de terme fixe d'échéance, à moins que l'obligation principale, telle qu'une tutelle, ne soit pas de nature à pouvoir être éteinte avant un temps déterminé.

COMMUNICATION. *C. Proc.* 83. Seront communiquées au procureur du Roi les causes suivantes, — 1°..... 2° celles qui concernent les tutelles.

CONCILIATION. *C. Proc.* 49. Sont dispensées du préliminaire de la conciliation, — 1°..... 7° les demandes sur les tutelles et curatelles.

ÉMANCIPATION. *C. Civ.* 486. Dès le jour où l'émancipation aura été révoquée, le mineur rentrera en tutelle, et y restera jusqu'à sa majorité accomplie. *V*. ÉMANCIPATION.

EXÉCUTION PROVISOIRE. *C. Proc.* 135. L'exécution provisoire pourra être ordonnée, avec ou sans caution, lorsqu'il s'agira, — 1°..... 6° de nomination de tuteurs, et de reddition de compte.

INTERDICTION. *C. Civ.* 509. L'interdit est assimilé au mineur pour sa personne et pour ses biens : les lois sur la tutelle des mineurs s'appliqueront à la tutelle des interdits.

2° Du tuteur.

CESSION DE BIENS. *C. Proc.* 905. Ne pourront être admis au bénéfice de cession, les tuteurs.

C. Com. 573. (*Même disposition.*)

CONDAMNÉS. *C. Pén.* 34. La dégradation civique consiste : — 1°..... 4° dans l'incapacité d'être tuteur, curateur, subrogé-tuteur, si ce n'est de ses propres enfans et sur l'avis conforme de la famille.

42. Les tribunaux, jugeant correctionnellement, pourront, dans certains cas, interdire, en tout ou en partie, l'exercice des droits de famille suivans : — 1°..... 6° d'être tuteur, curateur, si ce n'est de ses enfans et sur l'avis seulement de la famille.

DÉPÔT. *C. Civ.* 1925. Si une personne capable de contracter accepte le dépôt fait par une personne incapable, elle est tenue de toutes les obligations d'un véritable dépositaire ; elle peut être poursuivie par le tuteur ou administrateur de la personne qui a fait le dépôt.

1941. Si le dépôt a été fait par un tuteur, il ne peut être restitué qu'à la personne que ce tuteur représentait, si sa gestion est finie.

HYPOTHÈQUE (*inscription*). *C. Civ.* 2136. Sont les tuteurs tenus de rendre publiques les hypothèques dont leurs biens sont grevés, et, à cet effet, de requérir eux-mêmes, sans aucun délai, inscription aux bureaux à ce établis, sur les immeubles à eux appartenant, et sur ceux qui pourront leur appartenir par la suite. — Les tuteurs qui, ayant manqué de requérir et de faire faire les inscriptions ordonnées par le présent article, auraient consenti ou laissé prendre des privilèges ou des hypothèques sur leurs immeubles, sans déclarer expressément que lesdits immeubles étaient affectés à l'hypothèque légale des mineurs, seront réputés stellionataires, et, comme tels, contraignables par corps. *V.* HYPOTHÈQUE.

INCAPACITÉS (*donations et legs*). *C. Civ.* 907. Le mineur, quoique parvenu à l'âge de seize ans, ne pourra, même par testament, disposer au profit de son tuteur. — Le mineur, devenu majeur, ne pourra disposer, soit par donation entre-vifs, soit par testament, au profit de celui qui aura été son tuteur, si le compte définitif de la tutelle n'a été préalablement rendu et apuré. — Sont exceptés, dans les deux cas ci-dessus, les ascendans des mineurs, qui sont ou qui ont été leurs tuteurs.

(*Vente.*) *C. Civ.* 1596. Ne peuvent se rendre adjudicataires, sous peine de nullité, ni par eux-mêmes, ni par personnes interposées, — les tuteurs, des biens de ceux dont ils ont la tutelle.

INTERDICTION. *C. Civ.* 503. S'il n'y a pas d'appel du jugement d'interdiction rendu en première instance, ou s'il est confirmé sur l'appel, il sera pourvu à la nomination d'un tuteur et d'un subrogé-tuteur à l'interdit , suivant les règles prescrites au titre *de la minorité, de la tutelle et de l'émancipation. V.* FAMILLE (*conseil de*). L'administrateur provisoire cessera ses fonctions , et rendra compte au tuteur s'il ne l'est pas lui-même.

506. Le mari est, de droit, le tuteur de sa femme interdite.

507. La femme pourra être nommée tutrice de son mari. En ce cas, le conseil de famille règlera la forme et les conditions de l'administration, sauf le recours devant les tribunaux de la part de la femme qui se croirait lésée par l'arrêté de la famille.

508. Nul, à l'exception des époux, des ascendans et descendans, ne sera tenu de conserver la tutelle d'un interdit au-delà de dix ans. A l'expiration de ce délai, le tuteur pourra demander et devra obtenir son remplacement.

MORT CIVILE. *C. Civ.* 25. Le condamné (à la mort civile) ne peut être nommé tuteur, ni concourir aux opérations relatives à la tutelle. *V.* DROITS CIVILS.

RÉHABILITATION (*après faillite*). *C. Com.* 612. Ne seront point admis à la réhabilitation (après faillite) les personnes comptables, tels que les tuteurs, qui n'auront pas rendu ou apuré leurs comptes.

RESPONSABILITÉ. (*Disposition générale.*) *C. Civ.* 1570. Certains engagemens se forment sans qu'il intervienne aucune convention, ni de la part de celui qui s'oblige, ni de la part de celui envers lequel il est obligé. — Les uns résultent de l'autorité seule de la loi ; les autres naissent d'un fait personnel à celui qui se trouve obligé. — Les premiers sont les engagemens formés involontairement, tels que ceux entre propriétaires voisins, ou ceux des tuteurs et des autres administrateurs qui ne peuvent refuser la fonction qui leur est déférée.

(*Dépens.*) *C. Proc.* 152. Les tuteurs qui auront compromis les intérêts de leur administration, pourront être condamnés aux dépens, en leur nom et sans répétition, même aux dommages et intérêts s'il y a lieu ; sans préjudice de la destitution contre eux, suivant la gravité des circonstances.

(*Péremption.*) *C. Proc.* 398. La péremption courra contre toutes personnes, même mineures, sauf leur recours contre les tuteurs.

(*Prescription.*) *C. Civ.* 2278. Les prescriptions (*brevi tempore*) dont il s'agit dans les articles (2271-2277 [*V.* PRESCRIPTION]), courent contre les mineurs et les interdits ; sauf leur recours contre leurs tuteurs.

TRANSACTION. *C. Civ.* 2045. Le tuteur ne peut transiger pour le mineur ou l'interdit que conformément à l'article 467 au titre *de la minorité, de la tutelle et de l'émancipation (ci-dessus),* et il ne peut transiger avec le mineur devenu majeur, sur le compte de tutelle, que conformément à l'article 472 au même titre (*ci-dessus*).

3° *Compte de tutelle.*

C. Proc. 527. Les comptables commis par justice seront poursuivis devant les juges qui les auront commis, les tuteurs devant les juges du lieu où la tutelle a été déférée ; tous autres comptables devant les juges de leur domicile.

542. Si l'oyant est défaillant, le commissaire fera son rapport au jour par lui indiqué : les articles seront alloués, s'ils sont justifiés ; le rendant, s'il est reliquataire, gardera les fonds, sans intérêts ; et s'il ne s'agit point d'un compte de tutelle, le comptable donnera caution, si mieux il n'aime consigner. *V.* COMPTE.

TUTELLE (CONSEIL DE).

C. Civ. 391. Pourra le père nommer à la mère survivante et tutrice un conseil spécial, sans l'avis duquel elle ne pourra faire aucun acte relatif à la tutelle. — Si le père spécifie les actes pour lesquels le conseil sera nommé, la tutrice sera habile à faire les autres sans son assistance.

392. Cette nomination de conseil ne pourra être faite que de l'une des manières suivantes : — 1° par acte de dernière volonté ; — 2° par une

déclaration faite ou devant le juge de paix, assisté de son greffier, ou devant notaires.

TUTELLE DES CONDAMNÉS. *V.* Curateur.

TUTELLE OFFICIEUSE. *V.* Officieuse (*tutelle*).

TUTEUR PROVISOIRE.

C. Civ. 142. Six mois après la disparition du père, si la mère était décédée lors de cette disparition, ou si elle vient à décéder avant que l'absence du père ait été déclarée, la surveillance des enfans sera déférée, par le conseil de famille, aux ascendans les plus proches, et, à leur défaut, à un tuteur provisoire.

TUTEUR SPÉCIAL (tuteur *ad hoc*).
Dispositions diverses.

Désaveu (*de paternité*). *C. Civ.* 318. Tout acte extrajudiciaire contenant le désaveu de la part du mari ou de ses héritiers, sera comme non avenu, s'il n'est suivi, dans le délai d'un mois, d'une action en justice, dirigée contre un tuteur *ad hoc* donné à l'enfant, et en présence de sa mère.

Enfant naturel (*mariage*). *C. Civ.* 159. L'enfant naturel qui n'a point été reconnu, et celui qui, après l'avoir été, a perdu ses père et mère, ou dont les père et mère ne peuvent manifester leur volonté, ne pourra, avant l'âge de vingt-un ans révolus, se marier qu'après avoir obtenu le consentement d'un tuteur *ad hoc* qui lui sera nommé.

Expropriation. *C. Civ.* 2208. En cas de minorité du mari et de la femme seule, si son mari majeur refuse de procéder avec elle, il est nommé par le tribunal un tuteur à la femme, contre lequel la poursuite (en expropriation de ses biens) est exercée.

Partage. *C. Civ.* 838. S'il y a plusieurs mineurs qui aient des intérêts opposés dans le partage, il doit leur être donné à chacun un tuteur spécial et particulier

TUTEUR A SUBSTITUTION. *V.* Substitution.

U

ULTRA PETITA.

C. Proc. 480. Les jugemens contradictoires rendus en dernier ressort par les tribunaux de première instance et les cours royales, et les jugemens par défaut rendus aussi en dernier ressort, et qui ne sont plus susceptibles d'opposition, pourront être rétractés, sur la requête de ceux qui auront été parties ou dûment appelés pour les causes ci-après : — 1°... 4° s'il a été adjugé plus qu'il n'a été demandé.

UNILATÉRAL (contrat).

C. Civ. 1103. (Le contrat) est *unilatéral* lorsqu'une ou plusieurs personnes sont obligées envers une ou plusieurs autres, sans que de la part de ces dernières il y ait d'engagement.

UNION (contrat d').

1° *Dispositions générales.*

C. Proc. 69. Seront assignées, — 1°... 8° les unions et directions de créanciers, en la personne ou au domicile de l'un des syndics ou directeurs.

De l'union des créanciers.

C. Com. (*liv.* 3, *tit.* 1, *ch.* 8, *sect.* 3, *art.* 327-351).—327. S'il n'intervient point de traité, les créanciers assemblés formeront, à la majorité individuelle des créanciers présens, un contrat d'union ; ils nommeront un ou plusieurs syndics définitifs : les créanciers nommeront un caissier, chargé de recevoir les sommes provenant de toute espèce de recouvrement. Les syndics définitifs recevront le compte des syndics provisoires, ainsi qu'il a été dit pour le compte des agens, à l'article 481 [1].

328. Les syndics représenteront la masse des créanciers ; ils procéderont à la vérification du bilan, s'il y a lieu.—Ils poursuivront, en vertu du contrat d'union, et sans autres titres authentiques, la vente des immeubles du failli, celle de ses marchandises et effets mobiliers, et la liquidation de ses dettes actives et passives ; le tout sous la surveillance du commissaire, et sans qu'il soit besoin d'appeler le failli.

329. Dans tous les cas, il sera, sous l'approbation du commissaire, remis au failli et à sa famille les vêtemens, hardes et meubles nécessaires

---

[1] 481. Dans les vingt-quatre heures qui suivront la nomination des syndics provisoires, les agens cesseront leurs fonctions, et rendront compte aux syndics, en présence du commissaire, de toutes leurs opérations et de l'état de la faillite.

à l'usage de leurs personnes. Cette remise se fera sur la proposition des syndics, qui en dresseront l'état.

550. S'il n'existe pas de présomption de banqueroute, le failli aura droit de demander, à titre de secours, une somme sur ses biens : les syndics en proposeront la quotité ; et le tribunal, sur le rapport du commissaire, la fixera en proportion des besoins et de l'étendue de la famille du failli, de sa bonne foi, et du plus ou moins de perte qu'il fera supporter à ses créanciers.

551. Toutes les fois qu'il y aura union de créanciers, le commissaire du tribunal de commerce lui rendra compte des circonstances. Le tribunal prononcera, sur son rapport, comme il est dit à la section 2, du présent chapitre (art. 519-526 [V. CONCORDAT.]), si le failli est ou non excusable, et susceptible d'être réhabilité. — En cas de refus du tribunal de commerce, le failli sera en prévention de banqueroute, et renvoyé, de droit, devant le magistrat de sûreté (le procureur du Roi), comme il est dit à l'article 526. V. CONCORDAT.

2° *Dispositions additionnelles.*

C. Com. 562. Lorsque la liquidation sera terminée, l'union des créanciers sera convoquée à la diligence des syndics, sous la présidence du commissaire ; les syndics rendront leur compte, et son reliquat formera la dernière répartition.

563. L'union pourra, dans tout état de cause, se faire autoriser par le tribunal de commerce, le failli dûment appelé, à traiter à forfait des droits et actions dont le recouvrement n'aurait pas été opéré, et à les aliéner ; en ce cas, les syndics feront tous les actes nécessaires. *V.* FAILLITE.

564. Les syndics de l'union, sous l'autorisation du commissaire, procéderont à la vente des immeubles suivant les formes prescrites par le Code Civil pour la vente des biens des mineurs.

URBAINES (SERVITUDES). *V.* RURALES (*servitudes*).

URGENCE.

C. Proc. 1040. Tous actes et procès-verbaux du ministère du juge seront faits au lieu où siège le tribunal ; le juge y sera toujours assisté du greffier, qui gardera les minutes et délivrera les expéditions. En cas d'urgence, le juge pourra répondre en sa demeure les requêtes qui lui seront présentées ; le tout, sauf l'exécution des dispositions portées au titre *des référés. V.* RÉFÉRÉ, BREF DÉLAI, DEMEURE (*péril en*).

USAGE.

C. Civ. 1127. Le simple usage d'une chose peut être, comme la chose même, l'objet du contrat.

USAGE (*droit d'*) ET D'HABITATION. *V.* HABITATION (*droit d'*).

USAGE DES BOIS.

C. Civ. 636. L'usage des bois et forêts est réglé par des lois particulières.

Loi du 21 mai 1827.

1° *Bois de l'État.*

C. For. (*tit.* 3. *sect.* 7 *et* 8, *art.* 58-85).

Sect. 7 , *des affectations à titre particulier dans les bois de l'État.*

58. Les affectations de coupes de bois ou délivrances, soit par stères, soit par pieds d'arbre, qui ont été concédées à des communes, à des établissemens industriels ou à des particuliers, nonobstant les prohibitions établies par les lois et les ordonnances alors existantes, continueront d'être exécutées jusqu'à l'expiration du terme fixé par les actes de concession, s'il ne s'étend pas au-delà du 1er septembre 1837. — Les affectations faites au préjudice des mêmes prohibitions, soit à perpétuité, soit sans indication de termes, ou à des termes plus éloignés que le 1er septembre 1837, cesseront à cette époque d'avoir aucun effet. — Les concessionnaires de ces dernières affectations qui prétendraient que leur titre n'est pas atteint par les prohibitions ci-dessus rappelées, et qu'il leur confère des droits irrévocables, devront, pour y faire statuer, se pourvoir devant les tribunaux, dans l'année qui suivra la promulgation de la présente loi, sous peine de déchéance. — Si leur prétention est rejetée, ils jouiront néanmoins des effets de la concession, jusqu'au terme fixé par le second paragraphe du présent article. — Dans le cas où leur titre serait reconnu valable par les tribunaux, le Gouvernement, quelles que soient la nature et la durée de l'affectation, aura la faculté de s'en affranchir par les forêts de l'État, moyennant un cantonnement qui sera réglé de gré à gré, ou, en cas de contestation, par les tribunaux, pour tout le temps que devait durer la concession. L'action en cantonnement ne pourra pas être exercée par les concessionnaires.

59. Les affectations faites pour le service d'une usine cesseront en entier, de plein droit et sans retour, si le roulement de l'usine est arrêté pendant deux années consécutives, sauf les cas d'une force majeure dûment constatée.

60. A l'avenir, il ne sera fait dans les bois de l'État aucune affectation ou concession de la nature de celles dont il est question dans les deux articles précédens.

Sect. 8, *des droits d'usage dans les bois de l'État.*

61. Ne seront admis à exercer un droit d'usage quelconque dans les bois de l'État, que ceux dont les droits auront été, au jour de la promulgation de la présente loi, reconnus fondés, soit par des actes du Gouvernement, soit par des jugemens ou arrêts définitifs, ou seront reconnus tels par suite d'instances administratives ou judiciaires actuellement engagées, ou qui seraient intentées devant les tribunaux, dans le délai de deux ans, à dater du jour de la promulgation de la présente loi, par des usagers actuellement en jouissance.

62. Il ne sera plus fait, à l'avenir, dans les forêts de l'État, aucune concession de droits d'usage, de

quelque nature et sous quelque prétexte que ce puisse être.

63. Le Gouvernement pourra affranchir les forêts de l'État de tout droit d'usage en bois, moyennant un cantonnement qui sera réglé de gré à gré, et, en cas de contestation, par les tribunaux. — L'action en affranchissement d'usage par voie de cantonnement n'appartiendra qu'au Gouvernement, et non aux usagers.

64. Quant aux autres droits d'usage quelconques et aux pâturage, panage et glandée dans les mêmes forêts, ils ne pourront être convertis en cantonnement; mais ils pourront être rachetés moyennant des indemnités qui seront réglées de gré à gré, ou, en cas de contestation, par les tribunaux. — Néanmoins le rachat ne pourra être requis par l'administration dans les lieux où l'exercice du droit de pâturage est devenu d'une absolue nécessité pour les habitans d'une ou de plusieurs communes. Si cette nécessité est contestée par l'administration forestière, les parties se pourvoiront devant le conseil de préfecture, qui, après une enquête *de commodo et incommodo*, statuera, sauf le recours au conseil d'état.

65. Dans toutes les forêts de l'État qui ne seront point affranchies au moyen du cantonnement ou de l'indemnité, conformément aux articles 63 et 64 ci-dessus, l'exercice des droits d'usage pourra toujours être réduit par l'administration, suivant l'état et la possibilité des forêts, et n'aura lieu que conformément aux dispositions contenues aux articles suivans. — En cas de contestation sur la possibilité et l'état des forêts, il y aura lieu à recours au conseil de préfecture.

66. La durée de la glandée et du panage ne pourra excéder trois mois. — L'époque de l'ouverture en sera fixée chaque année par l'administration forestière.

67. Quels que soient l'âge ou l'essence des bois, les usagers ne pourront exercer leurs droits de pâturage et de panage que dans les cantons qui auront été déclarés défensables par l'administration forestière, sauf le recours au conseil de préfecture, et ce nonobstant toutes possessions contraires.

68. L'administration forestière fixera, d'après les droits des usagers, le nombre des porcs qui pourront être mis en panage et des bestiaux qui pourront être admis au pâturage.

69. Chaque année, avant le 1er mars pour le pâturage, et un mois avant l'époque fixée par l'administration forestière pour l'ouverture de la glandée et du panage, les agens forestiers feront connaitre aux communes et aux particuliers jouissant des droits d'usage les cantons déclarés défensables, et le nombre des bestiaux qui seront admis au pâturage et au panage. — Les maires seront tenus d'en faire la publication dans les communes usagères.

70. Les usagers ne pourront jouir de leurs droits de pâturage et de panage que pour les bestiaux à leur propre usage, et non pour ceux dont ils font commerce, à peine d'une amende double de celle qui est prononcée par l'article 199. (*V. RÉGIME FORESTIER.*)

71. Les chemins par lesquels les bestiaux devront passer pour aller au pâturage ou au panage et en revenir, seront désignés par les agens forestiers. — Si ces chemins traversent des taillis ou des recrus de futaies non défensables, il pourra être fait, à frais communs entre les usagers et l'administration, et

d'après l'indication des agens forestiers, des fossés suffisamment larges et profonds, ou toute autre clôture, pour empêcher les bestiaux de s'introduire dans les bois.

72. Le troupeau de chaque commune ou section de commune devra être conduit par un ou plusieurs pâtres communs, choisis par l'autorité municipale: en conséquence, les habitans des communes usagères ne pourront ni conduire eux-mêmes ni faire conduire leurs bestiaux à garde séparée, sous peine de deux francs d'amende par tête de bétail. — Les porcs ou bestiaux de chaque commune ou section de commune usagère formeront un troupeau particulier et sans mélange de bestiaux d'une autre commune ou section, sous peine d'une amende de cinq à dix francs contre le pâtre, et d'un emprisonnement de cinq à dix jours en cas de récidive. — Les communes et sections de commune seront responsables des condamnations pécuniaires qui pourront être prononcées contre lesdits pâtres ou gardiens, tant pour les délits et contraventions prévus par le présent titre, que pour tous autres délits forestiers commis par eux pendant le temps de leur service et dans les limites du parcours.

73. Les porcs et bestiaux seront marqués d'une marque spéciale. — Cette marque devra être différente pour chaque commune ou section de commune usagère. — Il y aura lieu, par chaque tête de porc ou de bétail non marqué, à une amende de trois francs.

74. L'usager sera tenu de déposer l'empreinte de la marque au greffe du tribunal de première instance, et le fer servant à la marque, au bureau de l'agent forestier local; le tout sous peine de cinquante francs d'amende.

75. Les usagers mettront des clochettes au cou de tous les animaux admis au pâturage, sous peine de deux francs d'amende par chaque bête qui serait trouvée sans clochette dans les forêts.

76. Lorsque les porcs et bestiaux des usagers seront trouvés hors des cantons déclarés défensables ou désignés pour le panage, ou hors des chemins indiqués pour s'y rendre, il y aura lieu contre le pâtre à une amende de trois à trente francs. En cas de récidive, le pâtre pourra être condamné à un emprisonnement de cinq à quinze jours.

77. Si les usagers introduisent au pâturage un plus grand nombre de bestiaux ou au panage un plus grand nombre de porcs que celui qui aura été fixé par l'administration, conformément à l'art. 68, il y aura lieu, pour l'excédant, à l'application des peines prononcées par l'art. 199. (*V. RÉGIME FORESTIER.*)

78. Il est défendu à tous usagers, nonobstant tout titre et possession contraire, de conduire ou faire conduire des chèvres, brebis ou moutons dans les forêts ou sur les terrains qui en dépendent, à peine, contre les propriétaires, d'une amende qui sera double de celle qui est prononcée par l'art. 199 (*idem*), et contre les pâtres ou bergers, de quinze francs d'amende. En cas de récidive, le pâtre sera condamné, outre l'amende, à un emprisonnement de cinq à quinze jours. — Ceux qui prétendraient avoir joui du pacage ci-dessus en vertu de titres valables ou d'une possession équivalente à titre, pourront, s'il y a lieu, réclamer une indemnité, qui sera réglée de gré à gré, ou, en cas de contestation, par les tribunaux. — Le pacage des moutons pourra néanmoins être autorisé dans certaines localités par des ordonnances du Roi.

79. Les usagers qui ont droit à des livraisons de bois, de quelque nature que ce soit, ne pourront prendre ces bois qu'après que la délivrance leur en aura été faite par les agens forestiers, sous les peines portées par le titre 12 pour les bois coupés en délit (*art*. 192-208, *V*. RÉGIME FORESTIER.)

80. Ceux qui n'ont d'autre droit que celui de prendre le bois mort, sec et gisant, ne pourront, pour l'exercice de ce droit, se servir de crochets ou ferremens d'aucune espèce, sous peine de trois francs d'amende.

81. Si les bois de chauffage se délivrent par coupe, l'exploitation en sera faite, aux frais des usagers, par un entrepreneur spécial nommé par eux et agréé par l'administration forestière. — Aucun bois ne sera partagé sur pied ni abattu par les usagers individuellement, et les lots ne pourront être faits qu'après l'entière exploitation de la coupe, à peine de confiscation de la portion de bois abattu afférente à chacun des contrevenans. — Les fonctionnaires ou agens qui auraient permis ou toléré la contravention, seront passibles d'une amende de cinquante francs, et demeureront en outre personnellement responsables, et sans aucun recours, de la mauvaise exploitation et de tous les délits qui pourraient avoir été commis.

82. Les entrepreneurs de l'exploitation des coupes délivrées aux usagers se conformeront à tout ce qui est prescrit aux adjudicataires pour l'usance et la vidange des ventes ; ils seront soumis à la même responsabilité et passibles des mêmes peines en cas de délits ou contraventions. — Les usagers ou communes usagères seront garans solidaires des condamnations prononcées contre lesdits entrepreneurs.

83. Il est interdit aux usagers de vendre ou d'échanger les bois qui leur sont délivrés, et de les employer à aucune autre destination que celle pour laquelle le droit d'usage a été accordé. — S'il s'agit de bois de chauffage, la contravention donnera lieu à une amende de dix à cent francs. — S'il s'agit de bois à bâtir ou de tout autre bois non destiné au chauffage, il y aura lieu à une amende double de la valeur des bois, sans que cette amende puisse être au-dessous de cinquante francs.

84. L'emploi des bois de construction devra être fait dans un délai de deux ans, lequel néanmoins pourra être prorogé par l'administration forestière. Ce délai expiré, elle pourra disposer des arbres non employés.

85. Les défenses prononcées par l'article 57 (*V*. RÉGIME FORESTIER.) sont applicables à tous usagers quelconques, et sous les mêmes peines.

2º *Bois d'apanages et de majorats*.

C. *For*. 89. Les articles 60 et 62 (*ci-dessus*) sont applicables (aux bois et forêts qui sont possédés par les princes à titre d'apanage, ou par des particuliers à titre de majorats reversibles à l'État.)

5º *Bois des communes*.

C. *For*. 103. Les coupes des bois communaux destinées à être partagées en nature pour l'affouage des habitans ne pourront avoir lieu qu'après que la délivrance en aura été préalablement faite par les agens forestiers, et en suivant les formes prescrites par l'article 81 (*ci-dessus*), pour l'exploitation des coupes affouagères délivrées aux communes dans les bois de l'État ; le tout sous les peines portées par ledit article.

109. Les coupes ordinaires et extraordinaires sont principalement affectées au paiement des frais de garde, de la contribution foncière et des sommes qui reviennent au trésor en exécution de l'article 106. (*V*. RÉGIME FORESTIER.) — Si les coupes sont délivrées en nature pour l'affouage, et que les communes n'aient pas d'autres ressources, il sera distrait une portion suffisante des coupes, pour être vendue aux enchères avant toute distribution, et le prix en être employé au paiement desdites charges.

110. Dans aucun cas et sous aucun prétexte, les habitans des communes et les administrateurs ou employés des établissemens publics ne peuvent introduire ni faire introduire, dans les bois appartenant à ces communes ou établissemens publics, des chèvres, brebis ou moutons, sous les peines prononcées par l'article 199 (*V*. RÉGIME FORESTIER.) contre ceux qui auraient introduit ou permis d'introduire ces animaux et par l'art. 78 (*ci-dessus*) contre les pâtres ou gardiens. Cette prohibition n'aura son exécution que dans deux ans, à compter du jour de la publication de la présente loi, dans les bois où, nonobstant les dispositions de l'ordonnance de 1669, le pâturage des moutons a été toléré jusqu'à présent. — Toutefois le pacage des brebis ou moutons pourra être autorisé, dans certaines localités, par des ordonnances spéciales de Sa Majesté.

111. La faculté accordée au Gouvernement par l'article 63 (*ci-dessus*), d'affranchir les forêts de l'État de tous droits d'usage en bois, est applicable, sous les mêmes conditions, aux communes et aux établissemens publics, pour les bois qui leur appartiennent.

112. Toutes les dispositions de la 8e section du titre 5 (*art*. 61-85 *ci-dessus*) sur l'exercice des droits d'usage dans les bois de l'État sont applicables à la jouissance des communes et des établissemens publics dans leurs propres bois ainsi qu'aux droits d'usage dont ces mêmes bois pourraient être grevés, sauf les modifications résultant du présent titre et à l'exception des articles 61, 73, 74, 83 et 84.

4º *Bois des particuliers*.

C. *For*. 118. Les particuliers jouiront, de la même manière que le Gouvernement et sous les conditions déterminées par l'article 63 (*ci-dessus*), de la faculté d'affranchir leurs forêts de tous droits d'usage en bois.

119. Les droits de pâturage, parcours, panage et glandée dans les bois des particuliers, ne pourront être exercés que dans les parties de bois déclarées défensables par l'administration forestière, et suivant l'état et la possibilité des forêts, reconnus et constatés par la même administration. — Les chemins par lesquels les bestiaux devront passer pour aller au pâturage et pour en revenir seront désignés par le propriétaire.

120. Toutes les dispositions contenues dans les articles 64, 66, § 1; 70, 72, 73, 75, 76, 78, § 1 et 2; 79, 80, 85 et 85 de la présente loi (*ci-dessus*), sont applicables à l'exercice des droits d'usage dans les bois des particuliers, lesquels y exercent, à cet effet, les mêmes droits et la même surveillance que les agens du Gouvernement, dans les forêts soumises au régime forestier.

121. En cas de contestation entre le propriétaire et l'usager, il sera statué par les tribunaux.

USAGES LOCAUX.

1° *Disposition générale.*

C. Civ. 1159. Ce qui est ambigu s'interprète par ce qui est d'usage dans le pays où le contrat est passé.

2° *Dispositions diverses.*

BAIL. *C. Civ.* 1753. Les paiemens faits par le sous-locataire, soit en vertu d'une stipulation portée en son bail, soit en conséquence de l'usage des lieux, ne sont pas réputés faits par anticipation.

1757. Le bail des meubles fournis pour garnir une maison entière, un corps de logis entier, une boutique ou tous autres appartemens, est censé fait pour la durée ordinaire des baux de maisons, corps de logis, boutiques ou autres appartemens, selon l'usage des lieux.

1758. Si rien ne constate que le bail (d'un appartement meublé) soit fait à tant par an, par mois ou par jour, la location est censée faite suivant l'usage des lieux.

1759. Si le locataire d'une maison ou d'un appartement continue sa jouissance après l'expiration du bail par écrit, sans opposition de la part du bailleur, il sera censé les occuper aux mêmes conditions, pour le terme fixé par l'usage des lieux, et ne pourra plus en sortir ni en être expulsé qu'après un congé donné suivant le délai fixé par l'usage des lieux.

1777. Le fermier sortant doit laisser à celui qui lui succède dans la culture, les logemens convenables et autres facilités pour les travaux de l'année suivante; et réciproquement, le fermier entrant doit procurer à celui qui sort les logemens convenables et autres facilités pour la consommation des fourrages et pour les récoltes restant à faire.—Dans l'un et l'autre cas, on doit se conformer à l'usage des lieux.

COURS D'EAU. *C. Civ.* 645. S'il s'élève une contestation entre les propriétaires auxquels (les eaux courantes) peuvent être utiles, les tribunaux, en prononçant, doivent concilier l'intérêt de l'agriculture avec le respect dû à la propriété; et, dans tous les cas, les règlemens particuliers et locaux sur le cours et l'usage des eaux doivent être observés.

MITOYENNETÉ. *C. Civ.* 674. Celui qui fait creuser un puits ou une fosse d'aisance près d'un mur mitoyen ou non;—celui qui veut y construire cheminée ou âtre, forge, four ou fourneau; — y adosser une étable;—ou établir contre ce mur un magasin de sel ou amas de matières corrosives,—est obligé à laisser la distance prescrite par les règlemens et usages particuliers sur ces objets, ou à faire les ouvrages prescrits par les mêmes règlemens et usages, pour éviter de nuire au voisin.

USUFRUIT. *C. Civ.* 590. Si l'usufruit comprend des bois taillis, l'usufruitier est tenu d'observer l'ordre et la quotité des coupes, conformément à l'aménagement ou à l'usage constant des propriétaires; sans indemnité toutefois en faveur de l'usufruitier ou de ses héritiers, pour les coupes ordinaires, soit de taillis, soit de baliveaux, soit de futaie, qu'il n'aurait pas faites pendant sa jouissance.—Les arbres qu'on peut tirer d'une pépinière sans la dégrader ne font aussi partie de l'usufruit qu'à la charge par l'usufruitier de se conformer aux usages des lieux pour le remplacement. *V.* USUFRUIT.

608. L'usufruitier est tenu, pendant sa jouissance, de toutes les charges annuelles de l'héritage, telles que les contributions et autres qui, dans l'usage, sont censées charges des fruits.

VENTE *(vices redhibitoires). C. Civ.* 1648. L'action résultant des vices redhibitoires doit être intentée par l'acquéreur, dans un bref délai, suivant la nature des vices redhibitoires, et l'usage du lieu où la vente a été faite.

USANCE.

C. Com. 131. L'échéance d'une lettre de change à une ou plusieurs usances de vue est fixée par la date de l'acceptation, ou par celle du protêt faute d'acceptation.

152. L'usance est de trente jours, qui courent du lendemain de la date de la lettre de change. — Les mois sont tels qu'ils sont fixés par le calendrier grégorien. *V.* CHANGE *(contrat de).*

USUFRUIT.

I. DISPOSITIONS GÉNÉRALES.

C. Civ. 543. On peut avoir sur les biens, ou un droit de propriété, ou un simple droit de jouissance, ou seulement des services fonciers à prétendre.

526. Est immeuble, par l'objet auquel il s'applique,—l'usufruit des choses immobilières.

De l'usufruit.

C. Civ. (*liv.* 2, *tit.* 3, *ch.* 1, *art.* 578-624). — 578. L'usufruit est le droit de jouir des choses dont un autre a la propriété, comme le propriétaire lui-même, mais à la charge d'en conserver la substance.

579. L'usufruit est établi par la loi, ou par la volonté de l'homme.

580. L'usufruit peut être établi, ou purement, ou à certain jour, ou à condition.

581. Il peut être établi sur toute espèce de biens meubles ou immeubles.

Sect. 1, *des droits de l'usufruitier.*

582. L'usufruitier a le droit de jouir de toute

espèce de fruits, soit naturels, soit industriels, soit civils, que peut produire l'objet dont il a l'usufruit.

582. Les fruits naturels sont ceux qui sont le produit spontané de la terre. Le produit et le croît des animaux sont aussi des fruits naturels. — Les fruits industriels d'un fonds sont ceux qu'on obtient par la culture.

584. Les fruits civils sont les loyers des maisons, les intérêts des sommes exigibles, les arrérages des rentes. — Les prix des baux à ferme sont aussi rangés dans la classe des fruits civils.

585. Les fruits naturels et industriels, pendans par branches ou par racines au moment où l'usufruit est ouvert, appartiennent à l'usufruitier. — Ceux qui sont dans le même état au moment où finit l'usufruit, appartiennent au propriétaire, sans récompense de part ni d'autre des labours et des semences, mais aussi sans préjudice de la portion des fruits qui pourrait être acquise au colon partiaire, s'il en existait un au commencement ou à la cessation de l'usufruit.

586. Les fruits civils sont réputés s'acquérir jour par jour, et appartiennent à l'usufruitier, à proportion de la durée de son usufruit. Cette règle s'applique aux prix des baux à ferme, comme aux loyers des maisons et aux autres fruits civils.

587. Si l'usufruit comprend des choses dont on ne peut faire usage sans les consommer, comme l'argent, les grains, les liqueurs, l'usufruitier a le droit de s'en servir, mais à la charge d'en rendre de pareille quantité, qualité et valeur, ou leur estimation, à la fin de l'usufruit.

588. L'usufruit d'une rente viagère donne aussi à l'usufruitier, pendant la durée de son usufruit, le droit d'en percevoir les arrérages, sans être tenu à aucune restitution.

589. Si l'usufruit comprend des choses qui, sans se consommer de suite, se détériorent peu à peu par l'usage, comme du linge, des meubles meublans, l'usufruitier a le droit de s'en servir pour l'usage auquel elles sont destinées, et n'est obligé de les rendre, à la fin de l'usufruit, que dans l'état où elles se trouvent, non détériorées par son dol ou par sa faute.

590. Si l'usufruit comprend des bois taillis, l'usufruitier est tenu d'observer l'ordre et la quotité des coupes, conformément à l'aménagement ou à l'usage constant des propriétaires; sans indemnité toutefois en faveur de l'usufruitier ou de ses héritiers, pour les coupes ordinaires, soit de taillis, soit de baliveaux, soit de futaie, qu'il n'aurait pas faites pendant sa jouissance. — Les arbres qu'on peut tirer d'une pépinière sans la dégrader, ne font aussi partie de l'usufruit qu'à la charge par l'usufruitier de se conformer aux usages des lieux pour le remplacement.

591. L'usufruitier profite encore, toujours en se conformant aux époques et à l'usage des anciens propriétaires, des parties de bois de haute futaie qui ont été mises en coupes réglées, soit que ces coupes se fassent périodiquement sur une certaine étendue de terrain, soit qu'elles se fassent d'une certaine quantité d'arbres pris indistinctement sur toute la surface du domaine.

592. Dans tous les autres cas, l'usufruitier ne peut toucher aux arbres de haute futaie : il peut seulement employer, pour faire les réparations dont il est tenu, les arbres arrachés ou brisés par accident; il peut même, pour cet objet, en faire abattre, s'il est nécessaire, mais à la charge d'en faire constater la nécessité avec le propriétaire.

593. Il peut prendre, dans les bois, des échalas pour les vignes; il peut aussi prendre, sur les arbres, des produits annuels ou périodiques; le tout suivant l'usage du pays ou la coutume des propriétaires.

594. Les arbres fruitiers qui meurent, ceux même qui sont arrachés ou brisés par accident, appartiennent à l'usufruitier, à la charge de les remplacer par d'autres.

595. L'usufruitier peut jouir par lui-même, donner à ferme à un autre, ou même vendre ou céder son droit à titre gratuit. S'il donne à ferme, il doit se conformer, pour les époques où les baux doivent être renouvelés, et pour leur durée, aux règles établies par le mari à l'égard des biens de la femme, au titre *du contrat de mariage et des droits respectifs des époux. V.* FEMME MARIÉE.

596. L'usufruitier jouit de l'augmentation survenue par alluvion à l'objet dont il a l'usufruit.

597. Il jouit des droits de servitude, de passage, et généralement de tous les droits dont le propriétaire peut jouir, et il en jouit comme le propriétaire lui-même.

598. Il jouit aussi, de la même manière que le propriétaire, des mines et carrières qui sont en exploitation à l'ouverture de l'usufruit; et néanmoins, s'il s'agit d'une exploitation qui ne puisse être faite sans une concession, l'usufruitier ne pourra en jouir qu'après en avoir obtenu la permission du Roi.—Il n'a aucun droit aux mines et carrières non encore ouvertes, ni aux tourbières dont l'exploitation n'est point encore commencée, ni au trésor qui pourrait être découvert pendant la durée de l'usufruit.

599. Le propriétaire ne peut, par son fait, ni de quelque manière que ce soit, nuire aux droits de l'usufruitier. — De son côté, l'usufruitier ne

peut, à la cessation de l'usufruit, réclamer aucune indemnité pour les améliorations qu'il prétendrait avoir faites, encore que la valeur de la chose en fût augmentée.—Il peut cependant, ou ses héritiers, enlever les glaces, tableaux et autres ornemens qu'il aurait fait placer, mais à la charge de rétablir les lieux dans leur premier état.

Sect. 2, des obligations de l'usufruitier.

600. L'usufruitier prend les choses dans l'état où elles sont ; mais il ne peut entrer en jouissance qu'après avoir fait dresser, en présence du propriétaire, ou lui dûment appelé, un inventaire des meubles et un état des immeubles sujets à l'usufruit.

601. Il donne caution de jouir en bon père de famille, s'il n'en est dispensé par l'acte constitutif de l'usufruit ; cependant les père et mère ayant l'usufruit légal du bien de leurs enfans, le vendeur ou le donateur, sous réserve d'usufruit, ne sont pas tenus de donner caution.

602. Si l'usufruitier ne trouve pas de caution, les immeubles sont donnés à ferme ou mis en séquestre ; — les sommes comprises dans l'usufruit sont placées ; — les denrées sont vendues, et le prix en provenant est pareillement placé ; — les intérêts de ces sommes et les prix des fermes appartiennent, dans ce cas, à l'usufruitier.

603. A défaut d'une caution de la part de l'usufruitier, le propriétaire peut exiger que les meubles qui dépérissent par l'usage soient vendus, pour le prix en être placé comme celui des denrées ; et alors l'usufruitier jouit de l'intérêt pendant son usufruit : cependant l'usufruitier pourra demander, et les juges pourront ordonner, suivant les circonstances, qu'une partie des meubles nécessaires pour son usage lui soit délaissée, sous sa simple caution juratoire, et à la charge de les représenter à l'extinction de l'usufruit.

604. Le retard de donner caution ne prive pas l'usufruitier des fruits auxquels il peut avoir droit ; ils lui sont dus du moment où l'usufruit a été ouvert.

605. L'usufruitier n'est tenu qu'aux réparations d'entretien. — Les grosses réparations demeurent à la charge du propriétaire, à moins qu'elles n'aient été occasionées par le défaut de réparations d'entretien, depuis l'ouverture de l'usufruit ; auquel cas l'usufruitier en est aussi tenu.

606. Les grosses réparations sont celles des gros murs et des voûtes, le rétablissement des poutres et des couvertures entières; — celui des digues et des murs de soutènement et de clôture aussi en entier. — Toutes les autres réparations sont d'entretien.

607. Ni le propriétaire, ni l'usufruitier, ne sont tenus de rebâtir ce qui est tombé de vétusté, ou ce qui a été détruit par cas fortuit.

608. L'usufruitier est tenu, pendant sa jouissance, de toutes les charges annuelles de l'héritage, telles que les contributions et autres qui dans l'usage sont censées charges des fruits.

609. A l'égard des charges qui peuvent être imposées sur la propriété pendant la durée de l'usufruit, l'usufruitier et le propriétaire y contribuent ainsi qu'il suit : — Le propriétaire est obligé de les payer, et l'usufruitier doit lui tenir compte des intérêts. — Si elles sont avancées par l'usufruitier, il a la répétition du capital à la fin de l'usufruit.

610. Le legs fait par un testateur, d'une rente viagère ou pension alimentaire, doit être acquitté par le légataire universel de l'usufruit dans son intégrité, et par le légataire à titre universel de l'usufruit dans la proportion de sa jouissance, sans aucune répétition de leur part.

611. L'usufruitier à titre particulier n'est pas tenu des dettes auxquelles le fonds est hypothéqué : s'il est forcé de les payer, il a son recours contre le propriétaire, sauf ce qui est dit à l'article 1020, au titre *des donations entre-vifs et des testamens. V.* Legs.

612. L'usufruitier, ou universel, ou à titre universel, doit contribuer avec le propriétaire au paiement des dettes, ainsi qu'il suit : — On estime la valeur du fonds sujet à usufruit ; on fixe ensuite la contribution aux dettes à raison de cette valeur. — Si l'usufruitier veut avancer la somme pour laquelle le fonds doit contribuer, le capital lui en est restitué à la fin de l'usufruit, sans aucun intérêt. — Si l'usufruitier ne veut pas faire cette avance, le propriétaire a le choix, ou de payer cette somme, et, dans ce cas, l'usufruitier lui tient compte des intérêts pendant la durée de l'usufruit, ou de faire vendre jusqu'à due concurrence une portion des biens soumis à l'usufruit.

613. L'usufruitier n'est tenu que des frais des procès qui concernent la jouissance, et des autres condamnations auxquelles ces procès pourraient donner lieu.

614. Si, pendant la durée de l'usufruit, un tiers commet quelque usurpation sur le fonds, ou attente autrement aux droits du propriétaire, l'usufruitier est tenu de le dénoncer à celui-ci : faute de ce, il est responsable de tout le dommage qui peut en résulter pour le propriétaire, comme il le serait de dégradations commises par lui-même.

615. Si l'usufruit n'est établi que sur un animal qui vient à périr sans la faute de l'usufrui-

tier, celui-ci n'est pas tenu d'en rendre un autre, ni d'en payer l'estimation.

616. Si le troupeau sur lequel un usufruit a été établi, périt entièrement par accident ou par maladie, et sans la faute de l'usufruitier, celui-ci n'est tenu envers le propriétaire que de lui rendre compte des cuirs ou de leur valeur. — Si le troupeau ne périt pas entièrement, l'usufruitier est tenu de remplacer, jusqu'à concurrence du croît, les têtes des animaux qui ont péri.

Sect. 3, comment l'usufruit prend fin.

617. L'usufruit s'éteint, — par la mort naturelle et par la mort civile de l'usufruitier ; — par l'expiration du temps pour lequel il a été accordé ;— par la consolidation ou la réunion sur la même tête, des deux qualités d'usufruitier et de propriétaire ; — par le non usage du droit pendant trente ans ; — par la perte totale de la chose sur laquelle l'usufruit est établi.

618. L'usufruit peut aussi cesser par l'abus que l'usufruitier fait de sa jouissance, soit en commettant des dégradations sur le fonds, soit en le laissant dépérir faute d'entretien. — Les créanciers de l'usufruitier peuvent intervenir dans les contestations, pour la conservation de leurs droits ; ils peuvent offrir la réparation des dégradations commises, et des garanties pour l'avenir. — Les juges peuvent, suivant la gravité des circonstances, ou prononcer l'extinction absolue de l'usufruit, ou n'ordonner la rentrée du propriétaire dans la jouissance de l'objet qui en est grevé, que sous la charge de payer annuellement à l'usufruitier, ou à ses ayans cause, une somme déterminée, jusqu'à l'instant où l'usufruit aurait dû cesser.

619. L'usufruit qui n'est pas accordé à des particuliers, ne dure que trente ans.

620. L'usufruit accordé jusqu'à ce qu'un tiers ait atteint un âge fixe, dure jusqu'à cette époque, encore que le tiers soit mort avant l'âge fixé.

621. La vente de la chose sujette à usufruit ne fait aucun changement dans le droit de l'usufruitier ; il continue de jouir de son usufruit s'il n'y a pas formellement renoncé.

622. Les créanciers de l'usufruitier peuvent faire annuler la renonciation qu'il aura faite à leur préjudice.

623. Si une partie seulement de la chose soumise à l'usufruit est détruite, l'usufruit se conserve sur ce qui reste.

624. Si l'usufruit n'est établi que sur un bâtiment, et que ce bâtiment soit détruit par un incendie, ou autre accident, ou qu'il s'écroule de vétusté, l'usufruitier n'aura le droit de jouir ni du sol ni des matériaux. — Si l'usu-

fruit était établi sur un domaine dont le bâtiment faisait partie, l'usufruitier jouirait du sol et des matériaux.

II. DISPOSITIONS ADDITIONNELLES.

COMMUNAUTÉ. *C. Civ.* 1403. Les coupes de bois et les produits des carrières et mines tombent dans la communauté pour tout ce qui en est considéré comme usufruit, d'après les règles expliquées au titre *de l'usufruit, de l'usage et de l'habitation (ci-dessus). V.* COMMUNAUTÉ.

1409. La communauté se compose passivement, — 1°.... 4° des réparations usufructuaires des immeubles qui n'entrent point en communauté.

1422. (Le mari, pendant la communauté), peut disposer des effets mobiliers à titre gratuit et particulier, au profit de toutes personnes, pourvu qu'il ne s'en réserve pas l'usufruit.

DONATION ET LEGS. *C. Civ.* 899. Sera (valable) la disposition entre-vifs ou testamentaire par laquelle l'usufruit sera donné à l'un, et la nue-propriété à l'autre.

917. Si la disposition par acte entre-vifs ou par testament est d'un usufruit ou d'une rente viagère dont la valeur excède la quotité disponible, les héritiers au profit desquels la loi fait une réserve auront l'option ou d'exécuter cette disposition, ou de faire l'abandon de la propriété de la quotité disponible.

949. Il est permis au donateur de faire la réserve à son profit, ou de disposer au profit d'un autre de la jouissance ou de l'usufruit des biens meubles ou immeubles donnés.

950. Lorsque la donation d'effets mobiliers aura été faite avec réserve d'usufruit, le donataire sera tenu, à l'expiration de l'usufruit, de prendre les effets donnés qui se trouveront en nature, dans l'état où ils seront ; et il aura action contre le donateur ou ses héritiers, pour raison des objets non existans, jusqu'à concurrence de la valeur qui leur aura été donnée dans l'état estimatif.

1020. Si, avant le testament ou depuis, la chose léguée est grevée d'un usufruit, celui qui doit acquitter le legs n'est point tenu de le dégager, à moins qu'il n'ait été chargé de le faire par une disposition expresse du testateur.

DOT (*régime dotal*). *C. Civ.* 1555. La femme peut, avec l'autorisation de son mari, ou, sur son refus, avec permission de justice, donner ses biens dotaux pour l'établissement des enfans qu'elle aurait d'un mariage antérieur ; mais si elle n'est autorisée que par justice, elle doit réserver la jouissance à son mari.

1562. Le mari est tenu, à l'égard des biens dotaux, de toutes les obligations de l'usufruitier.

1568. Si un usufruit a été constitué en dot, le mari ou ses héritiers ne sont obligés, à la dissolution du mariage, que de restituer le droit d'usufruit, et non les fruits échus durant le mariage.

EXPROPRIATION. *C. Civ.* 2204. Le créancier peut poursuivre l'expropriation, — 1° des biens immobiliers et de leurs accessoires réputés immeubles appartenant en propriété à son débiteur ; — 2° de l'usufruit appartenant au débiteur sur les biens de même nature.

HYPOTHÈQUE. *C. Civ.* 2118. Sont seuls susceptibles d'hypothèque, — 1° les biens immobiliers qui sont dans le commerce, et leurs accessoires réputés immeubles ; — 2° l'usufruit des mêmes biens et accessoires pendant le temps de sa durée.

PRESCRIPTION. *C. Civ.* 2236. Ceux qui possèdent pour autrui ne prescrivent jamais, par quelque laps de temps que ce soit. — Ainsi l'usufruitier, et tous autres qui détiennent précairement la chose du propriétaire, ne peuvent la prescrire.

SUCCESSION. *C. Civ.* 755. A défaut de frères ou sœurs ou de descendans d'eux, et à défaut d'ascendans dans l'une ou l'autre ligne, la succession est déférée pour moitié aux ascendans survivans, et pour l'autre moitié aux parens les plus proches de l'autre ligne. — S'il y a concours de parens collatéraux au même degré, ils partagent par tête.

754. Dans le cas de l'article précédent le père ou la mère survivant a l'usufruit du tiers des biens auxquels il ne succède pas en propriété.

USUFRUIT LÉGAL. *V.* JOUISSANCE.

USURE. *V.* INTÉRÊT.

USURPATION.

Usurpation de titres ou fonctions.

C. Pén. (liv. 5, tit. 1, ch. 3, sect. 4, § 7, art. 258-259). — 258. Quiconque, sans titre, se sera immiscé dans des fonctions publiques, civiles ou militaires, ou aura fait les actes d'une de ces fonctions, sera puni d'un emprisonnement de deux à cinq ans, sans préjudice de la peine de faux, si l'acte porte le caractère de ce crime.

259. Toute personne qui aura publiquement porté un costume, un uniforme ou une décoration qui ne lui appartiendra pas, sera punie d'un emprisonnement de six mois à deux ans.

UTÉRINS (PARENS). *V.* CONSANGUINS.

UTILITÉ PUBLIQUE. *V.* EXPROPRIATION.

V

VACANS (BIENS).

C. Civ. 539. Tous les biens vacans et sans maître appartiennent au domaine public.

VACANTE (SUCCESSION).

I. A DÉFAUT D'HÉRITIERS LÉGITIMES.

Dispositions générales.

C. Civ. 539. Tous les biens des personnes qui décèdent sans héritiers, ou dont les successions sont abandonnées, appartiennent au domaine public.

723. La loi règle l'ordre de succéder entre les héritiers légitimes : à leur défaut, les biens passent aux enfans naturels, ensuite à l'époux survivant ; et s'il n'y en a pas, à l'État.

724. Les enfans naturels, l'époux survivant et l'État doivent se faire envoyer en possession (de la succession) par justice dans les formes qui seront déterminées (*V.* ci-après).

Des droits des enfans naturels.

C. Civ. 758. L'enfant naturel a droit à la totalité des biens, lorsque ses père ou mère ne laissent pas de parens au degré successible.

Des droits du conjoint survivant et de l'État.

C. Civ. (liv. 3, tit. 1, ch. 4, sect. 2, art. 767-773). — 767. Lorsque le défunt ne laisse ni parens au degré successible, ni enfans naturels, les biens de sa succession appartiennent au conjoint non divorcé qui lui survit.

768. A défaut de conjoint survivant, la succession est acquise à l'État.

769. Le conjoint survivant et l'administration des domaines qui prétendent droit à la succession, sont tenus de faire apposer les scellés, et de faire faire inventaire dans les formes prescrites pour l'acceptation des successions sous bénéfice d'inventaire.

770. Ils doivent demander l'envoi en possession au tribunal de première instance dans le ressort duquel la succession est ouverte. Le tribunal ne peut statuer sur la demande qu'après trois publications et affiches dans les formes usitées, et après avoir entendu le procureur du Roi.

771. L'époux survivant est encore tenu de faire emploi du mobilier, ou de donner caution suffisante pour en assurer la restitution, au cas où il se présenterait des héritiers du défunt, dans l'intervalle de trois ans : après ce délai, la caution est déchargée.

772. L'époux survivant ou l'administration des domaines qui n'auraient pas rempli les formalités qui leur sont respectivement prescrites, pourront être condamnés aux dommages et intérêts envers les héritiers, s'il s'en représente.

773. Les dispositions des articles 769, 770, 771 et 772, sont communes aux enfans naturels appelés à défaut de parens.

II. PAR SUITE DE RÉPUDIATION.

1° *Dispositions générales.*

Des successions vacantes.

C. Civ. (liv. 3, tit. 1, ch. 3, sect. 6, art. 811-814). — 811. Lorsqu'après l'expiration des délais pour faire inventaire et pour délibérer, il ne se présente personne qui réclame une succession, qu'il n'y a pas d'héritier connu, ou que les héritiers connus y ont renoncé, cette succession est réputée vacante.

812. Le tribunal de première instance dans l'arrondissement duquel elle est ouverte, nomme un curateur sur la demande des personnes intéressées, ou sur la réquisition du procureur du Roi.

813. Le curateur à une succession vacante est tenu, avant tout, d'en faire constater l'état par un inventaire : il en exerce et poursuit les droits ; il répond aux demandes formées contre elle ; il administre, sous la charge de faire verser le numéraire qui se trouve dans la succession, ainsi que les deniers provenant du prix des meubles ou immeubles vendus, dans la caisse du receveur de la régie royale, pour la conservation des droits, et à la charge de rendre compte à qui il appartiendra.

814. Les dispositions de la section 3 du présent chapitre (art. 793-810, V. BÉNÉFICE D'INVENTAIRE), sur les formes de l'inventaire, sur le mode d'administration et sur les comptes à rendre de la part de l'héritier bénéficiaire, sont, au surplus, communes aux curateurs à successions vacantes.

2° *Du curateur à une succession vacante.*

C. Proc. (2e part., liv. 2, tit. 10, art. 998-1002). — 998. Lorsqu'après l'expiration des délais pour faire inventaire et pour délibérer, il ne se présente personne qui réclame une succession, qu'il n'y a pas d'héritier connu, ou que les héritiers connus y ont renoncé, cette succession est réputée vacante ; elle est pourvue d'un curateur, conformément à l'article 812 du Code Civil (ci-dessus).

999. En cas de concurrence entre deux ou

plusieurs curateurs, le premier nommé sera préféré, sans qu'il soit besoin de jugement.

1000. Le curateur est tenu, avant tout, de faire constater l'état de la succession par un inventaire, si fait n'a été, et de faire vendre les meubles suivant les formalités prescrites aux titres *de l'inventaire* (art. 941-944, V. INVENTAIRE) *et de la vente du mobilier* (art. 945-952, V. MOBILIÈRE [vente]).

1001. Il ne pourra être procédé à la vente des immeubles et rentes que suivant les formes qui ont été prescrites au titre *du bénéfice d'inventaire.* (Art. 986-996, V. BÉNÉFICE D'INVENTAIRE.)

1002. Les formalités prescrites pour l'héritier bénéficiaire s'appliqueront également au mode d'administration et au compte à rendre par le curateur à la succession vacante.

Dispositions du tarif civil.

77. (Pr. 998.) Requête pour faire nommer un curateur à une succession vacante. — Paris, 3 fr. — Ressort, 2 fr. 25 c. (V. TARIF.) — Elle ne sera point grossoyée, et la vacation pour prendre l'ordonnance est comprise.

128. Les émolumens des avoués pour dresser le cahier des charges, en faire le dépôt au greffe, et pour les publications, les extraits à placarder et à insérer dans les journaux, les adjudications préparatoires et définitives seront réglés et taxés comme en saisie immobilière, lorsqu'il s'agira, —1°...—(Pr. 1001.) 5° de vente d'immeubles dépendans d'une succession vacante. V. IMMOBILIÈRE (saisie).

3° *Dispositions additionnelles.*

CONCILIATION. C. Proc. 49. Sont dispensées du préliminaire de la conciliation, — 1° les demandes qui intéressent les curateurs aux successions vacantes.

PRESCRIPTION. C. Civ. 2258. La prescription court contre une succession vacante, quoique non pourvue de curateur.

VACATION. V. TARIF.

VAGABONDAGE.

1° *Dispositions générales.*

C. Inst. cr. 113. Les vagabonds ne pourront, en aucun cas, être mis en liberté provisoire.

Vagabondage.

C. Pén. (liv. 3, tit. 1, ch. 3, sect. 5, § 2, art. 269-273). — 269. Le vagabondage est un délit.

270. Les vagabonds ou gens sans aveu sont ceux qui n'ont ni domicile certain, ni moyens de subsistance, et qui n'exercent habituellement ni métier, ni profession.

271. Les vagabonds ou gens sans aveu qui auront été légalement déclarés tels, seront, pour ce seul fait, punis de trois à six mois d'emprisonnement. Ils seront renvoyés, après avoir subi leur peine, sous la surveillance de la haute police pendant cinq ans au moins et dix ans au plus.—Néanmoins

les vagabonds âgés de moins de seize ans ne pourront être condamnés à la peine d'emprisonnement ; mais sur la preuve des faits de vagabondage, ils seront renvoyés sous la surveillance de la haute police jusqu'à l'âge de vingt ans accomplis, à moins qu'avant cet âge ils n'aient contracté un engagement régulier dans les armées de terre ou de mer.

272. Les individus déclarés vagabonds par jugement pourront, s'ils sont étrangers, être conduits, par les ordres du Gouvernement, hors du territoire du royaume.

273. Les vagabonds nés en France pourront, après un jugement même passé en force de chose jugée, être réclamés par délibération du conseil municipal de la commune où ils sont nés, ou cautionnés par un citoyen solvable. — Si le Gouvernement accueille la réclamation ou agrée la caution, les individus ainsi réclamés ou cautionnés seront, par ses ordres, renvoyés ou conduits dans la commune qui les a réclamés, ou dans celle qui leur sera assignée pour résidence, sur la demande de la caution.

2° *Dispositions communes aux vagabonds et mendians.* (*Art.* 277-281.) *V.* MENDICITÉ.

VAINE PATURE. *V.* PARCOURS.

VENTE.

I. DISPOSITIONS GÉNÉRALES.
De la vente.
C. *Civ.* (*liv.* 3, *tit.* 6, *art.* 1582-1701).
Chap. 1, *de la nature et de la forme de la vente.*

1582. La vente est une convention par laquelle l'un s'oblige à livrer une chose, et l'autre à la payer. — Elle peut être faite par acte authentique ou sous seing privé.

1583. Elle est parfaite entre les parties, et la propriété est acquise de droit à l'acheteur à l'égard du vendeur, dès qu'on est convenu de la chose et du prix, quoique la chose n'ait pas encore été livrée ni le prix payé.

1584. La vente peut être faite purement et simplement, ou sous une condition soit suspensive, soit résolutoire.— Elle peut aussi avoir pour objet deux ou plusieurs choses alternatives. — Dans tous ces cas, son effet est réglé par les principes généraux des conventions.

1585. Lorsque des marchandises ne sont pas vendues en bloc, mais au poids, au compte ou à la mesure, la vente n'est point parfaite, en ce sens que les choses vendues sont aux risques du vendeur jusqu'à ce qu'elles soient pesées, comptées ou mesurées ; mais l'acheteur peut en demander ou la délivrance ou des dommages-intérêts, s'il y a lieu, en cas d'inexécution de l'engagement.

1586. Si, au contraire, les marchandises ont été vendues en bloc, la vente est parfaite, quoique les marchandises n'aient pas encore été pesées, comptées ou mesurées.

1587. A l'égard du vin, de l'huile, et des autres choses que l'on est dans l'usage de goûter avant d'en faire l'achat, il n'y a point de vente tant que l'acheteur ne les a pas goûtées et agréées.

1588. La vente faite à l'essai est toujours présumée faite sous une condition suspensive.

1589. La promesse de vente vaut vente, lorsqu'il y a consentement réciproque des deux parties sur la chose et sur le prix.

1590. Si la promesse de vendre a été faite avec des arrhes, chacun des contractans est maître de s'en départir, — celui qui les a données, en les perdant, — et celui qui les a reçues, en restituant le double.

1591. Le prix de la vente doit être déterminé et désigné par les parties.

1592. Il peut cependant être laissé à l'arbitrage d'un tiers : si le tiers ne veut ou ne peut faire l'estimation, il n'y a point de vente.

1593. Les frais d'actes et autres accessoires à la vente sont à la charge de l'acheteur.

Chap. 2, *qui peut acheter ou vendre.*
V. CAPACITÉ.

Chap. 3, *des choses qui peuvent être vendues.*

1598. Tout ce qui est dans le commerce, peut être vendu lorsque des lois particulières n'en ont pas prohibé l'aliénation.

1599. La vente de la chose d'autrui est nulle : elle peut donner lieu à des dommages-intérêts lorsque l'acheteur a ignoré que la chose fût à autrui.

1600. On ne peut vendre la succession d'une personne vivante, même de son consentement.

1601. Si au moment de la vente la chose vendue était périe en totalité, la vente serait nulle. — Si une partie seulement de la chose est périe, il est au choix de l'acquéreur d'abandonner la vente, ou de demander la partie conservée, en faisant déterminer le prix par la ventilation.

Chap. 4, *des obligations du vendeur.*
Sect. 1, *dispositions générales.*

1602. Le vendeur est tenu d'expliquer clairement ce à quoi il s'oblige. — Tout pacte obscur ou ambigu s'interprète contre le vendeur.

1603. Il a deux obligations principales, celle de délivrer et celle de garantir la chose qu'il vend.

Sect. 2, *de la délivrance. V.* DÉLIVRANCE.
Sect. 3, *de la garantie. V.* GARANTIE.
§ 1er, *de la garantie en cas d'éviction.*
V. ÉVICTION.

§ 2, *de la garantie des défauts de la chose vendue. V.* REDHIBITOIRES (*vices*).

Chap. 5, *des obligations de l'acheteur. V.* ACHETEUR.

Chap. 6, *de la nullité et de la résolution de la vente.*

1658. Indépendamment des causes de nullité ou de résolution déjà expliquées dans ce titre, et de celles qui sont communes à toutes les conventions, le contrat de vente peut être résolu par l'exercice de la faculté de rachat et par la vilité du prix.

Sect. 1re, *de la faculté de rachat. V.* RACHAT.

Sect. 2, *de la rescision de la vente pour cause de lésion. V.* RESCISION.

Chap. 7, *de la licitation. V.* LICITATION.

Chap. 8, *du transport des créances et autres droits incorporels. V.* TRANSPORT.

II. DISPOSITIONS ADDITIONNELLES.

ABSENT. *C. Civ.* 128. Tous ceux qui ne jouiront qu'en vertu de l'envoi provisoire, ne pourront aliéner les immeubles de l'absent.

132. Si l'absent reparaît, ou si son existence est prouvée, même après l'envoi définitif, il recouvrera ses biens dans l'état où ils se trouveront, le prix de ceux qui auraient été aliénés ou les biens provenant de l'emploi qui aurait été fait du prix de ses biens vendus.

BONNE FOI. *C. Civ.* 1380. Si celui qui a reçu de bonne foi (ce qui ne lui était pas dû), a vendu la chose, il ne doit restituer que le prix de la vente.

CESSION DE BIENS. *C. Proc.* 904. Le jugement qui admettra au bénéfice de cession, vaudra pouvoir aux créanciers, à l'effet de faire vendre les biens meubles et immeubles du débiteur ; et il sera procédé à cette vente dans les formes prescrites pour les héritiers sous bénéfice d'inventaire.

COMMISSIONNAIRE. *C. Com.* 106. En cas de refus ou contestation pour la réception des objets transportés, — la vente peut en être ordonnée en faveur du voiturier, jusqu'à concurrence du prix de la voiture.

COMMUNAUTÉ. *C. Civ.* 1421. Le mari peut vendre et aliéner (les biens de la communauté) sans le concours de la femme.

1507. Lorsque l'immeuble ou les immeubles de la femme sont ameublis en totalité, le mari en peut disposer comme des autres effets de la communauté, et les aliéner en totalité. — Si l'immeuble n'est ameubli que pour une certaine somme, le mari ne peut aliéner qu'avec le consentement de la femme ; mais il peut l'hypothéquer sans son consentement, jusqu'à concurrence seulement de la portion ameublie.

1508. Le mari ne peut, comme en l'article précédent, aliéner en tout ou en partie, sans le consentement de sa femme, les immeubles sur lesquels est établi l'ameublissement indéterminé ; mais il peut les hypothéquer jusqu'à concurrence de cet ameublissement.

DOT (*régime dotal*). *C. Civ.* 1554. Les immeubles constitués en dot ne peuvent être aliénés ou hypothéqués pendant le mariage, ni par le mari, ni par la femme, ni par les deux conjointement ; sauf les exceptions qui (sont établies par la loi). *V.* DOTAL (*régime*).

(*Biens paraphernaux.*) *C. Civ.* 1576. La femme ne peut aliéner (ses biens paraphernaux) sans l'autorisation du mari, ou, à son refus, sans la permission de la justice.

FEMME MARIÉE. *C. Civ.* 217. La femme, même non commune ou séparée de biens, ne peut aliéner sans le concours du mari dans l'acte, ou son consentement par écrit. *V.* FEMME MARIÉE.

MANDAT. *C. Civ.* 1988. S'il s'agit d'aliéner, le mandat doit être exprès.

PRIVILÈGE. *C. Civ.* 2102. Les créances privilégiées sur certains meubles sont, — 1o..... 4o le prix d'effets mobiliers non payés, s'ils sont encore en la possession du débiteur, soit qu'il ait acheté à terme ou sans terme ; — si la vente a été faite sans terme, le vendeur peut même revendiquer ces effets tant qu'ils sont en la possession de l'acheteur, et en empêcher la revente, pourvu que la revendication soit faite dans la huitaine de la livraison, et que les effets se trouvent dans le même état dans lequel cette livraison a été faite ; — le privilège du vendeur ne s'exerce toutefois qu'après celui du propriétaire de la maison ou de la ferme, à moins qu'il ne soit prouvé que le propriétaire avait connaissance que les meubles et autres objets garnissant sa maison ou sa ferme n'appartenaient pas au locataire ; — il n'est rien innové aux lois et usages du commerce sur la revendication.

2103. Les créanciers privilégiés sur les immeubles sont, — 1o le vendeur, sur l'immeuble vendu, pour le paiement du prix ; — s'il y a plusieurs ventes successives dont le prix soit dû en tout ou en partie, le premier vendeur est préféré au second ; le deuxième au troisième, et ainsi de suite ; — 2o ceux qui ont fourni les deniers pour l'acquisition d'un immeuble, pourvu qu'il soit authentiquement constaté par l'acte d'emprunt que la somme était destinée à cet emploi, et, par la quittance du vendeur, que ce paiement a été fait des deniers empruntés.

2108. Le vendeur privilégié conserve son privilège par la transcription du titre qui a transféré la propriété à l'acquéreur, et qui constate que la totalité ou partie du prix lui est due ; à l'effet de quoi la transcription du contrat faite par l'acquéreur vaudra inscription pour le vendeur et pour le prêteur qui lui aura fourni les deniers payés, et qui sera subrogé aux droits du vendeur par le même contrat : sera néanmoins le conservateur des hypothèques tenu, sous peine de tous dommages et intérêts envers les tiers, de faire d'office l'inscription sur son registre des créances résultant de l'acte translatif de propriété, tant en faveur du vendeur qu'en faveur des prêteurs, qui pourront aussi faire faire, si elle ne l'a été, la transcription du contrat de vente, à l'effet d'acquérir l'inscription de ce qui leur est dû sur le prix.

RENTE VIAGÈRE. *C. Civ.* 1978. Le seul défaut de paiement des arrérages de la rente (viagère) n'autorise point celui en faveur de qui elle est constituée à demander le remboursement du capital, ou à rentrer dans le fonds par lui aliéné ; il n'a que le droit de saisir et de faire vendre les biens de son débiteur, et de faire ordonner ou consentir, sur le produit de la vente, l'emploi d'une somme suffisante pour le service des arrérages.

SAISIE IMMOBILIÈRE. *C. Proc.* 692. La partie saisie ne peut, à compter du jour de la dénonciation à elle faite de la saisie, aliéner les immeubles, à peine de nullité, et sans qu'il soit besoin de la faire prononcer.

693. Néanmoins l'aliénation ainsi faite aura son exécution, si avant l'adjudication l'acquéreur consigne somme suffisante pour acquitter, en principal, intérêts et frais, les créances inscrites, et signifier l'acte de consignation aux créanciers inscrits. — Si les deniers ainsi déposés ont été empruntés, les prêteurs n'auront d'hypothèque que postérieurement aux créanciers inscrits lors de l'aliénation.

USUFRUIT. *C. Civ.* 601. Le vendeur ou le donateur sous réserve d'usufruit ne sont pas tenus de donner caution.

621 La vente de la chose sujette à usufruit ne fait aucun changement dans le droit de l'usufruitier ; il continue de jouir de son usufruit s'il n'y a pas formellement renoncé.

III. VENTES DIVERSES

1° *Ventes immobilières et mobilières. V.* IMMOBILIÈRES, MOBILIÈRES (*ventes*).

2° *Ventes de biens de mineurs et d'interdits.*
V. MINEUR.

3° *Ventes à fonds perdu. V.* VIAGÈRE (*rente*).

4° *Ventes sur saisie. V.* SAISIE.

VENTILATION.

C. Civ. 1601. Si, au moment de la vente,

une partie seulement de la chose est périe, il est au choix de l'acquéreur d'abandonner la vente, ou de demander la partie conservée, en faisant déterminer le prix par la ventilation.

2192. Dans le cas où le titre du nouveau propriétaire comprendrait des immeubles et des meubles, ou plusieurs immeubles, les uns hypothéqués, les autres non hypothéqués, situés dans le même ou dans divers arrondissemens de bureaux, aliénés pour un seul et même prix, ou pour des prix distincts et séparés, soumis ou non à la même exploitation, le prix de chaque immeuble frappé d'inscriptions particulières et séparées, sera déclaré dans la notification du nouveau propriétaire, par ventilation, s'il y a lieu, du prix total exprimé dans le titre.

2211. Si les biens hypothéqués au créancier, et les biens non hypothéqués, ou les biens situés dans divers arrondissemens, font partie d'une seule et même exploitation, la vente des uns et des autres est poursuivie ensemble, si le débiteur le requiert ; et ventilation se fait du prix de l'adjudication, s'il y a lieu.

VÉRIFICATION DES CRÉANCES (DE FAILLITE).

De la vérification des créances.

C. Com. (*liv. 3, tit. 1, ch. 7, sect. 4, art.* 501-513). — 501. La vérification des créances sera faite sans délai ; le commissaire veillera à ce qu'il y soit procédé diligemment, à mesure que les créanciers se présenteront.

502. Tous les créanciers du failli seront avertis, à cet effet, par les papiers publics et par lettres des syndics, de se présenter, dans le délai de quarante jours, par eux ou par leurs fondés de pouvoir, aux syndics de la faillite ; de leur déclarer à quel titre et pour quelle somme ils sont créanciers, et de leur remettre leurs titres de créance, ou de les déposer au greffe du tribunal de commerce. Il leur en sera donné récépissé.

503. La vérification des créances sera faite contradictoirement entre le créancier ou son fondé de pouvoir et les syndics, et en présence du juge-commissaire, qui en dressera procès-verbal. Cette opération aura lieu dans les quinze jours qui suivront le délai fixé par l'article précédent.

504. Tout créancier dont la créance aura été vérifiée et affirmée, pourra assister à la vérification des autres créances, et fournir tout contredit aux vérifications faites ou à faire.

505. Le procès-verbal de vérification énoncera la représentation des titres de créance, le domicile des créanciers et de leurs fondés de pouvoir. — Il contiendra la description sommaire des titres, lesquels seront rapprochés des registres du

failli. — Il mentionnera les surcharges, ratures et interlignes. — Il exprimera que le porteur est légitime créancier de la somme par lui réclamée.

— Le commissaire pourra, suivant l'exigence des cas, demander aux créanciers la représentation de leurs registres, ou l'extrait fait par les juges de commerce du lieu, en vertu d'un compulsoire; il pourra aussi, d'office, renvoyer devant le tribunal de commerce, qui statuera sur son rapport.

506. Si la créance n'est pas contestée, les syndics signeront sur chacun des titres la déclaration suivante : — *Admis au passif de la faillite de ***, pour la somme de..... le.....* Le visa du commissaire sera mis au bas de la déclaration.

507. Chaque créancier, dans le délai de huitaine, après que sa créance aura été vérifiée, sera tenu d'affirmer, entre les mains du commissaire, que ladite créance est sincère et véritable.

508. Si la créance est contestée en tout ou en partie, le juge-commissaire, sur la réquisition des syndics, pourra ordonner la représentation des titres du créancier, et le dépôt de ces titres au greffe du tribunal de commerce. Il pourra même, sans qu'il soit besoin de citation, renvoyer les parties, à bref délai, devant le tribunal de commerce, qui jugera sur son rapport.

509. Le tribunal de commerce pourra ordonner qu'il soit fait, devant le commissaire, enquête sur les faits, et que les personnes qui pourront fournir des renseignemens soient à cet effet citées par-devant lui.

510. A l'expiration des délais fixés pour les vérifications des créances, les syndics dresseront un procès-verbal contenant les noms de ceux des créanciers qui n'auront pas comparu. Ce procès-verbal, clos par le commissaire, les établira en demeure.

511. Le tribunal de commerce, sur le rapport du commissaire, fixera, par jugement, un nouveau délai pour la vérification. — Ce délai sera déterminé d'après la distance du domicile du créancier en demeure, de manière qu'il y ait un jour par chaque distance de trois myriamètres : à l'égard des créanciers résidant hors de France, on observera les délais ordonnés par l'article 73 du Code de Procédure civile. *V.* Ajournement.

512. Le jugement qui fixera le nouveau délai, sera notifié aux créanciers, au moyen des formalités voulues par l'article 683 du Code de Procédure civile (*V.* Immobilière [*saisie*].); l'accomplissement de ces formalités vaudra signification à l'égard des créanciers qui n'auront pas comparu, sans que, pour cela, la nomination des syndics définitifs soit retardée.

513. A défaut de comparution et affirmation dans le délai fixé par le jugement, les défaillans ne seront pas compris dans les répartitions à faire. — Toutefois la voie de l'opposition leur sera ouverte jusqu'à la dernière distribution des deniers inclusivement, mais sans que les défaillans, quand même ils seraient des créanciers inconnus, puissent rien prétendre aux répartitions consommées, qui, à leur égard, seront réputées irrévocables, et sur lesquelles ils seront entièrement déchus de la part qu'ils auraient pu prétendre.

VÉRIFICATION D'ÉCRITURES.

Dispositions générales.

C. Civ. 1324. Dans le cas où la partie désavoue son écriture ou sa signature, et dans le cas où ses héritiers ou ayans cause déclarent ne les point connaître, la vérification en est ordonnée en justice.

C. Proc. 49. Sont dispensées du préliminaire de la conciliation, — 1º... 7º les demandes en vérification d'écritures.

De la vérification des écritures.

C. Proc. (*liv.* 2, *tit.* 10, *art.* 193-213). — 193. Lorsqu'il s'agira de reconnaissance et vérification d'écritures privées, le demandeur pourra, sans permission du juge, faire assigner à trois jours pour avoir acte de la reconnaissance, ou pour faire tenir l'écrit pour reconnu. — Si le défendeur ne dénie pas la signature, tous les frais relatifs à la reconnaissance ou à la vérification, même ceux de l'enregistrement de l'écrit, seront à la charge du demandeur.

194. Si le défendeur ne comparaît pas, il sera donné défaut, et l'écrit sera tenu pour reconnu : si le défendeur reconnaît l'écrit, le jugement en donnera acte au demandeur.

195. Si le défendeur dénie la signature à lui attribuée, ou déclare ne pas reconnaître celle attribuée à un tiers, la vérification en pourra être ordonnée tant par titres que par experts et par témoins.

196. Le jugement qui autorisera la vérification, ordonnera qu'elle sera faite par trois experts, et les nommera d'office, à moins que les parties ne se soient accordées pour les nommer. Le même jugement commettra le juge devant qui la vérification se fera; il portera aussi que la pièce à vérifier sera déposée au greffe, après que son état aura été constaté, et qu'elle aura été signée et paraphée par le demandeur ou son avoué, et par le greffier, lequel dressera du tout un procès-verbal.

197. En cas de récusation contre le juge-commissaire ou les experts, il sera procédé ainsi qu'il est prescrit aux titres 14 (*art.* 302-323. *V.* Ex-

PERTS.) et 21 du présent livre. (*Art.* 378-396. *V.* RÉCUSATION.)

198. Dans les trois jours du dépôt de la pièce, le défendeur pourra en prendre communication au greffe sans déplacement : lors de ladite communication, la pièce sera paraphée par lui ou par son avoué, ou par son fondé de pouvoir spécial ; et le greffier en dressera procès-verbal.

199. Au jour indiqué par l'ordonnance du juge commissaire, et sur la sommation de la partie la plus diligente, signifiée à avoué s'il en a été constitué, sinon à domicile, par un huissier commis par ladite ordonnance, les parties seront tenues de comparaître devant ledit commissaire, pour convenir de pièces de comparaison : si le demandeur en vérification ne comparaît pas, la pièce sera rejetée ; si c'est le défendeur, le juge pourra tenir la pièce pour reconnue. Dans les deux cas, le jugement sera rendu à la prochaine audience, sur le rapport du juge commissaire, sans acte à venir plaider : il sera susceptible d'opposition.

200. Si les parties ne s'accordent pas sur les pièces de comparaison, le juge ne pourra recevoir comme telles, — 1º que les signatures apposées aux actes par-devant notaires, ou celles apposées aux actes judiciaires en présence du juge et du greffier, ou enfin les pièces écrites et signées par celui dont il s'agit de comparer l'écriture, en qualité de juge, greffier, notaire, avoué, huissier, ou comme faisant, à tout autre titre, fonction de personne publique ; — 2º les écritures et signatures privées, reconnues par celui à qui est attribuée la pièce à vérifier, mais non celles déniées ou non reconnues par lui, encore qu'elles eussent été précédemment vérifiées et reconnues être de lui. — Si la dénégation ou méconnaissance ne porte que sur partie de la pièce à vérifier, le juge pourra ordonner que le surplus de ladite pièce servira de pièce de comparaison.

201. Si les pièces de comparaison sont entre les mains de dépositaires publics ou autres, le juge-commissaire ordonnera qu'aux jour et heure par lui indiqués, les détenteurs desdites pièces les apporteront au lieu où se fera la vérification ; à peine contre les dépositaires publics d'être contraints par corps, et les autres par les voies ordinaires, sauf même à prononcer contre ces derniers la contrainte par corps, s'il y échet.

202. Si les pièces de comparaison ne peuvent être déplacées, ou si les détenteurs sont trop éloignés, il est laissé à la prudence du tribunal d'ordonner, sur le rapport du juge-commissaire, et après avoir entendu le procureur du Roi, que la vérification se fera dans le lieu de la demeure des dépositaires, ou dans le lieu le plus proche, ou

que, dans un délai déterminé, les pièces seront envoyées au greffe par les voies que le tribunal indiquera par son jugement.

203. Dans ce dernier cas, si le dépositaire est personne publique, il fera préalablement expédition ou copie collationnée des pièces, laquelle sera vérifiée sur la minute ou original par le président du tribunal de son arrondissement, qui en dressera procès-verbal : ladite expédition ou copie sera mise par le dépositaire au rang de ses minutes, pour en tenir lieu jusqu'au renvoi des pièces ; et il pourra en délivrer des grosses ou expéditions, en faisant mention du procès-verbal qui aura été dressé. — Le dépositaire sera remboursé de ses frais par le demandeur en vérification, sur la taxe qui en sera faite par le juge qui aura dressé le procès-verbal, d'après lequel sera délivré exécutoire.

204. La partie la plus diligente fera sommer par exploit les experts et les dépositaires de se trouver aux lieu, jour et heure indiqués par l'ordonnance du juge-commissaire ; les experts, à l'effet de prêter serment et de procéder à la vérification, et les dépositaires, à l'effet de représenter les pièces de comparaison : il sera fait sommation à la partie d'être présente, par acte d'avoué à avoué. Il sera dressé du tout procès-verbal : il en sera donné aux dépositaires copie par extrait, en ce qui les concerne, ainsi que du jugement.

205. Lorsque les pièces seront représentées par les dépositaires, il est laissé à la prudence du juge-commissaire d'ordonner qu'ils resteront présens à la vérification, pour la garde desdites pièces, et qu'ils les retireront et représenteront à chaque vacation ; ou d'ordonner qu'elles resteront déposées ès mains du greffier, qui s'en chargera par procès-verbal : dans ce dernier cas, le dépositaire, s'il est personne publique, pourra en faire expédition, ainsi qu'il est dit par l'article 203 ; et ce, encore que le lieu où se fait la vérification soit hors de l'arrondissement dans lequel le dépositaire a le droit d'instrumenter.

206. A défaut ou en cas d'insuffisance des pièces de comparaison, le juge-commissaire pourra ordonner qu'il sera fait un corps d'écritures, lequel sera dicté par les experts, le demandeur présent ou appelé.

207. Les experts ayant prêté serment, les pièces leur étant communiquées, ou le corps d'écritures fait, les parties se retireront, après avoir fait, sur le procès-verbal du juge-commissaire, telles réquisitions et observations qu'elles aviseront.

208. Les experts procèderont conjointement à la vérification, au greffe, devant le greffier ou

48

devant le juge, s'il l'a ainsi ordonné; et s'ils ne peuvent terminer le même jour, ils remettront à jour et heure certains indiqués par le juge, ou par le greffier.

209. Leur rapport sera annexé à la minute du procès-verbal du juge-commissaire, sans qu'il soit besoin de l'affirmer ; les pièces seront remises aux dépositaires, qui en déchargeront le greffier sur le procès-verbal. — La taxe des journées et vacations des experts sera faite sur le procès-verbal, et il en sera délivré exécutoire contre le demandeur en vérification.

210. Les trois experts seront tenus de dresser un rapport commun et motivé, et de ne former qu'un seul avis à la pluralité des voix. — S'il y a des avis différens, le rapport en contiendra les motifs, sans qu'il soit permis de faire connaître l'avis particulier des experts.

211. Pourront être entendus comme témoins, ceux qui auront vu écrire ou signer l'écrit en question, ou qui auront connaissance de faits pouvant servir à découvrir la vérité.

212. En procédant à l'audition des témoins, les pièces déniées ou méconnues leur seront représentées, et seront par eux paraphées ; il en sera fait mention, ainsi que de leur refus : seront, au surplus, observées les règles ci-après prescrites pour les enquêtes. *V.* Enquête.

213. S'il est prouvé que la pièce est écrite ou signée par celui qui l'a déniée, il sera condamné à cent cinquante francs d'amende envers le domaine, outre les dépens, dommages et intérêts de la partie, et pourra être condamné par corps même pour le principal.

Dispositions du tarif civil.

29. (Pr. 204.) Original de sommation aux experts et aux dépositaires des pièces de comparaison, en vérification d'écriture. — Paris, 2 fr. — Partout ailleurs, 1 fr. 50 c. — Chaque copie, le quart.

70. Original de la signification de l'acte de dépôt au greffe de la pièce dont l'écriture est déniée. — (204.) De la sommation de comparaître devant le juge commis en vérification d'écritures, pour être présent au serment des experts et à la représentation des pièces de comparaison.— (206.) De la sommation pour être présent à la confection d'un corps d'écriture. — Paris, 1 fr. — Ressort, 75. c. (*V.* Tarif.) — Chaque copie, le quart.

76. (Pr. 199.) Requête pour obtenir l'ordonnance du juge-commissaire en vérifications d'écritures, à l'effet de sommer la partie adverse de comparaître à jour et heure certains, pour convenir des pièces de comparaison. — (204.) Afin d'obtenir l'ordonnance du commissaire en vérification d'écritures, pour sommer les experts de prêter serment et les dépositaires de représenter les pièces de comparaison. — Elles ne seront pas grossoyées. — Paris, 2 fr. — Ressort, 1 fr. 50 c. — La vacation pour demander l'ordonnance et se la faire délivrer est comprise.

92. (Pr. 196.) Vacation pour déposer au greffe une pièce dont l'écriture est déniée, et assistance au procès-verbal dressé par le greffier de l'état de ladite pièce. — (198.) Pour prendre communication de ladite pièce, et assistance au procès-verbal dressé par le greffier. — (199.) Devant le juge-commissaire, pour convenir de pièces de comparaison. — (207.) Pour être présent au serment des experts et à la représentation des pièces de comparaison, et faire les réquisitions et observations, par chaque vacation. — (206.) A la confection du corps d'écriture fait par le défendeur s'il est ainsi ordonné. — Paris, 6 fr. — Ressort, 4 fr. 50 c.

166.(Pr. 201, 204, 205, 221, 225.) Il sera taxé aux dépositaires qui devront représenter les pièces de comparaison en vérification d'écritures ou arguées de faux, en inscription de faux incident, indépendamment de leurs frais de voyage, par chaque vacation de trois heures devant le juge-commissaire ou le greffier ; savoir :

Aux greffiers — 1º des cours royales, 12 fr.; — 2º des cours d'assises, 12 fr.; — 3º des tribunaux de première instance, 10 fr.

Aux notaires — 1º de Paris, 9 fr.; — 2º des départemens, 6 fr. 75 c.

Aux avoués — 1º des cours royales, 8 fr.; — 2º des tribunaux de première instance, 6 fr.

Aux huissiers — 1º de Paris, 5 fr.; — 2º des départemens, 4 fr.

Aux autres fonctionnaires publics ou autres particuliers, s'ils le requièrent, 6 fr.

VÉTUSTÉ.

C. Civ. 607: Ni le propriétaire, ni l'usufruitier, ne sont tenus de rebâtir ce qui est tombé de vétusté.

624. Si l'usufruit n'est établi que sur un bâtiment, et que ce bâtiment s'écroule de vétusté, l'usufruitier n'aura le droit de jouir ni du sol ni des matériaux. — Si l'usufruit était établi sur un domaine dont le bâtiment faisait partie, l'usufruitier jouirait du sol et des matériaux.

1730. S'il a été fait un état des lieux entre le bailleur et le preneur, celui-ci doit rendre la chose telle qu'il l'a reçue, suivant cet état, excepté ce qui a péri ou a été dégradé par vétusté ou force majeure.

1755. Aucune des réparations réputées locatives, n'est à la charge des locataires, quand elles ne sont occasionées que par vétusté ou force majeure.

VEUVE.

C. Civ. 228. La femme ne peut contracter un nouveau mariage qu'après dix mois révolus depuis la dissolution du mariage précédent.

1465. La veuve (commune en biens), soit qu'elle accepte, soit qu'elle renonce, a droit, pendant les trois mois et quarante jours qui lui sont accordés pour faire inventaire et délibérer, de prendre sa nourriture et celle de ses domestiques sur les provisions existantes, et, à défaut, par emprunt au compte de la masse commune, à la charge d'en user modérément.— Elle ne doit aucun loyer à raison de l'habitation qu'elle a pu faire, pendant ces délais, dans une maison dependante de la communauté ou appartenant aux héritiers du mari ; et si la maison qu'habitaient les époux à l'époque de la dissolution de la communauté, était tenue par eux à titre de loyer, la femme ne contribuera point, pendant les mêmes délais, au paiement dudit loyer, lequel sera pris sur la masse.

VIABILITÉ.

C. Civ. 314. L'enfant né avant le cent quatre-vingtième jour du mariage ne pourra être désavoué par le mari dans les cas suivans : — 1°..... 3° si l'enfant n'est pas déclaré viable.

725. Sont incapables de succéder : — 1° celui qui n'est pas encore conçu ;—2° l'enfant qui n'est pas né viable.

906. Pour être capable de recevoir entre-vifs, il suffit d'être conçu au moment de la donation. — Pour être capable de recevoir par testament, il suffit d'être conçu à l'époque du décès du testateur.— Néanmoins la donation ou le testament n'auront leur effet qu'autant que l'enfant sera né viable.

VIAGÈRE (RENTE).

1° *Dispositions générales.*

C. Civ. 1964. Le contrat aléatoire est une convention réciproque dont les effets, quant aux avantages et aux pertes, soit pour toutes les parties, soit pour l'une ou plusieurs d'entre elles, dépendent d'un évènement incertain. — Tel est — le contrat de rente viagère. *V.* RENTE.

Du contrat de rente viagère.

C. Civ. (liv. 3, tit. 12, ch. 2, art. 1968-1985).

Sect. 1, *des conditions requises pour la validité du contrat.*

1968. La rente viagère peut être constituée à titre onéreux, moyennant une somme d'argent, ou pour une chose mobilière appréciable, ou pour un immeuble.

1969. Elle peut être aussi constituée, à titre purement gratuit, par donation entre-vifs ou par testament. Elle doit être alors revêtue des formes requises par la loi.

1970. Dans le cas de l'article précédent, la rente viagère est réductible, si elle excède ce dont il est permis de disposer : elle est nulle, si elle est au profit d'une personne incapable de recevoir.

1971. La rente viagère peut être constituée, soit sur la tête de celui qui en fournit le prix, soit sur la tête d'un tiers, qui n'a aucun droit d'en jouir.

1972. Elle peut être constituée sur une ou plusieurs têtes.

1973. Elle peut être constituée au profit d'un tiers, quoique le prix en soit fourni par une autre personne. — Dans ce dernier cas, quoiqu'elle ait les caractères d'une libéralité, elle n'est point assujettie aux formes requises pour les donations ; sauf les cas de réduction et de nullité énoncés dans l'article 1970.

1974. Tout contrat de rente viagère créée sur la tête d'une personne qui était morte au jour du contrat, ne produit aucun effet.

1975. Il en est de même du contrat par lequel la rente a été créée sur la tête d'une personne atteinte de la maladie dont elle est décédée dans les vingt jours de la date du contrat.

1976. La rente viagère peut être constituée au taux qu'il plaît aux parties contractantes de fixer.

Sect. 2, *des effets du contrat entre les parties contractantes.*

1977. Celui au profit duquel la rente viagère a été constituée moyennant un prix, peut demander la résiliation du contrat, si le constituant ne lui donne pas les sûretés stipulées pour son exécution.

1978. Le seul défaut de paiement des arrérages de la rente n'autorise point celui en faveur de qui elle est constituée, à demander le remboursement du capital, ou à rentrer dans le fonds par lui aliéné : il n'a que le droit de saisir et de faire vendre les biens de son débiteur, et de faire ordonner ou consentir, sur le produit de la vente, l'emploi d'une somme suffisante pour le service des arrérages.

1979. Le constituant ne peut se libérer du paiement de la rente, en offrant de rembourser le capital, et en renonçant à la répétition des arrérages payés ; il est tenu de servir la rente pendant toute la vie de la personne ou des personnes sur la tête desquelles la rente a été constituée, quelle que soit la durée de la vie de ces personnes, et quelque onéreux qu'ait pu devenir le service de la rente.

1980. La rente viagère n'est acquise au propriétaire que dans la proportion du nombre de jours qu'il a vécu. — Néanmoins, s'il a été convenu qu'elle serait payée d'avance, le terme qui a dû être payé, est acquis du jour où le paiement a dû en être fait.

1981. La rente viagère ne peut être stipulée insaisissable, que lorsqu'elle a été constituée à titre gratuit.

1982. La rente viagère ne s'éteint pas par la mort civile du propriétaire ; le paiement doit en être continué pendant sa vie naturelle.

48.

1983. Le propriétaire d'une rente viagère n'en peut demander les arrérages qu'en justifiant de son existence, ou de celle de la personne sur la tête de laquelle elle a été constituée.

2° *Dispositions additionnelles.*

C. Civ. **588.** L'usufruit d'une rente viagère donne à l'usufruitier, pendant la durée de son usufruit, le droit d'en percevoir les arrérages, sans être tenu à aucune restitution.

610. Le legs fait par un testateur, d'une rente viagère ou pension alimentaire, doit être acquitté par le légataire universel de l'usufruit dans son intégrité, et par le légataire à titre universel de l'usufruit dans la proportion de sa jouissance, sans aucune répétition de leur part.

917. Si la disposition par acte entre-vifs ou par testament est d'un usufruit ou d'une rente viagère dont la valeur excède la quotité disponible, les héritiers au profit desquels la loi fait une réserve, auront l'option, ou d'exécuter cette disposition, ou de faire l'abandon de la propriété de la quotité disponible.

918. La valeur en pleine propriété des biens aliénés, soit à charge de rente viagère, soit à fonds perdu, ou avec réserve d'usufruit, à l'un des successibles en ligne directe, sera imputée sur la portion disponible; et l'excédant, s'il y en a, sera rapporté à la masse. Cette imputation et ce rapport ne pourront être demandés par ceux des autres successibles en ligne directe qui auraient consenti à ces aliénations, ni, dans aucun cas, par les successibles en ligne collatérale.

1015. Les intérêts ou fruits de la chose léguée courront au profit du légataire, dès le jour du décès, et sans qu'il ait formé sa demande en justice, — 1°... 2° lorsqu'une rente viagère ou une pension aura été léguée à titre d'alimens.

VICES.

1° *Vices de la chose.*

COMMISSIONNAIRE. *C. Com.* **103.** Le voiturier est garant des avaries autres que celles qui proviennent du vice propre de la chose, ou de la force majeure.

PRÊT. *C. Civ.* **1891.** Lorsque la chose prêtée a des défauts tels, qu'elle puisse causer du préjudice à celui qui s'en sert, le prêteur est responsable, s'il connaissait les défauts, et n'en a pas averti l'emprunteur.

PRÊT A LA GROSSE. *C. Com.* **526.** Les déchets, diminutions et pertes qui arrivent par le vice propre de la chose, ne sont point à la charge du prêteur (à la grosse).

2° *Vices de construction.*

C. Civ. **1386.** Le propriétaire d'un bâtiment est responsable du dommage causé par sa ruine, lors-

qu'elle est arrivée par une suite du défaut d'entretien ou par le vice de sa construction.

1733. (Le preneur) répond de l'incendie, à moins qu'il ne prouve que l'incendie est arrivé par cas fortuit ou force majeure, ou par vice de construction. *V.* INCENDIE.

3° *Vices de forme, vices de titre.*

C. Civ. **550.** Le possesseur est de bonne foi quand il possède comme propriétaire, en vertu d'un titre translatif de propriété dont il ignore les vices. — Il cesse d'être de bonne foi du moment où ces vices lui sont connus.

1338. La confirmation, ratification, ou exécution volontaire dans les formes et à l'époque déterminées par la loi, emporte la renonciation aux moyens et exceptions que l'on pouvait opposer contre cet acte, sans préjudice néanmoins du droit des tiers. *V.* NULLITÉ.

4° *Vices rédhibitoires. V.* RÉDHIBITOIRES (*vices*).

VILITÉ DE PRIX.

C. Civ. **1658.** Le contrat de vente peut être résolu par la vilité du prix. *V.* RESCISION.

VIOL.

C. Pén. **332.** Quiconque aura commis le crime de viol sera puni des travaux forcés à temps.—Si le crime a été commis sur la personne d'un enfant au-dessous de l'âge de quinze ans accompli, le coupable subira le *maximum* de la peine des travaux forcés à temps.

333. Si les coupables sont ascendans de la personne sur laquelle a été commis l'attentat, s'ils sont de la classe de ceux qui ont autorité sur elle, s'ils sont ses instituteurs ou ses serviteurs à gages, ou serviteurs à gages des personnes ci-dessus désignées, s'ils sont fonctionnaires publics, ou ministres d'un culte, ou si le coupable, quel qu'il soit, a été aidé dans son crime par une ou plusieurs personnes, la peine sera celle des travaux forcés à perpétuité, dans les cas prévus par l'article précédent.

VIOLATION.

I. DE DOMICILE.

C. Pén. **184.** Tout fonctionnaire de l'ordre administratif ou judiciaire, tout officier de justice ou de police, tout commandant ou agent de la force publique, qui, agissant en sadite qualité, se sera introduit dans le domicile d'un citoyen contre le gré de celui-ci, hors les cas prévus par la loi, et sans les formalités qu'elle a prescrites, sera puni d'un emprisonnement de six jours à un an, et d'une amende de seize francs à cinq cents francs, sans préjudice de l'application du second paragraphe de l'article 114 [1]. — Tout individu qui se sera introduit à l'aide de menaces ou de violence dans le domicile d'un citoyen, sera puni d'un emprisonnement de six jours à trois mois, et d'une amende de seize francs à deux cents francs.

II. DE SÉPULTURE.

C. Pén. 360. Sera puni d'un emprisonnement de trois mois à un an, et de seize francs à deux cents francs d'amende, quiconque se sera rendu coupable de violation de tombeaux ou de sépultures; sans préjudice des peines contre les crimes ou les délits qui seraient joints à celui-ci.

VIOLENCE.

1° *Dispositions générales.*

C. Civ. 1109. Il n'y a point de consentement valable s'il a été extorqué par violence.

1111. La violence exercée contre celui qui a contracté l'obligation, est une cause de nullité, encore qu'elle ait été exercée par un tiers autre que celui au profit duquel la convention a été faite.

1112. Il y a violence, lorsqu'elle est de nature à faire impression sur une personne raisonnable, et qu'elle peut lui imprimer la crainte d'exposer sa personne ou sa fortune à un mal considérable et présent. — On a égard, en cette matière, à l'âge, au sexe et à la condition des personnes.

1113. La violence est une cause de nullité du contrat, non-seulement lorsqu'elle a été exercée sur la partie contractante, mais encore lorsqu'elle l'a été sur son époux ou sur son épouse, sur ses descendans ou ses ascendans.

1115. Un contrat ne peut plus être attaqué pour cause de violence, si, depuis que la violence a cessé, ce contrat a été approuvé, soit expressément, soit tacitement, soit en laissant passer le temps de la restitution fixé par la loi.

1117. La convention contractée par violence n'est point nulle de plein droit; elle donne seulement lieu à une action en nullité ou en rescision.

1304. Dans tous les cas où l'action en nullité ou en rescision d'une convention n'est pas limitée à un moindre temps par une loi particulière, cette action dure dix ans. — Ce temps ne court, dans le cas de violence, que du jour où elle a cessé. *V.* RESCISION.

---

[1] 114. 2e §. Si (le fonctionnaire poursuivi) justifie qu'il a agi par ordre de ses supérieurs pour des objets du ressort de ceux-ci, et sur lesquels il leur était dû obéissance hiérarchique, il sera exempt de la peine, laquelle sera, dans ce cas, appliquée seulement aux supérieurs qui auront donné l'ordre.

2° *Dispositions diverses.*

PARTAGE. *C. Civ.* 887. Les partages peuvent être rescindés pour cause de violence.

892. Le cohéritier qui a aliéné son lot en tout ou partie, n'est plus recevable à intenter l'action en rescision pour violence, si l'aliénation qu'il a faite est postérieure à la cessation de la violence.

PRESCRIPTION. *C. Civ.* 2233. Les actes de violence ne peuvent fonder une possession capable d'opérer la prescription. — La possession utile ne commence que lorsque la violence a cessé.

TRANSACTION. *C. Civ.* 2053. Une transaction peut (être rescindée) dans tous les cas où il y a violence.

VISA. *V.* AJOURNEMENT.

VISITE DE LIEU. *V.* DESCENTE SUR LIEU.

VISITES DOMICILIAIRES. *V.* PERQUISITIONS.

VOIE DE FAIT. *V.* TROUBLE.

VOIE PUBLIQUE.

1° *Loi civile.*

C. Civ. 538. Les chemins, routes et rues à la charge de l'État, les fleuves et rivières navigables ou flottables, les rivages, lais et relais de la mer, les ports, les havres, les rades, et généralement toutes les portions du territoire français qui ne sont pas susceptibles d'une propriété privée, sont considérés comme des dépendances du domaine public. *V.* DOMAINE.

2° *Loi pénale.*

C. Pén. 471. Seront punis d'amende, depuis un franc jusqu'à cinq francs inclusivement, — 3°. les aubergistes et autres qui, obligés à l'éclairage, l'auront négligé ; ceux qui auront négligé de nettoyer les rues ou passages dans les communes où ce soin est laissé à la charge des habitans; — 4° ceux qui auront embarrassé la voie publique, en y déposant ou y laissant sans nécessité, des matériaux ou des choses quelconques qui empêchent ou diminuent la liberté ou la sûreté du passage ; ceux qui, en contravention aux lois et règlemens, auront négligé d'éclairer les matériaux par eux entreposés ou les excavations par eux faites dans les rues et places; — 5° ceux qui auront négligé ou refusé d'exécuter les règlemens ou arrêtés concernant la petite voirie, ou d'obéir à la sommation émanée de l'autorité administrative, de réparer ou démolir les édifices menaçant ruine ; — 6° ceux qui auront jeté ou exposé au-devant de leurs édifices des choses de nature à nuire par leur chute ou par des exhalaisons insalubres ; — 7° ceux qui auront laissé dans les rues, chemins, places, lieux publics, ou dans les champs, des coutres de charrue ;

pinces, barres, barreaux ou autres machines, ou instrumens, ou armes, dont puissent abuser les voleurs et autres malfaiteurs.

475. Seront punis d'amende, depuis six francs jusqu'à dix francs inclusivement, — 1°.... 5° les rouliers, charretiers, conducteurs de voitures quelconques ou de bêtes de charge, qui auraient contrevenu aux règlemens par lesquels ils sont obligés d'occuper un seul côté des rues, chemins ou voies publiques ; de se détourner ou ranger devant toutes autres voitures, et, à leur approche, de leur laisser libre au moins la moitié des rues, chaussées, routes et chemins ; — 5° ceux qui auront établi ou tenu dans les rues, chemins, places ou lieux publics, des jeux de loterie ou d'autres jeux de hasard.

479. Seront punis d'une amende de onze à quinze francs inclusivement, —1°... 11° ceux qui auront dégradé ou détérioré, de quelque manière que ce soit, les chemins publics, ou usurpé sur leur largeur ; —12° ceux qui, sans y être dûment autorisés, auront enlevé des chemins publics les gazons, terres ou pierres, ou qui, dans les lieux appartenant aux communes, auraient enlevé les terres ou matériaux, à moins qu'il n'existe un usage général qui l'autorise.

VOISINAGE.

Disposition générale.

C. Civ. 1370. Certains engagemens se forment sans qu'il intervienne aucune convention, ni de la part de celui qui s'oblige, ni de la part de celui envers lequel il est obligé.—Les uns résultent de l'autorité seule de la loi: les autres naissent d'un fait personnel à celui qui se trouve obligé. — Les premiers sont les engagemens formés involontairement, tels que ceux entre propriétaires voisins. V. SERVITUDES.

VOITURE (FRAIS DE).

C. Civ. 2102. Les créances privilégiées sur certains meubles sont,—1°... 6° les frais de voiture et les dépenses accessoires sur la chose voiturée. V. COMMISSIONNAIRE.

VOITURE (LETTRE DE).

C. Com. 101. La lettre de voiture forme un contrat entre l'expéditeur et le voiturier, ou entre l'expéditeur, le commissionnaire et le voiturier.

102. La lettre de voiture doit être datée.—Elle doit exprimer, — la nature et le poids ou la contenance des objets à transporter, — le délai dans lequel le transport doit être effectué. — Elle indique — le nom et le domicile du commissionnaire par l'entremise duquel le transport s'opère, s'il y en a un, — le nom de celui à qui la mar-

chandise est adressée,—le nom et le domicile du voiturier.—Elle énonce — le prix de la voiture, —l'indemnité due pour cause de retard. — Elle est signée par l'expéditeur ou le commissionnaire.—Elle présente en marge les marques et numéros des objets à transporter. — La lettre de voiture est copiée par le commissionnaire sur un registre coté et paraphé sans intervalle et de suite.

VOL.

1. LOI CIVILE.

1° Dispositions générales.

C. Civ. 1302. De quelque manière que la chose volée ait péri ou ait été perdue, sa perte ne dispense pas celui qui l'a soustraite de la restitution du prix.

2279. Celui auquel il a été volé une chose peut la revendiquer pendant trois ans, à compter du jour du vol, contre celui dans les mains duquel il la trouve, sauf à celui-ci son recours contre celui duquel il la tient.

2280. Si le possesseur actuel de la chose volée l'a achetée dans une foire, ou dans un marché, ou dans une vente publique, ou d'un marchand vendant des choses pareilles, le propriétaire originaire ne peut se la faire rendre qu'en remboursant au possesseur le prix qu'elle lui a coûté.

2° Dispositions diverses.

CESSION DE BIENS. C. Proc. 905. Ne pourront être admis au bénéfice de cession, les personnes condamnées pour cause de vol et d'escroquerie. C. Com. 575. (Même disposition.)

DÉPÔT. C. Civ. 1958. (Si le dépositaire) découvre que la chose (déposée) a été volée, et quel en est le véritable propriétaire, il doit dénoncer à celui-ci le dépôt qui lui a été fait, avec sommation de le réclamer dans un délai déterminé et suffisant. Si celui auquel la dénonciation a été faite néglige de réclamer le dépôt, le dépositaire est valablement déchargé par la tradition qu'il en fait à celui duquel il l'a reçu.

HÔTELIERS. C. Civ. 1953. (Les hôteliers) sont responsables du vol ou du dommage des effets du voyageur, soit que le vol ait été fait ou que le dommage ait été causé par les domestiques et préposés de l'hôtellerie, ou par des étrangers allant et venant dans l'hôtellerie.

1954. Ils ne sont pas responsables des vols faits avec force armée ou autre force majeure. V. RESPONSABILITÉ.

RÉHABILITATION (de failli). C. Com. 612. Ne seront point admis à la réhabilitation (après faillite), les personnes condamnées pour fait de vol ou d'escroquerie.

II. LOI PÉNALE.

Vols.

C. Pén. (liv. 3, *tit.* 2, *ch.* 2, *sect.* 1, *art.* 379-401).—379. Quiconque a soustrait frauduleusement une chose qui ne lui appartient pas, est coupable de vol.

380. Les soustractions commises par des maris au préjudice de leurs femmes, par des femmes au préjudice de leurs maris, par un veuf ou une veuve quant aux choses qui avaient appartenu à l'époux décédé, par des enfans ou autres descendans au préjudice de leurs pères ou mères ou autres ascendans, par des pères et mères ou autres ascendans au préjudice de leurs enfans ou autres descendans, ou par des alliés aux mêmes degrés, ne pourront donner lieu qu'à des réparations civiles. — A l'égard de tous autres individus qui auraient recélé ou appliqué à leur profit tout ou partie des objets volés, ils seront punis comme coupables de vol.

381. Seront punis des travaux forcés à perpétuité les individus coupables de vol commis avec la réunion des cinq circonstances suivantes : — 1° si le vol a été commis la nuit ; — 2° s'il a été commis par deux ou plusieurs personnes ;—3° si les coupables ou l'un d'eux étaient porteurs d'armes apparentes ou cachées ;—4° s'ils ont commis le crime, soit à l'aide d'effraction extérieure, ou d'escalade, ou de fausses clefs, dans une maison, appartement, chambre ou logement habités ou servant à l'habitation, ou leurs dépendances, soit en prenant le titre d'un fonctionnaire public ou d'un officier civil ou militaire, ou après s'être revêtus de l'uniforme ou du costume du fonctionnaire ou de l'officier, ou en alléguant un faux ordre de l'autorité civile ou militaire ;—5° s'ils ont commis le crime avec violence ou menace de faire usage de leurs armes.

382. Sera puni de la peine des travaux forcés à temps, tout individu coupable de vol commis à l'aide de violence, et, de plus, avec deux des quatre premières circonstances prévues par le précédent article.—Si même la violence à l'aide de laquelle le vol a été commis a laissé des traces de blessures ou de contusions, cette circonstance seule suffira pour que la peine des travaux forcés à perpétuité soit prononcée.

383. Les vols commis sur les chemins publics emporteront la peine des travaux forcés à perpétuité, lorsqu'ils auront été commis avec deux des circonstances prévues dans l'article 381.—Ils emporteront la peine des travaux forcés à temps, lorsqu'ils auront été commis avec une seule de ces circonstances.—Dans les autres cas, la peine sera celle de la réclusion.

384. Sera puni de la peine des travaux forcés à temps, tout individu coupable de vol commis à l'aide d'un des moyens énoncés dans le n° 4 de l'article 381, même quoique l'effraction, l'escalade et l'usage des fausses clefs aient eu lieu dans des édifices, parcs ou enclos non servant à l'habitation et non dépendans des maisons habitées, et lors même que l'effraction n'aurait été qu'intérieure.

385. Sera également puni de la peine des travaux forcés à temps, tout individu coupable de vol commis, soit avec violence, lorsqu'elle n'aura laissé aucune trace de blessure ou de contusion, et qu'elle ne sera accompagnée d'aucune autre circonstance, soit sans violence, mais avec la réunion des trois circonstances suivantes . — 1° si le vol a été commis la nuit ;—2° s'il a été commis par deux ou plusieurs personnes ; — 3° si le coupable, ou l'un des coupables, était porteur d'armes apparentes ou cachées.

386. Sera puni de la peine de la réclusion tout individu coupable de vol commis dans l'un des cas ci-après : — 1° si le vol a été commis la nuit, et par deux ou plusieurs personnes, ou s'il a été commis avec une de ces deux circonstances seulement, mais en même temps dans un lieu habité ou servant à l'habitation, ou dans les édifices consacrés aux cultes légalement établis en France ; — 2° si le coupable ou l'un des coupables était porteur d'armes apparentes ou cachées, même quoique le lieu où le vol a été commis ne fût ni habité ni servant à l'habitation, et encore quoique le vol ait été commis le jour et par une seule personne ;—3° si le voleur est un domestique ou un homme de service à gages, même lorsqu'il aura commis le vol envers des personnes qu'il ne servait pas, mais qui se trouvaient, soit dans la maison de son maître, soit dans celle où il l'accompagnait ; ou si c'est un ouvrier, compagnon ou apprenti, dans la maison, l'atelier ou le magasin de son maître ; ou un individu travaillant habituellement dans l'habitation où il aura volé ;—4° si le vol a été commis par un aubergiste, un hôtelier, un voiturier, un batelier ou un de leurs préposés, lorsqu'ils auront volé tout ou partie des choses qui leur étaient confiées à ce titre.

387. Les voituriers, bateliers ou leurs préposés, qui auront altéré des vins ou toute autre espèce de liquides ou de marchandises dont le transport leur avait été confié, et qui auront commis cette altération par le mélange de substances malfaisantes, seront punis de la peine portée au précédent article.—S'il n'y a pas eu mélange de substances malfaisantes, la peine sera un emprisonnement d'un mois à un an, et une amende de seize francs à cent francs.

388. Quiconque aura volé ou tenté de voler dans les champs, des chevaux ou bêtes de charge, de voiture ou de monture, gros et menus bestiaux, ou des instrumens d'agriculture, sera puni d'un emprisonnement d'un an au moins et de cinq ans au plus, et d'une amende de seize francs à cinq cents francs. — Il en sera de même à l'égard des vols de bois dans les ventes, et de pierres dans les carrières, ainsi qu'à l'égard du vol de poisson en étang, vivier ou réservoir. — Quiconque aura volé ou tenté de voler dans les champs des récoltes ou autres productions utiles de la terre, déjà détachées du sol, ou des meules de grains faisant partie de récoltes, sera puni d'un emprisonnement de quinze jours à deux ans, et d'une amende de seize francs à deux cents francs. — Si le vol a été commis, soit la nuit, soit par plusieurs personnes, soit à l'aide de voitures ou d'animaux de charge, l'emprisonnement sera d'un an à cinq ans, et l'amende de seize francs à cinq cents francs.—Lorsque le vol ou la tentative de vol de récoltes ou autres productions utiles de la terre, qui, avant d'être soustraites, n'étaient pas encore détachées du sol, aura eu lieu, soit avec des paniers ou des sacs ou autres objets équivalens, soit la nuit, soit à l'aide de voitures ou d'animaux de charge, soit par plusieurs personnes, la peine sera d'un emprisonnement de quinze jours à deux ans, et d'une amende de seize francs à deux cents francs.—Dans tous les cas spécifiés au présent article, les coupables pourront, indépendamment de la peine principale, être interdits de tout ou partie des droits mentionnés en l'article 42 (*V.* CORRECTIONNELLES [*peines*].) , pendant cinq ans au moins et dix ans au plus, à compter du jour où ils auront subi leur peine. Ils pourront aussi être mis, par l'arrêt ou le jugement, sous la surveillance de la haute police pendant le même nombre d'années.

389. Sera puni de la réclusion celui qui, pour commettre un vol, aura enlevé ou déplacé des bornes servant de séparation aux propriétés.

390. Est réputée *maison habitée*, tout bâtiment, logement, loge, cabane, même mobile, qui, sans être actuellement habité, est destiné à l'habitation, et tout ce qui en dépend, comme cours, basses-cours, granges, écuries, édifices qui y sont enfermés, quel qu'en soit l'usage, et quand même ils auraient une clôture particulière dans la clôture ou enceinte générale.

391. Est réputé *parc* ou *enclos*, tout terrain environné de fossés, de pieux, de claies, de planches, de haies vives ou sèches, ou de murs de quelque espèce de matériaux que ce soit, quelles que soient la hauteur, la profondeur, la vétusté, la dégradation de ces diverses clôtures, quand il

n'y aurait pas de porte fermant à clef ou autrement, ou quand la porte serait à claire-voie et ouverte habituellement.

392. Les parcs mobiles destinés à contenir du bétail dans la campagne, de quelque matière qu'ils soient faits, sont aussi réputés enclos; et lorsqu'ils tiennent aux cabanes mobiles ou autres abris destinés aux gardiens, ils sont réputés dépendans de maison habitée.

393. Est qualifié *effraction*, tout forcement, rupture, dégradation, démolition, enlèvement de murs, toits, planchers, portes, fenêtres, serrures, cadenas, ou autres ustensiles ou instrumens servant à fermer ou à empêcher le passage, et de toute espèce de clôture, quelle qu'elle soit.

394. Les effractions sont extérieures ou intérieures.

395. Les effractions extérieures sont celles à l'aide desquelles on peut s'introduire dans les maisons, cours, basses-cours, enclos ou dépendances, ou dans les appartemens ou logemens particuliers.

396. Les effractions intérieures sont celles qui, après l'introduction dans les lieux mentionnés en l'article précédent, sont faites aux portes ou clôtures du dedans, ainsi qu'aux armoires ou autres meubles fermés.—Est compris dans la classe des effractions intérieures, le simple enlèvement des caisses, boîtes, ballots sous toile et corde, et autres meubles fermés, qui contiennent des effets quelconques, bien que l'effraction n'ait pas été faite sur le lieu.

397. Est qualifiée *escalade*, toute entrée dans les maisons, bâtimens, cours, basses-cours, édifices quelconques, jardins, parcs et enclos, exécutée par dessus les murs, portes, toitures ou toute autre clôture.—L'entrée par une ouverture souterraine, autre que celle qui a été établie pour servir d'entrée, est une circonstance de même gravité que l'escalade.

398. Sont qualifiés *fausses clefs*, tous crochets, rossignols, passe-partout, clefs imitées, contrefaites, altérées, ou qui n'ont pas été destinées par le propriétaire, locataire, aubergiste ou logeur, aux serrures, cadenas, ou aux fermetures quelconques auxquelles le coupable les aura employés.

399. Quiconque aura contrefait ou altéré des clefs, sera condamné à un emprisonnement de trois mois à deux ans, et à une amende de vingt-cinq francs à cent cinquante francs. — Si le coupable est un serrurier de profession, il sera puni de la réclusion.—Le tout sans préjudice de plus fortes peines, s'il y échet, en cas de complicité de crime.

400. Quiconque aura extorqué par force, vio-

lence ou contrainte, la signature ou la remise d'un écrit, d'un acte, d'un titre, d'une pièce quelconque contenant ou opérant obligation, disposition ou décharge, sera puni de la peine des travaux forcés à temps. — Le saisi qui aura détruit, détourné ou tenté de détourner des objets saisis sur lui et confiés à sa garde, sera puni des peines portées en l'article 406 (*V.* ABUS DE CONFIANCE).—Il sera puni des peines portées en l'article 401, si la garde des objets saisis et par lui détruits ou détournés avait été confiée à un tiers. — Celui qui aura recélé sciemment les objets détournés, le conjoint, les ascendans et descendans du saisi qui l'auront aidé dans la destruction ou le détournement de ces objets, seront punis d'une peine égale à celle qu'il aura encourue.

401. Les autres vols non spécifiés dans la présente section, les larcins et filouteries, ainsi que les tentatives de ces mêmes délits, seront punis d'un emprisonnement d'un an au moins et de cinq ans au plus, et pourront même l'être d'une amende qui sera de seize francs au moins et de cinq cents francs au plus,—Les coupables pourront encore être interdits des droits mentionnés en l'article 42 du présent Code (*V.* CORRECTIONNELLES [*peines*].), pendant cinq ans au moins et dix ans au plus, à compter du jour où ils auront subi leur peine. — Ils pourront aussi être mis, par l'arrêt ou le jugement, sous la surveillance de la haute police pendant le même nombre d'années.

Disposition additionnelle.

C. Pén. 255. Tout vol commis à l'aide d'un bris de scellés, sera puni comme vol à l'aide d'effraction.

VOLONTÉ.

DONATION. *C. Civ.* 944. Toute donation entrevifs faite sous des conditions dont l'exécution dépend de la seule volonté du donateur, sera nulle.

SOCIÉTÉ CIVILE. *C. Civ.* 1865. La société (civile) finit,—1°... 5° par la volonté qu'un seul ou plusieurs expriment de n'être plus en société.

1869. La dissolution de la société par la volonté de l'une des parties ne s'applique qu'aux sociétés dont la durée est illimitée, et s'opère par une renonciation notifiée à tous les associés, pourvu que cette renonciation soit de bonne foi, et non faite à contre-temps.

1870. La renonciation n'est pas de bonne foi lorsque l'associé renonce pour s'approprier à lui seul le profit que les associés s'étaient proposé de retirer en commun.—Elle est faite à contre-temps lorsque les choses ne sont plus entières, et qu'il importe à la société que sa dissolution soit différée.

VOLUPTUAIRES (DÉPENSES).

C. Civ. 1655. Si le vendeur avait vendu de mauvaise foi le fonds d'autrui, il sera obligé de rembourser à l'acquéreur toutes les dépenses, même voluptuaires ou d'agrément, que celui-ci aura faites au fonds.

VOYAGE, VOYAGEURS.

C. Civ. 1548. (Les règles relatives à la preuve testimoniale) (*V.* TESTIMONIALE [*preuve*].) reçoivent exception toutes les fois qu'il n'a pas été possible au créancier de se procurer une preuve littérale de l'obligation qui a été contractée envers lui.—Cette seconde exception s'applique,— 1°... 2° aux dépôts faits par les voyageurs en logeant dans une hôtellerie, le tout suivant la qualité des personnes et les circonstances du fait.

1952. Les aubergistes ou hôteliers sont responsables, comme dépositaires, des effets apportés par le voyageur qui loge chez eux ; le dépôt de ces sortes d'effets doit être regardé comme un dépôt nécessaire.

1953. Ils sont responsables du vol ou du dommage des effets du voyageur, soit que le vol ait été fait ou que le dommage ait été causé par les domestiques et préposés de l'hôtellerie, ou par des étrangers allant et venant dans l'hôtellerie.

1954. Ils ne sont point responsables des vols faits avec force armée ou autre force majeure.

2102. Les créances privilégiées sur certains meubles sont,—1°... 5° les fournitures d'un aubergiste sur les effets du voyageur qui ont été transportés dans son auberge.

VOYAGE (FRAIS DE).

I. DISPOSITIONS DU TARIF CIVIL.

1° *Des juges de paix.*

3. En cas de transport du juge de paix devant le président du tribunal de première instance, il lui est accordé, par chaque myriamètre, 2 fr. — Autant pour le retour, 2 fr.—Et par journée de cinq myriamètres, 10 fr. — Il ne lui est accordé qu'une seule journée quand la distance ne sera pas de plus de deux myriamètres et demi, y compris sa vacation devant le président du tribunal. Si la distance est de plus de deux myriamètres et demi, il lui sera payé deux journées pour l'aller, le retour et la vacation devant le président du tribunal. *V.* PAIX (*juge de*).

2° *Des huissiers.*

66. (Pr. 62.) Il ne sera rien alloué aux huissiers pour transport jusqu'à un demi-myriamètre. Il leur sera alloué au-delà d'un demi-myriamètre, pour frais de voyage qui ne pourra excéder une journée de cinq myriamètres (dix lieues anciennes) ; savoir au-delà d'un demi-myriamètre et jusqu'à un myriamètre, pour aller et retour, — Paris, 4 fr. — Dans les villes et cantons ruraux, 4 fr. — Au-delà d'un myriamètre, il sera alloué par chaque demi-myriamètre, sans distinction, 2 fr. — Il sera taxé pour *visa* de chacun des actes qui y sont assujétis, — Paris, 1 fr. — Dans les villes où il y a tribunal de première instance, 75 c.

— Dans les autres villes et cantons ruraux, 75 c. — En cas de refus de la part du fonctionnaire public qui doit donner le *visa*, et dans le cas où l'huissier sera obligé, à raison de ce refus, de requérir le *visa* du procureur du Roi, le droit sera double. Les huissiers qui seront commis pour donner des ajournemens, faire des significations de jugemens, et tous autres actes, ou procéder à des opérations, ne pourront prendre de plus forts droits que ceux énoncés au tarif, à peine de restitution et d'interdiction, quels que soient la cour et le tribunal auxquels ils sont attachés. Les huissiers qui auront omis de mettre au bas de l'original et de chaque copie des actes de leur ministère la mention du coût d'icelui, pourront indépendamment de l'amende portée par l'art. 67 du Code de Procédure (*V.* Ajournement) être interdits de leurs fonctions sur la réquisition d'office des procureurs généraux et des procureurs du Roi.

3° Des avoués.

144. Il sera taxé aux avoués par chaque journée de campagne, à raison de cinq myriamètres pour un jour, lorsque leur présence sera autorisée par la loi ou requise par leurs parties, y compris leurs frais de transport et de nourriture, — Paris, 30 fr. — Dans le ressort, 22 fr. 50 c. *V.* Tarif.

145. Quand les parties seront domiciliées hors de l'arrondissement du tribunal, il sera passé à leurs avoués, pour frais de port de pièces et de correspondances, par chaque jugement définitif, — Paris, 10 fr. — Dans le ressort, 7 fr. 50 c. — Et par chaque interlocutoire, — Paris, 5 fr. — Dans le ressort, 3 fr. 75 c.

146. Lorsque les parties feront un voyage et qu'elles se seront présentées au greffe, assistées de leur avoué, pour y affirmer que le voyage a été fait dans la seule vue du procès, il leur sera alloué, quels que soient leur état et leur profession, pour frais de voyage, séjour et retour, trois francs par chaque myriamètre de distance entre leur domicile et le tribunal où le procès sera pendant, et à l'avoué pour vacation au greffe, — Paris, 1 fr. 50 c. — Dans le ressort, 1 fr. 15 c. — Il ne sera passé en taxe qu'un seul voyage en première instance, et un seul en cause d'appel. — La taxe pour la partie sera la même en l'un et l'autre cas. — Cependant, si la comparution d'une partie avait été ordonnée par jugement, et qu'en définitive les dépens lui fussent adjugés, il lui sera alloué pour cet objet une taxe égale à celle d'un témoin.

4° Des experts, des dépositaires de pièces et des témoins.

159. (Pr. 520.) Il sera taxé aux experts, par chaque vacation de trois heures, quand ils opéreront dans les lieux où ils sont domiciliés ou dans la distance de deux myriamètres ; savoir, dans le département de la Seine, pour les artisans ou laboureurs, 4 fr. — Pour les architectes et autres artistes, 8 fr. — Dans les autres départemens, aux artisans et laboureurs, 3 fr. — Aux architectes et autres artistes, 6 fr.

160. Au-delà de deux myriamètres il sera alloué par chaque myriamètre, pour frais de voyage et nourriture aux architectes et aux autres artistes, soit pour aller, soit pour revenir, à ceux de Paris, 6 fr. — A ceux des départemens, 4 fr. 50 c.

161. Il leur sera alloué pendant leur séjour, à la charge de faire quatre vacations par jour, savoir, — à ceux de Paris, 32 fr. — A ceux des départemens, 24 fr. — *Nota.* La taxe sera réduite, dans le cas où le nombre de quatre vacations n'aurait pas été employé. — S'il y a lieu à transport d'un laboureur au-delà de deux myriamètres, il sera alloué trois francs par myriamètre, pour aller, et autant pour le retour, sans néanmoins qu'il puisse rien être alloué au-delà de cinq myriamètres.

162. Il sera encore alloué aux experts deux vacations, l'une pour leur prestation de serment, l'autre pour le dépôt de leur rapport, indépendamment de leurs frais de transport, s'ils sont domiciliés à plus de deux myriamètres de distance du lieu où siège le tribunal ; il leur sera accordé par myriamètre, en ce cas, le cinquième de leur journée de campagne. — Au moyen de cette taxe, les experts ne pourront rien réclamer ni pour frais de voyage et de nourriture, ni pour s'être fait aider par des écrivains ou par des toiseurs et porte-chaînes, ni sous quelque autre prétexte que ce soit ; ces frais, s'ils ont eu lieu, restant à leur charge. — Le président, en procédant à la taxe de leurs vacations, en réduira le nombre s'il lui paraît excessif.

163. Il sera taxé aux experts en vérification d'écritures, et en cas d'inscription de faux incident, par chaque vacation de trois heures, indépendamment de leurs frais de voyage, s'il y a lieu, — Paris, 8 fr. — Dans les tribunaux du ressort, 6 fr.

164. (Pr. 208 et 232.) Il ne leur sera rien alloué pour prestation de serment ni pour dépôt de leur procès-verbal, attendu qu'ils doivent opérer en présence du juge ou du greffier, et que le tout est compris dans leurs vacations.

165. Il leur sera alloué pour frais de voyage, s'ils sont domiciliés à plus de deux myriamètres du lieu où se fait la vérification, — Paris, 32 fr. — Dans les tribunaux du ressort, 24 fr. — A raison de cinq myriamètres par journée, et au moyen de cette taxe, ils ne pourront rien réclamer pour frais de transport et de nourriture.

166. (Pr. 201, 204, 205, 221, 225.) Il sera taxé aux dépositaires qui devront représenter les pièces de comparaison en vérification d'écritures ou arguées de faux, en inscription de faux incident, indépendamment de leurs frais de voyage, par chaque vacation de trois heures devant le juge-commissaire ou le greffier, savoir : aux greffiers, — 1° des cours royales, 12 fr. ; — 2° des cours d'assises, 12 fr. ; — 3° des tribunaux de première instance, 10 fr. — Aux notaires, — 1° de Paris, 9 fr. ; — 2° des départemens, 6 fr. 75 c. — Aux avoués, — 1° des cours royales, 8 fr. ; — 2° des tribunaux de première instance, 6 fr. — Aux huissiers, 1° de Paris, 5 fr. ; — 2° des départemens, 4 fr. — Aux autres fonctionnaires publics ou autres particuliers, s'ils le requièrent, 6 fr.

167. Il sera taxé au témoin, à raison de son état et de sa profession, une journée pour sa déposition ; et s'il n'a pas été entendu le premier jour pour lequel il aura été cité, dans le cas prévu par l'article 267 (*V.* Enquête) il lui sera passé deux journées, indépendamment des frais de voyage, si le témoin est domicilié à plus de deux myriamètres du lieu où se fait l'enquête. Le *maximum* de la taxe du témoin sera de 10 fr., et le *minimum*, 2 fr. Les frais de voyage sont fixés à 3 fr. par myriamètre pour l'aller et le retour.

5° Des notaires.

170. Quand les notaires seront obligés de se transporter à plus d'un myriamètre de leur résidence, in-

dépendamment de leur journée, il leur sera alloué pour tous frais de voyage et de nourriture, par chaque myriamètre, un cinquième de leurs vacations et autant pour le retour; et par journée, qui sera comptée à raison de cinq myriamètres, aussi pour l'aller et le retour, quatre vacations. *V.* NOTAIRE.

II. DISPOSITIONS DU TARIF CRIMINEL.

1° *Des huissiers.*

81. Les frais de voyage et de séjour des huissiers seront alloués ainsi qu'il sera dit dans le chapitre 8 ci-après (*art.* 90-97).

2° *Du transport des magistrats.*

87. Les frais de voyage et de séjour des conseillers des cours royales et des conseillers-auditeurs délégués dans les cas prévus par les articles 19 et 21 du décret du 30 janvier 1811, seront payés au taux réglé par ces mêmes articles [1].

88. Dans les cas prévus par les articles 32, 36, 43, 46, 47, 49, 50, 31, 52, 59, 60, 62, 83, 84, 87, 88, 90, 464, 488, 497, 511 et 616 du Code d'Instruction criminelle, les juges et les officiers du ministère public recevront des indemnités ainsi qu'il suit : s'ils se transportent à plus de cinq kilomètres de leur résidence, ils recevront pour tous frais de voyage, de nourriture et de séjour, une indemnité de 9 fr. par jour; s'ils se transportent à plus de deux myriamètres, l'indemnité sera de 12 fr. par jour.

89. L'indemnité du greffier ou commis assermenté qui accompagnera le juge ou l'officier du ministère public sera, dans le premier cas de 6 fr. par jour; dans le second, de 8 fr.

3° *Des frais de voyage et de séjour auxquels l'instruction des procédures peut donner lieu.*

90. Il est accordé des indemnités aux médecins, chirurgiens, sages-femmes, experts, interprètes, témoins, jurés, huissiers, et gardes champêtres et forestiers, lorsqu'à raison des fonctions qu'ils doivent remplir, et notamment dans les cas prévus par les articles 20, 43 et 44 du Code d'Instruction criminelle, ils seront obligés de se transporter à plus de deux kilomètres de leur résidence, soit dans le canton, soit au-delà.

91. Cette indemnité est fixée pour chaque myriamètre parcouru en allant et en revenant, savoir : — 1° pour les médecins, chirurgiens, experts, interprètes et jurés, à 2 fr. 50 c. ; — 2° pour les sages-femmes, témoins, huissiers, gardes-champêtres et forestiers, à 1 fr. 50 c.

92. L'indemnité sera réglée par myriamètre et demi-myriamètre. Les fractions de huit ou neuf kilomètres seront comptées pour un myriamètre, et celles de trois à sept kilomètres pour un demi-myriamètre (*V. ci-après*).

93. Pour faciliter le règlement de cette indemnité, les préfets feront dresser un tableau des distances en myriamètres et kilomètres, de chaque commune au chef-lieu de canton, au chef-lieu d'arrondissement, et au chef-lieu de département. Ce tableau sera déposé aux greffes des cours royales, des tribunaux de

[1] (15 fr. par jour pour tous frais de voyage et de séjour, — et 10 fr. par poste pour frais de voyage des présidens qui, après avoir terminé les affaires d'un département, seront délégués durant le même trimestre dans un autre département.)

première instance et des justices de paix, et il sera transmis à notre chancelier.

94. L'indemnité de 2 fr. 50 c. sera portée à 3 fr., et celle de 1 fr. 50 c. à 2 fr., pendant les mois de novembre, décembre, janvier et février.

95. Lorsque les individus dénommés ci-dessus seront arrêtés, dans le cours du voyage, par force majeure, ils recevront en indemnité, pour chaque jour de séjour forcé, savoir : — 1° ceux de la première classe, 2 fr. ; — 2° ceux de la seconde, 1 fr. 50 c. — Ils seront tenus de faire constater par le juge de paix ou ses suppléans, ou par le maire, ou, à son défaut, par ses adjoints, la cause du séjour forcé en route, et d'en représenter le certificat à l'appui de leur demande en taxe.

96. Si les mêmes individus, autres que les jurés, huissiers, gardes-champêtres et forestiers, sont obligés de prolonger leur séjour dans la ville où se fera l'instruction de la procédure, et qui ne sera point celle de leur résidence, il leur sera alloué, pour chaque jour de séjour, une indemnité fixée ainsi qu'il suit : — 1° pour les médecins, chirurgiens, experts et interprètes, — Paris, 4 fr. — Dans les villes de 40,000 habitans et au-dessus, 2 fr. 50 c. — Dans les autres villes et communes, 2 fr. — 2° Pour les sages-femmes et témoins, — Paris, 3 fr. — Dans les villes de 40,000 habitans et au-dessus, 2 fr. — Dans les autres villes et communes, 1 fr. 50 c.

97. La taxe des indemnités de voyage et de séjour sera double pour les enfans mâles au-dessous de l'âge de quinze ans et pour les filles au-dessous de l'âge de vingt-un ans, lorsqu'ils seront appelés en témoignage et qu'ils seront accompagnés, dans leur route et séjour, par leur père, mère, tuteur ou curateur, à la charge par ceux-ci de justifier leur qualité.

Disposition additionnelle.

162. Sont déclarés, dans tous les cas, à la charge de l'État, et sans recours envers les condamnés, — 1° les frais de voyage des conseillers de nos cours royales, et des conseillers-auditeurs qui seront délégués aux cours d'assises ; — 2° l'indemnité des jurés pour leur déplacement.

Décret du 7 avril 1813. Modificatif du tarif criminel.

Art. 1er. Il ne sera plus accordé de double taxe aux témoins dans le cas prévu par l'article 39 du règlement du 18 juin 1811. (*Tarif criminel.*)

2. Les témoins qui ne seront pas domiciliés à plus d'un myriamètre du lieu où ils seront entendus, n'auront droit à aucune indemnité de voyage : il ne pourra leur être alloué que la taxe fixée par les articles 27 et 28 du règlement. — Ceux domiciliés à plus d'un myriamètre, recevront, pour indemnité de voyage, s'ils ne sortent point de leur arrondissement, un franc par myriamètre parcouru en allant, et autant pour le retour. — S'ils sont appelés hors de leur arrondissement, cette indemnité sera d'un franc cinquante centimes. — Dans les deux derniers cas, la taxe fixée par les articles 27 et 28 sus énoncés, ne sera point allouée, sans néanmoins rien innover à l'article 30 dudit règlement, relatif aux frais de séjour.

3. Il n'est dû aucuns frais de voyage aux gardes champêtres ou forestiers, tant pour la remise qu'ils sont tenus de faire de leurs procès-verbaux, conformément aux articles 18 et 20 du Code d'Instruction cri-

minelle, que pour la conduite des personnes par eux arrêtées, devant l'autorité compétente.—Mais lorsque ces gardes seront appelés en justice, soit pour être entendus comme témoins, lorsqu'ils n'auront point dressé de procès-verbaux, soit pour donner des explications sur les faits contenus dans les procès-verbaux qu'ils auront dressés, ils auront droit aux mêmes taxes que les témoins ordinaires. — Il en sera de même des gendarmes.

4. L'augmentation de taxe accordée par l'art. 94, pour frais de voyage pendant les mois de novembre, décembre, janvier et février, est également supprimée, tant pour les témoins que pour les autres parties prenantes, désignées dans l'article 91.

5. Lorsqu'un mandat d'amener sera suivi d'un mandat de dépôt, et que l'un et l'autre auront été exécutés dans les vingt-quatre heures par le même huissier, il ne sera alloué à l'huissier, pour l'exécution de ces deux mandats, que le droit fixé par l'article 75 du règlement, quand bien même les deux mandats n'auraient pas été décernés dans les mêmes vingt-quatre heures, ni par le magistrat.

6. Le droit à allouer aux huissiers, gendarmes, gardes-champêtres ou forestiers, ou agens de police, suivant le mode et dans les cas prévus par les articles 71, n° 5, et 77 du règlement, demeure fixé de la manière suivante, savoir : — 1° pour capture ou saisie de la personne, en exécution d'un jugement de simple police, sans qu'il puisse être alloué aucun droit de perquisition, — à Paris, 5 fr. — Dans les villes de 40,000 hab. et au-dessus, 4 fr. — Dans les autres villes et comm., 3 fr. ; — 2° pour capture en exécution d'un mandat d'arrêt, ou d'un jugement ou arrêt en matière correctionnelle emportant peine d'emprisonnement, — à Paris, 18 fr. — Dans les villes de 40,000 hab. et au-dessus, 15 fr. — Dans les autres villes et comm., 12 fr. ; — 3° pour capture en exécution d'une ordonnance de prise de corps, ou arrêt portant la peine de réclusion, — à Paris, 21 f. — Dans les villes de 40,000 hab. et au-dessus, 18 fr.

— Dans les autres villes et comm., 15 fr. ; — 4° pour capture en exécution d'un arrêt ou condamnation aux travaux forcés ou à une peine plus forte, — à Paris, 30 fr. — Dans les villes de 40,000 hab. et au-dessus, 25 fr. — Dans les autres villes et comm., 20 f.

7. Conformément à l'article 50 du règlement, les extraits des jugemens ou d'arrêts en matière criminelle ou correctionnelle, continueront d'être payés aux greffiers, à raison de soixante centimes ; et, en matière de délits forestiers, à raison de vingt-cinq centimes seulement. --- A l'avenir, il ne sera payé que vingt-cinq centimes pour les extraits de jugemens en matière de police simple, et généralement pour tous extraits délivrés aux receveurs ou préposés des régies, pour le recouvrement des condamnations pécuniaires, sans préjudice de la disposition de l'article 62 du règlement, en ce qui concerne les expéditions ou extraits qui auraient été délivrés au ministère public. *V.* TARIF CRIMINEL.

8. Notre dit règlement du 18 juin 1811 continuera d'être exécuté dans toutes les dispositions auxquelles il n'est pas dérogé par le présent décret.

VUE (ÉCHÉANCE).

C. Com. 129. Une lettre de change peut être tirée à vue,—à un ou plusieurs jours de vue,—à un ou plusieurs mois de vue,—à une ou plusieurs usances de vue.

130. La lettre de change à vue est payable à sa présentation.

131. L'échéance d'une lettre de change,—à un ou plusieurs jours de vue, — à un ou plusieurs mois de vue,—à une ou plusieurs usances de vue, —est fixée par la date de l'acceptation, ou par celle du protêt faute d'acceptation.

VUE (SERVITUDE). *V.* JOUR.

FIN DU DICTIONNAIRE DES CODES.

DICTIONNAIRE

DES

TERMES DU DROIT,

CONTENANT

LA DÉFINITION ET L'EXPLICATION DE CHAQUE MOT

DE LA LANGUE DU DROIT.

———————❊————————

A.

ABANDON, ABANDONNEMENT DE BIENS, cession que fait une personne de tous les biens qu'elle possède. Lorsque l'abandon est fait par un débiteur malheureux et de bonne foi, qui délaisse tous ses biens à ses créanciers pour éviter leurs poursuites et échapper à l'effet de la contrainte par corps, cet acte est plus connu sous la dénomination de *cession de biens.*—L'expression *abandon de biens* s'entend plus spécialement de la réserve anticipée qu'un ascendant fait de ses biens en faveur de ses descendans, entre lesquels il opère un *partage de présuccession*, dans la vue d'éviter les difficultés auxquelles le partage de ses biens pourrait donner lieu après son décès. — L'*abandon* que, dans certaines circonstances, le possesseur ou tiers-détenteur est autorisé à faire d'un objet déterminé s'appelle *délaissement.*

AB INTESTAT. Mourir *ab intestat*, c'est ne point faire de testament; celui qui meurt *ab intestat* abandonne la distribution de ses biens aux dispositions de la loi civile; il prend pour son testament les dispositions mêmes de la loi. — L'*héritier ab intestat* est celui qui est appelé directement par la loi pour recueillir la succession; ou le désigne plus ordinairement sous la dénomination d'*héritier légitime.*

AB IRATO, ce qui est fait en colère, sans réflexion, sous l'impression d'un mouvement passionné, qui ôte l'usage de la raison. Aujourd'hui les donations et les testamens réputés faits *ab irato*, ne peuvent être annulés qu'autant que le donateur ou le testateur n'étaient pas *sains d'esprit* au moment de la disposition.

ABORDAGE, choc de deux navires qui se rencontrent, d'où résultent des avaries dont il importe d'opérer le règlement. Ces avaries sont à la charge de celui qui a causé le dommage; dans le doute, les réparations se font à frais communs.

ABOUTISSANS, désignation des pièces diverses qui joignent un héritage, qui y *aboutissent* et qui servent ainsi à le faire reconnaître; on désigne un héritage par ses *tenans* et *aboutissans.*

ABRÉVIATION, retranchement de lettres dans un mot, ou adoption d'un signe pour les remplacer, afin d'écrire plus rapidement. Les nombreux abus auxquels donnaient anciennement lieu les abréviations dans les actes ont engagé le législateur à les proscrire sévèrement.

ABROGATION. *Abroger une loi*, c'est l'abolir. La loi abrogée perd de ce moment toute autorité pour l'avenir, mais elle conserve tout l'effet qu'elle a produit sur le passé pendant qu'elle était subsistante, et tous les droits acquis sous son empire doivent être respectés. Aujourd'hui une loi ne peut plus être abrogée que par une loi nouvelle; les lois ne s'abrogent plus par *désuétude.*

ABSENCE. Ce mot a, en droit, deux significations bien distinctes.—Il s'emploie, dans son acception ordinaire, pour désigner celui qui n'est pas présent à un acte auquel il est appelé, ou qui n'est pas trouvé à son domicile lorsqu'un officier public se présente, soit pour lui remettre une citation, soit pour opérer une exécution. Dans ces divers cas, il y a des formalités particulières de procédure à remplir. — Il s'emploie en outre dans une acception purement légale, et s'applique alors à celui qui a disparu de son domicile sans prendre aucune des précautions que doit avoir celui qui se voit forcé d'abandonner temporairement le soin de ses affaires, en sorte qu'il y a tout lieu de croire que sa disparition peut être imputée à quelque évènement extraordinaire. Il y a incertitude absolue sur son sort. Quand il y a nécessité de pourvoir à l'administration des biens d'une personne absente, les tribunaux sont appelés à vérifier si les circonstances sont telles que l'on doive déclarer la *présomption d'absence*; après quoi il peut être procédé à la *déclaration d'absence.* Cette procédure a pour résultat l'*envoi* des héritiers présomptifs de l'absent, d'abord en *possession provisoire* de ses biens, puis en *possession définitive*; sauf la restitution qu'ils doivent toujours faire dans le cas où l'absent se représenterait, après quelque laps de temps que ce fût.

ABSOLUTION, renvoi d'accusation. Ce terme est synonyme d'acquittement; mais il s'applique plus spécialement au cas où l'accusé est renvoyé, bien qu'il ait été déclaré *coupable*, parce que le fait qui lui était reproché n'étant puni par aucune loi, il n'y avait pas lieu à accusation.

ABSTENTION DE JUGE, acte par lequel le juge saisi de la connaissance d'une affaire déclare qu'il ne peut remplir son office parce qu'il y a cause de *récusation* en sa personne. Un juge ne peut s'abstenir sans motif légitime.

ABUS. User d'un pouvoir ou d'un droit contrairement à la loi, c'est commettre un abus qui doit être sévèrement réprimé par une condamnation à des dommages-intérêts ou à des peines plus graves, suivant les circonstances du fait. — L'*abus d'autorité* ou *de pouvoir* est celui que commet le magistrat ou l'officier public dans l'exercice de ses fonctions, alors qu'il méconnaît l'étendue de ses attributions, et qu'il se sert de l'autorité qui lui a été remise pour faire ce qui ne lui était pas permis. — L'*abus de confiance* est tout acte par lequel une personne cherche à en capter une autre, dans l'espoir de se faire remettre une partie de sa fortune, pour parvenir à se l'approprier.

ACCEPTATION, acte par lequel on déclare donner son assentiment formel et irrévocable à une chose proposée. Une acceptation est toujours la conséquence d'une délibération ; elle a pour résultat de mettre fin à toute incertitude, et de fixer d'une manière définitive les droits de chacun dans diverses circonstances importantes. Nul n'est tenu d'accepter une succession qui lui échoit, et qui peut souvent n'être qu'une charge ; mais l'héritier *putatif* est tenu de faire connaître s'il *accepte* ou s'il *répudie*. De même la femme commune en biens est libre d'accepter ou de répudier la communauté après qu'elle est dissoute ; mais il faut qu'elle manifeste comme l'héritier sa volonté, dans un délai déterminé, fixé généralement à trois mois et quarante jours. — Le donataire au profit duquel une donation est faite est tenu d'accepter la donation qui ne peut avoir aucun effet jusqu'au moment de l'*acceptation*, qui seule la rend parfaite. — Les lettres de change ne sont obligatoires vis-à-vis de la personne sur laquelle elles sont tirées, que du jour de l'*acceptation* résultant de sa signature ; à défaut le porteur est obligé à faire le *protêt faute d'acceptation*. Dans la langue commerciale, on désigne sous le nom d'*acceptation* toute lettre de change acceptée.

ACCESSION. Ce qui se joint, ce qui s'unit, ce qui s'incorpore à la chose en fait partie par droit d'*accession*. En droit, l'accession est un mode d'acquérir , et s'étend aussi bien aux *accessoires*, qui sont le résultat de l'art, qu'à ceux qui sont produits par la nature, comme les *fruits* de la terre, le *croît* des animaux. De là ce principe que la propriété d'une chose soit mobilière, soit immobilière, donne droit sur tout ce qu'elle produit, et sur ce qui s'y unit accessoirement, soit naturellement, soit artificiellement. C'est la définition même que le Code Civil donne du *droit d'accession* (article 546).

ACCESSOIRE, ce qui est la suite, la conséquence, l'accompagnement d'un objet principal ; les fruits de la terre sont un accessoire de la terre elle-même sur laquelle ils se trouvent, ils appartiennent au propriétaire du fonds par *droit d'accession*. C'est un axiome du droit que *toujours l'accessoire suit le sort du principal*. Ainsi dans les actes l'énumération de tous les accessoires est chose superflue ; la vente de la chose emporte également vente de tous les accessoires, et la clause de style qu'elle est vendue avec toutes les *circonstances, appendances et dépendances* n'ajoute rien à la force ni à l'étendue de la stipulation.

ACCIDENT, ce qui arrive par hasard. V. *cas fortuit*.

ACCOUCHEMENT. Enfantement. Le fait de l'accouchement impose l'obligation, aux personnes qui y assistent, d'assurer l'état civil de l'enfant qui vient de naître, en le faisant porter sur les registres. Si l'enfant meurt en naissant, si même il était *mort-né*, l'obligation n'en doit pas moins être remplie, parce qu'il n'appartient à personne de se rendre juge du fait, et de décider si l'enfant a vécu ou non. On se borne alors à constater qu'au moment de la présentation à l'officier de l'état civil, il était sans vie.

ACCROISSEMENT. Augmentation. Le droit d'accroissement n'a qu'un rapport éloigné avec le droit d'accession ; il ne s'entend pas d'un accessoire en quelque sorte nécessaire , il dérive exclusivement d'une disposition formelle de la loi civile, qui détermine dans quelles circonstances la part du renonçant dans une affaire commune peut accroître à celui qui accepte ou qui est appelé à recueillir. C'est en matière de succession et de testament que le droit d'accroisse-

ment trouve son application entre cohéritiers et colégataires.

ACCRUE. Augmentation. *Accrue de bois* se dit de l'augmentation naturelle que reçoit un bois par l'effet des nouvelles pousses qui s'élèvent en dehors de ses limites ordinaires. Les accrues qui s'étendent sur le fonds du voisin s'incorporent avec sa propriété, ils lui appartiennent. — On ne dit pas l'*accrue* d'un terrain pour exprimer la portion de terre qui vient s'ajouter à un terrain déjà formé ; le terme propre est *alluvion*, on se sert aussi du mot *atterrissement*.

ACCUSATION, c'est le reproche adressé à quelqu'un d'avoir commis un crime. Ce terme appartient exclusivement au grand criminel, à la justice des cours d'assises ; on est mis en *prévention* pour un *délit* ou une *contravention*, on est mis en *accusation* pour un *crime*. La chambre des *mises en accusation* est le premier degré de juridiction qu'il faut franchir avant d'arriver aux *assises*.

ACHAT se dit, dans le langage usuel, de toute acquisition faite à prix d'argent ; mais il s'entend plus particulièrement des ventes mobilières, et ne s'emploie guère qu'en droit commercial dans cette locution, *achats et ventes de marchandises* ; c'est généralement le mot *vente* qui sert à caractériser le contrat, tant à l'égard de l'*acheteur* que du *vendeur*.

A-COMPTE, tout paiement partiel fait sur un compte arrêté ou non, en sorte qu'il reste toujours, après les *à-comptes* donnés, un reliquat à solder · ou au moins un compte à faire.

ACQUÉREUR, celui qui fait une *acquisition*, qui achète ; il ne s'emploie que pour les ventes d'immeubles.

ACQUÊT se disait dans l'origine de toute acquisition d'immeuble ; mais le mot, qui a vieilli dans le langage usuel, est resté dans la langue du droit, où il désigne les acquisitions faites pendant la communauté, et qui viennent en augmenter les forces ; on les appelle des *arquêts de communauté* pour les distinguer des autres biens immeubles, qui demeurent *propres* à chacun des époux.

ACQUIESCEMENT, adhésion formelle donnée à un acte, après discussion et contradiction. L'acquiescement suppose, de la part de celui qui le donne, l'idée de l'abandon d'un droit qu'il croyait avoir. On acquiesce à une transaction, à une exécution.

ACQUIT, décharge, quittance.

Donner son acquit à un billet, mettre sur un effet de commerce un *pour acquit*, c'est déclarer qu'on en a reçu le montant. — L'*acquit de douane* est la quittance constatant que les droits de douane ont été payés.— L'*acquit à caution* ou *de précaution* se rapporte également aux droits de douane ; c'est un acte de précaution dont on se doit munir pour assurer la circulation des marchandises, sous l'engagement de payer les droits qui seront dus, pour lesquels on exige souvent une caution. — On connaît aussi l'*acquit à caution de transit*, qui est donné dans le cas où les marchandises ne doivent que passer en *transit*.

ACQUITTEMENT, libération, décharge. L'*acquittement* d'une dette, l'*acquittement* d'une accusation. On acquitte une dette en payant entre les mains du créancier la somme due ; on est acquitté d'une accusation criminelle par la déclaration du juri, portant : *Non, l'accusé n'est pas coupable*.

ACTE, dans son acception générale, signifie toute action de l'homme ; il ne s'emploie guère en jurisprudence sous cette forme que dans cette locution : *Faire acte d'héritier*, c'est-à-dire, faire une action qui emporte nécessairement avec elle acceptation de la succession. — En droit, la signification générale du mot *acte* comprend tout écrit destiné à former la preuve d'une convention, ou quelquefois même d'un fait. Considérés dans leurs divers rapports, les *actes* se divisent et se subdivisent à l'infini en *actes publics* et en *actes privés*, en *actes judiciaires* et *actes extra-judiciaires*, etc. ; c'est par des actes particuliers de l'autorité publique que l'état civil des citoyens se constate, ce sont les *actes de naissance*, de *mariage* et de *décès* qui constituent les *actes de l'état civil*.

ACTIF, qui agit ; se dit des créances à recouvrer pour lesquelles le créancier a une *action* en justice. Les *dettes actives* ne sont autre chose que les *créances* ; cette locution s'est introduite par opposition aux *dettes passives*, qui seules forment les véritables *dettes*. Le mot *actif* s'emploie par opposition au mot *passif* ; l'*actif* et le *passif* d'une succession, d'une société, d'une communauté, d'une faillite, et en général l'*actif* et le *passif* d'un compte.

ACTION. Ce mot a, en droit, deux acceptions usuelles.— Il désigne un intérêt dans les compa-

gnies de finances, ou associations diverses ; ces intérêts se divisent d'ordinaire en *actions* et *coupons d'action*. Ces *actions* et *coupons d'action* sont *meubles*. — Il se dit aussi de toute demande en justice. Les tribunaux ne pouvant statuer tant qu'ils n'ont pas été saisis, il faut, pour obtenir justice, que les parties agissent, qu'elles introduisent *une action*. On divise les *actions* en *actions personnelles* et en *actions réelles*, suivant qu'elles ont pour objet l'exercice d'un droit exécutoire contre le débiteur personnellement, ou la revendication d'une chose déterminée, abstraction faite de la personne du possesseur ou détenteur ; les actions qui sont à la fois *personnelles* et *réelles*, parce que l'obligation à raison de la possession concourt avec l'obligation contractée par la personne, s'appellent *mixtes*. On distingue aussi les actions en *actions immobilières* et en *actions mobilières*, suivant qu'elles ont pour objet une chose mobilière ou un immeuble.

ADHÉSION, consentement. On adhère à une proposition à un acte ou traité. L'adhésion suppose, de la part de celui qui le donne, le sacrifice d'un droit acquis ; un créancier adhère au concordat proposé par le failli.

ADJOINT, titre des officiers municipaux désignés pour seconder le maire dans l'exercice de ses fonctions et le suppléer au besoin.

ADIRÉ, ce qui est perdu ou égaré. Cette expression ne s'emploie qu'en parlant d'un titre ou d'un acte. Quand un *effet de commerce* est *adiré*, il y a certaines formalités à remplir pour en assurer le recouvrement.

ADITION D'HÉRÉDITÉ. Tout acte de l'héritier duquel il résulte qu'il accepte la succession est un *acte d'adition d'hérédité*. Cette expression comprend tous les faits qui constituent une acceptation tacite.

ADJUDICATION, vente faite sur enchères par un officier public ou par justice. Il y a des *adjudications mobilières* et des *adjudications immobilières*, des *adjudications préparatoires* et des *adjudications définitives* ; ces dernières locutions appartiennent à la procédure de *saisie immobilière*, qui se termine par l'adjudication de l'immeuble saisi, faite par le juge au profit du *dernier et plus offrant enchérisseur*.

ADMINISTRATION, direction, conduite des affaires. Les actes de

pure *administration* ne touchent pas au droit même de propriété, et ils ne peuvent pas dépasser certaines limites dans lesquelles se doivent rigoureusement renfermer tous ceux qui administrent pour autrui.

ADOPTION, acte purement civil, qui a pour effet de donner à l'*adopté*, à l'égard de l'*adoptant*, les mêmes droits que s'il était son *enfant légitime*. L'enfant *adoptif*, en entrant dans la famille de l'*adoptant*, ne devient pas pour cela étranger à sa propre famille. La loi règle d'ailleurs toutes les conditions sous lesquelles l'adoption peut se faire, sa forme et ses effets.

ADULTÈRE, violation de la foi conjugale. L'*adultère de la femme* ayant pour la famille des conséquences bien autrement graves que l'*adultère du mari*, devait être puni beaucoup plus rigoureusement. Bien que l'adultère constitue un crime social, il ne peut être poursuivi que sur une plainte formelle du mari ou de la femme, partie civile.—Les enfans *adultérins*, c'est-à-dire nés d'un commerce adultère, ne peuvent jamais être ni reconnus, ni légitimés ; ils n'ont droit qu'à des *alimens*.

AFFAIRE, toute contestation ou procès.

AFFICHE, placard destiné à donner de la publicité à un fait. Toutes les ventes judiciaires doivent être précédées d'affiches.

AFFILIATION, adjonction, incorporation. S'affilier à un ordre, à une société, à une corporation, c'est y être admis comme membre ; cette expression ne s'entend que des ordres de chevalerie ou autres corporations privilégiées. Toute affiliation d'un Français à une corporation militaire étrangère, sans autorisation du Roi, lui fait perdre sa qualité de Français.

AFFINITÉ, c'est la parenté ou alliance produite par le mariage entre le mari et les parens de la femme, entre la femme et les parens du mari. Il ne se forme aucun lien entre les parens du mari et ceux de la femme ; on tient pour maxime que l'*affinité n'engendre pas l'affinité*.

AFFIRMATION. Affirmer un fait, c'est assurer avec serment sa vérité, son exactitude. Ce mot ne s'emploie aujourd'hui que pour l'*affirmation des créances* en matière de faillite.

AFFOUAGE, c'est le droit qu'a l'usager de prendre dans une forêt le bois nécessaire pour son chauffage. Le *droit d'affouage* est l'un des *droits d'usage* les plus importans.

AFFRÊTEMENT, toute convention pour le louage d'un navire ; on désigne aussi ce contrat sous les noms de *charte-partie* et de *nolissement*.

AGE, se dit des différens degrés de la vie ; c'est l'âge qui constitue l'état de *minorité* et de *majorité*.

AGENT, tout mandataire chargé de l'exécution d'une affaire. Les *agens de change*, les *agens des faillites* sont des mandataires chargés d'agir dans un intérêt privé, sous la protection de l'autorité publique.

AGRÈS. Ce mot, dans sa généralité, comprend les mâts, les cordages et la voiture d'un navire.

AJOURNEMENT, citation ou assignation donnée à une partie par un officier public pour comparaître en justice à un *jour marqué*.

ALÉATOIRE, ce qui est abandonné à une chance incertaine, comme celle du jeu, ou d'un coup de dé (en latin *alea*). Les contrats aléatoires sont généralement proscrits ; il en est cependant quelques-uns qui sont autorisés comme le *contrat à rente viagère*, le *contrat à grosse aventure*, etc., et même, dans certains cas, le *jeu* et le *pari*.

ALIBI, mot latin qui signifie *ailleurs*. En établissant un *alibi*, l'accusé justifie qu'il ne peut pas être coupable, puisqu'au moment où le crime a été commis il n'était pas là ; des témoins certifient qu'il se trouvait *ailleurs*.

ALIÉNATION, tout acte par lequel une personne transporte à une autre la propriété d'une chose.

ALIMENS, ce qui est nécessaire pour la nourriture. En droit, ce mot comprend tout ce qui est d'absolue nécessité pour vivre, aussi bien le logement et les vêtemens que la nourriture proprement dite. Dans les cas où les alimens sont dus en vertu d'une disposition expresse de la loi civile, ils sont réglés en considération de la fortune de celui qui les doit, et de la position de celui qui les réclame. L'obligation de fournir les alimens est toujours réciproque.

ALLIANCE. V. *Affinité*.

ALLUVION, tout *atterrissement* ou accroissement de terrain qui se forme successivement et imperceptiblement le long des bords d'un cours d'eau. L'*alluvion* augmente, par *droit d'accession*, le fonds riverain auquel il vient se joindre. Cependant si l'alluvion se forme dans une rivière navigable ou flottable, il n'appartient point

au domaine, qui ne prendra toujours sur les bords que son chemin de halage ; c'est le fonds voisin qui profite.

ALTÉRATION, en général c'est le changement apporté à l'état matériel d'une pièce, d'un acte ou d'un titre, après qu'ils ont reçu toute leur perfection. L'*altération* constitue un *faux*.—On peut altérer aussi les *monnaies* ou le *titre* des matières d'or et d'argent ; tous ces faits d'*altération* sont prévus par la loi pénale et rigoureusement punis.

ALTERNATIVE, choix entre deux choses. Les *obligations alternatives* sont celles qui portent sur plusieurs objets déterminés, avec la condition que l'exécution de l'une des clauses suffira. *Vous ferez telle chose ou telle autre.*

ALTIUS NON TOLLENDI, défense de construire au-delà d'une hauteur déterminée ; *servitude* qui peut être stipulée pour que la *vue* ne se trouve pas interceptée.

AMÉNAGEMENT DES BOIS, c'est généralement l'ordre suivi dans les coupes. — Relativement aux usagers, on appelle *aménagement* le règlement de leurs droits d'usages dans divers cantons déterminés ; de telle sorte, que le surplus de la forêt leur est interdit, et qu'ils doivent désormais exercer leurs usages, presque toujours exclusivement, dans les cantons assignés. L'*aménagement* ne change pas la qualité des usagers.

AMENDE, peine pécuniaire infligée par le juge en punition d'une infraction à la loi.

AMEUBLISSEMENT, fiction de la loi, qui tend à faire considérer comme *meuble* un fonds qui est immeuble de sa nature. En principe général, la *communauté* ne peut comprendre que les *meubles* des futurs époux ; par la clause d'*ameublissement*, ils y font entrer aussi leurs immeubles ; ils les *ameublissent*. Cette clause n'a d'effet que relativement aux époux, à l'égard de la communauté.

ANATOCISME, contrat qui consiste à cumuler les intérêts avec le capital pour en former un nouveau capital portant lui-même intérêt ; il a été autrefois proscrit comme *usuraire*. Il est autorisé aujourd'hui dans le cas d'une demande en justice ou d'une convention spéciale, pourvu qu'il s'agisse d'intérêts dus depuis une année au moins.

ANNEXE, ce qui est joint à une chose, mais qui peut en être détaché. L'*annexe* n'est point un *accessoire* nécessaire.

ANONYME, dont on ne connaît pas le nom. Lorsqu'un enfant est présenté à l'état civil sans qu'il soit possible de savoir son nom, l'officier de l'état civil doit lui en donner un.—Les *sociétés anonymes* sont celles qui ne sont formées sous aucune *raison sociale* déterminée; on ignore les noms des associés ; elles sont soumises à des formalités spéciales.

ANTICHRÈSE. Le nantissement ou *gage* d'une chose immobilière s'appelle *antichrèse*. Par ce contrat, le débiteur remet un immeuble en gage à son créancier, afin qu'il se paie sur les fruits.

ANTICIPATION, ce qui est fait par avance. Le créancier ne peut pas être contraint de recevoir son paiement par anticipation.

ANTIDATE, fausse date reportée à un temps antérieur au moment où on l'appose. Dans les actes privés, qui ne sont pas opposables aux tiers, l'antidate ne constitue ni crime, ni délit ; dans les actes publics l'antidate est un faux ; l'antidate, dans les *ordres* joints à une effet de commerce, constitue également le crime de faux.

APPARTENANCES. V. *Accessoires*.

APPEL, recours à une juridiction supérieure pour obtenir la *réformation* ou l'*infirmation* d'une sentence rendue par un tribunal inférieur.

APPORT, tout ce que l'une des parties *apporte* avec elle dans une association d'intérêts. L'*apport social*, l'apport des *époux* dans la communauté ou dans le mariage. Il est permis à la femme de stipuler qu'en renonçant à la communauté elle reprendra ses apports *francs et quittes*.

APPOSITION DE SCELLÉS, mettre une chose sous les scellés.

APPRÉCIATION DE DOMMAGES, déterminer le montant des *dommages-intérêts* qui sont dus, en opérer la *liquidation*.

APPROUVÉ s'emploie comme synonyme du mot *bon*. Mettre son *approuvé* au bas d'un billet ou d'un acte, c'est en certifier la vérité et contracter l'obligation d'exécuter la convention, comme si on l'avait soi-même écrite.

ARBITRAIRE, ce qui est fait sans règle, contrairement à la loi ; l'*arbitraire* constitue l'*abus de pouvoir*. — Le pouvoir *arbitraire* du juge s'entend aussi du pouvoir *discrétionnaire* qui lui est abandonné dans beaucoup de circonstances, dans lesquelles il est autorisé à prononcer sur de simples présomptions dont il peut seul apprécier, comme il lui plaît, la gravité et l'importance. La loi s'en remet alors à *l'arbitraire*, ou mieux encore à *l'arbitrage* du juge.

ARBITRAGE, voie ouverte pour terminer les contestations sans intervention de justice. Des parties qui veulent user de cette voie nomment des *arbitres* qui constituent un *tribunal arbitral*, et prononcent avec ou sans formalités de justice, suivant qu'ils ont été déclarés, ou non, *amiables compositeurs*. — En matière de sociétés commerciales, les associés sont tenus de soumettre leurs différens à des arbitres. L'*arbitrage*, qui dans tous les autres cas est *volontaire*, devient alors un *arbitrage forcé*.

ARMATEUR, celui qui équipe un navire.

ARME, tout instrument qui peut servir à attaquer ou à se défendre. Certaines armes portatives dont l'usage est redoutable sont prohibées ; aujourd'hui la détention des *armes de guerre* est également interdite.

ARRÉRAGES, ce qui est échu d'un revenu, d'une rente, d'un loyer. Les arrérages s'acquièrent jour par jour et se prescrivent par cinq ans.

ARRESTATION, action d'arrêter ou de saisir une chose ou une personne. On arrête une chose entre les mains d'un tiers par la *saisiearrêt*. Une personne peut être arrêtée en matière civile en vertu d'un jugement qui ordonne qu'elle sera *contrainte par corps*. En matière criminelle les arrestations sont ordonnées par les magistrats chargés de l'instruction des procédures criminelles, et quelquefois aussi par les officiers du ministère public.

ARRÊT, dénomination que prennent les jugemens rendus par les cours souveraines. *Arrêt de cour royale, arrêt de la cour de cassation.*

ARRÊT DE PRINCE, ordre donné par un prince, ou par un gouvernement, pour interdire le commerce et empêcher la sortie de certains objets appartenant à telle ou telle puissance. L'arrêt de prince est considéré comme un *fait de force majeure*.

ARRHES, ce qui est donné à l'occasion d'un marché pour en assurer l'exécution. Les arrhes se rapportent plutôt à la promesse d'une convention qu'à une convention même ; les parties ne contractent d'autre engagement que celui de passer l'acte projeté, à peine de la perte des arrhes donnés ou de la restitution du double.

ASCENDANS, tous ceux dont une personne est issue en *ligne directe*, et qui occupent ainsi, dans la généalogie, la partie *ascendante* de la ligne.

ASSASSINAT, tout meurtre commis avec préméditation ou de guetapens.

ASSIGNATION. V. *Ajournement*.

ASSISES, juridiction chargée de la répression des crimes. Les cours d'assises connaissent de toutes les affaires de *grand criminel* ; elles se composent de juges et de jurés ; les juges sont chargés de l'instruction des affaires, de la conduite des débats et de l'application de la peine ; les jurés ont à prononcer sur la *culpabilité* de l'accusé.

ASSOCIATION, toute société formée, même dans un but coupable.

ASSURANCE, contrat aléatoire qui a pour objet d'éviter les chances d'un sinistre incertain, moyennant le paiement d'une prime. Le Code de Commerce ne s'occupe que des *assurances maritimes*, les *assurances terrestres* n'étant pas en usage au moment où il a été discuté ; les règles générales sont les mêmes pour les deux contrats, mais une loi serait nécessaire pour déterminer les effets de l'assurance sur un immeuble à l'égard des créanciers hypothécaires.

ATERMOIEMENT, nouveau terme accordé au débiteur, après l'échéance du terme stipulé pour le paiement.

ATTENTAT, tout crime qui porte une atteinte grave à l'ordre public. *Attentat à la sûreté publique, attentat à la sûreté des personnes*. On dit aussi un *attentat aux mœurs*, un attentat *à la pudeur*.

ATTÉRISSEMENT. V. *Alluvion*.

ATTROUPEMENT, réunion d'un assez grand nombre de personnes sur la voie publique dans un but de désordre.

AUBAINE. Le *droit d'aubaine* est un droit en vertu duquel un prince ou une nation s'empare au décès d'un étranger de tout ce qui lui appartient, comme devant hériter de tout ce qui se trouve sur son territoire, à l'exclusion des étrangers. Ce droit est aujourd'hui aboli en France, mais il s'exerce contre les Français chez un grand nombre de nations. Le Code Civil avait admis le principe de réciprocité, mais cette disposition a été abrogée par la loi du 14 juillet 1819.

AUDIENCE, temps que les tribunaux consacrent à l'audition des causes. Les délits d'audience qui tendraient à entraver le cours de la justice sont punis sur-le-champ.

AUTHENTICITÉ DES ACTES. L'acte *authentique* est celui qui est reçu par un officier public, revêtu de tous les pouvoirs nécessaires pour donner force exécutoire aux actes qu'il certifie de sa signature.

AUTORISATION, consentement donné à une personne de faire une chose qu'elle n'aurait pas par ellemême capacité de faire. La femme mariée ne peut pas s'obliger sans l'autorisation de son mari, ou à défaut sans l'autorisation de justice.

AVAL, garantie donnée par un tiers, sur une lettre de change ou un billet à ordre, pour en assurer le paiement à l'échéance, au cas où le débiteur ne se libérerait pas. Les mots *pour aval*, avec la signature du garant, suffisent à la perfection du contrat.

AVANCEMENT D'HOIRIE, donation faite à un successible en avance sur la succession qu'il peut avoir à recueillir un jour. Ces donations sont sujettes à *rapport*, si elles n'ont pas été faites par *préciput et hors part*.

AVARIE, tout dommage emportant dépréciation de la chose.

AVEU. C'est la reconnaissance que fait une partie de la vérité d'un fait ou d'une convention. Il est *judiciaire* ou *extra-judiciaire*.

AVOCAT, celui qui se consacre à la défense des citoyens devant les tribunaux civils et criminels.

AVORTEMENT, accouchement avant terme. Lorsque l'avortement a été provoqué, il constitue un crime.

AVOUÉS, officiers ministériels, établis près les tribunaux civils de première instance et les cours royales, pour représenter les parties et suivre la procédure pendant toute la durée de l'instance. On ne peut plaider en France sans ministère d'avoué.

AYANT CAUSE, *ayant droit*, celui qui est subrogé aux droits d'une personne, qui est mis en son lieu et place, tout au moins quant à un objet déterminé. L'acquéreur est l'*ayant cause* ou l'*ayant droit* de son vendeur ; ces expressions s'appliquent plus généralement aux subrogations à titre particulier qu'aux subrogations à titre universel.

B.

BAIL, au pluriel *baux*. C'est le contrat de louage appliqué aux maisons et aux biens ruraux ; le premier s'appelle *bail à loyer*, le second *bail à ferme* ; on nomme aussi *bail à cheptel*, ou simplement

49

cheptel (V.), le louage d'un troupeau.

BAGNE, lieu où sont réunis les condamnés aux *travaux forcés*.

BAN. C'est l'annonce publique d'une chose. C'est par des bans que l'on donne connaissance au public des faits qui intéressent l'universalité des citoyens. — Ce mot désigne aussi la résidence assignée au condamné *en surveillance*.

BANNISSEMENT, peine infamante qui consiste dans le transport du condamné hors du territoire du royaume.

BANQUEROUTE. Il y a *banqueroute* quand on peut imputer au failli des fautes graves. Le failli est en *banqueroute simple* s'il n'y a eu des fautes à lui reprocher ; il est en *banqueroute frauduleuse* s'il s'est rendu coupable de dol.

BARATERIE, toute prévarication, de la part du *capitaine*, maître, patron, ou des gens de l'équipage.

BARRE, BARREAU. La *barre* sépare du public les juges d'un tribunal. Les avocats et les avoués qui composent le *barreau* restent toujours à la *barre* du tribunal.

BATARD, enfant né hors de mariage ; l'expression légale est *enfant naturel*.

BATONNIER, titre donné au chef de l'ordre des avocats, qui préside le conseil de discipline.

BEAU-FRÈRE, *belle-sœur, beaupère, belle-mère, beau-fils, belle-fille*, expressions qui s'appliquent aux degrés les plus proches d'*affinité*.

BÉNÉFICE D'INVENTAIRE, privilège que la loi accorde à l'héritier qui craindrait de compromettre sa fortune personnelle, par l'*acceptation pure et simple* d'une succession dont il ne connaît pas exactement les forces et les charges. L'effet du *bénéfice d'inventaire* est d'opérer la *séparation* du patrimoine de l'héritier de celui de la succession, en empêchant toute confusion entre eux. L'héritier bénéficiaire n'est point tenu au-delà des forces de la succession ; il n'a qu'un compte à rendre de son administration aux créanciers, si son auteur se trouve en dernier résultat insolvable.

BIEN, tout ce qui est susceptible de fonder un droit ou une action. Les *biens* se divisent en *biens corporels* et *incorporels*, en *biens meubles* et *immeubles*. Un débiteur peut être admis à faire *cession de biens* à ses créanciers ; les époux peuvent se marier *communs en biens* ou *séparés de biens* ; si la femme n'est pas séparée de biens par son contrat de mariage, elle peut demander la *séparation* de biens en justice, lorsque sa dot est en péril.

BIENFAISANCE. Le contrat de bienfaisance est celui dans lequel l'une des parties procure à l'autre un avantage purement gratuit.

BIGAMIE, état de celui qui contracte deux mariages en même temps. La *bigamie* n'est plus un cas pendable, mais elle conduit au bagne.

BILAN. C'est l'état de l'actif et du passif de tout débiteur en *faillite* ou en *déconfiture*.

BILATÉRAL. V. *Synallagmatique*.

BILLET, toute reconnaissance d'une dette. Parmi les *billets* ou *effets de commerce*, on doit remarquer les *lettres de change* et les *billets à ordre* qui se transmettent par voie d'*endossement*, sans autre formalité.

BLANC-SEING, signature remise de confiance, sans que la souscription qui doit la précéder soit remplie. L'*abus de blanc-seing* constitue une escroquerie.

BON s'emploie comme synonyme de *billet* et d'*approuvé*.

BON PÈRE DE FAMILLE, *bon administrateur*. La recommandation de se conduire en *bon père de famille*, c'est la recommandation de bien administrer, à peine de tous dommages-intérêts.

BONNE FOI. Celui qui est dans l'ignorance complète du tort qu'il peut avoir est de *bonne foi*.

BORNAGE, séparation de deux héritages contigus. Cette séparation s'opère par le placement de *bornes*.

BRANDON. Toute marque mobile que l'on suspend à un objet pour donner quelque indication passagère, et notamment pour annoncer qu'un objet mobilier est mis en vente ; de là la *saisie-brandon* qui a pour but la saisie et la vente des récoltes sur pied.

BREF DÉLAI, abréviation des délais ordinaires de procédure. On peut donner assignation à *bref délai*, avec autorisation du juge, toutes les fois qu'il y a *urgence* ou *péril en la demeure*.

BREVET, acte notarié dont il ne reste pas *minute*. Un notaire peut délivrer une procuration en brevet.

BREVET D'INVENTION, acte délivré par l'autorité et qui a pour objet de constater en faveur de celui qui réclame la priorité d'*une invention*. Il n'a d'autre effet que de donner date au dépôt ; il ne préjuge rien à l'égard du fait même de l'invention.

BRIS, toute fracture, toute effraction. C'est en ce sens que l'on dit *bris de clôture, de porte, de prison, de scellés*. — Le *bris de navire* s'entend de la perte du navire par fortune de mer ; alors qu'on parvient à en sauver des *débris*.

BUREAU DE CONCILIATION. C'est le lieu où le juge de paix entend les parties qui se présentent devant lui pour tâcher de les concilier sur les contestations qui les divisent.

C

CABOTAGE, commerce maritime le long des côtes. Le *petit cabotage* est le commerce qui se fait entre villes voisines ; le *grand cabotage* entre villes éloignées.

CADUCITÉ des legs et donations. Un legs ou une donation sont caducs lorsque celui qui était appelé à recueillir le bienfait ne peut pas profiter de la disposition.

CAHIER DES CHARGES, procès-verbal contenant l'énoncé de toutes les conditions ou charges sous lesquelles un objet mobilier ou immobilier est mis en adjudication publique.

CALOMNIE, mensonge fait avec l'intention de porter atteinte à l'honneur ou à la considération d'autrui.

CANTONNEMENT des usages, opération qui a pour objet d'intervertir le titre des usagers dans une forêt, en leur accordant un canton de la forêt en *toute propriété*. Au droit d'usage, qui est simplement superficiaire, se trouve substitué un droit de *pleine propriété*. Aujourd'hui le cantonnement ne peut être demandé que par le propriétaire.

CAPACITÉ, état de celui qui peut faire un acte valable. Il a *capacité* quant à cet acte ; il est pour cela partie *capable*.

CAPITAL, toute somme susceptible de produire *intérêt*. Les intérêts eux-mêmes deviennent des capitaux et peuvent produire des intérêts. — Pris comme adjectif, ce mot appartient au *droit criminel*. On appelle *crimes capitaux* ceux qui entraînent l'application de la *peine de mort*, c'est-à-dire de la *peine capitale*.

CAPTATION, toute manœuvre pratiquée dans l'intention d'extorquer, par abus de confiance, partie de la fortune d'autrui. La *captation* se confond avec la *fraude*, avec le dol.

CARCAN, collier de fer qui tient le condamné attaché au poteau pendant la durée de l'*exposition*.

CARENCE, ce qui manque. Le procès-verbal de *carence* constate que là où il y avait nécessité de dresser un inventaire, il a été impossible de satisfaire à la loi, parce qu'il n'y avait rien à inventorier. Le procès-verbal de *carence* tient lieu de l'inventaire exigé.

CAS, tout accident, toute circonstance. — Les *cas de force majeure* sont ceux que rien ne pouvait empêcher ; les *cas fortuits* sont les accidens provenant du hasard seul. On connaît encore les *cas imprévus*, les *cas urgens,* et, en général, les conditions et les évènemens *casuels.*

CASSATION. La cour de cassation est la juridiction la plus élevée du royaume ; elle a le droit de casser et annuler les arrêts et jugemens en dernier ressort qui renferment quelque violation de loi.

CASTRATION, crime qui a pour objet d'enlever la force génératrice par la section des parties sexuelles.

CAUSE, tout motif d'une action. Une obligation n'est valable qu'autant qu'elle a une *cause,* et que cette cause est *licite.* — Ce mot se prend aussi comme synonyme de toute affaire contentieuse ; la *cause* s'identifie alors avec l'instance elle-même. On dit une *cause principale,* une *cause incidente,* d'*appel,* d'*intervention,* etc.

CAUTIONNEMENT, contrat par lequel la *caution* se soumet, vis-à-vis du créancier, à exécuter l'obligation au lieu et place du débiteur, dans le cas où celui-ci ne se libérerait pas au terme convenu. La caution est *conventionnelle, légale* ou *judiciaire.*

CÉDULE. Ce mot, autrefois synonyme de *billet, acte,* d'où était venu la locution *cédule de citation,* ne s'emploie aujourd'hui que dans ce dernier sens. On dit encore une *cédule de juge de paix,* une *cédule de juge d'instruction.*

CERTIFICAT, déclaration tendant à assurer un fait. *Certificat d'indigence, certificat de vie.*

CESSION, abandon, subrogation. —Par la *cession de biens,* le débiteur qui est en état de faillite, ou de déconfiture, parvient à échapper à l'exercice de la contrainte par corps, mais il ne peut être admis à jouir d'un pareil bénéfice que quand il est malheureux et de bonne foi.—La *cession d'une créance* a pour objet de subroger le *cessionnaire* dans tous les droits du *cédant ;* elle n'a d'effet, à l'égard du débiteur, qu'autant qu'elle lui a été signifiée ou qu'elle a été acceptée par lui. — Les *cessions de droits litigieux* et de *droits successifs* sont aussi des *subrogations.*

CHANGE. Le *contrat de change,* ou *lettre de change,* a pour objet un transport d'argent de place en place ; il se forme entre le *tireur,* qui le souscrit, le *porteur,* au profit duquel il est fait, et le *tiré,* qui est en même temps l'*accepteur ;* le *porteur* peut le transmettre par voie d'*endossement* à des *tiers.*

CHARTE. Anciennement tout acte écrit était une *charte (charta),* ou par corruption ou équivoque *chartre.* C'est aujourd'hui la dénomination du titre par excellence, de celui qui renferme la constitution politique du pays.

CHARTE-PARTIE. *V. Affrètement.*

CHARTRE-PRIVÉE. *Chartre,* vieux mot qui signifiait prison (*carcer*) ; *chartre-privée* n'a pas d'autre signification ; retenir quelqu'un en *chartre-privée,* c'est le retenir en prison dans un lieu qui n'est pas reconnu comme tel par l'autorité publique.

CHEPTEL, *louage* d'un troupeau de bétail, sous la condition que le croît et les profits seront partagés entre le *preneur* et le *bailleur.*

CHIROGRAPHAIRE, ce qui est écrit de la main. Un *titre chirographaire* est l'acte sous-seing privé qui est écrit par le débiteur ou en son nom, sans intervention de l'autorité publique. Le *créancier chirographaire* est celui qui est porteur d'un pareil titre. Autrefois, que tous les actes notariés emportaient hypothèque, on opposait les *créanciers chirographaires* aux *créanciers hypothécaires ;* bien que la locution, prise en ce sens, soit aujourd'hui vicieuse, elle a été conservée par l'usage.

CHOSE est, en droit, synonyme de *bien ;* c'est tout ce qui est susceptible de fonder un droit ou une action.—*Chose fongible. V. Fongible,—chose future. V. Futur.*

CHOSE JUGÉE, présomption de vérité irrévocable que la loi attache à toute décision judiciaire définitive, qu'on ne peut plus être attaquée par aucune voie régulière. L'autorité de la *chose jugée* n'a lieu qu'entre les mêmes parties, agissant dans les mêmes qualités et pour ce qui concerne le même objet ; elle ne peut pas être opposée aux tiers.

CIRCONSTANCE, tout accident d'un fait. En droit criminel, on doit tenir compte quant à l'application de la peine et des *circonstances aggravantes* qui peuvent être relevées par le juge, et des *circonstances atténuantes* qui doivent être signalées par le juri.

CITATION. *V. Ajournement.*

CLAMEUR PUBLIQUE. C'est le cri de l'indignation générale qui s'élève au moment où un crime vient d'être commis, pour signaler à la *vindicte publique* le coupable surpris en *flagrant délit.*

CLAUSE, toute disposition d'un acte, d'un contrat, d'un traité. Les *clauses obscures* s'interprètent contre celui qui avait le plus d'intérêt à éviter toute ambiguité. — La *clause pénale* est celle par laquelle on déclare contracter une obligation spéciale à laquelle on se soumet en cas d'inexécution de l'obligation principale.

CO, particule qui ne s'emploie pas isolément, mais qui se joint à une foule de mots pour exprimer la simultanéité d'action ou la communauté d'intérêts. C'est la préposition *cum* (avec) des Latins. *Co*-accusés, coassociés, cocréanciers, codébiteurs, cohabitans, cohabitation, cohéritiers, cointéressés, colégataires, colicitans, coobligés, copartageans, copropriétaires, cotuteur, cousufruitiers, covendeurs.

CODE, collection des lois sur une même matière.

COLLATÉRAL. Les parens *collatéraux* sont ceux qui n'appartiennent pas à la *ligne directe,* et ne sont conséquemment ni *ascendans,* ni *descendans. Ligne collatérale, succession collatérale.*

COLLATION D'ACTES. C'est la comparaison que l'on fait d'une *copie* de pièces avec l'*original,* pour s'assurer que la copie est exacte.

COLLECTIF. *V. Société.*

COLLOCATION. C'est l'action par laquelle on range des créanciers dans l'ordre suivant lequel ils doivent être payés.

COLLUSION, concert frauduleux entre plusieurs personnes pour s'enrichir aux dépens d'un tiers.

COLON. *Fermier.*— Le *colon partiaire* est le fermier qui prend un héritage à bail sous la condition d'un partage des fruits.

COMMAND. La *déclaration de command* ou *élection d'ami* est l'acte par lequel une personne, qui avait traité ostensiblement pour son compte, annonce qu'en réalité elle ne faisait qu'exécuter un mandat. C'est seulement par la *déclaration de command* que le nom du mandant est connu.

COMMANDEMENT, acte ou *exploit* signifié par un officier public, au nom du pouvoir exécutif, pour *commander* à la partie, qui s'est obligée ou qui a été condamnée, de s'exécuter. Un *commandement* ne peut être fait qu'en vertu d'un acte portant *mandement exécutoire.*

COMMANDITE, COMMANDITAIRE. La *société en commandite* est une

49.

société dans laquelle partie des associés sont de simples *bailleurs de fonds*. L'associé *commanditaire* ne peut jamais être engagé au-delà de sa mise sociale.

COMMETTANT, celui qui donne un *ordre*, un *mandat*.

COMMINATOIRE, ce qui consiste en menaces seulement, mais qui ne doivent pas être nécessairement suivies d'effet. Aujourd'hui la législation n'admet plus ni *clause*, ni *peine comminatoires*.

COMMISSION ROGATOIRE, acte de l'autorité publique emportant délégation de pouvoir et charge de faire ce qui est prescrit.

COMMODAT. *Prêt à usage*, prêt d'une chose dont on peut user sans la détruire.

COMMUNAUTÉ, association des époux qui mettent partie de leurs biens en *commun*. La *communauté légale* s'étend à tous les biens *meubles* des deux époux. — La *communauté conventionnelle* est régie par les clauses qu'il plaît aux parties d'insérer au *contrat de mariage*. Les *futurs* peuvent stipuler une *communauté d'acquêts*, ou même déclarer qu'ils se marient *sans communauté*. La *femme commune* a toujours la faculté de renoncer à la communauté après sa dissolution.

COMMUNE RENOMMÉE. *Enquête*. Faire inventaire par *commune renommée*, c'est s'adresser à des témoins pour suppléer à l'inventaire qui n'a point été fait dans le temps prescrit.

COMMUNICABLE. Les *causes communicables* sont celles sur lesquelles le ministère public est tenu de donner ses conclusions.

COMMUNISTES, tous ceux qui sont en *communion*, qui possèdent une chose en *commun*.

COMMUTATIF, ce qui se fait par *échange*. Les *contrats commutatifs*.

COMMUTATION DE PEINE, *changement*, *modération* de la peine prononcée par le jugement de condamnation. Le Roi seul peut *commuer* les peines.

COMPENSATION. C'est la libération respective de deux personnes qui se trouvent débitrices l'une de l'autre. — *Compenser les dépens*, c'est en faire la distribution entre les parties, de telle sorte qu'ils ne restent pas en totalité à la charge de l'une d'elles.

COMPÉTENCE. Appliquée à un officier public, la *compétence* est le droit de rédiger ou d'expédier les actes authentiques pour lesquels il a été institué; appliquée à un tribunal, la *compétence* est le droit de juger toute affaire contentieuse

dont la connaissance lui est expressément dévolue par une loi formelle.

COMPLAINTE, toute *action possessoire* dans laquelle le *complaignant* porte *plainte* à raison du *trouble* qu'il éprouve dans sa *possession*. Lorsqu'on distingue la *complainte* des autres *actions possessoires*, c'est alors l'action par laquelle on conclut seulement à être *maintenu* dans la possession *annale*.

COMPLICE, celui qui prend une part secondaire plus ou moins directe, plus ou moins active, à un *crime* ou à un *délit*.

COMPLOT, tout concert formé entre plusieurs personnes dans le but de commettre un crime.

COMPROMIS, convention par laquelle plusieurs parties s'engagent à faire juger la contestation qui les divise par des *arbitres*.

COMPULSOIRE, recherche faite dans des registres publics pour découvrir s'ils ne renferment pas un acte qui pourrait être utile à la décision d'une contestation.

CONCILIATION, tentative qui doit être faite devant le juge de paix avant l'introduction de l'instance, afin d'empêcher, s'il est possible, que le procès ait lieu.

CONCLUSIONS, résumé des demandes et prétentions de chacune des parties en cause. *Prendre des conclusions*, *conclusions principales, conclusions subsidiaires, additionnelles, exceptionnelles, conclusions motivées, conclure au fond, conclure à toutes fins.*

CONCORDAT, traité qui intervient entre le failli et ses créanciers qui consentent l'abandon de partie de leurs droits. Le concordat rend au failli l'administration de ses biens, mais il ne détruit pas les autres effets de la faillite.

CONCUSSION, toute exaction ou malversation commise par un fonctionnaire public à l'occasion de ses fonctions.

CONDITION, toute clause d'un acte. Plus spécialement, la *condition* s'entend d'un événement futur et incertain auquel est subordonné l'*obligation conditionnelle*. La condition est *casuelle*, lorsqu'elle dépend du hasard; *potestative*, lorsqu'elle dépend d'un événement qui est à la disposition de celui qui a fait la stipulation; *mixte*, lorsqu'elle dépend tout à la fois de la volonté d'une des parties contractantes et de la volonté d'un tiers; elle est *suspensive* lorsqu'elle ajoute ou effet de *suspendre* soit l'existence soit l'*exécution* de l'obligation; *résolutoire*, lorsqu'elle en doit opérer la révocation.

CONFISCATION. C'est l'attribution au *fisc*, au *trésor public*, d'une chose enlevée au propriétaire par suite de l'application d'une peine.

CONFLIT, débat entre deux autorités sur la nature d'une affaire ou les limites de leur propre compétence. Il y a *conflit positif*, lorsque les deux tribunaux retiennent la connaissance de la même affaire; il y a *conflit négatif*, lorsque l'un et l'autre se déclarent incompétens, et que cependant l'un ou l'autre doit nécessairement en connaître. Dans les deux cas, il faut se pourvoir par voie de règlement de juges.

CONFUSION, réunion dans la même personne de deux qualités contradictoires. Les obligations s'éteignent par la confusion.

CONJOINT, ce qui est uni. Les *conjoints* ce sont les époux.

CONNAISSEMENT, *reconnaissance* que donne le capitaine des marchandises chargées sur son bord.

CONQUÊT DE COMMUNAUTÉ, toute acquisition faite des deniers de la communauté est un *conquêt* n'est donc qu'un *acquêt de communauté*; cette expression s'emploie par opposition aux *acquêts* personnels à chacun des époux, qui forment des *propres*.

CONSANGUINS, les parens *consanguins* sont les parens du côté paternel. Frères et sœurs de père.

CONSEIL JUDICIAIRE, curateur spécial donné au prodigue, et sans l'assistance duquel il ne peut pas faire certains actes.

CONSENTEMENT, approbation, déclaration de volonté. Les *conventions consensuelles* sont celles qui se forment par le seul effet du consentement, sans formalité.

CONSIGNATION, dépôt, mandat. *Caisse des consignations*. Donner des marchandises en *consignation* pour qu'elles soient vendues par le *commissionnaire* ou *consignataire* au profit du *mandant*.

CONSOMMATION. *Prêt de consommation*, prêt d'une chose dont on ne peut pas user sans la détruire, et qu'ainsi l'emprunteur ne peut pas rendre en nature, mais seulement par équivalent.

CONSORTS, tous ceux qui ont le même intérêt dans une instance.

CONSPIRATION, complot ayant pour but le renversement de l'autorité établie.

CONSTITUTION, établissement. *Constitution d'avoué, constitution de dot, constitution de rente.*

CONTENTIEUX, ce qui est sujet à litige. Le *contentieux administratif*, le *contentieux judiciaire*, ce sont toutes les affaires litigieuses qui sont du ressort de l'administration au premier cas, et au second des tribunaux ordinaires.

CONTESTATION, tout différend entre parties, tout procès.

CONTRACTUEL, ce qui est stipulé par contrat. Les *donations contractuelles* sont celles qui se trouvent insérées dans un *contrat de mariage.*

CONTRADICTOIRE, ce qui est en *contradiction* avec quelque chose. Un jugement *contradictoire* est celui qui a été rendu après que les parties ont pu se contredire, parce qu'elles ont été mises en présence l'une de l'autre. C'est en droit la signification usuelle du mot *contradictoire*, qui ne s'applique pas à une *contradiction nécessaire.* Un *acte contradictoire* est celui qui a été passé en présence des parties, *contradictoirement* avec chacune d'elles.

CONTRAINTE, tout acte par lequel on prétend forcer quelqu'un à faire quelque chose; tout acte *d'exécution.* — *Contrainte par corps,* c'est l'exécution opérée par la contrainte sur la personne même du débiteur, qui est mis en état d'arrestation à la requête du créancier.

CONTRAT, toute convention par laquelle une partie s'engage à faire ou ne pas faire. Le *contrat* s'entend plus spécialement de l'acte même qui forme la *preuve littérale* de l'engagement *contracté.* Les *contrats* se divisent à l'infini comme les *conventions* et les *obligations* elles-mêmes. La *convention* forme entre les parties le lien de droit, le *contrat* en est le complément ou la preuve; il en assure l'exécution; l'*obligation* est la conséquence de la *convention* et du *contrat.*

CONTRAVENTION, terme consacré pour désigner les faits qui sont du ressort des tribunaux de *simple police.*

CONTREBANDE, commerce et transport de marchandises faits en fraude des droits de douane.

CONTREFAÇON, CONTREFACTION, toute imitation frauduleuse de la chose d'autrui, faite au préjudice du véritable propriétaire. Le mot *contrefaction* s'applique exclusivement à une imitation matérielle. La *contrefaçon d'un ouvrage littéraire,* la *contrefaction des sceaux de l'État.*

CONTRE-LETTRE, tout acte secret qui a pour objet de détruire une stipulation insérée dans un acte ostensible, mais qui n'a point d'existence réelle et ne doit pas être exécutée.

CONTRIBUTION, toute répartition entre cointéressés, soit des charges communes, soit des bénéfices communs. Lorsque les biens du débiteur sont insuffisans pour désintéresser les créanciers, ils sont vendus, et le prix en est distribué par *contribution* à tous ceux qui sont créanciers au même titre, c'est-à-dire qui n'ont ni hypothèque ni privilège.

CONTUMACE, *défaut* de comparution de toute partie assignée. Ce mot n'est d'usage qu'au grand criminel. L'accusé qui fait défaut est déclaré *contumax,* et il est admis à *purger sa contumace* tant que la peine n'est pas prescrite.

CONVENTION. V. *Contrat.*

CONVERSION, tout changement. Lorsqu'un immeuble est saisi pour être vendu en justice, on peut demander la *conversion* en vente volontaire.

CONVOL, *secondes noces.*

CORRECTION. Le *droit de correction* contre les enfans mineurs est attaché à l'exercice de la *puissance paternelle.*

CORRUPTION, tout fait qui tend à détourner un fonctionnaire de ses devoirs, sous l'espoir d'un don ou d'une promesse.

COUR ROYALE, tribunal institué pour connaître comme second degré de juridiction, et en dernier ressort, des appels dirigés contre les jugemens des tribunaux civils de première instance.

COUT D'UN ACTE. C'est le montant de ce que *coûte* un acte, de ce qu'il faut payer pour se le procurer. L'expression *loyaux coûts* désigne le montant des remboursemens qui sont à faire dans les divers cas de *subrogation légale;* ils ne comprennent que ce qui était rigoureusement dû, *tarif* en main.

CRÉANCIER, quiconque a un droit à exercer contre quelqu'un. On distingue les *créanciers* suivant la nature du titre dont ils sont porteurs, en *créanciers ordinaires* ou *chirographaires* (V.), *privilégiés* et *hypothécaires* (V.)

CRÉDIT, partie d'un compte qui se rapporte aux créances; c'est l'*actif du compte.* Dans la *vente à crédit,* le vendeur consent à être *créancier* de l'acheteur.

CRIÉE, *mise aux enchères.* Vente aux criées, vente *aux enchères.*

CRIME, tout fait qui tombe sous la juridiction des juges du *grand criminel;* attentat dirigé contre les personnes, les biens ou la sûreté publique.

CRIMINALITÉ. V. *Culpabilité.*

CROIT DES ANIMAUX. Ce sont tous les *nouveau-nés* qui viennent augmenter ou *accroître* le nombre des têtes de bétail dans un troupeau.

CRUE, augmentation faite sur une estimation jugée être au-dessous de la valeur réelle de l'objet. Faire une estimation *sans crue,* c'est déterminer sur-le-champ sa valeur réelle : *à juste prix et sans crue.*

CULPABILITÉ. La *culpabilité* se rapporte à l'homme qui est accusé de s'être rendu *coupable* d'un fait puni par la loi pénale, c'est-à-dire d'avoir commis ce fait avec l'intention de nuire. La *criminalité* se rapporte au fait lui-même qui est présenté comme un fait *punissable.* C'est aux jurés qu'il appartient exclusivement d'abord de vérifier la *criminalité du fait,* et ensuite de prononcer sur la *culpabilité de l'accusé.*

CUMUL. *Accumulation.* Le *cumul* du *possessoire* et du *pétitoire* est sévèrement interdit ; le *cumul* de fonctions diverses sur la même tête n'est pas prohibé aussi rigoureusement ; les exceptions à la règle sont sans nombre.

CURATELLE, CURATEUR. Le *curateur* est celui qui prend soin des intérêts d'une personne qui n'a pas capacité entière pour gérer seul ou administrer ses affaires ; il surveille les actes de la personne qui est mise en *curatelle;* ils ne sont valables qu'avec son approbation. Quelquefois le *curateur* est un véritable représentant, agissant, comme le *tuteur,* en nom personnel, pour le compte d'autrui.

D

DATE, indication de l'année, du mois et du jour auxquels une chose s'est faite. Quelquefois même il est nécessaire d'ajouter dans l'acte l'indication de l'heure. La date n'est *certaine* qu'autant qu'elle résulte de la déclaration d'un officier public ; cependant les actes sous seing privé acquièrent date certaine, non-seulement par l'enregistrement et par l'énonciation de leur substance dans des actes publics, mais encore par le décès de l'une des personnes qui les ont souscrits.

DÉBAT, tout examen contradictoire. *Débats de compte,* — *débats criminels,* instruction des affaires criminelles.

DÉBET, DÉBIT DE COMPTE. Le *débit* d'un compte, c'est la partie qui énonce les *dettes passives,* c'est le *passif du compte.* Le *débet* d'un compte, c'est le *reliquat* qui reste à solder après que la *balance* a été faite entre l'*actif* et le *passif.*

DÉBITEUR, quiconque a contracté une obligation, quiconque est soumis à une action.

DÉBOUTÉ, *rejet. Débouter* le demandeur de sa *demande*, ou l'opposant de son *opposition*, c'est en prononcer le rejet.

DÉCEPTION, *dol, fraude*, tout moyen frauduleux employé pour tromper quelqu'un.

DÉCISOIRE, ce qui doit déterminer une *décision*. Le *serment décisoire* doit en effet terminer toute contestation, c'est celui qui est déféré par l'une des parties, qui propose de s'en remettre au serment de sa partie adverse.

DÉCLARATION, *constatation* d'un fait. *Déclaration d'absence, d'arrêt* ou *de jugement commun, de décès, de dépens, de dommages-intérêts, d'hypothèque, du juri, de naissance.*

DÉCLINATOIRE, acte par lequel on *décline* une juridiction sur le motif qu'elle serait incompétente. *Proposer le déclinatoire d'incompétence.*

DÉCONFITURE, état du débiteur qui est dans l'impossibilité de satisfaire ses créanciers. La déconfiture est en matière civile ce qu'est la *faillite* en matière de commerce.

DÉDIT, *se dédire*. C'est revenir contre ce qui a été *dit*, arrêté ou conclu. Le *dédit* est permis tant que le lien de droit n'a pas été formé, alors même qu'il y aurait eu *promesse* accompagnée d'une remise d'*arrhes*. Dans les obligations parfaites, toute *clause pénale* peut être considérée comme un *dédit*. Dans toutes les obligations en général, le *dédit*, c'est-à-dire le *défaut d'exécution*, se traduit en *dommages-intérêts*.

DÉDOMMAGEMENT. V. *Dommages-intérêts*.

DÉFAUT, *vice* d'une chose, — *défaut*, tout manquement à un ordre de comparution régulièrement donné. Refuser de comparaître devant le juge après une assignation régulière, c'est *manquer à justice, lui faire défaut*. Alors on adjuge à la partie présente le *profit du défaut*, contre la partie *défaillante*, sauf à vérifier les conclusions du *demandeur*, si c'est le *défendeur* qui fait défaut. Si le *demandeur* est défaillant, comme il doit toujours être prêt à fournir ses preuves, le juge se borne à donner au défendeur *congé-défaut* de la demande, sans vérification. Si de deux parties assignées, l'une fait *défaut* et l'autre comparaît, le juge déclare le *défaut*, sans en adjuger le *profit*, qu'il joint au fond, et il ordonne de *réassigner*. Ces sortes de sentences s'appellent *jugement de défaut profit joint*.

DÉFENDEUR, celui qui est appelé en justice et qui a conséquemment une *défense* ou des *défenses* à proposer. En cour royale la partie *défenderesse*, celle qui est *intimée* sur l'appel, est désignée sous la dénomination d'*intimé*.

DÉFINITIF, s'emploie par opposition à *provisoire*. Un *jugement provisoire*, un *jugement définitif*.

DÉGRADATION, toute détérioration, tout dommage. — *Dégradation civique*, peine infamante qui consiste dans la déclaration que le condamné est incapable d'exercer ses *droits civiques*, ses *droits civils*, ses *droits de famille*. Elle est prononcée comme peine principale ou comme peine accessoire.

DEGRÉ, tout intervalle susceptible de computation, parce que d'autres degrés peuvent le précéder et d'autres degrés peuvent le suivre. Un *degré de parenté*, un *degré de juridiction*, un *degré de substitution*. Dans la famille chaque génération s'appelle un *degré*.

DÉGUERPISSEMENT, abandon, délaissement d'un héritage. Celui qui s'est mis *indûment* en possession du fonds d'autrui doit être condamné au *déguerpissèment*. Le tiers-détenteur qui veut se dérober aux charges qui pèsent sur l'immeuble se trouve libéré par l'offre du déguerpissement ou le *délaissement* de l'immeuble.

DÉLAISSEMENT, abandon volontaire d'une chose fait dans l'intention de se libérer des charges réelles qui pèsent sur elle. Le *délaissement après assurance*, le *délaissement par hypothèques*.

DÉLÉGATION, transport; subrogation. *Délégation de dette*, c'est l'acte par lequel un débiteur donne à son créancier un autre débiteur qui se charge d'acquitter l'obligation. — *Délégation de juridiction*, c'est une commission rogatoire (V.).

DÉLIBÉRÉ. Une cause est mise en *délibéré*, lorsqu'après les plaidoiries le tribunal renvoie à jour fixe pour prononcer la décision. *Jugement rendu sur délibéré*.

DÉLINQUANT, celui qui commet un *délit*.

DÉLIT, tout fait punissable qui rentre dans les attributions des tribunaux correctionnels. Les *délits* comprennent toutes les affaires du *petit criminel*.

DEMEURE, *résidence*. — *Mise en demeure*, avertissement donné par acte extra-judiciaire au débiteur pour qu'il ait à satisfaire à l'obligation. — *Péril en demeure*; il y a *péril en demeure* toutes les fois que les choses sont dans un état tel

qu'il y a nécessité de recourir à des *actes conservatoires*.

DÉMISSION DE BIENS. V. *Abandon*.

DÉNI DE JUSTICE, refus fait par le juge de remplir son office, de rendre jugement.

DENIER À DIEU, arrhes qu'il est d'usage de donner dans certaines conventions ou marchés pour établir la preuve d'un engagement formel. Dans l'origine le *denier à dieu* devait être employé en *aumône*.

DÉPENDANCES. V. *Accessoires*.

DÉPENS. Ce sont toutes les *dépenses* faites pour soutenir un procès. *Condamnation aux dépens*, *compensation de dépens*.

DÉPORT, acte par lequel le juge déclare qu'il doit *s'abstenir* parce qu'il y a cause de *récusation* en sa personne.

DÉPORTATION, peine afflictive et infamante qui consiste dans le transport du condamné dans une colonie.

DÉPÔT, acte par lequel on reçoit la chose d'autrui, à la charge de la garder et de la restituer en nature. Le dépôt est *volontaire* ou *nécessaire*.

DERNIER RESSORT, dernier degré de juridiction. Une décision en *dernier ressort* est celle contre laquelle la voie de l'*appel* n'est pas ouverte.

DÉSAVEU, protestation contre un fait duquel il résulterait une obligation contre celui qui le *désavoue*. Former un désaveu contre *avoué*. — *Désaveu de paternité*, c'est l'action du mari qui attaque la présomption de légitimité résultant du mariage, en *désavouant* l'enfant qui est mis au monde par sa femme.

DESCENDANS, tous ceux qui *descendent* en ligne *directe* d'une souche commune; ce sont, par rapport à l'aïeul, les *enfans*, les *petits-enfans*.

DESHÉRENCE, absence d'*héritier*. Une succession est en déshérence lorsqu'il ne se présente pas d'héritier pour le recueillir; elle est alors dévolue au domaine.

DÉSISTEMENT, déclaration portant abandon formel d'une demande ou d'une prétention.

DESTINATION, emploi d'une chose dans un but déterminé. Il y a des immeubles par *destination*, et des *servitudes* par destination du *père de famille*.

DÉSUÉTUDE, ce qui n'est plus en usage. V. *Abrogation*.

DÉTENTION, peine afflictive et infamante, par laquelle on prive le condamné de sa liberté. C'est l'*emprisonnement* appliqué aux affaires du *grand criminel*.

DÉTRACTION. V. *Aubaine.*

DETTE, toute obligation contractée.

DEVIS. C'est un mémoire de prévision contenant le détail de travaux à faire et du prix qu'ils doivent coûter.

DÉVOLUTION, *Attribution.* En matière de succession, il ne se fait pas de *dévolution* d'une *ligne* à l'autre. S'il ne se trouve de successibles que dans une ligne, ils prennent la totalité des biens par droit d'*accroissement.*

DIFFAMATION, toute allégation ou imputation d'un fait de nature à porter atteinte à l'honneur ou à la considération d'autrui.

DILATOIRE, tout ce qui peut entraîner un *délai.* Les *exceptions dilatoires.*

DIRIMENT, ce qui porte *empêchement* ou forme un obstacle. En fait de mariage, les *empêchemens dirimans* sont ceux qui font obstacle au mariage projeté d'une manière absolue, de telle sorte que la nullité du mariage ne pourrait jamais être couverte.

DISCERNEMENT, faculté de réfléchir, d'apprécier. Celui qui commet un crime ne peut être puni s'il a agi sans *discernement.*

DISCRÉTIONNAIRE. Ce qui est remis à la *discrétion,* à la disposition de quelqu'un. Le *pouvoir discrétionnaire* est celui dont l'usage est abandonné à la volonté du magistrat. V. *Arbitraire.*

DISCUSSION DE BIENS, bénéfice accordé au débiteur, et qui lui permet, dans certaines circonstances, d'indiquer sur quels biens ou contre quelles personnes doivent être dirigées les premières poursuites. La *caution* peut demander que le débiteur principal soit d'abord *discuté*; il n'est permis de saisir et de faire vendre les biens immeubles d'un mineur ou d'un interdit qu'après la *discussion du mobilier.*

DISPOSITIF. C'est la partie du jugement qui renferme la *décision* du juge, sa *disposition*; c'est le *dictum* de sa sentence, le *prononcé* de son arrêt.

DISSOLUTION. C'est l'anéantissement d'un contrat.

DISTRACTION, séparation faite pour opérer une attribution nouvelle. Ordonner la *distraction des dépens* au profit de l'avoué, c'est les séparer de la masse des condamnations pour en faire l'attribution à l'avoué qui les a avancés, —ordonner la *distraction de partie* des objets saisis.

DISTRIBUTION. V. *Contribution.*

DIVERTISSEMENT, détournement.

DIVISIBILITÉ, ce qui est susceptible de *division.*—Les obligations *divisibles* ou *indivisibles* sont celles qui portent sur un objet qui de sa nature peut ou ne peut pas se diviser.

DIVORCE. C'est la dissolution du mariage opérée sur la demande de l'un des époux ou de tous deux. Aujourd'hui le *divorce* est aboli en France.

DOL, toute manœuvre frauduleuse employée dans l'intention de nuire à autrui.

DOMICILE. C'est le lieu où l'on forme son établissement, où l'on met le siège de ses affaires. Outre le *domicile réel,* on connaît aussi des *domiciles fictifs,* comme le *domicile élu* et le *domicile politique,* qui tous deux résultent d'une simple déclaration.

DOMINANT, ce qui est au-dessus, ce qui domine. En matière de *servitude,* on appelle *fonds dominant* celui au profit duquel est établie la servitude par opposition à l'héritage qui en est grevé, que l'on nomme *fonds servant.*

DOMMAGE, toute détérioration ou dépréciation. — *Dommages-intérêts,* c'est l'indemnité due à raison du *dommage* souffert. L'appréciation du dommage et la liquidation des dommages-intérêts sont abandonnées à l'arbitrage du juge.

DON, DONATION, toute disposition à titre gratuit. — *Dons corrompables,* ceux qui sont faits aux juges ou aux magistrats dans la vue d'acheter leurs jugemens ou leur autorité, de les *corrompre.* — *Dons manuels,* ceux qui portent sur un objet mobilier qui est remis de la main à la main, sans acte. — *Dons mutuels,* toutes donations réciproques que se font les époux, soit en propriété, soit en usufruit. — La donation, dans son acception générale, comprend les dispositions *entre-vifs* et les dispositions *à cause de mort* ou *testamentaires*; mais le mot *donation* s'applique plus spécialement aux dispositions *entre-vifs.* La *donation entre-vifs* est un acte par lequel le donateur se dépouille actuellement et irrévocablement de la chose donnée en faveur du *donataire* qui l'accepte.

DOT. C'est en général tout *apport* de la femme dans le mariage. Ainsi, la *dot* appartient à tous les régimes sous lesquels le mariage peut être contracté. Dans le *régime dotal,* elle prend un caractère particulier, parce qu'alors tous les biens qui sont placés sous ce régime deviennent *inaliénables,* sauf stipulation contraire.

DROIT, ce qui est conforme à une juste règle de conduite, réunion des lois qui doivent servir de règle. *Droit civil, droit criminel, droit politique.*—*Droits,* avantages divers établis en faveur de quelqu'un et fondés sur des faits déterminés. *Droits civils, droits civiques, droits de famille,* etc.

E

ÉCHANGE, contrat par lequel les parties se donnent respectivement une chose pour une autre.

ÉCROU, *incarcération.* Il s'emploie généralement pour désigner le *procès-verbal d'incarcération,* qui n'est autre chose que l'*acte* constatant l'*écrou.* L'*acte d'écrou.*

EFFET, toute conséquence d'une *cause.* Il n'y a pas d'*effet* sans *cause.* — *Effets civils,* ce sont les conséquences que la loi attache à tous les actes qu'elle autorise, ou à tous les faits qu'elle reconnaît comme capables de constituer une obligation. — *Effet rétroactif,* effet qui se reporte en arrière. La loi n'a point d'effet rétroactif.

EFFET, bien, chose, valeur. — *Effets d'une succession,* tout ce qui compose la succession, *meubles* et *immeubles.* — *Effets mobiliers,* tout ce qui est *meuble.* Pris isolément dans ce sens, le mot *effet,* sans autre explication, désigne plus particulièrement les vêtemens et le linge de corps. — Dans un sens plus général, le mot *effet* comprend tout titre de créance, et devient synonyme de *billet.* — *Effets de commerce,* toute créance susceptible d'être mise en circulation dans le commerce. La *lettre de change* et le *billet à ordre* sont des effets de commerce. — *Effets publics,* toutes créances que l'administration publique met en circulation.

EFFIGIE, image, représentation, portrait. L'exécution par *effigie* a lieu, en matière criminelle, lorsque le condamné est *contumax*; autrefois elle était figurée: la cérémonie avait lieu, le patient était représenté par un mannequin. Aujourd'hui l'exécution par effigie se réduit à la publication et à l'affiche de l'arrêt de condamnation.

EFFRACTION, bris d'une chose. L'*effraction* est une circonstance aggravante du vol.

ÉLARGISSEMENT. C'est la mise en liberté d'un prisonnier. *Élargir un prisonnier,* c'est lui donner la permission de gagner *le large.*

ÉLECTION D'AMI. V. *Command.*

ÉLECTION DE DOMICILE. V. *Domicile.*

ÉMANCIPATION. C'est l'acte par lequel un mineur acquiert le droit de se gouverner lui-même et d'administrer ses biens.

EMPHYTÉOSE, bail à longues années, fait sous la condition que le preneur ou *emphytéote améliorera* le fonds, soit en le défrichant, soit en y élevant des constructions, *améliorations* dont le bailleur profitera à l'expiration du *bail emphytéotique* qui est ordinairement de 99 ans, sans avoir à payer aucune indemnité.

EMPOISONNEMENT, tout attentat à la vie d'une personne par l'emploi de substances capables de donner la mort.

EMPRISONNEMENT, incarcération, privation de la liberté.

EMPRUNT. V. *Prêt.*

ENCHÈRES, offre faite au-dessus de la mise à prix d'une chose en *adjudication. V. Adjudication.*

ENCLAVE, fonds entouré de toutes parts, sans issue pour arriver à la *voie publique.*

ENDOSSEMENT, acte de transport d'une créance écrit sur le *dos* même du titre et qui a pour effet de saisir le cessionnaire, sans autre formalité.

ENFANT, celui qui ne parle pas encore, qui vient de naître, celui qui n'a pas encore atteint l'âge de *puberté.* — Relation de parenté du fils ou de la fille avec le père ou la mère, Les *enfans,* les *petits-enfans,* enfans *adoptifs, adultérins, incestueux. — Enfant légitime,* celui qui est né dans le mariage; *enfant naturel,* celui qui est né hors mariage, mais qui a été légalement reconnu par son père, par sa mère ou par tous les deux. — *Enfant abandonné,* enfant trouvé.

ENQUÊTE, preuve par témoins.

ÉPAVE, toute chose sans maître.

ÉPIZOOTIE, toute maladie contagieuse des animaux.

ÉPOUX, le mari et la femme; *futurs époux,* ceux qui sont sur le point de se marier ensemble. *Droits et devoirs des époux.*

ÉQUITÉ, ce qui est conforme aux sentimens d'une droite raison.

ESCALADE, toute entrée dans un lieu clos, par toute autre voie que par la porte. L'escalade est une circonstance aggravante du vol.

ESCROQUERIE, toute manœuvre frauduleuse, employée pour s'approprier la fortune d'autrui.

ESTER EN JUGEMENT, comparaître en justice, plaider.

ÉTAT, C'est en général la position où se trouve une personne ou une chose. — *État civil,* C'est la position de la personne, à l'égard de la loi civile. — *Actes de l'état civil,* tous les actes qui fixent cette position : ce sont les actes de nais-

sance, de mariage et de décès.

ÉVENTUEL, ce qui dépend d'un événement incertain.

ÉVICTION, dépouillement fondé sur un droit. Par l'*éviction* le possesseur se trouve dépouillé de tout ou partie de la chose qui lui avait été transmise; il a son recours contre celui de qui il la tenait et qui ne pouvait pas lui céder un droit qu'il n'avait pas.

ÉVOCATION, droit accordé à un tribunal supérieur d'attirer à lui, en certaines circonstances et sous certaines conditions, la connaissance d'une contestation dont un tribunal inférieur est saisi.

EXCEPTION, tout moyen de défense qui ne touche pas au fond. *Exceptions dilatoires, exceptions d'incompétence, exceptions préjudicielles, péremptoires.*

EXCLUSION DE COMMUNAUTÉ, régime particulier que peuvent adopter les époux.

EXÉCUTEUR TESTAMENTAIRE, celui qui est chargé par le testateur de veiller à l'exécution de ses dernières volontés.

EXÉCUTION, accomplissement d'une obligation, tout acte de contrainte.

EXÉCUTOIRE, acte contenant la liquidation des dépens et l'autorisation nécessaire pour en opérer le recouvrement. — *Titre exécutoire,* celui qui est susceptible d'une exécution immédiate.

EXIGIBILITÉ, échéance du terme stipulé pour l'exécution de l'obligation.

EXPÉDIENT. Un jugement d'*expédient* est celui qui est passé d'accord par les parties; c'est un simple *contrat judiciaire.*

EXPÉDITION, copie authentique d'un acte.

EXPERT, celui qui est chargé de faire une vérification, une *expertise.*

EXPLOIT, tout acte fait par un huissier.

EXPOSITION, peine infamante qui consiste à mettre le condamné sous les regards du public pendant un temps déterminé. — *Exposition de part,* abandon d'un enfant nouveau-né.

EXPROPRIATION, enlèvement d'une chose au véritable propriétaire par une voie légale. — *Expropriation forcée,* droit qu'ont les créanciers de déposséder leur débiteur de ses immeubles. — *Expropriation pour cause d'utilité publique,* droit accordé dans diverses circonstances d'opérer la dépossession d'un propriétaire, moyennant une juste et préalable indemnité.

EXTRADITION, C'est l'action de

remettre à la puissance à laquelle il appartient celui qui est accusé d'un crime ou prévenu d'un délit.

EXTRA-JUDICIAIRE, ce qui est fait hors la présence de justice. L'*acte extra-judiciaire* est celui qui, étant fait en dehors d'une instance, ne doit pas nécessairement passer sous les yeux du juge.

F

FAILLITE, état du commerçant qui a cessé ses paiemens, parce qu'il se trouve dans l'impossibilité de satisfaire aux demandes de ses créanciers.

FALSIFICATION, altération d'une chose, d'un acte.

FAMILLE. C'est la réunion de tous les parens qui descendent d'une souche commune. — *Conseil de famille.* C'est la réunion des parens les plus proches de celui qui est hors d'état de gérer par lui-même ses affaires.

FAUTE, tout manquement à un devoir.

FAUX, ce qui est contraire à la vérité. — *Un acte faux,* c'est tout acte supposé ou altéré. — *Faux incident.* C'est l'inscription de faux formée dans le cours d'une instance civile. — *Faux témoignage,* c'est le témoignage fait en justice contrairement à la vérité.

FILIATION. C'est la relation du fils ou de la fille à son père ou à sa mère.

FILOUTERIE, tout menu vol.

FIN, but que l'on se propose d'atteindre. *Fins civiles.* On peut demander dans une instance criminelle le renvoi à *fins civiles,* pour faire juger par les tribunaux civils une exception préjudicielle de leur compétence. — *Fins de non-recevoir.* Ce sont toutes les exceptions qui ont pour but d'éviter au juge de prendre connaissance du fond.

FLAGRANT DÉLIT, tout délit qui se commet actuellement, ou qui vient de se commettre à l'instant même.

FOLLE-ENCHÈRE, revente faite sur un premier adjudicataire qui n'a pas exécuté les clauses de l'adjudication, qui a fait la *folie d'enchérir,* alors qu'il n'était pas en état de payer. Le *fol-enchérisseur* est tenu, par corps, de la différence de son prix d'avec celui de la revente sur folle-enchère.

FOND, la partie inférieure ou fondamentale, la base de toute chose. Le fond d'un procès, c'est l'objet même des conclusions du demandeur auxquelles on ne peut arriver qu'après avoir épuisé toute les *exceptions de forme* ou autres. De là ces locutions : *La forme emporte le fond, conclure au fond.* — On distingue quelquefois dans un héritage, le *fond* ou le *tréfond* de la *superficie,* c'est-à-dire la *partie inférieure* de la *partie supérieure.*

FONDS, toute sorte de biens, meubles, immeubles et argent monnayé. — Être en *fonds,* bien placer ses *fonds,* faire les *fonds* d'un billet; dans ces locutions, le mot *fonds* est synonyme d'argent; il ne s'emploie qu'au pluriel. — Un *fonds de commerce,* un *fonds social,* c'est la généralité, la collection des objets qui entrent, comme valeur, dans la maison de commerce, ou dans la société. C'est dans le même sens que l'on dit faire un *fonds* de telle somme. — Un *fonds de terre* ou un *bien-fonds,* c'est l'immeuble lui-même, considéré dans son ensemble. — La *vente à fonds perdu,* c'est la vente à rente *viagère.*

FONGIBLE, tout ce qui est consommé par l'usage.

FORAINS, ceux du dehors, qui seulement sont étrangers à la localité dans laquelle ils traitent. Les *marchands forains.* La saisie-arrêt peut avoir lieu, d'urgence, sur les débiteurs forains.

FORCE MAJEURE, événement auquel il est impossible de résister.

FORCLUSION, déchéance d'un droit qui devait être exercé dans un délai déterminé. Le créancier qui se présente pour produire à l'ordre, après les délais, est déclaré *forclos.*

FORFAIT. Le traité ou marché à *forfait* est celui dans lequel le prix de la chose ou de l'ouvrage est arrêté, aux risques et périls de l'une des parties, qui, sans cela, aurait eu compte à faire de ses dépenses. On peut traiter à forfait de tous droits éventuels.

FORFAIT, crime. Ce mot s'emploie pour désigner les crimes les plus odieux.

FORFAITURE, tout crime commis par un fonctionnaire public dans ses fonctions.

FORT. *Se porter fort pour un tiers,* c'est s'engager pour lui et garantir qu'il ratifiera la convention.

FORTUIT, ce qui arrive par hasard, ce qui était imprévu. Nul n'est tenu des *cas fortuits* si ce n'est par une disposition expresse de la convention.

FORTUNE DE MER, tout événement de force majeure arrivé en mer.

FOURRIÈRE, séquestre des objets périssables qui ont été saisis en délit ou contravention.

FRAIS, en général toute dépense. *Frais funéraires, frais de la justice criminelle.* Au civil, on se sert par préférence du mot *dépens.*

FRANC ET QUITTE. V. *Apport.*

FRAUDE, toute manœuvre pratiquée pour faire tort à autrui.

FRET. C'est le prix du loyer d'un navire.

FRUITS. Ce sont tous les produits d'une chose. Les *fruits naturels,* les *fruits industriels,* les *fruits civils.* Sous cette dernière dénomination, sont compris les loyers des maisons, les intérêts des sommes exigibles, les arrérages de rente, les prix des baux à ferme. — *Le possesseur de bonne foi fait les fruits siens.*

FRUSTRATOIRE, ce qui est inutile et sans objet. Les *frais frustratoires* sont ceux qui ont été faits sans nécessité, dans la seule vue d'*émolumenter.* Ils doivent rester à la charge de l'officier ministériel qui les a faits.

FUTUR, ce qui est dans l'avenir. Les *choses futures* peuvent être l'objet d'une convention, mais il n'est pas permis de stipuler une *succession future.* — Les époux *futurs,* ou simplement les *futurs,* sont ceux qui ne sont pas encore mariés, mais qui sont liés par un projet de mariage légalement annoncé.

G

GAGE, contrat par lequel le débiteur remet une chose à son créancier pour sûreté du remboursement de sa créance. Dans son acception rigoureuse, le mot *gage* ne s'applique qu'à la remise d'un objet mobilier; c'est le mot *nantissement* qui est le terme générique, et le gage d'un immeuble s'appelle *antichrèse.* (V.)

GAGES DES DOMESTIQUES. C'est le salaire qu'on leur paie pour prix de leurs services.

GAGERIE. V. *Saisie.*

GAGEURE. V. *Jeu et Pari.*

GAINS NUPTIAUX, *Gains de survie,* avantages que se font les époux dans leur contrat de mariage, et qui ne doivent être recueillis que par le survivant.

GARANTIE, obligation en vertu de laquelle une personne est responsable de quelque chose envers une autre. La garantie est *légale* ou *conventionnelle,* suivant qu'elle dérive de la seule force de la loi ou de la volonté des parties contractantes. Toute partie assignée

a droit à un délai pour mettre ses *garans* en cause.

GÉNÉALOGIE, tableau général de tous les membres d'une famille présentant les relations de parenté depuis la souche commune, en suivant les *ramifications* jusqu'à chacun des membres en particulier. Ce tableau forme l'*arbre généalogique.*

GÉNÉRATION, degré que l'on compte, dans la généalogie, du père au fils. La proximité de la parenté s'établit par le nombre de générations.

GERMAINS, les parens qui appartiennent à la fois aux deux *lignes.* — *Frères germains.* Ce sont les enfans du même père et de la même mère. *Cousins germains* par abréviation pour *cousins issus de germains.*

GREFFIER, officier ministériel chargé de tenir la plume aux audiences des tribunaux, de dresser procès-verbal de tous les actes judiciaires et d'en délivrer expédition.

GROSSE d'*un acte* ou d'*un jugement.* C'est la première *expédition* prise sur la *minute.*

GROSSE AVENTURE. V. *Prêt.*

GUET-APENS. Le *guet-apens* consiste à attendre plus ou moins de temps, dans un ou divers lieux, un individu, soit pour lui donner la mort, soit pour exercer sur lui des actes de violence.

H

HÉRÉDITÉ, tout ce qui compose la succession.

HÉRITIER, celui qui est appelé, par la loi, à recueillir une succession. L'*héritier bénéficiaire,* l'*héritier pur et simple,* l'*héritier à réserve* ou *légitimaire.* Cette dénomination s'applique aussi au *légataire universel. Instituer un héritier par testament.*

HOMICIDE, action de tuer un homme. *Homicide volontaire, homicide involontaire.* — Pris comme adjectif, ce terme désigne quiconque a tué un homme.

HOMOLOGATION, approbation donnée par le juge à un acte qui lui est soumis.

HONORAIRES, rétribution accordée en reconnaissance d'un travail. — Dans une autre acception, *honoraire* est le titre d'*honneur* que conserve le magistrat qui ne peut plus exercer ses fonctions; il est admis à l'*honorariat.*

HUIS-CLOS, porte fermée, porte close. Le *huis-clos* exclut toute publicité; il est permis de fermer l'audience lorsque la publicité doit entraîner ou scandale ou inconvéniens graves, lorsqu'elle serait dangereuse pour l'ordre et les mœurs. Toutefois, les jugemens doivent toujours être rendus publiquement, à peine de nullité.

HUISSIER, officier ministériel chargé d'instrumenter près les tribunaux, de porter les ordres de justice, de faire tous actes d'exécution ou tendant à exécution.

HYPOTHÈQUE. C'est un droit réel sur les *immeubles* affectés à l'acquittement d'une obligation. Elle est de sa nature indivisible, et subsiste en entier sur tous les immeubles affectés, sur chacun et sur chaque portion de ces immeubles. Elle les suit dans quelques mains qu'ils passent. L'hypothèque est *légale*, ou *judiciaire*, ou *conventionnelle*, suivant qu'elle résulte de la seule force de la *loi*, d'un *jugement* ou d'un *acte authentique*.

I

IMMATRICULE, inscription sur un registre *matricule*. L'immatricule de l'huissier c'est l'énonciation qu'il est inscrit sur le registre du tribunal auquel il est attaché.

IMMEUBLE, ce qui ne peut pas être changé de place. Les *biens* sont *immeubles* de leur nature, ou par une *fiction* de la loi, comme les immeubles par *destination*, par *incorporation*.

IMPENSES, dépenses d'*amélioration*, dépenses qui sont entrées *dans la chose* et en ont augmenté la valeur.

IMPUTATION DE PAIEMENT, déduction d'une somme sur une autre. Tout *à-compte* donne lieu à imputation, mais il importe de régler le mode d'imputation lorsqu'il existe plusieurs dettes de nature différente. Si l'imputation n'est pas réglée par une convention, elle doit être déterminée par l'application de diverses *présomptions légales*.

INALIÉNABILITÉ, ce qui n'est point *aliénable*. L'inaliénabilité du fonds dotal est un principe auquel cependant les parties peuvent déroger par leur contrat de mariage.

INCAPACITÉ, interdiction de disposer. L'*incapacité* frappe sur la *personne*, l'inaliénabilité frappe sur la *chose*.

INCARCÉRATION, emprisonnement, remise du prisonnier dans la prison. C'est le fait de l'emprisonnement qui constitue l'incarcération.

INCESTE, commerce charnel entre personnes qui sont parentes à un degré tellement rapproché que la loi prohibe le mariage entre elles, — *Enfans incestueux*, ceux qui sont nés d'un pareil commerce.

INCIDENS, toute *exception*, toute contestation nouvelle qui s'élève dans le cours d'une instance. *Vider l'incident, joindre l'incident au fond.*

INCOMPÉTENCE, défaut de compétence. Le *déclinatoire* d'incompétence, *à raison de la personne*, doit être proposé avant toute autre *exception*. Le *déclinatoire* d'incompétence, *à raison de la matière*, peut être proposé *en tout état de cause*.

INCORPOREL, ce qui est purement *intellectuel*; les *créances*, les *actions*, sont des *droits incorporels*.

INCULPÉ, celui à qui l'on adresse un reproche, une *inculpation*. Être *inculpé* d'un crime ou d'un délit.

INDIVIS, ce qui est dans l'*indivision*, ceux qui restent dans l'*indivision*.—*Indivisibilité*, ce qui n'est pas susceptible de *division*; les *obligations divisibles et indivisibles*. —*Indivision*, état des communistes avant le *partage*. Nul n'est tenu de demeurer dans l'*indivision*.

INFANTICIDE, meurtre de l'enfant nouveau-né.

INNAVIGABILITÉ, état du navire qui ne peut plus tenir la mer.

INSCRIPTION DE FAUX, acte par lequel on déclare en justice qu'une pièce opposée et produite est viciée de *faux*.

INSCRIPTIONS HYPOTHÉCAIRES. C'est la déclaration que fait un créancier *hypothécaire* sur un registre public de l'*hypothèque* qu'il a sur les biens de son débiteur.

INSOLVABILITÉ, état de celui qui ne peut pas satisfaire à ses engagemens, payer ses dettes, qui n'offre aucune garantie, aucune responsabilité, qui n'est pas *solvable*.

INSTANCE, toute action introduite en justice.

INTERDICTION, empêchement absolu, défense de faire une chose. —L'*interdit* est celui qui est privé de l'administration de sa personne et de ses biens; il est assimilé au *mineur*.

INTÉRÊT, tout droit duquel peut résulter un avantage; *intérêt né et actuel*, tout droit ouvert actuellement; —*intérêt de l'argent prêté*. C'est le profit que tire le créancier de l'argent qui lui est dû. *Intérêt légal, intérêts usuraires, intérêt des intérêts*.

INTERLOCUTOIRE. V. *Jugement*.

INTERPOSITION de personne,

substitution d'une personne à une autre dans une disposition faite pour échapper à une prohibition de la loi.

INTERROGATOIRE *sur faits et articles*. C'est l'interrogatoire que subit devant le juge l'une des parties sur des faits précis et déterminés, qui sont allégués par la partie adverse, et qui peuvent influer sur la décision à rendre.

INTERVENTION, acte par lequel un tiers demande à être reçu comme partie dans une instance à laquelle il n'a point été appelé, quoiqu'il y eût *intérêt*.

INTERVERSION DE TITRE, substitution d'une obligation à une autre, emportant changement de qualité.

INTIMATION, exploit d'ajournement devant une cour d'appel. — *Intimé*, celui contre lequel sont dirigés et l'appel et l'exploit.

INVENTAIRE, procès-verbal contenant l'énumération et l'état, article par article, de tous les objets dont il importe de constater en certains cas l'existence dans l'intérêt des ayans droit. *Inventaire de succession, de communauté, de faillite. V. Bénéfice d'inventaire.*

J

JET, tout objet *jeté* à la mer, pendant le danger, pour le salut commun.

JEU, contrat *aléatoire* dans lequel les joueurs mettent une portion de leur fortune sur le gain ou la perte d'une partie, faite d'après certaines conventions. *Jeux de carte, jeux de hasard, jeux de course. — Jeux qui tiennent à l'adresse, et à l'exercice du corps.*

JOUISSANCE LÉGALE, droit d'usufruit accordé au père ou à la mère sur les biens de leurs enfans mineurs.

JUDICATUM SOLVI, caution que, dans certains cas, l'étranger doit fournir pour assurer le paiement des frais de l'instance.

JUGE, tout magistrat chargé de rendre la justice. —*Juge d'instruction, juge de paix ou de conciliation, juge suppléant.*

JUGEMENT. C'est la décision du juge. — *Jugement par défaut, jugement contradictoire.* Le jugement est contradictoire lorsque les *conclusions* ont été prises à l'audience par les deux parties. — *Jugemens préparatoires* ou de *simple instruction*; *jugemens interlocutoires*, ceux qui, sans juger définitivement le fond, entraînent avec eux un *préjugé*; il est permis au juge de s'écarter de l'interlocutoire, lors

le la décision du fond, sans avoir
égard au préjugé qu'il avait d'à-
bord admis. *Jugemens définitifs.*

JURATOIRE, ce qui est sujet au
serment. *Caution juratoire*, celle
qui ne donne d'autre garantie qu'un
serment.

JURÉ, le simple citoyen qui est
appelé à faire partie d'un tribunal
criminel, la *cour d'assises*, pour
prononcer sur la *criminalité du fait*
qui lui est soumis, et sur la *culpabilité de l'individu* qui est accusé
d'être l'auteur du fait incriminé.
— JURI, la réunion des jurés. *Déclaration du juri.*

JURIDICTION, pouvoir de juger.
Ce terme, considéré relativement
au tribunal, désigne et l'étendue
du territoire sur lequel il peut
exercer son action, et la nature
des affaires qui sont de sa compétence et le tribunal lui-même. —
Degrés de juridiction. Ce sont les
différens tribunaux devant lesquels
on peut successivement porter la
même instance.

JURISCONSULTE, celui qui est
versé dans la science du droit, qui
fait profession de donner conseil ;
l'avocat.

JURISPRUDENCE. C'est la science
du droit. — La *jurisprudence des
arrêts* se forme par une série de
décisions conformes qui tendent à
fixer la *science du droit* sur un
point douteux.

JUSTICE, ce qui est conforme à
la loi.

L

LAIS ET RELAIS. *Lais.* Ce sont les
alluvions ou *attérissemens* formés
par les cours d'eau ou par la mer.
—*Relais.* Ce sont les parties de terrain que les cours d'eau ou la mer
laissent à sec en se portant d'un
bord sur l'autre.

LÉGALISATION. C'est l'acte par
lequel un officier public atteste la
vérité d'une signature.

LÉGATAIRE, celui qui est appelé
par le testateur à prendre une
part dans la succession, à recueillir
un *legs.* — *Légataire universel*, à
titre universel, à titre particulier.

LÉGITIMATION, acte qui confère
à l'*enfant naturel* les honneurs de
la *légitimité*. La légitimation ne
s'opère que par le mariage du père
et de la mère de l'enfant.

LÉGITIME, réserve légale de l'*enfant légitime.*

LÉGITIMITÉ, état de l'*enfant légitime.* V. *Enfant.*

LEGS, toute institution contenue
dans un testament. V. *Légataire.*

LICITATION, vente d'une chose
possédée en commun par plusieurs.

LIGNE, division de la famille.
Ligne paternelle, ligne maternelle.
—*Ligne ascendante et descendante*,
ou *ligne directe* et *ligne collatérale.*

LIQUIDATION, arrêté de compte.
— *Liquide*, ce qui ne peut plus
donner lieu à débat de compte.
Créance liquide.

LITIGE, contestation, procès.
Litigieux. Ce qui est sujet à contestation.

LITISPENDANCE, existence simul-
tanée de deux actions, entre les
mêmes parties, qui ont le même
objet et qui se trouvent portées
devant deux tribunaux différens.

LOI, disposition adoptée et pro-
mulguée dans certaines formes
pour servir à l'avenir de règle
commune à tous les citoyens, et
déterminer l'étendue de leurs obligations et de leurs droits. *Loi personnelle, loi réelle. Loi politique,
civile, commerciale, pénale.*

LOT, part en nature de chacun
des communistes dans le partage.
— *Lotissement*, composition des
lots.

LOUAGE. — *des choses*, contrat
par lequel l'une des parties, *le
bailleur*, s'oblige à faire jouir l'autre, *le preneur*, d'une chose pendant un certain temps, et moyennant un certain prix.—*D'ouvrage*,
contrat par lequel l'une des parties
s'engage à faire quelque chose pour
l'autre, moyennant un certain prix.

LOYAUX COUTS. V. *Coût.*

LOYER, louage du travail ou du
service. — *Bail à loyer*, louage des
maisons et des meubles.

M

MAIRE, officier municipal chargé
de représenter la commune.

MAJORITÉ, âge auquel toute personne est déclarée capable de s'engager et de contracter. — *Majeur*,
celui qui a atteint cet âge.

MANDAT, acte par lequel une
personne donne à une autre, le
mandataire, pouvoir ou *procuration* de faire quelque chose pour le
mandant et en son nom. — *Mandat*
en matière de commerce, lettre de
change. — *Mandats judiciaires*,
ordres transmis au nom de justice.
*Mandats de comparution, de dépôt,
d'amener, d'arrêt.*

MANDEMENT, formule ajoutée
par le pouvoir exécutif aux actes
pour en assurer l'exécution.

MARIAGE, union légitime de
l'homme et de la femme. — *Contrat de mariage*, acte qui règle les
conditions civiles du mariage et
détermine sous quel régime les
époux veulent se marier. — *Acte*

de mariage, acte de l'état civil
constatant que la *célébration* du
mariage a eu lieu dans les formes
légales.

MATERNITÉ, relation de la mère
à son enfant. La recherche de la
maternité est permise, pourvu que
la demande soit appuyée d'un *commencement de preuve par écrit.*

MATIÈRES SOMMAIRES, affaires
urgentes qui doivent être jugées,
sans qu'il soit besoin d'observer les
formalités ordinaires de la *procédure.*

MEUBLES, tout ce qui est *mobile*,
susceptible de déplacement. Les
biens sont meubles de leur nature
ou par la détermination de la loi.
Comme aussi il y a des meubles
qui deviennent immeubles par la
détermination de la loi. — *Meubles
meublans*, ceux qui sont destinés
à l'usage et à l'ornement des appartemens.

MEURTRE, tout homicide commis
volontairement.

MINEUR, celui qui n'a pas encore
atteint l'âge de majorité. — *Mineur
émancipé*, celui qui jouit du bénéfice de l'*émancipation* (V.). — *Minorité*, état du mineur.

MINISTÈRE PUBLIC, magistrature
établie près de chaque tribunal
pour représenter la société dans
toutes les affaires qui l'intéressent,
poursuivre la punition des crimes
et délits, requérir l'application et
l'exécution des lois. *Les officiers du
ministère public.*

MINUTE. C'est l'original d'un
acte, que l'on écrit d'ordinaire
d'une écriture *menue*, par opposition à la *grosse* qui est *grossoyée*,
c'est-à-dire d'une écriture large.

MISE, *en accusation, en cause,
en demeure, en jugement, en possession*. Action de mettre en *accusation*, en cause, etc.

MISTIQUE, secret. *Testament
mistique.* V. *Testament.*

MITOYENNETÉ, droit commun de
propriété qui appartient à deux
voisins sur le mur, la haie ou le
fossé qui les sépare. Le mur, la
haie ou le fossé *mitoyens.*

MIXTE. V. *Action.*

MOBILIER, tout ce qui est considéré comme *meuble* par la loi. —
Effets mobiliers, la même signification.

MORT. V. *Peine.*

MORT CIVILE, état de celui qui
est privé de toute participation aux
droits civils par application de la
loi pénale.

MORTUAIRE. Le *domicile mortuaire* est celui qu'avait le défunt
au moment du décès ; c'est là que
s'ouvre la succession.

MOTIFS. Les motifs ou *considé-*

rans d'une décision judiciaire sont l'exposé des considérations qui ont déterminé le juge. *Tout jugement doit être motivé sur chacun des chefs à peine de nullité.*

MUTATION, changement, transmission de bien d'une personne à une autre. — *Droits de mutation.* Ce sont les droits qu'il faut payer au *fisc* à raison de cette transmission.

N

NAISSANCE. *Acte de naissance,* acte de l'état civil qui a pour objet de constater le fait de la naissance d'un enfant.

NANTISSEMENT, contrat par lequel un débiteur remet une chose à son créancier pour sûreté de la dette. *V. Gage, Antichrèse.*

NATURALISATION, acte par lequel un étranger, perdant la qualité d'étranger, acquiert le titre de citoyen du pays dans lequel il est naturalisé. Tout Français perd sa qualité de Français par la naturalisation en pays étranger.

NÉGLIGENCE, faute de soin et d'attention.

NEGOTIORUM GESTOR, tout *gérant volontaire* de l'affaire d'autrui, sans avoir reçu de mandat.

NEVEU, fils du frère ou de la sœur ; *nièce,* fille du frère ou de la sœur.

NOLI, synonyme de *frêt* (V.).

NON BIS IN IDEM, règle de droit confirmative de l'autorité de la *chose jugée.* Il n'est pas permis de soumettre au juge *pour la seconde fois* une contestation déjà jugée.

NOTAIRE, officier public chargé de donner l'authenticité aux actes. — *Acte notarié.*

NOTORIÉTÉ, ce qui est public, connu de tous, ce qui est *notoire.* — L'*acte de notoriété* est celui qui a pour objet de constater un fait notoire.

NOUVEL OEUVRE, trouble résultant d'ouvrages nouveaux qui peuvent donner matière à *complainte* (V.).

NOVATION, substitution d'une obligation nouvelle à une obligation précédente qui se trouve éteinte par ce changement de titre.

NUE-PROPRIÉTÉ. C'est la propriété foncière par opposition au droit d'*usufruit* ; le *nu-propriétaire,* pendant tout le temps que dure l'usufruit, est *dépouillé* du droit de percevoir les fruits produits par la chose qui lui appartient.

NULLITÉ. C'est le vice qui empêche un acte de produire son effet.

O

OBLIGATION, résultat de toute convention, exprimée ou tacite. — Les *obligations naturelles* ne dérivent pas d'une convention civile, mais seulement d'un sentiment d'*équité* : ce ne sont pas des obligations réelles. Il n'y a d'*obligation* aux yeux de la loi que relativement aux faits qui peuvent donner naissance à une action civile. — Les obligations dérivant d'un *délit,* d'un *quasi-délit* ou d'un *quasi-contrat,* sont fondées sur une convention tacite qui ressort du délit même, du quasi-délit ou du quasi-contrat. — *Obligation de donner, de faire ou de ne pas faire; obligations conditionnelles, à terme, alternatives, solidaires, divisibles et indivisibles; obligations avec clause pénale.*

OFFICE, OFFICIER, OFFICIEUX. — *Office,* titre, charge ou emploi public. — *Officier,* celui qui est revêtu d'une certaine autorité qui lui donne capacité de faire certains actes, de remplir un *office* public. *Officier de l'état civil, officier du ministère public, officier ministériel.* — *Agir d'office,* c'est agir de son propre mouvement en vertu de son titre, de son office. — *Défenseur officieux,* celui qui est chargé d'une défense et qui tient son mandat non de la partie, mais du juge par lequel il a été désigné d'*office* par ordonnance de propre mouvement. — *Tutelle officieuse,* celle qui est acceptée de propre mouvement dans la vue de conférer l'*adoption* au mineur.

OFFRE RÉELLE, paiement offert par le débiteur à son créancier pour opérer sa libération, et qui doit être suivi de *consignation,* soit de la chose, soit des deniers offerts, si l'offre n'est pas acceptée, comme étant insuffisante.

OLOGRAPHE. *V. Testament.*

ONCLE, le frère du père ou de la mère.

ONÉREUX, ce qui emporte une charge, une obligation. Contrats à *titre onéreux* par opposition aux contrats à *titre gratuit,* sont ceux qui assujettissent chacune des parties à donner ou à faire quelque chose, tandis que dans le contrat à *titre gratuit* une seule des parties donne, l'autre reçoit.

OPPOSITION, acte qui a pour objet d'empêcher que quelque chose se fasse au préjudice de l'*opposant. Opposition à mariage* et en général aux actes de toute nature. — *Opposition à paiement. V. Saisie-arrêt. — Opposition aux jugemens*

par *défaut. — Tierce-opposition.*

OPTION, choix entre deux ou plusieurs choses.

ORDONNANCE, règlement d'intérêt général arrêté par le Roi. — Ordre donné par un juge dans un cas déterminé par la loi. — Les *anciennes ordonnances,* c'est le recueil des anciennes lois, alors que les rois en France avaient le pouvoir de faire la loi sous la seule condition de l'*enregistrement des parlemens.*

ORDRE, commandement, mandat ou cession en matière de commerce. *Billet à ordre, donneur d'ordre.*

ORDRE. C'est le procès-verbal qui règle le *rang* dans lequel doivent être placés les créanciers privilégiés et hypothécaires appelés à prendre part à la distribution du prix de vente d'un immeuble saisi. C'est aussi la procédure même qui est faite pour parvenir à ce résultat.

ORIGINAL. C'est le titre même qui porte la signature des parties et qui seul forme la preuve de la convention.

OUVRAGE. *V. Louage, Loyer.*

OYANT COMPTE, celui à qui le compte est rendu.

P

PACAGE, lieu propre au pâturage des bestiaux. — *Droit de pacage.* C'est un *droit de pâturage.*

PAIEMENT. C'est l'acquittement d'une dette, d'une obligation.

PARAPHE, signe particulier que chacun ajoute à son nom pour caractériser sa *signature.* — Parapher les renvois d'un acte, c'est les approuver par l'apposition du *paraphe* sans addition du nom, ou seulement avec les lettres initiales.

PARAPHERNAUX, ceux des biens de la femme mariée sous le *régime dotal* qui n'ont pas été déclarés *dotaux.*

PARCOURS, droit réciproque appartenant à deux communes, par suite duquel les bestiaux de l'une peuvent aller en *vaine pâture* sur le territoire de l'autre, comme si elles ne formaient qu'une seule commune.

PARENTÉ, relation entre les diverses personnes qui appartiennent à la même famille. C'est aux parens les plus proches dans les deux *lignes* que la loi défère les successions.

PARI, toute gageure faite sur un évènement incertain. *V. Jeu.*

PARJURE, faux serment fait en justice. — Ce mot désigne aussi celui qui a prêté le faux serment.

PARLEMENT, nom que portaient autrefois les juridictions supérieures.

PARQUET, lieu où se tiennent les officiers du ministère public, ces officiers eux-mêmes.

PARRICIDE, meurtre du père ou de la mère, ou en général de tout ascendant.

PARTAGE. C'est la division opérée entre communistes. *Partage de succession, de communauté, de société ; — partage d'ascendans.* V. *Abandon de biens. — Partage de juges,* C'est la division dans les opinions, de telle sorte qu'il y a impossibilité de rendre jugement, parce qu'il se trouve autant de voix *pour* que *contre.* En matière criminelle, le partage est acquis à l'accusé ; c'est l'avis qui lui est le plus favorable qui l'emporte.

PARTICIPATION. V. *Société.*

PARTIE, celui qui est engagé dans une affaire, dans un procès. — *Partie civile,* c'est le plaignant qui, en matière criminelle, déclare se rendre partie en cause et poursuivre en son nom personnel pour obtenir des *dommages-intérêts.*

PARTIAIRE. V. *Colon.*

PASSAGE, servitude qui autorise à traverser le fonds d'autrui.

PASSIF. C'est la partie du compte qui présente l'état des dettes. *Passif d'une succession, de la communauté, de la faillite.*

PATERNITÉ, relation entre le père et l'enfant. — En principe général, la *recherche de la paternité* est interdite ; elle n'est autorisée que dans quelques circonstances toutes exceptionnelles.

PATRIMOINE, les biens provenant de la famille, à titre d'héritage. Ce mot se prend aussi pour la généralité des biens d'une personne, quelle que soit leur origine. V. *Séparation de patrimoine.*

PATURAGE, lieu où paissent les bestiaux ; *droit de paturage,* droit de faire paitre des bestiaux sur le fonds d'autrui.

PEINE, pénalité, toute punition d'un crime, d'un délit ou d'une contravention. *Peines de simple police, de police correctionnelle et du grand criminel; — peines afflictives, peines infamantes, peines* tout à la fois *afflictives et infamantes. Peine de mort.* C'est la condamnation portant que le coupable sera mis à mort. En matière civile, la stipulation d'une peine se nomme *clause pénale.* (V.)

PÉREMPTION, déclaration qu'une instance restée impoursuivie est éteinte et qu'elle ne peut plus être reprise.

PÉTITION D'HÉRÉDITÉ, action qui a pour objet la demande en délivrance ou en attribution d'une succession.

PÉTITOIRE, toute demande faite en justice tendant à la vérification d'un *droit de propriété,* par opposition au *possessoire* (V.), qui a pour objet seulement la vérification de la *possession annale,* les *actions pétitoires.*

PIGNORATIF, ce qui est donné en gage. V. *Nantissement.*

PLACARDS, affiches destinées à l'annonce des ventes publiques.

PLAIDOIERIE, développement des conclusions à l'audience.

PLAINTE, toute dénonciation d'un crime ou d'un délit faite au magistrat compétent.

PLUS-VALUE, augmentation de valeur qu'une chose a pu acquérir, par l'effet de diverses circonstances, entre deux époques déterminées; *moins-value,* diminution de valeur.

POINT DE FAIT, *Point de droit.* C'est l'exposé des faits qui ont donné lieu à une instance et les questions de droit qu'elle présente à juger.

POLICE, maintien du bon ordre. C'est aussi la partie de l'administration qui est spécialement chargée de veiller à ce maintien ; — *police judiciaire,* c'est la police appliquée aux affaires judiciaires ; — *les officiers de police judiciaire* sont tous ceux qui sont chargés de la recherche et de la poursuite des crimes, des délits et des contraventions. — La connaissance des contraventions appartient au juge de *simple police*; la connaissance des délits au juge de *police correctionnelle*; — *police d'assurance,* acte qui constate l'existence du contrat d'assurance, et qui sert de titre à l'assuré pour recevoir la prime en cas de sinistre.

PORTION DISPONIBLE, la portion des biens dont il est permis de disposer, après que déduction a été faite des *réserves légales*; — *portion virile,* part afférente à chaque héritier, appelé au même titre, dans la succession commune.

POSSESSION, détention d'une chose, soit à titre de propriétaire, soit à tout autre; *possession paisible, publique, non interrompue, possession capable de fonder la prescription, possession précaire, possession de bonne foi, de mauvaise foi,* — *Envoi en possession.* C'est la délivrance d'une chose. *Possession d'état,* C'est la réunion des faits qui indiquent un rapport certain de filiation ou de parenté entre un individu et sa famille, des faits qui sont de nature à constater l'*état civil.*

POSSESSOIRE, ce qui tient à la *possession.* Les *actions possessoires* ou en *complainte* (V.) sont toutes celles qui ont pour objet la possession d'un fonds ou d'un droit immobilier ; elles sont fondées sur une possession annale, publique, non interrompue, non précaire, et qui ne soit pas l'effet de la violence. *Agir au possessoire.*

POSTHUME, l'enfant né après la mort de son père.

POSTULATION. Ce terme s'applique à l'exercice des fonctions d'avoué, et en même temps à l'usurpation de ces fonctions. Il est défendu à tous autres qu'aux avoués de *postuler* devant les tribunaux.

POTESTATIVE. V. *Condition.*

POURSUITES, tous actes d'exécution ou tendant à exécution ; — *poursuivant,* celui qui exerce des *poursuites,* et spécialement des *saisies.*

POURVOI, recours contre une décision ; *pourvoi en cassation.*

PRÉALABLE, ce qui doit être fait avant toute autre chose. *Au préalable, formalités préalables à remplir.*

PRÉCAIRE, ce qui doit avoir un terme ; *possession précaire,* celle qui est exclusive de tout droit de propriété. L'usufruitier, le fermier, le dépositaire ne sont que des *détenteurs précaires.*

PRÉCIPUT, ce qui est pris avant le partage, prélèvement. En matière de communauté, *préciput légal, préciput conventionnel*; en matière de succession, *donation faite par préciput et hors part.*

PRÉJUDICIEL, ce qui doit être examiné au préalable, avant de passer outre. *Questions préjudicielles, exceptions préjudicielles.*

PRÉJUGÉ, décision préalable, qui ordonne une instruction qui paraît devoir entraîner la décision du fond. V. *Interlocutoire.*

PRÉMÉDITATION, dessein formé à l'avance.

PRÉPARATOIRE. V. *Jugement.*

PRESCRIPTION. C'est un moyen d'acquérir ou de se libérer par un certain laps de temps, et sous les conditions déterminées par la loi. *Interruption de prescription, prescription annale, biennale, etc., trentenaire*

PRÉSOMPTIF héritier, celui qui est présumé devoir recueillir la succession.

PRÉSOMPTION, conséquences que la loi ou le magistrat tire d'un fait connu à un fait inconnu. *Présomptions légales, présomptions graves, précises, concordantes.*

PRÊT, contrat par lequel l'une des parties livre une chose à l'autre à charge de restitution. *Prêt de consommation, prêt à usage, prêt à intérêt, prêt sur gage, prêt à grosse aventure.* Dans ce dernier contrat, qui est un contrat maritime, aléatoire de sa nature, l'emprunt est fait sur le navire aux risques et périls du prêteur.

PREUVE. Tout ce qui tend à établir la vérité d'un fait ou d'une convention. *Preuve littérale, preuve testimoniale.*

PRÉVARICATION, tout manquement d'un officier public au devoir de sa charge fait avec intention de nuire.

PRÉVENTION, en général, état de la personne poursuivie avant qu'il ait été prononcé sur l'accusation.— *Prévenu,* celui qui est soumis à la prévention. *V. Accusé.*

PRISE A PARTIE, recours ouvert à celui qui peut avoir à se plaindre de la *prévarication* du juge.

PRIVILÈGE, droit que la qualité de la créance donne à un créancier d'être préféré à tous les autres.

PRIX, valeur donnée à une chose. *Prix fait,* marché à *forfait.*

PROCÉDURE, règles qui doivent être suivies dans les instructions devant les tribunaux.

PROCÈS, toute contestation en justice.

PROCÈS-VERBAL, tout acte émané d'un officier public tendant à établir un fait relatif à ses fonctions.

PROCURATION, acte qui constate le mandat.

PROCUREUR DU ROI. *V. Ministère public.*

PROHIBITION, empêchement de faire quelque chose. *Prohibition de mariage.*

PROMESSE, tout engagement contracté soit par parole, soit par écrit.

PROMULGATION, publication de la loi pour qu'elle soit connue de tous.

PROPRES, tout bien personnel à l'un des époux.

PROPRIÉTÉ. C'est le droit de jouir et de disposer des choses de la manière la plus absolue.

PRORATA, suivant une *proportion* déterminée. Faire une répartition de deniers au *pro rata* de chaque créance.

PROTÊT, acte qui a pour but de constater le refus d'acceptation ou de paiement d'une lettre de change, et en général le refus de paiement de tous effets *à ordre.*

PROVISION, remise entre les mains du *tiré* des fonds nécessaires au paiement d'une lettre de change; — somme accordée par le juge à l'une des parties avant le jugement du procès.

PUBERTÉ. C'est l'âge où l'homme et la femme sont capables de contracter un mariage.

PUBLICATION DE MARIAGE. Actes destinés à rendre public tout projet de mariage.

PUISSANCE MARITALE, pouvoir que le mari exerce sur sa femme; —*puissance paternelle,* pouvoir que le père ou la mère exercent sur leurs enfans.

PURGE, mode d'extinction des privilèges et hypothèques sur les immeubles, établi en faveur de l'acquéreur sur vente volontaire.

Q

QUALITÉ. C'est le droit en vertu duquel une partie agit dans une instance, dans un acte; c'est tout ce qui détermine sa *capacité.* — *Qualités des jugemens,* c'est la partie du jugement qui contient l'énonciation des noms, professions et demeures des parties, des conclusions, et des points de fait et de droit.

QUASI-CONTRAT. Ce sont les faits purement volontaires de l'homme, dont il résulte un engagement quelconque.

QUASI-DÉLIT, tout fait quelconque de l'homme duquel il résulte un dommage pour autrui.

QUITTANCE, tout acte de libération.

QUOTE PART. C'est la part de chacun des communistes considérée par rapport à la valeur totale de la chose commune.

R

RACHAT. *Pacte de rachat,* faculté que se réserve le vendeur de reprendre la chose vendue, pendant un certain délai.

RAISON SOCIALE. C'est la dénomination adoptée par des associés pour représenter une société de commerce.

RAPPORT, tout procès-verbal. C'est aussi tout ce qu'un cohéritier a reçu en *avancement d'hoirie,* et qu'il est tenu de réunir à la masse des biens composant la succession.

RAPT, tout enlèvement d'une personne fait par *séduction* ou *violence* dans un but soit de mariage, soit de conjonction illicite.

RATIFICATION, confirmation soit d'un acte fait par un tiers, en notre nom, soit d'un acte que nous avons fait nous-même.

RÉBELLION, toute résistance à l'autorité publique, agissant en vertu de la loi.

RECELÉ. C'est l'action par laquelle on détourne quelque chose d'une communauté, d'une succession, pour le cacher et se l'approprier. *Recéleur,* celui qui cache les produits d'un vol.

RECHANGE, nouveau change, droit qu'a le porteur d'une lettre de change non payée de la retourner à celui de qui il la tient, en prenant un nouveau change.

RÉCIDIVE, état du condamné qui est traduit de nouveau devant les tribunaux criminels, à raison d'un second crime ou délit de même nature, par lui commis depuis sa condamnation. *Les peines de la récidive.*

RECLUSION, peine afflictive et infamante par suite de laquelle le condamné est retenu dans une *maison de force.*

RECOLEMENT, vérification. *Récolement d'inventaire, d'un procès-verbal de saisie.*

RÉCOGNITIF, ce qui emporte reconnaissance, confirmation. *Actes récognitifs* ou *confirmatifs.*

RECOMMANDATION, acte par lequel un créancier s'oppose à ce que son débiteur, incarcéré à la requête d'un autre créancier, puisse être mis en liberté sans son aveu.

RECONDUCTION, nouveau bail que l'on suppose fait, tacitement, entre les parties, par cela seul qu'après l'expiration du premier bail, le preneur est resté en possession.

RECONNAISSANCE, obligation. *Acte de reconnaissance* ou *reconnaissance d'un enfant naturel.* — *Reconnaissance d'identité.*

RECOURS, garantie,— pourvoi.

RÉCUSATION. C'est l'action par laquelle on refuse, pour des motifs déterminés de reconnaître un juge, un officier public ou un expert.

RÉDHIBITOIRE. *Action rédhibitoire,* celle qui est attribuée à l'acheteur pour faire résoudre le marché à raison des vices cachés de la chose vendue, des *vices rédhibitoires.*

RÉFÉRÉ. C'est le rapport fait au magistrat d'une contestation qui nécessite une décision d'urgence qu'il peut rendre provisoirement.

RÈGLEMENT DE JUGES. C'est le jugement qui prononce sur un *conflit* de juridiction.

RÉHABILITATION, rétablissement dans les droits dont on avait été privé.

RÉINTÉGRANDE, rétablissement dans un droit immobilier dont on avait été dépouillé par voie de fait.

RÉMÉRÉ. *V. Rachat.*

REMPLOI. C'est le remplacement d'un bien propre à l'un des

époux, qui est vendu pendant le mariage.

RENTE , tout revenu annuel soit en argent, soit en denrées.

RÉPARATIONS, ouvrages qui ont pour objet de rétablir une chose en état. — *Grosses réparations, menues réparations, réparations d'entretien, réparations locatives ; — réparation civile*, dommages-intérêts dus à la *partie civile* (V.).

REPRÉSENTATION. C'est une fiction admise par la loi, en matière de succession, dont l'effet est de faire entrer les représentans dans la place, dans le degré et dans les droits du représenté.

REPRISE D'INSTANCE, acte par lequel on déclare donner suite à une instance restée impoursuivie.

REPRISES MATRIMONIALES, droit qu'ont les époux de reprendre leurs *apports.*

REPROCHES, moyens invoqués par une partie qui s'oppose à l'audition d'un témoin.

REQUÊTE CIVILE, voie extraordinaire accordée dans certaines circonstances, pour obtenir la rétractation d'un arrêt ou d'un jugement rendu en dernier ressort. La demande en rétractation, c'est le *rescindant ;* ce qui reste à juger après qu'elle a été admise, c'est le *rescisoire.*

RÉSCISION, action qui a pour objet de faire annuler un acte.

RÉSERVE LÉGALE, portion que la loi attribue aux *héritiers légitimaires* et dont ils ne peuvent être dépouillés par aucune disposition.

RÉSIDENCE, lieu où une personne établit temporairement sa demeure sans y établir son *domicile.*

RÉSILIATION, RÉSOLUTION, tout anéantissement d'un acte, d'une convention.

RESPECTUEUX. Les *actes respectueux* sont ceux que les enfans sont tenus de signifier à ceux dont le consentement leur est nécessaire pour se marier.

RÉSPONSABILITÉ. C'est l'obligation où l'on est de répondre de quelque chose. *Responsabilité civile.*

RESSORT, étendue d'une juridiction, la juridiction elle-même.

RETOUR. *Compte de retour,* note de frais jointe à l'effet de commerce qui n'a point été payé. — *Droit de retour*, droit accordé au donateur de reprendre , dans certaines circonstances , les biens donnés dans la succession du donataire.

RETRAIT, action en subrogation qui a pour objet de forcer un tiers à faire la cession de son contrat. *Retrait litigieux, retrait successoral.*

REVENDICATION. C'est le droit de réclamer la chose qui nous appartient et qui se trouve dans les mains d'autrui.

RÉVOCATION , anéantissement d'un acte par un changement de volonté ou par une disposition de la loi.

RISQUES , chances auxquelles on se soumet en contractant. *Risques et périls.*

RÔLE. C'est le *recto* et le *verso* d'une *grosse*, ou d'une *expédition.*

S

SAISIE, droit accordé au créancier de poursuivre son débiteur sur ses biens pour en faire opérer la vente, en justice, à son profit. — *Saisie immobilière*, celle qui porte sur un *immeuble. Saisies mobilières* celles qui portent sur des *meubles. Saisie-arrêt* ou opposition entre les mains d'un tiers. *Saisie-brandon,* la saisie des fruits pendans par racine. *Saisie-exécution*, la suisie des meubles et effets mobiliers proprement dits. *Saisie-gagerie* celle qui est opérée par le propriétaire sur les meubles du locataire. *Saisie des rentes constituées ; saisie-revendication,* celle qui est faite entre les mains d'un tiers , à titre de propriétaire de la chose

SAISINE. *Possession*. C'est le fait même de l'entrée en possession.

SAUF-CONDUIT, acte qui permet à celui qui est soumis à la contrainte par corps de vaquer à une affaire déterminée, pendant un certain temps, sans avoir à craindre d'être arrêté.

SCELLÉ, acte par lequel un magistrat appose le *sceau* de l'autorité publique sur les objets divers, afin d'éviter toute distraction jusqu'à ce qu'ils aient pu être *inventoriés.*

SÉPARATION. — *Séparation de biens,* régime particulier qui conserve à chacun des époux la propriété et l'administration de ses biens. — *Séparation de corps,* autorisation qu'un jugement peut accorder aux époux pour des causes graves, de prendre des domiciles séparés. — *Séparation de dettes,* clause par laquelle les époux déclarent exclure de la communauté les dettes antérieures au mariage. — *Séparation de patrimoine,* bénéfice accordé aux héritiers d'une succession pour empêcher la confusion des biens de la succession avec ceux de l'héritier.

SÉQUESTRATION, détention illégale d'une personne hors d'une prison publique.

SÉQUESTRE, dépôt d'une chose contentieuse entre les mains d'un

tiers qui doit la conserver jusqu'à la décision définitive.

SERMENT, affirmation faite en justice sous l'invocation du nom de Dieu. — *Serment décisoire,* celui que la partie défère à l'autre. — *Serment supplétoire,* celui que défère le juge, *d'office*, pour *compléter* la preuve d'un fait.

SERVITUDE, toute charge imposée sur un héritage pour l'usage et l'utilité d'un héritage appartenant à un autre propriétaire.

SIGNATURE, apposition qu'une personne fait de son nom au bas d'un acte, pour confirmer l'existence de la convention et en assurer l'exécution.

SIGNIFICATION, acte qui a pour objet de donner à une partie la connaissance légale d'une pièce, d'un jugement.

SOCIÉTÉ, acte par lequel plusieurs personnes mettent des intérêts en commun. *Sociétés civiles, sociétés commerciales.* — Les *sociétés commerciales* comprennent les *sociétés en nom collectif* dans lesquelles les associés se réunissent sous une raison sociale ; les *sociétés en commandite* dans lesquelles partie des associés sont simples commanditaires (V.); les *sociétés anonymes* qui n'ont pas de raison sociale et ne sont connues que par leur objet ; les *sociétés en participation* qui ont pour but de simples opérations de commerce ayant chacune leur objet spécial. — *Société léonine,* celle dans laquelle l'un des associés se fait la part du lion, en participant aux bénéfices sans participer aux pertes : elle est interdite.

SOLIDARITÉ. C'est une confusion établie entre les droits de plusieurs cointéressés, de telle sorte que chacun d'eux est obligé pour le tout, comme s'il était seul débiteur ; ou bien a une action pour le tout, comme s'il était seul créancier.

SOMMATION, acte par lequel on met une personne *en demeure* de faire quelque chose.

SOULTE, ce qu'il est nécessaire d'ajouter à un lot, pour lui donner la juste valeur qu'il doit avoir.

STATUT, la réunion générale des lois ; *statut personnel*, lois qui règlent l'état et la capacité des personnes ; *statut réel,* lois qui affectent les biens ; elles n'étendent pas leur autorité au-delà du territoire.

STELLIONAT, fraude qui consiste à vendre ou à hypothéquer un bien dont on sait n'être pas propriétaire, à présenter comme libres des biens hypothéqués, ou à déclarer des hypothèques moindres que celles qui existent réellement.

STIPULATION, toute clause d'acte.

SUBROGATION, fiction de droit par laquelle une personne est mise à la place d'une autre.

SUBROGÉ-TUTEUR, celui qui est adjoint au tuteur pour surveiller son administration.

SUBSTITUTION DE BIENS, disposition par laquelle le donateur ou le testateur, après avoir transmis la propriété de ses biens à un tiers, le *grève* de la charge de les restituer à une autre personne. — *Succession vacante*, celle qui est abandonnée par les héritiers.

SUCCESSION. C'est la transmission à l'héritier de tous les droits *actifs* et *passifs* qu'une personne laisse à son décès. Ce mot désigne aussi l'universalité de ces droits eux-mêmes. — C'est la loi qui règle l'ordre des successions. — *Succession vacante*, celle qui est abandonnée par les héritiers.

SURENCHÈRE, droit accordé au créancier de mettre une nouvelle enchère sur le prix de vente du bien de son débiteur.

SURVEILLANCE DE LA POLICE, peine par suite de laquelle le condamné est mis à la disposition de la police.

SURVENANCE D'ENFANT, naissance d'un enfant légitime après une disposition entre-vifs ; elle révoque la disposition.

SUSPICION LÉGITIME, réunion de circonstances telles qu'il y a lieu de présumer qu'un tribunal saisi de la connaissance d'une cause pourra se laisser dominer par des préoccupations étrangères.

SYNALLAGMATIQUE, ce qui est réciproque. Le contrat est *synallagmatique* ou *bilatéral*, lorsque les contractans s'obligent réciproquement les uns envers les autres.

SYNDICS, ceux qui sont délégués pour administrer les affaires de la faillite ou d'une corporation.

T

TEMOIGNAGE, déclaration que fait une personne en justice d'une chose qui est à sa connaissance. *Faux témoignage. V. Faux.*

TENTATIVE. La *tentative* de *crime* est punie comme le crime même à moins que l'auteur ne se soit volontairement arrêté dans son exécution.

TERME, temps accordé au débiteur pour se libérer.

TESTAMENT, acte par lequel le testateur dispose, pour le temps où il n'existera plus, de tout ou partie de ses biens, et qu'il peut révoquer. — *Testament authentique*, celui qui est fait par devant notaire. — *Testament olographe*, celui qui est écrit en entier de la main du testateur, daté et signé par lui. — *Testament mistique* ou *secret*, celui que le testateur remet cacheté au notaire.

TIERCE-OPPOSITION, droit accordé à un *tiers* de former *opposition* à un jugement qui préjudicie à ses droits, et lors duquel ni lui ni ceux qu'il représente n'ont été appelés.

TIERS, quiconque n'est point partie dans un acte. *Tiers-acquéreur, tiers-détenteur, tiers-saisi*, se dit à l'égard des créanciers.

TIERS-ARBITRE. C'est l'arbitre qui est appelé à vider le partage déclaré par des arbitres. On dit aussi *sur-arbitre*.

TIREUR, celui qui *tire* une lettre de change.

TITRE, tout acte justificatif d'un droit. — *Titre nouvel*, acte nouveau que le créancier a le droit d'exiger de son débiteur lorsque le titre originaire remonte à vingt-huit ans.

TOUR DE L'ECHELLE, servitude qui donne au propriétaire du bâtiment ou du mur pour lequel elle est due, le droit de placer ses échelles sur l'héritage voisin pour faire les réparations nécessaires.

TRADITION. *V. Délivrance.*

TRANSACTION, contrat par lequel les parties terminent une contestation née ou préviennent une contestation à naître.

TRANSCRIPTION, publicité donnée à un acte translatif de la propriété d'un immeuble par son insertion littérale sur le registre du conservateur des hypothèques.

TRANSPORT DE CRÉANCES, cession que fait le créancier à un tiers de ses droits sur son débiteur.

TRAVAUX FORCÉS, peine afflictive et infamante par suite de laquelle le condamné doit être employé aux travaux les plus pénibles.

TRÉSOR. C'est toute chose cachée ou enfouie sur laquelle personne ne peut justifier sa propriété, et qui est découverte par le pur effet du hasard.

TRIBUNAL. C'est la réunion des juges appartenant à la même juridiction ; lieu où ils se réunissent.

TUTELLE, état de celui qui n'a pas capacité pour administrer sa personne et ses biens. — *Tuteur*, celui qui est chargé de la tutelle.

U

ULTRA PETITA, ce qui est accordé par le juge sans avoir été demandé par la partie.

UNILATÉRAL. Le contrat est *unilatéral* lorsqu'une ou plusieurs personnes sont obligées envers une ou plusieurs autres, sans que, de la part de ces dernières, il y ait d'engagement.

USAGE, coutume, *jouissance* d'une chose. — *Droit d'usage*, droit de jouir d'une chose. — *Usage des bois.*

USANCE, période de trente jours.

USUFRUIT. C'est le droit de jouir d'une chose dont un autre a la propriété, comme le propriétaire lui-même, mais à la charge d'en conserver la substance.

USURE. C'est le profit illégal que fait le prêteur lorsqu'il exige de l'emprunteur un intérêt de son argent plus fort que celui qui est autorisé par la loi.

UTERINS, parens du côté maternel, les frères et sœurs de mère seulement.

V

VACANS, les biens qui n'ont pas de maître.

VACATION, temps employé par un officier public à une opération.

VAGABOND, celui qui est sans asile et sans moyen d'existence, qui se livre au *vagabondage*.

VAINE PATURE, droit de mener paître les bestiaux dans les lieux où il est d'usage de ne pas faire de récolte.

VENTE, convention par laquelle l'un s'oblige à livrer une chose, et l'autre à la payer.

VENTILATION. C'est l'estimation particulière que l'on fait de la partie d'un tout, eu égard au prix fixé pour le tout.

VÉRIFICATION, examen d'un fait pour reconnaître s'il est vrai.

VIABILITÉ, état de l'enfant qui est né *viable*, c'est-à-dire *en vie.*

VIAGER. — *Rente viagère*, celle qui est constituée sur la tête d'une ou de plusieurs personnes moyennant aliénation d'un capital à *fonds perdu.*

VIOL, violence faite à une fille ou à une femme que l'on prend de force.

VOIE DE FAIT, toute entreprise faite par violence, contre un droit dont un tiers est en possession.

VOL, soustraction frauduleuse de la chose d'autrui.

VOLUPTUAIRES, *dépenses voluptuaires*, dépenses de pur agrément.

VUE, échéance. — *Vue* servitude.

TABLE
DES ARTICLES DES CODES,

PAR ORDRE DE NUMÉROS,

RENVOYANT AU TEXTE MÊME DE CHAQUE DISPOSITION.

CODE CIVIL.

[1] Les articles 253 à 266 , 275 à 306 , et 310 sont abrogés (*L.* 8 *mai* 1816, divorce).

---

[1] Les articles 726 et 912 se trouvent remplacés par la loi du 14 juillet 1819 (aubaine).

TABLE. III

TABLE. v

CODE DE PROCÉDURE CIVILE.

CODE DE COMMERCE.

TABLE. VII

CODE D'INSTRUCTION CRIMINELLE.

(Modifié par les lois des 2 mai 1827, 28 avril 1832, et 9 septembre 1835.)

CODE PÉNAL.

(Modifié par les lois des 17 mai 1819, 28 avril 1832, et 9 septembre 1835.)

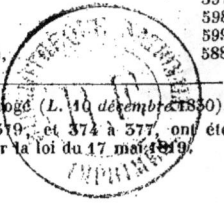

www.ingramcontent.com/pod-product-compliance
Lightning Source LLC
Chambersburg PA
CBHW061940220326
41599CB00014BA/1712